Die deutschen Räuberbanden

Die deutschen Räuberbanden

In Originaldokumenten
herausgegeben und kommentiert von
Heiner Boehncke und Hans Sarkowicz

KARL MÜLLER VERLAG

Genehmigte Sonderausgabe für Karl Müller Verlag, Danziger Str. 6,
D-91052 Erlangen

Umschlaggestaltung: Andreas Dorn

ISBN 3-86070-767-1

1 2 3 4 5 2 1 00 9 8

INHALT

Die großen Räuber

Inhalt

Die rheinischen Räuberbanden

Inhalt

Von der Waterkant bis zu den Alpen

Vorwort

War es nur die persönliche Eitelkeit, der Wunsch, den Kollegen und dem lesekundigen Publikum zu imponieren, oder verbirgt sich hinter den »Actenmäßigen Nachrichten etc.« das tiefempfundene Befürfnis, brave Bürger vor Räubern zu warnen und der Polizei verläßliche Hilfsmittel für die Fahndung an die Hand zu geben?

Genau läßt sich heute nicht mehr ermitteln, warum zwischen 1770 und 1850, vor allem aber zwischen 1804 und 1828, so viele Bücher erschienen, in denen Justizbeamte über die von ihnen durchgeführten Untersuchungen berichteten. Die Wahrheit dürfte, wie so oft, in der Mitte liegen, zwischen Eitelkeit und Aufklärung. Festzuhalten bleibt, und das ist ungewöhnlich genug, daß die Informationen aus erster Hand stammten, also aus persönlicher Kenntnis oder aus den Verhörprotokollen. Das hat Vor- und Nachteile zugleich. Authentischer sind Beschreibungen von Räubern und ihren Banden nicht möglich. Andererseits zeigen die Erzählungen auch deutlich eine subjektive Färbung, die besonders in moralischen Urteilen zum Ausdruck kommt. Es ist die Sichtweise der Obrigkeit. Aber nicht mehr der unmittelbare Vernichtungswille bestimmt die Berichte. Oft ist Verständnis zu spüren für die straffällig gewordenen Menschen, die nach dem Motto der Bremer Stadtmusikanten leben mußten: »Etwas besseres als den Tod finden wir allemal.«

Deutlich haben Aufklärung und später die Französische Revolution ihre Spuren hinterlassen. Nicht die Sühnemaßnahmen stehen im Mittelpunkt, sondern die möglichst umfangreichen Geständnisse der gefangenen Räuber. Dadurch sind einmalige Sammlungen von Unterschichtviten entstanden, die die Sozialwissenschaften bis heute kaum wahrgenommen haben. Wären diese Menschen nicht Räuber geworden, dann wüßten wir über die erbärmlichen Bedingungen, unter denen die Ärmsten der Armen leben mußten, kaum etwas. So lassen die »Actenmäßigen Nachrichten etc.« ein schauriges Panorama entstehen, das jeder Romantik entbehrt. Einen deutschen Robin Hood wird man dabei vergeblich suchen.

Wir haben für unsere Dokumentation Texte aus den rund 80 Jahren ausgewählt, die man als die interessanteste Phase in der Geschichte der deutschen Räuberbanden bezeichnen könnte. Unser Leitprinzip war es, nur die frühesten authentischen Texte aufzunehmen, die entweder von den Untersuchungsbeamten selbst oder von anderen Augenzeugen stammen und damit bis heute die wichtigsten Quellen für die Räuberforschung geblieben sind. Erstaunlicherweise liegen solche Zeugnisse für fast alle bedeutenden Räuber, die zwischen 1770 und 1850 ihr Unwesen trieben, vor. Wir mußten nur auf ganz wenige »große« Namen, wie etwa den Schwarzen Veri, verzichten. Einen großen Teil der »Actenmäßigen Nachrichten etc.« geben wir integral wieder. Kürzungen sind markiert.

Um die Eigentümlichkeiten der Texte zu erhalten, haben wir Orthographie und Interpunktion sehr behutsam an den heutigen Sprachgebrauch angeglichen. Besonderheiten der Grammatik (v.a. beim Gebrauch des Konjunktivs und des Plusquamperfekts) sind nur dort, wo es unbedingt nötig war, korrigiert worden. Wörter, die heute nicht mehr bekannt sind, wurden im Text belassen und in den Fußnoten erläutert. Autorenanmerkungen sind mit arabischen Zahlen gekennzeichnet. Die Schreibweise der Eigennamen wurde nur in den einzelnen Texten, nicht aber in der gesamten Edition vereinheitlicht, da eine generelle Festlegung den Gepflogenheiten der damaligen Zeit widersprechen würde. Die Ortsnamen sind, soweit sie eindeutig zu identifizieren waren, in der heute üblichen Form angegeben, um die Orientierung beim Lesen zu erleichtern. Maße, Gewichte und Zahlungsmittel, die sehr stark regionalen und zeitlichen Schwankungen unterlagen, sind, um nicht unnötig Verwirrung zu stiften, nur in Ausnahmefällen erläutert worden. Allein für die Geldmünzen, die ständig wechselnden Edelmetallgehalten und damit auch ständig wechselnden Umtauschkursen ausgesetzt waren, hätte es einer mehrseitigen Tabelle bedurft, die dennoch zwangsläufig ungenau geblieben wäre. Wir haben deshalb lieber gleich darauf verzichtet.

Ganz herzlich möchten wir uns an dieser Stelle bei den privaten Leihgebern und den Bibliotheken für die Bereitstellung der äußerst seltenen und z.T. sogar verloren geglaubten Veröffentlichungen bedanken – insbesondere bei der Frankfurter Stadt- und Universitätsbibliothek und bei der Berliner Staatsbibliothek Unter den Linden für ihre unkonventionelle Hilfe.

Die großen Räuber

Die Gesellschaft der Aussenseiter
Räuberbanden in Deutschland

»Vor einer tiefen Waldschlucht machte man endlich Halt. Die Räuber saßen ab, und ihr Anführer hob den Goldarbeiter vom Pferd, indem er sich über den harten und eiligen Ritt entschuldigte und fragte, ob doch die »gnädige Frau« nicht gar zu sehr angegriffen sei.

Felix antwortete ihm so zierlich als möglich, daß er sich nach Ruhe sehne, und der Hauptmann bot ihm den Arm, ihn in die Schlucht zu führen.

Endlich langte man unten an. Felix sah vor sich beim matten Schein des anbrechenden Morgens ein enges, kleines Tal von höchstens hundert Schritten im Umfang, das tief in einem Kessel hoch hinanstrebender Felsen lag. Etwa sechs bis acht kleine Hütten waren in dieser Schlucht aus Brettern und abgehauenen Bäumen aufgebaut. Einige schmutzige Weiber schauten neugierig aus diesen schmutzigen Höhlen hervor, und ein Rudel von zwölf großen Hunden und ihren unzähligen Jungen umsprang heulend und bellend die Angekommenen.«

Daß die entführte Gräfin, die der Räuberhauptmann so zuvorkommend in die Schlucht begleitete, nur ein verkleideter Goldschmied war, sollte die um ihr Lösegeld geprellte Bande erst später merken. Wilhelm Hauff schildert diese Szene in seinem Märchen *Das Wirtshaus im Spessart.* Sie offenbart das ganze romantische Mißverständnis des wirklichen Räuberlebens. Der Hauptmann ist ein kultivierter Herr aus wahrscheinlich besserem Haus, nur jetzt durch wen oder was auch immer ins Unglück geraten, während seine Bande auf einer archaischen Entwicklungsstufe stehengeblieben zu sein scheint. Die damalige Lust an der Exotik, die ihre Befriedigung in der Neuen Welt oder der Südsee suchte, konzentrierte sich bei Hauff auf den Spessart mit seinen wilden, undurchdringlichen Wäldern. Auch wenn dieses Bild eines primitiven Bretterdorfes mit mindestens ebenso primitiven Bewohnern reichlich konstruiert wirkt, so vermittelt es doch den Eindruck, daß auch Räuber nach festen Regeln lebten. Die Vorstellung von einer Gesellschaft in der Gesellschaft scheint also schon um 1825 bestanden zu haben.

In der neueren Forschung wird allerdings davon gesprochen, daß die Räuber eine »Gegengesellschaft« bildeten. Dieser Begriff setzt aber ein politisches Bewußtsein bei den Räubern voraus; zumindest hätten die einzelnen Banden mit ihren Beutezügen einen sozialen Protest verbinden müssen. Dafür gibt es aber in der zeitgenössischen Literatur nur ganz wenige Belege. Die Beraubung eines wohlsituierten Bürgers allein war noch kein revolutionärer Akt, denn selbstverständlich war bei Reichen mehr zu holen als bei Armen. Selbst Räuber, die bis heute im Ruf stehen, als Anwälte der Entrechteten aufgetreten zu sein (z.B. Schinderhannes), erweisen sich beim genaueren Hinsehen als ebenso materialistisch wie ihre »Kollegen«. Lediglich der Bayerische Hiesel, der als Wildschütz deutlich Partei für die Bauern ergriff, führte einen konsequenten Kampf gegen die Vertreter der Staatsmacht, wobei sein Verhältnis zum Kurfürsten selbst bis heute ungeklärt ist. Mit Einschränkungen können auch noch das Sonnenwirtle und der Konstanzer Hans zu den zumindest rebellisch veranlagten Räubern gezählt werden. Aber diese wenigen Ausnahmen rechtfertigten es nicht, generell von einer »Gegengesellschaft« zu sprechen.

Was die Banden entwickelten, war ein hocheffizientes System, durch Raub, Diebstahl oder Betrug zu überleben und dabei möglichst lange unerkannt zu bleiben. Ein solches System mußte alle Bereiche des täglichen Lebens erfassen. Dadurch entstand eine Subgesellschaft, die nach ihren eigenen Regeln unter und von der ständisch gegliederten bzw. bürgerlichen Gesellschaft lebte. Die Herausbildung dieser nicht kodifizierten Lebensform, die sanktionierte Verhaltensweisen oft nur leicht verändert übernahm, erstreckte sich über mehrere Jahrhunderte.

Zunächst waren Überfälle auf Kaufmannszüge ein Privileg des niederen Adels – der Raubritter. Hier verband sich materieller Gewinn mit politischem Anspruch. Die erstarkenden Territorialherren, die den Einfluß des niederen Adels zurückdrängen wollten, schränkten das Fehderecht erheblich ein und schufen sich damit die Basis, um gegen ihre Konkurrenten auch gerichtlich vorgehen zu können. Raubritter wie Götz von Berlichingen, die gegen die Macht der Fürsten und der Städte nichts mehr auszurichten vermochten, griffen unter oft weit hergeholten Vorwänden Kaufleute, quasi als Repräsentanten ihrer Feinde, an. Sie glaubten sich dabei im Recht. So rühmt sich z.B. Götz von Berlichingen in seiner kurz vor seinem Tod vollendeten Autobiographie ausdrücklich dieser Überfälle. Reue empfand er nicht.

Mit den Raubrittern verschwand auch diese Form der Bandenkriminalität. Sie machte einer anderen Platz, die direkt aus der Umstrukturierung der Heere resultierte. Nicht mehr der Ritter begleitete seinen Fürsten in den Krieg, sondern der Landsknecht, der heute für diesen und morgen für jenen kämpfte. Vor allem im und nach dem 30jährigen Krieg verbreiteten marodierende oder entlassene Soldaten Angst und Schrecken.

Die Verwüstungen durch den großen Krieg, die Grimmelshausen so eindrucksvoll in seinem *Simplizissimus* beschrieb, führten zu einer weiteren Verarmung der Land- und Stadtbevölkerung. Viele waren gezwungen, ihre angestammten Wohnsitze aufzugeben und in einer anderen Gegend oder auf der Straße ihr Auskommen zu suchen. Sie trafen dabei auf entlassene oder desertierte Soldaten und auf Vaganten, die fahrenden Leute, die meist keine feste Bleibe hatten. Sieht man von den wandernden Handwerksgesellen, Saisonarbeitern und Hausierern ab, dann lebten die Vaganten, selbst wenn sie auf Jahrmärkten und Messen mit allerlei kleinen »Sensationen« auftraten, in der Regel vom Betteln –

und vom Betrügen. Schon zu Beginn des 16.Jahrhunderts war mit dem *Liber vagatorum* ein Handbuch erschienen, das den braven Bürger mit praktischen Beispielen vor den Tricks der kriminellen Schauspieler- und Taschenspielerkunst warnen wollte. Eine solche Aufklärungsschrift stieß auf ein dankbares Publikum, denn Vaganten waren in der frühbürgerlichen Gesellschaft keineswegs eine Seltenheit. Ihr Bevölkerungsanteil dürfte zeitweilig bis zu zehn Prozent betragen haben. Für die entstehenden Räuberbanden war die Gruppe der Fahrenden ein ideales Rekrutierungsfeld. Die Wanderhändler, die oft weit herumkamen, dienten zudem als Baldowerer und Boten.

Einen nicht unbeträchtlichen Anteil an den Vaganten stellten die Betteljuden, die sich noch keinen landesherrlichen Schutzbrief leisten konnten und deshalb auch kein Wohnrecht besaßen. Bis ins 19.Jahrhundert hinein waren die Juden diskriminiert und blieben von der bürgerlichen Gesellschaft ausgeschlossen. Sie durften keinen Zünften beitreten und keinen Landbesitz erwerben. Nur wenige Berufe standen ihnen offen; diese allerdings gewannen für die Landbevölkerung eine geradezu überragende Bedeutung. Nach Werner J. Cahnman setzte sich die Gruppe der »Dorf- und Kleinstadtjuden« zur Zeit der beginnenden Emanzipation aus drei Schichten zusammen: »Die große Mehrheit bestand aus Pferde- und Viehhändlern und ihren Verkaufsagenten (»Schmusern«), Häute- und Fell-Händlern, Produktenhändlern, Altwarenhändlern und insbesondere Gelegenheitshändlern und Nothändlern, die nach dem Prinzip der Glückel von Hameln agierten, daß «a Jud nascht von a jeder Sach«. Aus dieser Schicht stieg eine dünne Oberschicht von Lieferanten, Agenten und Bankiers auf; unterhalb der Händlerschicht befand sich ein Lumpenproletariat von Landstreichern und Betteljuden.« Diese kleinen jüdischen Trödler und Hausierer lebten oft in bitterster Armut, die noch durch die Einwanderer und Flüchtlinge, vor allem aus Osteuropa, verstärkt wurde. Die jüdischen Gemeinden waren weder finanziell noch räumlich in der Lage, diese stetig wachsende Zahl von Hilfsbedürftigen aufzunehmen. So entstand eine jüdische Unterschicht, die sich gleich mehrfach ausgestoßen fühlte und eine hohe Bereitschaft zeigte, sich Räuberbanden anzuschließen oder für sie zu arbeiten.

Noch weit stärker entrechtet als die Juden waren die Zigeuner, die im späten Mittelalter, von Südeuropa kommend, zum ersten Mal deutschen Boden betreten hatten. Die früheste urkundliche Erwähnung ist auf das Jahr 1417 datiert. Bereits wenige Jahrzehnte später, genau im Jahr 1500, ließ sie der Reichstag von Augsburg für vogelfrei, d.h. für rechtlos, erklären. Nun konnte jeder Landesfürst und jeder hochlöbliche Rat selbst entscheiden, wie gegen die Zigeuner vorgegangen werden sollte. Immer wieder kam es zu willkürlichen Hinrichtungen ohne Prozeß. Allein das Zigeunersein genügte für die Verhängung der Todesstrafe. »So wurden beispielsweise«, schreiben Radbruch/Gwinner in ihrer *Geschichte des Verbrechens*, »1724 in Berneck in Franken siebzehn Zigeunerinnen im Alter von fünfzehn bis achtundneunzig Jahren, davon fünfzehn an einem Tage, ohne jeden Prozeß an Bäumen aufgehängt. In Gießen wurden im Jahre

1726 an zwei aufeinanderfolgenden Tagen 25 Zigeuner gerädert, gehängt oder auf ähnliche Weise ins Jenseits befördert. Und noch nach 1700 wurden in einem kleinen rheinischen Fürstentum unter anderem ›erlegtem Wild‹ eine Zigeunerin mit ihrem Säugling aufgeführt.« Der in Büdingen residierende Graf drohte 1737, daß er alle eingefangenen Zigeuner, »mit denen schmählichsten Leib- und Lebens-Strafen, Zwickung mit glühenden Zangen, lebendiger Verbrenn- und Radbrechung, hinrichten, und hierüber noch ihre Weiber durch den Scharfrichter; wie die tollen Hunde, zerhauen und auf den Waasen werffen lassen werde.« Zigeunerstöcke an den Landesgrenzen oder an den Stadtmauern zeigten den Zigeunern, mit welchen Körperstrafen sie zu rechnen hatten, wenn sie versuchten, das Gebiet zu betreten. Die vollständige Rechtlosigkeit und die damit verbundene dauernde Verfolgung ließ viele Zigeuner die Skrupel vor Gewalttaten verlieren. Sie kämpften gegen eine Gesellschaft, die ihre physische Auslöschung mit allen Mitteln betrieb. Das hohe Maß an Brutalität, das gerade die aus Zigeunern bestehenden Räuberbanden kennzeichnet, ist nur als Reaktion auf den irrationalen Haß gegen eine Minderheit zu deuten.

Mit der Diskriminierung von Juden, Zigeunern und Vaganten war das Ausgrenzungspotential der ständischen Gesellschaften aber keineswegs schon erschöpft. Eine der skurrilsten Differenzierungen ist die Einteilung in »ehrliche« und »unehrliche« Gewerbe, deren Ursprung bis heute im Dunkeln liegt. Möglicherweise geht die rational nur schwer zu erklärende Scheidung auf heidnische Sakral- und Kultphänomene zurück. Zu den »unehrlichen« Gewerben gehörten u.a. die Müller, Schäfer, Gerber, Bader, Leineweber und Töpfer, aber auch »öffentlich Bedienstete« wie Türmer, Nachtwächter, Bettelvogt, Gerichtsdiener oder Gefängniswärter. An der Spitze der »Unehrlichen«, zu denen noch die Fahrenden, Huren und unehelich geborenen Kinder zählten, standen die Scharfrichter (Nachrichter) und die Schinder (Abdecker oder Wasenmeister).

Welche praktische Konsequenzen diese Einteilung hatte, beschreibt Werner Danckert in seinem Buch über die verfemten Berufe:

»Die ›Unehrlichen‹ waren Paria innerhalb der bürgerlich-städtischen Welt. Sie hatten zum Beispiel keinen Zutritt zu Ehrenämtern der Gemeinde; bei der Wahl der Ehefrau, bei Gevatterschaften taten sich Hindernisse für sie auf, ebenso bei Einräumung eines Kirchenplatzes oder (nach ihrem Tode) bei Gewinnung des Leichengefolgs. Kinder eines Elternpaares, das ein ›unehrliches‹ Gewerbe ausübte, hatten keine Aussicht, in die Zünfte aufgenommen zu werden. Die schärfer Bemakelten, wie der Nachrichter und seine Schergen, glichen buchstäblich den indischen Unberührbaren; man mied sie wie Aussätzige oder Pestkranke; selbst das Geld, das sie dem Krämer bei Einkäufen boten, berührte man ungern. In kritischen Situationen, etwa beim Tode eines ›Unehrlichen‹, wenn sich kein Sargträger finden lassen wollte, mußten Bürgermeister, Ratsherren oder andere Hochgestellte persönlich zugreifen. Ihr höheres, stärkeres Prestige (›Mana‹) überwand, vor allem auch bei kollektivem Zugriff, das niedere ›Tabu‹.«

Zwar wurde 1772 als letzte die ›Unehrlichkeit‹ der Scharfrichter und Abdekker durch Reichsbeschluß aufgehoben, aber die Vorurteile hielten sich in der Bevölkerung noch viele Jahrzehnte.

Wenn man davon ausgeht, daß sich die großen Räuberbanden überwiegend aus den entrechteten oder in ihren Rechten eingeschränkten Bevölkerungsgruppen zusammensetzten, fällt es schon aus diesem Grund schwer, an einen deutschen Robin Hood zu glauben. Warum hätte ein Räuberchef Bauern oder Handwerker verschonen sollen, die ihn sozial mißachteten und sich für bessere Menschen hielten? Wer konnte von dem Sohn eines Abdeckers (»Schinderhannes«), der gesellschaftlich ausgegrenzt leben mußte, erwarten, daß er gerade seinen Unterdrückern half? Der edle Räuber ist eine Erfindung der Aufklärung; nur in der Literatur hat er existiert. Für Philanthropie war in der Realität kein Platz. Selbst die Drohung mit dem Teufel und der ewigen Verdammnis konnte da nichts ausrichten. Ganz im Gegenteil: Die Kirchen selbst waren beliebte Ziele für nächtliche Raubzüge, und auch vor den Dienern Gottes wurde nicht haltgemacht.

Schon der erste große neuzeitliche Raub in Deutschland richtete sich gegen eine Kirche, das Michaeliskloster in Lüneburg. Eine aus Christen und Juden bestehende Bande hatte im März 1698 von der berühmten und deshalb mit vielen Schlössern gesicherten »Güldenen Taffel«, einem wahrscheinlich von Heinrich dem Löwen gestifteten Altarschrein, die Edelsteine und den Goldbelag verschwinden lassen. Was die Stadtoberen zusätzlich empörte, war die Pietätlosigkeit, mit der die Räuber einige Reliquien behandelt hatten. Hier waren offensichtlich Täter am Werk, die den Antichristen oder die Rache der Heiligen nicht fürchteten. An der Spitze der Bande, die nicht gewaltsam vorging, sondern mit Nachschlüsseln arbeitete, stand der Zwickauer Tagelöhnersohn Nickel List, der sich gern als »Doktor« oder Adliger ausgab und zu seinen weitausgreifenden Beutezügen »standesgemäß« anreiste. Am 23. Mai 1699 wurde er in Celle gerädert.

Durch den spektakulären Coup in Lüneburg war Nickel List zum Vorbild für andere Räuber geworden, die sich ebenfalls im heimlichen Einbruch versuchten. Um seine eigene »Leistung« im um so hellerem Licht erstrahlen zu lassen, glaubte sich Lips Tullian, der am 8.März 1715 in Dresden mit dem Schwert hingerichtet wurde, sogar von Nickel List distanzieren zu müssen. Der desertierte Soldat, der nur wenige Jahre aktiv sein konnte, weil er einen großen Teil seines Lebens im Gefängnis verbringen mußte, bevorzugte zwar mit seiner Bande auch den lautlosen Einbruch, brüstete sich aber öffentlich, den Einsatz von Gewalt nicht zu scheuen. Brutales Vorgehen, das er selbst nur selten praktizierte, schien für ihn zum »richtigen« Räuberleben zu gehören. Ein Extrembeispiel in diesem Sinn waren die aus Zigeunern bestehenden Banden des Großen Galantho (Antoine la Grave) und seines Genossen, des Hemperla (Johannes la Fortun), die zwischen 1718 und 1726 eine Reihe von blutigen Überfällen im Vogelsberg, in der Wetterau und im Taunus durchführten. So wurde im Juni 1725 das Pfarrerehepaar Heinsius in Dörsdorf beraubt und getötet. Im Oktober desselben Jahres ließ der Große Galantho den Landleutnant Emeraner in Hirzenhain ermorden, der vorher mehrere Zigeuner festgenommen hatte. 24 Mitglieder der beiden Banden wurden am 14. und 15. November 1726 in Gießen hingerichtet. Der Große Galantho konnte zunächst fliehen und trat als Landleutnant in kurmainzische Dienste. Nach seiner Verhaftung in Gelnhausen wurde er 1733 in Darmstadt gerädert, stranguliert und geköpft.

Eine frühe Perfektion in der Ausführung von möglichst gewaltfreien und unauffälligen Beutezügen, die zudem noch alle Teile Deutschlands erfaßten, erreichte die erste große jüdische Räuberbande, die zunächst 1733 durch einen Einbruch in die Coburger Gold- und Silberwarenfabrik für Aufsehen sorgte. »Nach der Feststellung der Coburger Inquirenten«, berichtet Uwe Danker in seinem Buch über die Räuberbanden im Alten Reich, »zeichneten sich die Delikte der rein jüdischen Bande durch ein sonst nicht erreichtes Maß an Professionalität aus. Manche Tat wurde erst nach zwei Jahren in der Planung realisiert. Die entfernten Tatorte wurden in unauffälligen, getrennt reisenden Kleingruppen derart präzise gesteuert, daß die »Diebe zur gesetzten Stunde und Minute« am vereinbarten Treffpunkt anlangten. Nur für die Dauer der Tatausführung befanden sie sich am Tatort, und nach der Entdeckung waren sie meist ›über alle Berge‹. Dabei wurden zur Schildwache und zum Bereithalten der bei dieser Arbeitsweise wichtigen Pferde – anders als unter ›christlichen‹ Banden – zurecht die Erfahrendsten abgestellt, denn die perfekte Tarnung war die Basis ihres Erfolgs. Zu dieser Strategie gehörte auch, daß die Deliquenten in der Nähe ihres Wohnsitzes jede Tat mieden und Aktivitäten Fremder zu verhindern suchten«.

Diese Vorgehensweise, die auch keinen alleinigen Anführer vertrug, sollte später noch bestimmend für die Niederländer und die aus ihr hervorgegangenen Rheinischen Banden sein. Der Erfolg dieses Konzepts beruhte vor allem auf der Solidarität innerhalb der Bande und innerhalb der jüdischen Gemeinschaft, denn diese Räuber lebten nicht auf der Straße als Bettler oder Hausierer, sondern noch ganz »normal« in jüdischen Gemeinden. Erst später sollte sich die Mitgliederstruktur ändern.

Auch »christliche« Banden versuchten mit Hilfe einer straffen Organisation, effektiver vorgehen und sich möglichst lange der Verfolgung entziehen zu können. Der Bande des Krummfingers Balthasars, die in der Mitte des 18.Jahrhunderts im thüringisch-fränkischen Gebiet operierte, gelang es sogar, lange Zeit unerkannt zu bleiben. Erst durch die Aussagen von einzelnen Bandenmitgliedern erhielten die Behörden näheren Aufschluß über die innere Struktur der »verschworenen Gemeinschaft«. Krummfingers Balthasar, als der unangefochtene Chef, kopierte das »bürgerliche Heldenleben«, indem er Titel verlieh, ein eigenes Siegel führte, so »groß wie ein Kayser=Gulden«, und nach seinen eigenen Gesetzen Recht sprach. Das »Hildburghausener Protokoll« von 1753, in dem die Aussagen festgehalten sind, könnte, so der Germanist Günther Kraft, Schiller zumindest als eine Quelle für seine *Räuber* gedient haben. Den schwäbischen Dichter interessierte vor allem die Psychologie von Gesetzesbrechern, warum ein

Mensch zum Räuber und Mörder wurde. In seiner Heimat fand er in der Lebensgeschichte von Friedrich Schwahn, dem »Sonnenwirtle«, den Stoff für eine seiner bekanntesten Erzählungen: *Der Verbrecher aus verlorener Ehre.* Was Schiller reizte, war das ganz und gar Ungewöhnliche des Falles. Denn Schwahn stammte nicht aus den untersten Schichten, sondern war der Sohn eines angesehenen Gastwirts und Metzgers in Ebersbach. Schon die Zeitgenossen zeigten Verständnis für Schwahns langsame Verstrickung, die ihn schließlich zum Doppelmörder und Anführer einer zumeist aus Juden bestehenden Räuberbande machen sollte. Dieses tiefempfundene Mitgefühl konnte das »Sonnenwirtle« allerdings nicht vor der Todesstrafe retten, die am 30. Juli 1760 vollzogen wurde.

Mehr Glück hatte der Konstanzer Hans, der in dem Sulzer Oberamtmann Schäffer auf einen von der Aufklärung stark beeinflußten Untersuchungsrichter traf. Allerdings war der Schustersohn Johann Baptist Herrenberger, vulgo Konstanzer Hans, auch keiner der ganz großen Räuber; seine Bande zählte nur wenige Köpfe. Seine Opfer suchte er vor allem in betuchteren Kreisen, am liebsten in Pfarrhäusern. Das machte ihn gerade bei Bauern beliebt, die ihm immer wieder Unterschlupf gewährten. Für mildernde Umstände empfahl er sich mit einer umfangreichen Liste, die über 500 Gauner und fast 100 Diebsherbergen enthielt. Außerdem verfaßte er ein Wörterbuch der Gaunersprache, das damals von unschätzbarem Wert war. Friedlich starb er 1793 im Ludwigsburger Armenhaus.

Auf Gnade von seiten der Mächtigen konnten weder der Bayerische Hiesel noch der Zigeuner Hannikel rechnen. Der schon erwähnte Mathias Klostermayr, der als Bayerischer Hiesel 1771 in Dillingen auf grausame Weise hingerichtet wurde, kämpfte mit seiner Wildschützenbande nicht nur gegen Hirsche und Wildschweine, die in Zeiten größter Not den Bauern die karge Ernte vernichteten, sondern auch gegen die Vertreter des Landesherrn, der sein Privatvergnügen über die Interessen seiner Untertanen stellte. Bis heute wird er in seiner Heimat verehrt.

Ohne jede soziale oder politische Intention verbreitete Jakob Reinhard, vulgo Hannikel, zwanzig Jahre lang bis zu seiner Hinrichtung 1787 in Schwaben und dem benachbarten Elsaß Angst und Schrecken. Seine mit offener Gewalt durchgeführten Raubzüge richteten sich besonders gegen eine andere diskriminierte Minderheit, die Juden. Hannikel war der erste, der ganze Dörfer einschüchterte und die Bürger damit von der Gegenwehr abhielt, indem er seine Leute als marodierende französische Soldaten auftreten ließ. Dieses Vorbild sollte in den sich anschließenden unruhigen Jahren Schule machen.

Die große Zeit der deutschen Räuberbanden (wenn man in diesem Zusammenhang überhaupt von einer »großen« Zeit sprechen darf) liegt eindeutig zwischen 1790 und 1815. Die Fixpunkte sind die Französische Revolution und der Wiener Kongreß. In diesen 25 Jahren entstanden und verschwanden wieder Banden, die für Organisation und Taktik die Erfahrungen der vorangegangenen einhundert Jahre nutzten und in einem bis dahin nicht gekannten Ausmaß raubten und stahlen. Die politischen Rahmenbedingungen begünstigten die Entstehung von grenzüberschreitenden Einheiten, die sich selbst keine feste Hierarchie gaben und dadurch äußerst flexibel handeln konnten. Fast ununterbrochen verwüsteten die Koalitionskriege gegen das revolutionäre und später napoleonische Frankreich ganze Landstriche. Einquartierungen und Abgaben wurden ohne Rücksicht auf die materiellen Verhältnisse der Bevölkerung verhängt. Gar mancher Bauer oder Handwerker kam so an den Bettelstab. Die Kluft zwischen Arm und Reich vertiefte sich. Trotz wiedergewonnener Freiheit nach dem Sieg über Napoleon sollte Deutschland für Jahrzehnte arm bleiben. Viele kehrten ihrer Heimat den Rücken und wanderten als Wirtschaftsflüchtlinge in alle Welt. Ihr Los wurde dadurch nicht leichter. Protest regte sich erst im Vormärz. 1834 prangerten Georg Büchner und Friedrich Ludwig Weidig in ihrem anonym erschienenen *Hessischen Landboten* das Wohlleben der Besitzenden an, während die Bauern am Rande des Existenzminimums vegetierten: »Das Leben der Vornehmen ist ein langer Sonntag, sie wohnen in schönen Häusern, sie tragen zierliche Kleider, sie haben feiste Gesichter und reden eine eigne Sprache; das Volk liegt vor ihnen wie Dünger auf dem Acker. Das Leben des Bauern ist ein langer Werktag; Fremde verzehren seine Äcker vor seinen Augen, sein Leib ist eine Schwiele, sein Schweiß ist das Salz auf dem Tische der Vornehmen.«

Dirk Blasius konnte für diese Zeit nachweisen, daß es einen direkten Zusammenhang zwischen den Roggenpreisen und der Zahl der Diebstähle gibt. Die Roggenpreise wiederum waren von der Qualität der Ernte abhängig; und Mißernten bildeten keineswegs die Ausnahme. Wie groß muß der Haß derjenigen gewesen sein, die noch unter den Bauern standen: der Fahrenden, der Ausgestoßenen und Entrechteten, der Unehrlichen und der Tagelöhner. Vor allem in dieser Gruppe fanden die Banden ihren »Nachwuchs«. Aber die räuberische Aggression konnte sich nicht gegen die großen Profiteure richten, da der Adel und die hohe Geistlichkeit gutgeschützt hinter festen Mauern saßen, sie mußte ihren Gewinn beim ländlichen oder städtischen Mittelstand suchen. Für die Opfer bedeuteten die Überfälle in einer Zeit, die noch keine Versicherungen kannte, oft den materiellen und körperlichen Ruin. Nur selten kannten die Räuber Mitleid. Der erzielte Erlös diente nicht zum Aufbau einer bürgerlichen Existenz, sondern wurde in der Regel verpraßt – oft genug in Bordellen. Die Subgesellschaft der Räuber hatte die Brücken zur verhaßten Welt der Wohlanständigkeit abgebrochen.

Daß die Banden am Ende des 19. Jahrhunderts so ungehindert agieren konnten, ist auf die fast vollständige Desorganisation des Polizeiwesens zurückzuführen. Vor allem in den von Frankreich besetzten Gebieten lösten sich die Strukturen auf, und es dauerte, bis neue an ihre Stelle traten, bis ein effektives System nach französischem Vorbild installiert war. Die territoriale Zersplitterung tat ein übriges, um die Verfolgung der Banden zu erschweren. Außerdem verboten die französischen Behörden, aus Angst vor Anschlägen, zeitweilig den Besitz von Waffen, so daß die Überfallenen sich nicht mehr wehren konnten.

In dieser desolaten Situation trat die mafiaähnlich strukturierte Große Niederländische Bande auf. Sie operierte zunächst in einem Gebiet, in dem von etwa 1740 bis 1780 die »Mersener Bockreiter« so unauffällig und so wirkungsvoll ihrem kriminellen Handwerk nachgegangen waren, daß sie die Bevölkerung mit dem Teufel im Bunde gesehen hatte. Daher rührte auch ihr Name, denn der Bock war seit alters ein Symbol für den Antichristen. Als verschworene Gemeinschaft verlangten die Bockreiter von ihren »Novizen«, daß sie einen »Räuberkontrakt« unterzeichneten, der sie zu unbedingtem Gehorsam und absolutem Schweigen verpflichtete. Dieses System perfektionierten die Niederländer, indem sie an die Stelle eines Vertrages die Familienbande setzten. Von Winschoten bei Groningen aus zog der alte Moyses Jakob die Fäden. Hinter ihm standen sein ältester Sohn Abraham sowie seine beiden Schwiegersöhne Jan Bosbeck und Abraham Picard. Jacob orientierte sich an der Vorgehensweise der bereits erwähnten jüdischen Bande, die in der ersten Hälfte des 18.Jahrhunderts in Deutschland ihr Unwesen getrieben hatte. Die stetige Zunahme der Mitglieder und die nötigen Standortwechsel ließen aus der Großen Niederländischen Bande einen Brabanter, Holländischen, Mersener, Krefelder, Neusser, Neuwieder und Westfälischen Zweig entstehen. Diese einzelnen Banden brachten so gefürchtete Räuber wie Damian Hessel, Adolf Weyers, Carl Heckmann und Mathias Weber, genannt Fetzer, hervor, die als Zeichen ihrer Chefwürde das Brecheisen trugen. Trotzdem hatten die Banden nur lockere Strukturen. Erst für einen Raub kamen die wichtigsten Mitglieder zusammen. Das erschwerte den Polizeibehörden die Aufdekkung. Die Hierarchie war zwar straff, aber unangefochtene Hauptleute gab es nicht. Jedes Mitglied trug quasi das Brecheisen im Tornister. Mit diesem System, in dem nur die persönliche Leistung zählte, nahmen die Banden Strukturen der späteren Industriegesellschaft vorweg. Wer sich durch Mut und Fachwissen ausgezeichnet hatte, stand als Chef an der Spitze. Ihm folgten der Baldowerer, der die Gelegenheit zum Raub auskundschaftete, und die altgedienten Veteranen, auf die sich der Chef verlassen konnte. Die noch unerfahrenen oder nur für einen bestimmten Raub angeworbenen Jungen bildeten die letzte Klasse.

Parallel zu diesen von Juden dominierten Banden entwickelten sich in den französisch besetzten Gebieten auch »christliche« Banden, vor allem an der Mosel und im Hunsrück, die ähnlich vorgingen. Am bekanntesten wurden die Mannen um Johannes Bückler, genannt Schinderhannes. Der Abdeckersohn, der gelegentlich mit den rheinischen Matadoren zusammenarbeitete, ist im Vergleich zu Picard oder Bosbeck, die riesige Geldsummen erbeuteten, ein kleiner Gauner. Aber sein nie wirklicher Antisemitismus, sein angeblicher Franzosenhaß und der spektakuläre Prozeß gegen ihn verschafften ihm eine nur schwer zu verstehende Popularität, die bis heute anhält.

Die Subgesellschaft der Räuber hatte eine hochkomplexe Struktur entwickelt, die alle Bereiche des Lebens erfaßte. In der *Actenmäßigen Geschichte der Räuberbanden an den beyden Ufern des Rheins* wird dieses System ausführlich beschrieben. Im Mittelpunkt stand der Raub, der den Lebensunterhalt sicherte. Er wurde sorgfältig geplant. Voraustrupps markierten den Weg, damit keiner der aus allen Himmelsrichtungen anreisenden Kombattanten das Ziel verfehlte. Der Überfall oder der Einbruch selbst liefen nach einem festen Ritual ab. Der Chef hatte die schwierigsten Aufgaben zu erfüllen. Nach vollbrachter Tat wurde wiederum nach festen Regeln geteilt. Wer betrog, mußte mit harten Strafen, in Ausnahmefällen sogar mit dem Tod rechnen. Für den Verkauf der gestohlenen Waren sorgten die Scherfenspieler oder Hehler, die den Räubern allerdings nur einen Bruchteil des tasächlichen Wertes auszahlten.

Der Hehler konnte gleichzeitig der Wirt eines »kochemer Bayes« sein, also eines »ganz normalen« Gasthauses, das auch Räubern als gut getarnter Unterschlupf diente. Nur Eingeweihte wußten um das Geheimnis dieser Diebsherbergen, die fast über ganz Deutschland verteilt lagen und z.T. sogar durch ein spezielles Straßennetz (mit geheimen Fährverbindungen über die Flüsse) miteinander verbunden waren. Räuber auf der Flucht konnten in den kochemer Bayes immer ein sicheres Versteck finden – zumindest solange der Wirt noch nicht enttarnt war. Wem der Boden dennoch zu heiß wurde, der wußte sich in Eckardroth, einem kleinen Ort am Rande des Vogelsbergs, sicher. Hier trafen sich die großen Räuber. Schutz und falsche Papiere gewährte der bestechliche Amtmann, der erst 1802 abgesetzt wurde.

Die Gesellschaft der Kochemer hatte im Laufe der Jahrhunderte fast alle Lebensbereiche in ihrer Richtung ausgeformt. Der Kontakt zu den »Wittischen«, also den »Nicht-Kochemeren«, blieb, wenn man von Raub und Gefangenschaft absieht, im wesentlichen den Hehlern und Diebswirten vorbehalten. Die Räuber verständigten sich entweder mit optischen Zeichen, den Zinken, oder mit einer eigenen Sprache, dem Rotwelschen, das nur die Satzstellung des Deutschen beibehielt. Die Wörter stammen meist aus dem Jiddischen und aus der Zigeunersprache. In der »kochemer Pädagogik«, die die Kinder der Räuber auf ihre spätere Laufbahn vorbereitete, nahm das Erlernen des Rotwelschen und der Zinken einen entscheidenden Platz ein. Dagegen scheint der teilweise geradezu blasphemische Umgang mit christlichen Symbolen darauf hinzudeuten, daß die Religion oder religiöse Gefühle in den »christlichen« Banden keine Rolle spielten; Pfarrer und Kirchen wurden sogar außergewöhnlich gern überfallen. Hier bilden allerdings die jüdischen Räuber eine Ausnahme. Sie lebten in der Regel im Familienverband und befolgten die religiösen Gesetze sehr genau. Die Frauen blieben bei ihnen deshalb auch in ihrer untergeordneten Stellung, während sie in »christlichen« Banden (wenn sie nicht gar selbst mitraubten) wichtige Aufgaben übernehmen konnten. Nicht wenige Ausbrüche aus Gefängnistürmen verdankten ihren Erfolg weiblicher Vorarbeit. Die »Schiksen« blieben zwar ihren »Kaffern« zu Gehorsam verpflichtet, aber, so Herbert Bald und Rüdiger Kuhn in ihrem Buch über die Spessarträuber, »andererseits suchten die Gauner ihnen auf alle Weise nachzugeben und zu schmeicheln‹, hauptsächlich aus Angst vor Denunziation. Dies und die wichtigen infrastrukturellen Funktionen, die die kochemer Schiksen im Geschäftsleben ihrer Kaffer erfüllten, gewährten ihnen im

Vergleich zu ihren wittischen Geschlechtsgenossinnen mehr Freiräume und machten sie selbstbewußt, so daß sie zuzeiten auch ungebunden umherzogen und ihre Kaffer frei auswählten.«

Mit der Reorganisation des Justizwesens unter französischer Führung nach dem Wetzlarer Kongreß vom Januar 1801, mit der Möglichkeit, auch grenzübergreifend aktiv werden zu können, und nicht zuletzt durch ein wirksameres System der Prävention und der Gegenwehr wurde den rheinischen Banden die Existenzgrundlage entzogen. Spezielle Streifzüge von Militär und Gendarmerie brachten eine immer größer werdende Zahl von Räubern in die Gefängnisse, die damals noch in einem jämmerlichen und menschenunwürdigen Zustand waren. Die Strafjustiz bot in den meisten kleinen Herrschaften ein desolates Bild. Um die Prozeß- und Haftkosten zu sparen, wurden die Aufgegriffenen oft nur gebrandmarkt und abgeschoben, falls der äußerst schlecht bewachte Transport überhaupt vollzählig die Grenze erreichte.

Dagegen waren die Ideen der Aufklärung bei den Verhörmethoden, beim Prozeß, bei der Strafzumessung und beim Vollzug des Urteils nicht folgenlos geblieben. Die Entwicklung verlief aber zunächst ambivalent, wie Katrin Lange in ihrer Arbeit über die Räuberbanden des 18. und frühen 19. Jahrhunderts bemerkt:

»Zwar sorgte die allgemeine Humanisierungstendenz für eine Abkehr von den grausamen, auf den Körper des Deliquenten gerichteten Elementen im Strafvollzug. Die Folter sowie die Qualifizierungen der Todesstrafe wurden abgeschafft, die Vollstreckung der Leibesstrafen und der Hinrichtungen eingeschränkt und stattdessen das System des Freiheitsentzugs ausgebaut. Parallel dazu verliefen Bemühungen zur Resozialisierung des besserungsfähigen Deliquenten nach Verbüßen der Strafe.In der Praxis ließen sich die fortschrittlichen Prinzipien jedoch nicht dauerhaft realisieren. Im Verhör traten an die Stelle der Folter subtilere psychologische Methoden der übermächtigen Untersuchungsrichter. Da jeder staatliche Eingriff in die Persönlichkeit des Täters als gravierende Kompetenzüberschreitung erschien, verwandelte sich der Strafvollzug in eine reine Tatvergeltung.«

Im Mittelpunkt des Verhörs stand das Geständnis des Deliquenten, ohne das keine Verurteilung möglich war. Aber wer dem Druck des Untersuchungsrichters erst einmal nachgegeben hatte, der mußte mit dem Schlimmsten rechnen.

So endeten auch in aufgeklärten Zeiten zahlreiche Räuber auf dem Schafott oder in Zuchthäusern; die übriggebliebenen schlossen sich von Lübeck bis Donauwörth bereits bestehenden Gruppierungen an oder gründeten neue Banden. Sie brachten ihre Erfahrungen ein, aber die Zeit für gewaltsame Einbrüche mit dem Rennbaum und Überfälle auf Postkutschen neigte sich ihrem Ende. Die Räuberbanden im Odenwald, im Spessart, im Vogelsberg, in der Wetterau, in der Oberpfalz und in Schwaben oder die berüchtigten Mordbrenner um den Schönen Carl in Berlin waren immer mehr darauf angewiesen, auch Dinge des täglichen Bedarfs und vor allem Nahrungsmittel zu stehlen. Nur selten gelang es ihnen noch, eine größere Geldsumme zu erbeuten. Eine spektakuläre Ausnahme war der Postraub in der Subach, den 1822 verzweifelte Einwohner des kleinen Dörfchens Kombach bei Biedenkopf zunächst erfolgreich ausführten. Aber die verfeinerten Methoden der Justiz ließen ihnen keine Chance.

Die organisierte Bandenkriminalität konzentrierte sich mehr und mehr auf den Diebstahl bei Messen oder Jahrmärkten, gegen den auch eine gut gerüstete Polizei wenig auszurichten vermochte.

Große Räuber tauchten in der zweiten Hälfte des 19.Jahrhunderts nur noch selten auf. Besonders lebendig, so scheint es, ist in Bayern heute noch die Erinnerung an den »Räuberhelden des Bayerischen Waldes«, Mathias Heigl, und an den am 21. Februar 1902 hingerichteten Mathias Kneißl. In den zahlreichen Liedern, die das Andenken an diese beiden oder an den am 6. November 1877 erschossenen Wildschützen Georg Jennerwein wachhalten, klingt deutlich ein Motiv an, das die volkstümliche Räuberverehrung erklärt. Die durch ihre Armut vor Überfällen geschützten Bauern oder kleinen Handwerker sahen im Räuber oder im Wilddieb, die bewußt die gesetzliche Ordnung mißachteten, Rebellen gegen die Staatsmacht, die sie in Wirklichkeit nicht waren. Die Lieder haben oft nur Spott für die Polizei übrig, auch wenn die imaginierten Stellvertreterkriege letztlich immer verlorengingen. Losgelöst von der Realitität suchte man sich Helden, um sie romantisch zu verklären und selbst nicht aktiv werden zu müssen. So heißt es in einem vielgesungenen Gstanzel über den Räuber Kneißl und seine Häscher:

»So ein Bauernhengel,
Ein verschmitzter Bengel,
Sagt zu einem Münchner Polizist:
Wenn's den Kneißl suchen,
Da hilft gar koa Fluchen,
Müßt'n dorten suchen, wo er ist!
Habt ihr ihn gefunden,
Nur gleich festgebunden.
Seht, so macht ihr's , nachat
Habt's ean glei!
Ja, so a Bauernluada
Is a g'scherter Bruada,
Aber heller als die Polizei.«

Literatur:

Friedrich Christian Benedict Avé-Lallemant: Das deutsche Gaunertum in seiner sozialpolitischen, literarischen und linguistischen Ausbildung zu seinem heutigen Bestande. 3 Bde. Leipzig 1858-1862.

Ders.: Die Mersener Bockreiter des 18. und 19.Jahrhunderts. Leipzig 1880.

Eduard Eggert: Oberamtmann Schäffer von Sulz. Stutgart 1897.

Theodor Hampe: Die fahrenden Leute in der deutschen Vergangenheit. Leipzig 1902.

Siegmund A. Wolf: Wörterbuch des Rotwelschen. Mannheim 1956.
Günther Kraft: Historische Studien zu Schillers Schauspiel »Die Räuber«. Weimar 1959.
Hans von Hentig: Das Verbrechen I. Der kriminelle Mensch im Kräftespiel von Zeit und Raum. Berlin u.a. 1961.
Georg Fischer: Volk und Geschichte. Studien und Quellen zur Sozialgeschichte und historischen Volkskunde. Kulmbach 1962.
Werner Danckert: Unehrliche Leute. Die verfemten Berufe. Bern und München 1963.
Hans von Hentig: Das Verbrechen III. Anlage-Komponenten im Getriebe des Delikts. Berlin u.a. 1963.
Hermann Bettenhäuser: Räuber- und Gaunerbanden in Hessen. Ein Beitrag zum Versuch einer historischen Kriminologie Hessens. In: Zeitschrift des Vereins für Hessische Geschichte und Landeskunde 75/76 (1964/65), S.275-348.
Johann Glenzdorf/Fritz Treichel: Henker, Schinder und arme Sünder. 2 Bde. Bad Münster 1970.
Alfred Kosean-Mokrau: Räuberleben – Räubersterben. Bern und Stuttgart 1972.
Walter Hartinger: Raubkriminalität und soziale Schichtung. Zur Wirkung bürgerlicher Lebensnormen im 18.Jahrhundert. In: Zeitschrift für Volkskunde 70 (1974), S.1-19.
Werner J. Cahnman: Der Dorf- und Kleinstadtjude als Typus. In: Zeitschrift für Volkskunde 70 (1974), S.169-193.
Gerold Anrich: Räuber, Bürger, Edelmann, jeder raubt so gut er kann. Die Zeit der großen Räuberbanden 1790-1803. Neunkirchen 1975.
Carsten Küther: Räuber und Gauner in Deutschland. Göttingen 1976.
Otto Ernst Breibeck: Ertz-Maleficanten. Wilddiebe, Räuber, Mordbanditen. Regensburg 1977.
Ders.: Schurken, Lumpen, Mordgesellen. Regensburg 1977.
Helmut Höfling: Helden gegen das Gesetz. Düsseldorf und Wien 1977.
Dirk Blasius: Kriminalität und Alltag. Zur Konfliktgeschichte des Alltagslebens im 19.Jahrhundert. Göttingen 1978
Hans-Otto Hügel: Untersuchungsrichter, Diebsfänger, Detektive. Theorie und Geschichte der deutschen Detektiverzählung im 19.Jahrhundert.Stuttgart 1978.
Michail Krausnick: Von Räubern und Gendarmen. Berichte und Geschichten aus der Zeit der großen Räuberbanden. Würzburg 1978.
Anke Bennholdt-Thomsen/Alfredo Guzzoni: Der »Asoziale« in der Literatur um 1800. Königstein 1979.
Eric J.Hobsbawm: Sozialrebellen. Archaische Sozialbewegungen im 19. und 20. Jahrhundert. Gießen 1979.
Gerd Hensel: Geschichte des Grauens. Deutscher Strafvollzug in 7 Jahrhunderten. Altendorf 1979.
Adolf Heinzlmeier: Raub und Mord. Banditen und Sozialrebellen in Leben, Legende und Film. Frankfurt/Main 1981.
Michael Barczyk: Die Spitzbubenchronik. Oberschwäbische Räuberbanden. Wahrheit und Legende. Ravensburg 1982.
Dirk Blasius: Geschichte der politischen Kriminalität in Deutschland (1800-1980). Frankfurt/Main 1983.
Helmut Reinicke: Gaunerwirtschaft. Die erstaunlichen Abenteuer hebräischer Spitzbuben in Deutschland. Berlin 1983.
Jörg Schönert: Kriminalgeschichten in der deutschen Literatur zwischen 1770 und 1890. In: Geschichte und Gesellschaft 9 (1983), S.49-68.
Ernst Schubert: Arme Leute. Bettler und Gauner im Franken des 18.Jahrhunderts. Neustadt 1983.
Heinz Reif (Hg.): Räuber, Volk und Obrigkeit. Studien zur Geschichte der Kriminalität in Deutschland seit dem 18.Jahrhundert. Frankfurt/Main 1984.
Peter Strasser: Verbrechermenschen. Zur kriminalwissenschaftlichen Erzeugung des Bösen. Frankfurt/New York 1984.

Heiner Boehncke/Rolf Johannsmeier: Das Buch der Vaganten. Köln 1987.
Reinhold Neeb: Räuber, Gauner und Vagabunden. Kriminalität im alten Oberhessen. Gießen 1987.
Uwe Danker: Räuberbanden im Alten Reich um 1700. 2 Bde. Frankfurt/Main 1988.
Ch. Hinckeldey (Hg.): Justiz in alter Zeit. Rothenburg o.d.T. 1989.
Herbert Bald/Rüdiger Kuhn: Die Spessarträuber. Legende und Wirklichkeit. Würzburg 1990.
Gustav Radbruch/Heinrich Gwinner: Geschichte des Verbrechens. Frankfurt/Main 1990.
Katrin Lange: Gesellschaft und Kriminalität. Räuberbanden im 18. und frühen 19.Jahrhundert. (Magisterarbeit) Gießen 1991.

Hans Sarkowicz

Die Räuberromantik in der deutschen Literatur

Ein wirklicher Räuber hatte es zu den Zeiten, aus denen hier berichtet wird, schwer. Die Obrigkeiten waren hinter ihm her, als Todesperspektive winkte der Galgen. Wo es größere Banden gab (die waren selten), da überwog meist nicht irgendeine räuberliche Solidarität, sondern der Kleinkampf untereinander um die Beute. Ein wirklicher Räuber aber scheint gar nicht existiert zu haben. Zwar kennen wir seine Taten, können aus den Gerichtsakten und ›aktenmäßigen Berichten‹ seine Opfer angeben, Summen von geraubten Talern, brandgeschatzte Häuser und Dörfer, mißhandelte Bauern, Pfarrer, Juden oft, Kaufleute; zwar lassen sich auch historische Räuberkarrieren in historischen Daten beschreiben, gibt es einigermaßen zuverlässige Kommentare und Glossare der Gaunersprache (Rotwelsch, das Jenische), ›Sittengeschichten‹ des Räuberwesens, aber kaum eine andere Figur wurde derart eingesponnen in Wünsche und Interessen, Verdammung wie Verherrlichung, in weit von der Wahrnehmung entfernte Anschauungsklischees, wie die des Räubers.

Zäher und verzweifelter hielten die kleinen Leute und die großen Dichter an keinem anderen Trivialmythos als dem des ›edlen Räubers‹ fest. Einmal vom wirklichen Räuberleben abgelöst, konnte sein fiktives Double vielfachen Strebungen dienen. Wahre Schlachten der schwarzen Phantasie sind mit imaginären Räuberbanden geführt worden, Auf- wie Gegenaufklärer haben sich bedient, trübste Schauergewinnler haben halluzinierte Räubertaten ausgeschlachtet und wohlmeinendste Volksfreunde haben rebellische Absichten ausgemacht, wo einfache Räuberei aus Not oder Gewohnheit vorlag. Der wirkliche Räuber hat über sich selbst leider nichts oder fast nichts geschrieben. Er hat allerdings viel geredet, hat den Untersuchungsbeamten oder häufiger noch dem um das Seelenheil des Delinquenten bangenden Pfarrer vor der Hinrichtung eine Lebensbeichte geliefert.

Aber auch in den so entstandenen Protokollen vermischen sich die tradierten Diskurse über das Räuber(un)wesen mit den Aussagen der Gefangenen. Räuberliteratur ist Literatur über Räuber wie sie gefürchtet, verehrt, erfunden oder vernichtet wurden. Es ist oft auch Literatur zur Unterhaltung, zur Warnung und Belehrung, Einschüchterung oder Erbauung. Es ist nicht selten strategische Literatur. Weil an den erbärmlichsten Wilddieb, den gemeinsten Mordbrenner, den gewöhnlichsten Kirchendieb Reste von Rebellionsphantasien der armen braven Leute delegiert wurden, mußten mit diesen literarischen Räubern die Phantasien getilgt oder auf harmlos-idyllische Felder umgeleitet werden.

Dies umso mehr, als die Französische Revolution, das Superereignis der Epoche, in den Köpfen der Autoren als dominanter Bezugspunkt allen Sprechens und Schreibens über Räuber und Gauner, Diebe und Vaganten präsent war. Sie färbte die schauerromantischen Räuberpistolen ebenso ein, wie die aufklärerischen Versuche, die Raubdelikte aus den Lebensverhältnissen der Räuber zu erklären.

In der populären Räuber- und Gaunerliteratur um die Jahrhundertwende (die Bücherverzeichnisse der Jahre zwischen 1790 und 1810 weisen sprunghaft gestiegene Anteile von Unterhaltungsromanen an den Literaturen aus) kreuzen sich nicht nur literarische Motivvariationen, hundertste und tausendste Hybriden zwischen Schillers »Räubern« (1781) und Goethes »Götz« (1771), verdünnte und raffiniert vergiftete Aufgüsse der beiden Hauptromane der sogenannten Schauer- und Räuberromantik, Heinrich Zschokkes »Abällino, der große Bandit« (1795) und dem »Rinaldo Rinaldini« (1799) von Vulpius; auch andere Formen der populären Anschauung und subkulturellen Traditionen werden unters schauerliche Lesefutter gemischt: der magisch-unverletzbare Räuberhauptmann, an dem die Pistolenkugeln der Häscher mühelos vorbeipfeifen, die barbarisch-exzessiven Sitten und Bräuche des Räuberlebens, wie zügellose Wollust und endlose Saufgelage, der weite Bereich einer überkommenen Gauner- und Bettlerkultur mit Quacksalberei, Scharlatanerie und den Tricks und Täuschkünsten der Elendsdarsteller und Krüppelsimulanten. Auch die spektakulären Hinrichtungen, die öffentlichen Rache- und Bestrafungsrituale fließen hier ein und schließlich die unter dem Lesepublikum verbreitete Angst, selbst einmal Opfer eines räuberischen Überfalls zu werden, oder die klammheimliche Schadenfreude über die den Reicheren angetanen Raubtaten.

So werden in den Trivialschwarten der Räubergenres Ängste mit Wünschen, literarische Motive mit Formen der populären Anschauung vermischt, bis vom wirklichen Räuber nur noch ein schauerlicher Schatten bleibt.

Dem kommt freilich der existierende Räuber entgegen, der nicht nur verborgen in Wäldern und Höhlen lebt, sondern auch selbst wiederum beeindruckt und beeinflußt wird von dem, was über ihn gemunkelt und geschrieben wird.

Einige Themen und Motive der trivialen wie der ›höheren‹ Räubermythologien sollen hier zur Sprache kommen.

Der Pariser Räuberführer Cartouche (Louis-Dominique Bourguignon, gest. 1721) war neben dem Schmugglerhauptmann Mandrin (gest. 1755), dem Königs-Attentäter Damiens (gest. 1757) und dem Giftmörder Desrues (gest. 1777) die Figur des Ancien Régime, die weit über Frankreichs Grenzen hinaus die Öffentlichkeit der Zeit am meisten beschäftigte.

Hans-Jürgen Lüsebrink hat in einer detaillierten Analyse (Kriminalität und Literatur im Frankreich des 18.Jahrhunderts, München 1983) die Verwandlung des Räubers Cartouche in einen populären Mythos nachgezeichnet. Sein Leben, seine Taten, Verfolgung und Hinrichtung werden in Liedern und Theaterstükken, Erzählungen und Romanen, Flugschriften und populären Holzschnitten in Sequenzen aufgeteilt, als handele es sich um die Stationen der Vita eines Heiligen. Die genannten Hauptschurken, vor allem aber Cartouche, geistern durch die Korrespondenzen der bedeutendsten Autoren des Jahrhunderts. In Goethes »Wilhelm Meisters Lehrjahren« werden Cartouche und Damiens erwähnt, Diderot und Rousseau, Voltaire und Lavater nehmen sich dieser Räuber an. Sie gelten dem anthropologischen Interesse der Aufklärung als privilegierte Objekte, als Personifikationen des Bösen und Abgründigen, aber auch als Rebellen und gefährliche Außenseiter.

In vielen Texten, vor allem aber in der populären Anschauung gilt etwa Cartouche als der Regent eines ›Gegenkönigreichs‹. In der verkehrten Räuberwelt existiert ein eigener, sehr streng befolgter Ehrencodex, gibt es klare militärische Strukturen und die geheime Sondersprache des Argot. In dieser verkehrten Welt herrschen – anders als in der ›richtigen‹ – Ordnung und Gerechtigkeit. Erinnerungen an eine als heil und gut verklärte Zunftordung und etwa den ›bon roi‹, Henri IV., vereinigen sich mit der diffusen Hoffnung, die als gerecht empfundene Gegenordnung der Räuber und Briganten könne als Modell dienen zur Verbesserung der absolutistischen Verhältnisse, die als ungerecht und chaotisch empfunden wurden.

Die verkehrte Welt der Räuber und ›Sozialrebellen‹ (Hobsbawm) war die ›richtige‹, die bestehende des absolutistischen Königsstaats die falsche.

In Frankreich wurden die Helden der Räuber- und Brigantenliteratur zu Symbolfiguren der zunächst rückwärts gewandten Sehnsucht nach geordnet-patriarchalischen Verhältnissen wie sie aus dem Mittelalter und der frühen Neuzeit herausgeträumt wurden.

Zu Beginn der Revolution dienten die Bilder und Schriften zum Beispiel zu Cartouche als Legitimationshilfe; auch auf ihn berief sich das Volk, das in eigener Justiz dem Ancien Régime den Prozeß bereitete. Als sich dann die revolutionäre Gewalt selbst als Regierung konstituiert hatte, wurden die populären Darstellungen der Briganten, die Bänkellieder, Einblattdrucke und Kolportageschriften verboten. Trivialmythisch beschworene Sozialrebellen der kleinen Leute wurden von der Revolutionsregierung durch die Werke ersetzt, die der nunmehr offiziellen ›Literaturpolitik‹ entsprachen.

Im März 1792 wurde die französische Adaption von Schillers »Räubern« zum ersten Mal aufgeführt. »Robert chef de brigands« griff Themen und Motive der französischen Brigantenliteratur auf, hielt die Idee des vom Volk gewünschten Gegenkönigreichs aufrecht, entschärfte aber den aktuellen Bezug durch die wie bei Schiller ins 15.Jahrhundert in die böhmischen Wälder verlegte Handlung. 1797/98 wurde vorübergehend auch »Robert chef de brigands« verboten, der Autor/Übersetzer kam ins Gefängnis.

Mit den Übertragungen des »Abällino« (1801) und »Rinaldo Rinaldini« (1800) sowie eigenen räuberromantischen Kolportageromanen dominierten dann Bilder, die den Räuber und seine Bande dämonisieren, die Banditen in ferne Räume und Zeiten versetzen oder in der Figur des ›edlen Räubers‹ adeln. Dieser ›edle Räuber‹ entspricht dem ›edlen Wilden‹, in dem in ähnlicher Weise die Auswüchse einer als ›unnatürlich‹ empfundenen Gesellschaftsordnung durch die Beschwörung unverdorbener, ursprünglicher Potenzen angeprangert werden. Die Wälder und Höhlen der Räuber sind exotisches Terrain ebenso wie die Südsee, in der die ›edlen Wilden‹ lokalisiert werden.

Korrespondierte in Frankreich die Räuber- und Brigantenliteratur mehr oder weniger unmittelbar mit den unterschiedlichen Phasen der Revolution, so arbeiteten sich die deutschen Schauer- und Räuberromane an den wirklichen oder vermuteten revolutionären Strebungen und Phantasien des Lesepublikums ab, wo sie nicht das Räubermilieu als bloße Kulisse sinn- und zweckloser Mord- und Freveltaten benutzten.

Mit Heinrich Zschokkes »Abällino, der große Bandit«, der zuerst als dialogisierter Roman, 1795 dann als vom Autor selbst dramatisiertes Theaterstück erschien, betritt der ›edle Räuber‹ in Deutschland furios die Bühne. J.W.Appell schreibt 1859, als sei er von den Erfolgen der Räuberromantik selbst noch unmittelbar erregt, über Zschokkes »Abällino«:

»Wo hatte man (...) je ein solches Original gesehen, wie den geheimnißvollen, übermenschlichen Helden dieser Geschichte! Bald tritt derselbe als der zähnefletschende Mordhund Abällino, dem Venedigs Polizei nur ›lächerlich‹ ist, in schmutzigen Banditenhöhlen auf und erschüttert die Nerven durch sein fürcherliches ›Hi,Hi‹, bald gewinnt er sich wieder des Dogen Nichte, die wunderschöne Rosamunde von Corfu, in Gestalt des süßen Cavaliers Flodoardo, welchen man den ›Adonis von Venedig‹ nennt, und schließlich feiert der ganz mit Hochgefühlen ausgestopfte, ›unaussprechlich große Jüngling‹, zu allgemeiner Befriedigung und Rührung, die edelsten Triumphe der Tugend. Und diese Beschwörung der tückischen venetianischen Nobili, dieser Monolog mit dem Todtenkopfe, in dem ›Abällino-Flodoardo‹ dem freundlich grinsenden ›Kameraden‹ Brüderschaft zutrinkt, alle diese ›Graulichkeit und Süßlichkeit‹ – wo fand sich dergleichen besser?« (J.W.Appell: Die Ritter-, Räuber- und Schauerromantik. Zur Geschichte der deutschen Unterhaltungsliteratur, Leipzig 1859, S. 67f.)

Raub- und Nachdrucke, ›Seitenstücke‹ wie »Die Heldin der Vendée. Ein weiblicher Abällino. Romantische Geschichte aus dem französischen Kriege« (Hamburg 1801) und dergl. vergrößerten Zschokkes trivialen Triumph. Die dramatische Fassung des »Abällino« wurde im klassischen Weimar durchaus Schillers Stücken gleichgestellt.

Abällino (»grinsend, Hi,Hi!«) verschleppt das verkitschte Räuberwesen ins Venedig des 16.Jahrhunderts, weit fort von den aktuellen Banden und Einzelräubern, weiter noch von den Erschütterungen der Französischen Revolution.

Weit weniger Berührungsangst hat zum Beispiel »Albert von Ranken« (Berlin 1796), ein zum Räuber und Mörder gewordener Adliger, der mit seiner Bande einem Volk zur Hilfe eilt, das um seine Freiheit ficht. Albert wirft sich tapfer in die Schlacht und stirbt heldenhaft. Auch in »Ben Oglu, Skizze aus den geheimen Annalen der republikanischen Propaganda« (›Bagdad‹ 1798) stellen sich Straßenräuber an die Spitze einer Empörung.

In der oben erwähnten »Heldin der Vendée« schließlich schießen etliche Schauermotive zusammen, die als finsteres Szenarium scheinbar die Partei der republikanisch-französichen Staatsmacht ergreifen.

Die Tochter eines republikanischen Generals kämpft in Männerkleidern bei der Eroberung von Ancenis, um dann, als Frau zurückverwandelt, die Stadt in der Postkutsche zu verlassen. Unterwegs gerät sie in die Fänge einer entsetzlichen Räuberbande, insbesondere muß sie dem Hauptmann Royal Massacre als Geliebte dienen. Nur so entkommt sie der sexuellen Bandengier. In der Räuberhöhle sind die Spuren und Trophäen der Beutezüge angesammelt. Schnaps, Waffen, geschlachtetes Vieh und Diebesgut kommen zum verworfenen Chaos zusammen. An einem gigantischen Feuer werden an Degen Ochsen gebraten, Branntwein fließt, Lieder auf den Tod der Republikaner folgen. Royal Massacre, durch diese rauhe Feier zum Räuber-Tier geworden, schleppt (›La belle et la bête‹) sein armes schönes Opfer bei einbrechendem Gewitter auf einen Felsen, um die Hochzeitsnacht zu zelebrieren. Im letzten Moment eilt dann ein Republikaner hinzu, verwundet den Hauptmann und stürzt ihn rücklings in die Loire, wo er ertrinkt. Dann rennt er mit der Geretteten ins gerechte Lager und weiteren Abenteuern entgegen. Wessen Partei in diesen ›revolutionären‹ Räuberpistolen obsiegt, ist am Ende gleichgültig. Daß die Revolution mit ihren Fronten und Parteien ins obskure Räubermilieu verlegt wird, verwischt ihre politisch-soziale Realität ebenso wie bei den vielen Romanen, in denen die Agenten von Geheimgesellschaften über das Wohl und Wehe der Kontrahenten bestimmen. Einmal als blutrünstiges Schmierenstück diskreditiert, entziehen sich die realen Auseinandersetzungen jeder rationalen Perspektive.

Die einschlägige Unterhaltungsliteratur bietet Konfliktzuspitzungen und Lösungen an, die den Vorteil besitzen, im phantastischen Königreich des Lesesessels bewältigt werden zu können. Der sonst über die Räuber- und Schauerscharteken eher mit spitzen Fingern schreibende Carl Müller-Fraureuth urteilt im Jahre 1894 bei Gelegenheit einer Schrift, die Lesesucht und Revolutionswut verknüpft (J.G.Hoche: Vertraute Briefe über die jetzige abentheuerliche Lesesucht und über den Einfluss derselben auf die Verminderung des häuslichen und öffentlichen Glücks, Hannover 1794), es sei nicht statthaft, einen Zusammenhang zwischen Romanrealität und Weltgeschichte in den Köpfen des Lesepublikums zu konstruieren:

»Man könnte auch wohl eher behaupten, dass die Romane die Revolution hintanhielten: wie wir Deutsche von jeher nur in der Literatur revolutioniert haben, so befriedigten insbesondere die Romane den Unwillen des kleinen Mannes gegen die Höfe, die fürstlichen Räte und Blutsauger. Die Unterdrückten stehen hier im Geiste auf gegen die Gewalt der Grossen, sie leben in einer Art Idealstaat: da werden Raubritter geköpft, Fürsten abgesetzt, Minister gehängt, Mätressen ins Zuchthaus gesteckt, Arme reich gemacht, Geknechtete zu Ehren gebracht, kurz das Oberste zu unterst gekehrt, um die unterdrückte Tugend und Redlichkeit wieder auf die Beine zu bringen und zu zeigen, dass ein Gott im Himmel ist, der sich zu seinen höheren Absichten auch des scheinbar Schlechten bedient.« (Carl Müller-Fraureuth: Die Ritter- und Räuberromane. Ein Beitrag zur Bildungsgeschichte des deutschen Volkes, Halle 1894, S.95).

Hatte Zschokke mit seinem »Abällino« den edlen, auf tausend Haupt- und Nebenschauplätzen agierenden Räuber eingeführt, so gelang es Goethes Schwager Christian August Vulpius mit seinem »Rinaldo Rinaldini«, den absoluten Idealräuber zu schaffen, dessen flach-tragische Räuberhauptmannsvita weit ins 19. Jahrhundert nachbebte. Vulpius gelang es, nahezu sämtliche virulenten Motive der Romanproduktion der Spätaufklärung an Rinaldos Fersen zu heften. Selbst Räuber wider Willen befreit er eingesperrte Gräfinnen, verliebt sich mehrfach in romantischer Reinheit, raubt bösen religiösen Trickbetrügern die Ablaßkasse, um sie an seine – natürlich äußerst rohen – Bandieros und die lokalen Armen zu verteilen, und verspielt seine, von einer geheimen Verschwörergruppe geplante Hauptrolle, bei der Befreiung Korsikas tatkräftig mitzuwirken. Der allen Verfolgerkugeln und Häscherfallen mit magischer Regelmäßigkeit entkommende Räuberhauptmann trifft immer alle Lieben wieder, die im Laufe des episodisch verfransten, durch poetische Einlagen (»So seufzte Rinaldini/Und sprach im großen Schmerz: »Ach! brich doch mein getreues/ Zu viel beschwertes Herz!«) gehobenen Romans verlorengegangen waren. Er sucht wahrlich trotz sozialrebellischer Gelegenheitsscharmützel nicht nach dem allgemeinen Glück der Untertanen oder gar nach ihrer Freiheit. Ganz Italien nebst vorgelagerter Inseln wird zum Labyrinth seiner eigentlichen Räubersehnsucht: er will Familie, schöne Erotik und nicht das rohe Leben der Bande, obwohl er, wenn es sein muß, der allerraffinierteste Räuber ist, der glänzend schießen und balgen kann.

Im »Rinaldo« und seinen unübersehbaren Derivaten (›Nebenstücken‹, Moritaten, populären Drucken, Dramatisierungen, Übersetzungen etc.) wird – nach der Französischen Revolution – ein Stillstand zelebriert, ein warmes Eckchen geboten, von dem aus man mit erträglicher Gänsehaut in die Unbillen der Zeit schauen kann, ohne ihr Opfer zu werden. Ein bißchen gepflegtes Sozialrebellentum, das in den aufgeklärten Aktionen der siegreichen Franzosen Platz gegriffen hat, nach Italien gerückte Räuber, die aber eigentlich – zumindest in Gestalt des Hauptmanns – gut und etwas tragisch verformt sind, ansonsten ein Schicksal, das nicht in den eigenen Händen liegt, sondern sich interessant und unerwartet von einer im Verborgenen liegenden Spule abwickelt.

Auf kleiner Flamme hielten so sich Impulse des Aufbegehrens mit den Wunschidyllen bürgerlichen (Familien-)Glücks gegenseitig in Schach.

Ganz anders verfährt der Begründer der deutschen Kriminalgeschichte, der aufgeklärte Jurist August Gottlieb Meißner. Hatten die in der Tradition der Pitaval-Sammlungen stehenden Autoren aufsehenerregende Rechtsfälle mitgeteilt, so wendet sich Meißner einer »moralisch-anthropologischen Perspektive« (Holger Dainat) zu. Das Verbrechen wird in einen juristisch zu wägenden und einen moralisch zu beurteilenden Anteil aufgespalten. Dadurch werden die

Rechtsbrecher aus der schauerlichen Sondersphäre der Subkulturen herausgelöst und als Menschen sichtbar, die kleinster Abweichungen wegen größte Konsequenzen bewirken. Aus plötzlichen Affekten können Mord und Totschlag begangen werden.

Meißner ruft dazu auf, ihm ›Fallgeschichten‹ einzusenden, die in großer Zahl geliefert und von ihm in den »Skizzen« publiziert werden. In seiner anrührenden Räubergeschichte »Der Hundsattler und der Leineweber« (1796) baut er realistische Beobachtungen in eine auf einen glücklichen Ausgang hin geschriebene Fabel ein. Einmal ist der arme Leineweber den Einflüsterungen des räuberischen Hundsattlers gefolgt; unabsehbar kumulieren die Konsequenzen. Der erzböse Räuber gibt unter der Folter den unschuldigen Leineweber als Komplizen und Mitwisser all seiner Schandtaten an, was er beileibe nicht ist. Der zu Unrecht Ergriffene soll gehängt werden. In letzter Sekunde sprengt ein Reiter heran, der den fürstlichen Gnadenerweis verkündet. Hier scheitert ein verworfener Schurke, der sich seinen privaten Gottesbeweis zusammengeschustert hat, am gerade noch rechtzeitigen Eingriff des Fürsten. Als der Hundsattler (so heißt er, weil er seine Beute in zwei Taschen zu verstauen pflegte, die sein Hund zu tragen hatte) sehen muß, daß der Leineweber doch nicht hängen muß, gesteht er nunmehr ein, daß er doch an einen gerechten Gott glaubt, der über seine Frechheit obsiegt hat. Bekehrt und friedlich läßt er sich richten; so kommen Gottes Gegenwart und des Fürsten Geistesgegenwart zusammen. Was hier in einer komprimierten Erzählung geschieht, findet sich häufig in den »aus den Acten gezogenen« Berichten wieder, die wir hier abgedruckt haben.

Über den gegenseitigen Einfluß der räuberromantischen Romane und der ›aktenmäßigen‹ Berichte und Protokolle ist bislang wenig nachgedacht worden. Tatsächlich aber durchdringen sich nicht nur die literarischen Phantasien über die Räuber und die juristischen, karitativen oder bekehrungswilligen Schriften; auch die wenigen Zeugnisse der Selbstwahrnehmung der Räuber und Gauner bezeugen eine Mischung aus phantastisch-fiktionalen und realistischen Anteilen. Mag sein, daß die meisten Räuber und Räuberbanden sich gleichsam habituell über sich selbst getäuscht haben. Daß sie sich häufig in legitimatorischen Freisprüchen als Sozialrebellen stilisiert haben, die sie mit ganz wenigen Ausnahmen in Deutschland nicht waren. Daß sie an ihre eigenen Rationalisierungen und Verblendungen glaubten oder – wie der Schinderhannes – schon so mit ihrer Legende zusammengewachsen waren, daß sie sich mitunter selbst spielten. Damian Hessel wechselte zwischen einer jüdischen und einer christlichen Identität. Viele der kleineren Gauner, Gelegenheitsbettler, wandernden Krämer nahmen je nach aktuellen Erfordernissen unterschiedliche Rollen an. (Wie beim Konstanzer Hans nachzulesen, waren die Grenzen zwischen Räuberei, Vagantentum, fliegendem Kleinhändlerwesen etc. mitunter fließend.)

Zwar waren im Laufe der Reglementierung und Formalisierung der Strafverfahren im 18. und 19. Jahrhundert bestimmte rhetorische Normen der ›Relationen‹ und ›Geschichtserzählungen‹ entstanden, mußten sich alle am komplizierten und langwierigen Inquisitionsprozeß Beteiligten an die Regeln der forensischen Schriftsprache halten, dies mußte sich aber ändern, wenn einzelne Autoren mit ihren ›Actenmäßigen Berichten‹ nicht mehr nur das engere Fachpublikum (Juristische Fakultäten, Polizeibeamte, Inquisitoren u.a.) erreichen wollten.

Deutlich wird dies zum Beispiel in der Hannikel-Biographie des Pfarrers Christian Friedrich Wittich. Dieser »wahrhafte Zigeunerroman« (1787) ist eben nicht »ganz aus den Kriminalakten gezogen« wie sein Titel suggeriert, sondern verbindet nicht nur ein Bekehrungs- mit einem Unterhaltungsinteresse, sondern beschreibt Hannikels Leben auf den Triumph der göttlichen Gerechtigkeit hin, der sich am Ende Hannikel freudig fügt. Von der aufklärerischen Idee der religiösen Toleranz beeinflußt, fügt Wittich ein »Zigeunerlied« in den Text, das um Verständnis für ihre Lebensweise wirbt:

Das Völklein, das Zigeuner heißt,
Beurtheilt man oft schiefer,
Als andre Leute, weit und breit
Nennt man es Ungeziefer.

Und doch gleicht uns an Brauchbarkeit
Wohl niemand auf der Erden,
Was jeder wünscht, das kan ihm leicht
Durch unsre Künst werden.

Wir zeigen um ein Groschenstück,
Wo noch, seit alten Kriegen,
Im Keller, oder unterm Dach
Verborgne Schäze liegen.

Der junge Herr kriegt einen Dienst
Von uns, und auch ein Bräutgen,
Reich, artig, jung, flink wie ein Topf,
Mit einem feinen Häutgen.

Der Jungfer, gibt sie gute Wort
Dem braunen Streifer-Mädchen,
Bescheren wir den besten Mann
Im Dorfe oder Städtchen.
(...)

Wir suchen unser Stücklein Brod,
Wie andre, durchs Hausiren,

drum lasse man Zigeuner-Leuth,
als brave Leuth passiren.

Für das Lesepublikum dürfte es schwierig gewesen sein, den Realitätsgehalt der sich biographisch-dokumentarisch gebenden Räuber- und Gaunerliteratur zu überprüfen.

Daß sich die in der 1790/91 erschienenen Sammlung »Thaten und Feinheiten renommirter Krafft- und Kniffgenies« von Friedrich Eberhard Rambach und anderen publizierten Räuberbiographien deutlich von den quellenmäßigen Darstellungen unterschieden, war wohl zu bemerken. Für die Autorenlaufbahn von Ludwig Tieck übrigens war es nicht unerheblich, daß er in Rambachs Auftrag die Biographie des ›Bayrischen Hiesels‹ verfaßte. Bei den englischen Originalschurken Jonathan Wild und Carl Prices hatte Tieck es mit Untätern zu tun, die in vielen Zügen für seine späteren, der Trivialliteratur nicht immer fern stehenden Romane Pate standen.

Überhaupt kommunizierte die ›höhere‹ Literatur eines Schiller oder Goethe sehr viel intensiver mit der ›niederen‹ Kolportage als man annimmt. Schiller etwa entwickelte Popularisierungsstrategien für die literarische Arbeit ›ernster‹ Schriftsteller; sein »Verbrecher aus Infamie« (zuerst 1786 in der »Thalia« veröffentlicht, 1792 als »Verbrecher aus verlorener Ehre« abermals publiziert) und sein »Geisterseher« wurden ganz abgesehen von den »Räubern« zu Musterstükken ihrer Genres, denen man eifrig nachschrieb.

Trotz aller expliziter oder unwillkürlichen Bearbeitungen der Räuberbiographien und Bandengeschichten versuchten die meisten Autoren eine möglichst große Nähe zu den Objekten ihres Schreibens zu behaupten. Manche Pfarrer, Untersuchungsbeamte oder Polizisten verbrachten tatsächlich Stunden und Tage bei den Delinquenten. Einige rühmen sich, durch methodische Freundlichkeit und Verabreichung von Tabak und anderen Vergünstigungen die rauhsten und rohsten Räuber zum Sprechen gebracht zu haben. Der deutsche Jakobiner Georg Friedrich Rebmann etwa war seinem gefangenen Damian Hessel ein Experte gezielter Humanität: wie mit Kindern müsse man mit den Tätern umgehen, liebevoll und geduldig, um sie schließlich mit Sicherheit ihrer Verbrechen überführen zu können.

Öfter aber wurde der dokumentarische Charakter irgendwelcher Räuberlebensgeschichten bloß behauptet. Ignaz Ferdinand Arnold (1774–1812) war ein mehrfach examinierter Akademiker und brachte es an der Universität in Erfurt zum Privatdozenten. Im Hauptberuf war er Rechtsanwalt, nebenher Organist und Autor. Zwischen 1798 und 1812 schrieb er an die 70 selbständige Werke, darunter populärwissenschaftliche Bücher über Musik, Bienenzucht, Kunst und Geschichte. Neben einer Reisebeschreibung und drei Schauspielen brachte er es auf 40 Romane, vor allem aus dem Schauer-, Geister- und Geheimgesellschaftsmilieu. Drei Romane gehören dem Genre des durch Zschokke und Vulpius begründeten Räuberschauerromans an: »Die Grafen von Moor. Ein Familiengemälde« (1802), »Der berühmte Hauptmann Schinderhannes, Bückler genannt. Ein wahrhaftes Gegenstück zum Rinaldo Rinaldini« (1802), den der Schinderhannes, sollte er Romane über sich zur Kenntnis genommen haben, noch gut und gerne gelesen haben könnte, und als abgeschmackter Gipfel: »Der schwarze Jonas, Kapuziner, Räuber und Mordbrenner« (1805).

Das zweibändige Machwerk über den Schinderhannes kann schon – entgegen allen Behauptungen des Autors – deshalb überhaupt nicht authentisch sein, weil der Roman im Jahre 1802 erschien, die Ermittlungen gegen Johannes Bückler zu diesem Zeitpunkt noch gar nicht abgeschlossen, geschweige denn zugänglich waren. Vollends abwegig aber wird die Behauptung, das Material zum »Schwarzen Jonas« (der eigentlich Johann Christian Reinhard hieß und tatsächlich unter seinem Räubernamen 1799 vom Schinderhannes angeheuert wurde) sei »aus seinem Inquisizions=Protokoll gezogen«.

In den »Schwarzen Jonas« hat der Autor so ziemlich alle Klischees und gängigen Motive gemischt, die seit Vulpius zum Räuberleben gehörten, und sie mit anderen obligaten Themen der zeitgenössischen Trivialliteratur versetzt. Von der geheimen, unterirdisch residierenden Superbande über das adlige Liebchen, die Rache der Enterbten, Incognito-Auftritten der Oberräubers zu Aberglauben, Magie, Pfaffenschelte und pseudoradikalen Reden gegen die Obrigkeit. Diese Ingredienzen sollen aber offenbar nur das Vertrauen ins Schema schaffen, die Leseerwartungen stabilisieren; dazwischen finden sich immer wieder krasseste Szenen von sinnlos-brutaler Gewalt, gemeinsten sexuellen Demütigungen, von Kannibalismus unter den Räubern, viehischen Sitten und entsetzlichen Ausschweifungen. Mit solchen Räubern, die ja wirklich unter den angegebenen Namen bekannt waren, braucht man sich nicht mehr auseinanderzusetzen. Herausgelöst aus allen sozialen Verhältnissen sind sie nur noch personifizierte Perversionen, Roman-Ungeheuer, die nicht mehr nur das Bedürfnis nach schauerlicher Unterhaltung und Warnung vor Raub und Mord befriedigen, sondern die Räuber zu leblosen Projektionsfiguren verbotenster Triebwünsche machen (vgl. das Vorwort von Hans-Friedrich Foltin zum Reprint des »Schwarzen Jonas«, Hildesheim 1972).

In den zwei bis drei Jahrzehnten, in denen die Räuberbanden und die großen Räuber das Land heimsuchten, ihre Überfälle und Terrorakte nicht nur gefürchtet wurden, sondern landauf landab diskutiert, in denen die Zeitungen voll waren mit Berichten und räsonnierenden Kommentaren, sind, grob gesagt, zweierlei Formen von Räuberliteratur entstanden. Eine ›dokumentarische‹, ›aus den Akten gezogene‹, die trotz aller Spezialinteressen und fiktionalen Anleihen den existierenden Räubern nahe zu kommen versuchte, und eine Unterhaltungsliteratur, die ihre Objekte vom ›edlen Räuber‹ zum mordenden Ungeheuer, vom gerechten Rächer zum Agenten des puren Bösen mutieren ließ.

Der Bedarf an zumindest annähernd realistischen Texten über Räuber und Räuberbanden verschwand in den dreißiger Jahren des 19. Jahrhunderts mit dem Phänomen, von dem sie handelte. Wenige der hier wieder veröffentlichten

Berichte und Räuberlebensbeschreibungen gingen in den Kanon der Räuberliteratur ein, die meisten dürften nur Spezialisten bekannt sein.

Anders die schauerlichen Räubergeschichten. Das gesamte 19. Jahrhundert hindurch delektierte man sich an Kolportageschriften, in denen die Topoi der Räuberromantik, die Lasterhöhle, der unter die Räuber gefallene Adlige, der dann ihr Hauptmann wird, die wilde Erotik, die Intrigen in der Bande und das abgründig Böse immer wieder neu gemischt wurden.

Einige der großen Räuberfiguren, wie der bayrische Hiesel, der Schinderhannes, der schwäbische schwarze Veri, später Mathias Kneißl, wurden und werden immer wieder aufs neue zu Romanen, Filmen, Theaterstücken oder auch kritischen Monographien verarbeitet. Gelegentlich müssen sie revolutionären Bewegungen als rebellische Vorfahren dienen, die sie in den allermeisten Fällen nicht waren. Und wo – wie in Wiesbaden – ein berühmter lokaler Räuber fehlt, da wird ein Anton Leichtweiß, ein ziemlich harmloser Wilddieb im 18. Jahrhundert, samt Höhle mit flintengeschmücktem ›Versammlungsraum der Räuber‹ sogar zum ›Räuberhauptmann‹ gemacht, dessen Gefangennahme auf Einblattdrucken und später Postkarten realistisch, jedoch frei erfunden abgebildet wurde.

Abgesehen von solch rührenden Räuberfälschungen, abgesehen auch vom ewigen Weltvorrat räuberliterarischer Manifestationen, wie den chinesischen Räubern vom Liang Schan Moor aus dem 13. Jahrhundert, Robin Hood, Paganovo, Cartouche etc., sorgt schon der Räuber Hotzenplotz dafür, das die Gattung nicht ausstirbt.

Und wenn im Fernsehen zum 31. Mal »Das Wirtshaus im Spessart« wiederholt wird mit Liselotte Pulver in Männerkleidern und Wolfgang Müller und Wolfgang Neuss da ihre schelmischen Moritaten singen, dann darf abermals gefragt werden, ob der Räuber, der wirkliche Räuber jemals existiert hat?

Heiner Boehncke

Der Bayerische Hiesel
Wildschütz und Sozialrebell

»Ich habe heute die Gnade gehabt«, läßt Matthias Claudius 1776 sein *Schreiben eines parforcegejagten Hirschen an den Fürsten* beginnen, »von Ew. Hochfürstlichen Durchlaucht parforcegejagt zu werden; bitte aber untertänigst, daß sie gnädigst geruhen, mich künftig damit zu verschonen.« Matthias Claudius, damals Oberlandkommissar am Darmstädter Hof, übte mit dieser Satire vorsichtig Kritik an der ungebremsten Jagdleidenschaft des Landgrafen, der mit größtem Vergnügen das Wild über Wiesen, Äcker und herbstlich reife Getreidefelder hetzen ließ. Daß Claudius sich so demonstrativ nur auf die Seite des Wildes und nicht auch auf die der geschädigten Bauern stellte, hatte seinen Grund vor allem darin, daß die absolutistischen Herrscher in der Jagd ein fürstliches Privileg sahen, das niemand in Frage stellen durfte – auch kein querköpfiger Dichter. Die uneingeschränkte Ausübung der Jagd und die Strafen, die Wilderer zu erwarten hatten, galten als Nagelprobe für die Macht eines Souveräns.

Der Wilddiebstahl war bis dahin keineswegs immer nur ein verabscheuungswürdiges Verbrechen gewesen. Die Germanen, die sich wesentlich von erlegten Tieren ernährten, kannten in ihrem Recht einen solchen Tatbestand noch nicht. Und wer in den nicht allzugroßen Königsforsten des Mittelalters jagte, mußte in der Regel eine Geldstrafe entrichten – und das natürlich auch nur, wer sich erwischen ließ. Die frühen Rechtsbücher der Sachsen und Schwaben hielten ausdrücklich fest, daß Wilddiebstahl nicht mit dem Tode bestraft werden durfte. Erst mit dem Entstehen von Landeshoheiten, einer Vorstufe des Absolutismus, so Radbruch/Gwinner in ihrer *Geschichte des Verbrechens*, begann eine neue Epoche des Wilddiebstahls: »Wenn uns in den Gesetzen auch Strafen von der Todesstrafe bis zur bloßen Geldbuße und dazwischen Leibesstrafen in großer Zahl und Verschiedenartigkeit sowie Strafen an Freiheit und Ehre begegnen, so zeigt doch die Entwicklungslinie, daß die Strafen in der letzten Hälfte des 16. Jahrhunderts verschärft werden, der Wilddiebstahl zum Kapitalverbrechen erhoben wird, das in den Gesetzen und Verordnungen mit den grausamsten Verstümmelungsstrafen und der Todesstrafe bedroht wurde, sofern sich der Landesherr nicht überhaupt die Freiheit nahm, in jedem Einzelfall eine willkürliche Strafe zu statuieren.«

Daß vor allem die Todesstrafe immer häufiger verhängt wurde, weist darauf hin, daß die Wilderei erheblich zugenommen haben mußte. Die Gründe dafür liegen auf der Hand. Die zahlreichen Kriege, allen voran der 30jährige Krieg, hatten Deutschland ausbluten lassen. Die Landbevölkerung war verarmt und konnte sich kaum noch ernähren. Wie Ernst Schubert in seiner großartigen Studie über *Arme Leute. Bettler und Gauner im Franken des 18. Jahrhunderts* (Neustadt 1983) exemplarisch zeigen konnte, war Mundraub fast selbstverständlich geworden. Aber auch kleinere Diebstähle, selbst bei Nachbarn und Verwandten, gehörten zum Alltäglichen. Das Rechtsempfinden war erheblich gestört. Wer nicht wußte, ob er am nächsten Tag noch etwas zum Essen haben würde, den störten auch noch so drakonische Strafen nicht. Auf der anderen Seite gab es in den Wäldern durch die Jagdleidenschaft des Adels und des Klerus einen übermäßigen Wildbestand, der die Saaten und die Felder der Bauern bedrohte. Schon während der Bauernaufstände 1524/25 hatte eine der wichtigsten Forderungen gelautet, die Zahl der Wildschweine und Hirsche erheblich einzuschränken, um die Schäden im erträglichen Rahmen zu halten.

Den Bauern war es nur erlaubt, das hochfürstliche Wild durch Rufen und Lärm von ihren bestellten Feldern fernzuhalten. Das konnte bei nachtaktiven Tieren in der Regel erst nach dem Einbruch der Dämmerung geschehen, so daß die Bauern nach ihrer anstrengenden Tagesarbeit noch Nachtwache halten mußten, um ihre bescheidene Ernte zu retten. In manchen Gegenden war ihnen sogar auferlegt, eigene Saaten für das Wild anzulegen.

Eine weitere Verschärfung brachte am Ende des 17. Jahrhunderts die schon erwähnte Parforcejagd, bei der nichts und niemand geschont wurde. Keinem von seiner eigenen Machtfülle überzeugten Souverän wäre es je in den Sinn gekommen, Entschädigungen zu zahlen oder deswegen den Bauern die Steuern zu mindern.

Daß die Bedrängten zur Selbsthilfe griffen und dabei keine Skrupel empfanden, ist danach leicht zu verstehen. Vor allem die Bauern in Altbayern, deren Freiheitsdrang und Mut schon 1704/05 die Österreicher als damalige Besatzungsmacht zu spüren bekommen hatten, begehrten auf. Ihr Land war wirtschaftlich und sozial rückständig. Der Kampf der bayerischen Kurfürsten um die Kaiserkrone hatte die Staatsfinanzen zerrüttet. Als Max III. Joseph 1745 die Nachfolge seines Vaters antrat, der schließlich für drei Jahre ein machtloser Kaiser gewesen war, drückte das Kurfürstentum die ungeheure Schuldenlast von 32 Millionen Gulden. Max III. Joseph konnte diese Summe durch äußerste Sparsamkeit bis zu seinem Tod 1777 halbieren. Sein größtes Verdienst ist es, den Krieg von Bayern ferngehalten zu haben. Für repräsentativen Glanz fehlte ebenso das Geld wie für einen zügigen Ausbau der Manufakturen. Immerhin wurden erste Ansätze versucht – auch in der besonders vernachlässigten Landwirtschaft, der durch verstärkten Flachs- und Kartoffelanbau aufgeholfen werden sollte.

Aber um die leeren Staatskassen zu füllen, waren immer neue Steuern notwendig. Viele Bauern und Handwerker entschlossen sich zum Auswandern und gingen einem ungewissen Schicksal entgegen. Wer nicht das Glück hatte, in kirchlichen Diensten zu stehen oder in einer der größeren Städte zu leben, mußte um die nackte Existenz bangen. Zu allem Überfluß frönte der sonst eher bescheidene Kurfürst so ungehemmt seiner Jagdlust, daß über ihn gereimt wurde:

»Maximilian Churfürst, des teueren Carls Sohn
ist kein Verschwender nit, sein einzige Passion
sind die Jagd und Musikanten
und die verfluchten Projektanten.«

Gegen Musikanten und Projektanten, die dem Kurfürsten ständig neue nutzlose Erfindungen aufschwatzten, konnte die Landbevölkerung nichts unternehmen, aber an der Jagd auf das überhand nehmende Wild wollte man sich schon beteiligen, zumal sich die meisten vielköpfigen Familien sonst kein Fleisch hätten leisten können. Wildschützen waren per se populär und genossen die uneingeschränkte Unterstützung der Landbewohner in ihrem Kampf gegen die durch Jäger und Aufseher vertretene Obrigkeit.

Daß Mathias Klostermayr als Bayerischer Hiesel der bekannteste von ihnen wurde und heute noch großes Ansehen in Bayern genießt, hat verschiedene Gründe. Sicherlich ist der wichtigste der, daß er die Wilderei zu seinem politischen Programm erklärte und damit propagandistisch durch die Lande zog. Für ihn war es ein Naturrecht, Tiere jagen zu dürfen. Obrigkeitliche Verbote erkannte er nicht an. Er versuchte sogar immer wieder, die Vertreter der Staatsgewalt von seinen Gedanken zu überzeugen. Im Sinne von Eric J. Hobsbawm war Klostermayr ein »Sozialrebell«, der der bäuerlichen Bevölkerung entstammte, also nicht aus der vorbelasteten Bettler- und Vagantenschicht kam.

Am 3. September 1736 in Kissing als Sohn eines Hirten und Tagelöhners geboren, hätte Klostermayr durchaus unauffällig leben können. Aber die vom Vater geerbte Jagdleidenschaft, die er nicht unterdrücken konnte und wollte, brachte ihn bald in Verbindung mit organisierten Wildschützenbanden – vor allem mit dem damals berüchtigten Xaver Bobinger, der 1770 in Günzberg mit dem Schwert hingerichtet werden sollte. Nach einer erstaunlich moderat ausgefallenen neunmonatigen Zuchthausstrafe, die er in München absitzen mußte, war er 1766 bereit, seiner Vergangenheit abzuschwören. Aber auf den glänzenden Schützen und findigen Kopf, der mehr als einmal seinen Verfolgern entkommen war, wollten seine Kameraden ebensowenig verzichten wie die Bauern der Umgebung. Obwohl er sich umstimmen ließ und so beherzt vorging, daß ihn der Kurfürst für vogelfrei erklären ließ, blieb er schwankend. Noch Mitte 1767 war er gewillt, dem Drängen des Pfarrvikars von Kissing nachzugeben und in die Schweiz auszuwandern.

Seinen Kameraden gelang es abermals, ihn für sich und ihre Sache zurückzugewinnen – und nun endgültig. Klostermayr wurde zum Hauptmann mit der Gewalt über Leben und Tod ernannt. Sein revolutionärer Kampf richtete sich jetzt zunehmend nicht nur gegen das Wild, sondern auch gegen die, die es schützen sollten, und gegen alle, die ihm nach Freiheit oder Leben trachteten. Klostermayr nutzte geschickt die deutsche Kleinstaaterei und operierte vornehmlich in einem Gebiet, in dem mehrere Herrschaften zusammenstießen: das Kurfürstentum Bayern, die Reichsstadt Augsburg, das Fürstbistum Augsburg, die Reichsstadt Ulm und schließlich kaiserlicher Besitz. Der von Klostermayr virtuos beherrschte Wechsel von einem Territorium in das andere schützte vor Verfolgung.

Erst am 22. Juni 1769 gelang es den Abgesandten des Schwäbischen Kreises, ein gemeinsames Vorgehen zu verabreden – zunächst allerdings ohne greifbaren Erfolg. 1770, als allein in Bayern 62.000 Menschen an der Hungersnot gestorben sein sollen, wurde das schwerste und das erfolgreichste Jahr für die Bande. Selbst gegen zahlenmäßig überlegene Gegner konnte sie sich behaupten. Am 14. Januar 1771 allerdings erlag sie einer Übermacht von 300 Soldaten in Osterzell. Mit Klostermayr wurden am 3. September 1771 in Dillingen zwei weitere Wildschützen aus seiner Bande hingerichtet. Fünf seiner Kameraden, darunter seinem »Buben«, war schon vorher die Flucht aus dem Gefängnis gelungen; sie wurden auch später nicht mehr eingefangen. Andere Bandenmitglieder konnten sich ganz der Verfolgung entziehen.

Die Hinrichtung Klostermayrs war, obwohl sie besonders durchdacht und grausam verlief, alles andere als eine eindrucksvolle Demonstration der Staatsmacht. Die Bauern nahmen Abschied von ihrem Hiesel, den sie schon zu Lebzeiten verehrt hatten. Bereits 1769 war es dem Münchner Maler Lander gelungen, ein Porträt von Klostermayr anfertigen zu dürfen, das den Wildschützen mit seinem »Buben« und seinem Fanghund zeigte. Es wurde die Vorlage für einen Kupferstich, der sich großer Beliebtheit erfreute und sogar in einem zeitgenössischen Gedicht verewigt wurde:

»Kein Haus war auf dem Land. Kein Haus fast in der Stadt.
Wo nicht der Hiasl stund auf einem Kupferblatt.«

Schon kurz vor Klostermayrs Tod erschienen die ersten Biographien, die den Wildschützen auch über die Grenzen Bayerns hinaus berühmt machten. Sagenhafte Erzählungen über die Unverwundbarkeit des Helden kursierten. Bis der Bedarf an möglichst blutrünstigen Schilderungen seines Lebens gedeckt war, sollte es noch lange dauern. 1790 mußte sogar Ludwig Tieck als seine erste schriftstellerische Übung für den zweiten Band von Friedrich Eberhard Rambachs *Thaten und Feinheiten renomirter Kraft- und Kniffgenies* eine »modern und geschmackvoll eingekleidete« Biographie verfassen, in der das Glück, das Schicksal und die Göttin Fortuna das Geschehen bestimmten. Auch der 1809 in zweiter, vermehrter Auflage erschienene *Schauplatz der ausgearteten Menschheit*, der sich mit einem Vorwort von Schiller schmückte, glaubte nicht ohne eine Lebensgeschichte des Bayerischen Hiesel auskommen zu können. Klostermayr, so schien es, garantierte den Verkaufserfolg.

Im Gegensatz zum Buchmarkt, der die Sensation und den wohligen Schauder suchte, wollte die Volksliteratur die Erinnerung an den Helden der kleinen Leute wachhalten. Fast unzählige Lieder entstanden über ihn und wurden mündlich oder durch fliegende Blätter verbreitet. Moritatensänger und Puppenspieler verkündeten seine Taten auf den Jahrmärkten. Seine Vita wurde in deftige Volksstücke und sentimentale Räuberromane gepackt. Die wissenschaftliche Beschäftigung mit ihm als historischer Figur ist dabei allerdings vernachlässigt worden. In den zwanziger Jahren unseres Jahrhunderts, als man begann, sich auf die demokratischen und revolutionären Traditionen in Deutschland zu besinnen, rückte Klostermayr wieder in den Mittelpunkt des Interesses. Erich Müller porträtierte ihn damals in seinem vielgelesenen Buch *Ewig in Aufruhr* (Berlin 1928).

Heute ist Klostermayr mehr ein Objekt weißblauer Folklore als ein Teil der bayerischen Geschichte, den es sich lohnen würde, sorgfältig zu bearbeiten.

Wieviel Brisanz in der Lebensgeschichte und dem freiheitlichen Denken des Wildschützen steckte, offenbart die Biographie, die wir für unsere Edition ausgewählt haben. Sie ist nur wenige Monate nach der Hinrichtung Klostermayrs bei dem Augsburger Kupferstecher und Verleger Jakob Andreas Friedrich erschienen und basiert auf den Prozeßakten sowie (das steht zu vermuten) persönlichen Zeugnissen. Auf dem Titelblatt fehlt der Name des Autors, und es ist bis heute nicht gelungen, ihn zu ermitteln. Daß der Biograph, der zumindest Augenzeuge bei der Hinrichtung gewesen sein dürfte, anonym bleiben wollte, hatte seine guten Gründe. Denn sooft er demonstrierte, wie sehr er die Taten der Bande verurteilte und die ausgesprochene Strafe als gerecht empfand, so oft zeigte er auch unverhohlen Sympathie für die »Republik« des Wildschützen und dessen Idee eines »Natürlichen Rechts«. Von Mitleid mit den überfallenen Jägern oder Feinden der Bande ist nichts zu spüren – ganz im Gegenteil: Gleich mehrmals ist die offenkundige Schadenfreude nicht zu überlesen.

Diese erste Biographie des Bayerischen Hiesel wurde zum Vorbild für die meisten folgenden, die oft nichts anderes sind als Neufassungen dieses Textes. Die Namen sind so wiedergegeben wie in der Erstausgabe, obwohl gerade bei dem Bayerischen Hiesel zahlreiche Varianten möglich sind (die bekannteste ist: Bayerischer Hiasl). Um den Duktus des Originals zu erhalten, wurden die Angleichungen an den heutigen Sprachgebrauch auf ein Minimum beschränkt.

Quelle:

Leben und Ende des berüchtigten Anführers einer Wildschützenbande, Mathias Klostermayrs, oder des sogenannten Bayerischen Hiesels, aus gerichtlichen Urkunden gezogen und mit genau nach den Umständen jeder Begebenheit gezeichneten Kupfern gezieret.
Augspurg, <fiktiv:> Frankfurt und Leipzig, bey Jakob Andreas Friedrich 1772

Literatur:

Johann Nepomuk Nöggler: Wahre unentstellte Geschichte des Matthäus Klostermaier. Reutlingen 1867.
Hugo Hayn: Der Bayerische Hiesel. Jena 1905 <Bibliographie>.

Fritz Meingast: Berühmte und Berüchtigte. München 1975 (bes. S.83-90).
Otto Ernst Breibeck: Erzt-Maleficanten. Wilddiebe, Räuber, Mordbanditen. Regensburg 1977 (bes. S.87-132).
Walter Hansen (Hg.): Das war der Bayerische Hiasl. Pfaffenhofen 1978.
Diedrich Genth: Mord und Todtschlag in Bayern. Stuttgart 1990 (bes. S.122-159).
Hans Schelle: Der Bayerische Hiasl. Lebensbild eines Volkshelden. (Mit ausführlicher Bibliographie). Rosenheim 1991.
Friedrich Prinz: Gestalten und Wege bayerischer Geschichte. München 1982.
Gustav Radbruch/Heinrich Gwinner: Geschichte des Verbrechens. Frankfurt 1990 (bes. S.240-257)

anonym

Leben und Ende des berüchtigten Anführers einer Wildschützenbande, des sogenannten Bayerischen Hiesels

Vorrede

Man hat keinen Mangel an Diebs- und Räubergeschichten: Und wenn man gegenwärtige von dem sogenannten Bayrischen Hiesel überhaupt ansehen und unter dieselben rechnen wollte, so könnte vielleicht die Ausgabe derselben überflüssig scheinen. Allein wenn man sich die Mühe nimmt, folgende Blätter durchzugehen, so wird es sich bald zeigen, daß er unter die Sorte gewöhnlicher Diebe und Räuber nicht gehöre und auch unter den gemeinen Wildschützen selber, so wie sie in verschiedenen Ländern bekannt sind, eine besondere Figur mache. Denn von der ersten Art, der Diebe und Räuber nämlich, unterscheidet er sich hierin, daß sein und seines Anhanges einziges Dichten und Trachten nicht eben, wie anderer gemeiner Diebe, auf Diebstähle und gewaltsame Einbrüche hauptsächlich gegangen. Die Straßenraube aber, die ihm zur Last gelegt worden, hat er nicht in dieser Meinung begangen, sondern sie als eine gewisse Art Beute, die er quasi jure belli* seinen Todfeinden in offener Schlacht abgenommen, angesehen wissen wollen. Von der andern Gattung gemeiner Wilddiebe aber geht er darin auf eine sehr merkliche Art ab, daß er nicht, wie dieselbe, seine verbotene Nahrung verstohlen, furchtsam und im kleinen getrieben, sondern daß er seinen Frevel auf eine bisher unerhörte Art öffentlich mit dem größten Trotze geübt und sich mehr mit Drohungen der Gegengewalt und wirklicher Gewalttätigkeit gegen die ihm gemachte Nachstellungen verteidigt, als seine Sicherheit, wie andere Missetäter pflegen, im Verbergen, Fliehen und heimlichen Griffen gesucht. Man weiß in unserer Gegend zur Genüge, wie frech er sich an öffentlichen Orten gezeigt, wie man das Gerücht seines Daseins haufenweis zugegangen und zugefahren, um diesen Trotzer einer ganzen Landschaft zu beschauen und zu bewundern. Mithin glaubt man nicht unrecht getan zu haben, die Lebens- und Todesumstände dieses auf eine zwar unrühmliche Art berühmten Menschen der Welt vor Augen zu legen, wenn es auch zu weiter nichts dienen sollte, als daraus

* gleichsam durch das Gesetz des Krieges legitimiert

zu ersehen, was für wunderbare Charaktere und Geister sogar in den Bauernhütten erzeugt und geboren werden. Wie weit er es mit seiner Rotte getrieben und wie lange er sich, aller auf ihn gemachten Anstalten ungeachtet, erhalten, werden folgende Blätter mit mehrerem zeigen: Übrigens aber ist es gewiß, daß große Revolutionen und Staatsveränderungen oft keinen wichtigeren Anfang gehabt haben.

Die zeitliche Wohlfahrt der Menschen hängt größtenteils von der Wahl ihrer Lebensart ab. Diese Wahl aber steht in der Willkür der wenigsten. Die meisten werden schon von ihrer Geburt, den Umständen ihrer Eltern oder einem zufälligen Geschick zu einer gewissen Lebensform bestimmt. Und nur sehr wenige haben das Vermögen, sich eine eigene nach ihrem Sinne zu wählen, noch viel wenigere aber das Glück, wenn sie sich eine selbst erwählt, darin wohl fortzukommen: massen* die Hindernisse, die sie auf dieser wider ihre Geburtsumstände laufenden Bahn antreffen, meistenteils so häufig und so groß sind, daß sie dieselben nicht überwinden können, sondern umschlagen, von einem Übel in das andere verfallen und zuletzt in die betrübtesten Ausschweifungen geraten; da denn der Schluß gemeiniglich durch die Gerechtigkeit und nicht selten durch den Henker gemacht werden muß.

Von dieser Wahrheit gibt der in unsern Tagen so berüchtigte Bayrische Hiesel ein lebhaftes Beispiel ab, der sich ebenfalls seinen Stand übersteigende Gedanken in den Kopf gesetzt, eine Freiheit, die für ihn zu groß war, geliebt und sich von seinen nicht eben schlechten natürlichen Gaben verleiten, aber auch dadurch zugrunde richten lassen; da er sonst entweder als Bauer oder als Soldat, in einem von diesen zwei Ständen, wozu ihn seine Geburt bestimmt, vielleicht ein mäßiges Glück machen und seine Lebensjahre wenigstens mit einem weniger erschrecklichen Ende hätte beschließen können.

Er wurde im Jahr 1738 zu Kissing, einer den Jesuitenvätern zuständigen Hofmark in dem Landgericht Friedberg in Bayern, geboren. Sein Vater, dessen Haus man nach alter Bauerngewohnheit zum Brentan hieß (wovon auch er, Hiesel, diesen Beinamen erhalten), war ein armer Hirte und gab diesem seinem Sohne und noch einer Tochter eine Erziehung, so gut es seine bedürftigen Umstände gestatteten; indem er ihn sowohl zur Schule als auch zu Hause zur Arbeit, welche größ-

---

* weil

tenteils im Spinnen bestand, fleißig anhielt. Mit herannahenden Jahren ging er auch seinem Vater in seinem Hirtenamte an die Hand und blieb bei diesem bis in sein sechzehntes Jahr, wo er, außer denen der Jugend gewöhnlichen Leichtsinnigkeiten, gar kein böses Gemüt, sondern allen Gehorsam gegen seine Eltern und Willigkeit in seiner Aufführung bewies.

Mit Eintritt in das siebzehnte Jahr seines Alters begab er sich aus dem Hause seines Vaters und trat zu Mergenthau, einem ebenfalls den Jesuitenvätern zuständigen Schlosse, in Dienste, wo er sich zwei Jahre ohne Klagen seiner Herrschaft befand und außer einer etwas freien Lebensart sonst gar keinen Anschein eines bösen Gemüts von sich blicken ließ.

Nach Verfluß dieser Zeit ging Hiesel aus diesen Diensten und begab sich zurück in sein väterliches Dorf nach Kissing, wo er sich bei einem Bauern als Knecht vermietete. Auch da erschienen noch keine Spuren einer Verderbnis der Sitten, wohl aber eines muntern und aufgeweckten Naturells, vermöge welchem, nach seinem eigenen Geständnis, sich allgemach* eine Neigung zum Wildschießen bei ihm einzuschleichen begann, der er auch, wiewohl allzeit in Begleitung des dortigen Jägers, nachhängte und sich unbemerkt eine ziemliche Fertigkeit und Gewißheit im Schießen erwarb. Inzwischen konnte es doch nicht fehlen†, daß er manchmal auch allein die Wildbahnen betreten und sich etwas für sich selber geschossen, welches seine schlimme Neigung nach und nach stärkte, der Unterschleif‡ aber, den er mit seinem geschossenen Wildbret nur gar zu häufig fand, und der ihm daraus entspringende Nutzen dieselbe noch mehr von Zeit zu Zeit anfeuerte.

Diesem seinem so angenehmen Wesen hing Hiesel, solange sein Aufenthalt in Kissing, an die fünf Jahre nämlich, dauerte, in aller Stille und Zufriedenheit nach; nach deren Ablauf er einen andern Auftritt seines Lebens zu machen hatte.

Es wurden in Bayern, und besonders in dem Landgericht Friedberg, Auswahlen gemacht, bei denen die zu den Waffen taugliche Bauernjugend losen mußte; und die das Los traf, wurden unter die Miliz genommen. Man kann sich leicht einbilden, daß Hiesel dabei nicht übergangen wurde. Er wurde auch verschiedene Male gefordert und mußte mitspielen. Das gute Glück aber half ihm aus den Nöten und erledigte ihn elfmal hintereinander. Endlich aber konnte ihm das günstige Glück selber nicht mehr helfen. Denn er wurde im 1761. Jahre, ohne erst zum Los gezogen zu werden, von einer Werbung weggenommen.

Einem solchen unannehmlichen Verfahren setzte sich Hiesel nun zwar mit allen Kräften seiner Beredsamkeit entgegen; allein da er merkte, daß er nur tauben Ohren sang, so nahm er seine Zuflucht zur List, die ihn auch für diesmal glücklich rettete. Er nahm ein aufgeräumtes Wesen an und stellte sich, als ob ihm nichts mehr darum wäre, stiftete auch mit den Werbern eine genaue** Vertrau-

* allmählich
† vorkommen
‡ Vorteil
** enge

lichkeit, bis er sie ganz kirre machte, indem er sich willig nach Friedberg bringen ließ und dort unter die übrigen Neugeworbenen gestoßen wurde. Allein er lauerte nur auf einen bequemen Zeitpunkt zur Flucht, der ihm auch gar bald erschien. Denn er bediente sich der Unachtsamkeit der bei dem Trunke etwas gar zu gutherzigen Werber, entwischte durch ein Stadttor und machte sich geraden Weges auf Appertshausen, einem jenseits des Lechflusses gelegenen Dorf in Schwaben, zu, wo er Sicherheit zu haben sich nicht unrecht schmeichelte. Allein die Werber wurden seiner Flucht nicht so bald gewahr, als ihm sofort einige Husaren nachgeschickt wurden, die ihn auch erreichten und im Begriffe waren, ihm den Paß über die Lechbrücke abzuschneiden. Da hatte Hiesel nun einen kurzen Schluß zu fassen. Er faßte auch einen aus dem Stegreif und setzte mit Schwimmen durch den sonst wegen seiner Untiefen und verborgenen Gründe sehr gefährlichen Lech und kam glücklich auf das jenseitige Ufer, von da er sodann durch verschiedene Abwege endlich wohlbehalten zu Appertshausen anlangte.

Sowohl die ungemeinen Beschwerden, die er auf dieser eilfertigen Flucht auszustehen hatte, als auch die beständige Furcht, alle Augenblicke von den nacheilenden Soldaten eingeholt zu werden, hatten ihn bei diesem Abenteuer so mitgenommen, daß er gleich bei seiner Ankunft in Appertshausen in eine schwere Krankheit fiel, die um so viel gefährlicher war, weil sein ganzes damaliges Vermögen in nichtmehr als sieben Kreuzern bestand. Er sah also kein anderes Mittel für sich, als sich der Barmherzigkeit seines Wirtes, der ihn gleich anfangs beherbergt, zu überlassen; und dieser verpflegte ihn auch die drei Wochen unentgeltlich, bis sich endlich die Krankheit ohne Arzt und Apotheker selber hob und Hiesel wieder zu Kräften kam.

Während seines Lagers geriet er in Bekanntschaft mit einem beschrieenen* Wildschützen, Xaverius Bobinger oder dem sogenannten Kretzenbuben, der seit vielen Jahren schon die Wälder durchstrichen und ein sehr berufener Buschklopfer war. Die Not eines Teils und andern Teils seine eigene noch nicht erloschene Neigung zum verbotenen Jagen vermochte alsbald Hiesel, bei diesem würdigen Lehrmeister sich in die Lehre und Dienste zu begeben. Seine Verrichtung während dieses Lehrdienstes war meistenteils Treiben, Wildbrettragen und andere dergleichen geringe Verrichtungen, deren Hiesels höher fliegender Geist bald und um so mehr überdrüssig wurde, als sein Herr etwas geizig war und ihm seine Aufwartung allzu schlecht bezahlte. Hiesel baute also mit diesem ab und suchte sich eine andere Bekanntschaft, die ihm ersprießlicher sein mochte, indem er in einer Gesellschaft sich einverleibte, die nach demokratischer Art regiert wurde und das erlegte Wildbret in gleiche Teile unter sich teilte. Mit dieser löblichen Gesellschaft durchstreifte Hiesel die meisten Waldungen von Schwaben und Bayern mit ungemeiner Vermessenheit und vielem Glück bis auf das 1765. Jahr, da ihm einer seiner Spießgesellen untreu geworden und ihn auch wirklich zu

---

* schlecht beleumundeten

Landsberg verraten; da er dann nebst noch einem seines Schlages durch die streifenden Soldaten auf dem Lechfeld aufgehoben und anfänglich zu Landsberg in die Fronfeste gebracht, hernach aber zu einer dreivierteljährigen Zuchthausstrafe nach München abgeführt wurde.

Dieser Zeit seiner Züchtigung, welche er zu seiner Besserung hätte anwenden sollen, bediente er sich, auf Mittel zu sinnen, seine neue Profession der Wilddieberei auf einen höheren Grad zu bringen und sie mit größerer Sicherheit zu treiben. Dieses setzte er auch sogleich nach seiner Loslassung ins Werk. Er sammelte sich schon auf dem Wege eine Rotte handfester Wagehälse, an deren Spitze er sich stellte und die Forste mit größerer Kühnheit als zuvor durchzustreifen anfing.

Er hatte seit seiner Gefangennahme einen unversöhnlichen Haß auf die Jäger und Gerichtsdiener geworfen und suchte bei dem Wildbretschießen, neben seiner herrschenden Neigung, auch nunmehr seine heftig entbrannte Rache zu befriedigen.

Der erste, welcher die Wirkungen derselben zu empfinden hatte, war der Sohn des Tussenhausischen Jägers, Franz Joseph Baur, welcher, indem er nebst seinem jüngeren Bruder zur Abendzeit die Vogelgerichter* besuchte, das Unglück hatte, in die Hände dieser tobenden Rotte zu fallen.

Hiesel sah ihn zuerst und befahl ihm gleich von ferne unter den schrecklichsten Bedrohungen zu stehen. Dieser aber dachte auf nichts, als sich durch eine schnelle Flucht dieser besorglichen Lebensgefahr zu entziehen. Allein Hiesel schickte ihm seinen großen Fanghund nach, der ihn gar bald erhaschte, zu Boden riß und so lang hielt, bis Hiesel mit noch vier seiner Kameraden ankam, welche ihn mit Schlägen und Rippenstößen sattsam ängstigten und ihm endlich auf Befehl ihres Oberhaupts seine Flinte, Hirschfänger und Pulverhorn abnahmen. Nachdem sie diesen armen Jäger fast eine Stunde lang also umgetrieben und ihre Rache einigermaßen gekühlt zu haben glaubten, so befahl Hiesel, den Elenden zu entlassen, gab ihm sodann in eigener hoher Person noch einige derbe Maulschellen und diese Lehre, mit den allerausgesuchtesten Flüchen und Bedrohungen ausgeziert, auf den Weg, daß er hinkünftig, so ihm das Leben lieb wäre, keine Streife wider ihn zu veranlassen wagen sollte.

Nach Verrichtung dieser Heldentat zog sich Hiesel mit seinem Heere in die österreichischen Waldungen herab. Das Gerücht von den Ausschweifungen dieser verwegenen Rotte hatte zwar allerorten Lärmen erregt, und man kehrte überall von Obrigkeit aus Mittel vor, dieses Übel, ehe es weiter um sich griffe, in der Wiege zu ersticken. Die Jäger und Forstknechte erhielten gemessene† Befehle, diese Bande auf das schärfste zu verfolgen und sie mit Feuer und Schwert, wie sie zukommen könnten, auszurotten. Die Witterung aber, die schon ziemlich rauh und kalt zu werden begann, legte diesen guten Absichten viele Hindernisse in den Weg; und Hiesel nebst seinem Anhang genoß allen guten Willen von dem

* Vorrichtungen für den Vogelfang

† entsprechende

Landmann, der ihm nicht nur allezeit Zufluchtsorte anwies und erteilte, sondern auch von allen Anschlägen der Gerichtsdiener und Jäger Nachricht gab, ja ihn sogar mit Geld unterstützte und als einen Beschützer seiner Gründe vor den Verheerungen des Wildes bezahlte; mithin wurden alle Anschläge und Streitereien der Gerichtsdiener und Jäger, die sie, des kalten Wetters ungeachtet, mit ihrer großen Beschwerlichkeit wider ihn unternahmen, vereitelt.

Mit dem Laube im Frühjahr 1767 erschien auch Hiesel nebst seinem Anhange im Walde. Alle Gehölze um Augsburg wurden unsicher. Jäger und Soldaten zogen mit doppeltem Eifer und Mute wider ihn zu Feld. Der erste Kampfplatz öffnete sich in dem Waldbergerwalde. Diesen durchstreifte Hiesel eben mit noch sechs andern von seinem Gefolge, als er unvermutet in dem sogenannten Münsterkau auf ein Kommando Jäger und Soldaten stieß. Der Angriff dieser streifenden Partei war ziemlich herzhaft. Daher Hiesel, der eine überlegene Macht vor sich sah, es ratsam fand, der Gewalt für diesmal zu weichen und sich zurückzuziehen. Allein auf dieser Flucht konnte er gleichwohl die Vermessenheit eines Jägersohns von Waldberg, der ihn aus übermütiger Hitze zu weit verfolgte, nicht mit kaltem Blute ansehen; er setzte sich deswegen hinter den Storren* eines Baumes, brannte sein gezogenes Rohr auf ihn ab und lehrte ihn, ein andermal klüger zu sein.

Bei diesem glücklichen Rückzug hatte inzwischen gleichwohl einer von Hiesels Leuten, der Lisabonner-Beck genannt, den Unfall, in die Hände der streifenden Jäger und Soldaten zu kommen; und Hiesel, der sich den Verlust seiner Angehörigen, als ein wirkliches Oberhaupt, sehr zu Gemüte zog, schwor, da er ihn nicht retten konnte, ihn doch wenigstens nächstens zu rächen. Diese Gelegenheit der gesuchten Rache stellte sich ihm gleich folgenden Tages erwünscht dar. Denn als er den Waldischen Jagdbezirk durchkreuzte, stieß ihm der dortige Jägersknecht auf. Diesem befahl er sogleich unter den schrecklichsten Bedrohungen, Halt zu machen; allein da dieser um so eilfertiger davonlief, so schoß ihm Hiesel nach, verfehlte in aber und mußte für dieses Mal seine Rache mit der Hoffnung einer andern Gelegenheit befriedigen.

Indem ihnen nun so geschwinde kein anderer, an dem sie sich reiben könnten, hatte aufstoßen wollen, so entschlossen sie sich, einen zu suchen. Der Anschlag wurde also auf den Eustachius Layd, Mesner zu Steinekirch, gemacht, als auf welchen sie, wegen seines starken Umgangs mit den Jägern und aus andern Umständen einen Verdacht geschöpft hatten, als ob er sie verraten hätte. Der Schluß wurde also einmütig gefaßt, seine Wohnung noch selbigen Nachmittag zu umringen. Nachdem er also das Haus von allen Seiten hatte besetzen lassen, begab er sich selber mit noch einem seiner vornehmen Gesellschaft unter den grausamsten Flüchen hinein. Seine erste Frage war mit den fürchterlichsten Ausdrücken an die Kinder, wo ihr Vater wäre, gerichtet. Als ihm diese mit heftigen Tränen, daß er mit dem Jäger ausgegangen, geantwortet, gab er sofort Befehl, die Fenster einzuschlagen. Unter dem Getöse dieses Sturmes lief die hochschwangere Mes-

* Stumpf

nerin herbei und flehte auf den Knien für das Leben ihres Mannes. Allein weder ihr Schreien noch das Geheul von ihren fünf unmündigen Kindern war zur Zeit vermögend, das entbrannte Herz des rachatmenden Hiesels zu erweichen. Er setzte der Mutter das aufgezogene Gewehr vor die Brust und drückte selbiges unter den heftigsten Bedrohungen, ihren Mann unfehlbar zu erschießen, zweimal los. Diese fast unvermeidlich scheinende Todesnot verdoppelte das Jammern und Klagen des Weibes und der Kinder; worüber Hiesel lachte und sie noch besser zu beten ermahnte, weil der Jüngste Tag eben kommen werde.

Nachdem er sich endlich an dem Angstgeschrei dieser Armen bei einer Stunde lang genug geweidet zu haben glaubte, so verließ er mit seiner gesamten Armee die eroberte und zerstörte Behausung seines Feindes und zog sich wieder auf die Churbayrischen Gehölze zu.

Durch das Gerücht*, das notwendig überall erschollen von einem solchen Unfug, wurden die Obrigkeiten von allen Seiten aufgebracht, den Ausschweifungen dieser kühnen Rotte möglichsten Einhalt zu tun. Überall wurden Jäger und Soldaten aufgeboten; alles erhob sich nun wider ihn, als ein anderes Erymanthisches Schwein†, das die Gefilde verheerte, loszugehen.

Hiesel sah bei diesen Anstalten, die ihm jederzeit von seinem Anhange, der ihm sonstigen Unterschleif und allen Vorschub‡ gab, getreulich entdeckt worden, daß seine Regierung in die Länge nicht mehr dauern würde und daß selbst ihrer aller Leben in Gefahr stünde, wenn sie nicht dagegen taugliche Mittel vorkehrten und ihre saubere Republik durch eine genauere und engere Verbindung der Glieder mit dem Oberhaupte verstärkten; beinahe auf die Art, wie die Römer bei sehr gefährlichen Zeitläuften einen Diktator zu machen pflegten. Er stellte ihnen daher in einer kurzen Rede die Notwendigkeit einer unauflöslichen Verbindung und festen Treue gegeneinander nachdrücklich vor und vermochte seine Leute dazu, daß einer dem andern und sie sodann alle zusammen ihm, als ihrem Oberhaupte, eine vollkommene Treue und Gehorsam schwuren; worunter die vornehmsten Punkte diese waren, daß keiner den andern bei vorfallender Gefahr verlassen, keinem Angriff weichen oder wenigstens im Falle der äußersten Not mit gezogenen Hähnen ihren Rückzug machen sollten.

Nachdem Hiesel sein Gefolge überhaupt auf diese Art zugestutzt hatte, so suchte er auch einen jeden insbesondere zur Standhaftigkeit zu ermuntern. Diese, deren Mut ihm bekannt war, stärkte er mit Lobsprüchen und den Vorstellungen der wildschützerischen Ehre; die Zaghafteren aber und deren Mut ihm verdächtig war, hielt er zu ihrer Pflicht mit Drohungen und sogar mit Bedrohungen der Strafe des Totschießens an, bis sich endlich alle unter ihnen zu einer genauen Befolgung seiner Gesetze verbanden.

Nachdem er nun seine Sachen auf diese Art auf das beste eingerichtet, so zog

---

* Gerede

† Bild aus der griechischen Mythologie: Als vierte Arbeit mußte Herakles den Erymanthischen Eber lebend fangen, der u.a. den Berg Erymanthos und Teile von Arkadien unsicher machte.

‡ hier: Unterkunft und alle Hilfe

er mit doppelter Kühnheit aus und sogar den auf ihn streifenden Parteien mehrenteils entgegen.

Die erste von diesen bestand aus Türkheimischen Jägern, welche Hiesel nebst noch sieben seiner Gesellen in der Waldung unweit Siebnach antraf; zwei von den Wildschützen trugen eben einen Hirschen, den sie gefällt hatten und eben in einem Busche versteckten, um sich sodann in einem Buchwäldlein zu lagern und mit dem Reste ihrer Leute das Mittagsmahl, welches Hiesel nebst zwei andern aus dem benachbarten Dorfe herbeischaffte, einzunehmen. Die Jäger lauerten deswegen auf diese drei. Als sie Hiesel mit den Broten und dem übrigen gegen den Wald zugehen sahen, riefen sie ihm sofort zu, Halt zu machen. Anstatt der Antwort aber ergriffen zwei sogleich ihr Gewehr und feuerten auf die Jäger. Diese zwei Schüsse wurden kaum von den übrigen vernommen, als sie herbeirannten und sich zur Gegenwehr ihren Gesellen beifügten. Es geschahen von beiden Teilen über dreißig Schüsse, wodurch auf Seiten der Feinde doch nur der Angelbergische Jäger am Kopf und Arm verwundet; von Seiten der Wildschützen aber der Ganymed des Hiesel oder der sogenannte Bube, Andreas Mayer, der eben mit einer Kanne Bier zu dem Gefecht kam, gefangen wurde.

Mit dieser Beute zog sich das Jägerkorps zurück in das Dorf, wurde aber unter beständigem Feuern vom Hiesel und seinen Leuten bis nach Ettringen verfolgt. Dem ungeachtet aber konnte Hiesel seinen Liebling, oder den Buben, nicht erledigen*; sondern er wurde nach Türkheim und von da auf ein dreiviertel Jahr in das Zuchthaus nach München gebracht.

Nach diesem siegreichen Treffen befand Hiesel für gut, sich in die Münsterhausischen Forste herabzuziehen. Da aber gar bald von dem dortigen Jäger eine Streifung wider ihn veranstaltet wurde, so fand er sich gemüßigt, von da sich wieder wegzuwenden. Allein kurz hierauf überfiel Hiesel alle beiden Münsterhausischen Jäger, Balthasar Herm und Georg Müllern, zur Rache in der Gegend des Tirolerhofs mit acht von seinem Gefolge; diese umrang er und befahl sogleich, sie niederzuwerfen. Sofort waren sie von den übrigen Wildschützen mit den Gewehrkolben zu Boden geschlagen und ihnen auf der Stelle das Seitengewehr unter stetiger Bedrohung des Todes abgenommen. Sie ängstigten diese armen Schlachtopfer so lange, bis es Hiesel zu befehlen beliebte, sie mit der angehängten Warnung zu entlassen, daß sie sich hinkünftig nicht mehr unterstehen sollten, ihm das mindeste in den Weg zu legen.

Nach dieser siegreichen Schlacht verbreitete sich Furcht und Schrecken über seine Feinde und eine wunderbare Erwartung in der ganzen Gegend aus, was aus diesem Wesen werden wollte; insonderheit daß Hiesel sich nach dieser glücklichen Begebenheit mit noch mehreren Leuten verstärkte, sich mutig den auf ihn streifenden Parteien widersetzte und überall den Meister, unter stetiger Hinterlassung betrübter Zeichen seiner Gewalttätigkeiten, spielte, davon folgende zu einem Beispiel dienen kann.

---

* befreien

Hiesel befand sich im Jahr 1768 mit einigen seiner Rotte in dem Wirtshaus zu Schnerzhofen, als eben der Jäger zu Wald, Leonhard Schenk, auf den er nicht wohl zu sprechen war, in einigen seiner Verrichtungen vorbeiging. Diesen ließ er durch einen Wildschützen auf einen Trunk in die Schenke herein laden. Der Jäger war aber bei diesem Kompliment nicht durstig und entschuldigte sich aufs beste mit der Notwendigkeit seiner Geschäfte. Hiesel aber schickte zwei ab, um ihn mit Gewalt zu bitten, hereinzukommen und Bescheid zu tun. Sofort wurde er von ihnen mit bloßen Hirschfängern und gespannten Gewehren hereingeholt. Bei seinem Eintritt in die Stube war das erste, was er zu vernehmen bekam, die Ankündigung des Todes. Bald wurde ihm das Rohr auf die Brust gesetzt, bald der Hirschfänger, mit der Drohung, ihm den Kopf zu spalten, gezogen. Endlich trat Hiesel einige Schritte zurück, schlug sein Gewehr an und gebot ihm, stillzuhalten, weil er ihm, um ihn den übrigen Wildschützen kennbar zu machen, die Nase aus dem Gesicht schießen müßte. Nachdem sie diese Tragödie über zwei Stunden mit ihm gespielt und ihm noch einige Dutzend Rippenstöße mitgeteilt, ließen sie ihn endlich mit dem Bedrohen, daß sie, wenn er das geringste ferner wider sie vornehmen würde, seine Hütte abbrennen wollten, laufen.

Dieses aber war nur ein Vorspiel eines noch weit betrübteren und rührenderen Trauerspiels, welches Hiesel im Christmonat desselben Jahres mit noch vierzehn von seiner Kameradschaft aufführte. Der falsche Argwohn, daß der Pächter auf dem Hauserhofe, Joseph Lahner, bei einer auf die Wildschützen geschehenen Streifung einen von ihnen erschossen habe, bewog Hiesel, an diesem Armen ein lautbares* Exempel einer ernsten Rache zu stiften. In Absicht, diesen seinen Vorsatz auszuführen, sah er sich alle Gelegenheit ab und eröffnete endlich sein Vorhaben der übrigen Gesellschaft bei einer Versammlung, die sie in einem Wald zusammenberufen, und dazu der Ort erwählt, wo ihr Gefährte erschossen worden, um die Gemüter desto eher zu rachgierigen Stimmen vorzubereiten. Der Schluß erfolgte bald, und alle waren einig, ihn dem Erschossenen aufzuopfern. Hiesel zog also des andern Tages nach Thannhausen, wo eine nochmalige Unterredung im Wirtshaus wegen ihres Vorhabens gehalten und der gefaßte Entschluß beschworen wurde. Sodann ging der gesamte Zug auf den besagten Hof zu.

Bei ihrer Ankunft vor Tages ließ Hiesel alsbald den Stadel, wo der Bauer eben drosch, umringen und alle Wege zu einer etwa zu versuchenden Flucht verrennen. Hierauf trat er selber mit vier anderen in die Scheune und fragte den Pächter, der schon vor Angst erbleichte, ob ein Drescher benötigt würde. Da sich aber dieser für solche ungebetenen Arbeiter bedankte, gab Hiesel Befehl, ihn zu dreschen. Sogleich ergriff einer sein Rohr und schlug ihn mit solchem Ungestüm zu Boden, daß er eine Zeitlang nichts von sich selber wußte. Kaum aber war er wieder ein wenig zu sich selber gekommen, als alle zugleich mit bloßen Hirschfängern auf ihn zuzuhauen begannen; und wohin sich dieser arme Gedroschene

---

* deutliches

nun zu entrinnen hinwenden wollte, da begegneten ihm Stöße von Flinten und Hiebe von bloßen Gewehren, die ihn überall wieder zurücktrieben.

Endlich, als er sich in der äußersten Angst ermannte und mit Gewalt zum Stadeltor hinaus flüchten wollte, so erhielt er einen solchen Hieb über den Kopf und zugleich einen Stoß in die Seite, daß er ohnmächtig und sinnlos zur Erden stürzte. Hiermit schien Hiesel seiner Rache genug getan zu haben. Er ließ den elenden Pächter in seinem Blute unwissend liegen und rief seine Kameraden zum Abzuge.

Der Pächter war indessen in die allerelendesten Umstände versetzt. Die Ärzte zweifelten an seinem Aufkommen, und endlich nach einer langwierigen Kur, die ihm über hundert Gulden gekostet, wurde er so weit hergestellt, daß er auf den Rest seines Lebens ein untüchtiger Krüppel bleibt.

Es stand nicht lange an, so kam Hiesel selber in die Enge, indem er von der Gräflich-Fuggerisch-Kirchbergischen Streifung verfolgt und bei einem Haar aufgehoben wurde. Er übernachtete mit einigen von der nämlichen ehrbaren Kameradschaft, die ihm obige Heldentat verrichten halfen, auf den Krauthöfen. Dieses wurde sogleich bei dem dortigen Oberamte angezeigt und die löbliche Gesellschaft in der Nacht noch von einem starken Jägerkommando in dem Mayerhof überfallen. Alle Ausgänge waren vorher wohl besetzt und sodann den Wildschützen im Hause angekündigt, sich gefangen zu geben und keine weitere Gewalt zu erwarten. Hiesel wurde durch diesen unerwarteten Streich in keine geringe Verlegenheit gesetzt. Jedoch er erholte sich gar bald wieder aus seiner Verwirrung und rief seinen Belagerern zu, daß sie ihm nur erlauben möchten, sich zuvor anzukleiden, alsdann wolle er ihnen willig folgen. Dieser kurzen Frist bediente er sich, in aller Eile sich fertig zu machen und einen Ausfall durch die Hintertür zu wagen. Wie gedacht, so getan. Er öffnete die Tür in aller Stille und fiel zugleich mit seinen drei Gesellen (so viel er dazumal bei sich hatte) in guter Entschließung hinaus. Die auf dem dortigen Posten stehenden Jäger säumten sich zwar nicht, Feuer auf sie zu geben, und es wurde auch einer von den Flüchtigen durch die Brust getroffen und fiel tot darnieder. Der Kirchbergische Revierjäger und der Büchsenspanner warfen hierauf ihr Gewehr von sich und wollten die verwundeten Flüchtlinge mit dem Hirschfänger in der Faust einholen; allein Hiesel wandte sich auf einmal und brannte seinen Stutzer, dessen Schuß er klüglich gespart hatte, auf einen dieser Jäger los, der sogleich tot zur Erde gestreckt wurde. In diesem Augenblicke erhielt der andere Jäger dasselbe Schicksal von einem anderen Wildschützen, indem er einen Schuß mit sechs groben Schroten und einer Kugel in die Brust bekam, daß er nach einigen wenigen Seufzern seinem Gesellen in die Ewigkeit nachfolgte.

Hiermit hatte Hiesel nebst seinem Gefolge Zeit und Muße genug, das nahe Gehölz zu gewinnen, ihre Gewehre wieder zu laden und über die Unbesonnenheit ihrer beiden Verfolger zu lachen.

Der Lärm indessen, den die verschiedenen Schüsse gemacht, hatte das ganze zerteilte Jägercorps von allen Orten auf den Wahlplatz gezogen; da sie denn ein erbärmliches Schauspiel sahen, die Körper ihrer beiden Gesellen im Blute schwimmen fanden und nicht ferne von ihnen auch den Leichnam des erschossenen Wildschützen, der noch mit dem Tode rang, erblickten. In dieser Bestürzung war ihr erstes, die Leiber in das Haus hinein zu schaffen; und dieser Arbeit um die Toten bediente sich ein in dem Keller versteckt gewesener lebendiger Wildschütze zu seinem Vorteile so gut, daß er unter dem Lärm des Hin- und Wiederlaufens glücklich entwischte.

So gut inzwischen dieses Abenteuer für Hiesel abgelaufen, so war er dabei doch verwundet worden. Der Schmerz seiner Wunde beunruhigte ihn aber nicht so sehr wie die noch mehr dadurch gereizte Begierde, sich je eher je lieber mit sattsamen Zinsen an einem andern Jäger zu rächen und ihnen seine Schuld nachdrücklich heimzuzahlen, um ihnen je mehr und mehr, seinen Grundsätzen gemäß, die Lust, ihm nachzugehen, vergehen zu machen oder wenigstens zu versalzen.

Die Gelegenheit, sein Mütlein zu kühlen, bot sich ihm auch gar bald dar. Denn da er ungefähr nach seiner selbsthergebrachten Weise mit noch zwölf von seinen Getreuen in dem Frankenhoferwalde bürstete*, erblickte er den dortigen Hochfürstlich-Augsburgischen Forstmeister, Conrad Hasel, in Begleitung eines Jägerknechts. Diese kamen ihm nun eben zu gelegener Zeit. Er ging sofort mit seiner Rotte und aufgezogenen Hähnen auf diese beiden Verlassenen los und brachte sie ohne alle Mühe in die Mitte. Sodann hielten zwei von ihnen die gespannte Röhre dem Forstmeister vor die Brust, ein dritter aber ihm das fertige Gewehr in den Rücken.

Hiesel befahl hierauf vor allen Dingen dem Forstmeister, seinen Stutzen abzulegen, welchen er, sobald es geschehen, ergriff und auf den armen Gefangenen unter den greulichsten Bedrohungen, sich in die Ewigkeit zu gehen fertigzumachen, anschlug und ihn eine Zeitlang in diesem Schweißbade beten ließ. Sodann erst befahl er seinen Leuten, sich über ihn herzumachen und ihren Mut an ihm nach Herzenslust zu kühlen. Alsbald ergriff ihn einer bei den Haaren, ein anderer schlug mit dem flachen Hirschfänger auf ihn zu, ein dritter versah ihn mit Rippenstößen, und alle trieben es so lange, bis er ohnmächtig unter ihren Händen zu Boden fiel. Inzwischen er nun wie ein Toter in einer gänzlichen Unempfindlichkeit dalag, nahmen sie ihm seine Weidtasche, Hirschfänger, Pulverhorn und sein ganzes Jagdgerät mit einer solchen Unhöflichkeit, daß er darüber aus seinem fast tödlichen Schlummer zu seinem Unglücke wieder erwachte; denn sie sprangen ihm hierauf noch zu guter Letzt, um alle Lektionen an ihm zu üben, auf dem Bauche mit Füßen herum und ließen ihn hernach liegen, so lange er wollte. Ein nicht besseres Schicksal als der Herr hatte der Knecht ebenfalls zu versuchen; denn sie raubten ihm seine Flinte und das übrige Gerät und prügelten ihn ungefähr eine Viertelstunde, bis sie nicht mehr mochten.

Nach dieser Freveltat nahmen sie sich nicht einmal Zeit auszuruhen, sondern schritten sofort zu einer andern, indem sie zwei Bauern, von denen sie ebenfalls

* hier : umherstreifte

verraten worden zu sein glaubten, mit gezückten Hirschfängern überfielen und sie unter allerhand Ängstigungen bis auf den Tod mißhandelten.

Ein nämliches trauriges Schicksal führte den Jäger von Richartshausen, Anton Möselen, dem rachatmenden Hiesel in die Hände. Denn da dieser auf den Scheppacher Hof um einen Wagen, sein Dienstholz heimzuführen, anzusuchen gekommen, so befand sich zu seinem Unstern eben Hiesel nebst noch vielen von seiner Rotte zugegen. Der arme Jäger kam ihm also eben zur rechten Zeit erwünscht ins Garn. Hiesel gab demnach alsbald Befehl, diesen Menschen genau zu beobachten, um bei seiner Heimkehr ihren Mutwillen nach Herzenslust an ihm büßen zu können. Solange sich also der Jäger in dem Wirtshause befand, wurde ihm von Hiesel und seiner löblichen Kompanie aufs freundlichste und mit der vollkommensten äußerlichen Vertraulichkeit begegnet. Da diesem aber gleichwohl nicht gar wohl zu Mute bei diesen Vögeln war und er sich aus der Gaststube durch einen hinter dem Hause gelegenen Garten mit guter Art davonmachen wollte, wurde er von einem Abgeschickten des Hiesel, Sternbutz genannt, sofort bei den Haaren ergriffen, zu Boden gerissen und mit den derbsten Ohrfeigen nach aller Notdurft bedient, bis sich die übrigen auch herbeimachten und das Ihrige reichlich dazu beitrugen, bis der Sternwirt von Thannhausen endlich sagte, er habe nun seinen Teil bekommen und doch sei kein Blut von ihm zu haben. Sofort riefen alle mit vereinigter Stimme, daß sie Blut sehen müßten. Und hiermit sprangen sie unter immer fortwährendem Zuschlagen auf ihm herum, bis Hiesel an diesem Tanze Einhalt zu machen befahl, seinen Hirschfänger ergriff und dem armen Liegenden den Kopf zu spalten drohte, inzwischen ein anderer ihm den gespannten Stutzen auf die Brust hielt und ihm zum Abschied aus dieser Welt sich fertig zu machen befahl. Nachdem dieses Trauerspiel bei einer guten halben Stunde gewährt,so befahl endlich Hiesel auf die vielvermögende Vorbitte und Versprechen einiger zusammengelaufener Bauern, daran ein Ende zu machen, und ließ den auf den Tod verwundeten Jäger unter den empfindlichsten Spöttereien seiner und seiner Rotte forttragen.

Nach dieser ausgelassenen Tat zog sich Hiesel mit seiner Schar gegen die in Schwaben gelegene Churbayrische Stadt Wertingen herab, welche Gegend wegen Zusammenstoßung der Grenzen verschiedener Herrschaften und Gebiete zu seiner Sicherheit ihm besonders zuträglich schien: da er auf diese Art, sobald er die obrigkeitlichen Verfolgungen in einem Bezirke bemerkte, sich in einen andern Gerichtszwang zog und damit alle angewandten Bestrebungen der auf ihn ausgeschickten Streifen ohne sonderliche Schwierigkeit allezeit vereitelte.

Da er also immer unstet und flüchtig, wie ein anderer Kain, von einem Land in das andre floh, befand er sich einstmals in der Kaiserlichen Grafschaft Burgau auf dem Zollhause unweit Binswangen, wo er alsbald verraten und von einer Kaiserlichen Soldatenstreife aufgesucht wurde. Allein er wurde ebensobald von dieser ihm obschwebenden Gefahr durch seine Gönner benachrichtigt und ihm alles so genau beschrieben, daß er sich bedenken ließ, dieser Streife mit seinem Kriegsheer wohl gewachsen zu sein. Darum rückte er diesen Soldaten mit seinen Leuten wohlbewaffnet in das Dorf entgegen. Sogleich bei dem Eingang in dasselbe befahl er, zuerst auf die Feinde Feuer zu geben, und da sich diese hierauf in das Schloß zurückzogen, so würde er mit gleicher Frechheit auch dieses berannt und angefallen haben, wenn ihm nicht einige seiner Freunde dasselbe äußerst mißraten und diese allzu kecken Unternehmungen aus dem Kopfe gebracht hätten.

Wenige Tage hernach brachte er in Erfahrung, daß der Burgauische Zöllner zu Binswangen derjenige gewesen, der diese Streife wider ihn veranlaßt. Dieses war genug, ihn zu bewegen, das Zollhaus desselben noch denselben Abend zu umgeben. Sofort war alles Fensterwerk desselben mit ihren Hirschfängern eingehauen, dem Zöllner aber, der ihnen in der Angst ungefähr unter den Weg lief, mit auf die Brust gesetzten und gespannten Gewehren eine ernstliche Strafpredigt gehalten, die dahinaus lief, sich, so ihm das Leben lieb wäre, nicht mehr zu unterstehen, eine Streife und Verfolgung wider ihn aufzuwiegen.

Als Hiesel dieser Gegend seinen ernstlichen Unwillen und Ahndungen empfinden lassen, so begab er sich in eine andere, ein nicht minder freches Beispiel seiner Vermessenheit, welches er zu Ettenbeuren, Reichsstift Wettenhausischer Herrschaft, an einem ihm verhaßten Jäger von Schönenberg, Wolfgang Mögele, stiften wollte, sehen zu lassen.

Er kam in Begleitung vier seiner Gesellen in das dortige Wirtshaus, wo sich der Jäger, der sie ausgespürt hatte, eben befand. Die Feindseligkeiten anzufangen, wurde dem Jäger zuerst ein Trunk vom Hiesel zugebracht; da dieser aber Bescheid zu tun ausschlug, so wurde alsbald zur Schlacht geblasen, um eine solche vorgebliche Beleidigung der Hieselischen Majestät aufs empfindlichste abzustrafen. Zuvörderst wurde Befehl erteilt, alle übrigen zu dem Spiel nicht gehörigen Gäste und Zechleute mit bloßen Seitengewehren aus der Stube zu treiben und sich den Schauplatz zu seiner vorhabenden Tragödie zu reinigen. Sodann ging er über den Jäger in eigener Person, in der Linken seine gespannte Kugelbüchse und in der andern den bloßen Hirschfänger haltend, los. Mit diesem versetzte er ihm sieben Hiebe, wovon drei in den Kopf, die übrigen viere aber in den Arm gingen. Mit diesem aber war die Rachsucht des aufgebrachten Hiesel noch nicht gesättigt. Er postierte seinen Fanghund auf den Tisch. Dieser mußte den bereits allzusehr verwundeten Jäger fassen und richtete ihn auch durch verschiedene ungeheure Bisse dergestalt zu, daß er völlig gelähmt verblieb. Bei diesem unmenschlichen Verfahren ließ er es gleichwohl noch nicht bewenden, sondern befahl, ihn in die Küche hinauszuschleifen, wo er ihn nebst den andern Gesellen der Bosheit aufs neue mit Schlägen und Stößen mißhandelte, ja ihn endlich gar umgebracht haben würde, wenn nicht ein zu dem Todschwachen herbeigerufener Geistlicher ihm Vorstellungen getan und dieses grausame Herz endlich so weit gerührt hätte, daß er seine Rotte zurückrief und ihr von weiteren Gewalttätigkeiten abzusehen befahl, gleichwohl aber dem in völliger Unempfindlichkeit und Ohnmacht liegenden Jäger zuvor seinen Hirschfänger, nachdem er ihm vorhin schon das Schießgewehr abgenommen, abgürten und ihn sodann in seinem Blute liegen ließ.

Mit diesem blutigen Ausbruch seiner wildschützerischen Rache war Hiesel so wenig vergnügt, daß er sich vielmehr um eine neue Gelegenheit umsah, seinen Mutwillen weiter zu üben: die er auch an dem Amtsknecht zu Göggingen, Johann Baptist Meng, auszulassen reichlich fand. Dieser ging zu Göggingen bei dem oberen Wirtshaus in seinen Geschäften vorbei und wurde von einem seiner ehrbaren Kameraden, Studele, welcher eben neben seinem Herrn Gebieter unter der Tür des Hauses stand, gesehen und ihm sofort von ihnen zugerufen, woher er käme. Der Fronknecht versetzte mit einer Amtsmiene, daß er ihm hierüber nicht Rechenschaft zu geben habe. Der hurtige Studele aber ging ohne Ansehen seines Amtes auf ihn mit bloßem Gewehr los und brachte ihm einige Hiebe bei. Da er diese aber mit dem Arme auffing, so ergriff der ergrimmte Studele seine Flinte und schlug ihn damit zu Boden. Ehe sich der gute Amtsknecht aus dieser seiner Betäubung erholte, war indessen Hiesel mit dem großen Hund herbeigekommen und stampfte ihn mit seinem Gewehr ganz durch, bis er zuletzt ermüdet seinen Fanghund an den Niedergeschlagenen hetzte und ihn so erbärmlich auf dem Platz herumzerren ließ, daß er ohne Zweifel nimmermehr wieder aufgestanden sein würde, wenn nicht Hiesel durch zwei herbeigelaufene Bauern an dem Fortgang seines grausamen Verfahrens gehindert und dem armen Geplagten dadurch Luft gemacht worden wäre, durch eine über Kraft und Macht eilfertige Flucht in das nächste Bauernhaus zu entrinnen. Allein auch dahinein wurde er von dem entflammten Studele verfolgt, und in dem Haus, weil er den Flüchtling selber nicht mehr erhaschen konnte, alle Fenster und was nur darin zerbrechlich war, in vollem Grimme zerhauen.

Nicht lange hernach stieß Hiesel nebst noch dreien von seinen Gespahnen* ein wichtigeres Abenteuer auf, da sein Heldenmut ein größeres Feld sich hervorzutun vor sich fand, indem er mit der Roggenburgischen Streife ins Handgemenge geriet.

Hiesel nämlich befand sich im Jahr 1769, den 14. Sept., in dem Wirtshause zu Breitenthal, um sich nach seinen vielen Faticken† etwas mit seinen Leuten zugute zu tun, wo er sich auch nach Art solcher Gesellen in allerhand Liederlichkeiten lustig machte. Dieser sein Aufenthalt wurde alsbald seinen Aufsätzigen‡ verraten und auf ihn eine Streife ausgeschickt, zu gleicher Zeit aber auch ihm von seinen Getreuen von der ihm bevorstehenden Gefahr eilfertige Nachricht gegeben. Er postierte sich also mit seinem Haufen, anstatt zu entweichen, auf dem Platze vor dem Wirtshause, in der Entschließung, mit dieser Streife sich in eine öffentliche Schlacht einzulassen. Kaum wurden einige dieser Abgeschickten von ihm gesehen, als er sie sogleich mit gespanntem Hahn zum Streit aufforderte. Die Streife aber zog sich in den nächstgelegenen Bauernhof und räumte ihm also das offene Feld. Hiesel hingegen verfolgte sie in dem größten Ungestüm mit sei-

* Kumpanen
† Mühseligkeiten
‡ Verfolgern

ner ganzen Armee: bei welcher Gelegenheit einer der Seinen, der Bayrische Hansel genannt, auf einen Gefreiten sein Gewehr losdrückte, Hiesel aber einen Korporal zum Gefangenen machte, den er zuerst mit der flachen Klinge seines Hirschfängers wider alle Kriegsmanier tapfer abprügelte und sodann erst in einen Arm verwundete, um zwar nur, wie er sagte, zu erfahren, ob die vorgegebene Festigkeit desselben aufgelöst werden könnte.

Es war für Hiesel etwas nicht Geringes, diejenigen, die ihn zu greifen ausgeschickt waren, verjagt und zerstreut zu haben; so daß er sich mit allen Ehren davon und in Sicherheit hätte begeben können. Allein damit war sein stolzes Herz nicht zufrieden. Er blieb nicht nur noch denselben Tag in dem Wirtshause, sondern zog gar mit vieren von seinem Gefolge nach Roggenburg selber. Dort forderte er nicht anders, als ob er Kontribution eintreiben wollte, von dem Wirte ein Mittagsmahl. Da sich aber der Wirt entschuldigte und ein vorhandenes herrschaftliches Verbot ihm nichts zu geben vorschützte, so versetzte Hiesel mit dem lächerlichsten Gespött über diesen Befehl, daß er die Küchen- und Kellerschlüssel schon selber finden wollte. Mittlerweile wurde ihm von dortigem Oberamt aus durch einen Abgeordneten beditten*, sich aus dem Wirtshause und dem ganzen Orte sogleich zu begeben. Über diesen Auftrag spottete Hiesel noch mehr als über den vorigen und schlug zugleich mit seinem Gewehr, um zu zeigen, wie wenig er sich aus ihren Befehlen mache, auf die unter dem Tor stehende Schildwache mit dem Bedrohen an, daß er sie, wenn sie nicht augenblicklich ihren Posten verließe, auf der Stelle kaltmachen wolle. Sodann ließ er dem Oberamt vermelden, daß sie nur ihr ganzes Kontingent wider ihn heranschicken, zugleich aber einen Wagen, die Toten und Verwundeten zurückzuführen, mitsenden möchten. Sodann aber wolle er erst noch in das Kloster mit seinen Leuten einfallen, den Reichsprälaten in seinem eigenen Zimmer erschießen und sich noch dazu niedersetzen.

Durch diese und andere dergleichen glücklich abgelaufenen Frevelstücke breitete er Furcht und Schrecken über die ganze Landschaft und alle Herzen der auf ihn Geschickten aus, so daß er, beinahe wie und wo es ihm nur beliebte, herumschweifte und seinen Mutwillen in allen Gegenden Schwabens fast ungehindert ausübte. Denn ob ihm wohl von allen Seiten durch obrigkeitliche Verordnungen und Anstalten zuvorzukommen und auf den Leib zu gehen verfügt wurde, so konnte es doch niemals, teils wegen seiner außerordentlichen Frechheit, die seine Feinde in Furcht setzte, ihm nahe zu kommen, teils wegen der Nachrichten, die er von allen wider ihn gemachten Nachstellungen zeitlich bekam, zu einem rechten Ende gelangen.

Hiesel fing also mit Anfang des 1770. Jahres nicht sowohl ein neues Leben an, als daß er das alte nur ordentlich fortsetzte und hin und wieder noch vermehrte und verschönerte. Die erste Probe davon machte er gleich zu Anfang des Jahres in dem Markt Buchloe, wo er sich der auf ihn ausgeschickten Streife mit der äu-

* aufgefordert

ßersten Vermessenheit entgegensetzte. Er hatte von dieser vom Pflegamt aus wider ihn gemachten Verordnung kaum Nachricht erhalten, als er mit seinen bei sich gehabten Kameraden auf der Straße gegen das bekannte dortige Zuchthaus zu Posto faßte, um nicht nur den Angriff der auf ihn anrückenden Streife zu erwarten, sondern vielmehr, sobald sie sich blicken lassen würde, auf sie selbst loszugehen. Bei dem Anzuge derselben empfing er sie sogleich mit einer Salve seiner Gewehre, wovon alsbald zwei von der feindlichen Seite tödlich verwundet niederstürzten, der Rest des Kommandos aber sich zerstreute und dem siegreichen Hiesel den Wahlplatz überließ, der zum Zeichen, daß er das Feld erhalten, noch verschiedene Schüsse in das Zuchthaus sowohl als in die nahegelegenen Wohnungen zu tun befahl.

Gleich auf dem Abzuge von diesem berühmten Treffen stellte sich ihm eine neue Gelegenheit dar, seine Rache in einem kleinen Felde sehen zu lassen. Der Amtsdiener von Blauhofen, Johann Georg Teifler, kam ihm von ungefähr in den Weg und erhielt alsgleich unter den schrecklichsten Flüchen Befehl, Halt zu machen. Dieser hatte Mut genug, um stehen zu bleiben, als er sofort vom Hiesel samt vier Wildschützen umringt und ihm die Spitzen ihrer Hirschfänger auf die Brust gesetzt wurden. Sodann wurde er mit häufigen Schlägen ihrer flachen Klingen und dem Anhetzen des grausamen Hundes geängstigt und mißhandelt. Endlich ergriff ihn Hiesel selbst bei der Brust in Meinung, ihn zu Boden zu werfen. Der Amtsknecht aber, der ein nicht minder gewandter Kerl als Hiesel und überdies auch stärker war, kam ihm zuvor, faßte ihn bei der Mitte des Leibes und überwarf ihn somit in einem Augenblick, daß ihm der Held vor den Füßen lag. Allein dieser Sieg kam dem Amtsknecht teuer zu stehen. Denn auf dieses wurden alsbald und fast zugleich von den Trabanten des Hiesel dem armen Sieger drei Wunden über die Arme versetzt, deren noch mehrere und so viele folgten, bis sich Hiesel unter seinem Bezwinger hervorgearbeitet und wieder in die Höhe gebracht hatte, der sofort dem Amtsknecht zum schuldigen Dank einen solchen Hieb über die linke Hand versetzte, daß er von diesem allein außer allen Stand der geringsten Gegenwehr gesetzt wurde. Der Elende würde auch durch die häufigen Wunden, die sowohl von den Bissen des Hundes als den Hirschfängern unaufhörlich auf ihn regneten, unfehlbar endlich haben zugrunde gehen müssen, wenn nicht sein Vater eben noch zur rechten Zeit und mit einigen Waffenknechten und Hunden herbeigekommen und ihn aus den Händen dieser mörderischen Rotte, obwohl mit genauer Not*, errettet hätte.

Dieser von dem Amtsknechte erlittene Schimpf der Niederlage stieg Hiesel so sehr in den Kopf, daß er ihm den unvermeidlichen Tod schwur, sofern er vernehmen sollte, daß er sich seines über ihn erhaltenen Vorteils nur im geringsten gegen jemand zu rühmen gelüsten ließe.

Bald nach diesem Hergang mußte der Marktflecken Buchloe nochmals herhalten und die frevelhafte Ausgelassenheit Hiesels und seiner Bande erfahren: indem

* nur äußerst mühsam

er den 7. Febr. 1770 mit dreizehn seiner bewaffneten Trabanten in dem dortigen Posthaus anlangte; da er dann erstlich mit einem dort angelangten Fremden angebunden und ihm die größten Grobheiten, als man nur denken kann, erwiesen, hernach aber mit seiner ganzen Rotte vor das dortige Amthaus gezogen, die dort befindliche Wache mit den empfindlichsten Schimpfworten aufgefordert und, da sich ihm niemand entgegengestellt, endlich selbst fünf Schüsse in das Amthaus getan. Worauf er endlich diese Gegend von seinen Gewalttätigkeiten befreite und sich mit seinem Anhang weiter herabzog, um Augsburg die Ehre seines Besuches zu gönnen und auch in den Gegenden des Lechs und der Wertach seines Namens Gedächtnis schrecklich zu machen und zu verewigen.

Seine Bande war nun schon zu einer solchen Anzahl angewachsen, daß sie sich vor kleinen Verfolgungen nicht viel zu fürchten hatte; allein dabei hatte sie auch die Unbequemlichkeit, daß sie schwerer zu unterhalten war und unmöglich lange sich verborgen irgendwo halten konnte. Mithin wurden auf die ersten Nachrichten seiner erfreulichen Ankunft alsbald die gehörigen Mittel vorgekehrt, diese ungebetenen Gäste aufzuheben oder wenigstens zu vertreiben. Man säumte sich also auch hiesiger Orten nicht, wider diese Abenteurer zu Felde zu ziehen.

Die erste wider diese bösen Buben den 7. März 1770 ausgesandte Streife war ein Reichsstadt-Augsburgisches sehr starkes Soldatenkommando, welches auf erhaltene Nachricht, daß sich Hiesel mit seiner Armee in dem Dorf Pfersee befinde, sich nach Kriegshaber verfügte, des andern Tages aber nach Pfersee umschwenkte und den langen und sehr engen über die Wertach geschlagenen Steg bei Pfersee besetzen wollte.

Hiesel war von dieser auf ihn ausgesandten Streife lange vorher schon benachrichtigt und ihm alle Mittel, Wege und Straßen an die Hand gegeben, dieser Streife leichtlich zu entgehen. Gleichwohl hatte er Lust, mit fünf seiner damals bei sich gehabten Kameraden aus bloßem Mutwillen mit diesem Kommando anzubinden und ein kleines Scharmützel zu halten. In keiner von allen seinen Schlachten hat Hiesel mehr Geschicklichkeit und Kriegserfahrenheit, obwohl er nie einen Krieg gesehen und wahrscheinlich auch kein kriegerisches Buch gelesen, blicken lassen. Denn er trennte seinen Verfolgern den Weg ab und hatte den Pferseesteg, welcher ihm abgeschnitten werden sollte, vor ihnen besetzt. Bei diesem Steg steht gegen das Dorf Pfersheim zu einige wenige Schritte davon eine kleine Kapelle mit etlichen darum gepflanzten Bäumen. Bei dieser faßte Hiesel mit seinen Leuten Posto und hatte dort auch den besten Stand, den er nur wünschen mochte, da er davon aus den ganzen Steg, der so eng ist, daß kaum zwei Personen nebeneinander gehen können, bestreichen konnte. Sodann war seine zweite Verfügung, seinen Leuten zu befehlen, nicht zu schießen, sondern ihm und dem Tiroler, welchen man wohl seinen Generallieutenant in diesem Treffen nennen möchte, beständig die Gewehre in äußerster Geschwindigkeit geladen zu bieten. In dieser Verfassung erwartete er die Streife, die über den Steg anrücken sollte. Der Anführer derselben sah aber nun wohl endlich selber ein, daß, wenn ihm auch seine Leute folgten, dennoch bei so bewandten Umständen der halbe

Teil davon notwendig draufgehen müßte, ehe sie Hiesel nur nahe kämen, und hielt daher mit dem Hinübermarschieren inne. Drei Helden aber von seinem Volke, die noch vermessenere Ritter als Hiesel selber waren, fingen an, ohne Befehl und ohne selber zu wissen, warum, über den Steg gegen den Hieselischen Posten aufzumarschieren. Diesen rief also Hiesel mit allerhand spöttischen und lächerlichen Drohungen zu, halt zu machen. Da sie aber, gleichwohl ohne darauf zu achten, fortrückten, brannte er los und schoß, sie zu warnen, überhin. Diesen Schuß beantwortete ihm einer von diesen Kommandierten mit einem gleichen Feuer, auf welches der Tiroler, welchem der zweite Rang in der Gewißheit des Schießens nach Hiesel von seinen Gesellen zuerkannt wurde, ebenfalls ihn zu warnen, los. Als aber dagegen zu feuern und weiter anzurücken von diesen dreien nicht nachgelassen wurde, so ergriff der Tiroler endlich seinen Stutzer im Ernst und schoß dem mittelsten von diesen dreien so gerade in das Herz, daß er augenblicklich tot darniederfiel.

Der Befehlshaber dieses Kommandos sah also mehr als zu deutlich, daß diesen Leuten auf solche Art nicht beizukommen war, und fand daher für ratsam, mit seinem Toten vorlieb zu nehmen und sich samt seinen Untergebenen zurückzuziehen. Dieses tat Hiesel, nachdem er noch einige Zeit auf dem Wahlplatze verweilt, ebenfalls und begab sich sodann nebst seinen Leuten nach aller Bequemlichkeit zurück, nicht ohne alle Sorge, nach Art eines behutsamen Feldherrn, daß ihm etwa eine andere Kolonne unversehens in den Rücken kommen und ihm den Rückzug in die Burgauischen Gehölze, wohin er sich zu wenden gedachte, abschneiden möchte.

Dieser große Sieg flocht frische Lorbeeren in den Hieselischen Heldenkranz und ermunterte ihn nicht nur zu weiteren kühnen Taten durch den guten Erfolg seiner bisherigen Unternehmungen, sondern erwarb ihm auch ein vollkommenes Zutrauen von allen seinen Leuten sowohl als einen starken Zulauf von andern Taugenichten, die unter einem so berühmten Haupte sich hervortun wollten und an einer Lebensart von der äußersten Ausschweifung Belieben trugen. Hiesel sammelte auch davon, soviel sich ihm ihrer anboten, und verstärkte seinen ohnehin schon mehr als zu zahlreichen Haufen um ein merkliches.

Unter diesen neuen Ankömmlingen hatte Hiesel auch unter andern das ungemeine Vergnügen, seinen Allergetreuesten, den sogenannten Buben, Andreas Mayer, welcher seit der obenberührten unglücklichen Schlacht bei Türkheim in dem Zuchthaus gesessen, wieder zu umarmen. Seine bisher erlittene Strafe und Gefangenhaltung waren keineswegs vermögend, das süße Verlangen nach diesem umschweifenden und gefährlichen Leben auszutilgen. Er war kaum aus dem Gefängnis entlassen, als er mit geflügelten Füßen seinem lieben Meister nacheilte, unter dessen Anführung er so schöne Gründe zu einem ruchlosen Leben gelegt und es darin unter seiner weiteren Aufsicht noch höher zu bringen hoffte.

Der Meister war nicht weniger über diese unvermutete Wiederkunft erfreut als der Jünger und machte um soviel mehr Staat auf die Treue dieses seines jungen Anhängers, je mehr er dieselbe in allen Widerwärtigkeiten der Gefangenschaft unwandelbar geprüft und gegen sich unveränderlich befunden hatte. Er schwor ihm daher bei seiner neuen Aufnahme mit den teuersten Versicherungen, seine bisher erlittenen Drangsale nachdrücklich zu rächen und seine ausgestandenen Plagen allen Forstbedienten und Gerichtsdienern, die ihnen nur in die Hände fallen würden, in voll gerütteltem Maße und mit reichen Zinsen einzutränken. Von diesem an würdigte er ihn auch eines mehr vertrautern Umganges und machte sich kein Bedenken, ihm seine allergeheimsten und wichtigsten Geschäfte anzubefehlen. Aus diesem Grunde machte er ihn auch zu einem Aufseher und geheimen Beobachter der Handlungen und Unternehmungen seiner übrigen Leute, von deren Treue er nicht allemal so vollkommen überzeugt war, daß er sich ohne Sorge auf sie hätte verlassen können. Mit einem Wort, es hätte kein ausgesuchteres Paar zusammenkommen können, so sehr erfreute sich der Meister über die Willigkeit seines Schülers und der Schüler über die Geschicklichkeit und das Zutrauen seines Meisters, von welchem er alles erhoffte.

Nachdem sie also diese engere geheime Verbindung miteinander geschlossen, gingen sie neben ihren andern Gesellen der Bosheit auf ihren alten Wegen noch viel frevelhafter als vorhin jemals fort. Die sie auf allen Seiten umgebenden Gefahren, die Furcht, alle Augenblicke aufgehoben und gefangen zu werden, die Folgen, welche ihre Erhaschung notwendig haben mußte, und der gewisse und schimpflichste Tod, den sie sich zum öftern verdient zu haben nicht anders als unvermeidlich immer vorstellen konnten, waren indessen im mindesten nicht vermögend, sie auf eine Änderung dieses höchst gefährlichen und mit dem Tode stets ringenden Lebens gedenken zu machen und sich in Zeiten noch auf andere und sicherere Wege zu begeben. Sie wichen, nachdem sie sich verstärkt hatten, den ihnen überall drohenden Gefährlichkeiten so wenig aus, daß sie vielmehr mit der größten Vermessenheit danach rangen und das Glück, das sie so vielmal dem augenscheinlichen Untergange entzogen, ohne Unterlaß herausforderten und endlich ermüdeten.

In solchen Entschließungen und Verachtung aller Gefahren, vermöge welcher sie den festen Vorsatz gefaßt, aller Gewalt, die ihren Unternehmungen Einhalt zu tun sich anmaßte, wie die auch immer beschaffen sein möchte, gleiche Gewalt entgegen zu setzen, war Hiesel mit seiner Rotte bald nach dem siegreichen Gefecht an dem Pferseenstege bei Augsburg zu Kellmünz, wo eben die Bauern ihre Nachkirchweih feierlich begingen, angekommen. Hiesel und sein Liebling, der Bube, nebst noch fünf anderen seiner verwegenen Wagehälse nahm dort die Einkehr ohne Anstand in dem Wirtshause bei der Kronen.

Gleich bei dem Eintritt in die Schenke bestellte Hiesel als ein erfahrener Kriegsoberster die nötigen Wachen. Es wurde sofort die Tür mit einem von seinem Corpo besetzt und andere auf die Gassen beordert, um auf alles, was etwa vorgehen möchte, ein wachsames Auge zu haben. Nachdem er also alles nach der Disziplin aufs genaueste angeordnet, fing er mit seinen übrigen Kameraden erst an, sich lustig zu machen, zu tanzen, daß es stob, und alle Ausgelassenheiten, die man von einem so zügellosen Volke nur erwarten kann, zu treiben.

Der Ruf von der Anwesenheit dieses berufenen Landbezwingers verbreitete sich augenblicklich durch den ganzen Ort und zog eine Menge Volks herbei, diese Riesen zu sehen, von welchen sie so unglaubliche Taten vernommen. Es war nicht die bloße Neugierde allein, ihn und sein Gefolge in Augenschein zu nehmen, wie diese gewöhnlich bei allen Leuten entsteht, wenn sie von der Ankunft außerordentlicher Personen hören. Es waren gewisse gute Begriffe, die man sich von ihm gemacht, die auf eine Art von Wohlwollen hinausliefen und ihn fast überall der gewissen Zuneigung aller Leute, die nicht Jäger oder Gerichtsdiener waren, versicherten. Und diese entsprangen teils aus seinem guten äußerlichen Ansehen, welches überall den schnellsten Eindruck zu machen pflegt; wie er denn auch in der Tat nicht übel gebildet war und mehr Lebhaftigkeit in den Augen, als man von einem Menschen seines Standes vermuten konnte, hatte, obwohl sie immer mit einem gewissen unsteten und mißtrauischen Wesen ihm auf allen Seiten herumgingen; welches ihn einigermaßen entstellte, eine Folge aber der beständigen Nachstellungen, welchen er immer ausgesetzt war, zu sein schien. Teils trug auch die Bewunderung, welche er sich durch seine Fertigkeit mit dem Gewehre erworben, nicht wenig zu dieser Neigung, sonderlich bei dem gemeinen Volke, bei, und teils konnte ihm auch von dem klügern Teil des Publikums nicht abgesprochen werden, daß es ihm, da er sich bei einer so verbotenen Lebensart, die er noch über dieses mit so ungeheuren Ausschweifungen noch weit schwieriger für sich und seinen Anhang gemacht, lange genug erhalten und verwahrt und alle Anschläge und gewaltsamen Überfälle seiner Nachsteller teils mit List, teils mit offenbarer Gewalt abgewendet, an guten Gemütsgaben nicht gefehlt habe.

Er wußte sich auch dieser guten Neigung, welche man vom ihm hatte, bei aller Gelegenheit, und vornehmlich auch bei dieser Bauernkirchweih, zu seinem Vorteil zu bedienen und seine Taten und dabei gute Dienste, die er dem Landmanne leiste, aufs beste herauszustreichen; wie er nämlich, was seine gewaltsame Widerstehung wider die obrigkeitlichen Streifen belangt, gezwungen wäre, sein Leben, welches er auf keine andere Art schützen könnte, zu verteidigen, und was das andere oder die Aufräumung des Wildes beträfe, so käme dieses nicht ihm allein, sondern größtenteils dem Landmanne zustatten, weil er dessen Gründe vor den Verheerungen des Wildes sicherstellte.

Mit diesen und dergleichen rednerischen Blumen schmückte Hiesel auch damals seine Predigt an die Bauern aus, die ihm alle mit aufgesperrten Mäulern zuhörten, noch weit mehr aber sich verwunderten, als sie ihn ein Wunderzeichen seiner Gewißheit und Fertigkeit im Schießen tun und einer in der Zechstube von ungefähr auf der Ofenstange sitzenden Henne den Kopf herabschießen sahen. Eine noch größere Wundertat ließ er, um ihre Erstaunung auf den höchsten Grad zu treiben, hierauf auf der freien Straße sehen, indem ihm sein Getreuer, der Bube, ein Spiel Karten in einer Entfernung von einigen zwanzig Schritten vorhalten mußte, welche er sodann mit eben der vorigen Richtigkeit mit einer Kugel durchlöcherte. Diese Geschicklichkeit nun, welche von dem gemeinen Pöbel für ein Mirakel ausgerufen wurde, erhielt nicht nur ihm den allgemeinen Beifall und Bewunderung, sondern erwarb ihm auch Beistand und Vorschub von allen und jedem, ja sogar auch viele Geschenke; indem sich ein jeder ein Vergnügen daraus machte, diesem Wundermann mit etwas gefällig zu sein und ihm nach Vermögen mit einer milden Beisteuer sein Opfer zu bringen.

Während der Verrichtung dieser Wunderdinge und Einsammlung der ihm gebrachten Opfersteuern machte ihm seine ausgestellte Wache zu wissen, daß soeben ein Reiter in dem dortigen Amthause angelangt sei und vermutlich der Vorbote einer nachkommenden Streife sein möchte. Obwohl nun Hiesel über diese Nachricht notwendig in einige Unruhe versetzt werden mußte, so wußte er dieselbe doch äußerlich dergestalt zu verbergen und unter eine anscheinende Unerschrockenheit zu verstecken, daß sowohl die umstehenden Bauern nicht das mindeste von Veränderung an ihm gewahr, seine Leute hingegen auf den Notfall hin zu einer mutigen Gegenwehr im voraus angefrischt wurden. Er befahl nun sogleich der Wache, die ihm diese Nachricht gebracht, auf besagten Boten ein wachsames Auge zu haben und ihm bei seiner Rückkehr das Pferd unter dem Leibe zu erschießen. Welchem Befehl zufolge von besagtem wachthaltenden Wildschützen der Eingang des Amthauses sofort mit der größten Autorität besetzt wurde: Da aber seiner Aufsicht ungeachtet der Reiter dennoch entwischte, so zog dieser von seinem Posten ab und durchspürte dafür alle Gassen aufs genaueste.

Indessen rief Hiesel seine Leute durch ein gegebenes Zeichen zusammen, hieß sie sich bewaffnen und stellte sie mitten auf dem Platze in Schlachtordnung, um die ankommende Streife, aller geschehenen Warnung ungeachtet, nicht nur zu erwarten, sondern empfindlich zu empfangen. Jeder mußte sein Gewehr auf dem Platze frisch laden und sie alle untereinander sich nach dem Beispiel ihres Oberhauptes zu einer verzweifelten Gegenwehr anfrischen. Sie erwarteten also den Angriff der Streife mit gesetztem Mut, und da Hiesel ohnehin schon vorher von seinen Anhängern heimlich von derselben Anruckung* vergewissert war, so kam zu mehrerer Gewißheit die von ihm ausgestellte Schildwacht mit der Anzeige zurück, daß die Streife nicht mehr weit wäre, und brachte zu einem noch sicherern Zeichen ihm eine Flinte, welche er soeben dem Osterlippischen Gerichtsdiener unter Bedrohung des Totschießens abgenommen.

Inzwischen daß Hiesel diese tapfere Tat lobte und sich mit dem getreuen Dienste seiner Leute groß machte, rückte ein Churbayrisches Streifkommando auf das Wirtshaus in der Meinung an, daß sich Hiesel mit seinen Leuten noch darin befinde.

Auf den ersten, welchen Hiesel von diesem Kommando erblickte, schlug er mit eben dieser noch in der Hand gehaltenen Flinte an und streckte ihn plötzlich† zur Erde. Der Bub, sein Getreuer, welcher ihm zur Seite stand, brannte ebenfalls seinen Stutzen auf einen andern los, der durch diesen Schuß des andern

* Anmarsch

† augenblicklich

Tages seinem Kameraden den Weg in die Ewigkeit nachfolgte. Die übrigen Wildschützen feuerten indessen unausgesetzt auf die Streife zu. Da aber ihre Salven von der Streife mit nicht minderer Fertigkeit beantwortet wurden und Hiesel sich derselben nicht gewachsen zu sein bedenken ließ, so ermahnte er seine Leute zum Abzug, auf welchem von den nachsetzenden Streifern gleichwohl noch mancher seinen Teil von dem Feuer, welches Hiesel unaufhörlich auch auf der Flucht hinter sich zurückmachte, bekam. Dem ungeachtet aber wurden die Wildschützen bis zum Ende des Ortes mit so gutem Erfolge begleitet, daß sie zwei von ihrem Haufen als Gefangene zurücklassen mußten. Mit welcher Beute sich auch die Streife begnügen ließ und zurückzog. Hiesel aber nahm seinen Weg auf Memmingen zu und hielt sich des andern Tages samt seinen aus diesem Gefecht entronnenen Kameraden in dem sogenannten Affenbad, seines Tags vorher begangenen Frevels ungeachtet, nicht nur ganz ruhig auf, sondern wurde noch überdies von der großen Menge Volkes, welches ihn zu sehen herbeigelaufen war, nicht nur bewundert, sondern auch reichlich auf diesen harten Strauß beschenkt.

So glücklich unser Hiesel indessen allen seinen ihm bisher in diesen Gegenden aufgestoßenen Gefahren entgangen war, so traute er doch diesem nämlichen Glücke nicht weiter. Er sah, daß er alles wider sich in Harnisch gebracht und daß man sich von allen Seiten wider ihn erhob. Darum entschloß er sich klüglich, dem vorhergesehenen Sturme auszuweichen und mit den Seinen diesen Teil Schwabens, bis man seiner ein wenig vergessen, auf einige Zeit zu verlassen.

Er zog sich also mit seinen Waghälsen in die oberen Gegenden dieses Landes, wo er nicht so bekannt und darum sicherer zu sein sich einbildete. Allein die gellenden Ausbrüche seines Frevels, welche nach seiner einmal angenommenen Staatsmaxime, alles mit Gewalt durchzutreiben, unvermeidlich waren, brachten auch dort bei Zeiten alles wider ihn in Waffen und erregten die gleichen Nachstellungen wider ihn von allen Seiten, welchen er an andern Orten zu entgehen gesucht. Die Forstbedienten und Jäger, denen er durch Verheerung ihrer Waldungen einen gerechten Unwillen erregte, stellten ihm mit so viel größerem Mut nach, weil sie seine grausamen Ahndungen in dergleichen Fällen, wovon sie zwar aus dem allgemeinen Gerüchte gehört, an ihren eigenen Personen zur Zeit noch nicht empfunden hatten. Sie wandten also allen möglichen Fleiß an, seinen Wilddiebereien Einhalt zu tun; Hiesel aber unterließ dagegen nichts, ihnen die Erfüllung dieser ihrer Pflichten zu verbittern und sein vermeintes Recht mit der nachdrücklichsten Gewalt zu unterstützen. Denn er hing dieser verbotenen Lebensart nicht wie andere Verbrecher, welche von der Unrechtmäßigkeit ihrer Taten überzeugt und daher furchtsam und immer auf die Versteckung oder Flucht bedacht sind, nach, sondern überredete sich und seine Anhänger, daß er ein wohlhergebrachtes Recht dazu habe, da das Wild in dem Wald frei wäre und mithin niemandem als dem, der sich dessen als erster bemächtige, zugehöre: welchen Satz er auch in seiner Gefangenschaft durch alle möglichen Gründe zu unterstützen und geltend zu machen gesucht.

Die Jäger hatten indessen ganz andere Gesetze gelernt und wären nach diesem Recht in ihre Dienste nicht aufgenommen worden; weswegen sie auch hierin Hiesel gar starken Widerspruch hielten und ihm seine Nahrung so viel wie möglich versäuerten. Unter diesen ließ sich der Landvogteiische Revierjäger Eustachius Bitsch besonders angelegen sein, Hiesel die Ausübung seines Grundsatzes zu erschweren, hatte aber hierüber einmal das Unglück, Hiesel nebst noch vieren von seiner Kameradschaft in dem Walde aufzustoßen. Dem Jäger schien nun hier kein gelegener Ort zu sein, sich mit diesen neuen Juristen in eine Disputation einzulassen; deswegen er sich lieber für jetzt geschwind davonzumachen und viel sicherer eine hinlängliche Streife, die dieser Rotte gewachsen wäre, aufzubringen gedachte. Hiesel aber, der von seiner guten Meinung bereits Nachricht hatte, war nicht gesonnen, ihn so schlechterdings entwischen zu lassen. Er eilte ihm also sogleich mit gespanntem Geschoß nach: Da er ihn aber nicht einholen konnte, rief er seine übrigen Leute durch ein gegebenes Zeichen zusammen, die dem Flüchtigen alsbald die Wege verrennten*, ihn gefangen nahmen und ihrem gebietenden Oberhaupt vorstellten.

Der erste Befehl, der von Hiesel an ihn erging, war, sein Schießgewehr auf der Stelle abzulegen. Als dieses aber nicht alsbald geschah, befahl er weiter, ihm dasselbe von der Schulter abzunehmen. Alsdann hetzte er unter den allerzierlichsten Flüchen und schrecklichsten Bedrohungen seinen Hund an ihn, der ihn auch sofort zu Boden riß und ihm einige gefährliche Bisse beibrachte. Gleichwohl gelang es ihm, endlich sich dieser wilden Bestie zu erledigen und sich wieder auf die Flucht zu machen. Allein der Weg wurde ihm von den vier Wildschützen, die ihm überall mit bloßen Hirschfängern begegneten, verrannt. Diese hieben, wie es der Zufall gab, so lange und so viel von allen Seiten auf ihn ein, bis er davon ohnmächtig zur Erde niedersank. In dieser Unwissenheit seiner selbst ließen sie ihn liegen und begaben sich von ihm einige Schritte ins Holz. Allein da sie bemerkten, daß er wieder zu sich selber kam, so kehrten sie mit gedoppeltem Grimme wieder zu ihm zurück und ließen ihn durch den Hund wiederum zur Erde reißen, wo sie ihn sodann seines Hirschfängers und der bei sich gehabten Waidtasche beraubten. Der Zustand aber, worein sie den armen Mißhandelten gesetzt hatten, war dieses Mal gar zu elend und von einer solchen Art, daß er auch bei Hiesel selber Mitleid und Erbarmung zu erregen fähig war, Leidenschaften, welche er bis daher entweder gar nicht empfunden oder wenigstens geflissentlich unterdrückt zu haben schien. Er streute ihm also zur Stillung des Blutes, wie ein anderer barmherziger Samariter, Schießpulver in die Wunden und riß, ihn zu verbinden, ein Stück von seinem eigenen Hemde, ja er ging in seiner diesmaligen Leutseligkeit so weit, daß er einigen von seinen Gesellen befahl, den auf den Tod verwundeten Jäger in das Dorf zu einem Bader zu bringen und für seine Kur Sorge zu tragen. Allein der beinahe mit dem Tode ringende Jäger, der seine einzige Erquickung noch vor seinem

* versperrten

Ende darin, soweit von diesen Vögeln wie möglich entfernt zu sein, zu finden hoffte, bat sich diese allzugroße Höflichkeit und Gnade von Hiesel ab. Und somit nahm dieser freche und fürchterliche Hauptmann auch mit seiner Schar, nachdem er ihm vorher noch unter den schrecklichsten Bedrohungen des Totschießens, wenn er sich wider ihn oder seine Leute im geringsten eine Streife oder Nachstellung, was für Namen die auch haben möchte, anzustellen gelüsten lassen würde, eine eindringende Abschiedspredigt gehalten, seinen von dem Jäger höchstsehnlich gewünschten Abzug in die Dicke des Gehölzes.

Dieser mitleidige Ansatz, den Hiesels Herz erlitten, war indessen für nicht vielmehr als einen leichten Anfall eines Fiebers bei ihm zu betrachten, da er von seinen Gewalttätigkeiten so wenig auf gelindere Sitten zu kommen geneigt war, daß er vielmehr bei der nächsten Gelegenheit, die sich ihm alsbald nach diesem Vorfall äußerte, alles wieder, was er versäumt zu haben schien, hereinbrachte, wie davon Johann Hildebrand, Zöllner zu Unterkirchberg, ein lebendiges Beispiel zu seinem großen Leide hat abgeben müssen.

Hiesel zog in Begleitung sieben seiner Trabanten ohngefähr auf einem seiner irrenden Züge vor dessen Wohnung vorbei. Einer aus dem Nachtrab dieses Heeres blieb natürlicher Ursachen wegen einige Schritte zurück und ließ sich bei dieser guten Muße einige Äpfel in dieses Zöllners Garten gelüsten. Er stieg darum ohne alle Weitläufigkeit oder vorher anzufragen hinein und pflückte einige Stücke. Allein der geizige Zöllner war ihm sofort auf dem Nacken und verwies ihm die Gelüste nach den verbotenen Äpfeln nicht nur derb als einen Diebstahl, sondern nahm dem Wildschützen nach der löblichen Gewohnheit der Bauern, welche sich unter dem Titel zu pfänden berechtigt zu sein glauben, einen Diebstahl mit Raub zu strafen und zu erwidern, sogar darüber seinen Hut und jagte ihn aus dem Garten fort. Der so beschimpfte und beleidigte Apfeldieb klagte dieses, wie leicht zu glauben steht, seinen Gefährten mit großen Erweiterungen, und Hiesel eilte sofort mit seiner ganzen Armee, um an dem Zöllner eine nachdrückliche Rache zu üben, auf dessen Behausung zu, wo er unter dem Donner der schrecklichsten Bedrohungen zuerst den geraubten Hut abforderte. Dieser wurde ihm sogleich von dem ganz zerknirschten Zöllner mit Zittern und Beben in einer überaus reumütigen Stellung entgegengetragen. Hiesel aber ergriff ihn zusamt dem Hute und warf beide miteinander aus dem Haus unter seine Leute hinaus, wo er der Wut des Hundes preisgegeben wurde, der ihn alsbald bei der linken Schulter ergriff und plötzlich zu Boden riß. Dieses aber war nur erst der Anfang der ihm zugedachten Strafe. Alle stürmten mit entblößten Seitengewehren auf ihn ein, ängstigten ihn eine Zeitlang mit den gräßlichsten Vorstellungen des augenblicklichen Todes und bläuten ihn mehr, als er bedurfte, mit den Schäften ihrer Flinten ab. Ja auch damit noch nicht zufrieden und der beleidigten Ehre seiner Leute und seiner eigenen Rachsucht eine vollkommene Begnügung* zu verschaffen, ergriff er den mehr als halbtoten Zöllner bei den Haaren und

* Befriedigung

schleppte ihn einen ziemlichen* Weg bis zur Mitte der Illerbrücke, wo er ihn, wie er sich aufs höchste vermaß† , in das Wasser hinunterstürzen und ersäufen wollte. Dieses Urteil würde auch an dem Armseligen ohne Zweifel vollzogen worden sein, wenn nicht einem von der Rotte die gar zu erbärmlichen Umstände dieses Kerls doch zu Herzen gegangen wären, daß er eine vielvermögende Vorbitte für das Leben dieses Sünders bei Hiesel einlegte und damit soviel bewirkte, daß er ihm endlich nach noch einigen zum Angedenken erteilten Rippenstößen liegen ließ und seinen Weg weiter nahm.

Inzwischen hatte Hiesel Ursache, auf seiner Hut zu sein. Denn er hatte Nachricht erhalten, daß man auch hiesiger Orten von der Obrigkeit aus alle Anstalten so heimlich wie möglich vorkehrte, ihn unversehens aufzuheben. Allein alle diese so heimlichen Vorkehrungen wurden ihm zeitlich durch seine Gönner, welche meistenteils die Dorfwirte und Bauern waren, nicht nur verraten, sondern ihm auch sogar die an diesen Unternehmungen arbeitenden Personen namentlich kundgemacht und alle Vorteile, dawider zu arbeiten, an die Hand gegeben. Es war Hiesel also unverborgen, daß der Landvogteiische Streifer Bernhard Merk seine Schritte von weitem aufs genaueste beobachtete, um seine Maßregeln danach zu nehmen, wie seine Verhaftung am besten zu veranstalten und der Landesobrigkeit an die Hände zu geben wäre.

Hiesel fing demnach seiner Schuldigkeit gemäß alsbald an, auf ihn Jagd zu machen; Merk aber vor ihm auf alle Art zu fliehen und sich in acht zu nehmen. Er entrann ihm auch ziemlich oft und lange, endlich aber wurde er doch von Hiesel überlistet und ihm durch sein widriges Schicksal in die Hände geliefert. Hiesel bekam nämlich Nachricht von einigen seiner Getreuen, daß sich besagter Merk eben zu Leutkirch befinde, und diese Nachricht tat sogar das Haus hinzu, wo er sich, nämlich bei dem Becken oder sogenannten Pfittelschneider, aufhalte. Sofort wurden zwei von seinen Leuten abgesandt, das besagte Haus zu berennen und den Streifer darin bis zu seiner Ankunft indessen mit guter Art‡ zu bewachen. Diese ließen sich mit ihm, nachdem sie ihn auf eine schlimmvertrauliche Weise in die Mitte bekommen, in ein Gespräch von einer rechten judasischen Freundlichkeit ein und erstreckten ihre Diskurse, bei welchen dem Streifer, wie leicht zu glauben, nicht allzuwohl zumute war, so lange, bis ihr Hauptmann mit noch vier andern, um nach seiner Art Gericht zu halten, ankam.

Bei dem Eintritt sogleich befahl er seinen Leuten, die Haustür mit bloßem Gewehr zu besetzen. Er selber aber trat mit gespanntem Stutzen und einer richterlichen Miene zur Stube hinein. Sofort setzte er sein Gewehr dem bebenden Streifer auf die Brust und hielt es ihm lange genug vor, daß er glauben konnte, er dürfte nunmehr von Angstschweiß genugsam durchgebeizt sein. Sodann zog er es zurück, welches das Losungszeichen war, auf welches die Übungen mit ent-

* längeren
† erkühnte, erdreistete
‡ sorgfältig

blößten Seitengewehren auf den armen Streifer von allen Seiten eindrangen und ihn auf das erschrecklichste ängstigten. Endlich wurde einer befohlen, den großen Fanghund zu allem Überfluß herbeizuholen, um dem elenden Schlachtopfer alle nur möglichen Qualen zu empfinden zu geben. Diesen hielt einer eine geraume Zeit bei dem Halsband, inzwischen ihn die übrigen, um ihn desto rasender zu machen, anhetzten, bis er ihn mit einmal fahren und auf den schon vor Furcht schier toten Streifer losfahren ließ; und dieser zerrte ihn auf eine so greuliche Art auch herum, daß er unumgänglich hätte endlich erliegen müssen, wenn sie nicht durch das Flehen und Vorstellen* der inzwischen herbeigelaufenen Wirtsleute zu einigem Einhalt bewogen worden wären und endlich den Streifer gar laufen ließen, sich aber den Rest des Tages noch in dem nämlichen Wirtshaus rechtschaffen lustig machten und alle möglichen Streiche und Bubenstücke verübten.

Wenige Tage nach diesem Vorfall wurde dem Hiesel durch seinen Anhang verraten, daß der Reichsgräflich-Wurzachische Jäger in St. Johann, Anton Werz, ein von ihm angeschossenes Wildkalb gefunden und zu sich nach Hause habe tragen lassen. Hiesel beschloß demnach alsbald, das Wildkalb selbst zu holen und den Jäger ohne Kriegsankündigung zu überfallen. Zu seinem größten Glück aber war dieser, als der Anfall auf seine Wohnung geschah, nicht zu Hause. Er forderte also unter den greulichsten Flüchen, ohne ihr ein Leid zu tun, sein Wildkalb von der Jägerin. Denn man muß es ihm zum Ruhme nachsagen, daß er sich gegen das Frauenzimmer, wie alle großen Bezwinger, niemals mit Tätlichkeiten vergriffen hat. Mit Fluchen und Drohen ihnen aber im Fall der Not den Ernst zu zeigen hielt er für nicht unerlaubt, weil er nicht glaubte, daß sie davon sterben würden; wie denn auch diese Jägerin keinen Schaden deswegen nahm. Sie leugnete ihm nämlich herzhaft, weil sie ihres Schutzes in Hiesels Höflichkeit gegen das Frauenzimmer versichert war, daß sie von demselben das geringste wisse, und wenn ja etwas daran wäre, so müßte es ihr Mann bereits, ohne ihr Wissen, an die Behörde geliefert haben. Gleichwohl aber, um es ihrem Mann nicht ungestraft hingehen zu lassen, befahl er die in der Stube hängenden Gewehre mitzunehmen; er selber aber machte in eigener Person den vor der Tür angebundenen Schweißhund los, nahm ihn mit sich und zog mit seinen Truppen, nachdem er der Jägerin, wie gewöhnlich, das Kompliment, ihren Mann totzuschießen, hinterlassen hatte, wieder seiner Wege davon.

Kurz nach diesem erfuhr Hiesel durch seine Ausspäher, daß ein Bauer von Rieden, Gräflich Zeil-Wurzachischer Herrschaft, einen Vorschlag zu seiner Gefangennahme, ja noch überdies ein Mittel vorgeschlagen, wie der gottlose Hiesel gänzlich aus dem Wege geräumt und das ganze gemeine Wesen von der beständigen Furcht, in der es von ihm gehalten worden, befreit werden könnte. Das überaus listige Projekt dieses großen Bauerngeistes bestand darin, daß man den Ort des Aufenthalts des Hiesel und seiner ganzen Rotte ausspüren, denselben so-

---

* Bitten

dann unterminiren* und das ganze Gesindel miteinander mit Pulver in die Luft sprengen müßte. Hierbei fiel dem Bauernkopf im mindesten nicht ein, daß es unmöglich sei, den beständigen Aufenthalt einer stets umschweifenden Bande zu erfahren, und es nichts nützen würde, wenn man auch den Ort etwa ihres Nachtlagers für etliche Stunden entdeckte. Denn ehe sie dahinkämen, wäre es schwerlich zu erfahren, ob sie eben da und nicht anderswo bleiben würden: Die Sache aber anzufangen, wenn sie schon da wären, wer würde wohl das Haus unterminiren wollen; zu geschweigen, wo man einen solchen Narren von einem Hauswirt finden würde, der den Willen darein gäbe, sein Haus in die Luft sprengen zu lassen.

So närrisch inzwischen dieser Anschlag war, so war er doch mächtig genug, Hiesels ganze Rache, nachdem er davon benachrichtigt worden, zu erregen. Er schwur dem Bauern auf der Stelle den Tod und versprach sich im voraus sein Mütlein rechtschaffen an diesem ungehirnten Projektanten zu kühlen. Mit diesem blutigen Vorsatz zog er seine ganze Armee zusammen und ging damit, ohne etwas von seinem Vorhaben zu sagen, auf das Dorf dieses Bauern zu. Da erst entdeckte er seinem Gefolge, als er bei dessen Hause, das er sich zeigen lassen, angelangt, in welcher Absicht er sich hierher begeben. Nachdem er zuerst alle Ausgänge desselben durch seine Männer hatte besetzen lassen, trat er nebst noch zwei andern ganz bewaffnet selbst in den Hof und erkundigte sich nicht mit den süßesten Ausdrücken nach dem Bauern. Sein Weib versicherte ihn mit den heißesten Tränen, daß ihr Mann nicht gegenwärtig wäre, sondern auf die erste erhaltene Nachricht von seiner vermutlichen Ankunft sich flüchtig gemacht hätte. Ob sie nun wohl dieses alles mit einer natürlichen Furcht und bebender Angst, auch wohl vielleicht mit der Wahrheit vorbrachte, so ließ sich Hiesel doch nicht so leicht durch Weibertränen erweichen oder durch ihre Schmeicheleien abweisen. Er setzte unter den härtesten Bedrohungen in sie und suchte das ganze Haus von oben bis unten durch. Allein da sich dem ungeachtet der Bauer nicht finden ließ, so zerhieb Hiesel in seinem entbrannten Grimme alle Fenster in der Wohnstube mit dem Hirschfänger und tobte in seiner Wut als ein anderer Ajax† wider unvernünftige und leblose Dinge immerfort, wie sehr ihn auch das Geschrei zweier unmündiger Kinder, das Geheul des Weibes und das Grinsen des alten Schwiegervaters zu begütigen suchten. Endlich nahm er ganz ermüdet von seinem Fensterscharmützel von der Bäuerin, nachdem er ihr vorher seinen gewöhnlichen Segen, daß er ihren Mann unfehlbar totschießen würde, gegeben, Abschied und machte sich mit seiner Rotte fort.

Dem Bauern, der Hiesels guten Willen schon aus hundert Begebenheiten sattsam kannte, wurde durch dieses Exempel, das dieser Tyrann an seinem Hause gestiftet, das Herz desto mehr gerührt und so in die Enge getrieben, daß er keine andere Rettung und Sicherheit seines Lebens als in der Gnade des aufgebrachten

---

* unterhöhlen

† griechischer Heerführer vor Troja, der sich selbst tötete, als die Waffen des Achilles nicht ihm, sondern Odysseus zugesprochen wurden.

Hiesel zu finden glaubte und deswegen mit Ernst bedacht war, sich mit ihm in Unterhandlungen einzulassen und, es möchte auch kosten, was es wollte, einen Frieden mit ihm zu schließen. Diesem zufolge wandte er sich an alle, von welchen er wußte, daß sie bei Hiesel etwas vermochten, mit dem dringenden Ersuchen, bei ihm eine Fürbitte einzulegen und triftige Vorstellungen zu tun, seinen so sehr entbrannten Zorn über ihn fahren zu lassen; ja er begleitete dieses Anbringen* sogar noch mit Geschenken, um demselben den erforderlichen Nachdruck zu geben, und brachte es endlich zu seiner großen Beruhigung und Herzensfreude soweit, daß ihm Hiesel Sicherheit und Verschonung, jedoch unter der Bedingung zusagte, daß er ihm mit seinem Wagen und Pferden eine Partie geschoßnes Wildbret nach Leutkirch liefern sollte. Auf diesen Artikel wurde dann der Friede zwischen beiden Teilen geschlossen; der Bauer hatte sich wieder der Sicherheit seines edeln Lebens zu erfreuen und fuhr des andern Tages nach getroffenem Accord† mit seinem Fuhrwerk nach besagter Reichsstadt unter der Bedeckung der ganzen Hieselischen Armee ab.

Diese aber war kaum dort angelangt, als ihr feindseliges Geschicke auch dort alsbald alles wider sie erregte; sogar war auch ihnen aller Genuß der Ruhe, den sie den Wäldern nahmen, selbst versagt. Eine Kaiserliche Streife rückte, als sie sich kaum im Wirtshaus niedergelassen, auf diesen ihren Aufenthalt an, um sie, womöglich, aufzuheben. Gleichwohl aber befand es der Anführer dieses Kommandos nicht für ratsam, sie in dieser Veste zu überfallen, sondern ihren Aufbruch abzuwarten und sie sodann in einer offenen Feldschlacht anzugreifen.

Hiesel erhielt durch seine Ausspäher von diesem Vorsatz des feindlichen Heeres alsbald Nachricht und machte deswegen, um bald an den Tanz zu kommen, sofort mit seinen Leuten Anstalt zum schleunigen Aufbruch. Er hatte seine Marschroute nach dem Gräflich-Wurzachischen Dorfe Rieden eingerichtet und begab sich also frisch aus seinem Gewahrsam hervor. Allein er wurde alsbald mit einer so starken Salve aus Musketen begrüßt, daß er für diesmal Stand zu halten nicht für dienlich erachtete, sondern sich mit seinen Leuten so geschwind wie möglich aus dem Staube machte. Dieses gelang ihm auch glücklich, so daß keiner von den Seinen vermißt und nur allein sein getreuer Waffenträger, der Bube, an einem Fuße, und zwar sehr stark, verwundet wurde. Nichtsdestoweniger verließen sie ihn auch auf diesem eilfertigen Abzuge nicht, sondern brachten ihn glücklich mit sich fort und in ein unweit Memmingen gelegenes einsames Häuslein, wo sie seiner pflegten und ihn seine Genesung abwarten ließen.

Dieser unangenehmen Begebenheit folgten bald mehrere, und die immer häufiger herandringenden Streifen machten Hiesel diese Gegenden so eng, daß er sich, er mochte wollen oder nicht, entschließen mußte, sie auf einige Zeit zu verlassen und sich anderswohin zu wenden. Man kehrte zwar von allen Obrigkeiten alle möglichen Anstalten vor, ihm den Weg zu verlegen und ihn mit seiner Ban-

* Ansinnen
† Vertrag

de in Verlegenheit und in die Enge zu bringen; allein er hatte durch seine Getreuen von allen wider ihn gemachten Anstalten so gute und zeitige Nachricht, daß er, der auf ihn von allen Seiten lauernden Feinde ungeachtet, in voller Sicherheit sich in die Gegenden von Wildenroth herunterzog und sein Spiel dort wieder anfing, wo er es oben gelassen.

Hier nun begann Hiesel seine Ausschweifungen weiter auszubreiten und in seiner Bosheit und Rachbegierde gegen die Jäger und Verfolger seiner Bande sogar bis auf die Jungen derselben herabzusteigen; wie dieses der Jägersjunge von Wildenroth zu seinem Schaden empfunden. Dieser befand sich nach seiner aufhabenden Pflicht und in seinem Berufe in aller Sicherheit in einem Forst, der Mühlhart genannt, wo er nachzusehen hatte, und daneben, wenn ihm etwas aufstieß, pirschte. Allein dieser Fuchsjäger fiel, ehe er sichs vermutete, diesen Menschenjägern in die Hände. Sie waren in allem sieben Mann stark und hatten drei Hunde bei sich. Er bot ihnen in dieser Angst einen guten Abend, der mit aller möglichen Freundlichkeit, die ihm vermutlich nicht allzusehr von Herzen gegangen, und vollkommener Untertänigkeit ausgeschmückt war. Allein ihr großer Dank dafür klang gar in einem groben Tone dagegen. Denn sie stürmten sofort mit großem Ungestüm, ohne ihm etwas anderes zu sagen, auf ihn ein, nahmen ihm sofort sein Schieß- und Seitengewehr ab und ließen ihn, nachdem sie ihn vorher fast auf den Tod geprügelt, von ihren Hunden nach aller ihrer Herzenslust wie einen Lumpen herumzerren, daß der arme Junge zuletzt vor übermachten* Qualen in Ohnmacht fiel und dadurch von ihm abzulassen diese bösen Buben endlich vermochte.

Dieses Spiel gefiel ihnen so wohl, daß sie es an dem Überreuter† zu Wildenroth, dem sie ein gleiches Bad zugedacht hatten, auf der Stelle fortzusetzen beschlossen. Sie verfügten sich also in diesem Vorsatz nach seiner Wohnung. Zu seinem großen Glück aber war das Schlachtopfer dieser ihrer Rache nicht zugegen, sondern in den Wald gegangen, wo er sich, unwissend, was indessen für ein Schicksal über ihn in seinem Hause erging, mit Schießen erlustigte. Sie verheerten also alles in der Hütte und plünderten sie rein aus. Gleichwohl aber, damit sie doch auch Spuren von ihrer Grausamkeit hinterlassen möchten, so machten sie sich über seine Mutter, die allein zu Hause war, her und ängstigten sie durch allerhand Erfindungen auf den Tod. Sodann setzten sie ihren Weg weiter und nach Jesenwang fort, wo sie wiederum Gelegenheit suchten und fanden, ihre Rache an einem andern Wildenrothischen Jägerjungen auszulassen, den sie, soviel er nur ertragen konnte, zuerst verprügelten und dann rein ausraubten.

Kein Staats-Minister hat jemals seine Geschäfte noch ein Amtmann seinen wichtigsten Amtspflichten mit mehr Ernst und Sorgfalt obgelegen‡, als Hiesel und sein Gefolge sichs angelegen sein ließen, ihre Widerwärtigen zu verfolgen

---

* übermächtigen

† hier wohl: Gerichtsbote, Regierungsdiener

‡ verfolgt

und ihnen das Leben auf alle nur mögliche Art zu verbittern. Man sieht auch aus dem bisher Erzählten, daß er dieses nicht sowohl aus einem angeborenen Triebe zur Grausamkeit oder einem gewissen Vergnügen, das er an der Qual der Menschen gefunden hätte, sondern vielmehr aus einer eigenen Staatsraison getan, welche ein Grundgesetz seiner Bande gewesen zu sein scheint, daß man sich nämlich seinen Feinden so furchtbar wie nur möglich machen und ihnen keine wider sie gemachte Unternehmung, wie gering sie auch sein möge, ungestraft hingehen lassen dürfe; welche Staatsmaxime auch in der Tat vieles dazu beigetragen, daß sich Hiesel so lange bei seinem Regiment und in dieser gefährlichen Lebensart, von welcher man nicht glauben wollte, daß sie nur einen halben Sommer hätte währen können, erhalten. Denn die Exempel haben zu allen Zeiten einen großen Eindruck auf die Gemüter der Menschen gemacht, und unter vielen Tausenden, denen die strenge Rache dieses tyrannischen Wildschützens zu Ohren gekommen, waren nur sehr wenige, die sichs gelüsten ließen, etwas wider ihn zu unternehmen und sich einer gleichen Gefahr, die ihnen augenblicklich über dem Kopf schwebte, auszusetzen.

Den ersten Grad ihrer beständig in Bereitschaft stehenden Rache hatten die Jäger zu empfinden. Der zweite aber war den Soldaten von den Kontingenten aufgehoben, da gegen beide Sorten von Leuten Hiesel und sein Anhang einen natürlichen Abscheu hatten. In dem selben Jahre und eben in der Zeit der Ernte befand sich dieser ehrbare Hauptmann mit einigen von seinen Getreuen auf dem Lechfeld, wo eben neben andern Arbeitsleuten drei Hochfürstlich Augsburgische Kreiskontingentsoldaten mit Einbringung der Früchte beschäftigt waren. Die armen Soldaten waren in keiner üblen Meinung da* und lediglich in voller Arbeit begriffen, neben ihrem Sold einen Pfennig zu verdienen, ohne an Hiesel zu denken, geschweige denn ihm was in den Weg zu legen, als er sich unversehens mit vier Wildschützen, zwei Buben und ebenso vielen Hunden vor ihren Augen sehen ließ. Die Musketiere waren mit keinem Gewehr versehen und ohnehin vermutlich nicht sehr aufgelegt, sich mit diesen Wagehälsen auf Leib und Leben herumzuschlagen, mithin deswegen um so mehr in Verlegenheit. Hiesel aber machte die Sache bald lebhaft, indem er auf einen derselben zueilte, seinen Hirschfänger entblößte und mit der flachen Klinge und diesen Worten: »Treff ich dich hier an, Hund!« über den Buckel und wo es hinkam unfreundlich genug begrüßte. Nachdem er diesen genugsam abgehobelt, machte er sich über einen andern her und bearbeitete ihn dergestalten, daß ihm der erste nicht vorzuwerfen hatte, er habe zu wenig bekommen. Die übrigen Hieselischen Trabanten machten sich inzwischen über den dritten von diesen Kreissoldaten und trieben ihn dergestalt mit Schlägen, Stößen und Hieben um, daß er davon acht Wunden bekam, von denen die meisten sehr gefährlich waren. Nach diesem Auftritt fingen sie erst mit allen dreien zusammen eine Hatz an, indem sie dieselben den Hunden preisgaben und sie von denselben so lange und so viel herumreißen ließen,

* vermuteten nichts Böses

bis sie ihrer Meinung nach genug bekommen und ihr gebietendes Oberhaupt endlich ein Ende an dem Spiel zu machen befahl.

Mit diesen und andern dergleichen übertriebenen Ausgelassenheiten scheint Hiesel nicht nur die Rechte der Gesellschaft und Natur, sondern auch die Gebote der Menschlichkeit überschritten und sich diejenigen bitteren Schicksale, die ihn hernach zu betreffen angefangen, nicht nur sich selber gezeitigt, sondern auch wohl verdient zu haben.

Bei Gelegenheit dieser auf dem Lechfeld gehaltenen Hatze wird es nicht unverdienlich sein, etwas von dem Herkommen und Beschaffenheit seines berufenen großen Hundes, der dem Range nach die dritte Person in dieser vornehmen Gesellschaft vorstellte, zu erwähnen. Er ist wirklich würdig, sowohl wie sein Herr und der sogenannte Bube durch gegenwärtige Geschichte der Vergessenheit entzogen und auf die späten Zeiten gebracht zu werden, sowohl als jenes berühmte Kriegsroß, die steife Rosinante, welche Don Quichotte bei allen seinen so berufenen Abenteuern geritten, und verdient eine nicht mindere Aufmerksamkeit als der berühmte Bucephalus des großen Alexanders, obwohl er kein herrliches Grabmal von Parischem Marmor wie dieses Fürsten Leibpferd bekommen, sondern hat vielleicht seine Haut irgendeinem Schinder zur Erbschaft hinterlassen müssen, zum ganzen Lohn seiner Treue und Verdienste gegen seinen Herrn, nach einem gemeinen Schicksal unseres jetzigen Zeitlaufes, welcher die Verdienste an Menschen und Vieh nicht anders zu belohnen pflegt.

Dieses unseres berühmten großen Fanghunds Personalien also anzufangen; so befand sich in Bayern, eine Stunde oberhalb von Mähringen, eine Mühle, Otto Mühl genannt, wo der Müller, weil er von den Hieselischen Gewalttätigkeiten vieles vernommen, sowohl zu seiner eigenen Sicherheit als auch, welches von dem Müller sehr kühn war, allenfalls zu Beifahung* besagten beschrienen Hiesels sich diesen Hund zulegte und ihn wie eine Tochter auf seinem Schoß erzog, durch gutes Füttern groß und leibig machte und zu seiner Absicht in seinen noch beugsamen und zarten Jahren mit allem möglichen Fleiße eines treuen Lehrers abrichtete. Seine Physiognomie betreffend, so hatte er einen großen Kopf, starke Schnauze, lebhafte Augen, große Pfoten und war ungefähr wie ein großes Kalb oder ein kleiner Esel oder ein junges Füllen, größer oder kleiner, wie es alle die, die ihn gesehen, bezeugen können. Seine Wut und Kräfte kamen mit der Größe seines Leibes überein, und sein Fell war bräunlich und schwarz gesprengt, wie die gewöhnliche Livree der Fleischerhunde ist. Dieses eben beschriebene Ungeheuer richtete der Müller also ab, daß er sich im Falle eines Angriffes sowohl seiner annahm als auch bei ergebender Gelegenheit andere anpackte, und sollte dieses, wie oben gesagt, hauptsächlich dem Bayrischen Hiesel gelten, mit dessen Gefangennahme sich der Müller angezeigtermaßen einen Namen zu machen in seinem staubigen Kopfe vorgenommen.

Hiesel hatte inzwischen von diesem wider ihn geschmiedeten Anschlag und

* Gefangennahme

dem auf ihn erzogenen und abgerichteten Hund die allergenaueste Nachricht eingezogen und brannte vor Begierde, diesen ihm so mächtig beschriebenen großen Hund in seiner Gewalt und zu seinem Gebrauche zu haben, indem er nicht uneben* urteilte, daß eine solche Bestie ihm in hundert vorkommenden Fällen bei seiner halsbrecherischen Lebensart nützliche Dienste leisten könnte.

Er säumte sich also nicht, zu dem Besitze dieser liebenswürdigen großen Bestie zu gelangen. Da er wußte, daß ihn besagter Müller, der ihm ohne Ursache so aufsässig war und sich ihn, von freien Stücken und ohne Beruf dazu zu haben, zu fangen angemaßt, von Person nicht kannte; so ging er geraden Weges auf seine Mühle zu und sprach bei ihm vor. Ungeachtet er gar keinen müllerischen Anzug anhatte, so gab er sich doch für einen Mühlknecht aus und bot dem Müller seine Dienste an. Dieser aber, entweder daß er keinen Knecht brauchte oder an diesem sonderbaren Mühlknecht ein Bedenken fand, schlug dieses Anerbieten aus. Worauf ihn Hiesel ersuchte, ihm etwas zu essen zu verschaffen, welches der treuherzige Müller nicht nur bewilligte und ihm alsbald etwas auftragen ließ, sondern sich auch, um ihm bei der Mahlzeit Gesellschaft zu leisten, zu ihm hinsetzte.

Inzwischen der verstellte Hiesel nun nach aller Bequemlichkeit tischte, brachte er unbemerkt das Gespräch auf den Bayrischen Hiesel und redete von ihm als einem ihm sehr vertrauten Gesellen und braven Kerl, der sich so meisterlich aus allen ihm bis dahin gelegten Stricken herauszuwickeln und aus so vielen Gefahren und Nachstellungen so mit List als Mut zu helfen gewußt, und machte endlich des Lobens und Rühmens von Hiesel so viel, bis dem heldenmütigen Müller das Herz im Leib entbrannte, so daß er endlich herausbrach, wie er sich für seine Person aus Hiesel gar nichts mache und sich lediglich mit Beihilfe seines großen Fanghundes, den er geflissentlich auf diesen Erzdieb und Wildschützen abgerichtet, diesen so berufenen Land- und Leutstörer sich zu fangen getraue, und dieses sollte ihm nicht viele Mühe kosten ins Werk zu richten.

Hiesel stellte sich hierüber ganz erstaunt und setzte mit heftigem Anliegen in den Müller, ihn doch diesen Wunderhund, von dem er sich so viel verspreche, sehen zu lassen. Der Müller tat anfangs spröde und ließ sich lange bitten, ehe er ihm in diesem Begehren entsprach. Endlich aber gab er dem so gar inständigen Gesuche des vermeintlichen Müllerknechts, der ihm auch mit der Ehre, einen so seltenen Hund zu haben, meisterlich liebkoste, nach und holte den Hund aus seinem Stall, worin er ihn wegen seiner Bissigkeit beständig eingesperrt gehalten, um ihm dieses Wundertier zu zeigen. Der Hund war kaum in die Stube gekommen, als er alsbald zu murren anfing, die Zähne bleckte und den angeblichen Müllersknecht, weil er einen grünen Rock anhatte, mit gar nicht guten Augen ansah. Dem Müller, der hieraus eine Ungelegenheit besorgte†, war hierbei nicht gar wohl zumute. Er warnte deswegen seinen Gast und suchte den Hund wieder aus der Stube zu schaffen. Allein dieses war er nicht mehr imstande. Denn ehe er

* unangemessen
† befürchtete

es sich versah, fiel der Hund mit dem größten Ungestüm Hiesel an und suchte ihn in der unsinnigsten Wut zu Boden zu reißen, wo er ihm dann, allem Ansehen nach, noch übler zu warten im Sinne hatte. Alles Rufen, Schlagen und Zerren, welches der Müller an seinem rasenden Hund vornahm, war vergebens und schien die Bestie nur noch erhitzter zu machen, so daß der Müller in der äußersten Angst war und nichts mehr für sich zu haben glaubte*, als den Kerl zerreißen zu lassen oder aber den Hund auf der Stelle zu erschießen.

Allein die Geschicklichkeit dieses verkappten Müllerknechts, der sich in diesem Tierkampf als ein anderer Simson erwies, machte, daß man nicht nötig hatte, es weder zu dem einen noch andern von diesen äußersten Mitteln kommen zu lassen. Er gab nämlich während dieses Herumbalgens mit dem Hund auf seinen Vorteil so wohl acht und besaß so viel Gegenwart des Geistes, daß er ihm die Hand geschickt in den Rachen brachte und ihm im Augenblick denselben sperrte. Sodann warf er ihn vollends zu Boden und band ihn mit einem bei sich gehabten Strick an, führte ihn zu des Müllers äußerstem Erstaunen aus dem Haus hinaus und ging mit ihm auf den in der Nähe liegenden Wald zu, wo er seinen bezwungenen Feind einem dort auf ihn wartenden Wildschützen zur Bewahrung übergab, dem Müller aber dies tröstliche Abschiedskompliment machen ließ, daß er heute den Bayrischen Hiesel zum ersten Mal, seinen Hund aber zum letzten Mal gesehen habe.

Nach diesem rühmlichen Siege begab er sich weiter und frohlockte nicht unbillig† über seine Beute, von der er sich trefflichen Nutzen versprach, sowohl als er hernach bei seinen Leuten über den lächerlichen Müller spottete, der sich, in der Absicht ihn zu fangen, keine Kosten noch Mühe dauern lassen, ihm einen trefflichen Hund zu verschaffen, den er um schweres Geld nicht wieder hätte missen wollen.

Dieser Hund also und sein neuer Herr schickten sich dermaßen ineinander, daß nichts darüber war, und stifteten eine so genaue Freundschaft, Übles zu tun, daß es fast nicht zu glauben. Denn der Hund verstand die Augenwinke seines Meisters auf das genaueste, spürte alles um ihn herum aus, wußte sogar, als ob er den Teufel hätte, unter einer Menge Leute, worunter sich Hiesel mit ihm oft befand, diejenigen genau zu unterscheiden, von denen sich sein Meister etwas zu befahren‡ haben durfte. War es aber sicher, so lag er ihm ruhig entweder zu Füßen oder auf dem Tisch, wiewohl ihm die Augen immer im Kopf herumfuhren und auf alle Seiten sowohl als auf seinen Herrn gingen, so daß man in gewissem Maße sagen konnte, der Hund habe ein so wenig gutes Gewissen gehabt wie der Herr und der Meister und Jünger sei einer ein Spitzbube gewesen wie der andere.

Von diesem abenteuerlichen Hund sind sowohl oben einige Taten angeführt worden und wird noch weiter einiger gedacht werden, da er sein Leben keines-

* wußte
† unbegründet
‡ befürchten

wegs wie andere Hunde im Dunkeln und in einem faulen Müßiggang verstreichen ließ, so daß er, wenn man seiner Lebensbeschreibung einen eigenen Band widmen sollte, unter den großen Hundegeistern einen ansehnlichen Platz behaupten würde.

So ein großer Renommiste* nun dieser Hund unter seinesgleichen gewesen und soviel Unfug er unter dem Kommando seines Herrn begangen, so fand er doch gleichwohl auch seinen Mann† zu Zeiten, die er am wenigsten dafür ansah: wie ihm dieses zu Ingenried von einem unedlen und schlechten Krämershund widerfahren, von dem er in einem Hunde-Zweikampf überwunden worden.

Hiesel befand sich mit einigen seiner Truppen in dem Wirtshaus des besagten Dorfes, wo auch neben andern Fremden und Einheimischen ein Landkrämer mit erwähntem Hund anwesend war. Hier bekam nun Hiesel Lust, die Größe und Stärke seines Hundes vor den Leuten leuchten zu lassen, und hetzte ihn über des Krämers Hund in der Meinung, daß er mit diesem in einem Augenblicke fertig werden würde. Allein das Glück, welches sich ein Vergnügen daraus macht, die Stolzen zu demütigen, gab auch in diesem Stücke ein Beispiel, daß sich weder Mensch noch Hund auf seine Kräfte zu verlassen habe und ein jeder Starke einen noch Stärkern und seinen Mann finde. Denn der große Riesenhund des Hiesel konnte nicht nur dem Krämershund nichts anhaben, sondern wurde von ihm endlich über- und übergeworfen und mußte vor seinem Gegner, welches ihm noch nie widerfahren, den Boden küssen. Allein hierüber entstand ein ungemeiner Lärm und allgemeiner Krieg. Hiesel befand sich in der Person seines Leibhundes beleidigt und suchte diese seine Niederlage, wiewohl wider alle Billigkeit und Kriegsgebrauch, an dem Herrn des Hundes zu rächen. Er ging über dieses, zu seiner ewigen Schande, in seiner Ungerechtigkeit so weit, daß er auch die neutralen Zuschauer und den unschuldigen Wirt in seine Sache verwickelte und die Fenster, Gläser und Krüge in der Stube zerschmiß, die Tür einhieb und Stühle und Bänke zusammentrat. Welches Verfahren er nimmermehr mit einem Beispiel aus den Rittergeschichten zu beschönigen imstande sein wird und welches weder in gleichen Fällen der große Roland‡ noch Peter von Montauban** oder einer von den zwölf Pairs in Frankreich†† oder der Ritter vom brennenden Stempel‡‡ jemals getan, oder, wenn sie es auch getan hätten, der kluge Zauberer Merlin*** oder der weise Alquif††† oder die unbekannte Urganda‡‡‡ es gebilligt haben würden.

---

* Raufbold

† Meister

‡ (+ 778) Markgraf der bretonischen Mark unter Karl dem Großen; seine sagenhaften Heldentaten werden im »Rolandslied« verherrlicht.

** Gestalt aus der mittelalterlichen Rittergeschichte

†† Angehörige des französischen Hochadels, ursprünglich Kronvasallen im Fürstengericht; seit dem 12. Jahrhundert gab es zunächst sechs geistliche und sechs weltliche Pairs, ebenfalls in die Volksbücher eingegangen

‡‡ Gestalt aus der mittelalterlichen Rittergeschichte

*** Zauberer und Wahrsager aus der Artussage, Ratgeber von König Artus

††† Gestalt aus der mittelalterlichen Rittergeschichte

‡‡‡ ist auch den Herausgebern unbekannt geblieben

In dieser allgemeinen Verheerung, welche Hiesel also in seinem ungerechten Eifer über das Wirtshaus ergehen ließ, ging es dem Krämer, wie man sich leicht einbilden kann, nicht zum besten. Er prügelte ihn nicht nur eigenhändig erschrecklich ab und ließ ihn durch seinen Hund zerfetzen, sondern er öffnete, um seine Untaten auch mit einem Raube noch mehr zu beschmutzen, des übermannten Krämers Tragkorb und nahm für sich und seine Soldaten einige Paar Schuhschnallen auf eine gar unlöbliche Art, nach seiner Meinung aber als eine gute Beute, daraus und mit sich fort.

Mit diesen und anderen hierauf erfolgten und ohne alle Not verübten Untaten machte Hiesel allgemach das Maß seiner Bosheit voll und näherte sich mit starken Schritten dem Ende seiner Bahn, auf der er bisher so ziemlich ungestraft fortgelaufen.

Zu Ende des Wintermonats in demselben 1770. Jahr beehrte er auf dem Lechfeldkirchlein das untere Wirtshaus bei währendem Gottesdienst mit seiner unvermuteten Gegenwart und traf dort, nebst noch einem andern, einen Kaiserlich-Königlichen Werbesoldaten an.

Hiesel, dem alle dergleichen Leute sofort verdächtig schienen und schon ihrer Montur wegen verhaßt waren, ergrimmte sofort bei dem ersten Anblick desselben und stellte sich in voller Wut und mit gespanntem Hahn unter den ausgesuchtesten Flüchen zu ihm vor den Tisch und kündigte ihm den Tod an mit dem weiteren Vermelden: Alles sei wider ihn, Kaiser, König und Papst mache sich ihn zu verfolgen auf. Allein, wer es auch sei, der ihn angreife, wider den wehre er sich gleichfalls bis auf den letzten Blutstropfen.

Mit diesen Worten hetzte er seinen Hund an den Werber, um ihn durch denselben zu ängstigen und zerfleischen zu lassen. Allein eine Sache, die sich noch niemals begeben hatte, trug sich dazumal zu Hiesels eigener höchster Verwunderung zu. Der Hund war weder durch Hetzen noch Locken, noch Drohen zu bewegen, dem erschrockenen Soldaten das mindeste Leid zu tun. Ja, als ihn Hiesel zu sehr antreiben wollte, den Werber anzugreifen, so machte er Miene, viel eher auf seinen Herrn selber loszugehen als diesen Menschen im geringsten zu beleidigen. In diesem Lärm und Geschrei hatte Hiesel indessen sein Schießgewehr auf einen Tisch vor sich gelegt, welcher Gelegenheit sich der Werber bestens bediente und ehe sichs Hiesel versah, zur Tür hinauswischte. Hiesel verfolgte ihn aber auf der Spur und schien durch die sonderbare und ungewohnte Aufführung seines Hundes gegen besagten Soldaten dergestalt gerührt, daß er diesen Menschen nicht nur mit Tränen um Vergebung dieser an ihm begangenen Mißhandlung bat, sondern ihn auch um seine Freundschaft ersuchte und ihn vermochte*, daß er wieder mit ihm in das Wirtshaus zurückkehrte, wo ihm Hiesel aus einem besonderen Triebe einer ungewöhnlichen Großmut ein Glas Wein auf seine Kosten einschenken ließ.

So gut aber wie dieser Kaiserliche Werber kamen zwei Irseeische Soldaten, die

* bewegte

er in Ketterschwang ertappte, nicht davon, da er besonders auf dieses Reichsgotteshaus einen heimlichen Groll hatte, weil von dem dortigen Oberamt aus einige seinesgleichen gefangen und nach Kempten, um abgestraft zu werden, geliefert worden waren.

Hiesel setzte sich sofort mit seinem Gefolge, welches aus zwölf Mann bestand, in dem Wirtshaus besagten Dorfes, wo sich auch eben die zwei Soldaten, die da im Quartier lagen, befanden, zu Tische, wo sie allesamt ihre Gewehre vor sich hingelegt. Hiesel hatte zugleich seinen Hund zu sich gerufen und fing eine Predigt über die ihm entgegenstehenden Obrigkeiten, vornehmlich aber über besagtes Oberamt in solchen Ausdrücken an, daß es eine Schande dergleich zu hören, geschweige denn zu schreiben war. Nach Endigung derselben sprang der Hund mit einemmal, ohne daß man eigentlich gewußt, von wem er angehetzt worden war, auf und auf einen von besagten beiden Soldaten los, den er sofort bei den Schultern anpackte, etwas in die Höhe hob und mit großer Gewalt zu Boden riß.

Der andere Soldat, der sich aus dieser Antrittspredigt schon nichts Gutes vermutete, war indessen aus der Stube entflohen und suchte sich von diesen bösen Buben soweit wie möglich zu entfernen. Allein die Wildschützen, die in der Vermutung standen, daß er Lärm machen möchte, setzten ihm nach und umzingelten ihn auf allen Seiten; sie nahmen ihn gefangen und führten ihn, um über ihn Gericht zu halten, ihrem Obersten wieder in die Stube. Er wurde zuerst mit allerhand der ausgesuchtesten Drohungen bis auf den Tod geängstigt, sodann mit Schlägen bis zum Übermaß heimgesucht, und endlich fiel das Urteil dahin aus, daß ihm zwar nicht der Kopf, jedoch aber zum Angedenken und zur Warnung der Haarzopf vom Rumpfe gehauen werden sollte. Und dieser Urteilsspruch wurde auf der Stelle an dem armen Geplagten vollzogen.

Ein anderes Exempel seiner ernsten Strenge, wenn man es wagte, seinen Befehlen nicht die genaueste Folge zu leisten, ließ Hiesel in diesem letzten Jahre seiner Regierung an einem Bauernhof sehen, wo er Fenster und Öfen einschlagen ließ, weil die Bäuerin desselben für dreizehn von seinen von der Jagd ganz ausgehungerten Freibeutern nicht genügend Essen angerichtet hatte. Er tobte und wütete dergestalt, daß die ganz erschrockene Bäuerin nichts anderes glaubte, als daß der Jüngste Tag kommen würde, bis ihr endlich ihr guter Engel ein herrliches Mittel eingab, diese Wüteriche zu besänftigen. Sie bot nämlich die äußersten Kräfte ihrer Küche auf und richtete eine solche Schüssel voller Knödel an, die hinlänglich war, die bellenden Mägen dieser hungrigen Wölfe zu befriedigen, und sobald dieses geschehen war, war der Einbruch des Jüngsten Tages nicht weiter zu befürchten.

Es ist angenehm zu bemerken, was für ungezwungene Wege die natürlichen Gerichte nehmen, einen Verbrecher, der sich nach und nach zu der Strafe reif gemacht, seinem Verderben zuzuführen, ohne daß sie sich fast anderer äußerlicher Werkzeuge als der Verstockung und Verblendung, welche eine lasterhafte Lebensart allezeit unzertrennlich zu begleiten pflegen, bedienen. Hiervon sieht man sowohl ein Beispiel als eine Bestärkung dieser Wahrheit an Hiesel und seinem Gefolge. Denn je mehr Bosheiten sie begingen und je ungestrafter sie dieselben vollführten, je sicherer wurden sie, anstatt ihre übermachteten* Bosheiten zu beherzigen oder einiges Mißtrauen in ihr bisheriges fast allzugroßes Glück zu setzen und zu befürchten, daß es sie doch einmal verlassen könnte oder vielmehr, da sie es so oft versuchten, verlassen müßte. Was war nämlich natürlicher, als daß Leute, die täglich und von allen Seiten verfolgt wurden und die, um ihren Unterhalt zu haben, stündlich neue Übeltaten, um sich der Strafe der schon begangenen zu entziehen, begingen, endlich einmal ihre Chance übersehen oder einer überlegenen Macht in die Hände fallen mußten. Da man endlich aus der Erfahrung klug wurde und einsehen lernte, daß ihnen mit weniger Mannschaft nicht beizukommen wäre, so wurden die wider sie ausgeschickten Streifen merklich verstärkt. Diesem zu begegnen fand Hiesels sonst fast grenzenlose Vermessenheit und nicht selten glückliche List weiter keinen Rat, wenn er mit seinem Reiche bestehen wollte, als seine Macht gleichfalls zu vermehren. Dieses aber war für ihn eine Sache von der größten Schwierigkeit und den gefährlichsten Folgen, denn zu dem Unterhalt einer zahlreichen Mannschaft schaffte ein so liederliches Handwerk, wie es das Wildschießen ist, nicht die notwendigen Mittel an die Hand. Hiesel mußte also auf andere und einträglichere Quellen bedacht sein, Lebensmittel für sein zahlreiches Kriegsheer auszufinden: Und was konnten diese vor anderen sonst sein als ordentliche Räubereien, die zwar mehr und balder† Geld verschaffen, aber desto gefährlicher waren, da sie mehr Aufsehen erweckten, andere Arten von Leuten, die es bisher mit ihm gehalten, mißvergnügt machten und sie von ihnen abzustehen bemüßigten und mithin desto schleuniger seinen Untergang befördern mußten, da sie den allgemeinen Abscheu des ganzen menschlichen Geschlechts nach sich zogen.

Von dieser Art war sein gewaltsamer Überfall des Amthauses zu Täfertingen, einem unweit Augsburg gelegenen Dorfe, und die Beraubung desselben, welche, wie sie alle vorhergegangenen Übeltaten des Hiesel übertroffen, so auch zu seinem bald hernach erfolgten Fall ohne Zweifel das meiste beigetragen hat.

Es wurden den 16. November 1770 auf geschehene Anzeige in dem Amt zu Täfertingen drei falsche Spieler, namentlich Joseph Ortlieb, ein Sattler von Großkitzighofen, Erasmus Sauer, ein Brauknecht ledigen Standes von Zusmarshausen, und der Hospitalaugsburgische Täfernwirt‡, Joseph Säckler von Hirblingen, abends zwischen acht und neun Uhr von dem Amt aus mit Zivilarrest belegt. Tags darauf aber, am 17. November, vormittags zwischen sieben und acht Uhr fanden die beiden Joseph Ortlieb und Erasmus Sauer Mittel, sich heimlich davonzuschleichen und auf die Flucht zu machen; da sie dann nicht ermangelten, den Bayrischen Hiesel aufzusuchen, ihm ihre Not zu klagen und sich

---

* übertriebenen

† schneller

‡ der Täfernwirt hatte in der Regel das Recht, in seinem Hause Wein auszuschenken (Tavernrecht)

sodann gar unter seine Völker zu begeben, um sowohl mehr Sicherheit vielleicht bei ihm und auch vermutlich Gelegenheit zu finden, sich allenfalls mit Hilfe dieses berufenen Buschklopfers zu rächen. Hiesel, der sich wahrscheinlicher Weise zu einem solchen Tanze nicht lange pfeifen ließ, versprach diesen beiden Neuangeworbenen, ganz leicht ihnen Genugtuung zu verschaffen. Demzufolge rückte er am 14. Dezember eben desselben Jahres vormittags zwischen neun und zehn Uhr mit seiner Bande, die wenigstens achtzehn Mann stark war, vor das Amthaus, in welchem eben der Obervogt Heß im Amtieren begriffen und neben ihm der Schreiber Sauter und Untervogt Sailer von Lützelburg gegenwärtig waren, und besetzte es auf die verwegenste Weise mit seinem Anhang auf allen Seiten dergestalt, daß man ihre frevelhafte Absicht sattsam im voraus abnehmen konnte.

Alsbald drangen einige dieser Bösewichter, unter welchen Hiesel einer von den ersten war, in die Amtsstube mit Gewalt ein und wandten* neben anderem vor, daß sie das den Spielern bei ihrer Gefangennahme abgenommene Geld wieder abholen wollten; zugleich aber fingen sie an, sich nicht wie Menschen, sondern wie tolle und rasende Bestien zu bezeugen. Das erste, was sie von dem Obervogt auf die rasendste Weise forderten, war, daß er die zwei in der Amtsstube befindlichen Schreibpulte, er mochte wollen oder nicht, öffnen mußte. Sobald dieses geschehen, fielen sie nicht anders als wie hungrige Wölfe auf dieselben los, durchwühlten dieselben gänzlich und raubten alles darin befindliche Geld, seines noch so freundlichen Zuredens und Abmahnens ungeachtet, bis auf den letzten Heller. Da nun seine, des Obervogts, Vorstellungen bei diesen zwei Schreibtischen vergeblich abgelaufen, so suchte er mit seiner nicht geringen Gefahr einen dritten, worin sich herrschaftliche Gelder befanden, zu retten. Er drang also mit Gewalt durch den ganzen Haufen dieser in ihrem Raube begriffenen Strauchdiebe und versuchte, denselben zuzuschließen. Allein er bekam sogleich einen dermaßen harten Schlag von der flachen Klinge eines bloßen Hirschfängers, daß ihm das Blut haufenweise über die Hand zu rinnen anfing. Zu gleicher Zeit umzingelten ihn und seine schwangere Frau neun Kerle, teils mit gespannten Büchsen, teils mit blanken Hirschfängern, und hielten ihnen beständig die Mündungen und Spitzen ihrer Gewehre unter beständigem Bedrohen des unfehlbaren Totschießens, wenn sie sich ihren Befehlen im geringsten widersetzten, auf die Brust.

Bei solchen Umständen mußte der Obervogt lediglich tun, was sie haben wollten, und alle sowohl in der Amtsstube als in der ordentlichen Wohnstube befindlichen Schränke aufsperren, woraus sie alles, was ihnen anstand, nahmen. Die Heiligen- und Gemeinsschränke† wurden allein verschont, jedoch aber gleichwohl in der närrischen Wut der tollen Leute zum öftern mit dem bloßen Hirschfänger darauf zugehauen. Was aber das übrige anbelangt, so fand nirgends ein Salvus Con-

* brachten

† Kirchen- und Gemeindeschränke

ductus* statt, auch sogar bei den Hosen nicht, indem sie alles, das wenige Geld sogar, das der Obervogt und Amtsknecht bei sich hatten, hergeben mußten.

Ein gewisser unter diesem feindlichen Schwarme befindlicher Kerl, der sich durch seinen schönen roten Bart von den übrigen unterschied und der Sage† nach ein löblicher Schneider von Schlipsheim gewesen sein soll, machte es am allerbuntesten und war der allergrausamste und ärgste, obwohl es keiner sparte, ungestüm zu sein.

Der Untervogt Sailer war der erste, welcher den Hiesel mit seiner Bande in den Amtshof einmarschieren sah und schrie alsbald mit einer sterbenden Stimme: »Der Hiesel kommt mit aller seiner Mannschaft!« Der Schreiber Sauter aber flüchtete sich in diesem ersten Schrecken hinter einen Verschlag in der Amtsstube und hörte im Verborgenen alles, was vorging, mit an, betete auch mit herzbrünstiger Andacht für seinen Herrn Obervogt und sich selbst, sie aus den Händen dieser blutdürstigen Tiger zu erlösen, wie man es ihm leicht glauben kann.

Ein Henkersschwert, welches in der Amtsstube, vermutlich als eine Antiquität, an einer Säule aufgehängt war, rissen sie herunter und warfen es zu Boden, ließen es sich aber nicht belieben, dasselbe mitzunehmen, weil sie vermutlich glauben mochten, daß ein jeder Henker, mit dem sie dereinst zu sprechen kommen würden, schon ohnehin mit einem versehen sein würde.

Während dieses Hauptsturmes und der Eroberung des Amthauses, bei welcher sich der Untervogt beizeiten in Sicherheit gesetzt, war ein Detaschement‡ von der Hauptarmee abgegangen, um den Täfertingischen Untervogt in seiner Wohnung aufzusuchen. Sie fielen zweimal mit entblößten Gewehren in sein Haus und ängstigten sein Weib nicht wenig, indem sie schlechtweg von ihr wissen wollten, wo der Scherge sei. Sie aber schützte ihren Mann mit der Ausflucht, daß er in der Stadt wäre, und machte es ihnen selber endlich glaublich. Allein dem ungeachtet und ohne sich an die Abwesenheit des Hausherrn zu kehren, gewannen sie Lust, das Häuslein ebenfalls auszuplündern. Zu allem Glücke des Untervogtes aber kam Hiesel eben selber von dem Amthaus herbei und schrie seinen Leuten, die eben in die Hütte einzudringen im Begriff waren, wobei sich der rothaarige Schneider von Schlipsheim abermals am geschäftigsten erwies (wie ihn denn auch die Untervögtin sehr eigentlich für diesen erkannt und bei dem Amt zuverlässig angegeben), gleich von ferne zu, haltzumachen, da der arme Teufel selbst ja nichts hätte.

Es befand sich um dieselbe Zeit, da dieses alles in dem Amthaus vorging, eine ziemliche Anzahl Zehntdrescher in den beiden Städeln des Amtes. Allein diese hatten so wenig Lust und durften es so wenig wagen, ihrem Amt zu Hilfe zu kommen, daß sie vielmehr für ihre eigene Haut in nicht geringen Sorgen standen, weil sich einer unter ihnen mit Namen Georg Geschwill befand, welcher ei-

---

* eigentlich sicheres Geleit; hier: Nachsicht, Verschonung

† vom Hörensagen, dem Sagen nach

‡ ein Trupp »Soldaten«

nige Wochen vorher die auf die schöne Anzeige des Wirts von Hirblingen festgesetzten falschen Spieler bewacht hatte. Dieser Geschwill hatte sich aber, sobald er das Wetter aufziehen gesehen, auf Anraten seiner übrigen Kameraden unter das Stroh so tief verkrochen, daß er des fleißigen Nachforschens der Hieselischen Tyrannen ungeachtet nicht gefunden wurde: widrigenfalls ihm von ihnen allem Ansehen nach seine geleisteten Wachtdienste, ungeachtet sie auf Befehl des Amtes geschehen, sehr übel eingetränkt* worden sein würden.

Den Schreiber Sauter wollten sie beständig haben, um ihn zu massakrieren, wie sie sagten, und er mußte dieses in seinem Schlupfwinkel so nahe hören, daß ihm das Mark in den Gebeinen gestunde† . Nicht minder verlangten sie den Untervogt von dem Obervogt zu haben. Dieser aber verriet keinen von beiden, und der Untervogt war, wie es sich hernach wies, wirklich damals in der Stadt, als diese Dinge in Täfertingen vorgingen. Da sie nun endlich, was das Täfertingische Amthaus belangt, mit dem Obervogt desselben bald vollends fertig und in Richtigkeit waren, so gaben sie ihm noch eine andere Nachricht, worüber er, wie er sagte, in großen Schrecken geriet, daß sie nämlich auch den Gerichtsvogt von Kriegshaber heute auf eben diese Weise überfallen und noch ärger mit diesem als mit ihm umspringen wollten.

Endlich nahm diese ehrbare Gesellschaft ihren längstgewünschten Abschied. Allein sie waren kaum aus dem Haus gewichen, als Hiesel mit zweien seiner Kameraden nochmals zurück in die Amtsstube kam, wo er noch etwas, wie er sagte, und zwar dieses, anzubringen hatte, daß der Obervogt seinen silbernen Hirschfänger und eine alte Flinte bei ihm noch mit fünfzehn Gulden auslösen sollte.

Sodann machte er in der Amtsstube selbst den endlichen Beschluß an dieser ganzen Tragödie‡ mit diesen bedenklichen** Worten in bester Form: »Hund, daß du es weißt, ich werde vielleicht heute noch oder morgen wieder zu dir kommen, und wenn ich indessen erfahre, wo dein sacram.†† Schreiber gewesen und daß du von diesem Handel Lärm machst oder etwas deiner Herrschaft anzeigst, so müßt ihr alle im Hause zusammen sterben, zur Satisfaction‡‡ mir aber zuvor noch tausend Gulden geben.« Hiermit führte sich die ganze löbliche Kompanie ab, nachdem sie einen ansehnlichen Raub, der sich, laut eidlich beschworener Aussage und übergebener Designation*** über zweitausend Gulden belaufen, dort gemacht und mit sich fortgebracht hatte.

Aus dieser saubern Tat hatte Hiesel bis auf das weitere diesen Vorteil zu ziehen, daß er sich und seine Kameradschaft sicher für eine Bande Spitzbuben ausgeben und nunmehr alles kecklich auf Galgen und Rad hinwagen durfte. Dieses tat er auch, wie es einem rechtschaffenen Räuber zusteht, und verschönerte die-

* vergolten
† gefror
‡ beendete die Tragödie
** bedenkenswerten
†† verfluchter
‡‡ Genugtuung
*** genauer Bestimmung

sen kaum* verübten Raub mit einem nicht viel besser als ordentlichen Totschlag, den er an dem Amtsknecht von Agawang verübte.

Dieses Schlachtopfer seiner Ausgelassenheit ließ er zu Unternefsried, wo er eben trank, aus dem dortigen Wirtshaus durch seine Leute mit Gewalt unter dem Vorwand herausholen, daß er sich von ihnen zu einem Wegweiser nach Agawang brauchen lassen müsse. Von dem Wirtshaus dieses Dorfes bis nach Agawang war jeder Schritt, den er mit ihnen machen mußte, eine eigene und neue Mißhandlung. Flintenstöße und Hiebe von ihren Hirschfängern wechselten immer miteinander ab. Als nun der elende Amtsknecht unter der Menge der vielen Wunden schier erliegen wollte, da ergrimmte ihre Wut erst desto heftiger. Sie stürmten alle zusammen auf ihn ein und stießen ihm die Hirschfänger in den Leib. Sie würden auch nicht eher von ihm abgelassen haben, als bis er wirklich dahin gewesen, wenn nicht zwei von ihnen behauptet hätten, daß er bereits mausetot wäre. Er hatte auch in der Tat acht Wunden auf dem Kopf und unter diesen drei tödliche, nebst verschiedenen hinten an der linken Hand, wodurch zwei Finger fast ganz abgehauen, die übrigen drei aber sehr verletzt waren. Ein Stich war ihm durch den Ballen dieser Hand gegangen und mehrere dergleichen durch beide Füße, die Hauptwunde durch die linke Seite des Leibes nicht gerechnet. Dieses alles aber würde bei ihnen doch noch nicht hinlänglich gewesen sein, von diesem Armen, den sie doch schon für tot hielten, völlig abzulassen, wenn nicht endlich ein in dem Dorfe hierüber entstandener Auflauf der Raserei dieser bösen Buben ein Ende gemacht hätte.

Hiesel aber, der sich hierdurch in seiner Rache gehindert sah, entbrannte darum desto heftiger wider die Bauern, die ihn darin gehindert hatten, und insonderheit wider den Pfarrer desselben Ortes so, daß er verschiedene Salven unter das Volk geben ließ, den Pfarrhof des letztern aber mit seinem Gefolge ganz umringte, die Fenster einschoß und die Fensterkreuze einschlug, den Pfarrer selbst aber auf das allererschrecklichste lästerte und sodann, nachdem er sein Mütlein auf diese Art gekühlt, die Belagerung des Pfarrhofes aufhob und sich mit seinen Gesellen fortmachte.

Nach diesen Geschichten dachte Hiesel daran, daß ihm von dem Herrn Baron von Rackeniz, dessen Forste er ebenfalls öfters durchstöbert hatte, nachgestellt würde und ihm bereits einige seine Beifahung betreffende Anstalten entdeckt worden wären. Da er aber eine Gelegenheit, sich an diesem Herrn selbst zu reiben, nicht so leichtlich haben konnte, so ließ er es dessen Stabsamtmann, der ihm eben in den Weg kam, entgelten, indem er auf denselben, weil er ebenfalls an den wider ihn gemachten Anstalten großen Anteil nahm und mithin ihm und seiner Bande eine verhaßte und nach ihrer Meinung strafbare Person war, so daß sie ihm nicht weniger als seinem gnädigen Herrn den gewissen Tod mehr als einmal geschworen hatten, nicht weniger ergrimmt war.

Dieser Amtmann war in gewissen Angelegenheiten in das Kloster Medlingen

* gerade

gekommen und in dem unteren Wirtshaus des Dorfes, wo er indessen sein Pferd gelassen, abgestiegen und hatte sich sofort in das Kloster begeben. Hiesel wurde in demselben Augenblick von der Ankunft des Beamten benachrichtigt und erteilte sofort zweien von seiner Gesellschaft Befehl, sich des Pferdes zu versichern und dasselbe zu ihm in das obere Wirtshaus des Dorfes, wo eben sein Hauptquartier war, zu bringen. Diesen Befehl vollzogen die beiden in aller Eile mit gespannten Hähnen an ihren Gewehren, zwei andere aber wurden zugleich in das Kloster selbst abgefertigt*, mit dem Bedeuten†, daß sie, wenn sich der Amtmann von Haunsheim nicht stehenden Fußes aus dem Kloster fortmachen würde, befehligt‡ wären, das Kloster zu bestürmen und den Amtmann mit Gewalt herauszuholen. Diese empfindliche Aufforderung wurde ihrer Unannehmlichkeit wegen zweimal dem Amtmann, der eben mit den Ordensgeistlichen zur Tafel saß, verhalten**. Das dritte Mal aber konnte man der dringenden Notwendigkeit wegen nicht umhin, ihn diese seine Person betreffende Aufforderung wissen zu lassen.

Es ist sich unschwer einzubilden, mit welcher Gemütsbeschaffenheit der Amtmann ein Kompliment von dieser Art und unter solchen Umständen, in denen er sich gegenwärtig befand, aufgenommen haben wird. Er wandte sich deswegen an den Pater Prior des Konvents und ersuchte ihn in diesen dringenden Nöten um Schutz. Diesen ließ ihm auch der Geistliche angedeihen und sandte demzufolge zwei von seinen Ordensleuten als Mittelsmänner zu Hiesel, um ihn womöglich auf gelindere Gedanken zu bringen und die Sache in Güte beizulegen. Hiesel aber war damals nicht in der Laune, sich zu etwas Billigem zu verstehen, sondern blieb bei seinem ersten Begehren unter den schrecklichsten Flüchen, daß er den Amtmann heraushaben müsse.

Nach Verlauf einer Viertelstunde endlich, so lange nämlich dieser erste Friedenskongreß gewährt, kamen die Väter mit der Nachricht ins Kloster zurück, daß Hiesel von seiner Forderung nicht abzubringen und mit großer Mühe endlich noch so weit zu bewegen gewesen sei, daß er wenigstens den Amtmann sprechen wolle. Bei diesem Lauf der Sache war also, um den Amtmann nicht den äußersten Gefahren auszusetzen, nichts weiter zu tun, als den Hiesel selber in das Kloster und also zu der verlangten Unterredung mit dem Beamten an einem wenigstens nicht so gefährlichen Ort, an welchem Hiesel doch einige Ehrfurcht beibehalten würde, weil es doch nicht gänzlich abzulehnen war, zuzulassen. Gleichwohl aber, weil der Amtmann vor dieser Konferenz eine ungemeine Abscheu hatte, wurden Hiesel noch einmal Vorstellungen getan, um ihn von dieser Forderung abzubringen. Allein dieser drohte, wenn man ihm nicht unverzüglich willfahren würde, das verarrestierte†† Pferd des Beamten im Wirtshaus in Stücke zerhauen oder durch seinen Hund zusammenreißen zu lassen.

---

* abgeordnet
† der Anweisung
‡ angewiesen
** verschwiegen
†† gefangengehaltene

Mithin war nichts anderes zu tun, als nachzugeben. Hiesel wurde also mit noch einem seiner Kameraden in das Kloster gelassen. Er selber war mit einem Kugelstutzer bewaffnet, sein Gefährte aber mit einer Flinte, die er immer gespannt hielt, versehen. Die beiden aber begleitete überdies der ungeheure Hund.

Sofort wurden diese drei ehrlichen Herren in ein Zimmer geführt, in welches kurz hernach der Beamte ebenfalls in Begleitung zweier Ordensmänner eintrat, nachdem ihm diese vorher die notwendige politische Regel wohl eingebunden hatten, diesen Untieren ja nicht zu widersprechen. Bei dem Empfang, welchen Hiesel mit Ungestüm begleitete, fragte er vor allen Dingen den Amtmann, wer er sei und ob er nicht vielleicht selber der Freiherr von Rackeniz wäre. Welches aber der Amtmann verneinte und ihm sagte, daß er der Beamte desselben sei und nun vernehmen wollte, was Herr Hiesel mit ihm zu sprechen verlange. Der Geselle des Hiesels fing sofort an, die Sache hitzig vorzutragen und seinen Gebieter noch mehr aufzuhetzen, welcher denn auch seine vorigen Bedrohungen vermehrt und verbessert wiederholte, sein Pferd durch seinen Hund zerreißen lassen wollte, ihn selber aber, sobald er nur einen Fuß vors Kloster hinaus zu setzen sich gelüsten lassen würde, unfehlbar kaltzumachen versicherte, da seine Leute allerorten dasselbe umzingelt hielten. Ein gleiches hätte er seinem Herrn und desselben Kammerdiener zugedacht, und endlich schloß er mit der Versicherung, daß wenn sein Herr ihn und seine Bande zu verfolgen nicht nachlassen würde, so sollte er versichert sein, daß er ihn, wenn er ihn anders nicht bekommen könnte, in seinem eigenen Schloß erschießen wollte.

Die Väter des Klosters legten ihre Fürbitten mit aller Beredsamkeit für das Leben des Amtmanns bei Hiesel ein. Allein wenn sie denselben einigermaßen besänftigt und gerührt zu haben hofften, so erregte der Geselle des Hiesel diesen wieder aufs neue und machte den guten Vätern alle ihre wohl verwandte Mühe zunichte, so daß die guten Herren alles mögliche zu tun hatten, um die Sache nicht zu Tätlichkeiten kommen zu lassen. Endlich geriet Hiesel in eine Art Begeisterung und hielt eine mit den ungebührlichsten Ausdrücken wider die Obrigkeiten ausgezierte Rede, worin er, wie er die Sache ansehe, die Unbilligkeit, welcher sich dieselbe schuldig machte, nach seiner Meinung bündig dartat, daß sie sich nämlich so ernstlich seinen Unternehmungen und Zusammenrottierungen widersetzten, die er lediglich seiner eigenen Sicherheit wegen und als eine Notwehr hätte ergreifen müssen, da man ihn in seinem vermeinten* Beruf mit Gewalt stören wolle, welcher doch so wenig strafbar sei, der vielmehr löblich und notwendig scheine, da er das übrige und unnütze Wild verdünnere† und die Felder vor dessen Verheerungen sicherstelle; nicht zu gedenken, daß nach seiner Meinung das Wild niemandem zugehöre, sondern frei sei und hiermit dem ersten, der sich desselben bemächtige, zum Eigentum heimfalle. Das Ende dieser lehrreichen Predigt machte er damit, daß er durchaus haben wollte, der Amtmann solle mit ihnen aus dem Kloster und

* Diese Formulierung soll andeuten, daß Hiesel den Wilddiebstahl fälschlich für einen Beruf hielt.

† in der Zahl reduziere

in das Wirtshaus kommen, um ihm dort, wie er gar offenherzig sagte, den verdienten Lohn für seine wider sie gemachten Anstalten zu geben.

Allein die beiden Vorsprecher des verängstigten Amtmanns taten hier abermals so kräftige Vorstellungen, daß Hiesel allmählich von diesem Begehren abzustehen anfing, auf Anhetzen seines Kameraden aber auf einen anderen verzweifelten Einfall, nämlich dem Amtmann zur Strafe wenigstens das Pferd zu erschießen, verfiel. Allein, auch wider dieses geschahen von den beiden Geistlichen weitere Vorstellungen, welche endlich so viel fruchteten, daß der Begleiter des Hiesel bemerkte, daß der Beamte sein Pferd mit Geld lösen müsse. Dieses war nun etwas, worauf man sich in Tractaten* einlassen konnte. Der Amtmann war gar wohl zufrieden, auf diese Art aus diesem verdrießlichen Handel zu kommen, und zog den Beutel mit Freuden. Dann war nach Auszahlung zwanzig Bayerischer Taler der Friede vollkommen geschlossen und der grimmige Hiesel mit dem Beamten aufrichtig ausgesöhnt, jedoch mit diesem Anhange, daß er sich, so ihm das Leben lieb sei, nicht mehr unterstehen sollte, das Geringste wider ihn oder seine Leute, weder mittelbar noch unmittelbar, zu unternehmen oder an Handen zu geben†.

Hierauf hielt sich Hiesel noch einige Zeit in dem Kloster auf und begab sich sodann ganz beruhigt und gut auf den Amtmann zu sprechen in sein Wirtshaus zurück, von welchem er versprochenermaßen dem Amtmann sein Pferd, welches aber während der Friedensverhandlung von den übrigen sehr übel mißhandelt worden war, zurückschickte und ihm vermelden ließ, daß er nunmehr seiner Straße sicher, wenn es ihm beliebte, ziehen könnte.

Kurz nach diesem Auftritt um das Ende des Jahres schien es, als ob Hiesel diesen Jahrgang mit einem Bauern von Haunsheim, Johann Ortlieb, zu Medlingen beschließen wollte. Dieser Bauer war mit zweien von seinen Schwägern von ungefähr in das Wirtshaus gekommen und hatte sich in der oberen Stube, um sich mit seinen Gefährten bei einem Trunk Bier zu erlustigen, an den Tisch gesetzt. Sein Unglück hatte aber eben vorher den Hiesel mit zwölf seiner Kameraden hinzugeschlagen. Dieser trat also zu dem Bauern vor den Tisch und fragte ihn, ob der Rackeniz die Wildschützen noch einfangen wolle. Der Bauer antwortete, er wisse von diesem nichts. Gleichwohl, erwiderte Hiesel, möchten einige Bauern in Haunsheim sein, die sich an ihn zu wagen Lust hätten. Hiesel hatte nämlich von einigen seiner Kundschafter, die er allerorten hatte, erfahren, daß dieser Bauer sich solle haben verlauten lassen, wenn er allein mit Hiesel zu tun hätte, so wollte er ihm wohl den Meister zeigen. Hiesel bezichtigte ihn also geradezu, daß er einer von diesen wäre. Der Bauer verstummte über dieses und antwortete nichts. Einer aber aus der Bande, den sie den Gärtner nannten, fragte hierauf bei Hiesel an, ob er anpacken solle. Und dieser gab sodann den Befehl mit diesen Worten dazu: »So packt denn den Hund an!«

---

* im Vergleich, in der Verhandlung

† anzuweisen

Auf dieses fielen zwei von dem Haufen über den Bauern her und schlugen greulich auf ihn los. Allein, da er sich gegen diese beiden mit ziemlich glücklichem Erfolg wehrte, so zogen die umstehenden Wildschützen die Hirschfänger und hieben ihn kreuz und quer über den Kopf, daß es gleichsam Wunden auf ihn regnete. Hiesels Büchsenspanner – oder der Bube – stand indessen mit gespannten Hähnen dabei, und noch drei andere hatten Hiesel wie eine Leibwache mit bloßen Gewehren in ihrer Mitte. Fünfe aber hatten eigentlich mit dem Bauern zu tun und hieben ihn erbärmlich durcheinander. Nichtsdestoweniger erwehrte er sich dieser so sehr überlegenen Macht gleichwohl gut genug und kam dreimal wieder unter ihnen auf die Füße. Worauf ihm Hiesel zuschrie: »Warte, Kerl, weil du dich so gut wehren kannst, so will ich meinen Hund eines mit dir versuchen lassen!« In diesem Augenblick ging die Stubentür von ungefähr auf, und der arme Bauer bediente sich in diesen äußersten Nöten eines so glücklichen Kunstgriffes, daß er zwei von seinen Quälern zur Tür hinauswarf und nach ihnen ebenfalls durch die Tür kam und zu entweichen glaubte. Allein dieses brachte ihn in ein größeres Unglück; denn Hiesel hetzte, um ihn auf der Tenne aufzuhalten, seinen Hund ihm nach; und dieser faßte ihn auch augenblicklich beim rechten Ohr und riß ihn mit einemmal zu Boden. Sofort machte sich Hiesel in eigener Person über ihn her und zerschlug ihm mit seinem großen an dem Finger steckenden silbernen Raufring die Augen dergestalt, daß nebst einer ungemeinen Geschwulst, die sofort auffuhr, eine Menge Blut und Wasser daraus floß. Die übrigen aber schlugen mit den flachen Klingen ihrer Hirschfänger ohne Unterschied auf ihn zu und trampelten ihm mit den Füßen auf dem Leib herum. Letztlich stürzten sie den halbtoten Bauern die Stiege über Hals und Kopf herunter in die untere Tenne, wo sie ihn auf ein neues mit Schlägen und Stößen mißhandelten.

In diesen äußersten Drangsalen sammelte der Todschwache den Rest seiner noch übrigen wenigen Kräfte zusammen und entfloh endlich in einen nächst dem Wirtshaus gelegenen Stadel, wohin ihn aber vier oder fünf dieser Mörder verfolgten und dort auf das frische wieder in ihn zu hauen und zu springen anfingen. Endlich, da er keiner Anzeige einiger Gegenwart des Lebens mehr von sich gab, verließen sie ihn. Gleichwohl aber, da sie schon im Abzug begriffen waren, fiel es einem dieser Bösewichter ein, wieder umzukehren, um ihm noch eines zu versetzen. Er rief deswegen den andern zu, daß sie warten möchten, bis er ihm noch eines zum Abschied hinterlassen. Allein,diese versetzten, der Hund wäre schon tot, sie wollten hingehen und es den übrigen auch so machen. Worauf sie endlich ihren Abmarsch nahmen. Der sogenannte Bub aber blieb noch eine geraume Zeit unweit von ihm mit gespanntem und angeschlagenem Gewehr stehen, um ihn zu erschießen, wenn er ein Lebenszeichen noch an ihm bemerken würde. Endlich, als dieser sich auch entfernt hatte, raffte sich der arme Mensch auf, so gut er konnte, und schlich sich in das nächste Bauernhaus, von wo er verkleidet nach Hause geschafft wurde und diesen Untieren für diesmal aus den Zähnen gerückt worden war.

Nach diesen Freveltaten glaubte sich Hiesel nicht weiter sicher in diesen Gegenden und zog sich deswegen mit dreizehn bewaffneten, handfesten bösen Buben in die oberen Gegenden Schwabens, um zu probieren, welchen Unfug er da anrichten könnte.

Er kam also am Ende des Jahres 1770 zu Elchingen in dem Wirtshaus zu der Krone an in der Absicht, dort über Nacht zu bleiben. Dieser wackere Feldherr entkleidete sich also selber bis auf die Hosen und schickte seine Schuhe, welche das Flicken höchst nötig bedurften, zum Schuster.

Mittlerweile, als sie nach aller Bequemlichkeit zu Nacht gespeist, so hängten die übrigen ihre Flinten an die Ofenstangen. Hiesel aber behielt seinen Stutzen, woran er sehr wohl tat, bei sich und legte ihn hinter sich zurecht. Sodann erst fing er mit seinen Kameraden an, mit Würfeln zu spielen.

Sie waren in der besten Ruhe zusammen und ließen sich nichts weniger träumen, als daß sie in wenigen Augenblicken einen blutigen Schauplatz zu betreten hätten. Ein starkes Streifkommando der Reichsstadt Ulm hatte ihre Marschroute aufgespürt und war ihnen in aller Stille und mit so guter Ordnung nachgejagt, daß die Wildschützen die Gegenwart desselben nicht eher bemerkten, als bis von denselben zwei Schüsse vor dem Wirtshaus getan wurden. Sogleich fuhr Hiesel auf und schrie: »Was ist das? Es kommt die Streife!« Er hatte diese Worte kaum ganz gesprochen, so sprang einer von diesem Kommando mit aufgepflanztem Bajonett und gespanntem Hahn zur Tür hinein und rief ihnen zu, sich gefangen zu geben.

Hiesel strich in diesem Augenblick zuerst sein Geld über den Tisch hinab, sodann ergriff er seinen Stutzen und traf einen vor der Tür stehenden Musketier in die linke Brust, daß er sofort tödlich verwundet zur Erde sank. In diesem Augenblick geschahen einige Flintenschüsse von außen hinein in die Stube. Alle anwesenden anderen Gäste, die in diese Komödie unwissend verwickelt waren, krochen unter die Tische und Bänke. Hiesel aber befahl, vor allen Dingen die Lichter auszulöschen. Sodann rief er seinen Kameraden zu, sich wohl zu halten und die Hunde zusammenzuschießen. Diese ergriffen sofort ihre um den Ofen hängenden Gewehre und warfen sie auf den Tisch, wo sich Hiesel sodann derselben mit der äußersten Fertigkeit bediente, sie gegen die zur Tür Hineindringenden immer abzufeuern; die übrigen Wildschützen aber bemüßigten sich nur, dieselben wieder zu laden und ihm zurechtzulegen.

Da geschah ein zweiter und heftiger Anfall von der Streife auf die Tür. Allein ehe dieselbe offen war, so ging eine ganze Salve von den Wildschützen durch dieselbe, von welcher der Feldwebel namens Kazenwadel an der Seite des kommandierenden Leiutenant totgeschossen wurde. Hierüber frohlockte Hiesel ungemein und sprach seinen Kameraden weiteren Mut zu. Einer von diesen hielt die Tür so lange zu, bis die ganze Wildschützen-Gesellschaft wieder geladen hatte. Auf einmal riß dieser die Tür auf, und als die Streife hierauf dick heran- und hineindringen wollte, so begegnete ihnen eine noch heftigere Salve, von welcher sofort fünf auf den Tod verwundet zu Boden stürzten. Da befahl Hiesel, seinen großen Hund loszulassen und unter sie zu hetzen. Dieser fiel auch einen dieser Kommandierten bei dem Backen* an und richtete ihn auf eine höchst erbärmliche Weise zu. Endlich ließ er von diesem ab und fiel wider alle seine Schuldigkeit einen von den Wildschützen an. Diesen riß er zu Boden und richtete ihn in der Wut nicht weniger erbärmlich zu als den vorigen aus dem feindlichen Heere.

Inzwischen setzten die Wildschützen das Feuer von ihrer Seite unausgesetzt mit größter Lebhaftigkeit fort, welches die Kommandierten zwar sehr gut einige Zeit erwiderten, endlich aber in ihrem Eifer allgemach lau und endlich gar kalt wurden, bis sie sich endlich in Betrachtung ihrer bereits erlittenen Niederlage, der Verwundeten und der vorteilhaften Stellung der Wildschützen entschlossen, sich zurückzuziehen. Nichtsdestoweniger aber feuerten sie während ihres Abmarschs immer hinter sich zurück auf die verwegenen Buben.

Als Hiesel wahrnahm, daß das Haus von ihnen gesäubert war, so zog er sich mit seiner ganzen Besatzung in das obere Stockwerk desselben, durchsuchte alle Winkel auf das genaueste und stellte überall Wachen auf, welche dann gelegentlich aus den Fenstern noch immer auf die abziehende Streife feuerten und noch viele verwundeten. Sonderlich† hatte sich Hiesels getreuer Leibschütze, der Bube, freventlich‡ auf einen Tisch mitten in der Stube gestellt und feuerte wie ein junger Teufel dem weichenden Korps nach.

Da ihnen endlich die Streife aus dem Schuß und aus den Augen gekommen, so befahl Hiesel einem seiner Getreuesten, dem Peter, auf dessen verwegene Tapferkeit er vieles bauen konnte, daß er gehen und die hintere Haustür öffnen sollte, damit man sehe, ob keine Streifsoldaten mehr vorhanden wären. Allein dieser hatte dieselbe kaum geöffnet und sich einige Schritte vor das Haus begeben, als er von einem Teil der Streife, welche das Hinterhaus noch besetzt gehalten, gesehen und von einem starken Musketenfeuer empfangen und zurückgejagt wurde. Allein Hiesel unterstützte ihn sofort mit einem mächtigen Feuer von oben und zwang auch endlich diese Soldaten, daß sie sich, weil sie sich ihnen nicht gewachsen sahen, zurück- und den andern nachziehen mußten, worauf sie sich, weil sie umsonst auf mehrere Hilfsvölker warteten, in das nächste Dorf verfügten** und die Jagd aufgaben.

Unterdessen war der Wirt, welcher sich während des Scharmützels aus seinem Haus geflüchtet hatte, nachdem es wieder darin ruhig geworden, gleichfalls zurückgekommen. Dieser erhielt sofort von Hiesel Befehl, auf Kundschaft auszugehen und genau nachzuforschen, ob keine Soldaten mehr vorhanden seien. Dieser kam bald mit der zuverlässigen Nachricht wieder, daß sich keiner mehr irgendwo blicken ließe und daß sie sich vollkommen zurückgezogen hätten. Da rief Hiesel erst seine Gefährten von den oberen Zimmern herunter, von welchen einer dem in der unteren Tenne tot liegenden Feldwebel im Vorbeigehen die

* Hier ist wohl das Gesäß gemeint.
† abgesondert von den anderen
‡ kühn, verwegen
** begaben

Stiefel auszog und das Seitengewehr nebst anderen Sachen abnahm. Von da verfügten sie sich zusammen in die Zechstube, wo sie noch den mit dem Tode ringenden Soldaten antrafen. Diesem wollte einer aus der Gesellschaft, der noch von der Schlacht erhitzt war, den Kopf abhauen, welches aber Hiesel verhinderte. Nichtsdestoweniger konnte er nicht wehren, daß ihm dieser entbrannte Bösewicht noch drei- oder viermal das verkehrte Gewehr auf den Kopf schlug. Hiesel fragte sodann den Verwundeten, wie stark dieses Kommando gewesen sein möchte. Welches ihm der Verwundete getreulich eröffnete und zur Labung um einen Trunk Bier bat, welchen ihm Hiesel auch mit aller Leutseligkeit reichte.

Endlich machten sich auch die sieghaften Wildschützen zu ihrer Abreise fertig, und Hiesel befahl dem Wirt, ein Pferd zu satteln, um auf demselben den von dem tollen Hund sehr übel zugerichteten Wildschützen hinwegzubringen und für seine Kur die dienlichen Mittel zu ergreifen. Da nun erst wurde Hiesel gewahr, daß sein so geliebter und geschätzter Hund unter dem Lärmen des Krieges verlorengegangen war. Dieser Verlust ging ihm aufs schmerzlichste zu Herzen. Er schickte zwar zahlreiche Boten aus, um ihn zu suchen. Allein alle angewandte Mühe war vergebens. Er war weg und hinterließ seinem Meister nichts als eine traurige Sehnsucht nach ihm, welche er auch öfters gegenüber seinen Leuten äußerte. Hierauf zog er mit seiner ganzen Bande noch diese Nacht ab, unter großem Frohlocken über seinen Sieg, welcher in der Tat auch nicht gering war, von ihm den einfältigen Bauersleuten aber noch größer und gar übernatürlich abgemalt und vorgespiegelt wurde, indem er ihnen die in der Stube gefundenen Soldatenkugeln vorzeigte und ihnen weismachte, daß er dieselbe in der freien Luft mit der Hand aufgefangen hätte. Er lehrte sie mit aller Beredsamkeit, daß er fest und unverwundbar sei, worin er von seinen Leuten, welche bei dem Ruhm ihres Oberhauptes auch ihre Rechnung fanden, mit allen wahrscheinlichen und unwahrscheinlichen Prahlereien unterstützt wurde, so daß die Bauern Nasen und Ohren aufsperrten und ihn als einen Wundermann betrachteten.

Nach diesem für ihn so rühmlich abgelaufenen gefährlichen Haupttreffen zog sich Hiesel mit seiner Armee über die Donau, jedoch aber wollte er sich vorher noch, ehe er das Ulmische Gebiet verließ, an dieser Herrschaft für den auf ihn gemachten Angriff rächen.

Er langte so den dreißigsten Dezember 1770 mittags zu Holzschwang an und lief sofort in vollem Sturm mit seiner Rotte auf das dortige Jägershaus zu. Der Jäger saß eben an dem Tisch und las in der Zeitung, als sieben von diesen wilden Tieren mit gespannten Gewehren in einem Sprung zur Stube hineinplatzten, auf ihn wie rasend eindrangen und ihm in einem erschrecklichen Ton zuriefen: »Du Ulmischer Hund mußt sterben! Deine Herren haben heute ein Kommando von hundertundfünfzig Mann auf uns abgeschickt.« Der Jäger sprang hierauf in äußerster Bestürzung vom Tisch auf und rief ihnen in den beweglichsten Ausdrükken zu: »Ihr Herren Kameraden, was gibt's? Habe ich denn euch jemals was zuleide getan?« Allein diese antworteten ihm nichts als nur immer ihr: »Hund, du mußt sterben!« In dieser Todesangst umringten ihn fünf von ihnen, um, wie sie sagten, ihm den Garaus zu machen. Diese hielten ihn, indem er beständig mit herzbrechendem Flehen nur für das Leben seiner schwangeren Frau bat, so eng und drängten immer mit gespannten Hähnen auf ihn zu, daß er sich weder vor noch hinter sich bewegen konnte.

Während nun diese fünf ihr Spiel auf diese Art mit ihm trieben, räumten die übrigen zwei in der Stube auf, was ihnen anstand. Während dieser Zeit schrie des Jägers Weib ohne Unterlaß: »Laßt ihn nur beim Leben!« Sie bekam aber immer die tröstliche Nachricht, daß der Ulmer Hund unfehlbar sterben müsse. In diesen Nöten entfloh das erschrockene Weib und sperrte sich in eine Kammer in dem oberen Stock ein. Allein die zwei, welche unten in der Stube reine Arbeit gemacht hatten, waren gar bald hinter ihr her und befahlen ihr, sofort aufzumachen, wenn sie nicht auf der Stelle erschossen werden wollte. Sie machte also unter Zittern und Beben die Kammertür auf und mußte zusehen, wie sie sogleich zwei Kästen, worin die Schlüssel steckten, aufmachten und das, was ihnen darin gefallen, herausnahmen. Nachdem sie mit dieser Kammer fertig waren, sprengten sie eine andere, wozu die Jägerin den Schlüssel nicht gleich hatte finden können, ein, fanden aber nichts darin wie auch in einer dritten, welche sie ebenfalls mit Gewalt aufschlugen. Sie begaben sich in vollen Sprüngen wieder in die Stube herunter und über den armen Jäger her. Diesen begrüßten sie auf ein neues mit diesen Worten: »Wo hast du, Ulmischer Hund, dein Pulver, Blei und Pulverhorn wie auch deinen Stutzen? Schaffe alles her, oder du bist des Todes!«

Während dieser Folterung des Jägers kam Hiesel selber, jedoch ohne Gewehr, in die Stube und fragte ihn, wie alt sein Hund sei. Der Jäger antwortete, daß er erst ein Vierteljahr alt und noch zu nichts nütze wäre.

Inzwischen aber hatten die zwei Räuber, welche zum Aufräumen von Hiesel befehligt waren, die Durchsuchung der Stube zum andernmal vorgenommen. Doch da sie nichts Anständiges mehr für sich fanden, gingen sie alle hintereinander zur Stube hinaus. Hiesel war der letzte und bot beim Abschied dem Jäger mit dem Vermelden* die Hand, daß seine schwangere Frau sein Glück sei. Hier aber war einem hart vor der Tür sein Gewehr von ungefähr losgegangen. Auf welches die anderen, die schon vor der Stube draußen gestanden, wieder in die Stube hineinrasten und über den Jäger her wollten, als von welchem sie glaubten, daß er geschossen hätte. Allein da er ihnen sagte, mit was er einen Schuß hätte tun sollen, da er ja kein Gewehr mehr habe, so befahl ihnen Hiesel mit den Worten: »Geht nur, er hat nicht geschossen!« sich fortzubegeben. Sobald dieser hinaus war, stieß der Jäger die Stubentür zu, wobei aber einer noch mit dem Hirschfänger nach ihm hieb, dem der Jäger aber glücklich auswich.

Als sie alle aus dem Haus draußen waren, warfen sie dem Jäger noch eine Muskete, die sie dem erschossenen Feldwebel in der Elchinger Schlacht abgenommen hatten, mit allerhand höhnischen Spottreden durchs Fenster in die Stube hinein,

* dem Ausspruch

mit dem Anhang*, daß er als ein Jäger doch ein Gewehr zum Pirschen haben müsse. Den ganzen Schaden, welchen der Beraubte erlitt, schätzte er selber wenigstens auf 155 Gulden.

Von da setzte Hiesel mit seiner ganzen Räuberbande geradewegs über die Donau und kam, nachdem sie verschiedene Umwege genommen hatten, am 6. Jenner† 1771 zu Gessertshausen an. Das wachsame Auge, welches der Jäger dieses Orts auf alle Bewegungen dieser Wildschützenbande gehabt hatte, hatte ihm Hiesels Ungnade, welcher auf das genaueste davon unterrichtet war, in einem hohen Grade zugezogen und ihn daher, seiner angenommenen schönen Regel zufolge, bemüßigt, auch diesen für seine gar zu eifrigen Dienste zu strafen und seine Rache empfinden zu lassen.

Er teilte also seinen Leuten ungesäumt die Plätze aus, wo ein jeder Posto fassen und Wacht halten sollte. Er selber aber besetzte mit gespanntem Gewehr die Haustür, welche zwei andere aufgesprengt hatten. Das gute Glück des Jägers fügte es, daß er abwesend war, deswegen sie ihre Wut und Rachgier desto stärker an der Behausung desselben ausließen. Alles wurde darin zerschmissen und zerhauen. Was sie an Geld, Kleidern und anderen ihnen anständigen‡ Sachen fanden, nahmen sie mit sich fort und setzten ihn dadurch in einen Schaden, den er auf 516 Gulden schätzte. Nachdem sie nun sattsam Beute gemacht, rief sie Hiesel durch einen Pfiff zusammen, und alle verließen sodann auf das gegebene Zeichen das geplünderte Haus. Da kam gerade die Jägerin aus der Kirche nach Hause und fand es in dem betrübten Zustand, daneben die Raubvögel, welche ihr dieses Unheil angerichtet. Sie hob äußerst betroffen in ihrem Unglück die Hände bald zum Himmel und bald zu Hiesel auf und flehte sie um Verschonung und Erbarmen an. Und Hiesel wollte auch den Schein wahren, daß er an diesem grausamen Verfahren völlig unschuldig wäre, und bezeugte ihr sein Beileid darüber auf eine erzverlogene Weise mit dem Beisatz, er wäre nicht mehr imstande, seinen Leuten Einhalt zu tun, und müßte dieses alles wider Willen geschehen lassen. Er befahl zwar auf der einen Seite, der Jägerin einige Kleidungsstücke wieder hinzuwerfen, auf der anderen Seite aber winkte er, ihr dieselben wieder abzunehmen. Endlich, nachdem er dieses Gaukelspiel einige Zeit getrieben hatte, machte er sich mit seiner Rotte davon und hielt der Jägerin vorher noch eine kurze moralische Ermahnung, worin er ihr eine sorgfältige Hauswirtschaft aufs beste empfahl, wodurch sie den Schaden, den sie bei dieser Gelegenheit von seinen Leuten erlitten hatte, gar bald wieder hereinzubringen imstande sein würde.

Nicht weit davon teilten sie ihre Beute in aller Einigkeit und richteten sodann ihren weiteren Marsch nach Frankenried und nahmen ihr Hauptquartier, wie immer, in dem Wirtshaus. Von da sandte Hiesel sechs von seiner Rotte in die dortige Jägerwohnung mit Befehl, den Jäger daraus abzuholen und zu ihm und dem

---

* der Nachbemerkung

† Januar

‡ genehmen

Rest seiner Völker ins Wirtshaus herunterzuführen oder ihn, im Fall er sich weigern und wehren würde mitzugehen, totzuschießen, aus dem Hause aber alle Gewehre mit sich fort zu tragen und ihm zu überbringen.

Als diese sechs abgeordneten Taugenichtse in dem Haus anlangten, so war ihr erstes, die Türen, Fenster, Gläser, Uhren, Geschirr und alles, was ihnen vorkam, zusammenzuhauen. Des Jägers Tochter, welche sich zu ihrem Unglück allein zu Hause befand, setzten sie die gespannten Gewehre auf die Brust und drohten ihr alle Augenblicke mit dem Tod, vergaßen aber unter diesen ihren Beängstigungen nicht, das Haus aufs genaueste zu durchsuchen und alle Gewehre, ihrer Ordre gemäß, wie auch was sie Gutes an Kleidern fanden, zusammenzuraffen. Nach einer viertelstündigen Haussuchung zogen sie mit ihrer Beute in dem Wirtshaus ein, wo ihr Gebieter ihren Gehorsam und ihre Kühnheit auf das schmeichelndste herausstrich und zur Ergötzlichkeit für ihre Mühe den Raub auf der Stelle austeilte.

Unterdessen hatte sich der Pfarrer dieses Ortes einfallen lassen, dem Jäger zugunsten dem Hiesel die Beute wieder aus den Händen zu schwatzen. Er begab sich deswegen zu ihm in das Wirtshaus und machte ihm bittweise die triftigsten Vorstellungen, um die Zurückgabe dieses Raubes zu bewirken. Allein Hiesel wollte davon nichts hören, sondern schimpfte und fluchte, je mehr der Pfarrer bat, auf den Jäger; bis der Pfarrer endlich seiner Fürbitte einen so kräftigen Nachdruck gab, daß sich Hiesel zu der Zurückgabe dreier ausgemusterter und unbrauchbarer Flinten verstand, aber zugleich auch den Pfarrer, um seine Leute schadlos zu halten, anhielt, die Zeche, die sie mittlerweile angesoffen, für sie alle zu bezahlen.

Bis hierher ging Hiesel und seiner Bande alles glücklich; sofern man sich dieses Ausdrucks bei einem Leben von dieser Art bedienen darf. Denn was heißt es, unter Frost, Hitze, Hunger und Blöße die Wälder zu durchstreichen, unter beständiger Furcht, einem elenden Stück Wild noch unsteter als das Wild selber nachzujagen, dasselbe öfters nicht zu bekommen und, wenn man es bekommen, um ein elendes Stück Geld zur Tilgung der äußersten Not auf einen Tag zu verkaufen? Diesen Jammer aber unter beständiger Angst und Erwartung eines noch größern Jammers, der Erhaschung und Einfahung nämlich, täglich zu ertragen, keine Nacht ruhig zuzubringen, auf einer steten Flucht umherzuziehen, alle Menschen für seine Verräter halten zu müssen, vor jedermann zu erschrecken und jedermann ein Schrecken zu sein? Sein Gewissen endlich mit Blutschulden aus Not beflecken zu müssen und der Gemütsruhe auf ewig abzusagen? Dieses ist in der Tat ein Leben, gegen welches der Tod, auch ein bitterer, eine Wohltat scheint. Wenn endlich das Sündenmaß übergelaufen ist und die Stunde der Bestrafung herbeinaht, welche Bewegungen müssen in einem solchen Herzen entstehen? Wie schrecklich sind die Aussichten, die es in sein vergangenes Leben zu tun hat, und wie entsetzlich erst die Blicke, die es auf den Rest des noch übrigen Lebens wirft, welches bloß der Willkür eines andern überlassen ist, von dem es sich kein anderes als trauriges Ende vermuten darf.

Hiesel hatte nun alle seine Heldentaten verrichtet und war daran, seine letzte Schlacht anzutreten, welche, weil er sie verlor, die Wirkung hatte, daß ihm die vorigen alle, die er gewonnen, nichts nützten. Es wurden nämlich, da sich seine Bande immerzu vermehrte und in der Vermessenheit weiter schritt, endlich die höchsten Herrschaften aufmerksam und sorgten sich nicht ohne Grund, daß eine solche Gesellschaft, besonders in harten Zeiten, wie die gegenwärtigen waren, leicht überaus üble Folgen haben und einen Zuwachs bekommen könnte, welchen man dann zu zerstören Mühe haben dürfte. Deswegen wurde endlich das rechte Mittel, einen solchen Unfug zu stillen und diesen tollen Haufen mit einemmal niederzulegen, ergriffen, indem man von hohen Orten aus ein sehr starkes Kommando von Jägern und Grenadieren, aber unter Anführung eines Oberoffiziers, mit dem gemessensten Befehl, es möchte auch kosten, was es wolle, ausschickte, diese Buschklopfer überall und so ange aufzusuchen und zu verfolgen, bis man ihrer entweder tot oder lebendig habhaft geworden sei, um diesem Unwesen mit einmal ein Ende zu machen und das gemeine Wesen von dieser beständigen Unruhe gründlich zu befreien.

Mit diesem Auftrag zog der Premierleutnant Schedel, welchen man als einen versuchten* Soldaten zu dieser Unternehmung bestimmt hatte, mit einem starken Kommando Hochfürstlich-Augsburgischer Grenadiere, vielen Jägern und einigen Amtsknechten und Hunden aus und jagte diesen bösen Buben unter großen Beschwerlichkeiten seiner Leute wegen der harten Witterung und des vielen Schnees nach. Endlich erhielt er sichere Nachricht, daß sich diese Rotte zu Osterzell, einem Dorfe Reichsritterschaftlich- und Kloster Rotenbuchischer Herrschaft, in dem Wirtshaus in korpore† beisammen befinde. Sofort richtete er seinen Marsch dahin, so verdeckt, wie es die Möglichkeit litte‡, und langte, nachdem er und seine Leute die ganze Nacht über auf seinem Marsch wegen des ungebahnten Weges nicht wenig ausgestanden hatten, endlich glücklich vor Osterzell des Morgens früh um ungefähr sieben Uhr an, wo er noch vor dem Dorfe von der kleinen Tochter des Wirts die zuverlässige Nachricht erhielt, daß sich die ganze Bande im Wirtshaus in aller Sicherheit befinde.

Sie hatten zwar die ganze Nacht über ihre Wachen gehörig ausgesetzt und alles zu ihrer Sicherheit Dienliche vorgekehrt. Gegen Morgen aber, da sie geglaubt hatten, daß keine Nachstellungen mehr zu befürchten wären, zogen sie dieselben unbesonnener, oder richtiger zu sagen: verblendeter Weise alle zurück, setzten sie auch, als gegen Morgen ein so dicker Nebel aufkam, daß man kaum einige Schritte vor sich hinsehen konnte, nicht wieder aus, sondern spielten zusammen, als ob sie vor aller Gefahr vollkommen geborgen wären, Karten.

In diesem günstigen Augenblick und unter diesen vorteilhaften Umständen rückte das Kommando unbemerkt an und besetzte zuerst mit den Jägern den

---

* erprbten
† geschlossen
‡ möglich war

kaum einige wenige Büchsenschüsse von dem Wirtshaus gelegenen Wald, um den Wildschützen, sofern sie sich etwa dahin zu flüchten versuchten, den Weg zu verlegen. Von den übrigen wurde sodann das Haus auf allen Seiten umgeben. Diese, welche ihren Anfall gegen die Stube zu machen hatten, mußten unter den Fenstern hinkriechen, damit sie nicht von den Hieselanern vor der Zeit entdeckt und etwa übel empfangen werden möchten. Ein anderer Teil dieser Soldaten wurde in ein der Küchen gegenüber gelegenes Söldners* Haus geworfen, um dort sowohl im Fall der Not einen Zufluchtsort zu haben als auch die gegen die Straße gehende Küchentür, wodurch die Wildschützen einen Ausfall hätten tun können, zu bestreichen†. Kaum aber hatten sie diese verabredete Stellung eingenommen, als der wachsame Bube etwas von der Streife gewahr wurde und seine Kameraden sofort davon benachrichtigte. Folglich erhob sich alles vom Tisch und lief der Küche zu, worin sie wie in einem Zeughaus ihre Büchsen zusammengelegt hatten. Sie setzten sich sogleich, so gut es die Verwirrung zuließ, in welche sie ein so plötzlicher Überfall notwendig setzen mußte, in gehörige Stellung und fingen an, auf das herandringende Kommando zu feuern. Der erste, welcher Feuer gab, hatte auf den kommandierenden Offizier selbst angeschlagen, und wenn ihm nicht das Gewehr versagt und das Zündkraut fruchtlos aufgebrannt wäre, würden sie vielleicht durch diesen einzigen glücklichen Fall für dieses Mal auch noch geborgen worden sein.

Sie wurden sodann aufgefordert und öfters sich zu ergeben ermahnt. Allein sie setzten ihr Feuer in einer verzweifelten Gegenwehr unausgesetzt fort. Dabei sahen sie ihre Gelegenheit‡ darin, daß sie ihre Stellung so vorteilhaft nahmen, daß sie aus der Küche, in welche sie sich zurückgezogen hatten, drei Türen zugleich in ihrer Gewalt hatten und bestreichen konnten. Sie wehrten sich also aufs beste, ungeachtet daß durch alle Fenster und Türen von den Jägern und Soldaten ein unausgesetztes Feuer mit voller Heftigkeit gemacht wurde.

Während diesem Scharmützel öffnete Hiesel ein wenig die Küchentür, die in die Stube ging, und faßte einen der wohlgewachsensten Grenadiere mit Namen Steiner bei dem Ofen, wo er stand, in größter Geschwindigkeit so richtig, daß er ihn mitten durch die Brust schoß und ihn tot zur Erde streckte. Ein anderer Grenadier, Kopp, wurde während des beständigen Feuerns ebenfalls tödlich getroffen, jedoch aber noch aus dem Lärm in ein benachbartes Bauernhaus gebracht, wo er aber in gar kurzer Frist ebenfalls seinem Kameraden in die Ewigkeit nachfolgte.

Inzwischen aber wurde die Tür ebenfalls von den Grenadieren, die ein unaufhörliches Feuer darauf machten, wie ein Sieb durchschossen. Hiesel schrie und fluchte auch unaufhörlich auf sie los und drohte ihnen, daß er ihre Seelen alle noch in die Hölle hinunterschicken und sie dort tanzen machen wollte und daß

* Tagelöhner mit kleinem Grundbesitz

† sichern

‡ Chance

er mit ihnen ebenso wie mit den Ulmern umspringen würde, wozu er einige tausend Flüche setzte, die er an den bequemsten Orten anbrachte, je nachdem wie es die Gelegenheit seiner drohenden Schmähungen zuließ und zu erfordern schien. Der Offizier sah indessen gar wohl, daß er mit Leuten zu tun hatte, die in der völligen Verzweiflung fochten und ihm, ehe sie bezwungen werden könnten, noch viele seiner Untergebenen zu schanden machen würden. Er befahl deswegen einem Teil seiner Grenadiere und Jäger, sich die Treppe hinauf und in die gerade über der belagerten Küche liegende obere Stube zu begeben. Dieses war ein Unterfangen von großer Gefahr, da sie, wenn sie dieses tun wollten, an einer Tür vorbeimußten, welche die Wildschützen innehatten, die von da aus mit guter Wirkung immer feuerten. Es war also nichts anderes zu tun, als daran in größter Geschwindigkeit und mit vollem Lauf vorbeizueilen, welches auch allen diesen Abgeschickten glückte bis auf den Jäger von Koneberg, Hans Schmidt, der aus bloßem Vorwitz in die Tür hineinschaute, darüber ein klein wenig verweilte und sofort niedergeschossen wurde.

Inzwischen nun die Grenadiere und Jäger in dem unteren Stock beständig mit den Wildschützen scharmützelten, wurde oben der Stubenboden ausgehoben und, als sich darunter ein gemauertes Gewölbe befand, eine Axt aus dem nächsten Bauernhaus geholt und damit das Mauerwerk durchgehauen, wodurch es dann geschah, daß die Schlacht eine andere Wendung bekam. Es wurde in einer anstoßenden Kammer ein Bett gefunden, aus welchem man den Strohsack riß und mit dem Stroh Pulverpatronen umwickelte, dieses sodann anzündete und so brennend durch die Öffnung hinunterwarf. Dieses und das unaufhörliche Hinunter- und Hinaufschießen verursachte einen ungeheuren Dampf in der Küche, daß die Schützen ihre Pulverhörer nicht mehr finden noch sonst sehen konnten, was sie machen und wohin sie hauptsächlich ihre Gegenwehr richten sollten. Sie wurden also notwendig gezwungen, die Küche zu verlassen und sich in das daran stoßende Speisegewölbe* um so mehr zurückzuziehen, da einem von ihnen, der eben durch das Loch hinauf auf einen Soldaten angeschlagen, durch einen Schuß von oben herunter das ganze Kinn bis auf den Hals hinweggerissen und ein anderer von ihnen unterhalb der Warze auf der linken Brust dergestalt getroffen wurde, daß er, als er fiel, unter dem Loch liegen bleiben mußte, bis er endlich nach dem Ende dieses Angriffs seinen Geist aufgab. Der mit dem abgeschossenen Kinn lag ebenfalls unter der Öffnung und mußte mithin fast alle von oben herabkommenden Schüsse und brennenden Strohpatronen aushalten, so daß ihm die Kleider auf dem Leib verbrannten und die Haut an den Gliedern versengt und gebraten wurde.

Inzwischen aber, da man ohne allen Bedacht† den Schützen so mit Feuer zusetzte, fing dieses an, weiter um sich zu greifen, als man verlangte, so daß man genug zu tun hatte, dieser einreißenden Gewalt Widerstand zu leisten. Da nun

* Speisekammer

† ohne Rücksicht

nicht zu säumen war, sich aber kein Wasser bei der Hand befand, so bediente man sich eines eben auf der Kühle* stehenden ganzen Suds Bier, dasselbe zu löschen, welches man von oben durch die Öffnung herabschüttete und dadurch die Wildschützen, die man vorher schier im Feuer verbrannt hatte, nunmehr fast im Bier ersäufte. Der Dampf wurde durch diesen weißen Bierregen noch mehr erregt und die Unmöglichkeit, in diesen feurigen Wolken auszuhalten, für die Schützen vergrößert. Die Verwirrung nahm überall überhand, und ihr Mut fing an zu erkalten, da sie sahen, daß das Glück so wenig damit einstimmen wollte. Hiesel selber sah zwei seiner Gesellen tot vor seinen Füßen liegen. Die übrigen waren fast alle und zum Teil hart verwundet. Er selber hatte zwei Schüsse in den Beinen und einen Streifschuß an dem linken Backen. Er bemerkte, daß sich einer in den Backofen, ein anderer darunter, sein getreuester Waffenträger, der Bub aber, der sich bis dahin außerordentlich und doch vergeblich gut gehalten, mitsamt dem geladenen Rohre in das Ofenloch verkrochen, der Sattler in den Kamin hinaufgestiegen und unter das geräucherte Fleisch versteckt und ein anderer sich da, ein anderer dort verborgen hatte, und konnte aus allen diesen Zeichen keine Schlüsse auf einen glücklichen Ausgang dieser Sache ziehen.

In diesen ernstlichen Betrachtungen guckte der Wirt, welcher sich gleich zu Anfang der Schlacht vor Furcht und Schrecken in den Backofen verkrochen, aus dem Ofenloch hervor und rief mit wimmernder Stimme und tränenden Augen, daß man seiner doch um Gottes Barmherzigkeit willen verschonen möchte, da er an allem unschuldig wäre und in allen diesen Dingen nicht die geringste Hand gehabt hätte. Dieses sein Gebet wurde erhört, und er wurde durch einige Soldaten, die ihn erkannt hatten, durch das Loch in der Decke hinaufgezogen.

Hier nun brach Hiesel ebenfalls das Herz, so daß er mit lauter Stimme zu rufen begann, ob denn durchaus kein Pardon zu erhalten sei. Sobald dieses oben vernommen wurde, gab der Leutnant Befehl, mit dem Schießen innezuhalten, und antwortete endlich auf wiederholtes Bitten des Hiesel hinunter, daß ihm, wenn er durch die Stubentür ohne Geschoß und Hirschfänger herauskommen wolle, das Leben bei seinem Worte gesichert sein und ihm übrigens auch niemand sonst das geringste Leid tun solle. Dieses versprach auch Hiesel zu tun, stieß aber, als es zur Aufgabe kam, erst einen andern von seinem Anhang, um zu sehen, wie es diesem ergehen würde, vor sich zur Tür hinaus. Dieser wurde sofort ergriffen, gebunden und in den Schnee vor die Haustür geworfen. Dieses störte Hiesel in seinem guten Vorsatz und brachte ihn aufs neue zu den Gedanken, sich wieder zu wehren. Allein er ließ sie endlich doch wieder fahren und faßte einen ernstlichen Entschluß, sich seinem gegenwärtigen harten Schicksale zu unterwerfen. Er kam also von selbst aus der Tür, welche sofort von den Soldaten mit gespannten Hähnen und vorgehaltenen Bajonetten umgeben wurde, heraus und bat den Offizier nochmals mit erhobenen Händen um das Leben, wobei er ihm mit großer Heftigkeit um den Hals fiel und dieser genug zu tun hatte, seine Leute, welche hef-

* zur Abkühlung

tig auf ihn ergrimmt waren, abzuhalten, daß sie ihn in der Hitze, worin sie noch von der Schlacht waren, niedermachten. Hiesel wurde also gebunden und ebenfalls zu seinen Kameraden hinaus in den Schnee geworfen, wo er sodann anzeigen* mußte, wie stark sie gewesen und wo die übrigen wären, welches er auch getreulich tat.

Der Rest seiner überwundenen Völker wurde ebenfalls ein jeder aus seinem Schlupfwinkel hervorgeholt, gebunden und in den Schnee zu den übrigen hinausgeworfen. Womit dann endlich diese ziemlich blutige Tragödie endete, nachdem sie vier ganze Stunden, von sieben bis elf Uhr nämlich, gewährt hatte. Die Beute, welche bei diesem erlegten Korps gefunden wurde, bestand in drei Kugelbüchsen, zehn Flinten, einem mit Silber beschlagenen Hirschfänger, drei anderen dergleichen geringeren, nebst noch einigem Pulver und Blei. Die Kriegskasse der ganzen Armee, welche Hiesel in Verwahrung hatte, bestand in vierundzwanzig Gulden und vierundvierzig Kreuzern, bei den übrigen wurde kein Geld gefunden.

Von Seiten der sieghaften Völker waren der Jäger von Koneberg, der Grenadier Steiner und Kopp tot; von den zehn Wildschützen aber, soviel waren es nämlich zu Anfang des Scharmützels, blieben zwei auf dem Platze, sieben aber, unter welchen sich Hiesel selbst befand, waren verwundet. Der Bube allein war ohne Verletzung davongekommen. Die Verwundeten wurden sogleich nach hergestellter Ruhe durch einen Feldscheerer† verbunden und die Gefangenen unter Bedeckung‡ der ganzen Mannschaft, acht Jägerknechten und vier Untervögten, nach Buchloe in das Zuchthaus gebracht, wo sodann der Hiesel, der Bube und der Sattler nebst noch drei anderen ihrer Kameraden jeder besonders** in Blockhäusern, zwei schwerer Verwundete aber bei anderen Gefangenen, nachdem man sie bis auf die bloße Haut vorher ausgezogen und ihnen die blaue Zuchthausmontur, Hiesel allein ausgenommen, welchem man seine Kleider ließ, umgetan, bis auf weitere Verfügung verwahrt.

Von da wurden sie auf Befehl in weiterer Begleitung des ganzen Kommandos nach Dillingen gebracht und unterwegs, wenn sie durch Dörfer oder an Städten vorbeikamen, von einer ungemeinen†† Menge Menschen, die ihnen überall entgegengelaufen, -geritten und -gefahren kam, gesehen und beschenkt.

Nachdem also die ganze ehrbare Gesellschaft an dem Ort ihrer Bestimmung glücklicher, als sie es verlangt, angekommen, so wurde sie sofort zu ihrer schlechten Freude aufs beste verwahrt, eingeschlossen und bewacht. Hiesel als die Hauptperson wurde mit besonderem Fleiß beobachtet und hart geschlossen‡‡, ohne seine Bequemlichkeit dabei im geringsten in Betracht zu ziehen, im übri-

* erklären
† Militärbarbier, der auch chirurgische Aufgaben wahrnahm
‡ Bewachung
** gesondert
†† außergewöhnlich großen
‡‡ angekettet

gen aber wohl gehalten und ihm in nichts Mangel gelassen, wie er sich denn auch dieses gütigen Bezeugens aufs beste bediente und sich alles vollkommen wohl schmecken ließ, sich auch um seine Umstände und den Ausgang seiner Sache nicht sehr zu bekümmern schien. Was die Taten, die sowohl von ihm selber als unter seinen Auspiciis* begangen worden, anbelangt, so waren sie alle fast an der lichten Sonne geschehen und daher nicht zu leugnen; und da sich überdies unter denselben viele befanden, die als atrociora die minora† absolvierten, so konnte in diesem Punkt die Schwierigkeit des Prozesses nicht groß sein. Größere Mühe machte die Untersuchung, wohin Hiesel eine solche Menge Wildbrets, die er mit seiner starken Kameradschaft geschossen, gebracht und an welche Leute er dasselbe verhandelt habe. Da nun sowohl der Regierung als dem Publikum sehr viel daran liegt, daß davon eine genaue Nachricht an das Tageslicht komme, so wollen wir, weil wir hinlänglich damit versehen, der Welt hiermit aufs vollständigste dienen. Hiesel verkaufte dasselbe an die Herren Caius, Mevius, Bavius, Orbilius, Bufalus, Bufalinus und andere männlichen und weiblichen Geschlechts und trieb diesen Handel, wie es die Vernunft selbst an die Hand gibt, da er sich überall und bald da, bald dort aufgehalten, in verschiedenen Gebieten, so wie er es auch in verschiedenen Gebieten geschossen hatte. Jedoch wurde es ihm eben nicht überall bestellt oder mit gutem Willen abgenommen, sondern er mußte es den Leuten, wie ehemals die Schleichhändler in Frankreich unter dem Mandrin ihren Tabak, mit Gewalt zu kaufen aufdringen. In diesem Falle er, besonders wenn er eben nicht Zeit, sich aufzuhalten, hatte und auf der Flucht war, das Wildbret nur in die Höfe und durch die Türen eilfertig hineinwarf und sich fortmachte, das Geld dafür aber zu einer gelegenen Zeit abholte. So mußte es sich dann öfters fügen, daß man wider Willen zum Wildbretessen gezwungen wurde, um Hiesel nicht vor den Kopf zu stoßen und sich einer üblen Bezeugung von ihm auszusetzen. Diese seine Kundleute schonte Hiesel in dem Verhör ungemein und war schwer oder gar nicht dahin, sie zu benennen, zu bringen, so daß er es darin aufs äußerste ankommen ließ. Da seine Verbrechen und Ausschweifungen übrigens, wie gesagt, meistenteils so beschaffen waren, daß sie nicht geleugnet werden konnten, so bemühte er sich dagegen mit allen Kräften und mit ziemlichen Scheingründen, die ihm seine gar gute natürliche Vernunft an die Hand gab, zu beweisen, daß er sie rechtmäßig verübt oder wenigstens deswegen in Anbetracht der Umstände, unter welchen sie begangen worden waren, nicht für strafwürdig anzusehen sei; und liefen seine Vernunftschlüsse meistens darauf hinaus, daß das Wild frei sei und niemandem gehöre, folglich einem jeden rechtmäßig zufalle, der sich desselben bemächtige. Da er nun in diesem seinem vermeintlich natürlichen Recht durch die Jäger und Soldaten gestört worden sei, so sei ihm das Recht der untadeligen Gegen- und Schutzwehr billig zugekommen, und er hätte sich, da er auf Leib und Leben angegriffen worden sei, auf Leib und

* seiner Aufsicht

† etwas frei übersetzt: als Schüler des Grausamen ihre ersten Prüfungen

Leben ebenfalls verteidigen müssen. Wie weit ihm aber diese seine Verteidigung geholfen hat, wird sich am Ende weisen. Den größten Teil der Zeit seiner Gefangenschaft war er ziemlich ruhig und, wie es schien, nicht ohne einige Hoffnung. Allein endlich fing ihm sein Zustand selber sehr mißlich an vorzukommen, so daß er in einigen Verhören verlauten ließ, er wäre dem Tode so oft unter Augen gestanden und glücklich entronnen, dieses Mal aber würde wohl für ihn kein Entrinnen sein. Nicht gar zu rühmlich war es indessen für ihn als das Haupt einer Bande, daß er jederzeit bei den Verhören, wenn ihm etwas zur Last gelegt werden wollte, dasselbe auf seine Gespane* schob und, um die Schuld von sich abzulehnen, sie desto mehr zu beschweren suchte. Bei Konfrontationen machte er es ebenso und legte alles den anderen zur Last, bis sie ihm solche Dinge ins Gesicht sagten, daß er erstummen und alles einräumen mußte. Das einzige Mittel, etwas aus ihm herauszulocken, war, ihn auf das Kapitel der Herzhaftigkeit und eines tapferen Verhaltens in dieser oder jener Sache zu bringen, da dann seine Zunge unvermerkt in Gang kam und unbedacht schwatzte, was ihm nicht dienlich war. Sobald er aber zu merken begann, daß er etwas zu weit gegangen war, so zog er eilends zurück.

Was andere bei dieser Sache vorgegangene Dinge, wie das Entkommen des Buben, seines Getreuesten, und des Sattlers nebst anderen Gefangenen aus dem Gefängnis, betrifft, so gehen wir daran, wie an einer in die geheime Historie des Hiesels einschlagende und nicht hierher gehörige Sache, von welcher wir keine Nachricht in forma probante† haben, vorbei, und merken bloß an, daß es diesen bösen Buben gelungen ist, sich einiger günstiger Blicke des Glückes zu bedienen und sich dem schweren Schicksal ihres Meisters, in welches sie mit verwickelt waren und einen gleichen Ausgang mit ihm zu hoffen hatten, zu entziehen, damit man sehe, wie parteiisch das Verhängnis auch sogar bei Spitzbuben handelt.

Wir wenden uns also, ohne uns bei diesen Nebendingen weiter aufzuhalten, wieder zu Hiesel, welcher, nachdem er sich bereits des Lebens verwogen‡, kurz hernach sein Todesurteil zu vernehmen hatte. Er hörte dasselbe mit viel Gleichgültigkeit und Gelassenheit wie eine ihn nicht angehende Sache an, dankte dem Gericht nach dem gewöhnlichen Armensünderstil für diese und alle anderen Wohltaten und schloß endlich seine Abschiedsrede, um sich selbst zu trösten, mit der für einen solchen Menschen, wie er es war, und in seinen Umständen nicht unebenen Anmerkung, daß innerhalb von fünfzig Jahren doch von ihnen allen schwerlich mehr einer übrig sein würde.

An dem peinlichen Gerichtstag selber aber, als er vor das Rathaus, um sein Urteil wieder anzuhören, heruntergeführt wurde, verließ ihn seine Großmütigkeit ziemlich, besonders als er die für ihn bestimmte Schleife mit der Zurüstung der Kuhhaut erblickte. Nachdem er sein Urteil verlesen gehört hatte, wurde er in die

* Genossen

† in beweisender, rechtsgültiger Gestalt

‡ sein Leben aufgegeben hatte

Kuhhaut eingewickelt und bis an den Kopf, so daß ihm bloß dieser und die Hände mit dem Kruzifix hervorsahen, eingebunden und auf die Schleife gelegt.

In diesem traurigen Pomp ging der Zug vor die Stadt hinaus auf die dort errichtete bretterne Gerichtsbühne unter dem beständigen Zuspruch seiner geistlichen Begleiter zu. Als man dort angelangt war, wurde er aus seiner Haut losgemacht. Er erhob sich sodann, ging allein und ganz tapfer die hölzerne Treppe auf das Gerüst hinauf. Allein beim Anblick seiner Zergliederungsmaschine fing seine Heldenmütigkeit wieder an zu wanken. Er erstarrte ganz und blieb mit gesenktem Haupte eine ziemliche Zeit davor unbeweglich stehen. Endlich, als sich ihm der Henker nahte und ihn angriff, schien es fast, als ob er sich nicht im guten zu diesem Spiele bequemen würde, bis ihm zuletzt der Nachrichter* zurief und ihm fortzumachen befahl, weil es Zeit wäre. Zugleich ergriffen ihn die Henkersknechte und setzten ihn mit Gewalt auf die Radbrechmaschine. Sofort wurde ihm der Strick um den Hals gelegt und durch ein Loch des Bodens unter die Bühne, um ihn zu erwürgen, geleitet; andere aber befestigten ihm die Stricke um die Hände und Füße. Sodann wurde überall zugleich gezogen.

Nachdem er erdrosselt worden war, ging sogleich das Zerschmettern der Arme und Beine mit dem Rad vor sich.

Als ihm alle Gebeine gebrochen worden waren, wurde der Körper unter die Bühne, welche unten her mit Brettern verschlagen war, gebracht, wo ihm der Kopf abgehauen und der übrigen Rumpf in vier Stücke zerteilt wurde. Der Kopf wurde auf den Dillingischen Galgen aufgesteckt, die Eingeweide aber unter demselben begraben und nicht weit davon das obere rechte Viertel an einem Schnellgalgen aufgehängt. Das linke obere Viertel befindet sich zu Schwabmünchen, das rechte untere zu Oberndorf und das nämliche linke bei Füssen.

An dem Gerichtstag, der für Hiesel so schrecklich war, erlitten auch zwei seiner Kameraden ihre Strafe durch das Schwert; damit war die ganze Hieselische Armee samt ihrem Anführer entweder erlegt oder auf ihrer Flucht zerstreut, ohne Hoffnung, jemals wieder zu ihrer fürchterlichen Größe zu gelangen.

Man hat inzwischen Gelegenheit genommen, das liegende Kreuz, worauf der Delinquent gerädert worden war, in Kupfer vorzustellen†, nicht eben, weil man diese Maschine, um ihrer Erfindung wegen als etwas Außerordentliches der Welt vor Augen legen wollte, sondern um zu zeigen, welche wunderlichen Wege der unmenschliche Witz, um sich von anderen zu unterscheiden und etwas besonders zu haben, auch sogar bei so traurigen und abscheulichen Gegenständen einschlägt: indem man fast bei jeder Radbrechung nach der Verschiedenheit der Orte und Zeiten, wo und wann eine solche Exekution vorgegangen ist, eine andere Erfindung wahrnimmt, so daß man sieht, daß das Rädern ebenso der Mode unterworfen ist wie das beständige Ab- und Zunehmen der Größe an den Hüten und Haarbeuteln und der Länge an den Röcken und Hosen.

---

* Henker

† zu stechen

So war das Ende des berüchtigten Hiesel beschaffen, ein Ende, welches er sich seinem guten Verstande nach nicht anders hatte vorstellen können und dessen Vorstellung ihm beständig vor den Augen geschwebt hatte und ihn, besonders bei dem Anwachsen so vieler Nachstellungen in beständigen Ängsten und Bangigkeiten gehalten haben muß. Daher sollte man sich nicht verwundern, wie er in Osterzell mitten in der Hitze des Gefechtes um Fristung eines so nichtswürdigen Lebens, wie das seinige war, und zwar zuerst vor allen anderen, hat flehen können. Woraus denn sattsam zu erkennen steht, daß er bei allen seinen Vermessenheiten von wahrem Mute sehr wenig, von Tapferkeit aber nichts besessen hatte, sondern alles auf das Geratewohl gewagt und durch den glücklichen Erfolg einer Übeltat zu der anderen kühn gemacht worden ist. Wie denn seine Gesichtszüge zwar etwas Listiges und Feines wiesen, im übrigen aber völlig niederträchtig waren.

Endlich sieht man bei Hiesels Leben und Ende die unergründlichen und unabänderlichen Wege des Verhängnisses bekräftigt und die Wahrheit des gemeinen Sprichwortes, daß »wer an den Galgen gehöre, nicht ersaufen könne«, bestätigt. Denn da er, besonders in den letzten Jahren seines Lebens, beständig vor seinen Feinden entweder auf einer Flucht voller Gefährlichkeiten oder mit ihnen im Handgemenge, wo kein Teil den anderen schonte, begriffen war, so konnte ihn doch der Tod nicht finden oder eine so glückliche Kugel treffen, welche ihn einem schmählichen und erschrecklichen Tode entzogen hätte. Er mußte vielmehr, als seine unglückselige Stunde kam, selber bitten, um ihn so lange zu erhalten, bis er eine greuliche Todesstrafe ausstehen und zum öffentlichen Scheusale werden konnte.

Grabschrift des geviertheilten Bayrischen Hiesels*

Eilt, Wandrer, nicht vorbey, bis ihr euch auf den Straßen
Den dürren Ueberrest von Hieseln zeigen lassen!
Sein moderndes Gebein deckt weder Grab noch Grufft:
Denn sein Begräbniß ist im Element der Luft.
Unstät und hier und dort muß er, als wie im Leben,
In dieser hin und her auch nach dem Tode schweben:
So daß er nicht einmal, wie jeder andrer Mann,
Bey der Vermoderung zum mindsten ruhen kann.
Er war der Wälder Furcht, der Jäger steter Schrecken.
Er jagte oft und floh durch eben diese Hecken,
Schlief meistens Sorgenvoll, wenn andere gewacht,
Und wachte, wenn die Welt geruhig schlief, bey Nacht.
Ein Hirsch, ein schnelles Reh, ein Schwein war seine Beute;
Doch die nicht eben nur, auch manchmal andre Leute.
Denn so gewissenhaft und bloß aufs Wild erpicht,
Daß er was besseres verschmähte, war er nicht.
Er schoß und traf sehr gut, auf was er immer zielte,
Dieß wars, was jedermann vor ihm in Furcht erhielte.

---

* in der unveränderten Schreibweise des Originals

Deswegen war er fest und wies die Kugeln ab,
Die man ihm oftermals auch zu versuchen gab.
Allein, wie fest er war, hat man in vierzehn Wunden,
Die man nach seinem Tod an ihm entdeckt, gefunden.
Der Trotz, den er besaß und klüglich angewandt,
Bezauberte allein die Leute auf dem Land.
Niemand kam ihm sehr nah (denn er ließ sich nicht äffen)
Deswegen war er nun vornehmlich schwer zu treffen,
Und traf ihn einer noch, der auch nicht übel schoß,
So war der Schuß zu schwach und schadete nicht groß.
Kam es zum Handgemeng mit kriegerischen Schaaren,
Die so gar grimmig nicht auf Blut und Morden waren,
So jagte er sie weg. Und stunden einge gut,
So schlug er sich durch sie mit seiner frechen Brut.
Sein Hund, ein schrecklich Thier mit seinem breiten Rachen,
Den manche nur nicht gar zum Elephanten machen,
Riß fürchterlich herum in der erschrocknen Schaar,
Zerfleischte einige, und andre fraß er gar.
Wer hätte da, wenn er dieß Elend angesehen,
Wenn er nicht stehn gemußt, mit Willen wollen stehen.
Ein jeder scheuete so eines Wütrichs Hand,
Und sparete sein Blut vors liebe Vaterland.
Allein, der Fürst befahl, den Fortgang dieser Sachen
Einmal zu endigen und Hiesels Schluß zu machen.
Der wackre Schedel war zu diesem Werk erkießt.
Das mächtge Losungswort dabey hieß: Fort! Ihr müßt!
Der Hiesel ward also in Osterzell berücket,
Wie es sich in der That vor einen Schlingel schicket:
Er hob die Wachten auf, so bald die Nacht vorbey,
Als obs vor ihn am Tag vollkommen sicher sey.
Da wehrte er sich zwar, als er zurück gewichen,
Mit seiner Bande noch aus der verschloßnen Küchen.
Allein, was half ihm dieß? Da er einmal im Haus
Und in der Enge war, war alles vor ihn aus.
Er endigte also sein langes Widerstreben,
Kroch jämmerlich herzu und flehte um sein Leben,
Und bot dem Strick die Hand, die so berüchtigt war
Und so viel Thaten that, zum Binden zitternd dar.
Sein übriges Gefolg, das eben dieß erlitten,
Warf man sodenn nebst ihm auf einen Kälberschlitten.
Im langsamen Triumph, bis alles hier und dort
Zum Sehn zusammenlief, zog man mit ihnen fort.

Nunmehr giengs allgemach mit Hieseln auf die Neige,
Der Jägertrotzer ward kleinmüthig, still und feige.
Er beichtete nunmehr und tanzte, wie man pfiff:
Denn er begriff ganz leicht, daß es nun anderst lief.
Des Kerkers Traurigkeit benahm ihm Muth und Galle.
Er saß wie eine Maus nachdenklich in der Falle.
Und gieng, doch nein, er fuhr; doch nein, er fuhr auch nicht,
(Man schleifte ihn vielmehr hinaus) zu dem Gericht.
Wie es ihm da ergieng, hat er sehr wohl empfunden-

Allein, er hat nunmehr sein Urtheil überwunden.
Rückt es ihm nicht mehr auf und spiegelt euch dafür
An seinen in der Luft erschwarzten Gliedern hier!
Denkt, wenn man euch etwa von Schweinen, Rehen, Hirschen
Ein solches Viertheil bringt, das Wild Wildprätschützen pürschen,
Daß es vom Hiesel sey; so weicht der Appetit,
Und statt des Unterschleifs, jagt ihr sie fort damit!

Der schwäbische Schrecken
Hannikel und seine Bande

Hannikel (eigentl. Jakob Reinhard oder Reinhardt) war in Südwestdeutschland in den zwanzig Jahren vor seiner Hinrichtung (17. Juli 1787) eine Furcht und Schrecken, Schauder und wohl auch Sympathie erregende Räubergestalt. Als selber verachteter Zigeuner raubte er jüdische Kaufleute aus, quälte sie nicht selten entsetzlich und behauptete später, dies könne doch nichts Unrechtes gewesen sein, wo er sich des Beifalls der meisten sicher wüßte. Eine Argumentation übrigens, die der bis in die siebziger Jahre rassistisch schreibende Medizinalrat und Gaunerforscher Hermann Arnold in einem Aufsatz in der ›Pfälzer Heimat‹ (8.Jg., Heft 3, 1957, S.101-103) teilt: »Mit Antisemitismus im heutigen Sinne hatte die Heimsuchung der Juden durch die Räuber jedenfalls nichts zu tun«, es handle sich bei den Aktionen der Hannikel-Bande vielmehr »um eine typische antisoziale Reaktionsform von Zigeunermischlings-Gruppen, die dann in Erscheinung tritt, wenn eine größere Zahl solcher Menschen in einem engeren Gebiet anwesend ist und die Zeitverhältnisses es ihnen erlauben, mit bewaffneter Hand das Land unsicher zu machen« (S.102). Hannikel, dessen Mutter, genannt ›Geißin‹, einer alten Zigeunerfamilie entstammt, hatte den seinerzeit selbst berühmten ›kleinen Konrad‹ zum Großvater, der wiederum (wie auch dessen Bruder) gerädert wurde. Eine Tochter des ›kleinen Konrad‹ soll zwei Polizeibeamte ermordet haben. Hannikels Vater war in den dreißiger Jahren des achtzehnten Jahrhunderts wahrscheinlich ein Tambour im Fürstl. Hessen-Darmstädt. Regiment, er starb, als Hannikel vier Jahre alt war. Die Mutter kam in Lahr/Baden als Gänsehirtin unter, der Sohn als Schweinehirt. Eines Tages dann stießen die beiden zu einer großen Bande im Pfälzer Wald.

Um die Lage der Zigeuner, den Grad ihrer Diskriminierung ermessen zu können, sei die Inschrift von Tafeln zitiert, die 1713 an den Grenzen des Fürstentums Sachsen-Coburg errichtet wurden:

> Allen Zigeunern/ männ= und weiblichen Geschlechts/ und was denselben anhängig/ wird hiermit ernstlich anbefohlen/ das Fürstenthum Gotha à dato 15. Octobr. 1713 binnen vier Wochen gäntzlich zu räumen/ und nirgends weiter zu betreten oder zu gewarten/ daß sie sodann mit Ruthen ausgestrichen und gebrandmarcket/ dann ferner nach Verfliessung anderer vierzehen Tage/ wann sie freventlich wieder kämen/ und die Brand=Marque an ihnen sich findet/ ohne allen Proceß ufgehangen werden sollen. Wornach sich zu richten.

Zit. nach: C.Küther, Räuber und Gauner in Deutschland. Das organisierte Bandenwesen im 18. und frühen 19. Jahrhundert, Göttingen [2]1987, S.25

Zigeuner konnten noch im frühen achtzehnten Jahrhundert ohne Begründung oder gar Urteil getötet werden, »sie waren vogelfrei« (Küther, a.a.O., S.24).

Hannikels Bande operierte in der Pfalz, im Elsaß und im Schwäbischen (Schorndorf, Hechingen, Calw, Freudenstadt, Frauenalb, Neuenburg, Liebenstein, Teinach), Abstecher führten nach Elsaß-Lothringen und in die Schweiz.

Wie den anderen Banden kam Hannikel und seinen Räubern die territoriale Zersplitterung im südwestdeutschen Raum zupaß. Manchmal genügten ein paar Schritte, um sich der lokalen Gerichtsbarkeit zu entziehen. Auf Hannikel, der so oft ausbrach, wie er gefangen wurde, der durch besondere Kaltschnäuzigkeit und einen unverschämten Witz auffiel, treffen all die räubermagischen Qualitäten zu, die ihm die kleinen Leute halb bewundernd, halb zutiefst verschreckt anhefteten. Nirgends kommt das besser zum Ausdruck als bei seiner Verhaftung des aufs Räuberfangen erfolgreich spezialisierten Oberamtmanns Schäffer von Sulz, der zuvor schon den Konstanzer Hans, die Schleiferberbel und den Schweizer Viktor dingfest gemacht hatte. In der Person dieses unermüdlich zum Wohle der öffentlichen Sicherheit tätigen Beamten kommen unerbittliche Strenge, christlicher Bekehrungseifer und eine der Aufklärung verpflichtete rationale Stringenz zusammen. Systematisch pflegte er seine Räuber-Dossiers, die Gaunerlisten wurden von niemandem sorgfältiger geführt. Als der brutale Mord am Grendadier zu Pferde Pfister (gen. Toni) ruchbar wurde, der mit der Frau von Hannikels Bruder Wenzel durchgebrannt war und drei Kinder zurückgelassen hatte, muß die öffentliche Erregung weit über die Grenzen des Aktionskreises der Bande hinausgereicht haben. Jetzt schritt der Oberamtmann zur Tat. Generalstabsmäßig organisierte er die Verhaftung der Bande. Schließlich, Anfang August 1786, gelang es ihm, Hannikel und einige seiner Raubgenossen im Graubündischen Chur verhaften zu lassen. Ausgerechnet dort, wo es heftige diplomatische Verwicklungen gegeben hatte, weil Schiller in den ›Räubern‹ Graubünden ein ›Spitzbubenklima‹ angedichtet hatte, was schließlich Anlaß zum Schreibverbot und zur Flucht aus Stuttgart gegeben hatte (Hinweis bei H.Brandstätter, Der Verbrecher aus verlorener Ehre. Eine wahre Geschichte von Friedrich Schiller, Berlin 1984).

Über seine Reise nach Chur schrieb der Oberamtmann Schäffer von Sulz einen langen und langatmigen Brief an seinen Herzog Karl. Dieser Brief (in: E.Eggert, Oberamtmann Schäffer von Sulz. Ein Zeit- und Lebensbild aus dem Ende des vorigen Jahrhunderts, Stuttgart 1897, S.29-43) demonstriert die Verfolgungsstrategien des populären Oberamtmanns in erhellender Weise. Durch alle devoten Schnörkel hindurch, vielfach gehindert durch eine äußerst ungelenke Schreibweise, mit grammatischen Fehlern zuhauf, verschafft sich der unerbittliche Verfolgungseifer seine Sprache.

Das Dokument nennt viele Einzelheiten, die im Hannikel-Roman nicht vorkommen. So erfahren wir von der ganz außergewöhnlichen Verbrecherschaulust der kleinen Leute, Bauern vor allem. Als der Zug mit den gefangenen Hannikel-Räubern Feldkirch passiert, warteten 1.500 Neugierige, im Rheintal waren es 3.000 gewesen, von denen manche zehn bis fünfzehn Stunden von den Bergen herabgelaufen waren. Es hieß damals, Hannikels Verhaftung habe ganz Europa in Atem gehalten.

Über die Autorenschaft des Hannikel-Romans besteht keine Klarheit. Es existiert die Annahme, der vielbeschäftigte Oberamtmann selbst habe sein privilegiertes Wissen genutzt, um Hannikels und seiner Miträuber Lebensgeschichte zu verfassen. Liest man jedoch Schäffers Brief an den Herzog, scheint es ganz und gar ausgeschlossen, daß er den gut lesbaren ›Roman‹ geschrieben hat. Außerdem wird Schäffer von Sulz in derart rosigen Farben geschildert, daß es sich um einen eklatanten Fall von triefendem Eigenlob handeln würde. Bleibt der Sulzer Vikar Christian Friedrich Wittich von Wittershausen (...), der Hannikel vor der Hinrichtung beigestanden hatte und mit Schäffer befreundet war.

Der Hannikel-Roman folgt dem traditionellen Schema, nach dem der biographischen Reihe nach allein die Taten und Untaten, kaum aber deren soziale und individuelle Bedingungen erzählt werden. Allerdings bemüht sich Wittich bei aller Empörung über die Verbrechen der Hannikel-Bande um eine differenzierte Darstellung. Das gilt vor allem für die Tatsache, daß es sich bei Hannikel und seinen engeren Kumpanen um Zigeuner handelt; der Vikar läßt sich kein einziges Mal dazu hinreißen, rassistisch zu argumentieren – und das bedeutet bei der damaligen Diskriminierung der Zigeuner sehr viel. Im Gegenteil bittet er in einem ›Zigeunerlied‹:

Drum lasse man Zigeunerleut
Als brave Leut passieren.

Quelle:

(Christian Friedrich Wittich), Hannikel oder die Räuber- und Mörderbande, welche in Sulz am Nekar in Verhaft genommen und am 17ten Juli 1787. daselbst justificirt worden. Ein wahrhafter Zigeuner=Roman ganz aus den Kriminal=Akten gezogen, Tübingen o.J. (1787).

Literatur:

H. Arnold, Die Räuberbande des Hannikels, in: Pfälzer Heimat, 8.Jg., Heft 3, 1957, S.101-103.
O.E.Winstedt, Hannikel, in: Journal Gypsy Lore Soc. (3), Vol. XVI, S.154-173.
Über die Hinrichtung von Hannikels Sohn Christoph, gen. Dieterle räsonniert Musäus in dem moralischen Dialog mit einem Kinde ›Keim des Lasters‹; in: Johann Karl August Musäus, Moralische Kinderklapper für Kinder und Nichtkinder, Gotha 1794, S.101-108. Den Hinweis verdanken wir Dieter Richter, Bremen.

Christian Friedrich Wittich

Hannikel

oder die Räuber- und Mörderbande, welche in Sulz am Neckar in Verhaft genommen und am 17ten Jul. 1787 daselbst justiziert worden.
Ein wahrhafter Zigeuner-Roman ganz aus den Kriminal-Akten gezogen

Des Lasters Bahn ist anfangs zwar
Ein breiter Weg durch Auen,
Allein sein Fortgang wird Gefahr,
Sein Ende – Nacht und Grauen.

Es wird hier dem Publikum ein kurzer Auszug einer Geschichte vorgelegt, die dem Leser aus jeder Klasse, dem das Interesse der Menschheit am Herzen liegt, nicht ganz gleichgültig sein kann.

Man lernt in diesen Blättern an Hannikeln und Konsorten Tiger in Menschengestalt kennen, die nicht nur in ihren eigenen Eingeweiden herumgewühlt, sondern auch kein Bedenken getragen haben, andere, die ihnen niemals auf die Zehe getreten, in ihrer Ruhe zu stören, sie mit mörderischer Wut anzufallen und auf das allerempfindlichste zu kränken.

Was hier von ihnen erzählt wird, ist echt und ganz aus den Kriminalakten gezogen. Eine vollständige Geschichte zu liefern liegt außer meinem Plan. Wie weitläufig solche werden dürfte, ist schon daraus ersichtlich, daß die Inquisitionsprotokolle, Beglaubigungsscheine, Relationen* und weitere Beilagen allein aus 25 sehr starken Folio-Bänden bestehen.

Es ist wohl nicht zu zweifeln, daß sich jeder Menschenfreund, wenn er die hier erzählten ungeheuren Greueltaten liest oder hört, eine Träne vom Auge wischen und daß ihm der Gedanke, wieviel Elend und Roheit, auch selbst bei den mannigfaltigen Aufklärungs- und Verbesserungsanstalten unseres Jahrhunderts, noch unter seinen Brüdern herrsche, einen tief ausgeholten Seufzer kosten werde.

Möchte aber auch zugleich jeder einsichtsvolle Patriot ermuntert werden, seinem guten, um die Sicherheit seiner Untertanen so sehr besorgten Fürsten zur Verminderung des menschlichen Elends eifrig die Hände zu bieten und den vielen noch hier und da teils vermummten teils mit frecher Stirn hervortretenden Hannikeln einen eisernen Schlagbaum vorziehen helfen, der weder entzweigesägt noch umgestoßen noch übersprungen werden könnte!

---

* Zeitungen

Zehnfach gesegnet würden mir die Stunden sein, die ich zu dem Entwurf dieser Geschichte verwandt habe, wenn da und dorten ein Unmensch über diesen schauervollen Auftritten seiner Kameraden zum Besinnen kommen, sich die traurigen Folgen seines lasterhaften Lebens für Zeit und Ewigkeit vorstellen, reumütig an seinen Busen schlagen und bewogen würde, den glücklichen Rückweg des verlorenen Sohnes zu seiner Rettung noch in Zeiten zu betreten, um das offene Ziel der Begnadigung wirklich zu erreichen!

Kaum war jene verderbliche Rotte, welche der berüchtigte Konstanzer Hans* kommandierte, an dem wohlverdienten Ort ihrer Bestimmung und die Ketten und Bande, welche dieselbe an ihren Hälsen, Händen und Füßen in den dickbebalkten Gefängnissen in Sulz warm gerieben, wieder abgekühlt, als neue Entdeckungen gemacht wurden, daß die allgemeine Sicherheit auch durch ein allenthalben herumvagierendes Zigeunerkomplott, das mit jenem längst schon in einem Verständnis lebte, gewaltig gekränkt werde. Man hörte von Raub und Mord; und diese traurigen Nachrichten waren nur allzu erwiesen. Die wachende Gerechtigkeit blieb hierbei nicht gleichgültig. Drohend streckte sie ihren Arm nach diesem gefährlichen Gesindel aus, und es glückte ihr, an alten und jungen, weißen und schwarzen, gelben und braunen, dreißig Personen davon einzuziehen, und sie auch in jene undurchdringbaren Behältnisse in Sulz bis auf weitern Bescheid einzuschließen.

Unter diesen herbeigebrachten so schädlichen Auswüchsen der Menschheit befand sich dann mit Hannikel, Wenzel und Duli ein Kleeblatt, wie man es in der Hölle kaum anzutreffen sich getrauen sollte.

Hannikel war das Herzblatt darunter, dessen Gift sich auch dem andern, ihm nahen Unkraut reichlich mitteilte.

Da nun diese Unmenschen die Aufmerksamkeit so vieler Hohen und Niedern nicht nur in Württemberg, sondern auch in den auswärtigen Provinzen seit ihrer Gefangennahme auf sich gezogen und zu so vielen Gesprächen, Urteilen und Erwartungen Anlaß gegeben haben, so dürfte es wohl fürs Publikum eine kleine Gefälligkeit sein, demselben einen kurzen Auszug ihrer Geschichte vorzulegen.

Sollte sich aber hier und da ein entfernter Leser wünschen, Hannikeln selbst zu sehen, der denke sich nur einen kurzen, untersetzten, starkknochigen, aufrechten Mann von 45 Jahren, auf dessen kurzem Hals ein brauner, sehr großer platter Kopf ruht; dessen vordere Seite etwas spitzig – der hintere Teil aber sehr weit und geräumig ist. Die Stirn an demselben stelle man sich sehr nieder, etwa drei Finger breit und zwei Finger hoch, Augen und Augenbrauen schwarz, das Weiße im Auge grau; die Stimme rasch und rauh – seinen Blick wild und immer seitwärts gerichtet; die Schläfe etwas tief eingedrückt, die Backen länglich und in mehrere Falten gelegt, die Nase groß und klobig, die Lippen rot und etwas

* vergl. in diesem Band S.162 ff.

hervorragend, die Zähne ganz weiß, das Kinn spitzig und kurz vor, und denke sich noch schwarze Haare, ein halb kahles Haupt und am ganzen Gesicht einen fingerlangen schwarzen Bart hinzu, so sieht man das Bild des leibhaftigen Hannikels. Eine treue Kopie seiner schwarzen Seele liefern seine Taten, wovon mehrere in diesen Blättern erzählt werden sollen.

Jakob Reinhard ist Hannikels eigentlicher Name. Letzterer wurde ihm erst gegeben, da er als ein echtes Mitglied unter die Zigeunerfamilie aufgenommen wurde.

Seine Mutter brachte ihn ohne fremde Hilfe, auf offenem Feld und unter freiem Himmel, hinter einer Hecke zur Welt. Das Plätzchen war nahe bei Kleinschieberstadt, unfern Mannheim.

Ein Weib, welches in einer kleinen Entfernung von ihr auf dem Feld arbeitete, bemerkte, was vorging, sprang mitleidig herbei, rieb den kleinen Hannikel auf dem Grasboden ein wenig ab, nahm ihn in ihre Schürze und trug ihn in das nahgelegene Dorf, wohin sie auch die Mutter desselben zu gleicher Zeit am Arm geschleppt hatte. Weil in diesem Dorf kein Geistlicher war, so wurde das Kind am folgenden Tag nach Großschieberstadt, wohin solches eingepfarrt ist, zur Taufe gebracht.

Der Vater des kleinen Knaben war nicht zugegen. Er hatte seinen Strich* aufs Land seitwärts genommen, um sich vermutlich nach den Bedürfnissen zur Taufsuppe umzusehen.

Inzwischen weiß sich Hannikel auf seine Herkunft weiter nichts zu gut zu tun, als daß er von dem ältesten Zigeunergeschlecht abstamme und daß viele von seinen Ahnen noch in Ägypten gezeugt wurden.

Sein Vater Friedrich Reinhard war in den dreißiger Jahrgängen Tambour† unter dem Fürstlich Hessen-Darmstädtischen Regiment; entwich aber von demselben, weil ihm eine eingeschränkte Lebensart nicht behagte, und zog dem gewöhnlichen Zigeunerleben nach. Er starb, da sein kleiner Hannikel kaum vier Jahre alt war, an der hitzigen Krankheit.

Hannikels Mutter aus dem echten Zigeunergeschlecht lebt noch und hat ihr Logis neben ihrem Sohn in Sulz. Sie ist ein sehr altes Weib, heißt ihrem Taufnamen nach Käther; in der Zigeunersprache aber nennt man sie die Geißin.

Hannikels Großvater, der zu seiner Zeit sehr berüchtigte kleine Konrad, röchelte ehemalen zu Gießen unter dem Rad sein Leben aus, da an diesem nämlichen Tag seine beiden Brüder in seiner Nachbarschaft aufgehängt wurden.

Kaum waren etliche Tage vorüber, so verließ die Geißin das Kindbett. Eine gute Portion starken Weins, die sie seit ihrer Niederkunft zu sich nahm, brachte sie gleich wiederum auf die Beine. Sie nahm daher ein Tuch, band es quer über sich her, legte ihren Jungen dazwischen, daß ihm Kopf und Arme frei blieben, und so durchstrich sie wieder mit ihm Hecken und Wälder, Häuser und Scheunen.

---

* Revier, Raubgebiet

† Trommler

Die Nahrung des Kleinen war lange nichts anderes als die graue Pestmilch, die derselbe aus den Brüsten seiner Mutter zog und die sehr wahrscheinlich nicht nur auf seine körperliche Ausbildung, sondern auch auf die künftige Entwicklung seines Temperaments den stärksten Einfluß hatte und seinem Herzen diejenige fatale Richtung geben half, die zu seinem sittlichen Ruin so vieles beitrug.

Indessen nahm der braune Bube von Tag zu Tag zu, war gesund und munter und schon frühzeitig gegen Sturm und Wetter, gegen Frost und Hitze abgehärtet; sah schalkhaft hinter seiner Mutter hervor, klemmte sich an ihren Hals, spielte mit ihren Locken, zermalmte die Brotrinde, die sie ihm über ihre Schultern hinaufstreckte, und man konnte schon von ihm als Kind sagen:

Was zum Dorn werden will,
spitzt sich bei Zeit dazu.

Nun hatte Hannikel einen Bruder, der hieß Geuder. Sie waren im Alter nur etliche Jahre voneinander. Mit diesem vertrieb er sich seine Zeit. Sie wuchsen zusammen auf, waren sich beständig Gesellschafter, ergriffen nachher eine gleiche Lebensart, nämlich die, die den Zigeunern eigen ist, und betraten unvorsichtig und mutig Arm an Arm miteinander einen Weg, über dessen tiefe Sümpfe und Moräste und über dessen fürchterlichen undurchsehbaren Schlund am Ziele sie wohl niemals nachgedacht haben. Ein jüngerer Bruder namens Wenzel sprang ihnen hintennach, holte sie wirklich ein und durchschritt mit ihnen eben dieselbe unglückliche Straße.

Jetzt hätte freilich die Mutter ihre Pflicht an ihren Söhnen erfüllen, ihnen eine gute Erziehung geben und alles anwenden sollen, sie zu brauchbaren Gliedern der Menschenfamilie zu bilden, besonders da es ihnen an körperlichen und Geistesanlagen eben nicht gefehlt hatte.

Allein wie war das von einem Weib zu erwarten, das selbst ehemals lediglich keine Erziehung genoß und, von Jugend auf an ein irreligiöses lasterhaftes Leben gewöhnt, keinen Sinn für heilige und erhabene Gegenstände hatte und, dümmer als das Vieh, die Krippe ihres Herrn selbst nicht einmal kennenlernte. Ja, wie konnte es anders sein, als daß sie, die noch obendrein nirgends ein Heimwesen, ein Vermögen, einen treuen Gehilfen hatte, die Seelen ihrer Kinder ganz verkrüppeln lassen mußte.

Und das geschah dann auch wirklich. Hannikel und seine beiden Brüder Geuder und Wenzel mußten lebenslänglich das große Glück entbehren, aus dem Munde redlicher Eltern heilsame Lehren zu hören und an ihrer sorgfältigen Hand zu Gott geführt und mit ihm bekannt gemacht zu werden. Sie vernahmen kein Gebet, das ihrer Seele hätte eine gute Stimmung geben können.

Was sie hörten, waren Flüche und Schwüre, Lügen und Betrügereien, Pläne zu Diebstahl und Mord. Sie kamen in keine Schule, in welcher sie hätten lesen lernen und ausgebildet werden können.

Sie wurden nie zur Kirche geschickt, in welcher vielleicht Zentner Worte von der Unsterblichkeit der Seele, von Gottes Allgegenwart und Allwissenheit, von einem künftigen allgemeinen Weltgericht, von der in jenem Leben bevorstehenden Belohnung des Guten und Bestrafung des Bösen, von Himmel und Hölle ihr Herz hätten erschüttern und bleibende selige Eindrücke in dasselbe einpfropfen können.

Da war kein gutes Exempel in ihrer Nähe, das sie aufmerksam auf sich selbst machen und zur Nachahmung hätte reizen können. Da war nirgends ein Freund, der manchmal seinen Finger über ihnen aufgehoben, sie liebreich vor dem Bösen gewarnt, großmütig in sein Haus geführt und edle Samariterproben an ihnen abgelegt hätte. Was man an ihnen tat, war, daß man ihnen je und je ein Stück Brot zur Tür hinausbot und ihnen befahl, daß sie schleunigst wieder aus der Grenze weichen möchten.

So sich selbst ganz überlassen, zu keinem anhaltenden Verstand und Körper nützlichen Geschäft gewöhnt, durch keine Religionsbegriffe aufgeklärt, von Eltern und Großeltern angesteckt, durch böse Exempel vergiftet, durch die Farbe ihres Gesichts verraten, von allen Mitteln entblößt, von keinem Menschenfreund mitleidig unterstützt und zur Arbeit gedungen, bei Nacht oft um Gottes willen nicht einmal auf eine Viehstreue gelegt – wie leicht war es bei diesen Umständen möglich, daß der vom Schöpfer ihnen anfangs eingehauchte gute Funken nach und nach verlosch, daß ihr Schiff ohne Segel und Ruder an jenen gefährlichen Syrthen* scheiterte und – unterging in den Wellen!

Hannikel und seine Brüder Geuder und Wenzel kamen auch wirklich so weit abwegs, daß sie zuletzt Ungesittetheit und Roheit für Schnellkraft und Geistesstärke, Tücke für feine Klugheit und das Bewußtsein, Böses getan zu haben, für edles Selbstgefühl hielten.

Sollte nun wohl der geneigte Leser, der vorläufig schon Hannikeln und seinen Brüdern das Wiedervergeltungsrecht angekündet und sie mit zornigen Gebärden und aufgeschwollenem Busen entweder unter das Rad gelegt oder an 4 Pferde gespannt hat, wenn er diese ihre traurige Erziehungsgeschichte hört, seine Affekte nicht ein bißchen mäßigen und gelinder von ihnen urteilen? Einmal müssen wir über uns selbst erschrecken, wenn wir uns vorstellen, was bei einer ähnlichen Erziehung aus uns geworden wäre.

Da wir wissen, wieviel Anstrengung bei aller Kultur und bei den besten Hilfsmitteln dazu nötig ist, nur eine heftige Neigung zu besiegen, die scheinbaren Vorteile, die bisweilen mit der Sünde verknüpft sind, zu verschmähen und die großen Schwierigkeiten, die man nicht selten auf dem Tugendwege antrifft, zu übersteigen.

Hannikel und seine Brüder beschäftigten sich nun ihre ganze Kindheit und einen großen Teil ihrer Jünglingsjahre hindurch mit nichts Wichtigerem als mit Betteln und Müßiggehen. Nur je und je halfen sie den Leuten, bei welchen sie mit ihrer Mutter Quartier nahmen, eine kleine Arbeit verrichten, die ihnen aber gleich beschwerlich wurde, sobald sie nur etliche Stunden dauerte.

---

* Zwei Buchten des Mittelmeers an der Küste Nordafrikas

Die alte Geißin war nun Witwe und im Grund ein armes Weib. Des unaufhörlichen Bettelns endlich auch müde, entschloß sie sich, den ihr zu Laar im Breisgau gemachten Antrag anzunehmen und mit Wenzel die Gänse zu hüten, Hannikeln, ihrem älteren Buben, aber die Schweineherde daselbst neben sich zu überlassen. Welches Geschäft sie dann auch wirklich etliche Monate hindurch trieben. Allein eben das war die unglückselige Periode, in welcher Hannikel und seine Brüder gleich einem Kieselstein mitten in den Strom des Verderbens hingeschleudert wurden.

Als Hannikel eben etlichen Schweinen nachsprang, welche von der Herde ausreißen wollten, und die Geißin ihrem Wenzel das Haar auf ihrem Schoß in Ordnung brachte, liefen unversehens vier Männer quer Feld her und gerade auf sie zu. Es waren der große Bochowiz, der kleine Lauratti, Bronetscha und Clemens, welcher letztere bald darauf zu Eiferstal erschossen wurde. Sie waren lauter Zigeuner und teils Anverwandte von der Geißin, teils gute Bekannte von ihrem verstorbenen Mann. Sie gingen in der Absicht aus, um die Geißin, mit der sie schon ehedem Umgang hatten, nebst ihren Kindern aufzusuchen und ihnen Schutz und Unterstützung anzubieten, wenn sie ihnen folgen und sich unter ihr Kommando begeben würden.

Da die Geißin eine Witwe war und bei ihrem Gänsehüten eben wenige gute Bissen zu kosten hatte, so war sie sogleich entschlossen, diesen Antrag anzunehmen. Sie packte ihre Sachen in etliche Bündel zusammen, schlang den einen davon um ihren eigenen Rücken, packte die anderen auf ihre Jungen, machte sich mit ihnen auf den Weg und kümmerte sich nicht mehr um die Gänse und Schweine.

Niemand war hierüber freudiger als die jungen Burschen. Sie glaubten eine Reise ins gelobte Land zu tun und hüpften immer voraus. Nach etlichen Tagen waren sie da, wo sie hin wollten.

Sie trafen die ganze Vetter- und Basengesellschaft in einem abgelegenen dicken Wald an, in welchem sie sich um ein Feuer gelagert und allerlei Zurüstungen auf die Ankunft ihrer lieben Gäste gemacht hatten.

Ihre Umarmung war wirklich feurig. Bald nach ihrer Bewillkommnung hielten sie offene Tafel, verzehrten etliche gebratene fette Igel, mehrere Schüsseln voll Gebackenes und stießen auch die Becher weidlich aneinander. Zuletzt reihten sie sich zum Tanz; Dudelsack und Schalmei ertönte, sie ließen folgendes Stückchen aufspielen:

Das Völklein, das Zigeuner heißt,
Beurteilt man oft schiefer
Als andre Leute, weit und breit
Nennt man es Ungeziefer.
Und doch gleicht uns an Brauchbarkeit
Wohl niemand auf der Erden,
Was jedes wünscht, das kann ihm leicht
Durch unsre Künste werden.

Wir zeigen um ein Groschenstück
Wo noch, seit alten Kriegen,
Im Keller oder unterm Dach
Verborgne Schätze liegen.

Der junge Herr kriegt einen Dienst
Von uns, und auch ein Bräutchen,
Reich, artig, jung, flink wie ein Topf,
Mit einem feinen Häutchen.

Der Jungfer, gibt sie gute Wort
Dem braunen Streifer-Mädchen,
Bescheren wir dem besten Mann
Im Dorfe oder Städtchen.

S'ist schlampigt, liegt in einem Haus
Oft alles durcheinander;
Wir räumen auf, sind säuberlich,
Und lernen es einander.

Schon mancher glaubte toll und kühn,
Es gäbe keinen Teufel,
Er sah, er hörte, fühlte uns,
Und – weg war aller Zweifel.

Oft wurde schon der liebste Gast,
Blieb er zu lang, zuwider;
Wir bleiben nirgends Tag und Nacht,
Gleich trollen wir uns wieder.

Wir suchen unser Stücklein Brot,
Wie andre, durchs Hausieren,
Drum lasse man Zigeunerleut,
Als brave Leut passieren.

Während dem, daß die jungen Leute so recht schwärmerisch lustig waren, stopften sich die alten Mütterchen ihre Stumpfpfeifen, schmauchten nach aller Herrlichkeit und ließen sich ihren Schnaps trefflich dazu schmecken.

Erst spät begaben sie sich in ihr schon voraus in einem benachbarten Dorf auf dem Heuboden einer neugebauten Scheuer bestelltes Nachtquartier.

Allem Vermuten nach bekamen die jungen Gäste bei dieser Feierlichkeit die Zigeunerweihe und ihre Benennungen Hannikel, Geuder und Wenzel, denn der eigentliche Name des ersten ist, wie ich schon berührt habe, Jakob, des anderen Johann Jakob und des dritten Franz.

Mutter und Söhne konnten sich nur gar zu gut in ihre neue Lage schicken. Sie fingen an, alles mitzumachen, und erlangten in kurzem eine besondere Fertigkeit bei ihrem neuen Gewerb.

Hannikel machte sich vorzüglich durch seine Ränke, launigen Einfälle, Behendigkeit und Courage bei der ganzen Bande, die in allem aus nicht weniger als 400 Personen bestand, sehr beliebt und schwang sich auch bald zum Heerführer und ersten Befehlshaber derselben empor.

Seit dieser Zeit trennte sich die Reinhardsche Familie nicht mehr von diesem Komplott*. Und wenngleich Hannikel nachher sich eine Zeitlang zu Wolfersweiler im Zweibrückischen als Jägerbursch brauchen ließ, um die Wilddiebe einzufangen, so behielt er sich doch immer den Zutritt zu demselben offen. Alle zusammen lebten so recht zigeunerisch; das heißt, sie gingen dem Müßiggang und der Wollust nach, stahlen und tyrannisierten mitunter, wo sie konnten, und betrogen die Leute mit Wahrsagen, daß ihnen die Augen übergingen. Sie kannten nunmehr auch keine Gesetze als die, die in ihrer Mitte gezeugt wurden, nämlich zu rauben, wo sie zukommen konnten, und jeden mit Gewalt über den Haufen zu stoßen, der sich ihnen auch nur im mindesten widersetzen würde. Nicht ein einziges Mal kränkten sie sich über ihre dabei verlorene Unschuld, dachten auch niemals darüber ernstlich nach, wie es ihnen auch wohl zuletzt noch ergehen werde. Und wenngleich manchmal ein Glied aus ihrer Kette an den Nagel gehenkt wurde, so machte das weiter keinen anderen Eindruck auf sie, als daß sie ihre bösen Streiche in Zukunft mit mehr Vorsichtigkeit ausübten und sich hier und da falsche Pässe machen ließen, die sie unter dem Schein, als ob sie ehrliche Leute seien, allenthalben vorwiesen und unter eben diesem Schein auch den Porzellanhandel trieben und Böhmisch Glas feil hatten.

Hannikel wurde nun auch nach und nach mannbar. Ehe er aber zu dieser völligen Reife kam, legte er sich an Christine, welche auch Zigeunerin war und in ihrer Sprache Gallimensch, auch Nanti hieß, eine Beischläferin zu. Sie lebten zufrieden miteinander und trieben das weitläufig beschriebene böse Handwerk. Sie zeugten zwei Kinder. Das erste, Christine, mit dem Beinamen Dennele, kam im Jahr 1769 zu Wengen bei Lüzelstein auf die Welt und das andere, Johann Carl, auf gut zigeunerisch Bastardi, wurde zwei Jahre hernach am nämlichen Ort geboren.

Beide liegen mit ihrem Vater im Arrest zu Sulz und erwarten daselbst ihr weiteres Schicksal. Christine war nicht länger als neun Jahre Hannikels Gefährtin. Sie kam einem Streif† in die Hände, wurde nach Mannheim ins Zuchthaus verwiesen und endigte in demselben bald ihr Leben. Zigeuner bleiben nicht lange ledig. Sobald ihnen eine Beischläferin abgeht, es sei auf welche Art es wolle, so nehmen sie auf der Stelle wieder eine andere, ohne sich lange an eine Trauerzeit zu binden. Oft geschieht es auch, daß sie ihrer zwei oder noch mehr nebeneinander halten. Hannikel nahm es in diesem Punkt auch nicht allzu genau. Noch ehe seine Christine im Zuchthaus hingeschieden war, strich er sich den Bart, bürstete sich das Wams und begab sich auf die Freierei.

Er nahm seinen Weg über die Landstuhler Höhe. Ob er schon im Voraus Bestellungen gemacht hatte, weiß ich nicht.

---

* Verschwörung, hier: Bande

† einer Streife

Doch läßt es sich vermuten, denn er war kaum etliche Stunden weit gekommen, so begegnete ihm ein schwarzgelbes Zigeunermädchen, das von seinen Leuten auf den Bettel ausgeschickt wurde.

Ihre Blicke kannten sich, sobald sie einander näher kamen.

Feddricho, so hieß das Mädchen, hatte auch wirklich ein gutes Aussehen. Sie war gut gewachsen, noch jung und hatte viel Offenes in ihrem Gesicht. Hannikel stellte sich ihr vor den Weg, fragte, wo sie herkomme und hinwolle, und beredete sie, sich neben ihm auf den Wasen* hinzusetzen und auszuruhen. Hannikel half ihr auch sogleich einige an ihrem sehr zerlumpten Rock allzuweit aufgerissene Nähte zusammenzuheften, und sie erwiderte ihm diese Gefälligkeit durch ein Stück Speck, das sie aus ihrem Schubsack hervorzog und ihm hinstreckte.

Ohne weiteres Zurückhalten tat ihr Hannikel eine förmliche Liebeserklärung. Er sagte ihr, in welchem Ansehen er unter den Zigeunern stehe und was es ihr für eine Ehre sein würde, die Seinige zu werden.

Er bezeugte ihr auch, wie sie es bei ihm so gut haben werde und wie er ihr für die besten Kleider, Hausgeräte und Viktualien† sorgen wolle. Er zog auch sogleich einen schönen mit Diamanten besetzten Ring aus der Tasche und streifte ihr denselben an den Finger.

Hannikel hätte weniger Umstände machen dürfen, und Feddricho würde ihm ihr Jawort nicht verweigert haben. Nun, was geschah – in weniger als einer Viertelstunde waren sie über die Ehepakte einig, Proklamation und Kopulation vorbei und – die Hochzeit vollzogen. Jetzt packten sie wieder auf, und Hannikel führte seine Geliebte zu seiner Familie zurück, nachdem sie unterwegs die Schwüre ihrer Liebe durch etliche Gläser Branntwein in verschiedenen Wirtshäusern feierlich erneuert und bestätigt hatten.

Nun glaubte sich wirklich niemand glücklicher als Hannikel und Feddricho. Doch das dauerte nur zwei Monate. Denn auch Zigeunerehen, unerachtet sie eben nicht auf den heiligsten Verpflichtungen beruhen, geraten nicht immer. Hannikel fand an seiner Feddricho nicht, was er erwartete. Sie war ihm zu nachlässig und eigensinnig und eine allzu harte Stiefmutter gegen seine Kinder. Er zeugte daher nur eine einzige, wirklich auch in Sulz verhaftete Tochter mit ihr, gab ihr nach vier Jahren wieder den Abschied und jagte sie, ohne weiter die Sache vors Ehegericht kommen zu lassen, wie er sagte, zum Teufel.

Nun lebte jenseits des Rheins eine Gaunerin, welche zwar schon mehrere Beihalter‡ gehabt, aber dieselben immer wieder auf eine unglückliche Weise verloren hatte. Man nannte sie unter den Gaunern und Zigeunern des Frankenhannsen Käther, und solches darum, weil ihr noch lebender Vater, ein Bücherbeschlager und Zainenmacher**, Johannes Frank hieß. Diese Räther, vom Vater aus Italien und von der Mutter Seiten aus Erlangen herstammend, genoß

* Rasen
† Lebensmittel
‡ Ehemänner
** Korbmacher

die schlechteste Erziehung und erlaubte sich frühzeitig die allerschändlichsten Ausschweifungen. Sie fand eine Gespielin, mit der sie Sachsen, Schwaben und mehrere welsche Länder durchzog und mit Hackbrett und Zitterschlagen viel Geld verdiente.

Im Jahr 1750 heiratete sie einen Erzzigeuner namens Ludwig Geßlauer, den man nur den Helben-Ludwig, Ossio oder Groß-Luis hieß. Sie wurden in Berlin kopuliert und zeugten innerhalb sechs Jahren vier Kinder miteinander, die noch alle am Leben sind. Geßlauer, der schlechteste Kerl, der jemals unter der Sonne existierte, hielt sich neben seiner Käther auch ihre leibliche Schwester und noch eine dritte Beischläferin, welche zu gleicher Zeit Söhne und Töchter von ihm bekamen.

Im Jahr 1766 verließ er sie alle mit ihren Kindern, nahm kaiserliche Kriegsdienste an, desertierte zum zweiten Mal, lief im Jahr 1768 der Justiz in die Hände, wurde zu Oppenau gefänglich eingezogen und empfing daselbst den 3. November am Galgen, ohne daß er noch zuvor Merkmale der Reue hätte von sich blicken lassen, den Lohn seiner bösen Taten.

Nach seinem Tod lief die Käther mit einem Spielmann. Da sie aber nicht nach seiner Geige tanzen wollte, so verabschiedeten sie sich gleich nach einem Vierteljahr wieder voneinander. Nun fügte es sich vor vierzehn Jahren ganz von ungefähr, daß Hannikel und eben diese Frankenhannsen Käther zu Steinbach, jenseits des Rheins, in einem Wirtshaus zusammentrafen.

Ob die noch übrigen Spuren von Schönheit, die sie aufweisen konnte, besondere Reize für Hannikel hatte oder ob der Wein seine Wirkung tat oder ob die allgewaltige Macht der Sympathie auch auf ihre Zigeunerseelen eindrang, läßt sich nicht bestimmen. Genug; ehe die Nacht völlig über ihnen einbrach, waren sie schon unter sich Mann und Weib.

Hannikel konnte mit seiner Käther sehr gut zurechtkommen. Sie war bereits schon eine ausgelernte Diebin; flink, listig und beherzt, und also ganz nach seinem Sinn.

Auf nichts verstand sie sich besser als auf die Gänse-, Enten- und Hühnerjagd. Nicht selten nahm sie diese Tierchen mit den Eiern weg und wußte ihrem Hannikel durch Zubereitung eines guten Bratens manchen Festtag zu machen. Des Tages über bettelte und spionierte sie die Häuser aus und gab sodann ihrem Beihalter die Weisung, wo er des Nachts bei seinen Einbrüchen am besten zukommen und etwas antreffen würde. Sie war eine Meisterin im Lügen. Wenn sie oft über einer bösen Tat ertappt und zur Rede gestellt wurde, so wußte sie sich so gut zu entschuldigen, daß es Not gewesen wäre, man hätte sie zuletzt noch um Verzeihung gebeten.

Im Wahrsagen hatte sie auch eine gute Fertigkeit. Das kam aber daher: Ehe sie in ein Dorf oder in eine Stadt kam, suchte sie Gelegenheit, sich auf eine sehr listige Weise, ohne sichs anmerken zu lassen, nach den Umständen der Leute zu erkundigen, und machte alsdann von den erhaltenen Nachrichten sehr einträglichen Gebrauch.

Hannikel und seine Käther brachten sieben Kinder zusammen, deren Anzahl nachgehends durch einen Buben namens Johann Christoph, auf zigeunerisch Dieterlin, der den 3. April 1774 zu Hohenhaslach geboren und getauft worden und wirklich neben seinem Vater im Gefängnis sitzt, vermehrt wurde. Unter diesen Kindern sind verschiedene, die sich durch sehr gute Gaben auszeichnen.

Allein durch eine schlechte Erziehung verwahrlost und von ihren Eltern bloß tierisch geliebt, ahmten sie ihren Sitten nach, wurden Taugenichtse und machten sich in ihrem jungen Leben schon mehrerer schwerer Verbrechen schuldig. Es ging ihnen wie dem jungen Wild. Sieht es die Alten über Zäune und Mauern hinübersetzen, so wagt es sich auch hintennach, unternimmt die gefährlichsten Sprünge, hilft Vater und Mutter die Fluren des Landmanns abfressen und zerwühlen und bringt es in kurzem so weit, daß es ohne Anweisung selbst auf Raub ausgehen und die größten Verwüstungen anrichten kann.

Die zahlreiche Hannikelsche Familie, die bereits zu zehn Personen angewachsen war, wollte nun auch erhalten sein.

Das hätte freilich auf die allerrechtmäßigste Art, durch Arbeiten, geschehen können; um so mehr, da ihnen der Schöpfer Verstand, Gesundheit und die erforderlichen Leibeskräfte dazu geschenkt hatte. Allein weit entfernt, von diesen edlen Gaben Gebrauch zu machen, zogen sie lieber dem Bettel und Müßiggang nach und legten sich, da sie den Hang nach Wollust nicht hinlänglich dabei sättigen konnten, auch noch nebenher aufs Stehlen. Dieses letztere trieben sie seit vielen Jahren her, so recht handwerksmäßig, und erlaubten sich dabei die allerabscheulichsten Grausamkeiten.

Was nun Hannikel als Dieb anbelangt, so war er keiner von denen, die beim Glufenknopf* anfangen und zuletzt ganze Stumpen Geld und was sie sonst noch erwischen können, wegschleppen. Gleich beim ersten Raub packte er auf seine Schultern, was er konnte, und lief mit demselben davon. Er brachte es auch in kurzer Zeit so weit, daß ihm keine Wand zu hoch, keine Mauer zu dick und kein Schloß zu fest war, das er nicht hätte erbrechen, übersteigen und durchstoßen können. Es stand gar nicht lange an, so war ihm alles willkommen.

Gold, Silber, Kleinodien, Kleider, Hausmobilien aller Art.

Er wußte auch schon, wo er seine feine Waren wieder abstoßen konnte. Nicht alle Diebstähle, die Hannikel beging, wurden beim Verhör erhoben. Um allzugroßen Weitläufigkeiten auszuweichen, untersuchte man nur diejenigen, deren er sich seit zwanzig Jahren schuldig gemacht hatte. Sie waren auch schon hinlänglich, um an ihm den größten Bösewicht kennenzulernen. Ich erzähle hier einige seiner Diebstähle in der Reihe, in welcher sie bei der Inquisition† vorgekommen sind.

Unter den Ländern, welche Hannikel durchstreifte, war auch das Herzogtum Württemberg. Er kannte sehr viele Ortschaften darin, und besonders den Flek-

* Stecknadel

† Untersuchung

ken Eltingen im Leonberger Amt. Lange hatte er seinen Anschlag auf des dortigen Pfarrers Haus gemacht und schon mehrmals das Absehen genommen, wo er wohl am schicklichsten zukommen könnte. Er entdeckte sein Vorhaben seinen Spießgesellen, dem Wenzel, Hummele, Descherte, Baderle, Lienhard und Bastardi, und verlangte von ihnen, daß sie mit ihm gemeinschaftliche Sache machen möchten. Diese, schon gewohnt, Hannikel auf den ersten Wink zu folgen, willigten sogleich in seinen bösen Rat. Sie marschierten daher in der Nacht zum 26. bis zum 27. Jänner vorigen Jahrs Eltingen zu. Die beiden Weibsleute, die sie bei sich hatten, ließen sie in dem Weilerstädter Wald zurück.

Es war zwischen zwölf und ein Uhr, als die Diebe das Dorf erreichten. Der gute Pfarrer Israel Gottlieb Knoderer lag mit seiner Gattin ruhig in dem ersten Schlaf, ohne daß er Unrat gemerkt und etwas Böses vermutet hätte. Die Diebe trugen zwei zusammengebundene Leitern herbei und legten sie an dem Kammerfenster seines Hauses an. Hannikel schlich zuerst an derselben hinauf, löste, wie er es auch sonst zu machen gewohnt war, mit seinem Sackmesser eine Fensterscheibe aus, schob mit der rechten Hand durch dieselbe den Riegel zurück und stieg, da er nirgends einen Lärm hörte, auf den Kammerboden. Descherte folgte ihm sogleich hinten nach.

Ein voller, halboffener Kleiderkasten fiel ihnen zuerst in die Augen. Sie plünderten denselben nicht nur rein aus, sondern streiften auch noch neben herum zusammen, was sie konnten, warfen es den unten an der Leiter gestandenen Diebskameraden zu und eilten sodann mit ihnen in den Weilerstädter Wald zurück, wo sie ihren Raub unter sich verteilten.

Gewehr hatten die Diebe diesmalen keines bei sich, sondern waren bloß zur Notwehr mit Prügeln versehen.

Der Schaden, der durch diesen Raub dem Pfarrer an Manns- und Frauenkleidern, Tuch etc. zugefügt wurde, belief sich auf 254 fl. 48 fr.

Weit beträchtlicher war derjenige Diebstahl, welchen Hannikel mit seinem Bruder Wenzel und zwanzig anderer seiner Diebskameraden, die mit Ausnahme des deutschen Leonhards alle Zigeuner waren, an dem Juden Bähr Moises, zu Dettweiler vor ungefähr elf Jahren, auf die gewaltsamste Weise verübten. Hannikel war hierbei wie gewöhnlich der Anführer. Der Gottlose schwärzte sein Gesicht mit Kohlen, stieß durch Beihilfe einer an des Juden Haus angelegten Leiter mit einem Prügel das Fenster ein, begab sich durch dasselbe mit dem Fontin und neun anderen Zigeunern in die Stube des Juden, riß mit diesen den Juden und dessen Weib unbarmherzig aus dem Bett, band sie an Händen und Füßen mit Stricken und schlug sie, alles Winselns und aller erbärmlichen Krümmungen unerachtet, so lange auf den bloßen Leib, bis sie sagten, wo sie ihr Geld und Kostbarkeiten aufbewahrt hätten.

Hiermit begnügten sich aber die Bösewichte noch lange nicht, sondern sie setzten den Juden auch noch nackend auf die verbrochnen Fensterscheiben, und als er ihrer Meinung nach immer noch nicht genug hergeben wollte, so brannten sie ihm mit einer Holzfackel auch noch die Fußsohlen aus und mißhandelten ihn überhaupt so barbarisch, daß er nach einem Schreiben von dem Oberamt zu Elsaß-Zabern am 15. September vorigen Jahrs, vierzehn Tage hernach, vermutlich an diesem unmenschlichen Traktament* gestorben.

Solange Hannikel, Fontin und Hellele den Juden auf diese Art mißhandelten, plünderten die anderen dessen Kramladen, brachen Kisten und Kästen mit Äxten auf, nahmen alles, was sie an Geld, Silber und Gold auch an Kleidern und Leinwand fanden, heraus und packten es in ihre Säcke.

Als sie nun das ganze Haus des Juden geleert hatten, zogen sie in der Ordnung zu zwei und zwei, wie sie hermarschiert waren, wieder ab und zum Flekken hinaus.

Jeder von diesen Zigeunern führte bei diesem Einbruch eine Pistole und Flinte, die entweder mit Kugeln oder Posten geladen waren, und beim Hinmarsch rief Hannikel und ein anderer den Leuten, die aus ihren Fenstern sahen, ganz ernsthaft zu: sie seien sämtlich von der Französischen Garde und haben vom König Befehl, den Juden abzuholen und nach Straßburg zu liefern, weil er verbotene Ware geführt habe. Es solle sich auch niemand unterstehen, sich ihnen zu widersetzen, sonst werden sie den ersten, der sich nur rühre, sogleich totschießen.

Auch brauchte Hannikel noch weiter die Vorsicht, daß er nicht nur das Wachhaus besetzen und die darin befindlichen vier Wächter unter Bedrohung des Niederschießens, wenn sie sich rühren würden, verwahren ließ, sondern er schlug auch noch vor dem Angriff in das Schloß an der Kirchtür ein Stück Holz, damit man solche nicht öffnen und Sturm schlagen könne.

Bei dem Abmarsch wollten die Inwohner des Orts diese Diebsbande verfolgen.

Letztere feuerten aber ihr Schießgewehr auf jene ab, so daß wirklich zwei Bauern verwundet wurden, da dem einen die Kugel in dem oberen Leib zwischen Haut und Fleisch steckenblieb, der andere aber an dem Arm verletzt war.

Hannikel mußte auch bekennen, einen dieser Bauern geschossen zu haben, da nur er und Dodelo ihr Gewehr mit Kugeln, die übrigen aber alle solche mit Schrot geladen hatten.

Der auf diese Art unmenschlich mißhandelte und bestohlene Jude Bähr Moises zu Dettweiler und dessen drei Söhne haben diesen verübten Diebstahl auf 5000 fl. ästimiert†, über welchen Anschlag die Inquisiten auch nichts Erhebliches vorzubringen gewußt haben.

Zu Ingwiler im Hanau-Lichtenbergischen beging Hannikel in der Nacht vom 8. auf den 9. Christmonat im Jahr 1771 mit seinem Bruder Wenzel und 24 anderen Zigeunern und Bauern einen auf gleiche Weise mit Gewalttätigkeiten und Mißhandlungen verknüpften Einbruch und Diebstahl. Es galt dem dortigen Juden Löwel Levi. Hannikel war abermals Anführer. Die Geschichte davon, so wie er sie selbst erzählt, ist folgende.

---

* Behandlung

† geschätzt

Der reiche Löwel Levi gab einem Betteljuden ein sehr geringes Almosen. Dieser beschwerte sich darüber bei einem gewissen Taugenmacher in Wengen. Seine Unzufriedenheit über den reichen Juden ging so weit, daß er wünschte, daß derselbe bestohlen werden und um alle seine Habe kommen möchte.

Der Taugenmacher, auch aufgebracht über den Ingwiler Juden, erzählte solches Hannikel und versprach ihm nicht nur zugleich seine treue Dienstleistung, wenn er einen Einbruch bei demselben versuchen würde, sondern versicherte ihm auch zu eben dieser Absicht, den dortigen Nachtwächter auf die Seite zu bringen.

Anträge von der Art waren Hannikel immer sehr willkommen. Er machte daher sogleich Anstalt, zog die erforderliche Mannschaft zusammen, und nach kurzen Verabredungen begaben sie sich in der bestimmten Nacht nach Ingwiler. Der dienstfertige Nachtwächter und der getreue Taugenmacher warteten ihrer schon lange. Sie hatten auch bereits für sie eine Leiter an die Stadtmauer angeschlagen. An dieser kletterten die Diebe hinauf, zogen solche nach sich, befestigten sie an der anderen Seite der Mauer auf weit heraufragenden Staffeln, und so kamen sie auf eine sehr leichte Art in die Stadt.

Der Nachtwächter ging voran und zeigte ihnen des Juden Haus, befahl ihnen aber, daß sie erst alsdann in dasselbe einbrechen sollten, wenn er am oberen Tor blasen werde. Kaum hatte dieser Bösewicht sein Signal gegeben, so rissen ihrer zwei mit den Händen den Fensterladen auf und schlugen mit der von dem Nachtwächter erhaltenen Axt das Fenster ein.

Durch dasselbe stieg sodann Hannikel mit noch fünf anderen in die Stube, die übrigen zwanzig hingegen hielten mit geladenen Flinten und Pistolen die Wache um das Haus herum.

Hannikel riß, sobald er in die Stube kam, den Juden an den Haaren aus dem Bett und versetzte demselben mit einem zwei Finger breiten und armlangen Stemmeisen einen starken Streich oben auf den Kopf, so daß er darüber zu Boden sank. Des Juden Frau, die bei diesem unerwarteten Auftritt außer aller Fassung kam und tief unter die Decke gekrochen war, wurde ebenfalls an den Haaren aus dem Bett gezogen, in die Stube hingeworfen, mit Schüren hart gebunden und sodann nebst ihrem Mann auf den bloßen Leib erbärmlich geschlagen.

Der gottlose Hannikel überließ die weitere Mißhandlung seinen Kameraden und brach nun mit einem seiner Gehilfen die in einer Kammer gestandenen zwei Koffer und einen Kasten mit der Axt auf und drückte alles, was er darin fand, in seine weiten Schnappsäcke. Nachdem sie sich schwer genug beladen hatten, zogen sie endlich wieder ab, nahmen denselben Weg zurück, den sie hergekommen waren, und verteilten sodann ihren Raub unter sich in dem sogenannten Bärental. Ihre Diebsbeute bestand in vieler Gold- und Silbermünze, Silbergeschirr und Ringen, auch einem grautuchenen Rockelor* und einem Manschettenhemd. Denen, die während dieses Diebstahls am Hause Wache ge-

* bunte Jacke

halten, befahl Hannikel, daß sie diejenige, die etwa dem Juden zu Hilfe kommen wollten, zurückweisen und bedrohen sollten, sie totzuschießen, würden sie aber Gewalt anlegen, so sollten sie wirklich mit ihren mit Schrot geladenen Pistolen auf sie Feuer geben. Allein sie fanden nirgends Widerstand. Die Bauern bezeugten vielmehr Freude an der Mißhandlung des Juden und riefen ihnen bei dem Angriff des Hauses zu, sie sollen nur nicht vergessen, dem Juden seine Handschriften zu verbrennen. Es seien daher viele seiner Schuldverschreibungen von ihnen teils zerrissen, teils verbrannt worden. Der beraubte Jude Löwel Levi schätzte den durch diesen Diebstahl erlittenen großen Verlust eidlich auf 10.000 Gulden.

Einer der größten Diebstähle, deren sich Hannikel schuldig gemacht, ist auch der zu Marienthal, in der Gräflich-Württembergischen Herrschaft.

Zigeuner und Gauner haben bekanntlich immer ihre Leute an sich, die ihnen nicht nur bei ihren bösen Streichen an die Hand gehen und für sie spionieren, sondern ihnen auch ihre gestohlene Ware abhandeln oder verschließen helfen. Dies war auch hier der Fall. Ein Harzbrenner von Matzenberg bei Grünstadt verriet Hannikeln und Fontin den Marienthaler Schutz-Juden Liebmann Levi als einen sehr reichen Mann, und diese Bösewichte wurden hierauf gleich miteinander eins, denselben zu berauben.

Hannikel und Wenzel sammelten zu diesem Ende die rüstigsten aus ihrer Rotte zusammen und marschierten mit ihnen in der Nacht vom 6. auf den 7. April 1777 wirklich nach Marienthal und auf des Juden Haus los. Nachdem bereits einige von denen, die vorangegangen waren, die Seile an den Glocken abgeschnitten hatten, um dadurch das Sturmläuten zu verhindern, rissen Hannikel und ein anderer Zigeuner einen Fensterladen an demselben auf und schlugen mit einem Beil ohne weitere Umstände das Fenster ein.

Nun stieg Hannikel mit acht seiner Kameraden in die Stube. Sie liefen zuerst dem Bett zu und rissen den vor Schrecken halb toten Juden und dessen Weib an den Haaren aus demselben.

Hannikel, der Barbar, versetzte dem geängstigten Hebräer mit einem daumendicken Prügel mehrere Streiche auf den Kopf, warf ihn zu Boden und überließ ihn sodann den anderen zum Binden und Plagen. Er hingegen schnürte der ledigen Tochter des Juden Hände und Füße zusammen und warf sie in einen Lehnsessel.

Nun packte er die gebundene zitternde Jüdin wieder bei den Haaren, riß und schleppte sie an denselben unbarmherzig auf die Bühne, gab ihr daselbst derbe Streiche, wovon jeder eine Schwühle* zurückließ, auf den bloßen Hintern und wollte sie dadurch bewegen, daß sie die 1000 Dukaten, welche er nach der Ansage des Harzbrenners bei ihr vermutete, herausgeben sollte. Inzwischen erbrachen die übrigen mit einer Axt Kisten und Kästen, nahmen alles Geld, Gold, Silber, Manns- und Weibskleider, Bett, Leinwand, Meß-, Zinn- und Kupferge-

* Strieme

schirr, so sie darinnen antrafen, heraus und packten es in ihre Säcke. Als nun die Jüdin jene 1000 Dukaten nicht hergab, weil sie solche nicht im Besitz hatte, so trieben diese Gottlosen ihre Unmenschlichkeit so weit, daß sie derselben von einer bei sich gehabten Pechfackel heiße Tropfen auf den Kopf fallen ließen. Der beschädigte Jude hat zwar diesen Umstand wie den ganzen Diebstahl mit einem wirklichen Eid bestärkt; Hannikel wollte aber denselben nicht bekennen, sondern behauptete, sie haben keine Pechfackel gehabt und es seien der Jüdin nur von ungefähr Kohlen und Funken von ihrer Holzfackel auf den Kopf gefallen, die ihr die Haare verbrannt haben. Allein selbst Wenzel widerlegte diesfalls seinen lügenhaften Bruder und überwies ihn ins Angesicht, daß sie es ja unterwegs einander erzählt und er es mit eigenen Ohren gehört habe, sie hätten der Jüdin mit Vorsatz Feuer auf den Kopf fallen lassen, damit sie sagen solle, wo die 1000 Dukaten verwahrt seien. Auch bei diesem Einbruch war Hannikel Anführer und ließ sich von seinen Kameraden zur Abschreckung derer, die dem Juden zu Hilfe kommen wollten, bald Obrist, bald Hauptmann nennen. Er gab diesen auch vor dem Angriff scharfen Befehl, ihre Flinten und Pistolen mit Schrot zu laden und solche auf jeden, der sich ihnen widersetzen wolle, sogleich abzudrücken. Deswegen sie auch, sobald sich nur ein Bürger an dem Fenster sehen lassen, aus ihrem Gewehr Feuer gaben. Die beherzten Bauern schossen auch, und es gab auf beiden Seiten Verwundete. Hannikel brauchte hierbei den weiteren Kniff, daß er nicht nur selbst und durch andere zu erkennen gab, sie seien französische Soldaten und wollen den Juden abholen, weil derselbe gestohlene Sachen gekauft habe, sondern er rief auch noch beim Abmarschieren, rechts und links über die Schultern hinschnaubend: »20 raus, 40 raus, 50 raus«, wodurch er die Bauern vom Nachsetzen abbringen und sie bereden wollte, es seien wirklich ihrer so viele. Aus dem vielen Silber, welches die Diebe bei diesem Diebstahl bekamen, ließen sie durch einen Schnallenmacher zu Rothalben Federntaler schlagen. Hannikel will aber nichts damit zu tun gehabt haben, erhielt aber doch auch sieben Stück davon, die er hie und da in den Wirtshäusern ausgegeben. Diesen beträchtlichen Diebstahl gab der beraubte Schutz-Jud Liebmann Levi auf 2400 Gulden eidlich an, und Hannikel konnte nichts dagegen einwenden.

Unter allen Diebstählen, welche Hannikel in seinem Leben begangen hatte, zeichnet sich um seiner äußerst traurigen, jeden Menschenfreund tief in der Seele schmerzenden Folgen willen, der Mittelbronner ganz besonders aus. Die Umstände dabei sind folgende: Ein französischer Wildbretschütz hinterbrachte es Hannikel, daß sich zu Mittelbronn, einem nach Pfalzburg gehörigen Ort, ein sehr reicher Jude befinde. Sogleich eilte der Raubbegierige unter dem Vorwand des Aufspielens, welches er damals trieb, in des Juden Haus, um sich von der Wahrheit dieser Aussage durch den Augenschein zu überzeugen. Er fand die Sache richtig, berief voll Freuden eine Anzahl Zigeuner und vollzog wirklich in der Nacht des 24. Septembers 1768 den mit ihnen verabredeten gewaltsamen Einbruch und Diebstahl. Hannikel ging nämlich mit seinen Spießgesellen von Anweiler, wo sie sich alle versammelt hatten, nach Mittelbronn. Er begleitete sie zuerst vor des reichen Juden Cerf Moses Hirsch Haus, verfügte sich in der Geschwindigkeit zur Kirche, nagelte die Türen derselben zu, ordnete sodann mit dem Dodelo die Wachen um das Haus herum und befahl ihnen, daß sie niemand in dasselbe hineinlassen, sondern jeden, der mit Gewalt zudringen wollte, sogleich niederschießen sollten. Der Jäger des Orts, der mit einigen Bauern diesen Gewalttätigkeiten Einhalt tun wollte, schoß wirklich unter das Diebsgesindel hinein und verwundete Dodelo an der Hand, worauf dieser seine Flinte auch auf ihn drückte, jedoch ohne ihn zu beschädigen. Um nun die aufgebrachten und mit ihrem Geschütz herbeigelaufenen Bauern abzutreiben, riefen ihnen Hannikel und Dodelo aus vollem Halse zu: Sie seien ein Pfalzburgisches Kommando und müssen den Juden, weil er Contrebande* führe, nach Pfalzburg abholen. Die feigen Bauern ließen sich durch diese erdichtete Nachricht wirklich auch abschrecken, traten zurück, ließen den Juden ungestört plündern und die Diebe mit ihrer Beute, ohne sie weiter zu verfolgen, ruhig abziehen. Der Jude, sein Weib und seine Magd wurden von den Bösewichtern gebunden und durch Schläge sehr mißhandelt, ihre Kisten und weitere Behältnisse mit der Axt aufgehauen und aus denselben alles, was sie von Geld, Gold und Silber, Manns- und Frauenkleidern, auch Bettüberzügen antrafen, in ihre Säcke gepackt.

Hannikel gibt zwar vor, daß er während diesem so beträchtlichen Diebstahl, der sich auf 18333 fl. belief, bloß Wache gestanden sei, hingegen versichert sein leiblicher Bruder Wenzel, daß er auch alles übrige dabei mitgemacht habe.

Dieser Diebstahl hatte nun außer dem, was bereits davon angeführt worden, die traurigsten Folgen. Der sehr beleidigte Jude Moses Hirsch machte bei der Obrigkeit zu Pfalzburg von seinem erlittenen großen Diebstahl sogleich die gehörige Anzeige und gab entweder durch Vorurteil geblendet oder durch allzu große Angst und überspannte Phantasie getäuscht oder durch die Nacht betrogen oder aus unverzeihlicher Bosheit und Rachsucht an, daß sieben Bürger aus dem kleinen nur aus drei Häusern bestehenden und in das Pfalzburger Amt gehörige Ort Lüzelburg mit unter den frevelhaften Tätern gewesen und daß solche namentlich der Michel Fix, Wilhelm Braun, Matteis Erret, Johann Kaspar Becker, Ulrich Becker, Joseph Siegler und Ludwig Siegler seien. Nicht nur seine ganze Familie und Magd, sondern auch alle Juden, die in seinem Hause wohnten, bekräftigten die Wahrheit dieser Aussage. Die sieben peinlich angeklagten Bürger wurden darauf eingezogen, in Ketten und Banden gelegt und in den Gefängnissen zu Pfalzburg wohl verwahrt. Man verhörte sie über das sie bezüchtigte große Verbrechen, sie bezeugten aber freimütig und unerschrocken, daß sie keinen Teil daran hätten, sondern ganz unschuldig seien. Man konfrontierte sie mit den Anklägern. Diese behaupteten mit frecher Stirne, daß sie die Mitschuldigen seien, sie aber beriefen sich immer auf ihre Unschuld. Man legte sie auf die schreckliche Folter, sie überstanden die peinliche Marter und blieben unerschüttert in der Behauptung ihrer guten Sache. Diesem ungeachtet wurden die

* Schmuggelware

Beschuldigungen der Juden für überzeugend gehalten und von dem Justizrat zu Pfalzburg die übereilte sehr harte Sentenz gefällt, daß vier von diesen angeklagten Bürgern zum Strang, die drei anderen hingegen zur ewigen Galeerenstrafe verurteilt werden sollen, welche dann auch wirklich von dem Parlament zu Metz bestätigt, und am 17. Hornung* 1769 vollzogen wurde.

Weil nun Hannikel und Wenzel in dem Verhör über den von ihnen verübten und eingestandenen Mittelbronner Einbruch und Diebstahl jener sieben Bürger als der nach einem Schreiben aus Pfalzburg angegebenen Mitschuldigen und bereits auf das bloße Angeben der Juden unverantwortlich Verurteilten mit keiner Silbe gedacht und solche allem Ansehen nach ganz unschuldig justifiziert† worden, so fand man durch Veranlassen des im Ludwigsburger Zuchthaus befindlichen Gauners Schinder-Peterlens für nötig, Hannikel und seinen Bruder, den Wenzel, über diesen schauervollen Vorgang noch einmal zu vernehmen. Er wurde zu diesem Ende am 13. Jänner dieses Jahres abermals vorgefordert und nach den ernstlichsten und beweglichsten Erinnerungen, die Wahrheit anzugeben, in Gegenwart der erforderlichen Urkundspersonen über folgendes befragt.

Frage: Er solle noch einmal alle diejenigen Bösewichte genau angeben, welche den auf 30000 bis 40000 Pfund ästimierten abscheulichen Raub in dem Hause der Juden Zerf Moises und Salomon Zerf, zu Mittelbronn den 24. September 1768, mit ihm und dem Wenzel vollziehen halfen.

Antwort: Er wolle alle genau angeben, weil ihm diese noch wohl bekannt seien:

Er, Inquisit‡, als Kommandeur von der Wacht. Sein Bruder, der Wenzel, Hellele oder Christoph, Fontin, welcher zu Zweibrücken auf der Schanz, Sternenfelser, Lodi, Wieser, der zu Mannheim im Zuchthaus sitze. Lettauer, dessen Sohn auch im Zuchthaus zu Mannheim sei. Morelen, Baderlen, Dodelo, welcher vom Jäger im Ort in die Hand geschossen worden. Clemens, der zu Eiferstal von den Husaren erschossen worden. Rozer, des hier verhaften Dulis Bruder, Domeker, Ranschekor, Mannoch, der zu Eiferstal von den Husaren, und Ernst, der zu Steinbach erschossen worden. Angali, ein französischer Zigeuner.

Leonhard, mit dem Baderle zu Hohentwiel auf der Festung befindlich. Edlauer, Fendlauer, oder der kleine Lauratti, der im Zuchthaus zu Mannheim sei. Redensko, der auf dem Lindenberger Hof erschossen worden.

Der kleine Buchewiz oder Peter, Misander, welcher zu Eiferstal erschossen worden. Pauli, ein Sohn vom Fudelbatsch, Hulderhaß, ein Bruder vom Fontin und Hellele. Loschenski, ein Vetter vom kleinen Lauratti, und der Taugen-Henerle, welcher auf der Frohnmühle gehaust und der einzige Deutsche unter ihnen gewesen. Dieser sei als ein Wildschütz öfters zu den Zigeunern in den Wald gekommen und habe ihnen erzählt, daß es so einen reichen Juden in Mit-

* Februar

† verurteilt

‡ Befragter

telbronn gebe, und dadurch veranlaßt, daß die Zigeuner auf den Juden losgegangen.

Der Henerle habe den Wirt zu Altstat totschlagen helfen und sei vor zirka fünfzehn Jahren zu Ingwiler gerädert worden.

Frage: Welche von ihnen in des Juden Haus hineingekommen und die Juden mit all ihren Leuten erbärmlich geschlagen, gemartert und gebunden?

Antwort: Von den zehn Zigeunern, welche in des Juden Haus hineingekommen, wisse er nur noch den Fontin, Hellele, Sternenfelser, Buchewiz, Lauratti, Ernst und Clemens. Dieser und die drei ersten seien von den Hauptleuten unter ihnen gewesen und werden auch des Juden Leute am meisten gequält und gemartert haben. Er habe mit dem Dodelo die Wache kommandiert und wisse eigentlich nicht, wie es in des Juden Haus hergegangen.

Frage: Ob ihm oder seinen Kameraden der Wilhelm Braun, Mattheis Erret, Michel Fix und Johann Kaspar Becker, sodann Joseph Siegler, Ludwig Siegler und Ulrich Becker von Lüzelburg aus den drei Häusern nicht auch bekannt gewesen und mit den Zigeunern Diebstähle begangen haben?

Antwort: Nein! Von diesen Leuten wisse er gar nichts, sie seien auch niemals zu ihnen gekommen.

Frage: Von diesen sieben Personen seien die vier ersteren als Mitschuldige von dem Mittelbronner Diebstahl den 17. Februar 1769 zu Metz wirklich gehenkt und die drei letzteren zur lebenslänglichen Galeerenstrafe verurteilt worden. Ob jene also unschuldig gehenkt worden und diese unschuldig auf die Galeere gekommen?

Antwort (Heftig, als ob die schon längst erstickt geschienenen Gefühle der Menschheit auf einmal in seiner starren Seele wieder lebendig wurden): O daß Gott erbarm! Gibt es auch Leute, die solche abscheuliche Ungerechtigkeiten an Menschen begehen können? Sind jene wegen dem Mittelbronner Diebstahl gehenkt worden, so hat man sie unschuldig ums Leben gebracht, und die Juden, welche hieran schuld sind, werden vor dem Richterstuhl Gottes ihren Lohn dafür kriegen.

Noch nie habe er gehört, daß man Menschen ohne ihr Geständnis richten lassen, und werde wohl ein solches Beispiel rar sein. Sollten die drei auf der Galeere noch leben, so möchte man sie doch sogleich loslassen, weil sie in achtzehn Jahren genug unschuldig gelitten und während dieser Zeit manchen Seufzer zu Gott in den Himmel um ihrer großen Unschuld willen geschickt haben werden.

Dies sind Hannikels eigene Worte. Mit gleicher Rührung bestätigten solche auch Wenzel und Peter Vetter, vulgo Schinder-Peterle, der ehemals auch zur Bande hielt, jetzt aber im Ludwigsburger Zuchthaus für seine bösen Taten büßt.

Sie bezeugten auch noch weiter, daß obige sieben Männer niemals auch nur die entfernteste Bekanntschaft mit Zigeunern gehabt haben.

Es ist also ganz klar erwiesen, daß man diesen armen Leuten Gewalt und Unrecht getan habe.

Was nun aber diese unglücklichen höchst bedauerungswürdigem Schlachtopfer einer allzu strengen Justiz betrifft, so wird jeder Menschenfreund dringendst gebeten, wegen denen, die allenfalls noch darunter am Leben sein möchten, ernstlichste Nachfrage zu halten, damit man es ihnen zu ihrem Trost und Beruhigung sagen könnte, daß ihre so sehr gekränkte Unschuld sichtbar gerettet worden sei.

Die weiteren Diebstähle, welche Hannikel im Verhör eingestanden, berühre ich, um den Leser nicht zu ermüden, nur ganz kurz.

Zu Strueth bei Lüzelstein half er im Mai 1777 mit seinen beiden Brüdern und zwölf anderen Kameraden, den Juden Süßkind Kaan bei Nacht bestehlen, große Grausamkeiten an ihm und seiner ganzen Familie ausüben und ihm einen Schaden von 1070 fl. 40 kr. zufügen.

Zu Ibenhausen, Baron von Liebensteinischer Herrschaft, brach er im Juni 1784 dem dortigen Schreiber Albrecht ein und entwendete ihm an Geld und Geldswert von 167 fl. 37 kr.

Zu Zaberfeld galt's auf gleiche Weise dem dortigen Schutz-Juden Salomon Jakob mit 66 fl. 28 kr.

Zu Hechingen dem Juden Moises Bernheim mit 339 fl.

Zu Plüderhausen, Schorndorfer Oberamts, dem Bauern Friedrich Kommel 83 fl. 57 kr.

Eben daselbst der Witwe Katharina Biedlingmaierin 22 fl. 12 kr.

Zu Nenweiler, Calwer Oberamts, fünf Bürgern zugleich 51 fl.

Zu Aufhausen, Gräflich Balderischer Herrschaft, dem dortigen Juden Löw 27 fl. 49 kr.

Zu St. Christophstal bei Freudenstadt dem Walker Jeremias Weikhardt 86 fl.

Zu Herzogweiler aus einem Waschzuber vor 4 fl. 56 kr.

Zu Untermusbach der Witwe Magdalena Hartmännin 28 fl. 36 kr.

Zu Connweiler, Neuenburger Oberamts, dem Bauer Andreas Faut 55 fl.

Zu Schielberg, Frauenalber Amts, der Witwe Agnes Reichertin 23 fl. 1 kr.

Eben daselbst der Witwe Anna Maria Siegwartin 2 fl. 10 kr. (...)

Am 29. Oktober 1783 brachen Hannikel, Bruder, Belliani und Calmani zu Calw in der dortigen Walk* ein und entwendeten an verschiedenen Tuchsorten für 83 fl. 42 kr.

Der dortige Walker, Jakob Friedrich Walter, verlor seinen Dienst darüber; der Argwohn fiel auf seine eigenen Söhne, und man verurteilte ihn zum Schadenersatz. Wie sehr muß es diesen an seiner Ehre so gewaltig angetasteten Mann freuen, daß seine Unschuld so überzeugend an den Tag kam.

Hannikels Anteil an diesem Diebstahl ist ihm durch Herrn Oberamtmann Schäfer in Sulz und durch die Beihilfe des Obervogtamts zu Weidenburg mit 25 fl. 20 kr. wieder zu Handen geschafft worden.

Vor vierzehn Jahren bestürmte Hannikel mit 21 Kameraden zu Blißbrücken, nach Zweibrücken gehörig, das Haus des dortigen Juden Abraham Kahns und raubte demselben nach ausgeübten vielen Grausamkeiten nicht nur 800 fl. an barem Geld, sondern auch 2120 fl. an verschiedenen Pretiosen, so daß der ganze Diebstahl 2920 fl. ausmachte.

Überhaupt aber belaufen sich Hannikels eingestandene Diebstähle, die er an Produkten aller Art, an Geld, Gold, Silber, Kleinodien, Kleider, Weißzeug, Tuch, Fleisch, Brot, Käse, Bienen, Schafen, Gänsen und dergleichen beging, nach pflichtgemäßer Berechnung auf die große Summe von: 41614 fl.4 kr.

* Gerberei

Und es ist sehr leicht zu vermuten, daß dies kaum der dritte Teil von all demjenigen ist, dessen sich der verderbliche Elende in seinem Leben schuldig gemacht hat.

Inzwischen erkennt man schon hieraus den großen Bösewicht zur Genüge und kann sehr leicht den Schluß auf die vielen Kränkungen und den enormen Schaden machen, den derselbe so viele Jahre hindurch von so mancher Seite her dem Publikum zufügte.

Er suchte Wollust darin, sich in dem sauern Schweiß seiner Mitmenschen zu baden, und lachte frech, wenn Witwen und Waisen über ihn seufzten; und wenn er durch seine Teufelslarven und barbarischen Traktamente die Leute dergestalt abängstigen und mißhandeln konnte, daß sie noch im Leben zum Skelett wurden und hinwankten zum frühen Grabe.

Doch ist dasjenige, was von Hannikels gottlosen Taten hier steht, noch lange nicht das ärgste. Frevelhafter noch und schauervoller ist der Mord, womit er und seine Gehilfen ihre bereits schon angeschwärzten Seelen vollends dick mit Pech überzogen. Die tragische Geschichte davon ist folgende:

Unter den Herzoglich Württembergischen Grenadiers à Cheval* befand sich ein junger rüstiger, gutaussehender Mann von etlich und 30 Jahren. Sein Name war Christoph Pfister. Er war in voriger Zeit nicht nur mit den Zigeunern bekannt, sondern hatte auch ihre Lebensart erwählt und getrieben und nachher von ihnen den Gesellschaftsnamen Toni bekommen.

Die Reinhardtische Familie blieb ihm nicht fremd. Er ging bei derselben ein und aus. Einmal geschah es, daß er sich in die Mantua sterblich verliebte. Diese Mantua war von Geburt eine Zigeunerin, des auf Lebenslang zu Hohentwiel auf der Festung sitzenden Erzbösewichts, Leonhardts, leibliche Tochter, Wenzels Beischläferin und also Hannikels Schwägerin.

Er entdeckte ihr seine Neigung und machte ihr Vorschläge zur Entführung. Sie willigte sogleich in seinen Rat, verließ ihren bisherigen Beihalter und drei Kinder ohne Bedenken und war von nun an Tonis Gefährtin.

Dieser Vorgang war nun freilich für den Wenzel keine Posse. Viele Jahre hatte er mit Mantua hingelebt, Kinder mit ihr gezeugt und sie durch ihr schlaues einträgliches Wahrsagen und sonstige Diebereien sehr tauglich in seinen Kram gefunden.

Da sie sich nun auf einmal heimlich von ihm entfernte und ihm ihre drei Kinder treulos sitzenließ, so wurde er dermaßen aufgebracht, daß er mit auf den Boden stampfenden Füßen und geballten Fäusten dem Toni Rache drohte. Er ging in seiner Wut so weit, daß er ihm den Tod schwur und noch obendrein glaubte, er habe nach den Zigeunergesetzen ein Recht dazu.

Seit dieser Zeit waren Wenzel und Toni immer Todfeinde. Hannikel und die übrigen vom Komplott bestärkten jenen in seinem Vorsatz. Toni erfuhr solches und ging seinen Gegnern aus dem Weg, wo er konnte. Er versah sich auch so-

* berittene Grenadiere

gleich mit einer Pistole und Seitengewehr, um sich ihnen im nötigen Fall zur Gegenwehr stellen zu können.

Sechseinhalb Jahre liefen vorbei, und es blieb immer bei den leeren Drohungen, ohne daß dem Toni ein Haar gekrümmt worden wäre.

Mittlerweile entleidete ihm das Zigeunerleben, er verließ solches und erwählte sich den Soldatenstand. In den letzten anderthalb Jahren war er Grenadier à Cheval bei Württemberg, und man war sehr wohl mit seinen Diensten zufrieden.

Je und je bekam er Urlaub, und alsdann ging er mit seiner Mantua aufs Land und hatte mit ihr Porzellan feil.

Auf einem solchen Marsch traf sichs einmal unversehens, daß er und Hannikels Stieftocher, Ursula Geßlauerin, eine einundzwanzigjährige muntere Dirne, auf freiem Feld zusammenkamen. Ob es bloß Leichtsinn war, daß er sich mit ihr allzu genau bekannt machte, oder ob er glaubte, sich dadurch mit ihren Anverwandten wieder auszusöhnen, läßt sich nicht so geradezu bestimmen. Wenigstens erreichte er diese Absicht nicht. Die Ursel schien sich zwar an ihn zu hängen und lief nachher manchmal einen halben, oft einen ganzen Tag mit ihm, es war aber bloße Verstellung.

Nun geschah es, daß sie einmal miteinander auf dem Gaisbühlhof bei Reutlingen Herberge nahmen. Sie vertrieben sich die Zeit durch Zoten und Schwelgereien. Beim Weggehen verabredeten sie sich zu einer neuen Zusammenkunft am nahen Viehhäuslein auf den folgenden Tag gegen die Abenddämmerung hin. Toni gab der Ursel Wegweisung, wo sie sich mittlerweile hinbegeben und aufhalten solle. Allein kaum waren sie einander aus den Augen, so lief sie mit schnellen Schritten ihren Leuten zu, deren sie etliche zu Untersulz, die anderen aber zu Holz-Görlingen gelassen hatte.

Sie kam zuerst nach Untersulz und traf daselbst den Wenzel, Postel und Duli mit ihren Weibern und der Großmutter, der alten Geißin, an. Und woher dann so schnell, sagten diese zu ihr, du hast dich ja ganz aus dem Atem gelaufen? Ich komme soeben vom Gaisbühlhof, erwiderte sie, habe daselbst den Toni gesprochen und auf morgen abend wieder eine Zusammenkunft beim dortigen Viehhäuslein verabredet, (sich zu den Mannsleuten hinwendend): »Eine erwünschte Gelegenheit für euch, da könnt ihr ihn haben, wann ihr wollt, und Schufte seid ihr alle, wenn ihr ihn diesmal nicht packt.« Diese Nachricht, die ihnen die Ursel mit fröhlichen Gebärden und lachender Stimme gab, machte in ihren Herzen nicht wenig Eindruck und Freude. Doch getrauten sie sich nicht, die Sache auf ihre eigene Faust auszuführen. Chef Hannikel sollte für sie entscheiden. Spornstreichs eilten sie zu ihm nach Holz-Görlingen, um seine Meinung einzuholen. Kaum hatten sie ihre Sachen bei ihm angebracht, so war schon resolviert*, von dieser guten Gelegenheit Gebrauch zu machen und dem Toni den schon längst gedrohten empfindlichen Streich zu versetzen. »Eilt, Brüder«, rief

* beschlossen

Hannikel, »ich und Nottele begleiten euch! Lassen wir diesmal den Vogel aus der Hand, so kriegen wir ihn so bald nicht wieder.«

Sogleich steckte sie ihre Gewehre zu sich und machten sich marschfertig. Unterwegs beratschlagten sie sich lange, was sie auch mit dem verratenen Toni anfangen wollten. Einige votierten* aufs Arm- und Beinentzweischlagen; Hannikel hingegen erklärte sich fürs Nasenabschneiden und Flügel-vom-leib-hauen. Alle aber waren darin miteinander einig, daß sie ihn, wenn er die Flucht ergreifen sollte, niederschießen wollten.

Duli und Wenzel wechselten jetzt auch ihre Gewehre. Duli gab dem Wenzel seinen Hirschfänger und dieser dem Duli seinen Terzerol†. Ein jeder unter ihnen schnitt sich auch noch einen dicken Prügel in dem Wald.

Ausgerüstet mit diesen mörderischen Waffen, rannten sie dem Ort entgegen, der ihnen zur Abkühlung ihrer Wut der tauglichste schien.

Der unglückliche Abend kam herbei, die blutige Szene sollte eröffnet werden.

Es war am 4. April vorigen Jahres zwischen sechs und sieben Uhr. Schon hatte sich die graue Dämmerung über die ganze Gegend hergezogen. Die Mordsüchtigen erreichten noch vor dem Toni das Viehhäuslein am Gaisbühlhof. Die Weibsleute, die sie bei sich hatten, ließen sie im Wald zurück. Nur die Ursel wurde von ihnen beordert voran und dem Toni eine kurze Strecke entgegen zu gehen.

Hannikel, Wenzel und Nottele rutschten auf dem Bauch hinter das Häuslein hin, um, wenn der Verratene schon da sein sollte, nicht von ihm bemerkt zu werden.

Duli, Postel und Bastardi nahmen ihren Weg seitwärts, um ihn in die Mitte zu bekommen.

Noch war der Unglückliche nicht angekommen, aber in weniger als einer halben Viertelstunde lief er mit ernster Miene und ganz langsamen Schritten den Fußweg herauf.

Die Ursel bewillkommte ihn mit einer erzwungenen Freundlichkeit. Toni hingegen erwiderte solche mit einem finsteren Gesicht und bitteren Vorwürfen, weil sie ihm nicht einen weitern Weg entgegengegangen war.

Noch ehe sie sich hierüber wieder vereinigt hatten, unterbrach sie Tonis Hund, der seine Ohren spitzte, mit den vorderen Füßen immer in die Höhe hüpfte und gewaltig zu bellen anfing.

In diesem Augenblick kam der Getäuschte aus seiner wollüstigen Betäubung zu sich und fing an, ein nahes Unglück zu wittern. Furcht und Schrecken bemeisterten sich seiner Seele. Er fragte die Ursel, sich rechts und links ängstlich umsehend, was das zu bedeuten hätte und ob jemand in der Nähe sei? »Wer wird wohl auch da sein, lieber Toni«, antwortete sie, »du hast nichts zu besorgen.« Sie lockte den Hund und suchte ihn wieder ruhig und sicher zu machen.

---

* schlugen vor

† Pistolenart

Während diesem kurzen Gespräch waren Hannikel, Wenzel und Nottele diesen beiden auf allen vieren entgegengekrochen. Und nun, da sie glaubten, daß ihnen Toni nicht mehr entkommen werde, sprangen sie vom Boden auf und pfeilschnell auf ihn zu.

Kaum hatte ihn Hannikel erreicht, als er seinen Terzerol auf ihn abdrückte. Allein weder dieser noch des Tonis Pistole, womit er Hannikels Bewillkommnung in der Geschwindigkeit erwidern wollte, gingen los.

Jetzt wollte sich der arme Toni mit der Flucht retten. Allein wie der schüchterne Has, wenn ihm viele gut abgerichtete Hunde nachsetzen, aller seiner Seitensprünge unerachtet doch endlich eingeholt und überrumpelt wird, so ging's auch hier dem Entflohenen. Ehe er sichs versah, war Duli hinter ihm. Auch dieser hätte ihm durch einen Terzerol-Schuß auf immer Halt gemacht, wenn ihm sein Gewehr nicht versagt hätte. Er warf es daher unwillig auf die Seite, packte den Toni mit den Klauen eines Löwen beim Haarzopf und wollte ihn zu Boden reißen. Vielleicht hätte er ihn nicht übermannt, aber Hannikel, der nun auch herbeigeeilt war, gab dem Hilflosen mit einem beinahe armdicken Prügel einen zerschmetternden Streich vorn auf den Kopf, daß er halb ohnmächtig niedersank.

Noch einmal glückte es ihm, in die Höhe zu kommen. Jetzt versetzte ihm aber Duli aufs neue mit einem stuhlfußdicken Prügel zwei sehr harte Streiche auf die Rückwand des Kopfes, von welchen solcher einen zwei Zoll langen sehr tiefen Sprung bekam und der Bedaurungswürdige kraftlos hinter sich auf die Erde fiel. Das Entsetzen hatte ihm die Sprache genommen. Er war unfähig, um Hilfe zu rufen, nur lange Seufzer zitterten seine enge Kehle herauf.

Kaum lag er auf dem Boden, als der dicke Hannikel mit dem einen Fuß über ihn hinüberstieg, sich mit all seiner Schwere unbeholfen auf ihn hinsetzte, grimmig, wie die Rachsucht selbst seine Hände hielt und nun mit der Stimme eines Teufels ausrief: »Hund! Entkomme, wenn du kannst! Also, ihr Kameraden, ein jeder unter euch versuche sein Heil!«

Wenzel, schon hierzu parat, holte mit seinem Hirschfänger weit aus und versetzte dem Ohnmächtigen drei unbarmherzige Hiebe über den Kopf, wodurch er ihm das Stirnbein an zwei verschiedenen Orten voneinander gehauen hatte.

Der so sehr mißhandelte Toni wußte sich, übermannt von seinen Feinden und durchdrungen von den peinlichsten Schmerzen, nicht anders zu helfen, als daß er seine linke Hand, die ihm Hannikel wieder losließ, über die Stirn hielt. Allein Wenzel, der Barbar, brachte ihm auch an derselben einen solchen schweren Hieb bei, daß durch denselben die Nerven ganz entzwei geschnitten wurden, so wie ihm eben derselbe auch den Kaumauskel, wahrscheinlich zu gleicher Zeit, gespalten hatte.

Hannikel, der noch immer auf dem Toni saß oder lag, hatte sich durch all dasjenige, was bisher Grausames an ihm verübt worden, so gar nicht rühren lassen, daß er sich vielmehr an seinem blutigen Anblick weidete. Er hielt es für Schande, der menschlichste unter den Unmenschen zu sein. Er griff daher in die

Tasche, zog sein Schnappmesser hervor, um seinen längst schon gefaßten satanischen Vorsatz zu vollziehen, und schnitt dem bereits schon so hart mitgenommenen und gepeinigten Toni die Nase samt deren halben Rückwand und die ganze Oberlippe hinweg.

Auch der Bösewicht Nottelen wollte zeigen, daß er nicht minder Unempfindlichkeit habe, denn er schlug dem Verratenen nicht nur das vordere Schienbein, sondern auch das Wadenbein und also den linken Fuß mit einem Prügel unterhalb rund ab, während dem daß Bastardi ihm Streiche mit einem Stecken gab, und Dieterlen, der zwölfjährige erzböse Bube des Hannikels, gleich darauf einen Hut voll Wasser, vermutlich aus einer nahen Mistpfütze, ihm über seine Wunden hinuntergoß, welches ihm, wie Toni nachgehends selbst noch sagte, die allerpeinlichsten Schmerzen verursachte.

Noch würde das schauervolle Schauspiel nicht geendigt worden sein, hätte nicht Wenzel seinen Stock über den Gemarterten hingehalten und ernstliche Vorschläge zum Frieden gemacht. Die ruchlosen Mörder liefen nun auseinander.

Duli und Wenzel begaben sich mit noch einigen auf den Gaisbühlhof, wo sich die Mantua auch befand, ohne zu wissen, was sich in der Nähe mit ihrem Mann zugetragen habe.

Hannikel verweilte noch eine Zeitlang mit den übrigen beim verunglückten Toni. Noch soll ihm dieser seine Hand zittern hinaufgestreckt, mit seinen blutigen Augen erbärmlich angeblickt und aus seinem halben Munde mit lallender, aber doch noch, wie Hannikel selbst sagte, vernehmlicher Stimme um Verzeihung gebeten haben. Allein der Verstockte, anstatt sich solches nahegehen und Merkmale der Reue und der Versöhnlichkeit von sich blicken zu lassen, gab ihm noch etliche Rippenstöße mit den Füßen und lief auch davon.

In dieser erbärmlichen Lage blieb der verstümmelte Toni, ohne sich von der Stelle wegwälzen zu können, auf dem nassen und kalten Boden liegen, verblutete sich und fing an, mit dem Atem zu ringen. Die Nacht war jetzt völlig eingebrochen und keine Seele in der Nähe, die sein klägliches Gewinsel gehört hätte und ihm zu Hilfe gekommen wäre. Er wollte sich etlichemal aufrichten, aber der linke Fuß war nicht mehr vom Platz zu bringen, und die abgeschlagene linke Hand versagte ihm auch ihren Dienst, er konnte sich nicht mehr mit derselben aufsteipern*. Er sank also in bleierner Ermattung wieder auf sein hartes Lager hin. Da seine Lebensgeister durch den starken Abgang des Blutes sehr geschwächt wurden, so wußte er lange nichts mehr von sich, bis der nach Mitternacht gefallene starke Reif tief in seine Wunden einbiß und ihn zum neuen Gefühl namenloser Schmerzen aus seiner Betäubung weckte.

Erst morgens um fünf Uhr fand man ihn und brachte ihn auf den benachbarten Gaisbühlhof. Noch war er am Leben, war sich gegenwärtig, konnte seine Mörder mit Namen nennen und von seinen Umständen Nachricht geben.

---

* aufrichten

Man machte sogleich bei einem Löbl. Magistrat in Reutlingen die erforderliche Anzeige von diesem tragischen Vorfall. Der sterbende Toni sollte auf dessen Befehl nach Reutlingen transportiert werden. Man legte ihn zwar noch lebend auf den Karren, allein seine Schmerzen nahmen zusehends überhand, eine Todesschwäche folgte der andern, und er fing an zu röcheln. Ehe man noch die Tore der Stadt mit ihm erreichte, es war nachmittags um drei Uhr, sank sein Kopf hinter sich auf die rechte Schulter, und – er verschied.

Die Ärzte besichtigten nachgehends seine Wunden. Sie entdeckten außer den oben beschriebenen noch mehrere. Auch waren die meisten Finger und der rechte Fuß verletzt. Bei der Abnahme der Hirnschale fand man das harte und weichere Hirnhäutlein, auf welches die Hiebe hineindrangen, so wie auch das kristallene Häutlein im Auge tödlich entzündet, welches sehr wahrscheinlich die allerheftigsten Schmerzen erwecken und das unvermeidliche Lebensende des Verunglückten nach sich ziehen mußte.

Tonis erbärmliches Schicksal war also entschieden. Aber jetzt sollte seiner Mörder das ihrige sich auch entwickeln. Sie fingen an, unstet und flüchtig zu werden. Das Bild des Entleibten schwebte ihnen in seiner abgeschundenen Gestalt vor den Augen, und der Gedanke, daß sie verraten werden könnten, bettete sie auf Dornen. Es reute sie nicht sowohl die Tat selbst, als vielmehr ihre Unvorsichtigkeit, daß sie den Ermordeten nicht aus dem Wege geräumt und in eine Grube verscharrt hätten. Einige schlichen bei Nacht und Nebel aus dem Land hinaus der Schweiz zu, und die anderen versprachen dahin nachzukommen. Sie rissen auch die Mantua mit Gewalt mit sich fort, ohne ihr etwas von ihrem Verfahren mit ihrem Mann zu entdecken. Schon donnerte Gottes Rache von Ferne hinter ihnen her.

Da Toni seine Mörder noch alle mit Namen angeben konnte, so wurden solche sogleich von einem Löbl. Magistrat in Reutlingen durch Steckbriefe allenthalben bekannt gemacht; und bald stand die an dem Herzoglichen Grenadier à Cheval Pfister verübte unerhörte Grausamkeit in allen öffentlichen Blättern und war das einzige Gespräch in den Schenken und auf der Gasse.

Inzwischen war hierbei niemand aufmerksamer als Herr Oberamtmann Schäfer in Sulz.

Während seiner ganzen siebenjährigen Amtsführung war überhaupt die Ausrottung und Abtreibung des dem Publikum an Leib, Leben und Gütern so schädlichen Gauner-, Zigeuner- und anderen Diebsgesindels mit dem besten Erfolg einer der vorzüglichsten Gegenstände seiner Bemühungen, wovon er nicht nur das ihm anvertraute Oberamt, sondern vielmehr die Ruhe und Sicherheit des ganzen Landes zum Augenmerk hatte. Er wandte deswegen auch jetzt alles an, um diese verruchte Mörderbande auszukundschaften und ihrer habhaft zu werden.

Es fand sich hierzu ein halbgebahnter Weg. Ein benachbarter braver Mann sagte ihm, daß sich der Zigeuner Matthes Reinhardt und sein Bruder Hans Jörg, denen ihre bisherige schlechte Lebensart entleidet zu sein scheine, hätten verlauten lassen, daß, wenn man ihnen den benötigten Unterhalt für die Zukunft geben würde, sie die ihnen wohlbekannten Missetäter gewiß ausspionieren und für deren Arrestierung beinahe gutsprechen wollten.

Herr Oberamtmann Schäfer machte hierüber die untertänigste Anfrage bei der höchsten Behörde und erhielt Befehl, von diesem Vorschlag Gebrauch und mit Matthes und Hans Jörg sogleich einige Versuche zu machen.

Diese beiden Zigeuner waren, nachdem man ihnen hinlängliche Belohnung versprochen hatte, ihrer gegebenen Parole getreu. Der erstere schickte nicht nur etliche von seinen Leuten zur Aufsuchung der Mörder über den Rhein, sondern führte auch acht Tage darauf den vom 17. auf den 18. Mai vorigen Jahres in der Gegend von Nagold veranstalteten Streif selbst an, wobei in einem Wald nahe bei Ebershardt durch dessen Beihilfe die Frankenhanßen Käther, Hannikels Beischläferin mit ihren Töchtern, Ursula, Marianne, Legarde und Justine, Postels Weib, nächtlicher Weile aufgehoben, nach Nagold gebracht, sodann aber auf höchsten Bescheid zur Inquisition nach Sulz ausgeliefert wurden.

Herr Oberamtmann Schäfer veranstaltete nachgehends noch mehrere Streife. Er hatte Leute bei sich von ausgezeichneter Herzhaftigkeit. Im Notfall würde immer ein Mann vor drei gestanden sein. Es glückte ihm auch mit denselben, in der Gegend von Hohenstaufen, 27 Personen einzufangen, welche dem Oberamt Göppingen übergeben wurden.

Als er nun im Begriff war, noch mehrere Versuche von der Art vorzunehmen, erhielt er von dem Kriminaltribunal, D. Bawier zu Chur in Graubünden, drei Zuschriften nacheinander, worin ihm derselbe nicht nur Nachricht gab, daß am 3. August vorigen Jahres eine sehr verdächtige Zigeunerbande zu Zizers in Verhaft genommen worden, sondern auch, daß sich unter denselben vier von den Mördern des Grenadier à Cheval Pfisters wirklich befänden und daß man erbötig sei, solche auf Verlangen an Württemberg auszuliefern.

Her Oberamtmann Schäfer machte bei der höchsten Behörde ungesäumt die untertänigste Anzeige hiervon. Das freiwillige Anerbieten des Tribunals wurde gnädigst angenommen und die höchste Order dahin erteilt, daß er sich mit der erforderlichen Mannschaft schleunigst nach Chur begeben, die Mörderbande daselbst übernehmen und sie wohlverwahrt nach Sulz liefern solle, damit die Rechte der heiligen Justiz an ihr vollzogen werden möchten.

Nun hatte es aber mir der Handfestmachung dieser Bösewichte folgende Bewandtnis:

Der in vieler Hinsicht große und verehrungswürdige Reichsgraf von Sasis aus Zizers begab sich am 3. August vorigen Jahres mit dem Junker Ammann von Zoost, einem anderen Javalier und seinem Jäger in die mit vielem Gebüsch bewachsene Au, gegen der Vazerbrücke zu, unweit dem alten Schloß Neuenburg auf die Jagd, welche immer eine seiner angenehmsten Erholungen war. Er bemerkte auf einer mit allerlei Gesträuch bewachsenen Anhöhe, einen dicken Rauch, welches ihn vermuten ließ, daß sich daselbst ein Haufe liederlicher Leute gelagert haben werde. Sogleich postierte er seine drei Gefährten, jeden an einem besonderen Ort um die Anhöhe herum und stieg sodann ganz leise mit ihnen hinauf. Alle vier kamen unversehens miteinander vor das Feuer hin, und siehe da, um dasselbe saß Hannikel mit all seinen Leuten ganz nachlässig herum.

Der beherzte Graf wurde sehr aufmerksam. Es deuchte ihn, dies könnte die berüchtigte Mörderbande sein. Sogleich sagte er zu den übrigen auf französisch, daß sie sich auf alle Fälle zum Streit rüsten sollten.

Jetzt tat er verschiedene Fragen an Hannikel. Die erste betraf seine an dem Baum hängende Flinte. Womit ist diese geladen, versetzte er. Mit Vogeldunst, war Hannikels trotzige Antwort. Ich bin ein gelernter Jäger, schieße mir je und je einen kleinen Braten aus der Luft herunter, und das ist ja nichts Unerlaubtes.

Der Graf befahl seinem Jäger, den Schuß auszuziehen, um sich durch den Augenschein hiervon zu überzeugen. Allein statt des Vogeldunstes fand dieser sechzehn starke Fuchsposten*, welches dem Grafen die Leute aufs neue verdächtig machen mußte. Er gab ihnen deswegen nicht mehr lange gute Worte, sondern rief ihnen mit rascher Stimme zu: »Also, ihr Kerls, plötzlich aufgepackt und voran marschiert! oder« – Hannikel sah grimmig wie ein erzürnter Bär hinter sich und sagte dem Grafen ganz brutal ins Gesicht: »Wir haben niemand beleidigt und also auch nicht nötig aufzupacken, sondern bleiben hier in dem Wald.« Jetzt rückte der Graf mit seiner Doppelflinte hervor und drohte, wenn sie nicht augenblicklich aufstehen und seinem Wink folgen würden, so würden sie alle niedergeschossen.

Das machte Eindruck. Sie stellten sich nunmehr vor, daß derjenige, der so ernsthaft mit ihnen spreche, kein gemeiner Jäger sein müsse. Da sie nun vollends die übrigen drei ihre Hähne auch spannen sahen, so entfiel ihnen der Mut – sie ergaben sich gutwillig und marschierten Fuß vor Fuß vor den drei Cavaliers und dem Jäger her.

An der Vazerbrücke wollte Geuder durchgehen. Da aber der Ammann von Joost schon auf derselben postiert war und mit der Flinte am Backen ihm zurief: »Wenn du nicht auf der Stelle stehenbleibst, schieße ich dich über den Haufen«, so machte er von selbst wiederum Halt. Nach einer kurzen Pause kamen nicht nur die übrigen herzu, sondern es näherten sich auch die von Joost herbeigerufenen Bauern, welche das Gesindel in Empfang nahmen und anfänglich nach Zizers, bald darauf aber nach Chur abführten.

Hannikel und seine Gefährten verhielten sich im Gefängnis ganz ruhig. Sie hofften, bald wieder entlassen zu werden, und glaubten, eine Tracht Schläge werde, nach altem Herkommen, ohne alles weitere ihre ganze Strafe sein.

Sobald man ihnen aber im Verhör Fragen von Sulz vorlegte, da kroch's ihnen auf einmal brühheiß den Rücken hinauf, und der Ermordete stand in seiner ganzen Lebensgröße wieder vor ihnen.

Hannikel versuchte auch wirklich in der folgenden Nacht auszubrechen und

---

* Patronen

mit dem in seinem Gefängnis verwahrten zentnerschweren Torturstein das eiserne Kreuz an der Öffnung hinauszuschlagen. Aber die Wache hörte den Lärm, machte Anzeige; und die Folge war, daß der Unruhige in den Block gesetzt wurde.

Hätten die Bösewichter freilich vermutet, daß die Sache eine so ernsthafte Wendung für sie nehmen würde, sie hätten sich bei ihrer Gefangennehmung, nach Hannikels eigener Erklärung, bis aufs Blut gewehrt, und es hätte zwischen ihnen und ihren Gegnern, die nur aus wenigen bestanden, ein schreckliches Blutbad absetzen können.

Inzwischen gereicht diese beherzte wirklich große Tat dem rechtschaffenen, patriotischen Grafen von Salis zum unsterblichen Ruhm, welcher ihm nach erhaltenen Nachrichten nicht nur in der Schweiz, in Italien und Tirol, sondern auch in ganz Württemberg bereits schon allgemein zuerkannt worden.

Mittlerweile nun, es war am 24. August vorigen Jahres, trat Herr Oberamtmann Schäfer seine Reise nach Chur an. Ein stattliches Kommando lauter rüstiger Männer, unter welchen der Kundschafter Hans Jörg Reinhardt auch war, begleitete ihn. Auch folgten ihm zwei Wagen nach.

Unterhaltend und wirklich interessant würde dem geneigten Leser eine umständliche Beschreibung dieser allerdings wichtigen Reise sein. Da aber die ohnehin schon über meinen Plan angewachsene Bogenzahl dieser Geschichte noch weiter dadurch ausgedehnt würde, so berühre ich nur dasjenige aus derselben, was eigentlich in meinen Zweck hineingehört.

Elf Tage dauerte diese Reise von Sulz bis nach Chur. So beschwerlich und gefahrvoll dieselbe auch war, so wurde sie dennoch dem Herrn Oberamtmann durch die vielen und großen Ehrenbezeugungen, die ihm durch die ganze Schweiz allenthalben erwiesen worden, nicht nur um sehr vieles erleichtert, sondern hier und da recht angenehm gemacht.

Schon das menschenfreundliche und sehr höfliche Betragen des verehrungswürdigen und berühmten von Maienburg, Bürgermeister in Schaffhausen, öffnete ihm gleich bei seinem Eintritt in die Schweiz die heiterste Situation durchs ganze Land und die besondere Achtung, mit welcher ihm der verdienstvolle Geheimrat und Bürgermeister Kilchsperger in Zürich, der Fürstl. St. Gallische Pfalzrat und Stadt Amman Gschwend zu Altstetten in Oberrheintal, ganz vorzüglich aber der nunmehrige Herzogl. Württembergische Kammerherr Lands-Hauptmann und Stadtvogt der Herrschaft Maienfeld, auch dermalige Commissarius über die Grafschaft Cleven Baron Guggelberg von Moos zu Salenegg; der Bundespräsident Baron von Salis nebst ihren vortrefflichen Familien, der edle Reichsgraf von Salis aus Zizers und der hohe Kriminaltribunal selbst, auch der rasche Pfleger Matthis begegneten, beweisen, daß er sich nicht getäuscht hatte.

Am folgenden Tag nach seiner Ankunft in Chur begleitete ihn der Sekretär Abiss auf hohen Befehl, vormittags um neun Uhr auf das Rathaus, wo sich der gesamte Tribunal bereits versammelt hatte.

Nach wechselseitigen verbindlichen Komplimenten hielt der Kriminalpräsident und Stadtvogt von Chur D. Bawier eine Rede über die Gegenstände ihrer Zusammenkunft, worauf Schäfer kurz und bündig antwortete und sodann nach zehn Uhr einen nach dem anderen von den Verhafteten vor sich kommen ließ und verschiedene Fragen an sie tat.

Alle sechzehn gaben bei diesem Verhör zuerst ihre Namen falsch an. Da aber der Kundschafter, Hans Jörg Reinhardt, der sie alle genau kannte, vor sie hintrat und jedem mit fröhlichen Gebärden sagte, wer er sei, so leugnete keiner seinen Zigeunernamen mehr. Bis endlich die Reihe an Hannikeln kam. Dieser wollte durchaus nicht Hannikel sein. »Ich heiße«, sagte er frech hin, »Kilian Schmid und führe sonst keinen anderen Namen.« Man überzeugte ihn mit Gründen, und er blieb doch bei seiner Angabe. Man rief den Kundschafter herbei, und unerachtet ihn dieser mit sehr bedeutender Miene ansah, ihn Hannikel nannte und an manche ehemaligen Verhältnisse erinnerte, blieb er doch ungerührt und wollte den Reinhardt in seinem Leben nicht gesehen und noch viel weniger gekannt haben. Das machte jenen ganz aufgebracht. Mit vieler Bitterkeit griff er an seine Nase, sah Hannikeln unter die Augen und sagte mit schreiender Stimme: »Weißt du nicht, schwarzer Dieb, was du dem Toni bei Reutlingen – du bist noch so unverschämt, alles zu leugnen – du Bösewicht, du Teufel, gehe in dich und rette deine Seele, denn hier gilt kein Lügen mehr!« Dies war aber alles in den Wind geredet, der Verstockte blieb hartnäckig dabei, daß er der Kilian Schmid, ein gelernter Jäger, sei und weiter keinen Landnamen führe. Zum Überfluß ließ man seine beiden Brüder Geuder und Wenzel noch einmal herbeirufen. Man wies mit dem Finger auf den frechen Leugner hin und fragte sie, wer er sei. Ohne sich lange zu besinnen, sagten sie: »Dies ist Hannikel, unser Bruder.«

Jetzt hätte man sich doch gewiß nicht mehr träumen lassen sollen, daß er seinen Namen noch weiter verheimlichen würde, und doch tat er es und blieb zum Erstaunen aller Anwesenden unabänderlich darauf, er heiße nicht Hannikel, sondern Kilian Schmid. Man ließ ihn endlich abführen und befahl den Gerichtsdienern, ihn wieder sorgfältig in den Block zu setzen.

Nachmittags um halb zwei Uhr hörte das Verhör auf. Und nun beschäftigten sich die Herren Richter in Chur mit der Berechnung der Arrestierungs- und Verpflegungskosten der Verhaften. Der Belauf wurde Herrn Oberamtmann erst am 5., abends spät, von dem Sekretär vorgelegt und von demselben sogleich berichtigt.

Die Abreise war auf den folgenden Tag festgesetzt. Morgens um vier Uhr sollten die Gefangenen schon auf die Wagen geschlossen sein und der Abzug angehen.

Aber nun denke man sich das Erstaunen, als die beiden Wächter, Reinhard und Hulzinger an dem Schlafzimmer des Herrn Oberamtmanns nachts um zwei Uhr anpochten und aus vollem Halse schrien: »Hannikel ist ausgebrochen, keine Seele weiß, wo er hin ist!«

Herr Oberamtmann glaubte Schlafwanderer vor seiner Tür zu hören. Hannikels Ausbruch schien ihm schlechterdings unmöglich. Denn er hatte ihn den Tag zuvor nicht nur selbst an Hals, Händen und Füßen fester im Block anschließen lassen, sondern auch noch überdies aus besonderer Sorgfalt eine Wache für die ganze Nacht bezahlt.

Allen diese unerwartete Nachricht war nur allzu erwiesen und die Bestürzung des an der allgemeinen Sicherheit so sehr interessierten Herrn Oberamtmanns über allen Ausdruck.

Er nahm seine erste Zuflucht zu dem edeln und rechtchaffenen Bundespräsidenten, Baron von Salis, der ihn den Tag zuvor mit anderen großen Gästen kostbar zu Mittag bewirtet hatte, und bat sich seinen Rat aus. Von Salis, ebenfalls betreten über diesen unerwarteten Vorfall, hielt davor, ma sollte die Sache sogleich dem Stadtvogt Bawier zu wissen machen und ihn bitten, es zu veranstalten, daß der Bösewicht durch Streife und Steckbriefe allenthalben schleunigst verfolgt würde. Dies geschah, und es wurden 20 Louisdor auf Hannikels Kopf gesetzt.

Alles kam in Chur in Bewegung. Vorzüglich aber machte sich der sehr rasche Wirt, Pfleger Matthis, um Hannikels Wiederhabhaftwerdung sehr verdient. Herr Oberamtmann ersuchte ihn, und dieser wackere, von Einfangung der Banditen her alle nur erdenkliche Wege auf den Alpen kundige Mann, bot seine beiden Hände, und mit ihm waren zugleich mehrere Bürger, über Hannikels Entweichung aufgebracht, zum Streifen parat. Eine sonst in ähnlichen Fällen in einem demokratischen Staat seltene Erscheinung.

Noch vor vier Uhr schwang sich der gefällige Pfleger Matthis auf sein Pferd, kommandierte eine starke Mannschaft, postierte solche auf alle Straßen hin, die der Entflohene allenfalls beschleichen konnte, durchspähte selbst alle möglichen Schlupfwinkel und gab auch dem Grafen von Salis sogleich Nachricht von dem ganzen Vorgang.

Herr Oberamtmann war selbst etliche Stunden unter den Suchenden und kletterte an den nahen Bergen der Stadt mit anderen herum.

Nach seiner Zurückkunft besuchte ihn der Baron von Salis, und bald darauf verfügte er sich zu dem versammelten Kriminaltribunal aufs Rathaus, bezeugte sein Mißvergnügen über die unachtsamen und treulosen Stadtknechte, welche Hannikel durchgeholfen hatten, und prätendierte* eine Zurückgabe an den bereits auch für den Entwichenen bezahlten Unkosten. Die Sache fand anfänglich Schwierigkeiten. Endlich wurden hundert Reichstaler an der Rechnung abgeschrieben.

Jetzt ließ Schäfer die gesamten Arrestanten in sein Quartier bringen, denn es schien nicht ganz ratsam zu sein, sie noch eine Nacht in ihren bisherigen Gefängnissen zu lassen.

Der Abend kam herbei, und es kehrte eine Partie Streifer nach der anderen ohne Hannikeln nach Haus zurück. Pfleger Matthis, den man am begierigsten

---

* forderte

erwartete, traf erst nachts um sieben Uhr wieder ein. Er war ganz entkräftet und beinahe halb tot, denn er hatte seit Tagesanbruch nichts als eine kleine Portion Milch, und sein fast zu Schanden gerittenes Pferd nur ein wenig Alpengras zu sich genommen.

Nur zwei Stunden von Chur kam er auf die Spur des Hannikels, konnte ihn aber selbst nicht mehr einholen und machte deswegen allenthalben auf den Alpen herum Anstalten, daß drei Tage nacheinander die Wege besetzt, auf den Flüchtling genau gefahndet und alles angewandt werden solle, damit er ja nicht über die Grenzen käme.

Matthis machte übrigens Herrn Oberamtmann gute Hoffnung, daß der Graf von Salis Hannikel gewiß noch auftreiben werde.

Dieser vor Menschenruhe und Menschenglück auch selbst mit Lebensgefahr alles wagende, durchaus edelgesinnte Reichsgraf wurde äußerst bestürzt, als ihm Pfleger Matthis Hannikels Ausbruch hinterbrachte, und die rechtschaffene Majorin von Salis wurde vor Schrecken und Angst wegen dem Leben ihres Schwagers wirklich von einem Fieber überfallen.

Der Graf erholte sich sogleich wieder, ließ unverweilt durch die Sturmglocke 80 Mann zusammenrufen und begab sich mit ihnen und seinen Jägern so schnell als möglich auf das Gebirge, welches Hannikel, nach den Gerüchten, betreten hatte.

Auf diesen Gebirgen verteilte der Graf seine Leute in das Gebüsch, so viel es nur sein konnte; er selbst aber durchstreifte mit seinem Jäger bis in die späte Nacht hinein alle Haupt- und Nebenwege, welche sonst verdächtige Leute zu durchwandern pflegen.

Seine große Ermattung rief ihn nach Haus. Hingegen ließ er seine Bauern zurück, wies seinem Jäger und ihnen die verdächtigen Plätze an, auf welchen sie Wache zu halten hatten, und befahl ihnen bei harter Leibesstrafe, daß sie nicht von ihrem Posten weichen, mit Tagesanbruch die Streife fortsetzen und nicht nachlassen sollten, bis sie auf die Spur gekommen und Hannikeln wieder eingefangen hätten.

Während diesem unausgesetzten Nachsuchen irrte Hannikel auf den großen Alpen herum, schlug sich Sargans zu, um in das Walliser oder Klarerland zu kommen und auf diese Weise dem Streif ganz zu entgehen. Zum Glück aber fiel auf den dortigen Bergen am 6. und 7. ein tiefer Schnee, und Hannikel wagte es nicht, aus Furcht, verraten zu werden, über denselben zu gehen. Er zog sich auch wirklich eine halbe Stunde zurück, um einen anderen Weg zu suchen.

Hier geschah es, daß er unvermutet auf eine Bauernfamilie stieß, die aus zwölf bis fünfzehn Personen bestand, auf ihrer Alp geöhmdet* und sich wirklich ums Mittagessen herum gelagert hatte. Diese Leute sprachen gerade von den Churer Dieben, als Hannikel hinter sie hintrat. »Prosit, prosit«, rief er ihnen, sich auf eine Stütze vorwärts lehnend, über die Köpfe hin, »schmeckt es gut,

* Grummet, zweiter Schnitt des Grases

gibt es nicht auch noch ein paar übrige Brocken für mich?« Man winkte ihm, und er setzte sich zu ihnen in den Zirkel. Während dem Essen fragte er sie, von was sie bei seiner Ankunft gesprochen hätten. »Wir redeten«, sagten sie, »soeben von den Churer Dieben, welche heute abgeführt werden sollen. Gäb's nicht so viel zu schaffen, wir wären ihnen auch zu lieb an die Straße gelaufen.« »Ich hätte sie selbst auch gerne sehen mögen«, erwiderte Hannikel, »das müssen rechte Erzspitzbuben sein. Wenn man sie nur auch fest gepackt hat, daß sie nicht durchgehen können.« Der Schalk hatte sichs trefflich schmecken lassen und setzte sodann seinen Weg, immer in den Teppich gewickelt, den er aus dem Gefängnis mitgenommen hatte, damit man sein Kleid nicht sehen sollte, so schnell als möglich fort, um einen fremden Himmel zu suchen.

Kaum hatte er sich aber eine halbe Stunde entfernt, so sprang ein Salischer Jäger ganz außer Atem zu dem Bauern-Häuflein hin und fragte sie, ob sie nicht einen Kerl von der ihnen beschriebenen Postur gesehen hätte? »Ei ja, ei ja«, sagten sie, »vor einer halben Stunde hat eben derselbe mit uns zu Mittag gegessen und darauf seinen Weg dort hinaus hurtig weitergenommen.«

Der eifrige Jäger, der bereits in zweimal 24 Stunden wenig Ruhe genoß, spürte jetzt keine Mattigkeit mehr. Seine Kräfte wurden durch diese gute Nachricht aufs neue gestählt. Mit einem durch Mark und Bein dringenden »Also!!! Also!!!« rief er alle Bauern, die in der Gegend waren, samt ihren Knechten zusammen, und nach einer kurzen Begreiflichmachung, welchem verruchten Bösewicht ihre Tätigkeit gelte, brachte er sie hurtig in Bärenjagd-Ordnung. Seine Absicht dabei war, teils dem Flüchtling durch diese Anstalt, wenn er irgendwo liegen sollte, es nicht merken zu lassen, daß man ihn aufsuche, teils auch um ihn desto besser einschließen zu können.

Schon war man eine ganze Stunde bemüht, ohne den gewünschten Fang zu tun. Aber jetzt kam alles auf einmal in freudige Bewegung. Unversehens erblickte man ihn in einiger Entfernung. Mit einer Baumstütze in der Hand lief er, immer noch in seinen Teppich eingewickelt, über den Wasen hin. Er merkte es wirklich zuerst nicht, daß man Jagd auf ihn machte. Erst da man ihm ganz nahe kam und er sich von allen Seiten her umringt und eingeschlossen sah, gingen ihm die Augen auf.

Des Grafen Jäger, der ihn schon das erstemal einfangen half, erkannte ihn sogleich und rief den Bauern aus vollem Hals zu: »Er ist es, er ist es, der Mörder!« Und in diesem Augenblick stürzten alle wie rasend auf ihn hin.

Kaum merkte Hannikel, wo es hinaus wolle, als er die Bauern in der brutalsten Stellung, mit unglaublicher Keckheit anschnarrte: »Ist das auch Manier, so auf einen ehrlichen Mann loszugehen? Ich bin ganz unschuldig und ein gelernter Jäger, laßt mich passieren, oder ihr werdet Wunder erfahren.«

Die Bauern lachten über diese Bedrohung, und einer von ihnen, dem er mit seiner Baumstütze eines auf den Kopf versetzen wollte, schlug ihn mit seinem Prügel so hart auf die Hand, daß er die Stütze fallen ließ.

Jetzt versuchte er, sich in größter Eile mit der Flucht zu retten und seinen

Weg über einen vier und vielleicht noch mehr Kirchtürme hohen Berg hinunter zu nehmen. Aber als er eben die Spitze desselben erreicht hatte, packte ihn einer von den nachgesprungenen Bauern noch an der Kehle, und beide purzelten und purzelten aneinander angeklammert, immer einer über den anderen, über Hecken und Stauden den Berg hinunter.

Viele Leute, die am Fuße des Berges auf den Wiesen arbeiteten, als sie sahen, was über ihnen herunterrollte, liefen herzu, hielten die Walze an und machten beide voneinander los.

Zwei von ihnen führten sodann Hannikeln jeder an einem Arm fort. Einmal aber, da sie mit ihm über ein Gräblein schreiten mußten, schleuderte er die Bauern von sich weg, als ob sie ihn nie gehalten hätten. Von einer sichtbaren Angst erlöst, sprang er, so hurtig als er immer konnte, davon. Alles, was Füße hatte, rannte hinter ihm drein.

Ein Bauer holte ihn ein, fiel ihm in die Haar, und wollte ihn zu Boden reißen. Das Haar blieb ihm aber in der Hand, und weg war der Gefangene.

Inzwischen näherten sich doch die letzten Augenblicke seiner Freiheit. Seine Verfolger trieben ihn an einen sehr hohen Zaun, über welchen er hinübersetzen oder sich ergeben mußte. Er versuchte das erstere. Ein von den Bauern noch nie gesehener hoher Sprung sollte ihn retten. Der Ansatz aber war zu kurz, er blieb mit beiden Füßen im Zaun hängen.

Die Bauern, immer noch in der Hitze, ereilten ihn, ehe er sich losgemacht hatte, und hielten ihn fest. Da er sich aber auch da noch wehren wollte, schlug ihn einer von ihnen so hart auf die Nase, daß ihm auf einige Zeit Hören und Sehen verging und er ganz betäubt auf der Erde lag.

Inmittelst kamen auch des Grafen Jäger mit den übrigen Leuten herzu, banden dem Bösewicht Hände und Füße, daß er sich nicht mehr rühren konnte,und führten ihn auf einem Karren vor die Obrigkeit nach Ragaz.

Den guten Anstalten des verdienten Grafen von Salis hatte man also Hannikels neue Arrestierung zu verdanken. Inzwischen wetteiferte der vortreffliche Baron von Guggelberg mit ihm um gleichen Ruhm. Denn auch dieser ließ durch sein ansehnliches Grenadierkommando, das sich in Bauernhabit umkleiden mußte, Wälder und Felder durchstreifen und visitierte selbst die Zoll- und Rheinbrücke.

Während all dieser Veranstaltungen trat Herr Oberamtmann Schäfer mit den übrigen Verhafteten seine Rückreise nach Sulz an von den feierlichsten Versicherungen begleitet, daß man ihm Hannikeln, sobald man ihn wieder erwischen sollte, wohlverwahrt nachschicken wolle.

Der Abschied von dem menschenfreundlichen edeln Graf von Salis und Baron von Guggelberg war schön und rührend.

Als er mit seiner Bedeckung* in Vaduz ankam, besuchte er den dortigen Landvogt Gilm von Rosenegg, der ihn nicht nur sehr liebreich empfing, son-

* Begleitung

dern ihm auch sehr viel Ehre erwies. Sie hatten sich eine ganze Stunde miteinander unterhalten, als der Landvogt einen Reiter mit verhängtem Zügel auf sein Haus zu gallopieren sah. »Ah«, sagte er mit lachender Stimme, »da reitet der Postmeister von Balzers im Flug auf uns zu, ich wette, er bringt uns Nachricht von Hannikels Gefangennehmung!« Es war wirklich dem so. Der Postmeister kam an, machte weitläufige Erzählungen, daß und wie der Entwichene wieder handfest gemacht worden sei, und entfaltete dadurch die Gesichter aller Anwesenden.

Oberamtmann Schäfer schickte hierauf seinen beherzten und getreuen Amtsdiener Braun sogleich nach Sargans, wohin Hannikel gebracht wurde, mit Ketten ab, um sich über seine gute Verwahrung beruhigen zu können. Er saß aber durch die sorgfältige Veranstaltung des Landvogts von Mohr, bereits schon so feste, daß an keine weitere Flucht mehr zu denken war. Hände und Füße waren ihm gebunden, und von den vier Wächtern mußten ihn immer zwei auf beiden Seiten an einem Strick halten und zwei Männer innerhalb der Tür, ihrer viere aber außerhalb derselben die ganze Nacht hindurch die Wache versehen.

Damit man ihn nun nicht für den in Chur entsprungenen Hannikel halten sollte, gab er bei dem Verhör auf dem Schloß zu Sargans an, er heiße Johannes Lagarell und sei ein kaiserlicher Deserteur. So verschlagen war der Betrüger.

Die Umstände erforderten Herrn Oberamtmanns eigene Gegenwart in Sargans. Ungesäumt eilte er dahin zurück und fand bei seiner Ankunft die meisten Hindernisse wegen Hannikels neuer Auslieferung von dem edlen Grafen von Salis bereits schon aus dem Wege geräumt. Der Gefangene wurde ihm übergeben und dessen Abführung beschleunigt. Beim Eintritt der Sulzer Mannschaft in den Kerker kam Hannikel aus aller Fassung, Mut und Sprache entfielen ihm ganz. Denn er hatte sich beredet, man werde ihn jetzt nicht mehr ausliefern. Er wandte auch wirklich alles an, um solches zu bewerkstelligen und Aufruhr unter dem Pöbel zu erwecken, denn bei seinem Transport auf das Schloß rief er demselben im weinerlichsten Tone zu: »O ihr heilgen Schweizer, behauptet doch eure Rechte und Freiheit und erbarmet euch eines Unschuldigen, der niemand beleidigt hat. Mein Blut wird einst noch Rache über euch schreien, wenn ihr mich in fremde Hände kommen laßt, ich bin ein gelernter reisender Jäger und habe euch immer lieb gehabt.«

Allein das Volk, schon hinlänglich durch den wackeren Pfleger Matthis von seinem schwarzen Charakter unterrichtet, blieb bei seinem Geheul ungerührt. Ein hitziges Bäuerlein kam sogar zum Landvogt und fragte ihn, ob er nicht geschwind in das Gefängnis laufen, dem Schelm ohne weitere Umstände das Messer in den Leib stoßen und den Garaus machen dürfe. Der Kerl sei ja ein Mörder, und Mörder müssen umgebracht werden.

Noch hatte Hannikel die Hoffnung zur Befreiung nicht ganz aufgegeben. Auf dem ganzen Weg bis hin zum Rheinstrom nährte er sie. Oft wandte er sich zu dem, in großer Menge nachgelaufenen Volk, um zu sehen, ob sich solches nicht noch für ihn verwenden würde. Wahrscheinlich hätte er aufs neue um

Hilfe gefleht, wenn sich nicht der beherzte Gulzinger vor ihn auf den Wagen hingestellt und ihm mit drohender Miene Stillschweigen zugewunken hätte. Sobald er aber sah, daß er mit den übrigen von dem Sarganser Landwaibel und den acht Fuseliers dem Herrn Oberamtmann und seinen Leuten ganz übergeben worden, wurde er ruhig, warf sich in sein Strohlager und blieb lange in demselben ganz possierlich liegen.

Schon warteten diesseits des Rheins sechs Kreissoldaten, welche der rechtschaffene Landvogt Gilms von Rosenegg beordert hatte, auf das Sulzer Kommando, welche dasselbe durch die ungebahnten und unsicheren Wege nach Vaduz begleiten sollten und wirklich recht gute Dienste leisteten.

Jetzt muß ich doch auch noch erzählen, wie es mit Hannikels Ausbruch aus dem Gefängnis eigentlich zuging.

Es ließ sich sogleich mit Händen greifen, daß die Churer Stadtknechte, denen die Gefangenen übergeben waren, hauptsächlich schuld daran waren. Und dazu bewog sie, wie einige biedere Bürger aus der Stadt selbst bemerkten, folgender Umstand:

Sobald die Inquisition anfing, taten sich diese Leute auf ihren dabei zu hoffenden Verdienst im voraus schon recht vieles zu gut. Sie besuchten die Wirtshäuser fleißiger als sonst, machten Schulden, und alles ging auf das Konto dieser Inquisition, denn sie zweifelten keineswegs, es werde ihnen alles ohne den mindesten Abzug ausbezahlt werden, was sie nur fordern würden. Um sich von ihrer selbstgemachten hohen Taxe einige Begriffe zu machen, bemerke ich nur dies, daß der Hausmeister für die Kost, die er den sechzehn Verhafteten zu reichen hatte, täglich 17 fl. 4 kr. und die Stadtknechte bloß für das Essentragen täglich 6 fl. 24 kr. verlangten; unerachtet ihrer acht Gefangenen sich in einem Logis befanden. Nach dieser Berechnung waren auch die übrigen Forderungen eingerichtet. Doch die Vorgesetzten in Chur waren zu billig, als daß sie solche nur so obenhin gutgeheißen hätten. Sie erinnerten sich an die vielen Dienste, die der Schweiz nicht nur von Württemberg überhaupt, sondern besonders auch von dem Oberamt Sulz in Inquisitionssachen unentgeltlich erwiesen worden, und die hohen Stände vermittelten die Sache dahin, daß die von dem Kriminaltribunal selbst zu fordernde Unkosten nicht angerechnet, sondern von dem Land übernommen und die von den Gerichtsdienern vorgelegten Zettel gehörig moderiert* wurden.

Dies gefiel freilich letzteren durchaus nicht. Sogleich sannen sie auf eine Tükke, die diejenigen empfindlich genug kränken sollten die ihre Pläne vereiteln halfen. Ihr böser Anschlag gelang. Als sie dem Hannikel des Nachts zu essen brachten, schlugen sie das Schloß an seiner rechten Handschelle nicht ein, so daß es ihn nicht viel Mühe kostete, sich derselben ganz zu entledigen. Da ihm nun die Fessel an der linken Hand ohnehin zu weit war, so konnte er sie auch leicht wegstreifen. Jetzt zog er mit seinen freien Händen das in den Schließgloben gesteckte eiserne Täuglein heraus, wodurch er seinen Füßen im Block Luft

* herabgesetzt

machte, zog mit einem Klammhaken, den er im Gefängnis losgerissen hatte, das Wadenschloß an seinem Halsring auf, und auf diese Weise entledigte er sich aller seiner Bande.

Nun hatte ihm, nach seiner eigenen Aussage, einige Tage zuvor ein Mädchen von vierzehn Jahren, das ihn mit vielen anderen Leuten im Kerker sehen wollte, in das Ohr gezischt: »Da, wo ich meinen Fuß hinhalte, ist ein Windloch, durch welches du ganz gemächlich hinausschlupfen kannst.« Der Schlaue merkte sich das Plätzchen, löste mit einem in dem Turm gefundenen Stück Eisen den Quaderstein ab, stieß sodann mit demselben und einem in der Nähe gelegenen Fliesenstück den Stein hinaus und flüchtete sich durch einen etwa zwölf Schuh hohen Sprung durch die Öffnung in den unten am Gefängnis befindlichen Garten. Da er in demselben schon auf dem freien Feld war, so war es ihm leicht möglich, in kurzer Zeit sehr weit zu kommen, wie er dann auch wirklich in drei Stunden fünf derselben in aller Eile zurückgelegt hatte. Nun hätte freilich dieser Ausbruch sehr leicht entdeckt und verhindert werden können, indem er mit den Anstalten dazu vier ganze Stunden zubrachte, da aber weder der Wachtmeister noch die Stadtknechte in jener Nacht nach ihm sahen und sein Gefängnis visitierten, so war es gar kein Wunder, daß er sich unsichtbar machen konnte. Doch, sagte er, daß er nie von dieser Verwegenheit Gebrauch gemacht haben würde, wenn man es ihm nicht hinterbracht hätte, daß er am folgenden Tag nach Sulz abgeliefert werden solle und daß daselbst der schmählichste Tod durch Rädern und Vervierteilen seiner warte.

Der Transport mit den Arrestanten ging ungehindert fort, ohne daß auf dem Weg etwas Besonderes vorgefallen wäre.

In Feldkirch ließ Herr Oberamtmann dem Hannikel eine schwarze Maske von Leder machen, welche ihm vor das Gesicht gebunden wurde, weil ihm keineswegs zu trauen war. Denn in Vaduz schon erklärte er sich selbst gegen den Wächter, daß es ihm gar nicht bang zu entkommen sei und daß er innerhalb acht Tagen wieder daselbst sein wolle.

Am 18. September nachmittags um vier Uhr kam der ganze Zug unter starkem Zulauf und Anstaunen des Volkes in Sulz an. Jeder von den Mördern wurde in ein besonderes Gefängnis gebracht.

Der Anblick ihrer neuen Wohnung war ihnen schauervoll, denn sie sahen sogleich ein, daß es schlechterdings unmöglich sei, aus derselben zu entfliehen. Hannikel und Wenzel wurden auf das obere Tor, Duli hingegen auf das Brückentor gelegt.

Ich vermute selbst, daß die Sulzer Gefängnisse mit unter die festesten im ganzen Land gehören. Drei neue Türen, deren jede zehn Zoll dick und mit mehr als handbreiten, fingerdicken eisernen Bändern, dreipfündigen Kloben und einem sehr starken französischen Schloß versehen ist und die noch nebenher mit zwei sehr dicken eisernen Querstangen durch starke Schließe befestigt werden, führten den Hannikel in das für ihn bestimmte enge sehr verriegelte Blockhaus.

Nachdem sein Aufenthalt in demselben etliche Monate gedauert hatte, wurde er, um des eingebrochenen rauhen Winters willen, in ein benachbartes von allen Seiten her eben so wohl verwahrtes Behältnis gebracht. Dieses sein neues Logis, das er nachher nie wieder wechselte, ist sieben und einen halben Schuh breit, acht Schuh zwei Zoll lang und acht Schuh vier Zoll hoch. Alle vier Wände sind von innen und außen mit starken Flöcken getäfelt, über deren Fugen sehr breite eiserne Leisten angenagelt sind. Den eisernen Ofen schließt ein enges Gitter von Eichenholz, welches nach der Länge und Quere mit eisernen Stangen stark beschlagen ist, ein. An der vordern Seite gegen die Stadt hin ist ein weites Luftloch angebracht, das mit einem guten Fenster und zwei hintereinander stehenden engen, undurchdringlichen Gittern versehen ist. Ein Strohlager und ein Nachtstuhl machten die ganze Gerätschaft aus. Hier sollte Hannikel, angeschlossen an einem dicken Wandkloben, bis zur weiteren Entwicklung seines Schicksals harren. Seine Rottgesellen wurden auch wie er in ganz ähnlichen Gefängnissen verwahrt.

Ehe sie ihre Sulzer Quartiere bezogen, mußten sie sich reinigen und umkleiden. Dies war umso notwendiger, da sich in ihrer mitgebrachten grünen Montur sehr verdächtige Hausleute aufhielten. Ihr neuer Habit bestand in einem weißen Hemd, abwerkenen* Wammes und Beinkleidern und wollenen Strümpfen.

Auch mußte sie der Kleemeister† Bürk auf Befehl des Herrn Oberamtmanns sogleich am ganzen bloßen Leib besichtigen. Er fand aber außer den Spuren eines Schrotschusses auf Hannikels linkem Schulterblatt und einer Narbe von einem Kugelschuß auf dem rechten Schulterblatt des Wenzels, die sie einem Streif zu verdanken hatten, sonst kein Brandmal.

Unerachtet nun sämtliche Verhaftete in den undurchdringlichsten Behältnissen verschlossen waren, so wurden sie doch noch nebenher sorgfältig bewacht und in jeder Nacht alle Stunde von den gewöhnlichen Beiwächtern, von dem beherzten und besorglichen Amtsdiener Grauen aber noch besonders wenigstens einmal visitiert. Sie verhielten sich aber immer ruhig und versuchten niemals durchzukommen. Sooft sie ins Verhör kamen, schloß man sie an einen zentnerschweren behauenen Stein.

Bei der Inquisition selbst legte sich Hannikel lange aufs Leugnen. Sein Vorsatz war schon bei seinem Abzug von Chur, sich lieber lebendig schinden zu lassen, als etwas, besonders was Tonis Mordtat betreffe, einzugestehen, und hierzu suchte er auch seine Mitkonsorten zu bringen.

Erst alsdann, da seine eigenen Kinder, sein Weib, seine Brüder und übrigen Mitgefangenen und besonders der zur Konfrontation aus dem Ludwigsburger Zuchthaus herbeigerufene reuevolle Konstanzer Hans‡ ihn seiner Unwahrheiten ins Gesicht überwiesen und ihn mehrmals auf den Knien und unter Vergießung häufiger Tränen um sein Geständnis baten, legte er solches ab.

---

* verschlissen

† süddeutscher Ausdruck für Abdecker

‡ vgl. in diesem Band S.162 ff.

Außer des Grenadier à Cheval Pfisters Mord fielen dem Hannikel noch zwei ähnliche, nur mit minder Grausamkeit verübte Taten zur Last.

Vor sechzehn Jahren übernachtete er mit einem großen Pack seines Gesindels in einem Wald nahe bei Lüzelstein. Ganz von ungefähr überfiel sie gegen die Morgendämmerung hin ein Streif von sechs Hatschier und ungefähr zwölf Bauern. Es war eben so, daß sie alle in Arrest genommen werden sollten. Allein Hannikel und die übrigen Zigeuner fanden noch Gelegenheit sich zurückzuziehen, stellten sich sodann ins Gewehr, fielen auf ihre Verfolger ein, gaben Feuer auf Feuer und jagten ihnen wirklich ihren schon arrestierten Kameraden Mauser und ihre Weibsleute, bis auf die Mietefrau und die Hellbronn wieder ab. Bei diesem auf beiden Seiten sehr hitzigen Gefecht, wurde ein Bauer durch eine Kugel dergestalt verwundet, daß er zwar noch vom Platz gehen konnte, aber an der Tür seines nicht sehr weit vom Wald entfernten Hauses tot zu Boden fiel. Ein zweiter Bauer wurde bei eben diesem Vorfall so hart geschossen, daß er auch am neunten Tag den Geist aufgab.

Alle Umstände ließen vermuten, daß Hannikel Hauptursacher von dieser traurigen Begebenheit gewesen sei. Mehrere der Verhafteten beschuldigten ihn auch dessen geradezu. Er selbst konnte auch nicht in Abrede sein, daß er damals sein mit Kugeln geladenes Gewehr auf die Streifer abgedrückt habe; er fügte aber auch hinzu, daß seine Kameraden ein Gleiches getan hätten und daß damals alles so durcheinander gegangen sei, daß keiner mit Gewißheit dartun könne, welcher eigentlich die Bauern erschossen habe.

Da diese Behauptung sehr wahrscheinlich war und man überhaupt bei der ganzen Sache auf keinen gewissen Grund kommen konnte, so ließ man die weitere Untersuchung derselben auf sich beruhen.

Es wurde auch auf Hannikeln angegeben, daß er in einem Wald bei Dettingen einen Juden erschossen habe. Allein auch hiervon konnten keine ganz überzeugenden Beweise geführt werden.

Übrigens war Hannikel im Verhör und Gefängnis immer unerschrocken, munter und oft schnaubend. Seine Mißlage schien ihn niemals zu kränken. Als man ihn einmal fragte, ob er auch einen Geistlichen verlange, sagte er, er wolle lieber einen schwarzen Hund als einen Pfarrer sehen.

Hannikel war in seinem ganzen Leben nie krank und ist sich auch sonsten keines einzigen körperlichen Leidens bewußt.

Gefangen wurde er nur ein einziges Mal, und zwar zu Dunzdorf, allwo er mit des dortigen Schultheißen Sohn Händel bekam und zur Strafe einen Tag und eine Nacht eingesperrt, sodann aber mit einer Tracht Schläge wieder entlassen wurde.

Seit zwanzig Jahren führte er immer ein scharf geladenes Gewehr mit sich, um in jedem Fall Gebrauch davon zu machen. Bekam er an einem Tag nichts zu schießen, so zog er des Abends oder den anderen Morgen den Schuß aus seiner Flinte oder Muskete und lud frisch, um sich immer auf jeden Abdruck des Losgehens zu versichern.

Besondere Künste, die man sonsten den Zigeunern zuzuschreiben pflegt, konnte er keine. Er bezeugte, daß die heutigen Zigeuner sie nicht mehr von ihren Voreltern geerbt hätten und daß auch jene unter ihnen in vorigen Zeiten übliche unmenschliche Grausamkeit, ihre betagten Eltern und Großeltern, wenn solche nicht mehr fortkommen konnten, lebendig zu verscharren, ganz abgeschafft worden sei.

Als man ihn um die Entschuldigungsgründe seiner vielen und schweren Verbrechen fragte, so entschuldigte er sich folgendermaßen:

Zigeunerisch:

Dikeu rala rikerte man tichila tscheski.
Dsigio maskaral tschoo xindi; dela raker di man.
Weil Guno Haskumo foroloter maskaral malendi jo Hunde galasakowo honi sigiter Hakajame.
Weil daperdeman rachagar; dariasga ne dawatschi Dologooweski.
Guni buta gejom abe diboldasdi; und rikerdomgar ke Sünd daki.
Weil di schundum lender bud wei di hiena egadschi, ne leneles ke baro Gaweski.

Deutsch:

Von Jugend auf hat mich niemand zum Guten angehalten.
Ich geriet frühzeitig in böse Gesellschaft und wurde verführt.
Da ich nun der stärkste und beherzteste unter allen meinen Kameraden war, so kam nach unserer Sitte das Binden und Plagen der Leute immer zuerst an mich.
Weil man mich nun so lange nicht erwischte, so wurde ich nach und nach sicher.
Neben diesem machte ich mich ja meistens nur über die Juden, und das hielt ich für keine Sünd.
Weil ich oft von ihnen gehört, daß auch sie die Leute betrügen.

Nebenher legte er immer auch die Schuld auf diejenigen, die ihnen die gestohlnen Waren abgekauft hatten. Hätten wir, sagte er, nicht gewußt, wo und wie wir unser Geraubtes unterbringen und verschließen können, so würde das Stehlen von selbst unterblieben sein.

Hannikel bat sich gleich beim Anfang seines Verhörs in Sulz aus, daß man, noch ehe das über ihn gefällte Urteil vollzogen würde, die Gnade vor ihn haben und ihn durch einen Geistlichen mit seiner Käther kopulieren möchte, welches ihm auch willfahrt wurde.

Überhaupt aber ist die außerordentliche Anhänglichkeit und Neigung, welche Zigeuner gegeneinander haben, nicht genug zu bewundern. Wenn ihrer mehrere zur Konfrontation zusammen ins Verhör kamen, so war dies immer ihr erstes, daß sie mit offenen Armen aufeinander zuliefen, Busen an Busen, Mund auf Mund drückten und unter unzählbaren Küssen und Vermischung häufiger Tränen einander die Freude ihres Wiedersehens zu erkennen gaben. In ebendieser, für den Zuschauer wirklich rührenden Stellung nahmen sie nachher auch wieder voneinander Abschied, und es kostete oft viele Mühe, bis sie voneinander losgerissen wurden.

Wenzel,

Hannikels Stiefbruder, ist ungefähr 30 Jahre alt. Sein Taufname ist Franz. Er wurde zu Groß-Tenchen in Deutsch-Lothringen geboren und bekennt sich zu der katholischen Religion. Sein Vater, auch ein Zigeuner, stand ehmalen lange unter dem Fischerischen Freikorps. Da er frühzeitig entrissen wurde, so erzog ihn seine Mutter, die Geißin allein. Die verderblichen Grundsätze, die sie ihm nach und nach beibrachte, habe ich schon oben angeführt.

Schon in seinem siebzehnten Jahr hing er sich an eine gewisse Käther, die aber nicht länger als einen Winter bei ihm blieb. Seine zweite Beischläferin war die Mantua. Mit dieser trieb er fünfzehnJahre sein Wesen und zeugte während dieser Zeit vier Kinder mit ihr, davon aber nur noch drei am Leben sind. Ein Beweis, wie einträglich sie ihm bei seinem Gewerb war, ist auch dieses, daß sie ihm vor ungefähr acht Jahren sechs doppelte Karolin, die sie in einem Haus in Stuttgart durch Wahrsagen erwischte, und 90 Gulden, die sie auf gleiche Weise einem Bauern in dem Ehlenboger Tal abplauderte, überbrachte.

Achtzehn Jahre lief er unter der Räuberbande und war immer seines Bruder Hannikels treuer Spießgeselle. Doch legte er nur selten ans Mißhandeln und Martern der Leute selbst die Hand, sondern versah meist beim Einbruch seiner Kameraden die Wache, wobei er, wenn er Widerstand fand, immer Feuer gab.

Manchmal war er auch mit dabei, wenn Hannikel abwesend war.

So überfiel er zu Niederbronn, adeliger Herrschaft, in der Nacht vom 12. auf den 13. März 1779, mit zwölf seiner Kameraden den dortigen Juden Kain Wolf. Sieben von den Zigeunern brachen mit Gewalt in die Stube, um sein Warenlager zu plündern, die übrigen, worunter Wenzel auch war, hielten die Wache. Der beherzte Jude hatte Mut genug, sich zu wehren, und drückte seine Pistole auf sie ab. Er verfehlte aber seine Räuber und sah sich zuletzt genötigt, die Flucht durchs Stubenfenster auf die Gasse zu nehmen. Er schrie durch ein fürchterliches Feurio die Leute aus dem Bett und verfolgte mit ihnen das Diebsgesindel. Allein fort war es, mit einem Pack seiner Waren, dessen Wert nach eidlicher Angabe auf 8000 Livres, oder 3667 fl. geschätzt wurde.

Die ganze Summe der wirklich gerichtlich untersuchten und ganz erwiesenen Diebstähle des Wenzels belief sich auf 35 092 fl. 17 kr.

Nachdem Toni ihm die Mantua entführt hatte, lief eine gewisse Rösel mit ihm, die aber nur ein Jahr bei ihm aushielt. Nach ihr wurde Katharina Lagerin, die sonst nur die Hanns hieß, seine Beischläferin. In ihrem sechzehntenJahr gebar sie ihm schon das erste Kind. Sie war mit unter den Gefangenen in Chur, wurde nach Sulz transportiert, erkrankte vor einigen Wochen und starb im Gefängnis.

Vor sechs Jahren kam Wenzel mit der Mantua zu Wildberg in Verhaft, da sie aber durchaus nichts eingestehen wollten, wurden sie unter ernstlichen Bedrohungen endlich wieder entlassen.

Auch in Sulz legte er sich bei den ersten Verhören aufs hartnäckigste Ableugnen seiner schwarzen Taten und folgte ganz genau der Weisung, die ihm sein Bruder Hannikel gab. Erst alsdann, als sein zwölfjähriges Mädchen Therese seine Knie umfaßte und ihn unter vielen Tränen ganz wehmütig bat, die Wahrheit zu bekennen, brach ihm das Herz, daß er seinen Mund zum Geständnis öffnete.

Sein schweres Vergehen entschuldigte er mit der Armut, der schlechten Erziehung seiner Eltern, der bösen Gesellschaft, besonders der Verführung seines Bruders Hannikel und der Verleitung einiger Pirmasenser*, die ihnen das gestohlene Silber wieder abgekauft hätten. Ich weiß wohl, fügte er hinzu, daß sonst Mord und gewaltsame Diebstähle mit dem Tod bestraft werden, ich wurde aber dadurch sicher gemacht, daß ich hörte, daß in den gegenwärtigen Zeiten selbst Mörder und Räuber am Leben gelassen und bloß zum Zuchthaus verurteilt werden.

Seinen Anteil an Tonis Mord legte er ganz auf Hannikeln. Nie, sagte er, würden Hiebe, die er ihm über die Stirne versetzte, von so gefährlichen Folgen gewesen sein, wenn ihm nicht sein böser Bruder die Hände gehalten hätte. Gewiß, beschloß er, würde die ganze schreckliche Tat unterblieben sein, hätte nur dieser, als ihr Ältester und Anführer, ihr Vorhaben mißbilligt und abgeraten.

Duli,

Hannikels Geschwisterkinds Vetter, ungefähr 30 Jahre alt, wurde zu Groß-Schieberstadt, nach Mannheim gehörig, geboren und getauft. Seinen Vater, Simon Reinhardt, nannte man gewöhnlich nur den Battebatt, und seine Mutter Barbara hieß unter den Zigeunern, aus welchen sie entsprossen, die Danena. Sie kam nach Straßburg ins Zuchthaus, wo sie sich wahrscheinlich noch gegenwärtig befindet. Seines Vaters Tod erfolge frühzeitig. Seine Mutter erzog ihn bis in das zehnte Jahr, und dann nahm ihn seine Base, die alte Geißin, an Kindes Statt auf, wodurch er ein Mitglied der verkehrtesten elendesten Leute wurde. Drei Jahre strich er mit ihr in dem Württembergischen herum und bettelte, bis er fünfzehn Jahre alt wurde. Er schloß sich zufällig an die Mantua an und wurde unter ihrer Anweisung zuerst ein Gänse- und Hühnerdieb, sodann hing er sich seinem feinen Vetter Hannikel an den Arm und wurde nach und nach von ihm so tief in seine Räuberzunft hineingezogen, daß er derselben zuletzt unentbehrlich wurde und sich einen großen Rang dabei erwarb.

Im Jahr 1774 verband er sich mit einer gewissen Käther, die ihm aber der kleine Lielensohn, ein Zigeuner, nach etlichen Tagen wieder entführte. Er entschädigte sich darauf durch eine Wilhelmine. Aber auch mit dieser dauerte seine Buhlschaft nicht länger als drei viertel Jahre. Ein Streif ertappte sie beide, machte sie handfest und lieferte sie in die Gefängnisse nach Backnang.

Wilhelmine wurde als eine sehr gefährliche Diebin erkannt und auf lebenslänglich ins Zuchthaus nach Ludwigsburg verurteilt. Duli hingegen, als ein großer Bösewicht gebrandmarkt, mit Ruten ausgehauen und nach abgeschworener Urphed† der Herzöglichen Lande verwiesen. Allein diese wirklich empfindliche Züchtigung ließ er sich so gar nicht zu Herzen gehen, daß er nachgehends noch weit schlimmer und ruchloser wurde, als er zuvor war.

---

* Hehler

† Urfehde, Verzicht auf Rache

Im Jahr 1778 hing er sich an die Zigeunerin Dudane, welche am Schluß vorigen Jahres mit ihren drei mit ihm erzeugten noch lebenden Kindern zuerst in Königsbronn in Verhaft kam, nachher aber auch nach Sulz ausgeliefert wurde.

Duli selbst reifte zu der wohlverdienten Strafe seiner Greueltaten an. Da er sichs am wenigsten versah, wurde er im Jänner vorigen Jahres zu Rotenberg, Hohenloh-Bartenstein-Limpurg-Gröningischer Herrschaft, von dem Zigeunerkundschafter Hans Jörg Reinhardt und seinen Leuten in einem Waschhaus, in welchem er eben Nachtquartier nehmen wollte, eingefangen und sodann am 7. Jänner 1787 nach Sulz gebracht.

Gleich in den ersten Verhören bezeugte er, daß er seine schweren Vergehungen vom Herzen hinweg gestehen wolle. Er hielt auch wirklich Wort und verbreitete besonders durch eine freimütige Erzählung über Tonis Mordgeschichte ein helles Licht. Er schonte sich selbst dabei keineswegs und bezeugte auch, daß er des entleibten Tonis Pistole mit sich genommen und solche auf seinem Marsch nach Böhmen einem Harfenschläger von Abtsgmünd in Verwahrung gegeben habe. Seine Aussage war richtig, und die Pistole wurde zum Oberamt Sulz von Abtsgmünd zurückgeschickt.

Dulis freiwillig eingestandene Diebstähle sind beträchtlich. Er machte meist mit Vetter Hannikeln gemeinschaftliche Sache, half aber auch verschiedene beträchtliche Räubereien ohne ihn begehen.

Sein in der Nacht am 21. März 1781 zu Obermehlingen, Graf Wartembergischer Herrschaft, in des Juden Salomon Maiers Haus mit einer anderen Division gewagter sehr gewalttätiger Einfall verdient hier besonders bemerkt zu werden. Er gab selbst folgendes davon ins Protokoll.

Der gegenwärtig zu Zweibrücken festsitzende Erzbösewicht, Zigeuner Fontin, Hannikels treuer Freund und Ratgeber, erfuhr von einem Juden, daß sich in Obermehlingen einer seiner Glaubensgenossen befinde, der mehr als 9000 fl. bares Geld und über einen Zentner Silber vorrätig habe. Dieser fette Braten roch ihm ganz warm in die Nase, und schon beim Erzählen teilte er sich und seinen Anhängern die reichlichsten Portionen davon zu.

Er rief so viele Zigeuner zusammen, als er in der Geschwindigkeit auftreiben konnte, befahl ihnen, sich auf acht Tage mit Proviant zu versehen, und verband sich mit ihnen zum hitzigen Angriff.

Ein Wald bei dem sogenannten Neuhof war der bestimmte Platz ihrer Zusammenrottung. Sie zogen daselbst ihre Gewehre aus, versahen sie aufs neue mit scharfen Pfosten* und schraubten auch neue Steine auf.

Nach einem Marsch von dreimal 24 Stunden kamen sie, es war nachts um elf Uhr, vor des Juden Haus, die Lichter um sie herum waren ausgeblasen, der Mond in seiner milden Glorie noch nicht hinter den grauen Bergen hervorgetreten, und die allgemeine Stille ließ vermuten, daß alles in den ersten tiefsten Schlaf versunken sei. Dies schien gerade den Dieben die schicklichste Zeit zum Überfall.

---

* Patronen

Nach einem kurzen Spähen ums Haus herum brach Fontin mit einem Klammhaken und Dodelo mit einem Pflugsech einen Riegel an der Mezig* aus, und alle krochen durch die Öffnung in das Gemach. Ein altes Mütterchen oben auf dem Wohnboden, das ohnehin lange schon jedes Mäuschen bei Nacht trippeln hörte, war auf das Getöse, das unten im Haus vorging, besonders aufmerksam. Ganz unruhig kroch es unter seiner Decke hervor, warf sich in die Nachtkleider und trappelte mit einer blassen Lampe in der Hand die Stiege herunter. Aber wie erschrak sie, als sie nicht nur die Mezigtür geöffnet und Licht, sondern auch eine ganze Partie der grimmigsten Schnurrbärte erblickte. Lange stand sie unbeweglich, als ob sie das Erstaunen versteinert hätte. Endlich wollte sie in eine benachbarte Kammer hineinschleichen und die Tür hinter sich zuziehen. Allein Fontin bemerkte sie, schrie sie mit der Stimme eines hohltonigen Kettenhunds an, erwischte sie bei den Haaren, riß sie mit Gewalt zu Boden und schlug sie mit den übrigen Zigeunern ganz barbarisch, wobei sich Wildinger an Unmenschlichkeit besonders auszeichnete.

Sie zogen sodann die alte Jüdin an den Haaren die Treppe hinauf und warfen sie in der Wohnstube aufs Bett hin. Hierauf fiel Fontin mit drei seiner Gesellen über die junge Jüdin her, welche noch im Bett lag. Sie hatte sich vor Angst in ihre Pfulbe† eingewickelt, und jeder ihrer Gesichtszüge schien von der Hand des Todes geformt zu sein. Auch diese traktierten sie sehr hart mit Schlägen und verlangten mit Gewalt von ihr zu wissen, wo das Geld verwahrt sei. »Au weh, meine Herrn, um Gottes willen, um Gottes willen, oben im Haus«, zitterte sie unter fürchterlichen Grimassen mit zusammengezogenen über den Kopf hinausragenden Schultern hervor.

Da nun Duli mittlerweile einen in der Stube gestandenen mit allerhand Waren angefüllten Kasten rein ausgeleert hatte, sprang ein Jude den Weibsleuten zu Hilfe, den aber Fontin sogleich an der Kehle faßte und zu Boden werfen wollte. Allein der beherzte Jude wehrte sich wider die Gewohnheit seiner sonst so verzagten Nation ganz desperat‡, mußte aber doch, da ihn Dandene, der stärkste unter allen, auch anfiel, der Gewalt nachgeben und sich binden lassen. Er machte sich aber selbst wieder los, hielt aufs neue Widerpart, wurde zum zweitenmal gebunden und ganz erbärmlich geschlagen.

So lange dieses Handgemenge dauerte, hielt Duli vor dem Bett der beiden Weibsleute Wache und drohte ihnen den Tod mit Ungestüm, wenn sie sich nur rühren würden.

Hierauf schlug Dandene mit einer Axt ein Wandkästlein auseinander, bemächtigte sich der darin befindlichen mit 200 fl. angefüllten Gurte, streifte mehrere silberne Löffel, Becher, Schnallen, Messer und Gabeln zusammen, riß ein ganzes Bett, viele Leilachen, Bettziechen, Hemden, Manns- und Frauen-

* Bank
† Decke
‡ verzweifelt

kleider an sich und warf solche seinen Kameraden zum Wegtragen vor die Türe.

Während sich nun einige mit Ausraubung des unteren Stocks beschäftigten, wollte Bronnetscha, Dandene und Dodelo das ihrer Meinung nach im oberen Stock verwahrte Geld und Silber abholen. Allein, kaum hatten sie die Stiege betreten, als der oben am Geländer gestandene Jude ihnen mit einer eisernen Ofenplatte, die er auf sie herunter warf, ein ganz unerwartetes und unfreundliches Salve gab, und den Dodelo so hart verwundete, daß ihn seine Kameraden halbtot hinweg und auf die Straße schleppen mußten.

Dieser Vorgang brachte sie in die rasendste Wut, so daß sie den Juden auf der Stelle totgeschlagen hätten, wenn nicht einige benachbarte Bauern, aufgeweckt durch den entstandenen Lärm herbeigesprungen wären und sie davon abgehalten hätten. Inzwischen wurde dem Juden dennoch mit einer eisernen Stange von dem Fontin eine sehr tiefe und gefährliche Schmarre versetzt.

Schon waren die Räuber im Begriff, wieder abzuziehen, allein ihre Wache stieß sie, unzufrieden über ihre geringe Ausbeute, zu einem neuen Angriff zurück. »Nein«, rief Meizelen, »einen so weiten Weg wollen wir nicht umsonst gemacht haben, es muß frisch angegriffen werden!«

Sie drangen sich also, des Widerstands der Bauern unerachtet, aufs neue in des Juden Haus ein, und Fontin drückte auf den sich in der Zwischenzeit seiner Bande wieder entledigten Juden seine Pistole ab. Da er sich aber wehren und zuletzt flüchten wollte, fiel ihn Duli abermals an und drohte ihm eine Kugel durch den Leib zu jagen, wenn er sich nur noch einmal mucken würde.

Hierauf wollten der Inquisit mit einer Wachs- und Unschlittfackel und Meizelen mit einer Holzfackel noch einmal alles aussuchen. Allein der erhitzte Jude warf abermals mit wilder Frechheit ein eisernes Ofenstück auf sie hinunter, als sie eben die Treppe herauf wollten, wodurch Meizelens Schulter stark gestreift wurde. Dieses Wagstück hätte für den Juden gefährlich werden können, denn nicht nur der beschädigte Meizelen, sondern auch Fontin schossen mit ihren Pistolen wiederholtermalen auf ihn.

Endlich sah sich diese Räuberbande doch genötigt, mit der bloß im unteren Stock gemachten Beute, von welcher Duli den 23. Teil bekam, wieder abzuziehen.

Nach dem von dem Hochgräflich-Wartembergischen Amt Sembach über diesen Vorgang eingelaufenen Bericht wurde nicht nur der Jude und dessen Mutter auf den Tod geschlagen, sondern auch dessen Ehefrau im Bett dermaßen zugerichtet, daß sie nach einem actzehnwöchigen sehr schmerzhaften Lager an den Wunden starb.

Des Juden Verlust bestand in 12 Pfund Silber, 221 fl. 40 kr. barem Geld und sehr vielen Bett- und Kleidungsstücken, Dulis erhabene bekannte Diebstähle belaufen sich auf 7934 fl. 17 kr.

Als er bei der Untersuchung über die Ursachen seines bisher geführten liederlichen Lebens gefragt wurde und warum er sich die im Jahr 1776 in Backnang an ihm vollzogene Strafe des Prangers, Brandmarkens und Rutenaushauens nicht zur Besserung dienen lassen und auch die abgeschworene Urphed freventlich gebrochen habe, war nach langem Stillschweigen dies seine Ausrede:

»Hannikels gottlose Verführung hat mich nicht nur zum Mordgehilfen beim Toni, sondern auch zu einem so großen Dieb gemacht. Manchmal hat mich auch die Armut zum Stehlen genötigt und der Gedanke, daß die Todesstrafen der Missetäter fast allenthalben aufgehoben werden, dabei sicher gemacht. Die abgeschworne Urphed zu halten war mir unmöglich, es ist auch keiner aus meiner Klasse imstand, derselben eine Genüge zu leisten. Freilich hätte mich meine ausgestandene Strafe bessern sollen, allein daß solches nicht geschehen, dafür erbitte ich mir jetzt Schonung und Gnade.«

Es ist wirklich sonderbar und als ein Beweis anzusehen, daß die Stimme des Allmächtigen »bis hierher und nicht weiter« auch Tonis sämtlichen verruchten Mördern gelten sollte. Denn kaum war die Untersuchung über Hannikel, Wenzel und Dulis Verbrechen zu Ende, so lief bei dem Oberamt in Sulz von der Markgräfeischen Badischen Amtei Ettlingen und zugleich auch von Karlsruhe Nachricht ein, daß auch Nottelen mit Karl Weis, dem ältesten Sohn des Erzräubers, kleinen Buchowiz, in einem Wirtshaus während dem Spiel aufgehoben und nicht nur in Verhaft, sondern ersterer auch schon zum Geständnis gebracht worden sei, daß er an der schrecklichen Mordtat des Herzöglichen Grenadiers Pfister Teil habe.

Auf erstattete untertänigste Berichte und ausgestellte Reversalien wurde dann auch dieser Bösewicht mit seinen Kameraden nach Sulz ausgeliefert und am ersten Brachmonat* dieses Jahres wirklich dahin gebracht.

Bei dem Verhör fand sichs, daß er eigentlich Andreas Heinrich heiße, von den Zigeunern aber Nottele genannt wurde.

Seine Mutter gebar ihn im Zuchthaus zu Pforzheim am 6. Juli 1763, also vor 24 Jahren.

Seinen Vater nannte man in der Zigeunersprache nur den Schwarzen oder Stecken-Hannesle. Schon in seinem neunten Jahr wurde er ihm entrissen, denn er hatte das Unglück, am 13. Dezember 1772 zu Oberkirch aufgehängt zu werden. Seine Mutter, Magdalena Rosenbergerin, auf zigeunerisch Langler, lebt noch und hält sich, allem Vermuten nach, gegenwärtig bei den Zigeunern Heidi und Dezelen auf.

Nottelen erinnert sich nicht, seinen Vater in seinem ganzen Leben mehr als dreimal gesehen zu haben.

Er lief meist mit seiner Mutter und ernährte sich als Kind in den Gegenden von Allerheiligen, Rexingen und Schwäbisch-Gmünd mit Betteln.

Nachher ließ er sich in gedachtem† Rexingen, Thalen, Salzstetten, Pfrondorf und dem Ammerhof von den Bauern als Tagelöhner gebrauchen.

---

* Juni

† erwähntem

Vor acht Jahren wurde er das erstemal von Meizelen und Heidi zum Stehlen verleitet und ihm von denselben zugemutet, mehrere Schafe aus dem Pferch zu Bondorf zu entwenden.

Sein Unternehmen glückte ihm, ohne ertappt zu werden, und von dieser Zeit an war Stehlen, das er größtenteils unter Hannikels Aufsicht und Anweisung trieb, sein einziges Gewerbe.

Vor vier Jahren erwählte er sich eine gewisse Marianne von Weil der Stadt, Hannikels Dienstmagd, zu seiner ersten Konkubine, die er aber nach einer Jahresfrist wieder abdankte.

Er wurde nachher mit der auch in Sulz verhafteten Theresia Ottenbacherin, des verstorbenen Krattenmachers* Johannes Ottenbachers oder Wilden–Manns Tochter, bekannt. Er zeugte ein Töchterlein mit ihr, das Margarethe hieß und vor einem Jahr um Ostern herum zu Waldstetten starb und begraben wurde.

Da er mit dieser Theres wohl zufrieden war, so hätte er sie auch gerne länger beibehalten allein, weil die Überreiner Zigeuner, um nicht verraten zu werden, durchaus kein deutsches Mensch leiden wollen, so gab er ihr an letzten Weihnachten bei Pirmasens den Abschied.

Zu einiger Schadloshaltung verband er sich vor sieben Wochen mit Tirana, des Zigeuner Lorchs Tochter, welche er mit sich über den Rhein herüber nahm.

Gleich bei seinem ersten Verhör in Sulz gab er die Versicherung von sich, daß er alles, was er getan habe oder von anderen wisse, ganz nach der reinen Wahrheit, ohne allen Hinterhalt, angeben und sodann gelassen erwarten und annehmen wolle, was die heilige Justiz über seine Verbrechen beschließen werde. Er hielt auch sein Versprechen durchaus, machte aber doch die Inquisition dadurch äußerst beschwerlich, daß er, gehindert durch seine sehr stotternde Sprache, seine Sachen nur ganz langsam vorbringen konnte und man oft eine halbe Viertelstunde warten mußte, bis er nur das erste Wort herausgedrückt hatte.

In der Erzählung der Mordgeschichte des Grenadier à Cheval Pfister stimmte er ganz mit seinen Kameraden überein. Er zog sich selbst dabei nicht aus der Schlinge, sondern bekannte vielmehr, daß er der beherzteste und mutigste beim Mißhandeln gewesen sei und dem armen Toni wirklich den Fuß abgeschlagen habe.

Ein Beweis von der damaligen ganz unbegreiflichen Unempfindlichkeit seines Herzens war dies, daß er gleich nach verübter Grausamkeit seine Kameraden fragte: »Brüder! Habe ich meine Sache nicht gut gemacht?« und daß er zu den Weibsleuten mit aufgeblasener Stimme sagte: »Ich habe dem Toni noch vollends den Rest gegeben!«

Inzwischen erwachte sein Gewissen doch nachher über der Erinnerung dieser schwarzen Tat und folterte ihn dermaßen, daß er etliche mal willens war, selbst nach Sulz zu gehen und sich als Tonis Mitmörder anzugeben.

---

* süddeutscher Ausdruck für Korbmacher

Neunzehn beträchtliche Diebstähle wurden von ihm erhoben. Vor zwei Jahren wurde er gleich nach einem zu Buchelberg, Murrhardter Oberamts, verübten Diebstahl erwischt und zu Lorch eingesetzt, allwo er nach einer empfangenen Züchtigung wieder entlassen wurde.

Bei seiner Entschuldigung, um die er wegen seines lasterhaften Lebens gefragt wurde, bekannte er, daß er selbst nicht wisse, wie es ihm mit dem Toni gegangen; da er zumal sein naher Vetter gewesen und ihm in seinem ganzen Leben niemals etwas zuleide getan habe. Hannikels Aufforderung und Bedrohung, er solle nur zusehen, wenn er sich nicht wohl halte, habe das meiste zu seinem sträflichen Verfahren gegen in beigetragen, und er habe ihm freilich um so weniger aus Handen gehen wollen, da er ihm seine Legart zum Weibe versprochen habe. Er legte auch bei seinen verübten Diebstählen die Schuld auf Hannikels Verführung, auf die übrigen bösen Gesellschaften, in die er geraten, auf seine schlechte Erziehung und Armut von Haus aus.

Nachdem nun das ganze sehr weitläufige und mühsame Inquisitionsgeschäft beendet und der Befund höchster Orten vorgelegt wurde, so erging das gnädigste sehr nachsichtsvolle Urteil dahin: daß Hannikel, Wenzel, Duli und Nottele um ihrer ungeheuren Verbrechen willen zum Strang, die übrigen Verhafteten aber teils zur Festungs- teils zur Zuchthausstrafe verurteilt sein sollen.

Um nun dem geneigten Leser ein Ganzes zu liefern, so verspreche ich, noch einen Bogen Supplement nachzuholen, in welchem dieser vier Verurteilten Vorbereitung zum Tode, ihr Betragen bei Anhörung des Urteils und ihr Verhalten an ihrem Todestag selbsten nach allen Umständen wahrhaft geschildert werden sollen.

Hannikels und seiner Konsorten letzte Auftritte, als ein Anhang zu seiner Lebensgeschichte

Hannikel hat bereits seine Rollen auf dem Schauplatz dieser Welt ausgespielt, und wichtigere Auftritte in der anderen übernommen.

Ehe solches geschah, trug sich noch folgendes mit ihm zu:

Lange durfte man ihm nichts von dem Tod sagen. Jede Äußerung, daß er vielleicht wegen seiner vielen Verbrechen am Leben gestraft werden würde und sich deswegen auf alle Fälle gefaßt machen solle, brachte ihn ganz außer sich. Seine Empfindungen dabei gingen immer in Wut und Raserei über.

»Nein«, sagte er, »sterben will ich nicht unter den Händen des Henkers; und wenn ich einmal höre, daß das Todesurteil wirklich über mich gefällt worden, so erhänge ich mich entweder selbst in meinen Ketten, oder ich schlage meinen Kopf solange an die Wand, bis mein Hirn ganz verspritzt ist; wenigstens möchte ich den sehen, der mich an den Galgen brächte.«

Um nun allen widrigen Folgen auszuweichen, zu deren Vermutung man auch noch sonst Gründe genug hatte, so verheimlichte man ihm seinen bevorstehenden Tod, so gut und so lange sichs tun ließ.

Inzwischen war jedermann begierig, wie er sich bei Anhörung seines Urteils betragen würde.

Es war drei Tage vor seiner Hinrichtung, und zwar samstags, am 14. Juli, morgens um 7 Uhr, als Herr Helfer Grundler von Sulz, Herr Stadtschreiber Zennek, der ältere Bürgermeister und zwei Gerichtspersonen nebst der erforderlichen Wache in sein Gefängnis eintraten. Hannikel stand beherzt und aufrecht vor ihnen, doch hatte ihm der Anblick dieser seltenen Erscheinung sein Gesicht bereits mit sichtbarer Blässe überzogen.

Als ihm nun der Vortrag von Herrn Stadtschreiber gemachte wurde:

»Hannikel? Ich habe euch auf Befehl gnädigster Herrschaft hiermit anzukünden, daß ihr um eurer großen und schweren Verbrechen willen am Leben gestraft und daß das Todesurteil am nächsten Dienstag an euch vollzogen werden soll. Sorget also noch in dieser kurzen Zeit für eure Seele, und wendet diese wenigen Tage eures Lebens zur Errettung derselben an.«

Und als Herr Helfer hierauf auch noch eine kurze und passende Anrede an ihn hielt, so schwieg er eine Minute still.

Endlich aber schrie er mit rascher Stimme und wilden Gebärden: »Das ist zu viel, das habe ich nicht verdient. Ich bin mehr ein Beschützer als ein Verderber des Württemberger Landes gewesen, habe ja meistens nur die Juden bestohlen und geplagt, und das hielt ich für keine Sünde.« Zuletzt sagte er: »Gott stehe mir bei«, heulte laut, lief zu seinem Buben, dem Dieterlen, schloß ihn in seine Arme, küßte ihn wohl dreißigmal, benetzte sein Gesicht mit seinen Tränen und nahm rührend von ihm Abschied. Dieterlen schrie auch so erbärmlich an seinem Vater hinauf, daß es einem mitten durch die Seele ging. Sie wurden von einander losgerissen und Hannikel von der Wache aufs Rathaus abgeführt.

Wenzel, der sonst immer während seiner Gefangenschaft ganz gelassen war, brach jetzt auch bei Anhörung des Todesurteils in Klagetöne aus und meinte, es geschehe ihm zuviel.

Hingegen blieb Duli ganz gefaßt, fiel, sobald Herr Stadtschreiber und Herr Helfer ausgeredet hatten, aufs eine Knie, faltete seine Hände, bückte sein Angesicht zu seinen Füßen und sagte in dieser sehr beweglichen Stellung: »Nun, so empfehle ich mich der Heiligen Dreifaltigkeit und der heiligen Mutter Gottes und dem heiligen Antonius von Padua – sie stehen mir bei und helfen mir. Habe ich diese Strafe verdient, so will ich sie auch geduldig annehmen.«

Auch Nottelen hörte die Todespublikation ohne merkliche Erschütterung an. »Nun in Gottes Namen!« war das einzige, was er mit seiner stammelnden Zunge darauf erwiderte.

Auch diese letzten drei wurden bald darauf aufs Rathaus gebracht.

Nun geschah es, daß Hannikel mehrere Wochen vor seiner Hinrichtung von einem durchreisenden katholischen Geistlichen in seinem Gefängnis besucht wurde.

Er war der würdige, gelehrte und allgemein beliebte Herr Pfarrer Reininger von Espasingen nahe bei Stockach am Bodensee. Der Weg führte ihn damals auf seiner Rückreise von Rothenburg am Neckar, wo er gute Freunde besucht hatte, über Sulz.

Hannikels Namen und Taten waren ihm merkwürdig. Er bat um Erlaubnis, ihn sehen und sprechen zu dürfen, und diese wurde ihm sogleich erteilt.

Gleich bei dieser ersten Unterredung fand er ohne Schwierigkeit den Weg zu Hannikels Herzen und gewann sein ganzes Zutrauen. Dies war daraus zu schließen, daß der Gefangene gleich darauf zu wiederholten Malen äußerte, wenn er einmal sterben müsse, so verlange er durchaus keinen anderen Geistlichen als gerade diesen. Da er nun auch nachher darauf beharrte, so wurde von der höchsten Behörde gnädigst beschlossen, um zu Hannikels Zurechtweisung und Besserung alles beizutragen, gedachten Herrn Pfarrer Reininger zu ihm zu bitten und ihn, im Fall er diesen Auftrag annehmen würde, nach Sulz abholen zu lassen.

Dieser gutdenkende, menschenfreundliche Geistliche, der das beruhigende Glück, die Seele eines ganz verirrten armen Sünders retten zu helfen, aufs lebhafteste vorempfand, trug lediglich kein Bedenken, in die Fußstapfen seines großen Meisters einzutreten, den Unglücklichen aufzusuchen und seinen Schaden heilen zu helfen.

Er kam wirklich nach Sulz. Er besuchte Hannikel jetzt das erstemal auf dem Rathaus, an einem für ihn so wichtigen Morgen, an welchem ihm das Todesurteil angekündet worden war.

Sein Betragen gegen Hannikel war das Betragen eines christlichen und klugen Vaters gegen seinen ungeratenen Sohn. Ernst und Liebe blickten aus seinen Mienen und aus seinen Worten gegen ihn hervor. Anfänglich hatte er viele Mühe, Hannikels aufbrausendes, ganz mit Vorurteilen umzäuntes Herz einigermaßen zu besänftigen und ihn zum Besinnen über sich selbst und zur Erkenntnis seiner schweren Vergehungen zu bringen. Hannikel wollte auch hier lange nicht Hannikel sein. Es träumte ihm immer mehr von guten als bösen Taten; meh von dem was er nicht getan hatte, als von dem, dessen er wirklich überwiesen worden; selbst mehr von Belohnung als von Strafe.

Endlich schien es der unausgesetzten Arbeit seines einsichtsvollen Seelsorgers unter dem Beistand von oben wirklich zu glücken, dem Herzen des Verurteilten auf der rechten Seite beizukommen und ihn in die besseren Wege des verlorenen Sohnes einzuleiten. Seine Seele erweichte, sein Auge tränte, aus seinem Busen zitterten Seufzer hervor, sein Mund fing an zu beten; er brachte nichts mehr zu seiner Verteidigung, wohl aber zu seiner eigenen Anklage und Beschuldigung recht vieles hervor, erkannte die ihm angekündigte Todesstrafe als gerecht und flehte zu Gott um Gnade und Erbarmung. Der würdige Geistliche bezeugte mir, daß Hannikels Tränen, die er seit der Ankündigung seines Urteils geweint, wenn sie alle aufgefaßt worden wären, ein halbes Schoppenglas bis oben angefüllt hätten. Schön und rührend war es, als derselbe einmal zu Hannikeln sagte: »Wir haben alle nur einen Weg zu Gott, und dieser heißt: Tut Buße und glaubt an das Evangelium.« Und wer müßte sich nicht über den schönen Anblick freuen, als derselbe seine beiden Hände auf Hannikels Schultern legte, ihm liebevoll und ernsthaft in die Augen sah und zu ihm sagte: »Mein Sohn! Du weißt, wieviel ich an dir getan und wie ich mich dir mit Aufopferung aller Gemächlichkeiten seit deiner Verurteilung ganz gewidmet habe. Ich bin zwar nicht mit Jesu, dem großen Hirten, zu vergleichen; doch bin ich ihm gewissermaßen ähnlich; denn ich habe meine ganze Herde, meine ganze Gemeinde zurückgelassen, um dich verlorenes Schäflein aufzusuchen und dich dem himmlischen Vater als einen kostbaren Fund in seine Arme zu legen. Du weißt, wie viele Tränen, wie viele Seufzer du mich gekostet hast, diese Tränen, diese Seufzer würden dir einst noch bange machen, und ich würde der erste sein, der dich vor Gottes Richterstuhl verklagen würde, wenn meine Arbeit an dir vergeblich sein sollte; so wie ich auf der anderen Seite auch einmal der erste sein würde, unter den Dankenden und sich Freuenden, wenn ich dich fände bei den begnadigten Sündern, die wahrhafte Buße getan haben.

Unter Hannikels Vorbereitungsgeschichte gehört auch noch dieser Umstand:

Als ihn Herr Pfarrer Reininger in die Bußordnung eingeleitet hatte, überließ er ihn einmal seinen eigenen Betrachtungen; und beobachtete ihn nur von Ferne. Da soll Hannikel nicht nur rasch und kräftig gebetet, sondern auch seine Ketten alle zusammengefaßt, auf seine Hände hingelegt, mit seinen Tränen benetzt, geküßt und sich gesegnet haben, daß er solche an sich trage, weil sie ihm zu seiner Besserung behilflich seien.

Am Montag vor seiner Hinrichtung empfingen die sämtlich Verurteilten noch einmal das heilige Abendmahl. Bei dieser feierlichen Handlung war Hannikel nicht nur besonders aufmerksam, sondern wußte such seine Brüder so rührend anzureden und zu ermahnen, daß sie nicht nur alle laut weinten, sondern daß sich auch die Wächter die Augen wischten.

Warme Speise hatte er in den letzten drei Tagen wenig mehr zu sich genommen, sondern sich nur je und je mit einem Trunk Wein erquickt.

Er bat sichs noch zur letzten Wohltat aus, daß man seinen Buben, den Dieterlen, bei ihm lassen und erlauben möchte, auch noch einmal von seinem Weib und übrigen Kindern Abschied nehmen zu dürfen. Man willfahrte ihm und brachte seine ganze Familie noch einmmal vor ihn, die er nachher unter guten Äußerungen wieder entließ.

Früh morgens an seinem Todestag um halb vier Uhr hörte Hannikel einen sehr großen Lärm auf dem Markt. Er fragte den Geistlichen, ob er ihm nicht erlauben möchte, durch die Scheiben hinaussehen zu dürfen. »Du darfst es, mein Sohn«, antwortete ihm dieser, »aber zum voraus muß ich dir sagen, daß du da schon eine Menge Leute erblicken wirst, die auf deine Hinrichtung warten, Leute, die dich zum Teil sehr lieblos beurteilen und über deine Schmach aus Unverstand lachen – aber auch Leute, die für dich beten und dich bedauern werden.« Der Verurteilte blickte durch die Scheiben, und auf einmal drang der kalte Todesschweiß sichtbarlich durch seine Stirn und schlich sich auch über seine Nase und Backen herunter. Ungefähr sechs Minuten dauerte sein harter Kampf, dann raffte er sich wieder zusammen und wurde ganz ruhig.

Dies muß ich doch euch noch bemerken, daß jeder von den Verurteilten von einem katholischen Geistlichen in einem besonderen Zimmer auf ihr Verlangen bearbeitet wurde.

Herr Vikarius Diener von Bürlingen, von Owischer Herrschaft, der sich kürzlich um die zu Fehldorf justizierte Johanna Katharina Dödlerin sehr verdient gemacht und sich allgemeines Lob erworben hatte, nahm den Wenzel, Herr Kaplan Bürcklin von Fischingen den Duli und Herr Pfarrer Landwing zu Glatt den Nottele in die Seelenkur. Alle drei Herren Geistliche legten von ihren gefährlichen Patienten das gute Zeugnis ab, daß sie während ihrer Behandlung aufmerksam und gerührt gewesen seien und ihnen die besten Hoffnungen von sich zurückgelassen haben.

Dienstag morgens, am 17. Juli um sechs Uhr, war das Wohllöbliche Malefiz-Gericht schon auf dem Rathaus versammelt; auch sonst alle möglichen, die Exekution betreffenden Veranstaltungen aufs beste getroffen.

Die Verurteilten wurden durch die Wache abgeholt und ihnen ihre gehörigen Plätze angewiesen; und sodann der Anfang zur weiteren Verhandlung in Gegenwart einer unzählbaren Volksmenge, durch folgende nachdrückliche und schöne Rede von Herrn Oberamtmann Schäfer gemacht.

Wohllöbliches Malefiz-Gericht!

Wenn Monarchen und Fürsten dieser Welt zweifeln:

ob sie dem Menschen das ihm nicht gegebene Leben nehmen können oder nicht? So erhebt dieser Zweifel ihre angeborne unbegrenzte Liebe zu dem Menschengeschlecht.

Aber wenn der Allmächtige Richter im Himmel und auf Erden in seinem alten und neuen Bund mit den Menschen wider Bösewichter aus der Ewigkeit zu seinem ehemals unmittelbar beherrschten Volk aus den Gewittern spricht:

Wer jemand mit einem Eisen oder Holz schlägt, daß er stirbt, der ist ein Totschläger und soll des Todes sterben. 4. B. Mos. 35,16. 18. wirft er ihn mit einem Stein, damit jemand mag getötet werden, daß er davon stirbt, so ist er ein Totschläger und soll des Todes sterben. 4. B. Mos. 35. v. 17. der Rächer des Blutes soll den Totschläger zum Tode bringen, wie er geschlagen hat, soll man ihn wider schlagen, v. 19. den Totschläger soll man töten, nach dem Munde zweier Zeugen; v. 30. und ihr sollt keine Versöhnung annehmen über die Seele des Totschlägers, denn er ist des Todes schuldig; und er soll des Todes sterben. Und schändet das Land nicht, darin ihr wohnt: Denn wer Blut schuldig ist, der schändet das Land, und das Land kann vom Blut nicht versöhnt werden, das darinnen vergossen wird, ohne durch das Blut dessen, der es vergossen hat.

Verunreinigt das Land nicht, darinnen ihr wohnt, darinnen Ich auch wohne, denn ich bin der Herr, der unter den Kindern Israel wohnt.

4. B. Mos. 35, v. 31–34

conf. 2. B. Mos. 21. v. 12.

Und die Obrigkeit ist Gottes Dienerin, sie trägt das Schwert nicht umsonst. Sie ist eine Rächerin über den, der Böses tut. Röm. 13,4.

Wer Menschenblut vergießt, dessen Blut soll wieder von Menschen vergossen werden.

1. B. Mos. 9, v. 6

Wer das Schwert nimmt, der soll durchs Schwert umkommen.

Matth. 26, v. 52. Offenb. 13, v. 10.

Und endlich, wenn Gott selbst durch Moses in seinen zehn Geboten spricht:

Du sollst nicht töten.

Und in seinem neuen Bund mit der Menschheit sich also erklärt:

Wenn jemand das Gesetz Moses bricht, der muß sterben ohne Barmherzigkeit, durch zwei oder drei Zeugen. Ebr. 10, v. 28.

So ist es gewiß eine von Gott fordernde und den Staat sichernde höchste Gerechtigkeit, die nach Röm. 13,1 auf Erden von ihm gesetzten Obrigkeit, daß diese an Menschen würgenden Ungeheuern die Urteile Gottes vollziehe.

EURER! unserm Durchlauchtigsten großen Landesvater, war es von der über die Sicherheit der Menschen wachenden göttlichen Vorsehung vorbehalten, die hier vorgeführten Mörder und Räuber, benanntlich

Hannikel,

Wenzel,

Duli und
Nottelen,
und zwar die zwei ersteren aus der Mitte des entferntesten Auslandes und von den fernen Grenzen des Schwäbischen Kreises durch ein großes Kommando abholen zu lassen, um höchstdero eigene wie fremde Staaten vor ihrem abscheulichen Blutdurst und von ihrer äußerst schädlich gewesenen Raubsucht zu befreien.

Noch schreit das Blut des von ihnen bei Reutlingen erschlagenen Herzoglichen Grenadier à Cheval Christopf Pfisters um Rache zum Allmächtigen im Himmel, welches diese Wüteriche, gefühlloser als die Barbaren, in einem Land vergossen haben, wo die drohendste Gesetze Gottes und des Edlen Fürsten die Sicherheit des Bürgers verheißen.

Tollkühn, wie die Tyrannen, tobten diese abscheuliche Unmenschen in die Eingeweide ihres erschlagenen Bruders, und meinten der Rache des Allgegenwärtigen Gottes entfliehen zu können.

Aber EUER – der große Beschützer seiner Untertanen, schonte die allergrößten Kosten nicht, diese von Gott entdeckten Mörder und Räuberbande in den unwegsamsten Schweizer Gebirgen aufsuchen und dem Gericht überliefern zu lassen.

So hoch der nach möglichsten Kräften dazu behilflich gewesene biedere Helvetier diese gerechteste Handlung des jetzigen Durchlauchtigsten Regenten Württembergs mit dem gefühlvollsten Dank für die Sicherheit seiner Staaten erhebt, so groß wird der Allmächtige diese nie genug zu preisende Gerechtigkeitsliebe des rühmlichst regierenden Herzog EURES durch Fristung seiner teuren Lebenstage und durch Segnung seiner Lande jetzt und in Zukunft belohnen.

Aber schwarz wie die Hölle, ihr zugegen stehende – von Menschen in reißende Tiger und Panther ausgeartete Mörder und Räuber! werden Eure unmenschliche Handlungen ewig auf dem Land bleiben, das ihr geschändet habt. Eine unbeschreibliche Empfindung durchdringt mein Herz, bei meinem wirklichen Amtsberuf eure Schand- und Greueltaten dem Publikum, so viel die Kürze der Zeit gestattet, nur summarisch bekanntzumachen.

Hierauf wurden mehrere von den Hauptverbrechen der Verurteilten abgelesen, auf welche sodann der Urteilsspruch folgte:

Daß nämlich alle viere durch den Strang vom Leben zum Tode gebracht, mit Nottelen der Anfang gemacht, auf diesen der Wenzel, sodann der Duli folgen und mit Hannikel, der zuvor um den Galgen herumgeführt werden und seinen Brüdern zusehen müsse, beschlossen werden solle.

Der Stab wurde darauf über die vier Missetäter gebrochen und solche dem Nachrichter übergeben, wobei sich die Verurteilten ganz gelassen bezeugten. Der Zug gegen dem Hochgericht ging in schönster Ordnung, unerachtet der fast unübersehlichen Menge Menschen von allen Enden und Orten, welche voran, nebenher und hinternach liefen.

Alle vier Malefikanten wurden zu einiger Erleichterung auf zwei Wagen, auf welche sie rückwärts sitzen mußten, halbwegs geführt. Die übrige Strecke mußten sie vollends zu Fuß machen. Acht evangelische Geistliche begleiteten sie zu der Richtstätte.

Herr Pfarrer Bauer von Anstaig, und Herr Pfarrer Hubler von Fluorn standen dem Nottele, Herr Helfer Grundler und Herr Präzeptor Sartorius in Sulz dem Wenzel; Herr Pfarrer Fehleisen von Mühlen am Mühlbach und Herr M. Hafenreffer dem Duli, und Herr Pfarrer Wärner von Fürnsal, nebst Herrn Vikarius Wittich von Wittershausen dem Hannikel bei.

Alle vier Verurteilten schienen nicht mehr viel auf den Zuspruch der Evangelischen Geistlichen zu achten, sondern hatten meist ihre Betrachtungen vor sich selbst nach ihren Religionsgrundsätzen. Besonders beschäftigte sich Hannikel sehr viel mit seinem Kruzifix, das er in den Händen hatte, hob es oft schnell in die Höhe, blickte mit aufgerissenen starren Augen an demselben hinauf, drückte es hart an seinen Mund und küßte es laut schmatzend wohl zehnmal nacheinander. Und dieses wiederholte er sehr oft. Er ging seinen Todesweg mit einer solchen unerschütterlichen Standhaftigkeit und mit einem solchen unerschrokkenen Mute, der alle Zuschauer in Erstaunen setzte.

Mehrmals sagte er mit starker Stimme: »Jetzt komme ich auf den Kalvari-Berg, gehe in die Freud; o du, mein lieber Jesu! Heilige Mutter Gottes Bitt für uns!«

Als er den Duli einmal weinen sah, so bestrafte er ihn, blickte ihn mit lächelnder Stirn an und sagte zu ihm: »Was weinst du, wir kommen jetzt auf den Kalvari-Berg, wo es uns gut geht. Sieh nur, welch ein schöner Leichenzug uns begleitet, das darf uns ja freuen.«

Einmal wandte er sich zu den beiden Geistlichen, die neben ihm liefen, und sagte zu ihnen: »Meine geistlichen Herrn, ich höre und verstehe alles, was ihr mir zusprecht, es gefällt mir auch wohl; mutet mir nur nicht zu, daß ich viel darauf antworte.« Ein andermal sagte er zu ihnen: »Ich bitte euch, sagt es doch meinen Leuten noch einmal, daß sie ein Exempel an mir nehmen und brav sein sollen.« Als man ihn einmal nötigen wollte, etwas Wein zur Stärkung zu sich zu nehmen, sagte er: »Ich verlange nichts mehr, sondern will Gott eine nüchterne Seele überbringen«, genoß aber doch nachher ein halbes Gläschen voll.

Auf dem Richtplatz selbst blieb er sich immer zum verwundern gegenwärtig.

Wenzel, Duli und Nottele rührten sich nicht mehr viel und bestiegen auch die Leiter, ohne alles Geräusch.

Hannikel, der in einem Lehnstuhl saß, welcher immer an die Stätte gerückt wurde, über welcher einer seiner Kameraden aufgehängt wurde, sah der Exekution eines jeden mit unverwandten und ungetrübten Augen zu und rief ihnen noch Trost und Mut hinauf.

Da man den Duli zum Tode brachte, so fing Hannikel auch noch mit heller melodischer Stimme zu singen an, wandte sich zuletzt auch noch zu seiner auf zwei Wagen ganz nahe vor den Galgen zum Zuschauen gebrachte ganze Familie und übrige ehemalige Mitkonsorten, bat sie um Verzeihung und gab ihnen verschiedene gute Lehren. Endlich fing er auch an, in der Zigeunersprache mit ihnen zu reden. Da man ihm nun zu verstehen gab, daß er lieber deutsch mit ihnen sprechen solle, so sagte er, auf sein Kruzifix hindeutend: »Ich rede mit ihnen vom Herrn Jesu und daß sie fein ein Exempel an mir nehmen sollen. Sie verstehen mich besser in dieser Sprache.«

Hannikels alte Mutter schien bei diesem tragischen Auftritt ganz außerordentlich gerührt. Man bemerkte in ihren Mienen und Gebärden den Ausdruck des innigsten Schmerzes. Eine andere von den Weibspersonen riß sich die Haare aus und zerfleischte sich das Gesicht, daß es sehr blutete.

Da die Exekution mit den drei ersten zu Ende war, so sagte man Hannikeln, daß jetzt die Reihe an ihn komme. Das erschreckte ihn so gar nicht, daß er viel mehr selbst hurtig an die Leiter hinlief. Unten an derselben wurde noch, sowie mit den vorhergehenden, von einem der ihn begleitenden Geistlichen ein eindringliches Gebet mit ihm gesprochen.

Auf der Leiter selbst war er so gelassen und mutig als unter derselben. Er dankte noch unserm Durchlauchtigsten Herzog für die ihm zuerkannte so gerechte als gnädige Strafe, dankte der Sulzer Obrigkeit und seinen Wohltätern; worunter er besonders des Geistlichen gedachte, der sich seiner so liebreich angenommen hatte und ihn deswegen auch Vater hieß; dankte seiner Mutter für jeden Tropfen Milch, den er aus ihren Brüsten sog, sprach sie von aller Schuld wegen seiner gegenwärtigen Schmach frei; bat alle katholischen Christen ein Vaterunser für ihn zu beten und eine heilige Messe für ihn lesen zu lassen, empfahl sich noch einmal Gott und der Heiligen Mutter Gottes zu Marien-Einsiedel, streckte sodann seinen Hals zum Strang hin und erduldete seine Strafe.

Nachdem die ganze Exekution zu Ende war, hielt Herr Helfer Grundler in Sulz auf der Gerichtsstätte noch folgende erbauliche Rede:

Herr, du bist gerecht, und deine Gerichte sind auch gerecht. Der Herr ist gerecht in allen seinen Werken und heilig in allen seinen Wegen.

Die Wahrheit dieses Davidischen Ausspruchs erfahren wir an dem heutigen Tage. Seine bestrafende Gerechtigkeit offenbart sich an der Verurteilung der bereits hingerichteten vier Mörder und Diebe.

Wer unter uns muß nicht den Herrn als einen heiligen und gerechten Gott erkennen, glauben und verehren! Alle Sünden, die in der Welt geschehen, sind wider Gottes Gerechtigkeit. Sie wird beleidigt durch jede böse Tat, durch jede strafbare Neigung. Wehe dem Menschen, den noch die Ungnade des heiligen und gerechten Gottes drückt: Er lebt unter dem traurigsten Fluch, der Allerheiligste hat einen Greuel an ihm, er darf von seiner Vorsehung kein Gutes hoffen, sondern unausbleibliche Strafe wartet auf ihn.

Der Untergang der ersten Welt
Die aus der Art geschlagen;
Das Feuer, das auf Sodom fällt,
Ägyptens lange Plagen,

Und andre Wunder seiner Macht,
Sind Zeugen, wenn sein Zorn erwacht,
Wie Er den Sündern lohnet.

Aber wohl dem Menschen, der durch Vorstellung jener bestrafenden Gerechtigkeit sich treiben läßt, den zu suchen, der für alle Sünder ein Sohn, Opfer worden ist, Jesum Christum; der alles versöhnt, was im Himmel und auf Erden ist; der alle Sünder wider den künftigen Zorn schützen will, wenn sie anders durch redliche Buße und Glauben zu ihm umkehren.

Sie, Wohlgeborener Herr Oberamtmann, sind heute in der Hand Gottes und vor den Augen aller Zuschauer ein Werkzeug der bestrafenden Gerechtigkeit Gottes. Dank, heißer kindlicher Dank fließe von uns allen, für all Ihre vielen Bemühungen, wodurch Sie die Ruhe und Sicherheit der menschlichen Gesellschaft und des Eigentums ihrer einzelnen Mitglieder durch die Bestrafung der Störer derselben wiederhergestellt haben. Genießen Sie von jetzt an in ununterbrochener Ruhe und Gesundheit den Ruhm ihrer glorreich vollendeten Arbeiten, ja selbst den höchst beruhigenden Beifall Ihres gnädigsten Landesvaters. Ihr Freunde und Freundinnen, die ihr so zahlreich hierher gekommen seid, erkennt mit einem gerührten Herzen, daß Gott allein gerecht ist und öfters durch eine wunderbare Entdeckung der Verbrecher und ihrer Schandtaten die Gerechtigkeit seiner Regierung zeigt.

Sollten gar einige unter euch sein, welches ich doch von keinem hoffe, die sich durch Aufkaufung und Unterschlag ihrer gestohlenen Waren fremder Sünden sollten teilhaftig gemacht haben, die sollen bedenken, daß es, als ein ungerechtes Gut, auch ihr übriges Vermögen fressen und verschlingen werde.

Nicht bloße Neugierde solle es sein, die euch hierher gebracht hat, nicht lieblose Urteile über diese gerichteten Verbrecher, die teils durch eine schlechte Erziehung, teils durch böse Gesellschaften, teils durch übel angewandte Religionsgrundsätze in dies Elend geraten sind, sondern vielmehr zärtliche Teilnehmung an ihrem Unglück und fester Vorsatz, euch vor allen Sünden des Betrugs, des Unterschlaufs und des Diebstahls nicht nur des groben, sondern auch des heimlichen und verborgenen sorgfältigst zu hüten, damit nicht auf gleiche Verbrechen auch gleiche Strafen folgen mögen.

Fürchtet Gott,
ehret den König!

Ein Räuber mit Prinzipien
Der Konstanzer Hans

Neben dem Sonnenwirtle und Hannikel gehörte der Konstanzer Hans (eigentlich Johann Baptist Herrenberger) in Südwestdeutschland und in der Schweiz zu den berühmtesten Räubern und Gaunern. Anders als Hannikel hatte er sich keines Mordes schuldig gemacht, er ›arbeitete‹ unter einem selbst auferlegten Codex, der Gewaltanwendung nach Möglichkeit ausschloß und ihn seine Opfer vornehmlich unter den Oberschichten (Pfarrer vor allem) suchen ließ. Bauern beraubte er nicht, sie gewährten ihm nicht selten Unterschlupf. Das machte ihn nicht zum Sozialrebellen, unterschied ihn aber von der Masse der Gauner und Räuber, die vor allem Krämer und Bauern schädigten. So galt er als ein ›Reformator‹ des schwäbischen Gaunerwesens. Auch waren die Aktionen des Konstanzer Hans nicht vornehmlich gegen Juden gerichtet.

Er wurde im August 1759 als Sohn eines armen Schusters geboren, geriet nur langsam und gegen immer wieder rege werdende Widerstände ins Räubermilieu, betrieb anfangs einen sakralen Devotionalienhandel und kam 1783 ebenso wie der Räuber Hannikel unter die kriminalistische Fürsorge des Oberamtmanns Schäffer von Sulz, der ihn nicht an den Galgen brachte, sondern sich für ein milderes Urteil einsetzte. Der Konstanzer Hans kam ins Ludwigsburger Zuchthaus, wurde schließlich begnadigt und starb voller Reue 1793 im freiwilligen Armenhaus zu Ludwigsburg.

In ihm hatte Schäffer einen unschätzbaren Assistenten gefunden. Über 500 Gauner machte er namhaft, er verriet an die hundert Diebesherbergen und verhinderte, daß das Kloster Maria–Einsiedeln einem Brandanschlag zum Opfer fiel. Auch verfaßte er in der Haft ein Wörterbuch der Gaunersprache, das wie der Liber vagatorum von 1510 zur linguistischen Aufhellung des dunklen Räuber-, Gauner- und Vagantenmilieus beigetragen haben mag. (Vgl. E.Arnold, Ein schwäbischer Räuber als Verfasser eines Sprachführers, in: Literarische Beilage des Staats=Anzeigers für Württemberg, Jg. 1909, Nr. 19, S.301–304)

Georg Jakob Schäffers Durchleuchtung des Konstanzer Hans und seiner (wenigen) Raubgenossen zog sich über fast zwei Jahre hin. In einem Bericht an die herzögliche Regierung versucht er, den ausgedehnten Untersuchungszeitraum zu rechtfertigen:

»(...) Ich bemerke aber nur, daß ich 1. von in- und ausländischen Obrigkeiten nach und nach 30.480 Blatt Inquisitionsakten zusammenkommen lassen und meistens alles lesen mußte, um die Verhafteten von ihren Missetaten genugsam überzeugen zu können; 2. mußte ich mit 221 ausländischen Herrschaften und Obrigkeiten und mit verschiedenen nicht nur einmal, sondern zehn-, zwanzig- und dreißigmal kommunizieren und diesen allein an Protokollauszügen und Briefen 4.240 Blatt, im ganzen aber 8.702 Blatt nur abschreiben lassen, wozu ich alle Briefe nur bei Nacht konzipierte, aus welch allem erhellt – 3. daß diese äußerst beschwerliche Inquisition wohl in acht hätte eingeteilt werden können, wie denn allein eine Diebsliste von 1.131 Köpfen von den allergrößten Dieben aufgenommen wurde, deren Beschreibung eine lange Zeit erfordert; 4. bekam ich sechs Inquisitionen dazwischen, die ebenfalls einige Wochen hinwegnahmen.« (E.Eggert, Oberamtmann Schäffer von Sulz. Ein Zeit- und Lebensbild aus dem Ende des vorigen Jahrhunderts, Stuttgart 1897, S.23)

Die ›Beischläferin‹ des Konstanzer Hans, die ›berüchtigte‹ Schleifenberbel, Tochter eines Scherenschleifers, wird nicht nur vom Autor der ›schwäbischen Gaunergeschichte‹ als ein gerissenes, tief böses Weib vorgestellt, die den Hans recht eigentlich auf die abschüssige Bahn gelockt habe.

Auch in der Forschungsliteratur wird der Gauner–Frauen (so auch der Christina Schettinger, der zweiten Frau des Sonnenwirtle) als der mächtig–matriarchalischen Drahtzieherinnen und Räuber–Erzieherinnen gedacht. (»Unersättliche Wollust, Herrschsucht, Arglist, heimtückische Bosheit, Verstellung, Scheinheiligkeit, kaltblütige Rachsucht«, Eggert, a.a.O., S.20)

Über das Ende der Schleiferberbel weiß man nichts Genaues. Eine Gaunerin behauptete 1811, die Berbel laufe mit 71 Jahren immer noch auf dem Lande umher (nach C.Küther, Räuber und Gauner in Deutschland. Das organisierte Bandenwesen im 18. und frühen 19. Jahrhundert, Göttingen ^{2}1987, S.84), während der Oberamtmann Schäffer ein anderes Ende zitiert:

»Auf die schon öfters erhaltenen vielen Anfragen wird hier noch weiter nachrichtlich angefügt, daß die Anno 1783 aus Nachlässigkeit eines Wächters aus dem Gefängnis hier (in Sulz) entkommene Erzgaunerin Schleiferberbel den 23. Februar 1793 sich an der Türangel in dem Zuchthaus zu Pforzheim selbst erhängt habe.« (Nach C.Küther, a.a.O., S.84)

Der Pfarrer Johann Ulrich Schöll, mutmaßlicher Verfasser der ›Lebensgeschichte‹ des Konstanzer Hans und Freund des Schäffer von Sulz (Avé–Lallemant hält den letzteren für den Autor, was der in der Einleitung zum Hannikel–Roman erwähnten Gründe wegen ausgeschlossen scheint), hat keine traditionelle ›Relation‹, keinen bloß ›actenmäßigen Bericht‹ geschrieben. Ausdrücklich reklamiert er für sich, eine *Biographie* verfaßt zu haben, welche die Entwicklung des Räubers in psychologischen, moralischen und gesellschaftlichen Kategorien beschreibt und reflektiert.

Die Räuberexistenz wird nicht als Warn- und Mahnmaterial ausgeschlachtet, die schließliche ›Bekehrung‹ nicht propagandistisch verwertet. Vielmehr interessiert die Entwicklungsgeschichte des Charakters, wird das Verhältnis von individueller Schuld und sozialen Bedingungen untersucht. »Den ganzen geheimen Gang seiner Seele durch alle Auftritte seines Lebens hindurch« wollte Schöll erkunden und erzählen. Das ist ihm in einem ganz außergewöhnlichen Maße gelungen. All dies macht diese ›schwäbische Gaunergeschichte‹ zu einem bedeutenden biographischen Text des 18. Jahrhunderts. Zudem handelt es sich hier um ein markantes, frühes Beispiel dokumentarischer Literatur. Pfarrer Schöll hat nicht nur die Aktenberge des Oberamtmanns gesichtet, er hat in einer

Reihe von Gesprächen mit dem Konstanzer Hans dessen Lebensgeschichte erfragt; dabei kam ihm das außerordentliche Gedächtnis des Räubers zugute. Nicht nur deshalb handelt es sich bei dem Buch über den Konstanzer Hans um spannende Literatur.

Quelle:

(Johann Ulrich Schöll), Konstanzer Hanß. Eine Schwäbische Jauners=Geschichte aus zuverläßigen Quellen geschöpft und pragmatisch bearbeitet, Stuttgart 1789.

Literatur:

E. Eggert, Schäffer und der Konstanzer Hans, in: ders., Oberamtmann Schäffer von Sulz. Ein Zeit- und Lebensbild aus dem Ende des vorigen Jahrhunderts, Stuttgart 1897, S.13–26.

Johann Ulrich Schöll

Konstanzer Hans

Eine schwäbische Gaunergeschichte aus zuverlässigen Quellen geschöpft und pragmatisch bearbeitet

Unter der Bande von Gaunern, deren Tummelplatz das südliche Schwaben und der nördliche Teil der Schweiz ist, machte sich in den Jahren 1779 bis 1783 ein gewisser Konstanzer Hans berüchtigt. Johann Baptista Herrenberger ist sein eigentlicher Name. So kurz die Zeit seiner Verbindung mit ihnen war, so merkwürdig ist sie in der Geschichte derselben, wegen der Rolle, die er unter ihnen spielte, wegen des Einflusses, den er auf die Gaunerei hatte, wegen der Tätigkeit, mit welcher er bei seinen Einbrüchen und Diebstählen zu Werke ging, und wegen der Schicksale, die er durchlief.

Alles vereinigte sich bei ihm, was einen großen Gauner bildet. Sein Körper, obgleich nur von mittelmäßiger Größe, war voll rüstiger Kraft, starkgliedrig und behend, seine Arme nervicht und stark, seine Schultern breit, seine Füße so schnell, daß kaum ein Pferd ihn einholte, sein Blick, aus dem der entschlossene Mann hervorschaute, wild und drohend, seine Stimme volltönig und schreckend.

Zu diesen Eigenschaften des Körpers gesellten sich noch wichtigere des Geistes – ein nicht gemeiner Verstand, ein bewundernswürdiges Gedächtnis, ein treffender Witz, eine seltene Verschlagenheit, ein Mut, der die kühnsten Unternehmungen wagte und allen Gefahren und Beschwerden trotzte, eine Herzhaftigkeit, die es mit jedem aufnahm, eine Gegenwart des Geistes, die sich auch bei dem schnellsten Überfall und bei der unerwartetsten Verlegenheit nicht verlor und auf der Stelle Auskunftsmittel in Bereitschaft hatte, eine für Leute seiner Art hinreißende und überwältigende Beredsamkeit, eine Fertigkeit, alles irgendwo Gehörte und Gelernte zu seinem Vorteil zu benutzen, eine Biegsamkeit, die sich in jede Lage schicken konnte, eine Geschicklichkeit, die alles gut und mit Erfolg anzugreifen wußte.

Sein Temperament war feurig, Stolz und Wollust und Zorn waren die Leidenschaften, die ihn in seinem Gaunerleben beherrschten. Kühne Streiche auszuführen und unter seinen Kameraden gefürchtet und der Erste zu sein war der Ruhm, den er suchte. Keiner durfte sich neben ihm trotzig erheben, er wurde, wenn es auch der Überlegenste gewesen wäre, entweder auf der Stelle oder bei der nächsten Gelegenheit heruntergesetzt. Er liebte einen schönen Anzug sowie gutes Essen und Trinken, war, bei einem unmäßigen Hang zur Lustigkeit, ein Freund aller Ergötzungen und in verbotener Liebe ausschweifend, wiewohl mehr durch Verführung und Gewohnheit als durch Stärke der Neigung. Schnell wallte er zum wütendsten Zorn auf, und dann war er grausamer Entschließungen und Taten fähig.

Doch zeigten sich in seiner tiefsten Verdorbenheit immer noch edle Überreste von Sittlichkeit und guten Eigenschaften. Er war leicht bewegt, großmütig und gutherzig, nicht ohne lebhaftes Gefühl für Recht und Unrecht, ein Feind der Niederträchtigkeit und schleichenden Bosheit, beim glühendsten Zorn bald wieder besänftigt, auch gegen seine größten Beleidiger nicht unversöhnlich, offen und gerad in seiner Art zu handeln und ehrlich genug, sich selbst wegen seines lasterhaften Lebens für einen Nichtswürdigen zu erklären.

Hundertmal geschieht's, daß einer mehr durch eine ungünstige Lage und durch widrige Zufälle als aus Neigung und Wahl ein Bösewicht wird. Dies war der Fall bei Hans. Nicht Liederlichkeit und Liebe zum Laster führten ihn unter die Diebsbande ein. Eine Reihe von unglücklichen Umständen vereinigte sich, ihn, der die trefflichsten Anlagen hatte, der in anderen Verhältnissen vielleicht der beste, brauchbarste Mensch geworden wäre, zum schädlichsten Mitglied der menschlichen Gesellschaft zu machen.

Schon seine Abstammung war ihm nicht günstig. Seine Eltern waren zwar nicht selbst Gauner, aber sie gehörten zu einer Menschengattung, von welchen der Übergang zu den Gaunern nur allzuleicht und gewöhnlich ist. Von ansässigen Handwerksleuten erzeugt und schlecht erzogen, waren sie eine Art von Abenteurern und Bettlern geworden.

Sein Vater, von Konstanz gebürtig – daher der Name Konstanzer Hans –, hatte dort das Schusterhandwerk erlernt, seine Lehre aus Unzufriedenheit mit seinem Meister verlassen, holländische Kriegsdienste angenommen, nach bald erhaltenem Abschied sein Handwerk in Konstanz vollends ausgelernt und dann sich auf die Wanderschaft begeben, wo er bald die Gewohnheit annahm, mehr umherzuwandern und zu betteln, als zu arbeiten.

Die Mutter, von Memersheim bei Aschaffenburg, hatte einen verdorbenen Tischler zum Vater, der, nachdem durch sein liederliches Leben, Vermögen und Ehre und alles dahin war, den Wanderstab ergriff und mit seiner Familie nach Rom wallfahrte. Die Tochter machte die Reise bis nach Graubünden mit, dort aber trennte sie sich aus Überdruß von den übrigen Pilgern, um in ihre Vaterstadt zurückzukehren. In Oberkirch suchte sie auf ihrem Rückweg das Kapuzinerkloster auf, welches täglich jeden Bettler und Wanderer, der sich um die Mittagszeit einfindet, mit einer Suppe speist. Hier war es, wo sie – recht auf romanhafte Art – dem wandernden Schuster ihre Hand gab. Er war zu gleicher Zeit mit ihr vor dem Kloster angekommen, um da seine Suppe zu essen. Sie sahen sich das erste Mal, gefielen einander, wurden unter wechselseitigen Gesprächen vertraulich, verlobten sich auf der Stelle und ließen sich im Badischen kopulieren*.

* verheiraten

Herrenberger hatte in seinen Wanderjahren die Täler am Schwarzwald als eine Gegend kennengelernt, wo arme Leute, selbst wenn sie auch nicht arbeiten wollen, ihren Unterhalt finden und ganz gut leben können. Diese Täler sind mit vielen Bauernhöfen besetzt, deren Bewohner beträchtliche Strecken von Feldern und Waldungen besitzen. Der zum Teil sehr fruchtbare Boden bringt ihnen Feld- und Baumfrüchte im Überfluß hervor und gibt auch da, wo er minder fruchtbar ist, doch ihren zahlreichen Viehherden die beste Weide. Sie sind daher meistens sehr wohlhabend und gehören unter die reichsten in Schwaben. Mit ihrem Reichtum verbinden sie eine seltene Gutherzigkeit und Freigebigkeit. Jeder Dürftige, jede Bettlersfamilie findet bei ihnen Aufnahme, empfängt ihr reichliches Almosen, kann nach Belieben auf ihrem Herd kochen, an ihrem Tisch essen, in ihrer Wohnstube schlafen und fast wie Hausgenossen, nach Beschaffenheit der Umstände wochenlang, unter ihnen wohnen. Von eigenen Mitteln entblößt, fand also der neuvermählte Schuster am ratsamsten, sich in diesem Bezirk niederzulassen.

Er hatte sich ungefähr ein Jahr da aufgehalten und angefangen, sich zu einem geschäftigen Leben zu bequemen, als sein Wandergeist aufs neue durch einen Besuch geweckt wurde, den er von seinem ihm noch unbekannten Schwäher* erhielt. Dieser Abenteurer, der seine Wallfahrt von Rom aus nach St. Jago† in Spanien fortgesetzt hatte und eben jetzt von daher zurückkam, machte seinem Tochtermann eine so reizende Schilderung von dem Pilgerleben, daß dieser der Aufforderung nicht widerstehen konnte, eine neue Pilgerreise nach Spanien mit ihm zu unternehmen. Es war eine Familientruppe von sechs Personen, welche mit Weltbürgersinn ihre Bündel auf den Rücken nahmen und ins ferne Land hinzogen. Eine davon wurde auf der Hinreise in Frankreich durch den Tod weggerafft. Herrenberger und sein Weib hatten das Unglück, in Spanien von einer Krankheit befallen zu werden, an der sie ein halbes Jahr darnieder lagen. Dessen ungeachtet ließen sie sich, da sie kaum wieder glücklich in ihr Vaterland zurückgekommen waren, von einem gewissen Pilger–Jergle überreden, auch vollends nach Rom zu wallfahren. Nach einer halbjährigen Abwesenheit trafen sie wieder bei Oppenau ein und blieben, was nach solchen Vorgängen kaum zu erwarten war, von da an viele Jahre hindurch ruhig in den gesegneten Tälern. Im Sommer versahen sie Taglöhner–Geschäfte in dem benachbarten Kloster Allerheiligen, im Winter zogen sie auf den Höfen herum, wo der Schuster auf seinem Handwerk arbeitete, und sein Weib Zeunen‡ verfertigte, mitunter auch das Betteln trieb. Auf einem dieser Höfe wurde Hans im August 1759 geboren.

Es ist ein Teil seines Unglücks, daß er in einer Gegend in die Welt eintrat, welche damals mit Bettlern, Zigeunern und allem liederlichen Gesindel überschwemmt war. Kein Tag verging, wo nicht mehr als hundert derselben im Klo-

* Schwiegervater
† berühmter Wallfahrtsort in Nordspanien
‡ Körbe

ster Allerheiligen erschienen und da ihr Almosen, teils an Brot teils an warmen Speisen, empfingen. Auf den benachbarten Höfen waren sie wie einquartiert, und ein einziger Bauer konnte deren an einem Tag dreißig bis vierzig bei sich einkehren sehen und oft ebenso viele bei sich über Nacht haben. Hans, der die eine Hälfte des Jahres in Allerheiligen, die andere auf den Bauernhöfen mit seinen Eltern hinbrachte, wuchs also gleichsam im Zirkel dieser Leute auf. Ihre Kinder – die ungezogensten und ausgelassensten, die es geben kann – waren von seinen frühesten Jahren an seine Gesellschafter, und er hatte mit ihnen seine jugendlichen Spiele und Unterhaltungen. Wie manche leichtfertige Rede, die er von ihnen hörte! Wie mancher Mutwillen, den er ihnen absah! Wie mancher schlimme Eindruck, den seine sich entwickelnde Seele in ihrer Mitte bekam! Auch dies abgerechnet, war seine frühe Bekanntschaft mit ihnen schon aus dem Grund gefährlich für ihn, weil mehrere dieser seiner jugendlichen Kameraden gleich im Jünglingsalter das Betteln mit dem Stehlen vertauschten und zu den Gaunern übergingen. Immer bleibt bei uns eine gewisse Neigung und Vorliebe zu denen zurück, die in der Jugend unsere Bekannten gewesen sind und mit denen wir die ersten – unschuldigen oder ausgelassenen – Freuden des Lebens genossen haben. Es bedurfte also in der Folge nur irgendeiner Versuchung, so konnte Hans leicht dazu kommen, die Freundschaft, die er mit jenen Verdorbenen in seinen Knabenjahren unterhalten hatte, zu erneuern und das zu werden, was sie waren.

Doch dem hätte vorgebeugt werden können, wenn nur der muntere und fähige Knabe so glücklich gewesen wäre, Erziehung und Bildung zu bekommen. Aber diese wurde von seinen Eltern gerade so besorgt, wie es von Leuten ihrer Art zu erwarten war, das heißt mit der äußersten Nachlässigkeit und Verkehrtheit. Schon den nötigen Unterricht versäumten sie beinahe ganz. Sie schickten ihn nie zur Schule, unerachtet es ihnen an Gelegenheit dazu nicht fehlte. Und selbst die Lehrmeisterstelle bei ihm zu vertreten, dazu waren sie teils zu bequem, teils zu ungeschickt. Sein Vater war zwar in seiner Jugend gut unterwiesen worden, konnte gut lesen und schreiben, selbst seine Religionskenntnisse erhoben sich über die gemeinen*, und er machte wirklich einmal bei den Bauern, deren Höfe er als Schuster besuchte, etliche Winter hindurch auch zugleich den Schulmeister. Aber Hans war damals noch nicht in dem Alter, daß er ihn hätte unter seine Schüler aufnehmen können, und nachher, da dieses Schulhalten aufhörte, kramte der Vater in müßigen Stunden lieber seine Wissenschaft in Gesprächen mit Erwachsenen aus, als daß er seinem Sohn einen Unterricht gab, für den ihm nichts bezahlt wurde, und der Ruhm, für einen einsichtsvollen Mann bei dem Pöbel zu gelten, war ihm wichtiger als die Freude, auch nur die unentbehrlichsten Kenntnisse und die allerersten Religionsbegriffe seinem Sohn beizubringen. Alles, was er tat, bestand darin, daß er ihn zur äußersten Not buchstabieren lehrte. Von sittlicher Bildung, durch weise Lehren und zweckmäßige Ermahnungen war bei ihm

* allgemeinen

gar die Frage nicht. Hans erinnert sich nicht, in seiner Jugend auch nur einmal über Gegenstände der Religion vertraulich von ihm unterhalten worden zu sein.

Und zum Unglück ersetzte diesen Mangel die Mutter nicht, die den Knaben die meiste Zeit um sich hatte und am leichtesten auf ihn hätte wirken können. Selbst in der Erziehung vernachlässigt, hatte sie weder Einsicht noch Willen, ihm gute Gesinnungen einzuprägen und Religion in sein Herz zu pflanzen. Er lernte weiter nichts von ihr, als das Vaterunser, den Glauben, den englischen Gruß* und das Dreikönigsgebet ohne Verstand und Empfindung auswendig hersagen. In die Kirche wurde er wohl auch zuweilen mitgenommen, aber was konnte das für einen Nutzen bei dem ganz unwissenden Knaben haben? Er sah da nur geheimnisvolle Gebräuche, hörte nur rätselhafte Worte, bei denen sein Verstand nichts denken und sein Herz nichts empfinden konnte.

Vernachlässigt blieben also alle die trefflichen Anlagen, mit welchen er von Natur ausgerüstet war, unangebaut sein guter Verstand, dessen Fähigkeit früh durchschimmerte, ungebildet sein Herz, in welchem der Keim mancher edlen Triebe und Gefühle lag. (...)

Zu diesen Fehlern kam der unglückliche Umstand, daß er schon in seinem Knabenalter zu einer Beschäftigung angehalten wurde, die gewöhnlich den Grund zur verdorbensten Gemütsart legt und die auch bei ihm die ersten kleinen Anfänge von dem, was er nachher wurde, veranlaßte. Als er ins elfte Jahr eingetreten war, verließ sein Vater aus Unzufriedenheit seine Taglöhnerdienste im Kloster Allerheiligen und begab sich zu einem Straßenbau bei Oppenau, wo sein Verdienst zur Erhaltung seiner Familie um so weniger zureichte, weil gerade damals die teuren Jahrgänge waren. Hans wurde also zwei Sommer hindurch die Woche etliche Male ausgeschickt und mußte eine bestimmte Anzahl von Bauernhöfen besuchen, um Brot und andere Lebensbedürfnisse zu erbetteln. Die Bauern schnitten ihm, wegen guter Bekanntschaft mit seinem Vater, die Stücke Brots größer als sonst zu. Diese Freigebigkeit machte er sich listig zunutze. Er schnitt die eingesammelten Portionen, die er zu Hause jedesmal nach der Zahl der ihm angewiesenen Höfe aufzählen mußte, unterwegs in zwei Teile: Den einen brachte er nach Hause, um seine Zahl richtig zu liefern, den andern aber setzte er in Oppenau bei armen Leuten für Geld um und kaufte sich Semmel dafür. Im Herbst bestieg er manchmal beim Hin- und Herwandern durch die fruchtbaren Täler die nahestehenden Bäume und schüttelte ein wenig Obst oder grub auf den Äckern Erdbirnen† aus.

Auf diese unbedeutenderen Diebstähle beging er auch einen von mehrerer Bedeutung. Er entwendete einem Krämer, der vor einer Kirche feil hatte, eine Tabakspfeife mit Zubehör; der Krämer ertappte ihn aber über der Tat, bläute ihm sogleich öffentlich mit einer derben Tracht Schläge den Rücken und empfahl ihn dem Vater zu weiterer Bestrafung. Dieser züchtigte ihn auch wirklich zu Hause

* beleidigend
† Kartoffeln

empfindlich genug, warnte ihn nachdrücklich vor dem Stehlen und, da bald nachher ein Zigeuner in Oberkirch des Stehlens wegen hingerichtet wurde, so nahm er Hans mit zur Exekution, um ihm die Folgen jener Verbrechen recht anschaulich und abschreckend zu zeigen. Aber so ganz anders dachte und handelte die schlimme Mutter, die ihn selber zu dem anhielt, wovor der Vater ihn warnte! Sie war gewissenlos genug, ihn selber einmal in der teuren Zeit zu einem nächtlichen Felddiebstahl mit der Versicherung, daß er damit nichts Unrechtes tue, aufzufordern, und da er nicht gehorchen wollte, ihn drohend dazu zu nötigen.

Auch außerdem sah und hörte er nicht nur von ihr, sondern selbst von seinem noch besseren Vater so viel Rohes und Schlimmes, daß seine sittlichen Gefühle notwendig dadurch abgestumpft und eine gewisse Roheit des Charakters bei ihm vorbereitet werden mußte. Oft war er in seiner frühen Jugend Augenzeuge, wie sein Vater in wildem Zorn die Mutter abprügelte, und fast täglich hörte er, wie sie einander schimpften und wechselweise einander Flüche zuwarfen.

Bei all diesen ungünstigen Umständen zeigte Hans in seinen Knabenjahren doch immer noch mehr Gutartigkeit als Bosheit. Er liebte seinen Vater bei all seiner Strenge; ein Semmel, den ihm derselbe von einem Jahrmarkt oder einer Wallfahrt mit nach Hause brachte, machte ihn alle die harten Schläge vergessen, die er von ihm bekam. Er gehorchte ihm auf den Wink, wo nicht gerade jugendliches Feuer ihn hinriß. Für seine Mutter hatte er zwar keine Achtung, weil ihm nur zu sehr auffiel, daß sie keine verdiene, aber er war doch artig genug, ihr nicht beleidigend zu begegnen und in den meisten Fällen ihr freiwillig gehorsam zu sein. An dem Betteln, wozu er von seinen Eltern angewiesen wurde, fand er sogar kein Vergnügen, daß es ihm vielmehr die lästigste Pflicht war, die ihm aufgelegt werden konnte. Ein inneres Gefühl empörte sich bei ihm wider die Erfüllung derselben. Schüchtern, wie einer, der ein böses Gewissen hat, schlich er in die Bauernhäuser, schamrot stand er da, wenn er um ein Almosen bat, und selbst durch die Gewohnheit konnte er die unverschämte Dreistigkeit nicht lernen, womit sonst Kinder seiner Art zu betteln gewohnt sind. Die Exzesse, welche er bei seinen Bettelwanderungen beging, rührten mehr von den Umständen her, in welchen er sich befand, als von einem Hang zur Liederlichkeit. Er hatte gewöhnlich noch einen anderen Knaben zum Gesellschafter, der in gleicher Absicht mit ihm ausging und in welchem aller jugendliche Mutwille wehte. Sie waren bei ihren Ausgängen ohne alle Aufsicht, ganz sich selbst, ihren Einfällen und Trieben überlassen, oft von Hunger gequält, lüstern, wie es alle Kinder sind, und einer wie der andere ohne Erziehung, ohne Begriff von dem, was recht oder unrecht ist. Unterwegs hatten sie zu beiden Seiten die Feld- und Baumfrüchte so nahe vor sich. Äpfel und Birne hingen so anlockend vor ihren Augen da. Aus Lüsternheit wurde also Hans an der Seite eines aufmunternden Kameraden ein Dieb im Kleinen, weil so vieles da war, das seiner Lüsternheit Raum und Reizung gab, und nichts, das ihr Widerstand getan hätte. Lüsternheit war es auch, die ihn zu dem Tabakspfeifendiebstahl verleitete. Er sah fast alle Bettler, die in jener Gegend sich aufhielten, Tabak rauchen. Dies erregte in ihm die

Begierde, das auch zu tun. Geld hatte er keines, um sich eine Pfeife zu kaufen, er stahl also eine auf Zureden seines Kameraden, da sich ihm eine Gelegenheit dazu anbot. (...)

Nun wäre es Zeit gewesen, ihn ein Handwerk lernen zu lassen. Er hatte sein vierzehntes Jahr erreicht, war in voller Jugendkraft, aufgelegt und bereit zu allem, wozu sein Vater ihn bestimmen würde, und erwartete mit Ungeduld die Zeit, wo er irgendwo in die Lehre treten könnte. Verschiedene Anerbietungen wurden dem Vater von Meistern gemacht, welche die Emsigkeit und Geschicklichkeit des Knaben bei dem Bauwesen bemerkt hatten. Ein Stukkador[*] wollte ihn ohne Lehrgeld annehmen. Ein Maurer trug sich unter vorteilhaften Bedingungen an. Aber der Vater war zu nichts zu bringen. Soviel er auch von der Sache sprach, so kam es doch nie bei ihm zur Entschließung. Bei den Anträgen, die ihm gemacht wurden, wußte er immer etwas auszusetzen. Und so kam bei dem Zaudern nichts zustande, bis eine Veränderung vorging, die vollends den Grund zu seinem ganzen künftigen Verderben legte.

In den teuren Jahrgängen[†] hatten sich die Bettler und das Gesindel bei Oppenau und in dem ganzen Bischöflich–Straßburgischen Gebiet bis zu einer ungeheuren Anzahl angehäuft. Aus den benachbarten Staaten vertrieben, hatten sie sich von allen Seiten her dort hingezogen, und viele waren auch durch den Ruf des Reichtums und der Guttätigkeit des Landes von ferne herbeigelockt worden. Man hatte diese beschwerlichen Gäste aufgenommen, geduldet und etliche Jahre mit aller Milde und Freigebigkeit beherbergt. Aber eben diese gütige Behandlung und der Wohlstand, in welchen sie sich dadurch versetzt sahen, hatten ihnen nach und nach Mut gemacht, die abscheulichsten Ausschweifungen zu begehen. Alle Gesetze der Ehrbarkeit, Schamhaftigkeit und guten Sitten wurden öffentlich von ihnen mit einer Frechheit übertreten, die ihresgleichen nicht hatte. Wo ein Haufen von ihnen sich gelagert hatte, da war ein Schauplatz der Zügellosigkeit. Im Angesicht und vor den Ohren der geistlichen und weltlichen Obrigkeit erlaubten sie sich die ärgsten Zoten. Sie wagten es selbst einmal, den Gottesdienst durch den unzüchtigsten Auftritt zu entweihen. Die Bauern auf den Höfen, welche bisher ihren Überfluß großmütig mit ihnen geteilt hatten, sahen vor ihnen nichts von dem Ihrigen mehr sicher. Obstschnitze[‡] und Hafer wurden ihnen ohne Anfrage aus den Backöfen genommen, und sie mußten der Übermacht nachgeben. Die Regierung wurde endlich müde, die Unordnungen zu dulden, und stellte Hatschiere[**] auf, die alles, was nicht als Bürger oder Beisitzer im Bischöflichen Gebiet ansässig war, in sein Heimwesen verweisen mußten.

Die Reihe traf also auch Herrenberger mit seiner Familie, die zwar nicht in die Klasse jener Ungezogenen gehörte, aber doch im Lande fremd war. Das Kloster

---

* Stuckateur

† Jahren mit hohen Teuerungsraten

‡ Backobststückchen

** Schützen, Jäger

Allerheiligen erbot sich, den Schuster als Taglöhner beizubehalten und zur obrigkeitlichen Einwilligung dazu behilflich zu sein. Aber der eigensinnige Mann schlug die gutgemeinte Anerbietung aus: Wenn alle Fremden fort sollen, so wolle er auch nicht bleiben, in Konstanz müsse man ihn doch aufnehmen. Die Mutter bat ihn dazubleiben. Hans wünschte nichts sehnlicher, aber er war nicht zu bewegen. Das Kloster wollte wenigstens den Sohn in seinen Diensten behalten und versorgen, und wie freudig klopfte Hans das Herz, da er dies hörte! Aber umsonst, er mußte mitgehen. In Konstanz, sagte der Vater, wollte er ihn bei seinem Vetter die Gärtnerei lernen lassen; und die Mutter, um ihr Mut zum Abzug zu machen, unterhielt er mit Versicherungen, daß er in seiner Vaterstadt noch eine Erbschaft einzutun hätte.

Sie zogen also aus dem Bischöflichen Gebiet ab, in welchem sie sich seit siebzehn Jahren aufgehalten hatten; und dies war der unüberlegteste Schritt, den Herrenberger tun konnte. Als ein Mann, dessen ganze Barschaft in etwa zwabzig Gulden bestand, der ein Weib und zwei Kinder zu ernähren hatte, verließ er einen Platz, wo er mit seiner Familie lebenslängliche Versorgung hätte haben können, ganz aufs Ungewisse und ohne alle sichere Aussicht; denn unzuverlässig war alles, was er von seiner Vaterstadt erwartete. Er hatte dort zwar noch ein wenig zu erben; aber zwanzig Jahre hatte er sich nicht darum gemeldet, und alle bürgerliche Ansprache an die Stadt durch seine Verheiratung an eine Ausländerin verloren. Er wurde also, da er dort ankam und seine vermeinten alten Rechte geltend machen wollte, um so mehr abgewiesen, je brutaler der Ton war, in welchem er sprach. Dies brachte ihn äußerst auf; und nun sollte der Sohn auch nicht als Lehrjunge in einer Stadt sein, die ihm so wenig Gerechtigkeit hätte widerfahren lassen. (...)

Hans war jetzt in dem Alter, wo man mehr als in jedem anderen Vergnügen und Belustigung sucht. Der Hang dazu regte sich in ihm mit der Heftigkeit, die sein Temperament erwarten ließ und wurde noch verstärkt durch die vielen Gelegenheiten, die er hatte, andere lustig zu sehen. Er mußte, um guten Verschluß* zu machen, Jahrmärkten, Kirchweihen, Wallfahrten usw. mit einer Warenkiste nachziehen. Und da war alles um ihn so munter, da drangen von allen Seiten Gegenstände auf ihn ein, die ihn zur Lustigkeit weckten. Wie gerne hätte er sich da auch in einem Wirtshaus in dem Zirkel der Jünglinge niedergesetzt, auch sein Glas Wein oder Bier getrunken und dem Spiel zugesehen oder auch selbst mitgespielt! Aber hierzu gehörte Geld, und er hatte keinen Kreuzer Eigentum – und doch immer eine ziemliche Barschaft, die er aus Waren erlöst hatte und seinem Vater bringen mußte. Eine zu starke Versuchung für ihn! Er vermochte es nicht, ihr zu widerstehen. Er tat, was er nie getan haben würde, wenn sein Vater auch nur zuweilen mit einigen Kreuzern seinen Fleiß belohnt hätte. Er behielt von Zeit zu Zeit etwas von dem erlösten Geld zurück, um bei Gelegenheiten des Vergnügens in der Gesellschaft junger Leute erscheinen, an ihren Lustbarkeiten teil-

* Gewinn

nehmen und seine Neigung zum Spielen, die er von den Schwarzwälder Bauern angenommen hatte, befriedigen zu können. Er erlaubte sich diese heimlichen Entwendungen ohne Bedenken, weil er nichts zu nehmen glaubte, als was ihm von Rechts wegen gebühre. Doch schränkte er sich dabei immer auf wenig ein. Sechs bis acht Kreuzer waren das höchste, was er zuweilen für sich abzog, weil er den Genuß der Vergnügungen nie bis zu großem Aufwand trieb. Manche, denen sonst Jünglinge leidenschaftlich ergeben sind, versagte er sich ganz. Der Tanz hatte für ihn damals noch keine Reize und belustigte ihn höchstens als Zuschauer. Die Freuden der Liebe suchte er nicht. Ein gewisses Gefühl von Ehre hielt ihn von allem vertraulichen Umgang mit dem andern Geschlecht zurück, und er errötete vor Handlungen, die die Schamhaftigkeit beleidigen.

Nicht genug, daß ihm der Vater die kleine Freude versagte, ihm zuweilen etliche Kreuzer zu schenken und ihn dadurch zum Stehlen verleitete, er hielt ihn auch in anderen Sachen so kurz als möglich. Der Jüngling voll Selbstgefühl mußte immer, auch bei dem glücklichsten Fortgang des Handels, in den allerschlechtesten Kleidern gehen, wurde immer mit dem kargsten und schlechtesten Essen abgefertigt, und wenn er nur die mindeste Unzufriedenheit darüber merken ließ, so drohte ihm der Vater mit Schlägen oder prügelte ihn auf der Stelle ab. Er schränkte seine Freiheit auch da ein, wo er sie ihm ohne Bedenken hätte gestatten können, und verursachte dadurch, daß Hans ihm wirklich einmal auf einige Wochen entlief und lieber bei einem Bauern als Viehhirt Dienste tun, als unter der Botmäßigkeit eines so eigensinnig strengen Vaters stehen wollte. Auch bei dem Handel, den doch der Sohn bei weitem besser verstand als er, wollte er ihm vorschreiben. Hans sollte immer nur gerade an dem Ort feil haben, den er ihm angab, und wenn er nur, wo er ohne den offenbarsten Schaden nicht gehorchen konnte, in aller Ordnung Gegenvorstellungen machte, so fuhr der Vater auf, warf ihm Ungehorsam vor und brach in Schimpfworte und Drohungen aus.

Gerade zu so einem Auftritt kam einmal ein Gauner, den seine Gesellschaft Schul–Toni nannte. Er war einer von denen, die Hans in seinen Kinderjahren in den Tälern kennengelernt hatte, ein junger Mann von der ansehnlichsten Größe, kühn, unternehmend und trotzig, unter den Gaunern einer der ersten und gefürchtetsten, noch nicht lange verheiratet an eine Witwe, die ihm zwei Töchter und darunter eine mannbare zugebracht hatte. Von drei seiner Brüder, auch Bekannten von Hans, hingen schon zwei am Galgen, und einer trieb noch mit ihm das Diebshandwerk. Schon verschiedene Jünglinge hatte er dem bürgerlichen Leben und ihrer Bestimmung durch seine verführerischen Beredungen entrissen und unter die Gauner eingeführt.

Hans, dessen Herz jetzt eben ganz voll war, konnte sich nicht enthalten, es in Klagen über die harte Begegnung des Vaters in den Schoß dieses seines ehemaligen Bekannten vertraulich auszuschütten. Er müsse durch seinen Handel seine ganze Familie erhalten; dafür bekomme er nie auch nur eine Kleinigkeit geschenkt, dürfe nicht einmal für einen Kreuzer Tabak kaufen und werde noch dazu immer ausgezankt und gescholten. »Warum bist du auch so ein Tor und leidest das?« versetzte Toni. »Mir hätte mein Vater nicht so mitspielen dürfen. Du bist ein Bursch, der sich jetzt selbst fortbringen kann. In deinem Alter habe ich schon ein Weib gehabt. Was bekümmerst du dich um deinen Vater? Laß ihn seinen Handel selber führen und fange du einen mit mir an. Ich habe 300 fl. Bargeld, dafür wollen wir einkaufen. Den Gewinn teile ich mit dir. Ich gebe dir, wenn du willst, meine Stieftochter und mit ihr 100 Taler. Mich dünkt, du sollst so glücklicher werden, als du es jetzt bist.«

Hans sah stumm vor sich hin. Die Aussichten, die ihm Toni eröffnete, machten einen so viel stärkeren Eindruck auf ihn, je mehr er durch den eben jetzt vorgekommenen Auftritt dazu gestimmt war. Im ersten Augenblick der Vorstellung ergriff seine Seele Tonis Vorschlag, aber dann kamen auch gleich wieder Gedanken, die ihn zurückzogen und unentschlossen machten. »Ich mag doch meinen Vater nicht verlassen«, sagte er. »Du wirst es aber nicht bei ihm aushalten«, erwiderte Toni, »und dann weißt du, wo du mich auffinden kannst und was du von mir zu erwarten hast.« So schieden sie.

Und vielleicht würde der Eindruck, den diese Zusammenkunft auf Hansens Seele gemacht, sich wieder verloren haben, wenn nicht unmittelbar darauf die Wunderlichkeit seines Vaters durch einen gewissen Vorfall den höchsten Grad erreicht hätte. Hans war, unter dem Vorwand, daß sein Paß nicht richtig sei, als ein aufblühender gutgewachsener Jüngling zu einem kaiserlichen Soldaten weggenommen worden, und seine Eltern, die hierüber untröstbar waren, konnten ihn nicht anders wieder losbekommen, als sie mußten sich mit dem Werboffizier abfinden, der sich mit 9 fl. zufriedenstellen ließ. Dies war für den Schuster ein schmerzliches Opfer. Äußerst empfindlich wurde es ihm aber erst vollends dadurch, daß die Halbbettlerin, die den Handel mit ihm gemeinschaftlich führte und die Hälfte dieses Verlusts leiden sollte, sich allem Ersatz entzog. Er rächte sich zwar an ihr dadurch, daß er gleich mit ihr abteilte. Aber die 9 fl. waren nun einmal weg. Dies machte ihn voll Mißmut. Er hätte sie gern so bald als möglich durch den Handel wieder eingebracht. Aber zum Unglück ging dieser gerade damals auch nicht gut, und daran war gerade sein Eigensinn schuld, weil er seinen Sohn allen Vorstellungen zum Trotz nötigte, in einer Gegend seine Waren feilzutragen, wo dieser voraussah, daß er sie nicht anbringen würde. Hans sollte aber dessen ungeachtet guten Verschluß machen, und wenn er von den Dörfern, die er besuchte, ohne Geld zurückkam, so war der Vater voll Unwillen, gab bloß seiner Ungeschicklichkeit und Nachlässigkeit schuld und schalt und schimpfte über ihn unaufhörlich von einem Tag zum anderen. (...)

Noch bis dahin hatte er sich sehr lenksam und seinem Vater bei all seiner Wunderlichkeit, selbst bis zu ungewöhnlichen Aufopferungen, gehorsam bezeugt, hatte sich nach seinen eigensinnigsten Einfällen bequemt, hatte sich Schimpfworte und Schläge gefallen lassen und die Gärung unterdrückt, die dadurch in seinem Gemüt entstand. Aber jetzt war auch der Zeitpunkt bei ihm eingetreten, wo er mit Verstand und äußerster Behutsamkeit behandelt werden mußte, oder er war verloren. Er hatte jetzt sein achtzehntes Jahr und mit demselben schon seine völlige körperliche Größe erreicht, war also in dem Alter, wo der Jüngling auf eine eigene Art seine entwickelten Kräfte fühlt, sie selbst zu brauchen strebt und jeden zumal unverständigen Zwang um so weniger vertragen kann, je größer seine Anlagen sind: in dem Alter, wo neue Gedanken und Entwürfe in ihm erwachen und er auf dem Scheideweg steht, entweder tugendhaft oder lasterhaft zu werden. Und eben jetzt hatte auch Toni neue gefährliche Vorstellungen in ihm geweckt und durch seine reizenden* Vorschläge die Bande lockerer gemacht, die ihn an seinen Vater und an seine Pflicht banden.

Gerade in diesem entscheidenden Zeitpunkt nun, der so viel kluge Schonung forderte, hatte Hans das Unglück, mit der unverständigsten Hitze und Bitterkeit und mit mehr Wunderlichkeit von seinem Vater behandelt zu werden als je vorher. Dies hatte die Folge, die es unvermeidlich haben mußte. Seine Seele wurde dadurch nach und nach zu der gefährlichsten Reizbarkeit gespannt. Jeder neue Ausbruch des väterlichen Unwillens erinnerte ihn lebhafter an Tonis Vorschläge, reizte ihn stärker, sie zu ergreifen; und es bedurfte jetzt nur noch vollends irgendeines empörenden Anlasses, so mußte der unglückselige Umsturz erfolgen.

Ein solcher Anlaß konnte bei der gegenseitigen Stimmung der Gemüter nicht lange ausbleiben. Er ergab sich bald in Überlingen am Bodensee, wo sie den Tag vor Jakobi† 1777 angekommen waren. »Du mußt morgen in Bollingen aufs Jakobifest feil haben«, sagte der Vater. »Es ist dort nichts zu machen«, versetzte der Sohn, »ich bin vor einem Jahr dort gewesen und habe nichts verkauft.« »Du bist nur zu faul dazu, und du mußt mir doch hingehen, und das gleich.« – »Das kann ich, wenn es sein muß, aber es ist morgen früh noch Zeit dazu.« Der Morgen kam. – »Du kannst hier noch vorher in die Frühmesse gehen«, sagte der Vater

S.: »Das kann ich ja auch in Bollingen, es ist doch immer besser, wenn ich früh dort bin.«

V.: »Hier mußt du darein.«

S.: »Ich habe auch heute noch keinen Bissen bekommen, gestern gab man mir keine Suppe. Vorgestern hatte ich auch nichts Warmes. Die Mutter soll mir vorher ein Essen machen.«

V.: »Das ist nicht nötig.«

Er ging mit dem Vater nüchtern in die Messe.

»Ich bin jetzt in der Kirche gewesen«, sagte Hans, als sie zurückkamen. »Jetzt hoff' ich ein Essen zu bekommen.«

M.: »Man kocht jetzt noch nicht.«

S. (etwas hitzig): »Ich muß einmal etwas Warmes haben, da ich den ganzen Tag feil haben soll: Ohne das kann und werd' ich nicht von hier abgehen.«

V.: »Du bist ein erzliederlicher Kerl und Taugenichts; willst mehr fressen als arbeiten und deinem Vater nicht mehr folgen. Aber wart, du sollst mir noch hart dafür büßen.«

---

* lockenden

† 25. Juli

S.: »Wie geht ihr aber auch mit mir um? Ihr schafft mir keine Kleider an: Strümpfe, Schuhe, Rock, alles ist an mir zerrissen, und nicht einmal mein Essen wollt ihr mir geben.«

Dies machte den Vater wütend. Er ergriff sein Beil und ging damit auf den Sohn los. Dieser, obgleich dem Vater an Kräften überlegen, wollte entfliehen und eilte in dieser Absicht einer vermeintlichen Hintertür in dem Haus zu, in welchem sie waren. Weil er aber keine fand und den Vater mit dem Beil auf dem Rücken hatte, wandte er sich gegen ihn um, faßte schnell seine beiden Arme und hielt sie fest, um sich Sicherheit zu verschaffen. »So«, sprach der Vater, »du willst dich gar noch an mir vergreifen? Bei Gott! Ich werde dich der Obrigkeit überliefern, du mußt mir Soldat werden.« »Wenn's das ist«, sagte der Sohn, »so muß ich euch verlassen, ihr treibt mich mit Gewalt fort.« »So geh zum Teufel«, erwiderte der Vater. Hans ergriff das als Signal zum Aufbruch, nahm seine Warenkiste, ging damit weg und tat den ersten Schritt ins Gaunerleben. (...)

Doch war er immer noch zu schüchtern, in der Gesellschaft der Gauner zu bleiben. Die Furcht, er möchte verraten werden, und die Erinnerung an seinen Vater, von dem er nichts Gutes erwartete, wenn er seine Gemeinschaft mit Gaunern und seine mit ihnen vollbrachte Taten erführe, ließen ihm keine Ruhe. Er riß sich also auch vollends von diesem letzten Kameraden los, nahm seine Kiste da, wo er sie niedergestellt hatte, wieder auf und eilte damit seinem Vater zu. Aber eine gewisse Neigung zu Gaunern und ihrem lustigen zwanglosen Leben hatte sich doch nun schon einmal bei ihm festgesetzt, und in dem Grade war die Liebe zu seinem Vater vermindert, die er bis dahin bei allen Aufwallungen des gereizten Unwillens gegen ihn doch noch immer beibehalten hatte. Er ging mit dem Entschluß zu ihm zurück, nur in dem Fall bei ihm zu bleiben, wenn er ihn gelinder als vorhin behandeln würde, und nach Belieben wegzulaufen, wenn er seine alte wunderliche Strenge gegen ihn fortsetzen wollte.

Unglücklicherweise wurde er bei seiner Zurückkunft von seinem Vater auf eine Art empfangen, die ihn in diesem Entschluß bestärkte. Der Vater hatte ihn kaum erblickt, als er mit einer Ladung der ausgesuchtesten Schimpfwörter über ihn losbrach und ihn wegen seines neuen Anzugs, der Verdacht bei ihm erregte, zur Rede setzte. Hans, der sich gleich bei der ersten Begrüßung wieder so ganz in seiner alten Lage sah, verlor augenblicklich wieder allen Mut, bei seinem Vater zu bleiben; und nur die Rücksicht auf seine Sicherheit machte, daß er ihm nicht gleich wieder entlief. Er wollte dadurch, daß er jetzt wieder mit ihm ging, den in Harmerspach wider ihn entstandenen Verdacht und dann auch den Argwohn tilgen, den sein Vater wegen seiner neuen Kleider gegen ihn gefaßt und den er auch durch die vielen vorgebrachten wahrscheinlichen Lügen sich nicht ganz hatte benehmen lassen.

Aber eine neue wichtige Zusammenkunft, die wenige Tage darauf von ungefähr erfolgte, gab seinem immer noch furchtsamen Herzen den letzten Stoß. Er hatte sich in Gesellschaft seiner Eltern nach Mühlen an der Donau auf den Markt begeben. Hier traf er unter dem Heer der versammelten Gauner, die da nach ihrer Art Ware aufnahmen, den sogenannten Brentemer Seppe, auch einen seiner Jugendbekannten an, der damals die erste Rolle unter den schwäbischen Dieben spielte – ein Mann von ausgezeichnet schöner Bildung, etwas kleiner als der Schul–Toni, aber noch herzhafter, verwegener und stärker und eifersüchtig auf ihn wegen des Vorzugs, den er ihm streitig machte. Sein Anzug und die zwei Uhren, die er trug, kündigten den vornehmsten Mann an. Er hatte gehört, daß Hans mit Toni Kameradschaft gemacht habe, und jetzt suchte er ihn, da er ihn als einen fähigen Menschen kannte, für sich zu werben. Er wollte ihn zu einem Mann machen, sagte er, wenn er zu ihm übertrete. Seine Kleider sähen alle so bäurisch aus, er wollte ihm solche schaffen, wie er sie habe. Die kleinmütige Furcht vor seinem Vater sollte er ablegen, der dürfe sich nicht unterstehen, etwas zu sagen, und sonst sollte er in aller Welt nichts fürchten. Entschlossener Mut und eine alles unternehmende Herzhaftigkeit seien die Eigenschaften, die er annehmen müsse, um ein rechter Kerl zu werden.

Bezaubert durch den schimmernden Aufzug dieses Gauners, der den heißen Wunsch in ihm erregt hatte, einen ähnlichen zu bekommen, und angefrischt durch seinen nachdrücklichen Zuspruch, verließ er seinen Vater wieder und ging auf einige Einbrüche mit Seppe aus, der dabei mit allem Eifer eines Lehrmeisters durch mündliche Anweisung sowohl als durch sein Beispiel ihn unterrichtete, mit welchem Mut und mit welchen Kunstgriffen man bei Einbrüchen zu Werk gehen müsse.

Und nun war Hans für die Gaunerei vollends gewonnen; nun trennte er sich zwar nicht ganz von seinem Vater, aber er gehorchte ihm nur, soweit er wollte und zu seiner Sicherheit nötig fand; ging von ihm, wiewohl meistens unter dem Vorwand seines Handels, weg, wann es ihm gefiel, und lief mit den Gaunern, von denen er jetzt immer mehr kennenlernte; und wenn er eine Zeitlang mit ihnen gestohlen hatte, so kehrte er wieder zu seinem Vater zurück, log ihm von seinem Aufenthalt und von den Verrichtungen, die er indessen gehabt, etwas Wahrscheinliches vor, um sich bei ihm keinem schlimmen Verdacht und keiner Gefahr auszusetzen, und blieb dann wieder eine Zeitlang bei ihm.

Ungefähr ein Vierteljahr hatte er diese abwechselnde Lebensart fortgesetzt und schon mehrere zum Teil beträchtliche Diebstähle begangen, als er um die Weihnachtszeit im Jahr 1777 in Harmerspach ankam, wo auch seine Eltern kurz vorher eingetroffen waren; und hier war es, wo die Vorsehung den ersten Versuch durch äußerliche warnende Umstände machte, ihn, der die inneren Warnungen überhört hatte, zum Nachdenken und zur Besserung zurückzubringen.

Er war kaum daselbst angekommen, als ein alter Bekannter ihn warnte, auf seiner Hut zu sein, weil man ihn, wegen seiner Kameradschaft mit Gaunern an letzterer Kirchweih, im Verdacht habe, daß er den letzten Einbruch auf dem Bauernhof mit begangen. Hans, der sich durch Fliehen nicht verraten wollte, gab ein gutes Gewissen vor und blieb. Die Weihnachtsfeiertage hindurch besuchte er die Kirchen, hier faßte ihn der aufmerksame Vogt* ins Auge, und ehe er sichs versah, war er mit seinem Vater in Verhaft genommen und wurde in das Blockhaus, ein äußerst beschwerliches Gefängnis, gebracht. Sein Leben war jetzt in der äußersten Gefahr. Nur ein Jahr vorher war hier einem Dieb, der bei einem nächtlichen Einbruch weiter nichts als einen Hammel und ein Stück Tuch gestohlen hatte, der Kopf abgeschlagen worden. Hans, dem dies Beispiel sowie überhaupt die strenge Gerechtigkeitspflege des Harmerspacher Gerichts bekannt war, geriet in den acht Tagen, welche er in dem Blockhaus bis zu seinem Verhör in der peinlichsten Stellung zubringen mußte, in die ernsthaftesten Betrachtungen über seine bedenkliche Lage. Er sah, daß er unvermeidlich verloren wäre, wenn auch nur jener erste Einbruch auf ihn erwiesen würde. Voll Bangigkeit über dieser Vorstellung nahm er sich fest vor, nicht das mindeste einzugestehen und es aufs äußerste ankommen zu lassen. Er malte sich selbst alle Qualen der Folter vor, um sich zu prüfen, ob er auch Mut genug hätte, sie auszuhalten, wenn sie über ihn verhängt werden sollte, und sein Entschluß war, auch durch diese sich nicht erschüttern zu lassen. So hatte es ihn gleich bei seinem ersten Einbruch der Schul–Toni gelehrt, von dem er den umständlichsten Unterricht bekommen hatte, wie er sich zu verhalten habe, wenn er eingefangen und verhört werde: Schlechterdings sollte er nichts gestehen, wenn man ihn auch überwiesen hätte; er sollte darauf dringen, daß man ihm Zeugen vorstelle, und wenn auch diese wider ihn seien, doch auf dem Leugnen beharren, man könne ihn nicht verurteilen, solange man sein eigenes Geständnis nicht habe. Diesem Unterricht hatte Toni den ganzen Nachdruck vollends durch den Zusatz gegeben, wenn er irgendwo etwas von dem mit ihm begangenen Einbrüchen verrate, so schieße er ihm bei der nächsten Gelegenheit, wo er ihn antreffe, eine Kugel durch den Kopf.

Hans fand zwar in seinem Gefängnis durch seinen gefaßten Entschluß einige Beruhigung, aber ganz konnte er dadurch die Furcht nicht verbannen. Oft überfiel ihn wirkliche Todesangst, und jeder Blick auf die Gefahr, in der er schwebte, war mit Vorwürfen gegen sich selbst und mit bitterer Reue begleitet, daß er je einen Schritt ins Gaunerleben getan. Er verwünschte die Stunde, in welcher er mit Toni Bekanntschaft gemacht hatte, und so fest sein Entschluß war, zur Rettung seines Lebens das einzige ihm übrige Mittel – das Leugnen – zu gebrauchen, so fest nahm er sich auch vor, nie wieder zu stehlen, wenn es ihm gelingen sollte, sein Leben zu retten.

Das Verhör fing endlich nach Verfluß der Feiertage an und wurde mit aller Genauigkeit und Schärfe vorgenommen. Sein Vater, der mehrere Tage vorher schon über den Diebstahl seines Sohnes verhört worden war, hatte angegeben, solange sein Sohn bei ihm gewesen sei, könne er gut für ihn sprechen, daß er nicht gestohlen habe, aber vor einigen Monaten sei er ihm entlaufen, und für diese Zeit könne er nicht weiter stehen. Nach dieser Angabe wurde nun Hans examiniert: wo und bei wem er sich seit seinem Entlaufen von seinem Vater aufgehalten, wo

* Amtmann

er jede Nacht hingebracht, und was er an jedem Ort getan habe. Er sagte in allem die Wahrheit, soweit er sie nur ohne Nachteil für sich sagen konnte, selbst seine Kameradschaft mit Toni gestand er, weil sein Vater sie wußte und er voraussetzte, er werde sie bei seinem Verhör angegeben haben. Als aber auf den Einbruch, den er mit Toni begangen haben sollte, untersucht wurde, so leugnete er denselben standhaft mit der angenommenen Miene der Unschuld und versicherte, in der Gesellschaft dieses Gauners nur gebettelt zu haben. Man führte ihm nähere Umstände der Tat an, durch die er so gut als überwiesen wurde, aber er wußte ihnen eine Wendung zu geben, durch die sie ihre Beweiskraft verloren. Man drohte ihm mit Schlägen, wenn er nicht gestehen würde, und schon hatte man Anstalten dazu getroffen, als das Verhör, weil man ihn unerschüttert und standhaft bei der Behauptung seiner Unschuld sah, unter einem anderen Vorwand abgebrochen wurde. Man brachte ihn in sein Gefängnis zurück, zog nähere Nachrichten über den Einbruch von dem Bauern ein, bei welchem er geschehen war, und ein Gedächtnisfehler dieses Mannes rettete Hans das Leben. Der Bauer wußte, daß ihm um die Zeit eines Markts eingebrochen worden sei, aber er verwechselte einen früheren mit einem späteren. Bei dem zweiten Verhör wurde Hans nach der Aussage des Bauern examiniert. Voll innerer Freude ergriff er plötzlich den Irrtum desselben, bewies mit Zollzeichen, daß er um die Zeit, wo der ihm schuld gegebene Diebstahl geschehen sein sollte, in Sipplingen am Bodensee sich aufgehalten habe, und drang darauf, man sollte sich dort schriftlich erkundigen. Seine Richter, denen er zu verdächtig war, als daß sie ihn um deswillen für unschuldig hätten erkennen sollen, versuchten jetzt einen anderen Weg, ihn zum Geständnis zu bringen: Sie haben Briefe hier, sagten sie, daß Toni alles gestanden und ihn angegeben habe, er habe die strengste Behandlung zu erwarten, wenn er nicht gutwillig gestehe. Hans, der schlau genug war, zu merken, daß sie das nur vorgaben, um ihn zu schrecken, und daß er nun gewonnen habe, kam dadurch nicht im mindesten aus seiner Fassung und brachte durch seine Standhaftigkeit seine Richter dahin, daß sie ihn nach etlichen Tagen, unerachtet des starken Verdachts, den sie wider ihn hatten, mit einer Tracht Schläge und mit der Erinnerung entließen, er sollte jetzt wieder seinem Vater gehorchen und nicht weiter mit liederlichen Leuten sich einlassen.

Hans, der sich aus der furchtbarsten Gefahr so glücklich gerettet sah, hatte nun auch wirklich im Sinn, das Gaunerleben auf immer zu fliehen und die sanfte Sprache der Liebe, in welcher ihn jetzt auch sein Vater dazu ermahnte und welche – jetzt so ganz zur rechten Zeit angebracht – tief in ihn eindrang, stärkte ihn vollends in diesem Vorsatz. Er verhielt sich auch von dem Augenblick an mit einer Gutartigkeit, die selbst den Wünschen seines wunderlichen Vaters nichts übrig ließ. Er blieb jetzt wieder bei ihm, war ihm in allem gehorsam, beleidigte ihn nie auch nur mit einem Wort, nahm seine Kiste wieder auf, die noch mit alten Waren angefüllt war, ließ sich den Verschluß derselben mit dem alten Eifer angelegen sein und brachte das erlöste Geld seinem Vater bis auf den Kreuzer, selbst von gestohlener Ware, die er ohne Vorwissen seines Vaters von einem vorherigen Einbruch noch unter der übrigen hatte. Er mied den Umgang mit Dieben und widerstand selbst einer reizenden Versuchung des Brentemer Seppe, mit dem er von ungefähr in einem Bauernhaus zusammengetroffen war und der ihn zu einem Gelddiebstahl, auf den er eben ausging, mitnehmen wollte. Schon etliche Monate hindurch hatte er sich bei dieser gebesserten Aufführung behauptet, als ein neuer Zwist, in welchen er mit seinem Vater geriet, ihn auf die verlassene Bahn des Lasters zurückführte. (...)

Er hatte sich mit Seppe nach Oberflacht unfern Tuttlingen begeben, wo er seinen Vater antraf, der in bittere Klagen über seine neue Kameradschaft mit Gaunern ausbrach, aber von Seppe durch furchtbare Machtsprüche zum Schweigen gebracht wurde. An eben dem Tag, an welchem sie in Oberflacht ankamen, zog auch der Schul–Toni mit einem großen Gefolge in einem benachbarten Dorf ein. Der Gauner, der vorher Seppes Kamerad gewesen war und sich mit ihm vor einigen Wochen entzweit hatte, war zu Toni übergetreten, hatte um seine Stieftochter geworben, und jetzt sollte die Verlobung bei einem festlichen Gastmahl vor sich gehen. Seppe hatte kaum hiervon Nachricht, als die alte Eifersucht, die er gegen Toni wegen der Oberherrschaft unter den Gaunern hatte, und der Verdruß, einen seiner Kameraden durch diesen Feind sich entrissen zu sehen, ihn zu Entwürfen der Rache entflammten. Schon hatte er seine Pistole für Toni geladen, schon etlichemal trotzig ihn ausgefordert und die ernsthaftesten Auftritte vorbereitet. Aber Toni besänftigte ihn noch durch seine nachgiebige Sprache, bot ihm Frieden an, und Seppe, zufrieden mit diesem Opfer, durch das ihm der Vorzug eingeräumt wurde, schoß auf freiem Feld seine Pistole in Tonis Gegenwart los. »Bei Gott«, sagte er zu diesem, indem er losdrückte, »dieser Schuß war dir bestimmt.« Sie reichten sich jetzt zur Versicherung der Freundschaft vertraulich die Hände, und Toni lud Seppe mit Hans zu der Verlobungsmahlzeit, die er auf den nächsten Tag veranstaltet hatte, und zu der noch verschiedene andere Gauner und Gaunerinnen aufgeboten waren. Die Einladung wurde angenommen. In festlichem Anzug fand sich die ganze Gesellschaft zu der bestimmten Zeit im Wirtshaus ein, in welchem Toni logierte. Ein kostbares Essen war da zugerichtet, eine Menge Gebackenes stand in Bereitschaft, Bier, Wein und Branntwein waren im Überfluß aufgestellt, und eben hatte man sich zu Tisch gesetzt, um diesen Vorrat zu verzehren und sich ganz der Fröhlichkeit zu überlassen, als ein Hatschier aus dem benachbarten Spaichingen mit sechs bewaffneten Männern in die Stube trat und mit gespanntem Hahn zu den betretenen Gästen befahl, unverrückt sitzen zu bleiben. (...) Sie wurden alle als Gefangene erst nach Spaichingen und dann sogleich nach Rottenburg am Neckar abgeführt. Auf dem Weg dahin verbanden sie sich durch die feierlichsten Versicherungen, daß sie einander nicht verraten wollten.

Ein Glück war es für sie, daß gerade damals der Bayrische Erbfolgekrieg* aus-

* 1778–1779. Preußen schützt Bayern gegen die Ansprüche Josephs II. Friede von Teschen. Österreich gewinnt das bisher bayerische Innviertel.

gebrochen war und Österreich Soldaten brauchte. Sie waren alle ansehnliche starke Burschen in den besten Jahren und hatten bei ihrer Ankunft in Rottenburg gleich die Aufmerksamkeit des kaiserlichen Werboffiziers auf sich gezogen. Die Untersuchung ging also bei ihnen nicht den gewöhnlichen strengen Weg, und sie wurden nach geendigtem Verhör, bei welchem nichts auf sie erwiesen wurde, aufgefordert, sich anwerben zu lassen. Sie waren dazu bereit und empfingen sogleich ihr Handgeld. Nur der Schul–Toni, welcher vorher schon einmal in Rottenburg im Verhaft gewesen und also von einer schlimmen Seite dort bekannt war, wurde nach Buchloe ins Kriminalhaus geliefert.

Hans war also jetzt Soldat, und ohne Zweifel hätte diese Veränderung mit ihm, die seiner Neigung ganz gemäß war und noch so gerade zur rechten Zeit, noch im Anfang seines Gaunerlebens erfolgte, ihn auf immer demselben entrissen, wenn er nicht das Unglück gehabt hätte, hintergangen zu werden. Man redete ihm unter schmeichelhaften Vorstellungen und mit dem Anerbieten von 30 fl., die er noch zu seinen schon erhaltenen drei Talern Handgeld bekommen sollte, zu, sich als ein österreichischer Untertan anwerben zu lassen. Hans, der die Folgen davon nicht verstand, ging es, geblendet durch die beträchtliche Summe, ohne Bedenken ein. Erst in Günzburg erfuhr er von anderen, daß er nun ohne Kapitulation Soldat sei. Dies war ihm wie ein Donnerstreich. Aller Mut entfiel ihm jetzt. Unwillen und Niedergeschlagenheit wechselten in seiner Seele ab, und gleich setzte sich der Entschluß bei ihm fest, bei der nächsten Gelegenheit zu desertieren. Dies hatte für ihn die schädlichsten Folgen und gab Anlaß, daß das Soldatenleben, welches ihn hätte retten können, ihn gerade noch mehr zur Gaunerei ausbildete.

Er schwamm mit einem Rekrutentransport die Donau hinunter, und gleich in Wien führte er seinen Entschluß aus. Er war an einem Nachmittag mit mehreren Kameraden in den Prater unter militärischer Aufsicht spazierengegangen. Am Abend wurden sie einig, sich von einem Lehnkutscher* heimführen zu lassen. Hans mußte hintenaufstehen und den Bedienten machen. Als sie eben zum Stadttor hinfuhren, ersah er seinen Vorteil, klopfte geschwind noch einmal hinten an die Kutsche an, um zu beweisen, daß er da sei, sprang in dem Augenblick herunter, schlich sich nach langem Herumirren in den Vorstädten in der Dämmerung zwischen zwei Schildwachen hindurch und entkam glücklich bis an die bayrische Grenze. Aber hier wurde er nach einer tapferen Gegenwehr angehalten, nach Wien zurückgebracht und geschlossen mit noch 500 Arrestanten zur Armee nach Böhmen abgeführt, wo er seine Strafe für die Desertation mit 30 Stockschlägen empfing. Sie hatte aber nicht die abgezielte Wirkung, ihm das Ausreißen zu entleiden. Zwar tat er jetzt seine Pflicht als Soldat. Er lernte in kurzer Zeit die Kriegsübungen, zeichnete sich durch seine Geschicklichkeit vor anderen Rekruten aus, versah seinen Dienst fleißig und treu und erwarb sich die Liebe und das Vertrauen seines Hauptmanns. Aber sein einmal gefaßter Entschluß blieb

* Mietkutscher

fest. Ein Leutnant, der ihn bei der strengsten Winterkälte täglich zum Vorexerzieren ausrücken ließ, ein unzufriedener Korporal, der sich ihm mit Desertationsabsichten anvertraute, und der Name der ihm nahestehenden Ziethischen Husaren, unter denen er zu stehen wünschte, feuerten ihn vollends ganz an. Er riß an der sächsischen Grenze zum zweitenmal aus, um zu den Preußen überzugehen, und schon hatte er sich von zwei ihn verfolgenden Bauern losgekämpft und in einem dichten Wald im Angesicht der Preußen gelagert, um bei angebrochener Nacht zu ihnen über die Grenze zu eilen, als ein Knabe ihn erblickte und ihn den Kroaten anzeigte. Diese huben ihn auf und brachten ihn zu seinem Regiment zurück, wo Kriegsrecht über ihn gehalten und ihm die Strafe des Gassenlaufens zuerkannt wurde. Er hielt sie mit einem erbitterten Heldenmut aus und war trotzig genug, von dem Lazarett zur Heilung seines zerfleischten Rückens keinen Gebrauch zu machen. Er tat wie ein Gesunder seine Dienste fort wie vorher. Dies zog ihm bei der damaligen Kälte einen heftigen Husten und Blutauswurf zu, und da gerade damals ein starker Transport von Kranken von seinem Regiment nach Prag ins Hauptlazarett abgeführt wurde, so wurde Hans angewiesen, als Kommandierender mitzugehen und sich in dieser Stadt kurieren zu lassen.

Hier kam er auf den Platz, wo er alles sah, hörte und lernte, was der Soldatenstand Ruchloses und Sittenverderbliches hat, und wo mehr zu seiner Verschlimmerung geschah, als bis dahin selbst unter Gaunern geschehen war. Nur etliche Tage brachte er im Spital zu und wurde dann unter die Rekonvaleszierten* geschrieben, deren eine ungeheure Menge in der Stadt umherlief. Sie standen damals unter keiner strengen militärischen Aufsicht und machten sich die Freiheit, die sie hatten, nur zu sehr zunutze. Jeden Tag brachten sie beinahe von Morgen an bis an den Abend in Wirtshäusern bei Wein, Tanz und Spiel hin, schweiften in der Wollust bis zur äußersten Schamlosigkeit aus, und was sie sprachen, waren die abscheulichsten Ungezogenheiten, Zoten und Flüche.

Dies war die Gesellschaft, in die jetzt Hans eintrat, und, vorher schon verdorben, war er zu schwach, den Reizungen zu widerstehen, die hier von allen Seiten seine Sinnlichkeit bestürmten. Wie vom Strudel ergriffen, wurde er zu allen Ausgelassenheiten mit fortgerissen, die den herrschenden Ton unter seinen Kameraden ausmachten. Nur von den Ausschweifungen der Wollust hielt er sich rein; nicht, weil er noch von der ehemaligen Schamhaftigkeit davor errötete, sondern weil er angesteckt zu werden fürchtete. Aber sonst machte er bald alles mit.

Zum Unglück waren unter den Rekonvaleszierten einige ehemalige Gauner von seiner Bekanntschaft, die sich die täglichen Bedürfnisse für ihr Wohlleben durch ihr altes Handwerk verschafften. Sie hatten Hans kaum bemerkt, als sie ihn in ihren Zirkel zogen und mit ihrer Art, sich fortzubringen, bekannt machten. Hans hatte jetzt ein solches Auskunftsmittel nötig. Was er an Sold bezog, reichte bei weitem nicht zu dem Aufwand hin, den seine täglichen Belustigun-

* Gesundeten

gen verursachten. Er besann sich also um so weniger, sich an sie anzuschließen, und wurde jetzt auch in die Geheimnisse der Beutelschneiderei eingeweiht. In ihrer Gesellschaft besuchte er an Fest- und Feiertagen und bei Wallfahrten die Kirchen und stahl den Leuten Beutel, Uhren, Schnallen, Dosen, Schnupftücher, Tabakspfeifen und was er wegbringen konnte. Der Erlös davon wurde jedesmal gleich dem Vergnügen geopfert.

So ergiebig aber dies Handwerk für sie war, so war ihnen doch der Wirkungskreis innerhalb der Mauern einer Stadt viel zu eng und das Soldatenleben, das nicht lange mehr in der gegenwärtigen Lustigkeit fortwähren konnte, einem wie dem anderen entleidet. Sie machten also miteinander Entwürfe zum Ausreißen. Ehe aber einer davon zur Reife kam, wurde der Friede publiziert, und die Regimenter brachen in ihre Standquartiere auf.

Bender – dies war das Regiment, bei welchem Hans stand – marschierte nach Freiburg zurück, und weil er noch beim Aufbruch desselben unter den Halbkranken geschrieben war, so wurde er erst mit dem nächsten Transport nachgeschickt. Mit dem alten eingewurzelten Gedanken des Ausreißens trat er den Marsch an, und nur seinem Kameraden und Lehrmeister in der Beutelschneiderei, einem Bayer, der mit ihm desertieren wollte, tat er's zu Gefallen, daß er mit der Ausführung, die ihm unterwegs fast aller Orten leicht möglich gewesen wäre, bis auf die letzte Station vor Freiburg wartete. Aber jetzt war für ihn keine Zeit mehr zu verlieren. Er warf also vor der Scheune, in welcher sie ihr Nachtlager hatten, am Morgen früh die Wache über den Haufen und floh, nur mit einem Hemd und Beinkleidern bekleidet, in den benachbarten Wald.

Fast zu gleicher Zeit mit ihm rissen noch einige andere ohne Verabredung mit ihm aus. Es wurde plötzlich Sturm geläutet, und Hans mußte jetzt mit äußerster Vorsicht, wenn er nicht seinen Verfolgern in die Hände fallen wollte, auf seine Sicherheit bedacht sein. Das Mittel, welches er hierzu in der Eile wählte, war ebenso abenteuerlich als beschwerlich für ihn. Er erblickte, indem er sich nach einem sicheren Zufluchtsort umsah, an einer Anhöhe eine ausgemauerte Quelle, die dicht mit Farnkraut umwachsen war. In diese stellte er sich hinein, zog das Farnkraut über seinen Kopf her, um nicht gesehen zu werden, und blieb, bis an das Kinn im Wasser, vom frühen Morgen an bis nachmittags um vier Uhr stehen, von Hunger und Kälte und Langeweile gepeinigt. Endlich kroch er, da er von Häschern nichts mehr zu fürchten hatte, träufelnd hervor, hielt sich noch bis zur Abenddämmerung in dem Wald auf und trat dann unter dem Schutz der Nacht seinen Weg nach dem Sammelplatz der Gauner, dem Schwarzwald an. Es war im August 1779, da er eben sein zwanzigstes Jahr zurücklegte.

Und jetzt fing erst die Periode seines Gaunerlebens eigentlich an. Der Soldatenstand, in welchem er ungefähr ein Jahr hinbrachte, hatte ihn vollends dazu ausgebildet, hatte seine körperlichen Kräfte durch stete Übung vollends entwikkelt und geschärft, zu Strapazen ihn abgehärtet, seinen Verstand mit neuen gefährlichen Kenntnissen bereichert, seinen Mut zu großen und kühnen Unternehmungen gestählt und sein Herz bis zur Fähigkeit, jedes Laster zu begehen, verdorben. Bei diesen Umständen war das Schlimmste von ihm zu fürchten, wenn er seine alte Laufbahn betreten und wieder zu den Gaunern sich schlagen würde.

Zwar desertierte er wirklich nicht in dieser Absicht, kam nicht in dieser Absicht auf den Schwarzwald. Er hatte beschlossen, nach Straßburg zu gehen und französische Kriegsdienste zu nehmen. Aber die Neigung zur Gaunerei lag tiefer in ihm, als er selbst denken mochte, und es bedurfte nur eines leichten Stoßes, so mußte er, so ganz dazu vorbereitet, wieder zu derselben umkehren, und das konnte er in seiner gegenwärtigen Lage nicht tun, ohne sie mit einer gewissen Leidenschaft zu ergreifen und unwiederbringlich hineingezogen zu werden. (...)

Wirklich schloß er sich von jetzt an ganz allein an die Gauner an, widmete sich mit einer Tätigkeit, die er bis dahin noch nie bewiesen hatte, dem Rauben und Stehlen und näherte sich mit starken Schritten der höchsten Stufe seiner Verschlimmerung.

Liebe war es, welche am kräftigsten dazu mitwirkte. Liebe von einer besseren Art hatte ihn bis daher noch zurückgehalten und schien ihn einigermaßen noch retten zu können. Aber jetzt trat eine andere von der schlimmsten Art an die Stelle der ersten und beschleunigte in jeder Rücksicht seinen moralischen Verfall.

Er hatte nach seiner Gefangenschaft seine Absichten auf eine junge Bohrermacherin noch nicht aufgegeben. Noch hatte er im Sinn, sie seinem gegebenen Wort zufolge zu heiraten. Aber er sorgte sich, sie möchte seine Diebstähle und Gefangenschaft erfahren und ihrerseits keine Neigung zu einer Verbindung mit ihm haben. Seine Besorgnis war in der Hauptsache nicht unbegründet – wiewohl mehr in Bezug auf ihre Eltern als auf sie selber. Da er bei der nächsten Zusammenkunft mit ihr sie seiner Treue versicherte und über ihre Gesinnung sie befragte, so erklärte sie ihm mit niedergeschlagener Miene, ihr Vater, dem wahrscheinlich indessen widrige Nachrichten von Hans zu Ohren gekommen waren, wollte die Heirat nicht zugeben. Alle weitere Bekanntschaft unter ihnen (die bisherige war immer in den Schranken der Sittsamkeit geblieben) nahm hiermit ein Ende, und Hans zog nun ohne Buhlschaft in Oberschwaben und in der Schweiz umher, wo er mit Bruder Städele und einem anderen Kameraden um so rüstiger zu stehlen und einzubrechen anfing.

Aber es dauerte kurze Zeit, so wußte ihn ein Weib zu fesseln, das der Abschaum ihres Geschlechts und von seiner ersten Geliebten gerade das Gegenteil war. Es war die berüchtigte Schleiferberbel.

Dieses Weib war recht dazu gemacht, unter den Gaunern die ausgezeichnetste Rolle zu spielen. Ohne einen Vorzug körperlicher Schönheit zu besitzen, vereinigte sie alle Laster in sich, die eine weibliche Seele verunstalten können: unersättliche Wollust, Herrschsucht, Arglist, heimtückische Bosheit, Verstellung, Scheinheiligkeit, Hartherzigkeit, kaltblütige Rachsucht – alles in einem ungewöhnlichen Grade. Daneben besaß sie Fertigkeiten, welche sie weit über andere ihresgleichen erhoben. Mit einer außerordentlichen Leibesstärke verband sie einen Verstand, der zu allen Ränken aufgelegt war, eine Verschlagenheit, die nichts übersah, eine Entschlossenheit, die in jeder Lage sich gleich blieb, eine Fertigkeit und Geschicklichkeit im Stehlen, die schwerlich ihresgleichen hat, eine bezaubernde Freundlichkeit und Gefälligkeit, mit der sie sich überall, wo sie auftrat, geltend machte und jedermann, selbst auch widrig Gesinnte, anzuziehen wußte, eine Tätigkeit, die nie müßig war. In weiblichen Künsten und Geschäften trefflich erfahren, hatte sie immer, wenn sie nicht mit Diebstählen beschäftigt war, die Spindel oder die Nadel oder ein Gestrick in der Hand. Aufmerksam auf alles, was Sicherheit und Gefahr, Nutzen und Schaden betraf, durchwachte sie oft Nächte, wenn andere sorglos schliefen, und sah und erfuhr, was sonst keinem bekannt wurde. Immer reinlich und geputzt in ihrem eigenen Anzug, versah sie auch ihren Mann und ihre Beischläfer immer mit netter Kleidung und sauberer Wäsche.

Mit diesen Eigenschaften ausgerüstet, war sie die meisterhafteste Diebin, die es geben kann. Mit der Miene des ehrlichsten Weibes schlich sie in die Häuser, spähte mit verstohlenen Blicken alle Winkel derselben aus und wußte verborgene Schätze durch treuherzige Unterredungen mit den Leuten oft unter der Maske einer Krämerin ebenso geschickt zu entdecken, um sie zur bequemen Zeit zu holen, als offen daliegende Sachen unversehens wegzunehmen. Mitten in den Dörfern, fast unter den Augen der Leute, haschte sie unbemerkt mit einer unglaublichen Behendigkeit Hühner weg, und fast kein Tag verging, wo sie nicht deren gegen ein halbes Dutzend fing. An Märkten war ihr kein Krämer scharfsichtig und schlau genug. Ihr Rock war zu einem Magazin eingerichtet, der die gestohlene Ware plötzlich aufnahm und so künstlich verbarg, daß sie immer von dieser Seite gegen Verdacht und die ersten Nachforschungen gesichert war. Von Streifern wußte sie sich, selbst auch wenn sie ihnen schon in den Händen war, wieder loszumachen und bei Gefangenschaften immer entweder gleich wieder ohne Strafe zu entkommen oder sich ihr Schicksal durch die täuschendsten, unerwartetsten Lügen zu erleichtern.

Sie war an einen Scherenschleifer Antonius Krämer (unter den Gaunern Schleifer Toni) verheiratet, von welchem sie drei Kinder hatte, die alle – damals noch in ihrer zarten Jugend – schon trefflich in allen Diebsgriffen von ihr unterrichtet waren und von denen das älteste, ein Knabe von sieben Jahren, es schon mit den geübtesten Marktdieben aufnahm. Unzufrieden mit ihrem Mann, der keine von den Eigenschaften besaß, die ein Weib von ihrer Gemütsart befriedigen konnten, hatte sie ihn schon mehrere Male mit einem Beischläfer vertauscht und war nach Belieben von ihm weggelaufen, um in den Armen eines anderen für ihre ausschweifende Wollust Befriedigung zu suchen. Schon mit dreien hatte sie damals diese ärgerliche Rolle gespielt.

Jetzt war es Hans, den sie durch ihre Kunstgriffe einnahm. Jung, schöngebildet und anderen Gaunern an Verstand und Mut überlegen, gefiel er dem buhlerischen Weib und war ganz der Mann, wie sie ihn sich wünschte. Sie legte ihm schlau das Netz, und er fiel darein, ohne daß er wollte, fast ohne daß er's wußte, wie er dazu kam. Seine schwache Seite war Hang zum Wohlleben und zur Pracht. Auf dieser Seite faßte sie ihn an und erreichte ihre Absicht; er nahm sie zur Beischläferin an, ohne einen Funken eigentlicher Liebe zu ihr zu haben, die er bei der Ungleichheit der Gemütsart, der Person und des Alters nicht haben konnte. Durch immer geschäftigen Eifer, seinen Neigungen zu schmeicheln, hielt sie ihn fest und siegte über oft wiederkehrende widrige Vorfälle, die ihr das mühsam Errungene zu rauben drohten. Hans, da er keine andere als erschlichene Neigung zu ihr hatte, jagte sie einmal über das andere von sich; sie kam immer wieder, zog ihn wieder an und behauptete sich in seinem Besitz, bis endlich der Unwille über ihre vielfache Bosheit durch die Wirkungen, die er selbst davon erfuhr, das Übergewicht über seine geschmeichelte Sinnlichkeit bekam und er aus ihrem Beischläfer ihr Verfolger wurde.

Ein Weib, wie sie war, konnte unmöglich mit ihm – zumal im Verhältnis als Beischläferin – in Verbindung stehen, ohne auf seinen Charakter den nachteiligsten Einfluß zu haben. Manche Funken des Guten, die damals noch in ihm glimmten, erstarben vollends in ihrem Umgang, und Laster, die in ihm brüteten oder schon erstarkt waren, wurden da vollends ausgebildet – sie gab ihm die letzte Stimmung zu einem Gauner.

Bis dahin hatte er noch immer mit einiger Unruhe und unter Vorwürfen seines Gewissens gestohlen, noch Gefühl von dem Schändlichen seiner Lebensart gehabt; jetzt wurde ihm das Stehlen zur Leidenschaft, und er war unruhig, wenn er dieselbe nicht befriedigen konnte. Bis dahin hatte er noch nie in unzüchtige Verhältnisse sich eingelassen und war, so gleichgültig er auch das Laster der Unzucht ansah, doch immer noch durch eine gewisse Ehrliebe und durch einen kleinen Rest von Schamhaftigkeit davon abgehalten worden; aber jetzt stürzte er an der Seite eines wollüstigen Weibes in dies Laster, verlernte ganz, sich dessen zu schämen, und trieb es bis zur Ausschweifung. Was immer Folge der Wollust ist, das war es auch bei ihm: Er wurde im ganzen roher, gesetzloser, unbekümmerter um Recht und Unrecht. Durch die Herrschsucht seiner Beischläferin bekam auch sein angeborener hoher Geist einen neuen unglücklichen Schwung, und sie war in verschiedener Rücksicht die wirksamste Triebfeder, daß er zuletzt in eine alles meisternde Brutalität ausartete.

Es war in einem Diebswirtshaus, wo er sie das erstemal sah, und ihr erster Anblick machte so gar keinen Eindruck auf ihn, daß er um keinen Preis eine strafbare Verbindung mit ihr eingegangen wäre. Aber auf ihrer Seite verhielt sichs anders. Sie faßte den ansehnlichen Mann, der damals in seinem blühendsten Alter war, gleich ins Auge und beschloß, ihre Kunst an ihm zu versuchen, um ihn ins Garn zu locken. Aber sie nahm sich anfangs sorgfältig in acht, ihn ihre Absicht merken zu lassen. Sie war verschlagen genug, um einzusehen, daß ein Antrag ihrer Person, im Anfang ihrer Bekanntschaft gemacht, sicher fehlschlagen würde, daß ein Mann wie Hans an einem Weibe, wie sie war, vorjetzt nichts Anziehendes finden könne und daß sie ihre Eroberung durch andere Mittel als durch die Reize ihrer Person machen mußte. Sie war also einstweilen nur darauf bedacht, ihn bei der Hand zu behalten, damit sie dadurch Gelegenheit bekäme, sich ihm auf einer anziehenden Seite zu zeigen und unvermerkt durch Handlungen auf ihn zu wirken.

Gerade damals, da Hans zu ihr traf, war sie ihrem Mann entlaufen. Hans, der eben von ihm herkam und bei dem sich derselbe über sein Weib beklagt hatte, sagte ihr, daß ihr Mann sie suche, und redete ihr zu, zu ihm zurückzukehren. »Wenn du mitgehst«, versetzte sie, »und mich gegen ihn in Schutz nimmst, sonst, weiß ich, wird er mich mit Schlägen empfangen.« Hans machte keine Schwierigkeit. Jetzt erwies sie ihm gleich allerlei kleine Gefälligkeiten, sie putzte ihm die Schuhe, und unterwegs mußten ihre Kinder seinen Pack tragen, um ihn zu erleichtern. Er führte sie ihrem Mann zu, mit dem sie sich dem Ansehen nach wieder aussöhnte. Unterwegs schon hatte sie Hans gesagt, ihr Mann könnte ihn das Scherenschleifen lehren, weil es doch für seine Sicherheit auch gut wäre, wenn er eine Profession* verstünde. Er fand den Vorschlag gut und blieb nach der Wiedervereinigung der entzweiten Eheleute in ihrer Gesellschaft.

Sie hatte nun ihre erste Absicht erreicht, und jetzt setzte sie alles in Bewegung, um auch die andere noch wichtigere zu erreichen. Ohne ihrem Mann das mindeste an Aufwartung und Gefälligkeit zu vergeben, bezeugte sie für den neuausgezeichneten Gegenstand ihrer Buhlschaft eine Aufmerksamkeit, die jeden Anlaß ergriff, ihm Dienste zu erweisen. Hans durfte nur vor ihren Ohren den Wunsch nach etwas äußern, so sah er ihn, ohne zu merken, daß sie darauf geachtet hätte, im Augenblick durch sie erfüllt. Jede Speise, nach der er lüstern war, stand schneller vor ihm, als er's nur möglich glaubte, sie zuzubereiten, und alles war niedlich zugerichtet. Seine Wäsche wurde durch ihre Hände mit der äußersten Pünktlichkeit besorgt und seine ganze Garderobe in Ordnung erhalten. Gleich in den ersten Wochen, da er in ihrer Gesellschaft war, wurden sie etlichemale bei der Nacht unversehens von Streifern überfallen, und keine Rettung schien möglich zu sein, wenigstens schienen sie den Raub, den sie bei sich hatten, verloren geben zu müssen. Die Schleiferberbel verschaffte ihnen durch ihre Schlauheit noch Mittel zu entfliehen und brachte den Raub, den sie in der Eile zurücklassen mußten, ihnen, fast aus den Händen der Streifer weg, sicher wieder zu. So folgte ein Dienst auf den anderen, und fast ein jeder war von der Art, daß er ihre vorzüglichen Talente in jeder Rücksicht ins Licht setzte. Und dabei war sie so fern von aller Zudringlichkeit, daß ihre wahren Absichten immer verborgen blieben und Hans, anstatt etwas davon zu ahnen, vielmehr glaubte, sie stelle einem seiner Kameraden nach, der damals auch mit ihnen ging und fast mit gleicher Gefälligkeit von ihr bedient wurde.

Aber ohne daß es das Ansehen hatte, ohne daß Hans selbst es merkte, war sie durch ihre verschlagenen Maßregeln ihrem Zweck in kurzer Zeit so nahe, daß sie jetzt bald mit dem besten Erfolg die Mine springen lassen konnte†. In wenigen Wochen hatte sie ihn auf dem Punkt, auf dem sie ihn wünschte. Schon dachte er

* Beruf, Fähigkeit

da, wenn er so ihre Fertigkeit und Geschicklichkeit in ihren Geschäften, ihre Wachsamkeit und Schlauheit sah, bei sich selbst: So gibt es sonst kein Weib mehr. Er brach in Lobeserhebungen über sie gegen seine Kameraden aus, und ihrer immer wachsamen Aufmerksamkeit war die erwünschte Stimmung nicht entgangen, in welche sie ihn gesetzt hatte. Jetzt, da sie alles zu ihren Absichten vorbereitet sah, wartete sie nur noch auf eine günstige Gelegenheit, um sie Hans unverhohlen zu entdecken.

Ihr Mann selbst bot ihr diese Gelegenheit dar. Er berauschte sich – welches er öfters tat – an einem Markt bis zur Sinnlosigkeit. »Du siehst«, hub sie da zu Hans an, »was ich mit meinem Mann ausstehe. Immer ist er voll. Wenn ich ihm die schönsten Kleider anschaffe, so sind sie gleich wieder von ihm versoffen, und noch dazu verrät er mich selbst in der Trunkenheit bei meinen Diebstählen. Länger halt ich's mit ihm nicht aus. Ich will, ich muß mich von ihm trennen.« – »Es ist wahr«, sagte Hans, »er ist ein schlimmer Mann; ich möchte selbst nicht mit ihm leben.« – »Wenn ich einen andern hätte«, fiel sie wieder ein, »alles wollt' ich ihm tun.« Sie hielt etwas inne. »Ich glaub' es«, versetzte Hans. »Wenn du mich annehmen wolltest«, fuhr sie fort, »siehe, das vergnügteste Leben wollte ich dir machen. Du hättest für nichts zu sorgen, dürftest, wenn du nicht wolltest, mit Stehlen dich nicht abgeben, mit allem würd' ich dich versehen, und nie sollte es dir an guter Aufwartung und schöner Kleidung fehlen.« Sie begleitete diesen Antrag mit derjenigen einschmeichelnden Freundlichkeit, die sie so sehr in ihrer Gewalt hatte.

Hans wurde durch eine so unerwartete Liebeserklärung im eigentlichen Verstande überrascht und befand sich im Augenblick der Überraschung in der Verlegenheit eines Menschen, dem plötzlich eine Sache angeboten wird, welche er auf der einen Seite annehmlich, auf der anderen verwerflich findet. Aber schnell läuterte sich das dunkle Gewirr von Vorstellungen und Empfindungen, die einander durchkreuzten, und seine Seele entschied wider die Wünsche der Buhlerin. Er sah allerdings Vorzüge an ihr, die ihm höchst wichtig und seiner Sinnlichkeit ganz angemessen waren, aber er sah noch mehr abschreckende Umstände. Es fehlte ihr Schönheit und blühende Jugend, und sie war verheiratet – ein Umstand, der ihm in doppelter Rücksicht im Wege stand. Einmal war es wider seine eigenen Begriffe von Ehrbarkeit und wider seine Neigung, mit einem Weibe sich einzulassen, wo er ledige Mädchen haben könnte, und dann hätte er, da es unter den Gaunern für unanständig gehalten wird, wenn ein Lediger eine Verheiratete zur Beischläferin hat, durch eine Verbindung mit der Schleiferberbel wider die Grundsätze seiner Gesellschaft handeln und sich Schande gefallen lassen müssen, welches ganz mit seiner Ehrliebe stritt. Dies zusammen bewog ihn, sie mit dem Antrag abzuweisen, den sie ihm machte. Sie sollte bei ihrem Mann bleiben, sagte er ihr, es seien verschiedene Ursachen, warum er für seine Person sie nicht annehmen könnte.

---

† die Bombe platzen lassen

Aber er fühlte sich nicht stark genug, ihr das mit dem festen Tone der Entschlossenheit zu erklären, der alle ihre Hoffnungen niedergeschlagen und ihr den Mut benommen hätte, weitere Versuche zu machen. Zwar zog sie sich jetzt ein wenig zurück, um ihn nicht durch stürmende Angriffe zu empören und auf einmal sich alles zu verderben. Aber sie setzte bei dieser Stille ihre vorherigen Operationen desto aufmerksamer fort, und wußte es bei ihm dahin zu bringen, daß er ihr einen Schritt gestattete, der sie vollends zu ihrem Zweck führte.

Sie waren an den Grenzen der Schweiz in der Gegend von Schaffhausen. Hans sagte ihr, er habe im Sinn, jetzt ins Württembergische zu gehen. Sie möchte auch gerne dorthin, versetzte sie, er sollte sie mit sich gehen lassen. Hans, der eben damals keinen Kameraden hatte, wollte eine Gesellschafterin nicht verschmähen, von der er so gute Aufwartung zu hoffen hatte. Er gab seine Einwilligung. Aber es war gar nicht seine Absicht, sie damit als Beischläferin anzunehmen und beizubehalten. Er wollte nur so lange bei ihr bleiben, bis er wieder einen Kameraden aufgefunden hätte, und nur eine Wärterin sollte sie bei ihm vorstellen, die seinen lüsternen Gaumen, wie sie bisher getan hatte, reichlich mit Leckerbissen versorgte.

Sie tat das jetzt mit verdoppelter Geschäftigkeit. Nichts war dem Eifer gleich, mit dem sie ihn bediente, sobald sie ihn allein hatte. Sie strengte alle ihre Kräfte an, um seinen Wünschen zuvorzukommen. Alle Tage richtete sie ihm ein kostbares Essen von gefangenen Hühnern zu, und da sie nicht so viel verzehren konnten, als sie deren fing, verkaufte sie die übrigen und brachte ihm den Erlös davon oder erschien mit einer Flasche Wein, die sie dafür eingekauft hatte. Er trank des Tags ein oder, wenn er wollte, etlichemale Kaffee von Zuckerhüten und Kaffee, die sie in Kaufläden einsteckte. Zum Nachtisch drückte sie ihm manchmal einen gefüllten Beutel in die Hand, den sie irgendwo weggebracht hatte, oder legte einen Pack gestohlener Ware vor ihm nieder, die sie ihm zum beliebigen Gebrauch überließ. Hans, der bei dieser ihrer Geschäftigkeit in einer wollüstigen Ruhe lebte, ohne selbst etwas zu stehlen, geriet bald durch so viele Opfer, die sie seinem Hang zum Wohlleben brachte, in eine Art von Berauschung.

Und jetzt wagte sie auch, ihre Hauptangelegenheit wieder zu berühren, ihren Antrag zu erneuern. Sie tat's mit den reizendsten Versprechungen und mit gesammelter Kraft buhlerischer Freundlichkeit. Und jetzt – siegte sie. Er wurde ein Opfer ihrer Lüste, wurde ihr Beischläfer.

Schon mehrere Wochen war er so mit ihr umhergezogen, ohne andere Gesellschaft zu haben und zu suchen als die ihrige. Aber er erwachte bald aus der unglückseligen Betäubung, in die sie ihn eingeschläfert hatte. Warnungen, Vorwürfe und Spöttereien, die er hier und da von anderen wegen seiner schimpflichen Bekanntschaft mit so einem verrufenen, ihm damals von ihrer schlimmen Seite noch nicht so bekannten Weib hörte, weckten ihn auf. Er kam wieder zur Überlegung und sah mit Verdruß, wohin er ganz wider seine vorherige Neigung und Absichten geführt worden sei. Sein Stolz siegte über die Wollust; er fing an, sich zu schämen, daß er mit einem Weib umherziehe, und beschloß bei der nächsten Gelegenheit, sie zu verlassen und das auf eine Art zu tun, daß er so viel wie möglich gegen üble Nachreden und Schande unter den Gaunern gesichert wäre.

Er führte diesen Entschluß aus, nachdem er ungefähr fünf Wochen mit ihr umhergezogen war. Der Zufall führte den Schleifer–Toni, ihren Mann, zu ihnen, da sie sich eben auf offenem Feld gelagert hatten. Hans, um ihm mit Vorwürfen zuvorzukommen und ihn abzuschrecken, empfing ihn mit der hitzigen Anrede, warum er überall sage, Hans hätte ihm sein Weib entführt. Toni versicherte, das nirgends gesagt zu haben. »Du kannst deine Berbel wieder zu dir nehmen«, fuhr Hans fort, »und wenn eins von euch sich untersteht, irgendwo auszusagen, daß ich mit ihr umhergezogen sei, so schlag' ich ihm Arm und Bein ab.«

Der Schleifer–Toni, der längst gewohnt war, sein Weib aus den Händen eines anderen wieder zu empfangen, bezeugte sich bereitwillig, sie wieder anzunehmen, und versprach heilig, nirgends zum Nachteil seiner Ehre zu sprechen. Aber sie weigerte sich, mit ihrem Mann sich wieder zu vereinigen. Hans redete ihr zu, und Toni bat ihn, sein möglichstes zu tun, um sie hierzu zu bewegen. Aber sie blieb hartnäckig. Da gelinde Worte nichts halfen, sprach Hans endlich mit Nachdruck. Sobald sie Ernst sah, gab sie nach, versprach Gehorsam und nahm plötzlich die freundliche Begegnung einer Gattin gegen ihren Mann an.

Hans trennte sich von ihnen und glaubte sie jetzt vom Halse zu haben. Aber ehe er sichs versah, war sie wieder bei ihm, nachdem sie ihren Mann in einer Angelegenheit, die seine Profession betraf, weggeschickt hatte.

»Was machst du schon wieder da?« sprach Hans unwillig, da sie ihm entgegen kam.

»Dich will ich«, erwiderte sie mit der freundlichen Miene einer Buhlerin, »und du mußt mich haben, ich lasse nicht von dir. Und wo wirst du es auch besser bekommen als bei mir? Wer wird dir so viel bares Geld und so kostbare Ware verschaffen wie ich?« Hier zog sie einen Beutel, mit etlich hundert Gulden angefüllt, und eine prächtige Sackuhr hervor und bot sie ihm hin.

Der Reiz des Geschenks war zu stark, Hans war nicht genug Meister über sich, um eine so beträchtliche Summe und eine so schöne Uhr zurückzulassen. Er nahm beides – und damit auch die Überbringerin an. Das schlaue Weib eilte, den gewünschten Eindruck ihres Geschenks zu verstärken. Sie lief, während er an einem See fischte, von ihm weg, und ehe er's dachte, stand sie wieder mit einem Beutel von fünfzig Gulden vor ihm, den sie bei hellem Tage einem Vogt stahl. Sie gingen ins nächste Dorf, und hier leerte sie einem Bauern seinen Kleiderschrank aus und stellte Hans die Beute zu.

Doch dies war jetzt nur auf Augenblicke verführerisch für ihn. Sein einmal gefaßter Entschluß, sich mit ihr nicht weiter einzulassen, wurde dadurch nicht verdrängt. Er vermutete gerade damals verschiedene Gauner in der Nähe, denen er mit einem Weib nicht unter die Augen kommen wollte, und der schimpflichen Untätigkeit müde, in der er schon mehrere Wochen hingebracht hatte, hatte er auch bei sich selbst ausgemacht, jetzt Kameraden aufzusuchen und wieder nach Gaunerweise tätig zu sein. Um also wieder auf eine gute Art sich von ihr loszumachen, weil er's für Undank hielt, sie mit Drohungen oder Schlägen abzutreiben, gab er eine scheinbare Ursache vor, warum er sich auf einige Stunden von ihr trennen müßte, und bestimmte ihr die Reichsstadt Überlingen als den Ort, in dem sie wieder zusammentreffen wollten. Sie schöpfte keinen Verdacht und ließ ihn unangefochten von sich. Hans begab sich wirklich in die bestimmte Stadt, damit aber das listige Weib ihn da nirgends möchte erfragen und auf keiner Spur ihn auffinden können, so ging er durch alle Tore daselbst aus und ein, und machte von da aus lauter ungewöhnliche Wege bald rechts bald links.

Er traf da, wo er vermutete, eine Partie Gauner an, unter ihnen den starken Hans, mit dem er in Prag schon bei seinen Diebstählen daselbst in genauer Verbindung gestanden war und der ihn jetzt als einen Kameraden, den er seitdem nicht mehr gesehen hatte, mit brüderlichen Umarmungen empfing.

Die Gesellschaft, bei der sich auch die Beischläferin des starken Hans, die alte Juliane, mit einer achtzehnjährigen Tochter befand, ging am Morgen darauf – es war Sonntag – in die Frühmesse. Hans sah sich in der Kirche um, und – die Schleiferberbel war da.

Sie hatte trotz aller seiner Vorsicht unterwegs ihn ausgekundschaftet und bei der großen Eilfertigkeit, mit der sie ihm nachsetzte, nicht vergessen, sich mit den Waffen zu versehen, mit welchen sie ihn bisher noch immer besiegt hatte und von denen sie auch jetzt wieder den Sieg hoffte.

Hans war beinahe starr vor Verwunderung und traute seinen Augen kaum, da er sie sah. »Und warum bist du so weggelaufen«, sagte sie zu ihm mit einem Ton, mit einer Miene, in die sie das ganze Gewicht ihrer Zärtlichkeit gelegt hatte. Hans wußte bei dem Gemenge von so verschiedenen Empfindungen, die ihr erster Anblick in ihm erregte, beinahe nicht, was er ihr antworten sollte. »Warum?« versetzte er nach einer kleinen Pause. »Ich habe Kameraden aufgesucht.« »Gestern«, fuhr sie fort, »habe ich einen glücklichen Tag gehabt. Ich habe dir so stark nachlaufen müssen und doch dies«, sie zog einen Beutel mit 50 fl. hervor, »unterwegs für dich weggebracht.«

Der Unwille, der eben mächtig in ihm aufstieg, weil er sich jetzt als ihren Beischläfer vor einer großen Gesellschaft verraten sah, legte sich, sowie er diese Lockspeise erblickte, und er gestattete ihr wenigstens wieder so viel, daß sie bei ihm bleiben durfte.

Aber seine neue Gesellschaft sah nicht gut dazu und drang in ihn, sie ihrem Mann zurückzugeben. Besonders nahm sich des starken Hans Beischläferin der Sache an. Es waren besondere Ursachen, die sie dazu bestimmten. Sie hätte gern ihre Tochter als Beischläferin bei Hans angebracht. (...)

Einige von Hansens Kameraden hatte im Sinn, ein Sommerschloß in der Schweiz zu plündern, er verbot's ihnen bis auf eine bestimmte Zeit, wo er dabeisein wollte. Sie überschritten seinen Befehl, und nur durch Abbitte konnten sie der Züchtigung entgehen, die er ihnen bestimmt hatte.

Ein anderer beherzter Gauner sagte ihm von großen Schätzen, die in Sonnenberg erhoben werden könnten, einem Kloster in der Schweiz, welches auf einem sehr hohen steilen und zugespitzten Berg liegt und auf der einen Seite mit Felsen, auf der anderen mit hohen und starken Mauern umgeben ist. »Aber wenn du dein Leben schonst«, setzte sein Kamerad hinzu, »so bleib weg, es ist da viel zu wagen.« – »Ich bin mit dabei«, sagte Hans mutvoll, und gerade dadurch, daß es ein Wagestück war, um so mehr erhitzt, unternahm er mit ihm und noch zwei anderen Gehilfen den Einbruch, überstieg die Mauern, sprengte zwei Tore auf und plünderte das Refektorium, alles mit unsäglicher Mühe und Gefahr.

Der starke Hans fand sich durch eine gewisse Beschuldigung durch Hans beleidigt, schalt ihn einen Hundsfott und griff nach seiner Pistole. Hans kam ihm mit der seinen zuvor, drückte auf der Stelle los und hätte ihn erschossen, wenn nicht ein anderer den Schuß in die Luft gelenkt hätte.

Auf einem Markt in Schaffhausen fing die Schleiferberbel im Wirtshaus mit anderen Gaunerinnen Händel an. Einer der anwesenden Gauner ging deswegen mit dem Stilett auf sie los. Hans warf sich als ihr Verteidiger dazwischen, riß diesem seinen Säbel vom Leib und gab ihm einen Hieb; dann griffen auch die anderen zu den Waffen. Er drang wütend unter sie, und nur, da die Wache herbeigerufen wurde, entfloh er unter das Volksgedränge auf dem Markt. Noch brauste aber sein Blut, und da jetzt die Schleiferberbel ihm nachkam, so kehrte er seine Waffen gegen sie und versetzte ihr auf dem öffentlichen Markt mit eben dem Säbel, den er im Wirtshaus zu ihrer Verteidigung gebraucht hatte einen Hieb auf den Kopf, weil sie dort den Händel angefangen hatte und jetzt das ihm ableugnete, da er's ihr unwillig vorhielt. Gleich sammelten sich wegen dieser verwegenen Tat Häscher um ihn. Er schwang seinen Säbel, rief mit donnernder Stimme: »Platz!« bahnte sich damit einen Weg durch das Volk und schreckte auch unter dem Tor durch Drohungen des Niederstechens die Wache zurück, die ihn anhalten wollte.

Noch stärker als durch diese Handlungen, die alle der Reihe nach aufeinander folgten, wird sein brutaler Mut und seine Unterdrückungssucht durch eine Fehde bezeichnet, die er jetzt mit dem sogenannten Schinder–Peter anhub, einem der handfestesten und tollkühnsten der damaligen Gauner von roher harter Seele, an den sich wegen seiner Stärke und Herzhaftigkeit eine Menge der übrigen anschloß.

Hans hatte für gut befunden, seinen bisherigen Namen und Charakter als Zirkelschmied Johannes Schüle aufzugeben und als Scharfrichter und Porzellanhändler unter dem Namen Franz Xaveri Herrenberger aufzutreten. In Lakendorf, der damaligen berühmtesten Paß–Fabrik für die Gauner, hatte er sich in Gesellschaft mehrerer Kameraden, die in gleicher Absicht dort erschienen, vom B.V.R... seinen Paß danach ausfertigen lassen, hatte sich einen Karren und Pferd angeschafft und war etliche Wochen ohne Ware umhergezogen. Da er aber diese Lebensart zu kostspielig fand und der Mangel an Ware, die er an jedem Ort soeben vollends verkauft zu haben vorgab, sowie der lächerliche Kontrast, den sein

Die

Räuber.

Ein Schauspiel.

N. Sculp. Aug. V

Frankfurt und Leipzig.

1781.

Titelseite der Erstausgabe von Schillers »Die Räuber«
(Archiv für Kunst und Geschichte, Berlin)

Banditen in Italien

Die Briganten (White Friars)
Lithographie, um 1850, von Eugène Leroux
(Archiv für Kunst und Geschichte, Berlin)

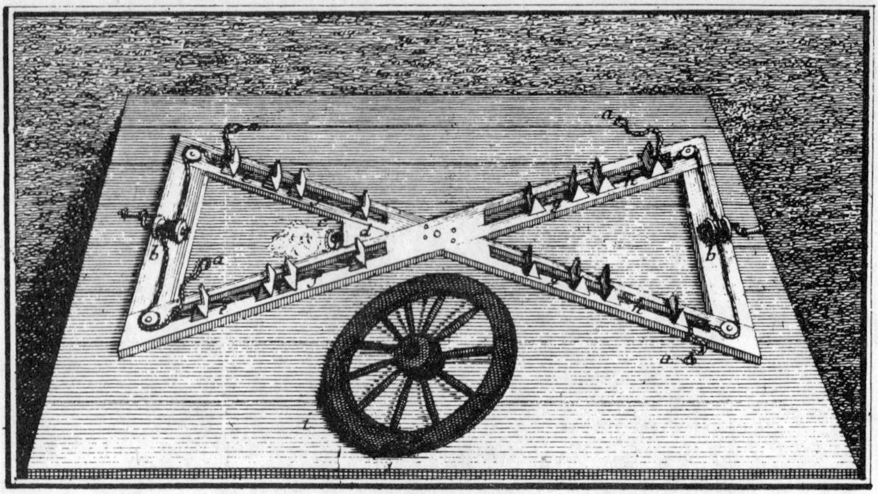

Radbrechmaschine, die bei der Hinrichtung gebraucht wurde

Romantische Illustration zu Vulpius Rinaldo Rinaldini

Den Bockreitern wurden in der Literatur Zauberkräfte zugeschrieben

Friedrich Christian Benedict Avé-Lallemant, der große Historiker des deutschen Gaunerwesens

Damian Hessel (oben) mit Streitmatter (links) und Schmaye Nathan
Kupfer im Germanischen Museum in Nürnberg

Hannikel

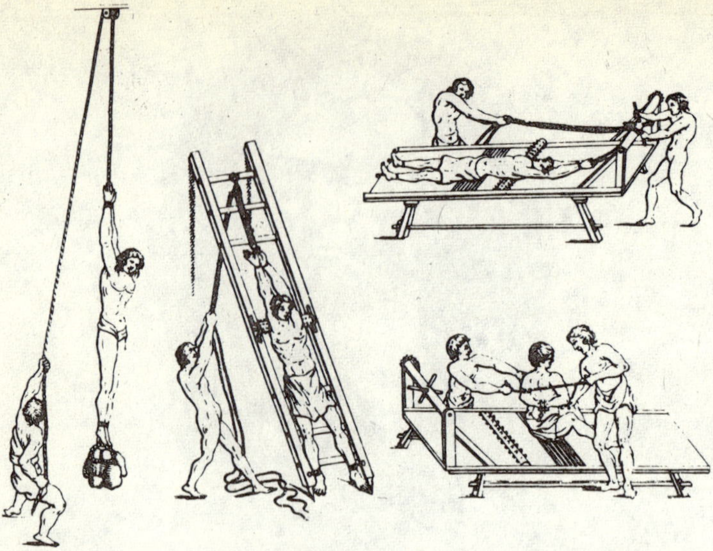

Foltermethoden

Vierteilung im 16. Jahrhundert
(anonymer Kupferstich, Stadtarchiv, Bad Waldsee)

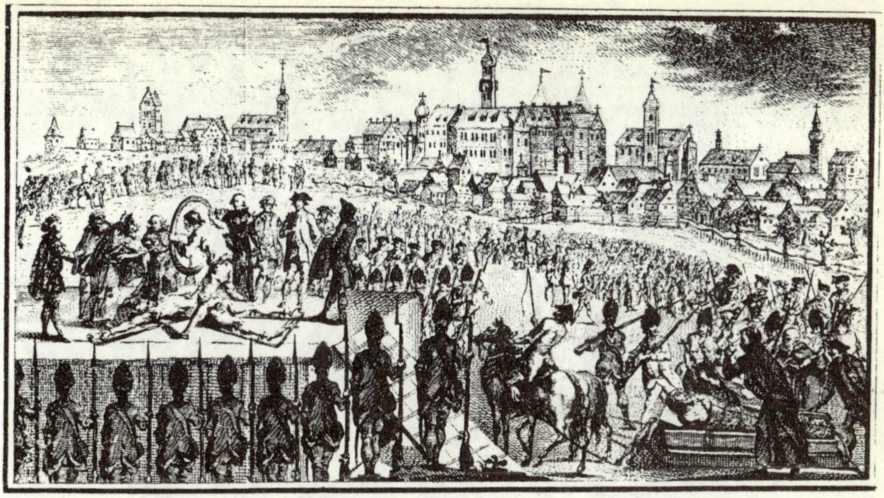

Ausschleifung und Exekution des Bayrischen Hiesels am 6. September 1771

Der Transport des Bayrischen Hiesels samt seinen Wilderer-Kameraden nach der Gefangennahme durch den Hochfürstlich-Dillingischen Premier-Lieutenant Schedel am 14. Januar 1771

Mathias Klostermayr, genannt der Bayrische Hiesel,
mit seinem Buben und großen Hund

damals propper Anzug mit seiner Merre machte, ihm argwöhnische Blicke zuzog, so gab er seinen Handel wieder auf, wurde wieder der Zirkelschmied Schüle und überließ sein Pferd mit Sattel und Zeug einem Waldwirt in der Gegend von Schaffhausen, unter der Bedingung, daß er ihm dafür genug zu trinken geben sollte.

Während er bei der Weinflasche saß, kam der Schinder–Peter. Dieser hätte längst gern Hans zum Kameraden gehabt, und jetzt, nachdem sie lange miteinander gezecht hatten, ergriff er die Gelegenheit und machte ihm Anträge zu einem Diebstahl, den sie miteinander begehen wollten, und zur engeren Kameradschaft. Hans verwarf sie mit dem unbekümmerten stolzen Ton, in dem er jetzt mit jedermann sprach. Dadurch fand sich der Schinder–Peter beleidigt und rächte sich damit, daß er, während Hans abwesend war, auf seine Rechnung bei dem Wirt zechte, beim Weggehen seine Kugelbüchse mitnahm und unter vielen Schimpfreden die Drohung ausstieß, er wollte Hans, sobald er ihn antreffe, erschießen. Auch dem Wirt suchte er dadurch weh zu tun, daß er ihm verschiedenes aus seinem Hause mitnahm.

Rache glühte in Hansens Seele auf, da er dies bei seiner Zurückkunft vom Wirt hörte. Er zahlte ihm die Zeche, die Peter auf sein Konto gemacht hatte, versprach ihm, das Gestohlene zurückzubringen, und brach sogleich auf, seinen Feind zu suchen. Die Drohungen, welche dieser gegen ihn ausgestoßen, waren gerade ein um so mächtigerer Sporn für ihn, demselben auf den Leib zu gehen, und er beschloß, nicht zu ruhen, bis er ihn empfindlich gezüchtigt und unter sich hinabgemeistert hätte, um das es ihm hauptsächlich bei seiner Rache zu tun war.

Nach vergeblichen Nachforschungen in Mühlen an der Donau, wo er sich aus den Händen verfolgender Soldaten und Bauern mutig loswand, erfuhr er endlich, daß Peter in Hohenemmingen im Fürstenbergischen sei. Er eilte diesem Dorfe zu, und sie trafen da mit ihrer gegenseitigen Gesellschaft in einem Wirtshaus bei Nacht zusammen. Hans, bei dem nur die Schleiferberbel und noch eine andere Gaunerin war, verbarg noch seine Absichten, weil er gern um seiner Sicherheit willen auf offenem Felde den Angriff gemacht hätte. Da aber Peter mit seinen Kameraden ihn gerade mit der gestohlenen Kugelbüchse neckte und anfing, ihm beleidigend zu begegnen, so geriet das in ihm lodernde Feuer in Flammen, er eröffnete vor dem Wirtshaus den Streit, indem er Peter mächtig ergriff, zu Boden warf, sich auf ihn hinsetzte, ihn an der Kehle mit der einen Hand hielt und mit der anderen dessen Pistole suchte. Einer von Peters Partei eilte dem Bedrängten zu Hilfe und riß Hans an den Haaren rückwärts. Plötzlich drang sich die Schleiferberbel herbei, schnitt diesem Verteidiger, der ihrem Beischläfer den Sieg zweifelhaft zu machen anfing, die Sehnen an der rechten Seite des Halses ab, daß er wie tot niedersank, und eilte, Peter selbst die Augen auszustechen, verfehlte aber wegen der Finsternis der Nacht ihren Zweck und traf nur seinen Backen. »Jesus, Maria und Joseph!« schrie Peter laut und erbärmlich auf. Der Lärm brachte das Dorf in Bewegung, und Hans ergriff mit der Schleiferberbel die Flucht.

Sie hatten ihr Gepäck, das sehr beträchtlich war, auf einem benachbarten Hofe, wo auch Hansens Eltern und Schwester und ein Kind ihrer Gefährtin waren, welche in Hohenemmingen zurückblieb. Diesem Hof ritten sie zu, und Hans wollte von Effekten nichts zurücklassen. Alle wurden also schwer beladen, und selbst sein Vater mußte, so sehr er sich sträubte, sich dazu verstehen, einen Pack auf seinen Rücken zu nehmen. Furcht vor anrückenden Streifern jagte sie. Sie schwitzten alle unter der drückenden Last. Sein Vater konnte es fast nicht mehr aushalten, und die Nähe der Gefahr verstattete doch kein Zaudern, kein Ausruhen. Voll bitteren Unmuts hierüber fing der Alte an, laut über seinen Sohn in den heftigsten Ausdrücken zu klagen, ihn als einen Ungeratenen und Liederlichen auszuschreien und mit eigener Angabe desselben bei der Obrigkeit zu drohen. Sie näherten sich der Stadt Möhringen, durch die sie ihr Weg führte, und immer wurde sein Toben heftiger, seine Drohungen ernstlicher. Hier, sagte er, wollte er Hans als kaiserlichen Deserteur verraten.

In dem Gedränge, in welches der Sohn hierdurch geriet, verließ ihn sein gewöhnlicher Trotz; er wurde ganz geschmeidig, demütigte sich aufs äußerste vor seinem Vater, gab ihm die besten, sanftesten Worte, bat ihn aufs beweglichste, seiner wenigstens diesmal noch zu schonen, und versicherte aufs heiligste, daß er sich bessern und von Stund an dem Gaunerleben entsagen wolle. Es gelang ihm, den Vater zu besänftigen und sicher durch Möhringen zu kommen. Aber jetzt erlagen sie vor Müdigkeit und sahen sich genötigt, in einer Mühle nahe bei Seitingen eigenmächtig Nachtquartier zu nehmen, weil es ihnen auf ihr wiederholtes Bitten abgeschlagen wurde.

Aber eben dadurch stürzten sie in eine neue Gefahr, da sie eben einer andern glücklich entkommen waren. Die Müllerin ließ es nach Seitingen wissen, daß sie verdächtige Gäste bei sich hätte. Auf der Stelle erschien ein Streifkommando von 200 bewaffneten Bauern, welches sie aus der süßen Ruhe, die sie eben zu genießen anfingen, aufhub und als Arrestanten nach Seitingen brachte.

Hier war Hans von vorigen Zeiten her bekannt, war öfters in des Vogts Haus noch als Krämer gewesen und in dem benachbarten Dorf Oberflath vor vier Jahren in Verhaft genommen worden, bei welcher Gelegenheit der Vogt den Vater ins Verhör bekommen hatte. Hans befand sich also in einer sehr kitzligen Lage. Er mußte fürchten, von dem Vogt erkannt zu werden, und auch außer diesem Fall blieb noch die Besorgnis, sein Vater möchte ihn verraten. Die Nacht hindurch bat er zwar diesen so dringend, als er konnte, beim Verhör nicht zu sagen, daß er sein Sohn sei, sondern ihn für einen Unbekannten auszugeben, der unterwegs zu ihm gekommen sei, der Vater gab ihm auch gute Zusicherungen. Aber bei dem tiefgewurzelten Unwillen, den derselbe längst über ihn wegen seiner Gaunerei hatte und der seit gestern noch so gereizt war, traute er ihm doch nicht ganz. Er hätte auf einmal aus aller Verlegenheit sich reißen können, wenn er sich eines Mittels hätte bedienen wollen, das ihm die Schleiferberbel anriet. Sie hatte, obgleich ermüdet durch die beschwerliche Flucht des vorigen Tages, bei verstelltem Schlafe die Nacht hindurch gewacht, um ihre Wächter zu belauern. Sobald sie solche schlafen sah, weckte sie Hans und forderte ihn auf zu entfliehen. Sie selbst wolle, weil sie für ihre Person nichts zu besorgen hatte, mit ihrem Kind bleiben. Aber Hans verwarf ihren Vorschlag, weil er dadurch seinem Vater hätte schaden können, und lieber wollte er sich selbst jeder Gefahr, die ihn bedrohte, aussetzen, als das tun. Auf jeden Fall verließ er sich auf seine Fertigkeit im Lügen, die ihm in ähnlichen Verhältnissen noch immer glücklich durchgeholfen hatte, und erwartete mit Entschlossenheit sein Verhör.

Wirklich war es in verschiedener Rücksicht das delikateste, in das er kam. Es trafen dabei die sonderbarsten Verlegenheiten für ihn zusammen, die alle auf dem Punkt waren, ihn zu verraten. Er wurde in Gegenwart seines Vaters zuerst examiniert, und seine Angaben waren folgende: Er sei ein Zirkelschmied aus Harmerspach gebürtig und heiße Johannes Schüle. Er komme aus Bischofszell her, wo er in Arbeit gestanden sei, und wirklich sei er im Begriff, nach Harmerspach zu gehen, wo er noch etwas von Vermögen zu suchen habe. Die Weibsperson, die er bei sich habe, sei seine Frau, mit der er sich erst kürzlich in Bischofszell verheiratet habe. Er überreichte seinen Paß, der Vogt sah ihn durch. Eure Sache ist gut, sagte er, indem er ihn Hans zurückgab.

»Und wer seid denn Ihr?« fragte er den Vater. »Andreas Herrenberger«, versetzte dieser, »Schuhmacher aus Konstanz gebürtig.« – »So! Ihr seid der Konstanzer Schuhmacher?« sagte der Vogt mit lebhafterer Stimme, indem er sich des alten Vorfalls erinnerte. »Sagt mir«, fuhr er fort, »wo habt Ihr Euren Sohn?« Wie ein Donnerschlag traf die beiden Arrestanten diese Frage, auf die sie so gar nicht vorbereitet waren. Bange Erwartung, was für eine Antwort erfolgen werde, Besorgnis, daß sie nachteilig für ihn ausfallen möchte, und schnelles Umsehen nach Rettungsmitteln drängten sich augenblicklich in Hansens Seele, und er hatte alle Mühe, seine innere Unruhe zu verbergen. Schon vorher traute er seinem Vater nicht Standhaftigkeit genug zu, ihn beim Verhör zu schonen, und jetzt hatte er vollends alle Ursache zu befürchten, daß er ihn verraten werde, da er dazu gleichsam aufgefordert wurde. Auf diesen Fall hatte er schon bei sich beschlossen, entweder zum Fenster hinauszuspringen oder mit dem Degen, den er umhängen hatte, sich die Freiheit zu erkämpfen.

Selbst zu sehr betroffen, zauderte der Vater mit der Antwort und schien wegen derselben mit sich selber nicht einig zu sein. Der Vogt riß ihn aus der Verlegenheit: »Ist er noch Soldat?« fragte er weiter. »Ja!« versetzte der Schuster. »So?« fuhr jener fort, »das freut mich für Euren Sohn. Wenn er das nicht geworden wäre, glaubt mir, er wäre ein rechter Spitzbube geworden und gewiß noch an den Galgen gekommen.« Dann wandte er sich zu Hans und erzählte ihm vertraulich, wie des Schusters Sohn ehmals mit Gaunern sich eingelassen und in der ganzen Gegend verdächtig gemacht habe, wie er vor vier Jahren in Oberflath mit noch anderen aufgehoben*, nach Spaichingen geführt und sofort Soldat geworden sei. Hans stand bei dieser Erzählung seiner eigenen Geschichte wie auf Nadeln, und

---

* verhaftet

nur die Gewalt, die er über sich selbst hatte, setzte ihn instand, die verworrene Lage seiner Seele zu bedecken.

»Mit diesem Mann lauft nimmer«, setzte der Vogt hinzu, indem er auf seinen Vater hinwies, »er hat sich durch seine Gemeinschaft mit Gaunern verdächtig gemacht.« – »Mir ist es leid«, versetzte Hans, »ich bin von ungefähr unterwegs zu ihm gekommen, ich kenne den Mann gar nicht und habe ihn außerdem noch nie gesehen.« Der Vater wischte sich hier die Augen, und ein Seufzer drang sich aus seiner Brust hervor. Hans, der eben frei zu atmen anfing, sah sich aufs neue im Gedränge. Zum Glück entließ sie jetzt der Vogt. Hans nahm schnell Abschied, eilte die Treppe hinunter, während der Vater, halbversunken in trauriges Nachdenken, oben noch zauderte. »Pack eilends auf«, sagte er zur Schleiferbärbel, die unten seiner wartete, »der Vater möchte noch umschlagen.« In einem Augenblick waren sie aus dem Dorfe, auf offenem Feld.

Sobald sich Hans wieder auf freiem Fuß sah, kehrte er zu den Gedanken der Rache zurück, die ihn vorher ganz beschäftigt hatte. Er konnte sich vorstellen, daß der Schinder–Peter, aufgebracht durch die Niederlage, die er mit seiner Partei in Hohenemmingen erlitten, ihn hitzig verfolgen werde, und ihm selbst war der halbe Sieg, den er über denselben davongetragen, noch keine hinlängliche Genugtuung. Er machte sich also auf einen neuen Kampf gefaßt, ging, weil er mit Gewehr schlecht versehen war, nach Ebingen auf den Markt und stahl dort einem Krämer zwei Pistolen.

Bei seiner Rückkunft bekam er Nachrichten, die seine Vermutungen von Peter bestätigten. Mehrere seiner Bekannten erzählten ihm, dieser hitzige Gegner hätte eine ganze Truppe von starken Gaunern, die alle bewaffnet wären, an sich gezogen, suche Hans mit ihnen auf und drohe ihm aller Orten die fürchterlichste Rache; das Herz wollte er ihm aus dem Leibe reißen.

Hans, anstatt durch diese Umstände abgeschreckt zu werden, wurde gerade dadurch um so viel hitziger, weil er Gelegenheit sah, desto größeren Ruhm durch einen Sieg über mehrere zu ernten und sein Ansehen unter den Gaunern so viel mehr zu befestigen. Er dachte nicht einmal daran, die gehörigen Gegenrüstungen zu machen, und seinem Feind eine gleiche Anzahl geübter Streiter entgegenzusetzen. Nur einen einzigen Kameraden hatte er damals bei sich, und er sah sich nicht nach mehreren um. Dieser einzige wurde etwas bedenklich; Hans sprach ihm mit der Zuversicht, die des Siegs schon gewiß war, Mut ein, und er entschloß sich, mit ihm sich ins Feuer zu wagen. Dann lud Hans seine Pistole, erkundigte sich nach dem Weg, den Peter genommen hatte, und setzte ihm nach.

Unterwegs traf ihre vorherige Gefährtin, die sie in Hohenemmingen bei dem Gefecht zurücklassen mußten, in den erbärmlichsten Umständen mit zerfetztem Gesicht und zerschnittenen Kleidern zu ihnen und erzählte ihnen laut wehklagend, so habe sie Peter zugerichtet. Fünf Tage habe er sie mit sich umhergeschleppt, daß sie ihm sagen sollte, wo Hans sich aufhalte; wenn er ihn irgendwo nicht gefunden, habe sie allemal dafür büßen müssen; endlich sei es ihr gelungen, heimlich bei der Nacht zu entwischen.

Der Anblick dieser Mißhandelten und ihre Erzählung brachte sein gärendes Blut vollends in die heftigste Wallung. Er eilte mit seinem kleinen Gefolge, welches außer seinem Kameraden noch aus der Schleiferberbel und einer anderen Gaunerin bestand, racheschnaubend einem Dorfe nicht weit von Rotweil zu, wo er Peter mit seiner Gesellschaft in einer sicheren Diebsherberge vermutete. Sobald er da angekommen war – es war zur Nachtzeit –, besetzte er gleich alle Ausgänge des Hauses, stellte vor die hintere Tür die Schleiferberbel, vor die vordere seinen Kameraden mit einer geladenen Pistole und die andere Gefährtin mit einer starken Keule vor einen Laden und gab ihnen insgesamt den gemessenen Befehl, niemand entrinnen zu lassen. Er selbst stieg hinten zum Haus hinein und rannte, in der einen Hand einen Säbel, in der andern eine geladene Pistole, wütend in die Wohnstube, um da alles zu erschießen und niederzuhauen, was nicht um Pardon bitten und sich unterwerfen würde.

Aber seine kriegerischen Anstalten waren umsonst: Der Feind war nicht da, und in der Stube traf er niemand an als den Wirt, der über die unerwartete Erscheinung eines mit Mordgewehren gerüsteten Mannes äußerst betroffen war. Hans fragte voll Hitze nach Peter. Der Wirt konnte ihm aber weiter nichts sagen, als daß er vermutlich in Lakendorf sein werde, wo wirklich mehrere Gauner sich befänden. Mit Anbruch des Tages setzte Hans seinen Weg dahin fort, aber auch da fand er ihn nicht, und jetzt wurde durch neue Gefahren, in die er selber geriet, die rachgierige Verfolgung Peters plötzlich unterbrochen.

Hans hatte eben, um sich eine Zwischenbeschäftigung zu machen, mit seinem Kameraden im Pfarrhaus zu Flözlingen im Württembergischen eingebrochen und saß mit der beträchtlichen Beute, welche er dort weggebracht, in einem Diebswirtshaus zu Neuhausen bei Villingen, als eine in ein Bauernweib verkleidete Gaunerin mit der Nachricht herbeieilte, es seien Streifer im Anzug und schon dem Dorfe nahe; sie sollten ohne Zaudern auf ihre Sicherheit bedacht sein.

Schon seit etlichen Tagen wurde in der Gegend gestreift, ohne daß Hans sich darum bekümmert hatte. Verschiedene Gauner und Gaunerinnen waren schon nach Rotweil aufgebracht, und noch mehrere würden in Lakendorf aufgehoben worden sein, wenn nicht B.V.R..., der auch einstweilen ihre gestohlene Ware in Verwahrung nahm, ihnen durch seine schlaue Sorgfalt Mittel verschafft hätte, zu entfliehen.

Hans raffte auf die Nachricht von dem drohenden Überfall plötzlich das Seinige zusammen und zog mit seiner Gesellschaft aus dem Dorfe aus, während auf der entgegengesetzten Seite die Streifer einrückten.

Aber er war kaum diesen Häschern entgangen, als er andern in die Hände fiel, denen er nicht so glücklich entrann. Er hatte sich auf seiner Flucht nach Schaffhausen begeben, wo damals der Herbstmarkt einfiel, und hier geriet er mit der Schleiferberbel in einen Verhaft, der einen der merkwürdigsten Auftritte in seinem Leben ausmacht. Es gelang ihm da, seine Richter bis auf einen beinahe unmöglich scheinenden Grad zu täuschen, sie bei aller Genauigkeit der Untersuchung und bei allen Anzeigen, die sie von seiner Gaunerei und wahren Namen hatten, bis zur Überzeugung zu bringen, daß er unschuldig und diejenige Person sei, für die er sich fälschlich ausgab.

Eine in Heiligenberg im Verhaft liegende Gaunerin hatte im Verhör angegeben, es finden sich immer so viele Gauner auf den Märkten in Schaffhausen ein. Hierdurch war die Aufmerksamkeit dieser Stadt auf dies Raubgesindel verdoppelt und auf den jetzt einfallenden Markt die geflissenste Vorkehrung zur Aufhebung derselben getroffen worden. Ein Hatschier sagte das Hans, der eben auf dem Weg nach Schaffhausen war und ihm seinen Paß vorzeigte. Die Schleiferberbel, die es allen Umständen nach sehr wahrscheinlich fand, wollte deswegen wegbleiben und auch ihren Beischläfer zurückhalten. Aber Hans konnte sich noch nicht so überzeugen, daß es wahr sei, und wenn auch, so hatte er sich, damals bei seinem tollkühnen Mut in Gefahren noch nicht so vorsichtig, einmal in den Kopf gesetzt, den Markt zu besuchen, und sie mußte, so ungern sie daran kam, ihm dahin folgen.

Er kam glücklich in die Stadt und trat da zuerst auf dem Tuchmarkt auf, um auf gefüllte Beutel Jagd zu machen. Lang schlich er umher, und es wollte sich keine Gelegenheit ergeben, seine Kunst in Ausübung zu bringen. Ein Bauer aus dem Württembergischen, der ihn kannte, bemerkte ihn im Vorübergehen, da eben ein lauernder Gerichtsdiener neben ihm stand, der kaum vorher dort einen Gauner weggefischt hatte. Von diesem sollte es auch niemand glauben, daß er der größte Spitzbube wäre, sagte der Bauer zum Gerichtsdiener, indem er auf Hans hinwies, welcher damals sehr gut gekleidet war. »So!« sprach der Gerichtsdiener in hastigem Ton. »Er ist schon einmal in Tuttlingen in Verhaft gewesen«, fuhr der Bauer fort, »und dort ausgepeitscht worden.« Der Gerichtsdiener erkundigte sich noch schnell nach seinem Namen, dann setzte er ihm plötzlich nach, hielt ihn an und befahl ihm, daß er ihm folgen solle.

Hier war der Ort nicht, zu fliehen oder Gewalt zu gebrauchen. Hans folgte ihm also ohne die mindeste Widersetzlichkeit und, im Vertrauen auf seine guten Briefschaften, ohne Besorgnis zum Stadtbürgermeister. Während er bei diesem gemeldet wurde und auf seine Vorforderung wartete, brachte ein anderer Häscher, der Vogtsdiener, schon die Schleiferberbel herbei. Sie hatte nicht sobald Hans erblickt, als sie ihm durch einen Wink zu verstehen gab, er sollte sich gegen sie wie gegen eine Unbekannte betragen, weil sie jetzt keine Gelegenheit mehr hatten, übereinstimmende Aussagen vor Gericht zu verabreden. Aber schneller, als er den belehrenden Wink bemerkt und über die Sache, die derselbe betraf, nachgedacht hatte, waren ihm die Worte entwischt: »Da kommt auch mein Weib.« Noch ehe er sie ganz ausgesprochen hatte, fiel ihm seine Unvorsichtigkeit auf, und er war voll inneren Unwillens über sich selber. Wie gerne hätte er sie zurückgenommen! Aber jetzt war's nicht mehr zu ändern. Indessen suchte er seinen Fehler dadurch wieder einigermaßen gutzumachen, daß er ihr im Vorbeigehen in der Gaunersprache mit gebrochenen Worten zulispelte, sie sollte vorgeben, sie sei vor anderthalb Jahren in einem bestimmten Dorfe bei Offenburg mit ihm kopuliert worden.

Jetzt wurde er dem Bürgermeister vorgeführt. »Was macht Ihr hier?« fragte ihn dieser, nachdem er sich nach seinem Namen und seiner Profession erkundigt und von ihm gehört hatte, daß er ein vacirender* Zirkelschmied sei und Johannes Schüle heiße.

»Ich will Sägenblätter kaufen«, antwortete Hans.

Bürgermeister: »Kurios! Was macht Ihr denn auf dem Tuchmarkt und schleicht da so um die Leute herum? Dort kauft man, denk' ich, keine Sägenblätter.«

Hans: »Ich bin hier auf dem Markt und habe wie jeder andere die Freiheit, hinzugehen, wo ich will, und zu sehen, was ich will. Zudem bin ich mit Hemden nicht so ganz versehen und wollte dort einkaufen.«

Bürgermeister (indem er ihm scharf ins Gesicht schaute): »Es dünkt mich, Ihr seid ein rechter Spitzbube.«

Hans (im heftigsten Zorn auffahrend, nach einigen vorangeschickten Flüchen): »Was? Ich ein Spitzbube? Das hat mir«, hier zog er seine Brieftasche hervor und warf sie mit solcher Gewalt auf den Tisch, daß sie darüber hinflog, »das hat mir noch niemand gesagt. Ich bin durch Sachsen, Böhmen und Österreich gereist, habe mit Fürsten, Generalen und Offizieren gesprochen, und nirgends hat man mich so behandelt. Man schreibe in all diese Länder hin und frage nach mir, ob ich Diebstahl oder sonst etwas Unrechtes begangen, ob ich mich nicht überall als ein ehrlicher Kerl aufgeführt habe.«

Bürgermeister (mit ruhigem Ernst): »Ich glaube, man wird nicht so weit, sondern nur in eine Entfernung von acht Stunden, nur nach Tuttlingen schreiben dürfen, um Euren ehrlichen Namen zu erfahren.«

Eine Antwort, die so stark traf, so deutlich verriet, daß dem Bürgermeister der Tuttlinger Arrest bekannt sein müsse, machte Hans um so betretener, je sicherer er von dieser Seite zu sein glaubte und je brutaler er eben auf seine unbescholtene Aufführung getrotzt hatte. Aber er war zu sehr Meister über sich, um seine Bestürzung auch nur durch eine Miene zu verraten, und er hatte zu viel Gegenwart des Geistes, um wegen einer schicklichen Auskunft in Verlegenheit zu sein. Mit augenblicklicher Besonnenheit hatte er überrechnet, daß es ratsamer für ihn sei, den Tuttlinger Vorgang mit einer ihm günstigen Vorstellung einzugestehen, als ihn so schlechtweg abzuleugnen, weil er nicht wußte, wieviel davon dem Bürgermeister bekannt sei, und weil das Nähere und Gewisse davon ohnehin leicht zu erfahren war. Und plötzlich war er mit einer Antwort fertig, die diesen Rücksichten genau angepaßt war.

»Was in Tuttlingen vorgekommen ist«, erwiderte er auf der Stelle, »das gehört nicht hierher; es ist ein Jugendstreich, den ich im Unverstand begangen habe.«

Der Bürgermeister brach ab und ließ ihn ins Gefängnis führen.

So weit hatte Hans nicht geglaubt, daß es kommen würde. Doch ließ er den

---

* herumziehender

Mut nicht sinken, und er war über seine Gefangenschaft anfangs mehr wegen des finsteren Kerkers, in den er eingeschlossen war, und wegen der kargen Kost, die ihm gereicht wurde, aufgebracht als wegen der Gefahr, die er befürchtete. Die Tuttlinger Sache glaubte er immer noch glücklich verfechten und selbst zu seinem Vorteil sie benutzen zu können. Aber er wurde bald in seiner Ruhe gestört. Gleich den andern Tag hörte er seinem Kerker gegenüber in einem Turm jemanden singen, dann mehrere lachen und rufen. Er horchte genauer auf und erkannte an der Stimme verschiedene seiner Kameraden. Nun war er überzeugt, daß es der Stadt mit der Verfolgung der Gauner Ernst sei, und er befürchtete, auch sein Vater möchte unter den Gefangenen sein, von dem er in diesem Fall nichts anderes erwartete, als verraten zu werden.

Unter diesen Umständen fing er an, für sich besorgt zu werden, und folgte dem Stadtdiener, der ihn am vierten Tag seiner Einkerkerung zum Verhör abholte, mit etwas schwerem Herzen aufs Rathaus. Hier vermehrten der Anblick so vieler Neugieriger, die er im Vorgemach antraf, und die Anzeigen eines strengen Verhörs, die er in allen Umständen sah, seine Besorgnis. Die übrigen Arrestanten waren alle schon herbeigeführt und erwarteten in besonderen Außenstübchen ihre Vorforderung.

Indem Hans gedankenvoll im Vorgemach stand, hörte er mehrere Male nacheinander eine Stimme, die ihn leise bei seinem Namen rief. Sie kam von der Schleiferberbel, welche ihn aus ihrem Stübchen gesehen hatte. Hans näherte sich unvermerkt. »Was für einen Zinken?« fragte sie schnell in der Gaunersprache, da er nahe genug war. Die Frage betraf den Namen, den er beim Verhör angeben würde. Er würde allerdings etwas für seine Sicherheit gewonnen haben, wenn er die wachsame Sorgfalt seiner Beischläferin hätte benutzen und mit ihr durch eine verstohlene Unterredung sich über die wichtigsten Punkte vor ihrem beiderseitigen Verhör hätte vergleichen können. Aber die Wachsamkeit des Stadtdieners verdarb die Sache. Er merkte Unrat, und ehe noch Hans der Schleiferberbel antworten konnte, befahl er ihm, sich von da zu entfernen.

Doch konnte sich Hans über das Mißlingen des schlauen Versuchs noch beruhigen, weil seine Beischläferin fast mit Gewißheit ohne nähere Belehrung voraussetzen konnte, er werde den Namen Johannes Schüle angeben, wovon hernach alle weiteren Aussagen von Wichtigkeit abhingen. Und hätte er nicht andere Ursachen zur Unruhe gehabt, so wäre immer seine Sache noch gut genug gestanden. Aber jetzt kam vollends zum Vorhergehenden das Niederschlagendste. Sein Kamerad, mit dem er neuerlich den Einbruch in Flözlingen begangen hatte, wurde jetzt vor seinen Augen aus einem Stübchen heraus zum Verhör in den Gerichtssaal geführt. Hans sank beinahe in Ohnmacht, als er diesen sah, und jetzt glaubte er sich fast unvermeidlich verloren. Er hatte weder gewußt noch vermutet, daß dieser unter den Gefangenen sei, und bei der strengen Untersuchung, die alle Umstände ihm wahrscheinlich machten, traute er ihm nicht genug Verschwiegenheit und Klugheit in der Verantwortung zu. Zum Unglück hatte der Keßler Seppe – dies war der Name des Kameraden – gerade den Rock an, den er dem

Pfarrer in Flözlingen gestohlen hatte, führte eine prächtige Uhr von 200 fl. an Wert, und sein ganzer Anzug war so unharmonisch, so unpassend für einen Keßler, daß er schon daran von jedem Aufmerksamen als Dieb zu erkennen war.

Doch eben die Größe der Gefahr, in der sich jetzt Hans sah, erhob seinen Mut. Seine ganze Kraft vereinigte sich plötzlich gleichsam in einen Punkt, er musterte seinen entworfenen Verteidigungsplan noch einmal und trat nun, da er selbst zum Verhör abgeholt wurde, mit Unerschrockenheit vor seinen Richtern auf, entschlossen, seine Behauptungen mit einer unbeugsamen Standhaftigkeit durchzusetzen.

Er hatte jetzt auch mehr als jemals seine ganze Klugheit und Entschlossenheit nötig, um sich durchzuschlagen. Er war die Hauptperson, auf die man vor Gericht ausging. Von den übrigen wußte man nichts Näheres, das sie besonders verdächtig machte, deswegen war das Verhör bei ihnen auch nicht so streng, und sie wurden gleich wieder in Freiheit gesetzt. Aber von ihm waren mehrere, ihm nachteilige Umstände bekannt. Man wußte seinen Tuttlinger Arrest, wußte, daß er der Konstanzer Hans sein sollte, und gerade dieser war vor einem Jahr von einem anderen Gauner, der in Schaffhausen im Verhaft gelegen, als einer der größten Diebe angegeben und genau beschrieben worden. Man verhörte in also um so schärfer, und es schien beinahe unmöglich, daß er verborgen bleiben und gerettet werden könnte.

24 Ratsherren saßen in dem Gerichtssaal, der Bürgermeister an der Spitze. Dieser eröffnete die Untersuchung mit den gewöhnlichen vorläufigen Fragen, die den Namen, den Geburtsort und die Profession des Inquisiten betrafen und die derselbe ebenso wie vorher bei dem Privatverhör beantwortete. Dann fuhr der Bürgermeister fort, ob er auch im Württembergischen bekannt sei?

Hans: »Ja!«

Bürgermeister: Ob nicht namentlich auch in Tuttlingen?

Hans: »Ja!«

Bürgermeister: Ob er nicht dort im Verhaft gewesen?

Hans: Er könne es nicht leugnen. Er erzählte dann die Sache ebenso, wie bei seinem Verhör in Tuttlingen.

Bürgermeister: Was ihm für eine Strafe dort angetan worden sei?

Hans: Er habe eine Tracht Schläge bekommen.

Bürgermeister: Ob er nicht ausgepeitscht worden?

Hans: »Nein!«

Er wurde in eines der Außenstübchen abgeführt und eine Besichtigung seines Rückens vorgenommen, während deren die Schleiferberbel ins Verhör kam. Auf seinem Rücken zeigten sich Spuren, daß er mit Ruten gestrichen worden sein müsse. Der Stadtdiener berichtete es dem Bürgermeister, und dieser hielt's ihm bei der Fortsetzung des Verhörs vor; sein eigener Rücken, sagte er, zeuge wider ihn.

Hans: Er habe als Soldat Gassen laufen müssen, daher rühren die verdächtigen Merkmale. Man solle in Tuttlingen Erkundigung einziehen, man werde alle seine Aussagen wahr finden.

Bürgermeister: Womit er sich denn seit der Zeit nähre?

Hans: Mit Sägen-, Feilen- und Bohrermachen.

Bürgermeister: Da werden die Bauern im Thurgau lang warten müssen, bis der Konstanzer Hans kommt und ihnen Sägen feilt.

Voll Bestürzung erfuhr Hans aus diesen treffenden Worten, was er vorher noch nicht wußte, daß auch sein Name bekannt sei. Aber er war ähnliche Überraschungen schon zu sehr gewohnt, als daß er dadurch aus der Fassung gekommen wäre.

Bürgermeister: Ob er den Konstanzer Hans nicht kenne?

Hans: Von diesem wisse er gar nichts.

Da es jetzt vor allem weiteren darauf ankam, mit seinen Aussagen in Betreff seines Tuttlinger Arrests ins Reine zu kommen, so wurde für diesmal das Verhör geendigt, Hans in sein Gefängnis zurückgebracht und ein Expresser* nach Tuttlingen gefertigt. Er kam mit der Antwort zurück, die Umstände seien ganz so, wie der Inquisit sie angegeben.

Noch fanden aber seine Richter ihn damit nicht gerechtfertigt, noch den starken Verdacht nicht getilgt, den sie wider ihn hatten. Sie nahmen ihn also zum zweitenmal ins Verhör.

Bürgermeister: Wie man ihn gewöhnlich auf dem Lande heiße?

Hans: Man nenne ihn überall bei seinem rechten Namen; er wisse keinen besonderen, den man ihm gebe.

Bürgermeister: Ob er in Konstanz bekannt sei?

Hans: Er sei noch nie dagewesen.

Bürgermeister: Ob man ihn nicht Konstanzer Hans heiße?

Hans: Das sei ein Name, den er noch nie gehört habe. Er wüßte auch nicht, warum man ihn so nennen sollte, da er in Konstanz weder eine Heimat habe, noch dort bekannt sei. Man müßte ihn, wenn man ihm einen besonderen Namen geben wollte, eher Harmerspacher Hans nennen, weil er aus Harmerspach sei.

Bürgermeister: Er sollte die Verstellung nicht zu weit treiben: Der Färber-Hans und der Schleifer-Toni (zwei andere Gauner) haben ihn als ihren Kameraden angegeben und alles von ihm verraten.

Hans: Er kenne von diesen keinen und erinnere sich nicht, auch nur von ihnen gehört zu haben.

Alle Wendungen waren vergeblich, die man gebrauchte, ihm ein Geständnis abzulocken. Er beharrte darauf, der Zirkelschmied Johannes Schüle aus Harmerspach zu sein. Sowenig man ihm eigentliche Beweise entgegensetzen konnte, daß er das nicht sei, weil zum Glück für ihn weder die Schleiferberbel noch seine übrigen Kameraden etwas ihm Nachteiliges ausgesagt hatten, so wollte man ihn doch bei dem starken Verdacht, der auf ihm lag, nicht für den erkennen, der er sein wollte, bis man die möglichste Gewißheit davon bekommen hätte.

---

* Eilbote

Und hierzu schien die sicherste Gelegenheit in der Nähe zu sein. Es war ein angesehener Fabrikant in der benachbarten Stadt Frauenfeld, der, wenn Hansens Angabe von sich wahr sein sollte, mit ihm Geschwisterkind war und öfters in Fabrikgeschäften nach Schaffhausen kam. Der Bürgermeister bat ihn zu sich, erzählte ihm den Verhaft und die Aussagen des zweideutigen Gefangenen, den Verdacht wider ihn, die Verlegenheit, in der man sich mit ihm befinde und ersuchte ihn, seinen angeblichen Vetter im Gefängnis zu sprechen und durch eine genaue Besichtigung und Ausforschung desselben dem Rat auf eine sichere Spur der Wahrheit zu helfen.

Der Fabrikant begab sich ins Gefängnis und fragte Hans, ohne sich zu erkennen zu geben, über die kleinsten Familienumstände aus. Wer seine Eltern seien? Wie sie mit Vornamen heißen? Ob sie noch am Leben seien? Ob er Geschwister habe? Wie viele Schwestern? Wie viele Brüder? Was diese seien und wo? Was in seinem elterlichen Hause für Arbeiten geschehen? Wo ihr Haus in Harmerspach stehe? Ob es groß oder klein sei? usw. Hans war in seinen Jugendjahren öfters im Schülischen Hause in Harmerspach gewesen und wußte teils von daher, teils durch neuere Erkundigungen der Umstände desselben so genau als einer von der Familie. Er beantwortete also, ohne die Absicht des Mannes zu wissen, den er vor sich hatte, alle die angeführten Fragen und noch eine Menge anderer ebenso fertig als richtig. Der Fabrikant kehrte niedergeschlagen zum Bürgermeister zurück und erklärte ihm, er kenne zwar den Gefangenen seiner Person nach nicht, aber nach den Antworten, die er ihm gegeben, könne er nicht anders als glauben, daß er sein Vetter sei, und er sei so fest davon überzeugt, daß er mit allem dafür halten wollte, es tue ihm äußerst leid, einen so nahen Anverwandten hier im Verhaft und im Verdacht der Gaunerei zu sehen.

Ein Zeugnis von der Art hatte ein zu großes Gewicht und war zu glaubwürdig, als daß jetzt noch ein Zweifel stattgefunden hätte. Hans wurde gerichtlich für den Johannes Schüle erkannt und jetzt mit einer kleinen Tracht Schläge aus dem Arrest entlassen, der ihm die äußerste Gefahr gedroht hatte. Mit ihm wurde auch die Schleiferberbel als seine anerkannte Frau in Freiheit gesetzt und kam noch glücklicher weg als er. Sie hatte sich gleich im Anfang ihres Verhafts für schwanger ausgegeben, weswegen sie, was sie dabei zur Absicht hatte, nicht nur während ihrer Gefangenschaft besser als gewöhnlich behandelt worden war, sondern auch bei ihrer Entlassung ganz mit Schlägen verschont wurde.

Schon verschiedene Male war es Hans gelungen, sich aus den Händen der Gerechtigkeit durch seine dreisten Lügen loszuarbeiten, aber so glücklich wie diesmal hatte er noch nie gesiegt. Er tat sich auch wirklich nicht wenig darauf zugut, eine so große Anzahl von Richtern, die ihn mit aller Strenge untersuchten, so nach Wunsch hintergangen zu haben. Aber bei alledem ging er mit einer gewissen Bedenklichkeit aus seinem Kerker hervor. Er fühlte keinen rechten Mut in sich, seine alte Laufbahn wieder zu betreten, auf der er nun zwei Jahre mit so abwechselndem Glück gewandelt war. Das Bild der großen Gefahr, in der er sich befunden, schwebte ihm zu stark ob und zeigte ihm bei neuen Unternehmungen neue nahe Gefahren. Ohne Zweifel hatten auch die lange Ruhe im Kerker und die magere Kost, die er da bekam, das Ihrige zur Schwächung seiner vorherigen Schnellkraft beigetragen. Aber dieser Zustand der Mutlosigkeit währte nicht lange. Sobald er wieder recht in freier Luft atmete, wieder seine erschlafften Kräfte zu gebrauchen anfing und ein Kamerad zu ihm kam, der zu vielversprechenden Einbrüchen ihn aufmunterte, so kehrte der alte Gaunergeist in ihn zurück, er beging neue Einbrüche und Diebstähle Schlag auf Schlag und schien sich gleichsam für die lange Untätigkeit rächen zu wollen, in welche er durch seinen beinahe vierwöchigen Arrest versetzt worden war. Nur ging er jetzt mit mehr Vorsicht und Überlegung zu Werk und schaffte sich eben deswegen jetzt auch wieder neue Kleider und einen neuen Paß an.

Aber in seinem Verhältnis gegen die Schleiferberbel fing jetzt eine Veränderung an, die von Bedeutung war. (...) Sie hörte auf, seine Beischläferin zu sein. Zwar gab sie sich alle Mühe, ihn aufs neue zu gewinnen und sich wieder in ihre alten Rechte bei ihm einzusetzen. Sobald sie glaubte, daß sein Zorn sich gelegt haben würde, erschien sie wieder und zwar zu einer Zeit, wo sie durch die Nachricht von anrückenden Streifern, die ihn bedrohten, ein neues Verdienst um ihn machen konnte. Indes gewann sie weder dadurch noch durch andere ähnliche Dienste, die sie ihm leistete, etwas weiteres, als daß er sie wie eine Fremde in seiner Gesellschaft duldete. Eine Narbe, die er von einer Wunde behielt, und die ihn nun überall kenntlich machte, trug mit dazu bei, ihn unerbittlich zu machen. (...)

Hans hatte sich auf einige Zeit von Peter wegen ihres durch den Übertritt Viktors zu zahlreich gewordenen Anhangs getrennt, und weil es ihm noch an einem Paß fehlte, sich nach Maria Einsiedel in der Schweiz begeben, um da einen Gesundheitsschein zu bekommen und auf denselben in Rappersweil sich einen förmlichen Paß ausfertigen zu lassen. Auf dem Rückweg traf er zu einer anderen Gaunerpartei, welche eben aus einer Kirche bei Schweiz neun Pfund Silber entwendet hatte und zu welcher auch der schwarze Toni gehörte. Hansens Kamerad warf einem unter ihnen bitter vor, daß sie Kirchenräuber seien. »Wir haben auch gestohlenes Silber bei uns«, sagte er mit einem sich besser dünkenden Stolz, »aber wir haben es nicht aus einer Kirche genommen.« Darüber entspannen sich Händel, bei welchen der schwarze Toni sich an zwei Personen von Hansens Gefolge vergriff, da dieser eben abwesend war. Hans hatte nicht so bald bei seiner Zurückkunft Nachricht von diesem Vorgang bekommen, als er mit glühender Rachgier, die nun auch den alten Rückstand nachholen wollte, auf das Dorf losrannte, in welchem Toni mit noch einem Kameraden Quartier genommen hatte. Es war schon Nacht, als er dort ankam, und da er nicht wußte, in welchem Haus diese beiden sich aufhielten, so gab er sich, um sie desto schneller und sicherer aufzufinden, bei den Bauern des Dorfes für einen Hatschier aus, der vom Landvogt im Thurgau Befehl hätte, verdächtige Leute hier aufzusuchen, verlangte in dieser Eigenschaft überall eingelassen zu werden und durchsuchte mit geladener Pistole ein Haus und Scheune um die andere. Die zwei Feinde hatten sich ins entlegenste zurückgezogen, in welches schwerer als in die anderen einzudringen war. Hans bestand, da er vor demselben erschien, trotzig und ungestüm darauf, daß ihm auf Befehl des Landvogts die Türe geöffnet werden sollte. Der Wirt weigerte sich auf flehendes Bitten der beiden Gauner und ihrer Weiber, die Hans an der Stimme erkannten. Hans drohte, in die Stube zu schießen, wenn er nicht eingelassen würde, und da man ihm auch jetzt nicht gehorchte, so schoß er zweimal durch die Fenster und zerschmetterte zwei Flügel. Darüber entstand Lärmen, und Hans sah sich bei dem Auflauf des Volks genötigt, sich zurückzuziehen.

Die Verfolgten dachten auf Gegenrache, zogen am Morgen ihre Leute zusammen und verfolgten Hans. Seppe schlug sich zu ihnen und hoffte jetzt seinen furchtbaren Gegner für seine Beleidigungen mit einer so überlegenen Macht empfindlich züchtigen zu können. Aber er eilte mit dieser Hoffnung seinem eigenen Verderben entgegen. Die ganze Truppe der Verfolger fiel einem Hatschier in die Hände, ehe sie Hans erreichten. Der schwarze Toni entrann allein noch, und da er gleich darauf von ungefähr zu Hans traf, so konnte ihn nur die Vorbitte Viktors und ein Fußfall, den Toni vor Hans tat, vor dem Niederschießen retten. Seppe mit den übrigen wurde aufgehoben und verlor nun auf immer seine Freiheit.[1]

Auch die Schleiferberbel traf gleich darauf, wiewohl nur auf kurze Zeit, ein ähnliches Schicksal, das sie von Hansens empfindlichen Mißhandlungen befreite und auf immer von ihm trennte.

Hans begab sich mit ihr und Viktor auf die 24 Höfe auf dem Schwarzwald, wo er wieder zu Peter und seiner Gesellschaft traf. Sie waren kaum da angekommen, als Peters Beischläferin, die Henneflügels Seffe mit der Nachricht auftrat, auf der Mühle in Wenzeln, nahe bei Alpirsbach, habe sie außer einem beträchtlichen Vorrat an Kleidern auch eine große Summe Geldes ausgespäht, das in des Müllers Kammer in einer Schachtel verwahrt liege. Viktor, dem es gerade an Geld fehlte, wurde lüstern und stimmte auf einen augenblicklichen Einbruch. Hans, dem der Müller bekannt war, wollte ihn verschont wissen und gab die Nachricht von seinem Reichtum für übertrieben aus. Peter hatte die Bedenklichkeit, der Müller verstehe geheime Künste, es sei ihm nicht zu trauen. Aber Viktor beharrte zu hitzig auf dem Einbruch und brachte endlich auch die anderen dahin, daß sie darauf ausgingen.

Der Einbruch war wegen der Beschaffenheit und Lage des Gebäudes mit ebenso viel Schwierigkeiten als Ungemach verbunden. Die Mühle war sehr hoch, und nur von der Wasserseite her konnte man in die Kammer steigen. Mitten im Wasser schlug also Hans, fast bis an die Arme darin stehend, die Leiter an, während in der Mühle gemahlen wurde, stieg hinauf und suchte ein eisernes Kreuz, welches das Kammerfenster verwahrte, herauszuwinden. Aber er strengte seine

---

1 *Er kam auf Lebenslang ins Zuchthaus nach Breisach. Auch hier betrug er sich noch ebenso roh wie im Stande seiner Freiheit. Er setzte seine Gotteslästerungen fort und fing unaufhörlich Unruhen und Meutereien unter seinen Mitgefangenen an, weswegen er nach Kufstein in Tirol zum Festungsbau versetzt wurde; und da er auch hier sein unbändiges und mehr als rohes Betragen fortsetzte, mußte er nach Ungarn zum Schiffziehen wandern, wobei er bald sein elendes Leben beschloß.*

Kräfte vergebens an, es stand zu fest, und da er ohnehin diesmal keinen Mut zum Einbrechen hatte, so stieg er wieder zu seinen unten wartenden Kameraden herab, stellte ihnen die Unmöglichkeit vor, etwas auszurichten, und ermahnte sie zum Abzug. Aber Viktor wollte sich vorher durch den Augenschein und durch eigene Versuche von dieser Unmöglichkeit überzeugen, ehe er einen Platz verließ, von dem er sich eine so reiche Beute versprach. Er bestieg also selber auch die Leiter, und da er wirklich das Kreuz unlösbar fand, so schlug er mit beharrlicher Geduld und unsäglicher Mühe eine Riegelwand ein und öffnete dadurch einen Weg in die Kammer. Nachdem er damit fertig war, übertrug er es Hans, hineinzukriechen und den Schatz zu erheben. Aber dieser entsprach ihrer Erwartung so wenig als ihren Wünschen. Hans fand an Geld weiter nichts als etliche Gulden; das übrige bestand fast bloß aus Speck. Mit diesem zogen sie, von Wasser triefend und unzufrieden, ihre Mühe so schlecht belohnt zu sehen, ab, und setzten sich auf der Höhe vor Rothenbach bei einem Feuer nieder, um den Raub zu verteilen und ihre Kleider zu trocknen.

Während sie hiermit beschäftigt waren, näherte sich ihnen ein Feldhirt, der sehr wehmütig vor ihnen über Armut und Hunger klagte. Die Gaunerherzen wurden gerührt, und jeder gab dem Klagenden mitleidig ein großes Stück Speck. Eben damals schoß auch Hans seine Pistole los, um zu sehen, ob sie nicht durch die Nässe gelitten hätte. Alle Umstände verrieten dem Mann, wer seine Wohltäter seien; er glaubte der öffentlichen Sicherheit mehr als ihnen schuldig zu sein, machte in seinem Dorfe die Anzeige, und kaum waren einige Stunden vergangen, so kam die schreckende Nachricht an, Viktor mit noch einem Kameraden seien im nächsten Dorf, wo sie sich, von Hans und Peter weg, hinbegeben hatten, von Streifern aufgehoben worden. Plötzlich machten sich Peter mit seiner Beischläferin und Hans mit der Schleiferberbel, welche sich noch auf freiem Feld befanden, flüchtig, aber sie wählten den Weg so unglücklich, daß sie gerade den Streifern in die Hände liefen. Doch waren sie bei Erblickung derselben noch entfernt genug von ihnen, um mit Hilfe ihrer Schnellfüßigkeit, von der sie jetzt den angestrengtesten Gebrauch machten, entrinnen zu können. Zwar eilten auch jene um so schneller den Fliehenden nach, und einer der Streifer, der von der Seite her ihnen den Weg abschneiden wollte, hatte Hans beinahe schon erreicht, aber Hans schreckte ihn mit einer donnernden Drohung zurück, und in wenigen Augenblicken waren sie beide in Sicherheit.

Nicht so glücklich waren die langsameren Weiber. Sie hatten die nahen Streifer gleich auf dem Rücken und mußten sich ergeben. Hans hätte die Schleiferberbel noch retten können, und sie hatte ihn auch gleich bei Wahrnehmung der Gefahr dringend gebeten, die Maßregeln zu ergreifen, die ihr zum Entwischen Gelegenheit verschafft hätten. Aber es war ihm zu wenig an ihr gelegen, als daß er sich um ihre Rettung hätte bekümmern sollen, und er tat's recht mit Vorbedacht und rachgieriger Schadenfreude, daß er sie hilflos den Häschern überließ. Gerade auf so eine Art hatte er gewünscht, sie loszuwerden.

Er selbst setzte seinen Weg mit Peter nach Sternek fort, wo sie Nachtquartier nahmen. Die Art, mit der er hier Anstalten zu ihrer Sicherstellung gegen einen nächtlichen Überfall traf, hat etwas Eigenes und ganz das Gepräge seiner übrigen Handlungsweise. Er befahl dem Bauern, bei welchem sie übernachteten, mit gebieterischem Ton, er sollte seinen Hund neben ihrem Lager die Nacht hindurch lassen und mit seinen Leuten sich jetzt schlafen legen; er selbst wolle das Haus zuschließen, und am Morgen sollte sich niemand unterstehen, die Haustür ohne sein Vorwissen zu öffnen. Der Bauer unterwarf sich mit seinen Leuten geduldig den gegebenen Befehlen, und seine Gäste genossen ungestört die Ruhe, welche sie diesmal besonders nötig hatten.

Am Morgen begaben sie sich nach Wittendorf, um etwas von ihrem Gepäck abzuholen, welches Peter bei einem Wirt dort zur Verwahrung niedergelegt hatte. Während sie da neben gefüllten Gläsern saßen, kamen nacheinander mehrere handfeste Burschen in die Wohnstube, und einer von ihnen faßte neben der Stubentür Posten. Die Sache schien Hans verdächtig, weil der Wirt vorher schon ihnen von eingefangenen Bauern und zwei Entwischten erzählt hatte. »Was wollt ihr da?« fragte sie Hans. »Dem Wirt ein Schwein schlachten«, erwiderten sie. »Ich will auch helfen«, versetzte Hans mit dem Blick und Ton der entschlossensten Herzhaftigkeit, zu gleicher Zeit zog er sein großes zweischneidiges Messer hervor. Die Burschen hielten sich ruhig, Hans zahlte seine Zeche und ging unangefochten mit Peter ab.

Schnell auf diese folgten noch andere Gefahren, denen er auch nur wieder durch seine Herzhaftigkeit und Geschwindigkeit, zum Teil auch durch die ehrlichen Anzeigen treuer Diebsfreunde entging. Er hatte sich mit seinem Kameraden durch das Württembergische herab bis nach Weilerstadt begeben und wollte den hier einfallenden Markt benutzen. Aber er benahm sich voraus die Tüchtigkeit durch fünf Schoppen Branntwein und anderen Wein, den er am Morgen des Markttages mit Peter trank. Ein achtjähriger Knabe der Schleiferberbel, den er bei sich hatte, war scharfsichtig genug, zu bemerken, daß Hans mit dem benebelten Kopfe nicht dienstfähig sei, und fand deswegen zu seiner Sicherheit nötig, ihm für diesmal das Stehlen abzuraten. »Laßt mich heute allein machen«, sagte er zu Hans. »Ich will schon dafür sorgen, daß wir nicht leer wegkommen, mit Euch tut sichs diesmal nicht, Ihr habt zu viel.« Hans bekümmerte sich um die wohlbedächtliche Warnung des Jungen nicht. Er nahm von einer Schusterbude vor den Augen des Verkäufers ein paar Schuhe hinweg und eilte damit unter das Volksgedränge. Aber eben soschnell verfolgte ihn der Schuster, hielt ihn fest und wollte mit ihm vor die Obrigkeit. Eine Menge Leute sammelte sich plötzlich und drängte sich um den Dieb. »Platz gemacht!« rief er dann mit schmetternder Stimme, indem er vom Schuster sich losriß, mit seinen Armen zu beiden Seiten ausschlug und sein zweischneidiges Messer hervorzog, rannte durch den zurücktretenden Haufen, schwang sich über eine fast mannshohe Mauer in einen Garten hinab und begab sich, in der Meinung, daß er nun sicher sei, in ein Wirtshaus im Spital. Während er da aufs neue zechte und seine Pfeife rauchte, erschien ein Soldat mit dem lauernden Blick eines Häschers.

Hans merkte Unrat und wollte gehen. »Ihr seid arrestiert«, sagte der Soldat zu ihm, indem er sich ihm in den Weg stellte. »Das wär' einfältig«, sagte Hans scherzend und machte Miene, ihn zu überwältigen. Dann eilte der Soldat die Treppe hinunter, um ihn unter der Haustür aufzuhalten und zugleich die nahe Torwache zu Hilfe zu rufen. Aber Hans sprang ebenso eilfertig durch einen Holzstall zum Laden aus dem Haus heraus, flog dem Tor zu, stieß die Wache dort zurück und kam auch durch die Menge von Marktleuten, die außen vor dem Tor waren und von der Wache zur Festhaltung des Flüchtlings aufgerufen wurden, unangehalten hinweg, indem er mit seiner Pistole, die er hervorzog, jeden niederzuschießen drohte, der sich ihm nahen würde.

Er war kaum hier glücklich entronnen, so geriet er in eine noch mißlichere Lage im Fürstenbergischen, in welcher er sich auf eine Art betrug, die von mehreren Seiten zeigt, was er als Gauner war. Nachdem er in Rotweil durch eine Diebsfreundin sich erkundigt hatte, ob das Geißle krank sei, das heißt, ob Viktor und Konsorten dort im Verhaft sitzen, wovon er aber nichts Zuverlässiges erfuhr, hatte er mit Peter von einem mit Tuch beladenen Karren vor einem Wirtshaus trotz des bewachenden Hundes ein Stück feinsten Tuches bei Nacht weggestohlen, und weil sie bei Tag sich nicht damit durchs Fürstenbergische zu gehen getrauten, dasselbe an der Fürstenbergischen Grenze in einem Wald verborgen und eine Pistole dazu in die Erde gesteckt, in der Absicht, es in der nächsten Nacht abzuholen, um es einem Gaunermakler in Bisingen zum Verkauf zu bringen. Unvermutete Liebeshändel aber, in die Peter sich verwickelte, machten, daß sie erst am Morgen früh wieder auf den Platz kamen. In der Nacht hatte es stark geregnet. Sie fanden das Tuch ganz eingenetzt, Hans zog seine Pistole hervor und wollte einem Krämer, der bei ihnen war, zeigen, daß sie durch die Nässe nicht gelitten hätte. Er drückte ab, die Pistole ging los, sie packten auf und gingen mit dem Tuch weg.

Aber sie waren nur ungefähr etliche hundert Schritte weit gegangen, als ein Blumenfeldischer Jäger zu ihnen traf. Er fragte sie, woher sie kommen, wohin sie wollen und was sie tragen. Hans versetzte, er sei ein Kräuterhändler, er komme von Kummingen und gehe nach Stetten. Das ist nicht der rechte Weg, erwiderte der Jäger. »Ich weiß es wohl«, sagte Hans, »ich will ihn schon finden.« Wer denn geschossen habe, fuhr der Jäger fort. Sie wissen es nicht, war die Antwort, es müsse jemand auf der Seite getan haben. Der Jäger schwieg und hielt sich ruhig. »Adieu, Herr Waidmann«, sagte Hans und eilte fort. Peter ging dicht neben ihm, um die Pistole zu verbergen.

»Halt!« rief der Jäger mit gespanntem Hahn, als sie so weit entfernt waren, daß er sie noch mit einem Flintenschüß erreichen konnte. »Der erste, der einen Schritt weiter tut, wird niedergeschossen.« Betroffen standen sie still und wandten sich um. »Sie werden doch nicht schießen, Herr Waidmann«, sagte Hans, »wenn Sie mich für verdächtig halten, so können Sie ja meinen Pack visitieren.« Zugleich näherte er sich dem Jäger dem Schein nach, als wollte er seinen Pack von ihm durchsuchen lassen, in der Tat aber, um ihn durch einen raschen Anfall wehrlos zu machen. In dieser Absicht nahm er, da er nicht mehr weit vom Jäger entfernt war, schnell einen Sprung auf ihn, faßte ihn fest an der Brust, ergriff seine Flinte, leerte ihm das Pulver aus der Zündpfanne aus und wollte den Hahn umdrehen. Aber damit konnte er nicht gleich zurechtkommen, lang rang er, um sich der Flinte ganz zu bemächtigen und sie loszuschießen. Der Jäger aber hielt sie zu fest und drohte mit drei anderen Jägern, die in der Nähe seien und die er herbeirufen würde. Dann zog Peter ergrimmt seine Pistole hervor. »Du mußt sterben, Hund«, sagte er. Der Jäger bat um Schonung, und Hans wehrte Peter. »Nein!« sprach dieser, »Er verdient kein Mitleid, er hat auch uns nicht verschonen wollen.« Zugleich hielt er ihm die Pistole vors Gesicht und drückte los. Aber wie durch eine höhere Hand abgeleitet, fuhr das Schrot alles auf die Seite aus, und der Jäger litt sonst keinen Schaden, als daß ihm von dem Pulver das Gesicht verbrannt wurde. Dann nahm Hans Peter die Pistole und gab damit dem Jäger, um von ihm loszukommen, einen Streich auf den Kopf. Der Jäger sank zu Boden, und sie ergriffen die Flucht. Er sah sich um, und ein Feldhirt eilte ihnen nach. Hans ging ihm auf den Leib und trieb ihn ab.

Aber kaum waren sie nach seiner Verjagung wieder einige Schritte weiter gegangen, so schreckte sie von einer anderen Seite her ein drohendes »Halt!« Sie wandten sich und erblickten einen anderen Jäger. Jetzt fingen sie an, mit der größten Eilfertigkeit zu laufen, und Hans war durch eine Wendung, die er im Wald machte, dem Jäger im Augenblick aus dem Gesicht. Aber Peter, der ihm näher war, und den er zuerst ins Aug gefaßt hatte, konnte so schnell nicht entrinnen und bat Hans um Gottes willen, ihn nicht zu verlassen. Hans kehrte wieder um, ergriff ihn bei der Hand und riß ihn mit sich mitten durchs Gebüsch fort, vom Jäger und allen Bauern, die auf dem Felde waren, aufs hitzigste verfolgt, so daß sie beinahe zwei Stunden gleich gejagtem Wild in vollem Atem liefen und Peter, der ohne Hans hier verloren gewesen wäre, zuletzt den Schaum faustgroß um den Mund stehen hatte.

Zwar gelang es ihnen, ihren Verfolgern glücklich zu entgehen, aber sogleich wurden überall bis ins Fürstenbergische und in die angrenzenden Ortschaften Steckbriefe ausgeschickt. Auch ins Württembergische waren dergleichen abgelaufen, und da Hans und Peter gleich auf frischer Tat in Defingen mit aller der Sorglosigkeit erschienen, deren sie von jeher bei diesen Gaunern so vorzüglich günstigen Dorfe gewohnt waren, so wäre es dem Vogt daselbst[1] etwas leichtes gewesen, sie in Verhaft zu nehmen. Aber er war so gefällig, ihnen durch den Büttel sagen zu lassen, sie möchten sich eilends wegbegeben, er müßte sie sonst festsetzen.

Alle diese Gefahren machten auf Hans in seiner gegenwärtigen Gemütslage gerade desto weniger Eindruck, je schneller sie aufeinander folgten und je glück-

[1] *(von S. 175) Da man sich gewöhnlich unter Vogt etwas Höheres denkt als unter Schultheiß, so finde ich, um Mißverstand zu verhüten, nötig, hier anzumerken, daß auf dem Schwarzwald und in der angrenzenden Gegend ein Dorfvogt nichts anderes ist als ein Dorfschultheiß. Diese Anmerkung gilt auch für einige Stellen, welche im Vorhergehenden vorkommen.*

licher er denselben entging. So wie sie sich häuften und er vertrauter mit ihnen wurde, so wurde er auch abgehärteter dagegen, sorgloser und unbekümmerter um künftige, So gebrauchte er auch weniger Vorsicht bei seinen Unternehmungen, und wo er unter Leuten war, die er zu fürchten hatte, ließ er z.B. ungescheuter seine Pistole sehen, die er sonst sorgfältig verbarg, und bekam immer mehr Mut, selbst auch die gewagtesten Streiche zu begehen.

Gleich nach der Abreise von Deffingen brach er dem Pfarrer in Bergfelden bei Rosenfeld im Württembergischen mit Peter ein. Indem er die Leiter gegen die Wohnstube anschlug, sprang rasselnd ein Fenster auf. Nichtsdest weniger stieg er hinauf, schlug in der Wohnstube, wo der Pfarrer in einem Alkoven schlief, ein Licht, und da er voraussetzte, der Pfarrer müßte doch auch eine Uhr und einen gefüllten Beutel haben, und nach langem Suchen weder die eine noch den anderen finden konnte, so leuchtete er endlich mit seinem Licht um das Bett des Schlafenden herum und entdeckte auf der Seite des Bettes, die in die Kammer hineinstand, die Beinkleider des Pfarrers und darin die gewünschte Uhr. Er konnte sich aber der Beute nicht wohl bemächtigen, wenn er nicht über das Bett hinüber stieg. Hans besann sich nicht lang. Er löschte sein Licht, stand mit dem einen Fuß auf der Vorderseite der Bettstelle auf und schritt mit dem andern auf die entgegengesetzte über, so daß der Pfarrer ihm zwischen den Füßen lag. In dieser Stellung langte er die Beinkleider herüber, nahm die darin befindliche Uhr samt dem Beutel, packte noch einiges andere zusammen und brachte seinen Raub sicher weg.

Ebenso verwegen, wenngleich auf eine verschlagene Art maskiert, war eine Unternehmung, auf die er gleich nach diesem Einbruch mit dem berüchtigten Hannikel ausging. Er hatte diesen rohen Zigeuner mit seiner Bande, mit der er sonst in keiner Verbindung stand, von ungefähr auf dem Schafhof bei Horb angetroffen, da kaum vorher die Erzbetrügerin Mantua ihren Beischläfer Wenzel, Hannikels Bruder, verlassen und an Christoph Pfister, den sogenannten Toni, sich gehängt hatte, da der Schmerz über diese Treulosigkeit noch neu war und der ganze Jammer verlassener Kinder auf den drei Kleinen lag, die Wenzel mit Mantua gezeugt hatte.[1] Der wehmütig klagende Ton, mit welchem Wenzel den Vorfall erzählte, und der Anblick der vernachlässigten und hungernden Kleinen rührte Hans bis zum innigsten Mitleid und empörte seine ganze Seele wider Mantua und Toni. Er empfand das Unrecht, das diese beiden an Wenzel und seinen Kindern begangen, so lebhaft, daß er die Beleidigten plötzlich zur Rache aufforderte und ihnen seine Dienste dabei anbot. »Laßt uns die Ungeheuer aufsuchen«, sagte er in der Hitze des Unwillens, »der Mantua die Nase abschneiden und Toni ein Bein abschießen.« Die Zigeuner, selbst von Rache glühend, nahmen richtig die Aufforderung an, und das verworfene Paar wurde an mehreren Orten aufgesucht. Da aber ihre ersten Nachforschungen vergeblich waren und

---

[1] *Die weiteren Umständen und Folgen hiervon sind in dem 1787 herausgekommenen Zigeuner–Roman »Hannikel oder die Räuber- und Mörderbande« beschrieben. Vgl. in diesem Band S.102 ff.*

jetzt dringendere Bedürfnisse sich einstellten, so wurde die Rache aufgeschoben und die Plünderung eines Juden zu Gernsbach im Badischen beschlossen. Weil sie den Weg durchs Badische nicht gut genug wußten, um ihn bei Nacht machen zu können, so traten sie ihn noch bei Tag an und nahmen, um sicher passieren zu können, sobald sie auf badischen Boden kamen, die Maske von Werbern an, die Rekruten zu transportieren hätten. Hannikel mit seiner Flinte auf dem Rücken, ging voran, und Hans mit seiner großen Pistole schloß den Zug. So zogen sie gegen drei Stunden auf öffentlicher Straße und durch die Dörfer mit allem dem lärmenden Geschrei, das bei Rekrutentransporten gewöhnlich ist. Aber unerachtet sie ihre Rolle bis zu Gernspach hin glücklich spielten, so mißlang ihnen doch ihr Anschlag. Es war gerade, was sie nicht gewußt hatten, Jahrmarkt in Gernspach und das Haus des Juden, den sie plündern wollten, zu nah an der Straße, zu voll von Leuten, als daß sie mit Erfolg etwas hätten unternehmen können, sie hätten denn Gewalt brauchen wollen. Hannikel wollte zwar dies durchaus, aber da es wider Hansens Grundsätze war, so widersetzte er sich standhaft und brachte die Truppe zum Abzug. Sie hofften, sich bei einem Juden in einem benachbarten Dorfe, der Hannikel bekannt war, schadlos zu halten, und setzten sich gegen diesen in Marsch. Aber die stockfinstere Nacht vereitelte auch diese Hoffnung, sie konnten das Haus des Juden nicht finden. Hans, der vom heißesten Hunger gequält wurde, verlor durch dieses doppelte Mißlingen allen Mut, mit Zigeunern zu stehlen. Er nahm voll Unmut mit Peter seinen Abschied von ihnen und ging ins Württembergische zurück.

Bei dem Mangel, der ihn jetzt drückte, und bei der Unbekanntschaft mit einem Ort, wo er gleich durch einen Einbruch etwas hätte wegbringen können, nahm er zu einem Hilfsmittel seine Zuflucht, das selbst wieder sehr gewagt war. Er bettelte mit Peter, teils um die nächsten Bedürfnisse zur Stillung seines Hungers zu bekommen, teils um auszukundschaften, wo etwas Beträchtliches zu erhaschen wäre; er erschien als Bettler selbst in der Gegend, in welcher erst neulich seine Kameraden und ihre Beischläferinnen aufgehoben worden waren, erschien selbst vor dem Hause eines Klosteroberamtmanns auf dem Schwarzwald, von dem er mit der größten Wahrscheinlichkeit vermuten konnte, daß er von ihm und Peter Beschreibungen in Steckbriefen haben müßte; und wirklich hatte es das Ansehen, als würde er sich mit seinem Kameraden hier selbst der Obrigkeit in die Hände liefern. Der Oberamtmann schaute selbst heraus, da sie unten an der Glocke zogen und um ein Almosen baten, sah sie bedeutend an und befahl ihnen heraufzukommen. Peter, der in seinem Pack eine Pistole, Pulverhorn und allerlei Diebswerkzeug hatte, wollte solchen unten abwerfen, um sich keiner Durchsuchung und sie beide keiner Gefahr auszusetzen. »Nein«, sagte Hans, »nimm ihn mit hinauf, so haben wir dann auch etwas, womit wir uns wehren können, wenn man uns anhalten will.« Der Oberamtmann forderte ihnen die Pässe ab. Jetzt waren sie an der Klippe. Nur Hans war mit einem versehen, Peter hatte keinen. Aber Hans war gleich mit einer schlauen Lüge fertig. »Er ist mein Schwager«, sagte er zum Oberamtmann, »und hat seinen Paß unseren Weibern gegeben, damit auch diese mit Briefschaften sich legitimieren können.« Die Lüge hatte die gewünschte Wirkung, sie empfingen ein Almosen und zogen unangefochten wieder ab.

Indes war der Ertrag des Bettelns für sie zu gering und diese Beschäftigung ihnen zu verächtlich und ihrer Tätigkeit zu wenig angemessen, als daß sie sich lange damit hätten abgeben sollen. Sie kehrten zu ihrer gewohnten Art, sich fortzubringen, zurück, sobald sie sich aus der dringendsten Not geholfen hatten. Aber zum Unglück wollte es sich jetzt gerade auch mit ergiebigen Einbrüchen und Diebstählen nirgends recht fügen, und sie konnten oft kaum genug aufbringen, um sich des Hungers zu erwehren. Diese widrige Lage des Mangels nötigte Hans, oft an seine Schleiferberbel zu denken. Hätte er diese bei sich gehabt, so hätte er jetzt seine gut zugerichteten Hühner gespeist, hätte gestohlenes Geld aus ihren Händen empfangen und davon sich lustig gemacht, oder sie hätte ihm bei Tag volle Kammern auskundschaftet, die er bei Nacht geleert hätte, anstatt daß er jetzt bald die niedrige Rolle eines Bettlers spielen, bald seine gaunerische Unternehmungen mißlingen sehen und darben mußte. Bei diesen Betrachtungen konnte er nicht umhin, zu erkennen und lebhaft zu fühlen, wieviel er mit ihr verloren, konnte nicht umhin, ihren Verdiensten, die sie als Gaunerin hatte, laut Gerechtigkeit widerfahren zu lassen und sie als Gehilfin und Aufwärterin mit einer vorübergehenden Sehnsucht zu sich zurückzuwünschen.

Doch eben jetzt, da er wegen des widrigen Gangs seiner Gauneroperationen in einer so unangenehmen Verlegenheit war, fand er unvermutet Gelegenheit, eine neue Verbindung zu schließen, die ihm zwar das, was er in Absicht auf Geschicklichkeit und Bedienung an der Schleiferberbel hatte, nicht wieder ersetzte, aber doch eine beträchtliche Summe Gelds in die Hände schaffte und – recht zu seiner Zufriedenheit – auch nicht länger dauerte, als die Vorteile, die er davon hatte; eine Verbindung, die ihn seinem bisherigen besten Freund, Peter, auch vollends zum nahen Verwandten machte, aber anstatt ihre Freundschaft fester zu knüpfen, das Band derselben beinahe zerrissen hätte.

Sie hatten auf ihrer Reise nach Tübingen, wo sie den Martini–Markt besuchen wollten, zu Bohndorf Peters Stiefvater, den sogenannten Schinder–Martin, angetroffen, der als Scharfrichter und Medikaster umherzog. Er hatte eine Schwester, Maria Göhringerin, bei sich, welche sich ebenfalls aufs Medikastern verstand und an einen gewissen Nikolaus Koch verheiratet gewesen war, der sie durch sein liederliches Leben nach und nach um ihr Vermögen gebracht und endlich ganz verlassen hatte. Doch waren ihr noch gegen hundert französische Taler übrig geblieben, die sie in Lüzelburg, ihrer Vaterstadt, auf Zinsen stehen hatte. Und diese waren es, die jetzt Hans mit der Besitzerin in die Hände fielen.

Der Schinder–Martin hatte, wie er äußerte, im Sinn, nach Ungarn zu reisen, um da sein Glück zu machen, und Peter, den er nach heftigen Vorwürfen und Drohungen wegen seines bisherigen Diebslebens zur Gesellschaft aufforderte, wollte sich entschließen, die Reise mitzumachen, wenn auch Hans sich dazu verstünde. Aber dieser hielt ihm unter anderem seinen Mangel an barem Geld entgegen, bei dem er weder die Reisekosten bestreiten noch in Ungarn ein Glück für sich hoffen könnte. Dann machte ihn Peter mit dem Vermögen bekannt, das seine Base, die Göhringerin, noch in Lüzelburg stehen hätte, und gab ihm den Rat, um sie zu werben. Hans, ob er gleich an ihrer Person keine Vorzüge entdeckte, die ihm die mindeste Neigung einflößten, fand doch die hundert Taler besonders bei seiner gegenwärtigen Armut reizend genug, um eine solche Partie nicht von der Hand zu weisen. Aber er war zu stolz, sich der Göhringerin selbst anzutragen. Peter übernahm es also, ihr die erste Eröffnung zu tun. Das Weib war bedenklich, weil sie eine erklärte Feindin der Gaunerei war und voraussetzte, Hans, als Peters Kamerad, werde um nichts besser sein als er selber. Doch gefiel ihr der junge ansehnliche Mann, und die einnehmenden Dinge, die er ihr zu sagen wußte, machten sie bald geneigt, mit ihm sich näher einzulassen und die Seinige zu werden. Aber sie erklärte ihm unverhohlen und nachdrücklich, das Stehlen und Herumschwärmen müßte er schlechterdings aufgeben und sich entschließen, immer bei ihr zu bleiben und auf eine ehrliche Art, entweder durch Medicinieren, worin sie ihn unterrichten wollte, oder durch einen Porzellanhandel sich zu nähren. Wenn er das nicht wollte, so sollte er's lieber gleich offenherzig sagen, denn nur unter dieser Bedingung würde sie eine Heirat mit ihm eingehen.

Hans war jetzt nicht mehr der Mann, von dem auch nur ein ernster Entschluß, das Stehlen zu unterlassen, geschweige denn die Unterlassung selber, erwartet werden konnte. Unter anderen Umständen würde er wohl das selber aufrichtig gestanden haben. Aber hier war es um eine schöne Summe zu tun, die ihn schon ganz gefesselt hatte und die für ihn verloren gegangen wäre, wenn er hätte aufrichtig sein wollen. Er verstand sich also mit der größten Bereitwilligkeit zu den vorgelegten Bedingungen, ohne daß er im Ernst daran dachte, sie zu erfüllen, außer im höchsten Fall so lang, bis er im Besitz des Geldes wäre, und er glaubte um so eher sich dazu verstehen zu können, weil er die Göhringerin selbst nicht für so fest in jenen Grundsätzen hielt. Auf das hin wurde dann die Heirat ohne weitere Formalitäten sogleich unter ihnen geschlossen, und da Hans mit gieriger Ungeduld ihres Vermögens baldmöglichst habhaft zu werden wünschte, so wurde auch zugleich festgesetzt, daß sie ohne Aufschub miteinander nach Lüzelburg reisen wollten, um dasselbe in Empfang zu nehmen.

Aber seine Verbindung mit diesem Weibe zog eine andere ähnliche nach sich, die ihm ebenso viel Verdruß verursachte, als die nahe Hoffnung der hundert Taler ihm Freude machte. Peter, durch dessen Unterhandlungen die Sache so weit gekommen war, hielt sich für berechtigt, für diesen Freundschaftsdienst sich auf eine angemessene Art zu belohnen. Er ließ sich nämlich zu gleicher Zeit in ein geheimes Liebesverständnis mit Hansens Schwester ein, welche sich damals samt ihren Eltern in der Gesellschaft befand, und da gleich darauf zwischen ihm und Hans durch eine unbedeutende Veranlassung Händel entstanden, so benutzte der Schinder–Martin, der die neue Heirat seiner Schwester nicht gern sah, diesen Umstand, zog Peter von Hans ab und redete ihm, da er seine Neigung zu Hansens Schwester wahrnahm, unter der Hand zu, solche zur Rache zu entführen und mit ihr an einem bestimmten Ort, wo er ihn erwarten wollte, einzutreffen. Peter war um so bereitwilliger hierzu, weil er einmal in das Mädchen sehr verliebt war und voraussah, daß Hans und sein Vater ihm Hindernisse bei seiner Liebe in den Weg legen würden, sobald sie solche bemerkten. Er begleitete also, der Verabredung gemäß, mit dem Schein der alten Freundschaft Hans, mit dem auch seine Eltern und Schwester gingen, auf seiner Reise nach Lüzelburg ein Stück Weges, und in der nächsten Nacht, die seinen Absichten günstig war, verschwand er mit dem jungen leicht verführbaren Mädchen, ehe Hans auch nur das mindeste von einem Verständnis zwischen ihnen bemerkt hatte.

Unaussprechlich war der Schmerz, den diese Entführung dem Vater verursachte. Sein ganzes Herz hing an der Entführten. Sie war seine einzige Tochter, auf sie setzte er seine ganze Hoffnung, seitdem er Hans, seinen einzigen Sohn, so unverbesserlich verdorben sah. Jetzt war sie ihm entrissen, war in den Händen eines der ärgsten Gauner und in der augenscheinlichsten Gefahr, in alle die Laster und Verderbnisse der Gaunerei zu versinken, in die der Sohn versunken war. Bei diesem Gedanken brach dem Alten das Herz, mit lautem Geschrei fing er an wehzuklagen, weinte mit untröstbarer Wehmut, fuhr dann mit bitterem Grimm und heftigen Vorwürfen gegen Hans auf, er sei schuld an diesem Jammer, er habe ihm den Bösewicht nachgeführt, der ihm sein Liebstes geraubt hätte, und durch seine Heirat mit der Göhringerin demselben Anlaß zu dem boshaften Streich gegeben; hätte er mit jenem Weibe sich nicht eingelassen, so würde auch Peter nicht darauf verfallen sein, ihm die Tochter zu entführen.

Hans empfand diesen Schmerz, diese Vorwürfe des Vaters um so tiefer, je mehr er fühlte, daß sie gerecht seien, und je mehr er selber wegen des Schicksals seiner Schwester bekümmert und aufgebracht war. Er hatte sie nicht minder lieb als der Vater, und die Besorgnis, daß sie von Peter zur Gaunerei verleitet werden möchte, beunruhigte ihn nicht weniger als jenen. So sehr er auch mit Leib und Seele Gauner war, so pries er doch alle diejenigen glücklich, die es nicht wären, und der Gedanke war ihm unausstehlich, daß es seine Schwester werden sollte. Oft hatte er ihr schon brüderlich und mit lebhaftem Ernst zugeredet, mit Stricken und anderen weiblichen Geschäften, die sie gut verstand, sich zu nähren und ja nicht zu stehlen, oft schon sich selbst ihr zum abschreckenden Beispiel vorgestellt, sie sehe es ja an ihm, wie man als Dieb nirgends sicher und durchaus so schlimm daran sei. Er hätte sie auch sicher empfindlich gezüchtigt, wenn er den mindesten Diebstahl von ihr erfahren hätte. Voll der innigsten Bekümmernis und des gereiztesten Unwillens über Peter beschloß er also, alles anzuwenden, um seine Schwester noch zu retten, drohte dem Entführer Rache, suchte mit den besten Versicherungen den Vater zu beruhigen und brach sogleich auf, um den Treulosen zu verfolgen. Mit einer rastlosen Eilfertigkeit suchte er ihn an allen Orten auf, wo er vermuten konnte, daß er sich hinbegeben haben möchte, fragte überall nach, um ihm auf die Spur zu kommen, und erfuhr endlich nach langem vergeblichem Herumwandern und Nachforschen so viel, daß er denken mußte,

Peter habe den Weg nach Straßburg genommen. Dahin eilt er ihm also um so lieber nach, weil er dadurch auch seine andere Absicht zu erreichen hoffte, und da er einmal über den Rhein war und Peter auch hier nicht fand, so zog ihn die magnetische Kraft der hundert Taler, denen er jetzt schon so nahe war, zu stark, er konnte sich nicht enthalten, mit seiner neuen Beischläferin vollends nach Lüzelburg zu reisen, so ungern es auch sein Vater sah, und so gefährlich er's ihm vorstellte. Er war auch glücklich genug, in Lüzelburg zu bekommen, was er so sehnlich wünschte, unerachtet ein Schwager, den die Göhringerin dort hatte, sie sehr bedenklich vor dem neuen Ehemann warnte. Die einzige Vorsicht, die sie gebrauchte, war die, daß sie noch einen Teil ihres Vermögens zu ihrer Sicherheit dort stehen ließ.

Sobald Hans den gewünschten Schatz in seiner Gewalt hatte, kehrte er mit ihr nach Straßburg zurück und fing da gleich an, denselben nach seiner Weise zu benutzen. Er schaffte sich auf der Stelle neue Kleider an, ließ sich in Wirtshäusern gut auftragen und versäumte keine von den Belustigungen, die er immer sich zu machen gewohnt war, sobald er Geld im Beutel hatte. Um aber doch bei diesem bedenklichen Benehmen auch noch das Zutrauen seiner neuen Geliebten zu behalten und sie zu überzeugen, daß er bereit sei, in ihre Absichten einzutreten, kaufte er sich auch gleich eine Kiste mit allerlei Ölen und Arzneien, und er tat's um so gerner, weil er dann nicht nur mit dem Charakter eines Scharfrichters und Materialisten* desto sicherer stehlen konnte, sondern weil auch die Praxis, die die Göhringerin besorgte, sehr ergiebig war. Er wäre auch auf die Bitten seiner Beischläferin, die ihn ganz von seinen vorherigen Verbindungen losreißen wollte, so gefällig gewesen, nicht gleich wieder über den Rhein zu gehen, wenn nicht sein Vater ihn dazu aufgefordert und die eigene Begierde, seine Schwester zu retten, ihn gedrängt hätte. Noch hatte er indessen weder von ihr noch von Peter etwas weiteres erfahren, und bei allem Glück eines gefüllten Beutels, in dessen Besitz er sich jetzt sah, schwebte ihm doch immer das Elend vor Augen, in das sie stürzen könnte, und er hielt's für heilige Pflicht, auch jetzt noch alles mögliche zu tun, um sie zu seinem noch immer untröstbaren Vater zurückzubringen. Er verließ also Straßburg, obgleich mit Widerwillen seiner Beischläferin, um Peter aufs neue in Schwaben aufzusuchen, und es gelang ihm auch jetzt gleich, ihn ganz von ungefähr am Tor vor Amgenbach anzutreffen. Er hatte aber gerade die Entführte nicht bei sich. Hans, der an diesem öffentlichen Platze sich etwas mäßigen mußte, forderte sie drohend zurück und kündigte ihm an, daß er ihm nicht von der Seite weichen würde, bis er sie ihm gestellt hätte. Peter wandte alles an, ihn zu besänftigen, holte sie herbei, bat Hans um die Fortsetzung seiner Freundschaft und nahm ihn auch wirklich wieder für sich ein.

Aber diese Aussöhnung war der Göhringerin ein Dorn in den Augen. Jetzt, da die Verlorne wiedergefunden war, verlangte sie, Hans sollte mit ihr über den Rhein zurückgehen und Peter, von dessen Kameradschaft sie alles für Hans be-

---

* Kramhändler

fürchtete, auf immer verlassen. Aber Hans, so gefällig er sich sonst gegen sie betrug, nahm auf diese Vorstellungen keine Rücksicht, und er konnte sich auch noch nicht überzeugen, daß es ihr mit ihren Erklärungen wider das Stehlen so ganz Ernst sei. Doch schien es ihm jetzt Zeit zu sein, sie hierüber näher zu prüfen. Bisher hatte er weder diese Prüfung nötig gefunden noch Gelegenheit dazu gehabt, weil er seit seiner Verbindung mit der Göhringerin bei der ergiebigen Quelle, die sie ihm öffnete, das Stehlen unterlassen hatte. Aber jetzt war es ihm daran gelegen, genau zu erfahren, wieviel Wahrheit und Standhaftigkeit bei ihrem Eifern wider das Stehlen sei. Um davon sicher belehrt zu werden, setzte er sie auf eine Probe, die ihm hinlänglichen Aufschluß geben konnte. Er sagte vor ihren Ohren zu Peter, ein Krämer in Turbach hätte einen schönen Warenvorrat, sie wollten ihm miteinander einbrechen. Kaum hatte die Göhringerin einen Laut davon gehört, so fuhr sie schnell auf und erklärte ihnen auf eine Art, die gar keinen Zweifel in Ansehung ihrer Denkungsart übrig ließ, sobald sie einen Schritt in jener Absicht tun, schreie sie zum Fenster hinaus um Hilfe und verrate sie. Sie sollte ruhig sein, sagte Hans, der nun wußte, wie er mit ihr daran wäre, er habe nur gescherzt. Aber schon durch vorhergegangene Umstände zum Mißtrauen gestimmt, war sie argwöhnisch genug, um dieser Versicherung nicht zu glauben, und sie nahm von seinem Scherz Gelegenheit, noch stärker in ihn zu dringen, daß er alle Gemeinschaft mit Peter, dem sie die Schuld von jenem Anschlag beimaß, aufgeben sollte, wenn er dazu sich nicht verstehe, so würde sie selbst ihn verlassen. Hans suchte auch jetzt wieder durch seine Versprechungen sie zu besänftigen, aber da er immer noch in Peters Gesellschaft blieb, so gab sie sich nichts weniger als zufrieden, und jetzt kam noch ein neuer Umstand hinzu, der ihr gereiztes Gemüt vollends aufs äußerste aufbrachte.

Hansens Vater hatte sein Gepäck noch in Lutzenhardt bei Horb, und um es bei dem damals sehr tiefen Schnee unter einem sicheren Geleit abholen zu können, verlangte er, Hans sollte mit ihm hingehen. Der Sohn war bereit, aber die Göhringerin widersetzte sich standhaft. Hans suchte sie zu überreden und gab ihr die wiederholte Versicherung, er würde, sobald er diese kleine Reise gemacht hätte, von seinem Vater und Peter sich trennen. »Nein«, erwiderte sie, »ich gehe nicht, lieber gebe ich all mein Geld verloren.« Jetzt nahm die biegsame Gefälligkeit, mit der er ihr bisher noch wegen ihres Geldes begegnet war, ein Ende. Ungewohnt, sich lange widersprechen zu lassen, fuhr er hitzig auf und drohte ihr mit Schlägen, wenn sie sich nicht bequemen würde mitzureisen. Dieser nachdrückliche Zuspruch hatte zwar die Wirkung, daß sie nachgab, aber im letzten Dorf von Lutzenhardt wollte sie wieder haltmachen und dort Hansens Rückkunft abwarten, recht als wenn sie eine Vorempfindung von dem traurigen Schicksal gehabt hätte, dem sie entgegenging. Doch alles Widerstreben half nichts, wiederholte Drohungen zwangen sie zum Gehorsam, und sie kamen miteinander, von Peter begleitet, in Lutzenhardt an. Dieses Baron von Raßlerische Dörfchen war erst nur ein Hof, den ein Meier mit einer Schäferei bewohnte (daher es auch noch häufig bloß der Schafhof genannt wird). Vor ungefähr 30 Jahren aber fingen herumstreichende Keßler, Wannenflicker, Spielleute, Kräuterhändler und Quacksalber an, sich dort niederzulassen. Der Vater der Göhringerin, ein Scharfrichter und Medikaster, war der erste, der etliche Häuser dort baute, bald folgten andere nach, und in kurzer Zeit wuchs die Kolonie auf mehr als 30 Familien an, welche von ihrem Schutzherrn auch kleine Grundstücke bekamen. Sie behielten ihre vorherige Lebensart und Gewerb bei, und deswegen hat die Verfassung des Dörfchens und seiner Bewohner etwas Auszeichnendes. Im Frühjahr, wenn sie ihr kleines Stück Feld bestellt haben, wandern sie partienweise aus und ziehen auf ihre Profession und daneben aufs Betteln in ganz Schwaben und in der Schweiz herum. Das Dörfchen steht dann fast den ganzen Sommer hindurch leer, und nur der Meier und ein Anwalt sind beständig anwesend. Zwar kommen einige auch im Sommer zurück, aber nur auf kurze Zeit, und erst im Herbst ist die Zeit des allgemeinen Einwanderns. Wie Bienen zu ihren Körben, eilen sie da scharenweise aus der Ferne in ihre Häuser zurück und bleiben den Winter hindurch da. Dieser wird dann meistens auf eine lustige Art hingebracht und was sie im Sommer durch Arbeit und Betteln sich gesammelt haben verschwendet. Fast immer ertönt in ihrer Mitte der Laut der Freude, bei der geringsten Veranlassung ergreift einer der Spielleute, die einen Teil der Einwohner ausmachen, sein Instrument und weckt die Menge zum Tanzen und Schmausen.

Dies war damals der Fall, da Hans mit seinem Gefolge im Dorf ankam. Gleich fand sich ein Anverwandter von Peter bei ihnen ein und fing an, auf einer Schalmei zu trillern. Der Schall zog eine Menge junger Leute herbei, man eröffnete den Ball, und der Tag wurde bis in die späte Nacht hinein lustig hingebracht, einen kleinen Zwist abgerechnet, der zwischen Hans und Peter entstand und der zwar blutig ablief, aber bald wieder beigelegt war. Um elf Uhr ging die Gesellschaft auseinander, und Hans mit der Göhringerin und Peter begaben sich in das äußerste Häuschen im Dorf, um da zu übernachten.

Sie waren eben eingeschlafen, als jemand stark an der Haustür pochte. Hans fuhr erschrocken von seinem Lager auf, schaute plötzlich zum Fenster hinaus und sah zu seiner äußersten Bestürzung das Haus von allen Seiten mit Streifern umringt, die eingelassen werden wollten. Die Hauswirtin war schon im Begriff, die Tür zu öffnen, weil sie's mit Ungestüm forderten. Hans wehrte ihr, bis er nachgesehen hätte, ob nicht durch die Küche zu entkommen wäre. Auf den Fall, daß er da keinen Ausweg finden würde, hatte er schon beschlossen, den Kamin hinaufzukriechen und über das Dach des kleinen Häuschens herab über die Streifer hinweg in den angrenzenden Wald zu springen. Doch dies gewagte Rettungsmittel hatte er nicht nötig, die Küche öffnete ihm einen Ausweg, er sprang da zum Laden hinaus auf einer Seite, deren die Streifer wegen des Eises nicht recht beikommen konnten, und rannte unbemerkt ins Gebüsch den nahen Berg hinauf. Er glaubte fest, Peter und die Göhringerin würden ihm zur Küche hinaus nachkommen. Aber sie blieben zurück, und kein Verfolger eilte ihm nach. Er machte also oben auf dem Berg halt und wurde begierig zu erfahren, was aus jenen geworden wäre. In dieser Absicht schlich er leise durch das Gebüsch den

Berg wieder herab, stellte sich hinter ein dichtes Gesträuch nahe dem Haus, in welchem er überfallen worden war, und lauschte hier mit horchenden Ohren und beobachtenden Augen. Schon hatte er zwei Stunden in sorgsamer Ungewißheit auf seiner Warte hingebracht und in dem bloßen Hemd und Beinkleidern, womit er allein bekleidet war, die strengste Winterkälte ausgehalten, als endlich hart an ihm vorbei Peter und die Göhringerin als Gefangene weggeführt und er nun von ihrem unglücklichen Schicksal belehrt wurde. Man brachte sie zuerst nach Horb und dann nach Sulz, von wo aus der Streif veranlaßt worden war, zu den übrigen Gaunern, die dort im Verhaft lagen.

Rings um Hans herum war's jetzt aufgeräumt. Die mit ihm am nächsten verbunden gewesen waren, hatten nun zum Teil ihr Leben, zum Teil ihre Freiheit verloren. Von seinen beiden Lehrmeistern in der Gaunerei war der eine, der Brontemer Seppe, mit dem Schwert hingerichtet, der andere, der Schul–Toni, lag zu Rothmünster in Fesseln. Juliane–Seppe war auf Lebenslang im Zuchthaus zu Breisach. Viktor und die Schleiferberbel mit den übrigen schmachteten ohne Hoffnung in den Gefängnissen zu Sulz. Peter, sein verbundenster Freund, und seine neue Beischläferin waren im Begriff, dahin zu wandern. Er allein war unter so manchen seiner ehemaligen Trauten noch übrig. Wie war da alles zu ernsteren Gedanken für ihn so angebahnt! Wie nahe lag ihm die Betrachtung, daß er selbst auch bald ihnen nachfolgen, bald auch umsonst suchen werde, den Gefahren zu entwischen, die ihn verfolgten und denen er bisher zwar immer noch, aber nur kaum entronnen war, und diese Betrachtung, wenn sie mit vollem Gewicht in seine Seele kam, wie viel Gutes hätte sie wirken müssen!

Aber er befand sich einmal in einem Zustand der Fühllosigkeit, in welchem er zu diesen so natürlichen Gedanken und zu allen daraus entstehenden heilsamen Wirkungen unfähig war. Zwar machte die Gefangennehmung Peters und der Göhringerin einigen Eindruck auf ihn, aber nur einen vorübergehenden und gerade den nicht, den sie zuerst hätte machen sollen. Er sah ihr Schicksal nicht in der wichtigen Beziehung an, die es auf seine Besserung hatte, er wurde nicht einmal dadurch geschreckt oder veranlaßt, ein gleiches Schicksal jetzt mehr als vorhin zu fürchten. Der ganze Eindruck bestand darin, daß er Peter bedauerte, weil er an ihm einen brauchbaren und meist treuen Kameraden verloren hatte, daß er die Göhringerin bedauerte, weil sie unschuldig war und ihre quacksalberische Geschicklichkeit ihn wichtige und beinahe ebenso große Vorteile hoffen ließ, als diejenigen waren, die ihm die Schleiferberbel vorher mit ihren Diebsgriffen verschafft hatte. Aber auch selbst hierüber wußte er sich bald zu trösten. Peter hatte auf die letzte hin treulos und brutal gegen ihn gehandelt, er mochte also immer von ihm hinweg ins Gefängnis wandern. Der Göhringerin Geld war meistens schon durchgebracht, und bei ihrem erklärten Widerwillen gegen das Stehlen war es doch zweifelhaft, ob er's lang bei ihr oder sie bei ihm ausgehalten hätte, auch sie mochte also immer von ihm getrennt sein. Und dann hatte er bei dem schnellen Überfall, der sie beide ihm von der Seite nahm, zwar alle seine Briefschaften und Kleider und in diesen noch mehr als 30 Gulden bares Geld von der

Göhringerin eingebüßt, aber er hatte doch seine Ölkiste gerettet, die er auf dem nahen Mönchshof stehen hatte, und er besaß also immer noch genug, um auch in seiner gegenwärtigen mißlichen Lage sich sicher und gut fortzubringen. (...)

Unter dem Schutz seiner Ölkiste, die allen Verdacht der Gaunerei von ihm entfernte, zog er auch einige Zeit umher, ohne einen Paß zu haben oder irgendwo aufgefordert zu werden, daß er einen vorweisen sollte. Weil er's aber doch für besser hielt, auf einem gedoppelten Weg Gewinn zu machen, wenn es sich so richten ließe, und weil das Stehlen ihm nun einmal zu einer Art von Bedürfnis geworden war, so war er darauf bedacht, baldmöglichst wieder einen Paß zu bekommen, um neben seinem Praktizieren auch ungehindert wieder stehlen zu können. In Weilerstadt, wohin er seinen Vater in dieser Absicht schickte, ließ man sich auf Vorzeigung seines Taufscheins willig finden, ihm einen als Kräuterhändler auszufertigen. Sowie er denselben hatte, fing er auch seine Diebstähle wieder an und wagte sich selbst in die Gegend von Sulz, um dort Nachrichten von Peter und der Göhringerin einzuziehen. Er erfuhr zu seiner nicht geringen Bestürzung, daß sie wirklich nach Sulz geliefert worden seien und daß man auf einen gewissen Konstanzer Hans sehr genau fahnde. Der Wink war verständlich genug. Er kehrte plötzlich um und eilte tiefer ins Württembergische bis in die Gegend der Residenzstadt herab, in der Voraussehung, daß er im Herzen des Landes von Nachforschungen und Gefahr am wenigsten zu fürchten hätte, und auch hier bewies er seine Gegenwart durch einen Einbruch, den er in dem Dorf Scharnhausen beging. Er hatte unangefochten auf den sogenannten Fildern, zu Kirchheim und Reutlingen, gegen drei Wochen mit bestem Erfolg als Scharfrichter sein Wesen gehabt und befand sich eben zu Bodelshausen, als er durch das Gerücht überrascht wurde, die Schleiferberbel sei aus dem Gefängnis zu Sulz ausgebrochen.

Die Meisterin in der Schlauheit hatte auch hier ihre Rolle auf eine ihrer würdige Art gespielt. Gleich bei ihrer Einlieferung hatte sie sich ihrer Gewohnheit nach für schwanger ausgegeben und die Täuschung bis auf den Grad getrieben, daß man ihr zuletzt drei Nächte hindurch eine Hebamme zugab, die ihre Niederkunft abwarten sollte. Der Betrug kam dann zwar endlich an den Tag, und sie mußte dafür büßen, aber sie unterließ es deswegen nicht, verschiedene neue Versuche zu ihrer Befreiung zu machen. Lange mißlangen sie ihr bei der wachsamen Sorgfalt, womit der Oberamtmann daselbst die bestmöglichen Anstalten zu ihrer sicheren Verwahrung traf, bis sie endlich in dem neuen Gefängnis, in welches sie bei der Einlieferung Peters und der Göhringerin gebracht wurde und welches auf einem Tor war, die gewünschte Gelegenheit fand zu entfliehen. Einst um die Zeit der anbrechenden Morgendämmerung, als bei der Ankunft eines Wagens die Tochter des Torwächters das Tor öffnete, bat die Gefangene den Torwächter, ihr einen Abtritt zu gestatten. Er argwohnte nichts und ließ sie zum Gefängnis hinaus, ohne sie zu beobachten. Schnell eilte sie mit ihren Ketten die Treppe hinunter, stellte sich unten in eine finstere Ecke, bis die Tochter hinaufgegangen war, schlich sich dann zum Tor hinaus, das jene um des nahenden Tages willen nicht mehr geschlossen hatte, und verbarg sich nahe am Tor künstlich hinter einer kleinen Hecke, weil sie voraussetzte, sie würde auf der Stelle verfolgt, aber gerade an diesem Zufluchtsort am wenigsten gesucht werden. Hier wollte sie dann den ersten gefährlichen Sturm der Verfolgung abwarten und erst weiterfliehen, wenn derselbe vorüber und im offenen Felde mehr Sicherheit für sie wäre.

Sie hatte ihre Rechnung glücklich gemacht. Es wurde plötzlich gestreift, aber sie hinter ihrer Hecke ebenso wenig gesucht als bemerkt, und sie wußte ihre Maßregeln schlau genug zu nehmen, um sicher nach Schabenhausen zu entkommen. Noch wandelten aber spähende Häscher umher, und sie kam in die Verlegenheit, ganz unvermutet einige davon in die Stube treten zu sehen, in welcher sie eben mit Nähen beschäftigt war. Aber sie hatte die Vorsicht gebraucht, ihren Anzug gleich bei ihrer Ankunft zu verändern, und saß mit einer so unschuldsvollen und unbetroffenen Miene bei ihrer Arbeit, daß sie weder kenntlich noch verdächtig war und ganz unangefochten blieb. Doch flüchtete sie plötzlich zu einem benachbarten Geistlichen, bei welchem sie so lang Schutz und Aufenthalt fand, bis die drohendste Gefahr vorbei war. Dann wagte sie sich wieder hervor und ließ es ihr erstes sein, durch eine religiöse Handlung von einer eigenen Art sich für ihre Befreiung dankbar zu bezeugen. Sie hatte im Gefängnis zu Sulz das Gelübde getan: Wenn die Mutter Gottes ihr glücklich heraushelfen würde, so wollte sie ihr zu Ehren in einer der nächsten Kapellen die Ketten niederlegen, mit denen sie geschlossen war. Jetzt brachte sie also solche in die Kapelle auf dem Palmenbühl bei Schemberg und entfernte sich dann eilends aus der unsicheren Gegend. (...)

Von da an wurde Hans mit der Rettung seiner eigenen Person wieder einmal über das andere beschäftigt und mußte mehr die Rolle eines Verfolgten als eines Verfolgers annehmen. Gleich nach jener Schlacht, da er sich noch bei der Truppe seiner Kameraden befand, wurden sie unversehens bei Rappersweil und dann wieder im Zürcher Gebiet von Streifern überfallen. Und kaum war er diesen entflohen, so lief er mit einem Kameraden, mit welchem er sich von den übrigen Gaunern getrennt hatte, einer neuen Partie streifender Zürcher Bauern in die Hände und sollte mit noch mehreren aufgefangenen verdächtigen Leuten zur näheren Untersuchung dem Seckelmeister im Fischertal vorgeführt werden. Gerade dieser Seckelmeister war es, dem Hans unmittelbar vor seiner Reise nach Einsiedel eingebrochen und einen Rock, Hut, Strümpfe, Schnallen und einen Stock gestohlen hatte, und gerade trug er jetzt alle die gestohlenen Sachen. Schon der bloße Anblick hätte ihn also verraten, wenn er vor dem Seckelmeister erschienen wäre, und es lag ihm daher alles daran, sich vorher noch loszumachen, ehe es soweit käme. Aber dies war keine so leichte Sache, und das erste Mittel, das er in dieser Absicht gebrauchte und das er von seinem damaligen guten Anzug hernahm, war fruchtlos. Es sei ihm eine Schande, sagte er zu den Streifern, mit den anderen aufgefangenen Leuten, welche lauter Bettler und schlechtes Gesindel seien, sich öffentlich aufführen zu lassen. Er sei ein ehrlicher Mann, und eine Behandlung dieser Art sei seinem Stand und seiner Ehre zuwider. Wenn man ja auch eine nähere Untersuchung bei ihm nötig finde, so sollte man ihn voraus und allein zum Seckelmeister bringen. Er hatte dabei die Absicht, einige besondere Führer für sich von dem großen Haufen abzuziehen, sie, wenn sie weit genug von den übrigen entfernt wären, niederzuwerfen und sofort zu entfliehen. Aber man antwortete ihm, er sollte sichs immer gefallen lassen, bei der übrigen Gesellschaft zu bleiben, er hätte sich ihrer nicht zu schämen. Nun war ihm , wenn er sich retten wollte, weiter nichts übrig, als er mußte vom großen Haufen hinweg entlaufen. Aber um das mit einem glücklichen Erfolg zu tun, mußte er einen vorteilhaften Umstand abwarten, der seine Absichten begünstigte. Er beobachtete also mit der größten Aufmerksamkeit auf allen Seiten, um so einen Umstand auszuspähen. Und bald bot sich ihm von selbst einer an. Sie näherten sich einer Waldspitze, die den Weg teilte. Sobald er dies wahrnahm, verabredete er leise mit seinem Kameraden in der Gaunersprache, wenn sie an die Wegscheide kämen, so sollte der eine unter ihnen rechts, der andere links gehen und beide sogleich schnell zu laufen anfangen, damit dadurch die Streifer verwirrt und ihre Aufmerksamkeit und Kräfte verteilt würden. Nach dieser Verabredung handelten sie an dem bestimmten Platz. Ihre unerwartete, zu gleicher Zeit erfolgende Flucht auf verschiedenen Wegen setzte die Streifer in Verlegenheit. Sie verfolgten sie zwar und schossen nach ihnen, sahen sich aber, um nicht die übrigen Arrestanten preiszugeben, bald genötigt, vom Nachsetzen abzustehen. Die beiden Flüchtlinge entkamen glücklich jeder auf seiner Seite und trafen am Ende des Waldes wieder zusammen. Da sie sich schon sicher glaubten, wurden sie von anderen Streifern in Empfang genommen, aber auch diesen entwischten sie durch ihre Geschwindigkeit.

Hans verließ jetzt die Schweiz mit dem Verdruß, seine Hauptabsicht nicht erreicht zu haben, und ging nach Schwaben herüber. Die Gefahr folgte ihm auch hierher auf dem Fuß nach, und noch einmal gelang es ihm, derselben zu entgehen. (...) Aber dabei setzte er seine Einbrüche mit einer Gleichgültigkeit und Sorglosigkeit fort, als wenn für ihn überall nichts zu fürchten wäre, beging sie in einer Gegend, die gerade jetzt für ihn eine der gefährlichsten war, handelte durchaus um so sicherer, je mißlicher seine Lage wurde, und war über alle Bedenklichkeiten mit einem Leichtsinn weg, der sonst nur bei Menschen gewöhnlich ist, welche alles verloren geben.

So ging er besonders bei seinem letzten Diebstahl zu Werk, auf welchen die große Veränderung seines Zustandes erfolgte. Den warnendsten Umständen zum Trotz unternahm er ihn mit dem mutwilligsten Eigensinn und mit der äußersten Frechheit. Er hatte sich auf den Schwarzwald begeben und traf da auf den sogenannten Schottenhöfen den Gauner Minrad Wahler an, welcher eben im Begriff war, Hochzeit zu machen, und damit umging, sich die nötige Aussteuer und andere Bedürfnisse dazu zu verschaffen. Er rief Hans auf, ihm dabei behilflich zu sein, und fand ihn bereitwillig. Sie holten bei einem Bauern Speck und Schmalz, wurden aber ertappt und mußten den Raub wieder abtreten.

Dann brachte Hans einen Krämer zu Turbach im Badischen, unfern Gengenbach, in Vorschlag, welchen sie plündern wollten, und machte so wenig Geheimnis daraus, daß er's selbst vor seinen Eltern, die damals bei ihm waren, merken ließ. Der Krämer war gerade ein alter Bekannter und guter Freund von seinem Vater. Sobald also dieser den ersten Wink in den Absichten seines Sohnes bekam, fuhr er mit der tobend-sten Hitze auf, drohte ihm mit dem nachdrücklichsten Ernst, daß er ihn selber angeben würde, wenn er sich unterstünde, den Krämer zu bestehlen, und überhäufte ihn unter dem lärmendsten Geschrei mit Schimpfnamen.

Hans war dergleichen Auftritte gewohnt; er hatte sie während seiner Gaunerei öfters erlebt. Sein Vater, der die meiste Zeit und besonders auf die letzte fast immer um ihn war, hatte sich dabei geradeso betragen, wie es von einem Manne zu erwarten ist, der noch zuviel Gewissenhaftigkeit hat, um zu stehlen, aber verdorben und schlechtdenkend genug ist, um als Bettler und Müßiggänger umherzuziehen. Er war nämlich im ganzen immer unzufrieden darüber, daß sein Sohn Gauner war, brach bei der geringsten Veranlassung über ihn los, schimpfte, schrie und drohte, daß er ihn verraten würde. Aber auf diese brausenden Aufwallungen folgte allemal wieder eine Ruhe, bei der seine Unzufriedenheit fast zur völligen Gleichgültigkeit wurde. Hatte er nur seines Unwillens durch einen heftigen Ausbruch sich entladen, so ließ er dann seinen Sohn wieder unangefochten stehlen, während er selber bettelte, nahm wohl auch Sachen von ihm an, von denen er wußte, daß sie gestohlen waren, und gab seinen Beischläferinnen bei sich Aufenthalt, manchmal auch Schutz. Hans bekümmerte sich also in der Hauptsache immer wenig um seine lärmenden Drohungen, und um so weniger, je öfter sie wiederholt wurden, ohne erfüllt zu werden. (...)

In der nächsten Nacht darauf tat er dann wirklich den Schritt, der für ihn so viele wichtige Folgen hatte. Er ging mit dem Neuvermählten nach Turbach, brach dem Krämer ein und packte für ungefähr 180 fl. Waren zusammen, die er gleich mit seinem Kameraden teilte. (...) Aber er tat nicht, was in seiner Lage so natürlich wäre. Mit der unbegreiflichsten Verblendung handelte er wider alle Regeln der gemeinsten Vorsicht, selbst da er die deutlichsten Anzeichen der höchsten Gefahr hatte, und lief wie mit verbundenen Augen seinem unglücklichen Schicksal entgegen, so daß er recht eigentlich jetzt dazu bestimmt schien, sich selbst der Obrigkeit in die Hände zu liefern.

Zwar nahm er anfangs Maßregeln zu seiner Sicherheit. Er trug nach vollbrachtem Diebstahl seinen Raub nicht selbst, sondern ließ sich ihn durch zwei Gaunerinnen, die er an sich zog, nachtragen, um bei einem unvermuteten Überfall um so weniger einem Verdacht ausgesetzt zu sein, auch war's sein Entschluß, sich sogleich ins Elsaß zu begeben, und während er dort mit seinen Ölen handelte, den Verschluß seiner gestohlenen Waren durch seine Begleiterinnen besorgen zu lassen. Er eilte daher, da er gleich am Morgen nach seinem Einbruch zuverlässig erfuhr, daß der Krämer ihn hitzig und betriebsam verfolge, schnell genug Kehl zu und kam glücklich in der Nähe dieses Dorfes auf dem Rappenhof an.

Aber hier fing er an, einen Schritt um den andern zu tun, von denen der eine immer unvorsichtiger war als der andere. (...)

Unterdessen hatte der unermüdet aufspürende Krämer mutmaßlich erfahren, daß Hans sein Dieb sei, hatte bei seinem Aufspüren Hansens Vater in Gundswiehr angetroffen und seinen Verdacht auf seinen Sohn gegen ihn geäußert. Der Vater hatte ihm unverhohlen gestanden, sein Sohn habe wirklich den Anschlag gefaßt, ihm einzubrechen, und er glaube allerdings, daß er es getan habe, aber Gewisses könne er ihm davon nichts sagen. Zugleich hatte er dem Krämer seinen Sohn selber genau nach seinem Aussehen und Kleidung beschrieben, und der Krämer hatte sogleich nach dieser Beschreibung das Nötige in der Gegend besorgt, um durch Steckbriefe seinen Dieb zu verfolgen. (...) Aber anstatt plötzlich und so heimlich als möglich aus einer Gegend zu fliehen, in welcher er sich nun schon halb verraten sah und die gewissesten Nachstellungen befürchten mußte, blieb er ganz sorglos bei seinem Vater, ging mit ihm ganz sicher gerade dahin, wo er sich notwendig vorstellen mußte, daß die Gefahr für ihn am größten sein werde, nahm selbst die zwei Gaunerinnen, die die gestohlenen Waren trugen und sich jetzt wieder von ihrer Flucht bei ihm einfanden, in die Reisegesellschaft auf und beredete seinen Vater, bei dem sie neuen Verdacht erregten, es seien Personen, die ihn nichts angehen, sondern eigene Sachen tragen; ja er war sogar kühn genug, selbst seine Waren am Tor zu Gengenbach zu verzollen und darauf mit seiner ganzen Gesellschaft, welche aus seinen Eltern, seiner Schwester und seinen zwei Packträgerinnen bestand, sich im Angesicht der Stadt hinter den Gärten gegen den Wald hin zur Mittagsruhe zu lagern.

Hier war es dann aber auch, wo er die letzten Augenblicke seiner Freiheit genoß und, ohne den nahen Umsturz seines Glücks zu ahnen, noch einmal ruhig sein Brot aß. Sie hatten etliche Stunden auf dem Platz ausgeruht, als seine Schwester jemand sich nähern sah, den sie für den Zollreiter hielt. Hans stand auf, schaute selbst nach, und da er nicht unterscheiden konnte, ob der ankommende der Zollreiter oder Bettelvogt sei, so gab er auf jeden Fall durch einen, von seinem Vater nicht bemerkten, Wink den Gaunerinnen zu verstehen, sie sollten eilends die gestohlenen Waren, die nicht verzollt waren, gegen den Wald hin tragen. Während diese sich anschickten, seine Befehle zu vollziehen, sah er, da er sich umwandte, auf einmal fünf Soldaten auf dem Rücken, welche auf einer anderen Seite hinter dem Geheg ganz verdeckt herbeigekommen waren. Sie fuhren ihn rauh an, forderten ihm seinen Paß ab und verlangten, nachdem er ihnen solchen vorgewiesen, er sollte ihnen zum Städtemeister folgen. Das sei ihm ungelegen, versetzte Hans, er komme von Gengenbach her und wolle nach Lahr gehen, seine Reise verstatte keinen Verzug. Sie haben Befehl, sagten sie, alle Leute seiner Art vorzuführen, sie sollten nur alle zusammen unverzüglich aufpacken und mitkommen.

Hätte Hans seine Ölkiste und gestohlenen Waren im Stich lassen wollen, so hätte er bei dieser ernstlichen Aufforderung wenig Umstände gemacht; er wäre sogleich in den nahen Wald entsprungen. Aber da er jene Habseligkeiten nicht gern aufopferte, so blieb er noch ruhig und folgte mit der übrigen Truppe den Soldaten, um sich während des Zugs Gelegenheit zu machen, mit seiner Person auch seine Waren zu retten. Würde zum letzteren ihm auch kein Mittel sich anbieten oder gelingen, so schien es ihm zu seiner Rettung immer noch Zeit zu sein. Denn daran kam ihm auch jetzt noch nur gar kein Gedanke, daß man ihn festhalten werde. Er war in ähnlichen Fällen schon zu oft und zu glücklich entflohen, als daß ers nicht für ganz zuverlässig hätte halten sollen, er werde auch hier wieder entrinnen. Aber dies war ihm jetzt, da er sich einmal seinen feindlichen Führern überlassen hatte, fast mit jedem Schritte schwerer, und der erste Kunstgriff, den er in dieser Absicht gebrauchte, mißlang ihm. Es war eben der, den er jüngst in der Schweiz in gleicher Verlegenheit versucht hatte. Er verlangte von den Soldaten, es sollten ihn zwei oder drei von ihnen besonders abführen, weil es schimpflich für ihn sei, mit den übrigen, als Bettelleuten, aufzuziehen. Er hätte dann, wenn sie ihm willfahrt hätten und dadurch von den andern getrennt worden wären, sie schnell angegriffen, zu Boden gestreckt und sich flüchtig gemacht. Aber die Soldaten waren schlau genug, seine Absicht zu merken, und behielten ihn bei der übrigen Gesellschaft. Jetzt war er also notgedrungen, es mit allen fünfen aufzunehmen, wenn er entrinnen wollte, und hierzu machte er nun sogleich Anstalt. Er gab seinen Packträgerinnen durch einen Wink zu verstehen, daß er die Soldaten angreifen und dann entspringen werde. In dem Augenblick, da sie ihn das tun sehen, sollten sie selbst auch mit ihrem Gepäck auf eine andere Seite hin zu fliehen anfangen.

Er wäre gern auf derjenigen Seite entlaufen, wo er in wenigen Augenblicken auf fremdem Gebiet gewesen wäre. Aber gerade diese besetzten seine vorsichtigen Führer am stärksten und veranlaßten ihn dadurch, die entgegengesetzte gegen die Gärten hin zur Flucht sich auszuzeichnen. Als sie nun eine Strecke weit an dem Geheg der Gärten hingegangen und an einen Platz gekommen waren, den er zur Ausführung seiner Absichten geschickt glaubte, ließ er schnell seine unvermerkt abgelöste Ölkiste vom Rücken fallen, schlug mit seinem Stecken dem Soldaten, der ihm am nächsten war, zurück und warf sich mit einem raschen Sprung über das mannshohe Geheg.

Aber eben dieser Sprung, so glücklich er ihn machte, war sein Unglück. Er befand sich nun in verzäunten Gärten, wo seiner Geschwindigkeit überall Hindernisse im Weg lagen. Die Einfahrt, auf welche er hinlief, um ins Freie zu kommen, war schon von einem Soldaten besetzt, als er sich derselben näherte. Er eilte zurück, um in die nächsten Gärten zu springen, drei von den Soldaten verfolgten ihn und drohten ihn niederzuschießen, wenn er nicht haltmachen würde. Er kehrte sich an ihre Drohungen nicht. Sie drückten, während er sich über das nächste Geheg hinüber arbeitete, alle drei los, aber ohne ihn zu treffen. Er hatte schon zwei andere Gehege und darunter ein sehr hohes glücklich überstiegen und befand sich jetzt, ohne von den nachsetzenden Soldaten noch viel fürchten zu dürfen, an einem Fahrweg, der zwischen den Gärten hinlief und auf welchem er nun ungehinderter ins offene Feld hätte entwischen können. Aber alles vereinigte sich zu seinem Unstern: Er traf hier neue Feinde an. Indem er in diesen Weg hinabsprang, stand einer der Städtemeister, der dort spazieren ging, gerade vor ihm, rief Halt, und zog seinen Degen. Hans drohte ihn niederzuschießen, wenn er sich ihm widersetzen würde und schaffte sich ihn mit einem Streich vom Leibe. Aber kaum war er von diesem Gegner los, so sah er zwei kaiserliche Werboffiziere sich entgegenkommen, von denen der eine gleich seinen Degen zog. Hans warnte ihn und streckte ihn, da er nach ihm hieb, mit seinem Stecken zu Boden. Der andere zog sich zurück, und Hans faßte wieder einen Sprung über das nächste Geheg. Aber es war zu hoch und seine Schnellkraft durch die wiederholte Anstrengung schon zu erschöpft; er fiel zurück. Der Lärm war indessen allgemein geworden und alles aus den Gärten, vom Feld und von der nahen Ziegelhütte, wo gerade Zimmerleute arbeiteten, herbeigelaufen. Jetzt ergriff ihn die Wut eines Verzweifelten: Er schlug rechts und links unter dem Haufen der Herbeigeeilten um sich, streckte hier einen und da einen nieder und wollte noch einmal versuchen, übers Geheg zu springen. Aber in diesem Augenblick gab einer der Zimmerleute ihm mit seiner Axt einen Streich auf den Kopf, daß er schwindelnd zu Boden sank.

Nun war er überwunden. Die Soldaten fielen sogleich über ihn her, faßten seine Hände (mit welchen er umsonst gesucht hatte, sein Messer noch unvermerkt wegzubringen), banden sie ihm auf den Rücken und führten ihn als Gefangenen weg. Er ging mit der Miene des Trotzes und der Zuversicht einher, um zu zeigen, daß er ein gutes Gewissen habe. Am Tor traf er noch zu der andern Partie der Gefangenen, und diesen Umstand machte er sich zunutze, um seinen Vater im Vorübergehen mit leisem Gemurmel in der Gaunersprache zu bitten, daß er ihn nicht verraten sollte. Dann wurde er dem Reichsschultheiß vorgeführt, und dieser ließ ihn sogleich einkerkern. Es war der 12. August 1783. (...)

Am dritten Tag nach seiner Einkerkerung erschien der Stadtknecht mit einer Suppe und Wasser. Hans zitterte, beides zu verschlingen. Nachdem er damit fertig war, wurde er zum Verhör in die Kanzlei abgeführt. Hier gab er vor, er heiße Peter Niklas Koch, sei ein Scharfrichter aus Leutmeriz in Böhmen, habe fünf Jahre als Regimentshenker bei dem Ziethenschen Husarenregiment und, nachdem er da seinen Abschied erhalten, zwei Jahre zu Zittau als Meisterknecht Dienste getan. Er bekräftigte seine Aussagen mit dem Paß, den er bei sich führte. Einer der Anwesenden, der selbst auch in Böhmen gewesen und zu Leutmeriz und Zittau bekannt war, fragte ihn verschiedenes von diesem Land und den beiden Städten, um ihn auszuhohlen. Hans wußte ihm alles zu beantworten.

Warum er den Soldaten entsprungen sei, fragte ihn der Reichsschultheiß. (...)

Weil ihn die fünf Soldaten vor Gengenbach so schnell überfallen hätten, so sei er der Meinung gewesen, sie haben auch die Absicht, ihn auf eine listige Art zum Soldaten wegzunehmen. Dies sei die einzige wahre Ursache, warum er ihnen entlaufen sei, denn er habe eine unüberwindliche Abneigung vor dem Soldatenleben; wenn er gewußt hätte, daß sie nicht mit solchen Nachstellungen umgingen, so würde er ohne Widersetzlichkeit ihnen gefolgt sein. (...)

Wozu er dann das große zweischneidige Messer bei sich geführt habe?

Er brauche es, sagte er, als Scharfrichter zu allerlei Operationen beim Vieh.

Er hatte sich nun über die vorläufigen bedenklichen Punkte, die ihm zur Last fielen, schlau genug verantwortet. Aber eben das machte es seinen Richtern wahrscheinlich, daß sie es mit einem ausgemachten Gauner vom ersten Rang zu tun hätten, der ebenso verschlagen als beherzt wäre, und ehe sie sich mit ihm in weitere Untersuchungen einließen, wollten sie die anderen Arrestanten vornehmen. Es kam dann noch hauptsächlich darauf an, wie sein Vater vor Gericht sprechen, ob er den Vorhang, hinter welchem sich Hans verbarg, aufziehen oder ob er den wahren Namen und die Diebstähle seines Sohnes verbergen und zu seinem besten mitwirken würde. Das letztere schien nicht nur die väterliche Liebe, sondern auch der eigene Vorteil des Alten zu fordern. Denn wenn er gleich in jener Gegend als ein unbescholtener Mann bekannt war, so hatte er doch immer zu befürchten, daß von seinem Sohn irgendein Verdacht und Strafe auch auf ihn selber fallen dürfte, wenn er ihn verraten würde, und dem Ansehen nach konnte er glücklicher durchkommen, wenn er alle Verbindung und Bekanntschaft zwischen ihnen verleugnete.

Aber der Alte dachte anders. Auf der einen Seite hoffte er bei der Entdeckung der reinen Wahrheit gerade für seine Person sicherer zu sein, weil er auf seinen notorisch unverdächtigen Ruf rechnete, auf der anderen war er wegen des letzten Diebstahls seines Sohnes zu sehr aufgebracht, als daß er seiner auch diesmal hätte schonen und ihm nicht eine scharfe Bestrafung gönnen sollen. Zum Unglück war er auch in einem besonderen Gefängnis, getrennt von seinem Weib und seiner Tochter, welche, wenn sie sich bei ihm befunden hätten, gewiß alles mögliche getan haben würden, um ihn zu bewegen, daß er Hans nicht verraten sollte. Er sagte es also bei seinem Verhör ganz offenherzig heraus: Der mit ihm aufgefangene Arrestant sei sein Sohn und sein wahrer Name Johann Baptista Herrenberger. Er habe ganz sicher den Krämer in Turbach bestohlen und noch viele andere Diebstähle begangen, wovon er einige, die ihm näher bekannt waren, namentlich anführte. Überhaupt sei er ein Dieb von Profession und nehme gern allerlei erdichtete Namen an. Die Mutter wollte anfangs ihn verleugnen. Aber da man ihr die Aussagen des Vaters entgegenhielt und in sie drang, die Wahrheit zu gestehen, war sie bald dahin gebracht, ihn gleichfalls für ihren Sohn zu erklären.

Nun war für Hans alles verdorben, alles zur strengsten Untersuchung und zum härtesten Schicksal für ihn vorbereitet, und kein Mittel war mehr übrig, sich herauszuziehen. (...)

Nun fehlte zum vollkommenen Beweis weiter nichts mehr als sein eigenes Geständnis. Man suchte ihm aber dies nicht weiter abzunötigen, sondern nahm ihn, ohne ihn ferner zu verhören, geradezu für den, für welchen ihn so glaubwürdige übereinstimmende Zeugnisse ausgaben, nahm ihn auch sofort auf die bei ihm vorgefundenen Sachen und auf die Aussage seines Vaters für den Täter des Diebstahls zu Turbach und kommunizierte jetzt mit dem badischen Amt Stauffenberg, in welches Turbach gehört, wegen der Übernahme des Gefangenen, und da man dort die Gefängnisse nicht fest genug glaubte, um einen so gefährlichen Inquisiten sicher zu verwahren, so wurde von der badischen Regierung dem Oberamt Mahlberg der Befehl gegeben, ihn zu übernehmen.

Es verflossen vierzehnTage, bis dies ins reine gebracht war. Innerhalb dieser Zeit saß Hans in seinem finsteren Kerker, ohne zu wissen, was für einen Gang seine Angelegenheiten nehmen würden, was er zu hoffen oder zu fürchten hätte. Es kam ihm sonderbar vor, daß er zu keinem Verhör mehr abgeholt wurde, da doch die Untersuchung kaum angefangen und der Turbacher Diebstahl noch mit keinem Wort berührt war. (...)

Jetzt erinnerte er sich auch wieder an das Versprechen, welches er mit so hohen Beteuerungen in seiner Tuttlinger Gefangenschaft getan, und an die Treulosigkeit, mit welcher er es gebrochen hatte. Mit unwiderstehlicher Gewalt drang sich ihm der Gedanke hieran immer wieder aufs neue auf, schwebte ihm gleich einem Schreckbild vor Augen, erfüllte ihn mit der bangsten Unruhe, machte ihm seine Strafe vollends zur gewissesten Sache, und nötigte ihn, sich selbst das Todesurteil zu sprechen. (...)

Doch auf einmal kam, bei einer unerwarteten Eröffnung seines Kerkers, mit dem Licht, das in seinen finsteren Aufenthalt fiel, auch wieder ein Strahl von Hoffnung in seine von furchtbaren Vorstellungen beunruhigte Seele. Der Stadtknecht erschien zu einer ungewöhnlichen Stunde, brachte ihm alle seine Kleider und was man ihm bei seiner Einkerkerung abgenommen hatte, nur einige Stücke ausgenommen, befahl ihm, sich unverzüglich anzukleiden und ihm zu folgen. So sehr er auch schon sich daran gewöhnt hatte, alles verloren zu geben, so schien ihm doch dieser Umstand so günstig, daß er sich nicht enthalten konnte, das beste daraus zu schließen, und er machte diesen Schluß um so rascher, je tiefer er vorher zur Verzweiflung hinabgedrückt war. Das könne doch wohl schwerlich etwas anderes bedeuten, dachte er, als seine Loslassung. Hätte man im Sinn, ihn als einen Gefangenen beizubehalten, so würde man nicht alles Abgenommene ihm wieder zustellen.

Belebt durch diesen Gedanken, kleidete er sich mit froher Eilfertigkeit an und verließ sein trauriges Gefängnis und zugleich alle die traurigen Vorstellungen, die ihn darin gepeinigt hatten. Das heitere Licht des Tages, das er nach langer Zeit nun wieder das erste Mal sah, überströmte ihn, sowie er darin hervortrat mit einem nie gefühlten Vergnügen, und stimmte ihn noch höher zur Hoffnung. Als er der Kanzlei sich näherte, sah er eine Menge von Leuten auf der Straße versammelt. Auch das war ihm ein gutes Zeichen und flößte ihm noch mehr Mut ein. Es ist sicher eine Tracht Schläge, mit der ich loskomme, dachte er, und dieser Haufen wird sich das Vergnügen machen wollen, sie mir aufzählen zu sehen. Er selbst war schon lüstern danach, und nicht begieriger hatte er die erste Speise und Trank in seinem Kerker erwartet als jetzt jene eingebildete Exekution, die er sich als den Übergang zu seiner Freiheit vorstellte. Man las ihm in der Kanzlei den richterlichen Spruch vor. Er verstand nur etliche Worte davon, die ihm nichts Widriges anzudeuten schienen. Mit den besten Erwartungen ging er die Treppe der Kanzlei wieder herab und glaubte nun seine Strafe zu empfangen.

Aber wie sank ihm auf einmal alle Hoffnung wieder davon, als ihn gleich an der Tür bewaffnete Fremde in Empfang nahmen und ihn kreuzweise schlossen, als er einen Wagen mit einer starken Bedeckung da stehen sah und Anstalten getroffen wurden, ihn mit seinen Eltern und seiner Schwester wegzuführen! In der ersten Bestürzung, welche ihm dieser so unerwartete Auftritt verursachte, verlor er beinahe alles Bewußtsein. Aber sie währte nur einen Augenblick, und dann folgte eine Menge flüchtiger Gedanken und Gefühle, von denen eine die andere drängten. Zuerst stieg in ihm ein gewisser Unwille und Ärger über sich selbst auf, daß er, getäuscht durch einen guten Schein, im Herführen die Gelegenheit versäumt hätte, in das Benediktinerkloster, an welchem er vorbeigeführt wurde, zu entwischen. Dann besann er sich, woher denn wohl die Fremden, denen er sich übergeben sah, gekommen seien und wohin er also gebracht werden möchte. Das hatte ihm noch niemand gesagt, und nirgends entdeckte er noch eine Spur, die es ihn erraten ließ. Die Männer waren ihm alle unbekannt, und ein tiefes Stillschweigen wurde um ihn her darüber beobachtet. Sulz hatte längst schon Besorgnisse bei ihm erregt, hatte im Kerker ihm am meisten bange gemacht. Er fiel also in der Ungewißheit, in der ihn jetzt alles noch ließ, natürlicherweise darauf, der Zug müßte nach Sulz gehen, und so wie er dies dachte, kehrte die ganze Hoffnungslosigkeit in ihn zurück, in welcher er vorher geschmachtet hatte. Seine Vermutung wurde noch stärker, als man ihn auf den Wagen hob, ihm seine schon mit Ketten geschlossenen Arme noch hinterwärts an Stricken festmachte und dann erst noch zwei von den Führern sich neben ihn hinsetzten, von denen der eine ihn von hinten hielt, der andere ihn lauernd bewachte. Eine so strenge Verwahrung, dachte er, könnte nur von Sulz angeordnet sein, und so sehr er dabei die Miene des Gleichgültigen und Unerschrockenen annahm, so war doch seine Bangigkeit um so größer, je mehr es nun auch Tatsachen zu bestätigen schienen, was er vorher so gewiß befürchtet hatte, daß er verloren sei. (...)

Der Weg, den man anfangs nahm, brachte ihn auf die Vermutung, er würde nach Stauffenberg geführt werden, und da man dann das kaiserliche Dorf Ortenberg hätte passieren müssen, so hatte er schon beschlossen, womöglich sich von seinen Fesseln und seinen Wächtern etwas freizumachen und in Ortenberg über den Wagen hinabzuspringen oder, wenn er sich vorher nicht ablösen könnte, mit angestrengter Schnellkraft den Sprung mit dem Wächter, der ihn hielt, und mit dem Pack, an den er angeschlossen war, zu wagen und dann den Bauern zuzurufen, er sei ein kaiserlicher Deserteur.

Aber er wurde bald gewahr, daß er sich in seiner Erwartung betrogen hatte. Man wich vom Weg nach Stauffenberg ab, und nun wußte er aufs neue nicht, wie er daran wäre, denn das ließ er sich nicht einfallen, daß er nach Mahlberg gebracht werden würde. Endlich aber erfuhr er's aus einer Rede, die einem seiner Führer entfiel, daß dies der Ort seiner Bestimmung sei. Neuer Schrecken wandelte ihn an, sowie er diese Entdeckung machte. Es war ihm so vieles von der strengen Gerechtigkeitspflege zu Mahlberg bekannt; schon so mancher seiner Kameraden war dort eingezogen und hingerichtet worden. Er fürchtete also auch für seine Person das Äußerste, und nur in Sulz, glaubte er, könnte er noch schlimmer daran sein. Die große Frage war nun, welches in dieser neuen Verlegenheit die sichersten Maßregeln wären, die er zu ergreifen hätte, um seine schlimme Sache aufs beste zu verfechten; ob er alles, wie zu Gengenbach, zu leugnen fortfahren oder ob er gestehen, und wieviel er gestehen sollte? Um hierüber sichere Entschließungen fassen zu können, mußte er notwendig die Gesinnungen seines Vaters wissen und ihn zu seinem Vorteil zu gewinnen suchen.

Zu gutem Glück war jetzt die Aufmerksamkeit seiner Wächter durch eine gute Portion Wein, die sie unterwegs zu sich genommen hatten, ziemlich stumpf gemacht, und er fand also Gelegenheit, durch seine Schwester, die zwischen ihm und dem Vater mitten inne saß, mit diesem in Unterhandlungen zu treten. Ob er ihn auch noch in Mahlberg für seinen Sohn ausgeben würde, fragte Hans mit leisem Gaunergemurmel. Der Vater bejahte es mit einer beharrlichen Festigkeit. Hans sah nun wohl, daß der Platz nicht haltbar sei, den er bisher so hitzig verteidigt, so hartnäckig behauptet hatte, sah, daß er nachgeben und seinen wahren Namen gestehen müßte, sah, daß er das jetzt, bei der Veränderung des Orts seiner Gefangenschaft und seiner Richter auf eine unschädliche Art tun könne und daß dies, wenn es auf eine kluge Art geschehe, in jedem Betracht besser für ihn sei und ein gelinderes Schicksal ihn hoffen lasse als ein fortgesetztes hartnäckiges Leugnen, das doch nichts fruchten würde. Er beschloß also, die Maske abzuwerfen, die er zu Gengenbach vorgenommen hatte, und vor seinen Mahlberger Richtern derjenige zu sein, der er wirklich war. Durch diese Nachgiebigkeit hoffte er seinen Vater voraus um so eher zu bewegen, daß er ihn bei seinen weiteren Plänen unterstützte. Er hatte nämlich im Sinn, von seinen Taten in Mahlberg weiter nichts zu gestehen, als was sich ebensowenig als sein Name mit Erfolg ableugnen ließe, und das war der Turbacher Diebstahl. Zu diesem wollte er sich ganz offenherzig bekennen, sonst aber nichts auf sich kommen lassen, weil er voraussetzte, man werde weder zu Gengenbach noch Mahlberg mehr von ihm wissen, und wenn sein Vater sich hierin mit ihm vereinigte, nichts weiteres von ihm verriet, so könnte es ihm immer noch erträglich genug gehen. Hierzu suchte er dann jetzt seinen Vater zu stimmen. Er wollte zu Mahlberg gestehen, sagte er zu ihm, daß er sein Sohn sei, auch des Turbacher Diebstahls wollte er sich schuldig geben, nur bitte er ihn, er sollte nichts weiteres von ihm angeben, wie er denn auch von ihm nichts wisse, und um alles in der Welt willen sollte er nichts von Sulz und seinen dort sitzenden Kameraden sagen, er sei ja sonst verloren, und er selber, der Vater, würde sich dadurch seine Strafe erschweren, da sie hingegen beide vielleicht noch glücklich durchkommen könnten, wenn er nichts weiteres Nachteiliges wider ihn vorbrächte. Der Vater machte ihm einigermaßen Hoffnung, ohne ihm zu sagen, wieviel er schon in Gengenbach außer dem Turbacher Diebstahl verraten hatte, und Hans kam mit einem zwar etwas erleichterten, aber doch immer noch furchtsamen Herzen zu Mahlberg an.

Gleich das Gefängnis, in welches er hier gebracht wurde, ließ ihn nicht viel Gutes für seine Sache hoffen und schien alle die nachteiligen Begriffe zu rechtfertigen, welche er sich voraus von diesem Ort gemacht hatte. Es war noch beschwerlicher als sein Kerker zu Gengenbach. Kaum hatte es die Breite von drei und die Höhe von vier Schuhen, so daß ein Mann von seiner Größe nicht einmal aufrecht darin sitzen konnte. Man schloß auch seine Hände so nahe an seine Füße, daß er sich tief genug niederbeugen mußte. Das einzige, was er in seinem hiesigen Gefängnis vor dem Gengenbacher noch voraus hatte und was freilich für einen Gefangenen in seinen Umständen nichts Unwichtiges ist, war etwas von dem Licht des Tages. (...)

Hans war erstaunt, sich an einem Ort, wo er die schärfste Untersuchung vermutet hatte, so gelind, so ganz anders als zu Gengenbach behandelt zu sehen. Er faßte neuen Mut und fing wieder an, ein gelinderes Urteil in seiner Sache für möglich zu halten. Zuverlässig würde er auch mit einer geringen Zuchthausstrafe weggekommen sein, wenn nicht zum Unglück sein Vater zu Gengenbach mehr als seinen Turbacher Diebstahl verraten hätte. Aber dies gereichte ihm jetzt in verschiedenem Betracht zum Nachteil. Der Vater getraute sich nicht, das bereits Eingestandene wieder abzuleugnen, und wiederholte also auch hier, was er von weiteren Diebstählen und Bekanntschaften seines Sohnes mit anderen Gaunern schon entdeckt hatte. (...)

Sie wurden dann konfrontiert. Der Vater blieb fest bei dem, was er angegeben hatte, und bat den Sohn, es einzugestehen. Aber da er für seine Angaben nicht als Augenzeuge sprechen konnte, da das meiste davon auf bloßen, wiewohl sehr wahrscheinlichen Vermutungen beruhte, so benutzte Hans diesen Umstand, flocht von Wahrheit und Lügen eine äußerst täuschende umständliche Widerlegung zusammen und suchte seinen Vater zu verwirren und in Widersprüche zu verwickeln. »Es ist handgreiflich falsch«, setzte er hinzu, »was Ihr mir aufbürdet, bloß Feindschaft gegen mich hat Euch dazu gebracht, mich solcher Verbrechen zu beschuldigen. Ihr habt mich von Jugend auf hart behandelt und fahrt damit noch bis jetzt fort. Glauben Sie ihm nicht«, fuhr er zum Oberamtsrat fort, »er hintergeht Sie mit offenbaren Lügen. Ich habe Ihnen offenherzig gestanden, was wahr ist, und würde es auch bei dem übrigen tun, wenn etwas daran wäre.«

»Ich glaube Euch«, versetzte der Oberamtsrat, »aber verzeiht mir, Eurem Vater glaube ich noch mehr.«

Damit endete er, ohne strengere Maßregeln zur Entdeckung der Wahrheit zu ergreifen, die ganze Untersuchung, und mit der Gelindigkeit, die er bei beiden Verhören bewiesen hatte, in welchen Hans kein rauhes unfreundliches Wort von ihm hörte, verfaßte er auch seinen Bericht. (...)

Der folgende Tag war derjenige, welcher zu seiner und der Seinigen Ablieferung nach Pforzheim bestimmt war. Am Morgen früh fuhren sie ab, und beinahe hatten sie schon eine Tagreise gemacht, als ein unerwarteter Vorfall Hansens Schicksal eine ganz andere Richtung gab, ihn auf einmal seinen Führern entriß und ihn in eine Lage setzte, in welcher es nur von ihm abhing, wieder ganz in den Zustand der Freiheit überzugehen.

Als sie durch das letzte Dorf auf kaiserlichem Gebiet, durch welches sie der Weg traf, rasselnd hinfuhren, eilte der Vogt herbei, hielt den Wagen an und fragte, wer die Leute seien, die sich darauf befänden. Arrestanten, die ins Zuchthaus nach Pforzheim geliefert werden, war die Antwort. Dann erkundigte er sich nach eines jeden Namen. Nachdem er Hansens seinen gehört hatte, fragte er, ob er nicht kaiserlicher Soldat gewesen und desertiert sei. »Ja!« sagte Hans. »Ihr bleibt hier«, versetzte der Vogt, und sogleich wurde er, trotz aller Einwendungen, die seine Führer dagegen machten, vom Wagen losgeschlossen, von einem kaiserlichen Korporal in Empfang genommen, und, nur mit einer leichten Kette geschlossen, in die Wachtstube des Dorfs gebracht. (...)

Während unter diesen Umständen das Urteil zögerte und man des ehrlosen und unzufriedenen Arrestanten halb überdrüssig war, hatte der Oberamtmann zu Sulz aus einer Gaunerbeschreibung in der Stuttgarter Zeitung ersehen, daß der Konstanzer Hans zu Mahlberg im Verhaft liegen müsse, und sogleich einen Expressen deswegen nach Mahlberg geschickt, aber die Antwort erhalten, daß dieser Gauner auf dem Weg nach Pforzheim als kaiserlicher Deserteur weggenommen und nach Freiburg gebracht worden sei. Längst begierig, dieses Mannes habhaft zu werden, der ihm äußerst wichtig und ehmals in so genauer Verbindung mit den Sulzer Gefangenen gestanden war, wandte sich nun der Oberamtmann auf erhaltene höhere Erlaubnis nach Freiburg an das Regiment Bender und bat so nachdrücklich als möglich um die Auslieferung desselben. Bei der Lage, in welcher eben damals Hansens Sache bei dem Regiment sich befand, trug man kein Bedenken, diesem Ansinnen zu entsprechen; es wurde beschlossen, ihn nach Sulz abzugeben. (...)

Jetzt wurde er den Sulzern übergeben, von ihnen stark geschlossen und ein eisernes Halsband ihm angelegt, um ihn damit am Wagen recht fest zu machen. »Das ist ein Präsent vom Viktor«, sagte der Stadtknecht, »er hat es angegeben, Euch so zu schließen, wenn man Euch gewiß haben wolle.« – »Es soll ihm nichts nützen«, erwiderte Hans, »doch mag's auch«, setzte er mit dem rohesten Scherz hinzu, »ein eisernes Halsband, an Blasi–Tag[1] angelegt, ist gut fürs Halsweh.« Vor seiner Abreise brachte ihm die Marketendersfrau aus mitleidiger Gutherzigkeit noch eine Morgensuppe. Er nahm die Schüssel, warf sie mit bitterem Spott einem Schneider hin, der im Arrest saß, und sagte seiner Guttäterin, sie sollte ihn in einem Vierteljahr besuchen, dann könnte sie ihn zerfleischt am Galgen hängen sehen. Er glaubte nach Sulz zu Fuß gehen zu müssen und hatte nur leinene Strümpfe. »In diesen Strümpfen kann ich bei der großen Kälte mit meinen Ketten die Reise nicht machen«, sagte er mit brutalem Zorn zum Hatschier. Sogleich kaufte dieser ihm gute wollene, aber jetzt nahm sie Hans, bloß um ihn zu ärgern, nicht von ihm an.

---

1 *Es war an diesem Tag, nämlich den 3. Hornung 1784, daß er nach Sulz abgeholt wurde.*

Mit der Erbitterung, die sich in diesen Reden und Handlungen ausdrückte, fuhr er von Freiburg unter der Bedeckung von acht Wächtern ab, und er hatte sich vorgenommen, diesen Männern, da er sonst keinen nahen Gegenstand hatte, an welchem er seinen Zorn auslassen konnte, auf die beleidigendste Art zu begegnen. Er tat's auch anfangs. Unterwegs wollten sie mit ihm reden; er aber gab keinem eine Antwort und saß mit stillem Trotz auf seinem Wagen. Sowie aber nach und nach der erste empörte Grimm über sein trauriges Schicksal sich legte, ging er zu Beratschlagungen über, wie er sich in Sulz betragen sollte, um sich dasselbe soviel wie möglich zu erleichtern. Der Entschluß, den er faßte, war der gewöhnliche: alles wegzuleugnen, was er nur je wegleugnen könnte, und wenn gewaltsame Mittel gebraucht würden, ihn zum Geständnis zu bringen, standhaft auch wohl 200 bis 300 Streiche auszuhalten. (...)

Selbst das Aufsehen, das er auf seiner Reise erregte, bewies ihm, wie schlimm die Lage seiner Sache und wie gegründet seine Besorgnisse seien. Sowie er die Württembergische Grenzen betrat, strömte, wenn er durch ein Dorf oder eine Stadt fuhr, alles aus den Häusern herbei, und sowie er sich Sulz näherte, wurde der Zulauf allgemeiner. Schwerlich kann eine hohe fürstliche Person durch ihre Ankunft ein Volk in größere Bewegung setzen, die Neugier stärker reizen und feierlicher empfangen werden als Hans. Jedermann wollte den Wundermann sehen, von dem er schon soviel Abenteuerliches, Wahres und Falsches, gehört hatte. Als der Wagen in Alpirspach ankam, zog ein Weib die Glocke an ihrem Haus. Plötzlich stürzte, als wenn man Sturm geläutet hätte, alles aus den Häusern und drängte sich herbei. In Dornhan stand das Volk, da er durchfuhr, zu beiden Seiten auf der Straße versammelt und begaffte ihn mit neugierigen Blicken. Von Schiltach an hatte er einen Zug von Pöbel bei sich, der seinen Wagen immer begleitete. (...)

Nun war er an dem Ort, den er schon seit langer Zeit am meisten gefürchtet hatte, wo mehrere seiner ehemaligen Kameraden zum Teil schon über ein Jahr lagen, wo von seinen Verbrechen schon so manche, selbst eines der wichtigsten, offenbar waren, wo sich ein Beamter befand, der mit einer ungewöhnlichen Genauigkeit und Schärfe untersuchte, der keine Mühe sich verdrießen und keine Mittel unbenutzt ließ, um die Wahrheit so vollständig als möglich an den Tag zu bringen, der gerade ihm längst schon nachgestellt und ihn jetzt durch so besondere Zufälle, ganz wider den Anschein, in seine Gewalt bekommen hatte, an einem Orte also, wo für ihn keine Aussicht mehr offen war und den er auf keine andere Art verlassen zu können schien, als um den Richtplatz zu betreten. In der Einsamkeit und Stille, in die er jetzt wieder versetzt war, entfernt von der berauschenden Lustigkeit eines Stockhauses, abgesondert von allem, was ihn zerstreuen und seine Gefahr vergessen machen konnte, drängten sich ihm jene Betrachtungen in ihrer ganzen Stärke auf. Er dachte jetzt mit mehr Nüchternheit als je über sein Schicksal nach. Alle die Vorstellungen von der Gewißheit seiner Hinrichtung, welche Sulz vorher in ihm erregt hatte, traten ihm jetzt näher und fielen ihn mit fürchterlicher Gewalt an. Es schien ihm nichts ausgemachter, als daß er entweder gerädert oder aufgeknüpft oder geköpft werden würde, und diese Todesarten verursachten nun mehr als jemals bebende Erschütterungen in seiner Seele. Selbst auch der Umstand, daß er nach so verschiedenen glücklichen Wendungen seines Schicksals und nach so manchen guten Hoffnungen doch endlich noch nach Sulz gekommen war, machte es ihm um so wahrscheinlicher, daß seine Hinrichtung unvermeidliches Verhängnis sei, und drückte ihn desto tiefer nieder. (...)

Der Oberamtmann ermahnte ihn sehr nachdrücklich, alles freiwillig der Wahrheit gemäß anzugeben und nicht mit Leugnen und Lügen sich helfen zu wollen. Das Leugnen komme jetzt überall zu spät, sagte er, indem er ihm einen mächtigen Stoß von Akten zeigte, die er von verschiedenen Orten her seinetwegen erhalten, und auf andere sichere Nachrichten sich berief, die er von seinen Verbrechen hätte. Würde er aufrichtig alles gestehen, so hätte er die gelindeste Behandlung zu erwarten und würde überzeugt werden, daß er, der Oberamtmann, nicht der Tyrann sei, für den er ihn gehalten habe.

Diese Erklärung und der Anblick so vieler Akten und Gaunerlisten, die auf dem Tisch lagen, machten ihn um so viel fester in seinem schon gefaßten Entschluß, alles zu gestehen, wovon er nur merken würde oder nach sicheren Schlüssen voraussetzen könnte, daß es schon bekannt sei, und was er auch außerdem ohne vielen Nachteil für sich gestehen könnte, und da er bei diesem ersten Verhör, welches drei Tage nacheinander fortwährte, über seine Lebensumstände im allgemeinen, von seiner Jugend an bis zu seinem letzten Diebstahl, namentlich über den Diebstahl zu Wenzeln und Turbach und wo und wie oft derselbe im Verhaft gelegen, examiniert wurde, so erzählte er das alles der Wahrheit gemäß, doch behielt er sich auch jetzt noch vor, bei den weiteren Verhören, und wenn es auf die umständlichste Angabe seiner Verbrechen ankomme, alle diejenigen zu verschweigen, die noch verborgen wären. (...)

Zwar kamen immer auch noch Stunden und Augenblicke, wo er sich einige Hoffnung machte, mit dem Leben davon zu kommen. Er habe, dies waren die Gründe, auf die er sich stützte, doch keinen Mord begangen, die Württembergische Regierung sei gelind, schon manchen habe man wieder entlassen, der das Leben verwirkt gehabt. Dies sei auch bei ihm möglich. Vielleicht werde ihm nur der Galgen auf den Rücken gebrannt, und das habe nichts zu bedeuten. Verschiedene Leute, die zu ihm ins Gefängnis kamen, bestärkten ihn in diesen Hoffnungen. (...)

Aber jetzt begann eine neue Periode seines Seelenzustandes, jetzt fing die Religion an, ihre Kraft an seinem Herzen zu beweisen. Bis dahin war sein moralischer Zustand der verdorbenste und sein Herz, selbst auch bei Unruhen wie die bisherigen, ohne Einfluß der Religion gewesen. (...)

Indes war er doch bei seiner Irreligiosität auch so aufrichtig, daß er sie nicht einmal unter der gemeinsten Maske zu verbergen suchte. Er wollte nicht besser scheinen, als er wirklich war, wollte die Religion nicht heucheln, die er nicht hatte. Er unterließ als Gauner fast alle äußerlichen, auch die heiligsten Religionshandlungen, die oft selbst der größte Bösewicht noch gewissenhaft beobachtet. Er kam selten in einer anderen Absicht in die Kirche, als um dort die Anwesenden zu bestehlen, er führte nie einen Rosenkranz bei sich, außer etwa einen gestohlenen, solang, bis er ihn irgendwo gut anbringen konnte, und schon aus diesem Umstand erhellt deutlich genug, daß er auch wenig oder gar nicht, selbst auch nicht mechanisch, betete. (...)

Wenn ihm aber die Religion kaum bis auf den Grad ehrwürdig war, daß er sie durch Mißbrauch nicht schänden wollte, wenn die großen Wahrheiten derselben so ganz keinen Einfluß auf seine Gesinnungen und sein Verhalten hatten, so lag die Schuld hiervon vornämlich daran, daß er diese Wahrheiten nicht kannte. In seiner Jugend hatte er gar keinen Unterricht empfangen, und in den folgenden Jahren war er nie in Umstände gekommen, wo das Versäumte bei ihm nachgeholt worden wäre oder hätte nachgeholt werden können. Er wußte also von den Lehren der Religion weiter nichts, als was er von ungefähr und gelegenheitlich hier und da von anderen gehört und aufgefaßt hatte. Aber dies war nur sehr wenig, und dies wenige war ihm nie mit dem Lichte der Überzeugung, nie mit der andringenden Wärme gesagt worden, daß es einen Eindruck auf sein Herz gemacht und daß er den wichtigen Bezug eingesehen hätte, welchen es auf seine Glückseligkeit hatte; was aber hierbei am meisten in Betracht kommt, dies wenige war ganz verstimmt. Es bestand beinahe aus lauter Aberglauben, aus lauter halbwahren oder ganz falschen Begriffen. Er selber hatte zuviel natürlichen Verstand, um nicht das hier und da zu ahnen und in manchen Gebräuchen seiner Kirche Unrichtigkeiten zu vermuten. Unglücklicherweise setzte ihn in seiner Jugend der Handel, den er mit geistlicher Ware führte, in eine Lage, wo er um so leichter auf diese Vermutung kommen konnte und beinahe kommen mußte, wo er so manches sah, so manches hörte, das ihn von der Religion, welche ihm bloß aus gewissen Gebräuchen bekannt war, verächtlich denken lehrte. Er handelte mit großen und kleinen Blutsbildern, mit spanischen Kreuzen, Anastasiusbildern, Benediktuszetteln, Heiligen Dreikönigszetteln, Sebastianus- und Rochusbildern, welche für alle geistlichen und leiblichen Schäden, Krankheiten, Wetterschlag, Hexerei etc. gut sein und diese Kraft durch die Berührung einer Reliquie erlangt haben sollten. Beides schien ihm unglaublich; er konnte die gerühmte Kraft nicht mit seinen Erfahrungen und die Entstehung derselben nicht mit seinen Begriffen reimen. (...)

Aber jetzt wurde er mit der Religion, mit dem, was das Wesen derselben ausmacht, bekannt, jetzt bekam er, was er bis dahin noch nie bekommen hatte: deutliche und reinere Belehrungen von den wichtigsten Wahrheiten des Glaubens, genaue Anweisung, wie er dieselben auf sich anzuwenden und für die Besserung und Rettung seiner Seele zu sorgen hätte, und ebenso ernstliche als liebreiche Ermahnungen, dies mit dem möglichsten Eifer und mit der pünktlichsten Gewissenhaftigkeit zu tun. Diese erweckenden Belehrungen, die er mit ebenso großer Aufmerksamkeit als Bereitwilligkeit und Begierde annahm, gaben seinen Gedanken, Empfindungen und Vorsätzen eine neue Richtung und brachten ihn zu dem Entschluß, der in seiner gegenwärtigen Lage gerade für ihn am schwersten zu fassen war, und den schwerlich irgend etwas anderes auf gleiche Art hätte bewirken können zu dem Entschluß, das offenherzigste unverhohlenste Bekenntnis bei seinem weiteren Verhör abzulegen. (...)

Sein Gewissen war nun ganz aufgeregt und leitete ihn zum ernsthaftesten Nachdenken über sich und sein bisheriges Leben. Er stellte sich nicht nur seine Einbrüche und Diebstähle der Reihe nach vor, sondern auch seine übrigen Vergehungen und Laster, seine Ehebrüche, seine Unmäßigkeit, sein Fluchen und Spielen, seinen unbändigen Zorn, seine Gewalttätigkeit; er sah und fühlte im Lichte der Wahrheiten, die ihm vorgehalten worden waren, wie unrecht, wie abscheulich alle diese Sünden und wie nichtswürdig er wegen derselben sei; sah und fühlte, daß er die schwerste Strafe damit verdient habe. Sein ganzes Verhalten wurde ihm zum Greuel. Das unübersehbare Unheil, das er dadurch angerichtet, schwebte ihm schrecklich vor. Reue und nie empfundene Bekümmernisse zerrissen sein Herz. »Wie hab' ich mich doch so unglücklich machen können!« rief er wehmutsvoll und mit tränenden Augen aus. »Wie war es möglich, daß ich so blind so viele und abscheuliche Sünden unaufhörlich beging, so blind in mein Verderben rannte! Und, o Gott! Ich bin's nicht allein, auch so viele andere hab' ich mit mir ins Elend gebracht – Vater, Mutter, Schwester sind durch mich unglücklich. Sie werden jetzt über mich schreien und mir den Fluch geben.«

Gottes Zorn und die Verdammnis war ihm jetzt bei weitem furchtbarer als alles, furchtbarer selbst als ein martervoller Tod. Aber doch hatte er immer noch ein unbeschreibliches Grauen vor dem Sterben. Wenn er ans Hängen oder Rädern oder Kopfabschlagen dachte, so befiel ihn Schauer, und die Liebe zum Leben kämpfte so gewaltig in ihm, daß sie sich immer wieder hervordrang. Oft warf er sich in der Angst, die Tod und Verdammnis ihm auspreßten, auf seine Knie nieder und fing an zu beten: Gott möchte ihm gnädig sein und seine Sünden verzeihen, möchte nur diesmal noch mit dem Leben ihn davonkommen lassen, er wollte dann gewiß sich bessern. Aber mitten im Gebet kam ihm der Gedanke, Gott könne ihn nicht hören, schon manchmal habe er so etwas gebetet und Besserung versprochen, und noch nie habe er's gehalten, für ihn sei keine Rettung, keine Gnade mehr. Dieser Gedanke warf ihn so sehr zurück, daß er plötzlich Mut und Kraft verlor, im Gebet fortzufahren, und wenn ihm gleich das, was er von Gottes großer Gnade gehört hatte, wieder Hoffnung gab, daß Gott auch seiner sich erbarmen würde, so wurde doch diese Hoffnung immer wieder niedergedrückt, und mehrere Tage über war seine Seele voll ängstlichen Zagens, wobei er laut schrie und weinte, ganz in sich selbst gekehrt, fast mit niemand sprach, der zu ihm ins Gefängnis kam, und seine Nächte meistens ganz schlaflos hinbrachte.

Dieser peinliche Zustand machte ihn vollends ganz fest in dem Entschluß, alles zu gestehen. Er sah aus dem, was Kürner und der Pfarrer zu M. ihm gesagt hatten, daß er schlechterdings überall nichts mehr zu hoffen hätte, wenn er von seinen Verbrechen etwas vorsätzlich wegleugnen oder verschweigen würde, und er konnte nun das Leugnen und Verbergen nicht mehr, wie vorhin, auch nur mit der mindesten Zuversicht, für ein wahres Hilfsmittel halten, vielmehr hatte er die vollkommene Überzeugung, daß ein redliches Bekenntnis ihm in jeder Rücksicht viel bessere Dienste leisten würde. Durch diese Überzeugung und durch seine schmachtende Sehnsucht nach höherer Hilfe gedrängt, gab er also auch vollends das auf, was er sich bisher noch vorbehalten hatte, machte sich die gewissenhafteste Aufrichtigkeit zum unverbrüchlichen Gesetz und legte dann das offenste und vollständigste Bekenntnis ab, das je ein Gauner abgelegt hat. (...)

Der Bezirk seiner Gaunerei war Schwaben, von der südlichen Hälfte Württembergs an, und die angrenzende Schweiz bis Graubünden.

Er stand weder unter einer von einem Oberhaupt befehligten Bande, noch formierte er selbst eine als Befehlshaber, sondern stahl nach der hergebrachten Weise, bald mit diesen bald mit jenen Kameraden, meistens nur mit einem, manchmal aber auch mit mehreren, doch selten mit mehr als drei oder vier, von denen er sich dann oft gleich nach vollbrachter Tat wieder trennte.

Er brach aus Gründen, welche im Anfang seiner Geschichte schon berührt worden sind, hauptsächlich in Pfarrhäuser ein. Er war es, der gleich als Neuling seinen Kameraden vornehmlich diese Häuser zu bestehlen vorschlug, und er führte nicht nur selbst diesen Vorschlag am eifrigsten aus, sondern er lenkte auch die Tätigkeit seiner Kameraden auf diese Seite, so daß es von jener Zeit an Grundsatz wurde, hauptsächlich Pfarrhäuser zu plündern, und daß er in dieser Rücksicht als Reformator der schwäbischen Gaunerei anzusehen ist. Vom Schwarzwald an bis in die Schweiz hinein war in einem weiten Umfang beinahe kein Pfarrer, den er entweder nicht wirklich bestohlen oder wenigstens zu bestehlen sich vorgenommen hätte.

Bei seinen Einbrüchen enthielt er sich durchaus, Gewalt zu gebrauchen. Nie griff er diejenigen, denen der Besuch galt, feindlich an, nie band er jemand, um desto ungehinderter seinen Raub zu sammeln und wegzubringen, nie gab er jemand Schläge, um ihm die Entdeckung verborgener Schätze abzunötigen oder seinen Mutwillen zu seiner Belustigung an ihm auszuüben, nie raubte er jemand das Leben. Hannikel forderte ihn einmal auf, einen Pfarrer bei Sulz mit ihm zu bestehlen, und Hans hatte ihm schon zugesagt; da er aber hörte, daß Gewalttätigkeiten gebraucht werden sollten, trat er wieder zurück und fand eben darum auch keinen Geschmack an der Gesellschaft dieses Zigeuners und seiner Konsorten, weil sie mit Gewalt zu Werk gingen. Er brach nur da ein, wo es unbemerkt und in der Stille, während die Hausleute schliefen, geschehen konnte. Wo er jemand wach sah, blieb er weg, und wenn er auch schon in ein Haus mit Mühe und Gefahr gestiegen war und die beste Hoffnung zu einem beträchtlichen Raub hatte, so eilte er zurück, sobald jemand darin rege wurde und er ohne Gewalttätigkeit nichts hätte wegbringen können. Zwar war er meistens mit einer oder etlichen Pistolen und einem tüchtigen Messer versehen, aber dies nur zu seiner Sicherheit und Verteidigung, wenn er etwa unversehens überfallen worden und in Gefahr gekommen wäre, in welchem Fall er dann freilich zu seiner Erhaltung das Äußerste getan und auch Unschuldige aufgeopfert haben würde. Weniger

Bedenken machte er sich, bei einem mißlungenen Versuch, oder auch außerdem aus Ärger oder zum Spaß, Handlungen zu begehen, durch welche Schrecken verbreitet und die Leute beunruhigt wurden. So erhub er, wenn er unverrichteter Dinge einen Ort verlassen mußte, oft beim Abzug ein fürchterliches Geschrei, um die Leute aus dem Schlaf aufzuschrecken; so schoß er einmal hinter einem Pfarrhaus, in welchem plötzlich bei seiner Erscheinung alles wach geworden war und erbärmlich um Hilfe schrie, zum Spaß seine Pistole los, um sich das Vergnügen zu machen, den Schulmeister, der auf das Geschrei herbeigeeilt war, den Ausreiß nehmen zu sehen. (...)

Mit eben der gewissenhaften Geradheit, mit welcher er seine eigenen Verbrechen bekannte, offenbarte er auch diejenigen, welche ihm von seinen Kameraden bekannt waren, und erleichterte dadurch das ganze mühsame Untersuchungsgeschäft ungemein. Nur mit äußerster Mühe hatte der Oberamtmann nach und nach die Diebstähle der übrigen Gefangenen ans Licht gezogen, und in einem Zeitraum von mehr als einem Jahr hatte er noch nicht mit allem ins reine kommen können. Hans berichtigte und ergänzte das bereits Eingestandene und entdeckte auch vollends das, was sie noch zurückbehalten hatten, ohne sich dabei einer Parteilichkeit oder Unredlichkeit schuldig zu machen.

Seine Offenherzigkeit ging noch weiter; sie erstreckte sich auf alle seine ehemaligen Kameraden und auf alles, was Gaunerei betrifft. Er gab alle ihm bekannten Gauner – 500 an der Zahl –, ihre Namen, ihre vorzüglichsten Taten, die unterscheidenden Merkmale ihrer Person, den gewöhnlichen Ort ihres Aufenthalts, die besondere Art ihrer Diebereien mit der größten Pünktlichkeit an und setzte dadurch das Oberamt in den Stand, eine der genauesten und vollständigsten Gaunerlisten zu verfertigen. Außerdem entdeckte er auch die verschiedenen Sammelplätze der Gauner, die Häuser, in denen sie Aufnahme und Herberge finden, die Personen, die mit ihnen in Verbindung stehen, ihnen Schutz und Sicherheit verschaffen, und die gestohlenen Sachen ihnen abkaufen. Er bestimmte die Orte, die Zeit und Mittel, wo, wann und wie sie am leichtesten und sichersten aufgehoben werden könnten. Nach seinen Angaben wurden gleich an verschiedenen Orten mehrere seiner alten Kameraden eingezogen. In einem einsamen Wirtshaus in der Schweiz nahe beim Kloster Maria Einsiedel nahm man auf seine Anzeige und durch Vorkehrungen, die er an Hand gegeben, eine Bande von dreizehn Gaunern gefangen, welche im Begriff waren, eine der verruchtesten Taten zu begehen. Sie hatten sich mit noch mehr als zwanziganderen verabredet, wie gewöhnlich aufs Pfingstfest bei der großen Wallfahrt sich in diesem Kloster einzufinden und dasselbe mitten unter dem Getümmel der großen Feier in Brand zu stecken, um sich in der allgemeinen Verwirrung der in der Kirche aufgehäuften Schätze und insbesondere der Monstranz, die eine halbe Million gekostet, zu bemächtigen. Sie würden auch wirklich ihr abscheuliches Vorhaben ausgeführt und das Kloster in einen Aschenhaufen verwandelt haben, wenn sie nicht noch zur rechten Zeit überfallen worden wären. (...)

Durch seine aufrichtigen Geständnisse brachte also Hans der Gaunerei einen sehr empfindlichen Stoß bei. Die Zahl ihrer Mitglieder wurde durch ihn beträchtlich vermindert, und die noch übrigen verloren vieles von ihrer vorherigen Sicherheit. Furcht und Schrecken wurde unter ihnen verbreitet. Ihrer alten Herbergen und Freunde beraubt und durch neue Verfolgungen beunruhigt, trieben sie jetzt ihr Handwerk mit mehr Mäßigung und Behutsamkeit, und das Publikum, aus dessen Beutel dies Gesindel zehrte, sah sich, gegen vorhin, um vieles erleichtert.

Hans machte dadurch unleugbar Verdienste, die von großer Wichtigkeit waren. Da er als ein schlauer Kopf dies notwendig selber denken und einsehen mußte, was für einen vorteilhaften Einfluß Geständnisse von der Art auf seine Bestrafung haben könnten, so möchte man vielleicht auf den Gedanken geraten, seine Offenherzigkeit sei wohl nur feine Spekulation gewesen und er habe sie bloß bewiesen, um sein Schicksal sich zu erleichtern und die so sehr gefürchtete Todesstrafe abzuwenden. Daß er hierauf gar nicht die mindeste Rücksicht bei seinen Geständnissen genommen, läßt sich nun wohl nicht so schlechterdings behaupten. Aber daß dies nicht der Hauptzweck, nicht der eigentliche Grund derselben gewesen, daß sie aus einer besseren Quelle geflossen seien, wird nicht nur durch die oben bemerkte unverdächtige Entstehungsart seiner Offenherzigkeit und durch jene Erklärung, welche er am Schluß seines Verhörs von sich gegeben, sondern auch durch sein ganzes Betragen und die Lage seines Gemüts während seiner Gefangenschaft sehr wahrscheinlich. Aus der ganzen Art, womit er seine Geständnisse ablegte, leuchtete der Mann hervor, der dabei nach einer inneren Überzeugung und nach dem Trieb seines Gewissens handelte. der dem Publikum zu dienen.und das Seinige zur Zerstörung einer so schlimmen und verderblichen Sache, als die Gaunerei ist, beizutragen suchte und von allen unlauteren Nebenabsichten fern war. (...)

Gleich vom Anfang seiner Gefangenschaft an hatte er die Guttätigkeit der Einwohner von Sulz auf eine seltene Art erfahren. Nicht leicht verging ein Tag, wo ihn nicht mehrere aus Neugier in seinem Kerker besuchten, und selten verließ ihn einer, ohne ihn zu beschenken. Außerdem wurde ihm bald da-, bald dorther Essen zugetragen. Diese Guttätigkeit dauerte die ganze Zeit seiner Gefangenschaft fort und wurde durch sein auszeichnendes Betragen bei seinem Verhör neu belebt. Man gewann den Mann lieb, der so aufrichtig alles gestand, so manierlich und gesittet jedermann begegnete, so vielen gesunden Verstand und ein gerades, für Wahrheit offenes Herz blicken ließ, und niemand war ihm gewogener, niemand gab ihm mehr Beweise von Güte als derjenige, welchen er dem Ansehen nach am meisten zu fürchten hatte, der Oberamtmann. Seine Lage wurde dadurch so erträglich, so gut, als nur je die eines Gefangenen werden kann. Aber sie hatte keinen Einfluß auf seine Beruhigung. (...)

Er stellte sich auch immer noch seinen Tod so fest vor, daß er sich durch keine Versicherungen vom Gegenteil, welche er von vielen Leuten in seinem Gefängnis bekam, auf andere Gedanken bringen ließ. Der Stadtknecht hielt ihm das Beispiel eines Mannes vor, der eben damals auf acht Jahre ins Zuchthaus nach Ludwigsburg geliefert wurde und außer einem beträchtlichen Schafdiebstahl auch einen Mord begangen hatte. Aber Hans ließ sich nicht bewegen, daraus eine Hoffnung für sich zu schöpfen, und war nur darauf bedacht, durch fortgesetzten Fleiß in seiner Besserung zu einem seligen Sterben sich vorzubereiten.

Aber so guten Grund er hatte, die Todesstrafe für sich zu erwarten, so blieb er doch mit derselben verschont. Der Oberamtmann und die Regierung hatten in Rücksicht auf die seltene Aufrichtigkeit und Wichtigkeit seiner Geständnisse und auf die unverdächtigen Anzeigen einer nicht zu bezweifelnden Ehrlichkeit und besseren Denkungsart darauf angetragen, ihm nicht nur das Leben zu schenken, sondern ihn auch zum Hatschier in dem Württembergischen aufzustellen; aber höchster Orten wurde sein Schicksal dahin entschieden, daß er, so wie die meisten seiner Mitgefangenen, auf Lebenslang in das Zuchthaus zu Ludwigsburg kommen sollte. Dies Urteil lief ein, nachdem er acht Monate zu Sulz gelegen hatte. Der Oberamtmann gab ihm vorläufig Nachricht davon, mit dem Bedeuten, daß er nicht erschrecken sollte, wenn er am nächsten Morgen von Bewaffneten aus seinem Gefängnis abgeholt werden würde. Hans wollte auch da es noch nicht recht glauben, daß ihm das Leben geschenkt sei, und da den anderen Morgen zehn Männer mit Hellebarden und Spießen und mit Unter- und Obergewehr in sein Gefängnis traten, so befiel ihn, so gut er auch auf seinen Tod gefaßt war, plötzliches Schrecken, und er folgte seinen Führern mit bebenden Schritten und voll banger Erwartung, was aus ihm werden würde.

Der Zug ging vor das Rathaus, wo eine außerordentliche Menge Menschen versammelt und auf öffentlichem Markt allen Gefangenen Stühle gesetzt waren, auf denen sie, umringt von militärischer Wache, ihr Urteil anhören sollten, welches ihnen der Oberamtmann vom Rathaus herab publizierte.

Bei dieser traurigfeierlichen Szene wirkte nichts so stark auf Hans als das öffentliche Dasitzen vor einer so großen Versammlung von Menschen, deren Blikke alle hauptsächlich auf ihn gerichtet waren, die seine Verbrechen laut ablesen hörten, seinen Namen, während sie ihn anschauten und auf ihn hinwiesen, unter sich herumboten und vor seinen Ohren vernehmlich von seinen Diebstählen sprachen. Dies zusammen und der Gedanke, daß unter den Anwesenden so mancher sein werde, den er, ohne von ihm beleidigt zu sein, bestohlen, durchbohrte ihm das Herz: Er fühlte in diesen Augenblicken die Schande und das Frevelhafte, Dieb zu sein, so heftig, daß er, überwältigt von Scham und Wehmut, in lautes Geheul ausbrach, sobald die Publikation des Urteils vorbei war, und daß das Urteil selbst, so unerwartet es ihm war, bei der Anhörung kaum einen Eindruck auf ihn machte. Erst nachdem er sich wieder ein wenig erholt hatte und von dem so demütigenden Schauplatz hinweg wieder in sein Gefängnis geführt wurde, entwickelten sich seine Empfindungen über seine gemilderte Strafe. (...)

Es ist in Zuchthäusern die sehr begreifliche Gewohnheit, daß jeder neue Ankömmling sogleich seine Geschichte, namentlich das Verbrechen, welches ihm die Zuchthausstrafe zugezogen hat, den Züchtlingen erzählen muß. Weigert er sich und macht er Miene, abgesondert und still unter ihnen zu leben, so muß er sich immer gefaßt machen, der Gegenstand des allgemeinen Spottes, der Neckereien und des ausgelassensten Mutwillens zu sein und eine wahre Hölle in ihrer Mitte zu haben. Alles vereinigt sich, ihn zu quälen. Dadurch wird er dann bald zurechtgewiesen. Er hält's nicht aus, sich so mißhandelt zu sehen, geht mit der Sprache heraus, schließt sich an die übrigen an, und die besten Entschließungen und Gesinnungen, wenn er etwa solche hierher gebracht hat, sind oft in den ersten Tagen über den Haufen geworfen. Selten aber läßt es der Neuling zu einer so gewaltsamen Prozedur kommen. Gemeiniglich versteht er sich gleich bei seinem Eintritt ins Zuchthaus mit dem Haufen, unter welchem er nun notgedrungen leben muß, und erzählt gleich bereitwillig seine Geschichte. (...)

Dies traf alles bei Hans auf eine vorzügliche Art zusammen. Er war mit dem Ruf eines Erzgauners ins Zuchthaus gekommen, und eine Menge Nachrichten hatten sich da schon von ihm seit seiner Gefangennehmung gesammelt. Die Aufmerksamkeit und Neugier war also außerordentlich, mit der er von den Züchtlingen empfangen wurde. Seine Erscheinung wirkte gleich einem elektrischen Schlag auf die Prison*, in welche man ihn einschloß. Alles geriet in Bewegung, in einem Augenblick sah er sich von allen Seiten umringt, und kaum war die erste neugierige Begaffung vorüber, so fing sogleich die lustigste Unterhaltung an. Es wurde eben den Züchtlingen der Bart abgenommen. Hans hatte einen starken mitgebracht und bedurfte also der Dienste des Barbiers. »Setz dich«, sagte einer der Züchtlinge zu ihm, »es ist doch besser, durch diesen geschoren zu werden, als durch Näher[1] zu Stuttgart, der dich eigentlich hätte rasieren sollen.« Ein drolliger Einfall, mit Gelächter begleitet, folgte auf den anderen. Hans, der ganz zur Lustigkeit gestimmt hereingekommen war, fiel plötzlich in den angegebenen Ton ein, erwiderte diese Begrüßungen mit ebenso witzigen Antworten und weckte dadurch den Witz und die Munterkeit seiner neuen Kameraden noch stärker.

Er fand keine Zeit, sich zu erholen. Sobald er mit ihnen auf die angezeigte Art die erste Bekanntschaft gemacht hatte, kam eine Aufforderung und Veranlassung um die andere, seine Geschichte zu erzählen. Die vielen merkwürdigen Auftritte, die darin vorkommen, die Menge seiner Gaunertaten, die abwechselnden Schicksale, die ihn betroffen, gaben einen beinahe unerschöpflichen Vorrat zu Erzählungen. Ebenso unerschöpflich war der, den das Leben seiner Kameraden lieferte, und der eine wurde so fleißig benutzt als der andere. Jetzt erzählte Hans, jetzt hörte er erzählen; ähnliche Taten und Begebenheiten wurden aneinandergereiht und nach dem gewöhnlichen Schlage mit kritischem Scharfsinn beurteilt. (...)

Unter so schlimmen Kameraden, in einer so verpesteten Luft, bei so verderblichen Unterhaltungen mit einem noch unbefestigten zum Leichtsinn geneigten Herzen – man begreift leicht, wie es ihm da ergangen sein werde. Er kam wieder

* Zuchthaus

1 *So heißt der Scharfrichter zu Stuttgart*

vom Guten ab, wurde wieder leichtsinnig, und von allen Seiten gereizt und genährt drang seine alte Verdorbenheit aufs neue und immer stärker hervor.

(...)Dabei war sein äußerliches Betragen ordnungsgemäß. Er versah seine Arbeit nach der Vorschrift, mit ebensoviel Genauigkeit und Geschicklichkeit als gutem Willen. Er äußerte nie das mindeste von der mürrischen Unzufriedenheit, welche sonst Züchtlinge nicht nur über die Zuchthausstrafe selbst, wenn sie auch die verdienteste ist, sondern auch über die ihnen vorgegebene Arbeit, über ihr Essen, über ihre Behandlung, über alles äußern. Er hielt sich immer ruhig, ohne weder Pläne und Versuche zum Ausbrechen zu machen, noch mit andern Händel anzufangen, welches beides bei den Züchtlingen so oft der Fall ist. Vielmehr war er darauf bedachte eine gewisse Ordnung in seiner Prison zu erhalten, sah auf das, was dem Haus Nutzen oder Schaden bringen konnte, und gab auch verschiedenes von seinen Kameraden an, was ordnungswidrig war.

Aber während dieser Rest von Gutartigkeit bei ihm sich noch erhielt, ging das übrige Gute, das in ihm angefangen hatte, nach und nach verloren; die Erinnerung an die Wahrheiten der Religion wurde durch die unaufhörliche Beschäftigung mit nichtswürdigen Dingen allmählich verdrängt, die Wirksamkeit dieser Wahrheiten auf sein Herz geschwächt, die guten Triebe und Gesinnungen, die er von Sulz weggebracht hatte, unterdrückt und die Gefahr für ihn immer größer, wieder so schlimm zu werden, als er vorher gewesen war.

Doch hierzu ließ es die Vorsehung nicht kommen. Sie schickte ihm demütigende Umstände an seinem Körper zu, durch welche das verdrängt Gute wieder in ihm aufgeweckt wurde. Gleich im ersten Jahr seines Aufenthalts im Zuchthaus bekam er an seinem Hals mehrere äußerst schmerzhafte Geschwüre, die ihn nötigten, auf das Krankenzimmer zu gehen. Hier kam er unter eine kleinere Zahl von Mitgefangenen, hier waren der lustigen Gespräche weniger und dann mehr Stille, mehr Raum zum ruhigen Nachdenken, mehr Antrieb dazu durch körperliche Leiden und durch die Stimme der Religion, die an diesem Ort öfter und stärker sich erhub als in der Arbeitsstube. Hier war, was hauptsächlich in Betracht kommt, unter den kranken Züchtlingen einer, welcher in seiner Jugend eine religiöse Erziehung genossen, gute Religionskenntnisse und einen gebildeten Verstand hatte und bei der Zuchthausstrafe, welche er jetzt wegen einer enormen Betrügerei litt, wieder auf seinen besseren Sinn gekommen war. Dieser las aus der Bibel und anderen Erbauungsbüchern vieles laut vor und sprach vieles über Gegenstände der Religion. Hans hörte aufmerksam zu und ließ sich mit ihm in Unterredungen ein. (...)

Endlich konnte er sich nicht länger halten, er entdeckte sich dem Prediger im Zuchthaus. Seine schwindenden Kräfte, sagte er diesem, zeigen es ihm deutlich genug an, daß er bald die Welt verlassen müßte. Diesen wichtigen Schritt wünschte er so zu tun, daß er versichert sein könnte, selig zu werden. Dies sei schon lange Zeit sein größtes Anliegen und werde es immer mehr, je näher er seinen Tod heranrücken sehe. Aber eben hierüber sei er äußerst angefochten. Schon lange habe er gerungen, um zu einer beruhigenden Gewißheit seiner Begnadigung und Seligkeit zu kommen, aber immer vergeblich. Seine so vielfachen unverzeihlichen Sünden liegen ihm viel zu schwer auf, und er müsse immer wieder sich selbst verdammen: Er bitte um Rat für seine bekümmerte trostlose Seele; dann erklärte er, daß er bei der evangelisch–lutherischen Religion, soweit er sie kenne, den sichersten Grund der Ruhe und Hoffnung sehe, und da er in seinem vorigen Leben bei dem gänzlichen Mangel an Religionskenntnis so gut als keine Religion gehabt habe, so wünschte er in jener Religion noch näher unterrichtet zu werden und dann öffentlich sich dazu bekennen zu dürfen. (...)

Diese Einsichten hatten auch, nach allem, was man davon wahrnehmen konnte, den wirksamsten Einfluß auf sein Herz. Der Prediger trug ihm die Wahrheiten der Religion immer von der Seite und mit der Anwendung vor, die er seiner vormaligen und jetzigen Lage am angemessensten glaubte und für seine Besserung und Beruhigung für die zweckmäßigste hielt. Er kam also natürlicherweise öfters auf sein Gaunerleben und auf seinen neuen Leichtsinn mit ihm zu reden, beleuchtete ihm beides von allen Seiten mit dem Lichte des Worts Gottes, stellte ihm die große Verschuldung vor, die er sich dadurch zugezogen, und die schwere Verantwortung, die er neuerdings durch Unredlichkeit seiner Absichten sich zuziehen würde, zeigte ihm die Notwendigkeit einer ungeheuchelten immer fortgehenden Besserung, die wahre Art und Beschaffenheit derselben, den Weg, auf welchem er dazu gelange, die unaussprechlich seligen Folgen, die sie zuverlässig habe, die Mittel, welche er unter einem verführerischen Haufen verdorbener Menschen gebrauchen müßte, um sich dabei zu behaupten, den notwendigen Fleiß und Eifer, nach einem so lasterhaften Leben so viel Gutes als möglich zu tun, so viel möglich auch durch sein Beispiel Gutes zu stiften: Überhaupt arbeitete er soviel wie möglich darauf, durch Gründe und Überzeugung und durch treffende Darstellung der Wahrheit auf sein Herz zu wirken. (...)

Das Verhalten, welches er von da an beobachtete, war immer so beschaffen, daß man keine Ursache fand, die von ihm gefaßte gute Meinung und Hoffnung aufzugeben, es war, soviel man davon bemerken und zuverlässig erfahren konnte, das Verhalten eines durch Religion gebesserten und geleiteten Menschen. (...)

Bald darauf, gerade zu der Zeit, da seine neue Besserung angefangen hatte, wurde er nach Sulz abgeholt, um dem berüchtigten Hannikel, diesem störrigsten unter allen Leugnern, den Mund über seine Greueltaten zu öffnen. Auch hier hatte seine Gegenwart den gewünschten Erfolg. Er gab sich mit einem recht christlichen Eifer alle Mühe, das eiserne Herz jenes rohen Zigeuners zu erweichen, fiel einmal, da derselbe auch auf sein überweisendes Zureden doch nicht gestehen, sondern es auf Schläge ankommen lassen wollte, mit ausgereckten Händen und mit lautem Weinen vor ihm nieder und bat ihn, daß er doch die Wahrheit bekennen sollte. Es gelang ihm endlich, den Starrsinn Hannikels zu überwinden und ihn dahin zu bringen, daß er mit der Sprache herausging. Aber daran hatte Hans noch nicht genug; er tat auch zur moralischen Besserung des Gefangenen, was in seinen Kräften stand. Da sein und Hannikels Gefängnis durch eine Tür miteinander verbunden waren, durch welche sie zusammenkommen konnten, so war er außer der Verhörzeit fast immer bei Hannikel und las ihm entweder etwas Erbauliches aus einem Buche vor oder ermahnte ihn mit dringenden Bitten und allen ihm möglichen Vorstellungen zur Bekehrung und zur ernstlichen Sorge für die Rettung seiner Seele. Diese Bemühungen hatten für seine eigene Besserung manche gute Wirkung, da er dabei immer mit den heilsamsten Wahrheiten beschäftigt war und an Hannikel den kläglichen Zustand eines Menschen, der den Eindrücken der Religion widersteht, recht anschaulich erkannte.

Überhaupt kam während seines Aufenthalts in Sulz verschiedenes vor, das seine gerührte Seele noch mehr erweichte, und zur Befestigung seiner guten Gesinnungen diente. Die Liebe und Guttätigkeit der Einwohner von Sulz, die er während seiner Gefangenschaft dort in einem so vorzüglichen Grad erfahren hatte, kam ihm jetzt wieder überall mit den mannigfaltigsten Proben gleichsam wetteifernd entgegen und weckte ihn immer wieder aufs neue zu lebhaften Empfindungen der Dankbarkeit gegen Gott und seine Wohltäter, womit immer auch zugleich Beschämung und Gefühl seiner Unwürdigkeit verbunden war. (...)

Hans hatte nun soviel Verdienste um die Ausrottung der Gaunerei, daß sie eine Milderung oder Aufhebung seiner Zuchthausstrafe hoffen ließen. Der Oberamtmann zu Sulz, der längst mit dem Gedanken umgegangen war, daß derselbe als Hatschier im Württembergischen aufgestellt werden möchte, wünschte ihm diese Gnade und wollte sich in dieser Rücksicht neuerdings für ihn verwenden. Aber auf der einen Seite fühlte sich Hans wegen seiner geschwächten Gesundheit unfähig, dies Amt gehörig zu versehen, auf der anderen hielt er dasselbe für seinen moralischen Zustand für allzu gefährlich; nicht daß er sich nicht Festigkeit genug zugetraut hätte, in einer solchen Lage außer der Gesellschaft der Gauner zu bleiben, sondern weil er bei den Streifzügen, die ein Hatschier zu machen hat, allzuviel Gelegenheit und Reizung zu allerlei anderen Ausschweifungen sah, und dann auch ohne eine gewisse mit echtem Christentum unverträgliche Härte die erwarteten Dienste nicht leisten zu können glaubte. Deswegen konnte er's für kein Glück für sich ansehen, Hatschier zu werden, und er sehnte sich so gar nicht danach, daß er vielmehr lieber Züchtling geblieben wäre. Wenn ihm je eine Gnade erwiesen und seine Freiheit wiedergegeben werden sollte, so wünschte er in einen Zustand versetzt zu werden, in welchem er nicht nur hinlänglich versorgt, sondern auch bis auf einen gewissen Grad eingeschränkt und so wenig Versuchungen als möglich ausgesetzt wäre. In diesem Betracht war sein einziger höchster Wunsch, daß er unter die sogenannten freiwilligen Armen in dem Waisenhaus, welches mit dem Zuchthaus verbunden ist, aufgenommen werden wollte.

Dieser Wunsch wurde ihm durch die tätige Verwendung des Oberamtmanns zu Sulz erfüllt, nachdem er vier Jahre Züchtling gewesen war. Während er in Münsingen war, lief schon der Befehl wegen seiner Aufnahme unter die freiwilligen Armen ein. Noch wußte er nichts davon, als er nach Ludwigsburg zurückkam. Er wurde also auf die angenehmste Art überrascht, da man ihm sogleich bei seiner Ankunft diesen Befehl publizierte. Tränen der Freude und des Danks traten ihm in die Augen, und er dünkte sich jetzt, durch diese Veränderung seines Schicksals, vollkommen glücklich. (...)

Noch bis jetzt zeigen sich bei ihm auch keine anderen als gute Folgen davon. Er bringt seine Tage in Stille und Eingezogenheit hin, durch fortwährende körperliche Plagen geübt, mit Erweiterung seiner Kenntnisse[1] und mit seiner Besserung beschäftigt, für seine nun auch wieder in Freiheit gesetzte einzige Schwester brüderlich besorgt[2] und auf Erhaltung der Ordnung bei denen, unter welchen er lebt, mit tätiger Aufmerksamkeit bedacht.

1 *Aus eigenem Antrieb fing er unlängst an, schreiben zu lernen, und schon hat er es darin zu einer ziemlichen Fertigkeit gebracht*

2 *Es war vor einem Jahr, daß sie aus dem Zuchthaus zu Pforzheim – und zwar mit dem Zeugnis eines sehr guten Verhaltens – entlassen wurde. Sie besuchte bald darauf ihren Bruder in Ludwigsburg, und rührend war die Art, mit der er sie empfing. Er geriet in die größte Bewegung, da er sie erblickte, und alles atmete echte christliche Bruderliebe, was er mit ihr sprach. Er ermahnte sie mit vielen Tränen und mit den dringendsten Vorstellungen, sich nicht wieder mit Gaunern oder sonst in ein liederliches Leben einzulassen, und suchte sie auch dadurch abzuschrecken, daß er ihr drohte, er würde sie verfolgen und gewiß auftreiben, wenn er erführe, daß sie sich wieder unter schlechte Leute begebe. Er gab sich auch Mühe, sie an einem Ort und auf eine Art unterzubringen, wo sie gegen Verführungen möglichst gesichert wäre, und da es ihr jetzt gelungen ist, einen solchen Platz zu bekommen, so fährt er noch fort, sie durch Briefe zu ermahnen.*

Der Verbrecher aus verlorener Ehre: Friedrich Schwahn, genannt Sonnenwirtle

Am 4. Juni 1729 wurde Friedrich Schwahn in Ebersbach an der Fils geboren. Sein Vater, der Sonnenwirt, war als Gastwirt und Metzger ein angesehener Bürger in der schwäbischen Kleinstadt. Friedrich, der spätere Räuber und Mörder, der als ›Sonnenwirtle‹ weit über seinen Tod (30. Juli 1760) hinaus bekannt, beschrieben und verzeichnet blieb, wuchs auf wie anderer Bürger Söhne: Er lernte lesen, schreiben, die Bibel teilweise auswendig.

Jakob Friedrich Abel, dessen ›ausführliche Erzählung‹ der Lebensgeschichte Friedrich Schwahns hier abgedruckt wird, bemerkt beim Knaben »außerordentliche Anlagen des Geistes, Tätigkeit und Feuer«. Mehrerer Gründe wegen ist die Lebens- und Todesgeschichte des Sonnenwirtle kaum vergleichbar mit anderen Räuber- und Gaunerhistorien. So ausführlich die Taten, Tricks und Schliche, die Strafprozesse und Hinrichtungen zumal schwäbischer Räuber dokumentiert sind, so bekannt der Konstanzer Hans, Hannikel oder der von trivialen Mythen bis heute begleitete Schwarze Veri sein mögen; kaum einer blieb in den Konturen einer Ausnahmeexistenz so gegenwärtig wie Friedrich Schwahn. Das liegt zum einen an Schillers ›klassischer Kriminalgeschichte‹ (Horst Brandstätter) »Der Verbrecher aus verlorener Ehre«, zum andern gewiß an den immer wieder neuen Versuchen, die Lebensgeschichte des Räubers im prominenten Schatten von Schillers Erzählung zu bearbeiten. Allerdings wäre Schwahns Leben so viel Aufmerksamkeit kaum zuteil geworden, hätte er sich nicht selbst in Briefen, diktierten biographischen Episoden und als Anekdoten überlieferten Redeweisen geäußert. (Solche Zeugnisse sind z.T. veröffentlicht bei H. Brandstätter, Der Verbrecher aus verlorener Ehre. Eine wahre Geschichte von Friedrich Schiller, Berlin 1984.) Daß sich Schiller und sein wenig älterer Philosophielehrer an der Stuttgarter Karlsschule Abel für den ›Fall‹ des zweifachen Mörders und hundertfachen Räubers so nachhaltig interessierten, lag nicht bloß am intellektuellen Klima, in dem sich republikanische Ideen mit dem Aufkommen der Erfahrungswissenschaften kreuzten, der Mensch nach oben (Genie) und unten (Verbrecher) auf neue Weise vermessen und in den hochfahrenden Dramen des Sturm und Drang dargestellt wurde. Auch die Debatte über die Humanisierung der Strafrechtspflege, wie sie in Deutschland vor allem durch die Aufklärungsschrift »Über Verbrechen und Strafen« (Ital. 1764) des Italieners Cesare Beccaria angefacht worden war, langt nicht als Motiv. Räuber, Vaganten, reisende Quacksalber, echte und unechte Bettler waren im Gefolge von Kriegen und Krisen, Hungersnöten und Krankheiten allgegenwärtig. Auf 10–20 % vagierender Unterschichten an der Gesamtbevölkerung kommen Schätzungen. Abel wie auch Schiller kamen sehr früh mit dem Gauner- und Räubermilieu im Herzogtum Württemberg in Berührung.

Abels Vater hatte 1760 als leitender Vaihinger Amtmann die Verhaftung des Sonnenwirtle angeordnet und den folgenden Prozeß geleitet. Neunjährig besuchte dann der Sohn Jakob Friedrich den gefangenen Räuber »beinahe alle Tage lang«. Der Vikar Wilhelm Aurelius Krippendorf, der Friedrich Schwahn auf behutsame und verständige Weise im Vaihinger Verlies auf den Tod vorbereitete, war mit der Familie des Amtmanns befreundet.

Bei aller unbeugsamen Härte des Urteils und der Grausamkeit der Vollstrekkung scheint der in ganz Württemberg und weit darüber hinaus verschriene Sonnenwirtle im Gewahrsam der Familie Abel ein seinerzeit außergewöhnlich humanes Klima gefunden zu haben. Schiller übrigens, dem Ernst Bloch etwas rauhbeinig ein »Interesse für alles, was an einem Galgen hart vorbei streifte oder dort hängen blieb« (nach Brandstätter) attestiert, war u.a. Patensohn des Vaihinger Bürgermeisters Hübler, an dessen Haus der Sonnenwirtle auf dem Weg zur Hinrichtung stehengeblieben war, um in letzter Ironie sich »gehorsam für alle erwiesenen Wohltaten« zu bedanken. Daß Schiller sich an der Karlsschule bei seinem Lehrer öfter nach dem berühmten Sonnenwirtle erkundigte und dessen Verbrecherexistenz sehr genau kannte, ist belegt. Schiller schickte das Manuskript des »Verbrechers aus verlorener Ehre« am 29. November 1785 an seinen Verleger Göschen zum anonymen Abdruck in seiner Zeitschrift »Thalia«. Abel veröffentlichte sein »Geschichte eines Räubers«, »Geschichte einer Räuberin« erstmals 1787 in seiner »Sammlung und Erklärung merkwürdiger Erscheinungen aus dem menschlichen Leben« in Stuttgart. Spannend und nützlich ist eine vergleichende Lektüre beider Texte. Abgesehen von der (langweiligen) Frage, wer wen und wie stark beeinflußte, kann die jeweilige Eigenart der Texte in einer solchen Lektüre klar hervortreten. Beide allerdings muß man gegen die seinerzeit sehr verbreitete Räuber- und Kriminalliteratur halten. Dann stellt sich heraus, wie stark beider Bruch mit der Erzähltradition ist. Schiller vertauscht die übliche Reihenfolge von Verbrechervita und Strafe. Seiner Strategie eines im Kopf des Lesers nachwirkenden erzählten Aufklärungsmodells folgend, verzichtet er weitgehend auf die Schilderung gerichtsnotorischer Fakten. Er seziert die Verbrechen des Sonnenwirts, indem er seine Verstrickungen in den Schuldzusammenhang der rigiden, sträflich engen Verhältnisse darlegt und das Urteil schilt. So springt Schiller aus der sehr vertrauten Umgebung eines ›betulichen Humanismus‹ heraus.

Abel verfügt nicht über solche literarische Potenzen, aber auch sein Text fällt deutlich aus den ›aktenmäßigen Berichten‹, den staubtrockenen ›Relationen‹ heraus. Schon die immer wieder durch verständnisvolle Bemerkungen begleitete Schilderung von Kindheit und Jugend des Sonnenwirts, die Erzählung entlang der Biographie des Räubers unterscheiden seinen Text von den endlosen Summen begangener Taten, verübter Überfälle. Abel schmuggelt in seine Vita des

Friedrich Schwahn ein human–aufgeklärtes Interesse an den Tatmotiven; er versucht stets zu retten, was zu retten ist. Als hätte er sich in der Lebensgeschichte Friedrich Schwahns verausgabt, bleibt für Christina Schettinger, die zweite Frau des Sonnenwirtle, nur noch das kurze, ungerechte Porträt einer sinnlichen und monströsen Räuberbraut.

Quelle:

Sammlung merkwürdiger Rechtsfälle aus dem Gebiete des peinlichen Rechts. Nürnberg 1794, S.269-354. (= Nachdruck der 1787 in der Sammlung und Erklärung merkwürdiger Erscheinungen aus dem menschlichen Leben erschienenen Fassung).

Literatur:

H.Brandstätter, Der Verbrecher aus verlorener Ehre. Eine wahre Geschichte von Friedrich Schiller, Berlin 1984. Dort finden sich weitere Literaturhinweise.

Jakob Friedrich Abel

Lebensgeschichte Friedrich Schwahns

Friedrich Schwahn, geboren im Jahr 1729 zu Ebersbach, einem Württembergischen Dorfe, war durch seine Räubereien und Mordtaten ebenso wie durch die außerordentliche Kühnheit und Geschicklichkeit, mit welcher er sie beging, so berühmt, daß er lange der Gegenstand des allgemeinen Schreckens gewesen und daß noch jetzt in mehreren Gegenden Württembergs sein Name (Sonnenwirt nannte man ihn nach seinem Vater, der Sonnenwirt in Ebersbach war) der allgemeine Name eines Räubers und Mörders ist.

Aus dem Munde dieses Bösewichts, den ich ein halbes Jahr lang beinahe alle Tage sah, und aus der Erzählung mehrerer verständiger Männer, denen er am Ende seines Lebens alle seine Verbrechen aufs offenherzigste eingestanden, hörte ich oft die Geschichte seiner Laster und seines Unglücks, und sie schienen mir merkwürdig genug, sie in einer ausführlichen Erzählung darzustellen.

Kindheit und Knabenalter

Schwahn war von der Natur mit außerordentlichen Anlagen des Geistes ausgerüstet; voll Verstand, Witz, Einbildungskraft und Gedächtnis, voll Tätigkeit und Feuer, Entschlossenheit und Kühnheit, trug er den Keim jeder großen Tugend und jedes großen Lasters in sich, und es hing nur von der äußerlichen Lage ab, ob er Brutus oder Catilina werden sollte.

Alles schien sich erst zu vereinigen, um seine glücklichen Anlagen zu begünstigen.

Seine Eltern, die ihn sehr liebten, versäumten nichts von dem, was man gewöhnlich Erziehung nennt; sie nahmen ihn öfters in die Kirche mit sich, schickten ihn fleißig in die Schule und lehrten ihn durch Hilfe eines sehr eifrigen Schulmeisters Lesen, Schreiben, den Katechismus und eine Menge von Gesängen und biblischen Sprüchen. Auch machte der junge Schwahn in der Tat große Fortschritte. Nur wenige von allen Knaben des Dorfs lasen und schrieben so fertig, wenige lernten so viele Gesänge und Sprüche, und noch in seinem Gefängnis, nach mehr als fünfzehn, in der höchsten Roheit und Ausschweifung durchlebten Jahren, sagte er eine Menge derselben zum freudigen Erstaunen der ihn zum Tod bereitenden Geistlichen und in der Tat zu seinem eigenen großen Vorteil auswendig her.

Aber bei all dieser scheinbaren Fortbildung wurde seine Seele doch in der Tat jeden Tag verschlimmert, zum sicheren Erweis, daß jene Mittel bei weitem noch nicht hinreichen, den großen Zweck, Erziehung der Kinderseele, zu erreichen.

Ich versuche, den Gründen dieser Verschlimmerung so tief als möglich nachzuspüren.

Kinder suchen, wie alle Menschen, nichts als Vergnügen, und zwar (denn welches andern ist das noch ganz gedankenleere Kind sonst fähig?) nichts als sinnliches Vergnügen: Essen, Trinken und Schlafen, nebst körperlicher Tätigkeit, Springen, Spielen, Schlagen, Stoßen; dies sind die einzigen Gegenstände ihrer Wünsche und ihrer Beschäftigung. Auch greifen sie nach allem, was ihnen wohlgefällt, und stoßen mit Abscheu zurück, was ihnen mißfällt; denn was sollte sie, die noch nicht über die Folgen nachdenken, zurückhalten? Diese ersten Äußerungen unseres Willens sind (welches man schon aus ihrer Notwendigkeit und Allgemeinheit schließen muß) im Anfang unsres Daseins ohne Zweifel sehr vorteilhaft zur Erhaltung des Lebens und zur allerersten Entwicklung der noch gänzlich ungebildeten Seele, und wir verzeihen sie daher gerne den Kindern und Wilden. Aber wird jene Begierde immer vermehrt und nicht vielmehr mit der Zeit von dem sinnlichen ab-, auch auf entferntere und edlere Gegenstände hingerichtet, lernen wir nicht einem geringeren Vergnügen entsagen, um kein höheres zu verlieren oder keine höhere Pflichten zu verletzen, so werden diese ursprünglich unschuldigen und nützlichen Äußerungen bald für uns und andere verderblich, so werden wir nicht bloß Toren, die, um das nächste, beste Vergnügen nicht zu versäumen, sich viel größeren Schmerzen aussetzen, sondern auch Bösewichter, die, um ihre eigenen Leidenschaften zu befriedigen, alle anderen Menschen aufopfern und ihnen Geld, Ehre, Leben – alles rauben.

Schwahn war in diesen ersten Äußerungen nicht verschieden von allen anderen Kindern, außer, daß er wegen seines angeborenen Feuers alles mit ungewöhnlicher Leidenschaft anfaßte; aber er hatte das Unglück, daß der Witz, die Artigkeit, der Anstand, mit welchem er alles tat, den Beifall aller Menschen erwarb und daß besonders eine nachsichtsvolle Mutter seinen Fehlern lange gänzlich nachsah und sie sogar vor seinem Vater verbarg, wodurch dann seine schon durch Temperament so heftige Leidenschaft immer noch heftiger und ausgelassener und die Verletzung derselben ihm so unerträglich wurde, daß er sie ohne Rücksicht auf irgend etwas – auch auf Unkosten aller Menschen – zu befriedigen suchte. Auf diese Art wurden jene Kinderspiele allmählich zu boshaften Bubenstücken. Er war kaum acht Jahre alt, so jagte er den Nachbarn zum Scherz die Hühner fort, schlug ihnen aus guter Laune die Gänse tot oder hetzte die Hunde an ihre Kinder und Weiber, um sich an ihrem Geheul und ihrer komischen Stellung zu ergötzen.

Ein Umstand pflanzte bald noch schlimmere Neigungen in seine Seele; mit jedem Tag ungestümer in seinen Leidenschaften und so lange gewöhnt, jede, auch die schlimmste Neigung ungestraft und ungehindert befriedigen zu können, war er über jede verweigerte Bitte oder Bestrafung seines Vaters wütend, und mit der Neigung zur Ausschweifung und Ausgelassenheit, mit Tollkühnheit und Stolz, welche die lange Nachsicht und die so lange glückliche Befriedigung seiner ungezäumtesten Wünsche hervorgebracht hatte, verband sich jetzt Zorn und Wut gegen jeden, der ihm im Weg stand, und insbesondere Abscheu gegen seinen Vater, der ihn nun um so heftiger zu bestrafen suchte, je mehr ihm bisher nachgesehen wurde. Selbst schon die Bestimmung zu einem Fleischer, dem Geheul, Seufzen und Tod der Tiere gewöhnliche Gegenstände werden, und der Aufenthalt in einer Schenke, wo er so häufige Beispiele der Roheit und Ausgelassenheit zu sehen Gelegenheit hatte, mußten bei einem solchen Temperament viel zur Verstärkung roher Gesinnungen beitragen. Kurz, er war noch nicht aus dem Knabenalter getreten, als er schon nicht nur der ausgelassenste, sondern auch der stolzeste, rachsüchtigste und während der Rachsucht grausamste Bube war.

Noch werden in seinem Geburtsorte eine Menge von Beispielen erzählt, die diese frühe Verderbnis seiner Seele erweisen; ich begnüge mich ein einziges anzuführen.

Der Knecht seines Vaters unterstand sich, schlauer sein zu wollen als der Sohn; diese Kühnheit konnte der stolze Bube nicht ungerächt lassen. Er stand mit größter Beschwerlichkeit jedesmal in der Mitternacht auf, beraubte die Güterwagen, die unter seines Vaters Haus standen und die der Knecht gegen Diebe beschützen sollte, und brachte den Raub seinem Vater, der sodann nicht unterließ, die Dummheit und Nachlässigkeit des Hausknechts zu bestrafen.

Aber noch war nicht jeder Same des Guten erstickt; seine Tätigkeit und Herzhaftigkeit, sein Witz, seine Verschlagenheit und Kenntnisse nahmen täglich zu, sein Herz schien in eben dem Grad fühlbarer für seine Freunde zu werden, in dem es an Wut gegen seine Feinde wuchs, und sogar die Religion hatte nicht allen Eindruck auf seine von Natur gefühlvolle Seele verloren; kurz, der boshafte Junge war sogleich geschickt, verschlagen, lebhaft, herzhaft und außer den Augenblikken der Rachsucht und des Zorns mitleidig, gutherzig und freigebig.

Nirgends zeigen sich die Überreste der Tugend auffallender als da, wo sie das schon eingewurzelte Laster selbst zurückhalten oder dasselbe wenigstens minder verabscheuungswert machen. Schwahn, so sehr er es in seiner Gewalt hatte, seine Rachgier durch bloße Verschlagenheit und heimliche Tücke, wo er gar keine Gefahr lief, auszuüben, wählte doch gewöhnlich lieber den gefährlichen, aber minder ehrlosen Weg des Zweikampfs, meistens mit Fäusten, aber auch bisweilen mit Messern. Noch war er nicht zehn Jahre alt, als er einen Knaben, der ihn eines Diebstahls beschuldigt hatte, auf offener Straße aufsuchte, sein Messer in die Hand nahm, dem Knaben ein anderes in die Hand gab und nun ihm befahl, sich gegen ihn zu wehren. Nur als der Knabe sich weigerte, strafte er ihn auf gemeine Weise mit Schlägen ab.

Jünglingsalter

Das Knabenalter legt zwar meistens den Grund, aber selten entscheidet es den Charakter. Der heftige Schwung, zu welchem die Leidenschaften des Jünglings emporgehoben werden, neue Neigungen und neue Situationen – alles vereinigt sich, diesem Alter noch einen sehr wichtigen Einfluß auf die Bestimmung unseres Charakters und unseres Lebens zu geben.

Insbesondere äußerte die neue Leidenschaft, die in diesen Jahren zum ersten Mal erwachte, den mächtigsten Einfluß. Man ist aus gewissen Romanen geneigt, die Liebe als Triebfeder verfeinerter und edler Gesinnungen anzusehen, und in der Tat kann und soll sie auch den Absichten der Natur gemäß als Mittel der erhabensten Tugend wirken. Aber ganz gewiß zerstört sie bei unserer jetzigen Erziehung und Gesetzgebung Tugend und feine Gesinnungen viel häufiger und wird bei einer sehr großen Anzahl von Menschen die Epoche ihrer Laster und ihres Unglücks.

Man mußte daher mit Gewißheit erwarten, daß Schwahn an dieser Klippe scheitern würde, wenn er nicht mit größter Vorsicht geleitet und hinübergeführt würde, und ach, niemand verstand ihn zu führen. Zwar schien er durch den Schulmeister, in dessen Haus er ein Jahr zubringen mußte, gebessert zu sein, auch machte der Tod seiner ihn so sehr liebenden Mutter und die Heirat seines Vaters mit einer anderen Frau wirklich einen Eindruck auf ihn, aber diese Veränderung war nichts weniger als dauerhaft. Der feurige Knabe war kaum in die Jünglingsjahre getreten, als sich die Wollust, eine seinen rohen Gesinnungen und seinem Temperament so angemessene Leidenschaft, schon seiner ganzen Seele bemeistert hatte, und von diesem Augenblick an nahm seine Verschlimmerung mit jedem Tage zu. Zur Befriedigung der Wollust fehlte es ihm an Geld, und sein Vater weigerte sich, ihm etwas zu geben; sogleich wurde seine Wollust gerade durch das, was sie zurückschrecken sollte, noch viel heftiger, Zorn und Wut gegen seinen Vater, seine Mutter und alle Menschen, verband sich mit ihr, und er ergriff nun die verabscheuungswürdigsten Mittel, die einzige Leidenschaft, die jetzt seine wilde Seele erfüllte, zu befriedigen. Indessen konnte (zur Freude jedes Menschenfreundes schreibe ich diese Beobachtung nieder) auch in einer schon so verdorbenen Seele ein neues Laster doch nur langsam und allmählich sich einwurzeln; zuerst versuchte er daher alle möglichen Wege, seine Bedürfnisse ohne Verbrechen zu befriedigen. Umsonst; seine Bedürfnisse und seine Verschwendungen überwogen zu sehr seine Einkünfte: Und nun erst, nach manchen mißlungenen Versuchen, tat er den ersten furchtbaren Schritt und wurde Wilddieb.

Er wird Dieb

Das Verbot, wilde Tiere zu schießen, wenngleich durch wichtige Gründe gerechtfertigt, hat doch öfters für die niedere Klasse des Volks, die dadurch in einer Lieblingsneigung eingeschränkt wird, etwas so Anstößiges, und die nach Verhältnis des Verbrechens so fürchterlichen Strafen, welche auf seine Übertretung gesetzt sind, halten diese Gesinnung so wenig zurück, daß kühne und unternehmende Jünglinge öfters sogar eine Ehre darin finden, das verhaßte Verbot mit Füßen zu treten und sich, indem sie sich gegen die Gesetze des Staates versündigen, als Beschützer ihrer Mitbürger, als großmütige Verteidiger der Rechte der

Menschheit ansehen. Es ist also gar leicht begreiflich, daß ein so unternehmender, kühner und boshafter Junge sich wenig scheute, dieses unrechtmäßigen Mittels sich zu bedienen, und daß er nun das Wildern zu seiner ordentlichen Beschäftigung und Lebensart wählte.

Diesem ersten Schritte war ein anderer, das Schießen der Enten, Gänse etc., die er auf seiner Jagd antraf, zu genau verwandt und seine Not öfters zu dringend, als daß er nicht im Notfall auch dieses Mittel gewählt haben sollte, um so mehr, da er schon ehemals eben dies aus Laune getan hatte. Immer wurde nun der Fortschritt im Laster plötzlicher.

Schwahn haßte von Jugend auf niemand so sehr als seinen Vater, und auch jetzt war es vorzüglich dieser, dem er seine große Not und seinen Mangel zuschrieb. Auch sehen öfter rohe Leute die Beraubung ihrer Eltern, deren Besitzungen sie als Eigentum betrachten, nicht für so schändlich an; kurz, Haß, Rachsucht, Wollust und Verzweiflung verbanden sich, und er beging jetzt einen neuen, viel wichtigeren Diebstahl.

Ich erzähle die Geschichte dieses Diebstahls etwas weitläufiger, weil er Schwahns ganzen Charakter so sehr ins Licht setzt.

Als sein Vater einst verreist war, bemerkte er bei seiner Zurückkunft, daß ihm 430 Gulden fehlen. Alle Welt beschuldigte sogleich den Sohn (so übel berüchtigt war er längst) des Diebstahls, und er selbst, von Angst herumgetrieben, machte schon Anstalten zu entwischen, als man sich jetzt seiner zu bemächtigen versuchte. Der sechzehnjährige Bube war sogleich entschlossen, ergriff ein Messer und drohte jeden zu ermorden, der sich ihm nähern würde. Alles floh zurück, und er hatte nun Gelegenheit, sich in ein Haus zu flüchten, wo er sich rücklings auf einen Kasten legte, das Messer in die daneben stehende Bettlade steckte und in dieser Verfassung seine Verfolger erwartete. Eine Anzahl von Bürgern drang in das Zimmer, der Bube nahm es mit allen auf, und das Gefecht wurde heftig und dauerhaft. Endlich wurde er bezwungen, auf das Rathaus geführt und in das Gefängnis geworfen, aber er leugnete alles hartnäckig, brach nach wenigen Tagen aus demselben los und floh nach Heilbronn. Dem mutwilligen Jungen war es nicht genug, entwischt zu sein. Er wollte auch seine Rachsucht, seinen Stolz und Trotz befriedigen. Plötzlich erschien er daher wieder in einer Husarenmontur, mit Paß und Attestaten*, als wäre er unter einem ungarischen Husarenregiment angeworben, ertrotzte von dem Amtmann ein Attestat, daß er von ehrlichen Eltern geboren sei, und höhnte Vater und Mutter und alle Bürger des Orts, bis er endlich, entzückt über das Glück seiner Unternehmungen, nach Esslingen ritt. Hier hörte er, daß man ihn öffentlich jenes Diebstahls beschuldige, vorzüglich deswegen, weil er im Wirtshaus mit schwedischen Dukaten und halben Gedulden bezahlt, dergleichen unter dem gestohlenen Geld auch gewesen; plötzlich kehrte er daher nach Ebersbach zurück, ritt in wütender Eile vor des Amtmanns Haus, forderte ihn mit dem wildesten Trotz auf, ihm den halben

* Bescheinigungen

Gulden zu zeigen und herauszugeben, den er bezahlt haben soll, und drohte, daß er auf der Stelle sechzehn Husaren herbeirufen würde, die das ganze Dorf zerstören sollten. Hierauf ritt er ebenso wütend nach seines Vaters Haus, forderte auch von diesem den halben Gulden, klopfte dann mit der Hand auf die Beinkleider und schrie ihm höhnend zu: »Sieh, da sind die übrigen schwedischen halbe Gulden; warte nur etliche Stunden, ich will erst im Dorf herumreiten, dann wirst du noch mehr erfahren.« Als der Vater hierauf die Treppe heruntereilte, floh der Sohn mit dem bloßen Degen in der Hand davon, schwärmte denselben Abend und noch etliche Tage nacheinander in dem Flecken und außer demselben herum, drohte alle Häuser anzuzünden und alle Bürger des Dorfs zu erschießen, und ging wirklich auch einmal auf einen seiner Feinde, den Degen in der Faust, los.

Alles war im größten Schrecken; niemand hatte Mut genug, ihn anzugreifen. Endlich schoß man mitten im Dorf nach ihm, sein Pferd wurde unter ihm getötet, er selbst lag verwundet, wurde also leicht gefangen und nach geschehener Überweisung in das Zuchthaus nach Ludwigsburg abgeführt.

Das Zuchthaus hatte bei Schwahn die Folgen, die durchaus alle Zuchthäuser haben müssen, solange ihre bisherige Einrichtung beibehalten wird. Er kam zehnmal schlimmer zurück, als er hineingegangen war. Schlimme Beispiele, Entfernung von allen guten Menschen, Ingrimm über diejenigen, die an seiner Bestrafung einigen Anteil hatten, Ausziehung jedes Gefühls von Ehre, die er nun auf ewig nicht mehr herstellen zu können glaubte, und endlich Einsamkeit, die in diesem Zustand und bei einem solchen Charakter fürchterliche Wirkungen haben muß, alles dies vereinigte sich, seine Seele zu verschlimmern.

Indessen war Schwahn auch jetzt noch nicht gänzlich verdorben, und es war daher, besonder, da alle seine bisherigen Diebstähle nur aus Rachsucht oder aus Bedürfnis flossen, noch nicht alle Hoffnung zu seiner Besserung verloren. Aber eine Begebenheit, die bei einer anderen Wendung ihn vielleicht zur Tugend hätte zurückführen können, vollendete sein Verderben. Der Unglückliche versank nun ganz in den Abgrund des Lasters.

Er wird Mörder

Schwahn lernte nach seiner Zurückkunft aus dem Zuchthaus die Tochter eines armen Bauers aus Ebersbach kennen. Ihre Person war schön, ihr Verstand lebhaft und ihr Herz fühlbar und natürlich. Sie hatte nur den Fehler, der in den Augen der meisten alle Liebe auf einmal auslöscht, aber in den Augen des wirklichen Liebhabers sie vielmehr erhöht: Sie war arm.

Schwahn sah nur ihre Vorzüge, keine Fehler, und wurde von Liebe gegen sie durchdrungen.

Auch dem Mädchen gefiel der schöne, reiche, mutvolle und feurige junge Mann, aber die Roheit seiner Seele, seine gehäuften Verbrechen und der Schimpf, den ihm das Zuchthaus mehr als alle seine Laster zugezogen hatte, schreckten sie zurück.

Schwahn war nicht der Mann, der sich durch eine abschlägige Antwort schrekken ließ. Er wiederholte seine Liebeserklärung, versprach aufs heiligste, sich zu bessern und von nun an, an ihrer Hand, ein tugendhaftes und ehrliches Leben zu führen. Schon fing das Mädchen an zu wanken, schon hatte ihr Herz seiner feurigen Liebe nachgegeben, aber noch hielt sie Furcht der Schande zurück. Nun vermochts Schwahn nicht länger zu tragen, seine Liebe wurde Verzweiflung und seine Zärtlichkeit Wut. Er machte dem Mädchen eine Liebeserklärung, wie sie kaum ein Roman- oder Komödiendichter zu erzählen wagt.

Einst an einem Sonntagmorgen, da ihr Vater und ihre ganze Familie in die Kirche gegangen waren, trat er in ihr Zimmer, zwei große Messer in der Hand. »Willst du mich«, rief er ihr mit fürchterlicher Stimme entgegen, »so schenke ich dir mein ganzes Vermögen, so führen wir von nun an ein stilles und ehrbares Leben und sind glücklich; willst du mich nicht, so durchsteche ich dich auf der Stelle mit diesem Messer (ich habe heute schon ein Schwein damit totgestochen) und dann mit diesem andern mich selbst.« Starr vor Schrecken und ohne Zweifel mehr durch das Übermaß von Feuer und Liebe, das aus dieser fürchterlichen Art von Liebeserklärung hervorblickte, geschmeichelt und gerührt, als durch das Rohe und Gewaltsame derselben erbost, versprach das Mädchen alles und verlobte sich ohne ihrer Eltern Wissen mit ihm.

Der höchste Wunsch seines Lebens war nun erfüllt. Seine Geliebte hatte ihm ihre Hand versprochen, die Einwilligung seiner und ihrer Eltern schien ihm leicht, und nun träumte er sich ein paradiesisches Leben im Schoß der Liebe und der Wollust. Auch wurde jetzt sein Herz menschlicher, seine Wut legte sich, und seine natürliche Fühlbarkeit erhielt die Oberhand, weil ihn sein gegenwärtiges Glück gleichsam wieder mit der Welt aussöhnte. In der Tat schien dieser Zeitpunkt der günstigste, um ihn zur Tugend zurückzuführen, aber noch wählte die Vorsehung denselben nicht, ohne Zweifel weil noch viel fürchterlichere Erschütterungen vorausgehen mußten, um ihn nicht nur auf den rechten Weg zu bringen, sondern auch darauf zu erhalten. Sein Vater schlug ihm die Einwilligung geradezu ab, und ebenso unerbittlich war der Vater seiner Geliebten. Nun versuchte er erst durch gelinde Mittel, beide Väter zur Einwilligung zu bewegen, versprach sich zu bessern, und zeigte wirklich manche Spuren einer gemilderten Seele. Zu gleicher Zeit hielt er auch in der herzöglichen Regierung (denn er war noch minderjährig) um Erlaubnis zu heiraten an; aber alles umsonst, beide Väter blieben auf ihrer Meinung, und die Erlaubnis von der Regierung kam noch nicht an. Plötzlich entwich nun seine bessere Seele wieder; je weicher er vorher gewesen war, desto wütender wurde er jetzt. Er drohte seinen Eltern ins Angesicht, daß er sie, sofern sie die Heirat nicht zugäben, sogleich erstechen würde, dann eilte er zu seiner Schwester, beschwor auch diese, für ihn zu bitten, und versicherte mit wiederholten Schwüren, daß er, wenn ihm diese Heirat nicht gestattet würde, einen Rausch trinken, dann im Rausch ihres Vaters Haus anzünden und Vater, Mutter und alles ermorden würde. Ebenso wütend behandelte er den Vater des Mädchens, der seine Tochter einst durch Schläge von Schwahn abzubringen suchte. Er öffnete in diesem Augenblick die

Türe, riß sie von dem Vater hinweg, drohte diesem die fürchterlichste Rache, wenn er sie schlagen würde, denn ihm allein, setzte er hinzu, komme das Recht zu, sie zu schlagen, wenn sie gefehlt hätte. Überhaupt schien er jetzt gänzlich rasend.

Als ihm Geld mangelte, um nach Stuttgart zu gehen und die Resolution auf das Memorial*, das er der Regierung übergeben hatte, abzuholen, sagte er öffentlich, daß er den nächsten besten, der drei Gulden im Sack habe, ermorden wolle, um ein Reisegeld zu erhalten.

Der Amtmann verbot, in der Christnacht zu schießen. Er schoß daher die ganze Nacht durch; sein Vater gab ihm Geld, um nach Frankfurt in Dienst zu gehen, mit der Bedrohung, ihn auf ewig auf die Festung setzen zu lassen, wenn er wieder zurückkommen würde; er nahm das Geld, verschwendete es und kam auf der Stelle wieder. Er bedrohte und beschimpfte alle Tage jeden, der ihm in den Weg kam, niemand aber mehr als seinen eigenen Vater. Auch raufte er sich, um seine Wut auszulassen, fast alle Tage; dem einen gab er, ohne ein Wort zu sagen, im Vorbeigehen eine Ohrfeige, einem anderen schlug er aus Laune ein Bein unter, einen dritten prügelte er so lange, bis er ihm versprach nicht zu klagen, und als er ihm dieses versprochen, so prügelte er ihn noch einmal, weil er ihm etwas versprochen, das er nicht zu halten gedächte. Als ein Müllerknecht ihn einst abgehalten, seinen eigenen Vater zu schlagen, so ließ er zwar von seinem Vater ab, schlug aber jenen beinahe tot, dann stellte er sich neben den Halbtoten hin, tat mehrere Schüsse in das Dorf hinein und drohte jedem den Tod, der sich ihm nähern oder nur einen Wundarzt zu Hilfe rufen würde.

Während auf diese Weise Verzweiflung und Wut seine Seele erfüllten und er, gleichsam um an den Menschen und seinem Schicksal sich zu rächen, sich in jedes Laster stürzte, schien auf einmal das Glück aufs neue alle seine Wünsche zu begünstigen. Das Mädchen ergab sich ihm willig, und ohne Ehe gestattete sie ihm gern alle Rechte derselben. Auch kam jetzt die so lange erwartete Erlaubnis von der herzöglichen Regierung an, und er glaubte nun am Ziel seiner Wünsche zu stehen.

Sobald er glücklich war, wurde seine Seele wieder milde, seine Wut legte sich, und süße Hoffnungen häuslicher Glückseligkeit füllten wieder sein Herz. Aber der Elende hatte sich selbst längst dieses Glücks verlustig gemacht.

Noch ehe er seine Heirat zustande bringen konnte, wurde er wegen seiner gehäuften Verbrechen von der ganzen Bürgerschaft verklagt, zu anderthalbjähriger Zuchthausstrafe verurteilt und, als er aus dem Zuchthaus dreimal losgebrochen und nach endlich erstandener Strafe seine neue Laufbahn sogleich wieder mit Einbruch in das Haus des Pfarrers eröffnet hatte, endlich zu ewiger Gefangenschaft auf der Festung Hohentwiel verdammt.

Nun schienen seine Liebe und seine Freiheit auf ewig dahin zu sein. Aber Schwahn verzweifelte nicht.

---

* Denkschrift

Wenige Wochen nach seiner Gefangennahme sprang er, um sich zu befreien, von einer großen Höhe herunter und brach ein Bein. Nach seiner Wiederherstellung versuchte er einen anderen Weg. Er fand einen Nagel, und dieses kleine Werkzeug war seinem erfinderischen Genie hinlänglich, sich in Freiheit zu setzen. Er verband sich nämlich mit drei anderen Gefangenen, brach mit Hilfe derselben nach einer vierteljährigen Arbeit ein Loch durch die Mauer unvermerkt durch und ließ sich, da alles vollendet war, zugleich mit den anderen an hin und wieder entwendeten Stricken herunter. Einer brach das Bein, er selbst aber mit dem anderen Verbrecher entkam glücklich.

Liebe war jetzt die mächtigste Leidenschaft, die seine Seele beherrschte. Ihr allein opferte er alle seine übrigen Wünsche auf.

Zuerst war er zwar, aus Furcht, eingefangen zu werden, genötigt, nach Frankfurt zu flüchten. Aber Haß und Liebe ließen ihn nicht ruhen. Er hörte, daß die Müllerin (dies war der Name des Mädchens) ins Zuchthaus gesetzt und nach ihrer Zurückkunft zu einem Eid, ihm zu entsagen, genötigt worden. Urplötzlich flog er nach Ebersbach, stand zu großem Erstaunen und Schrecken seiner Eltern des Nachts in ihrem Zimmer, drohte Vater und Mutter zu erstechen, wenn sie ein Geräusch machen würden, und nahm sich dann sein Nachtquartier, wo ihm beliebte, indes sich die Eltern in eine kleine Kammer verkriechen mußten, aus der sie sich nicht wieder herauswagten, bis er freiwillig das Haus verlassen hatte.

Obgleich er von seinen Eltern nicht aufgenommen wurde, verließ er doch Ebersbach nicht, sondern lebte ohne Dach, das er in Waldungen und Scheuern suchte, und ohne Geld, das er nach Bedürfnis stahl, in steter Todesgefahr, bloß um seiner Geliebten nahe zu sein.

Es ist unbegreiflich, wie weit hierin seine Tollkühnheit ging. Umgeben von tödlichen Feinden, die noch überdies eine Belohnung von seiner Beifahung* erhielten, ließ er sich doch bisweilen am hellen Tage mitten in dem Dorfe sehen, erschien in öffentlichen Wirtshäusern, drang sogar des Nachts mit Gewalt in die Häuser seiner Feinde und nötigte sie, ihm ihr Bett zu überlassen. Doch alles schien sich nur um so mehr gegen ihn zu vereinigen, je mehr er allem trotzte. Zwar hatte er die Liebe der Müllerin wieder erworben, aber bald wurde er aufgefangen, und als er sich wieder befreit hatte und nun voll Entzücken in die Arme des Mädchens fliegen wollte, so hörte er zu seinem großen Schrecken, daß nun auch sie gefangen läge, um deren willen er allein seine Freiheit liebte.

Seine ganze Seele entbrannte bei dieser Nachricht. Er verließ die ganze Zeit ihrer Gefangenschaft die Gegend von Göppingen, wo sie gefangen lag, niemals, ungeachtet er von seiner Gefangennahme nichts als ewiges Gefängnis oder Tod zu erwarten hatte. Ja er schlief mitten in der rauhsten Winterszeit, da die ganze Gegend mit Schnee bedeckt war, auf dem Felde oder in tiefsten Wäldern, bloß um sie nicht aus dem Auge zu verlieren.

Endlich, da er es am wenigsten erwartete, schien auf einmal seine Treue und

---

* Gefangennahme

Standhaftigkeit belohnt. Müllerin wurde frei und ließ sich nun durch einen abgedankten Pfarrer wirklich mit ihm trauen.

Nun schien er abermals am Ziel seiner Wünsche; seine Seele wurde wieder erweicht, dieses umherschweifende, unsichere Leben fing an, ihm verhaßt zu werden, und er hatte keinen sehnlicheren Wunsch, als von nun an mit seiner Frau und Kindern in Ruhe zu leben.

Aber auch jetzt war es wieder nur sein eigenes, durch so lange Gewohnheit zur Fertigkeit gewordenes Laster, was ihn aufs neue ins Verderben hinunterstürzte und ihn dadurch auf immer von dem Ziel entfernte, nach dem er so sehr sich sehnte und dem er jetzt so nahe zu sein geglaubt hatte.

Wegen der ungezählten Freveltaten, die Schwahn begangen hatte, und wegen seiner Flucht aus dem Gefängnis war längst ein Preis von 100 Gulden auf seinen Kopf gesetzt.

Niemand suchte mit mehr Begierde denselben zu verdienen, niemand wurde, wie er glaubte, zu dieser Absicht so sehr durch persönliche Feindschaft entflammt als einer seiner Mitbürger, namens Hohenecker. Von Jugend auf waren sie Feinde, und stets wiederholte Beleidigungen hatten längst diese Feindschaft aufs höchste gebracht. Einst an einem Sommertage, da er eben von seinem Vater auf seine letzte Bitte, die Müllerin zu heiraten, eine abschlägige Antwort erhalten, lag Schwahn in einem benachbarten Wald in jener furchtbaren Stimmung, wo die Seele von Verdruß über fehlgeschlagene Hoffnungen, von Gewissensbissen und peinigender Angst übermannt, in Wut gegen sich selbst und in Wut gegen die ganze Menschheit, die vermeinte Quelle ihrer Leiden, entbrennt und nur in der Qual ihrer Feinde, nur im rauchenden Blute ihrer Mitmenschen Linderung hofft.

Ein Hirsch sprang vorbei. Er stand auf, ergriff seine Flinte und zielte, um seinen Hunger und ohne Zweifel auch seinen Unmut und seine Wut zu befriedigen. Aber in dem Augenblick fiel ihm Hohenecker ins Auge, der neben dem Wald auf einer Wiese arbeitete.

Die ganze Wut seiner Seele überfiel ihn bei diesem Anblick. Er richtete die gegen das Tier gezückte Flinte gegen seinen Feind. Aber noch vermochte er nicht, die furchtbare Tat zu begehen. Alle Greuel des Mords gingen dunkel und schnell, aber schreckend und furchtbar durch seine Seele. Er zog die Flinte zurück, um sie wieder gegen den Hirsch zu richten; aber sogleich übermannte ihn die Wut aufs neue, er zielte wieder gegen seinen Feind und zog wieder zurück, viermal zielte er also aufs neue und viermal zog er wieder zurück. Endlich bemeisterte sich eine gänzliche Verwirrung seiner Sinne, Kampf und Wut und Schrekken umnebelten seinen Geist, die Wut siegte, er schoß, und vollbracht war sein erster Mord[1].

---

1 *Auf diese Art hat Schwahn selbst die Geschichte seines ersten Mords erzählt.*

Er wird Mitglied und endlich Anführer einer Gaunerbande

In dem Augenblick, da die fürchterliche Tat getan war, verließ ihn jede Wut, und peinigende Angst und betäubender Schrecken traten an ihre Stelle. Er floh, sobald er seinen Feind fallen sah, ohne Bewußtsein, ohne Absicht, bloß um sich selbst und seinen eigenen quälenden Gedanken zu entfliehen, fort, bis er endlich, von Müdigkeit bezwungen, mitten in einem Wald still stand. Und nun erst war er fähig, über seinen Zustand nachzudenken; nun erst stellten sich die schrecklichen Folgen seiner Handlung, die um Rache schreienden Kinder des Ermordeten, der Fluch und der Abscheu aller Menschen, die den Mörder verfolgen, und die furchtbaren und schrecklichen Strafen der Obrigkeit, seinem Gewissen vor, nun sah er sich selbst von Müllerin, von ihr, um deren willen ihm allein das Leben teuer war, auf ewig getrennt, vielleicht gar gehaßt und verabscheut.

In dem Augenblick, da der Unglückliche in diese Gedanken versunken war, stand plötzlich ein unbekannter Mann vor ihm, der ihn vertraulich anredete. »Ich kenne dich nicht«, gab ihm Schwahn mißmutig zur Antwort. »Aber ich dich«, erwiderte der andere und erzählte ihm hierauf, daß er ein Mitglied einer sehr ansehnlichen Gesellschaft von Räubern sei, daß diese ihn soeben abgeschickt hätten, um Schwahn, einen ihnen längst rühmlich bekannten und nach ihrem Urteil zu großen Dingen fähigen Mann, in ihre Gesellschaft einzuführen, und daß diese Gesellschaft seinem Genie eine viel größere und sogar viel sicherere Sphäre der Wirksamkeit eröffnen werde.

Der Neuling im Laster lernt sich oft erst durch die beschämende Vertraulichkeit, die andere Lasterhafte jetzt zum erstenmal gegen ihn annehmen, und durch ihre Lobeserhebungen kennen.

Selbst Schwahn erschrak vor dieser Anerbietung und diesen Lobeserhebungen, indem sie ihm nur zu deutlich sagten, welche Schritte er schon in der Bosheit gemacht habe. Auch schwebten ihm die Gefahren vor, in die er sich durch die Verbindung mit einer Gaunerbande stürzte. Er zauderte also, so sehr ihn auch jetzt die Not drängte, den gemachten Antrag anzunehmen, und ging nur nach langen und anhaltenden Bitten des anderen und noch immer entschlossen, sie wieder zu verlassen, zur Gesellschaft.

Sie kamen gegen Mittag an, die Gesellschaft war in einem Wald gelagert, ein ganzes gebratenes Schwein und eine Menge Wein standen vor ihnen. Alles war froh und lustig und nötigte Schwahn, bei ihnen Platz zu nehmen. Nach dem Essen, das ihm nach langem Hunger nicht wenig schmeckte, stellten sie ihm alle ihre Vorzüge sehr reizend vor, ihre stete Lustigkeit, ihren Überfluß an Essen und Trinken und ihre Sicherheit; besonders erhoben sie ihre Art zu stehlen über die seinige, und lehrten ihn den für ihn in der Tat höchst wichtigen Unterschied zwischen Gassen- und Hausdieben, welche beide sie nicht wenig verachteten, und Marktdieben, welche sie weit über jene erhoben und unter welche Klasse sie sich selbst zählten.

Dies alles würde ihn indessen wenige gerührt haben, wenn ihn nicht etwas anderes angezogen hätte. Drei Schwestern saßen herum, alle jung, alle sehr schön, und die schönste höchst einladend und buhlerisch. Von allen ließ ihm die Gesellschaft die Wahl, welche er zur Frau wählen wollte. Schwahn, den immer der gegenwärtige Eindruck ausschließend beherrschte, kam plötzlich in seine gewohnte Lustigkeit zurück; Entschlüsse, Mord, Liebe der Müllerin, alles war vergessen, er war von der Schönheit und Bescheidenheit der jüngsten Schwester (denn das Ausgelassene und Buhlerische der älteren stieß auch ihn zurück) entzückt und ließ sich nach wenigen Tagen mit ihr trauen.

Es ist ganz gegen alle guten Gesetze der Romanen*, daß Schwahn die Müllerin, für die er so viel getan, so viel gelitten hatte und die jetzt wirklich sein angetrautes Weib war, plötzlich vergaß. Aber Geschichte ist über Romanengesetze erhaben. Auch ist in der Tat diese Veränderung nicht so auffallend. Ich habe oft bemerkt, daß die Seele, die durch Gewissensangst oder irgendeine unangenehme Empfindung geplagt wird, alles ergreift, um diese zu zerstreuen, und daß sie während eines solchen Zustandes nichts so sehr liebt als Veränderungen, die große Revolutionen in ihr hervorzubringen vermögen. Man begeht dann öfters eine neue Sünde, um die Angst wegen der vorigen zu zerstreuen, und selbst Tugendhafte habe ich zur Zeit eines peinigenden Schmerzes in ein lange besiegtes Laster hinsinken sehen, bloß um jene peinigende Empfindung zu zerstreuen. Überdies glaubte Schwahn, daß Müllerin nach der fürchterlichen Tat, von der er jetzt eben zurückkam, keine Verbindung mehr mit ihm unterhalten und daß er sie sogar dadurch unglücklich machen würde. Vielleicht war auch gerade der Umstand, der bei Edleren die echte Zärtlichkeit so sehr vermehrt und bei Unedleren sie so sehr vermindert, der Umsturz seiner Liebe: Sie war sein Weib.

Doch der wichtigste Grund dieser plötzlichen Veränderung liegt wohl in seinem eigentümlichen Charakter, auf den immer das Gegenwärtige einen so heftigen Eindruck machte, daß er darüber alles andere gänzlich vergaß und daß er sich daher gar leicht in eben der Stunde zu den entgegengesetztesten Empfindungen, Neigungen und Handlungen hinreißen ließ.

Schwahn tritt jetzt in eine neue Epoche ein. Noch ist es also nötig, einige Augenblicke auf das Vergangene zurückzuschauen und über alle seine bisherigen Begebenheiten und seinen ganzen Charakter Betrachtungen anzustellen.

Die Wollust, ein Laster, das von Mord so weit entfernt schien, brachte den Unglücklichen durch allmähliche Stufen zum höchsten Grad des Lasters, und ehe er sich recht zu besinnen Zeit hatte, war er zu seinem eigenen Erstaunen Gauner, Räuber und Mörder.

Aber selbst jetzt hatte er noch nicht alle edlen Empfindungen ausgetilgt. Mitleiden gegen Unglückliche und Unterdrückte, Treue gegen Freunde, Gefühl von Ehre, Empfindungen der Religion brachten immer noch in seiner Seele einige Wirkungen hervor und straften, obgleich sie den Ausbruch seiner Laster nicht zurückzuhalten vermochten, ihn doch nach begangener Handlung aufs furchtbarste.

* Romane

Seine Geschichte seit seinem Eintritt in die Gaunerbande

Der Eintritt in die Gaunerbande machte Raub und Mord nun zu seinem ordentlichen Handwerk. Auch erfüllte er diese seine furchtbare Bestimmung nur zu getreu.

Zuerst wandelte er bloß in der Gesellschaft, die ihn jetzt ebenso feierlich und ehrenvoll aufgenommen hatte, und beging mit ihr ungezählte Diebstähle. Aber nicht lange war sein Kreis so eingeschränkt.

Berühmt durch seine Taten, wurde er öfters zu wichtigen Unternehmungen von andern Banden eingeladen und diente dann eine Zeitlang als Freiwilliger unter ihnen.

Besonders war er genau verbunden mit einer Judenbande, die unter zwei Chefs, den Juden Löwen und Schamsle, stand.

Diese Gesellschaft war wegen ihrer Einrichtung merkwürdig. Sie bestand aus achtzehn Personen, außer den häufig zugelaufenen Freiwilligen. Zwei davon waren, unter dem Titel Leutnant, Vorsteher, und die übrigen waren gezwungen, sich unter ihren Zepter zu beugen. Einer war verbunden, einen Diebstahl ausfindig zu machen, der andere zu stehlen und noch ein anderer, das Gestohlene zu verkaufen.

Auch hatte die Gesellschaft genaue Gesetze. Sobald einer einen Raub ausfindig gemacht hatte, so zeigte er es den anderen in ihrer eigentümlichen Sprache an, und alle kamen dann an einem Ort und in eben derselben Stunde zusammen, verabredeten das weitere und führten alles auf der Stelle aus. Nur der Angeber* hielt sich in der Nachbarschaft auf, ohne dem Raub beizuwohnen.

Niemals hat er mehr Bosheiten begangen, als solang er mit dieser Gesellschaft in Verbindung war, die, wie er selbst anmerkte, meistens aus Ungeheuern von Grausamkeiten bestand.

Ein Mann von Schwahns Geist steht nie still. Neue Projekte stiegen in seine Seele empor; er errichtete selbst eine Gesellschaft, die er unumschränkt beherrschte. Die Gesellschaft bestand aus zwanzig Personen und folgte blindlings seinen Befehlen. Schwahn hatte sich dabei gewisse Grundsätze gemacht: z.B. er beraubte so wenig als möglich solche, die dadurch ganz unglücklich geworden wären. Er zog die Marktdiebstähle den Einbrüchen vor, weil jene nur durch die Weiber verrichtet wurden, indes die Männer nur vor den Toren warteten. Er führte alle Einbrüche in der Nacht vor einem Sonntag oder Feiertag aus, weil da die Leute am ruhigsten schlafen und am spätesten aufstehen. Und besonders nahm er nicht nur Entschlossenheit, Kühnheit, Witz, sondern vorzüglich auch die Vorurteile des Pöbels zu Hilfe.

Es wäre zu langweilig, ein Verzeichnis seiner Verbrechen hier darzulegen; ich hebe nur einige heraus, die zugleich den Charakter bezeichnen, mit dem er sie beging, und die also das Gepräge seiner Entschlossenheit, Geistesgegenwart, Kühnheit, seines Witzes und oft selbst seiner noch übriggebliebenen Menschlichkeit tragen.

---

* Anführer

Einst saß er in einem Wirtshaus, wo der Wirt ihn sogleich entdeckte und heimlich wegging, um mehrere Bürger herbeizuholen. Schwahn merkte die Absicht des Wirts, und da ihm kein anderer Ausweg mehr übrigblieb, so schloß er sich in einen Kasten in der Wirtsstube und zog den Schlüssel desselben ab.

Der Wirt kam bald darauf mit großer Mannschaft wieder, das ganze Haus wurde durchsucht, aber nichts gefunden. Erstaunt gingen nun alle wieder auseinander. Der Wirt begleitete sie vor die Tür hinaus, und als er wieder hereintrat, saß Schwahn ganz ruhig am Tisch vor seiner Bouteille*.

»Ihr seid doch erbärmliche Dummköpfe«, rief er dem Wirt spottend entgegen, »ihr habt mich gesehen, angerührt, in der Hand gehalten und doch nicht gefunden.« Der Wirt erstaunte. »Nicht wahr«, setzte Schwahn hinzu, »dieses, jenes spracht ihr, dort setzte sich Jörg auf die Bank hin, hier öffnetest du die Kammertür, Hans suchte unter dem Tisch«, der Wirt wurde starr vor Bewunderung.

»Armseliger Kerl«, rief er endlich höhnisch, »hier in dieser Bouteille bin ich ja gesteckt«, trank dann seinen Wein ruhig aus und ging langsam fort.

Am Anfang seiner Laufbahn suchte er bei seinen Räubereien noch immer einen Schein der Ehrlichkeit zu erhalten. Er hatte öfters seinen Schwager um Geld gebeten, und dieser hatte ihm, wie billig, solches verweigert. Nun brach er ihm des Nachts in sein Haus und stahl, was ihm gefiel und was ihm jener verweigert hatte. Aber einige Tage nachher kam er des Nachts zwischen zwölf und ein Uhr mit zwei in Weiber verkleideten Männern zu eben diesem Schwager in sein Haus, weckte ihn auf, forderte Essen und Trinken für sich und seine Gesellschaft, verbot ihm aber bei unausbleiblicher Strafe des Hausanzündens das Ausgehen aus dem Hause. Dann nahm er Papier, Federn und Tinte, setzte sich an dem Tische nieder und stellte seinem Schwager, ohne daß dieser es verlangt hätte, eine Obligation† für die ihm jüngst genommenen Sachen, die er selbst für achtzig Gulden angeschlagen hatte, aus und übergab sie ihm als eine Urkunde.

Allmählich verloren sich jedoch die besseren Gefühle immer, er erlaubte sich Grausamkeiten aus Raubsucht, deren er sich sonst niemals als bloß im Augenblick glühender Rachsucht schuldig gemacht hätte.

Die furchtbare Gesellschaft war in das Haus des Schultheißen von Bertlingen eingebrochen; Schwahn und ein anderer Räuber bemächtigten sich des Schultheißen, banden ihm Hände und Füße, würgten ihn an dem Halse, brannten ihn auf dem Rücken mit Wachslichtern, drückten ihm Messerspitzen unter die Fingernägel, setzten ihm mit erstaunlichen Verwünschungen, Drohungen und Schimpfworten Pistolen und Hirschfänger auf die Brust, bis er ihnen angezeigt, wo er sein Geld verwahrt habe. Auf das Geschrei des Schultheißen kam die

* Flasche
† Schuldschein

Schultheißin aus der Kammer in die Stube gesprungen, um ihrem Mann zu helfen. Auch auf diese sprang ein Gauner zu, warf sie zu Boden, band ihr Hände und Füße, ritzte sie mit Messern an den Augenbrauen und deckte ein ganzes Bett über sie, daß sie beinahe darunter erstickt wäre.

Doch auch in dieser schrecklichen Verfassung seiner Seele hatte sein Herz doch noch nicht alle Menschlichkeit verloren und strebte sogar immer noch gewisse Tugenden, selbst die Ehrlichkeit zu erhalten.

Einst traf Schwahn einen fremden Fleischer an, der ihm einige hundert Gulden Geld zeigte und sich seine Begleitung nach Ebersbach ausbat, weil er, wie er sich ausdrückte, aus Furcht vor dem Sonnenwirtle mit so vielem Geld allein dahin zu gehen sich nicht getraue.

Schwahn gewährte ihm sogleich seine Bitte mit der Versicherung, daß ihm kein Haar auf seinem Weg gekrümmt werden sollte. Nun tranken sie ein Glas Wein miteinander und machten sich sodann auf den Weg. Plötzlich mitten in einem Wald auf einem abgelegenen Platz stand Schwahn auf einmal still und gab sich dem Fleischerknecht zu erkennen. Dieser erschrak, als wenn er vom Donner gerührt wäre. Allein Schwahn benahm ihm sogleich alle Furcht und versicherte ihm, da er ihm einmal sein Wort gegeben, ihn unverletzt nach Ebersbach zu begleiten, er dasselbe auch halten wolle, wenngleich er der reichste Mann von der Welt durch sein Geld werden könnte. Um ihn aber ganz außer Furcht zu setzen, lief er den ganzen übrigen Weg bis nach Ebersbach vor ihm her, und beide kamen zur Abendzeit wohlbehalten an. Hier wollte der Metzgerknecht seinem ehrlichen Begleiter ein Trinkgeld geben. Allein Schwahn schlug es großmütig aus und begnügte sich mit dem Bewußtsein, sein gegebenes Wort als ein Mann von Ehre gehalten zu haben.

Mehrmals hat er durch diese Großmut großes Unglück verhütet.

Im Durlachischen war eine Zigeunerbande gefangen worden. Schwahn machte Bekanntschaft mit denen, die noch übrig waren und die eben einen wichtigen Ratschluß gefaßt hatten, um ihre gefangenen Brüder zu rächen. Sie waren nämlich fest entschlossen, in mehreren Durlachischen Orten, wo sie Gelegenheit fänden, Feuer anzulegen. Schwahn, der in gleichem Fall mit ihnen war, denn auch seine Familie lag zu Stain im Durlachischen gefangen, strengte doch seine ganze Beredsamkeit an, ihnen diesen Entschluß auszureden; und als alle seine Zuredungen vergebens waren, so überredete er sie wenigstens, so lange noch zu warten, bis sie das Schicksal ihrer Freunde erfahren haben würden.

Selbst in seinen Verbrechen zeigten sich bisweilen noch diese Spuren der übriggebliebenen Menschlichkeit.

Schwahn brach einst des Nachts in das Haus eines Juden ein, alles ging glücklich, alle Säcke waren schon mit Geld und Kostbarkeiten angefüllt, als sie jetzt in das Schlafzimmer einbrachen und auf das Bett losgingen. Ein Jude lag darin mit einer sehr schönen jungen Frau, die er erst den Tag vorher geheiratet hatte und die vor Schrecken ganz erstarrt war. Schwahn, der schon die Hand aufgehoben hatte, um sich ihrer zu bemächtigen, wurde plötzlich gerührt, seine schon aufgehobene Hand wurde zurückgehalten, er befahl seinen Kameraden, alles Gestohlene zurückzulassen, und ging, ohne nur das geringste mit sich zu nehmen, fort.

Durch solche Taten wurde bald sein Ruhm allgemein. Alles zitterte bei seinem Namen. Keine Straße, selbst die volkreichste, hielt man mehr für sicher. Zehn Männer, mit Schaufeln bewaffnet, die ihn nahe bei Ebersbach fanden, wagten nicht, ihn anzurühren, ungeachtet ein Preis auf seinen Kopf gesetzt war.

Sogar im Schlaf erweckte er Furcht. Zwei Dorfknechte fanden ihn einst neben der Landstraße auf dem Weg eingeschlafen und hatten nicht das Herz, sich ihm zu nähern. Ein anderer weckte ihn sogar, als er ihn einst schlafend fand, und sagte ihm freundschaftlich, daß er hier nicht sicher sei.

Lange ist bisher eine Person verschwunden, die ihrem ersten Auftritt nach die Hauptrolle in seinem Leben zu spielen schien. Müllerin war, sobald Schwahn sein zweites Weib geheiratet hatte, von ihm verstoßen, mit Füßen getreten und aufs fürchterlichste mißhandelt worden, daher sie ihn verließ und in Dienste trat, wo sie sich einige Jahre ziemlich ordentlich aufführte. Aber Liebe ließ sie nicht ruhen. Sie zog, mit Gefahr ihrer Ehre und ihrer Freiheit, ihm nach, fand ihn, und die Freude des Wiedersehens vertilgte auf einmal in ihrer Seele jeden Überrest des Unwillens über seine Untreue und seine Verbrechen. Erst nach Verfluß einiger Zeit erinnerten sie sich gegenseitig der zugefügten Beleidigungen und wurden bald gänzlich versöhnt. Aber die Eifersucht des neuen Weibes störte bald ihre Zufriedenheit. Diese, die, eben weil sie die neuere war, ein so großes Übergewicht über seinen Geist bekommen hatte, nötigte ihn, die Müllerin auch wider seinen Willen zu entlassen. Doch besuchte ihn diese stets von Zeit zu Zeit wieder.

Geschichte seines inneren Zustandes während seines Aufenthaltes unter den Gaunern.

Schwahn stand jetzt auf dem Gipfel seiner Größe. Er hatte die Freiheit gefunden, seinen Leidenschaften nachzuhängen; er war im Genuß der schönsten Weiber, er war der Herrscher einer ansehnlichen Bande, und Ruhm und Schrecken ging überall vor ihm her.

Aber eben diese höchste Stufe seiner Bosheit und seiner Größe war auch die Epoche seines höchsten Unglücks und zugleich der erste schwache Anfang seiner Besserung. Ich rede mit Absicht von diesem inneren Seelenzustand etwas weitläufiger, weil er großes Licht auf den inneren Charakter dieser Lebensart wirft.

Das Kummervolle seines Lebens, seine Armut, die oft bis zum Hunger groß war, der Aufenthalt in den ödesten Wäldern und alle Mühseligkeiten, die er erstehen mußte, drückten ihn immer tiefer nieder. Nichts aber folterte ihn und seine Kameraden so sehr als die stete Todesgefahr, in der sie schwebten. Es ist Gewohnheit unter den Gaunern, daß sie sich öfters unter den Galgen stellen, den Todesurteilen beiwohnen und sich sogar gewöhnlich bei ihren Schmausereien einen leichten Tod zutrinken. Alles, um sich an den Anblick des Todes zu gewöhnen. Schwahn, bei all seiner natürlichen Herzhaftigkeit, wurde beim Gedanken des Todes doch so erschüttert, daß er sich gänzlich unfähig fühlte, diese Gewohnheiten mitzumachen, und daß er alle Galgen und Hochgerichte floh, um nicht dadurch feig zu werden. Aber auch noch bessere Gründe wirkten noch in seiner Seele. Noch hatte die Ehrbegierde ihn nicht ganz verlassen. Er fand es unerträglich, ein Auswurf der Gesellschaft zu heißen, und noch unerträglicher, es mit Recht zu heißen. Auch die Grausamkeiten und die niederträchtigen Betrügereien seiner Kameraden, ungeachtet er der ersten, durch Wut entflammt, sich selbst bisweilen schuldig machte, waren ihm verhaßt, und er bejammerte aufs höchste, daß er keinen Menschen um sich habe, dem er sein Herz anvertrauen oder mit dem er sich auch nur einmal wieder über ernsthafte und gute Gegenstände unterhalten könnte.

Alle waren überdies Feinde und einige seine besonderen Nebenbuhler.

Aber fürchterlicher als alles weckte ihn sein Gewissen. Die Unglücklichen, die er gemacht, die Geister seiner Ermordeten schwebten so fürchterlich vor ihm, daß er nirgends Ruhe finden konnte. Oft berauschte er sich des Tags, um sein Gewissen einzuschläfern; oft wachte er des Nachts im Traum auf, schrie, weinte, betete, bis sein Weib, das an seiner Seite lag, ihn durch Spöttereien über seine Feigheit wieder zum Schweigen brachte.

So viele Ursachen vereinigten sich, sein Gewissen aufzuwecken. Er war daher längst ernstlich gesonnen, sein Leben zu ändern und dasselbe gänzlich der Tugend und Frömmigkeit zu widmen. Er machte sichs zum Grundsatz, den er auch wirklich befolgte, nie einen Bedürftigen zu berauben, er gab sehr große Almosen und schenkte den Armen, was er den Reichen gestohlen hatte. Oft fiel er auf die Knie und bat den Himmel, ihm Gnade zu seiner Besserung zu verleihen. Oft kniete er sogar unter den Galgen und bat Gott, ihn von dieser Lebensart abzubringen. Ein andermal nötigte er auch sein Weib, auf die Knie zu fallen und zu beten, in der Hoffnung, daß ihre, wie er dachte, noch weniger befleckte Seele eher Erhörung finden würde.

Nichts war hierbei so wirksam als das Andenken eines in Württemberg allgemein bekannten, rechtschaffenen Mannes, des verstorbenen Waisenpfarrers Böck in Ludwigsburg. Dieser hatte ihn zur Zeit seines Aufenthalts im Zuchthaus zu Ludwigsburg mit Hochachtung für sich und die Frömmigkeit erfüllt und ihm besonders manche sehr tief gedrungene Ermahnungen gegeben. Lange schliefen sie vielleicht unwirksam, lange wurden sie durch die stärkere Stimme der Leidenschaft unterdrückt; aber jetzt fingen sie an, viel wirksamer zu werden. Er fuhr oft mit Schrecken aus dem Schlummer, seufzte und betete, und wenn ihn dann seine Frau fragte, was ihm fehle, so antwortete er allemal, er denke an den Waisenpfarrer zu Ludwigsburg. »O Weib«, so sagte er ihr weinend und seufzend, »wenn du wüßtest, was das für ein Mann war, was er mich gelehrt, wie er mich ermahnt hat; Gott, wenn er recht hat, so sind wir beide verloren, und ach gewiß, er hat recht!«

Vielleicht, edler, frommer Mann, hatte es dir ehemals manchen Kummer gemacht, daß deine Ermahnungen nicht in das Herz des verstockten Bösewichts gedrungen, daß alle deine Mühe, alle deine Anstrengung fruchtlos gewesen; aber freue dich, sie war nicht fruchtlos, diese Mühe. Oft vielleicht hat dein Andenken einen Unglücklichen errettet, dem der Dolch schon auf die Brust gesetzt war. Manches Verbrechen ist durch dich unterdrückt, manches Übel verhindert worden, und endlich ist er selbst, der Bösewicht, der deinen Ermahnungen so lange widerstanden, doch noch durch dieselbe zur Tugend zurückgeführt worden.

Diese Zuckungen der wiederkehrenden Tugend waren indes niemals dauerhaft. Der Mangel eines andern Erwerbungsmittels, die Unmöglichkeit, sich wieder unter ehrlichen Leuten fortzubringen, Rachsucht, Stolz und Wollust stürzten sogleich wieder alle seine Entschlüsse um. Nichts aber hinderte seine Besserung so sehr als sein Weib, die seine Begierde nach Besserung als Zuckungen eines Feigen belachte und, wenn Spotten nichts mehr half, seine Frömmigkeit bloß als einen Vorwand, sie zu verlassen und zu seinem ersten Weib zurückzukehren, ansah.

Ich führe von diesem merkwürdigen Zustand seiner Seele nur ein Beispiel an: Als er einst in Offenburg gefangen lag, überlegte er so ernstlich das Jammervolle seines Seelenzustandes, daß er die tiefste Reue über seine Verbrechen empfand und von nun an Gott und der Tugend zu leben sich vorsetzte. Um sich nicht mehr mit anderen als frommen Gedanken zu beschäftigen, malte er mit einem von der Wand abgebrochenen Stückchen Speis* ein Kruzifix, schaute dasselbe, um sich stets an den Gekreuzigten zu erinnern, beständig an und küßte und benetzte es mit Tränen.

»Damals«, dies sind seine eigenen Worte, »versprach ich vor dem Bild meines Heilandes Besserung und nahm mir fest vor, eher mein Brot zu betteln, als denselben weiter zu beleidigen. Ich netzte dieses Bild mit Tränen, ich küßte ihm die Hände und bat um meine Befreiung. Sie erfolgte, ich war so glücklich, daß ich entrann, oder vielmehr so unglücklich, daß ich Gelegenheit bekam, meine vorigen Sünden mit neuen zu vermehren. Einige Tage tat ich gut, aber ich konnte keine bösen Tage leiden. Nur allzubald war der vorige gute Vorsatz verschwunden, und ich war zu meinem Schaden klug genug, Entschuldigung für meine Sünden zu finden und mich manchmal gar zu bereden, daß alles Torheit sei, was man vielleicht bloß um der Einkünfte willen in den Kirchen predige. Das ging nun freilich nicht ohne innerliches Widersprechen meines Gewissens ab, und überhaupt hatte ich beständig quälende Gewissensbisse.«

Auf diese Art floß sein Leben unter ewigen Vorsätzen, dasselbe zu bessern, und ewiger Brechung seiner Vorsätze und eben deswegen auch in stetem sehr unangenehmem Kampf, der nur durch Rausch der Leidenschaft bisweilen unterbrochen wurde, hin.

---

* Mörtel

Gefangennahme

Aber obgleich Schwahn auf diese Weise wirklich niemals zu dauernder Besserung gelangte, so ging jedoch der Abscheu über seine bisherige Lebensart so weit, daß er wirklich sich davon loszumachen suchte.

Erst schrieb er an einen badischen Beamten, daß er ihm eine ganze Bande von Juden in die Hände liefern wolle, wenn er ihm Verzeihung bei seinem Fürsten auswirken und etwa ein kleines Ämtchen verschaffen könne. Er bekam keine Antwort. Dann suchte er Gelegenheit, in einem Wirtshaus zu Pforzheim seinem eigenen Landesfürsten sich zu Füßen zu werfen. Aber auch dieser Wunsch blieb unerfüllt.

Es war zur Vollendung seiner Bestimmung notwendig, daß er noch schrecklichere Revolutionen durchlaufen und unter der Hand des Henkers sterben sollte. Und diese furchtbare Stunde war jetzt nicht mehr weit entfernt.

Schwahn kam nach jenen mißlungenen Versuchen mit seiner ganzen Familie in ein Durlachisches Dorf, wo er nach Gewohnheit die Märkte bestahl, aber unglücklicherweise verraten wurde.

Schon wollte er mit seiner Gesellschaft abgehen, als auf einmal ein Haufen bewaffneter Männer in das Wirtshaus drang. Frau, Magd, alles wurde gefangengesetzt. Er selbst verzweifelte schon, entwischen zu können, weil das ganze Haus von Bürgern umringt und alle Ausgänge besetzt waren, bis ihm jetzt Verzweiflung eine seiner furchtbarsten Taten eingab. Mit zwei Pistolen in der Hand trat er an die Treppe und schrie laut, daß er jeden ermorden werde, der sich ihn zu greifen unterstehen würde. Sogleich griffen ihn einige, er schoß, und ein Bürger fiel sogleich tot nieder. Und nun ging er mit der anderen Pistole in der Hand mitten durch Reihen von bewaffneten Männern die Treppe herunter und entkam.

Indessen sah er doch wohl, daß diese Gegend für ihn gefährlich sei.

Er schuf sich neue Pläne und warf seine Augen auf das Deutschherrische*. Aber die Vorsehung hatte sein Ende beschlossen, er fiel, nachdem er den größten Gefahren so oft entwischt war, durch den unbedeutendsten Zufall.

Seine Reise nach Mergentheim führte ihn durch Vaihingen, ein artiges an dem Enzfluß gelegenes württembergisches Städtchen, in dem er durch ein wenig besuchtes Tor ankam. Der Torwächter fragte nach seinem Paß und nötigte ihn, weil er denselben für unrichtig hielt (in der Tat war er es wirklich nicht) mit ihm in die Oberamtei zu gehen, wohin auch Schwahn, der sich auf die Richtigkeit seines Passes verließ, ohne Anstand folgte.

Der damalige Oberamtmann Abel war jetzt eben in einem hinter seinem Haus gelegenen Garten und erhielt die Nachricht von dem herbeigeführten Fremden durch den Oberamtei–Skribenten. Er eilte also sogleich herbei, untersuchte den Paß und fand ihn ganz richtig. Schwahn war nun schon so gut als frei. Ein kleiner Umstand kostete ihm Freiheit und Leben.

---

* Besitzungen des Deutschen Ordens

1 *Vater des Verfassers*

Der Fremde saß auf einem sehr elenden Pferd, das mit seinem eigenen trotzigen und kühnen Anstand einen sehr lächerlichen Kontrast machte. Dieser Zufall und die auffallende Physiognomie des Mannes machte, daß der Oberamtmann mit Aufmerksamkeit bald auf dem Pferd, bald auf dem Mann verweilte. Auch glaubte er bei den an Schwahn gemachten Fragen, wer er sei, woher er komme, eine Veränderung in seinem Gesicht zu bemerken und befahl ihm daher abzusteigen. Schwahn war diese Aufmerksamkeit nicht entgangen, er glaubte, daß sein Pferd, welches wenige Tage vorher durch einen seiner Kameraden gestohlen worden, in einem Steckbrief geschildert worden sei und daß er nur deswegen so genau betrachtet worden. Als er daher den Befehl abzusteigen erhielt, schien es ihm ratsamer zu entfliehen.

Aber unglücklicherweise ritt Schwahn nicht demjenigen Tor zu, das ihm allein bekannt war und auf dem allein er unmöglich hätte verfolgt werden können, sondern gegen ein anderes, bei welchem der Oberamtei–Skribent (Hermann) durch einen näheren Weg schon vorher angekommen war.

Alles stellte sich ihm also, sobald er erblickt wurde, in den Weg.

Er wollte, um sich zu befreien, schießen, aber die Pistole, die sonst, wie er selbst nachmals sagte, niemals gefehlt hatte, ging nicht los. Nun versuchte er schneller zu reiten, aber sein Pferd war erschreckt und ging nicht fort. Endlich stürzte ein junger herzhafter Schlosser (Brecht) bewaffnet mit den Werkzeugen seines Handwerks, und in diesem Augenblick zugleich noch mehrere andere auf ihn zu, und nun wurde er sogleich in die Oberamtei zurückgeführt.

Verschiedene Diebswerkzeuge, die man bei ihm gefunden, die plötzliche Flucht, die genaue Ähnlichkeit mit einem durch Steckbriefe geschilderten Räuber und sein ganzer Anstand schien gegen ihn zu zeugen. Der Oberamtmann hielt ihm dies alles vor und forderte ihn auf, die Wahrheit zu gestehen.

Aber Schwahn, überzeugt, daß man aus dem, was man von ihm in Händen hatte, noch nichts auf ihn erweisen könne, sah dem Beamten trotzig unter die Augen. »Mein Paß ist richtig«, schrie er. »Ich floh, weil ich mich der Untersuchung eines Mannes, der mir nicht zu befehlen hat, nicht aussetzen wollte; ich habe Instrumente, um mich zu verteidigen.«

Nach vollendeter Untersuchung wurde er in das Gefängnis geschickt und sogleich so streng und genau bewacht, als ob er wirklich der abscheulichste Bösewicht wäre; denn in der Tat war es dem Beamten gleich bei dem ersten Anblick in den Gedanken gefallen, ob es nicht wirklich der berüchtigte Schwahn selbst sei, den das Schicksal in seine Hände geliefert. Auch hatte die Art seiner Verteidigung zwar seine Unverschämtheit und seine Schlauheit, aber nichts weniger als seine Unschuld erwiesen.

Den zweiten Tag erschien Schwahn wieder. Der Beamte, der nun in seinem Gesicht noch Überreste der Menschlichkeit zu entdecken glaubte und der selbst in seinen den ersten Tag geäußerten Stolz noch einige Hoffnung setzte, schlug nun den entgegengesetzten Weg ein. Er wiederholte ihm zwar noch einmal, daß er ihn für einen ausgemachten Bösewicht halte, aber nun forderte er ihn nicht mehr durch Drohungen, sondern durch Darstellung der schrecklichen Folgen des Lasters, durch Schilderung des Glücks eines beruhigten Gewissens, durch Bezeugung seiner herzlichen Teilnehmung an seinem Schicksal und durch das Versprechen, ihm dasselbe durch alles, was nur in seiner Gewalt stehe, zu mildern; kurz, er versuchte nun durch Religion und teilnehmende Güte sein Herz zu rühren. Der Versuch gelang. Der trotzige Blick milderte sich sichtbarlich, Traurigkeit trat an die Stelle der Wut, eine Träne floß in dem wilden Auge. »Ich habe meinen Mann gefunden«, rief er gerührt, »ich bitte Sie, lassen Sie diese Leute hinausgehen, und ich will Ihnen alles gestehen.« Der Oberamtmann, um diese Rührung nicht zu stören, ließ alle nicht ganz notwendigen Personen hinausgehen, und in dem Augenblick stammelte Schwahn mit bebenden Mund: »Hören Sie in einem Wort alle meine Verbrechen: Ich bin der Sonnenwirt.«

Sobald man Nachricht erhielt, daß Schwahn eingefangen war, so wurden auch seine beiden Weiber, die eine aus dem Dienst, in dem sie damals war, die andere aus dem Gefängnis zu Pforzheim herbeigeführt.

Müllerin war seine erste Liebe, lange war er bis zur Raserei in sie verliebt, und auch sie hing mit einem solchen Feuer an ihm, daß sie Ehre, Freiheit und alles ihm aufopferte, und was für ihn vielleicht das wichtigste war, sie war Mutter seiner Kinder. Nur erst seit einigen Jahren waren sie manchmal und seit zwei Jahren gänzlich getrennt. Kurz, sie war die erste Ursache seines Schicksals und er des ihrigen.

Alle diese Empfindungen wachten in dem Augenblick des ersten Wiedersehens auf. Er zerfloß in Tränen, sobald er sie sah, und erst lange stumm, fragte er sie endlich aufs zärtlichste nach ihrem Schicksal, nach ihren Kindern und Verwandten, bat sie um Verzeihung, daß er sie unglücklich gemacht, und versicherte sie seiner heftigsten Reue. Müllerin wurde durch seinen Anblick und seine Rede in die sonderbarsten Empfindungen gesetzt. Innigste Rührung und Begierde, ungerührt zu scheinen, kämpften mit ihr; sie ließ jetzt, wie man aus ihrer Miene schloß, ihren Empfindungen freien Lauf, jetzt zwang sie sich, eingedenk der Folgen, sie zurückzuhalten.

Alle diese Äußerungen waren noch auffallender beim ersten Anblick seiner zweiten Frau.

Ich komme wieder auf Schwahn zurück.

Besserung

Der wichtige Plan, der jetzt ausgeführt werden sollte, war, ihn jetzt nicht nur zu einem aufrichtigen Geständnis, sondern auch zu aufrichtiger Besserung zu bringen.

Schwahns Zustand war eine eingewurzelte Neigung zum Müßiggang, zu Ausschweifungen, Zorn, Rachsucht und Hochmut, verbunden mit einer allgemeinen Unfähigkeit, seinen Leidenschaften zu widerstehen. Aber noch waren nicht alle Reste der Tugend verloren. Er hatte noch Verstand genug, das Elend seiner Lebensart einzusehen, und diese Einsicht wurde durch Unglück und Gewissensbisse geschärft. Auch war sein Herz noch immer der Gefühle der Ehrbegierde, der Liebe, des Mitleidens, der Dankbarkeit, der Hochachtung fähig, und selbst die Religion hatte noch nicht allen Einfluß auf sein Herz verloren.

Die guten und diese schlimmen Leidenschaften kämpften stets in seiner Seele und machten sein Leben höchst unglücklich. Als er in Vaihingen gefangen genommen wurde, war seine Seele durch den neulich begangenen Mord und die Gefangennahme seiner Familie auf einer Seite so wütend und auf der anderen so innig betrübt und durchaus elend, daß jetzt der Kampf gerade den höchsten Gipfel erreicht hatte.

Zweierlei war also nötig, um seine verdorbene Seele zu bessern. Äußerliche Umstände, die, indem sie schlechteren Leidenschaften sein Herz verschlossen, dasselbe aufs neue für die Lehre der Religion und Tugend empfänglich machten, und dann diese Lehren selbst.

Der erste Zweck wurde erreicht durch die möglichst strenge Bewachung, die ihm alle Hoffnung zu entwischen unmöglich machte und folglich seine ganze Seele auf den Tod und seinen moralischen Zustand hinheftete, und dann zugleich durch die möglichste Schonung in der ganzen übrigen Behandlung, um seine wilde Seele den Empfindungen der Dankbarkeit und Liebe zu öffnen und allen gegebenen Lehren Eingang zu verschaffen. Diesen Grundsätzen zur Folge wurde er sogleich so hart geschlossen, daß er gar keine Bewegung machten konnte. Vier Männer wachten in seinem Zimmer und vier außer demselben.

Aber desto milder war die Begegnung in allem übrigen. Der Oberamtmann, der jetzt schon die noch weiche Seite seines Herzens kannte, bezeugte ihm seine innigste Teilnahme, versprach ihm von seiner Seite jede mögliche Unterstützung und ermahnte ihn aufs dringendste, daß er diese Gelegenheit, sich auf einen ihm nun gewissen Tod vorzubereiten und sich wenigstens eine glückliche Zukunft zuzubereiten, nicht versäumen sollte. Diese Gesinnungen zeigte er ihm auch durch die ganze Behandlung. Er bezeugte ihm, daß er nach dem, was er wirklich schon von ihm gehört, sich auf seine Aufrichtigkeit in Geständnis seiner Verbrechen und in seiner Besserung gewiß verlasse und daß er sich freue, ihn nicht durch Drohungen, Schimpf und gewaltsame Mittel zwingen zu müssen. Öfter sprach er auch von anderen Gegenständen mit ihm, hörte seine Meinung, und die Inquisition nahm den Ton einer vertraulichen Unterredung an. Zugleich schickte sowohl er als gar viele andere Personen der Stadt ihm Essen und Trinken zu. Auch seine Wächter, der Stadtknecht und andere Bürger ahmten in ihrem Teil dem Beispiel der Vorgesetzten nach, gingen ganz vertraulich mit ihm um, hörten ihn manches lustige Histörchen erzählen und lachten und beteten wechselweise mit ihm.

Diese Methode gelang sogleich. Mit Tränen erklärte Schwahn, daß der Oberamtmann – dies waren seine eigenen Worte – durch diese Güte mehr aus ihm herausgebracht, als tausend Foltern nicht hätten erpressen können. Auch bezeugte er, daß er der Vorsehung danke, die ihm gerade in dieser Stadt seinen Tod bestimmt habe, und daß er sich aufs festeste entschlossen, auch wenn er könnte, nicht mehr zu entwischen. Weil er sich aber selbst nicht traute, so war es sein eigener Wunsch, so bat er sogar, daß man ihn wie den ärgsten Bösewicht bewachen sollte. Er nannte die Arten zu schließen, die allein mit Sicherheit bei ihm angewandt werden könnten, und zeigte andere an, die bei ihm unnütz wären. Besonders erinnerte er, daß man an Markttagen wachsam sein sollte, weil hier gewiß einige seiner Kameraden sich einschleichen würden, um ihn zu retten. Mit eben dieser Bereitwilligkeit und Aufrichtigkeit nannte er die Reihe aller seiner Freveltaten und erzählte sie sogar öfters, noch ehe er gefragt wurde.

Seine Aufrichtigkeit dehnte sich auch auf seine Weiber aus. Er gestand alles, auch was sie begangen hatten, und dies gewiß mehr, um seinem Gewissen Genüge zu leisten und ihre Besserung zu bewirken, als aus Haß oder Furcht. Aber desto hartnäckiger waren diese. Er redete ihnen daher erst sehr sanft und freundlich zu, die Wahrheit zu gestehen, als sie aber durchaus nicht nachgaben, so fiel er plötzlich in seine Wut, drohte, schimpfte, unter wiederholten Beteuerungen und Klagen, daß er alles, was nur möglich, auf sich genommen, daß er in seinem ganzen Verhör nie ein Wort um seinetwillen, sondern nur um ihretwillen gelogen und daß es ihm die Verruchten jetzt auf diese Art vergelten.

Aber kaum hatte er ausgetobt, so reute ihn seine Hitze wieder. Er bat sie um Verzeihung und flehte sie auf die sanfteste Weise, Gott und die Obrigkeit durch Leugnen nicht noch mehr zu erbittern und ihre und seine Sünden noch schwerer zu machen.

Nun war seine Seele auch empfänglich genug, um die Lehren der Religion mit Erfolg aufzunehmen.

Zwei Geistliche besuchten ihn: Herr Diakon Leusler und Herr Vikar Krippendorf. Von dem ersteren, einem würdigen, längst verstorbenen Manne, habe ich keine Nachrichten mehr bekommen; ich muß mich daher bloß auf die Unterhaltungen des anderen einschränken. Krippendorf redete bei dem ersten Besuch von dem Zorn Gottes, der diejenigen verfolge, die die Mittel der Gnade zu lange verschmäht, von einer traurigen Ewigkeit, von den Schwierigkeiten einer aufrichtigen Besserung nach einem so ruchlosen Leben usw. Diese Vorstellungen machten auf Schwahn den unerwartetsten Eindruck. Er wurde durch dieselben so unwillig gemacht, daß er voll Mißmut dem Geistlichen entgegenrief, ob er nur gekommen sei, ihn zu quälen. Diese Antwort gab Gelegenheit zu einer Wendung der Unterredung, die mehr gemäß war, seinem Herzen nahe zu kommen. »Nein«, antwortete ihm der Geistliche, »ich bin gekommen als ein Bote des Friedens und trage dem reuigen Sünder in Gottes Namen, in dessen Namen ich ihn sogar darum bitten soll, Gnade an.« Dann flehte er Gott um Vergebung der Sünden und dankte ihm für die Langmut, die er bisher gegen Schwahn bewiesen. Jetzt war die rechte Seite seines Herzens getroffen; Schwahn, bei dem durch alle Vorstellungen von Gottes Zorn nur Unwille und Angst erpreßt werden konnten, war durchaus bewegt bei dem bloßen Gedanken von der Langmut Gottes, sah den Geistlichen während seines Vortrags mit unverwandten Augen an und zerfloß in Tränen. Auch bezeugte er ausdrücklich, daß ihn diese Langmut Gottes selbst während seines ruchlosen Lebens oft zu Tränen bewogen habe.

Von dieser Zeit an schlug der Geistliche bloß diesen Weg ein und erweckte dadurch wirklich aufrichtige und warme Gefühle der Frömmigkeit und Tugend.

In so lebhaften und unaufgeklärten Gemütern, als das des Schwahns war, geht lebhaftes Religionsgefühl immer in abergläubische Handlungen und Empfindungen über. Ich merke es daher nicht zu seiner Schande, sondern nur um die Größe jener Gefühle anzuzeigen an, daß er einst, da er bei ziemlichem Durst mehr Verlangen nach einem Glas Wein als nach Gesängen gefühlt, sich nachmals aufs höchste darüber betrübt und voll Zorn über sich selbst das Gesangbuch auf den Boden geworfen, welches ihm dann einen neuen ebenso großen Kummer verursachte.

Die Ausrottung seiner Laster

Bald zeigte sich nun auch diese wiedererweckte Liebe zu Gott in allen seinen Gesinnungen und Handlungen. Ich weiß gewiß, daß ich jedem Wohldenkenden eine wahre Freude mache, wenn ich die neuen Gesinnungen, die nun in ihm entstanden, etwas weitläufiger schildere.

Man setzt die Sinnesänderung in einem Abscheu vor den vorigen Fehlern und in Scham und Reue darüber, aber das vorzüglichste Zeichen ist möglichster Ersatz alles dessen, was man ehemals verbrochen, Ausrottung aller schlimmen Neigungen und Einpflanzung edlerer und besserer. In allem diesem äußerte sich die Besserung seiner Seele.

Schwahn, so stolz er war, so sehr er oft selbst vor den Allerhöchsten sich zu beugen weigerte, gestand doch endlich, daß er der verworfenste unter den Menschen gewesen, daß er so manchen Unglücklichen gemacht, mit so manchen Verbrechen die Erde befleckt; und Schmerz durchdrang ihn bei jedem dieser Gedanken. Ein Schmerz, den er (und Aufrichtigkeit behielt er selbst in seinen ruchlosesten Jahren) nicht der Furcht vor dem nahenden Tod, sondern bloß seiner Betrübnis über die so lange Vernachlässigung der Langmut des Höchsten zuschrieb.

Er dachte sehr fleißig daran, wie er das viele Böse, so er getan, auch nur durch einiges Gutes wieder ersetzen könnte. Er suchte nämlich nach seinem Vermögen so viel Böses zu verhindern, als er nur konnte, nahm sich aber hierbei sehr in acht, niemand mit einer Unwahrheit, ja nicht einmal mit einer Mutmaßung zu nahe zu treten. »Ich will«, sprach er, »lieber zu wenig als zu viel sagen. Gott weiß«, fuhr er fort, »daß nicht der geringste Groll darunter verborgen liegt, wenn ich jemand entdecke. Ich habe im Gegenteil viele von meinen Freunden, manche, die aus ihren Betten aufgestanden sind, um mich darin liegen zu lassen, nur um das Böse zu verhindern, verraten. Ich gestehe es, daß mir dieses selbst sehr weh tut. Aber wenn ich gedenke, daß dadurch ihre Kinder abgehalten werden, den bösen Exempeln ihrer Eltern zu folgen, daß so viele Unschuldige gerettet, daß manches Kind im Mutterleib werde erhalten werden, so bin ich überzeugt, daß ich hieran recht getan habe.«

Ich habe schon oben gezeigt, wie sehr sein Stolz gebrochen war, gleich sehr war es seine Rachsucht. Er selbst hielt die abgeschlagene Heirat mit Müllerin für die Ursache seines Unglücks und brannte daher während seines ganzen Lebens von Wut und Rachsucht gegen seinen Vater. Dennoch redete er zuletzt mit großer Mäßigung von ihm.

»Er hätte können anders mit mir verfahren«, sagte er einst. »Doch es ist auch wahr, daß mein Eigensinn allzu groß war; ich selbst habe das Gute verworfen und das Böse erwählt. Ich will daher gern alle Schuld auf mich allein nehmen. Aber wenn er ja auch schuld sein sollte, so gedenke doch Gott seiner Sünden nicht. Er hat auf dieser Welt Trübsal genug an mir erlebt.«

»Der arme alte Mann«, fuhr er ein anderes Mal fort, »mein Vater, dauert mich. Ich werde ihm keine Vorwürfe machen. Ich wünschte mir noch seinen Segen. Der Eltern Segen bauet der Kinder Häuser. Das schickt sich nun freilich nimmer auf mich. Aber sein Segen würde mir doch erquickend sein. O, daß Gott ihm seine Sünden vergeben wolle, wie er mir die meinigen vergeben hat!«

Nichts aber war jetzt so lebhaft als die niemals ganz verbannte Empfindung der Liebe. Sein ganzes Herz hing an seinen beiden Frauen und vorzüglich an seinem Kind. Man schickte ihm nichts zu essen, von dem er nicht diesen mitteilte. Besonders aber war er für ihren Seelenzustand so bekümmert, daß er ihnen, wo er nur konnte, auf das nachdrücklichste zusprach, daß er stets sich nach ihren Gesinnungen erkundigte und sowohl dem Oberamtmann als den Geistlichen die Methode anzugeben suchte, wie man ihren Herzen am besten beikommen könnte.

Eine solche Gemütsverfassung gab ihm den Mut in den Augenblicken und unter Umständen, in denen sich sonst Verzweiflung auch der Stärksten bemächtigt; ja er erhob sich durch dieselbe bis zu einer Freudigkeit, die ihm selbst bewundernswürdig vorkam und die bisweilen so weit ging, daß er selbst befürchtete, ob sie nicht bloßer Leichtsinn sein möchte.

Eine erst seit so kurzer Zeit und so schnell erworbene Tugend kann indessen nicht so ununterbrochen und unerschüttert sein als diejenige, die durch lange mühsame Anstrengung eines ganzen Lebens errungen worden. Ebenso wie auch lange und tief eingewurzelte Laster in so großer Eile niemals so völlig ausgerottet werden können, als wenn das ganze Leben zur Ausrottung derselben angewandt worden.

Auch bei Schwahn zeigten sich daher bis an das Ende seines Lebens immer noch bisweilen Spuren seiner ehemaligen rohen Gemütsart.

Wollust war in seinen ruchlosen Jahren seine Hauptleidenschaft gewesen, und er hatte sich lange an unzüchtige Gespräche und Gedanken gewöhnt. Auch nach seiner Sinnesänderung kehrten daher öfters unzüchtige Nebenideen, die er sich ehemals angewöhnt, zurück, störten ihn beim Gebet oder bei Anhörung biblischer Sprüche und raubten ihm jeden Trost, den er daraus schöpfen wollte. Außer diesen hatte er öfters während seiner Ruchlosigkeit über Religion gespottet, auch diese Ideen kehrten nun zurück, wenn er gerade am meisten zur

Andacht gestimmt war. Tausendmal verwünschte er jetzt den unseligen Witz, der ihn zu Spöttereien über die Religion getrieben, tausendmal den Beifall seiner Kameraden, die seinen Witz bewunderten.

Ebensowenig verließ ihn seine rohe Lustigkeit. Ein Glas Wein und ein gutes Essen machten ihn auch in den letzten Tagen seines Lebens plötzlich noch so lustig, daß er die ganze Gesellschaft mit Scherz unterhielt und Henker, Tod, Bekehrung – alles vergaß.

Nichts aber erhielt sich so lange als seine Herrschsucht und Stolz. Einige Tage vor seinem Tode kamen zwei Fremde zu ihm, von denen einer ihn fragte, ob er der Unglückliche sei, der so viele unglücklich gemacht habe. »Meine Herren«, antwortete er, »wer ist unglücklicher, Sie oder ich? Sie, die vielleicht mitten in ihren Sünden durch einen einzigen Schlag dahingerissen werden, oder ich, der ich durch das Blut Jesu mit Gott versöhnt bin.«

Indessen reuten ihn doch diese Fehler sogleich wieder, nachdem er sie begangen hatte. »Mein Gott«, sprach er zu seinem Geistlichen bei dem letzten Vorfall, »was bin ich für ein elender Mensch. Ich habe mich aufs neue versündigt, ich habe nicht einmal diese einzige Rede erdulden können. Gehe, o Herr! nicht mit mir ins Gericht, sondern sei mir armem Sünder, der leider immer noch fortsündigt, gnädig.«

Ankündigung des Todesurteils

Dies war die Verfassung seiner Seele, als ihm jetzt bei feierlicher Versammlung sein Todesurteil nebst dem Tage seines Todes angekündigt wurde. Er sollte, so lautete dasselbe, den 20. Juli im Jahr 1760 gerädert, sein zweites Weib und seine Magd gehenkt und sein erstes Weib auf zehn Jahre ins Zuchthaus gesetzt werden.

Schwahn hörte mit unveränderter Miene die schrecklichen Worte, keine Träne entfloß seinen Augen, kein unwilliger Seufzer seinem Munde. »Wenn sie meine Beine in 1000 Stücke zerstoßen«, sagte er, »so können sie mich doch nicht von meinem Heiland reißen.«

Doch Gott, wie schwach ist der arme Sterbliche! Jene Ermahnung kostete ihn die ganze Anstrengung seiner Kräfte, den ganzen Schwung seiner Seele. Sobald also diese nachließen (und notwendig mußten sie um so früher nachlassen, je stärker sie gespannt waren), so trat Furcht in die Stelle des Muts, und er beklagte sich einige Stunden hernach, daß sein Tod doch immer sehr hart sei. Aber bald bestrafte er sich selbst wegen dieser Zaghaftigkeit und fühlte seine ganze vorige Stärke wieder.

Den folgenden Tag, den letzten vor seinem Tode, blieb er ebenso ruhig. »Nur noch einen einzigen Tag«, so rief er dem ihn gleich morgens besuchenden Geistlichen entgegen, »bis zur Ewigkeit und gottlob zur frohen Ewigkeit. Lange habe ich nicht so sanft geschlafen als in dieser Nacht.«

Jetzt erfolgten einige sehr rührende Szenen. Lange schon waren Schwahn und sein zweites Weib sehr gegen einander erbittert; lange schon hatte die letztere ihn der Lieblosigkeit, der Lügen und der Verräterei beschuldigt. Jetzt brannten sie beide vor Begierde, sich zu versöhnen und dann auf ewig voneinander Abschied zu nehmen. Es wurde gestattet, und sie wurden sogleich zusammengeführt. Voll innigster Bewegung fielen sie sich nun in die Arme, gaben sich dann die Hände mit gegenseitigem Versprechen, alle Mißhelligkeiten, die bisher unter ihnen entstanden, wechselweise zu vergessen, und trösteten sich, daß sie morgen in dem Ort der Seligkeit wieder zusammenkommen würden. So freudig sich Schwahn bezeugte, so versicherte doch sein Weib, daß sie ihn an Freudigkeit im Sterben noch übertreffen wolle, und so schieden sie, sich Glück wünschend zum Kampf und Sieg, vergnügt voneinander.

Nach dieser zärtlichen Szene erfolgte eine andere noch wichtigere. Schwahn hatte sich vorgenommen, das heilige Abendmahl zu genießen, zu welcher Absicht er bis um neun Uhr ganz allein bleiben wollte. Um diese Zeit kam also der Geistliche wieder, fand ihn in Tränen zerflossen, sprach ihm eine Beichte vor und erteilte ihm die Absolution.

Beim Anhören der letztern war Schwahn aufs innigste bewegt, er fiel voll der höchsten Rührung auf seine Knie und dankte Gott unter lauten Tränen für die erwiesene Gnade. Dieser Vormittag war überhaupt nach seiner eigenen Äußerung einer der glücklichsten seines Lebens.

»Ich kann nicht aussprechen«, so drückte er sich selbst hierüber aus, »welch einen glücklichen Vormittag ich heute gehabt habe. Mein Herz wallte vor Liebe zu meinem Heiland. Zu dem komme ich morgen, schon morgen. Morgen um zwölf Uhr aufs längste bin ich bei ihm. O, wenn es doch nur schon morgen wäre!«

Krippendorf, der jetzt zugegen und durch diese Äußerungen innigst bewegt war, rief hier voll Freude aus: »O Tod, wo ist dein Stachel? Hölle, wo ist dein Sieg?« – »Gott sei Dank«, fiel Schwahn ein, »der mir den Sieg geben wird und schon gegeben hat.«

Des Nachmittags verlor sich zwar diese Freudigkeit ziemlich, weil ihn, wie er selbst sagte, die zu große Menge von geistlichen Zusprüchen betrübt und zerstreut hatte, doch kehrte sie abends wieder zurück.

Endlich erschien der Tag, an welchem er hingerichtet werden sollte. Morgens früh um fünf Uhr kam Krippendorf zu ihm und traf ihn im Gebet an. Er sah frisch und munter aus, dennoch hielt er, weil seine Seele nicht so hochgeschwungen und furchtlos wie gestern war, sich selbst für verstockt, ein Gefühl, welches jedoch durch Hilfe des Gebets sich bald wieder verlor.

Er wurde zuerst auf das Rathaus abgeführt, wo ihm sein Todesurteil aufs neue vorgelesen wurde. Fremde zitterten für ihn, seine Richter selbst erblaßten, Schwahn allein stand ruhig und unerschrocken. Nur als er sich in demselben einen Erzbösewicht nennen hörte, setzte er lächelnd hinzu: »Der bin ich gewesen.« Sobald diese Vorbereitungen geendigt waren, und er von seinen Weibern und seinem Kind Abschied genommen hatte, band ihn der Henker auf die Schleife an. »Nun«, sprach Schwahn, »der ist doch barmherzig. Er hätte mich härter binden können, er verspart mir doch einige Schmerzen. Selig sind die Barmherzigen.«

Der Weg ging jetzt durch die Stadt, und nichts entging seiner Aufmerksamkeit. Er sah sein Kind an einem Fenster, wurde innig gerührt, rief ihm allerlei Liebkosungen zu und segnete es. Da man an dem Platz anlangte, wo er gefangengenommen worden, sagte er zu den Umstehenden: »Das ist der glücklichste Ort, den ich jemals in meinem Leben betreten, hier hat Gott angefangen, mich recht zu sich zu ziehen.«

In eben diesem Augenblick kam ein alter Mann, der vermutlich von Ebersbach war, gerade auf ihn zu: »Oh! Wo geht's da hinaus, Friederich«, rief der Alte. »Zum Himmel«, erwiderte Schwahn ganz munter.

Endlich war der Zug angelangt. Sogleich ließ er sich unter den Galgen hinführen, um seiner Frau und Magd bei ihrer Hinrichtung zusprechen zu können. Während dieser Szene blieb er standhaft, nur als er seine Frau verzweiflungsvoll und tobend dahinsterben sah, floß eine Träne von seinen Wangen. »Ach«, rief er, »die arme Christine ist verloren, ist ewig verloren. Ach Gott, erbarme dich über sie!« Doch bald faßte er sich wieder, sagte zu den Umstehenden ganz ruhig und gelassen: »Jetzt ist die Reihe an mir«, und bat, ihn zu dem Gerüst, auf dem er hingerichtet werden sollte, hinzuführen. Hier warf er sich, sobald er entbunden war, nieder, betete laut und eifrig, ermahnte die Umstehenden, sich an ihm zu spiegeln, und dankte allen Personen, die ihm bisher Gutes getan hatten, meistens namentlich. Dies war sein Abschied von der Welt.

Sobald dieser vollendet war, ging er mutig auf das Gerüst hinauf, fragte die Henkersknechte, wie er sich legen müsse, legte sich dann mit ihrer Hilfe ruhig und freudig nieder und empfing betend und dankend den tödlichen Stoß.

Jakob Friedrich Abel

Charakter und Lebensgeschichte der Christina Schettinger

Geburt, erste Erziehung und erste Bildung ihres Charakters

Schettinger hatte alle Gaben der Natur in reichem Maße empfangen. Mit einer sehr schönen Bildung verband sie eine so große Tätigkeit und Anlage des Geistes, daß sie einen so scharfsinnigen Kopf, als Schwahn war, lange Zeit ohne sein Wissen gänzlich beherrschte und ihn, der sonst so richtig sah, beinahe sein ganzes Leben hindurch betrog. Die Stärke ihrer Leidenschaft für ihre Kinder, für das Äußerliche der Religion und für viele andere Gegenstände beweist, daß auch ihr Herz, der Anlage nach, nicht wenig fühlbar gewesen.

Aber so gütig die Natur von dieser Seite gewesen war, so ungütig schien sie von einer anderen. Schettinger stammte aus einem Geschlecht, das schon seit 200 Jahren Rauben und Morden zum ordentlichen Handwerk gemacht hatte.

Vater, Geschwister und wenigstens etlich und zwanzig von ihren nächsten Anverwandten waren auf dem Rad oder am Galgen gestorben oder schmachteten damals, zum Teil noch jetzt, in Gefängnissen und auf Galeeren. Zwar mögen Familiengeschichten dieser Art bei einigen die Wirkung haben, daß sie, geschreckt durch die an Anverwandten vielmehr auffallenden Folgen des Lasters, dasselbe um so eifriger meiden (wie dann wirklich eine ihrer Schwestern, obgleich von eben diesen Eltern zu eben diesen Lastern erzogen, sich lieber eine höchst kümmerliche als die elterliche, verruchte Lebensart wählte). Aber gewiß haben sie bei viel mehreren die Folge, daß sie eine Lebensart, die sie von allen, die sie kennen, und besonders von ihren liebsten Freunden und Anverwandten ausgeübt sehen und die wirklich auch in der Lage, in welcher sie sich ihre ganze Lebenszeit durch befanden, allein sie zu ernähren imstande war, liebgewinnen und daß sie alle, die sich ihnen hierin entgegensetzen, und folglich das ganze Menschengeschlecht als erklärte Feinde, als feindselige Verfolger ansehen, deren Ungerechtigkeiten sie zu rächen befugt seien.

Bei Schettinger traf das letzte nur zu sehr ein.

Erzogen von einer aus allen Lastern zusammengesetzten Mutter und im Schoß einer Räuberbande, deren höchste Wissenschaft und Ruhm Raub und Mord war, gewöhnte sie sich frühzeitig an Rauben und Morden und sah diese Art, sich zu erhalten, so wenig als lasterhaft an, daß sie ihr ganzes Leben durch Strafen gegen

Gauner für offenbare Ungerechtigkeit erklärte und öfters mit höchstem Unwillen behauptete, daß, wenn Stehlen mit dem Tode bestraft werde, kein Mensch von dieser Strafe auszunehmen sei.

Aus der Lebhaftigkeit ihres Temperaments, das unglücklicherweise mit großen Reizen ihrer Person verbunden war, entstand noch ein anderes Laster, die heftigste Zuneigung zu Ausschweifungen, und alle diese Laster, da sie so früh in ihre Seele gedrungen und von keinen entgegengesetzten Tugenden, Gefühlen oder nur Begriffen zurückgehalten wurden, lagen viel tiefer als bei Schwahn eingewurzelt, so daß die uneingeschränkteste Ausübung derselben nicht einmal Gewissensbisse in ihr erweckte.

Bei aller dieser Verdorbenheit der Seele schien sie doch noch eine Tugend, ja den Grund aller Tugenden zu besitzen.

Niemand betete pflichtlicher das Paternoster. Niemand besuchte die Wallfahrten so fleißig oder wohnte den Prozessionen so häufig bei. Schwahn hat versichert, daß sie oft auf eine einzige solche heilige Feierlichkeit mehr als 30 fl. aufgewandt, daß sie aber auch öfters das Geld dazu vorher gestohlen habe.

Jedoch eine Frömmigkeit, die bloß in Ausübung äußerlicher Zeremonien besteht, bestärkt viel eher den Bösewicht in seinen Lastern, als daß sie diese ausrottet; denn da solche äußerlichen Gebräuche viel leichter zu erfüllen sind als die Forderungen einer echten Religion, als Ausrottung böser Neigungen und Einpflanzung guter, so erfüllt sie der Lasterhafte gar gerne und pünktlich, glaubt durch Befolgung derselben alle Pflichten der Religion erfüllt zu haben, wird sogar stolz auf seine Frömmigkeit und erlaubt sich nun, überzeugt, daß er hierdurch genug getan und im Notfall auch neue Sünden gegen seine guten Werke abrechnen könne, jedes Verbrechen um so leichter.

Dies war der Charakter der Schettinger schon sehr frühzeitig. Ihre ganze Geschichte ist nichts als Folge und Ausdruck desselben.

Geschichte ihres Aufenthalts unter den Gaunern und weitere Verschlimmerung ihres Charakters

Sie war nur erst zwölf Jahre alt, als sie bereits mit ihrer Mutter auf alle Märkte zog, log, betrog und raubte, was sie habhaft werden konnte. Diese Talente nebst ihrer Schönheit und Geilheit erweckten ihr bald Liebhaber, sie zauderte lange, bis sie endlich Sympathie der Neigungen bestimmte, gerade den verruchtesten von allen Gaunern auszuwählen. Aber ihr Glück war sehr unbeständig. Der Liebhaber wurde zu Darmstadt gehenkt und sie selbst ins Spinnhaus geworfen, aus welchem sie sich jedoch bald wieder befreite. Von nun an war dies der Wechsel ihres Schicksals durch ihr ganzes Leben; sie raubte, wurde wegen Raubs gefangen, entfloh, raubte wieder, wurde wieder gefangen und entfloh wieder.

Man wundert sich vielleicht, warum Schettinger nicht endlich, geschreckt durch ihre bisherigen Strafen, sich auf eine minder sträfliche Art zu nähren angefangen, aber wie konnte das an Müßiggang und Herumziehen gewohnte Weib die Arbeit lieben, und wenn sie sie auch geliebt, wie hätte sie Arbeit finden können, wie können überhaupt jemals Gauner von ihrer Lebensart abgebracht werden, solange teils keine Anstalten vorhanden sind, durch welche während ihres Gefängnisses ihre Begriffe und ihr Charakter gebessert und sie besonders zur Arbeit gewöhnt werden, wenn ihnen nach ihrer Befreiung keine Gelegenheit zur Erwerbung des Unterhalts durch Arbeit gegeben wird? Kurz, sie war selbst durch ihre Umstände wie durch ihre Neigung genötigt, aufs neue unter die Gauner einzutreten.

Ich habe schon erzählt, auf welche Art sie die merkwürdige Bekanntschaft mit Schwahn gemacht und ihn durch eben das, was sie am wenigsten besaß, durch Bescheidenheit und Sprödigkeit, so gefesselt, daß er sich mit ihr verheiratete.

Von dieser Zeit an stiegen größere Projekte in ihrer Brust empor. Erst betrog sie den sonst so scharfsinnigen Mann, wie ihr beliebte. Sie buhlte mit jedem, der ihr in den Weg kam, und doch konnte Schwahn nie so weit gebracht werden, daß er, ungeachtet so vieler gehäufter Beschuldigungen und unerachtet des täglichen Anblicks ihrer Freveltaten, die gegen sie vorgebrachten Beschuldigungen glaubte, sondern daß er vielmehr auf jeden, der ihm etwas Nachteiliges von ihr erzählte, aufs heftigste erbost wurde.

Ich wiederhole die Räubereien und Einbrüche nicht, die sie in Schwahns Gesellschaft verrichtete, ich nenne nur eine Handlung, die zugleich erweist, wie sehr sie diesen selbst an Bosheit übertraf und wie der Charakter, den wir oben von ihr gegeben, stets noch mehr verschlimmert wurde.

Einst war sie auf ihren Bruder erzürnt; sogleich eilt sie zu Schwahn und bittet ihn, ihren Bruder zu erschießen. Schwahn, weigert sich, stellt ihr die Größe des Verbrechens vor und sucht sie zu besänftigen. Umsonst, sie bedroht, sie beschwört ihn, noch weigert sich Schwahn und noch läßt sie nicht nach. Endlich, da Schwahn noch immer nicht einwilligt, holt sie selbst die Pistolen, ladet sie, reicht sie Schwahn, gegen ihren Bruder hingezielt, in die Hand und martert ihn so lange, bis er, um ihrer loszuwerden, sie losdrückte. Glücklicherweise wurde jedoch der Bruder nicht getroffen.

Wir haben bei Schwahn bemerkt, daß er seine Lebensart stets verwünscht und sich sogar oft gesehnt, sie zu verlassen. Schettinger hatte nie einen fernen Gedanken, sie aufzugeben. Noch weniger machte ihr das Gewissen Unruhe; sie spottete sogar über Schwahn, wenn Anwandlungen von Gewissensbissen bei ihm rege wurden.

Es ist für den Menschenfreund keine angenehmere Entdeckung, als wenn er in einem Herzen, das so durchaus verdorben ist, wenigstens noch einen edlen Zug findet. Wir haben von Schwahn viel entdeckt, von Schettinger weiß ich nur einen, die Liebe zu ihrem Kind.

Sie hatte nämlich von Schwahn ein Kind, das sie sehr liebte; dieses Kind starb sehr frühzeitig, und ihre Betrübnis über seinen Tod war so übermäßig, daß sie ganz in Verzweiflung ausbrach und wirklich dem Wahnwitz nahe war. Auch wollte sie sich durchaus nicht von demselben scheiden und trug daher den schon sehr übel riechenden Leichnam in einem Kästchen mit der größten Beschwerlichkeit acht Tage mit sich. Schwahn hat eben diese Bemerkung von ihrer durchaus lasterhaften Mutter gemacht und gemutmaßt, daß sie bloß aus Schmerz über die Gefangennahme ihrer Tochter sich erhenkt habe.

Vielleicht, daß eben die Absonderung und Entfernung des Herzens von allen Menschen dieses desto mehr auf den einigen Gegenstand hinfesselt, der allein noch die Liebe auf sich zu ziehen fähig ist, vielleicht auch, daß Gefahren, Unglück und Furcht vor Verlust die Liebe vermehren.

Gefangennahme, Tod, nebst ihrem Gemütszustand während dieser Zeit

Aber jetzt war ihre Rolle am Ende. Sie wurde auf einem Marktdiebstahl in Ettlingen ergriffen und mit ihrer ganzen Bande ins Gefängnis geworfen. Nach ihrer Gewohnheit gab sie nun zwar einen falschen Namen an und leugnete gegen die augenscheinlichsten Beweise alles; doch ihres Leugnens ungeachtet, erfuhr man bald ihre Verbrechen, indem Schwahn, der indes gefangengenommen worden, sie selbst angab. Sie wurde daher auch, sobald sie als Schwahns Weib bekannt war, nach Vaihingen geschickt.

Auch hier leugnete sie wieder aufs hartnäckigste, schimpfte über Ungerechtigkeit, drohte, aber ein Mittel, dessen sich der Oberamtmann bediente, entdeckte bald ihren wahren Stand: Dieser ließ nämlich Schwahn, von dessen Gefangenschaft sie nichts wußte, hinter eine spanische Wand sich verbergen und ihn dann, als sie jemals ihn gesehen zu haben leugnete, auf ein gegebenes Zeichen auf einmal hervortreten.

Schwahns ganze Seele war bei ihrem Anblick bewegt, er zerfloß in Tränen der Liebe und des Schmerzes. Auch sie war bei seinem unerwarteten Anblick erschüttert, doch faßte sie sich plötzlich wieder und nahm die gleichgültige Miene, wie gegen einen unbekannten oder kaum einmal gesehenen Mann an.

Schwahn ließ sich nicht abschrecken. Er näherte sich ihr mit den zärtlichsten Liebkosungen, die um so rührender waren, da sie sich jetzt zum erstenmal in einer so traurigen Lage und unter noch traurigeren Aussichten wiedersahen. Aber sie verschmähte mit Unwillen seine Zärtlichkeiten und beschwerte sich über die Vertraulichkeit eines Unbekannten, der noch überdies allem Anschein nach ein großer Bösewicht sei und sie selbst in diesen Verdacht bringen wolle. Noch ließ er nicht nach.

Er erklärte ihr, daß das Leugnen ihrer Verbrechen nun zu spät sei, daß er längst alles gestanden und daß sie selbst auch durch viele Umstände sich schon verraten habe. Er versicherte sie, daß nun das Ende ihrer Freveltaten gewiß gekommen, daß er aber seinen gegenwärtigen Zustand, wo er in Ketten und Banden schmachte und keine Aussicht als den Tod habe, dennoch für viel glücklicher halte, als jenen, da er in seiner höchsten Freiheit Gottes und der Menschen gespottet.

Nichts rührte das boshafte und verhärtete Weib; sie antwortete ihm nur mit Unwillen und Verachtung. Nun konnte sich Schwahn nimmer halten. Seine beiden großen Leidenschaften Zorn und Rachsucht brachen plötzlich hervor, er tobte, raste, fluchte und wünschte nichts mehr, als die Verruchte mit eigener Hand ermorden zu können. Doch auf diesen wilden Ausbruch folgte sogleich wieder Ergießung sanfter Liebe und Zärtlichkeit; er bat, flehte, weinte, aber auch seiner Bitten und seiner Tränen spottete sie, bis er aufs neue in Wut ausbrach und so wechselweise jetzt der Wut, jetzt der Zärtlichkeit sich überließ.

Indessen war ihre Erschütterung beim ersten Anblick Schwahns und viele Umstände, die dieser angegeben, bei weitem hinlänglich, sie zu überweisen, und nach vielen vergeblichen Bemühungen sowohl des Beamten als des Schwahns, der immer abwechslungsweise in Wut und Liebe gegen sie zerfloß und diese beiden Empfindungen durch die gemeinschaftlichen Wächter ihr bekannt machte, gestand sie endlich ihren wahren Namen und die leichtesten und verzeihlichsten ihrer Diebstähle ein, die sie jedoch alle durch ihre Jugend und die Verführung Schwahns und ihrer Mutter zu entschuldigen suchte.

Alles half nichts, bald erfolgte ihr Todesurteil, daß sie gehenkt werden sollte. Schrecken und Wut durchdrang sie, da sie es anhörte; sie stand eine Zeitlang starr vor Entsetzen, dann brach sie in die fürchterlichsten Flüche aus und wütete so lange, bis sich ihre Kräfte gänzlich erschöpft hatten.

Man wird ohne Zweifel begierig sein, wie das boshafte Weib nun, da sie ihrer Laster überwiesen war und nichts als gewissen Tod zu gewarten hatte, sich betrug.

Die katholischen Geistlichen sowohl als die lutherischen suchten, jeder auf seine Art, Reue über ihre Verbrechen ihr beizubringen und sie auf bessere Wege zu führen.

Schwahn selbst gab sich die äußerste Mühe und versuchte bald durch die zärtlichste Liebe, bald durch die heftigsten Drohungen sie zu bekehren. Sie blieb gänzlich ungerührt. Auf alle Ermahnungen antwortete sie mit Vorwürfen und verwünschte sich selbst und alle Menschen. Oft, wenn ihr der Geistliche vorhielt, daß sie mit diesen Gesinnungen gewiß zur Hölle verdammt würde, so antwortete sie, daß es ihr gleichgültig sei, in den Himmel oder in die Hölle zu kommen, sie werde in beiden Kameraden finden. Oft freute sie sich sogar darauf, einst in der Hölle gequält zu werden, weil sie sich Hoffnung mache, daß auch ihre Richter zugleich mit ihr gequält würden. Als man ihr das Beispiel ihrer Magd vorhielt, die sich sehr aufrichtig bekehrt hätte, so spottete sie darüber und schrieb ihre Bekehrung ihrer Dummheit zu, und als man ihr auch Schwahns Beispiel vorstellte, so antwortete sie, daß Schwahn das Leben besser genossen als sie und also sie sich nicht mit ihm vergleichen lassen könne. Nur sie allein, fuhr sie fort, sei die unglücklichste aller Menschen, da sie, noch so fähig, die Freuden der Welt zu genießen, ihnen schon entrissen werde.

So verhielt sie sich mehrere Tage, aber auf einmal schien ihre ganze Seele verändert. Sie gestand, daß sie jene verzweiflungsvolle Sprache bloß angenommen, weil sie geglaubt, daß man sie nicht in ihren Sünden dahinsterben lassen werde. Sie bekannte alle ihre Fehler, bezeugte die herzlichste Reue und versprach, Schwahn in der Freudigkeit beim Tode zu übertreffen. Auffallend war es dabei, daß sie sich gegen die lutherischen Geistlichen viel aufmerksamer als gegen die katholischen bezeugte, mit jenen viel williger und herzlicher betete und diesen sogar drohte, bei den lutherischen das Abendmahl zu nehmen. Kurz, auch diese schnelle Bekehrung sollte bloß zum Mittel dienen, Mitleiden zu erwecken und ihr vielleicht das Leben zu retten.

Aber auch dieser Kunstgriff half nichts. Der Tag ihres Todes erschien, sie wurde auf das Rathaus geführt, wo ihr angekündigt wurde, daß sie noch heute sterben müsse.

Nun zeigte sich bald, daß ihr letztes Betragen nur Verstellung gewesen. Sie fiel in plötzliche Ohnmacht und erholte sich aus derselben nur, um in Wut gegen alle Menschen und selbst gegen Schwahn, der ihr Mut einzusprechen suchte, auszubrechen.

Endlich schlug die furchtbare Stunde; sie wurde zum Galgen fortgeführt, und ihre Verzweiflung wuchs mit jedem Schritt. Man nahte sich jetzt dem Galgen, man henkte ihre Magd, und immer wurde ihre Verzweiflung und Wut vermehrt. »Ist denn kein Pardon da«, rief sie mit lauter, wütender Stimme, und als ihre Frage mit Nein beantwortet wurde, so schrie sie mit noch lauterer Stimme: »Wer hat denn nun recht, der eine sagt so, der andere anders; ist denn kein katholischer Christ da, wenn einer da ist, so gebe er mir doch ein Zeichen.«

Jetzt wurde sie die Leiter zu besteigen genötigt; Schwahn stand unter dem Galgen und schrie ihr immer zu: »Liebste Christine, wenn du mich lieb hast, wenn du mit mir in den Himmel kommen willst, du willst ja bei mir sein, so rufe Jesum an, den bluttriefenden, den blutschwitzenden Jesum, halte ihn, halte ihn, laß ihn nicht, halte ihn doch.«

Alles war umsonst: Nur mit größter Mühe gezwungen, bestieg sie die Leiter, sträubte sich bei jedem Schritt gegen die Henker, wiederholte mit verzweifelnder Stimme ihre vorigen Ausrufungen bis an den letzten Augenblik und unwillig und fluchend entfloh ihre unglückliche Seele.

Reformer des Verbrechens
Damian Hessel und seine Raubgenossen

In einer Besprechung der 1990 erschienenen ›Werke und Briefe in drei Bänden‹ Georg Friedrich Rebmanns (1768–1824) bemängelt der Rezensent das Fehlen einiger Texte und ärgert sich darüber, daß die fehlenden Schriften nicht einmal genannt werden. Daß dort auch Rebmanns, erstmals 1810 veröffentlichte, »Aktenmäßigen Nachrichten« über Damian Hessel und seine Raubgenossen fehlen, scheint ihm nicht aufgefallen zu sein. Dies, obwohl schon 1811 zwei weitere Auflagen und eine französische Übersetzung erschienen. Das auf dem Titelblatt ausdrücklich »gerichtlichen und Polizeibeamten« anempfohlene Buch scheint seine (im Ernst gemeinte?) Zielgruppe erheblich übertroffen zu haben. Daß dieses relativ späte Werk des »deutschen Jakobiners«, »revolutionären Demokraten« Rebmann bislang kaum beachtet wurde, dürfte mehrere Gründe haben.

Der Verfasser hatte sich vom gejagten und zensierten Symphatisanten der Französischen Revolution, von »einem der leidenschaftlichsten Verfechter der Menschenrechte« nach der Besetzung der linken Rheinlande durch Frankreich Ende 1797 zum Richter in Mainz machen lassen. Jedesmal, wenn das Justizsystem in den besetzten Rheinlanden verändert wurde, stieg der Justizbeamte Rebmann auf. Als Präsident des Kriminalgerichts in Mainz betrieb er 1803 die Verurteilung des Schinderhannes und seiner Bande. In derselben Funktion war er für den Prozeß gegen Damian Hessel und seine Miträuber 1810 verantwortlich. Auch als 1814 die linken Rheinlande zurückerobert wurden, blieb Rebmann – nunmehr in Pfalzbayerns Diensten – hoher Beamter. (Er starb 1824 als Oberpräsident des Appellationsgerichtshofes in Zweibrücken während einer Kur in Wiesbaden.)

Seine Bio- und Monographen betonen, niemals sei er den (revolutionären) Idealen seiner Jugend untreu geworden (Walter Grab), er sei auch in den späten Lebensjahren »engagierter Propagandist der Republik« geblieben (Rainer Kawa). Das mag alles stimmen, und seine aus dieser Zeit erhaltenen Briefe, Reden und Schriften können diesen Eindruck bestätigen. Nur wurden bei diesen Einschätzungen augenscheinlich nie Rebmanns juristische Praxis und sein kriminalistisches Wirken untersucht. Das könnte das Bild des alternden Jakobiners, der trotz Staatsdiensten revolutionstreu bleibt, ein wenig ändern; denn vor allem geht es Rebmann in seinen »Nachrichten über einige gefährliche Räuberbanden ...« um den Schutz des Eigentums, um zwar aufgeklärte, aber erst recht sichere und ordentliche Zustände. Ein klein wenig Reflexion über das Eigentumsgefälle im nachrevolutionären Frankreich und den besetzten Gebieten hätte man schon erwarten dürfen.

Sehr aufmerksam und voller Milieukenntnisse schildert er den mit dem 19. Jahrhundert einsetzenden Strukturwandel des Räuber- und Gaunerwesens. Da sich in den Städten das meiste Geld befindet, ist nun kaum mehr die eher ländliche Rammbaum–Technik, das tumbe Einfallen in einsame Bauern- oder Pfarrershäuser gefragt. Es beginnt die Epoche der (Sicherheits-)Schlösser knackenden Spezialeinbrecher. Der Diebstahl orientiert sich an den Erscheinungsformen des Eigentums. In der neuen Kunst des Einbruchs scheinen es Damian Hessel und sein engster Kumpan Franz Joseph Streitmatter sehr weit gebracht zu haben.

Die Verbrecher–Population wird von Rebmann grob in zwei Klassen geteilt: die kleinen, armen, aus Gelegenheit zu Dieben gewordenen weniger Verruchten und die reichen, eleganten, prassenden Berufsverbrecher als die vollkommen Verrotteten. Noch unter diese Klasse aber plaziert er die Hehler und Händler, und das sind in Rebmanns Buch notorisch und nahezu ausschließlich Juden. Daß er immer wieder auf seine eigentlich tolerante Haltung hinweist und sich geradezu entschuldigt für die Auflistung jüdischer Freveltaten, kompensiert nicht seine Sonderdenunziationen jüdischer Gauner und Hehler, die in diesem Fall von keinerlei Sachkenntnis getrübt sind.

Auch für seine vornehmlich geschilderten Delinquenten Hessel und Streitmatter bringt er wenig Verständnis auf. Zwar werden in die laufende Beschreibung und Durchleuchtung des Räuber- und Diebesunwesens immer wieder allgemeine Reflexionen über die humane französische Strafjustiz eingeflochten, wird der Staat gelobt, der ohne Tyrannen in Gerechtigkeit regiert, wenn es aber in die Einzelschicksale geht, ist unerbittliche Härte erforderlich.

Damian Hessel war kein Mörder. Er war ein ungewöhnlich erfolgreicher Dieb und Räuber, Hochstapler und Ausbrecher. Sein Charakter war Rebmann zufolge scheußlich. Daran braucht gar nicht gezweifelt zu werden. In der beigefügten Liste seiner und seiner Miträuber Verbrechen findet sich unter der Nummer 131 der Eintrag: »Diebstahl bei Herrn Hildebrand, auf einer einsam gelegenen Mühle zu Harxsheim (Donnersberg). Wegen dieses Verbrechens wurde Schmaye Nathan zum Tode verurteilt.« Nathan war unter Hessels Raubgenossen der dritte, der mit dem Tode bestraft wurde. Über Streitmatter erfahren wir, daß er äußerst friedfertig war.

Nun kann der Präsident eines Kriminalgerichtshofes nicht Urteile schelten, für die er selbst die Verantwortung trägt. Er kann offenbar auch überhaupt nichts der folgenden rotzfrechen Rede Hessels abgewinnen: »Gott erweckt und sendet uns, um die Geizigen und Reichen zu züchtigen, wir sind eine Art von Landplage, und wenn wir nicht wären, wozu brauchte man dann Richter?«

Kann er aber seine derart effiziente Berufspraxis vollständig trennen vom Arsenal seiner politischen Grundsätze? Offenbar. Auch wenn diese Widersprüche genannt werden müssen; das hier erstmals seit 1811 wieder abgedruckte Buch erhellt auf nachdrücklichste Weise den Beginn der modernen Justiz- und Verbrechensgeschichte.

Quelle:

Georg Friedrich Rebmann, Damian Hessel und seine Raubgenossen. Aktenmäßige Nachrichten über einige gefährliche Räuberbanden, ihre Taktik und ihre Schlupfwinkel, nebst Angabe der Mittel sie zu verfolgen und zu zerstören. Zunächst für gerichtliche und Polizeibeamte an den Gränzen Deutschlands und Frankreichs bearbeitet von einem gerichtlichen Beamten.
Dritte, durchaus umgearbeitete, vermehrte und verbesserte Auflage. Nebst einigen Beilagen, Notizen über Hessels frühere Geschichte, und einer vollständigen Übersicht der Resultate der gegen ihn geführten Untersuchung. Mainz, 1811

Literatur:

R.Kawa, Georg Friedrich Rebmann (1768–1824). Studien zu Leben und Werk eines deutschen Jakobiners, Bonn 1980.
W.Grab, Ein Volk muß seine Freiheit selbst erobern, Frankfurt/M. 1984.

Georg Friedrich Rebmann

Damian Hessel und seine Raubgenossen

Vorerinnerung zur dritten Auflage

Die in kurzer Zeit erfolgten mehreren Auflagen dieser kleinen Schrift und noch mehr die Benutzung verschiedener darin enthaltener Ideen in mehreren Polizeiverordnungen und die dadurch bewirkte Verhaftung einiger bezeichneter flüchtiger Räuber erlauben dem Verfasser zu glauben, daß er durch ihre Bekanntmachung nicht bloß leere Neugierde befriedigt, sondern wirklich Nutzen gestiftet habe.

Dem laut geäußerten Wunsche vieler achtungswerten Männer gemäß, ist dieser dritten Auflage eine etwas vollständigere Übersicht der geführten Untersuchung und ihrer Resultate beigefügt, die vielleicht auch für Rechtsgelehrte einiges Interesse haben kann, da häufig vergebliche Nachfrage nach dem in diesem Prozeß ergangenen Kompetenzurteile geschieht, wovon die wenigen gedruckten Exemplare sich sehr selten gemacht haben.

Mainz, am 6ten März 1811
Rebmann

Jeder langwierige Krieg, jede Eroberung und Umwälzung ganzer Länder hatte stets außer den großen stürmischen Wirkungen, welche die Gestalt großer Staaten ändern, auch weniger auffallende, aber ebenso traurige Einflüsse auf die einzelnen Teile der bürgerlichen Gesellschaft. Aufgelöst ist in solchen Zeitpunkten alle Ordnung, Gewalt allein herrscht; dem ruhigen Gewerbe, der fleißigen Tätigkeit ist jede Hoffnung zum Gelingen benommen, rechtlich erworbene Reichtümer verschwinden, das Glück begünstigt nur Wagstücke und kühnen Betrug, und mancher wird erst Bettler und dann aus Verzweiflung Verbrecher. Oft werden die Folgen dieser Unordnungen erst nach wieder eingetretenem Frieden recht sichtbar. Entwöhnt des fleißigen Erwerbes, aufgereizt durch schnellen Glückswechsel, nicht mehr achtend kleinbürgerliche Sittlichkeit und guten Ruf, verletzt jeder im Kleinen das Recht, was er täglich im Großen verhöhnt sieht, und das blendende Beispiel schnell aufgeschossener Glückspilze gewöhnt an den gefährlichen Anblick belohnter Verbrechen. Den siegenden sowie den geschlagenen Heeren folgen Schwärme heimatlosen, raubbegierigen Gesindels, jenen, um die Beute des frohlockenden Siegers zu teilen, diesen, um den geängstigten Flüchtling vollends auszuplündern, und aufgelöste Scharen von Kriegern, die nur Zufall oder Sucht nach Beute auf Augenblicke vereinte, führen auch nach dem Frieden in einzelnen Rotten den Krieg mit Wehrlosen auf eigene Rechnung fort.

So war nach dem Dreißigjährigen, nach dem Siebenjährigen und nach dem gegenwärtigen Krieg mit dem Frieden noch nicht überall Ruhe und Ordnung wiederhergestellt. Kranken gleich, die nur langsam ihre Kräfte wieder erhalten, siechten auch Staaten, und es dauerte Jahrzehnte, bis Verwaltung und Polizei, Gewerbfleiß und Handel wieder in regelmäßigen Gang kamen. Was Erfahrung, Übung und Überlegung gebaut und gelehrt hatten, war vergessen, nützliche Einrichtungen, oft aus zweckloser Abneigung gegen das Altherkömmliche, aus raschem Umformungsgeiste, zerstört. Selbst bessere Ordnungen konnten nur allmählich die Achtung und gewissenhafte Befolgung gewinnen, welche auch den unvollkommeneren ihr langes Bestehen und Jahrhunderte lange Dauer verschafft hatte.

Daher vermehrt sich nach langen Kriegen die Menge der Verbrechen, ohne daß man immer daraus auf absolute Verschlimmerung des Volkscharakters schließen kann. Der einzelne Mensch handelt im gereizten Zustande nicht wie der nüchterne Mensch in seinem gewöhnlichen Gleise; so auch Völker. Betrügereien, Diebstähle, Straßenraub, Mordtaten vervielfältigen sich, ja sogar der Abscheu vor solchen Verbrechen scheint auf eine Zeitlang vermindert, weil die einzelnen Greuel nur eine kleinliche Nachahmung der Greuel in Masse zu sein scheinen. Aber eben in solchen Augenblicken muß die Verwaltung der Polizei – und die peinliche Gerichtspflege, die nur als Komplement der ersten zu betrachten ist, da sie nur mit dem Übel sich beschäftigt, was jene nicht verhüten konnte – besonders tätig sein.

An den Grenzen großer Staaten, zumal da, wo die Beamten und Regierungen gewechselt haben, ist die Herstellung der öffentlichen Ruhe und die Handhabung guter Ordnung am schwersten. Daher ist es kein Wunder, daß im letzten Jahrzehnt des verflossenen und im ersten des gegenwärtigen Jahrhunderts zahlreiche Rotten von Mördern und Räubern, bekannt unter dem Namen der Niederländer, Mersischen, Krefelder, Spessarter, Odenwälder Banden, in manchen Gegenden ihr Wesen trieben. Sind sie gleich zum Teil zerstört und ausgerottet, so treiben sich doch noch viele dieser Bösewichter, die der Justiz entwischten, umher, vereinigen sich dann und wann und begehen noch immer häufige, wenn auch gleich nicht mehr so kühne Verbrechen. In Beziehung auf eine in der Keilischen Buchhandlung in Köln herausgekommene aktenmäßige Geschichte ihrer früheren Periode (die so wie die in Basel bei Flick erschienene Geschichte Johann Bücklers die Aufmerksamkeit jedes Beamten verdient*) soll gegenwärtige Schrift Winke an die Hand geben, um auch die Überbleibsel dieser Banden zu zerstören. Diese haben jetzt eine neue Taktik angenommen.

Ehedem begünstigten die Lähmung und Auflösung aller Behörden durch den Krieg, die daraus entstandene Anarchie an den Grenzen von Deutschland und Frankreich, die von einzelnen Streifpartien verübten Ausschweifungen gewaltsame Einbrüche, Versammlungen von Dieben, die mit offener Gewalt nächtlicher Weile ganze Dörfer durchzogen und nach verübtem Raub sich entweder mit der Beute auf fremde Territorien begaben oder auch sich in Gegenden versteckt hielten, wo die Unruhen des Krieges alle Polizei, außer der militärischen, unwirksam gemacht hatten. Diese Art von offenbarem Krieg mit der Gesellschaft wird jetzt von diesen Räubern nicht mehr angewendet. Ohne Gewalttätigkeit, ohne Lärm, ohne Überfall, bloß durch List und Gewandtheit werden jetzt ihre Diebstähle vollführt. Bei dem geringsten Widerstand geben sie ihre Unternehmungen auf oder verschieben sie wenigstens auf eine gelegenere Zeit. Straßenraub, Einbrüche auf einzelnen Höfen, Knebeln und Mißhandlungen der Eigentümer, denen sie ihren Besuch zugedacht haben, gehören nicht mehr in ihren Plan. Diese Art von Verbrechen überlassen sie ihren Subalternen, die auf der rechten Rheinseite noch von Sturmbalken Gebrauch machen. Die geschickteren Diebe, die mehr die linke Seite dieses Flusses besuchen, sind verfeinert und lassen die Höfe und Dörfer in Ruhe. Sie bestehlen vielmehr vorzüglich öffentliche Kassen, Bankiers, Postbüros und reiche Privatpersonen in den volkreichsten Städten und mit einer fast unbeschreiblichen Geschicklichkeit. Die Menschen, mit welchen sich diese Schrift vorzüglich beschäftigt, sind weniger Räuber als vielmehr Diebe von Handwerk, fast alle Juden. Was oben von den Ursachen, weshalb sich nach langen Kriegen Räuberbanden bilden, gesagt ist, läßt sich auf unsere Gauner wenigstens jetzt nicht mehr anwenden. Unter ihnen finden sich keine Deserteure, keine durch den Krieg verarmten Bauern, ja sie wollen sich sogar mit diesen nicht einlassen. Selbst die Christen, die zu dieser Bande gehören, stehlen und handeln nicht mit Christen, sondern suchen bloß unter Juden ihre Gefährten und Abnehmer. Un-

---

* genannt Schinderhannes

sere Gauner sind Diebe von Profession und aus Neigung, ihre Verbrechen sind weder die Wirkung der Not noch der gereizten Leidenschaft, sondern ein in ein System gebrachter, kunst- und zweckmäßiger Erwerbszweig.

Gar manche von ihren Diebstählen waren so schnell und fein verübt, daß die örtlichen Behörden der Aussage der Bestohlenen keinen Glauben beimaßen und die Geplünderten noch dazu ihren guten Namen verloren. Mehrere Bestohlene kamen sogar in gerichtliche Untersuchung, weil man vermutete, der Diebstahl sei nur eine Erfindung, um einen betrügerischen Bankrott vorzubereiten, und einige wurden zu Bettlern, ohne daß ihre Mitbürger sie bedauerten, weil man ihnen nicht glaubte.

Die Besonnenheit und Geistesgegenwart der Diebe bei ihren Unternehmungen ist groß. Bei einem Einbruch wurden sie mitten im Einsteigen von zwei Mädchen gestört, die sich an der Haustür hinstellten und nicht weichen wollten, obgleich der Dieb schon oben am Fenster war. Einer der zur Wache ausgestellten Diebe faßte den Entschluß, sich mit den Mädchen in Unterhaltung einzulassen, und führte sie so bis in eine Nebengasse, wo er sie aufhielt, bis sein Gefährte fertig war. Ein andermal blieben sie so lange mit ihren Packen im Laden neben einem bewohnten Zimmer, stille, bis eine Kutsche, die gerade gegenüber von einem Ball nach Hause kam, und Damen, die zum Fenster heraussahen, sich entfernt hatten. In Genf lockten sie durch Scheinversuche zum Einbruch in der Nacht vor dem beschlossenen Diebstahl die Polizei in andere Stadtviertel.

Wenn man schon im Jahre 1804 den Betrag des Wertes ihrer Diebstähle auf drei und eine halbe Million anschlug, so beläuft sich diese Summe jetzt ungleich höher. Es ist unglaublich, mit welcher Verwegenheit, Schlauigkeit und Schnelligkeit diese Diebe stahlen und den Raub fast im Augenblicke wieder verschwelgten. Die vortrefflichen Anstalten und Beschlüsse des Herrn Präfekten des Departements vom Donnersberg, der zu den vielen Verdiensten, die er sich schon um seine Verwalteten erwarb, auch noch die zweckmäßigsten Maßregeln für die öffentliche Sicherheit hinzufügte, waren Ursache, daß die Räuber nur mit Scheu unsere Gegend betraten und sich unmöglich organisieren konnten. Dem ungeachtet begingen sie in Zeit von drei Monaten sechs bis acht beträchtliche und kühne Verbrechen.

Nur fünf bis sechs von diesen Dieben reisen jetzt gewöhnlich zusammen. Sie sind mit Pässen versehen, an deren Form nichts auszusetzen ist. Überhaupt, solange das Geheimnis nicht erfunden wird, jeden Schultheiß, Maire*, Ortsvorstand etc. zu einem vernünftigen und rechtschaffenen Mann zu machen, so lange werden alle Verordnungen in Hinsicht auf Pässe mehr den ehrlichen Mann als den Dieb in Verlegenheit setzen. Die Art von Gaunern, von welchen hier die Rede ist, waren diesfalls nicht im mindesten gehemmt. Alle sind im Besitz von sehr regelmäßigen Reisescheinen. Mehrere sind sogar hier und da zu halben und ganzen Jahren seßhaft und bezahlen Patente, meistens als Gängler†. Leichtsinni-

---

* Bürgermeister

† wandernder Krämer, Landfahrer

ge und vielleicht auch einige gewissenlose Ortsobrigkeiten erteilen ihnen, oft auf das Zeugnis anderer Diebe, Pässe und Scheine über gute Aufführung. Mit diesen versehen, die sie oft gegen Hinterlegung alter Papiere austauschen unter dem Vorwand, daß ihre Geschäfte eine Änderung in ihrem Reiseplan notwendig machten, durchstreichen sie mehrere Länder. Gar oft wechseln und vertauschen sie ihre Namen, und mehrere der in Mainz gerichteten Räuber sind unter fünf bis sechs verschiedenen Namen vor mehreren Gerichtshöfen verurteilt worden.[1]

Polizeibeamte, die nur oberflächlich solche Papiere betrachten oder sich bei Einziehung verdächtiger Personen zu leicht durch den Umstand hintergehen lassen, daß die in den Pässen bemerkte Reiseroute von dem Ort, wo ein Diebstahl begangen worden ist, weit entfernt liegt, werden leicht getäuscht. Die Beschreibung eines verdächtigen Landstreichers verdient bei weitem mehr ihre Aufmerksamkeit als der Name, den er anzugeben für gut findet und den er alle Augenblicke wechselt. Durch die Maßregel, die der Herr Präfekt unseres Departements genommen hat, wurde ein Schwarm Landstreicher eingezogen. Ihre Pässe und ihre Namen gaben nicht den geringsten Grund, sie festzuhalten, aber man untersuchte ihre Rücken und stellte sie vor die Augen Hessels und seiner Gesellen. Die Spuren von Brandmarkung und die Anerkennung von seiten der Räuber bewiesen, daß man bei ihrer Verhaftung nicht fehlgegriffen hatte.

Doch dieses Gesindel, welches Damian Hessel ziemlich charakteristisch seine Kanaille zu nennen pflegte, spielt eigentlich nur eine Nebenrolle. Mehrere dieser Landstreicher bilden zu Zeiten einzelne und abgesonderte Banden, die mit persönlichen Mißhandlungen und Einbruch einzelne Höfe und Mühlen, Pfarrhäuser etc. berauben. Andere ziehen, gut gekleidet, im Land umher, geben sich für Handlungsbediente reicher jüdischer Häuser aus, die Gold und allerlei Münzsorten gegen gutes Aufgeld einwechseln. Sie erwerben sich bei ihren ersten Besuchen eines Hauses Zutrauen, bald aber wissen sie sehr geschickt eine mit Blei gefüllte Rolle einer Geldrolle unterzuschieben, haben auch eine eigene Geschicklichkeit im Geldzählen, wobei sich von zehn Stücken eines oder mehrere zwischen ihren Fingern verlieren. Andere (in der Gaunersprache Nepper) führen tonbackene, mit geschliffenen Kristallen besetzte Uhren, die sie nach Gelegenheit für goldene verkaufen oder unter dem Vorwand, daß sie zu einem einträglichen Handel mehr Geld brauchen, als sie bei ihrer Abreise voraussetzen konnten, gegen die drei- und vierfache Summe des wahren Wertes versetzen. Einer dieser Gauner betrog einen ehrlichen Landpfarrer, indem er sich für einen geflüchteten französischen Großen ausgab, der von seinem ehemaligen bedeutenden Vermögen nur einen Ring und ein in Brillanten gefaßtes Porträt eines Verwandten gerettet habe. Dieses, behauptete er, müsse er jetzt aus Geldmangel um einen Spottpreis veräußern. Ein angeblicher Juwelier kam gleichfalls zufällig

1 *Hessel, Dahl, Corneli, Cordula und wie er sonst hieß, wurde einst wegen Mangel an einem Paß verhaftet. Ein Herr Amtmann ließ sich durch sein glattes Geschwätz und durh den Tausch mit Hessels schöner Pfeife, den dieser vorschlug, verführen und gab ihm einen neuen Paß unter dem angegebenen namen Corneli. Als dieser zu berüchtigt geworden war, veränderte Hessel das Wort Corneli zu Cordula.*

ins Haus, man zeigte ihm die Kostbarkeiten, die er sehr hoch schätzte und unendlich bedauerte, daß er nicht Geld genug eben bei sich habe, um sie anzukaufen. Der ehrliche Landgeistliche lieh nunmehr dreißig Louisdors darauf, die er noch wieder erhalten soll. Wieder andere ernten auf den Märkten und verteilen ihre Rollen so systematisch, daß jeder nur das Fach ausübt, worin er Virtuose ist. Miguel Cervantes hat in seinen Novellen das Leben und Treiben des Gesindels in Sevilla gezeichnet, und mehrere Szenen, die er schildert, findet man in den Verhören der zu Mainz im Jahre 1810 einsitzenden Schelme fast wörtlich kopiert. Ein Beweis, daß in jedem Fache les beaux esprits se rencontrent*.

Sollte man wohl glauben, daß ein einziger Stapler oder falscher Kollekteur, der vor kurzem in Mainz verurteilt wurde, nach Ausweisung des Buchs, worin die Beitragenden ihre Namen gezeichnet hatten, über tausend Taler in kurzer Zeit eingenommen hatte? Aber unter den vielen Landstreichern dieser Art, welche bei Gelegenheit der Prozedur gegen Hessel eingefangen wurden, war wohl der seltsamste ein Mooshändler, der, freilich in einem ganz anderen Sinne als jener griechische Weise, von sich sagen konnte: Omnia mea mecum porto†. Er lebte nämlich seit etwa fünfzehn Jahren davon, daß er, mit einem Sack voller Moos auf dem Rücken, die halbe Welt durchstrich. In allen Herbergen stellte er diesen Sack neben sein Bett, schnitt des Nachts die Überzüge der Kissen und Matratzen auf, nahm daraus Pferdehaar oder Pflaumenfedern, die er in seinen Sack steckte und die Lücken in den Bettungen dafür mit Moos ausfüllte. Da er die aufgeschnittenen Überzüge jedesmal wieder sorgfältig zunähte, so war er fast sicher, nie entdeckt zu werden. Unter diese Klasse von Gaunern gehören auch die nach der französischen Geheimsprache sogenannten marchands du jour, die sich ein Gewerbe in einem Hause machen, an Türen anklopfen und, wenn sie sich überzeugt haben, daß die Zimmer leer sind, sie geschwind öffnen und mitnehmen, was sie finden. Man muß nicht etwa glauben, daß die große Treibjagd, die in Mainz und im Königreich Westfalen sowie in einigen anderen Ländern stattgehabt hat, diese Gauner alle vertilgt habe. Noch jetzt gibt es ihrer die Menge, und einige fangen an (vielleicht auf die Neigung zur Mystik rechnend, die jetzt Mode ist), sich als Schatzgräber und Wunderärzte zu ernähren.

Diese kleinen Betrügereien aber tun weniger Schaden als das Nebengewerbe, welches diese Menschen und mit ihnen auch manche Bettler auf falsche Briefe, Kollektanten und dergleichen treiben. Sie sind nämlich auch zugleich die gewandtesten Spione der Hauptdiebe und die geschicktesten Verkäufer der gestohlenen Ware. Doch davon nachher.

Was die Häupter der ehemaligen Niederländer Bande betrifft, so haben diese ihre Geschicklichkeit im Öffnen aller Schlösser, aller Kisten, im Wegbrechen aller Eisengitter und anderer Verwahrungsmittel auf einen hohen Grad vervollkommnet. Schon in der bei Keil herausgekommenen aktenmäßigen Geschichte

---

* die schönen Geister sich treffen

† All meinen Besitz trage ich bei mir.

wird erwähnt, daß Damian Hessel, Fetzer u.a.m. sich oft tagelang mit einer Menge Schlösser beschäftigten und sich übten, sie mit Dietrichen, Nägeln und Haken zu öffnen. Einer der Hauptspitzbuben dieser Rotte, der zu Lüneville unter dem Namen Jakob Meyer verhaftete, aber unglücklicherweise in Blamont wieder entkommene Johann Müller, der seit zwanzig Jahren sein Gewerbe treibt, schon mehrmals zur Galeerenstrafe verurteilt, auch sogar in den Seehäfen angekommen, aber immer wieder entwischt war, braucht nach dem Ausdruck Hessels ein Schloß nur anzublasen, um es aufzuschließen. Damian Hessel, der versicherte, er sei nur ein Lehrling gegen Müller, öffnete zur Probe mit einem Bindfaden und einem Stückchen Holz die innere starke Tür seines Kerkers und machte sich anheischig, sich von allen Ketten, die man ihm anlegen möchte, mit einem starken Nagel loszumachen. Eiserne schwere Kisten, die man durch Anschrauben auf dem Stubenboden sicher verwahrt zu haben glaubt, werden mit der Winde fast ohne Geräusch erbrochen oder vielmehr der Deckel gehoben. Zu diesem Ende ziehen die Diebe ein starkes Seil durch die an der Seite befindlichen eisernen Handhaben oder, wenn die Kiste nicht eingeschraubt ist, unter den Boden derselben und verschlingen es so geschickt, daß es beim Drehen der Winde Widerstand leistet, wodurch der Deckel endlich mit einem leisen Krach aus dem Schloß springt. Mittels einer ähnlichen Vorrichtung wird ein eisernes Fenstergitter entweder ganz abgehoben oder auch die Eisenstangen so weit auseinandergebogen, daß ein Mann durchschlüpfen kann. Zu diesem Ausbiegen bedienen die Diebe sich auch wohl eines Balkens oder einer Barre.

Durch diese Methode, welche diese Gauner erst in neueren Zeiten zu einem hohen Grad von Vollkommenheit gebracht haben, ist es ihnen gelungen, viele Kassen – und mehrere mit so großer Geschicklichkeit – zu bestehlen, daß Beamte oft lieber den Schaden in der Stille ersetzten, als den Diebstahl, der doch ohne ihre Schuld geschehen war, laut werden ließen, weil sie befürchten mußten, man würde ihn unglaublich finden und für eine von ihnen, um etwa einen Defekt zu beschönigen, erfundene Fabel halten. Die Dienstentsetzung eines Beamten, und sogar der Selbstmord eines anderen wurden durch einen solchen Diebstahl, wo nicht veranlaßt, doch wenigstens beschleunigt, da sie, um die Lücken in ihrer Kasse zu verbergen, zu Wucherern ihre Zuflucht nahmen.

Wir glauben daher, allen Beamten und allen reichen Eigentümern, die in dem Falle sind, viel Geld bei sich aufzubewahren, einen Dienst zu leisten, wenn wir sie auf ein Verwahrungsmittel aufmerksam machen, welches ihr Geld bei weitem mehr sichert als alle Schlösser und Riegel an schweren eisernen Kisten (denn leichtere tragen die Diebe womöglich ungeöffnet aus dem Haus).

Dieses besteht 1. in einem Beschlag von Eisenblech an den inneren Fensterläden der Zimmer, wodurch nach Hessels Erklärung jeder Einbruch mit dem Bohrer oder mit Hacken fast unmöglich wird, und 2. in einer auf dem Innern des Deckels angebrachten Reihe von kleinen Rasseln oder Schellen, welche bei der Erhebung und also noch mehr bei dem Aufsprengen des Deckels einen großen Lärm machen. Diese Vorrichtung ist einfach und nicht kostbar und nützt mehr als die künstlichste Schlosserarbeit. Zu raten ist es, daß jemand in dem Zimmer oder wenigstens nahe dabei, wo die Koffer stehen, schläft. Die zu Hessels Gesellschaft gehörigen Diebe entfernen sich bei dem geringsten Geräusch und brauchen nicht leicht Gewalt. Sie unterbinden ihre Sohlen mit Filz oder mit Schnupftüchern, heben die Gitter leise ab, zerknicken höchstens eine Fensterscheibe und verlassen sich im übrigen auf ihre Geschicklichkeit im Schlosserhandwerk und auf ihre Winde. Ihr Einbruch macht keinen Lärm, und erst am nächsten Morgen entdeckt sich der Verlust.

Gewöhnlich gehen nur fünf oder sechs von den Häuptern auf eine solche Expedition aus. Diese Bande hat, wie schon oben bemerkt worden ist, das Eigene, daß sie nicht – wie ehedem die Niederländer, aus deren Überbleibseln sie sich bildete, oder wie die des Schinderhannes – in ganzen Rotten umherzieht, sondern sie besteht eigentlich aus weit umherstreifenden Räubern, die sich nur zu einzelnen Räubereien schnell vereinigen, aber ebensobald wieder trennen, indes sie gleichsam miteinander Rechnung halten, so daß der Dieb, welcher im Augenblick, wo zu Frankfurt gestohlen wird, im Innern Frankreichs lebt, dennoch seinen Anteil erhält, obgleich freilich die allgemeine Verfeinerung auch unter dieser Menschenklasse so große Fortschritte gemacht hat, daß selbst Spitzbuben sich untereinander gar oft vervorteilen. Eigentliche Häupter haben sie nicht, sondern vielmehr Anführer einzelner Frevel. Allenfalls möchten jetzt, nach dem Tod Hessels und Streitmatters, Müller, der große Salomon und einige wenige für Chefs oder Matadore gelten.

Der Diebstahl wird von einem Genossen oder Vertrauten (Kochemer) gebaldowert oder angegeben. In der oben angeführten Geschichte dieser Räuberbanden hat Herr Keil schon das Nötige über die Kochemer, Baldowerer und Scherfenspieler (Verkäufer und Käufer gestohlener Sachen) angeführt.[1] Wir bemerken hier nur, daß seine Angaben sich vollkommen bestätigen und daß die Erfahrung mit jedem Tage beweist, daß hauptsächlich eine Menge von Judenhäusern, selbst solche, deren Besitzer sehr wohlhabend und unverdächtig scheinen, mit diesen Dieben in den vertrautesten Verhältnissen stehen. Es ist eine sonderbare Erscheinung, daß Raubsucht sogar die natürliche Furchtsamkeit vieler Juden so weit besiegt hat, daß einzelne sich mit auf gefahrvolle Streifzüge wagen, wie denn z.B. bei dem zu Mainz versuchten Postraub zwei Juden durch Schüsse verwundet wurden. Mehrere berüchtigte Diebe, wie z.B. der zu Mainz hingerichtete Streitmatter oder Weiler zogen mit Jüdinnen umher. Mancher ging in die Synagogen und machte die jüdischen Zeremonien mit. In Judenhäusern versammeln sich die Diebe vor dem Raub, um ihn zu verabreden, nachher um ihn zu teilen; hier finden sie heimlichen Aufenthalt, von hier aus erhalten sie sachdienliche Nachrichten und Mittel zur Flucht, wenn sie der Polizei in die Hände fallen; hier gibt man ihnen Vorschüsse, wenn es ihnen an Geld mangelt; hier wird ihr Raub verwahrt; hier verkaufen sie ihre gestohlenen Waren; hier ver-

---

1 *Sehr praktische und richtige Bemerkungen über diesen Gegenstand finden sich auch im Gothaischen Anzeiger.*

schafft man ihnen Pässe und Scheine guter Ausführung, Zeugen, die ihr Alibi beweisen, etc. Die Häupter der Bande sind Christen, aber unter zehn Hehlern sind zuverlässig neun Juden.[1]

Es tut mir leid, daß diese Angaben nur allzu unwidersprechlich sind und nicht etwa bloß auf einzelnen Tatsachen, sondern auf einer Reihe eingestandener und erwiesener Erfahrungen beruhen. Wären sie noch ungewiß, gründeten sie sich bloß auf Angaben der Diebe oder gar auf Vermutungen, so würde der Verfasser dieser Schrift, der gewiß nicht fähig ist, einer ganzen Menschenklasse weh tun zu wollen, sie nicht bekannt machen. Allein schon Herr Keil hat diese Wahrheiten aus Akten, die vor dem Jahre 1804 verhandelt wurden, erwiesen, und ohne eine Tatsache der vor dem peinlichen Gerichtshof in Mainz anhängig gewesenen Prozedur zu Hilfe zu nehmen, waren sie schon unwidersprechlich dargetan. Ja ich finde sie sogar schon in einem zu Coburg vor 60 Jahren herausgekommenen Buch unter dem Titel »Der entdeckte jüdische Baldower« mit aller Derbheit gesagt. Auch damals scheint es den Juden ebensowenig an Beschützern und Gönnern gefehlt zu haben, wenn man einem derselben zu Leibe ging, als jetzt, und die treuherzigen Klagen des Verfassers über die oft sehr auffallenden Verwendungen, die der Jude leichter als ein Christ findet, sind noch gegenwärtig anwendbar. Der Verfasser dieses Buchs fehlt nur darin, daß er die moralischen Grundsätze der Juden nach seinen Erfahrungen und nach einzelnen Rabbinischen Abgeschmacktheiten festsetzt. Allein wie würde man von der Moral der Christen urteilen müssen, wenn man sie aus den Werken des P. Sanchez abnehmen wollte? – Um billig* zu sein, muß man auch hier Ausnahmen zulassen und die Sünden der jüdischen Theologen nicht allen Israeliten zur Last rechnen. Daß viele Juden Diebshehler sind, ist freilich ausgemacht. Jeder rechtschaffene Israelit muß selbst wünschen, daß die Wachsamkeit der Polizei diese Schlupfwinkel der Diebe zerstöre, damit die Räubergenossen bestraft werden und nicht mehr durch ihren nichtswürdigen Eigennutz Gelegenheit zum Haß und zur Unterdrückung ihrer unschuldigen Glaubensgenossen geben können.

Hat der Baldowerer oder Spion ausgekundschaftet, wo Geld zu holen ist, so gibt er einem Kochemer Nachricht. Dieser bestimmt den Ort, wo das Geld liegt, die Zeit, in welcher der Einbruch am füglichsten geschehen kann, die Entfernung der Kammer, wo jemand schläft, die Stunden, wo die Familie zu Abend ißt, wo die Handelsbedienten ausgehen, die Gelegenheiten, Hunde zum Schweigen zu bringen oder zu vergiften, etc.[2] Die Prozedur gegen die in Mainz verurteilten Räuber gibt – leider! – zur Schande der Menschheit die vollste Gewißheit, daß sogenannte Hausjuden, die das Vertrauen eines Eigentümers im höchsten Grade

* *gerecht*

1 *Zur Ehre der Israeliten in Mainz muß ich anführen, daß sich in dieser Stadt kein solcher Schlupfwinkel befand. Auch im Departement konnte sich die Bande nicht halten und nur in einzelnen Orten fand sie einige Unterstützung.*

2 *Die Räuber brechen gern bei jungen Eheleuten etwa eine Stunde nach dem Schlafengehen, ungern bei alten Leuten, die leisen Schlaf haben, ein.*

besaßen und jahrelang ihr Brot in seinem Haus verdienten, nichtswürdig genug waren, ihre genaue Kenntnis seiner Wohnung und seiner Einrichtungen zu seinem Verderben anzuwenden. Der von dem Baldowerer benachrichtigte Dieb verschreibt nun in ein Kochemer Haus seine Gefährten zu einem Handel, der Plan wird überlegt und ausgeführt.

Ist in der Stadt selbst kein Kochemerhaus oder Beie, so halten sich die Diebe einige Stunden davon auf und übersteigen oft mittels mitgebrachter Leitern Stadtmauern, ja selbst Wälle von Festungen. So wußten sie in Verdun und Landau sich durch die Werke mit dem Raub davonzuschleichen. Die Beute wird im vertrauten Haus geteilt, und am anderen Morgen schon haben sich die gut gekleideten Räuber mittels der Diligence*, auch wohl mit Extrapost, viele Stunden weit entfernt, und während die Polizei in der Nähe des Bestohlenen vergebliche Haussuchungen und Nachforschungen anstellt, sind sie schon 30 bis 40 Stunden vom Ort, wo man sie sucht, in Sicherheit.

Diebstähle an barem Geld und an Kostbarkeiten sind für diese Räuber die bequemsten und also auch die liebsten. Nur in Ermangelung der Gelegenheit dazu stehlen sie Waren. In diesem Fall halten Kochemer mit Wagen in der Nähe, welche noch in der Nacht, wo ein Diebstahl statthat, die Beute mehrere Stunden weit fortführen, die dann nach Gelegenheit teilweise in Felsen, Höhlen, unter Brücken versteckt und nächtlicherweise in die Beies gebracht wird. Man kann als Regel annehmen, daß die zu dieser Bande oder Diebsschule gehörigen Gauner nie in Christenhäusern wohnen oder mit gewöhnlichen Fuhrwerken reisen, als wenn sie geschäftlos sind. Sobald sie handeln oder gehandelt haben, wohnen sie in Judenhäusern und bedienen sich auch ausschließlich jüdischer Fuhrwerke. Der gefällige Judenwirt schafft nun auch Scherfenspieler, d.h. solche Leute herbei, welche die Ware den Räubern, gewöhnlich um einen Spottpreis, abkaufen. Vermittels einer Art von jesuitischem Rückhalt figurieren der Mäckler und Judenwirt, die Verkäufer und Käufer, die sich übrigens untereinander ganz genau kennen, nur als Handelsleute, und es wird nicht leicht der Umstände des Diebstahls erwähnt, damit man im Notfall vorgeben kann, die Räuber für ehrliche Krämer angesehen zu haben. Die einzige Frage der Käufer ist gewöhnlich nur die: Woher? Damit man wisse, in welche Gegend man die Ware nicht verschicken darf. Ist die Gefahr, durch gestohlene Uhren oder Kostbarkeiten, die sich auffallend auszeichnen, entdeckt zu werden, zu groß, so schmilzt der Käufer oft, um einen kleinen Gewinn zu erhalten, die schönsten Silber- und Goldarbeiten ein. An einer sehr künstlichen Uhr, die 25 Louisdors gekostet hatte und von einem Juden um zwei gekauft worden war, hatte der Scherfenspieler einen kleinen goldenen Ring abgeschmolzen, um vielleicht ein paar Gulden zu erbeuten. Manche Herbergen sind ehrlich für ehrliche Leute und Diebswinkel für Kochemer, für die man eigene Zimmer aufhebt.

Nunmehr werden die einzelnen Bestandteile der Beute durch die oben ge-

---

* Postkutsche

schilderten Gängler teilweise vertrödelt, und jeder erhält nur etwas, das er wegbringt und bei Einlieferung des Preises eine neue Portion abholt. Fällt ein solcher Schelm nun auch in die Hände der Justiz, so reißt der Faden der Untersuchung gleich ab. Die Waren, Uhren, Pretiosen etc. sind in einer von dem Ort des Diebstahls weit entfernten Gegend, unschuldiger- und unwissenderweise von einem Handelsmann gekauft worden, und der Judenwirt dient nicht selten als Zeuge für die Unschuld des verhafteten Landstreichers. Hier und da findet sich auch wohl, wenn der Verdacht zu stark ist, um so leicht beseitigt zu werden, ein feiler Unterbeamter, der, wie die Alkalden im Gilblas, das Corpus delicti für seinen Hausbedarf einzieht und den Spitzbuben baldmöglichst über die Grenze sendet, oder ein träger Oberbeamter, der die wichtigsten Erklärungen und Notizen halbe Jahre lang in seinen Kartons liegen läßt, ohne sich die Mühe zu geben, sie durchzusehen. Die Pässe des Verhafteten sind ja in Regel[1] und die Aussteller derselben, die Diebshehler, die ihren Nutzen von dieser Art von Gewerbe haben, die ganze Judenschaft mancher Ortschaften, sogar manchmal Polizeidiener liefern die herrlichsten Zeugnisse des unbescholtensten Wandels für den Verhafteten, der unter seinem jetzigen Namen noch in keiner Diebsliste steht. Steht die Sache zu schlimm, so kommt es dem reichen Kochemer auch nicht darauf an, einem Bestohlenen fünfzig und mehrere Karolins zu bieten, um nur einem Gesellen durchzuhelfen, oder dieser findet auch wohl Mittel, der Untersuchung durch die Flucht ein Ende zu machen. So wird die Ausbeute eines Diebstahls in wenigen Tagen in kleinen Teilen auf 30 bis 40 Stunden Weges verbracht, indes der Räuber gleich nach der Tat abgereist ist und in einer weit entfernten Gegend neue Verbrechen begeht.

Es ist mehr als wahrscheinlich, daß mehr als 30 der in der Keilschen Liste verzeichneten Juden, die der Guillotine, der Galeere und der Reise nach Sibirien entgangen sind, sich unter anderen Namen an den Grenzen von Frankreich und Deutschland angesiedelt haben und ihr Gewerbe, wenigstens als Hehler, fortsetzen. Bei einer Jagd, wie sie jetzt gemacht wird, gehen alle auf Reisen und das pour cause*.[2]

Zu bemerken ist, daß Hessel und seine Gefährten einen Grundsatz angenommen hatten, den wegen seiner Zweckmäßigkeit mehrere Räuberbanden befolgen. Sie begingen nämlich nicht leicht ein Verbrechen in denjenigen Städten, wo sie ihre Schlupfwinkel hatten und von der Polizei nicht gestört wurden. Hessel erklärte, daß, wenn fremde Diebe in einer Stadt stahlen, die sie, weil sie durch ihre Lage und die örtlichen Verhältnisse gleichsam ein sicherer Hafen war, aus welchem die Korsaren in mehrere Departemente ausliefen, sehr schonten, die zünftigen Diebe alles mögliche anwendeten, um diese Diebe zu entdekken. »Wir würden sie«, sagte er, »angegeben, wir würden sie umgebracht

* *mit Grund*

1 *Dies ist kein Wunder. Verhaftete Landstreicher führten sogar Pässe, wo Namen und Ort noch nicht ausgefüllt waren.*

2 *Eine Menge dieser Räuber sind jetzt nach und nach ausfindig gemacht und verhaftet worden, so daß die Liste der noch flüchtigen immer kleiner wird.*

haben, wenn wir gekonnt hätten, so sehr war uns daran gelegen, das Nest sauber zu halten.«

Es sei mir erlaubt, bei dieser Gelegenheit einige Bemerkungen zu machen. Ein altes Sprichwort sagt schon: »Der Hehler ist so strafbar als der Stehler.« Aber mit dem gerechtesten Unwillen wird man erfüllt, wenn man diese Art von Hehlern näher kennenlernt. Auch bei der Bande des Schinderhannes wurden viele Menschen wegen des Aufenthalts, den sie den Räubern gestattet hatten, verhaftet. Aber gar viele waren zu entschuldigen. In einer Zeit, wo der Krieg, die Unbeständigkeit und der ewige Wechsel aller Gewalten alle Zügel der bürgerlichen Ordnung erschlafft hatten, hegte mancher Bewohner eines einsam gelegenen Hofes die Diebe nicht aus Gewinnsucht, sondern aus Furcht. Gewohnt, die strafbarsten Räuber gar oft der Justiz entwischen zu sehen, fürchtete er, im Fall er sie verriete, daß er der Rache der Entkommenen ausgesetzt sei und vielleicht die Flamme, durch Bösewichter angelegt, sein Eigentum verzehren werde. Arme Leute hegten aus Not diese Landstreicher, von denen man damals glaubte, daß sie nur Juden beraubten, und gar mancher einsam wohnende Wirt machte gleichsam einen Vergleich mit den Räubern, indem er ihnen sein Haus zum Schlupfwinkel darbot und sich dagegen Schonung für sich und seine Nachbarn aushielt.

Einen ganz anderen Charakter haben die mit Hessel, Weiler* und seiner Rotte in Verbindung stehenden Hehler, und sie sind in eben dem Verhältnis bös-artiger und strafbarer, als die Räuber selbst sich von den liederlichen und verarmten Herumstreichern unterscheiden, die zu der Bande des Schinderhannes gehörten. Wenn der denkende Richter Bettler sieht, die von brotlosen Landstreichern hinter dem Zaun geboren, zu keiner Arbeit als zum Betteln angehalten, heimatlos und unvermögend, ihr Brot zu verdienen, ohne Unterricht und Erziehung aufgewachsen, aus Not und aus Müßiggang stehlen und in einer Art von Krieg mit der Gesellschaft, der sie durch kein Band angehören, leben, so kann er sich nicht verhehlen, daß diese Menschen werden mußten, was sie sind, und daß der Staat, der sich begnügt, sie zu hängen, oder, um die Kosten zu ersparen, sie dem Nachbarn zusendet, im Grunde nur Wirkungen bekämpft, deren Ursachen er sich selbst zuzuschreiben hat, solange er nicht für Erziehung, für Polizei, für Unterricht, für Arbeits- und Zuchthäuser sorgt. Der Richter straft dies Gesindel, weil er gleichsam die Notwehr des Staates auszuüben verpflichtet ist, aber so wenig als man im Grunde den Habicht oder den Marder hassen kann, den man freilich wegschaffen muß, weil er uns schadet, ebensowenig kann man Menschen hassen, welche zu Landstreichern und Dieben wurden, weil sie es durch ihre Lage werden mußten. Ein ganz anderer Fall tritt bei den Räubern ein, zu welchen Hessel und seine Gesellen gehörten. Diese Räuber, zum Teil gebildet, nicht ohne Unterricht, mehrerer Sprachen mächtig, waren alle schon verschiedene Male im Besitz von Summen, mit welchen sie ehrlich und anständig hätten leben können. Hessel, damals Corneli genannt, erhielt bloß von einem zu

* Vgl. *Damian Hessel und seine Raubgenossen* in diesem Band

Anspach begangenen Diebstahl über fünfhundert Louisdor auf seinen Anteil. Oft ließen diese Diebe das Silber liegen, weil sie Gold im Überfluß besaßen. Sie verschwelgten ihr Geld mit ihren sie immer begleitenden Dirnen, verloren hundert und mehrere Goldstücke im Spiel und stahlen oft ohne Bedürfnis, aus Liebhaberei und Übermut. In solchen Zwischenräumen lebte Hessels Beischläferin in Bädern, mit einer Kammerjungfer, oder in kleinen Städten, wo er sie in ganz unverdächtigen Häusern einmietete, meist, wenn es möglich war, bei Leuten, die mit der Polizei in einigem Zusammenhang standen. Der Dieb selbst, der für einen ehrsamen Juwelier oder Kaufmann aus Paris oder Lyon galt, oft nach einem Diebstahl in den ersten Logen eines Schauspielhauses sich zeigte oder als reicher Abenteurer reiste, kam nur von Zeit zu Zeit herrlich geputzt, mit goldenen Repetieruhren und kostbaren Ringen versehen, um sich nach dem Befinden seiner Frau zu erkundigen, und wanderte in der Ferne unter anderem Namen und anderen Gewerben umher, um Streiche auszuführen. Nur selten scheint ein guter Augenblick eingetreten zu sein, wo diese Bösewichter, den Verbrechen zur anderen Natur geworden zu sein scheinen, auf den Gedanken kamen, ihre Lebensart aufzugeben, aber nie war ein solcher Entschluß von Dauer. Selbst das einzige, was man von diesen Menschen Gutes sagen kann, nämlich daß sie in neueren Zeiten nicht wie vor 1804, Grausamkeiten begingen, ist nur eine Folge ihrer Spekulation und keineswegs ein Zeichen ihrer Besserung. Diese Diebe haben berechnet, daß die Ausleerung einer öffentlichen Kasse mehr einträgt als die Überfälle einzelner Mühlen und Höfe, wo andere Banden oft mit Lebensgefahr wenige hundert Gulden erbeuteten. Sie haben berechnet, daß nach französischen Gesetzen die Einbrüche auf dem Land mit dem Tode bestraft werden, während Diebstähle in Städten mit der Galeerenstrafe abzubüßen sind, die sie nicht fürchten, weil sie auf gewisse Flucht rechnen. Sie brauchen endlich nicht mehr, wie ehedem, Tore mit Balken und mit offener Gewalt zu sprengen, weil ihnen kein Schloß zu fest ist und sie sich einschleichen können. Sie haben nicht nötig, die Hausbewohner durch Höllenmartern zur Entdeckung ihres Vermögens zu zwingen, weil Kassen ohnedem gespickt sind. Daß übrigens auch dieses Gewerbe con amore betrieben wird, das beweist die leidenschaftliche Hitze, mit welcher diese Diebe von ihren Taten reden. Schon Herr Keil hat diesen Zug im Charakter der Räuber benutzt, um kostbare Geständnisse von ihnen zu erhalten. Auch Hessel, listig genug, um sich nicht leicht zu verraten und oft in düsterer Schwermut versunken, sprach mit einer Art von Schwärmerei von seinen Unternehmungen, und wenn der untersuchende Richter seine Kühnheit und Verschlagenheit zu bewundern schien oder Zweifel an der Möglichkeit der Ausführung eines Diebstahls äußerte, so vergaß er seine Fesseln und seine Schwermut und fand eine Art von Genuß in der Erzählung seiner Taten, ja nicht selten erfuhr der Beamte in solchen Augenblicken Dinge, wonach er oft und lange vergeblich fragte. Selbst der Dieb gilt nicht gern für einen Stümper in seinem Fach. [1]

[1] *Einige im Gefängnis befindliche Polizeibeamte sprachen unter sich von einem reichen Geizhals. Hessel, von dem sie gar nicht gehört zu sein glaubeten, sprang auf einmal heftig auf und rief: »Geben Sie mir und Weiler nur auf 24 Stunden Freiheit und sein Geld ist unser!«*

Wenn man aber die Verirrungen eines solchen Räubers aus seiner Erziehung, aus den Folgen eines unglücklichen Jugendstreichs, aus einem leichtsinnigen Temperament, dem jede Arbeit verhaßt und ewiger Genuß ein Bedürfnis ist, oder, wenn man lieber will, auch aus dem Diebssinn, den die Natur seinem Schädel zugeteilt haben mag, erklären kann, was läßt sich zur Entschuldigung jener verworfenen Diebshehler anführen, die zum Teil wohlhabend, sogar reich sind, die durch einen erlaubten Handel reichlich ihr Brot verdienen können, die als rechtliche unbescholtene Männer gelten und dennoch im geheimen Bündnis mit diesen Feinden der öffentlichen Ruhe stehen? Häuserbesitzer, reiche Wirte öffnen ihre Wohnungen diesen Bösewichtern, sind in ihrem Sold und lauern die Gelegenheit ab, Männer, die ihnen ihr Vertrauen schenken, zu betrügen, freuen sich mit teuflischer Bosheit, wenn ihre Anschläge glücklich ausgeführt sind, bestehlen ihrerseits die Diebe um einen Teil der Beute, erscheinen im Notfall vor Gericht als meineidige Zeugen – und dieses alles um eines schmutzigen Gewinns willen, den sie doch immer mit Angst und der Furcht einer Entdeckung teuer genug bezahlen. Bei den Räubern selbst muß man nicht selten ihre Kühnheit, ihre Gewandtheit und List bewundern und bedauern, daß diese Eigenschaften nicht zu besseren Zwecken dienen; der Hehler aber hat nicht einmal den Mut, sich einer Gefahr auszusetzen, und so wie der Kuppler verächtlicher ist als der Ausschweifende, der sich seiner bedient, so steht auch der Hehler noch mehrere Stufen unter dem Diebe, den er wieder bestiehlt und der sogar ihn zu verachten sich berechtigt glaubt. Gar oft, wenn der Räuber mit Lebensgefahr eine Beute in die Höhle geschleppt hatte, wußte der schlaue Israelit ihn durch ein falsches Gerücht von Verfolgung zu verscheuchen, und bei späterer Nachfrage fand er immer einen Vorwand, wobei der Dieb stets zu kurz kam. Was die Verworfenheit dieser Raubgenossen vollendet, ist die verruchte Frömmelei, wenn ich mich dieses Ausdrucks bedienen darf, die sie bei ihrem schändlichen Gewerbe beobachten. Bis die Sterne am Freitag am Horizont funkeln, bereitet der Baldowerer mit List und Beharrlichkeit den Streich vor, welcher seinen Nachbarn, der ihm unüberlegtes Vertrauen schenkte, zum armen Manne machen soll; aber nun tritt der Sabbat ein, und dieser muß gefeiert werden. An diesem Tag öffnet der gewissenhafte Mann nicht einmal gern sein Haus, um den Raub anzunehmen, er deutet höchstens mit dem Finger auf das Gemach, wo er sicher verwahrt sein möchte. So befand sich unter den zu Mainz vor Gericht gestellten Diebshehlern ein Rabbiner, dessen Äußeres und dessen ehrwürdiger Bart nicht vermuten ließen, daß er mit Dieben in Verbindung stehe. Auch kaufte wirklich dieser fromme Mann nichts Gestohlenes, aber er tat doch, indem er beständig in heiligen Büchern las, alles, um die Diebe so lange aufzuhalten, bis sein Sohn nach Haus kam, »der mit den Herren handeln werde«. Immer betend, lud er sie ein, die Waren abzulegen, und gestattete ihnen Herberge. Selbst der jüdische Räuber hält zwischen Verbrechen und Verbrechen einen Tag frei und, ob er gleich nicht das geringste Bedenken trägt, allenfalls am Freitag nachmittag oder am Sonnabend nach Mitternacht ein Kind oder einen Greis mit Brand und Qualen zur Anzeige seines versteckten

Geldes zu zwingen, so versäumt er doch um keinen Preis die geringste Zeremonie seines Gottesdienstes. Der gefangene Dieb, der Mordanschläge faßt, um sich zu befreien, und neue Diebstähle selbst im Kerker verabredet, sorgt mit Ängstlichkeit dafür, daß sein Essen nicht durch die Hände eines Christen gebracht werde, der es verunreinigen könnte. Zeremonien, die selbst der verständigere Oberrabbiner von Mainz für außerwesentlich erklärte, wurden mit großer Ängstlichkeit von Bösewichtern beobachtet, deren ganzer Lebenslauf eine Kette von Verbrechen gewesen war. Soviel leichter ist es in jeder Religion, andächtig zu murmeln, als gut zu handeln. Wenn Shakespeare nichts geschrieben hätte als seinen Kaufmann von Venedig, so würde doch der einzige Zug, daß er seinen Shylock, indem er die empörendsten Anschläge gegen das Leben seines Feindes faßt, mit den Worten schließen läßt, »in die Synagoge, geh, guter Tubal, wir treffen uns bei der Synagoge«, den vollendeten Menschenkenner bezeichnen.

Vortrefflich und mit tiefer Weisheit verfaßt sind der 61. und 73. Artikel des zweiten Teils im neuen französischen Strafgesetzbuch.[1] Sie füllen mit Billigkeit und weiser Strenge eine Lücke in der bisherigen Gesetzgebung aus. Zwar sind sie eigentlich nur Folgesätze aus Grundsätzen, die schon das Gesetzbuch von 1791 aufgestellt hatte, auch da war der Empfänger und Käufer gestohlener Waren schon mit der strengen Strafe bedroht, die den Täter treffen sollte. Allein eben diese allzu strenge Verordnung war oft eine Ursache der Straflosigkeit des Hehlers. Fast unmöglich blieb es vollends, den Diebswirt zu erreichen, der doch wahrlich, wenn er auch, um das Gesetz zu umgehen, sich hütete, gestohlene Waren anzunehmen, auf andere Art seinen Vorteil nicht vergaß. Welches Verhältnis findet übrigens zwischen dem Verbrecher statt, der etwa einige gestohlene Schnupftücher gekauft hatte und sich zwanzigjähriger Eisenstrafe aussetzte, und dem ehrsamen Hebräer, der jahrelang Räubern sein Haus zum Sammelplatz, zum Zufluchtsort, zum Stapelplatz ihres verruchten Gewerbes darbietet? Und doch kam gewöhnlich dieser letztere ungestraft durch, höchstens blieb er bis zum Endurteil in Verhaft, wo die Richter die Lücke in der Gesetzgebung fühlten, aber sie nicht ersetzen konnten. Dank sei dem erhabenen Helden* unserer Zeit, daß er dem unsterblichen Denkmal, das er sich bereits durch sein Bürgerliches und Handelsgesetzbuch gestiftet hat, auch noch diesen Schlußstein hinzufügte! Mit Freude muß jeder denkende Bürger sehen, daß die Weisheit des Helden jenen Unkenruf verschmäht hat, der aus dem vermoderten Schutt gotischer Gebäude erscholl und die verwitterten Blätter blutiger Gesetzbücher dem 19. Jahrhundert als Muster der Weisheit aufstellen wollte. Nicht Räder,

* Napoleon

1 *Art. 61. Diejenigen, welche die verbrecherische Lebensart von Übeltätern kennen, welche Räubereien und Gewalttätigkeiten gegen die Sicherheit des Staates, die öffentliche Ruhe, gegen Personen und Eigentum begehen und ihnen doch gewöhnlich (habituellement) Wohnung, Zuflucht oder Zusammenkünfte gestatten, sollen als ihre Mitschuldige bestraft werden.*

Art. 73. Die Gastwirte und Besitzer öffentlicher Häuser, welche überwiesen werden sollten, jemanden über 24 Stunden beherbergt zu haben, der während seines Aufenthalts ein Verbrechen oder Vergehen sich zuschulden kommen läßt, sind persönlich für den Ersatz, Schadenserstattung und Kosten verantwortlich, die den dadurch Beschädigten zugesprochen werden, sofern sie nicht in ihr Register den Namen, das Gewerbe und den Wohnort des Verbrechers eingeschrieben haben.

Galgen und Scheiterhaufen, nicht Daumenschrauben und Leitern, wie sie wohl mancher steife Pedant auch in Frankreich wieder wünschte, nicht das erneuerte Schauspiel grausamer Hinrichtungen, nein, die weisen Grundsätze der konstituierenden Versammlung, nur durch Erfahrung und kluge Modifikationen geläutert, bietet dieses Gesetzbuch dar. Die Grundsätze, wovon jene unsterbliche Versammlung ausging, sind auch in diesem neuen Codex anerkannt, sie sind billig, sie sind menschlich, sie sind richtig, nur hoffte man damals mit allzu vieler Gutmütigkeit auf ein vollkommeneres Geschlecht und arbeitete für dieses und dessen Bedürfnisse, während die bestehende Generation hinter den Gesetzen und Theorien zurückblieb. Erfahrung, teuer erkaufte Erfahrung hat diesen Irrtum berichtigt, und das neue Strafgesetzbuch ist nach meiner Überzeugung, soweit es bis jetzt bekannt ist, das, was es sein soll, es ist für das 19. Jahrhundert berechnet, aber nicht für Menschen, die vielleicht im 22. leben werden, aber ebensowenig, dem Himmel sei Dank, für das 14. Es gleicht in nichts den mit Blut geschriebenen Büchern des Mittelalters, die nur eine mildere, aber eben deshalb auch willkürliche Auslegung erträglich machen konnte. Man vergesse nicht, daß in einem ausgedehnten Staat, wo der höchste Grad des Elends neben dem größten Reichtum, wo die abscheulichste Sittenlosigkeit neben Luxus und Verfeinerung anzutreffen ist, der Gesetzgeber nicht alle Modifikationen anwenden kann, die in einem kleineren Staat Rücksicht verdienen, wo die Regierung die Ausführung der Gesetze und die Beamten, die damit zu tun haben, näher beobachten und bewachen kann. In Ländern von beschränkterem Umfang können die Strafen milder, die Gewalt des Richters ausgedehnter, die Milderungen der Urteile häufiger sein.

Die vortreffliche königlich-bayerische Regierung hat eine Quelle des Unheils durch ihre zweckmäßigen Polizeiordnungen gegen fremde Juden und durch die Unterdrückung der Prozessionen an die sogenannten Wallfahrtsorte verstopft. Man klage mich nicht etwa eines albernen Religionshasses oder einer unmenschlichen Abneigung gegen die Juden an. Beide sind mir fremd, und niemand wünscht mehr als ich, daß die Zeit nahe sein möge, wo es zwischen Israeliten und Christen keine andere Scheidewand mehr gäbe als die verschiedene Art des Gottesdienstes, die eine Gewissenssache ist und niemanden etwas angeht. Allein bis die Zeit eintritt, wo Juden und Christen gleich gebildet und alle auch gleich gute, gleich nützliche Bürger sein werden, bis dahin kann doch eine Regierung, wenn sie anders nicht aller Erfahrung die Augen verschließen will, nicht umhin, Maßregeln der Polizei gegen das Umherwandeln heimatloser, kein Gewerbe treibender, bettelnder und ihren eigenen Glaubensgenossen zur Last fallender Menschen zu nehmen, die Armut, Faulheit und vielleicht auch irrige Wahnbegriffe und Mangel an Unterricht (mag auch diese moralische Versunkenheit weniger diesen Menschen als ihrem Schicksal zur Last gelegt werden können) zu allen Verbrechen treiben. Vergebens führt man uns moralische Stellen aus dem Talmud an, um zu beweisen, daß die Sittenlehre dieser Nation mit der unsrigen übereinkommt. Wer zweifelt daran? Nicht als Anhänger des Talmud,sondern als gewerblose Landstreicher, als ungebildete, rechtlichen Handel und Erwerb vernachlässigende, durch Vorurteile und dem Staat schädliche Sitten sich absondernde Menschen verdienen die Juden eine besondere und strengere Aufsicht der Polizei. Der Ritter Azara[*] erwähnt in seiner Reise einer Nation in Amerika, welche vermöge ihrer Verfassung und Religion mit allen Völkern, die nicht zu dem nämlichen Stamm gehören, in ewigem Krieg lebt. Das nämliche Volk hat Moralgrundsätze, die, insofern sie Pflichten gegen Glieder des nämlichen Stammes vorschreiben, nichts als Milde, Großmut und Gastfreiheit atmen. Möchte wohl irgendein Staat diese Nation unter sich aufnehmen und ihr gleiche Rechte mit seinen Bürgern geben, ohne zugleich als unerläßliche Bedingung die Abschaffung und Modifikation ihrer Grundgesetze vorzuschreiben? Wer in einem Staat auf die Rechte der Bürger Anspruch machen will, muß sich auch den Pflichten der Bürger unterwerfen, und es ist, wie schon Turgot[†] mit Recht bemerkt, nichts lächerlicher, als wenn man die Versagung dieser Pflichten und die Erlaubnis, gegen den Staat selbst zu handeln, unter dem Vorwand der Gewissensfreiheit fordern will. Eine Sekte unbeschränkt zu dulden, deren Grundgesetz Unduldung und womöglich Ausrottung aller Andersglaubenden wäre und deren Gewissen jedes Verbrechen gegen alle Ungläubige billigt, das wäre doch wohl die Toleranz zu weit ausgedehnt?[1]

Um das herumstreifende Judengesindel abzuhalten, braucht man eben nicht die Grenzen wie eine Festung gegen jeden Israeliten zu versperren oder gar die barbarischen Verbote, die in manchen Reichsstädten den reisenden Juden sogar ein Nachtlager versagten, wieder einzuführen. Aber ohne die mindeste Ungerechtigkeit zu begehen, kann man

1) jeden fremden Juden anhalten, daß er sich in der ersten Grenzstadt, die er betritt, bei der einschlagenden Behörde melde, sein Gewerbe, seinen Wohnort, die Geschäfte, welche ihn zu dieser Reise bestimmen, den Ort oder die Orte, wo er sich aufzuhalten gedenkt, und die Zeit der Reise und dieses Aufenthalts angebe. Diese Umstände wären auf dem ihm gegen Hinterlegung eines mitgebrachten Passes zu erteilenden Reisescheins zu bemerken. Ohne billige Gründe, die er an dem Ort, wo er Geschäfte hat, anzugeben verbunden sein müßte, sollte ihm nicht gestattet werden, einen anderen Weg zu nehmen oder seinen Aufenthalt zu

---

* Felix de Azara, spanischer Forschungsreisender (1746–1821)

† Baron de Turgot, französischer Staatsmann (1727–1781)

1 *So wie man alles mißverstehen kann, was man mißverstehen will, so ist auch manche Äußerung dieser kleinen Schrift in Ansehung der Juden mißverstanden worden. Der Verfasser hat rechtschaffene und edeldenkende Israeliten gekannt, die manchen Christen beschämten. Jede Religion ist ihm achtungswert, die sich mit Rechtschaffenheit und dem Wohl des Staates verträgt, und nur diejenige würde ihm verächtlich sein, welche Herrschaft und Verfolgung Andersdenkender als Gewissenspflicht auflegte, sie heiße auch, wie sie wolle. Hier ist nur von Tatsachen die Rede, die Pflicht erfordert, diese der Wahrheit gemäß zu erzählen, weil ihre Bekanntmachung Nutzen stiften kann. Man kann von Individuen aus einer Nation oder einer Sekte, selbst von den Albernheiten und Abscheulichkeiten ihres Wahnglaubens sprechen, ohne deshalb den Charakter eines Volkes oder aller Bekenner einer Religion anzutasten. Welche Sekte, wenn man sie nach den Ausschweifungen einzelner Schwärmer beurteilen wollte, würde in einem menschlichen Staate leben können? Die Quäker, Mennonisten und Deisten ausgenommen, gibt es vielleicht wenige, deren Muftis und Rabbiner nicht die Welt zur Wüste gemacht haben würden, wenn nicht glücklicherweise Gefühl und Menschenverstand stärker als Sektenglaube wirkten.*

verlängern. Würde ein Reisender irgendwo betreten, der sich dieser Vorschrift nicht gefügt hätte, so wird er, nachdem sein Signalement genau aufgenommen worden, über die Grenze gebracht und ihm angedeutet, daß er im Fall seiner Zurückkunft Einsperrung zu erwarten habe, auch wenn kein besonderes Verbrechen ihm zur Last fiele.

2) Die überhaupt in jedem wohleingerichteten Staat bestehenden Verbote für Wirte und auch Privatleute, niemanden ohne Paß und ohne Anzeige bei der Polizei zu beherbergen, könnten in Hinsicht auf Judenhäuser und Herbergen geschärft werden. Jeder Judenwirt oder Jude, der einen Reisenden, ohne daß sein Reiseschein in Richtigkeit wäre und ohne die gehörige Anzeige bei sich aufnähme, wäre außer der Verantwortlichkeit gegen die durch einen solchen Gast Beschädigten auch mit Geldstrafen und im Wiederbetretungsfalle mit Leibesstrafe und Ausweisung zu belegen.

3) Die jüdischen Konsistorien, Ältesten und Vorstände, welche überwiesenen Dieben, die ihnen als solche bekannt waren, Zeugnisse über gute Aufführung oder sonst leichtsinnige und unrichtige Zertifikate ausgestellt hätten, könnten mit einer angemessenen Strafe gezüchtigt werden, die um so bedeutender sein müßte, als die Nachlässigkeit der Aussteller größer wäre; z.B. wenn ein solches Zeugnis Leuten erteilt würde, die schon notorisch wegen Diebereien gestraft worden sind. Diese Strenge wäre auch gegen christliche Ortsobrigkeiten in ähnlichen Fällen anzuwenden.

4) Die Schwärme von Betteljuden, welche auf die Mildtätigkeit ihrer Glaubensgenossen rechnen und gewöhnlich am Sabbat, oft mit Frechheit, unentgeltliche Bewirtung und Almosen fordern, sind durchaus nicht zu dulden. Die Gastfreiheit der Israeliten gegen ihre ärmeren Brüder ist ein Überbleibsel einer ehrwürdigen Sitte des Morgenlandes, aber sie ist in einen Mißbrauch ausgeartet. Es gibt ganze Familien, welche von dieser Bettelei leben. Der Staat hat das Recht, Ordnung in dieser Almosenverteilung vorzuschreiben, und in der Tat nützt ein regelmäßiger, an gewisse Personen abgelieferter und von diesen mit Einsicht verteilter Geldbetrag mehr als eine solche zwecklose und übel angebrachte Wohltätigkeit. Die Mitglieder des jüdischen Konsistoriums zu Paris haben in dieser Hinsicht vortreffliche Grundsätze in einem Umschreiben aufgestellt. Diese Betteljuden sind auch zugleich die sicherste, vertrauteste und schnellste Post aller Diebsbanden. Es ist fast unbegreiflich, aber gewiß, daß die Diebe im Gefängnis zu Mainz, namentlich im Zuchthaus, wo man lange Zeit hindurch den einsitzenden Juden erlaubte, sich Speise von ihren Glaubensgenossen bringen zu lassen, die ersten und sichersten Nachrichten von Verhaftungen erhielten, die in Westfalen, in Bordeaux, in Rouen stattgehabt hatten. Durch sie erfuhr der Richter mehrere Male die Vorfälle früher als durch offizielle Anschreiben.

5) Man sollte allen Juden verbieten, Uhren, Bruchsilber, Pretiosen und dergleichen von Gänglern, reisenden Juden, Bedienten, kurz von allen denen zu kaufen, die nicht regelmäßig und gewöhnlich damit handeln. Schon auf den blo-

ßen Kauf unter solchen Umständen, ohne weiteren Beweis des Diebstahls, sollte eine Strafe gesetzt sein. Ein Register über solche Käufe müßte der Jude durchaus halten, und zwar deutsch.

Ich habe ferner der nützlichen Folgen erwähnt, welche aus den königlich-bayerischen Verordnungen gegen die Wallfahrten und der an Wallfahrtsorten vorgeschriebenen Aufsicht in Hinsicht auf Polizei entspringen. Wahrscheinlich mißfällt das, was ich darüber zu sagen mich verbunden fühle, einer ganzen Schule, die in unseren Tagen mit poetischer Mystik Labsal fürs Gemüt an solchen Orten findet. Allein Erfahrung – ich berufe mich kühn auf das Zeugnis jeder Magistratsperson, der von Amts wegen die Pflicht auflag, Vagabunden und Gesindel zu verhören – zeigt, daß fast kein Landstreicher verhaftet wird, der nicht bei Klausen, Einsiedeln etc. sich herumtrieb und von nahegelegenen Orten auch wohl Pässe hat. Große Räuber (obgleich auch Picard von der Niederländer Bande heute in eigener Equipage in den Bädern glänzte und morgen mit dem Bettelsack auf dem Rücken unter Wallfahrern sich herumtrieb) finden weniger als herrenloses Gesindel, Brandbettler, Zigeuner und dergleichen Volk ihren Vorteil bei diesem Wallfahrtsunfug. Nicht etwa, um das prosaische Leben mit einem poetischen zu verwechseln und sich aus der Gemeinheit und Gewöhnlichkeit zu einer höheren Religiosität zu erheben, wobei all das Herrliche, was unsere Mystiker jetzt so erheben, das Gemüt anspricht, sich ausspricht oder in sich selbst untergeht, nein, um in höchst gemeiner Liederlichkeit in niedrigen Schenken mit Metzen umherzuwandeln, um der Polizei zu entgehen, die hinter dem frommen Wallfahrer keinen Räuber sucht, um an den Orten, wo sich alles Landvolk um gewisse Zeiten versammelt, unbemerkt einen Zufluchtsort zu finden, um auf der Reise Diebswinkel kennenzulernen und Gelegenheit zu künftigen Einbrüchen vorzubereiten, oft auch, um auf den in der Nähe wundertätiger Bilder gehaltenen Märkten Beutelschneiderei zu treiben, versammelt sich bei solchen Gelegenheiten der Auswurf alles Gesindels, und das Beten dient nur zum Vorwand, unter welchem man bettelt, stiehlt und in der nichtswürdigsten Liederlichkeit schwelgt. Landstreicher, die im Winter in den Departementen vom Ober- und Niederrhein, von der Meurthe, von den Vogesen etc. Verbrechen begingen und der Polizei nicht mehr trauen, ziehen sich im Frühjahr und im Sommer durch den Schwarzwald, durch den Odenwald und durch die Schweiz an solche Gnadenorte und bleiben immer in Verbindung mit den Haupträubern, die sich gemeiniglich in irgendeinem unverdächtigen Judenhaus verborgen halten oder in entfernten Gegenden von ihrer Beute schwelgen. Unter den Wallfahrern fanden sich Jungen oder ad hoc angeworbene Gauner, deren sich sonst die Glieder dieser Bande bei gewaltsamen Einbrüchen bedienten; und wo der Polizeibeamte einen Vagabunden findet, der kein eigentliches oder nur ein Scheingewerbe treibt und bei der Frage nach seinem Wohnort Zeugnisse über einen drei- oder viermonatlichen ruhigen Aufenthalt in der Nähe eines Gnadenortes vorzeigt, da lohnt es sich gewöhnlich der Mühe, dem Verhafteten genauer ins Gesicht oder auch auf den Rücken zu sehen.

Diese Abschweifung, für die ich aber um deswillen die Leser nicht um Verzeihung bitte, weil sie in den Resultaten, die ich weiterhin daraus zu ziehen versuchen werde, mit meinem Hauptgegenstand in Beziehung steht, hat mich etwas von den Räubern abgeführt, deren Kniffe ich vorzüglich zu schildern mir vorgenommen habe. Ich kehre nunmehr dahin zurück.

Die Korsaren des festen Landes sind auch auf Unfälle vorbereitet, und so wie ihre Maßregeln nicht ungeschickt berechnet sind, um der Entdeckung ihrer Verbrechen und ihrer Verhaftung zu entgehen, so bereiten sie sich auch stets auf den Fall vor, wo sie demungeachtet in die Hände der Polizei fallen könnten. Zu diesem Ende hatten Hessel und seine Gefährten, die ihr Umgang und ihre Berührungspunkte mit mehreren ausgelernten Dieben in der Hauptstadt Frankreichs und im Innern überhaupt verfeinert haben, die zweckmäßigsten Vorsichtsmaßregeln erfunden. Die Diebs- oder jenische Sprache haben sie mit allen Diebsbanden gemein, und ihr Ursprung aus dem Hebräischen zeugt ebenfalls für die Verbindung der Gauner mit der Judenschaft, die nicht erst seit kurzem besteht. Aber sie haben auch noch besondere Zeichen verabredet, die sie unter ganz unverdächtig scheinende Briefe setzen, welche man ihnen allenfalls an ihre Weiber oder Mitverhaftete oder an angebliche Verwandte zu schreiben gestattet und durch welche sie sich sagen, ob sie gestanden haben. Ob der Richter von vielem unterrichtet ist. Ob Zeugen oder Mitschuldige, die ihnen gefährlich werden können, dem untersuchenden Beamten Entdeckungen gemacht haben. Ob man sie gehörig visitiert hat. Ob sie demungeachtet noch Werkzeuge zum Ausbrechen oder Verständnisse und Schlupfwinkel in der Nähe haben. Welches Instrument, sei es Strick, Feile oder Säge, sie womöglich zugesteckt zu erhalten wünschten und dergleichen. Ich teile in der Beilage 2 einen solchen Brief mit dem Schlüssel mit, um zu zeigen, wie vorsichtig man in dieser Hinsicht sein muß. Die Sprache dieser Geweihten ist ebenso unverständlich für den, welcher ihre Mystik nicht kennt, als die einer gewissen Schule, welche nur manche Adepten verstehen. Nur unterscheidet sie sich davon durch ihre Einfachheit, und es liegt wenigstens ein Sinn darin, was bei anderem Wortgebimmel nicht immer der Fall zu sein scheint. Sind sie nur oberflächlich durchsucht worden, ist ihr Kerker nicht sehr verwahrt und auch noch außerdem bewacht oder sind der Kerkermeister und sein Gesinde bestechlich, so rechne man darauf, daß diese Diebsgenies nicht lange zu bleiben für gut finden werden. Denn nicht nur haben sie fast immer (wenigstens die Haupträuber) eine Anzahl Goldstücke, Feilen und Uhrfedern in ihren Kleidern eingenäht und versteckt[1], sondern alle diese Gauner haben auch ein Paket Chlamony (enthaltend ein paar Goldstücke und Feilen, in einer von Wachs und Firnis überzogenen kleinen Büchse oder auch einer eiförmigen Papiermasse) im Rückhalt. Gibt es nun eine strenge Visitation, auch sogar auf dem bloßen Leibe, so nehmen sie nur einen günstigen Augenblick wahr, um diese Chlamony durch

1 *Streitmatter hatte bei seiner Abführung von Genf zwölf feine haardünne Stahlfedern in die Falten seines Hemdes eingenäht und konnte so allerdings einem ihn führenden Gendarmen voraussagen, daß er nicht nach Lyon kommen werde. Haarzöpfe und bei gemeinen Dieben Würste, die sie mit ins Gefängnis nehmen, verbergen auch oft verdächtige Werkzeuge.*

den Schließmuskel des Afters einwärts zu drängen. Nach den Geständnissen Hessels üben sie sich in diesem Kunstgriff mit solcher Anstrengung und solchem Eifer, daß viele oft die nämlichen Beschwerden tagelang duldeten, die einen mit der goldenen Ader Behafteten peinigen. Im Kerker und bei dem Drang natürlicher Bedürfnisse wird natürlich diese Masse herausgenommen, aber sobald die Diebe ins Verhör genommen werden oder eine neue Durchsuchung befürchten, so nehmen sie dieselben Operationen noch einmal vor. So fand man bei Hessel einen Doppellouisdor, eine Uhrfeder zur Säge zugerichtet und eine Feile und bei seiner und Weilers Beischläferin an 30 Goldstücke, worunter auch ein zu leichtes und vom Eigentümer mit einem Zeichen versehenes befindlich war, das zugleich als Beweisstück eines Diebstahls diente.

Man wird weiter unten die Mittel bemerken, deren man sich bedienen kann, um diesen Kunstgriff zu vereiteln. Ein zweites Vorsichtsmittel dieser abgefeimten Gauner ist, daß sie in jedem Kerker, auch wenn sie nur etwa aus Mangel an Pässen verhaftet sind, immer in die Mauerritzen und in den Fußboden einige lange und starke eiserne Nägel und dergleichen verbergen, nicht um ihres Bedürfnisses im Augenblick willen, sondern um auf den Fall, daß sie oder einer ihrer Gefährten wieder einmal in strengeren Verhaft im nämlichen Gefängnis kommen sollten, davon Gebrauch machen können. Sogar ein Goldstück wird wohl nicht gespart, um sich in der Zukunft dessen zu bedienen. Sind die Gefängniswärter bestechlich oder die transportierenden Wachen nachlässig und zu erkaufen, so wird kein Geld geschont, sowohl von den Dieben selbst als von ihren noch in Freiheit befindlichen Mitschuldigen, um ihre Flucht zu befördern. Wo nicht, so wird die Krauttonne bereitet (Kraut heißt in der Gaunersprache Flucht), und die Geschicklichkeit der Diebe in diesem Fach grenzt ans Wunderbare. Was Pignata und Latude, jener im Gefängnis der Inquisition und dieser in der Bastille ausführten, wird begreiflich, wenn man diese Räuber kennt. Ein eiserner Nagel, ein Stückchen Bindfaden, ein Hölzchen, eine alte Messerklinge, ein Bund Stroh, eine zerschnittene wollene Decke – mit diesen Werkzeugen und etwas gekautem Brot versehen, spottet ein Dieb dieser Bande der Wachsamkeit seiner Aufseher und hat gar bald seine Ketten gelöst, eiserne Stäbe durchsägt, Strohseile geflochten, kurz er entkommt aus unterirdischen Löchern und Türmen von beträchtlicher Höhe. Der Räuber Weiler war einst in einem gewissen Land gefangen, er entledigte sich seiner Fesseln und drehte die Ringe der Kette so fest zusammen, daß man die Spuren der gebrauchten Gewalt nicht bemerkte. Als er einige Tage nachher auf seiner Flucht wieder ergriffen wurde, holte man einen Kapuziner, der die neuangelegten Fesseln besprach, und setzte ihn bei jedem Verhör auf einen Teppich, damit er als Hexenmeister die Erde nicht berühren möge. Dieser nämliche Räuber war in Mainz fest geschlossen, sein Gefängnis fest verwahrt, seine Kleider und sogar sein nackter Leib durchsucht, der untersuchende Richter und die tätigen Polizeibeamten ließen sich die Mühe nicht verdrießen, selbst das gehackte Stroh, worauf er lag, zu durchklauben, aber Weiler hatte ein paar alte Nägel gefunden und sich daraus eine Säge bereitet, diese durch das Gitter an einen Bindfaden auf die Außenseite gehängt, so daß man den ganzen Kerker durchsuchen konnte, ohne sie zu entdecken, und ohne einen Zufall, der das Geheimnis verriet, würde er vielleicht dennoch damit entwischt sein. Weiler besaß trotz aller dieser Untersuchungen, trotz der angewandten außerordentlichen Maßregeln, Goldstücke, die Gott weiß in welcher Ritze der Mauer verborgen sein mochten, wenigstens fand ein anderer Dieb, der wegen eines anderen Verbrechens saß und im selben Kerker verwahrt wurde, für gut, einen Doppellouisdor im Munde mit sich zu nehmen, den er aus dem Fußboden gegraben hatte und der ihm vor der Abführung in die Sitzung abgenommen wurde.[1] Ja er fand in Mainz Mittel, mit einigen anderen Gefangenen aus dem Holzturm, einem sehr festen Kerker, zu entweichen, indem er nach gemachtem Ausbruch sich weit über achtzig Fuß herabließ, und erst durch das Feuergeben der Wache wurde er verhindert, die Flucht zu nehmen.

Die Weiber und Beischläferinnen der Gefangenen, wenn sie nicht ebenfalls verhaftet und genau beobachtet sind, umkreisen beständig die Gefängnisse und die Straßen, wo die Kerker befindlich sind, und versuchen durch Zurufen, Zuflüstern und, wenn es nicht anders geschehen kann, durch Augenwinke allerlei Nachrichten zuzuflüstern. Ist es ihnen möglich, durch Speisen, Brot, Früchte etc. Uhrfedern oder doch Briefe den Gefangenen zuzustecken oder zustecken zu lassen, so geschieht es gewiß. Bei einer erlaubten Unterredung mit einem solchen Weibe geht unter dem Vorwand eines Kusses eine zusammengerollte Uhrfeder aus einem Mund in den anderen. So entkam ein im Innern Frankreichs verhafteter Geselle Hessels, und wahrscheinlich wurden ähnliche Mittel angewendet, um zwei anderen auf dem Transport durchzuhelfen, welche die tätigen Löwenstein–Wertheimischen Beamten in Franken gefangen hatten. Oft zwar, aber nicht immer, sind die, welchen die Bewachung der Gefangenen anvertraut ist, an diesem Entweichen schuld, denn manchmal kann auch der Vorsichtige betrogen werden. Das natürliche Mitleid gegen das schwächere Geschlecht kann hier einen menschlichen Beamten leicht verführen, solche Weibspersonen für weniger gefährlich zu halten, als sie es in der Tat sind.[1] Es ist eine demütigende und niederschlagende Bemerkung für jeden Menschenfreund, daß philantropische Grundsätze gar oft aufgegeben werden müssen, wenn man nicht alle Erfahrungen mit allgemeinen Deklamationen widerlegen will. Freilich mag manches einen solchen Räuber begleitende Mädchen anfänglich nichts weiter gewesen sein als eine durch Sinnlichkeit und warmes Blut verführte Dirne. Sie mag vielleicht das wahre Handwerk ihres Verführers nicht gekannt oder doch nur dunkel geahnt haben. Aber kaum hatte das poetische Leben sie der Gemeinheit, den häus-

---

[1] *Wie wenig Diebe vom Handwerk selbst im Kerker der Sucht zu stehlen widerstehen können, davon hat der Verfasser ein seltsames Beispiel erlebt. Benedum, ein Gesellschafter des Schinderhannes, wurde in Mainz zu 22jähriger Kettenstrafe verurteilt und von da nach Trier abgeführt, um wegen eines anderen Verbrechens gerichtet zu werden, wo er auch zum Tode verurteilt wurde. Bei der Abführung stahl Benedum seinen Mitgefangenen Schnupftücher. Andere stahlen sich sogar Flaschen, die ihnen mit Wein während der Sitzung gereicht wurden. Stahl ja neuerdings sogar ein Jude einem Sicherheitsbeamten seine Schnallen aus den Schuhen während des Verhörs.*

lichen Tugenden und dem stillen väterlichen Hause entzogen, als sie von Leichtsinn zum Verbrechen überging und bald ihren Gefährten übertraf. Die Beischläferin des Schinderhannes hat es nur einem glücklichen Ungefähr, das einige Zeugenaussagen zweideutig machte, und vielleicht auch einiger Nachsicht für ihre Jugend zu danken, daß das Spezialgericht ihre persönliche Mitwirkung bei einem mit Mord begleiteten Diebstahl nicht als hinreichend bewiesen ansah. Weibliche Ungeheuer unter den Chausseurbanden* in den französischen Niederlanden waren grausamer als die Männer, und je mehr Hindernisse selbst die Natur dem weiblichen Geschlecht in den Weg gelegt hat, um das Herabsinken in die gänzliche Verworfenheit zu verhindern, desto tiefer ist der Fall, sobald einmal der Weg des Lasters betreten wird.

Man muß daher jede Mitteilung und jede Korrespondenz der Weiber mit solchen Räubern zu verhüten suchen, denn man kann sich darauf verlassen, daß die Verhafteten erst Bestechung und dann alle Wege versuchen, von außen Werkzeuge zur Flucht zu erhalten. Hessel saß in Köln, der Gefangenenwärter war unbestechlich und vorsichtig, er schnitt immer sein Brot in kleine Stückchen. Endlich wurde er etwas weniger mißtrauisch und begnügte sich, es in der Mitte entzwei zu brechen. Hessel schrieb mit einem Strohhalm mit Blut beim Schein seiner brennenden Pfeife ein paar Worte und wußte sie an einen Ort zu bringen, von wo aus er am spitzen Ende des Brotes eine Feile erhielt. Schon war er nach einer Arbeit, wie Trenk unternahm, im Hof des Korridors, schon wollte er über die Mauer steigen, als seine zitternden Füße wankten und er gegen die Fenster des Kerkermeistes fiel und entdeckt wurde. Nie hat er Herrn Keil die Art gestanden, wie er die Werkzeuge zur Flucht bekam.

Ein geübter Beamter, der sich auf seine Leute verlassen kann, wird übrigens manchmal eben diese Versuche der Gefangenen, auswärtige Korrespondenz anzuknüpfen und mit Mitgefangenen Komplotte zur Entweichung anzuspinnen, gegen sie selbst benutzen können. Damian Hessel, der an Schlauigkeit und Bosheit noch bei weitem nicht mit anderen seiner Gefährten, z.B. mit dem zu Blamont entkommenen Müller verglichen werden kann, war 24mal verhaftet. Dreizehnmal stand er vor Gericht und wurde losgesprochen. Die übrigen Male entkam er fast immer durch die Hilfe weiblicher Vertrauten, denn so leicht wurde es ihm nie, sich zu retten, wie neulich einem Juden, der in Metz die Gerichtspersonen und die ihn führende Wache ins Verhörzimmer einsperrte und so ungehindert seiner Wege ging.

---

* Reiterbanden

1 *Der Verfasser glaubt ein Beispiel anführen zu können, wo er selbst grob getäuscht wurde. Ein junger Mensch, der mehr als Opfer seiner Verhältnisse in ein Verbrechen verwickelt wurde, als daß man ihn als lasterhaft hätte betrachten können, wurde in eine schwere Eisenstrafe verurteilt. Der Verfasser äußerte vielleicht beim Aussprechen des Urteils einiges Mitleidsgefühl. Wenige Tage nachher erschien bei ihm ein hübsches Landmädchen, eine angebliche Verwandte des Verurteilten. Sie hat mit vieler Besonnenheit und sogar mit Anstand und Herzlichkeit um die Erlaubnis, ihren Vetter besuchen zu dürfen, und um einige Unterstützung bei dem Gesuch um Gnade, das sie einzugeben willens wäre. Sie erhielt unbedenklich die schriftliche Erlaubnis, ihren Vetter zu besuchen. Diese diente ihr bei der Polizei als Paß und verschaffte ihr einen Aufenthaltsschein. Bald aber beging sie einen Diebstahl, wurde verhaftet, und es zeigte sich, daß sie nichts weniger als eine Verwandte des Jünglings, sondern im Gegenteil ein Anhängsel einer Räuberbande war, die auf dem rechten Rheinufer versprengt geworden.*

Zur Abwechslung und um die Trockenheit, die der Gegenstand dieser Blätter unvermeidlich macht, einigermaßen zu mildern, mag hier die Erzählung von der Entweichung dieses Räubers aus Uerdingen, als Auszug aus seinem Verhör, eine Stelle finden. Ich wähle sie, nicht etwa als den merkwürdigsten seiner Ausbrüche, sondern weil Herr Keil in seinem Werk diesen Fall erwähnt hat, den er mit Recht fast unbegreiflich nennt. Den Schlüssel dazu mag Hessels eigene Aussage geben.

»Nach dieser versuchten Flucht«, sagt Hessel in Beziehung auf die oben erwähnte Geschichte, »mußte ich auf alle Hoffnung zu entkommen, Verzicht tun. Ich wurde vor die Geschworenen gebracht, und nie wurde es mir so schwer, mich durchzulügen. Ich zitterte, solange Herr Keil sprach, seine Worte waren gemessen und treffend, das Schwert schwebte an einem Haar über meinem Haupt. Die Geschworenen beratschlagten lange, es waren Augenblicke der Todesangst. Ich gab mich schon verloren, als die Geschworenen erschienen und gegen alle meine Erwartung mich freisprachen. Dieser Ausspruch wirkte auf mich wie der Ruf: Gnade auf dem Hochgericht. Übermütig sprang ich mit dem Geschrei: Vive la liberté! von der Bank. Aber die Freude war kurz. Wie ein Blitz aus heiterem Himmel traf mich eine neue Verhaftung von seiten des öffentlichen Anklägers und die Erklärung Herrn Keils, daß ich nach Wesel ausgeliefert werden sollte. Wesel! Diese Ankündigung machte mein Blut in den Adern zu Eis gerinnen. Dort war ich zu lebenslänglichem Gefängnis verurteilt; drei Versuche zur Flucht waren mit 25, 50 und 100 Prügeln bestraft worden. Der vierte war gelungen, und bei meiner Rückkehr war mir die Transportierung in die Eiswüsten Sibiriens gewiß. Alles mußte also aufgeboten werden, um auf der Reise dahin zu entwischen.

Ich kam in Uerdingen an. Man verwahrte mich auf einem hohen alten Turm, mehr als 60 Fuß hoch. Ich bemerkte, daß dieser Turm auf einer Seite verfallen war und daß es vielleicht von dieser Stelle aus möglich sein möchte durchzukommen. Die ersten Augenblicke meiner Einsamkeit wurden also benutzt, um ein Strohseil von etwa 60 Fuß lang zu flechten und in einem Nebengemach zu verbergen. Meine Arbeit war vollendet, als der Kerkermeister mir Speise brachte. Er schien ein ehrlicher, mitleidiger Mann. Ich ließ mich ins Gespräch mit ihm ein und beredete ihn, daß ich bloß wegen einer Unrichtigkeit in meinen Pässen verhaftet worden sei. Ich bat ihn um einen Trunk frischen Wassers, er ging, um es selbst zu holen, und weil er mich nicht für sehr gefährlich hielt, verschloß er die Tür nicht einmal hinter sich. Es versteht sich, daß ich ihm auf dem Fuß folgte; aber eben, als ich ein paar Schritte vor der Haustür war, kam der Gefangenenwärter mit dem Eimer, den er fallen ließ und mich packte. Ein Gendarm kam ihm im Augenblick zu Hilfe, ich wurde zurückgebracht, und man legte mir Handschellen (ménottes) an. Eine halbe Stunde Zeit brauchte ich, um mich davon zu befreien. Aber zum Unglück sah man nach mir und entdeckte meine Fortschritte. Nun kam der Kerkermeister mit zwei Gendarmen, und unter der Versicherung, daß man nun gewiß mich festhalten werde, schlug ein Gendarm einen starken eisernen Haken in die Mauer und befestigte daran Ketten, die man mir doppelt und dreifach um den Leib wand. Höhnisch lachend verließ man mich. Aber mittels eines eisernen Nagels gelang es mir nach der angestrengtesten Arbeit, ein Schloß zu öffnen, und sobald ich eine Hand frei hatte, zog ich die Chlamony aus meinen Eingeweiden, ein ähnliches Päckchen, wie man mir in Mainz – leider! – genommen hat. Nicht lange währte es, und ich legte sie zum Schein wieder an, und dies war sehr notwendig, denn der verwünschte Kerkermeister sah nochmal nach mir, ging aber beruhigt wieder fort. Mit Sehnsucht erwartete ich die Nacht und bemerkte, daß mein Gefangenenwärter auch zugleich den Dienst eines Nachtwächters versah. Ich ließ ihn die erste Stunde ruhig durch sein Horn ankündigen, und diese Töne waren mir Musik, da sie mir den Maßstab anzeigten, nach welchem er sich pflichtmäßig vom Turm entfernen mußte. Noch hatte sein Horn die zweite Stunde nicht zweimal verkündet, so war ich schon unten auf freier Erde. Eine Bekannte von mir in der Nachbarschaft versteckte mich auf ihrem Speicher. Ich tat ein Gelübde, das ich bis jetzt unverbrüchlich gehalten habe, den Tag meiner Rettung jährlich durch Fasten zu feiern. Die nämliche Ehre gedenke ich dem Tage zu erzeigen, wo es mir gelingen sollte, aus Mainz zu entspringen.«

Hat man endlich alle Vorsichtsmaßregeln genommen und den Gefangenen überzeugt, daß Flucht unmöglich sei, so hängt der Erfolg der Untersuchung von der Geschicklichkeit und dem Fleiß des Richters ab, der den Charakter des Gefangenen studieren muß, wenn er hoffen will, Geständnisse zu erhalten. So lange einer von diesen Räubern noch einen Schatten von Möglichkeit zur Rettung sieht, solange leugnet er gewiß mit Verstocktheit. Denn gesteht er das Geringste, so nennt ihn die Bande einen Slichener (Verräter), und er kann auf die schrecklichste Rache rechnen. Selbst auf den Galeeren ist er nicht sicher, erwürgt zu werden, wenn einer seiner Genossen sich am selben Ort befindet. Wer nicht, wie Herr Keil oder wie Herr Brellinger*, Geduld und Überwindung genug hat, wochen- und monatelang oft bis Mitternacht in der stinkenden Kerkerluft zu verweilen, stundenlang mit Nebengesprächen zuzubringen, jedes Geständnis, das sich bewahrheitet, mit einer kleinen Gefälligkeit zu vergelten, Gutmütigkeit und wieder Unbiegsamkeit zur rechten Zeit zu zeigen, bald auf die Eitelkeit, bald auf eine andere Leidenschaft des Gefangenen zu wirken, der wird wohl allenfalls ein paar Verbrechen beweisen, aber gewiß nicht Entdeckungen erhalten können, die das Übel in der Wurzel ausrotten. Tortur, selbst Stockschläge und Härte sind mit Recht dem Richter in Frankreich durchaus untersagt, aber Menschenkenntnis und unermüdeter Eifer bedürfen auch solcher Zwangsmittel nicht. Welchen Wert haben denn auch Geständnisse, welche der Stock erpreßt, die Angst, wenn sie gleich falsch sind, behauptet und die den Richter in der ewigen Ungewißheit über ihre Wahrheit lassen? Ein neueres Beispiel mag beweisen, wie leicht der Schmerz Unwahrheiten gestehen läßt. Ein in der zweiten Auflage

* Untersuchungsbeamte, die rheinische Bandenmitglieder verhörten

dieses kleinen Werkchens bezeichneter Räuber, der in ein benachbartes Land geflüchtet war, nahm dort durch einen sonderbaren Zufall den Namen eines anderen Räubers an. Unter diesem falschen Namen wurde er verhaftet, und da er natürlich seinen wahren nicht entdecken mochte, so erhielt er so lange Prügel, bis er erkannte, er sei wirklich dieser Räuber, und alle von diesem begangenen Verbrechen eingestand. Zum Glück wurde er erkannt und nach Mainz ausgeliefert, wo er zu sechzehnjähriger Eisenstrafe verurteilt wurde. Eben dieser harte und arge Dieb war taub und krank geschlagen, in unseren Gefängnissen erholte er sich wieder und rief bei der Ankündigung seines Urteils: »In Gottes Namen, lieber hier in Eisen als drüben in einfachen Verhaft.« Es tut mir weh, zu erfahren, daß Geißeln mit Bleikugeln und unmenschliche Schläge noch in einem Land angewandt werden, das im ganzen eines der aufgeklärtesten Deutschlands ist. Erfahrung hat übrigens gelehrt, daß Anlegen schwererer Fesseln, Versetzung in ein düsteres Zimmer, Abwechslung besserer Kost mit geringerer und dergleichen erlaubte Zwangsmittel oft gute Wirkung tun, sowie auf der anderen Seite Erleichterung der Lage eines Gefangenen diesen oft weich macht. Hessel zum Beispiel war in Wesel stumm und hielt hundert Prügel, wie er behauptet, aus, ohne ein Wort zu sprechen, aber die Erlaubnis, seine Frau einmal zu sehen, das Versprechen, ihr eine Spazierfahrt zu gestatten, eine Pfeife feineren Tabaks, ein Glas Wein zur rechten Zeit und mit Gutmütigkeit gegeben, lösten seine Zunge. Jeder Mensch, auch der Bösewicht, hat gute oder doch schwache Seiten, und der Richter, der diese nicht zu fassen, der nur mit Stockprügeln und Daumenschrauben wirken kann, der ist wahrlich nicht zu seinem Beruf geboren. Johann Bückler, der unter dem Namen Schinderhannes weit mehr Berüchtigkeit erlangt hat, als er wirklich verdiente, besaß die innigste Liebe für seine Eltern und für seine Beischläferin. Jede mildere Behandlung, welche diese erfuhren, jede Hoffnung, ihre Strafe zu verringern, vermochte bei weitem mehr über ihn als eine ihm selbst erzeigte Gefälligkeit. Bei Damian Hessel trat in Ansehung seiner Beischläferin beinahe der nämliche Fall ein. Auf ihn, der ungern gewohnte Genüsse entbehrt, wirkte es auch gar sehr, wenn man ihm diese von Zeit zu Zeit gestattete. Der Verfasser brachte einst einen hartnäckigen Räuber durch die Erinnerung an eine rührende Warnung, die ihm einst seine unschuldige Frau gegeben hatte, zum Geständnis. Wer kennt die Fäden alle, an denen selbst mancher Bösewicht noch zu einem besseren Gefühl gezogen wird? Bei einem Todesurteil, das über einen verstockten Räuber von zwanzig Jahren zugleich mit seinem Vater gesprochen wurde, brach ersterer in die Worte aus: »Ach Gott! Mein armer alter Vater!« An sich dachte er nicht. Dieser Zug beweist, daß eine Tugend, kindliche Liebe, noch nicht ganz in seinem Herzen vertilgt war.

Es ist überflüssig zu bemerken, daß der Richter bei der Untersuchung sich nicht auf den kleinen Zweck beschränken muß, ein paar eingefangene Gaudiebe an den Galgen oder aufs Schafott, zur Galeere oder ins Zuchthaus abzuliefern. Das ist freilich eine leichte Arbeit, aber damit ist eben nicht viel getan, und eine solche Exekution unterbricht nur die Verbrechen der Bande, oft nicht einmal auf lange Zeit, denn gar oft kommen die Verurteilten bald wieder los. Die Raubhöhlen der Hehler zu entdecken und zu zerstören, die Wege und Mittel kennenzulernen, wodurch die Wirkung der Polizei von diesen Spitzbuben umgangen wird, darauf muß das Augenmerk des untersuchenden Beamten vor allem gerichtet sein. Oft ist dies ohne Verwendung einiger außerordentlichen Kosten nicht möglich; es gibt Fälle, wo der Beamte Reisen anordnen und vertraute Leute verkleidet auf Ort und Stelle senden muß. Sollten aber diese Ausgaben, wenn auch wirklich das Vermögen des Schuldigen sie nicht völlig ersetzt, nicht gut angewendet sein, wenn man dadurch das Vermögen aller Bürger und den öffentlichen Frieden auf Jahre lang sichert? Man glaube nicht, daß man mit Korrespondenz denselben Zweck erreichen könne, die Ursachen davon weiß jeder erfahrene Beamte. Wie angenehm ist es nicht, wenn man auf fünfzehn oder mehrere Anschreiben über die dringendsten Gegenstände keine Antwort erhält, oder wenn man statt des Resultats vorgeschlagener Haussuchungen die Gewißheit bekommt, daß die wohlhabenden Diebshehler dienstfreundliche Warnungen vernommen haben, indes um Schlangenklugheit unter Taubeneinfalt zu bedecken, mit vielem Aufsehen ein paar unbedeutende und unverlangte Betteljuden geschickt werden. Hauptsächlich ist es sehr schwer, die Höhlen der Raubhehler zu durchsuchen. Man kann sich erstlich leicht darauf verlassen, daß alle, zumal die Juden, so lange leugnen, als es nur möglich ist. Der verhörende Richter muß sich die Mühe ja nicht verdrießen lassen, jeden, auch anfänglich unbedeutend scheinenden Umstand aufzuzeichnen und ihm nachzuspüren. Zweitens sucht nach jedem Verhör der Jude Botschaft an seine Vertrauten und Angehörigen zu bringen und alle Papiere, Silbergerätschaften etc., die gegen ihn beweisen könnten, wegzuschaffen. In einer solchen Geschichte wurden mehrere Boten zu Pferde und zu Fuß aufgefangen, vier Haussuchungen waren von geschickten Beamten unternommen worden, der Verhaftete hatte eingestanden, daß in einem Verborg seines Kellers noch vier Uhren versteckt lägen,und seine Familie, die dadurch genötigt wurde, vier Uhren auszuliefern, vertauschte doch noch in der Geschwindigkeit diese Uhren mit ganz anderen. Selbst die fünfte Haussuchung gelang noch nicht vollkommen. Die ganze Judenschaft einer Provinz ist in solchen Fällen in Aufruhr und in einem tätigen Bunde gegen die Justiz. Ja, was lächerlich scheint, aber wahr ist, der gemeine Jude hat eine solche Verehrung oder gar Wahlverwandtschaft gegen edle Metalle, daß er, während er bloß an seine persönliche Rettung denken sollte, doch auch nebenbei noch alles wagt, um eine elende silberne Uhr oder einen silbernen Löffel nicht herzugeben, und oft auf Gefahr, den Verdacht gegen sich zu vergrößern, den Besitz von solchen Gegenständen verleugnet, deren freiwillige Auslieferung die Anzeigen gegen ihn verringern würde. Hauptsächlich besitzen die Juden die Kunst, die Lüge, wie Fielding sagt, mit den Worten der Wahrheit auszudrücken. Versichert z.B. ein Jude, daß er nichts Gestohlenes in seinem Haus verborgen habe, so mag dieses wahr sein, aber er begreift den Hofraum oder den Stall nicht mit in seiner Versicherung. In seinen Registern (wenn er deren führt) stehen alle Räuber aufzwanzig Meilen in die Runde, aber alle von ihnen gekauften Waren sind bloß als verpfändet eingeschrieben. Übrigens kann ohne Unterstützung oder Mitwirkung der Verwaltungsbehörden die Hauptabsicht nicht anders als verfehlt werden. Ein Gerichtshof, und wäre er aus den gerechtesten und weisesten Männern zusammengesetzt, kann die Krankheiten der bürgerlichen Gesellschaft nicht heilen. Das Weghauen des kranken Zweiges ist freilich nötig, damit ein gesunder Baum nicht vollends angesteckt wird, aber damit ist noch gar wenig getan, und wenn der Boden oder die Wartung des Baumes nicht verändert werden, so kommt die Krankheit wieder. Die Befreiung des Staates von einem Verbrecher ist nur der erste und nächste Zweck, ein höherer und nützlicherer wird erreicht, wenn durch die Untersuchungen des Richters die Quellen des Unheils erkannt werden und die Verwaltung Fingerzeige erhält, wie diese verstopft werden können. Wo der Sinn dafür fehlt, diese zu fassen, wo etwa gar eine Art von Eifersucht zwischen den verschiedenen Beamten eintritt, da wird nicht viel Heilbringendes geschehen. Wenn hingegen, wie es in Mainz der Fall war, alle zweckmäßigen Verwaltungsmaßregeln den Richter unterstützen, der dadurch Mut und Kraft erhält, sowie auch wiederum seine Bemühungen der Administrationsbehörde dienen, so kann der Erfolg nicht leicht fehlen, wenn ein tätiger Mann wie Herr Keil oder Herr Wernher, ersterer bei der Niederländer Bande, letzterer bei der des Schinderhannes, das Werk angreift. Auch die jetzt verhafteten Räuber werden es bereuen, einen Boden betreten zu haben, den sie seit fünf Jahren vermieden und auf welchem sie auch gegenwärtig nicht lange verweilen konnten, ohne ihren Untergang zu finden.

Ist dann endlich die Schuld der Verbrecher erwiesen, sind sie und ihre Helfershelfer von der rächenden Gerechtigkeit verurteilt worden, so muß auch dafür gesorgt werden, daß diejenigen, welche nicht zum Tode verdammt sind, wenigstens nicht in kurzem der menschlichen Gesellschaft wieder schädlich werden, indem sie gar nicht an dem Ort ihrer Bestimmung ankommen oder doch von da gar bald wieder entwischen. Die Klasse von Räubern, mit denen sich die gegenwärtigen Blätter beschäftigen, ist schwer festzuhalten. Unter den Häuptern ist nicht einer, der nicht in Deutschland, in Frankreich, in der Schweiz mehrere Male zu Festungs-, zu Galeeren- oder zu Zuchthausstrafen wäre verurteilt worden. Schon der Ausdruck, den ihre Gaunersprache für diese Strafen hat, beweist, wie wenig sie sich davor fürchten. Sie nennen vierzehn, sechzehn Jahre Galeerenstrafe gleichsam scherzweise vierzehn Sous, sechzehn Sous. Den noch flüchtigen Haupträuber, Rouget oder Major genannt, fand Hessel im Innern Frankreichs in einem Gefängnis damit beschäftigt, eine Tragödie zu verfertigen, die seine Lebensgeschichte enthalten sollte – also ein schöner Geist, den wahrscheinlich weder Meusels gelehrtes Deutschland noch la France litteraire kennen – ,und er ajournierte förmlich seinen Ausbruch bis zur Vollendung dieser Arbeit. Ein anderer gab Hessel im Augenblick, da man ihn nach Bicetre abführte, Rendezvous auf die Messe nach Beaucaire und fand sich auch richtig ein. Man frage in Hanau, in Frankfurt, in Ulm, in Donauwörth, in Wesel etc. nach, man erkundige sich bei der französischen Gendarmerie, und man wird über die Menge der Bösewichter erstaunen, die um hundert Grade verdorbener und gefährlicher von ihren Straforten zurückgekommen sind. Räuberhehler, hauptsächlich wieder Juden, siedeln sich nach Hessels Aussage in die Nähe solcher Orte an. Bei ihnen liegt eine passende Kleidung, liegen Perücken (die einzelne Räuber mit bis zu fünf und sechs Louisdor bezahlen) bereit, und ein Verurteilter, der etwa zu einer öffentlichen Arbeit ausgeführt wird, nimmt die erste Gelegenheit wahr, zu entkommen. Sobald er nur beim Vertrauten angekommen ist, wird er erst versteckt und dann so verwandelt, daß man ihn so leicht nicht wieder erkennt.

So weh es dem fühlenden Menschen tut, so wahr ist es, daß die Erfahrung die Anwendung der Brandmarkung bei allen schweren Verbrechen rechtfertigt. Auch der Verfasser teilte sonst die menschenfreundliche Meinung, welche durch diese Strafe empört wird, weil sie einen unauslöschlichen Charakter von Infamie ausdrückt und alle moralische Besserung unmöglich zu machen scheint. Aber reife Überlegung und unwidersprechliche Tatsachen beweisen den Nutzen und die Notwendigkeit dieser Bezeichnung gefährlicher Verbrecher, und mit Recht hat der neue französische Strafcodex sie angenommen. Nicht leicht bessert sich ein Mensch, der einmal ein so schweres Verbrechen begangen hat, als das, welches damit belegt wird. Sind auch nur die Zuchthäuser irgendeines bestehenden Staates wohl Besserungshäuser, wie ihr Name verspricht? Könne sie es je sein, und wenn es auch möglich wäre, für jede Klasse von Züchtlingen eine eigene Erziehungsmethode festzusetzen? Ferne sei von mir zu leugnen, daß eine weise Regierung hier viel leisten kann, oder die Vortrefflichkeit der Einrichtungen im Besserungshaus von Philadelphia, von Wilwoorde etc. zu verkennen. Heil den Männern, die mit Klugheit und Menschlichkeit darauf bedacht sind, Verirrte zu bessern, schwache aber noch nicht verworfene Menschen wieder zu nützlichen Bürgern umzuschaffen und dafür zu sorgen, daß die Strafe nicht nur Abschreckung für andere sei, sondern auch den schöneren moralischen Zweck erreiche, den Menschen, der zu einem Vergehen sank, nicht vollends um Verbrecher sinken zu lassen und ihn verbessert und arbeitsam dem Staat wiederzugeben. Edel ist diese Absicht und lohnend das Bewußtsein, sie, sei es auch nur in einzelnen Fällen, erreicht zu haben. Aber wahr bleibt es – leider – ,daß sie selten erfüllt wird, sobald einmal ein Mensch an das Herumstreichen gewohnt und Vagabund aus Geschmack geworden ist. Ich rede nicht von einzelnen, gleichsam isolierten Verbrechen, die ein auch sonst nicht böser Mensch in irgendeinem sogenannten Teufelsaugenblick begehen kann. Da ist allerdings Besserung möglich. Aber dem Verfasser wenigstens ist noch kein gründlich gebesserter Vagabund von Handwerk vorgekommen. Er hat Gelegenheit gehabt, mehrere Versuche zu machen. Das schöne menschliche französische Gesetz, das dem Richter bei Verbrechern unter sechzehn Jahren, die ohne Überlegungskraft gefehlt haben, erlaubt, statt der Strafe bloß ihre Erziehung anzuordnen, gab ihm unter anderem Gelegenheit, ein Mädchen an einen Ort zu bringen, wo sie, mit allen Bedürfnissen und Kleidung versehen, unter zweckmäßiger, aber nicht zu strenger Aufsicht stand. Vorher lebte sie wie die Vögel des Waldes, ging in Lumpen und hatte oft, selbst im Herbst, nur den Himmel zum Obdach. Ihr Zustand war also gewiß auffallend verbessert. Auch wartete sie so lange, bis sie vollständig gekleidet war und bis gelinde Witterung eintrat, um davonzugehen, stahl gleich wieder und sitzt jetzt in einem Zuchthaus. Die Beischläferin des berüchtigten Schinderhannes, Julie Blasius, besuchte den Verfasser nach ihrer Entlassung aus dem Besserungshaus; gute Menschen, die auch schon für ihr Kind gesorgt hatten, erboten sich, sie als Magd bei sich zu behalten; aber dieses prosaische gemeine Leben war ihr gar bald zuwider, und sie verließ es, um Gott weiß wohin zu gehen. Dies sind einzelne Fälle, wird man vielleicht sagen, aber man stelle mir andere auf, die sie widerlegen. Ich wiederhole, daß ich nicht von Leuten rede, die isolierte Vergehungen begingen, sondern von Vagabunden und Dieben von Handwerk.

Mit der Besserung von solchen Verbrechern, welche zu schwerer Eisen- und Schanzenstrafe verurteilt waren, sieht es vollends mißlich aus. Unter allen Räubern, von welchen ich spreche, ist es noch keinem eingefallen, zur Ordnung zurückzukehren (Hessel zwar behauptete, daß er seit fünfzehn Jahren zum erstenmal in Mainz ein solches Gelübde getan hätte, das mich inzwischen an die von einem Fischer im Sturm gelobte Kerze erinnert), unerachtet alle mehrmals im Besitz von so ansehnlichen Summen waren, daß sie damit gar wohl ein ruhiges Leben hätten anfangen können. Man merke nur, wie sie con amore von ihren Expeditionen sprechen, wie eine Art Eitelkeit sie sogar zu Geständnissen bringt, die sie im nächsten Augenblick bereuen mögen, und man wird sich überzeugen, daß ihre Bekehrung etwa soviel wert ist als die Bekehrung auf dem Schafott. Hessel und Weiler schienen an eine Art von Fatum zu glauben, das sie zu ihrer Lebensart bestimmt habe und dem sie nicht hätten entgehen können. Es erweckt eine sonderbare Empfindung, wenn sie in ihren aufgefangenen Briefen mit einer Art von Religiosität, ohne inzwischen im mindesten Reue oder einigen Vorsatz zur Besserung zu äußern, auf die Vorsehung, auf Gottes Hilfe in der Not zu rechnen schienen. »Wir sind notwendig!« sagte Hessel mit naiver Frechheit zu einem ihn besuchenden Richter. »Gott erweckt und sendet uns, um die Geizigen und Reichen zu züchtigen, wir sind eine Art von Landplage, und wenn wir nicht wären, wozu brauchte man dann Richter?« So sind also diese Diebe, nach dem neueren Lieblingsausdruck, sich selbst klar und treiben ihr Gewerbe mit Religion und Poesie!

Bei Räubern und Gaunern aus dem niederen Pöbel tritt noch ein anderer Umstand ein, der die Strafe minder wirksam macht. Für Menschen, die wie unsere Diebe, an Genüsse, an die Freuden des Lebens und an äußere Rechtlichkeit gewohnt waren, mag der Verlust der Ehre und die magere Gefängniskost noch abschreckend sein. Aber welchen Eindruck macht diese auf den Bettler, auf den ganz verlumpten Gauner aus der Hefe des Pöbels, geboren und erzogen hinter dem Zaune? Er, den vorher schon jeder mied, aus dessen Atmosphäre sich auch der arme Bauer sorgsam entfernte, der nackt im Wald und unter Felsen herbergte, wenn er nicht irgendwo in einer Scheune Zuflucht fand, der an Hunger und Entbehrungen aller Art gewöhnt ist, mag leicht an seinem Strafort besser gekleidet und genährt werden als vorher. Die Brandmarke, der beschimpfende Urteilsspruch, selbst die Pestluft des Kerkers sind ihm nichts. Der Verfasser hat das Vergnügen gehabt, eine Zigeunerfamilie dreimal zu verurteilen, die bloß als Vagabunden eingezogen wurden, ohne ein bestimmtes Verbrechen begangen zu haben. Solange es warm war, wallfahrteten diese Menschen nach Klausen, Waldthüren und Einsiedeln, lagerten sich in die Nähe von Bauernhöfen und bettelten, zwar unbewaffnet, aber sonst etwa mit dem Anstand wie der Invalide, den Gilblas von Santillana bei seinem ersten Ausflug aus dem Haus seines Oheims an der Landstraße fand. Im Winter ließen sie sich einfangen, um im Gefängnis gekleidet und gefüttert zu werden, und wenn die Schwalben kamen, war auch ihre Strafzeit um. Als der alte Bückler gestorben war, dankte seine Witwe dem Verfasser für die gute Pflege, ohne welche ihr Mann nicht so alt geworden wäre. Für Geschöpfe dieser Art ist die Brandmarkung, welche übrigens, wenn diese heimatlosen Menschen ihre Strafe ausgestanden haben, nie bekannt wird, solange man sie nicht wegen eines neuen Verbrechens einzieht, keine Strafe, aber für den Staat und für den Richter ist sie dann von größtem Nutzen.

Die außerordentliche Menge von Landstreichern, welche bei Gelegenheit der Prozedur gegen Hessel und seine Mitschuldigen eingezogen und größtenteils über Mainz geführt worden sind, gibt dem Verfasser Gelegenheit, in dieser Hinsicht einige Erfahrungen und Ansichten hier niederzuschreiben.

Es hat von jeher kleine Souveräns und Ländchen gegeben, welche ihr Gebiet, freilich in ganz anderem Verstand als gewisse neuere Philosophen, wie einen geschlossenen Handelsstaat betrachten. Der Grundsatz lucri bonus odor* etc. war das höchste Prinzip ihrer Staatsverwaltung, und da sie von jedem Kopf, der sich bei ihnen ansiedelte, etwas Gewisses zogen, so nahmen sie Einwanderer an, die, gleich den Hummeln, immer auswärts herumschwärmten, um den Honig der fleißigen Bienen zu stehlen und zu Neste zu tragen.

Die Beamten dieser Herren gingen in dies System ein und betrachteten ihre Ämter als isolierte kleine Staaten. Da mochten sie wohl Ordnung halten, aber es lag ihnen eben nicht viel daran, ob ihre Untergebenen mit allen benachbarten Eigentümern im Kriege lägen. Im Gegenteil wußten sie ihre Pässe und Zeugnisse gar wohl zu versilbern.

Wird man wohl glauben, daß man Gegenden findet, wo ein Beamter zehn bis zwölf Häuschen oder vielmehr Hütten nach und nach an zwanzig bis dreißig verschiedene Räuber verkauft hat? A. kaufte es um neunzig Gulden, verbesserte es, und als hierauf A. zu bekannt wurde, um länger zu verweilen, so warnte ihn der Eigentümer, kaufte das Häuschen wieder um siebzig Gulden an sich und verhandelte es gleich aufs neue an B., einen erst angekommenen Dieb usw. Auf solche Gemeinden kann man wohl anwenden, was Livius von den Bewohnern der lipa-

* wörtlich: Guter Geruch schafft Gewinn

rischen Inseln sagt: Mos erat civitatis, velut publico latrocinio partam prädam dividere*.

Die Bewohner dieser Gegenden, wenn sie irgendwo eingefangen waren, gelten nun für angesessene Leute, sie haben einen Wohnort, ein Gewerbe. In der Tat aber kommen sie nie nach Hause, als wenn sie versprengt worden sind oder wenn sie Beute in die Raubhöhle zu verstecken haben. Wenn man daher nach dem strengen Begriff der französischen Gesetzgebung nur den als einen wahren Landstreicher betrachten will, der in keine Gemeindeliste eingeschrieben ist, keinen eigentlichen Wohnort hat, kein Gewerbe oder Handwerk treibt, so wird man sogenannte Bürger finden, deren jeder auch ein angebliches Gewerbe treibt. Man forsche aber nur weiter, und man wird erfahren, daß der Verhaftete zwei Drittel seiner Lebenszeit in Gefängnissen zugebracht, seinen Wohnort vielleicht im Jahr nur ein oder ein paarmal auf etliche Tage besucht und sein angebliches Bürgerrecht ohne die gehörige Form allenfalls vom Maire erhalten hat. Sein Gewerbe ist ebensowenig reell. Als Geburtsort wird gar oft Amsterdam angeben, wo aber gemeiniglich alle Verwandten gestorben sind.

Diesem Unheil können die Gerichtshöfe allein nicht abhelfen.

Andere Vagabunden sind in der Tat nirgendwo zu Hause, und da man es dem Staat, wo sie verhaftet werden, doch nicht zumuten kann, die Last ihrer Versorgung zu übernehmen, so ist man in der Tat verlegen, was man in Ansehung ihrer anfangen soll. Der Gerichtshof vom Donnersberger Departement hat binnen sechs Wochen mehr als hundert solcher Wesen unter Händen gehabt. Einige Dutzende von Levi Isaak, Jakob Leser, Bär Salomon etc., angeblich in Polen oder Deutschland geboren, aber seit ihren ersten Jugendjahren von da entfernt, wovon der eine sich angeblich von Zeichnen, der andere durch Nachahmung des Gesanges der Waldvögel, der dritte mit Diamantschleifen ohne Werkzeuge etc. zu ernähren vorgab, wurden eingefangen. Kein bestimmtes Verbrechen fiel ihnen zur Last, sie waren aber alle langjährige Landstreicher und Bettler. Manche hatten keine, andere unregelmäßige und veraltete Pässe, viele waren auch mit ordentlichen Pässen versehen, aber sie hatten nie die darin angegebene Reiseroute eingehalten. Auf manchen Pässen fanden sich schlimme Noten, die aber gemeiniglich durch einen darauf gegossenen Tintenfleck bedeckt waren. Eine Menge französischer Juden, stark und gesund, waren der Militärkonskription entgangen, weil sie in keiner Einwohnerliste verzeichnet standen. Der Verfasser scheut sich übrigens nicht, offenherzig zu gestehen, daß, was diese Art Juden betrifft, er nur dann an ihre Umschaffung zu nützlichen Staatsbürgern glauben kann, wenn eine Regierung sich durch einen heilsamen Despotismus der künftigen Generation dieses Volkes bemächtigen wird. Die jetzige ist, Ausnahmen abgerechnet, im Keim verdorben und zu verrostet, um vernünftigerweise auf ihre Umänderung rechnen zu können.

Man hat, in Ansehung aller Inländer, zweckmäßige und gesetzliche Maßregeln ergriffen. Den Ausländern hat man ihre Pässe abgenommen und ihnen ein

* Es war die Sitte des Staates, durch gleichsam öffentlichen Raub die Beute zu teilen

gedrucktes Kompetenzurteil des Spezialgerichtshofes zugestellt, welches sie anweist, in ihre angebliche Heimat zurückzukehren. Damit sie aber nicht diese Weisung in eine zwecklose Förmlichkeit verwandeln und unsere Grenznachbarn überschwemmen oder uns bald wieder heimsuchen können, so hat die tätige Mainzer Polizei auf dem Urteil den Weg bemerkt, den sie einzuhalten haben. Dadurch sind sie also genötigt, entweder das einzige Papier, das sie haben, wegzuwerfen oder sich der darin enthaltenen Anweisung zu fügen. Hoffentlich wird jeder Beamte, der sie ohne alle Papiere oder auf einer von der Vorschrift abweichenden Straße findet, sie verhaften. Ihre Leibesbezeichnung (Signalement) steht jedesmal am Rande des Urteils.

Möchten doch mehrere Regenten die vortrefflichen Ideen beherzigen, welche im zweiten Teil der bei Flick in Basel erschienenen Lebensbeschreibung des Johann Bückler angegeben sind, um Vagabunden und brotlose Leute in eine Art Regimenter zu verteilen und zu öffentlichen Arbeiten anzuhalten.

Vortrefflich und tief gedacht sind die in den Art. 276, 277, 278, 279, 280, 281 und 282 des neuen französischen Strafgesetzbuchs enthaltenen Verfügungen über Landstreicher und Bettler. Sie sollten auch anderwärts eingeführt werden, wenn man auch in kleinen Staaten vielleicht Anstand finden möchte, diese Menschen, so wie in Frankreich, besonderen Gerichten oder Formen zu unterwerfen.

Der Verfasser hat mehrere Vagabunden unter Händen gehabt, denen kein bestimmtes Verbrechen zur Last lag, die aber Instrumente mit sich führten, die nur zu Raub, Mord und Brandstiftung dienen konnten. Kein Mittel konnte diese Menschen bewegen, ihren wahren Namen und ihren vorigen Aufenthaltsort anzugeben. Sie waren in anderen Ländern gefänglich eingezogen worden, wo man ihnen stark mit Schlägen zugesetzt hatte, ohne dadurch mehr ausgerichtet zu haben. Die oben erwähnten Verfügungen dienen dazu, diese Menschen unschädlich zu machen.

Das einzige und wahre Mittel, diesem Unfug abzuhelfen und überhaupt Verbrechen zu verhüten, aber freilich das schwerste von allen, hängt weder von der Polizei im gewöhnlichen Sinn, noch von der richterlichen Gewalt ab. Der Grund der Krankheit liegt tief, greift in die Verfassungen und Lage der Staaten ein und beruht auf der kleinen Bedingung, zu bewirken, daß jeder sich ehrlich nähren wolle und jeder, der es will, es könne; daß Sittlichkeit, Rechtlichkeit und vernünftige Einsicht und Tätigkeit im Land allgemein herrschen und geschätzt und befördert werden. Räder und Galgen an allen Landstraßen, Kerker und Torturen, salbungsvolle Mandate, erzwungene Frömmelei und Vermehrung der Kirchen und Klöster heilen das Übel nicht. Das sah man im Kirchenstaat, in Neapel und in Sizilien. Der Schullehrer tut mehr als der Priester, der Sicherheitswächter und Gendarm mehr als der Büttel und der Henker. Es hat ehedem Große gegeben, die, während sie selbst Menschlichkeit und Gerechtigkeit mit Füßen traten, das Volk durch Räder und Scheiterhaufen und durch Aberglauben zu erziehen hofften, und sie erzogen Lazzaronis* und Banditen, die mit blutigen Händen am Gal-

* eigentlich antirevolutionäre neapolitanische Gelegenheitsarbeiter, hier im Sinne von Gauner

gen vorbei in den Beichtstuhl schlichen und am anderen Tag wieder mordeten. Ihre Gerichtshöfe sprachen täglich Todesurteile, aber mit der Zahl der Hinrichtungen stieg zugleich die Zahl der Verbrechen und mit der Zahl der Bettler die der Diebe. Der Kranke, dem der Wundarzt ein brandiges Glied abnimmt, ist dadurch noch nicht von der Krankheit geheilt, die seine Säfte vergiftet. Doch diese Bemerkungen gehören in die Klasse der frommen Träume, die noch dazu bei manchen für Ketzereien gelten mögen!

Nächst dieser gründlichen Kur des Übels kommt freilich alles auf eine gute Polizei an, die eine hausväterliche, aber nicht klösterliche Aufsicht über ihre Verwalteten führen muß. Es kann in einem Land so schwer zu reisen sein als unter den Erfindern der Pässe, unter den Kalifen, und die Polizei kann darum doch nicht viel taugen. Was hilft es, wenn der Reisende alle Augenblicke seinen Paß vorweisen muß, sobald es jedem Landstreicher so leicht möglich ist, sich ein solches Papier in aller Form zu verschaffen? In unseren Gefängnissen zu Mainz gab es einen Gefangenen, der mit sehr vieler Geschicklichkeit fremde Pässe und sogar das Stempelpapier nachmachte. Solange man übrigens Leute einwandern und sich ansiedeln läßt, die keine Zeugnisse guter Aufführung, kein Vermögen, kein eigentliches Gewerbe haben und die bloß dadurch sich als Einwohner einer Gemeinde geltend machen, weil sie eine geringe Kopfsteuer oder Patentengebühr für ihr scheinbares Gewerbe bezahlen, so fällt es ja diesen Menschen, die meistens eine Hantierung treiben, welche ihre häufigen Reisen zu rechtfertigen scheint, z.B. Zahnärzte, Krähenaugenschneider, Olitätenkrämer* etc., leicht, mit allem Recht Pässe zu fordern. Ich will von feilen oder unfähigen Ortsvorständen nicht einmal reden, die jedem Landstreicher zu Diensten stehen, sobald er nur bezahlen kann.

Mehr als auf die Pässe muß eine gute Polizei auf die Befolgung der Verordnungen sehen, die in jedem polizierten Staat bestehen und jedermann verbieten, einen Fremden ohne Anzeige seines Namens, Gewerbes etc. zu beherbergen. Mit einiger Aufmerksamkeit lernt man bald die verdächtigen Häuser kennen, welche die Störer der öffentlichen Ruhe besonders besuchen. Die Häuser der Liederlichkeit und der Wollust sind auch gewöhnlich Schlupfwinkel der Diebe.

Der Tätigkeit der französischen, Frankfurter, Würzburger, Nassauer, Bayerischen, Darmstädter und Württembergischen Polizei- und Justizbeamten ist es gelungen, diese Banden gerade vor dem Anbruch des Winters 1809 zu fangen und zu zerstören, in welchem sie nicht übel gehaust haben möchten. Die Rotte des Johann Bückler oder Schinderhannes wurde schon vor sechs Jahren gänzlich vertilgt. In diesem Augenblick streifen höchstens einzelne Räuber an den Grenzen zwischen Frankreich und den Ländern des Rheinischen Bundes umher.[1] Vie-

---

* Ölhändler

1 *So glaubte der Verfasser beim Abdruck der zweiten Auflage. Aber er hatte sich geirrt, und neue zahlreiche Banden zeigten sich fast auf allen Punkten Deutschlands, indes in unserem Departemente und in den angrenzenden Gegenden ihre Spur verschwunden war. Allein die gewaltsame Art, womit diese Haufen ihre Verbrechen begehen, und die Klasse Menschen, aus welcher sie bestehen, zeigt, daß keine von diesen Rotten die Freiheit und die regelmäßige Organisation der Hesselschen Bande erreicht hat. Die jüdischen Diebe sind bei weitem ausgelernter und gefährlicher. Die Ausrottung jener Landstreicherhaufen wird durch die zweckmäßigen Maßregeln, die fast alle Regierungen ergriffen haben, bald bewirkt werden*

le, geschreckt durch das Schicksal ihrer Gefährten, sind dem Vernehmen nach in die Krim gewandert, und es ist mehr zu wünschen als zu erwarten, daß sie dort sich in tätige und rechtliche Kolonisten umbilden mögen. Der Gerichtshof des Departements vom Donnersberg darf sich schmeicheln, der Sicherheit aller Eigentümer dieser Gegend einen wesentlichen Dienst geleistet zu haben, indem er beim Eintritt der gegenwärtigen gerichtlichen Organisation die Bande des Schinderhannes und im Augenblick seiner Auflösung zwei ebenso furchtbare Räuberhorden aus der menschlichen Gesellschaft entfernte.

Möchten Ruhe, Friede, Sittlichkeit, blühender Zustand des Handels und der Gewerbe, Errichtung von Arbeits- und Versorgungshäusern doch künftig die Bildung neuer Diebshorden verhindern und die Regenten der traurigen Pflicht überheben, durch strenge Gesetze und außerordentliche kostbare Maßregeln diese heimatlosen, verworfenen, durch Herabwürdigung und Arbeitsscheu verdorbenen Menschen im Zaum zu halten!

Beilage I

Bemerkungen über einige Maßregeln, die bei Verfolgung von Räuberbanden nützlich sein möchten.

1) Wenn Diebstähle mit Einbruch oder Straßenräubereien sich in gewissen Gegenden vervielfältigen und das Dasein von Räuberbanden anzuzeigen scheinen, so verdopple man vor allen Dingen die Aufsicht auf fremde Landstreicher und auf verdächtige Gemeinden. Man begnüge sich nicht, die Diebe bloß in der Nähe des Ortes zu suchen, wo die Verbrechen begangen worden sind, der Winkel, wo sie sich aufhalten, ist oft weit davon entfernt.

2) Es kann nicht genug wiederholt und beherzigt werden, daß keine Räuber- und Diebsbande sich bilden und halten kann, wo die Ortsobrigkeiten ihre Schuldigkeit tun. Nicht der Justizbeamte, sondern der Polizeibeamte ist verantwortlich, wenn die öffentliche Ruhe und Sicherheit durch solche Rotten gestört wird.

3) Man hege kein heimat- und brotloses Gesindel, man dulde keine Landstreicher, man versorge bedürftige Arme, man verhüte das Armwerden der Bürger, man zwinge starke und gesunde Bettler zur Arbeit, man bilde Sicherheitswachen, aber nicht aus Lohnwächtern, sondern aus angesessenen Einwohnern (so daß diese Aufsicht ein Amt von Ehrenamt sei), und die Gerichtshöfe werden nicht viel mit Diebsgesindel zu tun haben.

4) Wenn demungeachtet ein Übel dieser Art sich zeigt, so mache man ja keine einzelnen Streifereien. Sie sind unnütz und sogar schädlich. Man suche womöglich erst einen oder den anderen Landstreicher, der mit den Banden in Verkehr steht, zu fangen und zum Geständnis zu bringen, und dann ziehe man aus seinen Aussagen die nötigen Instruktionen, welche jedem örtlichen Polizeibeamten, soweit sie die in jedem Bezirk vorzunehmenden Operationen betreffen, versiegelt zugeschickt werden, mit der Weisung, sie an einem bestimmten Tag zu eröffnen. An diesem Tag, zur gleichen bestimmten Stunde wird dann im ganzen Land gestreift, und die verteilten Untersuchungen greifen ineinander und geben ein Resultat. So wurde im Mai eine ganze Bande von 36 Personen bis auf zwei oder drei eingefangen. Ein solcher gelungener Streifzug schreckt auf lange Zeit alle Landstreicher ab. Nur traue man den sogenannten Fleischmännern und jüdischen Spionen nicht unbedingt. Die meisten gleichen den Spionen im Krieg, sie dienen gern mehreren Herren, liefern unbedeutende Wichte zur Haft und warnen die Matadore.

5) Sind Juden bei der Bande zu vermuten, so müssen diese Streifereien und Haussuchungen in verdächtigen Judenhäusern am Freitagabend oder Sonnabendmorgen vorgenommen werden. Alle fremden Juden werden dann gefangen.

6) Wenn dann verdächtige Landstreicher eingezogen werden, so muß man ihr Signalement mit dem der gesuchten Räuber (das man vor allen Dingen richtig zu erhalten suchen muß) genau vergleichen und sich nicht durch den angegebenen oder im Paß geführten Namen irreführen lassen. Dieser Name wechselt alle Augenblicke und verdient gar keine Aufmerksamkeit.

7) Juden müssen ihren alten und neuen Namen angeben, sagen, wo sie seßhaft sind und wie lange. Französische Juden müssen beweisen, daß sie den neuen kaiserlichen Verordnungen Genüge geleistet haben, daß sie mit Patenten versehen sind, auch müssen sie Zeugnisse von ihren Konsistorien erhalten können.

8) Sind es Handelsleute, so frage man sie, mit wem sie handeln und womit, ob sie bares Geld, Kreditbriefe oder bekannte Handelsfreunde haben, wie lange sie die Gegend bereisen?

9) Ob und wie lange sie an dem Ort wohnhaft sind, woher ihre Pässe lauten. Wer die Zeugen seien, die dabei gedient haben. Wie lange diese Zeugen selbst im Ort ansässig seien. Ob sie nicht diesen Paß auf einen älteren hinterlegten erhalten haben. Wo dieser erste Paß ausgestellt worden sei und wohin. Ob auch dieser erste schon gewechselt worden. Warum sie die Reise abgeändert. Warum sie, wie oft der Fall ist, als wohnhaft an einem Ort aufgeführt worden, wo sie doch nur auf der Reise sich aufgehalten. Wo sie vor ihrer Verhaftung gewesen. Ob sie auf den Nachtzetteln und Wirtsregistern ihren wahren Namen angegeben. Ob sie in Privatjudenhäusern logiert und welcher Fuhrwerke sie sich bedient haben. Wo sie ihre letzte Ware abgesetzt.

10) Erfahrene Beamte kennen die Gemeinden, wo man von jeher eben nicht bedenklich in Aufnahme allerlei Gesindels war und jedem Pässe gab, der sie bezahlte. Wo das Dorf oft nur aus dreißig Hütten besteht und jährlich doch ein paar hundert Pässe ausgeteilt werden, da ist ein auch noch so förmlicher Paß eben keine Empfehlung für den, welcher ihn führt, wenn er sich sonst nicht rechtfertigen kann. Die Hälfte der Einwohner dieser Gegenden ist im jetzigen Augenblick auf Reisen.

11) Der Strich der Bande, zu welcher Hessel gehörte, und der subalternen Genossen ist folgender: in Deutschland: Marburg, Selters, Hanau, Offenbach, längs dem Main, ins Darmstädtische, Limbach, den Odenwald, das Breisgau. Übergangspunkte über den Rhein sind: die Gegend von Mannheim und der Strich oberhalb Mainz bis Bingen. In Frankreich: Frankenthal, Grünstadt, Ebersheim, das sogenannte Leininger Tal, Altleiningen, Neuleiningen, Karlsberg, Sausenheim, Landau, Oberazheim, Frayschbach, Altorf, Niederhöchst, Altkirch, Weisenburg, Colmar, Schlettstadt, Nancy, Lüneville, St. Dié. Streifereien an die

---

1 Diese Gemeinde, welche der Mehrheit nach aus Gesindel bestand, welches seit mehr als einem Jahrhundert sicher war, da geduldet zu werden, hat zufolge der Untersuchungen gegen diese Banden Anlaß zu Maßregeln gegeben, welche das Übel hoffentlich in diesen Gegenden aus dem Grund heben werden. Der Herr Baron von St. André, Präfekt des Donnersberger Departements, hat diesen Stall des Augias gereinigt. Inzwischen wird doch jeder Beamte wohl tun, auf die vor 1811 in den durch den Druck ausgezeichneten Orten angeblich wohnhaft gewesenen Juden und Gängler aufmerksam zu sein. Von wirklich angesessenen Grundeigentümern und Bauern ist, wie sich von selbst versteht, die Rede nicht.

Mosel werden manchmal über den Hunsrück vorgenommen. Ins Innere von Frankreich streifen wohl diese Räuber sehr weit, aber die bemerkten Gegenden sind ihr längerer Aufenthalt. Dreizehn Juden wurden im Arrondissement Prümm gefangen und in Trier zu verschiedenen Strafen verurteilt. Man vergesse nicht, daß die Pässe öfters gewechselt werden, damit man die Spur verliert.

12) Gewaltsame Einbrüche auf dem Land werden auf der rechten Rheinseite von denselben Individuen begangen, die auf der linken nur in Städten und mehr mit List stehlen. Die Schatzgräber, Taschenspieler und dergleichen Gesindel lasse man sich ja empfohlen sein.

13) Wird der Verdacht größer, so untersuche man, ob der Verhaftete nicht gebrandmarkt ist, man stelle ihn den etwa einsitzenden Dieben vor.

14) Die genaueste Vorsicht und die sorgfältigste Nachsuchung muß sowohl auf dem Leibe der Gefangenen als auch in den Kerkern geschehen, wo man sie auf dem Transport verwahrt. In diese verstecken sie Eisen, Nägel und andere Dinge zu ihrem eigenen und ihrer Mitschuldigen künftigen Gebrauch.

15) Eine ganze aus Fayencehändlern und Gänglern bestehende Bande, deren Entdeckung man dem tätigen Herrn Retzer, Sicherheitsbeamten zu Lautern, verdankt, ist bis auf einige wenige Räuber ausgerottet. Die Mittel, die sie anwenden, sich Pässe zu verschaffen, sind dieselben, wie die der Hesselschen Bande. Auch sie haben Paß- und Zertifikatfabriken. Um sich über die Passavants ihrer Waren in Richtigkeit zu setzen, bedienen sie sich folgender Mittel: Sie nehmen zum Teil Waren bei ordentlichen Kaufleuten und lassen sich die gehörigen Fakturen* ausstellen, um sie im Fall einer Verhaftung vorzeigen zu können. Sie kaufen bei Juden und Krämern, die es so genau nicht nehmen und ihnen Fakturen für eine größere Menge Waren ausstellen, als sie wirklich kaufen. Dadurch erhalten sie Passavants und schieben die gestohlenen Waren unter.

Ihre gestohlenen Sachen verstecken sie in Waldungen, bedecken sie mit Steinen, vergraben sie in Mist und in Scheunen, bis sie Kochemer Bayes erreichen. Die Weiber ziehen mit Bündeln voraus, denen sie oft die äußere Form geben, als trügen sie Kinder. Inwendig an den Röcken haben sie einen Sack, den sie Fuhr nennen und der ihnen besonders dient, wenn sie in den Kramläden mausen. Er besteht aus einem inwendig angenähten Stück Zeug, wohinein sie die Waren durch den Rockschlitz stecken. Sie verüben ihre Diebstähle bald mit, bald ohne Gewalt. Können sie bloß den Blinden platschen (Laden aufsprengen), so begnügen sie sich damit, sonst beuschen (knebeln) sie auch gern. Es ist erstaunlich, wie gut auch kleine Kinder zum Stehlen und zum Lügen von ihnen abgerichtet werden. Sie bedienen sich ihrer, um zu schmiren (lauern), ob keine Geis (Leute) nahen.

16) Eben deshalb sind auch die Weiber und Beischläferinnen der Eingezogenen nicht außer acht zu lassen und, wo möglich, besonders nachzuführen.

17) Ein altes und bekanntes, aber sehr dienliches Mittel, um gefährliche Ge-

---

* Rechnungen

fangene auch ohne starke Bedeckung zu transportieren, ist das Aufschneiden des Hosenbundes. Sie können, da sie diesen mit den Händen halten müssen, nicht schnell laufen.

18) Alle Räuber, die über Dijon gestreift haben, pflegen Chlamony in den Eingeweiden verborgen zu halten, und die Weiber Goldstücke. Man kann dieses merken, wenn man auf ihre Gebärden beim Niedersetzen Achtung gibt. Das einzig sichere Mittel, ihnen die Rechnung zu vereiteln, ist ein Klistier mit etwas Essig– oder schwacher Tabaks–Infusion.

19) Dabei aber muß man ja acht darauf haben, daß man sie unversehens überrascht, sonst verstecken sie ihr Paket vorher im Kerker. Man lasse sie auch ganz auskleiden, sonst wird es wohl in die Strümpfe verbracht. So gelang es dem Räuber Weiler oder Streitmatter diese Vorsicht in Mainz zu vereiteln. Auch müssen sie die Hände nicht mehr an den Unterleib bringen können. Gemeiniglich versuchen sie den Atem an sich zu halten, um die Operation zu verhindern. Allein ein wenig Geduld überwindet dies Hindernis, und wenn sie Ernst sehen, liefern sie wohl ihr Päckchen freiwillig aus.

20) Die Kerker müssen täglich in allen Winkeln durchsucht werden. Statt Stroh gebe man gefährlichen Dieben lieber sogenannte Häckerlinge. Nach Mauern, Fesseln, Decken, Ketten und eisernen Gittern sehe man oft. Letztere werden, wenn sie durchsägt sind, verschmiert. Man klopfe daran, aber nicht allein von innen, sondern auch von außen, und der Schall wird es entdecken. Begnügt man sich, bloß von innen daran zu klopfen, so wird man getäuscht, denn feine Diebe wissen durch kleine Stückchen Leder, die sie von den Sohlen ihrer Schuhe abschneiden, durch Hölzchen zu bewerkstelligen, daß alles Klopfen von innen die Einschnitte nicht verrät.[1]

21) Es gibt Diebe, die Krankheiten täuschend nachzuahmen, ja sogar durch Entziehung aller Nahrung sich wirklich krank zu machen wissen, so daß man sie in ein Spital bringen muß. In diesem Zwischenraum suchen sie zu entfliehen oder doch von einem Wärter oder einer Wärterin Instrumente oder Feilen zu erhalten. Man muß daher bei ihrer Wiederankunft im Gefängnis dieselbe Durchsuchung und Vorsichtsmaßregeln anwenden wie bei ihrem ersten Eintritt.

22) Man findet Gefangene, die das Fett von ihren Suppen abschöpfen, um ihre schlechten Feilen damit zu schmieren, damit sie nicht knarren. Ihre Standhaftigkeit und Verstellung ist so groß, daß der Kerkermeister bei der größten Gewißheit, daß sie arbeiten, im Augenblick, da er in den Kerker tritt, sie schlafend findet und alle Durchsuchung vergeblich ist. Man kann ohne alle Übertreibung sagen, daß bei einem ausgelernten französischen Räuber Fesseln und Ketten

---

1 *Diese Zusätze verdanke ich der Erfahrung. Sie gründen sich auf einen Bericht eines sehr vernünftigen Gefangenenwärters von Genf, bei welchem die Diebe Weiler (Streitmatter), Eisig Brunschwig und Schönmeyer–Moses alle diese Ränke ausführten. Er vereitelte sie, und sie erklärten ihm, daß, weil er fein genug gewesen sei, ihnen auf die Spur zu kommen, sie bei ihm keinen weiteren Versuch zur Flucht machen wollte und hielten Wort. Zu den Galeeren verurteilt und mit Eisen beladen, wurden sie nach Lyon abgeführt und riefen im Augenblick ihrer Abführung: »In ein paar Wochen sehen wir uns auf der Frankfurter Messe«, und hielten ebenfalls Wort. Im Moment ihrer Ausstellung am Schandpfahl hatten sie Chlamony in den Eingeweiden*

nichts nützen. Festigkeit des Kerkers und äußere zuverlässige Wachen geben allein einige Sicherheit. Man setze, wo möglich, zu solchen äußerst gefährlichen Verbrechern leichtere Gefangene und gebe diesen eine zweckmäßige Vorschrift.

23) Gut ist es, Gefängniskleider zu haben, deren Leib, Ärmel und Füße buntscheckig und von verschiedenen Farben sind. Bricht ein damit bekleideter Gefangener aus und hat nicht einen Schlupfwinkel ganz in der Nähe, so verrät ihn sein seltsamer Anzug.

24) Man darf dem Gefangenenwärter durchaus nicht gestatten, auch die gleichgültigst scheinenden Briefe aus den Kerkern zu bestellen. Sie enthalten Zeichen, die nicht auffallen und doch ihre Bedeutung haben.

25) Es ist überflüssig zu bemerken, daß der Zugang niemandem, am allerwenigsten den Weibern, ohne die größten Vorsichtsmaßregeln, ohne vorgängige Durchsuchung und ohne genaue Beobachtung zuverlässiger Aufseher gestattet werden darf, solange der Räuber noch nicht ein völliges Geständnis abgelegt hat.

26) Erlaubt man jüdischen Räubern, die zwar mit Christen stehlen, aber durchaus nicht mit ihnen essen wollen, sich von ihren Glaubensgenossen Speisen schicken zu lassen, so kann man so ziemlich versichert sein, daß man betrogen wird, zumal wenn die Zahl der Gefangenen groß, die Stunde dieser Sendungen unbestimmt und der Sendende oft nicht einmal bekannt ist. Bei aller Schonung gegen Religionsvorurteile vergesse man doch ja nicht, mit welcher Klasse von frommen Menschen man zu tun hat.

27) Mitgefangene, auch solche, die mit dem Räuber vor ihrer Gefangenschaft nicht in Verbindung standen, müssen bei ihrer Entlassung oder Abführung durchsucht werden. Auf dem Transport, zumal wenn die Eskorten öfters wechseln, konstatiere man sorgfältig die Identität der Abzuführenden, denn es ist schon mehrmals vorgekommen, daß leichter Verurteilte mit schwerer Bestraften, Landstreicher, die bloß über die Grenzen gebracht werden sollten, mit Verbrechern, die in härtere Gefängnisse geführt wurden, die Namen beim Ausrufen wechselten.

28) Man richte sein Augenmerk auf die Aufteilung der Gefangenen in den Türmen und vermeide es, solche, die einander kennen, in Nachbarschaft zu bringen. Sie geben sich durch Klopfen an der Wand, Klirren mit den Ketten und dergleichen verabredete Signale.

29) Kleidungsstücke, die allenfalls von außen in die Türme oder von einem Kerker in den anderen geschickt werden, untersuche man ja genau. Nicht nur sind oft Werkzeuge darin verborgen, sondern manchmal sind auch Risse und Falten daran von Bedeutung und verdächtig.

30) Wenn man Landstreicher mit Verwarnung entläßt, nicht wieder zu kommen, so nehme man ihre Leibesbezeichnung (Signalement) mit Sorgfalt auf. Hessel las einst sein sehr übel getroffenes Portrait wenige Meilen von dem Ort seiner Entweichung in der Zeitung, ohne daß es ihm angst machte. Man nehme ihnen alle bei sich geführten älteren Pässe und gebe ihnen bloß einen neuen, der ihre Beschreibung, ihre Ausweisung und ihre vorgezeichnete Reiseroute enthält.

31) Gerne möchte ich für die Beamten, wo Geschworenengerichte eingeführt sind, einiges über die Art bemerken, wie man mit diesen reden muß, um sich verständlich zu machen, über die Halbgelehrten unter den Geschworenen, über den sonderbaren Ehrgeiz einiger Verteidiger, jeden Schuldigen der Strafe entziehen zu wollen, und über ihre Kunst, aus wahren Grundsätzen falsche Folgen zu ziehen. Der geschickteste Rechtsgelehrte, der Mann von Talent, der trefflichste Redner muß erst aus Erfahrung die Art lernen, wie er den Geschworenen begreiflich macht, daß zweimal zwei vier ist, und der elendeste Zungenbrecher, der unselige homme de loi, oder homme de lettres*, der sich unter die Geschworenen verirrt, bringt sie zu Zeiten dahin, mit übel angebrachter Strenge zu verurteilen oder mit Leichtsinn loszusprechen. Zum Glück ist der letzte Fall häufiger als der erste. Alle diese Irrtümer beweisen übrigens nichts gegen die Einrichtung selbst, allein sie erfordert noch Vervollkommnung, und die Richter sowohl als die Bürger müssen sich erst dazu bilden.

32) Ein schändlicher Mißbrauch wird gar häufig mit gefälligen Zeugen und sogenannten Moralitätszeugnissen getrieben. Man lege diesen letzteren nicht mehr Glauben bei, als die Aussteller verdienen. Sie werden mit gar zu vielem Leichtsinn verteilt. Übrigens kann es sehr gut sein, oder vielmehr, es ist fast allezeit der Fall, daß z.B. der jüdische Scherfenspieler oder Käufer gestohlener Sachen einen ehrlichen Handel nebenbei treibt und daher Zeugnisse erhält, die nach dem besten Wissen der Aussteller ausgefertigt sind. Man glaube ihm aber deshalb ja nicht, daß er etwa die Diebe, mit denen er gewöhnlich handelte, für ehrliche Leute gehalten habe. Glieder einer Bande wenden sich nie an einen Juden, ohne zu wissen, mit wem sie zu tun haben, und nie sagen sie vor geschlossenem Handel, aber allezeit im Augenblick des Abschlusses dem Käufer den Ort des Diebstahls. Diese Regel ist bewährt und der Grund davon leicht einzusehen.

33) Verdächtig sind alle wegen angeblich mangelnder Geburtsregister von Juden ausgestellten Akten, worin man anführt, daß man eines Juden Geburtsort und Eltern nicht, wohl aber seinen letzten Aufenthalt und dortige gute Aufführung bescheinigen könne. Gar viele seit 1804 zurückgezogene jüdische Räuber haben sich jetzt als Hehler angesiedelt.[1]

34) Man erforsche die Genealogie und Verwandtschaft der Räuber und ihrer Beischläferinnen. Diese gibt oft viel Licht. Fast alle diese Diebe heiraten untereinander, und wenn man die Mütter im Gefängnis gestorben, die Brüder guillotiniert, die Väter gehängt, die Schwäger von Steckbriefen verfolgt findet, so wird man nicht leicht fehlgreifen, wenn man das Handwerk der Verwandten auch bei

---

* Rechtsgelehrter, Schriftsteller

1 *Vielleicht möchte man diese Bemerkungen als zu kleinlich tadeln und glauben, daß die meisten bloß Gefangenenwärter und niedere Polizeiangestellte interessieren könnten. Allein der geschickteste Rechtsgelehrte, der vollendetste Kriminalist sieht gar oft mit Verwunderung durch Vernachlässigung der Aufsicht über diese Kleinigkeiten seine ganze Untersuchung vereitelt, und der gemeine Dieb betrügt den größten Gelehrten, hätte dieser auch sogar nach dem Vorschlag eines gewissen Herrn D. Wilh. Julius Augustin Vogel die Encephalocranoscopie* und dessen sieben Methoden eines konsequenten Untersuchungsgeschäfts studiert! Schon Eujacius sagt, daß ihm oft ein Magister facti lieber sei als ein Magister juris, und Herrn Vogels sieben Methoden sind barer Unsinn*

den Inquisiten voraussetzt. Eine Judenfamilie in Holland war das Stammhaus einer Menge Diebe, und Jean André oder Krummborach in Lyon, angeblicher Parfumeur, hatte keinen Verwandten, der nicht in den Archiven eines peinlichen Gerichtshofs figurierte. Die Weiber und Beischläferinnen wandern von Räuber zu Räuber, und unter der Hesselschen Bande sowohl als unter der Gänglerrotte, die im Oktober 1810 zu Mainz verurteilt wurde, fand man Witwen von hingerichteten Räubern genug.

Beilage II

Brief aus dem Gefängnis mit dem Schlüssel aus dem Judendeutschen übersetzt.

Fluch denen, die ihn öffnen ohne Recht.

Friede zuvor dem geehrtesten, der da erhaben bleibe, meinen Schwager, mit seinem geehrtesten Namen Hayum.

Dieses gegenwärtige schreibe ich euch in großer Bedrängnis und in großen Nöten, weiß nicht, wodurch ich solche verschuldet habe, als ich angegeben bin von ... und ... wegen einer Massematten, und, Gott vor sei, unschuldig in großes Unglück kommen kann. Wen, Gott vor sei, Haussuchung bei Euch geschehen sollte, so weigert euch nicht, alles herzugeben, als die sechs silbernen Löffel von ... wo ihr ja auch nicht habt, aber ich doch könnte gezwungen werden vom Richter zu schreiben, daß ihr sie hergeben sollt. Und habt Gott vor Augen und das Gesetz, und weil die Ostern herannahen, wenn ich, Gott vor sei, nicht früher sollte loskommen, daß nach dem Gebrauch alles alte Geschirr hinweggetan wird, und wenn auch verloren werden sollte, von Schwager ... neues besorgt, daß, wenn man auch im Unglück ist, das Gesetz und die Gebote befolgt werden.[1]

Was die Schulden betrifft, wo ich vor meiner Abreise mit Euch gesprochen, so könnte, daß nichts verloren geht, ... die Reise machen und sie eintreiben, denn wo er Brot verdient, habe ich es ausgemacht, und muß er mir wieder dienen. [Wink für ... sich aus dem Staube zu machen. Brot verdienen heißt stehlen. Brot ausmachen: baldowern oder ausspionieren.]

Solches schreibe ich Euch durch eine Gelegenheit, die ehrlich ist, und zum Wahrzeichen wird er verlangen vier Gulden sechzehn Kreuzer, so ich ihm versprochen, und könnt ihr, wenn Not käme, wo Gott vor sei, ihm trauen. [Ehrlich heißt in der Diebssprache: der es mit den Dieben hält.]

Ich werde hart gehalten und muß auf Stroh liegen, aber, Gott vor sei, ich tröste mich meiner Unschuld. Geht zum Herrn ... von ... er ist Baal Schochad [Wenn die Übersetzung dieses Wortes richtig ist, so ist es eben kein Ehrentitel für den Beamten bei ehrlichen Leuten, aber unter den Dieben mag er beliebt sein.] und wird mir Zeugnis geben von Juden und Goim, daß ich ein ehrlicher Mann bin.

Ich bin in diesem Jammer und Leiden noch gesund und, Gott vor sei, sollt ich mein Leibweh bekommen, so gebt dem, der euch diesen Brief bringt, wenn er euch Wahrzeichen von mir sagt, eine Schüssel mit Krautsuppe [Kraut heißt Flucht. Man sieht also, daß der Briefsteller auf alle Fälle seine Maßregel nimmt.], die mir immer gutgetan hat. Auch möcht ich einmal von dem Backwerk essen mit Öl, wo meine liebe Schwester, mit ihrem geehrten Namen ... an vergangene

1 *Wink, das Silbergerät wegzuschaffen und es mit unverdächtgem zu vertauschen*

Fastnacht bereitet hat, und kann sie mir ein großes Stück schicken, als ich großen Hunger habe, und an der Spitze angefangen der Kuchen bald zu Ende ist. [Der avis au lecteur ist wohl ohne Erklärung deutlich und beweist, wie vorsichtig man die den Gefangenen zugeschickten Speisen untersuchen muß, wenn man ja solche Sendungen zulassen will.]

Doch bin ich immer guter Hoffnung, als ich nur von falschen Leuten angegeben bin, und wird mein Elend bald ein Ende nehmen.

Beilage III

Einige Notizen über die frühere Lebensgeschichte Hessels und Franz Joseph Streitmatters, genannt Weiler.

Wenn ich, dem laut geäußerten Wunsche vieler Leser der ersten Auflage dieser kleinen Schrift gemäß, ein paar Worte über die Jugendgeschichte dieser beiden berüchtigten Diebe sage, so werde ich dabei sehr kurz sein und mich sehr hüten, in den Ton der Räubergeschichten zu verfallen, wie sie vor einem Jahrzehnt jede Messe zu Dutzenden lieferte. Hat übrigens jemand Lust und Zeit, die vollständige Biographie dieser Räuber bearbeiten zu wollen, so findet er die Materialien dazu in dem am 29. September von dem Spezialgerichtshof in Mainz gefällten und gedruckten Kompetenzurteil. Die hier mitgeteilten Notizen haben keinen anderen Zweck, als zu zeigen, wie oft Verhältnisse und Drang der Umstände auf den Menschen wirken können und wie selbst große Verbrecher, die wir mit Recht verabscheuen, dennoch auch unser Mitleid in mancher Hinsicht verdienen.

Damian Hessel, der in seinem Räuberleben die Namen Dahl, Joseph Keller, Buchholz etc. führte und den der lügenhafte Ruf, der selbst die Geschichte der Diebe entstellt, zum Baron, zum Grafen und zum Sprößling einer der ersten deutschen Familien machte, ist laut seines vor mir liegenden Taufscheins im Jahr 1774 am3. Mai zu Paderborn von ehrlichen bürgerlichen Eltern geboren. Sein Vater war ein Tabaksfabrikant.

Ein angesehener Geistlicher vom ersten Range war sein Pate und er selbst zum geistlichen Stande bestimmt. Er ging durch die ersten Schulen und hatte noch einige Reminiszenzen vom Latein und Griechischen behalten. Daher sein Beiname: Bacherle, Studentgen.

Die Studenten, oder wie man im protestantischen Deutschland zu sagen pflegt, die Gymnasiasten von Paderborn fanden einst für gut, bei Gelegenheit einer Prozession einen Juden zu mißhandeln, sein Haus fast einzureißen und mehrere Exzesse dieser Art zu begehen. Hessel war dabei der Anführer, und da die Sache streng untersucht und bestraft werden sollte, so entschloß er sich, das väterliche Haus und Paderborn, zu verlassen, und sich durch die Flucht der Strafe zu entziehen.

Hier ist eine Lücke in den von Hessels handgeschriebenen Notizen bis zum Jahr 1793. Nur erhellt so viel, daß der junge leichtsinnige Mensch mit einem Hochstapler oder Bettler auf falsche Brandbriefe Bekanntschaft machte, so die Niederlande durchstreifte und endlich zum Regiment Wittgenstein kam, wo er im Jahr 1793 zu Marienborn bei Mainz im Quartier lag.

Das Soldatenleben behagte ihm eben nicht sehr, inzwischen gewann er die

Freundschaft eines Offiziers, der ähnliche Neigungen als Hessel gehabt zu haben scheint, denn er wurde wegen Veruntreuungen kassiert und vom Regiment gejagt. Hessel schrieb nun Jammerbriefe an seine Mutter, und diese suchte seinen Abschied zu erhalten.

Sie wandte sich deshalb an einen Herrn von P..., der in Hanau lebte und dessen Frau eine geborene von K...ch, Geschwisterkind mit ihr war. Herr v.P... suchte nun Hessel auf, sprach mit ihm, und nach Verabredung schlug man den kürzesten Weg ein, zu desertieren.

Hessel floh nach Hanau zu seinem Vetter, aber seine Mutter schien die Umstände dieser Familie nicht gekannt zu haben. Statt eines reichen Barons fand unser Flüchtling eine blutarme Familie, ein Mittelding zwischen pauvres honteux und Aventuriers*. Nicht einmal ein Kleid konnte ihm der adelige Vetter verschaffen, die Uniform wurde in ein eben nicht Wohlstand verratendes Stutzerfähnchen umgeschaffen. Beide Teile hatten sich verrechnet, wie es scheint. Der Vetter rechnete auf Zuschuß von Hause, allein obgleich die Mutter unseres Gauners dazu geneigt sein mochte, so wollte doch sein Onkel, der den Kassenschlüssel hatte, nichts davon wissen, sowie er auch schon vorher zu keiner Loskaufung Hessels vom Militär willigen wollte, da er seinen Neffen unter der Muskete am besten aufgehoben glaubte.

So wurde es also Hessels erstes Bedürfnis, sich eine bessere Kleidung zu verschaffen, und ein Genie seiner Art war über die Mittel dazu nicht sehr bedenklich. Er suchte in einem Kramladen mehrere Waren aus; als sie auf der Lade lagen, bat er den Krämer, ihm einen Hut Zucker, der weiter oben aufgestellt war, herabzureichen, um auch diesen noch mitzunehmen, aber als der Krämer auf der höchsten Sprosse stand, entfernte sich Hessel mit den ausgesuchten Waren und brachte diese seinem sauberen Vetter, der ihm aus dem Erlös anständigere Kleidung verschaffte.

Dieser würdige Edelmann munterte auch den jungen Gauner auf, sein Talent, auf falsche Angaben zu betteln, nicht rosten zu lassen. Er gab ihm sogar Adressen nach Frankfurt, und unser Held brachte den nicht unbedeutenden Ertrag seiner Betteleien richtig nach Hause.

Herr von P. hatte eine zwanzigjährige Tochter, Karoline, schön und artig, welche dem jungen Hessel eine zärtliche Neigung einflößte. Diese Liebschaft war, seiner heiligen Beteuerung nach, ganz platonisch, und außer dem Vergnügen, die schöne Karoline spazieren, und dann und wann ins Schauspiel nach Frankfurt zu führen, war ein Kuß der höchste Preis seiner Zärtlichkeit. Aber Fräulein Karoline war gern geputzt, trug gerne goldene Uhren an der Seite, und da Schmalhans Küchen- und Garderobenmeister im Hause war, so versuchte Hessel, »um dem Herrn Baron und der Fräulein Tochter zu gefallen« (nach seinem Ausdruck), »mehrere Studentenstückgen«.

Bei einem Ausflug nach Mainz diente er, während der damaligen Besetzung

* arme Schandbuben und Abenteuerer

durch französische Truppen, im Dom zur Messe, fand Gelegenheit, einen kleinen Kelch zu entwenden, wurde aber durch den Küster ertappt. Man setzte ihn auf den Holzturm in dasselbe Gefängnis, von welchem aus er zum Blutgerüste ging. Dies war seine erste Verhaftung. Als er im Dezember 1809 von Frankfurt nach Mainz ausgeliefert wurde, sagte er mit prophetischem Geist beim Eintritt in den Holzturm: »Hier ist mein Alpha und mein Omega.«

Karoline ließ ihren Geliebten nicht in der Not stecken. Sie eilte nach Mainz, erflehte bei den Gliedern der damaligen provisorischen Verwaltung, namentlich bei den Herren Blau und Dorsch, die Freilassung ihres Herzgeliebten und erhielt sie, da man diesen Jugendstreich durch eine Gefangenschaft von einigen Wochen genug abgebüßt glaubte. Sie kam damit in den Holzturm, und der ehemalige Gewaltsbote W...f, ein Anhänger der Prügeljustizpflege, der aber in diesem Fall eben nicht so unrecht haben mochte, konnte es kaum über das Herz bringen, diese Freilassung pure et simpliciter ohne ein vorheriges Momento von 25 Prügeln zu bewilligen. Mit Verdruß gegen die neue prügelwidrige Ordnung der Dinge und erweicht durch die Tränen der schönen Karoline, entsagte er endlich den seinem Herzen teuern Gebrauch, und Damian kam ungeprügelt in Freiheit.

In diesem Augenblick war es, wo Hessels guter Engel zum letztenmal das Gefühl für Ehre und Schande in seinem Herzen aufregte. »Nichts«, sagte Hessel, »war mir in meinem Leben so schmerzlich als das Gefühl, beim Weggehen aus dem Holzturm vor einem kleinen Wirtshaus vorbeiwandern zu müssen, wo mehrere Leute am Fenster lagen und wo ich vorher mehrere Male ein Glas Wein getrunken hatte. Noch heute weiß ich nicht, wie ich aus dem Tor kam, und die 25 Prügel, die mir der Gewaltsbote zum Andenken geben lassen wollte, hätte ich gerne ertragen, wenn ich nur diesen Augenblick damit hätte abkaufen können. Die Scham erstickte mich fast, Tränen entstürzten meinen Augen, und erst über der Brücke erhielt ich mein Bewußtsein wieder.«

Aber mit dem Austritt aus Mainz waren auch alle diese Regungen eines sterbenden Ehrgefühls verschwunden, und unser Damian dachte auf nichts als auf die Mittel, seiner Cousine die Reisekosten durch neue Gaunerstreiche zu ersetzen.

Die Kapuziner von Frankfurt wurden zur Messe bedient und ihnen zwei Kelche und zwei Schüsselchen entwandt.

Im Januar 1793 ließ sich Hessel früh in die Karmeliterkirche einschließen, und während die ehrwürdigen Väter zu Tisch saßen, schlich er mit einem silbernen Kruzifix durch den Kreuzgang davon.

Ein alter Marquis, der im Schloß zu Hanau wohnte, ließ seine Uhrkette bis fast auf die Knie hängen. Unser Held wurde dadurch gereizt und schlich dem Marquis gar oft auf der Promenade nach. Allein vergebens harrte er auf einen günstigen Augenblick, um sie herauszuziehen. Endlich entschloß er sich kurz, ging aufs Schloß und kam ins Zimmer des Besitzers, wo zum Glück gerade niemand war, und die Uhr wurde mitgenommen. Hessel versicherte, nie in seinem Leben habe er einen so großen Reiz zu irgend etwas empfunden, und wenn auch Leute im Zimmer gewesen wären, so würde er, seiner Aussage nach, der Begierde, sich diesen Schatz anzueignen, nicht haben widerstehen können. So erfuhr denn der Marquis zu seinem Schaden, daß man dem Sprichwort »Wer lang hat, läßt lang hängen« nicht immer folgen müsse.

Die Uhr wurde Karoline geschenkt und der Erlös aus den Kirchengerätschaften in Frankfurt auf Bällen und im Schauspiel verzehrt.

Hessels Spekulationen erweiterten sich, er machte Reisen bis Düsseldorf, um unter hundert falschen Vorspiegelungen zu betteln, und brachte über 25 Louisdor zusammen. In Ketwig an der Ruhr gesellte er sich zu einem Pferdehändler, nahm diesem, da er sich zu einem Nachmittagsschläfchen gelegt hatte, aus dem wohlgespickten Gurte von dreihundert Louisdor hundert ab, reiste darauf mit Post über Köln, Koblenz und Frankfurt nach Hanau zu seinem sauberen Verwandten zurück, wo das gewonnene Geld, wie immer, auf Lustpartien verschwelgt wurde.

Wahrscheinlich fiel es auch in diesen Zeitpunkt oder in den Zwischenraum zwischen seiner ersten und zweiten Entweichung von Hanau (denn seine eigenhändige Note bemerkt bloß die Sache im Jahr 1793, ohne die Epoche genau zu bestimmen), daß er die Klubbistenhäuser in Mainz mit den Soldaten und dem Pöbel plündern half und einem österreichischen Kurier in Aschaffenburg, mit dem er auf einer Reise zusammentraf, einen Teil seines baren Geldes entwandte.

Endlich fiel es ihm ein, dem Weinwirt Schubert zu Hanau seinen Geldschrank auszuleeren, aber dieser Diebstahl wurde entdeckt, und Hessel kam ins Gefängnis. In der zweiten Nacht entwich er durch das heimliche Gemach und hätte hier fast auf eine seiner Verdienste würdige Art seine kaum angefangene Laufbahn beschlossen. Er hatte zuerst seine Sachen aus dem Fenster geworfen, dann sich das Gesicht mit dem Schnupftuch umbunden, und so fuhr er in den Kanal mit aufgereckten Armen mutig hinab. Allein in der Mitte blieb er stecken, schwebte so an zwei Stunden in Ohnmacht und ohne Bewußtsein, bis endlich eine ungefähre Bewegung ihn vollends hinunterrutschen machte. Geschunden und betäubt, brauchte er eine Weile, um sich zu erholen, endlich schleppte er sich zu einem Brunnen, wo er sich säuberte. Es war Mitternacht vorbei, er säumte keinen Augenblick, um nach Frankfurt zu gehen, wo er sich von seinen Quetschungen heilen ließ. Karoline besuchte ihn da, und als er wieder ausging, begegneten ihm Polizeidiener, die an ihm vorbei in sein Quartier gingen und Fesseln in der Hand trugen. In der Vermutung, daß man wohl ihn aufsuchen möchte, fand er nicht für gut, nach Hause zu gehen, sondern wandelte nach Mainz.

Als er hier auf der Großen Bleiche herumspazierte, fand er einen preußischen Offizier, den er wohl einmal bei einer Lustpartie in Hanau getroffen hatte. Er erneuerte die alte Bekanntschaft, und der Offizier schlug »seinem Brüderchen« einen kleinen Spaziergang vor, den Hessel, nichts Böses ahnend, annahm. Wie erschrak aber unser Gauner, als der Offizier, bei einer Hauptwache vorbeigehend, das Brüderchen als einen aus Hanau entwichenen Taugenichts und Dieb verhaften ließ! Nach zweitägiger Verwahrung auf der Hauptwache kamen zwei Polizeisergeanten von Hanau, die den Vogel in seinen Käfig zurückbrachten.

Seine Verwandte, Frau von P..., verwandte sich nun für ihn beim Landesherrn und erhielt auch einige günstige Aussichten auf Begnadigung im Falle seiner Verurteilung. Seine Mutter, obgleich in dürftigen Umständen zu Paderborn lebend, erbot sich zu einigem Ersatz des gestohlenen Geldes unter der Bedingung, daß ihr ungeratener Sohn ohne öffentliche Beschimpfung dem kaiserlichen Militär übergeben werde. Hessel fand aber für gut, den Ausgang dieser Unterhandlungen nicht abzuwarten, sondern nach etwa vier Wochen entwich er auf folgende sinnreiche Art. Er hatte bemerkt, daß die Öffnung, durch welche man ihm zu essen reichte, weit genug sei, um durchschlüpfen zu können. Von da aus war man in einem Gang. Er benutzte diese Entdeckung und versteckte sich in einem Stall, wo man Kaninchen hielt, bis jemand ins Gefängnis hinaufging. Da die Frau des Gefangenenwärters mit einer anderen Frau kam und ihn oben suchte, so ging er in die Unterstube, bemächtigte sich der Schlüssel und ging davon.

»Diese Flucht allein habe ich oft bereut, weil dadurch die Gefangenenwärterin unschuldig bestraft worden, als hätte sie mich laufen lassen, ich habe deswegen noch etlichemal an den Herrn Stadtrichter Hasenpflug geschrieben, weiß aber nicht, ob er meine Briefe erhalten.«

Nach dieser Flucht trat Hessel eine zweite Reise in die Niederlande an, ernährte sich anfangs wieder als falscher Kollektant, nachher aber machte er die Bekanntschaft der Gauner Bayer und Matthias Efferich und kam, seinem Ausdruck nach, »in die großen Geschäfte«.

Der Name Buchholz, den er öfter führte, kam daher, weil seine Schwester späterhin, durch die Familie P... zur Liederlichkeit verführt, eine Zeitlang als Maitresse eines Offiziers dieses Namens herumzog und daher Frau von Buchholz genannt wurde. Bei einer der nachherigen Verhaftungen Hessels war die Rede davon, er sei ein Bruder der Frau von Buchholz, und der Ruf, der zu abenteuerlichen Begebenheiten gern noch mehr Abenteuerlichkeiten hinzusetzt, stempelte ihn nun zum Baron, zum Grafen, und erzählte Familiengeschichten auf seine Rechnung, an denen kein wahres Wort ist.

Von diesem Augenblick an ist das ganze Leben unseres Gauners eine Reihe von Abscheulichkeiten, Mord, Raub, Betrug, viehischer Wollust, schlauen Entweichungen, Gefangenschaften etc., welche zu beschreiben der Verfasser weder Lust noch Beruf hat. Hessel leugnete zwar standhaft die Mitwirkung zu dem Mordbrande von Duttlingen uns seinen Anteil an vielen Schandtaten ab, die ihm in Herrn Keils Buch zur Last gelegt werden; allein obgleich hie und da etwas mit Unrecht auf seine Rechnung gesetzt worden sein mag, so beweisen doch gar mancherlei Umstände und die schlaue und unvollständige Art, mit welcher er seine Begebenheiten in diesem Zeitpunkt berührte, daß mehr als ein Mord auf seiner Seele haften mochte. Dieser tückische, hämische, halbstudierte, liederliche, empfindelnde, hinterlistige Mensch war feige und gewiß auch grausam, und so wenig der Verfasser auch an die Bestimmung zum Dieb (mit der Hessel sich entschuldigt) zu glauben geneigt ist, so ist es doch wahr, daß in diesem Dieb keine gute Anlage, kein edlerer Grundzug lag.

Einige kurze Bemerkungen über sein Betragen in Mainz mögen dieses vollends beweisen.

Hessel, der noch vor keinem Gericht das mindeste Geständnis abgelegt hatte, konnte der Sucht, zu prahlen und seine Taten zu erzählen, nicht widerstehen. Durch diese Lieblingsneigung, welche man benutzte, ließ sich der schlaue Dieb durch einen Mitgefangenen, der bei ihm wegen angeblicher schwerer Verbrechen saß, fangen. Begierig, eine Korrespondenz mit seiner in einem anderen Gefängnis verwahrten Beischläferin anzuknüpfen, versuchte er alle Mittel, einen Weg dazu zu eröffnen und nachdem er mit vieler Schlauheit sich vergewissert zu haben glaubte, daß dieser Briefwechsel ungestört seinen Gang gehen könne, begann er diese anfänglich ekelhaft empfindsame, bald aber interessantere Korrespondenz. Die Geduld, die unermüdete Arbeitsamkeit, die ununterbrochene Wachsamkeit des untersuchenden Richters, Herrn Brellingers, der mit Aufopferungen und Beschwerlichkeiten ohne Zahl nur seinen Zweck im Auge hatte und immer verfolgte, umspannen den Räuber endlich mit einem Netz, das jeder Versuch, es zu zerreißen, immer fester webte. Überzeugt, daß er aus diesem Kerker nie durch Gewalt und List entkommen könne, seines Geldes und seiner Werkzeuge zur Flucht beraubt, gewiß, daß nur offenherzige Geständnisse ihm und seiner Beischläferin eine etwas bessere Lage verschaffen könnten, und endlich hauptsächlich durch ein fleißiges Studieren der französischen Strafgesetze überzeugt, daß die Verjährung seine älteren Verbrechen bedecke und daß in neueren Zeiten, wo er seine Diebeskunst verfeinert und bloß in volkreichen Städten gestohlen hatte, kein die Todesstrafe nach sich ziehender Einbruch auf dem Land ihm erwiesen werden könne, entschloß sich Hessel zu beichten, mit dem geheimen Vorbehalt, diese Beichte nur so vollständig abzulegen, als er es für ratsam finden möchte.

Von nun an rechnete er auf sechzehnjährige Eisenstrafe, und ohne Rückhalt gestand er alle Verbrechen, die nach Maßgabe des Strafgesetzbuches, das er immer durchlas, diesen Tarif nicht überstiegen. So wie er im Laufe seines verbrecherischen Lebens gewöhnlich die Anschläge nur schmiedete, hingegen seinen Gefährten die gefährlichsten Posten bei der Ausführung überließ und bei Gefahren ohne Hinsicht auf ihr Schicksal nur sich zuerst zu retten suchte, so blieb er auch jetzt seinem Charakter getreu. Aus den entferntesten Gegenden und Gefängnissen Frankreichs ließ er seine Kameraden herbeiholen, verriet alle Judenhäuser und ohne die mindeste Schonung alle Beamten, die etwa ihre Pflicht in Ansehung seiner nicht getan hatten, wohlverstanden immer mit Zurateziehung seines Straftarifs. Solange er noch in Angst wegen seines Lebens war, so lange schien er manchmal den Vorsatz gefaßt zu haben, seine Räuberlaufbahn zu verlassen, aber schon vor Anfang der öffentlichen Verhandlungen waren alle diese guten Entschlüsse wieder vom Winde verweht, und er beschäftigte sich mit Entwürfen und Vorbereitungen zu seiner künftigen Flucht auf dem Transport.

Mit dem Anstand und der Miene eines liederlichen Studenten betrat er die furchtbaren Stufen, apostrophierte einen Beamten der Frankfurter Polizei auf eine unartige Art gleich in der ersten Sitzung, schien mit einigem Wohlgefallen die Aufmerksamkeit zu betrachten, die er erregte, wiewohl er sich durchaus den ersten Sitz verbat, um nicht als Chef zu gelten. Mit hämischem Spott genoß er das Vergnügen, sich an seinen jüdischen Gastfreunden zu rächen, denen er es noch nicht vergeben konnte, daß sie die gestohlenen Waren um einen Spottpreis gekauft hatten, und seine Hoffnung zur baldigen Flucht nicht mehr verhehlend, versprach er den Zeugen seinen Besuch und gelobte seinem Verteidiger vierzig Louisdor von seinem ersten künftigen Diebstahl. Er hatte zwei Messer und seine Beischläferin Feilen und Uhrfedern in Bereitschaft, die man ihr abzunehmen jetzt für unnötig fand. Im Gefängnis prahlte, scherzte und schmauste er unbekümmert und äußerte auf die absichtliche Bemerkung eines Verteidigers, daß er bei dem beträchtlichsten von der Bande zu Genf begangenen Diebstahl ja nicht gewesen sei, mit Übermut: »Das ist wahr, indessen habe ich seit wenigen Jahren mehr als sechzig ebenfalls beträchtliche begangen, und von mehr als hundert anderen, wobei ich auch war, weiß noch niemand etwas.« So taumelte er dem Abgrund entgegen, verlachte mit Hohn seine Mitgesellen und schonte nur die, von welchen er Entdeckung unbekannter Schandtaten fürchtete. Es war empörend zu sehen, wie mancher reiche Jude von den Spitzbuben Zurücknahme und Modifikation ihrer Aussagen zu erbetteln und zu erkaufen suchte und wie dann Hessel mit einer Art von Genugtuung oft durch eine einzige bittere Bemerkung die Wirkung dieser Kniffe vereitelte. Da er die Gesetze vollkommen studiert zu haben glaubte (einige Tage vor der Sitzung las er noch das Gesetz über die Spezialgerichtshöfe durch), so hatte er auch nicht die mindeste Ahnung seines Schicksals, als der Frankenthaler Diebstahl an die Reihe kam, vor dessen Ausführung die Räuber ein vor der Stadt liegendes, zur Aufbewahrung von Gartengerätschaften bestimmtes Häuschen erbrochen und daraus die Tür und Pfähle entwandt hatten, die sie zur Ausübung brauchten. Mit Blindheit geschlagen waren die schlauen Räuber, daß ihnen dieser Umstand nicht auffiel, und Weiler sagte sogar auf eine Frage des Präsidenten, er habe die Türtrümmer getragen, weil Hessel zu faul sei.

Selbst als, aus einer menschlichen Schonung, die Weiber vor der Aussprechung des Urteils beiseite geführt wurden, als sich, um jeden gefährlichen oder wenigstens ärgerlichen Auftritt zu verhindern, in schauerlicher Stille Soldaten mit gezogenem Seitengewehr vor die Angeklagten stellten, war Hessel noch nicht besorgt und winkte beruhigend Weiler zu, als zwischen dem ersten Todesurteil und dem seinigen absichtlich mehrere Verurteilungen in die Eisen verkündet wurden. Da nun das Wort »zum Tode« in sein Ohr fiel, war seine Kraft und sein Trotz gebrochen, zerschmettert wankte er hinweg, fiel auf dem Weg in seinen Kerker in Ohnmacht, brachte die Nacht unter Verwünschungen, Flüchen und vereitelten Versuchen zum Selbstmord (womit es ihm vielleicht nicht einmal recht Ernst war) zu, verlangte einen Rabbiner, um als Jude zu sterben, und erst am Morgen versuchte er vergebens, etwas Frechheit auf seinem Todesgang zu erkünsteln. Er gelobte, wenn noch ein Leben nach dem Tod wäre, dem untersuchenden Richter einen unangenehmen Besuch in der nächsten Mitternacht, sprach vom Gesetz der Natur, nach welchem er gelebt habe und auch sterben wolle, raisonnierte über Fatum und Bestimmung, aber Mut und Sprache verließen ihn bei der Abholung zum Richtplatz. Betäubt und fast bewußtlos betrat er das Blutgerüst, und das frevelbedeckte Haupt des feigen Bösewichts sank in ewige Nacht.

Um des Kontrastes willen mögen hier einige Nachrichten über den zweiten ausgezeichneten Räuber dieser Bande, Franz Joseph Streitmatter, berüchtigter unter dem Namen: Frey, Schweizer-Müller, Böbiker Müller, Weiler, Platz finden. Sie sind weniger vollständig, weil dieser verschlossene Mensch nur in den letzten Augenblicken seines Lebens, in einzelnen Stunden, wo er weich wurde, sich gegen den untersuchenden Richter und den Präsidenten des peinlichen Spezialgerichtshofs darüber äußerte. Allein auch diese Fragmente werden hinreichen, die Verschiedenheit seines Charakters und dem von Hessel bemerkbar zu machen.

Franz Joseph Streitmatter ist der Sohn eines wohlhabenden Müllers von Böbikon, Bezirk Zurzach, Kanton Aarau. Sein Alter gab er auf 36 Jahre an. Er war, nach Aussage aller seiner Gefährten, noch vor wenig Jahren einer der schönsten Männer, und seine schreckliche Lebensart, seine oftmaligen Einkerkerungen, harte Krankheiten und Ausschweifungen hatten die Spuren davon noch nicht zerstören können. Seine Gesichtsbildung war frei, festen Sinn und Selbstgefühl verkündend, obgleich der unstete Blick und die Furchen der Wangen Leiden und Unzufriedenheit mit sich selbst andeuteten.

Früh (seiner Angabe nach im sechzehnten Jahr) verheiratete sich Streitmatter mit einer schönen, artigen Schweizerin. Die ersten Monate dieser Ehe, die ein Mönch gestiftet hatte, waren froh und glücklich.

Ein Buch, geheimnisvoll mit Siegeln versehen (ich habe vergessen, ob es von einer Erbschaft des Mönches oder Weilers herkam), das in Weilers Haus liegenblieb, war die erste Veranlassung seines Unglücks. Der junge Weiler, durch das mysteriöse Äußere gereizt, eröffnete den Umschlag dieser Büchse der Pandora und fand eine mit lateinischen Brocken untermischte Anweisung, Geister zu zitieren, Schätze zu graben, Gold zu machen, Universalarzneien zu bereiten, die Geheimnisse der Unter- und Oberwelt zu erfahren, schwarze und weiße Magie zu erlernen und dergleichen Unsinn mehr.

> Ach hätte ihm eine warnende Stimme zugerufen:
> Ziehe keine Kreise, rufe keine Geister,
> Und flieh der Mitternacht geheimnisvolles Reich!

Aber in allem Aberglauben erzogen, von tiefer Verehrung gegen ein Buch durchdrungen, worin Latein enthalten war, überzeugt, daß es Geister, Hexen und Zauberer gäbe, verführte ihn der Gedanke, die weiße Magie zu erlernen und sich zum Herrn aller Geister und aller Schätze machen zu können, unendlichen und selbst die Reize seines jungen Weibes vermochten nicht, ihn vom Studium dieser Mystik abzuhalten.

Mitternächtliche Beobachtung der Gestirne und geheimnisvolle Gebete mit dem Schlage zwölfe gesprochen, tiefes Schweigen gegen jedermann und strenge Enthaltung von aller Art der Annäherung ans weibliche Geschlecht waren die Hauptbedingungen, unter welchen allein der Eingang ins Geisterreich möglich war. Der träumende Streitmatter erfüllte streng diese Bedingungen, entsagte allen Lebensfreuden, vernachlässigte seine Geschäfte und noch mehr sein junges Weib, welche seiner Kälte, seiner Verschlossenheit und noch mehr seinen nächtlichen Wanderungen eine schlimmere Auslegung gab, als sie wirklich verdienten.

Eine einzige Unterredung mit einem vernünftigen Mann, ein Gran von dem Unglauben oder von der Aufklärung, die jetzt so verrufen sind, ein Freund, der das abgeschmackte Buch ins Feuer geworfen hätte, wie die ehrlichen Hausfreunde des Ritters von Mancha* mit der Büchersammlung des Ritters taten, und Streitmatter wäre als friedlicher Bewohner seiner Täler gestorben! An welchen unsichtbaren Fäden hängt oft das Los der armen Menschen!

Aber – leider! – fand sich kein Freund dieser Art, im Gegenteil gesellte sich ein ebenso verschrobener Kopf aus der Nachbarschaft zu Streitmatters magischen Arbeiten. Was Wunder, daß auch die junge Frau maulte, daß ihre Neigung erkaltete, daß sie über die geheimen Gänge und die dadurch verursachten nicht unbeträchtlichen Ausgaben ihres Mannes zankte und endlich bei dem Rat und Trost suchte, der ihre Ehe gestiftet hatte und von dem sie die Wiederherstellung des Friedens im Haus erwarten konnte!

Sei es Albernheit oder, was leider wahrscheinlicher ist, berechnete Bosheit des Mönches (manche Umstände scheinen sogar anzudeuten, daß dieser an Streitmatters Hang zur Mystik nicht ganz unschuldig war), genug, statt vernünftiger Untersuchung der Quelle des Unheils erklärte der Mönch, Hexerei und böse Leute seien an diesem Unheil schuld, das Ehebett sei verhext und müsse besprochen werden. Er wolle sich, wenn ihr Mann seine nächtlichen Wanderungen anträte, einfinden und durch heilige Beschwörungen dem Einfluß der Zauberei und bösen Geister Einhalt tun.

Von nun an zog der schlimmste Dämon, Asmodi, in die friedliche Hütte ein. Der Mönch segnete das Ehebett, aber sein Segen ward zum Fluch für die armen jungen Leute. Streitmatter war damals noch vertrauensvoll, zu wenig erfahren in den Geheimnissen der Verdorbenheit, zu durchdrungen von Ehrfurcht für den Stand des Vermittlers, um zu vermuten, daß er bald nicht mehr der einzige sei, der wegen des gestörten Friedens seiner Ehe sich Vorwürfe zu machen Ursache habe. Erst späterhin begriff er, was wir uns begnügen wollen, anzudeuten: daß der Vermittler bei diesem Zustand der Dinge zuviel Vorteile für sich selbst fand, als daß es ihm Ernst gewesen wäre zu versöhnen.

Und nun, in dieser gespannten Lage, wo Streitmatter die Erholung und Freude, die er nicht mehr im Haus fand, bei der Flasche und in der Schenke suchte,

---

* Cervantes' Don Quijote

wo die mißvergnügte Frau die Schlüssel zum Geldkasten verwahrte und seine Ausgaben kontrollierte, kam der hilfreiche Israelite Wolf Dreifuß von Emlingen, bot und gab ihm Vorschüsse von fünfzig und hundert Gulden, sooft und soviel er wollte, gegen doppelte Verschreibungen, verwickelte ihn in Lieferungsgeschäfte an Russen und Österreicher, wobei der Jude allein gewann, und endlich trennten sich die Eheleute auf kürzere und längere Zeiten.

Als nun begreiflicherweise die Verwirrung auch in die ökonomischen Angelegenheiten des Hauses kam und die Frau ihr und der Kinder Vermögen zu retten suchte, brach der freundschaftliche Jude auf einmal los, verwandelte sich in den ungestümsten, hartherzigsten Gläubiger, benutzte die Schikanen des Prozeßganges und wußte in kurzer Zeit durch Wege, die denen, die sie einschlagen und dazu die Hände bieten, gleichviel Ehre bringen, das ganze Vermögen Streitmatters an sich zu reißen und diesen zum armen Mann zu machen. Dieser Umstand (denn es versteht sich, daß das vorher Gesagte bloß auf der Erzählung Streitmatters beruht) ist durch ein amtliches Schreiben des Polizei-Departements vom Kanton Aargau vom 23. April 1810 bestätigt, worin es heißt, daß Streitmatter durch den Juden auf eine schändliche Weise beinahe um sein ganzes eigentümliches Vermögen geprellt wurde. Mit bitterem Groll und Gram erfüllt, schied Streitmatter von seinem friedlichen Herd, und nach mißverstandenen Grundsätzen über Bestimmung und Naturrecht, die er noch in seinen letzten Lebenstagen nicht ganz berichtigt hatte, glaubte er nun, an anderen sich wegen dessen erholen zu können, was ihm selbst nicht ganz rechtlich abgenommen worden war, er wurde Spion, und als man ihm die vor der Ausführung einer verwegenen Unternehmung auf ein Schloß gemachten Versprechungen nicht hielt, Dieb und Räuber. Auf Riesenschritten ging er in dieser Bahn vorwärts.

Zum erstenmal zu Zurzach verhaftet, entwich er bald durch Ausbruch, zu Schaffhausen entkam er auf die frechste und sinnreichste Art, bei einer späteren Gefangennehmung erhielt er einen Streifschuß von dem Vogt zu Hauenstein, wurde nach Aarau geliefert und entwich auch hier aus der festesten Verwahrung auf die kühnste Weise. Diebstähle auf Diebstähle, Kirchenräubereien und nächtlicher Überfall von Mühlen und Höfen häuften sich, sein Name wurde der Schrecken jener Gegenden, und man hielt ihn auch für den Mörder eines im Jahr 1800 nächtlicher Weile grausam umgebrachten Müllers und für den Urheber des Mordbrandes der Böbiker Mühle, des ehemaligen Eigentums seines Vaters. Beharrlich leugnete er inzwischen stets den Anteil an diesen beiden Verbrechen, und der Verfasser gesteht, daß es ihm zu weh tun würde, wenn er sich in dem Glauben an die Versicherung der Unschuld Streitmatters in diesem Punkt getäuscht haben sollte.

Soviel ist wenigstens fast gewiß, daß er seit seinem ersten Eintritt in Frankreich das Haupt der neuen Spitzbubenschule war, deren Glieder sich nie Gewalttätigkeiten erlaubten, und daß er stets mit Abscheu, Widerwillen und Verachtung von den Räubern sprach, die mit persönlichen Mißhandlungen, Knebeln oder gar Morden ihr Gewerbe trieben. Dagegen tat es ihm auch keiner gleich, wo es auf Gewandtheit, Geschicklichkeit und Geistesgegenwart ankam. Kein Schloß war ihm zu fest, kein Gewölbe zu gut verwahrt, der geübteste Schlossermeister konnte von ihm lernen, aus mehr als zwölf der festesten Gefängnisse entwich er auf die kühnste und sinnreichste Art, und kein Richter hat je bis zu seinen letzten Lebensaugenblicken ein Geständnis von ihm erschmeichelt oder erpreßt.

Nichts Kühneres läßt sich denken als ein in der Nacht vom 19. auf den 20. Dezember 1805 zu Longwy begangener Diebstahl, wo die Räuber auf mehreren aneinander gebundenen Leitern und Balken die eisglatten Wälle, zehn Schritte weit von einer Schildwache, erklimmten. Bei solchen Gelegenheiten war Streitmatter in seinem Element, nie verlor er die Geistesgegenwart und den Mut. Bei der Ausführung einer Unternehmung der Tätigste, überließ er seinen Gesellen die Vorbereitung und die Verbringung der Beute und wurde daher nicht selten übervorteilt. Hatte er Geld, so hatten es alle seine Kameraden, genußliebend verschwelgte und verteilte er es, ein ihm geleisteter Dienst in Verlegenheiten wurde nie von ihm vergessen, aber sein gefahrvoll errungenes Gold zerschmolz ebenso schnell wieder in Bädern, an Spielbanken, in den Häusern der Wollust und bei der Flasche, als er es erbeutet hatte.

Nach seiner Flucht von Aarau wogte er drei Tage lang verwundet, ohne Nahrung außer einem Stückchen Brot und einigen wilden Beeren in einem Kahn auf einem klippenvollen Flüßchen umher. Im Kerker zu Genf, wo die Diebe vorher einen über 60.000 Franken betragenden Diebstahl begangen, vorher die Wachsamkeit der Polizei gleichsam auf die Probe gestellt hatten und mittels der ihnen von einem reichen Juden gegebenen Nachrichten auf eine unbegreiflich schlaue und verwegene Art in das Innere eines fest verwahrten Gewölbes gedrungen waren, erhielten Eisig Brunschwig, Schön–Mayer Moses und er von Juden von Carouge 25 Goldstücke, Feilen und Federn, die keine Durchsuchung entdeckte. Auf dem Transport nach Lyon in ein Felsengewölbe eingesperrt, hatten sie schon die Fesseln abgestreift und angefangen durchzubrechen, als sie entdeckt und gestört wurden. Man nahm ihnen einen Teil ihrer Werkzeuge und ihres Geldes ab, aber in ihren Gedärmen war noch das Nötige verborgen. Ein zweiter Versuch gelang, nur verwundete sich Eisig Brunschwig durch einen Sprung so hart, daß er seinen Gefährten nicht folgen konnte. Streitmatter trug ihn auf dem Rücken weiter, und die geängstigten Räuber irrten drei Tage und drei Nächte, des Weges unkundig, in Gebirgen und Wäldern im Kreise herum und befanden sich am Ende nicht weit von der Gegend, wo sie ausgegangen waren. Wütender Hunger und Durst trieben sie in ein Dorf, aber die Bauern, schon vorher aufgeboten, um sie wieder einzufangen, setzten ihnen nach, statt sie zu erquicken. Von Angst gejagt, entkamen sie zwar ihren Verfolgern, aber der kranke Brunschwig konnte nicht mitgeschleppt werden und blieb, hinter einem Strauch versteckt, liegen. Die drei Unglücks- und Fluchtgefährten wurden getrennt, und erst in Mainz erfuhr Streitmatter (was er nicht gehofft hatte), daß seine beiden Kameraden so glücklich entkommen waren als er selbst. Zweimal wollte Streitmatter die Räuberlaufbahn verlassen, und zweimal stieß ihn ein Unfall zurück. Das erstemal schnitt ihm ein Zigeuner seinen Gurt mit hundert Louisdor ab, das zweitemal führte ihn sein Unstern in Frankreich, wo er sich in eine Fabrik begeben und arbeiten wollte, auf der Reise in ein Wirtshaus, wo er wegen schlechten Wetters liegenblieb. Hier traf er den Hauptdieb Müller und seine Beischläferin, die ihm sein Geld im Spiel abnahmen und ihn dann betrunken zu einem neuen Diebstahl verleiteten.

Auch bei dem versuchten Postdiebstahl in Mainz, wo Schön–Mayer Moses durch einen Schuß in den Kopf schwer verwundet wurde, ließ Streitmatter diesen nicht im Stich, wie es Hessel und Itzig Kugler taten. Er war schon um die Ecke entkommen, sprang aber, trotz des Lärmens, den der Schuß auf einer so volkreichen Straße als die Große Bleiche erregt hatte, zurück, lud den Verwundeten auf seine Schultern und brachte ihn, trotz der nachsetzenden Gendarmen und Polizeidiener, welche die Blutspuren bis an die Haustür seines Zufluchtsortes verfolgten, in einstweilige Sicherheit.

Vergeblich waren bei Streitmatter alle die kleinen Listen, durch welche sich der schlaue Hessel, wie ein Gimpel, fangen ließ. Er prahlte, erzählte und korrespondierte nicht. Obgleich Liebhaber von starken Getränken und von gutem Essen und Trinken, blieb er doch gleichgültig gegen alle diese Reizungen. Durchbrechen war sein einziger Gedanke, und auf die kühnste Art ließ er sich an hundert Fuß hoch an einem aus zerschnittenen Bettüberzügen gedrehten Seil herab, und als schon die Wache herbeikam, unterbrach er seine Operationen nicht eher, als bis Kugeln um seine Ohren sausten. Es ist übrigens gewiß, daß er ohne das Jammergeschrei eines im Fallen verwundeten Juden, Mosche Elsef, entkommen wäre. Und nun, entdeckt und umstellt, setzte er sich ruhig auf einen Stein, mit den Worten: »C'est ajourné*.«

Und hier muß ich einen Zug einschalten, den man von einem Dieb dieser Art schwerlich erwartet haben möchte. Streitmatter hatte etwa noch vier bis fünf Louisdor in den Händen des Kerkermeisters, wofür es ihm erlaubt war, sich bessere Nahrung zu verschaffen. Der Räuber fragte, ob dem Gefangenenwärter der durch Zerschneidung der Betten verursachte Schaden ersetzt werden würde? Und auf die verneinende Antwort wollte er, der sinnliche Mensch, dem starke Getränke Bedürfnis waren, durchaus sich mit der gewöhnlichen Gefangenenkost begnügen, um dem Wärter den Rest seines Geldes als Entschädigung zu lassen.

Mit Unwillen und Verdruß, aus diesem elenden Kerker nicht loskommen zu können, nachdem er aus den festesten Gefängnissen Frankreichs und der Schweiz entkommen sei, gab er sich endlich verloren, und nun gestand er einiges gegen sich selbst, aber lange war er nicht zu bewegen, das, was er im Gespräch gesagt hatte, zu Protokoll zu geben. Mit Grobheit und Unzufriedenheit über das, was ihm entwischt war, sagte er oft zum untersuchenden Richter: »Ich will und mag nicht mehr mit Ihnen sprechen, Ihre verdammten Konversationen sind schuld an

* Eigentlich »vor Gericht laden«, hier: »Es ist vorbei«.

meinem Verderben. Mit bloßem Verhören hätten Sie nie ein Wort von mir herausgefragt.«

Endlich, und zwar kaum einige Wochen vor den öffentlichen Verhandlungen, verstand er sich dazu, die Wahrheit über die von Hessel bereits eingestandenen Tatsachen auf Befragen zu gestehen. Aber kein Zureden, keine Hinsicht konnte ihn bewegen, den Aufenthalt eines flüchtigen Kameraden zu verraten oder jemanden anzugeben, den Hessel oder andere Räuber noch nicht genannt hatten. »Dieser Mensch kann sich bessern«, sagte er, »und ich will nicht schuld an jemandes Verderben sein.« Nur sich selbst schonte er nicht. Als ihm ein Räuber vorgeführt wurde, der äußerst undankbar gegen ihn gehandelt und hart gegen ihn ausgesagt hatte, erkannte er ihn im Verhör nicht an. Erst als der Greffier* entfernt und er mit dem untersuchenden Richter allein war, sagte er: »Es ist der, den Sie meinen; aber da ich allein gegen ihn auftreten kann, so werden Sie mich nie dazu bewegen, es vor Gericht zu tun. Man möchte glauben, ich handle aus Rachsucht, und wenn ich etwas sage, so muß es nicht nur wahr, sondern auch unverdächtig sein.« Man bemerke, daß, wenn er Geständnisse ablegte, nie eine Hinsicht auf Milderung seiner Strafe auf ihn wirken konnte. Er war, selbst zu einer Zeit, wo die Richter noch keine Möglichkeit einer Todesstrafe für ihn sahen, fest überzeugt, man müsse einen so gefährlichen Menschen, wie ihn, aus der Welt schaffen.

Der Verfasser hat oben erwähnt, daß er Streitmatter für unschuldig an dem ihm schuld gegebenen Mord und Mordbrand in der Schweiz halte. Er ist auch noch dieser Meinung, nicht deswegen, weil Streitmatter, der alle anderen Verbrechen, die er dort begangen hatte, eingestand, mit Ruhe und mit Lächeln die Ankündigung hörte, daß er, im Fall er mit der Eisenstrafe durchkäme, dahin ausgeliefert werden könnte, sondern weil es unmöglich ist, in Stunden, wo das Herz eines Räubers nach Jahren zum erstenmal weich wird, den Ausdruck von Wahrheit zu erkünsteln, mit dem er sagte: »Nie haben meine Hände Blut vergossen; wenn ein Kind weinte, wenn ein Hündchen bellte, so entsagte ich der vorteilhaftesten Unternehmung, nur weil ich die Möglichkeit ahnte, durch unverhoffte Gegenwehr in Umstände zu kommen, wo ich wider Willen Menschen verletzen müßte. Es wird Ihnen sonderbar vorkommen, einen Dieb von Handwerk von Moralität reden zu hören, aber doch habe auch ich, glauben Sie mir, eine Art von Moralität, und noch ist es für mich beruhigend, manche Gewalttätigkeit vielleicht verhindert, aber nie eine begangen zu haben.«

Wahr ist es, daß Streitmatter bei den Baldowerern sich immer sorgfältig nach den kleinsten Umständen der Familien erkundigte, denen er einen Besuch zugedacht hatte, um nie in den Fall zu kommen, Widerstand zu erfahren. Ein geschickter Dieb, sagte er, muß wissen, wo die Leute schlafen, ob sie alt oder jung sind, denn alte Leute wachen leicht auf, zumal nach Mitternacht, jungen Eheleuten hingegen kann man eine Stunde nach dem Schlafenlegen ohne Furcht eine Visite abstatten.

---

* Gerichtsdiener

Seinem einmal gefaßten Vorsatz treu, blieb er auch in der Sitzung bei einfachem bestimmten Bejahen oder Verneinen, wenn er gefragt wurde, ohne je anzuklagen. Mit Widerstreben und mit Schonung gab er, was andere, zu, ohne Rückhalt gestand er, was ihn anging. Keinen Augenblick täuschte er sich mit leeren Hoffnungen. »Für mich«, sagte er, »gibt es nur Gnade und Verbannung in ferne Gegenden oder Tod. Jeder Mittelweg würde unheilbringend für mich und für den Staat sein. Und auch die bestimmteste Versicherung der Gnade würde mich nicht dahin bringen, ein Wort weniger oder mehr zu reden.«

Für seine Beischläferin bat er um Schonung, aber doch ja um eine wenigstens ein Jahr dauernde Einsperrung, damit sie Zeit zum Nachdenken habe und nicht leichtsinnig wieder sich an einen schlechten Menschen hänge. Das Gericht erfüllte seinen Willen.

Gefaßt beim Todesurteil, verwies er Hessel sein Toben und erinnerte ihn, daß ja er, Streitmatter, sich nicht beklage und den Spruch der Richter gerecht und notwendig finde, obgleich er sich keine von den Greueln vorzuwerfen habe, die Hessels frühere Jahre schon befleckten. Ruhig speiste er zu Nacht, schlief sanft und ging lächelnd und ruhig seinen Todesgang. Ein fester Glaube an eine Art von Fatum, bei dem sein Wille nur eine untergeordnete Rolle gespielt habe, schien ihn zu trösten.

Bei seiner Abführung zum Blutgerüst war kein Auge trocken als das seinige. Er gab seiner Beischläferin die herzlichsten und rührendsten Lehren und Warnungen, als sie von ihm auf ewig Abschied nahm.

Noch auf dem Schafott erklärte er mit fester Stimme, sein Tod sei verdient, aber seine Hände vom Blut rein, und er sei nicht zum Räuber geboren gewesen. Es ist erlaubt, dies mit ihm zu glauben, und wenn Hessel nur Verachtung und Abscheu erweckt, so mag sich selbst der Richter, der sein Todesurteil sprach, einer mitleidigen Träne nicht schämen und bedauern, daß soviel Geistesgegenwart, Mut, Todesverachtung und Festigkeit des Charakters nicht zu besseren Zwecken angewandt wurden.

Zum Schluß nur noch die Bemerkung, daß Aberglaube, der Juden zur Ehre Gottes mißhandeln läßt und der die Geister bannen will, der erste Grund des Unglücks dieser beiden Menschen war und daß ein Jude den wichtigsten Einfluß auf ihr Schicksal hatte, nur daß dieser bei Hessel eine passive, und bei Streitmatter eine aktive Rolle spielt. Beide lebten übrigens und reisten als Juden, und Streitmatters Beischläferin war eine Jüdin. Sein mit ihr erzeugtes Kind wurde, mit seinem Willen, beschnitten.

Beilage IV

Kurze Übersicht der Prozeduren, welche im Lauf des Jahres 1810 gegen die Bande Hessels und andere Räuberhorden zu Mainz statt hatten, und ihre Resultate.

Gegen Ende des Jahres 1809 gaben mehrere schnell hintereinander verübte, kühne und ansehnliche Diebstähle Ursache zu vermuten, daß Räuberbanden sich im Departement vom Donnersberg in den benachbarten Gegenden auf dieser und jener Seite des Rheins aufhielten. Ob es ihnen gleich unmöglich war, sich zu sammeln und so wie ehedem die Rotte des Schinderhannes eine Art von festem Wohnsitz zu finden, so blieb es doch ausgemacht, daß sie einige Schlupfwinkel haben mußten, und die Verwaltungsbehörden nahmen deshalb so zweckmäßige Maßregeln, daß die Häupter der Hesselschen Bande für gut hielten, sich auf die rechte Rheinseite zu begeben.

Kaum aber waren sie in Frankfurt angelangt, als ein mit diesen Gaunern in Verhältnissen stehender Jude, teils um persönliche Beleidigungen zu rächen, teils um durch diesen dem Staat geleisteten Dienst Verzeihung für vergangene Gaunerstreiche zu erhalten, teils aber auch und hauptsächlich, weil er bei den getroffenen Vorkehrungen den Untergang der Bande wahrscheinlich erwarten mußte, sich entschloß, der Polizei von Frankfurt die mit unverdächtigen Pässen reisenden Diebe Hessel, Streitmatter und Netter nebst den Beischläferinnen der beiden ersten, anzugeben, worauf sie verhaftet und nach Mainz ausgeliefert wurden.

Am 12. Dezember 1809 gab der Präsident des peinlichen Spezialgerichtshofes dem damaligen Richter, Herrn Brellinger, den Auftrag, diese Untersuchung zu eröffnen.

Außer der Angabe des Juden, daß die verhafteten Diebe die Urheber des auf der Post zu Mainz, in Frankental etc. unternommenen Diebstahls und berüchtigte Räuber wären, und daß das unter dem Namen Dahl verhaftete Individuum der berüchtigte Damian Hessel sei, war kein weiterer Beweis vorhanden, und der selbst sehr verdächtige Angeber konnte nur Wahrscheinlichkeiten, aber keine genaue bestimmte Anzeigen liefern. Die Diebe selbst leugneten, wie man leicht denken kann, alles, was man ihnen Schuld gab, und, erfahren in allen Ränken, alle vertraut mit dem Prozeßgang der französischen Kriminaljustiz, richteten sie ihre Antworten so klug ein, als wenn sie bei jeder den geschicktesten Advokaten zu Rate gezogen hätten.

Es kam vor allem darauf an, den Räubern alle Aussicht zu einer möglichen Flucht zu benehmen, und dies geschah hauptsächlich durch die Operation, zufolge welcher man bei Hessel und seiner Beischläferin, sowie bei Justine, der Beischläferin Streitmatters, eine Menge Goldstücke, Feilen und Uhrfedern, und unter anderem eine als zu leicht mit einem Kreuz von Tinte gezeichneten Louisdor, die von dem Frankentaler Diebstahl herrührte, entdeckte.

Ein Hund, den die Diebe aus Versehen bei diesem nämlichen Einbruch zurückgelassen und den mehrere Landleute vorher in Gesellschaft der Räuber gesehen hatten, gab Anlaß, ihnen den Aufenthalt in der dortigen Gegend zur Zeit des Verbrechens zu beweisen.

Endlich erinnerte sich ein öffentliches Mädchen von Mainz, daß gutgekleidete, aber durch ihr Betragen verdächtige Leute sie zu einer Lustpartie auf ein Dorf in der Nähe von Mainz mitgenommen und dort einen durch einen Schuß ins Gesicht verwundeten Bekannten mit umsichtiger Vorbereitung nächtlicher Weile weiter geführt hätten. Da bei dem versuchten Diebstahl auf der Post zu Mainz ein Dieb vom Fenster aus durch einen Schuß verwundet worden war, so war dieser Umstand wichtig. Unglücklicherweise wußte aber das Mädchen (eine Französin, die kein Wort Deutsch verstand), den Namen des Dorfes nicht zu nennen; der untersuchende Richter ließ sich die Straße, die Gegend und die Lage des Wirtshauses gegen den Kirchturm beschreiben und sich die Mühe nicht verdrießen, nach diesen Bezeichnungen das Mädchen in einer Kutsche in die benachbarten Ortschaften zu führen, und so fand er endlich das Dorf, das Wirtshaus, den Fuhrmann und den Schlupfwinkel aus, wo der Verwundete und seine Gefährten sich aufgehalten hatten.

Nunmehr war schon viel gewonnen. Endlich wurde auch Hessel, auf die oben berührte Art zum Geständnis einiger Diebstähle gebracht. Und am 29. September 1810 (also in etwa neun Monaten) konnte schon ein Kompetenzurteil gegen 129 Individuen erlassen werden, die einen Monat nachher ihr Endurteil empfingen. Acht davon wurden damals losgelassen, aber gegen einige Polizeimaßregeln ergriffen. Auch wurden an 300 Landstreicher nach und nach unter den oben erwähnten Vorsichtsmaßregeln aus dem Land geschafft, zum Teil aber in Bettelhäusern und Polizeigefängnissen auf Lebenszeit verwahrt.

Vielleicht ist diese Prozedur die einzige in ihrer Art, wenn man bedenkt, daß alle Bestohlene nicht das mindeste über die Täter sagen konnten, daß also die Beweise bloß aus den Aussagen der Diebe geschöpft werden mußten, und doch bis zur vollen Überzeugung geschöpft wurden, daß an 80 Diebe (Landstreicher und Gauner abgerechnet) in einer Ausdehnung von mehr als 300 Stunden gefangen wurden, die von Pamplona in Spanien bis nach Westfalen ihre Verbrechen begangen hatten, daß man durch ihre Aussagen die Urheber von Diebstählen kennenlernte, wegen welcher die Ortsobrigkeiten vergebliche Nachforschungen angestellt hatten, und daß endlich diese Diebe fast alle mehreremale in verschiedenen Ländern vor Gericht gezogen worden waren, ohne daß man je ein Geständnis von ihnen erhalten konnte.

Um von der ungeheuren Korrespondenz und der nur in einem so großen Staat möglichen Ausdehnung der Polizeimaßregeln einen Begriff zu geben, führe ich nur an, daß von Lyon, Mezieres, Colmar, Salins, Genf, Rouen, Metz, St. Sauveur und fast aus allen Ländern des Rheinischen Bundes Gefangene und Zeugen nach Mainz gebracht werden mußten.

Eine andere Schwierigkeit gründete sich auf die französischen Gesetze in Ansehung der Verjährung. Fast überall hatte man, teils weil man die Täter nicht kannte, teils weil sie entwischt waren, versäumt, Urteile in contumaciam* zu erlassen, und so mußte man also die schwersten Verbrechen als verjährt, unbestraft lassen und konnte bei dem Endurteil nur diejenigen zum Gegenstand wählen, welche in neueren Zeiten verübt waren.

Um die Arbeit des Spezialgerichtshofes noch zu vermehren, so zeigte sich im April 1810 eine andere aus Scherenschleifern, Gänglern etc. bestehende Bande, unter der Anführung eines gewissen (noch flüchtigen) Anton Keil. Der tätige Sicherheitsbeamte von Lautern, Herr Retzer, kam derselben auf die Spur, und der Präsident des Spezialgerichtshofes übernahm diese Untersuchung selbst. In dem Zeitraum von etwa zwei Tagen wurden, vermöge der mit dem Herrn Präfekten des Departements und den benachbarten Regierungen verabredeten Maßregeln, 42 Personen gefangen und 33 davon schon im Oktober (also in etwa 3 Monaten) in die Eisen und zwei zum Tode verurteilt.

Wir beschränken uns hier darauf, eine gedrängte Übersicht der von der Bande Hessels begangenen Frevel zu geben, und bemerken nur, daß alle Diebstähle, die keine peinliche sondern bloß Zuchtpolizeistrafen nach sich ziehen, in dieser Übersicht nicht begriffen sind. Alle hier folgenden Diebstähle ohne Ausnahme sind mit falschen Schlüsseln mit Einbruch von außen, bei Nacht und von mehreren Personen verübt worden. Wo noch außer diesen erschwerenden Umständen besondere hinzukommen, werden wir es erwähnen. Die Anführung der Tage ist um der Kürze willen ausgelassen.

1.	1795	Versuchter Diebstahl auf dem Hof Steinhaus bei Solingen.
2.		Diebstahl in einem Kaufladen zu Hatern.
3.	1796	Diebstahl bei einem reichen Pächter, Lefevre zu Curé, bei Arras (Dep. du Pas-du Calais). Eine Magd wurde dabei ans Kamin gehangen.
4.	1798	im März. Diebstahl bei Herrn Breda, Kaufmann zu Achen (Roerdepartement).
5.		18. und 19. April. Diebstahl von 60.000 Franken in barem Geld bei Herrn Acken, Bankier zu Achen (Roerdep.).
6.		Diebstahl bei einem Juden von Kreuznach.
7.		Bei dem Schulzen von Kaumburg bei Würges.
8.		Bei dem Pfarrer zu Hundsanger.

* in Abwesenheit

9.		Bei einem Branntweinbrenner zu Roesrath.
10.		Bei einem Viehhändler zu Stemmel (mit Waffen)
11.	1799	Bei einem Schmied bei Wetzlar.
12.		In einem Dorf bei Westfalen (mit Waffen).
13.		In der Mühle der Brüder Sauerwein bei St. Goarshausen.
14.		Bei Herrn Conrad, Kaufmann zu Mühlhausen am Rhein.
15.		Den Postwagen zu Langenfeld bestohlen (50.000 Franken).
16.		Bei Herrn Winkop zu Eiken.
17.		Geld und Juwelen bei Herrn Fischer, Einnehmer zu Stade bei Hattingen an der Roer.
18.	1799	Bei einem Pfarrer zu Nordkirchen (mit Knebeln).
19.	1800	Bei Herrn Wilhelm Becker zu Sasserhof, bei Burscheid.
20.		Zu Derschlag an der Acher, Amt Neustadt.
21.		Bei Herrn Fasbender zu Wellersberg, Amt Blankenburg (mit Knebeln).
22.		Silberdiebstahl bei Herrn Engelhard, Pfarrer zu Daisbach bei Wiesbaden.
23.		Diebstahl von 8.000 Rthlr. bei Herrn Lauer, Schöffen zu Seelheim (mit Waffen und Mißhandlungen).
24.		Bei Herrn Bock zu Breitenau (mit Waffen).
25.		Bei Herrn Sauerwein, Wirt zu St. Goarshausen (mit Waffen).
26.		Bei Herrn Becker zu Beul.
27.		Bei Herrn Pleid zu Niederbreisig (mit Waffen und Mißhandlungen).
28.		Bei Herrn Wolf zu Hillscheid, Amt Vallendar (ebenso).
29.	1801	Beim Postmeister zu Würges (mit Mißhandlungen und Waffen), bei diesem Diebstahl war auch Schinderhannes, der sich damals mit der Niederländer Bande auf einen Augenblick vereint hatte.
30.		Diebstahl von 10.800 Franken bei Herrn Natan Hirsch, zu Bergheim an der Sieg (mit Waffen und Mißhandlungen).

31.		Bei einem Juden zu Bayerstal bei Aklosterhausen (ebenso).
32.		Bei Herrn Storp, Schmied zu Strele (ebenso).
33.	1801	Bei einem Viehhändler zu Hackum.
34.		Versuchter Diebstahl bei einem Baumwollhändler zu Schwelm.
35.		Diebstahl bei Herrn Hartenberg zu Schwerten (mit Mißhandlungen).
36.		Bei dem Eigentümer einer Bleiche zu Mühlheim (mit Waffen und Mißhandlungen).
37.	1802	Warendiebstahl bei Herrn Kaufmann Claude zu Mainz. (Sieben Diebe von den elf Tätern wurden schon am 19. September 1802 zu Mainz in die Eisen verurteilt.)
38.		Warendiebstahl bei Herrn Theobald Witz, Direktor der Diligencen zu Cernay (Oberrheinisches Dep.).
39.	1803	Warendiebstahl bei der Witwe von Michel Lutzelschwab, zu Rheinfelden in der Schweiz.
40.	1804	Geld- und Warendiebstahl, wieder bei Herrn Witz in Cernay (s. Nummer 38).
41.	1805	Warendiebstahl an einem Frachtwagen auf der Straße bei Listall in der Schweiz.
42.		Diebstahl von 29 Stücken Zitz und 5.000 Franken bares Geld bei Herrn Paul Blech, Fabrikant zu Mühlhausen (Oberrhein).
43.		Versuchter Diebstahl bei Herrn Rethoré, Einnehmer der Einregistrierungsgebühren zu Vesoul (Ober–Saone).
44.		Beträchtlicher Diebstahl an Waren bei Herrn Simon, Kaufmann zu Azirailles (Meurthe).
45.		Kirchendiebstahl zu Rulingen (Moseldep.).
46.		Beträchtlicher Silberwaren- und Gelddiebstahl bei Herrn Parisol, Kaufmann zu Plombieres (Vogesen).
47.	1804	Gelddiebstahl von 100 Louisdor, im Komptoir eines Seidenhändlers zu Basel.
48.	1805	Warendiebstahl in einem Kramladen zu St. Marie–aux–Mines (Oberrhein).
49.		Gelddiebstahl bei Herrn Hubert Rissé, Weggeldeinnehmer zu St. Avold (Moseldep.).

50.		Versuchter Diebstahl in einem Kramladen zu Moyenvic (Meurthe).
51.		Warendiebstahl von einem Frachtwagen, dem Herrn Nikolaus Rosin gehörig, auf der Straße von Paris nach Nanzig und Strasburg zu Burdonnay bei Moyenvic (Meurthe).
52.		Diebstahl bei den Demoisellen Lagrange zu Bouzonville (Moseldep.).
53.		Warendiebstahl im Laden des Herrn Gauchier zu Chateau–Salins (Meurthe).
54.		Gelddiebstahl bei Herrn Aubert, Eisenhändler zu Nancy (Meurthe).
55.		Gelddiebstahl bei Madame Rissé, Witwe Lamblot, zu St. Diez (Vogesen).
56.		Geld- und Silberwarendiebstahl bei Herrn Santerre, Bierbrauer zu Verdun (Maasdep.).
57.		Beträchtlicher Warendiebstahl bei Herrn Deshayes, Kaufmann zu Moyenvic (Meurthe).
58.		Bei Herrn Fauconnier, Goldschmied zu Longwy (Moseldep.). Dieser weit über 12.000 Fr. betragende Diebstahl wurde mit der größten Kühnheit ausgeführt, da die Räuber die Wälle der Festung, die spiegelglatt waren (vom 19. auf den 20. Dezember) mit Hilfe aneinander gebundener Leitern nahe bei einer Wache erstiegen.
59.	1805	Gelddiebstahl von 12.000 Fr. bei Herrn Chauvez, Direktor der Diligencen zu Verdun (Maasdep.).
60.	1806	Diebstahl bei Herrn Empereur, Kaufmann zu Pont–à–Mousson (Moseldep.).
61.		Gelddiebstahl von 10.000 Fr. bei den Herren Schwarzhöfer, Kaufleuten zu Mühlhausen (Oberrhein).
62.		Gelddiebstahl bei den Herren de la Salle, Kaufleuten zu Nancy (Meurthe).
63.		Gelddiebstahl bei dem Herrn Dumolard, Einnehmer zu Macon (Saone und Loire).
64.		Gelddiebstahl von 24.252 Fr. bei Herrn Einnehmer Molinard zu Nantua (Aindep.).

65. Bei Herrn Laurent, Kaufmann zu Villefranche (Rhonedep.).

66. Bei Herrn Bouly, Rentier zu Nancy (Meurthedep.).

67. Versuchter Diebstahl bei Herrn Philippe Caley, Einnehmer zu Luxeuil (Ober–Saone).

68. 1807 Diebstahl bei Herrn Christian Schmutz, Kaufmann zu Colmar (Oberrhein).

69. Bei Herrn Malfroy, Uhrmacher zu Macon (Saone und Loire).

70. Versuchter Diebstahl bei Herrn Gervais, Kaffeewirt zu Macon.

71. Versuchter Diebstahl bei Herrn Couleau, Fabrikant zu Mutzig (Niederrhein).

72. Diebstahl bei Herrn Armand, Kriegszahlmeister zu Bourg (Aindep.).

73. Bei den Herren Koechlin, Fabrikanten zu Mühlhausen (Oberrhein).

74. Bei Herrn Barbier, Einnehmer zu Braumeles–Dames (Doubs).

75. Kirchendiebstahl zu Anne Marie (Oberrhein).

76. Diebstahl bei Herrn Pikard, Kaufmann zu Rethel (Ardennen).

77. Bei Herrn Volz, Priester zu Saverne (Niederrhein).

78. Bei Herrn Farine, Wirt zu Guebweiler (Oberrhein).

79. Bei Herrn Taffard, Kriegszahlmeister zu Saarlouis (Moseldep.)

80. Bei Herrn Borniet, Kaufmann zu Fumay (Ardennen).

81. Bei Herrn Moritz Henri, Kaufmann zu Lavelines (Vogesen).

82. Bei Herrn Lartique, Kaufmann zu Givet (Ardennen).

83. Bei Herrn Grosjean, Postwagendirektor zu Vesoul (Ober–Saone).

84. Bei Herrn Leloux, Goldschmied zu Joinville (Ober Marne).

85. Bei Herrn Robin, Postmeister zu Auxerres (Yonne), 17.600 Fr. an barem Geld und

viele Kostbarkeiten und Silber.

86. Bei Herrn Graber, Handelsmann zu Chapelle (Oberrhein).

87. Versuchter Diebstahl bei Madame Klöckler zu Altkirch (Oberrhein).

88. Gelddiebstahl bei einem Offizier in Nancy (Meurthe).

89. Bei Herrn Marquet, Geistlicher (ebendas.)

90. Versuchter Diebstahl auf der Post zu Toul (Meurthe), dessen Vollbringung durch einen wachsamen Hund verhindert wurde.

91. 1808 Diebstahl bei Herrn Signorino, Gewürzhändler zu Saverne (Niederrhein).

92. Bei den Herren Lejoindre und Hallez zu Hagenau (Niederrhein).

93. Bei Herrn Zürcher, Fabrikant zu Cernay (Oberrhein).

94. Bei Herrn Christoph Höniges, Goldschmied zu Murten in der Schweiz.

95. Bei Herrn Mosbrücker, Uhrmacher und Briefpostdirektor zu Saverne (Niederrhein).

96. Bei Herrn Tauflieb, Lotterieeinnehmer zu Barr (Niederrhein).

97. Bei Herrn Petimangin, Einnehmer zu Remiremont (Vogesen).

98. Bei Herrn Schaaf, Buchdrucker zu Basel.

99. Versuchter Diebstahl bei Herrn Pfänder, Einnehmer zu Weisenburg (Niederrhein).

100. Diebstahl bei Herrn Burgunder, Pfarrer zu St. Amarin (Oberrhein).

101. Bei dem Pfarrer zu Unterwessingen, im Amt Stein, im Großherzogtum Baden (mit Waffen und Knebeln).

102. Zu Bollweiler (Oberrhein), im Haus des Herrn Voyer d'Argenson, Präfekten des Departements des Deux–Nethes, bei dessen Einnehmer.

103. Bei Herrn Girardier, Einnehmer der Einregistrierungsgebühren zu Porentruy (Oberrhein).

104. Bei Herrn Bertrand, Landwirt und Baum-

wollspinner (ebendort).

105. Bei Herrn Pattey, Goldschmied zu Genf (Leman). (Dieser von einem reichen Juden, Samuel Levi von Carouge angeratene Diebstahl betrug an Geld und Kostbarkeiten weit über 60.000 Fr. Der Jude erhielt dafür eine Summe in Piastern. Zu Besançon wurden damals die Räuber verhaftet und in Genf verurteilt, entkamen aber auf dem Transport.)

106. Bei Herrn Ferbach, Kaufmann zu Molsheim (Niederrhein).

107. Bei Herrn Patry, Handelsmann zu Orbis (Oberrhein).

108. Bei Herrn Hammel, Steuereinnehmer zu Winnweiler (Donnersberg).

109. Bei Herrn Maraude, Einnehmer zu Schlettstadt (Niederrhein).

110. Bei Herrn Zimmermann, Postmeister zu Nieder–Asbach (Oberrhein).

111. Bei den Demoisellen Barrois, Lotterieeinnehmerin zu Schlettstadt (Niederrhein).

112. 1809 Bei Herrn Pergaut, Güterbesitzer zu Lüneville (Meurthe).

113. Versuchter Diebstahl bei Herrn Spitz, Einnehmer zu Brumath (Niederrhein).

114. Diebstahl bei Herrn Dietrich, Färber zu Ruffach (Oberrhein).

115. Bei Herrn Schneider, Winzer zu Wettolsheim (Oberrhein).

116. Bei Herrn Allemand, Gastwirt zu Ruffach (Oberrhein).

117. Bei der Frau Domat, Krämerin zu Sulz (ebendort)

118. Bei Mathias Erdle, Krämer zu Mühlbach (ebendort)

119. Diebstahl bei Herrn Hadermann, Steuereinnehmer zu Obernay (Oberrhein).

120. Bei Herrn Cloos, Landwirt zu Dackenheim (Donnersberg).

121. Bei Herrn Beguin, Zitzfabrikant zu Thann (Oberrhein).

122. Bei Herrn Guosig, Uhrmacher zu Landau

(Niederrhein).

123. Bei Herrn Vatzki, Kaufmann zu Worms (Donnersberg).

124. Bei Herrn Kuppelmayer, Steuereinnehmer zu Mainz (ebendort).

125. Versuchter Diebstahl bei Herrn Perrot, Einnehmer zu Alzey (ebendort).

126. Versuchter Diebstahl im Leihhaus zu Mainz (ebendor).

127. Versuchter Diebstahl auf der Post zu Mainz (ebendort). (Bei diesem Versuch wurden zwei Juden, der eine ziemlich schwer, im Gesicht verwundet.)

128. Diebstahl bei Herrn Prinz, Modehändler zu Trier (Saardep.).

129. Bei Herrn Vitters, Krämer zu Niederstresel (Meurthe).

130. Bei Herrn Bourghard, Maire von Otterstal (Niederrhein) mit Knebeln und Gewalttätigkeiten.

131. Bei Herrn Hildebrand, auf einer einsam gelegenen Mühle zu Harxheim (Donnersberg). Wegen dieses Verbrechens wurde Schmaye Nathan zum Tode verurteilt.

132. Bei Madame Blanc, geb. Carbonnar, Modehändlerin zu Luxemburg (Wälderdep.).

133. Bei Herrn Bens, reformierter Prediger zu Drusweiler (Niederrhein) mit Knebeln, Waffen und Mißhandlungen.

134. Bei Madame Sainetelette, Goldschmieds-Witwe zu Verdun (Maasdep.).

135. Bei Herrn Leinen, Tuchhändler zu Saarlouis (Moseldep.) [Weit über 12.000 Fr. an Waren. Der große Salomon betrog seine Gefährten, indem er, während diese in Metz einen Käufer unter den Juden suchten, mit dem Wagen, worauf die Waren geladen waren, durchging.]

136. Versuchter Diebstahl bei Herrn Doktor Wüstenfeld in Frankfurt.

137. Verabredeter, aber durch einen Zufall verhinderter Versuch eines Diebstahls auf einer Mühle zu Geinsheim (Donners-

berg). (Bei dieser Gelegenheit hatten sich die Hesselsche Bande und die Rotte des Leininger Tales (ausschließlich Juden) zu einer gemeinschaftlichen Unternehmung vereinigt. Es ist ein Glück für alle Rheingegenden, daß diese Verschwörung gegen alle Eigentümer bald entdeckt und zerstört wurde, denn bei dem Schutz, den diese Diebe in Karlsberg und den umliegenden Gegenden sich zu verschaffen gewußt hatten, wäre diese vereinigte Räuberbande sehr furchtbar geworden. Hundert geübte Bösewichte, die so leicht vor keinem Verbrechen schaudern, hätten der Gesellschaft schrecklich werden müssen.)

138. Bei Herrn Frank, Modehändler zu Mainz (Donnersberg).

139. Bei Herrn Stieffel in Frankfurt.

140. Versuchter Diebstahl bei Herrn Wunderly, Kaufmann zu Hanau.

141. Bei den Herren Heidweiler, Kaufleute zu Frankenthal (Donnersberg). (Bei diesem Diebstahl brachen die Diebe ein Gartenhaus, das einsam lag, auf, um daraus Bretter zum Einsteigen und Balken zum Einbruch zu holen; dies zog Hessel und Streitmatter die Todesstrafe zu.)

142. Bei Herrn Schmidt, Krämer zu Lambrecht (Donnersberg).

Von diesen Verbrechen waren die von 1. bis 36. nach dem 10. Art. des Strafgesetzbuches verjährt, der 37. war es in Ansehung Hessels, und die von Nr. 38 bis 46, 49, 51, 53 bis 57, 59 bis 64 in Ansehung Streitmatters und anderer Angeklagten.

Die Verbrechen 47, 48, 50, 86, 88, 89, 90, 126 und 140 waren zwar eingestanden, aber teils war es unmöglich, das Corpus delicti zu konstatieren, weil die Versuche keine Spuren zurückgelassen hatten, teils hatten die Ortsobrigkeiten versäumt, die Tatsachen sicherzustellen.

Der Versuch Nr. 137 konnte, da er bloß Verabredung, aber noch nicht angefangen und durch äußere Handlungen an den Tag gelegt war, nach dem strengen Begriff der Gesetze nicht als eine tentative betrachtet werden.

So kamen nur 75 Verbrechen in den Anklageakt, auf welchen sich das Endurteil gründet. An 69 derselben hatte Hessel und an 68 Streitmatter Anteil.

Da es zu weit führen würde, die Gründe des Urteils bei jedem einzelnen Verurteilten anzugeben, so begnüge ich mich, im allgemeinen die Gesichtspunkte zu bemerken, von welchen die Richter ausgehen mußten und wirklich ausgingen.

Die vor Gericht gebrachten Verbrecher teilten sich in Vagabunden und Landstreicher im gesetzlichen Sinn, welche so wie die schon zu peinlichen Strafen Verurteilten vermöge ihrer persönlichen Eigenschaft, sobald sie wegen Verbrechen angeklagt sind, die peinlichen Strafen nach sich ziehen, vor die Spezialgerichte gehören, und in wohnhafte Bürger, welche nur deshalb, weil sie sich durch ihre Schuld mit diesen Landstreichern in Verbrechen eingelassen hatten, und vermöge eines von dem Kassationsgericht erlassenen Attributionsurteils, das sich auf die öffentliche Sicherheit und die Unmöglichkeit, die Prozedur zu trennen, gründete, von dem Spezialgerichtshof gerichtet wurden, da sie außerdem hätten vor Geschworene gestellt werden müssen.

Einige Verbrechen, nämlich die in solchen Departementen, wo Spezialgerichtshöfe bestehen, begangene Diebstähle mit Einbruch auf dem Land, gehörten auch ohne Hinsicht auf die Qualität der Personen vor den Spezialgerichtshof. An diesen hatten aber Hessel und Streitmatter keinen Teil genommen, sondern alle in den letzten Jahren begangene gewaltsame Diebstähle, den Frankentaler (Nr. 141) ausgenommen, waren von der Leininger (ganz aus Juden, die sich meist in und um Karlsberg aufhielten, bestehenden) Bande verübt.

Diese Kompetenzfrage machte die Anwendung der Gesetze im vorliegenden Fall verwickelter und wichtiger für die Angeklagten, als man dem ersten Anschein nach denken möchte, und es wird vielleicht nicht überflüssig sein, die Folgen, welche daraus entsprangen, kurz zu bemerken.

Nicht nur ist es für einen Angeklagten unendlich wahrscheinlicher, von Geschworenengerichten freigesprochen zu werden als von einem Spezialgerichtshof, sondern selbst im Fall der Verurteilung ist die Lage des Verurteilten sehr verschieden, da die Urteile der letzteren Gerichtshöfe in 24 Stunden vollzogen werden, hingegen bei den Geschworenengerichten der Verurteilte sich noch an den Kassationsgerichtshof wenden kann.

Da die Spezialgerichtshöfe auch ihrer Natur nach eine Einrichtung sind, welche gegen große Räuberbanden und in unruhigen Departementen gestiftet wurde, so werden durch sie gewisse Verbrechen, namentlich Einbrüche auf dem Land und Straßenraub, mit dem Tode bestraft, welche in Departementen, wo keine Spezialgerichtshöfe bestehen, bloß Galeerenstrafe nach sich ziehen.

Wenn daher ansässige Personen oder Angeklagte wegen Verbrechen, die in einem Departement, wo kein Spezialgerichtshof besteht, begangen wurden, um des öffentlichen Wohls willen mit ihren Mitschuldigen vor einen Spezialgerichtshof gebracht werden, so ist es ein durch den Gerichtsgebrauch angenommener und durch ein Gutachten des Staatsrates entschiedener Grundsatz, daß, im Fall diese Angeklagten für schuldig erkannt werden, keine andere Strafe in Hinsicht auf sie angewandt werden darf als die, welche sie erlitten haben würden, wenn sie im Departement, wo sie wohnhaft sind, von Geschworenengerichten verurteilt worden wären.

Ja der neue französische peinliche Codex ist noch bei weitem gelinder. Er beschränkt die Gerichtsbarkeit der Spezialgerichtshöfe unendlich, bringt alle Diebstähle und selbst Straßenraub (den Fall ausgenommen, wo sie von Landstreichern begangen werden) vor Geschworene, bestraft keinen Diebstahl, selbst den mit Einbruch bei Nacht und von mehreren Personen auf dem Land und in einsam gelegenen Häusern begangenen, mit dem Tode, als wenn die Täter auch bewaffnet waren und von ihren Waffen Gebrauch machen oder doch damit drohen, und verordnet sogar, daß, wenn Verbrecher, welche bloß in Hinsicht auf ihre persönliche Qualität vor die Spezialgerichtshöfe gehören, mit anderen, bei welchen diese Hinsicht nicht eintritt, gemeinschaftlich Verbrechen begehen, alle zusammen vor die Assisen- oder Geschworenengerichte gestellt werden sollen.

Die Rücksicht auf den Umstand, daß dieses neue Gesetzbuch, wie man damals glaubte, mit dem 1. Januar 1811 geltend sein sollte und daß also die Epoche, wo die Angeklagten gerichtet wurden, auf ihre Lage sehr nachteiligen Einfluß in Ansehung der anzuwendenden Strafen haben mußte, durfte von billigen Richtern nicht ganz vergessen werden, wenn auch gleich nach dem strengen Recht die Angeklagten nichts als die genaue Anwendung der im Augenblick ihrer Verurteilung bestehenden Gesetze fordern konnten.

Der Gerichtshof glaubte daher mit der Todesstrafe äußerst sparsam vorschreiten zu müssen, und erkannte sie nur ganz nach dem strengen Buchstaben des Gesetzes gegen drei Räuber, deren jeder unzählige Beweise seiner Unverbesserlichkeit gegeben hatte, und von denen man mit Wahrheit sagen konnte, daß nur ihr Tod die bürgerliche Gesellschaft gegen das neue Frevel sichern konnte.

In Ansehung mehrerer anderer Diebe, hauptsächlich von der Leininger Bande, wäre vielleicht dieselbe Strafe mit Recht anzuwenden gewesen; allein teils fehlte es an vollständigen sonnenklaren Beweisen gegen jeden Einzelnen in Ansehung der Verbrechen 142 und 131 (da Schmaye Nathan in Hinsicht dieses letzten Verbrechens seine Angaben zurück- und alles auf sich nahm), teils waren diese Frevel in Departementen begangen, wo kein Spezialgerichtshof errichtet und also das Gesetz vom 18. Pluviôse des 9. Jahrs* nicht anwendbar war, teils aber und hauptsächlich waren genug Verbrechen gegen diese Bösewichte erwiesen, die achtzehn- und mehrjährige Eisenstrafe nach sich zogen, und der Gerichtshof glaubte also, diese letztere der Todesstrafe vorziehen zu müssen, die, sobald einmal die Tatsache als richtig anerkannt worden wäre, notwendig alle Täter hätte treffen müssen. Denn darin unterscheidet sich der Geist der französischen Gesetzgebung ganz von dem der deutschen. In Deutschland steht es dem Richter weniger frei, die Elemente seiner Überzeugung zu bestimmen als in Frankreich. Die gesetzlichen Beweismittel sind dort eingeschränkter als in Frankreich, wo, sobald nur

* 6. Februar 1801

die Tatsache an sich erwiesen ist, der Richter bloß in seinem Gewissen die Beweise gegen die Angeklagten wägt, so daß ihm zehn Zeugen weniger gelten können, als vielleicht ein einziger, oder ein anderer Umstand, der seine moralische Überzeugung bewirkt. Hingegen kann der deutsche Richter auf Milderung der Strafe erkennen und die Gesetze gelinder oder strenger anwenden, je nachdem die Umstände ihm die Strafbarkeit des Verbrechers zu vermehren oder zu verringern scheinen. Dem französischen Kriminalrichter sind in dieser Hinsicht die Hände gebunden, und es bleibt ihm nichts übrig als die wörtliche Anwendung des Gesetzes, sobald eine Tatsache als gewiß erkannt ist. Dem Souverän allein steht das Begnadigungs- und Milderungsrecht zu.

In Ansehung der Mitschuldigen bei Diebstählen ist das Gesetz in Frankreich unendlich streng. Die wissentlichen Hehler, Käufer oder Verberger gestohlener Sachen, den Gelegenheitsverschaffer dazu, trifft dieselbe Strafe wie den Täter, wenn er auch die Umstände des Diebstahls nicht alle gewußt hat. Das Gesetz selbst macht hier keinen Unterschied, und sobald der Käufer z.B. gewiß weiß, daß ein Schnupftuch gestohlen sei, so leidet er die Strafe des Diebs, die sich nach Verschiedenheit der Umstände, die den Diebstahl begleiteten, bis zu 24jähriger Eisenstrafe erstrecken kann. Ja, es ist sogar eine mehr auf die Autorität des Kassationsgerichtes, als auf das Gesetz gegründete rechtliche Praxis, daß man diese Mitschuldige in Fällen, wo das Gesetz vom 18. Pluviose 9. eintritt, mit der Todesstrafe verschont und ihnen nur die durch das Strafgesetzbuch bestimmte Eisenstrafe zuerkennt.

Nach diesem Grundsatz hätten also alle weiter unten angeführten Juden, die als Käufer gestohlener Waren und Baldowerer verurteilt wurden, sechzehn- und achtzehnjährige Eisenstrafe erhalten müssen, und es ist sogar kein Zweifel, daß die Anwendung der bloßen achtjährigen Eisenstrafe vom Kassationsgericht mißbilligt worden sein würde, wenn die Prozedur vor einem Geschworenengericht stattgehabt hätte und Kassationsgesuche eingelegt worden wären.

Allein der Gerichtshof wurde zu dieser Milde eben auch durch die Hinsicht bewogen, daß die Angeklagten ein paar Monate später vor Gericht gebracht, die Milderungen des neuen Strafgesetzbuches genossen haben würden, welches, weil man vermutlich das bestehende Gesetz allzu streng fand, den Richtern erlaubt, Hehlern und Käufern, die nicht alle Umstände der Diebstähle gewußt haben, eine etwas geringere Strafe als die der Urheber zuzuerkennen. (Art. 63 des neuen Strafgesetzbuches)

Es schien daher den Umständen und der Billigkeit gemäß, diesen Diebshehlern von Handwerk (welche übrigens wußten, daß die Diebe gewöhnlich mit Einbruch stahlen) die einfache Strafe jedes Diebstahls mit Einsteigen oder Einbruch ohne Hinsicht auf die erschwerenden Umstände der Nachtzeit, der Zahl der Diebe etc. zuzuerkennen.

In einem hohen Grade empfanden die Milde des Gerichts einige Weibspersonen, die mehr gegen die Polizeigesetze gefehlt als eigentlich Diebe und ihre Waren verhehlt hatten, und einige Juden, die ihre Brüder und Verwandten den

Nachforschungen der Gerichtspersonen entzogen hatten. Man erkannte bloß Zuchtpolizeistrafen gegen sie.

Die Strafe gegen die Weiber und Beischläferinnen Hessels und Müllers würde hart sein, wenn nicht die gänzliche Verdorbenheit dieser Geschöpfe, die alle fast mehrmals ungewarnt ihre Beischläfer unter dem Schwert der Gerechtigkeit bluten sahen und sogleich wieder einen neuen Bösewicht aufsuchten, diese Strenge rechtfertigte. Streitmatters Beischläferin wurde dagegen sehr gelind behandelt und dabei auf ihr Betragen in der Gefangenschaft Rücksicht genommen.

Es wurden verurteilt:

zur Todesstrafe:

1. Damian Hessel,
2. Franz Joseph Streitmatter,
3. Schmaye Nathan;

zu 24jähriger Eisenstrafe:

4. Alexander Taufenberg,
5. Samuel Levi, gen. Schmul Nudel,
6. Felix Lang, gen. Feiberge,
7. Salomon Lazarus, gen. gestoppelt Salmge;

zu achtzehnjähriger Eisenstrafe. Nr. 9 als Rezidive* mit dem Buchstaben R. gebrandmarkt:

8. Isaak Bär, gen. Kugler,
9. Michel Dettweiler, gen. der Herzog vom Oberrhein,
10. Leopold May, gen. Loeb Sand, alter Räuber von der Niederländer Bande;
11. Johann André, gen. Krummborach, Vater und Haupt einer Diebsfamilie, wurde von Lyon gebracht, wo er als Parfümeur lebte. Schon bei der Niederländer Bande berüchtigt.
12. Johann Berché,
13. Israel Fränkel,
14. Franz Gauthier,
15. Salomon Hirsch, gen. Schlomelehott,
16. Jakob Jochum, gen. Roth Jocheme,
17. Ludwig Joseph, gen. Wölfge Balbröbig,
18. Levi Abraham Kahn,
19. Aaron Levi, gen. Aaron Schneider,
20. Henrich Levi, gen. Henle,
21. Bernhard Lion, gen. Eisig Krack, alter Räuber von der Niederländer Bande,
22. Cain Nathan, gen. Kainge Nanzig,
23. Marx Nathan, gen. Kleinmordje,
24. Joseph Netter,
25. Manasses Abraham, gen. Mones,
26. Leon Schuler, gen. Seeligmann Forst,
27. Jakob Sonneborn, gen. Mosche Elsef, alter Räuber von der Niederländer Bande;

zu zwölfjähriger Eisenstrafe:

28. Jakob Abraham, gen. Jokofge;

zu achtjähriger Eisenstrafe:

29. Leon Haymann, Leibele genannt, von Hagenau* [Alle mit * bezeichneten sind ansässige und wohlhabende Juden, die auch außer den Prozeßkosten zu sehr beträchtlichen Summen als Schadenersatz verurteilt wurden, Nr. 34 ausgenommen, sind alle keine Diebe, die selbst auf Diebstahl ausgehen, sondern Diebshehler und Vertrödler gestohlener Waren.]
30. David Jakob, von Bionville*,

---

* Rückfälliger

31. Abraham Kahn, gen. Schielekahn, von Mommernheim*,
32. Jakob Kahn, gen. Schiele, von Hattstedt*,
33. Benjamin Klein*,
34. Herrmann Leopard, von Grünstadt*,
35. Fried. Marr, gen. Scholem von Frankenthal*,
36. Peter Ludwig Prevot (von St. Gauveur), ein Christ, Diebshehler,
37. Cerf Rins,
38. Moritz Schwab von Grünstadt*,
39. Moritz Simon von Frankental*,
40. Samuel Levi von Carouge*,

zu sechzehnjähriger Einsperrung (Réclusion):

41. Sara André, Frau von Krummborach,
42. Natalie Chauveau, Beischläferin von Schön-Mayer Mosche,
43. Elisabeth Michel, Beischläferin von Hessel,
44. Margaretha Meyer, geb. Rink, Beischläferin des flüchtigen Haupträubers Jakob Meyer, Müller genannt,
45. Karoline Simonin, geborene Keile, eine Hauptdiebshehlerin, deren Haus seit Jahren allen Räubern zur Niederlage diente;

zu zweijähriger Gefangenschaft im Besserungshaus:

46. Hirsch Brand,
47. Gabriel Brunschwig v. Sulz
48. Cerf Borig von Saarlouis,
49. Johann Damm, ebendaher,
50. Michel Meyer von Rippoltsweiler
51. Michel Meyer Kugler, von Weissenau,
52. Elias Schwab von Grünstadt,
53. Samuel Ziegler von St. Diez [An diesen Juden, dessen kahler Kopf eine auffallende Gesichtsbildung darbot, und der sich sehr gut und pfiffig verteidigte, schrieb Hessel einen Brief, worin er ihm auftrug, dem Räuber Müller oder Meyer seine Verhaftung zu melden und ihm Flucht anzuraten. Mittels dieses Briefes wurde Müller gefangen, entwischte aber in Blamont. Dieser Jude versammelte einmal an zwanzig Räuber bei sich, die als seine Verwandte galten und als solche bei einer Judenhochzeit unter Bedeckung von Gendarmen im Hof des Unterpräfekten tanzten. Dieser fromme Jude, den seine Glaubensgenossen einen großen, einen heiligen Mann nannten, hegte die Diebe hauptsächlich deshalb, um bei ihren Weibern zu schlafen.]
54. Meele, Helkan, Frau von Dreifuß;

zu einjähriger Gefangenschaft:

55. Hayum Emmerich,
56. Justine Schwab, Beischläferin von Weiler;

zu dreimonatiger Einturmung:

57. Cerf Freiburg,
58. Marr Hirsch;

zu einmonatiger Einturmung:

59. Jakob Ullmann,
60. Jette Willstädt, geb. Lieberich;

zu viertägiger Einturmung:

61. Ury Schwab;

schon vorher zu 16jähriger Eisenstrafe verurteilt, an den Ort ihrer Bestimmung abgeführt:

62. Lafleur und
63. Eisig Braunschweig,

als Landstreicher über die Grenze geführt:

64. Carl Stein, gen. Aarongen,
65. Sara Levi,

66. Mayer Michel, gen. Fischel,

67. Schwarz Mayer;

unter Polizeiaufsicht gestellt:

68. Edel, angebliche Witwe von Caen Nathan.

Elf Individuen wurden losgesprochen.

Als flüchtig und par contumace* wurden verurteilt:

zur Todesstrafe:

1. Abraham Hefker, genannt Afrom Hefker, etwa 40-50 Jahre alt, gibt sich für einen Trödler aus, zuletzt wohnhaft in Karlsberg, Departement vom Donnersberg, einen Meter und 70-73 Zentimeter lang, mager, lange und spitze Nase.
2. Josef Nagel oder Nage, Jude, Schwager von Mosche Willmers, Kolporteur†, zuletzt wohnhaft ebendort. Seine Leibesbezeichnung ist unbekannt.
3. Mayer Wettelsheim, Jude, 44-46 Jahre alt, gebürtig von Wettelsheim (im Oberrhein), gibt sich für einen Trödler aus, zuletzt in Altleiningen wohnhaft, im Departement vom Donnersberg. Einen Meter 76-79 Zentimeter lang, Haare und Augenbrauen schwarz, schwarze Augen, große Nase, schwarzen Bart, volles Gesicht, schwarzen starken Backenbart. Er ist von starker Leibesbeschaffenheit und gut gekleidet; spricht Französisch und Deutsch. Diese letztere Sprache mit dem Elsässer Akzent; er ist verheiratet, ohne Kinder, seine Frau heißt Seele.

zu 24jähriger Eisenstrafe:

4. Macholge Breßlauer, Jude, gibt sich für einen Kolporteur aus, zuletzt auf dem Karlsberg wohnhaft, Departement vom Donnersberg. Ein kleiner alter Mann.
5. Aaron Elsef, Jude, ungefähr 48 Jahre alt, aus dem Elsaß gebürtig, ohne Hantierung und bestimmten Wohnort. Einen Meter 76 Zentimeter ungefähr lang, schwarze rundgeschnittene Haare, graue Augen, gewöhnliche Nase, mittelmäßigen Mund, braunen Bart, rundes ein wenig pockennarbiges Gesicht, frische Farbe; stark von Leibesgestalt, bald geht er als Bürger gekleidet, bald als ein Bettler mit seinem Pack auf dem Rücken.
6. Abraham Ringeldorf, Jude, ungefähr 40 Jahre alt, gibt sich für einen Kolporteur aus, zuletzt wohnhaft in Karlsberg, Departement vom Donnersberg. Einen Meter 68-70 Zentimeter lang, eine große gebogene Nase, das Gesicht voll Sommerflecken, ziemlich beleibt und ein wenig bucklig.
7. Löb Schloß, genannt Leibgen Schloß, Jude, 50-55 Jahre alt, aus dem Weilburgischen gebürtig, ohne Hantierung und bestimmten Wohnort. Ungefähr einen Meter 68 Zentimeter lang, schwarze, krause rundgeschnittene Haare, schwarze Augen, gewöhnliche Nase, großen Mund, schwarzen Bart, rundes Gesicht, frischer ein wenig bräunlicher Gesichtsfarbe, stark von Leib und bürgerlich gekleidet. [Ist wahrscheinlich gegenwärtig in einem Gefängnis in Paris.]
8. Jakob Waldmann, sonst Jakob Lukas, Jude, ungefähr 44 Jahre alt, gebürtig im Roer-Departement (ehemals Jülicher Land), ohne Hantierung und bestimmten Wohnort. Ungefähr einen Meter 75 Zentimeter lang, braune, krause, hinten aufgeschlagene Haare, graue Augen, große spitze Nase, großen Mund, dicke Lippen, braunen Bart, großes volles und pockennarbiges Gesicht, frische Gesichtsfarbe, er ist stark von Leib, geht bürgerlich gekleidet.

zu achtzehnjähriger Eisenstrafe:

9. Isaak Brunschwig, genannt Eißig, Jude, 30 Jahre alt, gebürtig von Thann, Departement vom Oberrhein, gibt sich für einen herumziehenden Krämer aus, ohne bestimmten Wohnort. Einen Meter 67 Zentimeter lang, dunkelkastanienbraune Haare und Augenbrauen, freier Stirn, gräulich blauen Augen, wohlgeformter Nase, gewöhnlichen Mund, rundes Kinn, volles Gesicht, über den linken Backen eine Schramme, schon in Genf (Departement vom Leman) zu sechzehnjähriger Eisenstrafe verurteilt.
10. Salomon Gideon, genannt großer Salomon, Jude, ungefähr 30 Jahre alt, gebürtig von Metz, im Moseldepartement, gibt sich für einen Kolporteur aus, ohne bestimmten Wohnort. Einen

---

* in Abwesenheit

† reisender Hausierer

Meter 85-86 Zentimeter lang, kahlköpfig, eine Perücke von braunen Haaren tragend, bald mit, bald ohne Zopf, welche sehr künstlich gemacht ist, braune Augen, gewöhnliche Nase, großen Mund, dicke Lippen, braunen Bart, großen dunkelbraunen Backenbart, etwas längliches Gesicht, bleiche Gesichtsfarbe, wohlgestaltet und gut gekleidet, spricht französisch und deutsch.

11. Moses Mayer, genannt Schön-Mayer Mosche, Jude, nimmt auch den Namen Franz Ciphelus und zuletzt Jakob Frank an, 28 Jahre alt, aus dem Oberrheindepartement gebürtig, gibt sich für einen Krämer aus, ohne bestimmten Wohnort. Verurteilt überdies, mit dem Buchstaben R öffentlich gebrandmarkt zu werden, wegen Wiederbetreffungsfalls. Einen Meter 66 Zentimeter lang, kastanienbraune Haare und Augenbrauen, niedere Stirn, gräulich blaue Augen, dicke breite Nase, kleinen Mund, rundes gespaltenes Kinn, länglich volles Gesicht, frischer Gesichtsfarbe, einen großen Backenbart tragend, hat kleine Narben auf der Stirn über dem rechten Auge sowie auch mitten auf dem Kopf, welche von einem Schuß herrühren, den er 1809 bei einem Diebstahl bekommen hat; er ist stark, wohlgestaltet und sehr gut gekleidet. Er spricht und schreibt beide Sprachen und ist sehr freundlich. Schon in Genf (Leman-Departement) zu sechzehnjähriger Eisenstrafe verurteilt.

zu sechzehnjähriger Eisenstrafe:

12. Moses David Baerens, sonst Bernhard Moses David, genannt Bärmge, Jude, ungefähr 23 Jahre alt, gebürtig von Gremlichshausen (Roer) ohne Hantierung und bestimmten Wohnort. Ungefähr einen Meter 63 Zentimeter lang, hellkastanienbraune Haare, welche rund geschnitten sind, graue Augen, ein wenig spitze Nase, gewöhnlichen Mund, blonden Bart, länglich volles Gesicht, etwas pockennarbig und frische Gesichtsfarbe; er ist wohlgekleidet und spricht Deutsch. Aus dem Gefängnis von Marburg in Westfalen entwischt im Jahre 1810.
13. François Caye, 34 Jahre alt, gebürtig von Piemont, ohne Hantierung noch bestimmten Wohnort. Einen Meter 73 Zentimeter lang, dunkelkastanienbraune, hinten aufgeschlagene Haare, braune Augen, große Nase, aufgeworfene Lippen, braunen Bart, ein wenig langes Gesicht, hell und frische Gesichtsfarbe, er ist wohlgestaltet, geht bürgerlich gekleidet. Er redet Piemontesisch und schlecht Französisch, zieht mit einer Frauensperson herum.
14. Johann Peter Collon, ungefähr 40 Jahre alt, gibt sich für einen Krämer aus und hält sich gewöhnlich zu Lausanne in der Schweiz auf. Einen Meter 73 Zentimeter lang, dunkelbraune Haare, welche hinten aufgeschlagen sind, graue Augen, gewöhnliche Nase, großen Mund, braunen Bart, volles längliches Gesicht, ein wenig bleicher Gesichtsfarbe, auf dem linken Backen hat er einen schwarzen Fleck von der Größe eines Talers, welcher von einer alten Brandmarkung herrührt.
15. Elias, Neffe von Johann André, genannt Krummborach, Jude, 22-23 Jahre alt, gibt sich für einen Trödler aus, er hält sich gewöhnlich zu Lyon im Rhonedepartement auf. Einen Meter 70-73 Zentimeter lang, blonde à la Titus geschnittene Haare, graue Augen, gewöhnliche Nase, mittelmäßiger Mund, ohne Bart, schönen, ein wenig bleichen Gesichts, schlank und wohlgebaut, spricht Französisch und Deutsch, ist wohlgekleidet. Aus dem Gefängnis zu Luxemburg im Monat Mai 1810 entwischt.
16. Cerf Frankfurt, genannt Herz, Jude, ehedem zu St. Avold im Moseldepartement wohnhaft, gibt sich für einen Wundarzt aus. Seine Leibesbezeichnung ist unbekannt.
17. Gauthier, genannt der Italiener, gibt sich für einen herumziehenden Krämer aus, ohne bestimmten Wohnort. Seine Leibesbezeichnung ist unbekannt.
18. Mayer Gerson, genannt Schönmayer, Jude, 68-70 Jahre alt, hält sich gewöhnlich zu Thann im Oberrheindepartement auf. Seine Leibesbezeichnung ist unbekannt.
19. Franz Heuth, 21-22 Jahre alt, Schwager von Johann Berché, gebürtig aus der Schweiz, gibt sich für einen herumziehenden Krämer aus, ohne bestimmten Wohnort. Ungefähr einen Meter 68 Zentimeter lang, braune, hinten aufgeschlagene Haare, braune Augen, kleine Nase, großen Mund, ohne Bart, längliches mageres Gesicht und bleiche Gesichtsfarbe, geht bürgerlich gekleidet, spricht Französisch und ein wenig Deutsch.
20. Leopold Joseph, genannt Luxens Loebge, Jude, 45 Jahre alt, gibt sich für einen Kolporteur

aus, gebürtig und wohnhaft in Mutzig, Departement vom Niederrhein. Einen Meter 73 Zentimeter lang, dunkelbraune, rund verschnittene Haare, graue Augen, breitgedrückte Nase, großen Mund, schwarzen Bart, rundes und häßliches Gesicht; spricht deutsch und ein wenig französisch; aus dem Gefängnis zu Mainz am 6. September 1810 entwischt.

21. Hirsch Levi, genannt Rothherzge, Jude, 24 Jahre alt, gibt sich an, zu Friedberg, bei Frankfurt am Main, gebürtig zu sein, ohne Hantierung und bestimmten Wohnort. Einen Meter 71 Zentimeter lang, hellkastanienbraune Haare, graue Augen, große Nase, gewöhnlichen Mund, rundes Kinn, volles und rundes Gesicht, auch pockennarbig, entwischt aus dem Gefängnis zu Mainz den 31. Juli 1810.

22. Nehemias Levi, Jude, ungefähr 50 Jahre alt, Musikant, aus Helleringen gebürtig, zuletzt zu St. Avold im Moseldepartement wohnhaft. Seine Leibesbezeichnung ist unbekannt.

23. Jakob Mayer, genannt Johann Müller, nennt sich auch Schreiber und Schweizer, 42 Jahre alt, gibt sich für einen Kolporteur aus, aus der Gegend von Straßburg gebürtig, wohnhaft zu Lüneville, Departement de la Meurthe. Einen Meter 71 Zentimeter lang, schwarze mit grau untermischte à la Titus verschnittene Haare, schwarze Augen, große Nase, volles und bleiches Gesicht; seine linke Hand ist beinahe ganz gelähmt, der Daumen an dieser Hand ist vorzüglich zu bemerken, eine starke Narbe bezeichnet ihn der Länge nach, und der Nagel fehlt daran; er sucht diese Kennzeichen zu verbergen, indem er immer Handschuh trägt oder sie in die Weste steckt; auch hat er eine starke Schramme auf dem Kopf; er ist gut gekleidet, spricht Französisch und Deutsch; aus dem Gefängnis zu Blamont den 7. Januar 1810 entwischt.

24. Mayer, genannt Polaeckgen, Jude, 28 Jahre alt, aus Warschau in Polen gebürtig, ohne Hantierung und bestimmten Wohnort. Einen Meter 65 Zentimeter lang, hellkastanienbraune, hinten aufgeschlagene Haare, graue Augen, breitgedrückte Nase, gewöhnlichen Mund, dünnen blonden Bart, längliches häßliches Gesicht, bleiche Farbe, schlecht gekleidet, spricht Deutsch mit dem polnischen Akzent, beißt immer mit den Zähnen an den Nägeln.

25. Müller, genannt Schweizer-Müller, 37 Jahre alt, ein Weber vom Handwerk, gebürtig aus der Schweiz, hält sich gewöhnlich zu Traubach im Oberrheindepartement auf. Einen Meter 68 Zentimeter lang, rote rund verschnittene Haare, gewöhnliche Nase, großen Mund, roten Bart, rundes volles Gesicht von bleicher Farbe; wohlbeleibt, geht bäuerisch gekleidet und spricht schweizerisch Deutsch.

26. Peter, genannt kleiner Peter, 27-28 Jahre alt, aus Auvergne gebürtig, gibt sich für einen Kolporteur aus, ohne bestimmten Wohnort. Einen Meter 68 Zentimeter lang, braune rund verschnittene Haare, graue Augen, gewöhnliche Nase, großen Mund, ohne Bart, langes Gesicht, frische Farbe, mager, geht bürgerlich gekleidet, spricht Französisch.

27. Peter, genannt Großerkleiner Peter, 28-30 Jahre alt, aus der Schweiz gebürtig, gibt sich für einen Kolporteur aus, ohne bestimmten Wohnort. Einen Meter 70 Zentimeter lang, dunkelkastanienbraune Haare, hinten aufgeschlagen, zuweilen mit Zöpfen über den Ohren, kleine braune Augen, gewöhnliche Nase, großen Mund, braunen Bart, länglich volles Gesicht, frische Farbe; wohlgestaltet und bürgerlich gekleidet, spricht französisch und ein wenig schweizerisch Deutsch.

28. Peter Rousette, genannt großer Peter, sein wahrer Name ist Berché, Bruder von Franz Gauthier, ungefähr 40 Jahre alt, gibt sich für einen Kolporteur aus, aus der Schweiz gebürtig, zuletzt in Salins wohnhaft (Juradepartement), ohne bestimmten Wohnort. Einen Meter 79 Zentimeter lang, braune hinten aufgeschlagene Haare, graue Augen, kleine Nase, großen Mund, braunen Bart, längliches, pockennarbiges Gesicht, frische Farbe, wohlbeleibt, geht bürgerlich gekleidet, spricht Französisch und ein wenig schweizerisch Deutsch.

29. Joseph Simonin, sonst Johl Simon, Jude, ungefähr 26 Jahr alt, Kolporteur, Sohn von Karoline Simonin, genannt Keile, gebürtig und wohnhaft zu Thann, Departement vom Oberrhein. Seine Leibesbezeichnung ist unbekannt.

30. Abraham May, genannt Stammler, und zuletzt Bramm Sußmann, Jude, ungefähr 48 Jahre alt, geboren zu Amsterdam, gibt sich für einen Kolporteur aus, ohne bestimmten Wohnort. Einen Meter 79-80 Zentimeter lang, dunkelbraune, rund verschnittene Haare, kahlen Kopf, braune

Augen, lange Nase, großen Mund, langes Gesicht, frische Farbe; er stammelt beim Reden und geht vorwärts gebückt; ziemlich gut gekleidet; ist gebrandmarkt auf dem Rücken.

31. Mayer, Jude, ungefähr 24 Jahre alt, Schwiegersohn von Jakob Waldmann, ohne Hantierung und bestimmten Wohnort. Einen Meter 70 Zentimeter lang, rote Haare und Augenbrauen, große Nase, großen Mund, roten Bart, langes bleiches Gesicht, stark und wohl beleibt, geht bürgerlich gekleidet.
32. Willmerstein, Jude, gibt sich für einen Kolporteur aus, zuletzt in Altleiningen, im Departement Donnersberg, wohnhaft. Seine Leibesbezeichnung ist unbekannt.
33. David Hirsch, nennt sich auch Johann Hendrix, Jude, Sohn von Johann André, genannt Krummborach, ungefähr 28 Jahre alt, gibt sich für einen Kolporteur aus, gebürtig von Eusten, gewöhnlich zu Lyon (im Departement der Rhone) wohnhaft. Ungefähr einen Meter 70 Zentimeter lang, blonde, krause, hinten aufgeschlagene Haare, graue Augen, spitze Nase, aufgeworfener Mund, blonden Bart, längliches ein wenig pockennarbiges Gesicht, frische Farbe; ziemlich wohlgestaltet und gut gekleidet; er spricht und schreibt Französisch, Deutsch und Holländisch; ist sehr gesellschaftlich.

Die in der zweiten Auflage bezeichneten zur Scherenschleiferbande des Anton und Peter Keil gehörigen Diebe, welche auch in den königlichen westfälischen Polizeiblättern angeführt wurden, sind fast alle erwischt und verurteilt, namentlich Bürstenfriedrich, Johann Adam Weiß, Hesse Heinrich etc. Nur der Hauptbösewicht Anton Keil, dessen Bezeichnung unbekannt ist, und der Porzellanhannes sind noch flüchtig.

Franz Paul Seidel und dessen Gesellschaft
Ein Gutachten aus dem Jahre 1807
(Paul Johann Anselm Ritter von Feuerbach)

Feuerbach war ein Mann von Genie, ein origineller, leidenschaftlicher, unabhängiger Kopf, im privaten und amtlichen Tun und Lassen oft unbequem, von schwankenden Stimmungen abhängig, manchmal unerträglich.« Mit dieser Charakterisierung begann der Frankfurter Strafrechtler Wolfgang Naucke 1975 seine Würdigung Feuerbachs, die er als Aufforderung verstanden wissen wollte, sich noch intensiver mit dem Lebenswerk des 200 Jahre zuvor geborenen Juristen und Kriminalisten zu beschäftigen. Noch immer, so scheint es, läßt sich trefflich über Feuerbach streiten, dessen Leben durchaus romanhafte Züge trägt.

Um das Gutachten über den Räuber *Franz Paul Seidel und seine Gesellschaft* richtig einordnen zu können, ist es unumgänglich, einen etwas tieferen Blick in die ungewöhnliche Biographie dieses Mannes zu werfen. Geboren wurde Paul Johann Anselm Ritter von Feuerbach am 14. November 1775 im thüringischen Hainichen. Bald schon zog die Advokatenfamilie, an deren Spitze ein tyrannischer Vater stand, nach Frankfurt. Als der noch nicht einmal Siebzehnjährige seinen Vater in flagranti mit dessen Geliebter ertappte, mußte er aus Frankfurt fliehen und begann 1792 sein Studium in Jena, das ihn vor allem mit den aufklärerischen Ideen Kants bekannt machte. Nach der philosophischen (1795) und der juristischen Promotion (1799) lehrte Feuerbach zunächst in Jena, dann in Kiel und Landshut.

Seine unkonventionellen Ansichten führten 1805 zum Eklat. Er mußte nach München wechseln und wurde dort zum außerordentlichen (später ordentlichen) Geheimen Referendar im Ministerial-, Justiz- und Polizei-Departement ernannt. Unterdessen genoß er als Strafrechtler ein so hohes Ansehen, daß ihm die Ausarbeitung des bayerischen Strafgesetzbuches anvertraut wurde, das am 1. Oktober 1813 in Kraft trat. Es gilt als die erste liberale Kodifikation des 19. Jahrhunderts. Damit war Feuerbach seiner Zeit weit voraus. Und die Hofkamarilla ließ ihn das auch empfindlich spüren. Die Auffassungen des Protestanten Feuerbach paßten nicht zu einem katholischen Feudalismus, der Reformen als Teufelswerk ablehnte. Zu berühmt, um einfach in die Wüste geschickt zu werden, entledigte man sich des unbequemen, auch im Privatleben nicht gerade biederen Feuerbach (schließlich hatte er zwölf eheliche und uneheliche Kinder zu versorgen) auf äußerst elegante Weise. 1813 erhob ihn der bayerische König in den Adelsstand und ließ ihn wenig später als Vizepräsidenten an das Appellationsgericht nach

Bamberg abschieben. 1817 wurde Feuerbach dann Präsident des Appellationsgerichts in Ansbach und hatte genügend Muße, um sich mit dem letzten großen Fall seines Lebens zu beschäftigen: dem rätselhaften Auftauchen des Findlings Kaspar Hauser. Der in seinem 1832 erschienenen Buch ›Kaspar Hauser. Beispiel eines Verbrechens am Seelenleben des Menschen‹ geäußerte Verdacht, bei dem Findling handele es sich um den verschleppten badischen Erbprinzen, spukt noch heute in vielen Köpfen. Auch sein ganz und gar unprosaischer Tod (als Folge eines Schlaganfalls) am 29. Mai 1833 in Frankfurt wurde von Kolporteuren mit Kaspar Hauser in Verbindung gebracht: als bester Kenner des Falls sei Feuerbach ermordet worden. Hausers gewaltsamer Tod nur ein halbes Jahr später nährte dieses Gerücht zusätzlich.

In der Forschung gilt Feuerbach heute unumstritten als Begründer der modernen Strafrechtswissenschaft. Vor allem sein ›Lehrbuch des gemeinen in Deutschland gültigen peinlichen Rechts‹ (Gießen 1801) wird als Markstein gewertet. Die darin von Feuerbach geprägte Rechtsformel »Jede Zufügung einer Strafe setzt ein Strafgesetz voraus (nulla poena sine lege)« erscheint uns heute als selbstverständlich. Für Feuerbach war es eine Kampfansage, und seine Gegner zögerten nicht, die Herausforderung anzunehmen, zumal mit dieser Maxime auch das Verhältnis des Staates zum Bürger neu definiert wurde. »Die scharfe Umreißung der Tatbestände«, schreibt Gustav Radbruch in seiner berühmten Feuerbach-Biographie, »die enge Begrenzung der Strafrahmen seines Gesetzbuches haben wie seine allein auf die vorherige gesetzliche Androhung gegründete Rechtfertigung der Strafe den Sinn, das Strafgesetzbuch nicht nur zur Quelle, sondern auch zur Schranke der Strafe zu machen, in ihm nicht nur den Schutz des Bürgers vor dem Rechtsbrecher, sondern auch den Schutz des Bürgers vor der Staatsgewalt zu verwirklichen, nicht nur den Schutz des Staates vor dem Rechtsbrecher, sondern auch den Schutz des Rechtsbrechers vor dem Staat, kurz den Rechtsstaat im Gebiet des Strafrechts zu verwirklichen.«

Umstritten bis heute, wenn es um die Bewertung der Leistung Feuerbachs geht, ist sein Eintreten für den Abschreckungsgedanken, den neben ihm noch zahlreiche Strafrechtler seiner Zeit propagierten. »Man sollte zögern«, schrieb Klaus Lüderssen 1983 in einem Beitrag für die Frankfurter Allgemeine Zeitung, »Feuerbachs Leben und Werk allein den Biographen der Rechtsgeschichte zu überlassen; dies um so mehr, als er nicht nur wegen des Ertrages für die Jurisprudenz – die einschlägigen Untersuchungen sind nicht zu zählen – mannigfach registriert worden ist, sondern auch das Interesse derer gefunden hat, die sich mit den politischen, literarischen und künstlerischen Verhältnissen seiner Zeit beschäftigt haben.«

Vor allem Feuerbachs ›Merkwürdige Criminal-Rechtsfälle‹ (2 Bde., Gießen 1808-11), die in erweiterter Fassung unter dem Titel ›Aktenmäßige Darstellung merkwürdiger Verbrechen‹ (Gießen 1828/29) erschienen, sind ein Beispiel für sein liberales Denken, für sein psychologisches Einfühlungsvermögen und für seinen Mut, Kritik an gängigen Denkmustern zu üben. Die stilistische Brillanz, mit der Feuerbach seine Fälle schilderte, überrascht, schließlich handelt es sich nur um amtliche Gutachten, die dem König vorgelegt wurden. Als Feuerbach 1807 das Gnadengesuch von »Franz Paul Seidel und dessen Gesellschaft« bearbeitete, war er gesundheitlich stark angeschlagen. Er hatte sich in seinem Dienst aufgerieben und stand kurz vor dem körperlichen Zusammenbruch. Zweimal mußte er 1807 Erholungsreisen antreten, um sich wieder aufzurichten. »Was ich leide«, schrieb er seinem Vater, »ist die Folge der ununterbrochenen Anstrengungen des Geistes, der gewaltigen Kämpfe, womit ich seit meinen Jünglingsjahren mir den Weg zum Ziele gebrochen habe, der Leidenschaften aller Art, die mit harter Gewalt abwechselnd in mich einstürmten und an meinem Körper keinen Felsen gefunden haben.«

Feuerbach hatte zu diesem Zeitpunkt bereits ein wichtiges Ziel seiner juristischen Tätigkeit erreicht. Auf seinen Antrag hin war 1806 die Folter in Bayern abgeschafft worden, die bis dahin zu den durchaus üblichen Verhörmethoden gezählt hatte. Bayern, das im Bündnis mit Napoleon stand, hatte seit 1803 erheblich an Territorium gewonnen und war seit 1806 Königreich. Unter Maximilian I. Joseph und seinem Ersten Minister Maximilian von Montgelas begann die Modernisierung eines Landes, das immer noch hochverschuldet war. Montgelas mußte mehrfach bei privaten Geldverleihern Kredite aufnehmen. In bitterer Armut lebte vor allem die Landbevölkerung in Franken und der Oberpfalz. Erst 1802 war die Leibeigenschaft endgültig abgeschafft worden, und die Bauern besaßen in der Regel nur wenig Grund und Boden oder mußten gar im Tagelohn den Lebensunterhalt verdienen. Räuberschicksale wie die von Feuerbach geschilderten waren keine Seltenheit.

Franz Paul Seidel ist kein Schinderhannes der Oberpfalz; ihm fehlt jede sozialrevolutionäre Attitüde. Als sein Vater das Lehrgeld nicht mehr aufbringen konnte, geriet er langsam auf die schiefe Bahn. Nur die Gesamtzahl, nicht die Ausführung und Art seiner Verbrechen macht ihn zu einem »großen« Räuber. Er stahl nicht, um, wie bei den rheinischen Banden üblich, den Gewinn möglichst schnell wieder zu verprassen, sondern vorrangig, um zu überleben. Fleischbänke, Kramläden und Opferstöcke waren seine Ziele. Gewaltsame Einbrüche tauchen in den Akten nur als Ausnahmefälle auf. Für glanzvolle Reminiszenzen oder romantisierende Ausschmückungen taugt Seidels Räuberleben nicht. Feuerbach nahm die Bearbeitung des Gnadengesuchs sehr ernst, schließlich ging es um vier Menschenleben. Er sparte nicht mit Kritik an den Einzelurteilen und an den Justizbehörden. Auch die Haftbedingungen, die nur neue Gewaltkriminalität erzeugten, prangerte er an. Er suchte nach Milderungsgründen und fand sie; die Todesstrafe für Franz Paul Seidel hielt er allerdings weiter für angemessen. Immer wieder beschäftigte ihn die Frage, wer Verführer und wer nur Verführter war. Daß dem Gutachten in allen Punkten stattgegeben wurde, ist ein Beleg für die einsetzende Liberalisierung des Strafrechts in Bayern.

Bei der Veröffentlichung der Kriminalrechtsfälle, vermutet Radbruch, habe bei Feuerbach auch das Motiv mitgespielt, publizistisch gegen die »gefühlsseligen Romane und Theaterstücke vom edlen Räuber« vorzugehen. Tatsächlich forderte er 1811 ein Aufführungsverbot für das Stück ›Rinaldo Rinaldini‹ und unterstützte die Maßnahmen gegen Schillers Drama ›Die Räuber‹, das er für ebenso geistvoll wie sittengefährdend hielt.

Quelle:

Anselm Ritter von Feuerbach: Aktenmäßige Darstellung merkwürdiger Verbrechen. Band 1. Gießen 1828 (Druck und Verlag von Georg Friedrich Heyer), S.566-603.

Literatur:

Gustav Radbruch: P.J.A.F. Ein Juristenleben. Wien 1934.

Eberhard Kipper: P.J.A.F. Sein Leben als Denker, Gesetzgeber und Richter. Köln 1969.

Wolfgang Naucke: P.J.A.v.F. In: Zeitschrift für die gesamte Strafrechtswissenschaft. H.4 (25) 1975, S.861-887.

Paul Johann Anselm Ritter von Feuerbach

Franz Paul Seidel und dessen Gesellschaft

Die an Böhmen angrenzenden Bezirke der obern Pfalz, besonders das Landgericht Neunburg vor dem Wald, dienten schon lange vielen kühnen Verbrechern wider das Eigentum zum Schauplatz oder zum Schutz- und Aufenthaltsort. Auf den Landesgrenzen sammelt sich gewöhnlich der Auswurf zweier benachbarter Staaten; große Wälder und Gebirge, welche in jenen Gegenden der Oberpfalz sich ausbreiten, bieten dem Verbrecher sichere Zuflucht; in den zerstreuten Dörfern oder einsam liegenden Höfen findet er fast überall seine dienstfertigen Begünstiger oder Gehilfen, die aus Armut, Eigennutz oder Furcht vor Rache seinen gewonnenen Raub verbergen oder mit ihm teilen, ihm ihre Wohnungen als Schlupfwinkel oder Zufluchtsort bereitwillig öffnen, die Gelegenheit zu neuen Verbrechen verraten oder vor den Anstalten der Obrigkeit warnen.

Auch war es das Landgericht Neunburg mit den umliegenden Bezirken, in welchen der Haufe, dem Franz Paul Seidel mit drei andern Hauptverbrechern angehört, seine meisten und größten Geschäfte trieb und lange Zeit den Nachforschungen der Obrigkeit entging. Diebstahl war ihre Arbeit, was nur immer Wert hatte, ihre sichere Beute; keine Türen waren so fest verschlossen, keine Mauern so dick, keine eisernen Fenstergitter so stark, daß sie nicht ihren Diebschlüsseln oder Brecheisen sich geöffnet hätten. Bald wurden Schafe und Federvieh erbeutet, bald Keller aufgebrochen und Bierfässer geleert; hier holte man einem Bauern die geräucherten Schinken durch gewalttätigen Einbruch, dort erbrach man die Fleischbänke, dort leerte man ganze Kramläden aus; Keller, Häuser, Kapellen, Kirchen, Opferstöcke, Heiliges und Unheiliges, alles war ihnen gleich. Auch die Personen wurden nicht geschont, wenn Gewalt notwendig schien, um ein angefangenes Unternehmen mit Glück durchzuführen. Zu einer eigentlichen, unter einem Anführer vereinigten Bande waren indessen die Mitgenossen dieser Verbrechen nicht verbunden; die meisten lebten zerstreut, aber in guter Bekanntschaft und durch gleiche Neigungen, gleiche Lebensweise einander nahe verwandt. Jeder konnte auf die Hilfe oder Begünstigung jedes andern rechnen, ohne im voraus einer andern Zusage zu bedürfen als jener stillschweigenden, welche jeder Verworfene in der übereinstimmenden Gesinnung seinesgleichen findet. So trieben viele dieses Gesindels ihr Gewerbe bald auf ihre eigene Hand, bald mit vereinigter wechselseitiger Hilfe, in Verbindung bald mit diesem, bald mit jenem, so wie der Zufall und die Gelegenheit es gab. Am genauesten und dauerhaftesten waren Seidel und Georg Philipp, beide aus dem Gefängnis entsprungene Verbrecher, und mit diesen der Pfannenflicker Johann Mißbichler nebst dem Waschkorbmacher Kaspar Schlögl verbunden. Doch geben die Akten selbst über die Verbindung dieser Menschen nicht genug Tatsachen, um auf sie den strengen Begriff einer Bande mit vollkommener Sicherheit anzuwenden. Zuverlässig war diese Verbindung ohne bestimmten Anführer, ohne eigentliches Oberhaupt. Seidel trachtete zwar, wie seine Kameraden gegen ihn behaupten, nach der Ehre, ein zweiter Schinderhannes zu werden und die übrigen seinem Oberbefehl zu unterwerfen. Aber diese, an Körperkraft ihm überlegen, erhielten sich immer standhaft in ihrer vollkommenen Unabhängigkeit.

Die Untersuchung, welche sehr viele Personen als Mitverbrecher, Urheber, Gehilfen oder Begünstiger umfaßt, nahm ihren Anfang am 11. Juli 1805. Ihre Fortschritte und Verwicklungen zu erzählen und wie man erst diesem, dann jenem Teilnehmer auf die Spur kam, diesen und jenen zur Überführung oder zum Geständnisse brachte, würde ein ebenso mühsames wie zweckloses Geschäft sein. Es ist genug, zu bemerken, daß der Prozeß zuerst von dem Landgerichte Neunburg eingeleitet und alsdann durch einen Kommissar des Hofgerichts zu Amberg fortgesetzt und beendet wurde.[1]

Über die meisten Inquisiten ist bereits das Urteil und dessen Vollstreckung ergangen. Die vollkommene Beendigung der Sache hängt noch ab von der Bestätigung des Urteils über die obengenannten vier Personen, Franz Paul Seidel, Georg Philipp, Johann Mißbichler und Kaspar Schlögl, welchen insgesamt von dem Hofgerichte Amberg die Strafe des Schwerts zuerkannt worden ist.

Es wird zur Erleichterung der Übersicht dienen, wenn von diesen Verbrechern jeder besonders, und zwar nach der Rangordnung, aufgeführt wird, welche ihm durch die Größe seines gerichtlich ausgemittelten Verschuldens angewiesen ist.

A) Franz Paul Seidel

steht unter allen vieren oben an, nicht, wie schon bemerkt, als Oberhaupt und Anführer der Gesellschaft, wohl aber weil ihm die schwersten und zahlreichsten Verbrechen zur Last liegen, welche er teils für sich allein, teils in Gemeinschaft mit andern begangen hat.

Es wurden von ihm im ganzen 33 gewaltsame oder ausgezeichnete Diebstähle, mit Inbegriff einiger Räubereien, desgleichen 39 teils gemeine[*], teils kleine Diebstähle eingestanden, von welchen die wichtigsten, rücksichtlich des Tatbestandes, vollkommen erhoben sind.

Er ist neunzehn bis zwanzig Jahre alt, von Furth, Landgerichts Kötzting gebürtig, katholischer Religion und ledigen Standes, jedoch in Verbindung mit einer Beischläferin. Sein Vater, ein Maurergesell, sorgte, so weit nur immer seine

* einfache

1 *Was zu damaliger Zeit erlaubt und bei besonders wichtigen Fällen üblich war, übrigens zu allerlei Absichten leicht hätte mißbraucht werden können.*

Armut es gestattete, für die Erziehung seines Sohnes und schickte ihn zur Schule, wo er im Lesen und Schreiben sowie im Christentum unterrichtet wurde. Späterhin gab er ihm auch im Maurerhandwerk Unterricht und nahm ihn mit sich auf die Arbeit. Aber einförmige, anstrengende Beschäftigungen, welche ihn tagelang an einem einzigen Orte festhielten, widerstrebten seinem heitern flüchtigen Sinne, der das Weite und Freie suchte und weder durch Ermahnungen noch durch empfindliche Strafen gebändigt werden konnte. Er ergab sich müßigem Umherschweifen, wahrscheinlich nicht aus natürlicher Trägheit, sondern weil ihm sein Mißgeschick die seiner Neigung angemessenen Gegenstände der Tätigkeit versagte. Er bezeigte Lust für die Jägerei, und sein Vater, der sonst nichts mit ihm anzufangen wußte, tat ihn endlich notgedrungen bei einem Förster in die Lehre. Hier war er wirklich an seinem rechten Platz; denn er erwies sich in Fleiß und sittlichem Betragen ganz zur Zufriedenheit. Allein da der Vater kein ordentliches Lehrgeld für ihn zu bezahlen imstande war, so wurde er vor der Zeit von seinem Lehrherrn wieder entlassen. Und damit war er auf einmal von der Bahn wieder hinweggestoßen, auf welcher er nicht nur angemessene Beschäftigung fand, sondern auch mit der Zeit ein ehrlich nährendes Gewerbe erlangen konnte. Dem Müßiggang anheimgefallen, zerstreute er seine Langeweile in ungebundener Liederlichkeit und schaffte seiner Jagdlust, die während seiner Lehrzeit bei dem Förster neue Nahrung erhalten hatte, durch heimliches Wildschießen unerlaubte Befriedigung. Als Taugenichts verrufen, als Wildschütze berüchtigt, wurde er bereits im sechzehnten Jahre seines Alters zur Strafe und Besserung nach Straubing an das dortige Regiment als Soldat abgegeben. Aber schon sieben Monate nachher wurde er fahnflüchtig und begab sich nach Böhmen, wo er jedoch bald wieder aufgegriffen und zu seinem Regiment zurückgeliefert wurde. Er wurde verurteilt durch 150 Mann sechsmal auf und ab Gasse zu laufen. »Welche Ermahnungen, welche Drohungen (sagt er selbst bei dieser Gelegenheit) habe ich bei dem Militär empfangen, als man mir meine Strafe eröffnete, wenn ich zum zweitenmal desertieren würde. Man hat mir deutlich gesagt, daß mein Leben unfehlbar verwirkt sein solle, wenn ich nochmals wagen würde, an meinem Landesfürsten meineidig zu werden.« Der Vollzug jener Strafe und diese drohenden Warnungen machten indes so wenig Eindruck auf sein flüchtiges Gemüt, daß er schon nach vier Monaten von neuem nach Böhmen entwich. Diesmal gelang es ihm besser. Geraume Zeit streifte er in Böhmen umher und fand dort als Dieb und Wildschütz Freiheit und Nahrung, bis er endlich erkannt und wegen seiner Wilddiebereien in Haft gebracht wurde. Aber er entledigte sich seiner Fesseln, entsprang aus seinem Gefängnisse und ging von neuem seinem Diebsgewerbe nach, das er bald in Böhmen, bald in Bayern übte. Hier wurde er endlich zu Passau ergriffen, wo er mit dem Bäckerjungen Georg Philipp, der wegen eines an seinem Herrn verübten beträchtlichen Diebstahls verhaftet war, in dasselbe Gefängnis gesetzt wurde. Mit diesem befreite er sich in der Nacht vom 24. März 1805 durch gewaltsamen Ausbruch aus der Gefangenschaft und setzte nun in Gemeinschaft mit ihm und anderen die lange Reihe von

Verbrechen fort, welche erst mit seiner letzten Verhaftung und dem gegenwärtigen Prozesse schließt.

Alle dem Paul Seidel zur Last liegenden einzelnen Verbrechen aufzuzählen, wäre ein überflüssiges Geschäft. Es ist genug, dieselben nach Gattungen zusammenzufassen und bloß die einzelnen Hauptfälle hervorzuheben, auf welchen die Beurteilung des gesprochenen Erkenntnisses vorzüglich* beruht.

Zu der ersten Gattung gehören

I. Gemeine Diebstähle,

von welchen 39 eingestanden sind, ohne daß jedoch, wegen Entfernung des Ortes der begangenen Tat oder wegen ungefälliger Verweigerung richterlicher Hilfe von Seite der ersuchten auswärtigen Behörden, der Tatbestand hätte überall gehörig† erhoben werden können. Diese Entwendungen haben sehr verschiedenartige Dinge, meistens von geringerem Wert, zu ihrem Gegenstande: Geld, Schafe, Bienenkörbe, Leinwand, Waschkessel, Flinten u.s.w. Auf die Bestrafung haben diese Diebstähle keinen Einfluß, da viele andere Verbrechen weit größeren Gehaltes erwiesen sind.

II. Gefährliche Diebstähle durch Einbruch oder Einsteigen, jedoch ohne Mißhandlung von Personen.

Deren ist ebenfalls eine große Zahl zu verschiedener Zeit und an verschiedenen Orten, meistens in Verbindung mit andern verübt. Die wichtigsten sind:

1) Zu Unterfrundeck stahl Seidel im Jahre 1804 für sich allein, mittels Einsteigens, an Kleidern, Wäsche und Geld die Summe von 231 fl. 10 kr.

2) Am 3. November 1804 zu Waldmünchen erbrach er, in Gesellschaft eines gewissen Lorenz Forster, mittels eines Stemmeisens die Ladentür des Krämers Stephan Stettner, welchem, nach seiner eidlichen Schätzung, in entwendeten Waren ein Schaden von 3000 fl. zugefügt wurde. Doch erklärt Seidel diese Schätzung für übertrieben, weil er bei diesem Diebstahl für seinen Anteil nur 90 Gulden gewonnen habe.

3) An Pfingsten 1805 wurde zu Kammerau in Gemeinschaft mit Philipp, Schlögl und Mißbichler mittels Einsteigens dem Wirt und Weisbecken‡ Vogel, besonders an Leinwand, der Wert von 99 fl. 45 kr. entwendet.

4) In der Nacht auf den 1. Juni desselben Jahres geschah, in Verbindung mit den drei vorher genannten Inquisiten, ein großer Einbruch zu Eslarn in den Kramladen des Krämers Wollitzer, der seinen Schaden auf 327 fl. 46 kr. eidlich geschätzt hat. Ein kleines Fensterchen, welches zu einer Kammer führte, wurde durch Ausbrechen der Steine umher mittels eines Stemmeisens so erweitert, daß die Diebe einsteigen konnten. Aber zwischen dieser Kammer und dem Laden

* besonders
† rechtmäßig
‡ Bäcker, der Brot und Kuchen u.a. aus Weizenmehl backte.

fand sich eine verschlossene Tür, welche ebenfalls noch mit Gewalt geöffnet wurde. Als die Diebe soeben mit dem Ausräumen des Ladens beschäftigt waren, wurden sie durch den von dem Lärm erwachten Krämer und den herbeikommenden Nachtwächtern gestört und genötigt, mit so viel Waren, wie in der Verwirrung fortzubringen waren, eiligst die Flucht zu ergreifen.

5) In der Nacht vom 16. auf den 17. Juni 1805 zog Seidel mit denselben drei Genossen nach Grassersdorf, um dem Bauer Thomas Scheer geräuchertes Fleisch zu stehlen. Der bellende Hund wurde durch eine vergiftete Kugel zum Schweigen gebracht; Seidel und Kaspar Schlögl stiegen auf den Stadel, erbrachen mit einer Pflugsäge eine Tür und entwendeten an geräuchertem Fleisch ungefähr den Wert von 30 fl.

6) Ein weit größeres Unternehmen wurde von derselben Genossenschaft in der Nacht vom 29. auf den 30. Juni desselben Jahrs zu Schwarzach ausgeführt, wo der Laden des Krämers Schart erbrochen und ein Schaden von 793 fl. 31 kr. gestiftet wurde. Die Gewalt, womit der Einbruch geschah, wird von den Dieben selbst als ungeheuer beschrieben. Der Weg zum Laden ging durch ein mit Gittern verwahrtes Fenster, welches samt seiner Stangen, Riegeln und Klammern durch die vereinte Kraftanstrengung aller vier Genossen auf einmal herausgebrochen wurde. Der Lärm und das Geprassel war so groß, daß die Inquisiten selbst es für unbegreiflich erklären, wie kein Mensch in Schwarzach von dem gewaltsamen Getöse erwacht sei; ganz Schwarzach, sagen sie, müsse auf den Ohren gesessen haben.

7) Am 21. Juli 1805 nachts beging Seidel in Verbindung mit Philipp und Schlögl zu Schönsee folgende Einbrüche. Auf dem Weg nach Schönsee trafen diese Gesellen zuerst auf einen Felsenkeller, welchen sie erbrachen, um sich zuvörderst an dem vorgefundenen Bier zu ihren folgenden Taten zu stärken. – Hierauf zogen sie nach Schönsee, öffneten dort mit Hilfe eines Dietrichs und Messers (auch, wie es scheint, durch Aufbrechen) fünf Fleischbänke und entwendeten an Fleischwaren den eidlich geschätzten Wert von nicht weniger als 66 fl. 19 kr. – Und da des gestohlenen Fleisches zu viel war, als daß es von den Dieben hätte fortgetragen werden können, so wurde in Schönsee, nebst zwei einfachen Diebstählen, noch ein Einbruch begangen, um drei Schiebkarren zu bekommen, auf welchen das Fleisch fortgefahren wurde. – Mit der Geschichte dieser Nacht stehen übrigens noch andere kleinere Entwendungen und Einbrüche in verschiedene Keller in Verbindung, welche mit Stillschweigen übergangen werden.

III. Gewaltsame Kirchendiebstähle

Außer dem Erbrechen einiger Opferstöcke und dergleichen, gehört hierher:

1) ein am 14. Mai 1805 in Gesellschaft des Philipp begangenen Diebstahl in der kleinen Kreuzkirche bei Furth. Die äußere Kirchtür sowie die innere Tür der Sakristei wurden aufgebrochen; doch betrug die kärgliche Beute an schlechten* Kirchensachen nicht mehr als höchstens 4 fl. 52 kr. –

* einfachen, geringwertigen

2) Einige Tage früher in der Nacht vom 9. auf den 10. Mai wurde in Verbindung mit Philipp und einem gewissen Sebastian Sturm die Kirche bei Schwarzenfeld auf dem Mießberge mit einem armdicken Brecheisen aufgesprengt und an Meßgewändern, Almen*, Kerzen usw. der Wert von 14 fl. 17 kr. entwendet. Auch wurden zwei Almosenstöcke aufgebrochen, in welchen aber im ganzen mehr nicht als 9 kr. zu finden waren.

IV. Räubereien oder Entwendungen mit Gewalt an Personen

Folgende Verbrechen dieser Gattung kommen in den Akten als erwiesen vor:

1) ein gewaltsamer Einbruch und Raub bei dem Bauern Kettler in dem Dorfe Sand bei Straubing am 31. März 1805, in Verbindung mit Philipp. Die geraubte Summe ist eidlich auf 435 fl. angegeben. Der Vorfall, so wie ihn beide Inquisiten erzählen, war folgender: Sie rissen einen Fensterstock, welcher mit eisernem Gitter versehen war, mit Gewalt heraus, stiegen in den Stall und kamen von da in den Hausflur. Die alte Bäuerin war allein zu Hause und ging, als soeben die beiden Diebe in den Hausflur gekommen waren, die Treppe herab. Seidel packte sie sogleich beim Hals und warf sie zu Boden. Dann wurde sie, auf Seidels Geheiß, von Philipp beim Genick ergriffen und mit dem Gesicht auf den Boden festgedrückt, damit sie nicht schreie. Unterdessen suchte Seidel nach Geld, kehrte aber, als er nichts entdeckt hatte, wieder zur Bäuerin zurück und forderte von ihr die Schlüssel zu dem Geldbehältnisse. Als diese erwiderte, sie habe die Schlüssel nicht, er möge nur die Kiste mit der Hacke aufhauen, packte sie Seidel an und führte sie bei dem Genicke fort, damit sie ihm die Kiste zeige. Diese hieb er jetzt in ihrer Gegenwart ein und setzte die Bäuerin, nachdem er den ersten Geldbeutel gefunden hatte, seine Hacke mit der Drohung auf den Kopf, sie auf der Stelle niederzuhauen, wenn sie nicht das übrige Geld anzeige. Nach vollbrachtem Raub wurde die arme Alte an den Händen mit einem Riemen, an den Füßen mit einem Halstuch gebunden und so in das Bett gelegt, worauf sich die Räuber mit ihrer Beute davonmachten. Auch über den letzten Umstand sind beide Verbrecher nur mit dem außerwesentlichen Unterschiede einverstanden, daß Philipp behauptet, Seidel habe der Bäuerin sowohl die Hände als auch die Füße gebunden, während er selbst sie nur gehalten habe, Seidel hingegen angibt, er selbst habe der Bäuerin bloß die Füße, Philipp aber die Hände gebunden.

2) Das zu Tannhof, Landgerichts Kötzting, am 12. Mai 1805 in dem Hause des Bauern Georg Seidel in Verbindung mit Philipp und Sebastian Sturm begangene Verbrechen, wobei der letztere gefangen wurde. Es war Sonntagmorgens gerade um die Zeit des Gottesdienstes, als die Diebe einzubrechen versuchten. Die Mädchen im Hause, als sie dieses wahrnahmen, ergriffen in Angst die Flucht, was dem Paul Seidel Gelegenheit gab, durch die Tür in das Haus einzudringen. Die eine Dirne wurde indessen erhascht, und, wie sie erzählt, auf folgende Art mißhandelt: »Der eine«, sagt sie, »hat mich beim Halstuch ergriffen und mich

* Schreine, Kästchen

mit seinem Stecken etliche Male über den Rücken und Kopf gehauen; außer der Tür gab er mir noch drei Streiche, wovon ich niederfiel; als ich lag, kam einer mit der Pistole, setzte mir solche auf die Brust und sagte: ich soll gestehen, wo ich das Geld habe.« Der mitschuldige Sebastian Sturm sagt in seinem Verhör, das Mädchen habe auf dem Boden gelegen, Seidel habe ihr die Pistole auf die Brust gesetzt und Philipp mit der Faust auf sie geschlagen, damit sie sagen solle, wo das Geld sei. Seidel räumt den Umstand mit der Pistole und die dadurch beabsichtigte Schreckung ein; doch behauptet er, und zwar in Übereinstimmung mit allen übrigen Mitschuldigen, daß die Pistole nicht geladen gewesen sei. Philipp gesteht zwar, ein Mädchen, welches aus dem Hause herausgekommen, aufgefangen und ihr mit dem Stock einige Hiebe versetzt zu haben; sie sei aber davon nicht niedergefallen. Was die Entwendung selbst betrifft, so sprengte zwar Seidel Türen und Behälter auf; die Diebe aber wurden durch die aus der Kirche zurückkommenden Leute in ihrem Unternehmen gestört und Sturm von den Einwohnern gefangen. Der Beschädigte beschwor an Geld und andern Kleinigkeiten einen Verlust von 7 fl.; auch behauptet Philipp, nach der Tat bei Seidel einen Taler gesehen zu haben. Seidel selbst aber leugnet allen Gewinn mit den Worten, ihre Bemühung habe ihnen diesmal nichts eingetragen; Kleider hätten sie nicht gesucht noch gewollt, und Geld hätten sie nicht erwischt. – Es ist insofern zweifelhaft, ob dieses Verbrechen als ein vollendeter Raub betrachtet werden könne. Da indessen dieser Vorfall unstreitig unter das Strafgesetz von dem Raube gehört, bei dem Raub die Gewalt an einer Person der Hauptpunkt, und solche Gewalt in der Absicht einer zu vollbringenden Entwendung wirklich geschehen ist, so ist dieser Fall zuverlässig wenigstens ein Versuch, und zwar der höchste Grad des Versuchs, welcher geendigtes Verbrechen (delictum perfectum) genannt wird und wodurch ein Verbrecher die der ordentlichen am nächsten kommenden Strafe verwirkt.

3) Noch fällt dem Inquisiten ein früheres Verbrechen vom Jahr 1802 zur Last, welches alle äußern Merkmale eines Straßenraubes an sich trägt. Seidel paßte* nämlich um Floriani dieses Jahres† dem Grenzbegeher Joseph Peter oder, wie er gewöhnlich genannt wird, Torwart-Seppel von Furth in später Nacht auf dem Felde auf, schlug ihm mit einem Stein auf den Kopf, streckte ihn dadurch sinnlos‡ zu Boden und nahm ihm seine silberne Uhr.

Indessen kommen bei diesem Verbrechen zwei Bedenklichkeiten in Erwägung.

Die erste ist diese: ob dieser Vorfall wirklich als ein Raub zu betrachten sei. Inquisit behauptet nämlich, daß er weder dem Geschädigten, um ihn zu berauben, aufgepaßt, noch daß er ihn in dieser Absicht zu Boden geschlagen habe. Der Torwart-Seppel habe für einen Hund eine Flinte, welche ihm, dem Seidel, abge-

---

* lauerte

† 4. Mai

‡ bewußtlos

nommen worden sei, durch Tausch an sich gebracht. Inquisit habe sie von jenem mehrmals zurückgefordert, dieser aber die Zurückgabe verweigert, und so sei es zwischen ihnen zu Mißhelligkeiten gekommen. Dem Torwart-Seppel habe er daher zu jener Zeit aufgepaßt, aber in keiner andern Absicht, als um ihn wegen der verweigerten Flinte durchzuprügeln; und in dieser Absicht allein habe er auch mit dem Stein auf ihn geschlagen. Nachdem er diesen aber so damit getroffen, daß er zu Boden gefallen und ohne Bewegung dagelegen, habe er erschrocken sich niedergebückt und den Beschädigten betastet, um zu fühlen, ob er noch lebe. Bei diesem Herumfühlen nun sei er zufällig an dessen Uhrkette gekommen, habe die Uhr herausgegriffen und damit die Flucht ergriffen.

Wenn die Meinung einiger Rechtslehrer, z.B.

Westphals Kriminalrecht, S. 194, Paragraph 2.3,

Quistorps peinl. Recht Thl. I, Paragraph 39,

Grolmans Grundf. der Kriminalrechtsw. 2. Aufl. Paragraph 233. N. 3

gegründet* wäre, nach welcher es zum Wesen des Raubes gehören soll, daß die Gewalttätigkeit selbst, wodurch die in eigennütziger Absicht geschehene Entwendung bewirkt worden, ebenfalls in eigennütziger Absicht, gerade um der zu vollbringenden Entwendung willen, zugefügt worden sei: so würde freilich, unter Voraussetzung der Wahrheit jener Einrede, kein Raub als vorhanden angenommen werden können. Allein diese Meinung hat schwerlich einen anderen Grund für sich als das Bestreben, die gesetzlichen Begriffe der Verbrechen soviel wie möglich zu beschränken, um der Praxis für eine mildere Anwendung der Strafgesetze gehörigen Raum zu verschaffen. Zum Raube ist genug, daß an einer Person Gewalt ausgeübt worden, daß in diesem Zustand der Benötigung die Entwendung und diese Entwendung in eigennütziger Absicht (animo lucri faciendi) geschehen sei.[1] Sind diese Merkmale vorhanden, so kommt es weiter nicht darauf an, ob die Gewalt selbst, nach der ursprünglichen Absicht des Räubers, auf die nachher erfolgte Entwendung gerichtet gewesen oder ob die in anderer Hauptabsicht zugefügte Gewalt und die dadurch bewirkte Wehrlosigkeit der Person zur Entwendung von ihm nur benutzt worden ist. Derselbe gesetzliche Grund, welcher das erste als Raub auszeichnet, trifft auch unter der letzten Voraussetzung ein. Ein beschränkterer Begriff von diesem Verbrechen wäre für die Anwendung unbrauchbar, weil jedem Räuber die Einrede offenstünde, daß er zwar die Gewalttat verübt, auch die Entwendung vollbracht habe, diese aber erst etwas später ihm in den Sinn gekommen sei: eine Einrede, die man wohl jedesmal gläubig für wahr annehmen müßte, weil es kein Mittel gäbe, dieselbe mit einiger Gründlichkeit durch das Gegenteil zu widerlegen. Auch das Bayerische Recht ist mit diesen Grundsätzen einverstanden. Der Bayerische Kriminal-Codex P.I.C.II. Paragraph 19 nennt die bloße »Gewaltsame Abnehmung – fremden beweglichen Guts« – Raub: ein Begriff, welcher keinen Unterschied der Ab-

* zutreffend

1 *Vergl. v. Feuerbachs Lehrbuch des peinl. Rechts Paragraph 353-356, 9. Aufl.*

sicht, aus welcher die Gewalt ursprünglich angewendet worden, verstattet*. Übrigens ist die von dem Inquisiten vorgebrachte Entschuldigung, als bloße Tatsache betrachtet, ohne alle Wahrscheinlichkeit, wenngleich der Umstand, daß kurz vor dieser Tat zwischen dem Torwart-Seppel und dem Inquisiten wegen einer Flinte Uneinigkeit entstanden, von dem ersten selbst erzählt wird. Dieser Umstand macht vielmehr die räuberische Absicht nur um so glaubwürdiger. Denn nichts ist wahrscheinlicher, als daß Inquisit dem Torwart-Seppel aufgepaßt habe, um durch dessen Beraubung sich wegen des Verlustes der Flinte schadlos zu halten.

Die zweite Bedenklichkeit ist: ob auch wirklich Inquisit Seidel und nicht vielmehr dessen Vater den Torwart-Seppel niedergeschlagen habe. – Dieser erzählt nämlich unter anderem, auch Seidels Vater habe die Flinte zurückverlangt und, als sie ihm verweigert worden, erwidert: »Es wird schon recht werden mit der Flinte«; – ferner, der alte Seidel sei mit seinem Sohn am Abend vor der Tat in demselben Wirtshause gewesen und habe schon hier mit einem Steine auf ihn gedroht; endlich: als er (Torwart-Seppel) vor das Tor gekommen, sei er von zwei Kerlen, die er aber bei finsterer Nacht nicht erkannt, angefallen worden und habe zuerst von dem einen zur Rechten, dann von dem andern zur Linken mit einem Stein einen Schlag auf die Stirn bekommen. Dagegen behauptet Inquisit standhaft und wiederholt, daß nicht sein Vater, sondern, wie er sich erinnere, ein gewisser Peter mit ihm im Wirtshause gewesen; daß nur er selbst ganz allein dem Torwart-Seppel aufgepaßt, und endlich, daß dieser nur einen Streich, nicht zwei, von ihm empfangen habe. Der Hofgerichtsreferent zieht aus diesem Widerstreit den Schluß: Es sei möglich, daß wirklich Seidels Vater der Haupttäter gewesen sei, Inquisit aber entweder aus kindlicher Liebe oder aus Lebensüberdruß fremde Schuld auf sein eignes Haupt genommen habe. Nichts ist unglaublicher als dieses. Da Joseph Peter erst nach mehreren Jahren (am 3. Januar 1807) sein Zeugnis ablegte und also schon darum in den Nebenumständen des Vorfalls sich leicht irren konnte; da derselbe, nach der standhaft wiederholten Angabe des Inquisiten, damals ganz betrunken war und daher in einem Zustande sich befand, in welchem man leicht Tatsachen oder Personen verwirrt und nur schwer das Einzelne der Begebenheiten in dem Gedächtnisse mit Bestimmtheit aufbewahrt; da der Beschädigte, wie er selbst angibt, in der dunklen Nacht vor dem Tor niemand erkennen und daher um so leichter mit trunkenen Augen und in der Verwirrung des Schreckens doppelt sehen, auch beim Erwachen aus der Betäubung in dunkler Erinnerung für einen Schlag zwei zählen konnte; da endlich Inquisit, der in seinen Antworten fast überall eine heitere Stimmung und oft die Laune des Scherzes zeigt, ebensowenig einen melancholischen Lebensüberdruß verrät, als man ihm, nach seinem Wandel zu schließen, eine so edelmütige heldenhafte Pietät zutrauen darf, daß es ihm in den Sinn hätte kommen können, aus liebender Schonung gegen seinen Vater seine eigne Schuld zu vergrößern: – so kann die in

* macht

jenen Punkten abweichende Angabe des Beschädigten kein so großes Gewicht haben, um die Glaubwürdigkeit des Bekenntnisses des Inquisiten zu vermindern oder gar aufzuheben.

B) Georg Philipp

Dieser ist 20 bis 21 Jahre alt, katholischer Religion, aus dem Passauischen gebürtig und seines Handwerks ein Bäcker. Sein Vater, ein Hirte, ließ ihn zwei Jahre lang in die Schule gehen, wo er in der Religion unterrichtet wurde. Doch mußte er schon in seinem zehnten Jahre die Schule wieder verlassen, weil er von seinen Eltern zum Hüten gebraucht wurde. Hierauf lernte er die Bäckerei, brachte drei Jahre in der Lehre zu und kam bei dem Bäcker Hindl zu Passau als sogenannter Kleinjung in den Dienst. Hier beging er sein erstes Verbrechen, das als die Ursache aller folgenden zu betrachten ist. In Gemeinschaft mit mehreren Kameraden stahl er seinem Herrn nach und nach eine sehr große Menge Mehl. Der Bestohlene beschwor seinen Schaden, welchen er von allen diesen Diebereien erlitten, auf die fast unglaubliche Summe von 2430 fl. Philipp gesteht, daß ihn nicht die Not zu diesem Verbrechen gezwungen habe, sondern: er habe halt gern bei seinen Kameraden sein mögen, die in den Wirtshäusern gut lebten. Sobald der Diebstahl entdeckt war, kam mit den übrigen Bäckerjungen auch Philipp in Untersuchung und wurde gefangengesetzt. Aber was ihm zur Rettung gegen neue Verbrechen dienen konnte, wurde die Ursache aller seiner folgenden Übeltaten: Er bekam in dem Gefängnisse einen großen Lehrer und Meister in Verbrechen zum Gesellschafter: Paul Seidel, welcher um diese Zeit in Passau verhaftet worden war, wurde zu ihm in dasselbe Gefängnis gesetzt. Jener, in allen Haupt- und Nebenkünsten seines Gewerbes wohl erfahren, wußte sich und seinem Mitgefangenen die Ketten abzulösen, und beide entkamen durch gewaltsamen Ausbruch am 24. März 1805 aus dem Kerker. Von nun an war Philipp unzertrennlicher Gefährte, Schüler und, wie er von den übrigen Genossen der Gesellschaft genannt wird, Knecht des verrufenen Seidel. Flüchtig, von Steckbriefen verfolgt, ohne Geld, ohne Kundschaft und Paß, außer Stand, nach Passau oder zu seinem Vater sicher zurückzukehren, blieb ihm nichts übrig als der ohnehin breite Weg der Verbrechen. Seine erste Übertretung beging er aus Übermut, alle folgenden wenigstens halb aus Not. Fast seine ersten Schritte aus dem Gefängnisse waren mit Übeltaten bezeichnet. Wenige Tage nach seiner Selbstbefreiung beging er schon mit Seidel den Raub in dem Dorfe Sand bei Straubing, und die Reihe seiner Übeltaten endete erst mit der Gefangenschaft, welche ihn mit seinem ehemaligen Befreier in demselben Augenblick überraschte.

Die ihm zur Last fallenden Verbrechen bedürfen einer besonderen Ausführung, da man sich, wie bei den übrigen Verbrechern, nur auf die schon bei Seidel erzählten Hauptverbrechen beziehen darf.

Übrigens ist die Zahl seiner Übertretungen weit geringer, obgleich er bei dem größten Teile der von seinem Meister verübten schweren Verbrechen als Miturheber erscheint. Seine Handlungen stellen sich wie bei Seidel unter folgende vier Gattungen von Verbrechen:

I. Einfache Diebstähle,

deren jedoch nur ungefähr fünf von nicht großer Bedeutung, den Mehldiebstahl zu Passau ausgenommen, gegen ihn erwiesen sind.

II. Gefährliche Diebstähle und Einbrüche.

Außer verschiedenen minder bedeutenden Verbrechen dieser Art sind ihm als Miturheber zuzurechnen:

1) der Diebstahl zu Kammerau,

2) der Einbruch zu Eslarn,

3) der Einbruch zu Grassersdorf,

4) der Einbruch zu Schwarzach,

5) der Diebstahl in Schönsee und die vor und nachher damit verbundenen Verbrechen.

III. Gewaltsame Kirchendiebstähle.

Dahin gehört

1) der Kirchendiebstahl bei Furth,

2) der Einbruch bei Schwarzenfeld.

IV. Raub oder Entwendung mit Gewalt an Personen.

Er machte sich als Miturheber schuldig

1) des Raubes zu Sand bei Straubing,

2) des versuchten Raubes auf dem Tannhof.

C) Johann Georg Mißbichler

Seine Lebensgeschichte vor dem Zeitpunkte, wo er mit Paul Seidel Kameradschaft macht und an dessen Haupteinbrüchen teilnimmt, ist sehr unvollständig.

Mißbichler ist 24 bis 25 Jahre alt, katholisch, unverheiratet und ein Böhme, aus dem Pilserkreise gebürtig. Sein Vater war Scherenschleifer und zog mit seinem Sohne unstet im Lande umher. Mißbichler konnte daher in keine Schule geschickt werden und wuchs ohne Religions- und andern Unterricht wild auf. Nach seines Vaters Tod zog er mit seiner Mutter umher; als aber diese sich zum zweitenmal verheiratete, trennte er sich von ihr und nährte sich vom Korbmachen und Pfannenflicken. Dann wurde er mit einer gewissen Margaretha Wolländerin, ihres Gaunernamens Wengermaigerl, bekannt, welche er im Konkubinat zweimal schwängerte. Mit dieser Weibsperson setzte er das Vagabundenleben fort, hielt sich aber selten lange in Böhmen auf, angeblich weil er fürchtete, Soldat werden zu müssen. In Nabburg, erzählt er, habe er gefangen gesessen, weil er seine Beischläferin geprügelt habe; allein er sei der Haft durch Ausbruch entkommen.

Es ist kaum zu bezweifeln, daß dieses Vagantenleben nicht ohne mancherlei Verbrechen werde vorübergegangen sein. Alle Umstände zeigen, daß er von Haus aus zu den Gaunern gehört. Indessen erscheint er, den Akten nach, erst seit seiner genauen Bekanntschaft mit Seidel als Verbrecher wider das Eigentum. Seine aktenmäßig bewahrheiteten Diebstähle fallen insgesamt in das Jahr 1805 oder in den Anfang des Jahres 1806 und sind, einen einzigen ausgenommen, in Verbindung mit Seidel verübt. Der Grund hiervon ist aber wohl nur darin zu suchen, daß Seidel die Hauptperson war, durch welche er überführt werden konnte, und daß außer seiner Beischläferin kein Zeuge seines früheren Lebens im Gefängnisse saß.

Unter allen vier Inquisiten wurde er am spätesten zur Haft gebracht. Lange entging er den eifrigsten Nachstellungen der Obrigkeit. Als man ihn endlich ergriff, hatte er ein Seitengewehr, eine geladene Pistole, einen Schrotbeutel und ein Pulverhorn bei sich.

Sosehr man auch Ursache hat, ihn nach seinem Benehmen in dem Verhör und besonders wegen einer unten zu bemerkenden Tatsache an sittlicher Verderbtheit und äußerer Gefährlichkeit über Philipp, vielleicht gar über Seidel zu setzen, so steht er doch, soviel die erwiesenen und eingestandenen Verbrechen betrifft, weit hinter beiden zurück.

Es fällt dem Mißbichler

1) kein einziger Raub zur Last;

2) derselbe hat an keinem einzigen Kirchendiebstahl teilgenommen;

3) die Zahl der gefährlichen sowie der einfachen Diebstähle ist bei ihm weit geringer. So ist z.B. nicht erwiesen, daß er an dem gewaltsamen Diebstahl in Schönsee und den damit verbundenen Verbrechen Anteil genommen habe.

Die ihm zuzurechnenden Verbrechen sind vornehmlich

I. Diebstähle durch Einsteigen oder Einbruch,

besonders

1) ein am 9. Juli 1805 in Gesellschaft eines gewissen Johann Müller zu Pertolzhofen begangener Leinwanddiebstahl, an Wert 30 fl. Mißbichler langte, wie er selbst gesteht, durch eine zerbrochene Fensterscheibe hindurch, machte auf diese Weise das Fenster auf, stieg durch dasselbe in die Stube hinein und öffnete sodann von innen die Stuben- und Haustür seinem Kameraden, welcher nun gemeinschaftlich mit ihm die noch auf dem Werkstuhl liegende Leinwand hinwegtrug.

2) Der Diebstahl zu Kammerau,

3) der Einbruch zu Eslarn,

4) der Einbruch zu Grassersdorf,

5) der Einbruch zu Schwarzach.

II. Öffentliche Gewalt (Vis publica)

Als seine Beischläferin bereits gefangengenommen, er selbst aber noch in Freiheit war, versuchte er durch verschiedene Mittel, sie aus der Gefangenschaft zu befreien. Er sandte unter anderem zwei Briefe, den einen an den Landrichter von Neunburg, den andern an den Hofmarksherrn von Pertolzhofen. In diesen Briefen ist der Stadt Neunburg und der Hofmark Pertolzhofen deutlich mit Brand gedroht, wenn die Gefangene nicht entlassen werde. Auch fand man kurz nachher in Neunburg an zwei verschiedenen Orten Brandstoffe (z.B. Pech, Schwefel etc. in Papier und Lumpen eingewickelt) zum Anzünden bereitliegen.

Inquisit gesteht die Absendung jener beiden Briefe, jedoch mit der Einrede*, dieselben weder selbst geschrieben noch ihren gefährlichen Inhalt gewußt zu haben. Er habe einem alten Jäger (welchen er nicht kenne) den Auftrag gegeben, ihm eine Bittschrift für seine Beischläferin zu verschaffen; dieser habe, gegen eine Belohnung von 12 kr., seinen Wunsch erfüllt und jene Briefe geschrieben, ihm aber dieselben nicht vorgelesen, sondern schon versiegelt übergeben, ohne ihn von ihrem Inhalte genauer zu unterrichten. Diese Ausrede ist indessen nicht von Bedeutung, da sie aus vielen Gründen sich als unwahr darstellt und durch keine einzige Tatsache auch nur halb wahrscheinlich gemacht ist.

Daß die in Neunburg gefundenen Brandstoffe von Mißbichler hingelegt worden, ist, entweder um wirklich Brand zu erregen oder um seinen Drohungen Nachdruck zu geben, allerdings in hohem Grade wahrscheinlich. Er selbst aber ist dieses Umstandes weder geständig noch sonst überführt.

Der Bayerische Codex Thl. I. Kap. 8 Paragraph 6 zählt zu dem Verbrechen der öffentlichen Gewalt – »wenn ganze Gemeinden durch Befehdungsbrief oder aufgesteckte Brandzeichen in Schrecken und Gefahr gesetzt – oder andern dergleichen die gemeine† Ruhe störenden Insolenzien‡ ausgeübt worden«, in welchem Falle sich denn also Mißbichler durch jene Brandbriefe offenbar befindet. Die Todesstrafe ist übrigens im Gesetz weder der öffentlichen Gewalt überhaupt noch diesem Falle insbesondere bestimmt angedroht; es heißt nur im allgemeinen: daß solche Delinquenten »willkürlich jedoch malefizisch** und nach Beschaffenheit der begangenen Gewalttat und Gefährde†† an Leib und Leben zu strafen sind«.

D) Kaspar Schlögl

Er ist 26 bis 28 Jahre alt, katholischer Religion, zu Höfen, Landgerichts Parkstein, gebürtig. Sein Vater war, wie Inquisit gehört haben will, ein dienstloser Amtsknecht, der sich mit seiner Mutter in Böhmen zu Schönwald hatte trauen lassen und endlich in der Schwarzach seinen Tod fand. Dem Gerücht nach soll dieser an einem Markttage zu Schwarzhofen einen Gelddiebstahl verübt haben und, deshalb verfolgt, auf seiner Flucht in der Schwarzach ertrunken sein.

Inquisit selbst ist verheiratet und hat drei Kinder. Er ernährte sich, wie er an-

* Einschränkung
† allgemeine
‡ Bosheiten
** nach freiem Ermessen, aber gerichtlich
†† Gefährdung

gibt, teils von der Bauernarbeit, teils von dem Waschkorbmachen und war sonst noch nie wegen eines Verbrechens in Untersuchung. Dieser Umstand ist nun freilich nichts weniger als ein Beweis für die Unsträflichkeit seines früheren Lebens, zu dessen Aufklärung die gegenwärtige Untersuchung keine Tatsachen geliefert hat. Seines Vaters Stand und Lebensart und die Tat, welche dessen unglückliches Ende herbeiführte, sein eignes an und für sich höchst verdächtiges Gewerbe als Waschkorbmacher, vorzüglich aber seine ausnehmende Geschicklichkeit in den feinen Künsten des Diebshandwerkes verraten auf ziemlich unzweideutige Weise, daß auch er von Geburt an zu dem Gaunergesindel gehörte und von Seidel und dessen Genossen wenig mehr zu lernen hatte. Schlögl war es, der sich dieser Gesellschaft besonders nützlich erwies, sobald es darauf ankam, Türen ohne Gewalt zu öffnen. Seine Genossen, besonders Seidel, rühmen in dieser Beziehung seine ausgezeichneten Talente und Fertigkeiten, indem er die Kunst verstanden habe, die Schlösser nicht nur mit Dietrichen, sondern auch bloß mit einem Messer zu öffnen. »Ich selbst«, sagt Seidel, »bin nur gut gewesen, wenn es auf Gewalt angekommen ist.«

Indessen erscheint er, nach den Akten, nur als Teilnehmer und Miturheber einiger von Seidel und dessen Kameradschaft verübter Verbrechen. Er nahm keinen Anteil weder an einem Raub noch an einem Kirchendiebstahl, noch an einem Verbrechen öffentlicher Gewalt. Die wider ihn vorkommenden einfachen Diebstähle sind teils nicht erhoben, teils unbedeutend. Doch fallen ihm mehrere gefährliche Diebstähle zur Last, nämlich:

1) Der zu Schönsee,
2) der zu Schwarzach,
3) der zu Kammerau,
4) der zu Grassersdorf und
5) der zu Eslarn.

Schließlich ist zu bemerken, daß Schlögl vor allen seinen Genossen bereits am meisten für seine Schuld gelitten hat. Als er bei seiner Gefangennahme sich durch die Flucht zu retten versuchte, schoß der Kordonist* mit einer Kugel nach ihm und zerschmetterte ihm seine Kinnlade an beiden Seiten.

Bei Betrachtung der Förmlichkeiten dieses Prozesses tritt vor allem der Umstand bedenklich hervor, daß derselbe Hofgerichtsrat, welcher den größten Teil des Prozesses als Gerichtsbevollmächtigter führte, zugleich den Vortrag in dieser Sache erstattet hat. Dieses ist im allgemeinen äußerst verwerflich und gefährlich; auch ist die Unzulässigkeit der Vereinigung so entgegengesetzter Amtsverrichtungen schon durch ältere Reskripte z.B. vom 19. Dezember 1772 sowie durch ein Spezialreskript† an die Regierung zu Neuburg vom 28. Juni 1784 ausgesprochen. Das Schicksal des Inquisiten wird auf solche Weise von der Verhörstube bis zum peinlichen Halsgericht gewissermaßen nur in die Hand eines einzigen

* Begleitsoldat
† Verfügungen

Mannes gelegt; denn niemand ist nun vorhanden, der den Untersuchungsrichter selbst kontrollierte und die Fehler oder Gesetzwidrigkeiten der geführten Untersuchung, welche für das Endurteil vielleicht von der größten Erheblichkeit sind, dem erkennenden Gerichte treu und offen darzulegen die erforderliche Unbefangenheit besäße. Der untersuchende Richter selbst hat ein großes Interesse, nicht nur die von ihm geführte Untersuchung in das beste Licht zu stellen, sondern auch soviel an ihm ist dazu beizutragen, daß sein Inquisit der ordentlichen Strafe nicht entgehe. Denn die Strafe gilt als ein Zeichen des Siegs, welchen seine Ausdauer, sein Scharfsinn, seine Geschicklichkeit über die Verschmitztheit oder Hartnäckigkeit des Angeschuldigten gewonnen hat.[1] Gleichwohl dürfte, wie es scheint, diese Formwidrigkeit, welche zum Teil durch die Weitläufigkeit des Prozesses einigermaßen entschuldigt wird und nicht unmittelbar die Nichtigkeit der Handlung zur gesetzlichen Folge hat, in dem gegenwärtigen Falle auf die Sache selbst keinen wesentlichen Einfluß haben. Denn 1) zeigt der Prozeß, soweit derselbe von dem Referenten geführt und durch die Akten bekundet ist, keinen wesentlichen Mangel oder irgendeine Spur, welche den Verdacht der Anwendung gesetzwidriger Mittel zur Erlangung eines Geständnisses begründete. 2) hat der Referent, weit entfernt, den erhitzten Ankläger zu spielen, in seinem Vortrag alle Momente sorgfältig hervorgesucht, welche nur immer den Inquisiten vorteilhaft sein konnten, wobei ihn weit eher der Vorwurf treffen möchte, in der Ausführung der Verteidigungsgründe sich zuweilen über die Grenzen der Wahrheit hinaus verirrt zu haben. Auch geht bei keinem dieser Verbrecher sein Antrag auf die Todesstrafe.

In Ansehung der Sache selbst ist kein Anstand von einiger Erheblichkeit aufzufinden. Der Tatbestand aller Hauptverbrechen, welche das Urteil bestimmen, ist auf die gesetzliche Art vollkommen hergestellt. Die Bekenntnisse der Inquisiten haben alle rechtlichen Eigenschaften vollkommener Glaubwürdigkeit und stimmen sowohl mit dem Tatbestand als mit sich selbst überein. Ihre Einmütigkeit erhöht noch mehr die Glaubwürdigkeit der Aussage jedes einzelnen. Bei allen Verbrechen, welche sie gemeinschaftlich begangen haben, stimmen sie meistens bis auf die kleinsten Nebenumstände des Vorfalles zusammen und, wo sie voneinander abgehen, betrifft die Abweichung nur außerwesentliche Punkte, welche weder die Glaubwürdigkeit des Bekenntnisses verringern noch auf den Inhalt der Straferkenntnis Einfluß haben.

Es kommt jetzt nur noch darauf an, die Strafbarkeit jedes dieser Inquisiten einzeln zu erwägen und die Motive zur allerhöchsten Bestätigung oder Milde-

---

[1] *Um die Gefahren, welchen durch eine so kompendiöse* Form der Geschäftsführung ein Angeschuldigter bloßgestellt wurde, in ihrem ganzen Umfange zu fassen, hat man sich noch hinzuzudenken, daß, nach damaligem Kriminalverfahren in Bayern, nicht nur der Inquirent mit seinem Untersuchungsrichter ganz allein, ohne Beiziehung von Gerichtszeugen (Schöppen) die Untersuchung führte, sondern auch dem Angeschuldigten, selbst wenn ihn die Todesstrafe erwartete, kein Verteidiger beigegeben wurde und demselben gegen den verurteilenden Spruch keine Art von Rechtsmitteln, weder Verteidigung noch Berufung, gestattet war. Die Verrichtungen des Verteidigers sollten in der Person des Untersuchungsrichters und sodann des Referenten vereinigt sein. So war nun freilich alles hübsch kurz beisammen.*

* zusammengefaßte

rung des Urteils darzustellen. Hier aber scheint es zweckmäßig, jeden Inquisiten in umgekehrter Ordnung zu betrachten und von den minderstrafbaren rückwärts zu den strafbareren hinaufzusteigen.

A) Kaspar Schlögl

Nach der Strenge der Gesetze hat Inquisit allerdings den Tod verdient. Schlögl war bei mehreren sehr beträchtlichen Einbrüchen Miturheber, er hat dieselben gemeinschaftlich mit den übrigen verabredet, hat bei der Ausführung tätig mitgeholfen und an dem Gewinn teilgenommen. Er selbst hat zu Schwarzach mit aufbrechen helfen und ist in die Öffnung mit eingestiegen. Bei dem Einbruch in den Kramladen zu Eslarn hat er mehrere Tage vorher in Mißbichlers Gesellschaft die Gelegenheit zu diesem Verbrechen listig ausgespäht. Zu Schönsee war es Schlögl, der die Schlösser der Fleischbänke öffnete. Zu Grassersdorf stieg er mit auf den Stadel und half zum Aufbruch.

Das Gesetz bestimmt dem Dieb, welcher eingebrochen ist, schon beim ersten Mal und sogar ohne alle Rücksicht auf die entwendete Summe, die Strafe des Strangs.

Cod. crim. Bav. P.I.C.2 Paragraph 5.

Wäre auch Schlögl wegen der vorausgehenden gemeinschaftlichen Verabredung und aus andern klar vor Augen liegenden Gründen nicht Miturheber, wäre er bloß bei dem einen oder andern Einbruch als Gehilfe zu betrachten, so würde ihn gleichwohl nach Strenge der Gesetze die Todesstrafe treffen, denn der

Cod. crim. Bav. P.I.C.2 Paragraph 14

verordnet, daß »wer aus gewinnbegierigem Gemüt denen Diebsleuten vor, in oder nach der Tat Hilfe leistet, wie der Prinzipal-*Täter selbst mit der ordentlichen Strafe des Diebstahls angesehen werden soll«.

Es kommen aber demselben folgende zum Teil höchst wichtige Begnadigungsursachen zustatten.

1) Schlögl hat keinen einzigen Raub begangen noch an irgendeinem Raube teilgenommen. Er ist bloß qualifizierter Diebstähle schuldig. Nach einer jetzt allgemein in den bayerischen Provinzen herrschenden und sehr wohl begründeten Praxis werden Verbrecher gegen das Eigentum allein niemals mehr mit dem Tode bestraft. Durch eine lange ununterbrochene Reihe allerhöchster Reskripte ist solchen Verbrechern stets die Begnadigung zuteil geworden. Das die Todesstrafe drohende Gesetz besteht daher nur noch in der Form. Wo aber die Begnadigung allgemeine Regel geworden ist, da gilt sie wie ein Gesetz, von welchem in einem einzelnen Falle Ausnahme zu machen nicht bloß der äußersten Billigkeit†, sondern gewissermaßen selbst der Gerechtigkeit entgegen sein würde.

2) In Ansehung Schlögls sind die Stimmen des Hofgerichts, soweit es die demselben zuerkannte Todesstrafe betrifft, gleich geteilt. Vier Räte haben auf die To-

---

* Haupt-

† Angemessenheit

desstrafe, ebensoviele auf eine außerordentliche Strafe gestimmt, nämlich einer auf zwanzigjährige, zwei auf zehnjährige, einer auf achtjährige Zuchthausstrafe. Der Präsident allein machte, indem er sich seiner entscheidenden Stimme bediente, die Mehrheit für den Tod. Aber Seine Königliche Majestät werden in dem Grundsatz, nach welchem in zweifelhaften Fällen, zumal wo es dem Tod oder Leben gilt, stets die Milde den Vorzug hat, allerhöchst Ihre eigene Maxime erkennen.

3) Schlögl hat schon ein mehr als zwanzigmonatiges hartes Gefängnis erduldet. Wenngleich die Dauer des Prozesses durch die Lage der Sache selbst größtenteils veranlaßt ist, so trugen doch auch mehrere andere durch diesen Verbrecher nicht verschuldete Umstände, z.B. der ausgebrochene Krieg, welcher in die Gerichtsgeschäfte eine große Stockung brachte, zur Verlängerung seiner Haft bei.

4) Wie schon oben bemerkt, hat Schlögl bei seiner Gefangennahme eine sehr schmerzhafte Schußwunde erhalten, indem er von einer Kugel getroffen wurde, welche ihm beide Kinnladen zerschmettert hat. Durch sein Entfliehen hat er dieses freilich selbst veranlaßt. Daß aber Kordonisten mit Kugeln oder nach dem Kopfe schießen, wenn sie eines Flüchtlings habhaft werden wollen, ist schwerlich zu billigen.

Die außerordentliche Strafe, welche an die Stelle der Todesstrafe zu setzen wäre, dürfte indessen keine geringere sein als eine zehnjährige Zuchthausstrafe. Diese ist nicht nur der Schwere der Verbrechen angemessen und mit der Bayerischen Praxis übereinstimmend, sondern geht auch aus den für die außerordentliche Strafe abgelegten Stimmen des Hofgerichts hervor. Sie ist unter den vorgeschlagenen gerade die mittlere; auf sie gehen zwei Stimmen, während von den beiden äußersten (acht Jahre als Minimum, zwanzig als Maximum) jedes nur eine Stimme für sich hat.

Rücksichtlich des Kaspar Schlögl dürfte daher der Antrag gerechtfertigt sein:

daß derselbe zwar aus Gnade mit Todesstrafe verschont, jedoch als außerordentliche Strafe zehnjähriges Zuchthaus mit Kugel und Springer* gegen ihn in Anwendung gebracht werde.

B) Johann Mißbichler

Dieser hat vermöge Cod. crim. Bav. P.I.C.2 Paragraph 5 die Todesstrafe verwirkt† , 1) wegen seiner mittels Einbruchs oder Einsteigens begangenen großen Diebstähle, 2) weil er zu den bewaffneten Dieben gehört. Bei dem Einbruch zu Eslarn hatte er erwiesenermaßen seinen Säbel bei sich; als er verhaftet wurde, fand man noch eine Pistole mit Zubehör bei ihm. Und es ist wohl kaum zu bezweifeln, daß er bei allen oder den meisten seiner Einbrüche auf solche Weise gerüstet gewesen sei. Die oben angeführte Gesetzstelle droht jedem Diebstahl, »welcher mit bewaffneter Hand verübt worden«, die Todesstrafe.

---

* Fußeisen, das mit einer Kette beide Füße fesselte und nur kleine Schritte erlaubte

† verdient

Dem Inquisiten ist die Todesstrafe durch sechs Stimmen zuerkannt worden. Er hat auch nicht die übrigen Milderungsgründe wie Schlögl für sich. Seine Haft währt bei weitem nicht so lange wie die Gefangenschaft der übrigen; denn er wurde unter allen als letzter gefangengenommen.

Doch kommt ihm der entscheidende Begnadigungsgrund zustatten, daß auch er keinen Raub begangen, keiner Mißhandlung von Personen sich schuldig gemacht hat und bloß in die Reihe der gefährlichen Diebe gehört. Bei all seiner Bewaffnung hatte er die Furchtsamkeit mit den feigsten Dieben gemein. Statt einer Gefahr mit seinen Waffen entgegenzutreten, entzog er sich ihr immer am liebsten durch die Flucht. Als er zu Eslarn mit seinen Kameraden durch den erwachenden Krämer und den hinzukommenden Nachtwächter gestört wurde, rannte er gleich den übrigen eiligst davon und mußte von Paul Seidel den Spott ertragen, daß er mit seinem Säbel immer der erste beim Davonlaufen sei.

Dem ungeachtet steht Mißbichler auf einer höheren Stufe der Strafbarkeit als Kaspar Schlögl. Er hat zwar den Einbruch in Schönsee nicht mitbegangen; doch gibt dieses bei der Zahl der übrigen Verbrechen keinen großen Ausschlag für ihn. Was aber seine Strafbarkeit besonders vermehrt, ist das Verbrechen öffentlicher Gewalt, dessen er sich durch die beiden Brandbriefe schuldig gemacht und wodurch er in ganz Neunburg Schrecken erregte. Wegen dieser Tat allein würde er nach Anleitung des Cod. crim. P.I.C.8 Paragraph 6 schon eine schwere Zuchthausstrafe verwirkt haben. Diese Tat ist überdieses ein starker Beweis für die Keckheit und allgemeine Gefährlichkeit seines Charakters, wenn man auch auf die, obgleich starke, Vermutung kein Gewicht legen will, daß er es gewesen, welcher in Neunburg an verschiedenen Orten Brandstoffe hingelegt hat. Auch vor Gericht zeigte er einen hohen Grad frechen Starrsinns; er leugnete sehr lange und fing erst beim 312. Fragstück an, seine Verbrechen zu bekennen.

Stellt man ihn daher als Dieb dem Schlögl gleich und rechnet seine Diebstähle zu zehnjährigem Zuchthaus, so ist gleichwohl die Strafe, wegen des übrigen Teils seiner Schuld und der bewiesenen höheren Gefährlichkeit seines Charakters, um die Hälfte (fünf Jahre) zu erhöhen und damit eine äußere Schärfung zu verbinden. Hieraus ergäbe sich der Antrag:

daß zwar Mißbichler mit der Todesstrafe zu verschonen, dagegen fünfzehnjähriges Zuchthaus mit Kugel und Springer, nebst dem Willkomm beim Eintritt in den Strafort, in Anwendung zu bringen sei.

C) Georg Philipp

Gegen ihn ist die Todesstrafe nicht bloß wegen seiner mehrfachen gewaltsamen und gefährlichen Diebstähle, sondern auch wegen begangenen Raubes gesetzlich. Ihm fällt zur Last ein vollendeter Raub in dem Dorf Sand, wo er die Bäuerin beim Genicke auf den Boden drückte und binden half, dann ein versuchter Raub auf dem Tannhof, wo er ein Mädchen mit dem Stocke geschlagen zu haben selbst bekannt hat. Wegen des letzten Falls kann ihn zwar die Todesstrafe nicht treffen, weil zur Vollendung des Raubes auch die vollbrachte Entwendung gehört und diese bei dem Tannhofer Vorfall wenigstens sehr zweifelhaft ist. In den Anmerkungen zu dem Paragraph 19 P.I.C.2 des Criminal-Codex heißt es: »Im Fall die Sach nicht wirklich abgenommen oder wenigstens auf der Stelle wiederum abgejagt oder zurückgegeben worden, so ist es nur ein Attentatum und wird arbitrarie* bestraft.« Dagegen kommt in Ansehung des ersten der Paragraph 19. Cod. crim. P.I.C.2 zur Anwendung, nach welchem jeder Räuber mit dem Strange bestraft werden soll. Es könnte sogar scheinen, als habe derselbe die Strafe des Rades verwirkt, weil diese auf den Fall gesetzt ist, wenn die Räuberei »mit Grausamkeit« verübt worden. Allein wenn man diese Gesetzstelle mit der früheren Generalverordnung von 1799 (Mayr Gen. S. B. I. Teil 1, Nr.2) vergleicht, so entdeckt man leicht, daß die Gewalttaten, deren sich Philipp schuldig machte, nicht in dem Sinne des Gesetzes Grausamkeiten genannt werden können. Unter diesen sind vielmehr bloß solche Mißhandlungen zu verstehen, welche in der Absicht verübt werden, dem Beraubten besondere Schmerzen und langsame Qualen zu bereiten.

Erwägt man die hohe Strafbarkeit des Raubes an und für sich, denkt man hinzu, daß dieses schwere Verbrechen nicht bloß mit einem versuchten Kapitalverbrechen derselben Art, sondern auch mit vielen ausgezeichneten† Diebstählen zusammentrifft, so möchte es wohl den Vorwurf einer ungerechten Milde zu verdienen scheinen, wenn auch dieser Verbrecher gegen die Strenge der Gesetze in Schutz genommen würde. Gleichwohl hält Referent sich verpflichtet, folgende Begnadigungsgründe zur allergnädigsten Erwägung darzustellen. Diese Gründe gehen vornehmlich aus der Persönlichkeit dieses Verbrechers hervor.

1) Philipp ist, der Schwere seiner Verbrechen ungeachtet, kein verwilderter Bösewicht. Der Hauptzug seines Charakters ist Leichtsinn, welcher durch seine Einfalt besonders unterstützt wurde. Seine Kameraden legen ihm Dummheit und ein so stilles Wesen bei, daß er oft ganze Tage lang kaum ein Wort gesprochen habe. Mitten im Lauf seiner Verbrechen gewann die Reue über ihn Gewalt; er versuchte, wiewohl zu schwach, sich von der Gesellschaft loszureißen, und hatte einmal, wie einer seiner Mitinquisiten bezeugt, den Vorsatz gefaßt, ihre Gemeinschaft zu verlassen, um wieder redlich auf seinem Handwerk zu arbeiten. Ein Mitinquisit bedient sich von ihm des Ausdrucks, er sei eine wahre Unschuld gewesen und bloß verführt worden. Auch der Untersuchungsrichter macht bei einem Verhör desselben die Bemerkung, er sei ein junger, leichtsinniger und dummer Bursche, der nicht einmal die Größe seiner Verbrechen zu bemessen wisse.

2) Philipp ist offenbar durch Seidel verführt. Er lebte in der größten Abhängigkeit von diesem seinem Befreier aus dem Gefängnisse zu Passau. Dieser übte über ihn gewissermaßen eine unbeschränkte Herrschaft aus. Seine Mitinquisiten bezeichnen ihn gewöhnlich mit dem Ausdruck: der Knecht des Pauli (Seidel). Er

* nach Ermessen

† bedeutenden

erhielt daher auch bei der Teilung der Beute keinen besondern Anteil, sondern wurde in die Person Seidels mit eingerechnet, der ihm so viel gab, wie ihm beliebte, und ihn gewöhnlich für seine gehabte Mühe nur im Essen und Trinken freihielt.

3) verdient es große Erwägung, daß der Staat selbst durch eigne Schuld den Philipp zu einem größern Verbrecher gemacht hat; als er wahrscheinlich sonst würde geworden sein. Seine schwersten Verbrechen beging er erst seit seiner Bekanntschaft mit Seidel und seiner Befreiung durch ihn. Wäre Seidel nicht mit Philipp in dasselbe Gefängnis gesperrt worden – in wohlgeordneten Gefängnisanstalten hat jeder Inculpat* sein eigenes Behältnis –, so wäre von Philipp gewiß der Raub im Dorfe Sand und zu Tannhof, vielleicht auch nie ein Einbruch begangen worden. Es ist doch gewiß billig, daß in solchen Fällen der Staat seine eigne Mitschuld von der Summe der Verschuldung der Verbrecher abziehe und – wenigstens wo es das Leben gilt – diese nicht allein bezahlen lasse, was zum Teil auch auf seine Rechnung fällt.

Endlich kommt noch

4) das zum Teil unverschuldete, nunmehr fast zweijährige Gefängnis in billige Erwägung.

Wenn Seine Königliche Majestät aus vorhin bemerkten Gründen den Georg Philipp allergnädigst mit der Todesstrafe verschonen, so erfordert gleichwohl die Größe seiner Verbrechen und das Verhältnis seiner Verschuldung zu dem mindern Grad der Strafbarkeit der übrigen Inquisiten, daß er mit einer dem Tode nahe kommenden Strafe belegt werde.

Durch all dieses dürfte der Antrag als gerechtfertigt erscheinen:

den Georg Philipp mit der Todesstrafe zu verschonen und diese Strafe in zwanzigjähriges Zuchthaus mit Kugel und Springer, nebst körperlicher Züchtigung beim Anfange seiner Strafzeit, zu verwandeln.

D) Franz Paul Seidel

Die Todesstrafe ist gegen ihn gesetzlich begründet

1) wegen seiner wiederholten Diebstähle durch Einbruch oder Einsteigen, welche er in größerer Menge als seine übrigen Genossen begangen hat;

2) weil er bei mehreren Diebstählen bewaffnet gewesen ist;

3) weil er verschiedene Räubereien verschuldet hat: einen Straßenraub, einen vollbrachten und einen versuchten gemeinen Raub. Rücksichtlich der Raubverbrechen liegt auf ihm mehr Schuld als auf Philipp. Den Straßenraub hat er ganz allein mit lebensgefährlicher Gewalt verübt. Bei den übrigen erscheint er als Anstifter und Hauptperson.

Die Milderungsgründe, welche Philipp zugute kommen, finden sich nicht bei ihm. Er ist nicht Verführter, sondern Verführer. Schlögl sagt von ihm, er hätte es gar zu gern dahin gebracht, über sie alle einen zweiten Schinderhannes zu spie-

* Strafgefangene

len, welches ihm aber nicht gelungen, weil sie ihm an körperlicher Stärke weit überlegen gewesen seien.

Von seinen frühesten Jahren her zeigt er die Anlagen zu einem großen Verbrecher; fast sein ganzes Leben ist eine ununterbrochene Reihe von Übeltaten und zeigt tiefe Verderbtheit seines Gemüts. Wie wenig selbst die größten Schrecknisse und die empfindlichsten Strafen imstande waren, einen dauernden Eindruck auf ihn zu machen und ihm Lehre und Warnung zu sein, beweist schon seine zweite Desertion.

Zu den Bösewichtern der ersten Klasse gehört indessen Seidel noch immer nicht. Auch bei ihm hat der Leichtsinn großen Anteil an seinen Verbrechen. Er war unter allen der erste, welcher seine Verbrechen gestand, in seinen Bekenntnissen die meiste Offenheit bekundete und eben dadurch zur Überführung der übrigen diente. Die Stimme seines Gewissens ließ sich noch oft selbst bei Begehung seiner Verbrechen hören, wurde aber freilich durch den weit stärkeren Ruf seiner bösen Neigungen und Leidenschaften überschrien. Er erzählt unter anderem, nach Beraubung der Kapelle bei Winklarn habe er dreimal vom Galgen her Jauchzen gehört und dieses für Gottes Warnung gehalten. Und als er auf einem Nachen über die Naab fahren wollte, um den Kirchenraub zu Schwarzenfeld zu begehen, sei auf einmal ein heftiger Sturm entstanden, welchen er gleichfalls für die Warnung einer höheren Macht gegen sein böses Vorhaben gehalten habe.

Hierbei darf noch anzuführen nicht unterlassen werden, daß Seidel einen ebenso langen Arrest wie Philipp ausgestanden hat.

Vielleicht dürfte selbst seine Jugend, da er unter allen Mitinquisiten der jüngste ist, einige Rücksicht fordern.

Doch scheinen diese Momente insgesamt zu unbedeutend, um die Schwere seiner Verschuldung beträchtlich zu mindern. Auch scheint die überhandnehmende Unsicherheit in der Oberpfalz zu fordern, daß wenigstens gegen diesen Verbrecher, der unter allen der schuldigste ist, die strenge Gerechtigkeit ihr Amt verwalte.[1]

---

1 Sämtliche Anträge erhielten die allerhöchste Genehmigung, und Seidel wurde hingerichtet.

Die rheinischen Räuberbanden

Die rheinischen Räuberbanden

Teil I: Die Moselbande und Die Bande des Schinderhannes (Johann Nikolaus Becker)

»Im Schneppenbacher Forste,
Da geht der Teufel rumdibum,
De Hals voll schwarzer Borste,
Und bringt die arme Kaufleut um!
Das ist der Schinderhannes,
Der Lumpenhund, der Galgenstrick,
Der Schrecken jedes Mannes,
Und auch der Weiberstück!
Im Soonewald, im Soonewald
Steht manche dunkle Tann,
Darunter liegt begraben bald
Ein braver Wandersmann.
Im Schneppenbacher Forste,
Da geht der Teufel rumdibum,
Die Ank voll schwarzer Borste,
Und legt die junge Weibsleut um!«

Die neunzehnjährige Julie oder Juliana oder später Julchen Blasius singt dieses Lied in Carl Zuckmayers Schauspiel *Schinderhannes* in der Gastwirtschaft »Grüner Baum« an der Nahe. Begeisterter Zuhörer der jungen Sängerin, die von Vater und Schwester begleitet wird, ist, inkognito versteht sich, Johann Bückler selbst, der Schinderhannes. Ja, so könnte es gewesen sein anno 1800, als der gefürchtete Räuber am Osterfest zum ersten Mal sein späteres Julchen sah. Der damals nicht wesentlich ältere Schinderhannes war kein Kostverächter, wie es das Lied schon andeutet. Eifrige Forscher wollen bis zu acht Geliebte oder Räuberbräute vor Julchen gezählt haben, was in dieser Zeit unerhört gewesen sein muß. Zwei Wochen nach der ersten Begegnung schickte Schinderhannes einen Boten in den Heimatort der Julie, nach Weierbach, und ließ zum Rendezvous bitten. Begleitet von ihrer Schwester begegnete sie dem ihr noch Unbekannten in einem nahen Waldstück und war, wie sie später bei ihrem Verhör erzählte, zunächst angetan von dem »schönen, jungen Menschen«, der ihr aber bald den Vorschlag machte, »meine Eltern zu verlassen und ihm zu folgen. Da ich seinen Vorschlag, der vielen schönen Versprechungen ungeachtet, die er mir unaufhörlich machte, nicht annehmen wollte, drohte er mir, mich umzubringen, und auf diese Art wurde ich mit Gewalt dazu gebracht, diesem Unbekannten zu folgen. Erst lange nachher und als ich weit von meinen Eltern entfernt war, erfuhr ich, daß der Mann, der mich entführt hatte, der sogenannte Schinderhannes war.« Als romantischen Beginn einer großen Liebe, die später sogar noch einen Sohn hervorbringen sollte, kann man diese Episode wohl nicht bezeichnen. Auch wenn man berücksichtigt, daß Julie Blasius vor den Mainzer Richtern ihren Einstieg ins Räuberleben sicherlich etwas dramatischer schilderte, als er wirklich gewesen war, dürfte sich diese Geschichte im Kern so zugetragen haben. Mit langem Liebeswerben gab sich ein Schinderhannes nicht ab. Er war gewohnt, sich das zu nehmen, was er begehrte – notfalls mit Gewalt. Carl Zuckmayer, der ein deftiges Volksstück mit einem strahlenden Helden schreiben wollte, paßte diese Szene natürlich nicht ins Kalkül. Er dichtete die Begegnung im Wald zu einer fast kitschigen Liebesszene um, die gutbürgerlich endet: Schinderhannes stellt Julchen seinem Vater als Braut vor.

Mit seiner Verklärung der Schinderhannesfigur stellte sich Zuckmayer bewußt in eine Tradition, die schon zu Lebzeiten des Räubers begonnen hatte. Bis heute vermag niemand mit Gewißheit zu sagen, warum es gerade Schinderhannes war, der diese Berühmtheit erlangte. Aber eine Reihe von Gründen für seine Beliebtheit, die sich in zahllosen Büchern, Gedichten, Liedern, Schauspielen und sogar Filmen spiegelt, gibt es schon.

Phantasieanregend ist es immer, wenn man nicht alles über einen Helden weiß. Auch das Leben des Schinderhannes hat einige dunkle Flecken, die zum Spekulieren herausfordern, z.B. seine Frauengeschichten, über die er sich vor Gericht beharrlich ausschwieg. Man kann aber auch schon früher ansetzen. So tobt immer noch ein Streit über das genaue Geburtsdatum des Räubers. Schon das Jahr ist nicht bekannt. Die Vermutungen reichen von 1777 bis 1783, wobei als wahrscheinlich 1779 oder 1780 gelten. Schinderhannes selbst, der als Sohn eines Abdeckers aus einer gesellschaftlich nicht geachteten Randgruppe stammte, verstand es geschickt, immer wieder die Grenzen zwischen Dichtung und Wahrheit zu verwischen. So wurden schon zu seinen Lebzeiten Anekdoten von ihm erzählt, die ihn zum Freund und Rächer der Armen stilisierten. Inwieweit diese Schilderungen dem tatsächlichen Geschehen entsprachen, läßt sich heute kaum oder gar nicht mehr feststellen. Sicher dagegen ist, daß Johann Bückler die Public Relations in eigener Sache glänzend beherrschte. Er suchte die öffentlichen Auftritte förmlich, war allgegenwärtig, aber für die Häscher doch nicht greifbar. Jeder mußte jederzeit mit ihm rechnen.

Und er wußte genau, was ihn beim einfachen Bauern oder Handwerker, beim Tagelöhner oder Knecht beliebt machte: die Attacken gegen die französische Besatzungsmacht und gegen jüdische Kaufleute.

Nun war es keineswegs so, daß die Französische Revolution mit ihren Idealen »Freiheit, Gleichheit, Brüderlichkeit« in Deutschland keine Sympathien gefunden hätte. Ganz im Gegenteil: Es gab einen regelrechten Revolutionstourismus. Wer es sich leisten konnte, wollte in Paris selbst dabei sein und das erleben, was Goethe später als »neue Epoche der Weltgeschichte« bezeichnen sollte. »Es ist doch wohl kein Land«, schrieb Friedrich Leopold Graf zu Stolberg im September 1789, »in welchem so viele den Franzosen lauten Beifall zurufen, als unser zwar unvaterländisches, aber desto mehr kosmopolitisches Deutschland.« Angesichts der sich überstürzenden Ereignisse machte sich aber schnell Ernüchterung breit. Die Revolution war kein Schauspiel mit Theaterblut. In seinen *Unparteiischen Betrachtungen über die Staatsrevolution in Frankreich* analysierte Christoph Martin Wieland im Mai 1790 die Stimmung in Deutschland und kam zu dem Ergebnis, »daß die Anzahl derjenigen immer größer wird, welche glauben, die Nationalversammlung gehe in ihren Anmaßungen viel zu weit, verfahre ungerecht und tyrannisch, setze einen demokratischen Despotismus an die Stelle des aristokratischen und monarchischen, reize durch übereilte und unweise Dekrete auf der einen und durch faktiöse Aufhetzungen auf der anderen Seite das verblendete und aus dem Taumelkelch der Freiheit berauschte Volk zu den entsetzlichsten Ausschweifungen und stürze eines der herrlichsten Reiche der Welt, unter dem Vorwand, es regenerieren zu wollen, in alle Greuel und in das ganze, unabsehbare Elend der Anarchie.«

Als die französischen Revolutionstruppen in das linksrheinische Gebiet einmarschierten, konnten sie noch mit Sympathien bei der Landbevölkerung und dem städtischen Kleinbürgertum rechnen, richtete sich doch ihr Vorstoß auch gegen die Macht des Adels und des Klerus. Aber der damals gültige Grundsatz, daß eine Armee aus dem Land leben müsse, das sie besetzt habe, ließ bei den Betroffenen das anfängliche Wohlwollen bald in Skepsis oder sogar offenen Haß umschlagen. Hinzu kam, daß es in weiten Bevölkerungskreisen tiefverwurzelte Vorbehalte gegen den »Erbfeind« Frankreich gab, die durch die Angliederung der linksrheinischen Gebiete an die junge Republik noch verstärkt wurden.

Diese Stimmung machte sich Schinderhannes zunutze. Er stilisierte einen Pferdediebstahl zum Widerstandsakt und ließ sich gern als »Franzosenfresser« feiern. Deshalb hatte er später große Angst, an französische Behörden ausgeliefert zu werden; er wäre lieber auf der rechten Rheinseite vor Gericht gestellt worden, weil er dort mit entsprechenden Ressentiments hätte rechnen können. Der Erfolg seiner Agitation sollte sich noch über 100 Jahre später zeigen: bei der Besetzung des Rheinlands durch die französische Armee. Gleich in zwei damals weitverbreiteten Büchern tauchte der Räuber als politischer Kämpfer auf: in Clara Viebigs Roman *Unter dem Freiheitsbaum* (Stuttgart 1922) und in Curt Elwenspoeks Biographie *Schinderhannes. – Der rheinische Rebell* (Stuttgart 1925). Während die aus Trier stammende Clara Viebig, die mit ihren naturalistischen Romanen um die Jahrhundertwende große Erfolge feierte, den Schinderhannes zu einer Mischung aus Robin Hood und Cartouche machte, zu einem charmanten Rächer der Armen und Entrechteten, sah Elwenspoek mit seinem Rebellen »das heroische Morgenrot der Befreiungskriege aufdämmern«.

Dieser ideologischen Vereinnahmung vermochte Zuckmayer, der mit Elwenspoek befreundet war und dessen Biographie als Quelle benutzte, seinen Schinderhannes zu entziehen. Für ihn verkörperte Bückler »kein nordisches oder klassisches Heldenideal, sondern ein westliches, südwestdeutsches Lebensideal. Leichtigkeit des Blutes und Stärke der Natur – nachbarlich verwandt dem Volkstum der Franzosen, die durch die Verkettung der Politik damals die Henker des Schinderhannes wurden – und doch in allen Fasern deutsch: in den Wurzeln der Landschaft, in der Weite des Gefühls, in der Begrenztheit seines Wesens und im Trieb, über sich selbst hinauszukommen. Und dann, außer den Kräften seiner Rasse, hat der Schinderhannes die wahren Züge der Volkshelden aller Nationen: echtes Rebellentum, unbedingtes Festhalten am natürlichen Menschenrecht, verzweifelten Widerstand gegen alle schlechten gesellschaftlichen Un-Rechte« (zit. n. Franke 1984, S.366).

So fragwürdig diese Einschätzung ist, so deutlich distanziert sie sich von der vorgeblichen Franzosenfeindschaft des Schinderhannes. Zuckmayer erkannte auch, daß sein Held »manchmal, in einer Art einfältiger Schlauheit, den Judenhaß gewisser Schichten zu seiner Propaganda ausgenutzt hat«.

Ob es »einfältige Schlauheit« oder raffiniertes Kalkül war, sei dahingestellt. Tatsache ist, daß Schinderhannes kein Antisemit war. Selbstverständlich gehörten auch Juden zu seiner Bande, und mehr als einmal hat Schinderhannes mit jüdischen Räubern zusammengearbeitet. Erinnert sei nur an den großen Überfall von Würges, bei dem er sich dem berühmten Picard unterstellte. Auch die Hehlerdienste übernahmen oft jüdische Händler.

Wenn sich also Schinderhannes bei seinen Überfällen auf jüdische Kaufleute (aber natürlich auch nicht nur auf diese) konzentrierte, dann hatte das handfeste Gründe:

Da es damals noch keine Banken und keinen geordneten Geldverkehr gab, waren jüdische Kreditgeber und Händler gerade in ländlichen Gebieten von überragender Bedeutung. Wer auf sein eigenes Risiko Geld verlieh, der wollte aber auch Sicherheiten und Zinsen haben, zumal in den meisten deutschen Staaten neben anderen Abgaben von Juden noch ein sogenannter »Leibzoll« zu entrichten war.

»Die Judenfeinde«, schrieb Heinrich Graetz 1923 in seiner *Volkstümlichen Geschichte der Juden*, »verallgemeinerten die Vergehungen einzelner Juden, übertrieben die Leiden der zur Zahlung gezwungenen christlichen Schuldner und stempelten sämtliche Juden als Wucherer und Blutsauger.

Geistig und staatlich geknechtet, wie die Deutschen waren, schien ihnen die Knechtung und Verachtung der Juden ein Trostmittel zu sein. Sie konnten sich frei fühlen, weil sie unter sich noch eine Klasse von Menschen erblickten, die sie ungestraft höhnen und mißhandeln durften.«

Auch Schinderhannes konnte damit rechnen, daß Überfälle auf jüdische Kaufleute und Händler nicht mit der gleichen Intensität verfolgt wurden wie auf christliche Müller, Bauern oder Krämer. Es gibt sogar Hinweise in den Akten, daß er gelegentlich auf ein gewisses Wohlwollen auf Seiten der Ordnungskräfte zählen konnte. So überrascht es nicht, daß sich 20 von 53 ihm zur Last gelegten Straftaten gegen Juden richteten. Bei der antisemitisch eingestellten Landbevölkerung, die in den meisten Juden keine Mitbürger, sondern Betrüger sah, machte sich Schinderhannes dadurch beliebt.

In seiner Schinderhannes-Biographie zitiert Manfred Franke aus den um 1800 entstandenen Aufzeichnungen eines Unbekannten, der die Einstellung zu der Bande im Hunsrück und im Soonwald wiedergibt: »Dieser berüchtigte Räuber zeichnet sich unter allen seinesgleichen dadurch aus, daß er nicht allen Menschen Fehde angekündigt hat, sondern die Juden allein sind der Gegenstand seiner Feindseligkeiten.

Nicht nur der rohe Landmann, sondern selbst der aufgeklärte Städtebewohner lacht und freut sich über jeden neuen Streich, der an einem Juden verübt worden ist. Selbst fränkische Truppen haben in den Gegenden, wo der Schinderhannes hauset, in gebrochenem Teutsch oft geäußert: Die Schinderhannes ist brav Mann, sie ist General, sie verfolgt nur die Spitzbub, die Juden. Und schon manchmal ist wohl schon von manchem Schurken von Bauer die Äußerung geschehen: der Schinderhannes ist der ehrlichste Mann in der Republik, Gott verleihe ihm langes Leben!«

Auf die Landbevölkerung, die die von Frankreich ausgehende Emanzipationsbewegung (dort hatten die Juden bereits am 28. September 1791 die vollen Bürgerrechte erhalten) mit äußerstem Mißtrauen verfolgte, konnte sich Schinderhannes verlassen. Und das war lebenswichtig für ihn, besonders nachdem die französischen Behörden die Fahndung nach ihm intensiviert hatten. So lange nicht denunziert zu werden und immer wieder einen Unterschlupf finden zu können, ist auch das Ergebnis einer geschickten »Öffentlichkeitsarbeit«, die den Haß auf die Besatzungsmacht und die Besitzenden sowie den ländlichen Antisemitismus für die eigenen Zwecke nutzte.

Aber damit war das Arsenal von Schinderhannes und seinen findigen Genossen noch nicht erschöpft. Bis heute hat sich die Fama der mit »mit Johannes durch den Wald« gezeichneten Sicherheitskarten erhalten, die angeblich die Ärmsten der Armen vor den Überfällen der Bande schützen sollten. In Wahrheit waren sie nichts anderes als eine moderatere Form der Erpressung, denn sie mußten gegen eine nicht unbeträchtliche Summe erworben werden, was dazu führte, daß gerade diejenigen, die unter dem besonderen Schutz des Schinderhannes stehen sollten, sie so schnell wie möglich und mit Gewinn an vermögendere Bauern, Kaufleute oder Handwerker verkauften. Mit seinen Sicherheitskarten, die fast die Funktion von Pässen übernahmen, und mit seinen Erpresserbriefen, die zu mißachten ohne Gefahr für Leben und Besitz nicht möglich war, demonstrierte Schinderhannes, wieviel Macht er in seinem kleinen Bezirk ausübte und wie wenig die Vertreter der Staatsgewalt gegen ihn ausrichten konnten.

Mit ihren langsam einsetzenden und zunächst undifferenzierten Gegenmaßnahmen vergrößerten die französischen Behörden die Popularität des Räubers noch zusätzlich, der gerade dabei war, durch die Brutalität und Willkürlichkeit seiner Überfälle zumindest einen Teil seines Glanzes einzubüßen. Am 7. Dezember 1800 erklärte der Generalkommissar Jollivet in Mainz, daß die Bande vor ein

Kriegsgericht gestellt werden solle. Damit erhielt die weitverbreitete Überzeugung, Schinderhannes sei ein Franzosenfeind und Rebell, neue Nahrung.

Als alle Bemühungen, die Bande hinter Schloß und Riegel zu bringen, zu keinen greifbaren Ergebnissen gekommen waren, erließ der Präfekt des Departements vom Donnersberg, Jean Bon Saint-André, am 11. Mai 1802 in Mainz einen Steckbrief gegen den »berüchtigten Räuber Johannes Bückler«. Einen Tag später reagierte auch der französische Polizeiminister Fouché und veröffentlichte eine »Schinderhannes-Note«, in er der die Länder der rechten Rheinseite zum gemeinsamen Vorgehen aufforderte. In dieser Note wurde Schinderhannes zum Synonym für alle Räuber, die damals im Rheinland, in Hessen und Franken ihr Unwesen trieben. Fouché hatte den Namen gewählt, der am bekanntesten war – ein deutliches Indiz dafür, wie berühmt der kleine Räuberhauptmann unterdessen war. Daß es sich bei Schinderhannes um einen kleinen Räuberhauptmann handelte, steht außer Frage. Im Vergleich zu den Anführern der großen niederländischen oder der anderen großen rheinischen Banden, die in straffer Organisation nach einem festgelegten Plan oft über gewaltige Entfernungen operierten, war Schinderhannes nur eine lokale Größe. Hunsrück, Soonwald und Taunus blieben seine in der Regel wenig lukrativen Wirkungsstätten. Kam es zur Zusammenarbeit mit den Niederländern, wie bei dem schon zitierten Postraub von Würges, trat Schinderhannes zwar selbstbewußt auf, ordnete sich aber dem Oberbefehl des Erfahreneren unter. Johann Nikolaus Becker berichtet auch davon, daß er in Zeiten der Not seine Kameraden im Stich ließ und zuerst für seine eigene Sicherheit sorgte. Überhaupt scheinen die heldenhaften Züge bei ihm weniger ausgeprägt gewesen zu sein, als bei einem Räuber seines Schlages zu vermuten war. Selbst sein eigenes Blut konnte er nicht sehen und fiel, wie Becker schildert, schlicht in Ohnmacht.

In der Mainzer Voruntersuchung, die Johann Wilhelm Wernher leitete, gab Schinderhannes bereitwillig Auskunft und verriet seine Komplizen, weil er hoffte, sich dadurch für eine Begnadigung zu empfehlen. Das entsprechende Gesuch wurde später von Napoleon allerdings, wie nicht anders zu erwarten war, abgelehnt. Die Offenherzigkeit des Räuberhauptmanns, die nicht durch Folter oder Androhung von Mißhandlungen erzwungen wurde, ist vielen seiner Komplizen teuer zu stehen gekommen. Schließlich mußten 68 Angeklagte vor Gericht.

Die Willfährigkeit, mit der er der Justiz Auskunft gab, konnte seinen Ruhm nicht schmälern. Das Interesse an der Lebensgeschichte des Räubers, den die einen gefürchtet und die anderen bewundert hatten, war so gewaltig, daß noch im Jahr seiner Gefangennahme gleich mehrere Biographien erschienen. Wie kunterbunt es darin zuging, soll ein Zitat aus dem 1802 in Frankfurt gedruckten Bändchen *Ächte und wahrhafte Beschreibung von der Verhaftnehmung des längst berüchtigten Anführers einer großen Räuberbande, genannt Schinderhannes, nebst einem Anhang von Seinem Leben und Thaten* geben. Nach einer knappen, schon abenteuerlichen Einleitung bringt der unbekannte Autor eine Moritat, in der es u.a. heißt:

»Hier kann man von dem Schinderhannes
Und seinen Thaten lesen,
Der ein verruchter Teufelspflanz
Von Jugend auf gewesen.
Ein Spitzbub war er frühe schon
Und eines reichen Bauers Sohn,
Am Niederrhein gebürtig.«

Hier stimmt so gut wie nichts. Aber das scheint die sensationshungrigen Leser wenig gestört zu haben. Ohne Bezug zum realen Schinderhannes ist auch Ignaz Ferdinand Arnolds Trivialroman *Der berühmte Räuberhauptmann Schinderhannes, Bückler genannt. Ein wahrhaftes Gegenstück zum Rinaldo Rinaldini* (Erfurt 1802). Weil Arnold zu denen gehörte, die die Tinte nicht halten konnten (in den Jahren zwischen 1798 und 1812 veröffentlichte er 68 Bücher!), mußten es gleich zwei Bände sein, die Sex and Crime nach damaligem Geschmack genußvoll ausbreiteten. Vergewaltigungen (die in der wirklichen Schinderhannes-Bande verpönt waren) und Promiskuität würzten die dünne Handlung, für die die Kritiker nur Spott übrig hatten. Aber Leser fanden sich doch genug, so daß der Erfurter Rechtsanwalt 1805 ein weiteres, ähnlich aufgebautes »Blutgemälde« aus dem Umkreis des Schinderhannes folgen lassen konnte, in dem der auf Gruseleffekte spezialisierte Biedermann auch vor Kannibalismus nicht zurückschreckte: *Der schwarze Jonas, Kapuziner, Räuber und Mordbrenner.* Johann Christian Reinhard, wie der »schwarze Jonas« bürgerlich hieß, war zunächst Gegenspieler des Schinderhannes gewesen und zählte dann zu seinen treuesten Gefolgsleuten. Er erreichte zwar nicht die Bekanntheit seines Hauptmanns, aber sein Name war doch so geläufig, daß er immer wieder zitiert wurde. Eine 1802 in Frankfurt gedruckte dünne Schrift, in der einzelne Räuber vorgestellt wurden (quasi ein Programmheft zur Hinrichtung), nahm ihn deshalb mit in den Titel: *Authentische Beschreibung der Herkunft des Schinderhannes und schwarzen Jonas nebst der Abbildung aller Personen wie sie den 16ten Junii 1802 morgens um halb 4 Uhr nach Maynz transportiert worden sind.*

Waren schon vor dem Prozeß gegen die Bande des Schinderhannes zahllose Schriften, Flugblätter und Zeitungsartikel erschienen, die die erwartungsvolle Stimmung weiter anheizten, so wurde der Prozeß, der am 24. Oktober 1803 unter dem Vorsitz von Georg Friedrich Rebmann begann, vollends zum Spektakel. In den Akademiesaal des Kurfürstlichen Schlosses in Mainz fand nur Einlaß, wer eine Eintrittskarte besaß. Diese wiederum war lediglich für einen Tag gültig, um möglichst vielen Schaulustigen die Neugier zu befriedigen. Schon bald blühte der Schwarzmarkt. Ein Mainzer Künstler, Karl Mathias Ernst, erhielt die Erlaubnis, Porträts der Angeklagten anzufertigen, die reißenden Absatz fanden. Als das Gericht am 19. November 1803, kurz nach Mitternacht, das Urteil sprach, waren insgesamt rund 400 Zeugen gehört worden. Rebmann hatte sich bemüht, einen auch nach unseren Maßstäben rechtsstaatlichen Prozeß zu führen. Wer nicht eindeutig überführt werden konnte, ging straflos aus. So sind die zwanzig Freisprüche zu erklären. Da das französische Recht nicht nur für Mord, sondern auch für Raubüberfälle die Todesstrafe vorsah, mußten Schinderhannes und neunzehn seiner Mitangeklagten den Weg zur Guillotine antreten. Öffentliche Hinrichtungen waren in Mainz selten. Das steigerte die Spannung in der Bevölkerung. Außerdem sollte man zum ersten Mal das Teufelsgerät in Aktion sehen, das die Französische Revolution so berüchtigt gemacht hatte.

Von allen Seiten strömten am 21. November 1803 die Menschen zum Richtplatz. Sie kamen zu Fuß, auf Pferden, in Kutschen und sogar zu Schiff auf Main und Rhein. Die Prozedur selbst, die die Drucker mit Flugschriften und Kupferstichen begleiteten, hat Johann Gottlob Schulz eindrücklich beschrieben. Seine Schilderung findet sich auch in diesem Band.

Das Interesse an Schinderhannes ist seit dieser Zeit nicht erlahmt. Lieder entstanden, große Balladen und Moritaten, die zum Teil sehr populär wurden. Franz Buchholz und Manfred Franke haben in ihren Dissertationen einen Überblick über die große Zahl von Biographien, Volksbüchern, Schauspielen, Puppenspielen, Erzählungen, Romanen und Anekdoten gegeben, die seither veröffentlicht worden sind. (Eine wissenschaftliche Biographie fehlt allerdings auch bei Schinderhannes noch.)

Franke konnte dabei zwei große Linien herausarbeiten: Während Schinderhannes in den volkstümlichen Darstellungen als edler Räuber auftritt, als Helfer der Armen in der Not, benutzen die sog. Volksbücher die Figur nur, um die braven Bürger in ihrer politischen Lethargie zu bestärken. »Sie ermahnen dazu, ein geregeltes Leben nach den Gesetzen des Staates zu führen, und warnen davor, dem Schinderhannes nachzueifern. Er wird als abschreckendes Beispiel und gültiger Beweis dafür hingestellt, daß schlechte Erziehung, Willkür und Abenteuerlust mit dem Tod enden« (Franke 1958, S. 88).

Die Prognose von Manfred Franke allerdings, daß »Schinderhannes mehr und mehr vergessen wird«, hat sich nicht erfüllt. Daran ist u.a. ein Film schuld, der in dem Jahr in die Kinos kam, in dem Franke seine Dissertation vorlegte. Er war nicht der erste. Bereits 1928 hatte Kurt Bernhardt mit Hans Stüwe in der Hauptrolle einen publikumswirksamen Streifen gedreht, den aber Helmut Käutners Verfilmung von 1958 weit in den Schatten stellte. Zwar diente Zuckmayers Schauspiel als Vorlage, aber damit nahm es der Regisseur, der auch das Drehbuch verfaßt hatte, nicht so genau. Für das Hohelied vom edlen Räuber, der gegen Adel und Besatzungsmacht gleich mutig focht, verpflichtete Käutner zwei der damals teuersten Stars: Curd Jürgens und Maria Schell. Schon vom Alter her paßte die Besetzung nicht. Der normannische Kleiderschrank war knapp 43 Jahre alt, und die vom Seelchen zum Julchen gewandelte Maria Schell zählte immerhin schon 32 Lenze. Das Publikum, das keine historische Belehrung, sondern gefühlvolle Unterhaltung im Kino erwartete, wurde nicht enttäuscht. Der Film gehört heute zu den erfolgreichsten deutschen Produktionen der Nachkriegszeit. Er hat, so scheint es, das Schinderhannes-Bild einer ganzen Generation beeinflußt. Die beiden Produktionen von ARD und ZDF, die 1968 über die Mattscheiben flimmerten, konnten dagegen ebensowenig ausrichten wie die seriösen

Biographien, die in den letzten Jahren erschienen sind. Der gute Räuber ist allemal beliebter als der böse.

Der erste, der dem Schinderhannes-Kult energisch entgegenzusteuern versuchte, war Johann Nikolaus Becker. Über sein Leben ist recht wenig bekannt. 1773 in Beilstein geboren, promovierte er in Göttingen zum Doktor der Rechte und kam über Wetzlar, Wien, Berlin und London als Friedensrichter in den Kanton Kirn. Seit 1802 war er Sicherheitsbeamter des Bezirks Simmern. »Er war einer von den Männern«, schreibt Anton Keil (von dem weiter unten noch ausführlich die Rede sein wird), »welche Jean Bon Saint-André zur Ausrottung der Bande des Schinderhannes ausersehen hatte; er hat vollkommen dem ihm bewiesenen Zutrauen entsprochen und wegen seiner der öffentlichen Sicherheit geleisteten Dienste ein besonderes Belobigungsschreiben von dem Justizminister erhalten.«

Becker wirkte maßgeblich an der Verhaftung von Mitgliedern der Schinderhannes-Bande mit, die zu einem großen Teil aus den Gegenden um Kirn und Simmern stammte. Dort fanden auch die ersten Überfälle statt, ehe die Räuber ihren Wirkungskreis erweiterten. Becker hatte sich schon früh in den umfangreichen Komplex eingearbeitet und verfolgte den Fortgang der Ereignisse mit großem Engagement. Neben seinem Dienst widmete er sich der Schriftstellerei. Für den *Vossischen Musenalmanach* verfaßte er Gedichte und brachte in unregelmäßigen Abständen Bücher heraus: zunächst *Elegien auf den Tod Leopold des 2ten* (Mainz 1792), dann *Über Mainz, in Briefen an Freund R... Auf einer Rheininsel* (Frankfurt 1792) und *Fragmente aus dem Tagebuch eines reisenden Neufranken, herausgegeben von seinem Freunde B.* (Frankfurt und Leipzig 1798; neu herausgegeben von Wolfgang Griep, Bremen 1985). Es folgten historische Werke, wie über den Rastatter Frieden oder die Geschichte der Hochmeister in Preußen, Reiseberichte und juristische Abhandlungen, zuletzt *Der Meuchelmord von Wallhausen* (Koblenz 1806). Er starb am 17. Dezember 1908 durch den Tritt eines Pferdes.

Berühmt gemacht hat Becker seine *Actenmäßige Geschichte der Räuberbanden an den beyden Ufern des Rheins,* die 1804 in zwei Bänden in Köln erschien. Zumindest der erste Teil, der die Moselbande und die Bande des Schinderhannes behandelt, stammt ausschließlich von Becker, auch wenn Anton Keil, als ehemaliger öffentlicher Ankläger im Roer-Departement zu Köln der kompetenteste Kenner der Szene, gelegentlich Fußnoten einstreut. Beckers Darstellung, die auf den Verhörprotokollen und auf persönlicher Kenntnis beruht, ist auch heute noch – neben den Akten selbst – die wichtigste Quelle für die Forschung. Kein Schinderhannes-Buch ist seither ohne den Rückgriff auf den Text von Becker ausgekommen – nur wurde sein Name nicht immer genannt. Vor allem die populäreren Lebensbilder im 19. Jahrhundert sind in der Regel nichts anderes als Neufassungen und Einkürzungen des Becker-Textes.

Neben der auf eigener Erfahrung beruhenden Authentizität der Darstellung (Becker verweist immer wieder auf seine Gespräche mit Schinderhannes und den Bandenmitgliedern) ist es vor allem die bewußt angestrebte Objektivität, die das

Buch auszeichnet. Becker läßt zwar keinen Zweifel daran, daß er auf der Seite der Staatsmacht (und damit für ihn auch auf der Seite des rechtschaffenen Bürgers) steht, aber er hält sich mit jeder Polemik oder übertriebenen Anklage zurück. Er erlaubt sich sogar Kritik an dem Vorgehen Jollivets, die Keil wiederum in einer Fußnote zu relativieren versucht.

Damit wird auch der doppelte Zweck dieser Schrift deutlich. Becker will zum einen den Schinderhannes-Mythos entzaubern, aber auch zum anderen mit seinem jederzeit nachprüfbaren und an den Fakten orientierten Bericht ein Gegengewicht schaffen zu den ins Kraut schießenden Kolportageromanen. Das erklärt auch die Eile seines Vorgehens, daß er, wie er selbst schreibt, »in die Presse arbeiten mußte«. Dabei kam es gelegentlich zu Ungenauigkeiten; sie wurden, wo erkannt, korrigiert. Das ändert aber nichts an der Qualität der Darstellung, die heute allgemeine Anerkennung genießt. Schier unergründlich ist Beckers Handhabung des Revolutionskalenders. Um eine bessere Orientierung zu ermöglichen, wurde in Klammern das jeweilige Datum in der heute üblichen Art angegeben. Die Umrechnung folgt im Kapitel »Moselbande« konsequent den Vorgaben von Grotefends »Taschenbuch der Zeitrechnung«. Die Daten in dem Teil über die »Schinderhannes-Bande« sind das Ergebnis eines Kompromisses. Sie stellen eine Mischung aus den interpolierten Becker-Angaben und dem Vergleich mit anderen Quellen bzw. Sekundärwerken dar. Wenn es zu größeren Abweichungen kommt, ist das in den Fußnoten vermerkt. Die Daten in den Klammern sind deshalb nur als Anhaltspunkte gedacht. Sie können in anderen Darstellungen um ein oder zwei Tage abweichen.

Becker beginnt seinen Bericht mit einem Kapitel über die Moselbande, die er selbst »die fürchterliche« nennt und die durch ihr ungeordnetes und äußerst brutales Vorgehen Angst und Schrecken verbreitet hatte. Dieser etwas längere Vorspann macht Sinn, da viele Räuber, die schon in der Moselbande aktiv waren, später zu Schinderhannes fanden oder zumindest Kontakt mit ihm hielten. Philipp Ludwig Mosebach nennt Becker sogar den »eigentlichen Lehrmeister vom Schinderhannes«. Aber er achtet auch darauf, die Moselbande und die Schinderhannes-Bande nicht in einen Topf zu werfen: »Schinderhannes selbst ist ein menschlicher Räuber gegen manchen einzelnen von dieser Horde, die den Meucheldolch und den Feuerbrand schwang. Brennende Häuser, ermordete Wanderer, eine ganze erwürgte Familie sind die blutige Dekoration in diesem gräßlichen Schauspiele.«

Quelle:

Actenmäßige Geschichte der Räuberbanden an den beyden Ufern des Rheins.
Erster Teil. Enthaltend die Geschichte der Moselbande und der Bande des Schinderhannes. Verfaßt von B.Becker, Sicherheits=Beamten des Bezirks von Simmern. Cöln 1804

Literatur (in Auswahl):

Curt Elwenspoek: Schinderhannes. Der rheinische Rebell. Stuttgart 1925.

Franz Buchholz: Der Schinderhannes in Geschichte, Volksphantasie und Dichtung (Diss.). Bonn 1952.

Curt-Manfred Franke: Der Schinderhannes in der deutschen Volksüberlieferung (Diss.). Frankfurt 1958.

Edmund Nacken: Räuber oder Rebell? Schinderhannes – wie er wirklich war. Dokumentarbericht nach den Originalakten und anderen Quellen. Simmern 1961.

Annette Grünwald: Dichtung und Wahrheit im Schinderhannes-Schrifttum. In: Jahrbuch für Geschichte und Kunst des Mittelrheins und seiner Nachbargebiete (14) 1962, S.48-58.

Dieselbe: Eine Schinderhannes-Genealogie (mit einem Schlußwort von Edmund Nacken). In: ebda. (18/19) 1966/67, S.128-166.

Edmund Nacken: Die wahre Geschichte des Johann Wilhelm Bückler, nachmals bekannt geworden als Räuberhauptmann Schinderhannes, nach den Mainzer Voruntersuchungsakten und anderen Quellen dargestellt. Mainz 1968.

Alfred Kosean-Mokrau: Räuberleben – Räubersterben. Bern 1972 (darin v.a. S.183-204).

Hellmuth Gensicke: Kritische Studien zu Herkunft und Verwandtschaft des Schinderhannes (Johann Bückler). In: Genealogisches Jahrbuch 12 (1972), S.136 ff.

Helmut Höfling: Helden gegen das Gesetz. Düsseldorf/Wien 1977 (darin v.a. S.199-316).

Otto Ernst Breibeck: Ertz-Maleficanten. Regensburg 1977 (darin v.a. S.133-200).

Manfred Franke (Hg.): Schinderhannes. Kriminalgeschichte, voller Abentheuer und Wunder und doch streng der Wahrheit getreu (EA 1802). Berlin 1977.

Alfred Arnold: Bandenbekämpfung im Arrondissement Kaiserslautern unter französicher Herrschaft. In: Jahrbuch zur Geschichte von Stadt und Landkreis Kaiserslautern, 16/17 (1978/79), S.114-123.

Adolf Heinzlmeier: Raub und Mord. Banditen und Sozialrebellen in Leben, Legende und Film. Frankfurt/Main 1981 (darin v.a. S.101-133).

Editha Bucher: Die Juden in der Französischen Zeit von 1798/1801 bis 1814 (mit einer Einführung von Helmut Mathy). Koblenz 1982.

Manfred Franke: Schinderhannes: Das kurze wilde Leben des Johannes Bückler, neu erzählt nach alten Protokollen, Briefen und Zeitungsberichten. Düsseldorf 1984.

Lebendiges Rheinland-Pfalz. Nr. 1 (21) 1984 (darin von S.1 bis 28 Aufsätze von H.Mathy, H.P.Brandt, G.Mann, F.Schütz und H.Knebel über Schinderhannes).

Anton Jung: Schinderhannes und das Räuberunwesen in unserer Heimat. Limburg-Eschhofen o.J. (1985).

Helmut Mathy: Der Schinderhannes. Zwischen Mutmaßungen und Erkenntnissen. Mainz 1989.

Aktenmäßige Geschichte der verschiedenen Räuberbanden an den beiden Ufern des Rheins

Moselbande

Räuber und Mörder sind in Zeiten der Not keine seltene Erscheinung.

Auf eben diesem Boden, wo in unseren Tagen der Hauptttummelplatz der Räuberhorden war, hatte auch zur Zeit des Siebenjährigen Krieges und der großen Hungersnot das Gesindel gegen die damals noch ohnmächtigere Polizei gerungen. Eben mit solchem Trotz suchten damals die Räuber in der Teilung der Territorien Schutz, wie sie ihn jetzt in der Teilung der politischen Meinungen fanden. Dort wie hier sehen wir den guten Willen der Regierungen an einer chimärischen* Furcht der Landbewohner zuschanden werden.

Mit dem Pferdediebstahl fing auch diesmal das Unwesen an. Als die Moselgebirge, der Soon- und Hochwald wechselseitig von den deutschen und französischen Truppen behauptet wurden, fand sich eine Menge junger Wagehälse unter den Einwohnern des Landes, die mitten aus den feindlichen Lagern das Zugvieh wegführten. Man hielt dies für kein Verbrechen. War es doch dem Feinde Abbruch getan? Gleichviel wie es geschah! Kriegsgebrauch kennt der rohe Landmann nicht. Mancher Franke fand in den Wäldern und Landhütten seinen Tod! Er war der Feind der vaterländischen Armeen.

Dieser Gedanke erstickte alle besseren Menschheitsgefühle, selbst die natürlichen Rechte der Gastfreundschaft, und er war (warum soll man es nicht laut sagen), er war geheiligt mit allen seinen schrecklichen Folgen, weil mancher Beamte ihnen Unsträflichkeit zusicherte, hundert Offiziere sie billigten und der Priester seinen Segen dazu sprach.

Die geraubten Pferde wurden größtenteils auf den einzeln liegenden Höfen und Mühlen und in abgelegenen Dörfern verkauft und untergestellt. Es war Beute, weiter dachte man nichts dabei.

Ohne sich hier in weitläufige Untersuchungen einzulassen, darf man nur bei den Begriffen ungebildeter Menschen überhaupt stehenbleiben. Hier wird man die Ursachen finden, warum so mancher Räuber, der von den Kindern auf der Straße gekannt und von der Polizei aufs heftigste verfolgt wurde, dennoch ein Land nicht floh, wo ihm schmähliche Gefangenschaft und Tod mit jedem Schritt

---

* unsinnigen, unverständlichen

drohten. Allen rohen Gemütern ist es eigen, sich fest an das zu hängen, was ihnen einmal Gewohnheit geworden ist. Jeder Begriff, der sich ihrer einmal bemächtigt hat, sei er auch noch so schändlich, wird von ihnen aufs sorgfältigste gepflegt, macht ihnen Vergnügen und gräbt sich mit jedem Tag tiefer in ihre Herzen ein. Wir haben einen Räuber gekannt, von dem in dem Verfolge* dieser Schrift noch näher die Rede sein wird, den man auf der Stelle zum Eingeständnis bringen konnte, wenn man ihm von der Schönheit dieses oder jenes von ihm gestohlenen Pferdes sprach. Der Mord selbst hatte für einen anderen nichts Empörendes mehr, der mit kaltblütiger Inbrunst auf dem Grabe des eben Gemordeten ein andächtiges Pater noster† für dessen arme Seele sprach.[1]

Jene Anhänglichkeit also an das einmal Gewohnte machte, daß alle Pferdediebe auch in der Folge Pferdediebe blieben und auf ihrer Laufbahn immer weiter und weiter gingen. Der Krieg hatte die Justiz zum Schweigen gebracht und die öffentlichen Beamten, denen die Handhabung der Polizei anvertraut war, zum Teil aus dem Land getrieben. Als aber die fränkischen Armeen Sieger blieben und sich ferne von den Grenzen in die feindlichen Provinzen hinzogen, wurde es mit jedem Tag beschwerlicher, Armeepferde zu stehlen. Man ging also zu den Pferden des Landmannes über. Auch bei diesem Geschäft fanden die Räuber da wieder ihre Zufluchtsorte, wo sie dieselben vorher gefunden hatten. Kein Müller und kein Pächter, der vorher Armeepferde gekauft oder verheimlicht hatte, durfte dem Räuber sein Haus verschließen; der Räuber konnte ihn verraten, und alsdann war er in den Händen der Sieger.

So wurden in kurzer Zeit alle Höfe, Mühlen und Waldhütten die Schlupfwinkel des Verbrechens. Die physische Beschaffenheit des Landes und das Unglück des Krieges trugen dann auch das Ihrige dazu bei. Die Ungestraftheit machte die Räuber mit jedem Tage kühner. Die bequeme Weise, ohne viele Mühe köstlich zu schmausen, das Behagliche, das jeder rohe Mensch bei einer unsteten Lebensart fühlt, die Furcht, der Gehorsam sogar, den die wilden Gesellen durch

---

* weiteren Verlauf (gemeint ist hier Christian Hoscheid)

† Vaterunser

1 *Die Wahrheit dieser Bemerkung könnten wir noch durch eine große Menge von Beispielen aus unserer Kriminalpraxis bestätigen; wir wollen nur einige anführen. Wir haben drei berüchtigte und sehr verschmitzte Räuber der niederländischen Bande, Mathias Weber, Adolph Weyers und Carl Heckmann, bloß dadurch zum Geständnis beinahe aller ihrer Verbrechen gebracht, daß wir in unsere Unterredung mit ihnen einige ausgezeichnete Ausdrücke der Diebessprache mischten, von ihren Taten sowie von kühn unternommenen und glücklich gewonnenen Schlachten sprachen, ihr Räubertalent bewunderten und herrlich mit ihnen über die bei ihren Unternehmungen vorgefallenen komischen Auftritte lachten. M. Weber, als er uns die Plünderungsgeschichte des Postkarren zu Langenfeld erzählte, sprach mit der Selbstgefälligkeit, die man an den alten Kriegern bemerkt, wenn sie von ruhmvollen Siegen reden, an denen sie teilgenommen haben. Eben derselbe, nachdem er uns mit Enthusiasmus des alten Hannes außerordentliche Geschicklichkeit bei Einbrüchen geschildert hatte, brach in folgende Worte aus: »Wenn dieser und ich in Freiheit wären, so würden wir noch manche Tat vollführen, über welche die Welt staunen sollte.« Wir besuchten den Mörder und Räuber C. Heckmann, nachdem das Spezialgericht das Todesurteil, welches in 24 Stunden vollzogen werden sollte, über ihn ausgesprochen hatte. Wir fanden ihn traurig und tiefen Schmerz über seine ungeheuren Verbrechen bezeigen; es war uns wichtig, von ihm noch einige Aufschlüsse über die Taten der niederländischen Räuberbande zu erhalten. Wir ließen uns also von ihm mehrere erzählen, bei denen er eine wichtige Rolle gespielt hatte. Während der Erzählung vergaß er, daß er bald zum Blutgerüst geführt werden würde; die lebhafteste Freude blitzte bei der Auseinandersetzung manches gewaltsamen Diebstahls auf seinem Gesicht, und bei der Rückerinnerung an verschiedene Abenteuer konnte er sich nicht enthalten, in ein lautes Gelächter auszubrechen. (Anmerkung von Keil)*

ihre verwegenen Anschläge sich bei dem Landmann erzwangen, war ja eine treffliche Lockspeise. Auch das willige Mädchen fand sich ein, und man war frei und herrschte, weil es keine Polizei und keine Gesetze gab. Bettler und Räuber sind unter solchen Umständen die glücklichsten Könige.

Nachdem auf diese Weise einmal der Anfang gemacht war, kam noch mancher günstige Umstand den Räubern zustatten. Alles, was die deutschen Armeen an Überläufern zurückgelassen hatten, war ohne Mühe geworben und jeder Bänkelspieler und herumziehende Kleinkrämer ein willkommener Rekrut. Solange die fränkischen Truppen in diesen Gegenden waren, schlich die Schlange nur im stillen, denn die Befehlshaber waren stets bereit, auf jede Bitte der deutschen Zivilgewalten mit bewaffneter Macht zu helfen. Zwar war diese Hilfe nur vorübergehend, denn sobald die Befehlshaber wechselten, schloß oft der folgende, oft aus Unbekanntschaft mit der Wichtigkeit des Verbrechens, oft auf Andringen seiner Verwandten, nicht selten auch durch Geschenke erkauft, dem wenig geachteten Räuber die Gefängnisse auf. Krieger haben im Feld wenig Zeit, zu Gericht zu sitzen über gemeine Verbrecher, deren oft verwickelte Rechtsfälle keinen politischen Bezug haben. Als nun aber auch diese nach anderen Gegenden gezogen waren, nahm das Unwesen so sehr überhand, daß die damals ganz ohnmächtige Polizei dennoch einen letzten Schritt wagen mußte.

In der letzten Hälfte des Frimaires J.VI. (am 15. Dezember 1797) erließ der damalige Justizbeamte in Rhaunen, Hr. von Embden, ein Umschreiben an seine Kollegen in Oberstein, Herrstein, Wildenburg, Allenbach, Dhronecken, Kirchberg, Gemünden, Kastellaun, Trarbach, Dhaun, Wartenstein, Kirn, Mühlheim, Schmidtburg, Winterburg, Zell und Birkenfeld und lud sie zu einer Konferenz auf den 27. Dezember nach Rhaunen ein. Acht davon erschienen bei dieser Konferenz; Zell, Dhaun, Trarbach, Kastellaun und Mühlheim entschuldigten ihr Nichterscheinen mit dringenden Geschäften; und Dhronecken, Kirchberg, Gemünden, Kirn und Winterburg gaben gar keine Antwort.

In dem an jenem Tag geführten Konferenzprotokoll heißt es unter anderem: »Das herrenlose Gesindel hat sich in der ganzen hiesigen Gegend seit einiger Zeit dergestalt gehäuft, daß am Tage niemand ohne Begleitung, bei Nacht aber kein Mensch über Feld zu gehen sich getraut, aus Furcht mißhandelt, oder beraubt zu werden; die Pferde werden täglich aus den Ställen gestohlen, und der arme Landmann muß sich wegen der Wiedererhaltung seines Eigentums mit den Dieben abfinden u. dgl.«

Man kam überein, 1) öffentlich bekanntzumachen, daß niemand ohne Paß beherbergt werden soll; 2) die Tag- und Nachtwächter zu verdoppeln; 3) in der Nacht vom 30. auf den 31. Dezember eine allgemeine Streifung vorzunehmen, und 4) dem foro deprehensionis* die Untersuchung zu überlassen und durch drei benachbarte Rechtsgelehrte und verpflichtete Beamte das Endurteil fällen zu lassen. Der letzte Punkt fand jedoch einige Ausnahmen.

* dem Gericht, das den Räuber gefangengenommen hat

Wie es in der Folge beinahe mit allen allgemeinen Streifzügen ging, so war es auch diesmal der Fall. Keine Klaue wurde gefangen. Die öffentlichen Beamten verloren allen Mut.

Die Verschiedenheit der politischen Meinungen hatte den Keim des wechselseitigen Mißtrauens geweckt. Die neue Organisation des Landes rückte heran. Alle gesellschaftlichen Bande waren fast gänzlich zerschnitten, und das Übel wuchs noch mit jedem Tag.

Auf dem linken Ufer der Mosel ging es nicht besser. Dort hatten die Beamten nicht einmal guten Willen gezeigt, dem Unwesen zu steuern*.

Die dunklen, unwirtbaren, von jeher unsicheren Forste der Moselgebirge dienten vorzüglich in der Gegend, wo sich die Departemente von der Saar und von Rhein und Mosel scheiden, einer mächtigen Bande zur Niederlage†. Eben dort war es, wo gleich nach dem Siebenjährigen Krieg eine Räuberhorde hauste und sich lange Zeit hielt. Der sogenannte Reilerhals ist seit vielen Jahren ein berüchtigtes Plätzchen gewesen; ganz auf dessen Spitze, ringsum von dem dichten Wald umschlossen, fand sich ein kleines Kapellchen, wo der nächtliche Wanderer schier nie anders als mit Schaudern vorübergegangen war. Dort waren Stückchen gespielt worden, die nur durch die neueren, vielleicht noch schrecklicheren Ereignisse aus unseren Ammenstuben verdrängt worden sind. Die Immoralität hatte sich von jenen Zeiten her in einigen Gegenden dort erhalten und vom Vater auf den Sohn fortgeerbt.

Glück genug noch, daß sich die fürchterliche Moselbande keinem eigenen Hordenführer unterworfen hatte. Jeder wirtschaftete auf seine eigene Faust, und nur da, wo ein Gewaltstreich auszuführen war, hielten sich die einzelnen Räuber zusammen. Ihr Hauptgeschäft war auch hier der Pferdediebstahl, aber für den armen Landmann gerade der traurigste. Wenn sich dieser den ganzen Tag abgearbeitet hatte, so mußte er nachts vor seinem Stall Wache halten und seine Pferde hüten. Bis tief in die Eifel, auf den Hunsrück, über Trier hinaus und auf das Maifeld ging diese Bande ihrem Handwerk nach.

Schinderhannes selbst ist ein menschlicher Räuber gegen manchen einzelnen von dieser Horde, die den Meucheldolch und den Feuerbrand schwang. Brennende Häuser, ermordete Wanderer, eine ganze erwürgte Familie sind die blutigen Dekorationen in diesem gräßlichen Schauspiel.

Wer von allen unseren Lesern wird nicht die Namen jener Männer hochfeiern, die diese Gesellschaft von Grund aus zerstört haben! Wir ehren unter ihnen den ehemaligen Friedensrichter Adams im Kanton Luzerath, die damaligen Direktoren der Anklagegeschworenen, Blum und Reinecke, und den Präsidenten des peinlichen Tribunals von Rhein und Mosel, Lebens, den eigentlichen Herkules dieser höllischen Schlange.

Acht von der Bande starben in Koblenz und einer in Trier unter dem Beil der

* dem Unwesen entgegenzuwirken

† zum Standort

Guillotine. Ein zum Tode Verurteilter ist noch flüchtig, und mehrere sind auf die Galeeren gewandert.

Die Wiege der Banden von der Mosel und vom Hunsrück ist Liebshausen, ein kleiner unbedeutender Ort von kaum 200 Seelen auf dem Hunsrück im Kanton Bacharach, Rhein- und Moseldepartement. Hier waren schon seit undenklichen Zeiten Diebsherbergen gewesen. Der Ortsvorstand (Schultheiß) selbst stand wegen gestohlener Pferde vor dem peinlichen Tribunal vom Rhein- und Moseldepartement und wurde zu einer Züchtigungsstrafe verurteilt. Hier wohnte Philipp Ludwig Mosebach, der eigentliche Lehrmeister vom Schinderhannes.

Dieser Mensch, den das Schicksal von seiner frühesten Jugend an haßte, war der Sohn eines Oberpfarrers in der Grafschaft Solms jenseits des Rheins. Die Schicksale seiner ersten Jugend gaben auch bei ihm den Anklang zu seinem künftigen Leben, und der Einfluß der ersten Verirrungen seiner jungen Tage auf alle Handlungen seines reiferen Alters darf bei ihrer Würdigung nicht aus dem Auge verloren werden. Wenn man ihn und seinen Schüler wägt, so hatte Mosebach mehr Verstand und Kälte, Schinderhannes aber ein besseres Herz und viel jovialischen Sinn.

Ein paar tolle Streiche brachten den jungen Mosebach um die Liebe seines Vaters. Er lernte die Jägerei und ging dann in holländische Militärdienste. Als er diese verlassen hatte, führte ihn der Zufall nach Liebshausen, wo er sich an ein Mädchen hing, das ziemlich gut aussah, aber auch aus einer Diebsfamilie stammte. Er machte es zu seinem Weib. Von dieser Epoche datiert das eigentliche Zusammenhalten aller derjenigen, die auf dem Hunsrück von der Faust lebten. Ludwig Mosebach, Johann Seibert und Johann Jakob Krämer von Liebshausen stifteten den ersten Bund. Zu ihnen gesellte sich bald darauf Peter Zughetto, ein Landkrämer von Uerzig, und Jakob Fink von Weiler führte den Brüdern den jungen Schinderhannes zu.

Johann Jakob Krämer (bekannt unter dem Namen Iltis Jakob, Trautzberger Jäger, Jakob mit dem stumpfen Daumen und Buchbinder) war ein geschickter Jäger und ein in seiner Gegend beliebter Mann. Aber seine Leidenschaft für das andere Geschlecht kannte keine Grenzen, und seine Eifersucht hat ihn zweimal zum Mörder gemacht, wovon noch näher die Rede sein wird.

Man findet in den Akten keine Spur, welche Umstände diesen Menschen auf einige Zeit von Liebshausen weg und auf den Hof Trautzberg im Kanton Manderscheid im Saardepartement trieben. Erste Vereinigung der Räuber vom Hunsrück mit denen an der Mosel.

Iltis Jakob traf hier eine Menge Leute an, die mit ihm einerlei* Handwerk trieben, und alle zogen sich bald enger zusammen. Mosebach und Zughetto besuchten ihn öfters in seinem Wohnsitz.

Unweit von dem bekannten Kurort Bertrich auf dem linken Moselufer liegt ein kleiner unbedeutender Ort namens Krinkhof. Dort wohnte der 50jährige

* das gleiche

Grobschmied Hans Bast Nikolai, ein in jeder Hinsicht ausgezeichneter Mensch. Er maß 1 Meter 820 Millimeter (5 Fuß, 7 Zoll und 3 Striche französischen Maßes) und gehörte in jüngeren Zeiten, als er unter den trierischen Grenadieren diente, zu den schönsten Menschen dieser Potsdamer Garde.

Er hatte Verstand, Verschmitztheit, Überlegung, eine beispiellose Kälte und war darum eben zum Planmacher geboren, der der Bande fehlte. Sein Wohnort Krinkhof war gerade der Hauptwechselort der verschiedenen Glieder der Bande. Seine erste Bekanntschaft mit ihnen liegt in seinem Handwerk, denn die Räuber ließen oft in diesem kleinen Dörfchen, wo sich kein Verfolger fand, ihre Pferde bei ihm beschlagen, und bei diesem Geschäft traf sich eben auch die erste Gelegenheit, daß Hans Bast ein gestohlenes Pferd erkannte und an den Eigentümer verriet. Ein paar solcher Fälle machten ihn gleich in der ganzen Gegend berühmt, und wie dann der gemeine Mann, wenn er die natürliche Ursache eines auffallend scheinenden Ereignisses nicht gleich finden kann, zu seinem Aberglauben die Zuflucht nimmt, so war es ganz natürlich, daß Hans Bast bald in den Geruch der Teufelsbeschwörung kam. Er hat diesem allgemeinen Glauben nicht widersprochen. Warum sollte er's auch? Das Teufelsbeschwören gehörte keineswegs in die Reihe peinlicher* Verbrechen. Er konnte Geister zitieren oder vorgeben, eine geheime Gewalt über sie zu haben; dabei war nicht viel Unerlaubtes. Solange diese Kunst nicht zur Ausübung eines Verbrechens angewendet wurde, konnte man dem Teufelsbeschwören nicht viel zum Nachteil sprechen. Wie und auf welche Art Hans Bast seine Kunst anfangs ausgeübt hat, war den besser Unterrichteten damals schon nicht verborgen. Sein Umgang mit den Räubern setzte ihn in den Stand, manches zu erfahren, was jedem nicht Eingeweihten ein Geheimnis bleiben mußte. Wer konnte es dem armen Grobschmied groß übelnehmen, wenn er dies benutzte, um nebenher ein kleines Trankgeld zu gewinnen, wenn er den Eigentümern wieder zu ihrem gestohlenen Gut verhalf.

Den Umgang mit den meisten Gliedern der Bande unterhielt Hans Bast anfangs selbst auf Andringen seiner Mitbürger in Krinkhof. Die Räuber lebten damals im offenen Krieg mit der ganzen Gegend; ihre engere Verbindung fiel unglücklicherweise gerade in den Zeitpunkt, wo alle Staatsbande aufgelöst waren und die alten Beamten ihr Ansehen verloren hatten, weil es ihnen an Macht fehlte, ihre Befehle zu unterstützen. Was war nun wohl gegen eine solche Bande, die offenbar die mächtigere im Land war und die alles mit Brand und Mord bedrohte, andere auszurichten, als sich mit ihr in Unterhandlungen einzulassen? Dazu brauchte es aber einen Gesandten, der zwischen den Parteien ruhig und ohne Gefahr hin und her gehen konnte. Von jeher waren dergleichen Personen heilig, und selbst die rohesten Völker schützten ihren Charakter. Warum sollte es eine Diebsbande nicht, die offenbar noch Vorteil von diesen Unterhandlungen zog?

Hans Bast Nikolai hat dieses Amt ohne Zweifel anfangs als redlicher Mann geführt, allein die steten Verbindungen mit den Räubern, vorzüglich mit dem

* schwerer Verbrechen, auf die Leib- oder Todesstrafen stehen

Juden Bruttig, von dem gleich nach ihm die Rede sein wird und den er auf seinen täglichen Jagdpartien (eine Leidenschaft, die beiden gemeinschaftlich war und in diesen wilden Gegenden in solcher Gesellschaft ihre Wirkung kaum verfehlen konnte) allenthalben traf, hatten ihn bald für die Räuber gewonnen. Zwar blieb er als alter Planmacher stets hinter den Kulissen. Man kann ihn aber dennoch als den eigentlichen Regenten der Moselbande betrachten. Wenn es erlaubt ist, große Namen hier zu nennen, so war er der Pechlin[*] seiner Mitverschworenen.

Ihm zur Seite stand sein alter vertrauter Freund eben jener Richard Bruttig, ein getaufter Jude und Metzger zur Bertrich, ein Schreckbild für Lavater[†]. Dieser doppelherzige Mensch verband mit der größten Gleisnerei[‡] eine so niedrige Grausamkeit wie keiner unter der ganzen Bande. »Es ist mir gleichviel, ob ich einen Menschenkopf oder einen Kalbskopf abschneide«, pflegte der Metzger zu prahlen.

Tuchhannes (Johann Schiffmann) von Reil, Kanton Wittlich im Saardepartement. Ein kleiner blaßgelber, rothaariger, jähzorniger und rachgieriger Müller.

Niklas Dahm von Ellenz, Kanton Cochem im Rhein- und Moseldepartement. Ein wilder, unbändiger junger Mensch, fähig zu jedem Verbrechen, wenn es nur seine Leidenschaft befriedigte. Als Bettler war er aufgewachsen und kannte wenig Bedürfnisse. Desto größer wurden diese, wenn er von seinen ersten Diebstählen und Räubereien Geld klingen hörte. Die Notwendigkeit vorwärts zu gehen, weil er nicht mehr stillstehen, viel weniger rückwärts konnte, ließ ihn mit jedem Tag tiefer sinken und machte ihn endlich zum Mordbrenner.

Christian Hoscheid, ein 24jähriger Müller von Reil, dem Geburtsort des Tuchhannes. In seiner ersten Erziehung verwahrlost, ist er auch bis zu seinem Tod verwahrlost geblieben. Die Natur hatte ihn mit ausgezeichneten Kräften des Körpers begabt. Sein feuriges Auge zeichnete ihn besonders vorteilhaft aus. Er war ein berüchtigter Pferdedieb; Mordbrenner wurde er, weil ihn das Schicksal haßte.

Lorenz Günther, vertrauter Freund von Peter Zughetto und Lehrmeister der beiden vorigen. Er ist der älteste Pferdedieb von der Moselbande. Als Marketender[**] war er den preußischen Armeen in Frankreich gefolgt, und nach seiner Rückkehr legte er von der Beute mit Tuchhannes einen gemeinschaftlichen Kram[††] an.

Niklas Schwarz, genannt Grundbirn-Kloß, wurde aus Müßiggang ein Bettler und aus dem Bettler zum Dieb. Nachdem seine Trägheit ihn einmal in den

---

[*] Warten Pechlin war einer der wildesten und blutigsten Korsaren der Nord- und Ostsee im ersten Viertel des 16. Jahrhunderts. Er starb am 31. Oktober 1526 im Kampf gegen Lübische und Wismarer Bergenjahrer.

[†] Johann Kaspar Lavater (1741-1801), Schweizer Schriftsteller und Theologe, glaubte in seinen vielfach aufgelegten und übersetzten Werken über die ›Physiognomik‹ »durch das Äußerliche eines Menschen sein Inneres zu erkennen«.

[‡] Verstellung

[**] Feldkrämer, Feldwirt

[††] kleinen Handel

Strudel des Verbrechens hinabgezogen hatte, besaß er nicht Kraft genug, um sich loszureißen. Er wurde Straßenräuber und Mordbrenner, ohne den Willen dazu zu haben.

Matthes Dahm und sein Weib Margaretha Saurens gehörten zu den bedeutenderen Gliedern der Bande. Nachdem er einige Jahre unter den österreichischen Fahnen gefochten hatte, desertierte er in seine nun von den Franzosen besetzte Heimat. Hier durchzog er mit einem Kram von Bändern, Zunder und Riemen das Land; auf allen Jahrmärkten war er zu finden, und bei der Ausführung aller Pläne war er immer unter den ersten.

Johann Esuk, ein Pole von Geburt, war kaum achtzehn Jahre alt dem väterlichen Herd entrissen und unter ein österreichisches Corps gesteckt worden. Bei Heidelberg wurde er Kriegsgefangener. Nach kurzen* Tagen fand er Gelegenheit, zu entweichen. Wie Matthes Dahm suchte er als wandernder Krämer allenthalben Zutritt zu erhalten. Er war ein roher ungeschlachter Geselle; den Straßenraub, die unstete flüchtige Lebensart, den Verkehr mit Kohlenbrennern und den Aufenthalt in Forsten und Waldschluchten hatte Gewohnheit ihm zur anderen Natur gemacht.

Heinrich Simonis, ein junger Schuster aus Kinderbeuren, wurde durch böses Beispiel und öfteren Verkehr mit den Räubern zum Mitschuldigen ihrer Verbrechen. Bis zu dem Augenblick, wo er in ihrer Gesellschaft auftritt, hatte er sich treu, still und redlich genährt. Ein Jahr später hatte er einen Mordbrand auf seinem Gewissen.

Auch Georg Schenk, der tief im Wald zuerst das Licht der Welt erblickte, und Peter Ernst Simonis, ebenfalls Schuhmacher, verdienen hier eine Stelle.

Mit Entsetzen durchblättern wir die gegen diese Räuber verhandelten Akten. Eine blutige Szene, die unseres Erachtens ihresgleichen nicht hat, eröffnet das schreckliche Schauspiel.

Am 7. Fructidor J.IV (24. August 1796) morgens um sieben Uhr zeigte ein Bürger aus Mückeln dem Friedensrichter des Kantons Manderscheid im Saardepartement an, daß beinahe die ganze Familie des Müllers Krones von Sprink ermordet worden war. Der Friedensrichter begab sich auf der Stelle in Begleitung von zwei Wundärzten dahin und fand die ganze entsetzliche Geschichte bestätigt. Des Müllers Frau lag in der unteren Stube im bloßen Hemd neben dem Bett über einer Backmulde mit herunterhängendem Kopf, der fünf Hiebwunden hatte, die alle bis ins Gehirn eingedrungen waren. Außerdem war der Hals fast völlig durchgehauen, und ein Ohr hing nur noch an einigen Fäserchen. Der Müller Krones neben seiner Frau hingestreckt, nur mit Beinkleidern angetan und mit vier Kopfwunden bedeckt. Der siebenjährige Knabe neben seinen Eltern tot auf seinem Lager mit dem Kopf gegen den unteren Teil des Bettes gekehrt, mit Hieben und Stichen ermordet und seine kleinen Fingerchen umher zerstreut.

In der oberen Stube lag des Müllers 23jährige Tochter ebenfalls ermordet. Sie

* wenigen

hatte außer drei tödlichen Kopfwunden sieben Stiche in den Rücken empfangen und zwei Finger verloren. Ihr Haar war zum Teil im Zimmer verstreut.

Gerhard, der siebzehnjährige Sohn des Müllers, war gegen die Absicht der Meuchelmörder dem Tod entronnen. Sie hatten ihn in dem obersten Teil des Hauses in seinem Bett schlafend gefunden und am Kopf gefährlich verwundet, so daß ihm mehrere Zähne durchgehauen und die Zunge zum Teil gespalten war. An der linken Hand, die wahrscheinlich im Schlaf über dem Gesicht gelegen hatte, war der Zeigefinger fast ganz abgehauen; über den Scheitel selbst hatte er einen dreizölligen Hieb.

In der Mühle fanden sich keine Spuren eines Einbruchs, und nichts war entwendet. Man vermutete anfangs, daß die Mörder durch ein Fenster neben der Haustür hereingestiegen sein müßten, welches nur acht bis neunSchuhe von der Erde erhaben und mit einem Laden versehen war, der statt eiserner Gewinde in Riemen von Leder hing. Einer dieser Riemen war abgerissen und das innere Schlußholz zerbrochen.

Man war sogleich darauf bedacht, die Mörder ausfindig zu machen und zu verfolgen. Allein auch diesmal waren alle Versuche vergebens, und erst sechs Jahre später kam man nach unendlicher Mühe so weit, daß man wenigstens über einen der Täter so ziemlich moralisch gewiß sein konnte, und es verdient bemerkt zu werden, daß alle Täter, ein einziger ausgenommen, wegen anderer Verbrechen auf dem Blutgerüst starben und ihr Anteil an diesem erst nach ihrem Tod ans Licht kam.

Der übriggebliebene unglückliche Sohn des Müllers bestand bis nach der Hinrichtung von Nikolai fest darauf, daß er keinen von den Meuchelmördern erkannt habe. Er sei, behauptete er, in der oberen Stube der Mühle eingeschlafen gewesen und im Schlaf überfallen worden. Die empfangenen Wunden hätten ihn gleich seiner Sinne beraubt, und er habe weder einen Mörder gesehen noch auch von dem Unglück seiner Eltern und Geschwister das geringste erfahren.

Erst nach und nach wurden Tuchhannes, Johann Jakob Krämer und Richard Bruttig durch den öffentlichen Ruf als Teilhaber beschuldigt. Ein unbedeutender Umstand war die Veranlassung dazu. Zwei Tage vor der Mordtat traf Tuchhannes von ungefähr mit dem Müller Krones auf dem Markt zu Manderscheid zusammen, und beide bekamen wegen einer Schuldforderung Händel*, wobei Tuchhannes in die bedenklichen Worte ausbrach: »Ich werde dich in einer der nächsten Nächte bezahlen, der Teufel soll dich bezahlen.« Nikolai und Bruttig waren bei dieser Drohung gegenwärtig.

Am Tag der Mordtat hatten Nikolai, Krämer und Bruttig eine Jagdpartie veranstaltet, und, weil sie ein Platzregen während dieser Exkursion überfiel, sich im Feld unter Kornhaufen gerettet. Krämer und Bruttig, die beisammen saßen, sprachen viel und bedenklich von einem Müller, welches Nikolai gehört haben wollte, wie er als Zeuge vor dem Tribunal beschwor.

---

* Streit

Kurz nach der Mordtat erzählte Nikolai ohne alle Veranlassung einem Weib den ganzen Hergang. Tuchhannes, sagte er, habe mit dem Müller von Sprink auf dem Manderscheider Markt Streit gehabt, sei kurz darauf, um sich zu rächen, mit Krämer und Bruttig in der Nacht nach der Mühle gegangen und habe an der Tür geklopft. Der Müller habe geöffnet und sei gleich von Tuchhannes mit seinem schon einmal gebrauchten Ausdruck angefallen worden: »Jetzt will ich dich bezahlen, der Teufel soll dich bezahlen.« Des Müllers Frau habe unter Jammern und Tränen um ihr Leben gebeten, endlich aber sich hingekniet, um Reue und Leid zu erwecken, und sei so kniend erschlagen worden. Das Mädchen habe am Fenster um Hilfe geschrien, und der Bruder von Tuchhannes habe während des ganzen Vorgangs vor der Mühle Wache gehalten.

Wenn man diese Erzählung mit der Lage der Ermordeten nach der Tat in Vergleich stellt, so muß man gestehen, daß einige Momente davon in der Tat auffallen. Der Müller wurde in Beinkleidern gefunden und hatte also wahrscheinlich die Tür geöffnet. Die Tochter war von hinten gestochen, und ihr Haar lag im Zimmer verstreut. Es war also wahrscheinlich, daß sie während des Hilferufens von hinten war angefallen und mit den Haaren vom Fenster gerissen worden.

Soviel und wenig mehr wußte man bis zur Entscheidung des Prozesses von Tuchhannes von den Umständen dieser schrecklichen Ereignisse, und wenn es erlaubt ist, in die Geschichte peinlicher Verhandlungen außergerichtliche Mutmaßungen zu flechten, so lag es wahrscheinlich nur in der Absicht der Täter, sich an dem Müller allein zu rächen. Er sollte vielleicht nur nach Räuberart mißhandelt werden, empfing aber dabei einige unglückliche Hiebe und fiel tot zur Erde. Die Furcht, erkannt und verraten zu werden, trieb die Täter zu weiteren Schritten. Einer darunter, der nicht persönlich beleidigt war, hatte seine Kälte beibehalten und fiel auf den entsetzlichen Gedanken, alle Zungen zu lähmen, die vielleicht in der Folge würden sprechen können. Der Entschluß wurde gefaßt und ausgeführt. Bei dem fünften Mord war der gestreckte Arm der Banditen gelähmt. Gerhard Krones dankte diesem Zufall kümmerlich das Leben, um seine klaffenden Wunden zur Erinnerung an diese gräßliche Tat der Welt zur Schau zu tragen.

Wenn dem allen so wäre, so müßte man vor der entsetzlichen Konsequenz dieser Menschen, wovon Schinderhannes mit allen seinen Gesellen kein Beispiel gegeben hat, zurückschaudern. Ihr fehlte nichts als Gerechtigkeit, etwas Bildung und ein günstiges Gestirn, um auf einer ehrenvolleren Bahn sich als Held Achtung zu erkämpfen.

Iltis Jakob und Bruttig wurden in Rücksicht* dieser Mordtat von den Urteilsgeschworenen als nicht überwiesen† erklärt, Tuchhannes aber schon im Sommer des Jahres VII. (1799) zum Tode verurteilt, und zwar in contumaciam‡, weil er flüchtig war.

---

* nur für diese

† überführt

‡ wegen Nichterscheinens

Nikolai, der Teufelsbanner, der an nichts Böses dachte, trat gegen alle seine Kameraden als Hauptzeuge auf. Das Tribunal zu Koblenz kannte ihn zwar als versteckten Anführer der Bande, weil er manchen guten Dienst leisten konnte, so wurde er in allen Audienzen, wo er Zeugnis gab, geschützt. Sieben Haupträuber waren bereits unter der Guillotine gefallen. Christian Hoscheid war der achte. Seine Bekenntnisse in seinen letzten Lebenstagen kosteten Nikolai Freiheit und Leben. Am 3. Fructidor J.VIII. (21. August 1800) wurde er auf dem Markt zu Bausendorf im Kanton Wittlich auf Befehl des öffentlichen Anklägers von Rhein und Mosel verhaftet. Vier Tage hernach kam er in dem Arresthaus zu Koblenz an.

Der Br.* Reichensperger, der gerade damals Direktor der Geschworenen war, fing die Untersuchung gegen ihn an, mußte sie aber schon am 15. Brumaire (6. November 1800) nach dem gesetzlichen Wechsel der verschiedenen Sektionen des Tribunals einem anderen Richter überlassen. Reichensperger hatte aber glücklicherweise in der Person des Bürgers Tippel einen seiner würdigen Nachfolger gefunden. Die von ihm mit Fleiß und Scharfsinn gegen Nikolai geführte Prozedur wurde am 8. Floreal J.IX. (28. April 1801) beendet und die Anklageakte am 13. den Spezialanklagegeschworenen vorgelegt. Sie enthielt zehn Verbrechen, wovon drei die Todesstrafe nach sich ziehen konnten: einmal der an einem gewissen Theodor Mungel verübte Meuchelmord, von dem unten die Rede sein wird, zweitens die Geschichte von der Sprinker Mühle und drittens der Totschlag eines französischen Offiziers in der Gegend von Trier.

Ein ganz besonderer Umstand, eine ganz eigene Art von Prahlsucht, die man im gemeinen Leben ein großes Maul nennt, brachte Nikolai aufs Blutgerüst. Er hatte unter anderem einmal in einem Wirtshaus auf der Alf im Kanton Luzerath einem gewissen Castor von Koblenz erzählt, daß er einen französischen Reiter auf der Quint erschlagen hätte. Dieser Castor, der vom Metzger bis zum Unterhändler von Advokaten emporgestiegen war und sich den Namen eines Sachwalters bei den Tribunalen gab, legte darüber sowohl vor der Anklage- als vor der Urteilsjury† Zeugnis ab. Dieses Zeugnis ist zu merkwürdig, als daß wir es hier nicht seinem Inhalt nach anführen sollten. »Ich ging«, so sollte Nikolai erzählt haben, »von dem Markt zu Wittlich, wo ich nichts zu tun fand, auf die Quint, um dort altes Eisen auszubrechen. Indem ich dort zum Fenster hinausschaute und eine Anzahl Chasseurs‡ den roten Berg herunterkommen sah, dachte ich, daß diese nach dem Rückzug von der anderen Rheinseite wohl mit Geld versehen sein müßten. Der letzte Trupp, der vom Berg kam, bestand nur aus vier Mann. Drei ritten vorüber. Der vierte band aber sein Pferd an dem Haus an, um seine Notdurft zu verrichten. Ich legte mich mit dem halben Leib zum Fenster hinaus und lud den Reiter ein heraufzukommen. Er kam auch wirklich. Ich

* Bürger
† Jury = Geschworenengericht
‡ Jäger

führte ihn durch mehrere Zimmer des verlassen stehenden Hauses, und als wir in das hinterste gekommen waren: patsch, da lag er tot auf der Erde. Ich schnallte ihm darauf seine Geldkatze ab, warf dem Pferd den Zügel über den Hals und jagte es den übrigen nach. Neunzehn Karolin waren meine Beute.«

Der Direktor der Geschworenen untersuchte die Sache mit seinem gewöhnlichen Fleiß. Es ergab sich nichts, als daß im Herbst des Jahres IV. (1795) wirklich ein französischer Offizier in der Gegend von der Quint erschossen worden war. Allein der Verdacht fiel auf ganz andere Personen. Was Nikolai betraf, so konnte nicht einmal ein Corpus delicti festgestellt werden. Indessen wurde die Geschichte doch als zehntes Verbrechen in die Anklageakte aufgenommen, mehr um den Charakter des Beschuldigten näher zu beleuchten, als ihm diesen Mord aufzubürden.

Wie gegen den Br. Castor, ebenso hatte sich Nikolai gegen den übriggebliebenen Sohn des Müllers Krones benommen. »Schade ist es, daß die Hiebe, die ich dir zu der Mühle gegeben, nicht besser geraten sind.«

Nikolai hierüber gerichtlich zur Rede gestellt, berief sich auf den damaligen Friedensrichter Adams in Luzerath. Man hatte immer geglaubt, der verwundete Sohn des Müllers hätte einige von den Mördern gekannt und würde nur durch allzugroße Furcht von einem Eingeständnis zurückgehalten. Adams, behauptete Nikolai, habe ihn beauftragt, auf obige Weise dem Sohn ein Geständnis zu entlocken. Jener widersprach aber in einem offiziellen an den Direktor der Geschworenen gerichteten Schreiben dieser Behauptung.

Am 11. Thermidor (30. Juli 1801) erschien Nikolai in der öffentlichen Audienz des peinlichen Tribunals von Rhein und Mosel. Seine Verteidiger hatten ihm gleich anfangs geraten, die Wohltat des Gesetzes zu benutzen und das Tribunal vom Donnersberg zu wählen, einmal, weil er im Rhein- und Mosel- und im Saardepartement zu sehr bekannt war, und zweitens, weil man bei den Geschworenen ein gewisses Vorurteil gegen seine Person voraussetzen konnte. Er war aber hierzu nicht zu bewegen, denn er hatte den Glauben, daß dieselben Richter, die ihn, als er Zeuge war, in Schutz genommen hatten, auch seine Verbrechen verteidigen würden.

Selbst in der Audienz entwickelte sich in Rücksicht auf die Sprinker Mordtat weiter nichts gegen ihn, als was oben schon angeführt worden ist. Er war am Tag der Drohung gegen den Müller und am Tag der Mordtat in der Gesellschaft derjenigen, die sie wahrscheinlich verübt hatten; er hatte den ganzen Hergang mit allen seinen Umständen und ohne alle Veranlassung einer Frau erzählt, mit der er in keinem Verhältnis stand, und sich bei dem verwundeten Sohn selbst als Teilhaber dargestellt.

Seine Sachwalter hatten es nicht der Mühe wert gehalten, ihn gegen diese Mordtat zu verteidigen. »Es ist nichts Ungewöhnliches«, sprach einer von ihnen zu den Urteilsgeschworenen, »daß bei unserer Art, peinliche Prozesse zu führen, ein Angeklagter oft an Dingen zuschanden wird, die er nicht des Aufhebens wert hält.« Er hatte wahr gesprochen. Die Urteilsgeschworenen erklärten Nikolai von aller Teilnahme an dem Meuchelmord des Theodor Mungel frei und ledig, aber sie erklärten ihn nach einer kurzen Deliberation* für überführt, an dem SprinkerMord teilgenommen zu haben, und legten ihm noch dazu den Mord auf der Quint zur Last, für den nichts weiter als das oft und viel wiedergekäute Grundbirnmus† des Bürgers Castor sprach. Das Schreckliche der Tat in der Sprinker Mühle, der darüber geführte Verbalprozeß von dem Präsidenten mit einer Energie vorgelesen, der bei dem ganzen sehr zahlreichen Publikum Schaudern erzwang, und die sprechenden Narben des unglücklichen Sohnes, der als Zeuge persönlich in der Audienz erschien, wirkten kräftiger, als es alle Schönredner je gekonnt. Am 15. Thermidor J.IX. (3. August 1801) morgens um ein Uhr sprach das Tribunal das Todesurteil über Nikolai aus.

Während der ganzen fünftägigen Audienz verleugnete er nur selten seine Indolenz‡ und seine Gleichgültigkeit. Er hörte seine Anklagen an, ohne zu reden; er hörte die Zeugen an, ohne aufzufahren; nur entfuhr ihm da und dort ein schneidender Sarkasmus. Man behauptet, daß ein großer Räuber im Innern, der für mehrere Kapitalverbrechen angeklagt war, dem öffentlichen Ankläger niemals geantwortet habe, ohne ihn mit den Worten: Citoyen, Collegue! zu begrüßen.

Nikolai wurde von dem Präsidenten gefragt, wie es komme, daß sein Haus der Sammelplatz von allen Räubern gewesen sei. »O nein«, erwiderte der Räuber ganz kalt, »nicht alle sind bei mir eingekehrt, denn ich habe Euch noch niemals dort gesehen.«

Als das Todesurteil ihm vorgelesen worden war, stand er auf und redete: »Ich werde heute Nacht ruhiger schlafen als diejenigen, welche dieses Urteil gemacht haben.«

Selbst am anderen Tage hatte seine Kälte nicht im geringsten nachgelassen. Er hatte keinen anderen Glauben, als daß das Ganze nur ein Schauspiel gewesen, um ihn zu erschrecken, und daß es nur von ihm abhinge, das gegen ihn ausgesprochene Urteil umzustoßen. Als seine Verteidiger ihn am folgenden Morgen besuchten, fanden sie ihn halb schlafend; er grüßte sie mit seinem gewöhnlichen Gleichmut und klagte einzig über die Unbequemlichkeit der Eisen, die ihm nach dem Todesurteil angelegt worden waren und deren Druck ihm eine schlaflose Nacht verursacht hatte. Auch seiner Tabakspfeife, die er in der Nacht verloren, erinnerte er sich und nahm eine andere, die ihm einer seiner Verteidiger schenkte, mit frohem Dank an. Wie wichtig ist nicht diese Anekdote für den Psychologen? Dieser Mensch, mit unzähligen Verbrechen belastet, kannte in der Nacht, worin er sein Todesurteil angehört hatte, keinen größeren Schmerz als den Druck seiner Fesseln und keinen größeren Verlust als den eines porzellanenen Pfeifenstumpfs.

---

* Beratschlagung
† Kartoffelmus
‡ Unempfindlichkeit

Je bekannter Hans Bast in Koblenz und in der umliegenden Gegend war, desto größeres Aufsehen machte das über ihn ausgesprochene Todesurteil. Nur sehr wenige konnten sich überreden, daß es gerecht sei. Es wurde auch wirklich bald darauf wegen verletzter Form von dem zu Trier niedergesetzten Revisionsgericht kassiert und der Angeklagte vor das peinliche Tribunal des Saardepartements verwiesen, wo er aber wegen eben dieser Mordtat zum zweitenmal zum Tode verdammt wurde. Vor seiner Hinrichtung bemühte man sich, ihn zum Geständnis zu bringen, aber umsonst. Er wurde im roten Hemd zum Richtplatz geführt und starb mit der eines großen Räubers würdigen Kälte. Sein Weib besuchte ihn zwei Tage vor der Hinrichtung. Am Tag derselben erklärte der 52jährige Räuber, wenn sie nach neun Monaten niederkommen sollte, so sei er und kein anderer für den Vater zu halten.

Ein Künstler drückte seinen Kopf in Wachs und führt ihn noch jetzt in einer Sammlung von ausgezeichneten Verbrechern zur Schau herum.

Tuchhannes, immer noch flüchtig, wurde wenige Monate nach der Hinrichtung von Nikolai durch die Beihilfe des Bruders des Räubers Hoscheid auf der Neipeler Mühle im ehemaligen Lothringen von dem wackeren Wachtmeister der Wittlicher Gendarmeriebrigade, Br. Saal, gefangengenommen und durch die Anstrengungen des Präsidenten des peinlichen Tribunals von Rhein und Mosel, Br. Lebens, aufs Schafott gebracht. Die gegen ihn aufgestellten Beweise sind sehr künstlich* geführt und verdienen hier näher entwickelt zu werden.

Außer dem, was oben schon vorgekommen ist, war erwiesen, daß Tuchhannes zur Moselbande gehörte, jähzornig und rachsüchtig war und einmal versucht hatte, einen Maurer zu erschlagen. Er war ein besonderer Feind des Müllers und hatte öffentlich erklärt, daß er noch ein Mittel wüßte, die Mühle zu bekommen, obschon sie ein Erbbestand sei. Drei Monate vor dem Mord hatte er schon für diesen Fall einen Knecht gedungen; zwei Monate davor hatte er den ältesten Sohn des Müllers ohne alle Veranlassung auf die jämmerlichste Weise geprügelt, und nur fremde Hilfe konnte seiner Wut Einhalt tun, und einen Monat vor dem Mord hatte er an verschiedenen Orten laut geäußert, daß er noch eines Tags dem Sprinker Müller das Hälschen brechen würde.

Es traten zwei Zeugen auf, welche behaupteten, der verwundete Sohn habe ihnen nach Nikolais Hinrichtung in Koblenz eingestanden, daß dieser und Tuchhannes mit unter den Mördern gewesen wären. In der öffentlichen Audienz gab der Sohn dies auch wirklich zu und beschwor, daß er im ersten Augenblick der Verwundung geglaubt habe und noch glaube, den Tuchhannes unter den Mördern erkannt zu haben. Doch setzte er bedächtig hinzu, daß seine Sinne ihn in der Nacht und der Betäubung leicht getäuscht haben könnten.

Der Angeklagte bezog sich auf die Aussagen eines Branntweinwirts und eines Kuhhirten von Mückeln. Er wollte die Nacht des Mordes bei diesem geschlafen, und der Branntweinwirt sollte ihn noch nach zehn Uhr in dem Haus des Kuh-

* kunstvoll

hirten gesehen haben. »Es ist also unmöglich«, schloß der Angeklagte, »daß ich teil an diesem Mord habe nehmen können, der um diese Zeit muß ausgeführt worden sein«, da er bereits um halb elf in ganz Mückeln bekannt war. Mückeln liegt von Sprink eine halbe Viertelstunde, und der Mord wurde kurz vor elf Uhr ausgeführt. Der Branntweinwirt beschwor, daß er den Tuchhannes an dem Abend des Mordes kurz nach neun Uhr zum letztenmal gesehen habe; und der Kuhhirte, daß Tuchhannes um halb zehn aus seinem Haus gegangen, um zwölf wiedergekommen und daß erst nach seiner Zurückkunft die Nachricht von dem Mord ins Dorf gekommen sei. Der Kuhhirt setzte noch hinzu, Tuchhannes habe einige Tage nach dem Mord seine Teilnahme eingestanden, und beide Zeugen beschworen, daß sie die Frau des Tuchhannes mit Geld habe zu falschen Zeugnissen verleiten wollen.

Daneben trat ein Metzger als Zeuge auf, der einige Jahre mit Tuchhannes einen gemeinschaftlichen Schweinehandel getrieben hatte. Er erklärte, daß Tuchhannes ihm einst auf einer Reise, als sie zusammen unter einem Baum gelegen, erzählt habe, er sei Teilhaber an dem Mord von Sprink. Die Tat reue ihn jetzt, weil er das Land räumen müsse. Er wolle sich daher von einem gewissen Pächter ein schönes Pferd borgen und sich alsdann hinter die Maas begeben. Diese Erklärung, setzte der Metzger hinzu, habe ihn so erschreckt, daß er sich, als Tuchhannes unter dem Baum eingeschlafen gewesen, heimlich davongemacht habe. Tuchhannes habe wirklich in der Folge ein schönes Pferd von einem Pächter geborgt und sei aus der Gegend verschwunden.

Die Söhne des Müllers beschworen, daß zur Zeit der Mordtat die Pfeife ihres Vaters weggekommen sei. Ein anderer Zeuge hatte diese Pfeife kurz nach dem Mord in dem Mund des Angeklagten gesehen.

Tuchhannes widersprach allen Zeugen. Hatte er sich doch sechs Jahre lang auf seinen Prozeß vorbereiten können! Nur die Aussage des Kuhhirten setzte ihn außer Fassung, und er verstummte einige Minuten gänzlich.

Die Urteilsgeschworenen erklärten ihn einstimmig als Teilhaber. Am 30. Prairial J.X. (19. Juni 1802) wurde er zum Tode verdammt. Sein Kassationsgesuch* verwarf das zu Trier niedergesetzte Revisionsgericht. Ehe er zur Guillotine gebracht wurde, trank er noch einige Gläser Wein. Einer seiner Verteidiger bemerkte ihm einige Minuten vor seinem Tode, daß eine Fliege in das Glas gefallen sei und daß er sie herausnehmen wolle. »Laßt sie«, erwiderte der Mörder ganz kalt, »wenn Ihr mir die Fliegen hättet wehren wollen, so hättet Ihr's tun sollen, als der Präsident der öffentlichen Audienz so schrecklich gegen mich schrie. Nun ist's zu spät.« Er lachte dabei aus ganzer Seele. Umsonst waren alle Bemühungen, ihn zum Geständnis zu bringen. Seine Geheimnisse liegen in seinem Sarg begraben und in der Brust des Paters, der seine letzte Beichte gehört hat.

Als der Verfasser den Schinderhannes gleich nach seiner Gefangennahme auf

* Aufhebungs- oder Tilgungsgesuch

dem rechten Rheinufer in Mainz besuchte, fragte er ihn unter anderem auch über diesen fünffachen Meuchelmord. Schinderhannes hatte Kenntnis davon, denn Mosebach und Iltis Jakob hatten oft in seiner Gegenwart davon gesprochen. Wie Schinderhannes aus dieser wechselseitigen Unterhaltung schloß, waren Peter Zughetto, von dem weiter unten die Rede sein wird, Iltis Jakob und Mosebach unter den Tätern, und zwar sollte der kalte verschlagene Zughetto zuerst dazu aufgefordert haben. Zughetto und Mosebach besuchten ihren Herzensfreund Iltis Jakob oft auf dem Trautzberger Hof, und ein glaubwürdiger Zeuge beschwor, daß er am Morgen nach der Mordtat zwei blutige Menschen in einem Wirtshaus wenige Stunden von der Mühle gesehen habe. Hans Bast, Tuchhannes, Iltis Jakob und Bruttig, welche dem Zeugen vorgestellt wurden, waren diese Menschen nicht, und Mosebach gestand am Tag seiner Hinrichtung, daß er wegen Verbrechen, wofür ihn niemand beschuldigt, den Tod verdient habe.

Außer dieser Mordtat war Tuchhannes noch wegen eines Straßenraubs angeklagt, und viele andere Gerüchte von verübten Verbrechen gingen über ihn herum, die aber der Direktor der Geschworenen nicht in die Anklageakte aufgenommen hatte. Der Raub wurde am 14. Messidor J.IV. (2. Juli 1796) auf offener Landstraße verübt, durch mehrere Personen, die Mordgewehre trugen.

Ein Jahr nach dem Sprinker Mord, am 28. Thermidor J.V. (15. August 1797) fand man nahe bei Bertrich einen Menschen ermordet. Es warTheodor Mungel. Der Direktor der Geschworenen klagte fünf von des Erschlagenen Kameraden deswegen an: Richard Bruttig, Matthes Dahm, Niklas Dahm, Lorenz Günther und Niklas Kohl. Hans Bast Nikolai erschien als Zeuge gegen die angeblichen Täter. Zwei Jahre später stand er selbst deswegen vor Gericht.

Theodor Mungel von Waldkönigen, Kanton Daun im Saardepartement, war am Tag vor der Tat in Bertrich in dem Hause des Richard Bruttig, mit dem er in Wortwechsel geriet. Am folgenden Morgen wurden drei Personen in der Gegend wahrgenommen, wo man nachher den Leichnam des Erschlagenen gefunden hat, welche Personen durch das Gebüsch nach Krinkhof, dem Wohnort Nikolais, zu gegangen sind. Einige Stunden nachher sah eine Person, welche dahin kam, um Erdbeeren zu pflücken, hinter einem Busch einen nackten Leichnam liegen. Weil aber diese Person aus einer gewissen Art von Furcht den Vorfall verschwieg, so bekam man erst einige Tage nachher allgemeine Wissenschaft von diesem Leichnam und erkannte denselben für den Leichnam des Theodor Mungel. Er war am 27. Thermidor (14. August) von Waldkönigen nach Bertrich gegangen und unterwegs bei Hans Bast eingekehrt, der ihm eine Flasche mitgab, um sie in Bertrich mit Branntwein füllen zu lassen. Als einige Tage nachher jemand fragte, ob der Mann noch nicht mit dem Branntwein zurückgekommen sei, antwortete Nikolai: »Der Kerl wird wohl so viel Schnaps gesoffen haben, daß er davon verreckt ist.«

Wenn wir diese Mordtat kritisch untersuchen, so sind wir nicht imstande, viel historisches Licht darüber zu verbreiten, weil die wahrscheinlichen Teilhaber zu sehr im dunkeln handelten. Soviel scheint sich indessen mit ziemlicher

Zuverlässigkeit behaupten zu lassen, daß der Ermordete selbst von der Bande war. Ein Zeuge sprach davon, und des Ermordeten eigene Frau beschwor, daß ihr Mann damals, als er nach Bertrich gegangen war, zwei Taschenuhren bei sich gehabt hätte, die wohl kein Mensch seinesgleichen, der als Tagelöhner arbeitet, zu besitzen pflegt. Soviel ist ausgemacht, daß am selben Abend großer Streit zwischen dem Ermordeten und Bruttig und seinen Kameraden gewesen war. Worüber dieser Streit entstanden war und welche Gegenstände er eigentlich betroffen hatte, daß er in der Folge ein so schreckliches Ende genommen hat, dies alles läßt sich nur vermuten. Wahrscheinlich lag die erste Veranlassung darin, daß Mungel irgend etwas zu viel geplaudert hatte, wozu noch der Verdacht kam, den Bruttig darüber hegte, daß Mungel mit seiner Frau in unerlaubtem Umgang lebte. Wenigstens läßt sich dies aus Nikolais Behauptung schließen, wenn er nach dem Tag der Tat folgende Worte von Bruttig gehört zu haben versichert: »Ich habe den Kerl auf dem Heu bei meiner Frau erwischt; er wird mir nicht wieder dahin gehen.« Nikolai gab ferner an, daß er einst bei Bruttig in seinem Haus zu Bertrich gewesen sei, wo dieser seine Frau eine Hure und ein Luder gescholten und mit Nikolais Flinte nach ihr geschossen habe, daß die Kugel in einen gegenüberstehenden Wandschrank gefahren sei, wo man die Merkmale noch sehen könne.

Man darf als moralisch gewiß annehmen, daß Bruttig in der Nacht, als jener Streit in seinem Haus vorgefallen ist, den Entschluß zur Ermordung des Theodor Mungel gefaßt hat, ihn aber auf der Stelle nicht ausführen konnte, weil der Unglückliche nicht bei ihm, sondern im Wirtshaus geschlafen hat. Man darf vermuten, daß er einige seiner Kumpane mit in den abscheulichen Plan gezogen und am anderen Morgen entweder selbst das Schlachtopfer begleitet oder ihm in der Linnig abgepaßt hat. Bruttig verlor wegen dieser Tat zu Koblenz den Kopf, obschon wenige Beweise gegen ihn waren. »Wir haben auch für ihn ein Loch gefunden«, sagte einer der Urteilsgeschworenen, als die Deliberation beendet war.

Wir können nicht umhin, hier eine vielleicht nicht unrichtige Bemerkung hinzuzufügen. Bruttig war anfangs ein Jude, der aber nach der Zeit aus Liebhaberei zu Würsten und Schweinefleisch den christlichen Glauben angenommen hat. Er war zugleich ein Metzger, dem es nach seinem eigenen Ausdruck, wie wir schon oben bemerkt haben, gleichviel galt, ob er einen Kälber- oder einen Menschenkopf abschnitt. Liegt in jenen beiden Qualitäten nicht schon etwas, was ihn bei seinen übrigen scheußlichen Eigenschaften zu einer Tat fähig machte, die auf der einen Seite eine niederträchtige Feigheit und auf der anderen eine unerhörte Grausamkeit verrät? Daß Mungel nicht bloß ermordet, sondern daß ihm sogar der Kopf abgeschnitten war, der einige Schritte weit vom Rumpf lag, zeigt einen beispiellos niederträchtigen Charakter eines Menschen an, der sein Schlachtopfer überlistet und mit Helfershelfern niedergeworfen hat und dann am Ende seine Tapferkeit darin setzt, sich an einem toten Körper zu rächen.

Außerdem hatte Bruttig noch andere sehr bedenkliche Umstände gegen sich. Nikolai behauptete als Zeuge, dieselbe mit Weiden umflochtene Flasche, die er dem Ermordeten gegeben hatte, in Bruttigs Haus gesehen zu haben. Ein anderer von der Bande gab in seinen Verhören an, daß er einen dem Erschlagenen zugehörigen Kittel von Bruttig gekauft habe. Dieser behauptete, jene Flasche schon seit vier Jahren besessen und den Kittel alt und neu gekauft zu haben. Überdies wurde ein Messer in der Gegend des Mordplatzes gefunden, von dem der Räuber Hoscheid behauptete, ein ähnliches in Bruttigs Händen gesehen zu haben. Bruttig zeigte große Angst, als dieses Messer gefunden wurde, und gab sich große Mühe, es wieder in seine Gewalt zu bekommen.

Was Nikolai betrifft, so lagen ihm hauptsächlich folgende Umstände zur Last. Er besaß das Messer, womit dem Ermordeten der Hals abgeschnitten worden war. Er nannte der Frau des Ermordeten diejenigen, die den Mord verübt haben sollen, und kannte schon am Tag nach der Tat, als noch kein Mensch etwas davon wußte, die ganze Geschichte. Indessen läßt sich dies alles zusammenreimen, wenn man bedenkt, in welchen Verhältnissen Hans Bast mit der Bande gestanden hat, und er bewies durch eben die Zeugen, welche gegen ihn geladen waren, sein vollständiges Alibi. Dagegen entwickelte sich in seinem Prozeß noch ein anderer merkwürdiger Umstand gegen Bruttig. Dieser kam am Morgen nach der Tat zu Nikolai nach Krinkhof und bestellte ein Viertel gebackene Eier mit dem Zusatz: »Die anderen kommen auch.« – »Mungel mit dem Branntwein auch!« fragte Nikolai. »Nein, der kommt nicht mehr!« erwiderte Bruttig. Indessen kamen die anderen auch nicht, und beide gingen zusammen nach Bertrich. Bruttig wollte aber den Weg über den Mordplatz nicht nehmen, weil es da, wie er sich ausdrückte, nicht richtig wäre.

Lorenz Günther und Niklas Kohl wurden von zwei Zeugen bestimmt erkannt, daß sie gleich nach der Tat in der Gegend des Mordplatzes gewesen seien und diesen Zeugen neun Kreuzer geschenkt hätten, um für sie zu beten. Gegen Niklas und Matthes Dahm entwickelte sich gar nichts, und alle außer Bruttig wurden auch in Rücksicht dieses Mordes von den Urteilsgeschworenen als nicht überführt erklärt.

Das dritte Hauptverbrechen dieser Bande betrifft eine Brandstiftung, verbunden mit gewaltsamem Raub und Mordversuch. Christian Hoscheid, Niklas Dahm (Ellenzer-Kloß), Niklas Schwarz (Grundbirn-Kloß), Johann Esuk aus Polen, Johann Krämer (Hunsrücker Hannes, Bruder von Iltis Jakob) und Heinrich Simonis von Kinderbeuern, Kanton Wittlich im Saardepartement, waren deswegen angeklagt.

In der Nacht vom 21. auf den 22. Ventose J.VI. (11./12. März 1798) öffnete Martin Hornitz, Müller auf der Liegermühle, Kanton Treis im Rhein- und Moseldepartement, das Fenster seines Hauses und sah und hörte einen Trupp singender Räuber auf sich zukommen. Sie sahen ihn schon von ferne und schrien ihm entgegen: »Ha, Kreuz Sakkerment, hast du das Fenster schon offen?« Der Müller zog sich zurück. Einer von der Bande klopfte am Fenster, und unter dem Vorgeben, daß er etwas zum Essen haben wollte, verlangte er eingelassen zu werden. Der Müller griff zu seiner Flinte, welche ihm versagte. Die Räuber antworteten mit einer Menge Schüsse ins Fenster und bestürmten die Mühle. Der Müller verteidigte sich, so gut er konnte, indem er Klafterholz von oben herabwarf und einen von den Räubern verwundete, die sich nun nach der Tür wandten und Gewalt brauchten. Der obere Teil der Tür wurde wirklich aufgesprengt. Einen wollten sie hinüber haben, der aber von dem Müller mit einer eisernen Stange so begrüßt wurde, daß er darniedersank. In diesem Augenblick schrie einer unter ihnen: »Bruder vivat, schlag Feuer!« Dieser Ruf war auch das Signal zum Brande. Sie wandten eine Strohfackel und zündeten das Strohdach des Stalles an, so daß dieser und ein Teil vom Dach der Mühle abbrannten. Die Räuber wärmten sich an diesem Feuer, und der Müller in der äußersten Wut schoß nach einem, der Schildwache stand. Dies machte, daß sie sich einen Augenblick zurückzogen, vermutlich, um miteinander heimlich zu sprechen. Der Müller benutzte diese Minute und ging auf die Flucht. Sie bemerkten ihn aber im Fortlaufen und schickten ihm noch einige Kugeln nach. Er entkam indessen in das Dorf, ließ dort die Feuerglocke stürmen und kam mit bewaffneter Mannschaft zurück. Die Räuber waren aber fort und hatten aus der Mühle mehrere Effekten entwendet. Des Müllers Leute waren während des ganzen Vorgangs in der Mühle versteckt.

Eine Stunde von dem rechten Ufer der Mosel liegt im Kanton Treis im sogenannten Friedrichswald eine Köhlerhütte, wo die Bande eine Hauptniederlage hatte. Die Frau des Köhlers war die Geliebte von mehreren Gliedern der Bande; Niklas Dahm wurde in ihrem Bett verhaftet. Dort waren die Räuber auch am Tag des Brandes zusammengekommen und hatten sich Mut mit Branntwein angesoffen. Niklas Dahm hatte den ersten Plan zu dem Angriff gemacht, weil der Müller, wie er sich ausdrückte, brav Geld und Taschenuhren habe, welche man ihm nehmen müsse. Nach der Tat waren sie noch frech genug, dem Müller einen Vergleich anbieten zu lassen, welchen der Köhler aus dem Friedrichswald, Franz Leister, Bevollmächtigter von seiten des Müllers, und Hans Bast Nikolai, Bevollmächtigter von seiten der Räuber, zustandezubringen übernahmen. Die Unterhandlungen zerschlugen sich aber gleich anfangs wieder, weil die Räuber zwanzig Louisdor forderten und der Müller sich zu nichts verstehen wollte.

Die Täter wurden fast wie immer durch ihre eigene Unvorsichtigkeit entdeckt. Der Müller erkannte nur einen darunter, Niklas Dahm von Ellenz. Ihr Zusammentreffen in der Köhlerhütte unmittelbar vor der Brandstiftung und die in Nikolais Wohnhaus vorgenommene Teilung der geraubten Effekten, wovon Leister und Nikolai ohne Rückhalt sprachen, gab die erste Veranlassung dazu. Mehrere waren bei dem Angriff verwundet worden und ließen sich in Bertrich in einem öffentlichen Wirtshaus verbinden und pflegen.

Niklas Dahm, Johann Esuk, Heinrich Simonis und Niklas Schwarz gestanden das Verbrechen gleich nach ihrer Gefangennahme ein. Nur nahm Niklas Schwarz vor dem peinlichen Tribunal dieses Eingeständnis wieder zurück und blieb dabei, daß er nicht mit auf der Mühle gewesen sei. Allein dieses Widerrufen eines gerichtlichen Eingeständnisses konnte nicht die mindeste Rücksicht verdienen, weil er durch Zeugen überführt war, am Tag der Tat in Gesellschaft seiner Kameraden auf der Köhlerhütte im Friedrichswald gewesen zu sein, weil er in Nikolais Haus die Effekten teilen geholfen und noch lange nachher einen kupfernen Kaffeekessel besessen hatte, der dem Müller entwendet worden war. Er war es, der den Raub in sechs Teile teilte und von Esuk mit abgekehrtem Rücken bestimmen ließ, wem jeder einzelne Teil zufallen sollte.

Nur in Rücksicht der Brandstiftung selbst und des Mordversuchs gegen den Müller suchten die vier obengenannten Beschuldigten alles von sich abzuwenden und auf die abwesenden Christian Hoscheid und Johann Krämer zu werfen. Indessen kam es hierauf nicht einmal an, weil sie nicht in Abrede stellen konnten, tätigen Anteil an dem Raub genommen zu haben, der eine Folge des Brandes war. Zudem war es bewiesen, daß wenigstens ein Dutzend Schüsse geschehen waren, welche so schnell aufeinander folgten, daß Hoscheid und Krämer unmöglich allein die Urheber davon sein konnten. Alle gingen ohne Ausnahme mit Schießgewehren bewaffnet herum, und Esuk hatte selbst eingestanden, daß er so bewaffnet an der Tür Schildwache gestanden habe. Der Brand war noch dazu so überlegt, daß die Räuber vorher noch des Müllers Pferde aus dem Stall trieben, ehe sie Feuer legten.

Die Urteilsgeschworenen nahmen auf allen Galimathias*, den die Räuber bei diesem Punkt zu ihrer Verteidigung vorbrachten, keine Rücksicht, und alle vier wurden zum Tode verdammt.

Christian Hoscheid war, ehe die Bande vor die Urteilsjury gestellt werden konnte, am 27. Ventose J.VII. (17. März 1799) abends zwischen acht und zehn Uhr aus dem Gefängnis zu Koblenz entwichen. Er zerbrach die Ketten, womit er an Händen und Füßen gefesselt war, schnitt die eisernen Fensterstangen mit einem zur Säge gemachten Messer durch und benutzte einen Platzregen, wodurch die Schildwache gezwungen war, sich in ihr Häuschen zurückzuziehen. Er wurde als Abwesender in contumaciam zum Tode verdammt, bald darauf aber wieder auf der Sprinker Mühle gefänglich niedergeworfen und nach Koblenz abgeliefert. Im Sommer des J.VII., als seine Kameraden bereits geblutet hatten, stellte man ihn vor die Urteilsjury. Wegen vierzehn Verbrechen war er angeklagt, worunter außer der Brandstiftung auf der Mühle zu Lieg nur noch eines, ein Pferdediebstahl zu Buchenbeuren, mit Mordversuch verbunden, nach den fränkischen† Gesetzen capital‡ war.

Das Publikum betrachtete diesen Menschen mit Unrecht als den Anführer der ganzen Bande und als den Urheber der schändlichsten Verbrechen. Da wir ihn sehr genau von Person gekannt und mehrere Monate beobachtet haben, so wollen wir versuchen, ihn zu zeichnen, wie er war. Seine Mutter lebt noch in Reil, und weil sein Vater früh gestorben war, so wuchs der Bube ohne alle Bil-

---

* Unsinn
† französischen
‡ ein Hauptverbrechen

dung heran. Er konnte nicht lesen und nicht schreiben. Feurig und stark, an keine Schranken gewöhnt und an keine Verhältnisse gebunden, waren ihm alle sklavischen Regeln des gemeinen Lebens unbekannt. Als er 22 Jahre alt war, diente er als Mühlbursche auf der Königsmühle bei Trarbach. Hier lernte Lorenz Günther ihn kennen, erhitzte seinen Brausekopf mit Bildern von Wohlleben und Unabhängigkeit. Der jovialische Junge griff mit beiden Händen zu und machte auf Günthers Beutel einen Zug ins Wälderdepartement mit, um dort Pferde zu verkaufen. Ging es doch in ferne Lande! Welch ein Reiz für einen rohen, kräftigen Menschen, den nichts in seiner Heimat fesselt! Günther verleitete ihn bald darauf zu einem Pferdediebstahl und führte ihn in dem Haus des Richard Bruttig ein, wo er alle Brüder beisammen traf. Ein paar mißlungene Streiche brachten ihn zweimal ins Gefängnis, einmal zu Trier, wo er aber wieder losgegeben wurde, und dann zu St. Wendel, wo er entwich. Seit der Zeit blieb er immer unstet, weil er überall aufgefangen zu werden befürchten mußte. Nikolais Tochter, in die er sich verliebte, fesselte ihn an ihres Vaters Haus und folglich auch unzertrennlich an die Bande, die dort aus- und einging.

Bei dem Brand auf der Mühle zu Lieg, gestand er ein, gewesen zu sein. Er war es, der an dem Fenster klopfte und Speise verlangte, und wurde gleich anfangs durch herabgeworfenes Klafterholz am Kopf verwundet, daß er niederstürzte und das Bewußtsein verlor. Niklas Dahm ließ ihn durch Johann Esuk rütteln und aufheben. Hoscheid behauptete, von dem Brand nichts zu wissen, denn dieser sei während seiner Ohnmacht angelegt worden, und als er wieder zu sich selbst gekommen, wären seine Kameraden schon in der Mühle gewesen. Er sei nun auch hineingegangen und habe die Effekten zusammenraffen und forttragen helfen. An den Schüssen habe er ebensowenig Anteil genommen und nicht einmal ein Feuergewehr getragen, welches er durch einen Entlastungszeugen vergeblich zu beweisen suchte. Die Urteilsgeschworenen nahmen aber auf diese kahlen Verteidigungsmittel keine Rücksicht. Hoscheid machte einen integrierenden Teil der Bande aus. Er ging mit seinen Spießgesellen nach der Mühle, um dort mit vereinten Kräften einen Raub auszuführen. Er mußte also auch für die Folgen verantwortlich sein, die daraus entstehen konnten. Seine Gegenwart machte, wie man sehr richtig gegen ihn bemerkte, auf der einen Seite seine Kameraden kühner, auf der anderen Seite verhinderte sie aber auch, daß der angegriffene Teil sich mit weniger Erfolg des Rechts der Selbsthilfe bedienen konnte. Er hatte die Ausführung des Verbrechens erleichtert und wurde wie seine Kameraden zum Tode verdammt.

Als er vor den Urteilsgeschworenen stand, hatte er gar nichts von seiner Geistesgegenwart verloren. Er verteidigte sich mit einer Hitze, die an einem solchen Ort wirklich Aufsehen machen mußte. Eine ganz seltene Art der Wahrheitsliebe zeichnete ihn vor allen seinen Kameraden aus. Er gestand alle seine Diebstähle mit der größten Aufrichtigkeit, und wo er noch leugnete, da konnte man ihn mit Lobsprüchen von Stärke oder von Schönheit eines geraubten Pferdes ohne weiteres zum Geständnis bringen. Unter anderem war er wegen des Diebstahls eines Esels angeklagt. Es war ziemlich wahrscheinlich, daß er der Täter war. Vielleicht hat ihn der Esel abgehalten, das Verbrechen zu bekennen.

Als wir ihn am Tage nach dem über ihn ausgesprochenen Todesurteil in seinem Gefängnis besuchten, fing er an zu weinen. »Glauben Sie nicht«, waren seine Worte, »daß mir mein Urteil Tränen abpreßt. Um Ihnen das Gegenteil davon zu beweisen, verzichte ich auf alle Kassation*, die freilich auch ein wenig unwahrscheinlich ist, weil meine Kameraden vor mir hingegangen sind. Das einzige schmerzt mich, daß ich Leute gegen mich als Zeugen auftreten sehen mußte, die schlechter sind als ich.« Er meinte einen gewissen Matthes Burg von Reil, der sich mit dem Aufsuchen gestohlener Pferde abgibt und sich von den Eigentümern reichlich bezahlen läßt. Vorzüglich war es aber Hans Bast Nikolai, der seinen Zorn reizte, weil er bestimmt wußte, daß dieser ein großer Verbrecher war, und es dennoch wagte, gegen ihn als Zeuge aufzutreten und ihm Dinge nachzusagen, die, wenn auch im ganzen wahr, dennoch zuverlässig übertrieben waren. Wir suchten ihn zu vermögen†, das Kassationsgesuch wenigstens zu wagen, weil er dabei nichts verlieren könnte. Er blieb aber bei seinem Vorsatz, und nur am anderen Tag war er wieder schwankend, weil ihm Benzel, der neben ihm im Gefängnis saß, zugerufen hatte, alles zu wagen. Allein auch dieses Schwanken währte kaum einige Stunden, und er erklärte von neuem, daß er zu sterben bereit sei. Noch schweben uns die Worte vor, die er damals sprach. »Wozu soll ich meine Sache noch weiter suchen? Gesetzt auch mein Prozeß würde noch einmal angefangen, so kann ich doch niemals der Galeerenstrafe entschlüpfen. Und welch ein trauriges Leben, wenn man seine schönsten Tage in Ketten zubringen soll!«

Er entschloß sich ohne viel Zureden, alles das zu entdecken, was ihm sonst noch von Verbrechen bekannt war. Der Tribunalrichter Thrumb entwarf sein letztes Testament, das die Hauptveranlassung zu Nikolais Verhaftung gab. Am 22. Thermidor J.VIII. (10. August 1800) bestieg er das Schafott, voll Reue über seine Verbrechen, aber ohne Angst und Zittern. Er sollte eigentlich in einem roten Hemd zum Richtplatz geführt werden. Weil er aber in seinen letzten Lebenstagen, wo er das Wohlwollen und Bedauern aller derer gewann, die um ihn waren, geäußert hatte, daß ihn nichts so sehr schmerze, als in einem roten Hemd hingerichtet zu werden, so ließ es der Commissaire geschehen, daß der Scharfrichter diese Schärfung der Strafe oder vielmehr diese Formalität vergaß. Ein Geistlicher hat ihn begleitet.

Der Hunsrücker Hannes (Johann Krämer) konnte niemals handfest gemacht werden. Es mußte also dabei sein Bewenden haben, daß er im Ausbleibungsfall zum Tode verurteilt wurde. Viele glauben, daß er zu Lindenschied von Johann Georg Reidenbach und seinen Gesellen erschlagen worden sei. Da aber dieser Totschlag im Fructidor J.III.‡ geschah, und der Hunsrücker Hannes noch im

---

* Berufung, Revision

† bewegen

‡ genau am 2./3. September 1795

Ventose J.VI. (Februar/März 1798) bei dem Brand der Lieger Mühle war, so irrt er wahrscheinlich auf dem Hunsrück unter fremdem Namen herum, bis es dem Zufall gefällt, ihn in die Hände der Justiz zu liefern.[1]

Was den Iltis Jakob allein betraf, so war er angeklagt, seine eigene Frau am 24. Thermidor J.III. (11. August 1795) und mit Hilfe eines Unbekannten am 8. Floreal J.V. (27. April 1797) einen französischen Fuhrknecht in den Uerziger Gebirgen ermordet und beraubt zu haben. Die Veranlassung zu der ersten Mordtat wird weiter unten bei der Geschichte der Bande vom Schinderhannes näher entwickelt werden, wo sie eigentlich hingehört. Hier führen wir nur dasjenige an, was in den Debatten zu Koblenz sich gegen ihn entwickelt hat. Nach einer Untersuchung, welche das Oberamt Simmern an dem Leichnam der Frau vornahm, glaubte man wegen der vielen Wunden an den Schenkeln, daß sie geschleift worden sei, und nach dem Wundbericht der Kunstverständigen war sie von guter starker Gesundheit und hatte elf Wunden, wovon eine Hals- und eine Brustwunde absolut tödlich war. Iltis Jakob schrieb an das Gericht von Seibersbach, in dessen Bezirk der Mord geschehen war, daß er schuld an dem Tod seiner Frau sei. Er habe sich darüber geärgert, daß er sie allein mit Peter Petri im Wald getroffen und sie deswegen ein wenig gezüchtigt habe, wodurch zu seinem größten Schmerz und Unglück der Tod entstanden sei. Vor dem peinlichen Tribunal behauptete er, er habe seine Frau, als er sie in fleischlichen Umarmungen mit dem schwarzen Peter getroffen, bloß mit Stockschlägen gezüchtigt. Sie sei ihm aber entsprungen, und erst am anderen Tage habe er sie tot im Wald gefunden. Wenn sie Messerstiche an sich gehabt habe, so sei er an ihrem Tod ganz unschuldig, weil er gar kein Messer bei sich geführt habe. Allein alles dies widersprach den übrigen gegen ihn vorliegenden Umständen und seinen früheren Eingeständnissen – besonders auch die Behauptung, daß seine Frau immer kränklich und engbrüstig gewesen sei, dem Wundbericht der Kunstverständigen und der von dem Oberamt Simmern vorgenommenen Besichtigung. Weiter gab Iltis Jakob vor, es sei wahrscheinlich, daß der schwarze Peter die Frau mit Dolchstichen niedergebohrt habe. Aber auch diese Armseligkeit sinkt in ihr Nichts zurück, wenn man bedenkt, daß in diesem Fall der schwarze Peter noch einmal hätte zurückkommen müssen, nachdem Krämer seine Frau schon mit Stockschlägen nach seinem Vorgeben mißhandelt hatte. Es ließ sich auch dann keine Ursache denken, die den schwarzen Peter hierzu könnte vermocht haben, es müßte denn sein, daß man annehmen wollte, dem schwarzen Peter sei einige Stunden nach jenen glücklichen Augenblicken, die er in den Umarmungen von Krämers Frau zugebracht hatte, der Gedanke gekommen, lieber die Frau zu ermorden, die er nicht besitzen konnte, als sie den Liebkosungen ihres eigenen Mannes zu überlassen. Ein so ho-

[1] *Weil um diese Zeit der Soonwald Kriegstheater war, so ging das Corpus delicti in Beziehung auf diese Tat verloren. Als Reidenbach verurteilt wurde, kannte man nicht einmal das Jahr des Mordes zuverlässig, denn die Akten des Amtmanns von Gemünden waren zu Patronen verbraucht worden. Der Verfasser hat indessen den Tag der Tat (die Nacht vom 16. zum 17. Fructidor J.III.) durch ein Aktenstück ausgemittelt, das er in dem Archiv von Kirn gefunden hat. Es ist ein Rundschreiben, welches der Amtmann von Gemünden am Tag nach dem Vorfall an seine benachbarten Kollegen zur Verfolgung der Täter erließ.*

her und so feiner Grad von Eifersucht läßt sich indessen bei einem Menschen nicht denken, der so tierisch lebt wie der schwarze Peter.

Die Urteilsgeschworenen, welche alle verheiratet waren, gaben den Iltis Jakob durch ihre Erklärung in Rücksicht dieses Mordes von der Todesstrafe los, denn der Präsident hatte in seiner historischen Entwicklung richtig bemerkt, daß der Mord durchaus nicht vorsätzlich gewesen sei. Er bat, sich in die Lage eines Mannes zu versetzen, dem sein Weib ewige Treue geschworen und der ihr dagegen gelobt hatte, alle mit ihr erzeugten Kinder zu ernähren. Und nun findet der Mann, der sich ohnedies, wie unwidersprechlich vorlag, auf der Kindtaufe einen Rausch geholt hatte, sein ungetreues Weib in den Umarmungen eines anderen. Und Krämer war, wie fast alle Männer, kein Ardinghello*, der der Gemeinschaft der Weiber das Wort redete. Der rohe Jäger, der Blut sehen konnte, ohne wie Schinderhannes ohnmächtig zu werden, tat in einem kritischen Augenblick, was hundert gebildete Männer an seiner Stelle getan haben würden. Vielleicht würde sich indessen der gebildete Mann, wenn seine erste Wut vorüber gewesen wäre mit einem oder zwei Schlägen begnügt haben, während Krämer von allen seinen Furien besiegt, sein Weib mit Wunden überdeckte und herumschleifte, ohne von dem Jammern eines Geschöpfes gerührt zu werden, das er noch einen Augenblick vorher geliebt hatte.

Wegen des Mordes in den Uerziger Gebirgen wurde Iltis Jakob zum Tode verdammt. Die Verteidiger wollten zwar die Gewißheit des wirklich geschehenen Mordes in Zweifel ziehen, weil darüber keine Erklärung von Kunstverständigen vorlag und weil es also ungewiß sei, ob ein Mensch erschlagen worden und in dem Fall, wenn man ihn auch wirklich angegriffen, ob er gerade an den Folgen dieses Angriffes gestorben sei. Indessen konnte es auf den zweiten Umstand keineswegs ankommen, da nach der fränkischen peinlichen Gesetzgebung, die offenbar am meisten aus der Natur des menschlichen Herzens gegriffen ist, es keineswegs von den physischen Folgen einer Wunde, sondern von der Absicht der Täter ganz allein abhängt, von welcher Art die auf das Verbrechen folgende Strafe sein soll. Ein unglücklicher Schlag kann bei einem schwächlichen Menschen absolut tödlich sein, ohne daß es gerade in der Absicht des angreifenden Teils lag, diesen Menschen zu ermorden, und bei einem starken Körperbau kann ein mächtiger Überfall kaum eine Wunde zurücklassen, wo es doch auf Mord abgesehen war. Darum aber hat die Gesetzgebung den Geschworenen keine Regeln des Beweises vorgeschrieben und überließ alles dem Gefühl und der inneren Überzeugung. Hätte Krämer vor einer Facultät† wegen dieses Verbrechens gestanden, so hätte er wahrlich den Kopf nicht verloren. So mußte er aber den ungekünstelten Gefühlen des gemeinen Bürgersinnes unterliegen – und schwerlich mit Unrecht!

* Ardinghello ist die Titelfigur von Wilhelm Heinses Roman "Ardinghello und die glückseeligen Inseln" (Lemgo 1787). Er gründet einen utopischen Idealstaat, in dem Frauengemeinschaft und freie Liebe herrschen. Der Roman, der Heinse berühmt machte, beeinflußte u.a.Hölderlin und Nietzsche.

† hier: Gelehrtenversammlung

Iltis Jakob kam am Abend der Tat in Gesellschaft eines kleinen Mannes vom Markt von Uerzig nach Wirschied in das Haus einer gewissen Anna Margretha Bohlen, die überhaupt mit dieser Bande viel zu schaffen hatte. Beide bezeigten große Unruhe, gingen oft an die Haustür und besprachen sich untereinander, ob es hier auch wohl sicher sei. Iltis Jakob hatte Blut am Hemd, und als er alles genau untersucht hatte, sagte er zu seinem Kameraden: »Es kommt uns niemand nach.« Er leugnete anfänglich durchaus, auf dem Markt und darauf in dem Haus jenes Weibes gewesen zu sein, gab es aber endlich zu und entschuldigte das Blut am Hemd damit, daß ihm entweder die Nase geblutet oder daß er einen Hasen geschossen habe. Die weiteren Proben, die gegen ihn vorliegen, bestanden darin, 1) daß Hans Bast eben demjenigen Weib, dem er den Sprinker Mord vertraut hatte, versicherte, daß Lorenz Günther ihm erzählt, daß er und Iltis Jakob den Fuhrknecht erschlagen hätten. Günther hätte ihm zwei und Iltis Jakob drei Schläge gegeben und ihm darauf seine aus fünf Kronen bestehende Barschaft abgenommen; 2) beschworen zwei Zeugen, daß sie mit eigenen Augen den Iltis Jakob und noch einen anderen einen französischen Fuhrknecht auf dem Uerziger Berg ermorden gesehen hätten. Die Mörder hätten armsdicke Knüppel getragen und auf den Unglücklichen so fürchterlich eingeschlagen, daß die Stücke davongeflogen wären.

Lorenz Günther war wegen dieses Mordes nicht angeklagt, und da sich in den Debatten auch nichts weiter gegen ihn erhob, so fand das Tribunal sich nicht bewogen, das wegen anderer Verbrechen über ihn ausgesprochene Urteil zu suspendieren und ihn an den Direktor der Geschworenen zurückzuschicken.

Iltis Jakob und Lorenz Günther wurden in der Anklageakte, neben mehreren anderen Verbrechen, auch als Brandstifter bezeichnet. In der Nacht vom 24. zum 25. Messidor J.V. (12./13. Juli 1797) war ein Stall auf dem Sprinker Hof angezündet worden. Der Brand sollte dem Tuchhannes gelten, der in diesem Stall wohnte und mit Iltis Jakob damals nicht in bester Freundschaft lebte. Dem Pächter des Hofes war vorher schon gedroht worden, und Iltis Jakob hatte öffentlich gesagt, er wolle den Tuchhannes schon von seinem Taubenschlage bringen, ehe ihn der Teufel hole, und nachher auch gegen Hans Bast die Tat eingestanden. Weil aber alles, besonders dasjenige, was gegen Lorenz Günther vorlag, bloße Mutmaßungen waren, so fanden sich die Geschworenen außerstande, darauf eine Überzeugung zu gründen.

Soweit die Hauptverbrechen, die damals sich gegen diese Räuberbande entwickelten. Wir wollen nun die übrigen in der Anklageakte enthaltenen Verbrechen summarisch ausheben, woraus unsere Leser sich überzeugen werden, daß nichts dieser Bande heilig war.

Erstes Verbrechen. Brand auf der Lieger-Mühle. Angeklagt waren Christian Hoscheid, Johann Esuk, Niklas Dahm, Niklas Schwarz, Heinrich Simonis und Johann Krämer.

Zweites Verbrechen. Gewaltsames Erpressen von Branntwein und Banditentanz in dem Haus des Br. Schmengler zu Höllental, nachts und mit Mordgewehren in der Hand, im Ventose J.VI. (Februar/März 1798).Niklas Dahm, Johann Esuk, Georg Schenk und Johann Krämer.

Drittes Verbrechen. Erpressung von Fleisch, Branntwein und zwei Paar Strümpfen und Diebstahl von vier bis fünf Reichstalern mit Gewalt und Vorhaltung von Feuergewehr in der Nacht nach dem zweiten Verbrechen und in demselben Haus. Niklas Dahm, Johann Esuk, Georg Schenk, Heinrich Simonis und Peter Ernst Simonis.

Viertes Verbrechen. Straßenraub mit Vorhalten von Pistolen in dem Erdenbach am 2. Floreal J.VI. (21. April 1798) gegen Joseph Hammes von Senheim und Peter Franzen von Senhals. Johann Esuk, Georg Schenk und Niklas Schwarz.

Fünftes Verbrechen. Diebstahl von drei Pferden gegen Ende des Nivose J.VI. (Mitte Januar 1798) aus dem Stall des Mathes Schneider von Beuren mit Einbruch und nächtlicher Weise. Georg Schenk, Niklas Schwarz und Peter Ernst Simonis.

Sechstes Verbrechen. Diebstahl von zwei Pferden im Monat Pluviose J.VI. (Januar/Februar 1798) aus der Mühle von Büdlich mit Einbruch und zur Nachtzeit. Georg Schenk, Niklas Schwarz und Peter Ernst Simonis.

Siebtes Verbrechen. Diebstahl von zwei Pferden im Germinal J.VI. (März/April 1798) aus der Mühle bei Neunkirchen zur Nachtzeit und mit Aufbrechen der Tür. Niklas Schwarz und Christian Hoscheid.

Achtes Verbrechen. Diebstahl eines dem Br. Gerhards zu Enkirch gehörigen Pferdes am 14. Floreal J.V. (3. Mai 1797) zur Nachtzeit und mittels Sprengung des Schlosses am Stall. Christian Hoscheid.

Neuntes Verbrechen. Diebstahl eines dem Br. Franzen von Kinderbeuern zugehörigen Pferdes im Anfang des J.V. (Ende September 1796) mittels Erbrechung eines Wandgefaches. Christian Hoscheid.

Zehntes Verbrechen. Diebstahl eines den Brüdern Kirchheim von Reil gehörenden Pferdes am 9. Thermidor J.VI. (27. Juli 1798) zur Nachtzeit von der Weide. Christian Hoscheid.

Elftes Verbrechen. Diebstahl eines Stücks Leinentuchs von hundert und mehreren Ellen aus dem Haus des Br. Schmengler zu Höllenthal am 18. Prairial J.V. (6. Juni 1797) mit Einbruch und zur Nachtzeit. Christian Hoscheid.

Zwölftes Verbrechen. Diebstahl von zwei Branntweinkesseln zu Reil mit Einbruch in der Nacht vom 6. zum 7. Ventose J.VI. (24./25. Februar 1798). Richard Bruttig und Christian Hoscheid.

Dreizehntes Verbrechen. Diebstahl von zwei den Bürgern Johann Müller und Michel Kaufmann von Kinderbeuren gehörenden Pferden im Sommer J.III. (1795) von der Weide zur Nachtzeit. Christian Hoscheid.

Vierzehntes Verbrechen. Diebstahl von zwei Pferden zur Nachtzeit aus der Kehler Mühle zu Anfang des J.VI. (Ende September 1797). Richard Bruttig, Lorenz Günther und Peter Ernst Simonis.

Fünfzehntes Verbrechen. Diebstahl von zwei Pferden im Germinal J.VI. (März/April 1798) zu Bekond bei Trier. Matthes Dahm, Niklas Kohl und Richard Bruttig.

Sechzehntes Verbrechen. Diebstahl von zwei Pferden zu Bergweiler mit Einbruch und zur Nachtzeit im Nivose J.IV. (Dezember 1795/Januar 1796). Christian Hoscheid.

Siebzehntes Verbrechen. Diebstahl eines Pferdes im Floreal J.III. (April/Mai 1795) auf einer Mühle bei Ruben, nachts und mit Einbruch. Christian Hoscheid.

Achtzehntes Verbrechen. Diebstahl eines französischen Trompeterpferdes im Fructidor J.IV. (August/September 1796) zu Hornberg bei Mildenburg mit Einbruch und zur Nachtzeit. Christian Hoscheid.

Neunzehntes Verbrechen. Diebstahl eines französischen Reiterpferdes aus einem Stall zu Hetzhof zur Nachtzeit und mit Einbruch im Messidor J.V. (Juni/Juli 1797). Christian Hoscheid.

Zwanzigstes Verbrechen. Diebstahl von zwei Pferden zu Büchenbeuren im Thermidor J.V. (Juli/August 1797) mit Einbruch und zur Nachtzeit. Der Dieb schoß zweimal nach den Eigentümern, als sie ihn bis in den Wald bei Reil verfolgten. Christian Hoscheid.

Einundzwanzigstes Verbrechen. Diebstahl eines Esels zu Enz am 22. Fructidor J.IV. (8. September 1796) Christian Hoscheid.

Zweiundzwanzigstes Verbrechen. Diebstahl eines Pferdes im Germinal J.VI. (März/April 1798) vom Bonsperler Hof mit Gewalt und Vorhalten einer Pistole. Johann Esuk.

Dreiundzwanzigstes Verbrechen. Diebstahl von zwei Pferden zu Strimmig im Kanton Zell in der Nacht vom 11. zum 12. Floreal J.VI. (30. April/1. Mai 1798) mit Einbruch. Niklas Dahm und Heinrich Simonis.

Vierundzwanzigstes Verbrechen. Diebstahl von mehreren Schafen in der Nacht vom 12. zum 13. Nivose J.VI. (1./2. Januar 1798) zu Strohn. Iltis Jakob und Matthes Dahm. Dieser führte einen Messerstich nach dem Eigentümer, und jener drohte ihm sein Haus anzuzünden.

Fünfundzwanzigstes Verbrechen. Diebstahl eines Pferdes zu Osann im Anfang des Jahres VI. (Ende September 1797). Richard Bruttig und Niklas Kohl.

Sechsundzwanzigstes Verbrechen. Diebstahl von zwei Pferden am 5. Nivose J.VI. (25. Dezember 1797) zu Oberstein, nachts und mit Einbruch. Lorenz Günther.

Siebenundzwanzigstes Verbrechen. Diebstahl von mehreren Krämerwaren bei dem Posthalter Theiser auf der Alf, Kanton Luzerath, in der Nacht vom 25. zum 26. Brumaire J.VI. (15./16. November 1797) zur Nachtzeit und mit Einbruch. Richard Bruttig, Niklas Kohl, Matthes Dahm und Margaretha Saurens, Geliebte des Matthes Dahm.

Achtundzwanzigstes Verbrechen. Diebstahl von drei Pferden zu Oberensdorf im Vendemiaire J.V. (September/Oktober 1796) nachts und mit Einbruch. Lorenz Günther und Iltis Jakob.

Neunundzwanzigstes Verbrechen. Warendiebstahl zu Daun im Ventose J.IV. (Februar/März 1796) mit Einbruch, zur Nachtzeit und in einem bewohnten Hause. Lorenz Günther und Niklas Kohl.

Dreißigstes Verbrechen. Versuch eines Diebstahls zu Uhler – einige Zeit nach dem vorigen – zur Nachtzeit mit Einbruch in ein bewohntes Haus. Lorenz Günther und Niklas Kohl. Dieser soll bei dieser Gelegenheit mit einer Axt von dem Eigentümer auf den Kopf geschlagen worden sein, daß er zu Boden gestürzt ist.

Einunddreißigstes Verbrechen. Frauenmord. Johann Jakob Krämer.

Zweiunddreißigstes Verbrechen. Mord auf der Sprinker Mühle. Johann Schiffmann, Joseph Schiffmann, Richard Bruttig und Iltis Jakob.

Dreiunddreißigstes Verbrechen. Mord des französischen Fuhrknechts auf dem Uerziger Berg. Iltis Jakob.

Vierunddreißigstes Verbrechen. Brandstiftung auf dem Sprinker Hof. Lorenz Günther und Iltis Jakob.

Fünfunddreißigstes Verbrechen. Raub mit Mordversuch gegen Simon Kräuter von der Alf auf der offenen Landstraße am 14. Messidor J.IV. (2. Juli 1796). Johann Schiffmann, Joseph Schiffmann und Lorenz Günther.

Sechsunddreißigstes Verbrechen. Mord des Theodor Mungel von Waldkönigen. Richard Bruttig, Matthes Dahm, Niklas Dahm, Lorenz Günther und Niklas Kohl.

Über diese Hauptsumme von Verbrechen hatten die Direktoren der Anklagegeschworenen Reinecke und Blum mit unendlicher Mühe Beweise gesammelt. Die Verbrecher selbst waren nach und nach in dem Arresthaus zu Koblenz versammelt worden; die erste Veranlassung zu näheren Untersuchungen waren einige Vagabunden, die der damalige Friedensrichter des Kantons Treis an das Zuchtpolizeigericht einschickte. Man schöpfte sogleich Verdacht, und es kostete nur wenig Mühe, auf die Spuren von Verbrechen zu kommen, die man weiter verfolgte und sich dadurch überzeugte, daß jene Vagabunden wohl noch etwas mehr als Vagabunden waren. Um die Zeit fing der damalige Friedensrichter Adams im Kanton Luzerath mit dem rühmlichsten Eifer an, die Moselgebirge und die Gegenden der Eifel zu säubern. Hans Bast Nikolai stand ihm wacker zur Seite und deckte durch seine genaue Kenntnis der verschiedenen Verhältnisse der Bande manchen verborgenen Umstand redlich auf. Der Mann glaubte vielleicht, sich dadurch selbst zu retten, wenn er in der Folge einmal in Anspruch genommen werden sollte. Er äußerte den Wunsch, Landhauptmann zu werden, und rühmte sich dabei, auf allen Rathäusern in gefänglichen Haften* gesessen zu haben.

Gegen Iltis Jakob ergaben sich gleich in der ersten Untersuchung sehr starke Indizien, und der Direktor der Geschworenen Reinecke fand sich bewogen, einen Vorführungsbefehl gegen ihn zu erlassen. Dieser Befehl machte im Kanton Bacharach so große Sensation, daß die dortigen Beamten, denen er zur Vollziehung zugeschickt wurde, ihn liegenließen und sich bei dem Direktor für Iltis Jakob zu verwenden suchten. Dieser hatte unterdessen Nachricht davon bekommen und war kühn genug, sich freiwillig auf der Kanzlei des Direktors zu Koblenz zu stellen und zu fragen, was man mit ihm wolle. Er wurde aber dort sogleich beim Kopf genommen und der Prozeß gegen ihn, wie gegen seine Kameraden, instruirt†.

Der Anklageakt war gegen dreizehn wirklich verhaftete und gegen drei abwesende Beschuldigte gerichtet. In der Mitte des Monats Fructidor J.VII. (Anfang September 1799) erschienen jene in der öffentlichen Audienz des peinlichen Tribunals von Rhein und Mosel zu Koblenz. 71 Zeugen hatte der öffentliche Ankläger laden lassen. Weil der gewöhnliche Audienzsaal zu klein war, so räumte die Municipal-Verwaltung die Jesuitenkirche zu diesem Behufe ein. Es war ein außerordentlicher Zusammenlauf von Menschen. Das Feierliche erhöhte das Interesse noch mehr, und wenn Ankläger und Verteidiger Wohlredenheit und Geschicklichkeit miteinander vereinigt hätten, so wäre nur wenig für den Beobachter zu wünschen übriggeblieben. So lag aber die ganze herkulische Last fast auf den Schultern des Präsidenten, der sich bei dieser Gelegenheit unsterbliche Verdienste erwarb.

Die Urteilsjury war aus Leuten zusammengesetzt, die nichts als gesunden Menschenverstand zu diesem Geschäft mitgebracht hatten. Die Verteidiger kannten damals (es war im zweiten Jahr der Organisation) die Wohltaten des Gesetzes noch wenig. Gewiß würden Gelehrte, die nach ihrer Beweis-Grammatik handeln, an vielen Orten anders gesprochen haben als diese Männer, die nur ihre Empfindung fragten. Und so mußte es unseres Erachtens sein. Würde die erste Bildung der Geschworenenliste mit mehr Umsicht besorgt und weniger groben und ungeschickten Händen anvertraut, so hätte man allerdings Ursache, den Vorzug der Spezialgerichte noch sehr problematisch zu finden. Die dreizehn Angeklagten hatten sich vor Männern zu verteidigen, deren Begriffe nicht sehr über den gemeinen Begriff erhaben waren; die kraft ihrer Erziehung eher als Gelehrte geeignet waren, Verbrechen von so niedriger Art richtig zu beurteilen. Sie kannten zum Teil die Verbrecher und ihre Verhältnisse von Hause aus und waren ihren bürgerlichen Verhältnissen am nächsten, wenn es ja doch darauf ankommt, daß Gleiche nur von Gleichen gerichtet werden sollen.

---

* in Haft

† angeordnet

Am 24. Fructidor (10. September 1799) war der ganze Prozeß beendet, nachdem die öffentliche Audienz zehn Tage lang fast ohne Unterbrechung fortgedauert hatte. Das Resultat der Beratschlagung der Urteilsjury und das darauf begründete Urteil fiel folgendermaßen aus:

Todesstrafe
1. Richard Bruttig
2. Johann Jakob Krämer
3. Niklas Dahm
4. Johann Esuk
5. Niklas Schwarz
6. Heinrich Simonis

Zweiundzwanzigjährige Kettenstrafe
7. Georg Schenk

Sechzehnjährige Kettenstrafe
8. Niklas Kohl
9. Lorenz Günther

Vierzehnjährige Kettenstrafe
10. Matthes Dahm
11. Peter Ernst Simonis

Als Weib vierzehnjährige einzelne Einsperrung
12. Margaretha Saurens

Losgesprochen
13. Joseph Schiffmann

Die zur Kettenstrafe Verurteilten begaben sich aller ferneren Rechtswohltaten und erkannten die ihnen auferlegte Strafe als verdient, weil sie nichts Höheres wagen wollten. Die zum Tode Verurteilten ergriffen Kassation, die aber von dem zu Trier niedergesetzten Revisionsgericht verworfen wurde. Am 26. Frimaire J.VIII. (17. Dezember 1799) fielen sie alle auf der Guillotine wie verworfene Verbrecher. Keiner zeigte Mut, keiner behielt auch nur seine Fassung. Wie ganz anders hatte sich Mosebach gegen dieses verächtliche Räubergesindel betragen! Sie ließen sich von Mönchen begleiten, die jetzt wie allzeit nicht wußten, daß sie Staatsbürger waren und daß ein Priester in so kostbaren Augenblicken äußerst wichtige Dienste leisten kann.

Sie hatten, während sie zu Koblenz im Gefängnis saßen, einigemal durchzubrechen versucht und sogar einmal das Gewölbe ihres unterirdischen Kellers durchgebrochen und waren schon in den äußersten Hof gekommen, als der wachsame Gefängniswärter sie noch glücklich entdeckte und zurückführen ließ. Die Bande war in der Tat für das Publikum so äußerst wichtig*, daß außerordentliche Mittel erforderlich wurden, um sich ihrer zu versichern. Sie wurden daher, während ihre Sache bei dem Kassationsgericht anhängig war, auf einige Zeit auf die Festung Ehrenbreitstein, die damals in französischen Händen war, gebracht und dort in ein tiefes Gewölbe gesperrt und mit Ketten aneinander gefesselt. Weil sie es aber in dieser Mördergruft nicht ausgehalten haben würden,

* für die Bevölkerung so gefährlich

so ließ man sie wieder in ihr gewöhnliches Gefängnis führen, wo sie den letzten Tag erlebten. Matthes Dahm starb auf den Galeeren und seine Geliebte zu Koblenz im Gefängnis. Wenn man irgend fürchten müßte, daß die übrigen ihre Strafe überlebten, so müßte man wahrlich auch mit Angst der Zurückkunft von Lorenz Günther (nächst Zughetto der älteste Pferdedieb in drei Departementen) entgegensehen.

Wie ganz anders hatte sich der Ex-Jesuit Rink in den letzten Tagen des Räubers Hoscheid als seine Amtsbrüder bei der Hinrichtung dieser sechs betragen! Er war es, der mit seinen geistlichen Gründen diesen Menschen zum Eingeständnis alles dessen bewegte, was ihm noch von Verbrechen bekannt war. Sein Testament söhnt uns zum Teil mit dem Tode Nikolais aus, der wahrlich bei dem Sprinkermord nicht überführt war. Es ist der Mühe wert, den Layer Raub hier einzurücken, da es eins der Hauptverbrechen dieser Bande war. Hoscheid konnte zwar keine Zeugen darüber namhaft machen, allein er gab so viele kleine Nebenumstände an, die sich alle in der Folge bestätigten, daß seine Bekenntnisse gar keinem weiteren Zweifel mehr unterworfen sein können. Der damalige Direktor der Geschworenen, Br. Tippel, hat dieses Verbrechen in der Untersuchung mit sehr vielem Scharfsinn behandelt, und ihm verdankt man es hauptsächlich, daß alles dabei erschöpft wurde, was in der damaligen Lage möglich war.

In der Nacht vom Sonnabend auf den Palmsonntag J.VI. (1798) wurde die LayerMühle bei Osann, Kanton Wittlich im Saardepartement, von Räubern geplündert. Nach Hoscheids Testament waren der Räuber sieben, nämlich Hans Bast, Niklas Dahm, Niklas Schwarz, Johann Krämer, Heinrich Simonis, Christian Hoscheid und der Kohlenbrenner Schmittberger aus dem Wald Kondel. Sie verlangten zuerst Essen auf der Mühle und wurden deswegen eingelassen. Bald erklärten sie aber, daß sie aus ganz anderen Absichten gekommen seien und jene hundert Taler haben wollten, die sich, wie sie wohl wüßten, bar in des Müllers Kasten befänden. Die Bewohner der Mühle beteuerten, daß sie gar kein bares Geld hätten, und darauf fingen die Räuber an, ungestümer zu werden. Sie mißhandelten des Müllers Tochter, welche sich in den Keller flüchtete, und gingen in ihren Drohungen und zum Teil auch in Tätlichkeiten so weit, daß Mutter und Vater, wie der Sohn vor der Urteilsjury beschwor, bald darauf an den Folgen des Schreckens starben. Nur vier von den Räubern waren in die Stube gekommen; die anderen hielten vor der Tür Wache. Man raubte alles, was an Kleidungsstücken und Leinwand vorrätig war. Dem Müller blieb nichts als die Betten zurück. Das Schießgewehr wurde in Gegenwart der Familie des Müllers geladen.

Wir finden in der Nacht vor diesem Diebstahl sieben verdächtige Menschen zwischen elf und zwölf Uhr an der Haustür des Metzgers Müller zu Dusemont anklopfen und nach einem anderen Metzger fragen. Da sie diesen aber nicht finden, bleiben sie dort, trinken und schmausen und schlafen auf den Stubenbänken. Morgens früh gehen zwei von ihnen weg, kommen aber nachmittags wieder, nachdem sie wahrscheinlich Kundschaft eingezogen hatten, und eine halbe Stunde vor der Nacht bricht der ganze Haufen auf das linke Moselufer auf, auf dem die Layer Mühle liegt. Christian Hoscheid und Hans Bast Nikolai wurden bestimmt erkannt, unter diesem Haufen gewesen zu sein. Alles dies traf ganz genau mit Hoscheids Testament zusammen und wurde durch Zeugen bestätigt. In eben diesem Testament wurde ausdrücklich gesagt, daß die gestohlenen Waren in Hans Basts Haus geteilt worden seien und daß dieser ein paar Beinkleider von hellblauem Plüsch nebst Halstüchern und Bettüberzügen erhalten hätte. Der Friedensrichter des Kantons Wittlich fand auch wirklich, als er am 19. Fructidor J.VIII. (6. September 1800) eine zweite Haussuchung zu Krinkhof vornahm, ein Paar solche Beinkleider in Nikolais Behausung. Der Sohn des Müllers wollte zwar anfangs diese Beinkleider nicht anerkennen, gab aber in der öffentlichen Audienz mit tränenden Augen zu, daß die Beinkleider die seinigen seien. Zudem trat ein Schneider auf, der eidlich erhärtete, diese Beinkleider für den Müller verfertigt zu haben, da er seine Arbeit ganz genau kenne. Über dieses Zeugnis muß man freilich die Miene ein wenig zum Lächeln verziehen, wenn man bedenkt, daß ein Schneider, der keine besonderen Kennzeichen an seine Arbeit macht, noch nach mehreren Jahren, wenn ein Kleidungsstück schon oft verändert und wie dieses ganz zerrissen und abgetragen ist, seine Arbeit erkennen will.

Nikolai mußte zugeben, daß er am Tage vor und nach dem Raub in der Gesellschaft der Räuber gewesen und mit ihnen auch über die Mosel gefahren war. Hier wollte er aber die Bande verlassen und seinen Weg nach Hause eingeschlagen haben. Allein die Bande bestand bei der Plünderung noch aus sieben Personen, und ein Augenzeuge beschwor, daß zwei ausgezeichnet große Kerle vor der Mühle Schildwache gestanden hätten, welches alles mit Hoscheids letzter Behauptung zusammentraf. Nikolai und der Kohlenbrenner Schmittberger waren gerade die einzigen von einer solchen Statur. Was die Beinkleider betraf, so behauptete Nikolai, sie von dem Hunsrücker Hannes empfangen zu haben, der sie in seinem Hause liegengelassen habe.

Die Hauptsumme der Verbrechen, die in Nikolais Anklageakte aufgenommen wurde, war folgende:

1) Ermordung von Theodor Mungel aus Waldkönigen.
2) Verheimlichung und Verkauf von zwei dem Br. Jakob Schultes zu Neunkirchen gestohlenen Pferden. Im Frühjahr J.VI. (1798). Es verdient bemerkt zu werden, daß die Diebsbande bei Gelegenheit, als der Eigentümer diese Pferde aufsuchte, zu Bertrich in einem öffentlichen Wirtshaus einen großen Mittagsschmaus hielt, welcher sechs Stunden dauerte. Nikolai war mit der Gesellschaft.
3) Diebstahl von drei dem Br. Hubert Johannes zu Iddesdorf, Kanton Daun im Saardepartement, gehörender Pferden. Im Sommer des J.VII. (1799). Lorenz Günther und Hans Bast.
4) Im Sommer J.V. (1797) wurde ein dem Br. Schlettweiker vom Neuenhof bei Manderscheid gehörenden Ochse entwendet, unterwegs aber wieder aufgefangen und zu Hasborn untergestellt. Hier wurde er in der folgenden Nacht wieder entwendet und an Michel Kaufmann von Kinderbeuern verkauft. Bruttig und Nikolai.

5) Diebstahl des nämlichen Ochsen aus dem Stall des eben genannten Michel Kaufmann. Hans Bast Nikolai.

Der alte Dieb konnte das Lachen nicht verbeißen, wenn er auf diesen Ochsen im Vertrauen zu sprechen kam. Indessen hat er doch niemals den eigentlichen Hergang recht von der Brust erzählen wollen. Er brach immer mit den Worten ab: »Es war alles nur Spaß«, und trillerte dabei ein Liedchen nach seiner gewohnten Weise.

6) Diebstahl einer schweren Geldkatze* aus dem Hause des selben Michel Kaufmann, wo Hans Bast schmiedete.

7) Warendiebstahl in dem Haus des Krämers Mack zu Kinheim, Kanton Wittlich im Saardepartement. Im Frühjahr J.V. (1797) zur Nachtzeit und mit Einsteigen. Lorenz Günther, seine Maitresse, der Trierische Christian (Perückenmacher) und Hans Bast Nikolai.

Der Eigentümer war den Dieben auf der Spur, und als er diese verlor, so wandte er sich durch eine dritte Person an den Teufelsbeschwörer Nikolai, der ihm das Haus nannte, wo die Diebe zu finden sein würden und auch wirklich gefunden wurden, sich aber durch die Flucht retteten.

8) Raub auf der LayerMühle.

9) Sprinker Mord.

10) Mord eines französischen Militärs. Im Sommer IV.Jahres (1796)

Wie rachsüchtig übrigens diese Menschen gegen diejenigen waren, die sie verfolgten, mag folgendes Beispiel beweisen. Der Pastor der Gemeinde Gündorf, der zugleich Agent war, kam mehreren gestohlenen Pferden auf die Spur. Georg Schenk und Heinrich Simonis, die dieses nicht vertragen konnten, gingen zu diesem Pastor und fielen ihn ungestüm mit den Worten an: »Guten Tag, Agent! Wir wollen dir lehren, ehrliche Pferdehändler verfolgen.« Sie setzten ihm eine Pistole auf die Brust, welche aber versagte. Der Pastor setzte sich nun zur Wehr und schlug die Pistole des Heinrich Simonis, die ihm dieser vorhielt, mit der Hand ab. Der Schuß ging ins Fenster. Die Räuber kamen unmittelbar nach diesem Mordversuch zu Nikolai, wo sie die ganze Bande beisammentrafen und den Vorschlag machten, noch einmal hinzugehen und den Agenten zu ermorden. Sie gaben vor, daß ihnen mehrere Gemeindeleute† von Gündorf dafür vierzehn Karolin versprochen hätten. Die Bande war wirklich bereit aufzubrechen, als ihnen Christian Hoscheid in den Weg trat und Gegenvorstellungen machte. Er war es, der dem Pastor das Leben rettete.

Die traurigen Reste von dieser Bande verschwanden bald, als man sie mit Ernst angriff, aus der Gegend, und was sonst noch an Verheimlichtern da und dort verborgen war, zog sich ganz ins Stille zurück. Man sieht leicht, welchen Ausgang diese Verbindung würde genommen haben, wenn man sie nicht gleich anfangs mit ganzer Macht auseinandergesprengt hätte. Ein eigentliches System unter den verschiedenen Gliedern war erst im Werden. Alle Mittel, die nachher dem berüchtigten Schinderhannes zustatten kamen, fehlten noch. Es hätte nichts als eine große Evasion‡ aus dem Gefängnis gefehlt, um die Landbewohner schüchtern zu machen. Warum affectirten die Räuber nicht**, ausschließlich

* Gürtel zum Tragen des Geldes

† Einwohner

‡ Flucht

** gaben die Räuber nicht vor

Feinde der Juden zu sein, und warum beraubten sie diese nicht? Gewiß würden sie dann noch lange dem Staat getrotzt haben. Ihre Verbindung mit denen vom Hunsrück zu vollenden, waren sie im Begriff. Iltis Jakob und Mosebach standen in der Mitte. Nur noch einige Monate, und dann hätte alles von Luxemburg an über den ganzen Hunsrück und an den Ufern der Mosel hin bis nach Köln und vielleicht noch weiter zusammengehangen. Johann Müller hätte die Vereinigung mit denen unter Koblenz bewirkt.

Wer war der verworfene Geist in dieser Hülle, der in unseren Tagen an Schandtaten nichts hinter sich zurückgelassen hat? Wir betrachten mit Entsetzen die Geschichte seines nun gottlob beendeten Lebens und fahren vor den Bildern seiner scheußlichen Phantasie zurück, indem wir die Papiere über seinen Prozeß durchblättern.

Johann Müller war der Sohn von wohlhabenden Eltern in Schönau, Kanton Rheinbach im Rhein- und Moseldepartement auf der Grenze von der Ruhr. Sein Vater hatte ihn den Studien bestimmt, und er absolvierte auch wirklich bei den Ex-Jesuiten zu Münstereifel die drei sogenannten ersten Klassen, worin er durchaus immer einer der Ersten war. Er wurde in seinem vierzehnten Jahr Herr von dem Anteil seines elterlichen Vermögens unter dem Vorstand eines Vormundes und nahm in seinem neunzehnten Jahr ein Weib, das ihn zum Vater von drei Kindern machte.

Seine Rückkehr von der Schule in den Bauernstand wurde der Grund zu seinem späteren Unglück. Müller ist nicht der erste, den die Ideen vom Vornehmtun und Bessersein ins Verderben gestürzt haben. Er lebte hoch, konnte sich nicht mehr an Arbeit gewöhnen und erhandelte einen gefährlichen Prozeß, den er verlor, und wurde zum Bettler. Mit den Trümmern seines Vermögens, die in zwanzig Kronentalern und einem Pferd bestanden, ging er als Marketender zu der österreichischen Armee in Brabant mit noch vier anderen Kameraden, die weniger zu verlieren hatten als er selbst. Ein Wirt, der ihnen für ein schmales Nachtessen und Nachtlager sieben Taler abforderte, machte ihn zum ersten Mal zum Dieb. Er entwendete ihm den Kopf von einem eben geschlachteten Schwein.

Das Vorrücken der fränkischen Armeen machte seinem Gewerbe als Marketender ein Ende. Er kehrte heim mit einem kleinen Gewinn in der Tasche. Allein das unstete Leben, an das er sich im Krieg gewöhnt hatte, machte ihn zur Arbeit völlig untüchtig. Er vertrödelte seine wenige Barschaft in den Wirtshäusern, und wenn abends bei seiner Nachhausekunft Weib und Kind nach Brot winselten, dann vergriff er sich an fremdem Eigentum, an Kartoffeln und Früchten, um seine Familie zu ernähren. Ein Fall, wie der Krieg Tausende mit sich bringt, gab den entscheidenden Anklang zu Müllers späterem Leben. Sein erstes häusliches Glück (auch bei völligem Mangel gibt es häusliche Zufriedenheit) wurde durch die Untreue seiner Frau gestört und durch unvorsichtige, voreilige Menschen, die diese Untreue zu den Ohren des Ehemannes trugen. Es schien, als ob die Natur einen grausamen Fluch durch sein ganzes Leben gerufen hätte!

Einige französische Dragoner, die in Schönau einquartiert waren, raubten seiner Frau, die für andere Familien zu waschen pflegte, die ihr anvertraute Leinwand und zugleich ihre Ehre. Müller kam erst einige Tage nach dieser Geschichte nach Hause, wo er sie von der dritten Hand erfuhr. Die Dragoner waren bereits abgereist. Müller, voll Wut wie ein angeschossener Eber, eilte auf der Stelle nach Münstereifel und kaufte sich dort von dem Geld, das er an eben dem Tag aus gestohlenen Effekten gelöst hatte, eine Doppelflinte, mit dem festen Vorsatz, den ersten besten französischen Soldaten niederzuschießen. Auf der Straße zwischen Schönau und Münstereifel lauerte er hinter einer Hecke auf. Zwei Militärs zu Pferde, die mit Depeschen nach Blankenheim ritten, kamen des Wegs. Sie waren beide zum Opfer bestimmt. Müller drückte seine Flinte los. Weil es aber den Tag über geregnet hatte, so versagte der eine Lauf, und das Pulver im zweiten brannte nach. Die Kugel, durch Zufall geleitet, zerfleischte dem einen Reiter den Schenkel und verwundete das Pferd, welches am anderen Tag in Münstereifel krepierte. Die beiden zum Tode bestimmten Schlachtopfer entkamen glücklich dem Mörder. Allein seine Rachsucht war noch nicht gekühlt, und er wurde einige Zeit darauf zum scheußlichsten Verbrecher an einem ihrer Waffenbrüder.

Ich will dir eine Geschichte erzählen, sprach der Geist zu Hamlet, worüber sich deine Locken sträuben und deine Adern in Eis gerinnen werden.

Mehrere Monate nach dem oben erwähnten Mordversuch kehrte ein französischer Fuhrknecht in Schönau ein und wurde dort bei einem Bürger einquartiert. Müller traf ihn dort am ersten Abend, und der Gedanke erwachte sogleich in ihm, den Unschuldigen zu ermorden. Das Gefühl über die seiner Frau angetane Unbill ergriff, wie er uns versicherte, mit allen Furien sein ganzes Wesen bei dem Anblick dieses Menschen. Der Fuhrknecht war ein Elsässer und einige* zwanzig Jahre alt. Sein ganzes Vermögen bestand in zwei weißen zusammengelappten Mänteln, wovon er einen für 36 Blaffert verkaufte, um sich seine Stiefel flicken zu lassen, denn er ging barfuß. Freitags kam er an, sonnabends blieb er dort, und den darauf folgenden Sonntag ging er frühmorgens in die Kirche. Müller, der ihn auf allen Schritten unablässig verfolgte, kniete hinter ihm und sah ihn sehr fromm beten. Der Entschluß, ihn zu morden, gedieh in diesem heiligen Augenblick zur völligen Reife. Der Fuhrknecht blieb sonntags noch in Schönau. An diesem Tag bereitete Müller den Mord vor. Er hackte eine Kugel in drei Stücke und lud seine Flinte damit. Montags wurde der Mord ausgeführt. Der Fuhrknecht reiste frühmorgens ab. Müller schlich ihm nach und holte ihn in den sogenannten Wohlheimer Benden unweit Schönau ein. Ohne ihn anzurufen, gab er ihm von hinten die erste Ladung. Die Kugelstücke hatten bloß an beiden Seiten ein wenig gefleischt. Der Unglückliche lief einige Schritte seitwärts in die Hecke, aber der Mörder hatte ihn gleich gepackt und kündigte ihm mit einer unbeschreiblichen Kälte und teuflischem Hohngelächter an, daß er

* etwas über; gut

sterben müsse. Voll Furcht und Entsetzen, zum Teil auch von den Schmerzen seiner Wunden entkräftet, konnte sich der Fuhrknecht nicht zur Wehr setzen. Er bat um Schonung seines Lebens und stellte dem Mörder in den rührendsten Ausdrücken vor, daß er ihn niemals beleidigt habe, daß er ihn nicht verraten wolle und daß er selbst ein Deutscher sei. Er bat ihn im Namen seiner Eltern, doch diesen den Trost zu gönnen, daß sie wüßten, wie und wo er gestorben. Wenn er hier sterben müßte, so würden sich diese abhärmen*, ihn täglich erwarten und doch niemals wiedersehen. Der Mörder blieb unbewegt und erwiderte kalt: »Du mußt sterben.« Als der Unglückliche alle seine Bitten fruchtlos sah, fing er an zu beten und sich zum Tode zu bereiten. Er wälzte sich auf den Knien und jammerte umsonst nach Hilfe. In der weiten Einöde hörte kein lebendes Wesen seine Klagen. Während dieser Zeit lud Müller seine Flinte wieder, trat einige Schritte zurück und schoß den Fuhrknecht, der noch immer im Beten begriffen war, in die Seite, daß er auf der Stelle niederstürzte und in wenigen Minuten den Geist aufgab. Dann lud er ihn auf die Schulter, trug ihn eine halbe Viertelstunde weit den Berg hinauf ins Gebüsch und kehrte heim. Tags darauf stand er früh auf, nahm Harke und Spaten, machte ein Loch und verscharrte die Leiche, nachdem er ihr noch vorher die Vorderteile der Weste abgerissen, Mantel und Hut und die in 26 Blaffert bestehende Barschaft geraubt hatte. Auf dem Grab des Ermordeten betete der Mörder fünf Vaterunser. Dem Küster in Schönau hat er, wahrscheinlich wegen seiner geistlichen Verwandtschaft, diese Tat entdeckt.

Jahrs darauf rodeten die Bauern von Schönau in den Hecken, und bei dieser Gelegenheit wurde der nicht tief genug verscharrte Leichnam gefunden.

Als uns Müller diese beispiellose Geschichte nach seinem Todesurteil im Kerker erzählte, sahen wir einen alten Kriminalisten, der schon oft auf Rad und Galgen erkannt hatte, Tränen vergießen. Nur der Mörder blieb ungerührt, und wir haben auch bis zu seiner letzten Minute keine Spur der Reue über diese Greueltat bei ihm entdeckt. Wir gaben uns zu gleicher Zeit alle Mühe, um etwas Näheres von der Person des Ermordeten zu entdecken und seinen Verwandten von seinem Schicksal Nachricht zu erteilen. Müller konnte aber selbst nichts Näheres angeben.

Am 26. Frimaire J.VII. (16. Dezember 1798), als die Bürger der Gemeinde Röddert, Kanton Rheinbach, in einem anderen Dorf in der Kirche waren, öffnete Barbara Brück ihre Haustür, um in den Kuhstall zu gehen. In diesem Augenblick drängte sich Müller, der zum hinteren Hoftor eingebrochen war, mit Gewalt ins Haus, ergriff die Frau am Hals und warf sie zur Erde, setzte ihr eine Pistole auf die Brust, schleppte sie bei den Haaren in die Holzhütte und forderte zehn Kronentaler mit der Bedrohung, widrigenfalls seine Kameraden aus der Scheuer zu holen. Als die Frau hierauf erwiderte, wenn er aus Not zu dieser Tat gezwungen worden sei, so wollte sie ihm Speck, Fett und Fleisch in sein Haus

---

* sehr sorgen

schicken. Er ließ sie darauf los, ging mit ihr ins Haus und forderte Schnaps. Als die Frau diesen nicht auf der Stelle bei der Hand hatte, warf Müller sie abermals zu Boden und setzte ihr die Pistole auf die Brust mit der Drohung, er werde losdrücken, wenn sie ihm nicht auf der Stelle das Geld gäbe. Dann schleppte er sie bei den Haaren die Treppe hinauf in ein Zimmerchen und schloß hinter sich die Tür zu. Hier forderte er sie auf, ihm die Kiste zu zeigen, worin das Geld sei. Als sie aber den Schlüssel nicht finden konnte, warf er sie neuerdings zu Boden, trat sie mit Füßen, zerschlug mit einer auf der Erde liegenden Pistole den Deckel der Kiste und raubte das darin befindliche Geld. Hiermit noch nicht zufrieden, forderte er noch zehn Kronen für seine Kameraden. Er trieb die alte Frau darauf unter immerwährendem Schlagen und Stoßen mit der Pistole bis auf den Speicher, wo das Geld in einem steinernen Topf unter dem Dach verborgen war. Als sie auch hier den rechten Platz nicht gleich finden konnte, riß er sie abermals bei den Haaren nieder, fand das Geld, steckte es zu sich und verließ das Haus. Der Raub betrug 72 Kronentaler.

Dies ist die einzige Tat, die Müller bereut hat. Er gestand sie dennoch nicht eher als bis nach dem über ihn ausgesprochenen Todesurteil ein. Bei seinem Verhör vor dem von dem Präsidenten des peinlichen Tribunals ernannten Commissaire wusch er sich die Tränen aus den Augen, als ihm der Verbalprozeß über diese Tat vorgelesen wurde. In der öffentlichen Audienz, als ihm die arme alte Frau unter die Augen gestellt wurde, unter Tränen kaum reden und den Räuber nicht ansehen konnte, würde er, wie er uns nachher erzählte, die ganze Geschichte eingestanden haben, wenn er sich nicht vor dem Publikum gescheut hätte.

Brandstiftung ist das Mittel, wodurch sich Leute rächen, die schwach an Geist sind und der überlegenen Macht weichen müssen. Wer Kraft hat und in einem Fall wie dem folgenden sich selbst genug ist, wird nicht eine so niederträchtige Art von Rache wählen. Je verbrannter ein Gehirn ist, desto ausschweifender sind seine Leidenschaften. Müller war gewiß schwach an Verstand, aber desto größer war seine Tücke, Bosheit und Rachgier.

Mehrere Diebe hatten sich verabredet, einen dem Joseph Pfahl zu Esch gehörenden fetten Ochsen zu entwenden und die Tat dem Johann Müller zuzuschieben. Dieser kam aber hinter den Plan und machte sich eines Nachts auf, um den Ochsen selbst zu stehlen. Er brachte ihn auch wirklich aus dem Stall und führte ihn eine Stunde fort, als der Ochse den Jochriemen zerriß und zurücklief. Mehrere Tage nachher kamen obige Diebe wieder, fanden aber den Ochsen bewacht und mußten leer abziehen. Bald darauf verband sich Müller mit einem seiner Kameraden und führte den Diebstahl glücklich aus. Der Ochse wurde in einen benachbarten Wald geführt und dort bei Nacht geschlachtet. Weil aber der Tag über der Arbeit zu grauen anfing, so ließen die Diebe das Fleisch zurück, um es in der folgenden Nacht abzuholen. Der Eigentümer war, weil es in der Nacht des Diebstahls stark geregnet hatte, mit noch einigen anderen Bürgern der Spur gefolgt und nahm das Fleisch mit sich nach Hause.

Müller, über diesen mißlungenen Streich aufgebracht, schrieb zuerst zwei Brandbriefe, worin er von dem Eigentümer des Ochsen das zurückgeholte Fleisch und sechzig Kronen, von jedem Bürger, der mitgesucht hatte, drei Kronen und von dem Vorsteher der Gemeinde Söller, der Nachtwachen angeordnet hatte, die Aufhebung dieser Wachen verlangte, widrigenfalls die Dörfer Esch und Soller niedergebrannt werden sollten. Einer von diesen Briefen endete mit folgenden Worten: »Oder meint ihr, wir hätten nicht Pistolen und Flinten genug? Ein für allemal, liefert, was vorgeschrieben ist, oder das ganze Dorf wird verbrannt, und dann können alle Pfaffen machen, was sie wollen und prophezeien.»

Als auf diese Aufforderungen nichts erfolgte, brannte Müller, wie er es nannte, auf Abschlag das Backhaus zu Soller nieder und schrieb einen dritten Brandbrief, der mit folgenden Reimen endete:

»Wir haben kein Papier mehr,
Sondern Feuer und Gewehr,
Und Kugeln und Blei,
Nun macht, daß es bleibt dabei!!«

Zugleich wurden einige Schüsse ins Blaue getan. Die Einwohner der beiden Gemeinden fingen nun wirklich Unterhandlungen mit Müller an, der vorgab, Aufträge von den Räubern zu haben. Diese Unterhandlungen kamen aber nur zum Teil zustande, weil Müller mit der ihm angebotenen Summe nicht zufrieden sein wollte. Er hatte seine gewöhnliche Handschrift in diesen Brandbriefen sehr zu verstellen gewußt, und nur mit Mühe konnten die Kunstverständigen ein Gutachten darüber abgeben und mit anderen von Müller eingestandenermaßen geschriebenen Briefen Ähnlichkeiten finden. Anschütz, Professor an der Secondaire-Schule zu Koblenz, entwickelte aber doch seine Gründe gegen Müller mit so vieler Geschicklichkeit, daß dieser zum Schweigen gebracht wurde und nach seinem Todesurteil auch wirklich eingestand, der Verfasser jener Briefe zu sein.

Wir haben unseren Helden als Meuchelmörder, als gewaltsamen Erpresser und als Brandstifter betrachtet. Wegen aller dieser Verbrechen war er angeklagt, und wenn er noch mehr von dieser Art gesündigt haben sollte, so liegt dieses Geheimnis in der Brust des Geistlichen begraben, der seine letzte Beichte gehört hat, und es wäre hier nicht der Ort, darüber zu sprechen.

Verbrechen des offenen Straßenraubs hat er ebenfalls mehrere begangen, besonders an französischen Militärpersonen und unbewaffneten Reisenden. Sie waren fast alle von Morddrohungen begleitet. Der gefährlichen Diebstähle mit Einbruch in bewohnte Häuser zur Nachtzeit ist die Zahl Legion. Wer kann sie alle aufzählen? Und da sie nicht charakteristisch sind, so können sie für das große Publikum nur wenig Interesse haben. Nichts schonte der freche Dieb. Pferde, Ochsen, Kühe, Rinder, Schafe, Ziegen, Bienen, Wäsche, Kleider, Geld, Kirchensilber, Krämerwaren und Feldfrüchte, alles griff er an. Als ein merkwürdiger Umstand in seinem Leben verdient angeführt zu werden, daß er bei so vielen und gefährlichen Verbrechen, deren Summe die Zahl von sechzig weit übersteigt, nicht ein einziges Mal auf frischer Tat ertappt wurde.

Seine Gefangenschaft hat vierzig volle Monde gedauert. 77 Wochen lang war er in Eisen geschmiedet, und zwar so, daß er beide Hände nicht aneinander bringen konnte. Als er zum erstenmal in Koblenz gefangen saß, machte er die Bekanntschaft von Niklas Kohl, von dem oben die Rede war. Dieser goß einen sehr künstlichen Schlüssel* aus einem Löffel und einer Hosenschnalle, womit sie zur Nachtzeit die Tür des Gefängnisses öffneten und beide entflohen. Müller ging mit seinem würdigen Gesellen zuerst nach Altrich im Saardepartement, wo Kohl gebürtig war. Von da gingen sie nach Schönau, verübten in der dortigen Gegend mehrere gefährliche Diebstähle und trieben ihr Wesen einige Wochen gemeinschaftlich, bis Kohl wieder zurückging, um neue Rekruten zu holen, aber glücklicherweise niedergeworfen und nach Koblenz zurückgebracht wurde.

Müller verbreitete ein solches Entsetzen in seiner Gegend, daß ganze Familien ausgewandert sein würden, wenn er nicht gefangen worden wäre. Er ging meist allein und hielt sich nur selten bei seinen Kameraden auf, mit denen er auch keine eigentliche Verbindung hatte. In Münstereifel, ein ziemlich beträchtliches Städtchen, wo ihn die Kinder auf der Straße kannten, ging er am hellen Tage und zechte in den Wirtshäusern, und kein Mensch wagte es, ihn anzugreifen. Vorzüglich war dort in dem Haus des Gastwirts Niklas Karbach seine Niederlage. Dieser Mensch kaufte ihm gewöhnlich seine gestohlenen Waren ab und stand deswegen vor dem peinlichen Tribunal in Koblenz, wo er aber auf die Erklärung der Urteilsjury, die hier nicht nach seinem Gewissen handelte, freigesprochen werden mußte. Auch zum letztenmal wurde Müller in Karbachs Haus gefangen. Er saß einen ganzen Nachmittag dort bei warmem Zuckerwein und Bratwürsten und bewirtete alles, was in die Stube kam, mit der größten Freigiebigkeit. Der Agent erfuhr seine Anwesenheit und ging abends mit bewaffneter Mannschaft dahin, um ihn gefangenzunehmen. Müller war mit zwei schwer geladenen Pistolen und mit einem dicken eisernen Hammer bewaffnet. Als er sich von Bewaffneten umringt sah, griff er zu seinem Schießgewehr und wehrte sich voll Verzweiflung. Dem ersten, der ihn angriff, schlug er die Pistole auf den Kopf, daß er ohnmächtig zurücksank. Auf den Agenten drückte er die Pistole einigemal los, welche aber glücklicherweise versagte, wie der Agent und seine Gehilfen gerichtlich beschworen.

Müller beruhigte sich sehr gern bei dem über ihn ausgesprochenen Todesurteil und verzichtete auf alle Kassation. Sein Beichtvater, der Ex-Jesuit Rink, half ihn bereden, daß er alle Verbrechen entdeckte, die ihm noch bekannt waren. Seine Bekenntnisse, die sehr interessant sind, wurden von seinen Verteidigern zu Papier gebracht und befinden sich auf der Kanzlei des Direktors der Geschworenen des Bezirks von Bonn. Die Zahl seiner Verbrechen war ungeheuer, und er

---

* Dietrich

bezeugte wenig Reue darüber.[1] Am 27. Brumaire J.X. (18. November 1801) wurde er enthauptet. Er betete sehr emsig und lief zur Guillotine. In der öffentlichen Audienz leugnete er alles auf die unverschämteste Weise und drohte mehreren Zeugen. Er versuchte es einigemal, den Narren zu spielen, gab aber diese Rolle, als ihn der Präsident ernstlich zur Ruhe anwies, bald wieder auf. Er war erst 29 Jahre alt, hatte einen kräftigen untersetzten Körper und eine lächelnde freundliche Miene. Sein merkwürdiger Kopf wurde von einem Arzt anatomisch zubereitet und der Schädel befindet sich in unseren Händen.

---

1 *In der Anklageakte wurden dem Johann Müller zehn Verbrechen zur Last gelegt, von denen die vorzüglichsten angeführt worden sind. In seinem Testament erklärte er umständlich*, wie er solche begangen oder daran teilgenommen habe. Außer diesen zehn Verbrechen gestand er nach seiner Verurteilung noch 55 wirklich ausgeführte und zwei versuchte Diebstähle, von denen in der Anklageakte keine Rede war.*
Müller stand unter anderem auch mit dem in den hiesigen Gegenden so berüchtigten Dieb Peter Nücken (Nücken Peter genannt) in Verbindung; mit diesem hatte er in den Ländern, welche jetzt das Rhein- und Mosel- und das Ruhrdepartement ausmachen, den größten Teil seiner Diebstähle ausgeführt. Nücken Peter wurde von dem ehemaligen Obergericht zu Bonn zu einer zwanzigjährigen Einsperrung verurteilt, entfloh im Winter J.V. (1796/97) aus den Gefängnissen dieser Stadt, wurde später wieder gefangen und auf Befehl des Kriminalgerichts in Koblenz auf die Galeeren geschickt.
Unter Müllers Spießgesellen verdient noch besonders Engelbert Jungbluth, Gerber aus Flammersheim, bemerkt zu werden. In seinem Testament hat ersterer mehrere Diebstähle angegeben, die er in Verbindung mit Jungbluth ausgeführt hat. Dieser Mensch stand mit Heinrich Mohr, welcher lange Zeit der Schrecken einiger Bezirke des Rhein- und Mosel- sowie des Ruhrdepartements gewesen war, in der genauesten Verbindung; Mohr wurde den 14. Frimaire J.X. (5. Dezember1801) durch den braven Gendarmenbrigadier Husson zu Jungersdorff arrstiert, der Räuber drückte ihm eine mit Kugeln geladene Pistole auf die Brust ab, die Kugeln drangen nicht ein; im J.X. fiel zu Köln sein Kopf unter der Guillotine. Sein Kamerad Jungbluth wurde in eben demselben Jahr zu Köln hingerichtet und mit ihm die Diebe Simon Elias von Süssem bei Sinzig, Nathan Hirz von Pier und Jakob Geissel von Süssem; die öffentliche Sitzung dauerte drei Tage, 33 Zeugen wurden verhört. Die Bürger Brüninghausen und Degen, der erste Friedensrichter im Kanton Froitzheim, der zweite im Kanton Düren, haben bei der ersten Instruction† dieser Prozedur den rühmlichsten Amtseifer bewiesen.

* ausführlich

† Einleitung des Verfahrens

Aktenmäßige Geschichte der verschiedenen Räuberbanden an den beiden Ufern des Rheins

Bande vom Schinderhannes

Der Großvater von Schinderhannes war Wasenmeister* in Merzweiler, Kanton Grumbach im Saar-Departement. Er hatte die Achtung der ganzen Gegend. Sein Sohn ging als Wasenknecht auf die andere Rheinseite, wohnte einige Zeit in Nastätten in der Niedergrafschaft Katzenellenbogen und verheiratete sich mit Anna Maria Schmitt aus Miehlen bei Nastätten, einem Nassau-Usingen und Weilburg gemeinschaftlichen Ort. Hier ist Johann Bückler, genannt Schinderhannes, geboren. Sein Vater ging bald wieder auf das linke Rheinufer und wohnte anfangs in Iben und Veitsrodt und dann in Kirschweiler, Kanton Herrstein im Saar-Departement, bis er nach der letzten Gefangennahme seines Sohnes ebenfalls verhaftet und nach Mainz gebracht wurde. Er ernährte sich mit seinem Weib sehr kümmerlich, teils als Feldhüter, teils als Tagelöhner. Welche Erziehung er unter diesen Umständen seinem heranwachsenden Sohn geben konnte, ist leicht begreiflich. Dieser schoß wie ein wilder Stamm auf, dem das wohltätige Messer des Gärtners fehlt, um ihn zu einem Frucht bringenden Baum zu machen. Kaum lernte der junge Bückler seinen Namen schreiben.

Es ist nicht der Rede wert, der kleinen Bubenstückchen zu gedenken, die Schinderhannes in der Gegend von Kreuznach übte, wo er mit seinen Spielkameraden Fleisch und Brot aus französischen Proviantwagen mauste. Ehe wir aber die Hauptszenen seines Lebens betrachten, ist es nötig, daß wir ihn auf seinem ersten Ausflug beobachten, damals nämlich, als er bei dem Scharfrichter Nagel† in Bärenbach, Kanton Grumbach, eine kleine Stunde von Kirn, in Dienste kam. Mehr aus Mitleid als weil er seiner bedurfte, nahm dieser wirklich ehrenwerte Mann den Bettelbuben als Beiläufer zu seinem Hauptknecht auf. Dies geschah gegen Ende des J.V. (September 1796). Nagel hat uns oft mündlich versichert, daß der junge Bückler in seinem Dienste sehr behend und immer willfährig gewesen, ein sehr gutes Herz bewiesen und eine Munterkeit ohne Grenzen gezeigt habe. Doch schon am Ende des ersten halben Jahres entwendete er sechs Kalbfelle und eine Kuhhaut von dem Boden seines Dienstherrn. Darüber zur Rede gestellt, ent-

---

* Abdecker, Schinder

† Nagel war Scharfrichter und Abdecker.

schuldigte er den Diebstahl damit, daß ihm der Hauptknecht keinen Anteil an den Häuten der ungeborenen Tiere gegeben habe, wie es beim Handwerk Brauch sei. Doch wollte man diese Entschuldigung nicht gelten lassen, und Schinderhannes entwich heimlich aus dem Hause seines Herrn. Dieser traf ihn aber bald darauf zu Anfang des Jahres V. in Kirn und ließ ihn festhalten. Der Prozeß wurde kurz abgebrochen*. Der damalige Maire in Kirn, Br. Weber, diktierte 25 Prügel, und der Bettelvogt Arloff wußte dergleichen Befehle trefflich zu vollstrecken.

Schinderhannes hat uns gestanden, daß diese Exekution vor den Augen des Publikums ihn tief geschmerzt, aber auch für sein ganzes zukünftiges Leben entschieden† habe. Seine Schamhaftigkeit, von der ein Abdecker von der niedrigsten Klasse ohnedies wenig Begriff hat, war dahin. Er gesellte sich zu einem gewissen Johann Niklas Nagel von Mörschied, Kanton Herrstein. Beide traten bei dem Waffenmeister Pickler zu Sobernheim in Dienst und bald darauf zum zweiten Male bei Nagel in Bärenbach. Eine starke Viehseuche, die damals in Kirn und der umliegenden Gegend wütete, gab ihnen viel zu schaffen, besonders in Meddersheim, Kanton Meisenheim, wo Schinderhannes einige Jahre darauf als Straßenräuber feierlich und öffentlich Audienz gab.

Johann Niklas Nagel, ein wüster Bursche, mit Schinderhannes von gleichem Alter, war auch mit ihm von gleichem Sinne. Sie fingen an, Schafe aus Ställen und vom Feld zu stehlen. In Kirn hatte Schinderhannes die Bekanntschaft eines Burschen namens Engisch gemacht, der bei dem dortigen Metzger Franz Andres als Knecht diente. Nachts trieben sie die gestohlenen Schafe nach Kirn, versuchten bei mehreren Metzgern sie zu verkaufen und fanden endlich bei Andres Gehör, der leichtsinnig genug war, mehrere Male mitten in der Nacht mit den Schinderbuben um ihr gestohlenes Vieh zu feilschen. Der Scharfrichter Nagel, dem der Unfug nicht lange verborgen bleiben konnte, zeigte alles pflichtmäßig bei der damaligen Regierung in Kirn an.

Schinderhannes kam zum zweiten Male ins Gefängnis, entwischte aber, während man seinen Prozeß einleitete, bei finsterer Nacht übers Dach aus der Ratsstube, wo er gefangen saß.

Fink, der Rothkopf, trieb damals in diesen Gegenden sein Wesen. Er war ein berüchtigter Dieb. Ein aus dem Kerker entsprungener junger feuriger Mensch, der nicht wieder rückwärts konnte, war ihm ein willkommener Gefährte. Er machte ihn gleich mit Mosebach, Seibert, Iltis Jakob und Zughetto bekannt, die damals schon berüchtigte Pferdediebe waren. In Liebshausen war die Hauptniederlage. Von dort gingen die Diebe in die ganze umliegende Gegend; dort wurden die meisten gestohlenen Pferde verkauft und in Höfen und Mühlen fast ohne Ausnahme untergestellt.

Zwei Stunden von Kirn, auf dem rechten Ufer der Nahe im Kanton Meisenheim, liegt ein Dorf Lauschied, das zwei fürchterliche Menschen hervorgebracht

---

* schnell beendet

† geprägt

hat: Johann Leiendecker, ein hinkender Schuster, später erster Kamerad von Schinderhannes, und Johann Georg Reidenbach, Holzhacker im Soonwalde. Beide waren schon zwei Jahre früher als Schinderhannes vom Handwerk. In Lindenschied, einem Dorf zwischen Kirn und Kirchberg, kamen sie gemeinlich* mit denen von Liebshausen zusammen. Dort saßen sie auch in der Nacht vom 16. zum 17. Fructidor J. III. (3./4. September 1795) in dem Hause des Wirts Gräff beim Becher. Man hatte sich den ganzen Tag über müde getanzt und schäkerte abends mit den Mädchen. Iltis Jakob hatte seine schöne Frau bei sich, und Placken-Klos (Niklas Rauschenberg von Löffelscheid) seine Geliebte, Elise Werner, damals eine aufblühende Schönheit von kaum sechzehn Jahren. Dieses Mädchen mit der Phrynen-Seele† ging nach und nach, wie es die Laune wollte, von einer Hand in die andere über und zog gar in Husarenuniform eine Zeitlang mit einem französischen Offizier im Lande herum. Sie verließ ihn aber bald wieder, weil er schrob‡ und grämlich war und sie zu heiraten drohte. Merkwürdig ist, was der ungarische Husar, Martin Schmitt, ihr späterer Geliebter, gerichtlich von ihr ausgesagt hat. Wir setzen es aus den Akten wörtlich hierher: »Sie habe ihm erzählt, daß der Placken-Klos ihr erster Schatz gewesen, der sie nachher verlassen und sich an die Buzliese-Amie gehenkt hätte und welcher endlich bei Gelegenheit eines Vorfalls mit dieser Amie von Schinderhannes, Fink und Seibert erschlagen worden sei; von ihrer Familie habe sie ihm geäußert, daß ihr Vater in Trier gehenkt, ihre Mutter auf der anderen Rheinseite geköpft und ihr Bruder eben dort gehenkt worden sei. Ihre Schwester habe während des Krieges einen sächsischen Offizier geheiratet und sei mit ihm nach Sachsen gezogen. Ihre Stiefmutter sei in Lauterecken verheiratet.«

Noch einige andere vom Handwerk, die man nicht einmal dem Namen nach kennt, trafen an dem obengenannten Tage in Lindenschied ein. Iltis Jakob, der sehr eifersüchtig war, konnte es nicht leiden, daß man mit seiner Frau schäkerte; darüber kam es zu Händeln. Schnallen Peter blieb auf dem Platz, und ein zweiter, der schwer verwundet wurde, starb am anderen Tage im Dorfe. Die junge Elise trat den toten Körper des ersten mit Füßen. Der Unglückliche hatte ja die Frau des Iltis Jakob schöner gefunden!

Der damalige Beamte in Gemünden fing sogleich an, die Sache zu untersuchen, und verfolgte die Mörder mit Steckbriefen. Weil aber der Soonwald Kriegstheater war, so mußte die Justiz schweigen. Johann Georg Reidenbach wurde erst in der Mitte des J. IX. (1801) als Teilhaber an diesem Mord zu zwanzigjähriger Kettenstrafe verdammt.

In solche Gesellschaft führte Fink den jungen Schinderhannes! Er wurde bald sehr geschickt im Pferdestehlen. Seibert, Mosebach oder Fink waren dabei gewöhnlich seine Gefährten; aber den Stockschilling, den man ihm in Kirn aufge-

* in der Regel

† Phryne, griechische Hetäre im 4. Jh.v.Chr., soll dem Bildhauer Praxikteles als Modell für die Aphrodite von Knidos gedient haben.Phrynen-Seele ist damit eine freundliche Umschreibung für Hure.

‡ verschraubt, verdreht, schwierig war

zählt hatte, konnte er nicht verschmerzen. Er kam deswegen mit Fink und Zigeunerhannes eines Nachts in die Stadt, um sich, wie er sich derb genug ausgedrückt hat, das A...geld bezahlen zu lassen. Eine schwere Leiter brachten sie anderthalb Stunden weit über Gebirge vom Eichener Hof mit, um bei dem Kaufmann Johann Prestinari im dritten Stock ins Fenster zu steigen. Mitten durch die Nachtwache kamen sie in die Stadt, wurden aber gestört und konnten nichts als die auf der Bleiche ausgelegte Wäsche erbeuten. Damit gingen sie geradewegs nach Liebshausen zurück und nahmen da die Teilung vor.

Die neue gerichtliche Organisation war indessen gegen die Mitte des Jahres VI. (1798) zustande gekommen. Der ehemalige Kurtrierische Amtmann Fölix zu Oberstein wurde zum Friedensrichter im Kanton Herrstein ernannt. Er brachte für diese Stelle einen unermüdlichen Eifer mit, dem Diebswesen wenigstens in seinem Kanton ein Ende zu machen. In der letzten Hälfte des Messidors J. VI. (Juli 1798) ließ er den Schinderhannes, der mit jedem Tage berüchtigter wurde, auf der Weidener Mühle im Kanton Herrstein gefangennehmen. Unterwegs suchte er zu entwischen, war schon zu Herrstein auf das Dach seines Gefängnisses geklettert und wollte sich mit seinem aus Stroh geflochtenen Seil herablassen. Er wurde aber entdeckt und glücklich nach Oberstein vor den Friedensrichter gebracht. Hier legte er sich aufs Leugnen, bis ihn seine Mutter unter einem gewaltigen Geschrei und mit Vorstellungen von Verführung zum Eingeständnis brachte. Seit dieser Epoche ist er vor Gericht immer sehr offenherzig gewesen. Er gestand damals schon eine Menge Pferdediebstähle ein. Am 25. Messidor (14. Juli) ließ ihn der Friedensrichter vor den Direktor der Geschworenen nach Saarbrücken führen, zu dessen Bezirk damals Herrstein gehörte. Am 28. kam Schinderhannes in dem dortigen Arresthaus an, und noch am selben Tag meldete man in einem Rundschreiben seine Entweichung.

Geradewegs ging er zu seinen alten Bekannten zurück, die sich indessen unter einem verwegenen Menschen vereinigt hatten. Peter Petri, gemeinlich der schwarze Peter genannt, Holzhacker seines Handwerks, ist auf dem Hüttcheswasen, Kanton Hermeskeil im Saar-Departement geboren und ungefähr 44 Jahre alt. Sein starker Körperbau und sein kräftiges gekräuseltes schwarzes Haar, das er in einem Ring unter dem Kinn zusammenzieht, und seine wilde Farbe von Wald- und Sonnenbrand, zeichnen ihn vor allen andern aus. Dazu kommt ein verwegener Mut und ein hoher Grad von Roheit. Ohne Rausch ist er der beste Mensch unter der Sonne; ein Kind kann ihn leiten. Wenn ihm aber der Branntwein zu Kopfe steigt, den er täglich und in großer Quantität zu sich nimmt, wird er ein verheerendes Raubtier. Zu Mord und Brand und der niedrigsten Grausamkeit ist er dann fähig. Er kennt sich selbst nicht mehr.

Auch er fing mit Pferdestehlen an. Mitten im Wald und in der unwirtlichsten Gegend, wo er wohnte, schadete er im Krieg Freund und Feind viel. Er wurde mehrere Male gefangen, ging aber immer wieder durch und sprang sogar einmal mitten unter seiner militärischen Bedeckung über eine Brücke und entkam glücklich. Er wurde auf dem ganzen Hunsrück gefürchtet. Iltis Jakob und Georg Reidenbach waren schon früher seine Gefährten.

Einst, als der schwarze Peter Kindtauf feierte, wobei Reidenbach Gevatter gestanden hatte, zogen sie nachmittags durch den Soonwald in der Gegend des Tiergartens und der Glashütte unter Jubel nach Hause. Iltis Jakob hatte seine schöne Frau bei sich. Der schwarze Peter blieb mit dieser ein wenig hinter den anderen zurück und kauerte sich mit ihr in einer saftigen Wiese an einem Baume nieder. Ein Jude von Seibersbach, Kanton Stromberg, kam gerade des Weges. Er war unklug genug, die Liebenden an den eifersüchtigen Ehemann zu verraten. Dieser läuft wie ein angeschossener Eber zurück und erwürgt sein ungetreues Weib auf die erbärmlichste Weise. Die Reue kam nach der Tat. Iltis Jakob beichtete seine Sünde einem Priester und ließ Seelen-Messen für die Ermordete lesen und für sich. Seit der Zeit fühlte er sich wieder rein und sprach ohne Bekümmernis von der Geschichte.*

Auf der anderen Seite aber wollte der Wurm nicht schlafen. Der schwarze Peter konnte es dem armen Hebräer nicht vergessen, daß er ihn in seiner glücklichsten Stunde belauscht und verraten hatte. Am 30. Thermidor J.VI. (17. August 1798)† saßen beide, der schwarze Peter und Schinderhannes, auf der Thiergarten-Hütte zwischen Argenthal und Dernbach im Soonwalde. Sie hatten einige herumziehende jüdische Bänkelspieler von Gemünden gezwungen, ihnen Musik zu machen. Der schwarze Peter, der schon viel Schnaps zu sich genommen hatte, nahm ein frisch gewetztes Messer zwischen die Zähne, tanzte wie ein Rasender um die Spielleute herum und drohte sie jeden Augenblick in die Gesichter zu schneiden. Überdies führte der Jude von Seibersbach eine Kuh an dem Haus vorbei. Gerade in dem unglücklichsten Augenblick für den Juden kam der schwarze Peter ans Fenster. Alle seine Furien erwachten. Er forderte den Schinderhannes auf, ihm zu folgen. Unweit des Hauses ereilen sie den Juden, der sich nicht zur Wehr setzen kann. Er wird über und über mit Messerstichen bedeckt und bezahlt seine Unvorsichtigkeit mit dem Tode. Seinen Leichnam plünderten sie.

Die Kantone Kirn, Sobernheim, Herrstein, Rhaunen, Kirchberg, Simmern und Stromberg waren damals der Schauplatz der Bande. Über die Nahe breitete sie sich erst später aus. Im Kanton Kirn waren hauptsächlich zwei Ortschaften, wo die Räuber Zuflucht und Sicherheit fanden, Hahnenbach und Schneppenbach. Dort wohnte ein schmutziges altes Weib, Anne Marie Frei, die schon lange vorher die Unterhändlerin der Leute vom Handwerk war. Schinderhannes feierte in ihrem Haus das Beilager mit seiner geliebten Elise Werner, die er gleich nach seiner Flucht von Saarbrücken hier etablierte und standesmäßig unterhielt. In Schneppenbach hatte sich ein anderes Weib, Elise Schäfer von Faid im Kanton Cochem, mit ihrer damals vierzehnjährigen Tochter niedergelassen. Dieses Mädchen, das nachher unter dem Namen Buzliese-Amie bekannter geworden ist, versammelte bald eine Menge kräftiger Räuber als Anbeter um sich. Sie war sehr gut gebildet, fleischig anzufühlen und nicht spröde gegen denjenigen, der ihr

* Becker hat im ersten Teil schon ausführlich davon berichtet.

† M. Franke gibt hier den 12. August 1789 an.

gefiel. Seibert von Liebshausen und Schinderhannes wetteiferten um ihre Gunst; darüber wurde Placken-Klos eifersüchtig, der seine Elise an Schinderhannes abgetreten hatte.

Placken-Klos war ein wüster Mensch ohnegleichen. Mit zwei vollen Branntweinflaschen und einer Pistole im Gürtel durchstreifte er die ganze Gegend und lebte von der Faust. Ganz wütend kam er eines Tages nach Schneppenbach und forderte die schöne Amie von der Mutter zur beständigen Gefährtin. Er zog sich auf der Stelle nackend aus und machte Anstalt zu einem spartanischen Tanze, Amie, deren Herz der sanftere Schinderhannes gewonnen hatte, flüchtete sich vor seinen Begierden in den Keller. Mehrere Stunden lang trieb er den größten Unfug im Hause und bedrohte alles mit Mord. Als aber Amie schlechterdings darauf bestand, ihm nicht folgen zu wollen, bemächtigte er sich ihrer Kleider und machte sich davon.

Andern Tags, am 1. Nivose J.VI. (22. Dezember 1797), kamen Schinderhannes und Seibert nach Schneppenbach. Die Alte klagte ihnen den Frevel und daß Placken-Klos die Kleider ihrer Tochter entwendet hätte. Es wurde beschlossen, den Räuber aufzusuchen. Fink und noch einige kamen dazu. Die Mutter begleitete selbst den Haufen. Auf dem Baldenauer Hof im Kanton Rhaunen trafen sie den Placken-Klos, der von Seibert und Schinderhannes auf der Stelle angegriffen und über den Feuerherd geworfen wurde. Sie brachten ihm einen Messerstich bei und schlugen ihn vollends mit Knüppeln tot. Auf dem Leichnam gingen sie mit Füßen und schleppten ihn unter wildem Gelächter in der Küche herum.

Im Kanton Sobernheim liegen der Steinerter und Marienporter Hof. Dort war ebenfalls eine Hauptniederlage. Schinderhannes hauste hier mit der Familie des schwarzen Peters ganze Wochen lang. Gestohlenes Vieh wurde hier geschlachtet und das Fleisch geräuchert, um es in Zeiten der Not zu verzehren. Um ganz sicher zu sein, nahm der Steinerter Hofmann den Georg Reidenbach sogar als Knecht in seine Dienste.

Das zweite Liebshausen war Sonnschied im Kanton Herrstein und fast alle in dieser Gegend liegenden Höfe und Mühlen. Sonnschied ist ein kleines Dörfchen von kaum vierzehn Feuerstellen. Drei Einwohner von da wurden auf die Galeeren und einer zum Tode als Mitschuldiger von Schinderhannes verurteilt.

Der schwarze Peter wurde indessen zu Anfang des Jahres J.VII. (Ende September 1798) auf den drei Weihern im Kanton Obermeschel neuerdings verhaftet und nach Kaiserslautern gebracht. Dort gab er sich einen anderen Namen. Weil man aber zweifelte, wurde der Direktor der Geschworenen zu Simmern davon benachrichtigt, der ihn zu Kaiserslautern anerkennen ließ. Er wurde darauf nach Simmern gebracht und gestand eine Menge von Verbrechen ein und erwarb sich sogar durch sein bescheidenes Betragen das Wohlwollen der untersuchenden Beamten. Am Abend des 29. Brumaire VII (21. November 1798) entkam er aber aus seiner Gefangenschaft.

Das Hauptgefängnis in Simmern war damals ein alter Turm am Ende der Stadt, in dem der Gefangenenwärter selbst wohnte. In diesem Turm ist ein unterirdisches wohl zwanzig Fuß tiefes Loch, das oben gewölbt ist und mitten auf diesem Gewölbe seine einzige Öffnung hat. Die Gefangenen werden an einem Seil herabgewunden. In diesem Gewölbe saß der schwarze Peter. Am Tage hatte man erlaubt, ihn in die obere eingeheizte Stube der anderen Gefangenen zu führen.

An dem obengenannten Tag holte der Beschließer den schwarzen Peter aus dieser Stube ab, um ihn in sein Gewölbe hinabzuwinden. Der Räuber stellte sich krank und bat seinen Aufseher um ein wenig warme Suppe. Dieser, der nichts Böses vermutete, führte ihn in seine eigene Stube. Unterdessen fingen die anderen Gefangenen in dem oberen Zimmer einen gewaltigen Lärm an; der alte Aufseher ging, um nachzusehen. Alles war verabredet. Der schwarze Peter, bei dem bloß die Frau des Aufsehers geblieben war, überfiel diese sogleich mit Stößen und Schlägen und schlug das Fenster in der Stube ein, das unglücklicherweise nicht mit Eisen verwahrt war. Das handfeste sich seiner selbst bewußte Weib machte dem Räuber viel zu schaffen. Sie hielt ihn an seinen Ketten zurück, und erst, als ihr linker Arm ganz zerfleischt war und sie ein paar starke Stöße auf den Kopf empfangen hatte, leistete sie keinen Widerstand mehr. Der schwarze Peter sprang mit seinen Eisen fünfzehn Fuß hoch zum Fenster hinaus. Die übrigen Gefangenen hatten indessen oben den alten Aufseher überfallen und festgehalten, einer nach dem anderen kam die Treppe herunter und sprang zu demselben Fenster hinaus.

Der schwarze Peter ging geradewegs nach Kleinweidelbach im Kanton Simmern, wo ihm der Diebskumpan Heller die Eisen abnahm. Bald darauf verschwand er von dem linken Rheinufer und schwärmte lange im Odenwald herum, wo er teils von der Faust lebte, teils auch mit Kohlenbrennen seine Familie, die ihm dahin gefolgt war, ernährte. Erst im Frühjahr des J. X. (1802), als man ihn längst tot glaubte und manche Albernheiten über ihn verbreitet hatte, erschien er wieder wie ein feindseliger Stern in dem Soonwald, machte mit Schinderhannes einige Streifzüge und verlor sich wieder in die Wälder des rechten Rheinufers.*

Während der Abwesenheit des schwarzen Peters gewann Schinderhannes immer mehr und mehr an Ansehen unter seinen Brüdern. Sie trieben den Pferdediebstahl ununterbrochen fort und gingen am hellen Tag. Die Neuinstallierten Municipalitäten† taten nichts. Ihre Gewalt war zu sehr geteilt. Von den Friedensrichtern war das meiste zu hoffen. Aber unglücklicherweise für diesen Punkt war Rudlers Wahl größtenteils auf Männer gefallen, die schon abgelebt waren und die neuen Formen haßten, weil sie solche nicht kannten. Auf dem ganzen Theater standen der wackere Fölix in Oberstein und Horstmann in Bacharach allein. Was Müller in Kusel und Hisgen im Kanton Hermeskeil getan haben, wird weiter unten vorkommen, wenn von der Birkenfelder Bande die Rede ist.

---

* Er wurde 1811 in Heidelberg gefaßt und nach Mainz ausgeliefert. Obwohl seine Straftaten schon verjährt waren, wurde er zu lebenslänglicher Haft nach Bicêtre bei Paris gebracht, wo er auch starb.

† Stadtregierungen

Um diese Zeit organisierte der General Wirion die National-Gendarmerie in den vier Departementen des linken Rheinufers. Man durfte von diesem trefflichen Korps alles erwarten. Die Brigade in Kirn zeichnete sich gleich anfangs aus. Zwei wackere Männer von dieser Brigade, Adam und Poincenet, verdienen den Dank aller ihrer Mitbürger. Der Namen des ersten wird so lange unsterblich sein, wie Schinderhannes genannt wird. Ebenso zeichnete sich der damalige Commissaire bei der Kirner Municipalität le Cavelier aus; er machte fast alle Streifzüge mit und bewirtete seine Gefährten aus eigenem Beutel.

In der Nacht vom 6. zum 7. Ventose J.VII. (25./26. Februar 1799) ließ der Gendarmerie-Lieutenant von Simmern einen allgemeinen Streifzug gegen die Räuber machen.

Die Gendarmerie von Kirn, begleitet von dem Commissaire le Cavelier, war damals so glücklich, den Schinderhannes in Schneppenbach im Kanton Kirn aufzuheben, und zwar in demselben Haus, aus dem Placken-Klos die schöne Amie entführen wollte. Sie erfuhren in der Nacht des Streifzuges, daß Schinderhannes und sein Kamerad Johann Müller den Hahnenbach passiert und den Weg nach Schneppenbach eingeschlagen hatten. Der Müller von der Römer-Mühle war es, der diese importante* Nachricht dem Deutsch sprechenden Adam ins Ohr geflüstert und das Haus bezeichnet hatte, wo die Räuber in Schneppenbach wahrscheinlich zu finden sein würden. Das Haus wurde umringt, und ehe Schinderhannes aus seinem tiefen Schlafe erwachte, war er schon in den Händen der Gendarmen. Er wurde nach Kirn vor den Friedensrichter geführt, dem er abermals eine Menge Verbrechen eingestand.

Merkwürdig ist, daß damals ein angesehener Pächter aus dem Kanton Hermeskeil nach Kirn kam und bei dem Apotheker Oellig Gift begehrte, um den Räuber aus der Welt zu schaffen. Damals zitterte schon eine Menge ansässiger Leute vor seinen Eingeständnissen.

Schinderhannes wurde mit seinem Kameraden Johann Müller, der sich für seinen Knecht ausgab, nach Simmern gebracht. Er hatte eine starke Bedeckung, weil man fürchtete, daß ihn seine Kameraden im Soonwald befreien könnten. Zu Simmern wurde er in dasselbe unterirdische Gefängnis gehaspelt, wo der schwarze Peter gesessen hatte. Seine geliebte Elise besuchte ihn zweimal in seiner Gefangenschaft.

Man fuhr nach dieser Zeit immer fort, die Nachsuchungen zu verdoppeln, als ein tragischer Auftritt dazwischen kam und den Mut mancher öffentlichen Beamten kühlte.

Am 28. Prairal (17. Juni) hatten der Municipal-Commissaire und die Gendarmen in Kirn von einem Vertrauten Nachricht bekommen, daß der schwarze Peter und mehrere von seinen Kameraden in der Nacht des nämlichen Tages in der Birkenmühle, eine Stunde von Kirn, einkehren würden. Man traf sogleich Anstalten, um sie dort zu überfallen. Die Mühle wurde nachts mit bewaffneter

---

* sehr wichtige

Mannschaft umstellt. Adam, der an der Tür lauschte, hörte ein starkes Gespräch im Innern. Man zweifelte nicht, daß die Räuber dort versammelt wären; die Tür wurde endlich geöffnet, und einer von der Mannschaft drückte eine Pistole ab.- Sogleich stürzte ein Unbekannter im bloßen Hemd über das Mühlenrad hinaus. Ein allgemeines Rufen: Der schwarze Peter! Der schwarze Peter! Derjenige, der ihm am nächsten stand, gab Feuer, gleich darauf ein zweiter. Der Unbekannte fiel in einem Graben verwundet nieder. Es wurde Licht gebracht, und siehe da, es war Peter Gerber, der Sohn aus der Mühle. Eine Kugel hatte ihn in das linke Schulterblatt getroffen. Der anwesende Municipal-Commissaire und die Gendarmen taten auf der Stelle alles, um den Unglücklichen zufriedenzustellen. Er wurde nach Kirn gebracht und auf die beste Weise verpflegt. Niemand dachte an weitere Folgen, und die braven Gendarmen von Kirn bewiesen immer gleichen Eifer.

Peter Petri, der Sohn des schwarzen Peters, ein wohlgebildeter sechzehnjähriger Knabe, unter den Verbrechen seines Vaters aufgewachsen und schon einmal aus dem Gefängnis zu Sobernheim entsprungen, war nach der Gefangennahme seines Vaters ein später Gefährte von Schinderhannes geworden. Auf geheimen Wegen, die unter Landleuten nur denjenigen Gendarmen offenstehen, die die Sprache des Landes kennen, hatte Adam erfahren, daß dieser Mensch sich in Kirchenbollenbach, Kanton Baumholder, aufhalte. In bürgerlichem Anzug gingen Adam und Poincenet dahin und fingen den Dieb auf freiem Feld. Er hatte zwar die Flucht ergriffen, wurde aber von Adam, der ihm zu Fuß nachlief und über ihn stürzte, am 23. Messidor J.VII. (12. Juli 1799) handfest gemacht.

Indessen hatte schon zwei Tage vor dieser Gefangennahme der öffentliche Ankläger von der Saar die unglückliche Geschichte in der Birkenmühle dem Direktor der Geschworenen zu Birkenfeld denunziert, denn die Anverwandten des verwundeten Sohnes hatten diese Sache in Trier als eine prämedirte* Tat vorgestellt. Le Cavelier, Adam und sein Brigadier und Richard Rheinländer aus Kirn wurden einer peinlichen Prozedur unterworfen. Die Anklage-Geschworenen in Birkenfeld erkannten ohne weiteres die Anklage an; dort, wo so mancher überwiesene Räuber losgelassen worden war, der Tod und Galeeren verschuldet hatte, war mit einem Male der Terrorismus an die Tagesordnung gekommen. Die Angeklagten wurden dem Gesetz gemäß vor das peinliche Tribunal von der Saar geführt und erst dort, nachdem sie drei Monate gesessen hatten, von den Urteils-Geschworenen für unschuldig erklärt.

Der widrige Eindruck, den dieser Vorfall machte, wurde immer sichtbarer. Es fehlte nur noch ein größeres Unglück. Auch dies ereignete sich. Schinderhannes entwich in der Nacht vom 2. auf den 3. Fructidor J. VII. (19./20. August 1799) aus dem Gefängnis zu Simmern. Dort saß über dem unterirdischen Loch ein Kerl aus Argenthal, Kanton Simmern, mit Namen Philipp Arnold, der nachmals selbst unter die Bande ging. Schinderhannes, der am Tag nicht unten saß, schnitt

---

* vorsätzliche

mit einem ihm heimlich zugesteckten Messer die Bretter entzwei, die den Überbau seines unterirdischen Gewölbes von der Küche schieden. Die Schnitte verklebte er mit gekautem Brot, dem gefährlichsten Instrument der Gefangenen. In der zur Flucht bestimmten Nacht drehte er unten ein Strohseil, das er seinem Freund Arnold zuwarf und womit ihn dieser aus dem Gewölbe haspelte. Oben schlüpfte er in die Küche, schlug ein mit Eisengitter versehenes Fenster ein und sprang in den Stadtgraben. Philipp Arnold machte auf der Stelle Lärm, als ob ihm Schinderhannes den Hals hätte abschneiden wollen. Der Turmhüter kam, die Wächter erwachten, aber es war zu spät. In der Folge wurde ein damals öffentlicher Beamter zu Simmern von dem zum Tode verurteilten Benzel beschuldigt, er hätte von Schinderhannes 200 Louisdor für diese Flucht empfangen. Diese in vielen Rücksichten unwahrscheinliche Behauptung hat sich indessen nicht gerichtlich bestätigt.

Schinderhannes, der sich bei dieser Flucht ein Bein verrenkt hatte, kam erst in der dritten Nacht bei seinem Freunde Engers zu Sonnschied an. Dieser führte ihn zu Pferde zu Nagel nach Bärenbach, der das Bein einrichtete und dem Räuber Pflaster gab.

Sobald die Heilung vollendet war, trat Schinderhannes auf einmal in einer ganz anderen Gestalt auf. Der Pferdediebstahl war ihm nach seinen eigenen Eingeständnissen zu beschwerlich geworden, weil bei der allzugroßen Konkurrenz der Verkauf immer mehr Mühe kostete und nicht mehr soviel eintrug wie anfangs. Straßenräuberei war bei weitem gemächlicher und trug bares Geld ein. Die alten Kameraden wurden wieder aufgesucht und neu geworben. Unter diesen zeichneten sich besonders Martin Schmitt, Karl Benzel, Christoph Blümling und Peter Dallheimer aus.

Martin Schmitt, ein österreichischer Husaren-Deserteur, angeblich zu Fünfkirchen in Ungarn geboren, war zu Kirn von seinem Regiment entsprungen und trieb sich als Flüchtling in der dortigen Gegend herum. In Kirn, wo er bei dem Metzger Bernhard Helfenstein einquartiert war, hatte er diesem mehr als hundert Taler Wert aus seinem Haus entwendet. Die erste Bekanntschaft mit Schinderhannes machte er zu Hahnenbach in dem Haus der Witwe Frei. Schinderhannes, dem der kräftige Ungar gefiel, suchte ihn für immer an sich zu fesseln und trat ihm darum seine Elise ab. Seine Laufbahn dauerte nicht lange. Er wurde wegen eines Pferdediebstahls im Kanton Zell gefangengenommen und von dem peinlichen Tribunal von Rhein und Mosel zu sechsjähriger Haft verdammt.

Carl Benzel (wir gebrauchen hier die Worte eines seiner Verteidiger, dem er seine Geschichte kurz vor seinem Tode erzählte) ist zu Reichenbach, Kanton Baumholder, im Saar-Departement 1778 von armen Eltern geboren worden, die er frühzeitig verlor. Anfangs trat er bei mehreren Landleuten in der dortigen Gegend in Dienste. Allein diese stille und arbeitsame Lebensart vertrug sich nicht mit seinem unsteten und jovialischen Charakter. Mit seiner Geige durchzog er als Bänkelspieler das Land, spielte bei Hochzeiten und Kirchweihen und hatte bald keinen festen Wohnort mehr. Schon damals, erzählt er, habe er sich kein Gewissen daraus gemacht, Kleinigkeiten zu stehlen oder im Spiel zu betrügen. Gewandter als die übrigen Bauernburschen, sei er nie auf der Tat ertappt worden. Den Erwerb seiner Prellereien habe er mit Mädchen vertändelt.

Den Schinderhannes, der zu jener Zeit anfing, gefürchtet zu werden, habe er oft sowohl auf Kirchweihen als auf den Straßen getroffen und nicht selten auf einzelnen Höfen, wo er auf seinen Wanderungen die Nächte zubrachte, bei ihm geschlafen. Schon damals habe er immer eine Art Achtung für ihn gefühlt und sich des Wunsches nicht erwehren können, in seiner Gesellschaft auf den Raub auszugehen, um durch einen reichen Fang sich in den Stand zu setzen, sein ganzes Leben lustig zuzubringen. Auch habe dieser ihn oft eingeladen, ihn zu begleiten und ihm die Freundschaft mehrerer wackerer Burschen zu verschaffen. Doch habe er der Versuchung standhaft widerstanden, und zwar sei es die Liebe gewesen, die ihn vier Jahre lang zurückgehalten habe, ein Räuber zu werden.

Er habe nämlich Bekanntschaft mit einem Mädchen aus seiner Gegend gehabt, das ihn stets vor der Gesellschaft jener sauberen Gesellen gewarnt und oft mit tränenden Augen beschworen habe, ihrem Umgang ganz zu entsagen. Immer habe er ihr dies versprochen, und vor ihr habe er sich mehr als vor seinem Gott gefürchtet (dies sind seine eigenen Worte), weil er bei jedem kleinen Diebstahl, deren er viele verübt, sich stets vorerst gefragt habe, ob es denn wohl möglich wäre, daß sie Wissenschaft davon erhalten könne. Dieser Hang zum Stehlen sei ihm übrigens um so unbegreiflicher gewesen, als er in seiner Jugend von äußerst rechtschaffenen Lehrern unterrichtet worden sei. Auch habe er täglich in der Bibel gebetet, die er bis zu seinem Ende bei sich führte. Oft sei ihm dann wohl beklommen geworden, oft habe er aber auch gedacht: David, der auch ein großer Sünder gewesen, sei am Ende doch noch zu hohen Ehren gelangt.[1]

Endlich habe er bei dem Vater um die Hand seines Mädchens geworben; dieser aber habe sie ihm, als einem liederlichen übel berufenen Burschen, geradezu abgeschlagen. Kurz darauf habe solcher sie mit einem Schmied aus der Nachbarschaft versprochen. In der Verzweiflung habe er in der Nacht zwei Hämmel gestohlen. Dies sei sein erster Diebstahl mit Einbruch gewesen. Er sei deshalb sogleich ergriffen und nach Birkenfeld gebracht worden. Dort habe er sich aber herausgelogen, und mit dem Freilassungsbefehl in der Tasche sei er aufs Katzenloch (im Kanton Rhaunen im Saar-Departement) zum Schinderhannes gezogen.

Dieser habe ihn umarmt und zu ungefähr zwanzig unbekannten Gesellen geführt, welche um ein Feuer gelegen und Kartoffeln gebraten hätten. Bei dem Anblick dieser fremden fürchterlichen Gesichter habe ihn ein Schauder überlaufen, allein kaum habe er einen seiner Gespielen und Jugendfreunde erblickt, so sei alle seine Furcht verschwunden, und bald wäre er der ausgelassenste von allen gewesen. Man habe ihm statt seiner Geige, die er im Wald versteckt hatte, einen Knüppel gegeben. Die anderen wären teils mit Flinten, teils mit Beilen

[1] *Man vergleiche hiermit, was unten bei der niederländischen Bande von den Charakterzügen des Carl Heckmann bemerkt ist.*

bewaffnet gewesen. Einer hätte einen Knüppel wie er und einer einen Säbel gehabt.

Schon in der Nacht darauf, (vom 20. zum 21. Nivose J.VIII. (10./11. Januar 1800)), seien sie aufgebrochen, um die Mühle des Müllers Horbach zu besuchen. Sie hätten aber dort bloß gegessen und getrunken und wären gegen Mitternacht aufgebrochen, um anderthalb Stunden von da bei einem Bauern von Otzweiler namens Riegel einzubrechen, der wenige Tage vorher Geld empfangen hatte. Bei dem Müller hätten sie, da er auf ihre Drohungen beteuerte, kein bares Geld zu haben, und mehrere diese Aussage bekräftigt hätten, nichts entwendet; doch hätten sie ihm vor dem Abmarsch die Fenster eingeschlagen.

Als sie zu Otzweiler anlangten, sei er mit ungefähr zehn bis zwölf anderen vor Riegels Haus stehengeblieben, um Hilfe abzuwehren. Die andere seien ins Haus eingebrochen. Wenige Minuten darauf sei Riegel im Hemde entflohen. Auf der Flucht habe ihn ein Flintenschuß tot hingestreckt. Er, Benzel, sei von alldem so betäubt gewesen, daß er weder sagen könne, wer geschossen habe noch ob der Schuß aus dem Haus oder vor dem Haus gefallen sei. Eine Minute nach demselben seien die Räuber aus dem Haus zurückgekommen. Einige hätten die Beute getragen. Sie alle seien in aller Eile dem Wald zugeflohen. Dort hätten sie die Beute geteilt. Seibert von Liebshausen, den er aber damals nicht gekannt habe, sei bei der Teilung zu ihnen gekommen. Doch könne er nicht einmal sagen, ob dieser mit in Otzweiler gewesen sei und sich verspätet habe oder ob er damals zuerst in der Gesellschaft erschienen sei, so groß sei seine Angst gewesen. Manche hätten nichts erhalten. Ihm habe man ein paar Beinkleider und einen Sechsbätzner angeboten, aber der Mord, von dem er Zeuge gewesen sei, habe ihn so erschüttert, daß er nichts habe annehmen wollen. Man habe ihn ausgelacht und die Sachen einem andern gegeben. Nach der Teilung habe sich die Bande getrennt, ohne daß er wisse, wohin; auch habe er nicht bemerkt, daß man Ort und Zeit zu einer anderen Versammlung bestimmt habe. Ihm habe Schinderhannes befohlen zu bleiben. Außer ihm wären noch vier andere Räuber, worunter Seibert und Jülcher gewesen seien, zurückgeblieben.

Am folgenden Morgen hätten sie sich auf den Weg zum Soonwald gemacht. Unterwegs (an der runden Buche, unweit der Ruinen von Koppelstein im Kanton Kirn) hätten sie zwei Bauern getroffen, welche Kontributionsgelder* zum Empfänger getragen hätten. Schinderhannes und die anderen hätten sie angefallen, niedergeworfen, geschlagen und beraubt. Er habe sechs Schritte davon gestanden und zugesehen. Auf einem Hof, wo sie die Nacht zugebracht hätten, hätten sie die Beute geteilt. Auf seinen Anteil wären sieben Louisdor gefallen.

Sein Abscheu gegen diese Lebensart habe sich aber so vermehrt, daß er dem Schinderhannes erklärt habe, er werde ihn verlassen. Dieser habe ihm darauf nicht nur die sieben Louisdor, sondern auch seine eigene wenige Barschaft abgenommen. Er sei darauf über den Rhein gegangen und habe sich bei dem Mainzer

* Steuergelder

Landsturm anwerben lassen. Keine vollen sechs Wochen habe er dabei gestanden, dann sei er desertiert und habe in Hoffnung, sein Geld wieder zu erhalten, da er von allem entblößt gewesen sei, Schinderhannes wieder aufgesucht.

Dieser habe ihn freundlich aufgenommen, sich aber wohl gehütet, ihm Geld zu geben, doch habe er ihn von Kopf bis Fuß neu gekleidet und die Stoffe dazu bei einem Handelsmann zu Meisenheim gegen bare Bezahlung ausgenommen. Wenige Tage nach seiner Zurückkunft wären sie unweit Sobernheim dem Juden Samuel Levi von dort auf der Landstraße begegnet und hätten ihn beraubt. Als der Jude sie verfolgt habe, habe Schinderhannes ihn vom Pferd geschossen. Er beteuerte standhaft, nicht geschossen zu haben.

Von nun an sei er bis zu seiner Verhaftung bei Schinderhannes geblieben. Sie hätten immer auf einzelnen Höfen gelegen, wo man ihnen stets das Beste aufgetischt habe. Viele andere Räuber seien ab- und zugegangen, deren Anzahl jedoch niemals höher als fünf bis zehn gewesen sei. Sie hätten beinahe stets Dirnen bei sich geführt. Außer den schon angeführten behauptete er keinem gewaltsamen Straßenraube mehr beigewohnt zu haben.

Bis zu seinem Ende bewies er die aufrichtigste Reue, ohne jedoch einen Umstand seiner Verbrechen zu gestehen, der nicht schon aus den Akten bekannt war. Ganze Tage lang las er in der Bibel und in seinem Gesangbuch und sprach doch nie ohne Wohlgefallen von seinen Verbrechen. Selbst als er mit Schinderhannes herumzog, ging er eines Sonntags unter der Gefahr, ergriffen zu werden, in ein Dorf, um das Abendmahl zu nehmen. Vor seinem Ende ließ er alle Verbrecher, welche damals im Militär-Arresthaus gefangensaßen, vor sich kommen und ermahnte sie zur Besserung. Auch bat er jeden von ihnen, falls einer seine Freiheit wieder erlangen sollte, seine Freunde zu bitten, nie seinen Tod zu rächen. Seine Mitschuldigen zu nennen, weigerte er sich standhaft, weil seine Religion ihm verbiete, arme Witwen und Waisen zu machen. Gegen Schinderhannes war er äußerst aufgebracht, weil dieser bei seiner Verhaftung, statt ihn zu befreien, die Flucht genommen hatte, obwohl er, dem derselbe Weg offenstand, ihn zuerst aus den Händen des Gendarmen gerissen hatte.

Benzel hatte um die Zeit, als Schinderhannes zu Schneppenbach gefangen worden war, bereits unter der Bande von Birkenfeld gedient, die sich hauptsächlich in den Kantonen Baumholder, Birkenfeld, Kusel und Rhaunen zusammengezogen hatte. Um ihn ganz zu fesseln, trat ihm Schinderhannes seine geliebte Buzliese-Amie ab, die nach dem Tode des Placken-Klos seine beständige Gefährtin war und nach Benzels Gefangennahme in die Hände von Peter Zughetto überging.

Christoph Blümling, ein junger Mensch aus Laudert, Kanton St. Goar. Seine eigene Mutter verführte ihn zu Diebstählen. Er stand im J. VII. (1798/99) wegen eines gestohlenen Bockes vor dem peinlichen Tribunal von Rhein und Mosel, wurde aber von der Urteilsjury für unschuldig erklärt. Stracks ging er zum Schinderhannes und wurde dessen unzertrennlicher Gefährte. Im Herbst des J. X. (1801) fiel er in die Hände der pfälzischen Justiz zu Mannheim wegen eines mit

Schinderhannes und mehreren von der niederländischen Bande zu Baierthal bei dem Juden Seligmann Feist in der Nacht vom 11. auf den 12. Juli 1801 gewaltsam verübten Diebstahls. Er wurde an die fränkischen Behörden ausgeliefert und starb am 30. Pluvios J.X. (19. Februar 1802) in Köln an einem Gefängnisfieber.[1] Schinderhannes hält ihn für einen der verschmitztesten und gefährlichsten Räuber.

Peter Dallheimer aus Sonnschied, Kanton Herrstein, war ein junger feuriger Mensch, der in Gefahren seinem Hauptmann den Mut lieh. Sein Vater, selbst Straßenräuber und Gefährte des Schinderhannes, hielt zu Sonnschied eine Diebsherberge. An kalter Grausamkeit und verwegener Kühnheit übertraf der junge Mensch alle Erwartungen. Mehrere Male trieben ihn die Kirner Gendarmen auf der Birkenmühle in die Enge, wo damals eine Hauptniederlage der Räuber war. In Sonnschied wohnte seine Geliebte, bei der er sich eines Sonntags zu lange beschäftigte und der Gendarmerie von Rhaunen in die Hände fiel und nach Trier gebracht wurde. Er wehrte sich voller Verzweiflung. Er leugnete alle Verbrechen standhaft und überhäufte alle Zeugen mit den gröbsten Schimpfreden. Sein Tod unter der Guillotine befreite den Hunsrück von einem äußerst gefährlichen Räuber.

Der Mordraub zu Otzweiler, von dem in den Geständnissen von Benzel die Rede war, kann als diejenige Tat betrachtet werden, bei der die meisten und gefährlichsten Räuber versammelt waren. Augenzeugen geben die Anzahl mit wenigstens 24 an. Nach den Bekenntnissen vom Schinderhannes hatte Benzel die Anführer der Birkenfelder Bande, Benedom und Welsch, dazu eingeladen. Außerdem waren Seibert, Riep und Jülcher dabei. Dieser letzte hauste damals fürchterlich im Kanton Grumbach und wurde bald darauf zu Trier guillotiniert.

Um diese Zeit war das Unwesen so hoch gestiegen, daß man in allen Landstädten auf dem Hunsrück vor nächtlichen Überfällen zitterte. Besonders waren die Juden täglichen Plünderungen ausgesetzt. Sie trauten sich nicht mehr einzeln zu reisen und zogen immer, oft noch mit militärischer Bedeckung, in großen Scharen zu Markt und waren dennoch ihres Lebens und ihrer Habe nicht sicher. Ein Beispiel sei genug, in welcher Lage sich damals dieses Volk befand. Schinderhannes, von seinen Getreuen umgeben, pflegte an Markttagen auf der Spitze von Felsen zu sitzen, unter denen der Weg vorbeiführte. Dann musterte er gewöhnlich mit einem Perspektiv die anziehenden Judenhaufen. Einst am Tage des Kreuznacher Markts saß er auf diese Weise bei Schloß Böckelheim an der Nahe. Georg Otto Pick und Dallheimer waren bei ihm. Ein Trupp von mehr als dreißig Juden kam gezogen, unter ihnen fünf Bauern. Nachdem sich Schinderhannes durch sein Perspektiv versichert hatte, daß kein verkleideter Gendarm unter ihnen war, ließ man den Haufen bis in eine Gegend kommen, die Schinderhannes einen Zwangs-

---

[1] *Wir haben es mehrmals zur Zeit, als seine Kräfte schon sehr abgenommen hatten, versucht, ihn zum Geständnis dieses Diebstahls zu bewegen. Er leugnete aber stets hartnäckig, teil daran genommen und den Schinderhannes je gekannt zu haben. Wir konfrontierten ihn mit Adolph Weyers und Carl Heckmann: Auch diese wollte er nicht kennen, obgleich er mit ihnen den Raub zu Baierthal ausgeführt hatte, wie uns letzterer vor seiner Hinrichtung sowie Schinderhannes selbst eingestanden haben. (Anmerkung von Keil)*

weg nennt. Von der einen Seite hohe Felsen, von der anderen die Nahe, die gerade sehr reißend war, und der Fußsteig äußerst schmal. Dallheimer trat ihnen mit einem donnernden Halt entgegen; oben auf dem Felsen stand Georg Otto Pick mit gespanntem Hahn. Die feigherzigen Hebräer, die bei diesem unverhofften Angriff auf der Stelle allen Mut verloren, wollten zurück, aber hier schnitt ihnen Schinderhannes selbst den Weg ab. Sie mußten ihre Börsen abliefern, und während Schinderhannes ihnen die Taschen durchsuchte, mußte der alte Jude Jakob von Meisenheim, der mit unter dem Trupp und vor Entsetzen zur Bildsäule geworden war, die scharfgeladene Büchse des gefürchteten Straßenräubers in Händen halten, die dieser ihm gab. Am Ende zwang Dallheimer die Juden, Schuhe und Stiefel auszuziehen, die dann auch auf das genaueste durchsucht und auf einen Haufen geworfen wurden. Die Beraubten gerieten in Streit, als jeder seine Schuhe und Stiefel aus dem Haufen suchte, und mehrere, die nur mit Schuhen bekleidet gewesen waren, behaupteten, Stiefel gehabt zu haben, welches den Räubern viel Vergnügen machte. Die Bauern gaben unterdessen verstohlene Winke, wo noch Geld zu finden war.[1]

Man muß über diese aktenmäßige Geschichte nicht erstaunen und allenfalls den Schluß daraus auf den Mut des Räubers ziehen. Er kannte sein Publikum. Weiter war es nichts. Eigentlichen Mut hat er niemals bewiesen, und seine sonst große Geistesgegenwart verließ ihn sehr oft. Einen Straßenraub hat er niemals allein ausgeführt, selbst gegen einen einzelnen unbewehrten Juden nicht. Wie zitterte der gefürchtete Räuber, als sein Hercules ihn packte!

Am 22. Germinal J. VIII. (12. April 1800) machten Adam und sein Brigadier die Runde im Kanton Kirn. Sie kamen an den Eigenerhof, wo die Räuber immer einzukehren pflegten und der am Ende des Soonwaldes zu einer Retraite* äußerst bequem liegt. Adam erhielt von seinem Brigadier Befehl hineinzugehen, während dieser mit seinem Pferd eine Strecke davon im Wald halten blieb. Ohne gerade in diesem Augenblick hier etwas zu erwarten und ohne sich weiter in Fassung zu setzen, ging Adam ins Haus und öffnete die Stubentür. Da lag Schinderhannes in einer weißen Schlafkappe hinter dem Tisch auf einer Bank; Benzel saß am Tisch und las in der Bibel. Zwei Maitressen drehten das Spinnrad. Adam schloß ganz gelassen die Tür hinter sich zu, trat vor den Räuber, forderte ihn auf mitzugehen und packte ihn an der Gurgel. Schinderhannes schrie um Hilfe, und nun erst sprang Benzel auf, der ganz ruhig bei seiner Bibel sitzengeblieben war, um seinen Hauptmann zu retten. Adam packte auch ihn, und indem er mit beiden herumkämpfte, schrie er aus allen Kräften nach seinem Brigadier. Aber dieser hörte nicht oder wollte nicht hören. Wohl eine Viertelstunde dauerte der

---

* als Rückzugsort

1 *Auf die an Schinderhannes gestellte Frage, welcher Raub ihm am meisten Vergnügen verursacht habe, erzählte er uns mit außerordentlicher Selbstzufriedenheit und unter einem beständigen Lachen die oben angeführte Geschichte. Wir bemerkten, daß es äußerst unvorsichtig gewesen war, seine geladene Büchse einem der beraubten Juden in die Hände zu geben; er versicherte uns aber, er habe deswegen nichts zu befürchten gehabt, weil er allein die Handgriffe gewußt habe, durch welche sie losgedrückt werden konnte; auch seinen besten Kameraden habe er nie dieses Geheimnis anvertraut.* (Anmerkung von Keil)

ungleiche Kampf. Schinderhannes mit Benzels Hilfe machte sich endlich aus Adams Händen los, streifte seinen Wamms ab, trat ein Fenster ein und sprang hinaus. Nun öffnete Adam die Stubentür, die er mit dem Rücken besetzt gehalten hatte, um dem Räuber die Flucht abzuschneiden, und schleifte Benzel an den Haaren auf die Haustreppe. Schinderhannes war schon dreißig Schritte entfernt. Benzel, der ihn noch laufen sah, tat einen lauten Pfiff und schrie um Hilfe: »Kamerad! Es ist nur e i n Spitzbub von Gendarm hier.« Eine Ohrfeige von Adams kräftiger Hand, daß Benzel einer Ohnmacht nahe war, machte dem Spiel ein Ende. Schinderhannes war glücklich entronnen, und nun erst erschien der Brigadier, in seinen Mantel gewickelt, mit Pistolen in der Hand. In der Scheuer fanden sie eine schwer geladene Doppelflinte und eine einfache, ein paar Pistolen, die Jagdtasche und den Hut von Schinderhannes. Benzel wurde nach Kirn gebracht und von dem Juden Levi von Sobernheim, der wenige Tage davor angeschossen worden war und noch lebte, erkannt.

Adam, der uns diesen Vorfall oft erzählt hat, gesteht noch jetzt, daß es ihm nicht sonderlich schwer gewesen wäre, den Schinderhannes niederzuhauen; daß ihm aber immer die unglückliche Geschichte von der Birkenmühle und seine Verhaftung vorgeschwebt habe und daß er sich stets den Rücken durch die Tür zu decken habe suchen müssen, um die möglichen Anfälle der Weibsleute von hinten zu verhüten.

Wenn man das Ganze kalt übersieht, so bleibt am Ende nichts als ein armseliger Poltron* von Straßenräuber übrig. In der Stube selbst hing des Pächters geladenes Gewehr. Warum ergriff es Schinderhannes nicht? Oder warum nahm er nicht in der Scheuer seine eigene Flinte und befreite seinen Kameraden, dem er selbst seine Freiheit verdankte? Ohne Hut und lechzend vor Mattigkeit, kam er an diesem Abend nach Sulzbach und verschlief seine Angst in den Armen der Liebe.

Einen anderen Zug von Feigheit wissen wir aus dem Mund des Jägers Gürtler zu Wartenstein, Kanton Kirn, und aus dem eigenen des Räubers.

Eines Tages kam Schinderhannes ganz allein nach Wartenstein und ritzte sich dort, indem er ein Loch in einen Hasenknochen bohren wollte, mit einem spitzen Messer in den Finger. Es kam Blut, und der Räuber stürzte bei diesem Anblick ohnmächtig nieder. Gürtler gab sich alle Mühe, ihn wieder zu sich selbst zu bringen; allein es dauerte wohl eine halbe Stunde, bis der Räuber wieder auf den Füßen stehen konnte.

Bald nach dem Mordraub zu Otzweiler ging Schinderhannes auf das rechte Rheinufer. Peter Stibiz von SienHachenbach, Juden-Peter genannt, weil er ein Judenmädchen von Seibersbach bei sich führte, gab die erste Idee dazu. Dieser Stibiz hatte den unglücklichen Riegel erschossen. Christoph Schillinger von Bundenbach, Kanton Rhaunen, allgemein Schinderstoffel genannt, nahm das Geschäft auf sich, beide glücklich hinüberzugeleiten. Sie brachen morgens früh

---

* Maulheld, Memme

von Bundenbach auf und brachten die Nacht bei dem Abdecker zu Schneppenhausen im Kanton Stromberg zu. Anderntags fuhren sie bei Geisenheim über den Rhein. Wie die Abdeckerfamilien in den meisten Staaten ganz eng zusammenhängen, so fand auch Schinderhannes auf dem rechten Rheinufer, wo er schon vorher jedoch nur momentanisch* gewesen war, alte Bekannte und Verwandte wieder. Er brachte sogar eine Geliebte zurück, die ihn aber kaum gefesselt hatte, da er sie schon wieder entließ und sein Herz auf immer einem Mädchen von Weierbach im Kanton Grumbach, zwei kleine Stunden von Kirn, schenkte. Julchen Blasius paßte ganz zu dem jovialischen Räuber. Er hatte sie auf Märkten und Kirchweihen kennengelernt, wo sie als Bänkelspielerin (sie versteht die Geige gut genug) Aufsehen machte. Er verliebte sich in sie und hat sich bald darauf auf der anderen Rheinseite förmlich mit ihr trauen lassen. Als sie kurze Zeit nachher schwanger wurde, mußte er sie wieder auf das rechte Rheinufer führen, wo sie in der Gegend von Bruchsal ihr erstes Wochenbett hielt und dem Räuber eine Tochter gebar, die aber nicht lange am Leben blieb.

Schinderhannes selbst dichtete ein Liedchen auf seine Frau, das auf dem Hunsrück bekannt genug ist und auf allen Märkten und Kirchweihen gespielt wird. Wir nehmen Anstand†, es hier wegen seines etwas zynischen Inhalts einzurücken.

Um diese Zeit nahm die Räuberei auf einmal einen anderen Schwung. Johann Leiendecker von Lauschied gab die Idee dazu. Er, der wegen seines körperlichen Gebrechens (er hinkt) nicht wohl immer auf den Straßen liegen konnte und leicht erkannt wurde, fand es viel bequemer, zur Nachtzeit mit offener Gewalt in die Häuser der Juden einzubrechen. Der erste Hauptversuch wurde zu Hottenbach im Kanton Herrstein bei Wolff Wiener im Sommer des achten Jahres (1800) gewagt und gelang so gut, daß bald mehrere aufeinander folgten. Es waren neun Räuber, Schinderhannes an der Spitze, die ohne weiteres an der Tür dieses Juden pochten und mit den Worten: »Hannes ist da und will dich abfangen«, eingelassen zu werden begehrten. Sie brauchten sogleich Gewalt, und Wolff Wiener war genötigt, die Tür zu öffnen. Sie mißhandelten die Bewohner des Hauses auf eine unmenschliche Weise. Des Juden kleines Kind empfing drei Wunden am Kopf. Alles, was an Waren und Geld fortzubringen war, wurde mitgenommen. Das ganze Dorf war in Aufruhr, denn die Räuber hatten mehrere Flintenschüsse getan und lärmten wie Rasende. Aber keiner von den Einwohnern wollte helfen. Der Agent weigerte sich sogar auf die Aufforderung des Juden, als die Räuber noch im Dorf waren, die Sturmglocke zu läuten. Ein Einwohner von Weiden bei Hottenbach, Jakob Stein, hatte diesen ganzen Raub eingeleitet. In seinem Hause war die Zusammenkunft, und er stand während der Ausführung mit Julchen Schildwache in dem nahegelegenen Gebüsch.

Wie weit es um diese Zeit mit dem Unwesen gekommen war, beweist das Betragen der Bande unmittelbar nach diesem Raub.

---

* kurzzeitig
† wir verzichten darauf

Im Kanton Kirn, am äußersten Ende des Rhein- und Mosel-Departements, liegt das Schloß Schmidtburg in einer wilden, einsamen und äußerst romantischen Gegend, in der Mitte die Gemeinden Hahnenbach, Bruschied, Schneppenbach und Bundenbach, wo kein Verräter wohnte. Auf diesem Schlosse hatte noch vor wenigen Jahren ein Trierischer Amtmann zu Gericht gesessen. Jetzt ist es von armen Tagelöhnern und von Eulen bewohnt. Dort hatten die Räuber lange Zeit ihre Herberge aufgeschlagen, und zwar hauptsächlich in der alten Schloßkapelle. Die Einwohner gaben ihnen Nachricht, wenn etwas zu fürchten war. Einmal sogar, als von ungefähr die Brigade von Kirn vorbeiritt, marschierten die Räuber in Schlachtordnung ins Tal, um ihr die Spitze zu bieten. Es kam aber nicht um Gefecht, weil die Gendarmen davon nicht unterrichtet waren.

In den Tälern an diesem Schloß wurde der Raub von Hottenbach geteilt. Schinderhannes selbst mit seinem Weib und vier Vertrauten ging noch in dieser Nacht auf den Kallenfelserhof, eine Viertelstunde von Kirn, zur Ruhe. Dort hatte Anne Marie Frei von Hahnenbach bereits Quartier für ihn bei dem Pächter Ludwig Rech bestellt.

Der Kallenfelserhof liegt auf einem jähen Felsen und beherrscht eine treffliche Aussicht in das Tal, welches hier der Hahnenbach bildet, und über Kirn. Auf einem Teil dieses Felsens hatte das in der Geschichte der ritterlichen Rauschebärte des Mittelalters berüchtigte Schloß Stein-Kallenfels gestanden, wo ehemals der Adel seinen Raub zusammenschleppte. Ludwig Rech, der schon vorher einmal eine Reise zu Schinderhannes nach Schmittburg gemacht hatte, um Geld von ihm zu borgen, nahm den Räuber und seine Gesellen freundlich auf und räumte ihnen zwei Stuben in dem oberen Teil seines Hauses ein.

Wie trefflich kannte Schinderhannes sein Publikum! In das Haus führt nur eine einzige Tür, die von der Seite des Berges leicht besetzt werden kann, ohne daß man im Haus selbst etwas davon gewahr wird. In diesem Fall konnten zwei Gendarmen die ganze Gesellschaft fangen, denn durch die Fenster ist keine Rettung möglich, weil jeder, der hier einen Sprung wagen wollte, in dem Abhang der Felsen den Hals brechen würde. Die Verschwiegenheit konnte allein hier schützen.

Elf ganze Tage saß Schinderhannes mit seinen Vertrauten hier, wo täglich die Gendarmen von Kirn, mit denen wahrlich nicht zu spaßen war, vorbeiritten. Er sah ihnen aus dem Fenster nach. Der gute Ruf seines Wirts schützte vor aller Haussuchung.

Noch mehr! Drei Schneider waren in voller Arbeit, um den Räuberanführer und seine Frau, und zwar diese letzte in Seide, ganz neu zu kleiden. Einer von diesen Schneidern saß bei der Bande auf dem Hof von Kallenfels, der andere auf der Birkenmühle und der dritte in Hahnenbach. Jener, als er mit seiner Arbeit fertig war, wollte den ganz neuen Anzug nach Kallenfels bringen und begegnete unterwegs zwischen Hahnenbach und Kallenfels dem Räuber und seiner Frau. Auf der Stelle zog sich dieser mitten in dem gebahnten Weg ganz nackend aus und ging eine halbe Viertelstunde auf und nieder, indem er sich auf den Hintern schlug und mit heller Stimme rief: »Jetzt, ihr Gendarmen, kommt und holt den Schinderhannes!« Darauf zog er seine neuen Kleider an und ging nach Kallenfels zurück. Der Metzger Franz Andres von Kirn, der bei dieser Szene Augenzeuge war, hat uns dieselbe selbst öfters erzählt.

Noch mehr! Ganz Kallenfels, Hahnenbach, Sonnschied und Griebelschied kannte in diesen Tagen den Aufenthalt des Räubers. Die jungen Burschen aus diesen Dörfern gingen auf den Kallenfelserhof und spielten mit dem Räuber Karten und tranken mit ihm. Andere kauften ihm und seinen Gesellen Munition in Kirn, und doch wurde nichts verraten!

Noch mehr, und ein Beispiel ohne Beispiel! Schinderhannes stellte* in diesen Tagen zu Griebelschied einen offenen Ball an, bei dem die schönen Mädchen aus der Nachbarschaft mit den Räubern traulich tanzten und bis in die Nacht zechten. Nach beendetem Tanze ging die Bande auf den Hof zurück, und die Frau von dem Agenten zu Kallenfels kaufte ihr ein großes Stück feines, zu Hottenbach geraubtes Tuch ab.

Nun folgten die Räubereien schnell aufeinander. Zu Laufersweiler, Offenbach, Merxheim, Ulmet, Sötern, Lettweiler und an anderen Orten wurde mit gleichem Glücke geplündert. Die Juden schickten ordentliche Gesandtschaften an Schinderhannes ab, um sich mit ihm abzufinden. Die Bande breitete sich bis tief in die Departemente von der Saar und vom Donnersberge aus. Die einzelnen Räubereien werden unten näher entwickelt werden, wenn von der öffentlichen Audienz zu Mainz die Rede sein wird.

Fast ebenso auffallend wie der Aufenthalt auf dem Hofe von Kallenfels war der Aufenthalt von Schinderhannes zu Meddersheim im Kanton Meisenheim. Dort ging er eine ganze Woche lang am hellen Tag und beorderte die in dieser Gegend wohnenden Juden zu sich. Unter anderem kam auch ein solcher Befehl an den reichen Handelsmann Isac Herz zu Sobernheim, um zur bestimmten Stunde zu Meddersheim in dem Hause des Jakob Hexamer zu erscheinen und sich dort vor Schinderhannes zu verantworten. Isac Herz erschien an dem bestimmten Tag zur Mittagszeit. Unten an der Tür des Hauses stand eine bewaffnete Schildwache, die den Juden empfing und die Treppe hinaufführte. Oben stand eine zweite Schildwache, die den Juden in das Audienzzimmer des Räubers geleitete, der unter Gewehren und mit einem Perspektiv in der Hand neben seiner Frau saß und prächtig gekleidet war. »Warum«, fuhr der Räuber den zitternden Hebräer an, »warum gehst du immer in Begleitung von Gendarmen? Das wird dir wenig helfen, denn es wird nur von mir abhängen, dich aus ihrer Mitte herauszuschießen.« Isac Herz machte Entschuldigungen, zahlte sechs Kronentaler für die Audienz und wurde wieder auf die gleiche Weise zurückgeführt, wie er gekommen war.

Selbst das muntere Julchen machte Streifzüge mit. Am 22. Brumaire J.IX. (14. November 1800) kam Herr Bückler mit seiner Frau nachts in das Haus des Handelsmanns Sender Isac von Weierbach, Kanton Grumbach, beide mit Flin-

---

* richtete aus

ten und Pistolen bewaffnet und letztere in Mannskleidern. Sie fragten den Juden, warum er ihnen die verlangten zwei Louisdor nicht auf den Eigenerhof geschickt habe, und setzten hinzu: man müßte allen Juden die Hälse abschneiden. Sender Isac mußte 25 Louisdor bezahlen, und während seine Frau dieses Geld in der oberen Stube zusammensuchte, hielten Herr Bückler und seine Frau ihre gespannten Pistolen auf ihn mit der Drohung, ihn auf der Stelle zu erschießen, wenn oben der geringste Lärm gemacht würde. Sender Isac hat uns versichert, daß Julchen diese Beinkleiderrolle sehr gut gespielt habe.

Man darf sagen, daß der Polizeiminister alle Mittel anwendete, die ihm dargeboten wurden, um diesem Unwesen ein Ende zu machen. Schade nur, daß die Ratgeber nicht immer diejenigen waren, die die Lage der Sachen am besten kannten. Der Generalcommissaire Jollivet, nachdem ihm alle Pläne gescheitert waren, versuchte die Räuber durch Furcht zu besiegen. Er erließ am 16. Frimaire J.IX. (7. Dezember 1800) einen Beschluß, wodurch er alle Mitschuldigen von Schinderhannes vor ein Kriegsgericht zu stellen befahl, um dort nach dem Gesetz vom 29. Nivos J.VI. (19. Januar 1798) gerichtet zu werden, welches jeden Diebstahl mit Einbruch mit dem Tode bestraft. Dieser unglückliche Beschluß konnte keine schlimmeren Folgen haben, als er bald darauf wirklich hervorgebracht hat. Eine Menge gefährlicher Räuber, teils Mitschuldige von Schinderhannes, teils Glieder von der Bande von Birkenfeld, wurden vor die zu Koblenz niedergesetzten beiden Kriegsgerichte der 26. Militärdivision gebracht. Es waren hauptsächlich folgende von der Bande von Schinderhannes:

1) Peter Zughetto von Uerzig, der älteste Pferdedieb auf dem Hunsrück, von dem schon oben bei der Moselbande die Rede war. Der Friedensrichter von Hermeskeil hatte ihn zu Thaleck gefangennehmen lassen.

2) Johann Seibert von Liebshausen. Er war schon in der letzten Dekade des Nivose J.VIII. (Mitte Januar 1800) auf Befehl des Friedensrichters von Bacharach verhaftet, nach Simmern und von da nach Trier gebracht worden, wo ihn das peinliche Tribunal wegen des Totschlags von Placken-Klos zu zwanzigjähriger Kettenstrafe verurteilt, die Exekution dieses Urteils aber noch aufgeschoben hatte, weil sich nach der Zeit noch andere Verbrechen gegen ihn entdeckten.

3) Carl Benzel von Reigenbach, der seit dem 22. Germinal J.VIII. (12. April 1800), wo ihn Adam auf dem Eigenerhof packte, alle Gefängnisse im Rhein- und Mosel-Departement gesehen hatte.

4) Johann Leiendecker von Lauschied, der ruhig in seinem Dorf Schuhe machte und so wenig bekannt war, daß er bei den peinlichen Gerichten oft und viel als Zeuge erschien.

5) Franz Riep, Landstreicher, aus der Gegend von Kirn gebürtig, einer der kältesten Menschen, die wir je gesehen. Er wurde von der Kirner Brigade am 3. Frimaire J.IX. (24. November 1800) auf dem Eichenerhof gefangen, als er dort Essen für seine Kameraden in Requisition setzte*. Schinderhannes saß auf einem

* herbeischaffte

Baum in der Nähe und war mit Zunderpflücken beschäftigt, als sich der Gendarm Cottu mit ihm herumhieb. In seiner Tasche trug er zwei schwer geladene Pistolen.

6) Kosminacz, ein österreichischer Soldat aus Sclavonien*, wohnhaft auf dem Schloß Naumburg, im Kanton Grumbach, eine halbe Stunde von Kirn. In seinem Hause war ein Hauptsammelplatz der Räuber. Er selbst war Teilhaber an dem Mordraube von Otzweiler.

7) Johann Müller, in der Nacht vom 6. zum 7. Ventose J.VII. (25./26. Februar 1799) mit Schinderhannes zu Schneppenbach gefangen genommen.

8) Peter Petri, der Sohn des schwarzen Peters, seit dem 23. Messidor J.VII.(12. Juli 1799) bereits verhaftet.

Die Untersuchung wurde von einem Monat zum anderen verschoben und endlich mit einigen Räubern angefangen, die einen Müller mit Lumpen und Zunder umwickelt und so gebraten hatten. Zwei wurden zur zwanzigjährigen, einer, und gerade der Hauptanführer zur sechsjährigen Kettenstrafe verurteilt und einige gar freigesprochen.[1] So wurde also der Zweck, den sich der Generalcommissaire vorgesetzt hatte, ganz und gar verfehlt. Das Kriegsgericht hatte sich Menschlichkeit gegen Räuber zum Grundsatz gemacht, die die heiligsten Rechte der Menschheit mit Füßen traten. Ein paar andere, die mit bewaffneter Hand zur Nachtzeit in Mühlen und Höfe eingedrungen waren, wurden ebenfalls auf die Galeeren geschickt und gingen unterwegs durch und in den Hochwald zurück.

Was die Mitschuldigen von Schinderhannes betraf, so wurde Kosminacz zu zehnjähriger Kettenstrafe und Benzel zum Tode verdammt. Dies letzte Urteil wurde indessen von dem zu Köln niedergesetzten Militär-Revisionsgericht kassiert und Benzel vor das zweite zu Koblenz etablierte Kriegsgericht verwiesen. In Rücksicht der übrigen wurde die Untersuchung nicht einmal angefangen.

Die gefährlichsten Räuber gingen in dem ohnedies nicht festen Militärgefängnis zu Koblenz frei herum und wurden nur nachts in Cachots† gesperrt. Sie unterhielten eine beständige Korrespondenz mit ihren noch nicht verhafteten Kameraden und ließen sich von diesen Geld schicken, worüber der Gefängniswärter die Quittungen ausstellte. Es fehlte an aller Aufsicht. Die kräftigsten Vorstellungen bei dem damaligen Stadtkommandanten waren fruchtlos.

Jollivet empfand nun selbst, daß andere Maßregeln getroffen werden mußten. Durch einen Beschluß der Konsuln vom 23. Fructidor J.IX. (10. September 1801) war in Köln ein Spezialgericht etabliert worden. Der General-Regierungscommissaire befahl am 23. Brumaire J.X. (15. November 1801), alle Mitschuldigen von Schinderhannes, die sich in den Militärgefängnissen zu Koblenz befanden, vor dieses Gericht zu führen, das über dreißig Stunden von dem Schau-

* Slawonien ist heute ein Teil von Kroatien.

† dunkle Zellen

1 *Es ist faktisch, daß die Richter aus Unkunde der deutschen Sprache und durch die Unwissenheit des Dolmetschers die Räuber und die Tatsachen verwechselten, gerade der, den sie zu zwanzigjähriger Kettenstrafe verurteilt zu haben glaubten und gegen den einige den Tod gestimmt hatten, war, wie sie mit Staunen bei Ablesung des Urteils gewährten, mit sechs Jahren entwischt.*

platz der Räuber entfernt war.[1] Doch ehe dieser Beschluß in Vollzug gesetzt werden konnte, geschah, was man lange erwartet und befürchtet hatte. Seibert, Benzel, Riep, Zughetto, Leiendecker und Christian Greis entwichen am 3. Frimaire J.X. (24. November 1801) aus dem Militärgefängnis zu Koblenz. Christian Greis von Gellenberg im Kanton Birkenfeld hatte in der dortigen Gegend unter dem Namen von Schinderhannes mehrere Räubereien verübt.

Das Militärgefängnis zu Koblenz liegt am Ende der Stadt. Die Cachots sind an die Stadtmauer angebaut, welche sich an dem Wall senkrecht erhebt. Die Räuber hatten sich ein Messer verschafft, dieses mit einem Feuerstrahl zur Säge gemacht und die Dielen, womit die beiden aneinanderliegenden Cachots abgesondert waren, durchschnitten und auf diese Weise nachts Kommunikation bekommen. Die durchgeschnittenen Dielen verklebten sie mit gekautem Brot. In dem einen Cachot hoben sie den Boden auf, arbeiteten sich unter dem Fundament der Stadtmauer und auf der anderen Seite durch den Wall sieben Fuß senkrecht in die Höhe und hatten so den freien Ausgang nach dem Stadtgraben zu, der auf dieser Seite gesprengt war. Sie warteten eine stürmische, regnerische Nacht ab, um unbemerkt zwischen den beiden Schildwachen durchzukommen, die nachts auf dem Wall standen. Abends nach sieben Uhr ergriffen sie die Flucht. Peter Petri, der Sohn des schwarzen Peters, war der letzte. Die Schildwache gewahrte ihn aber, und er wurde wieder zurückgebracht. Die übrigen sechs entkamen. Benzel und Seibert verfehlten den Weg und stürzten über die gesprengte Stadtmauer wohl über zwanzig Schuhe in den Abgrund. Benzel brach den Arm.

Ihre Flucht wurde sogleich entdeckt, und noch in derselben Nacht gingen in alle Gegenden des Koblenzer Waldes bewaffnete Streifkorps aus. Johann Leiendecker kam erst zwei Tage später ohne Hut in dem Dorf Oehr fünf Stunden von Koblenz an. Weil ihn die Einwohner in Verdacht hatten, so gestand er auch sogleich ein, daß er einer von den Entflohenen sei, und gab vor, er habe einige Schnupftücher schmuggeln wollen[2] und sei deswegen von den Franzosen gefangengenommen worden. Traun, ein trefflich ausgesonnener Laufpaß, um vor Verräterei sicher zu sein! Er kam glücklich bei seinem Schwager Blattau (ehemals

---

[1] *Wir können versichern, daß die Ausrottung der Räuberei in den vier neuen Departementen dem Staatsrat Jollivet sehr am Herzen lag. Er war unglücklich in der Wahl der Mittel, die ihm anfangs in Betreff der Bande von Schinderhannes vorgeschlagen wurden, und er wurde in keiner Hinsicht von dem Beamten unterstützt, der an der Spitze der gerichtlichen Polizei in der Gegend des Hauptheaters der Räubereien stand; es fehlte ihm daneben an den nötigen Fonds, ohne welche man auch bei dem besten Willen nicht viel gegen Räuberbanden ausrichten kann. – Um die Bestrafung der Mitschuldigen von Schinderhannes sicherzustellen, welche der Gerechtigkeit schon in die Hände gefallen waren oder künftig arrestiert werden würden, schlug er dem Justizminister im Monat Thermidor J.IX. (Juli/August 1801) vor, ein Spezialtribunal in Mainz nach dem Gesetz vom 18. Pluvios (.....) zu errichten; in demselben Gericht trug er auch die Errichtung eines Spezialtribunals in Köln an, weil die niederländische Räuberbande im Ruhr-Departement viel Unfug trieb und die Geschworenen durch die empörendsten Aussprüche bewiesen hatten, wie wenig sie von den Pflichten durchdrungen waren, die ihnen das Gesetz auferlegt. Allein die Regierung etablierte nur ein Spezialgericht in Köln, und dies bewog Jollivet, die Mitschuldigen von Schinderhannes vor dieses Tribunal zu verweisen. (Anmerkung von Keil)*

[2] *Das niederdeutsche Wort schmuggeln bedeutet, verbotene Waren heimlich und Waren, von denen Gebühren entrichtet werden müssen, mit Hintergehung der Gefälle einbringen, Schleichhandel treiben.*

Agent) zu Lauschied an, der ihn mit seinen eigenen Pferden über den Rhein führte. Leiendecker fand dort seinen Freund Schinderhannes wieder.

Carl Benzel kam einige Tage nach der Flucht auf dem Marienporterhofe an, wurde aber von einem Mulatten verraten und von der Brigade zu Sobernheim gefangengenommen. Das Kriegsgericht verurteilte ihn zum zweiten Mal zum Tode, und er starb endlich am 5. Ventose J.X. (24. Februar 1802) zu Koblenz unter dem Beil der Guillotine.

Franz Riep konnte seinen Hauptmann nicht mehr erreichen. Er hatte ihn auf der anderen Rheinseite vergeblich gesucht. Voll Unmuts kam er zurück und wirtschaftete noch einige Wochen auf seine eigene Faust. Am 29. Nivose J.X.(19. Januar 1802) verriet ihn der Jäger Gürtler an den Maire zu Kirn. Die dortige Brigade umstellte das Schloß Wartenstein, wo er verborgen war und sich mit seiner Flinte in einen Kamin gerettet hatte. Der Gendarm Cottu, der ihn schon einmal auf dem Eigenerhofe gefangen hatte und jetzt mit Adam zuerst in das Haus eingedrungen war, schoß ihn aus dem Kamin herunter. Einige Tage darauf starb der Räuber an seinen Wunden.

Greis ging in seine Heimat zurück, wo er sich zu den Überbleibseln seiner Kameraden schlug und von neuem zu rauben anfing.

Seibert und Zughetto wurden seit ihrer Flucht unzertrennliche Gefährten und Stifter einer eigenen Bande in dem Bezirk von Simmern.

Die Konstitution vom Jahre VIII. hatte in das Verwaltungsfach mehr Kraft gebracht und die Geschäfte vereinzelt. Man spürte den Einfluß davon auch in Rücksicht auf unseren Gegenstand. Der Präfekt von der Saar und die Unterpräfekten von Simmern, Kaiserslautern und Birkenfeld griffen die Hyder* mit Macht an. Mehrere aufeinanderfolgende Berichte von ihnen veranlaßten den General-Regierungscommissaire Jollivet am 2. Nivose J.X. (22. Dezember 1801), einen Beschluß zu fassen, wodurch eine eigene Polizeigarde errichtet wurde, um bei Tag und Nacht zu streifen und alles vor den Friedensrichter zu führen, was ohne Paß und festen Wohnort herumstreifte. Das Gesetz vom 10. Vendemiaire J.IV. (3. Oktober 1795), welches die Gemeinden für alle auf ihrem Gebiete begangenen Gewalttätigkeiten und Räubereien verantwortlich macht, wurde von neuem publiziert. Man legte Militär in jene Dorfschaften, wo die Räuber ihren gewöhnlichen Durchzug hatten.

Die Unterpräfekten Vanrecum in Simmern, Theremin in Birkenfeld und Petersen in Kaiserslautern bewiesen daher eine ganz vorzügliche Tätigkeit. Bei alledem leistete indessen doch die Polizeigarde im ganzen dasjenige nicht, was man sich von ihr versprochen hatte. Das Geschäft war zu sehr geteilt und hing im einzelnen von den Mairen ab, wovon der größte Teil zu gemächlich und indolent† war, um sich groß um Räuber zu bekümmern, die ihn in seinen Wohnungen nicht beunruhigten. Nur festes Zusammenhalten und

* Hydra, vielköpfige Schlange

† gleichgültig

gemeinschaftliches Hinarbeiten auf einen Zweck gibt den Geschäften Kraft und führt zum Ziel.

Indessen war am 29. Frimaire J.X. (20. Dezember 1801) JeanbonSt.André zum Generalkommissaire in den vier Departementen ernannt worden. Er faßte beim Antritt dieses Postens hauptsächlich zwei große Gedanken, die er mit Kraft und Klugheit verfolgte und ehrenvoll ausgeführt hat: die Ausrottung der Räuber und die Anlage einer großen Straße von Mainz bis Koblenz. Er ließ sich sogleich nach seiner Ankunft in Mainz detaillierte Berichte über die Ursachen erstatten, welche bisher die Ausrottung der Räuber verhindert hatten. Was aber mehr als alles war, er arbeitete selbst über diesen Gegenstand, und zwar so geheim, daß auch nicht einmal auf seinen verschiedenen Büros die Sprache davon war. Beschlüsse, Instruktionen, Briefe, alles schrieb er mit eigener Hand. Es würde unschicklich sein, alle Geheimnisse hier zu entschleiern, die bei dergleichen Geschäften immer Hauptregel sein müssen.

Das Frühjahr des zehnten Jahres, eben als Jeanbon St. André seinen Posten angetreten hatte, war eines der schrecklichsten. Seibert und Zughetto verbreiteten Angst und Entsetzen auf dem ganzen Hunsrück. Sie hatten alle alten Reste ihrer ehemaligen Kameradschaft in den Kantonen Simmern, Bacharach und Stromberg neuerlich zusammengerafft und zogen vom Rhein bis über Birkenfeld hinaus. Auch sie affektierten, Feinde der Juden und Freunde des Landmanns zu sein. Daß sie aber diesem Grundsatz nicht treu blieben, haben sie bald bewiesen, da die an Juden ausgeschriebenen Kontributionen nicht mehr hinreichten, sie und ihre Mädchen zu ernähren.

Seibert und Zughetto waren unzertrennliche Gefährten. Beide mit doppeltem Gewehr bewaffnet, gingen immer allein, und nur dann, wenn ein mächtiger Gewaltstreich auszuführen war, riefen sie ihre Gehilfen zusammen, die in Dörfern wohnten und nicht mit herumzogen, aber gerade darum die gefährlichsten waren. Der Vorfall auf der Mayenmühle bei Sahlershütte im Kanton Stromberg ist ein Beweis, wie Herr Seibert und seine Gesellen wirtschafteten.

In der Nacht vom zweiten auf den dritten Germinal 10. Jahres (23.-24. März 1802) um half elf Uhr pochten drei Räuber an dem Fenster der Mühle, gaben vor, sie wären Polizeigarden, die nach den Fremden suchen müßten, und verlangten eingelassen zu werden, widrigenfalls sie Türen und Fenster einschlagen würden. Der Müller Simon Hoch öffnete auf diese Erklärung, und nun traten die Kerle mit Flinten und Terzerolen* bewaffnet in die Stube. Ihr Gewehr legten sie auf den Tisch und forderten Branntwein. Der Müller merkte bald, was vorgehen sollte, und setzte sich durch eine Hintertür auf flüchtigen Fuß, wurde aber von vier anderen ebenfalls bewaffneten Räubern vor der Tür ergriffen, niedergeworfen und mit Füßen getreten. Darauf schleiften sie ihn an den Haaren zurück und forderten sein Geld. Der arme kranke Mann, der noch dazu an einem Beinbruch laborierte, erbot sich zu allem und bat nur seine unmenschlichen Gäste um Gnade

* kleinen Pistolen

für sein Leben. Sie schleiften ihn aber nichtsdestoweniger an den Haaren die Treppe hinauf in die obere Stube und raubten dort alles, was vorrätig war; damit noch nicht zufrieden, verlangten sie noch ein Simmer* voll Geld und schleiften ihn wieder an den Haaren die Treppe hinunter. Hier nun zogen sie ihn aus und brannten ihn mit drei Wachslichtern, die sie bei sich hatten, zehn Minuten lang unter dem linken Arm, daß er vor Schmerzen in Ohnmacht fiel. In dieser Lage sprang ihm einer mit beiden Füßen auf die Brust, und ein zweiter schüttete ihm ein Glas Branntwein ins Gesicht, um ihn wieder zu sich selbst zu bringen. Darauf rissen sie ihn unter den scheußlichsten Mißhandlungen in die Küche und brachen den Herd ab, unter dem Vorgeben, daß dort des Müllers Geld begraben liege. Als sie sich aber in ihrer Hoffnung getäuscht fanden, schleppten sie ihn neuerdings in die Stube, brannten ihn zum zweiten Male mit einem Licht unter dem linken Arm, legten ihm einen Strick um den Hals und zogen ihn an einem Nagel in die Höhe, und zwar mit solcher Heftigkeit, daß der Nagel ausriß. Darauf schleppten sie ihn neuerdings an den Haaren die Treppe hinauf, bis an die Speichertür, wühlten dort die Früchte† durch, und als sie auch hier kein Geld fanden, ging es wieder herunter, wo der Müller zum dritten Male ungefähr fünf Minuten lang auf dem Fleck unter dem linken Arm gebrannt wurde. Als dieses vorüber war, fing einer von den Räubern an: »Nun sehen wir, Hund, daß dir dein Geld lieber ist als dein Leben«, nahm eine doppelte Flinte vom Tisch, schüttete Pulver auf die Pfanne und fuhr fort: »Nun, Hund, seist du lutherisch oder katholisch, es ist dir erlaubt, noch ein Vaterunser zu beten, und bei dem letzten Wort drücke ich ab, wenn du nicht tausend Gulden hergibst.« Drei Räuber warfen ihn nieder auf die Knie, und der Unglückliche betete ein Vaterunser und bereitete sich zum Tode. Nun trat ein anderer von der Bande hervor und nahm seinen Kameraden die Flinte mit den Worten: »Was können wir mit dem toten Hund machen, er muß noch mehr gepeinigt werden.«

Sie legten ihm dann einen Strick um den Leib und schleiften ihn vor das Haus auf die Landstraße unter der Bedrohung, ihn an einen Baum zu hängen. Während dies vorging, kam einer dazu, der bis jetzt noch nicht da gewesen war, und nachdem dieser mit seinen Kameraden in ihrer eigenen Sprache gesprochen hatte, wurde der Vorschlag gemacht, dem Müller das Leben zu schenken, wenn er versprechen wolle, nächsten Freitag abends zweihundert Gulden durch seine beiden Töchter-Männer in den Tiergarten zu schicken. Sie sollten sich nicht fürchten und nur das Geld an den dort wohnenden Mann abgeben. Geschähe dies aber nicht, so würden sie ihm seine beiden Mühlen ohne weiteres in Brand stecken und ihn selbst, wo sie ihn fänden, totschießen.

Der Müller versprach, was er mußte, und nun erst gingen die Räuber fort.

Merkwürdig ist, daß der Müller Hoch, der ganz allein auf dieser Mühle wohnte, weil seine Hausgenossen tags vorher ausgezogen waren, am Abend der Tat

* Simmer ist ein altes Getreidemaß, das mindestens 12,5 Liter faßte.

† das Getreide

von einem Bekannten gewarnt und ihm bedeutet wurde, daß er in dieser Nacht überfallen werden würde. Ungefähr um halb sieben Uhr, als dieser Warner weggegangen war, machte sich der Müller sein Nachtessen fertig, verschloß seine Mühle, so gut er konnte, und ging auf die Landstraße, um bei dem möglichen Überfall nicht zu Hause zu sein. Als ihn aber gegen zehn Uhr die Kälte zu drücken anfing, ging er wieder in die Mühle zurück.

Der damalige Friedensrichter des Kantons Stromberg konstatierte diese schreckliche Mißhandlung. Weil er aber nicht alles erschöpft hatte, so begab sich der Br. Reichensperger, damaliger Direktor der Geschworenen zu Simmern, selbst zu dem kranken Müller, um nichts unversucht und unerschöpft zu lassen. Allein der Müller blieb fest darauf stehen, daß er keinen von den Räubern gekannt habe.

Die zweite ausgezeichnete Tat ereignete sich in der Nacht vom 20. auf den 21. Germinal, neunzehn Tage nach dem Überfall auf Hochs Mühle. Gegen zwei Uhr klopften einige Unbekannte an dem Fenster des Hauses von Jakob Dix zu Steinbach im Kanton Simmern und verlangten eingelassen zu werden. Dix, durch die Zudringlichkeit dieser Kerle beunruhigt, flüchtete sich oben ins Haus, um dort abzuwarten, was es geben würde. Die Räuber wiederholten ihr Anklopfen mehrere Male und versuchten endlich einzusteigen, worüber Dix um Hilfe schrie und die Räuber ihm die Fenster einschlugen. Zu gleicher Zeit fiel ein Schuß. Mehrere Gemeindeleute, von diesem Lärm aufgeschreckt, versammelten sich in dem Haus, und die Räuber gingen ein wenig über die Seite. Als darauf jemand von den im Haus versammelten Nachbarn die Bemerkung machte, daß diese Kerle heute im Dorf gesoffen hätten, erwiderte einer von den Räubern zum Fenster herein: »Was sagt ihr, daß wir besoffen seien? Wir erschießen euch alle!« In diesem Augenblick wurde eine Flinte zum Fenster herein in das Zimmer gerichtet, worauf die meisten aus der Stube entflohen. Dix faßte aber Mut, griff zu seiner Flinte und zielte auf den trotzigen Räuber, worauf dieser denn auch seine Flinte zurückzog. Bald fiel aber doch ein Schuß in der Stube, und man hörte die Worte: »Nun hast du die Kränk! Jetzt wollen wir das Dorf anzünden!« – Auf den zweiten Schuß versammelten sich die Nachbarn von neuem, und die Räuber zogen ab. Eine Kugel fand man dem Fenster gegenüber in der Wand stecken, und nichts war weiter entwendet als ungefähr drei Gulden, die einer von den Räubern wahrscheinlich gleich anfangs aus den an dem Fenster liegenden Beinkleidern mauste.

Reichensperger gab sich eine grenzenlose Mühe, die Urheber und Mitschuldigen dieser beiden Verbrechen zu entdecken und zu verhaften. Besonders beschäftigte die weitläufige Untersuchung über den Überfall auf Hochs Mühle seine ganze Tätigkeit während seiner Amtsführung als Direktor der Geschworenen und bald darauf als Commissaire. Er ließ auch wirklich zwei Personen, gegen welche Indizien vorlagen, verhaften. Sie mußten aber, weil sie ein vollständiges Alibi hatten, wieder in Freiheit gesetzt werden.

Was aber den Überfall von Steinbach betrifft, so waren Reichenspergers Bemühungen glücklicher. Philipp Rettweiler, Schäfer von Steinbach, ein bekannter

Dieb und Kamerad von Seibert und Zughetto, Vater von zwei ebenso berüchtigten Söhnen, wurde deswegen verhaftet und vor die Anklagejury gestellt. Damals war er aber noch nicht völlig überwiesen. Seibert und Zughetto lebten noch und waren der Schrecken der ganzen Gegend. Die Zeugen verstummten daher teils ganz, teils sagten sie nicht alles, was sie wußten. Als aber einige Zeit darauf jene beiden Räuber erlegt wurden, fing Reichensperger von neuem an zu sammeln, und nun wurde Rettweiler völlig überführt, nicht nur bei dem Anfall zugegen, sondern auch der Anstifter davon gewesen zu sein. Er wurde auf die Erklärung der Urteilsgeschworenen im Vendemiaire J.X. (September/Oktober 1802) von dem peinlichen Tribunal von Rhein und Mosel zum Tode verdammt; das Kassationsgericht zu Paris bestätigte dieses Urteil, und Rettweiler wurde am 26. Brumaire (18. November 1802) zu Koblenz hingerichtet.

Notorisch* ist es, daß Seibert und Zughetto diese beiden Überfälle in Person kommandiert haben. Schinderhannes, darüber zur Rede gestellt, behauptete standhaft, nichts davon zu wissen, und er hat uns selbst versichert, daß er weder Seibert noch Zughetto nach ihrer Flucht von Koblenz gesehen habe.

Der 27. Prairial J.X. (16. Juni 1802) war für das Arrondissement Simmern merkwürdig. Es war der Todestag von Seibert.

Dem Unterpräfekten, Br. Vanrecum, gebührt hauptsächlich der Ruhm dieses Tages. Ein Einwohner von Liebshausen namens Jakob Friedrich, selbst ein verdächtiger Mensch, bot dem Unterpräfekten an, gegen eine gewisse Summe Geldes den Räuber Seibert zu verraten. Die anbedungene Summe wurde ihm zugesichert und Jakob Friedrich hielt Wort. Er gab dem Maire von Wiebelsheim Nachricht, daß Seibert in Liebshausen sei. Anton Macher, Sekretär des Maire und Kommandant der Polizeigarde der Mairie Wiebelsheim, versammelte am 27. Prairial morgens um fünf Uhr die Polizeigarden zu Wiebelsheim und marschierte mit ihnen in den Wald von Liebshausen, wo sie der Maire noch mit bewaffneten Bauern und Holzhackern verstärkte. Von hier aus zogen sie gegen Liebshausen, und Jakob Friedrich zeigte die Wege, um ungesehen das Dorf umstellen zu können. Drei Douanieres† von dem Wiebelsheimer Posten, Doctor, Glauchet und Geurling, waren mit unter den Garden. Mehrere Häuser wurden visitiert, aber vergebens. Darauf ließ der Maire alle weiteren Nachsuchungen einstellen und eilte nach Rheinböllen, um noch mehr Verstärkung zur Umstellung des Dorfes zu nehmen. Während dieses vorging, gab der Polizeigarde Niklas Schneider von Liebshausen dem Sekretär Macher einen Wink, um in einigen am Dorf liegenden Gärten zu suchen. Macher und die drei Zollbeamten gingen dahin. Der Sekretär sah zehn Schritte von sich einen Kerl in einem Rübenloch liegen. Die Zollbeamten gingen auf einen ihnen gegebenen Wink fort, um noch Verstärkung zu holen und den Räuber lebendig zu fangen. Macher blieb auf seinem Posten, das Gewehr im Anschlag. Da streckte Seibert den Kopf hervor, legte

* bekannt
† Zöllner

sich aber auf Machers Zuruf: »Bleib liegen, oder ich schieße dich zusammen!« gleich wieder nieder. Bald darauf sprang er aber aus seinem Loch auf und stürzte auf Macher zu. Dieser drückte, aber das Gewehr versagte! In demselben Augenblick noch einmal den Hahn gezogen, abgedrückt und wieder versagt! Seibert wurde immer wütender. Macher ging mit gefälltem* Gewehr auf ihn los und stieß ihn mit dem Lauf auf die Brust, daß er ächzte, empfing aber in dem Augenblick einen so kräftigen Stoß von dem Räuber, daß er einige Schritte zurücktaumelte. Nun floh Seibert nach der Gartentür zu, und das Gewehr versagte dem Sekretär zum dritten Male. Er erwischte den Räuber aber doch noch glücklich an der Tür beim Kittel, fleischte sich die Hand an dem Pfosten und mußte loslassen. Seibert entfloh, und Macher schrie um Hilfe. Die Zollbeamten liefen herzu. Drei Schüsse, die Doctor, Macher und Glauchet fast zu gleicher Zeit taten, streckten den Räuber nieder. In diesem Augenblick kamen der Maire von Wiebelsheim und von Rheinböllen mit Verstärkung an. Alle Polizeigarden wurden zusammengerufen, und Macher ließ einen Kreis um des Räubers Leichnam schließen. Er hatte heute seine Kleidung geändert und einen leinenen Kittel angezogen. Einen ledernen Gurt trug er um den Leib. Kein Kreuzer war darin. In den Taschen fand man ein Pulverhorn, das noch halb voll war, vier Kugeln, 37 dicke Schrot, eine Tabakspfeife und einen Feuerstahl. Vier Schritte von dem Räuberloch lag ein einfaches mit drei Kugeln geladenes Gewehr, das einem Einwohner von Liebshausen gehörte. Der Räuber pflegte sonst immer eine doppelte Büchse zu tragen.

Der Körper kam abends gegen acht Uhr in Simmern an. Die Polizeigarden, mit grünen Zweigen auf den Hüten, begleiteten ihn im Triumph und wurden von dem Unterpräfekten bewirtet.

Die Zollbeamten haben sich überhaupt bei der Verfolgung dieses Räubers brav bewiesen. Schon früher waren sie ihm einmal so nahe, daß er sich mit einem Messer den Stiefel, der ihn drückte, vom Fuß schnitt und sich rettete.

Auffallend ist es, daß die Gendarmen über diesen glücklichen Fang eifersüchtig wurden. Am 12. Messidor (1. Juli) setzte der Leutnant Toussaint Penot von Boppard einen Verbal-Prozeß auf, worin er am Ende sagte, daß Seibert wohl lebendig hätte gefangen werden können, wenn nicht einige unter den Polizeigarden gewesen wären, die sich vor seinen Bekenntnissen gefürchtet hätten.

Peter Zughetto ging bald nach dem Tod seines Kameraden an die Mosel zurück und trieb dort das Handwerk allein fort. In der Nacht vom 29. auf den 30. Messidor (18./19. August) kam er in die Gegend von Monzel im Kanton Wittlich. Die Einwohner schickten Bewaffnete gegen ihn und seine Gesellschaft aus. Einer von diesen namens Matthes Leander wurde von ihm durch einen Flintenschuß verwundet, erwiderte aber dem Räuber auf dieselbe Art und streckte ihn nieder. Am 30. morgens um sieben Uhr starb er.

So endeten diese beiden fürchterlichen Menschen auf eine tragische Weise.

---

* gesenktem

Man hat ihren Tod bedauert, weil man hoffte, daß ihre Eingeständnisse alle ihre Verbindungen entschleiert haben würden. Man hat sich aber wahrscheinlich geirrt, denn soviel wir diese beiden Räuber von Person gekannt haben, waren sie im höchsten Grade verschlossen und vertrauten niemand etwas an.

Über Seiberts Tod erschienen im Moniteur* übertriebene Berichte. Man hätte glauben können, daß eine Mordschlacht gegen ihn und seine Bande geliefert worden wäre.

Jeanbon St. André dankte dem braven Macher und seinen wackeren Gefährten. Die Regierung beschloß, daß er belohnt werden sollte.

Schinderhannes hatte um diese Zeit seinen letzten Streifzug auf dem linken Rheinufer gemacht. Die tätigen und zweckmäßigen Anstalten, welche damals Jeanbon St. André traf, und besonders die ganz genaue Kenntnis, welche der öffentliche Ankläger im Roer-Departement, Br. Keil, sich durch mehrjährige rastlose Arbeit von den geheimsten Verhältnissen des Räubers auf dem rechten Rheinufer verschafft hatte, machte dem Unwesen auf einmal ein Ende. Keil machte damals eine eigene Reise in die benachbarten deutschen Staaten, um die dortigen Behörden über die Schlupfwinkel und Verbindungen der Räuberbanden zu belehren. Wie mußte man erstaunt sein, einen fremden Mann so unterrichtet sprechen zu hören! Von Dingen sprechen zu hören, von denen man dort nicht einmal eine Idee hatte. Der Verfasser dieser Geschichte konferierte damals mit dem Br. Keil in Bingen über verschiedene Zweige dieses Geschäftes, wobei Br. Keil der Meinung war, daß Schinderhannes nur auf dem rechten Rheinufer gefangen werden könne. Der Erfolg hat diese Meinung vollkommen gerechtfertigt.

Wir glauben die Geschichte der Gefangennehmung des Schinderhannes hier etwas umständlich anführen zu müssen, weil dem Publikum so viel Unwahres hierüber mitgeteilt worden ist.

Man verdankt dieses wichtige Ereignis den vortrefflichen Maßregeln, welche Jeanbon St. André genommen hatte. Schinderhannes, auf dem linken Rheinufer sehr in die Enge getrieben, hatte es für notwendig gefunden, sich in seine Schlupfwinkel des rechten Rheinufers zurückzuziehen. Jeanbon St. André hatte von uns einen ausführlichen Bericht über den Zustand der Polizei in den angrenzenden deutschen Ländern gefordert; wir sagten in demselben die Wahrheit, die ganze reine Wahrheit; die strafbare Schläfrigkeit manches deutschen Beamten wurde gerügt, und die Verbindungen des Schinderhannes und der großen Räuberbande in Deutschland wurden bestimmt bezeichnet. Dieser Bericht wurde der französischen Regierung vorgelegt und unsere Mission in Deutschland beschlossen. Der Minister der auswärtigen Angelegenheiten trug dem Residenten der Republik in Frankfurt auf, in einer Note die benachbarten Reichskreise einzuladen, uns mit allen ihren Kräften während unserer Sendung zu unterstützen. Diese Note, welche bittere Vorwürfe enthielt, in welcher aber auch einige Punkte unseres Berichtes etwas unrichtig ausgezogen† waren, machte große Sensation in Deutschland; an die untergeordneten Beamten ergingen die strengsten Befehle in betreff der Streifzüge und der Aufsicht über das herumziehende Gesindel. – Die Räubereien zu Hundsangen, Daisbach, Breitenau, Hillscheid und Würges hatten zwar die Konvention von Wetzlar vom 28. Januar 1801 veranlaßt, aber es schien, als wenn die heilsamen in diesem Akte verabredeten Maßregeln nicht mehr pünktlich ausgeführt würden. Obige Note gab denselben wieder neues Leben. In den Rheingegenden wurden wieder beinahe alle Tage sowohl einzelne als allgemeine Streifzüge vorgenommen.

---

* eine damals weit verbreitete Zeitung

† wiedergegeben

Den 31. Mai 1802 (11. Prairial J.X) durchstreifte Herr Fuchs, Khurtrierischer Hofgerichtsrat und Amtsverwalter zu Limburg an der Lahn, ein äußerst tätiger Beamter, morgens bei Tagesanbruch mit einem Kommando von Niederselters aus die Gegend von Hausen, Eisenbach und Haintchen. Als er ungefähr noch eine Viertelstunde von Wolfenhausen war, sah er 300 Schritte links neben der Straße einen Menschen aus einem Kornfeld herausgehen, der ihm fremd zu sein schien. Er betrachtet ihn aus dieser Entfernung, läßt das Kommando halten, nimmt den Stadtmüller von Niederselters mit sich und reitet auf den fremden Menschen zu. Er nähert sich ihm bis auf zehn Schritte, winkt ihm heranzukommen. Der Fremde folgt mit Anstand. Er war gut gekleidet, hatte einen runden Hut auf, die vorderen Haare hingen die Stirn herab bis auf die Augen, die hinteren Haare waren in einem kurz gestutzten Zopf gebunden, der Backenbart lief ihm von den Ohren unter dem Kinn bis an den Hals fort. – Er trug ein mehr gräuliches als hellblaues kurzes Kamisol*, lange schließende Hosen von hellblauem Tuch mit weißen runden Knöpfen, zwischen den Beinen mit schwarzem Leder ausgeschlagen, Schuhe und eine schwarze Fuhrmannspeitsche mit rotem Leder am Stiel gestickt. – Herr Fuchs fragte den Fremden, wo er her wäre und was er hier zu tun hätte; er antwortete, er sei aus der Weilbach und wolle zu Wolfenhausen Ziegel kaufen, dort oben, auf einen Ort hinzeigend, habe er seine Fuhr stehen. »Wenn Ihr Ziegel in Wolfenhausen habt kaufen wollen«, erwiderte ihm der Amtsverwalter, »so wird Euch auch der Ziegler kennen, kommt also mit, und wenn der Ziegler Euch kennt, so entlasse ich Euch wieder.« Hierüber wurde der Fremde etwas betroffen, aber noch betroffener wurde er, als Herr Fuchs ihn um seinen Paß fragte. »Ich habe keinen nötig, weil ich in dieser Gegend zu Hause bin«, war seine Antwort. Der Amtsverwalter faßte ihn hierbei scharf ins Auge, merkte deutlich seine Verlegenheit, ergriff ihn mit dem Stadtmüller unter dem Ausruf: »Ihr seid ein Spitzbube«, und übergab solchen dem auf sie wartenden Streifkommando. Kaum war der Gefangene bei demselben angelangt, so zog er eine gelbe Tabatiere heraus und präsentierte den Soldaten öfters Tabak, und nahe an Wolfenhausen sagte er leise zu einem derselben: »Wenn du mich entspringen läßt, so gebe ich dir ein gutes Trinkgeld.« Dieser aber antwortete: »Es hilft dir nichts, wenn ich dir Luft mache, denn alle meine Kameraden haben scharf geladen.« Der Fremde wurde nun nach Wolfenhausen geführt, wo sich der Wiedrunklische Leutnant mit seinem Streifkommando befand; dieser erkannte den Gefangenen für denselben, der ihm kurz vorher entsprungen war; er verlangte daher und erhielt die Überlieferung desselben. Der Leutnant ließ ihn binden und nach Runkel führen, wo der Fremde sich unter dem Namen Jakob Schweikard bei einem kaiserlichen Werber hat engagieren lassen; dieses Los hätte ihn vielleicht ohnehin nach dem 10. Art. der Konvention von Wetzlar getroffen.

Als Jakob Schweikard schon einige Tage in dem kaiserlichen Werbhaus zu Limburg, wohin er von Runkel abgeführt worden, bewacht und nicht mehr als jeder andere Rekrut eingeschränkt war, entdeckte am 8. Juni (19. Prairial) Johann Adam Zervas aus der langen Hecke (ein Ort, wo sich immer Raubgesindel aufzuhalten pflegte) dem Amtsverwalter Fuchs, daß der Jakob Schweikard der berüchtigte Schinderhannes sei; der Vertraute riet zu gleicher Zeit, seinen Bruder, den Rekruten Johann Georg Zervas und dessen Beischläferin, die sogenannte Liesel, Schwester des schwarzen Christian Reinhard, der gleichfalls Rekrut war, über die Person des Jakob Schweikard zu vernehmen. Herr Fuchs und der kaiserliche Hauptmann Schäfer vernahmen diese zwei Personen über diese wichtige Entdeckung. Die Angabe des Adam Zervas wurde bestätigt, und als man noch das Signalement des Schinderhannes, welches wir in den Kölnischen Beobachter nebst Notizen über denselben hatten einrücken lassen, dieses Blatt in der Hand, mit der Person des Jakob Schweikard verglich und jenes sehr genau auf den Rekruten paßte, so war man überzeugt, den berüchtigten Räuber zu besitzen.

Man traf nun sogleich alle Anstalten, um seine Entweichung unmöglich zu machen. Der verkappte Schweikard wurde unter dem Vorwand geschlossen†, daß er desto sicherer in das Werbhaus nach Frankfurt gebracht werden könnte. Man ließ auch noch den Rekruten Ebel schließen, um den ersten nicht auf den Gedanken zu bringen, daß er erkannt wäre. Schweikard glaubte, der

---

* Wams, Unterjacke

† in Ketten gelegt

Hauptmann befürchte seine Desertion; er bot ihm daher zur Sicherheit einen Gürtel mit Geld an, den er um den Leib trug und in welchem sich hundert und einige Gulden befanden. Allein dies Anerbieten wurde nicht angenommen. Während man ihm die Ketten anlegte, fragte er, ob auch der schwarze Christian geschlossen würde, und als man ihm diese Frage mit Nein beantwortete, brach er in ein lautes Gelächter aus. Der schwarze Christian wurde gleichwohl noch denselben Abend in Ketten gelegt, der Rekrut Ebel aber entfesselt.

Den 10. Juni (21. Prairial) wurde Schinderhannes nebst anderen Rekruten unter Begleitung des khurtrierischen Militärs und mehrerer Limburger Jagdliebhaber nach Wiesbaden transportiert. Als er zu Kirberg ankam, wurde er fester an seinen Kameraden, den schwarzen Christian, angeschlossen, bei welcher Operation dieser letztere sehr tumultierte. Schinderhannes blickte gedankenvoll unter sich und sprach nur selten etwas; nur als einer der Limburger Freiwilligen, der Handelsmann Verhofer, sich vor ihm hinstellte und ihm starr ins Gesicht sah, wurde er unwillig und fragte denselben mit festem Ton: »Herr! Bin ich Ihm etwas schuldig, daß Er mir so ins Gesicht schaut?«

Auf der sogenannten Platte, eine Stunde vor Wiesbaden, nahm eine Kompanie Jäger den Transport in Empfang. In Wiesbaden bot die Beischläferin des Schinderhannes dem kaiserlichen Feldwebel Wagner drei Caroline an, um ihren Mann nicht durch Kassel-Mainz* zu transportieren. Schinderhannes selbst bemerkte, er habe eine große Furcht vor den Franzosen, von denen gewiß einige in Kassel sein würden. Als unser Held von Wiesbaden abgeführt wurde, rief er im tiefsten Schmerz aus: »O weh! Nun bin ich verloren!« Der an ihm geschlossene Christian sang aber laut: »Ha! Ha! Haben wir dich einmal!«

Den 12. Juni (22. Prairial) kam Schinderhannes in dem kaiserlichen Werbhaus zu Frankfurt an, den 14. wurde er in Begleitung von mehr als zwanzig Soldaten auf das Kriminalamt gebracht, wo er seinen wahren Namen und einen großen Teil seiner Verbrechen sogleich eingestand und nur bat, ihn nicht auf das linke Rheinufer auszuliefern. Allein der Frankfurter Magistrat übergab ihn den 16. Juni morgens um vier Uhr den französischen Gendarmen, die ihn nach Mainz transportierten. Mit Schinderhannes saßen auf dem Wagen seine Maitresse, der schwarze Christian, ein Jude von Rödelheim namens Amschel und der berüchtigte Räuber Fetzer. An dem Wagen wollte das eine Rad unterwegs nicht mehr fort. Es stockte. »Sieh doch, Kamerad!« sagte Fetzer. »So ist es auch mit unserm Lebensrad, mir dünkt, es ist ins Stocken geraten und will nicht mehr fort.« – »Geh, geh«, antwortete Schinderhannes, »was wird's viel sein; mit sechs, acht Jahren Galeere hoff ich durchzukommen.« – »Ich nicht«, erwiderte der tiefer blickende Fetzer, »ich glaube, es geht uns beiden um den Kopf.«

Schinderhannes kam am 27. Prairial in Mainz an, wo er anfangs dem Direktor der Geschworenen und bald darauf dem Spezialgericht übergeben wurde. Seine Bekenntnisse, von denen weiter unten die Rede sein wird, veranlaßten eine Menge Verhaftungen von Leuten aus allerhand Ständen.

Am 18. Pluviose J.XI. (7. Februar 1803) erließ das Spezialgericht vom Donnersberg ein Kompetenzurteil gegen nachfolgende Individuen:

I. Johann Bückler Sohn, genannt Schinderhannes, beschuldigt:

1) Über Landstreicherei, weil er im Jahr 1796 sein väterliches Haus verlassen, ohne gültigen Paß herumgestrichen, ohne in eine Bürgerliste eingeschrieben zu sein und ohne irgendeinen festen Wohnsitz zu haben.

2) Eines Straßenraubs in Gesellschaft mit Carl Benzel im Frühjahr Jahrs 9. in der Gegend von Winterhauch, verübt an Herz Gottschlick von Nahbollenbach und Isac Sender von Weierbach.

3) Eines Diebstahls begangen in der Nacht vom 10. zum 11. Messidor Jahres 9. (29./30. Juli 1801) in dem Hause des Herz Mayer, Handelsmann zu Ulmet, Kanton Kusel, Saar-Departement, in einem Hause auf dem Land mittels Erbrechung der äußeren Tür, in Vereinigung mehrerer bewaffneter Personen und mit verübter Gewalt an den Einwohnern des Hauses.

* Mainz-Kastel

4) Eines nächtlichen Diebstahls am 22. Brumaire Jahrs 9. (14. November 1800) in einem Landhaus und in Vereinigung von mehr als einer Person bei dem Br. Sender Isac von Weierbach, Kanton Grumbach, Saar-Departement.
5) Eines nächtlichen Diebstahls vom 25. auf den 26. Thermidor Jahrs 8. (13./14. August 1800) bei dem Br. Wolff Wiener zu Hottenbach, Kanton Herrstein, Saar-Departement, in einem Landhaus in Vereinigung von mehreren bewaffneten Personen und mit Vergewaltigung der Einwohner.
6) Eines im Monat Dezember 1797 in Vereinigung von mehreren Personen verübten Diebstahls und Mords auf dem Baldenauerhof an der Person des Niklas Rauschenbergers, eines Landstreichers.
7) Eines am 12. November 1798 nachts begangenen Diebstahls von elf Schweinen bei der Witwe Anne Marie Cathrine Zerfas zu Heinzenberg in einem an ein Haus stoßenden Stall in Vereinigung von mehreren Personen.
8) Eines in Gesellschaft Peter Petri, Sohns, am 6. August 1797 in der Nacht begangenen Diebstahls von zwei Pferden bei Johann Köhler zu Niederwürzbach im Kanton Herrstein, Saar-Departement, in einem an ein Wohnhaus stoßenden Stall.
9) Eines im Jahr 1797 zu Bärenbach nachts in einem Landhaus mittels Einsteigens begangenen Diebstahls.
10) Eines zu Ende des Jahres 6. verübten nächtlichen Diebstahls von einem Pferd in einem an ein Landhaus des Schmitthannes zu Hochstetten, Kanton Grumbach, Saar-Departement, stoßenden Stall.
11) Eines am 6. Pluviose Jahres 6. (25. Januar 1798) in der Nacht begangenen diebstahls bei Johann Schmitt auf der Spallen Ziegelhütte in einem Landhaus mit verübter Gewalt an den Bewohnern des Hauses und in Vereinigung von mehreren bewaffneten Personen.
12) Eines im Jahr 7. zur Nachtzeit versuchten Diebstahls von den Eseln des Müllers Horbach auf der Antesmühle in einem an diese Mühle stoßenden Stall.
13) Eines im Monat Thermidor Jahrs 6. (Juli/August 1798) auf der Landstraße bei Seibersbach, Kanton Simmern, Rhein- und Mosel-Departement, an dem Br. Simon Seligmann von Seibersbach begangenen Diebstahls und Meuchelmords.
14) Eines Diebstahls in dem Hause des Br. Jakob Bär zu Merxheim mit äußerem Einbruch und Mißhandlung der Bewohner des Hauses und in Gesellschaft mehrerer bewaffneter Personen in der Nacht vom 8. zum 9. Pluviose 9.J. (28./29. Januar 1801).
15) Eines Diebstahls mit Einbruch und in Gesellschaft mehrerer bewaffneter Personen in dem Hause des Brs. Isac Moises zu Laufersweiler, Kanton Kirchberg, in der Nacht vom 24. zum 25. Germinal J.9. (14./15. April 1801).
16) Eines Diebstahls in dem Hause des Brs. Valentin Bernhard zu Waldgrehweiler, Kanton Rockenhausen, mittels äußern Einbruchs und in Vereinigung mehrerer bewaffneter Personen in der Nacht vom 21. zum 22. Pluviose Jahr 10. (10./11. Februar 1802).
17) Eines Diebstahls bei Henrich Zürcher, Pächter zu Neudorf, Kanton Obermoschel, mit Mißhandlung der Bewohner des Hofes und in Gesellschaft mehrerer bewaffneter Personen in der Nacht vom 23. zum 24. Pluviose Jahr 10. (12./13. Februar 1802).
18) Eines Diebstahls bei dem Br. Schowalter, Pächter von Montfort, in Gesellschaft mehrerer bewaffneter Personen zum Ende es Monats Floreal J. 10. (Mitte Mai 1802).
19) Eines Gelddiebstahls mit offener Gewalt, verübt an dem Br. Schweizer, Ackersmann zu Rehborn, Kanton Obermoschel, im Germinal Jahr 10. (März/April 1802).
20) Eines Straßenraubs mit Mißhandlung der Beraubten zwischen Wolfersweiler und Birkenfeld am 24. Ventose J.8. (16. März 1800).
21) Eines Diebstahls mit Einbruch und mit Gewalt der Waffen und in Gesellschaft mehrerer bewaffneter Personen in dem Haus des Brs. Mendel Löw zu Sötern, Kanton Hermeskeil, in der Nacht vom 17. zum 18. Fructidor J.9. (4./5. September 1801), bei welcher Gelegenheit Mendel Löw gemeuchelmordet wurde.
22) Eines Straßenraubs im Kanton Sobernheim mit Gewalttätigkeiten gegen die Person des Brs. Andre, Nationalgendarmen, am 15. Messidor Jahr 9. (3. Juli 1801).
23) Eines Diebstahls in Gesellschaft mehrerer bewaffneter Personen in der Mühle des Brs. Hor-

bach, Kanton Grumbach, in der Nacht vom 20. zum 21. Nivose Jahr 8. (10./11. Januar 1800).
24) Eines versuchten Diebstahls in Gesellschaft mehrerer bewaffneter Personen in dem Haus des Brs. Riegel zu Otzweiler in der Nacht vom 20. zum 21. Nivose Jahr 8. (10./11. Januar 1800), bei welcher Gelegenheit Riegel durch einen Flintenschuß getötet wurde.
25) Eines Diebstahls mit Einbruch und Gewalttätigkeiten gegen die Bewohner des Hauses und in Gesellschaft mehrerer bewaffneter Personen bei dem Br. Seckel Löw zu Staudernheim, Kanton Meisenheim, in der Nacht vom 28. zum 29. Fructidor Jahr 9. (15./16. September 1801).
26) Eines Diebstahls mit Einbruch und Gewalttätigkeiten gegen die Bewohner des Hauses und in Gesellschaft mehrerer bewaffneter Personen bei dem Br. Elias Joel zu Obermoschel in der Nacht vom 22.-23. Brumaire J.10. (14/15. November 1801).
27) Eines Diebstahls mit Einbruch, Gewalttätigkeiten gegen die Bewohner des Hauses und in Gesellschaft mehrerer bewaffneter Personen bei dem Br. Salomon Benedict zu ErbesBüdesheim, Kanton Alzey, in der Nacht vom 9. zum 10. Brumaire J.10. (1./2. November 1801).
28) Eines Straßenraubs mit Gewalttätigkeiten zwischen Odernheim und Boos, Kanton Meisenheim, verübt an dem Br. Emanuel Löw von Offenbach, Kanton Grumbach, im Floreal J.9. (April/ Mai 1800).
29) Eines Pferdediebstahls in dem Stall des Brs. Geschwind zu Hundsbach, Kanton Meisenheim, im Sommer Jahr 10. (1802).
30) Eines Diebstahls zweier Pferde auf der Haumühl im Kanton Kirn mit Einbruch und in Gesellschaft mehrerer bewaffneter Personen im Winter Jahr 10.
31) Eines nächtlichen Diebstahls zweier Pferde zu Limbach im Winter Jahr 10.
32) Eines Diebstahls auf der Kratzmühle bei Merrheim mit Gewalttätigkeiten gegen die Bewohner der Mühle und in Gesellschaft mehrerer bewaffneter Personen in der Nacht vom 24. zum 25. Brumaire J.10. (16./17. November 1801).
33) Eines Diebstahls mit Einbruch und in Gesellschaft mehrerer bewaffneter Personen bei dem Posthalter zu Würges bei Königstein im Winter Jahr 9. (1800).
34) Eines versuchten Diebstahls in Gesellschaft mehrerer bewaffneter Personen zu Illingen im Saar-Departement im Sommer Jahr 9.
35) Eines Diebstahls mit Übersteigung und in Gesellschaft mehrerer bewaffneter Personen bei der Witwe Frenger zu Offenbach, Kanton Grumbach, in der Nacht vom 2.-3. Frimaire Jahr 8. (24./ 25. November 1799).
36) Eines gewalttätigen Raubs, verübt an den Br. Moises, Heyum, Meyer Nathan und Nathan Joseph von Hundsbach, im Brumaire J.9. (Oktober/November 1800).
37) Eines Straßenraubs zwischen Kirn und Oberstein, verübt an dem Metzger Mathias von Sobernheim am 1. Floreal Jahr 8. (21. April 1800).
38) Eines Schweinediebstahls bei Georg Hilgert zu Wahlbach, Kanton Simmern, in der Nacht vom 25. zum 26. Brumaire Jahr 6. (17./18. November 1797).
39) Eines Diebstahls von vier Pferden bei dem Br. Niklas Schweig von Hirschstein, Kanton St. Wendel, mit Einbruch in der Nacht vom 20. zum 21. Juli 1797.
40) Eines Pferdediebstahls bei dem Br. Christian Mohr auf dem Schönbornerhof im Sommer 1797.
41) Eines versuchten nächtlichen Diebstahls mittels Übersteigung und Einbruch und in Gesellschaft mehrerer bewaffneter Personen bei dem Br. Gottlob zu Oberwesel, Kanton Bacharach, im J.7. (1798/99).
42) Eines Straßenraubs in der Gegend des Dohnbergs bei Monzingen, verübt an Moises Juda von Bingen und Bär Reinach von Mainz, am 15. Nivose Jahr 8. (5. Januar 1800).
43) Eines gewalttätigen Raubs, verübt bei dem Br. Stumm auf der Asbacher Eisenhütte, Kanton Herrstein, im Sommer Jahr 8.
44) Eines Tuchdiebstahls mit Übersteigung und Einbruch in der Fabrik zu Birkenfeld in der Nacht vom 8. zum 9. Februar 1797.
45) Eines Straßenraubs mit Gewalttätigkeiten, verübt an der Person des Samuel Eli von Sobernheim in der Gegend des Steinerterhofes bei Sobernheim am 6. Germinal J.8. (27. März 1800).
46) Eines Straßenraubs zwischen Duchrode und Odernheim im Kanton Obermoschel, verübt an

mehreren Juden von Odernheim am 11. Floreal J.9. (1. Mai 1801).

47) Eines Straßenraubs bei Niederhausen, Kanton Obermoschel, verübt an Löw Herz und Löw Nathan von Müsterappel am 14. Prairial Jahr 8. (3. Juni 1800).

48) Eines nächtlichen Raubs in Gesellschaft mehrerer bewaffneter Personen, verübt an der Person des Bürgers Friedrich Gerhard Müller zu Naumbach, Kanton Meisenheim, am 25. Nivose 8.J. (15. Januar 1800).

49) Eines Diebstahls mit Einbruch und in Gesellschaft mehrerer bewaffneter Personen bei dem Juden Feist zu Baier auf der rechten Rheinseite in der Nacht vom 11. Juli 1801.

50) Eines Straßenraubs in der Gegend des Wickenhofs, Kanton Grumbach, verübt an den Brn. Schank von Meisenheim, Peter Maurer von Kirnbecherbach und anderen am 25. Frimaire 8.J. (17. Dezember 1799).

51) Eines Straßenraubs bei Böckelheim in Gesellschaft von zwei Kameraden mit Gewalttätigkeiten, verübt an fünfzig Personen, teils Juden, teils Christen, im Messidor 8.J. (Juni/Juli 1800).

52) Der Teilnahme an der Tötung des Franz Kleb, Mainzer Soldat, verübt am 25. Mai 1801 zu Kleinrohrheim auf der rechten Rheinseite.

53) Eines Straßenraubs bei Rheinböllen, Kanton Simmern, verübt an dem Br. Treitel Moises von Rheinböllen und seinen Reisegefährten im 9.J. (1801).

II. Johann Bückler, der Vater, 43 Jahre alt, Ackermann zu Kirschweiler, Kanton Herrstein, beschuldigt:

1) Eine von dem unter Nr. 2 bezeichneten Straßenraub herkommende Uhr umsonst angenommen zu haben.

2) Das von dem Diebstahl unter Nr. 3 herkommende Silbergeschirr verheimlicht zu haben.

III. Julie Blasius, 20 Jahre alt, gebürtig zu Baden Weierbach, Kanton Grumbach, Bänkelspielerin und Beischläferin des Schinderhannes, beschuldigt:

1) Der Landstreicherei, weil sie vor fünf Jahren ihr väterliches Haus verlassen und mit Schinderhannes herumgezogen ist, der damals schon allgemein als Räuber bekannt war.

2) Wissentlich mehrere gestohlene Sachen umsonst angenommen zu haben.

3) Bei dem Diebstahl unter Nr. 4 geholfen zu haben.

4) An dem Diebstahl unter Nr. 5 teilgenommen zu haben.

IV. Philip Jakob Heidens, genannt Klären Philipp, 26 Jahre alt, Zunderkrämer, gebürtig von Rödelhausen, Kanton Zell, beschuldigt:

1) Der Landstreicherei.

2) An dem Totschlag unter Nr. 6 teilgenommen zu haben.

V. Johann Müller, der Sohn, genannt Butla, 19 Jahre alt, gebürtig von Södern bei Aachen, beschuldigt:

1) Der Landstreicherei.

2) An dem unter Nr. 7 bezeichneten Diebstahl Anteil genommen zu haben.

VI. Peter Petri, Sohn des schwarzen Peters, 19 Jahre alt, gebürtig von Hüttcheswasen, Kanton Rhaunen, beschuldigt:

1) Der Landstreicherei.

2) An den unter Nr. 7, 8, 9, 10, 11 und 12 bezeichneten Verbrechen Anteil genommen zu haben.

VII. VIII. Theodor Müller, 40 Jahre alt, Schäfer, und Niklas Nau, 25 Jahre alt, Pächter auf dem Marienpforter Hofe, Kanton Sobernheim, beschuldigt der Teilnahme an dem unter Nr. 7 bezeichneten Verbrechen.

IX. Leser Isaak, 26 Jahre alt, Handelsmann, wohnhaft zu Altenbamberg, Kanton Obermoschel, beschuldigt, wissentlich Sachen von dem unter Nr. 13 bezeichneten Verbrechen herrührend gekauft zu haben.

X. Christian Reinhard, genannt Jonas oder schwarzer Jonas, 28 Jahre alt, Bänkelspieler, gebürtig von Berlin, beschuldigt:

1) Der Landstreicherei.

2. Der Teilnahme an den unter Nr. 14, 15, 16, 17, 18, 19 und 33 bezeichneten Verbrechen.

XI. Margreth Eberhard, Ehefrau des Christian Reinhard, 25 Jahre alt, aus dem ehemaligen Lothringen gebürtig, beschuldigt:

1) Der Landstreicherei seit ihrer frühesten Kindheit, wo sie ihren Geburtsort, dessen Namen sie nicht einmal anzugeben weiß, verlassen haben will.

2) Die von den Diebstählen ihres Ehemanns herrührenden Sachen wissentlich umsonst empfangen zu haben.

XII. Jakob Benedum, 28 Jahre alt, wohnhaft zu Konkenlangenbach, Kanton Kusel, beschuldigt:

1) Eines mittels äußeren Einbruchs und in Gesellschaft mehrerer bewaffneter Personen auf der Streitmühle, Kanton Kusel, verübten Diebstahls in der Nacht vom 25. zum 26. Vendemiaire 10.J. (17./18. Oktober 1801).

2) Der Teilnahme an dem unter Nr. 20 bezeichneten Diebstahl auf der Landstraße bei Birkenfeld und Wolfersweiler.

XIII. Friedrich Schmitt, 25 Jahre alt, Bergmann, gebürtig von Annaberg in Sachsen, beschuldigt:

1) Der Landstreicherei.

2) Des auf der Streitmühle begangenen unter vorstehenden Nr. 1 bezeichneten Diebstahls.

3) Des an Mendel Löw von Sötern begangenen unter Nr. 21 bezeichneten Raubs und Meuchelmords.

XIV. Jakob Porn, genannt Müller Jakob, 45 Jahre alt, ein Müller, gebürtig von Beuren im Hochwald, Kanton Saarburg, beschuldigt:

1) Der Landstreicherei.

2) Der Teilnahme an den unter Nr. 3, 21 und 22 bezeichneten Verbrechen.

3) Des in Gesellschaft Jakob Benedums auf der Streitmühle verübten, unter Nr. 1 der Verbrechen des letzteren bezeichneten Diebstahls.

XV. Johann Porn, der Sohn, 19 Jahre alt, Müller, gebürtig von Osburg, Arrondissement Trier, beschuldigt:

1) Der Landstreicherei.

2) Einer der Urheber des an Mendel Löw zu Sötern verübten unter Nr. 21 bezeichneten Raubs und Meuchelmords zu sein.

XVI. Philipp Klein, genannt Husaren Philipp, 35 Jahre alt, gebürtig von Wickenrod, Kanton Herrstein, beschuldigt, die unter Nr. 23 und 24 bezeichneten Verbrechen mitbegangen zu haben.

XVII. Johann Welsch, 25 Jahre alt, Bänkelspieler und Weber, wohnhaft zu Reichenbach, Kanton Baumholder, beschuldigt, an den unter Nr. 23 und 24 bezeichneten Verbrechen teilgenommen zu haben.

XVIII. Georg Friedrich Schulz, genannt schlechter Freier, 22 Jahre alt, Zunderkrämer und Korbmacher, gebürtig von Rohrbach bei Heidelberg auf der rechten Rheinseite, beschuldigt:

1) Der Landstreicherei.

2) Die unter Nr. 15, 17, 21, 25 und 26 bezeichneten Verbrechen mitbegangen zu haben.

3) Eines Diebstahls von zwei Pferden, verübt in dem Stall des Jakob Schumachers zu Kleinhausen auf der rechten Rheinseite in der Nacht vom 6. zum 7. Prairial 10.J. (26./27. Mai 1802) und in Gesellschaft von mehreren Personen.

XIX. Anne Marie Grein, Ehefrau des Georg Friedrich Schulz, 25 Jahre alt, gebürtig von Miltenberg, Kurfürstentum Aschaffenburg, beschuldigt:

1) Der Landstreicherei.

2) Wissentlich die von ihrem Ehemann gestohlenen Sachen umsonst empfangen zu haben.

XX. Johann Adam Lahr, 24 Jahre alt, Tagelöhner, wohnhaft zu Steinbockenheim, Kanton Wöllstein, beschuldigt, den unter Nr. 25 bezeichneten Diebstahl zu Staudernheim mitbegangen zu haben.

XXI. Franz Brixius, 39 Jahre alt, Nationalförster, wohnhaft zu Abtweiler, Kanton Meisenheim, beschuldigt:

1) Der Teilnahme an dem zu Staudernheim begangenen unter Nr. 25 bezeichneten Diebstahl.

2) Wissentlich ein Schnupftuch, von dem an dem Bürger Emanuel Löw von Offenbach verübten Diebstahl herrührend, umsonst empfangen zu haben.

XXII. Lothar Baumann, 46 Jahre alt, Gemeindeförster zu Staudernheim, Kanton Meisenheim, beschuldigt:

1) Der Teilnahme des bei Seckel Löw zu Staudernheim mittels Einbruchs und in Gesellschaft mehrerer bewaffneter Personen verübten Diebstahls, indem er die Anleitung dazu gegeben und das Haus des Juden, der bestohlen werden sollte, bezeichnet hat.

2) Wissentlich ein Schnupftuch, von dem an Emanuel Löw von Offenbach begangenen Diebstahl, herrührend, umsonst empfangen zu haben.

XXIII. Conrad Grothe, 45 Jahre alt, Samenkrämer zu Eckelsheim, Kanton Wöllstein, beschuldigt, die nach Nr. 29, 30 und 31 gestohlenen Pferde wissentlich verheimlicht zu haben.

XXIV. Peter Hassinger, 30 Jahre alt, gewesener Pächter zu Iben, Kanton Wöllstein, wohnhaft zu Simmern, beschuldigt:

1) Die unter Nr. 16, 26 und 27 bezeichneten Diebstähle mitbegangen zu haben.

2) Wissentlich Sachen, von dem zu Staudernheim begangenen unter Nr. 25 bezeichneten Diebstahl herrührend umsonst empfangen zu haben.

3) Die von dem zu Sötern verübten, unter Nr. 21 bezeichneten Diebstahl und Meuchelmord herrührenden Sachen wissentlich verheimlicht zu haben.

XXV. Peter Weber, 38 Jahre alt, Tagelöhner, wohnhaft zu Lettweiler, Kanton Obermoschel, beschuldigt:

1) Den zu WaldGrehweiler verübten, unter Nr. 16 bezeichneten Diebstahl dadurch erleichtert zu haben, daß er das Gewehr, das Schinderhannes bei dem Diebstahl brauchte, wissentlich und vorsätzlich dazu hergegeben hat.

2) Der Teilnahme an dem zu Obermoschel verübten unter Nr. 26 bezeichneten Diebstahl.

XXVI. Niklas Eckhard, 37 Jahre alt, Müller zu Hochstetten, Kanton Obermoschel, beschuldigt der Teilnahme an dem unter Nr. 16 bezeichneten Diebstahl.

XXVII. Franz Mundo, 38 Jahre alt, Fayencekrämer zu Aspisheim, Kanton Oberingelheim, beschuldigt der Teilnahme an den unter Nr. 16 und 27 bezeichneten Diebstählen.

XXVIII. Philipp Weber, 33 Jahre alt, Maurer, wohnhaft zu Lettweiler, Kanton Obermoschel, beschuldigt der Teilnahme an dem unter Nr. 16 bezeichneten Diebstahl.

XXIX. Johann Korbmann, 38 Jahre alt, Tagelöhner, wohnhaft zu Tiefental, Kanton Wöllstein, beschuldigt der Teilnahme an dem unter Nr. 16 bezeichneten Diebstahl.

XXX. Georg Wilhelm Weisheimer, 46 Jahre alt, Ackersmann zu Tiefental, Kanton Wöllstein, beschuldigt der Teilnahme an dem unter Nr. 16 bezeichneten Diebstahl.

XXXI. Henrich Walter, 44 Jahre alt, Holzhacker, wohnhaft zu Iben, Kanton Wöllstein, beschuldigt der Teilnahme an dem unter Nr. 26 bezeichneten Diebstahl.

XXXII. Bernhard Körper, 35 Jahre alt, Tagelöhner, wohnhaft zu Duchrodt, Kanton Obermoschel, beschuldigt, bei dem bei Henrich Zürcher auf dem Neudorfer Hofe verübten, unter Nr. 17 bezeichneten Diebstahl mitgeholfen zu haben.

XXXIII. Peter Haas, 48 Jahre alt, Pächter der Furth über die Nahe bei Oberhausen, Kanton Obermoschel, beschuldigt, zu dem bei Henrich Zürcher zu Neudorf verübten, unter Nr. 17 bezeichneten Diebstahl mitgeholfen und dessen Ausführung erleichtert zu haben.

XXXIV. Johann Niklas Müller, Sohn, 18 Jahre alt, Zunderkrämer, gebürtig von Eiweiler, Kanton Lebach, beschuldigt:

1) Der Landstreicherei.
2) Die unter Nr. 26, 27, 30, 31 und 32 bezeichneten Diebstähle mitbegangen zu haben.
3) In Gesellschaft des Georg Friedrich Schulz in der Nac t vom 7. zum 8. Prairial 10. Jahr (27./28. Mai 1802) bei Jakob Schumacher in Kleinhausen auf der rechten Rheinseite zwei Pferde in einem Stall gestohlen zu haben.

XXXV. Anne Margreth Landfried, 60 Jahre alt, Kleinkrämerin, wohnhaft zu Lettweiler, Kanton Obermoschel, beschuldigt, den bei Seckel Löw zu Staudernheim verübten, unter Nr. 25 bezeichneten Diebstahl durch Wegtragen der gestohlenen Waren erleichtert und wissentlich einen Teil derselben statt Lohn empfangen zu haben.

XXXVI. Adam Landfried, 33 Jahre alt, Fuhrmann, wohnhaft zu Lettweiler, Kanton Obermoschel, beschuldigt, den bei Seckel Löw zu Staudernheim verübten, unter Nr. 25 bezeichneten Diebstahl durch Wegtragen der gestohlenen Waren erleichtert und wissentlich einen Teil derselben statt Lohn empfangen zu haben.

XXXVII. Henrich Blum, 45 Jahre alt, Fayencekrämer, gebürtig von Niederwesel auf dem rechten Rheinufer, beschuldigt der Teilnahme an den unter Nr. 15 und 33 bezeichneten Diebstählen.

XXXVIII. Johann Georg Scherer, 36 Jahre alt, Viehhändler, wohnhaft zu Kempfeld, Kanton Herrstein, beschuldigt, den Schinderhannes zur Verübung des zu Laufersweiler begangenen, unter Nr. 15 bezeichneten Diebstahles durch Versprechungen aufgefordert zu haben.

XXXIX. Johann Müller, genannt Müllerhannes oder Butla, 55 Jahre alt, Zunderkrämer, gebürtig von Kinderbeuern, Kanton Wittlich, beschuldigt:

1) Der Landstreicherei.
2) Des nächtlichen Diebstahls einer Kuh in dem Stall des Brs. Christian Schneider zu Stalberg.
3) Der Teilnahme an den unter Nr. 15, 21 und 27 bezeichneten Diebstählen.

XL. Franz Bayer, genannt der scheele Franz, 37 Jahre alt, Zunderkrämer, gebürtig von Worms, zuletzt wohnhaft zu Lenfeld auf der rechten Rheinseite, beschuldigt:

1) Der Teilnahme an dem Diebstahl, verübt in der Nacht vom 27. zum 28. Germinal J.VI. (17./18. April 1798) mit Einbruch und in Gesellschaft mehr als einer Person in dem Hause des Br. Schmitt zu Frankenthal.
2) Der Teilnahme an den Diebstählen und dem versuchten Diebstahl, bezeichnet unter Nr. 3, 22 und 34.

XLI. Carl Gabel, 55 Jahre alt, Ackersmann zu Veitsrodt, Arrondissement Birkenfeld, beschuldigt, wissentlich von dem zu Ulmet verübten unter Nr. 3 bezeichneten Diebstahl herrührende Sachen gekauft zu haben.

XLII. Friedrich Kunz, genannt Borwes Fritz, 33 Jahre alt, Bänkelspieler, wohnhaft zu Merxheim, Kanton Meisenheim, beschuldigt, wissentlich und vorsätzlich bei dem zu Merxheim verübten, unter Nr. 14 bezeichneten Diebstahl geholfen und solchen dadurch erleichtert zu haben, daß er den Räubern Wein zugetragen, sie von ihrem Sammelplatz bis in den Ort, wo der Diebstahl verübt wurde, begleitet und bei Gelegenheit einige von den gestohlenen Sachen zum Lohn gefordert hat.

XLIII. Michel Isaak, 33 Jahre alt, Krämer zu Fürfeld, Kanton Wöllstein, beschuldigt, von dem zu Staudernheim verübten, unter Nr. 25 bezeichneten Diebstahl herrührende Sachen wissentlich gekauft zu haben.

XLIV. Henrich Rupp, 24 Jahre alt, Müller zu Iben, Kanton Wöllstein, beschuldigt:

1) Der Teilnahme an dem Diebstahl, verübt bei Seckel Löw zu Staudernheim und bezeichnet unter Nr. 25, indem er dem Georg Friedrich Schulz eine Pistole lieh, womit der Diebstahl verübt worden ist.

2) Von besagtem Schulz unter Erkenntlichkeit für die geliehene Pistole ein Stück Zitz* empfangen zu haben, wissentlich, daß es von besagtem Diebstahl herrühre.

3) Von dem Mitschuldigen Johann Adam Lahr wissentlich ein Stück Zitz, von besagtem Diebstahl herrührend, gekauft zu haben.

XLV. Carl Michel, 31 Jahre alt, Ackersmann zu Hundsbach, Kanton Meisenheim, beschuldigt:

1) Der Teilnahme an dem Diebstahl, verübt mit offener Gewalt an verschiedenen Juden von Hundsbach und bezeichnet unter Nr. 36

2) Der Teilnahme an dem Diebstahle zu Offenbach, bezeichnet unter Nr. 38, indem er wissentlich die gestohlenen Sachen weggetragen.

XLVI. Niklas Wagner, 46 Jahre alt, Weber zu Sonnschied, Kanton Herrstein, beschuldigt der Teilnahme an dem Diebstahl auf der Landstraße am Hackenfels, bezeichnet unter Nr. 37.

XLVII. Joseph Klein, genannt Krämer Anton Josef, 25 Jahre alt, Maurer zu Fürfeld, Kanton Wöllstein, beschuldigt der Teilnahme an den Diebstählen zu Neudorf und WaldGrehweiler, bezeichnet unter Nr. 16 und 17

XLVIII. XLIX. et L. Kathrine Schreiner, Witwe Johann Seibels, eines Fischers, 60 Jahre alt, wohnhaft zu Hamm, Kanton Bechtheim; Theodor Seibel, 23 Jahre alt, Fischer zu Hamm, Sohn des vorigen, und Adam Seibel, 24 Jahre alt, Fischer zu Hamm, Sohn des vorigen, beschuldigt:

Die Witwe Seibel: die Bande des Schinderhannes bei sich aufgenommen und seit mehreren Jahren diesen und seinen Mitschuldigen in ihrem Haus gehegt, auch die gestohlenen Sachen wissentlich verheimlicht zu haben.

Die Söhne Seibel

1) Der Teilnahme an dem Diebstahl zu ErbesBüdesheim, bezeichnet unter Nr. 27, indem sie nach geschehenem Diebstahl den Tätern bei ihrem Übergang über den Rhein auf die rechte Seite geholfen haben.

2) Dem Friedrich Schuld und Niklas Müller bei dem Diebstahl der zwei Pferde zu Kleinhausen, unter Nr. 3 der Verbrechen des Schulz bezeichnet, geholfen zu haben, indem sie die Diebe, unterrichtet von ihrer Absicht, auf die andere Seite und von da mit den gestohlenen Pferden wieder herübergeführt haben.

LI. Henrich Philippi, 26 Jahre alt, Ackersmann zu Otzweiler, Kanton Grumbach, beschuldigt der Teilnahme an dem Diebstahl und Meuchelmord, verübt zu Otzweiler und bezeichnet unter Nr. 4, indem er den Tätern das Haus des bestohlenen Brs. Riegel gezeigt.

LII. Andres Lütger, 33 Jahre alt, Ackersmann zu Liebshausen, Kanton Bacharach, beschuldigt:

1) Die nach Nr. 8 zu Niederwörresbach gestohlenen Pferde in seinem Stall verwahrt und verheimlicht, auch bei dem Verkauf dieser wissentlich gestohlenen Pferde den Unterhändler abgegeben zu haben.

2) Dem Schinderhannes ein Mutterschwein, wissend, daß solches von dem Diebstahl unter Nr. 38 herrühre, abgekauft zu haben.

---

* feines, bemaltes Baumwolltuch

LIII. Johann Kaspar, 47 Jahre alt, Ackersmann zu Liebshausen, Kanton Bacharach, beschuldigt, dem Schinderhannes ein Pferd abgekauft zu haben, mit dem Wissen, daß es von dem unter Nr. 59 bezeichneten Diebstahl herrühre.

LIV. Johann Friedrich Eisenhut, 18 Jahre alt, Schweinehirt, wohnhaft zu Veitsrodt, Kanton Herrstein, beschuldigt, bei dem unter Nr. 40 bezeichneten Pferdediebstahl auf dem Schönborner Hof geholfen zu haben.

LV. Franz Stein, 49 Jahre alt, Zimmermann zu Lindenschied, Kanton Kirchberg, beschuldigt, die von dem Diebstahl unter Nr. 40 herrührenden Pferde wissentlich im Wald verheimlicht und zum Lohn einen kleinen Taler empfangen zu haben.

LVI. Joseph Bosmann, 37 Jahre alt, Bänkelspieler, Korbmacher und Fayencekrämer, wohnhaft zu Berzweiler, Kanton Wöllstein, beschuldigt, von Schinderhannes und seinem Mitschuldigen Johann Leiendecker Sachen gekauft zu haben, mit Wissen, daß solche von dem unter Nr. 3 bezeichneten Diebstahl herrührten.

LVII. Peter Schneider, 40 Jahre alt, Ackersmann zu Langweiler, Kanton Grumbach, beschuldigt, die nach Nr. 35 bei der Witwe Frenger zu Offenbach gestohlenen Sachen wissentlich verheimlicht und sich einen Teil davon zugeeignet zu haben.

LVIII. Peter Grünewald, 28 Jahre alt, Ackersmann zu Hundsbach, Kanton Meisenheim, beschuldigt:

1) Bei dem zu Hundsbach verübten, unter Nr. 29 bezeichneten Pferdediebstahl geholfen zu haben.

2) In Gesellschaft mit Johann Seibert von Liebshausen und Peter Zughetto von Uerzig auf der Altheckmühle in einem Landhaus und in Vereinigung mit mehreren bewaffneten Personen einen Diebstahl begangen zu haben.

LIX. Schei Meyer, 47 Jahre alt, wohnhaft zu Bruschied, Kanton Kirn, beschuldigt, wissentlich Sachen gekauft zu haben, die von dem bei Wolff Wiener zu Hottenbach und dem Br. Reinach auf der Landstraße beim Domberg verübten, unter Nr. 3 bezeichneten Diebstahl herrührten.

LX. Jakob Orth, 31 Jahre alt, Ackersmann zu Kallenfels, Kanton Kirn, beschuldigt, wissentlich einen Teil der Waren gekauft zu haben, die von dem bei Wolff Wiener zu Hottenbach verübten, unter Nr. 3 bezeichneten Diebstahl herrührten.

LXI. Christian Denig, 27 Jahre alt, gebürtig von Eisenbach, Kanton Grumbach, ein Müller, beschuldigt, an dem unter Nr. 3 bezeichneten Diebstahl zu Hottenbach teilgenommen zu haben.

LXII. Jakob Stein, 30 Jahre alt, Messerschmied zu Weiden, Kanton Herrstein, beschuldigt, bei der unter Nr. 43 bezeichneten Gelderpressung geholfen zu haben.

LXIII. Jakob Müller, 45 Jahre alt, Ackersmann zu Lettweiler, Kanton Obermoschel, beschuldigt, bei den zu Wald Grehweiler und auf dem Neudorfer Hof verübten, unter Nr. 16 und 17 bezeichneten Diebstählen geholfen zu haben.

LXIV. Gustav Müller, 30 Jahre alt, Schweinschneider zu Lettweiler, Kanton Obermoschel, beschuldigt, an dem bei Eli Joel zu Obermoschel verübten, unter Nr. 26 bezeichneten Diebstahl teilgenommen zu haben.

LXV. Balthasar Lukas, 24 Jahre alt, ein Maurer, gebürtig von Liebshausen, wohnhaft zu Solingen im Herzogtum Berg, beschuldigt, bei dem zu Oberwesel versuchten, unter Nr. 47 bezeichneten Diebstahl mitgewesen zu sein.

LXVI. LXVII. Georg Wilhelm Neumann, 51 Jahre alt, Kohlenbrenner auf dem Hüttcheswasen, Kanton Rhaunen, und Thomas Winkel, 48 Jahre alt, Ackersmann zu Hundheim, Kanton Rhaunen, beschuldigt:

Besagter Neumann: Sachen, die von dem unter Nr. 44 bezeichneten Diebstahl zu Birkenfeld herrührten, verheimlicht und umsonst empfangen zu haben.

Besagter Winkel: Sachen, die von diesem Diebstahl herrührten, wissentlich gekauft zu haben.

LXVIII. Ludwig Rech, 33 Jahre alt, Ackersmann auf dem Kallenfelserhof, Kanton Kirn, beschuldigt, wissentlich Sachen, von dem zu Hottenbach verübten, unter Nr. 3 bezeichneten Diebstahl herrührend, verheimlicht zu haben.

Die Weitläufigkeit der Untersuchung gegen eine so zahlreiche Bande und die Vielzahl der Verbrechen, besonders aber der Umstand, daß die Akten abgedruckt werden mußten, verzögerten das öffentliche Verhör von einem Tage zum anderen. Am 1. Brumaire 12.J. (24. Oktober 1803) endlich, morgens um zehn Uhr erschien die Bande in der Audienz. Drei Mitglieder davon: Johann Müller, der Sohn, Theodor Müller, Schäfer vom Marienpforter Hof und Heinrich Rupp, Müller von Iben, waren unterdessen im Gefängnis gestorben.

Der Akademiesaal im ehemaligen Kurfürstlichen Schloß war für die Audienz besonders eingerichtet worden. Es erweckte sonderbare Empfindungen, in diesem prächtigen Marmorsaal, wo in den Zeiten des Glanzes und der Verschwendung Kastraten und Mara* gesungen hatten, nun die Stimmen von Räubern und Meuchelmördern erschallen zu hören.

Morgens um neun Uhr wurde die ganze Bande, je zwei und zwei an den Händen gefesselt und hintereinander an eine einzige lange Kette festgeschlossen (nur einige Weiber und Kranke saßen auf einem Wagen), aus den Gefängnissen nach dem Schloß gebracht. Ein Korps Fußvolk und vier Gendarmeriebrigaden hatten ein Viereck um sie geschlossen. Der Zug ging langsam und feierlich unter einer unzähligen Menge Menschen dem Ufer des Rheins entlang, und es war ein sehr interessanter Anblick, jenen trotzig oder mutig und diesen nach seinem stilleren oder mehr tückischen Charakter mit gesenktem Blicke wandelnd zu sehen. Schinderhannes zeichnete sich wieder vor allen aus. Er führte den Reigen an, und

* Gertrud Mara (+ 1749 Kassel, + 1833 Reval), Sopranistin, von Königin Marie Antoinette protegiert, war eine der beühmtesten Sängerinnen ihrer Zeit

sein Blick durchlief mit Heiterkeit die Laufenden der um ihn versammelten Menge. Als er in den Saal geführt wurde, war er mit der linken Hand an seinen alten, kranken Vater gefesselt, der sich kaum von der Stelle bewegen konnte und ein Tuch um sein sinkendes Haupt gewunden hatte. Die Gendarmen mußten den alten Mann auf seinen Sitz heben. Alles dies störte die Heiterkeit vom Schinderhannes nicht. Als die ganze Bande ihren Einzug gehalten und sich zu beiden Seiten des Tribunals auf das für sie bestimmte Gerüst gelagert hatte, sprang er schnell auf den für ihn bestimmten Sitz und betrachtete mit Wohlgefallen seine Spießgesellen und alles das, was nur für ihn da zu sein schien und für dessen König er sich wahrscheinlich wohl halten mochte.

Um Ruhe und Ordnung in dem Audienzsaal zu erhalten, war er von allen Seiten mit Militär besetzt, und man hatte die Veranstaltung getroffen, daß auf der Galerie niemand außer öffentlichen Beamten und Fremden zugelassen wurde, die sich zu diesem Behufe bei der Armenkasse mit einer kleinen Abgabe einkaufen mußten.

Der erste Tag und ein Teil des zweiten ging mit Verlesung der Anklageakte hin, die ein Meisterstück genannt werden kann. Man nennt den Br. Wernher, Richter bei dem Spezialgericht, als den Verfasser davon. Dieser geschickte, äußerst tätige Mann muß als der Zentralpunkt des ganzen Prozesses betrachtet werden. Er leitet die Prozedur, die er mit eisernem Fleiß instruiert hat, und gibt der Audienz dasjenige Leben, welches sie für das Publikum interessant macht. Er kennt das Ganze in seinem kleinsten Detail, und die Bande verzweifelt, sobald er seine Stimme erhebt. Der Präsident hielt, nachdem die Anklageakte abgelesen war, eine Anrede an die Zeugen und an Schinderhannes selbst. Diesem sagte er, daß das Tribunal in dem bedauernswürdigen Zustand, worin er sich gegenwärtig befinde, ein offenes Geständnis seiner Verbrechen und die Entlarvung seiner Mitschuldigen von ihm erwarte. Auf diese Weise allein könne er sich der Gnade würdig machen, um welche er den ersten Konsul gebeten habe. Bückler schien gerührt, und seine gewöhnliche Munterkeit schien ihn auf einige Minuten verlassen zu haben. Doch kehrte sie gleich zurück, als unmittelbar darauf mit der Anhörung des ersten Zeugen der Anfang gemacht wurde. Wir dürfen hier einen Umstand nicht vergessen, von dem wir am ersten Tag der Audienz Zeuge gewesen sind. Wir hatten dem Schinderhannes einen Louisdor mitgebracht, den uns der Müller Heck aus dem Kanton Kirn für ihn gegeben hatte, zur Belohnung, daß er ihm wieder zu zwei gestohlenen Pferden verholfen hatte. Der Präsident gab ihm das Geld in dem Audienzsaal, als das Verhör für einige Minuten ausgesetzt wurde. Schinderhannes war sehr erfreut darüber, zählte es mehrere Male in seine Hand, zeigte seinen Nachbarn den Reichtum und schenkte seiner Frau, indem er zu gleicher Zeit sein Kind liebkoste, einen Laubtaler davon, schlug sich mit der Hand auf den H... und rief freudig aus: »Nun werde ich recht lustig sein!« Ein Künstler war in dem Saal beschäftigt, die auffallendsten Physiognomien zu zeichnen. Auf die Bemerkung eines der Angeklagten, daß da jemand sie abmale, erwiderte Schinderhannes: »Laß du den Mann gehen; ich habe ein ehrliches Gesicht, das sich nicht zu scheuen braucht. Wer sich fürchtet, mag sich umkehren.«)

Gleich zu Anfang des Zeugen-Verhörs, bei der Untersuchung des zweiten und vierten in dem Kompetenzurteil aufgestellten Verbrechens, bewies Bückler, daß ihm die süßesten Gefühle der Natur noch nicht fremd geworden sind. Sein Vater hatte eine von dem zweiten Verbrechen herkommende silberne Uhr von ihm angenommen, und Julie Blasius, seine Geliebte, soll in Mannskleidern, und zwar in Gesellschaft von Bückler, das unter Nr. 4 bezeichnete Verbrechen verübt haben. Schinderhannes, obgleich er in seinen vorherigen Verhören eingestanden hatte, jene Uhr seinem Vater gegeben zu haben, nahm dieses Eingeständnis in der öffentlichen Audienz zurück und behauptete, daß sein Kamerad Benzel diese Uhr empfangen habe und daß er nicht wisse, wo dieser damit hingekommen sei. Wenn wir auch annehmen, daß diese Aussage ein Ausfluß von den Einlispelungen für die öffentliche Sicherheit und Ruhe wenig bekümmerter Advokaten war, so war doch der zweite Umstand, der seine Geliebte betraf, weniger Widerspruch unterworfen und allen seinen vorigen Behauptungen gemäß.

Sender Isak von Weierbach hatte zwar in seinem Verhör vor dem Direktor der Geschworenen zu Birkenfeld bestimmt gesagt, daß er die Julie Blasius in Mannskleidern unter den beiden Räubern erkannt habe, er gab aber in der öffentlichen Audienz zu, daß er darauf nicht fest bestehen könne und daß seine Meinung bloß auf Vermutungen beruhe. Das standhafte Leugnen der Julie gab der Behauptung des Johann Bückler, der zweite Räuber sei der seitdem zu Trier guillotinierte Dalheimer gewesen, noch mehr Gewicht, obgleich sich mehrere von dem Juden angegebene und die Akten bestätigende Wahrscheinlichkeiten gegen Julie häuften. Das Tribunal und besonders der Br. Wernher werden ihr Gewicht zu würdigen wissen.

Wir wollen nun die Hauptverbrechen, welche in der Anklageakte aufgezählt sind und von denen in dieser Geschichte noch nicht die Rede war, historisch berühren. Sie werden die Mitschuldigen des Räubers in einem helleren Licht zeigen.

Im Monat Messidor 9.J. (Juni/Juli 1801) kamen einige bewaffnete Räuber auf den Breitfesterhof im Arrondissement Birkenfeld, Johann Bückler an ihrer Spitze, wo sie den Jakob Porn von Eisenbach, genannt Müller-Jakob, antrafen, der ihnen das Haus des Juden Herz Meyer in Ulmet, Kanton Kusel, für eine Expedition bezeichnete, wo viel Gold und Silber zu finden sein würden. Die Räuber machten sich sogleich auf den Weg und kamen in der Nacht zu Ulmet an, nachdem sie sich noch vorher auf dem Hof Fackeln zurechtgemacht hatten. Sie waren sieben an der Zahl: Johann Bückler, Peter Heinrichs Hans Adam (Johann Adam Hoffmann), Christoph Blümling von Laudert, der zu Köln im Gefängnis gestorben ist, Lorenzen Peter (Peter Wittmann von Hettscheid), der scheele Franz (Franz Bayer), Korbhannes Adam und Jakob Porn. Sie stießen mit einem Wellbaum die Haustür ein. Fünf drangen in das Innere und zwei hielten Wache von außen. Die Bewohner des Hauses, welche sich zur Wehr setzen wollten, wurden mit Stockschlägen und Säbelhieben mißhandelt, Kisten und Kästen aufgeschlagen und folgende Effekten entwendet: 5 goldene Ketten, 3 große mit

Diamanten besetzte Ringe, 2 silberne Gürtel, 30 silberne Eßlöffel, 1 Vorlegelöffel, 4 silberne Leuchter, 3 große Goldstücke, 3 silberne Bügeltaschen, 5 goldene Kugelringe, 14 silberne Becher, 1 goldene Uhr, 100 Stück Dukaten, 55 Louisdor, 1 Paar silberne Sporne, 1 goldene Bisambüchse, 1 silberne Nadelbüchse und verschiedene Kleidungsstücke. Der Jude gab den Wert dieser Effekten auf ungefähr siebentausend Franken an. Nach vollbrachtem Raub gingen die Räuber in den Wald bei Veitsrodt, wohin Schinderhannes seinen Vater kommen ließ, der ihnen den ehemaligen Goldschmied Carl Gabel von Veitsrodt rief, dem 7 1/2 Pfund Silber und zwei goldene Ketten verkauft wurden. Einen kostbaren Ring verkaufte Schinderhannes an einen Juden zu Heidelberg und zwei andere von geringerem Wert an die Frau des Juden Gersen zu Großzimmern auf dem rechten Rheinufer.

Schinderhannes gestand das Verbrechen mit allen Umständen ein, leugnete aber die Quantität der von dem Juden angegebenen gestohlenen Effekten und führte zu seiner Entschuldigung an, daß er den Juden aus den mörderischen Händen des scheelen Franz und des Peter Heinrichs Hans Adam gerissen habe. Franz Bayer gestand ebenfalls dieses Verbrechen, Jakob Porn leugnete es und sogar die Umstände, daß er sich vor und nach dem Diebstahl in der Gesellschaft der Räuber befunden habe, dessen ihn aber mehrere Zeugen überführten. Was den Vater von Schinderhannes betrifft, so leugnete er durchaus, an dem Verkauf des Silbergeschirrs Anteil genommen zu haben und der Räuber war menschlich genug, seine schon vorher gemachten Eingeständnisse in dieser Rücksicht in der öffentlichen Audienz zurückzunehmen. Carl Gabel, nachdem er in dem ersten Verhör vor dem Friedensrichter des Kanton Herrstein den ganzen Handel geleugnet und allerlei Märchen ersonnen hatte, gab ihn endlich zu, entschuldigte sich aber damit, daß ihn die Räuber zu diesem Kauf gezwungen hätten. Dieser letzte Umstand wird jedoch keineswegs aus den Akten klar.

Einige Tage nach diesem Raub (am 15. Messidor) kamen die Glieder der Bande in die Waldhanneser Hütte im Soonwald, Kanton Sobernheim, wo sie sich von Sesbacher Musikanten aufspielen ließen und einen Dukaten dafür bezahlten. Von da gingen sie in den Wald und schossen ihre Flinten nach einem Ziel los. Lorenzen Peter in einer Aufwallung von Freude sagte zu seinen Kameraden: »Wenn doch jetzt ein Gendarm käme, ich möchte auch mich einmal mit einem wetzen.« Wirklich kam auch der Gendarm André von der Brigade zu Sobernheim des Wegs. Als er von fern den bewaffneten Haufen Menschen sah, erkundigte er sich bei einigen dort befindlichen Bauern über sie und entschloß sich dann, schnell an ihnen vorbeizureiten. Schinderhannes fiel aber dem Pferd in die Zügel und fragte: »Willst du den Schinderhannes fangen?« André antwortete: »Wüßte ich ihn zu finden, so sollte es auf der Stelle geschehen«, und sprengte fort. Allein Lorenzen Peter, der ja seinem Hauptmann zeigen mußte, was er unter wetzen* verstand, schoß ihm eine Kugel nach, die ihm den rechten Schenkel zer-

* scharf vorgehen, eigentlich: reibend verletzen

schmetterte und ihn vom Pferd warf. Die Räuber eilten sogleich hinzu und plünderten ihn, wobei sie beratschlagten, ob es nicht die Klugheit erfordere, ihn vollends totzuschlagen. Franz Bayer machte auch wirklich Anstalten dazu, indem er seine Pistole spannte und auf den Gendarmen zielte. Schinderhannes war aber anderer Meinung und hat diesmal wirklich dem unglücklichen Mann nach dessen eigener Aussage das Leben gerettet. Franz Bayer gestand ein, Teil an diesem Verbrechen genommen zu haben, leugnet aber, daß er die Absicht gehabt hatte, den Gendarm zu töten. Jakob Porn setzte wie gewöhnlich dieser Anklage ein trockenes Nein entgegen, ohne indessen die gegen ihn obwaltenden gravierenden Umstände von sich abwälzen zu können.

Durch die noch an diesem Tage, als auf André geschossen wurde, veranstalteten Streifzüge wurde die Bande auseinandergesprengt. Schinderhannes und Müller Jakob gingen über die Nahe zurück. Zwei Tage darauf, in der Nacht vom 17. auf den 18. Fructidor, Jahr IX. (4./5. September 1801), wurde der bekannte Mordraub in dem Hause des Mendel Löw zu Södern, Kanton Hermeskeil im Saar-Departement, verübt.

Schon in der Nacht vom 13. auf den 14. Fructidor J.VII. war in dem Hause des Bruders dieses Mendel Löw zu Sötern ein gewaltsamer Diebstahl versucht und zum Teil ausgeführt worden. Der Jude, von Vertrauten gewarnt, hatte sich Wache ins Haus genommen und setzte sich den Räubern entgegen, die mehrere Schüsse taten und dann mit einer Beute von ungefähr 36 Franken an Wert abzogen. Eine Kugel war in die Wand über dem Bett gefahren, und Mendel Moises wurde durch einen Schuß mit Schrot verwundet.

Diesmal wurde der Angriff besser berechnet, und auf eine für die Bewohner des Hauses tragische Weise ausgeführt, wie die am 18. Fructidor J.IX: (5. September 1801) von dem Direktor der Geschworenen des Bezirks von Birkenfeld an Ort und Stelle aufgesetzten Verbalprozesse erhellen. Abends gegen elf Uhr griff eine mit Waffen und Fackeln versehene Räuberbande das Haus des Mendel Löw an. Tür und Laden wurden eingestoßen, und mehrere Schüsse fielen: Moises Löw lief auf den Lärm sogleich hinzu und forderte die Einwohner von Södern zur Gegenwehr auf. Kein Mensch wollte aber helfen, und der Schulmeister Wildberg erklärte sogar, daß er die Sturmglocke nur für Christen und keineswegs für Juden läuten dürfe. Nachdem die Ruhe zurückgekehrt und die Räuber abgezogen waren, fand man einen langen Balken an der Tür liegen, dessen sich wahrscheinlich die Räuber bedient hatten; Schränke und Kisten waren eingeschlagen. Mendel Löw selbst war tot niedergestreckt. Der neunte Rückenwirbel war durch eine Kugel zerschmettert, die in ihrem Fortgang die Leber zerrissen und das Zwerchfell durchbohrt hatte und zwischen der sechsten und siebenten Rippe unter der Haut steckengeblieben war. Den Wert des Gestohlenen, teils an barem Geld, teils an Waren und Kleidungsstücken gab man mit zehntausend Franken an. Der Verdacht fiel auf Einwohner von Södern und namentlich auf einen gewissen Peter Korb, der schon lange bezichtigt wurde, ein Mitglied der Bande von Birkenfeld zu sein. Man fing auch wirklich eine Untersuchung gegen ihn an. Er wurde von

Birkenfeld nach Trier, von da an das Spezialgericht nach Köln, dann nach Mainz und endlich wieder von Mainz nach Trier geschickt, ging aber auf dieser letzten Reise in der Nacht vom 10. auf den 11. Ventose J.XI. (1./2. März 1803) aus dem Depothaus zu Kirchberg im Bezirk von Simmern mit einem seiner Spießgesellen durch. Was den Mordraub zu Södern betrifft, so konnte ihm nichts nachgewiesen werden. Diese Tat blieb im dunkeln, bis es endlich am 19. Vendemiaire J.XI. (12. Oktober 1802) dem Br. Wernher gelang, sie zu enthüllen. Schinderhannes hatte bis zu diesem Tag standhaft behauptet, keinen Anteil daran gehabt zu haben. Endlich brach er sein Stillschweigen in folgendem merkwürdigen Bekenntnis:

»Wenn ich Ihnen bis auf diesen Augenblick die Wahrheit noch nicht gesagt habe, so kommt es daher, weil mich meine Kameraden zu inständig gebeten haben, diese Tat zu verheimlichen. Ich bitte Sie um Verzeihung, daß ich so lange diesem Ansinnen nachgegeben und das Gericht belogen habe. Aber ich will diesen Fehler gutmachen und die Tat erzählen, wie sie sich zugetragen hat.

Ich war im Herbst 1801 mit Müller Hannes und Georg Friedrich Schulz auf den Breitfesterhof gekommen. Dort fand ich den Sachsen Friedrich Schmitt, den Müller Jakob von Eisenbach und seinen Sohn. Wir fragten diese drei, ob sie keinen reichen Juden in der Nachbarschaft wüßten, welchen wir bestehlen könnten. Diese, welche schon lange den Anschlag gefaßt hatten, einen Juden in Södern zu bestehlen, schlugen uns diese Partie vor. Glasers Adam von Ruschberg kam dazu, und nachdem einige andere Anschläge verworfen worden waren, wurde der Raub von Södern beschlossen. Um uns zu dieser Tat vorzubereiten, ging die Frau des Pächters Edinger nach Baumholder, um Wachs zu holen. Von diesem Wachs wurden Lichter verfertigt. Nachdem wir einen Tag und eine Nacht auf dem Breitfesterhof zugebracht hatten, verließen wir ihn zwischen fünf und sechs Uhr abends. In einem Dorf unterwegs kehrte ein Teil von uns in einem Wirtshaus ein, wo beinahe die ganze Gemeinde versammelt war. Nachts um elf Uhr kamen wir in Sötern an. Friedrich Schmitt und ich gingen ins Dorf und klopften an der Tür des Peter Korb, den Schmitt zu dieser Tat anwerben wollte; wir fanden ihn aber nicht zu Hause. Von da verfügten wir uns zu der Wohnung des Juden, um die Zugänge zu besichtigen, und dann zu der Kirche, wo wir das Schlüsselloch mit Steinen zustopften. Als nun der Diebstahl auf diese Weise vorbereitet war, gingen wir zu dem Dorf hinaus, wo wir unsere Kameraden wiederfanden. Wir nahmen einen Balken in der Mühle, welche außerhalb des Dorfes liegt, und als wir an das Haus des Juden kamen, versuchten wir die Tür einzustoßen; allein sie war so gut versperrt, daß unsere Anstrengungen vergebens waren. Besser gelang es uns mit den Läden. Der Jude stand mit einer Axt in der Hand hinter einem derselben und hätte beinahe durch einen kräftig geführten Hieb dem Georg Friedrich Schulz, der zuerst eindrang, den Kopf gespalten. Dieser tat in der Erbitterung einen Schuß gegen den Juden, womit er ihn tot niederstreckte. Ich ging dann mit Müllerhannes und Georg Friedrich Schulz in das Haus, wo wir einige Kleidungsstücke und Waren fanden. Schmitt machte den Vorschlag, ein gegenüber gelegenes Haus ebenfalls anzugreifen, weil er vermutete, daß der Jude sein Geld und seine besten Effekten dahin geflüchtet habe. Weil aber schon zu viel Lärm im Dorf war, so wollte ich davon nichts wissen.

Nach vollbrachter Tat gingen wir noch in dieser Nacht bis gegen Birkenfeld, wo der Sohn von Jakob Porn uns verließ, um seine Mutter, welche damals in Birkenfeld gefangensaß, zu besuchen. Von da setzten wir unseren Weg weiter bis nach Hüttcheswasen in dem Hochwald fort, wo wir gegen die Morgendämmerung ankamen. Am grauen Kreuz, zwischen Wersweiler und Bischtron, machten wir Halt, um die Beute zu teilen. Der Sachse, welcher sich gleich ein Kleid des Juden angeeignet hatte, machte sich los und verließ uns, ohne Anteil an der Beute zu nehmen. Ich verteilte sie mit den andern, und kaufte den Anteil des Glasers Adam für einen Louisdor, jedoch mit Ausnahme einiger Schnupftücher, die er für sich behielt. Müller Jakob bekam zwei Teile, einen für sich und einen für seinen Sohn.

Nachdem die Beute geteilt war, verließ uns Glasers Adam auch und kehrte nach Hause zurück. Gegen Abend ging ich mit den übrigen in die sogenannte Scheuermühle bei Bruchweiler, aus der uns der Knecht Lebensmittel in den benachbarten Wald brachte. Von da begaben wir uns in den Wald bei dem Eigener Hof. Müllerhannes ging in den Hof, um Lebensmittel zu holen. Wir brachten da den Tag zu und begaben uns die folgende Nacht nach Lettweiler, wo wir gerade zur rechten Zeit ankamen, um einer Hochzeit beiwohnen zu können. Ich geriet da in Streit mit meinen anderen Kameraden, welche mir vorwarfen, auf die Hochzeit gegangen zu sein und mich öffentlich gezeigt zu haben, so daß es zu Tätlichkeiten kam und sie mich alle verließen. Ich fand jedoch an diesem Tag den Georg Friedrich Schulz bei den drei Weihern wieder, mit welchem ich nach Iben ging und der Kirchweih, sowie jener zu Fürfeld und zu Eckelsheim, beiwohnte. Ich bemerke, daß wir bei dem Raub zu Sötern, mit Ausnahme des Friedrich Schmitt und des jungen Porn, alle mit Mordgewehren bewaffnet waren. Das Kleid, welches Müllerhannes trägt, kommt von diesem Raub her.«

Der Zufall hatte alle Teilnehmer an diesem Mordraub in den Gefängnissen von Mainz zusammengeführt, außer Adam Hartmann, der früher von den Gendarmen, denen er sich widersetzt hatte, erschossen worden war.

Müllerhannes hatte schon einige Tage früher als Schinderhannes dem mit seinem Verhör beauftragten Richter dieses Verbrechen eingestanden, und alle von ihm angegebenen Umstände stimmen so genau überein, daß an der Echtheit der Bekenntnisse nicht weiter zu zweifeln ist. Alle übrigen blieben standhaft beim Leugnen. Georg Friedrich Schulz, der viele andere Verbrechen eingestanden hatte, war zu diesem Bekenntnis nicht zu bewegen, wahrscheinlich aus keiner anderen Ursache, als daß er glaubte, daß nur der Meuchelmord die Todesstrafe nach sich zöge. Müller Jakob und sein Sohn leugneten ebenso wie der Sachse Friedrich Schmitt. Indessen konnten sie sich damit nicht weiterhelfen, weil sie von allen Seiten überführt waren, unmittelbar vor und nach dem Raub in der Gesellschaft von Schinderhannes und Müllerhannes gewesen zu sein. Sogar führten Schmitt und die beiden Porn einmal ein Gespräch auf dem Breitfesterhof in Gegenwart des Pächters und seiner Frau, wobei folgende Ausdrücke fielen: »Es ist doch grausam, daß wir so mit dem Juden von Sötern umgegangen sind.« Worauf ein anderer erwiderte: »Es war noch viel schrecklicher zu sehen, wie wir mit brennenden Wachslichtern in das Dorf gezogen sind.«

Niedriger als fast alle Verbrechen, an denen Bückler Anteil genommen, ist jenes, verübt auf der Kratzmühle bei Merxheim im Kanton Meisenheim in der Nacht vom 24. auf den 25. Nivose J.X. (14./15. Januar 1802). Es war die letzte Tat, bei welcher gerade auch die gefährlichsten Räuber beisammen waren und welche mit dem Überfall, welche Herrn Seiberts Gesellen kurz vorher auf Hoch's Mühle getan hatten, sehr viel Ähnliches hat.

Abends um zehn Uhr wurde Adam Kratzmann, Eigentümer der obengenannten Mühle, durch Hundegebell aus dem Schlaf geweckt. Er stand auf, fand seine Haustür offen und fünf mit Flinten, Pistolen und Metzgermessern bewaffnete Räuber in seiner Stube. Sie ergriffen ihn sogleich an der Gurgel, warfen ihn auf den Boden und banden ihm Hände und Füße. Gleiches Schicksal hatte seine alte Schwiegermutter. Als Kratzmann auf die Anrede der Räuber: »Du alter Spitzbube, gib dein Geld her!« Vorstellungen machte, wo er bei jetzigen Zeiten Geld herbekommen sollte, zwangen sie seine Frau, ihnen im Haus herumzuleuchten und ihnen Kisten und Kästen zu öffnen. Ungefähr 30 Gulden an Barschaft, ein paar silberne Schnallen und einige Kleidungsstücke waren die Beute. Die Räuber, aufgebracht darüber, daß sie so wenig gefunden hatten, kehrten mit der größten Wut und unter den fürchterlichsten Drohungen in die Stube zurück, banden der alten Schwiegermutter brennenden Zunder auf den Daumen, brannten ihr dann mit einem Licht eine tiefe Wunde unter den Arm und zündeten ihr das Hemd am Leibe an. Als aber alle diese Grausamkeiten keine weitere Beute erpressen konnten, weil des Müllers Barschaft wirklich nur in 30 Gulden bestand, verließen die Räuber die Mühle und verboten den Bewohnern, eine Silbe von diesem Vorfall zu sagen, am allerwenigsten aber vor drei Stunden das Haus zu verlassen. Diese Behandlung und das Verbot der Räuber wirkten wirklich so sehr auf Kratzmann und seine Familie, daß er dem Maire von Merxheim, der sich am 25. Nivose an Ort und Stelle begab, um über den Vorfall zu verbalisieren*, nichts anderes antworten wollte, als er sei mit seinem Schicksal zufrieden und wolle es geduldig und allein tragen. Erst zwei Tage nachher erklärte er sich gegen die Gendarmerie und den Friedensrichter von Meisenheim, doch gab er nicht alle ihm gestohlenen Effekten an und wollte keinen von den Tätern gekannt haben. Die alte kranke Schwiegermutter lag lange an den Folgen der erhaltenen Wunden darnieder, und Kratzmann selbst war seit dieser Zeit immer kränklich und schüchtern. Er konnte nicht als Zeuge in der Audienz erscheinen und starb in den ersten Tagen, als dieselbe eröffnet worden war.

Als der Verfasser dieser Geschichte am 1. Messidor J.X. (20. Juni 1802) in Gegenwart des damaligen Direktors der Geschworenen des Bezirks von Mainz den

---

* Protokoll zu führen

Schinderhannes zuerst über dieses Verbrechen befragte, nannte er Johann Leiendecker, Johann Niklas Müller, Johann Martin Rinkert, Krugjosef und den schwarzen Peter als die Urheber davon. Leiendecker habe ihm dieses jenseits des Rheins erzählt, und er selbst habe keinen Anteil daran gehabt. Bald darauf sagte er aber ganz unverhohlen, daß er mit dabei gewesen sei, und erklärte in seinem späteren Verhör, er habe sich um jene Zeit mit seinen Kameraden zu Lettweiler befunden und kein Geld gehabt. Leiendecker habe den Vorschlag gemacht, welches zu stehlen, und Gustav Müller von Lettweiler habe ihnen den Adam Kratzmann bezeichnet, bei welchem er bei Gelegenheit eines Spelzhandels* viel Geld bemerkt habe. Er sei dann mit seinen obengenannten Kameraden, welche alle besoffen gewesen seien, in diese Mühle gegangen, wo sie endlich den Diebstahl verübt hätten. Er selbst habe keinen Anteil an den verübten Gewalttätigkeiten gehabt, sondern sogar die Bande, womit die Bewohner der Mühle gefesselt gewesen seien, zerschnitten und einen Topf mit Wasser über die alte Frau geschüttet, um ihr brennendes Hemd zu löschen. Johann Niklas Müller habe vor der Tür Schildwache gestanden. Dieser gestand das Verbrechen in seinem Verhör vor dem Direktor der Geschworenen des Bezirks von Mainz wirklich ein, leugnete aber, daß Johann Leiendecker Anteil daran hatte, bis er dann auch endlich diesen Umstand vor dem Spezialgericht zugab und hinzusetzte, er habe die Stricke, womit die Bewohner der Mühle gebunden gewesen seien, losschneiden wollen, welches aber Schinderhannes verhindert und endlich nach vollbrachtem Raub die Müllerin selbst losgebunden habe.

Die mit offener Gewalt in den Häusern der Juden verübten Diebstähle haben alle Ähnlichkeit untereinander. Man kennt sie alle, wenn man einen davon kennt. Wir wollen die merkwürdigsten indessen der Vollständigkeit wegen und um die Teilnehmer näher kennenzulernen, kurz berühren.

Jakob Bär, Handelsjude zu Merzweiler, Kanton Meisenheim, war schon mehrere Male vom Schinderhannes bedroht worden. Dieser kam oft in dessen Haus, ließ sich gut auftischen und preßte dem Juden Geld ab. In der Nacht vom 8. auf den 9. Pluviose 9.J. (28./29. Januar 1801) klopfte es abermals an der Tür. »Wer da?« fragte der Jude. »Aufgemacht, Hannes ist da!« war die Antwort. Jakob Bär gab gute Worte und bat, ihn diesesmal zu verschonen. Als Bär aber alle seine Bitten fruchtlos sah, zog er sich mit seiner Familie in das oberste Stockwerk zurück. »Ha! Ha! Bist du da oben. Ich werde dir gleich nachkommen!« war die Antwort, und in demselben Augenblick wurde der Laden am Fenster erbrochen. Zwei bewaffnete Räuber stiegen sogleich ein, andere hielten außen Wache. Jakob Bär und seine Familie schrien Feuerlärm, wodurch fast alles in Merxheim aus dem Schlaf geweckt wurde. Allein kein Mensch wollte helfen. Sei es nun, daß der Jude gehässig war oder daß Furcht vor den Drohungen der Räuber, die außen standen, die Einwohner zurückhielt. So war der Raub vollbracht und Jakob Bär auf seinem Speicher blutrüstig† geschlagen und bis zur Ohnmacht mißhandelt. Erst nach

* Mit Spelz ist hier Dinkel, eine Getreideart, gemeint.

† blutig

der Tat ließ man die Sturmglocke läuten und verfolgte die Räuber. Die Beraubten gaben die ihnen gestohlenen Effekten folgendermaßen an: sechs silberne Becher, eine silberne Schnalle, drei Paar silberne Schnallen, fünf goldene Ringe, zwei silberne Agraffen* mit Steinen, eine silberne Sackuhr, zwei silberne Halsgehänge mit Gold, ein Paar goldene Ohrringe, dreißig Louisdor in Gold, dreihundert Gulden Silbergeld und eine beträchtliche Partie Waren.

Dieser Vorfall gab dem Direktor der Geschworenen zu Birkenfeld viel zu schaffen, und nach Abhörung einer großen Anzahl von Zeugen ließ derselbe den Friedrich Kunz, welcher auch nachher vor dem Spezialgericht gestanden hat, und noch fünf andere verhaften, unter denen sich auch der Rentmeister Schüler befand, von dem weiter unten die Rede sein wird. Allein, man konnte damals nicht ins reine kommen, und die Beschuldigten mußten wieder in Freiheit gesetzt werden. Als Schinderhannes verhaftet wurde, erklärte er anfangs, der Jude habe von Müllerhannes und Peternellen Michel Waren gekauft, welche diese einem Krämer zu Sesbach gestohlen hätten. Weil der Jude nun diese Waren nicht habe bezahlen wollen, so hätten sie ihn wieder bestohlen, um sich an ihm zu rächen. Nachher setzte Bückler noch hinzu, Friedrich Kunz, Bänkelspieler zu Merxheim (Bowes Fritz), den er schon lange kenne, habe ihn eines Tages benachrichtigt, daß der ehemalige Rentmeister Schüler ihn zu sehen verlange; er möge also einmal in der Eigenschaft als Weinhändler zu ihm gehen. Er sei wirklich hingegangen und habe mit Kunz bis tief in die Nacht in dem Haus des Rentmeisters gezecht, und dieser habe ihn aufgereizt, den Juden Jakob Bär, der die Bauern schinde, doch einmal zu bestehlen. Einige Monate darauf sei er in die Mühle zwischen Merxheim und Kirchroth gekommen, wohin er den Friedrich Kunz habe rufen lassen, der ihm einige Flaschen Wein bei dem Rentmeister holte, diesen von seinem Vorhaben benachrichtigt und ihn bis in den Ort begleitet habe. Es seien ihrer vier gewesen, nämlich er, Bückler, Christian Reinhard, Peter Heinrichs Hans Adam und Johann Martin Rinkert. Die aus sechs Mann bestehende Nachtwache zu Merxheim habe sie ungehindert passieren lassen, nachdem sie ihnen ihr Vorhaben, den Juden zu bestehlen, entdeckt hätten. Er und Peter Heinrichs Hans Adam seien durch den aufgebrochenen Laden in das Haus gestiegen; die beiden andern hätten Wache gestanden. Ihre Beute habe in vierzehn oder fünfzehn Louisdor, vier silbernen Bechern, einem Paar Schnallen und verschiedenen Waren bestanden.

Christian Reinhard, nachdem er vor dem Magistrat der Reichsstadt Frankfurt geleugnet hatte, den Jakob Schweikard unter dem Namen Schinderhannes zu kennen und mit ihm jemals Verbrechen verübt zu haben, gestand vor dem Direktor der Geschworenen des Bezirks von Mainz am 5. Messidor 10.J. (24. Juni 1802) ein, bei dem Raub zu Merxheim zugegen gewesen zu sein. Übrigens gab er die Umstände geradeso wie Schinderhannes an.

Der Rentmeister Schüler wurde ebenfalls verhaftet und vor das Spezialgericht nach Mainz gebracht, bald darauf aber wieder in Freiheit gesetzt.

---

* Hakenspangen, Hutschleifen

Friedrich Kunz gestand, daß er für Schinderhannes und seine Gesellen bei jener Gelegenheit Wein und Branntwein genommen und die Räuber selbst am Abend des Diebstahls in den Ort begleitet habe. Für diesen Dienst habe er aber nichts verlangt und auch nichts erhalten. Übrigens habe er nicht gewußt, daß der Jude damals hätte bestohlen werden sollen, und noch viel weniger davon sprechen hören.

Man sieht hieraus, wie hoch das Unwesen damals gestiegen war. Vier bewaffnete Räuber wagen es, mit offener Gewalt in einer bevölkerten Gemeinde, die den Lärm und den Unfug hört, zu stehlen, und kein Mensch wagt es, nur den geringsten Widerstand zu leisten.

In der Nacht vom 24. auf den 25. Germinal 9.J. (14./15. April 1801) kamen bewaffnete Räuber in die Gemeinde Laufersweiler, Kanton Kirchberg. Nachdem sie den Nachtwächter, der eben elf anblasen wollte, zum Schweigen gebracht hatten, nahmen sie auf einem im Dorf gelegenen Bauplatz ein elf Schuh langes Stück Holz und sprengten damit die Tür des Handelsmanns Isak Moises ein und schrien: »Das Geld heraus! Auf dem Platze geblieben! Oder ihr seid des Todes! Schein und Licht heraus!« Isak Moises sprang zum Fenster hinaus und suchte nach Hilfe im Dorf. Weil aber die Räuber durch Schreien ihre Anzahl fürchterlicher machten und mehrere Schüsse taten, so wagte sich kein Mensch hinzu. Die Frau des Juden sprang ebenfalls zum Fenster hinaus. Man zog die Sturmglocke, allein das hinderte die Räuber nicht, mit ihrer Plünderung fortzufahren. Im Haus wurden Kisten und Kästen zerschlagen und nach den Kindern des Juden mit Kugeln geschossen. Außer einer Menge Waren gab der Jude seinen Verlust auf 38 doppelte, 60 einfache Louisdor, 24 Dukaten und 30 Kronen an. Der Maire von Sohren und die Gendarmerie von Kirchberg verfolgten sogleich die Räuber und nahmen einen herumziehenden Maulwurffänger gefangen, der von dem Friedensrichter in das Arresthaus nach Simmern geschickt, dort aber von dem Direktor der Geschworenen wieder in Freiheit gesetzt wurde.

Schinderhannes erklärte: Er sei mit Christian Reinhard und dessen Bruder Wilhelm Blum, mit Müllerhannes, Lorenzen Peter, Zahnfranzen Martin, Peter Heinrichs Hans Adam, Georg Friedrich Schulz und Knöps Antons Hans Adam in dem Wald zwischen Wildenburg und Kempfeld gewesen. Sie hätten dort von einem Diebstahl gesprochen, den sie bei einem Juden von Laufersweiler namens Eisik hätten begehen wollen. Da sei der Viehhändler Johann Georg Scherer von Kempfeld, der sonst auf dem alten Hof im Kanton Hermeskeil gewohnt habe, zu ihnen gekommen und habe sie dazu noch mehr aufgereizt, indem er ihnen sagte, der Jude müsse viel bares Geld im Haus haben, weil er auf dem Markt zu Birkenfeld siebzehn Pferde verkauft habe. Scherer habe sich erboten, das Silberwerk, welches sie bei diesem Juden stehlen könnten, zu kaufen. Auf diese Nachricht seien sie nun wirklich nach Laufersweiler gegangen und hätten den Raub vollbracht. Um die Einwohner des Dorfes abzuschrecken und um ihren Rückzug zu decken, hätten sie aus ihren Flinten geschossen.

Christian Reinhard machte im ganzen die gleiche Erklärung, und auch in

Rücksicht auf Scherer war seine Aussage die gleiche. Sein Bruder Heinrich Wilhelm Blum, nachdem er anfangs sogar seinen Namen geleugnet hatte, wurde endlich durch Konfrontation zum Geständnis gezwungen und erzählte den Vorgang, sowie der alte Müllerhannes auf die gleiche Weise. Georg Friedrich Schulz trat ihnen ebenfalls bei.

Was den Johann Georg Scherer betrifft, so war die Untersuchung gegen ihn den meisten Schwierigkeiten ausgesetzt. Es war nicht zu leugnen, daß schon lange verdächtige Menschen auf seinem Hof aus und eingegangen waren und daß besonders der berüchtigte Peter Zughetto lange bei ihm seine Niederlage hatte, in Briefwechsel mit ihm stand und Geld von ihm in den Gefängnissen erhielt. Bückler hatte ihn auch schon in seinen ersten Verhören vor dem Direktor der Geschworenen des Bezirks von Simmern als Käufer gestohlener Pferde angegeben. Hierüber fing schon der Friedensrichter des Kantons Hermeskeil im Sommer 8.J. (1800) eine Untersuchung an und erließ einen Vorführungsbefehl gegen Scherer. Damals konnte aber nichts gegen ihn erwiesen werden. Zwei Jahre danach zog ihn der Friedensrichter des Kantons Herrstein abermals in Untersuchung und erließ einen Vorführungsbefehl gegen ihn. Allein auch diese Untersuchung war ohne Erfolg, und der Beschuldigte wurde abermals am 16. Messidor 10.J. (5. Juli 1802) in Freiheit gesetzt. Indessen fand der Direktor der Geschworenen des Bezirks von Birkenfeld, an den jene beiden Prozeduren dem Gesetz gemäß eingeschickt wurden, daß Scherer sich nicht ganz von den gegen ihn gemachten Beschuldigungen gereinigt habe, und erließ am 25. Messidor 10.J. einen Verhaftbefehl gegen ihn. In seinem Verhör leugnete er sogar, den Schinderhannes zu kennen.

Am 17. Thermidor (5. August) kam er in den Gefängnissen des Spezialgerichts vom Donnersberg an. Die Untersuchung gegen ihn nahm nun einen ernsthafteren Gang. In verschiedenen Konfrontationen mit Schinderhannes, Christian Reinhard, Georg Friedrich Schulz und Müllerhannes wurde er von dreien dieser Verbrecher erkannt, leugnete aber immer standhaft, daß er einen davon kenne. Unterdessen hatte der Friedensrichter des Kantons Kirn auch eine Untersuchung gegen Scherer angefangen. Der öffentliche Ruf beschuldigte ihn, daß er den Schinderhannes, als dieser mit Johann Müller zu Schneppenbach verhaftet und nach Kirn gebracht worden war, in den Gefängnissen dieser Stadt habe vergiften wollen. Der Apotheker Oellig von Kirn beschwor, daß Scherer ihn damals ersucht habe, ihm ein Tränkelchen zu mischen, um den Räuber in die andere Welt zu schaffen. Er habe ihm dieses Tränkelchen wirklich gemacht, statt aber wirkliches Gift dazu zu nehmen, habe er ihm aqua vitae* gegeben, welches ein gewisser Kipper, der von Scherer beauftragt gewesen sei, es dem Schinderhannes in die Suppe zu schütten, in einer Nebenstraße ausgetrunken habe. Kipper selbst gab diesen Umstand zu, und Oellig setzte noch hinzu, daß Scherer sich bei dieser Gelegenheit geäußert habe, der Kerl könne durch seine Eingeständnisse noch man-

* vorwiegend mit Kümmel gewürzter Branntwein

chen ehrlichen Mann ins Unglück bringen, und es käme ihm und anderen nicht auf fünfzig Louisdor an, wenn der Zweck erreicht würde. Scherer leugnete auch diesen Vorfall hartnäckig und bezog sich darauf, daß sowohl Ellig als Kipper bekannte schlechte Leute seien, welche keinen Glauben verdienten. Dieses wurde dann auch durch die Aussagen mehrerer der angesehensten Männer in Kirn, welche der Friedensrichter anhörte, größtenteils bestätigt.

Das Publikum war auf den Ausgang des Prozesses gegen Scherer äußerst begierig. Der Beschuldigte war überall bekannt und aus einer der wohlhabendsten Familien seiner Gegend.

In der Nacht vom 28. auf den 29. Fructidor J.IX. (15./16. September 1801) wurde ein Raub in dem Haus des Br. Seckel Löb zu Staudernheim, Kanton Meisenheim, begangen. Der Jude deponierte am ersten Ergänzungstag vor dem Friedensrichter des Kantons Meisenheim hauptsächlich folgendes. Er habe mit seinem Vater im Bett gelegen. Da seien um Mitternacht auf einmal drei Männer mit Lichtern in seine Stube gekommen und hätten mit Ungestüm sein Geld gefordert. Eine da hängende Taschenuhr habe einer von ihnen sogleich eingesteckt. Man habe ihnen anfangs erwidert, sie sollten nehmen, was sie fänden; bald darauf habe er sich aber erboten, den Ort zu zeigen, wo das Geld läge. Er sei wirklich hinausgegangen, weil er aber Versuche zur Flucht gemacht habe, so habe man ihn zurückgehalten. Sein Vater sei indessen zum Fenster hinausgesprungen. Er habe den gleichen Weg zur Flucht gewählt, sei im Hof vom Hemd zurückgehalten worden, wovon ein großes Stück losgerissen sei, und habe dann nach Hilfe geschrien. Er selbst habe bei diesem Vorfall einen Streich an den Kopf und einen Schuß in den Arm bekommen. Sein Verlust bestehe in verschiedenen Waren, fünfhundert Gulden an Wert, in drei silbernen Bechern, einer goldenen Halskette, zwei goldenen Ringen und in hundertzwanzig Gulden Geld.

Die Einwohner von Staudernheim zeigten sich diesmal brav und wacker. Der Maire Will lief in bloßen Beinkleidern auf die Straße und alarmierte die Bürgerschaft. Seine doppelte Flinte brannte ab, und die Räuber schossen, als sie das Feuer sahen, zweimal mit Kugeln nach ihm. Man erwiderte diese Schüsse; der ganze Ort kam in Aufruhr und leistete tapferen Widerstand. Die Räuber schrien: »Bleibt zurück! Schinderhannes ist da!« Dies hinderte aber das Nachsetzen nicht. Die Räuber sprangen über die sechs Fuß hohe Gartenmauer und ließen in der Eile eine geladene Pistole und einen Knotenstock zurück. Unter beständigem Feuern von beiden Seiten wurden die Spuren durch Wälder und Straßen, aber ohne glücklichen Erfolg aufgesucht. Heinrich Will, der Sohn des Maires, führte an. Die Lage des Hauses neben der Straße am Feld erleichterte die Flucht. Auch diesmal wurde die Tür mit einem Stück Holz aufgesprengt.

Schinderhannes erklärte, er habe dieses Verbrechen mit Johann Adam Lahr von Steinbockenheim, mit Krugjosef und Georg Friedrich Schulz verübt. Dieser letzte habe Schildwache vor dem Haus gestanden, und er selbst sei mit den übrigen in das Haus gegangen. Schulz habe einige Male vor dem Haus geschossen und er selbst eine Pistole auf dem Tisch des Juden zurückgelassen, welche Schulz von dem Müller Rupp zu Iben geliehen gehabt. Was die Vorbereitungen zu diesem Raub betroffen, so hätten der Nationalförster Brixius von Abtweiler und der Gemeindeförster Baumann von Staudernheim sie dazu aufgereizt und bis zu dem Haus des Juden begleitet. Adam und Margaretha Landfried hätten die Päcke mit Waren getragen und dafür einiges zum Geschenk erhalten. Der Müller Rupp von Iben und Michel Isaak von Fürfeld hätten ihnen die gestohlenen Effekten abgekauft.

Diesmal sowie nach den Diebstählen von Merxheim und Laufersweiler gingen die Räuber zu Hamm im Kanton Bechtheim, Departement vom Donnersberg, über den Rhein, wo ihnen die Familie Seibel zur Überfahrt zu Gebote stand.

Johann Adam Lahr gestand das Verbrechen ein und setzte zu seiner Verteidigung hinzu, er sei in einem Zustand von Berauschung dazu verführt worden und bereue es von ganzem Herzen.

Georg Friedrich Schulz gestand es ebenfalls ein.

Die beiden Förster waren schon lange in Verdacht, in genauer Verbindung mit der Räuberbande zu stehen. Sie hatten schon vorher zugunsten des berüchtigten Leiendecker falsches Zeugnis vor dem Friedensrichter zu Meisenheim gegeben. In ihren Verhören vor dem Spezialgericht leugneten sie alles, was ihnen zur Last gelegt wurde, obschon sie die gleichförmigen Aussagen von Bückler, Schulz und Lahr gegen sich hatten. Brixius behauptete sogar, den Schinderhannes gar nicht zu kennen, welches Baumann, der ihm schon vorher einmal eine Flinte verkauft hatte, indessen eingestehen mußte.

Der Müller Rupp, der schon vor der öffentlichen Audienz in den Gefängnissen von Mainz gestorben war, hatte ebenfalls geleugnet, den Räubern jene Pistole gegeben oder gestohlene Waren von ihnen geschenkt erhalten zu haben und nur zugegeben, daß er von Lahr ein Stück schwarzen Kattun für sieben Gulden gekauft habe.

Michel Isaak von Fürfeld war schon vorher bei den Räubern auf dem Ibener Hof und bat sie, ihm bei Gelegenheit des nächsten Diebstahls die gestohlenen Effekten käuflich zu überlassen. Nach dem Raub von Staudernheim ließen sie ihn in den Ibener Wald rufen, zeigten ihm die Waren und das Silberwerk, wurden mit ihm über den Preis einig und erhielten das Geld. Der Jude, obschon er bei allen Konfrontationen mit den Räubern überführt wurde, leugnete dennoch hartnäckig, jemals in Verhältnissen mit Bückler gestanden zu haben.

Margaretha und Adam Landfried von Lettweiler leugneten ebenfalls, diesen Raub erleichtert zu haben, gaben jedoch zu, daß sie die Waren fortgetragen hätten. Sie seien nämlich an jenem Tag auf dem Weg nach den drei Weihern gewesen, um dort Milchschweine zu kaufen. Dort seien sie von den Räubern angehalten worden, welche ihnen Feuergewehre auf die Brust gesetzt und sie auf diese Weise gezwungen hätten, die Päcke fortzutragen.

In der Nacht vom 22. auf den 23. Brumaire J.X. (14./15. November 1801) kam eine Räuberbande in das Haus des Bürgers Joel Elias zu Obermoschel, Departement vom Donnersberg. Dieser sprang im Hemd zum Fenster hinaus und weckte den Friedensrichter, welcher sich auch sogleich in Begleitung des Maires und einer bewaffneten Mannschaft in das Haus des Juden begab. Die Räuber waren aber schon entflohen. Aus dem von dem Friedensrichter aufgesetzten Verbalprozeß ergibt sich folgendes:

Die Räuber hatten mit einem zwölf Fuß langen Balken die Haustür eingestoßen und in verschiedenen Zimmern des Hauses Besuche gemacht, wo sie Schränke und Kisten einschlugen und fünfzig Gulden bares Geld, zwei silberne Becher, eine silberne Salzkanne, einen mit Silber beschlagenen Pfeifenkopf, eine goldene französische Taschenuhr, eine Pistole, eine silberne Taschenuhr, Spitzen und Bänder und verschiedene Kleidungsstücke entwendeten. Das schleunige Herbeieilen der Bürgerschaft machte die Räuber eilen. Sie taten mehrere Schüsse, schrien: »Heraus, Heinrich!« und ließen zwei Stöcke im Haus zurück, über welche der Friedensrichter verschiedene Untersuchungen anstellte, aber nichts entdecken konnte.

Schinderhannes erklärte: Als er sich mit Georg Friedrich Schulz, Krugjosef und Johann Niklas Müller zu Lettweiler in Carl Müllers Haus befunden habe, habe Gustav Müller von Lettweiler den Vorschlag gemacht, den Juden zu Obermoschel zu bestehlen. Er habe sich erboten, selbst mitzugehen und noch einen anderen von Lettweiler mitzubringen. Schulz sei darauf nach Iben gegangen, um den Peter Hassinger dort abzuholen und noch andere zusammenzutreiben. Er, Bückler, Krugjosef und Johann Niklas Müller hätten sich darauf in den Durchrotherwald begeben, wo Gustav Müller und Peter Weber sie abgeholt hätten. Auf den drei Weihern hätten sie den Peter Hassinger getroffen, denen Schulz, Philipp Hassinger und Heinrich Walter bald gefolgt wären. So seien sie dann vereinigt nach Obermoschel gezogen, wo sie den Diebstahl auf oben erwähnte Art verübt hätten. Er, Krugjosef, Johann Niklas Müller und Heinrich Walter seien in das Haus gegangen. Gustav Müller und Peter Weber seien an dem Tor des Fleckens stehengeblieben. Peter Hassinger, Philipp Hassinger und Schulz hielten Wache vor der Tür des Juden. Als die Einwohner alarmiert wurden und Heinrich Walter noch im Haus war, schrie Peter Hassinger: »Heraus, Heinrich!«

Georg Friedrich Schulz, Johann Niklas Müller und Peter Hassinger gestanden den Raub ein, und der letzte setzte noch hinzu, seine und seines Vaters Vermögensumstände seien durch den Krieg gänzlich zerrüttet worden; Johann Bückler und seine Gesellen, welche oft auf ihren einsamen Hof gekommen seien, hätten diesen Umstand benutzt und ihn zu verschiedenen Verbrechen angereizt, an denen er leider Anteil genommen habe.

Philipp Hassinger war gleich nach der Verhaftung des Schinderhannes unsichtbar geworden und soll zu Schiffe in einen anderen Weltteil gegangen sein.

Heinrich Walter, Holzhauer auf dem Ibenerhof, gestand vor dem Direktor der Geschworenen des Bezirks von Mainz am 3. Messidor J.X. (22. Juni 1802) ein, er habe wirklich mit einer Pistole bewaffnet vor der Haustür des Juden Schildwache gestanden und sei von Schinderhannes dazu verführt worden. Indessen habe er keinen Anteil von der Beute bekommen, weil sie in der Unternehmung gestört worden seien. In seinem späteren Verhör vor dem vom Präsidenten des Spezialgerichts committirten* Richter erklärte er: ein Unbekannter habe eines Abends den Weg nach den drei Weihern von ihm zu wissen verlangt, welchen er gezeigt und dafür bezahlt worden sei. Dort habe er nun die übrigen getroffen, welche ihn gezwungen hätten, mit nach Obermoschel zu gehen, wo sie ihn als Schildwache ausgestellt und den Befehl von Schinderhannes gehabt hätten, ihn niederzuschießen, wenn er ausreißen wolle. Eine Pistole habe er auch nicht gehabt.

Gustav Müller von Lettweiler leugnete sogar, Schinderhannes zu kennen, und verbat sich, ihn über Diebstähle zu befragen, da er ein ehrlicher Mann und kein Spitzbube sei. In der darauf erfolgten Konfrontation wurde er von Schinderhannes und Peter Hassinger als einer der Teilhaber an dem Diebstahl zu Obermoschel erkannt. Die übrigen erklärten, daß sie dies nicht so gerade und durchaus behaupten könnten, da es Nacht gewesen sei.

Peter Weber, Tagelöhner von Lettweiler, leugnete ebenfalls, an dem Diebstahl zu Obermoschel teilgenommen zu haben. Unter allen, die man ihm als Urheber davon nenne, habe er nie einen gesehen, außer Schinderhannes ein einziges Mal in dem Haus des Carl Müller zu Lettweiler. Bei der Konfrontation wurde er von Schinderhannes, Peter Hassinger und Johann Niklas Müller erkannt, blieb aber immer beim Leugnen.

Bei diesem Raub waren gerade diejenigen versammelt, welche der öffentlichen Sicherheit am ersten gefährlich werden konnten, weil sie feste Wohnsitze hatten und man sich von ihnen um so weniger dergleichen Verbrechen versah†. Glück genug noch, daß Schinderhannes sich nicht gern mit dergleichen Leuten einließ und lieber mit Vagabunden zu tun hatte, von denen keine Reue zu fürchten war. Es scheint, daß nur die einzige Rücksicht, in Fällen der Not sichere Zufluchtsorte zu haben, ihn bisweilen zu solcher Kameradschaft brachte. Dies war denn auch sehr gut berechnet, denn wir haben keinen Fall, daß trotz aller Versprechungen von höheren Behörden ein verdächtiger Einwohner irgendeines Dorfes hätte dahin gebracht werden können, auch da, wo es ihm leicht möglich gewesen wäre, zur Ergreifung der Räuber behilflich zu sein, wenn er einmal mit ihnen auf einen Straß‡ gezogen war.

Aus einem am zehnten Brumaire J.X. (2. November 1801) von den Polizeibeamten des Kantons Alzey im Departement vom Donnersberg aufgesetzten Verbalprozesse geht hervor, daß in der vorhergehenden Nacht ein gewaltsamer Raub in dem Haus des Juden Salomon Benedikt zu ErbesBüdesheim verübt worden ist.

Eine Anzahl Räuber umstellte um Mitternacht das Haus des Juden, in wel-

* bevollmächtigten
† erwartete
‡ Überfall

chem die Mägde noch in der Küche beschäftigt waren. Das Licht ihrer Fackeln schimmerte durch die Fenster, und auf die Äußerung der Mägde, was das wohl bedeuten möge, wurde von außen geantwortet: »Das sollt ihr gleich sehen.« Im selben Augenblick wurde die Tür des Hauses mit einem Balken eingesprengt und mehrere Räuber traten herein, Schinderhannes an der Spitze. Er war mit einem langen Messer, einer kurzen doppelten Kugelbüchse, einer Axt und zwei Pistolen bewaffnet. Einige trugen Pechfackeln und brennende Wachslichter, und einige hatten die Gesichter geschwärzt. Andere blieben vor der Haustür und hielten Wache. Eine von den Mägden des Juden lief auf den Speicher und schrie um Hilfe, worauf einer von den Räubern erwiderte: »Ich gehöre zu den Leuten des Schinderhannes, und wer es wagt, sich zu nähern, wird ohne Barmherzigkeit vor den Kopf geschossen.« Ein anderer packte den Nachtwächter am Kragen und verbot ihm bei Verlust seines Lebens, den kleinsten Lärm zu machen. Während dieser Zeit machten die im Innern des Hauses sich an die Habseligkeiten des Juden und schlugen die Kästen auf. Der Sohn des Juden wurde mit einer Axt mißhandelt, und nach der Magd wurde mit einem Säbel mit allen Kräften gehauen. Einer von den Räubern ließ ihm Haus, als er seine Pfeife anzünden wollte, ein Stück Papier fallen, worauf die Worte »Hof Iben, Kloninger und Hassinger« geschrieben standen. Nach vollbrachter Tat zogen sie unter Freudengeschrei zum Dorf hinaus und brannten ihre Feuergewehre los. Der Jude gab seinen Verlust folgendermaßen an: 80 Gulden an Kronentalern und Sechsbätznern, zehn Louis an Gold, 156 Stück brabänter Kronen, eine 36 Lot schwere silberne Kante, 3Paar silberne Schnallen, 1 silberne Tabaksdose, 1 mit Silber beschlagene Pfeife, 1 paar goldene Ohrgehänge, 1 goldener Fingerring, sonstige Kleinigkeiten nebst Wäsche und Kleidungsstücken. Den Mägden wurden ebenfalls ihre Effekten und ihr Geld geraubt.

Schinderhannes erklärte: Er habe mit Müllerhannes, Georg Friedrich Schulz, Johann Niklas Müller, Krugjosef, Peter Hassinger und Franz Mundo dieses Verbrechen verübt, und zwar unter solchen Umständen, wie die Juden erklärt hätten. Krugjosef habe dem jungen Juden einen Schlag mit der flachen Säbelklinge und er dem alten Juden eine Ohrfeige gegeben. Die Brüder Seibel von Hamm hätten ihnen geholfen, das entwendete Geld über den Rhein zu schaffen, indem sie es in ihren Nachen gelegt hätten, um die Aufmerksamkeit der Zollbeamten davon abzuziehen.

Müllerhannes gestand dieses Verbrechen ebenfalls ein. Auch diesmal wurde der Plan dazu in Hassingers Haus auf dem Ibenerhof gemacht, der in der letzten Zeit des Raubs der erste Hauptschlupfwinkel der Bande war. Die Räuber ließen sich zu Kreuznach Pulver holen und machten die Patronen abends vor dem Ausflug dort zurecht. Müllerhannes schien es sehr hoch aufzunehmen*, daß er diesmal nicht mehr als zwei große Taler von der Beute bekam. »Ich warf«, sagte er, »als wir im Wald bei Iben geteilt hatten, meine Pistole unmutig auf die Erde und schwor mir selbst, nie wieder an einem Verbrechen Anteil zu nehmen.«

* sehr geärgert zu haben

Georg Friedrich Schulz bekam nach seiner Behauptung auch nur zwei Kronen von dieser Beute.

Johann Niklas Müller erzählte, sie hätten sich am Tag vor der Nacht, in welcher der Raub begangen worden sei, zu Iben bei Hassinger versammelt. Schinderhannes habe den Vorschlag gemacht, auf einen Strauß nach Erbesbüdesheim zu ziehen, und dieser Vorschlag sei einstimmig angenommen worden. Peter Hassinger sei sogleich nach Kreuznach gegangen, wo er sich mit einem Vorrat Pulver und Blei bepackt habe. Abends habe man Patronen gemacht, den Plan hinlänglich besprochen, weidlich gezecht und noch eine Kanne und eine Flasche Branntwein mit auf die Reise genommen. Der Balken, um die Tür des Juden aufzusprengen, sei zu ErbesBüdesheim auf einem Bauplatz abgeschnitten worden und zwar mit einer Säge, die Hassinger zu diesem Behufe mitgenommen hätte. Schinderhannes machte vor dem Dorf Feuer und zündete ein aus sechs bis acht Dochten bestehendes Licht an. Der Abrede gemäß bewachten Franz Mundo, Peter Hassinger und Georg Friedrich Schulz die Straßen; Schinderhannes, Krugjosef und Johann Niklas Müller gingen ins Haus, und Müllerhannes hielt die Tür besetzt. Dieser letzte hatte sich mit zerstoßenem Pulver das Gesicht geschwärzt und Schinderhannes dem Johann Niklas Müller mit der gleichen Farbe einen Schnurrbart angemalt. Der Nachtwächter wurde von Hassinger und Schulz auf einen Stein gesetzt und mit Branntwein bewirtet. Johann Niklas Müller will als seinen Anteil nicht mehr als eine brabänter Krone, einen blauen Rock und ein Paar Beinkleider bekommen haben. Aus seinen Erklärungen geht hervor, daß die Waren und Kleidungsstücke unter den Kameraden ziemlich gleich aufgeteilt wurden, von dem Geld aber keiner mehr als zwei Kronen erhielt. Das übrige behielt Schinderhannes für sich, teils weil er, wie Müller erzählte, manches beiseite steckte, wovon die anderen nichts wußten, teils auch, weil er sich als Anführer der Bande betrachtete und von den Kameraden auch als solcher anerkannt wurde. Die Gewehre waren alle mit Nr. 0 und 1* und die Büchse des Schinderhannes mit Kugeln geladen.

Peter Hassinger gestand den Raub ebenfalls mit allen oben angeführten Umständen ein, und Franz Mundo, der bei dieser Gelegenheit zum ersten Mal mit der Bande auftritt, nachdem kurz vorher ein Strauß zu Horrweiler mißlungen war, entschuldigte sich damit, daß ihn Peter Hassinger verführt habe, auf dessen Hof er zum ersten Mal in die Gesellschaft der Räuber geraten sei.

Die Seibelsche Familie von Hamm war wohl eine der gefährlichsten, wenn man bedenkt, daß sie es den Räubern so leicht machte, auf das rechte Rheinufer zu kommen und sich dadurch den Verfolgungen der Polizei zu entziehen. Sie gestand die Umstände auch zum Teil ein, leugnete aber, gewußt zu haben, daß die Effekten, welche sie hinübergefahren habe, gestohlen gewesen seien. Sie mußte ebenfalls zugeben, verschiedene Male für jede einzelne Überfahrt für jedes Individuum eine halbe Krone empfangen zu haben, und es geht aus den

* Eisen- und Bleischrot der Größen 0 und 1

Verhören der Räuber hervor, daß sie zuletzt eine ganze Krone auf den Kopf bezahlen mußten.

Dies sind hauptsächlich jene Verbrechen, welche von der Bande mit offener Gewalt in den Häusern der Juden verübt worden sind. Was auf dem rechten Rheinufer verübt worden ist, wird in der Geschichte der niederländischen Bande angeführt werden. Die Leser werden sich bereits aus dem schon vorgetragenen hinlänglich überzeugt haben, wie wenig auch die Christen vor diesen Unholden sicher waren. Wie kam es doch, daß dieses Vorurteil erst nach der Gefangennahme von Schinderhannes ganz verschwunden ist, da doch schon vorher so viele Beweise laut dagegen sprachen? Die nachfolgenden Vorfälle werden näher beweisen, wie dieser Räuberbande durchaus nichts heilig war, und man wird sich endlich sogar überzeugt halten, daß das Gesindel weit grausamer und mit ausgezeichnet niederträchtiger Bosheit gegen Christen verfuhr.

In dem Bezirk von Birkenfeld hatte sich um die Zeit, als Schinderhannes in diesen Ländern zu wirtschaften anfing, eine mächtige Bande gebildet. Carl Benzel, von dem schon in diesen Blättern die Rede war, war ein Zögling aus dieser Schule. Der Zufall, der ihn schon früh in die Hände der Justiz lieferte, verhinderte ein engeres Zusammenziehen unter* dieser Bande und den Gesellen von Schinderhannes, so wie der Tod von Mosebach und Johann Müller von Schönau die Vereinigung der Moselbande und jener im Bezirk von Bonn mit Schinderhannes noch früh genug zerrissen hat.

Man darf sagen, daß die Bande von Birkenfeld äußerst entschlossene und gefährliche Bösewichte unter ihren Gliedern zählte. Wir verdanken es hauptsächlich dem Br. Seipel, ehemals Direktor der Geschworenen im Bezirk von Birkenfeld und jetzt Richter bei dem Appellations-Tribunal zu Trier, daß dieser Schlange das Haupt ganz zertreten wurde. Die Feigheit und geringe Bildung der Geschworenen hatte das Unwesen auf einen so hohen Grad gebracht, daß selbst der öffentliche Beamte auch mit dem besten Willen zuletzt allen Mut verlieren mußte. Wer kennt nicht die empörende Geschichte der Beraubung des Receveurs† von Kusel, der, nachdem der ihn begleitende Gendarm das Feld geräumt hatte, sich lange mit der Bande herumhieb? Mehrere wurden damals verhaftet und einige auch sogar überführt und überwiesen und doch losgesprochen! Nur Kullmann starb unter der Guillotine zu Trier, und Glasers Adam (Adam Hartmann von Ruschberg) wurde am 20. Pluviose J.X. (9. Februar 1802) von der Gendarmerie erschossen.

Unter allen Mitgliedern dieser Bande steht wohl Jakob Benedum, Müller von Konkenlangenbach im Kanton Kusel, gegenwärtig 29 Jahre alt, obenan. Dieser verschlossene, tückische, unternehmende und zugleich freche Mensch, voll von der äußerst niedrigsten Grausamkeit, war schon lange der Schrecken der ganzen Gegend. Er trieb sich ohne Nahrungszweig herum, durchstreifte mit fahrendem

---

* eine engere Zusammenarbeit zwischen

† Steuereinnehmers

Gesindel und verdächtigen Gesellen das Land und wurde auch in einer solchen Gesellschaft von der Nationalgendarmerie in dem Haus des Friedrich Doll zu Dennweiler im Kanton Kusel verhaftet. Eben dieser Doll war schon längst verdächtig, mit der Bande in Verbindung zu stehen, und Carl Benzel hatte aus seinem Arrest zu Koblenz mehrere verdächtige Briefe an ihn geschrieben. Benedum und seine Kameraden trugen bei ihrer Verhaftung Flinten und Pistolen mit Kugeln geladen, und man fand einen Sack mit Kugeln und einen ledernen Pulversack bei ihnen. Auf ihre Aussage, daß noch mehrere von ihren Kameraden auf dem schon bekannten Breitfesterhof seien, verfügte sich die Gendarmerie dahin und verhaftete dort den Müller Jakob, seinen Sohn und den Bergmann Schmitt aus Sachsen.

Der Direktor der Geschworenen des Bezirks von Birkenfeld verfolgte Benedum und Schmitt wegen eines auf der Streitmühle im Kanton Kusel verübten Raubes und setzte eine Anklageakte gegen beide auf, welche auch von den Geschworenen angenommen wurde. Da indessen die Beschuldigten in der Folge von Johann Bückler als Mitschuldige entlarvt wurden, so wurden sie kraft einer Entscheidung des damaligen Regierungscommissaires Jeanbon St. André vor das Spezialgericht vom Donnersberg gebracht.

In der Nacht vom 25. auf den 26. Vendemiaire J.X. (18./19. Oktober 1801) stieß eine Räuberbande mit einem Balken die Tür der Streitmühle ein und erbrach zu gleicher Zeit das Fenster dieser Mühle. Vier von der Rotte, die Gesichter schwarz gefärbt und in ein schwarzes Tuch gehüllt, mit herabgekrempten Hüten und mit Pistolen, Flinten und Stöcken bewaffnet, kamen in das Schlafzimmer der Krautischen Eheleute und forderten mit drohender Stimme Geld. Auf die Weigerung des Müllers wurden er und seine Frau aus dem Bett gerissen und nebst ihrem Sohn, der eben dazugekommen war, mißhandelt. Aus einem Schrank nahmen die Räuber ungefähr 693 Gulden an barem Geld, nebst verschiedenen Kleidungsstücken und sonstigen Effekten. In dem oberen Zimmer wurde ein Schrank aufgeschlagen und ebenfalls verschiedenes geraubt. Die Bewohner der Mühle wurden mit dem Tode bedroht und ihnen Feuergewehre auf die Brust gesetzt. Den Rückweg nahmen die Räuber über Hufler und Langenbach. Die umliegenden Dorfbewohner, welche ihnen nachsetzten, fanden einen Schuh, zwei schwarze Lappen, welche ihnen als Larven mochten gedient haben, eine Bergmannslampe und sonstige Sachen. Nach den Spuren schienen es sechs Räuber gewesen zu sein.

Unglücklicherweise scheiterten auch bei der fleißigsten Nachforschung der öffentlichen Beamten alle Mittel, welche angewendet wurden, um die Täter zu entdecken. Benedum wurde am anderen Tag mit schmutzigen Schuhen und verwundeter Stirn gefunden, und als der Friedensrichter des Kantons Kusel einen Vorführungsbefehl gegen ihn erließ, rettete er sich durch Schwimmen und führte seit dieser Zeit ein verborgenes, unstetes Leben. Zu seiner Verteidigung sagte er, die bei ihm gefundene Flinte habe er zur Jagd gebraucht, die Wunde habe er in seiner Mühle erhalten, und seine Frau habe ihm die Schuhe gewaschen. Von dem Raub auf der Streitmühle wisse er nicht das geringste, und die Nacht der Tat habe er in seiner Mühle verbracht.

Friedrich Schmitt trug bei seiner Verhaftung Kleider, welche aus einem grauen auf der Streitmühle geraubten Überrock gemacht waren, und konnte sich nicht anders über diesen äußerst verdächtigen Umstand als mit dem kahlen Kunstgriff aller Verbrecher rechtfertigen: Er habe einen Mantel, aus welchem die bei ihm gefundenen Kleider gemacht seien, von einem Unbekannten gekauft. Überdies ergab sich aus den Verhören des Schinderhannes, daß dieses Verbrechen seit langem zwischen Schmitt, Porn dem Vater und Adam Hartmann verabredet gewesen sei, wie diese dem Schinderhannes vor der Tat anvertraut und hinzugesetzt hatten; Jakob Benedum würde mit von der Partie sein. Jakob Porn, hierüber zur Rede gestellt und selbst dieses Verbrechens beschuldigt, leugnete indessen, jemals mit Schinderhannes von dergleichen Dingen gesprochen zu haben.

In der Nacht vom12. auf den 13. Pluviose J. VIII. (1./2. Februar 1800) brachen mehrere Räuber durch das Fenster in der Walkmühle des Bürgers Philipp Bitsch, zwischen Kusel und Diedelkopf im Bezirk von Birkenfeld. Auf diese Weise kamen sie ohne Mühe in das Innere des Hauses, schlugen ein kleines in der Stubentür befindliches Fensterchen ein und steckten zwei Flintenläufe durch die Öffnung. Der Müller Bitsch ergriff nun auch sein Gewehr und hielt es zwischen jenen beiden zum Fenster hinaus, zog es aber bald wieder zurück, da man ihn von außen mit der Drohung dazu aufforderte, daß er auf der Stelle niedergeschossen werden sollte. Nun kamen zwei Räuber ins Zimmer, die einiges Geld, eine Taschenuhr und Kleidungsstücke erpreßten und damit in das obere Zimmer gingen, wo sie ebenfalls die Tochter des Müllers mit dem Tode bedrohten. Mit dem gefundenen wenigen Geld nicht zufrieden, zog einer von den Räubern Strick, Lunten und Faden aus der Tasche, um den Müller zu brennen und ihm dadurch das Geständnis abzuzwingen, wo jenes Geld verborgen liege, das er einige Tage vorher für verkauften Gips eingenommen habe. Der Müller bat und jammerte und bat, man möchte ihm einen Ort bestimmen, er wolle Geld leihen und es dahin bringen. Nun ließen ihn endlich die Räuber gehen, indem sie ihm auflegten, zweihundert Taler bereitzuhalten, welche sie selbst abholen wollten.

Der nachher zu Trier guillotinierte Philipp Gilcher wurde für dieses Verbrechen von den Geschworenen zu Birkenfeld angeklagt und ist auch von dem Müller erkannt worden. Er leugnete indessen hartnäckig in allen seinen Verhören, und erst einige Stunden vor seinem Tod unter dem Beil ließ er von Trier aus den Müller um Verzeihung bitten.

Gegen Benedum ergab sich nichts weiter, als daß Carl Benzel ihn als einen der Räuber genannt und sich in Gegenwart von Zeugen über diesen Vorfall mit ihm unterhalten hatte. Er leugnete indessen jede Teilnahme daran. Als Mitschuldiger von Schinderhannes kam er wegen des folgenden Vorfalles ins Gedränge.

Am 28. Ventose J.VIII. (19. März 1800) reiste eine Gesellschaft, teils Christen, teils Juden, von Wolfersweiler nach Birkenfeld. Auf der Anhöhe bei Neubrück wurden sie vor dem Ende eines Hohlweges von fünf Räubern überfallen, die mit Messern, Flinten und Pistolen bewaffnet waren. Einige von der Gesellschaft nahmen die Flucht, wurden aber mit Kugeln und Schrot verfolgt, welche ihnen durch die Mäntel fuhren, ohne sie jedoch zu verletzen. Andere wurden niedergeworfen und blutrüstig geschlagen. Nach diesem Angriff und dem wirklich vollbrachten Raub griffen sie noch einen Metzger von Birkenfeld an, dem sie begegneten und ihn beraubten.

Johann Bückler gestand, daß er diesen Raub mit Carl Benzel, Jakob Benedum und noch mit zwei anderen, die er indessen nicht gehörig zu signalisieren* wußte, verübt habe. Die Mißhandlungen habe Benedum allein verübt. Dieser leugnete indessen, nur das geringste davon zu wissen oder den Schinderhannes zu kennen. Bei der zu Mainz vorgenommenen Konfrontation erkannte der Metzger Carl Engel von Birkenfeld am 18. Nivose J.XI. (8. Januar 1803) den Jakob Benedum als einen von den Räubern; andere von den ihm vorgestellten Zeugen bemerkten, daß einer unter den Räubern wirklich von ähnlicher Gestalt gewesen sei, daß sie aber nicht mit Gewißheit darauf bestehen könnten, ob sich Benedum darunter befunden habe.

In der Nacht vom 6. Pluviose J.VI. (26. Januar 1798), sagt ein von dem Friedensrichter des Kantons Stromberg am 27. Vendemiaire J.XI. (20. Oktober 1802) aufgesetzter Verbalprozeß, klopfte man an das Fenster des Ziegelbrenners Martin Schmitt zwischen Spall und Argenschwang im Kanton Stromberg. Die Frau des Zieglers sah zwei große Kerle außen stehen, die vorgaben, von Kreuznach zu kommen, und Nachtherberge verlangten, weil sie wegen der großen Kälte nicht im Wald bleiben könnten. Man öffnete ihnen die Tür und machte Feuer an. Vier Kerle mit Pistolen bewaffnet kamen herein, und ein fünfter blieb als Wache vor der Tür. Sie fingen sogleich Streit an, und einer machte Anstalt, die Frau zu binden, welches jedoch auf Befehl des roten Fink, der erkannt wurde, unterblieb. Die Bewohner der Ziegelhütte, Mann und Frau, wurden blutrüstig geschlagen und mißhandelt. Man setzte ihnen die Feuergewehre auf die Brust und raubte alles, was vorzufinden war: Wäsche, Kleider, Tuch und Geld. Der schwarze Peter wurde ebenfalls erkannt, und der Ziegler vermutete, daß einer unter den Räubern, welcher sich das Gesicht geschwärzt hatte, Johann Georg Reidenbach gewesen sei.

Schinderhannes, der um die Zeit dieses Raubes seine Laufbahn eben angefangen hatte, war traun! in treffliche Hände gefallen. Peter Petri, Vater und Sohn, der rote Fink, Johann Georg Reidenbach und ein alter Dieb namens Christian Schuk haben nach seinen Eingeständnissen dieses Verbrechen mit ihm verübt. Die Mißhandlungen sollen indessen nur in einigen Ohrfeigen bestanden haben, welche der schwarze Peter dem Ziegler und seiner Frau gegeben habe.

Peter Petri, der Sohn, welcher zu den Zeiten seiner verschiedenen Verhaftungen ziemlich offenherzig in dem Geständnis einer ziemlichen Anzahl Verbrechen

* richtig beschreiben

gewesen war, nahm am 23. Floreal J.X. (13. Mai 1802) vor dem Präsidenten des Spezialgerichts von der Roer auf einmal einen ganz anderen Charakter an, leugnete, den Schinderhannes anders als aus seinem Gefängnis zu kennen und mit ihm jemals Verbrechen verübt zu haben. Aus Furcht, jugendlicher Unbesonnenheit, in der Hoffnung, in seinem Gefängnis besser gehalten zu werden, und auf Zureden anderer Leute habe er manches gesagt, was er niemals getan habe. Schinderhannes habe es in seinem Arrest zu Simmern auf die gleiche Weise gemacht und sei deswegen aus seinem unterirdischen Kerker in einen besseren gebracht worden, aus dem er endlich zu entspringen Gelegenheit gefunden habe. Zu Mainz blieb Peter Petri bei diesem Leugnen; natürlich auch, daß er auch von dem Raube auf der Ziegelhütte, dessen ihn Schinderhannes erst zu Mainz beschuldigte, durchaus nichts wissen wollte.

Christian Schuk, zur Zeit dieses Raubes bereits siebzig Jahre alt, war ein Landstreicher und wohnte vordem in Gersbach in der ehemaligen Grafschaft Falkenstein. Bereits vor zwanzig Jahren war er fünf Jahre zu Winnweiler in Haft und von der dortigen Justiz zum dreijährigen Karrenschieben, zur Brandmarkung und Verbannung verdammt worden, und zwar nach seinem Vorgeben*, weil er gestohlene Effekten gekauft und verhandelt hatte. In den Zeiten des Kriegs trieb er sich als Landstreicher und Kleinkrämer herum und ernährte sich teils vom Bänkelspielen, teils in den Wirtshäusern, wo er den Gästen die Taschen ausmauste. Am 27. Germinal J.VI. (17. April 1798) wurde er als Landstreicher zu Sobernheim verhaftet und in das Arresthaus nach Simmern geschickt. Dort wurde er, weil nähere Beweise für Verbrechen fehlten und die Landstreicherei überdies durch die fränkischen Gesetze damals noch nicht vorgesehen war, von dem Züchtigungsgericht am 14. Messidor J.VI. (3. Juli 1798) den alten bestehenden Landesgesetzen gemäß verwiesen und durch die Gendarmerie über den Rhein gebracht. Nach einiger Zeit kam er indessen wieder auf das linke Rheinufer zurück und wurde am 30. Ventose J.IX. (21. März 1801) zu Waldböckelheim im Kanton Sobernheim neuerdings verhaftet und nach Simmern gebracht. Dort stellte ihn der Direktor der Geschworenen am 16. Germinal (6. April) vor das Zuchtgericht, welches durch ein Urteil vom selben Tag den Art. 24. Tit. 2. des Gesetzes vom 19. Juli 1791 auf ihn anwendete und ihn als Bettler, welcher schon mehrere Male gestraft worden ist, zu zweijähriger Zuchthausstrafe verurteilte. Der achtzigjährige† Greis war mit diesem Urteil vollkommen zufrieden und soll neueren Nachrichten zufolge in einem Zuchthaus in der ehemaligen Niederlanden (zu Gent) gestorben sein.

In der Nacht vom 22. auf den 23. Pluviose J.X. (11./12. Februar 1802) wurde ein Raub in der Gemeinde Waldgrehweiler, Kanton Rockenhausen im Departement vom Donnersberg, begangen. Aus einem am 23. Pluviose vor dem Friedensrichter des Kantons Rockenhausen aufgesetzten Verbalprozeß ergibt sich,

---

* wie er behauptete

† Chr. Schuk ist bei Becker, wie es scheint, rasant gealtert; sein wirkliches Alter bleibt im dunkeln.

daß die Räuber mit einem hinter der Mühle abgesägten Erlenbaum die Tür des Ackermannes Valentin Bernhard eingestoßen haben. Vier stürzten sogleich mit Waffen in das Haus, die anderen hielten Wache. Valentin Bernhard machte Feuerlärm. Die Räuber schossen nach ihm und dem Polizei-Sergeanten, der auf den Lärm herbeigelaufen war. Der Sohn aus dem Hause wurde niedergeschlagen und sollte eben gebunden und gebrannt werden, als man die Sturmglocke anzog und die Räuber verjagte. Die Bürger verfolgten sie mit Mut und Entschlossenheit bis gegen Tagesanbruch. Sie nahmen ihren Rückzug gegen Lettweiler und die drei Weiher. Aus den Spuren in dem Schnee erkannte man, daß es acht waren. Einer trug Schnabelschuhe ohne Nägel. Der Raub bestand in ungefähr dreizehn bis zwanzig Gulden. Auch diesmal hatte sich ein Räuber das Gesicht schwarz gefärbt.

Der Friedensrichter untersuchte, wie aus der Prozedur deutlich wird, diesen Vorfall fleißig genug, und es wurde auch ein gewisser Adam Graf von Schönborn in Haft genommen. Indessen mußte auch diesmal Schinderhannes aus dem Labyrinth helfen.

Er erklärte, daß er dieses Verbrechen mit Christian Reinhard, Johann Leiendecker, Joseph Klein, Philipp Weber, Peter Hassinger, Franz Mundo, Christoph Eckard, Wilhelm Weisheimer, Johann Korbmann und Johann Adam Steininger verübt habe. Jakob Müller von Lettweiler soll den Räubern die Reichtümer des Valentin Bernhard gerühmt und sie zur Begehung dieses Verbrechens mit der Vorstellung angereizt haben, daß das Haus am Ende des Dorfes liege und Bernhard viele Feinde habe. Schinderhannes möge sich nur vor seinem äußerst starken Knecht in acht nehmen. Was diesen letzten Umstand betrifft, so ergab sich auch wirklich aus dem Zeugenverhör, daß Bernhards Knecht sich während des Raubes der Stubentür näherte und von einem der Räuber mit den Worten gepackt wurde: »Bist du der starke Knecht, der zwei Mann packen kann und der mir schon beschrieben ist? Halte dich nur ruhig und bleib hier in der Stube; wir werden dir kein Leid zufügen!«

»Auf diese Erzählung«, fährt Bückler fort, »schickte ich durch Joseph Klein einen Brief an Hassinger und lud ihn zu mir ein. Weil Hassinger aber nicht kam, so schickte ich ihn zum zweiten Mal und ließ ihm durch Philipp bedeuten, daß wir einen Strauß vorhätten. Hassinger kam nun wirklich und holte noch andere Kameraden ab. An den Bewohnern des Hauses haben wir keine Gewalttätigkeiten verübt, nur erinnere ich mich, daß Leiendecker dem Br. Bernhard eine Ohrfeige gegeben hat.«

Christian Reinhard, Peter Hassinger, Franz Mundo, Wilhelm Weisheimer und Johann Korbmann gestanden den Raub ein, und aus ihren einstimmigen Aussagen ging hervor, daß auch die übrigen Teilhaber waren. Reinhard, Hassinger und Mundo schossen ihre Gewehre los, und dieser letzte benahm sich, als er seine Pistole wieder laden wollte, so link, daß er das Pulver auf die Kugel setzte. Weisheimer entschuldigte sich, er sei von Hassinger und Mundo zu diesem Verbrechen verführt worden und es sei das einzige, welches er in seinem Leben begangen habe. Jene beiden hätten ihn zu Tieffental in ein Wirtshaus gerufen und ihm vorgestellt, daß jetzt schmale Zeiten seien und man nicht wisse, wo man Geld genug aufbringen solle. Sie wollten ihm daher zu Geld verhelfen. Er habe sich damals eben auch im Gedränge befunden und seine Kontribution bezahlen sollen. Er sei daher mit auf diese Expedition gegangen, aber vor dem Dorf stehengeblieben, weil ihm ein Grausen gekommen sei. Von der Beute habe er nichts erhalten. Korbmann machte ungefähr die gleichen Entschuldigungen und gab vor, er sei von Weisheimer verführt worden und habe niemals andere Verbrechen verübt.

Joseph Klein bestand hartnäckig darauf, daß er den Schinderhannes nur daher kenne, daß er ihm einmal zu Feil einen doppelten Louisdor gewechselt und für diese Mühe und für einen kleinen Hund zwölf Sechsbätzner von ihm empfangen habe. An dem Raub zu Waldgrehweiler habe er gar keinen Anteil. Schinderhannes, Reinhard und Hassinger erkannten ihn indessen als einen Teilhaber an diesem Verbrechen, und zwei Zeugen sagten aus, daß derjenige, der die Fackel getragen habe, von ähnlicher Figur wie Joseph Klein gewesen sei.

Philipp Weber von Lettweiler war schon lange den Polizeibeamten seines Kantons verdächtig und auch schon unter der vorigen Regierung in einem äußerst schlechten Ruf. Von dem Zucht-Polizeigericht des Bezirks von Kaiserslautern wurde er wegen vier Diebstählen verfolgt, aus Mangel an hinlänglichen Beweisen aber am 18. Germinal J.X. (8. April 1802) losgesprochen. In seinem Haus war eine Hauptniederlage der Bande. Seine ganze Verteidigung bestand in dem hartnäckigen Leugnen. Auf die gleiche Art benahm sich der Müller Eckart, mit dem Zusatz, wenn tausend Menschen gegen in aufträten, so lügen alle tausend und dergleichen schlechte Kerle könnten einem ehrlichen Mann nichts nachsagen.

Jakob Müller war schon lange vorher in Verbindung mit Fink, dem Rotkopf. Sein Haus diente ebenfalls der Bande zur Niederlage. Er leugnete indessen, einen von der Bande zu kennen. Vielweniger habe er Anteil an einem Verbrechen genommen. Nach dem zu Waldgrehweiler größtenteils mißlungenen Raub ging eine Partie von der Bande nach Lettweiler zurück, wo sie den Plan machten, den Pächter auf dem Neudorfer Hof, Kanton Obermoschel im Departement vom Donnersberg, zu bestehlen. Wirklich pochte man auch in der Nacht vom 23. auf den 24. Pluviose J.X. (12./13. Februar 1802) an der Tür des Hofes, und als diese von innen geöffnet wurde, traten vier bewaffnete Kerle herein, welche Essen und Trinken verlangten. Der Pächter reichte beides, und Schinderhannes trug einen Teil davon zu seinen vor dem Hof befindlichen Kameraden. Als er wieder hereintrat, forderte er dem Pächter sein Geld ab. Dieser, der wenige Leute auf seinem einsamen Hof hatte und folglich keinen Widerstand leisten konnte, öffnete ein in der Stube befindliches Eckschränkchen und gab den Räubern das darin vorhandene, ungefähr aus zehn Gulden bestehende Geld. Doch damit waren die Presser nicht zufrieden und forderten mehr. Der Pächter Zürcher wurde ohne viele Umstände niedergeworfen und gebunden. »Willst du nun«, fuhren sie ihn an, »das Geld hergeben, welches du zu Lettweiler eingenommen und das darunter befindliche Gold wieder zurückgesendet hast, um es in Silber umzusetzen?« Der Pächter, auf diese Weise in Angst versetzt, versprach alles. Er wurde wieder losgebunden und auf den Speicher geführt, wo er den Räubern noch 232 Gulden aushändigte, die dort in den Früchten versteckt lagen. Unten in der Stube wurde er neuerlich gebunden und ihm ein brennendes Licht auf die Brust gehalten. Man bedrohte ihn, wenn er nicht noch mehr Geld hergäbe, ihm die Pferde mitzunehmen. Der Pächter bat, ihm noch einige Tage Ruhe zu lassen; binnen dieser Zeit wolle er Geld zusammentreiben und ihnen aushändigen. Nach wechselseitigen Unterhandlungen stellte der Pächter einen Schuldschein auf dreihundert Gulden aus, worin er sich anheischig machte, demjenigen, der dieses vorzeigen würde, das Geld auszuzahlen. Darauf ging es an eine allgemeine Plünderung des Hauses, wobei Schinderhannes sich äußerte, der Pächter müsse viele Feinde haben, welche er nennen wolle, sobald der Schuldschein eingelöst sei. Unterdessen zog einer von der Bande, den man als Johann Leiendecker erkannt hat, den Knecht des Pächters beiseite und sprach zu ihm: »Nicht wahr, du kennst einen von uns?« – »Nein!« – »Ja, ja! Du kennst einen von uns, allein wenn du plauderst, so schießen wir dich vor den Kopf.« Wirklich hatte Johann Leiendecker einmal als Schuster in Lettweiler gearbeitet, aus welchem Ort der Knecht gebürtig war.

Sieben Tage später kam Leonhard Körper von Tuchroth auf den Hof, zeigte den von dem Pächter ausgestellten Zettel vor und verlangte die 300 Gulden. Weil aber Zürcher gerade nicht zu Hause war, so bat seine Frau, daß der Bote am anderen Tag zurückkommen möchte. Körper war einverstanden, kam aber noch am selben Abend zurück und fand den Pächter. Dieser gab ihm nun auch wirklich hundert Taler in klingender Münze und bat, dem Schinderhannes zu melden, daß er ihn doch künftig in Ruhe lassen und mit diesem Geld zufrieden sein möchte, weil er sonst nicht mehr auf dem Hof bleiben könnte. Körper versprach, sich dieses Auftrags zu entledigen und tags darauf die Antwort zu bringen. Er ging und kam nicht wieder.

Die dem Pächter bei dieser Gelegenheit ausgehändigten Briefe sind folgenden Inhalts:

Nr. 1

+ + + Bedenkt das.

Heinrich Zürcher, mein Bester, hier mit diesen paar Zeilen möchten wir euch an euer Versprechen erinnern, und wir hoffen, das Tiebel, von dem ihr wat nicht rathen und dem Ueberbringer gleich abzuferdern, und weiter nichts zu fragen, weiter wissen wir ihnen nichts zu schreiben.

Joh. durch den Wald.

Herr mens Geist be,
Herr mein Geist be,
Wenn nur den lieben Gott,

Wer nur dem lieben Gott,
W. W. W. W.
Wer nur den lieben,
Wer nur den lieben,
Wer nur den lieben
Johaß Reist heer beer.

Nr. 2

Mene Frei. Hier übergieb ich Ihnen meine letzten Paar Zeilen, um Euer Versprechen zu uns empfangen und ich hoffe, es wird mir kein Aufenthalt gemacht werden, und es braucht weiter keinen Umschweif machen, denn wir haben keine Menschenfurcht.

Nr. 3

An den Neudorfer Hoffmann 300 Fl. sind diese zwei Briefe geschickt, er weiter zurück und schreibt richtig ausbezahlt.

Johann Leiendecker war das erfinderische Genie, welches seinem Hauptmann den Namen Johannes durch den Wald beilegte und ihm einst eine Jagdtasche machte, worauf er diesen Namen und drei Kreuze nähte.

Schinderhannes erklärte in seinen Verhören zu Mainz, er habe diesen Diebstahl wirklich auf die oben beschriebene Weise verübt, und setzte hinzu, er habe unter dem Vorwand, daß Gendarme auf dem Hof verborgen seien, Gelegenheit genommen, das Haus zu durchsuchen, und in einem Nebenzimmer vier Flinten, eine Pistole und einen Säbel gefunden, deren er sich mit dem Ausdruck bemächtigte: »Hier sind die Gendarmen!« Das an Körper bezahlte Geld brachte dieser den Räubern in eine Höhle auf einem Berg neben dem Haus des Peter Haas zu Oberhausen, Kanton Obermoschel. Johann Leiendecker, Christian Reinhard, Johann Adam Steininger von Trombach und Joseph Klein von Feil waren die Gehilfen bei dem Diebstahl. Reinhard beichtete; Klein blieb aber beim Leugnen.

Leonhard Körper wurde ebenfalls verhaftet, fand aber Gelegenheit, aus den Gefängnissen zu Mainz zu entweichen. Indessen fingen ihn die Gendarmen kurz vor der Eröffnung der öffentlichen Audienz wieder ein, und er erschien so wie die übrigen vor dem Tribunal. Er leugnete nicht, jene beiden Briefe von Schinderhannes empfangen und auf den Hof getragen zu haben, wo er bei der zweiten Mission eine Blase mit Geld empfangen und an Schinderhannes ausgehändigt habe. Jedoch sei ihm der Inhalt dieser Briefe unbekannt gewesen, und er habe sich bloß aus Furcht vor den Räubern zu diesem Geschäft brauchen lassen. Zur Bezahlung habe er einen Gulden vierzig Kreuzer bekommen.

Auch Peter Haas, Pächter der Überfahrt über die Nahe bei Oberhausen und Schwager von Leonhard Körper, wurde einer Untersuchung unterworfen und beschuldigt, die Bande verheimlicht und mit Raub beladen übergefahren zu haben. Auch soll er seinen Schwager Körper in die Höhle hinter seinem Haus zu den

Räubern begleitet und sich einen Teil von dem Geld zugeeignet haben, welches Zürcher den Räubern schickte. Er leugnete diese Umstände nicht und setzte hinzu, die Furcht vor der Bande habe ihn bewogen, mehrere Male die Räuber mit ihrer Beute überzufahren; von dem Neudorfer Geld habe er indessen nichts erhalten und sich auch nichts angeeignet.

Der Friedensrichter des Kantons Obermoschel hatte schon vor der Gefangennahme von Schinderhannes die Untersuchung gegen die Urheber des Raubs auf dem Neudorfer Hof angefangen und einen gewissen Franz Maltri, Leinweber von Rehborn, Kanton Obermosche, in Haft nehmen lassen. Dieser Mensch war schon vorher einmal wegen eines qualifizierten Diebstahls verfolgt und von dem peinlichen Gericht vom Donnersberg zur sechzehnjährigen Eisenstrafe verurteilt worden. Er hatte aber das Glück, nach eingelegter Revision seines Urteils von der Anklagejury zu Koblenz gänzlich freigesprochen zu werden. Das Gesinde des Pächters hatte gerichtlich behauptet, ihn unter den Räubern erkannt zu haben. Schinderhannes und Reinhard brachten aber seine Unschuld an den Tag, und er wurde auch wirklich von dem Spezialgericht durch ein Urteil vom 12. Pluviose J.XI. (1. Februar 1803) in Freiheit gesetzt.

Anfang des Monats Germinal J.X. (Ende März 1802) kam ein bewaffneter Kerl gegen Abend auf den Montforter Hof im Kanton Obermoschel, forderte ein Glas Branntwein und übergab dem Pächter Jakob Schowalter folgenden Brief:

An Burger Schuhwalter auf dem Munforter Hoff diesen Brief:

Bester Freund hier mitt diesen phar Zeilen wiell ich eig zu wiesen thun das es mier an zwantzig Kharlühnen fehlen thut und weill es mier bekand ist das ihr uns dar mitt helfen kennt dar auf setz ich mein Vertrauen und hoffen es wiertt bey ihm nicht fehlen jetzt will ich eich abber zu wiesen thun das es aus ungezwungenen Will geschieht sonst wird man mitel ergreifen wo eich nicht lieb sein wiert darauf befind eich gantz kortz dann bei uns ist kein aufschub nicht jetzt aber wollen mier eich auch bekand machen das ihr den Ueberbringer diesen Brief keine halbe fertel stund aufhaltet und gleich das geltt mitt zurik und einer von eich Personen mitt zu uns auf weiter abrett – weiter weis ich eich nichts zu schreiben, als beobacht diese phar Zeilen und macht eich weiters keine besontre umschweif.

Johannes durch den Wahltt +++
Dieses merkt
was es betheit
++

Der Pächter wollte anfangs diesen Brief nicht annehmen. Als aber der Fremde auf diese Weigerung antwortete, daß er ihm denselben vorlesen wollte, nahm Schowalter endlich seine Brille und fing an, den Inhalt zu studieren. Der alte Mann machte dem Fremden zu lange, der ganz unwillig dazwischen fuhr: »Was braucht's da noch Umschweife? Seht nach der Unterschrift! Gebt das Geld her, oder wir zünden euch das Haus an. Draußen stehen noch mehrere von meinen Kameraden.«

Schowalter suchte nun Geld zusammen und übergab dem Fremden ohne weiteres neunzehn Louisdor und einige Münzen.

Schinderhannes gestand, diesen Brief geschrieben zu haben. Johann Leiendecker, Christian Reinhard und Georg Michel seien damals in seiner Gesellschaft gewesen. Reinhard leugnete indessen, an diesem Diebstahl teilgenommen zu haben. Georg Michel ist ein Kleinhändler und Musikant vom Überrhein und soll in Darmstadt verhaftet worden sein.

In Lettweiler wohnte ein altes Weib, Anne Margaretha Landfried, die sich damit abgab, den Landbewohnern mit dem gefürchteten Schinderhannes zu drohen und dadurch Lebensmittel von ihnen zu erpressen. Auf diese Weise kam sie auch einige Male zu Jakob Schweizer nach Rehborn und gab zu verstehen, Schinderhannes habe einen Brief an ihn geschrieben, um Geld von ihm zu erpressen. Dieser Brief sei aber wieder auf ihre und ihres Bruders Vorstellungen zerrissen worden. Indessen kamen doch zu Anfang des Monats Ventose J.X. (Ende Februar 1802) nachts zwischen ein und zwei Uhr drei bewaffnete Kerle an das Haus des Bürgers Schweizer und pochten an. Als die Tür geöffnet wurde, hielt einer davon sein Gewehr mit gespanntem Hahn dem Bürger Schweizer entgegen, und der andere überreichte ihm einen Brief mit den Worten: »Ihr habt eine Viertelstunde Zeit, um die Antwort an die da unten befindliche Brücke zu bringen.« Schweizer bekam auch wirklich zwölf Louisdor zusammen und brachte sie dahin.

Schinderhannes gestand, er habe diesen Brief wirklich geschickt und das Geld erhalten. Christian Reinhard, Johann Leiendecker und Georg Michel hätten sich damals in seiner Gesellschaft befunden, und Jakob Müller von Lettweiler habe ihm gesagt, Schweizer sei sehr reich und würde keinen Anstand nehmen*, Geld herzugeben.

Christian Reinhard leugnete allen Anteil an diesem Verbrechen.

Der Brief war folgenden Inhalts:

»Jacob Schweizer wir ersuchen euch um zwanzig Karolin, und wir verhoffen unser Anspruch wird uns nicht abgeschlagen werden den uns ist bekannt, daß ihr uns damit helfen thut und müst, darauf wollen wir euch aber bekannt machen wenn es nicht aus gutem Willen geschagt, daß wir Instrumenten brauchen, die euch und euren Kindern nicht lieb sein werden. Wir wollen euch zu wissen thun, daß ihr eine halbe Viertelstund Zeit dazu gebrauchen derft, und nicht mehr, denn bey uns ist keine Zeit zum Vorrath izt darauf besinnt euch kurz und gut, denn wir mögen vor diesem keine Gewalt und Grobheiten brauchen, und wir euch auch gewarnt haben, daß ihr keine Mittel gebraucht wie euer Nachbar, darauf erfolgt nicht gutes bey uns, dann wir leben ohne Furcht, und wie es euren Nachbarn ergehen wird, das wollen wir euch nicht wünschen, wenn ihr nicht

* keine Schwierigkeiten machen

wißt, wer euer Nachbar ist, das sind der Hr Raumbacher, weiter weiß ich euch nicht zu schreiben als beobachtet diese par Zeilen alsdann bleiben wir gute Freunde.

+++ Johannes durch den Wald.«

Wir haben oben bemerkt, daß sich die Bande erst später über die Nahe ausgebreitet habe, und man wird diese Bemerkung durch unsere Erzählung bestätigt finden. Der Ort Lettweiler sowie überhaupt der ganze Kanton Obermoschel waren in der letzten Zeit der Hauptschauplatz aller Verbrechen. Eine Menge verworfener Spione, alte Bekannte von Johann Leiendecker, der sich ehemals in dieser Gegend als Schuster herumgetrieben hatte, dienten den Räubern als Helfershelfer und machten alle Anstalten der Polizei zu Schanden. Hier war es, wo die Hauptanführer auf Hochzeiten, Kindtaufen und Kirchweihen zu jeder Zeit gefunden werden konnten. Wenn sie nach einem Hauptstreich ihre Beute auf das rechte Rheinufer gebracht und dort vertrödelt hatten, kehrten sie immer wieder nach Lettweiler zurück, um dort mit Hilfe der dortigen Einwohner auf neue Verbrechen zu sinnen. Wir verdanken einen großen Teil der wiederhergestellten Ruhe dem Unterpräfekten des Bezirks von Kaiserslautern und den Friedensrichtern der Kantone Obermoschel und Wöllstein, Schmitt und Lewer. Diese beiden Beamten hatten keine Bedenken, sich gerade in den gefährlichsten Zeiten mit wahrem patriotischem Eifer an die Spitze der Polizeigarden zu stellen und alle verdächtigen Orte zu durchstreichen. In diesen Gegenden war es, wo noch vor der Verhaftung von Schinderhannes vierzehn Individuen eingezogen und in die Gefängnisse nach Mainz gebracht wurden. Hier hatte der General-Regierungscommissaire Jeanbon St. André, dem nebst dem öffentlichen Ankläger von der Ruhr, Bürger Keil, der Hauptruhm gebührt, damals schon ein Spezialgericht niedergesetzt, dessen tätigstes Mitglied Bürger Wernher, der eigentliche Hercules dieser Schlange, genannt werden kann, die größer als die Hyder von Lerna* war. Wir durchblättern keinen Teil dieses voluminösen Prozesses, ohne zur Dankbarkeit durch das ruhmvolle Ausharren dieses äußerst tätigen Mannes hingerissen zu werden.

Es bleiben uns gegenwärtig noch einige Verbrechen übrig, die wir wegen der verschiedenen Mitschuldigen, von denen in diesen Blättern noch keine Rede war, kurz abhandeln wollen.

Wir haben schon oben das Geständnis von Carl Benzel über den Mordraub zu Otzweiler aus dem Testament dieses Verbrechers berührt. Es ist nicht uninteressant, die verschiedenen Daten aus den Akten zusammenzulesen, um sie mit jenem Geständnis zusammenzuhalten.

In der Nacht vom 20. auf den 21. Nivose J. VIII. (10./11. Januar 1800) klopfte man an dem Fenster des Müllers Michel Horbach auf der Antesmühle im Kanton Grumbach, und als die Tür des Hauses geöffnet wurde, trat eine große Bande be-

* Die vielköpfige Wasserschlange mußte Herakles als seine zweite Arbeit töten.

waffneter Räuber herein und forderte mit Ungestüm zu essen. Der Müller Horbach ließ auf der Stelle Pfannkuchen, Brot und Butter auftischen, und während die Räuber schmausten, schoß einer von ihnen in die Decke der Stube und wurde darüber von einem anderen Kameraden mit Kolbenschlägen gelaust*. Darauf raubten sie Geld und Kleidungsstücke, zerschlugen die Fenster und zogen nach Otzweiler. Dort klopften sie an das Haus des Bürgers Peter Riegel und verlangten unter dem Vorwand, daß sie Spitzbuben suchten, eingelassen zu werden. Als die Tür geöffnet wurde, fingen sie sogleich damit an, die Bewohner des Hauses zu ergreifen. Konrad Bär, der Tochtermann von Peter Riegel, ging auf die Flucht, wurde aber eingeholt und auf eine fürchterliche Weise mißhandelt. Er kroch jedoch noch auf den Welchenrother Hof, von wo er erst am anderen Tage wieder zurückkam. Riegels Ehefrau wurde ebenfalls mit Knüppeln geschlagen und unter dem Vorhalten von Mordgewehren mit dem Tode bedroht. Peter Riegel selbst, der kein anderes Mittel der Rettung vor sich sah, sprang im Hemd aus dem Fenster, wurde aber in diesem Augenblick mit Schrot auf der rechten Seite in den Unterleib geschossen und fiel tot zur Erde. Riegels Nachbarin, Marie Margaretha Schneider, die durch den Lärm ans Fenster getrieben wurde, empfing ebenfalls einen Schuß auf die Brust, der aber ohne weitere Folgen war. Die Räuber forderten mit Drohworten Geld, gingen aber, weil das ganze Dorf durch die Schüsse in Aufruhr gebracht worden war, ohne etwas zu rauben, wieder fort.

Schinderhannes erklärte, der Sohn des Welchenrother Hofmanns, Heinrich Philippi, habe ihn aufgereizt, den Peter Riegel zu bestehlen, und ihm sogar dessen Haus gezeigt. Als er einige Zeit darauf mit Philipp Gilcher, Carl Engers, Peter Stibiz, Johann Seibert und Christoph Blum zu KirchenBollenbach gewesen sei, hätte er dort mit Carl Benzel und Philipp Klein diese Sache näher verabredet und sich noch einige andere, namentlich Johann Welsch, Adam Hartmann, Peter Dallheimer und einen unbekannten Franzosen zugestellt. In Horbachs Mühle hätte Johann Welsch mit Adam Hartmann Händel bekommen und nach diesem geschossen. Seibert von Liebshausen habe den Johann Welsch für diese Bosheit durchgeprügelt und so die Ordnung wiederhergestellt. Die Fenster hätten sie freilich eingeschlagen, aber von einem Diebstahl wisse er nichts. Als sie nach Otzweiler gekommen seien, sei er mit Benzel und Engers in Riegels Haus gegangen, habe sich aber bald mit noch einigen Kameraden wieder davongemacht, nachdem er gesehen habe, daß Peter Stibiz einen Mord begangen habe.

Aus den Akten geht hervor, daß Heinrich Philippi die Tochter des Peter Riegel liebte und bei dem Vater um die Hand dieses Mädchens warb. Nach mehreren Versicherungen von Seiten des Vaters soll ihn dieser getäuscht und seine Tochter an einen anderen verheiratet haben. Aufgebracht hierüber ermunterte er nach der Angabe von Schinderhannes die Räuber zu jener niederträchtigen Rache. Er bestand aber in seinem Verhör darauf, den Schinderhannes gar nicht zu kennen und noch vielweniger jemals mit demselben Umgang gehabt zu haben.

* derb angegangen

Nähere Beweise konnten gegen ihn nicht geführt werden, da Philipp Gilcher schon vorher unter der Guillotine gestorben war.

Johann Welsch von Reichenbach gehört zu der Birkenfelder Bande. Neben mehreren Verbrechen ist er auch beschuldigt, einer von denjenigen zu sein, welche den bekannten Sturm auf das Schloß zu Birkenfeld gewagt haben. Dieses Verbrechen hatte den Direktor der Geschworenen des Bezirks von Birkenfeld lange beschäftigt. Das Spezialgericht von der Saar entschied darüber durch ein Urteil vom 23. Floreal J.XI. (13. Mai 1803). Der Vorfall war folgender:

Am 30. Thermidor J.VII. (18. August 1799) gingen neun Personen von dem Breitfesterhof gegen Neubrück zu, wo sich neun bis zwölf andere zu ihnen gesellten. An der kleinen Brücke nahmen sie noch zwei zu sich, und auf diese Weise war die Bande 20-23 Personen stark geworden. Sie waren teils mit Flinten, teils mit Knüppeln und Säbeln bewaffnet und hatten untereinander geschworen, das heiligste Stillschweigen zu wahren. Der Verräter sollte den Kopf verlieren. Die Gesellschaft schlug den Weg über die Neubrücker Mühle ein und gewann die Landstraße, die nach dem Schloß von Birkenfeld führt. Bei ihrer Ankunft dort um ein Uhr nach Mitternacht stiegen sie teils mit Leitern über die große Mauer, teils forcirten* sie das Hoftor des Schlosses und gelangten auf diese Weise an die im Innern des Hofs gelegene Wohnung des Empfängers der Einregistrierungsgebühren und der National-Domänen. Hier versuchten sie das innere Tor mit Äxten zu sprengen und gaben mehrmals auf den Empfänger Feuer, der, von dem Lärm aufgeschreckt, ans Fenster gekommen war. Nachdem sie lange umsonst einzudringen versucht und unvorhergesehene von ihrem Willen unabhängige Umstände ihr Vorhaben vereitelt hatten, zogen sie endlich ab. Die Anklageakte beschuldigt die Bande, sie habe dem Empfänger den Hals abschneiden, seine Frau schänden und seine Kasse rauben wollen.

Johann Friedrich Edinger, Pächter vom Breitefesterhof, Peter Seitz von Rothweiler, Wilhelm Winter von Forsweiler, Johann Knüppel von Braunshausen, Peter Alles von Neuweiler, Peter Maurer von Gundersweiler, Franz Niklas Ruppenthal und Peter Bock von Nohen, Jacob Benedum von Konkenlangenbach, Johann Welsch von Reichenbach, Franz Bock von Nohen, Ludwig und Heinrich Kühlwein von Baumholder, Balthasar Löfler von Hersthalweiler und Johann Welsch waren die Beschuldigten. Die acht ersten waren in der öffentlichen Audienz anwesend, die anderen aber abwesend. In Rücksicht auf Benedum und Welsch, die in Mainz verhaftet waren, erklärte das Tribunal, daß das Endurteil suspendiert werden sollte; Peter Maurer, Johann Knüppel und Peter Alles wurden als nicht überführt in Freiheit gesetzt, Peter Bock aber zu zehnjähriger Eisenstrafe verdammt. Gegen Friedrich Edinger, Franz Niklas Ruppenthal, Peter Seitz, Wilhelm Winter, Franz Bock, Balthasar Löfler, Ludwig und Heinrich Kühlwein sprach das Tribunal das Todesurteil aus.

In Rücksicht auf den Mordraub zu Otzweiler erklärte Johann Welsch, er ken-

* öffneten mit Gewalt

ne den Schinderhannes nicht und wisse von der ganzen Geschichte nichts. Indessen wurde er doch von dem Müller Horbach als einer von denjenigen erkannt, die ihn beraubt hatten. Überdies erklärte Harz Heinrich von Kirchenbollenbach, Johann Welsch habe sich am Tage des Mordraubs mit den übrigen Gesellen in seinem Hause versammelt.

Philipp Gilcher wurde in der von dem Direktor der Geschworenen des Bezirks von Birkenfeld am 9. Fructidor VIII. Jahres (27. August 1800) gegen ihn aufgesetzten Anklageakte desselben Verbrechens beschuldigt. Die Urteilsgeschworenen erklärten ihn aber in dieser Hinsicht als nicht überführt.

Philipp Klein, genannt Husaren Philipp, leugnete ebenfalls allen Anteil an diesem Verbrechen, obgleich er auch von Harz Heinrich unter den Gesellen gesehen worden war.

Im Sommer des VIII. Jahres (1800) schlich sich Jacob Stein, Messerschmied von Weiden im Kanton Herrstein, eines Abends auf das Eisenwerk des Bürgers Stumm zu Aspach und heftete folgenden Brief an die Tür:

»Gruß und Bruderlieb, jetzt hiermit, daß ich selbst diesen Brief geschrieben habe, will ich ihm zu wissen thun, und warum daß wir ihm diese zwölf Karolinen abgefordert haben, das bestehet darinnen, daß wir in einer Noth stecken, und wissen es nicht grad zu greiffen, diesen Mann muß er nicht drum ansehen, sondern er ist nur ein vertrauter Mann, und weil ich nicht zu ihm kommen kann, gehet er hier mit diesem Mann, dann wird er zu mir kommen, auf einen gewissen Platz, allda um mich zu sprechen. Verbleibe sein getreuer Freund, Johannes Bückler.«

Stumm vermutete, irgendein Betrüger möchte wohl diesen Brief geschrieben haben, und schrieb deswegen an Schinderhannes. In der darauf erhaltenen Antwort lud ihn dieser zu einer Zusammenkunft ein, welche auch wirklich stattfand und wobei das Geld ausbezahlt wurde. Zur Dankbarkeit schickte Schinderhannes noch an demselben Abend dem Bürger Stumm sechs Sicherheitskarten für ihn und seine Leute.

Wohl ein Vierteljahr später erhielt Stumm abermals einen Brief folgenden Inhalts:

»Hier mit diesen Paar Zeilen will ich dem Bürger Stumm wissen thun, daß er Johannes Bückler und seine Mitkameraden zwölf Karolinen schicken wird, und keinen Kreutzer daran manquiren läßt, dann wir verhoffen, er wird sich keinen Schaden an seinem Leibe seyn, und darbey weiß er auch, daß ihm niemahls nichts in den Weg gelegt worden ist, wenn er unsere Bitte gewähren thut, so wird er auch keinen Anstand haben, und wir bitten uns auch aus, daß er weiter kein Geschrey macht, oder diesen Zettel weißt, diese Anforderung schick er uns auf Weiden bey den Bürger Stein, bis Morgen Abend.

Johannes Bückler«

Auch diesmal wurde der Wechsel honoriert und das Geld ausbezahlt.

Wir wissen, daß Jacob Stein beschuldigt wurde, mit Schinderhannes, Franz Riep, Julie Blasius, Jacob Gerhard von Weiden, Christian Denig von Hennweiler, Peter Dallheimer von Sonnschied, Philipp Arnold von Argenthal und Johann Leiendecker von Lauschied den Raub von Hottenbach verübt zu haben. Er wurde auch deswegen verfolgt, und nachdem die Anklage gegen ihn angenommen war, vor die zu Trier versammelte Urteilsjury gestellt, dort aber am 27. Floreal Jahr IX. (17. Mai 1801) freigesprochen.

In Rücksicht auf die an Stumm geschickten Briefe erklärte Schinderhannes, er habe dieselben in dem Haus des Jacob Stein geschrieben, und dieser habe sie hingetragen und sei überhaupt der Unterhändler bei dem ganzen Vorfall gewesen.

Jacob Stein leugnete anfänglich allen Anteil an diesem Verbrechen, gab aber endlich die oben angeführten Umstände mit der kahlen Entschuldigung zu, daß er den Inhalt dieser beiden Briefe nicht gekannt habe.

Am dritten Frimaire Jahr VIII. (24. November 1800) kamen zur Nachtzeit mehrere Diebe in das Haus der Witwe Frenger zu Offenbach, Kanton Grumbach, stiegen über die Mauer, durchbohrten die Fensterläden und öffneten sich auf diese Weise einen Zugang in das Haus. Den Kramladen plünderten sie.

Schinderhannes erklärte, er habe dieses Verbrechen mit Philipp Gilcher, Peter Zughetto und Johann Knapp von Liebshausen begangen. Gilcher habe am Tag vorher die Lage ausgespäht; Peter Schneider von Langweiler habe sie nach vollbrachtem Diebstahl mit der Beute in seinem Haus aufgenommen und sie den Verfolgungen der Polizei entzogen. Carl Michel von Hundsbach habe die Waren mit seinem Pferd auf die Schlifges-Mühle bei Mettersheim im Kanton Meisenheim gebracht. Schneider sowohl als Michel leugneten aber, jemals mit den Räubern in Verbindung gestanden zu haben. Johann Knapp von Liebshausen war schon vorher wegen Landstreicherei in dem Gefängnis zu Simmern in Haft, ging aber dort mit dem schwarzen Peter und anderen Gesellen durch und soll seitdem gestorben sein.

Am ersten Floreal Jahr VIII. (21. April 1800) wurden der Metzger Mathias und ein Jude von Sobernheim an dem Hackenfels zwischen Kirn und Oberstein auf der offenen Landstraße von vier Räubern angefallen. Des Metzgers Hund streckten sie mit zwei Flintenschüssen nieder und nahmen beiden ihr Geld ab. Schinderhannes gestand, dieses Verbrechen mit Peter Dallheimer, Carl Engers und Johann Niklas Wagner von Sonnschied verübt zu haben. Der Friedensrichter des Kantons Herrstein fing sogleich die Untersuchung an und schickte den Carl Engers und den Wendel Dallheimer in das Arresthaus des Bezirks von Birkenfeld, letztern beschuldigt, das von dem Raub herkommende Geld verheimlicht zu haben. Beide wurden, nachdem die Anklage zu Birkenfeld gegen sie angenommen worden war, am 16. Fructidor Jahr VIII. (3. September 1800) von dem peinlichen Gericht von der Saar zu 22jähriger Kettenstrafe verdammt. Johann Niklas Wagner ging gleich nach dem Raub auf die Flucht. Ein Bänkelspieler von Kallenfels namens Ludwig Engel brachte ihn auf die andere Rheinseite in

Sicherheit. Nachdem er aber dort wieder verhaftet worden war, gestand er zu Mainz die Tat ein und entschuldigte sich mit Trunkenheit.

Auch zu Hundsbach im Kanton Meisenheim hatte Schinderhannes einen Vertrauten, Peter Grünewald, genannt Allenbachers Peter. Die Räuber fanden sich mehrere Male bei ihm ein, und er entzog sie den Nachforschungen der Polizei. Der Unterpräfekt von Birkenfeld hatte sich an diesen Menschen gewandt, um den Schinderhannes durch ihn fangen zu lassen. Er ist beschuldigt, ein zu Hundsbach und zwei zu Leinbach gestohlene Pferde den Räubern verraten und sie an die Ställe geführt zu haben. Schinderhannes gestand dieses Verbrechen ein und setzte hinzu, Conrad Grothe von Eckelsheim habe diese Pferde in seinem Haus aufgenommen und verheimlicht. Grothe gestand ein, daß Pferde bei ihm untergestellt worden seien, leugnete aber, den Schinderhannes gekannt zu haben, denn derselbe habe sich bei ihm für einen Pferdehändler von Kusel ausgegeben.

Peter Grünewald wurde überdies noch folgenden Verbrechens beschuldigt. Im Floreal Jahr X. (April/Mai 1802) kamen um Mitternacht zwei Kerle in die Mühle des Philipp Litzenberger bei Löllbach, Kanton Meisenheim, und erpreßten unter fürchterlichen Drohungen geräuchertes Fleisch und Branntwein und zehn bis fünfzehn Gulden. Neben diesen beiden Kerlen waren noch andere Räuber vor der Tür geblieben, welche von jenen mit dem erpreßten Fleisch und Branntwein bewirtet wurden. Johann Seibert von Liebshausen und Peter Zughetto waren nach aller Wahrscheinlichkeit jene beiden Räuber, die ins Zimmer kamen, und Peter Grünewald einer von jenen, die vor der Tür Wache hielten. Dieser leugnete aber allen Anteil sowohl an diesem Verbrechen als an den beiden oben bemerkten Pferdediebstählen. Den Schinderhannes habe er in keiner anderen Absicht in seine Scheuer aufgenommen, als um denselben dem Unterpräfekten von Birkenfeld tot oder lebendig zu liefern.

Am 25. Nivose J.X. (15. Januar 1802) gegen neun Uhr abends, sagt ein von dem Friedensrichter des Kantons Meisenheim aufgesetzter Verbalprozeß, kam ein bewaffneter Kerl in die Stube des Gerhard Müller zu Raumbach und fragte, ob er wohl seine Pfeife anzünden könne. Auf die Antwort, daß er das auf dem Tisch stehende Licht dazu gebrauchen könne, versuchte der Kerl wirklich, seine Pfeife anzuzünden, und als dies nicht gehen wollte, fragte er weiter: »Habt Ihr schon den Schinderhannes gesehen?« – »Nein! Aber gehört habe ich schon viel von ihm.« – »Nun, so beseht mich genau, ich bin Schinderhannes!« Unter diesen Worten klopfte er das Pulver auf seiner Büchse und auf einer aus seiner Jagdtasche genommenen Pistole zurecht und gab Müller einen Brief. Dieser machte Entschuldigungen, daß er bei Licht nicht lesen könne. Der Kerl nahm also dieses Geschäft selbst auf sich und las aus dem Brief vor, daß er von Müller und seinen Verwandten 30 Louisdor verlange. Alle Gegenvorstellungen waren fruchtlos. Der Fremde schwor, daß, wenn das Geld nicht am folgenden Tag an einen bestimmten Ort gebracht würde, er das Haus voll Kerle legen würde, die wie Teufel aussähen, und diese würden schon die verlangte Summe aufzutreiben wissen. Vor der Tür standen noch andere Gesellen.

Gerhard Müller und seine Verwandten brachten auf diese Drohung gleich am anderen Tag vierzehn Louisdor und drei Kronen zusammen und schickten dieses Geld an den bestimmten Birnbaum. Drei Kerle waren wirklich dort und warteten. Sie empfingen die Summe, und als sie den Boten die Taschen visitiert hatten, sagten sie: »Nun, ihr seid brave Bauern; ihr habt uns aus der Not geholfen; die Juden müssen euch dieses Geld wiedergeben. Jetzt geht, haltet reinen Mund* und macht keinen Aufruhr im Dorf!«

Schinderhannes gestand, daß Johann Leiendecker diesen Brief geschrieben und er selbst denselben überbracht habe. Außer Leiendecker sei noch Johann Martin Rinkert in seiner Gesellschaft gewesen.

Die übrigen zu Mainz verhafteten Mitschuldigen, von denen schon oben in dem Auszug des Kompetenzurteils die Rede war, erklärten auf die ihnen zu Last gelegten Verbrechen:

4) Philipp Jacob Heidens, er sei von Schinderhannes, Fink und Seibert gezwungen worden, mit auf den Baldenauer Hof zu gehen. Den Placken-Klos habe er zwar gekannt, aber an den Mißhandlungen gegen ihn gar keinen Anteil genommen und sich auch nichts von den geraubten Kleidungsstücken angeeignet. Das Gegenteil war jedoch durch Zeugen erwiesen.

8) Niklas Nau, er habe den Schinderhannes gekannt und auch wirklich zwei Schweine von ihm gekauft, aber als Auftrag seines verstorbenen Schwiegervaters und ohne zu wissen, daß sie gestohlen gewesen seien.

9) Leser Isaak, er habe zwar um jene Zeit von zwei Unbekannten zwischen Alten-Bamberg und Feil Waren gekauft. Allein Bückler sei nicht unter diesen Unbekannten gewesen, und noch viel weniger habe er den Ursprung dieser Waren gekannt.

11) Margreth Eberhard. Sie habe nicht gewußt, daß ihr Mann ein Räuber sei, und niemals habe derselbe etwas mit sich nach Hause gebracht, was ihr verdächtig hätte sein können.

19) Anne Marie Grein. Sie wisse nichts von den Verbrechen ihres Mannes und habe auch dieselben auf keine Weise benutzt.

52) Andres Lütger. Leugnete alles.

54) Johann Friedrich Eisenhut. Gestand freimütig und fügte hinzu, er sei damals, als das Pferd auf dem Schönborner Hof gestohlen worden sei, erst zwölf bis dreizehn Jahre alt gewesen. Dieser Umstand, mit seiner drückenden Armut verbunden, gäbe ihm Hoffnung auf ein menschliches Urteil.

55) Franz Stein. Leugnete alles.

56) Joseph Bosmann. Er habe erst nach geschlossenem Handel erfahren, daß die Waren von dem Raub zu Hottenbach herrührten.

59) Schei Meyer. Leugnete alles.

60) Jacob Orth. Gestand in seinem ersten Verhör vor dem Friedensrichter ein, daß er in Gegenwart und durch Vermittlung des Schinderhannes Waren von

* schweigt

Hottenbach gekauft habe. In seinen Verhören zu Mainz wollte er beschönigen, daß Schinderhannes nicht dabeigewesen sei und er nicht gewußt habe, daß die Waren gestohlen gewesen seien.

61) Christian Denig. Gestand, an dem Raub zu Hottenbach Anteil genommen zu haben. Allein, fügt er hinzu, die Räuber hätten ihn vorher so berauscht, daß er während der Expedition eingeschlafen und erst bei der Teilung wieder erwacht sei. Seinen Anteil habe er anfänglich aus Reue über sein Verbrechen in der Erde vergraben, endlich aber auf Anraten eines seiner Freunde wieder hervorgezogen und an Jacob Orth verkauft.

65) Balthasar Lukas. Leugnete alles und setzte hinzu, er sei aus seinem Vaterland entflohen, weil er einst zu Liebshausen mit Schinderhannes Streit gehabt und diesen in den Arm geschossen habe.

66 und 67) Georg Wilhelm Neumann von Hüttcheswasen und Thomas Winkel von Hundheim. Gaben vor, den Schinderhannes nicht gekannt zu haben.

68) Ludwig Rech. Gestand ein und fügte hinzu, sein Haus habe einsam gelegen und er habe alles befürchten müssen, wenn er die Räuber nicht aufgenommen hätte. Übrigens habe er gar keinen Vorteil dabei gehabt, sondern vielmehr einen von den Räubern und ihren Schneider umsonst beköstigen müssen.

Die Geschichte der Verhaftung der verschiedenen Glieder der Bande enthält den Tribut der öffentlichen Dankbarkeit an die Beamten, die sich auf diese Weise um die Sicherheit ihrer Mitbürger verdient gemacht haben. Wir glauben, die Geschichte der verschiedenen Räubereien nicht besser schließen zu können als mit der kurzen Darstellung der Art und Weise, wie die Bande in die Hände der Justiz gefallen ist.

Wir kennen die Geschichte der Gefangennahme von Schinderhannes, Julie Blasius, Christian Reinhart und Margreth Eberhard bereits aus einer Note des Bürgers Keil und bemerken den Zug in dem Leben dieser beiden großen Verbrecher. Unter den Effekten, welche ihnen zu Frankfurt abgenommen und nachher an die französische Behörde abgeliefert worden sind, fand man bei Schinderhannes ein Gebetbuch und bei Christian Reinhart ein Amulett.

II. Johann Bückler, der Vater, wurde am 11. Messidor Jahr X. (30. Juni 1802) auf Befehl des Friedensrichters des Kantons Herrstein verhaftet und am 23. desselben Monats vor das Spezialgericht gebracht.

IV. Philipp Jacob Heidens war schon einmal als Vagabund und österreichischer Deserteur zu Anfang des Jahres VII. (Ende 1798) verhaftet und vor den Direktor der Geschworenen des Bezirks von Simmern geführt worden. Dort war er aber wieder am 15. Germinal Jahres VII. (5. April 1799) in Freiheit gesetzt worden und strich seitdem im Land herum. In der Mitte des Frimaires Jahr XI. (Anfang Dezember 1802) machten die Polizeigarden des Kantons Bernkastel einen Streifzug, fingen ihn abermals ein und brachten ihn vor den Friedensrichter des Kantons. Dieser schickte ihn durch eine Ordonanz vor den Friedensrichter des Kantons Herrstein, der damals das Amt des gerichtlichen Polizeibeamten des Kantons Rhaunen versah. Peter Lahr und Niklas Eich, Polizeigarden von Gleinich, hatten ihn als Beteiligten des Totschlags auf dem Baldenauer Hof erkannt. Er war mit einem förmlichen Paß von dem Maire zu Söhren, Kanton Kirchberg, versehen. Der Friedensrichter des Kantons Herrstein schickte ihn am 27. Frimaire Jahr XI. (18. Dezember 1802) vor das Spezialgericht, wo er am 2. Nivose (23. Dezember) ankam.

V. Johann Müller, der Sohn, wurde in der Nacht vom 6. auf den 7. Ventose Jahr VII. (25./26. Februar 1799) von der Gendarmerie von Kirn mit Schinderhannes zu Schneppenbach verhaftet. Am 11. Ventose kam er in dem Arresthaus zu Simmern an, und am 6. Pluviose Jahr IX. (26. Januar 1801) wurde er auf Befehl des Direktor der Geschworenen vor das Militärgericht nach Koblenz geführt. Hier versuchte er zwei Tage nach der großen Evasion die Flucht und kam auch wirklich bis nach Rense, wo er aber wieder ertappt und nach Koblenz zurückgebracht wurde. Am 7. Ventose Jahr X. (26. Februar 1802) wurde er vor das Spezialgericht nach Köln geführt, welches ihn am 28. Thermidor (16. August) an das Spezialgericht vom Donnersberg zurückwies, wo er am 16. Fructidor (3. September) ankam und einige Zeit darauf starb.

VI. Peter Petri, der Sohn, wurde nach seiner Verhaftung durch die Gendarmerie von Kirn am 3. Thermidor Jahr VII. (22. Juli 1799) in das Gefängnis nach Simmern gebracht und sah mit Johann Müller zur gleichen Zeit die Gefängnisse von Koblenz, Köln und Mainz.

VII. Theodor Müller vom Marienporter Hof wurde am 9. Fructidor Jahr X. (27. August 1802) auf Befehl des Friedensrichters des Kantons Kirn verhaftet und am 14. Fructidor vor das Spezialgericht vom Donnersberg verwiesen, wo er am 19. ankam.

VIII. Niklas Nau vom Marienporter Hof wurde am 3. Fructidor Jahr X. (21. August 1802) auf Befehl des Friedensrichters des Kantons Kirn verhaftet, der ihn mit Theodor Müller nach Mainz führen ließ.

IX. Leser Isaak von Alten-Bamberg wurde auf Befehl des Bürgers Wernher, Richter des Spezialgerichts vom Donnersberg, am 21. Messidor Jahr X. (10. Juli 1802) verhaftet und vor das Spezialgericht gebracht.

XII. Jacob Benedum von Konkenlangenbach fiel am 2. Frimaire Jahr X. (23. November 1801) mit Adam Hartmann von Ruschberg und Valentin Dünhoff in die Hände der Gendarmerie von Kusel. Der Friedensrichter dieses Kantons hatte ihr Nachricht gegeben, daß sich mehrere Räuber in dem Haus des Friedrich Doll von Dennweiler befänden. Jene drei wurden auch wirklich um sechs Uhr abends dort gefunden. Benedum wurde nach Kusel, von da nach Birkenfeld, von Birkenfeld nach Köln, von da nach Trier und endlich nach Mainz geführt, wo er am 28. Fructidor Jahr X. (15. September 1802) ankam.

XIII., XIV. und XV. In dem Augenblick, als Benedum mit seinen Kameraden zu Dennweiler verhaftet wurde, erklärten sie, daß sich noch drei von ihnen auf dem Breitefester Hof befänden. Der Brigadier Robidas von Kusel begab sich sogleich mit einem Detaschement* dahin und fand auch wirklich den Friedrich Schmitt von Annaberg, Jacob Porn von Beueren und seinen Sohn Johann Porn.

Jacob Porn riß einem der Soldaten das Bajonett von der Flinte, blies das Licht aus und setzte sich zur Wehr. Sie wurden aber umringt und verhaftet.

Friedrich Schmitt und Jacob Porn wurden abwechselnd vor den Friedensrichter des Kantons Kusel, vor den Direktor der Geschworenen des Bezirks von Birkenfeld, vor das Spezialgericht von der Ruhr und endlich nach Mainz geführt, wo Schmitt am 28. Fructidor Jahr X. (15. September 1802) und Jacob Porn am 29. Messidor (18. Juli) ankam.

Johann Porn, der Sohn, wurde am 11. Thermidor Jahr X. (21. Juli 1802) durch eine Ordonanz des Direktors der Geschworenen des Bezirks von Birkenfeld wieder in Freiheit gesetzt, aber von dem Friedensrichter des Kantons Kusel, der am 14. Vendemiaire Jahr XI. (7. Oktober 1802) einen Haftbefehl gegen ihn erließ wegen eines Bienen-Diebstahls. Um diese Zeit entlarvte ihn Johann Bückler als Teilhaber an dem Meuchelmord zu Sötern. Er wurde darauf nach Mainz reklamiert, wo er auch am 23. Brumaire Jahr XI. (15. November 1802) ankam. In den ersten Tagen der Audienz ist er in dem Gefängnis zu Mainz gestorben.

XVI. Philipp Klein, genannt Husaren Philipp, war schon vorher von dem Zuchtgericht des Bezirks von Birkenfeld wegen gefährlicher Bettelei zu einjähriger Zuchthausstrafe verurteilt worden. Am 1. Vendemiaire Jahr XI. (24. September 1802) wurde er aus dem Zuchthaus zu Gent entlassen und kehrte nach seiner Heimat zurück, wo ihn ein neuer Haftbefehl des Friedensrichters des Kantons Kirn erwartete. Die Polizeigarden des Kantons Bernkastel fingen ihn am 14. Frimaire Jahr XI. (5. Dezember 1802) zu Grumenau ein, und der Friedensrichter schickte ihn am 27. Frimaire vor das Spezialgericht nach Mainz, wo er am 2. Nivose (23. Dezember) ankam.

XVII. Johann Welsch von Reichenbach war schon einige Zeit zu Trier in Haft, weil man ihn in dem Verdacht hatte, daß er an dem Sturm auf das Schloß von Birkenfeld beteiligt gewesen sei. Die Verhöre von Schinderhannes entlarvten ihn ebenfalls, und der Direktor der Geschworenen des Bezirks von Birkenfeld schickte ihn am 29. Fructidor Jahr X. (16. September 1802) nach Mainz, wo er am 8. Vendemiaire (1. Oktober) ankam.

XVIII. Georg Friedrich Schulz wurde in der Nacht vom 7. auf den 8. Prairial Jahr X. (27./28. Mai 1802) von der Polizeigarde des Kantons Wöllstein an der Behausung des Conrad Grothe zu Eckelsheim, wo er eben anklopfte, angehalten. Er führte zwei ungesattelte und ungeschirrte Pferde bei sich und gab vor, ein Unbekannter habe ihn auf offener Straße engagiert, mit diesen zwei Pferden auf den Hof nach Iben zu reiten. Weil er keinen Paß hatte, führte ihn die Polizeigarde vor den Friedensrichter des Kantons Wöllstein, der ihn am 9. Prairial Jahr X. in das Arresthaus nach Mainz schickte. Wir verdanken also auch diese merkwürdige Verhaftung dem Zufall. In seinen Verhören vor dem Friedensrichter des Kantons Wöllstein und vor dem Direktor der Geschworenen des Bezirks von Mainz gab er sich den Namen Johann Georg Gärtner, und erst am 23. Prairial gestand

* Trupp Soldaten

er dem Br. Wernher seinen wahren Namen, und am 28. Messidor (17. Juli) fing er zu beichten an. Er war auch bei der Bande unter dem Namen Maurer und Schofeler Freier bekannt. Die beiden Pferde hatte er zu Kleinhausen auf der rechten Rheinseite gestohlen.

XIX. Anne Marie Grein, Frau von Georg Friedrich Schulz, wurde am 22. Germinal zehnten Jahres (12. April 1802) von dem Friedensrichter des Kantons Bechtheim in der Behausung der Familie Seibel zu Hamm verhaftet. Der Bürger Wernher hatte durch die Ordonnanz vom 12. Prairial (1. Juni) dem Friedensrichter aufgetragen, über die Familie Seibel und ihre Verhältnisse mit Schinderhannes und seiner Bande genaue Erkundigungen einzuziehen. In einem an das Spezialgericht vom Donnersberg erlassenen Schreiben wird folgendes Sprichwort angeführt:

Zu Eich und zu Hamm
kommen die Spitzbuben zusamm.

XX. Johann Adam Lahr wurde am 1. Messidor Jahr X. (20. Juni 1802) auf Befehl des Direktors der Geschworenen des Bezirks von Mainz verhaftet.

XXI. und XXII. Gegen Franz Brixius und Lothar Baumann erließ der Bürger Wernher am 26. Messidor Jahr X. (15. Juli 1802) Vorführungsbefehle. Am 5. Thermidor (24. Juli) kamen beide in Mainz an.

XXIII. Conrad Grothe wurde am 18. Messidor (7. Juli) ebenfalls auf Befehl des Bürgers Wernher verhaftet. Er kam am 20. nach Mainz.

XXIV. Peter Hassinger wurde am 10. Messidor Jahr X. (29. Juni 1802) auf Befehl des Direktors der Geschworenen des Bezirks von Mainz in der Mühle zu Simmern gefangen. Er kam am 14. in Mainz an. Sein Bruder Philipp war einige Zeit vorher nach Amerika gegangen.

XXV. und XXVI. Peter Weber und Niklas Eckhard wurden ebenfalls auf Befehl des Direktors der Geschworenen des Bezirks von Mainz verhaftet. Beide kamen am 10. Messidor des Jahres in Mainz an.

XXVII. Franz Mundo war schon vorher als verdächtiger Mensch von der administrativen Gewalt nach Alzey in Verwahrung gebracht worden. Nach dieser Zeit erließ der Direktor der Geschworenen des Bezirks von Mainz einen Vorführungsbefehl gegen ihn, und er kam am 10. Messidor ebenfalls in Mainz an.

XXVIII. Philipp Weber wurde am 11. Germinal J.X. (1. April 1802) auf Befehl des Friedensrichters des Kantons Obermoschel verhaftet und nach Mainz gebracht, wo der General-Regierungs-Kommissar damals schon ein Spezialgericht niedergesetzt hatte.

XXIX., XXX. und XXXI. Gegen Johann Korbmann, Georg Wilhelm Weisheimer und Heinrich Walter erließ der Direktor der Geschworenen des Bezirks von Mainz am 30. Prairial J.X. (19. Juni 1802) Vorführungsbefehle. Sie kamen am 10. Messidor in Mainz an.

XXXII. Leonhard Körper wurde auf Befehl des Friedensrichters des Kantons

Obermoschel am 11. Germinal J.X. (1. April 1802) verhaftet. Er kam am 22. in Mainz an.

XXXIII. Peter Haas hatte sich am 13. Floreal J.XI. (3. Mai 1803) als Zeuge vor dem Bürger Wernher verdächtig gemacht und wurde am 15. des Monats von demselben verhaftet.

XXXIV. Johann Niklas Müller, Sohn des alten Müllerhannes und Bruder von Johann Müller unter Nr. 5, wurde am 23. Prairial J.X. (12. Juni 1802) von dem Friedensrichters des Kantons Bechtheim in dem Hause der Familie Seibel zu Hamm gefunden und nach Mainz geführt, wo er am 10. Messidor (29. Juni) ankam. In seinem Verhör vor dem Friedensrichter gab er sich den Namen Jacob Werner, und erst in seinem Verhör vor dem Direktor der Geschworenen des Bezirks nannte er sich Johann Niklas Müller.

XXXV. und XXXVI. Anne Margreth Landfried und Adam Landfried wurden auf Befehl des Friedensrichter des Kantons Obermoschel am 11. und 15. Germinal J.X. (1. und 5. April 1802) vorgeführt und nach Mainz gebracht.

XXXVII. Heinrich Blum saß in Mannheim gefangen. Schinderhannes entdeckte dies, der Präsident des Spezialgerichts vom Donnersberg reklamierte ihn, und er wurde am 23. Thermidor J.X. (11. August 1802) von der Gendarmerie zu Speyer in Mannheim abgeholt.

XXXVIII. Johann Georg Scherer wurde am 25. Messidor J.X. (14. Juli 1802) auf Befehl des Direktors der Geschworenen des Bezirks von Birkenfeld verhaftet und kam am 17. Thermidor (5. August) in Mainz an.

XXXIX. Johann Müller, der Vater, genannt Müllerhannes oder Strohhuthannes, wurde in der Nacht vom 11. auf den 12. Germinal J.X. (1./2. April 1802) auf einem Streifzug von der Polizeigarde des Kantons Alzey in der Gegend von Niederwiesen ergriffen, an den Friedensrichter des Kantons Obermoschel überwiesen und von diesem nach Mainz geschickt, wo er am 2. Floreal J.X. (22. April 1802) ankam.

XL. Franz Bayer saß in Mannheim in Haft. Der Präsident des Spezialgerichts vom Donnersberg reklamierte ihn, und er kam am 25. Fructidor J.X. (12. September 1802) in Mainz an.

XLI. Carl Gabel wurde am 15. Brumaire J.XI. (7. November 1802) auf Befehl des Friedensrichters des Kantons Herrstein verhaftet und durch eine Ordonnanz vom 7. Frimaire (28. November) vor das Spezialgericht vom Donnersberg verwiesen, wo er am 17. ankam.

XLII. Friedrich Kunz wurde am 3. Fructidor J.X. (21. August 1802) auf Befehl des Friedensrichters des Kantons Kirn verhaftete und nach Mainz gebracht, wo er am 7. Fructidor ankam.

XLIII. und XLIV. Gegen Michel Isaak und Heinrich Rupp erließ der Direktor der Geschworenen des Bezirks von Mainz am 30. Prairial J.XI. (19. Juni 1803) Vorführungsbefehle.

XLV. Carl Michel wurde auf Befehl des Friedensrichters des Kantons Meisenheim am 30. Thermidor J.X. (18. August 1802) verhaftet und ins Arresthaus des

Bezirks Birkenbach gebracht. Der dortige Direktor der Geschworenen erließ am 29. Fructidor (16. September) eine Ordonnanz, wodurch er ihn vor das Spezialgericht vom Donnersberg führen ließ. Am 4. Ergänzungstag (21. September) kam er in Mainz an.

XLVI. Johann Niklas Wagner war gleich nach dem Raub an dem Hackenfels auf das rechte Rheinufer gegangen. Dort entdeckte ihn aber einer der Vertrauten des Friedensrichters des Kantons Kirn. Der Präsident des peinlichen Gerichts von Rhein und Mosel requirierte ihn darauf von dem Beamten zu Bendorf bei Neuwied, und er wurde am 23. Messidor J.X. (12. Juli 1802) durch die Einleitung des Bürgers Reinecke, Richter des peinlichen Gerichts, in Bendorf verhaftet und vor den Friedensrichter des Kantons Kirn gebracht, der ihn am 12. Thermidor (31. Juli) vor das Spezialgericht vom Donnersberg führen ließ, wo er am 15. ankam.

XLVII. Joseph Klein wurde auf Requisition des Präsidenten des Spezialgerichts vom Donnersberg zu Winkel bei Rüdesheim auf der rechten Rheinseite am 30. August 1802 verhaftet, am 22. Fructidor J.X. (9. September 1802) an den Friedensrichter zu Bingen ausgeliefert und von diesem nach Mainz geschickt, wo er am 26. Fructidor ankam.

XLVIII., XLIX. und L. Katharina Seibel, Adam und Theodor Seibel wurden am 20. Prairial J.X. (9. Juni 1802) nach einer von dem Bürger Wernher erlassenen Ordonnanz von dem Friedensrichter des Kantons Bechtheim verhaftet und nach Mainz geschickt.

LI. Heinrich Philippi wurde auf Befehl des Direktors der Geschworenen des Bezirks von Birkenfeld verhaftet und am 21. Fructidor Jahr X. (8. September 1802) vor das Spezialgericht verwiesen.

LII. und LIII. Andres Lüttger und Johann Kaspar von Liebshausen wurden auf Befehl des Friedensrichters des Kantons Stromberg, jener am 8. und dieser am 19. Thermidor J.X. (27. Juli und 7. August 1802) verhaftet und an das Spezialgericht überwiesen.

LIV. Gegen Johann Friedrich Eisenhut erließ der Friedensrichter des Kantons Herrstein am 1. Thermidor J.X. (20. Juli 1802) einen Vorführungsbefehl und schickte ihn darauf nach Mainz, wo er am 15. ankam.

LV. Franz Stein wurde kraft eines von dem Friedensrichter des Kantons Kirchberg erlassenen Vorführungsbefehls verhaftet und durch eine Ordonnanz vom 29. Thermidor J.X. (17. August 1802) nach Mainz geschickt.

LVI. Joseph Bosmann wurde von dem Friedensrichter des Kantons Kirn in dem Kanton Wolfstein, wo er als Kleinkrämer herumzog, entdeckt, am 6. Thermidor J.X. (25. Juli 1802) auf dessen Befehl verhaftet und am 12. nach Mainz verwiesen, wo er am 15. ankam.

LVII. Peter Schneider wurde auf Einladung des Bürgers Wernher von dem Friedensrichter des Kantons Grumbach verhaftet und am 10. Vendemiaire J. XI. (3. Oktober 1802) nach Mainz gebracht.

LVIII. Gegen Peter Grünewald hatte der Friedensrichter des Kantons Kirn am

6. Messidor J.X. (25. Juni 1802) einen Vorführungsbefehl erlassen, und sein Huissier Peter Schenk verhaftete denselben am folgenden Tag auf einem Kirschbaum in der Gegend von Eisenbach. Er wurde darauf nach Mainz geführt, wo er am 8. Fructidor (26. August) ankam.

LIX. und LX. Schei Meyer und Jacob Orth wurden noch vor der Verhaftung des Schinderhannes von dem Friedensrichter des Kantons Kirn eingezogen und durch eine von demselben erlassene Ordonnanz nach Mainz überwiesen, wo sie am 9. Messidor J.X. (28. Juni 1802) ankamen.

LXI. Der Friedensrichter des Kantons Kirn hatte in Erfahrung gebracht, daß Christian Denig oft Briefe an seinen zu Hennweiler wohnenden Vater schrieb. Er veranstaltete deswegen eine Haussuchung zu Hennweiler und entdeckte dort einen von den genannten Briefen, woraus erhellt wurde, daß Denig sich auf der Farbensteiner Mühle befand. Der Friedensrichter, um alle Entdeckung zu vermeiden, schickte auf der Stelle einen Expreßboten nach Königstein und requirierte den dortigen Beamten, den Christian Denig zu verhaften, welches auch am 16. Juli 1802 geschah. Denig wurde darauf nach Mainz gebracht und vor das dortige Spezialgericht geführt.

LXII. Gegen Jacob Stein erließ der Friedensrichter des Kantons Kirn am 6. Messidor J.X. (25. Juni 1802) einen Vorführungsbefehl und überwies ihn darauf an das Spezialgericht nach Mainz.

LXIII. Jacob Müller wurde am 11. Germinal J.X. (1. April 1802) auf Befehl des Friedensrichters des Kantons Obermoschel verhaftet und kam am 9. Messidor (28. Juni) in den Gefängnissen des Spezialgerichts vom Donnersberg an.

LXIV. Gustav Müller wurde ebenfalls am 11. Germinal Jahr X. (1. April 1802) auf Befehl des Friedensrichters des Kantons Obermoschel in Verhaft genommen. Am 22. Germinal kam er nach Mainz.

LXV. Balthasar Lukas wurde von dem Friedensrichter des Kantons Bacharach in dem Amte Solingen auf der rechten Rheinseite entdeckt, von dem öffentlichen Ankläger von Rhein und Mosel reklamiert und am 3. Nivose J.XI. (24. Dezember 1802) nach Mainz überwiesen.

LXVI. und LXVII. Georg Wilhelm Neumann und Thomas Winkel wurden am 5. Messidor J.X. (24. Juni 1802) auf Befehl des Friedensrichters des Kantons Herrstein vor das Spezialgericht gebracht.

LXVIII. Ludwig Rech war schon vor der Gefangennahme von Schinderhannes auf Befehl des Friedensrichters des Kantons Kirn in Haft genommen worden. Weil er sich indessen gegen den Friedensrichter anheischig gemacht hatte, mehrere Mitglieder der Bande zu entdecken, und seine Flucht überdies nicht zu befürchten war, so setzte ihn der Friedensrichter provisorisch in Freiheit und schickte die Akten nach Mainz. Dort ließ der Bürger Anthvine, Richter des Spezialgerichtes vom Donnersberg einen Vorführungsbefehl gegen ihn. Er wurde am 27. Nivose J.XI. (17. Januar 1803) aufs neue verhaftet und nach Mainz gebracht, wo er am 7. Pluviose (27. Januar) ankam.

Vom 1. bis zum 28. Brumaire (24. Oktober – 20. November) abends um halb sieben Uhr hatte die Audienz täglich sechs Stunden, außer einigen kleinen Intervallen, gedauert. 137 Zeugen waren von dem Kommissaire öffentlichen Ankläger geladen worden, ohne die große Menge von Zeugen zur Entlastung zu rechnen, welche die neun Verteidiger der Angeklagten aus drei Departementen hatten zusammentreiben lassen und womit wahrer Unfug getrieben wurde. So hatte Schinderhannes unter anderen seinen Hercules, den Gendarm Adam von Kirn, rufen lassen, um durch ihn zu beweisen, daß ihm immer das Leben seiner Nebenmenschen heilig gewesen sei. Er bezog sich nämlich auf Benzels Verhaftung auf dem Eigener Hof, wo er zum Fenster hinaussprang und seinen Kameraden in den Händen des Gendarmen ließ. Wie trefflich charakterisieren nicht folgende Ausdrücke den Mut des Räuberhauptmanns! Als wir ihn vor sechzehn Monaten in seinem Gefängnis fragten, warum er Benzel nicht beigestanden habe, antwortete er: »Ich dachte, weit davon ist gut gegen den Schuß!« Und in der öffentlichen Audienz, als Adam erzählte, wie er gerufen: »Gendarmen vor der Tür! Herein zur Hilfe!«, sagte Schinderhannes lächelnd: »Da dachte ich, dort mögen mir wohl noch viele Gendarmen sein!« Und doch sprang er zum Fenster hinaus und ließ seinen Kameraden und seine Waffen zurück. [1]

Überhaupt scheint uns sein so sehr gepriesener Mut und seine Heiterkeit in der öffentlichen Audienz in der Hoffnung zu liegen, die er sich auf die Gnade des ersten Konsuls machte. Man hatte ihn bedächtig ein ganzes Jahr lang mit diesem Trost hingehalten; er erwartete diese Gnade lange mit Zuversicht als einen Lohn für seine Aufrichtigkeit. Wie kleinherzig bat er den Magistrat zu Frankfurt, ihn doch ja nicht auf das linke Rheinufer auszuliefern, und wie sehr fürchtete er sich, als er dem Direktor der Geschworenen in Mainz sagte: »Ich weiß sehr gut, daß

---

1 *Der Friedensrichter des Kantons Kirn, dem das Publikum, wie man gesehen hat, so manche Verhaftung der Mitschuldigen des Schinderhannes verdankt, ist Br. Becker, Verfasser gegenwärtiger Geschichte und jetzt Sicherheitsbeamter des Bezirks von Simmern. Er war einer von den Männern, welche von Jeanbon St. André zur Ausrottung der Bande des Schinderhannes ausersehen wurden; er hat vollkommen dem ihm bewiesenen Zutrauen entsprochen und wegen seiner der öffentlichen Sicherheit geleisteten Dienste ein besonderes Belobungsschreiben von dem Justizminister erhalten. – Den Beamten in Mainz war es freilich ein leichtes, Vorführungsbefehle gegen seßhafte Verbrecher zu erlassen, die Schinderhannes ihnen bezeichnete, aber das Auskundschaften derjenigen, welche keinen festen Wohnsitz hatten oder nicht als Mitglieder der Bande bekannt waren, war mit vielen Schwierigkeiten verbunden. Jacob Orth und Schei Meyer, beide zu 24jähriger Kettenstrafe verurteilt, saßen schon bei dem Friedensrichter in Kirn, ehe Schinderhannes gefangen war. Denig, der hingerichtet worden ist, machte er im Amt Königstein ausfindig und Johann Wagner (zu 22 Jahren Kettenstrafe verurteilt) zu Bendorf bei Neuwied, ohne daß ihm Schinderhannes den Weg zeigte. Das gleiche gilt von Philipp Klein, der unter dem Beil der Guillotine fiel, und von Joseph Bosmann. Jacob Stein kam durch ein Mandat d'amener* zu ihm und war in Minden wohnhaft.*

Die Friedensrichter Br. Felix in Oberstein und Br. Schmitt in Obermoschel, haben gleichfalls bei der Verfolgung der Bande des Schinderhannes Beweise von dem rühmlichsten Amtseifer gegeben. Auch der Friedensrichter von Stromberg, Br. Leth, verdient unter jene Beamte gezählt zu werden, welche mit unerschütterlicher Tätigkeit die Räuber verfolgten; obgleich er gegen die Mitschuldigen des Schinderhannes nicht sehr glücklich war, so hat er doch vor sieben Monaten einen ausgezeichneten Fang gemacht, welcher für das Arrondissement Simmern von großer Wichtigkeit ist. In seinem und in den umliegenden Kantonen hauste seit langer Zeit eine geheime Diebesbande, die eine große Anzahl von Verbrechen verübte. Auf geheimen Wegen und ohne daß ein Mensch etwas merkte, verhaftete er in einer Stunde die berüchtigte Familie Kiefer und saisirte† zwei große Fässer von gestohlenen Effekten in ihren Wohnungen; er hat deswegen besondere Belobungsschreiben erhalten. Diese Familie erwartet nächstens ihr Urteil von dem Spezialgericht in Koblenz. (Anmerkung von Keil)

---

* Vorführungsbefehl

† beschlagnahmte

ich Verbrechen begangen und Strafe verdient habe, und bin auch bereit, diese Strafe mit Standhaftigkeit zu übernehmen; nur wünsche ich nicht, daß es der Tod sein möge. Wenn ich darüber gewiß bin, so ist mein Erbieten und mein fester Entschluß, alles anzuzeigen, was zur Entdeckung der Verbrecher dienen kann, die so lange die beiden Rheinufer beunruhigen.«

Mit dieser Hoffnung schmeichelte ihm der Präsident noch einmal bei Eröffnung der Audienz vor dem Publikum. Erst dann, als die Mißhandlungen auf der Kratzmühle bei Merxheim ihm vorgehalten wurden, schien ihn diese Hoffnung zu verlassen. Das Gefühl seiner Verbrechen überwältigte ihn und sagte ihm, daß er sterben müsse. Hätte man ihn von nun an von seiner Geliebten und von seinem Kind getrennt, er würde das Leben nicht wieder süß gefunden haben. Warum bewundert man Dinge, die wir so oft bei minder großen Verbrechern nicht bewundert haben? Philipp Ludwig Mosebach, sein Lehrmeister, wurde in Koblenz wegen eines unbedeutenden Diebstahls guillotiniert. Er hatte Bildung und Verstand. Er verriet keinen seiner Kameraden, leugnete kein Verbrechen und marschierte nach dem Takt der Trommel, gekleidet wie ein Stutzer *, zur Guillotine, besah mit unbegreiflicher Kälte das Messer und starb.

Der warme Anteil, den Schinderhannes während der ganzen öffentlichen Audienz an dem Schicksal seines Vaters und seiner Geliebten[1] nahm, hatte ihm alle Herzen gewonnen. Das weibliche Geschlecht besonders scheint deswegen jeden kleinen Zug, der sich von dem Charakter des wohlgebildeten, kräftigen, 24jährigen Räuber-Anführers entwickelte, bemerkenswert gefunden zu haben. Ich habe das Mädchen verführt, sie ist unschuldig, sagte er oft in den letzten Tagen seines Lebens, wenn ihm der Tod vorschwebte. Noch kurz vor seinem Urteil, auf das man ihn vorbereitet hatte, spielte er mit seinem Knaben und scherzte mit seiner Geliebten.

Das Tribunal behandelte ihn menschlich und sanft. Zuerst sprach es das Urteil über Julie Blasius. Es war ein Trost für ihn, daß er nun wußte, was ihr Schicksal sei, und daß seinem Kind, im Sturm des Verbrechens empfangen und im Kerker zur Welt gebracht, eine Mutter übrigblieb, die es liebte und die seinem Herzen teuer war. Vielleicht ist es der schönste Zug in seinem Charakter, daß er sich niemals seiner Liebes-Abenteuer bei anderen Mädchen rühmte, die doch notorisch waren. Wir erinnern uns, daß er in seinem Gefängnis zu Mainz, als wir ihn über seine näheren Verhältnisse mit Elise Werner, Anne Marie Schäfer, Catharine Pfeiffer und mit der Schwester seiner Julie befragten, nichts eingestehen wollte, was dem Rufe dieser Mädchen, die selbst offenherziger in ihrer Beichte waren, hätte nachteilig sein können. Gewiß aus Schonung für Julie Blasius!

Der Präsident versicherte ihm nach dem Verlesen seines Urteils, daß sein Vater nicht sterben würde. Auch diese Versicherung erleichterte ihm sein Schicksal.

---

* prunkender Angeber

[1] *Wir haben oben unrichtig bemerkt, daß Schinderhannes mit Julie Blasius förmlich verheiratet gewesen sei. Sie war nur seine Beischläferin. In seiner Brieftasche hatte er eine schriftliche Erlaubnis von dem österreichischen Werbkommando, sich mit ihr trauen zu lassen.*

Folgendes ist das Resultat des Urteils. Die Anführung der Gesetze, worauf es sich gründet, kann für unsere Leser nicht interessant sein. Diejenigen unter ihnen, welche die Justiz handhaben, kennen sie, wenn sie sich der verschiedenen oben angeführten und historisch entwickelten Verbrechen erinnern wollen.

Todesstrafe
1) Schinderhannes
2) Christian Reinhard
3) Friedrich Schmitt
4) Jakob Porn
5) Philipp Klein
6) Johann Welsch
7) Georg Friedrich Schulz
8) Johann Adam Lahr
9) Franz Brixius
10) Peter Hassinger
11) Franz Mundo
12) Philipp Weber
13) Johann Korbmann
14) Georg Weisheimer
15) Johann Niklas Müller
16) Heinrich Blum
17) Johann Müller, der Vater
18) Franz Bayer
19) Joseph Klein
20) Christian Denig

Vierundzwanzigjährige Kettenstrafe
1) Lothar Baumann
2) Peter Weber
3) Heinrich Walter
4) Michael Isaak
5) Schei Mayer
6) Jacob Orth
7) Gustav Müller

Zweiundzwanzigjährige Kettenstrafe
1) Johann Bückler, der Vater
2) Jacob Benedum
3) Johann Wagner

Vierzehnjährige Kettenstrafe
Peter Petri, der Sohn

Zehnjährige Kettenstrafe
1) Leonhard Körper
2) Carl Michel
3) Jacob Stein

Achtjährige Kettenstrafe
Theodor Seibel

Sechsjährige Kettenstrafe
Philipp Jacob Heidens

Zweijährige Zuchthausstrafe
1) Julie Blasius
2) Margreth Landfried

3) Joseph Bosmann

Fünfmonatige Zuchthausstrafe

Carl Gabel

Verbannung

1) Margaretha Eberhard
2) Anne Marie Grein

Freigesprochen

1) Niklas Nau
2) Löser Isaak
3) Conrad Grothe
4) Peter Haas
5) Adam Landfried
6) Johann Georg Scherer
7) Friedrich Kunz
8) Catharine Seibel, geborene Schreiner
9) Heinrich Philippi
10) Andres Lüttger
11) Johann Kaspar
12) Friedrich Eisenhut
13) Franz Stein
14) Peter Schneider
15) Peter Grünewald
16) Jacob Müller
17) Balthasar Lukas
18) Wilhelm Neumann
19) Thomas Winkel
20) Ludwig Rech

Jacob Benedum wurde außerdem an das Spezialgericht von der Saar verwiesen, um dort für ein ihm zur Last liegendes Kapitalverbrechen gerichtet zu werden. Dies betrifft den bekannten Sturm auf das Schloß zu Birkenfeld, von dem oben die Rede war, und es ist zu hoffen, daß dieser gefährliche Mensch seinen Kameraden bald auf die Guillotine nachfolgen werde.

Gegen Balthasar Lukas existierte noch ein Haftbefehl, der am 3. Fructidor J. VI. (21. August 1798) von dem peinlichen Tribunal von Rhein und Mosel erlassen worden war und ihn wegen verschiedener vor der neuen Organisation begangener Diebstähle beschuldigte. Der Regierungs-Commissaire requirierte daher nach dem Urteil seine abermalige Verhaftung, und er wurde darauf nach Koblenz geführt, wo er die endgültige Entscheidung seines Schicksals erwartet.

Wenn es wahr ist, daß der neuerlich von Feuerbach aufgestellte Grundsatz: »Der Staat gibt Strafgesetze, um abzuschrecken, und er straft, um seine Gesetze zu handhaben«, der einzig richtige ist, so müssen wir bedauern, daß die französische Kriminal-Jurisprudenz in manchen Fällen so gar kein Verhältnis beobachtet hat, worüber sich noch kürzlich der Großrichter in seiner trefflichen Rede, worin er der Regierung über den Gang der Justiz Rechenschaft ablegt, erklärt hat. Wer von allen unseren Lesern findet es nicht hart, einen Jacob Orth und Schei Mayer, die für ein Paar Gulden gestohlene Waren gekauft haben, mit 24jähriger Kettenstrafe belegt zu sehen? Sie waren gewiß weniger Verbrecher als Johann Wagner, der mit dem Mordgewehr in der Hand sich auf die Landstraße lagerte und unbewehrte ruhige Bürger beraubte. Das Gericht fühlte und handelte menschlich, und wenn es jene beiden Verbrecher mit der Strenge und Kälte des Gesetzes verfolgte, weil sie außerdem mit der Bande in Verhältnissen standen, so haben Joseph Bosmann und Carl Gabel diese Menschlichkeit in einem hohen Grad gefühlt, und denjenigen, welche in Freiheit gesetzt worden sind, wird ihr inneres Bewußtsein sagen, daß das Auge der Gerechtigkeit scharf sieht, aber sich auch auf der anderen Seite nicht durch Schein blenden läßt.

Die größte Sensation im Publikum machte die Lossprechung von Johann Georg Scherer, der von dem ganzen zahlreichen Auditorium bereits verurteilt war. Jeder und selbst seine Richter fühlten, daß er nicht rein war, aber es fehlte leider an Beweisen, die doch nur allein ein peinliches Urteil begründen können. Trefflich sprach für ihn der Br. Parkus. Er war der einzige unter allen Verteidigern, den man mit Lust hören konnte. Was ließ sich auch für einen Schinderhannes und die ganze lange Zunft von Verbrechern sagen, die schon am Tag ihrer Verhaftung dem Henker gehörten? Johann Georg Scherer, kaum losgelassen, drängte sich an das Blutgerüst und sah die übrigen mit Wohlgefallen schlachten. Diese empörende und alles menschliche Gefühl bis in die tiefste Tiefe erschütternde Handlung charakterisiert ihn besser als alle peinlichen Prozeduren.

Am 29. Brumaire (21. November 1803) gegen ein Uhr nachmittags wurden die zum Tode Verurteilten auf fünf Wagen und von Geistlichen nach ihren verschiedenen Religionen begleitet, nach dem Richtplatz gebracht. Der Maire von Mainz hatte diesen vor dem Weisenauer Tor, da wo die kurfürstliche Favorite gestanden hatte, bestimmt*. Schinderhannes war unerschrocken.

Als der Zug bei der Guillotine ankam, sprang er mit großer Fassung von dem Wagen herab und bestieg das schreckliche Gerüst. Oben wandte er sich auf beiden Seiten gegen das Publikum und sprach: »Ich habe den Tod verdient, aber zehn von meinen Kameraden nicht.« Doch waren diese Worte so unverständlich, daß sie nur von wenigen gehört werden konnten, die ihm sehr nahe waren. Er glaubte, daß nur derjenige zum Tod verdammt werden könne, der einen Totschlag begangen habe. In allen seinen Verhören leuchtet dies auffallend hervor. Den Mordraub von Sötern leugnete er lange Zeit und gestand ihn endlich nur darum ein, weil er glaubte, er wäre für seinen Kameraden Schulz nicht verantwortlich.

Das ganze Trauerspiel hatte in 26 Minuten ausgespielt. Der Anblick der Särge, die neben der Guillotine aufgeschichtet waren, und das mit dem Blut des Anführers überschüttete Beil hatten alle Verurteilten zu Bildsäulen gemacht. Mehrere von ihnen mußten über die Treppe getragen werden.

Schinderhannes hatte während der ganzen Audienz eine ausgezeichnete Rolle gespielt. Er schien sich an der Spitze seiner Kameraden zu gefallen und prahlte

* Das vom Kurfürst Lothar Franz von Schönborn angelegte Lustschloß Favorite stand auf dem Gelände des heutigen Stadtparks; es wurde 1729 zerstört.

oft und viel mit seiner Wahrhaftigkeit, wodurch er in der Tat dem Land einen ausgezeichneten Dienst geleistet hat.

Wir sagen nichts von dem ungeheuren Zulauf von Menschen, die am 28. und 29. Brumaire aus allen Gegenden, und besonders von Frankfurt aus, in Mainz zusammenströmten. Sonntags war das Gedränge nach dem Audienzsaal so groß, daß die Einlassungs-Billete für die Galerie bis auf 24 Francs gesteigert wurden, und nachdem der Zug auf dem Richtplatz angekommen war, sah man sich genötigt, das Tor der Stadt zu sperren, um das Gedränge, das über alle Erwartung war, wenigstens zum Teil zu brechen.

So endete dieser äußerst merkwürdige Prozeß, wodurch die beiden Rheinufer wenigstens auf lange Zeit hinaus beruhigt worden sind. Der schreckliche Rest der Bande ist auseinandergestäubt, die Helfershelfer und Hehler sind eingeschüchtert und zum Teil bestraft. Wir haben nichts zu bedauern, als daß noch eine ziemliche Menge von großen Verbrechern nicht handfest gemacht werden konnte, worunter wir hauptsächlich den schwarzen Peter, Johann Leiendecker, Krugjoseph, Johann Martin Rinkert, Lorenzen Peter, Peter Heinrichs Hans Adam, Korbhannesen Adam, Knöpf Antons Hans Adam, Jacob Gerhard, Philipp Arnold u.a. zählen.

Der Verfasser nimmt von seinen Lesern mit dem Wunsche Abschied, daß sie nicht ganz unzufrieden mit ihm sein möchten. Er brachte zu seiner Arbeit hauptsächlich zwei Eigenschaften mit, die ihm nicht ohne Vorteil gewesen sind: einmal eine ziemlich vertraute Bekanntschaft mit den Verhältnissen der Bande in ihrer Entstehung und zweitens eine hohe Achtung für die Sicherheit seiner Mitbürger und ihres Eigentums. Er hatte sich bei dem Entschluß zu der Ausarbeitung dieses Werks fest vorgenommen, seine Leser soviel wie möglich vor der Langeweile zu bewahren, und er hofft, daß ihm dieses wenigstens bis zu dem Kompetenzurteil gelungen ist. Wenn man von hier an den Stil und den Gang der Geschäfte verändert findet, so sind seine neuen Verhältnisse, in die er um diese Zeit kam, und der Umstand Schuld daran, daß er in die Presse arbeiten mußte und keine Zeit zum Ausfeilen des Ganzen hatte. Dazu kommt noch, daß eine so große Reihe von Verbrechen, die größtenteils den gleichen Charakter haben, dem Geschichtsschreiber nicht günstig sind. Er hätte seine Blätter noch um ein beträchtliches vergrößern können, wenn es ihm darum zu tun gewesen wäre, seine Leser mit einer sehr großen Menge von Straßenräubereien und Pferdediebstählen zu behelligen. So hat er auch diejenigen Verbrechen, an denen Bückler auf dem rechten Rheinufer Teil hatte, mit Vorbedacht übergangen, weil sie schon meist in der Geschichte der großen Räuberbande vorkommen und alle Wiederholungen vermieden werden mußten.

Die Leser in fernen Gegenden werden nun hoffentlich ihre Meinung über den großen Helden, von dem man in einem beträchtlichen Teil von Europa mit Auszeichnung oder wohl gar mit Bewunderung sprach, ändern und mir wünschen, daß es niemals größere Verbrecher gegeben hätte oder in Zukunft geben möchte.

Zwischenspiel

Die Hinrichtung des Schinderhannes
(Johann Gottlob Schulz)

Als ich mit Bestimmtheit den Tag kannte, der zur Exekution meines Helden festgesetzt war, erklärte ich dem Herrn Hofrat zwei Tage früher, daß ich den kommenden Morgen zur Geburtstagsfeier meines Vaters nach Frankfurt gehen müsse, was er mir nach einigen Einreden, die ich zu widerlegen wußte, zugestand. Ich hatte erfahren, daß am Tag vor der Hinrichtung außer dem jeden Morgen abgehenden Marktschiff noch eine Extrajacht von Frankfurt nach Mainz fahren würde; ich machte mich deshalb in aller Frühe auf die Beine, kam nach sechs Uhr in Frankfurt an, eilte sofort an die Ufer des Mains und schiffte mich auf der Jacht ein, wo ich nicht eher ruhig war, als bis die Anker gelichtet, das heißt die Seile, die sie am Ufer hielten, losgebunden wurden, denn ich fürchtete immer noch eingeholt und zurückgebracht zu werden. Endlich fuhren wir mit Musik und unter dem Jubel der Menge ab. Jetzt erst wurde es mir leichter ums Herz, und ich freute mich innerlich über das Gelingen meines Geniestreiches. Das Schiff war mit Passagieren jeder Gattung bis zum Erdrücken angefüllt. Greise und Jünglinge, alte Weiber und blühende Mädchen, wichtigtuende Beamte und sorglose Bänkelsänger, alles war in buntem Gemisch durcheinander und vertrug sich bestens. Daß fast nur von dem berühmten Räuberhauptmann und seiner Bande die Rede und das dritte Wort Schinderhannes war, von dem man sich die wunderlichsten Abenteuer und Anekdoten, wahr oder erfunden, erzählte, kann man sich denken, sowie daß ich jedes Wort und jede Meinung mit Begierde aufschnappte und das Gesicht verzog, wenn sie mit meinem Ideal nicht übereinstimmten. Indessen war die Fahrt lustig und unterhaltend genug, man sang, spielte, schmauste und zechte, ich naschte Kuchen und Backwerk, die man zum Verkauf ausbot, und verschenkte manch Stückchen an ein hübsches Mädchen. Aber jedermann wunderte sich, daß ich so allein, ohne alle Kopfbedeckung, im bloßen Hals, in dieser Jahreszeit – es war im Winter – und ohne alle Aufsicht zu einer solchen Feierlichkeit nach Mainz reiste. Aber unbekümmert stimmte ich in das originelle Lied, das einige lustige Brüder sangen: »So geht es in Schnutzel-Putz-Häusel, da tanzen die Ratzen und Mäusel«, mit ein und fuhr heiter den Strom hinab. Erst gegen Abend bekamen wir das altehrwürdige, ehedem goldene Mainz mit seinen Türmen, Kirchen und Klöstern zu Gesicht.«

So erlebte Johann Konrad Friederich die turbulente Anreise zur Hinrichtung des Schinderhannes. Der damals vierzehnjährige, der Schillers Karl Moor, Zschokkes Abbelino und Vulpius' Rinaldo Rinaldini mit glühendem Herzen verehrte, sah in Schinderhannes nun die Inkarnation des guten und edlen Räubers: »Schinderhannes sterben, ohne daß ich dieses Genie gesehen, war mir ein unerträglicher Gedanke.« Zwar entspricht nicht alles, was der Frankfurter Luftikus und Schriftsteller aus Passion in seinen dreibändigen Memoiren *Vierzig Jahre aus dem Leben eines Toten* (Tübingen 1848/49) seinem Publikum als die reine und unverfälschte Wahrheit verkaufen wollte, auch den Tatsachen, aber die Fahrt auf dem Main nach Mainz könnte sich zumindest so zugetragen haben, wie sie Friederich schildert.

Allerdings trieb nicht jeden nur die Verehrung für den Räuberhauptmann oder die blanke Sensationsgier nach Mainz. Quasi aus beruflichen Gründen war Johann Gottlob Schulz Augenzeuge der Hinrichtung. Der 1762 in Leipzig geborene und 1810 verstorbene Literat, Historiker und Journalist, der für den Leipziger und den Göttinger Musenalmanach schrieb, Monographien über deutsche Sprichwörter, die Lotterie in Leipzig und die Geschichte Sachsens, herausgebracht hatte, arbeitete gerade an einer der damals so beliebten Reisebeschreibungen. Dem schließlich 1805 anonym erschienenen Band ist die folgende Passage entnommen.

Quelle:

Johann Gottlob Schulz: Briefe eines Reisenden an den Ufern des Rheins in den Jahren 1803 und 1804. Altenburg 1805.

Johann Gottlob Schulz: Briefe (1805)

Mainz, den 23. November 1803

Vor zwei Tagen habe ich hier die Exekution von Schinderhannes und Konsorten mit angesehen. Von diesem Räuber ist so viel geschrieben und gelogen worden, ja, man hat sich in der Entfernung die abenteuerlichsten Vorstellungen von ihm gemacht. Wer das wenigste von ihm glaubte, meinte doch, daß er ein gefürchteter Räuberhauptmann sei und eine ordentlich organisierte Bande unter seinen Befehlen habe. Aber auch dieses leidet noch großer Einschränkung. Schinderhannes hat sich als Räuber weder durch List noch durch außerordentliche Bravour, noch durch irgendeines der Talente ausgezeichnet, die wir freigebig genug Räubern, die unsere Aufmerksamkeit auf sich ziehen, beizulegen gewohnt sind (...).

Schinderhannes war 26 Jahre alt, von gewöhnlicher Mannslänge und gutem Ansehen, in seiner Physiognomie konnte man weder den Spitzbuben noch den Mörder sehen. Nach dem Äußerlichen hielt man ihn für einen gewöhnlichen Bauernburschen. Er war aufbrausend, aber nicht trotzig; seine Richter hatten oft Gelegenheit, sein Gedächtnis zu bewundern. Er wußte jeden mit Namen zu nennen und seinen Wohnort anzugeben, mit dem er jemals das kleinste zu tun gehabt (...).

Gleich den Tag nach der Verurteilung ging die Hinrichtung vor sich. Der Richtplatz war außen vor den Festungswerken nahe am Rhein in der Gegend, wo vor dem Krieg die Favorite gestanden hatte. Ich war mit meinen Freunden schon nach sieben Uhr auf dem Platz, um die Vorbereitungen zu diesem blutigen Tag zu sehen. Die Guillotine wurde auf einem erhöhten Ort aufgestellt, damit die zahllose Menge von Zuschauern, welche sich nach und nach einfand, von allen Seiten gemächlich auf sie hinsehen konnte. Man hatte überhaupt von hier eine weite Aussicht auf den Rhein und auf den Main und die große Zahl von Gondeln, welche mit Menschen angefüllt den letzteren herabkamen. Es vergingen einige Stunden, ehe die Guillotine fertig und das Beil aufgezogen war. Unterdessen wurden auf drei Wagen zwanzig Särge gebracht; sie waren in gewöhnlicher Form von rohen Brettern zusammengeschlagen. Um zehn Uhr wurde der Platz um die Guillotine von ungefähr 300 Mann Infanterie im Kreis besetzt. Zugleich strömten die Einwohner von Mainz in gewaltiger Menge heraus. Bis dahin waren es meistenteils nur Fremde, die man gesehen hatte. Die Menschen waren mehrere Meilen weit aus der Gegend von beiden Ufern des Rheins herbeigekommen; von Frankfurt allein sollten ungefähr 4000 Menschen gegenwärtig sein.

Als Schinderhannes aus dem Gefängnis gebracht wurde, sah er den Frankfurter Offizier, der ihn den französischen Kommissarien übergeben hatte, und sagte zu ihm: »Dir wollt' ich ein Paar Ohrfeigen geben, wenn ich nicht gebunden wäre. Da sieht man, was ihr Deutschen für Kerls seid. Ihr hättet warten können, ehe mich die Franzosen euch ausgeliefert hätten. Und ich hätte den Frankfurtern etwas entdecken wollen, was sie für den ganzen Krieg schadlos gehalten hätte.« Das letzte, das sieht man nur zu leicht, war eine Großsprecherei.

Es schlug gegen zwölf Uhr. Ich drängte mich nicht sehr zur Guillotine, mir war das meiste darum zu tun, den Zug zu sehen. Endlich erschien er. Voran ritten zwei Huissiers in schwarzen Kleidern mit schwarzen Stäben. Darauf folgte ein Kommando Gendarmen, ungefähr zwanzig Mann, in neuer Uniform mit einem Brigadier an der Spitze. Hierauf kam eine starke Abteilung Infanterie, voran acht Tambours mit einem Tambour-Major. Dann kamen die fünf Leiterwagen mit den Verbrechern. Auf dem ersten Wagen saßen fünf, Schinderhannes in einem roten Hemd obenan. Zur Auszeichnung hatte man ihm eine weiße Kappe aufgesetzt. Mit roten Hemden, dem Zeichen des Mörders, waren überhaupt sieben bekleidet. Er war wie die übrigen mit den Händen auf dem Rücken an die Wagenleitern angebunden. Sein Gesicht zeigte sich sehr von innerer Angst, dabei sprach er jedoch mit ziemlicher Fassung mit den Geistlichen. Auf dem zweiten Wagen saßen vier, Protestanten wie die ersten fünf, mit einem Geistlichen. Dann kamen die Katholiken: auf zwei Wagen vier und auf dem letzten drei mit ihren Geistlichen. Sie waren alle in bloßen Hemden, die erwähnten ausgenommen, und mit bloßen Köpfen. Es war ein höchst niederschlagender Anblick für den Menschen von Gefühl, diese zwanzig Schlachtopfer der Gerechtigkeit dahinschleppen zu sehen. Fast auf allen den krampfhaft verzogenen starren Gesichtern lag bereits der Tod; aus einigen leuchtete Verzweiflung. Neben den Wagen her ging Infanterie; ein starker Zug derselben folgte hintendrein, dann wieder einige Tambours. Ein Kommando Gendarmen, so stark wie das erste, machte den Beschluß.

Schinderhannes wurde zuerst hingerichtet. Als er auf die Guillotine kam, betrachtete er einige Augenblicke das Beil, dann sagte er mit ziemlicher Fassung: »Ich sterbe willig, ich habe den Tod verdient, aber von diesen«, indem er auf die übrigen zeigte, »sterben wenigstens zehn unschuldig.« Er wurde angebunden, unter das Beil geschoben, es fiel, und Schinderhannes war nicht mehr. Die ganze Exekution aller zwanzig dauerte nicht länger als siebzehn bis achtzehn Minuten und würde nicht einmal so lange gedauert haben, wenn nicht einige Katholiken sich noch hätten mit ihren Geistlichen unterhalten wollen. Nur der letzte von allen, Georg Friedrich Schulz, der nicht älter als 22 Jahre war und sich ausgebeten hatte, der letzte zu sein, rief, als er auf die Guillotine gebracht wurde: »Ich werde unrecht gerichtet! Präsident, ich werde unrecht gerichtet«, und rief noch »Prä-«, als das Beil ihm durch den Nacken fuhr.

So endete dieses schauderhafte Schauspiel. Diese Menschen fielen der Gerechtigkeit, aber einer strengen Gerechtigkeit. Doch bescheide ich mich sehr gern, daß die öffentliche Sicherheit dieses Opfer heischte. Nachdem einige guillotiniert waren, fing das blutige Beil stark an zu dampfen. Es ist gewöhnlich 80 Pfund schwer. Die Guillotine ist Dir aus mancher Beschreibung bekannt, mir scheint sie das einfachste und sicherste Werkzeug zu sein, den Menschen schnell zu töten. Bei dieser war hinter der eigentlichen Maschine ein lederner Sack ohne Boden angebracht, durch welchen die Köpfe in den unteren verdeckten Raum fielen. Einige bemerkte ich, die, wenn sie hinuntergeschoben wurden und auf den Sack mit dem Gesicht kamen, sich zu entsetzen schienen. Sie suchten den Hals in die Höhe zu richten, aber jedesmal fiel in demselben Augenblick das Beil. Vorn war eine Klappe angebracht, durch welche der Rumpf ebenfalls in den unteren Raum geworfen wurde. Aus diesem quoll häufig das Blut bald von allen Seiten hervor.

Während der Exekution tummelten mehrere von den Gendarmen ihre Pferde und schienen sehr munter zu sein. Über der zahllosen Menge der Zuschauer lag eine düstere Stille. Nur als der Kopf von Schinderhannes fiel, hörte man ein dumpfes »Hah!« Des Mittags sah ich in den drei Reichskronen das Kind des Schinderhannes, das die Julie Blasius im Gefängnis geboren hatte. Es war ein wohlgebildetes Bübchen von neun bis zehn Monaten. Einer von den Freigesprochenen, Christian Eisenhut, ein junger Kerl, trug es auf den Armen, und ein Diener von der Mairie* sammelte für das Kind. Es sollte in dem Innern von Frankreich einem Weibe anvertraut werden, das mit seiner Herkunft gänzlich unbekannt wäre, und das Kind, wenn es heranwüchse, sollte selbst nie etwas davon erfahren.

Nach Tisch gingen wir in den anatomischen Saal; hier fanden wir die Köpfe aller zwanzig und sieben Körper. Ich hätte gewünscht, bei den galvanischen Versuchen, welche der Professor Ackermann mit ihnen angestellt hatte, Zuschauer zu sein.

Ein junger Mensch, den wir hier trafen, sagte uns, daß man keine neuen Resultate gefunden hatte, außer daß die galvanische Flüssigkeit lange die Wirkung nicht getan hätte, wenn der Kopf auf einen fremden Rumpf gebracht worden, als wenn er mit dem seinigen in Verbindung gewesen wäre. Dann waren Versuche an einem Auge, das starblind war, gemacht worden, und Herr Ackermann wollte bemerkt haben, daß sich die verhärtete Linse dadurch erweicht hätte. In dieser Hinsicht sollten mehrere Versuche angestellt werden, sie, wenn sie das gewünschte Resultat brächten, würden auf einmal für alle Bemühungen der Physiker entschädigen, welche sich bisher mit dieser Erscheinung beschäftigt haben. Der Kopf mit dem starblinden Auge gehörte noch am Morgen dem Franz Bayer aus Worms, bei der Bande der scheele Franz genannt, der ganz Spitzbube von Profession war (...).

Die Brust des Schinderhannes war so eingedrückt und hatte in der Mitte eine

* neudeutsch: Stadtverwaltung

Höhlung, daß man fast eine Hand hineinlegen konnte; nach der Behauptung der Ärzte würde er vielleicht binnen zwei Jahren an der Schwindsucht gestorben sein. Wäre er vor zwei Jahren gestorben, dann hätte er mich um ein blutiges Schauspiel und Dich um die Beschreibung desselben gebracht, für ihn und für viele wäre es indessen gut gewesen.

An dem Tag nach der Hinrichtung wurden die Verbrecher, welche in die Ketten verdammt waren, zur Schau ausgestellt. Sie saßen nach der Reihe auf einem erhabenen Gerüst von Brettern und waren im Rücken mit den Armen angebunden. Über jedem stand auf einem Bogen Papier, der auf ein Brett geheftet war, sein Name, sein Wohnort, sein Verbrechen und seine Strafe. Vor dem Gerüst saß auf einer Art von Kasten auf einem Lehnstuhl der kranke Vater des Schinderhannes, der zu 22 Jahren Kettenstrafe verurteilt worden war. Er ist ein Mann nicht viel über fünfzig Jahre, lebt aber dem Anschein nach keinen Monat mehr. Seine Verbrechen bestanden in Partierereien* mit gestohlenen Sachen und hauptsächlich in Erpressungen, indem er den Leuten mit seinem Sohn gedroht hatte. Auf der einen Seite saß auf dem Kasten seine Frau, die Mutter des Schinderhannes, und auf der anderen seine Tochter, ein reinliches und gut gebildetes Mädchen von fünfzehn Jahren. Beide saßen bloß da, um dem Alten Gesellschaft zu leisten. Das Mädchen bewies dabei einen auffallenden Gleichmut. Die Frau ging von Zeit zu Zeit weg und brachte dem Mann einmal etwas zu essen und ein andermal einen Trunk Wein. Sie nahmen es auch an, wenn man ihnen etwas reichte. Das Mädchen dauerte mich sehr, bei allem äußeren Gleichmut fühlte sie doch gewiß tief das Trostlose ihrer Lage. Die Arme!

Die anderen, zwölf an der Zahl und just so viele, wie die Bretter, worauf sie saßen, fassen konnten, schienen bis auf wenige nach ihrer lächelnden Miene sehr zufrieden, der Guillotine entgangen zu sein. Einer indessen, Peter Weber, der die Ehre hatte, obenan zu sitzen, harangierte die Umstehenden†: »Ich bin kein Spitzbube! Ich habe keinem Menschen etwas gestohlen! Das sind ungerechte Richter! Sie bestehlen die Nation alle Tage!« und was dergleichen schöne Redensarten mehr waren. Die Guillotineknechte drohten ihm, seine eigene Gesellschaft verwies ihm das Schmähen, aber er schrie, bis er müde war.

Mitunter gab es Physiognomien, denen die Natur einen abschreckenden Stempel aufgedrückt hatte. Unter anderen fiel mir Lothar Baumann auf, der ehemals Waldförster war und mit den Räubern in Verbindung gestanden hatte. Er war ein Mann nahe an fünfzig. Seine Physiognomie war gedrängt und kräftig, furchtbar ohne einen diebischen Zug. Jetzt saß er da, ein Bild der dumpfen Verzweiflung, er bewegte nicht den kleinsten Muskel, verzog während einer Stunde nicht einmal die Lippen, ganz im qualvollen Innern mit den Schrecken seines Schicksals beschäftigt, und gewiß war es schrecklich! 24jährige Kettenstrafe in einem französischen Hafen sind eine Ewigkeit in der Hölle (...).

---

* Handel

† redete die Umstehenden feierlich, mit erhobener Stimme an

Die medizinischen und physikalischen Versuche an den Leichnamen der Schinderhannes-Bande

Johann Gottlob Schulz hat in seinen *Briefen eines Reisenden an den Ufern des Rheins* von Versuchen berichtet, die mit den Leichen der hingerichteten Räuber angestellt wurden. Diese medizinischen und physikalischen Experimente erregten auch in Mainz selbst Aufsehen. Man war damals in weiten Kreisen davon überzeugt, daß es zumindest im tierischen Organismus eine besondere Kraft geben müsse. Luigi Galvanis Versuche mit Froschschenkeln, deren Ergebnisse er 1792 erstmals veröffentlichte, stießen auch in Deutschland auf großes Interesse. Vor allem in Mainz, wo der Anatom Jacob Fidelis Ackermann (1765-1815) als Nachfolger von Samuel Thomas von Soemmering lehrte, war man für die Forschungen Galvanis aufgeschlossen. Allerdings behaupteten Ackermann und seine Schüler nicht allein das Feld. Ihnen stand eine »Medizinische Privatgesellschaft« gegenüber, die sich u.a. aus einem Chemiker, Ärzten, einem Drogisten und Medizinstudenten zusammensetzte. Es würde zu weit führen, die einzelnen Konfliktpunkte hier auszubreiten; der Hinweis auf Gunter Manns Aufsatz muß genügen. Diese beiden Gruppierungen, die bisher vor allem mit Tieren experimentiert hatten, sahen in der Hinrichtung von zwanzig Mitgliedern der Schinderhannes-Bande ihre große Chance. Ohne die geringsten Skrupel bereiteten sie ihre Versuche vor, über die sie später getreulich Bericht erstatteten. Der Erkenntniswert ist für uns heute nicht mehr auszumachen – die grotesken Experimente wirken nur noch im höchsten Grad makaber.

Die »Medizinische Privatgesellschaft« hatte zwei Medizinstudenten direkt unter dem Schafott postiert, um »Versuche über Empfindung und Bewußtseyn nach der Enthauptung« anzustellen. In der 1804 in Frankfurt ohne Verfasser erschienenen Schrift *Galvanische und elektrische Versuche an Menschen- und Thierkörpern. Angestellt von der medizinischen Privatgesellschaft zu Mainz* wird darüber berichtet:

»Die Herren Pitschaft und Größer, Kandidaten der Medizin, übernahmen die Mühe, an dem Tag der Hinrichtung der zwanzig Verbrecher sich unter das Schafott zu begeben und bei zwei Köpfen (dem des sogenannten Schinderhannes und des schwarzen Jonas) folgenden Versuch zu machen: Einer der beiden Herren Kandidaten nahm den Kopf, sobald er vom Schafott gefallen war, in beide Hände, und nachdem sie ihn genau betrachteten und sahen, daß er nicht die mindeste Verzerrung im Gesicht noch an den Augen, die halb geschlossen waren, äußerte, rief ihm der andere bald in das eine, bald in das andere Ohr, während derjenige, der den Kopf hielt, auf den Erfolg genau acht hatte. Allein es wurden nicht die geringsten Veränderungen wahrgenommen. Bei dem zweiten Kopf wechselten die beiden Herren die Verrichtungen; allein auch bei diesem bemerkten sie nicht das mindeste.

Bei noch fünf anderen Köpfen wurde derselbe Versuch wiederholt, indem man ihnen die Worte in die Ohren schrie: Hörst du mich? Allein man bemerkte ebenfalls nicht die geringsten Bewegungen an den Augen noch sonstige Zeichen an dem Kopf, die das Vernehmen der zugerufenen Worte ausgedrückt hätten. Die Augen der abgeschlagenen Köpfe waren alle starr, bei einigen offen, bei anderen geschlossen. Bei einigen Köpfen (bei denen man aber den eben beschriebenen Versuch nicht anstellte) bemerkte man Zuckungen in den Gesichtsmuskeln.«

Ungefähr 150 Schritte von dem Schafott entfernt hatte die Gesellschaft eine Holzhütte mit zwei Räumen aufbauen lassen, in dem sie ihre »galvanischen« und »elektrischen Versuche« durchführte. »Insgesamt will man sehen«, schreibt Gunter Mann, »wie Elektrizität und das ›galvanische Agens‹ – über die Natur beider ist man sich noch nicht im klaren – auf tote Körper wirkt, auf die Teile und das Ganze, wie sich die beiden Agenzien voneinander unterscheiden oder bestimmen lassen, in welcher Stufenfolge die Reaktionen ausgelöst werden.«

Die Experimente verlaufen alle grob-qualitativ; eingehend werden sie protokolliert und beschrieben. Man versucht, Feststellungen zu erheben, die ›Gesetze‹ genannt werden:

»Erstes Gesetz:

Wenn man die Muskeln erst kurz getöteter Menschen mit den Konduktoren der Voltaschen Säule in Verbindung bringt, so ziehen sich jene Muskeln auf dieselbe Weise zusammen, wie sie es während des Lebens zu tun pflegen.

Zweites Gesetz:

Die Voltasche Säule wirkt ungleich stärker auf die willkürlichen Muskeln als auf die unwillkürlichen. Daher die starken Kontraktionen der Gesichtsmuskeln, der Kaumuskeln, der Muskeln des Thorax, des Zwergmuskels (!) und der Extremitäten. Daher die schwache Erhöhung der in den frischen Körpern noch vorhandenen wurmförmigen Bewegung der Gedärme; daher die nicht bemerkte Bewegung der Gefäße des Mesenteriums; daher die sehr unmerkliche Bewegung der Blendung (Iris).

Drittes Gesetz:

Die Voltasche Säule wirkt um so stärker, je genauer man bei der Anlegung der Konduktoren dem Verlauf der Nerven folgt und je mehr Nerven von den Stellen entspringen oder an denselben sich sammeln, an welchen die Konduktoren angebracht werden. Daher wegen des zweiten und dritten Gesetzes zugleich die stärkere Wirkung bei der Anlegung des oberen Konduktors an das Rückenmark und die schwächere bei der Anlegung desselben Konduktors an den sympathischen und Eingeweid(e)nerv. Daher die stärkere Wirkung bei der Anlegung des unteren Konduktors in der Gegend der Pforte der Leber und in der Gegend des cöliacischen Nervengeflechtes; und die schwächere Wirkung bei der Anlegung desselben Konduktors an einzelne Stellen der Därme und an einzelne Blutgefäßen des Mesenteriums. Daher die stärkste Wirkung bei der Anlegung des oberen Konduktors an das Rückenmark und des unteren in den Mastdarm.

Viertes Gesetz:
Die Voltasche Säule bringt stärkere Muskelkontraktionen hervor, wenn man die Muskelfasern nach der Richtung ihrer Länge, als wenn man dieselben nach der Richtung ihrer Breite belegt.«

Skrupel, so mit Leichnamen von Menschen umzugehen, scheint niemand dabei empfunden zu haben. Ganz im Gegenteil: Man war stolz auf die Ergebnisse und glaubte, in Detailfragen Ackermann eins auswischen zu können.

Ackermann selbst hatte in seinem Anatomischen Institut ebenfalls eine Reihe von Versuchen durchgeführt, denen er aber keine so große Bedeutung beimaß. Einen Bericht darüber fertigte er nicht an. Schilderungen verdanken wir neben Schulz dem damals 21jährigen Philipp Franz Walther (dem später berühmten Chirurgen und Augenarzt), der in der *Medicinisch-chirurgischen Zeitung* die grotesken Experimente referierte:

»Zwanzig Minuten nach dem Tode brachte eine Voltasche Säule von 120 Kupfer- und Zinkplattenpaaren bei der Armatur des äußeren Gehörganges und mehrerer, teils präparierter, teils unentblößter Gesichtsnerven beträchtliche Zuckungen in den Gesichtsmuskeln bis zum Zähneknirschen hervor. Bei der Auftragung des Wasserstoffpoles auf den Zungenschlundnerv reckte der Kadaver die Zunge aus der Mundhöhle. Das Lippenspiel war sehr lebhaft. (...) Am Rumpf waren die galvanischen Erschütterungen in den Bauchmuskeln am beträchtlichsten. Der Kopf eines Enthaupteten mit dem Rumpf eines anderen durch einen feuchten Leiter verbunden und in die Kette gelegt, gab extensiv größere Phänomene als Kopf und Rumpf desselben Enthaupteten.«

Das Ganze hatte in jüngster Zeit noch ein recht makabres Nachspiel. Denn 1804 verließ Ackermann Mainz und wechselte über Jena nach Heidelberg, wo er bis zu seinem Tod im Range eines Großherzoglich Badischen Geheimen Hofrats als Professor für Physiologie und Anatomie lehrte. Dorthin soll er das Skelett des Schinderhannes mitgenommen haben. Tatsächlich gibt es Anzeichen dafür, daß zumindest der Schädel des Schinderhannes in den Besitz der Heidelberger Anatomie gekommen ist und noch heute dort liegt. 1983 nun formierte sich – zunächst aus einem Ulk heraus – eine Bürgerinitiative, die die Rückführung der Gebeine des Schinderhannes nach Mainz forderte. Aus dem Spaß wurde bald Ernst. Von der Süddeutschen Zeitung bis zum SPIEGEL informierten alle großen bundesdeutschen Blätter ihre Leser über den Fortgang der Ereignisse. Jockel Fuchs, damals Oberbürgermeister des Goldenen Meenz, drohte gar damit, im Falle einer Heidelberger Weigerung die Fernsehfastnacht abzusagen. So weit ist es glücklicherweise nicht gekommen. Die Heidelberger Anatomen brachten ihren Schinderhannes an einen sicheren Ort, und die Mainzer gaben schließlich nach. Das dürfte auch im Sinne des Räuberhauptmanns gewesen sein, der an Mainz nun sicherlich keine guten Erinnerungen hatte.

Quelle und Literatur:

Gunter Mann: Schinderhannes, Galvanismus und die experimentelle Medizin in Mainz um 1800. In: Medizinhistorisches Journal Bd.12 (1977), S.21-80.

Teil II:
Die große niederländische Bande und die rheinischen Banden

Beschränkter, schwachsinniger, zaghafter werden sie im Vergleiche die Matadore der Schinderhannes-Bande finden, kleiner, kurzsichtiger, armseliger ihre meisten Entwürfe und Anschläge, geringer, unbeträchtlicher ihre Beute, weniger ausgedehnt ihr Raubtheater, gleichsam das Ganze sich drehend um eine einzige Person: um den Johann Bückler. – Jetzt aber die niederländische Bande. – Ihre Anführer zeigen ein vollendetes Räubergenie; ihre Pläne sind groß, weitaussehend; ihre Räubereien werden nach einer äußerst künstlich ausgedachten Taktik unabweichbar ausgeführt; unermeßlich ist ihre Beute, die sie innerhalb von dreizehn Jahren – so lange kennen wir sie – davonschleppen, verbreitet über eine außerordentliche Strecke, durch drei Reiche hindurch ihr Tummelplatz.«

Vorsichtige Bewunderung klingt aus diesen Sätzen; man würde sie nicht in einem Buch vermuten, das eigentlich dazu gedacht war, Kriminalisten und brave Bürger über die Umtriebe einer weitausgreifenden Räuberbande zu informieren. Aber den Respekt vor einer so perfekten Organisation konnte sich der Autor des zweiten Teils der *Actenmäßigen Geschichte der Räuberbanden an den beyden Ufern des Rheins* nicht versagen. Das Buch ist, wie F.C.B. Avé-Lallament schon in der Mitte des vorigen Jahrhunderts bemerkte, »die Hauptquelle für die Kenntnis des Räubertums von 1789-1804 und das Ergebnis einer außerordentlich mühsamen und fleißigen Arbeit«. An dieser Einschätzung hat sich bis heute nichts geändert. Was wir über die großen rheinischen Banden wissen, verdanken wir im wesentlichen dieser Darstellung. Sie basiert vor allem auf den Ermittlungsergebnissen des ehemaligen öffentlichen Anklägers im Ruhrdepartement, Anton Keil, der von Köln aus die Aktionen gegen die großen Banden koordinierte und teilweise leitete.

Keil, der in Euerdorf bei Bad Kissingen geboren wurde, studierte in Würzburg, wo er mit einer Disputation über die Kantsche Philosophie abschloß. 1786 ging er nach Wien und, als die Französische Revolution ausbrach, nach Paris. Zur Zeit des Direktoriums war er im Departement der auswärtigen Angelegenheiten angestellt. 1796/97 begleitete er als Commissaire des belles lettres die Armee Jean-Baptiste Jourdans bis nach Franken und übernahm danach die Professur für Gesetzgebung an der Zentralschule in Köln. Nach seiner Zeit als öffentlicher Ankläger, spätestens 1804, wurde er unter Napoleon Kaiserlicher Prokurator und damit der wichtigste Repräsentant des französischen Staates in Köln.

Als die alliierten Truppen auf Köln vorrückten, zog sich Keil mit den wichtigsten Dokumenten und Akten in das Innere Frankreichs zurück und arbeitete als Agent für die niederländische und Frankfurter Kaufmannschaft.

Als Jurist und Verwaltungsbeamter hat Keil eine Reihe von Büchern herausgebracht, vor allem das zusammen mit P.C.Reinhard verfaßte *Handbuch für Maires, Adjuncten, Policeibeamten, Municipialräthe, Contributionsempfänger etc.* (Köln 1803), das mehrere Auflagen erlebte. Von ihm stammt auch eine Biographie des Doppelmörders Peter Joseph Schöffer (Köln 1804), den er überführt hatte. Daneben erläuterte er Rechtsvorschriften und übersetzte juristische Titel aus dem Französischen.

Warum er den zweiten Teil der *Actenmäßigen Geschichte* nicht selbst schrieb, sondern, wie es scheint, nur dem nichtgenannten Verfasser die Feder führte, ist heute nicht mehr zu klären. Tatsache bleibt aber – und das geht deutlich aus dem Text hervor –, daß Keil nicht der Autor ist, auch wenn er in verschiedenen neueren Monographien noch so geführt wird. Johann Nikolaus Becker, der für den ersten Teil verantwortlich zeichnete und auch im Titel genannt wurde, könnte auch den zweiten Teil zu Papier gebracht haben. Dafür gibt es einige Indizien. Die intensive Zusammenarbeit zwischen Becker und Keil ist belegt, auch können die beiden in einem Band erschienenen Teile durchaus als ein Ganzes gelesen werden. Verweise sind üblich; Überschneidungen fehlen. Gegen die Autorenschaft von Becker spricht allerdings der Untertitel, in dem der Verfasser als »Mitglied des Bezirks-Gerichts in Köln« bezeichnet wird. Becker war zu diesem Zeitpunkt aber Sicherheitsbeamter des Bezirks Simmern. Es muß also offen bleiben, wer den Text letztlich geschrieben hat. Wichtiger ist allemal der Inhalt, der das authentische Material von Anton Keil ausbreitet. Deutlich wird der Aufbau der großen niederländischen Bande, die sich angesichts der effektiver werdenden polizeilichen Maßnahmen in die rheinischen Banden verzweigte und immer wieder neu konstituierte. Selbst noch lange nachdem die meisten Banden zerschlagen waren, tauchten in allen Teilen Deutschlands einzelne Mitglieder auf, die neue Räuber um sich sammelten.

Der Pate der (als Sammelbegriff gebrauchten) großen niederländischen Bande, der alte Moyses Jakob, saß in Winschoten bei Groningen. Von dort aus zog er die Fäden seines Familienbetriebs; in der Hierarchie standen ihm sein ältester Sohn Abraham sowie seine beiden Schwiegersöhne Jan Bosbeck und Abraham Picard am nächsten. Zu den Hauptleuten der sich in einen Brabanter, Holländischen, Mersener, Krefelder, Neusser, Neuwieder und Westfälischen Zweig teilenden Bande (wobei personelle Überschneidungen durchaus üblich waren) gehörten neben dem unangefochtenen Familienclan Damian Hessel, Adolf Weyers, Carl Heckmann und der gefürchtete Mathias Weber, genannt Fetzer. Lediglich über Weber sind bisher biographische Darstellungen erschienen, die erste wohl schon 1803 oder 1804 (der in dem folgenden zweiten Teil der *Actenmäßigen Geschichte* erwähnte Band ließ sich bisher allerdings nicht ermitteln). 1975 brachte Tilman Röhrig eine sehr populär gehaltene Lebenserzählung heraus, die aber im wesentlichen auf dem Material von Keil beruht. Auch die bereits 1966 von Hermann Jung verfaßte »Geschichte eines Räuberlebens am Niederrhein« leistete nur einen bescheidenen Beitrag zum Verständnis des historischen »Fetzers«, der am 19. Februar 1803, gerade 25jährig, in Köln hingerichtet wurde. Anton Keil und sein unbekannter Schreiber jedenfalls scheinen gewisse Sympathien für den ebenso intelligenten und mutigen wie brutalen Räuber gehegt zu haben, obwohl sie wußten, daß er gemordet hatte. Es ist auffällig, daß sie ihm ihre besondere Aufmerksamkeit widmen, obwohl sich sein Leben zwischen Bordell und Überfall abspielte, also ganz und gar bürgerlichen Vorstellungen widersprach. Mathias Weber muß, wie auch andere Anführer der rheinischen Banden, eine Ausstrahlung besessen haben, die wir heute nur erahnen können. An der Schwere ihrer Verbrechen ändert das nichts.

Trotz der ganz unterschiedlichen Charaktere hielten sich die einzelnen Räuber an die ehernen Regeln der Bande, die zum größten teil auf den Erfahrungen von Moyses Jakob beruhten. Wichtigster Grundsatz war, nie in der Nähe des Wohnorts zu rauben, um nicht erkannt zu werden. Jede Stadt, die eine der Banden in ihren Mauern beherbergte, wußte sich also sicher vor Überfällen.

Straff war die innere Hierarchie organisiert. An der Spitze standen die Chefs, die als Zeichen ihrer Würde das Brecheisen trugen. Es folgten die Baldower, die die Gelegenheiten zum Raub auskundschafteten, und die altgedienten Veteranen, auf die sich die Chefs verlassen konnten. Die noch unerfahrenen oder nur für einen bestimmten Raub angeworbenen Jungen bildeten die letzte Klasse. Daneben gab es zahlreiche Hehler und ein dichtes Netz von Diebsherbergen, die durch regelrechte Räuberstraßen miteinander verbunden waren – ganz abgesehen von den beiden Orten Eckardroth und Romsthal, die als »kochemer« galten, also Räuber aufnahmen. Ein Bandenmitglied, das sich auf der Flucht vor der Polizei oder Militär befand, konnte also fast überall einen sicheren Unterschlupf finden.

Auch die Überfälle selbst folgten einem festen Reglement und waren dadurch überaus erfolgreich. Die Beute, die ein Schinderhannes in seinen armen Landstrichen machte, fiel dagegen nicht ins Gewicht. Im zweiten Teil der *Actenmäßigen Geschichte* werden neben den Biographien der Haupträuber und den wichtigsten Überfällen auch Taktik und Struktur der Bande (bzw. der einzelnen Teilbanden dokumentiert. Wir geben diesen wichtigsten Text zur Geschichte der deutschen Räuberbanden (wie schon den ersten Teil) ohne Kürzungen wieder. Lediglich die knappen Signalements der damals noch nicht gefaßten Räuber, die am Ende des Bandes standen, wurden weggelassen.

Quelle:

Actenmäßige Geschichte der Räuberbanden an den beyden Ufern des Rheins.
Zweyter Teil. Enthaltend die Geschichte der Brabäntischen, Holländischen, Mersener, Crevelder, Neußer, Neuwieder und Westphälischen Räuberbande; aus den Kriminal=Protocollen und geheimen Notizen des Br. Keil, ehemaligen öffentlichen Ankläger im Roer=Departemente, zusammengetragen von einem Mitgliede des Bezirks=Gerichts in Cöln. Cöln 1804.

Literatur:

Friedrich Christian Benedict Avé-Lallament: Das deutsche Gaunertum in seiner sozialpolitischen, literarischen und linguistischen Ausbildung zu seinem heutigen Bestande. 3 Bände. Leipzig 1858-62.

Tilman Röhrig: Mathias Weber, genannt der Fetzer. Neunkirchen 1975.

Carsten Küther: Räuber und Gauner in Deutschland. Göttingen 1976.

Helmut Reinicke: Gaunerwirtschaft. Die erstaunlichen Abenteuer hebräischer Spitzbuben in Deutschland. Berlin 1983.

Norbert Finzsch: Obrigkeit und Unterschichten. Zur Geschichte der rheinischen Unterschichten gegen Ende des 18. und zu Beginn des 19. Jahrhunderts. Stuttgart 1990.

Valentin Senger: Die Buchsweilers. Frankfurt 1991.

Große niederländische Räuberbande

Wenige Historiographen, die den ganzen Umfang ihres Unternehmens vor Augen und dabei den festen Willen hatten, der Wahrheit treu und ergeben zu bleiben, vergaßen in ihren Prologen und Einleitungen, dem Publikum ein Langes und Breites von den ungemeinen kaum zu übersteigenden Hindernissen, die sich ihnen bei ihrer Arbeit entgegenwälzten, zu erzählen; aber gewiß war keiner unter ihnen mehr berechtigt, dieser zu erwähnen, seine Anstrengung und Mühe vorzurechnen, als der Verfasser gegenwärtiger Geschichte. Mit tausend Schwierigkeiten hat er zu kämpfen, die jedem anderen Geschichtsschreiber fremd geblieben sind und ihm fremd bleiben mußten. So sind die Quellen, die er zu benutzen hat, nicht wie bei anderen Biographien bereits vollendete Werke, die nur Auswahl und Kritik übriglassen, oder wenigstens nach chronologischer Ordnung leicht zu reihende Urkunden, so liegen die Fakten, aus denen er sein Ganzes zu bilden hat, nicht zusammenhängend ineinandergreifend vor ihm, so erscheinen die Helden seiner Geschichte nicht wie in allen übrigen Fällen offen sichtbar vor dem Auge der Welt handelnd; hin und wieder zerstreut, einzeln, abgerissen, ohne irgendeinen möglichen Zusammenhang, verborgen in einem chaotischen Wust trockener Kriminalakten, finden sich die meisten Daten, die er aufstellen, beschreiben muß, im Düstern schlichen seine Helden, handelten nur bei stiller verschwiegener Nacht, waren nirgends zu Hause, wechselten ebenso oft und ebenso schnell ihre Außenseite wie ihren Namen, strebten nach nichts so sehr, wie unerkannt zu bleiben, nach nichts so sehr, wie dem nachspürenden Auge sich zu entziehen, suchten beständig den bisherigen Faden ihrer Biographie abzubrechen und unter fremder Gestalt an weit entlegenen Orten wieder anzuspinnen. Wie schwer mußte es demnach werden, etwas bestimmtes in Reihe und Ordnung Fortlaufendes über sie zu liefern!

Aufgefordert durch Freunde und in der schmeichelhaften Hoffnung, irgendetwas Gutes zu stiften, hat der Verfasser es gewagt, mit allen Hindernissen zu kämpfen, hat ungeheure Aktenstöße aus drei Reichen, aus Deutschland, Frankreich und Holland, durch den Fleiß des Br. Keil, des öffentlichen Anklägers, gesammelt, durchwühlt, zahllose Zeugenaussagen, Geständnisse der Verbrecher, Kriminalberichte der Behörden untersucht, verglichen und abgewogen, hat sowohl alle geheimen Notizen des Brs. Keil wie die ungeheure Korrespondenz desselben in Räubersachen und seinen mündlichen Unterricht benutzt und glaubt, seine Leser jetzt versichern zu können, daß es ihm geglückt ist, über Tatsachen, die im stillen Dunkel verübt und mit einem Schleier zugedeckt worden waren, manchen Lichtstrahl verbreiten zu können, manche interessante Wahrheit entdeckt zu haben.

Die Verwendung so vieler Augenblicke auf das Erforschen dessen, was wahr und belehrend ist, wird ihm, wie er hofft, von den strengen Kunstrichtern gutgeschrieben werden, und sie werden Mangel an Ausfeilung, Fehler des Vortrags und was sie sonst noch zu fordern pflegen, leichter vermissen.

Noch über einen Gegenstand, der ihm zugleich Gelegenheit verschafft, ein flüchtiges Bild seiner Räuber zu entwerfen, glaubt er sich erklären zu müssen, ehe er weiter schreitet, über die Ursache nämlich, die ihn bewogen hat, beim Entwurf dieses zweiten Teils einen anderen Gang zu gehen als jenen, den man bei dem ersten ebenfalls aus sehr guten Gründen eingeschlagen hat, warum er hier etwas mehr in das Detail geht und sich besonders in der Geschichte der späteren Zeit etwas ausführlicher über das eine und andere erklärt.

Die Beschreibung einer Räuberbande – davon geht er aus – erhält, wenn sie einmal ihre große Rolle ausgespielt, wenn sie aufgehört hat zu existieren, nur noch einen Wert im Auge des Historikers, des Psychologen oder etwa eines Unterhaltung suchenden Lesers; ihr Interesse ist weit beschränkter als in dem entgegengesetzten Fall, wenn sie noch nicht ganz aufgelöst ist, wenn ihre Kraft vielleicht nur für Momente von einer entgegenwirkenden größeren zurückgehalten wird, wenn sie wie ein in verdeckter Asche glimmernder Funke eines einzigen Windstoßes bedarf, um in wilde Flamme aufs neue aufzulodern, wenn sie – ich will es ungeschminkt heraussagen – nur den Kampfplatz geändert, aber noch lange nicht sich selbst aufgegeben hat. In diesem Fall befindet sich die große niederländische, in jenem die Mosel- und Schinderhannes-Bande.

Die Häupter und Mitglieder der letztern sind, wie bekannt ist, in den Händen der Justiz, haben zum Teil bereits ihre Verbrechen schon mit dem alles vergebenden Tode besiegelt oder erwarten doch wenigstens in kurzem das schrecklichste der Schicksale – die öffentliche Hinrichtung; leer und gereinigt ist der Schauplatz, auf dem sie ihre blutigen verderblichen Szenen spielten; der Landbewohner hat keinen Grund mehr, sich nach ihnen als den Schreckensmännern zu erkundigen; der Polizeibeamte hat keine Ursache mehr, wegen ihrer mit gespannter Aufmerksamkeit auf seinem Posten zu stehen. Sie sind bloß der Gegenstand der Neugierde und des Bedauerns geworden. Ihr Biograph hat genug getan, wenn er das letzte erregt, die erste befriedigt.

Unter einem ganz anderen Gesichtspunkt muß hingegen eine Räuberbande, wie ganz anders muß sie behandelt werden, wenn sie, wie diejenige, von der wir in diesem zweiten Teil handeln, in ihren gefährlichsten Häuptern mit der gleichen verwüstenden Taktik noch wirklich bis auf diese Stunde mitten im Herzen Deutschlands – ich rede aus Aktenstücken – fortwährend existiert und ihr Haupt wie eine nie zu tötende Hyder zu neuem, zu unsäglichem Verbrechen erhebt.

Nicht bloß die Neugierde irgendeines nach Unterhaltung seufzenden Lesers, nicht bloß die edlere Wißbegierde eines Geschichtsforschers oder Psychologen muß und wird sie erregen. Nein, ihr Interesse reicht weiter. Der begüterte Eigentümer, der in einem stillen, ruhigen, einsamen, aber darum der Gefahr des Raubes desto mehr ausgesetzten Ort wohnt, muß er nicht auf das sehnlichste wünschen, alles, was die vielleicht in seiner Nähe hausende Bande betrifft, jedes ihrer Mitglieder, ihre Schlupfwinkel, ihre Vorkehrungen, die schrecklichen Anzeigen ihres Besuchs genau und völlig zu kennen? Vielleicht daß ihm ein einziger Wink der Geschichte zur Rettung seines Hab und Guts, zur Rettung seines Lebens dient. Nicht mindere Forderungen stellt der Polizeibeamte, so entfernt er immer sein mag – denn man wird erfahren, daß die niederländischen Räuber ihren Raub zu vollziehen eine Strecke von zwanzig deutschen Meilen zurücklegen –, an den Verfertiger der Geschichte; er verlangt von ihm, den er im Besitz nicht ganz gewöhnlicher Kenntnisse über das Räuberwesen erblickt, eine Anweisung, Mittel, Unterricht, um auch in seinem Bezirk die allgemeine Ruhe handhaben und ihn vor Räubern bewahren zu können.

Wieviel dringender muß das Verlangen des Beamten, wieviel ängstlicher die Nachfrage des Eigentümers sein, wenn sie diese noch nicht ganz vertilgte niederländische Bande etwa erst mit jener des Schinderhannes, von der sie bereits ein schreckhaftes Gemälde erblickt haben, parallel stellen!

Beschränkter, schwachsinniger, zaghafter werden sie im Vergleich die Matadore der Schinderhannes-Bande finden, kleiner, kurzsichtiger, armseliger ihre meisten Entwürfe und Anschläge, geringer, unbeträchtlicher ihre Beute, weniger ausgedehnt ihr Raubtheater, gleichsam das Ganze sich drehend um eine einzige Person: um den Johann Bückler. – Jetzt aber die niederländische Bande. – Ihre Anführer zeigen ein vollendetes Räubergenie; ihre Pläne sind groß, weitaussehend; ihre Räubereien werden nach einer äußerst künstlich ausgedachten Taktik unabweichbar ausgeführt; unermeßlich ist die Beute, die sie innerhalb von dreizehn Jahren – so lange kennen wir sie – davonschleppen, verbreitet über eine außerordentliche Strecke, durch drei Reiche hindurch ihr Tummelplatz.

Dort, wo sich die Schinderhannes-Bande mit der niederländischen zu gemeinsamem Raub vereinigt, wird man die Anführer der ersten jenen der zweiten weichen sehen, den großen berüchtigten, besungenen Schinderhannes selbst, wo ein niederländischer Räuberchef Picard auf Raub ausgeht, nur unter dessen Kommando, nur als ein simples subalternes Glied der Bande, nur als Maschine in der Hand des größeren Werkmeisters.

Während Picard in dem Zeitraum zweier Jahre, wie wir bald erfahren werden, die unglaubliche Summe von mehreren tausend Louisdor an der Spitze von fünfzig mit Pistolen und Säbeln bewaffneten Räubern zu Pferde mit Gewalt unter Feuern und Stürmen aus Städtchen und Flecken erbeutet und nachher sie im Arme Pariser Freudenmädchen großherrlich verschwelgt hat, erscheint sein Gegenbild Schinderhannes im Gebirge als ein eben nicht ungewöhnlicher Buschklepper* und nimmt armen über Land reisenden Juden ihr bißchen

* Ursprünglich war mit Buschklepper wohl nur das Pferd eines Räubers gemeint, später dann Synonym für Räuber.

Schmußgeld* ab, um für sich und seine Buhlerin das Notdürftige kaufen zu können. Während dieser Schinderhannes sich in dem engen Bezirk von Trier bis Frankfurt und Mannheim herumtreibt, dehnt sich Picard mit den Seinigen durch drei große Reiche aus: von der Spitze Frieslands bis an die Grenze von Bayern und dann wieder von den Ufern der Seine bis nach Hessen und Niedersachsen, um bald Paris und Arras, bald Brüssel und Antwerpen, bald Nimwegen und Aurich, bald Hamm und Köln, bald Ansbach und Donauwörth in Schrecken zu setzen.

Die niederländische Bande, die wir in der Parallele in so abstechendem großem Licht erblickt haben, bestand oder besteht noch größtenteils aus derjenigen Nation, die Schinderhannes zu hassen affektiert† hat, aus (brabantischen und holländischen) Juden; aber gewiß nicht von der furchtsamen Klasse dieses Volkes. Wir dürfen nur als einziges Beispiel erwähnen, daß mehrere, den Säbel in der Hand, sich dem französischen, den Beraubten zu Hilfe eilenden Militär widersetzt haben und mit Wunden auf der Stirn und auf der Brust gefallen sind. Den Hauptzug im Charakter eines jeden großen Räubers, Verschlagenheit, seine undurchdringliche List, besitzen die Niederländischen fast alle, und zwar in nicht minderem Grad. Sie haben eine Methode zum Rauben, die so gut ausgeklügelt, so gut kalkuliert ist, daß ihnen nur selten ein Anschlag mißglücken kann. Ich habe sie späterhin in einem System zusammengefaßt und angeführt. Hierauf verweise ich besonders den Polizeibeamten.

Ein anderer Hauptzug der niederländischen Bande ist zügellose, sehr oft in Grausamkeit ausartende Wildheit. Sowenig sie ihr eigenes Leben schonen und achten, so wenig achten sie das Leben ihrer Mitmenschen. Sie sind gewohnt, Blut fließen zu sehen; sie sind gewohnt, Tränen, Wehklagen und Jammergeheul zu hören; kalt und tot bleibt ihr Herz, wenn ihnen nur am Ziel ein schwerer Geldsack lacht. Der schnödesten Wollust sind sie fast alle auf das äußerste ergeben. Nebst dem, daß sie Maitressen die Fülle nach sich schleppen, sie miteinander austauschen und gewissermaßen zum allgemeinen Eigentum der Bande machen, liegen sie unaufhörlich in Hurenhäusern. Aus diesen ziehen sie zur Beute, und in diese kehren sie nach dem Raub zurück. Fast keiner von ihnen trägt nicht die Zeichen einer schrecklich wütenden Krankheit an seinem Körper. Aber bei alledem hat man (einen Fall ausgenommen) kein Beispiel, daß sie die bei Nachtzeit in ihren Betten überfallenen und mit Stricken gebundenen Mädchen mißbraucht hätten. Ihre Begierde nach Geld mag im Augenblick des Raubes ihren sinnlichen Trieben vorgehen.

In gleichem Maße, wie sie den Weibern ergeben sind, lieben sie den Trunk. Auf unmäßige Art schütten sie den stärksten Branntwein in die Gurgel und berauschen sich, bis sie sinnlos zu Boden stürzen. Von Großmut und edlen Gesinnungen ist ihr Herz gleich weit entfernt. Sie kennen keine wahre Tugend, und

---

* wohl hier im Sinne von nicht ganz rechtmäßig erworben

† vorgegeben

wenn sie auch manchmal einem Armen einen Teil des Raubes wiedergegeben haben, so war es doch nur, nachdem sie sich anderswo hinlänglich entschädigt hatten.

Die außerordentliche Teilnahme, die sie an der Gefangenschaft ihrer Mitglieder nehmen, der kühne Mut, die Selbstaufopferung, mit der sie diese öfters zu befreien suchen, würde ihnen ein Ehrendenkmal, nach ihrem Tode ein Cenotaphium* erwerben; aber die Quelle, aus der ihre Handlungen strömen, ist so trübe, daß sie ihnen jedes Verdienst raubt. Kein edles moralisches Gesetz ist die Triebfeder ihrer Bemühungen um die Freiheit ihrer Genossen, nein, nur die niedrigste Selbstliebe, Angst, von diesen mit der Länge der Zeit etwa entdeckt, etwa verraten zu werden. Das Beispiel des Räubers, den sie aus dem Kerker unter großer Gefahr gerettet und gleich darauf ermordet haben, bestätigt dies.

Ebensowenig man ihnen ihre Unternehmungen für die Freiheit ihrer Gesellen hoch anrechnen darf, ebensowenig darf man ihnen einen gewissen Stolz zugute halten. Man sieht öfters, welche Ehre sie darauf setzen, Anführer bei diesem oder jenem Vorfall gewesen zu sein, mit welcher Selbstgefälligkeit sie von ihren Räubertaten sprechen, wie gerne sie berühmt heißen mögen; aber forscht man genauer, so ist es nur um ihres eigenen schändlichen Publikums, um der übrigen Räuber, um der Hurenwirte, um ihrer Helfershelfer und des übrigen Gesindels willen. In den Augen dieser etwas zu gelten, würden sie die niederträchtigste Tat vollbringen. Egal ist es ihnen, was bessere Menschen von ihnen denken.

Was so viele Moralisten bewiesen haben, daß Lasterhafte keiner wahren Freundschaft fähig sind, daß diese zarte Blume nur auf einem ruhigen, edlen Boden gedeiht, hat sich auch in der Geschichte der Räuber bestätigt gefunden. Ihre Verbindung untereinander erstreckte sich nur auf den gemeinsamen Zweck zu rauben, und was einer für den anderen tat, war nur um seiner selbst willen. Diejenigen, die heute auf das innigste verbunden waren, zogen am folgenden Morgen die Messer gegeneinander. Die Anführer betrogen nicht selten ihre Untergebenen, und diese bestahlen wieder ihre Anführer. War eines der Glieder Ursache, daß ein Raub nicht ausgeführt werden konnte, so waren sie fähig, ihm Fallstricke zu stellen und ihn der Obrigkeit in die Hände zu spielen, wie bei Essen†.

Unter allen Lastern waren sie nur dem Geiz nicht ergeben; aber diese Lücke blieb nicht leer; die unbesonnenste, wildeste Verschwendung füllte sie wieder aus. Picard, der sich viele tausend Louisdor im ehemaligen Brabant erstohlen hat, erscheint einige Jahre darauf im Münsterschen als Betteljude.

Mehrere individuelle Züge der niederländischen Räuber kommen im Lauf der Geschichte selbst vor.

Das Terrain, auf dem die niederländische Bande ihre Räubereien ausübte, haben wir oben bestimmt, nur darf man nicht denken, daß die Bande diese unge-

---

* Pracht- und Ehrengrab

† siehe weiter unten

heure Strecke auf einmal, in einer und derselben Epoche durchstreift hätte. So war es nicht. Anfangs erscheint sie in den ehemaligen spanischen Niederlanden und erhält den Namen die Brabantische Bande, später flüchten die Anführer und meisten Mitglieder an die Maas nach Mersen, nun wird sie die Mersische Bande getauft; endlich verlassen diese Anführer und Mitglieder das linke Rheinufer, ziehen nach Neuwied und werden nach ihrem Aufenthalt die Neuwieder Bande genannt. Gleichzeitig mit der Mersischen haust im Ruhrdepartement, im Märkischen und Bergischen die Krefelder oder Neusser Bande. Da aber diese keine von den Niederländischen zu Anführern, übrigens eine ganz eigene abweichende Manier zu rauben hat, so wird sie von jenen getrennt. Soviel zur Verständigung der Einteilung. Die Namen Märkische, Krefelder, Neusser Bande sind nicht fingiert, sie drehen sich nicht nach einem System. Sie haben die Räuber selbst erfunden und sich dadurch voneinander unterschieden.

Die niederländische Bande hatte, wie wir schon einige Male bemerkten, eine eigene Art im Rauben, von der ich unten weitläufiger handeln werde, nur das eine noch muß ich von ihr voraussetzen, um dem Leser vergebliches Nachgrübeln zu ersparen. Eine jede der Branchen der niederländischen Bande war an sich wieder in mehrere verschiedene Klassen geteilt. Zur ersten Klasse gehören die Chefs, die Anführer, die bei dem Raub zum Zeichen ihrer Würde das Brecheisen als Kommadostab in Händen haben. Zur zweiten Klasse gehören die Baldowerer. So nennen sich nämlich diejenigen, die einen reichen zu bestehlenden Mann auswittern, ihn dem Chef anbringen und, obgleich sie nicht mit in die Affaire* ziehen, doch einen beträchtlichen Teil des Raubes erhalten. Zur dritten Klasse gehören die Veteranen, Räuber, die fast im gleichen Rang mit dem Chef stehen und mit ihm zu Pferde oder in Chaisen† an den zum Raub bestimmten oft sehr entlegenen Ort reisen, der Kern, die Tüchtigsten, Kühnsten, Schlauesten der Bande; zur letzten Klasse gehören die Jungens. Diese sind junge, liederliche Burschen, die sich in oder um den zu bestehlenden Ort aufhalten und von dem Chef oder den Veteranen nur zur Ausführung des einzelnen Raubes angeworben und nachher wieder zurückgeschickt werden.

Ausführlicher wird von diesem allem, wie gesagt, weiter unten gehandelt werden.

* Gefecht, Raub

† kleinere Kutschen

1) Brabantische Bande

Schrecklich, unerhört schrecklich hausten zu Beginn der neunziger Jahre des verflossenen Säkulums Räuberhorden in den reichen Gefilden, in den göttlich schönen Ebenen von Brabant und Flandern. Nur wenige der langen und trüben Herbst- und Frühlingsnächte gingen vorüber, ohne daß nicht auf jenem oder diesem großen Landgut, bei diesem oder jenem reichen, in einsamer Gegend oder in wenig bevölkerten Flecken wohnenden Handelsmann eingebrochen und die Diebstähle von Grausamkeiten aller Art begleitet wurden. Das Gerücht davon flog weit umher; Schrecken und Angst folgten ihm auf dem Fuße nach.

Keine geringen Summen, die etwa der Fleiß leicht ersetzen konnte, wurden geraubt; die Bösewichte erschienen mit Wagen und Pferden, luden, was sich nur fortschleppen ließ, auf, und Leute, die am Abend vorher noch als glücklich, als bemittelt zu Bett gegangen waren, waren, ehe die Morgensonne anbrach, auf immer ruiniert, hilflose Bettler.

Nicht zufrieden mit der frevelhaften Beute, übten die wilden, herzlosen Barbaren kaum erdenkliche Grausamkeiten aus; oft weil sie dadurch die Unglücklichen zwingen wollten, ihnen gewisse geheime Schätze, von denen die verräterischen, abscheulichen Baldowerer gesprochen hatten, zu entdecken; aber auch oft aus bloßem bösartigem Mutwillen. Sanftfühlende Seelen werden zurückschaudern, wenn sie hören, wie die Kannibalen dort junge Weiber nackt auszogen und mit Ruten halb zu Tode peitschten, wie sie hier anderen die Finger mit den Ringen abschnitten, wie sie dort Mädchen mit glühenden Zangen zwickten, wie sie hier unschuldigen Kindern, die ihnen ihre kleinen Hände wehmütig entgegenstreckten, die Ohren herunter hieben, wie sie Greise an die Kamine lebendig aufhängten, wie sie Mann und Weib zerfetzten.

Was war natürlicher, als daß der Schrecken sich bei dem Ruf dieser entsetzlichen Freveltaten überall verbreitete, von Tag zu Tag größer wurde? Aber wer mußte nicht trostlos werden, wenn er erfuhr, daß diesen Unmenschen kein Widerstand zu leisten sei, daß sie in einer großen Anzahl zu Pferd, bewaffnet mit Pistolen, erschienen und die festesten Tore stürmten und zersprengten und daß man dabei nicht wußte, woher sie kamen und wohin sie zogen, daß der, der von ihnen zum Opfer einmal bestimmt war, seinem Schicksal nicht entgehen konnte.

Sosehr die Polizei sich bemühte, den Tätern aller Greueltaten auf die Spur zu kommen, so wollte es ihr doch nie recht glücken. Sie ergriff zwar diesen und jenen, aber mitten in ihrer Untersuchung geschahen neue Diebstähle; und so erfuhr sie, daß sie die wahren Räuber verfehlt hatte.

Was allem menschlichen Streben unmöglich ist, erwirkt oft der Zufall in einem Nu.

Im Sommer 1796 lernte ein kaiserlicher Chirurg namens Kr..g...ne – wir bedauern, daß wir den Namen des Ehrenmannes seiner eigenen Sicherheit willen nicht ganz ausschreiben dürfen – in diesem Gefängnis, worin er als Kriegsgefangener saß, einen Juden kennen, den man, weil er des Anteils an Diebereien verdächtigt wurde, ergriffen hatte. Der Jude suchte die Freundschaft des Chirurgen zu gewinnen, er nistete sich an ihn und rückte endlich mit der Bitte um einen Schlaftrunk heraus, womit er, wie er sagte, den Gefangenenwärter einschläfern und so sich seine Freiheit wieder verschaffen wollte. Das alles war natürlich. Um aber seiner Bitte den gehörigen Nachdruck zu geben, machte er dem Chirurgen überaus große Versprechungen und ließ ein Wörtchen fallen, als ob er irgendwo für zwanzigtausend Taler Waren verborgen liegen habe. Das war auffallend. Für zwanzigtausend Taler und verborgen? Diese Ideen ließen sich nur mit irgendeiner geheimen Untat zusammenreimen. Der Chirurg wurde aufmerksam auf den Juden, der für zwanzigtausend Taler Waren verborgen hatte; weil er aber voraussah, daß es ihm so leicht nicht glücken würde, dem Verschmitzten sein Geheimnis zu entlocken, suchte er die Bekanntschaft seines in der Stadt wohnenden Weibes. Er erhielt sie. In der Seele des Weibes, so bemerkte er, lag noch ein Keim des Guten; sie hörte aufmerksam auf moralische Sentenzen und Gedanken, die er in seine Unterhaltung mit ihr einzuflechten wußte; sie wurde gerührt. Diese Stimmung benutzte er, sprach von der Lebensart ihres Gatten, dem Dienste, den sie durch ein offenherziges Geständnis dem Staat erweisen würde, von ihrer Pflicht, von ihrem Gewissen. Er erreichte seinen Zweck und erhielt Licht über das schreckliche Räuberwesen in Brabant.

Der Jude war niemand anders als – Picard selbst.

Fast zu gleicher Zeit gelang es der Polizei, auf eine andere, nicht minder seltsame Art Aufschlüsse über die Diebesrotten zu bekommen.

Elisabeth Her.., die in Mecheln wegen kleiner Verbrechen gefangensaß, ließ den Direktor der Anklagegeschworenen des Arrondissements auf das dringendste einladen, sich zu ihr zu bemühen, sie habe ihm entsetzliche, unglaubliche Dinge zu offenbaren. Er erschien. Das Weib zeigte ihm eine Öffnung, die von ihrer Stube in ein unteres Verlies führte und wodurch man alles, was unten gesprochen wird, hören konnte. Hier, so erzählte sie, habe sie vor kurzem zwei wegen Verdachts des Diebstahls verhaftete Männer, die sich im unteren Verlies alle ihre abscheulichen Missetaten mit wilder, gottloser Freude mitteilten, belauert und eine Kette von bisher verborgenen Diebstählen entdeckt. Was sie wußte, war sie bereit mitzuteilen.

Gestützt auf das, was sie aus diesen verschiedenen Erklärungen erfuhr, wagte die Polizei eine schärfere Nachforschung, und es glückte ihr, dem Übel an die Wurzel zu kommen.

In den achtziger Jahren des zu Grabe gegangenen Jahrhunderts lebte in Winschoten bei Groningen in Friesland eine Judenfamilie, die man ohne alle Übertreibung als die fruchtbare Mutter aller der famösen* Räuberchefs vom Zuidersee bis an die Donau, als den einzigen Zentralpunkt der großen niederländischen und aller aus dieser emanirenden†, der Batavischen, Holländischen, Mersischen Bande ansehen kann. Man kann mit Recht sagen, daß unter den tausend gewalttätigen, schrecklichen Diebstählen, die bis in dieses Jahrhundert hinein im nördlichen Frankreich, in Batavien und im westlichen Deutschland verübt wurden, diese Judenfamilie vielleicht an 950 wenigstens in einem ihrer Glieder Anteil genommen hat.

Der Vater Moyses Jakob war der Lehrmeister, der Schöpfer der Bande; zu alt, um selbst teilzunehmen, dirigierte er alle ihre Unternehmungen. Sein Weib hatte das Gewerbe, den gefangenen Räubern auf die eine oder andere Art Instrumente zum Ausbrechen zu überbringen und die wechselseitige Korrespondenz der Räuber zu unterhalten. Der Sohn dieses trefflichen Paares, Abraham Jakob, genannt Signetsnyder, stellte sich an die Spitze der Räuber; er brachte es so weit, daß er nachher die Bande um Paris kommandierte. Die Tochter Helena oder Rebecca war anfänglich mit dem Veteranen Daniel Jakob vermählt, nachher warf sie sich einem gewissen Franz Bosbeck, genannt Schifferchen (het Shippertje), der bei der brabantischen Revolution Anführer eines Rebellenhaufens gewesen war, und nachher – bis zur Stunde, als er im Haag aufgehängt wurde – die Mersische und Holländische Räuberbande kommandierte, in die Arme. Die andere Tochter, Dina, war das Weib des nur zu sehr berüchtigten Picard, der abwechselnd an der Spitze der Brabantischen, der Mersischen und der Neuwieder Bande stand und jetzt in Schwaben haust‡; eines Mannes, dessen Äußeres – langes schwarzes Haar hängt ihm wild um den Kopf herum, aus seinem mageren blassen Gesicht funkeln ein Paar schwarze, wildes Feuer verkündende Augen, ein buschiger Backenbart umschattet sein Gesicht –, dessen Außenseite die Verräterin seiner inneren fürchterlichen Gemütsstimmung, ich will nicht sagen: seines grausamen Herzens, ist.

In der Gegend um Amund und Aurich war es, wo die Familie Jakob – damals waren die Töchter noch nicht verheiratet – ihr schändliches Gewerbe zu treiben begann, wo sie mit Hilfe des Simon Gys und David Dryne – zweier Juden, die im Jahr 96 große Rollen bei der Pariser Räuberbande spielten – eine ungeheure Menge von Diebstählen, begleitet von Grausamkeiten aller Art, verübte und dadurch alle umliegenden Landbewohner in Angst und Schrecken setzte. Die Justiz ermannte sich, ergriff scharfe Maßregeln, und die Folge war, daß der alte Bösewicht Moyses Jakob, über den das eine und das andere herauskam, verhaftet wurde. Zweimal wurde er in den Kerker geschleppt. Einmal saß er zwanzig Wochen, das andere Mal zwölf. Immer wußte er der Strafe zu entgehen und sich seine Freiheit wieder zu verschaffen. Die öftere Gefangennahme wirkte so viel auf ihn, daß

* berüchtigten

† herrührenden

‡ Picard wurde 1805 in Bergen bei Frankfurt gefaßt und starb 1807 in der Haft in Marburg.

er der Gegend nicht mehr traute und nach Antwerpen zog, wo er noch nicht bekannt war. Hier gelang es ihm, die Diebesbande besser zu organisieren, fester an sich zu ketten und weiter auszubreiten.

Eines der ersten Unternehmen, womit die Familie Jakob ihre verderbliche Ankunft in der Gegend verkündete, war ein gewaltsamer Einbruch in ein reiches, etwa sechs Stunden von Antwerpen gelegenes Gasthaus, ein Unternehmen, das die Unmenschen mit vergossenem unschuldigem Blut bezeichnet haben.

In Antwerpen hatten damals die Brüder Bosbeck, Franz und Jan oder Adrian, ihre eigene Bande, die anfänglich mit jener des Jakob in keiner Verbindung stand. Ja, was noch mehr ist, Jakob hatte den Seinigen ausdrücklich verboten, an den Räubereien dieser Bosbecks teilzunehmen, und zwar aus dem Grund, weil diese ihre Diebstähle innerhalb der Stadt Antwerpen selbst begingen.

Er hatte es sich zur Maxime gemacht, in keinem Fall, der Vorteil mochte noch so offenbar, die Tat noch so leicht ausführbar scheinen, an dem Ort, wo er einmal seine Wohnung aufgeschlagen hatte, einen Raub zu begehen, eine Maxime, die alle von ihm gebildeten Räuber nachher auf das heiligste beachtet haben. Die Absicht, die er dabei hatte, war unverkennbar die: Er wußte, wie sehr es oft darauf ankam, Zeugnisse des guten Verhaltens von der Ortsobrigkeit und den Nachbarn vor Gericht vorbringen zu können, und um diese zu erhalten, mußte er in dem Bezirk, wo er wohnte, den Schein eines rechtschaffenen Mannes annehmen und fremdes Eigentum ehren.

Nach einer geraumen Zeit verließ die Familie Jakob Antwerpen und zog nach Gent, weil ihr dieser Ort gelegener zum Ausführen ihrer Pläne schien. Sie zog auf den sogenannten Viehmarkt in ein Wirtshaus. Von dort aus streifte sie durch ganz Brabant und Flandern, und dorthin kehrte sie jedesmal mit Beute beladen zurück.

Aus der Menge von gewalttätigen Einbrüchen, die sie in der damaligen Epoche verübte und deren Ausführung hier zu erzählen wir aus der Ursache unterlassen, weil sie sich fast alle einander ähnlich sehen, erwähne ich nur den, den sie gegen einen steinreichen, vor dem Dammtor von Gent wohnenden Pächter (censier) unternommen haben. Die Beute war so ansehnlich, daß jedem der Räuber eine Summe von hundert Kronen zuteil wurde. Der Ort, wo sich die Räuber in Gent ihr Rendezvous gaben, in dem sie ihre Bubenstücke schmiedeten, von dem sie auszogen, sie auszuführen, in den sie nach vollbrachter Tat zurückkehrten, um dort wieder so lange zu schwelgen, zu buben* und zu saufen, bis sie der Mangel wieder zu neuen trieb, um dann die gleiche Kette von vorn wieder zu beginnen, dieser Ort war – ein Bordell. Das Haus eines gewissen Dirks.

Dieses ist das erste Mal, daß wir im Lauf der Geschichte ein Hurenhaus als Sammelplatz der Räuber erwähnen; wir werden künftig noch oft – fast immer – Gelegenheit erhalten, diese verschrienen Orte der Lust als die wahren Asyle der Räuber, in der sie das Verderben ruhiger Bürger projektieren und wohin sie ihre

---

* sich ungebührlich aufführen

Beute schleppen, in unserer Geschichte zu bezeichnen. Wohl der Polizei, die den Fingerzeig zu benutzen weiß.

Von Gent begab sich die Familie Jakob immer tiefer in das Innere der Niederlande nach Brüssel, wo sie in der Straße Vogelgesang sich etwa sechs Monate aufhielt. Vielleicht möchte sie diese Straße ausersehen haben, weil sie ganz nahe an dem Tor nach Antwerpen, wohinaus ihre meisten Expeditionen gingen, liegt und damals überhaupt der Aufenthalt mehrerer Freudenmädchen war.

Von Brüssel aus unternahm die Bande einen gewalttätigen Raub nach dem anderen. Im Jahr 1790 beging sie jenen zu Kekelberg. Picard Kotzo, Abraham Jakob, Carl Granus (ein getaufter Jude, gewöhnlich Maschoker genannt), David, Jonas Lichtinger oder Joniken, Epfraim, Markus David, Jakob Kessel, Pack, Jan Bosbeck, Abraham Singer, Schlomme und Eindthover, lauter gefährliche berüchtigte Räuber, die wir noch oft zum Jammer der Menschheit erwähnen müssen, standen an der Spitze. Bei dem alten Moyses Jakob wurde die Beute geteilt. Die Hauptanführer Picard, Abraham Jakob, Maschoker und Jan Bosbeck erhielten je 960 Francs ohne das ihnen zugefallene Silberwerk. Geringer war der Anteil der übrigen Glieder.

Ein Pfarrer, der etwa eine deutsche Meile von Brüssel wohnt, bekam nur wenige Zeit darauf einen Besuch von denselben Räubern. Noch weit beträchtlicher war diesmal die Beute, denn jedem der Anführer wurde die Summe von 3.000 Livres zuteil. In dem Haus des berüchtigten Baldowers Benedikt Salomon, genannt Beer, der der Anbringer der meisten und wichtigsten Diebstähle war, geschah die Beuteteilung. Auch diesmal war er es gewesen, der den reichen Pfarrer ausgekundschaftet und die Mittel an Hand gegeben hatte, sich seines Habs zu bemächtigen. Ein großer Teil der Beute war der Lohn seiner ruchlosen Verräterei.

Gegen Ende des Sommers 1790 verübte dieselbe Bande einen weiteren Raub bei einem reichen Gutsbesitzer zwischen Brüssel und Gent. Die Anführer der Bande waren Picard Kotzo, Abraham Jakob, sein Schwager, und der schlaue Maschoker. Unter ihnen standen Jonas Lichtinger, Markus David, Epfraim, Abraham Lang Nase, Pack, Abraham und Michel Singer, Schlomme, alle Sprößlinge aus dem Geschlecht Israels, daneben Jan Bosbeck, Lebrun, Michel Claes, Chretien Sommers und der famöse Jan der Brüsseler, Räuber, von denen jeder in späteren Zeiten in Frankreich, Holland und Deutschland selbst einmal den Kommandostab mit Ruhm geführt hat.

Schrecklich waren die Umstände, die den gegenwärtigen Raub begleitet haben; er kostete zwei Menschen das Leben. Der eine war ein Landmann, der den Dieben in der Absicht, sie festhalten zu lassen, nachgeritten war und von Michel Claes erschlagen wurde, der andere der unglückliche, geplünderte Gutsbesitzer selbst, den der Wüterich Jakob Kessel niederwarf. Das Blut des Ermordeten schrie so lange um Rache, bis Kessel nach einer Reihe von Schandtaten endlich unter dem Beil der Guillotine (in Lüttich) als Opfer der Gerechtigkeit fiel.

Unmittelbar auf den eben angeführten Raub projektierte der Baldower Salomon Beer einen neuen und überließ ihn dem Franz Bosbeck und dem Abraham Jakob zur Ausführung. Es galt dem Haus eines Gutsbesitzers zwischen Mecheln und Brüssel; Bosbeck und Abraham Jakob führten die Bande an. Unerhört war die Grausamkeit, die Buberei, die man sich hier zuschulden kommen ließ, würdig von einer Horde Kannibalen ausgeübt zu werden, eingehaucht nur von einem feindlichen Dämon. Einem unschuldigen Kind, das mit Flehen und Bitten seine kleinen Hände ihnen entgegenstreckte, und einem armen halb zu Tode geängstigten Weib schnitten die Barbaren unter wildem Jauchzen die Ohren ab.

Am Ende des Jahres 1790 verteilten sich die Häupter der Bande. Der alte Jakob begab sich nach Courtray. Picard mit seinem Schwager Abraham Jakob nach Lille, wo sie sich in die Straße Marché Verjus bei einem Stoffabrikanten einquartierten. Die beiden Bosbecks zogen sich unterdessen mit einem Teil der Bande mehr nordwärts und streiften in das batavische Gebiet. Dieses währte bis nach dem famösen Diebstahl bei dem Postkommissarius Fockert in Nimwegen. Franz Bosbeck wurde, kurz nachdem er verübt worden war, ergriffen und in Valkenburg festgesetzt. Sein Weib, die Jüdin Helena oder Rebecca, um derentwillen er den Glauben verlassen und auf einige Zeit den Namen Jesu angenommen hatte, befreite ihn, und so zog er sich wieder in Brabant zu seinen alten Spießgesellen zurück.

Hier war auf einmal in dem Räubersystem eine große, eine unerwartete Veränderung vorgegangen. Die alte Taktik, die Häuser mit Gewalt zu erstürmen und den Reichtum der Bewohner in Säcken wegzutragen, war verschwunden; sie hatte einer weit ergiebigeren und weniger gefährlichen Manier, des fremden Eigentums sich zu bemeistern, Platz gemacht. Auch für den Bestohlenen selbst schien diese Manier heilsamer zu sein. Sein Leben kam dabei wenigstens nicht in Gefahr; er wurde nicht mißhandelt, nicht in Angst und Schrecken gejagt. Der Grund dieser plötzlichen Wendung des Räubersystems lag nicht in dem Ausklügeln, in dem Projektieren, dem besser Befinden irgendeines Schlaukopfs, er lag – in der Französischen Revolution.

Der alte Jakob saß in Courtray und beschäftigte sich nämlich, seit diese ausgebrochen und das Papiergeld eingeführt war, damit, falsche Assignaten* von 300, 100, 50 und 25 Livres zu verfertigen. Sein Weib und seine Töchter suchten sie in Umlauf zu bringen. Wie beträchtlich dieses Gewerbe gewesen sein mag, schließt sich schon daraus, daß Jakob bei der Ankunft der Franzosen in Courtray zwei große mit Assignaten angefüllte Säcke verbrennen konnte. Sein Eidam Picard und sein Sohn Abraham Jakob wußten die Einführung des Papiergeldes auf eine andere Art zu benutzen. Sie verlegten sich auf feine, listige Portefeuille-Diebstähle†, und so verschaffte ihnen oft ein einziger geschickter Handgriff mehr, als ihnen die gewalttätigste Plünderung je verschaffen konnte – das ganze

* Papiergeld der Französischen Revolution, eigentlich als verzinsliche Staatsobligationen ausgegeben; seit 1796 praktisch wertlos, 1797 für ungültig erklärt

† Brieftaschen-Diebstähle

Vermögen eines Agioteurs*. Freilich wurden sie mehrmals ertappt und mußten selbst einmal ein ganzes halbes Jahr in Lille im Cachot† schmachten, aber stand doch auf dergleichen Beutelschneidereien keine hohe peinliche Strafe.

Der alte Jakob wechselte seinen Aufenthaltsort und zog nach Gent zurück; Picard folgte ihm bald nach. Abraham Jakob reiste hingegen nach Paris, wo er sich von neuem an die Spitze einer Räuberbande setzte und – nachdem die Assignaten-Manipulation nicht mehr ergiebig genug war – das alte gräßliche gewalttätige Raubsystem hervorholte und zum Schrecken von Frankreich zur Tagesordnung machte. Von Paris aus kam er wieder nach Flandern, und so wechselte er hin und her.

Hatten Picard, Jakob und die übrigen Räuber vor der Revolution schrecklich in der Gegend um Gent gehaust, so begannen sie jetzt, als der Krieg eine Menge liederliches Gesindel ihnen zuführte, als die Polizei ihr Augenmerk auf die geheimen Feinde der Regierung richten mußte, als der Parteigeist die letzte Bande der Gesellschaft auseinanderriß, als die neueingeführte Kriminaljustiz durch die öffentlichen Verhandlungen und die gekauften oder unwissenden Geschworenen öfters ihren Zweck verfehlte und kühnen Räubern statt Furcht nur Trotz und Frechheit einhauchte, noch einmal schrecklicher, unaufhaltsamer zu wüten. In den Jahren 1795 und 1796 wurde eine Menge Verbrechen begangen, die allen Glauben, alle Beschreibung übertreffen.

Wir beginnen das schauderhafte Gemälde mit einem Raub, der im Frühjahr 1795 durch die Genter Bande auf einem Gut, etwa zehn Stunden von Gent, begangen wurde. Die Ehre des Anführens hatten die wichtigen Männer Picard, Maschoker und Jan Bosbeck, genannt Schifferchen. Unter ihnen befanden sich Jakob Kessel, David Saul, Jonas Lichtinger, Abraham und Michel Singer, Epfraim, Schlomme, Markus David und Pack, sämtlich Juden. Das unglückliche Weib des Gutsbesitzers, in dessen Wohnung man stürmte, wurde ein Opfer der Grausamkeit dieser vereinten Unmenschen. Die arme Geängstigte war nicht schnell, nicht geschickt genug, den Wütenden die Ringe, die sie an Finger und Ohren trug, abzustreifen, wurde niedergerissen und ihr auf unbegreiflich boshafte Art Finger und Ohren abgeschnitten. Damit war der Blutdurst der Rotte nicht gestillt. Jan Bosbeck ergriff eine andere Unglückliche und ermordete sie auf der Stelle.

Doch wir werden nachher noch mehr Greueltaten der gleichen Art in der Biographie dieses Bösewichts hören.

Einige Wochen nach Ostern traf ein etwa vier Stunden von Gent entfernt liegendes Gut das traurige Los, ausgeplündert zu werden. Der Jude Wolff, genannt der Pariser, der einen ständigen Briefwechsel mit den Häuptern der Bande zu unterhalten pflegte, war der Anbringer und Entwerfer des Raubplans gewesen. Da jedes Mitglied der Bande zwanzig Louis als Anteile empfing, so läßt sich leicht

* Geldwechslers
† dunkle Zelle

schließen, wie reich die Beute sein mochte. Weit beträchtlicher war sie noch bei einem anderen, im Sommer desselben Jahres unweit Mons verübten Diebstahl. Sämtliche Veteranen erhielten Mann für Mann die unglaubliche Summe von 200 Louis. Der Sommer dieses Jahres schien reich an Vorfällen dieser Art zu sein. Ehe er noch vorüber war, erschien der Baldower Wolff und brachte einen großen Raub in Vorschlag. Sogleich fanden sich die Räuber Bosbeck, Abraham Jakob, Picard, Singer, Joniken, Markus David, Simon Heix, Jan der Brüsseler, Kernmilch und andere bereit, ihn zu vollführen. Da das Haus, welches diesmal heimgesucht werden sollte, etwas entfernt vom Aufenthaltsort der Räuber lag – es war in der Gegend von Lüttich –, so entschlossen sie sich, den Weg in Wagen zurückzulegen. Sie teilten sich in Gent, um alles Aufsehen zu vermeiden, in zwei Parteien, bestiegen an verschiedenen Punkten die Chaisen und fuhren ab. Picard erhielt für seinen Anteil 250 Louis, Michel Singer 400 Louis, Abraham Jakob 200 Louis und 88 Souveraindor, Joniken 140 Louis. Die Brüder Bosbeck 400 Louis in Edelgestein, ohne das Gold gerechnet, das ihnen überdies noch zufiel.

Wer wird nicht, wenn er die ungeheure Summen, die die Räuber in so kurzer Zeit erbeuteten, berechnet, auf den Gedanken kommen, daß sie auf diese Art für immer geborgen, reiche, von dem Schicksal unabhängige Personen geworden sein müssen. Wäre doch der dritte Teil, den mancher von einem einzigen Raub davontrug, mehr als hinlänglich gewesen, ein kleines Etablissement für ihn zu gründen. Aber dieses Sinnes waren die Helden unserer Geschichte nicht. Auf unrechtmäßige, schändliche Art hatten sie ihren Reichtum erworben; nicht minder schändlich war die Art, wie sie ihn vergeudeten. Doch davon nachher.

Die einsamen, reichen Höfe und Güter Brabants schienen recht dazu gelegen zu sein, um von den Räubern Besuche zu erhalten. Bis aus den benachbarten Orten und Städtchen Hilfe kam, waren die Bösewichte wieder verschwunden. Öfters aber achteten sie selbst der hinzugekommenen Hilfe nicht und wagten es mit Löwenmut, ihr Terrain zu behaupten. Von einem äußerst wichtigen Fall der Art werden wir unten hören; hier wollen wir, um die chronologische Ordnung beizubehalten, nur jenes gedenken, der am Ende des Sommers im Land de Waes zwischen Gent und Antwerpen sich ereignete. Mit dem Säbel in der Hand, unter einem anhaltenden Feuern aus den Pistolen, erkühnten sich die Räuber, den zu Hilfe eilenden, bewaffneten Bauern die Stirn zu bieten. Schrecklich stürmten die Glocken, ihr Lärmen verbreitete sich weit umher; der Hilfe kam immer mehr und mehr. Noch wollten die Räuber nicht weichen. Erst nach langem Widerstand ergriffen sie die Flucht und retirirten* sich an die Spitze Flanderns. Hier, als die Gefahr heranwuchs, schnitt Franz Bosbeck im Angesicht von Antwerpen das Kappeltau einer Chaluppe† ab und setzte mit seinen Kameraden über die Schelde. Im Herbst desselben Jahres geschah ein ähnlicher Auftritt, zehn Stunden von Brüssel, als die Bauern die Sturmglocke zogen und bewaffnete Räuber,

* zogen sich zurück
† ein schnelles Schiff

welche Picard, Abraham Jakob, Jan und Franz Bosbeck zu Pferde anführten, in die Flucht schlugen.

Von fünfzehn zu fünfzehn Tagen wurden die Räubereien jedesmal erneuert, und noch wurde ihnen kein Ziel gesetzt. Wir übergehen Unternehmungen, die uns unwichtig scheinen, um jener zu gedenken, die in dem Leben der Räuber Epoche machen oder wegen Nebenumständen den Leser interessieren müssen.

Unter diese gehört unstreitig der große Raub bei Mons. Der Baldower Salomon Beer war es auch diesmal wieder gewesen, der ihn in Vorschlag gebracht hatte. Picard und Markus David setzten sich zu Pferde und eilten nach Mons. Nachdem sie das Terrain recognoscirt* hatten und das Resultat ihres Besuchs ihren Wünschen entsprach, schrieben sie an Moyses Jakob, daß er die Bande nach Mons in ein bestimmtes Haus schicken möchte. Pünktlich wurde dieses erfüllt. Den Tag danach reisten die Räuber in drei verschiedenen Abteilungen an den bestimmten Platz. Drei von den Vornehmeren setzten sich in einen Wagen und fuhren dahin.

Acht Tage blieben die Räuber unterwegs; am achten kehrten sie mit schwerer Beute beladen erst wieder nach Gent in ihr Hauptquartier zurück. Bei Moyses Jakob, dessen Sohn und beide Eidame kommandiert hatten, geschah die Teilung. Jedes der Häupter erhielt vierzig Louis, ohne die Diamanten und andere Kostbarkeiten. Franz Bosbeck verehrte seinem Weib, der Tochter des Jakob, eine brillantene Uhr, die er heimlich auf die Seite zu bringen gewußt hatte. Auch Picard Kotzo hatte für sich bei dem Diebstahl gesorgt, aber war unvorsichtiger gewesen als Bosbeck. Es kam heraus, daß er 21 Goldstücke auf die Seite gebracht und der Witwe in Gent um drei Louis jedes Stück verkauft hatte. Diese Untreue des Chefs war von wichtigen Folgen. Der Jude Markus David, der sich bei dem Raub nicht minder ausgezeichnet hatte, erregte einen Aufstand unter der Bande. Er schrie gegen das unrechtmäßige Verfahren Picards mit lauter Stimme. So wahr ist es, daß Ordnung, daß gesetzliche Verfassung, wo immer Menschen gemeinsam handeln, das einzige zusammenhaltende Band sind und diese Prinzipien so tief in der Natur des denkenden Wesens liegen, daß sie selbst der Räuber, obwohl er gegen sie einerseits handelt, doch andererseits anerkennen muß.

In der Tat bewirkte das Aufwiegeln des Markus David so viel bei den Räubern, daß sich die Hälfte der Bande von Picard losriß und unter der Anführung Jan Bosbecks und des Aufwieglers gegen Sas de Gand und Middelburg zog, um dort für sich ihr schändliches Handwerk zu treiben. Unweit Sas de Gand beraubte sie einen reichen Gutsbesitzer und gewann 12.000 holländische Gulden. Unweit Middelburg verübte sie einen weit schrecklicheren Raub, begleitet von dem Mord an vier Personen. Etwas später, im Dezember 1795, wandte sie sich wieder gegen Gent und stürmte das etwa fünf Stunden vom Ort gelegene Haus eines Uhrmachers; hier erbeutete sie eine große Menge Uhren, Silber und Gold. In derselben Nacht, da die Räuber des Jan Bosbeck dieses saubere Stückchen ausführ-

* ausgekundschaftet

ten, war Picard mit den Seinigen, ohne von dem Unternehmen der Flandrischen Bande zu wissen, ausgezogen, einen Gutsbesitzer zu plündern, der zufälligerweise ganz in der Nähe des Uhrmachers wohnte. Die Bauern, durch den einen oder anderen Diebstahl aufgeweckt, zogen die Sturmglocke. Die beiden Rotten flüchteten und – trafen sich unterwegs. Picard hatte zwanzig, Bosbeck dreißig Mann. Es konnte nicht fehlen, daß zwischen den beiden Teilen, da der eine durch das Unternehmen des anderen in seinem Vorhaben gestört worden war und leer und unverrichteter Sache abziehen mußte, heftiger Streit und Zank ausbrach. Und wer die Menschen kennt, die hier aneinander gerieten, wird nicht erst des Berichtes bedürfen, wie dieser Streit ausfiel, daß Blut auf beiden Seiten vergossen wurde. So wütend das Gefecht, so erbittert und hartnäckig die Feindschaft der beiden Räuberrotten in diesem Augenblick war, so währte es doch nicht lange, und sie stifteten wieder Herzensfreundschaft miteinander, wie das in dem Charakter solcher Menschen zu liegen pflegt. Den neuen Bund besiegelten sie mit einem Raub, den sie gemeinsam unternahmen. Das Opfer war ein bemittelter Landmann, der auf einem Hof zwei Stunden vor dem Tor von Gent nach Antwerpen wohnte. Keinen besseren Zug, die Räuberchefs zu schildern, weiß ich anzuführen, als den, daß sie bei diesem Raub just dasjenige, was die Ursache ihrer vorigen Feindschaft gegeneinander gab, was man hier in Vergessenheit bringen wollte, wieder taten, nämlich sich heimlich wechselseitig bestahlen und die unteren Glieder der Bande mit wenigen Kronen abspeisten, während sie für sich zehn bis zwanzig Louis zurücklegten. Die Auftritte von Hader, Zwietracht und Feindschaft waren bei der Brabantischen Bande ebensowenig selten wie bei allen übrigen. Selbst Räuber, die auf das nächste verwandt waren, gerieten oft schrecklich aneinander. So die beiden Brüder Bosbeck. Doch warum sollten die die Bande des Blutes achten, die die heiligsten Gesetze mit Füßen stoßen? Nach dem Raub bei Bosterhoeg, so beträchtlich auch die Beute war, die jedem zuteil wurde, wollte sich doch Jan Bosbeck nicht zufrieden geben; er wütete gegen seinen Bruder, er hieb sich mit ihm herum und suchte eine völlige Spaltung der Bande zu erwirken. Er trat auf, sprach zu den Räubern, machte seine Verdienste geltend und warb für sich. Auch Franz Bosbeck sparte seine Beredsamkeit nicht. Die Räuber teilten sich abermals in zwei Parteien.

Jan Bosbeck wußte sich dadurch einen größeren Haufen zu gewinnen, daß er auf der Stelle einen neuen Raub projektierte und mit denen, die ihm zugefallen waren, auf ihn auszog.

Es war ein bei St. Amand liegendes Schloß, das er ins Auge gefaßt hatte. Alles glückte. Mit Sturm wurde das Schloß erobert und rein ausgeplündert. Obgleich die Beute sehr beträchtlich war, so glaubten die Räuber, wie immer, noch verborgene Reichtümer den Bewohnern abquälen und abmartern zu können. Auf unmenschliche Art fielen sie über den Besitzer des Schlosses her. Er schwor, er beteuerte, daß er ihnen alles gegeben habe. Vergebens! Sie zogen ihre Säbel und hieben so grimmig auf ihn ein, daß sie seine Arme spalteten.

Der schreckliche Tumult auf dem Schloß alarmierte das nahe Dorf. Der Vorsteher sammelte die Bauern um sich und rückte heran, die Räuber zu verjagen. In der Nähe des Schlosses standen mehrere Räuber Schildwache. Einer von diesen schrie dem heranrückenden Haufen ein lautes Qui vive* entgegen, erhielt aber einen Flintenschuß zur Antwort, der ihm den Rock durchlöcherte. In diesem Moment sprang ein anderer Räuberposten (Van der Schrick) mit aufgehobener Pistole hinzu, drückte auf den unglücklichen Vorsteher los und zerschmetterte ihm die Achsel. Dann kehrte er das Instrument des Mordes um, zerschlug dem zur Erde Gesunkenen das Gehirn und schleppte ihn in das Schloß. Die Bauern flohen. Die Räuber vollführten ihren Raub, zogen ab, und Jan Bosbeck bekam den Zulauf von allen übrigen Räubern.

Das Jahr 1796, das, wie wir unten hören werden, in der Rheingegend am fruchtbarsten an Diebstählen war, war es auch in Brabant. Im Frühling dieses Jahres durchstreiften nicht allein Bosbecks und Picards Banden die schöne reiche Ebene, sondern auch eine dritte, gleichfalls von Juden gebildete und angeführte. Die Juden, David, Lion Levi von St. Omer, Jonas Lichtinger und Isak Krack beraubten mit ihren Genossen einen reichen Pächter (er hieß Lefebvre) in einem etwa eine Viertelstunde von Arras nach Douai zu gelegenen Örtchen namens Curé. Eine arme Dienstmagd, die sich vielleicht ihres unglücklichen Herrn zu warm annahm, wurde von den Unmenschen aus gottlosem Mutwillen ergriffen und an den Kamin aufgehängt.

Fast zu gleicher Zeit, als dieses in der Gegend von Arras vorging, raubte und verwüstete die Bande des Picard eine Stunde von Gent und zeichnete sich durch nicht mindere Barbarei aus. Man sengte und brannte die Unglücklichen, um sie zum Geständnis zu bringen, man erwürgte sie. Die Beute war oft so groß, daß man das Geld mit gehäufter Hand verteilte, und Jan Bosbeck der Frau des Picard aus seinem Anteil einmal 41 fremde silberne Münzen zum Geschenk verehren konnte. Kurz hierauf erfolgte der Diebstahl zu Seven-Eiken, wo man die Weiber auf den Erdboden warf und sie mit Ruten peitschte, bis sie den Ort angaben, wo das Geld lag.

Ohne weiters einige andere Diebstähle, wie jenen bei Staine St. Pierre und in der Glasfabrik der Van de Shniten, zu berühren, schreite ich zu einem wichtigeren.

Man hat die Bemerkung gemacht, daß nichts so leicht reißt wie die Banden des Bubenstücks und daß nirgends Verräterei häufiger sei als da, wo der Verrat den Schein der Tugend trage und gleichsam von der Meinung des Publikums geadelt werde, eine Bemerkung, die man in allen Räubergeschichten bestätigt finden kann und auch in dieser. Der eine oder der andere von der Bande, der sich vielleicht Vergebung älterer Verbrechen zu erkaufen gedachte, verriet der Polizei, daß sie in der Gegend von Brüssel einen großen Raub vorhabe. Diese schickte ein Kommando Volontairs† auf verschiedenen Wegen an den zum Raub bestimmten Ort, um dort im Hinterhalt die Ankunft der Räuber abzuwarten. Mar-

* Seid auf der Hut!

† Freiwilliger

kus David, derselbe, der oben die Trennung der Bande bewirkt hatte, Lion Levi, Moises Mainzer waren diesmal die Anführer. Während die Bande ruhig bei schweigender Nacht an dem Gebüsch unweit des zu bestehlenden Hofs vorbeidefiliert, tritt das Kommando aus dem Hinterhalt. Mit unbegreiflichem Mut setzen sich die Israeliten, aus denen größtenteils die Bande zusammengesetzt war, zur Wehr. Lange und anhaltend war der Kampf. Unmöglich konnten ihre Vorfahren um eine bessere Sache auf den Höhen Gelboe* tapferer gefochten haben. Zwei Israeliten blieben auf dem Platze. Ihre Körper waren mit Bajonetten durchstochen. Lion Levi und Moises Mainzer entflohen. Markus David und mehrere andere fielen der Justiz in die Hände.

Jedes Ding der Welt hat seine Zeit der Reife, diese kann es nicht überschreiten, allmählich sinkt es in ihr seiner Auflösung entgegen. Auch für die Brabantische Bande schien nach dem erwähnten Vorfall endlich die von groß und klein so lange gewünschte Epoche der Vernichtung gekommen zu sein. Von allen Seiten erhob sich die Polizei mit erneuerter Kraft und traf die besten Anstalten, das Übel, das nur zu weit schon um sich gegriffen hatte, vom Grund auszuheben. Selbst von Paris aus suchte man mitzuwirken, und Br. Cochon, damaliger Minister der Polizei, erließ dringende Schreiben an den damaligen Commissaire der Zentralverwaltung des Dyle-Departements.

Die Bande wurde auseinandergesprengt. Abraham Jakob, Lion Levi, Maschoker und andere flüchteten nach Paris, um sich in dieser ungeheuren Stadt verbergen und verderbliche Pläne anderer Art schmieden zu können. Picard wurde von einigen der Gefangenen jedoch nicht bestimmt genug, um zur Strafe gezogen werden zu können, angegeben und später endlich selbst in das Gefängnis nach Tournay gebracht. Die Brüder Bosbeck zogen sich nach Holland und Deutschland, obgleich sie später noch manchen Streifzug in das geliebte Brabant, wie den im Oktober 1796, wo sie den Empfänger der Kohleminen Franz de la Haye zu Bellevûe bei Mons plünderten, vornahmen.

Die Existenz einer Bande in einer bestimmten Gegend hängt, wenn sie just so organisiert ist, wie die niederländische und ihre Branchen es waren, ganz allein von dem Schicksal ihrer Häupter ab. Diesen Erfahrungssatz fand man in Brabant bestätigt. Die Arretierung des großen Picard vernichtete die dortige Bande oder hemmte, um mich besser auszudrücken, ihre Kraftäußerung in einem gewissen Raume. Denn nur zu bald werden wir sie in einem anderen mit Beibehaltung fast der gleichen Glieder wieder hervorbrechen sehen.

Das Leben eines jeden Räubers teilt sich in drei Perioden: in der einen heckt er Diebstähle aus und vollführt sie, in der anderen verschwelgt er seinen Raub in liederlicher Gesellschaft und ruht aus, in der letzten sitzt er irgendwo gefangen und spekuliert auf seine Freiheit. Entgehen kann er dieser letzten Lebensperiode nicht – das ist der allgewaltige Schluß der Götter –, aber der Probierstein seiner

* Auf dem Berg Gilboa wurden König Saul und seine drei Söhne, die das Heer der Israeliten führten, von den Philistern geschlagen und ermordet.

Schlauheit besteht darin, wenn er sie soviel wie möglich mit langen und vielen Zwischenräumen von wiedererlangter Freiheit zu durchweben weiß. Ein treffendes Beispiel hat uns Picard gegeben. Sozusagen alle Augenblicke sehen wir ihn hier oder dort ergreifen und ins Gefängnis führen, aber jedesmal bald wieder in Freiheit. Er saß in Middelburg, in Abbeville, in Lille, in Mons, in Gent, in Münster, in Wesel, in Köln und Gott weiß wo, aber immer wußte er seine Fesseln wieder abzustreifen. In seinen frühesten Jünglingsjahren, vielleicht in dem siebzehnten seines Alters – ein Jahr darauf stand er schon an der Spitze der brabantischen Räuber –, wurde er, wie ich oben bemerkt habe, in Middelburg gefangengesetzt, mit ihm Maschoker. Ihre Gefangenschaft währte schon damals nicht lange. Maschoker wußte durch die hin- und hergehende Jüdin Krack falsche Zertifikate zu bekommen und – beide wurden in Freiheit gesetzt.

Wir kehren jetzt zu dem Jahr 1796 und den Bemühungen der Polizei damals, die Räuber völlig auszurotten, zurück. Picard, der gefährliche Picard, wurde eingezogen. So schlimm er war, so leicht er sich sonst selbst helfen konnte, so glaubte er doch bei der gegenwärtigen Lage der Sachen, sich an gewisse Leute von Einfluß wenden zu müssen. Er nahm seine Zuflucht zu einem sogenannten homme de loi*, dem Prok. S... Diesem vertraute er sich an und bat ihn um wirksame Unterstützung – Picard sollte nach Tournay gebracht werden. Vor allem kam es darauf an, Adressen an diesem Ort zu haben. Der dienstfertige homme de loi hatte einen Mann von Wichtigkeit, den van der H... in Tournay, der, wie man sich versprach, bei dem Anblick einer Handvoll Gold eben nicht unempfindlich sein würde. An diesen wurde sogleich geschrieben. Damit es aber Picard an gar nichts fehlen möge, beschäftigte sich unterdessen der homme de loi, einige falsche Zertifikate und Zeugenaussagen zu seinen Gunsten zu fabrizieren, eine Bemühung, die ihm mit einer Summe von zwölf Louis und einer prächtigen goldenen Uhr vergolten wurde.

Das wichtigste war noch zurück†, die falschen Zertifikate, die Zeugenaussagen sollten erst legalisiert, das heißt die Unterschriften von der Municipalität bekräftigt, als wahr erkannt werden. Ohne dieses wären sie von keinem Gebrauch gewesen. Ein schweres Stück Arbeit. Doch der redliche homme de loi wußte auch hier Hilfe und Ausweg. Eine Stunde, ehe Picard abgeführt wurde, kam er und brachte die Zertifikate wieder. Sie waren alle in schönster Form. Wie und wodurch ihm das Meisterstück gelungen ist, ist nicht bekannt geworden. – Es ist auch nicht immer gut, alles zu wissen.

In Tournay, wohin Picard in starker Begleitung geführt worden war, fanden sich augenblicklich S...ns Freunde, Bekannte und Helfershelfer. Hier arbeitete der Bruder des G... P...s mit nicht minderem Eifer und auf eben die gleiche Art wie S... durch Herbeischaffung falscher Zertifikate auf Picards Befreiung. Am tätigsten aber der B... L. defenseur officieux‡. Dieser Mann gehörte ebensowohl

* Advokat, in diesem Fall auch Prokurator = Bevollmächtigter

† zu erledigen

‡ Anwalt der Beschuldigten

wie S... unter die allenthalben bekannte und verhaßte Klasse jener, die mit leisen Tritten durch die Gefängnisse schleichen, den Spitzbuben in die Ohren flüstern, was sie im Verhör zu antworten, wie sie sich zu benehmen haben, die ihnen Lektionen über die listigen Arten, Verbrechen zu begehen, lesen und dafür vom Staat hinterher Beförderung und Besoldung verlangen. Noch vor kurzem hatte L... vier Räuber von Picards Bande, die über 80 Diebstähle begangen und sich mehrerer Mordtaten schuldig gemacht hatten, auf eine verschmitzte Art der strafenden Gerechtigkeit zu entziehen und sie dem Räuberleben aufs neue zu schenken gewußt; nun arbeitete er für Picard, den Chef der Bande.

Sollte hier nicht der Platz für eine flüchtige Bemerkung über das Institut der öffentlichen Verteidiger sein? Wird man es zwecklos finden, wenn ich hier dem, der in die Geheimnisse der Gebrechen unserer Kriminaljustiz nicht initiiert ist, den Schleier vor den mannigfachen Übeln, die manche der öffentlichen Verteidiger bewirkten, hebe?

Frankreichs Gesetzgeber zur Zeit der Revolution mochten dafürhalten, daß es dem Grundsatz der aufgestellten Freiheit und Gleichheit gemäß wäre, wenn der Verhaftete sich aus der Klasse des Volkes jeden, den er nur wollte, zu seinem Verteidiger wählen dürfte; sie glaubten ferner, daß es die Menschlichkeit erfordere, diesem Verteidiger den Zutritt zu den Gefangenen zu gestatten wie überhaupt eine unbeschränkte Gewalt in Anwendung der Verteidigungsmittel – ich sage eine unbeschränkte, denn ihre Grenzen hingen nur von dem guten Willen des Kriminalpräsidenten, der im Besitz des pouvoir discretionnaire* war, ab. Die Folgen dieses Systems waren, daß man nur zu oft Leute ohne alle Moralität, Intriganten, Gauner, Schurken jeder Klasse vielleicht eben darum, weil sie dieses waren und besser in die Geheimnisse der Spitzbuben eingeweiht werden konnten, wenn sie nur Verschlagenheit und soviel Kenntnis der Gerichtsformen besaßen, daß sie durch vorgesuchte Nullitäten den Schuldigen durchzuschleifen verstanden, als öffentliche Verteidiger auftreten sah; wohingegen rechtliche, gutgesinnte Menschen, die ihre Verteidigungsmittel nach dem obersten Prinzip der Moral, nach dem allgemeinen Wohl, dem Interesse des Staates reguliert haben würden, von dieser Stelle ausgeschlossen, das heißt, nicht gebraucht wurden, daß ferner abscheuliche niederträchtige Kabalen, bestrafungswürdiger oft als das Verbrechen, um dessen Beschönigung man sie hervorholte, angesponnen, daß falsche Zeugen gekauft, ehrliche Zeugen verdächtig gemacht, verunglimpft, öffentliche Aktenstücke nachgemacht, verfälscht und hundert andere Bubenstücke dieser Art zur Befreiung eines verruchten Missetäters unternommen wurden, daß endlich die auf solche Art befreiten Bösewichte nachher die Gerechtigkeit höhnten, verachteten, ihr Trotz boten, nicht allein kühner, sondern auch besser unterrichtet und schlauer von neuen Verbrechen zu neuen Verbrechen fortschritten. Unglückliche Folgen, die man nur zu spät einsah, denen man kaum einen hinlänglichen Damm entgegensetzen konnte.

* der Macht über Gnade oder Ungnade

Mit Picards Verhaftung wurde die Brabantische Bande völlig gesprengt. Abraham Jakob und Maschoker saßen in Paris, aber genossen da keinen Augenblick Ruhe. Picard im Cachot zu wissen, vielleicht von ihm entdeckt zu werden, war der Gedanke, der sie ohne Unterlaß beschäftigte. Sie waren bereit, Himmel und Erde aufzubieten, um ihm wieder zu seiner Freiheit zu verhelfen. Weniger schien ihnen Picard, weniger die reichen Gefilde Brabants, aus denen sie nun vertrieben waren, am Herzen zu liegen als ihre eigene Sicherheit.

Picard saß im Gefängnis, da brachte man ihm einen Brief, den Abraham Jakob, sein Schwager, aus Paris an den Vater Jakob geschrieben hatte. Die große Pariser Bande, so meldet man ihm, setze sich in Bewegung, ihn, koste es was es wolle, zu befreien. Sie werde sich in kurzem auf den Weg von Tournay nach Mons lagern, weil sie wisse, daß er, Picard, nach dem Justizhaus im letzten Ort gebracht werden solle, sie werde ihn mit seiner Begleitung erwarten und mit Waffen in der Hand, mit Aufopferung ihres Blutes retten.

Unendlich muß es der Verfasser gegenwärtiger Geschichte bedauern, daß ihm über die Art und Weise, wie sich Picard aus seinen Ketten losgemacht hat, noch nichts bekannt geworden ist. Später, wenn von den Räubereien der Mersischen und Neuwieder Bande nach dem Jahr 1796 gehandelt wird, erhalten wir erst wieder Gelegenheit und Stoff, von diesem Räuberchef zu reden. Soviel ist gewiß, mit seiner Gefangennahme schien die brabantische Bande völlig aufgelöst zu sein.

Verzeichnis der brabantischen Räuber:

Chefs:

- Abraham Jakob, auch Jakob Levi, Signetsnyder. Sein ferneres Schicksal ist unbekannt
- Picard Kotzo, Abraham Picard
- Moyses Ocker, Maschoker, Carl Granus, gebürtig aus Frankfurt, verheiratet mit einer Christin
- Jan Bosbeck, Adrian, Jan der Brabänder, Schifferchen
- Franz Bosbeck, auch Jehu, verheiratet mit einer Jüdin, ebenfalls Schifferchen

Räuber:

- Jakob Moyses von Winschoten, der Vater des Abraham. Sein endliches Schicksal ist unbekannt
- Aron Levi aus Hamburg
- Markus David
- Michel Singer
- Salomon Singer
- Abraham Singer
- Jonas Lichtinger, Joniken aus Paris
- Jakob Kessel
- Wolff der Pariser
- Schmul Tambur
- Herbert Lebrun
- Franz van Damme
- Jan der Brüsseler
- Abraham Langnase
- Moises Mainzer
- Lion Levi
- Süßkind

Kernmilch
Pack oder Pesag
Schlome Eindthover
Epfraim Benjamer
Simon Gas
Jan der Lange von Antwerpen

Das Schicksal der folgenden ist unbekannt:

Simon Gys
David Dryne
Aron Beiehont
Van der Schuck
Van Hemelen
Soubert
Benedikt Salomon
Nachtmann Eindthover
Feidex Picards Diener
Seubel
Jonas Steiff
Bernard mit der hohen Achsel
Jan Galant
Dirks
Daniel Jakob
Sommer
Michael Klaes
Klause
Moises Minge
David Saul
Le Comte

Unter 50 also 32 Juden.

2) Holländische Bande

So wie die Brabantische, die Mersische und Neuwieder macht auch diese einen Bestandteil der großen niederländischen Bande aus. Ihre Häupter gingen bei der Judenfamilie von Winschoten in die Schule und gehörten von Zeit zu Zeit bald der Mersischen, bald der Brabantischen Bande an. Ihre Glieder – meistens Juden – erschienen bald in Holland, bald am Rhein; doch gab es auch viele unter ihnen, die sich nur um die Zuidersee aufhielten. Die Epoche, worin sie am tätigsten war, in der sie eigentlich ihre wahre Existenz hatte, war von dem Jahr 1792 an bis in den Sommer 1798.

Sosehr wir uns befugt hielten, über die Brabantische Bande ausführlich zu sein, weil sie gleichsam als die Mutter der am Rhein sich ausbreitenden Banden, von denen wir eigentlich handeln, angesehen werden muß, so glauben wir uns doch zu weit von unserem vorgesteckten Ziel zu entfernen, wenn wir mit der Holländischen Bande, die nur in geringe Berührung mit denen am Rhein gekommen ist, ebenso verfahren; wir beschränken uns daher auf einige Hauptmomente, auf das, was in die Geschichte des Ganzen eingreift.

Die Holländische Bande hatte – soviel bekannt geworden ist – nur zwei Anführer, und diese waren die Brüder Bosbeck, die wir oben schon erwähnt haben. Damals als Moyses Jacob zum ersten Male sein Glück in Brabant versuchte und nach Antwerpen zog, hatten sie schon in dieser Gegend eine Bande organisiert und streiften besonders über Schelde und Waal. Nachher, als die ungleiche Teilung der Beute und der Zwist mit Picard eine Trennung der Brabanter Bande verursachte, waren sie es, die sich in die Gegend von Flessingen, Middelburg und Sas de Gand zogen. Nun hatten sie einmal versucht, wie es sich in dem reichen, mit einzeln gelegenen, isolierten Höfen übersäten Holland stehlen ließe, und nun schien ihr ganzes Streben auf dieses Land gerichtet zu sein. Als daher später die Polizei in den vereinigten Departementen schärfere Maßregeln gegen die Räuber ergriff, als Markus David auf der Tat ertappt und eingezogen, als Picard selbst festgesetzt wurde, als keine Hoffnung mehr übrigblieb, das Räuberwesen im blühenden Brabant fortzusetzen, da flüchteten die beiden Bosbecks in das lange schon ausersehene Holland.

Hier organisierten sie ganz nach dem Muster der Brabantischen Bande eine neue. Sie behielten die Methode zu rauben, die sie von Moyses Jakob erlernt hatten, bei. Anfangs waren sie, wie wir gehört haben, nur Stümper. Jetzt unternahmen sie, begünstigt durch die Unordnungen, die im Gefolge des Krieges kamen, einen wichtigen, schrecklichen Raub nach dem anderen. Freilich blieben sie nicht immer in Holland. Franz Bosbeck irrte manchmal im nordwestlichen Deutschland umher und hielt sich eine Zeitlang in Kleve vor dem Haagischen Tor, in Düsseldorf bei Pfaffrath und in Köln auf der Severinstraße auf, von welchen Orten er mit den Mersenern manchen Raub verübte. Desto treuer hielt sich im Gegenteil sein Bruder Jan oder Adrian an Holland. In den Jahren 96, 97 und 98 wurde fast kein einziger Raub in diesem Reich begangen, woran nicht der letzte teilgenommen hätte, wie denn fast überhaupt die ganze Existenz der Holländischen Bande von den beiden Brüdern Bosbeck abhing.

Etwas aus der Biographie dieser Räuber verdient hier um so mehr eine Stelle, als sie beide lange an den Ufern des Rheins gespukt haben und, wie wir später erfahren werden, zu den Häuptern der unserer Gegend so gefährlich gewordenen Mersischen Bande gehören. Ihr Interesse steigt, wenn ich bemerke, daß einer von ihnen, Jan (Adrian), noch bis auf diese Stunde sich in Freiheit befindet.

Franz Bosbeck, genannt Schifferchen, mit seinem Judennamen Jehu, war gebürtig aus Lostroeg, war von einem eben nicht handfesten und starken, aber dauerhaften Körperbau, von einem wilden, grausamen Charakter, listig, verschlagen, tückisch, sich immer gegenwärtig, kühn, mutig, dem Trunke und den Weibern ergeben. In seiner frühen Jugend diente er im Revolutionskrieg gegen Joseph II. unter den sogenannten Brabanter Patrioten und schwang sich, was nun eben nicht viel sagen wollte, zum Offizier empor. Inwieweit er in diesem bürgerlichen Krieg, der wie jeder andere die Schule ungeheurer Verbrechen wurde, sich zu dem zuschnitt, der er in der Folge erschien, will ich nicht untersuchen. Soviel läßt sich vielleicht schließen, daß ihm das bisherige freie, wilde Leben einen Hang nach Independenz*, einen Haß gegen Arbeit einhauchte und so den Grund zu seinem späteren Herumvagieren legte. Soviel des Goldes er auch manchmal aus einem einzigen Raub davontrug, so diente es doch nicht, ihm ein solides Etablissement zu verschaffen. Bald war es wieder verschwelgt und verludert, und er war so arm wie zuvor. Manchmal machte er zwar den Vieharzt, auch legte er einmal eine Seifenfabrik an, aber das alles war mehr um des Scheins willen, um als ein Mann, der irgendwoher Verdienst und Geld zöge, angesehen zu werden, war nur eine Maske, hinter der er seine Räuberphysiognomie verbarg. Wie sehr ihm das Räuberleben ans Herz gewachsen, wie da nichts auf der Welt imstande war, ihn davon abzureißen, beweist seine erste Gefangenschaft. Neunzehn Monate saß er in einem dunklen, schrecklichen Turm unter der Erde, wo die Luft so schwer war, daß er kaum atmen konnte, wo ihn nicht ein einziger, freundlicher Sonnenstrahl beschien und seine beiden Füße bis an die Knöchel in faulem Wasser standen. Kaum hatte er seine Freiheit wieder, so wenig achtete er das ausgestandene Elend, so sehr hing er am Räuberleben, daß er aufs neue wieder zu stehlen begann. Auch auf die Folter wurde er später gebracht, schrecklich seine Glieder verzogen, sein Leib zerfetzt. Ebensowenig ihn die empfindlichsten Schmerzen zum Geständnis bringen konnten, ebensowenig waren sie fähig, ihn zu einem anderen Leben zurückzubringen.

* Unabhängigkeit

Nach Aussage der Dina Jakob war er, wie wir bemerkt haben, zu der jüdischen Religion übergetreten – wenigstens für kurze Zeit –, auf die gleiche Art, wie der andere brabantische Räuberchef, Moyses Ocker (Maschoker), zu dem christlichen Glauben übergegangen war und sich Carl Granus hatte nennen lassen. Über die Ursachen dieser sonderbaren Bekehrungen läßt sich nichts Bestimmtes sagen. Man würde die heiligste, reinste Empfindung edler Herzen verkennen, wenn man behaupten wollte, daß Liebe der Grund dieser Glaubenswechselungen gewesen sei, obgleich man nicht umhin kann zu gestehen, daß sowohl Bosbeck als auch Maschoker erst dann ihre Religion änderten, als sie um Weiber von verschiedener Religion freiten. Davon, daß Bosbeck dem anderen Geschlecht äußerst ergeben war, haben wir Beispiele in Fülle. Während seines Aufenthaltes in Mersen bei Maastricht unterhielt er eine Maitresse mit ihrer ganzen Familie und wußte nicht genug zu rauben, um diese bei guter Laune zu halten. Daß die Jüdin Helena oder Rebecca, wie sie heißen mag, ihm auf das innigste zugetan war, geht aus mehr als einer Anekdote hervor. Als nach dem beträchtlichen Diebstahl beim Postcommissaire Fockert in Nimwegen im Jahr 1792 Bosbeck, der damals schon einen Anteil am Kommando hatte, eingesperrt wurde, war sie es, die ihm seine Freiheit unter Aufopferung der ihrigen zu verschaffen wußte. Daß aber er die großmütige Tat sehr schlecht belohnte, ist nicht minder wahr. Während er sich zu Maaße im Land von Valkenburg aufhielt, mißhandelte er die Unglückliche auf grausame Art. Die Akten sagen, er schlug sie so, daß ihr das Blut aus Mund und Augen quoll.

Dieses selbe Weib, das einst die Ursache seiner Befreiung aus dem Kerker war, wurde acht Jahre darauf die Ursache seines Falls. Eine Leidenschaft, die ebenso oft in das Rad des Lebens besserer Menschen eingreift, wie sie unter der Klasse der Räuber Verwüstungen anfängt – Eifersucht –, gab den ersten Stoß dazu. Helena oder Riefke geriet in Wut, als sie sich von ihrem Mann verlassen, einer anderen nachgesetzt sah, lief zum Gericht und gab ihn an, als er soeben im Vollbringen eines neuen Raubes war. Er wurde mitten in seiner letzten Operation ergriffen und mußte im Haag mit dem Strang zahllose Frevel büßen. Wenn man ihn auch wegen der verräterischen Art, mit der er ausgeliefert wurde, bedauern wollte, wenn man sich auch bereden könnte, daß ihm wegen des einen oder anderen zur Last gelegten Raubes vielleicht zu viel geschehen wäre, wenn er auch als Räuber Begnadigung verdient hätte, so bleibt doch ein schwarzer Fleck in seinem Leben, der uns mitleidlos gegen sein Geschick machen muß, der ihn als Mörder proklamiert und der allgemeinen Verachtung unterwirft: ein Zug, der ihn unter die Klasse italienischer Banditen setzt. Die Anekdote schreibt sich noch aus seinem Aufenthalt in Gent her.

Hier wohnte eine ältliche Dame, die in dem Ruf stand, einiges Vermögen zu besitzen. Sie hatte nur eine Magd und lebte mit dieser allein. Bosbeck entschloß sich, sie zu berauben. Eines Abends kam er an ihre Wohnung (in Gent) und zog die Schelle. Niemand war mit ihm. Das Dienstmädchen öffnete die Tür. Wütend sprang er ihm entgegen, schlug die Tür hinter sich zu, zog ein Messer und versetzte ihm auf der Stelle einen tödlichen Stich. Blutend stürzte die Unglückliche auf den Boden, und nun eilte Bosbeck in die Zimmer, worin sich die ältliche Dame, die Eigentümerin des Hauses, aufhielt. Noch ehe diese ahnen konnte, was der fremde auf sie Eindringende vorhatte, fühlte sie sich schon von Messerschnitten über und über verletzt. Unfehlbar würde sie unter den Streichen des Mörders gefallen sein, unfehlbar würde dieser mit dem Raub seine zweifache Schandtat besiegelt haben, wenn nicht glücklicherweise einige Nachbarn, durch das Geschrei der Verwundeten herbeigelockt, just noch in den geltenden Momenten zu Hilfe gekommen wären. Bosbeck mußte fliehen. Er fand erst spät, wie wir bemerkt haben, den Lohn seiner Verbrechen.

Daß er es war, der sich an die Spitze der Holländischen Bande gestellt hatte, daß er allgemein als der Chef der Räuber angesehen worden ist, ist keinem Zweifel unterworfen. Das Todesurteil, das der Justizhof over de voormalige Gewesten Holland en Zeeland gegen ihn aussprach, hat unter anderem folgende getreu angeführte Stelle:

»En eyndelik zich aan het Hoofd gesteld heeft van eene bende Gaaundieven en Vagabonden, welken gewapenderhand zoo binnen als buyten deeze Republicq, byzonderlyk in Luykerland, Cleefsland, Vlaanderen, Braband en nabuurnige Streeken, zich aan eene zeer groote Meenigte van geweldaadige Dieverye en huysbraaken veel al met Bindingen, Mishandelingen van verschillende Aart vergezeld heeft schuldig gemaakt« u.s.f. Das Urteil wurde am 19. Mai 1800 von Rudolph Baalde, Präsident des Tribunals, ausgesprochen, und Bosbeck beendete auf dem Rabenstein ein längst verfallenes Leben.

Gegen seinen Bruder Jan, der sich auf flüchtigem Fuß befand, wurde ein Contumacial-Urteil* verhängt.

Jan Adrian Bosbeck, der bald unter dem Namen Bosmann und Bonnie, bald unter dem Namen Schifferchen umherzog und noch bis jetzt im Besitz einer stets mißbrauchten Freiheit ist, hat Antwerpen zum Geburtsort. Obgleich er seinem Bruder weder an Mut noch an Verschlagenheit gleichkam, so war er doch der gefährlichste unter allen Räubern; denn in seinem Charakter lag ein unerforschlicher Grad von Wildheit und Grausamkeit, so daß er nie bei einem Raub zugegen sein konnte, ohne ihn nicht durch Blutvergießen noch schrecklicher und abscheulicher zu machen. Harte Mißhandlung, Schlagen, Zerhauen, Sengen und Brennen waren oft bei den Räubern die Mittel, wodurch sie den Beraubten Schätze und Reichtümer, die sie nicht hatten, zu erpressen suchten, aber bei Jan Bosbeck war dieses Zweck. Er wütete, weil er so wollte, weil es so seine Lust war. Schon sein Äußeres genügte, Schrecken einzujagen. Sein wildes, flammendes Auge entmannte den Kühnsten. Stets trug er die Werkzeuge seines Handwerks bei sich. Wenn er über Land zog, hatte er unter seinem Sattel und in seinen Taschen vier Pistolen; kam es zur Expedition, so hatte er diese in den Händen und einen scharfschneidenden Säbel zwischen den Zähnen. Er war der einzige, der die

* Urteil wegen Nichterscheinens

Juden nicht gerne um sich hatte und sie bei den Expeditionen zurückließ. Nur zwei von dieser Nation konnte er dulden, aber diese waren auch die blutdurstigsten, die abscheulichsten der ganzen Bande: der Mörder Jakob Kessel, der in Lüttich guillotiniert worden ist, und der nicht geringere Bösewicht Abraham Langnase. Diese ließ er an allen seinen Freveln teilnehmen. Derjenige unter den Christen, mit dem er besonderen Umgang pflegte – ich will hier das heilige Wort Freundschaft nicht entweihen –, war Jan der Brüsseler, einer der abscheulichsten Banditen, von dem selbst Räuber mit Verachtung sprechen.

Wie wenig Jan Bosbeck die Hebräer dulden konnte, hat er durch mehrere Beispiele bewiesen. Wir enthalten uns aller übrigen und führen nur eines an. Eines Abends bekam er mit dem Räuber David Saul in Gent auf offener Straße einen Wortwechsel wegen ungleicher Teilung der Beute. Daß einer von dem verhaßten Geschlecht sich ihm zu widersetzen wagte, das konnte er unmöglich dulden, sein Blut strömte wild durch seine Adern, er packte ihn, riß ihn nieder und erwürgte ihn auf der Stelle. Die Tat wäre vielleicht gleich entdeckt worden, wenn Bosbeck nicht die Leiche in die Schelde geworfen hätte. Sechs Wochen darauf wurde sie wieder herausgefischt.

Jan Bosbeck, hier folgt seine Beschreibung, ist jetzt etwa dreißig Jahre alt, von mittlerer Statur, mager, hat blonde Haare, die er in einem kleinen Zopf zusammengebunden trägt, die Nase aufgestülpt, helle blaue Augen, blasses Gesicht, trägt Ringe an den Ohren und geht oft sehr prächtig und reich gekleidet. So zeigt er sich zuweilen in einer hellblauen, feinen Reitweste mit englischen Stiefeln und silbernen Sporen. Doch erscheint er auch oft in einem braunen Schanzlaufer* eingehüllt mit roter und modischer Weste und einem blauen Überrock. In dem holländischen Steckbrief wird seine Länge acht Fuß zwei bis drei Daumen angegeben. Er war mit der Tochter des Uhrmachers Petter aus Bosch verheiratet. Sein jetziger Aufenthalt ist völlig unbekannt; aber der Polizei muß alles daran gelegen sein, dieses gefährlichen Menschen habhaft zu werden.†

Unter die Diebstähle, derer sich die Holländische Bande unter Anführung der beiden Bosbecks schuldig gemacht hat, gehören:

1) Jener bei dem Postcommissaire Fockert in Nimwegen im Jahre 1792 oder 1793.

2) Jener in der Nacht vom 24. auf den 25. Oktober 1795 zu Elouches verübt. Die Hausgenossen des Eigentümers wurden schändlich mißhandelt.

3) Jener in der Nacht vom 18. auf den 19. Juli 1797 zu Hilgersberg bei Maria von Leuwen verübt. Auch hier wurden die Hausbewohner abscheulich mißhandelt. – Besonders war es der Wüterich Jan Bosbeck, der eine achtzigjährige Frau mit einem Ofeneisen auf das entsetzlichste zurichtete.

4) Jener in der Nacht vom 20. auf den 21. September 1797 zu Albrandswaard verübt. Schändlich verfuhr man hier mit Mann und Weib.

---

* niederländischer Ärmelmantel, eigentlich: Schanzlooper

† Bosbeck wurde 1811 in Marburg verhaftet und starb 1818 in Gefangenschaft.

5) Jener in der Nacht vom 27. auf den 28. Oktober 1797 zu Steckelingen bei der Witwe Bakker vollbracht. Gleichfalls begleitet von Gewalttätigkeiten aller Art.

6) Jener in der Nacht vom 7. auf den 8. April 1798 unter dem Kommando des Jan Bosbeck auf dem Hof des Jans Kallemeyers zu Wolfaertsdyk in Zeeland vollbracht. Die Bande eroberte das Haus unter anhaltendem Feuern. Man darf kaum anführen, daß dort, wo Jan Bosbeck zugegen war, Grausamkeiten begangen wurden.

7) Jener in der Nacht vom 16. auf den 17. April 1798 zu Ysselmonde in der Wohnung des Leendert Hendriks Slikkever verübt. Begleitet von Grausamkeiten.

8) Jener vom 7. auf den 8. Mai 1798 zu Diemen in dem Haus des Schouts G. A. von Houwening vollbracht. Die Umstände waren hier wie fast allenthalben die gleichen. Das Haus wurde mit Rennbalken aufgesprengt, die Bewohner desselben geknebelt und gegen die, die Miene machten, sich zu widersetzen, mit Pistolen gefeuert.

9) Jener in der Nacht vom 14. auf den 15. Juni 1798 zwischen Mook und Grave in dem Haus des Fest Jansen.

10) Jener in der Nacht vom 5. auf den 6. Juli 1798 bei Gryfoord in dem Haus der Witwe des Eduard Eims begangen. Auch diesen begleiteten Gewalttätigkeiten.

11) Jener in der Nacht vom 16. auf den 17. August 1798 zu Loom op te Sand im Haus des B.A. Dekkers verübt. Grausamkeiten aller Art wurden hier vollbracht. Jan Bosbeck – es ist der einzige Fall in der Räubergeschichte – konnte seine Bosheit, seinen Mutwillen so weit treiben, ein junges Mädchen während des Plünderns zu notzüchtigen.

12) Jener geplante, aber mißlungene Kirchenraub im August desselben Jahres. Es war auf eine unweit Bosch gelegene katholische Kirche abgezielt.

13) Jener die dritte Nacht hierauf in dem Haus der Geschwister Dirks von Guelven nicht weit von Bosch vollbracht.

Außer diesen wurden von der Holländischen Bande noch eine Menge anderer Diebstähle begangen, aber aus Mangel hinreichender Nachricht über sie, teils auch weil sie nicht in den Plan dieses Werkes gehören, werden wir ihrer nicht gedenken.

Den Ruhm, die gefährliche, sich weit ausbreitende Holländische, von Franz Bosbeck angeführte Bande völlig vernichtet sowie den Ruhm, die mit Adrian Bosbeck flüchtenden Räuber bis in ihre geheimsten Schlupfwinkel verfolgt zu haben, verdient größtenteils van Maanen, General-Prokurator. Dieser aufmerksame, tätige, rechtschaffene Polizeibeamte sparte ebensowenig Mühe wie Geld, um zu seinem Zweck zu kommen. Er bezahlte Spione, wie denn überhaupt die batavische Regierung in diesem Punkt keinen Aufwand scheut. Er schickte den Räubern auf jeden ihrer Schritte Vertraute nach, er ließ ihnen bis in das Herz von Deutschland nachsetzen, und es glückte ihm, manchen von ihnen, der seine ruchlosen Pläne in der Ferne von Holland noch länger fortgesponnen hätte, wenn er es am wenigsten dachte, ergreifen und in den Kerker führen zu lassen. Mit dieser freiwilligen Bekanntmachung seines Verdienstes zollt ihm der benachbarte Staat schuldigen Tribut, sein Vaterland mag ihn für das, was er ihm geleistet hat, nach Würde belohnen.

Verzeichnis der zur Holländischen Bande gehörenden Räuber:

Chefs:

Franz Bosbeck, aufgehängt im Haag
Jan (Adrian) Bosbeck

Räuber:

Folgende sieben wurden zugleich mit Franz Bosbeck aufgeknüpft:
Eberhard Engelen
Philipp Jansen
Franz de Smit
Gerrit Geessing
Andreas Jaspers
Jan Jaspers
Eis Mertens

Folgende acht wurden gegeißelt, gebrandmarkt und auf ewig eingesperrt:

Abraham Singer
Gerrit Waltelingh
Franz Metzger
Hein Surel
Jan Wipperfuß
Wilhelm van der Wiel
Jan Baur
Moses Gas

Folgende fünf gehören zu Jan Bosbecks Bande und werden durch Steckbriefe ganz besonders verfolgt:

Wolff, auch Michel Salomon, auch der taube Philipp genannt, ein Jude aus Amsterdam, alt beinahe 30 Jahre, schwarze, herumhängende Haare, schwarze Augen, bleich von Farbe, rund von Angesicht, klein von Körper, stolz im Gange, spricht Deutsch, Französisch, Holländisch und Englisch, hart von Gehör, machte einst den Tanzmeister. Er saß in Bosch, brach aber 1799 aus.

Kres der Brabanter (Cornelius de Bruyn), alt 40 Jahre, 5 Fuß lang, stark von Lippe und Nase, rund von Kinn, geht bürgerlich gekleidet.

Abraham Samuel Levi, alias Abraham Rotterdam, alt 30 Jahre, 5 Fuß 2 Zoll lang, braunes Haar, oft in einen Zopf gebunden, graue Augen, bleich von Angesicht, stark und dick von Körper, verheiratet mit einer Tochter des Nathan Emmerich, der noch kurz an diesem Ort wohnte und zu der Bande gehörte.

Jan Bourse, ein geborener Franzose, alt 30 Jahre, lang 5 Fuß 4 Zoll, mager, schwarzhaarig, bleiches, langes Gesicht, schwarze Augen, Augenbrauen und Bart, spricht gebrochen Deutsch.

Ludwig Borne, blond von Farbe, rote tränende Augen, alt 30 Jahre, spricht gut Holländisch und Französisch, hat als Soldat gedient, erscheint daher oft noch in Uniform.

Kaufmann
Lange Jan
Jonas Lichtinger
Abraham Kail
Moses Ocker
Roo Mie, Romich
LeibLangnase, gestorben
Abraham Boyenwasser

Moses Abraham Polak
Joseph Polak
Süßkind
Michel Singer-Macholchen
Chie-Joma-Generalchen
Salomon Eindthoven
Salomon Nar
Mosche Wynjonge
Israel Wynjonge
Mortje Derbag
Abraham Gas
Moses Schinder
Abraham, Afrom May
Jurian von Houten
Jan von Houten
Meyer Koßenjong
Aron Levi aus Hamburg
Rote Jan
Jan de Snuyves
Meyer Gas
Joseph Gas
Salomon Mansbach
Joseph met de Wrat
Kob de Brusselaer, eigentlich Sabrotier
Simon Gas
David Koussenjong
Samuel Uitgeert
Joseph Kernemelk
Job Drideuten
Leib Schloß
Große Joseph
Mortje Juda

Jan von de Sand, aus Emmerich, jetzt Zuchthaus zu Breda
Arnold van de Sand, aus Emmerich, für zwölf Jahre in Wesel auf die Festung condemnirt*
Wilhelm Thor, aus Emmerich, sitzt in Arnheim
Cornel Hartmann, vulgo die Puppe, sitzt für achtzehn Jahre in Wesel
Derk Derksen, vulgo Keege, aus Emmerich, und
Jan Meurs, aus demselben Ort, entsprungen aus Wesel. Diese beiden hielten sich viel zu Wilder bei Kleve in dem Haus des Görd Wanders auf, der schon seit mehreren Jahren Diebe beherbergt hat
Jan Hoffmann, im Zuchthaus zu Arnheim
Leendert Rickers oder Leendert van Roggen und dessen Sohn Gerhard van Roggen, auch van der Schort, sitzen in Zutpfen
Daniel Daniels oder Kauen, sitzt ebenfalls in Zutpfen

---

* verbannt

3) Mersische Bande

Auf dem rechten Ufer der Maas, anderthalb Stunden von Maastricht, nordostwärts am Fuße eines Berges, der mit dichtem, wildem Gesträuch überwachsen hoch über das romantische Maastal emporragt, liegt vom Geul-Flüßchen durchströmt, ein eben nicht großes, aber volkreiches Dorf, von dem ein Kanton den Namen führt – Mersen. Seit hundert Jahren und noch länger hatte mitten unter friedlichen frommen Landbewohnern ein heilloses, verworfenes Räubergesindel hier seinen Wohnplatz aufgeschlagen. Was dazu beitrug, daß es just diesen Ort und keinen anderen sich erkor, war einesteils die Nähe des holländischen, brabantischen, des Lütticher, des Jülichschen und Aachener Gebietes, die Leichtigkeit, womit es von einem Distrikt in den anderen wandern und so sich dem nachschleichenden Auge der Justiz entziehen konnte, andernteils aber der Zusammenfluß einer Menge das Land herumstreichender Handelsjuden, die den Verkauf des Gestohlenen beförderten.

Die Räuber, die in den ersten Zeiten sich dort niederließen, waren nicht nur ein ganz anderer Schlag Leute als die Räuber in neueren Zeiten, sondern hatten auch eine eigene Raubmethode, die von jener der Räuber unserer Epoche ganz unterschieden war. Die alten Mersener stürmten so zum Beispiel nicht wie die jüngeren die Türen der Beraubten mit Gewalt, sie griffen diese nicht persönlich an, sie mißhandelten sie nicht. Ihr System war just das Entgegengesetzte, sie schlichen, so leise sie nur konnten, bei schweigender Nacht vor die Läden und Stuben reicher, isoliert wohnender Landbewohner, brachen unbemerkt ein und entsprangen mit dem Gestohlenen, oft ohne die geringste Spur von sich zurückzulassen. Diebstähle dieser Art geschahen in damaliger Zeit so häufig, mehrten sich mit jedem Tag und blieben dabei in so einem geheimnisvollen Schleier verhüllt, daß schließlich der gemeine Mann, der in der dortigen Gegend ohnehin in der tiefsten Finsternis lebt und wie überall seinen Geist so gerne mit Wundern nährt, auf den Gedanken kam, sie könnten nicht anders als mit unrechten Dingen verübt worden sein, der Böse müßte mit den Spitzbuben gemeinsame Sache gemacht und ihnen in Ausführung des Raubes geholfen haben. Zur unumstößlichsten Gewißheit wurde ihm diese Idee, als man ihm erzählte, daß gleich nach dem verübten Raub, schon am anderen Morgen, die gestohlenen Effekten in einer großen Entfernung – nämlich in dem Dorf Mersen – bei Hanns oder Kunz – erblickt worden seien. Unbegreiflich war ihm die Geschwindigkeit, und er glaubte nunmehr fest und steif an Satans Mitwirkung.

Traf nun der Fall ein, daß irgendwo ein Raub verübt worden war, so machten sich die Bestohlenen auf der Stelle auf und reisten, ohne sich weiter umzusehen oder sich die Mühe zu geben, weiter nachzuforschen, so schnell sie nur konnten, nach dem verrufenen Mersen, wohin die Hexenmeister, wie es hieß, ihren Zug zu nehmen pflegten. Waren sie so glücklich, ihr Eigentum wiederzufinden – was denn auf die natürlichste Art der Welt zuging –, so diente die Geschichte davon nur zu einem neuen Beweis für das Spiel des Teufels. Da war niemand, der nicht um dem bei ihm geschehenen Diebstahl ein gewisses Ansehen, etwa Außerordentliches zu geben, das eine und andere hinzugedichtet und so das Seinige beigetragen hätte, das Märchen vollständiger zu machen. Bald hatte die erhitzte Phantasie ein ausführliches Gemälde der Teufeleien entworfen. Über einen blutigen ermordeten Körper, so hieß es, verbänden sich die Räuber mit gräßlichem Eid. Belial* selbst führe dabei das Präsidium, mustere die Glieder, gebe die Diebstähle an und helfe sie ausführen. Einem jeden der Räuberbande, so fabelte man weiter, stehe ein schwarzer zottiger Ziegenbock zu Gebote, mit dem er durch die Luft zu reiten pflege, um seinen Raub weit, weit herzuholen. Von dieser sonderbaren Reiterei bekamen dann die Räuber den Namen der Bocksreiter. In langen Winterabenden wurden von nun an tausend und abertausend Geschichten von dem Leben, den Taten und dem schauerlichen Ende der Bocksreiter erzählt und weit umher verbreitet.

Begünstigt durch den Aberglauben und die Furcht des Volkes, die sie weit entfernt waren zu verscheuchen, hörten die Räuber viele Jahrzehnte nicht auf, ihr Schandgewerbe zu treiben, vielmehr vermehrte sich ihre Kühnheit mit jedem Tag. Endlich erwachte die Justiz und suchte durch vermehrte Strenge – wie das fast jedesmal nach Epochen zu großer Gelindigkeit und Milde der Fall ist – wiedergutzumachen, was sie oder vielmehr ihre schläfrigen Beamten, verdorben hatten. Nun ging es ans Einziehen und Verhaften, ans Foltern und Hinrichten mit Strang und Rad. Schrecklich wurde unter den armen Bocksreitern gehaust, und das Blutvergießen nahm kein Ende, bis der rächende Arm der Themis† erlahmt, der zauberische Räuberverein völlig zerschmolzen schien, bis eine ganze Reihe von Häusern in Beck durchs Schafott verödet wurden und ein großer Teil der Einwohner von Mersen den entsetzlichen Tod der Missetäter gestorben war. Damit schließt sich die ältere Mersische Räubergeschichte.

Lag es in der Luft oder in dem Knochenbau oder in der Erziehungsart – darüber wollen wir die Philosophen hadern lassen –, kurz: die Abkömmlinge dieser berüchtigten Bocksreiter zeigten auch noch nach einem großen Zeitraum die gleiche Tendenz, den gleichen Hang zu dem Diebsgewerbe wie ihre Ahnen. So kam es, daß am Ende des verflossenen Jahrhunderts Mersen wieder aufs neue als der Zentralpunkt einer großen, einer gefährlichen Bande erscheint. Sie bestand meistens aus Räubern, die sich aus den vereinigten Departements hierher zu anderen des gleichen Gelichters‡ geflüchtet hatten und wie die brabantische haupt-

* der Teufel (im Neuen Testament)
† griechische Göttin des Rechts
‡ Gesindels

sächlich aus Juden. Einige von diesen stellten sich an die Spitze und gaben die Rädelsführer ab, andere – wozu sich besonders noch ihre Glaubensgenossen aus Maastricht und Geulpen gesellten – machten die Baldowerer und Scherfenspieler* oder Ankäufer. Das Gewerbe ging so gut, daß mehrere eigene Feuerstellen und ein ziemliches Vermögen erworben wurde.

Soviel glaubt man behaupten zu können, daß die Räuber niemals diesen Grad von Festigkeit in ihrer Existenz und von Wohlstand würden errungen haben, wenn sie nicht ein höherer Arm in Schutz genommen hätte. Was wir darüber aus den Aussagen mehrerer Räuber mitteilen können, ist folgendes: In Mersen wohnte eine Witwe namens R... . Einer der Chefs der Brabantischen Bande – der nachher auch die Mersische kommandierte – mietete sich bei ihr ein. Die Witwe hatte eine schöne Tochter, die dem Räuber in die Augen stach. Er knüpfte eine Bekanntschaft mit dem Mädchen an, überhäufte es mit Geschenken und nahm es endlich völlig zu seiner Maitresse. Zum Dank unterhielt er die ganze Familie. Solange der Räuber Gold zu verschwenden hatte, drückte die Mutter die Augen zu. Sein einziges Streben mußte also dahin gehen, seine Börse stets gefüllt zu halten, und dazu gab's kein anderes Mittel, als immer neue Diebstähle. Eine Mutter, die ihr Kind zur Maitresse gibt, darf man auch wohl ohne Scheu in Räubergeheimnisse initiieren. Das tat der Chef. Noch mehr. Sie wurde nicht allein in diese eingeweiht, sondern auch näher in das Interesse gezogen. Ihr Beitritt war es, der der Bande nicht allein den größten Nutzen, sondern auch Sicherheit, ungestörte Existenz verschaffte. Sie hatte einen Verwandten, der sowohl bei der alten als bei der neuen Verfassung just diejenige Stelle begleitete, der es hauptsächlich obliegt, für die allgemeine Sicherheit zu sorgen. Ihn suchte sie zu gewinnen, und es glückte ihr. Von nun an hatten die Räuber ein beständiges Asyl. Kühn durften sie in benachbarten Ländern umherspuken, in dem Schlupfwinkel, worin sie sich zurückzogen, hatten sie nichts zu fürchten. Kamen sie mit Beute beladen zurück, so übersendeten sie durch die Witwe R... oder einen anderen einen Teil als schuldigen Tribut für den Schutz an die Frau des mächtigen Verwandten.

Nur allein dem sträflichen Einverständnis, das dieser und mehrere seinesgleichen, denen der Staat wie ihm die allgemeine Sicherheit anvertraute, mit dem Räubervolke unterhielten, hat Frankreich und Deutschland es zu danken, daß sich in neueren Zeiten fürchterliche, schwer zu vernichtende Banden mitten in seinem Herzen gebildet und befestigt haben. Ohne solches hätten die Bösewichte nur irgendwo einen momentanen Zufluchtsort gefunden, ohne solches hätten sie sich nicht in großer Zahl an einem und demselben Ort versammeln können, ohne solches würde ihnen keine Gelegenheit gegeben worden sein, ihre Beute in Umlauf zu bringen, sie zu genießen. Dann, nur dann kann die Polizei zum Wohl der Menschheit im allgemeinen wirksam sein, wenn sie wie eine Kette in denjenigen, die ihr dienen, ineinandergreift; aber sie sinkt zu einem Schatten herab,

* Hehler

wenn auch nur eines ihrer Glieder dem erhabenen Zweck entgegenstrebt. Was können alle Bemühungen, alle Anstrengungen benachbarter edel denkender Beamten fruchten, wenn irgendwo einer unter ihnen sich findet, der mit dem Schild seiner Macht die Verbrecher deckt und durch lügenhafte Berichte die nachforschenden besserhandelnden Autoritäten täuscht?

Franz Bosbeck, derselbe, der in Holland und Brabant die große Bande angeführt hatte, war einer der ersten, die Mersen nach den strengen Maßregeln, die man im Dyle und in anderen benachbarten Departementen ergriffen, zu ihrem künftigen Aufenthalt erkoren hatten. Hier fand er Freunde und Hilfe in Fülle. Hierher hatte sich Moises Mainzer nach der Flucht aus Brüssel, hierher Jonas Lichtinger, hierher Moses Gas, Selig, Generalchen, hierher Kessel der schändliche Mörder, Kaufmann, Job Drideuten und andere Mitglieder der großen Brabantischen Bande begeben, und von hier befeindeten die Ruchlosen aufs neue die friedlichen, ruhigen Hütten der Landbewohner. Zu ihnen gesellten sich mehrere in Mersen wohnende Juden und andere Räuber. Auch fanden sich Anbringer, Hehler und Helfershelfer in Menge.

Von dieser Epoche, besonders von dem Jahr 1796 an, erscheinen zuerst die Mersener an den Ufern des Rheins. Die Brüder Bosbeck, die vorher ihren frevelhaften Arm gegen Holland und Flandern ausgestreckt hatten, greifen jetzt erst nach dem Eigentum der glücklichen Bewohner der Rheingegenden. Bis jetzt hatte hier die Krefelder Bande des Unfugs genug getrieben, aber ihre Diebstähle waren minder schrecklich gewesen, da sie meistens im stillen und ohne Gewalttätigkeiten vollbracht wurden. Wie ganz anders waren die Diebstähle der von der Brabanter Bande belehrten Mersener! Kühn stürmten diese, trotz allem Widerstand und Gefahr gegen die festest verwahrten Türen, drangen bewaffnet in die Häuser und übten Grausamkeiten aller Art aus. Nun war kein Heil mehr am Rhein, das Verderben ging seinen Gang mit Riesenschritten.

In der Gegend von Odenkirchen* und Erkelenz beginnen die Mersener im Jahr 1796 ihr fürchterliches Werk. Merkwürdig ist es, daß niemand damals auf den Gedanken, auf den Argwohn fiel, die Täter der ungeheuren Kette von aufeinanderfolgenden Diebstählen in der Ferne zu suchen, daß die Justizbeamten vielmehr des festen Glaubens waren, diese müßten sich irgendwo in der Nähe aufhalten, und daß man demzufolge immerhin die damals schon zum Teil bekanntgewordene Krefelder Bande, obgleich das Alibi ihrer Mitglieder manchmal sonnenklar war, wegen fast aller von den Mersenern verübten Diebstähle in Verdacht hatte.

Es ist eine Erfahrung, die ich durchaus bestätigt gefunden habe, daß sowohl die Bestohlenen selbst als auch minder unterrichtete Polizeibeamte, sooft ein Raub vollführt worden ist, jedesmal irgendeinen oder den anderen im Rufe stehenden liederlichen, schlechten Nachbarn für den Urheber gehalten und angegeben haben, daß die Beraubten, betrogen durch das Gaukelspiel der Phantasie,

---

* Odenkirchen ist heute ein Stadtteil von Mönchengladbach.

eben diesen verschrienen Nachbarn zur Hälfte, dem Anschein nach, wie es ihnen deucht, wie sie meinen, unter den Räubern wollten erkannt haben, daß die Polizeibeamten sich einzig und allein mit diesem, meistens nachher unschuldig Befundenen beschäftigten, ihm nachspürten und mit seiner Verhaftung genug getan zu haben glaubten. Wie oft geschah es hierdurch, daß die wahren Diebe unverfolgt blieben.

Bei den Mersischen, deren Häupter jedesmal aus der Ferne, oft zwanzig Meilen Wegs herkamen, die zum Teil beritten waren und sich ebenso schnell wieder in die Ferne zurückzogen, wie sie gekommen waren, geschah es daher fast immer, daß sie im Verborgenen blieben und ungestört ihren Raub genießen konnten. Wer hätte sich aber auch träumen lassen, daß Räuber aus der Gegend um Maastricht aufbrechen, Wagen und Pferde mitschleppen, einen Raub am Rhein unternehmen, schnell wieder verschwinden und sich an der Maas irgendwo verbergen sollten?

Von den Diebstählen der Mersener aus dem Jahr 1796 sind uns nur einige bekannt geworden. Die merkwürdigsten unter diesen sind die Odenkircher.

Damian Hessel, genannt Studentchen, gebürtig aus Paderborn, der verschlagenste, kühnste Räuber, der wohl zwanzigmal der Justiz in die Hände fiel und immer sich loszuwinden gewußt hat, der noch jetzt in Schwaben und den angrenzenden Ländern die große Räuberbande mit Johann Müller und dem Major anführt, stand damals an der Spitze der Mersener, obgleich er keine zwanzig Jahre alt war. Unter ihm oder besser mit ihm, denn sie buhlten um den gleichen Rang, standen Adolph Weyers und Selig, den wir schon unter den Brabantern gefunden haben. Dies vereinigt mit Markus Falk, genannt Falksmottchen, und Generalchen, waren die Räuber, die an diesen Diebstählen den Hauptanteil nahmen.

In der Nacht vom 29. bis zum 30. August 1796 erschienen die Mersener in der Anzahl von 30 bis 40 Mann, viele waren beritten, in Hückelhoven unweit der Rur und bestürmten das Wohnhaus des Herrn Blanke.

Auf folgende Art erzählt Hr. Blanke den schrecklichen Überfall:

»Es war kurz vor Mitternacht, als ein Haufen von etwa 40 Mann von drei verschiedenen Seiten mit großem Lärmen in das Dorf drang. Hier und dort wurde an die Fenster geklopft, und dann ging der Zug wieder weiter, immer näher auf meine Wohnung zu.

Die Nachtwächter, welche zum Vorschein kamen, wurden angehalten und ihnen mit gekünsteltem Französisch zugesprochen: Sie sollten mitgehen und Soldaten werden. Erschrocken schlichen sich diese weg. Hierauf zogen sich die Räuberhaufen vor meiner Tür zusammen und erhoben ein fürchterliches Lärmen. Man hörte es ihnen an, daß sie Soldaten spielen wollten. Die Wörter Commandant, Adjudant; retirez! avancez! wurden mehrmals laut geschrien. Drei bis vier Minuten währte das Getöse. Auf einmal geschah ein so schrecklicher Stoß wider mein Haus, daß es von Grund auf erbebte. Die Räuber hatten mit einem elf Fuß langen und dreiviertel Fuß dicken Holz die Tür aufgerammt und sie fast ganz zerschmettert. Während dieses vorging, war ich in meinem Schlafzimmer, meine Schwester mit den Mägden im Keller, um geschnittene Bohnen einzumachen, meine zwei Knechte nebst einem Schreiner, der sich damals in Geschäften bei mir befand, im Bett. Ohne mich lange zu bedenken, ergriff ich eine geladene Pistole und stürzte, unangekleidet wie ich war, die Treppe zur Hälfte hinab. Hier erblickte ich einen, dann zwei, endlich mehrere von den Räubern hereindringen und das Vorderhaus zugleich hell beleuchtet. Ohne zu verzagen schlug ich meine Pistole auf den ersten an. Das Pulver war unglücklicherweise von der Zündpfanne verschüttet. Sie versagte. Durch den Schlag erschrocken, blieben die zwei, die dem ersten folgten, einen Augenblick starr und unbeweglich stehen. Dann stürzten sie nach der Küche zu, worin sie Licht bemerkten, vermutlich weil sie glaubten, daß der Schlag von dorther gekommen sein müsse. Ich flog pfeilschnell die Treppe hinauf, sprang in mein Zimmer und ergriff zwei scharf geladene Pistolen. Mit diesen versehen, wagte ich es, mich dem Räuberhaufen entgegenzusetzen. Als ich wieder auf der Treppe ankam, bemerkte ich, daß die unteren Zimmer bereits geöffnet und mit Menschen, welche den schrecklichsten Lärm machten, angefüllt waren. Was sollte ich tun, welche Partei ergreifen? Flüchten und das Meinige preisgeben oder mich gegen eine überlegene Zahl wütender, grausamer Menschen zur Wehr setzen? Verließ ich meinen Posten, so war mein Hab und Gut verloren, blieb ich und forderte meine Leute zur Hilfe auf, so wurde ich von den Räubern entdeckt und, ehe die Hilfe kam, vielleicht ermordet. Lange ging ich darüber mit mir zu Rate, endlich entschloß ich mich zu dem letzteren, koste es gleich, was es wolle. Ich schrie meinen Knechten zu, mir zu Hilfe zu eilen. Kaum hörten die Räuber meine Stimme, so eilten sie mit Ungestüm gegen die Treppe, während sie zugleich mehrere Schüsse gegen den Ort, wo sie mich vermuteten, richteten. Der Engel des Glücks leitete sie alle von mir ab. Keiner verletzte mich. Der erste Schuß, den ich hingegen unter sie donnerte, war wirksamer gewesen. Kaum war er verhallt, so hörte ich schon ein Gemurmel, daß einer oder gar mehrere von ihnen blessiert seien, ein Gemurmel, das von einem zum anderen fortlief. Zu meinem größten Glück – ich wäre verloren gewesen ohne dieses – kamen in diesem Moment meine Knechte zum Vorschein. Einer von ihnen trat vor und schoß unter die Räuber. Der Schuß war so gut angebracht, daß er den Haufen auseinandersprengte und in die Flucht trieb. Schnell verließ er meine Wohnung, jedoch nicht ohne noch fünf bis sechs Schüsse von außen auf uns hereinzutun. Wir eilten in den oberen Stock, griffen die übrigen geladenen Gewehre; wie wir aber die Treppe wieder herabkamen, war alles leer. Die Tür zu der Straße lag zerschmettert da, der Rennbaum im Vorhaus. Nichts, nicht das geringste war mir entkommen. Nun eilten endlich auch mehrere Dorfbewohner zu uns. Mit diesen verfolgten wir die fliehenden Räuber bis auf das Feld. So, so hatte ich mit den Meinigen das unerwartete seltene Glück, einer Tod und Verderben drohenden Gefahr zu entgehen. Meine Schwester und die Mädchen, die sich durch den äußeren Kellereingang während der Attacke gerettet hatten, kamen nun auch wieder zum Vorschein. Unsere Freude war unbeschreiblich.«

Wie gut gerichtet die Schüsse des mutigen Mannes gewesen, erhellt die Aussage des Adolph Weyers. Dieser erzählt, daß der Jude Joseph Kernmilch, einer von der ehemaligen Brabanter Bande, durch sie sehr gefährlich auf der Brust verwundet worden war. Wie wenige waren aber so glücklich wie Blanke, dem wütenden Angriff der Räuber zu entgehen, wie traurig war nicht das Geschick, das noch im Herbst desselben Jahres 96 die Familie Quack in Schaan und die Familie Deußen in Hackhausen, beide im Kanton Odenkirchen, traf! In der Nacht vom 12. auf den 13. Oktober des erwähnten Jahres hatte sich die Bande unter einer Mauer in den Hof des ersteren durchgegraben und von dort die Haustür gesprengt. Zum Rennbaum hatte ihr diesmal das an dem Koutenbroicher Hof stehende Kreuz gedient. Als Br. Quack erwachte, war sie schon mitten im Haus. Einen Augenblick danach war dieses von oben bis unten hell erleuchtet. Wie Quack die Kammertür öffnete, stürzten die Räuber herein, knebelten ihn und seine Ehefrau, verbanden beiden die Augen und zwangen sie unter den fürchterlichsten Mißhandlungen, ihren Geldvorrat anzuzeigen. Mit einem ungeheuren Brecheisen, das nachher zurückblieb, wurden alle Türen und Kästen erbrochen, Geld und Kleidung geraubt. Hier, auf dem Raubplatz selbst, schlugen die Unmenschen ihr Gelage auf, soffen, lärmten und rasten von zehn Uhr bis gegen zwei Uhr morgens. Ihr Zechen und Toben unterbrachen sie nur, um über die armen gebundenen Leute herzufallen. Von diesen ging's wieder ans Zechen und so fort. Bei jedem Versuch, den der unglückliche Quack machte, die Augen zu entblößen oder seine Bande zu erleichtern, wurde er mit Fußtritten und Schlägen mißhandelt. Aber die ganze Fülle der Grausamkeit ließen sie an dem armen zu Boden liegenden, wimmernden Weibe aus. Sie stießen, sie schlugen sie, sie traten sie endlich mit Füßen so lange auf Brust und Hals, bis sie nach einem röchelnden Todeskampf endlich den Geist aufgab. Das war um Mitternacht. Weit entfernt, um nach dieser scheußlichen Tat zu fliehen, blieben sie noch bis an den Morgen beim Zechen und Lärmen. Der Anblick der Leiche, die am Boden lag, machte auch nicht den geringsten Eindruck auf sie. Als das arme Weib verschieden war, wandten sich die Barbaren vielmehr gegen den zu Boden liegenden jammernden Gatten. »Hörst du«, riefen sie ihm zu, »sie ist schon tot, und dir wollen wir es ebenso machen.«

Welcher Zufall diesen Unglücklichen rettete, was die Räuber endlich verscheuchte, kurz: das meiste über diesen Diebstahl, der noch vor der Zeit, in der die Polizei in dem Kanton nach französischen Gesetzen organisiert wurde, vorfiel, ist im dunkeln geblieben.

Ein fast ebenso schrecklicher Unfall wie der, den die Familie Quack in Schaan erlebt hatte, traf die Familie Deußen in Hackhausen, und zwar noch im Lauf desselben Monats, am 28. Oktober.

In erwähnter Nacht erschienen die Räuber in großer Zahl vor der Wohnung des Philip Deußen. Den ersten Anfall taten sie diesmal nicht auf die Tür, sondern auf das Fenster des Hauses, aus Ursachen, die uns fremd geblieben sind. Sie schmetterten es mit ihrem Sturmbalken in tausend Stücke und drangen in das

Vorhaus ein. Deußen sah kaum von seinem Schlafzimmer aus die Gefahr, die ihm drohte, als er ein Fenster derselben öffnete und um Hilfe schrie. In diesem Augenblick fiel ein Schuß von außen auf ihn und verwundete ihn am Arm. Er fuhr zurück. Die Räuber drangen in das Haus und stürmten zu seinem Schlafzimmer. Schon hatte sich eine Öffnung in der Tür ergeben. Deußen und sein Weib suchten, soviel ihnen möglich war, den Eingang mit schweren Kisten zu verrammeln. Verwundet, wie der herzhafte Mann war, wagte er doch noch an Verteidigung zu denken; er faßte eine geladene Pistole, hielt sie durch die Öffnung und drückte ab. – Sie versagte. Fast im gleichen Augenblick schoß ein Räuber durch die Öffnung. Sein Schuß war glücklicher. Er traf den armen Deußen ins Gesicht und verwundete ihn so, daß er das eine Auge völlig verlor, durch das andere aber nachher nur noch wenig sehen konnte. Als der Unglückliche über den zweiten Schuß mit einem lauten Schrei zu Boden sank, öffnete das erschrockene Weib die Tür. Nun stürmten die Räuber herein, schleppten den an beiden Augen blutenden Deußen heraus, knebelten, mißhandelten ihn und drohten ihm mit dem Tod, wenn er den Ort nicht angeben würde, wo sein Geld verborgen läge. Da die Räuber immer von den ruchlosen Baldowern Winke erhalten haben, daß jener und dieser irgendwo seinen Reichtum verborgen habe, so ist es leicht erklärbar, warum sie immer mit dieser Drohung beginnen.

Die Frau des unglücklichen Deußen gab alles her, was sie nur hatten. Der Wert des Gestohlenen betrug 6.000 Livres.

Mitten unter der Rauboperation fiel ein Schuß auf der Straße. Sogleich kommandierte einer von den Räubern zum Abmarsch.

Sie waren alle, so erzählt die Frau Deußen, mehr als gemein, verschiedene sehr gut gekleidet, hatten Überröcke, Ringe, Säbel und Pistolen, sprachen nicht die gewöhnliche Bauernsprache, sondern besseres mit französischen Wörtern und besonders mit Flüchen durchwebtes Deutsch. Ihre Kinne hatten sie in großen Halstüchern stecken. Keiner von ihnen war in der Gegend bekannt. Sie gaben sich untereinander den Namen Capitain, Lieutenant. Aus diesem allen – wenn wir auch nicht die bestimmte Erklärung mehrerer Räuber über diesen Diebstahl gehabt hätten – wären wir hinlänglich überzeugt worden, daß niemand anders als die Mersische Bande auch diesen Raub unter die Zahl ihrer Verbrechen zu zählen habe.

Kommandant bei diesem und den übrigen in damaliger Zeit begangenen Odenkircher Diebstählen war Jan Bosbeck. Wir kennen seine Grausamkeit bereits aus der Geschichte der Brabantischen Bande. Die Juden Jonas Lichtinger, Generalchen, Falksmottchen, Selig und Raphael, von denen wir eben schon gehört haben, Damian Hessel, der Student, und andere waren dabei gegenwärtig.

Wohin die Räuber sich in den Monaten November, Dezember und zu Beginn des Jahres 97 gewendet haben, ist unbekannt. Diese Epoche wird dereinst, wenn wir von der Krefelder Bande handeln, desto interessanter werden.

In dem März des erwähnten Jahres war ein Teil der Krefelder oder Neusser Bande nach dem mißglückten Diebstahl zu St. Georg Ammeren zerstreut worden, der andere, worunter Franz Gerards, der Scherenschleifer, Pohr, Schafs Henrich und Brückmann sich befanden, war in die Hände der Justiz geraten. Diese und noch einige andere Umstände, die wir unten etwas weitläufiger erwähnen werden, verursachten, daß sich fast alle Krefelder auf die andere Rheinseite zogen. Der merkwürdigste unter diesen war unstreitig ein gewisser Mathias Weber, ein junger Mensch von 22 Jahren, gemeinhin Fetzer genannt. Noch oft werden wir Gelegenheit erhalten, von dessen außerordentlichen Räubertalenten zu sprechen. Jetzt debütiert er in unserer Geschichte mit einem großen, weit und breit berühmten Raub. Er und andere seiner Bande lagen in Düsseldorf in dem Haus eines gewissen Pfaffraths, der zugleich den H... Wirt macht, als sich die Mersener Jan Bosbeck, Mausche Polack, Wolff Gas und Wolff von Mersen, wahrscheinlich von Overtüsch oder einem anderen geführt, dort einfanden.

Es begreift sich leicht, daß Leute, die ein und dasselbe Metier trieben, ein Metier, das sich nur mit vereinten Kräften ausüben läßt, bald vertraute Freunde wurden, gemeinsame Sache machten und nur eine Gelegenheit abwarteten, um einen großen Coup miteinander auszuführen. Diese ergab sich schnell genug.

Carl Heckmann, der seit dem Jahr 94 schon eine jenseits des Rheins im Bergischen herumspukende Bande bei ihren Einbrüchen bei Solingen und Elberfeld kommandiert hatte, ein trotziger, wilder, rauher, aber kraftvoller, wohlgebildeter Räuber, der später als Mörder ohnegleichen in unserer Geschichte auftritt, Carl Heckmann war es, der den großen Diebstahl anbrachte, zwar viel von Schwierigkeiten sprach, die man dabei zu überwinden habe, dagegen aber ein reizendes Gemälde von den Reichtümern entwarf, die man erbeuten könnte. Hastig fragten die versammelten Räuber, wo der Ort läge, den er meinte, wer der Mann sei, dem es gelte.

Dem lutherischen Pfarrer in Mülheim an der Ruhr, hieß es, in Mülheim unter Darmstädtischer Jurisdiktion gelegen.

Der Vorschlag Heckmanns wurde mit Vergnügen angenommen und auf der Stelle beschlossen, Abgeordnete nach dem Ort zu senden, um das Terrain zu recognosciren, um zu sehen, ob und wie der Diebstahl zu machen sei. Das Los fiel auf den Anbringer Heckmann, auf das Haupt der Mersener, den Bosbeck, und einen gewissen Herkenrath, vulgo Hüskeshannes.

Diese forschten die Lage des Hauses auf das genaueste aus und brachten die Nachricht zurück, daß der Diebstahl ausführbar sei.

Den dritten Tag hierauf (den 20. April 97) brachen sämtliche Räuber von dem Haus des Pfaffraths in Düsseldorf auf und marschierten an die Ruhr. Das Kommando führte der Chef der Mersischen, Jan Bosbeck. Unter ihm standen Carl Heckmann, Fetzer, Overtüsch, Nagels Peter, Hüskeshannes, Mausche Polack, Wolff Gas, Wolff der Mersener, Mathias Schroer, Pit Doebele. Zu diesen gesellten sich ein französischer Deserteur und drei Marodeure*, die die fränkische Uniform schändeten.

---

* Feldstreicher, Plünderer

Wir kommen jetzt in der Geschichte an einen der merkwürdigsten Vorfälle und sehen uns daher verpflichtet, ihn mit allen Umständen zu erklären.

Um sich, wie ein kluger General zu tun pflegt, auf jeden Fall den Rückzug zu sichern, um in der Nacht schleunigst und ohne aufgehalten zu werden, die Ruhr hin und her passieren zu können, hatte Bosbeck gleich anfänglich für einen bereitstehenden Nachen gesorgt. Mit diesem fuhr die Bande, es war nachts elf Uhr, über die Ruhr. An den Füßen eines Hügels machte sie halt und setzte sich zu dem Raub in Bereitschaft. Die Pistolen wurden geladen und visitiert, die Lichter angebrannt und ein zu der Schleuse gehöriger starker Balken als Rennbaum mitgenommen. Nun rückte der Tod und Gefahr drohende Zug leisen Schrittes auf das Haus des Pfarrers zu. Der Rennbaum wurde bereitgelegt, das Haus aber vorher rundum besetzt. Jetzt eilten Bosbeck, Fetzer, Overtüsch und Hüskeshannes durch Mülheim, die Nachtwächter aufzusuchen. Sie fanden sie mitten auf der Straße. Ohne weiteres hielten sie ihnen gezogene Pistolen auf die Brust und führten sie so gefangen nach dem Haus des Pfarrers. Dort wurden sie in den nahen Garten geschleppt und gebunden, einer der Marodeure aber zu ihnen als Schildwache gestellt. Danach wurden die Lichter alle angesteckt, und der gedrängte Haufen schwankte – den Sturmbalken auf den Achseln einiger eigens dazu kommandierter Räuber – gegen das Haus des Pfarrers.

Mit aller Macht rannten die Sturmläufer mit dem alles zertrümmernden Instrument wider die Tür. Das ganze Haus erzitterte, aber die Tür wollte nicht brechen. Erwacht durch den schrecklichen Stoß und die Erschütterung, fuhr die Gattin des Pfarrers aus dem Schlaf auf. »Mein Gott!« schrie sie. »Was bedeutet das?« Der Pfarrer ahnte, was ihm drohte, sprang auf, stieß den Fensterladen auf und wurde einen großen Haufen unordentlich durcheinanderlaufender Menschen auf seinem Hof gewahr. In diesem Augenblick fiel ein Schuß auf das Fenster, woran er stand. Zum Glück traf er nicht. Der mutige, wackere Pithahn ergriff eine stark geladene, gezogene Büchse und schoß auf den Haufen. Die Kugel schmetterte in den Sturmbalken, welchen die Räuber noch immer auf den Achseln trugen, und zwar mit solcher Heftigkeit, daß er ihnen aus den Händen und auf die Erde niedersank. Fast zu gleicher Zeit schrie eine Stimme unter dem Taubenturm Herrn Pithahn zu: »Tu fais feu, mais tu n'échapperas pas de nos mains.«* Während diesem hatte Pithahn zum anderenmale geladen und feuerte nach dem Taubenhaus, woher die Stimme gekommen war. Der Schuß traf, wie Fetzer noch am Tag seiner Hinrichtung erzählte. Zwei von der Bande wurden, jedoch nur leicht, verwundet. Das Blut, das sie vergossen hatten, brachte nachher H. Pithahn auf allerlei Mutmaßungen. Auf diesen zweiten Schuß hörte Pithahn ein dumpfes unverständliches Gemurmel und sah, daß diejenigen Räuber, welche in jener Gegend gestanden hatten, sich seitwärts in die Weide verloren. Die diesseits des Tors auf dem Hof sich befindenden Mitglieder der Bande sprangen nach dem Haus. Da die Tür auf die Stöße noch immer nicht brechen wollte, setz-

* »Du machst zwar Feuer, aber du wirst unseren Händen nicht entkommen.«

ten die Räuber eine Winde, die sie unterwegs mitgenommen hatten, an. Die steinernen Tritte, worauf sie gestellt wurde, zerbrachen, allein die Tür wollte immer nicht weichen. Jetzt nahte Fetzer, er ergriff die Winde und brachte sie an einem Mittelstück der Tür an. Es gab ein Loch. Fetzer war es, der zuerst durch dieses in das Innere des Hauses stieg, die eisernen Stangen, womit die Tür von innen sorgsam verwahrt war, wegriß und so der Bande den Eingang verschaffte. In dem unteren Teil des Hauses stießen die Voranrückenden auf einige zu der Pfarre gehörende Personen, die sie ohne viel Umstände knebelten und auf dem Boden liegen ließen. Hierauf stellten sie zwei Mann Wache, eine in die Stube, die andere an die Treppe. Der Pfarrer wurde aus seinem Zimmer gewahr, wie die Gefahr immer mehr und mehr heranschwoll. Vor allem suchte er die Seinigen zu retten. Er rief seiner Schwester und dem Hausmädchen durch die Doppeltür des Schlafzimmers zu, sie sollten sich in die obere Etage des Hauses flüchten. Das Schlafzimmer zu öffnen, wagte er nicht, da er schon die Räuber an der Falltür arbeiten und sie krachen hörte. Auch hier hatten sie die Winde angesetzt. Bei alledem war der mutige Geistliche entschlossen, sich zu verteidigen. Er feuerte von oben herab so lange auf die Räuber, bis sein kleiner Pulvervorrat verschossen war, und nun rief er abwechselnd mit seiner Gattin durch ein Sprachrohr die Nachbarn um Hilfe an. Dieses währte so lange, bis nicht allein die Falltür sondern auch bereits die erste Tür vor dem Schlafzimmer gesprengt wurde. Als die Räuber an die zweite Tür kamen und sie zu forcieren begannen, retirierten sich der Pfarrer und seine Gattin in das Zimmer zur Seite, schlossen die Tür ab, stießen die Ladenfenster auf und schrien mit dem Sprachrohr aufs neue um Hilfe. Aber keine Seele war, die für die Unglücklichen Gehör hatte.

Jetzt waren die Räuber in das Schlafzimmer selbst gekommen. Nur noch eine, die letzte Tür trennte das bejammernswerte Ehepaar von den Wütenden. Das arme geängstigte Weib faßte die Hand des Gatten und stammelte ihm zitternd zu: »Laß uns beten!« Pithahn, in dessen Seele nicht mindere Verwirrung herrschte, verstand sie nicht, er glaubte, sie wollte von Unterhandlung mit den Räubern, von Bitten sprechen. »Que voulez-vous donc, dites le moi?«* rief er also diesen durch die Tür zu. »Das wollen wir dir sagen, wenn wir dich haben, dann du mußt sterben«, donnerte ihm eine Antwort in deutscher Sprache entgegen. »Wenn ich denn sterben soll«, rief Pithahn mit neuerwachtem, verzweifelndem Mut, »so sollen mir doch einige von euch vorangehen.« Jetzt kehrte er sich zu seiner Gattin. »Du hörst nun«, sagte er ihr, »mit was für Menschen wir zu tun haben – rette dich, rette dich, ich werde deine Flucht decken und dir folgen.« Verzweiflungsvoll reißt sich die arme weinende, zitternde Frau von dem Gatten los und fliegt durch eine nach der Treppe führende Hintertür. In diesem Moment springt die letzte Tür, die Pithahn bisher noch von den Räubern getrennt hatte, mit Krachen auf. Sogleich legt der entschlossene Mann die in der Hand habende gezogene Büchse an und bleibt unbeweglich dem eindringenden Haufen gegenüber stehen.

* »Was wollen Sie nun? Sagen Sie es mir.«

Die Räuber, bei dem Anblick des offenen auf sie gerichteten Feuerschlunds, stehen einen Augenblick ebenso unbeweglich da. Allgemach* teilen sie sich aber in zwei Haufen. Sie erwarten den Schuß und ermuntern sich durch die Worte: Avancez, avancez!† auf. Von beiden Seiten nähern sie sich leisen Trittes der geöffneten Hintertür und suchen so dem Pfarrer den Rückweg zu versperren. Dieser sieht das Manöver, er fühlt, daß ihm nichts übrigbleibt als die Flucht; er wirft mit Blitzesschnelle die Büchse weg, springt durch die Hintertür, schlägt sie hinter sich zu, fliegt die Treppe hinab und – trifft dort seine Gattin. Schon glaubt er sich mit ihr gerettet; aber das Schicksal hat es anders geordnet. Die gesprengte Hintertür zeigt den Unglücklichen den Weg zur Flucht. Hastig schlagen sie ihn ein, aber – sie trennen sich. Die Gattin des Pfarrers eilt über den Hof und ist geborgen. Der Pfarrer ist mit dem Öffnen der Gartentür beschäftigt, da schreit der hintennachrennende Haufen: »Hier ist er, hier ist er!« Ein kleiner unansehnlicher Kerl springt hervor, faßt ihn und will ihn zur Erde werfen. Er beugt mit all seiner Stärke den Räuber über den Gartenzaun und würde so entkommen sein, wenn nicht unglücklicherweise mehrere andere Bösewichter in diesem Moment herbeigesprungen wären. Einer von ihnen schmettert sogleich seine Pistole auf den Scheitel des Pfarrers. Der andere, weit grausamer, schlägt das umgekehrte Gewehr mit Hahn und Pfanne auf den linken Teil des Kopfes. Der Pfarrer sinkt oder wird vielmehr besinnungslos zur Erde gerissen. Er erhält erst sein Bewußtsein wieder, als man ihn bindet. Er schlägt die Augen auf, Pistolen sind ihm auf die Brust gesetzt, bloße Säbel blinken über seinem Kopf. »Du mußt sterben, du mußt sterben!« ruft man ihm zu. »In Gottes Namen«, erwidert er ruhig. »Noch jetzt!« – »Auch das.« – »Oder willst du uns dein Geld zeigen?« – »Ich will es.« Hierauf führen sie ihn, wobei sie beständig seinen Halskragen festhalten, in sein Schlafzimmer. »Wo ist nun dein Geld?« fragen sie ihn dort. »In dem Kabinett«, erwidert er und gibt ihnen den Schlüssel. Unverzüglich machen sich einige darüber her. Kabinett und Schränke werden aufgemacht. Jan Bosbeck, der Kommandant der Räuber, befiehlt den übrigen, einen Kissenüberzug von dem Bett zu bringen und darin eines nach dem anderen zu werfen; er droht denen, die das geringste für sich auf die Seite nehmen würden, mit scharfer Ahndung. Was sich von Silbergeld vorfindet, wird dem Befehl des Chefs gemäß in den Kissenüberzug geworfen. Das Gold steckt Jan Bosbeck selbst zu sich. Als die Räuber, noch immer nicht befriedigt, nach mehr Geld fragen, zeigt ihnen der Pfarrer eine zurückstehende Kiste. Sie nehmen heraus, was sie finden. Die Habsucht der Räuber scheint aber unersättlich wie das Weltmeer zu sein. Kaum haben sie auch aus dieser Kiste ansehnliche Summen geraubt, als sie aufs neue in den Pfarrer dringen, immer mehr noch, immer mehr zu geben. »Wenn du uns das geringste verschweigst«, brüllt derjenige, der ihn bis jetzt immer am Halskragen fest gepackt hat, »so mußt du sterben. Wisse, daß ich dir und deinem Geld schon zehn Jahre nachgegangen bin.«

---

* hier: vorsichtig

† Vorwärts gehen, vorwärts gehen!

Als die Räuber sehen, daß er all sein Geld treulich angegeben hat, fragen sie ihn nach seinem Silberwerk. Der Pfarrer ist auch hier kalt und entschlossen; er findet sich bereit, es ihnen zu geben. Da er aber den Schlüssel zu dem Ort, worin es seiner Erklärung nach liegt, im ersten Augenblick nicht anzugeben weiß, schlägt ihn eben der, der ihn festgehalten hat, so heftig auf den Mund, daß viel Blut herausspringt.

Auf diese neue unverdiente Mißhandlung wendet sich der unglückliche Pfarrer zu demjenigen unter ihnen, welcher in französischer Uniform gekleidet, den Säbel in der Rechten, die Pistole in der Linken haltend, – wir kennen ihn, es war Bosbeck – dasteht, nur mit Winken und Worten Befehle austeilt und ihm nicht nur der Oberanführer, sondern auch der menschlichste unter der Rotte scheint.[1] »Est-il permis de me traiter de la manière que vous voyez?« – »Non«, antwortete dieser, »ce n'est pas permis«[*] ,und schlägt sogleich auf das heftigste den Räuber, der den Pfarrer mißhandelt hatte, eine Bestrafung, die der so scharf auf Subordination haltende Bosbeck mehrmals subalternen Räubern hat angedeihen lassen, die aber wahrlich nicht aus irgendeinem menschenfreundlichen Winkel seines Herzens herkam.

Der Pfarrer, um die Räuber nicht lange dadurch zu spannen und zu reizen, daß er ihnen den Schlüssel zu dem Behältnis des Silberwerks nicht zu geben weiß, geht so weit, sie an das Instrument zum Aufbrechen, das sie bei sich haben, zu erinnern. Sie folgen seiner Anweisung und öffnen den Ort. Das erste, was ihnen in die Hände fällt, ist ein silberner Präsentierteller. Sie fragen den Pfarrer, dessen ruhiges, gelassenes, wahrheitsvolles Benehmen ihr Vertrauen gewonnen zu haben scheint, ob er wirklich von Silber sei, und erst auf seine Bejahung legen sie ihn in den Kissenüberzug. Hierauf geht es an das übrige Silberwerk. Am Ende erkundigen sie sich nach den Uhren des Geistlichen. Er gibt sie. Das Leinwand greifen sie nicht an. Als sie eben im Begriff sind, eine andere aufgebrochene Kommode zu durchsuchen und einige darin befindliche seidene Tücher herausnehmen, schreit eine Stimme vor dem Haus, so laut sie kann: »Heraus, heraus, heraus!« Mit Eile und bemerkbarer Furcht zerteilen sich sogleich die Räuber in zwei Haufen und stürzen die Treppe herunter zum Haus hinaus.

Vor der Tür ruft eine andere Stimme, wahrscheinlich die des Anführers. »Camarades des autres bataillons! Formez vous, rangez vous! En avant! Marche!«[†]

Fürchterlich tönen inzwischen die Sturmglocken in Mülheim. Alles ist zusammengelaufen und eilt, freilich etwas spät, dem unglücklichen Pfarrer zu Hilfe. Dieser sieht kaum die Räuber davoneilen, als das erste, was ihn ergreift, der Gedanke an sein Weib ist. Er fragt die in dem oberen Stockwerk sich befindende Schwester und Magd auf das ängstlichste nach ihr. Und siehe da! In diesem Moment kommt sie selbst die Treppe herauf. »Lieber Mann! Lebst du noch«, ruft

---

* »Ist es erlaubt, mich in dieser Weise zu behandeln?« – »Nein es ist nicht erlaubt«

† »Kameraden der anderen Bataillone. Formiert euch, und dann: Vorwärts marsch!«

1 *Er hat sich sehr geirrt, der gute Pfarrer. Dieser Oberanführer war in der Tat der grausamste von allen.*

sie ihm entgegen. Noch steht das gute Ehepaar da, die Seligkeit des Wiedersehens nach der schrecklichen Gefahr zu kosten, da ertönt im Hof ein immer größerer Lärm. Pithahn und seine Gattin wollen darunter die Stimme des einen der Räuber wiedererkennen. Neue Angst, die Bösewichte möchten den Sieg davongetragen haben, bemächtigt sich ihrer; sie fliehen in den oberen Stock. Aber bald werden sie auf das angenehmste aus der Furcht gerissen. Der Lärm ist durch ihre Freunde, ihre Retter verursacht worden. Diese, an der Spitze Wilhelm Pithahn, der Bruder des Pfarrers, erscheinen und beenden auf immer ihre Angst, ihren Schrecken.

Wir verfolgen die Abenteuer der Räuber. Kaum war Bosbeck mit seiner Bande im Verteidigungsstand, als die Mülheimer Bewohner von allen Seiten auf sie losstürmten und sie verfolgten. So wie einer der mitanwesenden Räuber erzählt, war ein Teil der Kurpfälzischen Kavallerie-Besatzung über den Rhein geschwommen, hatte das jenseitige Ufer besetzt und suchte so den Räubern den Rückweg abzuschneiden. Stehenden Fußes und so still und so leise wie möglich harrten sie ihrer Ankunft. Der Erfahrenheit und Geistesgegenwart des Anführers verdankten die Räuber ihre Rettung aus der drohenden Gefahr. Dieser mochte den Plan merken, den man gegen sie auszuführen dachte; er kommandierte die Bande, sich diesseits der Ruhr zu retirieren und am Ufer den Weg gegen Warden zu nehmen. Seinem Befehl wurde Folge geleistet. Bereits war sie eine gute Strekke vorgerückt und schon in der Nähe von Warden, als der Anführer plötzlich den Räuber Overtüsch und einen anderen vermißte. Er war entschlossen, ihn zu suchen und den Händen der Justiz, wenn er unter diese gefallen sein sollte, zu entreißen. Er ließ haltmachen. Der augenblickliche Stillstand gab Gelegenheit, nach der Beute zu fragen. Der Chef erkundigte sich, wer von der Bande den Sack mit dem Geld und Silber getragen hat. Eine kleine Pause entstand. »Wolff von Mersen, Wolff von Mersen hat ihn aufgeladen«, schrien mehrere Stimmen, »wir haben es gesehen, wir haben es gesehen!« Bosbeck rief seinen Namen und ließ ihn vortreten. Zitternd kam der Jude zum Vorschein, sank auf die Knie und bat auf das jämmerlichste um Gnade, um Verschonung, um sein Leben. »Bei der Retirade«, sagte er, »geriet ich so in Angst und Furcht, daß ich gerade vor dem Haus des Pfarrers den Sack habe fallen lassen.« Franz Bosbeck ist der Mann nicht, eine ansehnliche Beute, für die man bis jetzt so viel aufgeopfert hat, im Stich zu lassen. Kaum hört er den dummen Streich des Wolffs, so beordert er die Bande, ohne zu verweilen und ohne zu zagen, umzukehren, und, koste es was es wolle, den verlorenen Sack wiederzuholen.

Stillschweigend, aber entschlossen folgt sie seinem Befehl; sie dreht sich wieder gegen Mülheim und eilt mutig voran. Aber der Augenblick des Glücks ist für sie vorüber. Sowie sie einige Büchsenschüsse weit voranmarschiert, merkt sie auf einmal, daß die ganze Gegend in Waffen und sie zu verfolgen bereit ist. Von allen Seiten fallen Schüsse auf sie. Ihr bleibt nichts übrig, als sich wieder zurückzuziehen. Sie versucht es, aber fast ist auch dieses zu spät. Von der Seite der Ruhr, auf der sie sich befindet, stürmt das Landvolk häufig zusammen und droht ihr mit nichts weniger, als sie ganz zu umringen, sie mit allen ihren Gliedern einzufangen. »Wir sind verloren«, sagt der kundige Chef, »oder wir müssen ohne Verzug die Ruhr passieren.« – »Wohl, wohl«, antwortet man ihm, aber am diesseitigen Ufer findet sich kein Nachen. Von Moment zu Moment mehrt sich so die Gefahr. Fast ist es den Räubern unmöglich zu entkommen. In dieser Not stoßen sie auf ein diesseits der Ruhr liegendes großes Kohlenschiff. Schnell ist ihr Anschlag gefaßt. Sie wollen sich dessen bemeistern und damit über den Fluß setzen. Sowie sie darauf zukommen, siehe da! So ist es mit sieben bis acht Schiffern besetzt. Hier gilt es. Mit dem Säbel in der Faust stürzt Bosbeck mit der Bande in das Schiff, und die Schiffer müssen zusehen, wie diese es auf die andere Seite der Ruhr führt. Von hier aus zieht sie nun durch den Wald auf den krummen Weg zu, wo sich die beiden Verlorenen, Overtüsch und der andere, einfinden. Hier kommt wieder die Nachfrage nach dem Geld. Es erhebt sich ein Wortwechsel unter den Räubern, es bilden sich Parteien, der Lärm wird größer, ein lebhafter Streit entsteht, sie schlagen sich, sie raufen sich – und geraten endlich mit Pistolen heftig aneinander. Endlich legt sich ihre Wut wieder, und sie kehren nach Düsseldorf zu Pfaffrath zurück.

Die Mülheimer Unternehmung hatte weit und breit eine große Sensation verursacht. An Kühnheit, an Planmäßigkeit, an Kraftaufwand, an militärischer Ordnung hatte dieser Raub alle ähnlichen am Rheinstrom bei weitem übertroffen. Die allgemeine Achtung, die der Mann, dem das Unglück begegnet war, teils wegen seiner Würde, teils wegen seines Privatcharakters besaß, hatte diese Sensation noch um vieles verstärkt. Auf dem rechten Rheinufer von Frankfurt bis Westfalen ging die Erzählung von dem schrecklichen Vorfall von Mund zu Mund, und die Zeitungen machten den Mut, die Standhaftigkeit des Herrn Pithahn lange zur Tagesneuigkeit. Kein Wunder also, daß die Mersener ihr Raubtheater schnell wieder aus diesen Gegenden, wo fast alles noch von dem Krieg her in Waffen stand, auf die andere Rheinseite verlegten. Was ihnen diesmal hier sehr zustatten kam, was ihnen sozusagen ihre Schlachtopfer gebunden lieferte, war die allgemeine Entwaffnung der Landbewohner in den neuen Departements, die das Direktorium als eine Sicherheitsmaßregel dekretiert hatte.

Am 25. April, also nicht mehr als vier Tage nach dem Mülheimer Raub, fiel jener zu Odenkirchen bei dem Küster Pauen vor. Jan der Brabander und Jonas Lichtinger waren die Anführer. Generalchen, Adolph Weyers, Student, Falksmottchen, Selig, Raphael waren dabei. Hier wurde auf die gleiche Art wie in Mülheim manövriert. Auch hier bemächtigte man sich der Nachtwächter, brachte sie an einen entlegenen Ort, knebelte und bewachte sie, auch hier bestürmte man das Haus des Pauen mit einem Rennbaum und besetzte nachher, als es ans Plündern ging, alle Ein- und Ausgänge. Pauen mit den Seinigen wurde gebunden und mißhandelt. Der Vikar Singer, der sich zur Wehr setzte, wurde verwundet und an barem Geld, an Kirchengerät und Waren der Wert von 9.000 Franc gestohlen. Einige Einwohner von Odenkirchen wollten ihren Nachbarn zu Hilfe kommen, aber die wachestehenden Räuber hielten sie durch Pistolenschüsse zurück. Man wollte Sturm läuten, aber die Bande hatte vorher das Schlüsselloch der Kirche verstopft. Nach vollbrachtem Raub schlich sich der Teil der Räuber, der die Beute trug, durch den anschließenden Baumgarten davon. Hier erwartete ihn ein Karren, den ein kochemer[1] Fuhrmann aus dem Jülicher Land mitgebracht hatte, das Gestohlene aufzuladen. Der andere Teil der Räuber, vermutlich um den Rückzug der übrigen zu decken, zog mitten durch den Ort unter lautem Lärmen und Absingen des Marseiller-Marsches[*], so kühn, so trotzend, als ob er nichts zu fürchten hätte, ab. Französische Kavallerie eilte von Wickrath herbei, aber die Bande war abmarschiert und konnte nicht mehr erhascht werden.

Die Mersener unter Bosbecks Führung streiften noch oft in den Jahren 1796 und 1797 bis an den niederen Rheinstrom, verweilten in den kochemer Häusern in Düsseldorf und auf der Neusser Furt, ließen sich von kundigen Gliedern der Krefelder Bande und meistens von dortigen Juden, mit denen sie in besonderer Verbindung standen, reiche, in einsamen Gegenden wohnende Leute anbringen und zogen dann bei stiller Nacht, meistens von dem einen oder dem anderen der Krefelder Bande begleitet, die hier ihr Noviziat hielten, auf Räubereien aus.

Eines Tages kehrten in Wiedenfeld in ein kochemer Haus folgende Mitglieder der Mersener Bande: Franz Bosbeck, Wolff Gas und Wolff von Mersen ein. Fetzer, Hüskeshannes, eigentlich Herkenrath, Pit Doebele und Nagels Pitter; Matadore der Krefelder Bande, hatten ebenfalls dort ihr Absteigequartier genommen. Was war natürlicher, als daß man gemeinsam einen großen Streich auszuführen wünschte? – Aber wie das beginnen? – Kein Baldowerer war in der Nähe, auch wußte keiner der Krefelder etwas anzugeben. Da übernahm es der Wirt, bei dem sie eingekehrt waren, ihnen Beschäftigung für die angebrochene Nacht zu verschaffen. Er erzählte ihnen, daß der Pächter auf dem Kuhlerhof bei Frauweiler ein reicher Mann sei, der achtzehn Pferde hielt und bei dem was Beträchtliches zu fischen sein müßte. Sogleich entschlossen sich die Räuber, das Abenteuer zu wagen. Zwar fürchteten sie bei der Größe des Hofes und der Menge von Knechten einen heftigen Widerstand, aber Bosbecks Mut wuchs immer mit der Gefahr. Der Wirt gab seinen Sohn mit, der den Weg zeigen mußte. Vor dem Hof machten sie halt. Der Anblick der kleinen Festung erregte bei ihnen unwiderstehliches Grausen. Endlich gab Bosbeck das Signal, und die Räuber flogen mit dem Sturmbalken wider die Tür. Sie krachte, aber wollte nicht brechen. Ein neues Rennen, aber auch das war umsonst. Zehnmal wurde der Anlauf wiederholt, aber immer widerstand die Tür. Bei all dem Lärm und Getöse blieb es im Hof still. Ungeduldig stürzten die Räuber über die Tür her und hieben sie in Stücke. Jetzt war der Eingang frei. Gewärtig des Schlagens trat Bosbeck voran, seine Gefährten ihm nach. In dem ersten Zimmer, im Vorhaus, in der Küche, zeigte sich niemand, der den Räubern sich hätte widersetzen können. Hastig

[1] *Das Wort Kochem ist hebräischen Ursprungs und bedeutet einen schlauen, verschmitzten Menschen, bei den Räubern aber einen, der mit ihnen im Verständnis ist.*

[*] der Marseillaise

wurde im Haus nachgesucht, von oben bis unten. Nirgends eine menschliche Spur. Man drang bis in die Gesindestube. Hier fanden sich endlich menschliche Wesen, aber keine solchen, die den Räubern Angst einflößen konnten. Fünf Mägde hatten sich hier verborgen. Alle übrigen vom Hof waren auf einer Kirmes oder einem Hochzeitsschmaus. Schränke und Kästen wurden erbrochen. Es fand sich nur wenig Geld, eine silberne Uhr und Leinwand. Für den Baldowerer wurde so viel Speck mitgeschleppt, wie zwei Mann tragen konnten.

Dieselben Räuber, zu denen sich noch Carl Heckmann gesellte, begingen einen Raub zu Hemmerden, den nach ihrer Aussage der Jude aus diesem Ort angebracht hatte. Er war von Gewalttätigkeiten begleitet.

In der Nacht vom 2. auf den 3. Mai 1797 wurde von den Mersenern unter Anführung Bosbecks der Diebstahl zu Vorst im Burghaus der Gräfin von Efferen-Neersdonk unternommen. Die Mitglieder waren Overtüsch, Wolff Gas, Adolph Weyers. Wolff von Mersen und Schlauman von Mersen. Zu diesen schlugen sich Fetzer, Carl Heckmann, Hüskeshannes, Nagels Pitter von seiten der Krefelder. Der Anbringer des Diebstahls war Fetzer. Wie groß, wie abscheulich das Laster der Undankbarkeit, wie es selbst in den Augen eines Bösewichts mit Schande und Schmach gebrandmarkt ist, hat uns der letzte bei dieser Gelegenheit erwiesen.

Die ganze Reihe seiner Verbrechen, 191 Diebstähle, die Ermordung seines Weibs, die Ermordung eines holländischen Reiters, alles hat er in seinen verschiedenen, ein halbes Jahr lang dauernden Verhören bekannt, aber nie gestehen wollen, welchen Anteil er an dem Raub auf Vorst bei der Gräfin von Efferen, die ihn als Knabe aufgenommen und mit Wohltaten überhäuft hatte, gehabt hatte. Nur erst im Augenblick, als er auf das Blutgerüst geführt wurde, als alle Rücksichten vor seinem Auge schwanden, damals gestand er den Diebstahl mit allen Umständen ein.

Die Räuber waren nicht so glücklich, wie sie erwartet hatten. Es gab Lärm, die Sturmglocke wurde gezogen, und der Hausgeistliche schoß mutig auf sie herab. Der Schuß mißlang, aber der mitanwesende Nivenheimische Pitter wurde vom Pulver so versengt, daß er noch lange das Zeichen desselben im Gesicht trug. Die Beute bestand in Kleinigkeiten, denn ehe sie noch dorthin kamen, wo sie hin wollten, wurden sie vertrieben.

Merkwürdig ist, daß dieser Diebstahl der Anlaß wurde, daß zwei Häupter der Krefelder Bande, die an dem Diebstahl nicht den mindesten Anteil hatten, Franzis Gerards und Bruckmann, in Haft kamen und sie nicht mehr verließen, da eines von ihren Bubenstücken nach dem anderen ans Licht gezogen wurde. Das weitere davon unten.

Etwa vierzehn Tage nach dem Diebstahl auf Vorst geschah jener zu Breyell bei Gladbach. Der Baldower (Anbringer) dieses Raubs war, wie aus Carl Heckmanns Erklärung hervorgeht, der Jude David Kahn von Hemmerden, derselbe, den man dieses und anderer Verbrechen wegen später vor die Geschworenen des Bezirks Krefeld brachte, der aber wie so viele andere losgesprochen wurde. Bei dem

Breyeller Diebstahl waren zugegen: Kob der Brüsseler, Kernmilch, Damian Hessel, genannt Studentchen, Generalchen, Schweitzer, der Petschierstecher, Schonat, Kaufmann, Selig und Adolph Weyers. Vier von diesen, Kob, Damian, der Petschierstecher und Adolph, waren zu Pferde, die sie zu Aachen von dem P..., einem Kochemer, wenigstens galt er dafür, bekommen hatten. Die dreizehn anderen Räuber waren zu Fuß.

Es war in der Nacht vom 2. auf den 3. Mai, als die Bande gegen das isoliert gelegene Haus des Matheis Terkatz anrückte, mit einem etwa zweihundert Schritt von dessen Behausung abgehauenen zehn Fuß langen und einen Fuß dikken Tannenbaum die Tür more solito* aufrannte, hierauf in das Haus drang und die Plünderung begann. Die Räuber waren mit Pistolen und Säbeln bewaffnet, sprachen mitunter Französisch, hatten blaue Überröcke an und ihr Gesicht nach Art der Südinsulaner tätowiert oder – besser zu reden – gefärbt.

Bei ihrem Eintritt knebelten sie die Mägde und den Hausherrn. Sie hatten bereits alle Kisten erbrochen und ausgeleert; aber noch war ihr Geldhunger nicht gestillt. Sie griffen den armen fünfzigjährigen Terkatz, warfen ihn zur Erde und schlugen ihn mit dem eisernen Blasrohr, um ihn zu zwingen, Reichtümer zu entdecken, die er nicht hatte und die vermutlich der heillose Anbringer den Räubern vorgelogen hatte, um sie desto eher zum Raub zu bewegen. Sie schlugen so lange auf den armen alten Mann, bis endlich die eiserne Blaspfeife auf dessen Schenkel in Stücke ging. Da sie sahen, daß sie nicht mehr Geld und Geldeswert, als sie bereits schon geplündert hatten – es überstieg den Wert von 9.000 Livres –, durch Foltern und Grausamkeiten aller Art herauspressen konnten, zogen sie leise ab.

Kob schickte lange nachher (wo er in der Zwischenzeit hingekommen, werden wir hören) von Maastricht aus dem Anbringer David Kahn zwanzig Kronen Baldower-Geld, über welche geringe Summe sich dieser gar sehr beklagte. Wenigstens erzählt Heckmann dieses, und seine Erzählung scheint darum vollen Glauben zu verdienen, weil sie in allen übrigen Punkten ganz mit dem Erkelenzischen Protokoll übereinstimmt; aber, wie gesagt, die Geschworenen fanden keine Ursache, gegen David Kahn das il y a lieu à accusation zu erklären.†

Fünf Tage nach dem Breyeller Raub kamen Kob, Damian Hessel, Adolph Weyers und der Petschierstecher , die, wie wir oben gehört haben, die Expedition zu Pferde mitgemacht hatten, in dem Wirtshaus zum Lämmchen in Erkelenz an. Dem französischen Ortskommandanten Capitaine Petrache von dem 6. Chasseur-Regiment schienen die in blaue Mäntel gehüllten Fremden verdächtig zu sein, er ließ sie anhalten und der Zivilbehörde überantworten.

An gültigen Pässen fehlte es den Arretierten nicht. Der Petschierstecher zeigte den seinigen, der aus Maastricht datiert war, und beteuerte, nur zufälligerweise zu den drei übrigen Gefangenen gekommen zu sein. Damian Hessel hatte ebenfalls einen recht schönen Paß, und zwar von Mersen. Man hatte ihn darin Anton

* nach der üblichen Methode

† Anklage zu erheben

Schucht genannt. Adolph Weyers erschien unter dem Namen Winkens und gab vor, mit Hessel in Kompagnie zu handeln, berief sich darauf, in Mersen domiziliert und jetzt im Begriff zu sein, in Geschäften nach Elberfeld zu reisen.

Auch Kob hatte einen Paß. Man taufte ihn Jakob van den Essen, obgleich sein eigentlicher Name Sabrotier war. Vielleicht wäre es den Räubern geglückt, mit Hilfe ihrer trefflichen Papiere – ich will nicht untersuchen, wie sie sie erhalten haben – durchzukommen; denn wie wenige Polizeibeamten bemühen sich, bei einem Fremden nach etwas mehr sich zu erkundigen als nach diesen? – wenn nicht das Äußere des einen von den Juden einen gewissen Verdacht bei einem von den Gerichtspersonen erregt und eine Durchsuchung von dessen Kleidern verursacht hätte.

Nun fanden sich schöne Sachen; Kob führte Hagel* und einen Ladestock bei sich. Vermutlich hatte er Gelegenheit gehabt, die dazu gehörende Pistole von sich zu werfen. Damian Hessel hatte eine Sackpistole mit doppeltem Lauf nebst zwei Patronen heimlich in seiner Tasche verwahrt. Der Petschierstecher trug in einem Beutel eine Terzerole, auch hatte er in seinem Mantel eine doppelte Pistole nebst einem langen scharfen Messer verborgen. Außerdem fanden sich drei verdächtige Briefe bei ihm, die er auf der Straße in Aachen gefunden haben wollte.

Dieses Beisichführen verdächtiger Waffen und Briefe erregte die volle Aufmerksamkeit des Gerichts. Die vier Räuber wurden festgehalten. Man suchte nach und fand, daß Kob auf seinem Reitpferd mehrere Pistolen, und zwar ebenfalls ganz verborgen, eingeschnallt hatte. Auf die Fragen, die man an die Räuber richtete, erhielt man verschmitzte, fein gesponnene, aber eben darum oft im Widerspruch stehende Antworten.

Einige Tage nach der Verhaftung kommen drei Juden, alle drei Teilnehmer an dem Breyeller Diebstahl und Mitglieder der Mersischen Bande, Kaufmann, Salomon Raphael und Hirsch Spinnas, nach Erkelenz. Sie wissen nichts von dem Schicksal ihrer Kameraden; sie erkundigen sich nach vier so und so gekleideten Reitern, die, ihrer Erklärung nach, Lieferanten der Armee sind und um eine bestimmte Zeit passiert sein sollen.

Der Mann, an den sie sich wenden, schöpft Verdacht und zeigt der Obrigkeit das Ganze an. Man besinnt sich nicht lange, sie festzuhalten, durchsucht ihre Kleider und findet bei dem Juden Kaufmann Pistolen und Messer. Noch mehr aber als dieses. Man findet auch Knebelstricke und Wachsstöcke bei ihm. Sowohl Kaufmann als seine Begleiter bekennen, in Mersen zu Hause zu sein, und berufen sich kühn darauf, daß sie bis jetzt sich dort aufgehalten haben und Zeugnisse über die Moralität und Unschuld von dorther in Fülle vorbringen können. Ihre Pässe sind, wie zu erwarten ist, in schönster Richtigkeit.

Dem Gericht konnte der Aufenthaltsort Mersen kein besonderer Grund zum Nachforschen werden, damals war noch nicht bekannt, daß eben dieses Mersen

---

* Klein gehacktes oder gesprungenes Blei und Eisen, auch Schrotkugeln

die Wiege und der Zentralpunkt einer eigenen Bande war.[1] Dem Drossard Drelling gebührt für seine angestellte Untersuchung aller Dank; es lag nicht an ihm, wenn sie fruchtlos ausfiel.

Das Gerücht von dem beträchtlichen Diebstahl in Breyell war auch nach Erkelenz gekommen. Die dortige Justiz glaubte, den Beraubten Br. Terkatz vorladen zu müssen, um vielleicht von ihm Auskunft über die gefangenen Räuber zu erhalten. Terkatz erschien. Man führte ihm Kob, Damian, Adolph und den Petschierstecher vor, und er erklärte, daß diese den Räubern, die in sein Zimmer gedrungen waren, so ähnlich sehen, daß, wenn sie ihm unvermutet im Feld begegnet wären, er bei sich gedacht haben würde: Das – das sind die Spitzbuben, die dich bestohlen haben! Eine einfache, aber äußerst bestimmte Erklärung, die geprüft und wohl interpretiert soviel heißt wie: Nicht allein jetzt, da ich mit dem Gedanken herkomme, Räuber zu sehen, nein, sondern auch dann, wenn meine Phantasie nicht mit ins Spiel gezogen worden wäre, wenn ich mich dem ersten Eindruck überlassen hätte, auch dann würde ich diese für die Täter erkannt haben. Aller Zweifel schwand, als Terkatz in Adolph Weyers Beutel einen alten Dukaten fand, den er an mehreren Zeichen als einen der ihm gestohlenen erkannte. Am 20. Mai erschienen zu Erkelenz zwei Weiber, eine Französin und eine Jüdin; die erste gab sich für die Frau des Kob aus – sie gab sich aus, denn sie war in der Tat nur Kobs Maitresse –, die andere war die Frau des Petschierstechers. Beide brachten gar herrlich glänzende Zertifikate von Mersen zugunsten der beiden Gefangenen mit und sollicitirten* ihre Freilassung. – Noch weit vorteilhafter für die Räuber war der von einem Polizeicommissaire aus A... eingesandte Auszug aus dem Buch, das die dort sich aufhaltenden Fremden anführt; denn daraus ergab sich die Unschuld dieser braven Männer ganz sichtbar. An dem Tag, wo der Diebstahl in Breyell, wegen dem man sie jetzt so ungerechterweise verfolgte, an diesem Tag, wo dieser vorgefallen war, so zertifizierte der Beamte, befanden sich Adolph und Damian bei dem Schneidermeister R... und Schonart und Kob bei dem Wirt B.. Man erstaune nicht, solche Züge zu finden; wenn es den Räubern nicht gelungen wäre, sich für ihr Geld Freunde und Zeugen zu kaufen, so hätten sie ihr Gewerbe nicht so lange fortsetzen können.

Bei allen den vorteilhaften Papieren mochten die Gefangenen ihrer Sache nicht so recht getraut haben. Sie begannen auf Flucht zu meditieren. Es währte nicht lange, so bemerkte die Schützenwache, welche außerhalb des Gefängnisses ihren Aufenthaltsort hatte, daß, sooft sie sich still verhielt und den Schein nähme, als ob sie fortgegangen wäre, die Gefangenen sich gewisse Signale gaben; daß

---

[1] *Man kann nicht begreifen, wie es möglich war, daß gewisse Leute sowohl die Existenz der Mersischen als aller in diesem Werk angeführten Banden so hartnäckig bezweifeln konnten; man müßte denn bei ihnen annehmen, was man so oft schon in der Philosophie annahm, daß ihr Skeptizismus nur der Deckmantel des Neids, der Unwissenheit und anderer Leidenschaften war. Wenn man daraus, daß zwanzig bis dreißig Räuber sich in Mersen aufgehalten haben, von dorther vereinigt auf Beute ausgezogen und dorthin nach dem Raub zurückgezogen sind, wenn man daraus, daß diese sich selbst die Mersener genannt haben, nicht auf die Existenz einer eigenen Mersischen Bande schließen kann, so gebe ich mich gefangen.*

* äußerten die (gerichtliche) Bitte

der am nächsten an der Wache sitzende sogleich heftig auf die Mauer klopfte, dann der zweite und so fort und daß auf diese Zeichen ein Geknaster und Geräusch an der Mauer sich hören ließ. Zeitig genug sah man im Gefängnis nach – und siehe da, die Räuber hatten sich beinahe durchgebrochen. Unglücklicherweise verdoppelte man nach dieser Entdeckung die Aufmerksamkeit auf die Gefangenen nicht. Sie benutzten eines Abends die Abwesenheit zweier Wächter. Schnell hatten sie ihre erste Barriere gesprengt und sich in den Vorhof durchgebrochen. Sie lockten den Zurückgebliebenen an diesen Ort, fielen über ihn, als er eintrat, her, warfen ihn nieder und entflohen. – So, so war mit einmal alle bisher angestellte Untersuchung unterbrochen, und die Räuber gingen zu neuen Bubenstücken aus.

Mitten im Sommer des Jahres 1797 wurden binnen einer einzigen Woche, nämlich in der Nacht vom Montag auf den Dienstag, vom 24. auf den 25. Juli, und gleich darauf vom Donnerstag auf den Freitag, den 27. auf den 28., zwei gewaltsame Diebstähle im Amt Millen in dem ehemaligen Jülichschen von ein und derselben Bande – aus welchen Gliedern sie bestand, werden wir sogleich erfahren – verübt. Besonders merkwürdig und abenteuerlich war der letzte, durch ihn kam man den Tätern des ersten auf die Spur; er veranlaßte die Verhaftung eines der Räuber, der in Winschoten in die Schule gegangen war, eines Vertrauten der Familie des Picard; er veranlaßte eine eigene Kriminalprozedur. Die Geschichte des Raubes in Birgden vom 24. auf den 25. Juli ist ganz einfach. Die Räuber erschienen wie gewöhnlich um Mitternacht am Ort, verstopften das Loch der Kirchentür, drangen auf das Haus des Arnold Jansen los, stürmten die Tür desselben in Stücke, knebelten die Bewohner, warfen Bettzeug auf Mägde und Kinder, daß sie niemand erkennen sollte, sprachen verdorbenes Französisch, brachen Schränke und Kästen auf, leerten den Winkel aus, stahlen den Wert von 550 Talern und schossen beim Abzug aus Flinten und Pistolen. Niemals würde vielleicht über diesen Raub etwas an den Tag gekommen sein, wenn die Bande nicht mit unglaublicher Kühnheit drei Tage darauf einen anderen und zwar ganz in der Nähe zu Havert versucht hätte.

In der Nacht zum Donnerstag auf den Freitag, vom 27. auf den 28. Juli, etwa gegen elf Uhr, hörte der Kaufmann Cornel van Kreuchten in Havert, daß sein im Hof gelegenes Hündchen mehrmals laut anschlug und unruhig wurde; er öffnete seine Haustür, sah umher, wurde niemanden gewahr und zog sich wieder zurück. Da die Hitze den Tag durch außerordentlich war, blieb er etwas lange auf und legte sich nicht wie gewöhnlich zu seiner Frau, die in dem Laden lag, zu Bett, sondern blieb in dem Zimmer hinter der Küche. Noch immer ließ sich das Hündchen auf dem Hof hören, da Kreuchten aber bei dem ersten Bellen niemanden in dem Hof gesehen hatte, achtete er es nicht und begann in erwähntem Zimmer leise einzuschlummern. Plötzlich weckte ihn ein entsetzliches Krachen; er fuhr hurtig auf, ergriff zwei mit Kugeln geladene Pistolen und begab sich in die Küche. Hier konnte er sehr deutlich wahrnehmen, daß eine Menge Diebe im Vorhaus stand, Lichter in den Händen hielt und beschäftigt war, die Ladentür, worin seine Frau schlief, zu forcieren. Sogleich machte er Lärm und lockte so die Diebe von der Tür, woran sie standen, weg und auf jene zu, hinter welcher er sich befand. Kaum stürzten sie auf diese heran, so richtete er eine Pistole durch den Ritz und drückte los. In diesem Moment hörte die Frau, die ebenfalls erwacht war, ein Getöse im Vorhaus, geradeso als wenn man einen Menschen fortschleppte; sie wähnte, das müsse wohl ihr Mann sein, und geriet in Schrecken und Verzweiflung; bald aber vernahm sie dessen Stimme. Die Räuber waren verschwunden, ohne das geringste mitzunehmen. Van Kreuchten blickte nach der Kugel, die er abgeschossen hatte; sie war durch die Tür gegangen, aber in der Wand gegenüber war kein Zeichen von ihr zu finden; sie mußte also in einen dazwischengekommenen Körper gedrungen sein – und dieser gehörte wohl niemand als einem der Räuber. Noch mehr bestätigte sich dieses, als eine Nachbarsfrau erschien und erklärte, sie habe gesehen, wie eine Menge Menschen jemanden den Weg nach Millen fortgeschleppt hätte. In dem Haus des Br. Kreuchten fand sich ein Hut, auf dem Weg nach Millen zu ein Messingknopf, Knebelstricke und ein lederner Riemen, dessen sich die Juden zum Beten zu bedienen pflegen. Auf dem gleichen Weg entdeckte man endlich ein wenig auf der Seite in einem Roggenfeld einen Menschen liegen, der durch einen Schuß scharf verwundet und so kraftlos war, daß er nicht von der Stelle konnte.

Van Kreuchten besah ihn genau und erkannte in ihm einen Juden, der einige Tage vorher in seinem Haus gewesen war, einige Kleinigkeiten einzukaufen. Es konnte bei allen diesen Umständen nicht fehlen, daß man den Verwundeten für denjenigen Räuber, der durch van Kreuchten angeschossen worden war, gehalten hätte. Man maß die Höhe seines Körpers und der Öffnung in der Tür, wodurch der Schuß gegangen war, und fand, daß die Kugel gerade die Richtung in seinen Rücken genommen haben mußte; man untersuchte die durch den Chirurgen herausgezogene Kugel und fand, daß sie gerade in die Pistole des Kreuchten paßte. Man fragte ihn, wie er zu dem Schuß gekommen sei. Er erzählte, Franzosen hätten ihn an einer angegebenen Stelle die vergangene Nacht um neun Uhr angeschossen – und Zeugen traten auf, die nachwiesen, um eben diese Stunde an erwähnter Stelle gewesen zu sein und keine Franzosen gesehen, keinen Schuß gehört zu haben. Unter den vielen Landleuten, die den Gefangenen zu sehen gekommen waren, befanden sich auch die, die in Birgden kurz vorher bestohlen worden waren. Diese erklärten auf der Stelle, daß der ihnen Vorgezeigte mit bei dem Diebstahl in Birgden gewesen sei; besonders erkannte ihn ein junges Mädchen und sagte aus, daß niemand anderes als eben dieser die erwähnte Nacht sie geknebelt habe.[1] Der Jude konnte nicht leugnen, daß ihm der Riemen zum Beten und der Knopf, unweit Havert gefunden, gehörten; also ergab sich's mit den Knebelstricken von selbst. Auf die Frage, wer er sei, gab er sich einen fremden Namen; auf die Frage, wo er bis jetzt sich aufgehalten habe, verwickelte er sich

[1] *Ich führe alle die Umstände so genau an, weil dieser ungeachtet, wie wir noch hören werden, der Jude in Freiheit gesetzt worden ist.*

in ein Gespinst von LügenWas gewiß jedem Leser, dem die Namen der Haupträuber der Brabantischen Bande noch im Gedächtnis schweben, auffallend sein muß, der Jude gab sich für den Abraham Jakob aus Winschoten – den Schwager Picards, den ebenso berüchtigten wie gefährlichen Abraham – aus Gründen, die uns unbekannt geblieben sind, aus. Hertogh, so hieß der Jude, muß diesen also gekannt, mit ihm in Verbindung gestanden haben. Vom Amt Millen schrieb man nach Mersen und Beck, um über den Juden Kunde einzuziehen, und erfuhr Dinge von der größten Wichtigkeit, die unstreitig die Überzeugung von Hertoghs Räubereigenschaft und Anwesenheit bei dem Haverter Raub vollenden mußten.

Hertogh war in Mersen wohnhaft gewesen und gebürtig in Winschoten, aus dem die Räuberfamilie Jakob stammte. Er zog mit sieben anderen Juden, seinem Vater, Hertogh Hirz, gebürtig aus Frankfurt, seinem Bruder Wolf – wir haben ihn schon oft als Räuber angetroffen –, einem gewissen Joseph Hirz aus Adelsburg, dem Abraham Meyer aus Amsterdam, der unter die Holländische Bande gehörte, dem Jonas Ektan aus Ansbach und noch zwei anderen, die alle in Mersen gewohnt hatten, den Donnerstag, den Tag vor dem Diebstahl, aus Mersen. – Sieben von den eben benannten – Hertogh ausgenommen – kamen freitags morgens um drei Uhr wieder zurück. Bei der Zurückkunft herrschte große Verwirrung in der Familie des Hertoghs. Seine Schwester und Mutter weinten und erzählten, daß er von den Franzosen angeschossen worden, welches wohlgemerkt mit Hertoghs Angaben darin in Widerspruch steht, daß er beim Empfang des Schusses allein will gewesen sein, folglich die Nachricht davon nicht dem Vater oder irgend jemand schon um vier Uhr des Morgens hätte werden können. Endlich, was gewiß die Schuld des Hertoghs in volles Licht setzt, endlich ergibt sich, daß die Familie Hertogh, Wolf, Abraham Meyer und mehrere Juden, sobald die Nachfrage von Millen aus ruchbar geworden war, Mersen auf das heimlichste verließen..

Hertogh kam in das Gefängnis nach Jülich und wurde dort von Hofrat Jungbluth scharf inquiriert; aber er blieb immer in einem verwegenen, halsstarrigen Leugnen.

Sobald die neuen Departemente organisiert waren, lieferte ihn die Düsseldorfer Regierung aus, und er kam vor das Kriminalgericht des Roer-Departements. Dieses achtete die Gründe nicht, die der Referent in der Sache, der Verfasser gegenwärtiger Geschichte, geltend zu machen suchte, glaubte, daß immer noch eine Möglichkeit der Unschuld!!! des Hertoghs da sein könne, und befahl, ihn in Freiheit zu setzen.

Ich will gerne annehmen, daß das Tribunal damals sich in der Verlegenheit befunden hat, in der so oft die Geschworenen waren. Das französische Gesetz kennt nämlich keine arbitraische* Strafe, die man bei zurückgebliebenem großem Verdacht, wenn die Beweise nicht hinlänglich gefunden werden, anderwärts

* nach freiem Ermessen gesetzte

verhängt; bei ihm sind nur die zwei Extreme: Verurteilung zur völligen Strafe – wie im vorliegenden Fall: 24 Jahre Galeere – oder Freispruch. In der Wahl zwischen dem einen und dem anderen mag das Tribunal die letzte für anwendbar gehalten haben.

Beim Durchlesen der Akten des Hertoghs stoße ich auf einen Bericht, den der ebenso emsige wie rechtschaffene Agent Korten von Beck an das Amt Millen am 31. Juli 1797 geschrieben hat und wodurch ich in Stand gesetzt werde, einigen Aufschluß über das Schicksal des Abraham Jakob, das ich oben in Ungewißheit gelassen habe, zu geben. Abraham Jakob von Winschoten , heißt es darin, hat sich einige Zeit in Mersen aufgehalten, ist nach Holland gezogen und dort aufgehängt worden.

Doch ich kehre zu der Mersischen Bande zurück.

Wir kommen jetzt in eine Epoche, in der Adolph Weyers, den wir bereits oben erwähnt haben, in seinem vollen Licht erscheint. Es wird nicht vergebens sein, von ihm bei dieser Gelegenheit ein kleines Gemälde zu entwerfen. Adolph Weyers ist – noch hat er sein Dasein, aber kein unserer Gegend gefahrdrohendes Dasein, er wurde auf Befehl des Königs von Preußen nach Sibirien transportiert – Adolph Weyers ist ein Mann von etwa dreißig Jahren, von höflichen, artigen Manieren, kein gewöhnlicher, trotziger, wilder Räuber. Er hat, wie wir unten bei der Neuwieder Bande hören werden, seine Epoche gehabt, in der er den vornehmen Kaufmann spielte, Messen besuchte, in großen Gasthäusern logierte und mit Generälen in Cabriolets fuhr. Er ist lang, aber nicht hager, hat blondes Haar, das er in einen kleinen Zopf gewunden trägt, und führt einen stolzen, etwas militärischen Gang. Seine Physiognomie hat etwas Widerstrebendes – einen Zug von Falschheit und Tücke. Niemals wagt er es, dem, der mit ihm spricht, gerade und frei ins Gesicht zu sehen. Stets sind seine Augen zur Erde gerichtet. Unter den Räubern hat er sich mehr wegen seiner Verschlagenheit, seiner Erfindungskraft als wegen seines Mutes berühmt gemacht, obschon ihm auch dieser nicht abgesprochen werden kann. Sein Geburtsort ist Moers im Roer-Departement; seine Profession war anfänglich Rotgerberei*. Doch zeigte er schon in seinem sechzehnten Jahr, daß er mehr geneigt war, einem Robin Hood, einem Howard, einem Cartouche in die Fersen zu treten, als sich durch irgendeine ehrliche Hantierung fortzubringen. Er stahl als Knabe in Schwelm silberne Löffel und Schnallen.

In seiner Jugend, während seines Aufenthalts in Duisburg, entwarf er einen Diebstahl, der ihn auf immer zu einem reichen wohlhabenden Mann machen und ihn mit einemmal zum Besitz eines Mädchens, das er liebte, helfen sollte. Auch fehlte nur noch wenig, und er wäre an seinem erwünschten Ziel gewesen. Am erwähnten Ort hatte Adolph eine Geliebte, die in dem Haus eines reichen Bankiers in Diensten stand. Neben der Liebe schlich sich ein unredliches Verlangen, den

* Rotgerber bearbeiteten rotes, dunkles Leder im Gegensatz zu den Weißgerbern

Reichtum dieses Mannes zu besitzen und so in der Ferne mit diesem im Arm des Mädchens elysische Tage zu leben, in sein Herz. Er begann, seiner Schönen gewisse Vorschläge zu machen und ihr das Glück, das sie beide genießen würden, wenn sie nur einen Teil des Goldes ihres Hausherrn besäßen, mit verführerischen Farben zu schildern. Die Liebe machte das Mädchen blind für die gefährlichen Anschläge des Geliebten. Es fand sich zu allem bereit und leistete ihm eines Nachts in seinem Raub hilfreiche Hand. Er stahl eine enorme Summe. Heckmann gibt sie mit 20.000 Talern an. Nach vollbrachter Tat verließ er Duisburg. Hier hatte er ein Pferd gemietet, um seinen Schatz sicher und schnell fortzubringen.

Sein Plan war, sich ins Schwarzenburgische zu flüchten, dort sich mit seiner ihm nachfolgenden Geliebten trauen zu lassen und von dem geraubten Geld eine Rotgerberei anzulegen. Bald war er auf dem Weg und an den Grenzen des Landes, wohin er zu ziehen gesonnen war. Wie er so dahinreitet, eben nicht stattlich gekleidet, und das Pferd kaum unter der schweren Geldlast fortkommt, wird er von einem fremden Mann bemerkt. Der fremde Mann steht still, sieht ihm verwundert nach, schüttelt den Kopf, geht aber weiter seines Wegs fort. Es währt nicht lange, so kommt der Fremde an einen Ort, in dem man unter anderem auch von dem großen Diebstahl spricht, der in Duisburg begangen worden ist. Wie ein Blitz schießt ihm der Gedanke auf, der Mensch auf dem Pferd, das unter der schweren Last nicht fortgekonnt habe, müsse der Dieb gewesen sein. Flugs rafft er sich auf und nimmt den Weg, den der Reiter genommen hatte. Er folgt ihm Schritt für Schritt, Spur für Spur nach. Schon erreicht er das Schwarzenburgische. Der Zufall führt ihn in ein Privathaus, um sich dort, wie er es gewohnt war, nach dem Reiter zu erkundigen. Kaum hat er ihn beschrieben, so ruft die Frau: Der logiert hier bei uns und hat Geld, Geld in Fülle. Der Fremde entfernt sich, zeigt dem Gericht den Vorfall an, und Weyers wird arretiert. Man bringt ihn nach Wesel, wo er verurteilt wird, lebenslänglich zu sitzen. – Nach sechs Jahren erhält er seine Begnadigung und benutzt sie, wie sie so viele Tausende, die in dem Kerker von älteren Spitzbuben unterrichtet, gebildet, abgehärtet und verdorben wurden, benutzten, zum Verderben besserer Menschen. Er zieht nach Krefeld und nimmt Teil an mehreren Diebstählen, die die dortige Bande verübt, von da begibt er sich nach Mersen. Was ihm noch am Räubertalent fehlt, lernt er hier durch die großen Beispiele, die ihm Bosbeck und andere im Gewerbe zum Meister Gewordene geben.

Wir werden bald eine Probe sehen, wie Adolph Weyers sich seiner Lehrmeister würdig zu machen suchte.

Am Ende des Jahres 1797 verübten die Mersener unter vielen anderen Diebstählen zwei, die mit allen ihren Nebenumständen angeführt zu werden verdienen. Den Straßenraub bei Maastricht und den Einbruch in Eschweiler.

Die Geschichte des ersten verhält sich, wie ich sie aus der weitläufigen Prozedur gegen die beiden Bogmann gezogen habe, folgendermaßen:

Den 17. Brumaire 6. Jahres (den 9. November 1797) fuhr Heinrich Goyarts, ein Fuhrmann aus Maastricht, mit seinem Karren nach Herzogenbusch. Ein gewisser Lammers, Handelsmann, begleitete ihn auf der Reise. Auf dem Karren befanden sich Sachen von sehr geringem Wert, frisches Gemüse und dergleichen. Unter diesem war jedoch zu gleicher Zeit eine Kiste verborgen, die nicht allein eine beträchtliche Summe Geldes, sondern auch silberne Platten enthielt.

Fuhrmann Goyarts und sein Reisegefährte, der Handelsmann Lammers, legten den Weg bis in die Heide jenseits Asch ganz ruhig und ohne irgendeinen Anstoß zurück. Nachmittags etwa gegen vier Uhr, als sie sich in erwähnter Heide befanden, gewahrten sie plötzlich mehrere Männer, die in dem Gebüsch zu lauern schienen. »Wir sind verloren«, schrie Lammers, als sie etwas näher kamen, »wir sind verloren! Diese Menschen haben ihr Gesicht geschwärzt.«

Kaum hatte er das letzte Wort gesprochen, als vier Kerle mit geschwärzten Gesichtern hervorsprangen, dem Pferd in die Zügel fielen und dem Fuhrmann wie auch dem Lammers Pistolen auf die Brust hielten.

Ganz nach Art der Highwaymen* begehrten sie anfänglich nur die Börsen der Reisenden. Der Fuhrmann reichte ihnen die seinige hin. Statt sich damit zu begnügen, fielen sie über die beiden Reisenden her, warfen sie nieder und banden sie mit Stricken fest. Hierauf begannen sie das Gemüse vom Karren zu werfen und diesen genau zu durchsuchen. Man wird sich darüber nicht wundern, wenn man vernimmt, daß ein gewisser Fahner aus Mersen den Transport des Geldes und der Silberplatten belauert und den Räubern angezeigt hatte. Die Räuber waren die beiden Bogmann, Vater und Sohn, in Ulestraaten bei Mersen wohnend, ein gewisser Stinkens, ebenfalls aus Mersen, und unser Adolph Weyers. Die Kiste mit dem Geld und dem Silber wurde hervorgezogen, aufgebrochen und ausgeplündert. Der Kaufmann Lammers hatte in dieser Kiste, die ihn sonst nichts anging, seine Börse liegen. Bei dem Anblick des Raubes jammerte und schrie er: »Wenn ihr mir das bißchen Geld nehmt, was in dieser Börse ist, so bin ich mit meinem Weib und Kindern auf immer unglücklich.«

Diese Worte machten einen ungewöhnlichen Eindruck auf Weyers und seine Gehilfen, sie warfen ihm seine Börse hin und verschwanden mit den Silberplatten und dem Geld.

Gleich nach dem Straßenraub wandte sich der Eigentümer des Gestohlenen an den Polizeicommissaire van Kaubergh in Maastricht. Dieser rechtschaffene und rastlos tätige Mann nahm vier Gendarme mit sich und begab sich an den geltenden Ort – nach Mersen, gerade in die Wohnung des einen, des Räubers Bogmann, den er wegen gewisser Ursachen in Verdacht hielt. Hier fand er vier Flinten und eine scharf geladene Pistole. Der Sohn Bogmann war glücklich genug zu entspringen; der Alte wurde festgehalten. Von Geld und Silber war aber keine Spur vorhanden. Adolph Weyers mochte von guter Hand einen Wink bekommen haben, er war mit der Beute verschwunden.

Während van Kaubergh den Bogmann packte, wurde ihm hinterbracht, daß

* (eigentlich engl.): Straßenräuber

Adolph Weyers den Tag vorher mit einem schweren Paket in Nieuwenhagen in Begleitung eines anderen verdächtigen Menschen gesehen worden war. Man riet ihm, den Weg zu verfolgen, und es könnte ihm vielleicht glücken, den Räuber der Silberplatten zu treffen. Ohne zu verweilen, nahm van Kaubergh einen Wagen und fuhr, so schnell es nur möglich war, nach Nieuwenhagen. Er nahm denjenigen, der ihm die Anzeige von dem Fremden mit dem schweren Paket gegeben hatte, mit. In Nieuwenhagen zeigte ihm dieser das Haus, worin der Fremde sich noch den Tag vorher aufgehalten hatte. Sogleich wurde es umstellt und mit dem Agenten der Gemeinde eine Visitation vorgenommen. Mulders, der Bewohner des Hauses, gestand dem Commissaire, daß vor nicht mehr als zwei Stunden der Fremde mit dem schweren Paket, nach dem er sich erkundigt hatte, hier gewesen sei und seinen Weg eilends nach Scherpenzel genommen habe, wo er bei einer Frau, die sich so und so nenne, einkehren wolle. Der Polizeicommissaire wußte genug, brach auf der Stelle auf und eilte nach Scherpenzel. Wie er diesen Ort berührt, erfährt er, daß Weyers ihn soeben verlassen hat und nur etwa eine halbe Stunde vor ihm voraus ist. So nahe, so nahe ist er hinter ihm drein, daß er schon glaubt, den Räuber mit der Beute ertappt zu haben. Ohne einen Augenblick zu säumen, eilt er, so schnell es ihm nur möglich ist, fort und ihm nach; aber Weyers verschwindet. Keine Fee, kein Zauberer war es, der ihn den Augen seiner Verfolger entzog, es war eines von den verdächtigen Häusern (Kochemer Beyes, wie sie die Räuber nennen), das ihm Schutz gab und ihn verbarg.

Wohl einen Monat nach diesem Vorfall kam ein Kaufmann aus Amsterdam namens Stockart, der von seiner Reise durch das Reich in sein Vaterland zurückkehrte, durch Maastricht. Von diesem erfuhr man einiges, das Bezug zu dem erwähnten Straßenraub hatte.

Den 8. Dezember befand sich Stockart (so nach seinen eigenen Worten) im weißen Turm zu Neuwied. Ein gewisser Winkens, diesen Namen führte damals Adolph, ließ sich mit ihm in eine Unterhaltung ein und fragte ihn nach Neuigkeiten aus den Niederlanden und besonders aus Maastricht. Nach einer Weile begann er sich zu erkundigen, ob er, Stockart, nichts von einem Fuhrmann vernommen, dem man auf der Landstraße silberne Platten geraubt habe. Als Stockart dieses bejahte und erzählte, daß ein gewisser Bogmann bei Mersen zu Hause deshalb in Verdacht wäre und säße, antwortete Weyers: »Der Mann ist unschuldig; die Täter waren Stinkens und nebst diesem ein gewisser Weyers. Hundert Louisdor war des letzteren Anteil und dieser letztere – bin ich.«

Der unbegreiflichen Kühnheit wegen, mit der ein Straßenräuber an einem öffentlichen Ort gegen unbekannte, weltfremde Personen von einem so großen Verbrechen, dessen Angedenken noch so ganz frisch ist, gesprochen hat, dieser Kühnheit wegen habe ich die Anekdote angeführt.

Sie beweist zum wenigsten, daß Adolph sich an dem Ort, wo er solche freie Reden führen durfte, in Sicherheit wußte. Wie und warum das – davon weiter unten.

Bogmann Vater und Sohn, eigentlich mehr die Handlanger, die Weyers bei diesem Raub gebraucht hatte, als Mitglieder der Bande, wurden von dem Kriminalgericht des Niedermaas-Departements unter dem Vorsitz des Br. Meller zu einer 22jährigen Galeerenstrafe verdammt. Von dem Aufenthalt des Stinkens konnte nichts in Erfahrung gebracht werden.

Adolph Weyers blieb in Freiheit. Ein einziges gelungenes Verbrechen, dieses beweist sich auch an ihm, muntert zu tausend neuen auf.

Noch war der Dezember nicht zu Ende, als er sich wieder in der Gegend um Aachen sehen ließ und an einem merkwürdigen Raub teilnahm. Dieses war jener, der in der Nacht vom 28. auf den 29. Dezember 1797 in Eschweiler bei dem Wirt Franzen von Damian Hessel dem Studentchen, Adolph Weyers, dem Juden Nathan, genannt Holländer, Leib von Mersen, dem großen Jud Bacharach, Joseph Kernmilch, dem scheelen Jickjack (einem Ungeheuer der ersten Größe), Selig, Raphael, Overtüsch und mehreren Jungen aus Aachen und Bauern aus Haaren und der Gegend verübt wurde.

Die jammervolle Erzählung des Hergangs bei diesem Raub liefert uns der Unglückliche, der die Hauptrolle dabei gespielt hat, der Wirt Franzen von Eschweiler selbst. Gegen Mitternacht des erwähnten Tages wurden Franzen und sein Weib, die erst seit acht Tagen im Kindbett lag, durch einen großen Lärm, der sich vor seiner nach dem Feld zu gehenden Schlafstube hören ließ, geweckt. Noch ehe sie ihre Besinnungskraft erhielten, sprengte die Tür mit einem entsetzlichen Krachen in tausend Stücke, und zu gleicher Zeit flogen zwölf bis dreizehn Kerle mit einem langen starken Holz durch die Öffnung in die Stube. Der vorderste rief, sobald er den Wirt gewahr wurde: »Hier ist der Hund!« Und in demselben Augenblick schlug er mit seiner Flinte Franzen so heftig wider die Stirn, daß er zur Erde niederstürzte. Hastig raffte sich der Mißhandelte auf, sprang an das Bett, ergriff das dort hängende Gewehr und flog zu der Küchentür hinaus bis unter den Kamin. Hier, hier erhielt er erst seine völlige Besinnung wieder. Im ersten Augenblick wußte er nicht, was er beginnen sollte, er legte die Flinte auf mehrere Räuber, die bereits an der Treppe waren, an, aber das Geschick wollte, daß sie versagen sollte. »Will der Schurke sich noch wehren«, schrie jetzt eine fürchterlicher Stimme aus dem Schlafzimmer, und in diesem Augenblick pfiff eine Kugel an Franzen vorüber und schlug in den Kamin.

Zu gleicher Zeit stürzte der ganze Schwarm über ihn her, riß ihn nieder und zerrte ihn bis mitten in die Küche. Hier ergriff einer der Räuber ein Schlachtmesser und fragte den Anführer, der eine rote Weste und ein rotbesetztes Pantalon* trug, ob er den Wirt spalten solle, worauf dieser, in etwas gebrochener Sprache, auf holländisch erwiderte: »Nein, der Hund muß gevierteilt werden. Er will nicht bekennen, wo er sein Geld hat. Flugs tretet ihn nieder!« Auf dieses Wort traten die Umstehenden den Unglücklichen zur Erde nieder, schleppten und zerrten ihn in der Küche herum und schlugen ihn mit Stecken auf die bloße

* eine lange Männerhose nach französischer Art

Brust, daß viel Blut ihm aus dem Mund quoll. Auf diese Grausamkeit verübten sie eine noch weit schrecklichere. Einer der Räuber faßte Franzen am rechten Arm, der andere ihn am linken, ein dritter ergriff seinen rechten Fuß, ein vierter seinen linken. Der Anführer, wütender als alle, fiel ihm in die Haare und wand sie um seine Faust. So begannen die Kannibalen den Schreienden und Jammernden auseinanderzureißen. Indessen wurde das arme halbtote Weib, eine achttägige Kindbetterin, an Händen und Füßen gebunden. Die Tiger würden den unglücklichen Franzen vielleicht ermordet haben, wenn nicht einer der Räuber in dem Augenblick, wo das in der Küche vorging, den Schreibtisch aufgebrochen und auf französisch gerufen hätte: »Hier, hier finden wir ihren ganzen Reichtum!« Wenn nicht zugleich ein französischer bei Franzen einquartierter Chasseur* die Treppe heruntergekommen wäre. Jetzt ließen zwei von den Räubern die Füße des Unglücklichen los und stürzten in das Schlafzimmer zu demjenigen, der am Schreibtisch sich beschäftigte. Der Anführer und die zwei, die Franzen am Kopf gepackt hatten, wandten sich gegen den Chasseur. Diesen einzigen Moment benutzte Franzen, entriß sich mit aller Macht von den übrigen, die ihn am Arm festhielten und sprang, so schnell es ihm nur möglich war, die Treppe herauf und davon. Einer der Räuber schickte ihm zwar den Schuß aus seinem eigenen Gewehr, das ihm vorher, wer weiß zu seinem Glück, versagt hatte, nach, aber traf nicht. Die Posten schlugen in das Holz. Dem Chasseur streckte der Anführer die Flinte entgegen und rief ihm auf französisch zu, sich zurückzuziehen. Franzen sprang unterdessen in voller Angst auf den Speicher, kletterte zum Dachfenster hinaus und bis auf die Zinne seines Hauses; so weiß die Angst wie jede mächtige Leidenschaft in dem Menschen unbekannte Kräfte vorzurufen. Von da stieg er in den Kamin, worin er sich verbarg.

Die Räuber waren nun mit Plündern fertig, schleppten alles, was sie bekommen konnten, auf einen mitgebrachten Wagen, löschten im Haus alle Lichter aus und zogen davon. Von der Spitze des Daches sah der arme Geplünderte (es war Mondlicht) seinen ganzen Reichtum davonführen. Die Schwester des Franzen war die erste, die sich, als der Lärm vorbei war, aus ihrem Schlupfwinkel in das Unterhaus wagte. Hier fand sie alles finster. Sie tappte umher und stieß auf die arme halbtote Wöchnerin, welche geknebelt auf der Erde lag. Sie machte sie, so gut sie konnte, los und eilte in die Nachbarshäuser, um Hilfe zu holen. Mehrere Personen kamen, noch war Franzen nicht gefunden. Man rief ihn, man suchte ihn vergebens. Von der anderthalb Stunden ausgestandenen bitteren Kälte, der Angst, den Mißhandlungen hatte er alle Sprache verloren. Es war fast um ihn geschehen. Er wünschte seinen Freunden, die er unter sich hörte, ein Zeichen von dem Ort geben zu können, wo er sich befände, aber seine Zunge versagte ihm diesen Dienst. In dieser Not und Angst riß er mit dem letzten Aufwand seiner Kräfte vom Kamin Stein und Speis ab und warf es hinunter, um so seinen Aufenthalt kundzumachen. Es glückte ihm – sein Schwager und die Knechte aus

* Jäger

dem Nebenhaus eilten auf den Speicher, brachen ein Loch durch das Dach, holten eine Leiter und halfen ihm herab. Sein Leben war gerettet, aber sein Vermögen dahin. Er mußte mit dem, was ihm übrigblieb, seine Gläubiger befriedigen und wurde in einer einzigen Stunde zum Bettler.

Sein Beispiel mag denen zur Warnung dienen, die wie er von unbekannten Leuten oft dieses und jenes kaufen und bei dieser Gelegenheit den Ort ihres Reichtums entdecken und sie zum Rauben anreizen.

Im Jahr 1802, also lange Zeit nach dem hier erzählten Raub, wurden mehrere Räuber, die einen beladenen Frachtwagen auf öffentlicher Landstraße überfallen und geplündert hatten, durch die Polizei, wie wir noch hören werden, eingefangen. Franzen hörte von dieser Verhaftung. Er wandte sich an den Friedensrichter des Kantons Burtscheid und begehrte, daß man ihm die Diebe vorzeige, da er vermute, daß sich unter ihnen wohl einer derjenigen, die ihn beraubt hatten, befinde. Sein Gesuch wurde ihm gestattet. Als man ihm den Andreas Delway, einen Wirt von der Weiden bei Aachen, einen der Mitschuldigen bei dem erwähnten Straßenraub, vorzeigte, erklärte er bei seinem geleisteten Eid, daß eben dieser Mensch sich bei den Räubern, die ihn geplündert, befunden hätte und daß er es gewesen sei, der ihm den Schlag mit dem Flintenkolben wider die Stirn gegeben, wovon er damals noch das Merkzeichen an sich trug.

Die bei Franzen gestohlenen Effekten wurden von den Räubern nach Aachen gebracht und in dem Haus der berüchtigten Hurenwirtin geteilt. Denselben Tag, da dieses geschehen war, kam jemand, der die bei Franzen gestohlenen Effekten genau kannte, ich will glauben von ungefähr* oder weil er gewisse Mutmaßungen haben mochte, in das Hurenhaus. Die Mädchen hatten einige gestohlene Halstücher bereits zum Geschenk bekommen und trugen sie just bei dem Eintritt des Mannes. Schnell flüsterte die wohlunterrichtete Hurenwirtin ihnen ins Ohr, die Tücher abzulegen, und so blieb der Raub, dem man auf die Spur gekommen war, verschwiegen und unentdeckt.

Die Räuber hatten in Aachen einen gewissen Jennis, der ihnen allen möglichen Vorschub tat† und soweit seine sträfliche Mitwirkung trieb, daß er ihnen zu jeder Zeit den Aus- und Eingang in die Stadt verschaffte und sie vor jeder Nachforschung durch Verräterei an seinen Obern sicherstellte.

Auf die Hilfe dieses Menschen und anderer ebenso feiler Seelen gestützt, wagten sie es im März des folgenden Jahres, endlich in Aachen selbst einen Raub zu vollführen, den wichtigen, beträchtlichen Raub bei dem Kaufmann Breda.

Die Geschichte erzählte Heckmann, während er wegen seiner übrigen Räubereien in Köln verhaftet saß und ein aufrichtiges Bekenntnis von allem, was er wußte, ablegte, aus freien Stücken auf folgende Art:

»Eines Tages«, sagte er, »kam ein gewisser Sußmann, ein Jude aus dem Kanton Eschweiler, zu mir, um mir ein Paar silberne Schuhschnallen abzukaufen.[1]

---

[1] *Heckmann handelte damals so wie mehrere von der Bande mit kurzen Waren.*

* durch Zufall

† Hilfe leistete

Gebt mir die Schnallen wohlfeil, begann er, es soll euer Nutzen sein. Ich bestand auf meiner Forderung. Seid ihr Kochem, fragte er weiter. Diese Anrede setzte mich in Erstaunen. Wenn ihr Kochem seid, fuhr der Jude fort, so will ich euch etwas baldowern. Ich war zufrieden. Der Jude führte mich von der Sandkaul, wo ich wohnte, über den Markt herunter in eine Straße linker Hand nahe an einem verfallenen Kloster vorbei in eine Gegend, wo Bäume stehen. Auf der Ecke fand sich ein großes Haus. Hier, sagte der Jude, wohnt ein reicher Kaufmann. Seht mir über die Schultern; dort am zweiten Fenster müßt ihr einbrechen. Es ist nicht sehr verschlossen, auch schlafen die Leute alle oben. Im ersten Zimmer, wohin ihr kommt, steht linker Hand eine Kommode, worin Geld in Überfluß, goldene Uhren, Ringe und andere Pretiosen zu finden sind.

Ich kam«, so fährt Heckmann fort, »nicht zur Ausführung des entworfenen Raubes, denn ich wurde in der Zwischenzeit krank, aber meinen Kameraden gelang es desto besser. Franz Bosbeck kommandierte, Afrom Mai, Overtüsch, der dicke Matheis und andere waren mit ihm. Die Beute bestand in viel Geld, in zwei goldenen Uhren, zwei Paar silbernen Schnallen und anderen Dingen von Wert. Waren bekamen sie keine, obgleich der Jude auch von diesen gesprochen hatte.

Am Morgen nach dem Einbruch kam der Jude zu mir, verlangte sein Baldowergeld und wütete, daß man ihn leer ausgehen lasse. Ich nahm mich seiner an und begab mich in das Wirtshaus, wo Bosbeck und Overtüsch sich aufhielten. Overtüsch war guter Laune, er scherzte, hielt mir von dem geraubten Geld vor die Augen und lachte mich und meinen Juden aus. Da ich mich erzürnte, sprang Bosbeck hinter den Gardinen hervor und sagte, ich sollte zufrieden sein, der Baldowerer sollte nach Gebrauch nicht vergessen werden. Hierauf gaben sie mir sechzehn Kronen in Sechsbätzner für ihn. Ich überlieferte sie ihm getreulich; aber er glaubte berechtigt zu sein, eine noch größere Summe zu fordern. Er rastete nicht, bis er von jedem Räuber noch zwei Kronen empfangen hatte.« Auch dieser Jude wurde nachher wegen Teilnahme an den Räubereien vor die Geschworenen gebracht und – freigesprochen. Die Teilung des Raubs war, wie Bosbeck erzählte, in dem Haus der berüchtigten Hurenwirtin vorgenommen und ihr ein Geschenk obendrein aus dem Geraubten gemacht worden.

Kurz nach diesem Diebstahl [den 18. Februar 1798] begingen die Mersischen den Raub zu Linz am Rhein bei dem Kaufmann Meyer. Damals war es zum erstenmal, daß die Mersener an den Oberrhein in die Gegend von Neuwied und Bendorf zogen. In dem letzten Ort war es, wo Damian Hessel, Adolph Weyers, Leib von Mersen, Mathias Hut, Hüskeshannes und Moses Abraham sich befanden, als ein Jude von Höningen – Weyers nennt ihn Moises Auschur – zu ihnen kam und ihnen den Diebstahl von Linz anbrachte. Sogleich war der Entschluß der Räuber gefaßt, sie zogen von Bendorf nach Linz. Adolph Weyers wurde unterwegs unpäßlich. Seine Krankheit mehrte sich so sehr, daß, als sie nach Linz kamen, er nicht mehr zum Raub tauglich war und an dem Seilerhäuschen vor dem Ort niederfiel. Die anderen achteten hierauf nur wenig, gingen nach Linz, brachen in das Haus und entwendeten einen ansehnlichen Vorrat von Kotton* und Tücher. Nach vollbrachtem Raub holten sie den Adolph Weyers ab und zogen nach Höningen und verkauften dem Baldowerer – es war nachts vier Uhr – die Waren. Ein jeder bekam etwa zwanzig Reichstaler. Auch Adolph Weyers wurde mit eingerechnet. Da der Jude nicht Geld genug hatte, blieb er den Räubern einen Teil schuldig und behandelte sie nachher mit verdienter Münze, das heißt, er stahl ihnen das Gestohlene – ein Fall, den wir später noch einmal finden werden.

Der Baldowerer des Linzer Raubs kramte die gestohlenen und angekauften Waren eines Tages so unvorsichtig aus, daß die Bestohlenen nicht allein begründeten Verdacht gegen ihn schöpften, sondern sich selbst berechtigt glaubten, die Justiz um Hilfe anzuflehen. Wie fast bei den meisten niederen Behörden der anderen Rheinseite wußte man über den Diebstahl und die Täter desselben nur wenig anzugeben; man verwies daher die Bestohlenen nach Köln an den Br. Keil, öffentlichen Ankläger, auf Vermutungen, die sich auf seinen bekannten Amtseifer und seine eigene Kenntnis gründeten, und zwar nicht vergebens; denn sobald sie dort angekommen waren, wurden sie durch diesen Beamten in den Stand gesetzt, gegen den Mausche Auscher mit Festigkeit zu handeln. Alles, so ergab sichs endlich, konzentrierte sich darauf, den Juden von dem in Köln sitzenden Haupträuber Fetzer anerkennen zu lassen. Die Justiz von Limburg an der Lahn befahl also, den Juden nach Köln zu führen, um dort eine Konfrontation vornehmen zu lassen. Von dieser, so schien es, hing der Ausgang der Sache ab. Sowie der Jude, den sein ungeheures Vermögen von 60 Talern nicht vor dem schimpflichen Transport sicherte, ein seltener Fall! sowie der Jude, sage ich, abgeführt wurde, nahm seine Frau mit einem anderen Verwandten einen Extrawagen und fuhr nach Köln, um zu verhindern, daß hier nichts Nachteiliges gegen ihn unternommen werden möge. Sie kam zum Defenseur officieux† Schwabe.

Br. Keil schritt gleich nach Auschers Ankunft zur Konfrontation. Fetzer, von dem man gewohnt war, die Sprache der Aufrichtigkeit zu hören, der den Juden zu erkennen erklärt hatte, wurde vorgebracht und diesem gegenübergestellt. Ist dieses der Jude von Höningen, der die Waren vom Linzer Raub gekauft hatte, fragte der öffentliche Ankläger. Nein, gab Fetzer zur Antwort. Erstaunt über dieses Verleugnen drang Br. Keil noch heftiger in den jungen Räuber. Er blieb bei seinem Verneinen. Bis in die Nacht dauerte das Konfrontieren, aber Fetzer war felsenfest.

So gelinde Fetzer bis jetzt behandelt worden war, so scharf befahl der öffentliche Ankläger von nun an mit ihm zu verfahren. Der Concierge, Br. Lammerz, führte ihn ab, um ihn schließen zu lassen. Als der Concierge in das Verlies kam, deuchte es ihm, als habe er in dem Sack des Gefangenen das Klingen von Münzen gehört. Er ließ nachforschen und fand mehrere Kronen.

---

* Baumwolle

† dienstbereiten Verteidiger

Fast zu gleicher Zeit hatte Br. Keil das Gefängnis verlassen wollen und im Vorhaus mehrere fremde Personen bemerkt; er fragte nach, erfuhr, daß sie von Höningen waren, und ließ sie provisorisch festhalten.

Als der Concierge dem Fetzer die Kronen konfiszierte und dieser keine größere Seligkeit kannte, als Geld zu haben, um sich dafür nach Herzenslust starkes Getränk zu kaufen, so rief er auf einmal resigniert: »Bringt mich zu Br. Keil, ich will sagen, wo ich das Geld herhabe!« Man führte ihn vor. »Wollen Sie mir das Geld lassen«, begann er, »so sollen Sie Wunderdinge hören.« Br. Keil erklärte ihm, daß er sich nicht mit ihm in Handlungstraktate einlassen wollte, setzte aber gütig hinzu, wenn er bekennen würde, so sollten ihm aus dem Geld nach und nach Geschenke gemacht werden. »Nun denn«, rief Fetzer, »das Geld hat mir der Jude geschickt, damit ich ihn nicht erkennen möchte.« Sogleich ließ Br. Keil den Juden bringen und wiederholte nun an Fetzer die obige Frage: »Kennst du diesen Juden?« – »Ja«, lachte diesem nun Fetzer ins Gesicht, »ich kenne ihn, es ist Mausche Auschur von Höningen.« Der Jude lärmte und tobte; aber Fetzer blieb kalt und fixierte ihn mit der ihm eigenen unbeschreiblichen, sarkastischen Miene.

Nach geschehener Konfrontation wurde der Jude mit den abgehaltenen Protokollen an seine Behörde geschickt. Bis jetzt ist seine Sentenz noch nicht gefällt oder uns wenigstens noch nicht mitgeteilt.

Unter einer großen Menge von Diebstählen, die die Mersische Bande verübte und deren Daten man nicht ganz genau angeben kann, gehört auch der, den sie unweit Dünkirchen in Brabant verübt hat. Er würde vielleicht, wie so viele andere in Vergessenheit geraten sein, wenn er nicht durch ein abscheuliches Verbrechen, das ihn in aller Gedächtnis erhalten hat, begleitet worden wäre. Das Verbrechen bestand darin, daß die Räuber während des Plünderns einen unschuldigen Mann, warum, ist nie ganz bekannt geworden, zu Tode geschnitten haben. Nach dem Raub flüchteten sie sich durch die Festungswerke. Unter den Tätern ist ein Jude namens Krumborg, der vorher in Mersen gewohnt hatte und nun in M... sich etabliert hat, bekannt.

So häufig man in der Geschichte der Bande des Schinderhannes auf Pferdediebstähle stößt, so selten trifft man sie hingegen bei den Mersischen. Doch hat man auch bei diesen einige Beispiele davon. Über verschiedene, deren Erzählung zu wenig Interesse, zu wenig Reiz haben würde, gehe ich hinweg, um nur einen einzigen zu erwähnen, und von diesem werde ich – so weitschichtige Akten auch darüber vor mir liegen und so viel des Stoffes sich mir auch darbietet – doch nur im allgemeinen sprechen. Kob, Student und Achil Singer stahlen nämlich zu Herlen bei Aachen mehrere Pferde und brachten sie, um sie zu verkaufen, an den Juden Kahn in Hemmerden, der, wie Heckmann erklärte, in dem Land als ein Kochemer Scherfenspieler, das heißt, als ein Mann, der gestohlene Sachen ankauft, bekannt war. Die Pferde wurden ins Wirtshaus gebracht und der Scherfenspieler gerufen. Der Mann hatte ein äußerst zartes Gewissen und viel Religion. Er wollte sich mitnichten in den Handel einlassen; denn es war –

Schabbes*. Den Tag darauf nahm er jedoch keinen Anstand, die gestohlenen Pferde zu kaufen, denn – der Schabbes war vorüber. In dem Wirtshaus bot er zum Schein, damit niemand auf den Gedanken kommen sollte, als ob die Pferde gestohlen wären, 18 Louis für jedes Stück. Nachher aber kaufte er sie alle für 56 Kronentaler. Eines derselben wurde an den Grafen von der Dick für 20 Louis verschachert. Nicht so glücklich war der religiöse Mann mit anderen von den Mersenern bei oder in Mülheim gestohlenen Pferden, denn diese mußte er wieder herausgeben. Bei einem dritten Pferdediebstahl wurde der Täter Monsam, auch einer der Mersener, als er eben im Begriff war, dem frommen Juden die Pferde zu bringen, bei Düsseldorf ertappt und festgesetzt. Auch vom Zülcher Wilhelm wurde ein Pferdediebstahl versucht und das gestohlene Pferd dem Kahn verkauft. Als der Bauer es zu reklamieren kam, lag der Dieb noch bei dem Juden in der Scheune verborgen. Doch wir kehren zu größeren Diebstählen zurück.

Die Mersener, oder, wenn man lieber wissen will, wer: Kob (Sabrotier), Damian Hessel, Kernmilch, Heckmann, Herz Hammerich mit dem einen seiner Söhne (der zweite, welcher taub ist, aber ebenfalls zur Bande gehörte, war dabei nicht zugegen), Job Drideuten, Adolph Weyers und der blutgierige Jikjak oder scheele Friedrich verübten – die Zeit kann nicht so recht bestimmt werden – einen beträchtlichen Raub beim Hummelsieb am Essenberg. Die Räuber griffen eine aufgestellte Wache unter beständigem Feuern an, jagten sie in ein Haus und drangen so bis an die zum Berauben ausersehene Wohnung. Kob sprang zu einem Fenster hinein, band einen französischen Commissaire, der sich just zufällig dort aufhielt, und mißhandelte ihn auf das schrecklichste, als er sich zur Wehr setzen wollte. Eine Menge Geld und Silberwerk wurden erbeutet.

Und nun ruft uns die traurige Pflicht des Geschichtsschreibers zu einer Epoche, die gedrängt voll Diebstählen größerer Art, voll schwarzer im verborgenen begangener Verbrechen ist; denn Picard und Bosbeck, ein Paar Höllenbrüder, verbinden sich, sammeln ein Heer von Banditen und ziehen zum Verderben aus; Picard, den wir schon kennen, der Mann, der bei der Bande das Sprichwort stets im Munde führt: »Kinder! Wenn's Mitternacht ist, bin ich König«, Picard, dessen Äußeres schon hinlänglich ist, Schrecken einzujagen, der mit seinem schwarzen, ungleich herabhängendem, Haar, mit seinem struppigen, weit herabwachsenden Backenbart, mit seinem schwarzen, aus dem bleichen Antlitz funkelnden Auge die Wildheit verkündet, die in seinem Herzen tobt.

Am Anfang des Germinals sechsten Jahres (Ende März 1798) brachte der Jude Afrom Mai, ein Amsterdamer von Geburt, der unter dem Vorwand, Juwelen zu handeln, sich in die reichen Häuser einschlich und durch sein Weib, die den Namen der schönen Sara führt, in Koblenz und an anderen Orten Pässe für sich und die Mitglieder der Bande zu erhalten wußte, der neben dem gefährlichen Baldowergewerbe noch jenes eines Anführers der Räuber trieb, den in Aachen und Mersen herumvagierenden Räubern den Raub zu Eupen bei dem Wechsler Acken an.

* Sabbat

Schinderhannes, seine Geliebte und sein Sohn Franz Wilhelm, gemalt von K.M. Ernst

Julchen Blasius, das »Liebchen« des Schinderhannes – in der Sicht des Porträtisten Ernst

Wie Schinderhannes nicht aussah
(Buchillustration zu dem Roman von Breughel,
»Johannes Bückler«. 1870)

Lustig ist das Räuberleben
Romantische Darstellung aus dem 19. Jahrhundert (Spessartmuseum Lohr)

Schinderhannes-Genosse Philipp Klein

Die Bande des Schinderhannes nach ihrer Verhaftung rechts des Rheins.
1 Schinderhannes, 2 Schwarzer Jonas, 3 Weber, 4 Reinhard,
5 Konkubine des Schinderhannes, 6 2 Weiber mit Kindern

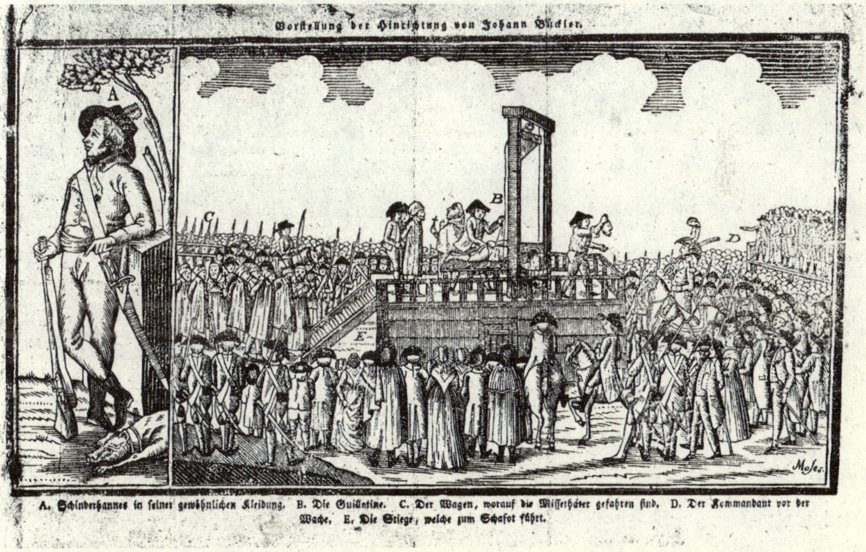

Zeitgenössischer Holzschnitt von der Hinrichtung des Schinderhannes

Johann Müller, genannt Müllerhannes oder Butla
(mit Schinderhannes hingerichtet)

Christian Reinhard
(mit Schinderhannes hingerichtet)

Mathias Weber,

genannt

der Fetzer.

Anführer einer Räuberbande, welcher 25 Jahre alt, und 181 gewaltsame gelungene, 121 mislungene Diebstähle begangen hat.

Dieser wurde am 28. Pluv. J. 11. vom Spezial-Gerichte in Köln zum Tode verurtheilet, und wird heute den 30. Morgens durch die Guillotine hingerichtet werden.

In Aachen auf dem Seilgraben versammelten sich die Hauptmänner der Bande, Abraham Picard, Franz Bosbeck, Afrom Mai, Jonas Lichtinger, Kaufmann, Overtüsch, Salomon Bacharach, Kessel und Clemens von Köln. Hier begann die Beratschlagung. Ein junges Weib kredenzte Wein, und unter Zechen und Küssen wurde das Verderben eines tätigen, rechtschaffenen Mannes beschlossen. Aber als es an das Debattieren über die Art, wie der Raub ausgeführt werden sollte, kam, fand man Schwierigkeiten in Menge. Hundert Anschläge wurden gemacht, hundert verworfen. Picard, Bosbeck und Afrom Mai stellten sich endlich an die Spitze, versprachen das Ganze zu leiten und beorderten am Ende die anwesenden Räuber mit den Jungens nach Mersen zu der Wittib R.., bei welcher Bosbeck wohnte und mit deren Tochter, wie schon bemerkt worden, er in einem Liebesverständnis stand.

An dem bestimmten Abend traf die Bande in Mersen ein, aber die kommende Nacht war zur Ausführung des Raubes unthulich*. Der Mond schien zu hell, auch war man noch nicht hinlänglich vom Lokal unterrichtet. Der Anschlag wurde also noch um fünfzehn Tage ausgesetzt. Die Bande teilte sich nach Aachen und Maastricht, und Bosbeck und Picard benutzten die Zwischenzeit, alle Gelegenheiten in Eupen auszukundschaften. Um dieses desto besser und sicherer zustandezubringen, wurde Jennis von Aachen mit ins Komplott gezogen. Dieser Jennis war, wie wir schon gehört haben, ein Polizeisergeant und konnte den Räubern auf jeden Fall den Rücken decken. Auch half er ihnen treulich. Er öffnete ihnen die Tore, wenn sie es verlangten, er verriet ihnen die Nachfragen nach Räubern, kurz alle Unternehmungen der Oberen. Picard, Bosbeck, Afrom und Jennis nahmen Pferde und ritten nach Eupen. Hier stiegen sie bei einem Vertrauten des letzteren ab, spionierten die Wohnung des Acken aus, sahen alle dahinführenden Wege und Zugänge an, und, nachdem sie hinlänglich genug unterrichtet zu sein glaubten, kehrten sie nach Aachen zurück, wo Picard die ganze Bande, etwa zwanzig Mann, auf die Nacht vor dem 27. Germinal (vor dem 18. April 1798) an eine Kapelle unweit Neau bestellte.

In dieser schauervollen, dunklen Nacht geleitete Jennis einige Räuber von Aachen aus durch Zwergwege bis an die Kapelle, die übrigen begaben sich auf anderen, nicht sehr begangenen Wegen dahin. Hier lagerten sich die Räuber auf die Erde, luden ihre Pistolen und empfingen von Picard und Bosbeck ihre Order. Die beiden letzten, Afrom Mai, Drideuten, Salomonchen und Salomon Bacharach waren mit Schießgewehren über und über bewaffnet. Jetzt brach man auf und zog unter einem wilden Lärmen und Geschrei, unter Singen und beständigem Schießen auf das bezeichnete Haus los. Unweit desselben hatten sich Picard und Bosbeck eine Leiter, die an einem neugebauten Haus angelehnt war, bei ihrer ersten Untersuchung gemerkt. Diese ergriffen die subalternen Räuber auf ihren Befehl und rannten damit ein am Unterhaus des Br. Acken befindliches Fenster in Stücke. Picard, Afrom Mai, Kaufmann, Salomonchen und Drideuten

* ungeeignet

stiegen in das Haus, während die übrigen auf der Straße zu lärmen und zu schießen fortfuhren. Picard stieß zuerst auf den Herrn des Hauses, den Makler Acken, der sich in der unteren Etage befand. Sogleich packte er ihn und warf ihn nach einigem Widerstand zur Erde. Zufälligerweise ging das Licht aus, und Acken fand Gelegenheit, den Händen des Räubers zu entschlüpfen. Bald erschienen andere Mitglieder der Bande mit angebrannten Kerzen. Nun wurde die Haustür von innen geöffnet und die übrigen Gehilfen hineingelassen. Mit unglaublicher Eile ging es ans Plündern. Neun bis zehn Geldsäcke von solcher Schwere, daß sie einzelne nicht fortbringen konnten und das darin befindliche Geld in kleinere Säcke verteilt werden mußte, wurden davongeschleppt. Alle waren beladen, nur Picard und Bosbeck als die Anführer nicht. Die Mitternachtsstunde war vorüber, als die Diebe abzogen, der Marsch ging auf Henry Chapelle. In einer Wiese unweit dieses Ortes machte man halt, lagerte sich, zündete die Kerzen an und schritt zur Teilung. Diese geschah, indem man das Geld in Hüte schüttete und so verteilte. Wie groß die Beute war, läßt sich daraus ermessen, daß Overtüsch (ein subordiniertes Glied der Bande) 3000 Livres für seinen Teil und Jennis 140 Louisdor in Kronen empfing. Picard erhielt neben seinem Anteil an Geld noch eine goldene Uhr und silberne Löffel. Nach vollbrachter Teilung trennte sich die Bande. Bacharach, Overtüsch und andere gingen nach Aachen. Bosbeck fuhr in einer Chaise nach Köln. Viele kehrten nach Mersen zurück.

Wenn je ein Raub großes Aufsehen erregt hatte, so war es dieser. Wo konnte man Sicherheit hoffen, wenn in einem so volkreichen Städtchen wie Eupen Räuber mit bewaffneter Hand stürmend und gewalttätig das festverwahrte Haus zu berauben wagen konnten? Wer durfte sich noch schmeicheln, über Nacht im Besitz seines Hab und Guts zu bleiben, wenn ein Mann wie Acken binnen weniger Stunden um etwa 60 Francs gewalttätigerweise gebracht worden war? Überall umher verbreitete sich der Ruf von dem Raub, und die Polizei erhob sich, wie nach jedem beträchtlichen Diebstahl, mit erneuter Kraft. Gendarme kamen in Mengen in das Departement der unteren Maas. Man machte Streifzüge, man sah mit Strenge auf Fremde und Reisende, kurz man tat alles, was nötig war, die in Angst und Sorge gebrachten Gemüter zu beruhigen.

Die Mittel entsprachen dem Zweck. Ein Teil der Mersischen Bande zog sich nach Holland, ein anderer, bei weitem der größte, nach Neuwied, wo sich bereits Adolph Weyers niedergelassen hatte; einige Räuber zogen sich auch in das Essendische.

So sehr sich auch die Polizei bemühte, die Haupttäter und Mitglieder des Eupener Raubs ausfindig zu machen und einzuziehen, so war es doch der Zeit allein vorbehalten, das Racheschwert der Vergeltung auf deren Häupter fallen zu lassen. Franz Bosbeck fand erst lange nachher in Holland durch die Verräterei seiner eifersüchtigen Buhlerin oder seines Weibes Rebecca den Strick, und in dem Urteil von Haag wird des Eupener Raubs als eines der Hauptmomente gedacht: Dat de bende teegen Middernacht onder zyne Aanvoering binnen Eupen is geruckt, reegel recht aan op het Huys waar op het gemunt was, ende Zulks onder het aanhoudend Schieten van de Zulke der benden die gewapned waaren. Dat hy gevangen toen door zommigen der bende het huys en te toegangen daar toe heeft laten bezetten. terwyl anderen een raam openbreekende in Huys klommen, de vordeur daar van openden, en eene zeer aanzienelyke somme contant Geld veele duyzenden importeerende in linnen zakken ter huysdeuren hebben uitgedraagen, en aan de anderen de vor het Huys stonden hebben overgegeeven; dat de benden die Huys braaken dieverye volvoerd hebbende al weederom geduurig Schietende uit Eupen is vertrokken.

Ein anderes Mitglied der Mersischen Bande, das bei dem erwähnten Eupener Diebstahl war, Kob der Brüsseler, der Sabrotier, fand seine Strafe bei einer anderen Gelegenheit. Wegen eines Zuchtvergehens wurde er in Gent festgehalten. Schon war der Augenblick nahe, in dem er aus seiner Gefangenschaft entlassen und der Freiheit wiedergegeben werden sollte. Niemand kannte ihn, niemand wußte, daß dieser Arrestant einer der gefährlichsten Räuber war. Plötzlich kommt ihm Br. Keil, öffentlicher Ankläger im Ruhr-Departemente, auf die Spur und schreibt seinetwegen in den ersten Monaten des 10. Jahres (Ende 1801) nach Lüttich. – Nun wird er vor Gericht gezogen und büßt unter dem Beil neben anderen Verbrechen seinen Anteil an dem großen Eupener Diebstahl.

Kessel, derselbe von dem wir abscheuliche Züge in der brabantischen Räubergeschichte gehört haben, auch einer von denen, die mit bei Eupen gewesen sind, fand seine Strafe da, wo er sie am wenigsten ahnte. Er lebte in Brabant unbekannt und im Genuß seines auf so schändliche Art erworbenen Glücks. Just an dem Tag als er es völlig begründen, als er sich ein schönes Weib zulegen wollte, an seinem festlichen Hochzeitstag, riß ihn die Polizei mitten aus seinem Jubel und schleppte ihn in ein nächtliches Verlies. Der Mörder, der unnatürliche Bösewicht, verdiente so recht vom Himmel in die Hölle geschleudert zu werden. Aus seinem Gefängnis kam er nur, um zur Guillotine geführt zu werden. Hier verblutete er ein zehnmal verwirktes Leben.

Overtüsch, der blasse, hagere Mensch mit dem falschen, verräterischen Blick, auch einer von den Eupener Räubern, von dessen Leben und Taten wir noch weiter unten hören werden, entgeht ebenfalls seiner Strafe nicht. Er fällt wie die vorigen in Lüttich wegen des Eupener Diebstahls unter dem Messer der Guillotine.

Seit dem Eupener Diebstahl hatte die Mersische Bande ihren Zentralpunkt verloren, ja sie war genötigt, sich aus der Gegend, in der sie vorher gespukt hatte, zurückzuziehen. Sowie sie nun Mersen verläßt und ihr Hauptquartier in Neuwied aufschlägt, verliert sie ihren Namen; obgleich auch noch später diejenigen Räuber, die zu den Mersischen gehörten, sich manchmal diesen Namen mit einem gewissen Stolz zur Unterscheidung von den jüngeren, hinzugekommenen Leonischen Räubern beilegten.

Verzeichnis der Anführer und Mitglieder der Mersischen Bande:

Abraham Picard
Franz Bosbeck
Jan Bosbeck
Kob
Jonas Lichtinger
Jakob Kessel
Abraham Langnase
Adolph Weyers
Damian Hessel
Carl Heckmann
Johann Monsam
Salomon Schonat, Petschierstecher
Mergemes Joseph
Der starke Joseph
Salomonchen
Kaufmann
Krumborg aus Mersen
Wolff von Mersen
Wolff der Pariser, dieser erhängte sich in seinem Kerker
Serves Joseph
Lang Leiser
Chie Joma Generalchen
Afrom Mai
Meyer Gas
Salomon Mannsbach
Hartogh mit Familie
Waltmann
Leibchen Schloß
Moises Mainzer
Mausche Polack
Süßkind
Moses Gas
Job Drideuten
Macholchen Achil Singer
Meyer Fuchs
Sabel Völinger
Herz Hammerich mit seinen Söhnen
Falksmottchen
Falk der Vater
Sabel Zinhofer
Schlaumännchen
Hampelhohlmich
Der holländer Nathan
Augustin Overtüsch
Clemens von Köln
Hüskeshannes
Der dicke Mathies
Jennis aus Aachen

(Da fast alle Mersener noch bei der Beschreibung der Neuwieder vorkommen, so verweise ich den Leser auf den Teil der Geschichte, der diese abhandelt; dort werden auch die Signalements der noch flüchtigen Mersener entworfen werden.)

4) Krefelder und Neusser Bande

Obgleich diese Bande der Zeitreihe nach nicht auf die Mersische folgt, sondern vielmehr ein ganzes Jahrzehnt durch dieser zur Seite in einem anderen Bezirk wirtschaftete und mit dieser später, nämlich im Jahr 1798, in ein gemeinsames Ganzes schmolz, so haben wir ihr doch hier eine Stelle in unserer Geschichte gegeben, und dieses aus der Ursache, um nicht genötigt zu sein, ältere Daten, wenn wir einmal weitergerückt sind, nachzuholen, und endlich um die Neuwieder Bande, deren Hauptmitglieder vorher bei der Krefelder figuriert haben und die wir in unserem breugelischen* Gemälde ganz in den Vordergrund stellen müssen, desto richtiger zeichnen zu können.

Ihren Namen erhält sie von der Gegend, in der sie ihr Hauptquartier hatte; auch ist dieser ebensowenig fingiert wie der Name der Mersischen, denn bei mehr als einer Gelegenheit gaben sich ihn ihre Mitglieder selbst.

Bis in den Beginn der neunziger Jahre des verflossenen Jahrhunderts erstreckt sich das Dasein der Krefelder Bande; wenigstens reicht die Kunde, die ich von ihr aus Aktenstücken gezogen habe, bis dahin. Ob sie auch schon vorher ihre verderbliche Existenz hatte, kann ich nicht genau entscheiden. Gleichviel, in der Epoche, worin wir sie jetzt finden, erhebt sie sich zu einer solchen Größe, daß wir sie als eine neuentstandene ohne Rücksicht auf ihre vorherigen Taten behandeln dürfen. Schon oben haben wir bemerkt, daß die Krefelder Bande eigentlich nicht zu der großen niederländischen Bande gerechnet werden kann. Sie hat nicht wie die Mersische und die in deren Fußstapfen tretende Neuwieder ihre Anführer und Matadore aus den eigentlichen Niederlanden und der dort bestandenen oben bereits abgehandelten Brabanter Bande erhalten, sie hat außerdem eine ganz eigene Räubertaktik gehabt und erst später, als Nathan der Holländer, der um Uerdingen herumspukte, als Carl Heckmann, der von einer Bande zur anderen übergegangen ist, als der dicke Mathies und Overtüsch eine Kommunikation mit den Mersenern zustande brachten, die eigentliche Räubermanier der niederländischen Bande übernommen.

Hier – indem ich den Unterschied der verschiedenen Banden zeige – wird zugleich die schickliche Stelle sein, das Bild der Krefelder im Kontrast selbst zu entwerfen.

Während die Mersischen mit Waffen in der Hand unter Lärmen und Schießen die festesten Tore einrennen, in die sichersten Wohnungen dringen, mit Gewalt

* Der Autor meint wohl Pieter Bruegel d.Ä., der u.a. personenreiche Szenen aus dem bäuerlichen Leben malte.

und Trotz rauben, schleichen die Krefelder, wie furchtsame Diebe, zaghaft nur in kleiner Zahl vor die Häuser, die sie bestehlen wollen, brechen neben Türen oder Fenstern eine Öffnung, schlüpfen in die Wohnungen und leeren die Warenlager, denen ihre Besuche hauptsächlich gelten, unbemerkt aus, alles so leise, so still, daß die Eigentümer erst am folgenden Morgen ihr Unglück erfahren. Während die Anführer der Mersischen Bande über und über bewaffnet, stolzierend zu Pferde vor einem Zug von dreißig bis vierzig Mann erscheinen, sind die Hauptmänner der Krefelder – ich rede immer von der ersten Epoche – arme Schlucker ohne Rang und Mittel. Während die Mitglieder der Mersischen Bande meistens aus Juden bestehen, lernen die Krefelder später, als Nathan der Holländer und Leibchen Schloß ihre Räubertalente vor ihnen entfalten, die Hebräer bei ihren Diebstählen nach Würde zu gebrauchen. Während die Mersischen ihre eigene Klasse von Menschen hat, die sich damit abgibt, reiche Leute, die leicht zu bestehlen sind, auszuwittern und zu verraten, ihre Baldowerer, bekommen die Krefelder nur zufällig von Heck- und Pfenningswirten oder untreuen Nachbarn irgendeine Anzeige, wo was zu fangen sei. Während die Mersischen eine sogenannte Spitzbuben-Sprache aus vermischtem und verdorbenem Hebräisch besitzen, bedienen sich die Krefelder noch ihrer eigenen Muttersprache. Während jene ihren Hauptaufenthalt in berüchtigten Hurenhäusern, in Judenherbergen und anderen Kochemer Beyes aufschlagen, verbergen sich diese in Scheunen und Strohhütten und kehren nur dann und wann bei verdächtigen Wirten ein. Während die Anführer der ersten die verschmitztesten, schlauesten Köpfe, oft bemittelte Leute, waren, hatten die anderen herumziehende Krämer, Scherenschleifer und abgedankte Soldaten, die allenfalls Witz genug hatten, einen Marktdiebstahl zu entwerfen, an ihrer Spitze, so lange, bis auch diese Bande sich zu einer neuen Organisation erhob. Während die Mersener ihre Jungens hatten, die in der Nachbarschaft des zu bestehlenden Ortes wohnten und nur für den einzelnen Fall angeworben wurden, nahmen die Krefelder niemand zu irgendeinem Raub mit, der nicht integriertes Glied der Bande war, und wenn sie dadurch auch das Ausgedehnte in den Operationen nicht wie jene erhielten, so hatten sie doch auch nicht die Verräterei so sehr zu fürchten.

Ich habe es bereits bemerkt und kann nicht umhin, dem Leser zu wiederholen, daß dieses Bild der Krefelder nur auf ihre erste Epoche paßt und daß sie nachher den Mersenern in allem gleich-, wo nicht zuvorkamen. Wieviel das Beispiel und der Unterricht der letzteren beigetragen haben, bei ihnen die unwiderstehliche Art zu rauben statt derjenigen, die bisher bei ihnen gang und gäbe gewesen war, einzuführen, zeigt sich nachher; aber man kann sicher behaupten, daß die kühne, gewaltige Plünderung, das Bestürmen des Hauses mit dem Rennbaum, gleichsam das Erobern mit bewaffneter Hand niemals vielleicht bei der einen wie bei der anderen Bande aufgekommen wäre, wenn nicht der Krieg hier in vielem mitgewirkt hätte. Durch ihn wurden die Gemüter wilder, kühner und unternehmender. Er zeugte eine Menge liederlicher Burschen, die sich zu jeder kecken Tat bereitfinden ließen. Er bewirkte den Beitritt mehrerer Marodeure, die das Plündern mit den Waffen in der Hand gewohnt waren und in Freundesland ausübten, was ihnen in Feindesland gelungen war. Er gab Gelegenheit, daß die Räuber, wenn sie nachts vor den Häusern, die sie plündern wollten, erschienen, das Ansehen eines militärischen Korps und damit den Landleuten allen Mut und Widerstand nehmen konnten. Er war es endlich, der dem Räuber bei all seinem trotzigen Verbrechen einen Schutz gab, den er ohne ihn nie würde gefunden haben; denn glückte es diesem – und leicht war das nicht bei dem Zusammenfluß so vieler die Unordnung begünstigender Umstände – nach vollbrachtem Raub, durch die Linie der Armeen in das feindliche Land zu kommen, so war er sicher, unverfolgt zu bleiben. Ihm kam nicht allein, was bei jedem Krieg der Fall ist, die unwirksam gewordene Gewalt der Zivilautoritäten, die sich öfters kaum innerhalb ihres eigenen Sprengels in Ansehen erhalten, viel weniger in fremde, vom Feind besetzte Länder hinüberwirken konnten, zustatten; er durfte nur bei der eigenen Tendenz, die der verflossene Krieg genommen hatte, die Ursache seiner Flucht von einem Land in das andere durch etwaige politische Meinung und deshalb erlittener Verfolgung kolorieren – und dazu hatte auch der Einfältigste oft List genug –, und er war sicher, so abscheulich auch die ihn verfolgende Ortsobrigkeit seine vorherigen Verbrechen, derjenigen, wo er sich jetzt aufhielt, schildern mochte, nicht allein in Schutz genommen, sondern wohl gar noch als ein Martyrer betrachtet und verehrt zu werden.

Der Bezirk, auf dem die Krefelder Bande ihr Raubtheater aufschlug, erstreckte sich durch das jetzige Roer-Departement in das Bergische und Märkische. Da sie, wie wir gehört haben, anfänglich ihre Räubereien mit wenigen Personen verübte, so kam es, daß sich manchmal zu gleicher Zeit mehrere kleine Banden aus ihr formierten, die nur wenig Zusammenhang hatten. Wie denn überhaupt anfänglich die verschiedenen um Krefeld und Neuss herumvagierenden Räuber nur in geringer Verbindung miteinander standen.

Was die Judenfamilie von Winschoten der brabantischen Bande geworden war, wurden der Scherenschleifer Friedrich der Einäugige und der Scherenschleifer Franzis von Dahlen den Krefeldern. Bei diesen gingen die späteren Häupter der Bande alle in die Schule. Von dem ersten erbte der zweite das Räubersystem; von dem zweiten lernte es der junge Mathias Weber, der nachher unter dem Namen Fetzer sich zu dem berüchtigsten der ganzen Bande gemacht hat.

Die Scherenschleifer-Profession erleichterte diesen Friedrich und Franzis das Räubergewerbe auf das trefflichste. Niemand konnte es auffallend sein, die mit ihrem Schleifkarren Herumwandernden heute abend hier und morgen anderwärts zu sehen; niemand konnte Verdacht schöpfen, wenn er sie etwa in fremde Privathäuser dringen und dort vielleicht sich etwas genau umsehen sah, es galt ihr Brot; niemand konnte und durfte sie als Landstreicher anhalten; sie hatten ihre Pässe, sie hatten ihr Privilegium. Friedrich der Einäugige war schon früh der Chef der Krefelder Bande. In dem Jahr 1793 war er es gewesen, der bei dem Einbruch in die Wohnung des Pfarrers zu Vorst das Kommando gehabt hatte. Seinem Spießgesellen, dem Scherenschleifer Franzis von Dahlen, geschieht in den

Weselschen Kriminalprotokollen vom September desselben Jahres eben schon Ehrenmeldung: Franzis, heißt es darin, ist ein magerer, etwa vierzigjähriger Kerl, von gelbem Antlitz mit frischen Wangen, sein pechschwarzes Haar hängt lange in Flechten gewunden über seinen Rücken herab; er hat seit Jahren schon das Klevische und Märkische unsicher gemacht. In seiner Jugend, so sprechen andere Berichte, stand er unter dem in Magdeburg cantonirenden* Schweizer-Regimente, aber verließ es wieder sehr bald. Von der Menge an Diebstählen, die er mit dem großen Hannes, Riemenstecher und anderen des gleichen Gelichters um die Jahre 1792 und 1793 begangen hat, sind nur äußerst wenige an das Tageslicht gekommen, und von diesen weiß man selbst nichts mehr als in etwa die Gegend, in der sie verübt worden sind. So war es in Goch, wo Franzis mit seinen Spießgesellen damals einen wichtigen Raub beging, und nachher in der Gegend von Horst, wo er einen ganzen Laden ausleerte; so war es endlich in Wesel selbst, wo er einen Krämer bestahl, aber die Beute unweit Rees wieder im Stich lassen mußte, weil man ihm auf den Fersen war.

Das einzige, was man über die Bande aus damaliger Zeit weiß, ist, daß sie sich über den Rhein gezogen, in den Duisberger Wald in ein einzeln gelegenes Haus bei einem alten Mann, dessen Sohn mit auf Raub ausging, lange verborgen, daß sie sich endlich von hier völlig in das Bergische begeben und in den Jahre 1794, 95 und 96 dort mehrere Räubereien verübt hat.

Die Mitglieder der in damaliger Zeit jenseits und diesseits des Niederrheins spukenden Krefelder Bande waren Johann Bruck oder Bruckmann, ein starker schlanker Bursche von 24 Jahren, einst Soldat unter dem preußischen Regiment Konitzky. Er machte den Feldzug gegen die Franken†, war bei der Bataille‡ bei Kaiserslautern, diente nachher unter Grün-Laudon, desertierte abermals, ging unter die Pfälzer, verließ auch diesen Dienst und wurde Räuber. Um sein Gewerbe desto sicherer treiben zu können, kaufte er sich von dem Gestohlenen Nürnberger Waren, seidene und kottunene Tücher, ließ sich Pässe als herumziehender Krämer geben und führte unter dem Vorwand, daß es seine Sicherheit erheische, Pistolen bei sich, die er an seinem Kasten anbrachte und von denen er selbst in seinem Passe Meldung machen ließ.

Heinrich Pohr, genannt Schafsheinrich, von dem gleichen Schlag und Alter wie Bruck. Auch dieser war Soldat. Er stand unter den Kaiserlichen und unter den Holländern, desertierte von beiden und ergab sich dem Räuberleben. Auch er führte kleine Waren mit sich. Oft aber erschienen sowohl er als Bruck mit dem Schleifkarren des Franzis, und dann gaben sie sich für dessen Gesellen aus.

Carl Heckmann. Dieser wurde schon erwähnt; und wir werden noch oft genug seinen Namen an der Spitze der Räuber lesen. Martin Koun, Joseph Reitschuster, Jakob Dahmen, Everhard Bruckmann, Wilhelm Heinemann, weniger merkwür-

---

* stationierten

† Franzosen

‡ Schlacht

dige Räuber, die alle ihre Laufbahn beendet haben. Peter up der Tesche, der Sohn eines reichen Abdeckers im Bergischen, Jan van Neves, ein äußerst schöner, schlanker Mann aus der Herrschaft Hardenberg, der sich reichlich durch seine Branntweinbrennerei hätte nähren können, wenn er keinen Hang zu Verschwendung und zum liederlichen Leben gehabt hätte. Timan, genannt Pandel, ein wilder, grausamer Mensch, Gottlieb Strunk, Franz Trockelmann, der verschlagenste unter dieser Bande. Zu diesen gesellten sich späterhin die Juden Leibchen Schloß und Meyer, dessen tragisches Ende unten erzählt wird.

Einen besonderen Vorschub erhielten die Krefelder durch zwei Schmiede, einen gewissen Kessel und einen gewissen Daniel. Der letzte war zugleich ein wirkliches Mitglied der Bande. Sein Schwiegervater hatte ein Wirtshaus, etwa eine Viertelstunde von Solingen an der Landstraße, und nahm verdächtiges Gesindel auf. Er selbst verfertigte Brecheisen für die Diebe und hatte immer eines für sie in Bereitschaft liegen. Sein Schwager, der große Hannes genannt, gehörte ebenfalls zu der Bande; auch er arbeitete für sie in der Schmiede.

Es ist eine alte Volkssage, es könne kein Kirchendiebstahl geschehen, es müßte denn zum wenigsten ein Jude zugegen sein. In unserer Räubergeschichte scheint sie sich eben nicht bestätigt zu haben. Von den Mersener Juden ist mir kaum ein einziger Kirchendiebstahl bewußt, dahingegen begingen die Krefelder Christen manchmal deren fünf bis sechs in einem Jahr.

So hatten es Johann Bruck oder Bruckmann mit seinen Gefährten auf die lutherische Kirche in Schwelm abgesehen, wurden durch die Nachtwächter daran gehindert und brachen gleich darauf in die dortige reformierte Kirche ein. Ihre Beute war das von wohltätigen Händen in den Armenstock geworfene Geld. Nicht minder wurde die auf einem Berg, eine Viertelstunde von der Beienburg liegende katholische Kirche mitgenommen. Bruck, Strunk und Vogel brachen in die Sakristei ein und raubten das Kirchengerät. Auch die katholische Kirche in Wipperfeld suchten Johann Bruck, Carl Heckmann und Strunk heim. Um durch den Schein ihres Lichtes nicht verraten zu werden, brauchten sie das Mittel, dieses in einen vorgefundenen Besen zu setzen, wodurch beinahe ein Brand entstanden wäre. Mitten in der Plünderung öffnete jemand in der Pfarrwohnung das Fenster, und die Diebe entflohen. So ansehnlich die Beute gewesen war, denn Heckmann trug soviel Silber und Kupfergeld, wie er nur fassen konnte, fort, so ärgerte sich doch Bruck, daß ihm die schönen silbernen Nachtmahlskelche entgangen waren. Über den Kirchendiebstahl zu Kommer und über jenen in Altlünen ist nichts bekannt außer den Tätern, desto mehr aber über jenen von Neer – doch wir wollen der chronologischen Ordnung nicht vorgreifen.

Im Jahr 1795 beging die Krefelder Bande unter Führung des Johann Bruck mehrere Diebstähle im Bergischen. Auf der Lipperheide beraubte sie einen reichen Pächter. Damals hatte sie den Gebrauch des Rennbaums noch nicht gelernt, sie wußte sich dagegen auf eine andere Art den Eingang in die Wohnung desselben zu verschaffen, auf eine Art, die nachher fast immer befolgt und sozusagen zur Regel wurde. Sie bestand darin, daß man bei Nachtzeit an die Türen pochte und einen Schluck Branntwein begehrte, sobald diese aber aufgetan wurde, eindrang und plünderte. Bei obigem Raub waren Carl Heckmann, Kampmann, der steife Peter und andere – einige von ihnen, die in der Gegend bekannt waren, hatten sich im Gesicht geschwärzt. Gleich nach ihm wurde ein anderer bei dem Wirt Weyer am Ruppert unweit Dinslaken verübt. Der Anbringer war sein ehrwürdiger Kollege von der Lipperheide, den Scheelsucht* und Bosheit zu der abscheulichen Tat verleiden mochten. Bei diesem Raub hatte Franz Trockelmann das Kommando. Dieser verschmitzte Räuber ist ungefähr 46 bis 47 Jahre alt, ein Holländer von Geburt, von mittelmäßiger Größe, spricht Holländisch und Clevisch durcheinander, hat ein länglich rötliches Gesicht, lang herabwallende, blonde Haare, zieht mit Frau und Kindern auf dem Land herum und gewinnt sein Brot mit der Violine. Trockelmann trug damals auf bloßem Leib eine sogenannte Geldkatze und in dieser einen Bohrer und ein Brecheisen, welches durch Schrauben in Stücke zerlegt werden konnte.

Bei dem Raub zu Dinslaken ging man wie bei dem oben angeführten zu Werke. Man stürmte die Türe nicht, leise pochte man an, forderte Branntwein und drang in das Haus. Unter den Räubern waren diesmal Johann Bruck, Heckmann, Brackmann, der Anbringer des Diebstahls bei dem Wirt von der Lipperheide, und ein junges Mädchen. Sie hieß Sophie.

Statt nur eine einzige Mannsperson in dem Wirtshaus zu finden, wie der Anbringer vorgegeben hatte, fanden sich ihrer drei.

Dieses machte die Räuber anfangs stutzig. Sie fürchteten, wenn nicht überwältigt, so doch gewiß an der Ausübung ihres Diebstahls gehindert zu werden. Sie fanden es daher für gut, sich um den Wirtstisch zu setzen, zu trinken und so einen besseren Augenblick abzuwarten. Dieser schien sich gefunden zu haben. Trockelmann faßte Mut, schlug den Wirt, als er es am wenigsten ahnte, mit einem Knotenstock zur Erde nieder und gab so das Signal zum Angriff. Die Räuber fielen über die übrigen Anwesenden her, knebelten sie und schritten zur Plünderung. Den unglücklichen Hausherrn mißhandelten sie und zwangen ihn, sein Geld und Gut anzuzeigen. Da die Unmenschen glauben mochten, der Mißhandelte könnte vielleicht eher seine eigenen Schmerzen erdulden und schweigen, als den Anblick der Schmerzen seines siebenjährigen Kindes, rissen sie dieses aus dem Bett und zerschlugen es auf jämmerliche Art. Eine Grausamkeit wie diese ist so einzig, daß sie der Geschichtsschreiber nicht mit Stillschweigen übergehen darf. Der Vater sah die Mißhandlung des armen schuldlosen Kindes mit zerrissenem Herzen an, aber – er hatte einmal alles, was er hatte, angegeben – wie konnte er Reichtümer entdecken, die er nicht besaß? Laßt uns den Filz† verbrennen, schrie der Räuberhaufen, stürzte über den Unglücklichen von neuem her, zerrte und schleppte ihn in die Küche, holte Stroh herbei und machte Miene, das Bubenstück, an dem Kind verübt, durch ein noch größeres zu krönen.

---

* Neid
† Geizigen

In diesem Moment kam ein Unbekannter an dem Wirtshaus vorüber. Das wachestehende Mädchen Sophie zeigte es einem anderen gleichfalls die Wacht haltenden Räuber, dem Brackmann, an. Dieser schrie, und die Bande zog ab. Die Teilung des Raubes geschah auf der Lipperheide durch Trockelmann. Nicht lange nach diesem Ereignis trennte sich die ganze Bande. Trockelmann zog ins Münstersche, Heckmann, Bruck und andere nach Elberfeld, wo sie mehrere Läden aufbrachen und andere Diebstähle begingen. So bestahlen sie dort einen Kaffeeladen und holten ein andermal aus einem Haus bei einem nächtlichen Einbruch einen großen Vorrat Band. Die Teilung geschah bei dem Wirt Fuhr und in dessen Gegenwart. Von Elberfeld gingen sie ins Island. Hier versuchten sie einen Diebstahl an einem Kottonladen. Schon waren sie nachts mit dem Brecheisen beschäftigt, das eine Fenster zu öffnen, als die Leute im Haus erwachten und von oben herab schossen. Bestürzt flohen sie davon.

Wie verschieden war dieses Betragen von dem, was wir später hören werden! Jetzt jagt sie ein einziger Flintenschuß in die Flucht, künftig werden sie einem Kommando Soldaten die Stirn bieten und diesen zum Trotz den begonnenen Raub vollführen.

In diesem Jahr 1795 unternahmen Bruck, Heckmann und Gelichter einen von dem oben erwähnten Schmied Daniel entworfenen Raub in dem Wirtshaus zu Sunbern* zwischen Elberfeld und Solingen, aber auch hier kamen sie übel weg.

Eine Viertelstunde von Sunbern gegen Solingen zu, auf dem Gut Stenhaus, wohnt nämlich ein Pächter. Grade unter dessen Wohnung im Wuppertal liegt eine Mühle, die noch zu dem Hof des Pächters gehört. Der Müller dieser Mühle heckte einen verräterischen Anschlag auf das Eigentum seines Herrn aus und reizte die Diebe durch Erzählung von dessen Reichtum und wie er hinter seiner Tür eine schwere mit 1.500 Reichstalern gespickte Geldkatze hängen und goldene Uhren und Kostbarkeiten in der Fülle habe, reizte sie so lange, bis sie sich zum Raub bereit erklärten. »Wenn euer Vorhaben unglücklich ausfallen soll«, sagt er ihnen, »so will ich meinem Herrn zum Schein zu Hilfe eilen, euch verfolgen und auf euch feuern – wenn aber euer Anschlag glücken wird, so müßt ihr mir einen Teil der Beute geben.« Hierauf erklärte er ihnen alle Gelegenheiten, wie sie den Raub ausführen sollten. Die Diebe folgten seinem Rat und brachen eines Nachts in den Keller des Pächters ein, um durch diesen, wie sie der Müller unterrichtet hatte, in das Innere des Hauses zu gelangen. Zu ihrem Unstern hatte der Pächter den Abend vorher schwere Kornsäcke auf die Falltür des Kellers gehäuft, und es war ihnen unmöglich heraufzukommen. Aller Schwierigkeiten ungeachtet waren sie entschlossen ihren Raub auszuführen; sie verließen den Keller und suchten nun die Haustür mit Gewalt zu sprengen, aber auch dieses gelang nicht, vielmehr entstand Lärm, und sie mußten fruchtlos abziehen. Ein äußerst seltsamer Kontrast findet sich bei dem Diebstahl, der um die gleiche Zeit in einem Laden zu Haltern verübt worden ist. Der Anbringer des Diebstahls war ein

---

* wahrscheinlich das heutige Sonnborn, ein Stadtteil von Wuppertal

frommer heiliger Mann, der Küster von der Kapelle auf St. A..., und die Täter die zur Krefelder Bande gehörenden Juden Leibchen Schloß, Rogum Itzig und Schnur Horst. Der Diebstahl ging glücklich vonstatten. Die Beute war nicht unbeträchtlich und bestand in barem Geld, in Zitz* und Kotton; sowie die Diebe ihr Werk vollendet hatten, ließen sich die Nachtwächter aus Haltern sehen, entdeckten den Diebstahl und verfolgten ihre Spur. In dieser mißlichen Lage flohen die Hebräer zu ihrem Patron und Freund, dem Küster auf St. A.... Der fromme Mann half ihnen aus der Verlegenheit; er verbarg die gestohlenen Waren dort, wo sie auch der argwöhnischste Forscher nicht gesucht haben würde – hinter dem Altar in der Kapelle.

Hier führen wir mehr um des Zusammenhangs und der Übersicht als des etwaigen Interesses willen noch eine Reihe von Diebstählen an, über die wir nicht viel mehr als Tag und Ort wissen.

Diebstahl bei dem Kolonisten Werkle auf der Vierbäumer Heide unter Eversal vom Juli 1795.

Diebstahl auf dem Hubbenhof in Wetten im Geidrischen vom Oktober 1795.

Diebstahl auf Schieverskäthe am Ballberg unter Xanten vom Oktober 1795.

Straßenraub des Fuhrmanns Hesse auf der Lipperheide vom Oktober 1795.

Diebstahl beim Wirt van der Laden zu Meiderich vom Oktober 1795.

Bis in das Frühjahr 1796 fehlen uns Daten über diejenige Branche der Krefelder Bande, die wir bis jetzt abgehandelt haben. Später, wenn wir von einer anderen Branche derselben sprechen, werden wir eher instandgesetzt sein, wichtige interessante Züge aus dieser Epoche mitzuteilen. Wir kehren also zu Trockelmann, Bruck und Konsorten zurück. Es war im Frühjahr 1796, als diese wieder in Aktivität erschienen. Ihre Expedition ging gegen ein unweit der Landstraße nach Elberfeld liegendes, einzelnes Haus, der Kukkuk genannt. Sie pochten, als sie es erreichten – es war spät in der Nacht – an die Tür und stürmten, als sie geöffnet wurde, lärmend und tobend hinein. Ihnen setzt der Hauswirt, ein entschlossener Mann, einigen Widerstand entgegen, indem er eine scharfgeladene Büchse auf sie beim Eindringen hält, aber sein Mut ist fruchtlos. Bruck wagt sein Leben für seine Gefährten, springt vor, faßt die Flinte und stößt sie in die Höhe, daß der Schuß in die Luft geht und niemand verwundet wird. Doch für Räubergroßtaten blühen keine Lorbeern, werden keine Monumente errichtet! Was Arnold von Winkelried bis zur Vergötterung erhebt, kann nicht einmal die allgemeine Verachtung von einem Bruck abwaschen. Die größte, kühnste Tat wird klein und schwach, wenn ihr Zweck nicht selbst edel und erhaben ist.

Im Sommer desselben Jahres überfielen Bruckmann oder Bruck, Pohr und Carl Heckmann einen in der Nähe von Schwelm wohnenden Müller. So umständlich und genau dieser Diebstahl in den Münsterschen Protokollen beschrieben ist, so hat er doch keinen einzigen Zug, der ihn interessant machen könnte. Wir wollen ihn daher, um nicht die Leser zu ermüden, so obenhin nur anführen.

---

* feines, bemaltes Baumwolltuch

Die Diebe schlichen sich hier verstohlen ins Haus, erbeuteten 200 Reichstaler an Geld, Uhren und Kleidungsstücken und teilten nachher bei dem Wirt Fuhr in Elberfeld.

In letztem Ort verweilten sie und bestahlen dann einen Wirt in Gebelsberg, nach diesem einen zwischen Warden und Velbert auf der Höhe wohnenden Schmied, bei dem sie unter anderem eine große Anzahl Flinten und Pistolen neben zwei schweren Geldkatzen erbeuteten. Der Anführer bei diesen verschiedenen Affären war Bruck; die Teilung geschah bei dem Wirt Lap, dessen älteste Tochter nicht allein dabei zugegen war, sondern auch zusah. Gleich auf diesen Raub projektierte der Jude Meyer – aus mehreren Umständen läßt sich schließen, daß er einer der Mersener mußte gewesen sein –, derselbe, der bei eben gemeldetem Raub teilgenommen hatte, einen anderen bei einem Uhrmacher in Bockum, der, wie der Jude beteuerte, einen ganzen Korb voll silberner und goldener Uhren vor seinem Bett stehen hatte. Wie Johann Schmidt erklärt, so ist dieser Diebstahl auch nachher wirklich ausgeführt worden.

Lange genug hatten die Räuber im Bergischen und Münsterschen gehaust; endlich traf sie die rächende Themis. Mehrere von ihnen, Brackmann, Heinemann, Koun und Hampel wurden eingezogen; der Rest zerstreute sich oben, um mich besser auszudrücken, zog sich in die Schlupfwinkel um Krefeld zurück. Hierher gehörten Pohr, Bruck und andere.

Im Krefeldschen hatte Franz Gerards mit seinen Gesellen bis jetzt auf nicht minder verwüstende Art sein Gewerbe getrieben. Am 12. Juni 1795 hatte er unter anderen Diebstählen jenem zu Heronghen beigewohnt und war erkannt worden. Die Umstände dieses Diebstahls sind nicht alle bekannt. Nur so viel weiß man, daß die Räuber die Bewohner des Hauses geknebelt und mißhandelt haben, daß sie auf besonders schreckliche Art mit dem jungen Weib umgegangen sind, daß sie es an den Haaren herumgeschleift und ihm endlich brennendes Stroh unter den nackten Leib gehalten haben, um es zur Entdeckung des wenigen Hab und Guts zu zwingen. Unbegreiflich war die Kühnheit des Franzis. Allgemein hatte man ihn als einen der verruchtesten Räuber bezeichnet; Margarethe Reinders hatte ihn öffentlich als den Anführer bei dem Herongher Diebstahl angegeben; und doch wagte er es, sich nicht allein in der umliegenden Gegend aufzuhalten, sondern noch immerfort, gleichsam der Justiz zum Hohn, fast in demselben Bezirk von Raub zu Raub zu schreiten.

Wie willkommen mußten ihm die auf die diesseitige Rheinseite sich flüchtenden Bruck, der jetzt den Namen Bruckmann annimmt, und Pohr oder Schafsheinrich sein! Er fühlte ihren Räuberwert, trennte sich alsbald von seinen übrigen Gesellen und knüpfte mit diesen beiden ein festes, unverbrüchliches Band. Welch herrliches Kleeblatt! Mit zwei so verschlagenen wie kühnen Banditen glaubte er bald imstande zu sein, sich reich zu stehlen. Um allen Argwohn zu vermeiden, gab er sie für seine Gesellen aus, lehrte sie das zum Vorwand geführte Scherenschleifer-Gewerbe und zog mit ihnen überall umher.

Im Dezember des Jahres 1796 erschienen die Scherenschleifer in Nees im Departement der Untern-Maas, im ehemaligen holländischen Gebiet. Sorgsam gingen sie um die katholische Kirche des Orts, die im Ruf des Reichtums stand, erkundigten sich nach diesem und jenem und verschwanden wieder. Einige Tage darauf fand man eines frühen Morgens die Kirche aufgebrochen, Kelche und andere Kirchengeräte von Wert geraubt. Sogleich raffen sich der Küster und einige Einwohner von Nees auf und folgen im Schnee der Spur der Räuber. Unweit der Kievit sehen sie zwei Männer mit Päcken beladen am Gebüsch hinstreichen. »Daar syn de Schelmen!« schreien sie, und erschrocken lassen die Männer ihre Päcke fallen und entfliehen. Man erkennt sie als die Scherenschleifer Franzis und Bruckmann. Die Päcke werden aufgehoben, und siehe da, sie enthalten die Kelche und das übrige Kirchengerät. Was noch mehr beitrug, die Diebe zu verraten, war, daß sie unterwegs in einem Wirtshaus, wo sie Kaffee tranken, einem Mädchen ein silbernes Kreuzchen verehrten, das man nachher als aus der Neeser Kirche gestohlen erkannte.

Nun begann das Jahr 1797. Dieses drohte anfänglich der Gegend verderblicher als alle vorherigen zu werden, und doch war es das Jahr, das einer gefährlichen Branche der Krefelder Bande mit ihrem Anführer den Untergang bereitete. Am Anfang des Monats März hielt sich in Arsbeck eine ganze Familie des Scherenschleifers Franzis auf, bestehend aus vier Mädchen, seinen Töchtern [Was das Beispiel der Eltern vermag, sehen wir hier. Bei dem Jülichschen Straßenraub erscheint eine von diesen als Mitschuldige.], dem Heinrich Pohr, seinem sogenannten Gesellen und Hausgenossen, dessen Weib Elisabeth Jäger, die, wie aus den Protokollen erhellt, immer ein Brecheisen unter ihrem Rock zu tragen pflegte, und endlich dem Bruckmann oder Bruck. Hier lebten sie herrlich, tranken den Lieblingstrank der Leute dieser Klasse, den Branntwein aus großen Biergläsern, aßen, was nur Leckeres zu finden war, und, was aller Aufmerksamkeit erregte, arbeiteten dabei nicht das geringste. Zu ihnen kam der bekannte Straßenräuber Riemenstecher und andere, die gewöhnlich Terzerolen und lange Messer bei sich trugen; dann wurde bis in die späte Nacht eifrige Zwiesprache gehalten, in die Ohren geflüstert usw. Gleich darauf geschah es, daß Franzis, Bruckmann und Pohr dieses und jenes einkaufen zu müssen sich von Arsbeck entfernten, über Nacht ausblieben und erst einige Tage darauf mit neuem Geld zurückkehrten. So auffallend das alles den Einwohnern von Arsbeck sein mußte, so sahen sie doch zu und schwiegen.

In der Nähe von Arsbeck, nur wenige Meilen davon, in Waldniel und St. Georg Ammeren geschahen unterdessen binnen vierzehn Tagen zwei merkwürdige Diebstähle, der erste in dem Haus des Martin Herx den 8. oder 9. März um Mitternacht. Die Diebe hatten sich den Eingang in das Haus vermittels einer Öffnung in der steinernen Mauer zu verschaffen gewußt. Noch ehe Martin Herx und seine Frau erwachten, standen sie schon vor ihrem Bett. Zwei hielten den Unglücklichen Feuergewehre vor die Stirn, der dritte hatte ein Licht in der Hand. Mehrere brachten Knebelstricke, banden Mann und Frau und mißhandelten besonders den ersten auf das grausamste. Alles, was in dem Haus von Wert zu finden war, wurde mitgenommen, selbst Leinwand und Kleidungsstücke, so daß Martin Herx und sein Weib ins Verderben gerieten.

Keine Spur, nicht die geringste blieb von den Tätern zurück. Sie zogen in ihren Schlupfwinkel und vergeudeten das wohlerworbene Vermögen eines arbeitsamen Mannes. – Wie wir später erfahren werden, so waren es die Scherenschleifer aus Arsbeck.

In der Nacht vom 21. auf den 22. März geschah der zweite Diebstahl. Dieser war nicht allein weit beträchtlicher in Ansehung der Beute, sondern auch dadurch überaus merkwürdig, daß er uns die Krefelder erstmals initiiert in die Taktik der Mersener zeigt. Auch ist kein Zweifel, daß mehrere von den letzteren hierbei zugegen gewesen sind, vielleicht daß selbst einer ihrer Chefs das Kommando dabei gehabt hat.

Es war in der Mitternachtsstunde, als Jakobs, ein wohlhabender Bewohner von St. Georg Ammeren, in seiner Stube noch auf- und niederging. Seine Gattin und seine beiden Töchter waren bereits im Schlaf eingewiegt. Plötzlich läßt sich vor dem Haus ein gewaltiger Lärm hören. Er gewinnt das Ansehen eines Streites. Was aber Jakob dabei äußerst auffällt, man affektiert, Französisch zu sprechen. Er, der die Sprache besitzt, findet, daß es nur Nachahmung, daß es nur ein Gemurre weniger, allgemeiner französischer Wörter ist. Sogleich geht er aus seiner Stube und sieht durch einen Ritz der Tür, die auf die Straße führt. Hier erblickt er eine Menge Kerzen hin und her flattern. In diesem Augenblick fallen vier Schüsse nacheinander. Er springt zurück. Ein zerschmetternder Stoß geschieht gegen seine Haustür. Er ahnt sein Unglück und flieht durch die offenstehende Hintertür. Sein Bemühen ist, Hilfe zu holen, um seine Familie und sein Eigentum zu retten, aber die große Anzahl der bewaffneten Räuber läßt ihm nur wenig Hoffnung. Das Haus seines Nachbarn Giehlen ist bereits rundum mit Räubern besetzt. Giehlen sieht den Jammer mit an, aber helfen kann er nicht. Bei dem Einbrechen in das Haus ist das erste Geschäft der Diebe, eine Menge Wachslichter an die Wände zu kleben und so Gänge, Treppen und Zimmer zu erleuchten. Hierauf fallen sie über die Bewohner her. Die Mädchen und Knechte werden gebunden und mißhandelt. Die Frau des Hauses wird auf einen Stuhl gedrängt und festgeknebelt. Jetzt werden Kisten und Schränke aufgebrochen und an Wert über 6000 Livres entwendet. Der eine der Nachbarn, Anton Wehrs, wird durch die jüngste Tochter Jakobs, welche, wodurch ist nicht bekannt, ihre Freiheit erhalten hat, zu Hilfe gerufen. Er eilt auf das Haus zu; noch ehe er aber an die Tür kommt, schlägt ein wachestehender Räuber auf ihn an. Er hört den Schlag, aber zum Glück für ihn versagt das Gewehr. Ohne sich dadurch abschrecken zu lassen, geht der kühne Mann in das Innere des Hauses. Auch hier schlägt ein Räuber auf ihn an, aber auch diesmal geht der Schuß nicht ab. Mitten im Haus tritt ihm ein starker junger Kerl entgegen. »Was soll das hier?« fragt er. In diesem Moment umringen mehrere andere den Anton Wehrs, werfen ihn nieder, knebeln ihn und treten ihn auf den Kopf.

Ein anderer Nachbar des Jakobs, Wilhelm Wienen, ebenfalls von der jüngsten

Tochter des Jakobs zu Hilfe gerufen, obgleich er das Glück nicht hat, die Familie zu retten, ist glücklicher als Anton Wehrs. Er ergreift im ersten Augenblick seine Flinte, die mit scharfem Hagel geladen ist, geht auf das Haus zu, und als er dort eine Menge Diebe zusammenstehen sieht, lauert er eine Gelegenheit ab, bis er einen derselben fassen kann, legt auf den halben Mann an, drückt ab und schießt ihn nieder. Sogleich umringen die Räuber den Gefallenen, tragen ihn weg, schießen auf Wilhelm Wienen zurück, daß ihm die Kugel um den Kopf pfeifen, und brechen auf. Wilhelm Wienen dringt jetzt mit den übrigen Herbeigekommenen in das Haus, und die armen Gefesselten, worunter keiner übler dran war als der Knecht, über den die Räuber noch Mehlsäcke gelegt hatten, werden befreit. Dieser Diebstahl machte fürchterliches Aufsehen im Land.

Etwa drei Stunden nach dem Diebstahl von St. Georg Ammeren, morgens gegen vier Uhr, pochte es an der Tür des Br. Schrammen, eines Handelsmanns auf der Haardt ganz in der Nähe von St. Georg Ammeren. Zwei Stimmen baten sehr kläglich eingelassen zu werden, um sich etwas zu wärmen, der eine davon, hieß es, sei sehr unpaß. Die Ehefrau Schrammen, bewogen von Mitleid, öffnete die Tür, und – siehe da! – Heinrich Pohr und Bruck oder Bruckmann treten herein. Der letzte leitet den ersten, an dessen Körper sich Blut befindet, in das Haus. Die Frau zündet schweigend den Ofen an und weckt ihren Mann. Als dieser in die Stube tritt, so erzählt ihm Bruckmann, sein Gefährte Heinrich sei am schwarzen Pohl eine Viertelstunde von dem kölnischen Dorf Neerstras von französischen Militärs, mit dem er in einen Wortwechsel geraten wäre, verwundet worden. Er begehrte etwas Stroh und die Erlaubnis, in der Scheune einige Stunden auszuruhen, dann wollten sie einen Karren mieten und nach Arsbeck fahren. Es kam dem Bewohner des Hauses seltsam vor, warum die Scherenschleifer just diesmal bei ihm einkehrten, da sie doch einige Zeit vorher, als sie sich ebenfalls im Haardt aufgehalten hatten, in dem Wirtshaus logiert hatten. Er schwieg und bestellte etwas später den Karren, den Bruckmann verlangte.

Das Gerücht posaunte nun den Diebstahl von St. Georg Ammeren weit aus; mit gleicher Geschäftigkeit trug es auch die Geschichte von dem auf der Haardt blessiert angekommenen Scherenschleifer umher und unter anderem nach St. Georg Ammeren. Hier schöpfte man sogleich Verdacht über den Blessierten, und zwei wackere Männer machten sich nach Haardt auf. Bei ihrer Ankunft wandten sie sich an den Vorsteher des Orts. Soeben war der Karren, der Heinrich Pohr abholen und nach Arsbeck fortbringen sollte, vorgefahren. Der Vorsteher näherte sich mit einigen handfesten Bauern, ließ den Karren halten und trat in das Haus des Bs. Schrammen. Kaum hörten Bruckmann und Pohr, daß der Karren angehalten worden war und daß mehrere Personen sich versammelten, als sie aus der Stube des Schrammen sich auf und in die Scheune machten, Pohr geführt oder, besser zu sagen, fortgeschleppt von Bruckmann. In der Scheune verkroch sich der erste unter das Stroh, der letzte aber entwischte durch eine Hintertür.

Der Vorsteher des Orts trat, wie gesagt, in das Haus des Schrammen. Die Scherenschleifer waren verschwunden. Man suchte nach, und – siehe da! – Heinrich Pohr lag in der Scheune unter dem Stroh versteckt. Die angekommenen Bürger von St. Georg Ammeren drangen, daß er besichtigt wurde, und man fand in seinem Fuß eine von Hagelschuß verursachte Wunde. Man stellte ihm das Unwahrscheinliche seines Vorgebens dar, daß französische Militärs ihn mit Schrot, das es doch nie in seiner Flinte führe, geschossen habe, man zeigte ihm die Unmöglichkeit, daß der Schuß an einem so weit entfernten Ort wie Neerstras auf ihn geschehen sei und er die Strecke doch noch zurückgelegt haben sollte. Seine Antwort war starres, freches Beharren. Gegen Abend kam ein Weib von Arsbeck, es war die Frau des Scherenschleifers Franzis, auf die Haardt, wo man den Pohr unterdessen festgehalten und bewacht hatte. Sie verlangte ihn zu sprechen und brachte ihm Kaffee.

Der Ortsvorsteher mit einer für Leute seines Standes ungewöhnlichen Vorsicht, ließ nicht allein das Weib festhalten, sondern litt auch nicht (aus Furcht der Kaffee möchte vergiftet sein und so der Schuldige der Hand der Justiz entzogen werden), daß ihm etwas von dem, was das Weib mitbrachte, gereicht wurde.

Den folgenden Morgen wurden Pohr und die Frau Gerards nach Brüggen geführt. Der erste hatte bei seiner Gefangennahme ein langes Messer und eine Terzerole von sich geworfen, war aber dabei ertappt worden. Franzis befand sich immer noch im Wirtshaus zu Arsbeck. Hier erwartete er Nachricht von seiner Gefährtin, die er in der Nacht auf der Haardt gelassen hatte. Seine Frau war ausgesandt, Erkundigung einzuziehen – und kam nicht zurück. Später erschien Bruckmann, aber was er brachte, war nicht tröstlich. Auf sein Erscheinen und sein Ohrenflüstern herrschte sichtbare Verlegenheit und Angst bei der Familie des Franzis. Nicht lange nach Bruckmanns Ankunft kam ein Bauer, Peter Evren, in das Wirtshaus zu Arsbeck, ließ sich einen Trunk geben und setzte sich nieder, um, wie das so Landmanns Sitte ist, alles, was er heute Merkwürdiges gesehen und gehört hatte, auszukramen. »Was Neues, Peter?« – »Vieles.« – »So! Und das wäre?« – »Soeben hat man von Brüggen nach Heinsberg geschickt, Husaren zu holen, um die Diebe von St. Georg Ammeren, die man alle sehr wohl kennen soll, einzufangen.« Das war ein Donnerwort in den Ohren der Scherenschleifer; ihre Verwirrung stieg, und ehe man sichs versah, verließen sie Arsbeck, die bereits fertige Küche und selbst einen Teil ihrer Bagage*.

In diese Zeit fiel der Diebstahl, der auf die Wohnung der Gräfin von Esseren-Neersdonk in Vorst von der Mersener Bande unter der Führung Jan Bosbecks unternommen worden war. Das Aufsehen, das er erregte, war noch weit größer als jenes, das der Raub von St. Georg Ammeren nach sich gezogen hatte. Niemand kam auf den Gedanken, daß zwei verschiedene Banden um dieselbe Zeit ein und dieselbe Gegend heimgesucht hätten. Daher stand jedermann in dem festen Glauben, die Spitzbuben, die bei St. Georg Ammeren geraubt hatten, müßten auch diejenigen gewesen sein, die in Vorst und Breyell das gleiche tendirt† hät-

* ihres Gepäcks

† angestrebt

ten. Man schärfte, soviel es die bedrängten, kriegerischen Zeiten erlaubten, den unteren Polizeibedienten eine besondere Wachsamkeit auf alle Fremden ein und durchsuchte genauer als sonst die Pässe, besonders hatte man seit Pohrs Arretierung, der unterdessen mit der Frau Gerards von Gefängnis zu Gefängnis transportiert wurde, auf die herumwandernden Scherenschleifer und Hausierer eine besondere Aufmerksamkeit gerichtet.

Franzis und Bruckmann, die, wie wir wissen, sich von Arsbeck schnell fortgemacht hatten, kamen nach einigen Kreuz- und Querzügen endlich in Süchteln an. Der Ortsvorstand, dem die Kunde von dem Diebstahl in Vorst und Breyell – woran Franzis und Bruckmann nun freilich nicht teilgenommen hatten – bekannt geworden war, fragte nach ihren Pässen und stellte einige Untersuchung über sie an. Wahrscheinlich würden die Räuber, da sich diese in Richtigkeit befanden, freigekommen sein, denn in Süchteln, so nahe es bei St. Georg Ammeren lag, war aus Mangel an Kommunikation der Justizbeamten in den kriegerischen Zeiten keine hinlängliche Nachricht über den an letztem Ort vorgefallenen Raub angekommen [Der Beamte glaubte, der erst vor kurzem verübte Diebstahl von St. Ammeren habe zwei Jahre vorher stattgefunden.]; aber der Lenker der menschlichen Schicksale hatte beschlossen, daß die Verbrecher Franz Gerards und Bruckmann hier in dem Lauf ihres Lasterlebens haltmachen sollten. Vor dem Wirtshaus, worin diese beiden sich aufhielten und worin sie jetzt über ihre Pässe befragt wurden, stand der ihnen gehörende Schleifkarren. Ein Knabe aus Süchteln – wie Kinder pflegen – nahte sich der fremden Maschine und betrachtete sie neugierig. Ein anderer zog – und zog unversehens eine unter dem Schleifkarren verdeckt angebrachte Schublade heraus, worin allerlei, was die Aufmerksamkeit der Umstehenden erregen konnte, zu finden war. Man ließ den Vorsteher rufen und zeigte ihm die Wunderdinge, die in der Schublade lagen. Hier fanden sich ein scharf geschliffener Säbel, mehrere angebrannte Wachslichter – wozu diese, ist bekannt – mehrere Feilen und Stricke und unter anderem mehr als acht Brecheisen von verschiedener Art. Dieses war hinreichend, um die Verhaftung der Scherenschleifer zu bewirken. Sie wurden sogleich ergriffen und nach Jülich in das Gefängnis, wo sich bereits ihr Geselle Pohr befand, geführt. Das Weib des Bruckmann, Elisabeth Jäger, und die vier Töchter des Franzis wurden im ehemaligen Holländischen ergriffen.

Von dem 4. Mai 1797 bis zu dem März 1798, als die Rheinseite organisiert wurde, geschah die Kriminaluntersuchung gegen Pohr, Bruckmann und Franzis von Herrn Hofrat Jungbluth in Jülich mit ungemeinem Fleiß und Sorgfalt, und nur diesem dankte es das spätere Kriminalgericht des Roer-Departements [Der Verfasser als Referent in gegenwärtiger Sache darf das um so dreister sagen.], daß es instand gesetzt wurde, die Verbrecher nach Verdienst zu strafen. Lügen, Erdichtungen, Märchen und Beschönigungen aller Art strömten von den Lippen der Inquisiten. Tausend Widersprüche schufen sie, um sich zu retten, und verwickelten sich nur desto tiefer in die Schlinge. Sie waren von den ersten, die nach der neuen Organisation und der Einführung des Geschworenengerichts vorkamen.

Nach französischen Gesetzen wurde ihnen die Wahl gelassen, ob sie nach neuer oder alter Form wollten gerichtet werden. Sie zogen im Zweifel – noch hatte man keine Erfahrung mit der Leichtigkeit gemacht, wie man mit einem bißchen Effronterie* und Verstellung auch bei dem schlimmsten Anschein der Sache oft durch ein Geschworenengericht losgesprochen werden konnte – sie zogen, sag' ich, im Zweifel, die Beurteilung nach alter Form, die ihnen unausbleiblich verderblich werden mußte, vor und empfingen, was sie verdient hatten: eine zwanzigjährige Galeerenstrafe durch das Urteil, welches die Kriminalrichter am 24. Ventose siebenten Jahres (15. März 1799) aussprachen. Franzis – da weniger gegen ihn sich erweisen ließ – kam mit vierzehn Jahren davon. So gelangten die Anführer einer Bande der Krefelder Bande zu ihrem endlichen Ziel; aber mit ihnen war die ganze Bande nicht vernichtet. Eine neue Branche erhob sich wie der Riese, den Herakles zur Erde schmetterte, nur mit stärkerer, mit erneuerter Kraft. Ein junger kühner, verschmitzter Räuber war der Anführer dieser Bande, Fetzer.

Mathias Weber, genannt Fetzer, verdient vielleicht unter allen Räubern, die in dieser Geschichte vorkommen, am meisten, daß man von ihm ein ausführliches Gemälde entwerfe; denn er gehört unter die wenigen Menschen, die sich im Tod wie im Leben treu blieben und bei großen Lastern eine große Festigkeit der Seele besaßen. 192 Diebstähle hat er begangen und bei allen sich so mutvoll und kühn betragen, wie in seiner schrecklichen Sterbestunde. Sein Geburtsort war Grefrath im Krefelder Bezirk, sein Geburtsjahr 1778. Als er auf der Guillotine sein Leben beschloß, zählte er mehr nicht als 25 Jahre, das Alter der römischen Majorennität†.

Seinen Beinamen Fetzer soll er von seinem wütenden Dreinschlagen, seinem Zerfetzen erhalten haben. Grausamkeit lag an sich nicht in seinem Charakter, davon hat er Proben abgelegt. Bei einem gewissen Diebstahl war er es, der zwei junge Knaben, die die Räuber zu mißhandeln begannen, um dadurch die Eltern zur Entdeckung ihrer Verbergnisse zu bewegen, auf die Arme nahm und davon trug. Auch hatte er in seinem Gesicht nichts weniger als Züge eines grausamen Menschen. – Man wird sich vielleicht wundern, in einer Geschichte eine Bemerkung zu finden, die auf den Kampfplatz der Physiognomiker und Antiphysiognomiker gehört; aber wir glauben, daß just hier der Ort ist, sie anzuführen. Bei den Verhandlungen am Kriminalgericht, wo der Verbrecher viele Stunden – öfters mehrere Tage lang – grade vor meinen Augen saß, habe ich mir oft eine Beschäftigung daraus gemacht, seine Gesichtszüge zu studieren. Die Menge der Verbrecher, die das Departement binnen mehrerer Jahre lieferte, ließ mich eine gewisse Erfahrung festsetzen, und ich glaube nicht zu fehlen, wenn ich sie bekannt mache. Bei allen Bösewichten, so hat sie mich gelehrt, die grausamer Handlungen überführt waren, bog sich der Mund an beiden Seiten abwärts. So war es bei Klein, der wegen eines doppelten, vorsätzlichen, aus Rache und um fünfzehn Stüber willen verübten Meuchelmord guillotiniert wurde; so an Vogel,

* Frechheit
† Volljährigkeit

der seinen reichen Oheim drittehalb* Tage in den Wäldern von Stolberg herumgeführt, bis er einen gelegenen Ort fand, ihn niederzuschmettern und zu berauben; so an einem Halbwinner, der laut der Anklageakte ein armes Mädchen, das sechs Monate von ihm schwanger war, nachts an einen einsamen Ort bestellte und es statt, wie er versprochen hatte, zu seinen Eltern zu führen und zu ehelichen, erdrosselte, ins Wasser warf und mit einer Stange festhielt, bis es sein martervolles Leben beschloß. An allen diesen und noch mehreren, die ich des geringen Raumes willen übergehe, traf ich Züge wilder Grausamkeit, und was nicht minder merkwürdig ist, jene Vertiefung auf der Stirn, die Gall† für das Zeichen der Bosheit erklärt. Fetzer hatte weder das eine noch das andere. Wir bedauern, daß es dem Herrn Doktor Deuster‡ nicht vergönnt war, den Kopf dieses merkwürdigen Räubers nach Wien an Prof. Gall zu schicken. An ihm hätte er vielleicht den Satz vom Diebsorgan bestätigt gefunden. Noch ehe der Kopf aus der Mazeration** kam, wurde er entwendet.

Fetzer war nichts weniger als ein durch Leibesstärke und Größe zum Anführer berufener Mann, er war vielmehr klein, mager und von schwachem Körperbau. Sein Scheitel war nur mit wenigen dünnen Haaren bedeckt, seine Nase nach Mohrenart aufgestülpt, auf seinen Lippen schwebte beständig ein sarkastisches Lächeln. Seine Augen waren schwarz und klein, lagen tief, aber aus ihnen leuchtete ein Feuer, das gewiß keinem Forscher menschlicher Gestalten entgangen sein würde; man glaubte in ihm den unendlich listigen verschlagenen Spitzbuben lesen zu können.

In seiner Jugend nahm er Dienste unter den Batavern. Er machte den schrecklichen Winter-Feldzug 1794, als Pichegru Holland eroberte, mit. Während er damals unweit Arnheim auf Vorposten mit anderen in den Baracken lag, begann eines Abends einer seiner Kameraden mit dem Vorschlag herauszurücken, den vorbeifahrenden Postwagen, der immer mit viel Geld bepackt sei, ein bißchen mitzunehmen. Fetzer war mit von der Partie. Dem Postwagen wurde in der Nacht zu der Stunde, wo er vorüberkam, aufgelauert und – es war vor dem Tor zu Arnheim – ein Koffer abgeschnitten. Dieser enthielt mehr Reichtum, als sich ihre Phantasie je vorgestellt hatte. Neunhundert Dukaten wurden einem jeden der drei Marodeure zuteil. Auch ein Kistchen mit Juwelen von unendlichem Wert fand sich darin. Fetzer und seine Kameraden wußten aber nicht, was damit beginnen, besannen sich nicht lange und warfen es ins Feuer. Der Raub machte Aufsehen. Fetzer und seine Kameraden hatten die Unvorsichtigkeit, ihr Geldchen springen zu lassen, locker zu leben und sich besser zu kleiden. Nun schöpfte der Unteroffizier Verdacht, drang in die Täter, tobte, brauste; aber eine Handvoll Dukaten, und der Mann wurde blind, taub und stumm.

---

* zweieinhalb

† Franz Joseph Gall (1758-1828), Arzt, vertrat in seiner »Phrenologie« die Meinung, daß die geistigen Eigenschaften eines Menschen an seiner Kopfform zu erkennen seien.

‡ wohl der damalige Gerichtsmediziner

** Präparationsverfahren

Die französische Armee ging über die Waal, und das Corps, worunter Fetzer stand, retirierte nach Zwoll. Der größte Teil desselben nahm Reißaus, und der Überrest war gezwungen, aus Mangel an Goldes auseinanderzugehen. Fetzer bekam seinen Abschied. Er kehrte, nachdem er einige Abenteuer bestanden hatte, in die Gegend von Krefeld zurück und nahm seine Zuflucht zu dem Abdecker auf der Altenkirch, der ihm als ein Mann, bei dem Diebe und Vagabunden immer eine Liegestätte fänden, als ein Erz-Kochemer geschildert worden war. Hier wurde er mit seinen späteren Kameraden, mit Adolph Weyers, mit Dormagen, mit Linken, mit Jan dem Leiendecker, mit dem Zülcher Wilhelm vertraut. Hier traf er auch Franzis Gerards, der schon einige Jahre vorher, ehe Fetzer nämlich in holländische Dienste gegangen war, dessen Lehrmeister im Diebshandwerk gewesen war, ihn mitgenommen und unterrichtet hatte.

Der Abdecker hatte eine schöne Tochter. Fetzer verliebte sich in sie und suchte öfters Gelegenheit, während seine Kameraden auf Diebstähle ausgingen, mit ihr allein zu sein. Wie er diese Momente benutzte, kam bald ans Tageslicht: Das Mädchen wurde schwanger. Wütend dringt nun der Vater in den jungen Räuber, ihm durch Heirat seine Ehre wiederzugeben, aber solche Fessel behagen dem wilden Genie des Fetzer nicht. Heimlich verläßt er die Hochschwangere, seine Kameraden und das Gewerbe, geht nach Holland zurück und nimmt nacheinander Dienst unter den Regimentern Damphe und Beding und endlich unter der sechsten Halbbrigade. Aber auch hier läßt ihn sein unruhiger Geist nicht lange harren; er desertiert und kehrt zu seiner Geliebten zurück. Der Vater widersetzt sich der erneuerten Bekanntschaft, und Fetzer beredet das Mädchen, mit ihm zu entfliehen. Gerne folgt sie dem Sirenensang der Liebe, verläßt das väterliche Haus und zieht mit dem Geliebten umher. Standhaft erträgt das Weib den Mangel an seiner Seite; aber er nicht bei dem Mangel das Weib. Mit unbegreiflicher Bosheit, denn es war mehr als Leichtsinn, fährt er eines Tages vor ihrem Angesicht über die Maas und läßt sie im Stich. Bei Straelen kennt er ein Haus, das im Rufe steht, Diebesherberge zu sein. Hierhin, zu der sogenannten Suf-Anne, begibt er sich und trifft dort mehrere Mitglieder der Krefelder Bande, die damals just mit dem Plan, die Kirche zu Arsen (einem Dorf an der Maas gelegen) zu plündern, schwanger gehen. Der Weg dahin lief durch die Vinrochischen Sümpfe und war schwer zu finden. Fetzer erbot sich, der Führer zu sein, und hielt Wort. Er brachte sie wohlbehalten an den Bestimmungsort. Mit wenig Mühe brach man in die Kirche ein, drang in die Sakristei, schlug die Kästen in Stücke und fand eine Menge Scharlachtuch. Deshalb waren aber die Diebe nicht gekommen; sie vermuteten Kirchensilber und andere Reichtümer. Sie suchten und suchten, endlich fand sich ein Schrank in der Mauer, mit eisernen Türen und Schlössern über und über versehen. Schläge, Stöße, alles wurde angewendet, ihn zu öffnen, aber umsonst; der Schatz war besser verwahrt als jener zu Kolchis*. Sie mußten abziehen und sich mit dem Scharlachtuch begnügen.

* Landschaft an der Ostküste des Schwarzen Meeres, wo der Mythologie nach das Goldene Vlies zu finden war.

Von dieser Epoche an verließ Fetzer seine Kameraden nicht und beging mit ihnen einen Raub nach dem anderen. Schnell wollen wir über die hinausschreiten, die uns weniger merkwürdig scheinen, und nur die erwähnen, die eine Übersicht über das Räubersystem im ganzen geben, durch große Züge auffallend werden oder des Lokalinteresses wegen angeführt werden müssen. In dieser letzten Hinsicht wird es besonders für Kölner angenehm sein, die Räuber zu wissen, die innerhalb der Ringmauern ihrer Vaterstadt vor sechs und sieben Jahren so manchen Raub vollbracht haben. Es waren Fetzer, Carl Heckmann, Adolph Weyers, Nagels Piterchen, Kremerius, Heinrich Pohr, Johann Bruckmann, Schalk aus dem Büttchen, der oberländische Hannes, der Gladbacher Mathias, der taube Franzis, Drickes Schuhmacher, Overtüsch, Johann Fischer von Köln, Klemens von Cöln, Christian Klein von Cöln,der Zülcher Wilhelm, Peter Bock, Jan der Leiendecker, Daniel Töller und Fritz Bröcker. Diese edle Gesellschaft begann, wie wir oben schon bemerkt haben, mit Diebstählen ohne Gewalttätigkeit. Bald plünderten sie die Läden in Düsseldorf, bald in Köln, bald in Neuss. Die Hurenhäuser in den zwei ersten Orten und einige entlegene Häuser auf der Neusser Furt waren ihre Schlupfwinkel.

Fetzer, Heckmann, Overtüsch, Weyers und mehrere andere waren diejenigen, welche den Diebstahl bei Boiseré in Köln verübten. Dieselben waren es, die das Comptoir des Kaufmanns Pelzer auf der Augustinerstraße in Köln befeindeten. Bei dem Ladendiebstahl in der Bechergaß in Köln waren Overtüsch, Fetzer, Pohr, Christian Klein und andere. Die gestohlenen Waren wurden in ein Bordell gebracht und dort geteilt. Plötzlich ließ sich vor diesem die Polizei sehen; Huren und Hurenwirtin versteckten die Waren in dem Keller. Man arretierte den famösen Overtüsch; aber es währte nicht lange, so hatte er, den man damals noch nicht kannte, seine Freiheit wieder. Bei dem Diebstahl in einem Chamois*-Laden zu Rheydt waren der oberländische Hannes, Kremerius, Schuhmacher und Mathias Schroer von Neuss. Bei dem Diebstahl im Laurenzianer Gymnasium zu Köln Kremerius, Schlösser, das Tabaksmännchen und Johann Meyer, welcher ihn zugleich angebracht hatte. Auch bei Kettwich jenseits der Ruhr verübten Fetzer, Carl Heckmann, Heinrich Pohr, Overtüsch und ein gewisser L... aus Krefeld des Nachts einen gewalttätigen Raub. Dieser L... war es, der die Diebe bis in die Stadt Krefeld selbst gelockt und dort beherbergt hat. Wenn er sich nicht mit Stehlen und Verkaufen der gestohlenen Sachen abgab, so verfertigte er falsche kölnische Ratszeichen. Über den Diebstahl bei der Witwe Fettweiß in Köln erlaube man mir noch einige Umstände anzuführen. Ein kleines Wirtshaus, unweit der Kirche von Groß-Martin†, diente Overtüsch, Fetzer, Schlager, Daniel Töller, genannt Daniel von Rosellen, Adolph Weyers, Carl Heckmann, Klein und Clemens von Köln, zu denen sich Damian Hessel, der Mersener, gesellt hatte, damals zum Rendezvous. Hier wurde der Diebstahl entworfen, die folgende Nacht

---

* Leder

† heute: Groß St. Martin

Nacht zu seiner Ausführung bestimmt und sämtliche Glieder aufgefordert, sich Glock zwölf auf dem Markt einzufinden. Alle erschienen wie befohlen. Vom Markt aus ging der Zug in die Schildergasse. Hier lag das Haus, das bestohlen werden sollte. Um der Bürgerwache aufzulauern und im Fall der Not sich ihr widersetzen zu können, wurden Schildwachen rundum aufgestellt. Overtüsch brach ein Loch in eines der Kellerfenster des Hauses, stieg hinein und reichte so viele Waren heraus, wie die Räuber imstande waren fortzubringen. Beladen mit diesen gingen sie durch entlegene Straßen, bis an die Stadtmauer unweit Gereon, wo sich eine große Öffnung befand, durch die man das Freie gewinnen konnte. Die Räuber kletterten durch und schleppten ihre Waren mit fort. Morgens gegen drei Uhr kamen sie an ein zwei Stunden von der Stadt gelegenes, einsames Bauernhaus, wo sie einen Karren zum Fortbringen der Waren mieteten. In Nettesheim kehrten sie in ein Kochemer-Haus ein und verteilten das Gestohlene dort unter sich, und zwar in Gegenwart des Wirtes.

Die Diebstähle in Düsseldorf geschahen der eine auf dem Ecke vom Markt, der andere bei einem Juden in dem zweiten Stockwerk des Hauses. Es war just Sabbat, als der letztere vor sich ging. Der Jude saß andächtig in seinem unteren Zimmer und betete, währenddessen legte Fetzer eine Leiter an das Haus, stieg oben durch ein Fenster hinein und reichte den harrenden Gehilfen die eben nicht unbeträchtliche Beute.

Weit mehr noch als die Städte von Räubern in der damaligen unruhigen Epoche bedroht wurden, weit mehr noch wurde es das flache Land. Wenn kaum der Gutsbesitzer des unwillkommenen Besuchs wilder, nicht zu befriedigender Kriegsscharen überhoben war, wenn er das wenige Gerettete nun in Ruhe und Frieden zu genießen dachte, so überfiel ihn ein durch eben den verderblichen Krieg begünstigte Räuberhaufen und nahm ihm den Rest seines Vermögens.

Im Frühjahr 1796 faßte die Krefelder Bande unter Fetzers Führung den Schluß, den Wirt zu Liblar heimzusuchen. Ihren Plan auszuführen, bedienten sie sich eines gewöhnlichen Spitzbubenkniffs und schickten einen ihrer Gesellen, den Adolph Weyers, in das Wirtshaus, dort zu übernachten. Um Mitternacht sollte er die Haustür öffnen und sie einlassen; für seine besondere Mühe und Gefahr dagegen die Uhr des Wirts empfangen.

Adolph Weyers vollführte seinen Auftrag auf ein Jota, ging nach Liblar und kehrte bei dem Wirt ein. Um die Mitternachtsstunde schlichen Fetzer, der oberländische Hannes, Damian Hessel, Heinrich Pohr, derselbe, dessen Gefangennahme wir oben beschrieben haben, Daniel von Rosellen, Mathias vom Schwarzenpohl, Wilhelm Bock, vulgo der steife Peter, und ein französischer Marodeur an das Haus und harrten auf Adolph Weyers. Aber siehe da, er kam nicht. Er konnte nicht kommen, der Wirt hatte bei dem Schlafengehen die Vorsicht gebraucht, die Schlafkammertür des Adolph Weyers von außen zu verriegeln. Ob die Zeichen, die die herumschleichenden Räuber diesem letzteren gaben, oder irgend etwas anderes den Wirt aufgeweckt und aufmerksam gemacht haben mochte, genug, er kam plötzlich an die Haustür, um die Räuber durch seine

Anwesenheit zu verjagen. Wie wenig kannte er die Menschen, mit denen er zu tun hatte! Statt sie zu vertreiben, öffnete er ihnen vielmehr den Eingang. Sie fielen, sowie sie ihn erblickten, über ihn her, knebelten ihn, drangen in das Haus, befreiten den gefangenen Adolph Weyers und plünderten das Wirtshaus rein aus.

Einige Zeit hierauf machten dieselben, wozu noch Mausche Polak, ein Mersener, und Joseph Chambri, der unlängst auf die Galeere kondemniert worden ist, sich gesellten, einen Diebstahl bei einem Wirt unweit Krefeld.

Wie die Krefelder bis jetzt zu tun gewohnt waren, pochten sie an und verlangten Branntwein. Der Wirt öffnete die Tür. Die Räuber strömten herein und ließen sich auf das herrlichste auftischen. Statt zu bezahlen, packten sie den Wirt, seine Frau und Mägde, knebelten sie und entwendeten Geld, Silberwerk und Leinwand.

Vor Pfingsten (1796) zogen Fetzer, Reitschuster, Jan der Leiendecker, der jetzt in Schwelm wohnen soll, und Augustin Overtüsch an den Ufern der Maas herum. Sie hatten mehrere Diebstähle unternommen, aber sie waren ihnen alle mißlungen. »Wie«, begann Fetzer, »wenn wir dem Eremiten, der vor Lobberich seine Klause hat und einen Handel mit Kaffee und Zucker treibt, einen Nachtbesuch abstatteten?« Der Vorschlag gefiel. »Wir rückten«, so erzählt Fetzer, »es war des Freitags vor Pfingsten, gegen Lobberich. In dem Ort nahmen wir eine Leiter mit und zogen leisen Trittes vor die Klause hin. Wie wir dort ankamen, setzten wir die Leiter an, und Jan der Leiendecker stieg auf das Dach bis an den Turm. Hier hing ein Glöckchen, das der Eremit von innen zu ziehen pflegte, wenn er Hilfe haben wollte. Jan schnitt mit einem Messer das Seil von dem Glöckchen ab und stieg ruhig wieder zu uns. Jetzt näherten wir uns der Tür zur Klause und sprengten sie mit Gewalt auf. Der Eremit war abwesend. Er war, wie wir nachher erfuhren, seines Handels wegen verreist. In der Klause fanden sich jedoch mehrere Menschen, die darin Wache halten sollten. Wir waren bald mit ihnen fertig, knebelten sie und ließen sie liegen. Wir brachen Kisten und Schränke auf und fanden wenig Geld; Zucker und Kaffee aber in Menge. Sowie wir uns wieder entfernen wollen, entsteht ein fürchterliches Donnerwetter, Sturm und Platzregen. Es war uns unmöglich fortzukommen. Ohne weiteres entschließen wir uns, länger noch in der Klause zu verweilen. Um uns die Langeweile zu vertreiben, suchen wir etwas zum Essen und – siehe da! – es findet sich ein exzellenter Schinken und Wein in Fülle. Ich vertrete sogleich die Stelle des Hausherrn, decke die Tafel, trage auf, bringe Wein, und wir schmausen, jubeln und lärmen nach Herzenslust. Gegenüber der Stube hat der Eremit eine kleine Orgel stehen. Ich setze mich daran und, um den Jux noch größer zu machen, spiele ich darauf, so gut ich kann. Des Lachens und Spektakelns hat's kein Ende bis zum hellen Morgen. Jetzt ziehe ich die Kutte des Eremiten an und gehe mit meinen Gesellen fort. So gekleidet komme ich bis nach Krefeld.«

Soweit Fetzer.

In demselben Jahr projektierte dieses Haupt der Bande mit seinen Kameraden einen Diebstahl in Budberg bei einem Juden. Mathias vom Schwarzenpohl, Wilhelm Bock und Breuers Hannes waren mit ihm ausgezogen. Die Hoffnung, einen guten Fang zu machen, belebte das Komplott. In Röthchen hielt man still und zechte brav, alsdann erst brach man auf, um sich bald dem zum Raube ausersehenen Ort zu nahen. Auf dem Weg dahin, zwischen Kamp und Kloster Mehr, begegneten die Räuber zwei Juden und einem Christen. Der letzte trug einen schweren Geldsack, der den ersteren zu gehören schien. Eine so schöne Gelegenheit, zu Beute zu kommen, ließ die Räuber den vorgehabten Diebstahl in Budberg vergessen und sogleich einen anderen Anschlag fassen. Zwei fielen über die Hebräer her, während Fetzer dem langsam voranschreitenden Träger nachfolgte und die Seile, woran der Sack hing, abschnitt. Siebenhundert Gulden wurden den Straßenräubern zuteil.

Zwei der Täter, Fetzer und Wilhelm Bock, wurden, wie ist unbekannt geblieben, entdeckt, von dem ehemaligen Gewaltgericht in Köln verhaftet und in den sogenannten Frankenturm gesetzt. Dieses Gebäude liegt am Rhein und ist wegen seiner Festigkeit berühmt. Von zwei Seiten stößt es an die alte Stadtmauer, sonst ist es frei. Die Fenster sind mit eisernen Stäben verwahrt, und eine Wache steht an seinem Eingang. Fetzer, wenn er auch nicht seiner ungeheuren Diebstähle willen sich berüchtigt gemacht hätte, verdient es in jedem Fall seiner Geschicklichkeit wegen, womit er sich auch aus den festesten Kerkern zu befreien gewußt hat, zu werden. Das erste Mittel zur Flucht, das er entworfen hatte, war, sich eine Öffnung in den Abtritt zu brechen und so zu entwischen. Es mißlang ihm, er wurde entdeckt und, um ihm jede fernere Idee zur Flucht zu nehmen, auf den höchsten Gipfel des Turms eingekerkert. Bei feurigen, tätigen Köpfen wächst der Unternehmungsgeist mit den Hindernissen. Auch von hier suchte Fetzer zu entfliehen. Das Verlies, in welchem er saß, war rundum mit eichenen Brettern belegt, und über diese waren noch dünne Hölzer angebracht. Eines Mittags riß er das Holz zunächst der Türe los und war so glücklich zu entdecken, wie sie verschlossen war. Nun brach er auch eines der erwähnten eichenen Bretter los, zwang es zwischen die Tür und arbeitete so lange, bis sie aufsprang. Es war gerade zwölf Uhr, welche ungelegentliche Zeit zur Flucht! Fetzer wagte es und stieg die Treppe hinab. Siehe da, eine zweite verschlossene Tür. Ungewiß und zweifelnd stand er da und lauerte. Plötzlich hört er die Stimme des Kerkermeisters, der dem Aufwärter aufträgt, in die Stadt zu gehen und etwas zu Essen zu holen. Der Aufwärter tritt aus dem Zimmer und verschließt es wieder. Fetzer kann ihn durch den Ritz an der Tür sehen, er erblickt, wie er die zweite Treppe hinab und zur Haustür hinausgeht, wie endlich einige Augenblicke hierauf der Kerkermeister selbst ihm auf dem Fuß folgt und ebenfalls den Turm verläßt. An der Tür, die Fetzer von der unteren Treppe trennt und vor der er jetzt in ängstlicher Erwartung steht, ist ein Loch, wodurch die Katzen schlüpfen; durch dieses streckt der Gefangene den Kopf und sieht überall umher. Er entdeckt, daß ein Schlüssel außerhalb der Tür etwas hoch an der Wand hängt. Wie! Wenn das der Schlüssel wäre, der die Treppentür, vor der du hier stehst, aufschließt, denkt er, sucht ein langes schmales Holz, steckt es mit seinem Arm durch das Katzenloch, wirft damit nach dem Schlüssel, und er fällt zur Erde. Nun zieht er ihn mit vieler Mühe zu sich. Er versucht ihn, und, welches Glück, der Schlüssel öffnet die Tür. Halb außer sich vor Freude fliegt er die untere Treppe hinab. Die Haustür läßt sich von innen öffnen. Er öffnet sie; niemand ist in der Nähe, und Fetzer sieht sich in Freiheit.

Sein Gefährte Wilhelm Bock war nicht so glücklich. Noch lange, bis zur Installierung des Kriminalgerichts, blieb er sitzen und wurde endlich aus Mangel an hinlänglichen Beweisen in Freiheit gesetzt.

Jetzt kam die Epoche, in der die Krefelder, in den Handgriffen größerer Räuber von den Mersischen unterrichtet, kühnere und gewaltsamere Räubereien verübten.

Ein Marodeur brachte den damals schon auf der Neusser Furt versammelten Räubern, dem Fetzer und Konsorten, den Diebstahl auf Neustraaten an. Der Zufall wollte es, daß just an dem Tag, als er vor sich gehen sollte, Kirmes in dem Ort und jedermann für die Freude, niemand aber gegen Feinde gerüstet war. Auf dem Weg nahe bei dem Hof, dem es galt, stieß die Räuberkarawane um Mitternacht auf lustige Kirmesgäste, Weiber und Männer. Aus Furcht, durch diese verraten zu werden, fielen die Diebe über sie her, knebelten sie und ließen sie mitten auf der Straße liegen. Ein Geschick, das die armen Leute eine Viertelstunde vorher in ihrem Jubel nicht geahnt haben mochten. Die Räuber rückten auf den Hof los – er liegt rundum mit Wasser umgeben –, ergriffen den Sturmbalken, rannten die Tür auf, banden die Bewohner und erbeuteten Geld, silberne Löffel und andere Effekten.

Kurz nach diesem Diebstahl ziehen Fetzer, Fritz Bröcker, Vogel, derselbe der im Schwarzenburgischen bei einem Kirchendiebstahl nachher totgeschossen worden ist, Drickes Leiendecker, Johann Fischer von Köln und andere auf einen Raub nach Gierath in das Haus zweier Schwestern, die einen Laden hatten. Die Tür des Hauses widerstand dem Rennbaum, man war also genötigt, ein Loch durch die Mauer zu brechen. Im Hause wurde männiglich* gebunden, viele Waren, vierhundert Taler an Geld und einige Pretiosen entwendet.

Einen Monat nach diesem begingen Fetzer, Mausche Polak und andere einen Diebstahl im Zollhaus zu Melaten. Die Beute war nicht beträchtlich.

Um die Zeit, als die Apfelbäume blühten, im Jahre 1796, zogen Fetzer, Overtüsch, Hüskeshannes, Heinrich Pohr, der steife Peter, Moritz Helmes, Hombroich, Schroer und Frides von Neuss nach Burk, eine Stunde von Neuss, ein einsam gelegenes Haus zu überfallen. Der Anbringer des Diebstahls war Frides gewesen. Er hatte sich nämlich nach Düsseldorf, wo Fetzer und seine Gesellen in dem Haus des Pfaffrath auf der Lauer lagen, begeben und sie durch Versprechen goldener Berge anzulocken gewußt. Zur bestimmten Mitternachtsstunde versammelten sich die Düsseldorfer und Neusser vor Neuss und marschierten auf das Haus los. Unterwegs nahmen sie einen Rennbaum mit und liefen damit die Tür ein. Sie kamen ruhig bis an die Schlafkammer des Bewohners dieses Hauses;

---

* jeder

auch diese forcierten sie, sie flog auf. Hier stand der Eigentümer mit einer Axt in der Rechten, im Begriff, jeden Zollbreit den Räubern streitig zu machen. Der Unbesonne! Was wollte er gegen die besser bewaffnete Menge? Overtüsch ergriff die Pistole und schoß damit auf ihn. Blut färbte sein Kleid – er fiel. Nun ging es ans Knebeln; alle übrigen Hausgenossen wurden zur Erde geworfen und gebunden; alles aufgebrochen, Geld, Leinwand und Kleidungsstücke erbeutet. Fast hätten die Räuber bei ihrem Rückzug den Lohn ihrer Taten gefunden. Der Lärm und das Getöse hatten einige Jäger herbeigerufen. Diese versteckten sich hinter dem Gebüsch an einem Baumgarten, durch den die Räuber ihren Rückzug nahmen, und schossen auf sie. Keiner der Schüsse traf, sie schlugen in die Bäume, daß die Blüten wie Schneeflocken über die Räuber herflogen. Diese, hierüber erschrocken, beflügelten ihre Schritte und eilten an den Rhein. Diejenigen, die von Düsseldorf gekommen waren, schnitten einen Nachen am diesseitigen Ufer ab und setzten damit über; die anderen zogen nach Neuss.

Im Sommer desselben Jahres wurde den Krefeldern verraten, daß in Nettesheim ein Jude wohnen sollte, der zu den Reichsten des Landes gehörte. Fetzer, Drickes Leiendecker, Vogel, Pit Döbele, Joseph Chambri und andere versammelten sich vor Püttchen beim Gries und brachen nachts nach Nettesheim auf. Wie groß war das Erstaunen der Räuber, als sie an den Ort kamen, vor ihm mehrere Kanonen und Pulverwagen aufgepflanzt, in demselben aber eine Menge Soldaten in Kantonnierung fanden. Jeder andere würde bei diesem Anblick unverrichteter Sache leise weggeschlichen sein; nicht so unsere Räuber. Sie störten sich nicht an der Anwesenheit des Militärs und rückten auf das Haus des Juden los, der, es war Sabbat, noch nicht zu Bett gegangen war, vielleicht aus eitler Furcht vor dem Militär, das doch diesmal seine einzige Rettung hätte sein können. Man wird wohl der Meinung sein, daß die Gegenwart des Kriegsvolkes in Nettesheim wenigstens soviel bewirkt haben wird, daß die Räuber ihren Diebstahl in der Stille versuchten. Aber nichts weniger als das, sie wagten es, mit einem Rennbaum die Tür des Juden in Stücke zu schmettern, in das Haus zu dringen, groß und klein zu knebeln, die Schränke aufzubrechen und zu toben und zu lärmen, als ob sie in irgendeinem einsamen Ort gewesen wären. Der eine Räuber packte die Waren zusammen, der andere Geldsäcke, jener Kirchensilber und unter diesem eine Monstranz. Fetzer war so glücklich, einen Reisesack zu finden, der so schwer von Geld war, daß er ihn kaum fortbringen konnte. Die Räuber verließen Nettesheim und kamen, ohne beunruhigt zu werden, etwa eine Stunde von Nettesheim in ein Kornfeld. Der Morgen graute schon im Osten, als sie zur Teilung schritten. Die Beute war äußerst ansehnlich; als man an den großen schweren, mit Geld gefüllten Reisesack kam, jubelten alle hoch auf. Da war keiner, der nicht wähnte, jetzt an dem Ziel seiner Wünsche zu sein, durch den einzigen Fang auf immer reich werden zu können. Der Sack wurde geöffnet und enthielt die damals so stark roulirende* Münze – dicke kupferne Sols.

* in Umlauf befindliche

So wie die Mersische Bande nur durch das Einverständnis oder, wenn ich mich gelinder ausdrücken will, nur durch die Schläfrigkeit oder Nachlässigkeit eines Polizeibeamten sich in Mersen einnisten konnte, ebenso war durch die nicht minder sträfliche Lauigkeit eines Landrichters im Krefelder Bezirk es der Krefelder Bande allein möglich, sich in dieser Gegend zu halten. Sobald dieser abgegangen war, war sie genötigt, sich mehr gegen Neuss hinzuziehen, und so erscheint sie in der damaligen Epoche unter der Firma Neusser Bande. Der Häuser, die sie in der dortigen Gegend zu besuchen und in die sie sich zu verbergen pflegte, waren viele. Nach Fetzers und anderer Erklärung hielt sie sich auf der Neusser Furt bei Br.... in dem Schwanen, wo der Vorfall mit den holländischen Reitern war, auf dem Röthchen in einem kriekenbeckschen Bauernhof und anderen Orten auf. Dieser letzte liegt mitten im Wald und war eine vortreffliche Retirade für die Räuber; hier suchten sie einst die französischen Reiter, denen Pferde gestohlen worden waren, aber vergebens auf. Die Räuber waren versteckt und die Pferde selbst durch einen Agenten heimlich verkauft. Bei Korst wohnte ein Vikarius*, der die Diebe nicht allein schützte und versteckte, sondern auch mit ihnen lebte und zechte. Unter der Neusser Furt bei Kobus in der langen Hecke hatten sie gleichfalls ihren Aufenthalt. In Neuss wohnten sie beim Bären Drickes, bei Kaan, in der Taube und bei Brisack, der ihnen Brecheisen schmiedete, ferner bei Friedes Kax, beim S... und dessen Bruder, einem Bäcker und Wirt. Auch fanden sie keine Schwierigkeit, wie sie die gestohlenen Sachen bei ihrem veränderten Aufenthalt loswerden konnten. Käufer und Käuferinnen boten sich ihnen hier in Fülle an. Die meisten Waren wurden in Neuss einer Frau V..., die auf dem Markt einen Laden hatte, und einer getauften Jüdin ebenda verkauft. Fand sich einiger Anstand, so ging man nach Düsseldorf und brachte sie dort auf der Wallerstraße bei einer Trödlerin an.

Unbekannt konnte der Polizei in der dortigen Gegend das Leben und Weben der Bande nicht gewesen sein, das geht aus den eigenen, dort geführten Protokollen hervor, und doch tat sie nur äußerst wenig, sie auszurotten.

Die Räuber schienen in der Tat nichts zu fürchten. Kam es auch soweit, daß sie von fremdem Militär eingetrieben und in Haft gebracht wurden, so waren doch die Gefängnisse in so schlechtem Zustand, so gab es doch so viele zur Befreiung sich anbietende Hände, so war doch die Aufsicht so schlecht, daß sie sicher, ganz sicher sein durften, bald zu entkommen. In Neuss hatten, laut des eigenen vom 3. Oktober 1796 an geführten Protokolls, binnen einiger Monate alle die großen berüchtigten Räuber der Krefelder Bande und selbst die gefährlichsten Mersener oft in Haft gesessen: Damian Hessel dreimal, Schlager dreimal, Fetzer zweimal, Hüskeshannes, Carl Heckmann, der steife Peter, Daniel von Rosellen und andere. Alle diese waren jedesmal, und zwar nicht bei ein und derselben Gelegenheit, in ein und demselben Moment, sondern hintereinander fast von Tag zu Tag entwischt.

* Amtsvertreter

Man darf immer behaupten, daß der Gewißheit, mit der die Räuber voraussehen können, aus ihrem Gefängnis, wenn sie einmal ertappt werden sollten, zu entkommen, der Staat es zu verdanken hat, wenn die Diebstähle sich mehren. Die einzige Schranke, die sich ein kühner Räuber setzt, ist die Furcht vor Strafe, und sobald ihn einmal die Erfahrung belehrt hat, daß er dieser Strafe auch dann, wenn sie ihm am nächsten zu sein scheint, wenn ihn bereits Kerkermauern umschließen, immer noch entschlüpfen kann, welche Grenze bleibt dann seiner Verwegenheit? Mehr denn hundert Beispiele liegen vor mir, daß Räuber, die so glücklich waren, dem Kerker zu entspringen, nachher immer mit weit größerer Dreistigkeit zu Werke gegangen sind.

In Neuss folgten die Diebstähle damals aufeinander. Carl Heckmann, Daniel von Rosellen, Herkenrath und Overtüsch begingen den Diebstahl bei Peter Reuter. Nicht minder nahmen diese und andere teil an dem Diebstahl bei Franz Throhn, bei Theodor Sassen, bei den Alexianern und bei dem Posthalter Herberz. Der soeben erwähnte bei Sassen wurde von Heckmann, von Overtüsch, vom oberländischen Hannes und Daniel von Rosellen in dem Haus des Kaan in Neuss organisiert.

Der merkwürdigste unter allen zu damaliger Zeit in Neuss begangenen Diebstählen, der gewiß die Frechheit der aus den Gefängnissen entschlüpften Räuber bis zur Evidenz beweist, war unstreitig jener, der in der Nacht vom 11. auf den 12. September in dem Archive des Rathauses unternommen worden ist.

Ein gewisser Humbroich aus Neuss, der seit dem Einzug der Franzosen auf dem Rathaus als Ordonnanz gestanden hatte, gab den ersten Anschlag dazu. Mit Freude wurde er von Fetzer, Carl Heckmann, Daniel von Rosellen, dem oberländischen Hannes und dem Gladbacher Mathias aufgefaßt und in erwähnter Nacht zur Ausführung gebracht.

Ein Teil der Bande wurde auf Wache gestellt. Hierzu gehörten Heckmann, der auf der Treppe postiert war, und Humbroich, der die Rathauswache beschäftigen und mit ihr trinken mußte. Fetzer und Schlager waren die Waghälse, die, versehen mit Brecheisen, sich an die Archive machten, sie aufsprengten, das darin verwahrte Silberwerk, ein heiliger Quirinus, eine Weltkugel und anderes mehr, herausschleppten und es dem auf der Treppe harrenden Heckmann zum Fortbringen überlieferten. Noch diese Nacht suchten die Räuber Neuss zu verlassen. Sie kamen an das Stadttor. Es war verschlossen. Durch welches Mittel es ihnen gelang, es sich öffnen zu lassen, ist unbekannt geblieben. Kurz: sie verließen Neuss. Fetzer, Heckmann und Schlager tappten im Düstern nach Hemmerden, weckten den Juden David, ließen sich von seinem Weib Kaffee kochen und verschacherten ihm den heiligen Quirinus. Damit er aber, wenn er erführe, daß der Diebstahl an einem so nahen Ort wie Neuss geschehen sei, nicht Anstand nehmen möchte zu kaufen oder den Preis herabsetzte, so gaben sie vor, das Silber sei irgendwo im Jülichschen gestohlen worden. Nun machte der Hebräer keine Hindernisse. Sie wurden einig und erhielten eine beträchtliche Summe. Wenigstens erzählten Heckmann anfänglich und Fetzer beständig die Geschichte auf diese Art.

Noch am folgenden Tag brachte der Jude das Silber nach Krefeld. Erst einen Monat darauf geschah eine Hausvisitation bei ihm. Wegen der Teilnahme an diesem , dem Breyeller und anderen Diebstählen wurde er nachher vor die Anklagegeschworenen gebracht; aber diese fanden die Aussagen des Fetzer, des Heckmann, des Humbroich, des Overtüsch nicht hinlänglich genug, um zu erkennen, daß die Anklage gegen ihn statthabe.

Der glückliche Ausgang dieses ersten Diebstahls auf dem Rathaus ermunterte die Räuber, wozu nun noch einige, die das vorige Mal nicht zugegen gewesen, wie Overtüsch und Kak Friedes, kamen, ein zweites Mal einen Besuch dem nämlichen Ort abzustatten und was etwa noch vergessen war, bei der zweiten Expedition richtig abzuholen.

Natürlich mußte ein so kühner Streich allgemeines Aufsehen erregen und die Räuber auf einige Zeit in ihre Schlupfwinkel treiben. Fetzer und seine Gesellen entfernten sich demgemäß von Neuss und verbargen sich in den in der Gegend liegenden Kochemer-Häusern, wo sie ihre Beute verschwelgten.

In jedem Ding liegt der Grund seines Übels und seines Guten, sagt der Stagirite*, und er mag Recht haben. Auch im Krieg. So wie dieser Räuber wie Pilze hervorschießen ließ, so war er auch oft die Ursache ihrer Vernichtung und Bestrafung. Schon einmal haben wir gehört, daß man einem französischen Capitaine die Gefangennahme der vier berüchtigten Mersischen Räuber, des Damian Hessel, des Petschierstechers u.a., in Erkelenz zu danken hatte; auch diesmal war es das Militär, welches vier große Räuber einbrachte. Den 19. Oktober 1796 kamen holländische Reiter, welche die Sauvegarde† des Klosters Mehr ausmachten, auf die Neusser Furt in eine verdächtige Herberge, die an der nach Kempen zu führenden Landstraße nicht weit von dem Wirt Prosch auf der linken Seite lag. Hier trafen sie eine Menge Gesindel, zwangen aber nur vier Kerle, die ihnen am verdächtigsten schienen, mit nach Neuss zu gehen. Einer unter diesen hatte sich bei seiner Verhaftung ganz besonders zur Wehr gesetzt und fürchterlich mit seinem Messer umhergeschnitten, mußte aber endlich der Obermacht weichen und folgen. Es war – Fetzer. Der zweite unter den Verhafteten war der Student Damian Hessel, der dritte Joseph Schlager, der vierte der Deutzer Michel. Von den drei ersten war der älteste damals zwanzig Jahre alt. Da eben diese schon mehrmals in Neuss arretiert gewesen und jedesmal entkommen waren, so begann man endlich, etwas mehr Aufmerksamkeit auf sie zu legen. Nach beendetem Verhör wollte man den beiden ersteren Hand- und Fußeisen anlegen. Unbeschreiblich war die Gewalt, mit der sie sich diesem widersetzten. Damian Hessel warf seinen Hut auf den Boden, heulte fürchterlich, schlug donnernd auf den Tisch, woran die Richter saßen, zerkratzte sich sein Gesicht, zerraufte sich die Haare, tobte gegen die Richter und konnte nur mit Mühe in Fesseln gelegt werden. Bei dem Verhör wollten die Räuber wie immer sich nicht kennen, sich nur zufällig getroffen haben.

---

* anderer Name für Aristoteles (nach seinem Geburtsort Stageira in Makedonien)

† Sicherheitswache

Noch saßen Damian Hessel und Schlager, die man zusammengesperrt hatte, keine acht Tage, als sie schon mit Hilfe eines Brechinstruments, das man ihnen zugespielt hatte und das sie gefunden zu haben vorgaben, die Mauern durchzubrechen begannen. Sie wurden in ihrer Arbeit gestört. Erst am 16. November, früh genug für das Verderben der Rheingegenden, gelang es ihnen, auf eine Art, die nicht bekannt geworden ist, nicht allein die angelegten Ketten abzustreifen, sondern auch eine dicke Mauer durchzubrechen und sich so in Freiheit zu setzen.

Fetzer und den sogenannten Michel Carl glaubte man am sichersten zu setzen, wenn man sie auf die Windmühle, ein hohes mit einem Wall versehenes Gebäude, brächte. Nur durch ein Wunder, so schien es, war es möglich, von der schwindelnden Höhe herab in Freiheit zu gelangen, aber ein solches Wunder war dem kühnen, schlauen Räubergenie Fetzer vorbehalten.

Am 2. November erschienen die Gerichtsdiener vor dem Bürgermeister von Neuss und zeigten an, was allen Glauben überstieg, daß Fetzer und sein Geselle die vergangene Nacht von der hohen Windmühle herab entsprungen seien. Die Geschichte dieser äußerst sonderbaren Entweichung wollen wir aus Fetzers Munde hören. Die Wahrheit seiner Erzählung verbürgt zu gleicher Zeit das Protokoll von Neuss, das die Nebenumstände auf die gleiche Art wie er selbst anführt.

»Ich saß«, so erzählt Fetzer, »mit Michel von Deutz (im Verhör gab er sich Wetzlar zum Aufenthaltsort) in Neuss auf der Windmühle, als ich am Allerseelen-Abend den Entschluß zu entfliehen faßte. Keine Möglichkeit war durchzukommen, außer wenn wir versuchten, in die Stube, welche sich oberhalb unseres Verlieses befand, zu brechen. Das Gefängnis war so ziemlich hoch, also das Unternehmen ebenso leicht nicht. Ich kam auf den Gedanken, unser Bettstroh auf einen Haufen zu legen; es war gegen neun Uhr abends. Auf den kleinen Hügel ließ ich den Michel treten, kletterte auf seine Schultern und – da auch das noch nicht hoch genug war – auf seinen Kopf, und so erreichte ich die Decke unseres Kerkers. Ohne Verzug begann ich, ein Loch in diese zu brechen, und in wenig Zeit glückte es mir, in das obere Stockwerk zu kommen. Ich half, soviel ich immer konnte, dem Michel nach, und nach einiger Anstrengung glückte es mir, ihn heraufzuziehen. Aber wir waren noch lange nicht am Ziel.

Das Zimmer, in dem wir uns befanden, hatte zwar ein Fenster, aber es war mit eisernen Stäben wohl verwahrt. Mehr als diese nahm uns eine Schildwache, welche gerade unter dem Fenster auf der Erde stand, alle Hoffnung, alle Aussicht zur Flucht. Es blieb uns nichts übrig, als weiter in die Höhe, in die Spitze der Mühle zu klimmen und zu versuchen, was sich uns dort für Heil anböte. Wir stiegen hinauf; hier fanden wir zwar augenblicklich die Möglichkeit aus den Mauern zu kommen, aber wie sollte man von der schwindelnden Höhe die schauderhafte Tiefe erreichen? Mir kam der Gedanke, mich der Tücher, die an den Windflügeln ausgespannt waren, zu bedienen und so mich mit meinem Gefährten herabzulassen. Gedacht und ausgeführt. In größter Schnelligkeit wurden die Tücher losgerissen. Eines war dazu bestimmt, uns auf die Galerie der Windmühle, das andere uns von dort auf die Erde zu bringen. Dieses faßte ich unter den Arm und an jenem versuchte ich zuerst den Sprung. Glücklich kam ich mit Michel auf der Galerie an. Hier nahmen wir das mitgebrachte Tuch und befestigten es an eine eiserne Stange des Gitters, um uns daran herabzulassen. Noch einmal ging ich voran; einen Teil der Mauer war ich bereits herab, aber der Wind, der diese Nacht fürchterlich von der Seite her, wo wir herabstiegen, tobte, trieb das Tuch fest wider die Mauer; ich konnte nicht weiter. Mir blieb keine Rettung übrig, ich mußte in die Tiefe hinab einen fürchterlichen Sprung wagen. Ich versuchte ihn und stürzte auf die Erde nieder. Der Fall war so mächtig, daß ich davon wohl einen Monat wie zerschlagen an allen Gliedern blieb. Michel folgte mir nach. Das Getöse, das unser Herabfallen verursachte, alarmierte die auf der anderen Seite der Windmühle stehende Schildwache. Sie schrie: ›La garde! La garde!‹ Aber die Angst beflügelte unsere Schritte. Noch waren wir nicht gerettet. Der Waldstrom, die Erft, lag vor uns, wir mußten sie passieren oder unseren Verfolgern in die Hände fallen. Keine Wahl, mutig stürzten wir uns in sie, setzten hinüber und waren in Freiheit.«

Man erlaube uns noch einen Schritt in der Biographie des berüchtigten Fetzers, ehe wir zu den verschiedenen Diebstählen der Krefelder zurückkehren, man erlaube uns eine Folge zu erzählen, die die Verhaftung des Fetzers, Schlagers und Damian Hessels nach sich gezogen hat. Wenn dem Schinderhannes die Ermordung des Gendarmen einen gewissen Anstrich von Trotz, von Kühnheit und Größe geben konnte, so verdienen wahrlich Fetzer und Damian Hessel wegen der Tat, die wir jetzt von ihnen erzählen wollen, vorzüglicher jene Attribute.

Etwa vierzehn Tage nach der Entweichung aus der Windmühle waren Fetzer und Damian Hessel und Daniel von Rosellen in ihrem gewöhnlichen Schlupfwinkel auf der Neusser Furt, eine Stunde von Neuss, so nahe und doch so sicher! Da verirrt sich unglücklicherweise einer der holländischen Reiter vom Kloster Mehr, die Fetzer mit seinen Gefährten eingefangen hatten, in das Haus, in dem die erwähnten Räuber zusammensaßen und zechten. Bei dem Anblick des Reiters geraten die Räuber in Wut, sie fallen über ihn her, schließen die Tür ab und wollen ihn ermorden. Kaum gelingt es der Wirtin, in ihrem Haus Meister zu werden und den Reiter hinauszuschieben. Sowie er auf der Straße ist, stürzen ihm Fetzer und seine Gesellen nach; der Zufall führt einen zweiten Reiter hinzu, der seinem Kameraden zu Hilfe eilt, aber seine Erscheinung ist nicht fähig, die Wütenden im Zaum zu halten. Der fürchterlichste Lärm, Geklirr, Geschrei, Fluchen und Toben untereinander läßt sich auf der Straße hören. Einige im Wege stehende Fruchtkarren dienen Fetzer, Damian und Daniel von Rosellen zum Hinterhalt, aus dem sie mit Messer und Knüppeln über die Reiter herfallen. »Das Getöse war so groß«, erzählt ein Zeuge, der Wirt Hubrich, »daß mehrere Fuhrleute, die bei mir übernachten wollten, sich aus Angst auf den Speicher flüchteten und ich mein Haus verschloß. Soeben«, fährt er zu erzählen fort, »trat ich in meine untere Stube, worin ein französischer Conducteur saß und ein Gläschen trank, als ein Mensch auf der Straße jämmerlich zu schreien und an meinem Fenster zu klopfen begann. ›Ich bin ein holländischer Reiter‹, rief er, ›um Gottes willen macht mir die Tür auf, ich bin blessiert. Macht auf, macht auf, sonst bringen sie mich noch vollends um. Ich muß einen Geistlichen haben, denn ich werde sterben.‹ Der französische Conducteur und ich öffneten die Tür und nahmen den Menschen herein. Er hatte eine große klaffende Stichwunde auf der Brust, die er mit der Hand bedeckte, damit das Blut nicht so heftig herausfließen konnte. Kaum war er in der Stube, so sank er aufs Stroh zur Erde nieder. Es währte nicht lange, so begann der Lärm aufs neue vor dem Haus. Die Täter kamen zurück und stachen mit einem Säbel durch das Fenster, so daß sie fast den Conducteur getroffen hätten. Sie schrien auf französisch, daß man ihnen den Reiter herausgeben sollte. Der Unglückliche dachte nun an nichts gewisseres, als daß die Banditen die Tür sprengen und ihn in Stücke hauen würden. Ungeachtet seiner Wunde eilte er zitternd in den Hof und verbarg sich in einem Holzschuppen. Das Getöse ließ bald darauf nach, ich konnte ihn wieder herabbringen und verpflegen lassen.« Adolph Weyers, der so ziemlich in Fetzers Lebensgeschichte initiiert war, erzählte mehrmals, daß Fetzer es gewesen sei, der dem holländischen Reiter den mörderischen Stich gegeben habe. Dieser kam zwar in allen seinen Geständnissen mit Adolph überein, nur in dem nicht, was die Verwundung des Reiters betraf. Er verminderte jedoch seine Schuld nicht. »Während wir uns mit den Reitern herumhieben und -stachen«, erzählte er, »packte ich einen derselben, aber den nicht, der verwundet worden ist, riß ihn vom Pferd und warf ihn in den nahen Teich. Er sank vor meinen Augen unter, und ich habe ihn nicht mehr zum Vorschein kommen sehen.«

Die immer und immer sich häufenden Diebstähle veranlaßten unterdessen, daß man in der Gegend um Neuss und Krefeld sogenannte Streifzüge hielt. – Sowenig diese sonst frommen* – denn die langen Vorbereitungen dazu, der Apparat, das Aufgebot, der Lärm machen sie beinahe immer zwecklos; größere verschmitzte Räuber werden gewarnt und finden Zeit und Ort, ihnen auszuweichen – sowenig sie gewöhnlich frommen, so war doch der damals in der Gegend von Hülchrath Nota bene† vom französischen Militär unternommene ziemlich wirksam. Eine Menge Vagabunden wurde aufgetrieben und fünf große Karren voll des sauberen, herumstreichenden herrn- und arbeitslosen Gesindels nach Köln gebracht. Unter diesen finden wir schon wieder – den vorlauten Mathias Weber genannt Fetzer. Auch er war in einem der beladenen Karren und kam wie die anderen nach Köln. Gleich bei seiner Ankunft erhielt er seine Logis in der dortigen Steinhauer-Zunft, wo das Depot der Deserteure war. Wir kennen ihn, er ist der Mann nicht, der lange den Verlust seiner Freiheit ertragen kann. Er entwich, und, was das merkwürdigste ist, noch an dem Tag seiner Einsperrung. Am Hintergebäude der Zunft stieg er auf das Dach und von da auf ein anstoßendes Gebäude, brach das Speicherfenster auf und schlich die Treppe hinunter zur Haustür hinaus. Nichts beklagte er damals so sehr (ein ganz origineller Zug in

---

* nützen
† als Denkzettel

seinem Gaunerleben), als daß in dem Haus, wodurch er sich flüchtete, das sein Heil, seine Rettung war, nur ein armer Schmied gewohnt habe und er bei einer so schön sich darbietenden Gelegenheit zu stehlen nichts von Wert habe finden können.

Die Ursache, warum man damals und selbst nachher in Köln so wenig Aufmerksamkeit auf einen so großen Räuber, wie er war, legte, lag darin, daß sein Ruf noch nicht die Höhe erreicht hatte wie in der Folge, wo man seinen Namen diesseits und jenseits des Niederrheins mit so viel schrecklicher Ehrfurcht nannte, wie auf dem Hunsrück den Namen des Schinderhannes. So heißt es in den 1802 zu Bergen op Zoom gedruckten »Crimineel Vonnis geslagen by Schepenen van den Fynart« in der Aussage eines dort gerichteten großen Straßenräubers, »dat hy gehoord heeft tot de bende van zeker Opperhoofd Mathiis Vetser en andere mindere Hoofden cetc.«

Bei Gelegenheit des Ruhms oder, mich besser auszudrücken, der Berüchtigkeit des Fetzers kann ich nicht umhin, sein eigenes Raisonnement* über diesen Punkt, das ihn zu gleicher Zeit als einen über sich und seine Situation denkenden Kopf darstellt, mit seinen eigenen Worten ungeschminkt und unverziert anzuführen.

»Ich habe es aus der Geschichte von meinesgleichen bestätigt gefunden, daß, sobald der Ruhm eines Räubers groß zu werden anfängt, er nicht mehr lange mitmacht und der Justiz bald in die Hände fällt; so ging es auch mit mir. Kein großer Streich wurde ausgeführt, wo man mich nicht beiwünschte, und war ich dabei, so ging ein jeder voll Zuversicht mit. Zur Zeit, als ich meine Kameraden in Essen traf, hatten sie weder Kleidung noch Schuhe und Strümpfe, als sie mich in ihrer Mitte sahen, frohlockten sie, jeder Streich gelang, Geld gab es in Menge. Mein Ruhm erscholl immer mehr und mehr; allein dieses zog auch meinen Untergang nach sich.«

Wir haben nicht nötig, dem Leser die Richtigkeit dieser Bemerkung aus Erfahrung zu erweisen; sie liegt schon in der Sache selbst. Da erst, als ein Räuber dem anderen von Fetzers Streichen erzählte, als man allenthalben seinen Namen kannte, als die Inquisiten laut ausriefen: »Ja dann, dann wenn ihr erst den Fetzer haben werdet, dann könnt ihr ruhig und sicher schlafen«, als die Justiz hierdurch angetrieben, einen Wert auf seine Verhaftung setzte, sich vor allem nur seiner Person zu versichern suchte, ihn zu verwahren alles aufbot, da erst war es um ihn geschehen. So legte sein Ruhm den Grund seines Verderbens, und so findet man durch ihn und seinesgleichen die Wahrheit bestätigt, daß auch bei dem Räuberleben die Mittelstraße die sicherste und beste ist.

Zum anderen Male saß Fetzer wegen Fehlens eines ausreichenden Passes und als Vagabund in Köln in Haft; aber wie vorher nur für kurze Zeit. Diesmal war er in dem Gemeindehaus verwahrt und ihm zwei Bettler zugesellt. Sein Plan zu entfliehen war gleich entworfen; aber das Wie litt einige Schwierigkeit. Vorerst

* Vernunfturteil

mußte er die zwei Bettler gewinnen. Mit einem Geschenk von zwei Kronentalern wurden sie stumm gezaubert. Nun ging es zur Ausführung. Oberhalb der Tür seiner Stube war ein eisernes Gitter. Von diesem brach er eine Stange los, um so durchschlüpfen zu können. Aber noch eine zweite Tür stand ihm im Weg. Mit Gewalt sie öffnen ging nicht, also mußte auf eine Gelegenheit abgelauert werden, durch sie zu schleichen. Fetzer bestimmte dazu die vierte Stunde nachmittags, wo der Gefangenenwärter den Gefangenen jedesmal ein Butterbrot zu bringen pflegte. Als dieser zur gewöhnlichen Stunde erschien, bat ihn Fetzer sehr dringend um einen Krug Wasser. Er willigte ein, ging fort und ließ, wie der schlaue Räuber sehr wohl kalkuliert hatte, die zweite Tür offen. Das war erwünscht; Fetzer nutzte den Moment, kroch durch das geöffnete Gitter an der inneren Tür und kam an die zweite, die nun nicht verschlossen war. Allein, siehe da! Ein neues Hindernis! Vor der Tür steht just in diesem Augenblick einer der wachhabenden Offiziere. Fetzer bleibt nichts übrig, als in seinen Käfig zurückzukriechen und sein Vorhaben auf den morgigen Tag zu verschieben. Dieser kommt. Dieselbe List wird angewendet und der Gefangenenwärter ausgeschickt, Wasser zu holen. Fetzer kriecht durch seine Öffnung und wischt glücklich auch durch die zweite Tür. Auf dem Platz vor dem Gemeindehaus, so will es sein Unstern, begegnet ihm der Gefangenenwärter mit dem Wasser. Fetzer faßt Mut und schnellen Entschluß, streicht hart aber sehr schnell an ihm vorüber und – grüßt ihn. Es hilft. Der Gefangenenwärter wird durch diesen vertrauten Gruß von dem Gedanken, den er im ersten Augenblick etwa hätte fassen können, daß der an ihm Vorüberfliegende einem seiner Gefangenen ähnlich sehe, abgelenkt, und Fetzer entspringt. Noch mehrmals werden wir Beispiele hören, wo Fetzer wie hier eine bewunderungswürdige Gegenwart des Geistes zeigte.

Doch wir wollen nicht die Biographie eines einzelnen Räubers entwerfen; wir schreiten daher zur Krefelder Bande zurück, obgleich wir nicht verbergen können, daß wir dadurch Fetzers Lebensfaden, der immer an den Haupttaten ebendieser Bande fortläuft, nichts weniger als abschneiden.

Von der Neusser Furt streifte diese sehr oft in das Bergische Gebiet. Bei Pfaffrath in Düsseldorf und bei dem Wirt Sellerbeck zu Mülheim an der Ruhr waren ihre Standquartiere.

An dem ersten Ort versammelten sich, wie wir bereits oben gehört haben, im April 1797 die Krefelder und zugleich Franz Bosbeck, genannt Schifferchen, mit einigen Mersenern. Diese machten gemeinsame Sache und unternahmen den oben erzählten Raub bei Herrn Pfarrer Pithahn zu Mülheim an der Ruhr. Fetzer mußte hier, wie allenthalben, wo die erfahrenen Mersener zugegen waren, das Kommando einem von diesen abgeben. Das Resultat der Unternehmung ist uns bekannt.

Hier folgen nun noch einige Diebstähle, deren Daten etwas ungewiß sind.

Ladendiebstahl in Düsseldorf. Von den Tätern ist nur Fetzer und der N...sche Peter bekannt.

Diebstahl bei Duisburg. Carl Heckmann und Daniel von R... verübten ihn, nach der Erklärung des ersten.

Diebstahl bei Buchholz. Unter den Tätern befand sich Peter Nagel, der in Düsseldorf, wie wir noch hören werden, aufgehängt worden ist. Er war gewaltsam, ansehnlich die Beute.

Diebstahl in Kowerz bei Ratingen, begleitet von Einbruch, Knebelung und Gewalttätigkeit, verübt von den Krefeldern.

Straßenraub im Bergischen. Ochsenhändler werden im Gebirge überfallen und geplündert. Wilhelm Locks ist unter den Tätern.

Kirchendiebstahl in N... diesseits des Rheins. Auch hier ist Wilhelm Locks mit im Spiel. Bereits ist es den Dieben geglückt, die Beute fortzuschleppen, da erblicken sie dicht hinter sich einige Bauern kommen, sie wähnen, diese seien ihnen nachgeschickt, sie zu verfolgen und laufen davon. Das Laufen erregt den Argwohn der Landleute. Sie mutmaßen einen Diebstahl, springen in voller Eile den Dieben nach und holen sie ein. Das bei ihnen gefundene Kirchengerät veranlaßt ihre Gefangennahme. Endlich entdeckt sich das Ganze. Wilhelm Locks gehörte zu den Dieben. Sein Lohn war Geißel, Brandmark und lebenslängliches Gefängnis, in welchem er zu Düsseldorf starb.

Straßenraub bei Grimmlinghausen unweit Neuss. Der Nievenheimische Peter war nach den Erklärungen mehrerer Inquisiten unter den Räubern. Die gestohlenen Waren gehörten den Van der Leien in Krefeld. Sie wurden in Köln in ein Gefängnis geschleppt und von der Hurenwirtin an einen Kaufmann, wohnend auf dem ..., verkauft.

Diebstahl im Zollhaus zu Uerdingen. Bei diesem waren Fetzer und der N...sche Peter nach der Aussage des ersteren allein zugegen. Das Mädchen im Haus ließ ihnen die Läden auf; sie brachen ein, aber das Geld war fort, und sie zogen leer aus.

Diebstahl in Wevelichhofen bei einem Juden. Diesen versuchten dieselben, aber er mißlang.

Diebstahl in Mintert in der Gegend von Langsberg. Die Täter waren Heckmann und der N...sche Peter. Der Nachbar des Bestohlenen hieß Altenbruch.

Ladendiebstahl zu Rhied bei Odenkirchen. Daniel von R..., der N...sche Peter, der oberländische Hannes, Helmes, Schlager unter Fetzers Kommando verübten ihn. Die Waren wurden beim Juden in Hemmerden verkauft.

Diebstahl in Duisburg. Er wurde von Carl Heckmann, dem N...schen Peter und Overtüsch verübt, wie der erstere in den gerichtlichen Verhören angegeben hat. Es war in einem Laden. Die Beute bestand hauptsächlich aus Zucker und Band.

Bei Kettwich. Andere Rheinseite. Ein gewisser L... wird von dem mitanwesenden Heckmann als einer der Diebe benannt. Bei dem Diebstahl waren Fetzer, Overtüsch und Pohr. Die Beute bestand aus Geld und Kleidungsstücken.

Ein zweiter zwischen Kettwich und Zaaren mit Einbruch. Heckmann, Fetzer, L... und Nagels Peter waren dabei. Die Teilung geschah in einem Wald bei Ratingen.

Versuch eines Tuchdiebstahls bei Venlo. Die Täter waren Adolph Weyers und L...

Versuch eines Diebstahls bei Straelen. Auch dieser mißglückte. Das Haus, das Fetzer, L... und Adolph Weyers bestehlen wollten, war ein Wirtshaus. An seiner Seite war ein sogenanntes Heiligen-Häuschen, in das sich die beiden letzten verkrochen, während Fetzer, es war Nachtzeit, an das Haus klopfte. Adolph und L... wollten, sowie es geöffnet würde, mit Fetzer hineinstürzen und plündern. Der Wirt hörte aber das Geknaster im Heiligen-Häuschen, vermutete, daß hier Diebe versteckt sein müßten, öffnete dem Fetzer nicht nur die Tür nicht, sondern drohte auch noch, auf ihn Feuer zu geben. So unterblieb der Raub.

Anderer Diebstahl in Duisburg. Heckmann, N...scher Peter, Kremerius, Daniel von R... und Overtüsch brachen in einen mitten in der Stadt gelegenen Laden ein, holten verschiedene Waren, worunter besonders kleines Tuch, Schnupftücher und Cotton war, kletterten über die Stadtmauer und teilten im Duisburger Wald.

Straßenraub bei Duisburg. Der N...sche Peter und Jakob Hütgen schnitten auf der Landstraße vor Duisburg an dem Garten einen Koffer ab.

Diebstahl zu Falkenburg, zwei Stunden von Aachen. Die Täter waren Carl Heckmann, Kremerius, Kaufmann der Mersener, Nathan Holländer, Adolph Weyers, Daniel von R... und der N...sche Peter.

Diese beiden letzten, deren wir in einer einzigen Reihe so oft Meldung taten und die noch mehrmals unter den Räubern figurieren werden, wurden später ihrer Verbrechen wegen vor die Geschworenen gebracht und – losgesprochen.

Sie erhielten demzufolge ihre völlige Freiheit wieder und leben bis auf diese Stunde in ihren alten Wohnorten. Wenn nicht das schauderhafte, abschreckende Gerücht von der Hinrichtung fast aller ihrer Spießgesellen, das gewiß bis zu ihren Ohren gehallt ist, wenn der rührende Abschied Heckmanns, der in der letzten Todesstunde zu einem von ihnen, der damals in Köln gefangensaß, eindrucksvolle Worte gesprochen hat, wenn dieses sie nicht von ihrer schändlichen Laufbahn zurückbringt, wenn diejenigen, denen das Tribunal über den inneren moralischen Menschen übergeben ist, nicht zu ihrer Lebensbesserung das Ihrige beitragen, noch liegt in der französischen peinlichen Verfassung kein autorisiertes Mittel, Verbrecher, welche einmal von den Urteilsgeschworenen losgesprochen sind, nachher um eben dieser Tat wegen wieder vor Gericht zu ziehen, ja selbst dann nicht, wenn sich erst nach der Sentenz neue Zeugen gegen sie entdecken sollten, wenn das Verbrechen so klar wie die Sonne dargestellt werden könnte und – fast möchte ich sagen – scheint es bei den Erwähnten der Fall zu sein.

Unverkennbar – man erlaube mir die kleine Disgression* – war die gute Absicht des Gesetzgebers, dem Spruch der Jury eine heilige, unumstößliche Festigkeit, eine gewisse Majestät zu geben; aber wie der ganzen Einrichtung fehlte ihr,

---

* Abweichung

um anwendbar zu werden, ein anderes Menschenalter, eine andere Menschenklasse. Wie leicht wurde es dem verschmitzten und reichen Bösewicht nicht, einmal, wenigstens einmal durchzuschlüpfen! Zum ersten waren es zwölf Männer, aus der gewöhnlichen, öfters selbst der ununterrichteten Volksklasse gegriffen, die den verwickelten Knoten von Indizien und Beweisen, und zwar zum ersten Mal in ihrem Leben, zu lösen hatten, und – die Glocke schlug halb eins, das Mittagessen harrte – über Hals und Kopf eilten, ihn just dieses eine Mal zugunsten des Verbrechers, den ein französisches Gericht eingezogen hatte, zu lösen. War die Dummheit oder auch verzeihliche Unwissenheit nicht im Spiel, so war es gewiß die Intrige des Advokaten und der Verwandten, die schon den Abend vor der Sitzung bei einem Glas Wein die mise en liberté*, wenn's ehrlich ging, nur für dieses eine Mal fertigbrachten. Lag es nicht an den Geschworenen selbst, so lag es am Polizeibeamten, der die erste Instruktion gemacht, und dabei sich nach allen Kräften geeilt hatte, um bei seinem geringen Gehalt bald von der ex officio† Untersuchung zu einer lukrativeren zu kommen; er hatte Lücken über Lücken gelassen und die Jury aus Mangel aufgetischter Beweise in die Notwendigkeit gesetzt, das Absolutionsurteil für dieses eine Mal zu sprechen. Hatte auch der Polizeibeamte allen möglichen guten Willen, er mußte eilen, unter schwerer Strafe den Verbrecher binnen weniger Tage aus seinen Händen weiterzubefördern, und war also nicht imstande zu sorgen, daß das Gericht für dieses Mal den Verbrecher strafen konnte.

Sei es, wodurch es sei, er befindet sich in Freiheit, er kann, wenn es ihm so beliebt, dem Unglücklichen, den er in seiner Ruhe, in seinem Eigentum, in seiner Sicherheit gekränkt hat, der Justiz und ihren Beamten, dem Staat, der gegen ihn Pönal-Gesetze‡ diktiert hat, der Moralität selbst Trotz bieten und laut vor Zeugen und im Gericht eingestehen, auf öffentlichem Markt ausposaunen, daß er es gewesen sei, der geraubt und gemordet habe – in Erwartung bis eine verbesserte Kriminalverfassung auch an diesen verwachsenen Zweig das verbessernde Messer anlegt; bis jetzt ist er um des Vergangenen willen nicht mehr zur Rechenschaft zu ziehen.

Diebstahl in Altingen. Kremerius und Daniel von Rosellen stahlen einem steinalten Mann sein unter dem Bett verborgenes Geld.

Diebstahl in der Kirche zu Duisburg. Ein aus dem Kloster entflohener Mönch, der nachher eine berechnende Stelle in F... empfangen hat, traf den N...schen Peter auf der Neusser Furt und entdeckte ihm, wie die Kirche zu Duisburg am besten zu bestehlen sei. Der N...sche Peter macht sich mit seinen Genossen auf, sie brechen ein, aber zum Glück ist das Kirchensilber geflüchtet.

Diebstahl in Zülpich. Adolph Weyers, der scheele Jickjack, Michel von Deutz und Wilhelm Meyer von Zülpich genannt der Zülcher Wilhelm klettern von

---

* den Freispruch

† aus Amtspflicht durchgeführten

‡ Strafgesetze

dem letzten angeführt abends spät über die Stadtmauer von Zülpich, gehen zu einem mitten in der Stadt gelegenen Kaufmannsladen, dessen Tür zufällig offensteht, schleichen in das Haus, stehlen fünf Stücke Chamois und ziehen sich wieder über die Stadtmauer zurück.

Diebstahl in einer Kirche bei Graff. Die Täter sind L... von Krefeld, Dahmen, der in der preußischen Liste nicht zu Unrecht als einer der gefährlichsten Diebe angeschrieben steht und nach Sibirien transportiert worden ist, und Overtüsch. Die Beute ist die beträchtlichste, die sich denken läßt. Ein jeder der Diebe erhält anderthalb tausend Taler; sie nehmen Extrapost und fahren nach Geldern. Als sie dort ankommen, sind diejenigen, die ihnen nachzusetzen geschickt worden sind, schon da. Die Diebe werden aber nicht erkannt und entkommen. Die Ursache dieses Nichterkennens lag wohl darin, daß die Nachsetzer nicht vermuten mochten, in den mit Extrapost in zierlichen Kleidern einherkommenden jungen Leuten die Diebe zu finden, sondern auf schmutzige mit Päcken beladene, durch die Tore schleichende Vagabunden harrten.

Diebstahl in Büderich und Giesenkirchen. Über diese etwas mehr: Im Jahre 1797 in der Nacht vom Osterdienstag auf den Ostermittwoch erschien Fetzer mit seinen Gesellen in Büderich unweit Neuss. Alle waren vermummt, hatten ihre Halstücher, wie es bei den Räubern kluge Absicht und bei den Stutzern Mode war, bis über das Kinn heraufgewunden und große Hüte tief im Gesicht sitzen. Mit dem Rennbaum stürmten sie das Haus des Brs. Kreutzer in Büderich, stürzten wütend in die Stube, wo die Haushälterin und die übrigen Mädchen lagen, knebelten sie und warfen ihnen, damit sie nicht sehen konnten, was vorging, die Röcke auf das Gesicht. Von da eilten sie in die Stube der alten Hausfrau und drangen in sie zu gestehen, wo das Geld verborgen läge. All ihr Flehen, ihr Beteuern, daß sie es nicht wisse, war umsonst. Man schonte sie wegen ihres hohen Alters nicht und mißhandelte sie auf das unbarmherzigste. Ja, man ging soweit, von Aufhängen in den Kamin und von lebendig Verbrennen zu sprechen. Als die Barbaren sahen, daß die Unglückliche ihr unersättliches Verlangen nicht befriedigen konnte, brachen sie Schränke und Kisten auf. Wohl eine Stunde währte das Plündern und das Getöse; der Sohn der alten Hausfrau, Heinrich, der auf dem Hof schlief, hörte den Lärm und lief, zwei holländische Reiter, die dort einquartiert waren und in dem Stall lagen, zu Hilfe zu rufen. Diese schienen eben Herkules räubervertilgenden Mut nicht zu besitzen. Zwar wagten sie sich an die Stalltür, als ihnen aber einige Schüsse entgegengeschickt wurden, zogen sie sich fein ruhig zurück und warteten, bis die Bande abgezogen war. Dann erst saßen sie auf, ritten ihr nach und hatten das Glück, sie – nicht zu finden.

Der Krefelder oder vielmehr Neusser Bande, denn sie hauste zuletzt meistens nur um Neuss, wurde angebracht, der Abdecker Wilhelm Peters von Giesenkirchen habe eine große Menge Kirchensilber in Verwahrung. Sogleich entschlossen sich Fetzer, Vogel, ein Bauer aus Kleinenbroich, der scheele Peter, Fritz, Brocke, Hannes Fischer von Köln und Drickes Leiendecker hier einen Diebstahl zu versuchen. In der Nacht des Freitags vor Pfingsten 1797 erschien die Schar mit einem Rennbaum bewaffnet vor dem Haus des Wilhelm Peters. In einem Nu hatte sie die Tür eingerannt, aber noch – noch war sie nicht am Ziel. Sie hatte mit einem Mann zu tun, der mit Waffen versehen und entschlossen war, jeden Zollbreit dem eindringenden Feind streitig zu machen. Ein ebenso hartnäckiges wie blutiges Scharmützel entstand, und wenn sich die Räuber als kühne, beherzte Männer zeigten, so zeigte sich Peters als eines Kampfes mit ihnen würdig. Aufgeweckt durch das Krachen und Zerspringen der Tür, öffnet er das Ladenfenster im oberen Stock, ein Schuß fällt auf ihn, er springt an ein anderes, ein zweiter Schuß folgt, er stößt ein drittes, ein viertes auf, immer fallen Schüsse auf ihn. Nun erst ergreift er seine Pistole und zielt auf den Räuber, der in diesem Augenblick die Flinte gegen das letzte geöffnete Fenster angelegt hat. Er drückt ab und die Kugel fährt ihm durch die Brust; er sinkt tot zur Erde nieder. Es war der Bauer von Kleinenbroich, der mit seinem Leben das Lehrgeld bei dem gefährlichen Handwerk zahlte. Einen zweiten Schuß richtete Peters auf einen anderen an der Ecke des Hauses stehenden Räuber. Auch dieser mißglückt nicht. Das Blut, mit dem die Ecke des Hauses am folgenden Morgen besprengt gefunden wird, überzeugt, daß er nicht verfehlt worden ist. Während dieses kleinen Treffens stürmen die in das Innere des Hauses gedrungenen Räuber mutig gegen das Zimmer, wo sich Peters befindet. Nichts schreckt sie ab; sie beginnen an der Falltür auf der Treppe, die den Eingang in das obere Stockwerk verschließt, zu stoßen und zu brechen; aber Peters setzt sich ihnen mit unaufhörlichem Feuern entgegen. Jetzt nimmt das Abenteuer eine noch weit ernstere Wendung. Durch den ungeheuren Lärm werden die Bauern geweckt, springen in die Kirche und ziehen die Sturmglocke. Fürchterlich dröhnt sie durch die Nacht. In Odenkirchen liegt ein Kommando Chasseure. Diese sitzen auf und sind fast im Augenblick in Giesenkirchen. Die Räuberschildwache sieht sie zum Glück schon in einiger Entfernung. Sie schreit und gibt das Signal. Sogleich verlassen die Räuber den Tummelplatz und stürzen heraus. Der Anblick der herangaloppierenden französischen Reiter schreckt sie nicht; sie wagen es, diesen entgegenzugehen, auf sie zu feuern und sich erst nach dem Salve mit militärischen Regeln zurückzuziehen. Ihre Flucht geschieht durch einen seichten Ort, wodurch ihnen die Chasseure nicht folgen können. So kehren sie nach Buttchen zu einem gewissen Gries, aus dessen Haus sie ausgezogen waren, zurück. Nichts hatten sie erbeutet, einen Toten auf dem Platz gelassen, aber einen Beweis ihrer Tapferkeit und ihres kühnen Trotzes gegeben.

Fetzer geriet noch in den letzten Stunden seines Lebens, als er von dieser blutigen Affäre und von anderen ähnlichen sprach, in solchen Enthusiasmus, daß seine Augen blitzten und er ganz außer sich kam.

Mit dem Jahr 1797 trage ich sozusagen die Krefelder und Neusser Bande zu Grabe, um sie in den folgenden Jahren als umgetaufte Neuwieder Bande wieder neu, und zwar mit erhöhten Kräften, erstehen zu lassen. Es ist zwar nicht zu leugnen, daß mehrere Mitglieder dieser Neusser Bande sich niemals nach Neuwied geflüchtet haben, sondern immer in ihren alten Schlupfwinkeln blieben, daß sie von dort aus manchen Raub unternahmen, daß sie niemals mit der Neuwieder Bande in unmittelbare Berührung kamen, daß man also gewissermaßen in ihnen die Fortexistenz der Neusser oder Krefelder Bande etablieren könnte; aber aus triftigen Gründen, teils weil diese zurückgebliebenen Neusser keine sehr großen Streiche ausführten, kein Zusammenstimmendes in ihren wechselseitigen Unternehmungen hatten, nur sehr selten, in Jahren etwa ein oder zweimal, zum Vorschein kamen, teils auch, weil sie immerhin von Räubern aus der Neuwieder Bande kommandiert wurden; darum und aus anderen Ursachen finde ich es dienlich, ihrer nur unter der Rubrik der Neuwieder Bande episodisch zu gedenken.

Da mit dem März 1798, in dem sich die Neusser Bande gewissermaßen völlig transplantiert, zugleich die neue Organisation am diesseitigen Rhein und mit ihr eine neue Epoche in der Polizei-Einrichtung und dem Kriminalverfahren eintritt, so finde ich es desto nötiger, eine neue Abteilung in meiner Geschichte vorzunehmen. Auch werde ich von nun an in den Stand gesetzt, bestimmter und fester vorzuschreiten.

Verzeichnis der Krefelder und Neusser Bande:

Friedrich der Einäugige, Scherenschleifer

Franz Gerards von Dahlen, Scherenschleifer

Fetzer oder Mathias Weber

Johann Bruckmann oder Bruck

Heinrich Pohr, genannt Schafsheinrich

Leibchen Schloß

Everhard Brackmann. Sein Vater war Räuber, saß in Wesel und führte ihn zu dem Gewerbe. Er soll in Paderborn wegen eines Mordes geköpft worden sein

Nikolas Rauen vulgo Schlager aus dem ehemaligen Jülichschen wurde von der königlich preußischen Justiz zum Staupenschlag, Brandmarkung und lebenslänglicher Festung verurteilt

Jakob Dahmen oder Dohm aus Krefeld, von der preußischen Justiz zum Staupenschlag, Brandmarkung und ewigem Festungsbau condemniert, später nach Sibirien transportiert

Joh. Hammel, der oben erwähnte Wirt von der Lipperheide, zur lebenslänglichen Festung, sein Weib zu zehnjähriger Zuchthausstrafe von der preußischen Justiz verurteilt

Franz Trockelmann. Schon in dem Bericht, den der unermüdliche Kriminalrichter des preußischen Westfalen, Hr. Hartmann, im Jahr 1797 nach Jülich schickte, wird dieser Räuber als einer der Chefs der Bande beschrieben. Er ist ein Holländer von Geburt

Heinrich Kurz, ein alter Sünder aus dem Märkischen, der schon einmal 20 Jahre zu Wesel auf der Festung saß, begnadigt wurde, aber bald das so viele Jahre hindurch unterbrochene und so hart gestrafte Handwerk wieder hervorholte, stahl, noch einmal gefangen und nun nach Sibirien transportiert wurde

Joh. Friedr. Kurz, sein Sohn, zu einer 15jährigen Zuchthausstrafe verurteilt

Carl Heckmann

Adolph Weyers

Diederich Kampmann aus dem Bergischen; von der königlich preußischen Justiz zu einer 15jährigen Zuchthausstrafe verurteilt

Joseph Reitschuster aus Krefeld zu der gleichen Strafe verdammt, starb im Gefängnis

Johann Meyer aus der Gegend von Venlo zu Hause, nicht nur wegen Diebereien verdächtig, sondern wurde auch von zwei in Wesel sitzenden Mördern der Teilnahme an einer Mordtat beschuldigt. Er ist besonders daran kenntlich, daß ihm der eine Arm gelähmt ist und er ihn deshalb schlaff am Leibe herunterhängen läßt.

Christian aus Bielefeld, ein Kerl von 35 Jahren, Genosse des Brackmann
Klostermann aus der Gegend von Hagen. Nach Sibirien transportiert
Dormagen
Daniel, der Schmied von Solingen
Conrad Vogel, erschossen bei einem Kirchendiebstahl
Friedes von Neuss, als Contrebandier* auf dem Rhein von Zollbeamten erschossen
Dovetchen der Jude
Jan der Leiendecker
Wilhelm Meyer von Zülpich
Peter, sein Bruder
Der oberländ. Hannes
Der Gladbacher Mathies
Drickes Schuhmacher
Augustin Overtüsch
Timan, genannt Pandel
Deutzer Michel
Peter up de Tesche
Meyer Fuchs
Fritz Bröcker
Johann Fischer von Köln
Nagels Piterchen
Der scheele Peter
Der scheele Jickjack oder Friederich
L... von Krefeld
Helmes von der Schiefbahn
Der N...sche Peter oder P... U...
Daniel T... oder Daniel von R...
Hüskeshannes oder Johan Herkenrath
Drickes Leiendecker
Peter Bocks oder der steife Peter
Mathias vom schwarzen Pohl
Damian Hessel
Das TabaksMännchen
Mathias Schroer von Neuss
Kremerius
Joh. Clemens von Köln

Nogum auch Schicker Nogumke. Ein großer starker, dicker Kerl, ungefähr 33 Jahre alt, hat ein schwärzlich dickes, rundes Gesicht, schwarze, krause, kurze Haare, trug einen dunkelblauen Rock, führte ein junges Weibsbild und zwei Kinder, ein Mädchen und einen Jungen, bei sich. Den Namen Schicker bekam er, weil er sehr oft besoffen war.

Gottlieb Strunk, ein aus Wesel entsprungener preußischer Soldat, gebürtig aus dem Klevischen, alt 30 Jahre, hat ein längliches Gesicht und auf der Stirn über dem Auge einen breiten Schmarren†, er führte ehemals ein großes Weibsbild, das mit Nürnberger Waren hausieren ging, bei sich.

Vogel Moscher, ungefähr 28 Jahre alt, von mittlerer Größe, mager und blaß von Gesicht, blond von Haaren. Unter dem Rock trug er einen Degen mit einem hölzernen Griff und im Korb einen Vogel, mit diesem machte er auf den Märkten und in den Häusern allerhand Kunststücke, auch führte er ein Weibsbild und ein Kind bei sich.

Christian Klein von Köln, alt 27 bis 28 Jahre, 5 Fuß 5 bis 6 Zoll hoch, schwarzbraun von Haaren,

* Schleichhändler, Schmuggler

† Narbe von einem Hieb oder Streifschuß

lebhaft von Antlitz, mittlere Nase und Mund, lichte Augenbrauen, war mit einem Mädchen aus dem Jülicher Land verheiratet. Suchte Dienst unter den Kaiserlichen.

Pit Döbele, alt 31 Jahre, 5 Fuß 8 Zoll hoch, spricht Französisch, hat einen schwarzen Bart, ein längliches Gesicht, schwarze Augenbrauen und Augen, lächelt, wenn er spricht, ist mit einer gewissen Gertrude aus der Neusser Furt verehelicht. Er ging nachher mit der Geliebten von Nagels Piterchen durch. Sein Aufenthalt soll in Holland sein.

Joseph Chambri, ehemaliger Grenadier bei General Lefebre, wurde von dem Kriegsgericht vor 5 Jahren zur Kettenstrafe verurteilt. Sein jetziger Aufenthalt ist zweifelhaft.

Drickes von Köln, alt 31 Jahre, 5 Fuß 3 Zoll hoch, hat einen schwarzen Bart, wenige Haare auf dem Kopf, ein längliches pockennarbiges Gesicht, schwarze Augen, lange Nase; ist verheiratet. Seit dem Giesenkircher Diebstahl zieht seine Frau mit dem Zülcher Wilhelm herum.

Itzig Schnut, 29 bis 30 Jahre alt, 5 Fuß 6 Zoll hoch, Judenphysiognomie, frisches Gesicht, äußerst große aufgeworfene Lippen, große Nase, schwarze Augen. Sein Geburtsort ist Amsterdam.

Deutzer Michel, derselbe, der mit Fetzer aus der Windmühle zu Neuss entflohen ist, alt 42 bis 43 Jahre, 5 Fuß 8 Zoll hoch, frisch von Angesicht, hat schwarze Augen und Haare. Er ist ein unterrichteter, schlauer Mensch, gab sich in Sachsen für einen Emigranten aus, heiratete eine reiche Witwe und zog mit ihrem Geld von dannen.

Schalk aus dem Büttcheen, 34 bis 35 Jahre alt, lang und groß, schwarz von Augen, frisch von Angesicht. Er war in Wesel Soldat.

Neuwieder Bande

Sobald irgendeinem Staat eine große Umwälzung, wie es das Besitzergreifen einer fremden Regierung ist, bevorsteht, so lösen sich fast immer schon im voraus alle seine verschiedenen Gewalten, sozusagen die Elemente seiner Verbindung auf. Seine Beamten, in welchem Fach es sei, die sich nur noch im momentanen Besitz ihres Ansehens, die ihre politische Existenz ganz nahe verschwinden sehen, verlieren ihren bisherigen Eifer, ihren Mut, ihr Interesse, und in ihnen, die als die Hauptbestandteile das Ganze zusammenhielten, trennt sich das Ganze nun wieder. Waren sie im Laufe ihrer Verrichtungen etwa streng, so wollen sie in diesem Augenblick ihren Mitbürgern, in deren Klasse sie zurückkehren, einen Beweis ihrer Sanftmut geben und werden gelinder als sie sollten; waren sie gelinde, so lassen sie die Zügel völlig schießen. Keiner von ihnen will seinem künftigen Nachfolger, von dem er sich verdrängt sieht, den er zu hassen Ursache zu haben glaubt, vorarbeiten, keiner von ihnen will sich für einen neuen Staat aufopfern, der Suspensionen und Absetzungen verkündet. So sinken die Staatsgewalten in denen, die sie aufrechthalten sollten, noch vor der erwarteten Epoche zu einem bloßen Nichts herab.

Eine ganz entgegengesetzte Wendung nehmen die Dinge nach einer neuen Staatsveränderung.

Beispiele von beiden hat die vergangene Zeit in Fülle vorgebracht und erst neuerdings, als die Rheingegenden durch die Franzosen umgeformt wurden. Bis in das Jahr 1798 (von der Epoche des Krieges an) vermehrte sich von Stunde zu Stunde die Anzahl und die Kühnheit der Räuber. Jede Nacht wurde mit einem gewalttätigen Raub bezeichnet, niemand fand sich mehr an dem sichersten, dem festverwahrtesten Ort sicher genug, die Polizei hatte alle ihre Kräfte verloren, und der Staat befand sich in einem der Anarchie ähnlichen Zustand.

In dem März des Jahres 1798 wurden die vier Departemente organisiert, und von nun an war – eine Folge der Neuheit dieser Veränderung, ich will nicht sagen, der Güte derselben, denn daß sie Mangel hatte, deckte sich bald selbst auf – von nun an war die Ruhe auf einige Zeit hergestellt.

Verschiedene kleine Territorien – das war das erste, was die Organisation wirkte – wurden in ein Ganzes geschmolzen. Die Räuber, die vorher aus einem benachbarten Ländchen in das andere flüchten und so den Verfolgungen der Ortsobrigkeiten entgehen konnten, hatten von nun an einen harten Stand. Der Haftbefehl eines Friedensrichters, in welchem Kanton es immer sein mochte, wurde ausführbar durch das ganze Gebiet der Republik. Die Polizeigewalt –

eine zweite Folge –, die in demselben Raum bisher einer Menge voneinander unabhängiger, in wenig Verbindung miteinander stehender Personen anvertraut war, floß jetzt, da so viele Territorien in einem Departement vereinigt waren, in einem Individuum zusammen, sie bekam größere Energie und konnte besser unterrichtet zu Werke gehen. Jeder Ort erhielt seinen Agenten, der Kanton seinen Friedensrichter, der Bezirk seinen Geschworenendirektor, das Departement seinen öffentlichen Ankläger. So griff die Polizei von einem großen Distrikt, wie der von Nimwegen bis Bonn und Lüttich, ineinander und konnte mit Wirksamkeit den Feinden der allgemeinen Sicherheit zu Leibe gehen. Ein neuer Geist belebte die Glieder, jeder strebte – wenigstens in den ersten Momenten –, sein Dasein auf dem neuen Posten irgendwodurch zu zeigen und geltend zu machen.

Bleichen Eifer mit den bürgerlichen Autoritäten zeigte die französische Gendarmerie. Ich müßte hier diese gewiß nachahmungswürdige Anstalt, die einzig zum Zweck hat, allgemeine Sicherheit zu handhaben, in allen ihren Punkten analysieren, wenn ich mich weitläufiger über den Nutzen, den sie in den Rheingegenden geleistet hat, erklären sollte.

Eine der vorzüglichsten Sorgen, die sich in Verbindung mit der Municipalpolizei angelegen sein ließ, war die Aufsicht über Fremde jeder Art. Dem Gesetz gemäß wurden nicht allein Vagabunden, sondern selbst die, die sich, ohne Pässe zu haben, aus ihrem Kanton entfernten, eingezogen. Wenn auch mancher mit einem falschen, erschlichenen oder erkauften Paß durchwischte, so gerieten doch andere in Haft und wurden nachher als Erzräuber erkannt.

Die Verfolgung der Räuber, die sich des Eupenschen Diebstahls schuldig gemacht hatten, und die Verhaftung einiger Häupter der Krefelder kam nun noch hinzu, um die diesseits des Rheins sich befindende Bande nach der Organisation, das ist zu Anfang des Frühlings 1798, zu verscheuchen und auf die andere Seite zu jagen. Dort hatten sie der Zufluchtsorte und Schlupfwinkel viele; aber nicht alle leisteten ihnen, was zu ihrem Vorhaben nötig war, nicht in allen fanden sie Ungestörtheit, wenn sie sich in großen Haufen versammeln wollten, nicht in allen stand es ihnen frei, sich lange Zeit aufzuhalten, zu fixieren. Um eine Nachtherberge für ein oder zwei Tage, um einen Schlupfwinkel für zwei oder drei Räuber war es ihnen nicht zu tun. Solche fanden sich allenthalben. Einen Ort wollten sie, der ihnen nicht bloß bei ihren Hin- und Herzügen einen ephemerischen* Aufenthalt gestattete, der der ganzen Bande, und zwar auf lange Zeit, zu einem Zentralpunkt dienen sollte. Und dieser fand sich. In Düsseldorf bei Pfaffrath, in der Judenherberge, hinter der Ratinger Mauer; bei der Marianne am Flingertor bot sich ihnen zwar manches Asyl an, aber die Wachsamkeit der dortigen Justizbeamten ließ sie nicht jene Sicherheit hoffen, die sie verlangten. In Elberfeld bei F..., in Solingen bei Daniel, in Mülheim an der Ruhr bei Sellerbeck und in der Judenherberge hatten sie ebenfalls ihre Schlupfwinkel; aber dort trat

* eintägigen

ein, was auch bei Düsseldorf zu fürchten war. Deutz, Köln gegenüber, schien ihnen weit gelegener zu sein. Dort verschaffte ihnen die fliegende Brücke einen schnellen Eingang in das linke Ufer, dort wohnten Baldowerer, dort fanden sie bei Spielmanns Matheis in der Stadt B..., bei einer Jüdin und bei L... einen sicheren Aufenthalt, auch war Deutz in der Tat mehr als einmal der Ort, wo sie sich versammelten, um zum Raub auszugehen; aber bei alledem konnte es aus verschiedenen Lokalumständen nicht zur Hauptniederlage dienen.

In Porz hatten die Räuber in einem abgelegenen Wirtshaus an der Landstraße einen trefflichen Hinterhalt, denn unter anderem war in einer der Stuben ein geheimes Verbergnis, wo sich mehrere im Notfall verstecken konnten; aber sie mußten einen größeren Ort haben, der mit der übrigen Welt mehr in Berührung stand. Auf dem Pützchen, so erklärt Fetzer, waren fast alle Häuser kochem – und wie Knips erzählt, befanden sich mitten im Ort zwei kleine Häuser, in deren einem ein geheimes Verbergnis angebracht war, aber von ihm galt, was wir von Porz gesagt haben.

Auch in Bendorf versammelten sich die Räuber, oft besonders die Juden, dort waren viele kochemer Häuser, z.B. in der Judenherberge, bei der Witwe, die Carl Heckmann auf seiner Flucht von Neuwied versteckt hatte, bei einer Jüdin mit drei Söhnen, bei Afrom Bendorf und anderen; aber zur Ausführung größerer Pläne war dieser Ort nicht tauglich.

Neuwied war es, was in den Augen der Räuber den Vorzug erhielt und ihnen alles das zu gewähren schien, was sie zum ungestörten Treiben und Ausdehnen ihres Gewerbes für nötig erachteten. Um dieses an den Ufern des Rheins gelegene niedliche Städtchen volkreich und blühend zu machen, hatte die Regierung von Neuwied die gleiche Maxime gebraucht, die einst der Schöpfer der römischen Monarchie in früheren Zeiten so glücklich angewendet hatte, nämlich jedem Fremden unbedingt Schutz gegeben. Was damals in Latien der Fall war, traf nun auch hier ein, unter den Fremden befanden sich Menschen aller Klassen, Diebe und Diebeshehler.

Eine Polizei, die das in Neuwied hätte sein wollen, was sie ihrer Natur und Wesenheit nach hätte sein müssen, die eine scharfe Aufsicht über alle ein- und auspassierenden Fremden, über den Nahrungszweig, der sie nach Neuwied trieb, über ihren Handel und Wandel hätte halten wollen, würde der einmal zugrunde gelegten Bevölkerungsmaxime entgegen gehandelt haben. Um dieses nicht zu tun, um nicht zu streng zu sein, wurde sie gelinde und duldete, was vielleicht an anderen Orten nicht geduldet wurde. Wenn aber auch die Polizei schärfer gewesen wäre, als sie wirklich war, so kamen doch noch einige und andere Umstände hinzu, die die Räuber ohnehin bewogen haben könnten, sich dort ihren Zentralpunkt zu wählen. Einesteils lag Neuwied am Rhein, wurde besonders in dem Jahr 1798, als die Douanen* an das diesseitige Ufer rückten, von den nach Frankfurt Reisenden mehr als sonst besucht und hatte noch das

* Zollgrenze

Vorzügliche, fast von allen Seiten an Länder verschiedener Herren zu stoßen, ein Umstand, der den Räubern einst Mersen und Uckeroth so angenehm gemacht hatte. Andernteils umfaßte Neuwied eine Menge Hehler, Helfershelfer und Handlanger des Diebsgewerbes, die die Diebstähle anbrachten, die Vorbereitungen dazu machten, die gestohlenen Waren umsetzten und die Räuber gegen alles, was etwa auch durch die Polizei gegen sie unternommen werden konnte, sicherstellten. So war laut der Aussage einer gut unterrichteten Zeugin D..., der im Solde des Fürsten stand, ein Zechbruder, Vertrauter und Freund der Räuber, der selbst einige von diesen, mit deren Arrestierung er beauftragt war, laufen gelassen hatte. So war laut Aussage derselben in Neuwied ein Wachtmeister namens E..., der die aus Wesel flüchtigen, durch die Steckbriefe der unermüdlichen preußischen Justiz verfolgten Räuber nicht allein aufs neue ausstaffierte, sondern sie, wie alle übrigen, jedesmal warnte, wenn eine Haussuchung geschehen sollte. So waren, wie Fetzer, Heckmann, Schiefer, Weyers und Knips erklärten, die Judenherberge, die Häuser des Belz, des Schwagers von Belz, des Wirtes genannt der Franzose, der Frau Baums, des Christian, des Sp... und noch anderer ein ihnen jedesmal bereitstehendes Asyl. Eine ganz besondere Begünstigung und Unterstützung aber hatten sie an dem erwähnten Belz gefunden, und vielleicht wäre ohne seine höchstverderbliche Mitwirkung niemals die Bande zu einem so großen, so unerwarteten Fortgang gekommen. Wir wollen hören, was Adolph Weyers, der sich lange in Neuwied aufgehalten, dort Schutz genommen und diesem Belz gegenüber gewohnt hat, uns von ihm berichtet.

Kremerius, ein alter Sünder, lange schon im Räuberhandwerk unterrichtet, hat das Verdienst, den Belz in seiner Hantierung initiiert und dahin gebracht zu haben, daß er den Dieben Obdach, Speise und Unterstützung größerer Art reichte. Von diesem Moment an strömte das liederliche Gesindel von allen Seiten zu Belz hin. Adolph Weyers war einer der ersten, der sich des neuen Zufluchtsortes bediente. Schon oben haben wir gehört, wie er nach dem Straßenraub unweit Maastricht, wo man die Silberplatten geplündert hatte, sich nach Neuwied in den weißen Turm zog und wie voll Zuversicht auf seinen Schutz er dem Amsterdamer erzählte, daß er Anteil an dem Straßenraub gehabt habe. So wie Adolph zogen sich mehrere zu Belz, anfänglich nur auf kurze Zeit, aber nachher länger. »Belz«, so erzählt Weyers, »hält unaufhörlich Räuber auf. So wie ich haben alle meine ehemaligen Kameraden bei ihm logiert. Das erste Mal, als ich hinkam, war es Kremerius, der mich aufführte, etwa vor acht Jahren. Wohl vierzehn Tage verweilte ich bei ihm. Nachher, als ich von Mersen kam und Schlimmchen aufsuchte, kehrte ich abermals auf drei bis vier Wochen bei ihm ein. Das letzte Mal, gegen Martini, als ich von Frankfurt kam, suchte ich ihn wieder heim. Hier fand ich die Weiber des Overtüsch und des Fetzer. Abends gegen neun Uhr kamen Carl Heckmann, Afrom May, Monsam und Tillenberg schwer mit Päcken beladen, die sie gestohlen hatten. Sogleich wurden diese aufgeschnallt. Sie enthielten Kotton und Seidenwaren. Der größte Teil wurde sofort verschachert. Mir verehrte man Piquet* und Manchester†. Auch Mausche Gas mit seinem Jungen war damals bei Belz. Überhaupt bemerkte ich, daß die Diebe, wenn sie etwa gestohlene Sachen haben, die sie nicht unterbringen können, sie der Mutter des Belz in Verwahrung geben. Belz macht auch den Baldowerer. Er war es, der uns den so unglücklich ausgefallenen Daadener Diebstahl anbrachte.« Belz nimmt sich der Räuber auf das sorgsamste an. Sooft in Neuwied eine Haussuchung geschehen soll, weiß er Kundschaft davon zu erhalten und meldet sie den Dieben. Er hat Fetzers Kind, ein junges Mädchen, bei sich und erzieht es nach seiner Art.[1]

Von jedem Raub, so erklären fast alle Inquisiten, hat Belz einen Teil bekommen. Von dem Diebstahl in Sinzig, erzählt Heckmann, wurde ihm eine ansehnliche Geldsumme, von dem Diebstahl zu Breisich ein neues schönes Gewehr. Doch das werden wird dort, wo die Diebstähle selbst vorkommen, umständlicher vernehmen.

Belz lieferte den Räubern, ehe sie zu ihren Expeditionen schritten, Pistolen und Flinten. In dem oberen Stock seiner Wohnung soll zwischen zwei Wänden ein Verbergnis sein, in dem wohl zwanzig Flinten und Pistolen verwahrt sind. Auch wurden in seiner Gegenwart jedesmal die Patronen gemacht, Knebelstrikke und Wachslichter in Bereitschaft gelegt. Ja, oft half er selbst bei dem einen und dem anderen. Er besorgte übrigens die Korrespondenz und schrieb die Räuber auf Ordre der Chefs, wenn ein neuer Coup in Vorschlag gebracht wurde, zusammen.

Denjenigen, die bisher die Existenz einer eigenen Neuwieder Bande, so wie vorher die Existenz der Mersener Bande, in Zweifel zogen – und deren gab es einige, vielleicht mehr aus Neid gegen den Entdecker dieser Bande als aus Zweifelsucht –, diesen bemerke ich, daß die Versammlung einiger Dutzend engverknüpfter Räuber während zwei bis drei Jahren in Neuwied, die von daher zu Diebstählen auszogen und dorthin zurückkehrten, wohl hinlänglich berechtigen mag, die wirkliche Existenz der Neuwieder Bande anzunehmen. Von Neuwied aus wurde der Diebstahl vom Strasserhof, der Diebstahl von Hilscheid, der Diebstahl vom Langenfeld, der Diebstahl von Wiesbaden, der Diebstahl von Beuel, der Diebstahl von Breitenau, die Diebstähle von St. Goarshausen, die Diebstähle von Mühlheim am Rhein und andere minder beträchtliche und zahllose unbekannt gebliebene entworfen und ausgeführt. Doch ich schreite zur Geschichte selbst.

---

* Baumwollgewebe mit erhabener Musterung

† kräftiger Kordsamt

1 *Wir können hier unmöglich eine Anekdote aus Fetzers Leben übergehen. Die letzte Stunde seines Daseins, als er um sich bereits alle die schaudernden Henkersanstalten sah, äußerte er folgenden ganz originellen, aber wahrlich nicht übelgemeinten Wunsch. »Wenn ich doch noch einmal frei sein könnte«, rief er. »Warum das, Weber?« fragte ihn Pater Asterius, der ihn zum Tode bereitet hatte. »Ich möchte noch einmal was Großes stehlen«, antwortete er. Pater Asterius machte große Augen über diesen Wunsch seines Neubekehrten. »Das wolltest du, Weber?« fragte er ihn mit Kopfschütteln. »Ja, ja, das wollte ich, und das Geld nehmen und dafür mein armes Kind, das zugrunde gehen wird, hier bei den Ursulinerinnen erziehen lassen.«*

Nach dem Straßenraub bei Maastricht zog also Weyers, wie wir bemerkt haben, nach Neuwied – es war im Herbst 1797 –, wo bereits mehrere Räuber, die teils zur Krefelder, teils zur Oberländischen Bande gehörten, sich versammelt hatten. Alle Räuber, die diesen Ort besuchten, unterließen nicht, ihren abwesenden Kameraden durch Briefe und Gelegenheiten Neuwied als den Ort, der zu dem Gewerbe am tauglichsten sei, zu beschreiben, und so kam es dann, daß einer den anderen dort hinzog. Im Hornung* 1798 hatten sich in Neuwied und Bendorf, welches letztere mit dem ersten abwechselnd der Aufenthalt der Räuber aus Abrahams Geschlecht war, bereits die berüchtigten Mitglieder der Mersischen Bande, Damian Hessel, Leibchen Schloß und Mausche Abraham, mit den nicht minder berüchtigten Krefeldern, dem Hüskeshannes, dem Mathias Hut, und anderen eingefunden und hatten von dort aus den Diebstahl zu Linz, den wir oben bei der Mersischen Bande beschrieben haben, vollführt. Damals hatten weder Hessel noch Weyers, der mit zugegen gewesen, noch Hut die Absicht, die Bande in Neuwied zu fixieren. Vielmehr zogen sie bald wieder nach dem beliebten Mersen und begingen von dort aus den großen Eupener Diebstahl, von dem wir oben gehandelt haben.

Kaum war die Beute verzehrt – und dazu brauchte es in den Aachener Bordellen eben nicht sehr viel Zeit –, so entwarfen Damian Hessel, Holländer, Mathias Hut, Clemens von Köln, Selig, Raphael, Salomon Mannsbach und Waldmann einen neuen Raub, und zwar bei einem Juden in Kreuznach.[1] Von Aachen aus fuhren sie, und zwar mit Extrapost, nach Koblenz. Bei Andernach setzten Damian Hessel und einige andere über den Rhein und besuchten den in Neuwied etablierten Adolph Weyers. Sie ließen sich dort von ihm über das eine und andere und zweifelsohne auch über die Lage von Neuwied in bezug auf das Räuberwesen unterrichten. Und niemand konnte ihnen darüber besseren Aufschluß geben als Weyers, der mit Belz auf vertrautem Fuße stand. Nach erhaltener Belehrung zog Damian Hessel mit den Seinigen nach Kreuznach, vollbrachte dort den Raub und kehrte, jedoch auf kurze Zeit, nach Aachen zurück, um dort die gestohlenen Effekten unterzubringen.

Nicht lange währte es, so begaben sich fast alle Mersener, die sich bisher in Aachen aufgehalten hatten, nach Neuwied, und von nun an kann man dieses als das Hauptquartier einer eigenen Bande ansehen. Im Mai 1798, also nur kurze Zeit nach dem Eupener Diebstahl und der Konstituierung der neuen Neuwieder Bande, entwarf Adolph einen Raub, und zwar in einem Ort unweit Krefeld. Wir wissen, daß die Entfernung von fünfzehn und zwanzig Meilen bei ihnen nicht in Betracht kam, ja, daß sie es sich selbst zum System machten, ihre Hauptdiebstähle nur in fernen Gegenden auszuführen.

Adolph Weyers, Carl Heckmann, Mathias Hut, Monsam, der oberländ. Han-

---

* Februar

1 *Obgleich die Diebe meistens aus Juden bestanden, so machten sie sich doch eben kein Gewissen daraus, ihre Glaubensgenossen zu bestehlen, wie wir noch mehrmals hören werden.*

nes, Schlaumännchen und Fritz Bröcker, die damals schon Neuwied zu ihrem Aufenthaltsort erkoren hatten, und endlich Kremerius, der hier gleichsam zu Hause war, reisten von Neuwied ab und gelangten auf die Neusser Furt. Hier hatten in der damaligen Epoche die Krefelder noch ihren Aufenthalt, bildeten noch ihre eigene Bande. Hier hausten Fetzer, Herkenrath, Schlager, Nagels Peter, Zülcher Wilhelm und andere.

Adolph Weyers, der das Kommando der Neuwieder hatte, entschloß sich, den Fetzer mit den Seinigen dort aufzusuchen und bei dem Raub, den er vorhatte, zuzuziehen. Fetzer fand sich in den bekannten Schlupfwinkeln. Nirgends,wo es zum Rauben ging, mangelte er. Kaum vernahm er den Vorschlag, so zeigte er sich mit seinen Krefeldern bereit, daran teilzunehmen. Es galt diesmal dem Juden Samuel von Hörstchen, der einen Laden hatte, mit Pferden handelte und in dem Rufe des Reichtums stand. Ehe man ans Werk ging, verordnete Adolph, daß zwei von der Bande ausgesandt werden sollten, das Lokal, wo man einbrechen wollte, in Augenschein zu nehmen und darüber einen Rapport abzustatten. Das Los traf Damian Hessel und Mathias Hut. Diese wurden also nach Hörstchen vorausgeschickt. Die übrigen Räuber aber brachen etwas später und von verschiedenen Punkten aus auf. Ein stiller Platz zwischen dem Hörstchen und Stöhr war zum Sammelplatz bestimmt. Als Adolph Weyers mit der Bande an diesem eintraf, kamen ihm schon Damian Hessel und Mathias Hut entgegen. Ihrem Bericht nach war der Diebstahl ausführbar und mit keinen Schwierigkeiten verknüpft. Aber es fand sich, daß sie nicht alles in Erwägung gezogen hatten, was hier in Anschlag zu bringen war. Als die Bande in Hörstchen vor dem Haus des Juden Schmul anlangte, bemerkten einige, daß in dem Haus, das als nächstes an der Wohnung des Juden lag, ein Bierbrauer wohnte und die Nacht hindurch mit dem Brauen beschäftigt war.

Dieser Umstand rettete den Hebräer. Adolph fand es ohne die größte Gefahr unmöglich, den Coup zu unternehmen. In dieser Not wandte er sich an das Haupt der Krefelder Bande, an Fetzer, und fragte ihn, ob er, der hier herum sein Wesen so lange getrieben habe, keinen anderen Diebstahl anzugeben wisse. Fetzer besann sich nicht lange. Er wußte zwei Juden, die vor Hörstchen unter einem Dach wohnten und sich einiges Vermögen durch Waren und Viehhandel erschachert hatten. Diese gab er an. Sogleich fand sich die Bande bereit, Fetzer zu folgen. Kühn marschierte sie gegen das bestimmte Haus. Es ergab sich, daß der Eingang in das Haus der Juden eben nicht schwer war. Vermittels Aufbrechen eines hölzernen Ladens war man im Innern. Damian Hessel unterzog sich des Unternehmens, sprengte den Laden auf, öffnete das Fenster und stieg in das Haus. Die übrigen folgten ihm. Fetzer, Hüskeshannes und Nagels Peter standen Schildwache. Wir haben schon bemerkt, daß man hierzu gewöhnlich einen der Hauptmänner zu ersehen pflegte.

Der Jude war nicht zu Hause, sondern mit seinem Geld nach Holland, sich Pferde zu kaufen. Dieses hinderte die Räuber an der Plünderung nicht. Sie fielen über die dagebliebenen Hausbewohner her, knebelten und mißhandelten sie. Im

Haus fand sich ein Laden mit Waren von großem Wert. Was sich aus ihm fortschleppen ließ, wurde fortgeschleppt. Die Beute bestand noch aus drei bis vier Uhren, einigen goldenen Ringen, sechs bis sieben Pfund Silber und des baren Geldes soviel, daß nachher jedem Räuber 22 Laubtaler zufielen. Nach vollbrachtem Diebstahl begab sich die Bande in einen Wald, wo man zur Teilung schritt. Das Silberwerk kauften Adolph und der Student an sich. Fetzer und Herkenrath behielten das ihrige, das sie nachher in Köln an einen Altkäufer verhandelten.

Jetzt kommen wir an den merkwürdigsten Diebstahl der ganzen Geschichte. Alles, was ihn betrifft, hat etwas Abenteuerliches, etwas Unglaubliches, und er würde in einem Räuberroman geradeso vorgetragen, wie er sich ereignet hat, ohne alle Schminke und Verbrämung doch eine interessante, vielleicht die interessanteste Stelle ausfüllen.

Belz hatte ausgekundschaftet, daß ein reicher Bankier von Neuwied (Adolph Weyers nennt ihn Bruckmann) während der Kriegsstürme sein Geld und seine Kostbarkeiten zu seinem Schwiegervater Akts nach Daaden, im Dillenburgischen gelegen, geflüchtet habe. Er schlug Adolph Weyers und den übrigen Räubern, die sich in Neuwied aufhielten, vor, nach Daaden zu ziehen und die geflüchteten Schätze des Bruckmann zu rauben. Dieses geschah noch vor dem Diebstahl auf dem Hörstchen. Die Räuber warfen seinen Antrag nicht weg, nahmen ihn aber auch nicht augenblicklich an.

Bei der Gelegenheit, als Adolph Weyers und die Neuwieder die Krefelder von der Neusser Furt abholten und mit nach dem Hörstchen nahmen, fiel unter anderem auch die Rede auf den von Belz vorgeschlagenen Daadener Diebstahl. Die Neuwieder machten großes Wesen von dem Projekt und versicherten ihren Kameraden, die Beute würde so ansehnlich ausfallen, daß jeder von den Teilnehmern soviel bekommen würde, daß er auf immer reich und geborgen leben könne.

Unmöglich konnten Fetzer und die übrigen Krefelder einem so verführerischen Gemälde widerstehen. Sie zeigten sich geneigt, das diesseitige Rheinufer zu verlassen, sich zu der Neuwieder Bande zu schlagen und gemeinsam mit dieser den großen, den entscheidenden Coup zu wagen.

Gleich nachdem der Raub auf dem Hörstchen verübt worden war, versammelten sich die Räuber in Neuss bei Friedes am Tor, wo sie den Plan auf Daaden in nähere Überlegung zogen. Soviel man die Lokalität kannte, ergab sich, daß die hier versammelten Räuber zu schwach für ein so kühnes Unternehmen schienen. Man mußte Hilfe suchen, wenn man es glücklich ausführen wollte. Wo konnte man sich anders hinwenden als – nach Mersen, wo sich damals (es war etwa ein Monat nach dem Eupener Diebstahl) noch einige Haupträuber aufhielten. Damian Hessel nahm es auf sich, dorthin zu reisen und was er auftreiben könnte nach Neuwied zu bringen. Den Mersenern, die seit dem Spektakel, das der Eupener Raub gemacht hatte, und der Ankunft der Gendarmen in der Gegend immer mehr und mehr ins Gedränge gekommen waren, mußte eine so günstige Gelegenheit, das alte Gewerbe an einem fernen, nicht minder Schutz versprechenden

Ort wie Neuwied fortzusetzen und dort gleich mit einem Meistercoup zu debütieren, höchst willkommen sein. So schlossen die auf dem Neusser Räuber-Landtag Versammelten, und so war es auch. Damian Hessel mietete sich ein Pferd und ritt also an das Ufer der Maas, um Diebe zu holen, die vierzig Stunden davon im Herzen Deutschlands stehlen sollten. Zu gleicher Zeit wurde Adolph Weyers ausersehen, was bei allen wichtigen Diebstählen das erste war, das Haus, worauf der Angriff geschehen sollte, auszuspähen und darüber Bericht abzustatten. Ihn wählte man hierzu, einmal, weil man seine Gewandtheit in dergleichen Geschäften kannte, weil er ansehnlich gekleidet und voll höflicher Manieren war, dann auch weil er sich auf die Rotgerberei verstand und der Mann in Daaden, in dessen Haus man einbrechen wollte, dasselbe Gewerbe trieb, er also, unter einem oder dem anderen Vorwand, selbst in das Innere der Wohnung des Daadener dringen konnte. Adolph reiste also voraus; er nahm Extrapost und fuhr, so schnell es nur möglich war, nach Bendorf. Dort mietete er ein Pferd und ritt nach Daaden. Fetzer, Herkenrath und Tillenberg hielten sich noch einige Tage in Neuss auf, gingen nach Köln, nahmen Extrapost und fuhren nach Neuwied, wo sich allbereits der übrige Teil der Bande zu Fuß und zu Pferd eingefunden hatte.

Zwei Tage etwa währte es, und Adolph Weyers kehrte nach Neuwied zurück. Er berichtete der Bande, daß wirklich in dem angezeigten Haus sich eine Menge Kisten und Verschläge, die wohl alle dahin geflüchtet sein müßten, befänden. Eine Nachricht wie diese beflügelte ihren Eifer, sie brannte vor Begierde, den Coup zu wagen, und konnte kaum die Ankunft des Damian Hessel mit den Mersenern erwarten. Endlich langte auch von diesem ein Brief an. Er schrieb, daß er treffliche Leute geworben habe und in so und so viel Tagen an dem allgemeinen Versammlungspunkt Neuwied eintreffen würde. So geschah es denn auch wirklich. Um die angegebene Zeit kam er mit dem Kernmilch, dem Salomon Mannsbach oder Bacharach, dem Salomon Levi aus Mersen, genannt Schlaumännchen, dem Salomon Schonat Petschierstecher, dem Anton Jennis aus Aachen, demselben, der einst den Mersener bei der Polizei in Aachen, wo er angestellt war, so gute Dienste geleistet hatte, dem Clemens von Köln, dem Moses Abraham aus Amsterdam und anderen. Sie hatten die Reise in verschiedenen Chaisen zurückgelegt und kehrten bei Belz und Baums ein. Adolph Weyers war mit seiner Maitresse Trüdchen N... in Bendorf. Man schickte einen Expreß an ihn, ihm die Ankunft des Damian mit den Mersenern zu melden und ihn einzuladen, sogleich herüberzukommen und sich an die Spitze der Bande zu stellen. Am folgenden Morgen kam er in einem stattlichen Wagen, das Mädchen an seiner Seite, bei Belz an, und nun ging es ans Werk. Noch einmal und in Gegenwart der im Rauben erfahrenen Mersener stattete er Bericht über die Lage des zu bestehlenden Hauses ab. »Unsere Unternehmung«, sagte er, »wird so ganz leicht nicht sein. Die Wohnung, die wir heimsuchen werden, liegt in einem großen und volkreichen Ort. Die Bewohner desselben und der umliegenden Gegend sind ein mutiger Schlag Leute. Es gibt eine Menge Wildschützen unter ihnen, die mit Feuergewehren auf das beste umzugehen wissen und Mut genug haben, dem

Teufel zu widerstehen. Unsere erste, unsere einzige Sorge muß daher sein, uns auf eine förmliche Bataille gefaßt zu machen, uns mit Pistolen und Flinten zu versehen, Patronen zu verfertigen und so mit Mut und Tapferkeit unseren Anschlag vollführen zu können.« Pünktlich wurden die Befehle des Oberhaupts erfüllt; eine Menge Pistolen, ein großer Vorrat an Blei und Pulver, wohl über dreihundert Patronen wurden angeschafft. Wachslichter, Knebelstricke und andere Gerätschaften, um einen Lekechen zu aussenen[1], wurden zubereitet. Endlich brach man von Neuwied (auch dieses hat in der Diebssprache einen anderen Namen und heißt Gudolef, so wie Köln Kuf und Aachen Dollert), dem allgemeinen Versammlungsort auf, um nach dem etwa dreizehn bis vierzehn Stunden entlegenen Daaden zu ziehen. Ein Teil, der größte, ging zu Fuß und verließ Neuwied in kleinen Trupps zu zwei bis vier. Adolph, Herkenrath, Kernmilch, Hessel und Overtüsch brachen später auf. Sie gingen an dem Tag, an dem die anderen bereits abgezogen waren, auf die Kirmes nach Sahn, wohin sie Belz' Töchter mitnahmen. Hier jubelten und lärmten sie die Nacht hindurch. Sie gerieten mit den Bauern in Hader, und wenig hätte gefehlt, so wären sie durch diesen an der Ausführung ihres großen Coups gehindert worden. Erst am anderen Morgen folgten sie der Bande, und zwar in einer gemieteten Chaise, bis etwa zwei Stunden vor Daaden, wo sie in der Nähe eines Waldes ausstiegen und den Weg zu ihren Kameraden allein fortsetzten. Fetzer war unter denjenigen gewesen, die die Reise zu Fuß machen mußten. So wie immer schwebte ein eigenes Schicksal über ihn. Seine Kameraden gelangten alle an den Bestimmungsort im Wald, nur er nicht. Eine gewisse Krankheit, die er in den Armen der Freudenmädchen von Neuwied gefangen hatte, machte ihm das Reisen höchst unbequem, und er sah sich endlich genötigt, völlig zurückzubleiben und nach Neuwied in seine alte Herberge umzukehren.

Um den zur allgemeinen Vereinigung bestimmten, mitten im unwegsamen düsteren Wald gelegenen Ort den in einzelnen Partien dahinziehenden Reisenden kenntlich zu machen, wurde auf der Landstraße gegen Hachenburg, wo der Abweg, der zu dem bestimmten Ort führte, begann, ein weißes Papier an ein hohes Holz festgemacht. Nach diesem richteten sich die verschiedenen Räubertruppen und gelangten glücklich an. Es wurde Nacht; Adolph Weyers und Overtüsch als die erkorenen Chefs teilten die Parole aus. Nun wurden die Stricke, die Lichter in Bereitschaft gebracht und die Schießgewehre visitiert. Als man damit fertig und zu dem Raub völlig gerüstet war, gab der Chef das Zeichen, und der unglücksschwangere Zug schwankte fort.

Er bestand in Adolph Weyers, Augustin Overtüsch, Damian Hessel, Carl Heckmann, Johann Herkenrath, Johann Monsam, Peter Tillenberg, Engelbert Clemens, Math. Hut, Anton Jennis, H..., Joseph Isak, der blinde Joseph, Salomon Bacharach, Salomon Levi aus Mersen, Schlaumännchen genannt, Salomon Schonat, der Petschierstecher genannt, Philip Seligmann, Joseph Kernmilch, Sa-

[1] *In der Diebssprache: einen Einbruch zu vollführen*

lomon Raphael, auch Selig-Benjamin Kaan oder Bigomichen, Moses Abraham oder Mausche Freihäuschen, Kaufmann und Joseph Colloredo. Man darf sagen: aus den verschmitztesten, grausamsten Räubern, die bisher die Rheingegenden in Schrecken gesetzt hatten. Kaum war die Bande von dem Sammelplatz einige hundert Schritte gegen Daaden anmarschiert, als mehrere Kohlenbrenner aus dem Wald auf sie zukamen. Es war zu fürchten, daß diese bei dem Anblick einer bewaffneten, in Dunkel und Nacht längs dem Wald dahinziehenden Rotte Verdacht schöpfen, einen unzeitigen Lärm in der Nähe erheben und so den ganzen Anschlag zum Scheitern bringen könnten. Kein Mittel blieb der Bande übrig, als sich auf die eine oder andere Art der Köhler zu versichern. Sie stürzte daher in gedrängtem Haufen über diese her und knebelte sie allen Widerstandes ungeachtet. Hierauf trug man sie mitten in den Wald und ließ sie dort liegen. Jetzt setzten die Räuber den Weg nach Daaden fort und erreichten es ohne Hindernisse.

Adolph Weyers, der der Führer war, traf nun nähere Anstalten zum Raub. Ein Teil der Bande wurde an die Kirche geschickt, um das Schlüsselloch zu verstopfen, damit nicht Sturm geläutet werden könnte. Ein anderer Teil bekam die Expedition gegen die Nachtwächter, fing sie ein, schleppte sie in das Feld, band sie an Händen und Füßen und ließ sie so auf der Erde liegen. Nach diesem schritt man zum Raube selbst. Adolph führte die Bande vor ein ziemlich ansehnliches Haus und gab den mit dem Rennbaum beladenen Räubern das Signal zum Angriff. In einem Hui wurde die Tür aufgerannt und männiglich stürmte in das Innere. Eine Stube wurde nach der anderen durchsucht; niemand fand sich, und was die Räuber in das größte Erstaunen brachte, auch von Kisten und Schränken, von Möbeln und Gerätschaften war nicht das geringste zu erblicken. Das Haus war unbewohnt und leer. Adolph Weyers, so entdeckte es sich, hatte in der Dunkelheit aus unverzeihlichem Irrtum seinen Subalternen ein unrechtes Haus gewiesen. Bereits war am Ort einiger Lärm und Aufsehen entstanden, aber die Räuber waren kühn genug, das nicht zu achten. Sie hatten einmal große Kosten angelegt und noch größerer Gefahr sich unterzogen, um in Daaden zu stehlen, und wollten, koste es was es wolle, nicht umsonst und unverrichteter Sache abziehen. Sie entschlossen sich auf der Stelle, in ein anderes, und zwar in das dem bereits erstürmten gegenüber liegende Haus, gleichviel wem es gehören mochte, einzubrechen und sich wenigstens etwas zu entschädigen. So wenig Hindernisse sie in dem ersten gefunden hatten, so viele trafen sie nun in diesem. Es war von einem Empfänger herrschaftlicher Gelder, einem Mann, der sich sein anvertrautes Gut nicht so leicht entreißen ließ, bewohnt. Unglaublich war der Widerstand, den die Räuber fanden. Ohne Aufhören wurde auf sie und von ihnen zurückgefeuert. »Es war«, so erklärt sich einer der Räuber darüber,»es war ein Getöse wie in einer Bataille, man hätte glauben sollen, das ganze Dorf wäre in Aufstand.« Die Räuber drangen in das bestürmte Haus und begannen die Plünderung. Wohl über eine Stunde hatte der Lärm und das Rauben gewährt, allmählich versammelten sich Haufen von Bauern, und die Bande mußte retirieren. Adolph, der bisher der Führer war, stellte sich an die Spitze und zeigte ihr den Rückweg. Indem sie so dahinzog, entstand in den waldigen Tälern ein leichter Nebel, der von Augenblick zu Augenblick zunahm und endlich so undurchdringlich und dicht wurde, daß man kaum auf einige Schritte weit vor sich sehen konnte. Adolph verfehlte den ohnehin sehr beschwerlichen Rückweg nach Neuwied und irrte mit den Seinigen den ganzen übrigen Teil der Nacht durch Wälder, Gebirge und einsame Fluren ohne zu wissen, wo er eigentlich war. Gegen Morgen setzten sie sich ins Dickicht auf die Erde und schritten zur Teilung. Hier wollten sie verweilen und einen Spion in die Gegend schicken, um auszuforschen, wo sie eigentlich wären. Plötzlich schlägt ein Hund ganz in der Nähe an. Alle Köpfe fahren herum. Es wird still; einer von den Räubern will hinter dem Gesträuch zwei mit Knüppel bewaffnete Bauern lauern gesehen haben. Sogleich bricht man auf. Wie groß mußte nicht der Schrecken der Räuber gewesen sein, als sie sich bei der hell über die Nebeltäler strahlenden Morgensonne in der Gegend umsahen und entdeckten, daß sie in der Nähe von Daaden waren, von dem sie nach vier- bis fünfstündigem Laufen und Rennen sich so weit entfernt glaubten. Wie groß mußte es nicht werden, als sie sich das Bellen des Hundes, das Lauern der Bauern hinter dem Gesträuch dazu dachten? Kein Zweifel, oder sie mußten bereits verraten sein. So schnell es möglich war, bogen sie gegen den Wald ein und eilten gegen Dillenburg hin, obgleich sie nach Hachenburg ihre Richtung zu nehmen im Sinn hatten. Joseph Colloredo und Kaufmann, ob sie den Weg besser wußten oder lieber ihr Schicksal allein als in der Gesellschaft anderer erwarten wollten, trennten sich von der Bande. Es war morgens gegen sechs Uhr, als die übrigen Räuber eine große Menge Bauern hinter sich herkommen und auf alle Wege sich verteilen sahen. Einige von ihnen waren zu Pferde und galoppierten, so schnell sie konnten, in ein benachbartes Dorf. Mit ängstlich pochendem Herzen setzte die Bande ihre Flucht fort. Die Reiter hatten darum den Weg in das Dorf und von diesem wieder in andere Dörfer genommen, um überall Sturm läuten zu lassen und immer noch mehr Bauern ins Feld zu stellen. Was den Räubern am verderblichsten wurde, es lag französisches Militär in der Gegend und setzte sich ebenfalls gegen sie in Bewegung. Jetzt erreichte die fliehende Bande einen Wald, das Ziel ihrer Wünsche, ihre einzige letzte Hoffnung – aber vergebens. Das Militär und die Bauern, um der Zahl bei tausend, umsetzten den Wald, und was Schiller in seinen »Räubern« vorgebildet hat, was wir so oft auf Thaliens täuschenden Brettern* mit sonderbar gereiztem Gefühl erblickt haben, geschieht wirklich, die Bande stellt sich mit Mut und Kühnheit zur Wehr. Wenn wir Fetzers Erklärung Glauben schenken dürfen, der zwar bei dieser Affäre nicht zugegen gewesen war, der aber der lebhaften Teilnahme und des Enthusiasmus willen, den er allenthalben für das Räuberwesen zeigte, etwas verdächtig scheint, so schlug sich die Bande von sechs bis acht Uhr mit den Bauern herum, bis sie sich endlich gefangen geben mußte – einige wurden hinter dem Gesträuch, andere unter dem Laub gefunden. Sie wurden nach Dillenburg und von da nach Wesel gebracht.

* auf dem Theater

Verzeichnis der Räuber,

die bei Gelegenheit des im Mai 1798 zu Daaden im Sayn-Altenkirchenschen verübten Raubes im Dillenburgischen eingefangen und nach Wesel ausgeliefert, dort aber auf Lebenslang zu sitzen kondemniert sind.

1) Adolph Weyers, einer von den Anführern bei jenem Raub, gebürtig zu Meurs, alt 37 Jahre, Lohgerber, brach am 15. Juli 1800 von der Weseler Festung aus, wurde eingefangen und nach Sibirien transportiert. Zu Dillenburg nannte er sich Anton Winkens.

2) Damian Hessel, Studentchen, nannte sich Johann Schlosser, aus Paderborn gebürtig, alt 27 Jahre. Entwich im Januar 1800.

3) Carl Heckmann, aus Mülheim an der Ruhr, ein Sattler seiner Profession. Er entwich am 15. Juli 1800.

4) Augustin Overtüsch, aus Brügge, alt 31 Jahre. Zweimal aus Wesel losgebrochen.

5) Johann Monsam, aus dem Jülichschen, wohnhaft in Krefeld, alt 49 Jahre. Ausgebrochen am 15. Juli 1800.

6) Johann Herkenrath, Hüskeshannes, der sich auch Weber nannte, von Grimlinghausen bei Neuss, alt 47 Jahre; Schiffszimmermann. Brach am 15. Juli 1800 aus, wurde 1801 von Düsseldorf wieder ausgeliefert und nach Sibirien deportiert.

7) Peter Wilhelm Tillenberg aus Uerdingen, alt 41 Jahre, Schreiner. Entwich am 15. Juli 1800.

8) Johann Engelbert Clemens von Köln, Weinbauer, alt 33 Jahre; wurde nach Sibirien deportiert.

9) Mathias Hut oder Heun aus Köln, entwich mit Hessel und Overtüsch im Januar 1800 und soll in dem ehemaligen Brabant wegen eines Diebstahls zu einer vieljährigen Galeerenstrafe verurteilt worden sein.

10) R... H... aus C.., 26 Jahre alt, wurde vom König begnadigt und hat Proben abgelegt, daß er der Begnadigung wert war.

11) Anton Jennis, aus Aachen, Schifferdecker, 40 Jahre alt; sitzt noch in Wesel.

12) Joseph Isack oder Blindjoseph, ein Jude aus Fürth bei Nürnberg, 57 Jahre alt, entwich im Juli 1800, noch flüchtig.

13) Salomon Bacharach, ein Jude aus Mansbach, 37 Jahre alt, entsprang am 15. Juli 1800, wurde in Krefeld arretiert[1], nach Wesel geschickt und von da nach Sibirien deportiert.

14) Salomon Levi aus Mersen, auch Schlaumännchen, alt 24 Jahre, entsprang im Juli 1800.

15) Salomon Schonat der Petschierstecher, aus dem Dänischen, alt 41 Jahre; brach am 15. Juli durch, wurde im Germinal 9.J. (März/April 1801) in Bonn arretiert, bei welcher Gelegenheit werden wir unten hören, von dem öffentlichen Ankläger des Roerdepartements nach Wesel ausgeliefert und später nach Sibirien transportiert.

16) Philipp Seligmann, auch Philippchen, ein Jude aus Mosbach, alt 26 Jahre, sitzt noch in Wesel.

17) Salomon Raphael, auch Selig, ein Jude aus Hagenau, alt 41 Jahre; seit dem Juli 1800 flüchtig.

18) Benjamin Kaan – Bigomichen, ein Jude aus dem Limburgischen, alt 29 Jahre, entsprang im Juli 1800, von Krefeld ausgeliefert und nach Sibirien deportiert.

19) Joseph Michael – Kernmilch[2], Jude aus Amsterdam, alt 30 Jahre; brach am 15. Juli 1800 aus, noch flüchtig.

20) Moses Abraham – Mausche Freihäuschen, ein Jude aus Amsterdam, 41 Jahre alt; brach am 15. Juli 1800 aus, noch flüchtig.

So sehen wir also die Haupträuber, die seit vielen Jahren von der Amstel bis an den Rhein die glücklichste Gegend unsicher gemacht und unzählige beträchtliche Diebstähle begangen hatten: Overtüsch, Hessel, Kernmilch, Selig, Hüskes-

1 *Bei dem Polizeibeamten in Krefeld gab er sich für einen Christen aus, der so und so hieß. Dieser zweifelte an seiner Christenheit und befahl ihm, das Vaterunser zu beten. Da er es nicht konnte, hielt man ihn fest, fragte weiter nach, und so entdeckte sich, daß er einer der Entsprungenen war.*

2 *Der Gefährliche – Mitglied der Brabanter, Holländer und Mersener Bande*

hannes, der Petschierstecher, die gefährlichsten Mersener, die uns bisher so vielen Stoff zu unserer tragischen Geschichte geliefert haben, im Kerker.

Kaufmann und Colloredo, die, wie wir gehört haben, die Bande gewarnt und darauf einen eigenen besseren Weg eingeschlagen hatten, kamen den zweiten Tag nach dem Daadener Raub nach Neuwied und brachten die Hiobspost, daß aller Wahrscheinlichkeit nach der Kern, die Trefflichsten, in die Hände der Justiz gefallen seien. Sie hatten das fürchterliche Schießen, den Lärm im Wald, das Geschrei der Eingefangenen, das Triumphjauchzen der Bauern gehört. Diese Nachricht verbreitete einen panischen Schrecken unter den übrigen Räubern, die sich noch in der Gegend aufhielten, und sie verließen fast alle das geliebte Gudolef. Ein großer Teil begab sich in das Essendische, wohin sich nach dem Eupener Diebstahl bereits einige von den Mersenern geflüchtet und wo sie eine eigene Bande gebildet hatten – hierher gehörten Meyer Gas, Mausche Gas, Hampelhohlmilch oder Abraham, Freiem Polack, Mergemes Joseph, Afrom May, der mit bei Eupen kommandiert hatte, Langleiser und später Picard selbst.

Nach dem Daadener Vorfall begab sich Fetzer nach Deutz und von da auf die Neusser Furt, wo er sich wieder mit den wenigen die von der Neusser Bande nicht nach Neuwied gezogen waren, aufs neue verband und eine große Anzahl Diebstähle beging.

Die Zöglinge der Mersischen Räuber in dem einst so häufig besuchten Aachener Bezirk, die, teils weil sie im Land ansässig, teils auch weil sie in den Eupener Diebstahl nicht verwickelt waren, sich nicht nach Neuwied gezogen hatten, ließen von Zeit zu Zeit Spuren ihrer verderblichen Existenz sehen. Obgleich hier unter der Rubrik der Neuwieder ihrer nicht gedacht werden sollte, so glaube ich es darum tun zu müssen, um nicht nachher eine neue Klassifikation vorzunehmen und den Gang des Ganzen zu stören.

In Aachen und der umliegenden Gegend, besonders in Haaren, gab es der Zöglinge der Mersischen gar viele, und unstreitig gehörte Peter Sprung mit seiner Familie, die mit den in Lüttich hingerichteten Malmendier und Sabrotier (Kob dem Brüsseler) in Verbindung stand, dazu. Bis in das Jahr 1802 verübte er mit seinen Söhnen und dem Ulrichs von Aachen eine Menge Diebstähle, aber sie blieben alle bis dahin unbekannt.

Bei Gelegenheit des Diebstahls zu Höfgen wurde er verhaftet, und nun traten Zeugen gegen ihn wegen älterer Diebstähle auf, die bisher, wahrscheinlich weil er in Freiheit und ein gefürchteter Mensch war, geschwiegen hatten.

So entdeckte man auch den Diebstahl, der in der Nacht vom 9. auf den 10. Oktober 1798 um Mitternacht bei Johann Rumpen in Haaren begangen worden war. Die Räuber, sechs an der Zahl, stießen mit einem Balken von der Schleuse bei Kalkoven die Tür des J. Rumpen ein, drangen bis in dessen Schlafzimmer, rissen ihn an den Haaren aus dem Bett, banden ihn, seine zwölfjährige Tochter und die Magd und fragten wütend nach dem Geld. Da Rumpen einigen Widerstand leistete, fielen ihrer vier über ihn her, zerschnitten ihm die Füße und Schenkel mit ihren Messern, schlugen ihn mit dem Ofeneisen auf das grausamste, deckten ihn zu, daß er fast erstickt wäre, stahlen ihm 300 Taler an Geld und 600 Pfund Fleisch samt allen seinen Effekten und machten sich davon.

Besonders merkwürdig bei diesem Diebstahl ist die Zeugenaussage eines Nachbarn des Bestohlenen, des M. Winands: »Aufgeschreckt nach Mitternacht durch den schrecklichen Lärm, den ich so nahe bei mir hörte, ging ich an mein Fenster. Es war von außen so fest zugemacht, daß ich es nicht öffnen konnte; ich sah also durch das Schlüsselloch meiner Tür. Der helle Mondschein ließ mich sechs mit Flinten bewaffnete Männer, die aus dem Haus meines Nachbarn Effekten trugen, gewahr werden. Ich legte mich auf die Erde, um alles besser zu erkennen, und erblickte einen Mann mit einer Flinte und einem Hund, den ich für den des Peter Sprung erkannte, mir gegenüber. Da ich sah, daß ich meinem Nachbarn nicht helfen konnte, ging ich auf den Speicher, von wo herab ich alles genau sehen konnte. Obgleich die Räuber alle schwarze Masken vor dem Gesicht hatten, so erkannte ich doch in einem den Peter Sprung. Er kam gerade aus dem Haus des Bestohlenen, reichte seinem Hund ein Stück Fleisch und sprach, daß ich seine Stimme unterscheiden konnte, einige Worte zu ihm. Gegen ein Uhr zogen die Diebe durch den Wiesengrund davon; ich kam zu Rumpen, den ich in scheußlichem Zustand mit Wunden auf dem Gesicht und den Schenkeln fand. Es waren wohl drei Wochen nach diesem Diebstahl«, so fährt Winands fort, »als ich auf der Landstraße etwa eine Viertelstunde von Haaren dem Sprung mit drei Unbekannten begegnete. Ich redete ihn an, und wir gingen miteinander. Ich leitete die Sprache auf die so häufigen Diebstähle im allgemeinen, kam endlich auf den bei Rumpen und begann, um den Täter auszuholen, zu erzählen, daß Rumpen vorgebe, man habe ihm 600 Reichstaler bar Geld entwendet. Der alte Schurke, fuhr Sprung auf, es waren 36 Taler und mehr nicht. Ich bemerkte ihm, daß das blutwenig für 50 Räuber wäre. Was, sagt er, es waren nur unserer sechs.«

Diese Erklärung zeigt, daß auch gemeine Landleute oft das Talent besitzen, die Wahrheit auf ihre Art auszulocken. Winands' Ausforschen warf nachher bei dem Spezialgericht ein Gewicht in die Waagschale, worin Sprungs Verdammnis gezogen wurde, und, wie wir unten hören werden, die Guillotine strafte den Räuber wegen mannigfacher Verbrechen und auch wegen dieses.

Nicht so sehr um der chronologische Ordnung der Begebenheiten zu folgen, obgleich das Faktum, das wir jetzt erzählen werden, hier eingreift, als vielmehr um in die Räubergeschichte selbst etwas Mannigfaltigkeit und Leben zu bringen, werde ich hier eine Tatsache einstreuen, die, wenn sie auch nicht zu dem Wesen und Treiben der ganzen Bande gehört, uns doch einen Lichtstrahl auf den Charakter eines der Hauptchelden derselben wirft und so in ihm auf das große Gemälde zurückstrahlt.

Eines Tages fährt ein Bauernjunge über das Feld bei Neuss. Plötzlich sinkt das Rad am Wagen tief in die Erde – und siehe da, der Fuß eines toten Menschen kommt aus dem Grund zum Vorschein. Der Bauernjunge, wie leicht zu denken, erschrocken über den Anblick, flieht ins Dorf und macht Lärm. Die Obrigkeit wird von der Sache unterrichtet. Sie erscheint an der Stelle, läßt nachgraben und findet den Leichnam einer jungen Person des anderen Geschlechts. Der Arzt wird gerufen und stattet sein Visum Repertum* ab; vermöge dieses ergibt sich nun, daß die Unglückliche an einer Kopfwunde, die ihr mit einem stumpfen Instrument versetzt worden ist, gestorben ist. Wer sie ist, wer die verruchte Tat verübt hat, weiß niemand, will niemand entdecken. Alles bleibt im dunkeln, alles bleibt tiefes, undurchdringliches Geheimnis. Nach Jahren erst kommt Br. Keil, öffentlicher Ankläger, auf die Spur. Er forscht nach und erhält Aufschluß. Adolph Weyers, der seit dem Daadener Diebstahl in Wesel sitzt, gibt den ersten Fingerzeig. Die Unglückliche, so erfährt man jetzt durch ihn, ist das junge blühende Weib des Fetzer und der schändliche abscheuliche Mörder niemand anderes als ihr Gatte selbst. In einem einsamen Haus auf der Neusser Furt, so berichtete nämlich die Frau des in Wesel ebenfalls verhafteten Kaan dem Adolph Weyers, in einem Haus, wenn man von Neuss nach Krefeld linker Hand durch das Feld auf Büdgen zu gehen will, war es, wo Fetzer die unglückliche Gertrude Stucks aus Wesel im Beisein seiner Maitresse Christine, des Heinze und Schlagers mit einem stumpfen Holz erschlug.

Gestützt auf diese Aussage glaubte nun die Polizei eine schärfere Nachforschung zu veranstalten; sie läßt Zeugen auf Zeugen laden und verhören. Alles, was sich aber aus deren Aussagen sagen läßt, ist etwa das:

In das einsam gelegene Haus des Sebastian Trotzenberg kommt Fetzer mit einigen Mannspersonen und Weibern eine Nachtherberge begehrend oder, wenn man der Aussage irgendeines anderen Glauben beimessen will, in das Haus des Trotzenbergs, eines Kochemers, kommen die immer freundlich aufgenommenen Räuber. Wie gewöhnlich begnügen sie sich mit einem Platz in der Scheune. Sie sind etwa ein oder mehrere Tage da; ungefähr um die Mittagsstunde hört die Bauersfrau ein lautes Getöse in der Scheune, das sich plötzlich in ein jämmerliches Geschrei verwandelt. Sie horcht auf und vernimmt ganz deutlich die Worte: »O Jesus! Sie ist tot! Fetzer! Was hast du angefangen!« Es währt nicht lange, so kommt Fetzer mit den übrigen zu der Bauersfrau und bedrohen sie mit Mord und Brand, wenn sie ein Silbchen von dem, was sie erfahren werde, an Tag bringen sollte. Eilends machen sie sich nun davon. Der Abend bricht ein und Trotzenberg kehrt von seiner Arbeit nach Hause zurück. Er erfährt, daß eine Erschlagene in seiner Scheune liegt, und trägt den Leichnam hinter eine Hecke. Gegen Mitternacht pocht es heftig an seiner Tür. Zitternd öffnet er sie; da erscheint Fetzer mit seinen Gefährten. Sie heißen ihn einen Spaten ergreifen und ihnen folgen. Nun packen sie den Leichnam, tragen ihn aufs Feld, machen schnell ein tiefes Grab und werfen ihn hinein. Gleich darauf verschwinden sie.

Aber wie erklärt Fetzer, der mit großer Treue alle seine Vergehungen eingesteht, wie erklärt dieser den Vorfall? »Eines Nachts«, sagt er, »ging ich mit Conrad Jöpers, Niklas Schlager und Anton Heinze auf einen Diebstahl aus, aber er gelang uns nicht. Wie wir nach dem Neusser Broich zurückkehrten, pflückte ich

* seinen Untersuchungsbericht

Johannisbeeren in einem Garten ab und nahm sie für mein Kind, das ich auf das äußerste liebe, mit. Am folgenden Morgen setzt meine Frau das Kleine neben das Tuch mit den Johannisbeeren. Es nimmt sich eine nach der anderen und ißt sie, bis ihm auf einmal irgend etwas im Hals steckenbleibt. Das Kind bricht in lautes Weinen aus. Meine Frau, statt ihm zu helfen, schlägt es ins Gesicht. Dieses entflammt meinen Zorn, ich schlage sie wieder. Sie setzt sich zur Wehr, sie greift mir in die Haare. Ich kenne mich in der Wut nicht mehr und mißhandle sie aufs äußerste. Darüber sinkt sie aufs Stroh nieder und weint. Ich rüttle sie auf, ich nehme sie in den Arm. Eine halbe Viertelstunde nachher legt sie sich mit dem Kopf aufs Stroh und verscheidet.

Wie meine Frau tot war«, so erklärte Fetzer etwa eine Stunde vor seiner Hinrichtung dem öffentlichen Ankläger, »wie meine Frau tot war, wollte ich mir in der Scheune mit einem Messer durch die Brust stoßen, aber meine Kameraden hielten mich zurück. Ich weiß nicht, wie und womit ich sie geschlagen habe, aber der Vorsatz – der Vorsatz, sie zu morden, war nicht in meiner Seele. Mir war es leid und wehe, denn ich liebte sie, aber mein Kind liebte ich weit mehr als sie.«

Schon oben haben wir einen seltsamen Zug von Fetzers Liebe zu seinem Kind gehört, hier noch ein anderer. Nach dem Tod seiner Frau hatte er es zu Belz nach Neuwied getan, bei dem es lange Zeit aufgezogen wurde. Eines Tages, während er sich in Wetzlar aufhielt, schrieb ihm Belz, es sei plötzlich krank geworden. Diese Nachricht ging ihm so sehr zu Herzen, daß er sogleich ein Pferd mietete und nach Neuwied aufbrach. Unterwegs begann das Pferd zu ermüden, es wollte nicht mehr fort. Bei Leimbach auf der Heide sprang Fetzer, dessen Ungeduld es nicht läger mehr ertragen konnte, ab und stach das Pferd auf der Stelle tot, obgleich er drei Louisdor dafür deponiert hatte. So setzte er seinen Weg zu Fuß und schneller fort.

Wir kehren jetzt zu der Bande, die sich, nachdem der Ruf wegen des Daadener Diebstahls wieder ein wenig verhallt war, von neuem in Neuwied vereinigt hatte, zurück.

Die französischen Zollsoldaten hatten in Heimeschen oder Heimersheim bei Ahrweiler eine sehr ansehnliche Saisie* an Silber und Pretiosen gemacht. Dieses erfuhr der Agent der Gemeinde von .... Er, der wie so viele andere seines Standes sich eben kein Gewissen zu machen schien, wenn er den Staat, dem er Dienst leisten sollte, auf den er vereidigt war, bestehlen konnte, fuhr nach Neuwied zu Belz, wo sich Hermann Munter und Fetzer aufhielten. Nach der Erklärung des Heckmann war es eigentlich der Jude Calmen, der vom Agenten nach Neuwied geschickt wurde, und nicht dieser selbst, der sich dahin begab. Gleichviel, der bei Belz Angekommene wandte sich an die dort anwesenden Räuber und lud sie höflichst ein, sich die folgende Nacht in Heimeschen einzufinden und den Douaniers die zwei mit Silberwerk arretierten† Karren wegzunehmen, eine Einladung,

* Beschlagnahme
† eingezogenen

der Männer wie Fetzer und Munter unmöglich widerstehen konnten. Als die Göttin der Nacht ihren schwarzen Mantel über dem Gestade des Rheins ausbreitete, schlichen diese beiden in Begleitung des Anton Heinze, des Hofmans von Landskrone, eines gewissen Haas und des Bruders von Hermann Munter nach Heimeschen, geleitet von dem Agenten. Sie öffneten das Schloß des Douanen-Büros und entwendeten 58 $^{1}/_{2}$ Pfund Silber, zwei goldene Stockknöpfe, drei Paar silberne Schnallen und ein diamantenes Kreuz. Was den rechtschaffenen Agenten betraf, so wurde ihm, obgleich er nicht bei der wirklichen Ausführung des Diebstahls war, doch ein ebenso großer Teil der Beute wie den übrigen. Hermann Munter übernahm es selbst, sie ihm in sein Haus zu bringen.

Hermann Munter, den wir soeben erwähnten, hatte sich seit Jahren schon dem Merkur* gewidmet, war seiner Gaunerstreiche wegen bereits mehrmals der Justiz in die Hände gefallen und hatte so unter anderem in Asbach bei Linz gesessen. Bald nannte er sich im Laufe seines Räuberlebens Munter, bald Mundbar, bald Monbauer, bald französisierte er seinen Namen und nannte sich Monetier. Er war ein schöner Kerl mit großen blauen Augen, krummer spitzer Nase, spitz zusammenlaufendem Kinn und blonden Haaren. Bei irgendeinem Diebstahl erhielt er ein unverkennbares Zeichen, einen Schuß auf die Posteriora†. Sein späteres Schicksal wird noch unten vorkommen. Er wurde in Mainz zur Galeere verdammt.

Doch wir lassen jetzt einen weit merkwürdigeren Räuber auf das Theater treten, einen Räuber, der noch bis zu dieser Stunde an der Spitze einer Bande in den heiligen Wäldern des Schwabenlandes residiert, so wie er vorher mehrere Jahre die Neuwieder in ihren kühnsten Unternehmungen angeführt hatte. Dieses ist Johann Müller. Wenn je ein Räuber dem kühnen Picard an Unternehmungsgeist und dem schlauen Fetzer an Verschmitztheit gleichkam, wenn nicht vorging, so war es Johann Müller. Noch ehe er am Niederrhein erschien, war er bereits im Elsaß Räuberchef und zu Straßburg wegen eines Diebstahls für sechzehn Jahre auf die Galeeren verurteilt worden. Er wußte sich, wie, ist unbekannt geblieben, loszumachen und flüchtete zuerst nach Mainz. Hier geriet sein Weib in Haft. Er mochte nicht für gut finden, sich ihrer anzunehmen und aus seiner Unbekanntheit vorzutreten; er überließ sie ihrem Schicksal und reiste nach Köln. Seinen ersten dortigen Aufenthalt krönte er mit einem Einbruch in die Porzellanfabrik, wobei ihm der Zülcher Wilhelm und der Jude Breslauer hilfreiche Hand leisteten. Als ihm aber die Polizei auf die Spur kam, floh er nach Deutz.

An diesem Ort lernte er einige von den Diebsgehilfen kennen und erfuhr, daß sich in Neuwied bei Belz und Baums Leute seines Handwerks in Menge aufhielten und große ansehnliche Coups wagten. Sogleich brach er auf und begab sich dorthin. Von nun an erscheint er als einer der ersten merkwürdigsten Glieder der Gudolefer. Müller ist ein Mann von mittelmäßiger Größe, hat schwarze durch-

* römischer Gott u.a. der Diebe
† das Hinterteil

dringende Augen, schwarze Haare und schwarzen Bart. Übrigens ist er sehr gut gekleidet; sein Antlitz ist etwas blaß. Er wechselt sehr oft seinen Namen. Bei der schwäbischen jetzt noch existierenden Bande hat er den Namen Daumen. Er ist dadurch erkennbar, daß ihm ein Glied am vierten Finger der rechten Hand fehlt, die er gewöhnlich mit einem Handschuh bedeckt, auch hat er an der linken Hand eine Narbe von einem Schuß, den er bei einem Einbruch erhalten hat. Als Johann Müller in Neuwied ankam, achteten die übrigen Räuber wie Fetzer, Herz Hammerich und andere nur wenig auf ihn; er war ein Neuling in ihren Augen. Nur erst dann, als er seinen Witz spielen ließ, seinen Mut, seine Tapferkeit entfaltete, nur erst dann stieg er in ihrer Meinung und wurde zum Chef erhoben.

Eine der ersten Taten, bei der Müller mit zugezogen wurde, war die Befreiung des scheelen Jickjack aus dem Turm zu Engers, wo er gefangensaß.

Auch über diesen Jickjack wollen wir, ehe wir weiter schreiten, einige Bemerkungen einstreuen. Dieser Jickjack heißt Friedrich und ist aus Wesel gebürtig; schon in der Räuberliste, die im September 1797 zu Hamm erschien, figuriert er als einer der abscheulichsten Räuber. Er mag wohl 45 bis 46 Jahre alt sein. Sein Antlitz ist mager und häßlich, seine Nase groß, seine Augenbrauen sind schwarz und sträubig, er hat nur eine Auge und eine grobe, rauhe Stimme. Sein Äußeres ist der Abdruck seines Innern; er ist ein roher, wilder, grausamer Mensch. Bald zieht er mit Frau und zwei Kindern, einem Jungen von sechzehn und einem Mädchen von vierzehn Jahren, im Land als Bettler umher, bald erscheint er als Räuber. Lange hielt er sich in Mersen auf. Ein Zug, nur einer aus seinem dortigen Aufenthalt, und wir würden in ihm ein Scheusal erster Größe, einen abscheulichen Mörder erkennen, doch dafür ist hier die Stelle nicht.

Der Neuwieder Bande wurde kund, daß einer ihrer Gesellen, der alte Friedrich, in Engers in einem starken Turm säße und auf Fetzer und andere bekannt hätte*. Es war zu fürchten, daß durch ihn das ganze Komplott entdeckt und aufgehoben würde. In dieser Lage war nichts ratsamer, als den alten Räuber zu befreien. Fetzer entwarf den Plan dazu. Es war in der Nacht, als sie in Engers anlangten. Der Turm war mit einer starken Tür verwahrt, und Jickjack saß in der Tiefe. Keine Wache war umher, weil der Ort selbst hinlängliche Sicherheit versprach. Fetzer und Müller, nachdem sie die Gelegenheit abgelauert hatten, eilten auf das Feld und suchten ein Pflugeisen. Mit diesem kehrten sie an den alten Turm zurück und brachen die Schlösser auf. Fetzers Geschicklichkeit hierin warbewunderungswürdig. Während des Getöses, welches das Brechen verursachte, schrie Friedrich unaufhörlich aus der Tiefe des Turms. Fetzer und Müller riefen ihm zu zu schweigen. Sie konnten unmöglich begreifen, was ihn bewegen mochte, ein so lautes Geschrei, das sie verscheuchen konnte, zu erheben. Die Ursache war: Die Bürgerwache hatte mehrmals schon an dem Turm gearbeitet und den Schein angenommen, als ob sie ihm loshelfen wollte, und, weil er nicht jedesmal geschrien und Lärm gemacht hatte, ihn jämmerlich geschlagen. Auch

* über ... ausgesagt hätte

diesmal glaubte Friedrich, die Wächter seien oben, und erhob aus Furcht, wieder geschlagen zu werden, das laut aus der Tiefe schallende Hilfegeschrei. Sobald Fetzer und Müller die Tür des Turms gesprengt hatten, traten sie ein und tappten umher. Fetzer fühlte auf die Erde und entdeckte einen großen eisernen Rost – oder besser zu sagen: ein Fallgitter. Hierdurch rief Fetzer dem immer schreienden Friedrich zu: »Wir sind es Jickjack, wir, sei ruhig, wir holen dich heraus. Wir sind gekommen, dich zu befreien!« Diese Befreiung ging nicht so leicht, wie Fetzer und seine Kameraden sich vorgestellt hatten. Friedrich saß in einer ungeheuren, völlig unzugänglichen Tiefe. Nirgends war eine Leiter oder sonst etwas, wodurch er hätte hervorgezogen werden können, zu finden. Da standen sie und sahen, wie sie eine ganz fruchtlose Arbeit begonnen hatten. Fetzer hieß Müller und die übrigen am Eingang in den Turm verweilen, er wolle an das Ufer des Rheins und nachsehen, ob sich nicht etwa ein Fischernetz finden würde, um dieses hinabzulassen. Lange ging er hin und her, bis er endlich eine lange Stange und ein solches Netz entdeckte. Beide nahm er sogleich mit sich und eilte vergnügt an den Turm. Sobald er dort ankam, band er das Netz an der Stange fest und ließ es mit Hilfe des Müllers und Hammerichs in den Turm. Friedrich hielt sich fest und wurde heraufgezogen. Aber der lange Aufenthalt an einem so schrecklichen Ort hatte ihn so entnervt, daß er mit aller Anstrengung seiner Kräfte sich so lange, bis er die Höhe erreicht hätte, nicht festzuhalten imstande war. Er ließ, als er bereits ziemlich hoch heraufgewunden war, das Netz los und fiel jämmerlich in die Tiefe. Die Räuber lachten und spotteten seines Unglücks, doch ließen sie die Stange noch einmal hinab. Friedrich band sich nun das Netz um ein Bein und wurde so auf diese Art herausgezogen. Sein Anblick war so scheußlich, daß sich selbst die Räuber vor ihm entsetzten. Ein großer langer Bart wallte ihm bis über die Brust herab. Nur noch wenige Lumpen hingen um seinen nackten Leib. Die Räuber schenkten ihm einen Kittel und etwas Geld und ließen ihn ziehen. Sie nahmen ihn nicht mit, weil sie sich seiner schämten und fürchteten, durch sein Äußeres unterwegs verraten zu werden.

Fetzer und Müller zogen von Engers nach Wiesbaden, wo der letzte eine Baldowerer-Familie, die Familie des Juden A..., die immer einige Diebstähle in petto hatte, kannte. Diese ermangelte auch diesmal nicht, den Räubern einen Anschlag zu nennen. Eine halbe Stunde von Würges, in Kauenburg, hieß es, wohne ein Schultheiß, der einen ansehnlichen Laden habe und leicht zu bestehlen sei. Fetzer, Müller, Hammerich und einige andere machten sich auf, zogen nach Kauenburg und bestahlen den ihnen angegebenen Laden. Mit den geraubten Waren gingen sie nach Schierstein, wo sie sich bei der Witwe T... aufhielten. Der Baldowerer A... kam dort zu ihnen, um die Waren verhandeln zu helfen. Er begleitete sie nach Sonnenberg zu einem Juden, der ihnen aber nicht mehr als 54 Karolinen bot. So spottwohlfeil Fetzer und Konsorten die Waren auch bekommen hatten, so wollten sie sich doch nicht von einem Hebräer übervorteilen lassen. Sie kehrten zu der Witwe T... zurück. Diese schickte am anderen Morgen einen Boten nach Mainz und ließ von dort einen anderen Juden kommen. Der

Hebräer von Mainz war nicht besser als der von Sonnenberg. Die Räuber, die eigentlich darauf bestanden, nun einmal für das Schlechterworbene gut bezahlt zu werden, versuchten es, ihre Ware an einem dritten Ort loszuwerden; aber sie kamen, wie das Sprichwort sagt, vom Regen in die Traufe. Müller und Leibchen Sand, einer von den Räubern, und der Baldowerer A... reisten nach Igstadt. Sie hatten die Waren in zwei großen Ballen auf die Pferde geschnallt. Der Hebräer in Igstadt, in dessen Behausung die Waren, um verhandelt zu werden, gebracht wurden, war ein weit größerer und dabei kühnerer Betrüger als seine Glaubensgenossen von Mainz und Sonnenberg. Nicht um einen doppelten und dreifachen Profit war es ihm zu tun; nein, er wollte die Waren um nichts, unentgeltlich wollte er sie haben: Am Ende begann er auf einmal, sobald er sie nämlich bei sich im Haus hatte, den Gewissenhaften zu spielen, schrie und lärmte, drohte dem Müller, ihn auf der Stelle arretieren zu lassen, und fing zum Schein an, ein Stück Ware nach dem anderen zum Fenster hinauszuwerfen. Müller verlor die Gegenwart des Geistes; er wußte nicht, wie er's eigentlich mit dem Juden hatte, machte sich aus dem Staub und ließ die Beute im Stich. So kam er nun ohne Geld und ohne Ware nach Schierstein zur Witwe T..., wo die übrigen seiner harrten, zurück. Man hielt Rat und überlegte hin und her. Endlich wurde man eins, schickte einen Extraboten mit einem Brief an den Juden nach Igstadt und drohte ihm auf das fürchterlichste. Man verkündete ihm, daß die ganze Bande sich aufmachen, sein Haus bestürmen und ihm den Kopf abschneiden würde. Diese Drohung wirkte etwas. Der Jude übersandte 23 Karolin. So mußten sie sich jetzt stillschweigend mit der Hälfte von der Summe begnügen, die sie vorher nicht hatten annehmen wollen.

Müller schlug dem Fetzer vor, nach Hamburg zu reisen, wie das bei mehreren im westlichen Deutschland wohnenden Räubern alljährlich Sitte war. Bereits waren auch beide bis Wetzlar gekommen und standen soeben an, ihren Marsch weiter fortzusetzen, als Müllers Frau aus Mainz, wo sie in Haft gesessen hatte, mit dem Weibe des Fetzer nach Wetzlar kam.

Diese beredeten ihre Männer, von dem Vorhaben abzustehen und nach Neuwied zurückzukehren, wo diesmal viele Räuber sich versammelt hätten und es vollauf zu tun gäbe. Fetzer und Müller folgten dem Rat ihrer Weiber und reisten nach Neuwied, wo sie denn auch wirklich eine große Menge von zusammengelaufenem Gesindel fanden. Hier waren Leibchen Schloß, Herz Hammerich, Helmes, der dicke Mathies, Freiem Polack, Falksmottchen, der aus Utrecht sich losgebrochen hatte, Serves Joseph und noch andere mehr. Bereits hatten sie eine Menge Diebstähle unternommen, aber Fetzer und Müller schienen ihnen noch zu fehlen, um kühner zu Werke gehen zu können. Einer der ersten Diebstähle, den sie jetzt ausführten, war der zu Hundsangen. Leibchen Schloß, als einer der ältesten im Räuberhandwerk, wurde Chef; an ihn reihten sich die übrigen soeben Genannten an. In Hundsangen, so hieß es, sei der Pfarrer ein reicher Mann und habe das Kirchensilber von hohem Wert bei sich in Verwahrung. Ihm galt der mitternächtliche Räuberbesuch. Mit einem großen Rennbaum bestürmten die

Diebe die Pfarrwohnung, drangen unaufhaltbar ein, raubten an die 3000 Livres an barem Geld und viel Kirchensilber. Noch waren sie in der Plünderung begriffen, als die Bauern sich versammelten und gegen die Kirche strömten, um Sturm zu läuten. Johann Müller war hier postiert. Anfänglich widerstand er ihnen, endlich aber mußte er weichen, und sie drangen in die Kirche. Schrecklich schallte die Sturmglocke durch die Nacht, allenthalben liefen Bewaffnete herbei. Man schoß auf die Räuber, aber es war zu spät. Ihr schwarzes Werk war vollbracht. Sie zogen ab. Ihre Reise ging nach Bendorf zu dem Juden Afrom, der ihnen das Silber abkaufte; von da in das Hauptquartier nach Neuwied zurück, wo sie in sehr kurzer Zeit das Erbeutete in schnöder Wollust verschwelgten und wieder auf neue Untaten sannen.

Unter diese gehört der Raub zu Rösrath.

Die Geschichte desselben ist ungefähr folgende. Bei dem Juden Leiser zu Oberdollendorf befanden sich Müller, der sich bereits bei der Bande in ein gewisses Ansehen gesetzt hatte, Schieman Engländer, Afrom May, einer der Anführer des Eupener Diebstahls, Fetzer, Serves Doebele, Michel Plattkopf, ein Jude von Rüdesheim an der Tauber, Schlager, Anton Heinze, Meyer Gas, Bensberg und Serves Joseph. Da kam Schumacher, derselbe, der später in Köln im Kerker starb, und erzählte von einem reichen Branntweinbrenner in Rösrath, bei dem wohl etwas zu handeln – das Wort handeln heißt in der Räubersprache stehlen – sei. Der Vorschlag fand Gehör. Man beorderte sogleich den Anbringer Schumacher, mit dem Juden Plattkopf nach Rösrath zu gehen und die Lage des Hauses genau zu erforschen. Unterdessen begaben sich die anderen nach Deutz, wo sie im Bensberg und in der Landkrone einkehrten. Am Tag ihrer Ankunft kamen Schumacher und Plattkopf von der Expedition zurück und hinterbrachten, daß der Raub ohne alle Schwierigkeiten auszuführen sei. Sogleich schlichen sich einige von der Bande in das Haus des Spielmanns Mathies, machten alle Anstalten, kauften Stricke und verfertigten Patronen. Den folgenden Tag brach die Bande nach Rösrath auf. Johann Müller bekam das Kommando, er war zu Pferd, aber nicht allein, auch Fetzer, Schieman Engländer, Bensberg und Serves Doebele waren beritten, sie erschienen wie britische Highwaymen*, die übrigen waren zu Fuß. So ging es fort bis etwa eine halbe Stunde von Rösrath, wo die Reiter abstiegen und ihre Pferde in einem Eichenwald unter der Hut des Schumacher zurückließen. Von da aus marschierten sie mit den nachgekommenen Fußgängern auf das zu bestürmende Haus; in der Nähe fand sich ein Holz, das die Stelle des Rennbaums vertreten konnte. So vorteilhaft das Haus auch gelegen war, denn ringsumher umgab es Wasser, so wußten die Räuber doch kurzes Spiel zu machen. Sie stürmten nämlich auf den einzigen zugänglichen Platz los und schmetterten das Tor in Stücke. Sowie sie sich einmal im Vorhof befanden, hatten sie leichte Arbeit. Die Haustür konnte ihrem Rennbaum nicht widerstehen und fiel ein. Mit Pistolen in der Hand stürmten sie nun ins Haus, banden alle Bewohner, bra-

* Straßenräuber zu Pferde

chen alle Schränke auf und fanden 50 bis 60 Louisdor an Geld. Nach vollbrachtem Raub zogen sie in den Eichenwald, diejenigen, die beritten waren, saßen auf, und so ging der Zug nach Deutz zurück. Die Teilung geschah dort beim Juden Afrom. Einer der damaligen Befehlshaber in dem Ort, ein Militär, der zu der Klasse derjenigen Menschen gehörte, die Ehre und Pflicht dem Götzen Plutus* zum Opfer bringen, bekam Wind von dem Raub. Er forderte für seine Untätigkeit, sein Blindsein von den Räubern eine größere Summe Geldes, als sie imstande waren herbeizuschaffen. Da er sie nicht erhielt, änderte er plötzlich seine sonst so tolerante Gesinnung, spielte den Strengen und gab Order, daß die folgende Nacht die Räuber sämtlich festgenommen werden sollten; aber einer seiner Leute diente den Räubern mehr als ihm, er verriet ihnen sein Vorhaben, und sie machten sich aus dem Staub.

Da man damals wegen der unerhörterweise sich auf dem rechten Rheinufer mehrenden Diebstähle ständige allgemeine Streifzüge hielt und sozusagen auf jeden Scheideweg Wachen stellte, fürchtete die sich nach Neuwied zurückziehende Bande den Rückweg auf dieser Seite zu machen, sie setzte daher aufs linke Ufer über und reiste so ungehindert. Müller, Fetzer, Schieman Engländer, überhaupt die, die beritten waren, verließen sich darauf, daß man in ihnen, die da stolz zu Pferde hertrottierten, keine Spitzbuben suchen würde, und blieben auf dem rechten Rheinufer. Auch hatten sie sich nicht getrogen, sie kamen ganz ungehindert nach Neuwied, dahingegen Meyer Gas und Serves Joseph, die auf eben dieser Seite zu Fuß den Weg genommen hatten, in Hennef arretiert und festgehalten wurden.

Ruhig befanden sich nun wieder die Räuber in ihren gewöhnlichen Schlupfwinkeln, ein Teil bei Belz, ein anderer bei Baums und der dritte in der Judenherberge, als die Juden Itzig Neckenich und Salmchen im Baldowerer-Gewerbe vor ihnen erschienen und ihnen einen Diebstahl zwei Stunden von Steimmel auf der preußischen Grenze bei einem Viehhändler anbrachten. Wie immer bedachten sie sich nicht lange, ob sie ihn ausführen sollten oder nicht, sondern gingen rasch zu Werke. Sie versahen sich, so gut sie konnten, mit Waffen und zogen einzeln auf den Ort zu. In Puderbach gaben sie sich Rendezvous. Hier wohnte ein Mann, der in Diensten des ... stand. Bei diesem, Fetzer, erklärt ihn für einen Kochemer, kehrten sie ein. Den Raub zu dirigieren wurde Herz Hammerich ernannt. Johann Müller, dessen Talente sich immer mehr und mehr entwickelten, Fetzer, Leibchen Schloß, Peter up der Tesche, einer von den ältesten Dieben der Krefelder Bande, Afrom May, der berüchtigte Anführer von Eupen, Job Driteuden, der schon in den Jahren 1795 und 1796 bei der brabantischen Bande figuriert hatte, Anton Heinze, Kompelchen mit der Pey und die zwei Baldowerer Itzig Neckenich und Salmchen Neckenich, beide von L...dorf, waren Teilnehmer an dem Raub. Von Puderbach aus ging der Zug in drohender, feierlicher Stille gegen das Haus des Viehhändlers. Unterwegs wurden große, lange Hölzer gesucht und als

* eigentlich Plutos, griechischer Gott des Reichtums

Rennbäume mitgenommen. Bei der Ankunft vor dem Haus wurden die Wachen aufgestellt, die Lichter angezündet, und nun ging's ans Stürmen. Die Haustür leistete nicht lange Widerstand, desto schwerer aber war die innere Zimmertür zu öffnen. Alle Arbeit, alle Mühe schien vergeblich zu sein. Eine halbe Stunde ging vorüber, noch wollte sie nicht wanken, nicht weichen. Bei dieser Lage faßten die Räuber einen schnellen Entschluß und stießen ein Loch neben der Tür in die Wand. Fetzer schlupfte durch, aber es ging ihm übel. Teuer mußte er seine Verwegenheit bezahlen. Die Leute, die sich in der Stube zusammengeflüchtet hatten, ergriffen ihn, warfen ihn nieder und schlugen jämmerlich auf ihn ein. Nur noch wenige Momente, und sie würden ihn ermordet, seinem schändlichen Räuberleben ein Ende gemacht haben, wenn nicht seine Kameraden endlich die Tür geöffnet hätten und ihm zu Hilfe gekommen wären. Nun wandte sich das Blatt. Diese fielen über die Bewohner des Hauses her, knebelten und mißhandelten sie. Mit ihrer gewöhnlichen Vorsicht hatten sie das Schlüsselloch der Kirche zugestopft, damit man nicht Sturm läuten könne. Was sie dadurch verhindern wollten, das Versammeln der benachbarten Landleute, bewirkten die verschiedenen gefallenen Schüsse. Allenthalben strömte Volk herbei, aber leider zu spät – erst nach vollbrachter Plünderung.

Die Räuber flüchteten sich nach verübter Tat in einen nahen Wald und entgingen so der drohenden Gefahr. Doch schwebte ihr Schicksal noch an einem Faden. Indem sie nämlich das Gebüsch wieder verließen, um ihren Weg nach Neuwied fortzusetzen, mußten sie an einem Dorf, das der Wittbach umfließt, über die Brücke. Schon hatten sie den ersten Schritt auf diese gesetzt, als sie im Dorf einen ungewöhnlichen, großen Lärm hörten, der, wie sie ganz richtig schlossen, von dem zusammengelaufenen und zu ihrer Verfolgung bereitstehenden Volk herrührte. Ohne einen Augenblick zu verweilen, zogen sie sich über den Wittbach zurück, setzten diesseits ihren Weg fort und gingen erst in einiger Entfernung mitten durch ihn. So gelangten sie glücklich nach Neuwied. Die Beute bestand in etwa 500 Livres und etwas Silber.

Picard, der, wie wir bereits schon einmal gemeldet haben, seit dem Eupener Diebstahl sich nach Deutschland gezogen und in der Gegend von Essen und im Münsterschen sein Wesen getrieben hatte, streifte endlich auch nach Neuwied. Überall, wo er hinkam, huldigten die Räuber seinem Genie und stellten ihn an die Spitze. Das war auch hier der Fall. Was die Ursache war, warum er nicht lange in dieser Gegend des Rheins verweilte und, nachdem er einen oder zwei Diebstähle vollbracht hatte, sich wieder in das Essendische und Münstersche zog, ist unbekannt. Genug, wir erblicken ihn für wenige Wochen bei den Neuwiedern, und dann verschwindet er wieder von diesen.

Es war im Sommer 1799, als in Schupbach, zwei Stunden von Limburg an der Lahn, in den Kochemer Wirtshäusern sich wohl dreißig bis vierzig Räuber versammelt hatten. Picard war unter ihnen. Einem so erfahrenen Räuberhauptmann konnte das Gefährliche nicht entgehen, das darin lag, dreißig bis vierzig Vagabunden ohne gültige Pässe, ohne Zweck des Daseins in einem kleinen unansehnlichen Ort versammelt zu sehen. Er fühlte, wie leicht man in der Nachbarschaft Argwohn schöpfen und mit einem einzigen Streifzug die ganze Bande ausheben konnte; er fühlte es und sprach laut davon. Gleiche Sprache mit ihm führten die übrigen Chefs. Dieses veranlaßte Streit und völlige Trennung. Picard, Mausche Weinjong, ein Fleischmann aus Utrecht, der ausgeschickt worden war, Diebe zu fangen, aber sich diesmal mit ihnen verbunden hatte, Freiem Polack, der dicke Mathies, Leibchen Schloß und Fetzer, die schlimmsten und kühnsten der Bande, gesellten sich zusammen. Ihnen brachte ein alter Jude aus Lauen mit Namen Jakob, dessen junges Weib dafür bekannt war, daß sie eben die Spröde nicht spielte, einen Diebstahl bei einem Schmied in N.N., zwei Stunden von Wetzlar an der Lahn gelegen, an. Der Schmied, so hieß es allgemein, sei der reichste im ganzen Land. Picard und seine Getreuen waren wohl entschlossen, den Coup zu wagen, aber sie waren diesmal alle sehr schlecht mit Schießgewehren versehen, der Schmied ein starker Mann und, wie man leicht denken konnte, nicht ganz ohne Waffen. Unter solchen Auspizien würden alle anderen den Mut verloren haben, einen gewalttätigen Raub zu unternehmen, nur Picard, nur Fetzer nicht. Versehen mit einer einzigen Pistole, wagten sie den Hauptstreich. Um die gewöhnliche Räuber- und Gespensterstunde um Mitternacht zogen Picard, Fetzer, Leibchen Schloß, der dicke Mathies, Freiem Polack und Mausche Weinjong in das Dorf. Sooft sie konnten, feuerten sie mit ihrem einzigen Gewehr und machten dabei einen fürchterlichen Lärm. Diesen desto vollkommener zu machen, warfen sie mit Steinen alle Fenster in der Straße, wodurch sie zogen, und die in der Nähe des Hauses, das sie berauben wollten, lagen, ein. Jedermann wurde hierdurch in Schrecken gesetzt; jedermann wähnte, ein Haufen von wenigstens hundert anwesenden Burschen stürme heran, und so wagte niemand sich aus seinem Schlupfwinkel hervor und dem Schmied zu Hilfe zu kommen. Die Räuber langten vor der Wohnung des Schmiedes an, ergriffen den Rennbaum, sprengten die Tür ein, drangen vor und fanden niemand als die Magd. Der Schmied hatte sich auf das Dach geflüchtet. Aus der ungeheuren Beute, die die Räuber hier zu finden glaubten, wurden am Ende einige schale Louisdor. So laut und lärmend die Bande eingezogen war, so still und leise schlich sie zurück. Wahrscheinlich mochte dieses Abenteuer und die so ganz unbeträchtliche Beute, die bei aller Gefahr erobert wurde, den nach großen Summen und kühnen wichtigen Unternehmungen lüsternen Picard wieder aus Neuwied verscheucht haben; denn wir sehen ihn kurz darauf wieder dort, wo er bisher sein Wesen getrieben hatte, im Münsterschen.

In diese Epoche greift einer der sonderbarsten Diebstähle ein, der wohl je verübt worden ist. Nur schade, daß Fetzer, der ihn der Länge nach erzählt hat, in Ansehung der Gegend, in der er begangen worden sein soll, in Ungewißheit schwebte – was bei ihm, dessen Gedächtnis mit zweihundert verschiedenen Diebstählen schwanger ging, nur zu leicht geschehen konnte. Die Gegend, die er angibt, ist etwa sechs bis zehn Stunden von Kassel. Die Umstände des Raubes waren folgende.

Waldmann, der sich in der Gegend von Pirmont aufhielt, brachte den versammelten Räubern Afrom May, Michel Romich, Anton Heinze, Veuß Hühnerhund, Afrom Bacher und Fetzer einen beträchtlichen Diebstahl in einem Dorf an. Ehe man ihn zu vollführen schritt, wählte man einen General, und das Los fiel auf Fetzer. Unter dessen Kommando zog die Bande in das Dorf und vor das bestimmte Haus, ergriff den Rennbalken und stürmte die Hintertür. Bei allen Diebstählen muß der General voran. Fetzer stürzte dieser Regel gemäß gegen die Stube und warf die Tür mit einem Stoß auf. Wer malt sein Erstaunen, als er sie voll von Menschen fand, die ihn mit großen Augen und verzerrten Mäulern anstarrten. Die Sache verhielt sich so. Im Haus war der Eigentümer gestorben, die Anwesenden waren diejenigen, die nach Sitte die Leiche bewachen und beten mußten. Wer die abergläubische Furcht des Landvolks kennt, kann sich leicht denken, welchen Schrecken diese bei dem zertrümmernden Stoß wider die Hauspforte, dem Aufwerfen der Tür und dem Erscheinen der fremden Gestalten empfunden haben mögen. Fetzer hatte Gegenwart des Geistes genug, beim Anblick der Menschenmenge seine Partie zu ergreifen. Er hielt seine gespannten Pistolen unverzagt auf sie. Ohne einen Moment zu verweilen oder an Gegenwehr zu denken, sprangen die Bauern davon. Nun begannen die Räuber die Hausbewohner zu knebeln und so schnell wie möglich zu plündern. Einige von den Flüchtigen hatten sich unterdessen vom Schrecken erholt und sprangen in die Kirche, um die Sturmglocke zu ziehen.

Es währte nicht lange, so erblickten die Räuber das ganze Dorf vor dem Haus, wo sie plünderten, versammelt – aber ein jeder der Herbeikommenden war mit einem Brandeimer versehen, in dem Glauben, die Sturmglocke habe Feuer bedeutet. Ohne lange zu zaudern, schossen die Räuber unter das Volk. Es verteilte sich mit Blitzesschnelle, riß aber den Romich, der Schildwache (in der Räubersprache Schmier) gestanden hatte, mit sich fort und prügelte ihn gräßlich. Fetzer vernahm kaum vom Afrom May die Gefangenschaft seines Kameraden, als er die Bande versammelte und unter Schießen und Lärmen den Bauern, die den Romich festhielten, auf den Leib rückte. Es glückte ihm, ihn aus der Gefahr zu retten und mit der Bande zu flüchten, die zwar aufs neue von dem Landvolk verfolgt und angegriffen wurde, aber doch am Ende durchwischte.

Im August des Jahres 1799, während Johann Müller, Fetzer, Afrom May, Leibchen Schloß und andere sich in Neuwied befanden, kam ein Jude aus Braubach, der in Bendorf dem getauften Juden N.N. gegenüber auf dem Markt sich aufhielt, zu ihnen und schlug ihnen vor, einen reichen Müller bei St. Goarshausen im Amt Reichenberg zu handeln. Dieser Vorschlag wurde mit Freuden angenommen, und die beiden Juden Leibchen Schloß und Freiem Polack wurden dem Räubergebrauch gemäß nach St. Goarshausen gesandt, um den Ort auszuspähen und darüber Bericht abzustatten. Sie zogen eines Tages dahin und kehrten bald wieder zurück.

Ihrem Rapport nach lag die Mühle für das Unternehmen äußerst ungünstig: in einem tiefen Tal zwischen zwei Bergen; und nur ein einziger Weg war es, der dahin führte. In dem Fall also, daß sie gezwungen werden sollten, unvermutet zu flüchten, so war kein Heil vorauszusehen, man müßte sich dann mit den Waffen in der Hand durchschlagen. Der Jude von Braubach hatte aber die Reichtümer des Müllers so anlockend zu schildern gewußt, daß die Räuber der Gefahr nicht zu achten und den Streich zu unternehmen beschlossen. Um sich auf jeden Fall zur Gegenwehr und zum Durchschlagen gefaßt zu machen, verfertigten sie bei Belz eine Menge Patronen und versahen sich mit Pistolen und Karabinern; hierauf bereiteten sie die gewöhnlichen Wachslichter und Knebelstricke zu, teilten sich in verschiedene Haufen, verließen Neuwied und bestimmten sich eine Stelle an dem Bach unter den Bäumen bei St. Goar zum allgemeinen Rendezvous. Der General war diesmal Johann Müller – mit ihm waren Fetzer, Afrom May, Leibchen Schloß, der dicke Mathies, Waldmann, auch einer der Brabanter und Mersischen Bande, Meyer Fuchs, Mausche Holländer, Anton Heinze, Freiem Polack, Gerenü und Herzchen Schuster. Unterwegs packten sie ein Holz, um damit die Tür einrennen zu können. Äußerst gefährlich und voll Beschwerden war der Weg, den sie zu nehmen hatten, und die Nacht dabei finster. Der Weg ging wohl eine Viertelstunde lang zwischen Klippen, die von beiden Seiten mit Wasser umflossen waren. Bald glitt der eine von der Bande, bald der andere aus und schlug ins Wasser, so daß die meisten, als sie vor die Mühle kamen, durchnäßt waren.

Die Mühle hat eine romantische Lage. Sie liegt still und einsam in einem der Täler des ungeheuren Gebirges, das den Vater Rhein von Bingen an bis Lahnstein zusammenpreßt und zu einem schnelleren Lauf zwingt. Das Tal ist eines der tiefsten und unwegsamsten; an einer Seite umschließt es ein jäher Weinberg, auf der anderen ein Hügel, der Gebüsch und Waldung auf seinem Rücken trägt. Einige andere Mühlen befinden sich in einiger Entfernung von der Mühle, der der Räuber Besuch galt, aber diese liegt von allen am tiefsten, am isoliertesten. Kein Ort ist in der Nähe. St. Goarshausen selbst, zu dem sie eigentlich gehört, ziemlich weit von ihr entfernt.

Die Räuber, sobald sie vor derselben anlangten, nahmen ihren gewöhnlichen Hauptschlüssel, den Rennbaum, und stürmten mehrmals wider die Tür, bis sie aufsprang.

Die Mühle bewohnten die Gebrüder Sauerwein; Seibert, Reinhard und Peter Anton; der letzte war es, der die Ankunft der Räuber vor der Tür zuerst vernahm. Er war noch nicht zu Bett gewesen und hatte sich auf die Bank zu leichtem Schlummer hingestreckt. Sobald er den Lärm hörte, sprang er auf, öffnete das Fenster und erblickte die Räuber, die bereits ihre Lichter angezündet hatten. Er ahnte, was ihnen drohte, weckte seinen Bruder Reinhard, sprang in die Mühle und ergriff das Hebeisen. Darüber waren die Räuber ins Haus gedrungen. Aller Wahrscheinlichkeit und den Aussagen eines der Räuber nach, setzte sich Anton Sauerwein mit dem Hebeisen den Räubern kräftig entgegen; Johann Müller, Kommandant der Bande bei diesem Diebstahl, der an der Spitze eingedrungen war, erhielt einen so vehementen Schlag auf den Kopf, daß er zurücktaumelte.

Kaum sahen sich die Räuber Herr der Mühle, als sie über die Bewohner, die drei Brüder Sauerwein, herfielen und sie so fest mit Stricken banden, daß sie noch am folgenden Tag die Zeichen davon trugen. Sowohl den Anton als den Seibert Sauerwein, einen Mann von 63 Jahren, mißhandelten sie. Sie schlugen sie mit Fäusten, sie traten sie mit Füßen, so daß der letzte am Kopf blutig wurde. Eine Menge Lichter hatten sie angezündet und die ganze Mühle erleuchtet. Aus einer tannenen, auf dem Speicher befindlichen Kiste raubten sie 700 Gulden in Laub- und Brabanter-Talern, aus einer eichenen Kiste, die sie ebenfalls aufbrachen, wenigstens 200 Gulden in sechsbätzner; aus einer Schublade in dem Tisch neben der Wohnstube 100 Fl. in Brabanter Talern und kleinen Sorten. Nebst diesem Geld raubten sie sowohl Leinwand als auch Zinn. Fetzer bestimmt den Wert des Geraubten auf 70 bis 80 Karolin. Bei dem Abziehen nahm einer der Räuber den schweren Geldsack und stieß ihn dem auf der Erde liegenden, geknebelten und mißhandelten Reinhard Sauerwein spottend auf den H... und rief: »Für dich hier dein l'argent* – nun iß Fleisch.« Damit verschwanden sie. Vergebens schossen die Beraubten und gaben Zeichen um Hilfe, niemand erschien. Mehr als jemals befanden sich unterdessen die abziehenden Räuber in einer kritischen, gefährlichen Lage. Es war schon späte Nacht, als sie wegzogen. Der Weg konnte nicht mit Eile zurückgelegt werden. Sie mußten Schritt vor Schritt fortsetzen, um nicht wie bei ihrem Anzug ins Wasser oder in die Tiefe zu stürzen. Als sie an das Ufer des Rheins gelangten, mehrten sich sowohl das Ungemach der Reise als auch die Gefahr. Sie schnitten einen Nachen ab und entschlossen sich, den Strom hinabzufahren, bis sie irgendwo mit Sicherheit landen könnten. Indem sie die Mitte desselben erreicht hatten, stießen sie plötzlich auf eine Sandbank und fuhren so fest, daß sie mit aller Anstrengung nicht weiter fort konnten. Ihre Verlegenheit, ihre Angst war namenlos groß. Es war zu befürchten, daß der Morgen darüber anbräche, daß man sie mitten im Strom entdecken und, ohne daß ihnen ein Weg zur Flucht offenstünde, einfangen könnte. Anderthalb Stunden schwebten sie in der peinlichsten Lage von der Welt. Schon begann es in den dunklen Rheintälern zu grauen, die schwarze Nacht schlich in die Klüfte und die Gegenstände am Ufer sprangen im Halblicht noch nicht ganz kennbar hervor. Sie waren ohne Rettung verloren, wenn hier nicht das Äußerste gewagt wurde. Einige von den Räubern sprangen in den Strom und begannen den Nachen fortzurücken. Nur mit unendlicher Mühe und Anstrengung konnte es ihnen gelingen, und er wurde endlich wieder flott. Nun erst fuhren sie aus dem Angesicht St. Goars den Rhein weiter abwärts; aber ihnen schien noch kein Heil zu blühen, sie gerieten gleich darauf aufs neue wieder auf eine Sandbank. Ihr Schrecken, ihre Angst stieg. Sie sahen sich schon gefangen. Diejenigen, die vorhin das Schiff gelichtet hatten, versuchten es auch diesmal wieder, und es glückte ihnen. Die Dämmerung begann nun schon dem Tag zu weichen, und die Sonne vergoldete die hohen, spitzen, mit Ruinen und Tannen bedeckten Gebirge dies- und jenseits

* Geld

des Rheins. Die Räuber getrauten sich weder auf der einen noch auf der anderen Seite zu landen. Sie erwarteten nichts Gewisseres, als daß ihnen die Bestohlenen mit Hilfe aller ihrer Freunde den Vorsprung abgewinnen und sie bei der Landung ohne viel Umstände in Empfang nehmen würden, sie erwarteten das Schicksal ihrer bei Daaden gefangenen Kameraden. So trieben sie mitten im Strom bis nach Lahnstein, wo die bis dahin fortlaufende Gebirgskette von einer Seite unterbrochen wird. Dort lag Koblenz, hier Thal vor ihren Augen. An keinem von beiden Orten durften sie es zu landen wagen. Sie fuhren demnach leise bei Niederlahnstein ans jenseitige Ufer, stiegen aus und ließen den Nachen treiben. Der Nachen wurde, wie aus dem Reichenberger Amtsprotokoll hervorgeht, von dem Eigentümer gleich vermißt, er schickte ihm einen Boten nach, der ihn dann auch in Koblenz, wo er leer angetrieben worden war, wiederfand. Eine Bestätigung des soeben erzählten Abenteuers.

Von Niederlahnstein flüchteten sich die Räuber über das Feld auf den in diesem Krieg so bekannt gewordenen roten Hahnen zu. In einem Gebüsch unweit desselben schritten sie zur Teilung, alsdann trennten sie sich und zogen einzeln nach Neuwied. Einige Tage nachher bestellten sie den Juden von Braubach, den Baldowerer, nach Vallendar, wo ihm Leibchen Schloß in Fetzers Gegenwart für das Anbringen fünf Louisdor gab. Dieser Raub lag sehr lange im dunkeln, niemand wußte, wer ihn verübt noch wie sich das Ganze zugetragen hatte. So sorgfältig der dortige Polizeibeamte Kaiser und seine Kollegen von Rastätten und Schwalbach, Leute von nicht minderem Amtseifer und Fleiß, den Räubern auf die Spur zu kommen suchten, so war es ihnen doch nicht möglich. Erst späterhin bekam das Reichenberger Amt und zwar vom Br. Keil aus Köln, die Nachricht über die Urheber dieser Beraubung.

Von Neuwied aus zogen Johann Müller, Fetzer und Anton Heinze – es war um die Zeit des St. Goarshausen-Raubs – nach Deutz. Von hier aus wurde ihnen wahrscheinlicher durch einen Baldowerer des letzten Ortes ein Diebstahl in Mülheim am Rhein angebracht. Die drei Räuber begaben sich selbst an die angezeigte Stelle und spionierten die Lage des Hauses auf das genaueste aus. Sie fanden sie ihrem Vorhaben gemäß.

In der Nacht begaben sie sich dahin. Das Haus gehörte dem Kaufmann Conrads. Die Räuber holten eine Leiter aus der Nachbarschaft, stiegen in den ersten Stock, wo sich der Laden des Kaufmanns befand, brachen die Glasfenster ein und schleppten Ellenwaren*, meistens aus Kotton, in großer Menge davon. Gleich nach dem Raub trugen sie solche in das Kornfeld zwischen Mülheim und Bockum und ließen sie dort bis zur folgenden Nacht liegen. Nun kamen sie wieder, holten sie ab und brachten sie nach Siegburg zu dem Juden K..., dem Schwiegersohn des Afrom, der einen Teil kaufte. Den anderen verhandelten sie an den Juden H... B..., der damals mit seinem Sohn in Siegburg war, für die Summe von fünfhundert Gulden oder Taler. H... B... packte die angekauften Ellenwaren in

* Meterware, meist nicht zugeschnittene Stoffe

ein Faß und ließ sie nach Bendorf fahren. Später, auf dem Maria Geburtsmarkt, fand Conrads einen Teil seines verlorenen Gutes, das der Jude ausgekramt hatte, wieder, und ließ es am Pützchen arretieren. Ein Umstand begleitete diesen Diebstahl, der nicht vergessen werden darf. An dem Tag, nachdem er verübt worden war, reiste Conrads überall umher, um seine gestohlenen Sachen zu suchen. Er kam in Porz in ein Wirtshaus und – siehe! – Johann Müller, Fetzer und Heinze, die Täter des Diebstahls, saßen da. Conrads mochte aus dem einen oder anderen Umstand Verdacht gegen sie bekommen haben, er entschloß sich, sie verhaften zu lassen; um sie zu täuschen, ließ er sich mit ihnen in ein Gespräch ein und präsentierte ihnen aus seiner Dose eine Prise Tabak. Gleich darauf verließ er aber das Haus und ging spornstreichs zum Bürgermeister des Orts. Müller und seine Begleiter waren fein genug, seine Absicht zu merken, sie schlichen sich, als er kaum das Haus verlassen hatte, fort, und als er nachher mit dem Bürgermeister und der Wache kam, war das Nest leer.

Ein anderer Diebstahl wurde in Mülheim am Rhein von Fetzer, dem alten Hannes, einem im Rauben ergrauten Sünder, der seine Söhne und Töchter zu dem gleichen Gewerbe angeführt hatte, dem dicken Mathies, dem Hermann Munter und Anton Heinze bei einem Weinhändler auf der Wallstraße begangen. Jeder von den Dieben bekam an barem Geld ungefähr 130 Reichstaler, meistens in französischen und brabantischen Talern wie auch in preußischem Kassengeld.

Im Herbst des Jahres 1799 zogen Johann Müller, Hermann Munter und Fetzer bis ins Schwarzenburgische, verübten dort einen Einbruch in einen Laden und entwendeten der Waren soviel, daß jeder wohl vierhundert Taler für seinen Anteil erhielt. Von da begaben sie sich wieder nach Neuwied, wo sie in kurzer Zeit – binnen vierzehn Tagen oder höchstens drei Wochen – den ganzen Raub verzehrt und verjubelt hatten.

Damals kamen die Räuber Ruben Simon, Waldmann, Herz Hammerich, Jonas Lichtinger, den wir schon aus der Geschichte der brabantischen Räuber kennen, und Schlager nach Neuwied. Sie erzählten von jener und dieser Gelegenheit zu rauben, von jenem und diesem Plan; endlich brachten sie ein Thema vor, das den Grund zu einer der wichtigsten Räubereien, die in dem verflossenen Dezennium am Rhein begangen worden ist, legte.

»Jede Woche«, so erzählte Herz Hammerich oder einer von seinen Vertrauten den übrigen Räubern, »jede Woche fährt ein Postwagen von Deutz nach Elberfeld und übernachtet unterwegs im Langenfeld. Wir waren davon unterrichtet und nahmen uns mehre Male vor, ihn zu plündern. Die Beute, die wir uns von ihm versprachen, konnte nicht anders als ansehnlich sein, denn fast immer war er mit viel Geld beladen. Einmal schon machten wir einen Versuch, aber er mißlang. Wir hatten nämlich dem unter dem Postwagen angebundenen Hund, der, während er übernachtet, die Wache zu halten pflegt, Gift beizubringen versucht, es war uns aber nicht geglückt.«

Diese Erzählung erregte in Müller und Fetzer eine unwiderstehliche Lust, das Abenteuer, das so erfahrenen, listigen Räubern nicht gelungen war, auszuführen.

Müller, der sich mit den Neuwiedern überworfen hatte, zeigte sich besonders bereitwillig dazu. »Kamerad«, so rief er, »laß uns nach Deutz gehen und das Stückchen wagen!« – »Bruder«, entgegnete Fetzer, »ich gehe mit dir, wo nur viel Geld zu machen ist.« Auf der Stelle setzte sich Müller hin und schrieb an Schieman Engländer, der sich damals in Mainz befand, und lud ihn ein, einige Jungens zusammenzubringen und sich mit ihnen nach Deutz zu Afromchen in der Gasse zu begeben. Hierauf mieteten er und Fetzer sich einen Nachen und fuhren den Rhein hinab. Anfänglich gingen sie nicht nach Deutz,sondern nach Köln, wo sie in einem berüchtigten Bordell, nämlich bei der Tüwels Drück (Teufels Gertrude) einkehrten und die Nächte bei ihren Mädchen zubrachten.

So wie sie in Neuwied vernommen hatten, war es ein gewisser R... aus Deutz gewesen, der dem Ruben Simon und den anderen den Diebstahl angebracht und die Gelegenheit dazu beschrieben hatte. Diesen mußten sie in ihr Interesse ziehen, um von ihm Nachricht über alles, was den vorgehabten Raub betraf, zu erhalten. Sie ließen ihn in Deutz an einem dritten Ort, in das Haus genannt Bensberg, bescheiden. Als er dort ankam, fragten sie ihn genau nach der Zeit, wann der Postwagen abzufahren pflege, welchen Weg er nehme, wo er anhalte, wer ihn bewache und dergleichen. Er gab ihnen auf alles treulich Bescheid. Er sagte ihnen, sie möchten nur an dem und dem Tage nach Deutz kommen, so würden sie sehen können, wie das Geld in der Landskrone aufgeladen und wohin es gepackt werde. Unterdessen war Schieman Engländer mit einem zusammengerafften Räuberhaufen, der meistens aus Juden bestand, in Deutz angelangt. Zu diesen begaben sich Müller und Fetzer und sagten ihnen, daß sie sich ja nicht entfernen sollten, da der Raub bald, sehr bald vor sich gehen würde. Hierauf kehrten sie wieder nach Köln in das Bordell zurück. Hier trafen sie den Zülcher Wilhelm, ein ehemaliges Mitglieder der Krefelder Bande, den sie zu sich bestellten, um ihn anzuwerben, nicht minder beschieden sie auch den Niklas Chagré und den St...z, zwei Menschen, die an mehreren Diebstählen bereits teilgenommen hatten, zu sich. Sie entdeckten diesen ihr wichtiges Vorhaben und bedeuteten ihnen, daß sie bei der Hand bleiben sollten, um mit auf den Raub ausgehen zu können. Endlich erschien der zur Ausführung des kühnen Straßenraubs fixierte Tag. Was sich von der Bande in Köln befand, schlich sich nach Deutz. Mehrere standen auf der Lauer und bemerkten, daß der Postwagen mit schweren Geldsäcken beladen wurde. Als der Abend anbrach, verließen sämtliche Räuber Deutz und gingen – jedoch nur einzeln – auf Opladen zu, wo sie an einem sogenannten Heiligen-Häuschen nahe bei einem Wald sich zu treffen verabredet hatten.

Die Diebe waren Müller, Fetzer, St...z, Schager oder Chagré, Schumacher, Serves Doebele, Mausche Polack, Herzchen Schuster, Schieman Engländer, Breslauer, Herzchen Schwarz, Schleuns, Fritz Bröcker, Bensberg, der Zülcher Wilhelm, sein Bruder Peter und Leib oder Levi Hamburg. Sie zogen von dem Heiligen-Häuschen, wo sie sich versammelt hatten, auf das Langenfeld.

Als Müller und Fetzer, die an der Spitze stehen, unweit Opladen, etwa eine halbe Stunde davon, haltmachen und sich nach der ihnen nachfolgenden Bande umsehen, werden sie zu ihrer größten Verwunderung gewahr, daß sich die meisten Mitglieder unterwegs aus Angst heimlich davongeschlichen haben und daß von der ganzen Bande kaum sieben Mann übriggeblieben sind. Unter den zaghaft Entflohenen waren St...z, Schumacher, Chagré und mehrere Juden. Die Übriggebliebenen fanden sich zu schwach, um einen gewaltsamen Angriff wagen zu dürfen – und ohne diesen war der ganze Plan nicht ausführbar. Man sah sich also genötigt, nach Deutz zurückzukehren und das Vorhaben wenigstens für diesmal fallenzulassen. Diejenigen von den Räubern, die auf der anderen Seite zu Hause waren, setzten über, nachdem ihnen Müller und Fetzer versprochen hatten, wenn noch einmal der Plan auf den Postwagen hervorgeholt werden sollte, sie abrufen zu lassen. Beide Chefs wechselten nun mit ihrem Aufenthalt, bald waren sie zu Deutz, um auf den Postwagen zu lauern, bald in Köln bei den Freudenmädchen. Am achten Tag nach dem mißlungenen Versuch wurde der Wagen abermals mit schweren Packen beladen und zum Abfahren bereitgestellt. Müller und Fetzer waren in Deutz und beorderten die ganze Bande, sich dort einzufinden, ausgenommen Chagré, St...z von Köln und Schumacher, die, weil sie sich bei dem letzten Versuch so feig betragen hatten, zurückgelassen wurden.

Es ging gegen Abend. Die Stunde, in der sich alle versammeln sollten, war herangerückt, und noch blieben einige der Haupträuber aus Köln, Zülcher Wilhelm, Fritz Bröcker und Peter Meyer, aus. Man deliberirte* hin und her. Endlich entschloß sich Müller, selbst nach Köln überzuschiffen und zu sehen, wo sie bleiben und was sie zurückhalten könnte. Bei seiner Ankunft in Köln traf er sie am Ufer des Rheins. Man wollte sie nicht hinüberlassen, weil sie keine guten Pässe hatten. Was war in dieser Lage zu tun? Müller wußte auch hier einen Ausweg. Er hatte sich vorhin die Bekanntschaft eines gewissen St..., des momentanen Aufsehers über die Pässe am Rhein, zu erwerben gewußt. Eilends suchte er ihn auf. »St...«! rief er dem Ehrenmann zu, »lasse meine Kameraden über den Rhein, wir wollen diese Nacht einen guten Handel machen, morgen sollst du ein ansehnliches Geschenk erhalten.« Nun gab es weiter keine Hindernisse mehr. St... verschaffte dem Zülcher Wilhelm, seinem Bruder und dem Fritz Bröcker den Übergang.

In Deutz waren jetzt die Räuber alle zusammen. Oben haben wir bereits gemeldet, daß Chagré, St...z und Schumacher zurückgelassen wurden. Um sich ganz genau über die Route, die der Wagen nehmen und wo er eigentlich übernachten würde, versichern zu können, wurde der Jude Ruben Simon, derselbe, der später seinen Strang in Düsseldorf gefunden hat, als Spion ihm nachgesandt. Gleich nach ihm brach die ganze Bande, jedoch wie das letzte Mal wieder einzeln, nach Opladen auf. Ruben Simon hatte seinen Auftrag schnell vollzogen, denn die Räuber waren noch nicht weit hinter Mülheim, als er ihnen schon entgegenkam und die Kunde brachte, der Postwagen übernachtete auf dem Langenfeld und zwar vor dem Wirtshaus auf der Straße. Auch diesmal war das

* beratschlagte

Rendezvous wieder hinter Opladen an dem Heiligen-Häuschen nahe am Wald. Hier traten Müller, Fetzer und Schieman Engländer hervor, um die Räuber nach Art der Kriegsanführer zu haranquiren*. Sie stellten ihnen vor, daß sie bereits schon einmal vergebens ausgegangen wären, weil einige Feigherzige sie mitten in der Operation verlassen hätten, daß ihnen eine reiche Beute, die vielleicht einen jeden von ihnen in den Stand gesetzt hätte, künftig glücklich und unabhängig zu leben, entgangen wäre, daß man aber diesmal Maßregeln treffen wolle, damit nicht die mutigen Glieder der Bande durch elende, schwachsinnige Weichlinge um ihr bevorstehendes, so nahe blühendes Glück gebracht werden könnten, daß die Maßregeln darin bestehen sollten, daß der Tapfersten einer vorangehen, zwei die Seiten decken und einer hinter der Truppe marschieren, daß jeder von diesen eine scharf geladene, gespannte Pistole in der Hand tragen müßte, daß die Jungens sich gefallen lassen müßten, auf diese Art bis zur Stelle, wo man den Raub ausführen wolle, geleitet zu werden, und daß man die erkorenen Anführer berechtigen müßte, auf alle die, welche da Miene machten, sich heimlich wegzuschleichen, Feuer zu geben und sie auf der Stelle totzuschießen. Der Antrag der Redner wurde mit Beifall aufgenommen und pünktlich vollzogen.

Die Chefs der Bande ergriffen die Pistolen, schlossen sozusagen die Räuber ein und führten sie bis an das alte Posthaus. Hier wurde haltgemacht und ein Baum zum Aufrennen der Tür des Wirtshauses, vor dem der Wagen stand, gesucht. Nach diesem teilte Müller, der das Oberkommando hatte, die Order aus; der eine wurde kommandiert, Schildwache zu stehen, der andere, Licht anzuzünden, jener, sich mit dem Postwagen zu beschäftigen, diese, auf das Wirtshaus zu stürmen, andere, die darin befindlichen Wächter und Einwohner zu knebeln. Hierauf rückte nun die Bande vorwärts, und zwar bis an den Garten des Wirtshauses. Sobald sie dort ankam, zündeten diejenigen, die damit beauftragt waren, die Wachs- oder Pechlichter an; Müller zeigte den Schildwachen ihre Posten; zwei Räuber wurden mit geladenen Pistolen gerade dem Haus gegenüber, einer hinter dasselbe postiert. Schieman Engländer und Fetzer als diejenigen, die nach Müller im Rang standen, wurden zu der Schildwache dem Haus gegenüber und Ruben Simon zu jener am Hinterteil des Gebäudes ausersehen. Auch hier sehen wir bestätigt, daß es in der Taktik der Räuber lag, zur Schildwache immer den Mutigsten zu nehmen. Vor der Tür des Wirtshauses stand ein Karren; der Postwagen aber, den man berauben wollte, vor einem Fenster, in welchem eine Leuchte hing, die denselben zu beleuchten dort angebracht war. Die Räuber, so war der Plan, mußten in das Innere des Hauses, um dort die Fuhrleute und andere Bewohner unschädlich zu machen, oder sie sahen sich der Gefahr ausgesetzt, während sie mit dem Plündern des Wagens beschäftigt waren, von dort aus überfallen und vertrieben zu werden. Diesem zufolge schoben sie den Karren, der den Eingang in das Wirtshaus behinderte, auf die Seite und stürmten mit einem etwa zwölf Fuß langen und einen halben Fuß dicken Baumstamm die Tür desselben.

---

* feierlich anzureden

»Aufgeweckt von dem schrecklichen Knall«, so erzählt der Fuhrmann des Postwagens, »fuhr ich auf. In dem Augenblick sah ich eine Menge unbekannter, bewaffneter Leute in die Stube, vor der der Postwagen stand, hereinstürzen und das Licht im Haus, das diesen beleuchtete, mit einem Schuß auslöschen. Drei der Fremden sprangen auf mich zu und knebelten mich, daß ich mich nicht bewegen konnte. Das gleiche Schicksal hatte ein anderer Fuhrmann, der neben mir lag. Ich hörte ganz deutlich, wie man den Postwagen öffnete und plünderte, aber da man mich auf das Gesicht gelegt hatte, konnte ich nichts von dem, was weiter vorging, bemerken. Nach einer kleinen halben Stunde fielen zwei Schüsse nacheinander, sogleich wurden von den Räubern die mitgebrachten Lichter ausgelöscht, sie zogen weg, und es wurde still.« – »Ich saß in der Wirtsstube«, erzählte der Wirt, »es war gegen Mitternacht, als ich vor dem Haus einen fürchterlichen Lärm hörte. Ehe ich noch wußte, was es zu bedeuten habe, wurden zwei meiner Glasfenster zertrümmert und die Tür in Stücke gesprengt. Auch fielen mehrere Schüsse in das Zimmer, worin ich saß. Eine Menge Räuber stürzte diesen Augenblick herein, fiel über mich her, nahm mir Uhr und Geld ab und setzte mir eine Pistole auf die Brust. Andere schlugen mich; warfen mich zur Erde und verwundeten mich am Kopf. Nach diesem erst wurde ich geknebelt. Hierauf ging der Zug nach oben, wo meine Kinder und mein Weib, eine Wöchnerin von zwei Tagen, lagen. An dem fürchterlichen Schreien und Weinen konnte ich hören, daß man mit diesen auf die gleiche Art wie mit mir verfuhr. Zu gleicher Zeit vernahm ich am Postwagen Lärm und Kettenrasseln, welches mich bald überzeugte, was man vorhabe. Eine halbe Stunde währte es, zwei Schüsse fielen ins Zimmer, die Lichter wurden ausgelöscht, und auf den fürchterlichen Lärm folgte eine Todesstille.«

Nach der Aussage zweier anderer Hausbewohner suchten die Räuber die schreienden und jammernden Weiber dadurch zu beruhigen, daß sie ihnen sagten, es sollte ihnen nichts geschehen, sie seien nur gekommen, aus dem Wagen Contrebande* zu holen.

Johann Müller, so berichtet uns ein Mitglied der Bande, war an der Spitze der Räuber in das Haus gedrungen und, nachdem er dort alles in Ordnung gebracht hatte, wieder herausgekommen, Hand an den Postwagen zu legen. Er stieg auf ihn, schnitt die Seile ab, öffnete den Korb, worin die verschiedenen Pakete lagen, und warf sie auf die Erde. Jeder der Räuber, nur die ausgenommen, die Schildwache gestanden hatten und die anderen beschützen mußten, wurde beordert, soviel er nur fassen konnte, aufzunehmen und fortzutragen. »Die Jungens waren alle so sehr beladen«, erzählt Fetzer, »daß sie nur mühsam fortkommen konnten und die Chefs genötigt waren, sie mit Prügeln zum Marschieren zu zwingen.«

* Schmuggelware

Kurze Spezifikation des bar geraubten Geldes, laut den Frachtbriefen.

An Achenbach und Brüninghaus: 1500 brab. Kronen
An dito: 1800 brab. Kronen
An W. Bredt in Barmen: 1800 brab. Kronen
An Karl Schlösser: 793 Reichstaler
An dito 1 Pack mit 400 brab. Kronen
An Gott. Henrich Kemmtz in Barmen: 700 Reichstaler
An Gebrüder Kersten: 878 Reichstaler
An Joh. Ruttger Brüning: 300 brab. Kronen
An Abr. Seibel in Barmen: 166 Reichstaler
An Fink et Comp.: 374 Reichstaler
An Joh. Pet. Rittershaus: 135 Reichstaler
An dito: 82 Reichstaler
An Joh. Funk et. Comp.: 150 Reichstaler
An J. Musenberg: 575 Reichstaler
An Elias Herberg in Ronsdorf: 116 Reichstaler
An Fr. Brun: 155 Reichstaler
An Carl Schlosser: 550 Reichstaler
An Abrah. Frohwinn: 27 Reichstaler
und: 26 Reichstaler
An Wickelhaus: 400 brab. Kronen
An Dalhan und Bergstebd.: 200 Reichstaler
An Casp. Erbslöhr ein Paket ohne Wert
An Gräff und Heimanns: 25 Reichstaler

So daß man also im mindesten Anschlag die geraubte Summe auf 50000 Livres ansetzen kann.

Die Räuber nahmen ihren Rückweg an dem alten Posthaus vorbei auf Hitdorf zu. Zwischen den beiden Orten liegt ein kleines Wäldchen. In dieses zogen sie sich und schritten zur Teilung der Beute. Die Säcke wurden auf die Erde gesetzt; ein großes aus dem Wirtshaus vom Langenfeld mitgenommenes Bettuch wurde auf die Erde ausgebreitet, die Säcke mit Geld von Müller aufgeschnitten und auf das Tuch zu einem großen Haufen geleert. Diejenigen Säcke, auf denen die Summe des Geldes geschrieben stand, wurden zur Seite gestellt. Müller nahm nun seinen Hut, füllte ihn mit Kronentalern und begann zu teilen. »Die sich am heutigen Tag am tapfersten gehalten haben«, rief er mit lauter Stimme, »sollen auch nun die größten Summen empfangen. Fetzer, Schiemann und Zülcher Wilhelm! Das seid ihr! Euch will ich nicht, wie den übrigen, einen Anteil zumessen, nehmt, soviel es euch beliebt!« Nach diesen Worten nahmen sich die Angeführten nach ihrem Gutdünken; für die übrigen geschah die Teilung mit dem vollen Hut. »Ich nahm mir ein Päckchen«, sagt Fetzer, »worin fünfhundert bayerische halbe Gulden waren. Dieses mit dem übrigen, was mir zufiel, machte gerade eine Summe von etwa 1700 holländischen Gulden oder beinahe 7000 Livres aus. Jeder«, fährt er fort, »bekam nach seinem Verdienst!!! Der allergeringsten einer selbst bis 70 Louisdor.«

Müller tat seinen Anteil in einen Sack, der so schwer war, daß zwei Räuber ihm denselben aufheben und über die Achseln zu legen helfen mußten. Bis zum Umfallen beladen, zog die Bande jetzt nach Hitdorf an den Rhein. Es war kein anderes Mittel da, als diesen zu passieren; denn es war zu erwarten, daß der Raub ungemeines Aufsehen erregen und daß man ganz gewiß in Deutz und allen jenseitigen Orten auf das schärfste nach den Tätern forschen würde. Sowie die Räuber am Ufer des Stromes anlangt, suchten sie nach einem Nachen. Sie waren so glücklich, einen solchen zu finden. Eben standen sie im Begriff, ihn loszumachen, als etwa sieben bis acht Fischer an das Ufer kamen. Sie fragten diese, ob sie nicht über den Rhein gefahren werden könnten, und versprachen für die Mühe zwei Louisdor. Die Fischer antworteten ihnen, daß sie es nicht wagen dürften, und gingen ihres Weges. Darüber gerieten die Räuber in einige Verlegenheit; endlich entschlossen sie sich, den Nachen zu besteigen und so sich selbst überzusetzen. Sie trugen die schweren Geldsäcke in denselben und drückten vom Land ab. Nun fand sich, daß keiner von allen auf dem Wasser zu fahren verstand. In dieser mißlichen Lage boten sich Fetzer und Zülcher Wilhelm an, das Ruder zu führen. Groß und augenscheinlich war die Gefahr, die in diesen Momenten über den Häuptern der Räuber schwebte. Der Nachen war durch die Menschen und das Geld so sehr beladen, daß er nur zwei Daumen Bord über dem Wasser hatte, und dabei wurde er von Unkundigen geführt. Jetzt ereignete sich ein Zufall, der die Gefahr nicht allein unendlich vermehrte, sondern die Räuber fast unwiederbringlich den rächenden Wogen des Flußgottes überantwortete. Mitten, mitten im Strom zerbrach plötzlich das Ruder. Erschrocken durch den Krach, den dieses Brechen verursachte, sprangen mehrere Räuber, die da glauben mochten, der Nachen sei zerborsten, von ihrem Sitz auf. Das schnelle Aufspringen gab dem Nachen, der, wie gesagt, tief im Wasser ging, eine solche Bewegung, daß die Wogen stromweiß auf beiden Seiten in denselben schlugen. Nur einen Fingerbreit war das ganze ruchlose Komplott von dem wohlverdienten Tode; aber das Sprichwort rettete sie: Was hängen soll, ersäuft nicht. Fetzer und Zülcher Wilhelm brachten es mit ungewöhnlicher Anstrengung dahin, daß der Nachen in die Ruhe kam und das andere, nämlich das diesseitige Ufer gewann. Bis hierher war die Bande vereint gewesen; nun mußte sie sich trennen. Müller schlug den drei Haupträubern, dem Fetzer, Schieman und Zülcher Wilhelm vor, ihr geraubtes Geld bis zu gelegener Zeit an dem Ufer zu vergraben. Schieman und Zülcher Wilhelm fanden sich sogleich bereit dazu, nur Fetzer nicht. »Nein, nein«, schrie er, »das tue ich nicht; wo ich bleibe, muß auch mein Geld bleiben, bekommen sie mich, so mögen sie auch mein Geld bekommen.« Nach diesen Worten nahm er seinen Weg auf Köln zu. Unterwegs fand er ein Milchmädchen; dieses gewann er, und durch dieses ließ er sein Geld in die Stadt tragen, wo er etwa zwei Tage verweilte und dann wegen der Verhaftung seiner Kameraden – die Geschichte derselben werden wir gleich hören – so schnell er nur konnte mit Extrapost nach Neuwied fuhr.

Noch ehe er Köln verließ, begegnete ihm ein sonderbarer Vorfall. Einer seiner

Kameraden, der den Langenfelder Raub mitgemacht hatte, Kone von Essen, stieß auf ihn mitten auf der Straße. »Fetzer«, rief er ihm entgegen, »welches Unglück ist mir begegnet! Mein Geld, mein Anteil an der Beute ist zum Teufel! Du weißt, wie wir uns trennten. Ich nahm, was mir zugefallen war, mit und ging gerade auf Köln zu. An dem Nippes stieß ich auf französische Zollsoldaten, die mir ohne viele Umstände alles, was ich hatte, abnahmen. Zu Gericht gehen darf ich nicht, ohne mich selbst zu entdecken. Was soll ich tun?« – »Dir ist recht geschehen, dummer Esel« erwidert Fetzer, dreht ihm den Rücken und läßt ihn stehen.

Weit merkwürdiger aber, in jeder Hinsicht weit merkwürdiger ist das Schicksal, das den Chef der Bande, Johann Müller, und seinen Freund Schieman Engländer als eine Folge des Langenfelder Raubs traf und eine Veranlassung zu mehreren peinlichen Prozeduren gab. Müller nämlich und Schieman vergruben, wie wir bemerkt haben, ihren so beträchtlichen Anteil an der Beute, nur gut vierzig Louisdor ausgenommen, die sie mit sich nahmen. Bei ihrer Ankunft in Köln begaben sie sich wie gewöhnlich in das Bordell der sogenannten Tüwelsdrück, um im Arm der Freudenmädchen von ihren Strapazen auszuruhen. Noch am selben Morgen kam der in der Geschichte der brabantischen Räuber so berühmt gewordene Jude Maschoker, einst das Haupt der erwähnten Bande, der damals sich nur noch wenig mit Räubereien abgab und sein Glück auf eine eben nicht sehr viel edlere Art, nämlich durch Hazardspiele, zu gründen versuchte, in das Bordell zu Müller und Schieman, die bei den Mädchen noch im Bett lagen. Der erstere hatte auf einem vor dem Bett stehenden Stuhl in seinem Schnupftuch etwa vierzig Louisdor liegen. Maschoker war den Tag zuvor auf der Deutzer Bank* sehr unglücklich gewesen; er hatte sein bares Geld verspielt, war in Verzweiflung zu dem Juden Afrom gegangen, hatte ihm eine kostbare goldene Repetieruhr, Juwelen und andere Pretiosen versetzt, hatte das dafür empfangene Geld auf die Bank getragen – und wieder verspielt. Er klagte dem Müller und Schieman seinen Unfall. Jener mit einer unter gewöhnlichen Räubern ungewöhnlichen Großmut gab ihm freiwillig das auf dem Stuhl liegende Geld, um seine versetzten Effekten wieder einzulösen.

Unterdessen hatte der Raub auf dem Langenfeld ganz ungemeines Aufsehen gemacht; die Polizei in der dortigen Gegend hatte alle möglichen Anstalten getroffen, um den Tätern auf die Spur zu kommen; es war ihr aber nicht gelungen. Auch in Köln war der Diebstahl ruchbar geworden. Der Polizeicommissair Schöning, der, so wie seine Kollegen, den Ruhm eines rastlosen Diensteifers verdient, glaubte den Räubern auf die Spur kommen zu können, wenn er die Häuser der schnöden Lust durchsuchte, eine Maxime, die man fast immer mit einigem Erfolg angewendet hat. Er überfiel also plötzlich die Wohnung der sogenannten TüfelsDrück und war so glücklich, den Chef der Bande, Johann Müller und seinen Gesellen, den nicht minder gefährlichen Schieman Engländer,

* Spielbank

dort in Haft zu nehmen. Niemand kannte damals den Müller, niemand den Engländer. Nur soviel war gewiß, beide Fremden, die in dem verdächtigen Haus die Zeit über gelebt hatten, aus- und eingegangen waren und nur Umgang mit dem verworfensten Gesindel der Stadt gehabt hatten, verdienten von der Polizei festgehalten und über sie Erkundigung eingezogen zu werden. Br. Kramer, damaliger Friedensrichter, sparte weder Mühe noch Fleiß. Zwei Nymphen im Bordell, Marianne de Antoni und Marianne Lorschied, erschienen vor dem Friedensrichter, ob aus Zartheit des Gewissens oder aus Furcht, mit ihrer Cara Mama* aufgehoben zu werden, will ich nicht entscheiden, und brachten zwei Sackpistolen, die die beiden Juden – Müller passierte wegen seiner hebräischen oder vielmehr Kochemer Sprache ebenfalls für einen Juden – die die beiden Juden unter dem Kopfkissen verborgen hatten und die von dem Dienstmädchen dort gefunden worden waren. Sogleich wurde dieses vorgefordert. Es erschien und erklärte gewisse äußerst merkwürdige Umstände, daß nämlich Müller und Simon Elias, als sie des Morgens, am Tag vor dem Diebstahl, herausgegangen seien, keinen Sous besessen hätten, aber des Montags, da sie wieder zurückgekommen seien, eine Menge Geld gebracht hätten, daß beide, als sie an erwähntem Morgen wieder gekommen, so verstört und blaß ausgesehen, als ob sie die ganze Nacht hindurch kein Auge zugetan, daß ferner ihre Stiefel über und über voll Leim und Landkot gewesen seien. Man kann leicht denken, daß Müller, der sich für einen Handelsmann aus Wetzlar ausgab und sogar die Nr. seines Hauses bestimmte[1], daß Simon Elias, der darauf bestand, zu Mainz auf der Bürgerliste zu stehen, nichts von Langenfeld, vom Diebstahl, vom Außenbleiben über Nacht, vom Überlandreisen, von den Sackpistolen usw. wissen wollten. Ja, was noch weiter ging, Simon Elias brachte aus Mainz ein Zertifikat von vier ansehnlichen Bürgern unterschrieben und legalisiert, in dem folgende Worte stehen: Il s'est indiscontinuellement conduit en homme probe et d'honneur, imbu de tous les sentimens d'un sincere patriote que loin de se montrer capable de commettre la moindre des bassesses, il s'est, en reunissant toutes les vertus, attiré l'amitié de tous ses concitoyens†. Auch Müller hatte einen Paß, und zwar von Bendorf.

Gleich nach Müllers und Schiemans Verhaftung kam Bensberg, der noch nichts davon wußte, in das Bordell, fragte sehr ängstlich nach seinen Kameraden und machte sich auf solche Art verdächtig, daß man ihn mit ergriff und niedersetzte. Glücklicher war das Schicksal des Maschoker. Dieser hatte in Deutz seine versetzten Juwelen und Pretiosen eingelöst und war eben im Begriff, zu Müller und Schieman zu gehen, als ihm in Köln mitten auf der Straße eine Wache mit Gefangenen begegnete; er blickte sie starr an und erkannte zu seinem größten

* Hurenmutter

† "Er hat sich stets wie ein rechtschaffener Ehrenmann aufgeführt. Durchdrungen von allen Gefühlen eines aufrichtigen Patrioten und weit davon entfernt, auch nur die geringste Niederträchtigkeit zu begehen, hat er, indem er alle Tugenden auf sich vereinigt, das Wohlwollen aller seiner Mitbürger auf sich gezogen."

1 *Briefe der dortigen Obrigkeit bewiesen bald, daß er gelogen hatte*

Schrecken in ihnen niemand anders als Müller und Schieman. Auf der Stelle entwich er nach Deutz und von da nach Neuwied.

Da gegen Schieman Engländer sich nichts weiter während der Kriminaluntersuchung ergab, so ließ ihn der Direktor der Geschworenen von Köln ohne weiteres los. Müller und Bensberg wurden aber noch festgehalten. Doch währte es nicht lange, und auch diese beiden wußten sich, freilich nicht mit Vorwissen der Justiz, ihre Freiheit wieder zu verschaffen. Die Geschichte ihrer Entweichung ist kurz folgende: Einige Tage, ehe sie diese zu bewerkstelligen suchten, wurde der öffentliche Ankläger, Br. Keil, von einem seiner Vertrauten unterrichtet, daß Johann Müller und seine Gesellen auf die Flucht meditierten und keine Kosten sparen würden, sie zu erringen. Br. Keil ließ auf der Stelle den Concierge kommen, entdeckte ihm, was seine Gefangenen vorhätten, schärfte ihm die größte Wachsamkeit ein und entließ ihn. Noch währte es keine zweimal 24 Stunden, und Johann Müller, Bensberg und N.N. waren davon. Sie saßen in einem stark verwahrten Zimmer auf der rechten Seite des Kölnischen Hofes. Aus diesem brachen sie eines Nachts aus und kamen in den unteren Korridor, dessen Ausgang in das Innere des Hofes führt. Hierhin hatte man aus aller Vorsicht eine Schildwache von sogenannten Lohnwächtern gestellt, aber vergessen, bei ihrer Wahl sorgsamer zu sein. Es ist fast keinem Zweifel mehr unterworfen, daß entweder der Kochemer einer oder wenigstens einer der feilen Seelen, die um den Klang einiger goldenen Münzen Pflicht und Vaterland verraten, auf dem Posten gestanden hatte.

Glücklich passierten Johann Müller und seine Gesellen den Ausgang und gelangten in das Innere des Hofes. Noch waren sie nicht gerettet; eine andere dienstfertige Hand, auri sacra fames ad quid etc.*, stellte ihnen eine Leiter an die im Hintergrund des Hofes befindliche Remise. Sie überstiegen das Dach, gingen durch die Gärten des Zollempfängers und des Brs. Keil und fanden sich so in Freiheit.

Inwieweit der Gefangenenwärter selbst sich etwa bei der Entweichung der famösen Räuber hat zuschulden kommen lassen, ist unentschieden geblieben; soviel ist aber gewiß, daß er seiner sträflichen Nachlässigkeit wegen von seinem Posten entfernt worden ist.

In Köln hielt sich ein gewisser S... auf, der, wie das nach den damaligen Gesetzen erlaubt war, den Advokaten machte. Er war ein Jude seiner Religion. Kaum war der Raub auf dem Langenfeld verübt, so entstand schon gegen ihn der Verdacht, daß er den Räubern Johann Müller und Schieman Engländer ihren im Feld vergrabenen Anteil Beute in die Stadt geschafft habe. Fetzer, ein gewisser Fischer von Köln, die Wirtin Baums von Neuwied, Knips und Michel Schiefer – beide letztere kurz vor ihrer Hinrichtung – erzählten sehr weitschichtig, obgleich nicht ganz übereinstimmend in Nebenpunkten, wie S... das vergrabene Geld geholt und dabei die Räuber hintergangen habe. Br. Keil, öffentlicher An-

* O, fluchwürdiger Hunger nach Gold! (aus Vergils »Äneide«)

kläger, ließ die Sache untersuchen. Der Direktor der Geschworenen entwarf einen etwas kurzen Anklageakt, und die Geschworenen, die das Zeugnis eines kölnischen Bürgers, der einen ungemein großmütigen Zug von eben dem S... erzählte, beherzigen und die Aussage aller der Räuber und der Wirtin Baums nicht für geeignet halten mochten, um darauf eine Spezialinquisition zu bauen, sprachen die Formel aus: »Il n'y a pas lieu à accusation.«* Auch die Anklage hat nicht einmal statt. Und so wurde S... ohne weiteres in Freiheit gesetzt.

Doch wir haben uns zu lange schon bei dem Postwagenraub aufgehalten; wir schreiten weiter. Ehe wir aber zu den Neuwiedern zurückkehren, ein Wörtchen über die im Essendischen und Münsterschen herumspukende Räuberbande.

Es war kurz nach dem großen Eupener Raub, als einige Hauptleute der Mersischen Bande, und zwar selbst von jenen, die sich einst in Brabant so furchtbar gemacht hatten, in erwähnte Gegend zogen; die berüchtigten Räuber Jonas Lichtinger, Job Drideuten, Lukas Waldmann, die bei den wichtigsten von Gent, Brüssel und Antwerpen aus unternommenen Räubereien mitgezogen waren, Afrom May, der Anführer einer bei Eupen, Lang Leiser, Freiem Polack, der französische Jude Abraham vulgo HampelHohlmich, Mausche Gas, Meyer Gas, Nagels Peter und noch andere. Diese waren die Verworfenen, die sich in einer ohnehin nicht sehr fertilen† Gegend von dem Schweiße des Landmanns, von dem sauren Erwerb des Bürgers, von fremdem Eigentum nährten. In Essen war das Hauptquartier der Bande. Vorzüglich fanden sie in der Weberstraße von Essen bei mehreren Einwohnern Schutz und Obdach. Ihren meisten Aufenthalt aber hatten sie bei Christian Schnab hinter der Mauer, bei seinem Sohn Johann Schnab in der ebenbemeldeten Straße und bei Christians Schwester Gertrude. Ein Schuhmacher namens B..., ebenfalls hinter der Mauer wohnhaft, gestattete ihnen nicht minder Obdach und Aufenthalt. So wie Michel Schiefer und Knips noch am Tag vor ihrer Hinrichtung erklärt haben, war in Essen ein gewisser Wachtmeister, der die Korrespondenz der Bande besorgte und ihr im Notfall Pulver und Blei zu ihren Expeditionen verschaffte. Auf gleiche Art erklärte Fetzer, daß dieser Wachtmeister sonst wohl den Dieben und ihm selbst Pässe unterzeichnet, daß er, wenn von der Polizei durchsucht werden sollte, jedesmal vorher die Bande gewarnt habe. Das gleiche erzählt Heckmann.

Soviel Mühe sich die preußische, nie genug zu rühmende Justiz, die ebenso tätigen wie rechtschaffenen Beamten Hartmann, Castringius und andere gaben, um das Räubergesindel aus der Gegend zu verscheuchen und zur Strafe zu ziehen, so schwer wurde ihnen ihre Arbeit gemacht. Daß sie nicht fruchtlos war, daß eine sehr große Anzahl berüchtigter Räuber und später der Chef Picard selbst in Haft kamen, werden wir noch hören. Es ist faktisch richtig, daß, seit die königlich-preußischen Justizbeamten ihren Wirkungskreis in verschiedene Länder, die einst anderer Herrschaft unterworfen waren, ausgedehnt haben, seit eine Spezial-

* Es ist nicht genug für eine Anklage.

† fruchtbaren

sicherheitskommission in Bockum niedergesetzt worden ist, die ehemalige Essendische Räuberbande völlig vernichtet und gesprengt ist.

Schon im August 1797, in der Nacht vom 24. auf den 25., begannen die Räubereien in der dortigen Gegend. Man sprengte mit einem Sturmbalken, wie man in Brabant gelernt hatte, die Tür eines gewissen Exter zu Mengede, knebelte die Hausbewohner, mißhandelte sie aufs äußerste und stahl, was man bekommen konnte.

In dem Jahr 1798 in der Nacht vom 17. auf den 18. Juli wurde auf die gleiche Art mit einem 10 Fuß langen, $^3/_4$ Fuß dicken Holz die Tür bei dem Köter Trottenberg unweit Castrop gesprengt und die Bewohner gebunden und geschlagen. Das Geraubte bestand in wenig Geld, einem Halskreuz, einigen Ringen und Leinwand. Da in der dortigen Gegend damals Leibchen Schloß, Klein Mottchen, der aus Utrecht losgebrochen, Freiem Polack, Joseph Colloredo, Krimmeberg und Mausche Polack mit Schwager und Brüdern herumgespukt hatten, so ist es wohl natürlich, sie oder gewiß einige von ihnen für die Täter zu halten. Im Wintermonat desselben Jahres wurde bei Wienkop zu Eickel geraubt. Die Beraubten wurden gebunden und zur Erde geworfen. Während des Plünderns geriet plötzlich das Schlafzimmer des Beraubten in Brand. Die Räuber waren hier menschlicher als sie, wie wir noch hören werden, anderwärts waren, sie schleppten so lange Wasser hinzu, bis es ihnen glückte, das Feuer zu löschen. Der Brand, so hat Fetzer von den Tätern erzählen gehört, entstand dadurch, daß eine Magd oder ein Kind sich unter das Bett verborgen hatte und man darunter leuchtete. Die Täter waren Jonas Lichtinger, Job Drideuten, Klein Mottchen, Waldmann, Herz Hammerich, Lang Leiser, Michel Romich und Johann Schnab von Essen.

In der Nacht vom 4. auf den 5. November 1799 wurde bei Herrn Fischer auf dem Stade bei Hattingen an der Ruhr, dem Empfänger von den königlichen Schleusengeldern, eingebrochen.

Es war eine Stunde nach Mitternacht, als neben der Haustür ein Loch durch die Wand seines Hauses gestoßen und hierauf die Tür von innen vermittels einer eisernen Stange und teils auch durch ein Stück Holz gesprengt wurde. Die Bewohner des Hauses, zwei Manns- und eine Frauensperson, wurden von den Räubern geknebelt und mit Schlägen schändlich zugerichtet, an Barschaft 350 Reichstaler, Kostbarkeiten, Gold und Silber entwendet. Nach der Plünderung zogen die Räuber unter Schießen und Lärmen ab. Nagels Peter, der in Düsseldorf gehängt wurde, Afrom May, Hampelhohlmich, Freiem Polack, Hirsch, ein polnischer Jude, der einst unter den Kaiserlichen gedient hatte und ein charakteristisches Zeichen an sich trägt, eine äußerst aufgebogene Nase, Mausche Gas, Meyer Gas, Heinrich Höfchen von Mülheim an der Ruhr, Heinrich, ein holländischer Werber aus Kreuznach gebürtig, Serves Joseph und Johann Schnab von Essen werden als die Täter dieses Raubes angegeben.

Bei Pastor Klemp zu Eichlinghofen, Amt Hoerde, wurde im November desselben Jahres gewaltsam eingebrochen, vorher wurden, wie gewöhnlich, die Schlüssellöcher der Kirchtür verstopft und mehrere Häuser des Dorfes, damit niemand zu Hilfe kommen konnte, umsetzt.

Merkwürdiger war der Raub, der in der Nacht vom 23. auf den 24. Dezember 1799 in dem Hause des Pastors zu Nordkirchen im Münsterschen stattfand. Die Räuber banden den Geistlichen und sein Hausgesinde, warfen sie vor die Türschwelle und gingen mit bösartigem Mutwillen über sie ein und aus. Der Knecht, der auf den Boden sich geflüchtet hatte, wurde mit brennenden Fackeln zwischen Stroh und Heu hervorgesucht. Serves Joseph, Schlager, Romich, Schnab, Langleiser, Bild Afrom, Herz Hammerich und die von der Brabanter Bande her noch berüchtigten Job Drideuten, Waldmann und Lichtinger waren dabei zugegen. Der Baldowerer war ein Jude aus demselben Ort, aus Nordkirchen, gewesen. Einst erzählte Schnab diesen Diebstahl dem Fetzer. »In dem Haus des Pfarrers«, sagte er, »wohnten zwei Emigranten, von denen wir goldene Uhren und Börsen mit Gold gespickt bekamen. Fetzer, Fetzer! Du hättest müssen dabei sein!«

Auch Helweg, der Wirt am roten Herrmann zu Sandbochum zwischen Hamm und Lünen, bekam um diese Zeit im Dezember 1799 in der Nacht gegen elf Uhr Räuberbesuch. Eine Bande von 20 bis 30 Mann sprengte seine Tür, knebelte ihn mit den Seinigen und mißhandelte sie aufs äußerste. Unter den Tätern waren Jonas Lichtinger, Romich, Langleiser, Schlager, Herz Hirsch mit seinen beiden Söhnen.

Sowie die Bande gegen ein Uhr abziehen wollte, stieß sie unterwegs auf einen Menschen, der, wie es hieß, von einer Hochzeit kam; es war zwischen Werne und Rünthe. Sogleich wurde der gute Tropf geplündert, ihm mit seinem Sacktuch die Augen zugebunden und er bis auf die Landstraße mitgeschleppt, hier an Händen und Füßen gebunden und bei den unfreundlichsten Winterstürmen und der Kälte im Feld liegengelassen.

Bis in die Gegend von Elberfeld streifte damals die Bande. So beging sie in einem bei Kronenburg gelegenen Ort einen beträchtlichen Raub. Waldmann, Schlager, Simon Ruben, Berg aus Elberfeld und Pfeidisch Polack waren die Täter. Der letzte geriet nachher in Holland in Gefangenschaft und entwich zu Utrecht.

Picard, der bisher bald hier und bald da herumgezogen war, gelangte endlich zur Essendischen Bande, aber seit dem Eupener Diebstahl schien ihm das Glück den Rücken gedreht zu haben. So fein ausgedacht auch seine Pläne gewesen, so mutig er sie durchzuführen verstanden hatte, immer und immer griff der Zufall in sie ein, machte sie scheitern und lieferte wohl gar den Anführer, den Erfinder mit seinen Subalternen der Justiz in die Arme.

Picard, Jonas Lichtinger, Mausche Gas, Meyer Gas, Salomonchen, Langleiser, der starke Joseph, Mergemes Joseph, Joseph mit der Warze und Kaufmann brachen in einen Laden $^3/_4$ Stunde von Münster ein. Der Raub glückte, man schleppte die Beute fort; das Schicksal hatte aber gewollt, daß eben diese Nacht in der Nähe des Ortes einige Jäger ein großes bis Mitternacht währendes Fest hielten. Der Lärm, den der Raub verursachte, weckte diese aus ihrem Jubel auf, sie ergriffen ihre Flinten und eilten den Räubern nach. Die ganze lange Nacht hindurch verfolgten sie ihre Spur durch Wald, Sumpf und Heide. Jetzt begann es zu tagen, und jetzt verschwanden auf einmal die Räuber. Der schwarze Engel, der sie durchs Leben leitet, schien sie auch diesmal wieder dem rächenden Arm der Themis entzogen zu haben. An einer hohen Hecke setzten sie sich nieder und schritten zur Teilung; noch waren sie in derselben begriffen, als zwei Bauern an ihnen vorbeiritten. Die Räuber mochten sie nicht achten oder glaubten, nicht erkannt worden zu sein; sie vollendeten ruhig ihr Geschäft und zogen auf ein nahes Dorf zu. Jonas Lichtinger und Langleiser schlugen, ob aus Vorsorge oder wegen anderer Ursachen, einen Nebenweg ein. Picard mit seiner Bande eilte dagegen gerade vorwärts. Die zwei zu Pferde hatten die Räuber bemerkt und in dem Dorf alles in Aufruhr gebracht. Bei dem Eingang in dasselbe war eine Brücke über ein Wasser, die Picard mit den Seinigen auf jeden Fall passieren mußte. Hierhin legten sich die Bauern in den Hinterhalt. Ein großer Teil derselben verbarg sich selbst unter die Schwibbögen* der Brücke. Als nun Picard, ohne etwas Arges zu ahnen, voranrückt und die Brücke betritt, stürzen von allen Seiten die versteckten Landleute bewaffnet hervor, umringen ihn mit der Bande und nehmen alle gefangen. Von diesem Ort wurden die Räuber nach Münster gebracht. In den Verhören gaben sich alle falsche Namen; Picard nimmt den Namen seines Schwagers Abraham Jakob an und sogar auch dessen Geburtsort, Winschoten, so wie einst Herz Hertogh bei den Mersenern, Mosche Gas nennt sich Abraham Moises usf. Nicht lange sind sie in dem Münsterschen Zuchthaus in Haft, als sie durch Zerbrechen der Stangen entfliehen. In dem gedruckten Steckbrief, mit dem sie verfolgt werden, heißt es: Diese Juden haben sich vor ihrer Verhaftung im Märkischen, vorzüglich in Essen, dann an der Lippe und auf dem Weg von Lippstadt nach Lengerich, ferner jenseits des Rheins in Mersen aufgehalten.

Ich bemerke dieses nur, um darzutun, daß bis nach Münster der Ruf erschollen war, Mersen sei der Sammelplatz gefährlicher Räuber gewesen. Nachdem Picard von Münster entwichen war, am 15. Januar 1800, kam er mit Itzig Holländer in die Gegend von Bockum. Hier wurde er als Landstreicher festgehalten und nach Wesel gebracht. So wie einer seiner Bekannten erzählte, hatte er in Münster die Folter ausgestanden und war, als er nach Wese geführt worden war, noch kaum fähig, seine Glieder zu gebrauchen. Wir wissen, daß in Wesel seit dem Daadener Diebstahl mehrere von den Räubern, die mit ihm zu der Mersischen Bande gehört, mit ihm bei Eupen und anderwärts geraubt hatten, saßen. War es, daß man in ihm einen der Räuberchefs ehrte, oder waren es andere egoistische Rücksichten, genug, keiner von den in Wesel Gefangenen verriet den Picard, der unter dem Namen Ezechiel Juda als Landstreicher dort etwa ein Vierteljahr saß und nachher in Freiheit gesetzt wurde.

Die Neuwieder Bande, die indessen von Tag zu Tag mehr Zuwachs erhielt, verübte im Lauf des Jahres 1800, an das wir jetzt in unserer Geschichte gekommen sind, eine ungeheure Menge Diebstähle. Über die meisten, die beträchtlich-

* bogenförmige Wölbungen

sten (ich rechne hierunter den Diebstahl vom Sasserhof, von Daisbach, von Selheim, von Breidenau, von St. Goarshausen, von Beul, von Breisich, von Hilscheidt) waren die verschiedenen Ortsobrigkeiten im tiefsten Dunkel geblieben, konnten nicht allein den wahren Tätern nicht auf die Spur kommen, sondern hatten selbst wohl Leute in Verdacht, die an den Diebstählen völlig schuldlos waren. Die erste Nachricht erhielten sie fast alle von Köln durch den Br. Keil, öffentlichen Ankläger. Angeben, wie und auf welche Art es diesem Beamten geglückt ist, die geheimsten, verschwiegensten Raubunternehmungen zu erspähen, hieße der Polizei für künftige Zeiten einen schlimmen Dienst tun. Nur eines der Mittel dürfen wir hier berühren, ohne es darum für immer wirkungslos zu machen, und wollen es berühren, um zu beweisen, daß vieles auf die Behandlungsart gegen Verbrecher ankommt, um sichere Nachricht über noch unbekannte Diebstähle, über noch unbekannte Mitschuldige zu erhalten. Anderwärts wirft man wohl große, berüchtigte Haupträuber, sobald man sich ihrer bemächtigt hat, in scheußliche Verliese – man lese nur Howard* –, verfährt mit äußerster Strenge und Härte gegen sie, und – erfährt nichts von ihnen. Sich stützend auf kalte Kriminalisten, schreitet man zur Tortur – haben doch für den Fall, daß es um die Entdeckung der Mitschuldigen geht, Gelehrte mit liberalen Grundsätzen, die Tortur die sie sonst verwarfen, als erlaubt angenommen! – schreitet, sage ich, zur Tortur und bleibt oft dadurch so wenig unterrichtet wie vorher.

Einen ganz anderen Weg hat Br. Keil eingeschlagen, und es ist ihm geglückt, Räuber von eben nicht offenem, freiem, sondern zurückhaltendem, finsterem Charakter zum Geständnis zu bringen. Ganze Abende hat er mit ihnen zugebracht, sie in schöne heitere Zimmer führen, dort sich niedersetzen lassen, hat ihnen Wein in Fülle gegeben, mit ihnen gelacht und gescherzt, ihre Kochemer Sprache gesprochen und so von verwilderten Menschen aus freien Stücken, aus eigenem Antrieb, die durch Erzählung ihrer Abenteuer dem freundlich sie behandelnden Mann danken wollten, die wichtigsten Aufschlüsse erhalten. Wurde der eine oder der andere vom Gericht, wobei, wir sagen es Unkundigen, der öffentliche Ankläger keine verurteilende Stimme hat, zum Tod verdammt, so unterließ er nicht, die letzte Stunde um den Kondemnierten zu sein, und bewegte den P. Asterius, der in allem seinen Wünschen entsprach, dahin, daß er dem Verurteilten in der letzten, entscheidenden Stunde einschärfte, auch das noch zu offenbaren, was er bis jetzt vielleicht verschwiegen haben sollte; eine Maßregel, die nie ohne Früchte blieb.

Die Räuber bekamen unüberwindliches Zutrauen in Br. Keil. So entdeckte Fetzer, ich spreche als Zeuge, am Tag vor seiner Verurteilung, diesem einige äußerst merkwürdige Umstände, jedoch mit der Bedingung, daß er sie nicht am folgenden Morgen vor dem Publikum bekannt machen solle, was denn auch Br.

---

* Der aufgeklärte John Howard (1725-1790) bereiste Gefängnisse in den USA, dem Vereinigten Königreich und Deutschland. In seinen auch in Deutschland stark beachteten Veröffentlichungen trat er energisch für eine Verbesserung der Haftanstalten ein.

Keil tat. So war Fetzer, ich spreche nochmal als Zeuge, von der Behandlung, die ihm Br. Keil hat widerfahren lassen, so durchdrungen, daß er ihm in seiner herben Todesstunde für alle geleisteten Wohltaten, in Gegenwart vieler Umstehenden, dankte.

Wenn es mit dem Gang der Geschichte verträglich wäre, Apostrophen* zu halten, so würde ich mich jetzt an so manche Kriminalbeamte wenden, ihnen an die Seele legen, ihre Inquisiten mit Menschlichkeit und Freundlichkeit zu behandeln, und ihnen zeigen, welche Beruhigung ihr Gewissen, welche Freude ihr Herz, welche Ehre sie sich selbst, welchen Gewinn sie dem Staat dadurch erwerben können. Doch zur Sache.

Zu Beginn des Jahres 1800 wurde in dem von den Räubern nur zu oft heimgesuchten Kanton Odenkirchen in dem Bieseler Hof ein äußerst merkwürdiger Diebstahl verübt. Vielleicht würden wir über diesen, so wie über so viele andere, bei aller möglichen Nachforschung des Friedensrichters, doch keinen Aufschluß erhalten haben, wenn Br. Keil nicht, wie gesagt, bei den zum Tode Verurteilten vor der Stunde ihrer Hinrichtung sich jedesmal eingefunden hätte. Durch dieses Mittel geschah es denn nun auch, daß wir die Täter des Raubes auf dem Bieseler Hof haben kennengelernt. Zuerst wollen wir den Hergang des Raubes, so wie er sich aus den Aktenstücken des Friedensrichters ergibt, dann was Schiefer über ihn erzählt hat, darstellen.

In der Nacht vom 13. auf den 14. Nivose (3./4. Januar), heißt es in den ersteren, erschien eine Bande von etwa zwölf bis dreizehn Mann, unter welchen einige beritten waren, vor dem Bieseler Hof, brach durch den Stall in das Innere des Hofes, zündete die Lichter an und zog mit einem Rennbaum heulend und singend gegen die Haupttür.

Der im abgesondert liegenden Pferdestall schlafende Knecht entschließt sich, seinem Herrn, dem Halbwinner†, zu Hilfe zu eilen. Vor dem Hauptgebäude liegt ein kleiner Teich, über den eine schmale Brücke führt. Der Knecht, um nicht in die Hände der Räuber zu fallen, schlägt den Weg über die Brücke nicht ein, sondern springt geradezu in den Teich. Sein Eifer ist aber fruchtlos, denn die Räuber schießen auf ihn, daß die Kugeln um ihn pfeifen und er sich wieder in seinen Stall zurückziehen muß. Die im Innern des Hofes versammelte Bande machte nun Anstalten, das Hauptgebäude selbst zu bestürmen; sie stieß vermittels eines mitgebrachten Rennbaums ein Loch in die Mauer und drang mit erneuertem Heulen und Singen die Treppe herauf. Einer von der Bande trug ein Licht und stieg voran, die übrigen folgten. Den Eingang in den oberen Stock, worin der Halbwinner wohnte, verwahrte eine feste Falltür. An diese machten sich die eindringenden Räuber und arbeiteten, sie zu sprengen.

Der Halbwinner, Johann Krüchen, gehörte zu den Männern, die im Augenblick der Gefahr ihren Mut nicht verlieren. Er hielt seine Flinte durch einen Spalt

* Zwischenreden
† anderer Begriff für einen Kleinbauern

der Falltür und zielte auf den mit dem Licht vortretenden Räuber. Er drückte ab, das Licht verlosch und der Räuber stürzte die Treppe hinab. Alles floh. Am folgenden Morgen fand man an dem Ort, wo der Schuß gefallen war, auf der Brücke an jenem Loch, wo die Bande sich herausgeflüchtet hatte, selbst bis in den Juchner Broich Spuren viel vergossenen Blutes. Nicht das geringste wurde im Hof vermißt, dagegen ließen die Räuber ein Bündel Wachslichter zurück.

Vor seiner Todesstunde gab Michel Schiefer hierüber folgende Daten:

»Es war vor zwei Jahren, daß wir unter dem Kommando des Fritz Bröcker[1] einen einzeln gelegenen Hof, etwa eine Stunde von Neuenhofen, bestehlen wollten. Zur Bande gehörten folgende: P... von W..., der B... aus der B..., P..., B..., M... von F..., S... aus F..., S... und andere. Sobald wir vor den Hof kamen, sägten wir einen Baum ab und rannten damit eine Öffnung in die Wand, kamen in einen Stall, brachen die Tür auf, zogen den Balken nach und halfen uns vermittels desselben über das Wasser. Nun liefen wir neben der Haustür unter einem Fenster die Mauer des Hauptgebäudes ein. Fritz Bröcker rückte mit mehreren die Treppe hinauf. Als sie an die Falltür kamen, fiel ein Schuß, und einer der Bande, wer, ist mir unbekannt, wurde getroffen. Ohne weiteres ergriffen wir die Flucht und eilten unverrichteter Sache davon.« Soweit Schiefer.

Der Friedensrichter Kommerz macht beim Bericht über diesen Diebstahl eine Bemerkung, die ich oben schon flüchtig angeführt habe. Die gewaltsamen Maßregeln, die das Direktorium ergriffen hat, um alle Landleute zu entwaffnen, sagt er sehr richtig, hat viel dazu beigetragen, die Einbrüche zu vermehren und ihnen den fürchterlichen, ernsten Charakter zu geben. Der unglückliche Ausgang der Diebstähle lag meistens darin, daß die Überfallenen nie mit Schießgewehren versehen waren. Die rechtschaffensten Leute auf dem Land waren zu furchtsam, ihre Flinten und Pistolen zu verleugnen, während just die, die sie zum allgemeinen Verderben mißbrauchten, sie behielten. Hätte Krücher seine Flinte wie andere hergegeben, wer wäre wohl imstande gewesen, ihm sein Eigentum, ihm sein Leben zu retten?

Eben dieselben, die den Raub auf dem Bieseler Hof versucht hatten, verübten nicht lange darauf einen gewaltsamen Diebstahl in Gustorf. Zu ihnen schlug sich noch der später in Düsseldorf aufgehängte Peter Nagel.

Im Hornung des Jahres 1800 wurde der große Diebstahl bei dem Kaufmann Wilhelm Becker im Sasserhof an der Wermelskircher Chaussee, im Kirchspiel Burscheid wohnhaft, von der Neuwieder Bande vollbracht. Die Geschichte desselben ist ungefähr folgende:

Müller, Fetzer, Schieman Engländer, eigentlich Simon Elias, und Breslauer kamen von Neuwied, wo sie bei Belz logiert hatten, nach Deutz, um dort einen Diebstahl im Tempelhof zu verüben. Sie kehrten bei Linz ein; hier fanden sich verschiedene Juden, die den Diebstahl von dem Strasserhof oder den Fettenhennen anbrachten.

---

[1] *eines Diebsgenossen des Fetzer, der schon oft genannt worden ist.*

Die Räuber nahmen den an sie gerichteten Vorschlag an, setzten einen Tag fest, an dem er vor sich gehen sollte, machten Patronen, und zwar einesteils bei dem Becker Linz, anderenteils bei Spielmans Mathies, kauften Knebelstricke, legten die Pistolen in Bereitschaft und gingen an einem bestimmten Tag einzeln von Deutz nach einem gewissen Haus in Mülheim, das sie zum Rendezvous ausersehen hatten, von da aus aber nach den Fettenhennen.

Es war in der Nacht vom 1. auf den 2. Februar. Die Räuber waren Johann Müller, Kommandant, Fetzer, Schieman Engländer, Maschoker, Afrom May, Breslauer, Serves Döbele, Herz Schuster, Mausche Polack, Simon Ruben, Schlager, Anton Heinze, Itzig Schnut, Süßkind, Etten, Michel Romich, Kur von Essen, Schmalnudel, Knips von Köln, Michel von Mückenhausen, Nikolas Chagré, ein Bäckersknecht aus Bonn, Süßkind Polack, sein Bruder, Meyer Fuchs, Johann Schnab von Essen, Mausche Weinjong von Amsterdam und Schumacher; also 28 an der Zahl. Mit einem Rennbaum stürmten sie die hintere Haustür auf. Die erste Person, die ihnen entgegenkam, eine Magd, die noch nicht zu Bett gegangen war, banden sie an Händen und Füßen. Hierauf zerschlugen sie die Tür an dem Schlafzimmer der Knechte und knebelten zwei derselben nebst einem Schneider, der damals bei diesen schlief. In der Kammer der Knechte war eine eiserne Stange angebracht, die den Eingang zum Laden verwahrte. Diese zogen sie weg; weil aber die Ladentür außer dieser Stange noch mit einem eigenen Schloß versehen war, liefen sie sie nun mit dem Rennbaum auf. Jetzt klebten sie eigens verfertigte Lichter an die Wand und erleuchteten den Laden und das Vorhaus.

Aus dem Laden des Kaufmanns geht eine kleine Treppe in dessen Schlafzimmer. Hier stand er mit einer gezogenen Flinte in der Hand und verteidigte den Eingang. Viermal schlug er auf die Räuber an und viermal versagte ihm die Flinte. Diese sahen, daß sie nicht ohne Gefahr die enge Treppe heraufkommen konnten, und umgingen sie, indem sie die Haupttreppe heraufdrangen. Sie rannten mit einem Balken wider die Schlafzimmertür des Kaufmanns; da sie aber nicht aufgehen wollte, nahmen sie eine Holzaxt und schlugen sie in Stücke. Zu gleicher Zeit wurde der Laden des Kaufmanns, bestehend aus Kottonwaren, Lacken und anderen Ellenwaren, nebst der Kasse mit einigen hundert Talern, Uhren, silbernen Löffeln und anderen Kostbarkeiten, zusammen 6000 Livres an Wert geplündert. Die Tür des Schlafzimmers wird nun völlig eingeworfen, so daß sie den in der Nähe stehenden Kaufmann Becker niederschlägt. Jetzt stürmen die Räuber in die Stube, fallen über Becker, der nur halb bekleidet ist, wütend her, treten ihm mit solcher Gewalt auf die Zehen, daß er laut aufschreit und lange nachher noch an den davon erhaltenen Wunden leidet. Sie schmettern ihm seine eigene Flinte mit solcher Wut gegen den rückwärts gebundenen Ellenbogen, daß sie in Stücke springt. Sie schlagen, sie mißhandeln ihn auf unbarmherzigste Weise. Der Lärm, das Angst- und Hilfegeschrei des Mißhandelten locken endlich, aber zu spät, einige Nachbarn herbei, die die Räuber von außen her und durch die Fenster mit Schüssen begrüßen. Diese erwidern Schuß mit Schuß. Es entsteht ein förmliches Scharmützel. Sobald die Räuber die Waren zusammengepackt hatten, löschten sie in einem Hui alle Lichter aus und zogen ab. Johann Müller, der General, zählte die Glieder nach, ob niemand zurück sei, und gab das Zeichen zum Rückmarsch, der durch einen abhängigen Wiesengrund nach Deutz ging. Müller, Fetzer, Schieman Engländer, Afrom May und Schlager sollen die gestohlenen Sachen zu dem Juden Bielefeld gebracht haben.[1] Während sie dort mit dem Verschachern beschäftigt waren, auch dieses erzählt Fetzer, entkam ihnen plötzlich der Sack mit dem Geld, den sie auf einen Stuhl gelegt hatten. Die Juden Bielefeld und Afrom Bendorf, erzählt er, kauften die Waren für gut 60 Louisdor. Des folgenden Tages sollte in Deutz nachgesucht werden. Die Ankäufer des Gestohlenen wurden zeitig davon benachrichtigt; sie verbargen die Waren bei einem anderen Juden, der vermutlich im Gerücht der geprüften Ehrlichkeit sein mochte; auch ermangelte der Hebräer nicht, sie recht wohl zu verwahren, nämlich in dem Allerheiligsten, in der Judenschule. Einige Zeit hierauf verlangten die Ankäufer die Waren wieder. Afrom Bendorf erwartete sie mit jedem Tag; sie kamen nicht. Er reiste also nach Deutz, sie selbst zu holen. Wie er zu dem ehrlichen Hebräer kam, der sie in Verwahrung hatte, und sie reklamierte, hatte dieser – wie ganz natürlich, um die Ankäufer des Gestohlenen, die Scherfenspieler, für ihr schändliches Gewerbe zu strafen – die unerwartete Kühnheit zu leugnen, je Waren von ihm gesehen oder bekommen zu haben, und behielt sie ohne weiteres, vermutlich als Sporteln* für ausgeübte prompte Justiz, für sich.

Ein kleinerer, weniger merkwürdiger Diebstahl wurde fast um eben die gleiche Zeit von den noch immer in und um Krefeld herumspukenden Räubern, die sich noch nicht an die Neuwieder angeschlossen hatten, in dem Magazin des Kaufmanns Henrich Hartmann in Wickrath, Kanton Odenkirchen, am 2. Ventose 8.Jahres, (21. Februar 1800), verübt. Dieser Diebstahl geschah ohne alle Gewalttätigkeit an Personen, heimlich und still mit Einbruch in das Magazin. Die Diebe begnügten sich, einige Säcke Kaffeebohnen im Wert von etwa hundert Dukaten zu holen. Auch waren sie glücklicher als Engelbert Jungbluth, Simon Elias und zwei andere Juden, die etwas später unter vielen beträchtlichen Diebstählen auch einen in einem Kaffee- und Spezerei-Laden versuchten, unglücklicherweise an eine Schublade kamen, in der durch Zufall Pfefferkörner unter den Kaffee gekommen waren, nach vollbrachtem Diebstahl diesen verkauften, sich durch die Pfefferkörner verrieten und unter der Guillotine ihr Leben verbluten mußten.

Fetzer und Müller, die fast immer bisher gemeinsam geraubt hatten, trennten sich im März des Jahres 1800 auf einige Zeit; hierdurch verminderten sich die Räubereien nicht, sie vermehrten sich im Gegenteil, indem nun jeder mit seinem Anhang für sich auf Raub ausging. Zwei Nächte hintereinander, die vom 21. und die vom 22. März, wurden auf diese Art durch verschiedene Räubereien bezeich-

---

* Gebühr

1 *So hat Fetzer noch vor seinem Tod, und zwar in Gegenwart des Kaufmanns Becker, selbst erklärt. Becker hat sich, gestützt auf diese und noch andere Umstände, an die Nassauische Justiz gewandt und erwartet Gerechtigkeit.*

net. Müller war bei dem ersten, Fetzer bei dem letzten zugegen gewesen. Der erste wurde in Derschlag an der Acher in dem Amt Neustadt an der Mark gräflich Wallmodischen Gebiets verübt. Müller bekam bei diesem gewaltsamen Einbruch einen Schuß in die linke Hand und flüchtete sich nach Deutz zu dem bekannten Schuhmacher. Der Kriminalrichter des Amts Neustadt erkundschaftete seinen dortigen Aufenthalt und requirierte den Deutzer Magistrat, den Verbrecher in Haft zu ziehen. Wie und wodurch es kam, ist unbekannt geblieben, soviel aber scheint sich zu ergeben, daß Müller, ehe er arretiert werden sollte, gewarnt wurde und sich davonmachte. Der Kriminalrichter Pollmann tat mehr als so viele andere seines Standes; er forschte dem Räuberhauptmann immer weiter nach, erfuhr, daß er sich nach Neuwied zu der Bande gezogen hatte, schrieb auf das dringendste an die dortige Polizei und hatte das Vergnügen zu sehen, wie bereit man dort war, nachbarliche Pflichten zu üben und schändliche Verbrecher auszuliefern. Müller samt seinem Weib wurden verhaftet und nach Gummersbach, Amt Neustadt, gebracht. Nach Müllers Aussagen vor dem dortigen Gericht ist er aus einem adligen Geschlecht und aus Sillesheim bei Straßburg gebürtig. Es währte nicht lange, so wußte der ebenso kühne wie schlaue Räuberanführer eine Gelegenheit abzulauern und aus dem Gefängnis von Gummersbach zu entfliehen. Wohin er sich nun wandte, welche Räuberpläne er nun angesponnen und wie verderblich er seine neue Freiheit benutzt hat, werden wir bald hören.

Der zweite Diebstahl, nämlich jener in der Nacht vom 22. März von Fetzer und seinen Gehilfen verübte, verhält sich folgendermaßen: Der Ort, wo er geschehen, war Wellersberg, zu dem Bergischen Amt Blankenberg gehörig, das Haus jenes des Herrn Faßbender. Die Räuber Fetzer, Leibchen Schloß, Ruben Simon, Waldmann, Anton Heinze, Schlaumann und Wambach, zwei Juden aus Offenbach, Meyer Fuchs, der alte Hannes oder Johann Hammer und sein Sohn. Dieser alte Hannes, der vielleicht mehr das Baldower- als das Räubergewerbe trieb, war der Anbringer des Diebstahls gewesen. Ein Teil der Bande brach in der Nacht von Neuwied aus auf und ging zu Fuß bis nach Höningen, wo sich die übrigen, die den Weg zu Wasser zurückgelegt hatten, an einem bestimmten Ort einfanden. Die Nacht war eine der unangenehmsten, da ein steter kalter Regen aus den Wolken herabströmte. Wie gewöhnlich wurde eingebrochen, geknebelt und geplündert. Sich zu erlaben, tranken die Räuber im Keller des Beraubten aus großen hölzernen Humpen vom besten Wein. Der alte Hannes und sein Sohn, die in dem Ort und bei Faßbender bekannt waren, kamen nicht zum Vorschein, sondern standen Schildwache.

Mehr nicht als zehn Tage nach diesem Raub verübten die Neuwieder einen anderen in der Nacht vom 30. auf den 31. März. Leibchen Schloß, der, wie wir bereits wissen, schon seit zehn Jahren in dem Räuberhandwerk Wunder getan hatte, kam vom Oberrhein nach Neuwied und erzählte, er habe gehört, daß der Pfarrer von Daisbach unweit Wiesbaden bei einem Juden große Summen Geldes gewechselt habe, und machte den Vorschlag, sie wegzukapern. Die Räuber Schlaumann von Wambach bei Langenschwalbach, HampelHohlmich, Freiem

Polack, Itzig Holländer, einer von denen, die mit Picard in Münster saßen und entsprangen, Michel Romich, Mausche Holländer, Afrom May, der dicke Mathies, Anton Heinze und dann endlich der nie vermißte Fetzer machten alle Vorbereitungen zur Ausführung des Diebstahls, brachten ihre Pistolen, Stricke und Lichter in Ordnung und zogen so nach Daisbach zu dem Haus des Pfarrers. Dieser Raub, so die Originalberichte, wurde mit großer Grausamkeit und Mißhandlung verübt. Die Türen wurden mit Klafter- und Bauholz auf die fürchterlichste Art aufgebrochen, der Pfarrer Engelhardt und seine Magd geknebelt, Pulte und Schränke geöffnet, zwei goldene Uhren, etwas Gold und andere Effekten im Wert von 500 fl. entwendet. Während die Räuber mitten im Plündern begriffen waren, kamen die benachbarten Bauern dem Pfarrer zu Hilfe; aber ebensowenig schreckte das Sturmläuten wie die hinzugekommene Hilfe den Räuberhaufen ab. Mutig setzte er sich vielmehr zur Wehr und schoß unaufhaltsam aus den Fenstern der Pfarrwohnung auf die Herbeieilenden. Nach vollbrachter Tat zog er sich in größter Ordnung zurück. Der Anführer Leibchen Schloß hatte die goldenen Uhren zu sich gesteckt und so seine Kameraden um den ansehnlichsten Teil der Beute betrogen. Eine der Uhren verkaufte er nachher an den Räuber Waldmann, die andere an den Stammel Joseph in Neuwied. Was der übrige Teil der Beute, nämlich die Dukaten betraf, so hatte sie Itzig Holländer ebenfalls auf die Seite zu bringen gewußt, so daß die Bande für ihre Gefahr und Mühe nichts oder doch blutwenig davontrug.

In der Reichspostamtszeitung vom 20. April 1800, die einen Monat später den begangenen Diebstahl anzeigte, hatte man unter anderem »alle und jede Obrigkeit in subsidium juris et justitiae* dienstfreundnachbarlichst gehorsamst ersucht, auf das herumstreichende vagabunden und herrnlose Gesindel, besonders die Krugkrämer und Korbflicker, ein wachsames Auge zu halten, und im Betretungsfall gefälligst anhalten und visitiren zu lassen«. Der Fall mag freilich wohl gewesen sein, daß Korbflicker und Krugkrämer in der dortigen Gegend sich einen und den anderen Schelmengriff erlaubten, aber diesmal hatte die Behörde, wie sie nachher aus Berichten des Brs. Keils erfuhr, sich getäuscht, auch nicht ein einziger Krugkrämer oder Korbflicker war bei dem Daisbach-Diebstahl gewesen.

Indessen Fetzer, Leibchen Schloß und andere ihr Haupttheater immer mehr und mehr am jenseitigen Oberrhein aufschlagen, bildet sich eine neue Bande, jedoch meistens aus bekannten, unter den Mersenern und Neuwiedern oft schon angeführten Räubern, die mitten im Herzen des Roerdepartements äußerst wichtige Diebstähle begeht.

Hier, hier kommen wir nun im Lauf unserer Geschichte an ein ungeheures Verbrechen, an einen mehr als schändlichen Raub, an den Mordbrand auf dem Düdeling, der eine ehrliche, arbeitsame Familie völlig ruiniert und zwei Menschen das Leben gekostet hat. Zeitungen haben ihn allerwärts bekanntgemacht,

---

* in Rechtshilfe, gerichtlichem Beistand

Reisebeschreibungen ihn angeführt, Bänkelspieler schauderhafte Lieder von ihm gesungen. Wir glauben also, dem Leser eine umständliche Erzählung von ihm schuldig zu sein.

Unter den Räubern, die wegen dem Daadener Diebstahl auf Lebenslang in Wesel saßen, befand sich, wie wir schon wissen, Damian Hessel, der Student. Im Januar des Jahres 1800 brach er los und flüchtete leider in unsere Gegend. Es währte nicht lange, so nisteten sich der schon mehrmals als Räuber bekannte Zülcher Wilhelm, sein Bruder Peter, einige Juden, unter denen der wegen des Mersischen Raubs nachher guillotinierte Michel Meyer war, und einige übelberüchtigte Landleute aus der Gegend von Aachen an ihn, auch gesellte sich der famöse Jude Hirz Hirsch und ein Franzose aus Bourdeaux, Mathias Rouchet, zu ihm.

Wir können unmöglich hier, wo wir zum ersten Mal dieses Mathias Rouchet gedenken, unterlassen, den Leser aufmerksam auf dessen Person zu machen. Bei ihm traf ein, was man in so mancher Kriegsgeschichte erlebt hatte, daß sein Ruhm obgleich er der Jüngsten einer war, die auf dem Raubtheater erschienen, obgleich er anfangs nur eine subordinierte Rolle spielte, doch nachher den Ruhm, aller seiner älteren Kameraden überstieg. Eben dieser Rouchet ist es, der sich in Schwaben noch bis auf diese Stunde an der Spitze einer großen Bande aufhält und, unter dem Namen der Major, der Schrecken friedlicher Landbewohner geworden ist.

Bei Errichtung der Legion des Francs du nord ließ er sich einst anwerben – und erhielt den Grad eines Sergeant-Majors. Aber die französische Uniform war das Mittel nicht, ihn in edlere Gesinnungen einzuweihen. Selbst noch während er sie trug, mischte er sich unter Diebsgesindel und heckte Räuberpläne aus. So schwarz seine Seele ist, so wenig leuchtet es aus ihm hervor. Sein Äußerliches ist sehr vorteilhaft, er ist ein Mann von 5 Fuß 3 bis 4 Zoll, hat feurige, schwarze Augen, eine gebogene Adlernase, rundes Kinn, ein längliches Gesicht, interessante Züge, schwarze Haare, große Augenbrauen. Obgleich er noch sehr jung – 28 Jahre etwa alt – ist, hat er doch schon wegen früherer Verbrechen die Galeerenstrafe erhalten, sich aber ihr zu entziehen gewußt.

Wie willkommen mußte ein solcher Sündenbruder dem ebenso jungen und ebenso verdorbenen Damian Hessel sein. Beide entwarfen jeden Tag neue Diebstähle und führten sie mit Hilfe ihrer Gesellen aus. Nicht bloße Mutmaßung, nicht flacher, unbegründeter Argwohn ist es, daß eben diese beiden einen größeren Anteil an dem entsetzlichen Vorfall auf dem Düdeling gehabt haben; obgleich die Prozedur ihren Namen nicht nennt, so existiert doch eine andere Quelle, woraus man mit der größten Wahrscheinlichkeit, ich darf sagen mit Gewißheit, schließen kann, daß sie mit anderen – ebensowenig benannten, aber in dem geheimen schwarzen Buch der Polizei aufgezeichneten Bösewichtern – das abscheulichste aller Verbrechen begangen haben.

Hier folgt die Geschichte desselben, soviel ich sie aus dem ungeheuren Akten-Konvolut und den anfänglich so ordnungslos geführten Verhören eruieren konnte. Man lese sie und schaudere.

In der Nacht vom 30. Floreal auf den 1. Praireal des achten Jahres – am 20. Mai 1800 – zwischen zwölf und ein Uhr erwachte der Bewohner von dem Düdeling, Johann Nießen und wurde eine überaus große Helle vor dem Fenster seiner Schlafstube gewahr. Er rüttelte seine Frau auf, schrie ihr zu: »Es brennt – es brennt!«, sprang aus dem Bett ans Fenster und riß es auf. Was er hier erblickte, war nicht minder schrecklich. Mehr als 30 Kerle, die angezündete Lichter in Händen hielten und gräßliche Flüche auf französisch ausstießen, standen außerhalb des Hofes und waren soeben im Begriff, mit einem großen Balken die äußere Wand einzulaufen. Bei diesem Anblick sprang Nießen zu dem bei ihm wohnenden Notar Bücken und rief ihm zu: »Wir sind verloren – wir sind verloren! Das Haus ist rund umvon Spitzbuben besetzt.« Ihm war sein Weib auf dem Fuße gefolgt. Um sich zu retten, riß sie, sowie sie dort angekommen war, eine hölzerne Stange vom Fenster und wollte sich durch dasselbe flüchten – wie denn die Angst und der Schrecken Menschen ohne Zweck und Vorsicht handeln macht –, aber sogleich fiel ein Schuß auf sie. Der Notar faßte sie, zog sie zurück und in diesem Augenblick fiel ein zweiter Schuß. Ohne die Hilfe des Notars würde sie ein Opfer des Todes gewesen sein! – Jetzt flüchtete sie mit dem 60 Gatten wieder in die Schlafstube. Inzwischen waren nun die Räuber in das Haus eingebrochen.

Ein Fuhrmann aus Scheuren, Heinrich Henz, war unglücklicherweise in eben dieser Nacht auf dem Düdeling, der einsam und entfernt mitten im Gebüsch liegt, eingekehrt. Er lag in der unteren Stube und war so der erste, den die Räuber überfielen. Schon an diesem übten sie unmenschliche Grausamkeiten aus und gaben einen Vorgeschmack auf die Behandlung, die die unglücklichen Hausbewohner zu erwarten hatten. Fürchterlich knebelten sie ihn, zerschlugen ihm den Kopf mit einem Stuhl, warfen ihm eine Bouteille ins Gesicht, daß ihm das Blut über den Busen herablief, kurz sie richteten ihn auf eine scheußliche Art zu.

Nun erst entwendeten sie ihm sein Geld und ließen ihn geknebelt liegen. In diesem Zustand mußte er das Jammergeschrei, das Hilferufen, das Wehklagen der übrigen Hausbewohner und endlich das Auflodern der Flamme hören. Über der Stube, worin der Knecht mißhandelt wurde, stand nun zitternd und in Erwartung der Dinge Nießen mit seiner Frau. Durch eine Öffnung, die in die Küche geht, konnten sie die Räuber sehen, auch wollte einmal Nießen seine Flinte ergreifen und hinabschießen, aber seine Frau hielt ihn davon ab. Reißend wie ein Strom zerteilte sich die aus 43 Mann bestehende Bande durch alle Gemächer des Hauses. Wir eilen nun, das Schicksal jedes einzelnen zu beschreiben. Glücklich, besonders glücklich war die alte Frau Nießen. Es gelang ihr, durch das Fenster ihres Schlafzimmers zu klimmen, den Boden zu gewinnen und dort bis nach Ausbruch des Brandes verborgen zu bleiben. Auch Mathias Esser, der Tochtermann des Nießen, war mit seiner Gattin der Unglücklichste nicht. Beide wurden zwar in ihrem Schlafzimmer von den Räubern überfallen, ihres Geldes, ihrer Ringe beraubt, geknebelt und geschlagen, aber doch war ihr Los milder als das Los anderer. Auch entkamen sie den Flammen, denn das Dienstmädchen kam zeitig genug, sie von den Stricken zu erlösen und sie der drohenden schrecklichen Gefahr zu entziehen. Das Mädchen hatte sich, sobald es nur den Lärm vernommen, gleich anfänglich über eine Leiter aus dem Fenster geflüchtet, als man auf es geschossen, sich fallen gelassen und in ein Loch unten am Haus verkrochen. So gelang es ihm nachher, die Retterin einer ganzen Familie zu werden, die ohne seine Hilfe in den Flammen jämmerlich zugrunde gegangen wäre.

Der Notar Brücken wurde zu gleicher Zeit mit Esser von den Räubern überfallen und geknebelt. »Er hat mir einen schlechten Streich gespielt«, rief einer von denselben. »Nur immer über ihn her!« In dieser Stimme erkannte der Notar sogleich einen gewissen Züll, der einst die Vidimation* eines falschen Akts von ihm verlangt hatte, und da er's ihm verweigerte, in eine Strafe bei dem Enregistrement† verfallen war. Statur, Gang, Gesicht, alles verriet diesen Züll. Soeben wollte sich der Notar gegen ihn drehen und sich rechtfertigen, als ein vehementer Schlag auf ihn gerichtet wurde, der im Dahinfliegen ein Geschirr zerschmetterte, so daß die Scherben ihn bis aufs Blut verwundeten. Auch einen gewissen Brand und Heinrich Böhmer von Haaren wollte der Notar erkannt haben. Gleich hierauf verließen ihn die Räuber, doch kamen bald wieder einige zurück, die ihn menschlicher behandelten und ihm sogar von dem ihm bereits geraubten Geld einige Kronen zurückbrachten. – In diesem Moment brach das Feuer aus. Die Räuber, die bisher bei ihm in der Stube gewesen waren, entsprangen und ließen ihn mit gebundenen Händen und Füßen liegen. In welcher entsetzlichen Lage sich der Notar jetzt befunden, schildert keine Feder. Seine Hände waren auf dem Rücken befestigt, seine Füße mit Stricken gelähmt. Er konnte nicht von dem Platz, und bereits wirbelte die Flamme in den benachbarten Stuben. Auch die Treppe, so hörte man am Knattern, begann zu brennen. Mit unsäglicher Mühe wälzte sich der Unglückliche auf der Erde bis zur Tür. Aber wie sollte er sie öffnen? Dreimal versuchte er es mit seinen auf dem Rücken gebundenen Händen, aber immer vergebens. Endlich, endlich glückte es ihm. Er wälzte sich an den lodernden Flammen vorüber auf die brennende Stiege und ließ sich herabrollen. Zum Glück war das Dienstmädchen unten und konnte ihm seine Stricke entzweischneiden. Er entkam halbnackend der schrecklichsten Gefahr. Was ihm nicht geplündert worden war, verzehrte das Feuer.

Der alte Nießen hatte sich, als seine Frau durch das Fenster geflüchtet war, in seinem Schlafzimmer, so gut er konnte, verschanzt, aber dadurch mehr die Wut der Räuber gereizt als sich geholfen; denn ohne viel Mühe wußten diese sich den Eingang zu verschaffen, indem sie die Stubentür mit einem schweren Holz einrannten.

Grausam, bübisch, entsetzlich war die Mißhandlung, die der alte Mann erdulden mußte, ohne Not, ohne Zweck, ein bloßer bösartiger Ausbruch wilder, herzloser Barbaren. Der erste von den Räubern, der in seine Stube trat, schlug ihm mit einer großen Sattel-Pistole, ohne ein Wort gesprochen zu haben, über die

---

* gerichtliche Durchsicht und Berichtigung einer Schrift, Bestätigung, Beurkundung

† der Registratur

linke Seite des Kopfes, daß er zur Erde stürzte, die Nachdringenden mit nicht minderer Büberei stießen den darniedergesunkenen 60jährigen Mann mit Flintenkolben. Alle heulten: »Geld! Geld!« Da er schwur, keines zu haben, und sich darauf berief, daß es jedermann bekannt sei, zerschlugen sie ihm den Ellenbogen, daß das Fleisch bis auf die Knochen abschellte, das Rückgrat, daß es tief mit Blut unterlief, die Knie und das Schienbein, daß sie in Blut schwammen.[1] Nun erst ging es ans Plündern, ans Zerschlagen der Kisten. Mehrmals hielten die Wütenden dem unglücklichen Nießen bloße Degen auf die Brust und Pistolen wider die Stirn. Er würde vielleicht sein Leben haben lassen müssen, wenn nicht einer der Räuber, milder denkend – ein Deutscher, wie Nießen erklärte –, sich seiner angenommen und ihn den Händen der Mörder entzogen hätte. Eine Stunde wohl mochte das Plündern, das Auf- und Ablaufen der Räuber, das Wüten, das Mißhandeln gewährt haben, als endlich einer mit einer angebrannten Strohfackel unter das Bett des Johann Nießen leuchtete, es in Brand steckte und auf der Stellen mit den übrigen entsprang. Nießen raffte – auch er war an Händen und Füßen gebunden – seine letzten Kräfte zusammen, wälzte sich zur offengelassenen Tür, mitten durch das Feuer, ließ sich die Treppe hinabrollen und war so glücklich, seine Banden losstreifen zu können.

Jetzt an den schrecklichen Punkt in der Geschichte. Warum, so fragt man, warum mögen die Räuber wohl das Haus in Brand gesteckt haben? Nur zu gewiß, um ein weit abscheulicheres Verbrechen, einen zweifachen Mord bedecken zu können.

Johann Nießen hatte noch einen Sohn Andreas und eine Enkelin, Christina Schwitzers, ein Mädchen von fünf Jahren, bei sich auf dem Düdeling wohnen. Diese armen Schlachtopfer schliefen in einer eigenen Stube. Die Räuber, so wie sie von dem einen zu dem anderen stürmten, knebelten und plünderten, kamen auch zu Andreas Nießen. Nur zu wahrscheinlich ist es, daß der Unglückliche einen der Diebe mußte erkannt und dieses unzeitig an den Tag gegeben haben. Aus seinem schrecklichen Schreien, aus dem gefundenen blutigen Bajonette und allem anderen läßt sich schließen, daß er niedergestochen wurde. Der eine von den auf dem Düdeling Anwesenden hörte ihn schreien: »Drickes (soviel wie Heinrich), tust du mir das?« – Der andere: »Jesus Maria!« Und hierauf wurde es stille, stille. Nur wenige Momente danach wurde das Feuer gelegt. Wäre Andreas noch am Leben gewesen, so hätte er sich wie alle übrigen aus den Flammen retten können. So würde man ihn gewiß um Hilfe haben schreien hören. Er regte sich nicht, er gab kein Zeichen von sich, weil er bereits entseelt zu Boden lag und mit ihm das arme, unschuldige, fünfjährige Kind.

Am folgenden Morgen fand man noch einige schauderhafte Reste von dem Körper des verbrannten Andreas, von dem Kind nichts mehr als einige Knochen.

So merkwürdig der Mordbrand auf dem Düdeling war, so merkwürdig wurde die dadurch veranlaßte Kriminalprozedur. Wir wollen sie, da sie einiges Licht

---

[1] *Zeugnis des Chirurgus Dreßen*

auf die französische Justizverfassung wirft, bis ans Ende verfolgen, bis nämlich nach der Verhaftung von mehr als zwölf an dem Raub Mitschuldigen nur zwei dem rächenden Schwert der Justiz anheimfielen.

Bei den ersten Verhören wollten weder der Notar noch die übriggebliebene Familie Nießen sich bestimmt über die Täter des abscheulichen Verbrechens ausdrücken. Eine ganz natürliche Furcht vor Menschen, die ein solches zu verüben fähig waren, schloß ihnen den Mund. Der erste, der der Justiz in die Hände fiel, war ein gewisser Meller aus Kommeren, der in dem Düdelinger Busch mit einem Schießgewehr versehen gefunden wurde, sich in Widersprüche über seinen vorherigen Aufenthalt verwickelte und festgehalten wurde. Lange blieb es still, endlich kam ein anonymer Brief an den Friedensrichter. »Wenn Ihnen daran gelegen ist, den Bürgern Sicherheit zu verschaffen, und Sie eine Räuberbande, die dem ganzen Departement Gefahr droht, vertilgen wollen«, heißt es darin, »so geben Sie gegenwärtiger Anzeige gehörige Folge. Sie erscheint zwar ohne Unterschrift vor Ihnen, sie würde aber gewiß nicht so erscheinen, wenn man nicht die immer so barmherzigen Geschworenen fürchtete, die Verbrecher loslassen und den Angeber ihrer Rache bloßstellen.« Nun werden fünf Personen, Peter Züll, Johann Brand, beide von Hergaden, des Pfeiffermanns Sohn von Glehn, der Jude David Isak von Nideggen und der Jude Möthgen von Sinzenich, als Teilnehmer an dem Düdelinger Mordbrand angegeben und versichert, daß sowohl Nießen als auch der Notar, wenn man in sie dringen würde, sie als Mitbeteiligte erkennen würden. Sogleich wurden gegen diese fünf und einen gewissen äußerst verdächtigen Heinrich Böhmers, einen Spielmann aus Hoven, Vorführungsbefehle erlassen und nun – nun beichtete die Familie Nießen. Beide, sowohl den Züll als auch den Brand hatte Nießen an Stimme und Statur erkannt, nicht minder den Musikus, auch führte dessen Vorname den Schwanengesang des Andreas ins Gedächtnis, der ihm rief: »Drickes! Das tust du mir?« Ebenso bestimmte Nießen sich über die Juden von Nideggen. Einer von ihnen war überdies mit einem Pack am Morgen nach dem Raub über das Land fliehen gesehen worden. Auch einen Thomas Offermanns und Adam Roedgen traf der Verdacht, an der Untat teilgehabt zu haben. Was der anonyme Briefsteller vorausgesehen hatte, traf ein. Die Geschworenen in Aachen setzten die Juden Jeremias David und David Isak, den Musikus Drickes, Gottlieb und des Pfeiffermanns Sohn, die sich bei allen herbeigeschafften Zertifikaten nicht reinbrennen konnten, in Freiheit. Züll, Brand, Offermanns, Roedgen und der gleich anfangs verhaftete Meller wurden vor das Kriminalgericht nach Köln gebracht.

Die Gesetzgeber Frankreichs während der Revolution, so wie sie bei Einführung des Geschworenengerichts die englische Jury nachahmten, glaubten ebenfalls die dortigen unter der Strafe der Nichtigkeit vorgeschriebenen Formalitäten annehmen zu müssen.

In England gab es deren nur wenige, in Frankreich nahm man aber zwei- bis dreihundert an, nur traf man darin eine Änderung, daß man nicht die Nichtigkeit der ganzen Prozedur, sondern nur jenes Teils derselben, der nach der vernachlässigten Formalität folgte, statuierte. In England war der Fall, wie wir in Blackstone* finden können, daß große Verbrecher wegen eines fehlgeschriebenen Namens völlig in Freiheit kamen, in Frankreich, daß Prozeduren jahrelang währten und den Tresor Public† oft zehn- bis zwanzigtausend Livres kosteten, ohne davon zu reden, daß bei der Überstellung der Verbrecher in andere Departemente, wo sie nicht bekannt waren, so mancher Schuldige durchwischte. In der wegen Düdeling geführten Prozedur fand sich, daß der Chef der Geschworenen das Datum in der Anklageakte beizusetzen vergessen hatte. Daß der Direktor der Geschworenen und der Commissaire das Datum in demselben Aktenstück angemerkt hatte, half nichts. Die Prozedur wurde kassiert und wurde nun statt in Aachen in Köln vorgenommen.

Nachdem die Geschworenen in diesem Bezirk noch einmal sich erklärt hatten, kamen die Inquisiten vor das Kriminalgericht des Roerdepartements. Hier – wo bekanntlich alles öffentlich und unter dem unglaublichsten Zusammenlauf von Menschen verhandelt wird, wollten die Zeugen, besonders der Notar, sich nicht kategorisch über die Täter erklären, sie schienen ängstlich verlegen zu sein. Den Urteilsgeschworenen wurden 407 Fragen vorgelegt, die sie mit Ja oder Nein beantworten mußten. Man kann sich leicht denken, in welche Verlegenheit oft Bauern, Holzhacker, Schneider, Schuster und dergleichen Leute sich mit den Antworten befinden müssen, wie es ihnen möglich ist, nach einer mehrere Tage ununterbrochen fortlaufenden Sitzung, alles, was vorgekommen ist, so noch im Gedächtnis zu haben, daß sie auf eine solche Anzahl von Fragen antworten können. Wie oft habe ich nicht den Fall gehabt, daß bei der Fragestellung, die an jeden einzeln geschieht, mir ein Ja für eine Nein und ein Nein für ein Ja geantwortet wurde, wie oft sah ich nicht, daß Geschworene sich Zettelchen in den Hut legten, um aus den gemachten Strichen zu wissen, ob hier ein Ja oder Nein folgen müsse, wie oft brummte mir nicht ein Geschworener, dem ich seine Widersprüche zu den Antworten heben wollte, unwillig entgegen: Was weiß ich's, warum habt ihr mich von meinem Weberstuhl, meiner Hobelbank, meinem Krautacker gerufen, ich versteh' des Henkers von dem ganzen Krimskrams, und doch – doch hing von dem einzigen Ja dieses Schreiners, dieses Webers, dieses Bauern vielleicht das Leben eines Menschen ab. Wenn es gut ging, und das war mitunter der Fall, bemeisterte sich ein heller Kopf – Advokaten und alte Justizbeamte wurden nicht immer hierunter begriffen – während der Deliberation‡ des Ganzen und schrieb nun den übrigen vor, auf welche Frage – sie durften nur an den Fingern zählen – ein Ja oder Nein gesagt werden mußte.

In der Kriminalsitzung gegen die Mordbrenner vom Düdeling wurden vermöge des Ausspruchs der Urteilsgeschworenen auf 407 Fragen, alle Beteiligten

* Der englische Rechtsgelehrte William Blackstone hat mit seinen beiden vielfach aufgelegten Standardwerken »An analysis of the Laws of England« (Oxford 1756) und »Commentaries on the Laws of England« (Oxford 1766) die Klassiker der englischen Rechtsgeschichte geschaffen

† öffentliche Kasse

‡ Überlegung

in Freiheit gesetzt, nur Brand und Züll ausgenommen, die zum Tode verdammt wurden.

Noch hatten beide letztere ein Mittel, dem schrecklichen Spruch zu entgehen, das Gesuch um Kassation wegen einer der hundert Nullitäten. – Jeder der Geschworenen muß – sous peine de nullité* – zum wenigsten 30 Jahre alt sein. Daß sie dieses sind, dafür muß einesteils die von dem Departement eingeschickte Liste bürgen, andernteils pflegt man auch durch Nominalaufruf jeden einzelnen Geschworenen noch einmal zu aller Vorsicht darum zu fragen.

Bei der Kriminalsitzung wegen des Düdelinger Mordbrands befolgte man dieses letzte. Jeder Geschworene erklärte, 30 Jahre alt zu sein. Einer war darunter, der zwar auch diese Erklärung von sich gab, in der Tat aber das gesetzliche Alter nicht hatte. Wie und wodurch dieses dem Verteidiger der Verurteilten zu Ohren kam, weiß ich nicht, genug er machte diesen Umstand geltend und suchte um Kassation nach. Das Revisionsgericht von Trier vernichtete die Kriminalprozedur und verwies die Sache nach Koblenz in das Departement von Rhein und Mosel. Merkwürdig, äußerst merkwürdig war die Erklärung, die die Zeugen vor dem Kriminalgericht zu Koblenz in der öffentlichen Sitzung taten. Als sie dort bestimmt und fest sowohl Züll als auch Brand als Mitbeteiligte an dem Raub angaben und erkannten, setzten sie hinzu, darum nur, darum haben wir in Köln bei der öffentlichen Sitzung gestrauchelt und uns nicht deutlich über die Mordbrenner erklären wollen, weil wir mitten unter den Zuschauern welche von der Rotte erblickt und für unser eigenes Leben gezittert haben.

Inwieweit dieser Fall, der nicht der einzige seiner Art ist, das Nachteilige öffentlicher Kriminalverhandlungen erweist, und zwar in dem Grade erweist, daß er all das Gute von ihr schwinden macht, gehört nicht hierher. Die Geschichte sammelt Materialien, andere Wissenschaften benutzen sie.

Züll und Brand wurden von dem peinlichen Gericht des Rhein- und Moseldepartements zum Tode verdammt. Dem Gesetz gemäß konnten sie noch einmal um Kassation nachsuchen, auch war der Fall, daß zum Tode Verdammte sich dieses Mittels, ihr Leben völlig oder doch auf einige Zeit zu fristen, nicht bedient hätten, unerhört. Was ergreift der Mensch nicht, wenn es gilt, sich die letzten fliegenden Momente hinzuhalten! Mit wunderbarer Übereinstimmung und Trotz wollten Züll und Brand, denen das Mittel der Kassation bekanntgemacht worden war, nichts weiter mehr mit der Welt zu tun haben. Sie ließen ganz unbekümmert die Fatalien†, binnen denen um Kassation nachgesucht werden mußte, verstreichen und gingen so dem Tod entgegen. Eines Morgens – kurz vor ihrer Hinrichtung – so wenig Eindruck machte ihr schreckliches Schicksal auf ihre rohen, wilden Gemüter, fand man sie in so festem, ruhigem Schlaf, daß sie weder von den Tritten der sie Besuchenden noch vom Knarren und Rasseln der Schlösser geweckt werden konnten. Bis auf den letzten Augenblick wollten sie

* frei übersetzt: sonst wird das Urteil nichtig
† Fristen

weder die Helfershelfer am Düdelinger Mordbrand angeben noch selbst ihre eigene Teilnahme gestehen. Was die Mitschuldigen betraf, so wurden sie erst später vom Br. Lebens, dem Präsidenten des Kriminalgerichts im Rhein- und Moseldepartement, und vom Br. Keil zu gleicher Zeit entdeckt. Züll und Brand waren nach den erhaltenen Berichten zwar mit bei dem Raub zugegen, aber gehörten nur zu den Jungens, die für diesen einzelnen Fall aufgeboten wurden. Neben mehreren von denen, die die Geschworenen in Freiheit gesetzt haben, gehörten zu den Räubern auf dem Düdeling: Damian Hessel der Student, Mathias Rouchet der Major, Zülcher Wilhelm, sein Bruder, Niklas Chagré, Johann Schiefer aus Köln (nachher guillotiniert), Wilhelm Schiefer aus Köln, der Jude Michel Meyer (nachher guillotiniert), Burmanns und Schwarz von Burscheid, Elisabeth Wirz – von diesen drei werden wir unten bei dem Straßenraub unweit Jülich hören – und Herz Hirsch, der die aus 43 Mann bestehende Bande zu Pferde kommandiert hatte, und einige andere, deren Namen wir verschweigen.

Noch manche großen und wichtigen Diebstähle wurden – wie nur zu gewiß ist – gleich nach jenem auf dem Düdeling von denselben Räubern unternommen; aber nicht immer wird es der oberen Polizei möglich sein, darüber Nachricht zu erteilen. Es gab der fahrlässigen Friedensrichter im Departemente so manche, die sich nicht einmal die Mühe machten, bei erhaltener Nachricht von den in ihrem Kanton geschehenen Einbrüchen das corpus delicti zu konstatieren, ich will nicht sagen, die obere Behörde zu unterrichten und so in den Stand zu setzen, den Verbrecher selbst zu ergreifen. Dieser Vorwurf trifft ebensowenig den Friedensrichter von Burscheid als den von Odenkirchen. Noch im selben Monat, in dem der Mordbrand auf dem Düdeling verübt worden war – das erhellen die Berichte des Friedensrichters von Odenkirchen –, geschah bei dem Präsidenten der Municipalität des Kantons, Br. Henrich, ein gewaltsamer Einbruch. Zum Glück fanden die Diebe nicht, was sie suchten, und verschwanden ohne ausgeübte Gewalttätigkeit.

Zwei Tage nach dem letzten Diebstahl geschah der bei den Gebrüdern Heusch in Aachen. Die Räuber brachen durch die Gartentür, von da aus kamen sie in das Comptoir*. Weil aber die Diebstähle in Aachen seit einiger Zeit so häufig geworden waren, so hatten die Gebrüder Heusch jeden Abend die Vorsicht gebraucht, die vorrätigen Gelder wegbringen zu lassen. Daher kam es, daß die Räuber nichts an Geld und Geldeswert fanden. Sie trugen einen im Comptoir stehenden Schreibtisch, der so schwer war, daß ihn kaum zwei Leute heben konnten, in den Garten, öffneten ihn, fanden nichts als Papiere, die sie herumstreuten, und nahmen endlich – darin bestand ihre ganze Beute – eine rote Brieftasche mit.

In dieser Brieftasche lag ein Wechsel von 246 Reichstalern an Kaufmann Johann Hessel in Frankfurt, die Herbstmesse zahlbar.

Bald werden wir ihn aus den Händen eines Haupträubers kommen sehen und

---

* Kontor, heute: Büro

nicht länger in Zweifel stehen, wer wohl den Raub bei den Gebrüdern Heusch versucht haben mochte.

Wer beim Durchwühlen ungeheurer Aktenstöße immer und immer nur das grauenhaft widerliche Bild verworfener Mörder und Räuber findet, wie erfreulich muß es dem nicht sein, auch einmal auf lichte Stellen zu stoßen, auf Menschen, die, obgleich sie durch vorgespiegelte Reichtümer zu Verbrechen gelockt und gereizt werden, bei all ihrer Dürftigkeit, bei ihrem bisherigen verwilderten, kriegerischen Leben, in einem Zeitalter, wo der Glauben an Tugend wie der an Schemen geschwunden ist, doch noch mit männlichem Mut im Geleise der Rechtschaffenheit bleiben. Ich bin in diesem Fall, bin entzückt, jetzt in mein schwarzes bruegelisches Höllengemälde auch etwas Rosenlicht tragen zu können. Einige Tage nach dem Diebstahl bei Heusch – im Messidor (Juni/Juli) – kam der jetzt so berüchtigte Räuber Mathias Rouchet oder Major, der damals den Namen Stalder angenommen hatte, in Köln zu einigen Soldaten, die mit ihm im Corps des Franns de nord einroulirt* waren, und lud sie ein, zu einem gewissen Mardaga, einem Wirt auf dem Neumarkt, zu gehen, er habe ihnen etwas Wichtiges zu entdecken. Sobald sie in diesem Haus ankamen, sagte er ihnen, wenn sie mit ihm gemeinschaftliche Sache machen wollten, so sollten sie morgen abend – den 5. Messidor (24. Juni) – mit ihm und anderen an einen bestimmten Ort vor die Stadt ziehen: Ein Wagen, mit Geld beladen, sollte für Emigranten über den Rhein gebracht werden, diesen wollten sie aufheben. Einem jeden von ihnen könnten dafür wohl 30 Louisdor zuteil werden.

Die drei Soldaten fanden sich bereit, sie hielten es für ein Verdienst, den Feinden ihres Vaterlandes Abbruch zu tun, und erschienen am folgenden Tag bei Mardaga. Der Major, Damian Hessel, Michel Nathan und andere, die bereits dort versammelt waren, beschäftigten sich, Wachslichter von einer gewissen Art zuzubereiten und Patronen zu machen; wie man den drei Soldaten sagte, alles wegen des vorgehabten Auffangens der Contrebande. Da der Wirt Mardaga dem Major und Hessel nicht Branntwein und Gerätschaften auf Kredit geben wollte, versetzte Damian Hessel bei ihm ein Kleid und – einen Wechselbrief, denselben, der einige Tage vorher bei Heusch in Aachen gestohlen worden war. Ob man wohl über die Täter des Diebstahls bei Heusch in Ungewißheit sein wird? Doch wir schreiten weiter. Etwa gegen Mittag um drei Uhr sagte der Major zu den Soldaten, sie möchten einstweilen mit einem von seinen Vertrauten – es war der Michel Nathan, genannt Holländer – zur Stadt herausgehen, er würde ihnen folgen und sie unterwegs treffen. Die drei Soldaten, deren Herz nichts Böses ahnte, fanden sich dazu bereit. Der Vertraute führte sie zu dem Tor nach Jülich, also von dem Rhein abwärts in das flache Land hinaus. In Meladen ließ Michel Nathan die Soldaten haltmachen und ihre Päcke niederlegen, weil sie in einer Chaise zurückkommen würden. Auch hieß er sie harren, weil noch einige sich zu ihnen gesellen würden.

* angeworben

»Der Capitaine [*]«, sagte er, »ist sechs Stunden von hier und wird bald kommen. Ich habe die ganze Nacht in der Frucht[†] gelegen.« Endlich kamen vier Unbekannte nach Meladen. Der eine von diesen war der erwartete Anführer – der Jude Herz Hirsch von Prag, derselbe, der bei dem Mordbrand auf dem Düdeling kommandiert hatte. Nun brach man auf. Einer von den Soldaten erkundigte sich nach dem Major und erhielt zur Antwort, er zöge mit noch sieben anderen auf der Landstraße hin. Er fragte weiter, warum man einen Weg einschlüge, der sich vom Rhein entferne, statt sich ihm zu nähern; und man erwiderte ihm, dieses geschähe, um die Zollproposes[‡] zu täuschen, nach einem Marsch von einer Stunde würde man sich links schlagen.

Etwa halb neun Uhr kam der Zug eine halbe Stunde von Bergheim rechter Hand in einem Ort an. Sobald dieser passiert war, rief der Anführer: »Es ist noch zu früh, wir müssen hier das Anbrechen der Nacht erwarten.« Als es etwas später wurde, befahl er den Soldaten, ihre Flinten zu laden, und da sie kein Blei hatten, gab er ihnen kleine Steine. Er hieß sie auf jeden feuern, der sich nähern würde, ohne das Losungswort zu geben. Endlich rückte er etwas näher mit dem Vorhaben heraus. Er erzählte, daß ein Pächter aus der Nachbarschaft ihm viel Geld wegen Nationalgüter geben müßte und es nicht wollte, daß man in seinen Hof einbrechen, ihn und seine Leute knebeln und sie so nötigen würde, das Geld herauszugeben, daß der Wagen mit dem Geld für die Emigranten, von dem der Major gesprochen hatte, erst in vier Tagen kommen würde. Er beteuerte, daß sie, nämlich die Soldaten, nur gebraucht werden sollten, um Wache vor dem Hof zu halten, und dafür auf das beste belohnt werden sollten. »Marchez en avant«, schrien die Soldaten, »nous vous suivrons!« Die Räuber zogen voran. Die Soldaten folgten ihnen. Im Dahinziehen schlossen sie sich aber fester aneinander, sprachen unter sich über die abscheuliche Tat, wozu man sie gebrauchen wollte, und entschlossen sich auf der Stelle, nicht allein die Bande zu verlassen, sondern sie auch der Justiz in die Hände zu liefern.

Ihre Namen verdienen genannt zu werden. Es waren Jean Chiquain, 25 Jahre alt, Grenadier, gebürtig aus Champigaldepartement, der Aube, Jean Baptist Mazelle, 32 Jahre alt, Soldat der Nordlegion, und Gilles Arnaut, 24 Jahre alt, ebenfalls unter derselben Legion.

Diese drei braven Militärs entfernten sich unbemerkt von den Räubern und gingen geradezu auf Niederaußem, suchten den Agenten der Gemeinde auf, erzählten ihm, was vorgefallen war, und boten sich an, alles beizutragen, um die Räuber einzufangen. Der Jude Herz Hirsch hatte den Soldaten zwar den Hof genannt, den man heimsuchen wolle, aber sie hatten den fremdklingenden Namen vergessen. Der Agent nannte ihnen eine Menge einzelner Höfe, endlich den Soushof bei Rommerskirchen. Sogleich fielen die Soldaten ein, das sei er. Der Agent schickte unverzüglich seinen Sohn mit dem Grenadier Chiquain nach Bergheim,

---

[*] Man erinnert, daß die Räuber ihren Chef Capitaine zu nennen pflegen.

[†] im Getreide

[‡] hier: Zolloffiziere, -beamten

um die Gendarmerie zu Hilfe zu rufen. Der Brigadier Van der Sand zog die verstreut liegenden Gendarme an sich, vereinigte sich mit den Soldaten und Schützen und rückte gegen den Hof.

Hier war alles ruhig geblieben, nur gegen Mitternacht hatten die Hofhunde mehrmals laut angeschlagen, auch waren in dem nahen Gebüsch mehrere Baßstimmen gehört worden. Es ist nur zu wahrscheinlich, daß der Major, Damian Hessel und andere, die den geraden Weg auf der Landstraße genommen, sich bereits vor der Ankunft des Herz Hirsch vor dem Hof versammelt hatten, daß sich aber die Bande, sobald sie den Abfall der drei Soldaten erfahren, aus Furcht, verraten zu sein, ohne weiteres und unverrichteter Sache verteilt hatte. Die drei Soldaten blieben ihrem guten Vorsatz treu, nicht genug, daß sie alles getan hatten, die Täter anzugeben. Herz Hirsch, der Major, Damian Hessel, Michel Nathan und der Wirt Mardaga wurden arretiert.

Weniger um die Geduld der Leser nicht zu ermüden, denn ich bin überzeugt, daß sie manches der vollen Aufmerksamkeit würdig finden würden, als um nicht länger in einer so unangenehmen Materie mich zu vertiefen, eile ich über die gegen Damian Hessel und Konsorten unternommene Kriminalprozedur hinweg. Ich melde nur in kurzem, daß die Instruktion sowohl in Aachen als in Krefeld und Köln vor sich ging, daß Damian Hessel und der Major während ihrer Verhaftung gar fleißig mit der berüchtigten Hurenwirtin in Aachen, die sie ein über das andere Mal ihre Freundin und Unterstützerin hießen, korrespondierten und daß sie endlich vor die Urteilsgeschworenen gebracht wurden; ich melde, daß Br. Keil mit seinem gewöhnlichen Eifer gegen die Räuber zu Felde zog und vor den Geschworenen ein treues Gemälde vom Major und Damian Hessel entwarf, der, wie er diesen begreiflich machte, bereits in Wesel auf Lebenslang zur Festung condemniert worden war, daß aber dessen ungeachtet die Urteilsgeschworenen Hessel, den Major und alle Mitbeteiligten mit einem Hauch in Freiheit gesetzt hätten. Was bedarf es hier der Anmerkungen, die Sache selbst mag sprechen. Der Major wurde den Gendarmen überliefert, um zu den Galeeren transportiert zu werden, wozu er früher verurteilt worden war; er entwich aber unterwegs und kehrte zur Bande zurück. Damian Hessel würde wieder dem bürgerlichen Leben zurückgegeben worden sein, wenn nicht gegen ihn die schärfer ahndende preußische Justiz, wie erwähnt worden ist, eine condemnatorische Sentenz* längst schon erlassen hätte. Sobald ihn also die sanftherzigen Geschworenen losgesprochen hatten, ließ ihn Br. Keil von neuem arretieren, um ihn nach Wesel auszuliefern.

Da man die Wichtigkeit des Damian Hessel, des Studentchen, kannte, empfahl man ihn ganz besonders den zum Transport desselben beorderten Gendarmen; auch taten diese alles, den gefährlichen Räuber zu bewachen, und doch, doch entkam er. – Wie, wird manchem unglaublich scheinen.

In Uerdingen, wodurch er gebracht wurde, führte man ihn in einen hohen,

* einen verurteilenden Spruch

festverwahrten Turm, um dort über Nacht zu bleiben. Man sperrte ihn nicht nur in die höchste Stube, die wohl 60 Schuh hoch von der Erde war, sondern suchte ihm auch sonst die Flucht unmöglich zu machen, indem man ihn nämlich an eine mitten im Verlies befindliche Säule befestigte und ihm Ketten an Hände und Füße legte. Vergebens war alle Vorsicht; als man am folgenden Morgen kam, Damian abzuholen, war er verschwunden. Er hatte mit einer bewundernswürdigen Geschicklichkeit die Schlösser von den Ketten zu öffnen gewußt, sich aus dem Bettstroh mit außerordentlicher Geschwindigkeit ein Seil gedreht und sich dann den hohen Turm herabgelassen. Einige Tage spukte er wie ein Waldgeist in dem nahe bei Uerdingen befindlichen Gebüsch herum, bis ihn endlich der Hunger heraustrieb. Nun flüchtete er nach Neuss – wir wissen, daß er dort schon gesessen hatte und sehr bekannt war –, von Neuss aber wieder nach Neuwied

Während Damian Hessel in Köln saß, ereignete sich eine äußerst sonderbare Anekdote, die Overtüschens Arrestation verursachte. Doch davon nachher.

Picards Gehilfen, die mit ihm aus Münster entsprungen waren, Mausche Salomon und Joseph, vereinigten sich im Mai mit dem herumwandernden Hausierer Vogels Peter, bekannt auf den Kirmessen, wo er mit einem Drehbrett zu erscheinen pflegt, mit dem Juden Michael Ismael und anderen. In Deutz entwarfen sie den Plan, den Pfarrer Engels zu Wald im Bergischen zu berauben, den sie auch in Ausübung gebracht haben. Mangel an den nötigen Papieren hindert uns, einen vollständigen Bericht über ihn mitzuteilen.

Von Neuwied aus begingen unterdessen Fetzer, Anton Heinze und Munter einen Diebstahl nach dem anderen; so jenen in einem Flecken zwischen Koblenz und Köln, wo sie selbst in das Haus eines Beamten, der zugleich einen Laden hatte, einbrachen; die Waren verkauften sie für siebzehn bis achtzehn Karolin an den Juden Kalmen von Fahr und den Mausche Auschur von Hönningen.

Fast eben dieselben, wozu sich noch ein Freund des Johann Müller gesellte, begingen einen Diebstahl in einem anderthalb Stunden von Andernach auf der Höhe gelegenen Ort. Der Jude Kalmen von Fahr war hier Baldowerer und zugleich Räubermitglied gewesen. Gewalttätigkeit und Mißhandlung der Beraubten begleitete den Diebstahl.

Auch in Andernach wurde eingebrochen und aus einem Laden Ehlenware gestohlen. Der Jude Kalmen erscheint auch hier wieder unter den Tätern.

In Hemmerden, in Rheinbrohl bei einer Witwe und bei Grimlinghausen wurden Einbrüche begangen. Fetzer war bei allen diesen zugegen.

Es konnte nicht fehlen, daß unter der Menge von Diebstählen, die am Rhein jetzt und vorher vorgefallen sind, nicht der eine oder der andere gewesen sein sollte, der auch seine lächerliche Seite gehabt hätte, aber hierüber hat man freilich keine Aktenstücke aufzuweisen. Nur von einem Diebstahl, dessen Ausgang drollig und kurzweilig gewesen ist, haben wir Kunde. »Wir befanden uns um Maria Geburt am Pützchen«, erzählt Fetzer, »Johann Müller, Hirz, Schwarzschleuß, ich und Anton Heinze. Der letzte brachte uns einen Diebstahl an. Wir hatten zwar keine Waffen, aber nach aller Erkundigung, die wir eingezogen hatten, schien er auch ohne diese ausgeführt werden zu können. Bei später Nacht erschienen wir in Niederpleis in dem Haus, das uns angezeigt worden war. Ohne viel Schwierigkeit gelang es uns, ein Loch in die Leimenwand* zu brechen und so in das Innere des Hauses zu kommen. Müller ging vor und trug die Laterne. Schwarzschleuß und ich folgten ihm. Am Eingang stand Anton Heinze als Schildwache. Als wir in die Stube kamen, siehe, da lagen fünf alte Weiber und eine Mannsperson im Bett. Auf unser unvermutetes Erscheinen sprangen die fünf alten Weiber aus dem Bett und fielen wie wütend über Müller her. In einem Hui hatten sie ihm die Laterne zerschlagen und ihn im Gesicht auf das fürchterlichste zerkratzt. Mit nicht minderer Herzhaftigkeit kamen zwei der Alten auf mich los. Ich schleuderte zwar eine von mir auf die Erde, aber kam darum nur desto übler weg, denn das Weib wand sich um meinen Fuß und biß mich durch den Stiefel. Der Jude, der mit uns war, geriet in solche Furcht, daß er davonlief. Er suchte das Loch, wodurch wir gekommen waren, konnte es aber nicht finden. In der Angst kroch er in den Schornstein, um dadurch zu entkommen. Müller und ich sahen uns genötigt, den sonderbaren Kampfplatz zu verlassen. Wir trafen den Eingang und gelangten in Freiheit, auch der Jude wischte endlich durch. Wie wir ihn erblickten, war er von dem Ruß, der an ihm im Schornstein hängengeblieben war, schwarz wie ein Neger. Dieses Abenteuer hat uns manchmal Stoff zum Lachen gegeben.«

Ein andermal hatten Fetzer, Pit Doebele, Chambri, Nagels Piterchen, Mausche Polack und Wolf Gas unweit Kaiserswerth einen Einbruch versucht und nichts als etwas Speck oder Schinken im Haus finden können. Ärgerlich über den vergeblichen Versuch kehrten sie zurück; da stießen sie auf mehrere Frachtkarren, die auf freier Straße standen und von einem unter ihnen festgebundenen Hund bewacht wurden. Es war zu erwarten, daß, wenn dieser laut werden würde, sie hier, wo sich doch eine so schöne Gelegenheit zu stehlen darbot, leer ausziehen müßten. In diesem Hin- und Herüberlegen fiel ihnen der aus dem Bauernhaus gestohlene Schinken ein. Dieser mußte ihnen jetzt zum Mittel dienen, einen größeren Raub auszuführen. Sie warfen ihn dem unter dem Wagen liegenden Hund hin und bestahlen derweil die Frachtkarren.

Mit dem alten Hannes, dem Anton Heinze, dem Serves Joseph und dem Meyer Gas verübte Fetzer einen Diebstahl zu Viertelschloß im Amt Asbach bei einem Pottasche-Fabrikanten. Der hauptsächlichste Teil der Beute bestand in viel kleinem Geld, das in einem Reisesack lag und gerade den Tag vorher ausbezahlt worden war. Der Anbringer des Raubes, der alte Hannes, hatte dieses zu erkundschaften gewußt.

Der 15. Juli 1800 war für die Rheingegenden ein schwarzer Tag. Es glückte den wegen des Daadener Raubes in Wesel auf immer zur Einsperrung verurteilten Haupträubern, dem Adolph Weyers, Overtüsch, Carl Heckmann, Hüskeshannes, Monsam, Tillenberg, Joseph Isak, Salomon Bacharach, Salomon Levi aus

* Lehmwand

Mersen, Salomon Benjamin, Kernmilch und Mausche Abraham, zu entfliehen. Ein Teil flüchtete nach Krefeld, der größte aber nach Neuwied und den Knopshöfen.

Kaum, kaum waren sie in Freiheit, als sie sich wieder dem gleichen Gewerbe, das sie auf die Festung geliefert hatte, überließen. Der Diebstahl in Remagen, an dem Heckmann teilhatte, wurde kaum vierzehn Tage nach der Entweichung von Wesel verübt, fast zur gleichen Zeit der mißlungene Diebstahl auf der Fahr bei Neuwied, wobei Adolph Weyers, Monsam, Raphael, Hermann Munter, Rünzler aus Köln und Le S...p... zugegen gewesen waren. Die Räuber hatten sich auf den fürchterlich gewordenen Knopshöfen versammelt; der auf der rechten Rheinseite den Knopshöfen gegenüber in einem einsamen Häuschen wohnende Schiffer, genannt der scheele Friedrich, kenntlich an seinem einen Auge, holte sie dort ab und fuhr sie bis oberhalb Leutesdorf an die Weiden. Auf der Fahrt fielen sie die Wache an und banden sie. Aber bei alldem mißlang der Raub. Die Bewohner des Hauses setzten sich mit einer beispiellosen Herzhaftigkeit und Mut zur Wehr. Wenig hätte gefehlt, und diesmal wäre den Dieben geschehen, was sie sonst an anderen zu verüben pflegten. Bereits waren die Bewohner des Hauses Meister geworden, hatten das Spielchen umgedreht und einige von den Dieben mit ihren eigenen Stricken geknebelt. Wenn es nicht einem der Räuber geglückt wäre, mit dem Messer sich und seine Kameraden loszuschneiden – wobei sogar einer in der Hand soll verwundet worden sein –, so wäre vielleicht nach und nach die ganze Bande geknebelt und gebunden dem Gericht überliefert worden. Mit äußerster Schnelligkeit flüchteten sich die Räuber; Hermann Munter ließ seinen Hut, ein anderer seine Schuhe im Stich.

Ohne sich durch die mißlungene Unternehmung abschrecken zu lassen, entwarfen die immer noch auf den Knopshöfen versammelten Räuber einen Diebstahl bei einer Witwe in Sinzig. Auch dieses Mal war es der Schiffer Friedrich wieder, der sie hin und her lieferte. Beträchtlich, so erzählen die Täter selbst, beträchtlich war der Raub; die Beute wurde in Neuwied bei Belz geteilt, und dieser ging dabei nicht leer aus.

Durch einen anderen Diebstahl, der im Juli 1800 zu Oberwinter bei einer Witwe verübt worden war, verrieten die aus Wesel Entsprungenen ihre Existenz, ihre wiedererhaltene Freiheit. Heckmann, Monsam, Tillenberg, Hermann Munter, Rünzler, ein Jäger aus dem Hessischen, der alte Hannes und ein Bauer, dem die Gendarmen einst zwei Finger bei einer anderen Gelegenheit abgeschossen hatten, waren die Täter. Rünzler, der den Tag vorher im Haus der Witwe eine Bouteille Wein getrunken hatte, war der Anbringer gewesen. Auf den Knopshöfen geschah die Teilung der Beute. Heckmann erhielt für sich 30 Kronen.

Soviel Sicherheit Neuwied den Räubern zu gewähren, so vorteilhaft es für ihre Unternehmungen gelegen zu sein schien, so gab es doch noch einen Ort in Deutschland, der ihnen einen weit besseren, einen unbedingten Schutz angedeihen ließ, der ihnen ein völlig ruhiges Asyl anbot, in dem sie ungestört ihre Werke der Mitternacht treiben konnten; dahin flüchteten sich die aus Wesel

Entsprungenen, die in Neuwied vor der Verfolgung der preußischen Justiz nicht mehr sicher zu sein glaubten, dahin begab sich auch Picard, dahin Johann Müller, dahin Fetzer, Damian Hessel und andere.

Auf dem Weg von Frankfurt nach Eisenach, etwa fünf Stunden von Gelnhausen und etwa dreizehn Stunden von Frankfurt, von der Landstraße links abwärts in einem engen Tal liegen von Wald und Buschwerk rings umgeben zwei Orte von etwa vierzig Feuerstellen, die nur ein Bach trennt, beide dem Freiherrn von H...* gehörig. Eckardroth und Romsthal. Schon seit vielen Jahren, heißt es, waren sie der Zufluchtsort von Vagabunden, Betteljuden und Spitzbuben von Profession, die von hier aus ihre Hantierung ungestört trieben. Ganz besonders hatten sich die Räuber aus Abrahams Geschlecht hier eingenistet, sich nach und nach angesiedelt und sogar von dem Gestohlenen eine Kirche oder Schule erbaut. Auch hatten der verrufene dicke Mathies, Falk und der alte Hannes mit ihren Söhnen schon früher hier ihren Aufenthaltsort gehabt. Die Nachbarschaft von Frankfurt, das Durchkreuzen der Länder so vieler Herren und besonders die umliegenden vielen Kochemer Häuser gaben Eckardroth einen großen Vorzug. Was die letzten betraf, so war kaum eine Viertelstunde davon auf der Höhe in der weit und breit berüchtigten Ziegelhütte† – wir werden unten von ihr zu sprechen Gelegenheit erhalten – und in dem eben nicht entfernten Gelnhausen auf der Burg‡ bei Schukart ein beständiges Rendezvous der Räuber aus allen Gegenden Deutschlands. Mehr aber als alle lokale Begünstigung nützte ihnen der Beamte des Ortes.

Wenn man in Deutschland und allenthalben darüber klagte, daß es Beamten gäbe, die bei der durch den verwildernden Krieg vermehrten Zahl der Taugenichtse und Spitzbuben nicht aufmerksam, nicht streng genug wären, die wohl gar aus Furcht oder Fahrlässigkeit die Polizei einschläfern ließen, wenn man in laute Verwünschungen über diejenigen unter ihnen ausbrach, die sich so weit vergessen konnten, daß sie um ein schales Interesse, ein zugespieltes Geschenk in irgendeinem einzelnen Jurisdiktionsakt die Augen zudrückten; was wird man erst sagen, wenn man erfährt, daß mitten in Deutschland ein Justizbeamter lebte, der die Räuber öffentlich in Schutz nahm und sich als ihr warmer Freund zeigte. So verzeihlich die Aufwallung eines jeden rechtlichen Mannes bei Entdeckung dieses Unfugs auch wäre, so will ich doch, eingedenk der Pflicht des Geschichtsschreibers, mich begnügen, trockene Tatsachen auszuheben.

Alle in Köln gefangengesessene Räuber, Fetzer Weyers, Heckmann, Knips, Schiefer und andere, erklärten mehrmals, daß sowohl sie als fast alle ihre Kameraden in Eckardroth sich aufgehalten und dafür dem Amtmann eine Summe Geldes bezahlt hätten. Bei Picard fand man zu Neuwied im Germinal 9. Jahres (März/April 1801) einen Paß – er liegt hier vor mir –, den er unter dem Namen

---

* Becker verschweigt hier dezent den Namen des Freiherrn Franz von Hutten.

† bei Kerbersdorf

‡ gemeint ist damit der heutige Gelnhäuser Stadtteil Burg, in dem sich die staufische Kaiserpfalz befindet

Ezechiel Juda, unter dem er in Münster und Wesel gesessen hatte, von dem Beamten aus Romsthal erhalten hat. Er wird hierin als ein reisender Kaufmann angegeben, und von einem älteren Paß, ebenfalls aus Romsthal, darin Meldung getan. Die Unterschrift, die er trägt, ist die des damaligen Amtmanns K...*, das Datum vom 5. Februar 1801.

Da man natürlich das Aufenthaltsgestatten sowie das Pässeerteilen nicht für einen vollwichtigen Beweis ansehen wird, um einen Beamten des Einverständnisses mit Räubern zu überzeugen, so finde ich es für nötig, obgleich ich von meiner gewöhnlichen Methode abweichen muß, folgendes authentische Aktenstück wörtlich einzurücken:

Nr. 56

Heute den 24. Germinal 10. Jahres (14. April 1802) haben wir, Anton Keil, öffentlicher Ankläger bei dem Kriminal- und Spezialgericht, uns in das Justizhaus begeben und den daselbst verhafteten Carl Heckmann vernommen, wie folgt:

Frage: Woher er wisse, daß der Amtmann von Eckardroth den Räubern Schutz und Aufenthalt gestatte.

Antwort: Ich weiß es aus meiner eigenen Erfahrung. Adolph Weyers weiß das nämliche. Als ich aus Wesel ausgebrochen war, begab ich mich mit dem Overtüsch, Monsam und P. Tillenberg nach Gelnhausen und logierte in der Burg bei Sch...†. Dieser ging mit mir zum Amtmann K... und verlangte Schutz für mich und meine Kameraden auf zwei Monate. K... fragte mich, ob ich einen Paß hätte, ich antwortete Ja; er erwiderte, es hätte nichts zu sagen, wenn ich auch keinen hätte, ich könnte einen von ihm bekommen. Hierauf rief Sch... (der Kochem ist), den Amtmann heraus. Als sie beide wieder hereinkamen, sagte der Amtmann, ich könnte dableiben und meine drei oben genannten Kameraden auch, ich müßte aber für mich vier Kronentaler zahlen, so wie diese auch. Damals gab ich mir den Namen Johann Esch, Monsam sich den Namen Heinrichs.

Als ich nachher in Köln aus dem Gefängnis entsprungen war, begab ich mich abermals nach Eckardroth und begehrte Schutz. Man verlangte von mir 42 Gulden, ich hatte damals nicht soviel und gab eine Karolin, wofür ich jedoch nur auf einen Monat Schutz erhielt. Da ich nach Verlauf eines Monats das übrige Schutzgeld nicht beibringen konnte, so gab man mir einen Paß für einen Kronentaler; damals nannte ich mich Johann Töller.

Zur Zeit, als ich das letzte Mal in Eckardroth war, schrieb die Frau des Overtüsch, die über mich erzürnt war, weil ich nicht mit ihr leben wollte, von Neuwied aus unter dem Namen Baums einen Brief an die Regierung in Hanau, in welchem gesagt wurde, daß zwei Räuber in Eckardroth angekommen wären, der eine wäre Carl Heckmann, der in Wesel mit einer Bande von fünfzehn ausgebrochen, in Köln arretiert worden war und sich von dort geflüchtet hätte; der andere

---

* Becker verschweigt auch den Namen des Amtmanns Kees.

† Schukart

wäre der ebenfalls verurteilte Adolph Weyers. Die Regierung von Hanau schickte diesen Brief an den Herrn von H..., der ihn dem Amtmann K... zuschickte, mit der Einladung, solches uns vorzuhalten. Nun ließ uns der Amtmann rufen, fragte uns, ob der Inhalt des Briefes wahr sei; wir antworteten Nein. Wenn dies so wäre, nahm der Amtmann das Wort, so ist es besser, in einem grünen Wald als in einem gezierten Kerker zu sein, indessen habt ihr nichts zu fürchten, wenn nur keine Hessen* kommen. Ich gab ihm einen Kronentaler, Adolph Weyers aber eine Dukate. Vierzehn Tage darauf kam auf einmal die Order von dem j... B...†, uns sogleich aus dem Gebiet zu begeben. Ich fragte den Sohn des Bürgermeisters, was zu tun sei, um bleiben zu dürfen: Er antwortete uns, der j... B... braucht Geld, gebt ihm einige Kronen, so könnt ihr bleiben. Wir schickten ihm zwei Kronen und erhielten die schriftliche Erlaubnis, bis auf weitere Order zu bleiben. Damals, als das Posthaus zu Würges zwischen Limburg und Königstein von Picard, Müller und Schinderhannes gewaltsam beraubt worden war und überall strenge Untersuchungen geschahen, ritt in der Nacht der Amtmann K... nach Eckardroth, um die Räuber, die er in Sicherheit genommen hatte, z.B. den dicken Mathies, den Anton Heinze und andere, zu warnen; auch suchte er die hessischen Offiziere dahin zu bringen, daß sie seine Schutzleute nicht in Haft zögen. Dieses haben mir der dicke Mathies, die Söhne des Hannes und der Wirt in Eckardroth erzählt.

Als einen ferneren Beweis, wie gut es der Amtmann K... mit den Kochemern meinte, muß ich noch folgendes erzählen:

Wenn die Kochemer kein Geld mehr haben, so gehen sie zu dem Amtmann, der ihnen vorstreckt oder auf Pfänder leiht und ihnen sagt: Wenn ihr einen guten Coup gemacht habt, so denkt auch an den Amtmann. Ein Jude wurde bei einem Diebstahl vor zwei Jahren durch einen Schuß stark verwundet und kam nach Eckardroth, er bezahlte an den Amtmann acht Karoline, und er erhielt Schutz, obgleich er durch Steckbriefe, die auch nach Eckardroth kamen, verfolgt wurde. Der Amtmann gab vor, der Jude sei nicht da!!!

Nach geschehener Vorlesung
unterzeichnet Keil. – Carl Heckmann

Ein zweites, nicht minder merkwürdiges Aktenstück:

Im 10. Jahr der französischen Republik, heute, den 8. Messidor (27. Juni 1802), erklärte vor uns, Anton Keil, öffentlicher Ankläger beim Kriminal- und Spezialgericht des Roerdepartements, der im Justizhaus in Mainz verhaftete Johann Bückler, bekannt unter dem Namen Schinderhannes, daß seine Kameraden Johann Müller, Anton Heinze, der alte Hannes und sein Sohn Görge und dessen Bruder Niklas ihm voriges Jahr im Winter auf der Hafenmühle erzählt hätten, daß sie sich in Eckardroth aufhielten, ohne im mindesten beunruhigt zu werden; dafür müßten sie dem Amtmann Schutz bezahlen, daß sie frei dort leben könn-

* Soldaten des Landgrafen von Hessen-Kassel, der die Oberhoheit über das Gebiet hatte
† Damit dürfte Becker den jungen Baron von Hutten meinen

ten; daß eines Tages sie die Pistolen am hellen Tag geladen hätten, welches der H... B...* selbst gesehen hätte, ohne nur ein Wort dagegen zu sagen. Auf geschehene Vorlesung unterschrieben. Mainz im Jahr, Monat und Tag wie oben.

Unterz. Keil. – Johann Bückler.

Ohne noch die Aussage anderer Räuber beizufügen, schreite ich weiter und überlasse den Leser dem Sturm seiner Gefühle und Gedanken.

Später, wenn ich etwas über die Reise, die Br. Keil auf Befehl der Regierung unternommen hatte, um die Räuberbanden auf beiden Seiten zu vertilgen, sprechen werde, werde ich noch das eine und andere über Eckardroth mitteilen, bis dahin begnüge ich mich mit dem bereits Gesagten.

Eckardroth und Gelnhausen waren die beiden Schlupfwinkel, in denen die Räuber vor dem äußerst merkwürdigen Diebstahl in Nieder-Seelheim unweit Marburg sich versammelt hatten, von denen sie zu diesem auszogen und wohin sie nach vollbrachtem Verbrechen zurückkehrten. Aus einem unter hessischem Schutz liegenden Örtchen wagte man einen Raub, der ganz Hessen in Unruhe setzte; dorthin flüchtete man sich und sprach den Maßregeln der Marburger Regierung Hohn, lachte des durch alle Zeitungen bekannt gewordenen Raubs und der Aufforderung an alle Behörden, Hand mit anzulegen, um die gefährlichste Bande, die je existiert hatte, zu entdecken. Der Raub zu Nieder-Seelheim trug sich folgendergestalt zu.

Ein Teil der Bande war im August 1800 in Gelnhausen bei Sch... versammelt; ein Teil hielt sich in Eckardroth auf. Zu diesen stießen nun die aus Wesel flüchtigen Räuber, die nach dem Diebstahl in Sinzig länger nicht in der Gegend von Neuwied bleiben wollten. Overtüsch, Heckmann, Monsam und Fetzer waren in Gelnhausen, als sie durch Itzig Schnut einen Brief erhielten, sogleich nach Eckardroth zu kommen. Im Hessenlande wäre was Großes zu handeln. Sie nahmen auf der Stelle eine Chaise und fuhren an den bestimmten Ort. Leiser Polack, den sie dort trafen, sagte ihnen, bei Parnes (Vorsänger in der Judenschule) seien zwei Kochemer angekommen, die einen äußerst großen Diebstahl baldowern wollten, die Gebrüder Aron und Joseph Engländer. Die ganze Bande versammelte sich, hörte die Botschaft der zwei Juden an und entschloß sich, den Raub auszuführen. Der gewöhnlichen Sitte nach wurden zwei aus der Bande, Serves Joseph und Meyer Gas, nach Seelheim geschickt, um das Haus zu besehen und dessen Lage zu rekognoszieren. Um einen Vorwand zu haben, in das Haus zu kommen, sollten sie mit dem Bewohner desselben sich in einen Pferdehandel einlassen. Das geschah pünktlich. Die Spione kehrten bald wieder nach Eckardroth zurück, berichteten, daß der Diebstahl zwar ausführbar wäre, allein es lägen in Seelheim und dem ganz nahen Kirchhain viele Soldaten. Sie mochten vermutlich die zu dem Landregiment gehörigen meinen. Wie wenig abschreckend war das für die kühnen, trotzigen Räuber! Zwei Tage arbeiteten sie, Patronen zu machen, den dritten Tag brach die unglücksschwangere Kohorte auf. Wer konnte bei einem

* Damit dürfte Becker wieder den Herrn Baron meinen.

so frechen, Tod und Gefahr drohenden Wagestück anders der Führer, der Chef sein als Picard? Nur gab man ihm diesmal einen Unterchef, den Overtüsch. Beide Anführer, Carl Heckmann, Afrom May, Monsam und Fetzer fuhren in zwei Gefährten, jedes zu drei Pferden, nach Grimburg vier Stunden von Seelheim. Von hier aus gingen sie gegen Abend nach Kirchhain an eine Brücke, wohin die ganze Bande bestellt war, nahmen einen Rennbaum unterwegs mit und zogen gegen Seelheim zu. Vor dem Dorf machte der ganze Zug halt und ruhte etwa eine halbe Stunde aus. Picard und Overtüsch teilten nun die Patronen, die Wachslichter und Knebelstricke aus. Ein Raub, der so ansehnlichen Widerstand versprach, bedurfte auch ungewöhnlicher Vorsicht. Picard ließ die Bande noch vor dem Ort und nahm die Ausgesuchtesten zuerst mit, um die wichtigsten Posten zu besetzen und jede Hilfe zu verhindern – Fetzer, Afrom May, Anton Heinze, Leibchen Schloß, Monsam und Serves Joseph waren dazu ausersehen; zu gleicher Zeit verkeilte er mit Overtüsch das Schlüsselloch der Kirche. Beide kehrten hierauf zur Bande zurück, um die übrigen Glieder, den Heckmann, Leiser Polack, dessen Sohn Afrom Waldmann, Itzig Polack, Mausche Elsef, Meyer Gas, Freiem Polack, HampelHohlmich, Mausche Holländer und Itzig Schnut, zu holen. Vor dem Dorf wurden alle Lichter angezündet, und so zog der Schwarm, den Marseiller Marsch durch die stille Nacht brüllend, den Rennbaum auf den Achseln, heran. Augenblicklich stürmten sie das Tor des Vorhofes am Lauerschen Haus und drangen in dasselbe ein; ebenso schnell sprengten sie die Haustür. Obgleich in dem Haus sich der Gerichtsschöffe Lauer, dessen Sohn, Leutnant unter dem Landregiment, ein Waldhornist und mehrere Knechte aufhielten, so waren diese, die einzeln, unerwartet bei Nacht von einer Schar mit Pistolen bewaffneter Räuber überfallen wurden, doch nicht vorbereitet, nicht imstande, an Widersetzen zu denken. Der Leutnant hatte Zeit genug, durch die Hintertür zu flüchten, alle übrigen wurden geknebelt und so lange mißhandelt, bis sie den Ort, wo sie das Ihrige hatten, angaben. Die Räuber brachen mit einem Beil alle Schränke und Kisten auf und plünderten mit äußerster Eile. So gerne die Nachbarn vielleicht dem unglücklichen Lauer zu Hilfe gekommen wären, so wurden sie doch durch die allenthalben ausgestellten Räuberwachen, die auf jeden, der sich nahte, Feuer gaben, zurückgehalten. Ob die Seelheimer, wenn sie mit vereinigten Kräften unter der Anführung eines herzhaften Mannes die Räuber angegriffen hätten, nicht so glücklich gewesen wären, den Raub zu verhindern, will ich nicht entscheiden. Einer der Feldjäger, K.August Schmidt (die Geschichte darf seiner nicht vergessen), war der einzige, der die überlegene Zahl der Räuber nicht achtete und sich sozusagen mit ihnen in ein Scharmützel einließ, auf sie schoß, ihr Feuer aushielt, die Bauern versammelte und zum Vorrücken anfeuerte und sich wehrte, bis sein kleiner Vorrat an Munition verschossen war.

Die Beute, die die Räuber in Seelheim machten, war ansehnlich; sie bestand laut der Spezifikation des Beraubten 1) in 200 fl. in hessischen halben Gulden, 2) 14 bis 1500 fl. in Laubtaler, 3) 4000 fl. dito, 4) 50 Stück Dukaten, 5) 100 Louis an Gold, 6) 10 Louisdor, 7) 200 Reichstaler an hessischen halben Gulden,

8) 21 Stück Karolin in Laubtaler, endlich in Uhren, Ringen und anderen Effekten. Lauer gibt seinen Verlust auf 8000 Reichstaler an.

Sobald die Bande die Beute zusammengepackt hatte, zog sie davon, indem sie, wie bei der Ankunft, laut sang und brüllte und von Zeit zu Zeit schoß. Von Seelheim marschierte sie noch in derselben Nacht bis nach Büdingen fünf Stunden weit*, begab sich in einen Wald, lagerte sich dort und teilte das Gestohlene. In Büdingen nahmen Overtüsch, der der erbeuteten Offizierskleider, Federhut und Degen sich bediente, Carl Heckmann und Fetzer eine Chaise und fuhren nach Gelnhausen in die Burg.

Ein so kühner, trotzender Raub mußte in einem Land, wo die Polizei so gut eingerichtet war, wo man bis jetzt kaum an die Möglichkeit eines solchen Frevels gedacht hatte, allgemeines Aufsehen, allgemeine Besorgnis erregen. Die Justiz glaubte daher, alles tun zu müssen, um die Täter zu entdecken sowie um ähnliche Fälle zu verhüten. Unter die Mittel zu ersterem gehörte auch – was man jedesmal zu tun pflegt – das Ausspähenlassen durch die sogenannten Fleischmänner. Es ist nicht zu leugnen, daß diese Leute – die man meistens aus der gleichen Klasse von Menschen nimmt, gegen die man sie brauchen will – oft imstande sind, Gutes zu stiften, und auch wohl den Willen dazu haben, aber ebensooft geschah es auch, daß sie ihren alten Kameraden, besonders wenn diese mit einer Handvoll Gold die Kunst, Redende stumm und Hörende taub zu zaubern, verstanden, durchzuhelfen suchten. Ja, wir haben oben einen Fall erzählt, daß ein solcher Fleischmann, während er ausgeschickt war, Räuber auszuspionieren, einen Raub mit der Bande selbst mitgemacht hatte. Der Fleischmann von Kassel, so behauptete Fetzer, war den Räubern auf die Spur gekommen, hatte mehrere in Eckardroth festgepackt, wurde aber durch den Amtmann K... auf die eine oder die andere Art von seinem Unternehmen abgebracht. Dem Fleischmann von Frankfurt gebührt das Verdienst, daß er es war, der mehrere von den beim Seelheimer Diebstahl gewesenen Räubern, den Leiser Polack, seinen Sohn, den Afrom May, den Mosche Elsuf, der Behörde angegeben hat. Da er aber ihren Aufenthaltsort nicht wußte, wurde es dieser wahrscheinlich nicht möglich, auf seine Denunziation weiter zu inquirieren. Vielleicht auch, weil sie von anderen Spionen, die mit größerer Bestimmtheit und Gewißheit sprachen, aber im Grunde nichts wußten, irregeleitet worden war. Einer derselben kramte so z.B. ein ganz erbauliches Märchen aus. Der Anführer der Bande, sagt er – wir kennen ihn, es war Picard – ist ein Abkömmling von Zigeunern und führt den Namen Prinz Wilhelm, ist beweibt, hat Kinder, handelt mit Porzellan und hält sich im Solms-Rödelheimischen auf. Der Unterchef (Overtüsch) nennt sich Johann Wilhelm Jakob, geboren zu F... bei F... anno domini 1745 den 4. Februar!! Kleine Statur, handelt mit Porzellan usf. Wie viele ähnliche Fabeln werden nicht von Spionen, um ein bißchen Ruhm oder – besser zu reden – um Geld zu erhaschen, ausgeheckt. Ich kann unmöglich die Geschichte des Lauerschen Diebstahls schließen,

* Hier täuscht sich Becker offensichtlich, selbst Luftlinie sind das rund 60 Kilometer.

ohne nicht einige Worte über die für Psychologen sowohl als für Kriminalisten gewiß nicht unwichtige Verhaftung einiger Individuen zu sprechen.

Wie wir oben erwähnt haben, kamen zwei von den Räubern ausgesandte Spione, Meyer Gas und Serves Joseph, eine Woche etwa vor dem Diebstahl zu Lauer unter dem Vorwand, Pferde zu kaufen. Diese sogenannten Pferdehändler, die sich freilich nicht genannt hatten, hielt Lauer für Mitglieder der Bande und irrte nicht. »Einen davon habe ich während der Plünderung in meiner Stube gesehen«, sagte er, und dieses konnte wahr sein; obgleich es gegen die Taktik der Räuber läuft – Serves Joseph stand Wache, wahrscheinlich auch Meyer Gas. Das Mädchen des Lauer hatte gehört, wie der Anführer rief: »Deckt ihnen die Gesichter zu, sonst kennen sie uns.« Aber darin lag immer der Räuberpfiff, sie wollten die Beraubten jedesmal glauben machen, daß unter ihnen von ihren Bekannten wären. Das Mädchen wollte den Juden, der wegen des Pferdehandels im Haus gewesen war, wiedererkannt haben. Dem Vernehmen nach, erklärte Lauer, ist es der Jude, der auf den Judenhochzeiten den Spaßvogel macht und Gabriel heißt. Gabriel, der arme Spaßvogel, wurde, ehe er sichs versehen konnte, eingezogen und zur Rede gestellt. Er hatte viel Mühe, das Alibi zu beweisen. Zu seinem größten Glück wurde er bei der Konfrontation von den Beraubten als unschuldig erkannt.

Ein zweiter, ein Bierbrauer namens Decher aus dem ehemaligen Mainzischen, kam auf eine andere Art in Verdacht. Er sagte einst im scherzhaften Ton gegen irgend jemand: Auch er sei bei dem Lauerschen Diebstahl gewesen. Als dieser ihm darauf erwiderte: In der Tat, es war ein Räuber dabei, der gerade solche Kleider getragen wie Ihr und Euch außerordentlich ähnlich gesehen hat, veränderte der Bierbauer Decher die Farbe, begann zu zittern, verlor die Pfeife aus dem Mund und hatte Schweißtropfen auf der Stirn stehen – das war auffallend. Man schloß nun, daß er einer der Diebe gewesen sei. Decher sistirte* sich nachher vor Gericht und bewies durch mehrere Zeugen, daß er die Nacht des Diebstahls zu Hause und just mit Brauen beschäftigt gewesen war.

Ein dritter, der Jude Benedikt Levi, kam ebenfalls sonderbar in Verdacht. Einige Zeit vor dem Diebstahl war er bei Lauer mit einigen anderen Juden gewesen. Er hatte diesen im Lauf des Gesprächs nach diesem und jenem gefragt – endlich auch, wie er es wohl machen würde, wenn er plötzlich von Dieben überfallen werden sollte. Lauer zeigte ihm einen in der Nebenkammer stehenden Fleischstößer. »Die Nacht des Raubes, so erklärte Lauer, kam ebendieses Holz, ohne daß ich weiß, wie, von seiner gewöhnlichen Stelle.« Der in Verdacht gekommene Jude hatte kein anderes Mittel, seine Unschuld zu beweisen, als das Alibi.

Weit interessanter in jeder Hinsicht ist der Hergang mit den drei Bürgern aus Amöneburg. Er beweist, wie unbegrenzt die Phantasie in ihren Wirkungen, wie schwach das Gebäude ist, das man auf das bloße Zeugnis der Sinne gründet, wie

---

* stellte sich selbst dem Gericht

leicht man sich täuschen und Dinge unter heiligem Eidschwur für wahr ausgeben kann, die es doch nicht sind.

Lauer äußerte sich gleich nach dem Diebstahl gegen einen dritten, daß er unter den Dieben drei erkannt habe. Das kam dem Gericht zu Gehör. Es ließ den Lauer kommen und drang in ihn. Anfänglich wollte er mit der Sprache nicht heraus, er sträubte sich aus Furcht, von der Bande verfolgt zu werden. Nur erst nach Zwang, Zureden und Versprechen sagte er aus, einen gewissen Schmauß, Nebel und Johann Lauer, alle drei von Amöneburg, unter den Räubern erkannt zu haben. Diese Erklärung veranlaßte die Verhaftung der Ebenbenannten – und eine förmliche Inquisition gegen sie.

Die Prozedur gedieh so weit, daß zur Konfrontation geschritten werden sollte. Lauer erklärte nach geleistetem Eid – der ihm vorher durch einen Pfarrer mit all seiner Wichtigkeit erklärt worden war –, daß er den Schmauß unter den Dieben mit einem blauen Kleid gesehen und an der Baßstimme erkannt habe. Schmauß beteuerte seine Unschuld, daß er zwar einst ein solches Kleid gehabt habe, aber nun schon seit langem nicht mehr trage. Was den zweiten Inquisiten Nebel betrifft, so erzählte Lauer mit allen Umständen, wie er ihn unter den Räubern gesehen und selbst sprechen gehört habe. So auch von dem dritten Inhaftierten, dem Johann Lauer.

Wäre die Kriminaluntersuchung gegen diese drei nicht in einer sanfter denkenden Epoche oder – um mich vielleicht richtiger auszudrücken – nicht in die Hände eines aufgeklärten, prüfenden Gerichts gefallen, man würde die Inquisiten unter die Folter gebracht, sie so lange zerfleischt und gezerrt haben, bis man ihrer Körperschwäche endlich ein Geständnis abgelockt und sich so in den Stand gesetzt hätte, mit gutem Gewissen einen Justizmord zu begehen. Sie wurden in Freiheit gesetzt, und zwar mit vollem Recht. Mehr denn einmal haben die hier in Köln gefangenen Räuber ihre Mitschuldigen beim Seelheimer Diebstahl genannt, aber jedesmal beteuert, daß keiner aus der Gegend von Seelheim und Amöneburg dabei gewesen sei.

Es ist nur zu gewiß, daß der alte Lauer sich getäuscht hat, daß ihm seine Phantasie im Moment der Plünderung, wo ihn der Schrecknissen so manche umgaben, wo sein Geist in einem grenzenlosen Bilden neuer Gestalten und Heraufholen älterer sich herumtrieb, daß ihm da die Phantasie drei bekannte Gesichter vorgespiegelt hat, und zwar mit so lebhaften Farben, daß er gleich bei ihrem Erscheinen zu sich sagen konnte, das ist der und der, und daß er nachher mit ruhigem Gewissen den heiligsten Eid ablegen konnte, sie gesehen, sie gehört, sie erkannt zu haben.

Nach dem Nieder-Seelheimer Diebstahl zog sich die ganze Bande wieder nach Neuwied zurück und beging von dort aus wieder eine Reihe großer Diebstähle. Der alte Hannes, der mit seinen Söhnen seit Jahren das Räubermetier führt, hat drei Mädchen. Zwei sind in die Diebesmysterien nicht eingeweiht, wohl aber die dritte. Diese war es, die den Diebstahl von Breitenau, Amt Vallendar, anbrachte. Das Mädchen war mit wenig Waren hausieren gegangen und hatte in erwähntem

Ort bei einem Wirt einen vollgespickten Laden bemerkt. Sie kam nach Neuwied und machte den Räubern den Vorschlag, dort einzubrechen. Man mochte ihr noch nicht Kenntnis genug von dem Metier zutrauen, denn man schickte ihren Bruder Nikolaus Hammer, um genauer zu forschen und darüber vollständigen Rapport abzustatten. Nikolaus Hammer ging nach Breitenau und schlich sich unter dem Vorwand, Schnupftücher zu kaufen, zu dem Wirt und Gerichtsschöffen Bock, der bestohlen werden sollte. Diesem mochte die Physiognomie des Hammer nicht behagen; er speiste ihn kurz ab. Hammer wand sich an einen Juden und erfuhr nun, was er wissen wollte. Auf seinen Bericht zogen die Räuber nach Bendorf zu der Witwe T..., wo sie Pistolen und Stricke in Bereitschaft brachten und Patronen machten. In der Nacht vom 25. auf den 26. September – also einen Monat nach dem Nieder-Seelheimer Raub; so geschwind war die ansehnliche Beute vergeudet worden! – in der Nacht vom 25. auf den 26. September zogen die Räuber, Fetzer, Afrom May, Simon Ruben, Anton Heinze, Meyer Fuchs, Hannes Hammer, Niklas Hammer, Langleiser, Meyer Gas, Serves Joseph, Overtüsch und Picard, gegen Breitenau. Vor dem Ort lagerten sie sich in eine Wiese, um auszuruhen. Picard, Overtüsch und Fetzer schlichen sich in das Dorf, das Wirtshaus zu besehen. Sowie sie vor ihm ankamen, bemerkten sie, daß noch viele Leute in demselben waren, tranken und sich lustig machten; das waren keine günstigen Aspekte für die Räuber. Sie kehrten zu ihren Gesellen zurück. Dreimal erschienen sie vor dem Wirtshaus; aber noch immer waren Gäste darin. Indessen schlug es ein Uhr. Umsonst wollten sie den großen Weg nicht zurückgelegt haben, sie waren vielmehr entschlossen, das Äußerste zu wagen und das Wirtshaus, wer immer auch sich darin befinden möchte, zu stürmen. So brachen sie auf, nahmen den Rennbalken mit, zündeten ihre Lichter an und zogen unter Schießen und Singen durch das Dorf. Das Getöse durch die schweigende Nacht, das mehr von lustigen Zechbrüdern als von Räubern herzukommen schien, mochte die Gäste, denen es wohl ums Herz war, glauben machen, sie bekämen noch Besuch von Schwärmern ihrer Art oder es zogen etwa von dem gleichen Freudengeist beseelte Scharen aus irgendeinem anderen Bacchanal; sie rissen die Fenster auf und schrien den mit ganz anderen Gedanken Einherziehenden ein Evan Evoeh entgegen. Nur zu bald aber kamen sie aus ihrer Täuschung, denn die Angekommenen schmetterten die Fenster im Haus ein, fluchten, tobten, rannten die Haustür krachend in Stücke, stürmten in die Stube, fielen über die frohe Gesellschaft her und begannen Mann für Mann niederzuwerfen und zu knebeln.

Auf die ausgestellten Räuberwachen hatten einige Bewohner des Dorfes zwar geschossen, waren aber durch ein lebhafteres Feuern verscheucht worden. Nach vollbrachtem Raub zog die Bande unter lautem Singen und Schießen bis vor das Dorf. Von hier aber marschierte sie leise und still fort, damit man nicht merken sollte, wohin sie ihren Weg nahm. Von Breitenau zog sie auf die Clemenshütte und teilte am Ende von dem Wald im Bendorfischen Feld die gemachte Beute, deren Wert etwa 3600 Francs (1200 Reichstaler) betrug.

Wie Fetzer, Overtüsch und Afrom May, um ihren Anteil an der Beute den in der Nachbarschaft wohnenden Juden nicht um einen Spottpreis zu geben, ihn in ein am Rhein gelegenes Wirtshaus tragen, wie sie sich dort für Contrebandiers ausgeben und wie sie nachher das Gestohlene dem Juden Kalmen verkaufen, ist uns zwar sehr umständlich bekannt, aber nicht interessant genug, um hier eine Stelle zu verdienen. Also weiter.

In der Nacht vom 14. auf den 15. Oktober besuchte die Neuwieder Bande abermals St. Goarshausen. Fetzer, der diesmal das Kommando hatte, Leibchen Schloß, Anton Heinze, Freiem Polack, HampelHohlmich, Schlauman von Wambach, der dicke Mathies, Meyer Fuchs und Hirsch Neckenich versammelten sich in erwähnter Nacht an einer bestimmten Stelle unweit des Klosters Kamp und rückten von da vereint auf St. Goarshausen los. Das Haus, das sie bestehlen wollten, liegt einige Büchsenschüsse von dem Ort entfernt und ist ein Wirtshaus; der Bewohner desselben heißt Sauerwein. Wie sie vor dem Haus ankamen, fanden sie, daß es völlig unmöglich war, die Vordertür zu sprengen, da eine hohe Treppe zu dieser führte. Sie begaben sich also hinter das Haus, kletterten über die Mauer und zündeten ihre Lichter an. In dem Vorhof schlug ein Hund fürchterlich auf sie an. Ohne zu verweilen, stürmten sie die Hintertür des Hauses und drangen ein. Die Bewohner desselben wurden geknebelt und mißhandelt, um ihr Geld anzuzeigen. Zum Glück für Sauerwein waren wenige Wüteriche unter der Bande, und er entkam mit einem leichten Verlust. Bei der Retirade mögen sich einige der Räuber in den Felsenwegen verirrt haben; wenig hätte gefehlt, so wären sie den Nachspürenden in die Hände gefallen.

Im Anfang des Brumaire des neunten Jahres (am Ende des Oktobers 1800) ereignete sich in Köln ein sonderbarer Vorfall, der der dortigen Polizei Gelegenheit verschaffte, sich eines der gefährlichsten Räuber zu bemeistern, eines von denen, die wir bisher nicht als subalterne Glieder, sondern als Häupter und Anführer der Bande gefunden haben.

Ein junges, schönes Mädchen, jenseits des Rheins zu Hause, wie sie sagte, erschien den 7. Brumaire (30. Oktober) vor dem Municipalbeamten Weyer und begehrte Erlaubnis, den verhafteten Damian Hessel[1] zu sprechen. Man gab ihr die Erlaubnis, jedoch schickte man zugleich einen Polizeisergeanten mit; denn alles, was den verschmitzten Hessel betraf, mußte mit einer besonderen Vorsicht behandelt werden. Das Mädchen tritt in Begleitung des Sergeanten in das Gefängnis. Weit entfernt, hier sich zu verraten, irgendein Komplott durchschimmern zu lassen, spricht sie vielmehr von dem Schimpf, den der liederliche Damian schon wieder seiner respektablen Familie[2] zuzöge, von der Ursache seiner Haft und predigt mit eben dem Ernst wie mancher Sittenprediger reine Moral, so daß der anwesende Polizeisergeant mit ineinander gefalteten Händen dasteht und ihr zuhorcht. Über diesem aber läßt sie ein Briefchen heimlich auf

---

1 *Damals war er noch nicht von den Geschworenen freigesprochen.*

2 *Er soll wirklich aus einer guten Familie sein und studiert haben, wovon ihm der Name Student oder – wegen seiner Kleinheit – Studentchen geblieben ist.*

die Erde fallen. Der Sergeant merkt Unrat, rafft das Briefchen auf, trägt es auf das Polizeibüro und zwingt die schöne Moralistin mit dem Sirenengesichtchen, mit ihm dorthin zu gehen. Der Municipalverwalter Weyer öffnet den Brief und liest, wie ein gewisser Augustin dem Damian Ratschläge erteilt, wie er sich vor Gericht zu benehmen, was er zu leugnen habe. Weyer hält die Sirene fest und dringt in sie, zu erklären, wer und wo der Briefsteller, der sich Augustin nenne, sei. Diese spielt die Unschuldige, sie leugnet, von dem Brief zu wissen, sie sucht Ausflüchte, verwickelt sich in Widersprüche, und will, obgleich man ihr droht, nichts bekennen. Br. Keil und Weyer wenden alle Mühe an, sie zum Geständnis zu bringen. Sie schmeicheln ihrer weiblichen Eitelkeit, sie wundern sich, daß ein so schönes Mädchen, das mit seiner Figur allenthalben ein großes Glück machen könne, sich unter Banditen mische, ihre Helfershelferin abgebe, sich in dunkle, schmutzige Schlupfwinkel verkrieche. Alles ist vergebens. Die süßesten Worte schallen eindruckslos an ihr vorüber. Man schreitet nun zum Entgegengesetzten, man sperrt sie in das dunkelste, abscheulichste Verlies, man droht ihr, der Unkundigen, mit ewigem Gefängnis. Auch das fruchtet nicht. An dem Vornamen Augustin erkennt unterdessen Keil den Overtüsch. Er nimmt die Miene des Unterrichteten an, dringt aufs neue in das Mädchen, spricht von Ketten und Todesurteil; endlich, endlich bricht sein weibliches, zaghaftes Herz, und es beichtet, daß dieser Augustin wirklich der berüchtigte Overtüsch sei und, was der Polizei mehr als alles ist, daß er sich in der Nähe, Köln gegenüber, in Deutz bei dem bekannten Diebshehler Spielmanns-Mathies aufhalte.

Noch in folgender Nacht entschließt sich die Kölnische Polizei, den Haupträuber auszuheben. Der Municipal Weyer mit den Polizei-Commissairen Joseph und Anton Schöning, dem Polizeicommissaire Orban und einigen Sergeanten begeben sich nach Deutz. Sie fordern die dortige Polizei auf, ihnen hilfreiche Hand zu leisten und nahen sich bei düsterer, stiller Nacht dem Haus des verrufenen Spielmann. Sie pochen an und dringen ein. Ihre Erwartung ist getäuscht. Im Haus ist alles leer, kein Räuber in der Nähe. Noch geben die Nachforschenden ihre Hoffnung nicht auf. Sie verfügen sich auf der Stelle vor das Haus einer Jüdin, die ebenfalls als eine von denen, die den Räubern Schutz und Obdach gestatteten, bekannt war. Sie pochen an. Die Jüdin öffnet das Fenster, kaum hört sie, daß es die Polizei ist, die ihr, und zwar so spät, noch einen Besuch abstatten will, so fährt sie mit dem Kopf in die Stube zurück. In diesem Augenblick hören die Polizeibeamten die Stiege herablaufen, sie schöpfen Verdacht und teilen sich in zwei Haufen. Einige eilen an die Hinterseite des Hauses, andere dringen ein. Die ersteren werden zwei Kerle gewahr, die im Hemd davonspringen, folgen ihnen nach, übersteigen Zäune und Mauern und holen sie endlich mit Lebensgefahr ein. Als man Lichter bringen läßt und die Flüchtigen genau besieht, erkennt man in dem einen den Overtüsch. Der andere bleibt unbekannt. Es war der nicht minder gefährliche Joseph Colloredo, von dem Regiment, unter dem er diente, so genannt, einer der berüchtigsten Räuber der Bande. Auch Serves Joseph fiel der Polizei in die Hände, wurde aber ebensowenig erkannt. Br. Keil, der in den Gesellen des Overtüsch nur große Räuber vermuten konnte, ließ sowohl den Joseph Colloredo als auch den Serves Joseph, obgleich er damals ihren Namen noch nicht kannte, festsetzen. Aber da alle Welt schrie, er handele eigenmächtig, er überschreite die Grenzen seiner Gewalt, er verletze die Konstitution, eine Sprache, die nicht nur der hämische Neid in der Person eines öffentlichen Beamten, sondern selbst auch edle Männer führten, so kam es, daß er die beiden Räuber wieder loslassen und ihrer verderblichen, ruchlosen Laufbahn zurückgeben mußte.

Eine äußerst drollige Anekdote fiel gleich nach Overtüschs Arrestierung, etwa eine Stunde darauf, bei Spielmanns Mathies vor. Fetzer befand sich nämlich mit einem anderen berüchtigten Räuber, dem nachher in Düsseldorf aufgeknüpften Ruben Simon, bei erwähntem Mathies. Beide hatten die Nacht, als die Arrestation des Overtüsch vor sich ging, einen Diebstahl in Mülheim vorgehabt, aber er war ihnen nicht gelungen. Sie kehrten etwa um ein Uhr nachts in ihr voriges Quartier zu Spielmanns Mathies, der seit ihrer Abwesenheit Besuch von der Polizei erhalten hatte, zurück. Hier vernahmen sie, wie sie ohne ihre Expedition nach Mülheim in der Gefahr gewesen wären, verhaftet zu werden. Zufrieden, ihr diesmal entgangen zu sein, und ohne etwas zu fürchten, gingen sie zu Bett. Plötzlich pochte es von neuem. Die Polizei kam zurück, um die Hemden, welche der gefangene Colloredo bei Spielmanns Mathies liegengelassen hatte, abzuholen. Ruben Simon verließ sich auf seine Unbekanntheit und Freunde, er blieb. Fetzer zagte keinen Augenblick, warf die Bettdecke, worunter die Kinder schliefen, zurück, kroch zwischen diese, deckte sich zu und schnarchte. Die Polizei trat ein, niemand ahnte etwas Arges. Mit seinem halb hervorragenden Kopf passierte Fetzer als eines der Kinder und entging so der augenscheinlichsten Gefahr.

Overtüsch wurde von B. Keil nach Lüttich ausgeliefert und dort wegen des Eupener Diebstahls, nachdem er vorher alle seine Verbrechen bekannt hatte, zu Anfang des 10. Jahres (Ende September/Anfang Oktober 1801) guillotiniert. So tritt nun einer der Haupträuber, der unter den Mersenern, Krefeldern und Neuwiedern sich so berüchtigt gemacht hatte, den wir noch soeben mit Picard bei dem großen Seelheimer Raub an der Spitze der Bande erblickt haben, für immer von der Bühne. Sein Fall, seine Hinrichtung, wurde allgemein bekannt, aber war nicht fähig, die noch in Freiheit herumschwebenden Räuber von ihrem gräßlichen Gewerbe abzuschrecken.

Um die gleiche Zeit wie Overtüsch fiel auch Johann Müller, der nicht minder merkwürdige Räuberchef, der Justiz in die Hände. Man verdankte die für die Sicherheit des ganzen Rheinstroms so wichtige Arrestation dem unermüdlichen Amtseifer des Stadtschultheißen Herrn Schauberg in Düsseldorf, der sichs immer zur Pflicht machte, die Nachforschungen der Polizeibeamten dieser Seite auf das wirksamste zu unterstützen und ihnen manchmal in ihrem unsicheren, finsteren Gang die Fackel vorzuhalten.

Noch waren Overtüsch und Müller keine Decade* in Haft, da unternahmen deren Kameraden wieder einen Raub, den zu Beuel.

Ende Oktober waren nämlich die Neuwieder Fetzer, Carl Heckmann, Hermann Munter, Mausche Gas, Meyer Gas, Meyer Fuchs, Afrom May, Monsam, Leib Haag, Tillenberg, Simon Ruben und ein Elsässer, der ebenfalls den Namen Picard führte und vordem in Koblenz mit Munter gefangensaß, den Rhein herabgefahren, um in Mülheim am Rhein in einem ihnen angezeigten Haus zu stehlen. Sie kehrten in Schwarz-Rheindorf bei einem Schiffer ein, der unter die Kochemer gehörte. Der Schiffer brachte ihnen einen vorteilhaften Raub in dem Warenlager des Herrn Beckers in Beuel an. Fetzer und Hermann Munter gingen unter dem Vorwand zu kaufen in den Laden des Kaufmanns und spionierten ihn aus. Einige Tage darauf näherten sie sich in der Nacht dem Haus, stiegen vermittels einer Leiter in die Höhe und kamen in das Magazin. Nach dem Raub, der aus Waren aller Art bestand, zogen sie hinter Oberdollendorf in einen großen Wald, teilten die Beute und begaben sich nach Neuwied. Nach Heckmanns Bericht hat bei Pelz der Jude Kalmen für 900 Reichstaler Waren gekauft. Fetzer sagt zwar auch, daß die Waren zu Pelz und zur Baums gebracht und dort verkauft wurden, nach ihm aber waren zwei andere Juden die Scherfenspieler gewesen.

Gleich nach dem Diebstahl ließ Herr Beckers durch seinen Comptoirdiener den Räubern nachspüren, und dieser war so glücklich, sie bis nach Neuwied zu verfolgen, allein hier mußte sich alle Spur verlieren. Der Comptoirdiener kehrte also unverrichteter Sache zurück. Wenig hätte gefehlt, so wäre das Weib des Hauptdiebs Nathan des Holländers, deren Mann gleichwohl bei diesem Raub nicht zugegen war, in Inquisition gekommen.

Kaum zehn Tage nach dem Beueler Raub, so geschwind war die ansehnliche Beute wieder verschwelgt, den 30. Brumaire 9. Jahres (20. November 1800), verübten ebendieselben, wozu noch Adolph Weyers kam, den Diebstahl in Breisig.

Hermann Munter kam eines Tages zu den in Neuwied versammelten Räubern und erzählte ihnen, ein gewisser Pleid in Niederbreisig stehe im Ruf, viele Juwelen, viel Silberwerk und Geld zu besitzen. Das veranlaßte sogleich einen Vorsatz bei den Räubern, Pleid heimzusuchen. Sie schickten den Elsässer Picard und Afrom May zu einem Juden nach Breisig, um dort das Nähere zu erfahren. Es währte nicht lange, so kamen beide Spione zurück und hinterbrachten, daß alles wahr sei, was Hermann Munter erzählt habe, daß aber das Haus des Pleid schwer anzugreifen sei, da es mitten im Ort liege. Dieses war der Bande kein Abhaltungsgrund, sondern trieb sie nur an, sich in wehrhaften Stand zu setzen, Patronen zu machen und Pistolen in Bereitschaft zu bringen. Zur bestimmten Zeit ließ sie sich von dem scheelen Friedrich zu Niederhammerstein über den Rhein setzen und hieß ihn, auf dem rechten Ufer verweilen, bis sie zurückkommen wür-

* zehn Tage im französischen Revolutionskalender

de. Zu aller Vorsicht beorderte sie den P. Tieland, im Nachen zurückzubleiben. Fetzer hatte das Kommando. In einem Weinberg bei Breisig wurde haltgemacht. Nun schlichen sich Fetzer, Hermann Munter und Picard der Elsässer in den Ort, suchten ein Holz, um die inneren Türen des Hauses zu stürmen, kehrten zu den übrigen zurück, nahmen sie zum Diebstahl mit und rückten so gegen Pleids Wohnung. Fetzer kommandierte den Afrom May, Picard den Elsässer, den Monsam und Heckmann, Schildwache zu stehen, setzte hierauf eine Leiter an das Haus, stieg hinauf, zerbrach im oberen Stock eine Glasscheibe und kam so in die inneren Zimmer. Ihm folgte die Bande auf dem Fuße nach. Unter Fetzers Führung flog sie nun die Treppe hinab und rannte mit dem ausgesuchten Holz die Stubentür ein. Durch den Lärm wurde Pleid geweckt, ergriff zwei Gewehre und trat vor, aber die Räuber fielen über ihn her, entwaffneten ihn und warfen ihn zur Erde nieder. Hierauf wurde er mit allen übrigen geknebelt. Fetzer nahm das Brecheisen und öffnete Kommoden und Schränke.

Da Pleid den Golddurst der Räuber nicht stillen, ihnen nicht verborgene Schätze angeben konnte, mißhandelten sie ihn. Einer von der Rotte war so grausam, sich auf den Kopf des gefesselt zur Erde liegenden, unglücklichen Mannes zu stellen. Während der Plünderung erschien der Nachtwächter vor Pleids Haus, aber der schildwachestehende Afrom May wußte sich seiner zu bemächtigen und brachte ihn gefangen in die Stube, worin die Räuber ihr Wesen trieben. Er wurde geknebelt. Afrom May trieb seine Kühnheit soweit, das Horn des Nachtwächters zu nehmen, durch den Ort zu gehen und ganz ruhig die Stunden abzurufen. Die Räuber packten zusammen, was sie finden konnten, und gingen auf den Rhein zu. Fetzer, der das Kommando gehabt hatte, tat wie fast alle Räuber, die bei irgendeiner Expedition an der Spitze standen; er steckte den besten Teil der Beute, eine goldene Uhr, heimlich zu sich. Um aber nicht entdeckt zu werden, zog er den Adolph Weyers in sein Vertrauen, steckte diesem die goldene Uhr heimlich zu, der sie dem scheelen Friedrich, dem Schiffer, gab, um sie zu verwahren und am dritten Tag nach Neuwied zu bringen. Unter der Beute befanden sich Juwelen, aber wie sie die Räuber verkaufen wollten, sagte man ihnen, daß sie nicht echt wären. Fetzer, Heckmann, Meyers und Tillenberg reisten nach Frankfurt, kehrten in die Bordelle ... ein, lebten eine Zeitlang mit den Freudenmädchen, verschwendeten die Beute und – erbeuteten dafür, alle wie sie waren, eine häßliche Krankheit. Diese verzehrte den Rest ihres Geldes, und sie mußten sich nach Neuwied auf die eine oder andere Art zu helfen suchen. Sie wählten endlich das Mittel, sich für Katechumenen* des Judentums auszugeben, was ihnen bei ihrer Kenntnis jüdischer Gebräuche und Sitten nicht schwer wurde, um so unterwegs bei reichen, mildtätigen Hebräern einzukehren, sich bewirten zu lassen und weiterzureisen.

In derselben Nacht, in der Fetzer und Gelichter den Raub bei Pleid begangen hatten, wurden von den Mitgliedern der Mersischen Bande, die im Roerdeparte-

* Glaubenslehrlinge, Schüler

ment und im Departement der Untermaas noch zurückgeblieben waren, in Begleitung einiger Vagabunden, der Diebstahl zu Hillensberg im Kanton Sittard begangen. Dieser Diebstahl geschah unter folgenden Umständen. Die Diebe stürmten in der Nacht in das Haus des B. Feis in Hillensberg. Ein Teil drang in das Schlafzimmer seiner Tochter, setzte ihr eine Pistole auf die Brust und forderte just die gleiche Summe Geld von ihr, die ihr Vater einige Tage vorher für verkauftes Vieh erhalten hatte, während ein anderer Teil der Räuber in die Stube des alten Feis selbst stürmte. Das Mädchen, das Mutter und Vater jämmerlich schreien und weinen hörte, begehrte von den Räubern, die bei ihr waren, sie möchten sie zu ihren Eltern führen, sie wollte ihnen das Geld zeigen. Vier Räuber, die alle Messer im Mund hatten, unter Kommando eines fünften, der eine Pistole trug, fielen über das Mädchen her, rissen es an den Haaren aus dem Bett und schleppten es in das Schlafzimmer der Eltern, wo es ihnen ein kleines Kistchen anwies, in dem das geforderte Geld lag. Während die Diebe beschäftigt waren zu plündern, wollte das Mädchen durch das Fenster flüchten, wurde aber von einem der wachestehenden Diebe mit einem Gewehrkolben auf unmenschliche Art zurückgestoßen. Unter den Tätern erscheinen Dols, die beiden Meyers und Merz. Später werden wir sie bei einem wichtigen Raub wiederfinden.

Am 15. Dezember verübte die Neuwieder Bande einen beträchtlichen Raub in Hillscheid, Amt Vallendar.

Mehr den gefährlichen, zwischen Klippen und Höhen laufenden Weg nach Hillscheid als das Haus selbst auszukundschaften, schickten sie den Serves Joseph und den Meyer Gas voraus. Beide verrichteten ihren Auftrag auf das pünktlichste und brachten bei ihrer Rückkunft die völlige Beschreibung der Lage des Orts und wie man den Rückzug zu nehmen habe mit. Auf dieses setzte sich nun der Zug in Bewegung. Simon Ruben kommandierte. Die Bande bestand aus Fetzer, Carl Heckmann, Afrom May, Monsam, Serves Joseph, Meyer Gas, Freiem Polack, Hampel Hohlmich, Anton Heinze, Picard dem Elsässer und dem dicken Mathies[1]. Einer war zu Pferde. Auch Adolph Weyers und Monsam gehörten dazu, da sie aber die venerische Krankheit unfähig machte mitzuziehen, blieben sie in Neuwied, bekamen jedoch ihren Teil wie jeder andere. Nach einem mühsamen, gefahrvollen Marsch kam die Bande in das im Felsental liegende Hillscheid. In dem Kirchhof, der dem Haus des Johann Wolff, das man bestehlen wollte, gegenüberlag, nahm sie ein zum Aufrennen bestimmtes Holz und schmetterte damit die Tür in Stücke. Der Bewohner des Hauses, Johann Wolff, hörte schon frühzeitig eine ungewöhnliche Bewegung auf der Straße und wurde im Augenblick, als er die Fenster öffnete, die ihm drohende Plünderung gewahr. Er schrie, was er konnte, um Hilfe und flüchtete sich in den oberen Stock, wo er aufs neue die Fenster öffnete und jämmerlich die Nachbarn um Rettung anflehte. Aber niemand war, der sich dem Hause nähern konnte, denn die Räuber schossen so unaufhörlich die Straßen hinab, daß es rundum erklang, als ob eine Festung bestürmt würde.

---

[1] *Weil er ein getaufter Jude ist, hat ihm die Bande den Namen Machummed beigelegt.*

Mehrere beherzte Nachbarn, die ihre Wohnungen verlassen hatten und im Begriff waren, dem Johann Wolff zu Hilfe zu kommen, wurden durch das Pfeifen der Kugeln so abgeschreckt, daß sie sich wieder zurückzogen. Kaum waren die Räuber im Innern des Hauses, als sie gerade auf die Schlafstube der Eheleute Wolff zurannten, die Ehefrau im Bett ergriffen, ihre Hände und Füße banden und sie mißhandelten.

Ein Untier, das den Namen Mensch trug, in dessen Herz aber nicht ein Fünkchen menschliches Gefühl loderte, riß der verzweifelnden Mutter ein kleines Kind, das sie bei sich hatte, aus den ringenden Armen und war im Begriff, es mit teuflischem Mutwillen wider die Wand zu schmettern, als ein Mitleidigerer von der Bande es dem Ungeheuer wieder abnahm. Der Wert der geraubten Waren betrug 6000 Livres. Nach dem Raub zog die Bande gegen Hettesdorf, unweit welchem man vier Päcke in den Garten eines Kochemer Mannes versteckte. Dieser Diebstahl ist wie so mancher andere so lange im Dunkeln geblieben, bis Br. Keil ihm auf die Spur gekommen ist und darüber das Amt unterrichtet hat. Der Anführer Ruben Simon wurde später wegen eines anderen Raubs in Düsseldorf aufgeknüpft.

Die im Ruhrdepartement zurückgebliebenen Mitglieder der Krefelder Bande, Cremerius, Daniel von R..., der N... Peter, verübten um eben diese Zeit einen Raub zu Hüls bei einem Juden. Sie hatten einen jungen Menschen zum ersten Mal bei dieser Expedition mitgenommen. Äußerst ansehnlich war die Beute. Der erwähnte junge Mensch, der sich auf einmal im Besitz eines für ihn unerschöpflichen Reichtums von 150 Kronen sah, ließ sich auf der Stelle schöne Kleider und feine Leinwand verfertigen, brachte dabei sein Geld so unvorsichtig zur Schau, daß die erfahrenen Räuber, um nicht entdeckt zu werden, ihn so schnell wie sie konnten, fortzuschaffen suchten. Ein Faktum, das Heckmann verbürgt.

Wir kommen jetzt an das Jahr 1801. Ehe wir aber im Laufe unserer Geschichte die Taten der Räuber unserer Gegend in diesem ersten Jahr des neuen Jahrhunderts und in den nächsten folgenden erzählen, ehe wir von den strengen Maßregeln, die die französische Regierung zu ihrer Vertilgung in diesem Jahr ergriffen hatte, sprechen können, muß es uns vergönnt sein, ein kleines Gemälde der Räuber aus dem Innern Frankreichs mit wenig Worten zu entwerfen. Dort, besonders in den Gegenden, wo einst der verwildernde Bürgerkrieg gewütet hatte, waren sie zu einer unglaublichen Kühnheit, einem Trotz ohnegleichen und einer gefahrdrohenden Verbindung herangewachsen. Die Plünderungen einzelner Höfe und Schlösser, die Angriffe auf Landstraßen, die Mordbrennereien, alles erschien dort in weit gräßlicherem Gewande wie hier. Die Verbrechen trugen alle das Gepräge heftiger, leidenschaftlicher, völlig verdorbener Seelen. Auch wurden Plünderungen dort verübt, von denen unsere hiesigen Räuberbanden keine Ideen hatten. Hierunter gehörten denn unter anderem die im Schwung gehenden Beraubungen der Briefposten und Diligencen*.

* Eilpost(wagen)

So wurde die Diligence von Genf nach Lyon im Ventose 8. Jahres (Februar/März 1800) von Räubern überfallen, die Passagiere geknebelt und geplündert. Das gleiche Schicksal hatten die Diligencen von Villejuif, die Diligencen von Nantes, deren Postillon, ein 75jähriger Mann, durch eine ganze Salve von Kugeln durchlöchert wurde, die Diligencen von Vermeuil unweit Evreux, die von Caen, die von Rouen und andere mehr. Weit unglaublicher, ganz beispiellos war die Kühnheit der Räuber, die es wagen konnten, den Senator Clement de Ris auszuheben und in eine Hütte an der südlichen Grenzscheide des Locher Waldes unweit Tours einzusperren; so wie der Übermut einer Räuberbande im Süden, die wohl 60 Mann stark in Peyrolles unweit Marseilles einrückte, die öffentlichen Kassen plünderte, sechs Soldaten ermordete, die Tochter des Commissairs notzüchtigte und Gendarmerie und Municipalität in die Flucht trieb. Die Bande von Orgeres war vielleicht die einzige ihrer Art. Sie war bis zu einer unglaublichen Größe, Stärke und Organisation gediehen. Sie hatte ihre Oberhäupter, ihre Distrikte, ihre Disziplin, ihre Justiz, ihre Henker und selbst ihre Priester; sie verübte eine zahllose Menge gewalttätiger Einbrüche, Straßenräubereien, Mordtaten und Notzüchtigungen und fügte dabei den Unglücklichen, die in ihre Hände fielen, die ausgedachtesten, teuflischsten Martern zu, bis endlich 21 von ihr zum Tode und 32 zur Galeere verurteilt wurden. Aus ihren Trümmern entstand eine andere Bande in dem Indres- und Loiredepartement, die nicht minder schrecklich hauste. Im Vardepartement existierte eine Räuberbande, die keine Macht zu vertilgen imstande war. Unvergeßlich wird es bleiben, bis zu welchen Mitteln die oberste Staatsgewalt ihre Zuflucht nehmen mußte, sie zu vernichten; wie der Präfekt nämlich einen entschlossenen Menschen, der sein Vertrauen besessen, unter sie geschickt; wie dieser unter dem Vorwand, den Räubern einen Fang zu verschaffen, sie sämtlich in ein abgelegenes Haus bei der Gemeinde Aups zu locken gewußt, wie das Haus vorher unterminiert worden; wie der Vertraute, sobald alle dort versammelt waren, sich entfernt, eine Lunte an die Mine* gelegt, 25 Räuber in die Luft gesprengt und 15 halbverbrannt der Justiz geliefert hatte. Im Lot- und Garonnedepartement trieb sich eine Bande von Räubern umher; 40 wurden eingefangen, aber mit ihnen die Ruhe noch immer nicht hergestellt. Im Mayennedepartement wurde eine Mordbrennerbande angegriffen; sie wehrte sich tapfer. Vier blieben tot auf der Stelle. Im Departement der Niederalpen bewaffneten sich zwei Gemeinden und griffen eine Räuberbande an. Über eine Stunde lang währte das Gefecht. Der Anführer, ein Ungeheuer, das an einem Tag fünf Personen aus einer Familie und drei Militärs ermordet hatte, fiel in die Hände der Justiz. Im Lotdepartement zu Cahors wurde eine Bande von der Gendarmerie angegriffen. Es entstand ein lebhaftes Gefecht, und nur die Dunkelheit entzog den letzteren den erfochtenen Sieg. Zu Chalons an der Saone überfiel eine Bande einen militärischen Packwagen. Die Gendarmerie verfolgte die Räuber, traf sie jenseits Dijon in einer Schenke. Wie sie sich ihrer bemächtigen wollte, erhob

* unterirdischer Gang mit Sprengladung

sich ein Scharmützel. Drei der Gendarmen und der Anführer der Räuber blieben tot. Vier Räuber wurden ergriffen. Im Garddepartement wurden 68 Räuber arretiert. Im Euredepartement wurde ein Wagen, worin sich eine Kasseneinnahme befand, von 20 Räubern überfallen. Ein Chasseur vom 24. Regiment, der zur Eskorte gehörte, tat so tapferen Widerstand, daß einer der Räuber von ihm erschossen, ein anderer gefangen wurde. Im Departement Finisterre wurde die erste obrigkeitliche Person, der Präfekt selbst, auf der Landstraße von 30 Räubern angehalten, seine aus Gendarmen bestehende Bedeckung auseinandergesprengt, einer von diesen getötet. Gen. Ferino, der in den südlichen Departements kommandierte, berichtete, daß seit seiner Anwesenheit 58 Räuber auf der Stelle füsiliert und 79 durch das Gericht zum Tode verdammt worden seien. Die Bande im Morbihan hatte einen Anführer, der mit eigener Hand 20 Menschen ermordet und die Zeugen so in Furcht gesetzt hatte, daß niemand mehr gegen ihn zu sprechen wagte. Die Zahl der Haupträuber, die gegen Ende des Jahres 1800 in den verschiedenen Gefängnissen Frankreichs saßen, gab man mit 236 an.

Was war natürlicher, als daß die französische Regierung bei dieser Lage der Sache, da die allgemeine Sicherheit so augenfällig gefährdet war, da der Bürger mitten in einem polizierten Staat, umringt von schützendem Militär, doch um sein Eigentum, um sein Leben zitterte, bei der von Tag zu Tag sich immer vermehrenden Überzeugung von der Unzulänglichkeit der bisherigen Kriminalverfassung und besonders des Geschworenengerichts auf den Gedanken fiel, außerordentliche auf die gegenwärtige Zeitlage passende Maßregeln zur Vertilgung des Räuberwesens zu ergreifen. Diese bestanden in dem Einführen der Spezialgerichte.

Nicht das gräßliche, das fürchterliche Ansehen wie im Innern, nicht den ungeheuren Trotz, begleitet von dem Geist der Empörung, zeigten die am Rheinstrom hausenden Banden, aber so wie wir gleich zu Beginn des neuen Jahres hören werden, waren sie doch oft mit so viel Mut belebt, unternahmen sie oft so große Wagstücke wie ihre Brüder, die Räuber von der berühmt gewordenen Bande von Orgeres.

Im Januar des Jahres 1801 vollführten die Neuwieder den äußerst merkwürdigen, gewaltsamen Raub in dem Posthaus bei Würges auf der Landstraße von Frankfurt nach Limburg.

Hier war es, wo die Neuwieder zum ersten Mal sich mit Schinderhannes und seinen Gesellen vereinigt hatten und gemeinsam zu Werke gegangen waren. Von den Neuwiedern waren jedoch nur wenige dabei zugegen. Man bemerkte nur den Picard, den Johann Müller, den Gerbersohn Aumüller von Königstein und den Meyer Fuchs. Schinderhannes hatte dagegen die berüchtigten Räuber Blümling, Hanadam, den dicken Wilhelm Reinhard, seinen Bruder Christian und andere bei sich. Bei dem Raub selbst bekam Picard, obgleich er nur die wenigsten Mitglieder lieferte, vermutlich weil Schinderhannes die Superiorität von seinem Räubergenie erkannte, das Oberkommando.

Kurz vor Mitternacht am 10. Januar war der Posthalter Obers mit der Expedition einer Estaffette* fertig geworden und hatte sich zum Schlummern niedergelegt, als seine Ehefrau vor dem Haus einen überaus hellen Schein und Lärm gewahr wurde. Sie sprangen alle beide ans Fenster und erblickten zu ihrem nicht geringen Schrecken Anstalten, die ihnen nur zu sehr verrieten, was ihnen bevorstand. Ein großer ungeheurer Balken war in den Händen von zwölf bis fünfzehn unbekannten Kerlen; auf dem Balken waren mehrere kleine Wachslichter angeklebt. Es war das Werk eines Augenblicks, und der Balken wurde mit wütender Gewalt wider die neue, doppelt mit Banden versehene Tür des Posthauses gerannt. Sie sprang in Stücke. Zu was die Angst Menschen treiben kann, erfuhr man hier. Die Posthalterin sprang von oben herab durch das Fenster in den Hof, ein äußerst gefährlicher, gewagter Sprung. Kaum war die Tür eingebrochen, so stürzten die Räuber wie wütend die Treppe herauf, forcierten die Zimmertür, fielen acht an der Zahl über den Posthalter her, banden und mißhandelten ihn auf die entsetzlichste Art. Ein anderer Räubertrupp war zu gleicher Zeit in die Kammer des Gesindes gedrungen und hatte dort alle Anwesenden geknebelt und nicht minder mißhandelt. Drei der Räuber standen Schildwache, unter diesen war Schinderhannes. Diese Wachen feuerten unablässig in den Ort Würges, um so jeden zu Hilfe Eilenden zurückzuhalten. Die Beute, die die Frucht dieses Verbrechens war, wird sehr beträchtlich angegeben.

Picard wollte bei der Teilung der Beute im Wald seine Untergebenen übervorteilen und hatte in dieser Absicht Geld und einige Kostbarkeiten hinter einem Baum versteckt. Schinderhannes, der dieses bemerkt hatte, wußte die von Picard versteckten Sachen heimlich wegzufischen. Der Räuberhauptmann bei Würges entdeckte später, wer ihm diesen Streich gespielt hatte, schwor dem Schinderhannes fürchterliche Rache, konnte ihn aber aller seiner Bemühungen ungeachtet nie mehr treffen.

Nach der Tat begaben sich Picard und Johann Müller nach Eckardroth. Schinderhannes trennte sich wieder von den Neuwiedern und trieb seine Hantierung mit seinen Gesellen abgesondert und allein fort.

Carl Heckmann, Adolph Weyers, Afrom May, Monsam und andere Mitglieder der Neuwieder Bande befanden sich im Februar des Jahres 1801 in Deutz, als ihnen von einem Musikanten dieses Ortes entdeckt wurde, der Jude Nathan Hirsch zu Bergheim an der Sieg habe viel Geld und Silberwerk. Sogleich beschlossen sie, einen Raub bei ihm vorzunehmen. Sie erschienen in Bergheim, verstopften das Loch der Kirchtür, stellten Schildwachen aus, stürmten das Haus des Juden, knebelten alle Bewohner desselben und brachen Kisten und Schränke auf. Einige Bewohner von Bergheim waren wirklich im Begriff gewesen, den Beraubten zu Hilfe zu eilen, als sie durch das Feuern der Schildwachestehenden zurückgehalten wurden.

Die Beute, die die Räuber davontrugen und die in silbernen und goldenen Gerätschaften bestand, war sehr beträchtlich. Der Jude gibt sie auf den Wert von

---

* Eilpostsendung

700 Reichstalern an. Nebst diesem wurde ihm an barem Geld etwa 250 Karolin entwendet.

Nach der Tat zogen die Räuber nach Porz, wo sie teilten. Der Baldowerer von Deutz und eine gewisse Marianne, die bei ihm wohnte und deren Mann in Wesel gefangensaß, erhielten von den Räubern Geschenke.

Die im Ruhrdepartement zurückgebliebenen Schüler der Mersischen Bande, Sprung, Ulrichs und Gesellen, von denen wir oben schon einmal gesprochen, verübten um diese Zeit, den 25. Pluviose (14. Februar), den Diebstahl auf der Bergerheide, der sie unter das Messer lieferte. Um Mitternacht kamen sie vor das abgelegene Haus des Brs. Knauf und forderten von der Ehefrau Knauf durch das Fenster eine Summe Geldes. Diese gab ihnen, was sie hatte, da es aber den Räubern zu wenig, zu unbedeutend war, brachen sie in das Haus ein, knebelten und mißhandelten das Weib mit ihrem 85jährigen Mann, brachen Kisten und Schränke auf und entwendeten alles, was sie fanden.

Ulrichs, dem man gar bald auf die Spur kam, geriet in Haft. Der Friedensrichter des Kanton Burscheid unternahm, in Begleitung der Gendarmerie, eine Untersuchung in dem Haus der Eheleute Sprung. Peter Sprung und Enders, einer der Räuber, entwischten halbnackt, sprangen in den Keller des benachbarten Hauses und versteckten sich in einer dunklen, mit Wasser angefüllten Höhle. Vergebens, ihre Stunde hatte geschlagen; die Gendarmerie fand sie in ihrem Schlupfwinkel und zog sie ans Tageslicht. Den 9. Prairial des zehnten Jahres (29. Mai 1802) wurden Ulrichs, Sprung und Goebels zum Tode verdammt und zwei Tage darauf gerichtet. Drei der Mitschuldigen wurden in Freiheit gesetzt, die Frau Sprung zu einer vierzehnjährigen Gefängnisstrafe verdammt.

So war etwa acht Tage nach dem Diebstahl auf der Bergerheide, als um die Mittagszeit zwei Mädchen auf der Landstraße zwischen Hücheln und Frechen von zwei Straßenräubern angefallen, in das nahe Wäldchen geschleppt, beraubt und genotzüchtigt wurden. Die Täter, die durch den Amtseifer des Maire von Frechen, Johann Wolff, gefangengenommen wurden, gehörten zu keiner Bande. Sie nannten sich Schohn und Pollperg. Der erste wurde zu einer achtzehnjährigen Galeerenstrafe, der zweite, weil die Geschworenen seine Entschuldigungsgründe annahmen, wegen des gleichen Verbrechens zu einer zweijährigen Zuchthausstrafe verurteilt.

Ehe wir zu der Neuwieder Bande zurückkehren, müssen wir einen wichtigen gewaltsamen Einbruch, der im Ruhrdepartement von den zurückgebliebenen Krefeldern verübt worden war , anführen, den zu Korschenbroich. Er wird uns Gelegenheit bieten, über eine unersetzliche Lücke in der jetzigen französischen Kriminalverfassung wichtige Bemerkungen machen zu können.

In der Nacht vom 6. auf den 7. Ventose des neunten Jahres (vom 26. auf den 27. Februar 1801) wurden in das Haus des Brs. Könen in Korschenbroich vermittels einer Öffnung, die man neben der Haustür in die Leimenwand gestoßen hatte, eingebrochen. Drei Räuber erschienen vor dem Bett der Eheleute Könen, rissen den bejahrten Mann aus dem Bett und mißhandelten ihn auf eine ganz unmenschliche Art, so daß er mehrere Wochen mit seinen Wunden niederliegen mußte. Der Wert des Geraubten war äußerst unbeträchtlich, kam vielleicht nicht auf 30 Reichstaler.

Vor dem Friedensrichter erklärte Könen, keinen von den Dieben erkannt zu haben; die Frau Könen deklarierte, sie glaubte zwei derselben gut gekannt zu haben, Nolden und Busch, beide Kleinkrämer (Hausierer) und ganz in der Nähe des bestohlenen Ortes wohnend. Das Dienstmädchen zeugte, die Diebe wohl gesehen aber keinen erkannt zu haben. Busch wurde verhaftet. Nolden stellte sich selbst vor Gericht. Busch behauptete, den 6. Ventose zu Hause gewesen zu sein. Zwei Zeugen erklärten, der eine, daß er den Busch abends um acht Uhr, der andere, daß er ihn morgens sechs Uhr gesehen habe. Nolden, der sich, wie gesagt, selbst sistierte, brachte ein Zeugnis, daß er die Nacht vom 6. auf den 7. Ventose in Rosellen bei Polizeicommissair Groß sich aufgehalten habe.

Die Prozedur wurde eben nicht mit besonderem Fleiß, aber mit desto mehr Eile betrieben. So kam die Sache vor das peinliche Gericht. Nolden und Busch suchten vor den Urteilsgeschworenen ihr Alibi geltend zu machen, sie verlangten, da über das Datum des schriftlichen Zeugnisses eine Ungewißheit entstanden war, sie auch in der entscheidenden Sitzung keinen einzigen mündlichen Zeugen zu ihrem Vorteil und, wie es schien, nicht ganz aus ihrer Schuld vorgebracht hatten, daß das Endurteil noch verschoben werden möge.

Da aber die Kriminalverfassung, wenn einmal die Sache vor die Urteilsgeschworenen gebracht worden ist, unter keinem Vorwand einen Aufschub gestattet und entweder ein verdammendes Ja oder ein lossprechendes Nein erfolgen muß, so wurde über die Gesuche der Angeklagten hinweggegangen.

Es kam also zur Entscheidung; Nolden und Busch hatten nichts gegen sich als die Erklärung der alten Frau Könen, die sie vor dem peinlichen Gericht ganz bestimmt als die Täter angab, und die Erklärung der Dienstmagd, die sie vor dem Friedensrichter nicht gekannt haben wollte, aber nun in der Kriminalsitzung aussagte, einen von den beiden unter den Räubern gesehen zu haben.

Wie schwankend, wie ungewiß das Gebäude ist, das man auf Zeugnisse der Sinne, ununterstützt durch andere Indizien gründet, haben wir oben bei dem Seelheimer Diebstahl erfahren. Die Geschworenen, fast meistens Landleute, erklärten einstimmig, Nolden und Busch seien des angeschuldigten Verbrechens überführt, und diesem Ausspruch gemäß wandte das Tribunal das Gesetz an und sprach das Todesurteil über sie aus. Nolden und Busch suchten um Kassation nach, aber erhielten sie nicht. Sie wurden am 13. Prairial (2. Juni), etwa drei Monate nach ihrem Arrest und nach der freiwilligen Sistierung des einen guillotiniert. Sie waren die ersten Räuber, die in Köln diesen Tod starben. Ihr Benehmen war völliger Ausbruch der Verzweiflung. Sie schrien, jammerten und beteuerten noch bis zum letzten Moment ihre Unschuld.

Ob sie von dem angeschuldigten Verbrechen frei waren oder nicht, mag die spätere Zeit entdecken, bis jetzt liegt ein undurchdringlicher Schleier über der Geschichte. Schwer zu begreifen ist es freilich, wie Räuber so ganz in der Nähe ihres festen Domizils, sozusagen in demselben Ort, einen Raub unternehmen und sich nicht einmal verkleiden, schwärzen oder sonst unkenntlich machen sollten.

Soviel ist gewiß, einer von den zwei Gerichteten war nicht fleckenfrei. Mehrere von den Haupträubern haben nachher ihn unter diejenigen gezählt, die mit ihnen bei verschiedenen Diebstählen gewesen waren.

Sechs Wochen etwa nach dem Korschenbroicher Raub fiel der von der Klinke, zwei Stunden von Köln, vor. Auch dieser hat sowohl wegen der beträchtlichen Beute als auch wegen der Prozedur, die er veranlaßte, eine unglückliche Berühmtheit erhalten. Unter den Tätern waren Fetzer, Knips, Peter Tieland von Neuwied, Michel und Hubert Schiefer und ein gewisser C... Der Diebstahl wurde zu Köln in einem Bordell verabredet und von dort aus unternommen. Er war mit Einbruch und Gewalttätigkeit gegen die Bewohner des beraubten Hauses begleitet. Fetzer stand am Beginn der Plünderung Schildwache, da aber die weniger gewandten Räuber nicht fertig werden konnten, riefen sie ihn. Die Bestohlenen waren nicht sehr reiche Leute und die Beute äußerst unbeträchtlich, so daß Fetzer, der zu dieser Zeit ohnehin über 100 Louisdor bares Geld hatte, seinen Anteil den übrigen schenkte. Da der Vorfall so ganz in der Nähe von Köln sich ereignet hatte und das Gerücht von den Mißhandlungen, die die Bestohlenen hatten erdulden müssen, von Mund zu Mund lief, so kam es, daß die Polizei von Köln sich ungemeine Mühe gab, um die Täter zu entdecken. Durch geheime Nachrichten veranlaßt, überfiel sie unvermutet des Morgens gegen fünf Uhr eines der H...häuser in Köln und traf dort den Wilhelm Knips von Ahrweiler, der bereits wegen anderer Diebstähle verdächtig war, und die beiden Schiefer von Köln, Burschen von kaum zwanzig Jahren. Einer von diesen sowie Knips hatten bei ihrer Verhaftung von den gestohlenen Effekten bei und an sich. Br. Esser, Friedensrichter des Kantons Weiden, und die Polizeicommissaire Schöning und Orban haben das Verdienst, den Tätern auf die Spur gekommen zu sein. Jetzt entstand eine peinliche Prozedur gegen die Verhafteten und gegen noch mehrere, die man gleichfalls im Verdacht hatte, an dem Raub teilgehabt zu haben. Die Untersuchung währte bis zur Einführung des Spezialgerichts, und diese Sache war die erste, die von ihm vorgenommen worden ist.

Um den Lesern über die Einrichtung dieses Gerichts einen kurzen Begriff zu geben, bemerken wir, daß es aus dem Präsidenten des Kriminalgerichts, zwei Richtern desselben Gerichts, zwei von der Regierung erkorenen Privatpersonen, drei Offizieren, ebenfalls vom Konsul ernannt, dem öffentlichen Ankläger Regierungskommissaire besteht, immer in gleicher Zahl – mindestens zu sechs – sitzen muß, nach seinem Spruch keine Berufung mehr statthat und das Urteil sofort in Vollziehung gesetzt wird.

Sobald die Nachricht in das Ruhrdepartement kam, daß auch hier ein Spezialgericht eingeführt werden soll, ergriff die Verbrecher ein panischer Schrecken. In der Institution der Geschworenen glaubten sie mehr Schutz, mehr Milde zu finden. Hier stand ihnen wenigstens das Gesuch um Kassation offen, und sie konnten überhaupt monatelange hingehalten werden. Der Gedanke, von französischem Militär, und zwar ohne allen Appell, gerichtet zu werden, brachte Entsetzen in ihre Seele.

Johann Schiefer, einer von denen, die wegen des Raubes auf der Klinke in Haft saßen, der wie die übrigen voraussah, der Guillotine bei dem strengen unerbittlichen Gericht nicht entwischen zu können, kam auf den Gedanken oder wurde vielmehr darauf geleitet, sich wahnsinnig zu stellen, und spielte mehrere Monate mit bewundernswürdiger Geschicklichkeit diese Rolle.

Zwei Ärzte von entschiedenen Kenntnissen, Dr. Best und Dahmen, gaben ein wichtiges, mit großer Kunst ausgeführtes Zeugnis, das ihren tiefen Blick in die Seele des Verbrechers und ihr kaltes, aber desto untrüglicheres Abwägen des Für und Wider an den Tag legte und worin sie behaupteten, daß aus der Natur und Gattung des vorgeschützten, seiner angegebenen Ursache nicht entsprechenden Wahnsinns, aus dem wirklichen Zustand der Gesundheit und Kräfte des Angeklagten, seinem äußeren Ansehen, seiner Empfindlichkeit gegen unbewußt angebrachte Reize, seinen Sitten und Gebärden sich schließen lasse, daß der von ihm geäußerte Wahnsinn kein wahrhafter, kein wirklicher Wahnsinn sei.

Der Tag, an dem das Spezialgericht zum ersten Mal seine Sitzung hielt und die Räuber von der Klinke vornahm, erschien. Ein ganz ungeheurer Zusammenfluß von Menschen machte die Sitzung noch imposanter. Johann Schiefer blieb seiner Wahnsinnsrolle treu und spielte sie mit solcher Kunst, daß er das ganze Publikum und selbst Richter täuschte. Es war am 29. Ventose 10. Jahres (20. März 1802) abends gegen acht Uhr, als das Spezialgericht entschied, den Johann Schiefer als einen Wahnsinnigen freizusprechen, seinen Bruder aber und den Knips zum Tode zu verdammen. Fürchterlich war die Szene, als der Präsident, Br. Könen, den Urteilsspruch vorlas und das Wort Tod über seine Lippen ging. Knips, der ehemals an der fallenden Sucht gelitten hatte, fiel von der Anhöhe, worauf die Beschuldigten sitzen, herab, röchelte wie ein Sterbender und brüllte laut auf. Michael Schiefer streckte seine Hände in Verzweiflung gegen den öffentlichen Ankläger und die Richter. »Gnade! Gnade!« schrie er. »Muß ich denn morgen wirklich sterben?« Das ganze Publikum war in Bewegung. Mehrere anwesende Frauenzimmer sanken in Ohnmacht. Es erhob sich ein unbeschreibliches Lärmen und Getöse. Johann Schiefer vergaß auch in diesem kritischen Moment seinen angenommenen Charakter nicht. Er lachte grinsend und sprach tolles Zeug.

Am Abend noch, als er sich völlig in Freiheit sah, legte er seine Rolle ab, sprach wieder vernünftig und rechtfertigte so die Meinung der Ärzte. Vor kurzem wurde er vermöge einer außerordentlichen Maßregel des Präfekten des Ruhrdepartements mit anderem Gesindel, das man ohne weitere Prozedur ergriff, eingezogen, um nach den Kolonien geschickt zu werden; er entwischte während des Transports und hat sich unlängst für die kaiserlichen Soldaten anwerben lassen. Sein Bruder und Knips wurden am zweiten Tag nach dem Urteil guillotiniert. Sie suchten in den letzten Augenblicken ihre Versündigung an dem Menschengeschlecht dadurch wiedergutzumachen, daß sie dem Br. Keil alle ihnen bekannten Schlupfwinkel, Diebeshehler und Mitschuldigen entdeckten.

Im Floreal (April/Mai) wurde unterdessen von einer anderen Bande Räuber, die mehr oder weniger an der ehemaligen Krefelder anhing und zu ihnen gehörte, ein gewaltsamer Einbruch verübt. Es verhielt sich mit ihm folgendergestalt.

Nachts gegen zwei Uhr brachen in das Haus des Brs. Breims zu Oed durch eine Öffnung, die sie durch die Leimenwand machten, mehrere unbekannte fremde Personen, fielen über die Hausleute her, knebelten sie, schlugen sie, hielten ihnen Pistolen auf die Brust und zwangen sie durch schreckliche Drohungen, wie Waden-Aufschneiden und glühendes Öl hineingießen, alles, was ihr Besitz war, auch das bißchen verborgen gehaltene Geld, herzugeben.

Am folgenden Morgen kam man den Dieben auf die Spur, ja man ertappte sie mit einem Teil des Gestohlenen. Es waren Johann Kratz von Oppum unweit Burscheid, Michel Meyer von Gilgenbach im Rhein- und Moseldepartement, ein herumziehender Glashändler, Wilhelm Görz aus dem Kanton Erkelenz, Vagabund, Joseph Nußbaum aus Ladenburg, Arbeiter in den Kohlminen, Joseph Simon von Aachen, Vagabund. Die Urteilsgeschworenen sprachen am 20. Thermidor (8. August) das Wort schuldig gegen sie aus, und sie wurden zu 24 Jahren Eisen verurteilt. Zwei Weiber, Maria Bruckstegen und Maria Deckers, wurden zu der gleichen Strafe verurteilt; diese Strafe aber in Ansehung ihres Geschlechts, wie das gesetzlich ist, in Einsperrung von ebensoviel Jahren verwandelt. Ihr Verbrechen war, die gestohlenen Waren, wissend, daß sie gestohlen waren, verhehlt zu haben.

Dem Unkundigen der französischen Gesetzgebung wird es fremd scheinen, wie man Complicität mit den gleichen Strafen belegen kann wie das Verbrechen selbst. Ich muß also bemerken, daß dieses in dem deutlichen Willen des Kriminalkodex liegt. Die Gesetzgeber aus den ersten Zeiten der Französischen Revolution, als man die Prinzipien der Stoa* wieder lebendig machen wollte, sanktionierten, daß keine Abstufung der Strafe sein, der Hauptverbrecher wie der Hehler gestraft werden sollte. Ein schwaches ununterrichtetes Weib, das demnach Effekten verbirgt, mit Kenntnis, daß sie gestohlen sind, wenn es auch die Art, mit welcher sie geraubt worden sind, nicht weiß, wird mit dem Tode bestraft wie der Räuberchef, der an der Spitze einer bewaffneten Schar einbricht und gegen die Hausbewohner wütet. Setzt man nun den Fall, das Entwendete, das irgend jemand mit Wissen aufnehme, rühre nicht von einem Einbruch, sondern etwa nur von einem einfachen, unqualifizierten Diebstahl, einer Beutelschneiderei her, so würde, was man vielleicht noch sonderbarer finden wird, der Diebshehler wegen des gleichen Verbrechens, wegen dem er in obigem Fall zur entsetzlichsten Strafe, zum Tode verdammt worden wäre, wegen des Verheimlichens des Gestohlenen, nun völlig frei ausgehen, denn das Gesetzbuch bestimmt

* griechische Philosophenschule, die u.a. die Verachtung der weltlichen Güter propagierte und das Naturrecht gegen das von Menschen geschaffene Recht setzte

keine Strafe für die Komplizität in leichteren Verbrechen (delits correctionnels).

Unsere Geschichte hört jetzt eine zeitlang auf, fragmentisch zu sein; sie ergreift von diesem Augenblick an den Lebensfaden eines großen merkwürdigen Banditen, dessen Namen wir schon so oft genannt haben, des Carl Heckmann, und läuft mit ihm einen bestimmten Zeitraum durch, bis sich im Hintergrund ein trauriger Katafalk*, ein entsetzlicheres Schafott erhebt.

Carl Heckmann hatte mit Adolph Weyers, dem alten Hannes, Anton Heinze und dem dicken Mathies mehrere Diebstähle von Eckardroth aus begangen. So hatte er mit diesen in einem etwa vier Stunden von Aschaffenburg liegenden Städtchen, wahrscheinlich in Obernburg, einen beträchtlichen Kirchenraub verübt und das Silberwerk an den Juden ... aus Wertheim, einen gepriesenen Scherfenspieler, verhandelt. So hatte er mit demselben und dem Räuber Macholchen bei einem Pfarrer, zwei sStunden von Aschaffenburg, eingebrochen und eine so ansehnliche Summe geraubt, daß sein Anteil allein auf 130 Taler kam. Von Eckardroth zog er nach Neuwied und von da wieder in die Gegend um Köln, in der er einst als Mitglied der Krefelder Bande so beträchtliche Beute gemacht hatte. Sein Lieblingsaufenthalt war zu Deutz. Während er nun dort im Frühjahr 1801 in dem Haus Bensberg war, kam Spielmanns Mathies zu ihm und trug ihm an, mit seinen Kameraden den Br. Herter zu Fühlingen zu bestehlen[1]. »Ihr habt nichts zu fürchten«, sagte er, »weil ihr die Fensterladen offen finden werdet.« Um das Gewissen der Räuber, er mochte voraussetzen, daß sie noch ein solches hätten, zu besänftigen, erzählte er, daß Herter eine Maitresse habe und die Familie derselben wünschte, er möchte bestohlen werden, um von ihr abzulassen. Dieses Märchens hätten Räuber wie Heckmann nicht bedurft, er war auch ohne es geneigt, Beute zu suchen. Er begab sich nach Köln, wo sich die Räuber Ruben Simon und Tillenberg befanden, um diese mit ins Komplott zu ziehen. Ruben Simon und Heckmann gingen nach Fühlingen, um das Haus des Brs. Herter auszukundschaften. Sie trafen die Magd, so wie Spielmanns Mathies ihnen vorausgesagt hatte, geneigt, beim Ausführen des Raubs behilflich zu sein; sie versprach ihnen, den Kettenhund aus dem Weg zu schaffen und die Fenster offenzulassen. In der Nacht vom 26. auf den 27. Ventose 9. Jahres (17./18. März 1801) kamen Carl Heckmann, Ruben Simon, Wennemacher, der Jude Wolff, Michel Nathan, noch zwei Juden, Knips und Kirsch an einem Kapellchen hinter einem auf der Landstraße von Köln nach Neuss befindlichen Orte zusammen. Heckmann und Ruben schlichen sich an das Haus des Brs. Herter. Das verräterische Hausmädchen flüsterte ihnen zu, Herter sei mit seiner Freundin in Dormagen und werde viel Geld mitbringen. Die Räuber kehrten nun in das Feld zu den übrigen zurück und harrten dort, bis sie ihren Mann von Dormagen zurückkommen sahen. Etwa eine Stunde danach, als sie glauben mochten, daß er nun eingeschlafen sei, machten sie sich auf und näherten sich dem Hinterteil seines Hauses. Ruben Simon

* schwarz verhängtes Gerüst, auf dem der Sarg während der Trauerfeier steht

1 *Es verdient angemerkt zu werden, daß die Schwester von der Frau des Spielmanns Mathies bei Herter als Magd diente.*

stieß ein Gefach in der Scheune ein und dadurch drang er mit seinen Kameraden in den Hof. Das Hausmädchen hatte sein Versprechen gehalten und das Fenster im Hauptgebäude offengelassen. Die Räuber klimmten hinein, zündeten in der Küche die Lampen an, stiegen die Treppe hinauf, stürmten in die Stube der Tagelöhner und bedrohten sie mit dem Tod, wenn sie sich rührten. Unterdessen waren die anderen in Herters Zimmer gedrungen, hatten ihn geknebelt und beraubt. Das treulose Hausmädchen bat die Räuber, auch es zu knebeln, damit kein Verdacht auf es fallen möchte. Nach dem Raub zogen die Diebe mit den gestohlenen Effekten noch in der Nacht bis vor Köln an ein am Türmchen gelegenes Haus, legten die Päcke an einer Hecke nieder, weckten den Kochemer ... auf und brachten ihm ihre Beute. Für seine Verschwiegenheit wurde er ansehnlich beschenkt.

Den Wert des Gestohlenen schätzt man auf 9000 Fr. Auch der Baldowerer wurde nicht vergessen, jedoch erhielt er weniger, als er verlangte. Gleich nach dem Diebstahl schrieb Herter einen Brief an einen Polizeicommissaire von Köln, in dem er ihn bat, die verdächtigen Häuser zu durchsuchen, weil er sicher sei, daß sich die Räuber dort aufhielten. Und so war es auch in der Tat. Herter gab den Brief dem Bruder seiner Magd. Dieser ließ ihn aber den Heckmann sehen, ehe er ihn dem Polizeicommissaire überbrachte. Unglaublich muß die Zuversicht gewesen sein, die Heckmann auf seine Schlupfwinkel in Köln setzte, denn ungeachtet er durch den Brief unterrichtet war, daß man Nachsuchungen tun würde, blieb er doch dort. So manche andere sonderbare Verblendung hat uns die Geschichte aufbehalten. Die rundumsichtigsten Menschen, die ihr ganzes Leben durch keinen Schritt wagten, ohne den Boden, den sie betreten wollten, sondiert zu haben, findet man meistens in der geltendsten Epoche blind und betäubt ihrem Verderben entgegentaumeln, jede Warnung verachtend. Ihr schützender Genius scheint sie just dann zu verlassen, wenn sie ihn am nötigsten haben, eine höherwaltende Hand sie unwiderstehlich ans Ziel zu reißen.

Carl Heckmann blieb also in Köln.

R..., Wirt eines Bordells an eben diesem Ort, der, um sein schändliches Gewerbe forttreiben zu dürfen, öfters den Spion abgab, erschien bei Br. Keil, öffentlicher Ankläger, und erbot sich, ihm den allberüchtigten Carl, den Räuberanführer bei dem Fühlinger Diebstahl, zu liefern. Keil nahm das Anerbieten an und versprach ihm eine Belohnung. R..., dem es nicht ganz Ernst mochte gewesen sein, ließ sich von Zeit zu Zeit bei dem Polizeicommissaire Schöning sehen und meldete ihm, Carl sei hier, Carl sei da, aber jedesmal, wenn die Polizei erschien, ihn abzuholen, war er wieder weggegangen.

Dieses währte nicht lange, da erschien ein zweiter Spion. »Ich weiß«, sagte er zu Br. Keil, »daß Sie dem Carl nachstreben, ich – ich will ihn Ihnen liefern, und zwar in dem Haus eben des R..., der ihn Ihnen verschaffen will.« Eines Tages kam er auch in der Tat zum Polizeicommissair Schöning und meldete ihm, Carl sei soeben in dem Bordell. Schöning, der gegen R... den Anschein nehmen wollte, als ob er kein Mißtrauen gegen ihn hegte, um sich seiner künftig zu bedienen, zog seinen Kollegen Orban mit ins Geheimnis und dieser erschien nun um Mitternacht vor dem Haus des R... und begann es zu durchforschen. Heckmann war in der Tat bei R... im Bordell, retirierte sich aber gleich, sobald er die Ankunft der Polizei vernahm, auf das Dach, wo ihn Br. Orban fand und ins Depot führen ließ.

Noch immer glaubte Heckmann, nicht erkannt zu sein; er gab sich einen falschen Namen. Das war ein Donnerschlag für ihn, als am folgenden Tag Br. Schöning in dem Kerker erschien und ihn bei seinem Namen nannte. Er wollte leugnen; aber man war viel zu gut über seine Person unterrichtet; es half ihm nichts.

Br. Keil, der den Wert fühlte, der darin lag, einen so kühnen Räuber wie Heckmann, der sechs Jahre schon dies- und jenseits des Rheins fast bei allen wichtigen Diebstählen zugegen gewesen war, in Haft zu haben, ließ ihn in das festverwahrteste Gefängnis von Köln, in den hohen Frankenturm, bringen.

Die Geschichte berührt jetzt eine Tat, die unter die gräßlichsten, abscheulichsten von allen Verbrechen gehört. Auf dem Frankenturm saß niemand außer Heckmann. Er konnte also desto sicherer verwahrt und bewacht werden. Auch schien es sich der Concierge Hittorf äußerst angelegen sein zu lassen. Mehrere Personen, besonders des weiblichen Geschlechts, verlangten ihn zu sprechen, wurden aber jedesmal abgewiesen. Die Frau des R..., des H...wirts, der sich anfänglich erboten hatte, den Spion zu machen, brachte ihm gewöhnlich etwas zum Mittagessen.

Heckmann schien plötzlich zu erkranken; er klagte und brachte es soweit, daß man ihm einen Arzt rufen ließ. Alles das war Maske, um sein Vorhaben zur Flucht, über das er schon lange brütete, auszuführen. Es war am 15. Germinal 9. Jahres (5. April 1801) nachmittags halb zwei Uhr, als der in der Nähe des Frankenturms wohnende Kaufmann Hahn aus einem Fenster des erwähnten Turms einen Menschen kriechen und auf die Straße hinabspringen sah. »Da entflieht einer der Gefangenen«, rief er und machte Lärm. Einige in der Nähe befindliche Personen blickten auf, und in der Tat floh ein Mensch in einem bleifarbigen Überrock pfeilschnell dem Ufer des Rheins zu. Ein Arbeiter vom Kran hörte, wie man von der Flucht eines Gefangenen sprach, eilte an den Frankenturm und pochte mehrmals sehr heftig an, aber niemand regte sich von innen. Schon wollte der Mann, in dem Glauben, der Kerkermeister Hittorf müsse ausgegangen sein, sich entfernen, als der Polizeicommissair Orban sich einfand und Befehl erteilte, mit einer Leiter in den Turm zu steigen. Mehrere zurückgekommene Leute, Hell, Kirch und andere, kletterten in das Gebäude. Sowie sie in den vierten Stock auf die Höhe des Turms kamen, blickten sie durch das Fenster einer verschlossenen Gefängnistür und sahen einen Menschen ohne Laut und Bewegung auf dem Stroh liegen. »Das ist Hittorf«, schrie Hell, »das ist Hittorf!« In diesem Moment kam der Polizeicommissair Orban hinzu, ließ die Tür einsprengen und trat mit den übrigen in das Gemach. Mit dem Gesicht zur Erde hin lag ein entseelter Körper auf dem Stroh.

Es war der unglückliche Concierge. Um seinen Kopf herum lagen Stücke von einem steinernen Krug über und über mit Blut bespritzt, seine Hände und Füße waren mit einem Seil übereinandergebunden, um seinen Hals ein härenes* Seil so fest zugeschnürt, daß sich kein Finger unter dasselbe zwingen ließ, sein Kopf selbst mit tiefen Wunden bedeckt. Kein Zweifel mehr, daß der Unglückliche auf eine schreckliche Art ermordet worden war. Über den Täter hatte man, sobald Heckmann vermißt und die Weste, die er alltäglich zu tragen pflegte, mit Blut gefärbt auf der Erde gefunden wurde, die vollständigste Gewißheit.

Über die Umstände der Ermordung, so wie sie Heckmann in der Nacht nach seiner Verurteilung zum Tode und in der letzten Viertelstunde seines Erdenlebens, als er bereit war, den schrecklichen Gang zur Guillotine zu gehen, dem Br. Keil erzählte, müssen wir den undurchdringlichsten Schleier werfen. Hier liegen Dinge zugrunde, die nicht für Publizität geeignet sind. Wäre es uns vergönnt zu sprechen, der Leser würde sich mit Grausen und Abscheu von der zweifach verderbten menschlichen Natur wegwenden, ohne darum dem Mörder mehr zu fluchen, als er ihm jetzt fluchen wird.

Der Mensch scheint öfters alle Ketten gebrochen zu haben, völlig frei zu sein, aber ein einziger unsichtbarer Faden ist's, der ihn festhält, wo immer er hinflüchten, was immer er beginnen mag. Dieser Faden war für Heckmann die schreckliche Mordtat. Mitten in seiner Freiheit ging er an Fesseln. Die Justiz verfolgte ihn auf allen Schritten bis in sein Asyl.

Der öffentliche Ankläger, der Gründe hatte zu glauben, daß die Seile, womit Hittorf vor seiner Ermordung geknebelt wurde, dem Heckmann durch die Frau R... zugespielt worden waren, ließ sowohl sie als ihren Mann ergreifen und festsetzen. Er, der also anfänglich den Heckmann liefern wollte, wurde nun in Haft gezogen, während dieser selbst verschwunden zu sein schien. Das kam dem Mann untröstlich vor, er bat, er flehte um seine Freiheit und erbot sich endlich, den Mörder der Justiz in die Hände zu liefern. Br. Keil, der voraussah, daß aus der Prozedur am Ende nichts gegen ihn herauskommen würde, gab ihm seine Freiheit wieder – mit der Bedingung, sein Versprechen zu halten.

R... reiste ohne Verzug nach – Neuwied. Sobald er dort ankam, pochte er, wie das Sprichwort sagt, vor der rechten Schmiede an; er ging nämlich zu Belz und fragte nach Grietchen Willems, die zur Zeit, als Heckmann in Köln gefangensaß, sich in dem Haus des R... aufgehalten hatte und jetzt bei Belz war. Diese erkannte ihn sogleich und brachte ihn in das obere Zimmer, wo ein großer Teil der Neuwieder Bande unter Picards Führung versammelt war. Heckmann, dem R... eigentlich nachtrachtete, war just entfernt. R... klagte der Bande, daß er wegen Heckmann in Köln verhaftet worden und entwichen sei. »Wenn ihr etwas zu verdienen wißt«, sagte er, »so behaltet mich bei euch.« Die Räuber, denen es eben nicht an Schlauheit gebrach, schöpften gleich bei R...s Erscheinunen Verdacht; sie mutmaßten, daß er gekommen sei, sie auszukundschaften, und ent-

---

* ein Seil aus Haar, ursprünglich aus Ziegenhaar

schlossen sich, nach geheimgepflegtem Rat, ihn bei ihrer nächsten Expedition mitzunehmen und auf die Probe zu stellen, wenn sie ihn aber nicht so fänden, wie er sein sollte, unterwegs in den Rhein zu werfen. Der Zufall wollte es, daß die Räuber just dieselbe Nacht einen Raub vorhatten. Picard, Afrom May, Simon Ruben, Picard der Elsässer, Leibchen Haag, Wennemacher, Aumüller von Königstein, Meyer Fuchs, Adolph Weyers und Hampel Hohlmich brachen auf und zogen voran. Fetzer folgte etwas später und war beauftragt, den R... mitzunehmen und zu bewachen. Es war eine fürchterliche, äußerst stürmische Nacht. R..., dem es bei seinem Vorhaben nicht wohl ums Herz werden mochte, suchte sich unterwegs von Fetzer wegzumachen. Er brachte allerlei Ausflüchte vor, unter anderem, er habe seinen Sack in Neuwied liegenlassen, er wollte ihn holen und nachfolgen. Fetzer erwiderte ihm ganz trocken, er habe keinen Sack nötig, sie würden dort, wo sie einbrechen wollten, deren genug finden. R... wurde immer ängstlicher und ängstlicher, machte der Entschuldigungen gar viele und verschwand. Als nun Fetzer zu den übrigen Räubern kam, fragten sie ihn, wo R... wäre; er erzählte r ihnen, was vorgefallen war, und man kam überein, daß es nun keinem Zweifel mehr unterworfen, wessen Geistes Kind eben dieser R... gewesen sei. Sie entschlossen sich, ihn am folgenden Morgen in Neuwied aufzusuchen und aus der Welt zu schaffen. Diese Nacht war bestimmt, in Neuhausen, Amt Vallendar, die Fruchtkarren, die dort zu übernachten pflegten, zu plündern. Als Picard mit seiner Bande dort ankam, fand sichs just, daß diese Nacht kein Wagen angekommen war. Die Räuber entschlossen sich, das erstbeste Haus zu stürmen. Sie versammelten sich vor einem ziemlich ansehnlichen Wirtshaus, schrien, lärmten und tobten. In diesen Gegenden hatte Schinderhannes' Namen große Furcht verbreitet. Die Räuber glaubten sich dessen bedienen zu müssen, um die Dorfbewohner zu entwaffnen und brüllten durch die Nacht ein immer wiederholtes »Vivat Schinderhannes«. Unter diesem Geschrei stürmten sie das Wirtshaus. Ihre Beute war so unansehnlich, daß Picard den Vorschlag machte, ein zweites Haus zu stürmen. Gott Merkur schien aber auch diesmal seine Kinder nicht beglücken zu wollen. In dem zweiten Haus war so wenig wie im ersten zu erhaschen. Picard, als er sah, daß auch hier kein Heil war, setzte sich oben in das Zimmer, aß Eier und bewarf scherzend die Räuber auf der Straße mit Schalen, so sicher, so ruhig, als ob er in seinem Eigentum gewesen wäre. Nachher stieg er in den Keller und schleppte allerhand Geschirr voll Branntwein auf die Straße, während er die Glieder seiner Bande zum Zechen aufforderte. Wohl eine Viertelstunde währte das Gelage mitten auf der Straße, bis sie alle betrunken wurden. Unter Lärmen, Schießen und Singen schlugen sie endlich den Rückweg nach der Chaussee ein, verfehlten sie, gerieten in den Wald, verirrten sich und kamen endlich an die hohen, unwegsamen Steinklippen bei Vallendar, wo sie genötigt waren, unter halsbrechender Gefahr herabzurutschen. Wie es unter einem Haufen wilder, bezechter Halbmenschen nicht anders kommen konnte: Sie gerieten in Streit miteinander, besonders brach er zwischen Afrom May und Ruben aus. Ruben würde unfehlbar den ersteren mit Fetzers Pistolen erschossen haben, wenn dieser nicht die Besonnenheit gehabt hätte, im Moment vorher das Pulver von der Pfanne zu schütten. Schon hatte Ruben angeschlagen, aber der Schuß war nicht abgegangen.

Doch wir kehren zu unserem Spion R... zurück. Dieser hatte sich sehr weislich aus dem Staube gemacht und war wieder nach Köln zurückgekommen. Die Räuber hatten ihm am folgenden Tag, als sie nach Neuwied kamen und ihn nicht fanden, den Peter Tieland bis Andernach nachgeschickt. Sie würden ihn ohne Zweifel aus der Welt befördert haben, wenn sie seiner hätten habhaft werden können. Tieland traf ihn in Andernach auf dem Rückweg nach Köln. Das war ihm genug; er kehrte nach Neuwied zurück und stattete Rapport von R...s Flucht ab. Die Bande zweifelte nicht mehr, daß man sie in ihrem Schlupfwinkel aufsuchen würde, und war entschlossen wegzuziehen. Doch ehe sie dieses Vorhaben ausführen konnte, brach schon das Gewitter über sie herein.

Br. Keil erhielt eine ganz bestimmte Nachricht, Heckmann sei in Neuwied; er entschloß sich also, ihn dort selbst aufzuheben und die Polizei dieser Stadt aufzufordern, die Schlupfwinkel der Räuber in Neuwied zu zerstören. Den 15. Floreal (5. Mai) reiste er in Begleitung des Polizeicommissairs Schöning und zweier Sergeanten ab – und gerade nach Neuwied. Um nicht erkannt und nicht vor der Ausführung des Plans verraten zu werden, bediente er sich eines geschlossenen Reisewagens und fuhr erst bei eingetretener Dämmerung in Neuwied an. Die ganze in Neuwied versammelte Bande, Picard, Heckmann Fetzer, Weyers, Ruben Simon, Aumüller, Wolff und andere, hatten lange schon einen Diebstahl bei Herrn Kohlhaß, einem wohlhabenden Mühlensteinhändler in Niedermendig, im Schilde gehabt, aber waren immer bald durch diesen, bald durch jenen Zufall an seiner Ausführung gehindert worden. Diese Nacht, in der Br. Keil und Schöning in Neuwied angekommen waren, hatten die Räuber ihr altes Projekt auf Herrn Kohlhaß vorgeholt und waren im Begriff auszuziehen, um es in dieser Nacht zu realisieren. Beinahe alle waren im Haus des Belz versammelt.

Br. Keil wandte sich nach seiner Ankunft an die Polizei in Neuwied, und da er schon unterrichtet war, welche Verbindungen die Räuber in diesem Ort hatten, so bat er nur um einige vertraute Bürgerwachen und um die gehörige Autorisation. Er erhielt beides. Es war schon spät, als er gegen das Haus des Belz aufbrach. Noch war ein anderes Haus, in dem sich die Räuber ebenfalls aufzuhalten pflegten, jenes der Frau Baums. Obgleich alle Nachrichten dahin gelaufen waren, daß die verderbliche Gesellschaft sich diesmal bei Belz versammelt hätte, so unterließ Br. Keil doch nicht, die Wohnung der Frau Baums durch einen ausgestellten kölnischen Sergeanten beobachten zu lassen. Nach diesem begab er sich erst zu Belz. Der ehrliche Mann wollte von Fremden nichts wissen. Schöning, der aber durch die Spione Bescheid hatte, ließ sich nicht zurückschrecken, faßte in jede Hand eine Pistole, ließ den Sergeanten Schmitz mit seinem Karabiner nachfolgen und stürmte in das obere Stockwerk. Das bacchanalische Jauchzen, das ihm von einer Stube entgegenklang, zeigte ihm, daß er auf der Fährte war; er stieß die Tür der Stube auf und trat mit seinen gespannten Pistolen ein.

»Der erste, der sich vom Platz regt«, donnerte er ihnen mit seiner Baßstimme entgegen, »ist des Todes!« Picard, der fürchterlich betrunken war, wollte auf den Polizeicommissair Feuer geben, die anderen aber, die den mit dem Karabiner nachfolgenden Sergeanten und den Br. Keil sehen mochten und wohl vermuten konnten, daß hier noch ein Hinterhalt war, hielten ihn zurück. Adolph Weyers sprang von der Bank auf. Fetzer stand in der Nähe. Nur Heckmann – Heckmann war nicht zugegen. »Eure Pässe, eure Papiere«, schrie Schöning. Einige reichten wirklich gute, echte Pässe hin. Während dieser sie verifizierte, suchte Fetzer ihn zu umgehen und machte gewisse verdächtige Wendungen[1]. Schöning kommandierte den Sergeanten wohl achtzuhaben. Es blieb bei dieser Lage der Sache nichts übrig, als die eingeschlossenen Kameraden Heckmanns, die man aber damals nicht kannte, zu bewachen und eine Untersuchung bei Baums vorzunehmen. Auch dort fand man Hittorfs Mörder nicht, jedoch traf man dort dessen Frau und fünf andere Weiber und Mädchen, die zur Bande gehörten, Ruben Simon und Wennemacher, welcher entwischte. Heckmann war zur Zeit der Haussuchung bei einem Schuster, um seine Stiefel flicken zu lassen, wurde von einem Einwohner von Neuwied, der die Nachsuchung bei Belz bemerkt hatte, gewarnt und machte sich davon. Die in dem oberen Stock des Belz eingesperrten Räuber bliesen auf einmal das Licht aus und zwei von ihnen, Fetzer und Adolph Weyers, entwischten bei der Dunkelheit durch eine geheim angebrachte Wandtür. Auch Picard und die übrigen hätten entfliehen können, aber ihre unnatürliche Trunkenheit machte sie dazu unfähig. Sie wurden auf die Hauptwache gebracht. Fetzer und Weyers waren weit entfernt, Neuwied zu verlassen, sie schlichen vielmehr Br. Keil und Schöning in einiger Entfernung nach und waren eben im Begriff auf sie zu feuern, als sie in ihr Absteigquartier eintraten. So groß diese Kühnheit, dieser Trotz war, so klein und schwach scheint er doch im Gegensatz zu der Verwegenheit, mit der eben diese zwei Räuber noch in derselben Nacht den Plan faßten, ihre gefangenen Kameraden aus der Hauptwache selbst zu befreien. Ohne Hilfe, ohne Gefährten wagten sie es, nach Mitternacht vor der Wache zu erscheinen, auf die Bürgersoldaten zu feuern und sie in das Innere des Gebäudes zurückzudrängen. Fetzer schoß zum Fenster herein, forderte Picard und die anderen auf, sich jetzt zu regen, Weyers drängte sich durch die Tür und hatte bereits einen Arm in der Wachstube. Unfehlbar würden die Gefangenen ihre Freiheit errungen haben, wenn sie nicht vom Rausch zur Erde niedergeworfen, aller Macht, aller Besinnung beraubt gewesen wären. Am folgenden Morgen wurden also Picard, Wolff von Mersen, Aumüller und Ruben Simon nach Köln geführt.

Br. Keil war weit entfernt, die Gefangennahme Heckmanns fahren zu lassen. Von Neuwied, schloß er, hat er sich nach Bendorf (eine Stunde von dieser Stadt)

---

1 *Fetzer hat später dem Br. Keil erklärt, er habe seinen Kameraden gewunken, um ihn und die kölnischen Polizeibeamten anzufallen und zu morden; dies wäre nur unterblieben, weil mehrere von ihnen trunken gewesen und er allein sich nicht getraut habe, den Coup zu machen.*

geflüchtet, und sein Schluß war richtig. Um an diesem Ort durch voreiliges Erscheinen sich nicht zu verraten und überhaupt um den Schein anzunehmen, als wollte er von dem weiteren Nachsuchen abstehen, reiste er wieder auf diese Rheinseite und erwartete erst die Nacht. Br. Schöning kam, sobald diese angebrochen war, mit seinen Sergeanten und Gendarmerie von Andernach auf das jenseitige Ufer und schritt zur Visitation der verdächtigen Häuser.

Heckmann hatte sich von Neuwied in einen nahe bei Bendorf gelegenen Wald geflüchtet. Sein Weib war ihm traurig dahin gefolgt. Daß die Phantasie auch wilden, rohen Banditen, die Wälder zu Schlafstätten haben und mehr in schauerlichen Nächten als beim Tageslicht sich herumtreiben, Schreckensserscheinungen vorspiegelt, vernehmen wir von Heckmann. Wie er so im Wald mit seiner Frau campierte und die tiefe Nacht hereingebrochen war, wurde ihm, der sich vielleicht nach Hittorfs Ermordung nie so allein befunden hatte, bang und schwer ums Herz. Eine Nachteule begann ihre wimmernden Jammertöne in der Nähe seiner Liegestätte anzuheben. Dies vollendete seine Angst, der Geist des Erwürgten schien ihn zu umschweben; ein Schauer ergriff ihn, und er floh, ohne sich von den Bitten und Vorstellungen seines Weibes aufhalten zu lassen, unter Menschen – nach Bendorf. Laut seiner eigenen Erzählung glaubte Heckmann, das Heulen der Nachteule habe angedeutet, daß die Polizei nun kommen und ihn, den Mörder, im Wald ergreifen würde. In Bendorf begab er sich in das Haus eines Kochemer und verbarg sich in dessen Scheune.

Br. Schöning war kaum in Bendorf angekommen, so verfügte er sich zu dem Amtmann und verlangte seine Hilfe, um einen Mörder und Räuberchef zu suchen. Sobald er die nötige Unterstützung hatte, begann er die Häuser, die ihm als verdächtig bezeichnet worden waren, durchzustöbern. Auf diese Weise kam er nun endlich auch in das Haus des Bauern, in dessen Scheune sich Heckmann verkrochen hatte. Dem Räuber, dessen Seele in steter Angst und Erwartung war, entging das sich nähernde Geräusch nicht; er suchte einen Ausweg und fand eine Öffnung, die in die benachbarte Scheune führte. Durch diese kroch er und verbarg sich im Stroh. Schöning beorderte die Sergeanten mit ihren Säbeln überallhin, wohin sie nicht sehen und wohin sie nicht reichen konnten, zu stoßen. Diesem Befehl leisteten sie Folge, und einer durchbohrte mit seinem Degen den Strohhaufen in der benachbarten Scheune, in dem Heckmann lag. So nahe waren sie dem, dem sie mit so vieler Mühe und Anstrengung nachstrebten. Doch seine Stunde schien noch nicht geschlagen zu haben, noch nicht gefüllt zu sein das Maß seiner Untaten.

Br. Keil hatte die gerechteste Ursache, in den vier in Neuwied gefangenen Burschen große Räuber zu vermuten (in der Tat war der größte von allen, Picard, unter denselben), aber alle Spione verließen ihn, gleichsam als ob sie zitterten, den Haupträuber zu verraten. Er konnte zu dieser Zeit nicht erfahren, wen er eigentlich gefangen nach Köln brachte, und mußte endlich, weil man allenthalben über seine Eigenmacht, über Verletzung der Konstitution, über arbiträrisches Verfahren schrie, laut sich beklagte, daß er Unschuldige, gegen die sich nicht das

Geringste ergebe, gefangenhielt, den Picard, Ruben Simon, Aumüller und Wolff von Mersen loslassen. Br. Keil hatte gleich damals, als Picard mit seinen Gesellen nach Köln transportiert worden war, Befehl erteilt, jeden, der sich diesen nähern und sie zu sprechen suchen würde, anzuhalten. Ein Unbekannter – dem Augenschein nach ein reicher Jude – erschien, wie Br. Keil vorausgesehen hatte, und umschwebte in der Gegend von Bonn den Räubertransport. Der Polizeicommissair dieser Stadt ließ ihn arretieren und nach seinem Paß fragen. Dieser war in bester Ordnung; er war von der kompetenten Behörde in Maastricht ausgestellt, von dem Polizeibüro in Köln und von mehreren Mairen visiert worden. Die Polizei in Bonn wollte den Fremden, der sehr gut gekleidet war und die Manieren eines gebildeten Artisten hatte, wieder in Freiheit setzen; allein Br. Keil, dem sie dieses berichtete, verlangte den Menschen zu sehen; er wurde nach Köln geführt. Der öffentliche Ankläger glaubte in ihm einen Kochemer zu wittern; er ließ ihn also festhalten, um nachzuforschen, wessen Geistes Kind er wohl sei.

Es war möglich, daß unter den gefangenen Räubern einige sich befänden, die wegen des Daadener Diebstahls ergriffen, nach Wesel gebracht und dort ausgebrochen wären; unter dieser Voraussetzung ließ Br. Keil, ehe er noch Picard, Aumüller, Wolff und Ruben Simon losgelassen hatte, zwei Gefangenenwärter von Wesel kommen, um sie sämtlich zu beaugenscheinigen. Bereits waren alle Revue passiert und den Gefangenenwärtern unbekannt, als der fünfte, derjenige nämlich, der die Karawane von weitem begleitet hatte und eingezogen worden war, vorgeführt wurde. »Das ist Schonat, das ist der famöse Petschierstecher«, riefen die Gefangenenwärter, »einer von den aus Wesel entflohenen Daadener Räubern! Wir kennen ihn, daß er bei den wichtigsten Diebstählen der Mersener zugegen war.« Alles Leugnen war vergebens; Schonat wurde nach Wesel ausgeliefert und trat von da die Reise in die sibirischen Steppen an. So weiß das Verhängnis mit Menschenschicksalen zu spielen. Picard, Aumüller, Wolff und Simon Ruben kamen in Freiheit, und der Petschierstecher, der nicht gefangen war, in Ketten.

Wir kehren zu Heckmann zurück. Dieser sah bald, mit welchem Eifer der öffentliche Ankläger ihn verfolgte, daß seines Bleibens in Neuwied nicht mehr war, und entschloß sich, nach Eckardroth zu ziehen , verschiedene Kochemer-Beyes des Oberlandes zu bereisen und bei der Bande des Schinderhannes sein Glück zu versuchen. Mit dieser zog er herum, bis er endlich mit Adolph Weyers, der sich ebenfalls ins Oberland geflüchtet hatte, nach dem Diebstahl in Baiertal bei Achklasterhausen unweit Mannheim gefangen wurde. Die Umstände dieses Raubes und der Gefangennahme gehören zum Leben des Schinderhannes selbst. Wir führen hier nur einige wenige Worte an, die eben dieser hierüber erzählt. »Anton Heinze, Johann Müller, Carl Heckmann, ich und einige andere, deren Namen ich mich nicht entsinne«, sagt er in seinem Verhör vor dem Br. Keil in Mainz, »etwa unser acht an der Zahl begingen in der Nacht den infragestehenden Diebstahl bei einem Juden. Sobald wir ihn vollbracht hatten, gingen wir fünf Stunden weit gegen Mosbach. Wie wir aus dem Wald kamen, verfolgte uns eine ungeheure Menge Bauern, die alle wohl bewaffnet waren und auf uns zu schossen. Ich, Johann Müller und Blümling hatten das Glück zu entfliehen, die anderen alle wurden verhaftet und nach Mannheim gebracht. Unter diese gehörten, wie gesagt, Carl Heckmann und Adolph Weyers.«

Br. Keil sparte indessen keine Kosten, um über den Aufenthaltsort des Heckmann Kundschaft zu bekommen; dieses Geheimnis konnte man freilich nur durch einen Kochemer erfahren. Br. Keil erhielt endlich von Deutz aus gegen Ende des 9. Jahres (September 1801) einen Wink, Heckmann sitze in Mannheim gefangen. Er schrieb also dahin. Hier saß aber niemand, der Heckmann hieß; jedoch fand sich einer, der der abgesandten Beschreibung in vielem glich. Br. Keil zweifelte nun keinen Moment, Heckmann dort zu finden, und schickte den Polizeicommissair Schöning nach Mannheim. Dieser ließ sich alle bei Achklasterhausen Gefangenen vorführen. Man brachte ihm einen Verhafteten, der sich N.N. nannte, und es war Adolph Weyers, man brachte einen anderen, der sich Knoblauch hieß, und es war Heckmann. Eine Totenblässe trat auf das frische, blühende Antlitz des letzten, als er den Polizeicommissair Schöning erblickte; er sah im Geiste die Ahndung seines schrecklichen Mordes, das Blutgerüst. Sein starres Leugnen, daß er der gesuchte Heckmann sei, half ihm nicht. Er mußte dem Polizeicommissair nach Köln folgen, so wie Adolph Weyers. Die Mannheimer Behörde wollte diese beiden nicht abgeben, wenn man nicht zugleich auch ihre Weiber und die Tochter von Heckmanns Frau mitnehmen wollte; der Polizeicommissair mußte sich hierzu entschließen, obgleich sie in Frankreich keines bestimmten Verbrechens beschuldigt waren. Nachdem letztere einige Zeit in Köln gesessen hatten, ließ man sie frei; Heckmanns Frau und ihre Tochter wurden im Sommer des 10.J. (...1802) wegen Beteiligung an einem in Mainz verübten Diebstahl in die Gefängnisse dieser Stadt gebracht und von dem dortigen Kriminalgericht zu einer sechzehnjährigen Einsperrung verurteilt.

In Köln war man auf die Ankunft Heckmanns und Weyers vorbereitet, und als sie durch das Bönnische Tor gebracht wurden – es war gegen Abend –, hatte sich das Volk wie bei einer großen Feierlichkeit versammelt, jedermann wollte den Mörder Heckmann sehen. Er rief mehrmals: »Seht mich nur recht an! Ich bin der wahre Schinderhannes!«

Br. Keil brachte beinahe alle Winterabende des Jahres 10. in Gesellschaft von Heckmann und Weyers zu. Mehrere Wochen waren seine Bemühungen, von Räuberanführern sowohl ihre eigenen Verbrechen als die Verbindungen und die Organisation der großen Räuberbande zu erfahren, fruchtlos; endlich aber wußte er beide dahin zu bringen, daß sie ihm die meisten ihrer Schandtaten eingestanden und ihm alle Aufschlüsse erteilten, die er von ihnen zur Berichtigung seiner Notizen über das Räuberwesen verlangte. Heckmann war bei seinen Erklärungen offener als Weyers; indessen gestand er erst nach dem über ihn erlassenen Urteil ein, den Concierge Hittorf ermordet zu haben.

Wegen des Fühlinger Raubs wollte er mit der Sprache nicht heraus, wollte weder die Teilnahme des Dienstmädchens (die er doch am Ende zugab) noch die Anwesenheit des Kirsch eingestehen, und doch war dieser Raub einer von denen, der aus so vielen herausgehoben werden sollte, um die Anklageakte gegen ihn zu bilden. Hittorfs Mord war der zweite Punkt. Die Sitzung, in der über Heckmanns Leben und Tod entschieden wurde, war eine der merkwürdigsten. Der Inquisit benahm sich mit unverkennbarer Seelengröße und gestand seine Schuld ein. Da er noch immer wegen des Fühlinger Diebstahls das auf das Mädchen gemachte Bekenntnis zurücknahm und nichts auf Kirsch kommen lassen wollte, sprach ihm Br. Keil in einer stundenlangen Rede ins Gewissen und wußte ihn so zu erschüttern, daß der starke, männliche, unerschrockene Bandit in Tränen ausbrach und endlich die Teilnahme des Mädchens eingestand, was aber Kirsch betraf, auf seinem Leugnen beharrte.

Er hörte das Urteil, das ihn zum Tode verdammte, mit Kälte und Gleichmut an, erhob sich und sprach zum anwesenden Publikum. Er warnte die Jugend vor den Orten der heimlichen Lust und gab sie für die Ursache seines namenlos schrecklichen Schicksals an. Gleich bei seiner Ankunft in Köln ließ er sich eine Bibel bringen – er war Protestant und sehr religiös – und hatte sie sowohl während seines Arrestes als auch in den letzten Stunden beständig in Händen[1]. Da er nicht auf Kirsch bekannt hatte, so war dieser nur zur 24jährigen Galeerenstrafe verurteilt worden. Nun erst gestand er dessen Teilnahme am Fühlinger Raub und daß er darum geschwiegen, weil er ihm sein Wort gegeben habe. Ein Zug, der desto merkwürdiger ist, weil Heckmann in der öffentlichen Sitzung, als ihn Br. Keil dahin gebracht hatte, des Mädchens Anteil einzugestehen, Standhaftigkeit genug besaß, an sein gegebenes Wort zu denken. Er schrieb einen Brief an seine Frau und gab ihr, die ihn an das Räuberhandwerk gekettet und völlig auf schlimme Wege gebracht hatte, traurig warnende Lehren.

Er errichtete ein kleines Testament, in dem er besonders die Kerkerknechte, die ihm Gutes getan hatten, erwähnte. Dem Br. Keil gab er eine Menge Notizen und nannte ihm mehrere Räuberhehler. Merkwürdig war es, daß er den Juden Kahn von Hemmerden, den er einst als einen Mitschuldigen bei dem Neusser Rathausdiebstahl angegeben hatte, nun als unschuldig erkannte; welches aber unterrichtete Personen sich sehr gut erklären konnten.

Als man Heckmann, wie das bei Mördern vorgeschrieben ist, das blutrote Hemd über die Kleider warf, schauderte er zusammen und schien heftig afficirt* zu sein.

Eine halbe Viertelstunde vor seinem Abmarsch zur Guillotine ging er in dem Gefängnis von einem der Gefangenen zum anderen, nahm rührenden Abschied von ihnen und sprach ihnen in die Seele. Erschütternd war die letzte Zusammenkunft, die er, schon mit dem roten Hemd bekleidet, mit Adolph Weyers, seinem Mitgefangenen und beständigen Gesellen, hatte. Noch ehe er den Wagen bestieg, bestätigte er dem Br. Keil die gräßliche, im Dunkel liegende Geschichte der Ermordung Hittorfs, dankte ihm für empfangene Wohltaten und schied. Auf

---

* hier wohl: betrübt

1 *Man vergleiche hier, was bei der Bande des Schinderhannes von Carl Benzel bemerkt worden ist.*

dem Schafott raffte er allen Mut zusammen und hielt an das Volk eine kleine Rede, worin er abermals die Bordelle als die Ursache seines Unglücks verfluchte und die Jugend vor diesen warnte. Mehrere der Umstehenden waren bis zu Tränen gerührt. Er starb mit Ruhe und Heldenmut. Noch war er nicht dreißig Jahre alt, war wohlgebaut, von männlich schöner Gesichtsbildung, mit immer vollen blühenden Wangen, hatte ein freies, ungezwungenes Wesen und militärischen Anstand.

Der Besuch, den Br. Keil in Neuwied gemacht hatte, und die darauf erfolgte Gefangennahme des Picard, des Aumüller, Wolff und Ruben Simon veranlaßte, daß sich die Bande größtenteils und auf lange Zeit von Neuwied und aus der Gegend wegzog. Ein Teil begab sich in das Essendische, wo seit mehreren Jahren einige Mitglieder der ehemaligen Mersischen Bande, wie wir oben bereits bemerkt haben, hausten; ein anderer gesellte sich zu Schinderhannes.

Doch ehe sie von Neuwied wegzogen, bewiesen sie noch, wie wenig dankbar sie für genossenen Schutz waren, wie wenig sie die Polizei, die doch durch Br. Keils Besuch rege gemacht worden war, fürchteten; sie bestahlen nämlich die zweite Nacht nach diesem auf eine sehr kühne Weise einen holländischen Doktor und zogen nun erst in ferne Gegenden.

Zu den Neuwiedern, die sich nach Essen zogen, gehörte vor allem Fetzer. Dieser fuhr mit einem gewissen Peter Tieland, Schiffsknecht aus Neuwied, der ihm in seiner glorreichen Epoche als Bedienter gedient hatte, zu Wasser nach Deutz und von da mit Extrapost nach Essen. Unterwegs oberhalb Ratingen begegnete ihnen die dort umherspukende Bande, Afrom May, Moises Gas, Meyer Gas, HampelHohlmich, Freiem Polack, Itzig Nudel, Leibchen Holländer, sämtlich Juden. Afrom May hielt ihn an und erzählte ihm, daß eine halbe Stunde oberhalb Steele ein sehr reicher Schmied wohne, daß er aber ebensosehr wegen seiner körperlichen Stärke und seines Mutes bekannt sei wie wegen seines Reichtums. Die Essendische Bande hätte ihn wohl gern heimsuchen mögen, aber immer habe sie die Furcht zurückgehalten. Fetzer, ein sehr ehrfürchtiges Räubergenie, entschloß sich, sich an die Spitze zu stellen und das Wagstück auszuführen. Er nahm den Afrom May und den Leib Haag mit in die Chaise und fuhr bis nach Saarn, wo er abstieg und den Postillon zurückschickte. Von Saarn aus zog er mit den übrigen nach Essen. In dem Haus des Christian Schnaab war das Rendezvous. Hier versahen sie sich mit Pistolen und Patronen und brachen noch in derselben Nacht unter Fetzers Kommando zu dem Haus des Schmieds auf. Der Schmied nennt sich Storp und wohnt in den ersten Häusern, wenn man vom ehemaligen Essendischen Boden auf das preußische Gebiet kommt. Der Raub ging wirklich vonstatten; der Schmied, sein Sohn und mehrere Einwohner wurden trotz aller Gegenwehr – sie hatten sich den Räubern mit Holzäxten zu widersetzen gesucht – geknebelt und geplündert. Die Beute bestand in 500 Reichstalern an Friedrichsdor, Uhren und Silbergeschirr.

Gleich nach diesem Diebstahl wurde ein anderer, ebenfalls mit Gewalt begleiteter, in der sogenannten Kölnischen Fecht bei einem Müller verübt, der ein so gewaltiges Aufsehen machte, daß sich einige von der Bande auf kurze Zeit nach Elberfeld begeben mußten. Noch waren sie hier nicht lange Zeit, so schrieb ihnen Lang Leiser aus Essen und lud sie ein, beim Koschech (Monddunkel) sich in Essen einzufinden, er habe einen reichen im Münsterland wohnenden Bankier zu handeln. Um eben diese Zeit waren Picard und Simon Ruben, die, wie wir erzählt haben, in Neuwied gefangen und nach Köln transportiert worden waren, losgekommen. Sie reisten nach Elberfeld und trafen den Fetzer auf der Straße. Dieser berichtete ihnen, was Lang Leiser vorhabe, und sogleich waren sie alle drei entschlossen, nach Essen aufzubrechen. Sie kamen dort noch einige Tage eher an, als sie in erwähntem Brief bestellt worden waren; allein die Essendischen waren schon zu dem Raub aufgebrochen und hatten niemand als ihre Weiber zurückgelassen. Picard, Fetzer und Ruben Simon ergrimmten, daß man sie hintergangen und den Coup ohne ihre Mitwirkung auszuführen gesucht habe. Sie berieten sich und beschlossen, ihren Kameraden einen schlimmen Streich zu spielen; schlimm genug, denn, wenn er ihnen geglückt wäre, so würden diese dem Strick nicht entgangen sein. Der Streich bestand darin, daß sie ganz in der Nachbarschaft stehlen und die Gegend alarmieren wollten, damit die vom Raub zurückkehrenden Essendischen mochten eingefangen werden. Wie es kam, ist nicht bekannt geworden, genug, die zurückgebliebenen Weiber des Serves Joseph und des Joseph mit der Warze (met de wrat) erfuhren den Anschlag des Picard und des Fetzer und waren auch ihrerseits nicht untätig. Sie suchten Gleiches mit Gleichem zu vergelten, gingen in den Ort, den Fetzer, Picard und Gesellen bestehlen wollten, und benachrichtigten die Einwohner von deren Vorhaben. Picard und die Seinigen wußten von alledem nichts und zogen des Nachts auf die etwa eindreiviertel Stunde von Essen liegenden Bauernhäuser, denen ihr Besuch bestimmt war, los. Etwa eine Vierteltunde von diesen stießen sie plötzlich auf vier mit Flinten versehene Bauern, die auf dem Fußpfad lauerten. Weit entfernt, sich dadurch abschrecken zu lassen, fielen sie über die armseligen Wächter her, entwaffneten sie, banden sie aneinander und trieben sie vor sich her in ein nahegelegenes Wäldchen, legten sie auf den Boden und ließen sie durch einige von ihnen bewachen; Picard und Fetzer hingegen schlichen in die Nähe des Hauses, das sie berauben wollten, um nähere Kunde einzuziehen. Ganz nahe an dem Haus stand abermals ein Bauer mit einer Pistole unter dem Arm Schildwache. In einem Hui war er entwaffnet und zu den anderen in den Wald getrieben. Jetzt schlichen Picard und Fetzer zum anderen Male an das Haus, legten sich dort auf den Boden und horchten. Sie wurden bald gewahr, daß in der Scheune viele Leute versammelt waren und ganz leise zueinander sprachen. Sie kehrten in den Wald zurück, führten die gefangenen Bauern in das freie Feld, hielten ihnen Pistolen auf die Brust und erklärten ihnen, daß sie sterben müßten, wenn sie nicht bekennen würden, was das alles zu bedeuten habe, ja sie nötigten sie, auf die Erde zu knien und sich zum Tode zu bereiten. Der zuletzt Eingefangene gestand endlich, daß sie Schildwache gestanden hatten, weil sie gewarnt worden waren, daß ein Diebstahl vor sich gehen sollte. Die Räuber sahen nunmehr auf das deutlichste ein, daß sie verraten worden waren. Alle Leidenschaften, Raubgier, Rachsucht und Bosheit trieben sie an, von ihrem Unternehmen nicht abzulassen, nur wählten sie jetzt eine andere Gegend. Fetzer schlug ihnen vor, das Zollhaus, eine Stunde von Essen nach Wesel, zu bestehlen. Sie zogen darauf los, trieben die gefangenen Bauern vor sich her, die ihnen das zum Auflaufen der Tür bestimmte Holz tragen mußten, und kamen nach Mitternacht an. Es war das Haus des Herrn Bonzel, Zollempfängers zu Altendorf, das sie bestürmten. Bonzel wurde zu Boden gerissen und mißhandelt. Die herrschaftliche Kasse sowohl als sein eigenes Geld und alles von Wert geplündert, die Fässer im Keller eingeschlagen und der bösartigste Mutwillen getrieben. Nur ein Beispiel von diesem zu erzählen. Die Räuber rissen der Ehefrau Stiel ihr drei Monate altes, krankes Kind aus den Armen und warfen es mit teuflischem Gespött unter das Bett. Die Beute wird von den Dieben auf den Wert von sechzehn bis achtzehn Karolin geschätzt. Noch schienen die Abenteuer dieser Nacht nicht zu Ende gegangen zu sein. Zwei Bewohner von Armelen standen dieselbe Nacht (vom 4. auf den 5. August 1801) auf dem Feld, die Frucht zu bewachen, als sie nach ein Uhr das Haus des Bonzel auf einmal erleuchtet sahen. Sie beschlossen, darauf zuzugehen, um zu sehen, was das zu bedeuten habe, als ihnen jenseits der Brücke die von der Plünderung zurückkehrende Bande entgegenkam. Fetzer, der vorantrat, rief ihnen ein lautes Qui vive! entgegen und ließ sich mit ihnen in ein Gefecht ein. Die übrigen eilten herbei, und die zwei Bewohner von Armelen entflohen. In dem Haus des Herrn Bonzel ließen die Räuber einen unterwegs mitgenommenen und gefesselten Bauern zurück. Nach vollbrachtem Raub zogen sie nach Elberfeld.

In demselben Sommer, in dem die Essendische Bande die eben erwähnten Diebstähle vollbrachte, verübte sie auch jenen bei einem Viehhändler unweit Hukum, zwei Stunden unter Keiserswerth. Die Versammlung der Bande geschah bei Schnaab in Essen. Das Kommando hatte Fetzer. Afrom May, Nagels Peter, Hampel Hohlmich, Freiem Polack und andere waren bei ihm. Ein auf der Landstraße stehender Wegweiser diente zum Aufrennen der Tür. So wie Fetzer erzählte, wurden nebst den im Haus wohnenden Leuten noch vier Franzosen, die sich dort aufhielten und besonders zur Wehr setzten, geknebelt. Die Beute gibt er bald auf 7000, bald auf 3000 Reichstaler an. Einen anderen Raub beging die Essendische Bande bei einem Müller hinter Rotrop im Stifte Recklinghausen. Die Umstände bei ihm waren wie bei fast allen vorherigen. Während Fetzer, HampelHohlmich, Freiem Polack, Schmul Nudel, Meyer Gas, Afrom May in Elberfeld sich aufhielten, versuchten sie einen Raub bei einem Kottonhändler in Schwelm; sie fanden sich aber nicht stark genug. Auch bei einem Landmann zu Schwerte hatten die Räuber der Essendischen Bande dreimal einen Raub versucht, hatten aber jedesmal mit Zagen und Angst das Projekt mitten in der Ausführung fahrenlassen. Fetzer ließ sie eines Nachts an der Brücke von Schwerte zusammenkommen – es waren ihrer vierzehn – und begann wieder von dem Raub bei Hastenberg in Schwerte zu sprechen; er stellte ihnen vor, daß, wie der Baldowerer, ein Jude aus Hagen, ausgekundschaftet habe, der Mann mehr Geld besitze, als sie alle fortbringen könnten; aber als es an die Ausführung des Raubs selbst gehen sollte, waren die meisten Räuber verschwunden. Fetzer gesteht, so aufgebracht gewesen zu sein, daß er in die Fliehenden geschossen habe. Es war kurz nach diesem letzten Auftritt, als endlich die Essendische Bande sich bereitfand, den Diebstahl zu unternehmen. Sie erschien nach Mitternacht vor dem etwas isoliert gelegenen Hause des Hastenberg – einige waren beritten –, stürmte wie gewöhnlich die Tür und drang herein. Hastenberg wurde niedergeworfen und bis auf den Tod geschlagen. Alle seine Dienstleute, selbst die jüngsten Mägde, wurden auf das äußerste mißhandelt. Obgleich die Beute sich auf mehrere tausend Livres belief, so waren doch die Räuber, die hier große Schätze vermuteten, nicht zufrieden. Daher die Mißhandlungen an groß und klein.

Von Elberfeld aus unternahm dieselbe Bande, zu der sich Picard wieder gesellt hatte, sowie Ruben Simon und andere, den Diebstahl eine Stunde hinter Opladen in einem Dörfchen, das auf dem Fußweg nach Solingen liegt. Monsam hatte ihn der Bande angegeben. Es sollte bei einer Witwe sein, die kurz vorher erst eine reiche Erbschaft aus Holland gemacht hatte. In der Dunkelheit irrte sich Monsam und führte die Bande an ein unrechtes Haus, aber die Beute, die sie hier fand, war beträchtlich genug. Picard, der das Kommando hatte, dachte nach seiner löblichen Gewohnheit, seine Kameraden um einen Teil derselben zu bringen; er überreichte während des Plünderns dem Schildwache stehenden Fetzer ein Körbchen mit Silbergeld, um es zu verbergen. Fetzer fand sich dazu bereit. Als beide zur Teilung schritten, fragte Picard nach einem Papier, das im Körbchen mit dem Silber gelegen und wahrscheinlich Gold enthalten habe. Fetzer wußte keinen Bescheid zu geben. Picard glaubte hingegen, daß auch er ihn betrogen habe, und dabei blieb's. Fetzer kehrte mit den übrigen nach Elberfeld zurück. Hier verjubelte er nach Gewohnheit seinen Anteil Beute in den Armen der Lustnymphen. Eines Morgens klopfte er sein Kleid in der Stube von einer dieser Kreaturen aus, als er es in einer Seitentasche klingeln hörte; er fühlte nach und fand zu seinem nicht geringen Erstaunen sechzehn doppelte Louis, die wahrscheinlich aus dem Papier, nach dem Picard gefragt hatte, in sein Kleid gefallen waren.

Mit seinen gewöhnlichen Essendischen Kameraden, dem Freiem Polack, Mausche und Meyer Gas, dem HampelHohlmich, dem Afrom May und Langleiser, beging Fetzer einen anderen Diebstahl in der Gegend bei einem Eisenfabrikanten, eine halbe Stunde hinter Mülheim an der Ruhr. Langleiser und Hampel Hohlmich waren ausgeschickt, Kundschaft einzuziehen. Die Nachricht, die sie mitbrachten, wäre wohl imstande gewesen, die kühnsten Räuber abzuschrecken, nur Fetzer und seine Genossen nicht. Der Mann, berichteten die Boten, habe eine Tuchbleiche, und jede Nacht pflegten wohl drei bis vier Mann mit Gewehren dabei Wache zu halten. Ohne dieses zu achten, rückten in einer Nacht die Erwähnten auf das Haus zu, rannten die Tür ein, konnten aber mit aller Mühe nicht in die Zimmer, die inwendig stark verrammelt waren, kommen. Fetzer ging vor das Haus und versuchte durch das Fenster zu dringen. Er stieß den Laden ein und kletterte hinauf. Sowie er mit halbem Leib am Fenster hing, nahm der Bewohner des Hauses eine Flinte und schoß auf ihn. Der Schuß ging dem kühnen Räuber so nahe, daß er ihm den Hut vom Kopf schlug. Er ergriff seine Pistole und feuerte mutig auf seinen Gegner, aber auch sein Schuß fehlte. Der Bewohner des Hauses reichte nach einer zweiten Flinte, drückte ab und war auch diesmal so unglücklich, seinen Feind nicht zu treffen. Indessen waren die Räuber durch das Fenster Fetzer nachgesprungen und schritten nun zum Knebeln und Plündern. Die Wache von der Bleiche erschien zwar zeitig genug und schoß durch die Fenster, aber war nicht stark genug, die Bande zu verjagen; sie vollzog erst den Raub und zog mit der Beute, die auf 2800 Livres angegeben wird, nach Elberfeld zurück.

Wir kommen jetzt an den merkwürdigen Diebstahl von Velbert, der einen Teil der ehemaligen Neuwieder und nun Essendischen Bande dem wohlverdienten Strick zuführte und auf der anderen Rheinseite ein warnendes, abschreckendes Beispiel für das ruchlose Räubergesindel lieferte. Aus mehreren großen Aktenkonvoluten erlaubt uns der Raum nur wenige Momente auszuheben. Picard und Fetzer, die beiden Matadore bei diesem Diebstahl, gaben die erste Veranlassung zu demselben. Sie befanden sich eines Tages in Velbert in einem Wirtshaus in der Nähe der Wohnung des Herrn Kölver. Sie fragten in der Unterredung den Wirt unter anderem, wem das Haus gehöre. Dieser, der wohl nicht ahnen mochte, wieviel von seiner Antwort abhinge, antwortete: einem Mann, der soviel Gold hat, wie drei Esel tragen können. Diese wenigen Worte fingen bei den Räuberchefs Feuer. Sie schwiegen und entfernten sich mit dem Vorhaben, den reichen Mann zu bestehlen. In Elberfeld war der Platz, wo sie mehrere Mitglieder der Bande trafen und ihr Projekt auf das Haus des Herrn Kölver aufs Tapet brachten. Ruben Simon, Peter Haas, Nagels Piterchen, Helmes von der Schiefbahn, Dila oder Tieland, Tillenberg, Namen, die uns nur zu bekannt sind, waren die Räuber, die sich zum Diebstahl bereitfanden, hierzu gesellten sich noch Franz von Süchteln, Jungbluth, bei Elberfeld zu Hause, mehrere Bauern und ein gewisser Carl Schmitt aus Wurzen in Sachsen. Dieser letzte war eigentlich ein herumwandernder, mit Pfeifenköpfen handelnder Krämer und hatte eine sichere Marie Garsows bei sich, deren Biographie eben nicht unwert sein möchte, in einer eigenen Geschichte zu paradieren. Sie war die Tochter eines bekannten Marionettenspielers, der sie, sobald sie mannbar geworden, einem Taschenspieler, der mit der Tochter des berühmten Philadelphia herumzog, überließ. Von diesem letzteren kam sie endlich gar auf die Bühne und stand unter der S...schen Gesellschaft, bis sie mit Carl Schmitt bekannt wurde und sein eben nicht sehr rühmliches Schicksal teilte. Alle soeben genannten Räuber und Räubergenossen erschienen in der Nacht vom 11. auf den 12. August mit einem Rennbaum vor dem Haus des Herrn Kölver in Velbert und stürmten die Tür. Fetzer, Ruben Simon und Helmes standen Wache. Picard drang mit den übrigen in das Haus. Wenn je dieser Haupträuber einen Beweis abgegeben hat, daß er bei allen seinen Lastern und Greueltaten doch noch menschlicher Gefühle fähig sei, so war es hier. Er ließ weder die Ehefrau Kölver, an die sich ihre unmündigen

Kinder geklammert hatten, noch die erwachsene Tochter des Herrn Kölver, wie doch sonst allgemeine Räubersitte ist, knebeln oder gar mißhandeln, sondern begnügte sich, die letztere zu nötigen, ihm zu folgen und anzuzeigen, wo das Geld und die Pretiosen wären. Während der Plünderung kamen einige Leute mit einer Laterne hinzu. Der wachestehende Fetzer rief ihnen »Qui vive!« entgegen und schoß auf sie. Sie ließen sogleich die Laterne fallen und entsprangen. Durch den Schuß und das Getöse aufgeschreckt, erschienen von mehreren Seiten Einwohner aus Velbert mit Flinten, feuerten auf die Wache stehenden Räuber und nötigten dadurch den Ruben Simonund Helmes, sich in das Haus zu flüchten, den Fetzer aber, sich hinter einen Lindenbaum zu verbergen, von woher er jedoch noch auf die zu Hilfe Kommenden zurückschoß. Sobald die Bande, was sie bekommen konnte, worunter sich Pretiosen von großem Wert befanden, zusammengepackt hatte, zog sie von dannen und begab sich wieder nach Elberfeld, wo sie das Geld teilte, die Kostbarkeiten ausgenommen, die erst versilbert werden sollten.

Gleich am Morgen nach vollbrachtem Diebstahl brach die Bande in verschiedenen Haufen von Elberfeld auf und ging nach Schwelm. Die ersten, die dort ankamen, waren Tieland oder Dila, Ruben Simon und Carl Schmitt mit seiner Frau. Fast zu eben dieser Zeit war ein reisender Dorfmusikant mit mehreren Jungen und ein Hausierer mit kleinen Waren in Schwelm angelangt. Dieses freilich zufällige Zusammentreffen von fremden Personen erregte die Aufmerksamkeit des Amtsdieners, und er zog sie alle ein. Bei dem Musikanten fand man viel Geld; der Hausierer verwickelte sich in Widersprüche, und was Tieland betraf, so hatte er seine goldene Uhr verkaufen wollen. Carl Schmitt war mit dem letzten in Gesellschaft gewesen. Dieses veranlaßte die Polizei, die Eingezogenen festzuhalten. Nun kamen endlich Picard, Fetzer und Haas nach Schwelm, ohne zu wissen, was ihren Gefährten soeben dort begegnet war. Auch sie wurden angehalten, und ihr Nachfragen nach den übrigen Kameraden verursachte, daß man sie ebenfalls in nähere Inquisition zog. Während sie bei dem Polizeibeamten im Verhör waren, nahmen sie die Kostbarkeiten, die vom Velberter Diebstahl in ihren Händen waren, wickelten sie verstohlen in eine Kappe ein und ließen sie so hinter den Tisch fallen. Der Ruf von dem Velberter Raub war unterdessen nach Schwelm gekommen, und in den Päcken, die Ruben Simon und Carl Schmitt mitgebracht hatten, war ein Rock gefunden worden, den ein Verwandter des Bestohlenen erkannte. Man kam also auf diesem Weg den Räubern auf die Spur. Der Musikant und der Hausierer, die ihre Unschuld erweisen konnten, wurden in Freiheit gesetzt, gegen die übrigen aber schärfer inquiriert. Ihr Leugnen, ihre Widersprüche lieferten immer mehr und mehr Stoff. Picard nannte sich hier Ezechiel Juda wie in Münster und zeigte einen Paß aus Eckardroth von dem Amtmann K..., von dem wir oben gesprochen haben, er gab vor, mit Fellen zu handeln. Fetzer war ein Kleinkrämer, und beide wollten, wie sie sagten, nach Hamburg reisen. Jetzt entwickelte sich immer mehr und mehr über den Velberter Diebstahl. Die Pretiosen wurden gefunden, und der äußerst tätige Kriminalrichter Castringius wußte dem Ruben Simon, Tieland und Schmitt das

Eingeständnis abzulocken; sie nannten Fetzer, Haas, Picard, Tillenberg, Nagels Peter, Franz von Süchteln, Jungbluth und noch andere als Mitschuldige. Die Hauptschuld warfen sie auf Picard und Fetzer, die sie die schlauesten und verschmitztesten Köpfe nannten. Unter den Kostbarkeiten, die gestohlen worden waren, fehlten ein Medaillon von einigem Wert und noch andere Kleinigkeiten; diese fand man endlich auch. Die Verhafteten Schmitt und Ruben Simon hatten sie vor ihrem Arrest in dem Wirtshaus zu Schwelm in eine dort befindliche Mistgrube geworfen. Nicht lange saßen Picard und Fetzer in Altena, als sie den Plan faßten, koste es, was es wolle, zu entfliehen. Sie sahen nur zu wohl ein, daß ihnen der Strick ganz nahe blühte und nur in schneller Flucht Rettung für sie möglich sei; aber wie dieses bewerkstelligen? In dem Gefängnis saßen bei Tage sieben in dem sogenannten Spinnzimmer, des Nachts aber wurden sie zu fünft in ein unterirdisches Verlies und an die Pritsche angeschlossen. Dies waren Picard, Fetzer, ein junger Bursche von zwanzig Jahren und zwei Männer aus der Gegend. Carl Schmitt wurde in das obere Verlies gebracht und saß allein. Der letzte mit Fetzer und Picard, die am Tage zusammenwaren, entwarfen den Plan durchzubrechen. Vor allem suchten sie eines Messers habhaft zu werden und bestachen einen der Schließer. Carl Schmitt begann nun den Boden seiner Schlafstube zu durchschneiden und die Nägel aus den doppelten, eichenen Brettern, die vor seinem Fenster waren, auszubrechen. Um aber nicht entdeckt zu werden, verkleisterte er alles mit gekautem Brot. Bald war das Werk fertig, aber es war nun zu fürchten, die drei fremden Männer, die mit ihnen saßen und zur Flucht eben keine dringenden Motive haben mochten, könnten Lärm schlagen – man mußte also auch sie in das Interesse zu ziehen suchen. Dieses glückte, sobald man ihre Leichtgläubigkeit beschwätzte und ihnen von vergrabenem Geld und Juwelen, das ihnen zuteil werden sollte, vorlog. Zwei zeigten sich bereit, mitzufliehen, nur bei dem älteren, der in der Gegend seßhaft war, kostete es Mühe; endlich willigte auch er ein. Fetzer kletterte – es war in der Nacht – zu dem oben allein sitzenden Schmitt, schlüpfte durch das Loch, das dieser in den Boden geschnitten hatte, und half ihm die hölzernen Bretter von seinem Fenster völlig loszumachen. Hierauf öffneten beide das etwas enge steinerne Fensterloch, so daß ein Körper durchkommen konnte. Schmitt hatte einen Rock von seinem Weib sich geben lassen und diesen zu einem Seil zerschnitten. Picard und die übrigen waren ebenfalls in die Höhe gekommen. Nun begann einer nach dem anderen sich am Seil herabzulassen; da es aber nicht zur Erde reichte, waren sie gezwungen, sich noch eine ziemliche Strecke herabfallen zu lassen. Sie fielen in einen Ort, wo aller Unrat zusammenfloß, wateten durch und entkamen. So sehen wir also den äußerst gefährlichen Picard, den verschmitzten Fetzer und Carl Schmitt wieder in Freiheit und aufs neue in der verderblichen Laufbahn. Ehe wir aber sie weiter verfolgen, ein Wort über das Schicksal des Ruben Simon, Nagels Peterchen, Peter Haas und der übrigen wegen des Velberter Diebstahls Gefangenen. Diese wurden von der preußischen Justiz nach Düsseldorf ausgeliefert und, nachdem die Prozedur dort vollendet worden war, aufgeknüpft. Ruben Simon nahm vor seiner Hinrichtung die christliche Religion an und schien Reue über seine vielen Verbrechen zu fühlen. Ruben Simon und Nagels Peterchen waren bei den meisten Räubereien der Neuwieder zugegen gewesen.

Picard, Fetzer und Schmitt flüchteten sich nach Deutz und kehrten bei Spielmanns Mathies ein. Da sie völlig ausgeleert, bettelarm waren, suchten sie etwas mit Gaunerstreichen zu erfischen. Sie zogen nach dem Pützchen, wo um diese Zeit[1] – im September – Wallfahrt ist*, und versuchten ihr Glück. Wie Fetzer erzählt, stand ihnen diesmal ein Abenteuer nach dem anderen bevor. An erwähntem Ort ging alles toll untereinander, überall wurde gezecht, getanzt und gelärmt. Picard und Fetzer befanden sich in einer der Zechstuben. Ihrem Falkenauge entging ein kleines, auf dem Tisch stehendes Kistchen nicht, und sie beschlossen, es wegzukapern. Unter dem Vorwand, eine Pfeife anzuzünden, näherte sich Fetzer dem Licht und löschte es aus; in diesem Augenblick entwand Picard das Kistchen. Fetzer und Schmitt folgten ihm auf der Ferse nach. Als sie es öffneten, bestand die ganze große Beute in – Puppen. Am folgenden Morgen begegneten die drei Räuber mehreren zu der Bande gehörenden Weibern, der Frau des Rünzler, des Joppers und einer gewissen Dr... Nach ihrer hergebrachten Sitte gesellten sie sich zueinander und bildeten verschiedene Paare. Diese Weiber wurden auf den Markt geschickt, um Kotton, Zitz und dergleichen vermittels ihrer langen Mäntel zu entwenden. Sie nennen Diebstähle dieser Art Schottenfälle.

Gegen Abend fanden sich Picard, Fetzer und Schmitt wieder in einem Wirtshaus, wo getanzt wurde, ein. In dem Zimmer bemerkten sie, daß eine der Stuben ganz besonders verschlossen zu sein schien, und glaubten daher, daß etwas von Wert darin verborgen sein müsse. Um dieses genauer auszuforschen, mußte Fetzer den Betrunkenen spielen, sich hin und her fallen lassen und allerlei Streiche treiben. Das gab ihm Gelegenheit, sich wider die verschlossene Tür zu werfen und sie aufzusprengen. Es war dunkel darin. Nach einer Weile taumelte er in die geöffnete Stube, fühlte umher und entdeckte einen Korb, der sich schwer fühlen ließ. Er offenbarte seinen Fund dem Picard, und sie schleppten den Korb die Treppe hinab. Da aber im Unterhaus Menschen auf- und abgingen, suchte einer künstlich das Licht auszulöschen, während der andere die Beute forttrug. Ihre große Erwartung wurde enttäuscht, denn der Korb enthielt nur etwas Flitterstaat. Noch in derselben Nacht gingen die Räuber in die Kirche, in der sich eine ungeheure Menge Menschen befand. Sie stellten sich hinter eine Bauersfrau, die auf die Erde gesunken und eingeschlafen war, an deren Seite aber ein verdeckter Korb stand. Fetzer hob den Korb in die Höhe, und da er schwer war, gab er seinem Kameraden den Wink, ihn fortzutragen. Kaum waren sie einige Schritte gegangen, als es in dem Korb anfing, lebendig zu werden – eine Stimme begann

---

* Es handelte sich um die Wallfahrt zu dem wundertätigen Brunnen der hl. Adelheid in dem ehemaligen Karmeliterklloster, das in dem heutigen Bonner Stadtteil steht.

[1] *Alle Jahre um Maria Geburt finden sich am Pützchen verschiedene Mitglieder von der Räuberbande ein; das gleiche gilt für Frankfurt am Main bei den Oster- und Herbstmessen.*

jämmerlich in ihm zu schreien. Die Diebe merkten, daß ein Kind darin lag, stellten erschrocken den Korb nieder und liefen davon. So hatte sie das Schicksal immer verfolgt.

Etwa zwölf Tage nach der Entweichung aus Altena kamen Picard, Fetzer und Carl Schmitt nach Bendorf unweit Neuwied. Hier trafen sie Meyer Gas und Serves Joseph, welche eben im Begriff waren, auf einen Diebstahl auszugehen. Ihre übrigen Mitgesellen waren bereits an dem bestimmten Sammelplatz zwischen Montabaur und Hillscheid vorausgezogen und hatten sich dort in den Wald auf die Erde gelagert. Picard und seine Gefährten ließen sich durch Meyer Gas nachführen und streckten sich, sobald sie im Wald bei der Bande waren, auf die Erde hin. Die Bande erkundigte sich bei Meyer Gas, was das für drei Leute wohl wären, die er mitgebracht habe. Meyer Gas schwieg, um sie nachher desto angenehmer zu überraschen, aber Picards und Fetzers nur zu bekannte Stimmen verrieten, was Meyer nicht sagen wollte. Unbegrenzt groß war der Jubel der Bande, als sie die zwei Haupträuber, die man vielleicht schon aufgeknüpft vermutete, wiederfand. Als es zum Aufbrechen kam, verlangte Mergemes Joseph, der den Diebstahl angebracht hatte, Permasematter (Anführer, Kommandant) zu werden, welches man ihm nicht abschlagen konnte und wollte. Somit zog nun Mergemes Joseph voran, ihm folgten Meyer Gas, Serves Joseph, Freiem Polack, HampelHohlmich, Leibchen Haag, Langleiser und endlich Picard, Fetzer und Carl Schmitt. Der Ort, den man bestehlen wollte, lag im Schaumburgischen einige Stunden von Montbaur. Vor dem Ort hielt man still. Der Kommandant Mergemes Joseph nahm Picard und Fetzer mit, um das Haus, das mitten im Dorf lag, zu rekognosieren. Kaum waren sie vor ihm angelangt, als Picard, dessen gewandtes Auge in einem Moment alles übersehen hatte, voraus erklärte, daß sie mit ungeheuren Schwierigkeiten zu kämpfen haben würden. Die Posten wurden unterdessen aufgestellt, und da von ihnen diesmal die Entscheidung des Ganzen abhing, so wurden Picard, Fetzer und Langleiser dazu beordert. Die Lichter wurden angezündet – und nun galt's. Dem Kommandanten Mergemes Joseph, der der Räubertaktik gemäß voraus mußte, wurde es bang. Indessen war die Haustür nicht stark und flog ein. Der Bewohner des Hauses setzte sich zur Wehr, indem er von der Treppe, worauf er stand, beständig auf die Eindringenden schoß. Mergemes Joseph, der nun völlig den Mut verloren hatte, retirierte sich hinter eine im Haus stehende Tonne und wollte nicht voran. In der Angst seines Herzens rief er endlich den Picard, übergab ihm den Schoger (das Brecheisen), den Kommandostab, und bat ihn, das Kommando zu übernehmen. Dieser rief den Schildwachen Mut zu und stieg herzhaft die gefährliche Treppe hinauf. Der Mann im Haus hatte zwar seine Munition verschossen, aber doch noch Kraft und Mut genug, mit seinem Beil dem vordringenden Picard einen so gewaltigen Schlag auf den Kopf zu versetzen, daß er rücklings und, wie es schien, tot die Treppe hinabstürzte. Ohnmächtig lag er unten auf dem Boden, Blut strömte aus seiner Wunde. – Noch hat er die Narbe davon an der Stirn unter den Haaren. – Ohne allen Zweifel wäre in diesem Moment alles für die Räuber verloren gewesen, denn auch bei ihnen hängt das Heil des Ganzen vom Genie des Oberhaupts ab, wenn nicht noch ein kühner Mann sich unter ihnen befunden hätte, Fetzer. Dieser nahm sich der Sache an, ließ den Serves Joseph auf seinem Posten zurück und den Picard aus dem Haus tragen und verbinden. Mit zwei Pistolen in der Hand stürmte er die Treppe hinauf. Die Leute, die sich dort verschanzt hatten, verfehlten den schnellen und listigen Fetzer; er hingegen donnerte auf sie ein, daß sie sich flüchteten und die Zimmertür hinter sich schlossen. Die nachdringenden Räuber stießen die Tür, da sie nicht mit dem Rennen aufgehen wollte, in Stücke. Fetzer war der erste, der in die Stube dringen wollte, aber beinahe das Los des Picard erfahren hätte. Er bekam einen so vehementen Stoß auf die Brust, daß er niedersank. Ein, zwei Schüsse, die in die Stube gerichtet waren, verscheuchten die Bewohner vom Eingang, und Fetzer drang wirklich in das Zimmer. Hier ergriffen ihn die Knechte, warfen ihn nieder und würden ihn erwürgt haben, wenn nicht die übrige Bande nachgekommen wäre und sich endlich der Anwesenden bemeistert hätte. Soviel Mühe und Gefahr der Sieg die Räuber gekostet hatte, so gering, so unbeträchtlich war die Beute, die es gab. Sie bestand aus nicht mehr als etlichen Louisdor. Ganz natürlich, daß man allen Verdruß darüber auf den Urheber des Ganzen, den Anbringer und sauberen Kommandanten Mergemes Joseph warf. Noch während der Plünderung prügelte ihn Fetzer tüchtig durch. Als diese vollbracht war, faßte man den Picard und zog fort. Vor dem Dorf standen mehrere Bauern, welche auf die Bande feuerten, aber durch ein wirksameres Schießen von ihnen verjagt wurden. Bei dem Abzug verirrte sie sich in einem Wald und kam endlich an Steinklippen, über die sie hinabsteigen mußte, um einen Wiesengrund und Fußpfad zu erreichen. Das Abenteuer schloß mit blutigen Köpfen, zerquetschten Fingern und verstoßenen Schienbeinen, die man auf der Reise über die Felsen ins Tal davontrug.

Von Montabaur zog die Bande nach Neuwied.Hier war es, wo Fetzer einen Plan entwarf, der ihm mehr Gold einbringen als alle seine bisherigen Diebstähle, der ihn auf einmal zu einem grundreichen Mann machen sollte und wozu er keinen einzigen von seinen Gefährten nötig hätte. Der Plan ging auf nichts Geringeres als auf einen Diebstahl in der Schatzkammer des Fürsten von Neuwied. – Wir wollen Fetzer selbst darüber hören:

»Drei Jahre hielt ich mich ungefähr, jedoch unterbrochen, in Neuwied bei Herrn Belz auf. Während dieser Zeit hatte ich mehrmals Gelegenheit zu bemerken, wie man Geld auf die fürstliche Kammer trug; ich faßte daher den Entschluß, diese auszuplündern. Eines Nachts schlich ich mich durch ein Türchen am Schloßgarten in den Hof, von da um den sogenannten Regierungshof und drückte mir die Größe des Schlüssellochs an der unteren Tür in Wachs ab. Nun verfügte ich mich nach Hause und verfertigte mir einen Dietrich. In einer anderen Nacht erschien ich wieder, öffnete die Tür des Regierungshofs, stieg die Treppe hinauf und kam an die Tür zur Rentkammer, die mit einem gewöhnlichen und einem Hängeschloß gesperrt war, ich drückte abermals die Schlüssellöcher ab und entfernte mich.

Sobald ich mir auch hierzu Schlüssel gemacht hatte, kehrte ich nachts wieder zurück, und wirklich gelang es mir, in das Innere der Rentkammer zu kommen. Ich bemerkte in der Dunkelheit gleich im Eingang rechts eine lange Tafel nah der Rheinseite, endlich hinter dieser eine große mit Eisen beschlagene Kiste; auf der Seite des Schloßplatzes befanden sich zwei andere kleinere Kisten. Ich öffnete keine von diesen, weil ich erfahren hatte, daß nicht viel Geld darin läge, und hoffte auf einen günstigeren Zeitpunkt, denn man hatte mir gesagt, daß der Fürst nächstens von einer Erbschaft zwanzigtausend Taler in barer Münze erhalten würde. Genug, daß mir von nun an der Eingang offenstand. Gewiß würde ich meinen Anschlag ausgeführt haben, wenn ich nicht einesteils durch die Ankunft des Brs. Keils in Neuwied und dann später durch mein Dienstnehmen unter den Kaiserlichen daran gehindert worden wäre.«

Im Ruhrdepartement wurden unterdessen von den zurückgebliebenen Räubern, zu denen sich immer einige von den Neuwiedern gesellten – die dann meistens das Kommando übernahmen – mehrere wichtige Diebstähle begangen. Hierunter gehörte der von Kapellen am 1. Floreal 9. Jahres (21. April 1801). Er geschah mit Einbruch, Knebelung und allen den bei größeren Diebstählen gewöhnlichen Umständen. Seine Täter wurden nicht entdeckt, aber die Polizei hat Spuren über sie. Der Einbruch in der Nacht vom 20. auf den 21. Prairial (9./10. Juni) bei Klout in Verberg; auch diesen begleiteten die gleichen Umstände – und verschiedene andere. In demselben Monat geschah ein Versuch auf das Haus des Wirtes zu Lengerich, aber die Wachsamkeit dieses Mannes und die Tätigkeit der Nachbarn verhinderten die Ausführung. Die Räuber, unter denen einige zu Pferde waren, wurden verjagt.

Einer der merkwürdigsten Diebstähle war hingegen jener zu Viersen, ebenfalls im Prairial 9. Jahres verübt. – Um Mitternacht (zwischen dem 27. und 28.) wurde mit einem zwölf Fuß langen Holz die Tür am Haus des Br. Hannes von Viersen, der vom Ackerbau lebte und dabei einen kleinen Laden hatte, eingestoßen. Ein Haufen Räuber, sieben an der Zahl, drang in die Wohnung, zündete Lichter an, sprach dabei Französisch und sprengte die innere Schlafkammertür ein. Der alte 62jährige Br. Hannes entwich. Die Räuber kamen vor das Bett der betagten Hausfrau, hielten ihr die Pistole auf die Brust und zwangen sie, ihr Geld anzuzeigen. Hierauf stahlen sie, was sie sowohl an Münze als an Waren vorfinden konnten. Die Eheleute Hannes hatten zwei Söhne, Mathias und Peter, Männer von starkem, riesenmäßigem Ansehen und ebenso mutig und entschlossen, wie sie kraftvoll waren. Diese hörten oben in ihrer Schlafkammer, was unten vorging, und eilten ihren Eltern zu Hilfe. Mathias trat durch die Küchentür in die Schlafstube seines Vaters, in der drei Räuber am Kasten standen und mit Einpacken beschäftigt waren. Ohne sich um ihre Überlegenheit an Zahl und Waffen zu kehren, begann er mit einem eichenen Prügel, den er mitgenommen, jämmerlich auf sie einzuschlagen und mit dem ersten Schwung das Licht auszulöschen. Die Räuber flüchteten aus der Stube in das Vorhaus. Mathias folgte ihnen nach und schlug einen zu Boden. In diesem Moment fielen mehrere Schüsse, und das Licht im Vorhaus erlosch. Mathias, der sich in Gefahr befand, in der Dunkelheit erschossen zu werden, sprang aus dem Haus und schrie um Hilfe. Peter Hannes war in dem gleichen Augenblick, in dem Mathias mit dem Prügel in die Schlafstube seiner Eltern gedrungen war, mit einer scharfgeladenen Flinte im Vorhaus erschienen. Als er eingetreten war, hatte er einen Räuber (Anton Häuser von Uerdingen) mit einem Licht aus dem Laden kommen sehen, seine Flinte auf ihn angelegt, abgedrückt und – das Licht war verloschen. Auf zwei andere Räuber, die dem mit dem Licht nachfolgten und ebenfalls aus dem Laden kamen, schlug er jetzt so mächtig mit seiner umgekehrten Flinte, daß diese zersprang. Mehrere Schüsse fielen auf ihn, aber er wurde von keinem verletzt. Nun kamen endlich die Nachbarn mit Licht hinzu. Vor dem Haus des Hannes lag ein Räuber auf dem Boden und schwamm in seinem Blut. Wenige Worte nur noch waren aus ihm zu bringen: daß er nämlich Anton Häuser sich nenne und aus Uerdingen sei. Er röchelte und verschied. Der Schuß des Peter Hannes war ihm durch die Brust gegangen. Eine andere Erscheinung erwartete die mit dem Licht Ankommenden in dem Haus des Brs. Hannes selbst. In den eisernen Stangen eines im Vorhaus befindlichen Fensters·hing ein Jude mit den Füßen auf die Straße, mit dem Kopf und halben Leib einwärts. Er hatte einen mächtigen Schlag auf den Kopf bekommen, wollte sich in der Angst durch das Fenster flüchten und war zwischen den Stangen festgeblieben. Sein Namen war Michel Meyer, er gehörte zu der Krefelder Bande, war, wie wir oben vernommen haben, bei dem Mordbrand auf dem Düdeling und bei anderen wichtigen Diebstählen zugegen gewesen. Es war unmöglich, den Juden aus seiner Klemme loszureißen; man ließ den Maire rufen. Mehrere Stunden hing er da, von alt und jung verhöhnt und, wie er sich nachher beklagte, von den Straßenjungen mit Kot beworfen und mit Nadeln gestochen. Der Verschiedene wurde indessen auf die Seite geschafft. Der Mut, die Entschlossenheit, die Tapferkeit der beiden Brüder Hannes wurde bekannt, und der Präfekt des Departements erließ ein Belobungsschreiben an sie, das nachher in öffentliche Blätter eingerückt wurde.

Michel Meyer wurde vor Gericht gebracht. Listig gab er vor, von den Räubern unterwegs mit Gewalt fortgeschleppt und zu dem Diebstahl gezwungen worden zu sein. Auch bei den Urteilsgeschworenen führte er diese Sprache, und er würde vielleicht bei allen gegen ihn sprechenden Umständen doch freigekommen sein, wenn nicht Männer von Gerechtigkeitsliebe, wie Krapolt und Cremer aus Köln, sich unter den Geschworenen befunden hätten. Er wurde für schuldig erklärt und von dem peinlichen Tribunal zum Tode verurteilt. Er suchte um Kassation nach und erhielt sie nicht. Er wurde gerichtet. Ein Rabbiner bereitete ihn zum Tode und sprach ihm mit vieler Beredsamkeit in seinen letzten Stunden zu, seine Mitschuldigen anzugeben; er tat es und nannte Helmes von der Schiffbahn, Cremerius und den oberländischen Hannes.

Über die Umstände seiner Beerdigung hat der »Beobachter« (eine der kölnischen Zeitungen) in seinem Blatt 532 das Nähere mitgeteilt.[1]

Mehr Aufsehen noch als der Viersische Raub machte im Departement ein bei Jülich verübter Straßenraub. Die Geschichte desselben ist folgende. Ein Fuhrmann aus Jülich fuhr den 23. Thermidor 9. Jahres (11. August 1801) abends gegen neun Uhr mit einem schwerbepackten Wagen von Aachen, seine Fracht bestand aus mehreren Ballen wollenen Tuchs, Leinwand und anderen Waren, die er nach Köln bringen sollte. Er nahm die gewöhnliche Landstraße und gelangte gegen Mitternacht in eine Gegend, die Begau genannt wird. Hier wurde er von fünf ihm unbekannten Räubern überfallen, zur Erde geworfen, seine Augen verbunden, seine Hände und Füße geknebelt – währenddessen einer der Räuber ihm Pistolen auf die Brust hielt – und ihm mit dem Tode bei dem geringsten Lärm, den er anheben würde, gedroht. Der Wagen wurde geplündert. Anfänglich hatten die Räuber dem Fuhrmann seinen Geldbeutel genommen, nachher aber denselben ihm mit den Worten »Wir haben des Geldes mehr als du« wieder vor die Füße geworfen. Die Räuber waren Nikolas Chagré, Wennemaker, von denen wir schon mehrmals gesprochen haben, Heinrich Dols, Johann Weyers und Joseph Bürmann. Neunzehn Personen wurden beschuldigt, Teilnahme an dem Diebstahl durch Verhehlen der Waren, Mitwissen und Ankaufen gehabt zu haben, unter diese gehörte Andreas Delwey, der bei dem von den Mersenern in Eschweiler bei Franzen verübten Raub zugegen war. – Die Art, wie man Tätern auf die Spur kam, sie einzog und richtete, war merkwürdig.

Die Eifersucht einer gewissen Bernardine Beckers gegen die Tochter des unter den Krefelder berüchtigt gewordenen Franz des Scherenschleifers lieferte den Wennemaker. Bernardine war von dem Räuber gleich nach der Geschichte bei Jülich verlassen und mit dem Scherenschleifermädchen vertauscht worden, das wurmte sie, und sie erzählte. Unweit von dem Ort, wo der Raub geschah, fand man am folgenden Morgen eine gewisse Elisabeth Wirz und in ihrer Nähe noch einige Ballen Waren. Man zog sie ein, sie geriet in Widersprüche – und so kam

---

[1] *Den 9. Vendemiaire 10.J. (1. Oktober 1801) nachmittags geschah die Hinrichtung des Michel Meyer: die erste, die zu Köln an einem Juden vollzogen worden ist. Seitdem das Todesurteil gegen ihn ausgesprochen war, hatte der Kapuzinerpater Asterius, unter dem Namen des Ursuler Predigers bekannt, verschiedene Versuche gemacht, ihn zur Annahme der katholischen Religion zu bewegen; Meyer blieb aber bei dem unerschütterlichen Entschluß, in dem Glauben seiner Väter zu sterben. Mit sehr großer Fassung hatte er die Verkündigung seiner bestätigten Sentenz angehört, und mit außerordentlicher Standhaftigkeit erduldete er ihre Vollziehung: Bis zu dem Augenblick, wo das Messer herabfiel, sang er die heiligen Lieder seiner Religion. Ein Rabbiner und ein Schulmeister begleiteten ihn bis auf das Gerüst; eine Anzahl von seinen Glaubensgenossen folgte ihm nach. Der Rabbiner, ein Mann von hohem Alter, hatte die Erlaubnis erlangt, eine Anrede an das Volk zu halten; er hatte sich vorgenommen, diesem besonders die Lesung des 4. und 5. Kapitels des Buches Hiob's anzuempfehlen; allein von dem schauervollen Eindruck der Hinrichtung übermannt, mußte der ohnehin schwächliche Greis auf das Vorhaben verzichten und sich von den Umstehenden unterstützen lassen. Die im Kreise versammelten Glaubensgenossen des Hingerichteten deuteten das alttestamentalische Kleiderzerreisen an und wuschen ihre Hände; seinen Körper, den sie reklamiert hatten, brachten sie nach Brühl. Die Polizei hatte sich zum besonderen Augenmerk genommen, allen Unordnungen, die durch das Ungewohnte des Ereignisses bei dem nicht vorurteilsfreien Teil des Publikums hätten entstehen können, kräftig vorzubeugen; der Maire selbst hatte deshalb sich zu Pferde im Kreise eingefunden. Nur hier und da wurden nach der Hinrichtung einige Spottausrufungen gehört; aber sie kamen nur aus dem Mund des niedrigsten Pöbels und der verworfensten Gassenbuben; die Masse der Kölner betrug sich mit dem Anstand und der feierlichen Sammlung, die dem Menschen bei dem Tod des Mitmenschen natürlich ist.*

man auch hier den Tätern auf die Spur. Der unermüdliche Friedensrichter von Burscheid machte zu gleicher Zeit sehr wichtige Entdeckungen, die gegen einige der Beschuldigten gingen. Der Friedensrichter von Sittard veranstaltete eine Nachforschung in dem Haus des Dols, und man fand in einer unterirdischen Höhle eine Menge aus vielen verschiedenen Diebstählen herrührenden Waren und Effekten. Die Sache kam nach langer und genauer Untersuchung endlich vor das Spezialgericht. Wilhelm Meyers, Heinrich Dols und Johann Weyers, denen der Raub von Hillensberg zur Last lag, wurden zum Tode verurteilt. Niklas Chagré, Andreas Delwey, Joseph Burmann und Schwarz von Burscheid wurden zu 24 Jahren Galeere kondemniert; die Tochter des Scherenschleifers Gerards, Elise Wirz, Angen Wirz und Gertrude Jakobs zu 24 Jahren Einsperrung.

Wennemaker war aus dem Kerker zu Köln entsprungen[1] und hatte sich nach Holland zu einer anderen Bande geschlagen. – Hier nahm er teil an einem gewalttätigen Einbruch in das Haus des Wilhelm Wisch aan den nieuwen Moolen, unter die Jurisdiktion von Fynaart gehörig, wurde am 12. April 1802 zu Berda arretiert und mit seinen Gehilfen am 25. Oktober aufgeknüpft. – Aus dem zu Bergen-op-Zoom gedruckten Crimineel vonnis erfahren wir, daß Wennemaker noch eine Menge Diebstähle, die er mit anderen berüchtigten Räubern, wie Fetzer, Heckmann usf., begangen hatte, eingestanden hatte. Wennemaker bekennt hierin, daß er im Februar 1802 zu Aldenhoven bei Jülich einen Diebstahl begangen, daß er im Jahre 1801 zu Fühlingen in dem Haus eines französischen Kommissairs Geld und Effekten gestohlen, daß er auf der Begau (wie oben erwähnt worden) einen Landkarren beraubt, daß er im Monat Februar 1801 einen Landkarren in Aldenhoven und im November 1800 ebenfalls einen Landkarren in Beek bei Maastricht geplündert, bei welcher letzten Gelegenheit er dem Knecht, der ihn mit seinen Gehilfen entdeckt, in die Seite geschossen, daß er mit Heinrich Dols einen dem Carl Jutten von Sittard gehörenden Karren beraubt, daß er die Woche nach Ostern im Jahre 1801 mit den Neuwiedern einen Raub, etwa eine Stunde vom roten Hahnen, unternommen, bei welchem Raub er mit einem Beil auf dem Kopf verwundet worden war, daß er mit Dols, Wirz, Burmann und zwei Unbekannten im Jahre 1800 einen gewalttätigen Diebstahl eine halbe Stunde von Heelder verübt, daß er mit Fetzer und Helmes von der Schiffbahn zu Mülheim am Rhein einen Diebstahl begangen, daß er mit Helmes, einem gewissen Anton von Balen, dem Selig und dem Nagels Peter in einem Haus auf der Landstraße zwischen Jülich und Neuss eingebrochen, daß er mit Selig und Peter im Juni 1801 in Biesen bei Lechenich die Kirche bestohlen und besonders viel Silberwerk erhalten, daß er mit den ebenbemerkten in Sindorf gleichfalls die Kirche beraubt, daß er nicht minder mit Peter und Selig in Stommeln silberne Kelche aus der Kirche geholt, daß er endlich mit ebendiesen die Kirche zu Els-

[1] *Und mit ihm Heinrich Dols und der oberländische Hannes; ersterer wurde in Deutz in einem Kochemer Haus durch einen Vertrauten des Brs. Keil entdeckt und samt seiner Frau arretiert; welche letztere das Tribunal nachher zu einer 24jährigen Einsperrung verdammte.*

dorf bei Bergheim beraubt und das Gestohlene an den Juden Nathan von Weisweiler für 30 Kronen verkauft, daß er mit Selig und Fritz Bröcker[1] bei Waffenberg die Kirche beraubt und das Gestohlene demselben Juden verkauft, daß er mit Selig bei Geilenkirchen eine Kirche aufgebrochen und auch hier das Geraubte demselben Juden verhandelt, daß er mit dem erwähnten Fritz die Kirche in Pfaffendorf geplündert und das Gestohlene ebenfalls dem Nathan verkauft, daß er mit dem alten Hannes und Fritz die Kirche in Weisweiler bestohlen habe usw.

Noch einen wichtigen Raub erwähnen wir, der im Ruhrdepartement von mehreren Personen verübt wurde, die nur zu wahrscheinlich an älteren und bereits angeführten Diebstählen teilgenommen und ganz sicher zu der Mersischen und Krefelder Bande gehört haben. In der Nacht vom 27. auf den 28. Frimaire des 10. Jahres (18./19. Dezember 1801) brachen mehrere Räuber in das Haus der Witwe Steimans, zu Issum unweit Geldern wohnhaft. Mit einer unerhörten Grausamkeit fielen sie über die Bewohner, unter denen sich die Witwe Steinmans und ihre Tochter befanden, her, mißhandelten sie auf das fürchterlichste, zerfetzten sie, bis sie bluteten, warfen hierauf die Unglücklichen zusammen auf ein Bett, bedeckten sie mit Kissen, schlugen sie, wenn sie Mienen machten, sich umzusehen, plünderten, was sie fanden, und drohten denen auf das schrecklichste, die es wagen würden, binnen einer oder zwei Stunden den Platz zu verlassen. Beim Abgehen ließen sie die Bewohner alle fest geknebelt und zugedeckt liegen und warfen in der Küche ein Gebund Stroh auf das Feuer. Wäre es nicht dem Sohn der Witwe gelungen, mit seinen Zähnen die Stricke, womit seine Schwester und Mutter gefesselt waren, aufzubeißen, und hätten diese nicht mit einem Messer die Stricke ihres Bruders gelöst, so würde die unglückliche Familie das Schicksal der von Düdeling erlebt haben. Es glückte ihnen, den Brand zu löschen.

Etwa gegen vier Uhr morgens ging der Sohn vom Hause zu seinen Nachbarn – sie lagen etwas isoliert – und flehte sie um Hilfe an. Diese Nacht war starker Schnee gefallen, und man konnte ganz deutlich die Spuren der Räuber sehen. Man verfolgte sie, und sie verloren sich auf der Bonningharder Heide nicht weit von dem Haus eines gewissen Wirz. Der Polizei und vorzüglich den Gendarmen glückte es, die Täter, wozu dieser Wirz gehörte – wir haben ihn soeben in Wennemakers Liste gefunden –, einzuziehen. Sie waren nebst diesem Jakob Becker, Scherenschleifer aus Wesel, Franz Müller von Osbeck, Johann Schröder und Johann Gerards. Das Spezialgericht des Ruhrdepartements hielt über sie Gericht und verurteilte sie zum Tode. Sie starben kleinmütig und verzweifelnd.

Von Eckardroth und Gelnhausen aus unternahm inzwischen die Neuwieder Bande, die sich immer mehr und mehr von dem geliebten Neuwied weggezogen hatte, größere Diebstähle; aber meistens im Innern von Deutschland.

Anton Heinze, der alte Hannes, sein Sohn Georg Hannes und Fetzer verübten

---

[1] *Dieser sitzt in Gent, seine Strafzeit mag noch allenfalls zehn Jahre dauern.*

von Eckardroth aus einen nicht unbeträchtlichen Kirchendiebstahl in einem hinter Fulda auf einem Berg liegenden Franziskanerkloster*. Sechs Kelche, die sie erbeuteten, verkauften sie an einen Juden in Wertheim, der mit falschem Geld Handel treibt.

Während Fetzer, Picard und Carl Schmitt, derselbe, der wegen des Velberter Diebstahls gefangensaß, sich in der Gegend von Gelnhausen, in Kaltenborn, aufhielten, begegnete ihnen ein merkwürdiger Vorfall. Sie hatten eines Tages einen Streifzug nach Salmünster gemacht, um zu sehen, ob sich nichts für sie zu tun fände, als sie bei ihrer Rückkunft vernahmen, daß während ihrer Abwesenheit Husaren dagewesen seien, alles durchsucht und den Weibern – diese waren ihnen dahin nachgefolgt – ihre Kleider und Effekten abgenommen hätten. Wenigstens erzählt so Fetzer. Am folgenden Tag ließen sich dieselben Husaren wieder sehen. Die Räuber, zu denen noch Johann Müller, Tillenberg und Pützenhannes, der später in der Wetterau ergriffen worden ist, gekommen waren, entschlossen sich, den Husaren standzuhalten. Während Fetzer sich nach einem tüchtigen Prügel umsah, hatten die übrigen aber, die die Überlegenheit der Husaren in Erwägung ziehen mochten, ihren ersten Entschluß geändert und sich davongemacht – nur Tillenberg ausgenommen, der zurückgeblieben war. Dieser und Fetzer wurden von den Husaren festgepackt, nach Gelnhausen gebracht und den kaiserlichen Werbern übergeben.

Fetzers Schicksal in kaiserlichen Diensten, wie er von seiner Frau verfolgt wird, leugnet, sie zu kennen, mit Schlägen gezwungen wird, sie auf- und anzunehmen, wie er nach Schlesien gebracht wird und über die gefrorene Elbe desertiert und so seine Rückreise nach Frankfurt antritt, gehört nicht in unsere Geschichte.

Der Major, Damian Hessel der Student, Anton Heinze und andere, denen der Aufenthalt in Gelnhausen und der Gegend seit der Arrestation des Fetzer und der verdoppelten Wachsamkeit der Hessen nicht sicher genug scheinen mochte, hatten sich unterdessen mehr in die Gegend von Frankfurt und besonders nach Rödelheim zu einem gewissen L... gezogen. Von hier aus hatten sie eine Menge Diebstähle begangen. Wir führen nur einen als in seinen Folgen merkwürdigen an, bei dem die Räuber nebst anderen Effekten und Waren vorzüglich auch Pistolen von schöner künstlicher Arbeit davontrugen.

Unweit Türkheim traf Fetzer, als er wieder aus kaiserlichen Diensten kam, zufälligerweise einen dahinwandernden Räuberhaufen, lauter ältere Sündenbrüder, den Major, den Damian Hessel, den Tillenberg, den Johann Schneider, den Anton Heinze. Fetzer wurde mit einem Willkomm-Geschrei empfangen und sogleich eingeladen, mit in das Paderbornische zu ziehen, um einen reichen Juden heimzusuchen. Nach zwei Tagen ging der Zug – wohlversehen mit Pistolen, Knebelstricken und Wachslichtern, und zwar meistens in einem Postwagen – ab. Etwa acht Stunden hinter Marburg sammelten sich die Räuber in einem Wald.

* Es handelt sich um das Kloster Kreuzberg bei Bischofsheim in der Rhön.

Hier blieben sie die Nacht. Am folgenden Morgen waren sie im Begriff weiterzuziehen, als sie am Tor eines Fleckens von der Wache angehalten wurden. Sie beredeten diese, mit ihnen in eine Schenke zu gehen, deren Wirt als Kochem bekannt war. Die Wache willigte ein. Man trank ihr heftig zu, und der Wirt begann sie zu versichern, daß er die Leute alle recht gut kenne, daß sie äußerst rechtschaffen wären usf. Die Wache ließ sich übertölpeln, und die Räuber, deren Pässe falsch waren, die mit Pistolen versehen, mit Knebelstricken und Wachslichtern beladen waren, kamen durch. Ihr vorgehabter Raub mußte aber unterbleiben.

Dafür begingen sie einen anderen, etwa eine halbe Stunde von Königstein. So gefahrvoll dieser für sie zu werden schien, denn das ganze Dorf lag mit Mainzer Jägern besetzt, so wenig schienen sie es zu achten. Sie bewaffneten sich mit den Pistolen, die aus dem oben erwähnten Diebstahl kamen, und rückten mutig zu. Der Major stieg am Haus dem Tillenberg auf den Rücken, sprengte die Glasfenster ein und sprang ins Zimmer, wo die Leute schliefen; ihm folgten die übrigen. Während sie mit Knebeln und Plündern beschäftigt waren, stand Fetzer Schildwache und geriet mit den Mainzer Jägern in ein Scharmützel. Der Diebstahl gelang. Die Beute mochte etwa zwanzig Karolin betragen. Noch waren kaum einige Tage verflossen, als der Major, Fetzer, Damian Hessel, Anton Heinze und P. Bock einen anderen Diebstahl etwa eine Stunde von Frankfurt vorhatten. Auch diesmal nahmen sie die künstlich gearbeiteten, von dem Diebstahl herrührenden Pistolen mit. Sie kamen glücklich an den Ort, wo der Diebstahl vor sich gehen sollte, aber fanden sich nicht stark genug, ihn zu unternehmen. Sie waren eben im Begriff, in den Schottengarten bei Frankfurt, wo der Major und Damian logiert hatten, zurückzukehren, als sie von der tätigen Frankfurter geheimen Polizei angehalten und in Arrest gebracht wurden. Hier wollen wir sie im Gefängnis lassen und zu den Polizeianstalten, die am linken Rheinufer durch den Betrieb des Generalkommissairs Jean Bon St. André unternommen wurden, zurückkehren.

Die in Deutschland immer mehr und mehr zunehmenden Einbrüche, die kühne gewaltsame Art, mit der sie verübt worden sind, mußten notwendigerweise mehrere Regierungen das Bedürfnis einer verbesserten Polizei fühlen lassen, mußte gewisse augenblickliche strenge Maßregeln erzeugen. Schon im Januar 1801 (den 28.) kamen auf ein Einladungsschreiben, das von seiten Churtriers erlassen worden war, mehrere Deputierte in Wetzlar zusammen, um Beschlüsse zu fassen, wodurch, wie es heißt, der eingerissenen Unsicherheit am schnellsten und wirksamsten entgegengesteuert werden möge. Die Deputierten waren von seiten Churtriers der Oberamtmann Freiherr von Schütz, von seiten Oranien-Nassaus der Regierungsrat von Erath, von seiten Nassau-Usingens der Amtmann Virgelius, von seiten Nassau-Weilburgs der Amtmann Wüstenfeld, von seiten Anhalt-Schaumburgs der Kanzleidirektor Marchand, von seiten Solms-Braunfels' der Hofrat Hüssel, von seiten Wied-Neuwieds der Hofrat Gombel, von seiten Wied-Runkels der Lieutenant Zengerle, von seiten Solms-Lichs der Regierungsrat Ackermann, von seiten Solms-Laubachs der Justizrat Meister, von seiten Solms-Rödelheims der Regierungsrat Buff, von seiten der Reichsstadt Wetzlar der Konsulent Münch. Die Veranlassung dieser außerordentlichen Zusammenkunft war, wie die Urkunde wörtlich lautet, die durch das in den Ländern zwischen dem Rhein, der Lahn und der Nidda herumziehende Raubgesindel sich täglich mehrende Unsicherheit und verschiedene seit einiger Zeit geschehene gewaltsame Einbrüche in Hundsangen, Daisbach, Ehringshausen, Haingründau, Breitenau, Hilscheid, Bönstadt, besonders aber die Beraubung an dem kaiserlichen Posthalter zu Würges. Auch die Regierung von Gießen war eingeladen worden, an dem Geschäft teilzunehmen, erwiderte aber, daß bereits ein beträchtliches Truppencorps in mehreren Ämtern des Darmstädtischen Landes detaschirt* und die Beamten angewiesen worden seien, im Benehmen mit den Benachbarten alles nicht nur nötigenfalls anzuordnen, sondern auch sonstige Maßregeln zu ergreifen, welche zur Erreichung der allgemeinen Sicherheit erforderlich sein möchten. Bei der Versammlung in Wetzlar machte der Oranien-Nassauische Deputierte einen Vorschlag, der einem späteren Beschluß zugrunde gelegt wurde. In diesem wurde verschiedenes über allgemein zu haltende Streifzüge, Visitierung der einsam gelegenen Häuser, Mühlen u. dgl., über Particular-Streifzüge und gegenseitige Concessionen†, die Verbrecher über die Grenzen zu verfolgen usf. bestimmt. Im Falle eines Einbruchs wurde den Nachbarn das Stürmen, Lärmmachen und Zuhilfeeilen befohlen; ja gegen die, die sich säumig und nachlässig betragen würden, Strafen verhängt. Wegen des Aufenthalts des Raubgesindels wurden die Oberbeamten angewiesen, sich vertraute Personen zu halten, die sie darüber unterrichten könnten, wenn die Unterbeamten aus Furcht vor dem Gesindel schweigen würden. Der Art. 9 lautet so: »Die Landesobrigkeiten verbinden sich hierdurch feierlich, das in ihren Ländern aufgefangene Gesindel nicht wie bisher hin und wieder üblich gewesene Art über die Grenze zu schicken und dadurch ihren Nachbarn zuzuweisen.« Über die Pässe wurden folgende durchaus nützliche Bestimmungen getroffen: a) Pässe sollen für die Zukunft der Regel nach nur von dem Foro domicilii‡ erteilt werden; b) sie sollen gedruckt, nach einem zweckmäßigen Formular abgefaßt, mit einem Signalement und mit dem Siegel und der Unterschrift des Ausstellers versehen sein, desgleichen eine bestimmte Marschroute enthalten; c) sie sollen nur für eine gewisse, in dem Paß zu bestimmende Zeit gültig sein; d) kann derjenige, der den Paß verlangt, schreiben, so soll er dessen schriftlichen Inhalt ausfüllen, damit in der Folge durch Vergleich der Scripturen** untersucht werden könne, ob der Paß noch in Händen des ersten Empfängers sei; e) durchpassierenden Fremden wird auf dem von ihnen produziert werdenden Paß vorgeschrieben, wann sie in der nächsten in der Marschroute bemerkten Station eintreffen müssen, und haben sich,

---

* ausgesandt

† Genehmigungen

‡ Gericht des Wohnortes

** Handschriften

wenn sie später eintreffen, über ihr unnötiges Herumstreifen zu verantworten; f) sucht ein Fremder um einen neuen Paß nach, so kann solchen keine Unterbehörde, sondern nur die Oberlandesstelle erteilen. Diese aber wird solches nie ohne vorherige Untersuchung der Umstände tun und haftet im Concessionsfall für die Folgen ihrer Bewilligung; g) dieses in Ansehung der Pässe beliebte Regulativ soll ohne Verzug in der Frankfurter Reichspostamts-Zeitung und in dem Reichsanzeiger bekannt gemacht werden usf.

Die Essendische Bande, die sich unter anderem die preußische Grafschaft Mark zu ihrem Schauplatz erkoren hatte, und eine andere in der dortigen Gegend herumstreichende Bande, nach ihrem Anführer die Stielische genannt, bewirkten, daß der König von Preußen durch die Vorstellung der Landstände, Ritterschaft und Städte bewogen wurde, seinerseits Maßregeln zur Wiederherstellung der allgemeinen Sicherheit zu ergreifen. Die vortrefflichen preußischen Polizei- und Kriminalanstalten ließen weiter nichts übrig, als eine eigene Kommission zu bilden, die sich ausschließlich mit der Handhabung der Polizei beschäftigen sollte. Diese wurde vermöge eines Kabinettsschlusses vom 9. November 1801 organisiert. An der Spitze der neuen Militär- und Zivil-Sicherheitskommission kam der Generalmajor von l'Estocq. Unterdessen wurde mit den Regierungen von Düsseldorf, Münster, Recklinghausen, Essen und Limburg Verabredungen wegen gemeinsamer Patrouillen und Visitationen getroffen, besonders um Verbrecher aus einem Gebiet in das andere verfolgen zu können.

Es konnte nicht fehlen, daß allen diesen Maßregeln eine heilsame Wirkung entsprach; aber noch war man nicht am Ziel. Dies bewies die große Menge Räubereien, die auch noch nachher verübt worden sind, wie der zu Bergheim, zu Velbert usf. Solange die Räuber nicht aus ihren Schlupfwinkeln, von woher sie ordentliche Reisen zur Ausführung ihrer Räubereien unternahmen, vertrieben waren, solange die Behörden die zwanzig bis dreißig Haupträuber, die bei allen großen Einbrüchen an der Spitze standen, und ihre gefährliche Taktik nicht kannten, solange man französischerseits sich nicht zugleich mit den übrigen Regierungen ins Benehmen setzte, solange die Räuber nur den Rhein zu passieren und sich in den Hunsrück zu begeben hatten, um gesichert zu sein, so lange schien noch nichts getan zu sein.

Der Generalcommissaire der neuen Rhein-Depart. Jean Bon St. André, dem nichts so sehr am Herzen lag, als seinen Administrierten* jene Sicherheit und Ruhe wieder zu verschaffen, die sie vor dem Krieg genossen hatten, der übrigens durch den Br. Keil hinlänglich von der eigentlichen Quelle der Unsicherheit, den Räuberwinkeln, den Räuberchefs, ihrer Taktik und Manier unterrichtet war, beschloß, einen Schritt weiter zu tun als sein Vorgänger Br. Jollivet, dem wir die Einführung des notwendig gewordenen Spezialgerichts verdanken. Er sah wohl ein, daß hier, wo Räuber und Räubergenossen nur im Dunkeln schlichen, im Geheimen operierten, keine laut bekannt zu werdenden Maßregeln ins Gegenge-

* der Verwaltung Unterstellten, wohl: Bürger

wicht gelegt werden konnten, und organisierte demzufolge eine geheime Kommission, deren ganzer Zweck nur der sein sollte, die Räuber zu entdecken und einzuziehen.

Da einesteils diese Kommission nur für die Schinderhannes-Bande eigentlich bestimmt und von der Existenz und den weit größeren Operationen der Neuwieder Bande ganz und gar nicht unterrichtet war, da anderntéils mit den jenseitigen Regierungen keine zum gemeinsamen Zweck führenden Maßregeln und Verabredungen getroffen waren, so wurde dem Übel, dem man steuern wollte, nicht aus dem Grunde geholfen, und bei allem, was man unternahm, wie denn die späteren Einbrüche und Straßenräubereien erwiesen, war die allgemeine Sicherheit nichts weniger als hergestellt.

Der Generalcommissaire Jean Bon St. André, dessen Hand in den stürmischen Zeiten der Republik das Ruder zu führen gelernt hatte, der wohl einsah, wieviel noch zu tun übrig sei, um Ruhe zu verschaffen, entschloß sich, mit den Regierungen jenseits in Verkehr zu treten und einen Mann, der das Räuberwesen aus dem Grunde kannte, mit eigenen Vollmachten jenseits des Rheins zu schicken. Seine Wahl fiel auf den Br. Keil, dessen Korrespondenz ihn überzeugen mochte, daß er der Sendung entsprechen würde.

Der Agent – das war das Ziel, das man mit ihm erreichen wollte – sollte alle Gefängnisse der deutschen Grenzstaaten besuchen, um zu sehen, ob keine von diesseits bekannten signalisierten Räuber dort verhaftet wären, er sollte um ihre Auslieferung anstehen, er sollte den jenseitigen Behörden die in ihrem Territorium befindlichen und hier bekanntgewordenen Schlupfwinkel angeben, er sollte wegen der auf dieser Seite zu erteilenden Pässe eine gewisse dienliche Norm verlangen, er sollte endlich die Räuber in ihren Asylen verfolgen. Besonders schien die Absicht auf Schinderhannes und die gefährlichsten Haupträuber der niederländischen Bande, Picard, Fetzer, Afrom May, Major, Müller usw., gerichtet zu sein.

Im Prairial des zehnten Jahres (im Sommer 1802) trat der Commissaire Keil in Begleitung seines Sekretärs Diepenbach die Rundreise an. Nachdem er sich einige Zeit in Koblenz aufgehalten hatte, brachte er in Vorschlag, die berüchtigten Knopshöfe – wir wissen, daß sie der Aufenthalt der aus dem Weselschen Gefängnis entsprungenen Räuber gewesen waren – zu besuchen. Aller Erwartung nach waren hier Räuber, und auf jeden Fall lohnte es die Mühe, die so gefährlich gewordenen Schlupfwinkel genauer zu besehen.

Die Knopshöfe liegen auf hohen Klippen an dem Ufer des Rheins etwa eine Stunde von Andernach. Sie bestehen aus mehreren kleinen, voneinander entfernt liegenden Häusern, zu denen man nur über Felswege kommen kann. Sie besetzen, an der Zahl neun, einen Umkreis von mehreren Stunden Weg. Ein niedriges, verworrenes Gebüsch bedeckt diese Strecke, und kaum sieht man ein bebautes Stück Feld, so daß man sich gleich die Frage stellen muß: Von was mögen diese Menschen alle leben? Es wäre freilich sehr lieblos und unrichtig geschlossen, sie hätten keine andere Nahrungsquelle als den Abfall der Beute, denn ohne Zweifel gibt es mehrere sehr ehrliche Familien auf diesen Höfen.

Die Visitation wurde in der Nacht angestellt. Bei aller Vorsicht, die man brauchte, waren doch die Nester alle leer. Es fanden sich zwar einige Leute, die nicht dort zu Hause waren, aber die nicht, die man suchte. Die Ursache dieses Fehlzugs lag vielleicht darin: Die an der Spitze der Bergkette liegenden Höfe halten große Wachhunde, ihr Gebell mochte die Nacht, wo die Haussuchung angestellt wurde, die Räuber gewarnt und verscheucht haben. Zur Rettung diente ihnen der naheliegende große Wald. Nur ein einziger Bursche, der verdächtig war, wurde verhaftet.

Da auf der anderen Rheinseite, in Hammerstein und Leidesdorf, mehrere Häuser waren, die den Räubern zum Schlupfwinkel dienten und mit den Knopshöfen gewissermaßen in Verbindung standen, da ein dortiger Schiffer (der scheele Friedrich) mehrmals die Bande auf dem Rhein hin- und hergeführt hatte, so machte der Commissaire Keil die Behörde darauf aufmerksam.

Die folgende Nacht erhielt Neuwied einen Besuch. Es galt wieder besonders den Häusern des Belz und der Witwe Baums. Der Kommissaire Keil verlangte am kommenden Morgen von der Regierung von Neuwied die Auslieferung des Belz und der Frau Baums, nicht daß sie in Köln zur Strafe gezogen werden sollten, sondern eigentlich nur, um sie zu inquirieren und mehr Licht über das eine und andere erhalten zu können; er machte die Regierung auf einen Diener der Polizei aufmerksam, der sich nicht scheute, den Räubern als Spion zu dienen. Die Auslieferung des Belz und der Baums machte einige Schwierigkeiten, nicht daß die Regierung Anstand gefunden hätte, sie sah nur zu gut ein, was man der allgemeinen Sicherheit schuldig war, nein, sondern gewisse Übelwollende regten sich dagegen. Auch der Jude Kalmen, den wir oben mehrmals erwähnt haben, wurde dem Commissaire Keil überantwortet, welcher ihn nach Koblenz führen ließ, wo er aus Mangel an Beweisen freigelassen wurde. Belz und Baums saßen mehrere Monate in Köln. Belz wußte auf geheimen Wegen im Gefängnis mit seinen alten Freunden, den dort verhafteten Mitgliedern der Neuwieder Bande, zu korrespondieren; er schrieb in ihrem Namen Briefe an Kochemer, die in der Gegend von Neuwied wohnen, um von ihnen durch die Drohung, gewisse Geheimnisse zu entdecken, Geld zu erhalten. Belz gestand zwar seine Verbindungen mit der Bande ein, war aber nicht dahin zu bringen, neue Daten über sie anzugeben. Witwe Baum war etwas offenherziger.

Von Neuwied aus richtete Br. Keil seine Reise nach Frankfurt am Main. Er hatte durch seine Spione Nachricht erhalten, daß in den Gefängnissen der dortigen Gegend der in Köln zu sechzehnjähriger Galeerenstrafe verdammte Räuber Peter Bock, der auf dem Transport unweit Metz entsprungen war, gefangensäße. In Frankfurt selbst besah er alle Gefängnisse, aber er fand seinen Mann nicht, endlich kam er nach Bergen. Vorher ging bekanntlich die Verhaftung des Schinderhannes; alles, was darauf Bezug hat, ist bereits im ersten Teil bemerkt worden.

Bei seiner Ankunft in Bergen wandte sich Br. Keil gerade an den Amtmann, der keinen gewöhnlichen Eifer in Erfüllung seiner Amtspflichten zeigte, und verlangte die sich bei ihm befindlichen Inhaftierten zu sehen. Der Amtmann ließ einen Menschen, den er in einem Turm wohverwahrt hatte, vortreten, und es war Peter Bock. Wo Bock sitzt, so schloß der Commissaire Keil ganz richtig, befinden sich auch noch mehrere von der großen Räuberbande. Der Amtmann schien die übrigen Arrestanten eben nicht zu achten, da gegen sie nur schwache Indizien vorlagen. Er ließ einen und dann wieder einen vorführen. Den zweiten fixierten sowohl Keil als Diepenbach sehr scharf; sie nahmen ihr Signalement zur Hand und gerieten alle beide in dem einen und demselben Moment auf die Vermutung, der Vorgeführte, der sich so und so nannte, sei niemand anders als der Räuber, nach dem sie jahrelang getrachtet hatten, der das Ziel ihrer Reise war, der berüchtigte Fetzer. Sie riefen ihm diesen Namen zu, aber der Inquisit lächelte und wollte so nicht heißen. Br. Keil, der sich zu erinnern wußte, daß Fetzer geheime Merkmale an sich trage, Narben am Hals und am Schenkel, die ihm von venerischen Krankheiten übriggeblieben waren, ließ den Vorgeführten untersuchen, und siehe da – die erwarteten Zeichen fanden sich an seinem Körper. Kein Zweifel war mehr übrig, der verschmitzte Räuberchef war den in Händen der Justiz. Das Leugnen war umsonst, er war erkannt und mußte bekennen, daß er Mathias Weber vulgo Fetzer sei.

Wie wunderbar verkettet die Schicksale der Sterblichen sind, mag wohl dieser Räuber beweisen. Oft wurde er ergriffen und saß wegen seiner Räubereien fest, und jedesmal war er schuldig. Dieses Mal – es war das letzte Mal in seinem Leben – war er in der Tat von dem angeschuldigten Diebstahl frei, hätte entkommen können, verließ sich auf seine Unschuld, wurde erkannt und kam von nun an nicht mehr aus den Händen der Justiz. Fetzer, Damian Hessel, Major, Heinze und Peter Bock hatten einen Diebstahl etwa eine halbe Stunde von Frankfurt vor, sie nahmen die Pistolen, die von einem älteren Diebstahl, bei dem Fetzer nicht zugegen gewesen war, mit, fanden sich aber, als sie an Ort und Stelle kamen, nicht stark genug, ihr Vorhaben auszuführen. Einige von ihnen, Fetzer, Bock und Damian Hessel, wollten eben in den Schottengraben zurückkehren, wo der letzte sich aufgehalten hatte, als sie von der Polizeiwache angehalten und nach Frankfurt gebracht wurden. Dort erkannte man die Pistolen und hielt sie fest. Damian Hessel und Fetzer saßen im selben Gefängnis, aber in verschiedenen Stuben. Beide kamen auf den Gedanken auszubrechen. Fetzer, da er sich nicht schuldig wußte und beweisen konnte, an dem Tag des Diebstahls noch in Sachsen gewesen zu sein, arbeitete mit weniger Anstrengung als Hessel. Eines Morgens war dieser ausgebrochen. Fetzers Mühe war nun verloren, denn man versetzte ihn in ein anderes Gefängnis und schickte ihn später nach Bergen. Auch hier war er wieder seiner Freiheit nahe. Eines von den Weibern der Bande – wie denn diese ein eigenes Geschäft haben, die Eingefangenen zu umschweben und ihnen zu ihrer Freiheit behilflich zu sein – eines von den Weibern nahte sich dem im Turm zu Bergen aufbewahrten Fetzer und sprach mit ihm. Die Unterhandlung wurde in der Kochemer Sprache geführt. Ein Jude, so erzählt Fetzer, müsse ihn beschlichen und verraten haben, denn dem abgesprochenen Vorhaben wurde gerade entgegenminirt*. Fetzers endliches Schicksal weiter unten.

Soviel auch durch die Verhaftung dieses Haupträubers getan waren, so war doch Picard, Müller, der Major, Damian Hessel, Afrom May und alle ihre Gehilfen noch in Freiheit. Br. Keils Bestreben ging nun dahin, sie in ihren Schlupfwinkeln zu Gelnhausen und Eckardroth aufzusuchen. Er begab sich nach Hanau, um die dortige Regierung im Namen des ihn committirenden Gouvernements zur Ergreifung gemeinschaftlicher Maßregeln aufzufordern, und hatte das Vergnügen zu sehen, wie bereit man dazu war. Eine Anzahl von hessischen Truppen wurde unweit Gelnhausen postiert und niemandem der Zweck angegeben außer dem Hauptmann von Weitzel, daß es nämlich um die Aufhebung der Bande gehen die einst in Nieder-Seelheim und anderen Orten so schrecklich gehaust hatte. Der Sekretär des Brs. Keil, Diepenbach, der einen Teil der Räuber von Köln kannte, nahm den Namen Henin an, ließ sich einen alten Paß geben, verstellte sich in seiner Kleidung und reiste heimlich nach Gelnhausen ab. Ein Unbekannter – wir verschweigen seinen Namen –, der die besten Grundsätze hegte und dem die Greuel des Räuberwesens in der dortigen Gegend schon lange ein Stein des Anstoßes waren, an den übrigens der sogenannte Henin Adresse hatte†, wurde mit zu Rate gezogen. Von diesem ehrlichen Mann erfuhr man nun, daß noch am Tag vor Henins Ankunft das Räubergesindel, teils in Bettlerkleidung, teils aber sehr aufgeputzt, und zwar zu Pferde mit Päcken beladen, in Gelnhausen angekommen – der Beschreibung nach fanden sich der Major und Müller darunter –, aber wieder weitergezogen sei. Henin begab sich an den Ort, wo die Bande ihre Zusammenkunft zu halten pflegte. Hier traf er den schon unter den Mersenern und belgischen Räubern bekannten Macholchen (Michel Singer Singaire). Da aber durch seine Arrestation die übrigen leicht versprengt werden konnten und zu erwarten war, daß sie sich alle nächstens vereinigt einfinden würden, ließ er ihn ungehindert gehen.

Henin war so glücklich auszukundschaften, daß der Räuberchef Afrom May sich in Kaltenborn aufhielt und wahrscheinlich nach Gelnhausen kommen würde: mit ihm vielleicht noch einige andere Matadore. Den Fang zu tun, bedurfte es Militär; er wandte sich also nach Steinau zu dem hessischen Beamten Herrn Miller, einem ehemaligen Kriegsmann, einem wackeren und tätigen Beamten.

In Eckardroth war unterdessen eine Veränderung vorgegangen. Der Baron hatte wahrscheinlich auf die ernste Sprache der hessischen Regierung den alten Amtmann K... entlassen, und derjenige, der seine Stelle besetzte, Herrn Kullmann, hatte gerade die entgegengesetzten Grundsätze seines Vorgängers, suchte Ordnung und Ruhe wiederherzustellen und das Räubergesindel aus seinem Amtssprengel zu entfernen. Seine Maßregeln waren so weise und wirksam, daß

* entgegengearbeitet, -gewirkt

† ein Empfehlungsschreiben hatte

er in mehr nicht als acht Tagen die gefährlichen Menschen aus ihren bisherigen Schlupfwinkeln verscheuchte.

Afrom May und seine Helfershelfer wagten nicht zum Vorschein zu kommen und flüchteten sich nach Franken, wohin sie nachher auch ihren Schauplatz verlegten.

Jetzt war auch Br. Keil von seiner Reise nach Gelnhausen gekommen. Er faßte den Entschluß, die Ziegelhütte bei Eckardroth, etwa eine halbe Stunde davon am Ende des Waldes gelegen, einen Ort, der bisher der beständige Aufenthalt der Räuber war und von dem aus sie noch in den letzten Zeiten so manchen Streifzug unternommen hatten, heimzusuchen. Öd, still und verlassen liegt das große Gebäude da, und schon sein Äußeres verkündet nichts Gutes. Es war sehr spät, als die bewaffnete Macht erschien, es zu durchsuchen. Wie schuldbewußt der Bewohner war, erwies seine Flucht. Er verbarg sich, sobald er den Namen Polizei hörte, in dem tiefen Keller, aus dem unterirdische Wege in den Berg, auf dem das Gebäude liegt, führen. In dem öden Haus fand man viele Betten, ein Zeichen des Aufenthaltgestattens, und eine ganze Menge fremder Weiber, ihrer waren zwölf, die vermutlich hier auf die Rückkunft ihrer verscheuchten Männer harrten.

In Eckardroth nahm Br. Keil ebenfalls eine Visitation vor. Man fand in dem Haus, wo noch acht Tage vorher der alte Hannes und der dicke Mathies, beide unter ihrem Räubernamen, sich aufgehalten hatten, noch warme Stellen – die kurz vorher irgendein Räuber verlassen haben mußte – und in der Scheune eine von niemandem in Anspruch genommenen Schleifkarren.

Da der Commissaire eilen mußte, seine Reise zu vollenden, und noch in die Gegend von Wetzlar und ins Preußische nach Bockum sich zu begeben hatte, so konnte er nicht das Wiedererscheinen der Räuber in der Gegend von Gelnhausen abwarten, auch war die hessische Regierung in Hanau zu gut unterrichtet und zu aufmerksam, als daß seine dortige Anwesenheit länger nötig gewesen wäre.

Br. Keil reiste – wie bemerkt worden – in die Grafschaft Mark, um sich mit den dortigen preußischen Beamten ins Benehmen zu setzen. Da durch die neue Länderumtauschung in Deutschland das Essendische an Preußen gekommen war und Br. Keil besonders über die essendische Bande unterrichtet war, so schien ihm und seinen Kommittenten die Reise nach Bockum um so nötiger.

Nach seiner Abreise von Eckardroth erhielt er Nachricht vom Amtmann Kullmann über die Schärfe, mit der man jetzt das fremde Gesindel verfolge, und von der Verhaftung des berüchtigten Räubers, des alten Hannes (Johann Hammers).[1] Dieses bewies hinlänglich, daß es nicht an dem Gutsherrn von Eckardroth lag, wenn vorher die Diebe ein Asyl fanden, sondern an seinem unwürdigen Beamten. Wie sollte auch der Enkel eines Mannes[*], der in früheren Jahrhunderten fast der

* Ulrich von Huttens

1 *Der alte Hannes wurde nach Köln ausgeliefert, mit Fetzer und Weyers konfrontiert, leugnete aber hartnäckig, zur Räuberbande zu gehören. Die Regierung in Düsseldorf reklamierte ihn und soll ihn später an die Sicherheitskommission nach Bockum geschickt haben.*

einzige war, der sich in Deutschland bewaffneten Räubern – und wenn sie auch Herzogshüte trugen – entgegensetzte, wie sollte dieser in seinem Bezirk einem Diebsvolk, das halb Deutschland durchstreifte, Schutz gewähren!

Ebenso nützlich, wie die Reise des Brs. Keil an den Mainstrom war, wurde jene, die er in Westfalen auf Befehl der Regierung unternahm, wie die Folge genugsam erwies.

Die essendische Bande, zu deren Zerstörung die Reise unternommen wurde, hatte sich seit der Errichtung der Immediat-Sicherheitskommission in Bockum und seit dem Abtreten des Essendischen an Preußen mehr nordöstlich hingezogen. Leiser Polack, sein Stiefsohn, Roo-Mie und Feibisch Polack, die wir sämtlich kennen, begingen im Osnabrückischen zu Nienkirchen einen beträchtlichen Raub und endlich nachher jenen beim Gastwirt Detmeyer auf der Westendorfer Landwehr, Amt Schaumburg, in der Nacht vom 1. auf den 2. Februar 1802. Leiser Polack war der Anführer der Bande. Treu der erlernten Taktik bringt er in die Gegend, wo er rauben will, einige Spießgesellen mit und wirbt, ehe es zur Expedition kommt, liederliches Gesindel aus der Nachbarschaft an. Ein Mittel, heißt es im Circular der Hessen-Schaumburgischen Regierung, wodurch er imstande ist, schnell eine Bande um sich zu versammeln. Mit ihm begingen Süßmann Berg, Gerson Lazarus oder Lederer aus Prag, Jakob Lob, Gavril Itzig genannt Blind Itzig, Anton Heinze, Fetzers und Heckmanns Kamerad, Hampel-Hohlmich, Ahlhorst, Philip Abraham, Salomon Israel und Löb Bernard den Raub bei Detmeyer. Nur die drei letzten war man so glücklich einzufangen und nach Rinteln zu führen.

Fetzer saß unterdessen noch in Bergen und sollte an die französische Justiz nach Köln ausgeliefert werden. Sein ganzes Bestreben ging dahin, diesem auszuweichen, die Nachricht der vielen Räuber, die dort ihren Tod unter der Guillotine gefunden hatten, mochte ihm die panische Furcht einjagen. Er gestand in Bergen, um nicht ausgeliefert zu werden, einen gewaltsamen Diebstahl ein, den er im Schaumburgischen wollte begangen haben, aber als man nachforschte, war seine Erzählung ein Märchen. Er hätte nur den Seelheimer Diebstahl angeben können, um im Hessischen zu bleiben, aber er hatte seine gute Ursache, von einem Raub zu schweigen, der ihn unfehlbar ins Verderben gebracht haben würde. Fetzer wurde französischen Gendarmen in Bergen überliefert, die ihn nach Frankfurt brachten. Von hier aus wurde er mit Schinderhannes auf ein und demselben Wagen unter einer großen Bedeckung nach Mainz gebracht (siehe den 1. Teil dieses Werkes).

Die Zweisprache, die zwischen Fetzer und Schinderhannes während des Transports nach Mainz vorfiel und des ersteren Voraussehen seines endlichen Geschicks haben wir bereits im ersten Teil angeführt.

Fetzer befand sich keine zwei Tage in Mainz, als er Versuche seiner so oft erprobten Kunst zu entfliehen anstellte. Er saß in dem Holzturm im vierten Stock und schien so auf das festeste verwahrt zu sein. In dem Turm saß ein gewisser Franz. Fetzer versprach diesem Gefangenen, er wolle ihn eines Nachts befreien, sobald er selbst seine Ketten gelöst haben würde. Mit einer Glasscheibe begann er wirklich an seiner Kette, die durch die Mauer von außen befestigt war, ein Glied durchzuschneiden, machte durch den Abtritt ein Loch und konnte so auf das Dach der Wohnung des Gefangenenwärters steigen. Wenn er nicht bedacht gewesen wäre, seinem Kameraden Franz Wort zu halten und auch ihm durchzuhelfen, so hätte er leicht seine Freiheit erhalten können, so aber zögerte er noch einen Tag – und siehe! – das sonst so treue Glück hatte seine Hand von ihm abgezogen; am folgenden Tag wurden drei Gefangene zu ihm gesetzt, und sein Plan war vereitelt.

Von Mainz wurde er in einer Wasser-Diligence unter Begleitung von Gendarmen nach Köln gebracht. Es wäre ein Wunder gewesen, wenn Fetzer nicht während dieser Fahrt an Mittel zu entkommen gedacht hätte. »Wie ich«, erzählte er, »an jeder Seite ein Gendarm, nach Koblenz zog, faßte ich schnell den Gedanken zu entfliehen. Ich hatte mir unbemerkt die Stricke, womit meine Hände gefesselt waren, losgemacht, und es kam nur darauf an, auf der Seite, wohin ich springen wollte, von meinem Begleiter los zu sein. Ich raffinire* und mir fällt ein, meinen Hut durch eine künstliche Bewegung auf jene Seite fallen zu lassen, wohin ich fliehen will; während der Gendarm sich bücken würde, ihn aufzuheben, ihn niederzuwerfen und über ihn hinauszueilen. Mein Plan wäre unfehlbar durchgegangen; aber zum Unglück mußte ich im Dahingehen meine Schuhe austreten, und dieses machte mir meine Flucht unmöglich.«

Auch in Köln – während seiner Gefangenschaft – ersann Fetzer einen Plan zur Flucht, brach sich durch, und wenig hätte gefehlt, und er hätte seine Freiheit wiedererlangt.

Fast unbegreiflich war die Geschicklichkeit, mit der er Schlösser öffnen konnte. Einst hatte ihm der Concierge ein Schloß angelegt, dessen Öffnung nur durch das Wissen über eine geheim angebrachte Feder möglich war. Es währte keine Stunde, so hatte Fetzer das Schloß offen.[1] Mit nicht minderer Geschicklichkeit verstand er das Zerschneiden und Trennen der Ketten, und nur durch die ständigen Wachen vor seinem Kerker, die Stärke des Gebäudes und das unablässige Nachsuchen der Gefangenenaufseher war es möglich gewesen, den schlauen, verschmitzten Räuber festzuhalten.

Br. Keil war so glücklich, Fetzer, dessen Genie unerschöpflich in Erfindungen schien, zum Geständnis zu bringen. Der Räuber faßte Zutrauen zu Br. Keil, ließ sich gerne mit ihm ins Gespräch ein und erzählte nach und nach alle seine Abenteuer. Sooft ihm des Nachts ein Diebstahl, den er noch nicht erzählt hatte oder den er merken wollte, einfiel, machte er einen Strich an die Wand, und so brachte er bald die Rechnung aller seiner Räubereien zusammen, die sich auf 178 belief.

Das Werkzeug, das ihn aus dieser Welt in eine andere befördern sollte, die

* grüble

1 *Fetzer erzählte, er habe während seines Räuberlebens wenigstens sechshundert Schlösser teils gestohlen, teils gekauft und ständig den inneren Mechanismus derselben studiert; auf diese Art habe er endlich die Kunst, jedes Schloß aufzumachen, gelernt.*

Guillotine, hatte er noch nicht gesehen und konnte sich auch keinen Begriff davon machen. Er bat daher den Sekretär Diepenbach unablässig, ihm doch ein kleines Bild von dem Teufelsding zu entwerfen. Als dieser seine Bitte erfüllte und ihm auf einen Bogen das Konterfei des Todeswerkzeugs brachte, freute er sich und begann nun – es war seine Lieblingsbeschäftigung –, von morgens bis abends die Wände seines Kerkers mit Guillotinen zu bemalen, wobei er jedesmal seine eigene Person hinzuzeichnete.[1]

Am 28. Pluviose (17. Februar 1803) kam Fetzers Sache vor das Spezialgericht. Ungemein war der Ruf gewesen, den er durch die Menge und Kühnheit seiner Räubertaten um sich verbreitet hatte, und so war auch die Anzahl des Volkes, das in die Sitzung strömte, den berüchtigten Räuber zu sehen, ungeheuer. Fetzer betrug sich, wie noch keiner der gerichteten Räuber vor ihm sich betragen hatte. Beispiellos war die Kälte, die Ruhe und Gelassenheit, mit der er die ganze Sitzung durch redete und handelte. Immer war er in seinem Umgang launig und witzig gewesen, aber nie schien er mehr es darauf angelegt zu haben, in seine Repliken Scherz zu verflechten, als in der Sitzung, die über sein Leben und Tod entschied. Als er bei dem Eintritt in den Audienzsaal seinen Verteidiger, den Br. Zum Pütz, ein wenig zittern sah, sagte er lächelnd: »Es muß schlecht mit dem Patienten aussehen, wenn sein Doktor selbst Angst zu haben scheint.« Als ihm der öffentliche Ankläger, Br. Keil, seinen Raub in Holland vorhielt und fragte, ob er nicht einmal dort 300 Dukaten entwendet habe, verneinte er es geradezu, und als der öffentliche Ankläger ihn fragte, warum er das, was er schon eingestanden, jetzt leugnen wolle, sagte er, weil es keine lumpige 300 Dukaten, sondern 900 Dukaten gewesen wären. Offenherzig und unverhohlen erzählte er das Hauptsächlichste von seinen Räubereien. Er nannte rücksichtslos nicht nur die Mitglieder seiner Bande, sondern auch die Helfershelfer, selbst jene, die sich noch in Freiheit befanden. »Ich weiß«, sagte er, »daß ich dem Tode nicht entgehen kann, und habe keine Ursache zu schweigen.« Seine männliche Unerschrockenheit erregte das Erstaunen und die Bewunderung des Publikums, das gewohnt war, auf der Stelle, wo er jetzt saß, auch die kühnsten Banditen mit blassen Lippen und angstvoll dasitzen zu sehen.

Die Nacht war herangebrochen, ehe die Sitzung zu Ende war. Endlich schlug sie, die Stunde des Entsetzens. Der Präsident des Kriminalgerichts, Br. Könen, las mit lauter Stimme den entscheidenden Urteilsspruch vor. Eine feierliche Stille herrschte umher. Das Wort ertönte: »Wir verdammen Mathias Weber (sein eigentlicher Name) zum Tode!« Ein schauderhaftes Murmeln zitterte durch den weiten Saal.

Die standhaftesten Räuber hatten diesen Spruch nicht ohne das fürchterlichste

---

[1] *Sechs Monate später wurde der katholische Pastor Schäffer, welcher wegen eines an zwei Frauen begangenen Meuchelmordes hingerichtet wurde, in dasselbe Gefängnis gebracht. Welchen Eindruck der Anblick der vielen von Fetzer auf die Wände dieses Verlieses gemalten Guillotinen auf Schäffer gemacht hat, findet man in dessen Biographie S. 143, Köln bei Keil.*[*]

[*] vgl. die Angaben in der Einleitung der Herausgeber dür diesen Teil

Zusammenschrecken, einige nicht ohne in Ohnmacht zu fallen, andere nicht ohne in lautes Weinen und Heulen auszubrechen, angehört. Fetzer zeigte sich heldenmäßig – er erhob sich: »Ich bin zufrieden«, rief er mit männlicher Stimme, ohne einen Zug zu verändern, »ich bin zufrieden«, und somit stieg er von der Erhöhung herab.

Unverzagt und mutvoll war Fetzers Betragen nach dem empfangenen Todesurteil. Sein Schlaf war in der kurzen Zeit, die er noch zu leben hatte, noch so fest, so ruhig, als ob ihm die glücklichste, heiterste Zukunft bevorstünde. Er aß und trank mit Munterkeit und ließ bis zur letzten Stunde sein Pfeifchen nicht ausgehen. Von der Guillotine sprach er mit einem Phlegma, das einem zum Selbstmord fertigen Briten Ehre gemacht haben würde. Dem Br. Keil, der ihn am Vortag der Hinrichtung besuchte, wiederholte er das Bekenntnis aller seiner Verbrechen. Er beteuerte, den Namen Fetzer von seinem Dreinschlagen, wenn es zum Handgemenge kam, erhalten, aber niemals irgend jemand während des Beraubens arg mißhandelt zu haben; er erzählte selbst einen Fall, wo er mit seinen eigenen Armen zwei Kinder fortgetragen und vor seinen wütenden Kameraden gerettet habe; er erklärte, die Barbareien anderer, wie zum Beispiel jene des Müllers ständig mißbilligt zu haben. Er beteuerte, keinen Groll gegen das Gericht im Herzen zu tragen, sondern seine Strafe wohl verdient zu haben; er sprach mit den wärmsten Ausdrücken der Dankbarkeit von den Wohltaten, die ihm der Br. Keil während seines Arrestes erwiesen hatte. Als die Rede von Ewigkeit und dem Land jenseits des Grabes fiel, sagte er: Bald hoffe er es zu betreten, er habe sich nie viel mit dem Katechismus befaßt und wolle erst sehen, ob alles an dem sei, wie man ihm versichere. Gleich darauf fiel das Gespräch auf Einbrüche, die vor kurzem erst seine Kameraden jenseits des Rheins verübt hatten. Seine Wangen glühten, seine Augen funkelten, und er rief mit Enthusiasmus: »Wäre ich bei ihnen!« In diese Epoche fällt auch die Anekdote wegen seiner Tochter in Neuwied, um deren Versorgung und guter Erziehung willen er nichts wünschte, als noch einmal einen ansehnlichen Raub begehen zu können, um sie in die Pension zu den Ursulinerinnen in Köln zu bringen.

Man erzählte ihm, daß die Beschreibung seines Lebens gedruckt werde* und bereits einige Bogen derselben fertig wären; er zeigte ein ungemeines Verlangen zu wissen, was man darin von ihm gesagt haben möchte. Man holte einige Blätter, und sein Beichtvater, P. Asterius, las ihm dieselben vor. Auf seinem Gesicht zeigte sich die größte Heiterkeit; er lächelte oft, nickte mit dem Kopf, daß alles das so wahr wäre, und horchte mit der grenzenlosesten, ungeteiltesten Neugierde zu. Es lag eine seltene Größe in seinem Wesen: eine Resignation, die mehr die Wirkung eines heldenmütigen Geistes als einer stumpfen Gefühllosigkeit zu sein schien. Der Furcht ließ er nicht die geringste Oberhand. Er betete anfänglich, jedoch verhohlen, als ob er sich scheute. Je näher aber die Todesstunde rückte, desto ernster und lauter wurde sein Gebet, obgleich er dadurch seine Laune nicht im mindesten verlor.

---

* Diesen Band konnten wir bibliographisch nicht ermitteln.

Der Tag der Hinrichtung nahte heran. Die elfte Stunde des Morgens war dazu bestimmt. Bis spät währte sein ruhiger, ununterbrochener Schlaf, und als er erwachte, war er so frei und heiter wie immer. Der öffentliche Ankläger, auf den er alles hielt, hatte ihm versprochen, ihn noch einmal zu besuchen. Als es später wurde, und er nicht kam, schickte Fetzer nach ihm: Er habe ihm noch einige wichtige Entdeckungen zu machen. Br. Keil erschien. Fetzer empfing ihn grade wie sonst, als ob die nächste schreckliche Stunde wie alle vorhergegangenen sein würde. Offenherzig beichtete er, was er bis jetzt verschwiegen hatte, seinen Anteil an dem Diebstahl auf der Klinke, wo er selbst das Kommando übernommen gehabt habe. Er gab Diebe und Helfershelfer an, doch war er viel zu gewissenhaft und ängstlich, irgend jemand, von dem er nicht die festeste Überzeugung gehabt hatte, als Mitglied zu nennen. So war der Fall bei einem Franzosen, der beschuldigt war, mit auf der Klinke gewesen zu sein, den man Fetzer vorführte, dessen Teilnahme er aber nicht als gewiß angeben wollte. Er erzählte noch unsäglich viele Räubereien, bei denen er zugegen gewesen war, wie die Diebstähle zu Uerdingen, Neuss, Rheydt, Rheinbroich, Düsseldorf, Grimlinghausen und Duisdorf. Bis jetzt hatte er standhaft geleugnet, mit bei dem gewaltsamen Einbruch in das Schloß der Gräfin von Neersdonk, seiner Wohltäterin, gewesen zu sein – ein Schweigen, das sich nur aus seiner Erkenntnis der Größe des Lasters der Undankbarkeit herschreiben lassen konnte –, jetzt gestand er es ein; ebenso erwähnte er mehrere Raubversuche, die ihm mißglückt waren, so wie jenen auf das Haus des Doktor Meyer und auf das Comptoir des Kaufmanns Pelzer in Köln. Betreffs der Ermordung seiner Frau erklärte er treu seinen vorherigen Aussagen, daß er sie im Zorn mißhandelt und so ermordet habe, wie er sich dann darin nicht kenne, daß ihn die Liebe zu seinem Kind, das sein Einziges auf der Welt gewesen sei, dazu entflammt habe, daß er weit entfernt, vorsätzlich die Tat begangen zu haben, so sehr über sie in Schmerz und Verzweiflung geraten sei, daß er auf der Stelle ein Messer ergriffen und sich damit habe erstechen wollen, wovon ihn seine Kameraden nur mit Mühe und Gewalt hätten abhalten können.

Über diese offenherzige Beichte war die Stunde der Hinrichtung herangerückt. Als man ihm bedeutete, er müsse fort, sprang er mutig auf, riß in Gegenwart aller Umstehenden seinen Rock vom Leib, schenkte ihn dem Aufwärter für manchen freundlich und willig geleisteten Dienst, riß seine Weste aus und ließ sie einem armen übelgekleideten Gefangenen bringen, auch der Strümpfe und Schuhe entledigte er sich. Man sagte ihm, daß es kalt sei. »Ich werde nicht mehr frieren«, rief er mit freundlichem Lächeln. Nun kehrte er sich zum Br. Keil öffentlicher Ankläger und sagte ihm noch einmal Dank für menschliche Behandlung und manche erhaltene Wohltat. Dann reichte er dem Concierge die Hand, nahm Abschied von den Umstehenden und bestieg so kühn und mutig den Karren, als ob er zu irgendeiner frohen Unternehmung führe. P. Asterius stieg mit ihm auf den Karren. Unterwegs blickte Fetzer frei und munter umher. Als ihn der Geistliche zu sich kehrte und ihn ermahnte, jetzt sich nicht zu zerstreuen, sondern seine Augenblicke besser anzuwenden, rief er: »Laßt mich noch einmal

Menschen sehen, ich habe immer in meinem Leben so recht viele Menschen gern beisammen gesehen.« Auf der Straße an den vier Winden geriet der Karren in eine Vertiefung und wollte nicht recht fort. »Fahrt zu«, rief Fetzer mit lauter Stimme, »fahrt zu, damit's bald zu Ende geht.« Er war heiter und unbefangen. Als der Karren durch die sogenannte Hacht kam und er die Guillotine sah – ein Anblick, bei dem Helden der Revolution ohnmächtig niedersanken –, konnte er lächeln. Nun erreichte der Karren das Schafott. P. Asterius wollte Fetzer, dessen Hände bisher immer gebunden waren, von dem Karren herabhelfen, dieser aber drängte sich vor. »Laßt mich noch einmal einen großen Sprung tun«, rief er launig, »es ist der letzte.« Und so sprang er herab. Auf dem Gerüst sank er auf die Knie und betete. Bekanntlich befindet sich vor dem Beil ein schmales Brett, das bestimmt ist, den Anblick des tötenden Werkzeugs den Augen der Unglücklichen zu verbergen. Fetzer blickte scharf auf die Maschine hin, und – ein Zug, der gewiß seine Unerschrockenheit im vollsten Licht malt – rief den Henkersknechten: »Zieht doch das Brett weg, daß ich das Beil sehen kann!« P. Asterius hatte Mühe, ihn von dem seltsamen Wunsche ab und zu sich selbst zu richten. Fetzer trat nun vor und sprach zu dem Publikum. »Ich habe den Tod verdient, meine Freunde!« so sprach er. »Hundert Tode für einen. Ihr, die ihr auf bösem Weg seid, spiegelt euch an meinem Ende! Junge Leute! Flieht, o flieht die verdächtigen Häuser, sie waren die Ursache meines Verderbens. Eltern! Erzieht eure Kinder in Religion. Denkt an Gott. Möchte mein Blut das letzte sein, das so vergossen wird. Nun in Gottes Namen!« Nach diesen Worten wurde er auf das Brett gebunden und unter die Guillotine geschoben. Der Geistliche sprach ihm zu, er antwortete. Sein letztes Wort war, Vater in deine Hände – das Beil fiel und er war dahin.

So starb ein Mensch, der in eine andere Zone verschlagen oder als Sohn eines Mächtigen geboren oder unter anderen günstigen Umständen aufgezogen, seiner Anlage, seinem erfinderischen Genie, seinem Mut nach vielleicht als ein bewundernswerter Held, eine Zierde seines Zeitalters gestorben wäre.

Fetzer war der Letzte, der in Köln hingerichtet wurde. Die neue Organisation im Justizfach brachte eine Veränderung hervor, vermöge welcher das Kriminalgericht nach Aachen kam und dorthin also der blutige Schauplatz verlegt wurde. Eben diese neue Organisation ist das eigentliche Ziel, das wir uns in Darstellung der verschiedenen Räuberbanden gesetzt haben. Solange Br. Keil öffentlicher Ankläger war, hat er mühsam die Aktenstücke und geheimen Notizen, aus denen wir das Ganze zusammengetragen haben, gesammelt, und so wie er mit der neuen Justizveränderung in eine andere Karriere tritt, so gebricht es uns auch an Stoff zu weiterer Fortsetzung des Werkes. Mit Fetzers Tod schienen übrigens auch die Räuberbanden in unserer Gegend erloschen zu sein, und die herumstreifenden, gefährlichen Glieder, die die genauen Aufschlüsse scheuen mochten, die man durch Fetzer und andere über sie erhalten hatte, zogen sich in entfernte Länder.

Wer da glauben wollte, daß Menschen wie Picard, der seit seinem fünfzehnten Jahre an bis jetzt in sein dreißigstes ununterbrochen vom gewaltsamen Raub gelebt hatte, der vielleicht zwanzigmal in den Händen der Justiz gewesen und, sooft er entschlüpfte, wieder zu seinem abscheulichen Handwerk die Zuflucht nahm, wie Damian Hessel, der Student, der fast bei jedem in der niederen Rheingegend verübten Diebstahl zugegen gewesen, wie Johann Müller, wie der Major, die keine Gefahr scheuten, wo es nur galt zu rauben, wie Afrom May, wie Leibchen Schloß, die ergraut im Banditenstand allenthalben an der Spitze sich zeigten, daß solche Menschen durch erworbenen Reichtum, durch Zurückkehren der Vernunft, durch moralische Einwirkung ihrem alten Sünderleben entsagen und sich einem erlaubten Gewerbe ergeben könnten, wer, sag' ich, diese Meinung nähren wollte, der müßte seine Abstraktionen aus Dichtungen genommen und keinen Blick in die wirkliche Welt getan haben. Roman-Räuberhauptleute, aber keine Räuberchefs, wie sie existieren und wie wir sie kennen, lassen sich durch moralische Motive von ihrer Laufbahn abbringen.

Sobald die ehedem in Neuwied bestandene Räuberbande auch aus ihren Schlupfwinkeln in und um Gelnhausen verjagt war, zog sie durch den Spessart nach Franken, hielt sich einige Zeit in der Gegend von Ansbach auf und begab sich endlich nach Schwaben, wo ihr die vielen kleinen sich durchkreuzenden Territorien mehrerer Landesherren jeden Ruhe und Ungestörtheit zu gewähren schienen, die sie einst in Mersen und später in Neuwied genossen hatten. Hier finden sich Räuber ein, die einst unter der brabantischen Bande große Rollen gespielt hatten, aber nur selten am Rhein erschienen waren, diese Räuber sind Waldmann und Süßkind, von denen jeder eine kleine Räubertruppe kommandiert.

An der Spitze der großen Bande steht der Major (wir kennen ihn noch vom Mordbrand auf dem Düdeling und von anderen Diebstählen her), der sich den Namen Pindray gibt, eigentlich heißt er Rouchet oder Laroche. Im Juni 1802 erschien er als ein Kaufmann aus Bourdeaux, war stattlich gekleidet und hatte Domestiken*. Einst war er nur subordiniertes Glied der Bande, jetzt aber hatte er das Kommando, und zwar bei jeder Gelegenheit, erhalten. Er war Militär, er war Franzose, hatte einige Bildung und konnte so leicht eine Art von Superiorität über die übrigen erhalten. Sein Aide de Camp und Factotum† war Johann Mül-

* Bediente

† »rechte Hand«

ler, der Anführer bei dem Langenfelder Postkarrenraub, auch jetzt Daumen genannt, vermutlich weil ihm bei einem obenangeführten Raub der Daumen abgeschossen worden ist. Picard, Waldmann und Süßkind hatten kleinere, meistens aus Juden bestehende Räuberbanden, die jedoch wie es schien, alle unter dem Major standen. Nicht minder hatte der Student Damian Hessel, der seit neuerer Zeit den Beinamen Beutel erhalten hatte, einen kleinen Räubertrupp, der aber ebenfalls unter dem Major stand. Picard hatte ein Christenmädchen bei sich, die sich Bletten nannte, er sah blaß und kränklich aus. Damian Hessel hatte an einer galanten Krankheit gelitten und trug davon noch geheime Merkmale; in Donauwörth hatte er wegen Räubereien gefangengesessen, war aber auch hier wie in Neuss, Erkelenz, Uerdingen, Frankfurt usf. entsprungen.

Zahllose Diebstähle gewalttätiger Art hatte der Major mit seiner Bande in Schwaben und Franken verübt, aber keiner war beträchtlicher, keiner merkwürdiger als jener, den wir jetzt mit allen Umständen erzählen werden. Selbst unter den ansehnlichen großen Räubertaten, die uns die Geschichte der batavischen und Mersischen Bande liefert, waren vielleicht nicht viele, die mehr Aufsehen gemacht, die die Gegend rund umher in größeren Schrecken gesetzt hatten. Wir folgen der Erzählung eines Augenzeugen, des Juden Löw Ulmann, des Bedienten des Majors. Die Art und Weise, wie er uns den Hergang der Sache schildert, ist zu interessant, als daß wir einen anderen Faden auffassen sollten.

»Ungefähr im Juni des Jahres 1802«, so berichtet Ulmann vor dem Gericht zu Donauwörth, wo er gefangensaß, »ungefähr um diese Zeit traf mich ein fremder, wohlgekleideter Mann auf der Straße von Augsburg nach Oberhausen und fragte mich, ob ich nicht Lust hätte, bei einem Kaufmann in Dienst zu gehen. Ich erwiderte, daß ich jedes Mittel fortzukommen mit Vergnügen ergriffe. Der Fremde versprach mir, daß ich zufrieden sein sollte, und erklärte sich, daß er der Kaufmann sei, der mich in Dienst nehmen wollte. Ohne lange mich zu besinnen, schlug ich ein, und so kam ich plötzlich in sein Brot. Mit ihm, der sich Pindray nannte und von Bourdeaux gebürtig sein wollte, reiste ich auf der Stelle über Biberbach nach Buttenwiesen und endlich nach Kettingen, wo wir über Nacht blieben. Hier fand sich ein Fremder ein, der sich Müller nannten einen eingebundenen Daumen trug und mit meinem neuen Herrn, dem Kaufmann aus Bourdeaux, ganz intim Freund war. Er gesellte sich zu uns, und so nahmen wir den Weg nach Kleinerdlingen, wo wir an einem Donnerstag eintrafen. In diesem Ort kehrten wie bei einem Mann ein, der den Beinamen Bäckermaz führte. Hier verweilten wir bis Sonntag, an welchem Tage ein zweiter, mir ebenfalls Unbekannter zum Vorschein kam; der Kaufmann flog ihm entgegen, küßte und drückte ihn. Anfangs stand ich in dem Wahn, dieser Mensch müsse wohl ein Bekannter des Bourdeauxer sein, später aber hörte ich, daß er wie ich nur diene, und endlich sagte man mir, er habe im Jahr 1801 in Donauwörth gefangengesessen. Mein Herr, der Kaufmann, schickte mich am Samstag voraus und hieß mich, in dem nächsten gegen Wassertrüdingen zu liegenden Ort seiner zu harren, er werde auf einen Markt reisen und Waren kaufen. Ich ging in den Ort, mein Herr, Müller und der Bediente folgten mir nach. In dem Ort gaben sie mir Geld, um Stricke, Schwefelfaden und Wachsstöcke zu kaufen. Die ersteren, hieß es, dienten Waren zu packen. Ich verrichtete mein Geschäft, und wir brachen alle nach Ansbach auf.

Gleich vor Ansbach blieb mein Herr mit seinem Gefährten und nur in einem etwa eine Viertelstunde Weg entfernt liegenden Wald. Ich habe einige Comptoirdiener an der Hand, sagte er, die mir gewöhnlich an diesen Ort Waren bringen und die mir dieselben hier etwas wohlfeiler lassen. Mit diesen Worten suchte er mich über sein Vorhaben zu täuschen, aber mir kam das Ding so verdächtig vor, daß ich Reißaus nehmen wollte. Ein gewisser Beutel (Damian Hessel), der zugegen war, sprang mir nach, holte mich ein, setzte mir eine Pistole auf die Brust und rief: »Kerl, du bist des Todes, wenn du entfliehst«, und so nahmen er und der mit dem verbundenen Daumen (Johann Müller) mich in die Mitte und brachten mich zurück. Auch mein Herr sprang hinzu, setzte mir das Messer an die Gurgel und drohte mir den Hals abzuschneiden, wenn ich den geringsten Laut von mir gäbe, würde ich aber schweigen, so sollte ich in der folgenden Nacht auf immer glücklich werden. Dieses war bei einbrechender Nacht etwa gegen neun Uhr. Bis gegen elf blieb die Gesellschaft, die jetzt aus meinem Herrn (dem Major), Müller (Johann Müller), dem sogenannten Beutel (Damian Hessel) und mir bestand, im Wald liegen. Um diese Zeit ging mein Herr aus dem Gebüsch an die Landstraße und schlug mehrmals in die Hand. Auf meine Frage, was das bedeute, entgegnete man mir, daß noch zwölf Kameraden kämen und daß dieses das Zeichen sei, daß man sie erwarte. Es ging einige Zeit herum, aber – keine Antwort erfolgte. So wurde es halb zwölf.

Mein Herr nahm geheime Absprache mit seinen Gefährten. Soviel erfuhr ich, daß sie sich zu ihrem Vorhaben zu schwach fühlten, weil die anderen nicht gekommen wären, und sie es aufgaben. Wir kehrten also in den Wald zurück. Mich banden sie fest und ließen mich so die Nacht über liegen. Jetzt brach der Tag an. Mein Herr schickte seine Gefährten umher, um diejenigen, die ausgeblieben waren, zu suchen und Essen zu bringen, während ich mit ihm zwölf Stunden im Wald gelagert war. Abends spät kamen die beiden, Daumen, wie sie ihn nennen (Müller), und Beutel (Damian Hessel), mit etwas Essen zurück, aber die Kameraden hatten sie nicht gefunden. Die Nacht brach an, sie erschienen nicht. Es wurde zwölf, mein Herr gab mehrmals das Zeichen, aber niemand wollte antworten. So floß auch diese Nacht herum. Der Montag begann. Noch einmal sandte mein Herr sie aus, aber auch diesmal vergebens. So kam die dritte Nacht.

Gegen elf Uhr wachte mein Herr auf. Er hatte beschlossen, die Ankunft der übrigen nicht zu erwarten und mit Müller und Beutel den großen, kühnen Raub allein auszuführen. Unterwegs hatte er ein Pflugeisen mitgenommen, dieses trug er in seinem Mantel verborgen. Leisen Trittes nahte er sich dem Garten des Generals Baron Kneipli, den man gewaltsam berauben wollte. Mit dem Pflugeisen sprengte mein Herr, den sie, wie ich jetzt erfuhr, Major nannten, ein Gartenschloß auf, dann kam er an das Haus, stieß ein Fenster ein, öffnete den Laden, stieg hinein, forschte, ob alles schlief, und erschien dann, die Haustür von innen zu öffnen. Attila! ihr Jungen, schrie er, und auf dieses Wort stürzten Müller und der Beutel in das Haus. Ich folgte.

Der Major brannte die Wachslichter durch den mitgebrachten Schwefelfaden an, hieß mich ihm leuchten und forcierte die untere Tür. Den Beutel stellte er als Wache auf. In den unteren Zimmern fand sich nichts, das ihnen behagte, sie gingen somit eine Stiege hinauf. Ich immer hintendrein. Gleich oben fand sich eine Stube mit einem kleinen Fenster. Mein Herr, der Major, zog sich aus, schlüpfte durch die Öffnung, nahm das Licht zu sich herein und wurde gewahr, daß er sich in der Gewehrkammer befände. Er öffnete die Tür, kleidete sich an, schwärzte sich das Gesicht, verband sich das Kinn mit einem Halstuch, ergriff zwei Pistolen von jenen des Generals, lud sie, reichte seinen Gefährten gleichfalls scharfgeladene Gewehre und machte Anstalten vorzurücken. In diesem Moment erschien der alte General inwendig an der in die Gewehrkammer gehenden und verschlossenen Tür und rief: ›Wer da?‹ – ›Das werdet ihr gleich erfahren‹, antwortete der Major, rannte mit seiner Achsel wider die geschlossene Tür, daß sie in Trümmer fiel. Noch habe ich anzuführen vergessen, daß der Major in der Gewehrkammer eine Kommode mit einem Eisen aufgesprengt hatte, worin gestickte und bordierte Kleider gelegen hatten, die gewiß mehrere tausend Taler wert gewesen sein müssen, daß er aber, nach größerer Beute lüstern, nichts von allem anrührte oder anrühren ließ.

Kaum war die Tür aufgesprengt, als wir den alten General in einem grünen Pelz vor uns stehen sahen. Auch er erblickte uns, und da er nicht ungewiß über unsere Absicht sein konnte, wollte er nach seinem Licht springen, es auszulöschen; aber der Major und Müller warfen sich schnell auf ihn, rissen ihn nieder, banden ihm Hände und Füße und warfen das Deckbett über ihn.

Der General suchte dem Major und seinen Gefährten in das Gewissen zu sprechen und erinnerte sie an den Ewigen im Himmel, der das Laster strafe; der Major aber scherzte und sagte: Gott habe sie geschickt, weil er unfreund mit dem General sei. Sobald der General gefesselt und zugedeckt darniederlag, machte sich der Major ans Aufbrechen. Eine neben dem Bett stehende Kiste, mit rotem Scharlach überzogen, deren Ecken mit Silber beschlagen waren und die Silbergeräte aller Art enthielt, war das erste, was er aufsprengte. In einen oben gefundenen, großen Getreidesack packte der Major mit Müller die Kostbarkeiten ein, und beide schleppen sie zum Schildwache stehenden Beutel hinab. Jetzt kam der Major an einen zweiten Kasten und nahm hieraus drei Hüte voll Goldstücke, die er in sein Hemd schüttete und ebenfalls hinabtrug. Ein dritter Kasten wurde geöffnet, und er fand sich mit Silbermünzen angefüllt. Diese hinabzubringen, nahm der Major ein ledernes Kopfkissen, trennte es auf und füllte es an. So kam es zu den übrigen. Nicht einmal, mehrmals – wenn ich mich nicht irre, siebenmal wurden Kissen und andere Überzüge mit Silbergeld aus der Kiste geholt. Nun kamen sie an einen buxbaumenen, mit Perlmutt eingelegten Kasten, aus dem drei goldene Uhren, eine goldene Dose, Ringe und dergleichen genommen wurden. Mitten in diesem Plündern rief auf einmal der Wache Stehende: ›Stuttgart! Stuttgart!‹ – das Zeichen zum Aufbruch. Schnell stürzten alle die Treppe hinab, packten auf, was sie fassen konnten, und so ging es nicht weit von dem Garten weg die Straße von Ansbach nach Rothenburg an der Tauber hin in den nahen Wald. In einer Höhle, die ihm wohl bewußt sein mochte, vergrub dort der Major drei Säcke mit Silbergeld in der Erde, den Sack mit dem Silbergeschirr aber ließ er gleich vorn in den Wald hineinwerfen und sagte: »Forttragen können wir ihn nicht; wer das Glück hat, ihn zu finden, mag sich freuen.« Die übrigen Säcke mit Silber und Gold nahmen sie mit sich fort.

Es war ein Uhr, da gingen wir über Dalmassing nach Öttingen. Im Wald vor dem letzten Ort beratschlagten sich plötzlich Müller und Beutel, was mit mir anzufangen sei. Sie wollten mir anfangs, aus Furcht, verraten zu werden, ans Leben. Mein Herr aber nahm sich meiner an. Er kann noch brav werden, sagte er, laßt ihn gehen. Müller und Beutel forderten mich auf zu schwören. Der Major aber wurde laut und drohte dem, der mir das geringste zuleide tun würde, ein Messer in den Leib zu rennen. Wir gingen nun nach Öttingen. Müller und sein Gefährte begaben sich in die Stadt, eine Postchaise zu bestellen. Ich aber und mein Herr, schwer beladen mit der Beute, umgingen die Stadt. Unterwegs begegneten uns zwei Bauern. Ey, riefen sie, als sie uns erblickten, diese tragen schwer. Mein Herr, der Major, entgegnete ihnen auf der Stelle: Ihr Narren glaubt wohl, es sei Geld, Kupferplatten sind es, die wir nach Wallerstein zu Vermählung (die soeben dort gefeiert werde) tragen müssen. Auf der Landstraße setzten wir uns nieder und harrten, bis Müller und Beutel mit der Chaise kamen. Kaum erblickte mein Herr den Wagen, als er die darin Sitzenden grüßte. Sie stiegen aus, umarmten einander und taten, als ob sie sich eine Ewigkeit nicht gesehen hätten. Die beiden in der Chaise fragten, wohin der Landsmann zu reisen gedächte; und mein Herr erzählte ihnen, daß er die Kupferplatten nach Wallerstein bringen müsse; er bat sie, sie möchten ihn doch mitnehmen, er wollte gern dem Postillon ein gutes Trinkgeld geben. Natürlich waren die Herren in der Chaise zufrieden. Der Postillon war es nicht minder, als er von einem ansehnlichen Trinkgeld hörte, und so stiegen sie nach einigen Zeremonien ein. In dem Wagen wurde trefflicher Wein getrunken, und so fuhren wir bis Nördlingen. Am Tor stiegen mein Herr und ich mit den Geldsäcken aus. Die zwei anderen fuhren in die Stadt hinein und hielten sich dort bis gegen Abend auf. Mein Herr und ich ruhten von den Strapazen hinter der Ziegelstadt aus. Später brachen wir auf und begaben uns nach Kleinerdlingen zu dem bekannten Bäckermaz.

In Kleinerdlingen war die Frau oder Geliebte des Majors[1] schon vorher über einen anderen Weg eingetroffen. Damals, als wir das erste Mal in Kleinerdlingen waren und von da aus zu dem Raub auszogen, hatte sie sich schon dort eingefunden und hatte ruhig dort den Streifzug nach Ansbach abgewartet. Es war etwas später, als wir in Kleinerdlingen eintrafen. Wir blieben hier die Nacht über. Als

---

[1] *Eigentlich heißt sie Klinghorst und war die Frau des guillotinierten Heckmann. Auf ihrer Reise gaben sie sich und ihr Mann den Namen Keil.*

diese herangebrochen war, führte mich mein Herr in eine Kammer und schloß sie von außen mit einem Vorhängeschloß zu. Dann begab er sich mit Müller und dem Studenten (Beutel, Damian Hessel) in ein oberes Zimmer, und nun ging es an die Teilung der überschwenglich großen Beute. Einen Teil, so erfuhr ich nachher, bekam der Major als Anführer und Kommandant, einen zweiten als Mitglied, ein Teil wurde für den, der den General angegeben hatte (den Baldowerer) zurückgelegt und von meinem Herrn in Verwahrung genommen; der Student und Müller erhielten jeder seinen Teil. Die ganze Nacht durch konnte ich das Klingen des Zählens hören. Am folgenden Morgen gab mir mein Herr 63 Karolin in Schaumünzen mit dem Auftrag, in Nördlingen zwei schöne Pferde zu kaufen, wenn ich sie brächte, sollte ich das Geld, was ich auslegte, wiederbekommen und sollten die 252 Taler mir geschenkt sein. Müde des gefährlichen Lebens bat ich meinen Herrn und Müller, mich doch nach Hause zu meinen Eltern zu lassen; aber sie redeten mir zu, zu bleiben, besonders der letzte, der von einem Handel (Raub) sprach, bei dem sie eine Million bekommen könnten und der uns alle auf immer glücklich machen würde. Ich folgte nach einigen Gegenreden dem Befehl meines Herrn, begab mich nach Nördlingen, kaufte ein schönes Pferd mit Sattel und Zeug, aber statt die Absicht zu haben, zu den Räubern zurückzukehren, entschloß ich mich davonzureiten. Schon war ich auf der Landstraße und eine Strecke von Nördlingen weg, als ich hinter mir her meinen Herrn kommen sah, er rief mir zu, zu halten, aber das bewegte mich nur, mein Pferd schneller fortzutreiben. Da der Major meine Absicht merkte, kehrte er um, nahm eine Chaise mit zwei Pferden und folgte mir in aller Eile nach.

Ich kam nach Möttingen und trat in das Zollhaus, wo sich mehrere Leute aufhielten. Hier nahm ich etwas zu mir und erzählte den Anwesenden, daß ich fürchte, es möchte mir jemand nacheilen und mir abnehmen, was ich bei mir hätte, daß ich gerne nach Harburg möchte, um dort den, der mir nachfolgen würde, arretieren zu lassen. Die Leute sagten mir, ich sollte ihn nur kommen lassen, sie würden mir helfen. Da unterdessen ein Bauernwagen nach Harburg und mit diesem auch ein Jude abfuhr, so gab ich diesem die Schaumünzen und auch das Geld, das ich hatte, in Verwahrung und ritt an der Seite des Wagens nach Harburg zu. Auf einmal sah ich eine Chaise schnell hinter mir dreinkommen, die mich auch bald erreichte. Aus ihr sprang der Major heraus, faßte mein Pferd beim Zaum, zog das Messer und hieß mich sogleich absteigen, oder er würde mich über den Haufen stechen. Den Leuten sagte er, daß ich sein Bedienter sei, der ihm mit Geld durchgegangen sei. Auf diese Worte reichte der Jude, dem ich den Beutel in Verwahrung gegeben hatte, sogleich dem Major alles dar. Mit diesem war auch noch ein Jude aus Kleinerdlingen gekommen, der sich sogleich auf mein Pferd schwang. Ich wurde von den betörten Bauern meinem Herrn überlassen, in die Chaise gezwungen und mußte so mit ihm fort. Wenn du laut wirst, flüsterte er mir zu, so ist's um dich geschehen, schweigst du aber, so soll alles vergessen sein. Wir fuhren bis vor Nördlingen, aber in die Stadt selbst wurde ich nicht gelassen. Mein Herr zwang mich, ihm auf einem Seitenweg nach Kleinerdlingen, wo Müller und der Student harrten, zu folgen. Dort nahm man mir alles ab, und ich wurde in einem Augenblick wieder so arm wie ich vorher war. Müller und Beutel bestanden darauf, daß ich, da man mir nicht trauen dürfe, mein Leben hergeben müsse. Der Major nannte mich ein Kind.

Gleich neben dem Bäckermaz in Kleinerdlingen, der uns Aufenthalt gab, wohnte ein Jude, Nathan Samuel. Bei diesem wechselte mein Herr 83 große Schaumünzen, wofür er 28 Karolin erhielt. Der Jude muß wohl recht genau mit meinem Herrn und seinen Gesellen bekannt gewesen sein, denn aus seinem eigenen Mund habe ich gehört, wie er sich über die Undankbarkeit meines Herrn beklagte, daß dieser, der doch nun so reich sei, ihm, der ihm doch allein Gelegenheit zu dem Handel (Raub) verschafft und ihm sogar die Gewehre dazu geliehen habe, so wenig hergeben wolle. Nathan erklärte, er hätte geglaubt, doch wenigstens die Hälfte zu erhalten. Der eigentliche Anbringer des Raubes ist jedoch ein anderer Jude gewesen. In Kleinerdlingen ließen Beutel und Müller ihr Geldchen springen; der eine kaufte einen Rappen, der andere einen Fuchs. Dieses machte großen Lärm, und zwar so, daß sie beide sich genötigt sahen, von Stund an den Ort zu verlassen.

Müller ging nach Neresheim. Hier hatte er ein Mädchen, die Tochter einer armen Wollspinnerin, deren Vater jedoch ein vornehmer Mann, der Baron von S..., war. Mit dieser hielt er Vermählung. Auch wir, nämlich der Major, seine Frau und ich, zu denen sich noch der Student schlug, verließen Kleinerdlingen. Bei Nördlingen umgingen wir die Stadt, während der Major in dieselbe sich verfügte, einen Wagen zu bestellen. Noch lagen wir nicht lange – es war Nacht – an der Ziegelstadt unweit Nördlingen, als plötzlich ein Haufen bewaffneter Menschen auf uns zu kam und uns ein lautes ›Wer da?‹ entgegenschrie. Der Student antwortete. Beides geschah in französischer Sprache. Der Anführer des Haufens, der aus zwölf Mann bestand, trat vor. Beutel gab ein Zeichen mit dem Mund, eine Art von Schnalzen. Der Anführer antwortete, und nun umarmten sie sich und legten die Gewehre ab. Es war der französische Jude Süßkind mit seiner Truppe, derselbe, den der Major im Wald bei Ansbach vergebens erwartet hatte. Beutel zeigte ihm die auf dem mitgebrachten Pferde aufgeschnallten Geldsäcke. ›Ihr Kerle alle seid mehr nicht wert, als daß euch der Kommandant totschießen läßt‹, rief Beutel. ›Warum seid ihr nicht nach Ansbach gekommen? Ihr hättet alle Geld und Silber in Fülle haben können.‹ Sie erwiderten, daß sie auch einen Handel vorgehabt hätten. Der Student erkundigte sich nach der Ursache ihres Erscheinens hier an der Ziegelstadt, und sie erklärten, daß sie auf einen Fang ausgehen wollten. Diesmal glaubte der Student, genug zu haben; er beschied sie nach Harburg zu einem Schneider. Sie entgegneten, daß sie, wenn sie viel Geld handeln sollten, nicht kommen würden und daß er durch Briefe den Ort ihrer künftigen Vereinigung erfahren solle. Sie brachen nun auf und gingen nach Dinkelsbühl zu.

Lange harrten wir auf den Major; endlich kam er, aber ohne Chaise. Seine Frau mußte also reiten. Wir übrigen gingen zu Fuß bis Möttingen, wo wir im Adler über Nacht blieben. Am folgenden Tag war bei Gelegenheit der Vermählung der Prinzessin von Öttingen eine feierliche Wasserjagd angestellt. Dieser Zufall verursachte, daß wir in Harburg, in welchen Ort jedoch nur die Frau meines Herrn und ich gekommen waren, keine Chaise, so teuer wir sie auch bezahlten wollten, bekommen konnten. Vor Harburg hatten bereits der Major und Beutel einen Weg durch das Gehölz nach Buttenwiesen eingeschlagen. Nach großer Mühe erhielten endlich die Frau des Majors und ich einen Wagen, der uns nicht auf der Straße, sondern über die Brücke nach Kettingen führte. Hier kam uns ein Jude aus Buttenwiesen entgegen, der uns einlud, so schnell wie möglich an diesen Ort zu kommen. Was vorgefallen war, erfuhr ich durch den Wirt. Dem Major und dem Studenten begegnete nämlich auf dem Weg nach Buttenwiesen der Beamte des Ortes mit Begleitung. Der Major und Beutel waren bereits verraten und von Donauwörth aus beschrieben. Die Leute des Beamten hielten ihnen, als sie sie erblickten, die Gewehre vor und hießen sie halten und die Pässe zeigen. Der Major stieg ab und zeigte seinen Paß vor, den er in Burgau auf einen von ihm selbst gemachten französischen Paß erhalten hatte. Den Beutel gab er für seinen Domestiken aus. Der Beamte ließ sie ziehen.«

Wegen Mangel an hinlänglichen Papieren sind wir nicht imstande, den Ausgang des Abenteuers genau zu beschreiben; nur soviel ist gewiß, daß das tätige und sorgsame Land- und Stadtgericht zu Donauwörth mehrere Mitglieder der Bande im März 1803 – und unter diesen auch den Chef selbst, den Major – gefangengenommen hat. Müller und Damian Hessel, der sich bald den Namen Corneli, bald den Duel gibt, vagierten umher. Der Major ist später ausgebrochen und ist bis jetzt noch nicht aufgefunden.*

Der Major sowie alle übrigen Christen, die die Bande ausmachten, pflegten sich ganz nach Art der niederländischen Bande zuweilen für Juden auszugeben und in Judenherbergen einzukehren. Der Major spricht etwas Hebräisch und hat auf seiner Schreibtafel das jüdische Tischgebet mit lateinischen Buchstaben aufgeschrieben. So wie Süßkind zur Bande gehört, so gehören auch Waldmann, der etwa fünfzehn unter sich hat, ein gewisser Wetzl oder auch Anton, ebenfalls Anführer eines kleinen Haufens, und dann endlich Picard dazu.

Ob die Bande sich ganz oder teilweise auch jetzt noch in Schwaben aufhält oder nicht, ob die vielen Diebstähle in Bayern, die die Regierung selbst aufmerksam gemacht und neue Polizeimaßregeln hervorgebracht haben, von eben dieser Bande verübt worden sind oder nicht; kurz, wo sie jetzt sich herumtreibt, können wir nicht mit Gewißheit angeben. Wenn sich aus der Räubermanier so gut auf die Täter schließen läßt, wie man aus der Manier des Pinsels den Künstler erraten kann, so darf man kühn behaupten, daß sich erst vor kurzem noch Mitglieder der Bande – und wo einer ist, sind sie meistens alle – am Main gezeigt haben.

In der Nacht vom 14. Oktober 1803 umstellte eine bewaffnete Räuberbande

* C. Küther schreibt in seinem Buch »Räuber und Gauner in Deutschland«, daß der ›Major‹ seines Wissens sogar niemals »endgültig festgesetzt« wurde.

von 25 bis 30 Mann das etwas frei gelegene Pfarrhaus in dem Ort Sommerau, der das Freiherr von Fechenbachischen Familie gehört und einige Stunden von Aschaffenburg liegt. Einige der Räuber stiegen zum Fenster hinein. Die Magd, die solches zuerst gewahr wurde, machte Lärm bei dem Pfarrer im oberen Stock; dieser verriegelte seine Tür und schrie zum Fenster hinaus um Hilfe. Der Nachbar, ein Wirt, eilte hinzu, wurde aber durch einen Räuberposten mit der Pistole in der Hand unter schrecklicher Drohung nach seiner Wohnung zurückgewiesen und ebenso der Pfarrer durch Drohung zum Schweigen gebracht. Indessen brachen die eingestiegenen Räuber die Stubentür ein, banden und schlugen den Pfarrer, mißhandelten den aus seinem Zimmer gekommenen Kaplan, warfen ihn in sein Bett und stellten eine Wache zu ihm. In dieser angstvollen Lage mußten die beiden Geistlichen bleiben und entdecken, wo Geld und andere Dinge von Wert lagen. Indessen gab es doch Lärm im Ort, da der Wirt seinen Knecht durch die Hintertür abschickte, um die Leute im Dorf zu Hilfe zu rufen. Nun entstand ein Scharmützel. Die Räuber und die Bauern feuerten aufeinander. Diejenigen von der Bande, die im Innern des Hauses waren, krochen zu den unteren Fenstern hinaus. Der Pfarrer wand sich von den Fesseln los, eilte nach und erhaschte noch einen der Räuber bei den Haaren, der sich aber losriß. Bald darauf klopften die Bauern an der Haustür. Der gute Geistliche glaubte, es seien abermals Räuber, und sprang aus Angst aus dem Fenster, wodurch er auf der Brust großen Schaden litt und krank darniederlag. Die Räuber zogen auf ein französisches Kommandowort langsam und immer feuernd fort.[1] Sie nahmen den Weg den Berg hinauf dem Wald zu, wo sie sich zu teilen schienen und den nacheilenden Bauern jede Spur abschnitten. Einmal hielt die Bande etwas still, wodurch man glaubte, daß etwa einer verwundet sein müsse, man fand aber auf dem Feld kein Blut, sondern nur ein Messer und einen runden Hut, wie sie alle einen hatten. Sie sprachen rein deutsch, fluchten aber französisch; übrigens waren sie gut gekleidet und hatten alle Stiefel an. Der Knecht des Wirtes wurde von ihnen am Backen blessiert.

Ungeachtet aller Streifereien, schreibt man von dorther, war man noch nicht so glücklich, der Bande auf die Spur zu kommen, was unsere Leser, die in der Verfahrensart der Räuber, von ferne beizukommen und also jeder Streifzug in der Nähe fruchtlos sein muß, sich leicht erklären können. Da Sommerau sozusagen am Fuße des Spessarts liegt, so kam es, daß mehrere deutsche Zeitungen und sogar Pariser Blätter versicherte, im Spessart hause eine neue Schinderhannesbanden. Gegen dieses Gerücht glaubte man von seiten einer gewissen Behörde auftreten und behaupten zu müssen, daß der Spessart sorgsam durchstreift würde und in der dortigen Gegend keine Bande sich befände. Da es keineswegs die Maxime der niederländischen Räuber ist – und von diesen waren unzweifelhaft welche bei dem Sommerauer Raub –, in der Nähe des Orts, wo sie hausen, ihre Werke zu treiben, so läßt sich in der Tat annehmen, daß die Bande nicht im Spessart sei. Aber wo?

---

1 *Eine fast ähnliche Geschichte finden wir bei dem Pfarrer von Mülheim. Siehe Mersische Bande.*

Noch gibt es einen Ort, den sie zu Zeiten umschwebten. Dieses ist Frankfurt. Gewöhnlich reisen sie um die Messezeit selbst dorthin oder doch in die Nähe. Nicht etwa, daß sie die Ab- und Zureisenden auf Landstraßen plündern; dieses ist ihrem System zuwider. Gewöhnlich suchen sie hier reiche Leute auszukundschaften, Notizen über sie einzuziehen und dann – treibt man hier die sogenannten Schwindeleien.

Über diese etwas:

Mit dem Namen Schwindeleien belegen die Räuber listige Betrügereien. Und so mancher unter ihnen hat erst den Grad des Schwindlers passiert, bis er zu dem Räuberhandwerk gekommen ist. Adolph Weyers, Müller, Rünzler und mehrere haben sich alle auf den Messen herumgetrieben und manche schöne Summe betrogen, ehe sie unter die Räuber gerieten, und selbst dann, als sie von Diebstahl zu Diebstahl flogen, unterbrachen sie diese schöne, illustre Karriere mit Schwindeleien. Diese schienen öfters ergiebiger zu sein als der glücklichste Raub. Adolph Weyers trug während seiner Schwindelepoche zwei goldene Uhren, war reich gekleidet, fuhr mit einer im Amt stehenden Person, dem G... G..., in der Chaise von einem Ort zum anderen und hatte großes Ansehen.

Unter der zahllosen Menge von Schwindeleien wollen wir nur einer gedenken, die die Hauptbetrüger und Mitglieder der Neuwieder Räuberbande, Adolph Weyers, Rünzler, Schweizer (eigentlich Joseph Bell) und Le S..., sich zu Schulden kommen ließen. Dieser letztere gab sich allenthalben für einen Kaufmann aus Paris aus, war aber in der Tat nichts als ein listiger Betrüger. Schon einmal war er in Paris selbst, wo er mehrere Tonnen Branntwein verkauft und nachher reines Wasser geliefert hatte, von der Polizei verfolgt worden; nun versuchte er sein Glück bei den leichtgläubigeren Deutschen. Auf der Frankfurter Messe hatte er mit seinen Kameraden den Kaufmann Braun aus Elberfeld listig zu täuschen und ihm eine beträchtliche Quantität Waren abzunehmen gewußt; die Waren wurden sofort einem Frankfurter Juden verhandelt und die dafür erhaltene Summe in einem der ersten Gasthäuser Frankfurts, wo die Betrüger abgestiegen waren – im goldenen Löwen –, geteilt. Doch es wäre zu weitläufig und entfernte uns von unserem Zweck, wenn wir mehrere ähnliche Schwindeleien anführen wollten, wie sie in den Gasthäusern große Ballen mit Holz gefüllt statt Waren, zurückließen, wie sie sich mit falschen Münzen abgaben, wie sie Pläne entwarfen, die Bank in Frankfurt zu sprengen und dgl. Das Schicksal des Le S... war, daß, weil die Beutelschneiderei auf dem rechten Rheinufer geschah, er in Köln freigelassen wurde. Der Schweizer wurde im 10. Jahr (1801/1802) in Mainz wegen anderer Vergehen zu einer zweijährigen Zuchthausstrafe verurteilt.

Rünzler, aus Köln gebürtig, war, wie wir schon oben einmal bemerkt haben, bei mehreren Räubereien zugegen. Auch in Würzburg beging er im Winter 1803 einen beträchtlichen Diebstahl im Handelshaus des P. Bolzano und wurde auf Veranlassung der Brs. Keil, öffentlicher Ankläger im Ruhrdepartement, der ihm auf die Spur kam, bei Düsseldorf arretiert und dorthin ausgeliefert. In Hamburg hatte er an wichtigen Verbrechen teilgenommen, wo er durch Steckbriefe verfolgt und ein Preis von mehreren hundert Talern auf ihn gesetzt worden war.

Wir haben oben über des Schwindlers und Räubers Adolph Weyers gegenwärtiges Schicksal, seine Verpflanzung nach Sibirien gesprochen. Dort konnten wir, ohne den Gang des Ganzen zu stören, einige sehr interessante Notizen über diese Transplantation oder Verbannung, wie man es nennen will, nicht einschalten. Hier wird wohl die Stelle dazu sein.

In einer öffentlichen Anzeige vom 7. Juli 1802 gibt der preußische Minister von Schulenburg dem Publikum die Nachricht, daß mit der russischen Regierung die Vereinbarung getroffen sei, die gefährlichsten Bösewichter, die, wie die Erfahrung gelehrt habe, auch Mittel gefunden haben, aus dem festesten Kerker zu kommen, in die Bergwerke des entferntesten Sibirien zu bringen. Diesem zufolge traten nun 58 Bösewichter, unter diesen Adolph Weyers, Engelbert Clemens aus Köln, Salomon Bacharach, Benjamin Kaan (siehe Mersische Bande), Jakob Dahmen, Heinrich Kurts, J. Klostermann (siehe Krefelder Bande), die große, weite Reise an. Das Bergwerk, wohin sie gebracht wurden, liegt 2000 Stunden hinter Petersburg im Nertschinskischen Gebiet, bekannt durch seine schwarzen Zobel und seine silbergrauen Einhörnchen. Nertschinsk* wird neben Kamtschatka für den härtesten Verbannungsort im russischen Reich gehalten. Es kommen deshalb überhaupt nur Menschen von der verworfensten Klasse hin, bei welchen in Absicht ihrer Behandlung aller Unterschied ihres ehemaligen Standes wegfällt. An Entlaufen ist kaum zu denken. Wer zu den Sinesen† entflieht, wird von ihnen zurückgebracht, wobei sie eine harte Bestrafung des Flüchtlings fordern, dafür, daß ein solcher Mensch ihr Gebiet durch sein Betreten entehrt habe. Wer in die Wildnis läuft, wird von den dort herumziehenden Nomaden aufgegriffen und erschossen. Höchst selten helfen die mitleidigen russischen Bauern; der Entflohene kommt auch dann aus Unkenntnis der Sprache und des Weges bald im Mangel um. Die Verbannten, deren Zahl auf 1800 gerechnet wird, müssen in den Bergwerken arbeiten. In dem Transport von Petersburg aus dauert die Reise bei ununterbrochenen Tagesmärschen neun und einen halben Monat. Von ihrem dortigen Schicksal in den Bergwerken ist nur soviel bekannt, daß sie in Hütten wohnen und bestimmte Arbeiten haben, die sie zwar in der dazu vorgeschriebenen Zeit leisten können, wobei sie aber auch für Vergehen und Ausschweifungen sehr derb gezüchtigt werden.

Was man übrigens zu befürchten schien, daß einige der Verbannten während des Transports ihre Fesseln zu brechen suchen und entfliehen würden, ist eingetroffen. Joh. Borowsky, Anführer einer Räuberbande in Westpreußen, der seit 1787 über 30 gewalttätige Einbrüche verübt hatte und sich unter den Verbannten befand, fand mit einigen Verbrechern – ob Weyers oder Salomon Bacharach oder wer unter ihnen ist, wird nicht angegeben – Gelegenheit, unweit Kasan der

---

* Nertschinsk liegt an einem Nebenfluß des Amur in der Nähe der chinesischen Grenze.

† Chinesen

russischen Bedeckung zu entfliehen. Borowsky ist nach mancherlei wunderbaren und außerordentlichen Schicksalen wieder in Preußen angekommen, von neuem ergriffen und nach Marienwerder gebracht worden. Er weiß von Kasan bis Narva und die Gegend jeden noch so kleinen Ort zu beschreiben, und seine Nachrichten stimmen mit den bewährtesten Karten und geographischen Beschreibungen von diesem Teil Rußlands überein.

Zusätzlich noch etwas über Picards jetzigen Aufenthalt. Es ist keinem Zweifel unterworfen, daß dieser Haupträuber, der kühnste, verschlagenste unter allen, noch seine Freiheit genießt. Sein Herumspuken in Schwaben schien ihm goldene Früchte getragen zu haben. Denn er erschien am Niederrhein prächtig gekleidet, mit goldenen Uhren und brillantenen Ringen. Damals war es, als Br. Keil einen Plan angelegt hatte, ihn einzufangen, der ihm gewiß nicht fehlgeschlagen wäre, wenn nicht in der Ausführung irgendwodurch ein Fehler begangen und so das Ganze verraten worden wäre. Die Anekdote ist zu interessant, als daß wir sie nicht umständlich mitteilen sollten.

Picard wünschte wieder einmal an den Ort, wo er einst sein Räubernoviziat gehalten und so manchen beträchtlichen Fang getan hatte, nach Brüssel und Gent, zurückzureisen. Er erschien in der Gegend von Neuss, wandte sich an eine mit der Bande verbundene Person und versprach acht Louisdor, wenn man ihm einen Paß aus Köln verschaffen wollte. Er gab den Tag, die Stunde an, in der er in Neuss den Paß abholen wollte. Die Person in Neuss, an die er sich gewandt hatte, schrieb deshalb an ein Weib aus Köln, das ebenfalls sich zu Geschäften der Bande hatte brauchen lassen. Das Weib fand sich allein nicht imstande, eine so mißliche Sache auszuführen, und redete deshalb mit einem Kölner X.X.

Dieser Mann, weil er schon in früheren Zeiten irgendeinmal in eine schlimme Sache verwickelt war, begann zu einem arbeitsamen, besseren Weg zurückzukehren und vertraute das, was er wußte, einem Dritten, durch den die Polizei unterrichtet wurde. Von der Wichtigkeit, die in der Verhaftung eines Räubers, wie Picard es war, lag, überzeugt, entschloß sich die Polizei, ihn in Neuss aufzuheben; aber hierzu bedurfte sie eines Mannes, dem der verschlagene Räuber selbst sein Zutrauen schenken mußte; und diesen Mann fand sie in dem eben erwähnten X.X., der Picard persönlich kannte. Angetrieben durch Br. Keil, fand sich X.X. bereit, dem Staat den wesentlichen, großen Dienst zu leisten. Die kölnische Polizei begibt sich nach Neuss, und der Vertraute X.X. soll zur angegebenen Stunde den Paß, den man in gehöriger Form expediert hatte, dem Haupträuber überliefern. Viel zu schlau und verschlagen, um sich geradezu einzufinden, schickt Picard einen seiner Vertrauten im voraus nach Neuss. Dieser wird zufälligerweise von den Polizeisergeanten in Neuss verhaftet, und, wie zu erwarten war, Picard selbst kommt nicht zum Vorschein.

Indessen geht X.X. zu der vertrauten Person in Neuss, um den Paß in Picards Hände zu überliefern. Hier erfährt er, daß dieser nach Aachen sei. Man gibt ihm einen Brief für diesen Ort und adressiert ihn an die berüchtigte Hurenwirtin auf dem Seilgraben. Hier, heißt es, werde er Gelegenheit erhalten, seinen Paß an den

Mann zu bringen. Br. Keil entschließt sich, den Räuber aufheben zu lassen, und schickt den X.X., begleitet von dem kölnischen Polizeicommissaire Schöning, dorthin.

X.X. geht in das Haus der Hurenwirtin, überreicht seinen Brief und wird dort – wo ehemals die Mersener stark zusprachen – freundlich aufgenommen. Die Hurenwirtin verlangt den Paß für Picard und erbietet sich, die für den Überbringer stipulirte* Summe vorzustrecken, aber X.X. verlangt, der Weisung der Polizei gemäß, die Papiere seinem Bekannten Picard in eigene Hände zu überreichen. Die Hurenwirtin, die über den Aufenthalt Picards ein heiliges Stillschweigen hält, erklärt dem X.X., dieser solle sich gegen Abend einfinden. Gegen Mittag reitet ein Vertrauter der Hurenwirtin mit einem ledigen Pferd† zum Tor hinaus. Der Abend bricht an, und Picard erscheint – nicht. Die Stadt selbst mochte ihm, der durch die Arrestation seines Vertrauten in Neuss schüchtern und behutsam geworden war, der Gefahren zu viele zeigen. Die Hurenwirtin erklärt dem X.X. am folgenden Tag: Picard werde nach Trimborn, ein dem Vergnügen gewidmetes Landhaus eine halbe Stunde von Aachen, kommen und dort den Paß empfangen. Nachmittags fährt dieses Weib mit zwei ihrer Mädchen und dem X.X. nach Trimborn, und alle ziehen sich in den Garten zurück. Noch eine Viertelstunde, spricht sie, und er ist hier. Man hatte alle Maßregeln getroffen, den Räuberchef abzufangen; mehrere Gendarmen hatten sich verkleidet dort eingefunden, und nichts fehlte, den Coup auszuführen. Plötzlich erschien jemand, der an dem Unternehmen der Polizei teilhatte, in Trimborn, er war unverkleidet, war bekannt und hatte die Unvorsichtigkeit, auf seine mitgebrachten Pistolen Pulver zu schütten. »Wir sind verraten«, schrie die Hurenwirtin und ging einige Momente auf die Seite. So wie man vermuten konnte, gab sie einem Menschen, der sich in der Nähe befand, geheime Aufträge an Picard, der keine halbe Viertelstunde davon sich aufhalten mußte. Vielleicht war aber dieser auch durch das Erscheinen einiger ihm verdächtig vorkommender Personen vorher schon abgeschreckt, kurz er kam nicht nur nicht aus seinem Schlupfwinkel, sondern entfernte sich auch aus der Gegend. Wenigstens konnte das sorgfältigste Suchen der Gendarmen seine Spur nicht erreichen.

Bei dieser Gelegenheit wurde eine Haussuchung bei der Hurenwirtin gehalten. Man fand unter ihren Papieren einige Briefe, die der Major und Damian Hessel an sie geschrieben hatten, sie waren aber, wie es schien, gleichgültigen‡ Inhalts.

Ob Picard sich wieder nach Deutschland zurück oder ob er sich in die Niederlanden gewandt hat, ist bis jetzt noch nicht bekannt. In beiden Ländern kann er, auch wenn er ohne Begleiter erscheint, gefährlich werden. Ihm ist es ein leichtes, in wenig Zeit um sich her eine Bande versammelt zu haben. Keine Entfernung,

---

* verabredete
† ohne Gepäck
‡ gleichen

keine wohlverwahrten Tore, keine bewaffnete Macht, nichts ist dann imstande, den Raub, den er einmal beschlossen hat, zu verhindern.

Allgemeine Verfahrungsart (Taktik) der niederländischen Bande

Eine mehr als fünfzehnjährige, ich möchte fast sagen, ununterbrochene Gewohnheit zu rauben, mußte bei den Haupträubern, die sich an die Spitze zu stellen pflegten, eine gewisse uniforme Erfahrung begründen, die in allen und jeden späteren Fällen zur allgemein gültigen Richtschnur dienen konnte, die endlich der Bande selbst eine gewisse Individualität, einen Charakter gab, der sie von jeder anderen durch scharfe Grenzlinien schied. Dieses Eigene, Unterschiedene kennenzulernen, kann dem, den der Staat auf eine gewisse Höhe gestellt hat, dem Eigentümer, der etwas isoliert wohnt, kann jedem Kosmopoliten* anders nicht als angenehm sein. Der Polizeibeamte oder auch ein Particulier†, der Nachricht von irgendeinem unternommenen Raub erhält und der ein besonderes Interesse hat, die Täter entdeckt zu wissen, darf nur die Daten, die Manier des Raubes in dem einzelnen Fall, mit dem generellen Verfahren, das wir aufstellen, vergleichen, und er wird ganz leicht imstande sein, anzugeben, wer dort im Verdacht liegt, er darf nur die mitgeteilten Signalements zur Hand nehmen, und er kann die Täter mit Bestimmtheit nennen. Gewinn genug für den Staat, wenn die wenigen Bogen des Werkes so viel erzielen, Vergeltung genug für die mühsame Zusammenstellung. Größer noch wird der Nutzen, erreicht der Zweck des Werkes, wenn die folgenden Blätter irgendeine Polizei dahin leiten, wirksame Vorbeugungsmaßregeln gegen die immer noch häufig genug sich äußernden gewaltsamen Diebstähle ergreifen zu können, wenn der Privatmann, dessen Wohnung eben nicht günstig liegt, durch die Lektüre die Manier der Räuber und die Art, wie sie ihn befeinden könnten, kennenlernt und instand gesetzt wird, schon im voraus dagegen zu arbeiten.

Die Bande, wo sie immer jetzt existieren mag, besteht – damit beginnen wir die Taktik – aus Räubern verschiedener Gattung. Was sie voneinander unterscheidet, ist größere Erfahrung, höherer Mut, erfinderisches Genie. Die Matadore sind jene, die sich bei wichtigen Einbrüchen bereits ausgezeichnet haben. Leicht ernennt sie die Menge auch bei künftigen Unternehmungen zu Anführern, setzt Vertrauen in ihre Kenntnis und folgt ihnen blindlings; länger aber währt ihre Allgewalt nicht als während des Raubes selbst; kaum ist er vollbracht, so kehren sie in ihren vorigen Stand zurück, und die vollkommenste Gleichheit tritt wieder ein. Die Veteranen sind es, an die sich der Anbringer wendet und den ersten Stoß zum Unternehmen gibt.

Selten ist es, daß ein Hauptcoup gewagt wird, ohne daß nicht mehrere im Räuberhandwerk Erfahrene zusammentreten und dann dem, der sich bis jetzt am tapfersten benommen, oder dem, der zur Entdeckung des Raubes oder zur Aus-

* Weltbürger
† Privatmann

führung sich besondere Mühe gegeben hat, das Oberkommando geben, aber manchmal geschah es auch, daß ein einzelner Haupträuber allein den Diebstahl zu begehen trachtete und sich dazu nur einige Jungens anwarb. Jungens nennen sich die Räuber untereinander im allgemeinen, doch werden auch insbesondere die so genannt, die zur Ausführung eines einzelnen Falles meistens aus der Nachbarschaft des zu bestehlenden Ortes geworben und nach Verteilung der Beute sich wieder selbst überlassen werden. Hierin lag besonders das Gefährliche. Picard, Afrom May, Leiser Polack, der irgendwo einen reichen Mann wußte, den er gerne plündern mochte, suchte schnell einen Haufen von jungen, liederlichen Burschen zusammenzumachen, führte ihn zum Diebstahl an und entfernte sich nach vollbrachter Tat. Bei mehreren Fällen haben wir gesehen, wie nachher die Polizei diese meistens verführten, unbesonnenen jungen Menschen zu erhaschen glücklich genug war, wie aber die Haupttäter längst schon verschwunden waren.

Eine der Hauptmaximen der Räuber ist, ihren Namen bei jeder Gelegenheit zu wechseln. Damian Hessel kommt in den verschiedenen Protokollen wohl unter zwanzig verschiedenen Namen vor, und auch jetzt soll er sich einen neuen Namen gegeben haben. Picard erscheint bald als Abraham Jakob, bald als Ezechiel Juda. Der Major bald als Rouchet, bald als Stalder, bald als Pindray. So veränderlich ihre bürgerlichen Namen sind, so haltbar scheinen dagegen ihre Spitznamen (Sobríquet), unter denen sie bei den Räubern bekannt sind, zu bleiben. Damian Hessel hieß immer Student, bis ihm eine venerische Krankheit den neuen Spitznamen verschaffte. Schinderhannes und Fetzer waren fast unter keinem anderen als diesem Namen bekannt. Wäre es daher nicht einer jeden Polizei anzuraten, jeden eingefangenen Inquisiten nicht sowohl über den bürgerlichen als vielmehr über den Spitz- und Räubernamen seiner Mitschuldigen auszufragen!

Die Bande hat ihre Fortexistenz bis jetzt einzig und allein den vertrauten Häusern (Kochemer Beyes) zu danken. Ihrem Zweck gemäß mußte sie solche haben, die einem oder zwei ihrer Glieder einen ephemerischen* Aufenthalt gestatten konnten, und dann auch solche, in denen sich die Bande kurz vor Ausführung der Tat versammeln konnte. Häuser von der ersten Klasse gab es am Rheinstrom eine ungeheure Menge, und ein Räuber konnte von Holland aus bis an die Donau mit der Versicherung reisen, jede Nacht an einem sicheren Ort zu schlafen. Wie unendlich viel diese Schlupfwinkel beigetragen haben, um die Täter jedesmal der nachspürenden Polizei zu entziehen, läßt sich nicht berechnen. »Im allgemeinen«, bemerkt Fetzer, »sind die Judenherbergen am Rhein kochem, und man wird nur wenige antreffen, wo ich mich nicht mit meinen Kameraden aufgehalten hätte.« Diese Orte waren der niederländischen Bande mehr noch, als dem Schinderhannes und seinen Gesellen die einsamen Mühlen waren. Um hingegen einen Ort der zweiten Art, der zu einem allgemeinen Versammlungsplatz dienen könnte, zu finden, bedurfte man freilich des Zusammenflusses mehrerer

* eintägigen

günstiger Umstände, von denen wir im Eingang der Neuwieder Bande gesprochen haben. Meistens suchte man einen Ort, dessen Polizeibeamte durch die Finger sahen; doch ist es weit entfernt, daß wir dieses von Neuwied behaupten könnten.

Sich aber ständig und ohne Zweck an einem Ort, besonders an einem solchen, der nicht zum Sammelplatz bestimmt war, zu vereinigen, lief gegen die Räubermaxime, und wir wissen von jenem Fall bei Limburg an der Lahn, wo Picard und Fetzer sich mit den übrigen, die sich in einem unansehnlichen Ort in großer Zahl eingefunden hatten, überwarfen und trennten. Gewöhnlich halten sich die Veteranen gern zu zwei und drei beieinander auf und zerstreuen die Subordinierten bis zur gelegenen Stunde umher. Wer von der Bande seinen Aufenthalt verändert, läßt bei dem Kochemer Mann, bei dem er gewöhnlich zu hausen pflegt, seine Adresse zurück, um, wenn Nachfrage nach ihm wegen einer Räuberexpedition geschieht, aufgefunden zu werden. Auf diese Art hängt die ganze Bande, oft 60 bis 70 Mann, in unsichtbaren Fäden aneinander, während sie in den Augen des Unkundigen völlig getrennt, vielleicht aufgelöst scheint. Weit gefährlicher und unvertilgbarer als die Schinderhannes-Bande ist deshalb die niederländische. Hier ist es nicht der einzige, der alles belebt und in Bewegung setzt; jeder kann sich an die Spitze stellen, und sinkt er, so folgen ihm andere; hier ist nicht die Bande bald in diesem, bald in jenem Wald vereint; zerstreut ist sie, verborgen vor den Augen der Welt, und tritt nur zusammen, wenn es an das Ausführen eines Raubes geht.

Noch gibt es Orte, in denen die Hauptanführer der Bande oft gefunden werden – in den Bordellen. Fetzer trug, Damian Hessel trägt noch die Zeichen dort empfangener Krankheit an sich. Johann Müller, Schieman Engländer, Heckmann, Schiefer, Bensberg wurden alle einst in verdächtigen Häusern gefangen. Picard und Maschoker verschwelgten ungeheure Summen an den Orten der Schande. Adolph Weyers lebte wochenlang mit Lustdirnen. Fast in allen dergleichen Häusern sind die Wirte und Wirtinnen mit den Räubern im Verständnis, verbergen sie vor der Nachforschung der Polizei und suchen das Geraubte unterzubringen. Durch plötzliches Überfallen der Bordelle in Köln gelang es der dortigen Polizei, dem wichtigen Raub des Postwagens auf dem Langenfeld und dem Raub von der Klinke auf die Spur zu kommen. Wie wäre es aber auch möglich gewesen, daß Leute, die weder Aufwand machten noch die feinen, raffinierten Mittel der Verschwendung kannten, binnen Monatsfrist so beträchtliche Geldhaufen hätten durchbringen können, wenn nicht Hurenwirte und Freudenmädchen ihnen treulich dazu geholfen hätten. Sowenig hier die Stelle dazu ist, so können wir nicht vorübergehen, ohne unsere jungen, eben nicht delikaten Herren zu erinnern, daß sie vielleicht einst so glücklich waren, von Armen umschlossen zu werden, die kurz vorher noch einen Banditen umfangen hielten, an denen noch Blut des Mörders klebte. Doch ohne Disgression*.

* Abschweifung

Die Mitglieder der Bande wissen zu gut, daß man ihnen nachzustellen gerechte Ursache hat und daß ihr Glück, ihre Sicherheit in ihrer Unbekanntheit liegt; daher pflegen sie öfters in den vertrauten Häusern ihre Kleider zu wechseln und sich soviel wie möglich zu metamorphosiren*. Eine besondere Sorgfalt wenden sie darauf, gute Pässe zu haben oder wenigstens solche, die den Schein der Echtheit haben. Wir wissen, welche Mühe Picard sich jüngst gegeben hat, einen Paß in Regel† zu erhalten, wieviel er darum zu zahlen versprochen; wir wissen, wie Afrom Mays Weib, die schöne Sara, sich eigentlich ein Gewerbe daraus gemacht hat, der Bande Pässe zu verschaffen; wie der Major alles angewendet hat, einen Paß aus dem Burgau zu erhalten, und wie man einst in Romsthal Pässe von einem unwürdigen Beamten zu erhaschen gesucht hat. Ein Räuber, der nicht auf der Tat ertappt, sondern in seinem Hin- und Herziehen aufgefunden wird, hat in einem regelmäßigen Paß den sichersten Ableiter vor dem ersten Sturm und kann sich, wenn er größere Gefahren kommen sieht, zeitig genug davonmachen. Wieviel an Pässen liegt, hat niemand so gut eingesehen wie die Ständedeputation in Wetzlar, und ihre Einrichtung war so weise, daß sie, wenn sie genau befolgt worden wäre und alle übrigen angrenzenden Staaten gleiche Maßregeln ergriffen hätten, heilsam gewesen wäre.

Pässe zu haben ist für die niederländische Bande um so nötiger, da sie nie ohne irgendeine Reise ihre projektierten Räubereien ausführen kann. Bei ihr ist es Hauptsystem, nicht in der Nähe des Wohnortes oder Aufenthaltes einen Diebstahl zu begehen. Je weiter die Entfernung des zum Rauben ausersehenen Ortes von ihrem momentanen Wohnsitz ist, desto lieber scheint es ihnen zu sein. Von Mersen aus zog die Bande auf einen Raub nach Kreuznach und Dünkirchen, von Neuwied auf einen Raub in die Grafschaft Mark und bei Mannheim, von Frankfurt bis nach Paderborn, von Münster bis Elberfeld usf. Die Folge dieses Systems ist, unerkannt zu bleiben – und an dem gewöhnlichen Aufenthaltsort einen guten, wenigstens einen unangefochtenen Ruf zu erhalten. In Neuwied hätte man anfänglich gewiß den meisten Räubern, die unter dem Prätext‡ des Handels und Wandels ankamen und abreisten und gegen die niemand in der Stadt die geringste Klage hatte, das beste Zeugnis gegeben, freilich nachher nicht mehr, als man besser über sie unterrichtet war.

Die Diebstähle beginnen alle durch Baldowerer, und diese sind meistens, man darf es als die allgemeine Regel annehmen, Juden[1], und zwar solche, die nicht selbst zur Bande gehören. Diese verräterischen Menschen schleichen sich unter allerlei Vorwand in die Häuser reicher, in kleinen Städtchen abgelegen wohnen-

---

* *verändern*

† ordentlichen Paß

‡ Vorwand

1 *Daß bei der Brabantischen, Mersischen, Neuwieder und Essendischen Bande unter zwölf Räubern und Helfershelfer kaum ein Christ sich findet, wird dieses wohl einen Beleg für Grattenauers Schrift gegen die Juden abgeben? {Anm. der Hrsg.: Karl Wilhelm Friedrich Grattenauer veröffentlichte 1803 in Berlin seine antisemitische Hetzschrift »Wider die Juden«, in der er den Juden jede Fähigkeit zur Assimilation absprach und ihnen Kulturfeindlichkeit vorwarf. Die Wirkung war so groß, daß die preußische Regierung ihre Reform der Judengesetzgebung zunächst einstellte.}*

der Personen, spionieren die Gelegenheiten aus und bringen, was sie entdeckt haben, den Chefs an. So abscheulich die Handlung an sich ist, so erhält sie dadurch noch einen Zuwachs von Niederträchtigkeit und Verworfenheit, daß die Baldowerer allgemein, wenn sie von dem Reichtum eines unglücklichen Schlachtopfers sprechen, übertriebene Schilderungen machen, um dadurch die Chefs desto stärker anzutreiben. Die Folge ist, daß diese, wenn sich in der Plünderung die erwarteten und versprochenen Schätze nicht finden, in der festen Zuversicht, man müsse sie verborgen haben, die Geplünderten mißhandeln, um die Verstecke ihnen abzufoltern. Diese ruchlosen, unter dem Deckmantel der Freundschaft erschienenen Baldowerer sind es, denen der Beraubte meistens unerhörte Grausamkeiten zu verdanken hat. Und doch kann es noch Regierungen geben, die sie dulden, die sie nicht zur Strafe ziehen? Die Räuber wissen zu gut, daß ohne die Baldowerer ihr Gewerbe stillsteht, daher belohnen sie sie ganz vorzüglich. Sie erhalten einen ebenso großen Anteil wie der Räuberhauptmann, der das Kommando hat, und dieses ist eine so ausgemachte Sache, ein so unverbrüchliches Gesetz, daß Baldowerer, denen die Quote vorenthalten worden war, lärmten, tobten und nicht rasteten, bis sie ihnen gereicht wurde. Sehr oft sind die Anbringer auch die Anläufer der gestohlenen Waren (Scherfenspieler) und wissen so doppelten Vorteil aus ihrer Verräterei zu ziehen.

Ist der Diebstahl angebracht, so denkt derjenige, dem er gemeldet worden ist, die Bande zu versammeln. (In Viataff sein, heißt bei ihnen versammelt sein.) Dieses geschieht meistens durch Briefe. Zu dem Langenfelder, zu dem Seelheimer und anderen Diebstählen wurden die zerstreuten Glieder vermittels eines Schreibens zusammengerufen. Man lädt sie ein, sich an dem und dem Ort zu einem Handel (Masematien) einzufinden. Öfters auch wird die Bande, statt durch Briefe zusammengeschrieben zu werden, durch einige der Oberhäupter in ihren Schlupfwinkeln aufgesucht und abgeholt. So reiste Damian Hessel vor dem merkwürdigen Daadener Diebstahl nach Mersen und holte von dort mehrere Räuber nach Neuwied. Sobald die Räuber – wozu doch nur die ansehnlichsten erkoren werden – in Viataff sind, so wird von den Chefs oder auch von den Baldowerern, wenn diese warten wollen – wie das vor dem Seelheimer Raub war –, die Sache noch einmal vorgetragen, die Ausführbarkeit des Raubes diskutiert und nach dem Rat der Erfahrensten entschieden, ob man ihn unternehmen solle oder nicht. Jetzt werden auch die Anführer gewählt. Meistens ist es die Geschicklichkeit, der Mut, den irgendein Räuber in vorherigen Fällen gezeigt hat, der den Bestimmungsgrund der Wählenden abgibt. War ein Picard, ein Bosbeck unter den Anwesenden, so durfte kein anderer darauf rechnen, zum Chef erkoren zu werden. Auch war es Regel, demjenigen, der in Entdeckung des Raubes, in Vorherbereitung zu dessen Ausführung gewisse Mühe sich gegeben hatte – wie mit Mergemes Joseph der Fall bei Hillscheid war –, das Kommando zu übertragen. Waren bei einem Raub größere Schwierigkeiten als gewöhnlich vorauszusehen, so wurden mehrere Anführer ernannt, wie wir bei Eupen, bei Seelheim und anderen Orten gesehen haben.

Am häufigsten fielen die Diebstähle in die Herbst- und Frühlingszeit, wo die Nächte lang und finster sind. Wenige geschehen im Winter, weil die Kälte nächtliche Züge, die öfters mehrere Stunden währten, nicht erlaubten. Selten nur wurde im Sommer geraubt, niemals bei Mondschein und bei fallendem Schnee. Adolph Weyers behauptete, die meisten Diebstähle wären in die Nächte vom Samstag auf den Sonntag gefallen, und gibt hierüber eine Ursache. Die Baldowerer und Chefs waren meistens Juden, sagt er, wenigstens von diesen beiden war es immer einer. Wenn nun die Jungen zusammengerufen werden sollten, so wählte man einen freien Tag, den Schabbes oder den Tag vor ihm. Im letzten Fall hielten sich die Jungen den Feiertag durch in dem Haus des Juden auf, man brachte die Sache in der Zwischenzeit in Ordnung und brach um Mitternacht vor dem Sonntag, wenn man wußte, daß alle Arbeiter sich zur Ruhe begeben hatten, ein. Doch wir kehren zum Moment zurück, wo die Bande den Diebstahl auszuführen beschlossen und die Anführer ernannt hat. Wozu man jetzt schritt, war die Ausschickung der Spione. Oft, wie bei Eupen, Mülheim und Daaden, übernahmen es die Anführer selbst, die Lage des Hauses zu besehen und sich in seine Nähe zu verfügen, aber weit öfters sandte man andere, und zwar schlaue, aufmerksame Glieder der Bande als Spione aus. In Seelheim mußte der Pferdehandel, in Daaden die Rotgerberei die Gelegenheit abgeben, um mit guter Manier in das Innere des Hauses zu kommen. Dort, wo der Bestohlene einen Laden hatte, wurde jedesmal das Ankaufen zum Prätext genommen.

Die Rückkehr der Spione wurde abgewartet. Diese mußten eine genaue Beschreibung von der Lage des Hauses, seinen Ein- und Ausgängen, den Wegen, an denen es lag, der Nachbarhäuser usf. liefern; wenn sie dann die Möglichkeit der Ausführung versichert und ihren Rat über die Mittel erteilt hatten, schritt man erst zur Tat selbst.

Da man wohl einsah, wie leicht man entdeckt und ausgehoben werden könnte, wenn man in voller Zahl auf einen Haufen auszöge, so war man jedesmal darauf bedacht, in einzelnen, zerstreuten Parteien bis zum Bestimmungsort zu reisen. Bei dem Raub zu Mons brach die Bande von drei Punkten auf, und die Vornehmeren bedienten sich eines Wagens, ebenso bei dem Raub unweit Lüttich. Der Kommandant bei dem Breyeller, bei dem Düdelinger Raub usf. erschien zu Pferde. Oft nahmen die Räuber auch einen eigenen zum Fortschleppen der Waren bestimmten Karren mit sich, wie zu Eschweiler und Odenkirchen.

War es der Fall, daß die Räuber einzeln auszogen, so lag alles daran, daß sie sich unterwegs wiederfanden. Oft diente ein weißes Papier, das auf einem hohen Pfahl, einem Meilenzeiger oder an einem Baum angebracht war, den Nachkommenden die Richtung zu zeigen, die die Vorhergegangenen genommen hatten. Meistens aber geschah es so: An einem jeden Kreuzweg machten die ersten oder der erste, der vorüberkam, einen Strich in den Weg und in diesem wieder einen kleineren. Der kleinere diente, die genommene Route anzuzeigen. Jeder der Nachfolgenden machte ebenfalls einen Strich, und so konnte der letzte sehen, wie viele schon vorübe rwaren, und sich eilen. In anderen Fällen wurde ein großer

Zweig abgerissen und über den Weg gelegt. Wohin der Kopf des Reises, das Oberste, hinzeigte, dahin mußten die Folgenden ziehen. Ein Zeichen, das auf den Versammlungsort hinweist, heißt Kochemer sink.

Um sich aber in der Nacht zu kennen, geben sie sich einander das Kochemloschen. Dieses ist ein Ton, den sie mit dem Mund hervorbringen und der einem Eulengeschrei nahekommt. Das Pfeifen, sagen sie, ist gefährlich und verrät den Hinterhalt, das Zeichen aber, was wir uns geben, wird nicht bemerkt, denn der Vorübergehende glaubt, Eulen zu hören.[1]

Der Versammlungsort ist jedesmal in der Nähe, etwa eine halbe Stunde von dem Ort, dem der Unglücksbesuch gilt. Sehr gerne pflegt man einen Wald oder sonst ein Gebüsch dazu zu bestimmen. Einesteils dient er dazu, um von der bisherigen, öfters mühseligen und beschwerlichen Reise auszuruhen, andernteils um nähere Vorbereitungen zum Raub zu treffen. Hier werden die Pistolen (Schnelles) geladen und die geladenen visitiert. Hier wird die Parole, das Wort zur Flucht, zum Alarm ausgeteilt. Hier erhalten die, die dazu beordert werden (denn jetzt schon hat der Anführer illimitirte* Gewalt und kann seine Leute wählen, wie er will), die Wachslichter, um sie auf näheren Befehl anzuzünden. (Diese Lichter sind kurz und werden in mehreren Bündeln zusammengefaßt, so auf einmal angezündet und dann auseinandergeteilt.) An eben diesem Ort spricht der Kommandant, den sie Capitaine oder General nennen, den Jungens zu und muntert sie auf.

War der Anführer nicht bei dem ersten Ausspähen des Hauses zugegen oder scheint der (Lekechen) Einbruch mit Gefahr verbunden zu sein, so läßt er die Bande noch zurück und geht selbst in den Ort, sieht jede Gelegenheit aus und kommt dann erst, sie abzuholen.

An der Spitze der Bande zieht nun der Capitaine voran. Ihm folgen die übrigen ruhig nach; zum Aufrennen der Haustür wird unterwegs ein Balken ausgesucht und mitgenommen. Gewöhnlich mußte er die Länge von neun bis zwölf Schuhen und die Dicke von einem Schuh haben. Ließ sich kein solcher Balken finden, so wurde ein Wegweiser oder wohl gar ein hölzernes Kreuz losgerissen und fortgeschleppt. Um im Innern des Hauses Schränke und Kisten aufzubrechen (zu schochern) wurde ein Brecheisen (Schocher) oder ein anderes Arbeitsinstrument (Clamones) mitgenommen. Den Schocher führt der Capitaine, und dieses ist das Zeichen seiner Gewalt, sein Kommandostab, wie wir bei dem Einbruch in Hillscheid gehört haben.

Im Dahinziehen suchen sich die Räuber unkenntlich zu machen. Da sie meistens aus der Ferne sind und wieder in die Ferne ziehen, so haben sie es nicht nötig, sich völlig zu verkleiden. Diejenigen, die aber fürchten, aus gewissen Ursachen erkannt zu werden, schwärzen sich das Gesicht; oft tun sie dieses auch,

---

* unbegrenzte

[1] *Es ist sonderbar, daß die Chouans {Anm. der Hrsg.: royalistische Gegner der Frz. Revolution in Maine, der Normandie und der Bretagne, die den Ruf des Waldkauzes (frz.: chat huant) als Erkennungszeichen benutzten} sich einst dieses Tons in den Wäldern bedienten, woher sie auch ihren Namen erhalten haben.*

um den Bestohlenen glauben zu machen, daß sie Leute aus der Gegend seien. Ihre einzige Maskerade besteht darin, daß sie runde Hüte tragen, diese tief ins Gesicht rücken und mit ihren großen Halstüchern (wie unlängst noch die Incroyables*) sich das Kinn und den Mund umwinden. Manchmal pflegen sie auch Kittel über ihre Kleider zu werfen.

Kommt ihnen in ihrem Marsch gegen den Ort irgend jemand entgegen, so fallen sie ohne weiteres über ihn her, binden ihn fest und tragen oder schleppen ihn auf die Seite. Diese Maßregel geschieht aus Furcht, verraten zu werden. Den Sturmbalken tragen die zum Auflaufen Beorderten auf dem Rücken.

Noch haben wir vorher anzuführen vergessen, daß diejenigen, welche kurz vor dem Diebstahl zum zweiten Mal zum Spionieren ausgeschickt werden, den Auftrag erhalten, die Schlüssellöcher der Kirchentüren zu verstopfen, um den Einwohnern das Sturmläuten unmöglich zu machen, eine Maßregel, die so allgemein befolgt wird, daß vielleicht unter hundert gewaltsamen Einbrüchen, sie nicht ein einziges Mal ausgelassen wird. In den Fällen, wo man, ohne lange vorher Spione in die Orte geschickt zu haben, gerade einrückt, ist es jedesmal das erste Geschäft beim Einrücken, die Schlüssellöcher der Kirchentüren zu verkeilen. Ist es in Ansehung der Lokalität nicht möglich, daß die Tür der Kirche verstopft werden kann, so wird sicher einer der Räuber so postiert, daß er den Zugang zu ihr zu sperren imstande ist.

Die Dorfbewohner glauben ruhig schlafen zu können, wenn sie zuweilen eine Stimme hören, die die Stunde abruft – auf ihre Nachtwächter bauen sie und wähnen, der halb im Schlaf herumeilende, mit einem Spieß bewaffnete Graubart sei einzig und allein imstande, jeden Räuber abzuschrecken. Wie unbegründet ihre Zuversicht ist, wie wenig die Räuber ganze Züge von Nachtwächtern achten, hat die Erfahrung bewiesen. Sobald der Zugang zur Kirche versperrt ist, ist die Sorge des Capitaines, die Nachtwächter unschädlich zu machen. Fast bei allen großen Diebstählen haben wir gehört, wie sie diese ohne viele Mühe einfangen, an einsame Orte treiben, knebeln und ruhig liegenlassen. Mit welchem Hohn Afrom May einst das Horn genommen und den Nachtwächter dargestellt hat, wissen wir.

Nur dann konnten sich die Räuber versprechen, ihr Unternehmen glücklich durchzuführen, wenn diejenigen, die es von auswärts deckten, Mut hatten, jeden Angriff abzuschlagen. Daher ist der Capitaine hauptsächlich darauf bedacht, die Kühnsten auszusuchen und sie, sobald die Nachtwächter eingefangen und bewahrt sind, auf Schildwache (Schmier) zu stellen. Einige werden vor das Haus, andere, insoweit es die Zahl der Bande erlaubt, vor Nachbarhäuser postiert. Sie haben ihre Flinten und Pistolen und öfters dreißig bis vierzig Patronen.

Bei Würges wurde Schinderhannes an die Straße des Ortes gestellt und erhielt Befehl, ständig zu feuern. Wie sehr diese Schildwache ihre Plätze verteidigen, sehen wir bei dem Raub von St. Armand und Velbert. Oft werden auch die, von

* ein übergroßer vor allem in Frankreich getragener Zweispitz; auch scherzhaft für den Träger dieses Hutes

denen man glaubt, daß sie im Innern des Hauses bekannt sein könnten, auf Schildwache gestellt.

Bei dem Anmarsch gegen das Haus, das man bestehlen will, erhebt die Bande gewöhnlich ein großes, weitschallendes Lärmen. Da während des Krieges dem Landmann nichts schrecklicher war als das Getöse herumziehender französischer Marodeure, so ahmten die Räuber fast beständig in allen ihren Expeditionen dieses Getöse nach. Ein Teil schrie und tobte, der andere sang französische Lieder, der dritte ließ einen Strom französischer Flüche ertönen. Und so wurden im voraus die mutigsten Dorfbewohner, die vielleicht an eine Gegenwehr gedacht haben würden, entwaffnet und ergaben sich willig in ihr Schicksal.

Jetzt ist der Unglück drohende Haufen vor dem Haus, dem es gilt, angelangt. Der Capitaine versammelt alle und gibt Order, die Lichter anzuzünden. Er merkt sich die Fenster, wo noch Licht ist (wo noch nir im Beyes scheft), denn dorthin muß eine Division der Bande. Sind die Wachslichter angezündet, so werden sie ausgeteilt, und nun beginnt das Werk des Verderbens, den Lekechen kauff gess zu ausseren (gewaltsamen Raub zu vollführen).

Entweder das Tor wird gestürmt oder, wenn man im voraus erforscht hat, daß dieses nicht tunlich ist, ein Fenster (Gallaunech), wie es der Fall bei Eupen war, aufgebrochen. Selten nur werden Löcher in die Wand neben den Türen gebrochen, seltener noch bedient man sich falscher Schlüssel oder anderer künstlicher Mittel, um einzukommen. Das gewaltige Aufrennen der Tür war die große Maxime, die die Bande der Winschotener Juden schon in den Jahren 1790 zum Unterschied von jeder anderen Bande einführte, und so lernten sie die Mersener, Neuwieder usf.

In den neueren Diebstählen scheint es fast, als ob die Bande von dieser Regel – die freilich in einem Land, wo Ruhe und Frieden herrscht, so ganz anwendbar nicht mehr ist, wie sie es in den Zeiten des Krieges war – abgegangen sei und jetzt durch Öffnung der Fenster, welches weniger Geräusch verursacht und so gut zum Zweck führt wie das Erstürmen, die Diebstähle zu vollbringen suche.

Fast immer war es der Fall, daß auch die festest verwahrten Türen durch das immer wiederholte Dagegenstürmen der Räuber aufspringen mußten, und wenn es aufs Äußerste kam, so nahm man ein Beil zur Hand und hieb sie in Stücke. War die Tür offen, so mußte der Anführer voran. Sein Befehl wurde auf ein Jota befolgt; er hatte das Recht, auf die Widerspenstigen und auf die, die sich gegen die allgemeinen Regeln vergingen, einzuschlagen, und dieses tat er oft ohne alle Schonung. Das erste nach Öffnung der Türen und Eindringen der Bande war das Erleuchten des Vorhauses und aller Stuben. Die Wachslichter wurden an die Wände geklebt, und der hellste Tag schien in die kurz vorher finsteren Gebäuden, einzutreten.

Nun geschieht der Angriff auf die inneren Türen des Hauses; diese werden aufgerannt oder mit Brecheisen geöffnet. Wer immer von den Bewohnern des Hauses der Bande entgegenkommt, wird zur Erde geworfen und ihm Hände und Füße mit Stricken gebunden. Ist durch den Baldowerer alles so genau verraten, daß der Anführer den Ort, wo Geld und Waren liegen, weiß, so daß diesem nur das Aufsprengen und Wegnehmen übrigbleibt, so werden den Bewohnern, sobald sie gefesselt sind, die Bettdecken und Kissen über den Kopf gelegt, damit sie nicht sehen, was die Räuber beginnen und wer sie sind. Ist der Ort, wo die Reichtümer liegen sollen, nicht angegeben, so wird der unglückliche Bewohner des Hauses mißhandelt, bis er entdeckt, wo sie sich befinden, und, wie wir bereits bemerkt hatten, da die Baldowerer gewöhnlich übertriebene Gemälde der verborgenen Schätze entwerfen, so läßt sich der Räuber durch alles, was er findet, nicht begnügen, verlangt immer mehr und mehr zu wissen und begeht Grausamkeiten, die allen Glauben übersteigen. Die schreckliche Barbarei, die sich die brabantische Bande zur Last hat kommen lassen, die fürchterliche Mißhandlung des Franzen zu Eschweiler, des Nießen auf dem Düdeling, des Beckers auf dem Sassenhof und so vieler anderer ist uns bewußt.

Um Geld, Effekten und Waren mit fortschleppen zu können, streifen sie Kissenbezüge ab und füllen sie an. Bei dem Plündern ist der Capitaine am meisten beschäftigt; er ist es, der die Schränke öffnet und gewöhnlich auch die Sachen vom größten Wert an sich nimmt.

Während des Plünderns wird in der Räubersprache gesprochen. Um die Bewohner von jeder Spur ab und in Irrwahn zu bringen, mischen die Plünderer zuweilen gewisse bedeutungsvolle Worte mit ein, die soviel zu verstehen geben, als ob sie Bekannte oder Benachbarte wären. Deckt sie zu, rufen sie, daß sie uns nicht kennen. Sprecht nicht, damit man eure Stimmen nicht hört, usf.

Die geraubten Güter werden gewöhnlich aus dem Haus zu der Schildwache getragen, oft aber, wenn der Hände, die rauben, viel und der Sachen wenige sind, wird dieses nicht beobachtet. Der Regel nach gibt sich der Anführer nicht mit dem Transportieren, dem Forttragen des Gestohlenen ab, sondern er und die Schildwachen dienen den anderen zur Verteidigung. Geschieht während der Plünderung oder nachher ein Angriff auf die Bande, so setzt sie sich zur Wehr, und da mutige, entschlossene, mit Schießgewehren versehene, mit Patronen wohlversorgte Leute, die jeder Gefahr trotzen und den Kampf gewohnt sind, an der Spitze stehen, so ist der Sieg nur zu oft auf ihrer Seite. Man erinnert sich noch des Scharmützels mit der brabantischen Bande, in dem zwei Juden mit Bajonetten von dem zu Hilfe eilenden Militär nach der hartnäckigsten Gegenwehr durchbohrt wurden.

Naht sich Gefahr und ist es Zeit zum Aufbruch, so gibt die Schildwache ein Signal, indem sie ein verabredetes Wort ruft, vor kurzem bei einem Raub das Wort: Stuttgart! Ehe der Aufbruch geschieht, zählt der Kommandant die Glieder nach, um zu sehen, ob niemand fehle. Ist einer der Bande verwundet worden, so packen ihn mehrere und schleppen ihn mit fort.

Bei dem Abmarsch erhebt die Bande einen ebenso großen Lärm wie bei der Ankunft. Man singt, brüllt, flucht und schießt. Doch währt dieses nur in einiger Entfernung. Sobald die Bande außerhalb des Ortes ist, so darf keiner mehr sprechen; jeder muß schweigen und so leise wie möglich dahinschleichen. Dieses geschieht, um nicht zu entdecken, wohin sie sich richte, um nicht verfolgt werden zu können. Sie entfernten sich von der Landstraße (Dirach), und wenn sie jemand erblicken, so verbergen sie sich ins Korn (Sphu) oder ins Gebüsch (Gar, Krachert).

Einige Stunden von dem Ort des Raubes, wenn sie einen Wald oder einen abgelegenen Platz finden, setzen sie sich wieder, stecken die Lichter an und schreiten zur Teilung. Wie diese geschieht, haben wir bei dem Langenfelder Postkarrenraub ausführlich gehört. Der Anführer bekommt einen ansehnlichen Teil. Meistens hat er für sich ohnehin gesorgt und Dinge von Wert auf die Seite gebracht. Wird entdeckt, daß einer der Bande nicht alles angegeben hat, was er geraubt hat, so wird er mit der Hälfte seines Anteils gestraft. Für die Baldowerer wird ein ebenso starker Teil als jener, den der Capitaine empfing, zurückgelegt. Doch ist es nicht selten der Fall, daß er sich mit wenigem begnügen muß. Ehrlicher handeln die Räuber unter sich als gegen den, der den Diebstahl angegeben hat; sie sehen auf den Verräter mit einer Art von Geringschätzung herab.

Noch ein Wort haben wir über das Benehmen der Räuber im Zustand der Gefangenschaft und gegen diejenigen, die sie als Verräter ansehen, zu sprechen. Da sie fast überzeugt sind, daß sie bei ihren vielen Räubereien in der Kette gefahrvoller Tage gewiß mehrmals der Justiz in die Hände fallen müssen, so bereiten sie sich förmlich dazu. Fetzer und Damian Hessel studierten die Kunst, Schlösser zu öffnen, mit großer Anstrengung, so daß sie Tage darüber ununterbrochen zubringen konnten, nur darum, weil sie dadurch einst ihre Fesseln zu lösen lernten. Von ihrer Geschicklichkeit haben sie Proben genug abgelegt. Ein einziger Nagel, den sie in ihrem Kerker erhaschten und den sie allenthalben zu finden hoffen konnten, setzte sie instand, das Schloß an ihrer Kette zu öffnen und diese von sich zu werfen. Durch die dicksten Mauern Löcher zu brechen kostete sie weniger Arbeit als Zeit. Gewöhnlich sind es die Weiber der Bande, die an der Befreiung der Gefangenen mitwirken und das meiste beitragen. Sie umschweben die Kerker, sie suchen einzudringen, die Gefangenen zu sprechen, ihnen Briefe zuzustellen, ihnen Verhaltensbefehle zu erteilen und ihnen Werkzeuge zum Aufbrechen zuzuspielen.

Strenger kann kein feindlicher Spion in Kriegszeiten bestraft werden, wie die Räuber die Verräter der Bande (Posserisch, Schleichener) behandeln. Wir führen zwei bewährte Fälle an. Einer der Mersischen Bande saß in irgendeiner Stadt der Niederlande gefangen und bekannte auf Picard und seine Gesellen. Ja er gab auch jemandem von der Polizei (Zerore vom Geschmey) die Mittel an, die Bande auszuheben. Picard, der dieses erfuhr, erschien mit einigen der Bande und befreite den Menschen aus dem Kerker. Gleich darauf ging er auf einen anderen Raub aus und nahm ihn mit. Als er mit ihm unterwegs war, ergriff er eine Pistole und schoß ihn über den Haufen.

Merkwürdiger noch war ein anderer Fall. Der scheele Friedrich (Jickjack), derselbe, den Fetzer aus dem Turm zu Engers befreite, kam oft von Mersen, wo er lange sich aufgehalten hatte, nach Aachen und holte dort Jungen, um Diebstähle zu begehen. Unter diesen Jungen war einer, der alles verriet, was die Bande sich vornahm. Dieses wurde bekannt. Eines Tages kam der scheele Jickjack von Mersen, nahm eine Schippe mit, grub unterwegs ein Grab und ging wie gewöhnlich nach Aachen, um den Menschen, der ausgeplaudert hatte, zu rufen, mit auf einen Raub auszugehen. Er folgte. Als sie an dem Ort sich befanden, wo das Grab errichtet war, fuhr das Ungeheuer Jickjack mit wilder Stimme den Unbesonnenen an, hielt ihm vor, daß er die Bande verraten habe, hieß ihn niederknien, drei Vaterunser beten und sich zum Tode bereiten, denn er müsse sterben. Vergebens jammerte der Unglückliche um Gnade. Alles Flehen rührte das Herz des grausamen Banditen nicht; er ergriff die Pistole, schoß ihn nieder und begrub seinen Körper in dem bereits errichteten Grab. Der Mörder, der scheele Friedrich, ist noch am Leben, ist noch in Freiheit und treibt sein Gewerbe wie vorher.*

Jeder Leser, der Geduld genug hatte, uns bis hierher durch die Biographien abscheulicher Menschen zu folgen, ein Gemälde anzublicken, das auch kein einziger fröhlicher Zug belebt, der die Größe der Unsicherheit des Privateigentums durch die Fortexistenz einer fürchterlichen Bande erwägt – und wenn auch ihn selbst seine individuelle Lage vor jeder Gefahr schützt, doch Weltbürgersinn genug hat, für jene seiner Nachbarn zu fürchten –, kann nichts sehnlicher wünschen, als daß die Staaten oder doch die Polizeibeamten, deren Bezirk am meisten bedroht zu werden scheint, ernste und durchgreifende Maßregeln nehmen möchten, dem verderblichen Räuberwesen – der traurigen Reliquie eines verheerenden Krieges – ein endliches Ziel zu setzen. Es gehört nicht hierher, Vorschläge zu machen. Wenn je eine Schrift geeignet ist, sie aufzunehmen, sie mitzuteilen und für ihre Anwendung zu sorgen, so ist es die treffliche Polizei-Fama des Herrn Hofrats Hartleben†. Viel ließ sich versprechen, wenn in dieser Deutschlands erfahrene Polizeimänner das Wort nehmen und die in gegenwärtigem Werke flüchtig und zerstreut gelieferten Materialien zu einem nützlicheren Ganzen verbauen wollten.

---

* Über den Verbleib von ihm ist wenig bekannt. 1809 taucht er noch in einer in Freiburg gedruckten Gaunerliste auf.

† Becker meint hier wohl Friedrich Joseph Hartlebens Zeitschrift, die seit 1784 in Mainz erschien und seit 1792 den Namen »Neue juristische Bibliothek« trug.

Die Geschichte der Bande von Schinderhannes war bereits abgedruckt, als der Verfasser den hier folgenden Brief von dem Br. Lichtenberger, Inspektor der Salinen zu Münster im Kanton Kreuznach, erhielt.

Münster, den 15. Frimaire J.12. (6. Dezember 1803)

In einigen Lebensbeschreibungen des berüchtigten Schinderhannes finde ich die Bemerkung, daß Schinderhannes sich an mich gewandt habe, um durch meine Vermittlung als Mitglied der bürgerlichen Gesellschaft recipirt zu werden.[1] Die Sache an sich hat ihre Richtigkeit, und die sie begleitenden Umstände, welche nur mir und einigen vertrauten Männern bekannt sind, sind so eigen, daß ich sie Ihnen unmittelbar mitteile, damit Sie davon, wenn Sie es sachdienlich finden sollten, öffentlich Gebrauch machen können.

Im April 1802 ging ich eines Holzkaufs wegen mit einem Holzlieferanten, Ph. Kron, in einen benachbarten Wald, in dessen Mitte ein Hof liegt, wo noch ein anderer Holzlieferant uns erwarten wollte. In einer Entfernung von einer Viertelstunde vom Hof wurden wir von den Schildwachen der Räuberbande des Schinderhannes bemerkt und mit einem durchdringenden Pfiff der Bande angekündigt, denn sie hielten uns, wie ich in der Folge erfuhr, für verkleidete Gendarme, bis Schinderhannes mich in der Nähe erkannte. Als wir nach einem kurzen Aufenthalt auf dem Hof fortgehen wollten, bemerkte ich etwa dreißig Schritte von dem Holzhaus zwei bewaffnete Männer und erfuhr von dem Pächter, daß es Schinderhannes sei, dessen Bande jetzt eben hier hause. Meine Verlegenheit in dieser Lage übersteigt jede Beschreibung. Umzingelt von acht Räubern, wovon mehrere als Mörder und alle als entschlossene Menschen bekannt waren, versehen mit einer Uhr, silbernen Schnallen und einer neuen Jagdflinte, mußte ich alles Unangenehme, selbst den Tod fürchten. In dieser schrecklichen Lage faßte ich den Entschluß, mich dem Räuberhauptmann, der

[1] *Schinderhannes erklärte in seinem Verhör vor dem Br. Wernher am 27. Ventose J.11. (18. März 1803): »Lange Zeit nährte ich schon die Hoffnung in mir, dieses schimpfliche Leben endlich zu verlassen, und Br. Lichtenberger, Inspektor der Salinen in Münster, wird bezeugen können, daß ich mich an ihn gewandt habe, um zu wissen, ob kein Mittel wäre, in die menschliche Gesellschaft zurückzukehren. In dem aufrichtigen Geständnis meiner Verbrechen sah ich das einzige Mittel, selbige, insoweit es von mir abhing, auszusöhnen und die Übel, welche ich der Gesellschaft zugefügt habe, auszutilgen. Ich überlasse denjenigen, die über mich urteilen werden, zu erwägen, ob ich diese Verbindlichkeit, welche ich mir aufgelegt, erfüllt habe. Und welches auch mein Schicksal sein mag, ich werde mich demselben mit Standhaftigkeit unterziehen; nur zu unglücklich, wenn es mir nicht erlaubt ist, der Gesellschaft durch rechtschaffene Handlungen Unterpfänder der Aufrichtigkeit meiner Reue geben zu können.«*

mir entgegenkam, zu nähern, denn er hatte sich, bei allen durch seine Bande verübten Grausamkeiten, minder grausam gezeigt. Auch war er in früheren Zeiten, als er noch bei Nagel in Bärenbach diente, öfter in meinem Haus in Weierbach. Überdies hatte seine Julie, als Tochter eines armen Mannes von Baden-Weierbach, sehr viele Almosen von mir empfangen. Er empfing mich freundlich, und ich sprach gegen eine halbe Stunde mit ihm im Beisein einiger Bauern von Altenbamberg. Ich erstaunte über die Freimütigkeit des Räubers, über seine offene, ruhige Miene, die gewöhnlich den schwarzen Verbrecher flieht und welche um so mehr auffiel, da der durch schreckliche Mordtaten gebrandmarkte schwarze Peter neben ihm stand, der einem Maler zum Ideale der teuflichsten Bosheit dienen könnte und der mit Harpyien-* Blicken meine Uhr und Schnallen betrachtete und ohne des Schinderhannes Gegenwart sicher seine schlechte Flinte gegen meine bessere würde vertauscht haben. Jetzt erfuhr ich die Wahrheit der Aussage des Schinderhannes, daß seine Bande ohne ihn weit schrecklicher sei als unter seinem Kommando. Der schöne, im vollkommensten Ebenmaß gebildete Körper des Schinderhannes, seine ruhige, unbefangene Miene, sein edles Betragen gegen mich und meine Gefährten bestärkten mich in der Idee, daß Schinderhannes kein so sehr verstockter Bösewicht sei, daß er nicht noch gebessert werden könne. Mit dieser Idee vereinigte sich die Erinnerung an seine Verwandten, die zum Teil als wohlhabende, alle aber als rechtschaffene Menschen bekannt sind und welche, besonders seines Vaters Bruder, Bückler zu Mittelbollenbach, diesem leichtsinnigen Hannes scharf zugeredet hatten, ein besserer Mensch zu werden. Ich erinnerte mich jetzt recht lebhaft, daß Hannes seinem in Göttschied, Kanton Herstein, dienenden jüngeren Bruder etliche Male Geld gegeben und ihn dabei nachdrücklich vor dem Diebstahl gewarnt hatte.

Dies bestimmte mich zu dem Versuch, den Schinderhannes von seinem Räuberhandwerk zurückzubringen und das bei ihm noch befindliche Gefühl für Menschlichkeit, Recht und Gerechtigkeit zu erwecken. Ich konnte daher auch den Vorschlag des Receveurs† Perard von Kreuznach, den er mir den Tag nach meinen Zusammentreffen mit Schinderhannes tat, diesen Räuber einzufangen, nicht billigen. Denn sosehr ich auch die Zerstreuung dieser Gesellschaft, die immer gefährlicher wurde, wünschte, so sehr würde ich mich erniedrigt haben, wenn ich denjenigen der Guillotine hätte überliefern wollen, der mir nicht nur meine Habseligkeiten, sondern auch das Leben gelassen hatte.

Ich schlug vielmehr Perard vor, dem Schinderhannes durch den Br. Brüges, Inspektor der Domainen, jetzt Präsident des peinlichen Tribunals von der Saar, bei dem damaligen Regierungscommissaire Jean Bon St. André Pardon zu erwirken, unter der Bedingung, daß er seine Bande auflösen und sich selbst stellen sollte. Ich selbst wollte den Hannes zur Rückkehr in die bürgerliche Gesellschaft

* Die Harpyie ist ein mächtiger Greifvogel der südamerikanischen Urwälder.

† Einnehmers

zu bestimmen suchen. Der über diesen Gegenstand geführte Briefwechsel liefert keine sicheren Tatsachen.

Anfänglich schien man geneigt, dem Hannes Pardon zu geben, und ein Mann, dessen einsame Hütte er bei seinen nächtlichen Streifereien manchmal besuchte, den ich aber seiner persönlichen Sicherheit wegen nicht nennen darf, übernahm diesen äußerst delikaten Auftrag, jedoch ohne mich zu nennen. Der erste Versuch schlug fehl, da Schinderhannes geradezu erklärte: Jetzt (im Frühling) würden die Wälder belaubt, folglich er mit den seinigen gegen Nachstellungen gedeckt sei. Nach vier Wochen kam Hannes ganz allein in diese einsame Hütte, mit Mühe den Verfolgungen der Gendarmen entflohen. Überdies waren jetzt viele seiner Hehler im Kanton Obermoschel verhaftet. Jetzt also fanden die Vorschläge, sich zu bessern, bei ihm Eingang, und er versprach, seine ganze Bande aufzulösen, wenn man ihm pardonniren und ihn unter das Militär aufnehmen wolle. Er fügte hinzu: Man soll nie mehr einen schlechten Streich von mir hören.

Bald darauf erhielt ich die Nachricht, der Staat könne einen Räuberhauptmann nicht begnadigen. Ich zog mich daher zurück, ließ aber dem Schinderhannes raten, nie mehr das linke Rheinufer zu betreten. Es scheint aus seinen Aussagen hervorzuleuchten, daß er sich ernstlich entschlossen hatte, ein besserer Mensch zu werden. Er nahm bei dem Mann in der einsamen Hütte, der ihn auf gute Wege geführt hatte, rührenden Abschied und versprach ihm unter Vergießung reuiger Tränen, vom Diebstahl abzulassen.

[Es folgen auf 20 Seiten 109 kurze Beschreibungen von noch flüchtigen Räubern, die aber über das bereits von Becker Gesagte nicht hinausgehen. Wir haben deshalb darauf verzichtet.]

Kurze Übersicht

Die niederländischen in diesem Teil abgehandelten Banden haben nach beiläufiger Rechnung begangen: 360 Diebstähle

Geraubt ungefähr: 3 $^1/_2$ Millionen Francs

Die Räuber kann man rechnen auf: 205 Individuen

Unter diesen waren Juden: 112

Von den Räubern wurden, soviel bekannt ist, 81 weggeschafft – nämlich:

Es kamen auf Galeeren und in Gefängnisse: 38

Es erhängten sich im Kerker: 1

Es starben im Kerker: 2

Es wurden geköpft: 1

Es wurden gehängt in Deutschland und Holland: 14

Es wurden guillotiniert in Frankreich: 18

Es sind also noch in Freiheit: 124

Von der Waterkant bis zu den Alpen

Gauner und Bettler in Schwaben

Der Pfarrer am Zucht- und Arbeitshaus in Ludwigsburg, Johann Ulrich Schöll (geb. 1751), hatte mit seiner 1789 erschienenen Gaunergeschichte über den Konstanzer Hans so viel Erfolg, daß er vier Jahre später ein zweites Werk vorlegte, das sich ebenfalls mit den seinerzeit »Jauner« genannten Vaganten, Bettlern und Dieben befaßte, den »Abriß des Gauner- und Bettelwesens in Schwaben«.

Noch 65 Jahre später hält der berühmteste ›Gaunerkenner‹ Avé–Lallemant Schölls Buch für »eine erschöpfende Naturgeschichte des Gaunertums, (...) eine Meisterarbeit (...), die noch immer unübertroffen dasteht«, vor allem, weil Schöll am Beispiel des schwäbischen Gaunertums das gesamte Gaunertum darstelle, »wie es in seinem vollen Wucher sich über das ganze kultivierte Europa erstreckt hat«.

Klar und aggressiv nennt Schöll in der Einleitung die Ziele seines Kompendiums. Die Gesellschaft der Gauner, Vaganten, betrügerischen Bettler soll gründlichst durchleuchtet werden, damit ein ›Totalbegriff‹ entsteht, »vollständige Kenntnis und Charakteristik jener schädlichen Menschen«, die er auch ›Auswürflinge‹, ›politische Blutegel‹ oder ›Pest‹ nennt. Dem (Lese-)Publikum, das er sich aus allen Schichten erhofft, soll eine ›heilsame Sensation‹ verpaßt werden, durch den Lektüre-Schock sollen alle ehrlichen Bürger erstens vor dem Heer der Gauner und Bettler erschrecken, zweitens aber ihre gemeinen Tricks und Betrugsmanöver durchschauen lernen. Ausdrücklich nennt Schöll sich einen Aufklärer. Mit dieser Warn- und Aufdeckungsstrategie steht der Autor in der Tradition des Liber vagatorum von 1510. Dort werden die Täuschkünste der betrügerischen Bettler beschrieben und entlarvt, wird ihre Sprache, das Rotwelsch erklärt; dort kommt aber auch wider den Willen des Verfassers die Faszination angesichts der virtuosen Betrugspraktiken der Vaganten, Quacksalber, fahrenden Scholaren zum Ausdruck. Und auch darin beerbt Schöll den Liber vagatorum. Unwillkürlich schleicht sich in die minutiöse Darstellung der ›Arbeit‹ der Theriak-Händler, falschen Schatzgräber, Hochstapler, Bauerntäuscher, Scharlatane, Kurbetrüger, Wilddiebe, Falschmünzer, wandernden Scharfrichter trotz aller Entlarvungsenergie eine gewisse Hochachtung vor ihren Fertigkeiten ein. Als Quelle für die Subkultur der Gauner, Räuber und Bettler ist Schölls »Abriß« von unschätzbarem Wert. Es zeigt sich, daß es sich hier keineswegs um eine ›Naturgeschichte‹ des Gaunertums handelt, daß vielmehr das ›Volk der Auswürflinge‹ über eigene Traditionen, Dialekte, Regeln und Sitten verfügt, die es zu einer Gesellschaft in der Gesellschaft machen.

Literatur:

Heiner Boehncke und Rolf Johannsmeier: Das Buch der Vaganten (Liber vagatorum). Spieler, Huren, Leutbetrüger. Köln 1987.

Quelle:

Abriß des Jauner- und Bettelwesens in Schwaben nach Akten und andern sichern Quellen von dem Verfasser des Kostanzer Hanß. Stuttgart (bey Erhard und Löflund) 1793.

Johann Ulrich Schöll

Vom Verfahren und den Kunstgriffen der Gauner bei ihren Diebereien

Alle Gauner haben das miteinander gemein, daß sie ihr Handwerk mit einer planmäßigen List und zum Teil mit der ausgedachtesten Feinheit betreiben. Aber die Art, wie sie dies tun, ist bei jeder Klasse wieder verschieden.

Am einfachsten ist das Verfahren der Schrendefeger, der Scheinsprünger und Schrenzierer. Die Schrendefeger oder Stubenräumer finden sich des Abends in den Bauernhäusern meistens auf den Höfen und gewöhnlich an Sonn-, Fest- und Feiertagen und Kirchweihen, wo die Bauern ihre schönsten Kleider in der Stube hängen haben, als Bettler oder Reisende ein, bitten angelegentlich um ein Nachtquartier und daß ihnen wegen Mangel an eigenen Betten oder wegen Kränklichkeit vergönnt werden möchte, in der Wohnstube zu schlafen, da sonst Bettlern und armen Reisenden die Schlafstätte gewöhnlich in dem Futtergang angewiesen wird. Wird ihnen willfahren, so erheben sie sich des Morgens früh, wenn alles noch im Hause schläft, von ihrem Lager, packen sich von Kleidern und anderen vorrätigen Habseligkeiten ein, was ihnen gefällt und was sie mitnehmen können, und schleichen sich ganz in der Stille damit weg.

Die Scheinspringer ersehen sich den Zeitpunkt, wo die Bauern auf dem Feld oder bei Prozessionen und Wallfahrten oder aus sonst einer Veranlassung abwesend sind und ihre Häuser leerstehen haben. Sowie sie dies bemerken oder ausgekundschaftet haben, schleichen sie von der Seite, wo sie am sichersten können, in die verlassenen Wohnstuben und Kammern, leeren die Kleiderschränke aus oder stecken sonst ein, was in der Geschwindigkeit zu haben ist und sich leicht fortbringen läßt. Das gleiche tun die Schrenzierer, nur mit dem Unterschied, daß sie bei Tag auch in die Häuser kommen, obwohl die Leute drin sind. Meistens geschieht dies morgens früh, gleich nach dem Aufstehen oder wenn man bei Tisch sitzt und allemal unter irgendeinem Vorwand, um auf den Fall, daß sie erblickt werden, sich wegen ihres Daseins legitimieren zu können. Sie begeben sich dann in denjenigen Teil des Hauses, der leersteht. Sind die Leute oben, so stehlen sie unten und umgekehrt. Oft nehmen sie auch den Schlafenden, wenn sie noch dergleichen antreffen, Uhren und Beutel neben den Betten weg.

Die Marktdiebe besuchen die hin und wieder einfallenden Märkte, und zwar am liebsten die wichtigeren und frequentierten in größeren Städten, wo man immer, besonders bei der Zurzacher Messe, mit wenigstens gegen 30 bis 40 von ihnen rechnen darf, die sich einfinden. Bei solchen Gelegenheiten vereinigen sich auch die günstigsten Umstände für ihre Diebesabsichten – eine Menge von Waren jeder Gattung, alle offen daliegend, und ein Gedränge von Menschen, wo die Aufmerksamkeit der Handelsleute und Krämer hundertfach beschäftigt wird und es so leicht ist, sie zu täuschen. Diese Umstände wissen die Marktdiebe trefflich zu nützen. Es halten ihrer fast immer drei bis vier zusammen, davon gewöhnlich einer eine Mannsperson, die übrigen aber Weibsleute sind, welche überhaupt die meisten Marktdiebstähle begehen. Sie taugen auch weit besser dazu als die Männer. Denn ihr Anzug ist so beschaffen, daß sie das Gestohlene damit weit leichter verbergen können, und was ihm nach seiner gewöhnlichen Einrichtung an Bequemlichkeit dieser Absicht noch abgeht, das haben sie ihm durch schlaue Verbesserungen zu geben gewußt. Ihre Röcke nämlich sind so gemacht, daß die ganze vordere Seite von oben bis unten, so lang sie ist, gleichsam nur einen großen Sack vorstellt, in den man eine Menge von Waren einschieben und aufbewahren kann. Mehrere ganze Stücke von leinenen, baumwollenen und seidenen Zeugen außer kleineren Artikeln, finden darin ungehindert Platz und, wenn auch das ganze geräumige Behältnis angefüllt ist, so fällt es doch so wenig in die Augen, daß man durch den Anblick gar nichts davon gewahr wird und ohne die sorgfältigste Nachforschung nichts davon gewahr werden kann.

Mit dieser Zurüstung erscheinen sie auf den Marktplätzen. Die geschlossene Gesellschaft schleicht da miteinander umher, beobachtet die ausgelegten Waren und merkt sich die Leichtigkeit und Schwierigkeit, etwas wegzuhaschen. Hat sie eine gute Gelegenheit und passende Ware entdeckt und ist es um die Entwendung von ganzen Stücken, z.B. von Ziz oder Damast oder Barchent zu tun, so fängt die Mannsperson an, die Rolle eines Fal- oder Fladuschmachers[1] zu spielen. Sie tritt vor die Bude des Krämers oder Kaufmanns, der bestohlen werden soll, unter dem Schein, als wollte sie einkaufen, läßt sich verschiedene der genannten Stücke zeigen, beschaut sie genau, legt eines oder das andere unter diesem Vorwand auseinander, so daß die übrigen dadurch bedeckt werden, und gibt sich alle Mühe, die Aufmerksamkeit des Verkäufers durch das Gespräch und ihre Manöver auf sich allein zu ziehen und zu unterhalten. Während der Falmacher so im scheinbaren Handeln begriffen ist, nähern sich die Weiber, ziehen von den Waren, welche unter den ausgewickelten Stücken liegen, ebenso behend als künstlich weg, soviel sie können, und stecken sie entweder selber plötzlich in ihre weiten Rocksäcke oder geben sie ihren nahe stehenden Gehilfen, um sie einzustecken. Auf diese Art bringen sie nicht selten mehrere Stücke von einer Bude weg, und wenn auch der Handelsmann gleich auf der Stelle bemerkt, was ihm entwendet worden ist, so entdeckt er doch selten eine Spur, wo es hingekommen, und die Diebsgesellschaft bekommt mit ihrem Raub einen freien Abzug.

Übrigens werden nicht alle Marktdiebstähle in Gemeinschaft mit anderen begangen, sondern nur die, bei welchen man gegenseitige Unterstützung nötig

[1] *Falmacher oder Fladuschmacher ist einer, der anderen Gelegenheit macht, leicht und unbemerkt etwas wegzukapern.*

hat. Kleinere Ware, die sich ohne fremde Beihilfe nehmen läßt, z.B. Strümpfe, Kappen, Schuhe, Schnallen, Messer, Pistolen, nimmt jeder auch für sich, und das um so lieber, weil dann das Gestohlene, das er im ersten Fall mit seinen Kameraden teilen muß, ihm allein zugehört. Er gibt nur genau auf den Krämer acht, dem er gern etwas entwenden möchte. Und wenn er das Angesicht desselben abgewandt oder ihn im Handel eifrig begriffen und keinen Beobachter in der Nähe sieht, so greift er plötzlich zu, hascht seine Beute und zieht sich damit schnell ins Gedränge des Volks zurück. Dies Gedränge verschafft ihm gemeinhin auch dann genug Sicherheit, wenn er vom Krämer oder anderen Anwesenden bemerkt wird. Er kann sich leicht unter den Haufen verstecken oder durchschlüpfen und selbst auch, wenn man ihn eben festhalten will, durch Mut und Geschwindigkeit unter dem Schutz des Menschengewühls sich loswinden.

Oft brechen sie auch den Handelsleuten in ihre Boutiquen und bestehlen ihre Kassen. Erst in letzterer Zurzacher Messe wurden auf diese Art einem Kaufmann 300 Louisdor entwendet.

Die Beutelschneider und Sackgreifer treiben ihr Handwerk auch meistenteils an Märkten; außerdem aber auch bei jeder feierlichen Gelegenheit, wo mehrere besondere Personen von Stande zusammenkommen, zu großen gedrängten Haufen versammelt sind und gewisse Gegenstände für die Neugier oder Andacht haben, mit denen sie sich beschäftigen – also bei großen Wallfahrten und Prozessionen, wie die zu Weingarten am Blutfest und die zu Maria Einsiedel an Pfingsten ist; an religiösen und Volksfesten, bei Solennitäten* der Höfe, bei Schauspielen, selbst bei Hinrichtungen merkwürdiger Verbrecher, die viele neugierige Zuschauer herbeiführen. Von allen dergleichen Gelegenheiten, auch den außerordentlichen, sind die Sackgreifer aufs genauste unterrichtet, und man darf sicher darauf rechnen, daß keine vorbeigeht, ohne daß sie sich in größerer oder geringerer Anzahl dabei einfinden. Gewöhnlich stehen ihrer auch drei bis vier in näherer Verbindung, unterstützen einander bei der Ausübung ihrer Kunst und teilen, was sie ihnen einbringt. Sie gehen dabei auf folgende Art zu Werk: Mit lauernden Augen geben sie acht, wo jemand, es sei auf dem Markt zur Bezahlung eingekaufter Waren oder zur Aufbewahrung des erlösten Geldes oder im Wirtshaus zur Bezahlung seiner Zeche oder sonstwo, einen Beutel herauszieht, wieviel darin ist oder hineingetan und wohin er eingesteckt wird. Oder sie gehen schnell an einem vorbei und greifen ihm im Vorbeigehen unvermerkt an die Weste oder Hosentasche, um zu fühlen, ob etwas und etwas Beträchtliches an Barschaft darin verwahrt liegt. Haben sie auf diese Art eine erwünschte Entdeckung von einem gefüllten Beutel gemacht, so behalten sie den, der ihn führt, im Auge, schleichen ihm unter das Volksgedränge nach, schieben ihn gegen andere hin und ziehen ihm in diesem Augenblick mit ebensoviel Behendigkeit als Geschicklichkeit den Beutel heraus. Oft tut das einer allein, oft aber vereinigen sich auch alle vier zu dieser Absicht. Nach getroffener Verabre-

---

* Feierlichkeiten

dung gehen ihrer zwei von vorne und zwei von hinten zu gleicher Zeit, wie durch ungefähres Zusammentreffen, auf den Gegenstand ihrer Beutelschneiderei los, bringen ihn dadurch ins Gedränge, und in dem Augenblick, da sie ihn unter der Presse haben, zieht ihm einer von ihnen den Beutel und gibt ihn seinem nächsten Kameraden, welcher sogleich mit der Beute davonläuft, oder, wenn es nur zwei sind, schiebt ihn der eine gegen einen dicht stehenden Haufen, und der andere nimmt unter dem Schieben den Beutel in Empfang. Oft schneiden sie auch, wenn der Beutel zu tief liegt, als daß sie ihn aus der Tasche mit der Hand herausholen könnten, ganze Westentaschen mit dem Beutel hinweg oder machen einen Querschnitt in die Beinkleider und ziehen ihn dann durch die gemachte Öffnung heraus; verwunden aber auch zuweilen durch einen zu tiefen Schnitt den, welchen sie bestehlen wollen. Sogar der Rocksäcke der Weibspersonen, bei denen sie Geld wittern oder entdeckt haben, wissen sie sich durch schnelles Abschneiden derselben unter den Röcken zu bemächtigen. Bei Uhrendiebstählen kommen sie mit noch weniger Mühe zurecht, weil ihnen hier die vorhängenden Ketten die Operation erleichtern. Nur können sie solche nicht wohl vornehmen, solange der Mann aufrecht dasteht, weil bei dieser Stellung die Uhrtasche gemeinhin zu fest geschlossen ist, als daß das Herausziehen nicht spürbar sein und Hindernisse finden sollte. Um nun zu veranlassen, daß er sich ein wenig niederbücke und der Uhr einen freieren Zugang verschaffe, taumeln sie entweder wie Betrunkene auf ihn hin oder geben ihm von hinten einen Stoß oder treten ihn wie unversehens auf den Fuß. In dem Augenblick, da sie ihn durch diese Griffe in die gewünschte Position gebracht haben, ergreift einer die Kette, und – weg ist die Uhr.

Treffliche Dienste tun ihnen an Märkten die Staatsfelinger, die Glückshäfner und die Marionettenspieler, weil da der Zulauf zu diesen immer sehr groß ist und sie die Aufmerksamkeit der Anwesenden ganz auf sich hinziehen. Hier werden dann auch immer die meisten Diebstähle von der angeführten Art begangen.

Außerdem stehlen die Sackgreifer auch Tabaksdosen, Schnupftücher und andere Habseligkeiten den Leuten aus den Taschen, und Schnallen von den Schuhen und Hüten – letzteres aber nur in Kirchen, wenn diese bei religiösen Feierlichkeiten gedrängt voll sind. Sie nehmen da neben denjenigen Platz, bei welchen sie schöne Schnallen und andere Kostbarkeiten erblicken, und während sie, die Hüte unter dem Arm, kniend ihre Andacht verrichten, lösen sie ihnen unvermerkt die Schnallen von den Schuhen und Hüten ab, das gleiche tun sie mit den silbernen Kreuzen an den Rosenkränzen und mit den silbernen und goldenen Haar- oder Stecknadeln der Frauenzimmer, so wie sie bei dieser Gelegenheit sich auch die Entwendung von Beuteln, Uhren und Tabaksdosen angelegen sein lassen. Die Geschicklichkeit und Geschwindigkeit, mit der sie dies alles ausführen, ist unglaublich, und wenn einer durch lange Übung seine Kunst zur Vollkommenheit gebracht hat, so ist es ihm eine Kleinigkeit, auf einem Platz mehrere hundert Gulden an barem Geld und andere Kostbarkeiten einzusammeln. Eine Meisterin in dieser Art von Dieberei war die berüchtigte Gaßners Lisel, welche 1788 zu

Obertischingen hingerichtet wurde. Die beinahe 8000 fl., auf die ihre begangenen Diebstähle sich beliefen, hatte sie meistens durch Beutelschneiderei und Sackgreifen entwendet. Bei den Feierlichkeiten, welche die Anwesenheit des Großfürsten zu Ludwigsburg 1782 veranlaßte, hatte sie die Kühnheit, dem Grafen Schenk von Castell unter der Tür der Schloßkapelle, in welche sie sich eingedrungen hatte, einen Beutel mit 1700 fl. aus der Tasche zu ziehen, und entkam glücklich damit. Schwerlich ist ein Markt von Bedeutung in Schwaben und dem nördlichen Teil der Schweiz, den sie nicht besuchte, an dem sie nicht einsammelte, schwerlich irgendeine Feierlichkeit, bei der sie nicht erschien. Zu Weingarten, zu Maria Einsiedel, zu Ulm bei dem Fischerstechen, zu Markgröningen bei dem Schäferlauf, an mehreren Orten am Portiuncula-Fest hatte sie ihre Ernte. Sie kam bis nach Franken und Tirol. Zu Innsbruck, wo sie sich mehrere Male einfand, stahl sie einmal im Komödienhaus vier Sackuhren, drei silberne Tabaksdosen und gegen dreizehn Schnupftücher.

Die betuchten Rochemer oder stille Nachtdiebe lassen sich vor allem angelegen sein, genaue Erkundigung einzuziehen, wo eine Beute und allenfalls auch was für eine gemacht, auf welche Art sie am leichtesten und sichersten erhascht werden, von welcher Seite und wie man dem Haus, in welchem sie verwahrt liegt, am besten beikommen könnte. Viele und die meisten Einbrüche begehen sie zwar ganz auf Geratewohl ohne dergleichen vorläufige Nachrichten, weil es nicht möglich ist, sich allemal voraus damit zu versehen. Aber da es sehr viel zum guten Erfolg ihrer Unternehmungen ausmacht, vorher soviel wie möglich die Gelegenheit zu wissen, so gehört es eigentlich immer mit in ihren Plan, solche auszukundschaften. Hierzu bedienen sie sich verschiedener Mittel und Kunstgriffe. Entweder kommen sie selber als Krämer oder Bettler, unter der Maske von abgedankten Soldaten, Bedienten und reisenden Handwerksburschen in die Häuser und unterrichten sich soviel es sein kann von den Reichtümern, dem inneren Zustand und der Lage derselben, oder sie weisen, welches der gewöhnliche Fall ist, ihren Beischläferinnen dieses Geschäft an, welche dann auch oft als Bettlerinnen, noch öfter aber als Krämerinnen oder, wenn es Kaufläden betrifft, als Kauflustige sich in die Häuser begeben und während des Handels oder Bettelns alles darin mit schnellen Blicken ausspähen. Dann halten sie auch unter den Bettelleuten, besonders den Keßlern, Wannenflickern, Scherenschleifern usw. ihre Kundschafter und geben diesen, entweder unbestimmt und überhaupt, auf, Schätze und Gelegenheiten für sie auszuspionieren oder in gewissen Häusern namentlich nachzuforschen und ihnen ihre gemachten Entdeckungen für verhältnismäßige Belohnung mitzuteilen. Dazu brauchen sie gleichfalls ihre Wirte, welche nicht nur die beständige Kommission von ihnen haben, dienliche Nachrichten für sie einzusammeln, sondern auch bei diesem Geschäft sich sehr tätig beweisen. Oft haben sie außerdem auch gewisse Bauern und Tagelöhner an der Hand, die sich für sie auf Kundschaft legen. Zuweilen begeben sie sich auch als Handwerker oder Dienstboten an einen Ort und arbeiten oder dienen da eine Zeitlang, um sich mit den Vermögens- und anderen

Umständen, die sie als Diebe interessieren, bekannt zu machen. Überhaupt lassen sie nichts unbenutzt, was sie in den Stand setzen kann, sich brauchbare Notizen zu verschaffen.

Sind nun hierdurch eine oder mehrere Gelegenheiten ausfindig gemacht oder soll auch ohnehin ein Einbruch unternommen werden, so vereinigen sich zwei bis vier, zuweilen auch mehrere Kameraden, je nachdem der Einbruch mehrere oder wenigere erfordert, und stellen Beratschlagungen an, wo, wann und wie eingebrochen werden soll. Sind sie hierüber einverstanden, so treten sie zur verabredeten Zeit, mit den nötigen Werkzeugen und Waffen, nämlich mit Stemmeisen, Bohrern, oft auch mit Hakenschlüsseln, dann mit Feuerzeug, mit Messern und Pistolen versehen, den Marsch an den bestimmten Ort an und richten ihn so ein, daß sie ungefähr um Mitternacht, wenn alles sich schlafen gelegt hat, dort eintreffen. Finden sie etwa bei ihrer Ankunft die Leute noch wach, so lagern sie sich an einen abgelegenen Platz in der Nähe und warten, bis die Lichter gelöscht sind und alles im Schlaf liegt. Im gegenseitigen Fall gehen sie sogleich an die Arbeit.

Zuerst holen sie eine Leiter aus einem nahen Schuppen und schlagen sie entweder an die Wohnstube oder, wenn dies ihnen nicht ratsam dünkt, an eine Kammer oder wo sonst am sichersten und leichtesten beizukommen ist, an. Dann besteigt sie der Beherzteste und Schlaueste, wendet, wenn sie gegen ein Fenster angeschlagen ist, eine Scheibe aus dem Blei, um das Fenster mit der Hand von innen öffnen zu können, und steigt leise hinein. Manchmal kommt ihm noch einer als Gehilfe nach. Im Fall, daß keine Leiter zu finden oder zu dem abgezweckten Einbruch zu gebrauchen ist, schlagen sie entweder eine Riegelwand mit einem Stemmeisen so leise als möglich ein, oder sie bohren durch die Haustür in der Nähe des Schlosses oder durch verschlossene Läden Löcher von der Weite, daß sie mit der Hand durchkommen und das Schloß oder den Riegel aufmachen können; oder sie bedienen sich der Hakenschlüssel zur Eröffnung der Haustür oder brechen auch, oft mit großer Mühe und Gefahr, eiserne Kreuze und Gitter aus oder klettern an Stangen gegen offene Läden hinauf. Zuweilen schleicht sich auch einer von der Kameradschaft um die Dämmerung in das Haus und versteckt sich darin oder bittet sich als Bettler ein Nachtquartier darin aus und öffnet es um Mitternacht seinen nachkommenden Kameraden.[1]

Wenn sie dann auf die eine oder die andere Art sich Meister vom Haus gemacht haben, so schlägt der, dem die Plünderung desselben übertragen ist, in der Wohnstube oder Kammer, in die er gestiegen, ein Licht, leuchtet damit herum, um die vorhandenen Schätze zu entdecken und aufzusuchen, und packt zusammen, was ihm gut dünkt. Manchmal begnügt er sich mit dem, was offen und in der Nähe daliegt, besonders in Bauernhäusern; oft aber eröffnet er auch Schränke

---

[1] *So kam vor nicht gar langer Zeit der kropfete Sigmund als Bettler in ein Bauernhaus im Württembergischen, sang etliche Verse aus dem Lied: Wer nur den lieben Gott läßt walten, bewegte dadurch die Hausmutter, daß sie ihn über Nacht beherbergte, und ließ dann, da alles in tiefem Schlaf lag, seine Diebsgesellen zur Plünderung des Hauses ein.*

und Kästen, geht, wenn es das Haus eines Beamten, eines Pfarrers, eines Kaufmannes oder Edelmannes ist, in mehrere Zimmer und sammelt da seine Beute. Besteht sie in wenigem und in kleinen Stücken, so steckt er sie ein. Sind es aber mehrere und größere Artikel, so wirft er sie zum Fenster oder Laden hinaus, wo sie seine Kameraden in Empfang nehmen. Dies alles geschieht mit möglichster Stille und Behutsamkeit, ohne daß jemand etwas dabei zu Leid getan wird. Doch nehmen sie es mit der Vorsicht nicht immer so genau. Manchmal steigen sie von hinten in ein Haus, in welchem sie vorne ein Licht brennen sahen; manchmal nähern sie sich mit oder ohne Licht den Bettstellen der Schlafenden und durchsuchen die daneben liegenden oder hängenden Beinkleider oder eröffnen nahe stehende Schränke. Beispiele davon liefert die Geschichte des Konstanzer Hans. Ein noch auszeichnenderes fand ich in Münsinger Akten. Eine Bande stieg in eine Kammer, in der ein Bauernkerl in tiefem Schlaf lag, und nahm ihm das Oberbett, den Haipfel* und das Unterleilach† geradezu hinweg.

Während einer oder etliche innen mit Einsammeln beschäftigt sind, halten die übrigen von der Gesellschaft außen ums Haus herum Wache, um jene, wenn von irgendeiner Seite her Gefahr sich zeigen sollte, davon zu benachrichtigen, im Notfall ihnen auch zu Hilfe zu kommen und die Feinde abzutreiben. Bei der Stille, die sie beobachten, vollenden sie zwar meistens ihre Einbrüche unangefochten und bringen ihren Raub glücklich hinweg. Doch geschieht es auch nicht selten, daß sie gestört werden. Sie finden oft, wenn sie den Einbruch eröffnen, die Leute wider Vermuten noch wachen oder wecken sie durch das unvermeidbare Geräusch, das sie beim Einsteigen ins Haus oder durchs Einschlagen der Riegelwände oder bei Eröffnung der Türen und Schränke machen, oder werden von einem Nachbarn oder Nachtwächter bemerkt; man macht Lärm und geht ihnen zu Leibe. In diesem Fall eilt der Plünderer, wenn er schon im Haus ist, der Leiter oder der Haustür zu, nimmt, was er kann und hat, allenfalls noch mit oder läßt es im Gedränge zurück und ergreift mit seinen Kameraden die Flucht. Kommt ihnen die Gefahr zu nahe, als daß sie ohne Verteidigung entrinnen könnten, so setzen sie sich zur Wehr, aber nur so weit, als es zu ihrer Rettung und Sicherstellung nötig ist, nicht mit tödlichen Angriffen oder blutigen Mißhandlungen, sondern entweder mit donnernden abschreckenden Drohworten oder durch unschädliches Losbrennen einer Pistole oder, wenn das nicht anschlägt, durch eine wehrlos machende Tracht Schläge. Zuweilen greifen sie jedoch, wenn sie festgehalten werden, ihre Häscher auf Leben und Tod an, um sich aus ihren Händen loszuwinden.[1] Doch kommt es höchst selten zu solchen gewaltsamen Auftritten, und die Diebsgesellschaft befreit sich meistens ohne Gegenwehr von den drohendsten Verfolgern.

---

1 *Ein neulich zu Hornberg verhafteter Gauner, der von einem Bauern im Gutacher Tal, welchem er einbrach, plötzlich über der Tat ergriffen und handfest gemacht wurde, schnitt demselben, um sich loszumachen, die Wade an dem einen Fuß bis auf das Bein mit seinem Messer durch und brachte ihm eine ebenso tiefe Wunde an dem einen Arm und dann noch eine an dem Unterleib bei.*

* Kopfkissen

† Bettlaken

Mißlingt ihnen auf diese Art ein Einbruch und müssen sie leer abziehen, so lassen sie ihren Unwillen darüber öfter dadurch aus, daß sie, um die Leute aus dem Schlaf aufzuschrecken, ein fürchterliches Geschrei erheben oder ihre Pistole losschießen oder im nächsten besten Haus die Fenster einschlagen oder sonst etwas verderben, z.B. Bienenkörbe von den Ständen herabwerfen oder irgendeinen lustigen Streich machen, um die Leute zum besten zu haben.[1] Meistens suchen sie aber sogleich durch einen anderen Einbruch entweder im nämlichen oder einem benachbarten Ort sich schadlos zu halten; und wenn sie zu den rüstigeren gehören, so können sie oft in einer Nacht drei, vier bis fünf Einbrüche unternehmen – bald fruchtlos, bald aber auch mit dem besten Erfolg.

Doch wird nicht jede Nacht von ihnen mit solcher Tätigkeit hingebracht. Manche vergeht, ohne daß sie etwas vornehmen, und oft können sie wochenlang stillsitzen. Ihre mehrere Ruhe oder Tätigkeit hängt von der Jahreszeit, von den Mondveränderungen, von der Witterung, von ihrer Armut oder ihrem Reichtum, von der öffentlichen Sicherheit, von der Gelegenheit, auf eine andere Art durch Stehlen ihr Glück zu machen, von der Kameradschaft, von ihrer Laune und anderen Umständen ab. Tief im Sommer, wo die Nächte sehr kurz sind, begehen sie wenig Einbrüche, weil da die Leute zu spät sich schlafen legen und zu früh aufstehen, also zu wenig Zeit zum Einbrechen und Flüchten übrigbleibt. Sie begnügen sich da meistens damit, daß sie Tücher, welche gebleicht werden, Garn, Hemden, was um die Häuser herum liegt oder hängt, wegnehmen oder Güterwagen, die vor den Wirtshäusern stehen, plündern oder Schafe aus dem Pferch, Ziegen aus den Ställen wegführen usw. Fast ebenso verhält es sich mit den strengen Wintermonaten. Auch da gehen sie seltener auf nächtliche Einbrüche aus, weil die Witterung gewöhnlich zu rauh, die Nächte zu lang, die Wege beschneit und verdorben, die Märsche beschwerlich sind. Sie stehlen dann gewöhnlich nur so viel, als sie zu ihrer Selbsterhaltung schlechterdings brauchen; und das ist meistens Speck, Schmalz, Mehl und andere Eßwaren. Im Frühling hingegen, von Lichtmeß bis Georgii, und im Herbst, von Bartholomäi bis Martini, wird am häufigsten eingebrochen. Denn da sind die Nächte weder zu lang noch zu kurz und die Witterung im Ganzen genommen die bequemste für ihre Unternehmungen. Um diese Zeit hat man also vornehmlich nötig, gegen sie auf seiner Hut zu sein.

Doch hat der Mond auch einen großen Einfluß auf ihre diebischen Angriffe. Nur dann, wenn er nicht scheint und die Nächte finster genung sind, um unter dem Schutz der Dunkelheit unbemerkt umherwandern und agieren zu können, sind sie in voller Tätigkeit, und meistens brechen sie die ganze Kohlschaft (so nennen sie die Zeit von vierzehn Tagen, wo der Mond nicht scheint) Tag für Tag und strichweise ein. Alle mondhellen Nächte hingegen sind für sie verlo-

[1] *Des Gaßners Lisel brach einmal in das Haus eines Schulmeisters mit ihrer Kameradschaft; hier nahmen sie Geigen und den Schlüssel zur Kirche, den sie vorfanden, eröffneten letztere, um sie zu plündern, und da sie nicht zurechtkommen konnten, spielten sie auf den Geigen in der Kirche so lang, bis der Kaplan entrüstet herbeikam, in der Meinung, der Schulmeister begehe diesen Unfug.*

ren, weil sie darin ohne offenbare Gefahr und Besorgnis des Mißlingens nichts wagen können, und daher halten sie sich in den vierzehn Tagen des Mondscheins fast immer ruhig. Das gleiche tun sie, wenn anhaltendes Regenwetter einfällt oder wenn sie bei ihren unternommenen Einbrüchen in den Besitz beträchtlicher Schätze gekommen sind. Ein solches Glück macht allemal einen längeren oder kürzeren Stillstand in ihren Operationen. Sie lassen sich jetzt von dem Erbeuteten wohlsein, setzen sich in träger Ruhe in ihre Diebswirtshäuser oder begeben sich sonst zu lustigen Gelegenheiten, und erst, wenn die Barschaft aufgezehrt ist, gehen sie wieder an die Arbeit und sind dabei um so eifriger und unermüdeter, je kleinere Ausbeute sie gibt und je armseliger es bei ihnen aussieht. Auch können einfallende Jahrmärkte, Wallfahrten und Prozessionen, wo sich bequemer stehlen läßt, oder ein gefährlicher Streittumult und rege gemachte Aufmerksamkeit des Publikums oder der Mangel tüchtiger Kameraden und guter Gelegenheiten ihre nächtlichen Hausbesuche auf einige Zeit unterbrechen.

Vormals hatten sie auch gewisse Tage, an denen sie nie Einbrüche unternahmen, den Mittwoch, Samstag und Sonntag. An den beiden letzteren taten sie es aus einer gewissen Religiosität, an dem ersten aber, weil er nach dem gangbaren Volksglauben für verworfen gehalten wird. Gegenwärtig aber sind sie so aufgeklärt, daß sie sich hieran nicht weiter binden und am Mittwoch wie an anderen Tagen stehlen. Bei dem Samstag und Sonntag hingegen beobachten sie auch gemeinhin jetzt noch die alte Sitte, wiewohl die älteren Gauner mit mehr Gewissenhaftigkeit als die jüngeren. Nicht so religiös beweisen sie sich jedoch in Ansehung anderer heiliger Zeiten. Am Christtag und Karfreitag nehmen sie ordentlich, recht mit Vorbedacht Einbrüche vor, weil die Meinung unter ihnen herrschend ist, daß diejenigen, welche an diesen beiden Tagen mit einem erwünschten Erfolg einbrechen, das ganze Jahr hindurch bei ihren Diebereien Glück haben.

Die Orte, wo sie einbrechen, sind solche, die einen freien, ungehinderten Zugang und Abzug gestatten und für die Sicherheit nicht nachteilig sind, also nie oder höchst selten Städte oder geschlossene Plätze, weil in diesen mehr Gefahr bei Einbrüchen und mit dem Raub, wenn man ihn auch glücklich erhascht hat, nicht so leicht wegzukommen ist, sondern offene oder wenigstens nicht genug verwahrte Plätze, Mühlen, Höfe, einsam stehende Kirchen und Kapellen, Weiler, Dörfer, Flecken, adlige Landsitze und Klöster. Hier besuchen sie nicht nur die Häuser der Bauern, sondern auch und besonders der Pfarrer, der Beamten, der Silberarbeiter, die etwa da wohnen, der Krämer und Edelleute, dann auch die Kirchen und Kapellen, und diese um so lieber, weil da gewöhnlich reichere Ernte zu hoffen ist. Viele geben sich am meisten und fast ganz allein mit Kirchenraub und besonders mit Plünderung der Opferstöcke ab; und weil es ihnen nicht immer gelingt, die letzteren, die gemeinhin sehr gut verwahrt sind, zu erbrechen, so ziehen sie auch mit Klebruten das Geld durch die obere kleine Öffnung heraus. Nirgends wird diese Art von Diebereien häufiger begangen als in der Schweiz; und diejenigen, welche sie begehen, werden in der Gaunersprache Kalmaschlecker genannt.

Übrigens schränken sich die Nachtdiebe in Ansehung dessen, was sie stehlen, auf keine besonderen Artikel ein, wenn sie gleich zuweilen namentlich und bestimmt auf diese oder jene ausgehen, sondern jeder nimmt, wessen er habhaft werden kann. Geld, Kleider, Betten usw. Am meisten nehmen sie jedoch auf Krämerwaren Rücksicht, weil diese ihnen zur Führung eines eigenen Krams so gut dienen und nötig sind. Oft bestimmt auch die Gegend, in der sie sich aufhalten, ihre Lieblingsdiebstähle. So holen sie auf dem Melzheimer Wald vornehmlich gern Brennhäfen.*

Die Beischläferinnen sind bei den Einbrüchen selber nicht gegenwärtig. Nur zuweilen werden sie dazu genommen, wenn sie beherzt sind und es an Kameraden fehlt, wo sie dann zum Wachehalten gebraucht werden. Sonst halten sie sich gemeinhin irgendwo in der Nähe des Ortes auf, wo der Einbruch geschieht – etwa eine Viertelstunde davon an einem Gehege –, und erwarten dort die Diebe mit ihrem Raub, der meistens ihnen zum Nachtragen oder auch zum gleichbaldigen Verschluß gegeben wird.

Die Rochmooren (Blatter) haben in ihrem Verfahren mit den stillen Nachtdieben, von welchen sie gleichsam ein wilder Auswuchs sind, vieles gemein. Sie brechen ebenso wie diese bei Nacht, an gleichen Orten und, wo es sein kann, auch nach vorläufiger Erkundigung ein. Sie unterscheiden sich dann aber von ihnen in wesentlichen Punkten. Sie kommen nämlich, weil sie Gewalt gebrauchen, in größerer Anzahl. Für jede Person in dem Haus, auf welches sie den Angriff machen, rechnen sie gewöhnlich zwei Männer, außer denen, welche zur Besetzung der Haupttüren und zum Wachehalten bestimmt sind. Sie sind daher immer wenigstens sechs, oft zwölf Mann stark. Auch erscheinen sie stärker bewaffnet, nicht bloß mit Pistolen und Messern, sondern auch mit Flinten, Äxten, Beilen, Prügeln und Stricken. Wenn es einzelnen Höfen, Mühlen, Landsitzen oder isolierten Klöstern und Kirchen gilt, so nehmen sie solche oft geradezu mit Gewalt ein. In Dörfern und Flecken hingegen steigen oder brechen sie auch leise in die Häuser, aber die Plünderung derselben wird nicht, wie bei den stillen Nachtdieben, geräuschlos und nur von einem übernommen, sondern die Räuberbande teilt sich so ab, daß die einen ums Haus herum Posten sassen, die anderen, und zwar die mehreren, sich hinein begeben, wobei es dann auf nichts geringeres abgesehen ist, als die wichtigsten Schätze des Hauses zu entdecken und mitzunehmen. Sie binden daher gleich bei ihrem Eintritt die Hausleute mit dem drohendsten Bedeuten, sich still zu halten, und verüben dann bald mehr, bald weniger Grausamkeiten an ihnen, um sie zu treuer Angabe ihres baren Geldes und ihrer Kostbarkeiten zu bewegen. Sie schleppen sie z.B. an den Haaren herum, begießen sie mit Wachs oder Pech, halten ihnen ein brennendes Licht an die Fußsohlen, binden ihnen Werg um den Leib und zünden es an usw. Diese Mißhandlungen setzen sie oft auch

* Geschirr

dann noch fort, wenn sie sich der gewünschten Schätze schon bemächtigt haben, und lassen bei ihrem Abzug die Mißhandelten gebunden, oft halb tot, zuweilen auch erbärmlich ermordet, liegen.[1]

Auf gleiche Art verfahren sie bei Straßenräubereien. Die Vorbereitungen zu diesen Gewalttaten machen sie gemeinhin durch Spionieren in Wirtshäusern, und den Platz dazu wählen sie in Wäldern, die an Landstraßen stoßen, wo sie die vorbeireisenden – Fußgänger, Reiter oder Fahrende – plötzlich aus ihrem Hinterhalt nach einem vorher verabredeten Plan anfallen und sich ihrer und ihrer Habseligkeiten bemächtigen.[2] Wenn es um Plünderung eines Postwagens zu tun ist, so wird immer die Nacht dazu genommen und gemeinhin ein Baum quer über den Weg geworfen, um ihn aufzuhalten und desto leichter und geschwinder die Arbeit, zu der sich zwölf bis zwanzig nach vorher verteilten Rollen vereinigen, vollbringen zu können.[3] Doch werden hierbei nicht immer Gewalttätigkeiten gebraucht, sondern oft auch aufgepackte Kisten und Koffer schlechtweg im Vorüberfahren abgeschnitten und schnell ins nahe dicke Gehölz fortgeschleppt. Eben das geschieht auch bei Reisewagen.

Die Straßenräuber sind häufig auch Wilddiebe, und manche spielen hauptsächlich diese Rolle, wie z.B. der berüchtigte Bayer Hiesel, welcher mit einer starken Bande vor zwanzig Jahren in der Donaugegend umherstreifte, endlich nach vielen begangenen Gewalttätigkeiten und nach einer verzweifelten Gegenwehr gefangengenommen und hingerichtet wurde.

Mit vorzüglicher Verschlagenheit gehen die Felinger bei ihren Betrügereien zu Werk, so wie sie unter den Gaunern im ganzen genommen auch die schädlichsten und verderblichsten sind. Sie haben einen gut geübten Verstand, überaus viel Gewandtheit des Geistes und eine überschwemmende Beredsamkeit. Sie kennen den Pöbel sehr genau, wissen seine Schwächen und Vorurteile und machen es sich zum Geschäft, sie auszustudieren. Sie wissen nach Maßgabe dieser Kenntnisse und Fertigkeiten auf die schlaueste Art, ihr eigenes Interesse zum Interesse des Pöbels zu machen, die Einfalt und Leichtgläubigkeit desselben zu fesseln und ihn dahin zu bringen, daß er sich von ihnen hintergehen lasse. Die Kunstgriffe, die sie bei den verschiedenen Arten ihrer Betrügereien gebrauchen, sind immer aufs feinste nach den Umständen und nach dem Mann, den sie vor sich haben, berechnet, werden diesem nach auf verschiedene Art abgeändert und könnten zum Teil nicht ausgefuchster und listiger sein.

---

1 *Wer neuere Beispiele solcher Grausamkeiten bei gewaltsamen Einbrüchen lesen will, findet sie in dem Büchlein: Hanickel oder die Räuber- und Mörderbande.*

2 *Die Räuber, welche um die Mitte dieses Jahrhunderts die reitenden Posten zwischen Ulm und Augsburg so oft plünderten, rissen entweder die Postillione vom Pferd oder führten sie in den Wald und ließen ihn selber absteigen, indes einer oder etliche von der Bande das Felleisen abrissen und ausleerten. Nach vollbrachter Tat befahlen sie ihm, entweder ganz still fortzureiten oder vor einer halben Stunde sich nicht vom Platz weg zu begeben, wenn er nicht sein Leben in Gefahr bringen wolle.*

3 *Dies geschah z.B. bei dem bei Schwäbisch-Gemünd verübten Postenraub, wo die zwanzig Mann starke Räuberbande einen Eichbaum auf die Heerstraße warf, übrigens, ohne jemand zu verletzen, nur eine Geldkiste mit 3433 fl. ablöste und wegtrug.*

Die Staatsfelinger, die Vornehmsten unter ihnen, erscheinen gewöhnlich in einem vornehmen Aufzug. Sie sind kostbar gekleidet und öfter als Bergleute in einem schwarz samtenen Habit, mit goldenen und silbernen Treffen besetzt, haben nicht selten ihre eigenen Karossen, ihre Kutscher, vier bis acht Pferde, mehrere Diener und Kammermägde, dann auch Hanswurste, Seiltänzer, Taschenspieler, Komödianten, Musikanten. Doch richtet sich diese Hofhaltung und Dienerschaft nach dem Ertrag der Kunst: Je nachdem sie mehr oder weniger ergiebig ist, wird jene vermehrt oder vermindert. Sie treten meistens nur in Städten, am liebsten in Reichsstädten und deren Gebiet auf, wiewohl auch manchmal in Dörfern, weil der Pöbel da leichter einzunehmen und zu verhören ist, und aus begreiflichen Ursachen wählen sie gerne die Marktzeit dazu. Sie geben sich für Ärzte, die, wo nicht alle, doch die wichtigsten und gefährlichsten desperatesten Krankheiten heilen können, für Operateure, Zahn- und Augenärzte, Stein- und Bruchschneider, Harnbeschauer usw. aus und führen gedruckte Zettel bei sich, auf welche ihre ganze große Kunst der Länge und Breite nach beschrieben ist, und gerade so, wie es am kräftigsten auf den Pöbel wirken kann, mit ungemeiner Zuversicht, mit Berufung auf viele glücklich vollbrachte Kuren und Einstreuung vieler biblischer und religiöser Floskeln: so gar mit Klagen über Betrüger und Quacksalber. Daneben führen sie auch Privilegien von K. Majestät als examinierte und tüchtig befundene Ärzte und Operateure und viele Attestate von hohen und niederen Personen, die sie kuriert haben. Da sie ihre Rolle bei einer völligen Unwissenheit unmöglich mit Erfolg spielen könnten, so sind sie auch nie so ganz leer an Wissenschaft und Kunst. Sie besitzen gemeinhin einige medizinische, chirurgische und chemische Kenntnisse, die sie entweder durch Überlieferung oder durch Lesung gewisser Bücher aufgeschnappt, und bei gewissen Operationen eine Geschicklichkeit, die sie sich durch Übung erworben haben und die sie mit einer ungemeinen Redseligkeit auszukramen wissen. Aber diese Kenntnisse sind äußerst oberflächlich, verworren und ohne den Schatten einer gründlichen Theorie: sie selber also im Grunde nichts mehr und nichts weniger als Scharlatane und Quacksalber.

Werden sie irgendwo eingelassen und ihnen die Ausübung ihrer Kunst erlaubt, so verteilen sie sogleich die Zettel, auf denen dieselbe beschrieben ist, laden alle mit langwierigen und hartnäckigen Krankheiten und Leibschäden behafteten Kranke ein, versprechen, arme Kranke umsonst zu kurieren, und vergessen nicht, dem ehrsamen Publikum auch zugleich bekannt zu machen, daß sie Seiltänzer und Komödianten bei sich hätten, die die Ehre haben würden, zu der und der Zeit ihre Kunststücke zu zeigen. Gegen diejenigen, die sich bei ihnen einfinden, sind sie außerordentlich höflich, suchen sich vorher durch ihre Bedienten von der Krankheit derselben zu unterrichten, erklären ihnen ihre Krankheiten oder Schäden, die Schwierigkeit und Möglichkeit, sie zu heilen, mit großer Redseligkeit, preisen ihnen ihre Arzneien als unfehlbar wirksam an, wenn je noch etwas anschlage. Manche Kuren und Operationen, diejenigen nämlich, die sie am besten verstehen, verrichten sie mit Fleiß öffentlich, daß jederman Zeuge ihrer Geschicklichkeit sehen solle. Sofort treten ihre Lustigmacher auf und geben dem Publikum ein unterhaltendes Schauspiel. An Märkten, wo sie ihre Buden öffentlich aufschlagen, eröffnen sie mit theatralischen Vorspielen ihre marktschreierischen Verrichtungen. Sie lassen vorerst ihre Hanswurste und Seiltänzer spielen, um recht viel Volk herbeizuziehen. Dann rufen sie ihre Rezepte aus und erteilen den Patienten Audienz und Rat. Diese schlauen Mittel verfehlen dann auch selten ihre Wirkung. Der Ruf der großen Männer, die Universalärzte und Dilettanten zugleich sind, verbreitet sich auch in der umliegenden Gegend; der Pöbel strömt herbei. Kranke oder Gebrechliche aller Art kommen entweder selber oder schicken ihre Abgeordneten, nehmen die Wundermänner mit unbegrenztem Zutrauen auf und lassen sich dadurch nicht irre machen, daß sie die ihnen angepriesenen Arzneien in unerhörten Preisen und die mit ihnen vorgenommenen Kuren und Operationen teuer bezahlen müssen, ehe sie vollendet sind. Selbst vornehme Leute lassen sich durch ihre Marktschreiereien betören, sich ihnen in die Kur zu geben und von ihnen Hilfe zu hoffen. Es sind noch wenige Jahre, daß sich in Schwaben eine Person von hohem Rang, die mit dem Podagra* behaftet war, einem solchen von kaiserlicher und königlich-preußischer Majestät privilegierten Quacksalber anvertraute. Er versprach den hohen Patienten in zwei Stunden von diesem Übel für immer zu befreien, nahm die Kur vor, empfing 500 fl. dafür und bekannte darauf sogleich gegen einen Vertrauten, das Übel werde in vierzehn Tagen ärger zurückkommen als vorher. Doch sind sie nicht immer so glücklich. Sie müssen oft, wenn sie allenfalls an einen zu aufgeklärten Ort kommen und ihre Scharlatanerie schon verschrien ist, mit leerer Hand abziehen. So konnte vor etlichen Jahren der k. k. privilegierte Abel aus Bamberg in Langenau, wo er vier Jahre vorher mit gutem Erfolg praktiziert hatte, mehr nicht als etliche Patienten bekommen, von denen er einen lieferte; und in Weimar, wo er darauf erschien, wurde ihm das Medikastern verboten.[1]

Wie die Staatsfelinger in Städten, so haben die gemeinen Felinger, welches die Scharfrichter und Schinder oder Freileute sind, ihr Wesen hauptsächlich auf den Dörfern und den der niederen Volksklasse. Ihr Hauptgewerbe ist eben das, was jener ihres ist – Quacksalbereien, nur daß sie solche auf eine andere Art, zum Teil noch in einem größeren Umfang und in Verbindung mit noch verschiedenen anderen Nebengewerben treiben. Ihre Heilungskunst erstreckt sich nicht bloß auf Menschen, sondern auch auf Tiere, ohne Unterschied auf Pferde, Rindvieh, Schafe usw. Sie können alle Krankheiten kurieren, auch äußerliche Schäden heilen. Sie sind zu dem Ende mit vielen Arzneien versehen, die sie entweder auf einem Karren nachführen oder in einer Materialistenkiste tragen. Zum Teil sind dieselben echt und gut, zum Teil aber falsch und schlecht. Die

---

* Gicht

1 *s. Jornal v. u. f. Teuschl. 9s Stück. Jahrg. 1789, wo zugleich die Scharlatanerie dieses Mannes charakterisiert ist. Mehrere Nachrichten von Betrügern dieser Art in Bezug auf Schwaben finden sich in dem von Rahn herausgegebenen gemeinnützigen medizinischen Magazin, 1. Jahrg. p. 344, 3. Jahrg. S. 595 und 4. Jahrg. S. 85.*

letzteren haben sie in einer verborgenen Lade, die man beim Durchsuchen nicht leicht findet. Terpentin, Theriak, Skorpionöl, Steinöl, Rosmarinöl, Kümmichöl, Glieder-, Lebens- und Nägelensbalsam, Balsam Sulphuris, Magentropfen, grüne, schwarze und gelbe Waldsalbe, dann allerlei Pulver von rotem Sandel, Mine, Blaustein und Gorcum, verschiedene Wurzeln, Aqua foetida und Rauchkerzen – dies sind die gewöhnlichen Arzneien, die sie führen. Die schlechten schaffen und bereiten sie sich selber, die guten und brauchbaren kaufen sie an verschiedenen Orten hauptsächlich auf dem alten Weg bei der Neustatt auf dem Schwarzwald, auf der Leimengrube bei Triberg, in Basel bei Materialisten ein; jene führen sie für die Bauern, diese für Verständigere, um unter dem Schutz derselben jene desto sicherer anbringen zu können und von Dorfbarbieren nicht angefochten zu werden.

Wenn sie mit ihrem Karren oder Kisten in einem Dorf erscheinen, so begeben sie sich gemeinhin zuerst in die Pfarrhäuser und zu den Dorfschulzen und bieten ihre gute Ware, z.B. Magentropfen, Theriak usw., feil, um desto ungehinderter und mit so viel mehr Kredit hausieren zu können. Dann gehen sie nacheinander zu den Bauern herum und suchen ihre schlechten Waren – Pulver, Wasser, Wurzeln usw. – bei ihnen abzusetzen. Um dies zu bewerkstelligen, lassen sie es nicht dabei bewenden, daß sie die großen Heilkräfte dieser Arzneien beschreiben und anrühmen, daß sie zeigen, für welche und für wie vielerlei Krankheiten und Schäden sie gut seien, daß sie erdichtete Beispiele von Menschen anführen, denen dadurch geholfen worden ist, sondern sie bemühen sich auch, die Leute zu überzeugen, daß sie nicht gesund seien und mithin ihre Arzneien nötig haben. Sie schauen auf die Anwesenden umher und betrachten sie genau. Erblicken sie einen, der übel aussieht, so schlagen sie, um mich in ihrer Sprache auszudrücken, bei ihm an, d.h. sie machen einen Versuch, ihn zu hintergehen. Sie bemerken, daß er sich nicht wohl befinden werde, und sagen in allgemeinen Ausdrücken, die sich auf jede Krankheit anwenden lassen, wie es ihm ungefähr sei, was er leiden werde. Der Patient findet mit Verwunderung ihre Bemerkung richtig und läßt sich gemeinhin offenherzig über seine Umstände aus. Nun haben sie so viel Licht, als sie brauchen. Sie erklären ihm die Beschaffenheit seiner Krankheit umständlicher sowie den Ursprung und die Ursache derselben. Seine Nieren liegen im Schleim, er habe viel Koder auf der Brust und im Magen, er werde in der Hitze einen kalten Trunk getan haben, sein Geblüt sei verdorben. Hiervon suchen sie ihn durch eine Mundprobe zu überzeugen, die sie mit ihm vornehmen. Sie führen nämlich Gläschen mit Branntwein bei sich, in welche sie über Nacht Späne von lignum fanctum gelegt haben. Von diesem Branntwein geben sie dem Patienten einen Löffel voll in den Mund, lassen ihn damit einige Minuten in der Stube auf- und abgehen und dann auf einen Teller oder in ein Wasserbecken ausspucken. Da der so zubereitete Branntwein eine zusammenziehende Kraft hat, so besteht natürlicherweise dieser Auswurf aus einer Menge von Koder, und die Aussage der Felinger ist als wahr bewiesen. Um die Überzeugung der staunenden Bauern zu vollenden, machen sie die nämliche Probe mit einem anderen der Anwesenden, den sie für gesund ausgeben, dem Schein nach mit dem nämlichen Branntwein, in der Tat aber mit einem anderen, denn sie haben außer dem angeführten noch andere Gläschen mit Branntwein, der ebenso wie jene mit lignum fanctum angesetzt ist, nur mit dem Unterschied, daß noch Gewürznelken dareingelegt sind. Diese schlagen die zusammenziehende Kraft des Branntweins nieder, und der vorgebliche Gesunde, den sie davon haben nehmen lassen, wirft daher nichts von Koder, sondern den klaren Branntwein wieder aus und bestätigt damit ihre vorher gegebene Versicherung von seiner Gesundheit.

Ist auf diese Art ihre Kunst und die Krankheit des ersten, mithin die Notwendigkeit einer Heilung außer Zweifel gesetzt oder auch ohne Probe durch ihre quacksalberische Beredsamkeit eingeschwatzt, so schreiten sie sofort zur Verordnung der Arzneien. Ihre Hauptarznei ist Pulver von rotem Sandel, Mine, Blaustein und Gorcum. Diese geben sie für alle möglichen innerlichen Krankheiten, bei Männern, Weibern und Kindern, für Hektik, für alle Arten von Fiebern, für Unordnungen der weiblichen Natur, für Gichter und andere Zufälle bei Kindern, die sie gleich für Verhexungen ausgeben, wofür das Malefizpulver gebraucht werden müsse und dann auch für alle äußerlichen Schäden. Zum innerlichen Gebrauch geben sie die Vorschrift, das Pulver mit Schmalz oder frischer Butter, dem Weißen vom Ei und Milchrahm oder auch bloß mit Wein warm anzumachen oder auch, besonders bei Grimmen und Bauchschmerzen, mit gewissen Ölen zu vermischen; dann einen halben Löffeln voll von Zeit zu Zeit davon einzunehmen und daneben einen von Heublumen und Kleien oder Gersten zuerst mit Wasser, hernach mit Wein abgesottenen Trank zu trinken. Den kleinen Kinder verordnen sie, das Pulver auch im Brei zu geben. Für den äußerlichen Gebrauch hingegen lassen sie dasselbe mit den angeführten Ingredienzien zu einer Salbe bereiten und den schadhaften Teil des Körpers damit schmieren oder davon Umschläge auf demselben machen.

Neben dieser Universalarznei aber haben sie noch verschiedene andere für besondere Krankheitsfälle und Umstände, z.B. zur Verdünnung und Verbesserung des Geblüts geben sie in kleinen Gläschen Seifenwasser, vermengt mit rotem Sandel, der gewöhnlich sich zu Boden setzt, beim Rütteln des Glases das Wasser schnell rot färbt, und wenn man zu rütteln aufhört, sich ebenso schnell wieder setzt, oder auch in kleinen Gläschen Wasser von Balsam Sulphuris und Terpentin, wo letzterer mit ersterem auch nur im Fall des Rüttelns sich vermischt und es braun färbt. Die Felinger schütteln das eine oder andere solcher Gläschen vor den Augen der Bauern und lassen sie die schnellen Farbenverwandlungen des Wassers bemerken. »Schaut«, setzen sie dann hinzu, »so muß, wenn ihr dies Wasser gebraucht, schnell euer Geblüt verteilen«. Vielerlei Wurzeln, welche sie am nächsten besten Ort ausgegraben, verkaufen sie als Gegenmittel gegen das Fieber und andere Krankheiten vermittels des Anhängens derselben. Da sie nicht nur Krankheiten bei Kindern, sondern auch bei vielen Erwachsenen für Verhexungen ausgeben, so verordnen sie neben den angeführten auch noch das

Räuchern mit geweihten Rauchkerzen und Aqua foetida und geben die gemessene Vorschrift, das Haus drei Tage ganz verschlossen zu halten, von niemand außer demselben etwas zu nehmen und niemand etwas zu geben als allenfalls einem Bettler ein Almosen. Die Hexe müsse dann schlechterdings kommen, doch haben sie auf diesen Fall noch so viel Mitleiden und Einsehen mit dem unglücklichen Weib, daß etwa von ungefähr erscheint, daß sie die Erinnerung beifügen, man solle sich damit begnügen, sie zu kennen, und ihr nichts weiter zu Leid tun.

Die Felinger auf der Alp und dem Welzheimer Wald haben gewöhnlich einfachere Heilmittel und eine einfachere Kurart. Ihre Arzneien bestehen fast allein in Hunds- und Katzenschmalz. Um dies zu bereiten, stehlen sie bei der Nacht, wo sie können, Hunde und Katzen oder werfen ihnen bei Tag etwas Tödliches vor, um ihrer habhaft zu werden. Sie kurieren auch Schäden an Füßen und Händen mit frisch geschlachteten Hunden, in deren dampfenden Bauch sie den schadhaften Teil eine Zeitlang liegen lassen.

Überhaupt ist es schwer, alle ihre Arzneien und Heilmethoden genau anzugeben, weil sie solche nach ihren Einfällen bereiten und einrichten und auch ganz nach ihren Einfällen die Wirksamkeit und den Gebrauch derselben bestimmen.

Der Absatz ihrer quacksalberischen Arzneien ist übrigens unglaublich groß, besonders der Pulver. Es gibt gewisse Gegenden, wie z.B. das sogenannte Gärv im Württembergischen, wo beinahe kein Dorf und im Dorf beinahe kein Haus ist, das nicht auch nur auf den Fall der Not mit dergleichen versehen wäre. Und im niedrigsten Preis verkaufen sie eines um 24 bis 30 kr., oft aber auch, besonders bei schwachsinnigen Leuten, denen man alles bereden kann, für einen, zwei, drei, ja in Fällen, wo es für Verhexungen gegeben wird, wohl auch für zehn Gulden. Der Kredit, in dem sie bei den Bauern stehen, ist außerordentlich. Wenn diese auch den Betrug fast handgreiflich fühlen oder er ihnen aufs überzeugendste bewiesen wird, so glauben sie ihn nicht und halten sich an gewisse Merkzeichen, an denen sie die Kunst der Betrüger wollen wahrgenommen haben.[1] Indessen verschütten sie doch zuweilen, d.h. ihr Betrug wird entdeckt

[1] *Der Konstanzer Hans hatte, da er noch Gauner war, einem Bauern zu Nusringen für sein Kind, das die englische Krankheit hatte, Rauchkerzen und Aqua foetida zur Enthexung dieses Patienten – denn die Krankheit war nach der Versicherung des Konstanzer Hans nichts anderes als Hexerei – gegeben und ihm befohlen, das Haus bei geschlossenen Türen damit zu räuchern, worauf das Vieh anfangen würde zu rumoren – dies sei das sichere Kennzeichen der Verhexung, und die Hexe müsse dann selber erscheinen. Der Bauer befolgte die Vorschrift in der nächsten Nacht, und da sich dadurch ein abscheulicher Gestank im ganzen Haus und auch im Stall verbreitete, so wurde natürlicherweise das Vieh wirklich unruhig und fing an zu brüllen, welches der Bauer, dem empfangenen Unterricht nach, für einen Beweis der Annäherung der Hexe nahm. Und schon war er voll Freude darüber, die Unholdin in seine Gewalt zu bekommen. Aber die Magd verdarb ihm das Spiel. Aufgeweckt durch das Brüllen, sah sie im Stall nach und öffnete die Tür desselben, um dem Gestank Ausgang zu verschaffen – eine Unbesonnenheit, die ihr der Bauer beinahe nicht verzeihen konnte, da die Hexe dadurch wieder freigelassen wurde. Mehrere Jahre darauf, da der K. H. als gebessert von ungefähr durch Nusringen kam, erzählte ihm der Bauer die gute Wirkung seiner verordneten Arzneien, und so sehr ihn auch K. H. versicherte, daß er ihn betrogen habe, so war der Bauer doch nicht davon zu überzeugen, denn er habe ja das Vieh selber fürchterlich brüllen hören, und er meinte, der K. H. möge jetzt seine geheime Kunst nur nicht mehr gerne öffentlich gestehen.*

und ihnen ihre falsche Ware abgenommen, wenn etwa ein geschickter Dorfbarbier sie und ihre Ware näher untersucht. Aber dieser Fall ist selten, ihre Praxis bleibt meistens unangefochten, und sie spielen ruhig mit dem Leben und der Gesundheit sowie mit dem Beutel der Menschen.

Auf eine ähnliche Art üben sie ihre Vieharzneikunst auf den Dörfern aus. Sie preisen solche überall, wo sie hinkommen, mit vielem Prahlen und unter Vorzeigung obrigkeitlicher Attestate an. Vieles Vieh machen sie selber durch geheime Streiche der Bosheit krank, um es kurieren zu können, bei vielen bereden sie die Bauern, daß es krank oder ihnen wenigstens nicht recht nutzbar und in großer Gefahr sei und alle Viehkrankheiten, von den kleinsten bis zu den größten, geben sie für Verhexungen aus und richten danach ihre Kuren ein. Den Betrug, den sie auf diese Art spielen, heißen sie für einen Senkel Caspar, d.h. ein Betrug mit Hexerei.

Wenn sie Vieh krank machen so gehen sie gewöhnlich auf folgende Art zu Werk. Zwei von ihnen verabreden sich zur Ausführung dieser Absicht. Einer geht in ein Dorf voran und sucht auf irgendeine verdachtlose Art oder auch unbemerkt, in den Stall eines Bauern zu kommen, steckt dann einem Pferd eine Stecknadel oben in den Schwanz von innen hinein oder schmiert einer Kuh die Zunge mit Seife und macht sich davon. Beide Tiere hören auf diese Operation zu fressen auf. Den Tag darauf erscheint sein Kamerad, mit dem die Sache verabredet ist, im nämlichen Dorf, macht sich als einen Vieh- und Pferdearzt bekannt, prahlt mit wichtigen Kuren, die er erst kürzlich da und dort an Pferden gemacht, und weist darüber Attestate vor. Der Ruf seiner Kunst verbreitet sich im Dorf und kommt dem Bauern zu Ohren, dessen Vieh leidet. Voll Freude eilt dieser seinem so gerade zur rechten Zeit erscheinenden Helfer, dem gepriesenen Vieharzt, zu, erzählt ihm sein Unglück und bittet ihn um Hilfe. »Es ist ein übler Umstand«, hebt dann der Felinger mit bedenklicher Miene an, nachdem er das kranke Stück Vieh in Augenschein genommen hat: »Euer Pferd, Eure Kuh ist von einer Hexe geritten, Ihr müßt schlimme Nachbarn haben, und wenn Ihr nicht dazu tut, so könnt Ihr um all euer Vieh kommen.« Doch, setzt er hinzu, es sei noch zu helfen, er stehe vor allen Schaden, und er verlange keine Bezahlung, bis wirklich geholfen sei. Dann schreitet er zur Kur, begibt sich mit geweihten Lichtern in den Stall, räuchert ihn mit geweihten Rauchkerzen unter dem Aussprechen der Namen der heiligen Dreifaltigkeit, zieht unvermerkt dem kranken Pferd die Stecknadel aus dem Schwanz und läßt es sofort den Bauern reiten, während er selber den Sattel des Pferdes außer dem Stall derb abpeitscht, um die Hexe auszutreiben und abzustrafen. Das Pferd, dessen Krankheit durch das Herausziehen der Stecknadel behoben ist, kommt gesund zurück und frißt wie vorhin. Für die verhexte Kuh nimmt er, nach vorangeschickten gleichen Zeremonien, Urin von einem Knaben, Kienruß, Essig und Salz, mischt es untereinander und wäscht dem Vieh die Zunge, legt dann Salz auf ein Brett, hält es demselben hin und läßt es ablecken. Damit ist der Schaden geheilt, es fängt wieder an zu fressen, und der Felinger bezieht seinen voraus akkordierten Lohn aufs wenigste mit 5 fl., oft auch, besonders bei einem teuren und schönen Stück Vieh, mit 10, 20, ja 40 fl., die er mit seinen Kameraden teilt.

Nach gütlich vollendeter Kur führt er aber auch dem Bauern noch zu Gemüte, er müsse sich wegen seinen bösen Nachbarn mit seinem übrigen Vieh in acht nehmen. Es könnte ihm leicht auch verhext werden. Ihm zu Gefallen wolle er den ganzen Stall gegen alle dergleichen Beschädigungen versichern. Dann fängt er das Räuchern und Benedizieren bei den heiligen Namen, bei dem Blut und Wunden Jesu aufs neue an, bohrt in die Tür und Krippe und verschiedene andere Orte des Stalls, Löcher, nimmt überschriebene Zettel und Malefiz- und Zauberpulver, schiebt es in die gebohrten Löcher und schlägt einen Eggenzahn hinein. Für diese Versicherung oder Benediktion des Stalls läßt er sich noch extra, bald in höheren, bald in niederen Preisen, bezahlen und am Ende noch ein Attestat geben, daß er die und die Kur glücklich vollbracht habe.

Kommen die Felinger in ein Dorf, wo nicht krank gemachtes, sondern natürlich krankes Vieh ist und ihre Hilfe verlangt wird, so verfahren sie auf die nämliche Art, nur daß sie da im Gebrauch der Arzneien manchmal Abänderungen treffen und nicht so plötzlich Heilung versprechen. Um aber doch den Bauern wegen derselben nicht im Zweifel und in Ansehung der Bezahlung nicht im Unstand zu lassen, versichern sie ihn mit den heiligsten Beteuerungen und oft mit den entsetzlichsten Flüchen, was sie verordnet haben, müsse so und so bald helfen, wenn es anders recht gebraucht werde, taxieren ihre Mühe und Arzneien nach obigem Schlag und setzen nach erhobener Bezahlung ihren Weg weiter fort. Wird das Vieh ungefähr gesund, welches sie bald erfahren, so kommen sie mit großen Prahlereien zurück, und ihr Kredit vermehrt sich; stirbt es, so bleiben sie entweder weg oder schieben, wenn sie wieder kommen, die Schuld auf vernachlässigten Gebrauch der gegebenen Arzneien oder auf Abweichung von ihrer Vorschrift und wissen sich so gut hinauszuhelfen, daß sie nichtsdestoweniger als geschickte Viehärzte anerkannt und bei der nächsten Gelegenheit wieder gebraucht werden.

Treffen sie in einem Dorf, in welchem sie erscheinen, kein krankes Vieh an und finden sie keine Gelegenheit oder sich nicht aufgelegt, eines krank zu machen, so begeben sie sich auch kurz weg zu dem nächsten besten Bauern und versichern ihn sehr teilnehmend, er habe von seinen Kühen nicht den Nutzen, den er haben könnte, sie geben nicht genug oder zu wäßrige Milch; und die Ursache sei einzig die: sie seien verhext. Es sei aber mit Hausmitteln zu helfen, und die wolle er ihm aus guter Freundschaft unentgeltlich sagen und zubereiten. Er nennt ihm dann Kienruß, Heublumen, Salz und Kleie, macht es untereinander und setzt hinzu, er müsse noch ein Pulver dazu bekommen. Er wisse nicht, ob es in der Apotheke zu bekommen werde; die Hauptmaterialisten führen es gewöhnlich, und in den Apotheken werde man gerade mit unechtem betrogen, nur in den vornehmsten sei es echt zu haben. »Wenn's nicht gerne so aussieht wie dieses da«, fährt er fort, indem er ein Pulver hervorzieht, »so ist's nicht das rechte.« Der Bauer, um sicher gute Ware zu bekommen, bittet ihn, es ihm um gute Bezahlung zu überlassen. Der Felinger macht anfangs Schwierigkeiten; er habe nur dies einzige, er könne es nicht wohl hergeben. Doch läßt er sich endlich bitten, wenn er sieht, daß der Bauer für gute Bezahlung hoch genug gestimmt ist und nimmt für sein Pulver, das aus den nächsten besten, obgleich unschädlichen Wurzeln bereitet ist, seine 6 bis 10 fl. hin, das weitere aber tut er seinem gegebenen Wort gemäß alles unentgeltlich.

Oft gibt auch der Felinger dem Bauern mit dürren Worten zu verstehen, in seinem Stall sei es unsicher, sein Vieh verhext und die größte Gefahr vorhanden, ohne einen anderen scheinbaren Beweis für seine Behauptung zu haben oder anzuführen als den, er sehe es dem Stall oder Vieh an. Und ohne einen anderen Beweis zu verlangen als dieses Sehers Auge, läßt ihn der Bauer sogleich seinen Stall auf die oben angeführte Art benedizieren und bezahlt ihn dafür mit 1, oft 5 bis 6 fl., je nachdem die Operation weitläufig und mit Bohren und Einschlagen von Nägeln und Zettelchen in die Krippe, Wände und Türen verbunden ist. Oft werden in einem weg vier bis fünf Ställe nacheinander beim Hausieren auf diese Art benediziert, weil natürlicherweise in einem Dorf, wo nun einmal eine oder mehrere Hexen entdeckt sind, jeder Bauer mit seinem liebsten Eigentum davor gesichert sein will.

Oft machen sich die Felinger anheischig, die Hexe, die einen Stall oder ein Haus belästigen soll, zu stellen, wenn man es verlange, und oft verlangen die Bauern es auch für sich ohne vorheriges Anerbieten der Felinger. In diesem Fall übertragen diese gewöhnlich ihren Weibern oder auch einer anderen versicherten Person ihrer Gesellschaft die Rolle der Hexe, richten aber mit schlauer Vorsicht alles dabei so ein, daß ihr Betrug nicht an den Tag und ihre Weiber nicht in Gefahr kommen, wie folgendes Beispiel zeigt, das sich erst vor einigen Jahren in einem Dorf auf dem Schwarzwald ereignet hat. Ein Scharfrichter erschien in dem Haus eines Bauern und versicherte ihm, sein Stall sei verhext. Der Bauer, der schon mehrere Male mit diesem Kniff hintergangen und um viel Geld betrogen worden war, fand sich aus diesem Grund nicht aufgelegt, ihm Gehör zu geben, und wollte endlich der wiederholten Versicherung des Mannes nur dann glauben, wenn ihm die Hexe gestellt würde. Der Scharfrichter versprach ihm dies auf der Stelle mit voller Zuversicht, traf insgeheim die nötigen Verabredungen mit seinem Weib und nahm um Mitternacht in der Wohnstube des Bauern mit mancherlei Gebeten und Zeremonien die Zitation vor, während sein Weib an einem gewissen nahen Platz auf der Straße das Signal zu ihrer Erscheinung erwartete. Er hatte nämlich mit ihr verabredet, sie sollte herbeikommen und im Stall sich verbergen, wenn sie ihn das Licht zum Fenster hinaushalten sehe. Dies tat er nach vollendeter Zitation unter dem Vorwand, daß er der Hexe zu ihrer Ankunft leuchten wolle. In diesem Augenblick hörte man sie herbeimarschieren und begab sich sofort mit dem Licht in den Stall, um sie leibhaftig zu sehen. Hier hatte sie sich in den Hintergrund gestellt, und sowie der Felinger hineinleuchtete, zeigte sich in der Ferne in dämmernder Helle eine weibliche Figur mit über das Angesicht herabhängenden Haaren. Der Bauer erschrak über den fürchterlichen Anblick, war überzeugt und bezahlte aufs neue den Betrüger, ohne das Herz zu haben, sich an der Hexe zu vergreifen.

Eine ähnliche Geschichte trug sich unlängst an einem anderen Ort zu, nur mit dem Unterschied, daß die Hexe nicht so glücklich wegkam. Sowie sie der Bauer erblickte, ergriff er im Grimm den Misthaken und hieb damit so gewaltig auf sie ein, daß sie beinahe auf dem Platz liegenblieb und kaum noch durch die dringendsten Vorstellungen des Felingers, dessen Weib sie war, gerettet wurde.

Übrigens nehmen die Felinger das Geschäft der Enthexung nicht immer selbst vor, sondern mengen oft nur Aqua foetida, Kienruß, Heublumen und Rauchkerzen untereinander und geben's dem Bauern mit der Vorschrift, drei Tage hindurch morgens und abends die Ställe und Türschwellen damit zu räuchern und diese Zeit hindurch das Haus mit Beobachtung des oben schon bemerkten Gebrauchs geschlossen zu halten. Kommt dann, wie es schwerlich fehlt, innerhalb dieser Zeit ein Weib vors Haus, die etwas verlangt oder sucht, so wird diese für die Hexe genommen, die zwar meistens ohne weitere Züchtigung wegkommt, manchmal aber auch für ihre geglaubte Bosheit empfindlich büßen muß.

Die Gegenden, wo die Felinger ihre Vieharzneikunst ausüben, sind hauptsächlich die, wo viel Rindvieh und Pferde gehalten werden, z.B. der Schwarzwald, die Alp und das sogenannte Gäu, im Württembergischen oder die Ämter Herrenberg, Wildberg, Altenstaig, Calw. Hier wandern diese Ärzte immer in großer Anzahl umher; hier war es auch, wo der Konstanzer Hans mit dem besten Erfolg praktizierte und in der kurzen Zeit seiner Praxis gegen 30 Pulver von der oben bemerkten roten Art absetzte.

Ihre Kunst und Geschicklichkeit schränkt sich aber nicht bloß auf Arzneiwissenschaft ein, sondern sie verstehen sich auch darauf, schädliche und unschädliche Geister zu beschwören, Schätze, die diese bewachen, zu erheben, Geldmännchen zu schaffen, das Christophels Gebet mit Erfolg zu sprechen und mit eben dem Eifer, mit eben der Schlauheit, womit sie ihre übrige Wissenschaft anwenden, machen sie auch von dieser Gabe Gebrauch.

Bei der Beschwörung und Wegtragung böser und schädlicher Geister verfahren sie auf folgende Art: Zuerst suchen sie die Sache listig einzuleiten. Sie horchen sorgfältig auf, wo von Geistergeschichten gesprochen wird und wo Geister spuken sollen. Haben sie ein oder anderes Haus, das in diesem Ruf steht, in Erfahrung gebracht, so gehen sie entweder gleich oder, wenn sie es zur glücklichen Erreichung ihrer Absichten für besser halten, nach Verfluß einiger Tage oder Wochen darauf los und schlagen bei dem Bauern an. Sie sehen es dem Haus an, sagen sie, daß es belästigt sei oder ein Geist darin spuke. Der Bauer bejaht es, dann verhehlen sie ihm nicht, es könnte noch übel ablaufen, wenn derselbe nicht weggeschafft werde, dies und das Unglück sei noch für Menschen und Vieh davon zu besorgen. Nachdem sie den ohnehin meist vorher schon vorhandenen Wunsch, sich von dem Geist befreit zu sehen, durch ihre schlaue Beredsamkeit recht warm gemacht haben, so lassen sie ihn die frohe Entdeckung machen, daß sie die Leute seien, die ihn beschwören und wegtragen können; nur sei freilich viel Gefahr und Mühe damit verbunden, der sie sich ohne angemessene Belohnung nicht unterziehen könnten.

Sind sie wegen derselben mit dem Bauer übereingekommen, so wird die Zeit der Beschwörung festgesetzt, und der Felinger geht auf einen oder etliche Tage ab mit dem Vorgeben, daß er sich auf diese wichtige Handlung vorher noch gehörig vorbereiten und mit den nötigen Sachen versehen müsse. Seine Vorbereitung besteht aber darin, daß er mit einem seiner Kameraden wegen Übernahme der Rolle des Geistes, der beschworen werden solle, übereinkommt und mit ihm verabredet, wo und wie er sie spielen solle. Dann findet er sich wieder auf die bestimmte Zeit im Haus des Bauern ein und macht Anstalten zur Beschwörung. Diese sind einfacher und kürzer oder umständlicher und länger, je nachdem der Bauer einfältig oder verständig ist. Im ersten Fall betet der Felinger einen Tag ganz allein im Haus und räuchert es mit geweihten Rauchkerzen, damit der Geist, wenn er erscheint, niemand einen Schaden tue. Wenn das geschehen ist, so beschwört er ihn im Beisein des Bauern in der Nacht. Ist der Bauer etwas verständiger und braucht es mehr blendende Umstände, um den Betrug zu verdecken, so setzt der Felinger das einsame Beten und das Räuchern des Hauses zwei bis drei Tage fort und nimmt dann erst die wirkliche Beschwörung vor. Hierzu beschreibt er einen Kreis, stellt sich samt dem Bauern mit einem geweihten Licht hinein und befiehlt dem Geist, auf die vorgelegten Fragen zu antworten. Der Kamerad, der die Rolle desselben spielen soll, hat sich indessen an dem ihm angewiesenen Platz eingefunden, gehörig versteckt und zum Spiel gefaßt gemacht. Dann fragt ihn der Felinger, wie weit sein Bezirk ist. Der vermeintliche Geist antwortet ihm mit dumpf brüllender Stimme und gibt seinen Bezirk an. Der Felinger fährt fort, wem er schädlich oder lästig sei. Hier gibt der Geist entweder Pferde oder Rindvieh oder Menschen an. Felinger: »Warum denn?« Geist: Er habe ungerechtes Gut, Äcker, Geld oder sonst etwas auf das Haus oder Familie von da und dorther gebracht, wohin es nicht mehr zurückgegeben werden könne. Er müsse also so lang spuken und das Haus belästigen, bis das ungerechte Gut wieder weg sei. Felinger: Was denn in dieser Absicht zu tun wäre? Geist: Weil's nicht mehr an den gehörigen Ort heimgegeben werden könne, so müsse man es an Arme oder an ein Kloster verschenken oder dafür eine Anzahl Messen lesen lassen. Nun hat man hinlängliches Licht über die Umstände des Geistes, und es ist jetzt nur noch um die Gefangennehmung desselben zu tun. Diese geschieht bei einfältigen Bauern gleich auf der Stelle, bei den übrigen aber und meistens erst die Nacht darauf, um alles desto sicherer und geschickter anlegen zu können. Es findet sich nämlich da der Kamerad entweder mit einem Hund oder Küllhasen oder einer Katze, die mit Phosphors bestrichen ist, an einem Strick wieder in dem Haus ein und verbirgt sich mit seinem Tier im Stall oder im Futtergang oder sonst an einem gelegenen Ort, der Verabredung gemäß. Der Felinger erscheint mit dem Bauern und beschwört den Geist aufs neue. Der Kamerad läßt sein kleines Tier an seinem Strick wechselweise springen und zieht es wieder zurück. Der Phosphor, mit dem es bestrichen ist, gibt ihm einen leuchtenden Schein und mithin das wirkliche Ansehen eines Geistes. Der Felinger springt ihm nach, fängt es nach einigem anscheinendem Kampf mit ihm, steckt es in einen Sack, bindet solchen fest zu und trägt ihn in die Stube zum augenscheinlichen Beweis für alle Hausgenossen, daß er sein Amt richtig getan habe. Dann nimmt er von dem erfreuten Bauern die festgesetzte Belohnung für seine Mühe oft mit 40 bis 60 und mehreren Gulden[1] und zu gleicher Zeit auch den Betrag des ungerechten Guts an Geld in Empfang und seinen Sack mit dem Geist auf den Rücken, um jenes vorgeblich in ein Kloster und diesen in die Wüste zu tragen, denn er hat den Bauern überzeugt, daß jenes wie dieses nur durch seine Hand geschehen könne.

Oft bedienen sich die Felinger statt der angeführten Tiere bloß eines Scheinholzes, um den Geist damit vorzustellen, und bemächtigen sich desselben mit dem Gürtel des hl. Franziskus, den sie vorgeblich bei sich führen.

Oft gehen sie auch, ohne zu warten, bis sie etwas von spukenden bösen Geistern irgendwo aufhaschen können, geradezu zu einem der bemittelten Bauern, von dem sie glauben, daß er sich werde kaspern lassen, sprechen zuerst von gleichgültigen Sachen und lassen nach einiger Einleitung ein Wort von Vermutung fallen; es müsse in seinem Haus nicht ganz richtig stehen, sie haben ziemlich deutliche Anzeichen davon. Gibt dann der Bauer nur einen geringen Umstand oder Vorfall in seinem Haus an, den sie zur Bestätigung ihrer Vermutung benutzen können, so führen sie ihn allmählich bis zur Überzeugung, daß sein Haus belästigt sei und daß auf schleunige Hilfsmittel Bedacht genommen werden müsse. Haben sie ihn einmal soweit, so brechen sie ab und nehmen ihren Abschied, ohne im mindesten etwas von weiteren Absichten merken zu lassen. Sogleich aber geben sie von der guten Stimmung, in die sie den Bauern gesetzt haben, einem ihrer Kameraden Nachricht, der dann nach getroffener Verabredung vier bis sechs Wochen nachher in dem belästigten Haus sich einfindet, auf den vorher gelegten Grund fortbaut, mit dem Bauer wegen Beschwörung des Geistes sich einversteht und dieselbe auf die oben beschriebene Weise vornimmt.

Auf eine ganz ähnliche Art machen sie es mit dem Söllich Caspar, d.h. dem Betrug mit Beschwörung unschädlicher Geister und Erhebung verborgener Schätze, die diese bewachen sollen. Es begibt sich einer von ihnen in das Haus irgendeines vermöglichen und geldgierigen Bauern und sagt ihm nach einer den Umständen angemessenen Vorrede mit geheimnisvoller Miene: »Ihr könntet auch ein reicher Mann sein, wenn Ihr wüßtet, was ich weiß.« Der Bauer, dem nichts gesagt werden könnte, das ihm erwünschter käme und seine Aufmerksamkeit und Neugier höher spannte, fällt dann gemeinhin heftig ein: »Wieso, guter Freund, was meint Ihr damit?«

---

1 *Im Fürstenbergischen wurde einmal einem solchen Geisterbeschwörer die Summe von 200 fl. für die Wegtragung eines Geistes bezahlt.*

Felinger: »Ihr habt auf Eurem Acker (in eurem Haus) einen vergrabenen Schatz, bei welchem ein Geist spukt.« Bauer: »Woher wißt Ihr das?« Felinger: »Wie sollte ich's nicht wissen? Ich bin an einem Sonntag geboren, und in vergangener Nacht, da ich aufstand und zum Fenster hinaus schaute, sah ich in Eurem Haus (auf Eurem Acker) den Geist spuken.« Bauer: »Meint Ihr denn aber, der Schatz wäre zu bekommen?« Felinger: »Warum nicht? Dies ist etwas leichtes«, und es geschähe damit noch ein gutes Werk, indem ein armer, geplagter Geist erlöst würde. Bauer: »Wie müßte man dann die Sache angehen?« Felinger: »Den Geist beschwören.« Bauer: »Aber woher jemand hierzu bekommen?« Hier entdeckt der Felinger ihm im Vertrauen, daß er der Mann sei, der auch hierauf sich verstehe und schon manchen Geist beschworen habe, freilich sei es eine gefährliche Sache, und einem jeden möchte er's nicht tun; ihm aber wolle er endlich, wenn er verschwiegen sein wollte, aus besonderer Freundschaft den Gefallen erweisen, und es sollte ihn nichts kosten. Diese Versicherung nimmt den Bauern vollends gefangen. Er kann der Versuchung nicht widerstehen, auf einen Schatz Jagd zu machen, der ihm ganz unentgeltlich zuteil werden soll. Und er ist plötzlich mit dem Felinger wegen der vorzunehmenden Beschwörung einverstanden. Äußert er allenfalls noch Zweifel und Bedenklichkeiten, so weiß sie der Felinger durch seine listige Beredsamkeit zu heben, weiß überhaupt alle die Triebfedern in Bewegung zu setzen, welche spielen müssen, um den Entschluß des Bauern zu vollenden und ihn recht leidenschaftlich zu machen. Hat der Felinger diese Absicht erreicht, so forscht er seinen Mann noch näher aus, ob er furchtsam oder beherzt sei, um seine Maßregeln bei der Veranstaltung der Zurüstungen zur Beschwörung danach nehmen zu können, bestimmt hiernach die Zeit und den Ort der Beschwörung, letzteren entweder an einem schicklichen Platz auf dem Feld oder im Haus des Bauern, und beurlaubt sich auf einige Tage, um, wie er sagt, verschiedene zum vorhabenden Werk nötige Sachen aus einem Kloster zu holen, z.B. Rauchkerzen und Wachslichter, welche durch die drei Messen am Christtag oder Karfreitag zuerst geweiht worden seien. Aber statt dessen begibt er sich zu einem in der Nähe befindlichen Kameraden, bestellt ihn zu seinem Spiel und nimmt mit ihm die nötige Verabredung. Am bestimmten Tag kommt er zum Bauern zurück und geht nun in der Nacht ans Werk selber. Wird die Beschwörung im Haus vorgenommen, so müssen vorerst die Fenster geschlossen werden, und dann befiehlt der Felinger den Hausleuten, sich um den Tisch herum zu setzen und für sich in der Stille zu beten, was er dann selber auch tut. Dies wird drei bis vier Stunden fortgesetzt. Gegen das Ende dieser Zeit, während die Leute noch in der befohlenen Andacht begriffen sind, geht er zur Stube hinaus unter dem Vorwand, er wolle nachsehen, ob sich der Geist noch nirgends zeige, in der Tat aber, um seinen Kameraden, der sich indessen auch auf seinem angewiesenen Posten eingefunden hat, irgendwo von hinten einzulassen und alles vollends mit ihm abzumachen. Damit er aber nicht etwa dabei belauscht und verraten werde, schärft er es den Betenden ernstlich ein, sich ja nicht von der Stelle zu bewegen oder aus der Stube zu wagen, weil dies für sie lebensgefährlich wäre. Ist er mit seinem Kameraden fertig, so kommt er mit der Nachricht in die Stube zurück, der Geist sei im Anzug, er habe ihn schon gemerkt. Nun wird das Gebet abgebrochen, alle Hausleute in die nahe Kammer verwiesen und da eingeschlossen. Nur der Hausherr bleibt beim Felinger in der Stube. Dieser beschreibt jetzt mit einer Glücksrute oder Kreide oder Kohle zwei Kreise, einen für den Bauern und einen für sich, fährt auf beiden mit einer geweihten Kerze herum, tritt in den seinigen und läßt den Bauern das gleiche tun, stellt dann einen Leuchter mit einer geweihten Kerze hinein, gibt ihm ein geweihtes Licht in die Hand, nimmt selber eines und fängt mit Herlesen magischer, unverständlicher Wort aus einem bei sich habenden Buch die Beschwörung an. Der Geist regt sich allmählich, lärmt und klopft endlich an. Der Felinger fragt den Bauern, ob er ihn sehen wolle. Oft verbittet sich's dieser aus Furchtsamkeit, oft aber ist er beherzt genug, es zu verlangen. Auf diesen Fall ist der vermummte Geist mit einem fest zusammen gewikkelten Klumpen von Flachs oder Hanf und mit einem angezündeten Zunder versehen. Wird er also aufgefordert, hereinzukommen, so zündet er mit dem Zunder den Klumpen an, nimmt ihn in den Mund, bringt ihn durch den Hauch zum Glühen, öffnet dann die Tür mit wildem Gerassel ein wenig und schaut feuerspeiend hinein. Es ist wahrlich ein böser Geist, sagt der Felinger mit ängstlicher Stille. Jetzt entfällt gemeinhin auch dem beherzten Bauern der Mut, und er bittet den Felinger, ihn draußen zu halten. Der Geist tobt und rast an der Tür und will mit Gewalt herein. Der Felinger beschwört ihn, bei der heiligen Dreifaltigkeit, bei dem Blut und Wunden, bei dem bitteren Leiden und Sterben Jesu, draußen zu bleiben, und treibt ihn endlich mit Mühe ab. Um ihn aber ganz zahm zu machen, ermahnt er seine Leute aufs neue zum Gebet, läßt sie auf ihre Knie niederfallen und eine oder etliche Stunden in dieser Stellung ängstlich betend liegen. Hierauf zitiert er den Geist aufs neue und befiehlt ihm, jetzt stiller und tugendsamer zu erscheinen. Der Geist gehorcht und nähert sich ohne tobendes Geräusch. Der Felinger fragt ihn, was er wolle, wo es ihm fehle. Geist: Er hüte schon so und so lang da oder dort – allein oder mit anderen Geistern – einen Schatz von so und so viel 1000 Gulden, den er vergraben und niemand entdeckt habe, und an den er jetzt gebannt sei. Felinger: Wie ihm denn geholfen und der Schatz erhoben werden könne? Er solle anfangen. Geist: Man müsse so und so viel Dukaten oder Louisdor oder Federn- oder Konventionstaler von einem Schlag an den und den Ort (wo der Schatz verborgen sein solle) in einem mit blauen oder roten Bändern umwundenen Schächtelchen oder pitschierten* Blasen, Päckchen oder Kästchen hinstellen oder vergraben, dann werden zu jedem Stück zehn bis fünfzehn ähnliche kommen und der Schatz sich in so und so viel Zeit dazu sammeln.

Nun wird der Geist entlassen; die Leute suchen das Geld aufzutreiben und wechseln es im Notfall selbst bei Kaufleuten gegen starken Aufwechsel ein. Hat

---

* versiegelten

er's beisammen, so händigt er's dem Felinger ein, der es vor seinen Augen auf die vom Geist vorgeschriebene Art entweder in ein Schächtelchen oder in eine Blase oder ein Kästchen zusammen macht und pitschiert. Er hat sich aber voraus schon mit einem ganz ähnlichen Schächtelchen oder Blase oder Kistchen, auf ähnliche Art pitschiert, versehen, welche entweder mit Rechenpfennigen oder sonst etwas angefüllt ist. Dies schiebt er dem anderen mit ungemeiner Fertigkeit unter und gibt's dem Bauern, um es an den bestimmten Platz, wo der Schatz liegen soll, hinzustellen oder zu vergraben, und stellt das andere für sich ein, oder er trägt's auch selber an den Platz hin und nimmt da die Austauschung vor. Dann geht er mit dem echten Pack unter irgendeinem scheinbaren Vorwand weg, verspricht,auf den Tag, wo der Schatz sich gesammelt haben und erhoben werden soll, wiederzukommen, kommt aber begreiflich nicht wieder, denn der seinige ist erhoben.

Oft läßt der Felinger den Geist auf die Frage wegen seiner Erlösung antworten, er könne seinen Schatz nicht so lange umsonst gehütet haben, man müsse ihm aufs 100. so und so viel Batzen oder Kreuzer an Geldsorten von gleichem Schlag geben. Der Felinger macht Einwendungen dagegen und sucht dies ihm als etwas Unmögliches vorzustellen; der Geist aber beharrt auf seinem einmal getanen Ausspruch. Das Geld wird sodann vorschriftsmäßig gesammelt, und wenn es bei der Hand ist, trägt der Geist auf Befehl des Felingers den Schatz entweder in einem Sack oder in einer schweren Kiste selber herbei, stellt ihn vor der Stubentür rasselnd nieder und empfängt von dem Felinger, der zu ihm hinausgeht, das akkordierte Geld. Einige Stunden nachher wird der Sack oder die Kiste hereingebracht, die mit Gläsern, Scherben, Steinen und anderem klingendem und schwerem Zeug angefüllt ist, sie darf aber, wie sich's von selbst versteht, nicht sogleich geöffnet werden, sondern muß erst in eine Kammer auf einige Tage verschlossen und die Rückkunft des Felingers abgewartet werden, der zur Eröffnung vorher noch einen besonderen Schlüssel oder sonst etwas abholen muß, aber nicht für gut findet, sich wieder sehen zu lassen.

Geschieht die Beschwörung auf freiem Feld, so wird eine stockfinstere Nacht, auch wohl eine furchtbare Gewitternacht und ein Platz dazu gewählt, in dessen Nähe ein dichtbelaubter Baum steht. Auf diesem verbirgt sich der Kamerad des Felingers, der den Geist vorstellt, und wenn die Beschwörung anfängt, die auf die nämliche Art wie die vorhergehende vorgenommen wird, so macht der Geist auf dem Baum mit einer Blase, in welcher Erbsen sind und die er an einer Gerte angebunden hat, durch Hin- und Herschwingen ein langsam steigendes Geräusch und speit oft auch wie oben Feuer aus. Der weitere Verlauf ist ganz so wie oben.

Oft lassen die Felinger bei ihren Schatzgräbereien auch die Beschwörung des Geistes hinweg und begnügen sich mit dem zweiten Akt des Spiels. Wenn sie nämlich einem Bauern das Vorhandensein eines Schatzes in seinem Haus oder auf seinem Acker eingeschwatzt haben, so belehren sie ihn, was sie im vorhergehenden Fall den Geist tun ließen: Zur Erhebung desselben sei so und so viel

Geld nötig und müsse so und so lang an den Ort, wo der Schatz liege, in den Keller oder sonst wohin in einem irdenen Geschirr oder Schachtel hingestellt und vergraben werden, lassen sich's von dem Bauern geben, ohne es mit den Sorten so genau zu nehmen, und spielen den nämlichen Betrug damit wie oben.

Oft geben sie vor, wenn sie von einem geglaubten Schatz bei einem Bauern gehört oder ihm solchen eingeschwatzt haben, sie müssen zur Erhebung desselben einen oder mehrere katholische Geistliche haben, lassen sich zur Herbeischaffung derselben eine gewisse Summe von dem Bauern bezahlen, gehen unter dem Vorwand weg, den Geistlichen zu holen, und kommen nicht wieder oder erscheinen mit einem, der sich in den Habit eines Geistlichen gekleidet hatund die Beschwörung vornimmt. Überhaupt verändern sie ihre Methode und Verschiedenheit der Umstände. Oft suchen sie auch mehrere Bauern zugleich zur Teilnehmung an einer Schatzgräberei zu bewegen, um dieselbige desto ergiebiger zu machen, weil einer nicht immer vermöglich genug ist, um ihre Ansprüche zu befriedigen. Und auf diesen Fall bringen sie irgendein altes, verfallenes Schloß oder sonst einen Platz auf freiem Feld in Wurf, der im Ruf steht, daß große Schätze vergraben seien und von einem Geist bewacht werden, wie es denn selten eine Gegend gibt, die nicht nach der herkömmlichen Sage mit so einem Platz versehen wäre. Wie weit sich die Verblendung und der Betrug hierin bei dem Pöbel treiben läßt, mag folgende Geschichte beweisen.

Vor ungefähr vierzehn Jahren brachte ein gewisser Landstreicher namens Sternewiz, ein schlauer Sachse, eine Gesellschaft von ungefähr 500 Bauern auf dem Schwarzwald zusammen, welche er mit Versicherungen unterhielt, daß er die großen Schätze erheben wolle, die in einem alten, zerfallenen Schloß zu Gaisbach (einem nach Oberkirch gehörigen Dorf) nach der dortigen allgemeinen Meinung verwahrt liegen sollten. Er trieb sein Spiel gegen drei bis vier Jahre, ließ sich von seinen Verbündeten öfters mehrere hundert Gulden bezahlen, reiste wochen- und monatelang damit herum unter dem Vorwand, die Bücher, die zur Beschwörung des den Schatz bewachenden Geistes nötig seien, aufzusuchen und einzukaufen, und brachte wirklich mehrere zusammen, die die Bauern, welchen er sie vorwies, nicht verstanden. Endlich, da er seiner Versicherung nach mit allem Erforderlichen versehen war, bestimmte er den Tag der Schatzerhebung und bot auf denselben einen Ausschuß von ungefähr 30 Bauern aus seiner Gesellschaft auf, um der Verhandlung anzuwohnen. Der Tag erschien, und Sternewiz begab sich, begleitet von diesen Deputierten, nach Gaisbach. Hier betete er zuerst in dem Keller des Mayers daselbst, bis nachts um zwölf Uhr, brach dann mit ihnen gegen das verfallene Schloß auf und fing an einer Mauer desselben an, den mit Gesträuch bewachsenen Boden, unter dem der Schatz liegen sollte, aufzugraben. Bald stieß er auf eine mit starken Schlössern versehene Truhe, und dem Bauern schlug das Herz hoch bei dem Anblick derselben. Emsig grub man weiter, um sich des lange gehofften Funds zu bemächtigen, aber mit aller Anstrengung war die Truhe nicht von der Stelle zu bringen. Dann ging Sternewiz in das Innere des Schlosses unter dem Vorwand, mit dem Geist zu sprechen und ihn zu zwingen, daß er die Truhe entließ, brummte drinnen laut mit abwechselnder Stimme, wie wenn er mit dem Geist sich unterrede, und ließ denselben endlich sagen, er, Sternewiz, sei nicht imstande, ihn zu erlösen, dies könne nur durch einen Geistlichen, und zwar namentlich nur durch einen Hexjesuiten geschehen. Mit dieser Erklärung kehrte der Beschwörer zu der wartenden Gesellschaft zurück, ließ sich von den Bauern neuerdings 500 fl. bezahlen, um den verlangten Geistlichen damit zu bekommen, und versprach, sobald er ihn aufgefunden haben würde, sich mit ihm wieder einzustellen. Die Bauern warteten mit gespannter Sehnsucht, und da er nicht kam, gruben sie wieder nach der Truhe und ruhten nicht, bis sie solche losgewunden hatten. Aber wie bald folgte auf die Freude, die sie hierüber empfanden, Unmut und Verdruß, da sie bei der Eröffnung sie mit Steinen und Sand angefüllt fanden! Sternewiz hatte sie an diesen Ort eingegraben und, um den Betrug desto besser zu spielen, auf die Wurzel einer abgehauenen Eiche angeschraubt.

Minder weitgreifende und meistens nur einzelne Bauern betreffende Schatzgräbereigeschichten haben sich fast zu gleicher Zeit auf dem Schwarzwald in Menge zugetragen. Vom Kinzinger Tal und den badischen Grenzen an bis gegen Freiburg, Basel und den Bodensee hin und von dort wieder herunter gegen den Schwarzwald sind damals von den Felingern in einem kurzen Zeitraum gegen 200 Bauern, jeder auf einmal um 50 bis 300 fl. betrogen worden.[1]

Mit gleicher Verschlagenheit kaspern sie mit dem Christophels Gebet. Es kommt einer zu einem reichen Bauern, gibt sich für einen Handwerksburschen aus und bittet um eine Nachtherberge. Wird er aufgenommen und hebt sich das Gespräch an, so bricht er oft bedenklich ab, nimmt eine traurige Miene an und seufzt. »Was fehlt Euch, guter Freund?« fragt der Bauer: »Ihr seid so traurig.« Felinger: »Warum sollte ich's nicht sein? Ich habe daheim Weib und Kinder im Elend sitzen und muß von Haus und Hof vertrieben in der Welt herumlaufen.« Bauer: »Warum denn das?« Felinger: »Ach! Ich darf es fast nicht sagen, es läßt sich nicht vor jedermann davon reden.« Bauer: »Mit mir dürft Ihr aufrichtig sprechen; ich werd' es gewiß nicht ausplaudern.« Felinger: »Ja! Wenn ich das wüßte, so wollte ich mich euch wohl entdecken. Doch Ihr seht

[1] *Überhaupt herrscht die Schatzgräbereiwut in einem außerordentlichen Grad unter dem Pöbel, und nicht nur Vaganten sind es, die sie bei den Leuten anfachen und zu Geldschneidereien benutzen, sondern es gibt auch unter den Bürgern, selbst den Verständigsten und Angesehensten, viele, die entweder als Betrüger oder, welches noch öfter der Fall ist, als Betrogene ihren Mitbürgern und Bekannten in der Nähe und Ferne die Köpfe durch Erzählungen von vergrabenen und bewachten Schätzen warm machen, zur Erhebung derselben geheime Gesellschaften errichten und allem aufbieten, um sich mit den nötigen Mitteln zu diesem großen Geschäft zu versehen. Eben jetzt existiert so eine Gesellschaft von 30 bis 40 Personen, die im Württembergischen, Hechingischen und Fürstenbergischen zerstreut sind. Der Stifter derselben hat sie versichert: Wenn sie die Weimarische Bibel mit sieben Büchern Moses und mit Fausts Höllenzwang haben, die 1505 gedruckt und so schwer sein solle, daß ein Mann daran zu tragen habe, so könnten sie damit Geld genug bekommen, der große Christophel müsse in Säcken, soviel sie verlangen, herbeitragen. Sie schicken daher seit geraumer Zeit ihre eigenen Abgeordneten auf Kosten der verbundenen Gesellschaft in ganz Schwaben, um diese Wunderbibel aufzutreiben, herum und haben auf diese Art, in der sicheren Hoffnung eines künftigen reichlichen Schatzes, mehrere tausend Gulden schon aufgewendet. Aber leider will sich die Bibel nirgends finden. Doch schlägt das den Mut der Leute nicht nieder, sondern sie schießen gutwillig für ihre Boten immer neue Summen zu neuen Reisen her, weil sie ebenso gewiß versichert sind, daß die Bibel irgendwo vorhanden und aufzutreiben sein müsse, als daß der Besitz derselben ihnen zu den erwarteten Schätzen helfen werde.*

mir einem ehrlichen Mann gleich; ich will also alles offenherzig heraussagen. Ich habe mit einigen anderen in meiner Vaterstadt (er gibt eine etwas entfernte, z.B. Nürnberg, an) das Christophels Gebet gebetet; und wir haben dadurch eine Summe Geld von 500.000 fl.[1] zusammen bekommen, die wir unter uns verteilt haben. Eine unserer Weiber aber hat aus Einfalt einer Nachbarin etwas davon im Vertrauen gesagt; auch ist einer von uns unvorsichtig mit dem Geld umgegangen, dadurch ist die Sache ruchbar geworden und vor die Ohren der Obrigkeit gekommen, welche uns sogleich gefänglich eingezogen und zuletzt nach harter Bestrafung des Landes verwiesen hat.« Bauer (dem die 500.000 fl. den Kopf warm gemacht haben): »Könnt Ihr denn wirklich so was, wie Ihr da gesagt habt?« Felinger: »Freilich wohl! Es wäre mir nicht bang, wieder so viel Geld zusammenzubringen, wenn ich von jemand einige Hilfe und Unterstützung mit Geld hätte.« Bauer: »Wenn es nur an dem fehlt, die wollte ich Euch wohl schaffen.« Felinger (ganz gleichgültig bei diesem Anerbieten): »Nein! Ich mag nicht, so etwas läßt sich nicht machen. Es gehören gar vertraute Leute dazu, ich will mich nicht noch unglücklicher machen, als ich schon wirklich bin.« Damit bricht er ab, ohne sich weiter einzulassen, und nimmt seinen Abschied.

In etwa 14 Tagen kommt ein Kamerad von ihm, mit dem er sich einverstanden hat, in das nämliche Bauernhaus und erzählt, bei den Fragen, die wegen seiner Reise an ihn gemacht werden, er sei durch N. N. gereist (er gibt die nämliche Stadt an, die der Vorhergehende als seine Vaterstadt genannt hat), dort haben auch einige ihre Sache gut gemacht, sie haben auf eine besondere Art Geld zusammengekriegt, und die Obrigkeit sei hinter den Streich gekommen. Der Bauer erkundigt sich mit gereizter Neugier der Umstände näher, und der Felinger erzählt ihm die Geschichte ganz wie der Vorhergehende. Nun setzt der Bauer ganz keinen Zweifel mehr in die Wahrheit derselben und wünscht sich nichts sehnlicher als das Glück, den ersten noch einmal zu Gesicht zu bekommen. Sein Wunsch wird ihm erfüllt. Der Mann erscheint einige Zeit nachher wieder in seinem Haus in elenden Umständen als Bettler: »Ich muß schon wieder kommen«, fängt er an, »aber Ihr seht, wie übel ich dran bin, und werdet mir ein Almosen nicht abschlagen.« Der Bauer nimmt ihn voll Freude auf, lenkt das Gespräch sogleich wieder auf das Christophels Gebet und redet ihm zu, bei ihm noch einen Versuch damit zu machen. Der Felinger weigert sich wieder. Er traue nicht, es könnte verraten werden; wenn er endlich wüßte, daß der Bauer schweigen könnte, so wollte er sich ihm zur Lieb und zur Dankbarkeit für seine Güte einlassen. Der Bauer ermangelt nicht, ihm die stärksten Versicherungen von seiner Verschwiegenheit zu geben, und der Felinger willigt dann ein, eröffnet ihm aber, daß er ein gewisses magisches Buch (Fausts Höllenzwang oder ein ähnliches) zu seinem Unternehmen nötig habe. Es sei so teuer nicht; es koste nur 100 fl. (200 fl.), und man könne es zu Basel oder Konstanz oder Bern usw.

[1] *Diese Summe wird bald höher, bald geringer angegeben, je nachdem der Betrüger es für gut findet.*

bekommen. Der Bauer sollte also mit ihm die Reise dahin machen und sich mit dem nötigen Geld versehen. Er wollte alsdann den Einkauf des Buches besorgen. Der Bauer, der die halbe Million schon als bare Einnahme gerechnet hat, trägt kein Bedenken, mit ihm in eine der genannten Städte zu reisen und ihn unterwegs freizuhalten. Sind sie da angekommen, so begibt sich der Felinger in das Haus eines seiner Bekannten, den er dem Bauern als einen Buchhändler beschreibt, nimmt aber diesen nicht mit hinein, sondern befiehlt ihm, auf der Straße zu warten, denn der Buchhändler sei ein vertriebener Jesuit, der nicht bekannt werden dürfe, weil er sonst in Gefahr kommen würde. Nach einigem Verweilen kommt der Felinger zurück und bringt dem wartenden Bauern die frohe Nachricht, der Handel wegen des Buches sei nun richtig, so und so viel koste es, der Bauer solle jetzt nur das Geld hergeben, dann wolle er es ihm sogleich einhändigen. Der Bauer zahlt ihm die Summe hin, und der Felinger bringt ihm dafür ein mit Schauren umwickeltes und pitschiertes Buch, das kaum etliche Batzen wert ist, z.B. ein altes Gertrudenbuch, zurück. Jetzt treten sie den Rückweg an, und wenn sie nicht mehr weit vom Haus entfernt sind, macht der Felinger seinem Freund kund, er müsse jetzt nur geschwind noch einen Geistlichen holen, der das Buch lesen könne, denn es sei fremde Schrift, trennt sich unter diesem Vorwand vom Bauern und verschwindet mit seinem Geld.

Auf diese Art wurden zur Zeit des Konstanzer Hans gegen sechs Bauern von seinen Kameraden betrogen.

Manchmal leitet es der Felinger auch so ein, daß mehrere Bauern zusammenstehen, und zieht dann desto größere Summen von ihnen.

Den Betrug mit dem Geldmännchen bringen sie nur bei den Einfältigeren, und zwar auf folgende Art an. Sie nehmen zwei große, schwarze, lebendige oder auch von Wachs poussierte Käfer mit gelbrotem Mund und Zunge oder zwei rot überzogene Frösche oder andere kleine Tierchen, wickeln sie in etwas Baumwolle ein und verschließen jedes in ein besonderes Schächtelchen. Mit diesem begeben sie sich in eine Schenke oder Bauernhaus und erteilen auf die gewöhnliche erste Frage, woher, die Antwort, sie seien von jemand in die Schweiz zu einem gewissen Scharfrichter oder Schwarzkünstler geschickt worden, um bei ihm ein Geldmännchen zu holen, jetzt seien sie auf dem Heimweg und haben es bei sich. Die gierigen Bauern wünschen dann gemeinhin, es zu sehen. Die Felinger machen anfangs Schwierigkeiten, gehen aber doch endlich den ungestümen Bitten nach, zeigen eines der drei Schächtelchen vor und öffnen es so weit, daß die Bauern etwas von den Tierchen erblicken, mit der Versicherung, wenn man einen Carolin oder Dukaten oder Taler hineinlege, so mache es dafür zehn bis zwanzig andere. So wenig Wahrscheinlichkeit nun das ganze Vorgeben für jeden nur wenig verständigen Menschen hat, so gelingt es doch den Betrügern sehr oft, die Einfältigen und Geldgierigen zu betören und sie so weit zu bringen, daß sie ihn bitten, das geglaubte Geldmännchen ihnen zu verkaufen. Davon will aber der Felinger anfangs gar nichts hören, er dürfe es nicht verkaufen, sagt er, wenn er nur selber Geld zum Einlegen hätte, so wollte er bald dessen genug haben. Auf wiederholtes Ansuchen besinnt er sich aber doch und bezeugt sich endlich bereit, das Geldmännchen herzugeben, wenn ihm dafür der Lohn bezahlt würde, der ihm fürs Abholen versprochen, dieser mache 10, 20, 60 fl. aus. Die Bauern verstehen sich gerne dazu und geben dem Felinger nicht nur diese Summe,[1] sondern wohl auch noch ein oder anderes größeres Goldstück, um es ins Schächtelchen zum Ausbrüten hineinzulegen. Wenn das geschehen ist, so verwechselt er es schnell mit dem anderen leeren Schächtelchen, gibt dies dem Bauern mit der Anweisung, so und so lang es geschlossen zu lassen, bis das Geld gemacht sei, und geht mit dem anderen seiner Wege.

Die falschen Spieler oder Freischupper, welche größtenteils Handwerksburschen, besonders Metzger und Beckenknechte, vacierende Studenten, Schreiber und Kaufmannsdiener und zum Teil kostbar gekleidet sind, ziehen wie die Beutelschneider den Jahrmärkten, den Messen, Kirchweihen und anderen Feierlichkeiten nach und haben ihr Wesen gewöhnlich in den Wirtshäusern; an Märkten, auf öffentlichen Marktplätzen mit Glücksspielen und, wenn sich eine Gelegenheit dazu anbietet, auch auf freiem Feld an den Landstraßen. Es sind ihrer immer vier bis sechs zu einer geschlossenen Gesellschaft vereinigt, und sie besitzen in allen den Spielen, mit denen sie ihr Gewerbe treiben, eine seltene Fertigkeit, da sich ihre Absichten ohne das nicht erreichen lassen.

Die wichtigsten und ergiebigsten Spiele, deren sie sich zu ihren Betrügereien bedienen, sind die Glücksspiele, die sie an Jahrmärkten an öffentlichen Plätzen veranstalten und die von verschiedener Art sind. Sie werden nämlich entweder mit Glückshäfen* oder mit Deckelchen oder mit Riemenstechen oder mit Karten und jedes derselben nach seiner besonderen Beschaffenheit auch mit besonderen Kunstgriffen getrieben. Die Glückshäfen enthalten meistens allerlei Silberware von größerem und geringerem Wert, oft aber auch bloß bares Geld. Die Silberware, die in Sackuhren, Ringen, Löffeln, Tabaksdosen, Hemdknöpfen usw. besteht, ist in Kästchen, die auf einem Tisch stehen, aufgehängt und jedes Stück mit einer Nummer versehen, die sich auf eine treffende, auf den Tisch hingezeichnete gleiche Nummer bezieht. Das bare Geld liegt in kleineren und größeren Summen von sechs kr. bis zu drei oder vier Carolin auf den Nummern des Tischs umher. Sowohl die Silberware als das Geld wird für eine gewisse Geldeinlage mit Würfeln ausgespielt. Manche Glückshäfen haben keinen, manche, und zwar die meisten, auf zwei Treffer einen Fehler. Bei den ersteren setzt man, je nachdem sie schlechtere oder bessere Waren und Gewinne führen, 15 bis 30 kr., bei den letzteren 3 bis 12 kr. Die Würfel aber, mit denen ausgespielt wird, sind wohlweislich entweder alle oder doch zum Teil innen hohl, mit Quecksilber angefüllt und so gerichtet, daß sie beinahe nie zum Vorteil der Einlegenden fallen können, desto öfter hingegen eine Zahl geben, die zunächst an einen Gewinn stößt. Wirft dann jemand diese Zahl, so unterlassen die Glücks-

---

[1] *An einen Bürger zu Sulz wurde unlängst so ein Geldmännchen von einem Scharfrichter um sechs Carolin verkauft.*

* Schachteln

häfer nicht, den Wurf zur Aufrichtung seines Muts zu benutzen. »Nur um eine Nummer habt Ihr gefehlt«, sagen sie, »so hättet Ihr dieses oder jenes kostbare Silberstück, diese oder jene beträchtliche Geldsumme gewonnen«, – ein Zuspruch, der selten seinen Zweck verfehlt.

Das sogenannte Deckeles-Spiel geschieht mit drei Deckelchen von der Größe einer welschen Nuß oder eines Fingerhuts. Diese stellt der Unternehmer des Spiels auf einem Tisch auf und legt vor den Augen der Zuschauer unter eines derselben ein erbsengroßes Kügelchen von grüner Seide, macht einige Verschiebungen mit den Deckelchen und läßt dann einen der Anwesenden, der Lust hat, für eine beliebige Wette (die oft von einem bis 60 und 70 fl. geht) raten, unter welchem Deckelchen das Kügelchen liege. Wird die Wette von jemand eingegangen – und das geschieht um so eher und mit desto größeren Summen, je weniger man falsch raten zu können glaubt –, so nimmt der Deckeles-Spieler das Kügelchen, indem er es zwischen den Nagel und das Fleisch am Finger drückt, unter dem Deckelchen hervor, unter welches er solches gelegt hat, und schiebt es unter ein anderes, beides so behend und mit so viel Geschicklichkeit, daß auch der aufmerksame Beobachter nichts davon gewahr wird; oder er verschiebt die Deckelchen mit schnellen Taschenspielerkünsten so gegeneinander, daß die Zuschauer das Deckelchen mit dem Kügelchen sicher da vermuten, wo es nicht ist. Der Wettende also, der darauf rät, verliert ebenso gewiß, als er zu gewinnen hofft.

Beim Riemenstechen nimmt der Betrüger, der damit die Leute prellen will, einen Riemen oder Strick, den er bei sich führt, legt ihn mehrmals schnell zusammen, hält ein zusammengelegtes Ende den Neugierigen, die sich um ihn sammeln, hin, fordert einen derselben auf, mit einem Messer durch den Riemen zu stechen, um denselben damit festzuhalten; es soll so und so viel gelten, man werde ihn nicht festhalten können. In der Tat ist er auch so zusammengelegt, daß man ihn nicht festhalten kann, aber der Riemenstecher hat durch die schlaue Art der Zusammenlegung das Gegenteil so wahrscheinlich gemacht, daß man sich ohne Bedenken in Wetten darüber – und damit in die gewisse Gefahr zu verlieren – einläßt.

Bei dem Betrug mit Karten kommt es auch wieder auf Wetten an. Der Spieler, der darauf ausgeht, den Pöbel in diesem Garn zu fangen, nimmt, vor seinem Tisch stehend, ein Kartenspiel in die Hand, zieht eine Karte, läßt sie frei sehen, legt sie sofort umgekehrt auf den Tisch und noch zwei andere dazu, macht ein Manöver für einen Augenblick damit und schlägt dann den Umstehenden eine Wette darüber vor, die erste vorgezeigte Karte aus den dreien heraus zu erraten. Die Zuschauer glauben, diese Karte genau im Auge behalten zu haben; er hat sie aber durch sein schnelles Manöver unmerkbar aus der Stelle verrückt, und der Wettende ist hintergangen. Oft aber und gemeinhin beim Anfang des Spiels, wo es um Anlockung der Leute zu tun ist, läßt der schlaue Mann ohne Wette auf die vorgezeigte Karte raten und richtet dann wohlweislich das Manöver mit den drei Karten so ein, daß der Ratende die rechte leicht treffen kann. »Seht«, hebt dann jener an, »wenn Ihr gesetzt hättet, so hättet Ihr gewonnen«.

Nun eilt der Törichte, seinen Fehler gut zu machen, geht flugs eine Wette ein und wird mit anderen, die ihm nachfolgen, im Netz des Betrügers gefangen.

Außer den angeführten werden fast bei jedem der genannten Glücksspiele noch mancherlei andere Methoden gebraucht, die immer alle aufs schlaueste angelegt sind.

Indessen werden alle diese Spiele, bei allen den feinen Kunstgriffen, mit welchen sie getrieben werden, und bei allem dem Schein eines sicheren und unfehlbaren Gewinns, den sie versprechen, den glücklichen Erfolg für die Unternehmer derselben nicht haben, wenn nicht die mit ihnen verbundenen Kameraden unter der Maske von Fremden sie dabei unterstützten, die Maschine als unmerkbar wirkende Triebfedern in Bewegung setzten und, sooft sie stocken will, durch einen neuen Stoß sie wieder in Gang brächten. Diese Kameraden sind nämlich eigentlich die Handlanger, oder nach ihrer Sprache die Eintreiber, des Glücksspielers, d.h., sie führen ihm durch die listige verabredete Art, mit der sie am Spiel teilnehmen, Kunden aus dem umstehenden Pöbel zu. Sie kommen, gleich anderen Markttagen, wie von ungefähr zum Tisch des Spielers, stellen sich zur rechten und zur linken Seite desselben hin und eröffnen das Spiel mit Gewinnen, die sie der Unternehmer der Reihe nach ziehen läßt. Denn es steht nur bei ihm, seine Spielerkünste so zu lenken, daß sie dem Einleger oder dem Wettenden zum Vorteil ausfallen. Und ihre Kameraden wissen die ihrigen so geschickt damit zu verbinden, daß die darunter abgezielte Absicht aufs glücklichste erreicht wird.

Bei dem Deckeles-Spiel wetten die Eintreiber nicht nur mit dem Deckelesspieler, sondern auch mit anderen Anwesenden. Im ersten Fall macht es dieser ihnen durch seine Künste leicht, das Deckelchen, unter welchem das Kügelchen liegt, zu erraten und zu gewinnen. Im letzteren Fall decken sie das Deckelchen, unter dem das Kügelchen zu sein scheint, in der Tat aber nicht ist, schnell mit ihrer Hand oder mit ihrem Hut zu, wetten mit dem Pöbel, es gewiß zu haben, und greifen, während sie sich vom Tisch hinweg zu den Umstehenden wenden, in ihre Tasche, um Geld zum Setzen hervorzulangen. Durch diese Wegwendung öffnen sie absichtlich dem Deckeles-Spieler ihre verwahrende Hand oder Hut so weit, daß derselbe das verwahrte Deckelchen dem Schein nach, ohne daß sie es merken, hervorholen und ein anderes unterschieben kann. Der Pöbel, der mit Fleiß die Verwechslung der Deckelchen mit ansehen darf, geht nun getrost mit den Eintreibern die Wette ein; sie werden das Kügelchen nicht haben, weil sie dasselbe ihrer Meinung nach vom Deckeles-Spieler haben entführen sehen. Dieser aber hat gerade für ein leeres Deckelchen eines mit dem Kügelchen untergeschoben und die Wette, in die sich oft ein bis sechs und mehrere Zuschauer einlassen, ist manchmal mit den größten Summen verloren, die die Eintreiber für sich einstreichen und am Ende mit der Hauptperson, deren Gehilfe sie waren, teilen.

Bei den Glückshäfen, wo mit Würfeln gespielt wird, schieben die Glückshäfer ihren Gehilfen für die falschen andere zu, die gleichfalls ausgehöhlt und zum

Treffen der höchsten Gewinne zugerichtet sind; aber ihre Gehilfen führen selber dergleichen bei sich, halten sie insgeheim in der Hand, nehmen die da liegenden guten Würfel mit Vorbeigehung der falschen, die der Glückshäfner in dem Augenblick schlau zu salvieren weiß, und machen damit einen gelingenden Wurf. Beim Glückskartenspiel und Riemenstechen spielt der Unternehmer seinen Kameraden wieder die Gelegenheit zum Gewinnen in die Hände und läßt den Pöbel bemerken, welche beträchtlichen Vorteile eine gewagte Einlage oder Wette ihm gewähren könne.

Dies bringt die Wirkung hervor, die sich die Betrügergesellschaft wünscht, einer nach dem anderen dringt sich aus dem Haufen der Zuschauer hervor und will eben das Glück machen, das er die Eintreiber machen sieht. Aber einer nach dem anderen verliert. Doch das darf nicht abschrecken, man gewinnt nicht immer aufs erstemal, frisch gewagt ist halb gewonnen. Man setzt wieder und wieder, aber wehe, es schlägt wieder fehl. Jetzt ist es Zeit, dem Kredit des Spiels zu Hilfe zu kommen und die Unglücklichen samt den anderen Anwesenden, die sich an ihrem Unglück stoßen können, aufs neue zu überzeugen, daß sie glücklich sein können. Einer der Eintreiber tritt wieder hervor, setzt und gewinnt. Ein anderer versucht nach ihm sein Heil mit ebenso gutem Erfolg. Dadurch werden neue Schlachtopfer des Betrugs herbeigezogen, und dies währt abwechslungsweise so fort, bis das ganze Spiel zu Ende ist. Damit aber doch das häufige Gewinnen derselben nicht etwa Verdacht errege und irgendeinem aufmerksamen Kopf den verabredeten Platz der Betrüger verrate, so lassen sich nicht nur jene gefallen, zwischendurch auch, und zwar oft beträchtlich, zu verlieren, sondern der Glücksspieler fängt oft auch mit ihnen wegen ihrer Gewinne, so wie sie mit ihm wegen ihres Verlustes, scheinbare Händel an. Beide Teile beklagen sich gegeneinander, daß da Betrug und Hexerei vorgegangen sein müsse, und wollen sich nicht mehr miteinander einlassen; oder der Glücksspieler macht Partie gegen seine Kameraden mit einem oder mehreren der Anwesenden und verliert mit diesen selber auch eine beträchtliche Summe an die Eintreiber, wobei er den Unglücklichen damit tröstet, daß er gleiches Schicksal mit ihm gehabt habe. Mitunter läßt er auch die setzenden Fremden, wiewohl äußerst selten, bedeutendere Gewinne ziehen.

Überhaupt sind die Kniffe, deren sich Spieler und Eintreiber miteinander zur Betörung des Pöbels bedienen, sehr mannigfaltig, so daß es zu weitläufig und unmöglich sein würde, sie alle anzuführen. Und was das traurigste ist, es vergeht beinahe kein Markt von einiger Wichtigkeit, auf dem sie nicht in kleinerer oder größerer Zahl erscheinen, und es übersteigt beinahe allen Glauben, was für Summen sie dem verblendeten Pöbel abnehmen. Ich habe es aus dem Mund eines dieser sauberen Burschen selber, daß er oft von einem mittelmäßigen Markt 50 bis 100 fl. für seinen Anteil wegbrachte, wo dann seinen Kameraden ebensoviel zufiel. Ein würdiges neueres Mitglied dieser Zunft, der Lindauer Roßhändler, machte auf einer einzigen Frankfurter Messe eine Eroberung von 14000 fl. Zwei andere, ihm ähnliche, die noch leben, der Frankentoni und Frankenmatthes, gewannen auf der Zurzacher und anderen Messen immer mehrere tausend Gulden, zwackten einmal zwei Granatenhändlern auf einen Sitz 900 fl. ab und konnten Geldstrafen, zu denen sie manchmal wegen ihrer Betrügereien verurteilt wurden, mit 600 bis 800 fl. bezahlen, ohne den Verlust zu fühlen. Eine Person wird oft um 30 bis 40 und mehrere Gulden geprellt. Bauern setzen nicht selten ihre ganze an Märkten erlöste Barschaft aufs Spiel,[1] und daher stellen die Betrüger, besonders die Riemenstecher (die fast immer auch zugleich Deckelchens- und Glückskartenspieler sind), ihre Tische am liebsten und häufigsten auf Viehmärkten auf, weil es da bei Käufern und Verkäufern die meisten gefüllten Beutel gibt und diejenigen, die sie führen, am leichtesten zu fangen sind.

Nicht nur aber auf öffentlichen Marktplätzen, sondern auch in Wirtshäusern treten die Glücksspieler auf, besonders die mit Karten, welche hier auch noch andere betrügerische Künste in Ausübung bringen als auf Marktplätzen. Sie zeigen z.B. den versammelten Gästen jedem vier Karten abgekehrt vor mit der Aufforderung, sich eine davon in Gedanken zu merken, wetten darauf, daß sie bei jedem diejenige, die er sich angemerkt habe, erraten wollen, und erraten sie auch wirklich, so unglaublich es den Wettenden vorkommt, mit Anwendung eines ganz einfachen Kunstgriffs, der in einer gewissen geschickten Zusammenlegung und Abzählung der Karten besteht. Oft wetten sie, daß sie mit dicht verbundenen Augen bloß durch Fühlen an einem ganz neuen Kartenspiel, das man aus einem Laden holen lassen könne, unterscheiden wolle, welche Karten Bilder haben und welche nicht. Einer ihrer Kameraden, mit dem sie sich verabredet haben, der aber sie ganz nichts anzugehen scheint, geht die Wette an dieselbe ein und weiß listig andere Anwesende zur Teilnehmung an derselben zu bewegen. Man bringt ein neues Kartenspiel herbei, verbindet dem Mann, der unmöglich scheinende Dinge verspricht, die Augen mit mehreren Schnupftüchern und gibt ihm nacheinander die Karten zum Befühlen. Hat er nun eine mit einem Bild in der Hand, so zeigt ihm das sein Kamerad entweder durch einen gewissen unmerklichen Laut der Stimme oder durch ein gewisses Scharren mit dem Fuß oder durch einen heimlichen Tritt auf die Zehen oder durch sonst ein Merkmal an, setzt ihn dadurch in den Stand, die Wette zu gewinnen, und zahlt mit scheinbarem Unwillen seinen Teil an der verlorenen Summe, welche er hinternach mit der Hälfte dessen, was seine Mithalter erlegen mußten, von seinem gewinnenden Kameraden zurückbekommt. Auf diese Art prellte der oben genannte Frankentoni einmal einen jungen Domherrn zu Zurzach mit Beihilfe seines Bruders, des Frankenmatthes, der unter der Maske eines Juden mit dem Domherrn gemeinschaftlich wettete, um fünf Carolin.

Dergleichen Spielerkünste kommen indessen nur hauptsächlich um die Marktzeit in den Wirtshäusern vor. Außer diesen bedienen sich aber die Freischupper und zwar gemeinhin die vornehmeren unter ihnen, die Kaufmannsdie-

[1] *Erst vor kurzer Zeit verlor ein Bauer zu Dornhan auf einmal sieben Louisdor an einen Riemenstecher.*

ner, Schreiber, Studenten usw., auch der gangbaren Gesellschaftsspiele zu ihren Betrügereien, und diese werden ohne Unterschied der Zeit von ihnen in den Wirtshäusern, wo sie fast beständig, nur mit öfterer Veränderung des Orts, ihre Auflage haben, mit folgenden Kniffen gespielt. Von gewöhnlich vier, manchmal auch mehreren oder wenigeren Kameraden, die sich miteinander verbunden haben, erscheinen zuerst etliche, und nach einer Zwischenzeit die übrigen. Sie setzen sich nieder, zehren jeder für sich und stellen sich ganz fremd gegeneinander. Dann fangen sie auf die Aufforderung eines Mitglieds der Gesellschaft entweder ein Spiel unter sich an, um die übrigen Gäste durch ihr Beispiel einzuladen, oder sie lassen sich mit den Anwesenden in ein vertrauliches Gespräch unter dem Zechen ein, und einer macht am Ende ihnen mit feinen Überredungskünsten den Vorschlag zu einem Spiel, an welchem dann, wenn der Vorschlag angenommen wird, allemal zwei von den Freischuppern teilnehmen. Die übrigen, die keine Verbindung mit diesen verraten, stellen sich, als wollten sie denen, die sich zum Spiel bereden ließen, helfen, sehen ihnen in die Karten und raten ihnen, so oder so auszuwerfen oder beschauen ihre Karten nur still, gehen so fort in der Stube auf und ab und geben singend oder pfeifend oder in dumpfer Gaunersprache oder durch Zeichen mit den Fingern ihren Kameraden zu erkennen, was die anderen für Karten haben. Oft sind sie auch mit dem Wirt einverstanden und nehmen mit Hilfe desselben ihre Maßregeln und ihre Plätze am Spieltisch so, daß sie den anderen mit einem Spiegel in die Karten sehen können, wo es ihnen dann ein leichtes ist, wenn sie wollen, jedes Spiel zu gewinnen; doch sind sie verschlagen genug, nicht jedes gewinnen zu wollen. Am Anfang lassen sie gemeinhin den anderen die Freude, um sie desto hitziger zu machen, und auch nachher bedienen sie sich zwischendurch manchmal dieses Kunstgriffs, um den gesunkenen Mut derselben wieder aufzufrischen und beträchtlichere Beute bei ihnen machen zu können.

Die Spiele auf freiem Feld nehmen sie meistens dann vor, wenn es darauf abgesehen ist, die Leute rein auszuplündern. Gemeinhin wird der Grund dazu auch in Wirtshäusern gelegt. Wenn nämlich die Freischupper da einen Handwerksburschen, Fuhrmann oder sonst für sie tauglichen Reisenden antreffen, bei dem sie viel bares Geld und dann etwa auch noch eine Uhr oder silberne Schuhschnallen oder sonst Kostbarkeiten und schöne Kleider sehen, so machen sie sich mit ihm allmählich vertraut, erkundigen sich mit der unverdächtigsten Miene nach seinen Umständen, fragen ihn, wo er hinreise, und sprechen hernach noch vieles andere Gleichgültige mit ihm. Dann gehen sie einige Zeit vor ihm ab, nehmen eben den Weg, den er zu machen hat, lagern sich da an einem schicklichen, etwas abgelegenen Platz an der Landstraße zu einem Spiel, laden ihn, wenn er kommt, zur Teilnehmung daran ein und entlassen ihn nicht bälder, als bis er sein Geld bis auf den letzten Heller, oft auch noch seine Uhr, seine Schnallen und sogar seine Kleider vom Leib verspielt hat. Oft bieten sie sich auch dergleichen Personen, wenn sie sie in Wirtshäusern antreffen, als Reisegesellschafter an unter dem Vorwand, daß sie den gleichen Weg zu machen haben, und veranlassen ihn unterwegs zu einem Spiel, das sich für die Unglücklichen ebenso tragisch endigt. Manchmal locken sie, an den Straßen gelagert, die Vorbeireisenden herbei, ohne sie vorher gesehen oder kennengelernt zu haben. So traf einmal in der Nähe von Mahlberg ein Fuhrmann drei solcher Schurken am Weg spielend an, ließ sich bereden, mit ihnen zu spielen, und verlor nicht nur 100 französische Taler, die er bei sich hatte, sondern auch Wagen und Pferde an sie, die sie aber am Ende dem Jammernden großmütig zurückgaben.

Die falschen Spieler führen größtenteils auch falsches Geld, so daß, wenn sie auch im Spiel beträchtlich verlieren, sie im Grunde doch entweder keinen Verlust leiden oder noch gar gewinnen.[1] Die Gelegenheit, solches Geld zu bekommen, bieten ihnen die Falschmünzer dar, die sich sowohl unter den Bürgern als unter den Gaunern selber finden. Die letzteren sind von zweierlei Art: Sie machen entweder wirklich falsches Geld oder betrügen die Leute mit bloßen Vorspiegelungen davon. Diejenigen, die das erste tun, münzen teils für sich, wenn sie selber hinlänglich mit Silber oder gutem Geld versehen sind, und verhandeln dann meistens ihre Fabrikate an gewisse Abnehmer, die sie an der Hand haben; teils dienen sie anderen, welchen sie sich mit kluger Behutsamkeit bekannt machen, für angemessene Belohnung mit ihrer Kunst. Von verschiedenen verdorbenen und ausgetretenen Gmünder Goldschmieden ist es aktenmäßig, daß sie dies Handwerk treiben. Doch gibt es, soviel man bis jetzt noch hat in Erfahrung bringen können, in der Gaunergesellschaft selbst wenige wirkliche falsche Geldmünzer, und man hat diese Betrüger mehr unter den angesehenen Bürgern und Handwerkern zu suchen, unter denen ihre Zahl allerdings groß ist und besonders seit einigen Jahren sich bis auf einen Grad vermehrt hat, der wegen des wichtigen Verkehrs, in welchem sie zum Teil mit Vaganten stehen, die größte Aufmerksamkeit verdient.

Desto mehrere hingegen finden sich unter den Gaunern, die vorgeben, daß sie das Geldmünzen verstehen, und mit den täuschendsten Blendwerken dem Pöbel soviel davon vormachen, als zur Betörung und Hintergehung desselben nötig ist. Diese sind es hauptsächlich, die in Betracht kommen, wenn von Falschmünzern die Rede ist. Es sind meistens Leute, die irgendein Handwerk treiben, wobei im Feuer gearbeitet und das Gießen erfordert wird, z.B. Schnallen- und Glockengießer, Keßler, Bücherbeschläger usw., dergleichen es unter den Gaunern, besonders denen, die sich auf der Alp, dem Rieß und in Oberschwaben aufhalten, eine Menge gibt. Die Kunstgriffe, die sie gebrauchen, um sich bei den Leuten als Geldmünzer einzuführen und sie unter dieser Maske zu hintergehen, sind von eben der Art und ebenso fein als die ihrer Kameraden, die ich eben beschrieben habe.

Es halten nämlich immer auch zwei oder mehrere von ihnen zur Ausführung ihrer betrügerischen Streiche zusammen. Einer oder etliche davon machen die

[1] *Der mehrerwähnte Frankentoni hatte oft 300 bis 400 falsche Louisdor bei sich, die er meistens auf Messen einhandelte; in Zurzach verlor er manchmal bis zu 1000 fl. und zog doch mit beträchtlichem Gewinn ab.*

Kundschafter, die anderen spielen die Rolle von Goldschmieden, die das Geldmachen verstehen sollen. Die Kundschafter, die immer ein vorzüglich gutes Mundwerk und viele Verschlagenheit haben, treiben die Leute auf, bei denen sich ihre Betrügereien anbringen lassen. In dieser Absicht suchen sie sich bei ihren Einkehren und Geschäften in den Bauernhäusern und sonst, teils durch stille Aufmerksamkeit, teils durch listiges Ausfragen, Nachrichten von Geldbedürftigen oder Geldbegierigen zu sammeln. Wird ihnen einer oder der andere von der Art bekannt, so begeben sie sich entweder als Durchreisende oder unter dem Vorwand, Arbeit für ihr Handwerk zu suchen, zu ihm ins Haus, sprechen etwas von nahrungslosen Zeiten, von Geldmangel u.s.w. und lenken das Gespräch so schlau, daß ihnen der Mann endlich sein Bedürfnis und seine Wünsche entdeckt. Dann geben sie ihm mit geheimnisvoller Miene zu erkennen, sie wüßten wohl, wie ihm geholfen werden könne; aber es lasse sich nicht wohl davon reden. Nur mit vertrauten Leuten könnte man sich darüber einlassen. Auf sein neugieriges und ungestümes Anhalten, daß sie sich näher erklären möchten, und auf seine ernstlichen Versicherungen von Ehrlichkeit und Verschwiegenheit, woran es unter solchen Umständen niemals fehlt, sagen dann die Kundschafter dem Mann im Vertrauen, es gebe viele Goldschmiede in Gmünd, die mit Geldmünzen umgehen und aus einem Federntaler zwei machen können: Sie haben schon manchem armen Mann aus der Not geholfen, schon viele 100 und 1000 fl. da und dorthin (sie nennen hier allerlei benachbarte Städte und Dörfer) fabriziert und auf Bestellungen versendet. Das Geld sei von so guter Beschaffenheit, daß man es vom guten nicht unterscheiden könne. Zum Beweis ziehen sie ein gutes Geldstück hervor, das sie für ein Fabrikat von einem der Goldschmiede ausgeben, und setzen hinzu, das Münzen selbst sei mit ebensowenig Kosten als Gefahr verbunden; man habe den Münzern für ihre Mühe weiter nichts als zehn vom Hundert zu entrichten, und da sie selber mit verschiedenen derselben bekannt seien, so wollten sie, wenn man Lust bezeuge, sich münzen zu lassen, einem leicht Gelegenheit verschaffen, seinen Wunsch erfüllt zu sehen.

Oft gehen sie auch geradezu in das Haus irgendeines Bauern, ohne ihn vorher als einen Geldbedürftigen oder Geldgierigen kennengelernt zu haben, und suchen ihn mit den nämlichen Vorstellungen zu fangen, nur holen sie alsdann gewöhnlich weiter aus, oder sie nehmen, wenn sie unterwegs zu einem treffen, Gelegenheit, ihn auszuhorchen und allmählich für Geldmünzerei zu stimmen.

Läßt sich nun der Tor hierdurch bezaubern und schlägt er etwa nur noch den Mangel an barem Geld vor, der ihm im Weg steht, so muntern ihn die Kundschafter auf, es irgendwo, auch wohl auf erhöhten Zins, zu entlehnen, geben ihm aber zugleich wohlbedächtig zu verstehen, daß er eine Summe von wenigstens 100 fl. zum Einschmelzen zusammenbringen müßte, weil es sich bei wenigeren nicht lohne, die Arbeit anzufangen, der zu hoffende Gewinn ohnehin auch desto größer sei, je mehr man dazu verwende. Ist man nun auch hierüber der Hauptsache nach einverstanden, so wird dem Bauer die Wahl aufgetan, ob er sich das Geld zu Hause oder in der Reichsstadt Gmünd fabrizieren lassen wolle. Im ersteren Fall muß er bestimmt angeben, wieviel Geld er an Federntalern zum Einschmelzen anschaffen will, weil der Goldschmied danach seine Zurichtungen zu machen habe, und wenn alles im reinen ist, verabredet der Kundschafter eine Nacht mit ihm, in welcher er mit einem Goldschmied zur Ausführung des Werks sich wieder einzufinden verspricht, nimmt seinen Abschied und sucht einen seiner Kameraden auf, der den Goldschmied und Münzer vorstellen soll. Diesen findet er gewöhnlich in der Nähe, und nun gießen sie unverweilt rohe Formen oder Platten von Blei oder Zinn vom Umfang und von der Dicke eines Federntalers, und zwar so viele, als der Bauer Federntaler anzuschaffen versprochen hat, machen solche sofort in eine Rolle von Papier oder, wenn die versprochene Summe groß ist, in ein Paket von mehreren Rollen, das sie mit einem Bindfaden umwinden, zusammen und begeben sich damit auf die verabredete Zeit zum beschwätzten Bauern. Das erste, was da der vorgebliche Goldschmied vornimmt, ist das, daß er, um den Bauern von seiner Kunst völlig zu überzeugen, eine scheinbare Probe im Kleinen macht. Er hat nämlich eine von den Gießflaschen, die sonst zum Schnallengießen usw. gebraucht werden, bei sich und in dieselbe voraus schon irgendein gutes Geldstück, einen Federntaler oder 12- oder 24-kr.-Stück gelegt. Auf dieses gießt er geschmolzenes Zinn oder Blei, das er für zubereitetes Metall ausgibt, hinein, zieht vor den Augen des Bauern die vorgeblich gegossene Münze heraus und siedet sie in Weinstein weiß, so daß sie ganz die Gestalt einer neuen hat.

Nun hat er seine Geschicklichkeit mit der Tat bewiesen, und der Bauer, der keine Ursache mehr zu Zweifeln und Mißtrauen sieht, holt voll froher Hoffnungen seine Federntaler herbei. Der Goldschmied nimmt sie in Empfang, bestreut sie vorgeblich mit Arsenik, in Wahrheit aber mit Mehl oder Kreide oder sonst einem ähnlichen weißen Pulver, und packt sie urkundlich in Rollen zusammen, die genau mit den falschen übereinstimmen, welche er mitgebracht hat. Wenn dies geschehen ist, geht man in die Küche, um das zusammengepackte Geld in den fertig gehaltenen Tiegel oder Pfanne zu werfen. Während dieses Gangs verwechselt der Goldschmied unbemerkt das echte Paket mit dem falschen, das er in der Tasche hat, gibt letzteres dem Bauern und läßt es ihn, um ihn ganz sicher zu machen, selber in die Pfanne oder Tiegel legen. Zur Verdoppelung der Masse werden dann noch als Zusatz zerstückelte Zinnteller oder Zinnflaschen oder Kupferhäfen usw., die der Bauer hergeben muß, hineingeworfen und das Gefäß bedeckt. Sind die Metalle verschmolzen, so begießt der Goldschmied die Masse mit Scheidwasser, wie er sagt, mit Wein- und Vitriolgeist oder Quecksilber, welches alles aber bloßes gefärbtes und ungefärbtes Wasser ist, und erklärt dem Bauern, in dieser Beize müsse der Guß mehrere Tage liegen, bis das Scheidwasser und die übrigen scharfen Wasser das Silber, das härter sei als die anderen beigemischten Metalle, ganz durchfressen habe, und da er bis dorthin weiter nichts vornehmen könne, so wolle er indessen seinen weiteren Geschäften nachgehen und zur gehörigen Zeit, die er bestimmt angibt, sich wieder einfinden, um seine Arbeit zu vollenden. Der Bauer, dem der Guß überlassen wird und der aus diesem Grund sich ganz gesichert dünkt, versteht sich ohne Bedenken dazu, wartet seinen Gästen meistens noch mit allem, was sein Haus vermag, auf, reicht ihnen oft noch Wegzehrung und entläßt die Betrüger, die sein gutes Geld, welches er verschmelzt glaubt, mitnehmen und nicht wiederkommen.

Manchmal werden auch Spengler, Schnallen- und Glockengießer von Bauern, die mit ihnen bekannt sind, zum Geldmachen aufgefordert, wo sie dann auf eben diese Art verfahren, ohne daß sie befürchten dürfen, wegen ihres Betrugs belangt zu werden, weil der Bauer, wenn er sie angäbe, zu seinem erlittenen Verlust auch noch obrigkeitliche Strafe sich zuzöge.

Wählt der Bauer, der von einem Kundschafter angeworben worden, Gmünd zum Münzort, so macht letzterer mit ihm die Reise dahin und bestellt einen seiner Kameraden als gmündischen Goldschmied an einen bestimmten abgelegenen Platz auf freiem Feld in der Nähe der Stadt, wo er mit seinem geldlustigen Reisegefährten die Ankunft des Münzers erwartet. Dieser erscheint zur bestimmten Zeit, fragt den Bauern um sein Anliegen und äußert, nachdem es ihm eröffnet worden, allerlei Bedenklichkeiten gegen ihn: Er kenne ihn nicht, er wisse nicht, was er für ein Mann, ob er seiner würdig, ob ihm zu trauen sei usw.. Um sich ganz auf der guten Seite darzustellen und den Fremdling desto stärker einzunehmen, geht er unter solchen Äußerungen wieder ab und macht Miene, sich mit gar nichts einlassen zu wollen. Jetzt gibt der Kundschafter dem Bauern den Rat, dem spröden Künstler noch einmal nachzulaufen. Er selber legt noch ein Vorwort für ihn ein. Der Mann läßt sich zuletzt erweichen, kehrt wieder um und bezeugt dem Bauern, er wolle endlich um seines Kameraden willen, der ihn kenne, sein Verlangen erfüllen und ihm Geld münzen, er habe aber wirklich kein Silber vorrätig und müsse also vorher gutes Geld haben, um die doppelte Summe dafür anzuschaffen. Der Bauer, durch das Bezeugen des Mannes ganz zum Vertrauen gestimmt, händigt ihm seine Barschaft ein und erhält die Versicherung, daß nun sogleich das Geld in Gmünd fabriziert und am folgenden Tag zu einer bestimmten Stunde auf dem nämlichen Platz ihm überliefert werden solle. Aber statt des Goldschmieds erscheint dann ein Soldat mit Unter- und Obergewehr, fährt den Fremden, der voll Ungeduld auf seine neuen Schätze wartet, mit donnernden Worten an: Man habe in Gmünd einen Goldschmied gefänglich eingezogen, dessen Verkehr mit einem Bauern wegen des Geldmachens man entdeckt habe, und nun habe man ihn mit noch mehreren Stadtsoldaten ausgeschickt, um auch den Bauern zur Haft zu bringen; er glaube allerdings, er werde hier den rechten vor sich haben; er solle ihm also nur mit nach Gmünd folgen. Der betretene Bauer, um sich loszumachen und der Einkerkerung und Strafe zu entgehen, langt vollends seinen letzten Heller hervor, findet sich mit dem strengen Kriegsmann, der nichts weiter als ein vermummter Kamerad des Kundschafters ist, ab und kehrt mit leerem Beutel nach Hause.

Oft überrascht ein solcher Hatschier die Partie gleich über der ersten Verhandlung selber. Er stellt sich gerüstet hinter ein nahes Gebüsch und springt, sobald der vorgebliche Goldschmied, sein Kamerad, das Geld von dem Bauern bekommen hat, aus seinem Hinterhalt hervor, ruft ein schreckendes ›Halt!‹ und schießt, wenn alles die Flucht ergreift, dem Goldschmied blind nach, der von dem Schuß zu Boden stürzt und dann als Arrestant von dem Stadtsoldaten nach Gmünd geführt wird. Da es möglich wäre, daß der Bauer, besonders wenn er Verstand hat, hierunter Betrug vermuten und etwa den Platz, wo der Goldschmied gefallen ist, nachher untersuchen könnte, so hat sich auf diesen Fall der Goldschmied mit einer von Ochsenblut angefüllten Blase versehen, die im Fallen zerplatzt, so daß dem untersuchenden Bauern die Spuren des Bluts, die er vorfindet, keinen Zweifel übriglassen, der Goldschmied müsse wirklich angeschossen worden und der ganze Vorgang Ernst sein, und er sieht daher keinen besseren Rat für sich, als sich eiligst aus dem Staub zu machen, um nicht gleiches Schicksal mit dem Goldschmied zu haben.

Außer dieser Art des Betrugs auf freiem Feld gibt es noch eine andere, die in ein und anderer Reichsstadt, wo viele im Feuer arbeitende Handwerker sind, und zwar in den Häusern solcher Handwerker selber vorkommt. Der Kundschafter versteht sich mit einem der Künstler, führt seinen Mann, der sich münzen lassen will, zu ihm ins Haus, macht den Unterhändler zwischen ihm und dem Künstler, der sich vor dem Fremden nicht sehen läßt, nimmt für diesen das Geld vom Bauern zum Einschmelzen in Empfang und bringt letzterem die Antwort, daß er um die und die Zeit sich wieder einfinden solle, wo ihm die neue doppelte Münze dafür ausgeliefert werden würde. Erscheint dann der Bauer zur bestimmten Stunde, so tritt ein Frauenzimmer hervor, das ihm bedeutet, er müsse in dem unrechten Haus sein, sie wisse von seinem Anliegen gar nichts.

Auf beiderlei Arten sind auf Gmündischem Boden schon viele 1000 fl., und zum Teil auf einmal, leichtgläubigen Landleuten abgenommen worden. Aus der Nähe und Ferne, selbst aus der Schweiz, werden von den listigen Betrügern dergleichen Toren dorthin geführt und geplündert.

Um den Betrug noch feiner zu spielen und die Bauern, besonders, wenn es bekannte und etwas verständigere sind, mit desto besserem Erfolg einzuschläfern, machen die Kundschafter mit ihnen auch manchmal gemeinschaftliche Sache, schießen selber Geld zum Münzen her und lassen sich mit ihnen darum prellen – ein Kunstgriff, der sie gegen alle Vorwürfe vor jenen, wenn sie sich betrogen sehen, sichert und der sowohl bei den Münzoperationen im Gmündischen als bei denen, welche in den Häusern der Bauern selber unternommen werden, gebraucht wird.

Die falschen Geldwechsler betrügen die Leute teils mit wirklichem falschem Geld, teils bedienen sie sich, ohne solches zu führen, des Auswechselns bloß als eines Vorwands und Mittels zu ihren Betrügereien. Die von der ersten Gattung beziehen ihr falsches Geld meistens von den Falschmünzern unter Bürgern und Gaunern, die es ihnen um einen zivilen Preis überlassen, und verhandeln es entweder an andere Leute mit dem Geständnis, daß es falsch sei, gegen beträchtliche Vorteile, die sie ihnen zugestehen, indem sie sich gewöhnlich nur das Drittel davon bezahlen lassen – oder sie wechseln es an Unwissende gegen gutes Geld, besonders Gold, aus. So trieb in unseren Zeiten ein abgedankter Soldat namens Seeger und ein gewisser Jäger Tonele, der noch umherstreicht, einen wichtigen Handel mit falschem Geld. Der erste holte das seine größtenteils zu Straßburg und gab für einen guten französischen Taler drei falsche und so nach Verhältnis auch Goldsorten, der Jägertonele für 20 gute Taler 50 falsche.[1]

Die andere Gattung von Betrügern, die die Leute nur unter dem Vorwand des Auswechselns anführen, haben beim Betrieb ihres Gewerbes verschiedene Methoden und Griffe. Sie geben sich wie die falschen Spieler und Beutelschneider vor allen Dingen Mühe, Leute auszukundschaften, die mit vielem barem Geld, besonders Goldstücken und raren Münzen, versehen sind. In dieser Absicht erscheinen sie besonders fleißig auf Märkten und in Wirtshäusern, wo sie sich fast die meiste Zeit aufhalten, um Bemerkungen und Nachrichten für ihr Fach zu sammeln. Haben sie jemand entdeckt, der mit einer beträchtlichen Barschaft von der gewünschten Art versehen ist, so begeben sie sich zu ihm ins Haus, fragen bei ihm nach Geld zum Auswechseln und erbieten sich zu einem ansehnlichen Auswechsel, wenn sie eine starke Summe von ihm haben konnten. Ist er durch diese Lockpfeife gefangen, so lassen sie ihn seine Goldstücke herbeibringen und zusammenzählen. Hierauf bezeugen sie ihm, sie haben an Silbergeld so viel nicht bei sich, als das zusammengezählte Geld ausmache, sie müßten es erst holen, indessen solle er sein Geld bei der Hand behalten. Zur Sicherung des Austauschs geben sie ihm dann einige Gulden, nehmen die Goldstücke, machen sie in eine Rolle zusammen, pitschieren sie mit einem Siegel, um bei ihrer Rückkunft ohne weitere Umstände sie in Empfang nehmen zu können, vertauschen die pitschierte Rolle unbemerkt mit einer ganz ähnlichen, die mit Rechenpfennigen angefüllt ist, stellen ihm die letztere zu einstweiliger Verwahrung zu mit der Versicherung, daß sie auf eine bestimmte Zeit mit dem nötigen Silbergeld wiederkommen und für dasselbe die Rolle abholen wollten, und machen sich mit der echten aus dem Staub. Unglaublich oft kommen dergleichen Betrügereien vor, und hauptsächlich sind es Juden, die sich damit abgeben.

Oft verbinden sich mehrere zu desto leichterer und glücklicherer Erreichung ihrer Absichten. Ich will die Art, wie sie sich dabei benehmen, durch einen Fall darstellen, der sich vor nicht gar langer Zeit im Württembergischen zugetragen hat. Ein Pfälzer, der im Begriff war, mit seiner Familie nach Ungarn zu ziehen, und eine beträchtliche Summe von seinen verkauften Gütern bei sich führte, kehrte auf seiner Reise in einer schwäbischen Reichsstadt ein. Im Wirtshaus, wo

---

1 *In der ersten Hälfte dieses Jahrhunderts war noch eine andere Art von falschem Geldwechseln gewöhnlich. Die Betrüger, welche damit fischen wollten, warfen falsches Geld auf den Straßen aus und warteten in der Nähe, bis jemand kam und es aufhob. Dann riefen sie plötzlich ›halb Part‹ und ließen sich die Hälfte des vermeinten Funds mit gutem Geld von dem Finder heraus bezahlen. Oder sie hoben das hingeworfene Geld, wenn es ein Vorübergehender sah, selber wieder auf, und wenn jener halb Part verlangte, gaben sie ihm das schlechte Geld und ließen sich von ihm gutes herausgeben. Gegenwärtig scheint dieser Gebrauch ganz in Abgang gekommen zu sein, wenigstens habe ich in neuen Akten und durch Nachfragen keine Beispiele und Beweise davon aufgefunden.*

er logierte, befand sich eben ein falscher Geldwechsler, der gleich die Entdekkung machte, daß er hier seinen Mann gefunden habe. Er ließ sich also sogleich mit ihm ein, eröffnete ihm voll Freude, daß er gleichen Weg mit ihm zu machen habe, und erbot sich ihm zum Reisegesellschafter. Da der Pfälzer, der nichts Arges ahnte um seiner ehrlichen Sprache und seines freundschaftlichen Bezeugens willen, dieses Anerbieten mit dem größten Vergnügen annahm, so machte er mit ihm aus, er solle nur voranreisen und in einem benachbarten Dorf seiner warten; er habe noch einiges zu verrichten, weswegen er nicht gleich mit ihm abgehen könne. Der Pfälzer bricht auf, und sein neuer Freund begibt sich zu seinen Kameraden, die in der nämlichen Reichsstadt sich aufhielten, benachrichtigt sie von dem Reisenden und seinem Geld, verabredet mit ihnen die Art, wie sie ihn berauben wollten und eilt ihm nach. Im bestimmten Dorf und Wirtshaus trifft er ihn an und beredet ihn, sich mit ihm eine besondere Stube vom Wirt anweisen zu lassen, weil es nicht rätlich sei, sich mit so viel Geld in der öffentlichen Stube aufzuhalten. Sowie er ihn allein hat, stellt er ihm vor, das Geld, das er bei sich führe, gehe in Ungarn nicht, er müsse lauter ungarische Dukaten haben, und die wolle er ihm vom Amtmann im Dorf, den er gut kenne und der ihm gern den Gefallen tue, leicht verschaffen. Hierdurch weiß er den Mann dahin zu bringen, daß er seine Gurte öffnet und das Geld auf den Tisch ausleert, um es mit ihm zum Auswechseln zusammenzuzählen. Während sie hiermit beschäftigt sind, taumelt einer der bestellten Kameraden gleich einem Berauschten in die Stube, erzählt, wie er eben den Soldaten in der benachbarten Reichsstadt so und so viel im Spiel abgewonnen, zieht ein Kartenspiel hervor und wirft es vor Freude über sein gehabtes Glück lustig singend auf dem Tisch herum, auf welchem das Geld liegt. Jetzt tritt der dritte Kamerad in der Gestalt eines Büttels herein. »So«, fängt er erstaunt an, »da wird so hoch um Geld gespielt? Wißt ihr nicht, daß das bei Strafe verboten ist? Kommt, ihr müßt alle mit mir vor Amt.« Sofort packt er gleich den Pfälzer, hält ihn fest und will ihn wegführen. Dieser entschuldigt sich, wehrt sich und erzählt die Sache, wie sie ist. Während aber er mit dem vermeinten Büttel im Streit ist, streift der erstere das Geld auf dem Tisch zusammen in seinen Hut und gibt dem bedrängten Pfälzer durch Winke zu verstehen, daß er es in Sicherheit bringen wolle, macht sich damit samt dem anderen Kameraden, der die Rolle eines Betrunkenen spielte, flüchtig, und jetzt, da die Beute weggebracht ist, läßt der Dritte, der angebliche Büttel, den bisher festgehaltenen Pfälzer los mit der Äußerung, wenn sich die Sache so verhalte, wie er erzähle, so sei er freilich nicht straffällig, und er habe ihm unrecht getan. Der Mann hoffte nun sicher sein Geld und seinen trauten Freund in irgendeiner Ecke des Wirtshauses wieder anzutreffen, aber von beiden war keine Spur mehr aufzufinden.

Oft begeben sich auch die Margediser mit gutem Geld in Kaufläden, lassen sich es auswechseln, und während der Kaufmann damit beschäftigt ist, ersehen sie sich die Gelegenheit, ihm, wie sie beikommen können, Geld wegzuhaschen.

(...)

Geschichte der schwäbischen Gaunerei und der Verfügungen gegen sie

Bei den Untersuchungen über die in Schwaben bestehende Gaunerei stößt man ganz natürlich auch auf die Fragen: Wie alt ist sie schon? Wann und durch welche Veranlassungen ist sie wohl entstanden? Was hat sie für historische Merkwürdigkeiten aufzuweisen, die ausgezeichnet zu werden verdienen? Was für bedeutende Veränderungen seit ihrer Entstehung durchlaufen? Wie verhält sich die gegenwärtige Gaunerei in Absicht auf innere Verfassung, Ausdehnung und Schädlichkeit gegen die ältere? Was für Gauner haben sich in Schwaben besonders hervorgetan und wodurch? Wie hat sich in den verschiedenen Zeitaltern der Staat gegen dieses Übel benommen? Oder: Welches ist der Gang der Gesetzgebung und der Staatsverfügungen, die dagegen getroffen worden?

So sehr es aber zu wünschen wäre, daß diese und andere verwandte Fragen befriedigend möchten beantwortet werden können, und so interessant eine solche Beantwortung in mehrerer Rücksicht sein müßte, so wenig scheint sie im Ganzen, und vornehmlich was die ersten Fragen betrifft, möglich zu sein. Denn es fehlt zu sehr, besonders für ältere Zeiten, an Dokumenten, die hierüber Licht gäben. Die einzigen, die man für jene Zeiten hat, sind Reichs- und Kreisbeschlüsse, die zwar auf irgendein Übel im deutschen Reich und im schwäbischen Kreis, wie die Gaunerei ist, hindeuten, aber zu kurz und zu unbestimmt davon sprechen, als daß etwas Genaues und Vollständiges daraus erhoben werden könnte. Für neuere Zeiten sind zwar mehr Aktenstücke vorhanden, weil zu Kreisbeschlüssen auch noch Gaunerlisten und einige andere Quellen kommen, aus denen sich schöpfen läßt. Aber auch diese reichen nicht, alle nötige Aufklärung zu geben, und dienen höchstens, über die Gaunerei neuerer Zeiten einiges Licht zu verbreiten.

Indessen lohnt es doch der Mühe, der Spur, auf welche diese Urkunden führen, nachzugehen, die Winke und Data, die sie enthalten, teils unter sich, teils mit der Staatengeschichte zu vergleichen und zu sehen, was sich für Resultate daraus ergeben. Mag dann auch die Ausbeute nur gering ausfallen, so bekommt doch die Neugier einiges zu ihrer Befriedigung, das zur näheren Beurteilung der Gaunerei und ihrer Verhältnisse gegen den Staat benutzt werden kann. Ich will daher meine Abhandlung mit einem historischen Versuch über den Ursprung und die Schicksale derselben in Schwaben von ihrer Entstehung an bis auf unsere Zeiten, aber nur ganz im Grundriß und mit Auffassung der Hauptmomente beschließen; vielleicht, daß dadurch irgendein mit den gehörigen Kenntnissen versehener Mann zu weiteren Untersuchungen und bestimmteren

Erläuterungen über diesen nicht unwichtigen Gegenstand in irgendeinem unserer vielen Journale veranlaßt wird.

Wenn gefragt wird, zu welcher Zeit die Gaunerei in Schwaben angefangen habe, so kann das nicht den Sinn haben, als wenn vorausgesetzt würde, daß einmal eine Zeit gewesen sei, wo es gar keine Diebe und Räuber unter keinerlei Gestalt in diesem Lande gegeben hätte; denn an dergleichen Gesindel hat es wohl auch hier ebensowenig wie in irgendeinem Staat zu irgendeiner Zeit gefehlt. Sondern die Frage ist eigentlich davon: Seit wann bestehen die Gauner in Schwaben als eine zusammenhaltende, fortdauernde Gesellschaft, die das Rauben und Stehlen zu ihrem eigentlichen und beständigen Handwerk macht?

Soviel scheint außer Zweifel zu sein, daß die Gaunerei in diesem Verstand ihren Anfang in Schwaben, sowie in Deutschland überhaupt, eher nicht als ungefähr um die Mitte des verflossenen Jahrhunderts genommen habe. Denn eher wird weder in Reichs- noch Kreisbeschlüssen und Verordnungen eines solchen Staatsübels Erwähnung getan, da doch in denselben mehrere Gattungen von Menschen, die dem deutschen Publikum auf irgendeine, auch minder bedeutende Art beschwerlich waren und die öffentliche Ruhe und Sicherheit störten, namhaft gemacht und verfolgt werden. So gedenken z.B. die älteren Reichsbeschlüsse bis auf die angeführte Zeit hin starker Bettler*, Schalksnarren, Pfeiffer, Sänger, Reimensprecher und Landfahrer, Zigeuner, leichtfertiger Absager, Landzwinger, Austreter, leichtfertiger rechtscheuender Untertanen, welche, wenn sie von ihrer Landesobrigkeit oder Mituntertanen beeinträchtigt wurden, das Land verließen, bei auswärtigen Obrigkeiten und Herren Schutz und Hilfe suchten und dann, von ihnen mit bewaffneter Mannschaft unterstützt, zurückkamen und sich mit Gewalt gegen ihre wahren oder vermeinten Beeinträchtiger Recht verschaffen wollten; besonders aber herrenlosen Gesindels, herrenloser oder zweifelhafter Knechte zu Roß und zu Fuß und Gardender Knechte, welche als verabschiedete und dienstlose Soldaten unter dem Vorwand, neue Kriegsdienste zu suchen, in Deutschland umherzogen, den Leuten, besonders in den Dörfern und Flecken, Beisteuer abforderten und im Weigerungsfall mit Gewalt nahmen; auch oft sich vergatterten oder zusammenrotteten und dann um so mehr Gewalttätigkeiten und Räubereien begingen. Ebenso sprechen auch die älteren Kreisbeschlüsse von 1551, 1555, 1562, 1563, 1569, 1590 von starken Bettlern, Zigeunern, Keßlern, Landfahrern, herrenlosem Gesindel und Gartknechten. Aber von Gaunern im eigentlichen Verstand, von besonderen stehenden Diebeshorden, findet man in keinem dieser älteren Beschlüsse sichere Spuren. Erst in der zweiten Hälfte des siebzehnten Jahrhunderts geschieht solcher in Reichs- und Kreisverordnungen deutliche Meldung, sowie auch erst gegen das Ende desselben Diebeslisten erschienen sind. Wahrscheinlich datiert also ihre Entstehung von diesem Zeitpunkt an. Denn da man schon lange vorher von Seiten des deutschen Reichs überhaupt und des schwäbischen Kreises insbeson-

* arbeitsfähiger Bettler

dere soviel ernste Aufmerksamkeit auf so viele andere gemeinschädliche Leute richtete, so würde man ebenso wohl, und noch mehr, auch auf ganze Diebes- und Räuberbanden aufmerksam gewesen sein, sie näher bezeichnet und das Nötige gegen sie verfügt haben, wenn dergleichen wirklich im Reich und im Kreis vorhanden gewesen wären. Etwas Ähnliches hatten zwar mit ihnen allerdings die herrenlosen und gartenden Knechte, aber in der Hauptsache waren diese doch, sowohl einzeln als vergattert, etwas ganz anderes als die eigentlichen Gauner, wie es ohne nähere Erörterung von selbst in die Augen fällt.

Es ist auch, vorausgesetzt, daß es mit der obigen Behauptung von der Zeit der Entstehung der Gaunerei seine Richtigkeit habe, ganz begreiflich, daß und warum sie gerade gegen die Mitte des letzten Jahrhunderts sich formiert habe. Durch den Dreißigjährigen Krieg, der eben damals endete, waren viele tausend Menschen ins tiefste Elend versetzt, von Haus und Hof vertrieben, alles des Ihrigen beraubt, zur Landstreicherei gedrängt und an eine wilde, ungebundene Lebensart gewöhnt worden; und das Ende dieses Krieges zog die Entlassung vieler tausend Soldaten nach sich, welche mit ihrem Dienst auch zugleich die Mittel der Subsistenz verloren, größtenteils keine Heimat mehr hatten, von dem langwierigen Krieg her, der mit der abscheulichsten Zügellosigkeit geführt wurde, des Raubens und Stehlens und aller Gewalttätigkeiten gewohnt waren, von älteren Zeiten das schlimme Beispiel der herrenlosen und gartenden Knechte vor sich – und vor oder während des Krieges wohl auch selber das Garten häufig getrieben hatten. Was war unter solchen Umständen natürlicher, als daß sich aus dieser doppelten Gattung von ratlosen und verwilderten Menschen, verbunden mit den herumziehenden Keßlern und bettelnden Landfahrern, dergleichen es auch längst vorhin im Reich mehrere gegeben, ein zahlreiches Gesindel bildete, das Rauben und Stehlen zu seinem ordentlichen Handwerk und Landstreicherei zu seiner Lebensart machte?

Aber schwerlich würde das Übel in Schwaben so wie in den oberen Reichskreisen so weit eingerissen sein und so tiefe Wurzeln geschlagen haben, wenn nicht bald darauf die verderblichen französischen Kriege zu Ende des vorigen und zu Anfang des jetzigen Jahrhunderts, die Schwaben so besonders trafen, gefolgt wären. Diese gaben der Gaunerei in diesem Kreis vollends ihre Konsistenz. Denn erst um diese Zeit fing, wie aus allen Akten erhellt, der Tumult derselben recht an. Sie griff da mit einer außerordentlichen Schnelligkeit um sich, und im ersten Jahrzehnt des laufenden Jahrhunderts war sie zu einer fürchterlichen Größe angewachsen. Überall wimmelte es von Dieben, Räubern und Landstreichern, nirgends sah man sich mehr vor ihnen, ihren Anfällen, Mißhandlungen und Beraubungen sicher. Sie wagten es sogar, dem Staat öffentlich Trotz zu bieten und den Vorkehrungen desselben die kühnsten Schritte entgegenzusetzen. Man hatte, da sie so sehr überhand nahmen, durch mehrere, in kurzer Zeit nacheinander vorgenommenen Generalstreiche durch ganz Schwaben sie zu Paaren zu treiben und auszurotten gesucht. Um sich nun nichtsdestoweniger zu behaupten, schlossen sie sich enger aneinander an, formierten Truppen zu 200 bis 300 und verschanzten sich in den Wäldern, von wo aus sie nicht nur auf öffentlichen Straßen raubten und plünderten, sondern auch ganze Dörfer und selbst geschlossene Ortschaften anfielen.

Dies gab Veranlassung, daß man strengere Wege gegen sie einzuschlagen beschloß und auf Mittel dachte, dem Unwesen mit Nachdruck zu steuern. Bis dahin war man ihnen zwar ernstlich zu Leibe gegangen, hatte aber die Aufgegriffenen immer noch mit einer gewissen Schonung behandelt und nur bei erwiesenen und kundbaren Übeltaten sie am Leben gestraft. Jetzt aber (1710) faßte man den Kreisbeschluß (welcher 1714 durch ein Patent ausgekündigt wurde), sie allein wegen ihrer höchstschädlichen Lebensart auch ohne einen weiteren gravierenden Umstand, ohne Formalität des Prozesses, falls solche über achtzehn Jahre alt wären, die Männer mit dem Strang und die Weiber mit dem Schwert hinzurichten. Zu gleicher Zeit fühlte man sehr lebhaft das Bedürfnis einer eigenen Anstalt für die minder Schuldigen, für die Kinder der eigentlichen Gauner, für Vaganten und öffentliche Müßiggänger, um sie auf eine angemessene Art zu strafen, den Staat vor ihnen zu sichern, sie zur Arbeit anzustrengen und neuen Anwachs von Gaunern aus ihrer Mitte zu verhüten. Bis dahin hatte man diese Leute, wo man ihrer habhaft wurde, entweder des Landes verwiesen, fustigirt*, gebrandmarkt oder nach Kehl und auch in auswärtige, z.B. ungarische Festungen, die Schuldhafteren hingegen auf die Galeeren nach Venedig, Genua und Holland geschickt, weswegen man mit diesen Staaten in Unterhandlungen trat. Aber diese Auskunftsmittel waren nicht nur zu kostspielig, sondern zuletzt auch nicht mehr durchaus anwendbar. Bei den vielen General- und Partikularstreifen, die man vornahm, wurden so viele Gauner, die man sowenig am Leben strafen als freilassen konnte, aufgefangen, daß sie weder in Festungen noch auf den Galeeren alle unterzubringen waren, da auch andere Kreise, z.B. Franken, ähnliche Versendungen dahin machten, und die Seestaaten wegen der allzu großen Anzahl solcher Gäste, die man an sie verhandeln wollte, manchmal abschlägige Antworten erteilten oder wenigstens lange auf Antworten warten ließen, wo dann indessen die Arrestanten auf Kosten des Staats gehalten wurden.

Jetzt beschloß man also, um diesen Inkonvenienzien auszuweichen und seine Leute auf eine angemessene Art im Land selber unterbringen zu können, eigene Kreiszuchthäuser zu errichten. 1711 kam diese Sache bei der Kreisversammlung das erstemal zur Sprache, und das Jahr darauf setzte man zur Entwerfung eines Plans darüber eine eigene Deputation nieder, deren Bericht und Gutachten dahin ausfiel, daß zwei Zuchthäuser in der Mitte des Kreises, eines für die katholischen und eines für die evangelischen Untertanen, errichtet werden sollten. Man ergriff den Vorschlag und kam überein, daß das erste zu Donaueschingen und das andere zu Eßlingen errichtet werden sollte. Es wurde auch gleich für

* ausgepeitscht

beide Riß* und Überschlag gemacht, und es war an dem, daß mit Erbauung derselben der Anfang gemacht werden sollte. Aber andere starke und beschwerliche Vorhaben, die dem Kreis damals zufielen, nötigten ihn, das Werk auf günstigere Zeiten auszusetzen. Dies zog eine Abweichung vom ersten Plan nach sich. Für Donaueschingen wurde Buchloe erwählt, wo 1722 ein gemeinschaftliches Zuchthaus errichtet wurde, von Eßlingen abstrahierte man gleichfalls, dagegen kam eines zu Ravensburg 1725, zustand so wie sechs Jahre vorher, nämlich 1718, ein besonderes von Baden für seine Lande, und 1736 eines für Württemberg erbaut wurde.

Während man hierüber sich noch beratschlagte und unterhandelte, unterließ man nicht, nach der geschärften Strenge des obigen Kreisbeschlusses mit den Gaunern zu verfahren und sie mit Streifen, mit Festungs- und Galeerenstrafen zu verfolgen. Aber dessen ungeachtet nahm ihre Zahl und ihre Gewalttätigkeiten eher zu als ab. Sie fuhren fort, in zahlreichen Haufen in Dörfern und Flecken einzudringen und Räubereien, Mordbrennereien und Mordtaten zu verüben. Und auch, nachdem endlich die obigen Zuchthäuser errichtet waren und sie in Menge darin sowie zu Kehl[1] eingesperrt wurden, zeigte sich keine Verminderung derselben. Es kamen immer wieder neue Truppen aus dem Ausland herbei. So zog sich 1726 eine starke Bande von Franzosen vom Niederrhein, wo sie gegen 300 Mann stark gewesen war, nach Schwaben herauf, setzte sich in den Ölbronner Wald und verband sich da, im Herzogtum Württemberg zu rauben und zu brennen, steckte nicht nur ein herrschaftliches Jagdschloß, sondern auch den Flecken Weissach in Brand, wobei gegen 60 Gebäude im Rauch aufgingen, und hatte das gleiche mit Cannstatt, Stuttgart und Tübingen vor. Als darauf der Krieg wegen der polnischen Königswahl ausbrach, so gab dies neuen Anlaß zu ihrer Vermehrung. Sie rotteten sich wieder in Wäldern zusammen und stellten zu ihrer Sicherheit ordentliche Wachen aus. Gleiche nachteilige Folgen hatte der österreichische Erbfolgekrieg.† Der Anwachs des Gesindels, den derselbe verursachte, veranlaßte Württemberg, mehrere Generalstreifen um diese Zeit vorzunehmen, wobei ganze Scharen von Landstreichern aufgehoben wurden. Am zahlreichsten und gefährlichsten waren sie in der Gegend zwischen dem Lech und der Donau. Hier sammelte sich 1746 eine Bande von ungefähr 170 Gaunern, welche nicht nur die Leute auf den Straßen anfielen, sondern auch truppenweise, mit Säbeln, Pistolen und Flinten bewaffnet, in die Dörfer einrückten und sie bei hellem Tage plünderten, auch dabei die unmenschlichsten Grausamkeiten begingen, indem sie den Leuten Hanf oder Werg um den bloßen Leib banden und es anzündeten, um sie zur Angabe ihrer Barschaften und Kostbarkeiten zu zwingen. Von Augsburg bis Tirol waren alle Straßen durch sie unsicher. Auch die Posten wurden von ihnen angegriffen, und von 1747 bis

1 *Auch jetzt noch kamen noch so viele auf Kosten des Kreises nach Kehl, daß das dort erbaute Blockhaus sie nicht mehr fassen konnte.*

* Grundriß

† 1740-1748

1755 war eine eigene Periode von Gewalttätigkeiten dieser Art. Innerhalb dieser Zeit wurden mehrere Postknechte von ihnen ermordet, noch mehrere gebunden, geschlagen und ihnen ihr Felleisen abgenommen. 1752 ereignete sich dies viermal und 1754 etliche Male während und in der Nähe der Kreisversammlung zwischen Ulm und Westerstetten, am häufigsten aber 1755, wo in Zeit von zwei Monaten die Post sechsmal angegriffen und geplündert wurde. Zwischen 1740 und 1750 zogen sich auch sehr viele Freileute oder Arbeiter, welche aus benachbarten Ländern wegen ihrer zu stark gewordenen Anzahl mit Weibern und Kindern, Knechten und Mägden ausgetrieben wurden, nach Schwaben herein und vermehrten das einheimische Gesindel. Der Siebenjährige und weiterhin der Bayerische Erbfolgekrieg trugen ebenfalls das Ihrige hierzu bei, wiewohl in weit minderem Grad als die vorhergehenden, weil beide fern von Schwaben geführt wurden. Ein gleiches geschah durch die Wiener Schubbe, welche 1781 anfingen[1] und bis jetzt fortdauern; und gegenwärtig bedroht uns die Französische Revolution auch in dieser Hinsicht mit sehr schädlichen Einflüssen, wie sie denn bereits auf dem Schwarzwald beträchtliche Verstärkungen der Gauner veranlaßt hat.

Bei alldem scheint die Zahl derselben in neueren Zeiten im Vergleich mit den vorhergehenden um etwas abgenommen zu haben; wenigstens formierten sie sich da nicht mehr so oft zu so großen und gefährlichen Banden und begingen nicht mehr so viele öffentliche Gewalttätigkeiten, Straßenräubereien und Grausamkeiten wie vorhin, unerachtet diese immer auch jetzt noch oft genug vorkamen. Die Gaunergesellschaft nahm in ihrem Verfahren auch etwas von der Politur des Zeitalters an, schränkte sich mehr auf stille nächtliche Einbrüche, Marktdiebstähle usw. ein. Auch ließ zu gleicher Zeit die vorherige strenge Justiz gegen sie allmählich nach, der Exekutionen wurden weniger, viele von denen, die man am Anfang des Jahrhunderts ohne Gnade mit dem Rad oder Strang oder Schwert hingerichtet hätte, wurden jetzt auf lebenslang oder auf eine bestimmte Zeit in Zuchthäuser verurteilt, und nur Erzgaunern tat man die Todesstrafe an. Dessen ungeachtet ist die Zahl derer, die auch nur in neueren Zeiten in Schwaben hingerichtet worden, beträchtlich genug. Sie beläuft sich nur in den letzten zwanzig Jahren, soweit ich nach Akten und anderen Nachrichten die Berechnung machen konnte, die ich nicht für vollständig ausgeben kann, auf 123 Köpfe, woraus man einen Schluß auf die Menge derer machen kann, welche in der ersten Hälfte des Jahrhunderts am Leben gestraft worden sein müssen.

Von Veränderungen, die sonst noch, besonders in dem Inneren der Gaunerei, seit ihrer Entstehung vorgegangen sind, läßt sich wenig Erhebliches bemerken. Eben die verschiedenen Diebsarten, die jetzt bestehen, gab es, wiewohl in ungleichem Verhältnis, auch ehemals und immer: nämlich Stubenräumer, Marktdiebe, Beutelschneider und Sackgreifer, stille Nachtdiebe, Straßenräuber, Felin-

[1] *von der Obrigkeit durchgeführte Gaunertransporte*

ger, falsche Spieler, falsche Geldwechsler und Falschmünzer. Die letzteren jedoch in älteren Zeiten sehr selten, und erst seit einem Jahrzehnt haben sie allmählich und immer stärker eingerissen. Auch in Absicht auf Grundsätze, Gewohnheiten und Verfahrungsarten unterscheiden sich die neueren Gauner von den älteren, soweit man beide kennengelernt hat, nicht sonderlich. Zwar haben sie in verschiedenen Stücken dieser ihre Sitte verlassen, und manche von denen, die Häupter und Anführer unter ihnen waren, haben neue Gebräuche eingeführt. So brachte der berüchtigte Sonnenwirtle die Gewohnheit, die nächtlichen Einbrüche in der Nacht vor einem Sonntag oder Feiertag zu unternehmen, weil da die Leute am ruhigsten schlafen und spätesten aufstehen, und der Konstanzer Hans solche hauptsächlich in Pfarrhäusern zu vollführen, auf. Aber teils schränkten sich diese neuen Gebräuche nur auf einzelne Klassen der Gesellschaft ein, teils hörten sie auch wieder auf, wenn die Urheber derselben vom Schauplatz abtraten.

Gauner, die auf die innere Verfassung ihrer Brüder im Ganzen mächtig gewirkt und hervorstechende, fortdauernde Veränderungen darin hervorgebracht hätten, gibt es in Schwaben keine; und solche, die eine ausgezeichnete Rolle gespielt, durch ihre Taten und Schicksale sich vorzüglich berüchtigt gemacht haben, wenige. Aus den älteren Zeiten sind mir keine bekannt. Die aus den neueren, welche in diese Klasse gehören, sind vornehmlich der sogenannte Sonnenwirtle, der Konstanzer Hans, der Bayer-Siefel und der große Bayersepp, und unter den Weibern die Gasnerslisel und die Schleiferberbel, des Konstanzer Hansen Beischläferin. Da aber diese alle in Schwaben wenigstens hinlänglich bekannt, von den drei ersteren auch eigene Lebensbeschreibungen vorhanden und von den übrigen einzelne Züge, die sie charakterisieren, in dem vorhergehenden enthalten sind, so sei es genug, sie kurz erwähnt zu haben.

Der Mordbrenner Horst und seine Geliebte, Christiane Delitz

Serfer, Rezoiersärfner, Mordbrenner. Zur Mordbrennerei sind die verworfensten Subjecte der (...) Gaunerklassen so fähig als bereit. Dörfer (G'fahren), Mühlen (Rollen, Rachaimen), Gasthöfe und Schenken (Schwächen, Schwäch-Aoles) sind gewöhnlich die Orte, wo solche Verbrechen begangen werden«, teilt Christian Rochlitz in seinem populären Warnbrevier »Das Wesen und Treiben der Gauner, Diebe und Betrüger Deutschlands ...« mit (vgl. Rochlitz in diesem Band).

Liest man die hier vollständig abgedruckte »Kurze Geschichte des Kriminalprozesses wider den Brandstifter Joh. Christoph Peter Horst und dessen Geliebte, die unverehelichte Friederike Louise Christiane Delitz« von Heinrich Ludwig Hermann, möchte man diesem Urteil zustimmen. Es scheint, als existierte zwischen den Ursachen der Brandstiftungen und ihren verheerenden Wirkungen keinerlei Zusammenhang. J.Ch.P. Horst und F.L.Ch. Delitz legen Feuer, lassen Menschen verbrennen, als sei es vollkommen gewöhnlich, entsetzliche Verwüstungen anzurichten, um letztlich an ein paar jämmerliche Taler zu gelangen. Jeder letzte Rest von Räuberromantik vergeht, wenn man die routinierte Kälte gewahr wird, mit der die hier beschriebenen Mordbrenner zu Werke gehen. Sie sind stumpf und gegen ihre Opfer völlig gefühllos. Die Lektüre dieses Büchleins, das der Berliner Königlich Preußische Polizeiassessor und Vorsteher des Polizei-Sicherheitsbüros Hermann mit protokollarischer Distanz geschrieben hat, stellt einige liebgewordene räuberromantische oder auch räuberrebellische Lesarten gehörig in Frage. Es scheint nicht selten eine Räuberrationalität gegeben zu haben, der, wenn auch nur geringste Beute winkte, das Leiden und Leben der Opfer so gut wie nichts galt. In welcher Weise die Brutalität der Räuber den Repressionen und Torturen der spätfeudalen Landesherren und Gerichtsbarkeiten entsprach, müßte genauer untersucht werden. Der Mordbrenner Horst und seine Komplizin Delitz jedenfalls wurden am 18. Mai 1813 in Berlin bei lebendigem Leibe verbrannt.

Quelle:

Kurze Geschichte des Criminal=Prozesses wider den Brandstifter Johann Christoph Peter Horst und dessen Geliebte, die unverehelichte Friederike Louise Christiane Delitz. Mit Genehmigung Eines Königl. hohen Justiz=Ministeriums aus den Acten zusammengetragen und herausgegeben von Heinrich Ludwig Hermann, Königl. Polizei=Assessor und Vorsteher des Polizei=Sicherheits=Bureau. Berlin 1818.

Heinrich Ludwig Hermann

Kurze Geschichte des Kriminalprozesses wider den Brandstifter Johann Christoph Peter Horst und dessen Geliebte, die unverehelichte Friederike Louise Christiane Delitz

Vorrede

Menschen und Dinge in ihren unendlichen Verschlingungen, in ihren tausendfachen veränderlichen Verhältnissen und Bestimmungen kennenzulernen, die wichtigsten Ereignisse und folgenreichsten Begebenheiten oft von geringen Ursachen bewirkt zu sehen ist ebenso interessant als belehrend und nützlich. Unentbehrlich ist die Menschenkenntnis dem Geschäftsmann, und je vertrauter er mit der Geschichte der Menschheit ist, desto ausgedehnter wird seine Menschenkenntnis sein; ihm ist daher auch alles das willkommen, was in das Geschichtliche der Menschheit eingreift. Die verderbliche Wirksamkeit des Abschaums der bürgerlichen Gesellschaft wird ihn nicht minder interessieren als die segensreichen Taten berühmter, um das Wohl ihrer Mitmenschen sich verdient gemachter Personen, weil ihm daran liegt, den Menschen in verschiedenen Gestalten, wie sie die Wirklichkeit darbietet, zu erkennen, das Böse sowie das Gute, wozu ein Mensch fähig ist, zergliedert zu sehen und Ursache und Wirkung der Handlungsweise eines Menschen in Beispielen aufgestellt zu finden, der in seinen Unternehmungen sich einen das bürgerliche Wohl verderbenden oder befördernden Einfluß zu verschaffen wußte.

Das schauderhafte Tatenleben des Horst und der Delitz führt zu Betrachtungen über die Verirrungen des menschlichen Gemüts und über den Mißbrauch menschlicher Kräfte, es liefert den traurigen Beleg der unglücklichen Folgen einer sorglosen Erziehung und der Wirkungen des bösen Beispiels, und kann eine genaue Kenntnis des sündhaften Lebens dieser Missetäter in dem, den ein innerer Beruf oder sein amtlicher Standpunkt zur Sorge für das bürgerliche Wohl der menschlichen Gesellschaft verpflichtet, Ansichten erwecken, die solche Mittel ergreifen lassen, durch welche menschliche Bosheit und Verderbtheit dem Rechtlichen weniger schädlich werden; mir schien daher die ausführliche aktenmäßige Zusammenstellung der verbrecherischen Handlungen dieser, der eigentlichen Natur des Menschen ganz entfremdeten, Personen ein kleiner Beitrag zur Geschichte der Menschheit zu sein.

Die teuflische Bosheit des Horst und der Delitz verbreitete, wie bekannt, allgemeinen Schrecken, und ängstliche Besorgnisse waren die Geißel, die zwei Frevler geraume Zeit hindurch über Tausende ihrer Mitmenschen schwangen. Angst und Furcht beugten in jener Zeit das Gemüt des Rechtlichen, nur Übelsinn frohlockte, und bei vielen wird der Eindruck jener Schreckensszene unauslöschbar bleiben. Auch für diese dürfte es nicht unangenehm sein, von dem Gang der strafenden Gerechtigkeit genauer unterrichtet zu werden, als es bis jetzt hat geschehen können.

Die Beibehaltung der im gewöhnlichen Sprachgebrauch nicht üblichen Wörter, welche von dem Gesindel zu ihrer Verständlichkeit untereinander benutzt werden, habe ich für nötig gehalten, weil im Zusammenhang der Erzählung die Art des Gebrauchs derselben sich deutlicher zeigt. Die drei Lieder dieses Gesindels habe ich deshalb beigefügt, um darin den Geist, der dasselbe beherrschte, erkennen zu lassen.

Berlin, im Januar 1818.

Der Herausgeber.

Der Musketier Unterreuter bemerkte bei seiner Rückkehr von dem Feuer, welches in der Nacht vom 29. zum 30. September 1810 in Schöneberg stattgefunden hatte, auf dem Weg nach Berlin einen trunkenen Menschen, welcher unter dem Arm einen Überrock und in der Hand eine Pfeife trug. Er vermutete, daß diese Sachen bei dem gedachten Feuer gestohlen sein könnten, verfolgte daher den Fremden bis in die Stadt, und zwar bis zur Wilhelmstraße, wo er ihn mit Hilfe des Grenadiers Scolla anhielt und nach Schöneberg zurückbrachte. Hier wurde der Verdächtige sogleich von den anwesenden Polizeioffizieren genau visitiert, und man fand bei ihm einige silberne Löffel, eine Schnupftabaksdose und eine silberne Taschenuhr, welche der anwesende Gastwirt Laval aus Steglitz sogleich für die Stücke erkannte, welche ihm in der vorletzten Nacht, wo auch seine Wirtschaftsgebäude ein Raub der Flammen geworden, gestohlen waren. Der Verhaftete nannte sich Rölling, führte auch auf diesen Namen einen Paß bei sich und gab auf Befragen an, daß er nach dem in Berlin entstandenen Feuerlärm nach Schöneberg gegangen sei, um daselbst retten zu helfen, und daß er bei dieser Gelegenheit einige von den Sachen entwendet, andere von Unbekannten gekauft habe. Er wurde unter sicherer Begleitung zur Stadt und zuerst in das Amtsgefängnis des Justizamts Mühlenhoff, welchem die Jurisdiktion über Schöneberg zusteht, gebracht, späterhin, jedoch noch an demselben Tag, auf Befehl des damaligen Polizeipräsidenten Herrn Gruner zum Stadtvogtei-Gefängnis abgeliefet, da die Aufbewahrung des Arrestanten dort für sicherer und zweckmäßiger erachtet wurde.

Die seit kurzem in der umliegenden Gegend ausgebrochenen Feuer hatten zu der begründeten Vermutung Anlaß gegeben, daß sie durch Mordbrenner veranlaßt waren, und das Königl. Kammergericht beauftragte die Kriminal-Deputation des Stadtgerichts als Immediat-Kriminal-Kommission mit der Untersuchung. Der Herr Justizrat und Kriminalrichter Schmidt, rühmlichst bekannt als ein tätiger und geschickter Inquirent*, der durch seine bewundernswürdige Ruhe und Gleichmut bei den Verhören selbst den verwegensten und hartnäckigsten Verbrecher zum Geständnis brachte, wurde mit der Führung der Untersuchung beauftragt und schritt mit derselben ungesäumt vor. In dem mit dem Arrestanten am 2. Oktober abends abgehaltenen Verhör gab er an, daß er nicht Rölling, sondern Schwarz heiße und daß er weiter nichts getan, als bei Gelegenheit einer Feuersbrunst gestohlen habe.

* Untersuchungsbeamter

Es wurde ihm entgegengesetzt, daß er dringend verdächtig sei, einer Bande anzugehören, welche an mehreren Orten, insonderheit bei den kürzlich stattgehabten Feuern in Groß-Kreuz, Steglitz und Schöneberg, gegenwärtig gewesen sei, solche der höchsten Wahrscheinlichkeit nach auch angelegt und unter Begünstigung derselben gestohlen habe. Er leugnete dies zwar, warf dabei aber wiederholt die Fragen auf:

»Kann ich denn auch im Gefängnis selig sterben? Werde ich auch nicht lebendig verbrannt oder gevierteilt? Werden mir auch die Gliedmaßen nicht abgehauen?«

Auf Befragen des Inquirenten, wie er zu diesen Äußerungen käme, gab der Arrestant vor, daß man ihn bei seiner Verhaftung damit bedroht habe. Es wurde ihm eröffnet, daß Vierteilen und Abhauen der Glieder keine im Preußischen übliche Strafe sei und daß niemand dergleichen Strafen im voraus zuerkennen dürfe; zugleich wurde er aufgefordert, sich durch solche Drohungen nicht von der Angabe der Wahrheit abhalten zu lassen.

Der Schwarz, welcher bis dahin sehr unruhig, ängstlich und verschlossen gewesen war, erklärte: »Ich will nun nicht länger die Wahrheit verhehlen, sondern alles, was ich weiß, getreu und aufrichtig erzählen.«

Er gab hierauf über seinen Lebenslauf folgendes an:

Er heiße Johann Joseph Schwarz, sei 27 Jahre alt, lutherischer Konfession, aus Neustädtel in Böhmen gebürtig und der Sohn eines Stockmeisters. In seinem 15. Jahre habe er bei Herrschaften Dienste genommen, sei zuerst beim Leutnant von Wallenfeldt zwei Jahre lang, dann vier bis fünf Jahre hindurch beim Leutnant von Boyen, und zwar so lange im Dienst gewesen, bis derselbe in der Schlacht bei Auerstädt geblieben. Demnächst habe er bei den Österreichern, und zwar beim Regiment von Stein, Militärdienste genommmen, späterhin, und zwar nach eineinhalb Jahren, sei er aber in den Dienst des französischen Generals Colberg getreten und zwei Jahre darin verblieben. Da dieser nach Spanien beordert worden, habe er ihn verlassen, sich nach Ingelfingen begeben und hier bei einem französischen Offizier Lafleur dreiviertel Jahre lang gedient. Als aber auch dieser nach Spanien gegangen, habe er den Entschluß gefaßt, nach dem Österreichischen zurückzukehren, sei aber durch folgendes Ereignis davon abgehalten worden.

(Nun erzählt er eine von ihm ersonnene Geschichte, wie er zu einer Mordbrennerbande gekommen sei, die hier wörtlich folgt):

In der Gegend von Hoff, sagt Arrestant*, traf ich eine Bande von sechs Personen, vier Mannsleute und zwei Frauenspersonen, denen ich auf Befragen, wohin ich reise, zur Antwort gab: nach Berlin, um einen Dienst zu suchen. Sie beredeten mich, bei ihnen zu bleiben, zeigten mir viele Kostbarkeiten an Gold und Silber; ich nahm ihren Vorschlag an und reiste mit ihnen vor etwa sechs Wochen von Hof über Plauen, Altenburg, Berenburg nach Schönebeck. Die

---

* der Verhaftete

beiden Weiber trugen eine jede ein Kästchen mit Brennmaterialien bei sich, und das Losungswort war: Geld oder Feuer! Der erste von ihnen, Grabowsky und Offizier genannt, befahl, daß in einem Dorf zwischen Schönebeck und Magdeburg bei dem dortigen Prediger geflaggert* werden sollte. Ich erhielt mit einem gewissen Lange, Mitglied der Bande, und seiner Beischläferin, Lotte genannt, den Auftrag, bis zum ausbrechenden Feuer in dem nahegelegenen Krug† zu bleiben und zu versuchen, ob sich eine Gelegenheit zu stehlen finden würde. Als Feuerlärm entstand, rettete der Krüger seine Habseligkeiten; die Lotte half und stahl hier zwei Dutzend silberne Löffel, die übrigen Mitglieder aber beim Prediger eine Summe Geldes. Am Morgen früh, als das Feuer gelöscht war, ließen wir uns durch einen Bauer bis an die Elbe fahren und gingen nach Ziesar. Zu Zerbst trennten wir uns mit der Verabredung, in Bensdorf bei Brandenburg wieder zusammenzutreffen. Ich ging mit Lange nach Genthin, kam aber hier von ihm ab und reiste allein nach Brandenburg. In einem nicht weit davon gelegenen Dorf wurde ich wegen mangelnder Legitimation verhaftet, nach Brandenburg gebracht, jedoch nach einigen Tagen wieder entlassen. Nach einem zweitägigen Aufenthalt dort nahm ich mir vor, nach Berlin zu reisen. In einem Dorf nahe bei Groß-Kreuz traf ich wieder auf den Grabowsky mit seiner Beischläferin Louise und erfuhr, daß sie in Bensdorf gebrannt hatten. Ich wurde beauftragt, nach dem Krug in Groß-Kreuz zu gehen und dort Nachtquartier zu nehmen. Grabowsky befahl mir zugleich, daß, wenn nicht viele Leute im Krug wären, ich das Fenster öffnen, entgegengesetzten Falles aber dies unterlassen und achtgeben sollte, bis Feuerlärm entstände, wo ich dann aus einer Stube einen Koffer, den er mir näher bezeichnete, stehlen sollte. Beim ausbrechenden Lärmen sprang ich vom Lager auf, das Feuer hatte aber bereits so heftig um sich gegriffen, daß niemand von den Effekten etwas retten konnte; ich selbst mußte mit Zurücklassung der Pfeife aus einem Fenster flüchten. Ich reiste nun nach Berlin, traf vorher zwar mit den übrigen die Verabredung, daß wir uns dort auf dem bekannten Bollertschen Tanzsaale wiederfinden wollten, kam aber am 26. September auch hier an, ging am Abend nach dem gedachten Saale, da ich aber niemand hier fand, nach der Stadt Danzig, einem hinter der Königsmauer gelegenen Hurenhaus. Hier blieb ich die Nacht hindurch; am anderen Tag ging ich spazieren und am Abend zu Bollert, wo ich einen von der Bande, den Bäcker genannt, wieder vorfand, welcher mir anzeigte, daß in der folgenden Nacht in dem Gasthaus zu Steglitz Feuer angelegt werden sollte und wir hinaus müßten, um zu sehen, ob dabei nichts zu stehlen sein würde. Ich schlug dies ab, blieb vielmehr bis zwölf Uhr bei Bollert, als aber um diese Zeit Feuerlärm entstand, ging ich mit mehreren Personen nach Schöneberg und ließ mir im dortigen Krug Kaffee geben. Als ich hier saß, fand sich ein österreichischer Deser-

* Flaggern heißt in der Diebessprache: Feuer anlegen. (S. Verzeichnis der in dieser Sache vorkommenden Diebeswörter.)

† Wirtshaus

teur ein, welcher mir die bei der Verhaftung abgenommene Uhr und Dose für sechs Taler verkaufte und erzählte, daß er beide Stücke aus dem Österreichischen mitgebracht habe. Am anderen Morgen, Freitag, kehrte ich nach Berlin zurück, aß zu Mittag beim Gastwirt Stockert in der Französischen Straße und blieb zur Nachtzeit in der Stadt Danzig. Am Sonnabendmorgen traf ich den Grabowsky mit der Louise unter den Linden, er eröffnete mir, daß er in der folgenden Nacht noch einen guten Schatz heben, dann aber weitergehen wolle. Ich hatte keine Lust, ihm zu folgen, kehrte nach der Stadt Danzig zurück und ging am Abend zu Bollert. Etwa um zehn Uhr entstand Feuerlärm, ich eilte mit vielen anderen nach der Brandstätte in Schöneberg und stahl aus einem der brennenden Häuser zwei silberne Löffel, einen blauen Rock, ein seidenes Tuch, einen Geldbeutel und eine Pfeife; von der Bande sah ich niemanden. Am anderen Tag wollte ich nach Berlin gehen und wurde hier arretiert.

Nach beendetem Verhör (es war bereits zehn Uhr abends) wurden noch sämtliche exekutiven Polizeioffiziere zusammengerufen und mit den Angaben des Arrestanten bekanntgemacht. Der Bollertsche Saal, sämtliche Hurenwirtschaften und verdächtigen Schlafstellen wurden in derselben Nacht gehörig recherchiert, indessen kein Resultat dadurch herbeigeführt.

Der Arrestat gab ferner an, daß, soviel er erfahren, die ganze Bande aus 36 Mitgliedern, und zwar aus 24 Manns- und 12 Weibspersonen bestehe. Er nannte einen gewissen Koller als Major und einen Genelly als Rittmeister der Bande und zählte die übrigen Mitglieder namentlich auf, welche demnächst mit Steckbriefen verfolgt wurden. Ein großer Teil derselben wurde in der Folge ausgemittelt und zur Stadtvogtei hier eingeliefert. Wenn diese Subjekte in der gegen sie eingeleiteten Untersuchung auch nicht als Brandstifter überführt werden konntenund vielmehr ermittelt wurde, daß Arrestant die Existenz einer förmlichen Mordbrennerbande nur vorgeschützt hatte, um nicht als Urheber der von ihm verübten Verbrechen zu erscheinen und sich der Strenge der Gesetze zu entziehen, so waren es doch Personen, welche im Lande als Verbrecher herumzogen und späterhin durch richterliche Erkenntnis teils zu lebenslänglicher, teils zu mehrjähriger Zuchthausstrafe, einer von ihnen, ein gewisser Lange, welcher die Ermordung seiner Muhme eingestand, zur Todesstrafe verurteilt wurden. Da der Arrestant ferner angegeben hatte, daß in Heinersdorf bei Schwedt, bei dem dortigen Krüger Wilke, die Niederlage seiner Gefährten sei, so wurden nicht allein in dortige Gegend Kommissarien zur näheren Ausmittelung und Prüfung der Richtigkeit der Angabe abgesandt, sondern auf höheren Befehl auch noch einige Kommissarien ernannt und beauftragt, im Lande herumzureisen und solches von dem vagabundierenden Gesindel zu reinigen. Diese Maßregel hatte ein sehr günstiges Resultat, welches vorzüglich dadurch bewirkt wurde, daß einer der Kommissarien, welchem die Tour von hier nach Magdeburg zu seinem Wirkungskreise angewiesen worden war, im Landarmenhaus zu Brandenburg eine Witwe Schulz vorfand, welche er sich geneigt zu machen und zu einem offenen Bekenntnis zu bewegen wußte. Sie war selbst eine bedeutende

Reihe von Jahren auf der Madihne* gewesen, kannte alle herumziehenden Diebe und wies sogleich eine Anzahl derselben nach, welche bereits wegen Vagabundierens mit ihr ergriffen und in das Landarmenhaus eingeliefert waren, unter denen sich mehrere vorfanden, welche der Arrestant als Mitglieder der Bande aufgeführt hatte. Selbst über diesen machte sie Mitteilungen, die ihn als groben Verbrecher bezeichneten und mit dazu dienten, ihn in der Folge als Urheber der Brandstiftungen überführen zu können.

Während die Kommission in Tätigkeit war und das Gefangenenhaus hier mit aufgegriffenen Vagabunden überfüllt wurde, waren die Verhöre mit dem Arrestanten fortgesetzt worden, der in einem derselben, und zwar in der Nacht vom 8. zum 9. Oktober, eingestand, daß er Friedrich Peter Horst heiße und aus Kloster Jerichow gebürtig sei. Er verblieb im allgemeinen zwar bei seinen früheren Angaben, räumte indessen ein, an mehreren Orten noch gegenwärtig gewesen zu sein, wo die Bande Feuer angelegt habe.

Mit den betreffenden Gerichten, welche über die in ihrer Jurisdiktion entstandenen einzelnen Feuer die nähere Untersuchung eröffnet hatten, sowie mit den Obrigkeiten, in deren Bezirk Horst geboren und seinen früheren Aufenthalt gehabt haben wollte, wurde die nötige Korrespondenz eingeleitet und dadurch ermittelt, daß bei mehreren Feuern ein fremder Mensch gesehen wurde, der gleich beim ersten Entstehen derselben auf der Brandstelle gegenwärtig, beim Retten der Effekten tätig gewesen und dann auf einmal verschwunden war; der Horst wurde von mehreren Personen, die zu diesem Zweck nach Berlin kamen und ihn in Augenschein nahmen, sogleich als jener Fremde wiedererkannt. Es wurde ferner ermittelt, daß Horst bereits an mehreren Orten, wie unten näher angegeben werden wird, wegen Verdachts des Feueranlegens sich in Untersuchung befunden habe, und alle diese Umstände machten es gewiß, daß Arrestant wenigstens ein sehr tätiges Mitglied der Mordbrennerbande gewesen sei, wenn anders eine solche wirklich existiert habe. Hierzu kam noch, daß man bei der fortgesetzten Untersuchung Sachen herbeischaffte, die an mehreren Orten bei Gelegenheit des stattgehabten Feuers gestohlen und von ihm teils verkauft, teils zu seinem Gebrauch eingerichtet waren. Endlich gaben auch schon die eingesandten, über den Horst verhandelten Akten folgende Auskunft über ihn:

Schon 1805 war der Inquisit bei den Gerichten des Leib-Kürassier-Regiments wegen Diebstahls und Verdachts des Feueranlegens in den Dörfern Fischbeck, Steckelsdorf, Ihleburg, Retzke und Banne in Untersuchung. Er wurde wegen Diebstahls mit Gassenlaufen bestraft, von den ihm zur Last gelegten Brandstiftungen aber vorläufig freigesprochen. Auch beim Stadtgericht zu Freienwalde wurde er im Januar 1810 zur Untersuchung gezogen, weil er verdächtig war, in der Nacht vom 1. zum 2. Januar beim Brauer Wehner wenigstens durch grobe Fahrlässigkeit Feuer veranlaßt zu haben. Da sich im Laufe dieser Untersuchung ermittelte, daß er bei einem Brand im Dorf Groß-Rischow gegenwärtig gewesen

---

* s. Verzeichnis

war, wurde er an das Justizamt Colbatz zur weiteren Fortsetzung der Untersuchung abgeliefert. Hier zeigte er während seiner Gefangenschaft eine große Verstellungskunst, unter anderem schützte er eine seit mehreren Tagen anhaltende Verstopfung vor und warf den Unrat zum Fenster hinaus, damit seiner Angabe Glauben beigemessen werden konnte, affektierte Wahnsinn und brachte es dadurch so weit, daß ihm nicht allein bessere Kost verabreicht, sondern ihm auch Nachsicht und Erleichterung durch das Abnehmen der Ketten zuteil wurde, welche er dann dazu benutzte, mittels gewaltsamen Ausbruchs durch Zerschlagen des Ofens am 4. August 1810 sich aus der gefänglichen Haft zu befreien.

Bis zum 2. Dezember erfolgte kein offenes Geständnis über seine Verbrechen, seine Äußerungen gegen den Inquirenten erhielten jedoch implizit das Geständnis seiner Schuld. In einem Verhör erklärte er nämlich: »Wenn ich vom Direktor des Kriminalgerichts die Versicherung erhalte, daß ich mit dem Leben davonkomme, dann will ich alles bekennen.« Bei einer anderen Gelegenheit äußerte er: »Wenn ich eingestehe, werde ich lebendig verbrannt!« Ferner: »Ich weiß, daß ich sterben muß, ich will auch gern sterben, ich habe den Tod verwirkt.«

Der Verdacht gegen den Horst, daß er der Urheber jener Brandstiftungen sei, wurde durch folgenden Umstand noch dringender:

Die angebliche Ehefrau des Horst war nämlich in Raugarten verhaftet und hierher transportiert worden. Sie gab bei den mit ihr abgehaltenen Verhören an, daß sie mit dem Horst längere Zeit herumgestrichen, daß an sechs verschiedenen Orten im Österreichischen während der Zeit ihres Aufenthaltes dort Feuer ausgebrochen sei und sie zuletzt selbst ihren Mann als Brandstifter im Verdacht gehabt, jedoch darüber nie Gewißheit erhalten habe. Ihrem Geständnis nach hatte Horst bei mehreren Feuern Sachen gestohlen und ihr zugebracht. Die ihm deshalb geschehenen Vorhaltungen und wiederholten Ermahnungen zur Angabe der Wahrheit fruchteten nichts bei ihm; er blieb hartnäckig bei seinen Behauptungen, und wenn er oft selbst mancher Lügen überführt wurde, erklärte er ganz gleichgültig: »Ich kann nicht anders sagen.«

In der Nacht vom 2. zum 3. Dezember gestand er zuerst ein, in Gesellschaft eines gewissen Lange, Grabowsky und dessen Beischläferin Lotte die Feuer im Heidekrug bei Schwedt, in Stargardt, Groß-Rischow, Freienwalde, im Döllenkrug, Hammelspring, Zehlendorf, Behnsdorf, Groß-Kreuz, Steglitz und Schöneberg angelegt und sich mit obengedachten Personen vorher zu diesem Zweck durch ein Gelübde vereinigt zu haben. Seine Angaben über jede einzelne Brandstiftung waren sehr speziell und stimmten mit den Umständen, unter denen das Verbrechen stattgehabt, so genau überein, daß über die Richtigkeit kein Zweifel obwalten konnte. Auffallend war es nur, daß er die Brandstiftungen in Schönerlinde und Neuensundt nicht erwähnte, wahrscheinlich deshalb nicht, da bei diesen Feuern mehrere Menschen ums Leben gekommen waren und er wohl voraussetzen konnte, daß hier eine härtere Strafe erfolgen würde. So schnell er sich aber auch zu dem Bekenntnis entschlossen hatte, ebenso schnell widerrief er solches unter mancherlei nichtigem Vorgeben und Ausflüchten.

Alle Vorstellungen und Ermahnungen von seiten des Inquirenten scheiterten an der Hartnäckigkeit des Inquisiten, er blieb bei dem Widerruf und ließ deutlich merken, daß Furcht vor der Todesstrafe ihn vom Geständnis abhalte. Als der Inquirent im Verhör am 22. Dezember 1810 dem Arrestanten vorhielt, daß diese Furcht die wahrscheinliche Veranlassung seiner Hartnäckigkeit sei, erklärte er: »Ja, Herr Justizrat, da haben Sie Recht!«

Später äußerte er: »Ehe ich sterbe, werde ich noch ein reines Bekenntnis ablegen, jetzt aber ist der Zeitpunkt noch nicht da!«

Auf Befragen, welchen Zeitpunkt er meine, gab er keine Antwort.

In dem Verhör vom 6. Januar 1811 wurden dem Inquisiten wieder mehrere Aussagen vorgehalten, nach welchen er für überführt gehalten werden konnte, Feuer angelegt zu haben; er erwiderte hierauf: »Wenn ich Feuer angelegt habe, so haben die Colbatzschen Gerichte daran Schuld.«

Aufgefordert, sich hierüber näher zu erklären, meinte er: »Die Gefangenen werden dort schlecht behandelt; ich habe auch eine schlechte Behandlung erfahren.«

Ihm wurde nun die Frage vorgelegt, wo er Feuer angelegt habe, wenn er angeblich dazu veranlaßt worden war. Er erwiderte hierauf: »Das ist eben der schlimme Punkt, wo wir beide (den Inquirenten und sich meinend) nicht auseinander kommen können. Es ist wahr, ich habe ein rohes und wildes Leben geführt, ich habe tief gefehlt und nie geglaubt, daß es einen Gott gibt! Jetzt habe ich mich jedoch eines anderen besonnen, und ich kann wegen der begangenen Verbrechen nicht selig werden, wenn ich gerichtet werden sollte. Wenn Sie aber, Herr Justizrat, mir die Versicherung geben, daß ich nicht sterben und hingerichtet werden muß, so will ich Ihnen die Wahrheit sagen; ich will Ihnen alles sagen, denn ich weiß, daß kein unwahres Wort aus Ihrem Mund kommt. Ich bitte Sie um Gottes Willen, retten Sie mir das Leben!«

Der Inquirent belehrte den Horst, daß er ihm in Hinsicht der künftigen Bestrafung keine Aufklärung geben, noch weniger ihm Versprechungen machen könne, daß es Pflicht des Inquisiten sei, ohne alle Bedingungen die Wahrheit zu sagen, sein Gewissen dadurch zu beruhigen und die Bestimmung der Strafe lediglich dem erkennenden Richter zu überlassen. Es wurde ihm ferner eröffnet, daß er schon im allgemeinen mehrmals das Bekenntnis über die von ihm verübten Brandstiftungen abgelegt habe und er zugleich dringend aufgefordert sei, dies speziell zu tun und mit der ersten Brandstiftung den Anfang zu machen.

Der Inquisit warf hierauf die Frage auf: »Kann der Direktor des Kriminalgerichts mir nicht das Versprechen geben, daß ich mit dem Leben davonkomme, wenn ich die Wahrheit sage?«

Er wurde belehrt, daß ein solches Versprechen ihm kein Mensch geben könne, daß er daher von dieser Bedingung abstehen und ohne sie die Wahrheit sagen müsse.

Der Inquisit fuhr fort: »Ist es denn nicht möglich, mir das Leben zu retten?

Ein Wurm krümmt sich ja vor dem Tode, vielmehr noch ein Mensch. Muß ich indessen sterben, so machen Sie es nur so, daß ich es nicht vorher weiß.«

Der Horst, dessen Unruhe und Angst in diesem Verhör aufs höchste stiegen, wurde wiederum ermahnt, sich durch Todesfurcht von einer wahren Erzählung über den Zusammenhang der Sache und den Umfang seiner Verbrechen nicht abhalten zu lassen und mit der von ihm zuerst erfolgten Brandstiftung den Anfang zu machen.

Er erwiderte: »Ich habe jetzt schon die größte Todesangst! Ich kann nicht! Sie haben erstaunlich viel Geduld mit mir, und ich wünschte selbst, diese nicht länger zu mißbrauchen; wenn mir aber nicht versprochen wird, daß ich von der Todesstrafe befreit bleibe, so muß es bleiben, wie es ist, es mag nun gehen, wie es wolle. Wenn Sie mir aber dies Versprechen geben, so können Sie alle Akten fortwerfen, und ich werde dann die Wahrheit sagen.«

Der Inquirent setzte nochmals die Ermahnungen fort und forderte den Inquisiten dringend auf, sich durch Furcht vor Todesstrafe nicht abhalten zu lassen und die Wahrheit anzugeben. Der Inquisit versank in ein tiefes Nachdenken. Er wurde nun lange Zeit seinen Gefühlen überlassen, es schien mehrmals, als wolle er sich zu einem Bekenntnis entschließen, und als der Inquirent ihn dazu geneigt glaubte, warf er die Frage auf, an welchem Ort der Inquisit zuerst Feuer angelegt habe.

Der Inquisit entgegnete: »Das ist eben der Punkt, worüber wir nicht fertigwerden können, weil ich kein Bekenntnis ablegen kann, weil ich mich so sehr vor der Strafe fürchte.«

Bei dieser Erklärung verblieb er, aller Ermahnungen ungeachtet, und wenngleich unter diesen Umständen ein Geständnis des Inquisiten sehr weit aussehend war, so brachte es der Inquirent durch fortgesetzte Ermahnungen und Vorhaltungen doch dahin, daß er am 10. Februar abends in dem angestellten Verhör zugestand, daß sein am 2. Dezember 1810 abgelegtes Geständnis in der Wahrheit beruhe, daß er teils allein, teils in Verbindung mit anderen, in der Absicht zu stehlen Feuer angelegt habe, und blieb dann nach manchen Unterbrechungen, die durch Widerruf und Lügen herbeigeführt wurden, in der Hauptsache bei der Wahrheit.

Johann Christoph Peter Horst wurde am 22. März 1783 in Jerichow, diesseits der Elbe geboren; er war der Sohn des dortigen Pferdehirten Peter Horst und der jüngste von seinen sechs Geschwistern, welche, eine Schwester ausgenommen, die zur Zeit in Jerichow verheiratet ist, bereits verstorben sind. In seinem 3. bis 4. Jahr verließ der Vater Jerichow und ging nach Fischbeck, wo er anfangs den Dienst eines Pferdehirten, später aber, als er diesem, seines hohen Alters wegen, nicht füglich mehr vorstehen konnte, den Dienst eines Schweinehirten übernehmen mußte. Im 6. Jahr wurde der Inquisit zur Schule geschickt und im Lesen, Schreiben und in der Religion unterrichtet, er besuchte sie bis zu seinem 15. Jahr, jedoch nicht unausgesetzt, vielmehr nur den Winter über, da er im Sommer Ochsen und Pferde hütete. Nachdem er den nötigen Unterricht beim Prediger Petri zu Schönhausen in der lutherischen Religion genossen hatte, erhielt er die Firme. Als dies geschehen war, trat er in den Dienst verschiedener Bauern, anfangs als Pferdejunge, später als Knecht, und blieb bis Neujahr 1803 in diesen Verhältnissen. Etwa drei Monate lang war er dienstlos und nahm sich vor, eine Verwandte und zwar seine Mutterschwester, welche an einen Jäger in Hügelitz verheiratet war, zu besuchen. Auf dem Weg dorthin übernachtete er in dem beim Dorf Bolsdorf gelegenen sogenannten roten Krug und lernte hier folgende Personen kennen:

1. den Zinngießer Richter (genannt der Mansfeldtsche Richter);
2. dessen Frau;
3. deren Schwester;
4. den sogenannten Kammacher;
5. den Musikus Andres, welcher Violine spielte;
6. dessen Geliebte, die rote Mine (sie hatte nämlich rotes Haar), welche sang und die Harfe spielte.

Sämtliche Personen zogen auf dem Land umher, führten ihren Handel übrigens nur zum Schein und in der Absicht, Orte auszukundschaften, wo Gelegenheit zum Stehlen war. Horst ließ sich leicht bereden, bei dieser Gesellschaft zu verbleiben, da ihm ein Anteil von dem gestohlenen Gut zugesichert wurde. Zuerst ging der Streifzug nach dem Magdeburgischen, Horst schob die Karre des Richters und erhielt anfangs dafür von der Kabrousche*, die nun sieben Mitglieder zählte, eine freie Zeche. Es wurde auf dem Weg gestohlen, was nur

* Diebesgesellschaft, s. Verzeichnis

zu stehlen möglich war. Auf einem Vorwerk bei Magdeburg verübte Horst den ersten Diebstahl, und zwar in einem Pächterhaus, wo er durch Einschlagen der Wand eine Menge Effekten stahl, die nachher für circa 200 Taler verkauft wurden. Streitigkeiten, welche Horst mit dem Andres angefangen hatte, und zugleich auch Furcht, als Verbrecher entdeckt zu werden, bewogen ihn, diese Gesellschaft zu verlassen und sich nach Jerichow zurückzubegeben. In dem dortigen Gasthof zum Schwarzen Adler nährte er sich als Tagelöhner und verblieb dort so lange, bis zufälligerweise die oben erwähnten Personen nach Jerichow kamen, um den dortigen Markt abzuhalten.[*] Dies gab die Gelegenheit zu einer Aussöhnung, Horst schloß sich von neuem an, und nun wurde die Bande auf acht Personen erhöht, da während der Abwesenheit des Inquisiten ein gewisser Altmann sich dazugesellt hatte. Nach beendetem Markt in Jerichow ging die Reise über Ziesar, Jüterbog und Sommern nach Leipzig, wo die auf jenem Markt gehandelte Soore[†] verkauft wurde. Die Ankunft in Leipzig erfolgte elf Tage vor der Messe, sie kehrten im Gasthof zum Grünen Baum, dem Aufenthaltsort der Kessen[‡], ein und fanden dort eine Marktdiebin, Male genannt (mit ihrem Vatersnamen Herlich), auch andere dergleichen Personen vor, mit denen sie jedoch keine weitere Bekanntschaft machten. Sie blieben beinahe vier Wochen dort und verübten auf der Messe sehr bedeutende Diebstähle, wodurch sie ihren Unterhalt hinreichend sicherten. Von hier reisten sie nach der Schlesischen Grenze. Auf dieser Tour wurden zwei gewaltsame Diebstähle (Masematten) verübt, einer in einer Schäferei, der andere bei einem Prediger. Bei der Teilung des gestohlenen Guts erzürnte sich der Inquisit wieder mit der Gesellschaft und ging mit der Male, welche sie begleitet hatte, nach Sachsen-Gotha. Hier nahm er von den Preußischen Werbern sieben Dukaten Handgeld und sollte nun zum Regiment Kauffberg nach Danzig transportiert werden; er entsprang aber in der Gegend von Genthin, ließ die erwähnte Male hier im Stich und begab sich nach Jerichow zurück, wo er beim dortigen Oberamtmann Schröder als Pferdeknecht in Dienst trat, denselben aber bald verließ, da er vom Verwalter wegen seiner Liederlichkeit derbe Prügel bekam. Er wollte sich wieder beim Militär anwerben lassen, das lustige Leben gefiel ihm aber besser, er nahm sich deshalb vor, nach den sächsischen Fürstentümern zu reisen und seine Kameraden aufzusuchen. In Zerbst fand er im dortigen Kessen-Gasthof zum Bär den früher erwähnten Altmann in Begleitung einer gewissen Caroline, aus Berlin gebürtig, und außerdem noch eine Frauensperson, die Magdeburger Rieke genannt. Mit diesen vereinigte er sich, zog in den Anhaltschen Fürstentümern herum und stahl. Dies dauerte etwa ein Vierteljahr. Horst wurde dieses Leben bei seiner Laune auf einige Zeit wieder überdrüssig und ging allein nach Jerichow zurück. Dies war um Johannis[**]. Er ver-

---

* s. Verzeichnis

† s. Verzeichnis

‡ klug, s. Verzeichnis

** 24. Juni

mietete sich, jedoch nicht länger als bis Martini*, beim Meyer Semm in Fischbeck und lebte dann wieder im Müßiggang. Am letzten Tag der Dienstzeit kam der Mannsfeldsche Richter mit seiner Frau und dem Altmann nach dem Krug in Fischbeck; ersterer erzählte ihm, daß sie in Sachsen verschüttet† gewesen wären, daß sie durchaus gar nichts hätten, und fragte den Horst bei dieser Gelegenheit, ob in Fischbeck etwas zu machen sei. Horst wies sogleich den dortigen Bauern Bernkipp als einen reichen Mann nach, bei dem eine gute Masematte zu heben sei. Richter besah die Gelegenheit und meinte, daß dort nur etwas gemacht werden könnte, wenn geflaggert würde. Dies wurde denn auch beschlossen, und Horst führte abends um zehn Uhr den Richter und Altmann nach der Scheune des Bernkipp; der Richter legte die Feuermaterialien, in brennendem Schwamm und Leinwand bestehend, unter die Schwelle, der Inquisit aber eilte nach der Wohnung seines Dienstherrn zurück, legte sich mit dem Kleinknecht nieder, schlief jedoch nicht ein, bis etwa um zwölf Uhr Feuerlärm entstand, wo er aufsprang, zwei Pferde vor die Wassertiene legte und überhaupt so unbefangen handelte, daß zu damaliger Zeit auch nicht der mindeste Verdacht irgendeiner Teilnahme gegen ihn erweckt werden konnte. Während des Feuers stahl die Bande im Hause des Bernkipp, welcher mit seinen Leuten mit der Löschung beschäftigt war, sehr bedeutend. Die Brandstiftung erfolgte am 13. November 1804, und es ist die erste, wo der Inquisit durch Mitwissenschaft und Verabredung teilnahm. Am Tag danach, als Horst dienstlos wurde, besuchte er seinen damals noch lebenden Bruder in Schönhausen und ging dann auch zum anderen Bruder, der Musikus und in Neu-Plauen bei Brandenburg wohnhaft war. Nach einem Aufenthalt von mehreren Tagen begaben sich beide nach dem Radkrug, auf dem Weg von Ziesar nach Brandenburg gelegen, wo sich in der Regel Kesse aufhalten und wo er nach einer mit dem Richter genommenen Verabredung sich einfinden wollte.

An einem Sonntagmittag kamen die Gebrüder Horst dort an. Der Inquisit gesellte sich zu der dort bereits eingekehrten Richterschen Kabrousche und verpflichtete sich durch Handschlag, mit ihnen gemeinsam zu stehlen und einander nie zu verraten.

Die Mitglieder waren jetzt folgende:

1. der Richter;
2. dessen Frau;
3. deren Schwester, mit ihrem Geliebten;
4. der Kammacher;
5. Altmann;
6. die Witwe Schulz;
7. der Jude Ruben, der sich auch Joseph nannte;
8. Hoppe, eigentlich Rohde, ein ehemaliger Soldat.

---

* 11. November

† verhaftet, s. Verzeichnis

Außer diesen befanden sich noch in demselben Krug und bildeten eine besondere Kabrousche:

1. der schöne Karl, welcher später in Magdeburg hingerichtet wurde und mit Vatersnamen Unger hieß;
2. dessen Geliebte, die Male;
3. der blinde Hesse;
4. der schwarze Franz;
5. August Müller;
6. die Delitz;
7. Friedrich Schulze und mehrere andere.

Der Inquisit verließ am Dienstag mit seiner Gesellschaft den Krug, sie zogen in drei Kolonnen bei Parey, Feuchlandt und Tangermünde über die Elbe, um nach Wittmohr oder Weißenmohr zu gehen und mehrere schon ausbaldowerte Diebstähle auszuführen. Der bei diesem Ort gelegene Krug war zum Versammlungsort bestimmt.

Hier machte Horst noch mit mehreren der dort sich bereits vorfindenden Kessen Bekanntschaft, und zwar mit der

1. Hanne Becher;
2. dem August Reinbolt, Zinngießer;
3. dessen Frau.

Es wurden zuerst gemeinschaftlich zwei Diebstähle begangen, der eine in Rindfuhr bei einem Prediger, der andere bei einem Kaufmann, dicht bei Salzwedel wohnhaft. Die ganze Kabrousche, sechzehn Personen stark, war bei der Ausführung dieser Verbrechen vereinigt und nahm daran teil. Hierauf wurden zwei Brandstiftungen ausgeführt, welche von den Weibern ausbaldowert waren. Die erste in der Schäferei bei Gardelegen. Der Inquisit steckte mit eigener Hand einen Lappen, worin brennender Schwamm gelegt war, in das Strohdach. In einigen Minuten loderten die Flammen auf, und nicht allein die Schäferei, sondern auch der in der Nähe gelegene Krug brannten ab. Die Kabrousche stahl und brachte die Beute nach Weißenmohr, wo sie später geteilt und verkauft wurde. Dieses Feuer war Ende des Jahres 1804 und das erste, welches der Inquisit selbst anlegte.

Einige Tage nachher wurde das in der Nähe gelegene Dorf Ipse abgeflaggert. Der Inquisit hatte an der Brandstiftung selbst keinen Anteil, half aber Wurst stehlen und nahm bei dem Prediger des Dorfs eine Bettdecke.

Nun ging die ganze Gesellschaft nach Weißenmohr, wo die gemeinschaftliche Teilung des gestohlenen Guts vorgenommen wurde. Nach einem kurzen Aufenthalt steckten sie das Dorf Buchholz, eine Meile von Weißenmohr, in Brand, und dies geschah gegen Weihnachten 1804.

Nach dieser Brandstiftung begab sich Horst, der auch jetzt für den Augenblick des Herumtreibens wieder müde geworden war, nach Rathenow, schwor zur Fahne des Leib-Karabinier-Regiments von Bismarck und kam zur Eskadron des damaligen Obrist-Leutnants von Winning. Gleich darauf wurde er von einem Leutnant beauftragt, von Havelberg aus Pferde zu holen, und erhielt zu diesem Behuf einen Urlaubspaß, worin bestimmt war, daß der Inhaber sich nicht weiter als sechs Meilen von Rathenow entfernen dürfe. Diese Gelegenheit machte die auf kurze Zeit geschlummerte Neigung zur Ausübung von Verbrechen von neuem rege und erstickte die Lust zum Militär. Horst suchte die Richtersche Bande auf, traf sie in der Gegend von Weißenmohr an und verübte mit ihr die Brandstiftungen in Marzahn, Steckelsdorf und Ihleburg. Nach diesem letzten Feuer verließ er die Gesellschaft und nahm sich vor, nach Sachsen zu reisen und dort Militärdienste zu suchen, da er sich im Preußischen nicht vor Arretierung sicher glaubte, weil man allenthalben auf die Bande aufmerksam geworden war und sie verfolgte. Er begab sich zuerst über Burg nach Schönhausen, besuchte dort seinen Bruder, verübte mit ihm bei einem Jäger einen Speckdiebstahl und trat dann die weitere Reise nach Sachsen an. Er wurde unterwegs jedoch wegen Herumtreibens verhaftet, und da er sich aus dem ihm im Urlaubspaß angewiesenen Bezirk entfernt hatte, als Deserteur nach Rathenow zum Regiment zurückgeliefert. Unterwegs sprang er in der Absicht, sich das Leben zu nehmen, in einen Brunnen, wurde aber mit Gewalt, gegen seinen Willen, gerettet. Dies war etwa im Februar 1805. Wegen Desertion und Verdacht des Feueranlegens eröffneten die Regimentsgerichte die Untersuchung; da er aber jede Beschuldigung von sich ablehnte, nähere Angaben zur etwaigen Überführung nicht vorhanden waren, so wurde er im Monat April, und zwar am Gründonnerstag, nur wegen Desertion mit Gassenlaufen bestraft und demnächst an das Depot-Bataillon des Regiments von Virch zu Alt-Damm bei Stettin abgeliefert. Der Major des Bataillons, bei dem er sich durch ein erheucheltes freundliches Benehmen beliebt zu machen wußte, nahm ihn als Kutscher in Dienst; später, als das erwähnte Bataillon nach Stettin in Garnison kam, wurde er Freiwächter und arbeitete für Tagelohn in der dortigen Weinkopfschen Handlung. Während dieser Zeit lernte er im dortigen Bohmschen Hurenhaus auf der Lastadie eine Hure mit Vornamen Lotte kennen; er wollte sie heiraten, erhielt aber keinen Trauschein und wurde darüber so aufgebracht, daß er um Ostern 1806 in Matrosenkleidung mit ihr von Stettin fort und nach Rostock ging. Er begab sich von hier nach Hamburg, wollte dort Militärdienste nehmen, wurde aber abgewiesen und wandte sich nach Lenzen zurück. Auf dem Weg dorthin traf er den schönen Karl mit seiner Bande an, erfuhr von diesem den Aufenthalt des Mannsfeldschen Richter und fand ihn auch bald in der dortigen Gegend mit der Bande auf. Sie verübten nun die Brandstiftung in dem Gasthof zum grünen Baum, welcher einzeln auf der Landstraße zwischen Lenzen und Perleberg liegt. Der Richter legte das Feuer an, und ein Frachtfuhrmann, der dort Nachtquartier gemacht hatte, wurde sehr bedeutend bestohlen. Nachdem der Inquisit mit der Bande noch zwei Diebstähle begangen und auf seinen Anteil die Summe von 500 Talern erhalten hatte, ging er nach Hamburg zurück und schrieb auf Bitten der Lotte an das Regiment zu Stettin um Pardon. Es wurde ihm solcher auch bewilligt, er kehrte im August 1806 nach Stettin zurück, wurde wieder Freiwächter und arbeitete abermals im Weinkopfschen Weinkeller. Einige Tage nach der Übergabe von Stettin trat er als Bedienter in den Dienst eines französischen Offiziers, reiste mit ihm nach Nackel, wo die Franzosen ein Lager bezogen; da es ihm aber nicht gefiel, entfernte er sich nach einigen Wochen heimlich und wollte nach Stettin zurückkehren. Unterwegs aber traf er den Hoppe (Mitglied der Richterschen Bande) in Begleitung eines gewissen Felsenkron und dessen Geliebter. Horst eröffnete ihnen, daß in Polen nichts zu machen sei, und beredete sie, mit ihm zurückzukehren. Sie waren auch dazu bereit und kamen auf dieser Tour nach einem Dorf namens Reetz. Hier fanden sie eine Menge Franzosen und vermuteten bei einem dort einquartierten Colonel viel Geld; sie trafen daher die Verabredung, das Dorf in Brand zu stecken und während des Feuers die Franzosen zu bestehlen. In der Nacht um elf Uhr wurde der Plan ausgeführt, das Dorf an drei Orten angezündet, und als das Feuer aufging, unter Begünstigung desselben zwei Pferde und Mantelsäcke gestohlen. Sie zogen damit nach Landsberg an der Warthe, von dort nach Küstrin, verkauften hier den größten Teil des gestohlenen Guts und gingen dann nach Lebus. Dort hielt ein französisches Kürassier–Regiment Rasttag und verlangte am anderen Morgen beim Abzug einen Wegweiser. Der Krüger, welcher doppelt in Verlegenheit war, jedoch dem Verlangen der Feinde genügen mußte, wies den Horst, den er übrigens weiter nicht kannte, als solchen nach; dieser wurde gezwungen, der Führer zu werden, und brachte die Franzosen zufälligerweise auf dem richtigen Weg nach dem Dorf Mallnow hin. Er wurde hier einquartiert, blieb einige Tage da und übernahm unter anderem den Auftrag, für sie aus der Scharfrichterei zu Frankfurt Pferdehaare zu besorgen, um damit teils die Sättel auszustopfen, teils die Roßschweife auf den Helmen zu vervollständigen. Diese Gelegenheit benutzte der Inquisit dazu, seine im Krug zu Lebus zurückgebliebene Gesellschaft zu benachrichtigen, daß in Mallnow etwas zu machen sei. Sie kamen auch gegen Abend dahin, legten spät in der Nacht Feuer an und stahlen bei dieser Gelegenheit eine Menge Geld, Uhren, Mantelsäcke, ein Pferd und dergleichen und begaben sich noch in derselben Nacht auf den Weg nach Frankfurt an der Oder (wo der größte Teil des gestohlenen Guts verkauft wurde); von hier aber, und zwar am folgenden Tag, nach Müncheberg. Hier wurde der Inquisit, da er geäußert hatte, daß er ein französischer Offiziersbedienter und seinem Herrn entlaufen sei, als verdächtig arretiert, nach vier Wochen aber, da sich kein Verbrechen gegen ihn ermitteln ließ, wieder entlassen. Der Aufenthalt seiner Gesellschaft war ihm nun unbekannt gewesen; er nahm sich daher vor, nach Schlesien zu gehen und Dienste zu suchen. Er ging über Frankfurt an der Oder nach Ziebingen, sah in der dortigen Kessen Penne* wiederum die Delitz, sprach jedoch nicht mit ihr, sondern setzte am anderen Tag seine Reise fort. Er mußte sein Vorhaben aber bald aufgeben, da die Franzosen niemanden vorwärts ließen, er kehrte um, ging nach Berlin und kam dort im Februar 1807 an. Hier erfuhr

* Auch Kesse Spiese – ein Wirtshaus, wo Diebe sich aufhalten und wo der Wirt von ihrem Tun und Treiben Kenntnis hat, solches aber aus Eigennutz begünstigt; s. Verzeichnis

er, daß Schill in der Gegend von Kolberg ein Freicorps formierte; sogleich entschloß er sich, bei demselben Dienst zu nehmen, und reiste in gerader Tour nach Anclam. In dortiger Gegend traf er den Leutnant Ellerhorst, welcher ebenfalls zu Schill ging, und reiste mit diesem nach Greifenberg, dem damaligen Aufenthaltsort des Schill. Hier fand Horst den mehrmals erwähnten Hoppe wieder auf, erneuerte mit ihm die Bekanntschaft und knüpfte mit dessen Kameraden Schare und Gottlieb Lange eine genaue Freundschaftsverbindung an, welche dann auch bald das Resultat lieferte, daß in Kolberg, und zwar im Stall des Kommandanten, Feuer angelegt und unter Begünstigung desselben bedeutend gestohlen wurde. Vier Tage nachher bekam Horst von dem genannten Leutnant den Auftrag, einen Brief an dessen Frau nach Ferchow bei Neu-Brandenburg zu besorgen. Er richtete diesen Auftrag aus, passierte auf dem Rückweg den Rohrkrug oder die rote Mühle und traf dort einen Kessen, genannt Franzosen Ferdinand, an, welcher ihn überredete, bei ihm zu bleiben. Er willigte ein, zog mit ihm nach Sachsen hin und traf in der Nähe von Lübben in einer Kessen-Penne den bekannten Dieb Reinboth, die Delitz und die Witwe Schulze. Letztere überlieferte dem Inquisiten, der sich damals Schulze nannte, die Delitz als Beischläferin, sie hielten mehrere Schocks* ab, zogen dann nach Lorenzkirchen und begingen hier einen Kettenschub† bei einem in der Nähe wohnenden Dorfprediger. Bei der Teilung ergab sich, daß Reinboth Gold unterschlagen hatte, es entstand darüber Streit, und der Inquisit nahm ein Messer, mit welchem er ihm einen Schnitt in die Backe machte‡, und weiter vorwärts sich begab. Jetzt trennte Horst sich wieder von der Bande, durchzog mit der Delitz allein die Lausitz und Sachsen, verpraßte das erlangte Geld, und als dieses Leben etwa acht Wochen gedauert hatte, ließ er dieselbe bei Bunzlau im Stich und ging, da während dieser Zeit Waffenstillstand geschlossen wurde, nach Kolberg zurück. Er gab dort bei seiner Ankunft vor, daß er von Franzosen während der ganzen Zeit als Spion arretiert gewesen sei und er wurde nun von neuem bei der reitenden Artillerie eingestellt. Bald darauf desertierte er aber und verkaufte in Naugarten das mitgenommene Pferd an einen Weimarschen Offizier. Hier machte er die Bekanntschaft mit der Torschreibertochter Lötsch, versprach ihr die Ehe, zog mit ihr nach dem Österreichischen und ließ sich in Grätz von österreichischen Werbern für das Regiment Stein, welches in Kloster Milden stand, engagieren. Im Sommer 1808 kam das Regiment nach Mustätten, und Horst ging auf Kommando bei dem angefangenen Chausseebau in der Gegend von Sollinau und Wöllersdorf.

Bei dieser Gelegenheit verübte er mehrere Brandstiftungen, namentlich in Sollinau, Wöllersdorf, Nitzar, und stahl, wie gewöhnlich, während des Feuers, welches hier keinen bedeutenden Schaden anrichtete. Im Herbst des Jahres 1808 kehrte er nach beendetem Straßenbau zum Regiment zurück und verübte dann

---

* Schock-Markt, s. Verzeichnis

† Einbruch zur Nachtzeit, s. Verzeichnis

‡ Unter den Kessen ist es nämlich Sitte, denjenigen, welcher bei der Teilung der Soore eine Untreue begeht, zur Warnung für andere mit einem Kreuzschnitt auf der linken Backe zu bezeichnen.

mit mehreren Soldaten, die der zur Teilnahme an seinem Verbrechen zu bereden wußte, die Brandstiftungen in Hüttelsee, Wörmelingen (an diesem Ort zu zwei verschiedenen Malen), Mustätten, Warzenbrück, Saledorf, Katzenberg, Perselingen, Buckowitz, Baumgarten, in einem Städtchen bei Linz und in Landshut.

Das Regiment brach im Frühjahr 1809 zum Feldzug gegen die Franzosen auf. Der Inquisit wurde in der Schlacht bei Regensburg vom Feind gefangengenommen und nahm sogleich Dienst bei den Franzosen, desertierte aber bald, ging wieder zu den Österreichern über und blieb dann in diesem Militärdienst bis zum August 1809, wo er als Ausländer den Abschied erhielt. Nunmehr reiste er mit seiner Beischläferin, welche während dieser Zeit von einem Mädchen, Victoria genannt, entbunden worden war, nach seinem Vaterland zurück. Unterwegs und auf der Tour nach Dresden legte er allein in Amstädten, in einem dabei gelegenen Dorf und zuletzt in Lehmberg Feuer an und stahl namentlich am letzteren Ort einem Franzosen 60 Gulden.

Im August kam er nach Dresden und erfuhr, daß österreichische Bauern für die Loskaufung der Söhne von der Landwehr durch Gestellung anderer Individuen bedeutende Summen Geldes aufopferten; er ging daher sogleich nach Böhmisch Neustädtel zurück, fand aber seine Rechnung bei dem Engagement nicht. Während seiner kurzen Abwesenheit verübte er auch hier noch eine Brandstiftung, ging dann nach Friedeberg, erhielt von dem dort stationierten Leutnant Buttlar einen Paß auf den Namen des Bedienten Schulze und setzte nun seinen Weg über Bunzlau, Frankfurt, Wietzen an der Oder und Schwedt nach Garz fort, wo er in den letzten Tagen des September ankam und in dem nahebei gelegenen Dorf Rosow Nachtquartier hielt. Hier legte Horst im Stall des Predigers Feuer an und stahl einige silberne Löffel, welche er am anderen Tag bei seiner Durchreise in Stettin verkaufte und von dem Geld die Kosten auf der Reise nach Naugarten bestritt. An diesem Ort verließ er die Lötsch und begab sich nach Schlesien, um die Richtersche Bande aufzusuchen, fand solche auch in der Gegend von Neisse, auf zirka 30 Mitglieder angewachsen, vor. Richter eröffnete ihm sogleich, daß von den Weibspersonen in Landshut ein Ort ausbaldowert worden war und zwar bei einem Juden oder Branntweinbrenner, wo etwas zu stehlen sei, und forderte ihn auf, mit ihm dort zu flaggern; der Inquisit nahm dies gern an. Abends elf Uhr wurde von ihnen die nahe am Wohngebäude gelegene Scheune an zwei verschiedenen Orten in Brand gesteckt, die ganze Gesellschaft eilte beim Ausbruch des Feuers in das Dorf, und es wurde so bedeutend gestohlen, daß nach erfolgter Teilung der Losung auf eines jeden Anteil 30 Taler berechnet wurden. Die grünen Husaren und andere Truppen waren auf Veranlassung der Polizeibehörden, welche von diesem Gesindel Kenntnis erhalten hatten, gegen die Richtersche Bande im Anzug; dieselbe begab sich daher nach Breslau, nachdem sie zuvor in einem Dorf noch geflaggert und gestohlen hatte. Nach diesem Feuer verließ Horst die Gesellschaft und reiste nach Frankfurt an der Oder zur Zeit der Messe. Er traf dort mit dem Lange zusammen, hielt sich in der Kessenpenne zu Kunnersdorf auf und fand dort einen gewissen Karl Baum, den angeblichen

Amtmann Krüger und eine Frauensperson, Dörte genannt, welche von allen als Beischläferin gebraucht wurde. Am Abend entstand im Stallgebäude Feuer, es wurde jedoch bald gelöscht und dessen Entstehung einer Unvorsichtigkeit zugeschrieben. Horst erfuhr aber angeblich am anderen Tag, daß der Krüger es aus Rache angelegt habe, weil der Schwager des Wirts ihn grob behandelt und um Branntwein betrogen habe.

Auf der Messe erbrach der Inquisit mit seiner Gesellschaft eine Bude, worin Kanten und Galanteriewaren verkauft wurden, und erhielt von der Losung 40 Taler auf seinen Anteil. Nach verübtem Diebstahl reiste er über Ahrensdorf nach Müncheberg. Im ersten Ort fand der Inquisit die Delitz im Krug, in Begleitung einiger Marktdiebe, ihrer Verwandten; anfangs wollte sie mit ihm gehen, auf Zurede der anderen ging sie aber mit diesen nach Frankfurt an der Oder, und Horst reiste nach Heinersdorf, wo die bekannte Kessepenne des Krügers Wilcke gelegen war. Hier trafen auch später Lange, Grabowsky und seine Lotte ein. (Diese Person ist diejenige, welche der Inquisit Horst in Stettin als seine Beischläferin aus der dortigen Hurentwirtschaft entnommen hatte.) Es wurde hier beschlossen, im Choriner Krug Zosken zu handeln*. Der Krüger Wilcke ließ der Gesellschaft zum besseren Fortkommen das Fuhrwerk, sie langten zeitig an; Horst sah in der Stube zu, was dort vorging, und da sich keine Gelegenheit zu stehlen fand, legte er im Stall Feuer an und stahl bei dieser Gelegenheit zirka 300 Taler, welcher, die Wirtin unter dem Bett in einem Sack versteckt hatte. Die Gesellschaft des Horst zog nun nach Stettin zu Markte, er hingegen nach Naugarten zum Besuch bei der Lötsch, welche 30 Taler von dem gestohlenen Geld zum Geschenk erhielt. Nach einem zweitägigen Aufenthalt hatte er hier schon keine Ruhe mehr; er reiste deshalb nach Stettin, da es ihm aber auch hier bald nicht mehr gefiel, nach Berlin, um einen Dienst zu suchen. In der Mitte Dezember 1809 traf er hier ein, trieb sich in der Hurenwirtschaft, Stadt Danzig genannt, längere Zeit herum, kehrte alsdann nach Naugarten zurück und blieb dort die Weihnachten über. Da ihm bald wieder Geld mangelte, brach er abermals auf, betrat die Tour nach Stettin und suchte die Gelegenheit auf, wo er Feuer anlegen und stehlen konnte. Diese fand er in Stargardt beim Gastwirt Haase, dann in Groß-Rischow und danach in der Neujahrsnacht beim Brauer Mene in Freienwalde.

Dieser Feuer wird noch weiter unten umständlicher gedacht werden.

Am Tag nach dem letzten Feuer wurde der Inquisit in Freienwalde wegen beschuldigter fahrlässiger Brandstiftung arretiert, da mehrere Personen ihn mit brennender Tabakpfeife auf dem Hof gesehen haben wollten. Hier saß er 66 Tage lang und wurde dann dem Justizamt Kolberg übersandt, da wegen des Feuers in Groß-Rischow dringende Anzeigen gegen ihn als den Urheber desselben sich ergeben hatten. Aus dem dortigen Amtsgefängnis entwich er in der Nacht vom 4. zum 5. August 1810 durch gewaltsamen Ausbruch durch den Ofen. Sogleich eilte er nach Heinersdorf in den Wilckenschen Krug und fand dort eine große Ge-

---

* s. Verzeichnis.

sellschaft von Kessen versammelt, unter denen die bekannte Lotte war. Auf Vorschlag des Krügers Wilcke zogen sie aus nach Stendal, einem Dorf bei Schwedt, legten dort Feuer an, und Horst stahl bei dieser Gelegenheit mehrere Tücher.

Am anderen Morgen ging er mit der Lotte über Angermünde bei Neustadt Eberswalde vorbei nach dem Döllnkrug und traf am 14. August mit einem gewissen Schmeling, der unterwegs sich zu ihnen gesellt hatte, ein. Da hier viele Frachtfuhrleute sich befanden, mithin auch die Aussicht, durch Stehlen etwas zu erhalten, vorhanden war, legte er mit eigener Hand Feuer an. (Siehe weiter unten.) Nun ging es nach dem Rohrkrug, wo er unter vielen sich dort aufhaltenden Dieben auch den Lange, Grabowsky und die Delitz vorfand, mit denselben in genaue Verbindung trat und in derselben bis zu seiner Verhaftung verblieb. Mehrere Brandstiftungen wurden hier verabredet und gemeinschaftlich von Neuensundt an bis Lichtenberg bald von diesem, bald von jenem ausgeführt und endeten solche erst am Tag nach der Arretierung des Horst, den 31. September 1810, mit der Brandstiftung in Lichtenberg. Die Brandstiftungen, welche teils nach geschehener Verabredung von anderen, teils vom Inquisiten Horst verübt wurden, sind folgende:

a) im Österreichischen: die Feuer in Sollinau, Wellersdorf, Nitza, Hüttelsee, zwei Feuer in Wermelingen, Mustätten, Warzenbruch, Saledorf, Katzenberg, Perselingen, in einem nahe bei dieser Stadt gelegenen Dorf, Buckowitz, Baumgarten, in einem Städtchen bei Linz, Arnstreff, in einem nahebei liegenden Dorf, Lehmberg, Böhmisch-Neustadt.

b) im Preußischen: die Feuer in Fischbach, in der Schäferei bei Gardelegen, Nitzahne, Steckelsdorf, Ihleburg, Buckau, im Gasthof zum Grünen Baum, zwischen Perleberg und Lenzen, Kolber, Rosow, Landshut, im Choriner Krug, Stargardt, Groß-Rischow, Freienwalde, Stendal (bei Schwedt), Dölln-Krug, Neuensundt, Hammelspring, Nassenheide, Schönerlinde, Zehlendorf.

Auf der Reise von Zehlendorf nach Jerichow wurde der Inquisit wegen mangelnder Legitimation zu Potsdam verhaftet und nach seinem Geburtsort Jerichow mit einem Transport zurückgeschickt. Hier saß er drei Wochen lang und benutzte dann eines Tages, und zwar am 21. September, als der Gerichtsdiener mit ihm zum Fischen ausging, die Gelegenheit, zu entweichen. Er ging dann nach Genthin, kam nach Bensdorf, wo er Feuer anlegte, und wurde in der Folge unweit Brandenburg als verdächtig arretiert, bald darauf aber wieder in Freiheit gesetzt, welche er dazu benutzte, in Groß-Kreuz, Steglitz und Schöneberg seine Verbrechen fortzusetzen.

Der Horst zeigte während der Untersuchung eine besonders üble Laune, und es geschah nicht selten, daß, wenn ihm dieselbe antrat, er erklärte, daß er von gar nichts wisse, niemanden kenne, und es war dann gar nicht möglich, mit ihm etwas auszurichten. Ebenso schnell aber, als solche sich eingefunden hatte, verschwand sie wieder und bediente er sich dann allerlei Ausflüchte zu seiner Entschuldigung. Er war übrigens ein höchst roher, ungebildeter Mensch, der jede Art von Verbrechen kannte, sich über die Ausübung derselben freute und von

Gott und Religion nichts wissen wollte, daher er sich gegen den Geistlichen, der ihn zum Tode vorbereiten sollte, so verging, daß gegen ihn vom Gericht eine scharfe körperliche Züchtigung als Ordnungsstrafe erkannt und an ihm vollstreckt wurde.

Verhaftung der unverehelichten Delitz zu Steinbach und deren Angaben in den mit ihr angestellten ersten Verhören

Im Oktober 1810 wurde bei Gelegenheit der Generalvisitation vom Schulzenamt zu Steinbach in Schlesien eine Frauensperson, welche sich Friederike Götsch nannte, wegen mangelnder Legitimation verhaftet und dem Magistrat zu Schwiebus zur weiteren Verfügung überliefert. Bei ihrer Vernehmung gab sie sich für die achtzehnjährige Tochter eines Husaren vom 2. Brandenburgischen Husarengegiment aus und nannte Berlin als ihren Geburtsort. Vor einem Jahr wollte sie sich angeblich von ihren noch lebenden Eltern heimlich entfernt und nach Sommerfeld zu ihren Großeltern begeben, bei diesen aber keine Aufnahme gefunden, sondern von ihnen die Weisung erhalten haben, sich zu vermieten. Dies habe ihr jedoch nicht angestanden, vielmehr wäre sie nach Reppen gegangen, zwei Tage dort geblieben und da sie auch hier kein Unterkommen gefunden, wie sie es gewünscht, habe sie sich in der Gegend von Züllichau umhergetrieben und dadurch zu ihrer in Steinbach erfolgten Arretierung Veranlassung gegeben.

Da der Arrestata* vorgehalten wurde, daß der Zeitraum ihrer Abwesenheit von Berlin mit der Angabe ihres seitherigen Aufenthalts keineswegs übereinstimme, daß sich vielmehr eine große Lücke darin finde, änderte sie ihre Aussage und erklärte, daß sie Martini 1809 von ihren Eltern heimlich fortgegangen sei, nicht aber, wie sie früher gesagt, nach Sommerfeld zu ihren Großeltern, sondern nach Krossen, wo sie sich bei einem Branntweinbrenner vermietet und sechs Wochen lang gedient habe. Danach sei sie zum Bauern Franck nach Grunow gezogen, neun Wochen lang bei ihm im Dienst geblieben, dann aber, nachdem sie sich einige Zeit auf verschiedenen Dörfern herumgetrieben, um Johannis nach Berlin gereist und hier, ohne sich ihren Eltern zu zeigen, bis zu Michaelis verblieben, während welcher Zeit sie durch Gartenarbeit sich ihren Unterhalt erworben. Dann sei sie zu ihren Großeltern nach Sommerfeld gegangen, von ihnen aber nicht angenommen und dadurch gezwungen worden, bis zu ihrer Verhaftung einen vagabundierenden Lebenswandel zu führen.

Auch durch diese Angabe waren die Lücken, welche sich früher in Hinsicht des Zeitraums vorfanden, keineswegs ausgefüllt, und der untersuchende Richter wurde daher veranlaßt, sie darauf aufmerksam zu machen und zugleich dringend zur Angabe der Wahrheit aufzufordern. Dies hatte dann die Folge, daß sie ihre

---

* Verhafteten

frühere Aussage, nachdem sie geäußert hatte: »Es ist wahr, daß meine Lebensweise nicht tadelfrei gewesen ist; ich habe mehrmals an den Verbrechen anderer Personen teilgenommen, indessen will ich mich bessern«, zwar änderte, aber ein neues Gewebe von Lügen zusammenbrachte. Sie gab an, sie sei zu Berlin im Vogtland geboren und die Tochter des Maurergesellen Gottlieb Delitz, welcher nach erfolgter Ehescheidung Berlin verlassen hat. Die Mutter habe sich später an den Husaren Götsch verheiratet, sie dann, in einem Alter von zehn Jahren, zu den Großeltern, den Kirchenhüfnerschen Eheleuten, auf dem sogenannten Kukuk, eine halbe Meile von Sommerfeld, gebracht, wo sie sich bis zum 16. Jahr aufgehalten habe und nur deshalb von ihnen fortgegangen sei, weil sie auf Zurede und in Verbindung einer dortigen Müllergesellen-Frau ihre Großeltern bedeutend bestohlen. Einige Zeit habe sie sich bei der erwähnten Frau versteckt aufgehalten, später sei sie auf eine kurze Zeit nach Berlin zu ihren Eltern und dann nach Krossen gereist. Hier habe sie bis Weihnachten 1809 bei einem Branntweinbrenner gedient und mit einem Füselier Malozewsky und einem polnischen Deserteur Jasinsky, welche beide Frauensleute bei sich hatten, Bekanntschaft gemacht. Während ihrer Dienstlosigkeit habe sie bei diesen Leuten ihren einstweiligen Aufenthalt genommen, und da sie vom Stehlen ein Gewerbe gemacht, mit ihnen gemeinschaftlich auf den nahegelegenen Dörfern verschiedene Vieh- und Zeugdiebstähle verübt, wobei sie das Geschäft des Aufpassens und nachher des Verkaufs des geraubten Guts habe besorgen müssen. Später wären diese Leute als des Diebstahls verdächtig arretiert, sie deshalb heimlich von Krossen fort und nach Grunow auf neun Wochen beim Bauern Franck in Dienst gegangen. Als sie wegen der dort herrschenden Unreinlichkeit den Dienst verlassen, habe sie nach Grüneberg gehen wollen, um ein anderweitiges Unterkommen aufzusuchen, unterwegs aber eine Frauensperson angetroffen, welche sich Lehmann genannt und sie gebeten habe, mit ihr zusammenzubleiben. Dies sei auch geschehen, sie wären beide auf dem Land herumgezogen, die Lehmann habe in jedem Nachtquartier gestohlen, die Sachen mit ihr nachher geteilt, da sie, die Delitz, jedoch stets die Lumpen auf ihren Anteil erhalten, habe sie sich mit der Lehmann erzürnt, sie verlassen und sich dann nach Berlin begeben. Von Johannis bis Michaelis 1810 habe sie dort bei einem Gärtner im Dienst gestanden, während dieser Zeit einen gewissen Kirschstein kennengelernt und auf sein Zureden, ihn auf einer Reise nach Schlesien zu begleiten, sich dazu bereit erklärt. Ein Maurer, welcher ein Frauenzimmer vornamens Ernestine bei sich gehabt, sei mit ihnen gereist, und ein Justizrat Büttner, der eigentlich Bollenhoff heiße und ein Gewerbe mit der Anfertigung falscher Pässe treibe, habe ihnen die nötigen Pässe zur Reise nach Schlesien angefertigt. Mit diesen Personen sei sie von Berlin nach Krossen gereist und habe an mehreren Orten Vieh, Leinwand und dergleichen gestohlen, da ihr aber diese Gesellschaft nicht gefallen, sich in Krossen von ihr getrennt, die dortige Gegend allein durchstreift und sei endlich am Tag der Generalvisitation in Steinbach angekommen und festgenommen worden.

Alle diese Angaben schilderten die Verhaftete als eine höchst verdächtige Person und veranlaßten den Magistrat zu Schwiebus zu einer besonderen Aufmerksamkeit und sicheren Aufbewahrung derselben; daher denn auch, als ein an ihr entdecktes höchst gefährliches venerisches Übel* ihre Entfernung aus dem Stockhaus und die Unterbringung in einem Zimmer, wo sie Wärme, Pflege und Wartung erhielt, notwendig machte, die zweckmäßigsten Anstalten für die Sicherstellung der Person getroffen wurden.

Soweit es ihr höchst schmerzhafter Zustand zuließ, wurden die Verhöre fortgesetzt; in einem derselben gab sie an, daß sie mit achtzehn verschiedenen Personen, deren Namen und Nationalität sie ebenfalls bezeichnete, während ihres Aufenthalts in Berlin in verbrecherischer Verbindung gestanden und mehrere bedeutende Diebstähle begangen habe. Sie gab ferner an, daß von der Bande die Diebessprache geredet wurde, führte zum Beweis aus dieser Kunstsprache mehrere Wörter an und bediente sich auch von jetzt in ihren Verhören derselben.

Diese Umstände brachten den untersuchenden Richter auf die Vermutung, daß die Verhaftete zu der Brandstifterbande gehören könne, welche in der Nähe von Berlin mehrere Feuer angelegt habe und zum Teil in Berlin verhaftet sei. Auf diese Vorhaltung erklärte die Delitz geradezu: »Ich will es nicht leugnen, daß von jener Gesellschaft, mit der ich in vertrauter Verbindung gestanden, mehrere Feuer angelegt sind und namentlich Schönerlinde von ihnen abgeflaggert ist.«

Sie erzählte hierauf, daß außer diesem Dorf noch an verschiedenen anderen Orten Feuer angelegt wurde, führte dabei genaue Nebenumstände, unter welchen die Tat und von wem begangen sei, log aber hierbei ganz entsetzlich, denn teils war an den angegebenen Orten, wie z.B. in Malchow, Schöneiche und Blankenfeld kein Feuer gewesen, teils aber hatten die Tatsachen, welcher sie Erwähnung tat, gar nicht stattgefunden.

Der Kriminaldeputation des Königl. Stadtgerichts zu Berlin wurde von der Verhaftung und Angabe der Delitz Nachricht gegeben, und diese fand es bei dem vorhandenen dringenden Verdacht, daß diese Person mit der Bande wohl in Verbindung stehen mochte, für zweckmäßig, auf den Transport anzutragen, welcher auch, nachdem sie einigermaßen von ihrer Krankheit wiederhergestellt worden war, erfolgte, und traf sie dann am 8. Februar 1811 unter militärischer Begleitung im hiesigen Stadtvogtei-Gefangenenhaus ein.

---

* eine Geschlechtskrankheit

In den ersten Verhören, welche mit der Verhafteten hier abgehalten wurden, fuhr sie fort, den untersuchenden Richter mit Lügen und Erdichtungen hinzuhalten. Als es aber den vielen Bemühungen des Inquirenten gelang, sie der Lügen zu überführen, gab sie den Ermahnungen zur Angabe der Wahrheit Gehör, gestand im allgemeinen zu, bei mehreren Brandstiftungen gegenwärtig gewesen zu sein, einige selbst mit eigener Hand veranlaßt und an anderen durch Hilfsleistung mehr oder weniger teilgenommen zu haben. Das Resultat ihrer Bekenntnisse ist folgendes:

Friederike Louise Christiane Delitz wurde im Jahre 1791 am 12. Oktober zu Berlin geboren und in der Sophienkirche getauft. Ihr Vater, der Maurergeselle Delitz, hatte sie mit der Tochter eines Schuhmachers Meyer, vornamens Sophie Wilhelmine, außer der Ehe gezeugt und sie, nachdem sie das 2. Jahr zurückgelegt hatte, verlassen, da er wegen zu großer Liederlichkeit der Mutter nicht länger mit derselben leben konnte. Die Delitz wurde nun zu der Großmutter väterlicherseits, der Maurermeisterswitwe Delitz, gebracht, blieb jedoch nur eineinhalb Jahre hier, da diese Frau starb, und kam nun zu ihrer Mutter Schwester, der Speisewirtin Zangenberg, bei der sie bis nach vollendetem 6. Jahr verblieb und dann zu ihrer Mutter zurückkehren mußte. Diese hatte während jenes Zeitraums einen Bombardier Graßmann kennengelernt, mit ihm kurze Zeit in wilder Ehe gelebt und sich dann der Dieberei ergeben. Ihre eigene Mutter, die Witwe Meyer, diente ihr darin als ein besonderes Vorbild, sie war eine große Marktdiebin, bezog in Begleitung mehrerer fremder Personen und ihrer eigenen Kinder, der Mutter der Delitz, der verehelichten Jessen und Zangenberg, die Messen, führte sie selbst zum Stehlen an und dirigierte jede einzelne Unternehmung der Konsorten. Bis zum 9./10. Jahr brachte die Delitz bei ihrer Mutter zu, lernte daher frühzeitig Verbrechen mancherlei Art kennen und wurde in vorkommenden Fällen selbst von ihnen verleitet, durch Wachehalten und dergleichen an den Verbrechen teilzunehmen. Die Zangenberg wurde wegen Teilnahme am Diebstahl gefänglich eingezogen und zu zweijähriger Zuchthausstrafe verurteilt. Kaum hatte sie dieselbe gebüßt, als sie von neuem stahl und eine vierjährige Zuchthausstrafe erleiden mußte. (Erst vor kurzem hat sie wegen Marktdiebstahls eine einjährige Zuchthausstrafe erduldet und treibt sich jetzt mit Diebesgesindel im Ausland umher.) Die Jessen traf, so wie die Mutter der Delitz, ein gleiches Schicksal. Letztere hatte bei diesem Gewerbe einen Arbeitsmann Götsch kennengelernt, und sie waren im Begriff, sich zu verheiraten, als beide gefänglich eingezogen wurden; jene wegen begangenen Diebstahls, letzterer, weil er eine von ihm geschwängerte Person verstoßen und mißhandelt hatte. Kurz vor der Verhaftung der Mutter war die Delitz ihrer Großmutter Meyer übergeben worden. Diese machte Bekanntschaft mit einem Artilleristen Kirchenhübner, welcher als Buschläufer nach Sommerfeld geschickt wurde und nach dreijähriger Dienstzeit auf dem sogenannten Königl. Kukuk die Stelle als Magistratsförster erhielt. Nicht lange vor der Verheiratung war diese Witwe Meyer aus dem Zuchthaus entlassen, wo sie zwei Jahre lang Diebstahls halber gewesen war und eine bedeutende Bekanntschaft mit Diebesgesindel gemacht hatte. Statt solche in ihren neuen Verhältnissen aufzugeben, wurde sie vielmehr unterhaltenund allen Dieben, welche sich ihrer Sicherheit wegen an jenem entlegenen Ort einfanden, in der Wohnung der Aufenthalt gestattet. Die Delitz lernte daher in ihrer Jugend nur Verbrecher und deren Handlungsweise kennen; sie wurde mit ihnen, da sie ihre Bedienung besorgen mußte, sehr vertraut und erlernte bald von ihnen die Diebessprache.

Solange die Delitz bei der Zangenberg gewesen war, wurde sie fleißig zur Schule angehalten, die Mutter hingegen kümmerte sich nicht darum, und wenngleich die Großeltern ihr in Sommerfeld einigen Schulunterricht geben ließen, so dauerte dies nur kurze Zeit, und zwar bis dahin, daß die Delitz das Lesen erlernt hatte. So große Lust sie auch bezeigte, das Schreiben zu erlernen, so sehr war die Großmutter dagegen, da sie den Grundsatz hatte, daß ein Mädchen desselben nicht benötigt sei und solches nur dazu diene, »Hurenbriefe« zu schreiben.

Nachdem die Delitz sich einige Zeit hier aufgehalten hatte, machte sie unter anderen die Bekanntschaft eines gewissen Molly, eines Bauernsohns aus der Vorstadt von Sommerfeld, der als Kanonier desertiert war und mit anderen seines Gelichters auf der Madihne[1] herumzog. Sie kamen nach Sommerfeld, lernten die Delitz kennen, welche sich über die Mißhandlungen beklagte, die sie von ihren Großeltern ihrer Klatscherei wegen erdulden müßte, und benutzten diese Stimmung, sie zu bereden, sich ihrer Kabrousche anzuschließen und mit ihnen den Schock in Dresden abzuhalten, wo sie ihre Mutter wahrscheinlich auch finden würde und dann mit ihr ziehen könnte. Die Inquisitin willigte in den Vorschlag ein, und die Reise wurde mit dem Molly, in Begleitung dessen Beischläferin, eines gewissen Dietrich und dessen Beischläferin, der Lotte Kegel, angetreten. Sie nahmen ihren Weg über Pforste, wo Markt war, stahlen hier Pantoffeln, Schuhe, Kattun usw. und hatte die Delitz hierbei das Geschäft des Aufpassens. Von hier ging es nach Cottbus, es war um Weihnachten und der Christmarkt aufgebaut. Sie hielten sich bis zum 2. Januar 1804 bei einem dortigen Bekannten und Diebeshehler auf, lebten vom Stehlen auf dem Markt und auch bei diesen Unternehmungen hatte die Delitz jederzeit mit dem Wachthal-

[1] *Dieser Diebesausdrücke bediente sich die Inquisitin in allen Verhören und sind auch vom Herrn Inquirenten mit der näheren Bedeutung niedergeschrieben. Auf der Madihne herumziehen, heißt: die Dörfer oder das platte Land, in der Absicht zu stehlen, zu besuchen.*

ten zu tun. Von Cottbus ging die Reise nach Peitz, hier holte Molly seine bei einem dortigen Gastwirt niedergelegten Clamones* ab, und dann wurde die Reise nach Spremberg, wo Markt war, angetreten. Während eines dreitägigen Aufenthalts wurde auf diesem Markt bedeutend viel Zeug gestohlen, der größte Teil davon zur Kleidung von den Dieben verbraucht, der kleinere hingegen von dem Molly verkauft. Nun wurde der Weg nach Dresden eingeschlagen und solcher in dreieinhalb Tagen beendet. Die Ankunft erfolgte noch im Januar, und zwar einige Tage vor dem kleinen Markt in Neu-Dresden. Sie kehrten im Gasthof zum schwarzen Adler in der Fischerstraße ein und fanden hier den ehemaligen reitenden Artilleristen Müller mit seiner Familie, welche aus der Frau, seinen Söhnen Johann Karl, August, Andreas und dessen Beischläferin, der Dorothee Liebe bestand, die ebenfalls in der Absicht, den Markt zu bestehlen, dorthin gekommen waren. Sämtliche Personen vereinigten sich und beschlossen, in Gesellschaft zu stehlen, das gestohlene Gut zu verkaufen und das daraus gelöste Geld gemeinschaftlich zu teilen. Es wurde sehr bedeutend gestohlen, die Delitz hielt, wie früher, bei Ausübung des Diebstahls Wache und nahm teil an der Losung†. Ihre Mutter fand sie nicht auf, sie war daher genötigt, bei dieser Gesellschaft zu verbleiben, und ging nach achttägigem Aufenthalt mit nach der ungefähr drei Meilen von Dresden gelegenen Radeberger Wassermühle, wo Diebe gute Aufnahme fanden und vor jeder Recherche sicher waren. Die Frauensleute brachten sämtlich vierzehn Tage lang hier zu und beschäftigten sich mit dem Reinigen und Ausbessern der Kleidungsstücke, die Mannspersonen blieben jedoch nur einige Tage dort, zogen auf den benachbarten Dörfern umher und stahlen. Nach ihrer Rückkehr wurde eiligst aufgebrochen und die Reise über Görlitz nach dem zwei Meilen von hier gelegenen Dorf Rothwasser angetreten, weil von den Mannspersonen mit anderen Dieben, und zwar einem gewissen Paulich und Büttner, eine Zusammenkunft an einem bestimmten Ort und zur bestimmten Zeit verabredet worden war. Die beiden letztgenannten Diebe wurden auch schon im Krug zu Rothwasser von der Gesellschaft angetroffen, der Paulich hatte seine Beischläferin, die Vogtländische Mine genannt, letzterer seine Frau bei sich. Am Tag der Ankunft, es war ein Sonntag, wurde in Rothwasser der Fastelabend‡ gefeiert, die Gesellschaft nahm teil daran, und die Nacht verging in Jubel und Freuden. Am anderen Abend brachen die Mannspersonen auf und beabsichtigten in Leitersdorf, unweit Lobau, eine Masematte zu machen. In der Nacht vom Mittwoch zum Donnerstag kamen sie, mit Ausnahme des Büttner, welcher beim Diebstahl verschüttet** war, zurück. Das mitgebrachte gestohlene Gut bestand in Frauenkleidern, die von dem Molly an die Wirtin im Krug verkauft wurden. Am Sonnabend abends wurde von hier aufgebrochen und der Weg nach Sorau eingeschlagen, die Gesellschaft rei-

* Diebesinstrumente, s. Verz.
† Beute
‡ Fastnacht
** verhaftet, arretiert, s. Verzeichnis

ste getrennt, da auf dem Weg viel Lampen* wegen des Diebstahls zur Ermittlung der Täter aufgestellt waren und eine große Gesellschaft wie diese leicht Aufmerksamkeit erregt haben würde. In Sorau wurde bei der Mutter der Liebe, einer alten Schuhmacherwitwe und bekannten Schottenfellerin†, Quartier genommen, und da der bevorstehende Markt abgehalten werden sollte, wohl vierzehnTage lang dort verweilt. Bei den Marktdiebstählen hatte die Delitz, wie gesagt, anfänglich stets die Wacht erhalten, sie faßte jedoch hier den Entschluß zum ersten Mal, unter Begleitung des August Müller für sich ein paar Schuhe zu stehlen, welches zu ihrer Freude vollkommen gelang. Das übrige gestohlene Gut, bestehend in Tüchern, Kattunen usw., wurde in die Wohnung der alten Liebe gebracht, die Tücher gleichmäßig unter die Gesellschaft verteilt und die Kattune nebst den übrigen Sachen verschärft‡. Jeder erhielt den auf ihn fallenden Teil der Losung. Nunmehr ging es zur bevorstehenden Fastnachts- oder Reminiscere-Messe nach Frankfurt an der Oder; sie kamen dort am 27. Februar an und hielten sich zum Teil in der Lebuser Vorstadt im schwarzen Adler, zum Teil aber auf dem Anger beim Tabagisten Perlewitz auf, da sie zusammen an einem Ort nicht unterkommen konnten. Es wurde hier bedeutend viel seidenes und baumwollenes Zeug gestohlen. Am letzten Meßtag (dem 3. März 1809) wurde die Delitz von einem heftigen Fieber überfallen und genötigt, vierzehn Tage lang bei ihrem Wirt zur Kur zu verbleiben, während welcher Zeit ihre Gefährten sich nach Berlin begaben, um den dortigen Markt abzuhalten.

Nach der Rückkehr der Gesellschaft von Berlin war die Delitz wieder gesund und imstande, ihr zu folgen, daher sie mit ihnen den Markt zu Guben besuchte und dort mit ihnen bedeutend stahl. Das gestohlene Gut wurde mit auf die Reise genommen und zum Teil in Friebel von der dort wohnenden Scherfenspielerin,** der berüchtigten Leinweberfrau Schultze, teils in Sorau von der ebenso berüchtigten Witwe Liebe zu Geld gemacht. In Sorau kamen sie am 10. Mai an, die Delitz wurde wieder krank, und der alte Müller meinte, daß sie zur Madihne noch zu jung sei, wandte sich deshalb an die Großeltern mit der Bitte, ihre Enkelin abzuholen und zu sich zu nehmen. Um sie dazu geneigt zu machen, hatte er dem Brief ein Stück gestohlenen schwarzen Taffent beigefügt. In der Pfingstwoche kam auch wirklich die Großmutter nach Sorau; sie war erbittert über die Entweichung der Delitz, wollte sie mißhandeln, auf die Vorstellung der Müllerschen Eheleute, daß diese Person zu schwach und krank sei, ließ sie sich bewegen, ihre Enkelin mit nach Sommerfeld zurückzunehmen und die Züchtigung bis zur Genesung der Enkelin auszusetzen, wo sie denn auch wirklich noch erfolgte. Schon am 30. Mai war sie wiederhergestellt und besuchte mit den Müllerschen Eheleuten, welche nach Sommerfeld gekommen waren, den Markt zu Neu-Zelle, der am Fronleichnamstag stattfand. Hier stahlen sie gemeinschaftlich kattune Tü-

* Kundschafter, s. Verzeichnis

† *Marktdiebin, s. Verzeichnis

‡ s. Verz.

** s. Verz.

cher, Schuhe und Stiefel, die Delitz erhielt auf ihren Anteil zwei Paar Mannsstiefel, zehn Tücher und einige Ellen Kattun, welche Sachen sie ihrer Großmutter zubrachte. Die Stiefel trug der Großvater, die übrigen Stücke wurden verhandelt. Nun blieb sie geraume Zeit bei ihnen, besuchte teils mit den Müllerschen Eheleuten, welche beinahe zwei volle Jahre hindurch in Sommerfeld verblieben, teils mit anderen Dieben die benachbarten Messen und Märkte und führte das gestohlene Gut ihrer Großmutter zu, welche ihr darüber vollkommene Zufriedenheit bezeigte. Die Delitz hatte unter diesen Beschäftigungen das Alter erreicht, wo sie den Religionsunterricht genießen sollte, und hatte sich deshalb beim Prediger Scheltz gemeldet. Durch das öftere Besuchen der Märkte konnte sie dem Unterricht nicht regelmäßig beiwohnen, und erwähnter Prediger nahm daher Veranlassung, den Großeltern über das häufige Versäumen des Unterrichts Vorwürfe zu machen. Diese fruchteten indessen nichts, der Prediger Scheltz sah sich deshalb genötigt, sie in besonderen Stunden zu unterrichten und das Versäumte mit ihr nachzuholen. Die Firme erhielt sie am 20. Sonntag nach Trinitatis (den 22. Oktober 1805), und bis zu Neujahr blieb sie bei den Großeltern, wo sie das Vieh füttern und Landarbeit verrichten, zuweilen aber auch mit Dieben, wie bereits erwähnt, die Schocks in der Nähe abhalten mußte. Der August Müller hatte zu jener Zeit ebenfalls seinen Aufenthalt bei den Kirchhübnerschen Eheleuten, arbeitete auf dem Feld und verrichtete die Dienste eines Arbeitsmannes, wenn er nicht Gelegenheit hatte, für sich andere und bessere Geschäfte zu machen. Die Delitz erlitt von dem Großvater fortwährend eine schlechte Behandlung, die sie freilich oft durch ihre Liederlichkeit selbst veranlaßt hatte, trug sich deshalb schon lange mit dem Gedanken herum, sich wieder unabhängig zu machen und das Weite zu suchen, wozu sich auch bald Gelegenheit fand. Am Neujahrstag wollte sie in die Kirche gehen, der Großvater aber dies nicht zugeben, sie bestand jedoch mit Gewalt darauf, und der Kirchenhübner wurde deshalb dermaßen aufgebracht, daß er sie beim Arm nahm und zur Tür hinauswarf. Diese Behandlung veranlaßte sie, mit dem Müller gemeinschaftlich das Haus der Großeltern heimlich zu verlassen, ihren herumziehenden Lebenswandel von neuem anzufangen und ihre früheren Bekannten aufzusuchen. Sie nahmen ihren Weg über Frankfurt an der Oder, Berlin, Oranienburg und kamen am 6. Januar in dem nicht weit davon gelegenen Roten Krug an, wo sich bereits eine Menge Diebe einquartiert hatten. Hier lernte sie unter anderen den Räuberhauptmann, der schöne Karl genannt, welcher eigentlich Unger hieß und in Magdeburg hingerichtet wurde, mit seiner Beischläferin, der schönen Christel, sowie den Mordbrenner Horst und dessen Bruder, den Musikanten Horst, einen berüchtigten Dieb, kennen. Das schlechte Wetter verhinderte die Fortsetzung ihrer Wanderungen, sie wurden daher sehr vertraut miteinander, und am 26. Januar 1806 vereinigten sie sich sogar durch einen Eid. Der schöne Karl wurde als das Haupt der Gesellschaft gehuldigt und ließ unter Beobachtung mancher Zeremonien vormittags die Mannspersonen und nachmittags die Weibsleute in einer besonderen Stube den Eid leisten, in welchem ihm unverbrüchliche Treue, Gehorsam und Verschwiegenheit angelobt wurde. Danach wurde vom Karl der Eid als Anführer abgeleistet und zum Schluß dieser Feierlichkeit eine Salve von neun Pistolenschüssen gegeben. Die Stube war durch Vorhänge vor den Fenstern finster gemacht, auf dem Tisch, welcher in der Mitte stand, brannten während der Feierlichkeit zwei Lichter, mehrere Waffen verschiedener Art lagen darauf, und der schöne Karl stand vor demselben. Der Name Gottes war in der Eidesformel nicht enthalten, vielmehr wurde der Dirach (Teufel, Schutzpatron der Diebe) angerufen.

Der größte Teil der Bande unternahm einen Streifzug in die Gegend von Magdeburg, um bei einem dort gelegenen Dorf einen Kettenschub* auszuführen; das Vorhaben gelang aber nicht, und die sogenannte Cottbusser Dore, ein Mitglied der Gesellschaft, wurde verschüttet (verhaftet). Der Liebhaber der Delitz, August Müller, kam zurück, holte seine Geliebte, die jene Reise nicht mitgemacht hatte, wieder ab, durchzog mit ihr die benachbarten Gegenden von Sachsen und Schlesien und kam unter anderem nach Bautzen, wo er seinen Bruder, Karl Müller, dessen Beischläferin und noch andere antraf. Im dortigen Stockhaus befand sich ein sehr berüchtigter Dieb namens Seck, welcher bei seinen Kameraden in hoher Achtung stand. Man nahm sich vor, ihn aus der gefänglichen Haft zu befreien, es wurde zu diesem Behuf ein Brot gekauft, solches ausgehöhlt, mit einer Uhrfeder, Feile und Bohrer angefüllt und mit einem Viertelpfund Butter wieder verschlossen. Eine Frau namens Schultze, die mit den Dieben im vertraulichen Umgang stand, übernahm die Versorgung, indessen mußte durch die Vorsicht der Gefangenenwärter das Vorhaben entdeckt sein, denn die Schultze kam nicht wieder zurück, statt ihrer aber fanden sich Lampen (Kundschafter) ein, welche sich nach den anderen Personen erkundigten, und bald darauf befanden sie sich sämtlich in den Händen der Schoter (Gerichtsdiener), wahrscheinlich hatte die Schultze dieselben verraten. August Müller und die Delitz wurden gleich wieder entlassen, da der Müller sich früher einen richtigen Paß, worauf die Delitz als seine Braut verzeichnet stand, zu verschaffen gewußt hatte. Sie gingen nun über Görlitz und kamen in den Osterfeiertagen in Rothwasser an, wo der Wirt die Tochter verheiratete. Sie wohnten der Hochzeit bei, blieben acht Tage lang dort und begaben sich dann in Begleitung des Molly nach Friebel, wo sie von der in Bautzen erfolgten Freilassung der Leinweberfrau Schultze Kunde erhielten und erfuhren, daß sie in ihrem Haus sei. Sie gingen in ihre Wohnung, trafen sie dort im Bett liegend krank an. Molly stellte sie zur Rede, daß sie geschliechnet† und die Arretierung des Müller veranlaßt habe, zog das Messer aus der Tasche und versetzte der Schultze damit einen Stich, worauf diese in ein heftiges Geschrei ausbrach und um Johannis an den Folgen der Verwundung starb. Sie reisten weiter, verweilten in Tornow längere Zeit beim dortigen Kreuzwirt Schmidt, brachen dann zur Zeit des Gubner Pfingst-

* gewaltsamen Einbruch zur Nachtzeit, s. Verz.

† verraten

markts am 9. Mai wieder auf und langten am 11. Mai in Guben an. Hier traf die Delitz ihre Großmutter, welche ein Pferd gegen ein anderes auf dem Markt eingetauscht hatte; diese machte ihr zwar bittere Vorwürfe über ihre Entweichung, söhnte sich aber bald wieder mit ihr aus, sie stahlen gemeinschaftlich ein Stück von siebzehn buntseidenen Tüchern und kehrten dann nach Sommerfeld zurück. Die Delitz wurde bei ihrer Ankunft von dem Großvater mit Schlägen empfangen und acht Tage lang bei Wasser und Brot im Keller eingesperrt; Müller, welcher als der Verführer angesehen wurde, erhielt ebenfalls eine Züchtigung, der weitere Umgang mit ihm wurde deshalb aber nicht gestört, vielmehr blieb er mit der Delitz dort bis zur Neujahrswoche, besuchte mit ihr zweimal von dort aus die Märkte in Guben, und die Großmutter erhielt das gestohlene Gut, was wie gewöhnlich in Kattun, Tüchern und baumwollenen Waren bestand. Nach Weihnachten kam der Müller auf den Gedanken, nach Berlin zu reisen, und beredete seine Geliebte, mit ihm zu gehen und bei dieser Gelegenheit ihre Mutter zu besuchen; sie war bereit dazu, die Großmutter willigte ein und die Reise wurde angetreten. Die Mutter war in Berlin nicht anwesend, sie gingen daher nach dem Roten Krug bei Oranienburg, trafen dort die schöne Christel und mehrere andere ihres Gelichters, verweilten da einige Zeit und ließen sich von ihnen bereden, mit ihnen gemeinschaftlich den Markt in Magdeburg zu besuchen. Sie brachen auf und trafen am 6. März 1807 morgens um acht Uhr gerade am Markttag in Magdeburg ein. Hier wurde vormittags bedeutend gestohlen; die Delitz hatte sich in Mannskleider gehüllt und war so besonders tätig, daß sie mit der am Vormittag gemachten Beute nicht zufrieden war, sondern nach Tisch die Christel zu neuen Unternehmungen aufforderte. Sie wurden jedoch bei dem Diebstahl eines Stücks Tuch in einer Bude vom Kaufmann ertappt, das Tuch unterm Mantel der Delitz hervorgezogen und beide Personen zum Bürgermeister geführt, wo die Delitz aber die Gelegenheit wahrnahm zu entfliehen. Sie kam indessen nicht weit und wurde bald von zwei zu ihrer Verfolgung abgesandten Boten eingeholt und geschlossen in das Gefängnis abgeführt. Am anderen Tag erhielt sie für ihre Lügen und das bei der Arretierung gezeigte ungebührliche Betragen eine derbe Züchtigung. Bei der Untersuchung gestand sie zwar den Diebstahl ein, leugnete aber durchaus, die mit ihr arretierte Christel zu kennen, und erst später, als diese darüber ein Geständnis abgelegte hatte, war sie zur Abänderung ihrer früheren Angaben zu bewegen. Nachdem sie acht Wochen unter dem Namen Dorothee Müller sich im Gefängnis befunden, hörte sie eines Mittags die Stimme ihres Geliebten, welcher ihr zurief, daß sie am Abend am Fenster auf ihn aufpassen und eine Schnur herunterlassen möchte. Sie verfertigte aus einem Tuch, welches sie zerriß und woran sie den Hosenträger knüpfte, eine Leine, ließ solche beim Erscheinen des Müller aus dem Fenster herab und zog dann die daran befestigten Feilen und Stricke hinauf. Die eine eiserne Stange vor dem Fenster wurde durchgefeilt, an der anderen ein Strick befestigt, und auf diese Weise entkam die Gefangene unbeschadet. Sie gingen des Nachts und nahmen ihren Weg über Ziesar, Oranienburg, ruhten einige Tage im Roten Krug aus, und da sie hier keinen Bekannten trafen, reisten sie über Müncheberg, Frankfurt an der Oder, Guben nach Sommerfeld zurück, nachdem sie sich unterwegs mehr oder weniger aufgehalten und, um ihren Unterhalt zu haben, Diebstähle verübt hatten. Etwa acht Tage vor Pfingsten erfolgte die Ankunft in Sommerfeld, die Delitz mußte wieder im Garten und auf dem Feld arbeiten, besuchte aber, wie zuvor, mit dem Müller die eintretenden Märkte zu Gossen, Christianstadt und Naumburg in Schlesien und blieb bis gegen Michaelis ununterbrochen bei den Großeltern, Müller hingegen machte mit anderen seines Gelichters, welche sich bei den Kirchhübnerschen Eheleuten einfanden, verschiedene Streifzüge und beabsichtigte namentlich die Beraubung eines Frachtfuhrmanns, welcher auf dem Kukuk eingekehrt war und in der Nacht weiterfuhr. Durch Zufall, weil mehrere Reisende durch die Heide kamen, wurde diese Tat verhindert, die gewiß den Tod des Frachtfuhrmanns zur Folge gehabt hätte, der jetzt mit einem Streifschuß im Gesicht davonkam. Auf dem Markt in Dresden wurde Müller wegen Diebstahls verhaftet, etwa acht Tage vor Michaelis erhielt die Inquisitin von ihm einen Brief durch einen entlassenen Mitgefangenen, worin er sie von seinem Schicksal benachrichtigte und zugleich bat, dorthin zu kommen und wenigstens einen Versuch zur Erlangung seiner Freiheit anzustellen. Sie machte sich am anderen Morgen sogleich auf den Weg, kam glücklich in Dresden an, stellte dem Müller mittels einer Leine, welche er heruntergelassen hatte, eine Uhrfeder und mehrere Schnupftücher zu und begab sich sogleich aus der Stadt nach der nahegelegenen, bereits bekannten Radeberger Mühle, die Ankunft des Müller dort erwartend. Diese erfolgte jedoch nicht, vielmehr erschien am anderen Morgen der Horst in Begleitung des Braunschweiger Richter, des Altmann und Stern. (Der Horst nannte sich damals Schwarz.) Da der Müller nicht kam, ließ sich die Delitz vom Horst bereden, ihm zu folgen, und sie zogen dann auf einen Kettenschub nach Lorenzkirchen, bei dem die Inquisitin Wache hielt. Das gestohlene Gut wurde geteilt, Horst, welcher wahrscheinlich davon etwas unterschlagen und nicht zur Teilung gebracht hatte, erhielt hier tüchtige Schläge und ging deshalb mit der Delitz, die sich seiner sehr angenommen hatte, allein nach der Radeberger Mühle zurück. Nach einem kurzen Aufenthalt zogen beide weiter, da sie, die Inquisitin, aber sich mit ihm nicht vertragen konnte, trennte sie sich von ihm und ging nach Liegnitz. Hier traf sie den Karl und August Müller, welcher letztere ihr sein glückliches Entkommen aus dem Gefängnis dankte und nun mit ihr nach Sommerfeld zurückkehrte, nachdem sie gemeinschaftlich noch in Liegnitz und Grüneberg mehrere Diebstähle verübt hatten. Ihre Ankunft in Sommerfeld erfolgte etwa vier Wochen vor Weihnachten. Die Großmutter war über das lange Ausbleiben ungehalten, noch mehr aber, als die Delitz sie mit dem Zweck der unternommenen Reise bekanntgemacht hatte, und verlangte nun die gänzliche Trennung vom Müller. Der Unwille der Großmutter nahm noch zu, als sie durch ihre Dienstmagd erfuhr, daß ihre Enkelin schwanger zu sein befürchte. Sie ließ sie deshalb auf eine im oberen Stockwerk gelegene Stube kommen, fragte, ob die Sage begründet sei, und als dies verneint wurde, erklärte sie wörtlich: »Noch einen Monat behalte ich dich hier, bestätigt sich dann deine Vermutung, so jage ich dich aus dem Haus.«

Während dieser Unterredung war auch der Großvater hinzugekommen, er faßte seine Enkelin wütend an der Hand und warf sie mit den Worten: »Eine Hure leide ich in meinem Hause nicht!« zur Tür hinaus, gab auch nicht zu, daß sie die notwendigsten Sachen mitnehmen durfte, sondern riß ihr sie fort. Die Delitz begab sich zum Kuhhirten Pinz, der im Dorf wohnte, die Großmutter schickte die Magd hin, um sie zur Rückkehr zu bewegen, da sie aber zurücksagen ließ, sie sei bestimmt schwanger, brachte ihr am anderen Tag die Großmutter Kleidungsstücke und zwei Taler Reisegeld mit der Anweisung, ihr nicht mehr vor Augen zu kommen.

Die Delitz entschloß sich, nach Bobersberg zu gehen, und beging auf der Reise dorthin im Krug zu Eulam einen gewaltsamen Diebstahl, indem sie mit einem Nachschlüssel eine Lade öffnete und außer zehn Talern noch mehrere Kleidungsstücke entwendete. Der Bestohlene hatte sie jedoch verfolgt, eingeholt und ihr die Sachen abgenommen, nach dem Geld aber nicht gefragt, da er solches in der Eile wahrscheinlich noch nicht vermißt hatte.

In Bobersberg traf sie bei einer gewissen Noack den August Müller an, der sie hier unterbrachte und mit der Frau wegen Abtreibung der Leibesfrucht das Nötige verabredete, welche dann auch nicht eher ruhte, bis die Delitz dazu bereit war, die Abtreibung mit Gefahr für das Leben durch verschiedene schädliche Mittel zu bewirken. Dreizehn Wochen lang mußte sie sich von dieser Kur an bis zu ihrer Wiederherstellung hier aufhalten, und zwar acht Tage bis nach Ostern 1808. Am 23. April reiste sie dann in Begleitung des August und Karl Müller nach Marienhain und äußerte der letztere, daß dort Feuer angelegt und während desselben gestohlen werden sollte. Sie stimmte jedoch nicht zu und blieb zurück, als die übrigen, mit den nötigen Schwärmern versehen, in dieser Absicht auszogen. Es wurde aber aus diesem Feuer nichts, da sie unterwegs Gelegenheit gefunden hatten, einen Dorfprediger zu bestehlen. Von Marienhain aus besuchten sie mehrere Märkte, die Inquisitin wurde jedoch durch ihr anhaltendes Fieber verhindert, ernstlich Anteil an den Diebstählen zu nehmen, mußte vielmehr nach Bobersberg zurückkehren und da bei der Noack von Pfingsten bis Johannis verbleiben. Nach ihrer Herstellung ging sie in Begleitung der Noack und des Müller auf den Vorschlag des letzteren nach Berlin, sie hielten sich aber hier nicht auf, sondern reisten nach dem Roten Krug bei Oranienburg, wo sie nochmals vom Fieber überfallen und acht Wochen im Bett zu bleiben gezwungen wurde. Müller, dessen Bruder Paul, der schwarze Franz, Büttner und andere trieben sich während dieser Zeit herum, stahlen, und wo sie den Diebstahl nicht sicher ausführen konnten, flaggerten sie, um unter Begünstigung des Feuers zu stehlen. Nachdem die Inquisitin wiederhergestellt war, durchzog sie in Gesellschaft der Bande einen Teil von Sachsen und Schlesien.

Auf der Reise nach Sachsen wurde in der Gegend von Hoyerswerda im Wald ein Straßenraub an einem Soldaten verübt. Es war um Weihnachten 1808, als die Bande dahin reiste, um dort einer Hochzeit von zwei Kessen beizuwohnen und zugleich mit einer anderen (sächsischen) Bande zusammenzutreffen. Eines Morgens traten sie die letzte Tagesreise von Görlitz aus nach dem Ort ihrer Bestimmung an und waren etwa eine halbe Meile im Buschwerk gegangen, als in der Ferne ein Mensch bemerkt wurde, der einem Soldaten ähnlich sah, und einer äußerte: »Da kommt ein Balmachom.«* Sogleich erwiderte ein anderer: »Wenn er Geld hat, muß er gepisackt† werden«, und es wurden eiligst zwei Pistolen geladen.

Die Bande lagerte sich, um zu frühstücken, der Fremde kam heran, setzte sich vertraulich zu der Gesellschaft hin, erzählte, daß er in französischen Diensten stehe, aus dem Elsaß gebürtig sei, und ließ von ungefähr bei dieser Erzählung Geld blicken. Auf einmal wurde er von einem der Bande beim Halstuch angegriffen und zu Boden geworfen, die anderen banden ihm Hände und Füße mit Schnupftüchern zusammen, die Inquisitin schnallte ihm die Geldkatze ab, und so ließ man ihn liegen. Um denselben zu schrecken, wurden beim Fortgehen in einiger Entfernung die geladenen Pistolen abgeschossen und die Reise fortgesetzt. Nachdem sie etwa eine halbe Stunde von jenem Ort entfernt waren, stieg bei der Inquisitin der Gedanke auf, daß der Beraubte in der Lage gewiß erfrieren würde, sie fühlte einiges Mitleid mit ihm, warf sich daher in Mannskleider, eilte zu ihm hin, fand ihn stöhnend vor und entledigte ihn der Bande. Sie tat, als wenn sie zufällig dorthin gekommen sei, und kehrte dann auf einem Fußsteig zur Bande zurück. In Hoyerswerda wurde die sogenannte sächsische Bande unter Anführung eines gewissen Ringer angetroffen und ihm unter den Feierlichkeiten, die bei der Eidesleistung des schönen Karl stattgefunden hatten, gehuldigt. Die Bande hielt sich aber nicht lange, da ihr Anführer nach einigen Wochen sich erhängte. Hier wurden dann zwei Paare auf Kessen-Art verheiratet, d.h., sie schworen Paar für Paar, keinen Menschen zu verraten, dem Hauptmann treu und gehorsam zu sein, und gelobten sich wechselseitige Treue.

Nachdem die sächsische Bande nach Verlauf von einigen Tagen aufgebrochen und die Delitz mit ihrer Gesellschaft noch im Krug zurückgeblieben war, bemerkte sie zwei sächsische Dragoner auf den Krug zueilen. Alles verbarg sich, die Delitz und der alte Müller blieben aber in der Stube zurück und wurden, weil sie nicht gehörige Pässe hatten, arretiert, auf einen Wagen gesetzt und nach Dresden gebracht. Als sie zum Verhör kam, fand sie den beraubten französischen Soldaten, welcher sie sogleich als die Person rekognoszierte, welche er in Gesellschaft der Räuber gesehen habe und sie wurde mit schweren Ketten belastet. Sie wie auch der Müller leugneten jede Wissenschaft und Teilnahme an der Beraubung, die Sache wurde abgeschlossen, Müller vorläufig zur Festung abgeführt, sie hingegen verblieb im Stockhaus. Eines Abends bemerkte sie aus dem Fenster den

* Soldat, s. Verzeichnis

† geknebelt, s. Verzeichnis

August Müller, welcher ein Gespräch mit ihr anknüpfte und ihr eröffnete, daß er kein Schubbezeug*, wohl aber einen guten Klamonis bei sich habe und ihr solchen verabreichen wolle. Sogleich fertigte die Inquisitin aus einem in Stücke gerissenen Tuch eine Leine an und zog den Dietrich herauf. Sie öffnete damit das Schloß der Kette und der Gefängnistür, ging auf den Boden und ließ sich nun mittels einer dort vorgefundenen Leine glücklich zur Erde hinab. In Begleitung des Müller ging sie ungehindert nach Luckau, bestahlen den Markt, zogen dann weiter nach Müllerose und von hier nach Frankfurt an der Oder, wo die Messe abgehalten werden sollte.

Acht Tage lang wurde hier täglich und ununterbrochen gestohlen, danach am 4. März die Reise über Ziebingen, Krossen nach Bobersberg angetreten, wobei der Noack das gestohlene Gut geteilt und beinahe drei Wochen lang verweilt wurde, und zwar bis zum 28. März, wo der Markt in Krossen stattfand, auf welchem Kattun, Stiefel und Schuhe im Überfluß gestohlen und ebenfalls nach Bobersberg zu der Noack gebracht wurden.

Während des hiesigen Aufenthalts wurde in Jähnsdorf geflaggert, und die Inquisitin war gegenwärtig. Sie erzürnte sich bei dieser Gelegenheit mit ihrem Liebhaber, verließ ihn und ging allein nach Frankfurt an der Oder. Sie kehrte beim Gastwirt Perlewitz ein, verblieb hier bis zum 3. Ostertag und trat dann in den Dienst des Juden und Flußsieders Falck Bendix. Sie mochte vielleicht acht Tage in diesem Verhältnis gewesen sein, als August Müller ihr nachfolgte, sie zur Entweichung aus dem Dienst beredete und dahin vermochte, daß sie eines Morgens, als sie mit der Kiepe Holz aus der Heide holen sollte, diese mit Sachen vollpackte und damit heimlich fortging. Sie nahmen ihren Weg über Krossen nach Guben, wo sie krankheitshalber beim Schuhmacher Ulrich, der sie von Sommerfeld her kannte, Dienste nahm, bis zum Johannistag, den 24. Juni, da verblieb und dann mit einem vorteilhaften Dienstentlassungsschein wieder abreiste. In Krossen vermietete sie sich zwar anderweitig beim Brauer Benecke, da sie sich aber mit ihm nicht vertragen konnte, ging sie heimlich fort und nach Berlin zum Besuch bei ihrer Mutter. Über acht Wochen verblieb sie bei ihr, nährte sich als Tagelöhnerin und gab ihren Verdienst an die Mutter zur Bestreitung der Unterhaltungskosten.

Da sie aber nicht satt zu essen erhielt, ging sie eines Morgens in aller Frühe wieder fort nach dem Rollkrug bei Berlin und fand hier den Karl Müller, Bruder ihres Geliebten. Mit diesem kehrte sie nach der Stadt zurück, besuchte den Mildenschen Punschladen und benutzte hier die Gelegenheit, einem ordentlich gekleideten Mann mit solcher Geschicklichkeit eine Börse mit 25 Talerstücken aus der Rocktasche zu entwenden, daß er solches nicht merkte und sie glücklich sich entfernen konnte.

Sie reiste nun allein fort, ging an demselben Tag bis nach dem Erckner, am anderen Tag nach Hangelsberg, wo die Hoppensche Diebesfamilie Nachtquar-

* Feilen, Uhrfedern

tier genommen hatte, und dann mit ihnen gemeinschaftlich nach Frankfurt an der Oder. Unterwegs, im Krug zu Ahrensdorf, wo sie übernachteten, war Horst, saß am Tisch und trank Kaffee. Er war sehr freundlich, indessen wurde er gleichgültig behandelt, und ohne sich weiter mit ihm einzulassen, verließ die Delitz am anderen Morgen den Krug.

In Frankfurt an der Oder kamen sie am Montag nach Martini, den 13. November 1810, an, hielten die Messe ab und ging dann die Delitz wieder nach Krossen zurück. Sie vermietete sich hier, indessen währte das Verhältnis nicht lange, denn von der einen Herrschaft wurde sie nach acht Tagen wegen ihrer Liederlichkeit entlassen, von der anderen ging sie nach einem ebenso kurzen Zeitraum wieder fort, da ihr Geliebter, August Müller, dorthin kam und sie wieder zu Streifzügen aufforderte. Sie bezogen die Märkte zu Küstrin, Wriezen an der Oder, Grüneberg und Liegnitz, gingen dann nach Frankfurt zur Messe und wohnten während derselben auf der Mühle zu Kunersdorf. Den Tag über besuchten sie die Messe und aßen zu Mittag in dem dortigen Ronneburgischen Hurenhaus, wo sie mehrere Kessen, namentlich den Jaczinsky, Levinzky, Stegemann, Malczewsky, Karl Müller und die Hanne Müller trafen. Es wurde bei dieser Gelegenheit über mehrere Flaggereien gesprochen und vom Malczewsky das Dorf Zeitz bei Krossen dazu in Vorschlag gebracht, zugleich auch von allen einstimmig die Ausführung der Tat am Donnerstag nach der Messe beschlossen. Die Gesellschaft machte sich auf den Weg, von den Frauensleuten wurden Pechkränze gewunden, bestehend aus einem leinenen Lappen, der mit Pech und Schwefel getränkt war, und die Anlegung des Feuers am Mittwoch bestimmt worden, da an diesem Tag der größte Teil von den Bauern abwesend und in Krossen zu Markte war, mithin mit größerem Erfolg verfahren werden konnte.

Die Brandstiftung unterblieb indessen aus unbekannten Gründen, und die Gesellschaft zog nach der in dortiger Gegend gelegenen Weißiger Mühle.

An diesem Ort verblieb sie einige Tage hindurch, begab sich dann auf kurze Zeit nach der Kunersdorfschen Mühle und von hier nach Berlin, um den Ostermarkt abzuhalten. Es wurden auf demselben nur einige Paar Schuhe gestohlen und dann der Markt in Seelow bezogen, von hier aus aber nach der Kunersdorfschen Mühle zurückgekehrt, wo das gestohlene Gut verkauft und das Geld in den Osterfeiertagen durchgebracht wurde. Später besuchte sie die Märkte in Zielenzig, Sternberg und Drossen, die Pfingstfeiertage waren unterdessen herangekommen, und die Gesellschaft feierte dieselben in mehrmals erwähnter Mühle. Die Männer gingen nach den Feiertagen fort, die Frauensleute blieben jedoch auf fünf Wochen lang hier zurück, zu welcher Zeit jene dann von ihren Streifereien zurückkehrten und viel Geld mitbrachten, ohne sich jedoch über den Erwerb näher auszulassen.

Nun wurde abermals eine Reise nach Berlin zu dem eintretenden Markt unternommen, auf der Tour aber von den Mannspersonen in der Nähe von Fürstenwalde in einem Dorf Feuer angezündet und mehrere Betten und Kleidungsstükke gestohlen, welche sie zum Teil später in Berlin verkauften. Bei Ankunft der

Gesellschaft in Berlin hatte der Markt bereits seinen Anfang genommen, sie stahlen hier wie gewöhnlich Kattun, Leinwand, Tücher und dergleichen mehr, und die Delitz erhielt bei der Teilung die Summe von zwanzig Talern für ihre Person.

Es wurde verabredet, in der Gegend von Polnisch Krone einen Kettenschub bei einem Edelmann zu begehen, nach beendetem Markt wurde auch sogleich aufgebrochen und, teils zu Fuß, teils zu Wagen, die Reise nach Polnisch Krone vollendet. In dem kessen Wirtshaus vor dem Posener Tor kehrten sie ein und fanden die Kabrousche eines gewissen Preuß, welcher wenigstens den Anführer spielte, vor.

August Müller sprach mit diesem über das Vorhaben, Preuß meinte, daß jener Edelmann, auf den es angesehen sei, am anderen Tag nach Kalisch zu einem Ball fahre und daher das Vorhaben zu dieser Zeit ausgeführt werden müsse.

Die Bande zog bewaffnet aus, die Delitz und Stegemann trugen Pistolen, welche sie auf Geheiß des Preuß laden mußten, um nötigenfalls die Lampen abweisen zu können, ebenso waren die Frauensleute mit Mannskleidern versehen, und sämtliche Gefährten hatten ihr Gesicht mit Ruß schwarz gemacht. Um elf Uhr nachts waren sie vor dem Haus des Starosten. Vier große Hofhunde fingen an zu bellen, Preuß befahl daher seiner Beischläferin Caroline, die Hunde zu päckern*. Die tat dies, warf ihnen Wurst vor, und bald waren sie zur Ruhe gebracht. Es wurde nun das Fest† an dem einen Scheinling‡ abgelöst, die Scheibe ausgenommen und nun eingestiegen; die vorhandene Dienerschaft, welche Lärm machen wollte, wurde geknebelt und nun von der Bande alles ausgeräumt, der Wagen mit zwei Pferden bespannt, vorgefahren, vollgepackt und mit zwei Reitpferden abgezogen. Im Wald wurde haltgemacht, der Müller und die Delitz veruneinigten sich mit den übrigen über die vorgeschlagene Reisetour und gingen von ihnen ab, nachdem sie auf ihren Anteil die beiden Reitpferde und einen Geldbeutel mit viel Geld erhalten hatten. Sie eilten nach Landsberg an der Warthe und von hier nach der an der mecklenburgischen Grenze gelegenen Buschmühle, wo gewöhnlich die Kessen einzukehren pflegen. Hier trafen sie wirklich den Horst mit der Lotte an. Ersterer sprach mit der Delitz nicht, sie fragte ihn daher, weshalb und worauf der Herr so stolz sei. Nach diesen und ähnlichen Neckereien vereinigten sie sich untereinander und tanzten die halbe Nacht hindurch. Einige Tage nachher ritten der Müller und die Delitz nach dem ebenfalls an der mecklenburgischen Grenze gelegenen Rohrkrug, sie verkauften ihre Pferde für respektive 50 und 30 Taler an Juden, die dort angetroffen wurden. Die Delitz veruneinigte sich mit dem Müller, sie setzten sich daher auseinander.

Einige Tage nachher kam auch Horst mit der Lotte nach diesem Krug. Horst und Müller nahmen sich vor, in dem nahe gelegenen Dorf Neuensund zu flag-

* töten, s. Verz. Päger: ein mit Krähenaugen vergifteter Kuchen, welcher dem Hund vorgeworfen wird, der danach sogleich stirbt.

† Blei

‡ Fenster

gern, der Plan wurde ausgeführt, und die Delitz nahm tätigen Teil daran; danach feuerten sie in Nassenheide und Schönerlinde; am 3. September trennte sich die Delitz von dem Müller und Horst in Nauen, da letzterer nach Jerichow, ersterer aber zum Markt nach Rheinsberg reiste.

Sie ging einstweilen nach dem Roten Krug bei Brandenburg. Beinahe drei Wochen verblieb sie hier allein, da Müller so lange in Rheinsberg wegen Verdachts des Pferdediebstahls verhaftet war und Horst ein gleiches Schicksal gehabt hatte. Sie kamen in der letzten Hälfte des September an, und nun wurde auf der Tour nach Berlin das Feueranlegen in Bensdorf, Großenkreuz usw. fortwährend betrieben, bis Horst in Berlin arretiert wurde. Die Delitz hatte dies bemerkt und eilte nach dem Rollkrug, erzählte dies dem August Müller, der darüber sehr erschrak und mit ihr augenblicklich nach Frankfurt an der Oder und von hier aus nach der Kunersdorfschen Mühle zurückging. Hier fanden sie den Karl Müller, die Hanne Müller, den Stegemann und mehrere andere. Am Freitag, den 5. Oktober, wurde ein großes Fest veranstaltet, Wein und Kuchen waren im größten Überfluß vorhanden, und die Delitz erhielt mit der Hanne Müller wegen ihres bewiesenen Eifers und Muts bei dem Kettenschub in Polen das Ehrenzeichen. Es bestand in einer silbernen Medaille, auf deren einen Seite sich Pistolen und ein Degen, auf der anderen aber ein Schloß und ein Schlüssel, darunter sich aber der Name der Inquisitin befand. Stegemann hatte diese Medaille in Meseritz verfertigen lassen. Nach dem Essen wurde bis spät in die Nacht getanzt und auf diese Weise das Fest beschlossen. Am Sonntag, den 8. Oktober, brach die Gesellschaft von hier auf, um einen Kettenschub in Eulam zu begehen, die Delitz konnte krankheitshalber nicht folgen und ging auf der Tour langsam nach. In Krossen stahl sie auf dem Markt Kattun und baumwollenes Zeug und bemerkte, daß sie von mehreren Gerichtsdienern verfolgt wurde, sie warf daher die gehandelte Ware in ein Haus, eilte zum Tor hinaus, warf ihre Tasche, worin sechs Dietriche und die Medaille waren, in die Oder und entkam glücklich ihren Verfolgern. Eine und eine halbe Meile hinter Meseritz traf sie auf dem Sandkrug den Müller, welcher ihr über die Ausführung des Kettenschubs in Eulam bei einem Prediger Nachricht gab. Müller wollte weitergehen, die Delitz bat ihn, sie nicht zu verlassen, da sie ihrer Krankheit wegen nicht von der Stelle könne, er wollte aber nicht, sie gerieten deshalb in Wortwechsel, und Müller ging von ihr fort. Die Delitz trieb sich nun in dieser Gegend herum und kam so nach dem Dorf Steinbach zu dem Dorfschulzen, den sie um Aufnahme bat. Er bewilligte ihr dieselbe, verlangte indessen einen Paß, und sie produzierte einen solchen, den Müller angefertigt hatte. Der Schulze äußerte, daß er daraus nicht klug werden könne, die Delitz meinte, er habe recht, es sei nur ein Brief, den Paß habe sie verloren, riß ihm solchen aus der Hand und warf ihn in das Kaminfeuer. Der Schulze führte sie hierauf zum Edelmann, der sie sofort arretieren, mit Ketten anschließen und am anderen Tag nach Schwibus transportieren ließ.

Ein vorherrschender Zug bei der Inquisitin war, daß sie gern mit ihren Taten prahlte, sie bekannte sich selbst am Anfang der Untersuchung zu Verbrechen, welche sie, wie sich in der Folge ergab, gar nicht begangen hatte. Später erst, durch die Vorhaltungen und Ermahnungen des Inquirenten zum Nachdenken gebracht, sah sie das Unrechtmäßige ihrer Handlungsweise ein und fing an, Reue zu fühlen.

Sowenig die Mutter sich in früher Jugend um die Tochter gekümmert hatte, ebensowenig geschah dies während ihrer Gefangenschaft; nicht ein einziges Mal kam sie zum Besuch. Dagegen sprach die Inquisitin zu mehreren Malen ihre Mutterschwester, die verehelichte Zangenberg. Als diese zum ersten Mal in der Verhörstube zusammenkamen, erkannten sich dieselben nicht gleich wieder, da sie sich seit einer Reihe von Jahren nicht gesehen hatten; wie der Inquisitin gesagt wurde, die Person sei ihrer Mutter Schwester, die Zangenberg, umarmten sich beide und weinten. Bei der Unterredung schob sie alle Schuld auf ihre Mutter, welche sich nicht um sie gekümmert, sie vielmehr zum Bösen verleitet habe.

Auf die Frage der Zangenberg an die Inquisitin, was aus ihr nun werden würde, antwortete letztere unter Tränen und Schluchzen: »Was sonst als der Galgen?«

Auf die zweite Frage: »Mädchen, wie hast du das Herz gehabt, Feuer anzulegen?« erwiderte sie, daß sie es zuerst auch nicht getan, nachher aber gelernt habe.

In den mehrmaligen Zusammenstellungen mit dem Horst ermahnte sie ihn stets zur Aussage der Wahrheit und forderte ihn auf, durch Winkelzüge und Lügen die Sache nicht in die Länge zu ziehen.

In einer Verhandlung, wo sie dem Horst die bis dahin geleugnete Teilnahme an mehreren Brandstiftungen vorhielt und ihn zum Geständnis zu bewegen suchte, äußerte sie:

»Nein, ich will dem Horst zu Gefallen nicht länger lügen, ich habe die Wahrheit gesagt, und dabei will ich bleiben, denn ich befinde mich dabei besser; solange ich noch nicht eingestanden hatte, habe ich keine Nacht ruhig schlafen können. Jetzt bin ich ruhiger, aber ich muß oft weinen, wenn ich bedenke, wie viele Menschen ich dadurch elend und unglücklich gemacht habe, daß ich Feuer anlegte. Wenn mir eine leichte Todesstrafe zuerkannt wird, will ich auch gewiß nicht appelliren. An meinem Unglück ist nur allein meine Mutter schuld; als ein kleines Kind hat sie mich verstoßen, sie hat nicht gefragt: brauchst du etwas, wirst du in der Religion unterrichtet, bist du eingesegnet, um nichts hat sie sich gekümmert. Ist sie wohl ein einziges Mal nach der Stadtvogtei gekommen und hat nach ihrem Kind gefragt? Ich kann wohl mit Recht sagen, daß ich eine Rabenmutter habe, aber ich will ihr doch nicht fluchen.«

Während ihrer Gefangenschaft war die Inquisitin sehr aufgeräumt und bei heiterer Laune, ihre Mitgefangenen hatten keine Langeweile. Ihre Erzählungen bezogen sich stets auf Verbrechen und besang sie solche in Diebes- und Mordbrennerliedern verschiedener Art. Dennoch zeigte ihr ganzes Betragen weniger Verdorbenheit des Charakters als Horst in seinen Handlungen und Äußerungen blicken ließ. Von ihrer frühesten Jugend an sah sie in ihren Umgebungen von Eltern und Verwandten keine andere als schlechte Handlungen, sie wurde dazu aufgefordert und selbst angeleitet, ehe sie Recht und Unrecht zu unterscheiden vermochte. An Müßiggang und Unordnung gewöhnt, konnte sie später während des Aufenthalts bei den Großeltern in Sommerfeld nur durch Herbeischaffung von gestohlenem Gut sich leidliche Tage bereiten, und ihr grenzenloser Leichtsinn erstickte jeden Keim des Nachdenkens. Eine gewisse Art von Gutmütigkeit, Festigkeit und Entschlossenheit ließen Grundlagen in ihrem Charakter blicken, die unter glücklichen Verhältnissen sie gewiß zu einem achtungswerten Mitglied der menschlichen Gesellschaft gebildet haben würden. Sie fühlte und gestand ihr Unrecht, ihr früheres Leugnen bezweckte mehr die Schonung ihres Gefährten, als es Folge von Verstocktheit und Furcht vor dem Tod war.

Nach abgelegtem Bekenntnis bezeigte sie oft lebhafte Reue, die ihr Leichtsinn jedoch immer bald endete, dagegen erkünstelte Horst große Frechheit und zog sich dadurch selbst die Verachtung seiner Mitgefangenen zu. Für ihn sprach nichts, und für jeden Defensor* wäre es eine Preisaufgabe gewesen, für diesen hartnäckigen und boshaften Frevler einen Milderungsgrund aufzufinden. Aus eigener Neigung, in einem Alter, wo er das Unrecht einsehen, die Folgen berechnen konnte, wählte er ohne besondere Veranlassung seine Laufbahn. Mangel an Mut, nur hoher Grad von Heimtücke, Bosheit und Fühllosigkeit sprachen sich in allen seinen Handlungen und selbst in dem Betragen während seiner Gefangenschaft aus. Reue war ihm fremd, er blickte mit großer Schadenfreude auf das Unglück zurück, welches er durch seine Ruchlosigkeit gestiftet hatte, dagegen aber war die Furcht vor dem Tode desto lebhafter und kleinlicher. Nur in den letzten Stunden schien er sich davon loszumachen, doch war es nicht zu verkennen, daß Frechheit die Veranlassung war.

* Verteidiger

Das vom Königl. Kammergericht abgefaßte und vom hohen Justizminister bestätigte Erkenntnis lautete dahin, daß Horst und die Delitz zur Richtstätte geschleift und dort mit dem Feuer vom Leben zum Tod gebracht werden sollten.

Am 25. August 1812 wurde dies den beiden Inquisiten publiziert, welche darüber in großen Schrecken gerieten. Die Delitz erklärte, daß sie sich bei dem Erkenntnis nicht beruhigen könne und daher das Rechtsmittel der weiteren Verteidigung einwenden wolle. Zugleich äußerte sie bei dieser Gelegenheit: »Was ich begangen habe, werde ich sagen, was ich aber nicht begangen, zurücknehmen.«

Am anderen Tag wurde die Inquisitin vom Inquirenten aufgefordert, sich über die getane Äußerung näher auszulassen, sie bat jedoch, die Vernehmung bis zum folgenden Tag auszusetzen, da sie sich von dem großen Schreck noch nicht erholen könne. Es wurde ihrem Gesuch gewillfahrt, am anderen Tag erklärte sie sogleich beim Eintritt in das Verhörzimmer: Sie sei zwar willens gewesen, ihre früheren Bekenntnisse über die von ihr verübten Brandstiftungen zu widerrufen, sie habe sich jedoch eines anderen besonnen, da sie einsehe, daß ihr dies nichts helfen würde, weil solche überall in der Wahrheit beruhen. Dennoch aber wolle sie appellieren, da sie ihrer Jugend wegen in zweiter Instanz ein milderes Urteil erwarte.

Später widerrief sie zwar nochmals ihr Eingeständnis, nahm jedoch den Widerruf, der durch die Durchstecherei eines Beamten veranlaßt war, ebenso schnell wieder zurück.

Es wurde ihr, wie dies jederzeit geschieht, nach Publikation des Urteils ein Geistlicher zugeordnet, der sie zum Tode vorbereiten sollte. Nachdem derselbe den ersten Besuch abgestattet hatte, bat sie dringend, ihn einzustellen, da sie dadurch aufs höchste beunruhigt und geängstigt werde; es wurde ihrem Gesuch nachgegeben.

Horst erklärte, nachdem er das Erkenntnis ruhig angehört hatte: »Das ist Spaß, ich will nicht appellieren, meinethalben kann es morgen losgehen! Wir wollen das Erkenntnis aber doch so lange aussetzen, bis die Zeugen vernommen sind, damit niemandem Unrecht geschieht.«

Er wurde aufgefordert, sich hierüber näher auszulassen, indessen meinte er: »Das wird solche Eil nicht haben, lassen Sie mir nur bis morgen Zeit.«

Am 22. wurde er in die Verhörstube gebracht, er bat um eine Unterredung mit seinem Verteidiger, und diese fand am 28. August statt.

Bei dieser äußerte der Inquisit, daß die Strafe viel zu gelinde für ihn sei, wenn er alle von ihm angegebenen Brandstiftungen verübt hätte, und widerrief alle seine Bekenntnisse. Er gab an, daß er zu solchen verleitet sei, und nannte eine Menge Dörfer und Städte, wo er sich zur Zeit der verschiedenen Feuer aufgehalten haben wollte, gab auch Zeugen an, die ihn dort gesehen haben sollten. Es wurde deshalb eine nähere Untersuchung veranlaßt, welche manche angegebenen Umstände in Hinsicht seines Aufenthalts zwar als wahr bestätigte, jedoch mit dem Zeitpunkt nicht übereinstimmten. Nachdem der Horst auf diese Weise die Sache ungefähr sieben Wochen aufgehalten hatte, erklärte er am 15. Oktober seine früheren Geständnisse wieder als wahr und wurde nun das Rechtsmittel der weiteren Verteidigung eingeleitet.

Der Defensor des Horst reichte, wie es bereits in der ersten Instanz geschehen war, eine sehr weitreichende Schutzschrift ein, worin er gegen den Tatbestand Ausstellungen macht, weil er ihn wegen der unterbliebenen Obduktion einiger bei verschiedenen Feuern verunglückten Personen nicht als festgestellt betrachtete, zugleich aber suchte er die früheren Angaben des Inquisiten, daß er durch Versprechungen von Beamten verleitet sei, ein Geständnis abzulegen, geltend zu machen, obgleich der Inquisit die Beschuldigungen mehrmals als unwahr zurückgenommen hatte, und richtete zuletzt seinen Antrag dahin, den Inquisiten mit der Todesstrafe zu verschonen.

Der Verteidiger der Delitz war bemüht, in einer kurzen, gehaltvollen Schrift die vernachlässigte Erziehung, das von Kindheit an gehabte böse Beispiel und die Jugend der Inquisitin, als momenta defensionis* dem Richter ans Herz zu legen und dadurch die Abwendung der Todesstrafe zu bewirken. Der erkennende Richter nahm aber darauf keine Rücksicht und widerlegte die angegebenen Milderungsgründe folgendermaßen: »Die Jugend kann der Inquisitin gar nicht zustatten kommen, da sie schon über 20 Jahre alt war, als sie Feuer anlegte. Die Verführung, die sie angibt, kann ebensowenig die Strafe lindern, da sie bereits die Jahre der Unmündigkeit überschritten hatte, als sie sich mit einer Diebesgesellschaft verband. Unwissenheit ist nur bei Polizeivergehungen und bei sinnlosen Menschen denkbar, Unbekanntschaft mit dem Strafübel hingegen ändert die Zurechnung selbst nicht, denn diese setzt nur eine allgemeine Kenntnis von dem Eintritt des Strafübels und zwar nur insofern voraus, als davon die Kenntnis des Verbots an sich abhängt, was aber bei Verbrechen um so weniger der Fall sein kann, je mehr das Gefühl schon einen jeden in seiner verbrecherischen Handlung wenigstens gleiches Übel befürchten läßt. Jede Unwissenheit dieser Art ist mithin affektiert. Endlich kann auf die angegebene vernachlässigte Erziehung keine Rücksicht genommen werden, da die Inquisitine bis zum 14. Jahr die ihren Verhältnissen angemessene Erziehung genossen.«

Es wurde daher das erste Erkenntnis in zweiter Instanz überall bestätigt und von Sr. Majestät dem König mittels Reskripts d.d. Dresden den 24. April 1813

* Verteidigungsgründe

konfirmiert*. In der Nacht vom 26. zum 27. Mai, etwa zehn Stunden vor Publikation des Urteils, hatte Horst noch den Versuch gemacht, sich zu strangulieren, wurde aber daran durch die strenge und in der letzten Zeit verdoppelte Wachsamkeit der Wärter gehindert.

* bekräftigt

Am 17. Mai, am Himmelfahrtstag vormittags um elf Uhr, wurde den Inquisiten das Endurteil nebst dem allerhöchsten Konfirmationsreskript mit dem Bedeuten publiziert, daß die Vollstreckung der Todesstrafe am anderen Morgen vollzogen werde und dagegen nun kein weiteres Rechtsmittel stattfinde. Die Delitz äußerte: »Ich sterbe unschuldig, ich habe den Tod nicht verdient, ich habe alles aus Unüberlegtheit auf mich genommen und unterschreibe das Todesurteil nicht.«

Als das Endurteil dem Horst publiziert wurde, hörte er solches ganz ruhig an, und als man ihm die Unterschrift Sr. Majestät des Königs vorzeigte, meinte er, es sei ihm gleich, wer solches unterschrieben habe.

Da der Inquirent den Fall als möglich vorausgesetzt hatte, daß von einem oder dem anderen bei der Publikation des Endurteils vielleicht noch auf der Richtstätte ein Widerruf erfolgen könnte, so war im voraus bei dem hohen Justizministerium die nötige Anfrage über das in diesem Fall zu beobachtende Verfahren geschehen und auf den Grund derselben festgesetzt worden, daß darauf keine Rücksicht genommen und mit der Vollstreckung der Strafe ohne Aufschub verfahren werden solle; mithin blieb die Äußerung der Inquisitin Delitz, die sie übrigens auch am Nachmittag wieder zurücknahm, unbeachtet. Horst sowohl wie die Delitz waren am Nachmittag und Abend sehr vergnügt, ersterer spielte mit den beiden ihm zur Bewachung zugeordneten Dienern Deutsch-Solo*. Abends nach neun Uhr begab sich der Inquirent nach der Stadtvogtei, um sich von der Stimmung der Delinquenten zu unterrichten und sie zu einem anständigen und gesitteten Betragen bei der Hinrichtung zu ermahnen. Horst war sehr aufgeräumt, lustig und guter Dinge, erzählte, daß er Karten gespielt und eine Pfeife Tabak geraucht und ihm Essen und Trinken gut geschmeckt habe. Er äußerte sich über den in der vergangenen Nacht stattgehabten Vorfall scherzend: »Nicht wahr, Herr Justizrat, das wäre doch ein hübscher Spaß gewesen, wenn Sie, nachdem Sie sich so lange mit mir gequält und mich zweieinhalb Jahre konserviert hatten, micht heute morgen tot gefunden hätten. So eine Untersuchung wie diese hat gewiß in Berlin noch nicht existiert, und jede andere muß Ihnen daher zuwider sein; jetzt kann Sie der König in den Ruhestand versetzen.«

Er ergriff die Hand des Inquirenten, bat um Verzeihung wegen der unendlichen Mühe und Arbeit, des Verdrusses und Ärgers, den er ihm durch die vielen

---

* Kartenspiel

Lügen und Winkelzüge gemacht habe, konnte aber nicht den Wunsch unterdrücken, einen anderen Inquirenten gehabt zu haben, der sich weniger Mühe gegeben und nicht so sorgfältig die Spuren verfolgt hätte, weil es dann bis zum Scheiterhaufen wohl nicht gekommen sein möchte.

Sein Wunsch, eine Gefangene, welche er früher genau gekannt hatte, zu sprechen, wurde erfüllt; sie weinte, als Horst ihr mit fröhlichem Gesicht erzählte, daß er anderen Tages mit der Delitz verbrannt würde. Lachend fragte er: »Warum weinst du, ich gehe morgen voran und bestelle Quartier.«

Nachdem die Gefangene entfernt war, ermahnte ihn der Inquirent, zwar mit Fassung dem Tode entgegenzugehen, durch ein anständiges, reuevolles Benehmen aber dem bei der Hinrichtung versammelten Publikum ein gutes Beispiel zu geben. Auch die Delitz wurde vom Inquirenten bei guter Laune und in fröhlicher Stimmung angetroffen, sie erzählte, daß sie an keinem Tag auf der Stadtvogtei so viel gegessen habe als an diesem, und fragte ihn scherzend, ob ihm wohl bekannt sei, daß sie heute Braut und morgen ihr Hochzeitstag sei.

Sie erklärte dies auf näheres Befragen dahin, daß sie heute eine Himmelsbraut sei und sich morgen mit dem Himmel vermähle.

Sie versprach übrigens, den Ermahnungen des Inquirenten, sich bei der Abführung zum Richtplatz anständig und gesittet zu betragen, Folge zu leisten.

Am anderen Morgen um sechs Uhr, als das Exekutionskommando sich zur Begleitung der Delinquenten auf der Stadtvogtei einfand, wurden sie auf den Hof geführt, jeder auf einen besonderen Wagen gesetzt und daran mit einer Kette befestigt. Während dies geschah, ermahnte die Delitz den Horst, seine Courage nicht zu verlieren; beide waren ganz vergnügt und ausgelassen, betrugen sich aber unterwegs ruhig und anständig.

Nachdem sie etwa 150 Schritte vor der Richtstätte angekommen waren, wurden sie der Ketten entledigt und ihnen nochmals das Urteil vorgelesen. Auch hierbei waren beide gefaßt und ruhig. Als sie aber hierauf den Leuten des Scharfrichters übergeben und behufs der Schleifung zur Richtstätte von ihnen auf die mit einer Kuhhaut bedeckten Schleife gesetzt wurden, und zwar so, daß der Horst vorwärts mit dem Gesicht nach dem Scheiterhaufen, die Delitz hinter ihm rückwärts saß, brach bei der letzteren die Todesangst aus, sie rang die Hände und konnte weiter nichts als die Worte »Ach Gott, ach Gott!« hervorbringen.

Horst hingegen behielt bis zum letzten Augenblick seine Ruhe, selbst noch da, als er auf der Schleife saß, knüpfte er mit den Scharfrichterknechten, die ihm zur Seite gingen, ein Gespräch an und bestieg mit großer Frechheit die Treppe des Scheiterhaufens. Auf diesem war ein Sitz für beide Delinquenten eingerichtet, rechts saß Horst, ihm zur Seite die Delitz. Als der Scharfrichter dem ersteren die Leine über den Kopf warf, um ihn zu befestigen, entwand sich der Inquisit derselben mit großer Geschicklichkeit und Schnelligkeit, sprang von seinem Sitz auf, küßte noch einmal seine Gefährtin und kehrte dann von selbst ruhig auf seinen Platz zurück. Nachdem das Festbinden erfolgt war, wurde der Holzstoß, aus 5 1/4 Haufen Holz bestehend, in Brand gesetzt und auf diese Weise zwei Verbrecher aus der menschlichen Gesellschaft entfernt, welche bis jetzt die Geschichte wohl schwerlich aufzuweisen hat.

45 Städte und Dörfer im In- und Ausland wurden vom Horst durch Brandstiftungen heimgesucht. Zehn Menschen verloren auf eine schreckliche Weise in den Flammen das Leben; der Schaden, welcher durch die Brandstiftungen angerichtet wurde, beläuft sich auf mehr als 300000 Taler, und der ganze Gewinn des Inquisiten erreichte nicht den Betrag von 500 Talern; sie, die Delitz, welche unter anderen das gräßliche Feuer in Schönerlinde angelegt, hatte fast gar keinen Vorteil weiter als eine freie Zeche.

Kurze Geschichte der verschiedenen vom Horst und der Delitz im Preußischen verübten Brandstiftungen

a. Feuer in Kolberg

Am 16. März 1807, abends um acht Uhr, entstand im Seitengebäude des Kommandantenhauses zu Kolberg ein Feuer, welches das Gebäude bis auf die unterste Etage und die daran stoßenden Ställe des Sekretärs Krause und Instrumentenmachers Reißner gänzlich vernichtete.

Wenngleich der angerichtete Schaden 816 Taler betrug, so war er doch nicht mit dem in Vergleich zu bringen, welchen der Kommandant, Generalmajor v. Loucadou, bei Rettung der Effekten durch Diebstahl an Geld, Gold, Silber und anderen Sachen erlitt; dieser wurde auf 6000 Taler geschätzt.

Die Entstehungsart des Feuers konnte keiner anderen Ursache als einer Unvorsichtigkeit zugeschrieben werden, und nur durch das von Horst bei der Untersuchung abgelegte Geständnis erhielt man darüber Gewißheit. Dieser war als Bedienter beim Leutnant Ellerhorst vom Schillschen Korps und hatte hier seinen Freund Hoppe, der als Husar diente, wiedergetroffen. Als dieser eines Tages in einer Tabagie sein Geld verloren hatte und mit seinem Freund Schate, einem Füselier, in großer Verlegenheit war, trafen sie mit Horst zusammen, sprachen über ihre Lage und überlegten, wie dem Übel abzuhelfen sei. Daß diese Zusammenkunft die Ausführung eines Verbrechens zur Folge haben würde, ließ sich wohl voraussehen, und durch die Äußerung des Hoppe, daß im Kommandantenhause viel Geld aufbewahrt werde, wurde sogleich der Beschluß gefaßt, in der Nähe des Hauses Feuer anzulegen und demnächst bei Gelegenheit der Fortschaffung der Sachen aus der Wohnung des Kommandanten zu stehlen.

Zur Ausführung dieses Verbrechens fand sich auch in einigen Tagen schon die herrlichste Gelegenheit. Hoppe wurde als Ordonnanz zum Kommandanten kommandiert und hatte sein Pferd im Stall. Dadurch erhielten die Verbrecher Zutritt zum Haus und nahmen Veranlassung, ihr Verbrechen in Ausführung zu bringen. Beim Retten der Sachen stahlen sie eine bedeutende Summe Geld, welches sie anfangs vergruben, später aber teilten und ebenso schnell wieder durchbrachten, als sie dazu gelangt waren.

b. Feuer in Rosow bei Stettin

Am 28. Oktober 1809, abends um sieben Uhr, entstand auf der Außenseite des an der Straße gelegenen Stalles des Predigers Matthias zu Rosow ein Feuer, wodurch das Predigerhaus und das Gehöft des Bauern Lau zugrunde gerichtet wurde. Der Wert der Gebäude betrug zirka 2000 Taler und der von den verbrannten Effekten über mehrere 100 Taler.

Daß es angelegt worden, war unbedenklich, und man schöpfte sogleich Verdacht auf einen angeblichen ranzionirten Soldaten namens Schultz, der mit seiner angeblichen Frau, geborene Lötsch, an jenem Abend in das Dorf gekommen und einquartiert worden war. Der Verdacht konnte aber nicht gehörig begründet werden, denn er zeigte sich beim Retten der Effekten im Predigerhaus überaus tätig, und am anderen Morgen öffnete er beim Fortgehen in Gegenwart des Schulzen sein Bündel, zeigte seine sämtlichen Sachen vor und bat ihn, solche durchzusehen; er meinte nämlich, daß beim Feuer gewöhnlich viel gestohlen würde und er daher jeden Verdacht von sich wälzen wolle.

Dem Prediger Matthias wurden bei Gelegenheit des Feuers zwei silberne Eßlöffel und aus der Studierstube zirka drei Taler falsche Groschen, welche dort vor dem Fenster lagen, gestohlen.

Horst gestand bei der gegen ihn eingeleiteten Untersuchung ein, daß er das Feuer mit einem Stück brennenden, in Leinwand eingelegten Schwamm, welches er in die Luke geworfen, angelegt und beim Retten im Predigerhaus mehrere silberne Löffel und einige Taler falscher Groschen gestohlen habe.

Erstere hatte er an einen Goldschmied in Stettin verkauft, letztere im Spiel verloren. Das gestohlene Gut hatte er nach dem Feuer am Ende des Dorfes hinter einem Haus versteckt, wo er es bei der Abreise wieder vorfand.

c. Feuer im Sandkrug bei Chorin

Auf dem Sandkrug in Chorin entstand nach zehn Uhr abends, am 22. November 1809, im oberen Teil des Stalls ein Feuer, welches den Stall mit den darin befindlichen sechs Schweinen zugrunde richtete, durch die guten Löschanstalten aber an der weiteren Ausbreitung verhindert wurde.

Die Wirtin vermißte 300 Taler, welche ihr bei Gelegenheit des Feuers gestohlen waren, und hielt einen Menschen, der sich dort im Krug herumgetrieben hatte, nicht allein des Diebstahls, sondern auch des Feueranlegens verdächtig, da eine andere Entstehungsart des Feuers gar nicht denkbar war. Der Fremde wurde so genau beschrieben, daß der Inquisit Horst später beim Eingang der über dieses Feuer verhandelten Akten darin gar nicht zu verkennen war. Er gestand auch nach langem Zögern die Tat ein und gab an, daß er außer dem angeführten Geld noch zwei goldene Ringe und drei Dutzend silberne Knöpfe, welche sich in einem Beutel unter dem Bett der Wirtin befunden, gestohlen und in Stettin an einen Goldschmied verkauft habe.

Das Feuer war dadurch veranlaßt, daß der Inquisit wie gewöhnlich Schwamm angebrannt, denselben in einen Lappen gelegt und so in das Strohdach gesteckt hatte.

d. Feuer in Stargardt

Als der Inquisit Horst im Dezember 1809 von Naugarten nach Berlin reisen wollte, kam er am 27. in Stargardt an und kehrte beim dortigen Gastwirt Haase ein. Da er hier sehr viel Fremde fand und glaubte, einen bedeutenden Fund machen zu können, wenn hier gefeuert würde, legte er um acht Uhr abends ein Stück brennenden, in Leinwand gewickelten Schwamm in das Strohdach eines auf dem Hof gelegenen Stalles. Es mochte etwa elf Uhr sein, als das Feuer aufging. Es entstand sogleich Lärm, die Fremden eilten herbei, und das Feuer wurde gelöscht. Dadurch wurde der Plan des Horst vereitelt, denn er mußte mit leeren Händen die weitere Reise fortsetzen.

e. Feuer in Groß-Rischow

In dem Dorf Groß–Rischow, im Pyritzschen Kreis, kam in der Nacht vom 29. zum 30. Dezember 1809 in der Scheune des Pfarrers Feuer aus, welches dieselbe bis auf den Grund vernichtete.

Daß das Feuer angelegt sein mußte, war ganz außer Zweifel, da niemand vorher in der Scheune zu tun gehabt hatte.

Gleich nach der Entstehung des Feuers kam ein Mensch nach der Wohnung des Predigers, der sich für einen Bedienten des Generals von l'Estocq ausgab und seine Hilfe beim Retten der Effekten anbot, auch solche leistete. Nach kurzer Zeit war er jedoch verschwunden, und es wurden sogleich zwei meerschaumene Pfeifenköpfe, eine silberne Medaille und ein Kleid vermißt.

Der Inquisit Horst hat bei der Untersuchung eingestanden, die Brandstiftung aus dem Grund veranlaßt zu haben, um dadurch Gelegenheit zum Stehlen zu finden. So wie es überhaupt bei allen auf dem Land veranlaßten Brandstiftungen darauf angesehen war, die Häuser der Herrschaft oder Prediger und Schulzen, bei denen man mit Wahrscheinlichkeit das Beste zu finden hoffen konnte, in Gefahr zu bringen und die Bewohner dadurch zum Fortschaffen der Sachen zu bewegen, damit die Bande Gelegenheit zu stehlen hatte, so lag auch dieser Brandstiftung dieselbe Absicht zugrunde. Horst räumte auch ein, die vermißten Sachen gestohlen zu haben.

f. Feuer in Freywalde

Am 1. Januar 1810, abends um Viertel nach neun Uhr, entstand im Dach des Kuhstalls auf dem Hofe des Braueigners Mehne Feuer, wodurch derselbe zugrunde gerichtet wurde. Bei dieser Gelegenheit vermißte der zur Zeit dort im Gasthof eingekehrte Frachtfuhrmann Gau seinen Koffer mit 94 Talern Münze à 24 Groschen, welcher in der Wirtsstube gestanden hatte. Später wurde derselbe von einigen Knaben, welche unterm Torweg spielten, unter Brettern versteckt vorgefunden, er war bis auf fünf Taler und einige Sachen ausgeleert und, um dazu gelangen zu können, mit einem Messer, welches dabei lag und dem Wirt gehörte, in den Boden ein Loch geschnitten worden.

Horst, welcher sich auch hier für den Bedienten Schultze ausgab, war an dem Tag, wo das Feuer ausbrach, mit einer brennenden Tabakspfeife im Stall gesehen worden; er konnte dies nicht leugnen, räumte vielmehr ein, daß er dazu selbst an jenem Ort Feuer angeschlagen habe, und wurde deshalb verhaftet. Nach einem 66tägigen Arrest sollte ihm das Erkenntnis, nach welchem er zwar von der vorsätzlichen Brandstiftung völlig freigesprochen worden, publiziert werden; da sich indessen ermittelt hatte, daß der Schultze (Horst) bei dem vor einiger Zeit stattgefundenen Feuer in Groß-Rischow gegenwärtig gewesen und der Anlegung desselben verdächtig sei, wurde er dem Justizamt zu Kolbatz als Gerichtsbehörde über Groß-Rischow zur weiteren Verfügung zum Transport überliefert. Hier entsprang er, und die Untersuchung blieb unbeendet. Später, und zwar bei der letzten Untersuchung, gestand der Inquisit Horst ein, diese Brandstiftung selbst verübt zu haben. Als er nämlich nach Freywalde kam und in dem Gasthof des Brauers Mehne einkehrte, fand er viele Frachtfuhrleute, ihm schien es eine günstige Gelegenheit zu sein, einen Fund zu machen, und er entschloß sich daher, Feuer anzulegen, um unter dessen Begünstigung das Verbrechen des Diebstahls auszuführen. Etwa um acht Uhr abends ging er mit seiner Pfeife nach dem Hof, zündete daran ein Stück Schwamm an, wickelte es in Leinwand und steckte diese in das Strohdach des Kuhstalls. Er begab sich alsdann nach der Gaststube zurück, legte sich auf die Streu und erwartete dann den Ausbruch des Feuers. Als dieser erfolgte, nahm er den Koffer, schnitt mit einem auf dem Tisch liegenden Messer ein Loch in den Boden, nahm eine Summe Geld heraus und warf den Kasten in ein Schauer. Von dem Geld behielt er etwa fünf Taler bei sich, die übrige Summe vergrub er in der Nähe des Hauses auf der Straße an einem Zaun, eilte dann nach dem Gasthof zurück und wußte sich unbemerkt wieder unter die Zahl der Fremden zu mischen. Bei der Arretierung wurde er nicht visitiert, er behielt daher das Geld und gab einem Boten vier Taler, der nach Naugarten gehen und seine Beischläferin Lötsch von der Arretierung benachrichtigen mußte. Diese fand sich auch bei ihm ein, er gab ihr Nachricht von dem verborgenen Geld, welches sie dann auch, wiewohl sie es stets geleugnet, gewiß geholt hat.

Horst bat sie, wie sie angegeben, dringend, mit brennendem Schwamm irgendwo Feuer anzulegen, gab ihr auch dazu ein großes Stück Schwamm, sie will aber seiner Aufforderung nicht genügt haben, und wenngleich sie dringend verdächtig, das Feuer in einem Stall beim Fischer Thidecke, welches während ihrer Anwesenheit am 15. Januar gegen Abend im Kuhstall ausbrach und acht Gehöfte in Asche verwandelte, angelegt zu haben, so ist doch alle Mühe, von ihr darüber ein etwaiges Geständnis zu erlangen, vergeblich gewesen.

g. Feuer in Stendal bei Schwedt

In der Nacht vom 8. zum 9. August 1810 um zwölf Uhr brach in Stendal ein Feuer aus, welches mit Blitzesschnelle um sich griff und die Predigerwohnung nebst Wirtschaftsgebäuden, zwei Freistellen, zwei Bauernhöfe und die Forstbedientenwohnung in Asche legte. Die Gebäude waren mit 3000 Talern im Feuer-Catastro versichert, und fast ebenso hoch konnte der Verlust an Wirtschaftssachen, Getreidevorräten und dergleichen angeschlagen werden.

Es war etwa um Mitternacht, als der Prediger Mankopff durch das Geschrei: Feuer! Feuer! aus dem Schlaf geweckt wurde; er sprang aus dem Bett und sah seine Ställe in Flammen stehen, die nach seinem Wohnhaus bereits hinüberschlugen und es anzündeten.

Nur durch Hilfe eines Fuhrmanns war es dem Prediger mit seiner Schwester möglich, sich aus einem Fenster zu retten, da die Türen bereits durch das eingestürzte Dach verschüttet waren. Das Feuer war oben im Dach des Kuhstalls ausgebrochen, und da niemand dort oben hinkommt, der größte Verdacht vorhanden, daß es angelegt sein müsse.

Als Horst aus dem Amtsgefängnis zu Kolbatz entwichen war, begab er sich geraden Weges nach Heinersdorf bei Schwerdt in den Krug des Wilcke, der stets Diebesgesindel bei sich hegte, und erfuhr im Lauf der Unterhaltung, daß in Stendal reiche Bauern wären. Er faßte daher den Entschluß, hier zu flaggern, um unter Begünstigung des Feuers stehlen zu können, führte auch am 8. August seinen Plan aus und stahl bei dieser Gelegenheit acht Stück kattune Tücher, die er an einen Stettiner Fuhrmann verkaufte und die in der Folge noch herbeigeschafft wurden.

h. Feuer im Döllen-Krug bei Angermünde

In der Nacht vom 14. zum 15. August 1810, um halb zwölf Uhr, brach in dem Giebel eines Stalles im Kruggebäude Feuer aus, welches jedoch bald entdeckt und sogleich gelöscht wurde. Der angerichtete Schaden betrug etwa zehn Taler.

Eine Stunde danach brannte jedoch die Scheune des Krügers Leist bis auf den Grund nieder, und der Eigentümer erlitt dadurch einen Verlust von 461 Talern. Daß das Feuer angelegt wurde, war nicht zu bezweifeln, und der Verdacht fiel auf einen fremden Menschen, welcher vor dem Ausbruch des Feuers im Krug gesehen, nachher aber verschwunden war.

Horst gestand bei der Untersuchung ein, das Feuer angelegt zu haben und zwar in Gesellschaft eines gewissen Schmäling und der Lotte. Letztere stahl während des Feuers einige Taler Geld und wurde solches nachher geteilt. Dem Horst und Schmäling fehlte aber die Gelegenheit zum Stehlen, und die Beute konnte daher nur unbedeutend ausfallen.

i. Feuer in Neuensund

In der Nacht vom 16. zum 17. August 1810 nach zwölf Uhr brach in Neuensund auf der Mitte eines Heubodens Feuer aus, welches durch den Wind und die verzögerte Rettung dermaßen um sich griff, daß in kurzem ein Einliegerhaus, das Jäger- und Planteurhaus, das Spritzenhaus, drei Scheunen und sechs Viehställe durch die Flammen vernichtet und dadurch ein Schaden von zirka 17000 Taler, die verbrannten Pferde und andere Effekten nicht mitgerechnet, angerichtet wurde.

Zwei Menschen verloren dadurch das Leben; der Knecht Rieß starb zwölf Stunden nach dem Feuer und der Knecht Burmann acht Tage nachher an den Folgen der erlittenen Beschädigungen.

Aus allen Umständen ging hervor, daß das Feuer angelegt sein mußte, und der Verdacht wurde dadurch noch mehr begründet, daß man auch hier eine fremde Mannsperson gewahr wurde, wie sie, der Beschreibung nach, im Döllen-Krug gesehen worden war, bekleidet mit einem blauen Überrock und weißen Beinkleidern; auch in dem Haus des Zimmermeisters Frölich, wo jener Verdächtige sich hatte sehen lassen, Geld und andere Sachen gestohlen waren.

Nach vielen Winkelzügen ist bei der Untersuchung diese Brandstiftung von dem Inquisiten Horst und der Delitz eingeräumt worden.

Als nämlich die Delitz mit ihrem Liebhaber August Müller von dem Kettenschub in Polen zurückkamen und auf der Reise nach dem Rohrkrug das Dorf Nassenheide passierten, äußerte der Müller, daß in dem Dorf durch eine Flaggerfahrt etwas zu machen sei. Nachdem sie später auf dem Rohrkrug mit Horst und seiner Beischläferin Lotte zusammentrafen, wurde der Vorschlag in Überlegung genommen und beschlossen, daß mit dem Anlegen des Feuers in der folgenden Nacht vom 16. zum 17. August verfahren werden sollte.

Abends spät zog die Gesellschaft fröhlich aus und kam um Mitternacht vor dem Dorf an. Die Frauensleute gingen zuerst hinein, um die Gelegenheit zum Feueranlegen auszusehen, und als dies geschehen war, kehrten sie mit der nötigen Auskunft zu ihren Gefährten zurück. Horst wickelte, wie gewöhnlich, ein Stück brennenden Schwamm in Leinwand, legte einen kleinen Stein darin, damit er das Brennmaterial in die Höhe bringen konnte, und warf es in eine offenstehende Luke auf einen über einem Viehstall befindlichen Heuboden. Das Feuer brach bald aus; Horst begab sich nach dem Haus des Zimmermeisters Frölich, lief unter dem Vorwand, daß er retten wolle, in eine Stube, erbrach einen dort stehenden Geldkasten und stahl einiges Geld. Die Delitz entwendete in Gemeinschaft mit den übrigen auch einiges Geld (der ganze Betrag des hier gestohlenen Gutes war sehr unbedeutend), und nachdem solches gemeinschaftlich geteilt war, wurde schon eine andere Flaggerfahrt in Vorschlag gebracht, worauf dann die Reise nach Hammelspring angetreten wurde.

k. Feuer in Hammelspring

Bei einem ziemlich starken Westwind brach in der Nacht vom 20. zum 21. August 1810 an zwei verschiedenen Orten fast zu gleicher Zeit Feuer in diesem Dorf aus, welches die Kirche, das Prediger- und Küsterhaus, fünf Bauern-, zwei Kossäthen-, ein Büdner- und fünf Tagelöhnergehöfte, die Scheune und Ställe des Schulzen und die des Krügers in Schutt verwandelte und noch weiter um sich gegriffen hätte, wenn nicht durch das massive Wohnhaus des Schulzen der Flammen Einhalt geschehen wäre. Der Schaden betrug etwa 12000 Taler, die verbrannten Effekten mitgerechnet.

Daß das Feuer angelegt wurde, war nicht zweifelhaft, und auch hier war, wie bereits bei mehreren Feuern, ein Fremder gesehen worden, welcher sich beim Retten der Effekten einfand. Ja, er wurde sogar getroffen, als er in einem brennenden Haus ein Spind gewaltsamerweise eröffnete, jedoch nicht festgenommen, da er vorgab, daß er die darin befindlichen Sachen retten wolle. Der Inquisit Horst wurde auch später nach der erfolgten Verhaftung bei der Rekognition von mehreren Personen als jener Fremde wiedererkannt, und es war um so weniger zweifelhaft, daß er das Feuer angelegt habe, da man in einer seiner Niederlagen bei der Visitation das Kirchensiegel von Hammelspring vorfand, welches er, wie er anfangs angab, von einem Juden erhalten haben wollte.

Unter den Dörfern, welche die Bande auf der Tour nach Berlin zum Feueranlegen ausgewählt hatte, traf das Los auch Hammelspring mit am härtesten, da nach der Angabe des einen Gefährten dort sehr reiche Leute wohnen sollten. Die Bande, welche von Neuensund ihren Weg dorthin nahm, lagerte am Abend im Korn, und da die Dunkelheit der Nacht eingetreten war, zog angeblich Horst mit Lange hinein und zündeten beide auf ein gegebenes Zeichen zu gleicher Zeit und an zwei verschiedenen Orten. Sie entfernten sich danach, bis das Feuer gezündet hatte und die Dorfbewohner aus ihren Häusern eilten, um der Flamme Einhalt zu tun. Dann aber gingen sie (die Delitz, welche krankheitshalber nicht folgen konnte und vor dem Dorf blieb, ausgenommen) nach den Brandstellen. Horst fand sich im Predigerhaus ein und zeichnete sich beim Retten der Effekten so vorzüglich aus, daß der Prediger ihm dafür Dank bewies. Da er hier unter Aufsicht gehalten wurde, weil einer der Anwesenden ihn als einen Fremden sehr ins Auge gefaßt hatte, so konnte er weiter nichts als ein Kirchensiegel und ein Gesangbuch entwenden. Seinem Kameraden Lange wurde in einem anderen Haus die gestohlene Geldsumme abgenommen (wenigstens hat der Inquisit es stets bestritten, daß ihm dies widerfahren sei), und die Ausbeute war daher bei diesem schrecklichen Feuer der Betrag von einigen Groschen, denn dafür hatte er das Gesangbuch an eine Frau verkauft, bei der es später wieder vorgefunden wurde.

l. Feuer in Nassenheide

In der Nacht vom 21. zum 22. August 1804 um ein Uhr kam in dem Gehöft des Bauern Nickel zu Nassenheide, und zwar im Dach neben dem Schornstein, Feuer aus, welches in kurzer Zeit sechs Gehöfte und sieben Nebenhäuser, welche von 82 Seelen bewohnte wurden, in Asche verwandelte. Der Wert der Gebäude betrug zwischen 4 000 bis 5000 Talern und beinahe ebensoviel der Betrag der verbrannten Effekten.

Dieselbe Bande, welche in Hammelspring das Feuer angezündet, hatte auch Nassenheide als den Ort in ihren Plan aufgenommen, in welchem sie, unter Begünstigung des Feuers, stehlen wollte. Am Abend spät lagerten sie vor Nassenheide; um Mitternacht legte Horst im Dorf Feuer an, und um ein Uhr zeigten sich die wütend um sich greifenden Flammen. Die Bande ging in das Dorf, die Delitz mußte wegen heftiger Schmerzen zurückbleiben, der Betrag des gestohlenen Guts war aber höchst unbedeutend, da der Bande die wenigen Bauernkleider, welche sie bei der strengen Aufsicht, die sowohl bei der Rettung der Effekten als auch bei Bewachung derselben angeordnet war, nur allein zu stehlen Gelegenheit hatten, nicht anstanden.

m. Das Feuer in Schönerlinde

In der Nacht vom 23. zum 24. August 1810 kam der Bauer Rückert vom Feld, wo er den Mohndieben aufgelauert hatte, um Viertel nach zwölf Uhr nach dem Dorf Schönerlinde zurück. Als er vor der Kirche vorbeiging, sah er in dem nächstgelegenen Gebäude, und zwar in dem kleinen Haus des Bauern Siegert, Feuer zum Vorschein kommen. Er wollte es anfangs mit dem Hut auslöschen, das Dach stand aber auf einmal in Flammen, und er weckte daher die im Häuschen wohnende Witwe Schmidt, danach den im großen Nebenhaus wohnenden Eigentümer Siegert.

Bei dem starken Wind und der stattgehabten Dürre griffen die Flammen dermaßen um sich, daß in einer Zeit von zehn Minuten 30 verschiedene Gebäude brannten und von ihnen weiter nichts als die Mauer übrigblieb, da an Rettung nicht zu denken war und der weiteren Verbreitung des Feuers nur durch Einreißen des Spritzenhauses vorgebeugt werden konnte. Der Wert der Gebäude betrug ungefähr 11000 Taler. Die Altsitzerin Witwe Rückert und der Altsitzer Löser wollten ihre Mobilien retten und büßten auf der Brandstätte das Leben ein.

Die verwitwete Schneidermeister Mehlitz wurde durch den Brand so geschädigt, daß sie fünf Tage nachher ihren Geist aufgab.

Das Tochterkind der Witwe Mehlitz, fünf Jahre alt, erhielt eine starke Beschädigung an den Füßen und starb drei Monate nachher an den Folgen derselben. Die Dienstmagd Zwiebel, welche ihre Brotfrau, die Witwe Rückert, retten wollte, verbrannte sich die ganze rechte Seite, sie war in großer Lebensgefahr, wurde aber hergestellt.

Das Feuer wurde hier durch die Delitz angelegt, indem sie einen Prechkranz, worin wie gewöhnlich brennender Schwamm war, auf das bei der Kirche liegende Gehöft, welches mit Stroh gedeckt war, warf.

So wie die Bande bei allen Feuern in den Dörfern ihr besonderes Augenmerk auf die Predigerhäuser gerichtet hatte, da sie voraussetzte, daß sie hier Kirchen- und Armengelder finden würde, so war dies auch hier der Fall. Als nämlich Lange, Müller, Horst, die Lotte und Delitz von dem Feuer in Nassenheide zurückkamen, wurde vom Müller diese Flaggerfahrt mit dem Bemerken in Vorschlag gebracht, daß der Prediger ein wohlhabender Mann und im Besitz von Staatspapieren sei. Die Frauenspersonen mußten daher nach Schönerlinde gehen und das Lokal näher in Augenschein nehmen. Dies geschah von der Delitz, die Mannspersonen blieben in dem nahe beim Dorf gelegenen Buschwerk. Die Delitz frühstückte im Krug und kehrte gegen Mittag zu ihren Gefährten mit dem Bemerken zurück, daß im Predigerhaus zum Anlegen des Feuers keine Gelegenheit sei und solches in einem anderen Haus geschehen müsse. Sie übernahm mit der Lotte die Ausführung des Plans, die Bande brach in der Nacht auf, die Delitz ging mit dem Pechkranz in das Dorf, schlug Feuer an, steckte den brennenden Schwamm in denselben und warf ihn auf das Strohdach des nächst der Kirche und unweit des Predigerhauses gelegenen Gehöfts. Er zündete sogleich, und die Delitz eilte nun zu ihren Gefährten, welche unweit davon Posten gefaßt hatten.

Horst wartete im Garten des Kruges den Ausbruch des Feuers ab und aß unterdessen Pflaumen von den Bäumen.

Nachdem Feuerlärm im Dorf entstanden und die Bewohner des Dorfs zur Löschung herbeigeeilt waren, fand sich auch die Bande ein, ging in die brennenden Häuser und stahl. Die Delitz nahm in einem Haus, aus welchem sie eine Frau mit einem Kind in bloßem Hemd herauskommen sah, drei Enden weiße Leinwand, zirka 24 Ellen.

Horst begab sich nach dem Predigerhaus und stahl hier eine Börse mit zirka fünf Talern, einen Mantel und einige Löffel. Die Börse wurde herbeigeschafft sowie das Zeug vom Mantel, woraus ein Überrock verfertigt war, und die Identität der Sachen durch eidliche Aussagen der Eigentümer und Zeugen festgestellt.

n. Feuer in Zehlendorf

In der Nacht vom 24. zum 25. August 1810, um halb ein Uhr kam in der Scheune des Bauern Kühne zu Zehlendorf Feuer aus, welches die Scheune und mit ihr die ganze Ernte sowie einen Viehstall in einen Schutthaufen verwandelte und ihm einen Schaden von zirka 900 Talern verursachte.

Horst war auf seiner Tour nach Jerichow hierher gekommen, schlug sein Nachtlager auf und hatte das Feuer nach gewöhnlicher Weise angelegt, um unter Begünstigung desselben zu stehlen. Als Feuerlärm entstand, ging er in das Haus eines Bauern und stahl eine Uhr, die bei der Untersuchung wieder herbeigeschafft wurde.

o. Feuer in Bennsdorf

In der Nacht vom 21. zum 22. September 1810 um zwölf Uhr brach auf dem Gehöft des Bauern Schnarck ein Feuer aus, welches durch den heftigen Wind so wütend um sich griff, daß die benachbarten Gebäude von den Flammen ergriffen und der größte Teil des Dorfs in einen Schutthaufen verwandelt wurde. Die Kirche, das Predigerhaus und mehrere 20 andere Gebäude gingen verloren, wodurch ein Schaden von 7000 bis 8000 Taler entstand, der nicht viel weniger in Rücksicht der verbrannten Sachen betragen mochte.

Horst war bekanntlich am 21. September 1810 dem Gerichtsdiener in Jerichow bei Gelegenheit des Fischens davongelaufen und begab sich nach Altenplatow, um in einem dortigen Krug, wo die Kessen gewöhnlich verkehrten, seine Gefährten zu erwarten. Er hatte sich in seiner Hoffnung, sie in dortiger Gegend zu finden, nicht getäuscht und traf dort mit Müller, Lange und der Delitz zusammen. Dies war hinreichend, um gemeinschaftlich Verbrechen auszuführen, und sogleich wurde der Beschluß gefaßt, in der folgenden Nacht Bennsdorf in Brand zu stecken. Sie zogen daher nach jenem Dorf hin, die Delitz warf hier einen Pechkranz, in den vorher brennender Schwamm gelegt war, aus und bereitete auf diese Weise das schreckliche Feuer. Als es ausbrach und die Bewohner des Dorfs sich zur Rettung der Effekten und Löschung des Feuers versammelten, fand sich auch die Bande ein und stahl eine Menge Leinwand. Horst ging nach dem Predigerhaus und stahl einige Ringe und andere Sachen, welche im Lauf der Untersuchung ausgemittelt und dem Bestohlenen größtenteils zurückgeliefert wurden.

p. Feuer in Groß-Kreuz

Am 24. September 1810 abends zehn Uhr kam in dem Stall des Posthalters Neue zu Groß-Kreuz ein Feuer aus, welches in kurzer Zeit den Stall und das Wohnhaus in Asche legte und dadurch einen Schaden von 2350 Talern anrichtete, ungerechnet das Vieh, die ganze Ernte des Jahres usw., welches sämtlich in den Flammen verlorenging. Der Verdacht fiel auf einen Menschen, der an demselben Tag von Brandenburg hierher gereist war und auf geschehene Vorzeigung des Passes das gewünschte Nachtquartier erhalten hatte.

Am Abend zwischen neun und zehn Uhr, als alle Fremden sich auf die Streu gelegt hatten, klagte jener über heftige Zahnschmerzen, bat daher einen hier eingekehrten Unteroffizier um die Erlaubnis, seine Pfeife nehmen und rauchen zu dürfen; dies wurde ihm gestattet, er schlug Feuer an und ging damit aus der Stube. Nach Verlauf von zehn Minuten brach das Feuer aus, und der Fremde war verschwunden.

Der Posthalter Neue vermißte außer einer Menge von Kleidungsstücken noch zwei silberne Uhren, zehn silberne Eßlöffel und ein Dutzend Teelöffel.

Als die Arretierung des Horst bekannt wurde, reiste der Posthalter Neue in Begleitung des Schullehrers Krüger, welcher an jenem Tag bei ihm gewesen war und den verdächtigen Fremden gesehen hatte, nach Berlin, um den Horst in Augenschein zu nehmen. Beide rekognoszierten ihn sogleich als jenen des Feueranlegens verdächtigen Fremden, und der Neue fand unter den in Beschlag genommenen Sachen eine ihm bei Gelegenheit jenes unglücklichen Brandes gestohlene Uhr vor.

Nach vielen Winkelzügen war der Horst der Tat geständig, und es wurden dadurch noch neun silberne Eßlöffel und vier Teelöffel herbeigeschafft und dem Eigentümer eingehändigt.

q. Feuer in Steglitz

In der Nacht vom 27. zum 28. September 1810 nach zehn Uhr zeigte sich im Dach eines Schweinestalls auf dem Gehöft des Krügers Laval zu Steglitz eine Flamme, welche durch den stark wehenden Ostwind mit Blitzesschnelle sich vergrößerte, die sämtlich umstehenden Gebäude ergriff und in kurzer Zeit außer dem Schweinestall noch die Wohnung des Krügers, einen Holzstall, einen neuen Pferdestall, zwei andere Pferdeställe nebst Rollkammer, eine Scheune und einen vor der Tür stehenden Brunnen verwüstete. Mehrere Pferde und anderes Vieh konnten aus dem Feuer nicht gerettet werden und fanden ihren Tod.

Der Krüger Laval gab seinen Verlust an Effekten, Vieh, Lebensmitteln und dergleichen auf 6000 Taler an, und nicht viel weniger betrug der Wert der Gebäude.

Aus allen Angaben und Nebenumständen ging deutlich hervor, daß es angelegt sein mußte. Die Ausgeberin des Laval bemerkte um halb elf Uhr einen hellen Schein und sah, als sie das Rouleau am Fenster aufzog, daß das Dach über dem Schweinestall lichterloh brannte, daß bereits fremde Frachtfuhrleute ihr Vieh aus den Ställen holten, und weckte nun sogleich die Herrschaft. Sie selbst zog sich dann einige Kleidungsstücke eiligst an, kehrte zur Herrschaft zurück und bemerkte einen Fremden, der abends spät nach der Gaststube gekommen war, in die Wohnstube mit dem Geschrei eindringen: »Retten Sie, was Sie retten können; retten Sie sich, das Haus fällt gleich zusammen.«

Der Krüger Laval rettete einen Kasten mit Geld, der Fremde sprang hinzu, um ihn abzunehmen und fortzutragen, die Ausgeberin verhinderte dies aber. Später kam er in die Stube, wo der Laval einen Schrank öffnete, aus welchem Geld herausfiel, er zeigte sich beim Sammeln tätig, lieferte aber nichts ab. Als später dieser Kerl, der sehr verdächtig erschienen war, aufgesucht werden sollte, war er nicht aufzufinden, dem Verlauten nach hatte er sich in dem Augenblick entfernt, als er Berliner Polizeioffiziere mit Spritzen bei der Brandstätte ankommen sah.

Horst wurde bei seiner Verhaftung bereits von dem dort anwesenden Krüger als derjenige erkannt, welcher beim Feuer anwesend gewesen war, später auch von der Ausgeberin und anderen Personen; er leugnete dies jedoch anfangs hartnäckig und gestand erst nachher, als die Vereidigung der Personen erfolgen sollte, die Richtigkeit jener Angaben zu.

Später räumte er ein, das Feuer selbst angelegt und unter Begünstigung desselben sechs Taler Geld, eine Uhr und eine Dose gestohlen zu haben, welche letztere Stücke man auch bei ihm vorfand, als er verhaftet wurde. Die Brandstiftung geschah durch ein großes Stück Schwamm, welches der Inquisit an der Pfeife anzündete, in einen Lappen einwickelte und dann in das Strohdach steckte.

r. Feuer in Schöneberg

Etwa um zehn Uhr abends am 30. September 1810 entstand in der Scheune des Schulzen Willmann zu Altschöneberg ein Feuer, welches bei einem ziemlich starken Westwind schnell um sich griff und die Gehöfte des Gerichtsschöppen Willmann, des Bauern Richnow und Willmann nebst den dazugehörigen Scheunen und Ställen in Asche verwandelte. Mehreres Vieh, namentlich eine Menge Schafe, kamen in den Flammen um, da ihre Rettung nicht mehr möglich war. Die sämtlichen Gebäude waren mit 4800 Talern in der Feuerkasse versichert. Der Verlust an Vieh, Wirtschaftssachen usw. wurde auf zirka 2000 Taler angegeben. Nur durch die vortrefflichen Löschanstalten und das Herbeieilen der Berliner Polizeioffiziere mit den nötigen Spritzen war es möglich, den verheerenden Flammen, die das ganze Dorf zu verwüsten drohten, Einhalt zu tun.

Auch bei diesem Feuer war zuerst auf der Brandstätte ein Fremder auf dem Gehöft erschienen, welcher die Schafe aus dem Stall herausgelassen hatte, später auf Bitte einer Frau einen Kasten mit Sachen von der Brandstätte trug und sich nachher wieder in einer Stube einfand, aus welcher mehrere Sachen gestohlen wurden.

Horst, welcher am Morgen nach dem Feuer verhaftet wurde, gestand später ein, das Feuer in der Scheune selbst angelegt zu haben, er wurde auch im Besitz der gestohlenen Sachen angetroffen, als seine Verhaftung erfolgte.

1. Mordbrennerlied

Heute sind wir unsrer Neune,
Stehen hier an dieser Scheune
Und machen den Kaffern* wohl bekannt:
Schöneberg wird abgebrannt.
Ihr Herren nehmt euch wohl in acht,
Haltet Berlin in guter Wacht;
Ich mach euch dieses wohl bekannt,
Berlin wird nächstens abgebrannt.
Drum laßt uns heut noch fröhlich sein
Und trinkt ein Gläschen kühlen Wein.
Ich will nicht eher von dannen gehn,
Ich muß Berlin in Asche sehn.
In Ricksdorf, da gibt's reiche Leut,
Da machen Kessen gute Beut;
Drum mach ich's denn euch wohl bekannt,
Ricksdorf wird nächstens abgebrannt.
Ihr Brüder steckt das Kittchen† an
Es ist ja unser Unglücksplan,
Und wo wir alle kommen h'rein
Und müssen hart gebasselt‡ sein.
In Köpenick gehn wir alle rein,
Es soll und muß geflaggert sein.
Ich liebe dies zum Zeitvertreib,
Denn Flaggern, das ist meine Freud.
Ich bin der Häupter dieser Tat,
Der Pech und Schwefel bei sich hat.
Mein Name ist euch wohl bekannt,
Herr Hauptmann werd ich ja genannt.

---

* Bauern
† s. Verz.
‡ angekettet

2. Schottenfellerlied

Ich bin ein junges, kesses Weib
Und hab ein' kessen Sinn,
Ich habe doch noch Herz im Leib
Und opfre für die kessen Leut'
Mein'n letzten Tropfen Blut. :,:
Ich bin ja stets ein Handelsweib
Und handle Schock auf Schock,
Denn Schottenfellen soll allein,
Auf ewig meine Freude sein,
Ja meine Freude sein. :,:
Auch hab ich einen kessen Mann,
Der Zosken handeln kann.
Denn Kettenschieben soll allein,
Auch Kessen ihre Freude sein,
Stets ihre Freude sein. :,:
Nun, liebe Brüder, insgemein
Geschworen haben wir,
Drum laßt uns heut noch fröhlich sein
Und trinkt mit Kessen immer Wein,
Auf ewig kess zu sein. :,:
Und komm'n wir in die Pennen h'nein,
Wo lauter Kesse sein,
Wo nichts als lauter Kesses ist
Und wo der Balbos freundlich spricht:
Willkommen Kesse hier!
So trinke fröhlich Bier. :,:

3. Kettenschieberlied

Ein kesses Leben führen wir,
Ein Leben voller Wonne.
Bei Hollmusch, Lein' marschieren wir,
Knackert ist unser Nachtquartier, Gallon ist unsre Sonne.
Heut kehren wir beim Gerlach ein,
Beim reichen Gollo morgen.
Da gibt's brav Käsoff, Moos und Wein,
Was übrig ist, das packen wir ein,
Der Gerlach, der muß sorgen.
Ei, siehst du lieber Gerlach dann,
Dein Kieschen ist gehoben!
Dafür sollst du den kessen Mann,
Der Kettenschieben auch gut kann,
Im Balloch einst für lohnen.

Und haben wir dann ausgeräumt,
Mit Luppert uns versehen,
Dann trinken wir uns Mut und Kraft
Und mit dem Gollo Brüderschaft,
Der in der Penne thronet.

Verzeichnis der in der Untersuchungssache vorgekommenen einzelnen Diebeswörter[1]

ausschrobbern – ausbrechen
baldowern – auskundschaften, ausmitteln
Balmachom – Kriegsmann, Soldat
Baffel – Kette
Balbos – Herr, Wirt
Balloch – Himmel
bekaskert – betrunken
Bumbser – Schäfer
Claffern, Clamones – Diebesschlüssel, Dietriche u.dgl.
Dirach – Teufel
Dolmen – langes Messer, Dolch
Dorfdrücker – Taschendieb
Esche – Geliebte
flaggern – Feuer anlegen
Flaggerfahrt – Brandstiftung
Fest – Blei an den Fenstern
fackeln – schreiben
Flammert – der Schmied
Flebbe – der Paß
(linke Flebbe – falscher Paß)
Flunkert – Feuer
Flunkert auswerfen – Feuer anlegen
gampfen – stehlen
Gerlach – der Dorfprediger
Gefahr – ein Dorf
Gallon – der Mond
Gollo – Bürgermeister
Gohle – Wagen
goschen – schlafen
handeln – stehlen

1 *Die Diebessprache ist keineswegs eine eigene, zusammenhängende Sprache, sie besteht vielmehr aus Kunstwörtern (terminis technicis), die teils aus dem Deutschen teils aus dem Hebräischen entlehnt sind und den Gefangenen zu einer Unterhaltung dienen, von der niemand Kenntnis erhalten soll. Sie ist in den Gefängnissen und in allen Zuchthäusern Deutschlands allgemein bekannt und gewährt den Polizei- und Gefängnisoffizieren, welche derselben mächtig sind, große Vorteile.*

Hollmusch – der Sturm
Kaffer – Bauer
Kabber – Kamerad, Diebesgefährte
Kabrousche – Diebesgesellschaft
kess – klug; im Gegensatz von witsch – dumm, d.h. ein Dieb, der das Handwerk versteht und auch der Sprache mächtig ist
Kettenschub – ein Einbruch zur Nachtzeit
Kitte – das Gefängnis
Knackert – der Wald
Käsof – Silber
Kieschen – Geld in Menge, Schatz
kappen – verhaften
Kastlinge – kleine Schweine
Lampen – Wächter, Aufpasser, Polizeioffiziant
Leine – Nacht
Luppert – Pistole
Labstock – Löffel
Moos – Geld oder Geldeswert
Mokum – Stadt
Mertine – Landstraße
Madihne – plattes Land
(auf der Madihne gehen – herumziehen, um zu stehlen)
(blaue Mertine – Preußen, weiße – Sachsen, grüne – Böhmen, schwarze – Polen)
Masematte heben – einen gewaltsamen Diebstahl begehen
Markt abhalten – den Markt besuchen, in der Absicht zu stehlen
Mohr – Furcht
Mohrflebbe – Steckbrief
Obermann – Hut
Oberkopf – Mütze der Frauen
Plattfuß – Gans
Penne – Gasthaus
(kesse Penne – wo der Wirt mit Dieben umgeht, sie kennt und beherbergt)
platte Penne machen – unter freiem Himmel Nachtquartier machen
Pinkert – Stern
pisacken – knebeln
päkern – morden
Päger – ein mit Krähenaugen vergiftetes Stück Brot oder Fleisch, welches den Hunden vorgeworfen wird, welche sich an dem Ort, wo ein Diebstahl verübt werden soll, vorfinden. Nach dem Genuß krepieren sie augenblicklich
Putz, zum Putz – zum Schein etwas tun, z.B. als Musikus auf dem Land herumgehen, um desto eher stehlen zu können
Rosenkranz – Fußkette

Rollo – Müller
Rolle – Mühle
Scheinling – Fenster, Laterne
Schock – Markt
Soore – gestohlenes Gut
schliechnen – verraten
Schottenfeller – Marktdieb
Schoter – Gerichtsdiener
Schnee – Leinwand
Schrobberzeug – Instrumente, welche zum Diebstahl und zum Ausbruch gebraucht werden
Stromer – Vagabund
Schicksel – Mädchen
Schiffke – alte Frau
schmusen – sprechen
scherfen – gestohlenes Gut kaufen
Scherfenspieler – der, welcher wissentlich gestohlenes Gut kauft, Hehler
Trittlingmalocher – Schuhmacher
Ticke – Uhr
tippeln – gehen
Verschmäh – Obrigkeit
verkabbern – verbergen
verschütten – verhaften
Zinke – eine Pettschaft, ein Wink
Zosken – Pferd
Zoskenhändler – Pferdedieb
Zibisheichus – Stockschläge

Räuberbanden in der Mitte Deutschlands

Als 1957 *Das Wirtshaus im Spessart* über die Kinoleinwände flimmerte, da wußte jeder, wie es bei Räubers ausgesehen hatte. Wild-romantisch war das freie Leben gewesen – mit einem kühnen und gutaussehenden Hauptmann an der Spitze, in den sich die Grafentochter ebenso unweigerlich wie unsterblich verlieben mußte: Carlos Thompson und Liselotte Pulver als Traumpaar. Da mochte selbst ein Gauner aus der dritten Reihe – in Gestalt von Wolfgang Neuss – seine Sehnsüchte nicht für sich behalten und (»Ach, das könnte schön sein«) vom bürgerlichen Heldenleben mit Häuschen und Garten träumen.

Daß es nicht einmal so gewesen sein könnte, muß nicht ausdrücklich betont werden. Aber, es gab es wirklich, das Wirtshaus im Spessart, jedenfalls wurde ein Gebäude gleichen Namens 1959 beim Bau der Autobahn Frankfurt – Würzburg abgerissen. Dieses Haus stand in Rohrbrunn; es war die »Uzuberei«, eine von dem Oberjäger Melchior Uzuber 1686 begründete Poststation. Im »Gasthaus zur Post« bei Hessenthal scheint Wilhelm Hauff 1826 bei seiner Fahrt durch den Spessart eine Rast eingelegt zu haben. Dieser Gasthof, der heute noch steht, könnte sein Vorbild für »Das Wirtshaus im Spessart« geworden sein. Möglicherweise erfuhr er dort von den einst gefürchteten Räubern, von Veit Krämer oder Manne Friedrich, die um 1810 die Durchquerung des Spessarts zu einem gefährlichen Abenteuer gemacht hatten. Zu Zeiten Hauffs waren die Wege schon sicherer.

Das riesige Waldgebiet, in dem nur wenige Orte lagen, bot den Räubern vielfältige Gelegenheiten, einem Wagen aufzulauern. Die Überfallenen konnten kaum mit Hilfe rechnen; sie mußten sich schon selbst wehren. Empfohlen wurde, zumindest Pistolen mitzuführen. Für die Räuber bedeuteten die noch nicht so intensiv genutzten und damit undurchdringlicheren Wälder einen idealen Schutz vor Nachstellungen.

Auch in den angrenzenden Mittelgebirgen sah es nicht anders aus: im Odenwald, im Vogelsberg und sogar im hessischen Bergland. Bekämpft werden konnten die Banden nur grenzübergreifend. Das war aber leichter gesagt als getan. 1806 teilten sich den Spessart gleich vier Herrschaften: der Fürstprimas, der Großherzog von Würzburg, der Großherzog von Hessen-Darmstadt und die französische Militärverwaltung. Erst 1810 kam es durch die Gründung des Großherzogtums Frankfurt zu einer Vereinheitlichung, die aber mit dem Niedergang Napoleons wieder hinfällig wurde.

Es blieb den Justizbehörden vorbehalten, nach Wegen für eine oft sehr komplizierte Zusammenarbeit zu suchen. Für die in dieser Region tätigen Banden waren das der Heidelberger Stadtdirektor Ludwig Pfister, der Gießener Hofgerichtsrat Friedrich Ludwig Adolf von Grolman und der Großherzoglich Hessische Kriminalrichter zu Darmstadt, Carl Friedrich Brill. Die Kooperation zwischen diesen dreien entbehrte nicht gewisser Pikanterien, nachdem Pfister seine Untersuchungsergebnisse 1812 veröffentlicht und Brill für seine Hilfsbereitschaft gelobt, aber Grolman nicht erwähnt hatte. 1813 legte Grolman seinen Bericht vor, Brill folgte 1814/15 gleich mit zwei Bänden, in denen er Grolman kollegial, aber mit süffisanter Härte auf einen vermeintlichen Fehler hinwies. Die Konkurrenz der drei (der wir so umfangreiches Material über diese Räuberbanden verdanken) hatte mehrere Gründe. Brill und Grolman dienten demselben Herrn, dem Darmstädter Großherzog, und durften bei erfolgreicher Arbeit auf Beförderungen hoffen. Da die einzelnen gefangenen Bandenmitglieder in Gießen, Darmstadt und Heidelberg saßen, war es recht schwierig, sie zusammenzubringen. Keiner wollte durch eine Auslieferung die Früchte seiner Nachforschungen gefährden, denn, da waren sich alle drei sicher, sie hatten ganz besonders gefährliche Räuber hinter Schloß und Riegel gebracht – und die wollten sie auch selbst vor Gericht stellen. Der Vergleich mit Schinderhannes taucht immer wieder auf, und das ist kein Zufall. Pfister behauptete z.B., daß »selbst Schinderhannes seine verruchte Zelebrität« (also Berühmtheit) nicht ohne den von ihm festgesetzten schwarzen Peter erreicht haben würde. Und Brill war sich sicher, daß »sein« Johann Adam Heusner »als Räuberanführer berüchtigter geworden wäre als Schinderhannes«, wenn es nicht, so möchte man ergänzen, den aufmerksamen Brill gegeben hätte. Der unglückliche Schinderhannes diente hier also nur dazu, das eigene Licht umso heller strahlen zu lassen.

Die Räuber selbst rechtfertigen diese Einschätzung nicht, auch wenn sie zum Teil noch zur Schinderhannes-Bande gehört hatten. Ihre Überfälle sind in der Regel brutal und zeigen wenig Phantasie oder Vorbereitung. Das beste Beispiel ist der Hemsbacher Raubmord, den Pfister ausführlich schilderte und an dem der Hölzerlips beteiligt war. Die Bande hatte geduldig mehrere Tage an der Bergstraße gewartet, bis endlich ein Gefährt erschienen war. Vor diesen Räubern konnte niemand und nichts sicher sein. Selbst die Ärmsten der Armen mußten um ihr Weniges fürchten. Die Beute war oft genug so erbärmlich, daß die Räuber immer neue Einbrüche und Überfälle begehen mußten, um sich selbst und ihre Familien über die Runden zu bringen.

Literatur:

Friedrich Christian Benedict Avé-Lallement: Das deutsche Gaunertum in seiner sozialpolitischen, literarischen und linguistischen Ausbildung zu seinem heutigen Bestande. 3 Bände, Leipzig 1858–1862.

Hermann Bettenhäuser: Räuber- und Gaunerbanden in Hessen. In: Zeitschrift des Vereins für Hessische Geschichte und Landeskunde. Bd. 75/76 (1964/65), S. 275–348.

Franz Schaub: Das Wirtshaus im Spessart. Würzburg 1975.

Carsten Küther: Räuber und Gauner in Deutschland. Göttingen 1976.

Dieter Preuss Peter Dietrich: Hölzerlips. Vom poetischen Leben des Odenwälder Räuberhauptmanns. Modautal-Neunkirchen 1978.
Hans-Günter Lerch: »Tschü lowi ...« Das Manische in Gießen. Gießen 3–1986.
Reinhold Neeb: Räuber, Gauner und Vagabunden. Kriminalität im alten Oberhessen. Gießen 1987.
Karl Brodhäcker: Wilderer in Oberhessen. Gießen 2–1990.
Herbert Bald Rüdiger Kuhn: Die Spessarträuber. Legende und Wirklichkeit. Würzburg 1990.

Die Räuberbanden an den beiden Ufern des Mains, im Spessart und im Odenwald

Der 1770 geborene Pfister kam nach seiner Dienstzeit in Schwetzingen 1810 als Stadtdirektor nach Heidelberg und wechselte 1814 nach Freiburg. 1820 wurde er zum Großherzoglichen Badischen Geheimen Rat ernannt. Er starb am 29. Dezember 1829 in Mannheim. Neben seiner in zwei Bänden erschienenen *Aktenmäßigen Geschichte* trat Pfister als Schriftsteller noch mit einer damals recht erfolgreichen Sammlung *Merkwürdiger Rechtsfälle* hervor, die in fünf Bänden zwischen 1815 und 1820 erschien. Als Separatdruck veröffentlichte er 1814 die kriminalistische Novelle *Karl Grandison, oder der berüchtigte Postwagendieb*. Daß Pfister zu schreiben verstand und wußte, wie Spannung zu erzeugen war, zeigt auch seine *Aktenmäßige Geschichte*, die er mit der Schilderung des Hemsbacher Raubmordes beginnen ließ. Langsam entwickelte er den Fall, von der Tat ausgehend, und hatte dabei genügend Gelegenheit, auf seine psychologischen Tricks hinzuweisen, mit deren Hilfe es ihm gelungen war, den Inhaftierten Geständnisse zu entlocken. Eine große Schwierigkeit für die Kriminalrichter war es – das macht Pfisters Beschreibung deutlich – die Identität eines Gefangenen zweifelsfrei festzustellen. Hier sparte der Stadtdirektor auch nicht mit Kritik. Wer ohne Papiere aufgegriffen wurde, konnte festgesetzt werden. Und bei der Charakterisierung des Hölzerlips deutete Pfister an, daß dieser Räuber auch einen anderen Weg hätte nehmen können, wenn er nicht als Hausierer ohne Paß verhaftet worden wäre.

Die Lebensgeschichten, die Pfister erzählte, geben einen tiefen Einblick in die erbärmlichen Bedingungen, unter denen die untersten Schichten in Deutschland zu dieser Zeit ihr Dasein fristen mußten. Daß für diese Menschen, die mit Meerschweinchen über Jahrmärkte zogen, Tragringe fabrizierten oder ihre Kinder zum Betteln schickten, damit wenigsten die etwas zu essen hatten, Recht und Gesetz nur eine untergeordnete Rolle spielen konnten, darf niemand verwundern.

Aber Pfister war nicht nur der für die damaligen Verhältnisse eher liberal eingestellte Stadtdirektor. Obwohl er wenig von der Folter hielt und mehr auf freundliche Einfühlung setzte, ließ er die Konkubine des Hölzerlips mit der Stierlederpeitsche zur Aussage zwingen und verteidigte energisch die Todesstrafe. Auch darin war er ein Repräsentant der Justiz seiner Zeit.

Wir bringen größere Ausschnitte aus dem ersten Band der *Aktenmäßigen Ge-*

schichte. Ebenfalls 1812 erschien noch ein *Nachtrag ... Nebst einer neueren Sammlung und Verdollmetschung mehrerer Wörter aus der jenischen und Gaunersprache.*

Quelle:

Aktenmäßige Geschichte der Räuberbanden an den beiden Ufern des Mains, im Spessart und im Odenwalde.

Enthaltend auch die Geschichte der Beraubung und Ermordung des Handelsmannes Jacob Rieder von Winterhur auf der Bergstraße.

Nebst einer Sammlung und Verdollmetschung mehrerer Wörter aus der Jenischen oder Gauner-Sprache.

Vom Stadtdirektor Pfister zu Heidelberg. Heidelberg 1812.

Ludwig Aloys Pfister

Geschichte der Räuberbanden an beiden Ufern des Mains

Schon im Spätjahre 1810, noch mehr aber während des darauffolgenden Winters, hatten sich auf dem oberen Teil der ihrer paradiesischen Lage wegen so hochgepriesenen und so vielbereisten Bergstraße mancherlei Spuren von Unsicherheit gezeigt – welche endlich sogar in wirkliche wiederholte Angriffe des Postwagens und verschiedener Reisenden übergegangen waren. Die Regierungen in den Großherzogtümern Hessen und Baden hatten früher schon alles getan, was zur Erhaltung der Sicherheit ihrer Landeseinwohner und einer so bedeutenden Kommerzialstraße* nötig ist – und verdoppelten, durch vorgedachte Vorfälle veranlaßt, ihre Aufmerksamkeit, ihren Eifer und ihre geschärfteren polizeilichen Maßregeln. Dessen ungeachtet spukten nach kurzer Ruhe, welche nur dazu diente, den Eifer der Streifer zu vermindern und die Wachsamkeit der verdoppelten Patrouillen einzuschläfern, auf der Bergstraße von Zeit zu Zeit jene nächtlichen Unholde wieder, deren Schlupfwinkel man vergebens zu entdecken gesucht hatte. Man mußte daher endlich, da man alle so mühsamen Vorkehrungen vereitelt, alle Anstrengungen der Regierungen und der Untertanen verhöhnt sah, auf die Idee kommen: Es seien keine fremden, nur momentan sich zeigenden und dann wieder in entfernte Gegenden sich zurückziehende Räuberhorden, welche das Unheil verübten, sondern: eigene Landesuntertanen; Bewohner der nächsten Orte an oder auf der Bergstraße seien dessen Urheber und könnten es um so leichter sein und bleiben, weil sie, von allen polizeilichen Vorkehrungen, Streifungen, Patrouillen und dergleichen Wissenschaft erhielten und hiernach ihre eigenen Maßregeln zum Unentdecktbleiben am leichtesten treffen könnten. Auch diese öffentliche Meinung blieb von seiten der Regierungen nicht ohne polizeiliche Rücksicht. Hatten zwar die aus diesem Grund getroffenen besonderen Verfügungen keinen besonderen Erfolg, so fielen doch wenigstens keine weiteren Angriffe vor, so daß die Spuren der Unsicherheit der Bergstraße verschwanden und man sich schmeichelte, das wahre Mittel gefunden zu haben. Bei eingetretenem Frühjahr und minderlangen Nächten war es bereits so weit gediehen, daß man, wie das im menschlichen Leben so oft zu geschehen pflegt, die Vorfälle des Winters vergessen hatte und an wieder eingetretene volle Sicherheit glaubte, als die Polizei durch den

---

* Handelsstraße

Vorfall, welcher den Stoff zu dieser Schrift gab, fürchterlich aufgeschreckt und die Einwohnerschaft der ganzen Gegend wie auch das ganze kommerzierende Publikum neuerlich in die höchste Unsicherheit und in die größte Bangigkeit versetzt wurde.

In der Nacht vom letzten April auf den ersten Mai 1811 morgens gegen zwei Uhr macht ein junger Bursch, welcher eine Estaffette* von Weinheim nach Heppenheim hatte befördern sollen, dem Schultheißen zu Hemsbach (auf dem Wege von Weinheim nach Heppenheim) die Anzeige, er habe, als er von Hemsbach gegen das nahe Laudenbach zugekommen sei, eine männliche Stimme rufen hören: »Ach Gott! Acht Gott!« und »Ach! Wehe!«

Er habe geglaubt, es hätten Reisende das Unglück gehabt, mit der Chaise umgeworfen zu werden, und sei auf den Rufenden zugeeilt. Bald aber habe er ein neues Lamentieren derselben Stimme und den Ausruf gehört:

»Ach! Laßt mir nur mein Leben, ich will euch ja alles geben, was ich habe«,- währenddessen andere Stimmen gerufen hätten:

»Gebe dein Geld her – oder ich schieße! Schlagt ihn tot! – Visitiere ihn aus!« usw.

Zugleich habe er ein fürchterliches Gepolter fallender Schläge vernommen.

Dieses habe ihn mit solcher Angst erfüllt, daß er seine Reise nicht habe fortsetzen können. Er sei also zurückgekehrt, um diese Anzeige zu machen. Der Schultheiß traf sogleich alle in solchen Fällen zweckmäßigen Anstalten; als aber die zum Streifen aufgebotene Mannschaft nur vor den Ort Hemsbach gelangte, kam ihr schon ein Postillon mit leerer Chaise entgegen, welcher erzählte, daß die Reisenden, welche er gefahren habe, von Räubern überfallen und so wie er selbst mißhandelt worden seien. Er wußte nicht, wo die Reisenden geblieben waren, ob sie noch lebten oder tot seien. Die Streifmannschaft setzte ihren Weg fort, stieß aber nicht weit hinter der Chaise auf die beiden mißhandelten Reisenden, welche einander führend, langsamen Schrittes die Chaussee her gegen Hemsbach zu kamen. Sie wurden nach Hemsbach in das Wirtshaus gebracht, dort verbunden und dem Amte Weinheim, zu dessen Bezirk Hemsbach gehört, die Anzeige gemacht.

Das Amt Weinheim traf, nach seiner gewohnten Tätigkeit, sogleich alle angemessen scheinenden Anstalten zur Verfolgung und Einfangung der Räuber und eilte dann mit dem Physikate† unverzüglich zu den Verwundeten.

Es fand sich, daß diese zwei von der Frankfurter Ostermesse zurückkehrenden Schweizer Kaufleute:

Herr Jacob Rieder aus Winterthur, 45 Jahre alt, verheiratet, Vater von sechs Kindern, und

Herr Rudolph Hanhart aus Zürich, 32 Jahre alt, verheiratet, waren. Der erste, Herr Rieder, hatte zehn meistens sehr bedeutende Kopfwunden, wovon die eine die Nasenbeine aus ihrer Verbindung unter sich und mit dem Stirnbeine ge-

---

* Eilpost

† Landarzt

bracht hatte, überdies aber auch noch andere minder bedeutende Verletzungen an sich. Der zweite, Herr Hanhart, war mit einer leichten Kontusion* an der rechten oberen Stirngegend davongekommen. Der Postillon hatte nur leichte Verletzungen. Beide Reisenden konnten über die Art ihrer Mißhandlung und Beraubung nur sehr wenig, über die Täter selbst aber gar nichts angeben. Er habe, so erzählte Herr Hanhart, mit seinem Gefährten in der Chaise geschlafen, als sie plötzlich durch ein starkes Gepolter an der Chaise, welche in demselben Augenblick stillgestanden habe, aufgeschreckt worden und in der ersten Bestürzung aus der Chaise gesprungen seien. Er habe in dem Augenblick des Herausspringens einen Schlag auf den Kopf erhalten, welcher ihn besinnungslos niedergeschmettert habe, so daß er durchaus von dem, was weiter vorgefallen sei, nichts anzugeben wisse; denn, als er wieder zu sich selbst gekommen sei, habe er nichts weiter mehr gehört als das Winseln seines Reisegefährten, der, so wie er selbst, nicht auf der Chaussee, sondern unterhalb derselben gelegen habe. Er habe diesen aufzurichten und fortzubringen gesucht, und so seien sie nach Hemsbach gekommen. Herr Rieder stimmte mit dieser Angabe überein, fügte jedoch bei: Auch er habe sogleich beim Herausspringen aus der Chaise einen Schlag auf den Kopf erhalten, der ihn zu Boden gestürzt habe; er habe aber noch mehrere Schläge erhalten, und obschon er den Räubern zugerufen habe, er wolle ihnen ja gerne alles überlassen, was er besitze, so habe doch die Mißhandlung so lange fortgewährt, bis er sein Bewußtsein verloren habe – zu welchem er erst durch die Bemühungen seines Reisegefährten wieder gekommen sei. Der Postillon wußte weiter nichts anzugeben, als daß sogleich oberhalb Laudenbachs zwei Kerle seinen Pferden in die Zügel gefallen seien, während ein anderer ihn durch Schläge vom Kutschbock heruntergebracht habe. Andere hätten die Reisenden mißhandelt, beraubt und seien dann mit dem Geraubten entflohen. Er konnte so wenig wie die Herren Rieder und Hanhart die Räuber beschreiben.

Alle weiteren Bemühungen des Amtes Weinheim, den Räubern auf die Spur zu kommen, waren ebenfalls fruchtlos; man fand zwar auf der Stelle der Chaussee, auf welcher, der Angabe nach, der Angriff und die Beraubung der Reisenden stattgefunden hatten, noch den aufgebrochenen Koffer, einige zerstreute Kleidungsstücke und einen großen, starken, mit Blut befleckten Prügel; man überzeugte sich, daß der Koffer die Spuren gewaltsamen Aufbruchs an sich trage; man fand auf dem von der Chaussee über Oberlaudenbach in den Odenwald führenden Gebirgswege eine frische Feuerstätte und einen anderen Prügel mit Blut befleckt nebst einer Kopfbinde, gezeichnet J.R., und einem Strumpfe; allein alle weitere Spur der Räuber war verschwunden. Doch schien durch den ebengedachten letzten Fund die Meinung, es hätten Bewohner der Bergstraße die Tat verübt, widerlegt, da nun offen zutage lag, daß die Räuber ihren Rückweg in den hessischen Odenwald genommen hatten. Weder der die Kaufleute geführt habende Postillon noch der die Eilpost zu besorgen gehabt habende junge Bursche

* Quetschung

von Weinheim konnten nähere Aufschlüsse über die Täter erteilen. Es blieb also dem Amte Weinheim nichts anderes übrig, als den Vorfall und das Verzeichnis der den beiden Kaufleuten geraubten Sachen den benachbarten Ämtern und durch die öffentlichen Blätter auch den entfernteren Behörden bekanntzumachen und an seine vorgesetzte höhere Behörde Anzeigebericht zu erstatten; das übrige aber von der Zeit und der Gunst des Zufalls zu erwarten.

Inzwischen wurde der schwer verwundete Handelsmann Rieder in das katholische Pfarrhaus zu Hemsbach und von da auf sein ausdrückliches Verlangen, nach deshalb eingeholter Weisung des Großherzoglich Badischen Hofgerichts zu Mannheim, mit aller nur erdenklichen Vorsicht nach Heidelberg gebracht und dort der Behandlung mehrerer geschickter und allgemein verehrter Ärzte übergeben. Es geschah an ihm alles, was Wissenschaft und Kunst rätlich machten; seine Freunde und Bekannten wetteiferten, alles, was nur möglich war, zu seiner und Herrn Hanharts Erleichterung und Zerstreuung anzuwenden; allein es war zu spät; es war alles – alles vergebens. Der verwundete Rieder starb schon am 5. Mai morgens elf Uhr, und die vorgenommene Sektion und legale Inspektion seines Leichnams erzeugten und begründeten das ärztliche Gutachten,

»daß die Verletzung des großen und kleinen Gehirns, welche sich an Herrn Rieder fanden, wesentliche Verletzungen waren und daß es um so weniger in der Gewalt der Kunst lag, bei so vielen bedeutenden Wunden die Entzündung des Gehirnorgans mit deren tödlichen Folgen abzuhalten, da unaufhebliche Ursachen zugrunde lagen; daß sohin die körperlichen Verletzungen des Jacob Rieder von Winterthur als schlechterdings tödliche Verwundung (Vulneratio absolute lethalis) zu achten seien«.

Kurz nach der Beerdigung des Verblichenen, welcher zum Troste und zur Beruhigung seiner Anverwandten und Freunde die in Heidelberg studierenden Schweizer, die meisten der dortigen Handelsleute und mehrere obrigkeitliche Personen und sonstige Honoratioren beiwohnten, traf der älteste Sohn des Ermordeten in Heidelberg ein. Sein Jammer war grenzenlos und unbeschreiblich, als er den Vater nicht mehr fand, zu dessen Pflege er in der Überzeugung nach Heidelberg geeilt war, es sei noch Hilfe für den ihm Unersetzlichen möglich.

Während man in der Nähe von Weinheim und in den oberen Gegenden der Bergstraße den Raubmördern mit aller nur erdenklichen Mühe vergebens nachspürte, hatte der Zufall einen derselben – und gleich nach ihm zwar keinen Teilnehmer an diesem Raube, aber dennoch einen höchstberüchtigten Gauner, Mörder, Räuber und Dieb – in obrigkeitliche Hände geliefert. Es wurden nämlich schon am 4. Mai in dem Walde bei Sickenhofen, Großherzoglich Hessischen Amtes Babenhausen, verschiedene verdächtige Burschen mit Weibsleuten von einigen Kindern, welche aus dem Walde heimkehrten, bemerkt und durch mehrere Sickenhofener Einwohner, die der Schultheiß hierzu hatte aufbieten lassen, angegriffen. Allein die Burschen hatten schon aus der Ziegelhütte bei Sickenhofen die Ankunft der Bauern bemerkt und suchten denselben zu entfliehen; die Bauern aber griffen rasch an, schlugen tapfer zu und nötigten dadurch die Burschen, ihre Bündel abzuwerfen und dann wiederholt ihr Heil in der Flucht zu suchen. Sie entkamen bis auf einen, welcher gefangen und an das Amt Babenhausen, von da aber, nebst den Bündeln, an das Großherzoglich Hessische peinliche Gericht zu Darmstadt abgeliefert wurde. Am 5. Mai wurde ein anderer Vagant gleichfalls von Sickenhofer Einwohnern eingefangen und nebst seiner Frau und einem siebenjährigen Buben ebenfalls nach Darmstadt eingeliefert. Der erste gab vor, er heiße Valentin Schmitt und sei aus Berlin gebürtig, der andere nannte sich Johann Wild und behauptete, zu Brünn in Mähren geboren zu sein. Schon das Amt Babenhausen hatte bei Durchsicht der zurückgelassenen Bündel Kleidungsstücke gefunden, welche mit den den Herren Rieder und Hanhart geraubten, deren Verzeichnis ihm bereits zugekommen war, volle Ähnlichkeit hatten. Das peinliche Gericht zu Darmstadt wiederholte den Vergleich des Inhalts der Bündel mit dem ausgeschriebenen Verzeichnis der geraubten Sachen und überzeugte sich dadurch noch mehr davon, daß die vorgefundenen wirklich von den geraubten seien. Der peinliche Richter, Herr Brill zu Darmstadt, nahm sich der Sache mit rühmlichem Eifer an, und es gelang seiner Bemühung, den sogenannten Valentin Schmitt zuerst zum Bekenntnis, daß dieser Name falsch sei und er eigentlich Valentin Krähmer heiße, dann aber auch zu dem weiteren allgemeinen Geständnis zu bringen, daß er mit fünf anderen die in den Bündeln und bei ihm selbst gefundenen Sachen (unter welchen sich auch ein silbernes Etui und ein Doppel-Louisdor fanden) auf der Bergstraße geraubt habe, und zwar zwei Kaufleuten, welche in einer Chaise gefahren seien. Das peinliche Gericht zu Darmstadt bot die Auslieferung der Arrestanten gegen Kostenersatz und gewöhnliche Reversalien* an; sie wurde mit höherer Bewilligung angenommen, und so erfolgte am 9. Mai die Auslieferung der Gefangenen an das Stadtamt Heidelberg als die geeignete Kriminalbehörde.

Unmittelbar nach seiner Ankunft in Heidelberg wurde Veit Krähmer in Anwesenheit des Handelsmann Hanhart, welcher sich zur Beiwohnung bereiterklärt und unter den Richtern seinen Platz genommen hatte, ins Verhör genommen. Er wiederholte da umständlich sein in Darmstadt begonnenes Bekenntnis und erkannte wiederholt die mit eingelieferten Gegenstände als geraubt. Auch Herr Hanhart erkannte sie nach Krähmers Abführung als einen Teil der ihm und dem verstorbenen Herrn Rieder geraubten Sachen und bestätigte dieses in der Folge eidlich. Den Veit Krähmer konnte er aber weder vom Ansehen noch der Stimme nach als einen der Räuber erkennen. Das Stadtamt Heidelberg benutzte die Rührung, in welcher es den Veit Krähmer fand, um von ihm eine genaue Angabe des Vorfalls selbst, vorzüglich aber sogleich die Benennung und genaueste Beschreibung seiner Mitschuldigen zu erhalten, und eilte sodann, diese durch reitende Boten dem Großherzoglich Badischen Neckarkreis-Directorio vorzulegen, welches sich mit dem regsamsten, rastlosesten Eifer der Sache annahm und allen benachbarten näheren und ferneren Regierungen die zu Tausenden ge-

* amtliche Dokumente, Bescheinigungen

druckten Signalements der Räuber auf dem schnellsten Wege mitteilte und auch für ihre ebenso schnelle Bekanntwerdung im Badischen Lande sorgte. Da Veit Krähmer im ersten Verhör zu Heidelberg angegeben hatte: Als er mit seinen Kameraden nach dem Raubmord zwischen Laudenbach und Hemsbach zurück in den Odenwald, in die Gegend von Strümpfelbrunn und Eberbach, gekommen sei, seien sie streifenden Bauern in die Hände gefallen, welche seinen Kameraden die Bündel, worin deren Anteile am Raub sich befanden, abgenommen hätten; so wurde sogleich ein reitender Bote nach Eberbach abgesandt und die Verification* dieser Angabe und die Übersendung der den Räubern abgenommenen Bündel verlangt. Dieses hatte die Wirkung, daß schon am folgenden Tag von dem Amte Zwingenberg, wohin das Amt Eberbach die Requisition† als dorthin gehörig mitgeteilt hatte, ein großer Pack übersendet wurde, worin sich die den vier Mitschuldigen des Veit Krähmer, welche den Streifern bei Strümpfelbrunn in die Hände gefallen waren, abgenommenen Sachen befanden. Sowohl Veit Krähmer als auch Handelsmann Hanhart erkannten sie als weitere Teile des Geraubten, und so wurden sie diesem letzteren und des verstorbenen Herrn Rieders Sohne zugestellt. Zugleich meldete das Amt Zwingenberg, es sei einer der vier Burschen, welchen die Bündel abgenommen worden waren, eingefangen gewesen, habe aber nach einigen Tagen schon Gelegenheit gefunden, aus dem Gefängnis zu entweichen.

Die Untersuchung wurde nun unausgesetzt gegen Veit Krähmer fortgesetzt. Er nannte wiederholt und beharrlich als seine Mitschuldigen:

den Hölzerlips,
den Manne Friederich,
den Köhlers Andres,
den langen Andres,
den Basti,

gab verschiedenes über die Verhältnisse derselben an und unter anderem, daß sein Mitarrestant, Johann Wild, der Vater des Köhlers Andres und Schwiegervater des Basti sei. In den mit diesem Johann Wild und seiner Frau vorgenommenen Verhören zeigten sich beide im höchsten Grad verschmitzt, verrieten so viel Gewandheit und wußten dem Untersuchungsrichter so sehr alle Anlehnungs- und Verbindungspunkte in der Inquisition zu erschweren, daß es ein leichtes war, in ihnen alte, völlig eingeweihte Gauner zu erkennen, ohne ihnen jedoch von irgendeiner Seite beikommen zu können. Auch der siebenjährige Bub derselben, Leonhard, benahm sich ebenso und leugnete so hartnäckig, wie diese geleugnet hatten, einen Sohn Andreas zu haben, einen Bruder namens Andres zu kennen oder gehabt zu haben. Bei Leuten dieser Art, welche keine bleibende Stätte haben, täglich in anderen Hütten oder Schopfen‡ oder im Freien hausen,

* Bestätigung
† Forderung
‡ Schuppen

fällt es sehr schwer, irgendeinen Beweis über ihre Familienverhältnisse aufzubringen. Doch gelang es endlich, nach lange vergebener Mühe und fruchtlosen Versuchen, Widersprüche in den Angaben der Wildischen Eheleute zu erhalten, welche gegen sie benutzt werden konnten, und mehrere unbescholtene Männer auszukundschaften, in deren Häusern Wild mit den Seinigen gelegen hatte, deren einer bestimmt behauptete, daß derselbe einen Sohn namens Andres habe. Der alte Wild unterlag bei der mit aller Vorsicht zwischen ihm und jenen Männern bewirkten Konfrontation und bekannte, einen Sohn namens Andres zu haben, fügte aber zugleich die Entschuldigung bei, er habe deshalb nichts von ihm wissen wollen, weil er ein unfolgsamer Bub sei, der in der Welt herumlaufe. Schlechte Streiche wisse er jedoch nicht von ihm. Nach dem Vater bekannte auch der junge Leonhard Wild, einen Bruder namens Andres zu haben, und entschuldigte sein früheres Leugnen lediglich mit der frechen Behauptung, er habe nicht daran gedacht. Lange kämpfte noch die Mutter; endlich jedoch bekannte auch sie, einen Sohn Andres zu haben, und suchte ihr Leugnen so wie ihr Mann zu entschuldigen. Beide wollten von dem Anteil ihres Sohnes Andres an dem Raubmord zwischen Laudenbach und Hemsbach nichts wissen. Beide beharrten auf dem, was sie von ihrer Herkunft und ihren sonstigen Verhältnissen angegeben hatten, so höchst unwahrscheinlich und offenbar falsch auch manches darin war. Der Verdacht, daß Johann Wild ein alter Verbrecher, ein bedeutendes Mitglied einer früheren Räuberbande gewesen sei, stieg in jedem Verhör und wurde durch seine Physiognomie und sein ganzes Betragen noch mehr bestärkt. Noch fehlte es aber an näheren Mitteln, die Wahrheit zu erforschen, denn das Urteilen nach den Signalements allein fand man zu gewagt; und so mußte denn das Weitere noch ausgesetzt und von Zeit und Zufall nähere Entdeckung erhofft werden.

Kaum war Andreas Wild zum zweiten Mal von seinen Eltern in Heidelberg gezeugt und geboren, so langte schon am anderen Tag von dem Großherzoglich Frankfurtischen Präfekten zu Hanau, Freiherr von der Tann, welcher sich auf die ausgezeichnetste Weise um die schnelle und glückliche Fortsetzung dieser Untersuchung verdient gemacht und so wie der Herr Oberpolizeidirektor von Ißstein in Frankfurt der Untersuchungsbehörde in Heidelberg die zuvorkommendsten Dienstgefälligkeiten erwiesen hat, die Nachricht an, daß dort ein Bursche eingebracht worden sei, welcher der signalisierte Köhlers Andres zu sein scheine, zugleich überbrachte der mit dem Schreiben von Hanau abgeschickte, expresse Bote dessen Kleidung, und sie wurde von dem arretierten Veit Krähmer als die des Köhlers Andres, zugleich aber auch als die den Schweizer Kaufleuten geraubte (was später Herr Hanhart bestätigte), anerkannt. Darauf wurde sogleich dessen Auslieferung verlangt und bewilligt.

Das Großherzoglich Hessische Amt Steinheim hatte in einer dahin zum Weiterschaffen auf dem Schub von Hanau gebrachten Weibsperson die Konkubine des Hölzerlips erkannt und dieses nach Heidelberg eröffnet. Ihre Auslieferung wurde verlangt und erfolgte. Sie nannte sich Spitzin; ihr siebenjähriger buckliger Bube nannte sich Spitz. Beide verleugneten den Hölzerlips, und als Veit Krähmer dem Buben ins Gesicht behauptete, daß er ihn kenne und daß Hölzerlips sein Vater sei, hatte er zum Abscheu des Untersuchungsrichters die unerhörte Frechheit, dem Krähmer in den schmutzigsten, pöbelhaftesten Ausdrücken zu sagen: Er habe seine Mutter fleischlich brauchen wollen, und weil ihm dieses nicht gestattet worden sei, so spreche er aus Feindschaft gegen sie. Selbst der von einem Gauner gezeugte, unter Gaunern erzogene Veit Krähmer war wie versteinert ob solcher Frechheit. Nur das, was wir in der Folge von der Mutter noch hören werden, kann es begreiflich machen, daß dieser Bube zu solchem abscheulichen Benehmen, wie er in der Folge bekannte, wirklich von seiner eigenen Mutter veranlaßt, daß ihm von dieser die kalte Frechheit, die beispiellose Bosheit eingepflanzt worden ist, mit welcher er sich vor Gericht benahm.

Die erlassenen Steckbriefe, die rastlosen Bemühungen des Neckarkreis-Directorii und die ausgezeichnet tätigen Mitwirkungen aller benachbarten höheren und niederen Behörden hatten zur Folge, daß überall eine Menge Vagabunden eingezogen und nach Heidelberg geliefert wurden. Die Arbeit der untersuchenden Behörde wurde dadurch ganz außerordentlich vermehrt und erschwert, ohne daß dieses Einfangen für die Hauptsache selbst einen gedeihlichen Erfolg lieferte; immer aber erzeugte es *das* Gute, daß das Gesindel aufgeschreckt und durch Angst getrieben gezwungen wurde, seine bisherigen Schlupfwinkel im Odenwald, im Spessart, im Fuldischen und in der Wetterau vielleicht auf lange Zeit zu verlassen. Man umgeht hier die Aufzählung der einzelnen Auftritte, welche diese Einfangung erzeugte, und die Benennung der Personen, welche sie traf; nur das will man, um die Leser durch einen einzigen Zug von der gänzlichen Verdorbenheit dieser Menschenklasse zu überzeugen, flüchtig anführen, daß sich darunter eine Mutter befand, welche mit ihrem eigenen siebenjährigen Knaben im Kerker Unzucht trieb. Es war eine Periode, wo 96 solcher verworfenen Geschöpfe zugleich in Heidelberg verhaftet waren. Solch eine Menge, welche täglich noch mehr anzuwachsen drohte, mußte die Hauptsache selbst aufhalten und so dem Hauptzwecke schaden; auch war es wirklich der Arbeit zuviel. Dieses wurde höchsten Orts eingesehen und darum in der Folge verordnet, daß nur die an dem Raubmord zwischen Laudenbach und Hemsbach Anteil habenden Verbrecher und die mit ihnen in *direkter* Verbindung stehenden wirklichen Räuber zu Heidelberg inquiriert, alle anderen eingefangen werdenden Vaganten aber einer zu diesem Ende besonders in Mannheim niedergesetzten Kommission zur Untersuchung übergeben werden sollten.

Indessen war am 30. Mai abends Andreas Wild wirklich nach Heidelberg abgeliefert worden. Er wurde sogleich am folgenden Tag zum Verhör vorgeführt und bei dieser Gelegenheit von seiner eigenen Mutter, unbemerkt von ihm, als ihr Sohn Andreas, von Veit Krähmer als Köhlers Andres erkannt. Er selbst nannte sich Andreas Wild, leugnete aber, noch lebende Eltern zu haben. Beide, so sagte er, seien gestorben, als er kaum zwei Jahre alt gewesen sei, er habe sie nicht gekannt, wisse nicht, wer sie gewesen seien und wie sie geheißen hätten; er habe nur einen Bruder am Leben, welcher älter als er sei und beim Militär, wie er von herumziehenden Leuten gehört habe, diene, ohne daß er wisse, welchem Potentaten. Die bei ihm gefundenen geraubten Kleider behauptete er von einem ihm unbekannten Juden in Aschaffenburg gekauft zu haben. Alle Ermahnungen zur Wahrheit fruchteten nicht bei ihm; er wurde in seinen Kerker zurückgebracht. Vor dem nachmittäglichen Verhör erkannte ihn auch sein Vater für seinen Sohn und Leonhard Wild für seinen Bruder. Hatte Andreas Wild sich im vormittäglichen Verhör hartnäckig und frech benommen, so betrug er sich noch weit frecher und hartnäckiger im nachmittäglichen; er beharrte bei alldem, was er morgens angegeben hatte, und fügte der Versicherung, daß dieses die reine Wahrheit sei, die effronte* Beteuerung bei, und wenn er ein Wort gelogen habe, so wolle er für jedes dieser Worte 25 Prügel aushalten.

Da alle gütlichen Ermahnungen, aller Ernst des Richters keinen Eindruck auf ihn machten, so mußte ein anderes Mittel diesen Eindruck erzeugen und erzeugte ihn wirklich. Es war nämlich die Vorrichtung getroffen worden, daß vor jede der drei zum Verhörzimmer führenden Türen, vor die eine Wilds Vater, vor die andere seine Mutter und vor die dritte sein Bruder Leonhard, deren Anwesenheit ihm in Heidelberg unbekannt war, gestellt wurden. Da er nun immerfort leugnete, Eltern zu haben oder einen jüngeren Bruder, und dieses mit den höchsten Beteuerungen und heiligsten Schwüren bekräftigte, so öffneten sich auf einen Schellenzug zugleich die drei Türen – und schlossen sich einen Augenblick darauf. Andreas Wild war durch den Anblick erschüttert, faßte sich jedoch gleich wieder und suchte der Frage, wer diese drei Menschen seien, auszuweichen, bis die Schelle wieder gezogen wurde, um seinen Vater vorführen zu lassen; da erklärte er endlich, der alte Mann sei sein Vater, der Bub sein Bruder Leonhard und die Frau seine Mutter. Es wurde versucht, diese Stimmung des Inquisiten zu benutzen, um auch ein weiteres Geständnis des Straßenraubs von ihm zu erhalten; dieser Versuch mißlang aber; Veit Krähmer mußte ihm vorgestellt werden. Er verleugnete diesen nicht nur anfänglich, sondern suchte sogar, ihn selbst wankend zu machen. Als aber Veit Krähmer standhaft auf seinen Angaben beharrte und ihn selbst aus eigenem Antriebe aufforderte, die Wahrheit anzugeben und sich und ihn nicht länger aufzuhalten, da fing Andreas Wild an zu zagen und zu weinen und ging dann vom hartnäckigen Leugnen plötzlich zum Geständnis seines Anteils an dem Raubmord zwischen Laudenbach und Hemsbach über. In einem weiteren Verhör wurde er noch offenherziger, er bekannte zwar keine weiteren von ihm verübten Verbrechen, wohl aber gestand er seine Bekanntschaft mit vielen Gaunern, seine Kenntnis der Gauner- oder sogenannten jenischen Sprache und entdeckte, daß Manne Friederich, ein weiterer Teilhaber am Raubmord zwischen Laudenbach und Hemsbach, unter dem angenommenen falschen Namen Goldmann, zu Hanau verhaftet worden sei und daß die Beischläferin des Hölzerlips im Gefängnis zu Hanau noch eine der den zwei Schweizer Kaufleuten auf der Bergstraße geraubten goldenen Uhren und eine goldene Karolin gehabt

* freche

habe. Es wurde sogleich durch Eilboten dem Herrn Präfekten zu Hanau von diesen Angaben Nachricht erteilt, die erste fand sich begründet, und auch Manne Friederich wurde später nach Heidelberg ausgeliefert. Die Uhr konnte aber noch nicht entdeckt werden. Die Hölzerlipsin leugnete, und alle Visitationen waren fruchtlos.

Am 4. Juni ließ sich Veit Krähmer zum Verhör melden und gab in diesem mehrere, teils von ihm selbst, teils von anderen verübte, meistens bedeutende Verbrechen an. Auch Andreas Wild schritt am selben Tag zu einem ähnlichen Bekenntnis. Beide setzten in späteren Verhören ihre Geständnisse fort und gaben zugleich noch sehr viele Häuser im Odenwald, im Großherzogtum Frankfurt und anderen benachbarten Gegenden an, deren Einwohner kochem seien, das heißt: die den Räubern und Dieben Aufenthalt gestatteten und die gestohlenen Waren aufbewahrten oder selbst kauften. Es wurde, und zwar wie die Folge zeigte mit gutem Erfolg, sogleich von diesen Entdeckungen den betreffenden Behörden Nachricht gegeben – auch die Signalements der weiter genannten Räuber und Diebe aufgenommen und in alle benachbarten Staaten versandt.

Inzwischen war Manne Friederich mit seiner Frau und seinem siebenjährigen Buben von Hanau in Heidelberg angelangt. Er wurde von Veit Krähmer und Andreas Wild erkannt: Er selbst nannte sich aber in seinem ersten Verhör Johannes Goldmann und gab vor, aus Magdeburg gebürtig und ledig zu sein und die Gegend bei Heidelberg noch nie gesehen zu haben. Zufällig war am Tag dieses Verhörs der Beamte von Zwingenberg in Heidelberg anwesend, er erkannte in dem von ihm – unbemerkt von diesem – besichtigten Manne Friederich eben jenen Räuber, welcher in Zwingenberg unter dem Namen Philipp Friederich Schütz eingelegen hatte und dort entflohen war. Man glaubte, der Anblick des Beamten von Zwingenberg werde den Manne Friederich erschüttern; der Beamte selbst hoffte dieses, allein man hatte sich beiderseits geirrt. Der Inquisit behauptete dem Beamten mit der beispiellosesten, mutwilligsten Frechheit in das Gesicht: Er sei nie in Zwingenberg gewesen, forderte denselben im verschönendsten Ton auf, ihn ganz genau zu betrachten, da man sich in nichts leichter irren könne als in Menschengesichtern, und beharrte, trotz aller Vorstellungen und Ermahnungen, trotz aller Versicherungen des Beamten von Zwingenberg auf Ehre und Pflicht, daß er der dort entflohene Philipp Friederich Schütz sei, bei seinem boshaften Leugnen. Unter solchen Verhältnissen ließ sich von einer Konfrontation des Manne Friederich mit Veit Krähmer und Andreas Wild kein Erfolg versprechen. Es mußte zu anderen Mitteln geschritten werden. Es wurde versucht, von dem Knaben des Manne Friederich ein Geständnis zu erhalten; allein er leugnete frech und beharrlich, den Mann, welcher mit ihm und seiner Mutter zugleich nach Heidelberg geliefert worden war (seinen Vater), zu kennen. Veit Krähmer wurde ihm vorgestellt, der Knabe verleugnete ihn, obschon er der Pate seines jüngsten, nur wenige Monate alten Bruders ist; endlich aber mußte er auf Krähmers dringende Ermahnungen zugeben, daß dieser und nicht, wie er vorgegeben hatte, ein armer, ihm unbekannter Bube sein jüngstes Brüderchen in Katzenbach bei Strümpfelbrunn über die Taufe gehoben habe; doch beharrte er immer noch dabei, daß er den mit ihm transportierten Mann nicht kenne. Andreas Wild wurde ihm ebenfalls vor das Gesicht gestellt; der Knabe beharrte, auch auf Wilds Aussagen und Ermahnungen an ihn, auf seinem Leugnen. Wild verdoppelte seine Aufforderungen zur Wahrheit an den Knaben, der Untersuchungsrichter tat dasselbe, der Knabe verlor zwar sichtbar die Fassung, doch leugnete er fort, und erst dann, als ihm für den Fall der Überführung mit körperlicher Züchtigung gedroht wurde, bekannte er, daß der mit ihm und seiner Mutter nach Heidelberg gebrachte Mann sein Vater sei, daß derselbe Friederich heiße und daß seine Mutter ihn angewiesen habe, dieses zu verleugnen. So kräftig, so beharrlich wird wohl schwerlich eine Anweisung der besten Eltern zum Guten befolgt, wie der noch so junge Leonhard Wild und der Knabe der Hölzerlipsin und der des Schütz die Anweisung zum Bösen befolgten. Von solchen Eltern geboren, auf solche Weise in der zartesten Jugend gebildet – welche Pest drohen solche Kinder dem Lande, in dem sie geboren wurden! Des Knaben Mutter benahm sich ebenso; sie wollte noch nie im Odenwald (wo sie in Katzenbach wenige Wochen zuvor entbunden worden war) gewesen sein, den Namen des Orts ihrer Niederkunft sowie jenen ihres Gevattermanns nicht wissen usw.

Am 8. Juni erschienen auf vorgängige Ladung der Gefangenenwärter von Zwingenberg und sieben andere Einwohner aus dortiger Gegend, wovon zwei den Manne Friederich eingefangen hatten, die übrigen aber ihn wohl zu kennen behaupteten; auch erkannten ihn wirklich sämtliche als den in Zwingenberg eingesessenen und von dort entwichenen Philipp Friederich Schütz und behaupteten dieses auch sämtlich dem Manne Friederich ins Angesicht. Er leugnete mit unbändiger Frechheit und beharrte darauf, selbst als alle acht Männer in seiner Gegenwart ihre Aussagen gegen ihn mit feierlichen Eiden bestätigten. Jeder gefühlvolle Mann, jeder rechtlich denkende Richter, welcher die Gefahr der Selbsttäuschung, der auch er unterworfen ist, kennt, wird gewiß die zur Ehre der Menschheit abgeschaffte Folter nicht zurückwünschen; aber bedauern wird es auch jeder, wenn allzu sentimentale Gesetze dem Untersuchungsrichter alle Mittel nehmen, der Frechheit solcher verworfenen Menschen Grenzen zu setzen; bedauern wird jeder den Richter, welcher sich von Menschen dieser Art als Spielwerk ihrer Bosheit mißbrauchen lassen muß. Dem Richter bleibt in solcher Lage kein Trost als das Bewußtsein, sich streng nach dem Gesetz gerichtet zu haben. Das war auch hier der Fall. Es wurde nun der Versuch gemacht, von Manne Friederichs Frau ein näheres Geständnis zu erhalten. Veit Krähmers Konkubine und Schwiegermutter erkannten sie und behaupteten ihr in das Gesicht, sie sei dieselbe Frau, welche vor wenigen Wochen zugleich mit der ersten zu Katzenbach in derselben Scheuer niedergekommen sei; sie leugnete dieses mit unbeschreiblicher Kälte und fügte jedesmal die Bemerkung bei: solche Leute nähme sie nicht an, die seien Arrestanten wie sie und könnten nichts gegen sie beweisen. Es wurde versucht, die Inquisitin durch Einwohner des Ortes Katzenbach, in welchem sie niedergekommen war, erkennen zu lassen; es erschienen auch wirklich auf vorgängige Ladung der Eigentümer der Scheuer, in welcher die Manne Friederichin zu Katzenbach niedergekommen war, dessen Knecht und der Schulmeister von da; allein unglücklicherweise konnte keiner von ihnen jene Inquisitin erkennen, obschon wenigstens der erste den Veit Krähmer und dessen Konkubine erkannte. Es konnte also von einer Konfrontation die Rede nicht sein; doch versuchte man, ob es nicht möglich sei, auch durch den bloßen Vortritt der Katzenbacher einigen Eindruck auf die Inquisitin zu machen. Jene drei traten daher als stumme Personen auf; der Inquisitin wurde bedeutet, es seien Einwohner von Katzenbach, sie versicherte, sie kenne sie nicht, und fügte bei: die drei Männer würden sie auch nicht kennen; die drei Männer schwiegen. Es wurde der Inquisitin bedeutet, unter diesen drei Männern befinde sich auch derjenige, in dessen Scheuer sie zugleich mit Krähmers Konkubine niedergekommen sei; sie beharrte auf ihrem Leugnen. Veit Krähmer wurde vorgeführt und erklärte auf die Frage, wer die vorstehende Frau sei: »Es ist meine Gevatterin, die Ehefrau des Manne Friederich, welche zugleich mit meiner Frau in Katzenbach niedergekommen ist.«

Und nun erklärte die Inquisitin, Veit Krähmer sei wirklich ihr Gevattermann, und was er soeben angegeben habe, sei wahr. Der Mann, welcher mit ihr von Hanau nach Heidelberg abgeliefert worden sei, sei wirklich ihr Mann, der Manne Friederich. Sie bitte wegen ihres bisherigen Leugnens um Verzeihung; sie habe es tun müssen, denn ihr Mann habe ihr gedroht, er schlage ihr Arme und Beine entzwei, wenn sie die Wahrheit rede.

Nun wurde Manne Friederich selbst wieder verhört; er fuhr fort zu leugnen. Es wurden ihm nach und nach Veit Krähmers Beischläferin, deren Mutter, Veit Krähmer selbst und Andreas Wild vorgestellt. Alle behaupteten, er sei Manne Friederich. Manne Friederich beschuldigte jeden auf eine frechere Weise der Lüge. Auch seine Frau trat nun vor und behauptete, er sei ihr Mann. »Das ist nicht wahr! Wie kommt sie dazu?« war seine ganze Antwort. Auch den Sohn derselben verleugnete er und schloß lachend das Verhör mit dem Ausruf: »Da bekomme ich allerlei Leute zu sehen!«

Ihn wurmte jedoch, als er in die Einsamkeit des Kerkers zurückkam, dieser Auftritt. Er fürchtete, wie er in der Folge selbst bekannte, seine Frau möge noch mehr gesagt haben, so daß man ihn durch unbescholtene, rechtliche Männer (denn Mitarrestanten, setzte er bei, würde er nie als Zeugen gegen sich angenommen haben, und der Amtmann von Zwingenberg und die Wächter von da hätten nicht als Zeugen gegen ihn gelten können, weil immerhin der Verdacht auf ihnen geruht hätte, sie gäben ihn nur an, um den Fehler des Entlaufenlassens ihres Arrestanten wiedergutzumachen), förmlich überführen könne, und dieses bestimmte ihn einige Tage später, sich zum Verhör melden zu lassen, in welchem er dann sein bisheriges Leugnen zurücknahm und bekannte, der zu Zwingenberg entwichene Philipp Friederich Schütz und Teilhaber am Straßenraub zwischen Laudenbach und Hemsbach zu sein. Er wollte zwar anfänglich immer noch nicht mit der Sprache rein heraus, sondern sein Bekenntnis von der Erfüllung allerlei

Prätensionen*, welche er aufstellte, abhängig machen; allein als er einsah, daß man sich darauf nicht einließ, so schritt er zum volleren Bekenntnis nicht nur seiner Teilnahme am Raubmord zwischen Hemsbach und Laudenbach, sondern auch noch mehrerer Verbrechen. Unter jene Forderungen gehörte unter anderen die: man möge ihn mit seiner Frau zusammenlassen. Er suchte sie dadurch zu motivieren, daß er vorgab, er habe einen fürchterlichen Eid schwören müssen, keinen seiner Kameraden zu verraten. Er wollte seiner Frau alles eröffnen, damit diese es anzeige und er so doch seinen Schwur halte. Das ganze Vorgehen war erdichtet und nur darauf angelegt, von seiner Frau bestimmt zu erfahren, was sie gegen ihn gesagt habe, und sich danach richten zu können.

Inzwischen hatte sich aus den näheren Angaben des Veit Krähmer und des Andreas Wild ergeben, daß ein gewisser Georg Schmitt, vulgo der große Harzbub, den Raubmördern den Weg von Oberlaudenbach zu der Chaussee gezeigt hatte. Er wurde verfolgt, ergriffen und war, wie der Verlauf zeigen wird, der Tat geständig.

Da man gleich anfänglich den Verdacht hatte, daß mehrere der Räuber und ihrer Genossen mit der Bande des Schinderhannes, des Damian Hessel und anderen jenseits des Rheins in Verbindung gestanden haben mochten, so war die Einleitung getroffen worden, daß ein vertrauter Mann, dessen man sich jenseits mit sehr gutem Erfolge bedient hatte, die sämtlichen in Heidelberg verhafteten zahlreichen Gauner und Gaunerinnen besichtigte. Allein er erkannte keinen der Männer, und nur von der Konkubine des Hölzerlips behauptete er, sie habe zur überrheinischen Bande des Anton Keil gehört. Es wurde in diesem Fall geeignetes Benehmen mit der französischen Behörde eingeleitet.

Durch die eingeleitete Korrespondenz mit beinahe allen auswärtigen Behörden und durch die denselben mitgeteilten Signalements kam endlich von Gießen die Nachricht ein, daß der dort sitzende Johann Adam Steininger, vulgo Überrheiner Hannadam, ein Mitglied der Bande des Schinderhannes, den Andreas Wild zwar nicht unter diesem Namen, aber nach der ihm gemachten Beschreibung für den Sohn des schwarzen Peters, eines Mitgliedes der Bande des Schinderhannes, zu welcher auch er, Steininger, wie oben bemerkt wurde, gehört hatte, halte. Man suchte hierüber nähere Bestätigung zu erhalten und erhielt sie auch durch Veit Krähmer, jedoch nur in der Art, daß damit eine Überführung des Johannes Wild nicht möglich war, da Krähmer seine Angabe nur vom Hörensagen hatte. Nun wurde auch deshalb Kommunikation mit den jenseitigen Behörden eröffnet und gebeten, es möge jemand nach Heidelberg gesandt werden, um den Arrestanten als schwarzen Peter zu erkennen. Diese Kommunikation blieb jedoch ohne Erfolg.

Während vorgedachter weiterer Ereignisse hatte sich gefunden, daß Hölzerlips auch unter fremden Namen zu Hanau und Basti zu Wertheim, wohin er gegangen war, um seine früher schon dort eingefangen gewesene Konkubine,

---

* Forderungen

eine Schwester des Andreas Wild, zu befreien, arretiert seien. Beide wurden nach Heidelberg abgeliefert; und so waren dann von sechs Verbrechern und ihrem Wegweiser, dem siebenten, welche sich gleich nach der Tat in ganz verschiedene und entlegene Gegenden entfernt hatten, schon am 18. Juni sechs in Heidelberg eingebracht, und der lange Andres war der einzige, welcher noch fehlte. Hölzerlips und Basti wurden verhört; allein sie folgten ganz dem früheren Benehmen des Andreas Wild und des Manne Friederich; sie leugneten mit frecher Kaltblütigkeit alles ab und waren taub für jede Ermahnung. Am 21. Juni erfolgte ein neues Verhör des Basti; die noch in Heidelberg befindlichen Reste der geraubten Sachen wurden ihm gezeigt; Andreas Wild wurde mit ihm konfrontiert; er behauptete, die ersten nicht zu kennen, und leugnete fort, obschon Wild ihn wiederholt und dringend aufforderte, alles zu gestehen, und beifügte: »Das Leugnen nützt dir nichts mehr, es ist schon alles entdeckt.« Doch scheint dieses Verhör, welches gegen acht Uhr abends schloß, sonderbar auf ihn gewirkt zu haben, denn schon am selben Abend um halb zehn Uhr meldete der Gefangenenwärter, soeben sei Basti aus seinem Gefängnis entflohen, die Wache habe nach ihm geschossen, habe ihn aber verfehlt. Sogleich wurde alles zu seiner Verfolgung aufgeboten und sein Gefängnis visitiert. Es fand sich, daß er, ohne Verschulden des Gefangenenwärters, auf eine kaum begreifliche Weise im bloßen Hemde entkommen war. Er hatte das runde Fenster seines Gefängnisses mit dem ganzen Rahmen ausgehoben, dadurch einen spitzen Kloben*, mit welchem der Rahmen befestigt war, erhalten, damit die beiden neuen, guten Schlösser der Ketten, womit er kreuzweise gefesselt war, aufgebrochen, die Ketten abgelegt, seinen Teppich zerrissen, daraus ein Seil, zehn bis zwölf Schuhe lang, gedreht und war dann durch die auffallend enge Öffnung des starken Fenstergitters, welches wirklich bei der angestellten Probe keinem anderen Kopf den Durchgang erlaubte, hinausgeschlüpft, hatte sich am Seil herabgelassen und war dann noch acht bis zehn Schuhe hoch zur Erde gesprungen; der Schuß der Wache war ihm hart am Kopf vorbeigefahren. Er war fort, und alles Streifen, alles Durchsuchen der nahen Felder mit Hunden war vergebens. Man hatte aber noch in der Nacht an alle angrenzenden Ämter durch reitende Boten, man hatte selbst an die entfernteren Behörden durch Estaffetten die Nachricht von seinem Entweichen gesandt und alle gebeten, sie sogleich ebenso schnell an die rückwärtsliegenden Behörden zu senden und dem Einfänger des Basti eine Belohnung von 50 fl. zuzusichern; und so kam es, so nur konnte es kommen, daß er schon am 22. Juni abends im Odenwalde, Großherzoglich Hessischen Amtes Fürth, wieder eingefangen und nach Heidelberg zurückgebracht wurde. Er war unmittelbar nach seinem Entweichen in den nahen Neckarfluß gesprungen und hatte sich unter dem Boden der in demselben auf einem Kahn errichteten Schwimmschule bis an den Mund im Wasser mehrere Stunden ver-

* eigentlich ein zweischenkliges Gerät zum Aufhängen von Waren etc. – z.B. an der Waage – hier wohl ein Eisenstück

borgen gehalten. Er war Zeuge der Nachsuchungen an beiden Ufern und in der Schwimmschule selbst. Erst nach Mitternacht versuchte er es, den Neckarfluß zu durchwaten, der zu seinem Vorteil gerade in jenem Augenblick sehr seicht war. Noch hatte er das jenseitige Ufer nicht erreicht, als er die auch dort aufgestellten Wachen gewahrte; er blieb noch lange Zeit auf einem Felsen im Fluß sitzen. Endlich wagt er einen neuen Versuch und gewinnt unter Lebensgefahr das jenseitige Ufer und durch die hohe Frucht endlich das Gebirge und den Wald. Um sein Erscheinen im bloßen Hemd minder auffallend für Leute, welche ihn etwa im Walde gewahren könnten, zu machen, schlüpft er mit den Beinen in die Hemdsärmel und hält den unteren Teil des Hemdes oben beim Hals mit den Händen zu. So läuft er weiter. Ihm begegnen im Wald zwei Bauern; er stellt sich närrisch und dumm, bettelt sie an und ist so glücklich, nicht nur nicht angehalten zu werden, sondern noch sogar ein Almosen und das Bedauern der Geber zu erhalten. Mit diesem Almosen kauft er sich in einer entlegenen Mühle im Gebirge Brot. Man fragt ihn über seinen sonderbaren Aufzug, und er ersinnt eine Lüge, welche ihm hilft. Er hatte sich, so erzählt er den Leuten in der Mühle, entkleidet, um sich von Ungeziefer zu reinigen, war darüber eingeschlafen und fand beim Erwachen eine große Schlange auf seinen Kleidern liegen. Der plötzliche Schreck bestimmt ihn zur Flucht. Als er sich erholt hat, kehrt er zurück, kann aber nun seine Kleider nicht wiederfinden. Ihm wird geglaubt, er lacht der Leichtgläubigen und flieht weiter, bis er abends von minder leichtgläubigen Bauern, welchen seine Flucht und die auf seine Einlieferung gesetzte Belohnung von 50 fl., welche sie auch erhielten, vom Amte Fürth schon bekannt gemacht war, arretiert wurde. Am 25. Juni ließ Basti sich zum Verhör melden und bekannte, mit bei dem Straßenraub zwischen Laudenbach und Hemsbach gewesen zu sein, suchte aber seinem Anteil an dieser Tat so viele Entschuldigungen beizufügen, daß er sich bloß als verführten, beinahe unschuldigen Mensch darstellte. In der Folge ging er wohl hiervon ab und bekannte, tätigeren Anteil an diesem Verbrechen genommen zu haben; desto hartnäckiger leugnete er aber alle anderen, bereits weiter gegen ihn zur Anzeige gekommenen und von den übrigen Mitschuldigen eingestandenen Vergehen ab. Er war, obgleich der jüngsten einer, der letzte, welcher weitere Verbrechen bekannte.

Nun war von den eingefangenen Teilhabern am Raubmord zwischen Laudenbach und Hemsbach nur noch der Hölzerlips der einzig übrige, welcher leugnete. Er setzte dieses Leugnen bis zum 27. Juni fort, wo er die mit ihm und verschiedenen anderen Arrestanten vorgenommene Konfrontation nicht aushalten konnte und deswegen ebenfalls zum Bekenntnis schritt, an dem oftgedachten Raubmord zwischen Laudenbach und Hemsbach Anteil gehabt zu haben. Später schritt er, freilich erst nach großer Mühe des Untersuchungsrichters und oft wiederholten Versuch, zu widerstehen, zum Geständnis mehrerer Verbrechen, welche er, sobald er einmal zum Bekennen geschritten war, mit dem gleichmütigsten Tone erzählte, ohne einige Reue, einiges Mitleid mit den von ihm und anderen Beraubten und Mißhandelten zu zeigen. Sein früheres Leugnen erklärte er für eine erlaubte Notlüge und äußerte dabei: »Alle, die wir einsitzen, schwören zehn falsche Eide, wenn wir uns damit losmachen können.«

Auch Hölzerlips hatte nun gestanden. Seine Konkubine war die letzte, welche leugnete und darauf beharrte, ihn nicht zu kennen. Sie wurde ihm vorgestellt. Hölzerlips erklärte auf die Frage, wer sie sei: »Das ist meine Kathrine!« – »Ich will deine Kathrine nicht sein!« schrie sie. Hölzerlips hatte bereits gestanden, ihr die goldene Uhr und eine Karolin in Gold zugestellt zu haben; sie leugnete dies. Hölzerlips behauptete ihr es wiederholt in das Angesicht; sie leugnete beides. Sie wurde mit Güte, sie wurde mit Ernst zur Wahrheit ermahnt; sie leugnete. Es wurde ihr mit körperlicher Züchtigung gedroht; sie leugnete fort. Sie empfing sechs Farrenziemerstreiche* und leugnete. Sie empfing den siebenten und erklärte, sie wolle sagen, wo sie die Uhr begraben habe, aber erst solle der Hölzerlips seine Drohung zurücknehmen; er habe ihr nämlich den Hals abzuschneiden gedroht, wenn sie die Uhr verrate. Dieser bekannte seine Drohung, nahm sie zurück, und die Hölzerlipsin bekannte nun, die Uhr zu Steinheim im Gefängnis vergraben zu haben. Sie bezeichnete den Ort. Es wurde nach Steinheim geschrieben, und die Uhr fand sich nebst Kette an der bezeichneten Stelle vergraben, wurde übersandt und kam so in die Hände des Eigentümers zurück. Die Karolin, behauptete sie, ihrem Buben auf dem Transport nach Heidelberg in Heppenheim mit dem Befehle zugestellt zu haben, sie wegzuwerfen. Der Bub gab an, die Karolin zu Heppenheim in den Abtritt geworfen zu haben; er wurde nach Heppenheim gebracht, bezeichnete die Stelle. Die Karolin wurde aber nicht gefunden. Später mußte die Hölzerlipsin ihre näheren Familienverhältnisse bekennen, und nun wurde richtiggestellt, daß sie die zu einer überrheinischen Bande gehörige, bereits von der Kaiserlich Französischen Behörde zum Tode verurteilte Kathrine Weis, eine Tochter des berüchtigten alten Scherenschleifers Hannes, sei. Von diesem Eingeständnis wurde sogleich der geeigneten K.K. Französischen Behörde Nachricht erteilt und die Auslieferung dieser Weibsperson angeboten.

Auf gleiche Weise entwickelte sich das Schicksal des durch diese Untersuchung auch entdeckten Johannes Wild und bestätigte wiederholt die Mehrheit der alten Lehre, daß die Strafe, wenngleich manchmal langsam, doch sicher dem Verbrechen folge. Es waren von den übrigen Mitschuldigen und selbst von Wilds Sohne Andreas Verbrechen bekannt geworden, an welchen auch er Anteil genommen hatte. Er wurde wegen dieser neuen Anzeigen wieder ins Verhör genommen. Er geriet in sichtbare Angst und Beklemmung, welche sich zwar bei dem Geständnis jener Verbrechen minderte, aber nicht hob; selbst als er sein Geständnis vollendet hatte. Diese Stimmung des Inquisiten wurde benutzt und mußte um so mehr benutzt werden, da in einem langen Zwischenraume von der K.K. Französischen Behörde keine Antwort erfolgt war; wahrscheinlich, weil es an Subjekten fehlte, welche zur Anerkennung des Wild als schwarzer Peter hätten benutzt werden können. Der Versuch gelang. Wilds Angst stieg mit jedem

* Im Gegensatz zum Ochsenziemer ist diese Peitsche aus Stierhautleder gefertigt.

Augenblick, seine Brust hob sich sichtbar, die Sprache entfloh ihm, er mußte abgeführt werden; kaum aber war er im Freien, so erholte er sich und verlangte mit den Worten: »Was soll ich mich lange quälen lassen, es ist doch aus!« wieder vorgeführt zu werden. Dieses geschah – und er konnte nur durch Kopfnicken bestätigen: er sei Peter Petry, vulgo der schwarze Peter, Genosse des Schinderhannes. Nach einiger ihm gegönnten Erholung wiederholte er dieses Bekenntnis und ging von diesem zu jenem, der aus der aktenmäßigen Geschichte der Räuberbande dies- und jenseits des Rheines bekannten Ermordung des Juden von Seibersbach und zu dem einiger Pferdediebstähle über. Auch seine Frau gestand nun, daß ihr Mann der schwarze Peter, ein Genosse des Schinderhannes, sei. Der Sohn Andreas leugnete dieses. Er, der früher zwar gebeten hatte, ihn, wenn möglich, nicht zur Überführung seines Vaters hinsichtlich der mit ihm verübten Verbrechen zu gebrauchen, dennoch aber für den äußersten Fall sich bereit erklärt hatte, auch seinem Vater alles in die Augen zu sagen; er allein konnte sich nicht entschließen, seines Vaters wahren Namen anzugeben. Selbst als man ihm die Geständnisse seines Vaters vorhielt, leugnete er, daß dieser anders als Johann Wild heiße. Er tat es, bat aber zugleich um Schonung für seinen Sohn, der nur geleugnet habe, weil er wisse, daß sein Geständnis notwendig sein, des Vaters Leben koste. Der Sohn schrie laut auf aus Schmerz, warf sich zur Erde und tobte und raste so heftig, daß man ihn nur mit der äußersten Mühe zur Beruhigung bringen konnte. Auch dieser alte Verbrecher, dem es gelungen war, sich der längst verdienten Strafe zu entziehen und, während Schinderhannes und der größte Teil seiner Schüler und alten Genossen verhaftet und verurteilt wurden, im Odenwalde unerkannt fortzuleben und selbst, nachdem sein eigener ältester Sohn mit Schinderhannes verurteilt worden war, neue Verbrechen zu verüben und seinen zweiten Sohn Andreas zu gleichen Verbrechen anzuführen, wurde nun der geeigneten K.K. Französischen Behörde zur Ablieferung angeboten und wird nun den langverdienten Lohn seiner höllischen Großtaten empfangen.

Solches Schicksal hatte mit ihm ein anderer Genosse des Schinderhannes, Martin Delis, vulgo Zahnfranzen Martin, welcher eingefangen von den Heidelberger Arrestanten erkannt wurde und nun ebenfalls der rächenden Strafe entgegensieht. Noch einige andere Genossen des Schinderhannes und seiner Gesellen wurden durch diese Untersuchung entdeckt, nämlich:

die in Darmstadt verhafteten Johann Adam Grasmann, vulgo langer Samel, und Johann Adam Heußner, vulgo dicker oder roter Hannadam;

die in Arnsberg verhafteten Peter Heinrich Hannadam und R.R. Gilbert.

Von diesen ist der vorletzte, nämlich Peter Heinrich Hannadam, eigentlich Johann Adam Hoffmann, in der aktenmäßigen Geschichte der Räuberbanden dies- und jenseits des Rheines als einer der allergefährlichsten Genossen des Schinderhannes beschrieben. Er war wegen Pferdediebstählen zu Arnsberg verhaftet worden, saß dort mit einem gewissen Ludwig Luz zweieinhalb Jahre unter dem falschen Namen Johann Winter und wurde als solcher zur Erstehung der ihm zuerkannten, ihrem Umlauf nahen* Zuchthausstrafe nach Marienschloß in der Wetterau abgeführt. Hier saß er, als von Heidelberg aus die Angabe seines wahren Namens anlangte. Er wurde nach Gießen gebracht, leugnete aber dort und konnte nicht überführt werden. Man sandte ihn nach Heidelberg, auch hier widerstand er lange allen Versuchen; endlich aber gelang es, ihn zum Geständnis zu bringen, daß er Peter Heinrichs Hannadam sei – und nun steht auch ihm der lang verdiente Lohn seiner Verbrechen bevor.

Wir übergehen für jetzt die Aufzählung der weiteren Entdeckungen und Verhaftungen, welche die Untersuchung herbeiführte, da wir weiter unten darauf zurückkommen werden, und wenden uns nun zur Erzählung des Raubmordes selbst, so wie ihn die übereinstimmende Erzählung der Mitschuldigen liefert.

Am 28. April 1811 hatten sich Veit Krähmer mit den Seinigen und sein Gevattermann, Friederich Philipp Schütz, mit den Seinen bei Mülben unweit Strümpfelbronn im Odenwalde an einem gemeinschaftlichen Feuer aufgehalten; zu ihnen hatte sich der lange Andres auch gesellt, und später kamen auch Köhlers Andres (Andreas Petri) und Basti (Sebastian Luz) an diese Stelle. Sie plauderten eine Weile untereinander und kamen dann sogleich auf ihre gewöhnliche wechselseitige Frage, ob keiner etwas zu verdienen (zu rauben oder zu stehlen) wisse? Der wußte dies, ein anderer jenes. Sie wurden über keinen einzelnen der gemachten Vorschläge einig und beschlossen daher gemeinsam, ohne daß sie sich bestimmt erinnern, wer die erste Idee dazu gab, auf gut Glück hinab auf die Bergstraße zu ziehen und dort eine Charette zu malochnen (eine Chaise anzugreifen) oder sonst etwas zu unternehmen, wozu sich Gelegenheit zeige. In demselben Augenblick dieses gemeinschaftlichen Beschlusses kam auch Hölzerlips mit seiner Beischläferin zur Stelle. Der gefaßte Entschluß wurde ihm entdeckt, und er war sogleich mit von der Partie. Es wurde ein Schoppen Branntwein (das Lieblingsgetränk dieser Menschen) in einem Wirtshäuschen im nahen Höllengrund geholt, und mit diesem Labsal versehen, begann die Gesellschaft ihre Reise durch die steilsten und unwegsamsten Gebirge des Odenwaldes. Köhlers Andres und Basti hatten schon vor ihrem Abgang wacker geschnapst; sie gerieten unterwegs in Streit miteinander und zerkratzten und zerbläuten sich tüchtig; doch konnte diese kleine Differenz keine Störung des gemeinschaftlichen Zweckes erzeugen. Es war tief in der Nacht, als die Gesellschaft bei Oberschönmattenwag vorüberzog. Der mitgenommene Branntwein war längst alle, und Durst plagte die Räuber. Ein Keller wurde aufgebrochen und daraus ein Hafen† voll Milch und ein Krug Wein (mehr fand sich nicht) mitgenommen und getrunken. Erst am Morgen des 29. April kam die Gesellschaft auf dem sogenannten Juchhe–Häuschen oben auf dem Gebirge, an welchem Oberlaudenbach (auch noch im Gebirge) liegt, an. Dieses Häuschen wird von den Michael Fuhnischen Eheleuten, welche einige um dasselbe herumliegende Güterstücke besitzen, bewohnt. Beide Ehe-

* ihrem Ende nahen
† irdener Topf

leute sind kochem, das heißt Vertraute der Räuber oder Diebsgenossen. Die Räuber waren hier willkommen, sie ließen sich Apfelwein geben, Suppe kochen, Eier backen und labten sich damit für die Beschwerden des langen, mühsamen Marsches. Basti unterhielt sie dabei mit allerlei kurzweiligen Sprüngen und Späßen. Ihr Geld reichte nicht, um die Zeche zu bezahlen, allein sie fanden willig Kredit, als sie die Bezahlung bei der Rückkehr zusicherten. Sie hielten sich den Tag über im nahen Wald auf und stiegen erst mit sinkendem Abend das Gebirge weiter herab bis auf die Bergstraße, nachdem sie sich zuvor mannshohe junge Buchen abgeschnitten und zu Prügeln zugerichtet hatten. Sie waren auf der Bergstraße im Großherzoglich Hessischen Gebiete postiert und harrten dort der Dinge, die da kommen sollten. Nach langem Harren hörten sie das Gerassel einer kommenden Chaise. Alle stellten sich in Bereitschaft; die Chaise kam näher, und schon sollte der Angriff geschehen, als sie entdeckten, daß eine zweite Chaise hart hinter der ersten nachkam. Hölzerlips hielt sich und seine fünf Genossen nicht für zahlreich genug, die beiden Chaisen zugleich anzugreifen, und untersagte den Angriff. Die beiden Chaisen passierten glücklich vorüber. Es war die Dilligence* mit einem Beiwagen. Es kam in dieser Nacht nichts weiter, und so zogen sich die Räuber gegen Morgen wieder in den Wald zurück. Hier verweilten sie bis zum 30. April abends, wo sie in einem Kocheme Bayes (vertrauten Hause) zu Oberlaudenbach, bei der Wittib Geigerin, einkehrten. Hier fanden sie den in diesem Hause einheimischen großen Harzbuben (Georg Schmitt), welcher sie mit Branntwein regalirte†, auch ihnen eine Bohnensuppe selbst kochte und Eier backen ließ. Sie eröffneten ihm ihr Vorhaben und luden ihn ein, daran teilzunehmen. Schmitt, welcher entweder nicht beherzt genug zu einem Straßenraube war oder Entdeckung befürchtete, weil er in dieser Gegend sehr bekannt war, schlug dieses aus, proponirte‡ aber dagegen einen Diebstahl in der Mühle zu Mörlenbach, wozu er die Gelegenheit angab und wohin er mitziehen wollte. Der Vorschlag wurde, als zu wenig versprechend, verworfen. Nach eingebrochener Nacht verließen die Räuber Oberlaudenbach; Georg Schmitt zeigte ihnen den Weg zu dem Teil der Bergstraße zwischen Hemsbach und Laudenbach im Badischen, wo sie sich nun mit frischgeschnittenen, den vorigen gleichen Prügeln versehen, postierten. Sie harrten lange, es kamen endlich zwei Fußgänger; einige verlangten, sie anzugreifen, andere widersetzten sich, weil sie zu geringe Beute vermuteten. Der Angriff unterblieb. Sie harrten bis nach Mitternacht; es zeigte sich nichts. Die Räuber fühlten Hunger und beschlossen daher, in die Küche des Wirtshauses zu Unterlaudenbach (auf der Chaussee) einzubrechen, um dort Eßwaren zu holen. Schon waren sie im Hofe dieses Wirtshauses, schon hatten sie den Einbruch begonnen, als der auf der Schmier (Schildwache) stehende Räuber rief: »Es kommt eine Charette!« Alle verließen den Hof und liefen der durch Laudenbach

---

* . Eilpost
† bewirtete
‡ schlug vor

kommenden Chaise auf der Dorfstraße nach Hemsbach zuvor. Veit Krähmer und Basti sollten den Pferden in die Zügel fallen; allein sie hatten dazu den Mut nicht und widersetzten sich standhaft dem Antrage; nun entschloß sich Hölzerlips, der stärkste, zu diesem gefährlichen Geschäft. Mit Leichtigkeit führte er, der schon so manchem Straßenraub beiwohnte, sein übernommenes Werk aus. Die Pferde wurden angehalten, der Postillon erhielt vom langen Andres und auch von Andreas Wild einige Streiche und wurde gezwungen, abzusteigen und sich vorn zu den Pferden zu stellen und diese selbst zu halten. Den beiden Reisenden war ihr Unglück im Schlaf gekommen. Sie waren schlafend bis zur Stelle des Angriffs gefahren worden und erwachten erst, nachdem Hölzerlips die Pferde gehalten hatte, während von den anderen mit ihren Prügeln auf die Chaise selbst geschlagen wurde, um dadurch die Reisenden in Furcht zu setzen und zum Herausspringen zu zwingen. Dieser Zweck wurde schnell erreicht; die beiden Reisenden, aufgeschreckt aus ihrem sicheren Schlummer, konnten sich im ersten Augenblick nicht fassen, auch hätte ihnen alle Fassung wenig gefrommt, da sie unbewaffnet waren und da auch die beste Bewaffnung, wie der weiter unten angeführt werdende Straßenraub bei Gelnhausen an zwei französischen Offiziers zeigte, die Räuber nicht gehindert haben würde, ihre Absicht zu erreichen. Sie sprangen nacheinander aus der Chaise und erhielten jeder, als er die Chaussee betrat, einen so kräftigen Schlag auf den Kopf, daß sie betäubt zu Boden stürzten. Zum Glück für ihn war die Betäubung, in welche Herr Hanhart verfiel, von längerer Dauer. Er erhielt zwar selbst in diesem Zustand noch einige Streiche, aber nur auf den Rücken. Hier Rieder erholte sich, als die Räuber ihm Geld und Uhr abnahmen; sogleich erhielt er vom langen Andres neue Streiche; er bat, wie selbst die übrigen Räuber angaben, um sein Leben, erbot sich, alles herzugeben, was er besitze, suchte durch die Angabe, daß er Vater von sechs Kindern sei, das Mitleid des Räubers rege zu machen. Umsonst, der lange Andres fuhr fort, ihn zu schlagen; Rieder fing ihm, auf der Erde sitzend, den Stock auf; nun rief der lange Andres seine Kameraden zu Hilfe. Ehe sie aber ankamen, hatte er schon die geladene Pistole, welche er bei sich führte, hervorgezogen und schlug mit dem Kolben und Schloß derselben den armen, bejammernswerten Rieder so lange auf Kopf und Stirn, bis dieser den aufgefangenen Stock losließ und in neue Betäubung hinsank. Er wurde nun völlig ausgeplündert. Während dieser Mißhandlung hatten Veit Krähmer und Manne Friederich, welcher standhaft leugnet, geschlagen zu haben, obschon Andreas Petri ebenso standhaft das Gegenteil behauptet, den Koffer, welcher hinten auf die angegriffene Chaise gepackt war, mit einem dazu eigens gefertigten, von ihnen mitgebrachten Instrument aufgebrochen, wozu ihnen am Ende auch Hölzerlips noch half. Alles, was sich in dem Koffer befand, wurde geraubt, die Chaise selbst durchsucht, und dann zogen die Räuber, mit ihrer Beute beladen, wieder zurück in das Gebirge. An dem schon gedachten sogenannten Juchhe-Häuschen hielten sie an, ließen sich, ohne jedoch in das Häuschen selbst zu gehen, Apfelwein reichen, bezahlten von dem geraubten Geld ihren vorigen Zechrückstand, schenkten dem Wirt eines der geraubten Halstücher und setzten dann ihren Weg tiefer in den Odenwald fort. Unterwegs teilten sie im Wald die Beute in sechs gleiche Teile und verlosten diese unter sich. Was sich nicht teilen ließ, wie z.B. die Uhren, Ringe usw., wurde unter ihnen versteigert oder, wie sie es nennen, von einzelnen herausgekauft. Schon am anderen Abend waren sie wieder im Höllengrund, in der Gegend, aus welcher sie ausgegangen waren. Am 2. Mai morgens tranken sie im Wirtshaus im Höllengrund Branntwein und nahmen davon sehr viel zu sich. Einem Großherzoglich Hessischen Soldaten waren diese Kerle und ihre Bündel verdächtig; er machte deshalb einige Bewohner des Höllengrundes auf sie aufmerksam, welche den Hölzerlips, Manne Friederich, Köhlers Andres und Basti, die das Wirtshaus zuerst verließen, anhielten, aber nur des Manne Friederich habhaft wurden, welchen sie nach Zwingenberg an das Amt lieferten. Zugleich wurden auch die Bündel, welche die Räuber abgeworfen hatten, dorthin gebracht.

Manne Friederich konnte nicht leugnen, in der Gesellschaft der drei anderen gewesen zu sein; wohl aber leugnete er, sie zu kennen oder zu ihnen gehört zu haben. Er wollte bloß zufällig auf dem Weg mit ihnen zusammengekommen sein. Er hatte eines der geraubten Hemden an, als er arretiert wurde; er fürchtete mit Recht, durch dasselbe verraten zu werden, er riß daher im Kerker sogleich den Chapeau* und jenes Stückchen des Hemdes ab, auf welchem der Name des Eigentümers gezeichnet war, und versteckte beides. Beide Stücke wurden entdeckt; obschon sie ihm vorgehalten und er überführt wurde, daß sie an sein Hemd paßten, so leugnete er dieses dennoch, gab aber wegen des Hemdes selbst an, er habe es von einem der drei Entflohenen gekauft und unterwegs auf freiem Felde sogleich angezogen. Alle Mühe des Beamten war vergebens, er blieb bei seinem Leugnen, bis er endlich, wie wir bereits wissen, Gelegenheit fand zu entfliehen. Über die Art seiner Flucht war von ihm kein offenes Geständnis zu erhalten, und man gerät wirklich in Versuchung, darin einen edlen Zug zu bewundern, wenn wirklich bloß Dankbarkeit und nicht Furcht, in künftigen, ähnlichen Fällen auf eine Befreiung hoffen zu dürfen, ihn zurückhielt, offen zu bekennen, wer ihn befreit habe. Daß ihm das Gefängnis von außen geöffnet, daß ihm von seinem Befreier der Weg zum Ort hinaus gezeigt und ihm noch etwas Branntwein mit auf den Weg gegeben worden sei, bekannte er; standhaft aber versicherte er, daß er seinen Befreier nicht kenne, und war durchaus durch keine Vorstellung von dieser Versicherung abzubringen. Seine und der übrigen später erfolgte Wiedereinfangung ist schon bekannt.

Die Entdeckungen, zu welchen die Geständnisse der Räuber führten, waren von großem Umfang; sie wurden allen benachbarten Behörden mitgeteilt, und alle fühlten gleich lebhaft, daß nur die energischsten Maßregeln vermögend seien, zur völligen Entdeckung dieser so höchst gefährlichen Bande in ihrer ganzen Ramification† und zur Vertilgung ihrer Schlupfwinkel beizutragen; alle ergrif-

---

* Hemdkragen
† Verästelung

fen auch mit gleicher Bereitwilligkeit, mit gleichem Eifer diese Maßregeln; und vorzüglich diesem, sonst so seltenen, rastlos tätigen Zusammengreifen ist es zuzuschreiben, daß die Untersuchung jene Resultate liefern konnte, welche sie wirklich lieferte. Die Großherzoglich Hessische Regierung zu Darmstadt überzeugte sich, daß es all ihrer Sorgfalt nicht gelingen könne, ihren Anteil am Odenwalde von Räubern freizuhalten, wenn nicht zuvor ihre Schlupfwinkel, die Kocheme Bayes (vertraute Häuser) entdeckt und für die Folge unbrauchbar für die Räuber gemacht würden. Sie wandte daher ihr Augenmerk vorzüglich hierauf. Das Amt Heppenheim mußte sich selbst nach Heidelberg begeben, um dort die vorgebrachten Fuhrischen Eheleute ihrer Teilnahme überführen zu lassen. Diese Überführung erfolgte sowohl hinsichtlich der Fuhrischen Eheleute als auch hinsichtlich der Witwe Geigerin zu Oberlaudenbach und hatte zur Folge, daß schon im Juli die ersten zu 1 1/2, die letzte zu dreijähriger Zuchthausstrafe verdammt wurden; damit noch nicht zufrieden, sandte diese Regierung auch den Herrn Kriminalrichter Brill von Darmstadt nach Heidelberg ab, damit er dort sich näher Notizen sammle. Er unterzog sich mit Eifer und Fleiß diesem Auftrag, fand in Heidelberg die willigste Unterstützung und bei den Räubern selbst die offenste Freimütigkeit. Er kehrte mit reicher Ernte nach Darmstadt zurück und begann dort sogleich seine Untersuchungen sowohl gegen die verschiedenen Diebshehler als gegen die in Darmstadt verhafteten, bisher geleugnet habenden Mitschuldigen, welche keine anderen als günstige Erfolge für die allgemeine Sicherheit liefern können.

Auch im Badischen Lande, namentlich zu Kreuzsteinach, Strümpfelbronn und Mülben, wurden solche Diebshehler und Käufer geraubter Sachen entdeckt, zur Untersuchung gezogen und verhaftet. Auch sie wird die wohlverdiente Strafe treffen und hoffentlich dazu dienen, sie von ferneren Vergehen und andere von Nachahmung abzuhalten.

Die Verfügung, welche das Großherzoglich Badische Ministerium traf, daß alle und jede im Lande eingefangen werdenden Vaganten nach Heidelberg und Mannheim eingeliefert werden sollen, um den dort bereits Verhafteten vorgestellt zu werden, hatte die heilsamsten Folgen, indem dadurch eine Menge sogenannter Fallenmacher (falsche Spieler), Stappler (Steifbettler und falsche Collectanten), auch wirkliche Schupper (Diebe) entdeckt und zur Bestrafung reif gemacht wurden. So wurde unter anderen der sogenannte stumpfarmige Zimmermann, Philipp Müller, und nach und nach seine ganze zahlreiche Familie verhaftet, welche sich, ohne festen Wohnsitz, ohne einen bestimmten, ergiebigen Nahrungszweig im badischen und darmstädtischen Odenwald schon seit langen Jahren herumtrieb. Der Alte hatte früher unterm pfälzischen Militär als Pionier gedient, hatte später seinen Arm durch einen unglücklichen Fall beim Arbeiten auf seiner Profession strupiert* erhalten und zog nun, seit langen Jahren, von Ort zu Ort mit einem Kasten voll Meerschweinchen umher, welche er

* verkürzt, teilamputiert

für Geld sehen ließ, während seine Frau und Tochter durch Verfertigung von Tragringen etwas weniges zu verdienen suchten. Ein Verbrechen war von ihm nicht bekannt; die verhafteten Räuber versicherten einstimmig, daß er weder Räuber noch Dieb, noch Baldowerer (Ausspäher und Angeber der Gelegenheiten zu Raub und Diebstahl) sei. Ihm lag also damals nichts zur Last als sein Vagantenleben. Er wußte für dieses manche Entschuldigung anzuführen. Geboren in einem darmstädtischen rein lutherischen Ort, war er als kleiner Knabe seinem Vater, angeblich wegen der Härte seiner Stiefmutter gegen ihn, entlaufen; er diente als Schweinehirtenjunge in verschiedenen Orten. Ein bemittelter Zimmermann aus Mannheim fand ihn in diesem Zustand, nahm sich seiner an, ließ ihn im Waisenhaus zu Mannheim erziehen und lernte ihn seine Profession. Nun war er aber in jenem Waisenhaus katholisch erzogen worden; dieses und sein nachheriger langer Dienst unterm pfälzischen Militär hinderten ihn, nachdem er strupiert war, in seinem Geburtsort Unterkunft zu finden; auch fehlte es ihm, da er nicht mehr arbeiten konnte, an Mitteln, sich in einem festen Wohnsitz zu ernähren. »Wenn man einmal meine Meerschweinchen in einem Ort gesehen hat, so ist dort auf geraume Zeit kein Verdienst mehr für mich, und haben meine Weibsleute«, so sagte er, »einmal ein Dorf mit neuen Tragringen versehen, so ist dort auf lange Zeit für uns nichts zu tun. Unser Gewerbe macht also einen steten Wandel unumgänglich nötig. Wollten wir es von einem festen Punkt aus betreiben, so würden die Reisen zu groß werden, auch jener feste Sitz allen Zweck für uns verlieren; denn wer sollte die Kinder versorgen, wenn ich mit meinen Schweinchen, meine Frau mit den Ringen umherzöge? In einem festen Wohnsitz müßte ich herrschaftliche Abgaben geben, Wachen und Frondienste leisten, Hausmiete bezahlen; alles dieses fällt bei meinem wandernden Leben weg. Und meine Kinder würde ich in stetem Wohnsitz überdies auch nicht ernähren können; so aber fehlt dieses nicht. Klagt eines Hunger, so hänge ich ihm ein Bandelier* Tragringe um und schicke es in das nächste Dorf; kauft man ihm nichts ab, so gibt man doch dem Kinde ein Stück Brot, und handelt man ihm den Kreuzer, welchen es mehr zu fordern angewiesen ist, ab, so bedingt es sich dagegen ein Stück Brot, welches man ihm willig gibt, und sein Hunger ist gestillt, oft auch der seiner Geschwister und Eltern, wenn es gutgeht.« Also der stumpfarmige Zimmermann; und was läßt sich wohl gegen seine praktische Lebensphilosophie einwenden, solange für Menschen seiner Art nicht auf andere Weise gesorgt ist? – Und seiner Art Menschen gibt es so viele!

Seine Unbescholtenheit und seine selbst angegebene Kenntnis der Schlupfwinkel der Räuber, unter welche er selbst seinen eigenen Tochtermann Stephan Heußner, vulgo langbeiniger Steffen, zählte, welche er bei seinem steten Umherziehen, auf den Feuerplätzen, in den Herbergen, auf den Kirmessen und Märkten erlangen mußte, schienen es nicht zu mißraten, den Versuch zu machen, ob er nicht, nach seinem Erbieten, zum Einfangen der Gauner gebraucht werden kön-

* Schultergehänge

ne. Höheren Orts wurde diese Idee genehmigt und mit großer Vorsicht ausgeführt, da es eine erprobte Wahrheit ist, daß dergleichen sogenannte Fleischmänner zwar Bettler und sonstiges Gesindel einfangen, dagegen aber die wahren Räuber und Diebe nicht nur laufen lassen, sondern ihnen sogar noch die Maßregeln der Polizei verraten, entweder aus Furcht um ihre eigene Sicherheit oder aus Furcht, daß dann auch frühere von ihnen verübte, noch unentdeckte Verbrechen verraten werden möchten, oder um für ihr Schweigen gegen die Obrigkeit und ihren Verrat an die Räuber von diesen Belohnung zu erhalten. Müller brachte zwar von verschiedenen Orten vielerlei Menschen ein, die alle Vaganten, aber auch weiter nichts waren. Er ließ dann mehrere Wochen über nichts von sich hören, obschon er große Versprechungen gemacht hatte. Nun erfolgte aber plötzlich von einem anderen sogenannten Fleischmann (welchen man von jenseits des Rheins hatte kommen lassen, um durch ihn zu erforschen, ob sich unter den Verhafteten keine Glieder der jüngsten überrheinischen Anton Keilischen Räuberbande befänden) die Angabe, daß Müller, wenigstens die Seinigen, mehrere Verbrechen verübt hätten; und so wurde er dann wieder eingezogen und eine besondere Untersuchung gegen ihn und seine Familie vorgenommen, welche jedoch nur wenig bedeutende Resultate lieferte.

Philipp Müller hatte selbst seinen Tochtermann, Stephan Heußner, als einen höchstgefährlichen Räuber denunziert; er selbst hatte dessen Frau, seine eigene Tochter, in Eberbach, wohin er gesandt worden war, rekognosziert*. Nun wurde dieser Stephan Heußner selbst eingebracht. Er war schon in den ersten Tagen des Monats Mai, kurz nach dem Dörrfleischdiebstahl zu Igelsbach, wovon weiter unten die Rede sein wird, mit dem kleinen Johann zu Hüngheim, wohin beide ihren Anteil gestohlenen Fleisches verkauft hatten, arretiert worden. Er nannte sich in seinen Verhören Stephan Müller und gab vor, aus dem Kaiserlichen zu sein. Bei alldem aber hatte er die Unvorsichtigkeit, den Namen seiner Frau und die Familienverhältnisse derselben und den Ort seiner Trauung richtig anzugeben. Der kleine Johann hatte seinen Namen Johann Adam Treber (wenn es anders sein wahrer Name ist) richtig angegeben und stimmte auch hinsichtlich seiner sonstigen Verhältnisse mit dem überein, was seine in Heidelberg verhaftete Frau Caroline, geborene Höhnin, davon angegeben hatte. Einzig der höheren Orts auch scharf gerügten Oberflächlichkeit der gegen diese beiden schweren Verbrecher geführten Untersuchung ist es zuzuschreiben, daß es beiden gelang, trotz aller Ausschreibung ihrer richtigen Signalements unentdeckt zu bleiben, und daß sie bloß als Vaganten zu sechsmonatiger Arbeitshausstrafe verurteilt wurden. So oberflächlich die gegen beide geführte Untersuchung war, so nachlässig war auch die Art, womit ihr Transport nach Bruchsal in das Arbeitshaus bewerkstelligt wurde. Ein einziger Begleiter wurde dem Bauern, welcher beide auf seinem Karren führte, mitgegeben. Die Folge war, daß beide Arrestanten zwischen Schefflenz und Mosbach, während eines heftigen Hagelwetters, den Augenblick be-

* wiedererkannt

nutzten, in welchem ihr Begleiter seine Flinte im Büchsenranzen gegen die Nässe zu schützen suchte, um diesen selbst anzugreifen. Sie sprangen zugleich vom Karren und schlugen den Begleiter mit ihren Handschellen zu Boden. Er war bereits ohne Besinnung, als der Fuhrmann sich ermannte, mit einem Stein dem langbeinigen Steffen neun Kopfwunden schlug, von welchen er ohne Bewußtsein niedersank, dann dem kleinen Johann das Gewehr, welches er dem Begleiter abgenommen hatte, entwand und es auf ihn selbst losdrückte. Es versagte. So entkam der kleine Johann. Der Stephan Heußner wurde, nachdem er in Mosbach verbunden worden war, nach Bruchsal abgeliefert. Dort saß er ruhig und spann geduldig als Stephan Müller seine Wolle, bis man in Heidelberg durch das Amt Eberbach Nachricht von jenem Transporte erhielt, Verdacht schöpfte und ihn nach Heidelberg kommen ließ. Er wurde sogleich von allen seinen Konsorten und der Familie seiner Frau erkannt. Er selbst beharrte, dessen unbewußt, auf seinem angenommenen Namen Müller und seinen sonstigen Angaben. Als ihm aber schnell nacheinander alle seine in Heidelberg verhafteten Konsorten und Verwandten vorgestellt wurden, verlor er die Fassung so sehr, daß er in demselben Verhör alle seine Verbrechen, wenigstens alle bekannten, deren Zahl bedeutend war, und noch darüber bekannte. Seine Geständnisse hatten wesentlichen Einfluß auf das Ganze der Untersuchung, da sie dazu dienten, seinen schon seit langer Zeit in Darmstadt verhafteten Bruder Johann Adam Heußner, vulgo dicken oder roten Hannadam, ebenfalls zum Geständnis zu bringen, wozu ihn bisher nichts bewegen konnte. Stephan Heußner wurde, als sein Bekenntnis abgelegt war, auch in seinem ganzen übrigen Benehmen offener und freundlicher; er verriet zwar bei den Zusammenstellungen mit den übrigen nicht die Frechheit, nicht jenen Mutwillen, womit diese jede Nachsicht des untersuchenden Richters benutzten, um sich an alte Späße zu erinnern, einander zu necken oder zu ängstigen; aber er wurde doch manchmal auch ganz munter und launig. In dieser guten Stimmung hatte er am 30. August abends spät das Verhör verlassen. In dieser guten Stimmung hatte ihn der Gefangenenwärter noch am 31. August vormittags zehn Uhr gefunden; als ihm aber einige Stunden später das Mittagessen gebracht werden sollte, wurde er erhängt gefunden. Er hatte sich mit seinem Halstuch an das Gitter seines Kerkerfensters gehängt. Es wurden alle nur möglichen Wiederbelebungsversuche angestellt, aber es war zu spät.

Wenn ihn nicht die Furcht, zur Überführung seines Bruders gebraucht zu werden und von diesem Vorwürfe über seine Geständnisse zu erhalten, oder die Furcht, seine wieder in die Haft gekommene Frau werde noch weitere Verbrechen gegen ihn angeben, zum Selbstmord bestimmt hat, so kann derselbe lediglich in folgendem vorhergegangenen Ereignis seinen Grund haben: Der mit den bereits verhafteten Verbrechern auch mehrere Diebstähle verübt habende Peter Eichler, vulgo Hainstadter Peter, ein äußerst gefährlicher Gauner, welcher in der Gegend von Borberg so bekannt und gefürchtet war wie der schwarze Peter im Soonwald und wirklich auch zu seinem Verdruß in jener Gegend der schwarze Peter genannt wurde, war wegen eines mit Mord verknüpften Straßenraubs, welchen er gemeinschaftlich mit einem jungen Weibsbild verübt hatte, zu Borberg eingefangen worden. Die Kunde davon kam nach Heidelberg, und seine Ablieferung dahin wurde verlangt; ehe diese ankam, war aber Eichler schon nach Mannheim abgeliefert, weil er mit einigen, schon in früheren Jahren dorthin gelieferten Verbrechern zusammenhing. Dieser Peter Eichler aus Hainstadt unweit Borberg hatte sich in Borberg Anton König aus Wien genannt und war trotz aller gegen ihn aufgebrachten Beweise bei dieser Behauptung geblieben. Er erhielt, da nichts seine Frechheit beugen konnte, Schläge, er widerstand – er wurde enger und enger geschlossen, er hielt es aus; es wurden ihm Daumenschrauben angelegt, er blieb bei seiner Behauptung: er heiße Anton König und sei aus Wien gebürtig, welches er erst vor wenigen Monaten verlassen habe. Auch in Mannheim beharrte dieser Bösewicht auf seinem Vorgeben; weder die Konfrontation der mit ihm verhafteten Weibsperson, welche seinen wahren Namen angab, noch die Vorstellungen und Ermahnungen des untersuchenden Beamten konnten seinen Starrsinn beugen. Es sollte daher ein anderer Versuch gegen ihn gemacht, er sollte mit seinen in Heidelberg einsitzenden Raubgenossen, er sollte demnächst mit acht Einwohnern von Neckarschwarzach, wo er vor kurzer Zeit noch anderthalb Jahre lang als Peter Eichler im Arrest war, konfrontiert, es sollte ihm noch sogar das Amt Neckarschwarzach selbst vorgestellt werden, um ihn, wenn er es so weit kommen ließ, als Peter Eichler anzuerkennen. Zu diesem Ende wurden am 28. August mehrere Heidelberger Arrestanten und unter diesen auch Stephan Heußner nach Mannheim gebracht. Die Konfrontation mit Peter Eichler erfolgte, blieb aber fruchtlos. Er trotzte den ihm entgegengestellten Verbrechen mit frecher Stirn. Er verhöhnte durch unbeschreibliche Kälte die acht Neckarschwarzacher Einwohner, welche ihm in das Gesicht sagten, daß er Peter Eichler sei und worunter sich der Gefangenenwärter, welcher ihn achtzehn Monate lang täglich im Gefängnis gesehen, der Amtsdiener, welcher ihn so oft zum Verhör geführt, der Amtschirurg, welcher ihn fast neun Monate lang als krank im Kerker behandelt hatte, befanden. Sie beschworen in seiner Gegenwart in der Zuchthauskirche, daß er Peter Eichler und anderthalb Jahre zu Neckarschwarzach verhaftet gewesen sei; er leugnete beides. Ebenso trotzte er dem Beamten von Neckarschwarzach und seinem Aktuar, welche ihn beide als Peter Eichler erkannten. Als ihn der Beamte daran erinnerte, daß er auch in Neckarschwarzach am Anfang, Peter Eichler zu sein, geleugnet, es aber endlich dennoch bekannt hatte, zugleich aber im Verhör sich den kleinen Zahn, welcher ihm zwischen den zwei oberen vorderen Schneidezähnen saß, ausgebrochen und ihn in die Stube geworfen habe, damit er durch diesen Zahn nicht mehr signalisiert und verraten werde, schlich sich, gleich einem vorübergleitenden Traumgesichte, ein kaum merkbares, selbstgefälliges Lächeln über den äußersten Rand seiner Unterlippe; doch zog sich diese sogleich wieder in tiefem Ernst zusammen, und er erklärte: Er wisse von alldem nichts, er wisse nicht, wo Neckarschwarzach liege; er heiße Anton König und sei aus Wien. Er mußte den Mund öffnen, die Lücke von dem ausgebrochenen kleinen Zahn zeigte sich. Auf die ihm darüber gemachte Bemerkung erklärte er, wenn alle Leute, welche Zahnlücken hätten, Spitzbuben sein müßten, dann gäbe es viele Spitzbuben in der Welt. Er äußerte dabei, was man praktisch schon gar oft erfahren, vielleicht aber noch nie so offen und deutlich aus dem Munde eines Gauners gehört hat und die höchste Rücksicht verdient, da es den klarsten Beweis liefert, daß, so barbarisch es auch in den Ohren sentimentaler Kriminalisten klingen mag, nur die Todesstrafe allein diese Menschenklasse von Verbrechen abschrecken könne, das Zuchthaus aber nichts anderes für sie sei, als das zwar gefürchtete, aber wenn es sein muß, doch willkommene und erwartete Asyl für ihre alten Tage. Er äußerte nämlich dabei, man solle nicht glauben, daß er leugne, Peter Eichler zu sein, um aus dem Zuchthaus zu kommen; das wolle er keineswegs, es könne sich bei ihm niemand einen größeren Undank verdienen, als der, welcher ihn aus dem Zuchthaus entlasse. Er erklärte freimütig, daß er lebenslänglich darin bleiben wolle. »Was hat das Leben im Freien«, fuhr er zu reden fort, »für mich für einen Wert, bei den jetzigen strengen Anstalten? – In keinem Ort werde ich geduldet als höchstens über Nacht, und das kaum über den dritten oder vierten Tag einmal, je nachdem, ob die Ortsvorstände strenger oder nachsichtiger sind. Ich muß also täglich wandern, ohne zu wissen, wo ich abends meinen Kopf hinlege; ich kann, eben weil ich täglich wandern muß, nichts verdienen; ich habe also auch weder etwas zum Leben noch Geld, um mich kleiden zu können; ich muß also betteln oder stehlen; beim ersten bekomme ich oft kaum einen Bissen alten Brotes, um mich gegen den Hungertod zu schützen; und wenn ich mich zu letzterem entschlossen hätte, so würde ich durch innere Angst und äußere Verfolgung noch mehr gelitten haben. Diesem allem bin ich im Zuchthaus enthoben. Ich bin zwar gefesselt, allein daran gewöhnt man sich; ich darf nicht umherlaufen, das ist mir gerade recht, ich bin des Laufens müde; die Kost ist, sagt man, schlecht, allein sie ist immer besser, als ich sie, wenige Fälle ausgenommen, im Freien hatte, und ich brauche sie so wenig wie meinen Trunk zu suchen oder zu erbetteln; man bringt mir beides täglich zu richtiger Zeit; ich liege zwar auf Stroh, aber lag ich in der Freiheit weicher? Oft hatte ich nicht einmal Stroh oder Heu zum Liegen; oft, sehr oft mußte ich unter freiem Himmel auf harter Erde bei Regen und Kälte liegen. Hier bin ich gegen beides geschützt und darf mir meine Lagerstätte nicht erst erbetteln, die Nacht nicht in Angst, aufgegriffen, mißhandelt und von Kerker zu Kerker geschleppt zu werden, zubringen.«

Diese Philosophie des Peter Eichler scheint nicht ganz nach dem Geschmack des noch jungen und rüstigen Stephan Heußner gewesen zu sein; vielmehr scheint gerade die gemachte Bekanntschaft mit dem Inneren des Mannheimer Zuchthauses ihn zum Selbstmord bestimmt, wenigstens zu dieser Bestimmung neben den oben gedachten anderen Motiven mitgewirkt zu haben. Er konnte nach dem, was er von seinen Mitgefangenen hörte, und nach dem, was er sich selbst bewußt war, auf nichts anderes rechnen als, im glücklichsten Falle, auf lebenslängliche oder doch langjährige Zuchthausstrafe in Mannheim. Er hatte sich, da er nicht wie Peter Eichler mit allen Leiden eines harten und langwierigen

Arrestes schon vertraut, sondern noch ein Neuling in all diesem und zum ersten Male im längeren schweren Arrest war, wahrscheinlich das Zuchthaus mit leichteren Farben gemalt und sich dasselbe wenigstens nicht schlimmer als das Arbeitshaus zu Bruchsal gedacht; nun war er aber mit dem Inneren jenes Hauses bekannt geworden, er hatte die Blockzimmer, die festen Geschließe, die vielen Ketten, Sprenger* und Kugeln gesehen und sich dabei höchstwahrscheinlich die Idee gemacht, jeder Züchtling bleibe in Mannheim beständig so eingesperrt, wie er es am Tage seines Dortseins war; wodurch begreiflicherweise das Bild der seiner harrenden Zukunft im schwärzesten Schatten vor seiner Seele erscheinen mußte. Daß der Anblick des Inneren des Mannheimer Zuchthauses einen tiefen Eindruck auf ihn gemacht habe, verriet er selbst teils durch die dringende, ängstliche Bitte an den in Mannheim anwesenden Heidelberger Richter, ihn doch ja wieder nach Heidelberg mitzunehmen, teils durch das Vergnügen, welches er am folgenden Tag sowohl gegen diesen Richter als gegen seine Mitschuldigen über die erhaltene Gewährung jener Bitte äußerte. Doch scheint, wie schon gesagt, zugleich auch die Furcht weiterer Entdeckungen gegen ihn mitgewirkt zu haben, indem er dem Andreas Petri, wie dieser jedoch erst nach Heußners Tod angab, auf dem Rückweg von Mannheim eröffnete: er habe noch sieben bis jetzt unentdeckte Straßenräubereien auf sich. Er hatte sich in seinem Gefängnis ruhig betragen und besonders in den letzten Tagen vor seinem Tod anhaltend laut und bis spät in die Nacht gebetet. Sein Leichnam wurde, auf Befehl des Großherzoglichen Hofgerichtes zu Mannheim, in das anatomische Theater† abgeliefert.

Schon früher als Stephan Heußner war der auch zu der Räuberbande gehörende, berüchtigte Matheus Österlein von Sindelfingen, vulgo Krämermathes, von dem Amt Buchen, wo er in Haft gekommen war, nach Heidelberg geliefert worden. Auch er versuchte zwar, seine Verbrechen zu verschweigen, doch leistete er nur schwachen Widerstand, indem er sogleich im ersten Verhör zu einem beinahe ganz vollständigen Einbekenntnis aller gegen ihn angegebenen Verbrechen überging; und dieser Freimütigkeit blieb er auch in der Folge treu.

Hartnäckiger zeigten sich und blieben auch in der Folge die vier sogenannten Frankfurter Karlsbuben, Söhne eines zu der vor achtzehn Jahren die Gegend von Heidelberg, Speyer, Grünstadt, Worms usw. unsicher gemacht habenden Johann Rangischen Diebsrotte gehört habenden Gauners, gewöhnlich der Frankfurter Karl genannt. Hier zeigt sich der offenste Beweis, daß sich unter dieser Menschenklasse die Verbrechen von Generation zu Generation fortpflanzen und daß folglich die Gefahr für das Allgemeine sich in eben der Progression vervielfältigt, in welcher die ohnedies wuchernde Generation in der Gaunerwelt zunimmt, insofern nicht durch energische, nicht bloß für den Augenblick, sondern für eine längere Reihenfolge von Jahren berechnete, zusammengreifende Maßregeln mehrerer Staaten Mittel angewendet werden, welche, sobald man ernstlich will,

* Fußeisen, das mit einer Kette beide Füße fesselt

† anatomische Institut

gar leicht gefunden werden können, deren Aufzählung aber nicht in den Plan der gegenwärtigen Schrift gehört. So wie in den Kindern der Gauner der Keim neuer Räuberbanden fortgepflanzt und entwickelt wird, ebenso erhalten diese sich neu bildenden Banden durch den Zutritt versprengter Glieder älterer Banden mehr Konsistenz und größere Praktik. Ohne den Zutritt der versprengten Glieder der Niederländer Räuberbanden, der Konsorten von Schinderhannes und Damian Hessel würden unter den diesseits Rheinischen Gaunern, welche sich vorher gewöhnlich nur auf nächtliche Einbrüche und Marktdiebstähle beschränkt hatten, das Strahlenkehren (Straßenrauben), Laatschen fezen (Plündern der Güterwagen) und Kassne malochnen (Einbrechen mit offener, lauter Gewalt mit dem Drohn oder Rennbaum) nie an die Tagesordnung gekommen sein. Selbst Schinderhannes würde ohne den schwarzen Peter und andere alte Räuber seine verruchte Zelebrität* nicht erreicht haben. Der zu seiner Bande gehört habende, mit ihm guillotinierte Franz Bayer, vulgo scheeler Franz, war schon vor achtzehn Jahren eines der gefährlichsten Mitglieder der Rangischen Bande, wozu auch der unter der jüngsten Anton Keilischen Bande paradierende Theodor Daniel Mayer, vulgo Schwabendaniel, gehört hat.

Die vier Frankfurter Karlsbuben erscheinen deshalb als gefährlichere Räuber, weil sie mit ihren Schwägern, dem roten Christian und Franz Veter, eine eigene Räuberfamilie bildeten, welche kräftig genug war, ohne fremde Beihilfe Verbrechen auszuführen; wodurch sie gegen Verrat um so gesicherter waren, da sie gemeinschaftliche Familienverhältnisse banden und also ihr öfteres Beisammensein keinen Verdacht gegen sie erregen konnte. Überdies hatten sich zwei von ihnen als Feldhüter feste Wohnsitze erworben, in welchen sie, da sie tief im odenwäldischen Gebirge isoliert lagen, nicht beobachtet werden konnten und auf welchen sie, selbst wenn ihre nächtliche Abwesenheit bemerkt worden wäre, sich ganz füglich damit entschuldigen konnten, daß sie ihrem Dienste, als Hüter der Heidekornfelder gegen das Wild, nachgegangen seien.

Der älteste von ihnen, Joseph Jacobi, Stiefbruder der übrigen, wurde vom Amt Zwingenberg, der zweite, Balthasar, gleichfalls vom Amt Zwingenberg, der dritte, Bernhard, vom Amt Reichelsheim und der jüngste, Friederich, vom Amt Neckarschwarzach nach Heidelberg eingeliefert. Joseph hatte – so wie Friederich – seine Brüder geleugnet, Bernhard nur den Joseph, Balthasar hingegen hatte sie alle anerkannt. Die hieraus sich bildenden Widersprüche dienten zwar dazu, sie sämtlich noch verdächtiger zu machen, als sie durch die übrigen gegen sie vorliegenden Angaben schon waren, allein zu einem offenen Geständnis ihrer Vergehen waren sämtliche nicht zu bewegen. Nur dann bekannten sie, wenn keine weitere Ausflucht mehr möglich schien. Hatte aber auch der eine Bruder bekannt, so leugneten die anderen wieder und waren nur dann zum Geständnis zu bringen, wenn sie aus dem eigenen Munde des bekannt habenden Bruders dessen Eingeständnis vernahmen; weder die Versicherung des Richters, daß der Bruder

* Berühmtheit

gestanden habe, noch die Aussagen der anderen mit ihnen konfrontierten Räuber vermochten etwas.

Nun war auch Johann Bauer, vulgo der Schefflenzer Bube, von Aschaffenburg nach Heidelberg geliefert worden, und die Untersuchung richtete sich nun auch gegen diesen. Sie war um so leichter und schneller beendet, weil Bauer schon in Aschaffenburg frühere Vergehen, wegen welcher er in Haft gekommen war, eingestanden hatte und in Heidelberg nicht zögerte, auch das, was weiter gegen ihn angezeigt war, zu bekennen.

Mit nicht ganz gleicher Ergebenheit in sein Schicksal bekannte auch der später noch von dem Amt Buchen mit seinem dreizehnjährigen, auch schon zum Marktdiebe gebildeten Sohn eingelieferte Johann Adam Karr, vulgo strobelicher Adel, jene Vergehen, welche in Heidelberg gegen ihn angezeigt waren. Seinem Beispiel folgte der vom Amt Lauden später auch noch eingelieferte Johann Schulz, vulgo Vogelhannes. Der Verbrechen dieser beiden sind freilich nur wenige; wahrscheinlich aber nicht darum, weil sie nur wenige begangen haben, denn sie scheinen, besonders der erste, alte praktische Gauner zu sein, sondern nur darum, weil sie mit den anderen in Heidelberg einsitzenden Gaunern nur ganz kurze Zeit in Berührung gestanden hatten. Sie gehörten nämlich nie zu der Bande, welche in den Gegenden des Odenwaldes hauste, sondern zu einer anderen, welche an der Grenze des vormals fränkischen Kreises ihr Wesen oder vielmehr ihr Unwesen trieb, und die Berührung und Geschäftsverbindung einzelner Mitglieder der Odenwälder Bande mit jener, wozu sie gehörten, war nur die Folge einer momentanen Versprengung der Odenwälder aus ihrem gewöhnlichen Sprengel; auch war es gegen die Absicht jener Nomaden an der fränkischen Grenze, die versprengten Odenwälder in bleibende Verbindung mit sich zu ziehen, vielmehr kündigten sie denselben nach ganz kurzer Zeit die Gesellschaft auf und wiesen sie ernstlich an, dahin zurückzukehren, woher sie gekommen seien, mit dem Beifügen: »Was hieroben zu machen ist, ist unser, und wir können es machen ohne Euch«, und bestätigten damit die frühere Wahrnehmung des Verfassers, daß diese Menschen, so wie einst die verschiedenen Orden der Bettelmönche ihre eigenen Provinz-Einteilungen zur Besteuerung der frommen Gläubigen hatten, ebenfalls ihre eigenen Sprengel gebildet haben, in welchen sie das ausschließende Recht zum Treiben ihres Räubergewerbes zu haben vermeinen und in welchen sie den zu anderen Sprengeln gehörenden Raubgenossen keinen oder doch nur kurzen Aufenthalt für besondere Notfälle gestatten. Wollten sich Räuber eines fremden Bezirks in einem anderen Sprengel gegen den ausdrücklichen Willen der darauf ein erworbenes Recht ausübenden Räuber zu halten suchen, so würde ihnen dieses schon wegen der ihnen von allen Seiten und von allen Gliedern der einheimischen Bande bevorstehenden Gefahr wiederholter Mißhandlungen und Angriffe auf ihr Leben beinahe unmöglich sein; wollten sie aber auch diesen Gefahren trotzen oder wollten oder könnten die einheimischen Räuber durch eigene Angriffe auf das Leben der Eingedrungenen jene nicht vertreiben, so finden sie gar leicht andere Mittel, sie zu verscheuchen. Es ist schon deshalb solchen Eingedrungenen beinahe unmöglich, sich ohne den Willen der Einheimischen in einem fremden Sprengel zu halten, weil sie der Gegend unkundig sind, die Seitenwege, die Fußpfade, Waldungen, Gebirgsschluchten usw. nicht kennen, weil sie keine Kocheme Bayes (vertraute Häuser) haben, in welchen sie für sich und das Geraubte Unterkunft finden, und weil es ihnen ebenso an Kenntnis solcher Leute gebricht, an welche sie das Geraubte schnell und sicher absetzen können; wenn nun zu diesen ihnen schon im Wege stehenden Hindernissen sich noch die Gegenwirkungen der einheimischen Räuber gesellen, so sind jene offenbar verloren. Solche Gegenwirkungen sind den einheimischen Räubern gar leicht ausführbar. Sie machen die ohnehin noch kein Vertrauen besitzenden fremden Räuber in den Kochemen Bayes und bei den Käufern gestohlener Waren als Zikmer (Burschen, welche, wenn sie eingefangen werden, sogleich alles bekennen und verraten) verdächtig; sie spüren jenen Fremden nach, und wenn diese im Begriff sind, einen Raub oder Einbruch auszuführen, so kommen sie ihnen in demselben Lokale oder in einem sehr nahen um eine oder einige Stunden zuvor, so daß, wenn jene eben auf dem Marsch nach ihrem gesteckten Ziel sind, schon Lärm in der Gegend ist und sie so den Streifern und Wachen in die Hände fallen müssen; oder sie verüben in der Nähe des Ortes, in welchem die Fremden mit ihren Familien herbergen, oder in diesem Ort selbst einen Diebstahl und zerstreuen einige gestohlene Effekten in der Nähe der Scheuer oder des Schopfen, worin jene liegen, oder wissen sie wohl gar selbst in diese Lagerstätte zu bringen, entfernen sich dann schnell wieder; und so sind jene am folgenden Morgen gewiß arretiert oder versprengt und auf jeden Fall auf lange Zeit aus dem Sprengel vertrieben. Alle diese Handwerksvorteile und ihre gefährlichen Folgen kennen sämtliche Räuber, und darum wagt es auch nur selten einer, in einen fremden Sprengel einzudringen.

Ehe ich zur Beschreibung des Tuns und Treibens dieser Menschen im allgemeinen übergehe, halte ich es für zweckmäßiger, die von den in Heidelberg eingefangenen Räubern eingestandenen Verbrechen aufzuzählen, weil sich hieraus gar manche Notiz über ihre Taktik und ihre Lebensweise von selbst ergibt; um aber auch diese leichter begreiflich und beurteilbarer zu liefern, sende ich eine kurze Schilderung der eingefangenen Räuber voraus. Ihre Biographien liefern wenig Interessantes, da sie sich meistens darauf reduzieren: Sie wurden von Gaunern geboren, zu Gaunern erzogen und lebten als Gauner.

1.
Veit Krähmer.

Er ist 22 Jahre alt, zu Ramsthal im Fuldischen gebürtig. Sein Vater ist Albert Krähmer, vulgo Zunderalbert, ein alter Gauner, welcher schon seit mehreren Jahren zu Würzburg im Gefängnis sitzt und auch dort der wohlverdienten Strafe entgegensieht. Seine rechte Mutter ist tot; seine damalige Stiefmutter – oder vielmehr die zweite Beischläferin seines Vaters – ist die sogenannte Fulder-Ließ, vorher an seinen sicheren Selser, auch einen herumziehenden Krämer, verheiratet oder dessen Konkubine. Sie ist mit Veits jüngstem Bruder auch in Heidelberg verhaftet und zugleich die rechte Mutter der Beischläferin des Veit Krähmer, Eva, geborene Selserin. Beide Weibsleute sind lebhafte, stets muntere Geschöpfe, welche als Bänkelsängerinnen die Märkte besuchten und so das zu verdienen strebten, was Veit entweder nicht verdienen konnte oder, wenn er es verdient hatte, nicht abgab, weil er es ganz oder größtenteils zu vertrinken pflegte. Veit wurde ganz im Gaunerleben und zu diesem erzogen. Er hat nie eine feste Wohnstätte gehabt. Schon in seinem 15. bis 16. Jahr wurde er von seinem Vater zu Einbrüchen mitgenommen und teilte mit ihm die Beute. Wenn er nicht ganz als der verworfenste, ausgemachteste Bösewicht erscheint, so ist dies weniger seiner Erziehung und der Mühe, welche sich sein Vater gab, ihn zum vollendeten Räuber zu bilden, zuzuschreiben als der Eigentümlichkeit seines Charakters, welcher zwar ein Übermaß an unendlichem Leichtsinn, aber auch eine große Gabe Gutmütigkeit oder, wenn man lieber will, Schwäche zu enthalten scheint. Er kann einer ernstlichen Ermahnung nicht lange, einer gütigen, freundlichen Behandlung aber noch weit weniger widerstehen. Seine Geständnisse waren die Folge der Furcht, von anderen verraten zu werden, denn er war, als er bekannte, noch keiner weiteren Vergehen beschuldigt und alleine verhaftet; sie waren nicht die Folge der Rachsucht gegen andere, denn er hat nichts Falsches angegeben, und es hat sich gezeigt, daß er von keinem beleidigt war, mit keinem in Feindschaft lebte; sie waren auch nicht ein Erzeugnis der Hoffnung, durch sie seine Strafe zu mindern, denn er glaubt, den Tod verdient zu haben und damit bestraft zu werden; auch hat er bei seinen Geständnissen nie daran gedacht, sich eine gelindere Strafe zu erbitten. Sie wurden vielmehr einzig dadurch hervorgebracht, weil Veit nicht schweigen kann, sobald man sich mit ihm in ein Gespräch über seine Lebensweise und seine Diebsgenossen einläßt; und weil ihn, sobald er nur nach einem Verbrechen, welches er mit verüben half, gefragt wird, sein unwillkürliches Lächeln verrät, welches während der Geständnisse in wirkliches volles Lachen übergeht. Nicht aber, daß er sich aus teuflischer Bosheit seiner Taten freute, sondern weil er in jedem Bekenntnis die Bestätigung der Vorhersagung seiner Kameraden, daß er nichts verschweigen könne, findet und im voraus das Vergnügen genießt, welches ihm daraus erwächst, wenn er in der Folge hören oder sehen kann, wie seine Kameraden sich die Köpfe zerbrechen, um zu erraten, wer wohl das von ihm Angegebene gesagt haben möge. Er weiß, daß er gegen die Gesetze gefehlt hat, er glaubt sogar, daß er des Todes schuldig sei; er ist aber nicht imstande, das Abscheuliche seines Räuberlebens einzusehen, und zeigt darum auch weder Reue noch Vorsatz zur Besserung. Dies erklärt sich, ohne den Veit in einem häßlicheren Licht darzustellen, leicht, wenn man bedenkt, daß das, was der Mensch von Jugend auf und immer treibt, ihm zur Gewohnheit wird, so daß ihm selbst das Häßlichste und Ekelhafteste bei solcher Beschäftigung nicht mehr auffällt; und wenn man weiter erwägt, daß Veit nicht wohl einen Vorsatz zur Besserung fassen könne, da es ihm an den Mitteln und an der Kraft zur Ausführung gebricht. Was sollte er, der nie etwas gelernt hat, der nicht zum Arbeiten angehalten wurde, ergreifen, wenn er wieder loskäme, und wo würde er, wenn er arbeiten wollte, geduldet? Er *müßte* wieder stehlen, und wenn er nicht wollte, so brächten ihn die alten Kameraden wieder dazu. Er selbst hat bei einer Konfrontation dem Hölzerlips, welcher erklärte, wenn er je wieder frei würde, wolle er ein ehrlicher Mann werden, ganz offen entgegnet: »Wie ist das denn möglich? Wenn du heute loskommst, so schuppst (stiehlst) du wieder, ehe drei Tage vergehen.« Er liebt übrigens sehr den Branntwein und hat gewöhnlich das, was er durch Straßenraub und Einbruch erwarb, mit seinen Genossen versoffen, ohne den Seinigen etwas Bedeutendes davon zu geben; obschon er für seine Beischläferin und sein jüngstes Kind sehr viel Liebe zu haben scheint.

2.
Andreas Petry,
vulgo Köhlers Andres.

Er ist erst 17 bis 18 Jahre alt, ledig, ein Sohn des Peter Petry, vulgo schwarzen Peters. Dieses wird in Verbindung mit dem, was schon von dem Vater gesagt ist, hinreichen, um sich einen Begriff von der Erziehung zu machen, welche Andreas Petry erhielt. Er ist heute noch nicht konfirmiert. Doch hat sein Vater in politischer Hinsicht mehr für seine Erziehung getan, als der Zunderalbert für die seines Veit. Er ließ ihn nämlich verschiedene musikalische Instrumente lernen. Andreas Petry spielt mit großer Fertigkeit die Klarinette; auch die Flöte und das Flageolet* spielt er nicht ungeschickt. Diese Kunstfertigkeit sollte dem Andreas Petry zu einem ehrlichen Erwerb helfen; wie war aber dies möglich, wenn ihn die Ausübung seiner Kunst von Ort zu Ort unter der niedersten Volksklasse herumtrieb, ihn immer mit Räubern und Dieben in Berührung brachte, welche er schon von Kindesbeinen an kannte; da sie ihm manche freie Stunden übrigließ, ihn nicht vollkommen ernährte und da sein eigener Vater ihn schon als Buben auf Straßenräubereien und Diebstähle mitnahm, ihm von seinen Großtaten jenseits des Rheins, von dem erhabenen Schinderhannes und dessen und seinen eigenen alten, würdigen Kämpen erzählte und so seinen Geist ebenso erhitzte und zur Nachahmung der großen Vorbilder anspornte, wie einst die Phantasie des edlen Ritters von Mancha† exaltiert‡ und sein Nachstreben rege gemacht wurde! Er ist von lebhaftem, munterem Temperament, besitzt aber zugleich einen hohen Grad Verschlossenheit, Verschlagenheit, Falschheit und Rachsucht. Sein Blick ist immer unstet wie der eines Verfolgten, welcher ängstlich nach der Nacheile umschaut. Er fühlt, daß die Menge seiner Verbrechen eine Folge seiner schlechten Erziehung, die Schuld seiner Eltern ist. Er hat zwar, wie oben gesagt wurde, den wahren Namen seines Vaters bis auf den letzten Augenblick geleugnet; später aber hat er noch gar manche Vergehen seines Vaters freiwillig ange-

---

* die Hochflöte
† Don Quichotte
‡ überreizt

geben. Ebenso hat er unaufgefordert verschiedenes gegen seine Mutter, gegen seine Schwester und deren beiden Zuhälter, Lüttich und Luz, angegeben.

3.
Sebastian Luz,
vulgo Basti.

Auch er ist der Sohn herumziehender Eltern, auch erst 17 bis 18 Jahre alt, von Neckargerach gebürtig. Von seinen Eltern sind keine Vergehen bekannt. Auch er ist musikalisch, und die Kultivierung dieses Talentes brachte ihn mit Andreas Petry zusammen und durch diesen mit der Räuberbande in Verbindung. Er ist von allen der Munterste, Aufgeweckteste, Mutwilligste und, den Mangel an Erfahrung abgerechnet, der Gescheiteste; aber auch der Ausdauerndste. Hölzerlips selbst, der ungern einem anderen den Vorrang in irgend etwas zugesteht, erklärte während einer Konfrontation, bei welcher Basti nicht zugegen war: »Basti ist der härteste von uns allen. Wenn der als Räuber bis zu seinem 30. Jahr fortgelebt hätte, so wäre Schinderhannes nichts gegen ihn gewesen.« Er wurde als Schulknabe wegen seiner ausgezeichneten Fähigkeiten besonders geschätzt, und eine vornehme Person nahm sich eben darum seiner an und wollte ihn ein Handwerk lernen lassen. Sein Vater verließ aber damals gerade die Gegend des Odenwaldes, in welcher Basti zur Lehre kommen sollte, und beharrte darauf, daß er mit ihm ziehen sollte. Er folgte, blieb aber nicht lange bei seinem Vater, sondern verließ ihn und trieb sich nun bei englischen Reitern, Marionettenspielern und Leuten, welche Lappländer für Geld sehen ließen, herum, bis er sich endlich auch von diesen wieder losmachte und mit seinem Saitenspiel allein umherzog. Auf diesen Zügen kam er mit anderen Burschen seines Gelichters und unter diesen auch mit Andreas Petry zusammen. Jugend, Frohsinn und gleiche Beschäftigung knüpfte das Band ihrer Freundschaft enger. Durch Andreas Petry wurde Basti in den Familienzirkel des schwarzen Peters eingeführt. Dieser hatte seine Tochter Margaretha bei sich, welche früher mit einem gewissen Lüttich als dessen Beischläferin verbunden war und von ihm zwei Kinder hatte. Dieser Lüttich war jenseits des Rheins beim Forstwesen angestellt und hatte dort Frau und Kinder. Er war aber vom linken Rheinufer unter deren Zurücklassung wegen eines verübten Mordes entflohen und hatte in den Gebirgen des Odenwaldes Schutz gefunden. Hier traf er Margaretha Petry und verband sich, seine früheren Verhältnisse verschweigend, mit ihr. Seine Frau erfuhr endlich seinen Aufenthalt und suchte und fand ihn mit ihren Kindern; er wußte sie aber durch die fürchterlichsten Drohungen zurückzuschrecken. Margaretha Petry erfuhr zwar nun die wahren Verhältnisse Lüttichs, allein sie hatte schon ein Kind von ihm gezeugt und blieb daher mit ihm in fortgesetzter Verbindung, deren Folge bald ein zweites Kind hervorbrachte. Lüttichs vorzüglichste Beschäftigung war die Wilderei, und sie war es auch, welche ihn auf zwei Jahre in das Zuchthaus nach Mannheim brachte. Margaretha Petry hatte, der Verhältnisse Lüttichs, ihrer Eltern und ihrer eigenen bewußt, dennoch die Frechheit, öffentlich als seine Frau aufzutreten und als solche bei Sr. Königlichen Hoheit, dem Herrn Großherzog von Baden, schriftlich um Begnadigung Lüttichs zu bitten. Sie wurde ihr abgeschlagen, und nun war auch ihre Liebe erkaltet. Sie suchte nun als feile Dirne jeden an sich zu locken, bis es ihr endlich gelang, den Basti auf längere Zeit mit sich zu verbinden.

4.
Georg Philipp Lang,
vulgo Hölzerlips.

Er ist etliche und 30 Jahre alt, von Roth am Berg im Nassauischen gebürtig und ebenfalls der Sohn herumziehender, übrigens aber keiner Verbrechen bezichtigter Eltern. Seine Erziehung wurde wie die des Veit in jeder Hinsicht vernachlässigt. Er trieb sich lange mit seinem Vater herum, bis er endlich sich mit einer Weibsperson verband und, wie er behauptet, förmlich trauen ließ. Um für diese und seine damalige Familie seine Subsistenz* zu begründen, fing er einen Handel mit hölzernen Waren an und trieb denselben geraume Zeit. Daher sein Name Hölzerlips. Von früheren Zeiten sind keine Verbrechen von ihm bekannt, und er beharrt standhaft auf der Behauptung, daß er bis zu seiner Loslassung von Bergen streng ehrlich gewesen sei und sich von allen Verbindungen mit Räubern freigehalten habe. Er wurde in Bergen wegen Landstreicherei durch eine Streifmannschaft verhaftet und saß dort geraume Zeit. Seine Abwesenheit benutzte ein gewisser Heinrich Pfeiffer, um eine vertraute Bekanntschaft mit seiner Frau anzuknüpfen. Es gelang ihm, und er hatte sie beständig als seine Konkubine bei sich. Hölzerlips erfuhr dieses in seinem Arrest zu Bergen und schnaubte Rache. Seine Freilassung erfolgte, und sein erstes Geschäft war nun die Aufsuchung seiner Frau. Er fand sie noch am selben Abend und den Pfeiffer und seine zwei eigenen Kinder bei ihr. Noch ehe er seine Vorwürfe begann, schilderte sie ihm die Freundschaft, mit welcher Pfeiffer sich ihrer und seiner Kinder angenommen, sie gegen Hunger und Mangel geschützt und allerorten für sie gesorgt habe, mit so lebhaften Farben, daß der Zorn des Hölzerlips schon in seinem Ausbruch gemindert wurde. Zwar begann er seine Vorwürfe, aber wie leicht waren diese widerlegt! Alles war Verleumdung boshafter Menschen, welche ihm sein Unglück gegönnt und gerne gesehen hätten, daß auch sie und ihre Kinder zugrunde gegangen wären, und die nun, da dieses nicht erfolgt sei, sie durch ihn selbst verderben wollten. Hölzerlips hatte keine Beweise, seine Frau fuhr fort, ihn durch die heiligsten Versicherungen ihrer Treue zu beschwichtigen, erzählte ihm ihre Teilnahme an seinen Leiden, ihren tiefen Kummer und ihre Trostlosigkeit, ließ sich seine Leiden erzählen und, um ihn schnell dafür zu entschädigen und sie leichter vergessen zu machen, Branntwein holen. Hölzerlips, welcher dieses Getränk bis zum Unsinne liebt, trank den Versöhnungstrunk. Der Groll war vergessen, es wurde des köstlichen Trankes mehr und immer mehr gebracht, bis Hölzerlips berauscht auf sein Lager nieder und in den tiefsten Schlaf versank, aus

* seinen Lebensunterhalt

welchem er erst spät am folgenden Morgen erwachte, um sich mit seinen zwei kleinen Kindern alleine, von seiner Frau und Pfeiffer verlassen zu sehen. Hölzerlips war nun wirklich in der erbärmlichsten Lage; und einzig diese, so behauptet er, zwang ihn, sich dem Räuberleben zu widmen, weil er sich ferner mit seinen zwei Kindern ehrlich nicht fortbringen konnte. In der Folge legte er sich eine Beischläferin zu und, als diese später mit seinen zwei Kindern nach Darmstadt in Arrest gekommen war, wo nun auch seine wirkliche Frau einsitzt, verband er sich mit der oben schon erwähnten Catharina Weisin, welche sich zu Heidelberg so würdig benahm. Hölzerlips ist trotz allem Mangel an Erziehung kein ungebildeter Kopf. Er ist der stärkste unter allen in Heidelberg Verhafteten und, nach allen Umständen, auch der grausamste und boshafteste. Er kann seinen Zorn, wenn er ausbricht, nicht dämpfen; er beträgt sich im Kreise der übrigen stets mit ausgezeichneter Superiorität*, und auch wenn er leugnet, bei diesem oder jenem Raub der anerkannte Anführer gewesen zu sein, so zeigen doch die Umstände, daß er es wirklich gewesen war; so wie die Art, womit die übrigen seine Anmaßungen ertragen, beweist, daß sie schon daran gewöhnt sind, von ihm so behandelt zu werden. Die Geschichte der von ihm verübten Verbrechen wird helleres Licht über seinen Charakter verbreiten.

5.
Philipp Friederich Schütz,
vulgo Manne Friederich.

Auch er ist über 30 Jahre alt und in Kopenhagen gebürtig. Seine Eltern waren in Frücht, einem damals dem Freiherrn vom Stein zugehörigen Ort unweit Koblenz, als Bauersleute wohnhaft und nährten sich dort zwar ärmlich, doch ehrlich. Ein gewisser Graf von Schimmelpfennig kam in die Gegend, machte Bekanntschaft mit dem Freiherrn vom Stein und lernte durch ihn die Industrie der Bewohner der Rheingegenden kennen. Er wünschte diese auch auf seine Güter in Dänemark zu verpflanzen, besonders aber mit dem Tabakbau Versuche zu machen. Freiherr vom Stein suchte die Wünsche des Grafen zu erfüllen, und es gelang ihm, in seinem eigenen Ort Frücht zwei und in dem damals Gräflich Leyenschen Lande noch einige Familien zum Umzug nach Dänemark zu disponieren. Unter den ersten befanden sich Manne Friederichs Eltern. Sie ließen ihr Wohnhäuschen und einige Güterstücke, freilich nicht schuldenfrei, in Frücht zurück. Sie hatten bereits mehrere Jahre in Dänemark gelebt, als der alte Schütz dort starb. Seine Witwe konnte nun allein ihrem Geschäft in Dänemark nicht vorstehen, auch sehnte sie sich in die heimatlichen Gefilde zurück; sie reiste mit ihren kleinen Kindern, worunter unser Inquisit sich befand, nach Deutschland zurück. Sie hatte gehofft, ihre verlassene Hütte wieder beziehen, ihre wenigen Felder verpachten und sich mit dieser Beihilfe durch Arbeit fortbringen und ihre Kinder großziehen zu können; allein ihre Hoffnung hatte sie getäuscht. Das Häuschen

---

* Überlegenheit

war, nebst dem übrigen, was sie verlassen hatte, auf Drängen der Gläubiger versteigert und der Erlös zur Tilgung der Schulden und Bestreitung der Kosten verwendet worden; man legte ihr Rechnung über das Ganze vor; ihr gehörten noch 3 fl. 32 1/2 kr. Diese empfing sie, wurde aber nicht länger in Frücht geduldet und sah sich also gezwungen, von Ort zu Ort mit ihren armen kleinen Kindern das Brot zu suchen. So brachte der lobenswerte Eifer des Grafen von Schimmelpfennig, die Industrie in Dänemark zu befördern, eine rechtliche* deutsche Familie in Armut und Elend und unseren Manne Friederich unter die Räuber. Er lernte auf den immerwährenden Zügen, welche er mit seiner Mutter machte, bei einem auch herumziehenden Korbmacher diese Profession, und von diesem Korb- oder Wannenmachen erhielt er später den Namen Wannen- (oder, wie es in der Wetterau und dortigen Gegend gesprochen wird, Mahnen-) Friederich. Bald verband auch er sich mit einer Weibsperson, welche er als ständige Beischläferin mit sich führte und welche mit ihm nach Heidelberg in das Gefängnis kam. Auch er ist dem Branntwein ganz außerordentlich ergeben, übrigens aber bei weitem nicht so boshaft wie Hölzerlips. Er ist unter allen der gebildetste, manierlichste und klügste.

6.
Matheus Österlein,
vulgo Krämer-Mathes.

Er ist 23 Jahre alt und von Sindelfingen gebürtig, wo seine Eltern seßhaft waren und wo noch ein Bruder von ihm etabliert ist. Seine Eltern, welche er schon früh im Verdruß verlassen hatte, sind inzwischen nach Rußland gezogen. Er zog anfänglich auf seiner Profession als Maurer umher, bald aber machte er Bekanntschaft mit einer herumziehenden Landkrämerin (angeblich die Tochter eines würzburgischen Grenadiers) und schloß sich an diese an. Er trieb eine Zeitlang seinen kleinen Handel als herumziehender Krämer, bald aber geriet er in die Gesellschaft der Räuber und machte mit ihnen gemeinschaftliche Sache.

Seine Frau oder vielmehr Konkubine wurde mit ihrem einzigen Kind schon früher durch Streifer eingezogen und sitzt in Darmstadt gefangen. Er hat eine verschlossene, übrigens ruhige Physiognomie, welche nur beim Zusammenziehen der Augen, welches ihm gewöhnlich ist, in finsteren, tiefen Ernst übergeht, sich aber bald wieder ebnet. Er ist von allen der ruhigste.

7.
Stephan Heußner,
vulgo langbeiniger Steffen.

Er war 28 Jahre alt, zu König in der Grafschaft Erbach gebürtig. Oben ist schon über seinen Charakter das Nötigste gesagt. Er hinterließ eine Frau und zwei kleine, schöne Kinder.

---

* rechtschaffene

8.
Johann Bauer,
vulgo der Schefflenzer Bube.

Er ist 20 Jahre alt und zu Oberschefflenz bei Mosbach gebürtig. Sein Vater war angeblich ein pfälzischer Soldat und so wie seine Mutter ohne Vermögen. Nach dem Tod seines Vaters zog er mit seiner Mutter umher; später setzte er dieses Leben als Bettler allein fort. Er arbeitete von Zeit zu Zeit bei Schiffleuten und Bauern, kehrte aber bald wieder zu seiner gewohnten Lebensweise zurück. Auf seinen Kreuz- und Querzügen als Betteljunge wurde er mit falschen Spielern bekannt, und zwar mit solchen, welche mit sogenannten tragbaren Warenlotterien die Märkte besuchen. Diese fanden an ihm einen offenen Kopf und nicht gewöhnliche Beredsamkeit und warben ihn deswegen als Fallenmacher an, das heißt: Er wurde der Lockvogel und die Falle für andere, die betrogen werden sollten. Um dies auszuführen, erschien er nie öffentlich mit seinen Gesellschaftern; wenn aber diese ihre Lotterie, deren höchste Lose mit Uhren, silbernen Löffeln, Geld usw. besetzt waren, aufgestellt und die Neugierigen beigezogen hatten und wenn sich dann unter diesen ein den Markt besuchender Müller oder Metzger oder Bauer mit strotzendem Geldgurte um den Leib einfand oder überhaupt ein rupfbar erscheinender Simpel angeflogen war, welcher noch unentschlossen vor der Bude stand, dann erschien Johann Bauer als ein gänzlich unbekannter Bursche und gaffte mit. Der Inhaber der Lotterie forderte unter manchen anderen auch ihn auf, sein Glück zu probieren. Er zeigte keine Lust; es wurde ihm zugeredet, er verweigerte es standhaft; man bot ihm einen unentgeltlichen Wurf zur Probe an, er war (mit dazu eingerichteten Würfeln) ziemlich hoch. Nun sollte er den Wurf um Geld wiederholen; er ließ sich überreden, warf, verlor und schimpfte nun. Man stellte ihm vor, daß er nicht stets hoch werfen könne, er solle es noch einmal probieren; er verlor abermals, schimpfte noch ärger, spielte aber nun, freiwillig, hitzig fort, verlor noch einige Male (mit anders eingerichteten Würfeln), bis er endlich plötzlich das höchste oder ein sehr hohes Los (mit den ersten Würfeln) gewann. Nun erscholl ein allgemeiner Jubel, das Gewonnene wurde ihm, zum überhöhten Preis, wieder vom Lotterie-Direktor abgekauft. Er wollte fort, wurde aufgefordert weiterzuspielen, gewann einige Kleinigkeiten – dann plötzlich wieder einige Louisdor auf einen Wurf. Nun waren die Umstehenden gereizt, die Simpel gingen in die Falle, und während sie zu Dutzenden kahlgerupft wurden, hatte Bauer den Markt verlassen und fand sich erst am folgenden Tag an einem anderen Ort wieder mit seinen Kameraden zusammen, um seinen bedungenen Anteil an der Beute zu empfangen. Diese Lebensgattung mußte ihn mit den die Märkte auch besuchenden Gaunern zusammenbringen, und so wurde er denn endlich Dieb und Räuber. Er besitzt, wie schon gesagt, große Beredsamkeit, welche er, wie so mancher Redner, sehr gerne offenbirt*. Er hat aber die Untugend an sich, daß er sich auf Kosten anderer beliebt zu machen

* zur Schau stellt

sucht und, wenn er keine Wahrheiten anzugeben weiß, Lügen ersinnt und als wahre Beschuldigungen vorbringt. So hatte er sich in einem früheren Arrest brauchen lassen, die anderen Gefangenen, zu welchen man ihn geflissentlich gesetzt hatte, anzulocken und sie dann zu verraten; er rühmte sich selbst, daß er manche Lüge unter seine Angaben gemischt und dadurch jenen gar manchen Buckel voll Schläge procurirt* habe. Er ist im übrigen von schöner Gesichtsbildung.

9. 10. 11. 12.
Joseph Jacobi,
Balthasar Held,
Bernhard Held,
Friederich Held,
vulgo die vier Frankfurter Carlsbuben.

Der erste 36 Jahre alt, der zweite 28, der dritte 26, der vierte 20. Beide erstere mit Beischläferinnen versehen, von welchen sie Kinder haben; beide letztere ledig. Ihr Vater, der rechte Vater der drei letzteren, Stiefvater des ersten, war, wie schon bemerkt, ein Gauner, ihre Mutter zog auch nach seinem Tod mit den zwei jüngsten Brüdern umher; die beiden ältesten hatten sich als Fruchthüter in abgelegenen Hütten des Odenwaldes fixiert und trieben von da aus ihre Räubereien. Sie sind sämtlich verschlossene, boshafte, hartherzige Menschen, doch der älteste in minderem Grade als die übrigen.

13.
Johann Schulz,
vulgo Vogelhannes oder Krautscheißer.

Er ist 25 Jahre alt, von Distelhausen gebürtig und hat eine Frau und vier Kinder. Seine Eltern waren herumziehende Krämersleute. In früheren Jahren diente er bei den Bauern, dann lebte er einige Zeit als Hirte auf einzelnen Höfen. Nach seiner Verheiratung (er ist wirklich getraut) zog auch er als fahrender Krämer umher und kam bald in die Gesellschaft der Diebe. Sein Charakter scheint nicht der schlimmste zu sein.

14.
Johann Adam Karr,
vulgo der strobeliche Adel.

Er ist 49 Jahre alt, von Hohefeld bei Wertheim gebürtig. Seine Eltern hatten, so wie er selbst, nie einen festen Wohnsitz, sondern zogen mit Münchberger Häfen, welche sie verkauften, im Lande umher. Bis in sein 23. Jahr blieb Karr bei seinen Eltern und war ihnen, wie er angibt, in ihrem Handel behilflich; dann aber verband er sich mit seiner damaligen, noch nicht eingefangenen Ehefrau,

---

* verschafft

Anne Maria, geborene Märzin, deren Eltern ebenfalls Vaganten waren. Er ist nach seiner Versicherung mit seiner Frau nicht nur einmal, sondern zweimal kopuliert: einmal lutherisch, das andere Mal katholisch. Nach seiner Trauung fing er sein eigenes Gewerbe an, welches in Verfertigung von Körben, Stöcken und Blasrohren bestand, und zog darauf in der Grafschaft Wertheim, im Taubergrunde und den angrenzenden Gegenden umher. Er hat drei Kinder, wovon ein Mädchen von sechs und ein Junge von vier Jahren mit der Mutter umherziehen, das dritte aber der unten bemerkte Joseph ist.

Er hat allem Anschein nach noch weit mehr Verbrechen begangen als eingestanden; bei dem gänzlichen Mangel aller näheren Inzichten* konnte aber etwas Weiteres nicht gegen ihn herausgebracht werden. Er ist ein sehr verschmitzter Mensch und hat in den Verhören stets den Reuigen gemacht; immer aber verriet sich dabei, daß es nur Gleißnerei† war. Wenn andere gegen jene, welche etwas gegen sie angezeigt hatten und es ihnen nun in das Gesicht behaupteten, in Zorn ausbrachen, so ergoß dagegen Johann Adam Karr im frömmelnden, warnenden Ton seine Vorstellungen an die ihm gegenüber Gestellten; und nur, wenn alle seine Ermahnungen jene nicht irre machen konnten, schritt er zum Geständnis.

15.
Joseph Karr,
Sohn des vorigen.

Ein Bub von 13 Jahren und schon zum Gehilfen bei Marktdiebstählen gebraucht. Solche Bäume tragen solche Früchte!

Da, wie schon früher bemerkt wurde, der stumpfarmige Zimmermann Philipp Müller nebst den Seinigen mit Veit Krähmer und dessen Raubgenossen nicht in Verbindung stand, so übergehe ich hier die Aufstellung der Charakteristik derselben um so mehr, da einige bedeutende Verbrechen bis jetzt von ihnen nicht bekannt geworden sind, und wende mich nun zur Aufzählung der vom Veit Krähmer und seinen Genossen verübten und eingestandenen Vergehen. Es sind, wie das Verzeichnis nachweisen wird, nur solche Vergehen aufgenommen worden, bei welchen wirklich einer oder einige der in Heidelberg verhafteten Gauner zugegen waren und welche alle, so viel nur immer möglich war, gehörig richtiggestellt sind. Die von Veit Krähmer und seinen Raubgenossen noch weiter gegen ihre auswärts einsitzenden Kameraden angezeigten Vergehen (worunter mitunter sehr bedeutende gehören, wie z.B. die Ermordung des Gauners Valentin Dörschner durch die in Gießen verhafteten Jacob und Johannes Vielmetter, Vater und Sohn), wurden jedesmal den einschlagenden Gerichten sogleich angezeigt, um deshalb gegen die Beschuldigten die erforderliche Untersuchung vorkehren zu können; sie konnten aber hier nicht aufgenommen werden, weil der Erfolg jener Mitteilungen bis jetzt meistens unbekannt geblieben

* Beschuldigungen
† Schein

ist. Die Verbrechen sind in jener Reihe aufgeführt, in welcher sie zur Anzeige kamen, und ich glaube, daß auch hier die bunte Reihe den Lesern angenehmer sein wird als die Zusammenstellung derselben nach irgendeiner ausgedachten Ordnung. Die meisten Verbrechen wurden von Veit Krähmer angezeigt, und er ist wahrscheinlich auch jener, welcher die meisten Verbrechen auf sich hat. Keiner der anderen war so freimütig wie er, und keiner hat so sehr ohne alle Nebenabsicht wie er Geständnisse abgelegt oder Anzeigen gemacht. Er hat noch ganz zuletzt, als keiner mehr etwas Weiteres von ihm wußte, freiwillig mehrere Straßenräubereien eingestanden, bloß um bei sich, wie er sagte, Ruhe zu haben. Er hat die von den meisten anderen, besonders von Manne Friederich, gleich anfänglich gemachten Vorschläge, man möge ihn zum Fleischmann (Spitzbubenfänger) anstellen, nur in seinem Schlußverhör vorgebracht – und auch da nicht in der Weise, daß er um Freilassung und förmliche Anstellung bat. Er fühlte selbst, daß dies nicht angehe. Nur um sein Leben bat er und versicherte, daß er, wenn ihm dies aus höchster Gnade geschenkt werde, solange er noch lebe, stets zur Entlarvung der unter falschen Namen eingefangenen Gauner mitwirken wolle. Er hat nie aus Rachsucht gegen andere etwas angezeigt wie Hölzerlips, der meistens nur dann denunzierte, wenn er gereizt war. So erklärte dieser unter anderem einmal im Verhör, nachdem er ein von Jacob Heinrich und Johannes Vielmetter gegen ihn angezeigtes Verbrechen bekannt hatte, »das muß ich siebenfach vergelten!«, und wirklich gab er auch sieben Verbrechen derselben mit allen Umständen an. Doch ich wende mich zu dem

Verzeichnis
der den in Heidelberg verhafteten Räubern und ihren
*Genossen zur Last liegenden Verbrechen. (...)**

Angriff und versuchte Beraubung der Bauernwagen bei Frankfurt.
Teilnehmer:
1. Veit Krähmer.
2. Andreas Petry.
3. Heinrich Pfeiffer.
4. Stephan Heußner, vulgo langbeiniger Steffen
5. Johannes Bauer, vulgo Schefflenzer Bub.
6. Der rote Christian.
7. Joseph Jacobi, einer der Frankfurter Carlsbuben.
8. Georg Philipp Lang, vulgo Hölzerlips.
9. Barthel Bartsch.

Am 3. Dezember 1810 war es, als die vorgenannten Räuber diesen Angriff unternahmen. Ein Jude von Heretshausen hatte ihnen entdeckt gehabt, daß an diesem Tag zwei Wagen von Frankfurt zurückkommen würden, auf welchen sich mehrere Juden befänden, welche etwa 10000 fl. Geld bei sich führten. Er selbst werde sich unter diesen Juden befinden und auch wohl ungefähr 500 fl. bei sich haben; es verstehe sich aber von selbst, daß sie ihm diese aber nicht nehmen dürften. Sie könnten ihn wohl, zum Schein, mit den übrigen binden, aber das Geld müßten sie ihm lassen. Die Räuber folgten dem Wink, hatten aber, wie sie selbst angaben, fest beschlossen gehabt, jenem schlechten Kerl, dem Angeber, sein Geld zuerst zu nehmen.

Die Räuber hatten sich in dem Wald bei Babenhausen gelagert, durch welchen die Wagen kommen mußten. Die erwarteten Wagen blieben lange aus, da wurde einstweilen ein anderer, quer durch den Wald fahrender Wagen angepackt, die Leute geschlagen und ihnen ihre wenigen Sachen, ein Paar Stiefel, 24 kr. Geld und etwas Seife, abgenommen.

Über diesem Raube kamen die erwarteten Wagen. Es waren aber nicht nur

* Pfister zählt insgesamt 142 Verbrechen der damals in Heidelberg in Haft sitzenden Räuber auf. Das Spektrum reicht vom einfachen Diebstahl, z.B. von Bienen, Betten, Fleisch und Stoffen, bis zum Raubmord. In ihrer Taktik orientiert sich die Bande an den rheinischen Räubern, allerdings ohne deren Professionalität und Dreistigkeit zu erreichen. In der Brutalität der Ausführung stehen sie ihren Vorbildern allerdings in nichts nach. Wir haben für unsere Zusammenstellung elf Verbrechen ausgewählt, die repräsentativ für die Vorgehensweise der Räuber sind.

zwei, sondern fünf, bei welchen sich etliche und zwanzig Menschen und unter diesen mehrere Metzger befanden, welche ihre Hunde bei sich hatten. Trotz dieser offenbaren Überlegenheit wurden die Ankommenden dennoch von den neun Räubern angehalten. Es kam zu wechselseitigem Zuschlagen, und die Räuber würden ganz sicher die Oberhand erhalten haben, wenn nicht die Hunde der Metzger, welche unter die Wagen gebunden waren, von einem derselben losgelassen worden wären und durch ihre Anfälle die Räuber zur Flucht in den Wald genötigt hätten. (...)

Straßenraub bei Gelnhausen.

Teilnehmer:

1. Georg Philipp Lang, vulgo Hölzerlips.
2. Heinrich Pfeiffer.
3. Sebastian Luz, vulgo Basti.
4. Johann Werner, vulgo Wuttwuttwutt.

Dieser Straßenraub wurde am 8. Januar 1811 an zwei Kaiserlich Französischen Offizieren verübt. Die Räuber waren nicht expreß* auf diesen Straßenraub, sondern darauf ausgegangen, einen Branntweinkessel zu entwenden, welchen ihnen Pfeiffer verraten hatte. Auf dem Hinwege nach dem Dorf, in welchem dieser Kessel geholt werden sollte, jenseits Wirtheim, hinter Gelnhausen auf dem Aufenauer Berg, fuhr die Chaise, worin jene zwei Französischen Offiziere sich befanden, an ihnen vorüber. Pfeiffer machte den Antrag, der Chaise nachzueilen und sie zu berauben. Gesagt, getan. Wohl eine halbe Stunde Wegs liefen sie der Chaise nach, ohne sie erreichen zu können. Schon bekam Hölzerlips das Milzstechen und mußte zurückbleiben; da nahm Pfeiffer noch einmal seine Kräfte zusammen, und es gelang ihm, die Chaise zu erreichen. Er fiel sogleich den Pferden in die Zügel und hielt sie fest, bis die anderen kamen. Im Augenblick dieses Beikommens schoß einer der Offiziere mit einer Pistole nach Pfeiffer. Dieser wähnte, er sei getroffen, und schrie daher den anderen zu: »Ihr lieben Brüder, ich kann nicht mehr, ich habe meinen Teil, nun macht ihr es fertig!«

Nun übernahm Hölzerlips die Pferde und zwang den Kutscher abzusteigen. Inzwischen hatte Pfeiffer sich von seinem Schreck erholt und nahte mit den anderen der Chaise selbst und forderte den Offizieren ihr Geld ab. Er erhielt fünfzehn Goldstücke.

Während diesem schlugen die beiden anderen heftig auf das Dach der Chaise, um die Offiziere dadurch zum Herausspringen zu verleiten. Ihre Absicht wurde erreicht. Im Herausspringen hieb aber einer der Offiziere mit entblößtem Säbel nach Wuttwuttwutt; dieser glaubte, der Streich werde nur mit einem Stock auf ihn geführt, und hob, um ihn zu parieren, den Arm vor, wodurch ihm der linke Vorderarm halb durchgehauen wurde. Die Offiziere ergriffen die Flucht – und nun plünderten die Räuber die Chaise aus, brachen

* ausdrücklich

den Koffer auf, in welchem sie noch einige Packe Geld und verschiedene Kleidungsstücke, Pistolen usw. fanden.

Sie teilten das Geraubte im Walde unter sich.

Der Wert des Geraubten konnte, da die beraubten Offiziere nicht zu erforschen waren, nicht eidlich erhoben werden; da aber, nach Angabe des Hölzerlips, jeder Räuber 59 fl. 20 kr. bares Geld erhielt, so betrug er, allein in Geld, 238 fl. und kann also im ganzen wohl füglich angenommen werden auf 400 fl. (...)

Beraubung eines Fuhrmannskarrens auf der neuen Herberge bei Lieblos.

Teilnehmer:

1. Hölzerlips.
2. Krämer-Mathes
3. Kleiner Johann.

Dieser Raub ist, was die Größe des Werts der geraubten Sachen betrifft, der bedeutendste. Er wurde verübt in der Nacht vom 7. auf den 8. September 1810. Die Räuber waren in dieser Nacht ausgezogen, um in einem Wirthaus das Zinn aus der Küche zu holen. Veit Krähmer war auch eingeladen, er konnte aber nicht mit von der Partie sein, weil ihm seine Füße den Dienst versagten, denn er war mehrere Nächte hintereinander auf Diebstähle ausgegangen gewesen, hatte aber nie etwas ausführen können und bloß müde Füße davongetragen. Die Diebe konnten in dem Wirtshaus, aus welchem sie das Zinn holen wollten, nicht ankommen, weil der Wirt eine neue Mauer um seinen Hof herum hatte aufführen lassen, auch sich ein Hund in dem Hof befand. Sie zogen von da ab und auf gutes Glück weiter. So gelangten sie an die neue Herberge. Im Hof derselben fanden sie drei bepackte Fuhrmannskarren stehen. Sie schnitten, ohne daß der Wächter, welcher unter einem der beiden anderen Wagen gelegen zu haben behauptet, es gewahrte, den einen der Karren auf und nahmen ein Kästchen von Tannenholz heraus, welches sie einige Büchsenschüsse weit von der Herberge hinwegtrugen und dann aufschlugen. Sie fanden, daß es lauter feines, weißes Zeug enthielt. Sie nahmen dieses Zeug heraus, packten es in die Säcke, welche sie bei sich hatten, und trugen es zuerst in das Wirtshaus zu Lützelhausen. Dort wurde es zwei Juden feilgeboten. Man konnte aber nicht einig werden, und so wurde es weiter in ein Wirtshaus bei Hanau gebracht und den Wirtsleuten in Verwahrung gegeben. Von da holten es in der folgenden Nacht Hölzerlips, Krämer-Mathes und Veit Krähmer, welcher dazu vom kleinen Johann um 3 fl. gedungen worden war, ab und trugen es auf die Ober-Ristheimer Mühle. Dort holten es die Weibsleute in Krämerkästen ab und trugen es in den Wald bei Ostheim, wo die Räuber sich gelagert hatten und wo sich nebst mehreren anderen auch der alte, erfahrene Porzellan-Hannes befand. Diesem wurde das geraubte Zeug vorgewiesen, und er übernahm es, durch seine Tochter den Verkauf besorgen zu lassen. Wirklich setzte diese auch sogleich das ganze Zeug ab und überbrachte den Räubern als Erlös per Stück 3 fl. 6 kr.

Durch die Untersuchung hat sich ergeben, daß die geraubte Kiste 88 Stücke Batist enthalten hatte, welche das Handlungshaus Gebrüder Goffart zu Quesnoy dem Fuhrmann Frevel zur Überführung nach Leipzig übergeben hatte. Der Fuhrmann konnte nachweisen, daß er bei dem Wirt Emmel auf der neuen Herberge gute Bewachung seines Wagens besonders bestellt und zugesichert erhalten habe, und so blieb dann dieser Wirt für den Ersatz des Schadens zu seinem gänzlichen Ruin gehalten.

Der Wert des geraubten Batists betrug 12332 Francs oder 5722 fl. 49 kr.

Raub bei Aschaffenburg auf der Spessarter Straße.

Teilnehmer:

1. Friederich Schütz, vulgo Manne Friederich.
2. Johann Adam Treber.
3. Wilhelm, Sohn des Porzellan-Hannes.
4. Der krumme Hannfriedel.
5. Johann Martin Rupprecht, vulgo Hessen-Martin.

Dieser Raub wurde am 30. September 1810 morgens zwischen zwei und drei Uhr im Spessart unweit Rohrbrunn an dem Kaufmann Johann Richard Söltel aus Nürnberg verübt. Die Räuber waren ausgegangen, um in der Nacht einen Fuhrmannskarren vor einem Wirtshaus aufzuschneiden und zu berauben. Es wurde auch wirklich einer aufgeschnitten; da sich aber fand, daß er bloß Säcke mit Wolle enthielt, so verließen ihn die Räuber und setzten ihren Weg weiter fort. Oberhalb Aschaffenburg fanden sie in einem Dorf wieder Frachtwagen vor einem Wirtshaus stehen; es befanden sich aber Hunde dabei. Der kleine Johann war für diesen Fall mit Krähenaugen* versehen und brachte auch wirklich den Hunden welche bei. Es krepierte aber nur einer der Hunde, und sie mußten ihr Vorhaben aufgeben. Am anderen Morgen hatten sie die Frechheit, sich in dasselbe Wirtshaus zu begeben und sich von dem Wirt die Vergiftung seines Hundes erzählen zu lassen. Sie zogen dann weiter, um in der folgenden Nacht bei einem im Wald liegenden, einzelnen Wirtshaus, vor welchem auch Frachtwagen zu halten pflegten, ihr Heil zu versuchen. Sie kamen an, fanden aber keine solchen Wagen und traten nunmehr den Rückweg an. Auf diesem Rückweg fuhr eine Chaise an ihnen vorüber. Hannfriedel versuchte den Koffer abzuschneiden; er war aber angeschraubt oder mit Ketten festgemacht, und darum mißlang sein Versuch. Die Reisenden in der Chaise hatten inzwischen Unrat gewittert und sahen sich nach dem Koffer um. In diesem Augenblick sprang der kleine Johann, welcher der Chaise gefolgt war, bei und schlug das eine Pferd mit einem Stein nieder. Die anderen kamen auch bei und schlugen mit ihren Prügeln auf den Chaisenkasten. Die Reisenden, welche das Kommando des einen der Räuber: »Haltet die Pferde an, werft die Chaise um!« und das Schlagen und Werfen auf die Chaise bange gemacht hatte, sprangen heraus und entflohen; auch der Kutscher entsprang. Sämt-

* vergiftetem Fleisch

liche wurden mit nachgeworfenen Steinen und Prügeln verfolgt, entkamen aber glücklich. Die Räuber brachen nun mit Gewalt den Koffer ab, zertrümmerten und plünderten ihn; eben waren sie im Begriff, auch die Chaisenkisten zu plündern, als auf die von den Entflohenen gemachte Anzeige schon Hilfe herbeikam. Sie entliefen in den Wald, so eilig, daß sie mehrere Rollen Geld, 1200 Stück Brabanter Taler, im Fond der Chaise zurückließen. Der empfindliche Verlust des Herrn Söltel war der seiner Meßbücher, wovon sich jedoch später ein Teil im Wald fand.

Sein Verlust an Geld und Effekten betrug nach eidlicher Angabe 1200 fl. (...)

Straßenraub bei Gelnhausen an einem Fußgänger.
Teilnehmer:
1. Manne Friederich.
2. Veit Krähmer.
3. Der langbeinige Steffen.
4. Der lange Andres.
5. Der kleine Johann.

Am 31. März 1811 kurz vor zehn Uhr begegnete ihnen unfern Gelnhausen die Diligence und hinter dieser, langsam einhergehend, der Herr Referendar Köhler aus Fulda. »Der hat schöne Kleider an«, rief einer der Räuber seinen Kameraden zu, »und wahrscheinlich auch Geld, laßt uns ihn angreifen.« Es geschah ohne Verzug; dem Herrn Köhler wurden seine beiden Röcke und die Stiefel ausgezogen, ihm sein Hut, seine Uhr, sein Geld, die Brieftasche, seine Tabakspfeife und der Tabaksbeutel genommen, worauf er, ohne Mißhandlung, entlassen wurde.

Der Wert des Geraubten ist eidlich angegeben auf 100 fl. (...)

Einbruch ins Lagerhaus zu Miltenberg.
Teilnehmer:
1. Heinrich Pfeiffer.
2. Georg Philipp Lang, vulgo Hölzerlips.
3. Kleiner Johann Adam, Scherenschleifers Hannadam.

Am 22. Februar 1811, bei Einbruch der Nacht, versuchten diese Räuber, auf der Straße von Miltenberg nach Bischofsheim am Tiefenthaler Tannenwäldchen den Koffer von einer vorüberfahrenden Chaise abzunehmen. Hölzerlips will zwar von diesem Versuch nichts wissen, doch versichert er, wenn ihnen eine Chaise entgegengekommen wäre, so würde sie gewiß angegriffen und beraubt worden sein. Der Koffer war aufgeschraubt; die Reisenden drohten mit Schießgewehren und verscheuchten die Räuber. Diese zogen nun in den auf vorgedachter Straße liegenden Ort Neukirchen und brachen abends neun Uhr in die Behausung des Zentschöfen Blank ein; sie fanden aber nichts wie einen Meißel, einen Hammer und einen weißen Schurz, welches alles sie mitnahmen. Damit diese Nacht nicht unbenutzt bleibe, faßten sie den kühnen Entschluß, in das Lagerhaus zu Miltenberg einzubrechen und führten ihn auch auf der Stelle aus. Durch Hilfe eines starken Hebels, einer Schrotleiter und eines Schiffseiles, welche Gerätschaften sie vor dem Lagerhaus fanden, bogen sie eine der starken eisernen Stangen aus der vergitterten Fensteröffnung des Lagerhauses. Hölzerlips wurde in einiger Entfernung als Wache aufgestellt, die beiden anderen stiegen ein. Sie öffneten einen großen Verschlag, fanden aber, zu ihrem Verdruß, daß er nichts enthielt als Papier und Pinsel. Es wurde nun ein anderer Verschlag geöffnet, welcher zu nicht geringer Freude der Räuber mit Kattun gefüllt war. Die Räuber hatten bei der Arbeit Durst bekommen; sie öffneten ein vor dem Lagerhaus liegendes Weinfaß und taten sich daraus gütlich. Sie waren dabei so freundschaftlich und froh, daß sie auch ihres wachestehenden Kameraden nicht vergaßen. Ein im Lagerhaus gefundenes Gefäß wurde mit Wein gefüllt und dem Hölzerlips auf seinen Posten gebracht. Nun wurden einige Säcke, worin sich Waldsamen befand, ausgeleert und in diese der Kattun gepackt. Die Räuber trugen ihre Beute an den nahen Main, machten dort einen an ein Schiff befestigten großen Nachen los und setzten darin, obgleich der Wasserfahrt unkundig, über den hochgeschwollenen, stark mit Eis treibenden Mainfluß.

Es sind zur Bewachung des Lagerhauses in Miltenberg besondere Wächter angestellt; einer dieser Wächter behauptet zwar, er habe die Diebe entdeckt und sei von ihnen bis nach vollbrachtem Diebstahl festgehalten worden. Hölzerlips leugnet dies aber, und zwar nicht ohne die größte Wahrscheinlichkeit für sich zu haben, mit dem naiven Zusatz ab: Wenn der Wächter wirklich zu ihnen gekommen wäre, würde er so wohlfeilen Kaufes nicht davongekommen sein. Erst als die Diebe auf dem anderen Mainufer waren, gab es in Miltenberg Lärm. Am 23. Februar wurden die Diebe in Mönchberg durch die Wachsamkeit des Kommandanten der Landmiliz, Herrn Lauerwald, in der Behausung eines Häfners ausgehoben und als verdächtig eingezogen. Man fand bei ihnen den gestohlenen Kattun. Sie waren abends zuvor mit einem Esel, welcher leere Körbe trug, bei dem Häfner eingezogen. Am anderen Morgen entdeckte eine Frauensperson dem Häfner, daß die leeren Körbe angefüllt seien; der Häfner pflog, während die Räuber frühstückten, Nachsicht und fand die Körbe mit Kattun gefüllt. Er machte im stillen eine Anzeige, die Räuber hatten aber Lunte gerochen, und als die Wache kam, fanden sich, zu des Häfners hohem Erstaunen, die Körbe wieder leer. Doch entdeckte sich, bei genauer Nachsicht, bald der in der Scheuer versteckte Kattun. Dessen ungeachtet leugneten die Räuber, ihn gehabt zu haben. Nun kam auch die Sage von dem Einbruch zu Miltenberg nach Mönchberg. Die Diebe wurden festgehalten und nach Miltenberg Nachricht erteilt. Das Amt Miltenberg begehrte ihre Auslieferung, allein man war über die Formalitäten noch nicht einig, und ehe diese berichtigt waren, entflohen die drei Räuber, bei 28 Mann Wache, aus ihrem Arrest auf einem Torturm. Nur der eine, Heinrich Pfeiffer, welcher sich damals Nicolaus Müller genannt hatte, wurde durch Nacheile wieder eingefangen und sollte mit den auch arretierten drei Weibern und den Kindern der Räuber nach Miltenberg ausgeliefert werden. Bei der Überfahrt über den Main sprang er, kreuzweis geschlossen, in diesen Fluß und ersäufte sich im Angesicht der seiner Ankunft entgegenharrenden Menge von Neugierigen. Erst mehrere Tage nachher wurde sein Leichnam tiefer unten am Mainufer gefunden.

Der Wert des gestohlenen Kattuns betrug 1144 fl. (...)

Einbruch und Diebstahl zu Bronnland.

Teilnehmer:

1. Veit Krähmer.
2. Albert Krähmer.
3./4. Friederich Schmidt, Georg Schmidt, vulgo die Tanzstoffel.
5. Georg Horn, vulgo Wurzeljörg.

Der Schulmeister zu Münster hatte ein armes Mädchen aus Barmherzigkeit aufgenommen und großgezogen. Seine Frau hatte das Mädchen selbst im Nähen und Stricken unterrichtet. Von herumziehenden Eltern geboren, sehnte sich dieses Mädchen, als es größer wurde, wieder nach dem früheren, freieren Leben. Es führte ihr Vorhaben aus und war bald unter den Gaunern unter dem Namen Knöpf-Lischen bekannt. Dieses Knöpf-Lischen war es, welches den vorverzeichneten Gaunern verriet, daß ihr Pflegevater, der Schulmeister Johann Georg Wehner zu Münster, stets 300 bis 400 fl. bares Geld vorrätig habe, auch sonst schönes Gerät besitze. Zugleich gab sie alle näheren Notizen über die örtlichen Verhältnisse an die Hand. Die Diebe zogen gegen Ende September 1806 nach Münster; wirklich zeigte sich ihnen, wie Knöpf-Lischen richtig gesagt hatte, vor dem Schulhaus ein Hündchen, welches sogleich laut bellte und auf sie lossprang; ihm wurde der vergiftete Kuchen vorgeworfen, welchen Albert Krähmers Konkubine, vorher geehelichte Selserin, zu diesem Ende gebacken und dem Veit Krähmer mitgegeben hatte. Ungefähr eine Stunde später, um Mitternacht, nahten sich die Diebe dem Schulhaus wieder und fanden dessen treuen Wächter auf der Haustreppe vom Gift getötet liegen. Sie machten nun Anstalten, die Hofmauer zu übersteigen. Zu ihrem großen Schreck stürzte aber diese Mauer mit großem Gerassel zusammen, und sie mußten fliehen. Auf dieser Flucht brachen sie in dem nahe bei Münster liegenden Ort Bonnland in verschiedene Häuser ein und nahmen mit, was sie fanden. Der Wert des Gestohlenen betrug jedoch zusammen nur 15 bis 16 fl.

In der Nacht vom 12. auf den 13. November 1806 wurde bei dem Schulmeister zu Münster wirklich eingebrochen; auch diesmal war er aber so glücklich, daß ihm mehr nicht gestohlen wurde als der Betrag von 30 fl. 24 kr. Veit Krähmer will jedoch hiervon nichts wissen.

Einbruch zu Wilhelmsbad.

Teilnehmer:

1. Hölzerlips.
2. Andreas Petry.
3. Sebastian Luz.

4. Kleiner Hannadam (Scherenschleifer).
5. Johann Werner.

Er wurde in der Nacht vom 25. auf den 26. Januar 1811 verübt. Die Räuber hatten die Absicht, die Vorhänge und sonstigen Gerätschaften aus den Arkaden-Sälen zu entwenden, so wie dies schon vor zwei Jahren geschehen war, allein es war bereits alles weggeräumt; sie brachen daher in den Keller ein und entwendeten da 78 Bouteillen Malaga. Aus Bosheit machten sie den Krahnen von einem halböhmigen* Fäßchen voll Niersteiner Wein und von einem anderen öhmigen Fäßchen voll geringeren Weines auf und ließen den Wein in den Keller laufen. An die Kellertür hatten sie mit Bleistift geschrieben:

»dreizehn Verschworene«.

Im Saale hatten sie neun große Tafelfensterscheiben eingeschlagen. Die Größe des Schadens ist eidlich bestimmt auf 329 fl. (...)

Beraubung des Glaswagens und Totschlag des Fuhrmanns im Wald bei Mittelgründau.

Teilnehmer:

1. Martin Rupprecht.
2. Stephan Heußner.
3. Großer Samel.
4. Dicker Hannadam.
5. Dicker Bub.

Die Räuber hatten sich am 2. Februar 1809 auf dem Gräflich-Meerholzischen Pachthof unweit Mittelgründau versammelt, um den vom Gelnhäuser Markt zurückkommenden Tuchmachern von Schotten im nahen Wald aufzulauern. Sie tranken bei dem Pächter Apfelwein. Der 66jährige Jude Salomon Levi von Lorbach kam auch dahin, trank mit den Räubern, wurde von ihnen mit der Absicht ihres Daseins bekanntgemacht und befragt, ob die Schotter Tuchmacher kämen? Der Jude bejahte dieses, und die Räuber zogen diesem zufolge bei herannahender Nacht in den Mittelgründauer Wald. Als sie hier auf die Tuchmacher warteten, kam auf der durch diesen Wald führenden Straße ein vierspänniger Wagen von Mittelgründau hergefahren. Der Fuhrmann ging neben seinen eigenen, der Vorspänner Heinrich Weinel von Mittelgründau neben seinen vorgespannten Pferden her. Die Räuber glaubten, auf diesem Wagen seien die Waren und das Geld der Tuchmacher von Schotten; sie fielen daher sogleich über die beiden Fuhrleute her und schlugen mit ihren im Mittelgründauer Wald frisch geschnittenen Prügeln auf sie drein. Schon beim zweiten Streich stürzte Weinel röchelnd zu Boden und hat auch sein Bewußtsein nicht wieder erhalten. Die Streiche, welche den Stangenreiter trafen, waren nicht so stark. Er fand Zeit, den Räubern zu erklären, daß sein Wagen nichts als Glaswaren enthalte, und bat um Schonung. Die Räuber führten den Wagen von der Straße ab in den Wald, dort banden sie dem Stan-

* 1 Ohm entspricht 130–160 l.

genreiter die Hände zusammen und ihn so an das eine Wagenrad fest; dann gingen sie zurück, um den röchelnden Weinel auch von der Straße hinweg in den Wald zu schleppen. Während sie dies bewirkten, setzten sich die Pferde in Bewegung und zogen den Wagen und den armen Gebundenen in das Dickicht. Dieser schrie laut, die Räuber kamen zurück, hielten die Pferde an, banden ihn vom Rad los, knebelten ihm aber nun auch die Füße zusammen, warfen ihn auf die Erde nieder und bedeckten ihn mit einem von dem Wagen abgenommenen Tuch. Nun machten sie sich an den Wagen selbst. Er wurde ganz abgepackt, und sie überzeugten sich nun, zu ihrem hohen Verdruß, daß der Fuhrmann die Wahrheit angegeben hatte und die ganze Ladung in Glas bestand. Aus Unwillen hierüber wurde alles zertrümmert, der röchelnde, sterbende Weinel auf den leeren Wagen geworfen, mit einem Tuch bedeckt, der Fuhrmann entknebelt und angewiesen, nach Mittelgründau zurückzufahren. Er befolgte dies; am folgenden Morgen um halb sieben Uhr starb der arme Weinel.

Empörend für jeden, selbst für den Mindergefühlvollen, ist gewiß diese Tat; man wird darum auch sicher glauben, daß sie den regsamsten Eifer der Gerichte gegen die Täter angefacht habe; – allein leider! – war dieses nicht der Fall, und hierin zeigt sich abermals eine der vielen Ursachen, welche es den Räubern möglich machen, sozusagen auf demselben Fleck eine lange Reihe von Verbrechen zu verüben.

Das Amt erhielt am 3. Februar morgens die Anzeige des Vorfalls durch einen Bericht des Schultheißen zu Mittelgründau. Alles, was das Amt hierauf verfügte, war, daß es unter den Bericht folgendes bemerkte:

»Es wurde sogleich beim Empfang dieses zum Husar geschickt, um auszureiten und Kundschaft einzuziehen, wohin sich die Täter nach der Tat etwa begeben oder gewendet hätten; allein der Husar war nicht zu Hause und sein Pferd lahm! Zur Absendung einer Streifung war es auch schon viel zu spät, weil die Tat abends gegen fünf Uhr geschehen, abends gegen neun Uhr zuerst in der Gemeinde Mittelgründau durch die leere Zurückkunft der abgeschnitten gewesenen Vorspannpferde Aufmerksamkeit oder Vermutung eines Unglücks entstanden, dann erst um zehn Uhr Gewißheit angelangt, hierauf erst gegen elf Uhr ein Chirurgus geholt und endlich erst am anderen Morgen, nach dem Tod des Weinel, der gegenwärtige Bericht (der NB. von allen obigen Zeitbestimmungen – die erste vom Angriff ausgenommen – und Umständen nichts besagt) abgesendet worden war.

Es hatten somit die Täter, von denen man keine Spur als nach dem Büdinger Wald hin hatte, einen Vorsprung von siebzehn Stunden, wobei alle Verfolgung vergeblich gewesen sein würde, zumal auch ohnehin des einzigen Husars Pferd lahm stand und gar nicht in dem Augenblick geritten werden konnte.«

Die Raubmörder zwischen Laudenbach und Hemsbach hatten einen Vorsprung von acht bis vierzehn Tagen voraus, da hätte man wohl ganz ruhig bleiben können und nicht einmal eines solchen Raisonnements ad Acta* bedurft?

* einer solchen Vernünftelei

Noch tat aber jenes Amt einen weiteren Schritt, es erließ folgenden Befehl: »Schultheiß und Vorsteher zu Bonhausen haben sich sofort in den Kohlwiesenwald zu begeben und alles, was von dem nächtlichen Vorfall noch von Wert etwa allda sich findet oder sonst auf Spur führen könnte, in Verwahrung zu bringen und nebst Verzeichnis darüber hierher zu senden, auch ihren Bericht über den Befund zu erstatten.«

Dieser Bericht erfolgte dahin, daß nichts mehr gefunden worden war, da bereits alles nach Mittelgründau geschafft gewesen wäre.

Später erfuhr das Amt, daß der schon obengenannte Jude mit den Räubern beisammen gewesen sei; er wurde darüber gehört; obgleich er aber schon damals höchst verdächtig erschien und durch die Angaben von Stephan Heußner noch verdächtiger wurde, so fand doch das Amt keinen Grund, weiter gegen ihn zu procediren*.

So das Amt. Ebenso auffallend handelte das Physicat†. Alles, was es tat, bestand in der Erstattung des nachstehenden

Visum repertum.‡

»Der am 2. dieses im Ronneburger Wald erschlagene Heinrich Weinel, 53 Jahre alt, von Mittelgründau, zeigte bei der Besichtigung eine Wunde an der linken Seite des Hinterhaupts, diese hat ihm den Tod verursacht; denn, dem Gefühl nach, schien der Hirnschädel darunter entzwei zu sein. Auch war Blut aus dem Ohr derselbigen Seite geflossen, zum Zeichen der im Innern des Kopfs zersprungenen Blutgefäße. Keine weitere Verletzung von Bedeutung fand sich an dem übrigen Körper. Die Öffnung des Körpers wurde für überflüssig gehalten.

R.R., den 4. Februar 1809.

Dr. R.R. Landphysikus.

R.R. Chir. jurat.«

Der Wert der Beschädigung an Glas wurde nicht aufgenommen und kann darum auch hier nicht angegeben werden. (...)

Einbruch und Dörrfleischdiebstahl zu Igelsbach.

Teilnehmer:

1. Johann Adam Treber.
2. Stephan Heußner.
3. Bernhard Held.
4. Roter Christian.
5. Der 17jährige Bub Philipp.

Er wurde in der Nacht vom 20. auf den 21. April 1811 verübt. Der bestohlene Johann Heis bemerkte nachts um halb ein Uhr ein Getöse auf seinem Speicher; er nahm ein Beil zur Hand und ging damit auf die Diebe los, von welchen er glaubte, daß sie noch im Hause seien. Sie hatten sich aber bereits entfernt. Er ver-

---

* vorzugehen

† der Amtsarzt

‡ Untersuchungsberichts

folgte nun mit seinen Nachbarn die Diebe. Auf dem Feuerplatz im Wald wurden am folgenden Tag Johann Adam Treber und Stephan Heußner (die anderen hatten sich von ihnen getrennt) mit den Weibsleuten ertappt. Sie waren eben im Begriff, von dem entwendeten Fleisch zu kochen. Die Männer entflohen; die Weiber wurden, obschon sie leugneten, daß das Fleisch von ihnen an das Feuer gestellt worden sei, arretiert und eingeliefert. Treber und Heußner hatten bei ihrer Flucht noch einen Teil des geraubten Fleisches mit sich genommen. Dieses verkauften sie in Hüngheim und gerieten darüber in Arrest und Untersuchung. Sie behaupteten, das Fleisch unterwegs gekauft zu haben, und konnten zu keinem näheren Geständnis gebracht werden. Bloß als Gauner wurden sie, wie oben schon erzählt wurde, zu sechsmonatiger Arbeitshausstrafe verurteilt. Erst in Heidelberg hat Stephan Heußner diesen Diebstahl eingestanden. Der eidlich bestätigte Wert des Entwendeten betrug 25 fl. (...)

Gewaltsamer Einbruch im Fuldischen hinter Weihers auf der Aumühle.
Teilnehmer:
1. Matheus Österlein.
2. Krämers Hanneschen, vulgo Halbbäckchen oder Eselskinnbäckchen.
3. Johann Adam Treber.
4. Georg Schmidt, vulgo Tanzstoffel.
5. Großer Johann.
6. Johann Adam Heußner.
7. Lenhards Konrad, vulgo schwarzer Konrad.
8. Wilhelm Rhein.
9. Zinngießers Johann.

Am 3. März 1808 versammelten sich die Räuber auf dem Sparhof zur Ausübung dieses Verbrechens. Von da zogen sie fort und gelangten gegen Abend auf die Beckenmühle vor Wüstensachsen, wo sie einkehrten und sich ein Nachtessen bereiten ließen. Ob die Bewohner dieser Beckenmühle kochem seien und freiwillig die Räuber aufgenommen und bewirtet haben, wie diese behaupten, oder ob sie, wie sie selbst vorgeben, von jenen hierzu gezwungen worden seien, ist bis jetzt unausgemittelt geblieben. Das erste scheint deshalb wahrscheinlicher, weil die Räuber keine Bedenken trugen, in dieser Mühle ihre Larven vorzutun und die Weibsleute aus Kurzweil damit zu schrecken. Spät in der Nacht verließen sie die Beckenmühle und zogen gegen die nicht gar weit von Eckweisbach einsam liegende Aumühle.

Der Müller selbst war nicht zu Hause, wohl aber seine Frau, seine Eltern, eine Schwester seines Vaters, eine im Haus aufgenommene Weibsperson, der Knecht und die Magd. Auch hatte ein armer Mann mit seiner Frau in der Mühlstube Nachtquartier erhalten. Alles lag im ersten, tiefen, sicheren Schlaf. Ein fürchterlicher Tumult schreckte alle aus dem Schlaf auf; krachend stürzte die mit dem Rennbaum forcierte Haustür ein, und es fielen, unter lautem Geschrei der Räuber, mehrere Schüsse im Hausgang. Der Knecht suchte die Stubentür zuzuhalten, er wurde aber übermannt, und die Räuber traten, größtenteils mit geschwärzten Gesichtern oder vorgebundenen haarigen Larven, lärmend in die Stube. Einige eilten sogleich in die oberen Stuben, banden dort dem alten Müller die Hände auf den Rücken, der jungen Müllerin aber, obschon sie ihrer Schwangerschaft wegen um Schonung bat, die Arme von vorn zusammen, brachen und schlugen Schränke und Kisten auf und raubten, was sie fanden. Einige andere drangen in die Stube, wo die Magd lag; diese wurde aus dem Bett gerissen, geschlagen, ihre Kiste geöffnet und ausgeplündert. Andere kamen in die Stube der Schwester des alten Müllers; diese hatte den Lärm schon gehört, dessen Absicht erraten und in der Eile ihr bestes Weißzeug zum Fenster hinaus in den Garten geworfen. Als die Räuber ihrer Stube nahten, sprang sie wieder in ihr Bett und erklärte den Räubern, welche ihr Geld verlangten, sie sei krank. Sie wurde angewiesen, sich ruhig zu verhalten, damit ihr der Schreck nicht schade, übrigens aber beraubt wie die anderen. Inzwischen hatten die Räuber, bei der Rückkehr aus der oberen Stube, den Knecht ebenfalls geschlagen und gebunden, den armen Mann und dessen Frau aber angewiesen, sich ruhig zu verhalten, und der letzteren, als sie dennoch aufstehen wollte, einen heftigen Schlag mit einem Grabscheit* gegeben. Die Frau des alten Müllers hatte sich in eine Kammer zurückgezogen, aber auch dahin drangen etliche Räuber, schlugen sie und brachen auf und plünderten, was sie in der Kammer fanden. Während dieser Geschäfte entfloh die alte Müllerin und erreichte glücklich Eckweisbach, wo sie Lärm machte. Die in der Mühle befindliche, dort aufgenommene Weibsperson, versuchte ebenfalls zu entfliehen; einer der wachestehenden Räuber feuerte aber auf sie, verwundete sie am Fuß und trieb sie mit Schlägen in die Mühle zurück.

Während dieses ganzen Vorfalls hatten die Räuber das Innere der Mühle durch mitgebrachte Lichter erleuchtet und ununterbrochen in den Stuben und Kammern geschossen. Plötzlich bemerkten sie die Abwesenheit der alten Müllerin und zogen, als sie dieselbe nicht fanden, mit ihrer Beute eilends davon. Gleich nach dem Abzug der Räuber kamen die Einwohner von Eckweisbach und entfesselten die Gebundenen.

Die Beute entsprach der Erwartung der Räuber nicht; sie betrug im ganzen nur 168 fl. 33 kr. nach eidlicher Angabe der Beraubten.

Charakteristisch ist es, daß die Räuber einen solchen, mit offener Gewalt verübten Raub mit dem hebräischen Ausdruck Chassne (Hochzeit) bezeichnen und das Vollführen desselben Chassne malochnen (Hochzeit machen) nennen, weil es, wie sie sagen, dabei so lustig und lärmend zugeht wie bei einer Bauernhochzeit.†

* Spaten

† Pfister gibt im folgenden eine »Nachweisung, an welchem von den verzeichneten Verbrechen jeder einzelne Räuber teilgenommen hat« und eine Liste der damals noch nicht verhafteten Räuber, ehe er sich allgemein über die Taktik der Räuber und über Maßnahmen, wie sie an der Ausübung ihrer Profession gehindert werden könnten, äußert. Er geht allerdings dabei über das bisher Gesagte nicht hinaus. Wir glauben, deshalb, darauf verzichten zu können – wie auch auf das kleine Wörterbuch der Gaunersprache, des Jenischen. Zumindest von hohem Unterhaltungswert ist dagegen sein »Bruchstück einer Gauner-Idylle«, die deutlich macht, daß sich das Jenische oder Rotwelsche nur in den Wörtern, nicht aber in der Grammatik vom Deutschen unterscheidet.

Bruchstück einer Gauner-Idylle

Deutsch
Erzählung und Gespräche

Noch war's hoch am Tage, da lagen die Gauner, Männer und Weiber, Alte und Kinder, Buben und Mädchen, im Wald beisammen um ein Feuer.

Die Weiber und die Kinder waren hinabgegangen vom Berg ins Dorf und hatten gebettelt, gleich anderen Bettlern. Sie hatten die Leute belogen und den Weibern vorerzählt; dafür bekommen sie dann allerlei Eßwaren.

Die hat einen Beutel voll Mehl und jene einen Sack voll Erbsen, Bohnen und dürren Zwetschgen. Die dritte hat eine Büchse voll Schmalz und Salz, dann Speck und Stücke Rind-, Schweine- und Hammelfleisch.

Die Kinder haben Brot bekommen und Käse und Wecken und zwei Kreuzer; vom Pfarrer den einen, vom Schulmeister den anderen.

Sie haben im Felde Kartoffeln gesucht und Rüben und braten die Grundbirnen am Feuer.

Die Weiber lassen die Kinder Wasser holen in Häfen. Sie stellen die Häfen zum Feuer, welches sie vergrößern durch Stroh, Laub und Holz, und kochen Gerstensuppe, Kraut und Schweinefleisch – ohne Küche.

Der Hunger plagt die Kinder. Sie essen Brot und Käse. Nun machen sie Musik auf der Baßgeige und tanzen.

Dort sitzt ein Mädchen beim Baume und sucht dem kleinen Bruder mit der Hand in den Haaren die Läuse vom Kopf. Dort sucht ein Knabe dem Hund die Flöhe und tötet sie auf dem Fell.

Die Männer liegen besser oben unter einem Baum, trinken Bier und Branntwein und rauchen Tabak dazu aus ihren großen Pfeifen.

»Gut sind wir hier im Wald der Brüder«, sagt einer, »doch hungert uns, und noch gibt's nichts zu essen; drum laßt uns schwätzen vom Stehlen und großen Diebstählen.«

»Ja, Bruder«, sagt der andere, »dein Vorschlag ist nicht übel, ich geb' dir die Hand drauf. Drum erzähl du uns hier von den Kleider– und Kram–Diebstählen, welche du verübt hast mit deinen Kameraden in der Schweiz und in Schwaben.«

»Was soll ich euch erzählen von kleinen Kleider- und Kram-Diebstählen und vom Kramladenplündern? Das wißt ihr ja selbst, da muß man arbeiten wie ein hungriger Hund, muß laufen viele Stunden Wegs bei Schnee und Wind, zur Nachtzeit, wo die Gespenster tanzen am Wasser und die Hexen droben auf dem

Berg um den Galgen, wo die Sterne und der Mond verschwunden sind, und es dunkel ist daß man die Hand nicht sieht vor dem Auge; wo der Teufel selbst und der Tod Angst bekommen, und sagen zueinander: Brüderchen schweige!

Und ist man dann angelangt im Dorf vor einem Bauernhaus oder vor dem Haus eines Schusters oder Schneiders oder vor der Wohnung eines Metzgers oder Feldscheerers oder vor dem Haus eines Schmieds oder Müllers und hat eingebrochen mit dem Stemmeisen, mit einer Pflugsegge oder mit dem gebogenen Eisen und hat die Tür geöffnet und steht nun in der Küche, in der Stube oder Kammer; was findet man hier?

Nichts als Zinn und Kupfer, eine Schüssel, einen Teller, einen Kessel, etwas Kleidungsstücke, Röcke, Kamisole, Hosen, Brusttücher, Hemden, Strümpfe, etwas Garn oder Tuch. Das ist der ganze Kram. Da ist keine Uhr, kein Gold und kein Silber.

Und holt man auch die Leiter aus der Scheune und steigt durch den Laden oder das Dach auf den Speicher, was ist da zu suchen? Etwas Dörrfleisch oder Tuch in der Kiste verschlossen.

Und hat man eine Menge von alldem Zeug aus dem Haus geschafft und die Nachtranzen gefüllt und die Tragsäcke und hat sich krumm getragen; was hat man vom ganzen Handel? Mehr Angst als Gewinn.

Wird einen die Wache gewahr, oder der bestohlene Mann bekommt die Spur, so macht er Lärm, daß die Streifung zieht durchs Land mit Husaren, Landjägern und anderen Soldaten, so daß keine Gauner sich mehr sehen lassen dürfen.

Alle dummen Bauern, Protestanten wie Katholiken, geben sich Nachricht von den Dieben und suchen dieselben gefangenzunehmen.

Und kommt man auch durch, durch all den Lärm und die versteckten Wachen und Amtsdiener und Hatschiere; was hat man hernach? Neue Händel mit den Diebswirten und vertrauten Juden. Die bezahlen einen Batzen für einen Taler und haben den Gewinn.

Nein, hol mich der Teufel! Das ist kein Leben. Das ist gut für Bettler und Zigeuner, für Beutelschneider, Markt- und Opferstock-Diebe, aber nicht für echte Gauner, die Verstand haben im Kopf. Da lobe ich mir den Kirchenraub, das Frachtwagenplündern, die Straßenräuberei und den Einbruch mit Sturm.«

»Ja, Bruder«, sagt ein Dritter, »aber größer ist doch auch die Furcht bei solchen Händeln.«

»Was Furcht und Angst! Wie kann man die bekommen, wenn es zuverlässig angezeigt ist, wo das Gold steckt und das Silber in der Kirche oder bei reichen Herrschaften, oder wenn die Frachtwagen kommen oder die Kutschen mit reichen Kaufleuten von den Messen aus großen Städten; und man ist versehen mit großen Stöcken und Messern und Säbeln, mit Pistolen und Flinten und Pulver und Blei!

Und was ist zu fürchten bei den Kirchen? Die werden im stillen beraubt, wenn der Pfarrer schläft und der Schulmeister in ihren Betten.

Und bei dem Straßenraub, da befällt die Angst die Leute im Wagen, wenn man die Pferde anhält und mit dicken Prügeln auf das Chaisendach dreinschlägt und sticht mit dem Säbel und läßt sie die Gewehr sehen und schießt ihnen unter die Nasen. Schnell springen sie aus der Kutsche, und ehe sie noch mit dem Fuß auf der Erde sind, haben sie schon ihre Hiebe auf die Köpfe, daß sie liegen im Kot und das Blut ihnen übers Gesicht schwimmt. Nun nehmen wir die Goldstücke und die großen Silbertaler.

Und die gewaltsamen Einbrüche! Das ist der größte Spuk, wenn man singt und schießt durchs Dorf, die Hunde totschlägt und einschmettert mit starken Rennbäumen die mit eisernen Stangen verwahrten Türen und die vergitterten Fenster, wenn man dann die Leute bindet, ihnen die Uhren herauszieht, das Geld holt aus den Koffern, die Schränke aufmacht mit dem Schlüssel, der steckt im Schloß, oder mit dem Krummeisen und bekommt da Bänder, seidene Tücher und silberne Löffel.«

»Ja, Bruder, aber so habe ich es nicht gemeint. Die Furcht kommt nach der Tat. Wenn die Beamten ausschreiben ins Land; wenn die Streifen ausziehen und die Gauner einfangen, und man steckt sie in die Kerker und fesselt sie mit Ketten und fragt sie in den Verhören, und es ist dann ein Verräter darunter, der gesteht und angibt die besonderen Namen, und dann eine große Anzahl gefangen wird, und keiner kann durchgehen; dann steht's am schlimmsten. Dann sprechen die Richter nicht mehr vom Zuchthaus; dann wird vom Köpfen geredet, vom Galgen und Schinder.«

»Laßt sie sprechen, wie sie wollen, die Richter; noch sind wir frei. Und werden wir je gefangen, Närrchen – was tut's? Weiter kann es nicht gehn als ums Leben; und so sterben wir dann als große, gewaltige Räuber.«

»Hei ja, Viva! Wir sterben wie berühmte Männer.«

Die Mütter geben das Zeichen zum Essen. Die Buben und Mädchen rufen: »Zur Suppe, ihr Väter, zur Suppe!«

»Auf zum Essen, Kameraden, zum Essen!

Wer betet vor?«

Jenisch
Kohl u. Schmussereien

Noch scheftet's geandige jamm da joste die Kochemer, Kaffer und Ruminis, Oltrische und Kodems, Stegen und Schikse, im Bali beinander um en Jak.

Die Gojen und d'Gambeser ware g'nascht unterkönng von der Montane ins Ballar und hotte g'fochte, wie andere Dalfener auch. Die hotte die Gasche bekaspert und die Muße bekohlt, do hann sie b'stiebt en Ohlem von Achesore.

Die hott ne Rende voll Staubert, und die en Waider mit Relling, mit Liranägel und dürre Blohofe. Die dribist hott e Semme voll Schmunk, und Sprenkert, dann Gerne und Schabolcher von Mass vom Horbogen, vom Kaffer und Laafel.

D'Gambeser hawwe Maro b'stiebt und Wennerich und Kechelderleagem und twis Etsche; vom Gallach de ehne und vom Dofeschaller de T'wiste.

Die hawwe im Flosch Matrelcher g'niescht und Scherlinge und ferfe die Knolle am Funkert.

D'Schikse losse die Galme Majum keklen in Nolle. Die zopfe d'Aules zum Sorf, das se grandig malochne mit Rauschert, Blättel und Kracht, und sichern Spiznase: Manistere, Grunert und Krunikel Mass ohne Finkelei.

Der Buttlak pfezt die Kodems. Sie achte Marum und Karne. Nu malochne se Lethsame uf der Fumme und nikle.

Dort hokt e Schiksel beim Steber und stänkert dem todeme Brißge, mit der Fehme im Sträuber, die Kienem vom Kibes. Dort nischet e Gotschem dem Lex die Schwarzreuter und malochnet sie moll uffem Dres.

Die Kaffer joste töfer oberköng am Stanghans, chaskene Bembel und Gsinkelterjole und schwäche Dowre dazu aus ihre grandige Esuphsklinge.

»Tof schefter mer, Brißge, bekanum im Jaare«; schmußt Einer, »doch schefte mer kohlerig, und noch b'stieben mer lau zu Butte; drum lass't uns madiwwern vom Tschorne und grandige Massematte.«

»T'schi, Beißge«, schmußt der Twißte, »dein Kohl scheft nit schofel, ich steck der d'Fehme druf. Drum diwwer du uns herrles von de Makel, und Soche die du g'malochent host, mit deine Kamerusche, im Bomm und in der Käfer–Märtine.«

»Was soll ich euch schmuße von Makelcher und Krindköpf und Sochte malochne? das bekneifet ihr selber, do muß mer schienegle wie en kohlerischer Bömes, – muß holche kiesige Schih, bei Schimmel und Bläße, z'Leili, wo d'Balderle blattfüße am Flossert; – und d'Finkelmuße oberköng uf der Montane um d'Relle,

– wo d'Glanzer und d'Lafune blöde g'schefft sind, und s'koschuf scheft, daß mer d'Fehme lau rojet vorm Scheinling, wo der Brig selber und der Beckur Morre b'stiebe und schmuse zu 'nander: Brißgerle heim dich!

Und scheft mer dann herrles im Ballar, vorm Ruche–Kitt, oder vorm Kandig von nem Ehlemerpfanze, oder vorm Kusch von 'nem Kazuf oder Fladeres, oder vorm Bayes von 'nem Bembler oder Nachaimer, – und hot Gugge g'schawwert mit dem Schabberbartle, oder mit nem Elfeldschabberer, oder mit dem Ehlamones, und hot die Winde hosper g'malochnet und scheft nun in der Finkelei, oder in der Schrende, oder in der Klamine, – was b'stiebt mer bekanum?

Lau als Bodill und Bläres, e Schaffel, e Blättling, e Gordel, ebbes Klusterei, Malbosche, Malwes, Butschaajum, Klemmerle, Gemsle, Streiflinge, ebbes Zug, oder Fiz. Das scheft der ganze Sog, – do scheft ke Luppe, ke Fuchs und ke Kesuv.

Und rodelt man auch d'Rawine aus der Schowelle, und holcht durch de Blinne oder durch de Mantel in de Obermann, was scheft's do zu stuttere? – Ebbes schwarz Mass oder Bokdam in der Tiefe unterm Duff.

Und hot mer en Oblem von all der Sohre gerodelt aus em'Bays und d'Leile–Kiss g'füllt und Rattene–Waider, – und hot sich schepp gebukkelt, – was hot mer von der ganze Massematte? – Mehr Mohre als Sohre?

Wird em d'Schmier mucker, oder bekneift der Mohre, Kaffer die Linz, so malochent er Hamore, daß die Fikelei holcht durch die Märtine, mit Hußküvel, Märtine–Specht und andre Rekufe; so daß kei kocheme Gaiß sich dürfe lense lasse.

Alle wittische Knoche, grillisch und wahnisch, stecke sich Zinke von de T'schore, und niesche wie sie se doves malochne.

Und scheft mer auch blöde durch all die Hamore, und beduschene Schmiere, und Schoderer und Grandscharrle; – was hot mer dernoch? – Neue Ballbure mit de kochemer–Bayser und kochemer–Chaims; – Die beschulme en Roll vor en Ratt und hawwe de Mewwig.

Lau, lekel mich der Stäpches! das scheft ke Hanes. Das scheft tof, vor die Derger und Manische, vor die Kiesler, T'Schockgänger und Kallmasschlecker, – aber lau vor grandige Kochemer, dene Seggel im Rosch scheft. Do lob' ich mer s'Gaske–malochne, 's'Latsche fezze, 's Strahle–kehre und 's Chasne–malochne.«

»T'schi, Brißge«, schmußt e Deibister, »aber grandiger scheft doch der Bausert, bei solche Massematte.«

»Was Baußert und Mohre! Wie kann mer die b'stiebe, wann's tof gebaldowert scheft, wo's Fuchs scheft und 's Kesuv in de Jaskene, oder bei auschere Sinze, – oder wann d'Latsche holche, oder d'Charette mit oschere Sochterlente von de Bete aus grandige Mockums, – und mer hog grandige Stense, und Sakems und Kehrums und glendische und grandige Putschge mit Kimmel und Walze?

Und was ist z' baußere bei de Gaskene? – die werde im Stegen g'malochent, wann der Kolb schlaunt und der Gaskene–Schaller in de Metten.

Und bei der Strade, do b'stiebt der Bausert die Jente im Charette, – wann mer d'Susem kappt, und mit de grandige Stenze dalckt uf de Rädlinge–Mantel, und dupft mit de Spade und läßt se die Glassaium roibe und schnellt ihne unter die Muffer. – Flugs holche sie aus der Charette und eh' se mit dem Trittling scheffte uf der Bohle, sind se schon gemakaiemt auf d'Kiebese, daß se joste im Kefel und der Röthling floscht enn übers Bonum. Nun bestiebe mer d'Blete und grandige kesuve Ratte.

Und d'Chassne! das scheft der grandigste Skarum, – wenn mer schallet und schnellet durch's G'fahr, d'Köhlufe kaporet, und eindrohnt mit grandige Drohne die verbasilte Winde und vergrammißte Feneter; wann mer dann d'Gasche kabolet, d'Lupper zupft, 's Lowi kekelt us de Igel, d'Hochhansel hosper malochnet mit de Dallme die schefte im Duß, oder mit de Chlamones, und b'stiebt herrles Flade, Baschnecke und kesuve Heine.«

»T'schi, Brisge, aber so hab ich's lau g'meint. D'Mohre holche noch de Massematte. Wann d'Schiankel febbere in die Märtige, – dann d'Fikelei holcht und d'Kochemer krank zopft und mer rodelt se in d'schofel Lecke, – und reginnt se mit Schlangen, und lassort se in de Verlenze, und 's schefft dann e Massik drunter, der zikmet und stecket die kocheme Zinke und dann e grandiger Ohlem doves gerodelt wird, und könne lau schiebes holche; – dann scheft's am schofelste. Dann schmuße d'Schiankel lau mehr vom Manaschwarcköhre, dann wird vom kiebese g'schmußt, und vom schnüre, dom Dollme und vom Dalljone.«

»Losst se madiwwere wie se wolle, die Kyre; – noch scheffte mer lau dowes. Und werde mer t'schi gezopft; Schode, was malochnet's? - Weiter kann's lau holche, als ans Haves; und so beckern mer dann als grandige Chassne-Malochner!«

»Hei ja, Viba! Mer beckern wie grandige Kaffer!«

D'Mammeres stecke de Zinke zum Achle. D'Kniffge und Schikselger kreische: »Zur Polende, Patrise, zur Schnelle!«

»Hasper, zum Butte, Kamerusche, zum Butte!

Wer noppelt vor?«

Rede des Heidelberger Stadtpfarrers auf dem Blutgerüst

Am 1. Juni 1812 fällte das Oberhofgericht in Mannheim das Urteil gegen die von Pfister verhörten Räuber. Veit Krähmer, Andreas Petry, vulgo Köhlers Andres, Sebastian Luz, vulgo Basti, Georg Philipp Lang, vulgo Hölzerlips, Philipp Friederich Schütz, vulgo Manne Friederich, und Matheus Österlein, vulgo Krämer-Mathes, wurden zum Tod durch das Schwert verdammt. Nachdem das Urteil vom Badischen Großherzog bestätigt und am 28. Juli 1812 den Tätern verkündet worden war, sollte am 31. Juli die öffentliche Hinrichtung in Heidelberg stattfinden. Einen Tag vorher nahmen die Delinquenten voneinander Abschied und baten sich gegenseitig um Verzeihung – vor allem für ihre Denunziationen. Dann wollten sie noch einmal ihren Untersuchungsbeamten sehen. »Da sämtliche Inquisiten ausdrücklich verlangten«, schreibt Pfister in seinem Nachtrag zur aktenmäßigen Geschichte, »noch einmal von dem Stadtdirektor Abschied zu nehmen, so wurde ihnen, so schwer es auch dem Stadtdirektor ankommen mußte, diese Bitte willfahrt; sämtliche waren teils mehr, teils weniger gefaßt.«

Um zehn Uhr kamen die zum Tode verurteilten Räuber ganz in Weiß gekleidet auf den von einer großen Menschenmenge gesäumten Marktplatz. Es herrschte Volksfeststimmung. Aber bevor die Köpfe rollen sollten, demonstrierte die Staatsmacht, daß sie gegen reuige Räuber auch Gnade walten lassen konnte, daß die Entscheidung über Leben und Tod letztlich nicht bei den Gerichten, sondern beim Souverän lag. Hörbar bewegt verkündete Pfister den sensationshungrigen Zuschauern, daß Andreas Petry und Sebastian Luz das Leben geschenkt werde. Lauter Jubel der Menge; wiederholtes Rufen der Menge: Es lebe der Großherzog von Baden! Er lebe! Er lebe hoch! »Sebastian Luz sank in dem Augenblick der verkündeten Gnade ohnmächtig vom Stuhl zur Erde ... Andreas Petry war im ersten Moment tief erschüttert, zeigte aber gleich darauf die lebhafteste Freude auf seinem Angesicht.« Ob sich diese Freude erhalten hat, ist nicht bekannt, denn immerhin bedeutete die Begnadigung einen lebenslangen und keineswegs angenehmen Zuchthausaufenthalt in Mannheim.

Die anderen vier Räuber mußten den Gang zum Richtstuhl antreten. »Manne Friederichs ging munter und immerfort mit dem ihm Nächststehenden auf dem Schafotte sprechend zum Stuhle, setzte sich, und 15 Minuten nach 12 Uhr mittags flog sein Kopf vom Rumpfe. Hölzerlips nahte sich zwar gefaßt, aber mit sichtbarem innerem Kampfe dem Stuhle; auf ihm sitzend verlangte er Wein. Er erhielt ihn und trank in langem Zuge. 25 Minuten nach 12 Uhr lag sein Kopf zu seinen Füßen. Krämer-Mathes nahte sich still und ruhig, wie er stets war, dem Stuhle, nahm Platz und war 30 Minuten nach 12 Uhr gerichtet. Veit Krämer wurde in lautem Jammer, weinend und um Mitleid umherflehend, da er nicht gehen konnte, zum Stuhle gebracht. 35 Minuten nach 12 Uhr war auch sein Lebensfaden durchschnitten ... Der Kirchenrat und erste evangelisch-lutherische Stadtpfarrer, Herr Wolf, schloß diese traurige Szene mit einer ebenso vortrefflichen wie sachgemäßen Rede.«

Wolf nutzte die Gelegenheit, um der versammelten Menge ernstlich ins Gewissen zu reden und sie dringlich zu ermahnen, einen geordneten Lebensweg einzuschlagen. Auf der noch blutigen Hinrichtungsstätte hielt er eine donnernde, mit Bibelzitaten gespickte Predigt, die mit keinem Wort darauf einging, warum die zum Tode Verurteilten Räuber geworden waren. Ihm diente das Spektakel zur politischen, sozialen und religiösen Disziplinierung der tiefbeeindruckten Zuschauer und Untertanen.

Pfisters Darstellung in seiner zweiteiligen Aktenmäßigen Geschichte ist da weitaus differenzierter. So läßt er am Schluß noch einmal Manne Friederich zu Wort kommen, der seiner Frau ein Abschiedsgedicht widmete, in dem es heißt:

»Die Armuth, die war freylich schuld,
weil man sie nicht mehr hat geduld't.
Die meisten Herrn sind Schuld daran,
daß Mancher thut, was er sonst nicht gethan.«

Hier ist die Schuldzuweisung im Sinne der Aufklärung eindeutig. Ohne Armut gäbe es auch keine Räuber.

Die Predigt von Christian Theodor Wolf hat sich in einer kleinen Broschüre erhalten, die noch vor der Hinrichtung in Druck ging, um rechtzeitig in die Heidelberger Buchhandlungen gelangen zu können. Im Titel wird deshalb von sechs hingerichteten Raubmördern gesprochen. Von der überraschenden Begnadigung konnte der Autor noch nichts wissen. Wir zitieren die Predigt ungekürzt.

Quelle:

Kurzer Bericht von dem Leben der am 31. July 1812 in Heidelberg durch das Schwerdt hingerichteten sechs Raubmörder.
Von D. Kämmerer.
Nebst der nach erfolgter Enthauptung auf dem Blutgerüste gehaltenen Rede von Christian Theodor Wolf, Kirchenrath und Ev. Luth. erster Stadtpfarrer zu Heidelberg.
Heidelberg 1812.

Rede von Herrn Kirchenrat Wolf

Wie werden die Gottlosen so plötzlich zunichte! Sie gehen unter und nehmen ein Ende mit Schrecken! Wie furchtbar hat sich diese Behauptung Assaphs im 73. Psalm im 19. Vers auf dieser schaudervollen Stätte, von welcher das Blut von sechs enthaupteten Verbrechern aufdampft, bestätigt? Lange hatten sie in wildem Taumel dem Laster gefrönt. Sünden hatten sie auf Sünden, Verbrechen auf Verbrechen gehäuft. Die öffentliche Sicherheit hatten sie gestört, weit umher hatten sie die Gemüter mit Furcht und Angst erfüllt. Durch Räubereien hatten sie einzelne in Menge und auch Familien unglücklich gemacht. Mit dem Blut unschuldiger Mitmenschen hatten sie ihre mörderischen Hände befleckt. In unseren Mauern selbst ruhen die von unseren heißesten Tränen benetzten irdischen Reste eines edlen Familienhauptes aus fernem Lande, den ihre mörderischen Hände einen qualvollen Tod bereiteten. Lange hatten sie sich in Finsternis gehüllt. Lange hatten sie die Wachsamkeit und die Nachforschungen derer, die für die Ruhe und Sicherheit der Gesellschaft sorgen, getäuscht. Das Gelingen ihrer Freveltaten und daß es ihnen glückte, durch Schnelligkeit und Verschlagenheit die Bemühungen ihrer Verfolger zu vereiteln, hatte sie immer verwegener gemacht. Länger noch hofften die Frevler, sich dem spähenden Auge der Verfolger des Unrechts entziehen zu können. Die Hoffnung des Lasters wurde getäuscht. Sie wurden entdeckt, ergriffen und in Fesseln gelegt. Ihrer Greueltaten überwiesen, konnten sie länger nicht leugnen. Sie gestanden ein.

Gerächt mußten nun an ihnen werden – die Unruhe und die Furcht und die Angst, die sie weit um sich her verbreiteten – die Verzweiflung, in welche sie einzelne und ganze Familien gestürzt hatten – das Wehklagen der von ihnen bis auf den Tod Mißhandelten und das Blut unschuldiger Mitmenschen, das durch ihre grausamen Hände vergossen worden war. Hinausgestoßen mußten sie werden aus der Gesellschaft, deren Ruhe, deren Eigentum, deren Leben ihr längeres Dasein in immerwährende Gefahr gesetzt hätte. Ernst und laut forderte die Gerechtigkeit ihr Leben zum blutigen Opfer. Ein furchtbar warnendes Beispiel war fürs freche Laster nötig.

Und so sind nun gefallen – die Häupter der Verbrecher, hinweggemäht von dem Racheschwert der Gerechtigkeit! Von dieser furchtbaren Stätte dampft das Blut der Unglücklichen auf, womit ihre Frevel versöhnt werden mußten, und ruft den Tausenden, deren Blicke noch voll Entsetzen auf sie gerichtet sind, laut zu: Die Gottlosen gehen unter und nehmen ein Ende mit Schrecken!

Und warum sind diese Tausende herzugeströmt, um Zeugen der blutigen Rache zu sein, welche die Gerechtigkeit an Missetätern nehmen mußte? Wolltet ihr bloß eine eitle Neugierde befriedigen? Die Gelegenheit wäre zu furchtbar. Wolltet ihr eure Herzen durch Empfindungen des Schauderns und Entsetzens erschüttern lassen? Wer kann solche Empfindungen wünschen? Wolltet ihr eure Augen an dem Anblick der Todesangst und des Blutes der Unglücklichen weiden, weil sie Peiniger ihrer Mitmenschen gewesen sind? Wie könnten dies Menschen, wie könnten es Christen? Solltet ihr nicht darum hierher gekommen sein, um von dieser blutigen Stätte heilsame und bleibende Eindrücke auf eure Herzen mit euch hinwegzunehmen? Solltet ihr alle, die ihr Zeugen des schaudervollen Auftritts gewesen seid, der so laut es verkündigte: Die Gottlosen gehen unter und nehmen ein Ende mit Schrecken! hier nicht ernste, nicht heilige Entschlüsse fassen?

Schwer ist es, nach solchen Erschütterungen das Gemüt zu beruhigen, schwer ist's, nach ihnen den Geist zum geordneten Nachdenken zu sammeln, und schwerer ist's, in einem solchen Augenblick zu einer Menge von Tausenden zu reden. Doch laßt mich im Vertrauen auf Gottes Beistand versuchen, etwas dazu beizutragen, daß eure Empfindungen geordnet, daß der Eindruck des schreckenvollen Auftritts auf eure Herzen heilsam und bleibend und ernste und heilige Entschlüsse in euch rege gemacht werden.

Als die Verurteilten auf diesem Blutgerüst erschienen, um den Lohn ihrer Taten zu empfangen, als vor euren Augen das Schwert der strafenden Gerechtigkeit auf ihren Nacken herabsank, als ihre Häupter fielen und das Blut von ihrem Rumpf hoch aufsprudelte, da ergriff euch Schaudern und Entsetzen, eure Herzen bebten, eure Knie zitterten. Und was fühltet ihr dabei gegen die Unglücklichen, deren Leben auf eine so schaudervolle Art beendet wurde? Wenige nur mögen unter euch sein, welche durch das Andenken an ihre Verbrechen, an die Verdorbenheit der Herzen, die dazu erfordert wurde, und an die Gerechtigkeit ihrer Strafe gegen sie eingenommen, ihre Herzen den Empfindungen des Mitleidens verschlossen hätten. Auch der strafbarste Missetäter, wenn er nun mit seinem Blut für seine Verbrechen büßt, macht noch das Mitleiden seiner Mitmenschen rege. Daß er Mensch ist, daß er, und wäre es auch noch so verhärtet, Gefühl hat, daß er Schmerz empfindet, daß beim Anblick des Todes sein Inneres erbebt; wer könnte es vergessen? Hast du darum, wer du seist, Mitleiden mit dem Schicksal dieser Unglücklichen, obgleich sie nur empfangen haben, was ihre Taten wert waren, empfunden, du hast dich dieser menschlichen Empfindung nicht zu schämen. Und waren ihnen als Menschen nicht auch die Anlagen, Fähigkeiten und Kräfte eigen, wodurch der gütige Schöpfer den Menschen vor allen anderen Geschöpfen ausgezeichnet hat? Hätten sie diese Anlagen nicht entwickeln, von diesen Fähigkeiten und Kräften nicht einen weisen Gebrauch zu ihrem eigenen Besten und zum Segen für die Welt machen können? Hätten sie nicht bis hierher, hätten sie nicht, wenn sie nicht durch Verbrechen ihr Leben selbst verkürzt hätten, vielleicht noch eine lange Reihe von Jahren hindurch viel Gutes auf dieser

Erde wirken können? Es ist nicht geschehen! Ihre Kräfte haben sie auf die schändlichste Art mißbraucht. Die Ruhe ihrer Mitmenschen haben sie gestört. Sie sind ihre Peiniger geworden. Mit dem Blut Unschuldiger haben sie ihre mörderischen Hände befleckt. Von der Höhe, auf welche sie der gütige Schöpfer als Menschen hinaufgestellt hatte, sind sie herabgesunken bis ins tiefste Verderben, herabgesunken bis zu der Verworfenheit, daß sie als krebsartige Glieder aus der Gesellschaft mit dem Schwert herausgeschnitten werden mußten. Ach, ihr Unglücklichen, was hättet ihr sein und werden können, und – was seid ihr geworden! Wessen Herz sollte bei diesen Gedanken nicht tiefen Schmerz empfinden, wessen Herz sollte die Unglücklichen nicht bedauern?

Die Häupter, vom Rumpf durch das Schwert der Gerechtigkeit getrennt, liegen nun da – ihre blutigen Leichname! Von ihnen geschieden ist der Geist. Er lebt noch, gleich dem Geist der Frommen, denn Unsterblichkeit ist auch das Los des frevelnden Sünders. Schon steht er vor dem Richterstuhl des allwissenden und gerechten Weltenrichters, der den Guten und Frommen mit dem freundlichen Blick des Wohlgefallens zuruft: Komm her, du Gesegneter! Ererbe das Reich, das dir bereitet ist von Anbeginn der Welt! Der aber auch mit niederschmetterndem Ernst den beharrlichen Sünder, weggewendeten Blickes, mit den Donnerworten von sich hinwegweist: Hinweg von mir, du Übeltäter! In das ewige Feuer, das bereitet ist dem Teufel und seinen Engeln![1] Was hat der Weltenrichter über die Geister dieser Unglücklichen geurteilt? Was wird ihr ewiges Los sein? Welcher Sterbliche darf sich erkühnen, dies bestimmen zu wollen? Gott urteilt nicht wie Menschen bloß nach dem Äußeren der Taten. Sein allsehendes Auge blickt in die Tiefen des Herzens hinab, aus welchem sie hervorgehen. Vor ihm verschwindet der Glanz so mancher Tat, die uns nur edel scheint. Vor ihm erscheint die Schuld, auch oft des gröbsten Verbrechers, geringer. Er nur vermag es ganz zu bestimmen, was Erziehung und Unterricht, was Beispiele, was Begierden und Leidenschaften, was Reizungen und Verführungen, was Schicksale und andere auf den Menschen wirkende Umstände dazu beigetragen haben. Er nur weiß genau, welchen Anteil der eigene freie Wille des Menschen daran hat. Vielleicht könnte der allwissende und gerechte Weltenrichter auch die Schuld der Unglücklichen, welche hier den gerechten Lohn ihrer Taten empfangen haben, minder groß finden! Welcher Mensch, welcher Christ sollte dies nicht wünschen? Und ist denn der höchste Richter der Menschen nicht auch ihr Vater? Ist er nicht Vater auch seiner gefallenen Kinder? Will er nicht – so hat es uns ja Jesus gelehrt, und mit seinem Blut hat er's besiegelt – auch dem reuevollen, bußfertigen und zur Besserung entschlossenen Sünder verzeihen? Und als solche zeigten sie sich wirklich, zum Trost des Menschenfreundes, in ihren letzten Tagen, in welchen sie die Belehrungen, welche man ihnen erteilte, willig annahmen, ihre Verirrungen und Verbrechen reuevoll bekannten und mit bitteren Tränen beweinten, um Gottes Erbarmung und Gnade voll Demut flehten, ihre Hoffnung

[1] *Matth. 25. V. 34 u. 41*

auf dieselbe durch die andächtige Feier des Todesmahls Jesu stärkten und überhaupt noch so manche Spur besserer menschlicher Gefühle an sich blicken ließen.

Aber werden sie je mit innerer Zufriedenheit auf ihr Leben und ihre Taten hinieden zurücksehen können? Nun ist ihr Geist von seinen irdischen Fesseln entbunden. Nun verfinstern ihn nicht mehr sinnliche Begierden und Leidenschaften. Sein Blick ist erhellt und geschärft. Nun sehen sie sich und ihre Taten in ihrer wahren Gestalt. Klar liegt's jetzt vor ihren Augen, was sie hätten sein und wirken sollen und können, und was sie gewesen sind und gewirkt haben. Nun überschauen sie mit ungeblendetem Auge den Jammer, welchen sie auf ihrer Lasterbahn angerichtet haben. Und wenn ihnen die Geister derer, die sie mißhandelt, geängstigt und in Verzweiflung gestürzt, die Geister derer, die sie ohne Erbarmen und taub gegen ihr Flehen mit grausamen Händen gemordet, wenn ihnen die Geister der Gattinnen und Freunde derselben, deren Herzen durch ihre Greueltaten zerrissen worden sind, jetzt schon entgegenkommen oder künftig noch sich nahen werden – welchen Eindruck kann und muß dieser Augenblick auf sie machen, auch wenn ihnen diese die Hand der Versöhnung entgegenreichen? Kann die Ewigkeit selbst das Bewußtsein ihrer Taten gänzlich auslöschen? Kann die Ewigkeit selbst alle Empfindungen, die daran geknüpft sind, gänzlich vertilgen? Wünschen und hoffen wir darum, als Christen, von der erbarmenden Gnade Gottes in Christo, daß sie auch das Schicksal dieser Unglücklichen in der Ewigkeit mildern werden, ach! So bleiben sie doch ewig Bedauernswürdige, welche die unwiederbringliche Zeit ihres Erdenlebens verscherzt, verschwendet und mutwillig dem Laster geopfert haben. Fühlen wir Mitleiden mit ihnen, so gesellt sich doch gleich dazu der innigste Abscheu an ihren Gesinnungen und Taten und Schauder bei dem Gedanken an ihre schrecklichen Folgen.

So schaudererweckend auch diese Stätte ist, auf welcher die Häupter von Verbrechern gefallen sind, so leicht ist sie doch auch fähig, in dem Herzen des nachdenkenden und besseren Menschen eine sanftere und selbst frohe Empfindung aufzuregen. Verkündigt sie es uns denn nicht, daß wir so glücklich sind, in einem Staate zu leben, in welchem das Laster verfolgt und das Verbrechen mit Gerechtigkeit bestraft wird. Erinnert sie uns nicht: Ihr lebt in einem Land, in welchem durch die Einsichten, durch die Tätigkeit und durch die Anstrengungen würdiger, auch von gekrönten Häuptern anderer Staaten darum geehrter Männer, die für die Ordnung, Ruhe und Sicherheit der Gesellschaft zu sorgen haben, der Verbrecher aus seinen Schlupfwinkeln hervor an das Licht gezogen wird? Verkündigt sie uns nicht laut die strenge Gerechtigkeit unserer Gerichte? Ruft sie uns nicht zu: Ihr habt einen Fürsten, der, so milde sein Herz ist, doch das Schwert nicht umsonst trägt, sondern als Diener Gottes ein strenger Rächer ist über den, der Böses tut.[1] Und haben wir nicht Ursache, auch selbst an diesem schaudervollen Ort, einer frohen Empfindung des Dankes gegen Gott für dieses Glück in unserem Herzen Raum zu geben, nicht Ursache, unseren Fürsten und

---

1 *Röm. 13,4*

seine Diener zu segnen, die es uns nach aller ihrer Kraft möglich zu machen suchen, unter seiner Regierung ein ruhiges, stilles Leben zu führen in aller Gottseligkeit und Ehrbarkeit?[1] Ist es nicht auch ein trostvoller, ja erfreulicher Gedanke: Keiner der Unglücklichen, die ihr verbrecherisches Leben auf diesem Blutgerüst endeten, war ein Glied des Staats, in welchem wir leben!

Des werden sich die Guten, dankvoll gegen Gott, freuen. Anders empfinden werden freilich die, welche Sklaven des Lasters sind und sich freuen, Böses zu tun. Aber zittern müßten sie. Mögen sie ihre Verbrechen auch mit der dicksten Finsternis umhüllen, mögen sie dem Arm der Gerechtigkeit sich noch so lange entziehen – der Tag der Rache kommt auch für sie. Er kommt, wenn auch nicht hier schon, doch dort, wenn der Herr wird ans Licht bringen, was im Dunkeln verborgen ist, wenn er offenbaren wird selbst den Rat der Herzen.[2] Diese Blutstätte donnert es ihnen entgegen: Die Gottlosen gehen unter und nehmen ein Ende mit Schrecken!

So schrecklich straft sich die Sünde. Sie ist der Leute Verderben! Der Tod ist ihr Sold! Und du wolltest sie nicht verabscheuen, nicht fliehen? Wärst du denn ein Rasender, der mit eigener Hand mutwillig seine Glückseligkeit zertrümmerte, der mit eigener Hand den Abgrund des Verderbens ausgrübe, um in denselben hinabzustürzen? Sprich nicht, so weit wird's mir nicht kommen, so tief werde ich nicht sinken! Ach, so dachten, so sprachen auch alle die, die von jeher auf Blutgerüsten ihr Leben der Gerechtigkeit zum Opfer bringen mußten. Solange du nur einer Sünde noch ergeben sein kannst, solange bist du vor dem Versinken ins tiefste Verderben nicht sicher. Eine Sünde führt immer zu anderen. Ein Verbrechen macht das andere notwendig. Eine Freveltat bahnt den Weg zur anderen. Immer leiser und leiser läßt sich die Stimme des Gewissens hören. Immer schneller gehst du auf dem Weg der Sünden voran. Unversehens stehst du an dem Abgrund, in welchen du unaufhaltsam hinabstürzt. Darum, oh Mensch, behüte dein Herz, denn daraus geht das Leben[3], aber auch der – Tod. Wache über deine Lüste, Neigungen und Begierden, denn die Lust, wenn sie empfangen hat, gebiert die Sünde, die Sünde aber, wenn sie vollendet ist, gebiert sie den Tod.[4] Hüte dich vor jeder bösen Tat! Und du, der du schon weiter auf dem Weg des Verderbens vorangegangen bist, du, in dem das Gewissen in diesem ersten Augenblick schon manche bittere Erinnerung weckt, stehe still, besinne dich, kehre eilends um, da es noch Zeit ist. Und wenn die Gewohnheit dich mit sich fortziehen – wenn die Sinnlichkeit dich mit sich fortreißen will, dann schwebe deinem Geist diese schaudervolle Stätte vor, auf der du die Häupter von Verbrechern fallen sahst, und der furchtbare Gedanke daran wird dir den Kampf mit der Sünde erleichtern, wird dir zum Sieg verhelfen.

Und ihr, bessere Menschen! die ihr in diesem Augenblick mit froher Zufrie-

---

1 *1. Tim. 2,2*
2 *1. Cor. 4,5*
3 *Sprüche, 4,23*
4 *Jac. 1,15*

denheit in euer Inneres und auf euer Leben blicken könnt! Überhebt euch dessen nicht, werdet nie sicher! Denkt, was auch aus euch hätte werden können, wenn ihr von anderen Eltern geboren und erzogen, von anderen Lehrern gebildet worden, unter anderen Umgebungen herangewachsen wärt und unter anderen Umständen und Schicksalen bisher gelebt hättet. Waren alle Umstände für euch und eure Tugend günstig, dann fühlt demütigen Dank gegen den, der zum Guten das Wollen und Kraft zum Vollbringen gibt, dann sprecht zu euch selbst: Lobe, meine Seele, den Herrn und vergiß nicht, was er dir Gutes getan hat! Dann erwecke euch diese Dankbarkeit gegen Gott zu immer eifrigerem Streben nach höherer Vollkommenheit. Euch, ihr Besseren! werden nicht Blutgerüste von Sünden abschrecken, ihr werdet sie aus Ehrfurcht und Liebe zu Gott und aus Achtung vor euch selbst fliehen. Aber werdet nie, nie sicher! Auch der beste Mensch ist und bleibt noch schwach. Engel selbst sind gefallen. Wie schnell und wie tief der Mensch fallen könne, daran erinnere euch diese Stätte, und – wenn ihr meint zu stehen, so seht wohl zu, daß ihr nicht fallet.[1]

Väter, Mütter! Unter den Unglücklichen, deren Häupter auf diesem Blutgericht gefallen sind, befanden sich auch Jünglinge, die so früh schon sich todeswürdiger Verbrechen schuldig gemacht hatten. Ach, die Bedauernswürdigen! Verdient hatten sie die schaudervolle Strafe. Aber, durch wen wurden sie dem Laster in die Arme geführt, durch wen wurden sie zu Verbrechen reif gemacht? Durch wen wurden sie auf das Blutgerüst gebracht? Ach, durch die, die ihnen das Leben gaben, ihre eigenen Eltern! – Einer davon, Sohn eines verbrecherischen Vaters, wurde früh zum Verbrechen geleitet. Und diesen Vater liebte er so sehr, daß er, als er dessen auch durch Verbrechen verwirkten Tod fürchtete, den Wunsch äußerte, sein Leben für das seinige hingeben zu können. Hätte die Liebe des Sohnes einen würdigeren Vater umfaßt, hätte ein würdigerer Vater das Herz des Sohnes gebildet, würde dieser wohl so tief gesunken sein? Würde das Blut des Sohnes nun um Rache gegen den Vater schreien? Väter, Mütter! so viel kommt auf die Erziehung an, die ihr euren Kindern gebt. So schwerer Verantwortung könnt ihr euch schuldig machen! Bedenkt's an dieser schaudervollen Stätte! Faßt hier den heiligen Entschluß: Wir wollen aufziehen unsere Kinder in der Zucht und Vermahnung zum Herrn! Wir wollen mit aller Sorgfalt für die Bildung ihres Geistes und Herzens sorgen! Wir wollen ihren zarten Herzen Liebe zu Gott und allem Guten einflößen! Wir wollen durch unser Beispiel sie zur Nacheiferung in jeder Tugend ermuntern! Wir wollen so an ihnen handeln, daß wir mit ihnen einst freudig vor Gottes Richterstuhl treten und sagen können: Herr, siehe, hier sind wir und die du uns gegeben hast!

Und ihr, Kinder und Jünglinge und Jungfrauen! Nie wird in eurer Seele das Andenken an den schaudervollen Auftritt auf diesem Blutgerüst, dessen Zeugen ihr gewesen seid, erlöschen. Und so oft er, spät noch, euer Herz beben machen wird, so oft vergegenwärtige sich euch die schreckliche Wahrheit: Die Gottlosen

---

[1] *1. Cor. 10,12*

gehen unter und nehmen ein Ende mit Schrecken! Warnend, warnend sei euch besonders der Gedanke an den Jüngling, der so früh schon bis zum todeswürdigen Verbrecher herabsinken konnte. So leicht werden sinnliche Lüste in euren Herzen rege. Ihre Befriedigung verspricht euch so süßes Vergnügen. Nach diesem seid ihr so lüstern. Und nun nährt ihr die Lust in eurem Busen und laßt sie erstarken zur Begierde, zur Leidenschaft, die euch dann gewaltsam mit sich fortreißt. Ach, wie oft achtet ihr nicht die warnende Stimme des Vaters, wie oft merkt ihr nicht auf die der liebenden Mutter! Redliche Freunde warnen euch, und ihr gebt ihnen kein Gehör. Wo werdet ihr hinkommen, wenn ihr auf diesem Weg taub gegen jede Warnung voraneilt, wo werdet ihr hinkommen, vielleicht ach! als Jünglinge und Jungfrauen schon? Oh darum, ihr jungen Freunde! Ehret eure Väter und Mütter, daß es euch wohlgehe! Erkennt in ihnen eure treusten Freunde, die es nicht besser mit euch meinen können, als wenn sie euch mit Ehrfurcht vor Gott und Liebe zu ihm zu erfüllen, wenn sie euch mit Ernst vom Bösen abzuhalten und mit Liebe zum Guten zu leiten suchen. Beweist ihnen Dankbarkeit und kindliche Folgsamkeit. Der Freund, der euch zum Guten ermahnt und warnt vor dem Bösen, sei euch teuer! Öffnet ihm eure Ohren und eure Herzen! Flieht die Lüste der Jugend! Verschließt euer Ohr der lockenden Stimme der Verführung! Macht von euren jugendlichen Kräften weisen und treuen Gebrauch durch Arbeitsamkeit und Fleiß und flieht, flieht den Müßiggang, der zu allen Lastern führt. Üppigkeit und Schwelgerei sind Laster, welche den Leib und die Seele verderben, flieht sie! So werdet ihr bewahrt werden vor den schrecklichen Strafen, womit das Laster immer am Ende seinen Sklaven lohnt!

Und wir alle, von welchem Alter, Geschlecht und Stand wir auch sein mögen, laßt uns diese schaudervolle Stätte nicht verlassen, ohne daß es noch einmal in unserer ganzen Seele wiederhalle und durch unser ganzes Leben in ihr nachhalle: Die Gottlosen gehen unter und nehmen ein Ende mit Schrecken.

Des Lasters Pfad ist anfangs zwar
Ein breiter Weg durch Auen,
Sein Fortgang aber wird Gefahr,
Sein Ende – Nacht und Grauen.

Die Vogelsberger und Wetterauer Räuberbanden

Friedrich Ludwig Adolf von Grolman stammt aus einer angesehenen Gießener Familie. Er war der älteste Sohn des 1795 verstorbenen Hessen-Darmstädtischen Geheimen Regierungsrates Adolf Ludwig Grolman. Sein Bruder Carl zählte neben Anselm von Feuerbach zu den bekanntesten Strafrechtlern des beginnenden 19. Jahrhunderts. Die Karriere des zwei Jahre älteren Friedrich Ludwig Adolf war dagegen eher bescheiden. Am 25. Januar 1773 in Gießen geboren, studierte er von 1789 bis 1792 an der Universität seiner Heimatstadt Jura und ging dann als Praktikant an das Reichskammergericht nach Wetzlar. 1793 wurde er Kabinettssekretär des Fürsten Wilhelm von Solms-Weilburg. Er reiste viel und besuchte für einige Zeit die Universität Göttingen, um sich »bei gelehrten Männern« weiterzubilden. 1796 ließ er sich als Advokat und Kriminalgerichtsdefensor (Verteidiger) in Gießen nieder. 1800 wurde er zum wirklichen Kriminalrichter ernannt. 1811 erfolgte die Beförderung zum Großherzoglich Hessischen Hofgerichtsrat und 1. Kriminalrichter. Aus gesundheitlichen Gründen trat Grolman 1829 in den Ruhestand. 1855 starb er.

Schon vor seinem Wechsel in den Staatsdienst hatte Grolman zwei Bücher verfaßt: über den *Geist des Seneca* und über Knigges *Umgang mit Menschen*. Als Kriminalrichter und Hofgerichtsrat widmete er sich nur noch juristischen Themen. Er schrieb für Hartlebens *Allgemeine Justiz- und Polizey Blätter* und für das *Archiv des Criminalrechts*. 1813 erschien seine *Actenmäßige Geschichte der Vogelsberger und Wetterauer Räuberbanden*, die ihn weit über die Grenzen des Großherzogtums Hessen hinaus bekannt machte. Das Buch wurde von zahlreichen Regierungen in Deutschland angekauft und in den örtlichen Behörden verteilt. Avé-Lallement lobte noch Mitte des 19. Jahrhunderts, daß Grolman tief »in das eigentümliche Gaunerwesen« eindringe, »obschon er nur ein Verzeichnis der Vogelsberger und Wetterauer Bandenmitglieder gibt. Aber gerade in diesem Verzeichnis zeigt sich Grolman in der ganzen Meisterschaft seiner tiefen geistvollen Auffassung der verschiedenen Individualitäten. Er gibt nicht bloß ganz vortreffliche Personenbeschreibungen der Verbrecher, sondern führt auch ihre Genealogie, ihren Charakter, ihre Verbrechen, ihre Genossen und ihr Schicksal in so ausgezeichneten Zügen vor, daß das ganze Buch einem Album der vortrefflichsten und geistvollsten Zeichnungen gleicht, die zu eifrigen Studien reizen und immer neue reiche Belehrung geben«.

Für sein Werk erhielt Grolman 1813 den Großherzoglichen Haus- und Verdienstorden 4. Klasse; der Großherzog von Frankfurt und der Herzog von Nassau ließen ihm goldene Ehrenmedaillen überreichen.

1822 veröffentlichte er noch den ersten Teil eines auf zwei Bände angelegten *Wörterbuches der in Teutschland üblichen Spitzbuben Sprache, die Gauner und Zigeuner-Sprache enthaltend*. Der zweite Teil konnte nicht mehr erscheinen, weil der Gießener Buchhändler und Verleger Müller unterdessen gestorben war. Einen anderen Verleger schien das Thema nicht mehr zu interessieren.

Wir haben aus der mehr als 600seitigen *Actenmäßigen Geschichte* die im Sinne von Avé-Lallement interessantesten Charakterisierungen und Schilderungen ausgewählt. Sicherlich gehören die Vergewaltigung einer hochschwangeren Butterfrau aus Lißberg und die fatal an eine Schwarze Messe erinnernde Entweihung der Kirche von Herren-Haag zu den Tiefpunkten in der Geschichte der deutschen Räuberbanden. Fast erheiternd sind dagegen die eingestreuten Gedichte und vor allem die in holprigsten Reimen verfaßte Lebens-Elegie des zum Tode verurteilten Heiden-Peter.

Diese eher unterhaltsamen Episoden dürfen aber nicht darüber hinwegtäuschen, daß Grolman als erster Kriminalrichter der Provinz Oberhessen in seinen Ansichten erheblich rückständiger war als z.B. sein Kollege Pfister in Heidelberg. Das zeigt sich vor allem in seiner Forderung, auch für »handwerksmäßigen Diebstahl«, also nicht nur für Raub, die Todesstrafe zu verhängen. Solche scharfen Töne waren für seine Zeit schon ungewöhnlich.

Quelle:

Actenmäßige Geschichte der Vogelsberger und Wetterauer Räuberbanden und mehrerer mit ihnen in Verbindung gestandener Verbrecher. Nebst Personal=Beschreibung vieler in alle Lande teutscher Mundart dermalen versprengter Diebe und Räuber.
Von Friedrich Ludwig Adolf von Grolman, Großherzoglich Hessischem Hofgerichts=Rathe und erstem Criminalrichter in der Provinz Oberhessen.
Gießen 1813.

Friedrich Ludwig Adolf von Grolman

Personal=Beschreibung vieler in alle Lande teutscher Mundart dermalen versprengter Diebe und Räuber

Jonas Hoos von Reptich
Werra-Departement, Königreich Westfalen

Hingerichtet am 14. Juli 1812.
Er ist 28 Jahre alt.

Schicksal.

Sein Vater, Conrad Hoos, war ehedem ein angesehener Bauer und sogar Greve (Schultheiß) in dem Geburtsort, wurde aber (warum, ist unbekannt) abgesetzt. Die Mutter des Inquisiten starb zu früh, um zu seiner Erziehung beitragen zu können. Nach achtjährigem Witwenstand heiratete der Vater aufs neue. Dies mißfiel dem Knaben; er gibt überdies vor, daß ihn die Stiefmutter stiefmütterlich behandelt habe. Schon im 9. oder 10. Jahr verließ er die Heimat und begab sich nach Jesberg in eine Wirtschaft. Hier diente er den Fuhrleuten. Jede Woche einmal holte ihn anfänglich der Vater ab. Der Bub tat aber nicht gut und entlief immer wieder. Weil dieser die Stiefmutter nicht leiden konnte, tat er ihn nun zu Verwandten in ein anderes Haus. Hier hielt der Knabe zwar eine Zeitlang aus und genoß notdürftig den Unterricht der Schule. Sobald er aber konfirmiert war, entlief er auf immer. Er ging nunmehr mit den Fuhrleuten auf Reisen. So sah er nach und nach beinahe alle Städte Deutschlands. Er kam selbst nach Danzig. Seine Roheit wurde wohl abgeschliffen, und die Gabe der Verstellung wurde ihm eigen; Ehrfurcht aber für das Eigentum anderer, Gewohnheit zur Ordnung und zum häuslichen Leben, diese Eigenschaften waren es nicht, die er bei den Fuhrleuten lernte. Mächtig fühlte er dagegen mehr herangewachsen den Trieb, independent* zu sein. Diesen zu befriedigen, gesellte er sich bald zu einer liederlichen Dirne. Angelica Krämerin, so heißt sie, aus echtem Gaunergeschlecht, wurde sei-

* unabhängig, frei

ne erste Beischläferin. Er zog mit ihr auf dem Land umher und sammelte Lumpen. Durch sie und die ergriffene Lebensart geriet er bald in nähere Bekanntschaft mit Gaunern. Haarbacher Hannes war es, der ihn vollends in das Kochemer-Leben einführte. Und nun war seine Räuberlaufbahn betreten.

Am 22. August 1807 wurde er wegen eines zu Mornshausen an J. Adam Joachim, seinem Wohltäter, verübten Einbruchs zum ersten Mal in hiesiges Stockhaus gebracht. Am 23. November wurde er deshalb zu achtmonatiger weiterer Zuchthausstrafe und nachfolgender Landesverweisung verurteilt und am 22. Juli 1808 nach verbüßter Strafe entlassen. Schnell vergaß er alle ihn zum guten gegebenen Ermahnungen. Sein erster Ausflug war der in eine Räuberherberge. Hier, auf der Mardorfer Ziegelhütte, traf er gleich mehrere von seiner Gesellschaft. Auch Angelica Krämerin, die früher als er losgekommen war, fand er hier. Allein er verstieß sie, wahrscheinlich aus Jalousie* oder aus Rachsucht, weil sie durch ihr Geständnis zu seiner Überführung und Bestrafung gewirkt hatte. Sie hing sich nun an Ludwig Funk und er an Elisabetha Reinung. Diese verständige Dirne war ehedem die Zuhälterin des berüchtigten Räubers Hunds-Velten (Valentin Bröschler), welcher im Jahr 1807 von seinen Kameraden im Zwist über die Teilung eines Raubes auf dem Wannhof, A. Ulrichstein, ermordet worden war.

Am 23. Dezember 1808 wurde der Inquisit zum zweiten Mal zum Stockhaus geschickt. Er war in den neu akquirierten† v. Riedeselischen Gerichten ergriffen und zuerst mit der Warnung, das Land zu meiden, entlassen, gleich darauf aber von neuem in Gesellschaft gefährlicher Räuber ertappt worden. Er saß bis zum 9. April 1810, bis ihm gemäß Urteil vom 5. der bisherige Arrest wegen gebrochener Urfehde‡ und fortgesetztem Vagabundenlebens zur Strafe angerechnet wurde und seine abermalige Entlassung unter nochmaliger Landesverweisung und Androhung noch härterer Strafe im Wiederbetretungsfall erfolgte. Auch diesmal wurden ihm die dringendsten Ermahnungen zur Ergreifung einer anderen Lebensart sowie eine Unterstützung an Geld zu seiner augenblicklichen Forthilfe mit auf den Weg gegeben. Er versprach alles, hielt aber nichts. Von diesem Augenblick an vermehrte sich vielmehr sein Eifer zur Begehung von Verbrechen. Überall gefürchtet und berüchtigt, wurde er endlich am 17. September 1810 auf Veranlassung des Beamten zu Burg-Gemünden von neuem eingezogen. Er hatte eben auf der Werners-Mühle bei Zeilbach, Großherzogl. Hessischen Patrimonial-Gerichts des Freiherrn von Riedesel zu Ober-Ohmen, einen Diebstahl begangen. Schon einige Wochen früher saß zu Burg-Gemünden Elisabetha Reinung, seine zweite Beischläferin. Durch sie war über seine Vergehen einiges Licht verbreitet worden. Er tat alles mögliche, um sie mit Gewalt zu befreien. Allein sein Vorsatz scheiterte an der Wachsamkeit des Beamten und der Stärke der Bewa-

* Eifersucht

† erworbenen

‡ gebrochenen eidlichen Versprechens, das Land nicht mehr zu betreten

chung. Racheschnaubend hatte er gedroht, alle seine Kameraden zu sammeln, um sie auf dem Transport nach Gießen dem sie bewachenden Militär zu entreißen. Sie war aber weggebracht worden, ehe er seine Drohung ausführen konnte. Nun wollte er Erkundigung einziehen über ihre Geständnisse. Er schwor – dies beweisen Zeugen -, den Beamten zu Burg-Gemünden und seinen Bruder, den Kriminalrichter, wegen der scharfen Untersuchung zu ermorden. Allein eben diese törichten Pläne stürzten ihn ins Verderben. Statt die dortige Gegend zu meiden, wo er überall bekannt war und wo Landdragoner und Spione stündlich auf ihn lauerten, fesselten sie ihn vielmehr daran. Seine Rachsucht und sein Leichtsinn ließen ihn alle Sorge für persönliche Sicherheit vergessen. Und doch wäre er vielleicht dem Verrat entgangen, wäre er schonender wenigstens mit denen verfahren, die ihn beherbergten. Allein diesem Menschen war selbst Gastfreundschaft nicht heilig, und ganz gegen die auf Klugheit gegründete Regel der Bande schonte er selbst diejenigen nicht, bei denen er Quartier und Zuwandel[*] hatte. Die erste Gelegenheit, sie zu bestehlen, war ihm die liebste. Beweise hiervon liefern die Diebstähle zu Sterndorf und die von Mornshausen und auf der Werners-Mühle, welche beide seiner ersten und letzten Arretierung kurz vorangingen. In Burg-Gemünden gestand der Inquisit eine Menge Verbrechen, die er später hier widerrufen hat. Dagegen traten einige andere wichtige Diebstähle, namentlich die zu Friedberg, Bärstadt und Harbach, denen man hier erst auf die Spur kam, an deren Stelle. Die meiste Arbeit machten seine Denunziationen wegen Diebshehlerei und Abnahme gestohlener Sachen, welche etliche und zwanzig[†] nicht unbedeutende Nebenuntersuchungen veranlaßten. Unter grinsendem Lächeln weidete er sich mit innigem Seelenvergnügen bei Konfrontationen an der Verlegenheit anderer, worin er sie brachte. Mit Frechheit sagte er ihnen alles ins Gesicht, und doch nahm er im Juli v. J. mit den früheren Bekenntnissen seiner meisten Verbrechen auch den größten Teil jener Denunziationen zurück. Wahrscheinlich machte ihm nun die Vorstellung Freude, seine Richter in Verlegenheit zu bringen. Auch bei der Konfrontation mit den auf der Kuhmark beraubten Juden brach er in wohlgefälliges Lächeln aus, als diese die Drangsal und Mißhandlungen erzählten, die sie durch ihn und seine, nun größtenteils in Marburg hingerichteten, Kameraden erlitten hatten.

Während seines Arrestes im hiesigen Stockhaus machte er mehrere Versuche auszubrechen, die aber immer am Ende der Ausführung mißlangen. Das eine Mal deckte er im Angesicht zweier Schildwachen das mit Schiefern gedeckte Dach seines Abtritts ab, um daraus zu entfliehen. Das andere Mal hatte er die Mauer durchbrochen. Nach dem Mißlingen dieser verschiedenen Versuche, welche ihm geschärfte Züchtigungen zuzogen, machte er mit anderen Verbrechern ein Komplott, um sicherer seinen Zweck zu erreichen. Wirklich fehlte nur wenig an der völligen Ausführung, und wahrscheinlich hat man das Mißlingen bloß ei-

---

[*] Zuwanderung

[†] weit mehr als zwanzig

nem Zufall zu verdanken. Fast alle Gefangenen von den Räuberbanden waren mit in das Komplott gezogen. Zwei der neuen Gefängnisse waren unter dem Schlafzimmer der Arbeiter angelegt. Von diesen waren einige einverstanden. Sie machten sich eine Kommunikation mit den Inquisiten der unteren Gefängnisse und reichten ihnen durch ein in dem Fußboden und dessen Decke angebrachtes Loch Dietriche und andere Instrumente, die sie von Kammzinken, Fenstereisen etc. geschmiedet hatten. Nun brach einer von ihnen durch den Ofen auf den unteren Gang des Stockhauses. Hier öffnete er eine Tür nach der anderen. Schon waren die meisten Gefängnisse offen, und die Halbbefreiten warteten auf den Augenblick, wo die gerade vor der Wachstube befindliche verschlossene Gangtür durch den Verwalter geöffnet wurde. Jonas Hoos hatte die Rolle übernommen, mit einer aus einem Ofenloch gezogenen Holzspalte hinter dem Türpfosten auf den Verwalter zu lauern und ihn beim Eintritt unversehens niederzuschmettern. Dann sollten alle übrigen nachstürmen; die Wache sollte überwältigt und nötigenfalls mit Messern, die sie aus Tür- und Fensterblechen geschliffen und mit hölzernen Stielen versehen hatten, ermordet werden. Hierauf hätten sie sich des geladenen Gewehres bemächtigt und so mit bewaffneter Hand die Tore oder Stadtgräben angegriffen.

Noch war aber der Augenblick nicht gekommen, wo der Verwalter visitieren ging; noch war eines der am festesten verwahrten Gefängnisse zu öffnen. In diesem saß neben Mitgliedern der Bande ein erst vor kurzem eingebrachter Bauer, der noch an demselben Tag in eine Gefangenenstube gesetzt werden sollte. Diesem Manne, der durchaus kein Interesse hatte, an dem Komplott Anteil zu nehmen, in das man ihn ziehen wollte, wurde, als die anderen von außen an der Öffnung seines Gefängnisses arbeiteten, bange. Er machte daher Lärm, rief der Schildwache zu und wurde glücklich vernommen, obgleich ihn diejenigen, die bei ihm eingesperrt waren, durch die Drohung, ihn zu ermorden, bald zum Stillschweigen brachten. Mit Vorsicht öffnete nun der Verwalter die Gangtür des Stockhauses. Die alarmierte Stockhauswache drang sogleich mit aufgepflanztem Bajonett ein und, gescheucht durch diesen Überfall, krochen die Räuber, die größtenteils sich ihrer Ketten entledigt hatten, zurück in ihre Löcher. Nach Publikation des Todesurteils setzte man den Inquisiten allein in ein Loch und ließ ihn anschließen. Vorher war er genau visitiert worden. Dennoch fand man nach einigen Tagen ein scharfes Messer bei ihm, wodurch er sich wahrscheinlich abermals einen Ausbruch bereiten wollte. Er gab vor, solches von der Schildwache, die seit dem vorigen Komplott auf Veranlassung Großherzoglicher Regierung in den unteren Gang des Stockhauses gestellt worden war, durch die Klappe erhalten zu haben. Dies aber konnte bis jetzt nicht erwiesen werden.

Charakter.

Dieser Mensch war im höchsten Grad leichtsinnig, aufgeblasen, stolz, feige, grausam und schadenfroh; dabei besaß er eine gewisse Biegsamkeit und äußere Politur, wodurch er das Schändliche seines Charakters vor denjenigen, die ihn nicht genau kannten, täuschend zu verbergen wußte. Oft sah man ihn in demselben Moment vom Weinen zum ausgelassenen Lachen übergehen. Sein höchster Genuß bestand in der Freude über das Unglück anderer. Die Geschichte seiner Verbrechen und die Untersuchung liefern die Beweise. Die fürchterlichsten Drohungen tat er, nach Zeugenaussagen, über die Arretierung seiner Konkubine; in demselben Augenblick überließ er sich alles vergessend dem Taumel ausgelassener Freude. Es war auch durchaus nicht Liebe, was ihn für sie portirte*; denn während seines Arrests fragte er nach ihr mit keiner Silbe. Selbst als sie nach der Verurteilung in das Zuchthaus nach Rockenberg abgeführt wurde, trug er kein Verlangen, sie zu sprechen. Grausam und prahlend mit seinen Taten gegen andere, immer die Rolle eines Anführers affektirend†, hielt er feig genug keine Züchtigung von zwei Schlägen aus, ohne zu winseln. Verschwenderisch war er, wenn er Geld hatte; in wenigen Wochen war auch der beträchtlichste Raub schon vergeudet. Bei seiner letzten Arretierung waren noch keine drei Wochen verflossen, daß er mit fünf Kameraden über 30 Carolins allein an barem Geld auf der Kuhmark geraubt hatte. Doch hatte er schon damals nichts mehr davon übrig, und er mußte zu erbärmlichen kleinen Diebstählen seine Zuflucht nehmen. Neben ihm im Stockhaus saß ein Mitgefangener namens Anschuh. Der untersuchende Richter hatte sein Gewissen gerührt; auch hatte Anschuh eben eine große Reihe schwerer Verbrechen bekannt, und Furcht vor der Strafe ängstigte seine Seele. Zurückgeführt ins Stockhaus, fing er laut zu beten an. Hoos, der dies hörte, trieb seinen Spott mit dem geängstigten Verbrecher. Den Freigeist affektierend, verwies er ihm seinen Aberglauben: »Noch nie hab' ich gebetet«, fuhr er fort, »und doch hat mich der Teufel nicht geholt. Ich bin zwar zum dritten Mal hier im Stockhaus, ich will aber auch ohne Gebet zum dritten Mal meine Freiheit erlangen. Dann soll das Kochemer-Leben erst von vorne angehen. Es ist wahr, ich war ein Kerl wie ein Teufel. An fünfzehn Bauernhöfen habe ich in einer Nacht den Einbruch versucht. Komm' ich aber wieder los, will ich die Kunst anders treiben. Die Bauern sollen nichts damit ausrichten, daß sie ihre Häuser zu verbohlen‡ anfangen.« Freilich hat man diese Reden nur aus der Anzeige anderer Verbrecher, die neben ihm saßen; er selbst ist solcher nicht geständig. Allein sie sehen ihm, wie wir wissen, ähnlich, und die es anzeigten, gaben uns in jeder anderen Hinsicht unzweideutige Proben besonderer Aufrichtigkeit. Als der Inquisit nach Bekanntmachung seines Todesurteils in ein leeres Gefängnis getan worden war, bat er anderen Tages dringend, ihm Gesellschaft zu geben, »damit ihm die Zeit nicht so lang würde«. Man riet ihm, seine Gedanken auf Besserung seines Herzens, auf Gott und Ewigkeit zu lenken. Man stellte ihm vor zu bedenken, es sei doch möglich, daß einem solchen Verbrecher, wie er es sei, im Weg der Gnade, den er zu betreten sich entschlossen, nicht geholfen werde und ihn dann nichts weiter als eine beruhigende

* einnahm
† spielend
‡ verrammeln (mit Holzbohlen)

Aussicht jenseits des Grabes trösten könne. Man eröffnete ihm, daß man dies alles zu seinem eigenen Besten wünsche und daß man ihm den Rat und Trost eines Geistlichen, wenn er ihn verlange, verschaffen werde.

Dergleichen Äußerungen und Ermahnungen schienen aber nicht nach dem Geschmack des Inquisiten zu sein. Er machte zwar große Augen, als man die Idee in ihm weckte, daß er vielleicht nicht begnadigt werden könne, und kleinmütig fiel er auf die Knie, um für sein Leben zu bitten. Alles übrige aber achtete er nicht. Er ließ alles, was man ihm deshalb sagte, unbeantwortet – und ebenso machte er es folgenden Tages, als man ihm diese Äußerungen wiederholte. Selbst als der Stockhausgeistliche aus freien Stücken ihn besuchte, war derselbe nicht imstande, Reue und Gefühl für Religion und Moralität oder den Glauben an Gott und ein anderes Leben in ihm zu wecken. Er war nicht vermögend, den Leichtsinn, den dieser Mensch bei grenzenloser Feigheit besitzt, zu erschüttern. (...)

Am 7. Februar 1812 wurde die Untersuchung geschlossen. Tags darauf wurden die Akten an das Großherzogliche Hofgericht eingeschickt und mit diesen die gegen seine Beischläferinnen Angelica Krämerin und Elisabetha Reinung sowie gegen Kunigunde Kreisin von Odenhausen und sechzehn angegebene Abnehmer.

Durch Urteil des Großherzoglichen Hofgerichts vom 1. Mai 1812, eingelangt am 5. und öffentlich bekanntgemacht am 9., wurde Jonas Hoos zur Hinrichtung mit dem Schwert, Krämerin zu vierjähriger Zuchthausstrafe und nachfolgender Landesverweisung, Reinungin zu eineinhalbjähriger Zuchthausstrafe und nachfolgender weiterer Beibehaltung im Korrektions-Haus auf unbestimmte Zeit und Kunigunde Kreis, unter Anrechnung ihres bisherigen Arrestes als eigentliche Strafe, zu weiterer unbestimmter Beibehaltung im Korrektions-Haus verurteilt. Das im Weg der Gnade angebrachte Gesuch des Jonas Hoos um Verwandlung der Todesstrafe in Zuchthausstrafe wurde von Hessens ebenso gerechtem wie mildem Beherrscher abgeschlagen.

Am 14. Juli 1812 wurde das Urteil vollzogen. Nie starb ein Mensch kleinmütiger als der vorbeschriebene Verbrecher. Schwebend mußte er zum Schafott hinausgetragen werden, und seine letzten vernehmlichen Worte waren das Flehen um Gnade und Branntwein.

Drei Tage vor der Hinrichtung wurde ihm die Bestätigung des Urteils und der Tag der Vollziehung bekanntgemacht. Zitternd hörte er zu; aber ein Anflug von Lächeln zeigte sich in seinen Mienen, als man ihn auf höhere Verordnung aufforderte, sich zu erklären: Ob er einen Geistlichen seiner Religion beigegeben zu haben wünsche? Lange verweigerte er hierauf die Antwort. Endlich sagte er: »Es ist mir einerlei, wenn ich einen Geistlichen haben muß, so geben Sie mir, welchen Sie wollen.« Da kein reformierter Geistlicher in der Stadt war, sondern erst verschrieben* werden mußte, so wurde er einstweilen von dem lutherischen Stockhausprediger besucht.

---

* durch schriftlichen Auftrag kommen lassen

Tags nach der Bekanntmachung verlangte er, katholisch zu werden, und brauchte zum Vorwand, daß ihm der lutherische Geistliche zu scharf zurede und die katholische Religion, die er bei seinen Weibsleuten kennengelernt, ihm weit besser gefalle. Man ließ ihm hierauf einen katholischen Geistlichen kommen. Dieser erklärte aber, er könne binnen der kurzen Frist ihn nicht in der katholischen Religion unterrichten. Hierauf war es eigentlich abgesehen. Hoos hoffte dadurch, die Hinrichtung zu verschieben; denn er dachte, daß ihm nun Zeit zum Unterricht gestattet würde.

Wie er sah, daß nicht darauf reflektiert und ihm ein reformierter Geistlicher von Amts wegen zugeschickt wurde, äußerte er das Verlangen, seine Frau (oder vielmehr Beischläferin) zu sprechen. Er wußte, daß solche zu Marienschloß saß und daß sie binnen der kurzen Frist, die ihm noch zu leben vergönnt war, nicht herkommen konnte. Man eröffnete ihm daher geradezu, daß seinem so spät geäußerten Verlangen nicht willfahren werden könne, daß aber, wenn er etwas an sie zu bestellen habe, solches besorgt werden solle. Nun fing er an, laut zu heulen, und verbarg sein Gesicht mit den Händen. Ein Anwesender rief ihm zu: »Pfui, du alte Hure! Ist das auch ein Betragen für einen Spitzbuben, wie du es bist?« Plötzlich tat er die Hände von dem Gesicht und lachte laut auf. »Oh, er weint auch nicht«, sagte er, »Weinen und Lachen muß man in einem Sack haben.«

Dreißig Stunden vor seinem Ende besuchte ihn der untersuchende Richter, weil man ihm gemeldet hatte, daß es dem Stockhausgeistlichen zum ersten Mal gelungen sei, sein Gewissen zu erschüttern, und daß er nunmehr äußerst betrübt scheine und seine durch Zittern usw. schon bewiesene Todesfurcht auf das höchste gestiegen sei. Wie er hinkam, fand er denselben beim Abendessen; er hatte einen Schoppen guten Wein zu 24 kr. vor sich. Er fragte ihn, ob ihm der Wein schmecke, der ihm zu seiner Stärkung gereicht worden war. »Der Wein ist gut«, sagte er, »ich habe ihn aber doch schon besser getrunken.« Eine solche Antwort von einem Vagabunden befremdete einen der Anwesenden. Er fragte: »Wo hast du denn den herbekommen? Den wirst du gestohlen haben.« – »Nein, gestohlen habe ich ihn nicht, aber genommen«, erwiderte Hoos. Und nun führte er an, wie zu der Zeit, als er noch bei den Fuhrleuten gedient hatte, manchmal von ihm Fässer angebohrt und sehr guter Wein herausgezogen, dafür aber Wasser eingeschüttet worden war. Der Richter fragte ihn: Ob er denn diese Handlung für erlaubt halte? »Oh, warum nicht?« fragte er. »Könnte ich es nur noch einmal tun; das Gut, das man fährt, darf man auch genießen.«

Diese wenigen Züge werden die Richtigkeit der obigen Schilderung beweisen. (...)

Friedrich Adam Thomas,
angeblich von Sturzhausen im Sachsen-Gothaischen gebürtig,
genannt langer Friedrich, ohne bleibenden Wohnort

Haupt-Spitzbub.
Alter 28 Jahre (wohl auch 2 – 6 Jahre darüber).

Charakter.

Verständig, überlegsam, vorsichtig, unternehmend, furchtlos, ehrsüchtig, rachsüchtig, viel Verstellungsgabe und Gelassenheit, Heuchler.

Schicksal und Familienverhältnisse.

(Nach seiner eigenen Angabe.)

Inquisit ist ein Kind der Liebe und verdankt seinem Vater nichts als das Leben. Dieser mit Namen Johann Adam Thomas war ein Schäfer; er diente, als er ihn zeugte, zu Oberseemen und ist vor ungefähr zwanzig Jahren verstorben. Seine Mutter, Anna Elisabetha Sucherin aus Coll im Sachsen-Gothaischen gebürtig, diente zu Volkartshain (in der Nähe von Oberseemen, Prov. Oberhessen) angeblich sechzehn Jahre. Als ihre Niederkunft nahte, zog sie in ihr Vaterland nach Sachsen. Dort kam sie nieder, fand aber wenig Unterstützung. Sie kehrte daher mit ihrem Kind nach Volkartshain zurück und diente von neuem. Zuletzt wurde sie von der Gicht geplagt und konnte nicht mehr arbeiten. Sie zog daher in der Nachbarschaft umher und sammelte Almosen. Vor ungefähr vier Jahren starb sie zu Langenhain, Patrimonial-Gericht Engelrod. Hier hatte sie sich vor ihrem Ende niedergelassen und wurde auf Kosten des Gerichts unterhalten.

An Inquisitens Bildung ist nichts versäumt worden. In Ilbeshausen genoß er ein Jahr, in Dirlammen ein Jahr, in Eichelhain ebenfalls ein Jahr den Unterricht der Schule. In Hopfmannsfeld erhielt er zum Schluß die Konfirmationslehre von dem Prediger. In allen angeführten Orten, wo er zur Schule ging, diente er, von seinem neunten Jahr an, bei den Bauern. Als er konfirmiert war und seine Mutter ihn hinlänglich zur Arbeit gewöhnt glaubte, tat sie ihn aus dem Bauerndienst. Sie verlangte nun, er solle bei ihr bleiben und ihr in ihrer Krankheit Hilfe leisten. Bald aber wurde er dieser Kindespflicht müde. Kaum war er etwas herangewachsen, so verließ er seine Mutter und wurde Gauner. Vor elf Jahren verband er sich mit Anna Margretha Glüber. Von fünf Kindern, die er mit ihr zeugte, sind noch drei am Leben. Sein Hauptaufenthalt war der Vogelsberg, besonders, wie er sagt, das sogenannte Junckerland. Unter diesem Ausdruck wird von dem Landvolk der hiesigen Gegend das ehemals großenteils immediate* Gebiet der Freiherrn von Riedesel verstanden. Stets affektierte er den Schein, sich ehrlich zu nähren.

* reichsunmittelbare

Meistens führte er daher steinernes und irdenes Geschirr oder Fayence. Er verfertigte auch für die Bauern zuweilen Kötzen*, Körbe und beinerne Knöpfe.

Bemerkt zu werden verdient: Der sonst keiner Rührung fähige Inquisit wurde erweicht, als man beim Erforschen seiner früheren Verhältnisse auf seine Mutter zu sprechen kam. Er vergoß Tränen – vielleicht wider Willen, und heftig brach er in die Worte aus: »Ja, sie war eine brave Frau, sie meinte es wohl mit mir und führte mich stets zum Guten an. Wenn ich ihrem Beispiel und ihren Lehren gefolgt wäre, wüßte ich nichts von diesem Unglück.«

Moralische Imputation† der verübten Verbrechen findet nach dem bisher Gesagten bei dem Inquisiten ohne Zweifel in einem bei Gaunern seltenen hohen Grade statt. (...)

Allgemeine Notizen über Friedrichs Lebenswandel, Betragen und Gefährlichkeit.

Den langen Friedrich halten wir für den vollendetsten Spitzbuben der Vogelsberger Bande. Er besitzt am meisten Verstand, am meisten Körperkraft, am meisten Gewandtheit, am meisten Selbstbeherrschung, am meisten Scharfblick, am meisten Taktik, am meisten Vorsicht, am meisten Unerschrockenheit. Bei der Bande vor anderen berühmt und gefürchtet, war er lange Zeit dem friedlichen Einwohner unter allen Gaunern am wenigsten verdächtig; denn sorgfältig affektierte er bei ihm den Schein eines redlichen, arbeitsamen Mannes. Fast nie war er ohne Ware, fast nie ohne gepackte Esel oder Pferde. Streng sah er darauf, daß, wo er sich öffentlich zeigte, kein Diebstahl in der Nähe begangen wurde. Scharf ahndete er einige Male, selbst an seinen intimsten Kameraden, an renommierten Kochemern, den Mangel an Achtung für ihn und seine Grundsätze. »Ihr Satane, wie leicht hätte ich durch euch in die Brühe kommen können!« Dies war dann seine Ratio decidendi‡, die er sogleich handgreiflich demonstrierte. Er hatte auch Ursache, doppelt auf seiner Hut zu sein. Denn in seiner verborgenen Rocktasche oder unter seinen gepackten Effekten befand sich (hierin stimmen die Aussagen vieler überein) seine treue Gefährtin, die Pistole. Mit besonderer Zufriedenheit zeigte er sie vor dem Einbruch zu Heckersdorf der versammelten Bande. »Seht einmal das schöne Dingschen!« Dies waren nach der Angabe Druckers-Peters damals seine Worte. Überdies machte seine ausgezeichnete Figur ihn jedem, der ihn einmal gesehen hatte, kenntlich. Auch darum diktierte ihm Klugheit, seinen Namen wohl in acht zu nehmen. Deswegen war seine Maxime, in beträchtlicher Entfernung von dem Ort zu stehlen, wo er oder die Seinigen öffentlich verweilten; darum pflegte er nach vollbrachter Tat eiligst mit ihnen weiterzuziehen. Da zuletzt im Vogelsberg nicht leicht ein bedeutendes Verbrechen geschah, bei dem er nicht mit Rat oder Tat gewirkt hätte, so wurde schon deshalb, weil er bestän-

---

* besondere Körbe, die auf dem Rücken getragen werden

† Rechtfertigung

‡ sein Entscheidungsgrund

dig von anderen Spitzbuben gesucht wurde, sein Name allmählich bei dem Landmanne stinkend. Wahrscheinlich bedurfte es noch kurzer Zeit und, genötigt, die Maske der Ehrlichkeit abzuwerfen, stand der Ehrgeizige da als Oberhaupt und Anführer der ganzen Vogelsberger Bande.

Die Heuchelei dieses Menschen fällt oft in das Übertriebene. Hiervon noch ein Beispiel:

Als man ihn über notorisch geschehene Verbrechen fragte, deren er bezichtigt war, rief er aus: »Gott, ist denn das wirklich geschehen?« Nachdem man ihm aus den Akten bewiesen hatte, daß man sie mit allen Umständen wisse, fuhr er fort: »Ja, ich gebe es zu; es fällt mir selbst ein, davon gehört zu haben. Es ist schlimm genug, daß die Welt jetzt so im argen ist. Oft habe ich mich darüber geärgert, daß heutzutage jeder sich von dem Diebstahl nähren will. Ich bin zwar auch nicht rein. Aber ich habe meine Sünden bereut und gestanden. Alles andere – das können Sie sicher glauben – wird mir bloß aus Feindschaft nachgesagt, weil ich nicht so wie die anderen wollte. Sie wissen es ja, daß ich den Frank und andere im Unwillen über ihre Diebstähle geprügelt habe. Wäre ich selbst ein Dieb von Profession, so würde ich dieses nicht getan haben. Ich habe zwar Strafe verdient und will sie leiden. Aber von den Sachen weiß ich nichts, die Sie mir vorhalten. Ich danke Gott, daß ich nicht bin wie die anderen, die mich schlecht machen wollen. Einst wird noch alles an den Tag kommen.«

Am 18. März 1812 wurden die den Friedrich Adam Thomas betreffenden Akten in vier sehr starken Bänden an das Großherzogl. Hofgericht zur Entscheidung eingeschickt und zugleich mit ihnen Faszikel* geschlossener Untersuchungsakten gegen seine Konkubine Anna Margretha Glüber.

Der Inquirent fand sich veranlaßt, wegen der nach seiner Überzeugung ganz vorzüglichen Gefährlichkeit dieses Menschen und beispielhalber, daß Beweis über hartnäckiges Leugnen gehe, auf Anwendung der ganzen Strenge der Gesetze zu bestehen und die Todesstrafe zu beantragen. Die Majorität Großherzogl. Hofgerichts war der gleichen Meinung. Durch Urteil dieses Kollegs vom 7. Juni 1812 wurden Friedrich Adam Thomas zu lebenslänglicher und seine Beischläferin Anna Margretha Glüber zu zweijähriger Zuchthausstrafe und letztere zu nachfolgender Deportation verdammt. Friedrich wandte bei Publikation des Urteils – aus welchem übrigens nicht zu ersehen ist, ob außer den wiederholt gestandenen Verbrechen auch andere für erwiesen angenommen worden sind – stehenden Fußes ein Rechtsmittel ein und äußerte dabei:

lebenslängliche Zuchthausstrafe sei zu hart für ihn, denn er habe ja keinen Menschen ermordet!

Wir haben eine Menge Äußerungen anderer Diebe, die beweisen, daß kein Gauner heutzutage für die größte Menge von Diebstählen mehr die Todesstrafe fürchtet, und Andreas Thron z.B. führte schon bei der zu Burg-Gemünden geführten Generaluntersuchung an, daß die Diebstähle hauptsächlich deshalb so

* Bündel

überhand nähmen, weil alle Gauner wüßten, daß kein Dieb mehr gehängt werde. Aber diese Äußerung beweist uns, daß die Nichtachtung der Gesetze in Deutschland und das hundertköpfige Ungeheuer, Praxis genannt, das ebensosehr die Untersuchungen erschwert, wie es die Urteile erleichtert, sogar bei sehr vernünftigen Räubern die Meinung erzeugt hat, daß die höchste gesetzliche Strafe für Mord in lebenslänglichem Zuchthaus bestehe.

Des Herausgebers Überzeugung ist, daß, solange man überhaupt zu Todesstrafen rekuriren* muß, auch handwerksmäßiger Diebstahl nicht ganz davon verschont werden darf. Das Elend von hundert und mehr Familien, die bei Überhandnahme der Gauner jährlich durch Diebstahl zugrunde gerichtet werden, wiegt in der Waagschale des gemeinen Besten gewiß das Unglück auf, das ein nur seltener Mord oder Straßenraub über einzelne verbreitet.

Als der Vollzug des Todesurteils gegen Jonas Hoos im Stockhaus bekannt geworden war, verzichtete Friedrich auf das bereits ergriffene Rechtsmittel. Er mochte nun wohl erkennen, daß er kein besseres Schicksal als Hoos verdient hatte. (...)

Nachstehende Episode mag zur Probe dienen, wie junge Gauner mit dem Landvolk ihren Mutwillen treiben. Wenn nämlich die Bauern in der Kirche oder im Feld waren, gingen sie häufig in die Dörfer, um bei zurückgebliebenen alten Mütterchen oder Hausfrauen zu betteln und eine Gelegenheit zum Diebstahl auszusehen. Statt aber ein christliches Gebet herzusagen, wie es sonst bei Bettlern auf dem Lande, wenn sie eine Gabe fordern, üblich ist, schnatterten sie, im Ton und in der Manier eines Betenden, Leberreime wie folgende, die sie spottweise das

Vogelsberger Vater-Unser

nannten, und freuten sich über die Leichtgläubigkeit oder Furchtsamkeit derjenigen, welchen sie damit eine Gabe ablockten oder -nötigten.

Guten Morgen Finckelmuß a)
Lebt der olmisch b) Schmalfuß c) noch?
Ja, ja, er lebt noch.
Wo scheft d) er dann?
Im Ringeling. e)
Butt f) Schund g) und Schäberling. h)
Blattfuß; i) Amen!

Oder mit dem Ausgang:

Schund und Schmunk k) ist zweierlei,
Butt du den Schund, und ich den Schmunk,
So bleiben wir alle beide gesund.
Blattfuß; Amen!

---

* Zuflucht nehmen

Ein anderes.

Ich war 'mal in's Tirol gefockt, l)
Und hegt m) mer'n Riß n) voll Staubert o)
geschuppt; p)
Da kam der Roller q) nachgefockt, r)
Und hegt mer Koberment s) gedockt, t)
Und hegt mer den Staubert wieder gezuppt. u)
Blattfuß; Amen.

Nicht ästhetische Schönheit, wohl aber charakteristische Züge von rohem Mißbrauch des Heiligen wird der Leser in den gegebenen originellen Proben suchen und finden. (...)

---

a) Hexe, b) alte, c) Katze, d) ist, e) Garten, f) Friß, g) Dreck, h) Rüben, i) Tanz, k) Fett, Butter, l) gezogen, m) hatte, n) Sack, o) Mehl, p) gestohlen, q) Müller, r) nachgelaufen, s) Schläge, t) gegeben, u) abgenommen

Die Hölzerlipsbande: 1 Der Schwarze Peter, 2 Sein Sohn Andreas, 3 Der Langbeinige Stephen, 4 Hölzerlips, 5 Dessen Frau, 6 Ihr buckliger Bube, 7 Mane Fritz, 8 Veit Kraemer, 9 Der Basti, 10 Der große Harz Bube, 11 Der Scheflenzer Bube, 12 Kraemer Mathes, 13 Erster Karlsbub, 14 Zweiter Karlsbub, 15 Dritter Karlsbub, 16 Vierter Karlsbub, 17 Peter Henrichs HanAdam

Mordüberfall der Hemperla Bande auf den Pfarrer Heinsius und dessen Frau

»Abbildung von dem moerderischen Angriff und darauf erfolgten Mordthat des Landlieutenant Emeraners auf der Glashütten in der Grafschaft Nidda«

Allerlei Diebsschlüssel und primitive
Sicherung gegen Diebe, Mitte 19. Jahrhundert

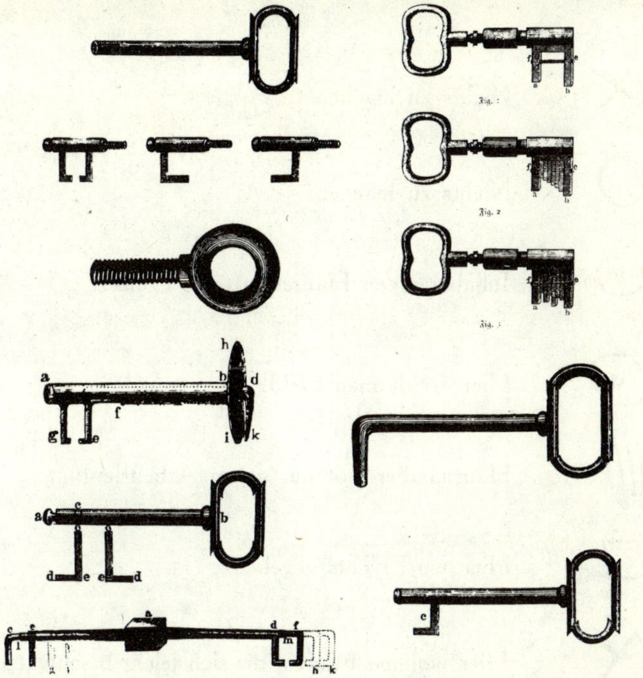

Zinken

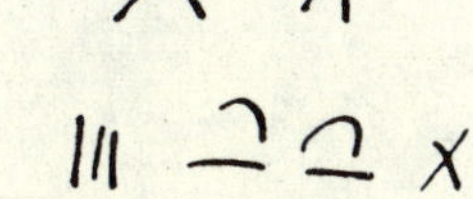

Schusswaffe im Hause.

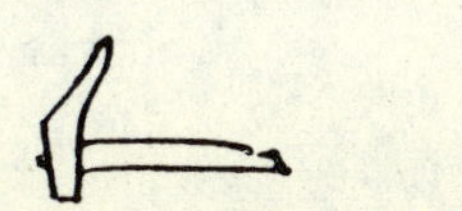

Nur Frauen im Hause.

Im Hause sind: 3 Kinder
2 Frauen
1 Mann.

Man bekommt etwas, muss aber dafür arbeiten.

Zinken

 Nichts zu machen.

 Nichts zu machen.

 Inhaber dieses Hauses ruft die Polizei!

 Hier erhält man Geld.

 Hausinhaber gibt nur gegen Arbeitsleistung.

 Hier wird nichts gegeben.

 Hier wohnen Frauen, die sich leicht beschwatzen lassen.

 Bissiger Hund ist hier!

 Bissiger Hund!

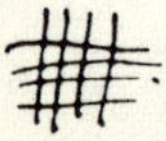 Gefängnis droht.

 Die Leute lassen sich einschüchtern.

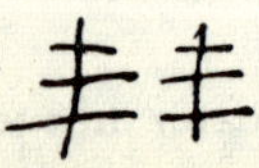 Wohnung eines Polizisten.

Zinken

Hier kann Gewalt ausgeübt werden.

Hier bekommt man Nachtlager.

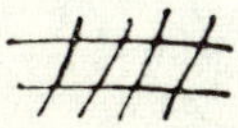
Achtung Gefahr!

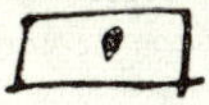
Besitzer ist brutal.

Frau ist allein mit Dienstmädchen.

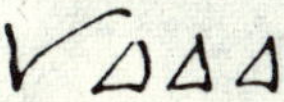
Mitleidige Frauen.

Ein Kranker bekommt etwas.

Man kann hier recht zudringlich werden.

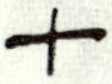
Recht fromm tun.

Hier ist Diebstahl lohnend.

Vorübergehen! Hier ist nichts zu machen.

Alarmglocken im Hause!

Räuber aus dem ersten Jahrzehnt des 19. Jahrhunderts

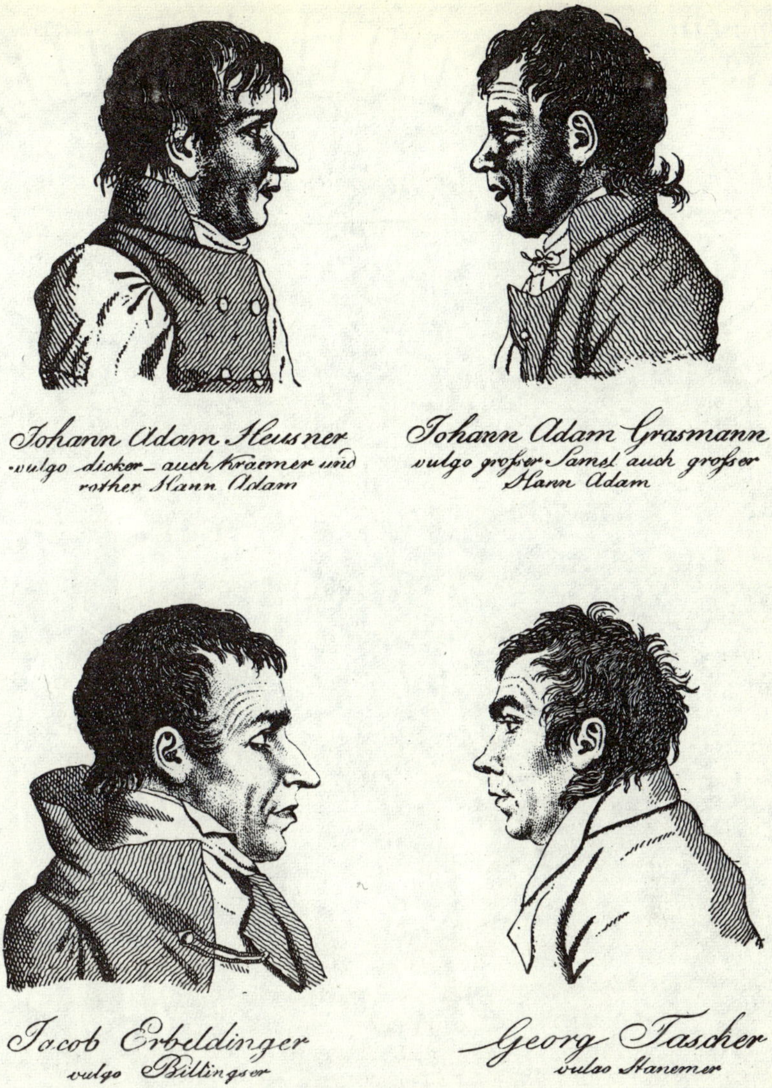

Räuber aus dem ersten Jahrzehnt des 19. Jahrhunderts

Folterwerkzeuge und ihre Anwendung, Beilage aus der 1768/69 erlassenen »Constitutio Criminalis Theresiana«

Jacob Heinrich Vielmetter, vulgo alter Jacob Heinrich

Er ist nach seinem Angeben 65 Jahre alt, dem Ansehen nach scheint er älter.

Familienverhältnis.

Der Vater des Inquisiten hieß Johannes Vielmetter und war gebürtig aus Oberursel; er wohnte nachher auf Zins zu Wirtheim bei Gelnhausen und zuletzt in Kaltenborn im Isenburg-Meerholzischen. Sein Tod erfolgte vor vielen Jahren.

Inquisitens Mutter hieß Anna Margretha, geborene Jungblut, und war von Dudenhofen jenseits des Mains gebürtig. Ihr erster Mann hieß N. Werner. Inquisit hatte noch drei Brüder, Peter, Conrad und Hans-Philipp.

Charakter.

Einschmeichelnd, aber boshaft und hinterlistig.

Als dem Inquisiten einst einige Diebstähle vorgehalten wurden, die er nach Aussage Heidelberger Inquisiten begangen haben soll, bekräftigte er sein Leugnen durch folgende Äußerung: »Mein Herr Hofgerichtsrat! Was sollte ich leugnen, wenn es wahr wäre, was Sie mir vorhalten? Ich habe schon so vieles gestanden, daß ich doch nicht wieder loskommen werde. Weiter, das weiß ich,[1] wird mir doch nichts geschehen[2] Ohne Bedenken würde ich also noch mehr sagen, wenn ich es getan hätte. Und, glauben Sie mir, ich habe keine Furcht vor dem Schicksal, das mir bevorsteht! Im Gegenteil, ich bin sehr wohl damit zufrieden, und es wäre mir leid, wenn ich je wieder loskäme. In Bergen, wo ich saß, ehe ich hierher kam, konnte ich durchgehen, wie mein Sohn auch durchging: Allein ich wollte nicht. Sagen Sie selbst, was soll ich noch in der Freiheit anfangen? Ich bin ein alter Mann, der nicht mehr recht fortkommen und auf keine Weise sich mehr gut ernähren kann. Wo soll ich mich aufhalten, da ich überall ausgeschrieben bin, da mich jedes Kind beinahe kennt und da man keinen armen Menschen mehr mit Pässen versieht? Die jetzige Unsicherheit für das Gaunerleben hat mir solches zum Ekel gemacht. Hier und in dem Zuchthaus habe ich mein Obdach, meine Kleidung, meine Lagerstätte und ziemlich gutes Essen. In der Freiheit würde ich um alle diese Bedürfnisse in steter Verlegenheit sein müssen.«

Dessen ungeachtet schlug Inquisit in der Folge nicht aus, mit von der Partie

---

1 *Schlimm genug, daß die Nichtbeobachtung der Gesetze Dieben von Profession häufig diese Überzeugung beigebracht hat!*

2 *Als dem Räuber Jonas Hoos schon der Hals auf dem Richtstuhl entblößt war, fragte er noch dringend den Geistlichen: »Ob er denn keine Gnade bekomme?« Wie Christian Haas, vulgo der dicke Bub, den Todesstreich vernahm, der seinem vor ihm am 17. Juli 1812 zu Breuberg hingerichteten Kameraden Caspar Windörfer, vulgo Bürsten-Caspar, den Kopf vom Rumpf trennte, sank er in die Knie und rief aus: »Ach Gott, der Caspar ist gerichtet; ich habe den Streich gehört. Man hat mir doch immer gesagt: der Großherzog habe sich verschworen, keinen Menschen hinrichten zu lassen; – o Weh! O Weh!«*
(G. Pfister's aktenm. Geschichte)
Dank sei es dem edlen Großherzog! Er hat bereits einige Beispiele geben lassen, welche geeignet sind, die Gaunerwelt auf andere Gedanken zu bringen.

zu sein, als der größte Teil der hier sitzenden Gauner auszubrechen beschlossen und versucht hatte. Er nahm aber keinen tätigen Anteil, sondern ließ sich bloß von den anderen bereden mitzugehen. (...)

(Im folgenden sind drei der Vielmetter zur Last gelegten Straftaten wiedergegeben; d. Hg.)

Ehebruch, grausame Mißhandlung seiner neuen Beischläferin und Beraubung derselben.

Inquisit verließ auf eine Zeitlang seine Frau und paarte sich mit einem anderen Mensch namens Liesel. Diese, aus der Gegend von Bayreuth gebürtig, brachte ihm einen Krämerkasten mit kurzen Waren und eine Orgel zu und ging mit beiden abwechselnd hausieren. Auf einmal fand sich Frau Vielmetter ein, Zufall oder nicht! Sie hatte das Pärchen gesucht und gefunden. Die Alte vindicirte* ihre Rechte, Jacob Heinrich Vielmetter selbst war bereit, sie zu rächen. Liesel wurde erbärmlich von ihnen geschlagen und mißhandelt. Nun gingen Vielmetter und seine Frau nach Burgjoß, wo der Liesel Krämerkasten stand, und holten sich auch diesen. So wurde Liesel, zum Lohn ihrer Begünstigung, auf einmal ihrer ganzen Habseligkeit beraubt, womit sie sich und den Undankbaren bisher ernährt hatte. (...)

Großer qualifizierter Diebstahl zu Weißenborn, Werra-Departement, Königreich Westfalen. Ende Februar oder Anfang März 1807.

Teilnehmer:

1. Kannengießers Hannes, 2. Kannengießers Hannbast = Gebrüder Hartmann.

2. Hunds-Velten (Valentin Bröschler).

4. Heinrich N. (wahrscheinlich Heinrich Euler von Freiensteinau, vulgo Hildebrands Heinrich).

Dieser Diebstahl macht in verschiedener Hinsicht Epoche. Mit ihm beschloß Hunds-Velten die Laufbahn seiner Verbrechen, über ihn besudelten sich die Kameraden mit seinem Blute.

Folgendes ist der Vorgang! Nachts zwischen elf und zwölf Uhr brachen die Räuber in die Behausung des Garnhändlers Jacob Battenberg zu Weißenborn, Kanton Oberaula, Distrikt Hersfeld, im Werra-Departement, Königreich Westfalen ein. Zu Reinhards in des Heinrichen Haus war die Verabredung geschehen; Hunds-Velten und der lange Hannes hatten den Vorschlag gemacht. Jener hatte im Haus des zu Bestehlenden gelegen und letzterer mehrmals Branntwein darin getrunken. Sie glaubten den Wohlstand des Mannes bemerkt zu haben und versprachen sich eine große Ausbeute an barem Geld und Effekten.

Hunds-Velten wußte am meisten Bescheid in dem Haus und nach ihm der lange Hannes; sie erhielten daher den Auftrag zu plündern. Sie beschäftigten sich

* forderte zurück

deshalb in des Bestohlenen oberen Zimmern mit Aufbrechen und Ausleeren; die anderen hielten unten im Haus und vor demselben Wache.

Hunds-Velten kam über den Geldvorrat des Mannes. Dieser bestand nach dessen eidlicher Angabe in 40 schweren Talern. Eben war er im Begriff, vier große Taler davon in seinem Uhrsack heimlich auf die Seite zu bringen, als langer Hannes hinzukam und es bemerkte. Er gab darauf diesem zwei davon und machte ihm zur Bedingung, gegen die anderen zu schweigen. Hannes nahm sie und schwieg. In der folgenden Nummer erblicken wir wieder den Faden dieser Geschichte.

Unterdessen war der Bestohlene, der noch nicht fest geschlafen hatte, munter geworden. Er hörte Geräusch in seinem Haus und öffnete die Tür seines Wohnzimmers. Kannengießers Hannbast, der an der Treppe stand, donnerte ihm zwar mit furchtbarer Stimme und aufgehobenem Prügel ein »Zurück« entgegen, so daß er sich erschrocken in seine Stube zurückzog und, besorgt für sein Leben, nicht nur die Tür zuschlug, sondern sogar zuhielt, um nicht persönlich überfallen zu werden. Allein der Umstand, daß der Bestohlene unversehens munter geworden war, veranlaßte die Räuber, sich nicht mehr lange zu säumen. Sobald sie abgezogen waren, machte der Bestohlene Lärm. Es versammelten sich mehrere Leute im Ort, und er verfolgte mit ihnen die im Schnee zurückgelassenen Spuren der Räuber bis gegen Lingenbach über die Grenze, ohne jedoch solche zu ertappen.

Kannengießers Hannes hatte bei dem Diebstahl eine Pistole. Der Wert des Gestohlenen betrug laut eidlicher Würdigung 222 fl. 57 kr.

Grausame Ermordung des Valentin Bröschler, genannt Hunds–Velten, auf dem Wannhof, A. Ulrichstein, veranlaßt durch obigen Diebstahl.

Die Diebe zogen sich mit ihrer Beute auf den Wannhof, A. Ulrichstein, auch der Böckelsberger Hof genannt. Hier teilten sie den Raub; allein das bare Geld entsprach der Erwartung der Gesellschaft nicht. Es entstand Verdacht gegen Hunds–Velten, daß er untergemackelt (d.h. betrogen) habe. Bei dem Abendessen, als die Köpfe erhitzt waren vom Branntwein, gerieten Velten und langer Hannes auf einmal in Wortwechsel. Hannes warf ihm nun öffentlich vor, daß er betrogen habe, und um die anderen, besonders seinen Bruder, recht in das Interesse zu ziehen, erzählte er die Geschichte mit den vier großen Talern. Darauf packte er Velten an der Brust mit den Worten: »Betrügst du meinen Bruder, so betrügst du auch mich!«, warf ihn zur Erde und schlug ihm mit umgewandter Pistole aus allen Kräften auf den Kopf. Jetzt griff er ihm in die Uhrtasche, holte zwei große Taler heraus, die Velten untergemackelt hatte, und steckte sie zu sich. Hierdurch stieg besonders die Erbitterung seines Bruders Hannbast auf das höchste. Er zog seinen zum Einbruch bestimmten Schnitzer aus der Tasche und stach damit fünf- bis sechsmal dem niedergeworfenen Velten in die dicken Beine und Waden. Es quetschte fürchterlich, und stromweise quoll das Blut in die Stube. Jetzt legte sich der Hauswirt – er ist nunmehr verstorben – in das Spiel und bat dringend die Mörder, mit ihrem Opfer seine Stube zu verlassen. Sie folgten; der Verwundete wurde auf den Hof geschleift und auf den Trog gelegt, der bei dem darin befindlichen Brunnen stand. Hier wurde ihm eine Sehne oder Flechse nach der anderen aufgelöst; die dicken Beine und Waden wurden durchaus zerfleischt und zerschnitten. Jetzt zogen sie ihn aus, und sämtliche Räuber, mit ihnen auch Vielmetter, entfernten sich mit ihrer Beute. Unter den fürchterlichsten Schmerzen und Zuckungen starb der Verwundete ein bis zwei Stunden nach der Mißhandlung.

Vielmetter kann nicht leugnen, Zeuge dieses Mordes gewesen zu sein, und gibt die Veranlassung an, wie wir sie erzählt haben. Allein er leugnet, daß er selbst an den Ermordeten Hand gelegt hat, und wirft die Schuld der Ermordung allein auf die Gebrüder Hartmann.

Daß an dieser scheußlichen Tat die beiden Kannengießer Haupturheber sind, scheint den Umständen nach nicht zu bezweifeln. Daß aber Vielmetter und Hildebrands-Heinrich gar nicht geholfen haben sollten, ist ebenso unwahrscheinlich. Auch haben wir Aussagen anderer, wonach Vielmetter sich selbst dieses Mordes gerühmt haben soll. Ein hinreichender Beweis konnte indessen nicht gegen ihn erbracht werden. (...)

Urteil

In Untersuchungssachen gegen Jacob Heinrich Vielmetter aus Oberhain wegen vieler Diebstähle, unterhaltener Diebsverbindung und geführten Räuber- und Vagabundenlebens wird auf amtspflichtige Untersuchung, erbrachte Verteidigung und erstatteten schriftlichen Vortrag zu Recht erkannt:

Daß Jacob Heinrich Vielmetter wegen attentierten Straßenraubs, Kirchendiebstahls zu Maria Ehrenberg, vieler großer und kleiner, zum Teil durch Bewaffnung, Einsteigen und Einbrechen qualifizierter Diebstähle, an denen derselbe geständiger- und erwiesenermaßen bald näheren, bald auch nur entfernteren Anteil genommen, wegen lange Jahre unterhaltener förmlicher Diebsverbindung mit anderen Räubern von Profession und geführten Gauner- und Vagabundenlebens,

zur lebenslänglichen Zuchthausstrafe

zu verurteilen sei.

Dessen zu Urkund ist dieser Urteils-Brief nach Verordnung Großherzogl. Hessischen Hofgerichts ausgefertigt und mit dem größeren Gerichts-Siegel versehen worden. So geschehen Gießen, den 18. September 1812.

Bei der am 26. September 1812 erfolgten öffentlichen Bekanntmachung des Urteils erklärte Vielmetter, »daß er gegen dessen Inhalt nichts einzuwenden habe«, und ungeachtet dessen, daß ihm gesagt worden war, daß er nach den hiesigen Landesgesetzen zehn Tage Zeit habe, ein Rechtsmittel dagegen einzuwenden, so ließ er sich schon folgenden Tages melden und verlangte, augenblicklich in das Zuchthaus abgeführt zu werden.

Wes Geistes Kind Vielmetter war, zeigt unter anderem folgendes

Wetterauer Räuberlied,

das auch die ganze Wetterauer Bande charakterisieren kann. Er pflegte solches ehedem öfters zu singen, und der Verfasser erhielt es, als er ihm bekanntmachte, daß er durch andere davon unterrichtet sei, aus dessen eignem Munde.

1.
Hopfa Viva insgemein,
Wie die Kochemer Künstler sein!
Sie boschen a) die Strahle b) auf und nieder,
Sie scheften c) sich auf die Strahle nieder,
Bis ein Freier d) holcht e) herbei,
Mit einem Blete f), zwei oder drei.
2.
Hopfa
Wie
Guter Freund! wo hoscht ihr hin?
Hoscht ihr zu dem Mokum g) h'nin,
In den Kober h) zu dem Jain i)? –
Wir wollen zwei Kameruschen k) sein!
3.
Hopfa
Wie
Als der Freier gedippelt l) drein,
Mußt er auch schon gerissen m) sein.
Als der Freier gerissen war,
Macht' sich der Kochemer aus der Gefahr.
(...)

---

a) gehen, b) Straße, c) setzen, lagern, d) Passagier, e) kommt, f) Carolin, g) Stadt, h) Wirtshaus, i) Wein, k) Kameraden, l) gesprochen, geantwortet, m) niedergeschlagen und geplündert

Der sog. Schwarze Jung oder Veltens Heinrich, welcher sich den Namen Johann Georg Gottschalk gibt

Er ist 24 bis 25 Jahre alt.

Schicksal.

Wie der Schwarze Jung eigentlich heißt und wer seine Eltern gewesen sind, hierüber haben wir bloß von ihm selbst einige Nachricht. Sein Name, behauptet er, sei Johann Georg Gottschalk, und er sei zu Ilbenstadt in der Wetterau geboren. Seine Eltern, wovon der Vater angeblich Johann Georg, die Mutter aber Lies geheißen, will er nie gekannt haben. Nach dieser Angabe scheint es, daß er aus echtem Gaunergeschlecht entsprossen ist. Auffallend ist es indessen, daß er aktenmäßig lange Zeit den Namen Heinrich führte. Er gibt hierüber folgende Erläuterung: Wie er zu Fulda gefirmt worden war, sei einer namens Heinrich sein Firmpate gewesen; diesem zur Ehre habe ihm seine Stiefmutter den Namen Heinrich gegeben. Diese heiratete nachher den Räuber Valentin Bröschler, der in der Folge die Elisabetha Reinung, Hoosens spätere Beischläferin, nahm und auf dem Wannhof im Jahr 1807 erschlagen wurde. Von diesem hieß man ihn Veltens Heinrich. Als sein Stiefvater Velten erwähntermaßen die Reinung zur zweiten Frau nahm, fing Inquisit an, recht auf eigene Faust zu wirtschaften. Sein ganzes Bestreben war nun dahin gerichtet, sich unter den Gaunern geltend zu machen. Dies glückte ihm früh durch allerlei verwegene Streiche. Er war noch sehr jung, aber doch hatte er den Ruf eines herzhaften, unverzagten Genossen; denn bei Gefahr ging er voran und ermunterte die anderen: »Ich will einst am Galgen sterben, und ich kann es noch weit bringen, bis ich dahin komme«, dies war angeblich oft seine Äußerung. Bald suchten ihn auch alle Partien. In der Wetterau, im Vogelsberg und in Franken wurde er zu Raub und Diebstählen zugelassen. Über seine Streifereien nach Franken haben wir indessen nur einige wieder zurückgenommene Geständnisse und unerwiesene Anzeigen anderer. Nach letzteren trieb er bei irgendeinem Raub seinen rohen Mutwillen so weit, eine geknebelte Hausmagd auf den Tisch zu legen, zu entblößen und mit einer Schuster-Seule* in den hinteren Teil ihres Körpers zu stechen.

Charakter.

Über den Charakter des Inquisiten läßt sich leicht nach dem Vorhergehenden urteilen. Der Herausgeber dieses lernte ihn überall kennen als einen verdorbenen, grausamen, schadenfrohen, hartnäckigen, boshaften, verstockten, verwegenen, lügenhaften und auf Räuberehre geizigen Menschen.

Alle seine zu Burg-Gemünden gemachten Bekenntnisse nahm er hier zurück, den Braukessel-Diebstahl zu Ebsdorf ausgenommen, welchen er sich nicht zu

* Ahle/Pfrieme, Nähwerkzeug des Schusters

leugnen getraute, weil zwei seiner Komplizen schon vor sieben, acht Jahren solchen in Gießen gestanden und auf ihn bekannt hatten und weil er wußte, daß man noch andere Beweismittel in Händen hatte.

Je mehr indessen der Inquisit alle anderen Verbrechen leugnete, desto mehr und öfter gab der Verfasser sich Mühe, diesen höchst gefährlichen, überall berüchtigten Menschen so zu überführen, daß er völlig unschädlich gemacht werden könne. Nach vielen fruchtlosen Versuchen gelang es ihm endlich, das Geständnis einer Menge vorher nicht bekannter Verbrechen von ihm zu erhalten. Zuletzt bequemte sich Inquisit auch zum wiederholten Bekenntnis zwar bei weitem nicht aller, jedoch einiger derjenigen Verbrechen, die er zu Burg-Gemünden, wiewohl nur oberflächlich und ganz im allgemeinen, bereits eingestanden hatte.

Aber selbst nachdem er durch lange, oft wiederholte Untersuchungen zum Geständnis vieler Verbrechen gebracht war, verriet er noch seinen Ehrgeiz als Räuber, sobald man mit ihm ins Detail gehen wollte. Besonders schwer war es, von ihm die Gehilfen und Abnehmer zu erforschen; falsche Angaben oder die Entschuldigung, daß er es nicht wisse oder vergessen habe, enthielt gewöhnlich seine Antwort. Hatte man auch diese Schwierigkeiten besiegt, dann erwachte noch oft sein Räuberstolz in dem Augenblick, wo er konfrontiert werden sollte. Oft widerrief er dann seine frühere Aussage, oder, war es halb möglich, so leugnete er wenigstens die Identität des Vorgestellten. Er selbst z.B. hatte den Räuber Schoden–Heinrich der Teilnahme an dem Raub zwischen Butzbach und Wetzlar beschuldigt, ehe derselbe in Gießen saß. Nachher wurde Schoden-Heinrich hierher gebracht, leugnete und wurde konfrontiert mit ihm. Bei der Gegenüberstellung maß Schoden-Heinrich den Schwarzen Jung mit seinen Blicken, als wollte er sagen: »Bist du der berüchtigte Räuber und verrätst vor Gericht deine Kameraden?« Jetzt sah man des Inquisiten Räuberstolz lebendig werden. Trotzig schüttelte er Mähnen und Ketten, biß sich auf die Zunge, schlug die Augen nieder und behauptete nun keck, den Konfrontanten ganz und gar nicht zu kennen. Schoden-Heinrich wurde bald darauf nach Darmstadt abgeführt, um dort konfrontiert zu werden. Jetzt glaubte der Schwarze Jung wahrscheinlich, man habe denselben ausgeliefert oder entlassen; er gestand nun freiwillig, daß er bei der Konfrontation gelogen hatte, weil ihm Schoden-Heinrichs Blick unerträglich gewesen sei und er sich in seiner Gegenwart geschämt habe, daß er so kleinmütig gewesen sei, zu gestehen und einen Kameraden zu verraten.

Während seines hiesigen Arrests versuchte Inquisit drei- bis viermal auszubrechen; sein Vorhaben wurde aber jedesmal vereitelt. Er war auch einer der ersten von dem Komplott, das Jonas Hoos machte, um durch Ermordung des Verwalters und der Wache sich die Freiheit zu verschaffen. (...)*

* Am 24. März 1813 wurde der Schwarze Jung wegen seiner Diebstähle und Straßenräubereien, die z.T. auch von Mißhandlungen und Gewalttätigkeiten begleitet waren, zur Hinrichtung mit dem Schwert verurteilt.

Peter Görzel (ehedem Gärtner),
vulgo scheeler oder Heiden-Peter

Alter 28 Jahre.

Schicksal.

Inquisit, in jeder Hinsicht einer der interessantesten, die wir beschreiben, stammt nicht von Gaunern, obgleich er keine bleibende Stätte hatte; er ist ein uneheliches Kind angesessener Eltern. Sein Vater hieß Görzel, oder, wie früher unrichtig berichtet sein will, im Grund aber wahrscheinlich ist, Gärtner, war Musikus und wohnte in Ziegenhain. Seine Mutter, die Tochter eines armen Bauern aus Oberurff, zwei Stunden von Jesberg, gebar ihn zu Großenenglis bei einer an einen dortigen Chausseeknecht verheirateten Schwester. Der Vater nahm sich nie des Buben an, und seine Mutter starb ohne Vermögen, bevor er das achte Jahr erreicht hatte. Sein Stiefvater zog nun mit ihm auf dem Land umher. Nach sechs Wochen verdingte sich dieser, und den kleinen verlassenen Peter nahmen drei Zigeunerweiber zu sich, worunter die Mutter des Heiden-Andres, der ihn nachher zu seinem ersten Verbrechen verführte, war. Man nannte ihn scheelen Peter, weil die Blattern ihm die Sehkraft des rechten Auges gelähmt hatten; von nun an hieß man ihn auch Heiden-Peter, weil Zigeunerweiber, welche der Pöbel Heidinnen zu nennen pflegte, ihn erzogen. Wahrscheinlich schmierten ihn seine Erzieherinnen mit Speckschwarten und brannten ihn an der Sonne. Wenigstens bekam er wirklich eine gelbliche, zigeunerähnliche Farbe. Auch lehrten sie ihn die Sprache der Zigeuner, und er erlernte sie noch fertiger als ihresgleichen. Durch die Erziehung der Zigeunerweiber erlangte er weiter eine seltene Tüchtigkeit und Biegsamkeit des Körpers, Artigkeit, Gewandtheit und einschmeichelndes Wesen. Eben dadurch wurde ihm aber auch der Hang zum unsteten Leben und die Raffinerie* auf Betrug und Täuschung anderer eigen, und die kleinen Mausereien wurden ihm natürlich, von denen er, durch die Verführung seines Pflegebruders, der ihm die Bekanntschaft mit Gaunern verschaffte, bald zu eigentlichen Verbrechen überging. Peter war herangewachsen. Seine Erzieherinnen waren tot – bis auf eine. Er fühlte, daß er nicht allein stehen könne und weder Zigeuner noch Deutscher sei. Er entschloß sich, irgendeiner Menschenklasse anzugehören, und seine Wahl fiel auf die deutsche, aus der er entsprossen war. Er kannte aber unter ihnen nur Gauner, und da die Lebensart derselben mit seiner gewohnten am meisten Ähnlichkeit hatte, so machte er Gemeinschaft mit ihnen und wurde nach und nach Mitglied verschiedener Banden. Doch vergaß er nie die Industrie der Zigeuner und wußte sich durch einen kleinen unbeschwerlichen Handel mit allerlei kurzen Waren Nebenverdienst und den unverdächtigen Zugang in Städte und Dörfer zu verschaffen. Er diente ihm zugleich als Mittel

* das Lauern

zu leichterer Erhaltung gültiger Pässe, zur Konservierung eines guten Rufs und gab ihm die Aussicht, einst im Fall der Not eine bleibende Wohnstätte zu erlangen. Ebenso begünstigte sein Handel das weite Umherstreichen, wozu er durch das Zigeunerleben ohnehin Neigung fühlte und wodurch er in die Bekanntschaft mit den Gaunern mehrerer Länder und Distrikte gelangte. Bei allen seinen Kreuz- und Querzügen blieb indessen sein Hauptaufenthalt Vogelsberg und Wetterau; letztere aber ganz vorzüglich und späterhin beinahe ausschließlich.

Die Geschichte seiner Arretierungen datiert sich, soviel wir wissen, vom Frühjahr 1805. Damals wurde er mit Ludwig Funk, Caspar Huthmann und Konsorten auf dem Vogelsberg ergriffen, und zwar in dem Freiherrl. von Riedeselischen Gebiet, das damals noch seine eigene peinliche Verfassung hatte. Er kam nach Lauterbach in Arrest, log sich der dringendsten Beweise ungeachtet durch und wurde nach sechs Wochen unter Landesverweisung entlassen.

Das folgende Frühjahr wurde er wegen eines zu Wermutshausen im damaligen Werra-Departement, Königreich Westfalen, begangenen Einbruchs, von dem die Sachen bei ihm gefunden wurden, nach Marburg in Haft gebracht. Er kam dort in peinliche Untersuchung und wurde am 2. September 1806 von der damaligen Marburger Regierung zu dreijähriger Eisenstrafe verurteilt. Man brachte ihn zu deren Verbüßung nach Ziegenhain, wo er am 31. Dezember 1806 mittels Ausbruch desertierte.

Im nachfolgenden Frühjahr, nämlich am 10. März 1807, wurde er im damaligen Großherzogtum Berg arretiert, während er neben zwei anderen querfeld ein Bündel zu Oberndorf in dortiger Gegend mittels Einbruch gestohlener Sachen trug. Er kam nach Dillenburg in Arrest, leugnete, wiewohl gleichsam in flagranti ertappt, und befreite sich durch Ausbruch in der Nacht auf den 1. Oktober 1807. In Dillenburg hatte er den Namen Ferdinand Kreuz, in Lauterbach aber den Peter Gärtner geführt. Von nun an blieb er fast beständig in der Wetterau.

Zur Beischläferin wählte er sich Cathrina Tobiasin, eine Person aus Kransberg im Gräfl. Bassenheimischen, nunmehr zum Herzogl. Nassauischen Hoheitsamt Cleeberg gehörig. Sie stammte nicht aus einem Gaunergeschlecht, hatte aber durch ihre Verhältnisse Neigung dazu und paßte so am besten für ihn, weil sie in Kransberg einen sicheren Aufenthalt hatte und im Fall der Not ihm selbst dort Zuflucht verschaffen konnte. Er nahm sie mit sich und unterrichtete sie in der Kunst der Zigeunerweiber, wodurch diese sich selbst und ihre Männer sorglos zu ernähren wissen. Hierunter verstehen wir das sog. Kaspern oder betrügerische Prophezeien, Hexenwesen und die Gelegenheitsentwendungen, vulgo Mausereien. Er hieß, wie wir wissen, Heiden-Peter; sie nannte man nunmehr das Heiden-Cathrinchen. Ob sie es weit in ihrer Kunst gebracht hat, können wir gerade nicht sagen. Er selbst hat zu viel Liebe für sie, um sie zu verraten, und dieses edle Gefühl haben wir, da es die Untersuchung erlaubte, möglichst geschont. Aussagen anderer, die uns mitgeteilt wurden, enthalten: Er habe gestohlen und sie gekaspert.

Im Jahr 1810 endlich erhob sich in der Provinz Oberhessen der Sturm gegen die Gauner und verbreitete sich auch bis in die benachbarten Provinzen und Lande. Schon früher hatten sich in der Wetterau Territorialveränderungen ereignet, die manchem kleinen Flecken Erde statt der ehemaligen reichsunmittelbaren die wahre bürgerliche Freiheit, d.h. Sicherheit und Schutz für Raub- und Diebsgesindel, gegeben hatte. Diese Umstände bewogen Heiden-Peter, an die Zukunft zu denken. Sein Weib mußte sich mit den Kindern nach Kransberg zurückziehen, und er selbst suchte um den dortigen Schutz nach. Nach seiner Aussage und dem ihm abgenommenen Paß zu urteilen, erhielt er ihn wirklich und war wenigstens als toleriert zu betrachten.

Indessen wurde er im Spätherbst 1809 in das Verzeichnis verdächtiger Leute aufgenommen, das auf Veranlassung der Burg-Gemünder Untersuchung in Gießen ausgegeben wurde. Anfänglich wußte man nur wenig von ihm; die Fortsetzung der Untersuchung in Gießen lehrte ihn aber als einen Hauptdieb kennen, der zum Resultat des Ganzen unentbehrlich war. Sein Signalement wurde daher vervollkommnet, man erneuerte die Steckbriefe und setzte sogar Prämien auf ihn. Nun war es bei aller Vorsicht um seine Sicherheit geschehen. Er wurde im Sommer 1811 im Hanauischen eingezogen, wo er sich erst Johann Georg Schiefer aus Altengronau nannte, als er aber erkannt wurde, einen Herzoglich Nassauischen, von dem Amte Cleeberg d.d.* Usingen, den 12. Mai 1811 ausgestellten Polizeipaß produzirte†. In diesem auf sechs Monate gültigen Paß, dessen Richtigkeit übrigens nicht bezweifelt werden konnte, werden alle Zivil- und Militärbehörden ersucht, den »Vorzeiger Peter Görzel, welcher mit kurzen Waren, Halstüchern, Kattun u.a. handelt, gebürtig von Berlin und wohnhaft in Kransberg, hiesigen Amtes« frei und ungehindert im Inland reisen zu lassen. Bewandten Umständen nach‡ konnte auf diesen Paß nicht reflectirt** werden, und der Herr Präfekt Freiherr von der Tann in Hanau, der überhaupt sehr tätig die benachbarten Behörden in polizeilicher Hinsicht unterstützte, hatte die Güte, die Auslieferung des Arrestanten nach Gießen kurzerhand zu verfügen. Hier gelang es bald, seine eigentliche Herkunft zu erforschen.

Eigenschaften und Charakter.

Er ist behend, geschmeidig, flüchtig, aufmerksam, gelehrig, vorsichtig, überlegt, einschmeichelnd, von guter Beurteilungskraft und Gedächtnis. Auch die Gabe der Verstellung scheint ihm in hohem Grad eigen. Mögen indessen auch Falschheit, Grausamkeit und Eigennutz in ihm gewurzelt haben, so ist er doch für bessere Regungen und Eindrücke noch empfänglich, und die Anhänglichkeit an seine Familie scheint vollkommen aufrichtig. Er ist nicht so verdorben, daß eine solide Besserung, wozu er jetzt schon den Anfang gemacht zu haben scheint, unter gewissen Umständen nicht von ihm zu hoffen wäre. Er ist ein Mensch, der

---

* de dato = mit dem Datum von

† vorlegte

‡ Unter diesen Umständen; bei dieser Sachlage

** nichts gegeben werden; durfte der Paß nicht beachtet werden

in vieler Hinsicht Talent besitzt, und es ist zu bedauern, daß solches nicht ausgebildet und zu besseren Zwecken verwendet wurde. Leider gab es aber oft Veranlassung zu Verbrechen, die sonst nicht geschehen wären. Von Conrad Anschuh, der ihn der Verführung zum Gaunerleben beschuldigt, wird er daher auch der General genannt.

Am Anfang seines hiesigen Arrestes versuchte er verschiedene Male den Ausbruch, wurde aber am Ende der Ausführung immer entdeckt. Später machte er keinen Versuch mehr. Ebenso probierte er anfänglich, mit Leugnen durchzukommen, und wand sich, soviel er konnte. Wie aber der Verfasser einmal seinen Charakter studiert, sein Zutrauen gewonnen und ihn einiger Hauptverbrechen überführt hatte, war es minder schwer, ihn nach und nach zum Bekenntnis vieler anderer zu bringen, wovon man Kenntnis hatte oder erlangte. Doch waren seine Bekenntnisse, wodurch er seine Reue und Aufrichtigkeit bestätigen wollte, meistens mit einem gewissen Rückhalt verbunden, da er öfter, gegen die Wahrscheinlichkeit und die Behauptungen anderer, seine eigene Schuld auf Kosten anderer, vorzüglich abwesender Gefährten zu vermindern suchte.

Einer seiner Spezialkameraden war der berüchtigte Hessen-Heinrich, der zu Dillenburg mit ihm ausbrach und stets eines der angesehensten Mitglieder der Banden dies- und jenseits des Rheins gewesen ist. (...)*

* In demselben Verfahren, das dem Schwarzen Jung die Todesstrafe brachte, wurde auch der Heiden-Peter zur Hinrichtung mit dem Schwert verurteilt.

Johannes Borgener,
vulgo Polengängers-Hannes.

Er ist 24 1/2 Jahre alt.

Schicksal.

Der Vater des Inquisiten, Wilhelm Borgener, versilberte, wie wir wissen, sein geringes Vermögen, zog nach Polen, kam nach einigen Jahren wieder zurück, durchstreifte den Vogelsberg und starb bei Schotten unter freiem Himmel. Die Mutter Elisabetha lebt noch und hält sich in und um Gelnhausen auf.

Inquisit gibt zwar seinen Eltern das Zeugnis, sie hätten ihn nicht zum Stehlen angeführt, im Gegenteil, wenn sie so etwas gemerkt, streng bestraft. Indessen wurde er doch durch ihre Lebensart zum Landstreicher gebildet und den Gaunereien nahegebracht. Sein Bruder Michael war lange vor ihm Gauner und nahm ihn schon mit zu Diebstählen, als er noch nicht zur Hälfte erwachsen war. Früh geriet er dadurch in Bekanntschaft mit Adolph Diederich und anderen vorzüglichen Gaunern. Jung, feurig, kräftig, aufrichtig und unerschrocken, wie er war, wurde er bald berüchtigt und gesucht und blieb nirgends auf halbem Wege stehen.

Schon im Jahr 1801 wurde er wegen Landstreichereien mit seiner Mutter im hiesigen Land eingezogen und nach Gießen gebracht. Nach Verlauf einiger Wochen wurden beide, da keine besonderen Verbrechen gegen sie vorlagen, unter Landesverweisung wieder entlassen.

Am 18. Februar 1808 kam er abermals ins hiesige Stockhaus. Er war in dem neuakquirierten von Riedeselischen Gebiet aufgegriffen und eines Schafdiebstahls beschuldigt worden. Die Untersuchung gab keinen vollständigen Beweis; er erlangte daher nach etlichen Wochen unter Landesverweisung abermals die Freiheit.

Beide Male war er im Vogelsberg arretiert worden, und die zweite Landesverweisung wurde mit seinem Signalement in die Zeitung gesetzt. Dies wahrscheinlich und die Eifersucht, die zwischen beiden Brüdern herrschte, trieb ihn aus dieser Gegend. Er zog nun höher hinauf nach der Wetterau. Die Verbindung mit seiner Beischläferin Christine Groß verschaffte ihm bald die Bekanntschaft mit der Wernerischen und Vielmetterischen Familie. Jetzt war sein Hauptaufenthalt im Hanauischen und Isenburgischen, wo seiner Beischläferin Mutter und mehrere Glieder der Familie Werner und Vielmetter Schutz und Aufnahme genossen. Bedenkt man, daß das Hanauische Gebiet nach dem Sturz der alten Regentenfamilie lange Zeit ein verwaistes, bloß administriertes Land war und die Durchkreuzung seines Territorialumfangs von fremdem Gebiet noch dazu jede solide Polizeianstalt lange darin erschwerte, so sieht man, daß alle Umstände dahin wirkten, den Inquisiten bei obiger Verbindung zum vollendeten Räuber zu machen, und wie es möglich war, daß er ohne Scheu und ungehindert mehrere Jahre sein Unwesen forttreiben konnte, wodurch er immer tollkühner und verwegener wurde. Im Jahr 1809 war er zwar wegen getriebenen Unfugs mit Kindern, die er mit gezücktem Messer zwischen Kilianstädten und Wachenbuchen auf öffentlicher Straße verfolgte und ihres Brotes beraubte, zwanzig Wochen zu Hanau in Arrest. Allein dieser Vorfall war, da kein förmliches Urteil ihn bestrafte, bald vergessen, und einer Untersuchung, die ein Jahr später zu Bergen gegen ihn eingeleitet werden sollte, wußte er sich durch Ausbruch aus dem Gefängnis bald genug zu entziehen.

Jetzt hatte die Untersuchung zu Burg-Gemünden, die den Grund zur hiesigen Räuberuntersuchung legte, ihren Anfang genommen, und Inquisit war dabei als Dieb angegeben worden. Obgleich man aus den dortigen Angaben nur wenig oder eigentlich gar nichts Bestimmtes entnehmen konnte, so veranlaßte dies doch seine Aufnahme in das Gaunerverzeichnis, das im Oktober 1810 in Gießen auf Verordnung des um die Sicherheitspolizei sehr verdienten Herrn Regierungspräsidenten Freiherrn vom Stein verfaßt und den Benachbarten von Großherzoglicher Regierung mitgeteilt wurde. Nach und nach erfuhr man durch die hiesige Untersuchung mehr über seine Verbrechen. Man kommunizierte nunmehr noch besonders mit den Behörden im Hanauischen Lande, das seinem neuen Regenten eine bessere Polizeiverfassung verdankte. Inquisit wurde hierauf ergriffen und ohne Umstände hierher geliefert. Am 2. September 1811, am Tag nach seiner Einlieferung, begann sein Verhör und das Geständnis seiner Verbrechen. Es war in allen zur Generaluntersuchung gehörigen Punkten bis zum 5. Dezember vollendet.

Charakter.

Folgende Grundlinien bezeichnen seinen Charakter.

Er ist aufrichtig, wahrheitsliebend, beherzt, leichtsinnig, feurig, schnell hingerissen, jedoch bei einmal gefaßtem Entschluß standhaft, dankbar, aufbrausend, racheliebend, in jeder Hinsicht wollüstig und unangenehme Empfindungen scheuend; begabt mit lebhafter Einbildungskraft, gutem Gedächtnis und überwiegendem Hang zu guter Laune, bei hellem Verstand, doch öfter reiflicher Überlegung und Nachdenken ermangelnd, naiv, selbst zu Zeiten witzig, etwas eitel, musikliebend, selbst musikalisch; sanguinisch, unbekümmert um die Zukunft und meistens lustig.

Er versuchte während seines hiesigen Arrests nie einen Ausbruch*. Man erinnert sich nicht, daß er irgendeine Züchtigung erhielt oder notwendig machte. Er

* Die Schilderung dreier Verbrechen, an denen Johannes Borgener beteiligt war, haben wir in die Auswahl aufgenommen, weil sie für die Vogelsberger/Wetterauer Banden ungewöhnlich sind: eine Vergewaltigung, ein Raubmord und eine fast rituelle Entweihung einer Kirche. Borgener beging sonst nur kleine Räubereien und Diebstähle, z.B. von Dörrfleisch, Gänsen, Schafen, Ziegen oder kupfernen Kesseln. Vergewaltigungen sind wie Morde die große Ausnahme. Borgeners Gefährten waren Conrad Werner, der schwarze Konrad, der am 25. September 1812 in Offenbach hingerichtet wurde, und Johannes Werner, auch Wuttwuttwutt, der ebenfalls 1812 in Offenbach im Gefängnis starb und mit einem Strick um den Hals unter dem Galgen begraben wurde. An dem Kirchenraub zu Herren-Haag waren auch Ludwig Vielmetter und seine Schwester Anna Margaretha Vielmetter beteiligt.

schien dem Verfasser, der seine Untersuchung allein führte und ihm wegen seines ordentlichen Betragens einige kleine Wohltaten erwies, sehr zugetan und verpflichtet. (...)

Straßenraub bei dem Kinzigheimer Hof unweit Hanau; 17. April 1811.

Am angeführten Ort griffen die Räuber eine Butterfrau aus Lißberg an, welche nach Hanau wollte. Die Beute bestand in 40 Pfund Butter, einem Kaffeekessel und ein paar Schuhen. Wert 18 fl. 50 kr.

Beide Werner hatten die Reuße der Butterträgerin abgehängt. Polengängers-Hannes hatte letztere unterdessen um den Leib gefaßt und gehalten. Während nun seine Raubgenossen die Reuße forttrugen, in einiger Entfernung aufschlugen und plünderten, zog Inquisit die erschrockene Frau in die Hecken und nötigte sie zu seinem Willen. Sie war hochschwanger; der Schrecken beschleunigte ihre Niederkunft. Ihr Kind lebt zwar noch, ist aber schwächlich.

Raubmord bei Heckenbergheim, Amt Ortenberg; 11. April 1811.

Wegen dieses Raubmordes war vordem ein Einwohner von Bindsachsen namens Martin Beram unschuldigerweise in Verdacht gewesen. Sehr unbestimmte Anzeigen hatten den Beamten zu Ortenberg veranlaßt, diesen Mann mehrere Monate im Kerker schmachten zu lassen. Das hiesige Großherzogliche Hofgericht hatte indessen durch verordnete Loslassung bereits seinen Leiden ein Ende gemacht, als die hiesige und Langenselbolder Untersuchung die wahren Täter entdeckte und Martin Beram völlig schuldlos darstellte.

Der Tatbestand jenes grausamen Verbrechens ist folgender.

Drei Butterhändler von Bleichenbach, A. Ortenberg, Friedrich Gräuling, Conrad Liebegott und Augustin Koch sind ihre Namen, wurden ungefähr eine halbe Stunde von Bergheim im Wald auf dem sogenannten Bette überfallen. Dem Liebegott gelang es, seine Reuße, als er auf solche einen Schlag erhielt, eilends abzuwerfen und nach Bergheim zu entspringen. Gräuling wurde auf der Stelle niedergeschlagen und geplündert. Noch sieht man auf seiner Stirn eine drei Zoll lange, breite, tief in das Stirnbein dringende Narbe. Sie rührt von dem Schlag her, der ihn zu Boden streckte und den Polengängers-Hannes, nach eigenem hiesigem Geständnis, ihm versetzte. Fünf Wochen war er der Behandlung des Wundarztes unterworfen. Mehrere Stückchen der Hirnschale wurden ihm unter großen Schmerzen herausgenommen. Obgleich die Wunde verharscht ist, verursacht sie ihm noch immer, besonders bei sich ändernder Witterung, Schmerzen.

Der unglücklichste von allen drei Angegriffenen war Augustin Koch, Gatte und Vater. Er erhielt einige Schläge und versuchte noch zu entfliehen. Verfolgt und eingeholt, wurde er überwältigt und niedergeschlagen. Flehentlich bat er um sein Leben, wurde aber fortwährend ohne Schonung mißhandelt. Sprach- und besinnungslos lag er zu Boden; der ganze Hirnschädel wurde ihm zerschmettert. Die so schleunig wie möglich angewandte ärztliche Hilfe war vergebens. Der Tod erfolgte in einigen Stunden.

Die Verletzungen wurden, nach angestellter legaler Sektion, für absolut tödlich erklärt. »An Rettung des Ermordeten«, sagt der Fundschein, »war nicht zu denken. Denn einenteils hätte der ganze Hirnschädel wegtrepaniert werden müssen, anderenteils war die Wirkung der fürchterlichen Erschütterung auf das Gehirn keineswegs zu beseitigen.«

Bei dem Ermordeten fand man noch in einer verborgenen Rocktasche das bei sich gehabte Geld. Gräulings geraubte Barschaft bestand in 19 fl. Die übrigen genommenen Effekten der drei Angegriffenen betragen an Wert ungefähr dasselbe.

Johannes Borgener gesteht selbst, daß er den Vorschlag zum Angriff dieser Leute gemacht habe, behauptet aber, daß weder der Raub noch der Mord in seiner Absicht gelegen haben, sondern daß er bloß sich durch Schläge an einem von den Leuten, welcher ihn ehemals auf einer Kirchweih beleidigte, habe rächen wollen. Er gibt zwar zu, aus dieser Absicht den Friedrich Gräuling niedergeschlagen zu haben, wirft aber die Schuld an dessen Beraubung auf den bei ihm gestandenen Johannes Werner und die der Ermordung Augustin Kochs auf Conrad Werner, welcher denselben allein geschlagen und, als Koch habe fortlaufen wollen und wie er eingeholt worden, sich zur Wehr gesetzt, mit den Mißhandlungen fortgefahren habe, obgleich er, Borgener, hinzugesprungen sei und gerufen habe, er möchte den Mann gehen lassen. Er behauptet, wohl gewußt zu haben, wo Augustin Koch sein Geld gehabt, und will daraus, daß es demselben nicht abgenommen worden, den Schluß ziehen, es sei ihm um Beraubung der Leute nicht zu tun gewesen.

Der Glaubwürdigkeit dieser Angaben stehen indessen mancherlei Umstände entgegen.

Er selbst hatte in den Akten eingestanden, daß er schon vierzehn Tage früher diesen Leuten aufgelauert hatte, um sie zu berauben. Erst später leugnete er, zwar nicht jenes Conat*, aber die eben erwähnte Absicht zu rauben, und behauptete, er sei mißverstanden worden, habe vielmehr auch damals nur die Absicht gehabt, die Leute durchzuprügeln.

Ganz gegen diesen Vorwand erklären sich aber seine eigene Beischläferin, Christine Grosin, und sein Schwager und Gehilfe Conrad Werner. Beide versichern übereinstimmend, Borgener habe ausdrücklich den Vorschlag gemacht, die Leute zu berauben. Auf Vorhalt von Borgeners Vorgeben beharren sie fest bei ihrer Aussage. Christine Grosin setzt hinzu: Borgener hätte damals Geld nötig und keine Schuhe gehabt und daher den Vorschlag getan, etwas zu verdienen, und Conrad Werner fügt an: Er und sein Bruder hätten bezweifelt, daß der von Borgener vorgeschlagene Raub ausführbar sei, daß sie nämlich zu dritt die Leute bezwingen könnten; aber Borgeners Beischläferin habe ihnen die Bedenken ausgeredet. (...)

Hören wir nun, wie Conrad Werner, der Schwager und Mitschuldige Bor-

---

* jene Unternehmung

geners, sich über die Ermordung Augustin Kochs erklärt hat! »Ich«, sagte er, »habe zwar den Koch zuerst geschlagen, während Polengängers-Hannes den Gräuling niederschlug. Aber Koch lief fort und suchte nach Gelnhaar zu entfliehen. Als ich ihn einholte, setzte er sich zur Wehr und faßte mich an der Brust. Darauf kam Johannes Borgener herbeigesprungen, schlug ihn nieder und versetzte ihm die tödlichen Streiche. Als er kein Zeichen des Lebens mehr von sich gab, visitierte er ihn durch, nahm ihm seine Mütze und ließ ihn liegen.«

Conrad Werner mag unserem Inquisiten darin zuviel nachgesagt haben, wenn er ihm allein die tödlichen Streiche zuschreibt. Da es aber faktisch richtig und von Johannes Borgener selbst eingestanden ist, daß Koch anfänglich fortgelaufen und daß Borgener hinzugesprungen war, so ist es auf der anderen Seite kaum denkbar, daß er einen müßigen Zuschauer abgegeben und daß Conrad Werner allein und ohne sein Zutun den flüchtigen Augustin Koch habe festhalten und wie geschehen zurichten können. Selbst das Visum repertum läßt vermuten, daß die Verletzungen Augustin Kochs, namentlich die tödliche am Kopf, aus verschiedenen Richtungen kamen.

Zwar nicht beweisend, aber doch einigermaßen beachtenswert ist der folgende Umstand. Als Conrad Werner kurz vor seiner Hinrichtung gebeichtet und das hl. Abendmahl genommen, auch seine Strafe als gerecht und verdient anerkannt hatte, beharrte er, laut offizieller Nachricht, auf alldem, was er über den Anteil Borgeners an der Ermordung Augustin Kochs früher zu Protokoll gegeben hatte. Eine seiner letzten Äußerungen war, daß Polengängers-Hannes an seinem Unglück schuld sei und doch wohl auch die gleiche Strafe wie er leiden würde. – Werner starb übrigens mit Ruhe und war mit einer allgemeines Aufsehen erregenden Standhaftigkeit zum Richtstuhl gegangen.

Endlich verdient auch die Angabe des in Heidelberg gesessenen, nunmehr ebenfalls hingerichteten und unverzagt gestorbenen Hölzerlips nicht unberührt zu bleiben. Hiernach soll Johannes Borgener sich selbst gerühmt haben, er hätte einem Bleichenbacher Butterhändler die Nase eingeschlagen und ihn deshalb, obgleich er sehr um sein Leben gebeten, ohne Schonung ermordet, weil ihn derselbe erkannt und mit Namen genannt hätte.

Nimmt man nun die vorbemeldeten Umstände zusammen, so dürfte kaum ein Zweifel übrigbleiben, daß Borgener sowohl an der Beraubung der Bleichenbacher Leute als auch an dem dabei verübten Mord hauptsächlichen Anteil hatte. Und soviel Aufrichtigkeit derselbe sonst bewies, so ging doch in dieser offenbar kapitalen Sache sein Bestreben wohl dahin, seine Schuld auf Kosten der Wahrheit in den Augen der Richter zu vermindern.

Der Mitschuldige Johannes Werner war übrigens, ehe er über diesen Raubmord vernommen werden konnte, im Gefängnis verstorben. Aus seines Bruders und Borgeners Geständnissen geht aber hervor, daß er dem Augustin Koch keinen Schlag gegeben, sondern sich während der Mißhandlung des letzteren mit der Verfolgung des flüchtigen Liebegotts und der Beraubung des Gräulings beschäftigt hat. (...)

Kirchenraub zu Herren-Haag, März 1810.

Viermal in einem Zeitraum von nicht gar anderthalb Jahren wurde die Kirche zu Haag oder Herren-Haag im Isenburg–Büdingischen aufgebrochen und beraubt, obwohl von Seiten der Behörde alles mögliche zur Sicherung derselben durch Anschaffung neuer Türen, Fenstereisen usw. geschehen war. Der gesamte durch die viermalige Plünderung angerichtete Schaden ist auf 596 fl. 25 kr. berechnet.

Unter diesen Einbrüchen war der bedeutendste und schädlichste der im März 1810, dem Inquisit beigewohnt zu haben gesteht. Gemeinde und Kirchenkasten kamen durch diesen, mit dem schändlichsten Mutwillen begleiteten Einbruch in eine Ausgabe von 507 fl. 17 kr.

Mit einem Stab Eisen, der von einem zu Assenheim geraubten Treppengeländer herrührte, wurde die Kirchentür aufgesprengt und zertrümmert. Es galt zuerst der Glocke[1]; die Räuber konnten solche nicht loszwingen[*] und begnügten sich daher mit Entwendung des Schwengels. Darauf wurde die ganze Orgel zerstört und die Windlade zerschnitten. Von den Pfeifen nahmen sie mit, was sich fortbringen ließ[2]; alle übrigen wurden unbrauchbar gemacht. Auch ein Pfarrersmantel, zwei Leichentücher, sogar der Klingelbeutel und zwei Gesangbücher wurden entwendet. Die Glockenseile wurden abgeschnitten und der Altar umgeworfen. Einer schlug von der Kanzel sein Wasser ab, während er mit umgehängtem Mantel den Prediger affektierte. Die drei anderen hörten dessen aus Zoten und Lästerreden bestehendem Vortrag zu und verrichteten a posteriori[†] ihren Unrat in die Kirche. (...)

Zum Schluß der Biographie Johannes Borgeners folgt noch ein Bruchstück aus dessen Verhör nebst einer Anekdote von ihm und einem Räuber-Lied, das er von Jacob Heinrich Vielmetter gelernt haben will und das in einer sehr angenehmen Melodie aus E-Dur gesungen wird.

Bruchstück aus Borgeners Verhör.

Am 22. Mai 1812 wurde er gefragt: »Zu welcher Religion bekennt Ihr Euch?«

Antwort: »Soviel ich weiß, zur katholischen. Mit Religion habe ich mich nicht viel abgegeben. Meine Eltern führten mich nicht dazu an, und in die Schule bin ich gar nicht gekommen. Meine Mutter lehrte mich bloß so viel Gebete, daß ich konfirmiert werden und um Ostern beichten konnte. Seit vier Jahren ist aber auch dies unterblieben. Ich weiß von Religion eigentlich nur so viel, daß ich kein Jude bin.«

Frage: »Ihr wußtet doch, daß Rauben und Stehlen verboten sei?«

---

* gewaltsam losbringen

† von hinten her

1 *Der Jude W... zu Burg-Gräfenrode hatte Glockenmetall bei ihnen bestellt und schon vorher den Preis bestimmt, um welchen er ihnen das Pfund abnehmen würde.*

2 *Auf dem Wingertshäuschen bei Ilbenstadt, wo die Diebe öfter ihre Niederlage hatten, vertrieben.*

Antwort: »Das wußte ich wohl, fragte aber nicht danach. Hingegen daß es Sünde sei, davon hatte ich keinen Begriff.«

Frage: »Warum habt Ihr Euch nicht durch das erlernte Handwerk ernährt?«

Antwort: »Das hätte ich wohl gekonnt; denn ich verstand das Korbmachen aus dem Fundament. Durch Verführung geriet ich in das Diebsleben, und daß ich darin solche Fortschritte machte, verdanke ich besonders meiner Beischläferin und deren Mutter.«

Frage: »Habt Ihr noch etwas zu Eurer Verteidigung anzuführen?«

Antwort: »Nein.«

Frage: »Wollt Ihr Euch unter den hiesigen Advokaten einen Verteidiger wählen?«

Antwort: »Das überlasse ich Großh. Hofgericht.« (Nach einer Pause) »Doch wenn ich einen wählen soll, so verlange ich den allerjüngsten. Entweder soll der Lehrgeld geben oder ich.«

Anekdote

Nach in der Hauptsache beendeter Untersuchung verlangte er, den Inquirenten ohne Beisein anderer Gefangener zu sprechen. Als ihm willfahrt wurde, tat er folgende Erklärung:

»Ich habe eine Bitte an Sie. Machen Sie doch, wenn Sie können, daß ich gar kein Urteil bekomme. Ich will ohne Urteil lebenslänglich hierbleiben, und das Ihnen zu Gefallen. Es wird ja einerlei sein, ob ich ohne Urteil im Gießener Stockhaus oder mit Urteil zu Marienschloß im Zuchthaus sitze.«[1]

Vogelsberger und Wetterauer Räuber-Lied

1.
Lustig ist das Kochemer Leben,
Wenn wir uns in d'Wehsch a) begeben,
In dem Jaar b) ist Lust und Freud.
Lustig sind wir Kochemer Leut.
Trallerallera, Trallerallera,
Trallerallera, Trallerallera

2.
Wann uns tut der Buttlack c) plagen,
Thun wir uns ein Balo d) jagen,
Jagen wir im Gefahr e) (in dem Jaar) herum,
Eins davon ist unser Lohn.
Tralleralera usf.

3.
Wann die Kaffer f) schuppen g), holchen h)
Thun die Schickse i) ihnen folgen.

---

[1] *Die später erfolgte Hinrichtung des Jonas Hoos machte indessen auf Borgener und andere seinesgleichen einen so starken Eindruck, daß sie an dem Tag der Vollstreckung ihr Essen liegen ließen. Jetzt scheint alles wieder vergessen.*

Bringt dann der Kaffer die Schore j) herbei,
Buckeln k) sie's vom Emmes l) zum Bajes m) hinein.
Tralleralllera usf.
4.
Wann wir im Gritschimme n) liegen,
Tun wir flugs die Gahtsche o) betrügen.
Gritschimari p) schenk ein vom besten Malain! q)
Laßt uns Kochemer lustig sein!
Tralleralllera usf.
5.
Tut uns dann der Gahtsche r) nexen,
Lassen wir unsere Driknalschker s) wechslen,
Machen dann unsere Kochemer Kunst, t)
Kommen d' dri Knalschker gleich wieder zu uns.
Tralleralllera usf.
6.
Wann wir ein'n jungen Kochemer machen,
Tut das Kuder im Buhsch u) schon lachen.
Sie kommen zum Treff zum Knalschke heraus,
Sie schauen wie der Bingo v) aus.
Tralleralllera usf.
7.
Hinter dem Bajes w), hinter der Schorne x),
Treiben wir unsere Kochemer Storne y).
Aber jetzt ist alles umsonst;
Das macht unsere Kochemer Kunst.–
Tralleralllera usf.

a) Wald, b) Wald, c) Hunger, d) Schwein, e) Dorf, f) Mannsleute, g) stehlen, h) gehen, i) Weibsleute, j) gestohlene Ware, k) tragen, l) verabredeter Platz, m) Diebsherberge, n) Wirtshaus, o) Leute, p) Wirt, q) Wein, r) Bauer, Wirt, s) Dreibätzner, t) Diebshandwerk, u) Kind im Leib, v) Teufel, w) Haus, x) Scheuer, y) Kunst, Handwerk.*

(...)

Zum Schluß gebe ich eine vom Heiden–Peter auf sein Schicksal selbst gefertigte und ungefähr vier Wochen vor seiner Verurteilung mir rezitierte, seine Biographie vollendende

Elegie.
1.
Lang war ich schon in Qual h'rumgangen,
Zu Oberis'gheim nahm man mich gefangen,
Drauf mußt' ich zur Stadt Hanau h'nein.
Dort mußt' ich drei Wochen gefangen sein.

* Auch Johannes Borgener wurde am 24. März 1813 in Gießen zur Hinrichtung mit dem Schwert verurteilt.

2.
Hier wollten sie nichts von mir wissen,
Und brachten mich nach der Stadt Gießen.
Man bracht' mich vor des Richters Haus;
Hofgerichtsrat Grolman kam heraus.
3.
Er ließ mich sogleich vor sich führen,
Und fing mich an zu examinieren.
»Peter Görzel, sagt' ich, ist mein Nam',
Vor sieben und zwanzig Jahr' auf die Welt ich kam.«
4.
Der Richter hört zu fragen auf.
Man führt' mich durch die Stadt hinauf,
Und bracht mich in das Stockhaus h'nein.
Da mußt' ich erst recht gefangen sein.
5.
Drauf ging nun das General-Verhör an.
Ich stellt' mich erst sehr übel an.
Man sagt mir drauf: »Bekenn' deine Sünd,
Denn Reue öfters Gnade find'.«
6.
Nun begab ich mich an das Bekennen,
Tat diesen und jenen Diebstahl nennen.
Dies dauert beinah ein Vierteljahr,
Als mein Verhör geschlossen war.
7.
Nun habe ich schon lang gesessen,
Meine beste Speis hab' ich gegessen.
Drei Tag, drei Stund vor meinem End
Will ich empfangen das Sakrament.
8.
Stadt Gießen hat noch nicht erfahren,
Daß ein Mann von schier dreißig Jahren
Eine solche Straf' empfangen hat,
Von wegen seiner Missetat.
9.
Das leidige Geld hat mich betrogen,
Den Arm zum Frevel mir gebogen.
Nun muß ich büßen meine Schuld.
Gott geb! 's geschehe mit Geduld.
10.
Zwar hatt' ich mich vom Stehlen abbegeben,
Und angefangen ein ander Leben.

Mich auch gestellt zum Guten ein,
Und dacht', meine Sünden sollten verborgen sein.
11.
Morgens früh um halber zehen,
Werde ich zum Frühstück gehen.
Ihr seid All' geladen ein!
Ich werd selbst das Frühstück sein.
12.
Was werden Frau und Kinder sagen?
Wie werden sie dann um mich klagen!
Doch wenn ich alles recht betracht,
So habe ich mir's selbst gemacht.
13.
O liebe, gute, zarte Jugend
Ergebe dich doch früh der Tugend
Ihr Eltern hört die Bitte mein,
Und ziehet eure Kinderlein!
14.
Glaubt mir in dieser letzten Frist,
An Zucht gar viel gelegen ist.
Hört Sünder! laßt die Laster fliegen,
Und Teufelslist euch nicht besiegen.
15.
Jetzt steige ich die Himmelsleiter,
O Herr und Gott! Sei mein Begleiter.
Dich Jesu, Heiland! ruf ich an,
Nimm meiner Seel' dich gnädig an.
Oh! – – – Amen!

Das »Raubgesindel« in den Maingegenden, dem Odenwald und den angrenzenden Ländern

Carl Friedrich Brill war, auch was seine Karriereschritte betraf, das Darmstädter Pendant zu Grolman in Gießen. Am 10. November 1765 in Buchsweiler geboren, studierte er an der damaligen Landesuniversität Gießen die Rechte und wurde 1789 Regierungssekretariatsakzessist (d.h. Anwärter für den Gerichts- und Verwaltungsdienst). Die Beförderungen erfolgten kontinuierlich, aber mit nur durchschnittlicher Geschwindigkeit: 1790 Regierungsadvokat, 1795 peinlicher Gerichtsdefensor, 1797 peinlicher Gerichtsassessor, 1809 peinlicher Kriminalrichter und schließlich 1814 Großherzoglicher Hofgerichtsrat. An diesem Titel konnte sich Brill allerdings nur kurze Zeit erfreuen. Er starb am 9. oder 10. August 1817.

Seine publizistische Tätigkeit beschränkt sich auf vier Bücher: die beiden Bände, aus denen wir zitieren, eine 1814 erschienene Kurzfassung davon und die *Actenmäßige Geschichte des Verbrechens und der persönlichen Verhältnisse des am 5. April 1814 durchs Schwerdt hingerichteten Joh. Pet. Neussel von Eberstadt (Darmstadt 1814)*. Brills Hauptwerk, das 1814 und 1815 in zwei Abteilungen ebenfalls in Darmstadt, bei Heyer und Leske, herauskam, umfaßt insgesamt 543 Seiten und konzentriert sich auf die Räuber, die in der großherzoglichen Residenz in Haft saßen bzw. dort hingerichtet worden waren. Brill leitete die Untersuchungen, und die dadurch gewonnene Vertrautheit mit den Gefangenen und ihren Lebensläufen ließ der Hofgerichtsrat seine Leser und damit auch seine Kollegen spüren.

Selbstverständlich traute er, wenn es zu konträren Aussagen zwischen Gießen und Darmstadt kam, »seinen« Räubern mehr als denen von Grolman. So ergeben sich gelegentlich, wenn es sich um dieselben Täter handelt, geringfügige Abweichungen in den Darstellungen der beiden Untersuchungsrichter. Johann Adam Heusner, »seinen Haupträuber«, schien Brill regelrecht ins Herz geschlossen zu haben. Ihn, der so geständig und reumütig war, versuchte er immer wieder zu verteidigen und damit zu entlasten. Vor dem Gang aufs Schafott versprach er Heusner sogar, für dessen Tochter zu sorgen. Verwundert liest man in einem Nebensatz, daß Brill bereits vor mehreren Jahren die Tochter eines anderen Räubers, von Johann Adam Grasmann, bei sich aufgenommen hatte. Diese Form des sozialen Engagements, die weit über die Tätigkeit eines Untersuchungsrichters hinausging, dürfte auch damals schon ungewöhnlich gewesen sein.

In einem krassen Gegensatz dazu stehen die von ihm (im Vorwort zu seinem ersten Band) vorgeschlagenen Maßregeln zur Verbrechensbekämpfung. Brill sah die Gründe allen Übels in der Bettelei, die er radikal verbieten oder zumindest stark einschränken wollte. Daß nicht nur falsche Bettler, sondern auch tatsächlich in Not geratene Menschen übers Land zogen, ignorierte er.

Wir haben aus der ersten Abteilung die Lebensgeschichte des Johann Adam Heusner ausgewählt, des schon erwähnten »Haupträubers« der in Darmstadt inhaftierten Bande. Von den über 120 ihm zur Last gelegten Delikte sind die aufgenommen worden, die die Brutalität, den Dilettantismus und die Trostlosigkeit der Raubzüge am deutlichsten zeigen. Die Schilderung der Hinrichtungsvorbereitungen und der Hinrichtung selbst stammt aus der zweiten Abteilung.

Quelle:

Actenmäßige Nachrichten von dem Raubgesindel in den Maingegenden, dem Odenwald und den angrenzenden Ländern besonders in Bezug auf die in Darmstadt in Untersuchung befindlichen Glieder desselben von C.F. Brill, Großherzogl. Hessichem Criminal=Richter zu Darmstadt.
Erste Abtheilung, mit den Bildnissen von acht Haupt=Räubern. Darmstadt 1814.

Actenmäßige Nachrichten von dem Raubgesindel in den Maingegenden, dem Odenwald und den angrenzenden Ländern besonders in Bezug auf die in Darmstadt in Untersuchung befindlichen Glieder desselben von C.F. Brill, Großherzogl. Hessichem Hofgerichtsrath und Criminal=Richter zu Darmstadt.
Zweite Abteilung. Darmstadt 1815.

Carl Friedrich Brill

Actenmässige Nachrichten von dem Raubgesindel in den Maingegenden, dem Odenwald und den angrenzenden Ländern

Die Veranlassung zu der Untersuchung, deren Resultat man nun vortragen will, war folgende:

In der Nacht vom 8. auf den 9. März 1810 wurden dem Einwohner Johannes Maaser zu Fränkisch-Crumbach mehrere Kleidungsstücke, leinen Tuch und andere dergleichen Effekten mittels Einbruch entwendet. Der Sohn des Bestohlenen eilte mit seines Vaters Bruder von Wersau in die benachbarten Orte, um den Dieben nachzuspüren. In Rimbach (wo Heusner und Grasmann schon länger sehr bekannt waren) kehrten jene beiden in dem Wirtshaus Zur Krone ein. Gleich danach kam der Knecht des dortigen Neumüllers in die Wirtsstube, der Maaserische Sohn erzählte ihm den Diebstahl und erhielt dagegen die Äußerung, er solle still sein, soeben komme einer von den Hauptkerlen. Es kam darauf auch ein Mann in die Stube, welcher einen Mantel umhängen hatte und den rechten Arm in einer Binde trug (es war Johann Adam Heusner); dieser ließ sich ein Glas Bier reichen und holte dabei einen stark mit Silber beschlagenen Pfeifenkopf aus der Tasche. Der Maaserische Sohn äußerte, daß der Pfeifenkopf gestohlen sein müsse, da er von einem Crumbacher Horndreher beschlagen sei; und ohne ein Wort zu sagen, entfernte sich hierauf Heusner aus der Stube. Nach seiner Entfernung riet der Wirt Zur Krone dem Maaserischen Sohn, daß er sich nach Albersbach wenden solle, da sich der berüchtigte Samel da aufhalte. Hier wurde nun Grasmann, der sich mit seiner Beischläferin flüchtig zu machen suchte, hinter einer Hecke im Feld ergriffen und festgehalten, ein bei sich gehabter Büchsenranzen mit Effekten aber nicht weit von ihm entfernt gefunden.

Mittlerweile war auch Johann Adam Heusner in den Ort gekommen und als ein verdächtiger Kerl, dessen Einfangen von dem Amt schon längst angeordnet war, ebenfalls verhaftet worden. Beide wurden nach der vom Patrimonialgericht Crumbach geführten Generaluntersuchung am 13. März 1810 in das hiesige Stockhaus eingeliefert.

Johann Adam Grasmann schien der mutmaßliche Anführer einer Räuberbande zu sein, welche in einer Bekanntmachung der damaligen Großherzogl. Frankfurtischen Regierung zu Aschaffenburg vom Jahr 1809 im allgemeinen signalisiert war; Johann Adam Heusner aber war nicht nur in seiner eingeräumten Verwandtschaft mit Grasmann, sondern auch aus einem Schreiben des Löwensteinischen Amtes Freudenberg höchst verdächtig, da derselbe nach diesem Schreiben in eine Familie eingeheiratet hatte, die wegen Räubereien berüchtigt war und deren Vater deswegen schon eingesessen hatte; diesen Verdacht bestätigten die Tatsachen, daß er bereits im Jahre 1806 wegen Diebstahls bei dem Großherzogl. Amt Umstadt verhaftet worden war und sehr bedenkliche Verhältnisse damals gegen ihn eintraten.

Da sich hiernach mit großer Wahrscheinlichkeit in den beiden Arrestanten bedeutende Räuber vermuten ließen und da das Schreiben des Amts Freudenberg auch wahrscheinlich machte, daß Johann Adam Heusner selbst schon von dem Würzburgischen Zentamt Homburg als Mitglied einer beträchtlichen Diebsbande in öffentlichen Polizeiblättern verfolgt werde, so veranlaßte dies mit vorläufiger Beiseitsetzung der Untersuchung des Diebstahls bei Johannes Maaser, durch Korrespondenz nähere Notizen von den Verhältnissen zu erhalten zu suchen, welche dafür sprechen konnten, daß beide Inquisiten berüchtigte Räuber seien.

Die ersten näheren Nachrichten erhielt man

a) in Beziehung auf Johann Adam Heusner

von der in Würzburg gegen eine in Kissingen arretierte Räuberbande besonders niedergesetzt gewesenen Untersuchungskommission; nach diesen Nachrichten war Heusner in den dortigen Untersuchungsakten mehrerer Räubereien bezichtigt, auch im Jahr 1805 auf Verordnung des dortigen Hofgerichts in öffentlichen Blättern signalisiert und verfolgt worden. Die Übereinstimmung des mir von dieser Kommission von dem dort bezichtigten Überrheiner oder dicken Hann Adam mitgeteilten Signalements mit dem Johann Adam Heusners und die Übereinstimmung der mir von den Familienverhältnissen jenes seiner Frau kommunizierten Notizen mit denen der Frau des Heusners ließen keinen Zweifel an dessen Identität mit dem dicken Hann Adam übrig.

b) Den Johann Adam Grasmann

bezeichneten von Wiesbaden erhaltene Akten, Mitteilungen, die ich von dem von Gemmingischen Patrimonialgerichtsbeamten Stein zu Fränkisch-Crumbach erhielt, und endlich frühere Untersuchungsakten gegen die berüchtigten Räuber Zunder Albert und kleiner Johann, die unter den falschen Namen Selzer und Jahn hier gesessen hatten, allenthalben als den unter dem Namen großer Samel berüchtigten Räuber. Von der Untersuchungskommission zu Würzburg erhielt man bald hernach auf die derselben gegebene Nachricht von der höchstwahrscheinlichen Identität des Heusners mit dem dicken Hann Adam aus den dortigen Untersuchungen die gegen denselben vorgelegenen Bezichtigungen speziell mitgeteilt und ebenso von dem Großherzogl. Würzburgischen Landgericht

Karlstadt dasjenige kommuniziert, was in den dortigen Untersuchungsakten vom Jahr 1805 gegen denselben vorlag. Durch die zu Heidelberg auch gegen den hier zuerst zum Geständnis des bekannten zwischen Hemsbach und Laudenbach vorgefallenen Raubmords gebrachten Veit Krämer und seine Komplizen eingetreten gewesene Untersuchung erhielt man weitere Notizen von neueren Verbrechen Heusners und Grasmanns durch schriftliche Mitteilungen, die dadurch, daß Kriminalrichter bei einer auf Verordnung Großherzogl. Regierung hier Ende Juli 1811 nach Heidelberg unternommenen Reise, die dortigen Inquisiten selbst sprechen und näher vernehmen konnten, noch erweitert und bestätigt wurden.

Mit den auf diese Weise besessenen Notizen wurde die Untersuchung am 14. August 1811 mit dem Johann Adam Heusner angefangen.

So hartnäckig dieser anfänglich sich anließ, so offenherzig wurde er, freilich nur nach und nach, nachdem man ihm eine Reihe seiner Kameraden mit ihren Spitznamen vorgehalten und ihn so in den Spiegel der über ihn erhaltenen Kenntnisse hatte sehen lassen und hierbei, da man wahrnahm, daß er für sachgemäße, auf Herz und Verstand wirkende Vorstellungen empfänglich war, auch von dieser Seite auf ihn zu wirken suchte und ihn dann sogleich allein und so hatte setzen lassen, daß er ganz sich selbst und seinem Nachdenken über die ihm gemachten Vorstellungen überlassen war. Es ist in psychologischer Hinsicht vielleicht nicht unerheblich, daß eben dieses Alleinsitzen vereint mit den Einwirkungen auf seinen Verstand und das Nachdenken, dem er sich bei jenem überlassen war, bei ihm Gewissensrührungen hervorbrachte, die ihn zu seinem ersten Bekenntnis brachten, und daß seine ganze Offenherzigkeit da anfing, als er sah, daß man ihn mit möglichster Schonung bei seinen Verhören behandelte, und er dadurch gewonnen worden war, sein Zutrauen dem Inquirenten zuzuwenden. In der ersten Zeit, als er mit seinen Bekenntnissen anfing und als er von der Verhaftung seines Bruders noch gar nichts wissen konnte, äußerte er gleich bei dem Eintritt in die Verhörstube mit sichtbarer Bewegung, daß es im Stockhaus umgehen müsse, daß es einen heftigen Schlag in seinem Zimmer getan hätte und sein Bruder ihm erschienen wäre; er bemerkte dabei, daß keine Stunde in der Nacht sei, in der er nicht an den unheimlichsten Orten marschiert wäre, ohne daß ihm je etwas begegnet wäre. Das, was er in dem Verlauf der Untersuchung, und nachdem er seine Hauptverbrechen bekannt hatte, darüber, und wie er durch seine in den ihm vorgeschwebten Bildern entstandene Gewissensangst zur Aufrichtigkeit bestimmt worden sei, weiter angibt, ist in psychologischer Hinsicht ebenfalls immer merkwürdig. Er sagt hierüber in seinem Verhör vom 28. August 1812: Als er das zweite Mal (es sei am 15. August ein Jahr gewesen) aus dem Verhör zurück in sein Zimmer gekommen sei, habe er die Lehren und Ermahnungen, die ihm gegeben worden, überlegt, und da er hierbei gefunden, daß ihm Leugnen nichts helfen würde, daß er aber auf der anderen Seite bei einem offenen Geständnis nicht nur selbst verloren zu sein , sondern auch noch so viele andere Menschen unglücklich machen werde, so habe er den Gedanken gefaßt gehabt, sich zu erhängen, und auch bereits den Strick dazu gedreht. In dem Augenblick aber, wo er die Tat habe ausführen wollen, sei es ihm vorgekommen, als wenn hundert und abermal hundert Menschen um ihn stünden, und wo er nur in eine Ecke des Zimmers geblickt, habe er darin jemand zu sehen geglaubt und doch niemand gefunden. Dies habe ihn von seinem Vorsatz abgebracht, und er habe sich auf seinen Sack hingelegt. Da sei ihm sein Bruder in seiner gewöhnlichen Kleidung erschienen, so daß er denselben hätte anreden können, wenn der Schrecken es ihm zugelassen hätte. Die zwei darauf folgenden Nächte habe er die gleiche Erscheinung gehabt, da sei aber sein Bruder nicht in der gewöhnlichen Gestalt, sondern bläulich gewesen; seine Bestürzung habe ihn aber jedesmal abgehalten, seinen Bruder zu fragen, was er wolle. Diese Erscheinungen hätten ihn bestimmt, den ihm gegebenen Lehren und Ermahnungen zu folgen und mit offener Aufrichtigkeit all das Böse, was er getan habe, zu bekennen, und bete er gegenwärtig, so gut er könne, gar oft zu Gott, daß er ihm nur so lange das Leben lassen möge, um der Obrigkeit durch Aufrichtigkeit wieder dienen und dadurch noch so viel Gutes tun zu können, wie er vorher Böses getan habe.

Da es nicht uninteressant sein kann zu wissen, auf welchem Weg ein so großer, entschlossener, viel Verstand und Gewandtheit habender Verbrecher, der schon an mehreren Orten arretiert und verschiedentlich gleichsam über dem Verbrechen ergriffen worden war und sich immerhin durchzulügen wußte, endlich zu einem so offenen Geständnis gebracht wurde, wie es bei ihm der Fall ist, so habe ich geglaubt, das bisher Gesagte erzählen zu dürfen.

Derselbe ist seit dem 14. Mai dieses Jahres 36 Jahre alt, katholischer Religion, verheiratet, Vater eines noch lebenden Mädchens von elf Jahren und zu Mümling-Crumbach in dem Standesherrlichen Amt Breuberg geboren.

Sein noch lebender Vater, Tobias Heusner, von Grünenwört bei Wertheim gebürtig, ist der Sohn eines Hirten und nährte sich bei und seit seiner Verheiratung mit Maria Catharina Grasmännin, einer Schwester des Mitinquisiten Johann Adam Grasmann, gleichfalls als Hirt, Taglöhner und Korbmacher, indem er, ohne einen festen Wohnsitz zu haben, an verschiedenen Orten in dem Standesherrlichen Amt Breuberg und jenseits des Mains von den Gemeinden die Viehhut übernahm. Diesen Ernährungszweig behielt derselbe bis vor etwa sechs Jahren, seitdem er sich als sogenannter Kastenkrämer und daneben auch auf dem Taglohn ernährt und sich gleichfalls ohne festen Wohnsitz in den Ämtern Reichenberg und Schönberg besonders aufhält.

Der Inquisit hatte bei seiner Verhaftung noch drei Geschwister, die sämtlich jünger waren als er. Einen Bruder namens Stephan, der als Räuber und Dieb zu Heidelberg in der Folge verhaftet wurde und sich dort im Gefängnis erhängt hat (dieser führte den Spitznamen: langbeiniger Steffe), eine Schwester, die an einen herumziehenden Krämer namens Johann Adam Vogel verheiratet ist, und endlich noch einen Bruder, der, mit seiner Mutter verhaftet, hier im Stockhaus an der Lungensucht* gestorben ist.

Den Eltern sowie seinen jüngeren Geschwister, steht durchaus nichts entgegen, was annehmen ließ, daß er nicht, solange er bei ihnen sich aufhielt, zu einem ordentlichen Lebenswandel wäre angehalten worden.

Während seines ledigen Standes hielt sich der Inquisit teils bei seinen Eltern auf, teils diente er in reiferen Jahren bei Bauern als Knecht.

Er war 21 Jahre alt, als er auf diese Weise bei einem Bauern zu Mehnert im Großherzogl. Frankfurtischen Amt Klingenberg diente, seine Eltern aber in dem benachbarten Orte Vockenrode das Vieh hüteten. Während seines Dienstes kam seiner Mutter Bruder und Pate, Johann Adam Grasmann, auf dem Feld zu ihm, als er eben mit Zackern† beschäftigt war, schilderte ihm seinen Zustand in einem möglichst gehässigen Licht und zeigte ihm dagegen, wieviel besser er es haben würde, wenn er mit ihm gehe, und bestimmte ihn auf diese Weise, seinen

* Schwindsucht
† Pflügen

Dienstherrn heimlich zu verlassen. der Inquisit nahm hierbei diesem ein Bettuch oder Kissenzüge mit, in welche er seine Effekten packte. Er ging nach Laudenbach, wohin ihn Grasmann beschieden hatte, und traf hier solchen und dessen in seiner Gesellschaft gewesenen Schwager Michel Herold. Heusner wurde nun von Grasmann zu kleinen Diebereien von altem Eisen, Ketten, alten Hacken und dergleichen angehalten. Er blieb auf diese Weise von Ostern bis Michaeli bei dem Grasmann, bis er dann nach Vockenrode zu seinen Eltern, die dort noch das Vieh hüteten, zurückkehrte. Während er sich nun bei diesen aufhielt, lernte er seine Frau kennen, die nach Würzburg reisen und dort kurze Waren kaufen wollte, hierbei aber bei seinen Eltern, die sich mit der Beherbergung armer Leute abgaben, Nachtquartier genommen hatte; wenige Tage nach dieser ersten Bekanntschaft wurden beide zu Wertheim in dem Kapuzinerkloster getraut. Diese seine, des Heusners Frau, ist eine Tochter eines sicheren Johann Georg Kaufmann, der ehedem Torwächter zu Freudenberg war, dann Krämerei trieb und Daubenholz* machte und von dieser Beschäftigung den Namen Daubenhauer führt. Sie hat mehrere rechte und Stiefgeschwister und unter ersteren eine Schwester namens Elisabeth, die eine Zeitlang mit Georg Fehn, vulgo dicken Jörg, und dann auch mit dem sogenannten kleinen oder Krämer Johannchen, auch Schneider genannt (Johannes Kinzinger), auch mit dem sogenannten Schmuh-Balser als deren Beischläferin herumzog und unter anderem im Jahr 1805 in dem Großherzogl. Würzburgischen Zentamt Homburg verhaftet wurde.

Nach seiner Verheiratung blieb Heusner noch etwa ein Jahr bei seinen Eltern und zog dann mit diesen nach Wüstamorbach bei Umstadt. Hier kam Johann Adam Grasmann wieder zu ihm und beredete ihn abermals, mit ihm zu gehen. Heusner blieb nun aufs neue von Neujahr bis Ostern bei jenem, indem er mit demselben die kleinen Diebereien fortsetzte. Die Lebensweise, bei der seine Frau dennoch betteln gehen mußte, fing inzwischen an, dem Heusner zu mißfallen, und er entfernte sich daher wieder von Grasmann und begab sich zu seinem Schwiegervater nach Monbrunn und arbeitete mit demselben eine Zeitlang als Holzmacher in einem Walde bei Miltenberg. Auf Pfingsten, zu einem Zeitpunkt, wo Heusner mit seinem Schwiegervater überspannt gewesen sein will, kam Grasmann wieder zu ihm und beredete ihn nochmals, mit ihm zu gehen. Er zog mit demselben wiederholt bis zur Ernte auf die gleiche Weise wie früher herum: Um die angegebene Zeit wurde er aber von seinem Vater bei Hammelbach abgeholt und mit nach Rimhorn genommen. Er wohnte hierauf hier mit seinen Eltern im Hauszins und machte gemeinschaftlich mit seinem Vater Körbe, brach während des Winters mit demselben Tannäpfel usw.

Heusner, der wahrscheinlich doch der Lebensweise, zu der er nach seiner Angabe von seinem Paten Grasmann angeführt worden war, mehr Geschmack abgewonnen hatte als anhaltender Arbeit, blieb nicht sehr lange bei seinen Eltern, sondern entfernte sich abermals von ihnen in Gesellschaft des sogenannten

* Faßholz

schrammbackigen Jörg (Georg Fontsch); von nun an wurde er Dieb und dann Räuber von Profession.

Seine erste Ausflucht mit dem schrammbackigen Jörg war nach Obernburg und von da nach Schippach, wo er die Bekanntschaft des sogenannten Mahnenjörgs und des Lumpenstoffels machte. Er kam bald nachher mit dem Balthasar Meinhard, vulgo Schmuh-Balser (Schmue heißt in der jenischen Sprache weibliche Scham), in Bekanntschaft, mit dem die obengenannte Schwägerin Heusners, Elisabeth, ebenfalls eine Zeitlang herumgezogen war und welcher unter dem Namen Balthasar Grünewald in dem ehemaligen Zuchthaus hier gesessen hatte und darin gestorben ist. Meinhard war ein Hauptgenosse des Schinderhannes und nach Heusners Angabe derjenige, welcher in jenes und anderer Gesellschaft am 25. Mai 1801 einen Kurmainzischen Korporal zu Kleinrohrheim erschlagen hat.

Dieser Meinhard, der nach Heusners Aussage gerade wie ein Schornsteinfeger mit der Leiter auf der Achsel des Nachts in den Ortschaften herumging und in ein Haus nach dem anderen einstieg, bis er etwas fand, was der Mühe wert war mitzunehmen, war sein Lehrmeister in nächtlichen Diebstählen; und der zu Mannheim im dortigen Zuchthaus verstorbene Peter Eichler, vulgo Hainstädter Peter, mit dem er später bekannt wurde, führte ihn zum Straßenraub an, und er kam seinen Lehrmeistern nicht nur bald gleich, sondern übertraf sie auch. Selten war er auf einer Unternehmung, ohne ein Gewehr bei sich zu führen, was gewöhnlich Pistolen waren, er stand bei seinen Genossen in großem Ansehen, erkannte keinen über sich an, sondern war bei Hauptunternehmungen gewöhnlich der Anführer. Er führte den Namen dicker oder Krämer, auch roter Hann Adam, er zog als sogenannter Kastenkrämer herum, hatte gewöhnlich nicht unbedeutende Warenvorräte und führte der Regel nach gute Pässe.

Von seinen ersten unter der Anleitung des Johann Adam Grasmann begangenen Diebstählen sagt Heusner, daß sie nichts als Kleinigkeiten betroffen hätten. Im ersten Sommer, wo er mit jenem herumzog, stahlen sie unter anderem zu Breitenbrunn ein oder zwei Stück Tuch, die von dem Eigentümer aus Vergeßlichkeit auf der Bleiche liegengelassen worden waren. Einmal mußte Heusner zu Oberkinzig aus einer Scheune einen Sack Spelz* fort und bis nach Oberlaudenbach tragen, wo Grasmann die Frucht mit dem Sack an einen dortigen Müller verkaufte. Heusner sagt, dem Grasmann sei keine Kleinigkeit zu schlecht gewesen, daß er sie nicht mitgenommen hätte; und er ärgere sich noch, daß er demselben bei solchen Lumpereien geholfen hätte.

So groß und vielfältig übrigens die von Heusner bekannten Verbrechen sind, so begreifen sie doch noch nicht die Summe der von ihm begangenen. Er behauptet zwar beharrlich, daß kein größeres Verbrechen von ihm begangen worden sei, das er nicht eingestanden habe, allein er sagt hinsichtlich geringerer Verbrechen, wozu er auch attentierte† Straßenräubereien, Diebstähle durch Einbruch oder

* Dinkel

† versuchte

Einsteigen oder mit Führung von Waffen verübt, rechnet, selbst: Wenn man ihn noch fünf Jahre ins Verhör nehme, so würde er am Ende dieser Zeit doch nicht behaupten können, daß er alles angegeben habe, denn der Kleinigkeiten könne er sich unmöglich alle noch so genau erinnern.*

In der Nacht vom 1. auf den 2. September 1807 wurde ein sich durch die große Mißhandlung der Beraubten und die Verwegenheit der Räuber auszeichnender Raub auf der Mühle bei Oberliederbach in dem Herzoglich-Nassauischen Amt Höchst ausgeführt.

Teilnehmer dabei waren:
1. Johann Adam Heusner;
2. Kleiner Jörg;
3. Itzig Muck;
4. dessen Knecht Moses;
5. Itzig Lindheimer, vulgo Schmuckel;
6. Mosche Fuchs;
7. Polak;
8. ein anderer junger Jude und
9. Braun, ein mitunter als falscher Kollekteur† herumziehender Kerl.

Die unter 5, 6 und 7 genannten Juden sind wegen eines drei Wochen nach dem gegenwärtigen Verbrechen zu Sossenheim verübten Raubes und der dabei vorgefallenen Ermordung eines Metzgers, bei welch letzterem Verbrechen auch Itzig Muck und Braun Teilnehmer waren, zu Wiesbaden durch den Strang hingerichtet worden.

Johann Adam Heusner und der kleine Jörg waren zusammen in Heldenbergen, wo sie Itzig Muck durch seinen Knecht hatte aufsuchen und in die dortige Judenherberge, eine Haupträuberhöhle, von wo aus die Räuber auch auf den Raub zu Sossenheim, nach den Wiesbadener Untersuchungsakten, gegangen waren, bestellen lassen. Sie fanden indes den Muck nicht dort, derselbe hatte aber die Bestellung hinterlassen, daß sie nach Bürgel bei Offenbach in das dortige Wirtshaus Zum Adler kommen sollten. Auch hier trafen sie den Gesuchten nicht, durch einen dem Wirtshaus gegenüber wohnenden Juden, der auch bei dem schon bemerkten Raub zu Sossenheim beteiligt und zu Wiesbaden zu einer mehrjährigen Zuchthausstrafe verurteilt worden war, erhielten sie aber die Nachricht, daß Muck und seine Kameraden die Nacht auf etwas anderes ausgegangen seien und sie erwarteten. Diese fanden sich dann auch bald ein, und es wurde nun dem Heusner und dem kleinen Jörg der Vorschlag zu diesem Raub gemacht und solcher von ihnen angenommen. In des vorbemerkten Juden Haus wurden Patronen gemacht und abends, nach Einbruch der Nacht, wurde bei Bürgel über den Main gesetzt und der Weg nach der zum Raub ausgesehenen Mühle angetreten. Die Juden führten Pistolen, Stricke zum Binden, Lichter etc. bei

* Von den 121 von Brill beschriebenen Räubereien und Diebstählen haben wir die ausgewählt, die typisch für seine z.T. sehr brutale Vorgehensweise sind.

† Los- oder Einlagensammler

sich. Die Patronen wurden aus des Juden Haus zu Bürgel mitzunehmen vergessen; Johann Adam Heusner und der kleine Jörg gingen daher auf dem Marsch zu der Mühle nach Höchst hinein, kauften da noch Pulver, und der letztere las Kieselsteine zusammen, welche in die Pistolen geladen wurden. Vor dem Hof der Mühle, in welchen die Räuber, da er unverschlossen war, ohne Beschwerden kamen, wurden die Lichter angezündet und dann mit einem Stück Bauholz die Haustüre aufgerannt. Der noch nicht lange zu Bett liegende Müller Jung, durch den heftigen Lärm aufgeschreckt, sprang heraus, um nach der Ursache zu sehen. Die Räuber kamen ihm aber schon in dem Hausgang mit ungestümem Lärm, unter französischen Flüchen und mit den brennenden Lichtern in der Hand entgegen. In der Meinung, daß es betrunkene Menschen seien, die ihn in der Besoffenheit necken wollten, rief er ihnen ganz unbefangen entgegen, daß sie sich mit ihren Lichtern in Obacht nehmen und ihm die Mühle nicht anstecken möchten. Augenblicklich wurde er aber von Moses Fuchs, Itzig Muck und dessen Knecht beim Kopf gepackt. Heusner drang sogleich in die Mühle, um sich des Mühlknechts zu versichern, fand aber keinen, dafür aber eine geladene Flinte, die er zu sich nahm und dann wieder zu den anderen zurückkehrte. Die Juden hatten bis dahin vergeblich den Müller zu Boden zu werfen versucht, sie konnten aber seiner nicht mächtig werden. Heusner sprang daher herbei, warf den Müller zu Boden, und nun wurde er sogleich gebunden; ein gleiches geschah mit dessen Frau. Auch der kleine Sohn des Müllers, der sich unten in der Mühle befand und der von Itzig Muck aufgefunden worden war, wurde von diesem gebunden. In der unteren Stube wurde sodann ein an der Wand befestigtes Eckschränkchen mit Gewalt aufgesprengt und das darin befindliche Geld, nach der Angabe des Beraubten 500 bis 600 fl., herausgenommen. Mit seinem eigenen spanischen Rohr* wurde dieser dabei mit den heftigsten Schlägen von Moses Fuchs mißhandelt und an verschiedenen Teilen seines Körpers mit Lichtern gebrannt, um anzugeben, wo er sein übriges Geld habe. Dessen Frau, der anfänglich die Hände auf den Rücken gebunden waren, wurde ebenfalls mit Schlägen mißhandelt, da sie sich die Hände freizumachen gewußt hatte, und ihr nun die Hände an die Haare gebunden. Während dies unten in der Stube vorging, waren Heusner und Muck in den oberen Stock gedrungen; es wurden die Türen aufgesprengt und die Kisten zerschlagen. Die in einem Zimmer liegende Tochter des Beraubten wurde aus dem Bett gerissen und zu Boden geworfen und ebenfalls gebunden, die Magd aber, da sie flüchten wollte, auf das Bett zurückgeworfen und mit Faustschlägen mißhandelt, daß sie beinahe sinnlos liegenblieb. Der ältere Sohn des Beraubten wurde, da er erklärte, daß er das Bein gebrochen habe, nicht gebunden, sondern ihm nur das Gesicht mit einem Kissen bedeckt. Die Frau des Müllers hatte sich inzwischen wiederholt von den Stricken, mit denen sie gebunden war, zu befreien gewußt und sich zum Fenster hinaus geflüchtet. Der mit dem Juden Polack auf der Schildwache stehende kleine Jörg schoß auf sie, ohne ihr jedoch zu scha-

* Rohrstock, der in der Regel als Spazierstock benutzt wurde

den. Der in dem Stall liegende Fuhrknecht des Beraubten, durch das Lärmen aufgeweckt, fiel durch die vielen Lichter, die er auf dem Hof und in der Mühle wahrnahm, auf den Gedanken, daß Feuer ausgebrochen sei, und sprang deshalb schnell über den Hof nach der Mühle zu. An der Haustüre wurde er aber von den auf der Schildwache stehenden Räubern zurück- und wieder in den Stall getrieben, indem sie ihm die Gewehre mit der Drohung auf die Brust setzten, daß er bei dem ersten Laut niedergeschossen werden würde. Der kleine Sohn des Müllers hatte sich indes seiner Banden zu entledigen gewußt, sich durch das Wasserbeet* hinausgemacht und war in den benachbarten Ort nach Hilfe geeilt.

Noch ehe aber diese ankam und, wie Heusner angibt, ohne daß die Räuber von dem Entspringen des Jungen etwas gewahrt hatten, verließen dieselben wieder die Mühle. Auf dem Rückzug geschah die Teilung neben der Straße von Vilbel nach Frankfurt, ungefähr drei oder dreieinhalb Stunden von der Mühle.

Während dieser Raub vorging, hatten im Seitenbau sechs bis sieben Maurer und Zimmerleute gelegen, die bei dem Bauwesen des Beraubten in Arbeit standen, was den Räubern nicht unbekannt war. Allein ungeachtet, daß diese Menschen ihr Handwerkszeug, Pickel, Äxte bei sich hatten, so waren sie doch so vor den Räubern in Furcht, daß sich keiner von seiner Stelle zu bewegen getraute. Der Beamte fand sie noch unbeweglich auf derselben Stelle, als er nachts zwölf Uhr auf die Nachricht von dem vorgefallenen Raub mit mehreren Einwohnern von Oberliederbach auf der Mühle ankam. Nach dem auf der Stelle von dem Beamten aufgenommenen Protokoll wurden der Müller und seine Frau auf die abscheulichste Weise geschlagen und mißhandelt und der erstere an mehreren Stellen des Hinterns mit angezündeten Lichtern gebrannt, auch die eine Magd am Kopf sehr zerrupft gefunden. Es wurden sodann in der Mühle von den Räubern zurückgelassene Stricke, einige Wachskerzen, ein gewöhnlicher Stock von Hartriegel, auf welchem ein Ellenmaß eingekerbt war, gefunden; die Haustür war mit einem schweren eichenen vierkantigen Balken aus ihrem Riegel gesprengt, alle Türen der oberen Etage mit einem etwas kleineren Balken aus den Angeln gerissen und alle Kisten und Schränke mit einem auf der Mühle gefundenen Hebeisen zerschlagen und eingestoßen, die Kleider und sonstigen Effekten durchwühlt und auf den Boden geworfen.

Nach der Angabe des Beraubten bestand das geraubte Geld in 500 bis 600 fl., von sonstigen Effekten, die mitgenommen wurden, sind nur ein mit Silber beschlagenes spanisches Rohr und eine Flinte angegeben: Der Müller Jung gab aber selbst an, daß er das Geraubte nicht für sehr bedeutend halte. Der Dienstmagd wurden nach ihrer Angabe ihr erspartes Geld und ein weißes Halstuch aus ihrer Kiste geraubt.

---

* das aus Bohlen hergestellte Gerinne einer Mühle

Straßenräubereien mit tödlicher Verwundung der Beraubten

Das erste dieser Verbrechen fiel zwischen Höhfeld und Wertheim am 10. November 1803 vor.

Teilnehmer waren:

Johann Adam Heusner und

das kleine Krämer-Johannchen – oder Schneiderchen (Johannes Kinzinger)

Beide Räuber kamen aus der Gegend von Rimbach nach Miltenberg, von wo sie nach Wertheim gingen. Hier kehrten sie bei dem Bäcker und Nebenwirt H... ein, der mit beiden bekannt war und ihnen die Nachricht gab, daß der Rosenwirt von Höhfeld in Wertheim anwesend sei, Wein dahin gebracht und dafür ungefähr 700 fl. einzunehmen habe und daß die Nacht herbeikommen werde, bis derselbe von Wertheim wegfahre. H... selbst war nach der Aussage des Rosenwirts einer von denjenigen, welcher von dem Wein erhalten, den er mit seinem Bruder Peter Fiederling dahin um Lohn gefahren hatte.

Beide Räuber machten sich auf diese Kundschaft von Wertheim voraus fort auf den Weg nach Höhfeld. Sie kamen auf demselben bis an den nächst diesem Ort liegenden Hof, ohne daß ihnen der erwartete Rosenwirt nachgekommen wäre. Indem sie daher den Weg wieder zurück nach Wertheim zu nahmen, begegnete ihnen der Brudersohn des Rosenwirts, der mit seinem Ochsenwagen voraus zurückfuhr. Die Räuber gesellten sich zu demselben, gingen wieder eine Strecke mit ihm zurück, ließen sich mit ihm in ein Gespräch ein, fragten ihn hierbei auch nach dem Rosenwirt und erfuhren, daß solcher noch zurück sei und nachkomme.

Beide kehrten sich nun wieder nach Wertheim zu. Es war sechs Uhr abends und vollständig Nacht, als sie bald nachher dem Rosenwirt und seinem Bruder Peter Fiederling, die nach vier Uhr von Wertheim weggefahren waren, begegneten. Mit der Pistole auf die Brust gesetzt, wurde ihnen das Geld abgefordert. Der Rosenwirt reichte sein Beutelchen, in dem sich etwa 3 fl. befanden, hin, wurde aber von Heusner angewiesen, dasselbe auf die Erde zu werfen, und gleich seinem Bruder aufgefordert, auch das übrige Geld herzugeben. Da beide versicherten, daß sie keins mehr bei sich hätten, die Räuber aber nach der von ihrem Kundschafter angegebenen Nachricht glaubten, daß dieselben solches nur verleugneten, wurden solche nun persönlich angepackt, mit Schlägen mißhandelt und zu Boden geworfen. Johann Adam Heusner hatte es hierbei nach seiner Angabe mit dem Bruder des Rosenwirts, das Krämer-Johannchen aber mit diesem zu tun. Zur Erde geworfen, visitierte Heusner die Kleidungsstücke, indem er dabei seine Pistole und seinen Stock neben sich auf die Erde legte. Der von dem Schneiderchen zu Boden geschlagene Rosenwirt rief seinem Bruder: »Gott sei meiner armen Seele gnädig! Bruder, ich bin hin!«

Heusner glaubte, daß sein Kamerad in Gefahr sei, ließ deshalb den Bruder des Rosenwirts fahren, suchte im Dunkeln nach Pistole und Stecken, während jener ihm entschlüpfte, seinem Bruder zu helfen suchte und dabei dem Schneiderchen mit einem kurzen Stecken (Heusner nennt es einen Peitschenstiel) auf den Kopf schlug. Nun rief dieser: »Bruder, jetzt schieß!«, sprang zu gleicher Zeit zurück und schoß seine mit Schrot geladene Pistole auf den Peter Fiederling los und verwundete ihn am linken Arm. Diese Wunde hinderte indes denselben nicht, den Räubern zuzurufen: »Halt ihr Kerle, der Schuß hat mir nichts getan! Jetzt kommt wieder her, wir wollen es euch machen!«

Diese hielten es aber nicht für gut, länger zu verweilen, sondern machten sich fort, da auch der Rosenwirt, welcher durch den Schuß aus seiner Betäubung, in welche er durch die Schläge auf den Kopf versetzt gewesen, wieder zu sich selbst gekommen war und rief: »Bringt mir mein Wagenbeil her!«

Seine Pistole ließ Heusner auf dem Platz zurück, wo sie am anderen Morgen aufgefunden wurde. Sie war mit einer kleinen Kugel geladen.

Der, nachdem die Untersuchung gegen Johann Adam Heusner längst geschlossen war, durch den von Aschaffenburg hier zur Konfrontation gewesenen kleinen Johann entdeckte und zur gefänglichen Haft gebrachte Johann Kinzinger (Krämer-Johannchen) stellt indes in Abrede, den Schuß getan zu haben, und behauptet, daß es vielmehr Heusner gewesen sei, der geschossen habe, da er sich gegen die beiden Angegriffenen nicht mehr habe wehren können, die auf dem Platz vorgefundene Pistole auch nicht dem Heusner, sondern ihm, Kinzinger, zugestanden habe. Der verwundete Bruder des Rosenwirts starb am 17. November, also am zweiten Tag nach seiner Verwundung, am Brand. Zufolge der nach seinem Tod vorgenommenen Legal-Inspektion* war der Schuß in die äußere Seite des linken Arms gegangen und ein Schrotschuß. Dieser Stelle der Verwundung nach war solche durchaus nicht absolut letal, sondern vielmehr unter geschickten chirurgischen Händen unbedeutend. Das von dem Fürstlich-Löwensteinischen Landamt zu Wertheim erhaltene, aber leider in der Mitte abgebrochene und nicht einmal unterschriebene Untersuchungsprotokoll über das Ableben des laesi† läßt auch in seiner jetzigen Gestalt nur zu sehr vermuten, daß der Tod lediglich eine Folge ebenso unwissender wie ungeschickter und vernachlässigter Behandlung war.

Sehr zu wünschen wäre es gewesen, daß der die Inspektion des Leichnams vorgenommen habende Arzt – eine Sektion konnte wegen allzugroßer Fäulnis nicht vorgenommen werden – sich darüber näher geäußert hätte, ob nach der Beschaffenheit der Verwundung der hinzugetretene Brand unabwendbar und derselbe in der Beziehung absolut letal oder ob der Brand Folge unwissender und ungeschickter Behandlung und so die Ursache des Todes war.

Die Wunden des Rosenwirts Georg Fiederling bestanden in vier oberflächlich gequetschten Hautwunden in osse parietatis.‡ Nicht lange nach dieser Tat hatte Heusner, wie er selbst erzählt, die Frechheit, als Kastenkrämer dem Rosenwirt in seinem eigenen Haus ein paar Bockfelle zum Verkauf anzubieten; er erzählt

---

* gerichtlichen Untersuchung
† Verwundeten
‡ am Scheitelbein

dies mit dem Zusatz: Der Rosenwirt müsse sich dieses Umstandes selbst noch erinnern, und der Krämer sei er, Heusner, gewesen. Das nächste Nachbarhaus war dessen gewöhnliches Quartier zu Höhfeld.

Heusner hatte mit dem Bekenntnis dieses Verbrechens lange zurückgehalten und, wie er zu jenem überging, zur Entschuldigung angeführt, daß er es deshalb nicht angegeben hatte, weil er und sein Schwager, das Schneiderchen, dabei allein gewesen seien.

Straßenraub im Ronneburger Wald und dabei erfolgte Tötung eines Fuhrmanns*

Straßenraub zwischen Butzbach und Wetzlar

Am 21. August 1809 wurden die Gebrüder und Tuchmacher Ludwig und Philipp Eisenhard und des ersteren Sohn, Johannes Eisenhard, von Niederkleen im Nassau-Weilburgischen Amt Atzbach, bei ihrer Rückkehr von dem Markt zu Wetzlar, den sie mit ihren Fabrikaten besucht hatten, abends gegen neun Uhr eine Viertelstunde von dem Ort Klein-Rechtenbach in der sogenannten Hochelheimer Waldecke, auf der Chaussee von Räubern angegriffen, schrecklich mißhandelt und der bei sich geführten Waren und ihres Geldes beraubt.

Die Teilnehmer an diesem durch die gefährliche Mißhandlung der Beraubten sich auszeichnenden Raub waren:

Johann Adam Heusner,
Hessen-Henrich (Heinrich Festweber),
Überrheiner Wilhelm (Wilhelm Rhein),
Martin Rupprecht,
Selnröder Ludwig (Ludwig Funk),
Conrad Anschuh,
Heiden-Peter (Peter Görzel),
Krummer Hannjost (Justus Holzapfel),
ein zweiter Hannjost, vulgo Lumpen-Jost genannt,
schwarzer Jung.[1]

---

* Da auch Pfister diesen Raub schildert, haben wir hier auf den Bericht von Brill verzichtet; siehe also Pfister in diesem Band.

1 *Die in Gießen einsitzenden Teilnehmer: Heiden-Peter, Conrad Anschuh, schwarzer Jung, Lumpen-Jost und Ludwig Funk nennen auch den sogenannten Schoden-Henrich als Komplizen; Johann Adam Heusner widerspricht aber dieser Angabe beharrlich ebenso wie Martin Rupprecht.*
Der Kriminalrichter Hofgerichtsrat von Grolmann findet kein Bedenken, in seiner Aktenmäßigen Geschichte etc. da, wo er das gegenwärtige Verbrechen aufführt, die Angabe des Heusner, daß Schoden-Henrich an demselben nicht teilgenommen, mit einer Note zu beehren; der Wert dieser Anmerkung bestimmt sich inzwischen von selbst, wenn man die Zahl der Teilnehmer, wie sie Heusner angibt, mit dem zur Unterstützung seiner Behauptung, daß Schoden-Henrich nicht dabei gewesen, angegebenen Grund, daß er von daher, daß sie aus dem in dem Wirtshaus zu Münzenberg von dem Raub verkauften Tuch zehn Carolins erlöst und jeder eine Carolin erhalten, bestimmt wisse, daß es ihrer nur zehn gewesen, vergleicht. Übel wird es Herr Hofgerichtsrat von Grolmann nicht nehmen, daß man den Heusner nicht durch physische Mittel dazu gezwungen hat, auch den Schoden-Henrich als Teilnehmer zu nennen.

Die Räuber kamen in dem Hofhaus zu Münzenberg zusammen. Hessen-Henrich hatte die Gelegenheit zu dem Raub gewußt und unter anderen den Heusner mit dem krummen Hannjost und Heiden-Peter zu Aich bei Ostheim sowie den gleichfalls in der Gegend gelegenen Überrheiner Wilhelm dazu angeworben. In dem Hofhaus zu Münzenberg verweilten die Räuber bis in die Nacht, bis sie dann auf die Straße von Wetzlar nach Butzbach zogen und ungefähr drei Viertelstunden von diesem Ort in dem Wald sich lagerten. Morgens ungefähr um zehn Uhr machten sich Johann Adam Heusner und Heiden-Peter nach Wetzlar, um näher auszuforschen, ob die von letzterem gekannten Personen, auf die es abgesehen war, auf dem Markt sich befänden, und bezeichneten deren Warenkasten mit Kreide, um sie daran auf der Straße zu erkennen. Bei ihrer Zurückkunft wurde sich nun an die Stelle gelagert, die zur Ausführung des Raubes bestimmt war. Hessen-Henrich führte einen in Münzenberg geliehenen Karabiner bei sich, Johann Adam Heusner, Martin Rupprecht, Heiden-Peter und, was Heusner jedoch nicht gewiß wissen will, der krumme Hannjost Pistolen. Die anderen führten, wie gewöhnlich, Prügel.

Als die Gebrüder Ludwig und Philipp Eisenhard und des ersteren Sohn mit dem Karren, worauf sie ihre und sodann die Waren eines gewissen Schneider Dallinger von Niederkleen bei sich führten, an dem Platz, wo die Räuber lagen, anlangten, sprangen sämtliche aus dem Gebüsch. Mit vorgehaltenem Karabiner rief ihnen Hessen.Henrich »Halt!« zu. Der den Karren führende Ludwig Eisenhard erhielt von dem krummen Hannjost einige Schläge auf den Kopf, daß er zusammenstürzte. Mit Hilfe des Johann Adam Heusner wurde von dem Überrheiner Wilhelm der Karren gewendet und eine Strecke in den Wald geführt, hier die Kästen aufgeschlagen und die darin vorgefundenen Waren, bestehend aus mehreren Sorten Tuch, seidenem Band, Spitzen, Kattun, leinenem Tuch, Sammet und wollenem Band und etwas Kaffee und Zucker, herausgenommen.

Ludwig Eisenhard, der sich von den ersten Schlägen wieder ermannt hatte, suchte sich zwar zu wehren, allein er wurde überwältigt, dem Karren in den Wald nachgeführt und hier unter fortwährenden Schlägen und Stößen gebunden. Ohnmächtig zu weiterem Widerstand, lamentierte und schrie er zu den Räubern, ob sie denn keinen Gott hätten, erhielt aber von einem mit der Antwort: »Wart, ich will dir den Gott geben!« einen Faustschlag ins Gesicht, ein anderer schlug einen Karabiner auf ihn an. Da er immerfort lamentierte, schrie ein dritter Räuber dem mit dem Karabiner zu: »Schieß den Hund tot!«, und dieser drückte auf ihn los; das Pulver brannte aber auf der Pfanne ab. Gebunden auf der Erde liegend, durfte er sich nach seiner Aussage nicht umsehen; so wie er dieses versuchte, erhielt er von einem der bei ihm stehenden Räuber einen Schlag ins Gesicht mit den Worten: »Hund, siehst du dich auch noch um?« Nach Johann Adam Heusners Angabe war es Hessen-Henrich, welcher gegen den Ludwig Eisenhard den Karabiner anschlug und losdrückte; er behauptet aber, daß dieses gleich anfänglich und ehe derselbe noch in den Wald gebracht worden war, geschehen sei. Von dem drohenden Zuruf: »Schieß den Hund tot!« will derselbe nichts wissen. Martin Rupprecht und Ludwig Funk waren nach jenes Eingeständnis diejenigen, welche den Ludwig Eisenhard, als er sich wehrte, mit Schlägen mißhandelten und in den Wald brachten. Ersterer nahm ihm hier den nach dessen Angabe in 150 fl. bestehenden Markterlös aus dem Büchsensack.

Johannes Eisenhard suchte gleich in dem ersten Augenblick nach Klein-Rechtenbach durch die Frucht zu entspringen, er wurde aber von dem Hessen-Henrich, dem Johann Adam Heusner zuletzt noch zu Hilfe kam, eingeholt, an Händen und Füßen gebunden, auf das Gesicht gelegt und seines Markterlöses, nach seiner Angabe in 50 fl. bestehend, und einer silbernen Uhr beraubt. Umsehen durfte sich der Beraubte hierbei nicht; sooft er dies versuchte, erhielt er von Hessen-Henrich einen Schlag ins Gesicht. Sonst erlitt er keine Mißhandlung, da er ruhig war und sich weiter nicht zur Wehr setzte. Ein Räuber soll nach seiner Angabe zuletzt noch mit einem Karabiner immer auf ihn angeschlagen, auch losgedrückt haben, ohne daß jedoch der Schuß losgegangen ist. Am grausamsten und gefährlichsten wurde Philipp Eisenhard mißhandelt.

Gleich bei dem ersten Angriff sprangen zwei der Räuber auf ihn zu, einer schlug ihn auf den Kopf, während der andere sich seines Markterlöses, der gegen 100 fl. betrug, bemächtigen wollte. Derselbe setzte sich nach seiner Angabe dagegen zur Wehr, so, daß er mit den Räubern zusammen in einen Graben fiel. Sogleich drangen noch andere Räuber auf ihn ein, er wurde in den Wald geschleppt und hierbei von einem mit einem Prügel auf Kopf und Schultern so heftig geschlagen, daß er besinnungslos liegenblieb. Es waren nach Johann Adam Heusners Angabe die in Gießen einsitzenden Conrad Anschuh und Johann Justus Dietz, vulgo Lumpen-Jost, welche den Philipp Eisenhard so sehr mißhandelten. Er wurde hierüber so ergrimmt, daß er den Conrad Anschuh zurückstieß und, als dieser den Prügel nun gegen ihn hob, ihn in den Graben stürzte. Anschuh gibt selbst diesen Zug von Menschlichkeit, den Heusner auch bei anderen Gelegenheiten blicken ließ, an und will nur nicht einer von denjenigen gewesen sein, welcher die Mißhandlung verübt hat, sondern gibt den Lumpen-Jost als denjenigen an, welchen Heusner deshalb in den Graben geworfen hat; dieser bleibt dagegen dabei, daß dies kein anderer als er, der Anschuh, gewesen sei. Heusner blieb noch zuletzt bei dem schwer verwundeten Philipp Eisenhard und verband ihm auf sein Bitten den Kopf mit seinem Schnupftuch, das er solchem aus der Tasche zog.

Nach vollzogenem Raub kehrten die Räuber wieder auf den Hof zu Münzenberg zurück. Hier wurde noch in der Nacht das meiste des geraubten Tuchs an einen Juden um zehn Carolins, die seidenen Bänder aber an einen anderen Juden um drei Carolins verkauft. Die übrige Beute wurde geteilt, bis auf das dem Johann Eisenhard geraubte Geld und die silberne Uhr, welche nach Johann Adam Heusners Angabe Hessen-Henrich unterschlug.

Nach dem Abzug der Räuber hatte sich zuerst Johannes Eisenhard von seinen Banden an den Füßen zu befreien gewußt; mit auf dem Rücken gebundenen Händen eilte er nach Klein-Rechtenbach und von da nach Groß-Rechtenbach um Hilfe, in der Meinung, daß sein Vater und Onkel totgeschlagen worden seien. Auf dem Weg dahin schnitt ihm der Schäfer von Klein-Rechtenbach die Stricke entzwei, mit denen seine Hände auf den Rücken gebunden waren.

Auch Ludwig Eisenhard wußte sich nach Entfernung der Räuber aufzurichten. Mit noch auf den Rücken gebundenen Händen eilte auch er nach Klein-Rechtenbach, wo inzwischen schon durch die Ankunft seines Sohnes die Einwohner in Alarm versetzt waren.

Den Philipp Eisenhard fanden die zu Hilfe Gekommenen in seinem Blute und ohne Besinnung auf dem Platz liegen: Das Pferd mit dem Karren war im Wald an einen Baum gebunden.

Nach dem viso reperto* fanden sich an letzterem elf beträchtliche Kopfwunden; die beiden Schulterblätter und Arme waren durch die heftigen Schläge aufgeschwollen und mit Blut unterlaufen. Das linke Schulterblatt war zersprengt und die Röhre des Oberarms zerschlagen. Ludwig Eisenhard hatte gleich über dem Stirnbein eine dreieinhalb Zoll lange, bis aufs Cranium† tiefe Wunde, am Hinterhaupt eine Wunde von zweieinhalb Zoll Länge; beide Hände aber waren durch das Zusammenbinden und die Schläge geschwollen.

Nach der eidlichen Angabe der Beraubten betrug der Wert des Geraubten einschließlich des Geldes und ausschließlich einer auf dem Karren gelegenen Flinte 2332 fl. 35 kr. Philipp Eisenhard und Schneider Dallinger wurden durch den Verlust in ihrem Nahrungsstand ganz zurückgesetzt, und bei ersterem hatten die erlittenen Mißhandlungen die noch jetzt fühlbaren traurigsten Folgen für seine Gesundheit. Bei Ludwig Eisenhard ist dieses der Fall weniger, allein er leidet noch jetzt an öfterem Schwindel.

Nach der Angabe Heusners, mit der auch die des Martin Rupprecht übereinstimmt, waren die Beraubten diejenigen nicht, auf welche es die Räuber eigentlich abgesehen hatten.

Heusner hat dieses Verbrechen zuerst und ehe noch einer der in Gießen einsitzenden Teilnehmer etwas davon angegeben hatte, freiwillig angegeben; dessen Aussagen wurden dem dortigen Kriminalgericht mitgeteilt.

Straßenraub zwischen Albersbach und Wald-Erlenbach

Im Jahr 1805 gegen die Herbstzeit wurde der Einwohner und Wagner Adam Emig von Bonsweiher auf seinem Rückweg von Lindenfels von Straßenräubern angefallen, gefährlich mit Schlägen mißhandelt und beraubt. Die Täter waren

Johann Adam Heusner,

dessen Bruder, Stephan Heusner,

das sogenannte Hann-Martinchen (Martin Rieckert) und, wie Johann Adam Heusner angibt,

Johann Adam Grasmann, was dieser aber beharrlich leugnet.

* ärztlichen Besichtigungsbericht

† auf den Schädelknochen

Der beraubte Emig war nach Lindenfels gegangen, um sein Meistergeld zu bezahlen; er konnte aber bei dem damaligen Beamten nicht vorkommen. Es war gerade Markt zu Lindenfels; Emig ging in ein Wirtshaus, traf da mehrere Bekannte, bei denen er bis abends nach neun Uhr verweilte und dann seinen Rückweg nach Bonsweiher antrat. Vor dem Albersbacher Wald, wo der Pfad von dem Ort Albersbach nach Wald-Erlenbach geht, hatte sich Heusner mit seinen Spießgesellen, die zusammen von ersterem Ort kamen, hinter einem großen Misthaufen verborgen, als Emig singend den Weg daherkam. Hann-Martinchen bemerkte seinen Spießgesellen: »Ich will denn doch einmal zu dem Mann gehen und ihn fragen, warum er so singt«, und sogleich sprang er auch hinter dem Misthaufen gegen den Wagner Emig hervor, ohne daß jedoch, wie Heusner behauptet, damals noch die Absicht gewesen sein solle, denselben zu berauben. Auf ihn einspringend, rief Hann-Martinchen dem Wagner Emig zu: »Bist du Spitzbube da, gib das Geld her!« und gab ihm zugleich einen Schlag mit dem Stock. Emig kam indes dadurch nicht aus der Fassung, er faßte dem Hann–Martinchen den Stock und prügelte ihn ab; unglücklicherweise zersprang dem Emig der Stock bei dem dritten Schlag, er wehrte sich jetzt noch mit den Händen, stieß den ihn Angreifenden zurück und suchte sich mit Laufen zu retten. Nun sprangen auch Heusner und sein Bruder hinter dem Misthaufen hervor und verfolgten in Gemeinschaft mit Hann-Martinchen den sich zu retten suchenden Emig. Einer der Räuber, der beinahe immer gleich mit ihm sprang – es war Stephan Heusner –, gab ihm hierbei einen Schlag mit einem Prügel von einer jungen Tanne mit solcher Heftigkeit auf den Kopf, daß der Prügel entzweibrach. Schon war Emig bis in die Nähe von dem Ort Albersbach gekommen, als er beim Herabspringen von einem jähen Berg in ein von Schweinen gewühltes tiefes Loch sprang und in diesem Augenblick von dem ihm zunächst gewesenen Stephan Heusner einen Schlag oder Wurf an das rechte Hüftbein erhielt, wodurch er außer Stand gesetzt wurde, weiterzuspringen. Er wurde nun von den drei Räubern überfallen, mit Schlägen auf den Kopf heftig mißhandelt, so daß ihm das Blut gleich über das Gesicht floß. Einer der Räuber zog ihn, als er zur Erde lag, an den Haaren mit dem Gesicht gegen die Erde, während ein anderer immer auf ihn schlug und der dritte sich auf ihn kniete und ihm das Geld aus der linken Westentasche und ein Schnupftuch aus der Rocktasche nahm; in der rechten Westentasche hatte er noch vier Laubtaler, die er dadurch rettete, daß sie nicht visitiert wurde. Das ihm geraubte Geld betrug nach seiner Aussage 17 fl. 30 kr.

Nach vollzogenem Raub entfernten sich die Räuber, indem sie den Beraubten und Mißhandelten auf dem Platz liegen ließen, der, als er wieder zu sich selbst gekommen war, sich in den nahen Ort Albersbach schleppte, wo ihm in dessen Schultheißen Haus die Wunden ausgewaschen wurden und er die Nacht über zubrachte. Nach seiner Angabe hat Emig neun Wochen lang im Bett liegen müssen und noch längere Zeit mit seiner Genesung zu tun gehabt. Seine Kleidung war von Blut gefärbt; er hatte zwei tiefe Kopfwunden und mehrere Kontusionen* auf

* leichte Verwundungen

demselben und anderen Teilen des Körpers, besonders schmerzhaft war für ihn der Schlag oder Wurf am rechten Schenkelbein: Noch jetzt will er eine besondere Schwäche daran empfinden.

Versuchter Straßenraub im Merchinger Wald

Heusner und Friedel, die nach ihrem Weggang von Altheim im Baulande und Odenwald miteinander herumzogen, erfuhren von einem Handelsjuden, der gewöhnlich den Merchinger Wald passierte und viel Geld bei sich haben sollte. Sie beschlossen, diesem aufzulauern und ihn zu berauben. Hütten-Hannes, von dem jene wußten, daß er sich zu Sindolsheim in dem Hause des Vaters des berüchtigten Krämer-Matthes aufhalte, wurde von ihnen dazu eingeladen, und die drei gingen dann zusammen von Sindolsheim weg nach Altheim in das dortige vertraute Haus. Hier wurde zu dem Unternehmen eine Flinte geliehen, dieselbe, um sich ihrer Brauchbarkeit zu versichern, auseinandergelegt, sodann mit Schrot geladen und am Abend nach dem Merchinger Wald gezogen. Außer der Flinte hatte Friedel seine doppelte Pistole bei sich. Auf ihrem Weg nach dem Merchinger Wald kamen dieselben an dem Brandackerhof vorbei. Sie hatten Durst, und es wurde auf der Stelle beschlossen, ihn aus dem Keller dieses Hofes zu stillen. Heusner und Friedel brachen die nach außen gehende Kellertür auf und brachten aus dem Keller ein Fäßchen mit Wein. Da dieses ihnen aber zu schwer zum weiteren Fortbringen und der Wein, wie sie glaubten, durch das Rütteln ihnen untrinkbar war, so kehrten Heusner und Friedel nochmals in den Keller zurück. Heusner drückte die in den Hausgang gehende Falltür auf, öffnete die Haustür und ging sodann mit Friedel die Treppe hinauf unter das Dach, wo sie Hemden, zinnerne Teller, ein Bett und etwas Dörrfleisch mitnahmen und dann wieder in den Keller zurückkehrten und da einige Häfen* mit Wein füllten.

Hütten-Hannes hatte unterdessen an der Haustür mit der Flinte Schildwache gestanden. Sie setzten nun ihren Weg nach dem Merchinger Wald fort. Hier lagerten sie sich neben der Straße in die Hecken, die Beischläferin des Friedel aber wurde an die Straße gesetzt, um ihnen bei der Ankunft des erwarteten Juden das Zeichen zu geben. Die Räuber hatten die Nachricht, daß der Jude zu Fuß komme; es kam inzwischen einer zu Pferd, den sie zwar für jenen hielten, aber doch nicht gewiß waren.

Auf das von des Friedels Beischläferin gegebene Zeichen kamen die Räuber aus den Hecken heraus; der auf dem Fußpfad, welcher an der entgegengesetzten Seite der Straße herzog, reitende Reisende hatte sie aber durch die nicht dick stehenden Hecken wahrgenommen, hatte seinem Pferd die Sporen gegeben und war davongejagt, ehe die Räuber ihn festhalten konnten. Hütten-Hannes, der die Flinte hatte, schoß ihm zwar nach, allein er fehlte, und so entkam der Reisende, der nach dem Schuß noch stillhielt, sich umkehrte und den Räubern zurief: »Wart ihr Spitzbuben, ich will euch schießen lernen!«, glücklich der Gefahr.

* Steingut- oder Tonkrüge

Nach diesem mißlungenen Raub kehrten die Räuber wieder nach Altheim zurück. Auf diesem Rückweg gewahrten sie einen französischen Geistlichen, auf einem anderen Weg gehend. Friedel machte sogleich den Vorschlag, diesem die Uhr zu nehmen. Er sprang auch sogleich auf den Geistlichen zu und Heusner ihm nach. Derselbe wurde angehalten und von Friedel aufgefordert, die Uhr herzugeben; er erklärte aber den Räubern: »Meine Herren, was wollen Sie? Ich bin ein französischer Geistlicher und wollte, daß Sie mir hier auf diesem Platz 1000 fl. abnehmen könnten, dann hätte ich noch mehr zu Haus«; dies half ihm nichts; er wurde von Friedel durchvisitiert, und zuerst als dieser sich dadurch überzeugt, daß der Geistliche keine Uhr hatte und nur ungefähr 13 Batzen besaß, unberaubt gehen gelassen. Der Reitende, welcher in dem Merchinger Wald angegriffen werden sollte, konnte nicht ausfindig gemacht werden.

Der Wert des Diebstahls auf dem Brandackerhof betrug nach der Angabe des Bestohlenen 75 fl. Die Räuber hatten nach seiner Aussage das Faß, welches sie zuerst aus dem Keller brachten, aus einem anderen gefüllt; dasselbe war ungereinigt, und der Wein wollte ihnen deshalb nicht schmecken.

Versuchter Straßenraub auf demselben Platz und dabei erfolgte Tötung des Friedel

Ungefähr drei oder vier Wochen nach dem eben vorgetragenen attentierten Straßenraub, es war am 3. September 1805, machten

Johann Adam Heusner,
dessen Bruder Stephan und
Friedel

auf demselben Platz den Versuch, den schon das erste Mal erwarteten Juden zu berauben, wobei Friedel von dem Revierjäger Gambs zu Merchingen tödlich verwundet wurde.

Johann Adam Heusner und Friedel hatten den Stephan Heusner bei Kainsbach im Odenwald angetroffen, diesem ihr Vorhaben, erwähnten Juden zu berauben, eröffnet und solcher sich zu ihnen gesellt. Während sie ungefähr fünfzehn Schritte von der Straße ab in dem Wald lagen und auf den Juden warteten, war Friedel unter der angeblichen Erklärung, einmal Wasser trinken zu wollen, von den anderen beiden weggegangen und an der Straße geblieben. Inzwischen kam der von Berligingische Revierjäger Gambs in Dienstgeschäften von Merchingen her. Friedel bemerkte ihn kaum, als er aufbrach und die Straße fortging. Dem Jäger schien dies verdächtig; sein Verdacht vermehrte sich, als er wahrzunehmen glaubte, daß Friedel ein Gewehr unter dem Rock trage. Er forderte daher solchen auf, stillzuhalten, allein Friedel sprang statt dessen schnell in das Gebüsch. Dadurch noch mehr darin bestärkt, daß er einen Spitzbuben oder einen Wilddieb vor sich habe, schoß Gambs dem Friedel in das Gebüsch nach und verwundete ihn. Friedel starb einige Tage darauf an der Wunde.

Die beiden Heusner hörten den Friedel noch jammern, und unser Inquisit Johann Adam stand ungefähr neun Schritte entfernt in dem Gebüsch, als der Revierjäger Gambs zu dem Friedel kam und darüber klagte, daß er ihn geschossen habe. Heusner sagt: »Ich hätte den Jäger schießen können, daß er keine Ader mehr gerührt hätte; allein ich dachte, warum sollst du den schießen, wenn Friedel schon geschossen ist.«

Auf dem Platz, wo der Revierjäger Gambs den Verwundeten antraf, wurden ein Wachsstock, ein dicker eichener Prügel, ein paar Diebsschlüssel, ein Pulverhorn, eine doppelte Pistole und verschiedene Patronen, mit Pulver und Schrot gefüllt, gefunden. Die Schlüssel und die Pistole wurden in der Erde vergraben gefunden, wohin sie der Gauner nach seiner Verwundung noch begraben hatte.

Außer der doppelten Pistole des Friedel hatten Heusner und sein Bruder zwei Pistolen und die Flinte von Altheim, welche schon das erste Mal mit auf den Platz genommen worden war, bei sich.

Versuchter Straßenraub bei Kerbersdorf im vormals Fuldischen bei Salmünster

Spielhannes (Johannes Lehn) hatte von einem Juden zu Romsthal, vulgo Runspel, die Nachricht von zwei Juden von Ulmbach, vulgo Ulmich, erhalten, die von Frankfurt kommen und viel Geld bei sich haben sollten. Spielhannes gab hiervon dem Johann Adam Heusner Nachricht; beide gingen an dem Tag, an dem die Juden kommen sollten, nach Romsthal in das Haus des Baldowerers, wo sie warteten, bis dieselben von da weitergingen. Es war der Jude Jakob Abraham von Ulmbach, der mit einem Boten von Frankfurt zurückkam und 900 fl. für dort verkauftes Vieh bei sich hatte. In Romsthal, wo derselbe einkehrte, traf er noch zwei Juden von Ulmbach und Salmünster, und es wurde beschlossen, daß sie zusammen in Gesellschaft den Abend noch nach Ulmbach gehen wollten. Es war schon eine halbe Stunde Nacht, als sie von Romsthal abgingen. Die bald davon unterrichteten beiden Räuber machten sich auf einem anderen Weg fort und gewannen der bemerkten Gesellschaft den Vorsprung ab. Eine halbe Viertelstunde von dem Ort Kerbersdorf warteten dieselben auf solche in dem Wald, den sie auf ihrem Weg nach Ulmbach passieren mußten. Spielhannes und Heusner, jeder mit einer Pistole bewaffnet, standen bei der Ankunft der Reisenden unter einem Baum, von dem sie plötzlich gegen solche hervorsprangen; Heusner forderte sie mit gespannter Pistole auf, stehenzubleiben und das Geld herzugeben - mit dem tröstlichen Beisatz, daß ihnen dann nichts am Leben geschehen würde. Jakob Abraham antwortete aber dem Räuber herzhaft: »Wir haben kein Geld.« Auf diese Antwort erfolgten von den Räubern ein paar Pistolenschüsse; durch den einen Schuß wurde der Bote des Juden Jakob Abraham mit fünf Schrot in den einen Arm und mit zwei in ein Bein verwundet, dieser aber durch einen Schrot an der Hand gestreift. Jakob Abraham ging hierauf rasch auf einen der Räuber los, es war Johann Adam Heusner, und gab ihm nach seiner Angabe einen Schlag auf den Kopf, worauf solcher mit seinem Spießgesellen in die Hecken sprang, jener aber mit seinem Boten zurück nach einer benachbarten Ziegelhütte eilte. Die Räuber verfolgten sie und holten sie unfern der Ziegelhütte ein und griffen sie mit ihren Pistolen und Prügeln wieder an. Abraham Jakob erhielt hierbei einen Schlag auf den Kopf – aber auch Heusner ein Loch in den Kopf geschlagen, worauf die Räuber die Flucht ergriffen. Das Geld des Abraham Jakob hatte einer der beiden anderen Juden schon in Romsthal bis nach Ulmbach zu tragen übernommen und sich gleich anfänglich mit demselben geflüchtet. Dieses Verbrechen fiel im Jahr 1806 nach Allerheiligen vor.

Diebstahl zu Kloster Neustadt
Teilnehmer waren:
Johann Adam Heusner,
Balser Grünewald,
Grünewalds Magd, Caroline Eckardin,
Lumpen, auch Wetterauer Stoffel (Johann Christoph Schmitt),
und des Lutzen Jakobs Jörg.

Der Diebstahl geschah im Jahre 1802 zur Zeit der Heuernte. Die genannten Teilnehmer waren von der Druckenbich, einem aus drei Häusern bestehenden Hof, nach Kloster Neustadt gezogen. Als sie dort ankamen, war es schon ein oder zwei Uhr nach Mitternacht, und die Einwohner fingen bereits an, auf der Straße hin und her zugehen. Die Diebe konnten daher an den Kramladen, auf den sie es abgesehen hatten, nicht herankommen, sie machten sich deshalb hinten an die Scheuer, welche an den Laden anstößt. Grünewald brach hier mit einem Meißel eine Öffnung und holte durch dieselbe so viele Waren, wie er erreichen konnte. Diese betrugen zwei Traglast und bestanden in verschiedenen Gewürzen, leinenen und floretseidenen* Schnüren und Band. Grünewald stieg sodann auch noch durch die in die Scheuer gemachte Öffnung in dieselbe und drang von da in die Küche, wo er das Zinn mitnahm. Das Zinn und Gewürz erhielt ein Jude von Rieneck. Um Band und Schnüre kamen die Diebe bei Lohr. Sie wurden hier von den Heumachern verfolgt und suchten sich über einen Bach zu retten. Des Grünewalds Magd, Caroline Eckardin, eine berüchtigte Gaunerin, welche jetzt im Zuchthaus zu Mannheim sitzt, die Band und Schnüre in einer Züge hatte, blieb, als sie über den Bach setzen wollte, mit ihren Röcken an einer Faschine† hängen und ließ in der Angst die Züge in das Wasser fallen, welches dieselbe mit sich fortnahm. Heusner kam ihr noch zur Hilfe und brachte sie über den Bach. Der Wert des Ablati‡ konnte nicht ausgemittelt werden.

Dies sind einige der Verbrechen, welche Heusner in seinem Untersuchungsprotokoll eingestanden hat. Man wird über ihre große Anzahl erstaunen, wenn man bedenkt, daß derselbe erst 36 Jahre alt ist und sie, nach seiner eigenen Angabe, die ganze Menge seiner Verbrechen noch nicht umfaßt. Heusner stand auch mit dem berüchtigten Schinderhannes in Verbindung, und es hätte vielleicht

---

* aus Flock- oder Rauhseide bestehenden

† einem Reisig- oder Strauchbündel, das zur Grabenfüllung verwendet wurde

‡ des Entschwundenen

keines großen Zeitraums mehr bedurft, daß dessen Name als Räuberanführer berüchtigter geworden wäre als der des Schinderhannes. Viele der erzählten Verbrechen hat Heusner mit bekannten Mitgliedern der Bande vom Schinderhannes verübt; von diesem, meint er, sei mehr Getöse und Lärm gemacht worden, als er als Räuber verdient hätte; er wirft ihm in dieser Hinsicht besonders Feigheit vor. Einmal war Heusner mit dem Schinderhannes und anderen Mitgliedern seiner Bande über den Rhein von Semd aus auf Verbrechen gezogen und etwa sechzehn Tage drüben geblieben; es geschah indessen kein Verbrechen, weil, wie Heusner sagt, damals die neue Garde (Gendarmerie) errichtet worden sei und sie deshalb nichts hätten unternehmen können. Sie lagen während ihres Aufenthalts jenseits des Rheins meistenteils in Waldungen. Der bekanntlich von dem vormaligen Peinlichen Gerichtshof zu Mainz zu 22jähriger Zuchthausstrafe verurteilte Vater des Schinderhannes kam hierher einst zu ihnen und forderte seinen Sohn, nach Heusners Erzählung, bei allem, was ihm heilig sein könnte, auf, von seinem Räuberleben abzulassen, allein vergeblich. Schinderhannes lachte der Tränen und Ermahnungen seines Vaters. Heusner sagt, wenn er noch daran denke, wie der alte Mann seinen Sohn mit entblößtem Haupt gebeten habe, so möchte er weinen.

In der Folge veruneinigte sich Heusner mit Schinderhannes zu Semd, wo er mit dem Grasmann zu demselben und anderen seiner Bande gekommen war. In einer dabei entstandenen heftigen Schlägerei wurde Heusner so zerschlagen, daß er durch das Blut, das ihm über das Gesicht strömte, nichts mehr sehen konnte. Er würde, wie er sagt, den Schinderhannes damals ermordet haben, wenn ihn das herabströmende Blut zu sehen erlaubt hätte.

An den erzählten gewaltsamen Einbrüchen sieht man, daß Heusner auch mit den Mitgliedern der Neuwieder Bande in Verbindung stand. Mit dem berüchtigten, in Keils Aktenmäßiger Geschichte etc. als Hauptglied dieser Bande vorkommenden Johann Müller kam Heusner einst bei Lohr im Fürstentum Aschaffenburg zusammen. Müller hatte mehrere von der Niederländer Bande, besonders Juden, bei sich und war eben auf dem Weg in die Gegend von Schwäbisch Hall, um dort einen Raub auszuführen. Auch Heusner wurde für dieses Unternehmen angeworben und in das Wirtshaus Zum Riesen nach Walldürn, als dem bestimmten Sammelplatz, bestellt. Er kam indes nicht dahin, weil, wie er angibt, Schinderhannes ihm abgeraten hatte.

Am 27. Mai 1807, abends elf Uhr, zogen ungefähr 30 bis 40 Mann unter Lärmen und Singen in den sehr volkreichen Ort Lengfeld in dem Großherzogl. Hessischen Amt Otzberg. Der Nachtwächter wurde aufgegriffen und gebunden. Den Kirchhof besetzten die Räuber, um das Stürmen zu verhindern, mit Wachen. Unter fortwährendem Lärmen und Singen ging der Zug nun an die Behausung des 80jährigen Amtsunkostenerhebers Walter. Dieser war mit seiner Familie noch nicht zu Bett, hörte gleich diesen Lärm. Niemand ahnte aber darin eine Vorbedeutung von dem, was kommen sollte. Plötzlich wurde das Hoftor mit dem Rennbaum eingestoßen, die Räuber drangen mit brennenden Lichtern in den Hof, sprengten die in denselben führende Haustür ein und stürmten nun in das Haus. Die Familie Walter wurde gebunden, mit Schlägen mißhandelt und mit Bettzeug zugedeckt. Nur der alte Walter blieb von Mißhandlungen verschont, da er gleich anfänglich durch das Fenster, stockwerkshoch, herabgesprungen war und sich auf einem Backofen verborgen hatte. Kisten und Schränke wurden zerschlagen und 2300 fl. geraubt. Nicht unbedeutende Vorräte von Leinwand und anderen Gegenständen blieben unberührt. Während dieses geschah, wurde der Nachtwächter gebunden in die Stube gebracht und in eine Ecke geworfen. Nach vollbrachtem Raub zogen die Räuber unter Lärmen und Schreien wieder ab. Die Einwohner von Lengfeld hielten die Räuber für einen Trupp französischer Soldaten und blieben deshalb ruhig in ihren Wohnungen.

Nach Heusners Angabe haben an diesem Verbrechen der Überrheiner Wilhelm, Itzig Muck, der in Wiesbaden hingerichtete Polack und Salmge Haag namentlich teilgenommen. Die übrigen waren meist Juden von der ehemaligen Neuwieder Bande.

Von den acht Räubern, deren Verbrechen bisher vorgekommen sind, wurden J.A. Heusner, Johann Adam Grasmann, Martin Rupprecht, Jakob Erbeldinger und Georg Tascher durch Urteil Großherzogl. Hofgerichts vom 20. Juni vorigen Jahres zum Tode, und zwar Heusner zum Strang, die vier anderen zum Schwert mit der Schärfung verurteilt, daß deren Köpfe danach auf den Pfahl zu stecken seien, und zugleich angeordnet, daß die Hinrichtung in der umgewandten Reihe, wie sie aufgeführt sind, geschehen solle.

Am 25. Juni wurde diese Straferkenntnis den Inquisiten bekanntgemacht, nachdem ihnen vorher ihre Verbrechen vorgehalten und ihnen gezeigt worden war, daß jeder von ihnen mehrere Verbrechen begangen habe, auf deren einzelne die Gesetze die Todesstrafe verordneten.

Nach den in dem hiesigen Staat bestehenden Gesetzen hat jeder Verbrecher, der zu einer Zuchthausstrafe von zwei Jahren und darüber verurteilt wird, das Rechtsmittel der Revision an Großherzogl. Oberappellationsgericht. Als man den Inquisiten nach geschehener Publikation dieses bekannt machte, erklärten Grasmann, Rupprecht, Erbeldinger und Tascher, daß sie glaubten, die ihnen zuerkannte Todesstrafe nicht verdient zu haben, und an den höheren Richter sich wenden wollten. Nur Heusner deklarierte, daß er einsehe, daß er nach seinen Verbrechen den Tod leiden müsse, und nur bitte, daß ihm die Gnade zuteil werde, daß er nicht mit dem Strang, sondern mit dem Schwert hingerichtet werde. Es war ihm, so wie den anderen, vorher bekannt gemacht, daß nach dem Gesetz zehn Tage gestattet seien, um sich an den höheren Richter wenden zu können; den anderen, insbesondere dem Grasmann und Rupprecht, stellte er vor, daß sie nach den Verbrechen, welche sie verübt hätten, weder hoffen könnten, daß sie bei dem höheren Richter eine gelindere Strafe erwirken würden, noch hoffen dürften, daß ihnen Gnade zuteil werde; es ist zuviel, sagte er, was wir getan haben. Heusner rief bewegt aus: »Zehn Tage! Das ist eine halbe Ewigkeit.« Sein Mädchen und dessen zukünftige Erziehung war ihm jederzeit ein besonderes Anliegen, und er bat den Verfasser mehrmals, daß das Kind seiner Mutter nicht wieder zurückgegeben werden möge, indem er bemerkte, daß es sonst verloren sei und seinem Verderben sicher entgegengehe. Diese Bitte wiederholte er auch jetzt, und da ihm der Verfasser das Versprechen gab, daß er für die Erziehung des Kindes sorgen werde, so erklärte er, dann sei er ruhig und wolle gern den Tod leiden. Durch die Zusprache des ihm beigegebenen Defensors* wurde er indes doch nachher bestimmt, das Rechtsmittel der Revision zu ergreifen, besonders in bezug auf eine Abänderung in der Todesstrafe.

Am 26. Oktober wurde vom Großherzogl. Oberappellationsgericht die von Großherzogl. Hofgericht erteilte Straferkenntnis gegen die fünf Inquisiten bestätigt und von Ihro Königl. Hoheit, dem Großherzog, die höchstlandesherrliche Konfirmation† jedoch dahin erteilt, daß die Strafe des Stranges in die des Schwertes umgeändert und zugleich verordnet wurde, daß die Köpfe nach der Hinrichtung nicht auf die Pfähle gesteckt, sondern mit den Körpern begraben werden sollen.

Am Mittwoch, dem 2. November, wurde den Delinquenten nach Vorschrift der in dem hiesigen Staat bestehenden Peinl. Gerichtsordnung ihre definitive Verurteilung zum Tode im allgemeinen bekannt gemacht, ihnen angekündigt, daß ihre letzte Stunde samstags, den 5. November, schlage, sie ermahnt, diese kurze Zeit dazu zu verwenden, die allenfalls von ihnen noch nicht bekannten Verbrechen noch anzugeben und sich als reuige Sünder zu Gott zu wenden und ihn um Vergebung ihrer vielfältigen Übeltaten anzuflehen; zugleich wurden sie aufgefordert, wenn einer in Beziehung auf seine Familie etwas zu bitten habe, es vorzubringen.

Heusner blieb, seinem bisher gezeigten Betragen getreu, ruhig und fragte nur, ob es denn also doch bei dem Strang bliebe? Man gab ihm die Aussicht, daß er darin eine Abänderung erwarten dürfe. Erbeldinger erklärte mit Trotz: Für seine Kinder würden höhere Personen schon sorgen. Tascher blieb stumm und sprach in seinem heimtückischen Ton nur die Worte: »Ich hab' die Strafe nicht verdient.« Rupprecht erklärte: »Ich bin mein Lebtag ein Spitzbube gewesen; ich muß doch einmal sterben, und es ist einerlei, ob etwas später oder früher; je länger ich noch gelebt hätte, ein desto größerer Sünder würde ich geworden sein, denn gebessert würde ich mich doch nicht haben, wenn ich auch Gnade erhalten hätte.«

Grasmann weinte; Rupprecht verwies ihm dies mit den Worten: »Wir sind Spitzbuben, und Spitzbuben dürfen nicht weinen, denn wir haben die Strafe verdient.« Er bat gleich darauf mit dem Heusner um ein Glas Wein, damit sie noch einmal miteinander trinken könnten; man ließ Wein und Brot kommen; die Burschen tranken einander zu und wurden froher Dinge. Sie wurden dann zusammen auf das Rathaus in die für sie vorbereiteten Zimmer gebracht.

Noch während die Entscheidung der Strafe in revisorio anhängig war, hatte

* Verteidigers
† Bestätigung

sich Herr Kirchenrat Haßlacher erboten, sie zuweilen zu besuchen, teils um sich für den Fall der Bestätigung der Todesstrafe mit ihnen näher bekanntzumachen und sich ihr Zutrauen zu erwerben, was, um mit Erfolg auf einen Verbrecher in den letzten Tagen einzuwirken, durchaus notwendig ist, teils um ihnen in ihrer Lage möglichen Trost durch Gründe der Religion zu geben. Man gestand hiernach dem Herrn Kirchenrat den freien Zutritt zu den vier Inquisiten, die katholischer Religion waren, zu, und mit sichtbarem Erfolg wußte derselbe durch sein echt christliches Benehmen und durch kleine Wohltaten sich das volle Zutrauen derselben zu erwerben und sie in den Stunden, in welchen sie der Gedanke an ihre Übeltaten und die sie erwartende Strafe ängstigte, was besonders bei Heusner häufig der Fall war, aufzurichten.

Auch Tascher bat, als er die Besuche des Herrn Kirchenrats Haßlacher bei seinen Kameraden wahrnahm, daß auch ihn ein Geistlicher besuchen dürfe. Man bewilligte ihm dies, und mit großer Bereitwilligkeit übernahmen die hiesigen drei lutherischen Stadtgeistlichen, Herr Inspektor Lichthammer und die Herrn Pfarrer Reuling und Ludwig das Geschäft. Jeder dieser würdigen Geistlichen suchte dem Tascher begreiflich zu machen, daß er ein Übeltäter sei, und ihm nach seiner Lage Ermahnung und Trost zu geben; allein damit war ihm nicht gedient. »Hilfe will ich haben, was in der Bibel steht, weiß ich auch«, war stets seine Antwort. Vorstellungen, die ihn zur Erkenntnis seiner Übeltaten und daß er durch sie auch gegen Gott sich versündigt habe, hätten bringen sollen und können, so liebevoll und zweckmäßig sie auch gemacht wurden, waren bei ihm tauben Ohren gepredigt; sein erstes und letztes Wort war und blieb: »Hilfe will ich haben.«

Zur Vorbereitung in den letzten drei Tagen waren dem J.A. Heusner Herr Kirchenrat Haßlacher, dem J.A. Grasmann Herr Benefiziat Forcher von Heppenheim, dem M. Rupprecht Herr Stadtpfarrer Keller von Heppenheim, dem Erbeldinger Herr Feldprediger von Jaster beigegeben, die Vorbereitung des Tascher hatten die drei eben genannten lutherischen Stadtgeistlichen wechselweise übernommen. Am sichtbarsten, und ich darf sagen, mit wahrer Aufrichtigkeit, zeigten Heusner und Grasmann Reue über ihre Verbrechen. Rupprecht hielt sich mehr ans Trinken und Tabakrauchen, das ihm gegen alle Befehle in zu großem Überfluß aus der unrichtigen Meinung gereicht wurde, dem Delinquenten müsse in den letzten drei Tagen seines Lebens gegeben werden, was er verlange; Erbeldinger blieb still und mit sich selbst beschäftigt; er hatte den Glauben gehabt, daß er als Untertan, da er nicht gemordet habe, nicht zum Tode verurteilt werden könne. Tascher blieb auf seinem alten harten Sinn und wollte von den geistlichen Ermahnungen nichts wissen, nur am vorletzten Tag gelang es den Herrn Geistlichen, noch einigen Eindruck bei ihm hervorzubringen.

Ein weiteres Verbrechen gab keiner der Delinquenten mehr zu. Erbeldinger und Tascher, die sicherlich noch einige auf sich hatten, glaubten sichtbar immer noch an Begnadigung und fürchteten, durch ein weiteres Bekenntnis sich den Weg dazu abzuschneiden.

Heusner und Grasmann, sodann Rupprecht und Erbeldinger, saßen zusammen, Tascher allein. Es geschah, daß erstere beide, die so wie die übrigen an lange, an dem Fußboden befestigte Ketten gefesselt waren, sich zufällig in ihre Ketten verwickelt hatten. Heusner machte seinem Paten hierbei die Bemerkung: »Petter, mit Ketten haben wir angefangen, mit Ketten enden wir.« Am 4. November empfingen die der katholischen Religion Zugetanen das hl. Abendmahl. Tascher wurde, da er in seinem Starrsinn durchaus nicht zu bestimmen war, sich als einen Sünder zu bekennen, viel weniger aber Reue über seine Verbrechen bezeugte, noch nicht würdig für den Genuß erkannt. Er wurde erst am Tag der Hinrichtung dazu gelassen, nachdem er am Tag vorher, als er die Aussicht auf Begnadigung immer mehr verschwinden sah, einige gute, reuevolle Empfindungen hatte blicken lassen.

Erbeldinger wurde während der letzten drei Tage von seinen Kindern besucht, und die Szenen, die zwischen ihnen und ihrem Vater vorfielen, lassen sich eher empfinden als beschreiben. Am Abend vor der Hinrichtung wurde auch der Frau und den Kindern des Tascher auf ihre Bitte zu diesem der Zutritt gestattet; er hatte aber kaum seine Frau erblickt, als er sie in seinem mürrischen Ton anfuhr: »Du hast bisher nicht nach mir gefragt, was willst du jetzt? Du hättest nun auch wegbleiben können.« Nur die ihm gemachte Vorstellung, daß seine Frau nicht vermögend gewesen sei, ihm während seines Arrestes etwas an Speise und Trank zuweilen zu bringen (das hatte Tascher im Sinn), und der Anblick seiner Kinder änderten ihn etwas um. Für letztere besonders, die beiden jüngeren, zeigte er viel Zuneigung. Man ließ ihm und seiner Familie Wein und Essen reichen, was sie miteinander mit einem Appetit verzehrten, als ob sie ein Fest feierten. Taschers Frau war gegen sein Schicksal so unempfindlich, daß sie die Unverschämtheit hatte, am anderen Tag mit ihren Kindern auf den Richtplatz zu ziehen und der Hinrichtung zuzusehen.

Auch Heusners Frau, Grasmanns Mädchen und Rupprechts Beischläferin wurden noch zu solchen gebracht. Erstere nahm mit Rührung von ihrem Mann Abschied und rief ihm insbesondere ins Gedächtnis, wie oft sie ihn am Anfang seines Räuberlebens gebeten habe, davon abzulassen und mit ihr in andere Gegenden zu ziehen, damit er aus seinen Gesellschaften komme. Grasmann gab seiner Tochter, welche der Verfasser schon seit einigen Jahren zu sich genommen hat, die dringendsten Ermahnungen, sich gut aufzuführen und vor bösen Gesellschaften und ihren Anreizungen zu hüten, indem er sich selbst ihr als Beispiel vorstellte, wie weit Laster und Verbrechen führe; er bat sie, wenn sie an ihn denke, ein Vaterunser zu beten. Rupprechts Beischläferin suchte ihre Zusammenkunft dazu zu nutzen, ihn zu bestimmen, seine gegen sie gemachten Angaben zurückzunehmen, was ihr jedoch nicht glückte.

Am 5. November wurde den Delinquenten die Straferkenntnis und erfolgte Allerhöchst Landesherrliche Bestätigung vor feierlich gehegtem Peinlichen Gericht auf öffentlichem Marktplatz publiziert. Sie erschienen, von ihren Geistlichen, wie sie oben genannt sind, geführt, in den Schranken. Taschers Starrsinn hatte sich, nachdem ihm das Sterbekleid angezogen worden war, in völligen Kleinmut umgewandelt. Die Geistlichen redeten ihm vor der feierlichen Urteilsverkündung zu, zu seiner Stärkung ein Glas Wein zu trinken, allein mit bebender Stimme wies er unter den Worten »Ich kann nicht essen und kann nicht trinken« alles von sich. Rupprecht, der die Nacht durch und den Tag vorher zu viel geistige Getränke genossen hatte, war etwas berauscht, affectirte* in diesem Zustand Mut, der aber eher Frechheit war. Nur Heusner erschien, ohne frech oder kleinmütig zu sein, mit gesetzter Standhaftigkeit, die er auch beibehielt, bis der tödliche Streich fiel. Er und Grasmann dankten nach der Urteilsverkündung für die gnädige Strafe.

Die Hinrichtung geschah an den fünf Verbrechern in nicht vollen siebzehn Minuten. Heusner war noch nicht von dem Wagen abgestiegen, als der Kopf des zuerst hingerichteten Tascher, der halb leblos das Schafott bestieg, fiel. Heusner sah dies in einem Blick und wandte das Gesicht weg. Als Rupprecht auf das Schafott geholt wurde, bemerkte Heusner dem Grasmann: »Petter, jetzt kommt Ihr«, und als dieser unmittelbar nachher abgeholt wurde, gab er ihm noch die Hand zur Versöhnung und küßte ihn mit der Äußerung: »Ich komme Euch gleich nach.« Seinem Seelsorger, Herrn Kirchenrat Haßlacher, dankte er noch für seine Mühe und alles, was er an ihm getan habe, mit dem Zusatz: »Komme ich zu Gott, so werde ich an dessen Thron für Sie beten«, und indem er das Schafott bestieg, überreichte er demselben sein Sacktuch mit der Bitte, es seiner Frau nebst seinem Kruzifix nach seinem Tod auszuhändigen und ihr zu sagen, daß jenes seine letzten Tränen enthalte, daß sie das Kruzifix, so lange sie lebe, aufbewahren und vor demselben für ihn beten solle.

So fielen die Köpfe dieser fünf Hauptverbrecher.

---

* spiegelte vor

Räuberbanden zwischen Rhein und Elbe

Die Mittelgebirgsregionen waren neben dem Rheinland und Schwaben die »Hauptarbeitsgebiete« der großen deutschen Räuberbanden. So litten nicht nur der Spessart, der Odenwald, der Vogelsberg und die Wetterau unter ständigen Überfällen, Einbrüchen und Diebstählen, auch das hessische Bergland und das südliche Niedersachsen waren davon betroffen. Die bittere Armut der Landbevölkerung dürfte auch hier der wichtigste Grund gewesen sein.

Während der französischen Besatzung wurde gegen diese Banden mit äußerster Härte vorgegangen. Dabei zeichneten sich die Kriminalbeamten des Werra-Departements besonders aus. Mit welchen skurrilen Mitteln damals versucht wurde, eingefangene Räuber an der Flucht zu hindern, verdeutlicht ein Erlaß des Marburger Präfekten von Trott, der im November 1812 verfügte:

»Daß den Criminalgefangenen beiderlei Geschlechts bei ihrem Eintritt in das Gefängniß das Hinterhaupt in der Art, daß nur auf der Stirn ein Büschel Haare stehen bleibe, glatt abgeschoren und dieses Abscheren alle 14 Tage wiederholt werden solle. Die Gefangenen männlichen Geschlechts sollen außerdem noch den Bart, wenn sie einen haben, stehen lassen, welcher ihnen bei dem Abgang aus dem Gefängnisse abzunehmen ist. Alle auf diese Weise gezeichneten Individuen sind als entflohene Gefangene aufzugreifen, falls sie nicht einen, ihre Person auf's genaueste bezeichnenden, mit Siegel versehenen Entlassungsschein des Criminalhofs zu ihrem Ausweis als entlassene Gefangene bei sich haben« (zit. n. Ludwig Müller: Aus sturmvoller Zeit. Marburg 1891, S. 194).

Von zwei großen Marburger Prozessen haben sich die amtlichen »Anklage-Urkunden« erhalten, in denen die Straftaten der einzelnen Räuber sehr detailliert aufgeführt sind (Anklage=Urkunde gegen einen Theil der großen Räuberbande, welche bei dem K. Crim. Gerichtshof des Werradepartements in Untersuchung gewesen und in der öffentlichen Sitzung im Monat October verurtheilt werden wird. Marburg 1812; *(Anklage=Urkunde gegen eine Räuber= und Diebsbande, die Lumpensammler=Bande genannt, welche sich vorzüglich im Distrikt Marburg und den zunächst angrenzenden Gegenden aufgehalten hat und bei dem K. C. Ger.=Hof des Werra=Departements in Untersuchung gewesen ist. Marburg 1813)*. Die Vorgehensweise dieser Räuber, die auch ehemalige Mitglieder der rheinischen und der Schinderhannes-Bande in ihre Reihen aufgenommen hatten, unterscheidet sich nicht von der ihrer südlicher operierenden »Kollegen«. Allerdings (das scheint auf den Einfluß der rheinischen Banden zurückzuführen zu sein) dominieren Straßenräubereien und brutale Überfälle. Einfache Diebstähle oder Hauseinbrüche sind seltener. Entsprechend hart waren die Strafen, mit denen die rechnen mußten, die sich einfangen ließen. Von 41 Angeklagten, die im Herbst 1812 vor den Marburger Gerichtsschranken standen, wurden zehn zum Tode verurteilt und nur acht freigesprochen. Am 5. Dezember kam es zu weiteren Todesurteilen wegen Raub und Bandendiebstahl.

Insgesamt, schreibt Carl Philipp Theodor Schwencken in seiner zusammenfassenden Bewertung, wurden von dem Kriminalgerichtshof in Marburg »in einem Zeitraum von fünf bis sechs Jahren gegen die Hauptmitglieder von fünf großen Räuber- und Diebsbanden das Straf- und Vergeltungsrecht geübt«. Schwencken, am 4. Februar 1785 in Arolsen geboren, hatte sich schon als Kriminalgerichtsassessor in Kassel intensiv mit den kurhessischen und darüber hinaus mit allen deutschen Räuberbanden beschäftigt. 1820 erschienen in Marburg und Kassel seine *Notizen über die berüchtigsten jüdischen Gauner und Spitzbuben, welche sich gegenwärtig in Deutschland und an dessen Gränzen umhertreiben, nebst genauer Beschreibung ihrer Person.* Der schon öfter bemühte Avé-Lallement bezeichnete diese Zusammenstellung von 650 Kurzbiographien als das »in der Polizeiliteratur einen klassischen Rang einnehmende Werk«, das »mehr als irgendein anderes praktischen Nutzen gestiftet« habe. Das Lob fiel vor allem deshalb so euphorisch aus, weil es zu dieser Zeit noch kein so umfangreiches Fahndungsbuch gab. Die Polizeibeamten konnten dank Schwenckens Akribie zum ersten Mal auf genaue Personenbeschreibungen zurückgreifen, die die Identifizierung von Gefangenen, die in der Regel keine oder gefälschte Pässe bei sich trugen, erheblich erleichterten. 1822 ließ der unterdessen zum Obergerichtsrat beim Fuldaer Kriminalsenat ernannte Schwencken das Pendant für die »christlichen Gauner« erscheinen. Auf 656 Seiten verzeichnete er die Signalements von insgesamt 1189 gesuchten oder verurteilten Personen. In seiner Einleitung, aus der wir zitieren, versuchte Schwencken, erstmals in der Kriminalliteratur, einen Gesamtüberblick über die Entwicklung der Räuberbanden zwischen Rhein und Elbe zu geben. Wir haben vor allem die Teile ausgewählt, die sich mit dem nördlichen Hessen, dem südlichen Niedersachsen und den westlichen Teilen von Thüringen beschäftigen. Dabei stehen zwei Banden im Mittelpunkt, deren Verbrechen nur aufgezählt werden. Diese beiden knappen Zusammenstellungen machen deutlich, daß die Opfer in der Regel nicht sehr vermögend waren; die Beutezüge dürften entsprechend mager ausgefallen sein. In dieser Phase, in der die polizeilichen Maßnahmen zu greifen begannen und die Begüterten ihr Eigentum wirksamer schützten, mußten die Räuberbanden auch damit vorliebnehmen, Schafe, Ziegen und Gänse von der Weide zu holen oder einer Bäuerin die Wäsche von der Bleiche zu stehlen.

Hier kündigt sich schon der Übergang von der Räuber- zur Diebsbande an, die nicht viel später ohne Gewalt und Aufsehen zu Werke gehen sollten (vgl. die Schilderungen von G.W. Pfeiffer in diesem Band).

Quelle:

Aktenmäßige Nachrichten von dem Gauner= und Vagabundengesindel sowie von einzelnen professionirten Dieben, in den Ländern zwischen dem Rhein und der Elbe nebst genauer Beschreibung ihrer Person.

Von einem Kurhessischen Criminal=Beamten. Cassel, gedruckt in der Hampeschen Buchdruckerey. 1822.

Carl Philipp Theodor Schwencken

Aktenmässige Nachrichten von dem Gauner= und Vagabundengesindel sowie von einzelnen professionirten Dieben, in den Ländern zwischen dem Rhein und der Elbe nebst genauer Beschreibung ihrer Person

Zwischen dem Rhein und der Elbe gab es nicht ein einziges Land, welches im Laufe des ersten Jahrzehnts des gegenwärtigen Jahrhunderts von Räuberbanden verschont geblieben wäre.

Man erstaunt, wenn man die Verzeichnisse der Räubereien und Diebstähle aller Art durchläuft, welche in dem Zeitraum von 1800 bis 1810 in den genannten Gegenden verübt worden sind. Es möchte in dieser Periode, vorzüglich zur Frühjahrs- und Herbstzeit, wohl wenige Nächte gegeben haben, die nicht durch ein bald hier, bald dort ausgeführtes Diebsunternehmen zu bezeichnen wären. – Es hausten um jene Zeit mehrere abgesonderte Räuber- und Diebeshorden in den Maingegenden und im Odenwald, in der Wetterau und auf dem Vogelsberg. Andere Räubervereine, von denen sich jener der Gebrüder Harting durch Anzahl und Unternehmungsgeist auszeichnete, trieben in Ober- und Niederhessen sowie in den benachbarten Ländern ihr Wesen, während fast zu gleicher Zeit die Bande des Theodor Unger in Niedersachsen und jene des Erdmann im Braunschweigischen etc. Verderben verbreiteten. Noch andere Räuberrotten, größtenteils aus Juden bestehend und von Leiser Polack, von Süsmilch und Isaac Muck angeführt, traten bald in dieser, bald in jener Gegend raubend und stehlend auf. a).[1] Dieses Unwesen dauerte von Anfang bis Ende des erwähnten Dezenniums ununterbrochen fort; erst dem darauf folgenden Jahrzehnt war es vorbehalten, demselben zu steuern und der zügellosen Frechheit des Räuber- und Gaunergesindels ein Ziel zu setzen.

---

[1] *Auch an der westlichen Grenze von Deutschland trieb damals noch die schon seit vielen Jahren bestehende Bande des berüchtigten großen Jainkof, meist Juden, ihr Wesen, und später, im Jahr 1810, setzte die Horstsche Räuber- und Mordbrennerbande die Kurmark in Angst und Schrecken.*

Ehe wir jedoch zu dieser Periode übergehen, sei es uns vergönnt, noch einen besonderen Blick auf den früheren Zustand der öffentlichen Sicherheit in den Ländern an der Lahn, Fulda, Werra, Weser und Leine zu werfen.

So wie in allen anderen Gegenden Deutschlands, so hatte es auch in jenen Ländern nie an landfahrendem Gesindel und an solchen Menschen gefehlt, welche den bequemen Erwerb durch Diebstahl der mühsamen Arbeit vorzogen. Auch mangelt es keineswegs an Beispielen, daß dergleichen Gesindel schon in früheren Zeiten, vorzüglich nach beendeten Kriegen, in förmliche Banden zusammengetreten war und durch Raub und Diebstahl großes Unheil angerichtet hatte. Ausgezeichnet waren in dieser Beziehung in der ersten Hälfte des vergangenen Jahrhunderts besonders das erste und fünfte Dezennium, in der zweiten Hälfte aber die 1780er Jahre, in welchen namentlich unter Anführung eines gewissen Philipp Schlemming eine große Diebesbande durch mehrere kühne Unternehmungen die Sicherheit des Eigentums in Hessen bedeutend gefährdete. In eben diesen Zeitraum fällt die Existenz zweier Banden, die sich das Hannoversche vorzugsweise zum Schauplatz ihrer mitternächtlichen Taten ausersehen hatten und von denen die eine einen gewissen Braden, die andere, größtenteils aus Juden bestehend, einen gewissen Masemann zu Anführern hatte.

Gegen das Ende der 80er Jahre war es jedoch den Justiz- und Polizeibehörden der besagten Gegenden gelungen, die einzelnen dort streifenden Gaunerrotten zu zersprengen, so daß sich die Bewohner jener Länder in den letzten Jahren des vergangenen Jahrhunderts einer Sicherheit zu erfreuen hatten, welche, wenigstens im Vergleich mit den Ereignissen der neueren Zeit, vorzüglich genannt werden kann. Dieser friedliche Zustand war aber – leider! – nur von kurzer Dauer. Die Elemente, aus denen sich das Übel entwickelt, das heimat- und erwerbslos umherziehende Gesindel, war noch in großer Menge vorhanden; es bedurfte daher nur eines kleinen Windstoßes, um das unter der Asche glimmende Feuer von neuem zur verzehrenden Flamme anzufachen.

Der glückliche Fortgang, welchen zu Ende des vorigen Jahrhunderts die Unternehmungen der zahlreichen Räuberrotten in den jenseitigen Rheinlanden hatten, die traurige Zelebrität*, welche sich einzelne Mitglieder jener Banden, ein Picard, Schinderhannes und andere, erwarben, verbunden mit den anziehenden Schilderungen, welche das Gerücht von der reichen Beute dieser Bösewichter weit umher verbreitete, scheint auch die Auswürflinge anderer Länder zur Nachahmung gereizt zu haben. Wenigstens fingen sich schon mit dem Anfang des gegenwärtigen Jahrhunderts, also zu der Zeit, wo das Unwesen am Rhein beinahe seinen höchsten Gipfel erreicht hatte, auch in Hessen und den benachbarten Ländern die Einbrüche und Diebstähle auffallend zu vervielfältigen an.

Das Übel würde indessen nicht den hohen Grad erreicht haben, wenn der Grund desselben bloß in dem einheimischen Gaunergesindel gelegen hätte; die an sich schon sehr bedeutende Anzahl desselben wurde aber nicht allein durch

* Berühmtheit

eine Menge von auswärts hinzuströmenden Taugenichtsen, zum Teil Militär-Ausreißer etc., sehr beträchtlich vermehrt, sondern es vereinigten sich mit derselben auch mehrere der verruchtesten Mitglieder der am Rhein versprengten Räuberbanden. Von diesen Flüchtlingen, welche wir seit dem Jahr 1802 mit dem Gaunergesindel unserer Gegenden vereinigt sehen, verdienen vorzugsweise Nicolaus und Georg Harting genannt zu werden. Dem verderblichen Einfluß, welche diese vollendeten Spitzbuben auf das Gaunergesindel in Hessen ausgeübt haben, ist ganz vorzüglich die beispiellose Unsicherheit, welche dort fast ein ganzes Jahrzehnt hindurch geherrscht hat, zuzuschreiben. Denn sie waren es, welche ihren Neuverbündeten den Unternehmungsgeist mitteilten, der die Rheinländischen Banden so verderblich gemacht hat; sie waren es, welche ihnen die Verfahrensweise jener Banden und die Schleichwege lehrten, auf welchen sie sich den Verfolgungen der Obrigkeit so lange zu entziehen gewußt haben; sie waren es endlich, welche fast alle ihre kühneren Unternehmungen als Anführer leiteten.

Die Rollen, welche unter dem Gaunergesindel in Hessen mehrere Mitglieder der ehemaligen Neuwieder Banden spielten, hatten im Odenwald, am Main etc. verschiedene ehemalige Raubgenossen des Schinderhannes übernommen.

Den Ursachen, welche in unseren Gegenden das Gedeihen und Fortbestehen der Räuber- und Gaunerbanden haben befördern helfen, kann sodann auch die im Jahr 1806 erfolgte Staatsumwälzung und die dadurch veranlaßte Einführung einer ganz fremden, von der bisher bestandenen so durchaus verschiedenen Verfassung insofern beigezählt werden, als dadurch auf einige Zeit die Polizei- und Strafrechtspflege in ihrem regelmäßigen Gang gestört wurde.

Es liegt nicht in dem Plan dieser Blätter, sich über die einzelnen Taten der Räuberbanden, welche seit dem Anfang des gegenwärtigen Jahrhunderts in Hessen und den benachbarten Ländern gehaust haben, mit derjenigen Ausführlichkeit, welche ähnliche Werke in dieser Rücksicht darbieten, zu verbreiten. Man beschränkt sich daher bloß darauf, eine kurze Übersicht von den vorzüglichen Verbrechen, welche bei den vor den Kriminalhöfen in Kassel und Marburg etc. gegen jene Banden stattgefundenen Prozeduren vorgekommen sind, zu geben. Dies wird hinreichen, den Leser in den Stand zu setzen, sich einen Begriff von der verderblichen Betriebsamkeit des Gaunergesindels in den genannten Gegenden zu machen, während es auch in anderen Beziehungen nicht undienlich sein möchte, die Verbrechen jener Banden sowie die Urheber derselben näher kennenzulernen. (...)

Es ist schon oben der Maßregeln gedacht worden, welche in den ersten Jahren des gegenwärtigen Jahrhunderts von den meisten Regierungen der norddeutschen Staaten angeordnet wurden, um der immer mehr überhand nehmenden Frechheit des Gaunergesindels Schranken zu setzen. Wenn nun auch diese Maßregeln, wie die Erfahrung gelehrt hat, mit dem Umfang und der Beschaffenheit des Übels in keinem Verhältnis standen, so blieben sie doch, da, wo sie mit Umsicht gehandhabt und von dem Eifer der Beamten unterstützt wurden, keineswegs ohne wohltätige Folgen. Insbesondere bewirkte die allenthalben geschärfte

Aufmerksamkeit, womit man das heimatlos umherziehende Gesindel ins Auge faßte, daß mancher Erzspitzbube angehalten und dem Gericht überliefert wurde. Zwar war es bei dem Mangel an Nachrichten über die meisten von ihnen in der Regel der Fall, daß der Verhaftete, ohne daß man ihm etwas anhaben konnte, nach einer längeren oder kürzeren Haft wieder in Freiheit gesetzt werden mußte, wie denn auch, eben jenes Mangels wegen, manche umfassendere Untersuchung, ungeachtet des Eifers, womit sie geführt wurde, ohne bedeutenden Erfolg geblieben ist. Indessen glückte es doch auch hin und wieder, den Verbrechen einzelner eingefangener Spitzbuben auf die Spur zu kommen und ihjnen, wenn sie sich nicht, wie dies der schlechten Gefängnisse halber – leider! – häufig geschah, durch die Flucht der Strafe zu entziehen Gelegenheit hatten, ihrer verderblichen Tätigkeit auf die eine oder andere Art ein Ziel zu setzen. Dieses Los traf namentlich auch den hochberüchtigten Picard, welcher sich so lange den Verfolgungen der Obrigkeit zu entziehen gewußt hatte. Er wurde im Jahr 1805 vom Kurhessischen Amt Bergen handfest gemacht und nach Marburg ausgeliefert, wo im Jahr 1807 ein natürlicher Tod seinem fluchbeladenen Leben im Kerker ein Ende machte. Kurz vorher war eben dort Hampel hol mich gehängt worden. Andere gleich berüchtigte Räuber büßten um dieselbe Zeit in Marburg, Wiesbaden und Offenbach ihre Frevel mit dem Tode. Feist Hünerhund, im Jahr 1805 zu Kassel eingebracht, gab sich in den dortigen Gefängnissen freiwillig den Tod. Theodor Unger fiel mit einem Teil seiner Raubgenossen in Magdeburg der Gerechtigkeit in die Hände und starb dort auf dem Rabenstein. Auf ähnliche Art traten nach und nach mehrere andere berüchtigte Gauner von dem Schauplatz ab. Freilich war dadurch, daß einzelne Bösewichter dem Tod geopfert oder sonst unschädlich gemacht wurden, zur Wiederherstellung der allgemeinen Sicherheit noch sehr wenig geschehen, solange sich noch die große Masse der Gauner und unter diesen eine Menge der verfluchtesten Bösewichter in Freiheit befand.

Aber die Zeit war nicht mehr fern, wo das Racheschwert der Vergeltung auch auf die Häupter der meisten übrigen Gauner fallen sollte. Schon zu Ende des ersten Dezenniums dieses Jahrhunderts begann sich von allen Seiten ein furchtbares Ungewitter zusammenzuziehen, dessen zerschmetternde Blitze die Luft nach und nach von ihren verpesteten Dünsten reinigen sollten.

In den Ländern, aus denen das vormalige Königreich Westfalen zusammengesetzt war, brach der Sturm gegen das dort hausende Gaunergesindel zuerst los. Denn kaum war die dort eingeführte neue Ordnung der Dinge in regelmäßige Wirksamkeit getreten, als sich auch die Gefängnisse mit verdächtigem Gesindel zu füllen anfingen; die neu errichtete Gendarmerie, deren wohltätige Tätigkeit sich in dieser Beziehung gleich anfangs bewährte, brachte ganze Scharen von Landstreichern ein, und die Kriminalhöfe, denen allenthalben ausgezeichnet tätige und erfahrene Generalprokuratoren zur Seite standen, wetteiferten miteinander, die ihnen als der Gaunerei verdächtig überlieferten Individuen zu entlarven und der verdienten Strafe teilhaftig zu machen. Ganz besonders segensreich waren in dieser Hinsicht für unsere Gegenden die Bemühungen der Kriminalhöfe in Marburg und Kassel, von denen allein der erste, in einem Zeitraum von fünf bis sechs Jahren, gegen die Hauptmitglieder von fünf großen Räuber- und Diebsbanden das Straf- und Vergeltungsrecht geübt hat. Sodann trugen auch die Kriminalhöfe in Heiligenstadt, Hannover und an anderen Departementshauptorten durch mehrere erfolgreiche Prozeduren gegen das Gaunergesindel sehr dazu bei, den so lange verhöhnten Gesetzen neues Ansehen zu verschaffen.

Mit gleichem Eifer und gleichem Erfolg wurde auch in mehreren Nachbarländern das Raub- und Gaunergesindel zu Paaren getrieben. Vorzügliche Anerkennung verdient dasjenige, was in dieser Beziehung von den Kriminalgerichten in Darmstadt und Gießen sowie von dem Stadtgericht in Heidelberg geschehen ist und worüber die von den um die Bekämpfung des Heeres innerer Feinde so sehr verdienten Herrn Stadtdirektor (jetzt Geheimrat) Pfister in Heidelberg, Hofgerichtsrat und Kriminalrichter von Grolman in Gießen und Kriminalrichter Brill in Darmstadt herausgegebenen Nachrichten umständlich Auskunft geben.

Auch in den ehemaligen französischen Rhein-Departements fuhren die Justiz- und Polizeibehörden fort, das Gaunergesindel mit regem Eifer zu verfolgen. Unter den stattgehabten gerichtlichen Prozeduren, welche in das verflossene Jahrzehnt fallen, zeichnen sich diejenigen aus, welche in Mainz gegen Damian Hessel und dessen Raubgenossen und gegen die Bande des Anton Keil geführt und durch welche fünf berüchtigte Räuber unter das Beil der Guillotine und 96 Individuen in Straf- und Besserungshäuser geliefert worden sind.

Der rastlose Eifer, womit das Gaunergesindel seit dem Anfang des gegenwärtigen Jahrhunderts fast in allen Ländern Norddeutschlands bekämpft wurde, konnte keinen anderen als sehr wohltätigen Einfluß auf die Wiederherstellung der so lange und so frech gestörten öffentlichen Sicherheit haben. Die meisten Mitglieder der in jenen Gegenden hausenden Räuberbanden wurden nach und nach eingefangen und, insoweit sie nicht zur Todesstrafe reif befunden wurden, auf längere oder kürzere Zeit in Strafanstalten untergebracht. Die übrigen flüchteten entweder in entferntere Gegenden oder entsagten ihrer bisherigen Lebensart und versuchten, sich auf eine erlaubte Art durchzubringen. Allen drang sich die Überzeugung auf, daß die Zeit ihres Gedeihens vorüber sei.

Kaum hatten sich aber die Bewohner der in Rede stehenden Länder der wiederhergestellten Sicherheit zu freuen angefangen, als dieselbe schon wieder von neuem untergraben wurde. Das Jahr 1813, so glorreich und heilbringend durch die Besiegung des äußeren Feindes, führte nämlich Ereignisse herbei, welche den inneren Frieden von neuem gefährdeten. Hierher gehört zunächst die Befreiung einer großen Anzahl von Missetätern, wozu die damaligen Kriegsereignisse hin und wieder Veranlassung gaben. In Kassel allein entwichen aus den dortigen Strafanstalten bei Gelegenheit, als jene Stadt im September 1813 von russischen Truppen besetzt wurde, 171 Sträflinge, unter denen sich viele Räuber und Gauner befanden. In Heiligenstadt setzten sich ihrer um dieselbe Zeit 88 in Freiheit, etc. – Hierzu kamen die übrigen Folgen des Kriegs, welche, wie immer, so auch damals, durch die Vermehrung und Ermutigung des Gaunergesindels bald genug fühlbar wurden, so wie denn auch nicht geleugnet werden kann, daß die Reorganisation der ihren rechtmäßigen Fürsten zurückgegebenen Staaten auf die Justiz- und Sicherheitspflege gegen das Gauner- und Vagabundengesindel insofern nachteilig wirkte, als die bis dahin bestandenen Justiz- und Polizeibehörden, welche sich eine genaue Kenntnis von jener verworfenen Menschenklasse verschafft hatten, aufgelöst wurden und an deren Stelle zum Teil Männer traten, die einer solchen Kenntnis ermangelten, mithin auch beim besten Willen, wenigstens in den ersten Jahren, mit dem nötigen Erfolg gegen das Gaunergesindel nicht wirksam sein konnten. Endlich verdient auch noch die hin und wieder stattgehabte Aufhebung der Gendarmerie, welche sich bei der Einfangung von Landstreichern und sonstigen verdächtigen Menschen so tätig bewiesen hatte, als ein Umstand angeführt zu werden, welcher für die Erneuerung des Gaunerwesens sehr günstig war.

Es wäre unter diesen Umständen ein Wunder gewesen, wenn nicht das Gaunergesindel sein Haupt wieder erhoben hätte. Wirklich blieben auch die Folgen all jener seinem Aufleben so günstigen Zeitumstände nicht aus. Die aus den Gefängnissen und Strafanstalten Entwichenen kehrten zu ihrem alten Gewerbe zurück; mit ihnen vereinigten sich von neuem diejenigen, welche früher aus den hiesigen Gegenden verscheucht, durch die stattgehabten Veränderungen wieder herbeigelockt waren sowie auch die Diebswirte und sonstigen Vertrauten wieder Mut bekamen, ihre schändliche Verbindung mit dem Gaunergesindel zu erneuern. Zwar waren die abschreckenden Beispiele, welche die neueste Zeit geliefert hatte, noch in zu lebhaftem Andenken, als daß die von neuem zusammengetretenen Gaunergesellschaften dadurch nicht einigermaßen hätten in Schranken gehalten werden sollen. Indessen waren die Beweise, welche sie von ihrer erneuten Tätigkeit gaben, immer zahlreich genug, um für die Zukunft gerechte Besorgnisse zu erregen. Es wurde zwar hin und wieder der eine oder der andere von ihnen von neuem in Haft gebracht, aber, da man gewöhnlich weiter nichts als die Angabe seines falschen Namens und Geburtsortes von ihm herauszubringen wußte, er auch meist mit legalen Pässen versehen war, in der Regel bald wieder in Freiheit gesetzt. Erst später, als das Institut der Gendarmerie unter dem Namen Landdragoner-Korps wieder ins Leben gerufen war, gelang es in Kurhessen und den angrenzenden Ländern mehreren Behörden, die sich die Mühe nicht hatten verdrießen lassen, sich in den Besitz der erforderlichen Nachrichten zu setzen, eines Teils der im Herbst 1813 entwichenen Flüchtlinge wieder habhaft zu werden sowie auch mehrere andere Verbrecher, welche sich den Verfolgungen der westfälischen Behörden zu entziehen gewußt oder sich auch erst neuerlich dem Gaunerleben gewidmet hatten, zu entlarven und auf längere oder kürzere Zeit unschädlich zu machen. Von den Untersuchungen, welche in der neuesten Zeit gegen christliche Gaunergesellschaften stattgefunden haben, zeichnen sich vornehmlich zwei aus, von denen die eine in den Jahren 1815 bis 1817 von einer besonders dazu ernannten Kommission in Hannover gegen Johannes Sippel und mehrere seiner Diebsgenossen a),[1] die andere aber in den Jahren 1818 bis 1820 von dem Kurhessischen Kriminalgericht in Kassel gegen eine Gesellschaft von Gaunern, die unter Führung des Joh. Stelzner und des Joh. Müller, vulgo kleiner Husar, eine Zeitlang ihr Wesen an der Hessisch-Sächsischen Grenze getrieben hatte, geführt worden ist.

Folgendes sind die bemerkenswertesten Verbrechen, welche
I. bei der erstgedachten Untersuchung vorgekommen sind:

1. um d. Jahr 1795. Diebstahl in einem Dorfe im Schwarzenfelsischen.
2. im Jahr 1800. Desgleichen beim Kaufmann Becker in Herzberg (Hannover).
3. — Diebstahl bei einem Juden in Pfarrweisach (Bayern).
4. zw. 1801 u. 1805. Desgleichen bei einem Einwohner zu Ascherhausen (Eisenach).
5. März 1802. Desgl. beim Kaufmann Wiebrecht zu Stadt Worbis (Eichsfeld).
6. Im Jahr 1803. Desgleichen beim Ackermann Göpfert zu Gerthausen (Eisenach).
7. um d. Jahr 1805. Versuchter Diebstahl bei einem Juden in Bremke (Hannover).
8. — Diebstahl bei der Witwe Böhmeken zu Brachhausen bei Duderstadt.
9. im Jahr 1805. Bleichdiebstahl zu Elbingerode (Hannover).
10. Herbst – Diebstahl bei Heinrich Schricke zu Holungen.
11. Januar 1806. Desgleichen beim Amtmann Just in Trefurt.
12. um d. Jahr 1807. Diebstahl beim Kaufmann Wedekind in Selkerode.
14. um d. Jahr 1808. Beraubung eines Bandhändlers zwischen Creuzburg und Eisenach.
15. — Versuchter Diebstahl in Breitenbach auf dem Eichsfelde.
16. — Desgleichen auf einem Edelhofe im Eisenachschen, vier Stunden von Weißenborn.
17. Frühjahr 1809. Diebstahl bei der Witwe Leibeling zu Benterode (Eichsfeld).
18. Juli – Desgleichen beim Kaufmann Kunkel in Dingelstädt (Eichsfeld).
19. September – Desgleichen beim Pächter Küster in Schwarzfels (Hannover).
20. im Jahr – Desgleichen beim Schulzen Gasmann in Trebra (Eichsfeld).
21. — Desgleichen beim Ackermann Kurt in Limlingerode (Eichsfeld).
22. um das Jahr – Desgleichen beim Pächter Kirchhof in Stöckey (Schwarzburg).
23. im Jahr 1810. Desgleichen beim Ackermann Müller in Limlingerode.
24. September – Gewaltsamer Diebstahl beim Förster Otto in Pöhlde (Hannover).
25. Herbst – Diebstahl beim Ackermann Böttcher in Barbis (daselbst).
26. Herbst 1811. Bienendiebstahl beim Schneider Schweishelm in Stöckey.
27. im Jahr 1811. Versuchter Diebstahl bei einem Kaufmann in Duderstadt.
28. — Diebstahl beim Ackermann Holzapfel in Limlingerode.
29. — Desgleichen beim Ackermann Engelhard zu Zwinge (Schwarzburg).
30. — Versuchter Diebstahl beim Einwohner Völmer daselbst.
31. — Diebstahl beim Hrn. v. Schmidt in Schildungen (Eichsfeld).
32. Januar 1812. Diebstahl beim Einwohner Fuhrmann in Bockelnhagen (Schwarzburg).
33. Frühjahr 1812. Diebstahl bei Frau von Minnigerode daselbst.
34. Juli – Desgleichen bei Kaufmann Sieges daselbst.
35. Juli 1813. Desgleichen beim Müller H. Koch in Weißenborn.
36. im Jahr 1813 Desgleichen beim Pfarrer Scholmeyer in Fuhrbach bei Duderstadt.
37. Mai 1814. Desgleichen beim Schulzen Rathmann in Bartelfelde.

---

[1] *Diese Untersuchung, welche mit großer Geschicklichkeit und musterhaftem Fleiß von dem Herrn Amtsschreiber Schröder geführt worden ist, ist vorzüglich durch die Art und Weise merkwürdig, wie Joh. Sippel oder Siebel die Geduld des Inquirenten zu ermüden und dessen Bemühungen zu vereiteln versucht hat. Nachdem er nämlich zuerst den Stummen, dann den Verrückten mit Täuschung und selten großer Beharrlichkeit gespielt hatte, kam er endlich auf den Einfall, sich tot zu hungern, widerstand auch mehrere Tage lang allen Versuchen, ihm Speise beizubringen, bis es dem Inquirenten endlich gelang, den Inquisiten dadurch auf andere Gedanken zu bringen, daß er dessen Eßlust durch delikate, angenehm duftende Speisen, die er ihm in den Kerker setzen ließ, so sehr reizte, daß er zuletzt seinen selbstmörderischen Vorsatz aufgeben mußte.*

38. Juli – Desgleichen beim Ackermann Höche in Stöckey.
39. Herbst – Desgleichen beim Ackermann Mund in Trebra.
(...)

Die Verbrechen, welche

II. den Gegenstand der in Kassel geführten Untersuchung gegen Joh. Stelzner und dessen Genossen ausgemacht haben, fallen sämtlich in die neuere Zeit, die meisten in das Jahr 1817. Sie liefern den Beweis, daß die erwähnte Bande, wenngleich sie sich bis dahin größtenteils nur auf weniger kühne und gefährliche Unternehmungen beschränkt hat, doch auf gutem Wege war, der öffentlichen Sicherheit von neuem im hohen Grade gefährlich zu werden.

Folgendes sind die gegen sie zur Untersuchung gekommenen Verbrechen:

1. Herbst 1813. Kattundiebstahl auf dem Markt zu Creuzburg (Eisenach).
2. März 1816. Diebstahl beim Pfarrer Nolte zu Breitau.
3. September – Tuchdiebstahl aus einer Walkmühle zu Hersfeld.
4. Oktober – Diebstahl beim Schneider Heinrich Ortlepp zu Schemmeren.
5. — Kattundiebstahl auf dem Markt zu Eschwege.
6. — Betrügliche Aneignung mehrerer der Elisabeth Weismann gehörenden Kleidungsstücke.
7. April 1817. Diebstahl bei der Witwe Sommer zu Frankenhain.
8. Sommer – Kochtopfdiebstahl bei Joh. Luckhard zu Sorge.
9. — Diebstahl bei dem Wirt zu Solz.
10. — Kesseldiebstahl.
11. — Bettdiebstahl.
12. Michaelis – Ziegendiebstähle zu Guxhagen und Empfershausen.
13. Oktober – Diebstahl beim Pfarrer Hempfing zu Röhrda.
14. November – Desgleichen beim Konduktor* Rohmund zu Niederhöne.
15. Dezember – Ziegendiebstahl zu Kleinensee.
16. — Desgleichen zu Sallmannshausen (Eisenach).
17. — Desgleichen zu Dammertshausen (Eisenach).
18. Dezember 1817. Einbruch bei der Witwe Eichholz zu Scherbda (Eisenach).
19. — Schafdiebstahl bei Reichensachsen.
20. — Ziegendiebstahl zu Bernsdorf.
21. — Desgleichen zu Wölfterode.
22. — Gänsediebstahl zu Nesselroden.
23. Jahr – Ziegendiebstahl zu Römersberg.
24. — Gelddiebstahl in einem Dorf bei Hersfeld.
25. — Versuchter Ziegendiebstahl bei dem Feldhüter Schmit zu Neustädt (Eisenach).
26. — Versuchter Bettdiebstahl zu Wölfterode.
27. — Diebstahl auf der Rosmühle bei Nentershausen.
28. — Bleichdiebstahl zu Unhausen.
29. — Leinendiebstahl in einem Dorfe zwischen Marburg und Hersfeld (vielleicht bei Aug. Beisheim zu Kalkobes).
30. Januar 1818. Diebstahl beim Schuhmacher Helwig zu Derenbach.
31. — Desgleichen beim Konduktor Barckhausen zu Reichensachsen.
32. — Schaf- und Gänsediebstahl zu Grebendorf.
33. — Ziegendiebstahl zu Unterrieden.
34. — Versuchter Diebstahl in einem hannoverischen Dorf.
35. Oktober – Marktdiebstahl zu Fritzlar.

Obgleich nun durch die vorerwähnten Untersuchungen sowie durch einige

* Pächter

andere mehreren gefährlichen Individuen der Gaunergenossenschaft das Handwerk, wenigstens einstweilen, gelegt worden ist, so ist dadurch doch in Beziehung auf das Ganze noch so gut wie gar nichts geschehen. Es befindet sich noch immer ein großer Teil der früher verurteilten Verbrecher in Freiheit, viele andere haben mittlerweile die ihnen zuerkannten Strafen verbüßt oder mittels landesherrlicher Begnadigung ihre Entlassung erhalten; diesen durch langjährige Erfahrung gereiften Spitzbuben treten diejenigen hinzu, welche sich aus benachbarten Ländern in unsere Gegenden gezogen haben, so wie auch die zahlreiche Nachkommenschaft früher verstorbener oder in Strafanstalten befindlicher Gauner und die große Menge von heimatlos umherfahrenden Leuten jeden Augenblick bereit sind, sich den unternehmenden Gaunern anzuschließen a).[1]

Wenn sich daher das vielköpfige Ungeheuer, der nie ganz zu bändigende Proteus,* bei der ersten Gelegenheit nicht wieder mit der gewohnten Verwegenheit erheben soll, so wird es dringend notwendig sein, daß alle Mittel, welche zur Aufrechterhaltung und Befestigung der öffentlichen Sicherheit geeignet sind, gegen das Gauner- und Vagabundengesindel mit Nachdruck und Umsicht zur Anwendung gebracht und daß insbesondere darauf Bedacht genommen werde, die Unzahl von landfahrenden Leuten zu vermindern und sie, wo möglich, nach und nach gänzlich auszurotten.

---

* griechischer Meeresgott, der in Homers ›Odyssee‹ mehrfach seine Gestalt wechselt

1 *Es verdient hier angeführt zu werden, was die Christiane Weismann vor dem Königlich Großbritannisch-Hannoverischen Kriminalamt in Duderstadt über das in Hessen existierende Gauner- und Vagabundengesindel gesagt hat. In ihrem Verhör vom 27. September 1818 gibt sie an: Alle diejenigen Personen, welche als Porzellan-, Glas- oder Marburger Geschirrhändler umherzogen, bedienten sich so wie die Zinngießer, Scherenschleifer etc. sämtlich dieser Gewerbe nur als Vorwand, um ihr landstreicherisches Spitzbubenleben zu bemänteln. Sie seien alle kochem und sprächen untereinander nur in dieser Sprache; sie hingen fast sämtlich miteinander zusammen und seien stets bereit, einander bei Verübung von Spitzbubenstreichen beizustehen. Sowie sie etwas verübt hätten, träten sie sogleich in benachbarte Länder über, um erst abzulauern, ob auch der Diebstahl entdeckt und ihnen nachgespürt werde. Das beste Ländchen sei in dieser Rücksicht für sie das Fuldische, wo niemand so genau nach seinen Pässen gefragt werde. Sie bildeten unter sich eine ordentliche Bande und nennen sich, nach ihrem gewöhnlichen Aufenthalt, die Hessenländer. Ihr jetziger Hauptchef sei Joh. Müller. Der Hauptort, wo sie einander träfen, wäre Melgershausen, dann auch Gensungen, Mühlenberg etc.*

Der Postraub in der Subach
(Carl Franz)

Von Mai bis August 1816 regnete es in Strömen. Auf den Feldern verfaulten Getreide und Gemüse. Was noch übriggeblieben war, zerschlug der Hagel. Für die Bauern bedeutete die vernichtete Ernte eine Katastrophe. Nur mit äußerster Anstrengung hatten sie gerade die napoleonischen Kriege mit ihren verschiedenen Kontributionen und die Verheerungen der durchziehenden Soldaten überstanden. Jetzt fehlte ihnen jeder Vorrat für den zu erwartenden strengen Winter und – was fast noch gewichtiger war – das Saatgut für das nächste Jahr. Der Wucher blühte.

Viele Deutsche entschlossen sich damals, ihr Land zu verlassen; auf 20000 schätzt man die Zahl. Wer als Bauer oder Handwerker blieb, hatte nur Not und Elend zu erwarten. Den nach amtlichen Quellen zusammengestellten *Statistischen Mitteilungen über die volkswirtschaftlichen Zustände in Kurhessen* war 1853 zu entnehmen, wie dramatisch sich die Verarmung der Landbevölkerung in diesem Teil Deutschlands seit dem Beginn des Jahrhunderts entwickelt hatte. Einem oberhessischen Schneider- oder Schuhmachermeister blieben danach täglich noch 5 1/2 Silbergroschen zum Leben; das entsprach dem Gegenwert von 3,4 kg Roggenbrot und war weniger als die Tagesration eines einfachen Soldaten. Wer seine oft vielköpfige Familie damit durchbringen wollte, der mußte auf jede unnötige Ausgabe verzichten. Auf den Tisch kamen Brot, Fett, Kaffee und Kartoffeln. Oft reduzierten Mißernten und die damit verbundene Teuerung auch diese bescheidene Auswahl noch. Brot, Fett und dünne Gemüsesuppen mußten dann genügen.

Für die Bauern, die gerade erst aus der Leibeigenschaft befreit waren, bedeutete die übliche Realteilung eine weitere Härte. Dadurch, daß die Söhne im Erbfall die an sich schon kleinen Parzellen noch unter sich aufteilen mußten, schrumpften die Lebensgrundlagen weiter. Man kann davon ausgehen, daß um 1830 in den hessischen Mittelgebirgsregionen nur zehn Prozent der Höfe ein ausreichendes Einkommen erwirtschafteten. Auch die Erlöse aus dem Nebenerwerb – z.B. Spinnerei, Weberei oder Strumpfwirkerei – sanken durch die Einführung von Schutzzöllen und durch die billigeren Importe aus England kontinuierlich. Eine Verbesserung der Situation war noch zur Mitte des 19. Jahrhunderts nicht in Sicht.

Das ist der wirtschaftliche Hintergrund, vor dem sich am 19. Mai 1822 der Überfall auf den Geldtransport von Gladenbach nach Gießen ereignete. Die Täter waren keine gestandenen Räuber; sie stammten zum überwiegenden Teil aus dem kleinen Ort Kombach. Im nahen Biedenkopf hatten die preußischen Zollverordnungen den Handel mit wollenen Tüchern fast zum Erliegen gebracht. Das betraf den Nebenerwerb in der ganzen Gegend. Die Kombacher, die im Ruf standen, gelegentlich das großherzogliche Wild zu dezimieren, sahen zweimal im Monat das Ende ihres Elends fast in greifbarer Nähe vorbeirumpeln: das Geldkärrnchen, das Geld, Briefe und Pakete unter mäßiger Bewachung transportierte.

Nach sorgfältiger Vorbereitung gelang der Coup, bei dem die acht Einmal-Räuber 10500 Gulden erbeuteten. Der Fall erregte großes Aufsehen und veranlaßte die Gießener Polizeibehörde zu hektischer Aktivität. Ein halbes Jahr später waren die Täter ermittelt. Fünf von ihnen wurden am 7. Oktober 1824 in Gießen mit dem Schwert hingerichtet. Zwei endeten durch Selbstmord; nur einem gelang die Flucht ins Ausland.

Carl Christian Franz, um 1780 in Lich geboren und seit 1811 Kriminalgerichtssekretär (ein Titel, den er bis zu seiner Pensionierung 1833 behalten sollte) in Gießen, hat 1825 die Vorgänge um den Postraub in einem kleinen Buch beschrieben. Gedacht war es zum Lobe des Kriminalrichters Danz, der die Untersuchung führte. Franz zitierte deshalb ausführlich aus den Verhören. Er wollte dokumentieren, wie es Danz gelang, die Täter in Widersprüche zu verwickeln und dadurch geständig zu machen. Herausgekommen ist dabei ein erschütterndes Dokument, wie Menschen, die aus der Not heraus Räuber geworden waren, mit immer neuen Lügen und letztlich erfolglos um ihr Leben kämpften – oder, um mit dem Filmemacher Volker Schlöndorff zu reden, »wie eine gewisse Struktur der Gesellschaft es den Benachteiligten unmöglich macht, ihre Lage zu durchschauen und diese zu verändern«. Schlöndorff hat den Bericht von Franz 1971 als Vorlage für seinen Film *Der plötzliche Reichtum der armen Leute von Kombach* genommen. Dabei hielt er sich sehr genau an den Originaltext (aus dem immer wieder zitiert wird). Für ihn war es »wichtiger und aufschlußreicher, eine solche Episode aus unserer Vergangenheit in ihrer Zeit zu belassen, sie streng historisch darzustellen, als sie zu aktualisieren, ein Gleichnis, eine Parabel oder ähnliches daraus zu machen«.

Der Film mit Georg Lehn und Reinhard Hauff in den Hauptrollen fand bei der Kritik fast ungeteilten Beifall. »Wo sonst in einem literarischen oder filmischen Werk dieser Zeit«, schrieb Karl Korn zur Premiere in der Frankfurter Allgemeinen Zeitung, »wäre Volk, dem wir angehören, in der Mittellage zwischen Märchen und Aufbruch in die politische Selbstbestimmung mit solcher Kennerschaft und solcher Liebe gesehen?

Das Tableau der mentalen und sozialen Hoffnungslosigkeit, das Schlöndorff vorführt, weist über sich hinaus, läßt deutlich werden, daß hier Jahrhunderte zu Ende gehen, daß der Prozeß der Entstehung eines neuen Bewußtseins in uralten dumpfen Hoffnungen und gelegentlichem Aufbegehren seine Wurzeln hat, aber auch in Irrtum und Irrweg wie dieser glücklosen Glücksuche der armen Leute von Kombach.«

Wir bringen den Text ungekürzt.

Quelle:

Der Post-Raub in der Subach begangen von acht Straßenräubern von denen fünf am siebenten October 1824 zu Giessen durch das Schwerdt vom Leben zum Tode gebracht worden sind. Aktenmäßig ausgezogen und bearbeitet von Carl Franz, Criminalgerichtssekretär zu Giessen. Giessen 1825.

(Neudruck u.a. Marburg 1986)

Literatur:

Inge Auerbach u.a.: Auswanderung aus Hessen (Ausstellungskatalog). Marburg 1984.

Hans Herder (Hg.): Hessisches Auswandererbuch. Frankfurt 1984.

Walter Heinemeyer (Hg.): Das Werden Hessens. Marburg 1986 (darin u.a. Hans-Werner Hahn: Der hessische Wirtschaftsraum im 19. Jahrhundert, S. 389–429).

Peter Assion: Von Hessen in die Neue Welt. Frankfurt 1987.

Carl Franz

Der Post-Raub in der Subach begangen von acht Strassenräubern von denen fünf am siebenten Oktober 1824 zu Giessen durch das Schwerdt vom Leben zum Tode gebracht worden sind

Einleitung

Es gibt wenige Verbrechen, die den Keim so vieler anderer in sich tragen und in ihren Folgen schrecklicher und gefährlicher für die menschliche Gesellschaft werden können, als das Verbrechen der Wilddieberei. Nimmt man Trägheit und Müßiggang, diese beiden Laster, als die Quellen der meisten Verbrechen an, so wird man bei der Wilddieberei, der nächsten Gefährtin des Müßiggangs, zu einer gleichen Annahme sich berechtigt halten. Der Wilddieb, statt in einem ehrlichen, bürgerlichen Gewerbe den Unterhalt zu suchen, der ihn und die Seinigen gegen Mangel und Not sichern soll, bringt, nachdem Lust und Liebe zu seinen häuslichen Arbeiten in ihm nach und nach erloschen, seiner unerlaubten Neigung die völlige Zerrüttung seines Vermögenszustandes zum Opfer dar. Sodann mit der drückendsten Armut und Dürftigkeit kämpfend, nimmt er, schon gewöhnt an Verbrechen und vertraut mit den Gefahren, die sie begleiten, zu den verzweifelten Mitteln, zu Diebstahl und Raub, seine Zuflucht, die ihn immer tiefer in den Pfuhl alles Verderbens ziehen und endlich an einen entsetzlichen Abgrund führen. Auf diese Art wird der Wilddieb ein Räuber, und er wird es um so leichter, da Wilddieberei und Raub – die in ihren Straffolgen so verschiedene Verbrechen – in sich selbst aber miteinander so verschwistert, ihre Grenzlinien so fein gezogen sind, daß er die Überschreitung kaum wahrnimmt. Denn schon vertraut mit dem Gedanken, sich mit Gewalt zuzueignen, was er nicht sein eigen nennen darf, übt der Wilddieb, gleich dem Räuber, sein Handwerk mit der größten Dreistigkeit und Verwegenheit aus. Allen Gefahren, die seinem eigenen Leben drohen, Trotz bietend, sieht er das Leben seiner Mitmenschen ebenso nichtsachtend an und setzt an die Rettung seines Lebens den Verlust anderer Menschenleben aufs Spiel. So wird der Wilddieb Räuber und Mörder.

Vor mehreren Jahren hielten sich im Hinterland in der Provinz Oberhessen mehrere bedeutende Banden von Wilddieben auf. Die großen gebirgigen Waldungen dieser Gegend gaben ihnen die beste Gelegenheit, ihr Handwerk eine lange Reihe von Jahren fortsetzen zu können. Allen Nachforschungen und Nachstellungen immer glücklich entronnen, wurden diese Rotten so frech und verwegen, daß die herrschaftlichen Forstbeamten selbst in ihren Wohnungen um ihr Leben zittern mußten und waren in den letztverflossenen Jahren, in welche nachstehende Erzählung fällt, so die Geißel und Schrecken der ganzen Umgegend geworden.

Von Gießen aus fährt monatlich zweimal ein Wagen, das sogenannte Geldkärrnchen, nach dem fünf Stunden davon entfernten Landstädtchen Gladenbach, um von dort die herrschaftlichen und Privatgelder, Briefe und Pakete abzuholen. Auf dem Wege dahin führt eine schöne Au zuerst nach dem Dorf Krofdorf, welches eine Stunde von Gießen entfernt ist; von da gelangt man in den Krofdorfer Wald, durch welchen eine schöne und breite Straße führt und der sich in der Nähe von Kirchvers mit einem anderen Wald vereinigt. Von hier aus fängt der Weg an, sehr beschwerlich zu werden und kann, zumal bei ungünstiger Witterung, oft nur mit Gefahr geritten oder gefahren werden; über hohe, mit Bäumen und Gesträuch bewachsene Berge, durch schauerliche Hohlwege, deren Seitenwände bedeutende Felsenmassen bilden, auf Wegen, die kaum eines Wagens Breite fassen und an tiefen Abgründen hinführen, gelangt man, meistens im Wald, über Rollshausen nach dem Dorf Mornshausen, das eine halbe Stunde von Gladenbach liegt. Diesen Weg, der, seiner Lage nach, einer der unsichersten sein könnte, geht übrigens der Wanderer ganz ungefährdet – und den bekannten trefflichen Polizeianstalten des Großherzogtums Hessen und der benachbarten Staaten hat man diese Wohltat allein zu danken.

Es war ein Sonntag, der 19. Mai 1822, als der Postillon Müller, ein Bursche von zwanzig Jahren, zu obengenanntem Behufe das Geldkärrnchen in Gießen anspannte, um sechs Uhr früh von da wegfuhr und um elf Uhr desselben Morgens im Posthaus zu Gladenbach anlangte. Nachdem er seine Pferde versorgt hatte, begab er sich in sein gewöhnliches Wirtshaus und speiste fröhlich zu Mittag. Hierauf ging er, um die nötigen Anstalten für seine Rückreise zu treffen, in das Posthaus zurück und half daselbst in Gegenwart des Herrn Postverwalters Grünewald, das Kärrnchen mit Geld, Paketen und Briefen bepacken, und um ein Uhr nachmittags stand der Wagen zur Abfahrt bereit. Da sich auf diesem Wagen immer eine bedeutende Summe Geldes befindet, so wird demselben von dort aus jedesmal ein Landschütze, mit einer Flinte und einem Säbel bewaffnet, zur Eskorte beigegeben, und gerade an diesem Tag traf dieses Los den Landschützen Hamann. Guten Mutes fuhren sie nun, der Landschütze auf dem Hinterteil des Wagens, Müller vornauf sitzend, von Gladenbach ab, passierten Mornshausen und mochten überhaupt eine Stunde Wegs zurückgelegt haben, ohne daß ihnen etwas Auffallendes begegnet wäre, als sie auf kurhessischem Gebiete ein Wald, die Subach, so genannt nach einem kleinen da fließenden Bach, aufnahm und sie bald an einen der gefürchtetsten Hohlwege auf dem ganzen Weg gelangten, vor diesem Halt machten und abstiegen, um dadurch den Pferden einige Erleichterung zu verschaffen. Hier fährt man zwischen ungeheuren Seitenwänden, die mit hohen Bäumen und dichtem Gestrüpp bewachsen sind, einen sehr steilen Weg hinauf, auf den sich mühsam ein Fuhrwerk hinaufschleppt und der nur eine Spur hat. Ehe ein Fuhrmann in diese Schlucht einfährt, gibt er durch Peitschenklatschen ein Zeichen, auf ein Gegenzeichen wartend, um nicht einem anderen Fuhrwerk zu begegnen, wo wegen Enge des Wegs ein Ausweichen unmöglich wäre. Dieses Zeichen gab denn auch Müller, und da solches unbeantwortet geblieben, fuhr er getrost, nicht ahnend, was ihm bevorstand, in die Schlucht ein. Vor seinen Pferden her ging Müller, einige Schritte hinter dem Wagen der Landschütze, um an den beschwerlichsten Stellen den Pferden mit Hilfe beispringen zu können oder doch durch Anstemmen zu verhindern, daß der Wagen wenigstens nicht zurücklaufen könne. So hatten sie mit großer Anstrengung beinahe den Gipfel des Berges erreicht, als es der Fuhrmann für ratsam hielt, hier abermals haltzumachen und den keuchenden Pferden zum Ausschnaufen einige Rast zu gönnen. Kaum aber wieder angefahren, da fallen zwei Schüsse, und in demselben Augenblick stürzen von beiden Seiten aus dem Gebüsch sieben bis acht verlarvte Kerle mit Pistolen in den Händen, zwei auf den Postillon, vier auf den Landschützen, mit dem Zuruf: »Haben wir dich, Spitzbuben, Halunken, jetzt muß das Geld heraus!«, banden ihnen die Augen zu und schleppten so die Unglücklichen in den Wald. Zuerst wollten sie den Postillon Müller rechts waldeinwärts führen, worauf er auf den Zuruf eines Kerls, der auf der Höhe des Hohlwegs stand und die Hüte und Mützen der Räuber trug: »Führt ihn da hinaus, links nach Lohra zu!« auf die linke Seite in den Wald gebracht wurde. Auf dem Weg dahin stolperte der Beklagenswerte einmal, worauf ihn diese Unmenschen mit Stößen in den Rücken mißhandelten. So führten sie ihn einige hundert Schritte in den Wald, warfen ihn dann auf das Gesicht zu Boden, knebelten ihn an Händen und Füßen und bedeuteten ihm, da er sie um Schonung seines Lebens anflehte, es solle ihm nichts zuleide geschehen, nur dürfe er, bei Gefahr seines Lebens, kein Maul auftun! Nicht menschlicher verfuhren sie mit dem Landschützen. Unter den fürchterlichsten Drohungen wanden sie ihm seinen Säbel, nach dem er zur Wehr griff, aus den Händen, zerrissen ihm das Degengehänge, schnürten ihm mit einem Lumpen von einem alten Weiberrock die Augen zu und schleiften ihn in die Nähe des Müllers. Hier warfen sie ihn auf die Erde, knebelten ihn grausam fest an Händen und Füßen, die Arme kreuzweise auf den Rücken, und donnerten ihm zu: »Halunke, wenn du schreist, so wird dir eine Kugel vor den Kopf geschossen, es bleiben hier zwei Wachen stehen, die auf dich achtgeben!« So mit einer Höllenangst und unter den fürchterlichsten Schmerzen ihr Schicksal sprachlos erwartend, hörten sie den Wagen links in das Gebüsch fahren, worauf bald ein starker Schlag folgte, der den Deckel des Geldkastens sprengte, und eine Flasche in Stücke zerschlagen. Müller mochte ungefähr eine Viertelstunde so gelegen haben, als zwei Räuber zu ihm kamen und ihm nochmals wiederholten, daß er augenblicklich sterben müsse, wenn er sich nicht ganz ruhig verhalten würde.

Kurz darauf hörte er nicht weit von ihm zur Seite jemanden jammern und erkannte an den Tönen die Stimme seines unglücklichen Gefährten. Nachdem er nun keine Tritte der Räuber mehr hörte, rief er dem Landschützen zu, worauf ihn dieser in den unsäglichsten Schmerzen bat, er möge doch versuchen, sich zu ihm zu wälzen und ihn seiner Fesseln zu entledigen. Müller bemühte sich deshalb, um nur den Landschützen sehen zu können, durch Reiben an der Erde seine Augenbinde abzustreifen, und nachdem ihm dieses nach sehr vieler Anstrengung geglückt war und er ihn etwa zwanzig Schritte weit von sich liegen sah, wälzte er sich, da er nicht so fest wie jener geknebelt war, zu ihm hin. Darauf versuchte er nun, Rücken an Rücken liegend, die Bande desselben, die aus Grastuchseilen und seiner eigenen Peitsche bestanden, aufzulösen; das fast Unmögliche brachten hier Not und Angst zustande, denn nachdem sie sich so zwei volle schreckliche Stunden abgearbeitet hatten, wurde der Landschütze frei und durch ihn wurde es Müller. Ganz betäubt und wie gelähmt an Händen und Füßen, sahen sie nun den Wagen nicht weit von ihnen stehen; die Pferde waren auf einer Seite ausgehängt und hatten Heu zum Fressen vorgeworfen. In ihrer Angst wagten sie indessen nicht hinzugehen, sondern eilten in ihrer ersten Bestürzung nach Rollshausen, einem nahe dabei liegenden kurhessischen Dorf, und zeigten in diesem Ort den Vorfall an. Auf dieses Gerücht eilte Amenhäuser, der Schultheiß des Ortes, herbei und traf die beiden Geängstigten vor seinem Haus auf einem Stein sitzend an. Nachdem sie ihn in wenigen Worten mit der Geschichte ihres Unglücks bekannt gemacht hatten, machte der Schultheiß die nötigen Anstalten, die so schnell wie möglich zur Entdeckung der Räuber auf frischer Spur führen konnten. Stürmend ließ er sogleich an alle benachbarten Ortschaften ein Aufgebot ergehen und begab sich selbst, sobald er den beiden Unglücklichen, die das Fürchterliche einer ausgestandenen Todesangst fast ganz sinn- und bewußtlos gemacht hatte, einige Erfrischungen gereicht hatte, unverzüglich in Begleitung derselben und einer bewaffneten Mannschaft seines Ortes, die sogleich in Streifzügen die ganze Umgegend durchsuchte, an den Platz, wo die Tat verübt worden sein soll. Hier fanden sie indessen nicht die geringste Spur, wie man sie von einer solchen gewaltsamen Tat anzutreffen erwartet hatte. Auf die Bemerkung des Postillons Müller, daß der Wagen links waldeinwärts gefahren worden sei, schlugen sie den vorgezeichneten Weg ein und fanden nach wenigen Schritten, nicht weit von dem Platz, wo beide geknebelt gelegen hatten, den Wagen in einem ganz zerstörten Zustand. Die Pferde, die noch ruhig standen, weil die Räuber ihnen Heu zum Fressen vorgeworfen hatten, waren mit dem Leitriemen an die Runge* ge-

* Stange zwischen Wagenseite und Radachse

bunden, und der auswendige Zugstrick war ausgehängt; hinter dem Wagen fanden sie einen tannenen Kasten, dessen Deckel aufgeschlagen war, auf demselben eine halbe Flasche und deren Scherben umherliegend, nicht weit von dem Kasten einen blutbefleckten Sack, die Säbelklinge des Landschützen, sodann die Batte* von einem Büchsenranzen, eine abgebrochene Messerklinge, alle Briefschaften, worin sich in einem derselben noch Geld befand, zerstreut umherliegend, und zuletzt an dem Rain der Höhle die Säbelscheide. Nachdem sie alle diese Effekten sorgfältig in den Wagen gelegt hatten, fuhr Müller unter einiger Begleitung denselben nach Rollshausen. Der Schultheiß hielt es für gut, mit Hamann den Wald nochmals zu durchstreifen, und sie fanden auf einem Wiesengründchen nach Mornshausen zu, hart an der kurhessischen Grenze, mehrere Halme Heu, die sie von demselben hielten, welches der Fuhrmann auf seinem Wagen gehabt hatte, und einige Spuren von Menschentritten, die sie bis auf die Chaussee verfolgten. Da sie sonst nichts Verdächtiges angetroffen hatten, wurde Hamann nach Gladenbach gesandt, um bei dem Postamt daselbst die nötige Anzeige zu machen. Abends um sieben Uhr traf er da ein, und das Landgericht ließ auf die ihm von diesem Raub gemachte Anzeige im Namen des Herrn Regierungsrats Krebs, welcher gerade abwesend war, sogleich die ganze Umgebung durchstreifen und in Gladenbach selbst bei einigen verdächtigen Personen Haussuchung vornehmen. Um neun Uhr abends desselben Tages traf auch der Herr Postverwalter Grünewald schon auf die ihm von Hamann gemachte Anzeige mit dem Landschützen Volk und einer bewaffneten Mannschaft in Rollshausen ein und nahm sogleich über das Vorhandene ein Protokoll auf.

Damit indessen der geneigte Leser selbst die Größe des Schadens beurteilen könne, glauben wir, ehe wir weiter schreiten, schuldig zu sein, ihn von den Aufgaben zur Post in Gladenbach in Kenntnis setzen zu müssen:

I) hatte der Postbote Heinrich Wiesenmann zu Vöhl nach seiner beschworenen Aussage auf die Post zu Battenberg gegeben

A) am 6ten Mai 1822:

1) ein Päckchen an Großhl. Zeitungs-Expedition in Darmstadt mit 7 fl. 34 kr.

2) ein dergleichen an Susanne Zinser in Gießen mit 13 fl. 30 kr.

3) ein dergl. an Hrn. Buchhändler Magnus in Bonn mit 38 fl. 1 kr.

B) am 9ten Mai 1822 einen Brief an Hrn. Schuhmachermeister Vogel in Darmstadt mit 2 fl. 12 kr.

C) am 16ten Mai 1822:

1) ein Päckchen an Hrn. Hofgerichts-Advokaten Welker mit 19 fl. 15 kr.

2) ein dergl. an den Hrn. Bäckermeister G.H. Ebel in Gießen mit 15 fl. 43 kr.

Diese Angabe wird von der Großhz. Postverwaltung in Battenberg bestätigt, welche

II) außer diesen angegebenen Geldern noch folgende am 18. Mai 1822 hierher spedirt† hatte:

---

* Ranzenklappe

1) vom Herrn Regierungsamts-Aktuar von der Tann zu Battenberg an die Heyersche Buchhandl. dahier 9 fl. 36 kr.
2) vom Hrn. Blumenthal aus Battenfeld an Hrn. Moses Wallenstein in Frankfurt 50 fl.
3) vom Hrn. Großherzogl. Rentamtmann Bang in Battenberg
a) an H. Hfgr. Adv. Welker in Gießen 265 fl. 30 kr.
b) an die Haupt–Restkasse in Darmst. 518 fl. 31 kr.
III) zu Biedenkopf waren am 18ten Mai 1822 auf die Post gegeben:
1) vom Hrn. Forstkassierer Lang auf der Ludwigshütte an die Großhrzl. Haupt–Rest–Kasse in Darmstadt:
a) ein Pack mit 200 fl.
b) ein Beutel mit 700 fl.
2) von Hrn. Kammerrat Groos in Laasphe an Ludwig Braus in Wetzlar ein Paket mit 17 fl. 30 kr.
3) vom Herrn Großh. Obereinnehmer Stammler zu Biedenkopf:
a) ein Beutel mit 2000 fl.
b) ein desgl. mit 2000 fl.
c) ein desgl. mit 1718 fl. 24 kr.
d) ein desgl. mit 2000 fl.
e) ein Brief an den Hrn. Großhzl. Obereinnehmer Hoffmann in Gießen 14 fl. 25 kr.
4) vom Hrn. Posthalter Stapp in Biedenkopf an Hrn. Feuerstein in Fulda 50 fl.
5) von Hrn. G. Jung in Biedenkopf an Hr. H. Homberger jun. in Gießen 9 fl. 18 kr.
6) von Ludw. Weiß Witwe auf der Ludwigshütte an ihren Sohn, den Leibgardisten Weiß in Darmstadt 3 fl.
IV) Zu Gladenbach haben am 19. Mai 1822 auf die Post gegeben:
1) der Hr. Regierungsrat Krebs an die Heyersche Buchhandl. in Gießen 113 fl. 23 kr.
2) der Hr. Rentamtmann Buff an die Großherzogl. Forstkasse in Darmstadt 700 fl. 59 kr. Summe 10466 fl. 51 kr.

Von diesem allen fand der Herr Postverwalter Grünewald neben dem zerschlagenen Geldkasten ein schön geordnetes Paket Briefe, einen noch unversehrten Briefbeutel von Battenberg, einen dergleichen von Gladenbach, aufgerissen und die darin befindlich gewesenen Gelder bis auf zwölf Gulden geraubt. Er fand ferner sämtliche Gladenbacher Briefe in noch unversehrtem Zustand, ein unbeschädigtes Paket von Biedenkopf, fünf Pakete blos Pos. 4 des Passes, die zum Teil beschädigt waren; ein leinenes Säckchen, noch unversehrt; ein ausgeleertes Geldsäckchen, bezeichnet: Obereinnehmerei Biedenkopf; einen zerrissenen Bogen Packpapier, worin die Gladenbacher Gelder besonders eingebunden, in die dasigen versiegelt abgegangenen Briefbeutel verwahrt waren; den Postpaß – endlich

† geschickt

Lumpen, womit dem Postillon die Augen zugebunden, und Stricke, womit sie beide an Händen und Füßen geknebelt waren.

Die Nacht über blieb Müller mit Wagen und Pferden in Rollshausen, fuhr anderntags um sieben Uhr morgens von da weg und traf um elf Uhr ohne weitere Anfechtung in Gießen ein. Nachdem er dem Postamt und dieses wieder dem Stadtgericht die nötige Anzeige von dem Vorfall in der Subach gemacht hatte, wurde Müller noch am selben Tag vor Gericht gezogen und von demselben aufgefordert, den Hergang der Sache getreulich zu erzählen. Er deponierte nur dasjenige, was den Lesern schon bekannt ist, und fügte noch auf Befragen, wie die Räuber gekleidet gewesen und ob er keinen derselben gekannt hätte, hinzu, sie hätten, wie er wenigstens in seiner Angst bemerkt zu haben glaube, kurze Wämschen angehabt, und einen derselben, welcher oben auf der Höhle gestanden, einen Büchsenranzen und Schnappsack getragen und nicht maskiert gewesen sei, glaube er, schon einmal gesehen zu haben, könne sich indessen nicht besinnen wo, noch weniger denselben namhaft machen, übrigens, fuhr er fort, glaube er fest, daß die Räuber Bauern der dortigen Gegend gewesen sein müßten, da sie die gleiche Sprache gesprochen und, so wie es ihm geschienen, sie verstellt hätten. Ferner gab er an, daß die Pistolen, welche die Räuber gehabt, mit gelben Ringen über den Läufen versehen gewesen wären.

Vor das Landgericht zu Gladenbach wurde auch gleichzeitig der dort stationierte Landschütze Hamann gefordert und machte vor demselben eine getreue Erzählung seines gestrigen höchst traurigen Ungemachs und fügte dem uns schon Bekannten noch hinzu: Zweimal hätten die Räuber bei ihrem Angriff nach ihm geschossen, eine Kugel habe er dicht an seinen Ohren vorbeisausen hören, eine andere seine Nasenspitze, wie zu sehen, gestreift. Auch sei ihm sein Tabaksbeutel und Schnupftuch geraubt worden. Im übrigen stimmte seine Aussage teils mit der des Müllers überein, andernteils stand sie mit ihr im Widerspruch. So z.B. behauptete Hamann, daß der Wagen beim Angriff schon auf dem Gleichen, Müller hingegen, daß derselbe noch in der Hohle gewesen sei. Ersterer will auf dem Fußpfad der Hohle auf fünfzehn bis sechzehn Schritte hinter dem Wagen hergegangen sein. Letzterer aber will ihn in der Hohle und nur auf fünf bis sechs Schritte dem Wagen haben folgen sehen. Der eine gab an, daß die zwei Pistolenschüsse schnell, der andere, nicht gleich aufeinander gefallen seien. Dies, in Verbindung mit anderen gegen sie angegebenen Indizien, veranlaßte das Gericht, diese beiden bis zur Aufklärung und Beseitigung dieser Widersprüche verhaften zu lassen; allein die Folge rechtfertigte diese Unglücklichen als an diesem Verbrechen gänzlich schuldlos.

So traurig wahr sich auch hier die Erfahrung wiederholt, daß nicht nur der Schuldige die verdienten Strafen seiner Übeltat büßt, daß auch ihre Folgen der Unschuld Wunden schlagen – so herrlich wahr ist es auch, daß sie nicht immer verkannt bleibt, daß sich endlich der Zeitpunkt naht, wo ihre Ketten fallen, wo sie glorreich gerechtfertigt ausgeht.

Wenn man in Betracht zieht, daß diese armen Menschen nicht mit dem Blicke eines kalten Beobachters, sie vielmehr in der größten Bestürzung gleichsam mit dem Tode ringend, diesen Vorfall auf sich niederstürzen sahen, so wird man sich gewiß diese Widersprüche erklären können. Betrachten wir indessen wieder den Standpunkt eines untersuchenden Richters, dem es aufgegeben ist, alles auf seine Untersuchung sich Beziehende und Auffallende, eine jede Indizie, die, so geringhaltig sie auch scheinen mag, ihm Aufschluß geben könnte, zu benutzen und zu beachten, so wird man auch hier sein Verfahren dieser Aufgabe entsprechend finden. Nächst dem Verbrechen ist ihm von Wichtigkeit der Täter, ihn aufzufinden und zu entlarven – sein Endziel. Allein nach diesem Ziele führt kein ebener, heller Weg; Indizien, durch die sein Geschäft beginnt, werfen sich auf, die verdächtigsten klären sich auf und, rastlos nach anderen forschend, kommt er in ein Dunkel, woraus er sich nicht zu finden weiß, und fordert in dieser Ungewißheit Schuld wie Unschuld vor sein Tribunal.

Um uns indessen nicht zu weit von unserem Zweck zu entfernen, nehmen wir den Faden der Erzählung wieder auf. Da man auf den vorgenommenen Streifzügen der Täter auf frischer Spur nicht habhaft werden konnte, so traf man nunmehr alle polizeilichen Maßregeln, die zur Entdeckung führen konnten. Dem Entdecker setzte man, unter Verschweigung seines Namens, 500 Gulden zur Belohnung aus, und es wurden auch alle Polizeibehörden des Auslandes ersucht, dieser Sache eine gleiche Aufmerksamkeit zu schenken.

Während man so bemüht war, den Tätern auf die Spur zu kommen, tat sich schon kurz nach dem Raub die Sage von einer verdächtigen Erscheinung nach der anderen kund; Indizien, wahre wie falsche, häuften sich in Menge aufeinander, die wir hier dem geneigten Leser, der Folge nach, mitzuteilen unverfehlen.

Um die Zeit des Raubs hielt sich in dem Krofdorfer Wald eine bedeutende Zigeuner- und Gaunerbande auf, deren Frechheit nachstehender Tatumstand schon hinlänglich dartun wird. Der Waldwärter aus Krofdorf stieß nämlich bei seinem Nachhausegehen auf dieses Gesindel, welches, um ein Feuer gelagert, sich Eier absott. Sie zwangen ihn, bis um zwei Uhr nachts bei ihm zu bleiben, darauf begleiteten ihn drei aus ihrer Gesellschaft bis vor den Wald, wo sie ihn nötigten, seine Flinte abzufeuern, und bei seinem Weggehen zu ihm sagten, er solle niemandem sagen, daß er sie hier angetroffen hätte. Sie waren alle mit blauen Kitteln bekleidet und trugen kurze, runde Hüte. – Eine zweite verdächtige Erscheinung war die, daß sich mehrere Kerle, ungefähr fünf an der Zahl, an demselben Tage, ganz kurz nach der Beraubung und in der Gegend, wo dieselbe geschehen, blicken ließen, die, nach den Aussagen aller der Personen, welche sie sahen, schon durch ihren Gang Verdacht erregten, indem sie, statt einen bestimmten Weg zu halten, immer querfeldein gehend, das Zusammentreffen mit anderen Menschen zu vermeiden schienen. Aus dem Wald, der Lache, zwischen der Mappes- und Kitzelmühle und dem Wald Isterbach kommend, nahmen sie ihren Weg, immer die kurhessische Grenze haltend, über Riegenbach, Fronhausen nach Damshausen, Landgericht Biedenkopf, hin. Mit Ausnahme eines einzigen, welcher einen blauen leinenen Wams getragen und eine Kappe aufgehabt hatte, trugen sämtliche Kerle blaue Kittel und kurze, runde Filzhüte. – Ein Mann aus Riegenbach, der an diesem Sonntag in den Wald gegangen war, um Vogelnester aufzusuchen, sah, selbst unbemerkt, zwischen drei und vier Uhr eben diese Kerle sich ihm bis auf einige Schritte nähern und bemerkte in dieser Nähe, daß einer von ihnen einen Sack um den Hals und über beide Schultern hängen gehabt, ein anderer einen ledernen Beutel, dessen beide Enden von der Dicke eines Kindskopfs gewesen, in der Hand, ein Dritter einen linnenen Beutel unter dem Arm und die zwei andern voll bepackte Büchsenranzen getragen hätten. In der Meinung, daß dieselben sich verirrt haben mochten, sei er, sie anrufend, auf sie zugegangen, um ihnen den rechten Weg zu zeigen. Diese wären aber, ihm den Rücken zukehrend, beständig schnell fortgegangen und hätten sich auch nicht durch seinen Ruf, daß mehrere Leute von unten zu ihm herauf kommen sollten, um sie zu schrecken, nicht stören lassen. – Um fünf Uhr erschienen diese Kerle hinter Fronhausen, und ein Mann aus Sickertshausen, der sie zu dieser Zeit sah, nahm deutlich wahr, daß einer derselben seinen Kittel so in die Höhe gehalten, als wenn er etwas darin trüge; die anderen hatten Päcke auf den Schultern getragen. – Ein Mann aus Fronhausen, welcher diese Kerle noch um sieben Uhr aus dem Auerbacher Wald kommen sah, bemerkte, daß einige bepackte Schnupftücher in den Händen hatten, und schloß aus ihrem schwerfälligen Gang auf eine schwere Last, die sie zu tragen hätten. Auch sie gingen immer auf der kurhessischen Grenze nach der Gegend von Dittershausen nach Damshausen zu. – An demselben Tag begab sich in der Gegend von Biedenkopf ein ähnliches Ereignis, das, in Beziehung auf den Raub, allerdings großen Verdacht erregen mußte. Zwei Weiber von Buchenau, welche von Amenau kamen, stießen auf ihrem Weg auf zwei Manns- und drei Weibspersonen, die aus einem Gebüsch des Waldes kamen und worunter sich auch ein gewisser Mann befand, den sie für den Jost Klees von Engelbach erkannten. Eine kleine Strecke mit ihnen gehend, ließen sie sich in ein Gespräch ein, und als sie bei ihrem Weggehen bemerkten, daß die fünf Personen nicht auf dem Weg, sondern wieder in den Wald zurückwollten, so äußerten sie fragend: Warum sie, da sie doch weder geraubt noch gestohlen hätten, nicht Weg hielten? Auf diese Bemerkung erhielten sie zur Antwort: Rauben und Stehlen ist heutigen Tags erlaubt, und wenn der Dieb immer gekriegt würde, müßten sie gefangen sein! Kaum waren diese beiden Weiber einige Schritte weiter gegangen, als sie einen zweiten Trupp erblickten, unter denen sich wieder einige Männer nebst mehreren Weibern befanden, und da dieselben ihnen verdächtig schienen, so versteckten sie sich hinter einem Busch, um ihr Gespräch abzulauern. So unbemerkt hörten sie dann eine Weibsperson zu einem Mann sagen: »Wie wird dir's gehen, wenn's herauskommt, du bist Soldat, deine Strafe ist doppelt hart!« Nur diese Worte, die etwas laut gesprochen, verstanden sie aus ihrer ganzen Unterredung. Zugleich aber wurden sie von einer Weibsperson hinter ihrem Busch bemerkt, worauf dieselbe dem übrigen Gesindel winkte, das sich auf dieses Zeichen eiligst in den Wald zurückzog. – Als dieser Vorfall dem Herrn Landrichter Klingelhöffer zu Biedenkopf, der auch schon Kunde von dem Raub in der Subach hatte, zu Ohren kam, verhängte er über diese Personen eine Untersuchung, deren Resultat jedoch dahin ausfiel, daß Klees und sein Konsortium an dem Postraub nicht teilgenommen, aber an diesem Tag zur Begehung eines Forstfrevels, auf das sogenannte Erlenschälen, ausgegangen und an ihrem Vorhaben durch obige zwei Weiber von Buchenau gestört worden waren.

Da von Seiten der Landgerichte Biedenkopf und Gladenbach alle Versuche zur Entdeckung der Verbrecher fruchtlos blieben und die Untersuchung gegen Müller und Hamann zu Gießen ebenso wenig versprach, so fand es das Großherzoglich Hessische Hofgericht der Provinz Oberhessen zu Gießen für zweckmäßig, den Untersuchungsrichter, Herrn Kriminalrichter Danz, zu beauftragen, sich einmal selbst nach Gladenbach zu verfügen, um die oben erwähnten Spuren, die sich dort und in der Gegend gezeigt hatten, sorgfältig und genauer zu verfolgen. Hier angelangt, war sein erstes, sich den Weg, den die fünf Kerle am Sonntag vor Pfingsten nach dem Amt Biedenkopf genommen hatten, genau zeigen zu lassen, sodann mehreren vertrauten Leuten den Auftrag zu erteilen, ganz insgeheim auf alle Büchsenranzen ein wachsames Augenmerk zu haben, und zwar aus dem Grunde, weil bekanntlich am Ort des Raubs man die Batte von einem Büchsenranzen gefunden hatte, das einzige Stück, das man, nebst der Messerklinge, als den Räubern zugehörend und von denselben verloren, in Händen hatte; endlich auf den Umlauf von Konventionstalern, wovon sich viele bei dem geraubten Geld befunden hatten, sorgfältig zu achten. – Während er auf diese Art die vorhandenen Spuren verfolgte, war er zugleich bemüht, anderen, die sich zu diesen gesellten, mit demselben Eifer und gleicher Sorgfalt nachzugehen. Auf die ihm hier von dem Herrn Regierungsrat Krebs zu Ohren gebrachte Kunde, daß ihm ein Mann, welcher seinen Namen verschwiegen zu haben wünsche, gesagt habe, einigen Fischern aus Friedensdorf, welche beim Fischen an der Lahn gewesen waren, wären an dem besagten Sonntag fünf Kerle in der Nacht um zwölf Uhr aufgestoßen, begab sich Herr Kriminalrichter Danz, um alles Aufsehen zu vermeiden, in eigener Person gleich anderen Tages darauf nach Friedensdorf und gab dort einigen Leuten den Auftrag, sich ganz im Stillen zu erkundigen, wer den Sonntag vor Pfingsten, den 19. Mai, beim Fischen an der Lahn gewesen sei. Als die Fischer ausfindig gemacht waren, erfuhr man von ihnen, daß nachts um zwölf Uhr fünf ihnen unbekannte Kerle an der Lahn auf vier bis fünf Schritte auf sie gestoßen seien. Einer der Kerle habe gerufen: »Wer da?«, und als sie mit: »Gut Freund!« geantwortet, derselbe versetzt, sie sollten sich nicht unterstehen, näher heranzutreten, sich sogleich nach Hause begeben und keinem Menschen sagen, daß ihnen hier jemand begegnet wäre. Die Entzifferung dieses gewiß sehr auffallenden Umstandes brachte indessen den Herrn Kriminalrichter Danz doch seinem Ziele nicht näher, da dieses Ereignis, nach der eidlichen Aussage der Fischer, am 8. Mai, also vor der Begehung des Raubes, sich zugetragen hatte.

Während man dort den Spuren der Räuber, die sie unmittelbar nach ihrer Tat zurückgelassen hatten, mühsam, aber vergeblich nachgegangen war, fanden hier auch Untersuchungen gegen einige verdächtige Personen statt. Eine begann gegen die Gebrüder Müller von Gladenbach, von denen der eine bei der Nachricht von dem Raube geäußert haben soll, er könne diese nicht begreifen, da er nichts gesehen hätte und doch um drei Uhr durch die Subach gekommen sei, der andere Bruder um dieselbe Zeit aus dem Wald gekommen sein soll. Die Verhöre dieser beiden Personen endeten indessen mit deren völligen Unschuld. – Eine andere Untersuchung leitete man gegen zwei Männer aus Kombach ein, einen gewissen Hans Jacob Geiz und dessen Sohn. Es wurde nämlich dem Gerichte angezeigt, ein gewisser Schmidt von Allendorf sei an mehrgedachtem Sonntag in die Wohnung des Hans Jacob Geiz gekommen, um Geld bei ihm zu holen, habe denselben aber nicht zu Hause angetroffen, und dessen Frau ihm gesagt, ihr Mann sei nach Wallau gegangen, um dort eine Kuh zu bannen* – ferner soll sein Sohn Jacob Geiz seit dem letzten Biedenköpfer Markt einen neuen Büchsenranzen tragen; auch hätten in der Nacht von Samstag auf Sonntag zwei Burschen, als sie von Dautphe nach Kombach gegangen waren, vor diesem letzteren Ort, zwischen elf und zwölf Uhr des nachts sechs verdächtige Kerle gesehen, der Dunkelheit wegen jedoch nicht erkennen können. Da diese Indizien indessen nicht vollwichtig genug waren, um eine förmliche Untersuchung über diese beiden Männer von Kombach zu verhängen, so wurden sie nach ihrem ersten Verhör wieder entlassen.

Herr Kriminalrichter Danz, seinem Ziel immer noch nicht näher gebracht, begab sich wieder nach Gießen zurück und hier, nach anderen Spuren forschend und die vorhandenen immer weiter verfolgend, widmete dieser verdienstvolle und rastlos tätige Mann dieser Angelegenheit seine ganze Aufmerksamkeit.

Wir müssen indessen, des Zusammenhangs wegen, in unserer Erzählung auf eine frühere Tatsache zurückgehen. Es wird dem Leser noch die Anzeige des Herrn Regierungsrat Krebs in Beziehung auf die Fischer aus Friedensdorf bekannt sein sowie der Erfolg der darauf geschehenen Nachforschung. Das Gericht hielt es für ratsam, diese alte Spur nicht ganz aufzugeben, sondern ihr weiter nachzugehen. In dieser Absicht ließ es den Mann, von dem die Anzeige ausgegangen war, dessen Namen Herr Regierungsrat Krebs anfänglich verschwiegen, jetzt aber auf Ersuchen genannt hatte, vorladen, um von ihm selbst das wahre Verhältnis in dieser Sache zu erfahren. Er erschien und gab außer dem oben von Herrn Regierungsrat Krebs Bemerkten noch Folgendes an: Bei einem Besuch, den ihm Herr Regierungsrat Krebs einst gemacht hatte, sei zufällig auch die Rede auf den Straßenraub in der Subach gekommen, wobei er geäußert habe, daß er so wie jedermann glaube, dieser Raub sei von Wilddieben der dortigen Gegend verübt worden, und habe zugleich als den Grund dieser seiner Vermutung angeführt, es wäre schon einmal im vorigen Jahr von Wilddieben ein Straßenraub begangen worden. Auf Befragen, wie denn die Wilddiebe der dortigen Gegend hießen, machte er unter anderem die beiden Geize von Kombach als sehr berüchtigte Wilddiebe namhaft. – Diese unbestimmte Indizie, die sich bloß auf

* eine Kuh vor dem Kauf begutachten

eine Sage gründete, verließ man einstweilen, um anderen bestimmteren nachzugehen, die eher zum Ziel zu führen versprachen.

Eine der vielen Maßregeln, die man zur Entdeckung der Täter ergriffen hatte, war auch die, daß man sich in einigen Städten der Umgegend erkundigen ließ, ob vor Begehung des Postraubs Larven dort verkauft worden seien. Aus Marburg erhielt man nun von dem dortigen Kriminalsenat die Nachricht, daß wirklich bei zwei Kaufleuten, bei dem einen zwei Monate, bei dem anderen kurz vor der Zeit des Raubes, Masken von Bauern gekauft worden seien, die jedoch nicht erkannt und nur an einem der Käufer eine für einen Mann ungewöhnlich feine Stimme wahrgenommen worden sey. – Auch ein Schreiben von Herrn Regierungsrat Krebs höchst wichtigen Inhalts langte kurz auf diese Nachricht ein: Eine Frau habe ihm unter Verschweigung ihres Namens eröffnet, ein Mann aus Kombach mit dem Vornamen Johann Jost habe bei dem Müller N.N. in der Altmühle 20 fl. 24 kr. Konventionsgeld gewechselt und einige Personen zu Kombach, die der Sage nach zu einer Wilddiebesbande gehörten, nach geschehener Beraubung sich in ihren Vermögensverhältnissen bedeutend verbessert, Bauereien unternommen, Geld ausgeliehen etc.

Das Gericht erwog die Gefährlichkeit der Wilddieberei, ihre bekannte Frechheit, ihre Fähigkeit zu einem solchen Verbrechen; es erwog ferner einen ungewöhnlichen Geldaufwand mehrerer Leute von Kombach, vor allem aber die wichtige Aussage des einen der soeben erwähnten Kaufleute zu Marburg und das daraus hervorgehende Zusammentreffen mit den früheren gegen den schon in Untersuchung gewesenen Hans Jacob Geiz vorliegenden Verdachtsgründen, der wirklich eine sehr feine Stimme gehabt – und beschloß, den Herrn Kriminalrichter Danz zu beauftragen, diese Indizien an Ort und Stelle zu untersuchen. Er begab sich zuerst nach Gladenbach, und hier entdeckte er die Namen der ihm noch unbekannt gewesenen verdächtigen Personen von Kombach und erhielt auch zugleich noch Kunde von einigen verdächtigen Personen aus anderen Ortschaften. So z.B. soll M*** von Eckelshausen, ein unbegüteter Mann, ein Haus habe aufschlagen lassen, B*** von Wolfsgruben 60 Brabanter Taler, ein gewisser Acker aus Kombach 50 Gulden verliehen haben und mehrerwähnter Geiz aus Kombach einen Wagen, worauf er 10 fl.bezahlt, gekauft haben. Da diese Ortschaften alle in der Nähe von Biedenkopf liegen, so beschloß der Herr Kriminalrichter Danz, seine Untersuchungen dort fortzusetzen. Gleich bei seiner Ankunft erkundigte er sich bei dem Herrn Landrichter Klingelhöffer nach den Vermögensverhältnissen dieser Personen und erfuhr von ihm, daß bei einigen ein solcher Geldaufwand allerdings Bedenklichkeiten erregen müßte; man könne z.B. nicht begreifen, wie B*** 60 Brabanter Taler, noch weniger Acker, ein ganz armer Mensch, 50 Gulden zu verleihen imstande seien; M*** sei zwar kein vermögender, jedoch ein braver Mann. Hierauf erkundigte er sich nach dem Namen der dortigen Wilddiebe, unter denen ihm folgende genannt wurden:

1) Geiz und dessen Sohn,

2) Johannes Hartmann und viele andere.

Hieraus möge der geneigte Leser selbst entnehmen, mit welchen Schwierigkeiten ein untersuchender Richter zu kämpfen habe, welche Geduld und Ausdauer, welcher Scharfsinn dazu gehöre, bei so vielen Verdachtsgründen und sich durchkreuzenden Umständen die wichtigsten und entscheidendsten herauszuheben und zu beachten. Mühsam eine Spur gefunden, worauf er die Wahrheit zu finden denkt, verläßt sie ihn, um wieder eine andere mit Mühe aufzusuchen und vielleicht ebenso fruchtlos zu verfolgen – und findet sie dann oft da, wo er sie nicht vermutet.

Eines Tages machte der Gendarm Best zu Biedenkopf dem Herrn Kriminalrichter Danz die Anzeige, er glaube, daß ein Mann aus Kombach über den Postraub näheren Aufschluß geben könne, und bemerkte dabei, daß dieser Mann aus Furcht sich nicht getraue, denselben zu erteilen. Sogleich wurde Best beauftragt, sich zu verkleiden und diesen Mann auf der Stelle hierher zu bringen. Er erschien. Furchtsam und bang trat er in die Stube und eröffnete den Herren des Gerichts: Nur unter Verschweigung seines Namens, da er sich vor den Menschen, die er jetzt nennen werde, sehr fürchte, sei er bereit, wichtige Dinge an den Tag zu bringen. Nachdem ihm nicht allein dies, sondern, im Fall seine Anzeige von Erfolg sein würde, auch eine Belohnung versprochen worden war, trug er nun keine Bedenken mehr, Folgendes zu offenbaren: 1) Ihm und allen Einwohnern des Dorfes sei es auffallend, daß Hans Jacob Geiz und seine Söhne seit der Beraubung des Geldkarrens größeren Aufwand machten als zuvor. Der älteste Sohn sei lange Willens gewesen zu heiraten, habe aber in Ermangelung der dazu nötigen Rezeptionsgelder von 200 Gulden nicht dazu gelangen können; kurz nach der Beraubung des Geldkarrens habe derselbe die 200 Gulden bezahlt und das Mädchen geheiratet. Die Ehefrau des Jost Wege habe ihm solches erzählt. 2) Der alte H.J. Geiz habe einen Wagen nach dem mehrerwähnten Vorfall für 28 Gulden, desgleichen mehrere Mötten* Frucht gekauft und bar bezahlt. 3) Der jüngere Sohn von Geiz trage seitdem eine Sackuhr, und niemand könne sich erklären, wie derselbe dazu gekommen sei. 4) Seine Frau habe ihm erzählt, dieser sei im Ort auf der Straße gegangen und habe einen dicken Beutel voll Geld gehabt. 5) Soll der alte Geiz, als Catharina Febbels Witwe geklagt habe, die Steuern nicht bezahlen können, sogleich zu deren Berichtigung sich erboten haben. 6) In ganz Kombach sei es kein Geheimnis, auch er selbst habe es oft gesehen, wie der alte Geiz und seine beiden Söhne sonntags wie werktags auf die Jagd auszögen. 7) Auch Johann Jost Wege von Kombach habe sich nach dem Vorfall in der Subach Frucht gekauft, und er habe diesen oft in der Gesellschaft der Geize gesehen. 8) Dessen ältester Sohn trage eine Sackuhr, die er vor jenem Vorfall nicht gehabt, auch jedermann sei es unbegreiflich, wie er bei seinen bekanntlich schlechten Vermögensumständen dazu gekommen sei. 9) Ein Mann aus Engelbach, der sich als Tagelöhner ernähre, sei dieses Frühjahr im Walde bei Engelbach angefallen und ihm ein Gulden geraubt worden.

---

* Trockenmaß von örtlich verschiedener Größe

Diese Anzeige, die den Verdacht, der gegen diese Personen schon früher vorlag, noch immer mehr und mehr verstärkte, schien dem Herrn Kriminalrichter Danz von solcher Wichtigkeit, daß er auf sie in den Wohnungen der Verdächtigen Haussuchungen vorzunehmen beschloß. Er begab sich deshalb gleich am anderen Tag in aller Frühe von Biedenkopf nach Kombach. Zuerst begann die Haussuchung in den Haupt- und Nebengebäuden des Hans Jacob Geiz, und um während dieser Zeit des Jost Wege versichert zu sein, beorderte man zwei Landschützen in dessen Wohnung, mit dem Befehl, alle Zugänge seines Hauses einstweilen zu besetzen, niemanden aus- und einzulassen und ihn selbst unter scharfer Aufsicht zu halten.

Bei H.J. Geiz fand man denn mehrere Flinten, Schrotbeutel, Pulverhörner, wovon das eine noch mit Pulver gefüllt war, und eine Kugelform, eine Pistole, welche mit Messing beschlagen und mit einem gelben Ring über den Lauf versehen war, und endlich eine silberne Uhr. An barem Geld fand sich nichts vor, was Verdacht hätte erregen können. – Hierauf begann die Haussuchung auch bei Joh. Jost Wege, wo man, nebst wenigem Gelde, eine silberne Uhr vorfand. Alle diese Sachen wurden unter obrigkeitliche Verwahrung genommen.

Nicht die Menge der Gewehre, von welchen sich bloß auf die den Geiz bezichtigte Wilddieberei schließen ließ, als vielmehr die unter denselben sich befindliche mit Messing beschlagene und mit einem messingenen Ring über den Lauf versehene Pistole, die ganz mit der von Müller und Hamann beschriebenen übereinstimmte, veranlaßte, in Verbindung mit den übrigen Indizien, das Gericht, die beiden Geize und den Jost Wege in bürgerliche Haft nach Biedenkopf bringen zu lassen.

Herr Kriminalrichter Danz, der allen Indizien seine Aufmerksamkeit schenkte, keine unbenutzt ließ, richtete ein besonderes Augenmerk auf die Anzeige, die ihm von dem Kriminalsenat zu Marburg in Beziehung auf die Käufer von Masken zugekommen war. Er ließ deshalb von Biedenkopf durch ein Ersuchungsschreiben die beiden Larvenhändler dahin bescheiden, um durch ein Gegenüberstellen aller bis jetzt verdächtigen Personen und der berüchtigtsten Wilddiebe mit diesen beiden Kaufleuten die Käufer der Masken vielleicht ausmitteln zu können. In dieser Absicht ließ er die Verdächtigen alle unter irgendeinem Vorwand, der sich auf diese Sache nicht zu beziehen schien, durch das Landgericht vorladen und Geiz und Wege aus ihrer Haft vorführen. Erschienen, führte man diese Personen eine nach der anderen an den Marburger Kaufleuten, ohne daß diese von jenen bemerkt werden konnten, vorüber. Als einer der Kaufleute des Hartmanns ansichtig wurde, so erklärte er sogleich, daß er diesen für einen der Maskenkäufer halte und verlangte, um sich noch besser davon überzeugen zu können, eine fingierte Zitation vor Gericht. Aus der Gerichtsstube wieder zurückgekehrt, erklärte er, daß er diesen Menschen nunmehr genau betrachtet und seine Vermutung sich fast bis zur Überzeugung verstärkt hätte. Dieser Tatumstand hatte die augenblickliche Verhaftung des Hartmann zu Biedenkopf und die noch später sich dazu gesellten Verdachtsgründe bald darauf seine Einbringung in das Kriminalgefängnis zu Gießen zur Folge.

Die beiden Geize und Jost Wege, die gleich nach ihrer Verhaftung ins Verhör genommen worden waren, konnten den Verdacht, der gegen sie vorlag, nur zum Teil beseitigen. H.J. Geiz suchte denselben hinsichtlich der angeblichen Aussteuer seines Sohnes von 200 fl. dadurch niederzuschlagen, daß er eine zu diesem Zweck gemachte Anleihe von 40 fl. auswies, welche er seinem Sohn bar mitgegeben, und vorgab, das Fehlende durch eine ihm zugestellte Taxation seines dereinstigen Vermögensanteils ergänzt zu haben. Einen zweiten minder starken Verdacht, den der Ankauf eines Wagens in einer Barzahlung von 28 fl. erzeugt hatte, beseitigte er insoweit, daß er vorschützte, denselben nicht bar mit 28 fl., sondern nur eine Stückzahlung von 11 fl. darauf bezahlt zu haben. – Unbeseitigt dagegen ließ er alle übrigen Verdachtsgründe, indem er und sein Sohn weder den Erwerb der Uhr vor dem Zeitpunkt des Raubes noch den früheren Besitz der Pistole beweisen konnten – und er den Ankauf der Frucht für 26 fl. von selbst zugab.

Jost Wege vermochte ebensowenig die Stärke des gegen ihn zeugenden Verdachtes zu entkräften; denn seine Erklärung vor Gericht, die bei ihm gefundene Uhr schon lange zu besitzen, konnte umso weniger Berücksichtigung verdienen, indem dieselbe nur nach der Zeit des Raubes gesehen worden war. Ebenso unwiderlegt ließ er den Umstand, auf dem Biedenkopfer Markt Hände voll Geld gezeigt, so wie sein Vater den, sich bedeutend viel Frucht angeschafft zu haben.

Obgleich diese Personen alle allein schon durch ihren großen Geldaufwand verdächtig erschienen, so trug das Gericht dennoch Bedenken, sie darauf schon in Kriminaluntersuchung zu ziehen; es hielt vielmehr für nötig, sich ganz genau bei dem Ortsvorstand zu erkundigen, ob ein solcher Aufwand ihren bekannten Vermögensverhältnissen entspräche, nebenbei auch, ob diese Personen am Sonntag vor Pfingsten zu Hause gesehen worden, ob sie mit Hartmann Umgang gepflegt oder nicht. Hier erfuhr man, daß sie alle mit Hartmann einen vertrauten Umgang gehabt – daß das Gesamtvermögen des H.J. Geiz nur 270 fl. betrage – das Vermögen des J. Wege gleichfalls sehr unbedeutend sei – daß H.J. Geiz an dem Sonntag vor Pfingsten mit einem blauen Kittel und runden Hut bekleidet, einen Büchsenranzen tragend, aus seinem Hause gehend erblickt worden sei – und daß er und seine Söhne vor diesem Tag einheimisch gewesen, an diesem aber weder von den nächsten Nachbarn noch von irgendjemanden gesehen – vielmehr H.J. Geiz in den breiten Erlen von einem Manne erblickt worden sein soll. Dieser Mann nämlich, der an besagtem Sonntag von Gladenbach nach Gießen gefahren war, habe einen Menschen, der mit einem blauen Kittel bekleidet und den er für den alten Geiz gehalten, hinter seinem Wagen hergehen sehen. In der Meinung, derselbe wolle auch nach Gießen gehen, habe er still gehalten und ihm zugerufen, worauf derselbe, ohne ihm zu antworten, hinter einen Busch gegangen sei.

Nebst diesen Benachrichtigungen drängte sich eine ganz neue Indizie gegen den Jost Wege von Kombach auf. Man brachte nämlich von ihm noch Folgendes in Erfahrung: Ein Bursche habe ihn einstmals beim Branntwein angetroffen, wo er zu ihm gesagt: »Du kannst Branntwein trinken; ich bin so arm, daß ich nicht einmal in die Wetterau ins Dreschen gehen kann!« Sogleich habe sich Wege erboten, ihm Geld zu leihen, einen Beutel aus der Tasche gezogen, ihm jedoch aus diesem nichts gegeben, sondern einen zweiten hervorgezogen und ihm daraus 2 fl. geschenkt.

Die Benachrichtigungen von dem geringen Vermögensstande der verhafteten Personen, der auf einen rechtlichen Erwerb des bei ihnen wahrgenommenen Geldes nicht schließen ließ; ihren verdächtigen Umgang mit Hartmann; Geiz' frühes Weggehen vom Hause, das Tragen eines Büchsenranzens, sein Erscheinen in der Nähe des Raubplatzes – dies alles zusammengenommen konnte nun den Eintritt einer Kriminaluntersuchung nicht mehr hindern. Sie wurden daher unter Begleitung von acht Gendarmen, je hundert Schritte voneinander getrennt, um alle Unterredung zu verhüten, ins Kriminalgefängnis nach Gießen gebracht. Den 6. September 1822.

Wiewohl Johann Jost Wege, der Vater, hinlänglich bewiesen hatte, daß er sich zur Stunde des Raubes zu Hause befunden hatte, mithin nicht als physischer Teilnehmer an dem Verbrechen erscheint, so glaubte man doch, ihm eine intellektuelle Teilnahme daran beimessen zu müssen, da er sich kurz nach der Zeit des Raubes in Besitz einer nicht unbedeutenden Summe von Konventionsgeld befand und nicht leicht anzunehmen war, wie ihm die Handlungen seines verdächtigen Sohnes hätten fremd bleiben können – aus diesem Grund wurde er in eine gelindere Haft, in das Spinnhaus zu Gießen, gebracht.

Heinrich Geiz, der älteste Sohn des Hans Jacob Geiz, von dem bisher noch wenig die Rede war, erfuhr einige Wochen später dasselbe traurige Schicksal seines Vaters und Bruders. Derselbe stand früher als Soldat im Militärdienst zu Offenbach, wo er eine Bekanntschaft mit einem Dienstmädchen gemacht hatte. Nach Ablauf seiner aktiven Dienstzeit kam er als Reservist nach Mühlheim, dem Wohnort seiner Geliebten, mit der er hier seinen Umgang fortsetzte und ein Kind außer Ehe mit ihr zeugte. Eines solchen Verhältnisses längst überdrüssig, war derselbe schon mehrmals um die Erlaubnis zu seiner Verehelichung eingekommen, ohne sie erlangen zu können, weil er als Soldat der Bedingung zu dieser, Beibringung einer Summe von 200 fl., nicht nachkommen konnte. In dem Sommer 1822 – bald nach dem Straßenraub in der Subach – beseitigte er dies Hindernis und heiratete das Mädchen. Diese Heirat mußte umso auffallender erscheinen, da der Grund, der ihr seit Jahren entgegengestanden hatte, jetzt auf einmal verschwand.

Da sein Vater und Bruder einen so großen Verdacht dieses Raubes gegen sich hatten, so konnte dieser Umstand, so auffallend er auch scheinen mochte, allein genommen doch nur auf eine Mitwisserschaft an diesem Verbrechen hinweisen, wenn sich nicht noch ein anderer dazu gesellt hätte, der seine persönliche Teilnahme an demselben sogar vermuten ließ. Heinrich Geiz war nämlich einige Wochen vor Pfingsten bei seinem Vater in Kombach auf Besuch und während dieser Zeit von den Leuten in dem Ort täglich und auch noch am Sonntag vor dem Ereignis in der Subach gesehen worden; am Tage des Ereignisses selbst aber blieb er, gleich seinem Vater und Bruder, unbemerkt.

Das Kriminalgericht zu Gießen, welches, wie wir wissen, von alldem schon Kunde hatte, ließ ihn gleich nach der Verhaftung seines Vaters und Bruders durch seinen kompetenten Richter, Landgericht Steinheim, zur Verantwortung ziehen. Vor Gericht erschienen, gelang es ihm nicht, diese Verdachtsgründe niederzuschlagen, sondern verstärkte sie nur durch die auffallendsten Widersprüche. In Betreff seiner bewirkten Verehelichung gab er dieses an.

Das Kriegskommando in Offenbach habe zu dieser, statt der Beibringung von 200 fl. an barem Gelde, eine Kaution von 600 fl., die er geleistet, für hinlänglich gehalten. Diese enthalte:

1) Eine Schätzung seines dereinstigen Vermögensanteils von 350 fl., ausgestellt von dem Ortsvorstand zu Kombach;

2) eine Zusage seines Vaters, die Aussteuer von 100 fl., worauf er 40 fl. bar erhalten;

3) eine Bescheinigung des Vermögensanteils seiner Frau von 80 fl.;

4) eine Schuldverschreibung seines Schwagers Soldan über 200 fl., deren eine Hälfte er sich als Bediensteter in seinem Militärdienst erspart, die andere ihm eine verstorbene Base, ohne Vorwissen seines Vaters, vermacht habe.

So suchte er allen Schein des Verdachts gegen seine Verehelichung zu entfernen und zu erweisen, daß sie nicht mehr als Grund eines solchen erscheinen konnte.

Als er befragt wurde, ob er im Mai in Kombach gewesen sei, leugnete er zuerst, in diesem Monat eine Reise dahin gemacht zu haben, gab jedoch endlich zu, in der Mitte dieses Monats in der Gegend von Kombach, in Eckelshausen, gewesen zu sein, um sich seinen Taufschein zu holen, der zu seiner Trauung verlangt worden war. – Da man hierauf einwendete, warum er bei der kleinen Entfernung dieses Ortes von Kombach seinen Vater nicht besucht habe, so suchte er diesen Einwand dadurch zu widerlegen, daß er vorgab, er habe sich mit seinem Vater wegen eines »schändlichen Briefs«, den ihm derselbe kurz vorher geschrieben habe, überworfen.

Wer wird nicht über dieses Gewebe von Lügen und Widersprüchen erstaunen, wenn man bemerkt, daß dieser erst vom 30. Mai datierte Brief, der nichts »Schändliches« enthielt, auch selbst unter der Voraussetzung eines solchen Inhalts damals noch kein Grund der Entzweiung sein konnte und noch ferner anführt, daß das Gesamtvermögen seines Vaters nach gerichtlicher Taxation nur 270 fl. beträgt – er indessen in seiner obigen Sicherheitsleistung eine Schätzung von 350 fl. seines Vermögensanteils allein angibt. – Die nichts weniger als beseitigten Verdachtsgründe machten ihn zu einer Kriminaluntersuchung reif, und er wurde deshalb am 13. September 1822 in das Kriminalgefängnis zu Gießen gebracht.

Ludwig Acker von Kombach, der, wie schon bekannt, eine Anleihe von 50 fl. gemacht haben sollte und dadurch, mit Rücksicht auf seine Dürftigkeit, die Aufmerksamkeit des Gerichts erregt hatte, zog dieselbe nun völlig auf sich, nachdem Hartmann in seinem zweiten Spezialverhör das wichtige Bekenntnis abgelegt hatte, daß Acker ihm vor ungefähr sechs Wochen die Summe von 152 fl. geliehen habe. – Auf dieses Bekenntnis suchte man, seiner habhaft zu werden; sogleich sandte man zwei Gendarme nach seinem Wohnort ab, mit dem Befehl, ihn unverzüglich nach Gießen vor Gericht zu bringen. Allein man traf ihn nicht. Er war seit einiger Zeit ins Dreschen gegangen, ohne zu sagen wohin. Alle Nachrichten von ihm blieben aus, alle Nachforschungen fruchtlos. – Auf einmal erschien er und stellte sich freiwillig vor die Schranken des Gerichts – den 4. Oktober 1822.

Auf diese Art entwirrt sich der Knäuel eines Komplotts, so zerreißt Faden für Faden das Gewebe, in das sich dunkel verschwiegen der Übeltäter hüllt. Zerfallen mit dem Gesetz, das sich ihm als heilig anzuerkennen aufzwingt, sucht er dessen spähendes Auge zu umgehen – und rettet, ihm entronnen, einen mit sich selbst zerfallenen Menschen. Das ewige Mahnen seines Gewissens, die Strafen seines inneren Richters, sind ihm qualvoller als Kerker und Fesseln, als – Tod. Die Menschheit, die er geschändet, die Gesetze, die er beleidigt, zu versöhnen, wirft er sich, Vergeltung als Wohltat fordernd, in die Arme der Gerechtigkeit.

Während man in den Spezialverhören gegen die Inquisiten schon bereits mehrere Monate fortgerückt war, zeigte sich ganz unerwartet eine neue Spur. Ein Mensch, der uns selbst dem Namen nach noch unbekannt ist, wälzte auf sich einen Verdacht, der den der schon Verhafteten an Stärke und Größe noch bei weitem übertraf.

Jost Wege von Wolfsgruben, der Sohn des dortigen Schultheißen Jacob Wege, diente dort schon mehrere Jahre als Knecht zur völligen Zufriedenheit seines Brotherren und stand auch sonst im Ruf der Redlichkeit. Zu diesem Wege kam eines Tages ein Bekannter, um eine Pfeife, die er ihm geliehen hatte, wieder zu holen. Da er ihn nicht zu Hause traf, so sah er sich selbst in dessen Stube nach der Pfeife um, konnte sie indessen nirgends finden. Endlich suchte er auch einmal in dem Bette nach und fand, zu seinem größten Erstaunen, statt der Pfeife – eine Geldkatze, die bis an die Schnalle vollgefüllt, einige 100 fl. einschloß. – Kurz nach diesem Vorfall äußerte sich einmal Wege bei demselben Mann, der dies Geld gefunden: »Wenn es in Gießen schief geht, so wollen wir zusammen weggehen«, worauf ihm jener erwidert: »Wie kann ich das, da ich kein Geld habe?« Dagegen ihm Wege versetzt: »Dafür laß du mich nur sorgen, ich habe dessen genug!« – Auf Weihnachten sahen ihn ferner auch mehrere Leute in einem Wirtshaus zu Eckelshausen Hände voll Preußischer Taler zeigen und damit groß tun.

Alle diese Vorfälle gelangten zu den Ohren des Gerichts, und es glaubte, da es auch noch erfuhr, daß Wege auch einen Wanderschein von seinem Brotherrn zu erhalten gesucht habe, sich dieser verdächtigen Person so schnell wie möglich versichern zu müssen. Am 6. Februar wurde er nach Gießen gebracht. Allein er blieb nicht lange in seiner Haft. In der Nacht vom 11. auf den 12. April 1823 entfloh er, ohne daß man seiner wieder habhaft werden konnte.

Wir verlassen jetzt für einige Zeit diese Inquisiten, um die wichtigsten Indizien nach ihrer Verhaftung dem Leser mitzuteilen, und kehren in ihren Verhören wieder auf sie zurück.

Während man in der Spezialuntersuchung rastlos auf ein endliches Resultat hinarbeitete, drängten sich dieser Indizien immer mehr und mehr aufeinander, die die Vermutung ihrer Teilnahme am Raub bis fast zur Gewißheit erhoben und auch die Verhaftung noch einiger anderer Personen zur Folge hatten.

Man ließ den Personen, welche am Tag der Beraubung jene fünf verdächtigen Kerle vom Ort des Raubplatzes auf kurhessischer Grenze nach dem Amte Biedenkopf hinziehend gesehen hatten, die Inquisiten der Reihe nach gegenüberstellen, um zu erforschen, ob sie an ihnen den einen oder den anderen der fünf Kerle an Gang, Figur oder an irgendeinem Merkmal wiedererkennen würden. Hier erklärte eine der Personen auf seinen geleisteten Eid, daß sie den Jost Wege für einen derselben halte. – Auch dem Landschützen Hamann und dem Postillon Müller stellte man die Inquisiten vor, wo ersterer erklärte, daß er den dritten der ihm Vorgeführten, Johannes Hartmann, der Gestalt nach für denjenigen von den Räubern halte, der auf den Müller eingesprungen sei. – Eine andere Indizie warf sich auf gegen Jacob Geiz und Jost Wege von Kombach. Man erfuhr, daß beide kurz nach Pfingsten in Mühlheim gewesen seien und auf ihrer Rückreise in Butzbach, wo sie übernachtet, einen großen Aufwand gemacht, die ganze Nacht hindurch vom besten Wein gezecht und dabei Hände voll Geld hätten blicken lassen. Ihren erstaunten Mitzechern schlugen sie die Kosten ihrer Reise selbst auf 50 fl. an. – Auch soll Heinrich Geiz an einem Sonntagabend vierzehn Tage vor Pfingsten zu Wolfsgruben mit einem schwarzgemachten Gesicht im Ort herumgegangen sein und, nachdem er sich wieder abgewaschen, seine Kameraden gefragt haben: »Kennt ihr mich nun jetzt? Ihr müßt wissen, daß ich dem Geiz sein Ältester bin.«

Am auffallendsten von allen bisher angeführten Verdachtsgründen erschien folgende Anzeige – eine Anzeige, die an Gewicht alle anderen überwog und alle früheren fast überflüssig machte. Ein gewisses Mädchen sah, als es sich eines abends in der Küche des Johann Jost Wege von Kombach befand, zufällig in einem Aschenhaufen einen irdenen Topf stehen. Neugierig, was er enthalten möge, ging sie hin und fand in demselben – einen großen linnenen Beutel voll Geld. Sie war versucht, einige Stücke herauszunehmen, die sie ihrer Mutter brachte. Da ihre Mutter diesen Vorfall weitererzählte und das Gerücht davon auch zu den Ohren der Wegeschen und Soldanschen Ehefrau drang, so riefen beide Weiber das Mädchen zu sich und baten es, es solle, wenn es vor Gericht darüber zur Rede gestellt würde, sagen, ihre Mutter habe sich bei einer Beerdigung, wo sie diesen Vorfall erzählte, so betrunken, daß sie nicht gewußt, was sie gesprochen.

Betrachtet man das auffallende Betragen dieser Weiber, ihr Stillschweigen über das von den Männern entwendete Geld, dessen rechtlicher Erwerb sich eben darum nicht annehmen ließ, und bemerkt man noch hier, daß die Wege den Aufenthalt ihres ältesten Sohnes am Sonntag vor Pfingsten bei verschiedenen Leuten ebenso verschieden angegeben, so wird die Verhaftung der Letzteren als Mitwisserin des ihren Sohn beschuldigten Verbrechens als ganz natürliche Folge erscheinen. Auch eine Haussuchung in den Wohnungen dieser beiden Weiber, die wir als erfolglos ganz mit Stillschweigen übergehen könnten, wurde vorgenommen, hätte sie nicht beiläufig zu einem Verdacht gegen einen Menschen Anlaß gegeben, der bisher noch unberührt geblieben und mit der ganzen Sache in gar keiner Verbindung zu stehen schien.

Johannes Soldan von Kombach, Schwiegersohn des verhafteten Hans Jacob Geiz, in dessen Haus er auch wohnte, war am Tage der Haussuchung in aller Frühe in den Wald gefahren, um Holz zu holen. Als er bei seiner Rückkehr von der Haussuchung hörte, so fuhr er mit den Wagen vor das Haus und schlich sich heimlich davon, ohne an diesem Tage wieder zurückzukehren.

Die Ehefrau des Jost Wege wurde gleich nach ihrer Verhaftung ins Kriminalgefängnis nach Gießen gebracht. In ihren Verhören bestand sie fest darauf, daß das in der Asche gefundene Geld ihrem jüngsten Sohn gehöre, der es auf dem Tagelohn zu Biedenkopf verdient und es deshalb, wie er ihr nachher selbst gesagt, dahin versteckt habe, weil er befürchtet, sie würde ihm davon etwas fordern. Hartnäckig leugnete sie übrigens die mit der Finderin des Geldes stattgehabte Unterredung. – Zwei Monate nach diesem Bekenntnis begehrte dieselbe freiwillig ein Verhör mit der Bemerkung, sie wolle, wenn ihr heilig versprochen werde, daß ihrem Sohne nichts am Leben geschehe, ihn, wenn er dabei gewesen, zu einem Geständnis zu bringen suchen. In diesem Verhör gab sie nun Folgendes an: Sie sei einmal vor Weihnachten in dem Geizschen Haus gewesen und habe daselbst, vor der Stubentür stehend, folgende Unterredung zwischen dem Soldan und der alten Geizin gehört: »Wenn nichts über unsere Leute herauskommt, so haben wir Geld genug; wir haben auf einem Kornacker auf der Dötterstahl vier Töpfe mit Geld stehen, wobei nicht einmal dem Heinrich sein's ist und haben auch schon einen Topf voll vertan. Unsere Leute müssen sitzen, und der garstige David von Dexbach, der doch an allem schuld ist, geht frei herum.« Das war ihre Aussage in diesem Verhör. – Zwei Tage darauf verlangte sie wieder aus freien Stücken ein Verhör, worin sie folgendes eröffnete: Diese Unterredung zwischen dem Soldan und der alten Geizin habe sie einstens dem Wege von Wolfsgruben wieder erzählt und ihn gefragt, ob ihr Sohn auch bei dem Raub gewesen sei, worauf ihr derselbe erwidert: »Sie soll still schweigen, da ihres Sohnes Geld auf der Dötterstahl bei dem übrigen liege, wovon sie auch einen Teil bekommen würde.« Auf ihr Verlangen habe er sie nun an ihren Buchwegsacker auf der Dötterstahl geführt und ihr nicht weit von zwei Eichen einen Fleck an einer Furche gezeigt, wo das Geld vergraben liege.

Fast um dieselbe Zeit, als die Wegesche Ehefrau dieses höchst wichtige Bekenntnis vor dem Kriminalgericht zu Gießen ablegte, erschienen vor dem Landgericht zu Biedenkopf zwei Männer von Buchenau und überbrachten dem Herrn Landrichter Klingelhöffer einen irdenen mit 169 fl. beschwerten Topf mit der Angabe: Der aus seiner Haft zu Gießen entflohene Jost Wege von Wolfsgruben sei auf seiner Flucht einige Tage in Treisbach bei seinen Verwandten gewesen und habe sich verlauten lassen, daß das Geld, welches auf dem Buchwegsacker und um Kombach herumliege, mehr wert sei als ganz Kombach. Dieser Umstand, der auch ihnen bekannt geworden, habe sie verleitet, bei Nachtzeit auf dem Buchwegsacker nachzusuchen, wo sie denn den so eben überbrachten Topf voll Geld gefunden hätten.

Dieser Vorfall sowie die erheblichen Aussagen der Wegeschen Ehefrau bestimmten das Gericht, den Soldan und den jüngeren Wege sogleich verhaften zu lassen. Herr Kriminalrichter Danz, der dazu beauftragt war, begab sich unverzüglich nach Kombach und von da auf zu genannten Stellen. Hier ließ er den in der Dötterstahl liegenden Geiz'schen Acker, der mit Kartoffeln bepflanzt war, durch zwei ganz tiefgestellte Pflüge umackern und noch jede Furche durchhacken und durchstoßen und traf in der Mitte des Ackers auf ein zwei Fuß tiefes Loch, in welchem, so wie auf dem ganzen Acker, sich aber nichts vorfand. – Sodann wurde ein anderer Acker des Geiz, welcher mit Korn bestellt war, auf dieselbe Art und mit demselben Erfolg durchsucht. – Die Reise des Herrn Kriminalrichters Danz nach Kombach würde also ganz fruchtlos gewesen sein, hätte sich hier nicht eine neue Indizie aufgeworfen und wäre ihm nicht eine Nachricht zugekommen, die ihn Geld finden ließ an einem Orte, wo er es nicht gesucht hätte.

Ein gewisser Manan zeigte ihm nämlich zu Kombach an: Der aus seiner Haft entflohene Wege von Wolfsgruben habe sich bei einem Burschen, dem er auf seiner Flucht begegnet, verlauten lassen, daß er in einem Garten, welcher in der Lustwiese liege, Geld vergraben, das er von seinem Vetter, dem ältesten Sohn des Johann Jost Wege von Kombach, habe. – Herr Kriminalrichter Danz begab sich auf diese Anzeige sogleich nach Wolfsgruben, ließ da die bezeichnete Stelle sorgfältig durchsuchen und fand wirklich in einem tiefen Loch einen blauen linnenen Beutel mit 33 Kronentalern.

Die Indizie, die ihm hier noch zugekommen, war folgende. Man zeigte ihm an: Der inhaftierte Acker habe, bevor er ins Dreschen gegangen, dem jüngeren Wege von Kombach Geld ausgehändigt und ihn gebeten, dasselbe von seinem Mädchen K*** zu Eckelshausen zur Bestreitung von Baukosten zuzustellen. – Um sich von der Wahrheit dieser Anzeige zu überzeugen, wurde dieses Mädchen vorgeladen, welches zuerst diesen ganzen Umstand leugnete, ihn jedoch nachher mit dem Beifügen zugab, daß sie dieses Geld, das ungefähr 50 fl. betragen, auf einem Acker vergraben, es nachher aber dort nicht wieder gefunden habe.

So entsteht, so baut sich allmählich das Gebäude einer peinlichen Untersuchung auf, in solchen Labyrinthen sucht der Richter den Grundstein, auf den er es baut. Auf ihm schreitet langsam, doch sicher das Werk unter des Meisters Händen seiner Vollendung entgegen, woran kein Stein fehlen, keine Lücke offen bleiben darf – und nackte Wahrheit krönt seine letzte Hand; sie ist der Schlußstein seines Werkes.

HANS JACOB GEIZ

FRAGE: Ob sein Sohn Jacob eine Uhr besitze? ANTWORT: Derselbe trage eine Uhr, welche jedoch sein Eigentum sei.

FRAGE: Wie lange sein Sohn diese Uhr trage? ANTWORT: Schon seit mehreren Jahren.

FRAGE: Wo er diese Uhr herhabe? ANTWORT: Er habe dieselbe zu Engelbach bei einem Schießen gewonnen.

JACOB GEIZ

FRAGE: Wo er am Sonntag vor Pfingsten gewesen sei? ANTWORT: Darauf könne er sich wegen Länge der Zeit nicht mehr besinnen.

FRAGE: Ob er eine Uhr besitze? ANTWORT: Ja.

FRAGE: Wo er diese Uhr herhabe? ANTWORT: Er habe solche bei einem Schießen zu Kombach gewonnen.

FRAGE: Ob er dies beweisen könne? ANTWORT: Ja, mit Ludwig Acker von Kombach, welcher diese Uhr habe ausschießen lassen.

FRAGE: Wie lange dieses her sei? ANTWORT: Er glaube, drei Jahre.

FRAGE: Ob sein Vater auch eine Uhr besitze? ANTWORT: Vor langer Zeit habe er in Friedberg von einem Juden eine tombackene Uhr gekauft und seinem Vater geschenkt. Ob derselbe solche noch besitze, wisse er nicht.

LUDWIG ACKER

FRAGE: Ob er eine Uhr habe ausschießen lassen? ANTWORT: Ja, im Jahr 1816 oder 1817.

FRAGE: Wie diese Uhr beschaffen gewesen sei? ANTWORT: Es sei eine silberne englische Uhr gewesen, welche nicht auf dem Zifferblatt, sondern hinten aufgezogen worden und zwei Gehäuse gehabt habe.

FRAGE: Wer diese Uhr beim Schießen gewonnen habe? ANTWORT: Hans Jacob Geiz oder dessen Sohn Jacob; beide hätten gemeinschaftlich geschossen.

JACOB GEIZ

FRAGE: Wie die Uhr, die er auf dem Schießen zu Kombach gewonnen, ausgesehen habe? ANTWORT: Darauf könne er sich nicht mehr besinnen.

FRAGE: Ob dieselbe auf dem Zifferblatt oder hinten aufgezogen worden sei?

ANTWORT: Er glaube auf dem Zifferblatt, doch könne er es nicht mit Gewißheit sagen.

FRAGE: Ob die Uhr, welche ihm abgenommen worden, diejenige sei, welche er in Kombach gewonnen? ANTWORT: Er habe eine Uhr in Kombach, sein Vater eine in Engelbach gewonnen; eine von diesen beiden Uhren sei verkauft worden, welche davon, wisse er nicht mehr.

FRAGE: Die Uhr, welche in Engelbach ausgespielt worden, habe von dem Herrn Stadtschreiber Burk hergerührt. Diesem habe man nun die ihm abgenommene Uhr vorgezeigt, er habe sie aber nicht für diejenige erkannt, welche in Engelbach ausgeschossen worden. Acker von Kombach behauptete, daß die Uhr, die er habe ausschießen lassen, hinten aufgezogen werde. Da nun die bei ihm vorgefundene Uhr auf dem Zifferblatt aufgezogen werde, so könne dieselbe keine von beiden sein. Was er hierzu sage? ANTWORT: Er wisse ganz gewiß, daß die ihm abgenommene Uhr eine von diesen beiden sei.

JOST WEGE VON KOMBACH

FRAGE: Wo er den Sonntag vor Pfingsten gewesen sei? ANTWORT: Zu Hause. Den Morgen wäre er auf der Weide und den Nachmittag im Wald bei der Katzbach gewesen, um Lohe* zu besehen, welche sein Vater nach Biedenkopf zu fahren akkordirt† gehabt.

FRAGE: Ob er um Pfingsten verreist gewesen sei? ANTWORT: Darauf könne er sich nicht besinnen.

FRAGE: Ob er denn nicht zu der angegebenen Zeit mit dem Jakob Geiz verreist gewesen sei? ANTWORT: Ja, wie ihm soeben einfalle.

FRAGE: Wann das gewesen sei? ANTWORT: Er könne sich nicht darauf besinnen, ob es vor oder nach Pfingsten gewesen sei.

FRAGE: Wo er gewesen sei? ANTWORT: Bei dem Jacob seinem Bruder Heinrich in Mühlheim.

FRAGE: Wie lange er sich dort aufgehalten? ANTWORT: Den einen Tag gegen Mittag seien sie hingekommen und den anderen Tag gegen Mittag wieder weggegangen.

FRAGE: Wo er auf seiner Reise über Nacht geblieben? ANTWORT: Das könne er, indem er keinen Bescheid wisse, nicht sagen.

FRAGE: Wieviel Geld er auf die Reise nach Mühlheim mitgenommen? ANTWORT: Zehn bis zwölf Gulden; gewiß wisse er es nicht.

FRAGE: Wo er dieses hergehabt habe? ANTWORT: Sebastian Damm von Elmshausen habe ihn geschlagen gehabt und sei schuldig gewesen, ihm alle Kosten zu ersetzen, wo er ihm denn fünfzehn Gulden ausbezahlt habe.

FRAGE: Ob er denn nicht auch an anderen Orten als in Mühlheim gewesen sei? ANTWORT: Ja, auch in Frankfurt und Bornheim, wie ihm dünke.

---

* Zum Gerben gebrauchte Rinde
† ausgemacht

FRAGE: Ob er auf seiner Reise nicht auch in Butzbach eingekehrt sei? ANTWORT: Wenn die Dragoner da lägen, so sei er auf seinem Hinweg da eingekehrt und habe da übernachtet.

FRAGE: Warum er dies nicht gleich gesagt habe? ANTWORT: Es sei ihm nicht eingefallen.

FRAGE: Sie hätten damals für ihren Stand einen bedeutenden Aufwand gemacht. Er solle daher sagen, woher er das Geld gehabt habe? ANTWORT: Da er eine Uhr zu Mühlheim gekauft, so habe er in Butzbach keinen Kreuzer mehr gehabt.

FRAGE: Ob er einem Mann in Wolfsgruben Geld geliehen habe? ANTWORT: Ja, zwei Gulden.

FRAGE: Auf welche Veranlassung? ANTWORT: Derselbe habe ins Dreschen gehen wollen, kein Geld dazu gehabt und ihn darum gebeten.

FRAGE: Ob er damals zwei Geldbeutel bei sich gehabt? ANTWORT: Er glaube dies nicht, indem er keine zwei Geldbeutel besitze.

FRAGE: Es sei doch angezeigt worden, daß er damals zwei Beutel aus der Tasche gezogen? ANTWORT: Er führe gewöhnlich einen Tabaksbeutel bei sich, und dies könne wohl der zweite gewesen sein.

HEINRICH GEIZ

FRAGE: Ob ihn sein Bruder Jacob in Mühlheim besucht habe? ANTWORT: Ja, mit dem Jost Wege von Kombach.

FRAGE: Wann das gewesen? ANTWORT: Nach seiner am 30. Juli stattgehabten Kopulation.

FRAGE: Wie lange dieselben bei ihm geblieben? ANTWORT: Den einen Abend seien sie gekommen, den ganzen anderen Tag dageblieben und den dritten morgens wieder weggegangen.

FRAGE: Ob sein Bruder nicht mehrmals in diesem Sommer bei ihm gewesen sei? ANTWORT: Nein, nur einmal.

FRAGE: Seine eigene Frau sage, ihr Schwager Jacob sei zweimal in Mühlheim gewesen? ANTWORT: Seine Frau möge sagen, was sie wolle, sein Bruder sei nur einmal bei ihm gewesen.

FRAGE: Ob er mit seinem Bruder und Jost Wege, als sie ihn besucht, in Frankfurt und Bornheim gewesen sei? ANTWORT: Ja.

JACOB GEIZ

FRAGE: Ob er voriges Jahr um Pfingsten verreist gewesen sei? ANTWORT: Nein.

FRAGE: Wie er diesen Umstand in Abrede stellen wolle, da er ihm durch unverwerfliche Zeugen erwiesen werden könnte? ANTWORT: Das sei die Unwahrheit.

FRAGE: Ob er denn nicht zu der angegebenen Zeit durch Butzbach gekommen sei? ANTWORT: Nein.

FRAGE: Ob er denn nicht mit dem Jost Wege durch Butzbach gekommen sei? ANTWORT: Ja, das sei wahr. Doch sei dies wenigstens zwei oder drei Monate nach Pfingsten gewesen.

FRAGE: Wo er damals gewesen sei? ANTWORT: Bei seinem Bruder in Mühlheim.

FRAGE: Er sei verflossenes Jahr von einem glaubwürdigen Mann drei Tage nach Pfingsten in Butzbach gesehen worden? ANTWORT: Das sei die Unwahrheit.

FRAGE: Wo er auf seiner Reise nach Mühlheim übernachtet habe? ANTWORT: Das wisse er nicht mehr.

FRAGE: Ob er einmal oder zweimal in Mühlheim gewesen sei? ANTWORT: Früher sei er wohl mehrmals dort gewesen, im verflossenen Jahr aber nur einmal.

FRAGE: Ob er verflossenes Jahr auf seiner Reise in Butzbach die Dragoner F... und W... gesprochen habe? ANTWORT: Ja.

FRAGE: Wenn er diese zwei Männer auf seiner Reise nach Mühlheim gesprochen habe, so könne es nicht möglich sein, daß er im Juli nach Mühlheim gereist sei? ANTWORT: Ja, es sei im Monat Juli gewesen.

FRAGE: Die Dragoner hätten mit einem körperlichen Eid beschworen, daß sie ihn und den Wege acht, höchstens vierzehn Tage nach Pfingsten gesehen und gesprochen hätten? ANTWORT: Wenn dieselben dies beschworen, so hätten sie falsch geschworen.

FRAGE: Ob er auf seiner Reise nach Mühlheim nicht auch in Frankfurt und Bornheim gewesen sei? ANTWORT: Er könne sich nicht mehr darauf besinnen.

FRAGE: Wie er dies in Abrede stellen wolle, da es doch sein Bruder und der Wege angegeben hätten? ANTWORT: Er wolle es nicht geradezu in Abrede stellen, nur könne er sich nicht mehr darauf besinnen.

FRAGE: Wer in Butzbach die Zeche bezahlt habe? ANTWORT: (mit lachender Miene) Ei, wie weiß ich das noch?

FRAGE: Es sei erwiesen, daß sie in Butzbach so gelebt hätten, daß es mit ihren Vermögensverhältnissen in gar keinem Verhältnis stehe? ANTWORT: Sie hätten nicht gut gelebt.

JOST WEGE VON KOMBACH

FRAGE: Warum er in Mühlheim eine Uhr gekauft habe? ANTWORT: Er habe die Uhr seines Vaters auf dem Johannimarkt zu Biedenkopf im Trunk verloren und deshalb in Mühlheim bei einem Juden eine andere gekauft.

FRAGE: Was er für die Uhr, die er in Mühlheim gekauft, gegeben habe? ANTWORT: Soviel er sich noch entsinne: 7 fl. 30 kr. oder 8 fl.

FRAGE: Ob die Uhr, die er in Mühlheim gekauft, dieselbe sei, welche bei der ersten Visitation in seinem Haus gefunden worden? ANTWORT: Ja, es sei die nämliche.

FRAGE: Warum er denn früher einmal behauptet, daß diese Uhr sein Vater vor langen Jahren einmal mitgebracht hätte? ANTWORT: Da sein Vater nicht gewußt, daß er dessen Uhr verloren gehabt, so habe er sich aus Furcht es nicht zu sagen getraut.

FRAGE: Seine Antwort verdiene gar keine Berücksichtigung, da es höchst selten sei, daß eine Uhr gerade so aussehe wie die andere und sein Vater auf jeden Fall es hätte merken müssen? ANTWORT: Die gekaufte Uhr habe geradeso ausgesehen wie die, welche er verloren gehabt.

FRAGE: In welchen Münzsorten er die Uhr bezahlt habe? ANTWORT: Darauf könne er sich nicht mehr besinnen.

FRAGE: Ob es denn nicht zwei Brabenter Taler gewesen seien? ANTWORT: Er habe zwei Brabenter Taler gehabt, ob er sie aber für die Uhr oder sonst ausgegeben, darauf könne er sich nicht besinnen.

FRAGE: Wo er diese zwei Brabenter hergehabt habe? ANTWORT: Sein Vater habe von dem Sebastian Damm das in seinem vorigen Verhör angegebene Geld in Empfang genommen, und hierbei seien einige Brabenter Taler gewesen.

FRAGE: Er sei ein unverschämter Lügner, wenn er behaupte, von dem Geld, welches der Sebastian Damm an ihn zu bezahlen gehabt, mit auf seine Reise nach Mühlheim genommen zu haben. Es sei nämlich erwiesen, daß er höchstens acht bis vierzehn Tage nach Pfingsten durch Butzbach gegangen, und der Sebastian Damm habe das erwähnte Geld erst im Juli an seinen Vater bezahlt? ANTWORT: Er sei nicht kurz nach Pfingsten, sondern nach Johanni nach Butzbach gegangen.

FRAGE: Nach seiner eigenen Behauptung könne er ebenwohl das mitgenommene Geld nicht von Damm gehabt haben, weil dieser erst auf Jakobi an seinen Vater das Geld bezahlt habe? ANTWORT: Er habe dieses Geld von seinem Vater zur Reise erhalten, ob dieses aber von dem Damm gewesen, könne er nicht behaupten.

FRAGE: Warum er denn früher behauptet, daß das Geld von Damm gewesen? ANTWORT: Er habe geglaubt, daß sein Vater das Geld von Damm in Empfang genommen habe.

HEINRICH GEIZ

Verhör vom 16. September 1822

FRAGE: Wann er das letzte Mal bei seinem Vater in Kombach gewesen sei? ANTWORT: Im Monat Juni dieses Jahres.

FRAGE: Ob er auch im Monat Mai dort gewesen sei? ANTWORT: Er sei in Kombach gewesen 1) als er das Attest abgeholt; 2) als er die Schuldverschreibung seines Schwagers Soldan abgeholt und als er sich seinen Taufschein habe ausfertigen lassen. Das erste Mal sei er bei seinem Vater gewesen, das zweite Mal bei seinem Schwager, und das dritte Mal sei er, ohne einzukehren, bloß durch Kombach durchgegangen.

FRAGE: Wann er, um seinen Taufschein abzuholen, von Mühlheim weggegangen sei? ANTWORT: Darauf könne er sich durchaus nicht besinnen; jedoch wisse er, daß er diesen Taufschein an einem Montag geholt habe.

FRAGE: Wo er den Sonntag vor diesem Montag gewesen? ANTWORT: Den Morgen sei er in Eckelshausen in der Kirche gewesen, und des Nachmittags sei er spazierengegangen.

FRAGE: Bei wem er in Kombach gewesen sei? ANTWORT: Bei Johann Jost Linne, Johannes Bamberger und Johann Weigand.

FRAGE: Bei wem er in Eckelshausen gewesen sei? ANTWORT: Bei dem Johannes Hampel habe er zu Mittag gegessen, und Johannes Werner habe ihn von zu Hause weggehen sehen.

FRAGE: Wo er die Nacht von Samstag auf den Sonntag zugebracht habe? ANTWORT: Im Stall des Jost Brühl zu Kombach.

FRAGE: Ob er denn an diesem Sonntag gar nicht in das Haus seines Vaters gekommen sei? ANTWORT: Er habe sich zwar zu jener Zeit einige Tage in dortiger Gegend aufgehalten, könne sich jedoch nicht besinnen, bei seinem Vater gewesen zu sein.

FRAGE: Ob er sich denn nun am Montag mit seinem Taufschein nach Mühlheim begeben habe? ANTWORT: Er sei am Donnerstag erst weg und geradezu nach Mühlheim gegangen.

FRAGE: Ein Zeuge habe mit einem feierlichen Eid beschworen, daß er vor und nach diesem Sonntag bei seinem Vater gewesen sei? ANTWORT: Das sei die Unwahrheit.

In seinem Verhör vom 21. Oktober 1822

FRAGE: Man habe alle die von ihm selbst angegebenen Zeugen eidlich abhören lassen, und es befinde sich nicht ein einziger unter denselben, welcher ihn an diesem Sonntag in Eckelshausen oder Kombach gesehen habe? ANTWORT: Die Zeugen möchten sagen, was sie wollen; er sei an befragtem Sonntag in Eckelshausen oder Kombach gewesen.

FRAGE: Da er die angehörten Zeugen selbst angegeben habe, so müsse er als vernünftiger Mensch einsehen, daß seine Behauptung durchaus keinen Glauben verdiene? ANTWORT: Er müsse lediglich bei seinem Vorigen beharren.

In seinem Verhör vom 18. April 1823

FRAGE: Er solle ganz genau angeben, wann er vor Pfingsten nach Kombach gekommen sei? ANTWORT: Ganz genau könne er dies nicht; er glaube, acht bis zehn Tage vor Pfingsten.

FRAGE: Wo er den zweitletzten Sonntag vor Pfingsten gewesen sei? ANTWORT: In Mühlheim.

FRAGE: Dies sei offenbar die Unwahrheit, da durch unverwerfliche Zeugen der Ort dargetan sei, an welchem er sich an jenem Sonntag befunden habe? ANTWORT: Er wisse nicht anders, als daß er in Mühlheim gewesen sei.

FRAGE: Ob er denn nicht an erwähnten Sonntag in Wolfsgruben gewesen sei? ANTWORT: Dies könne der Fall sein.

FRAGE: Ob er nicht an diesem Abend bei dem Wirt Dönges gewesen sei?

ANTWORT: Er sei damals, wie er sich zu Hause befunden, bei dem Wirt Dönges gewesen; ob aber dies gerade an befragtem Sonntag gewesen sei, darauf könne er sich nicht besinnen.

FRAGE: Ob gerade damals nicht etwas Besonderes vorgefallen sei? ANTWORT: Er könne sich auf nichts besinnen.

FRAGE: Ob er denn damals nicht mit einem schwarz gemachten Gesicht aus dem Haus des Dönges gekommen und über die Straße gegangen sei? ANTWORT: Nein.

FRAGE: Ob er nicht nachher zu mehreren Leuten hingetreten und gesagt habe: »Ob sie ihn nun kennten? Es habe kein Bauer danach zu fragen?« ANTWORT: Hierauf könne er sich durchaus nicht besinnen.

In seinem Verhör vom 25. April 1823 wurde dem Inquisiten ein Zeuge zur Konfrontation gegenübergestellt.

ZEUGE

Er könne dem ihm hier gegenüberstehenden Heinrich Geiz auf seinen geleisteten Eid ins Gesicht sagen, daß derselbe vor Pfingsten vorigen Jahres sich in Kombach aufgehalten habe und in seinem elterlichen Haus aus- und eingegangen sei und daß er ihn am Sonntag vor Pfingsten nicht zu sehen bekommen habe.

INQUISIT

Er könne nicht in Abrede stellen, daß er , wie er sich vor Pfingsten vorigen Jahres in dortiger Gegend aufgehalten, in seinem väterlichen Haus aus- und eingegangen sei; übrigens wiederhole er nochmals, daß er am Sonntag teils in Eckelshausen und in Kombach gewesen sei.

(Der Zeuge wurde entlassen und der Inquisit weiter befragt.)

FRAGE: Der soeben ihm gegenübergestellte Zeuge habe ihn vor dem Sonntag vor Pfingsten beständig in seinem elterlichen Haus ab- und zugehen sehen; am Sonntag selbst habe er ihn nicht gesehen. Da er nun durch die von ihm selbst angegebenen Zeugen seinen angeblichen Aufenthalt in Kombach und Eckelshausen nicht erwiesen habe, so solle er jetzt bestimmt sich ausweisen, wo er am Sonntag vor Pfingsten gewesen sei? ANTWORT: Er wiederhole nochmals, daß er damals in Kombach und Eckelshausen gewesen sei.

Man hielt dem Inquisiten vor, daß, wenn er wirklich sich in Eckelshausen und Kombach befunden, so würde ihn doch wohl ein Mensch, da sich die Leute in der dortigen Gegend an diesen Sonntag noch sehr wohl erinnerten, gesehen haben. Man könne sich daher bei der von ihm erteilten Antwort nicht beruhigen und fordere ihn im Ernst auf, sich über seinen damaligen Aufenthalt auszuweisen? ANTWORT: Er müsse lediglich bei seiner Aussage beharren.

Im Verhör vom 6. Mai 1823 wurden zwei andere Zeugen dem Inquisiten zur Konfrontation gegenübergestellt.

ZEUGE

Einen Sonntag vor Pfingsten sei der hier ihm gegenüberstehende Heinrich Geiz eines Abends, als es dämmrig gewesen, mit einem schwarzen Gesicht aus dem Haus des Dönges gekommen und an ihm vorübergegangen. Nach Verlauf einer kurzen Zeit sei derselbe zurückgekommen und wieder weiß gewesen und habe ihn und seine Kameraden gefragt: »Kennt ihr mich jetzt?« und noch viele andere Ausdrücke gebraucht.

INQUISIT

Er entsinne sich noch sehr wohl, daß er den dritten Sonntag vor Pfingsten in des Dönges Haus gewesen und nachher bei mehreren Leuten von Wolfsgruben, welche auf der Straße gestanden, vorbeigegangen sei. Wenn der Zeuge jedoch beschworen habe, daß er damals ein schwarzes Gesicht gehabt, so habe er falsch geschworen.

ZEUGE

Er wiederhole lediglich sein Voriges.

INQUISIT

Und wenn der Zeuge zehnmal schwöre, so schwöre derselbe zehnmal falsch.

ANDERER ZEUGE

Er könne dem Inquisiten auf seinen geleisteten Eid in die Augen sagen, daß er an einem Sonntagabend vor Pfingsten an ihm vorübergegangen, bald aber wieder zurückgekommen sei, ihm auf die Brust gestoßen und gesagt habe: »Kennt ihr mich nun? Ihr sollt mich gar nicht nennen. Ihr müßt wissen, daß ich dem Geiz sein Ältester bin.«

INQUISIT

Gegen die Aussage dieses Zeugen wisse er nichts zu erinnern, da er an jenem Sonntag viel Branntwein getrunken hätte, berauscht gewesen sei und sich nicht mehr darauf entsinne.

HANS JACOB GEIZ

In seinem Verhör vom 13. September 1822.

FRAGE: Wo er den Sonntag vor Pfingsten gewesen sei? ANTWORT: Soviel er wisse, zu Hause.

FRAGE: Es sei an diesem Tag ein Mann zu ihm gekommen, und dieser habe ihn nicht zu Hause angetroffen? ANTWORT: Ein Bursche von Allendorf, welchem er für Tuchmachen Geld schuldig gewesen, sei auf diesen Sonntag in sein Haus gekommen und habe nach ihm gefragt. Da er jedoch, um denselben zu bezahlen, kein Geld gehabt, so habe er sich verleugnen lassen.

FRAGE: Wo an diesem Sonntag sein Sohn Jacob gewesen sei? ANTWORT: Vormittags sei derselbe mit dem Vieh auf der Weide gewesen, wo nachmittags, wisse er nicht.

FRAGE: Ob er beweisen könne, daß er an diesem Sonntag zu Hause gewesen sei? ANTWORT: Nein, das könne er nicht.

Verhör vom 9. Oktober 1822

FRAGE: Man frage ihn wiederholt, ob er am Sonntag vor Pfingsten in Kombach gewesen sei? ANTWORT: Ja, wie er bestimmt wisse.

FRAGE: Ein Mann habe mit einem körperlichen Eid beschworen, daß er an diesem Sonntagmorgen von Kombach weggegangen sei? ANTWORT: Dies sei nicht wahr, er sei zu Hause gewesen.

FRAGE: Man sage ihm noch mehr und zwar, daß er an diesem Sonntag, wenigstens zwei bis dreieinhalb Stunden vom Haus entfernt, in den breiten Erlen gesehen worden sei? ANTWORT: Dies sei die Unwahrheit und verlangte, daß ihm diese Zeugen vorgestellt würden, und es wurde ihm ein Zeuge im

Verhör vom 25. April 1823

zur Konfrontation vorgestellt.

ZEUGE

Er könne dem Inquisiten ins Angesicht sagen, daß er am Sonntag vor Pfingsten zwischen drei und vier Uhr mit einem blauen Kittel bekleidet und mit einem runden Hut und einem Büchsenranzen versehen aus seinem Haus gegangen sei und er ihn den ganzen Sonntag nicht mehr zu Hause gesehen habe.

INQUISIT.

Er wolle nicht in Abrede stellen, daß er zu jener Zeit aus seinem Haus gegangen, doch wisse er gewiß, daß er an diesem Sonntag nicht aus der Kombacher Gemarkung gekommen sei.

(Der Zeuge wurde entlassen und der Inquisit weiter verhört.)

FRAGE: In dieser Konfrontation habe er zugestanden, daß er am Sonntag vor Pfingsten aus seinem Haus gegangen sei. Er solle nunmehr bestimmt angeben, wo er hingegangen sei? ANTWORT: Er könne dies unmöglich sagen.

Der Inquisit beharrte trotz aller Vorstellungen auf dieser Aussage.

JOHANNES SOLDAN

In seinem Verhör vom 18. Mai 1823

FRAGE: Ob er mit seiner Schwiegermutter, der Geizischen Ehefrau, von Geld gesprochen? ANTWORT: Nein.

FRAGE: Ob nicht er oder seine Schwiegermutter gesagt: »Wenn nur über unsere Leute, welche in Gießen sitzen, nichts herauskommt, so haben wir Geld genug«? ANTWORT: Nein.

FRAGE: Ob nicht namentlich er oder seine Schwiegermutter gesagt: »Auf dem Acker in der Dötterstahl haben wir vier Töpfe mit Geld stehen, und einer ist bereits ausgegeben«? ANTWORT: Nein.

FRAGE: Ob nicht namentlich gesagt worden: »Unsere Leute müssen sitzen, und der garstige David von Dexbach, der doch an allem schuld ist, geht frei herum«? ANTWORT: Nein.

FRAGE: Wie er dies alles in Abrede stellen wolle, da doch eine Person diese Unterredung mit angehört habe? ANTWORT: Er verlange, daß ihm diese Person vor die Augen gestellt werde.

FRAGE: Was er denn dazu sage, wenn man ihm bekannt mache, daß die zu Gießen sitzende Wegesche Ehefrau diese Unterredung mit angehört und angegeben habe? ANTWORT: Er verlange wiederholt, daß er der Wegeschen Ehefrau vor die Augen gestellt werde.

(Trotz der wirklich erfolgten Konfrontation mit der Wegeschen Ehefrau blieb der Inquisit bei seiner Aussage.)

LUDWIG ACKER

In seinem Verhör vom 7. Oktober 1823

FRAGE: Ob er Vermögen besitze und von was er sich ernähre? ANTWORT: Bis jetzt habe er, da er sein väterliches Vermögen nicht erhalten, kein Vermögen und ernähre sich von seiner Hände Arbeit.

FRAGE: Ob er bares Geld besitze? ANTWORT: Er sei willens, sich ein Haus zu bauen, und habe die Zimmerarbeit bereits schon akkordiert und 50 fl. darauf bezahlt, zu welchen 50 fl. sein Mädchen zu Eckelshausen beigetragen.

FRAGE: Ob er Geld ausgeliehen habe? ANTWORT: Ja, an den Soldaten W... bei dem Leibregiment habe er 5 fl. ausgeliehen, das er während des Dreschens in Trebur verdient.

FRAGE: Ob er dem Johannes Hartmann Geld geliehen? ANTWORT: Nein.

FRAGE: Dieser Johannes Hartmann habe ausdrücklich erklärt, daß er ihm Geld geliehen habe? ANTWORT: Das könne er nicht begreifen.

FRAGE: Wo er am Sonntag vor Pfingsten gewesen? ANTWORT: Den Morgen in Kombach und den Mittag in Eckelshausen.

FRAGE: Ob er dies beweisen könne? ANTWORT: Ja, mit Johannes Fett, mit Johannes Werner, beide aus Kombach, und mit dem Wirt Heinrich aus Eckelshausen.

In seinem Verhör vom 8. Oktober 1823

FRAGE: Man habe den Johannes Hartmann nochmals vernommen, und dieser bestehe darauf, daß er ihm Geld geliehen? ANTWORT: Dies sei die Unwahrheit.

FRAGE: Hartmann erzähle diese Sache mit solchen Umständen, daß an der Wahrheit seiner Aussage kaum zu zweifeln sei. Übrigens lasse es sich nicht vernünftig denken, daß sich ein Mensch als den Schuldner eines andern fälschlich darstellen solle? ANTWORT: Er habe dem Hartmann kein Geld geliehen.

FRAGE: Wann er nun wieder aus der Wetterau zurück nach Kombach gegangen sei? ANTWORT: Er sei aus der Wetterau nicht mehr nach Kombach, sondern gerade nach Gießen gegangen.

FRAGE: Ob er denn nicht am Tag vorher, ehe er nach Gießen gekommen, den zweiten Wegeschen Sohn in Kombach gesprochen habe? ANTWORT: Ja, er müsse eingestehen, daß er damals in Kombach gewesen und den zweiten Wegeschen Sohn gesprochen habe.

FRAGE: Ob er, wie er zu Hause gewesen, sein Mädchen zu Eckelshausen gesprochen? ANTWORT: Ja.

FRAGE: Ob er, wie er damals von zu Hause weggegangen sei, dem zweiten Wegeschen Sohn einen Auftrag erteilt habe? ANTWORT: Nein.

FRAGE: Ob er dem zweiten Wegeschen Sohn kein Geld ausgehändigt habe, um es seinem Mädchen in Eckelshausen zu geben? ANTWORT: Nein.

In seinem Verhör vom 2. Juni 1823

In diesem Verhör wurden dem Inquisiten Hartmann und Wege zur Konfrontation gegenübergestellt, und er gab in derselben zu, dem Hartmann 152 fl. für sein Mädchen ausgehändigt zu haben.

FRAGE: Er solle sagen, wo er diese große Summe Geldes herhabe? ANTWORT: Er habe dieselbe auf dem Tagelohn verdient.

Als der Inquisit abgeführt werden sollte, stieß er die Worte aus: »Ich will mich noch einmal beschlafen.« Man gab sich Mühe, eine Aufklärung über diese Äußerung zu erhalten, jedoch vergeblich.

Man ließ am 6. Juni den Inquisiten befragen, ob er ein Verhör verlange, worauf er erwiderte: »Ich will noch warten bis morgen, wenn ich aber hinein muß, so muß ich hinein.«

In seinem Verhör vom 7. Juni 1823

FRAGE: In diesem Verhör hielt man dem Inquisiten vor: Aus seinem ganzen Benehmen und seinen Äußerungen gehe hervor, daß ihm etwas auf dem Herzen drücken müsse. Er solle nunmehr durch ein offenes und freies Geständnis seinem Herzen Luft machen. ANTWORT: Zu viele Hunde seien des Hasen Tod.

FRAGE: Was er unter dieser Äußerung verstehe? ANTWORT: Er fürchte sich vor Menschen.

FRAGE: Warum er sich vor Menschen fürchte? ANTWORT: (Nach langem Besinnen) Er habe im Krautgarten, welcher seinem Bruder gehöre, Geld vergraben.

FRAGE: Was das für Geld sei? ANTWORT: Er wolle nunmehr seinem Herzen Luft machen und die Wahrheit sagen.

Acker gestand nun die Tat unumwunden, und nach ihm gestanden alle Inquisiten. Aus ihren Bekenntnissen ging hervor, daß Johann Jost Wege von Kombach, der Vater, sowie seine Ehefrau und Hartmann – der so sehr gravirte* Hartmann – unschuldig an diesem Verbrechen waren.

Wir gehen nun zu der Erzählung über, auf welche Art, nach den eigenen Aussagen der Inquisiten, das Komplott sich entsponnen und die Tat zur Ausführung gekommen ist.

* belastete

Geschichtserzählung

Im Herbst 1821 mähte Jacob Geiz in der Nähe von Biedenkopf die Wiese des Herrn Posthalters Stapp. Bei dieser Arbeit kam der Strumpfhändler David Briel von Dexbach (gewöhnlich nur unter dem Namen David von Dexbach bekannt), dessen Freundschaft er nicht lange vorher auf der Jagd geschlossen hatte, zu ihm und redete ihn folgendermaßen an: »Höre, Jacob, kann ich mich wohl auf dich verlassen? Ich wüßte etwas, und wenn noch mehrere vertraute Leute mitgingen, so könnten wir's ausführen.« Hierauf ging er schnell wieder weg und überließ es seinem Freund, diese Worte sich selbst zu enträtseln. Allein er blieb nicht lange in dieser Ungewißheit. David Briel kam kurz darauf wieder zurück und erklärte ihm den Sinn seiner vorhin gesprochenen Worte: »Sieh einmal, Jacob, ich wüßte ein Mittel, wodurch uns beiden geholfen wäre, wenn du und noch einige vertraute Leute mit mir einverstanden wären. Du weißt, es fährt alle Monate ein paarmal das Geldkärrnchen von Biedenkopf nach Gießen – das wollen wir zusammen angreifen, das Geld herausnehmen, und wenn es uns gelingt, dann sind wir doch auf unser Lebtag geborgene Leute.« – Mehr bedurfte es schon für einen Jacob Geiz nicht, um ihn zu gewinnen. Er war ein gefährlicher Mensch, der das Gesetz weder achtete noch fürchtete, gefühllos für anderer Wohl, dem auch ein Menschenleben nicht zu heilig war, um es im Notfall aufs Spiel zu setzen. Als Wilddieb von Handwerk wagte er die verzweifeltsten Schritte und schoß einstmals, als er verfolgt wurde, unter anderem einen armen Bauern lahm.

Um ihn indessen noch mehr an sich zu kirren*, fuhr David von Dexbach weiter fort: »Wir greifen es auf kurhessischem Boden an, und da muß auch der Kurfürst von Hessen unserem Großherzog das Geld wieder ersetzen. Gesetzt, es würde nun deshalb auch eine Steuer ausgeschrieben, so kann es einem Manne höchstens zwei bis drei Kreuzer tragen – und uns wäre doch auf immer geholfen.« Durch diese Worte legte David von Dexbach den Keim der Übeltat in die Brust seines Freundes nieder; und als sie diese Sache noch weiter besprochen hatten, schieden sie ganz einverstanden voneinander.

Jacob Geiz ging nun, nach vollendeter Arbeit, nach Hause zurück, machte zuerst seinen Vater mit dem Vorhaben bekannt, dann seinen Bruder Heinrich und fand sogleich in ihnen bereitwillige Teilnehmer. – Lange Zeit trugen sie sich mit diesem Gedanken herum, ohne die Ausführung zu wagen, denn was ihnen besonders im Wege stehen mochte, war der Umstand, daß ein Landschütze mit einer scharf geladenen Flinte diesen Wagen begleitete.

---

* an sich zu locken, fügsam zu machen

Da ging einmal Heinrich Geiz, aus welchem Beweggrund ist nicht bekannt, nach dem Landstädtchen Königsberg und traf in einem Wirtshaus dort einen früheren Kriegskameraden, den Landschützen Volk, an. Sie bewillkommten sich als alte Freunde und erzählten sich bei einem Glas Branntwein, was ihnen, seitdem sie sich nicht gesehen, widerfahren war. Bei dieser Gelegenheit klagte nun auch Heinrich Geiz seine Not, daß er sich so gerne in Mühlheim ehelich niederlassen möchte, aber aus Mangel der nötigen Rezeptionsgelder von 200 fl. bis jetzt diesem sehnlichen Wunsch hätte nachstehen müssen. »Da können wir miteinander gehen«, versetzte Volk, »so geht es mir gerade auch; ich habe einem Mädchen aus Offenbach die Ehe versprochen und bin auch nur um ein paar hundert Gulden zu arm, um mein Versprechen erfüllen zu können und ein ganz glücklicher Mensch zu sein.« – »Dafür wüßte ich vielleicht Rat«, erwiderte ihm darauf Heinrich Geiz, »uns beiden wäre durch ein leichtes Mittel geholfen, und es kommt bloß auf dich an, ob du es ergreifen willst.« Er offenbarte sich ihm nun ganz und sagte ihm zugleich, daß schon mehrere Leute um dieses Geheimnis wüßten, die alle bereit wären, das Geldkärrnchen bei einer schicklichen Gelegenheit anzugreifen, und erbot sich, wenn ihr Vorhaben gelungen, so solle er auch seinen Teil davon haben. »Wenn ihr es nur schon hättet, was läge mir daran«, entgegnete Volk, »jedoch«, fuhr er fort, »ich will dem jedesmaligen Landschützen, der den Wagen begleitet, das Blei aus der Flinte ziehen, damit von euch keiner geschossen werden kann, und sollte ich es eskortieren, so will ich mich ohne alle Gegenwehr gefangen geben.«

So war auch dieses Hindernis aus dem Weg geräumt und nichts mehr übrig, als noch mehrere Teilnehmer in das Geheimnis zu ziehen und zur Ausführung der Tat zu gewinnen. Sie fanden ihre Leute. Das ganze Komplott bestand schon nach einem Vierteljahr aus neun Helfershelfern. Diese waren:

1) David Briel von Dexbach;
2) der Landschütze Volk;
3) Hans Jacob Geiz von Kombach;
seine Söhne
4) Heinrich Geiz und
5) Jacob Geiz;
6) Wege von Kombach;
7) Wege von Wolfsgruben;
8) Johannes Soldan von Kombach;
9) Ludwig Acker von Kombach.

Welche gefährlichen, ja unverbesserlichen und für alles Gute erstorbenen Menschen dieses Komplott in sich faßte, mag schon daraus hinlänglich hervorgehen, wenn man bedenkt, daß diese Menschen schon sechsmal zur Begehung dieses Verbrechens ausgegangen waren, ohne sich abschrecken zu lassen und auf den Weg des Rechts wieder zurückzukehren.

Am ersten Weihnachtstag 1821 wollten sie den Postwagen zum ersten Mal in der Gegend von Eifa angreifen. Als sie auf dem Weg dahin nach Eckelshausen kamen, langte ein Brief an Jacob Geiz an, worin ihm David Briel schrieb, daß jetzt aus der Sache nichts werden könne, da das Geldkärrnchen diesmal von zwei Gendarmen begleitet werde. Nun blieb die Sache ruhig bis gegen Frühjahr, wo sie wieder in der Gegend von Eifa die Tat auszuführen beschlossen. Da jedoch auf dem Hinweg Schnee gefallen war und sie deshalb befürchteten, durch die Spur verraten zu werden, so kehrten sie auch hier wieder unverrichteter Sache zurück. Nach Verlauf von einiger Zeit gingen sie nochmals in dieselbe Gegend, wo aber die Tat auch nicht zustande kam, weil sie sich im Wald verfehlt hatten. Kurz vor Ostern gingen sie dann in die Subach, wo sie wieder unverrichteter Sache abziehen mußten, weil das Geldkärrnchen an diesem Tag die Nacht über in Gladenbach blieb. Nach Ostern begaben sie sich in den Krofdorfer Wald und lauerten da der Ankunft des Wagens auf, konnten aber wegen vieler Rekruten, die gerade damals sich bei dem Postwagen befanden, wieder nicht ankommen. Drei Wochen vor Pfingsten wollten sie es nun abermals in der Subach versuchen, wurden aber dadurch abgehalten, daß Jost Wege von Kombach, der später auf den Platz traf, seine Raubgenossen benachrichtigte, daß sich jetzt kein Geld auf dem Wagen befinde.

Nun beschlossen sie zum siebten Mal die Ausführung dieser Tat. Alle Teilnehmer versammelten sich an dem Samstag vor Pfingsten, dem 18. Mai, in dem Haus des Hans Jacob Geiz. Hier wurden die Verabredungen zur Ausführung des Plans, wobei Heinrich Geiz das Wort führte, besprochen, die Rolle eines jeden verteilt, sodann fünf Pistolen mit Kugeln und dickem Schrot geladen und in einen Büchsenranzen gesteckt. Larven, die sie schon lange vorher gekauft hatten, sowie Stricke und Lappen und eine Axt taten sie in einen anderen Büchsenranzen. So gingen nun alle, mit Ausnahme des Hans Jacob Geiz und Wege von Wolfsgruben, welche erst anderntags nachkamen, am 18. Mai in der Nacht um zehn Uhr von Kombach weg; drehten sich rechts um das Dorf und wendeten bei Dautphe auf die Chaussee hin. Gladenbach rechts, Mornshausen links lassend, begaben sie sich dann in den Wald, die Subach, und trafen morgens um zwei Uhr auf dem Platz, wo der Angriff beschlossen war, ein. Rechts im Gebüsch, wenn man von Gladenbach kommt, lagerten sie sich und erwarteten so den Morgen. Bei Anbruch des Tages kamen auch Wege von Wolfsgruben und etwas später Hans Jacob Geiz an, und da letzterer die Rolle eines Wächters übernommen hatte, so nahm er gleich den Platz auf der Höhe des Hohlwegs ein, von wo aus man die Gegend übersehen und wahrnehmen konnte, wenn das Geldkärrnchen komme. Johannes Soldan war bestimmt, die Büchsenranzen und Hüte seiner Kameraden zu tragen, und stellte sich in die Nähe des Hans Jacob Geiz. Nun banden sie ihre Larven vor, wechselten ihre blauen Kittel mit anderen alten Kleidern, ihre Hüte mit Kappen verschiedener Farbe, legten sich darauf in das Gebüsch nieder und tranken sich tapfer mit Branntwein zu.

Es war ein herrlicher Tag, die Sonne stand schon hoch und verkündete den Mittag – da meldete Hans Jacob Geiz die Ankunft des Wagens, und sogleich nahmen sie ihre Posten ein. Heinrich Geiz und sein Bruder Jacob sprangen auf die linke Seite der Hohle in das Gebüsch. Die anderen blieben auf der rechten Seite versteckt. So mit Herzklopfen ihre Beute erwartend, standen sie zum Angriff bereit, und als sie sich auf eine Sprungweite näherte, da fielen Heinrich Geiz, sein Bruder Jacob, der auch gleichzeitig seine Pistole abfeuerte, über den Landschützen her. David von Dexbach und Wege von Wolfsgruben bemächtigten sich des Postillons Müller und verfuhren nun so unmenschlich mit ihnen, wie wir bereits beschrieben. Acker fiel sogleich den Pferden in die Zügel und fuhr den Wagen auf die linke Seite in das Gebüsch. Nachdem er den Kasten heruntergeworfen hatte, kam schon wieder David von Dexbach zurück und holte die mitgenommene Axt, um den Deckel des Kastens einzuschlagen. Da nun nach einigen Schlägen der Stiel derselben brach, so sprang Heinrich Geiz zu dem Wagen hin und schnitt die an demselben sich befindliche Axt los, bei welchem Geschäft er seine Messerklinge zerbrach. Nach einigen Hieben stürzte der Deckel des Geldkastens ein, darauf nahmen sie das in Tüchern und Beuteln verpackte Geld heraus und teilten es in die Büchsenranzen ein; Acker, der allein keinen Büchsenranzen hatte, nahm seinen Anteil wie einen Quersack auf beide Schultern. Nur einen großen Sack voll Geld, der selbst dem starken Wege von Kombach zu schwer war, um ihn fortschleppen zu können, ließen sie zurück und versteckten ihn in eine hohle Eiche. Hans Jacob Geiz verbarg die Flinte des Landschützen, die auf dem Wagen gelegen, in einen Busch, und er war es auch, der des Landschützen Tabaksbeutel sowie sein Schnupftuch mitnahm, in der Meinung, daß diese Stücke einem seiner Kameraden gehörten. Hierauf entkleideten sie sich, zogen wieder ihre blauen Kittel an und versteckten ihre alten Kleider in dieselbe Eiche bei dem Sack voll Geld.

Jacob Geiz, Wege von Wolfsgruben und Soldan schlugen den Weg nach Erdhausen ein. Hans Jacob Geiz und sein Sohn Heinrich, Acker, David Briel und Wege von Kombach gingen über ein Wiesengründchen durch den Wald, die Subach, und als sie ihn durchschritten hatten, nahmen sie ihren Weg wieder über eine kleine Wiese, dann über einige Äcker durch einen Wald, den sie gerade durchgingen, drehten sich an dessen Ende links herum, und, Riegenbach rechts, Mornshausen links lassend, gelangten sie noch durch zwei Wälder und kamen nachts zwischen zehn und elf Uhr in Kombach wieder an. – Das Geizsche Haus war auch jetzt wieder der Ort, wo sie alle zusammenkamen. Hier wurde nun das Geld in ein Fäßchen geschüttet, und die ganze Summe, so wie von Heinrich Geiz berechnet, teils in Rollen, teils Stück für Stück geteilt. Ein jeder erhielt für sein Teil die Summe von 800 fl., die sie dann nach Hause trugen; Acker allein nahm nicht soviel mit. Ihn, der nach der Teilung einmal vor die Stubentüre ging, hatten die übrigen während dieser Zeit um 100 fl. bestohlen. Das Geld verschwendeten sie nun zum Teil oder vergruben es in der Nähe von Kombach auf verschiedene Äcker. Heinrich Geiz trug seinen Anteil zu verschiedenen Zeiten in seine Heimat nach Mühlheim und versteckte es in dem Garten seines Schwiegervaters zwischen einer Bretterwand. Wege von Wolfsgruben verbarg sein Geld auf der Lustwiese bei Wolfsgruben. In ihren Geständnissen bezeichneten sie die verborgenen Stellen, an welchen man noch ungefähr die Summe von 1500 fl. vorfand.

David Briel von Dexbach, der Stifter dieses Komplotts, entfloh dem Arme der Gerechtigkeit dadurch, daß er sich noch zur rechten Zeit einen Hausierschein ins Ausland geben ließ, den man ihm ohne Anstand erteilte, da derselbe einen ausgebreiteten Strumpfhandel trieb und damals noch ganz verdachtlos war. – Der Landschütze Volk wurde gleich nach dem Ackerschen Geständnis festgehalten und aus Mangel an Platz im Kriminalgefängnis in die Kaserne bei Gießen gebracht. An einer dunklen Stelle auf dem Gang benutzte er den Augenblick, als man die Tür seines Gefängnisses aufschließen wollte, und schoß sich, der Hand des Henkers vorgreifend, eine Kugel durch das Herz. – Auch Soldan endete als Selbstmörder. Kurz vorher, als auf ihn bekannt worden war, erdrosselte er sich in seinem Gefängnis.

Nach beendeter Untersuchung wurden die Akten an die höhere Behörde, das Großherzoglich Hessische Hofgericht zu Gießen, zur weiteren Beschließung übergeben. Herr Hofgerichtsrat Dr. Pilger, dieser als Gelehrter wie als Mensch gleich achtbare, würdige und verdienstvolle Mann, war Referent in dieser wichtigen Sache und trug, nachdem die Verteidigungen der Verbrecher gehörig geführt waren, in zwei aufeinanderfolgenden solennen* Sitzungen, am 24. und 25. März 1824, diesen Kriminalfall dem Gerichtshof zur Entscheidung vor. Das Gesetz erkannte auf Tod, und das Hofgericht fällte demnach folgendes Urteil:

Urteil

In Untersuchungssachen gegen Hans Jacob Geiz, Heinrich Geiz, Jacob Geiz, Jost Wege und Ludwig Acker, sämtlich von Kombach – wird auf amtspflichtiges Verhör, geführte Verteidigung und aus den Akten erstattete Vorträge hierdurch zu Recht erkannt:

»daß dieselben wegen des an dem Gladenbacher Geldkarren begangenen Straßenraubs durch das Schwert vom Leben zum Tod zu bringen, sodann in den Ersatz der Untersuchungskosten und der an dem geraubten Geld fehlenden Summe unter solidarischer Verbindlichkeit zu verurteilen seien.«

Dessen zur Urkunde etc. So geschehen Gießen, den 25. März 1824.

(L.S.)

Gegen das Urteil ergriffen die Defensoren der Verurteilten die Appelation an das höchste Landestribunal, Oberappelationsgericht zu Darmstadt. Allein dieser Gerichtshof bestätigte das Urteil in allen seinen Teilen und sandte es zur Allerhöchsten landesherrlichen Genehmigung ein.

Seine Königliche Hoheit der Großherzog von Hessen und bei Rhein, unser gerechtigkeitsliebender Landesvater und Fürst, ließen dem Gang des Gesetzes freien Lauf und genehmigten das Urteil.

---

* feierlichen

Exekution

Der 7. Oktober 1824 war zum Tag bestimmt, an dem die Vollstreckung des Todesurteils stattfinden sollte. Herr Kriminalrichter Danz, beauftragt, die Exekution zu leiten, begab sich drei Tage vor diesem Tag in das Gefängnis der Verurteilten, ließ sie alle in eine besondere Stube bringen, hier von einem Kommando Soldaten einen Kreis um sie schließen und ihre Fesseln lösen. Jetzt war ihnen endlich der Zeitpunkt erschienen, wo sie Gewißheit ihres Loses erhalten, wo die Würfel zwischen Leben und Tod fallen sollten. In banger Erwartung sahen die Sünder ihren ernsten Richter das Blatt entfalten, stumm und erwartungsvoll auf seine Lippen, die auf sie herab das Schicksal ihrer Zukunft sprechen sollten. »In dreimal 24 Stunden«, sprach sein Mund, »werdet ihr durchs Schwert vom Leben zum Tode gebracht; bereitet euch darauf vor und söhnet euch mit Gott und der Menschheit aus!« Zermalmt von dem Wort, das dem Menschen raubt, was ihm auf Erden am liebsten gewesen, und überdenkend den Jammer, den er über Weib und Kinder ausgeschüttet, stürzte einer der Verurteilten, Heinrich Geiz, im ersten Anfall von Verzweiflung auf den Herrn Kriminalrichter Danz wie ein Rasender los – und konnte nur durch das Dazwischentreten der Wache wieder zur Ruhe gebracht werden.

Die wenigen Tage, die den dem Tode Geweihten noch zugemessen waren, verlebten sie unter trostgebendem Zuspruch von drei Geistlichen. Der allgemein verehrte Herr Stadtpfarrer Dr. Engel zu Gießen sowie der würdige Herr Inspektor Brummhardt von Langgöns und Herr Pfarrer Starck von Ostheim übernahmen den hohen Beruf, sie auf diese nahe und letzte Reise vorzubereiten. Die Religion, die auch dem Gefallenen ihren Stab noch reicht, um sich an ihm wieder glaubensvoll emporzurichten, stärkte sie durch den Trost, durch wahre innige Reue ihrem Gott wieder geschenkt zu werden.

So ging zum letzten Mal die Sonne für sie auf, der Morgen brach an, der zugleich den Abend ihres Lebens begrenzen sollte. Auf dem Marktplatz vor dem Rathaus standen schwarz aufgeschlagen die Schranken, von Soldaten umringt, und um sie herum drängte sich mit dumpfem Getöse die Menge. Die Glocke rief acht, da wurde ein Tisch, schwarz behängt, in die Schranken gestellt, und ihn umstanden schwarz beflorte Stühle. Auf ihnen nahmen Platz der Herr Kriminalrichter Danz, neben ihm zwei Kriminalgerichtssekretäre und die Verteidiger der Verbrecher. Darauf erhob sich der Richter, gebot, sich zu dem Volk wendend, Ruhe, und eine feierliche Stille herrschte im ganzen Umkreis. Hierauf erzählte er kurz die Verbrechen der Verurteilten, die jetzt zum Tod geführt werden sollten.

Während dieser Zeit umgaben die Geistlichen die Sünder in ihrem Gefängnis und ermahnten sie, mit Reue und Ergeben in ihr Schicksal diesen letzten Gang zu gehen. Nachdem die Verurteilten darauf das heilige Abendmahl, das sie sehnlichst gefordert hatten, mit christlicher Rührung unter einem Strom von Tränen genossen, verließen die Herren Geistlichen sie, damit sie diese wenigen Augenblicke ihres Lebens ihrem Gott widmen möchten, vor dessen Richterstuhl sie in wenigen Stunden Rechenschaft ablegen sollten. – Da schlug es neun.

Unter dem traurigen Geläute der Sterbeglocke näherten sich, begleitet von den Geistlichen, unter militärischer Bedeckung die Sünder den Schranken und dem Tisch, worauf ihr Todesurteil lag, dessen Lade ihre Todesstäbe einschloß. Hier angekommen, stellten sie sich Hand in Hand an die eine Seite des Tisches und unter ihnen ein Vater neben seine zwei Söhne. Der Richter erhob sich sodann, rief ihnen nochmals ihre früheren Vergehen ins Gedächtnis und sagte ihnen, daß jetzt die Stunde ihrer Strafe mit dem Schwert zum Tod gekommen sei. Dann nahm er die schwarzen Stäbe aus dem Tisch, brach einem jeden den seinen und warf ihnen mit den Stücken nun alle Hoffnung des Lebens zu Füßen.

Nun brach man zum Richtplatz auf, und strömend begleitete eine große Menschenmasse den Zug. Mit langsamen Schritten schwankten, geführt von ihren Seelsorgern, die Verbrecher der Richtstätte immer näher und näher. Angelangt am Blutgerüst, ließen sie sich auf eine Bank nieder, demütigten sich vor dem Allmächtigen in reuigem Gebet und flehten zu ihm um Gnade.

Hierauf bestieg Acker zuerst die Stufen des Schaffotts, entkleidete sich selbst und ließ sich standhaft auf den Stuhl nieder, den Todesstreich zu empfangen. Sein Haupt fiel auf den ersten Hieb. – Ihm nach folgte Wege und starb mit gleicher Fassung. – Nun traf Jacob Geiz die Reihe. Fest umschlungen lag er in den Armen seines Vaters und Bruders und nahm einen herzzerreißenden Abschied von ihnen. Gestärkt durch den Trost der Religion, ging auch er den Weg mit Ruhe – und ein Hieb beendete sein Leben. – Seinem Bruder sollte Heinrich Geiz folgen. Er riß sich laut weinend von dem Hals eines verzweifelnden Vaters los, der dumpf vor sich hinstarrend keine Worte des Schmerzes hatte. Auf dem Schafott hob Heinrich Geiz sein Sacktuch in die Höhe und zerriß es mit den Worten: »Zerreißt mein Leben, so sollst auch du zerreißen!« Dann setzte er sich gelassen nieder und starb einen standhaften Tod. – Jetzt bestieg Hans Jacob Geiz das Blutgerüst. Mit schrecklichem Schaudern sah er auf den Stuhl, wo seine Kinder sich verblutet, und ließ sich dann halb ohnmächtig auf ihn nieder. Ein Schwertstreich trennte sein Haupt vom Rumpfe.

Die tricks der Gauner in Frankfurt und Umgebung (Georg Wilhelm Pfeiffer)

Da es eben Zeit der Messe war«, notierte der Wiener Literat Johann Ludwig Deinhardstein 1830 in sein Tagebuch, »wimmelte alles von Wagen und Pferden. In der Stadt war eine noch größere Lebendigkeit als sonst wahrzunehmen, besonders auf dem großen Platze. Allenthalten waren Zelte und Buden errichtet, Schaugegenstände jeder Art enthaltend, die Käufer anzulocken. Sogar auf die liebe Jugend war es abgesehen. Affen und Hunde zogen durch die Stadt; unter erleuchteten Zelten waren Ringelrennen zu sehen. Überall hörte man Drehorgeln, zuweilen vom Gesange begleitet; ein munteres regsames Leben wogte durch die Straßen.« Dieses »muntere regsame Leben« in Frankfurt zog aber nicht nur neugierige Besucher und auf Gewinn hoffende Kaufleute oder Schausteller an, auch Betrüger, Diebe, vor allem die gefürchteten Beutelschneider, Bettler und Prostituierte strömten in Scharen auf die Messe. Nur die wenigsten von ihnen wurden schon an den Stadttoren erkannt und abgewiesen.

Für den um den Ruf Frankfurts besorgten Magistrat war es eine vordringliche Aufgabe, für den ungestörten Ablauf der Messe zu sorgen. Entsprechend drakonisch gingen die städtischen Ordnungskräfte gegen kleine und große Gauner vor. Bereits 1752 und 1619 waren zu den Ostermessen mehrere Diebe hingerichtet worden, was, wie ein Chronist damals stolz bemerkte, ruhige Herbstmessen sicherte. In der Regel erhielten Messediebe aber nur Rutenstrafen. Allerdings mußten sie auch die Urfehde schwören, das heißt, sie durften Frankfurt nie mehr betreten.

Soldatenpatrouillen, Polizeidiener, Nachtwächter und ein umfangreiches Vorschriftenwerk sollten die Messegäste und vor allem die Stände vor Beraubung schützen. Das scheint aber so wenig wirksam gewesen zu sein, daß der Rat zwischen 1761 und 1788 gleich drei Verordnungen »zur Verhuetung der zu Meßzeiten oftmals, besonders des Abends vorgehenden Verschleppungen und Entwendungen der Meß-Gueter« erließ. Wer jetzt noch nach Einbruch der Dunkelheit Waren über die Straßen trug, der machte sich zumindest verdächtig und mußte mit einer Strafe rechnen.

Mit welchen Tricks die kleinen und großen Gauner auf diese Maßnahmen reagierten, dokumentierte der Frankfurter Polizeibeamte Georg Wilhelm Pfeiffer 1828 in seinen »Actenmäßigen Nachrichten«. Der am 21.12.1795 in Frankfurt geborene Pfeiffer, der in Heidelberg Jura studiert und 1819 promoviert hatte, war als Assessor des Polizeiamtes 1826 mit den Untersuchungen gegen eine recht große, aber nur sehr locker zusammenarbeitende Diebsbande beauftragt worden. Das Buch ist das Ergebnis seiner Nachforschungen. Es markiert den Übergang vom gewaltsamen Raub, der durch die verfeinerten Präventiv- und Fahndungsmaßnahmen risikoreicher geworden war, zu sublimeren Techniken, die aber trotzdem lukrativer sein konnten. Pfeiffer sparte nicht mit Kritik an der damals üblichen Praxis, Arrestanten einfach über eine der zahlreichen Grenzen abzuschieben, und offenbarte dabei, welch Geistes Kind er war, wenn er zwar gegen Folter argumentierte, aber gleichzeitig die Prügelstrafe verteidigte und unbestimmte Haft in Korrektionshäusern auch für Landstreicher forderte. Überraschen kann es da nicht, daß Pfeiffer später an den Untersuchungen gegen die Studenten beteiligt war, die am 3. April 1833 die Frankfurter Hauptwache gestürmt hatten, und daß er gerade 1848 in den Ruhestand versetzt wurde.

Als Schöngeist verfaßte er u.a. zahlreiche Frankfurter Novellen, seine *Erinnerungen an die Freiheitskriege 1813* und die Lokalposse *Bürgerschlacht*, die 1828 erschien. Pfeiffer starb am 22. August 1871 in Frankfurt. Als Mundartdichter ist er in seiner Heimatstadt noch bekannt.

Aus seinen *Actenmäßigen Nachrichten* bringen wir einen längeren Auszug. Verzichtet haben wir auf das alphabetisch geordnete Verzeichnis von 308 Gaunern und auf die Aufzählung von 80 kochemer Bennen.

Quelle:

Actenmäßige Nachrichten über das Gaunergesindel am Rhein und Main und in den an diese Gegenden grenzenden Ländern von G.W. Pfeiffer, b.R.Dr. und Assessor des Polizeiamtes der freien Stadt Frankfurt. Frankfurt 1828.

Literatur:

Ausgewählte Frankfurter Mundartdichtung. Frankfurt 1981.

Hans-Otto Schembs: Weither suchen die Völker sie auf. Die Geschichte der Frankfurter Messe. Frankfurt 1985.

Rainer Koch (Hg.): Brücke zwischen den Völkern – Zur Geschichte der Frankfurter Messe. 3 Bände, Frankfurt 1991 (darin v.a. Thomas Bauer: Am Rande der Messe: Bettler, Diebe, Dirnen und Schausteller. Bd. 2, S. 308–327).

G.W. Pfeiffer

Actenmässige Nachrichten über das Gaunergesindel am Rhein und Main und in den an diese Gegenden grenzenden Ländern

Die in den Jahren 1811, 1812 und 1813 zu Heidelberg, Darmstadt und Gießen mit Fleiß und Umsicht geführten Untersuchungen gegen die Räuberbanden am Main, im Odenwald, Spessart, Vogelsberg und angrenzenden Ländern und die in Anwendung gebrachten zweckmäßigen und gerechten Strafen, hatten vorgenannten Gegenden endlich von der sie seit mehreren Jahren heimgesuchten Plage befreit und den Ländern ihre Sicherheit wiedergegeben. Fielen gleich noch hier und da einzelne Untaten frecher Bösewichter vor, so konnte doch mit Gewißheit angenommen werden, daß von einem weit verzweigten gemeinschaftlichen Getriebe hier keine Rede sein konnte. Der einmal gezeigte Ernst der verschiedenen Regierungen, vorzüglich die verhängten Todesstrafen, schienen derjenigen Klasse von Menschen, welche das süße Nichtstun über alles liebt, die Liebhaberei an Räubereien verleidet zu haben, sie wollte sich einem Geschäft nicht mehr hingeben, das keine Hoffnung für die Zukunft übrig ließ und sicher dem Untergang zuführte. Der Hang zum Wohlleben auf Kosten anderer raffinirte* jedoch auf Mittel, die minder gefährlich als die seither angewendeten waren. Was früher offene Gewalt bewerkstelligte, wurde jetzt mit List und Schlauheit vollbracht, statt der früheren Räuberbanden bildeten sich Diebsbanden, die im Verein mit allerhand anderem Gesindel ebenso bedeutenden Schaden an dem Eigentum anderer anrichteten wie die früheren Räuberbanden, im übrigen aber mit letzteren in ganz gleichen Verhältnissen standen. Wie diese machten sie aus ihrem Getreibe vollkommene Profession, redeten ihre eigene, die sogenannte jenische Sprache, hatten ihre ›vertrauten‹ Häuser, kochemer Bennen oder Bayes, führten ihre Gaunernamen, und beinahe jeder derselben hatte irgendein Gaunerweib, eine kochemer Schicks, als Beischläferin bei sich.

Dieser neue Unfug, welcher sich bald mehr und mehr verbreitete, mußte endlich die Aufmerksamkeit der verschiedenen Polizeibehörden auf sich ziehen. Schon im Jahre 1822 machte die königlich bayerische Polizeidirektion zu München darauf aufmerksam, daß sich unter den zahlreich herumreisenden Handwerksburschen eine Gesellschaft Nichtswürdiger gebildet habe, die sich in stetem Müßiggang auf Betrügereien und Diebstählen herumtrieben, durch

* spitzte

die jenische Sprache unter sich bekannt seien und sich selbst Stradafissel nannten.

Bald zeigten sich auch in hiesiger Umgegend Spuren einer existierenden Gaunerbande, welche sich lediglich auf Kosten des arbeitsamen und fleißigen Einwohners nährte. Die häufig vorkommenden Betrügereien einer und derselben Gattung sowie die sich stets wiederholenden Diebstähle von Kleidern, Uhren und dergleichen, welche immer auf eine Weise ausgeführt wurden, bestärkten die Vermutung des hiesigen Polizeiamts und verdoppelten dessen Aufmerksamkeit, der es endlich im Jahre 1823 gelang, eine Anzahl dieser gefährlichen Menschen in Haft zu bringen. Doch kannte man das Übel in seiner ganzen Ausdehnung noch nicht, auch leugneten die Verhafteten auf das Hartnäckigste gegen jede auch noch so begründete Inzicht*; nur der eine oder der andere räumte einen Diebstahl ein, der gerade nicht mehr zu verabreden† stand. Wer je Untersuchungen der Art führte, wird sich überzeugt haben, wie schwer es ist, einen Gauner zum Geständnis seiner Untaten zu bewegen. Der gewöhnliche Dieb, den einmal eine Gelegenheit verführt hat, der unbekannt mit dem Gang einer Untersuchung ist und den es häufig schon erschüttert, nur vor den Schranken des Verhörrichters zu stehen, unterliegt wohl bald dem umsichtigen Gang einer Untersuchung; anders ist es jedoch bei dem Gauner, der Profession von seiner schädlichen Kunst macht. Gleich einem erfahrenen Schachspieler setzt er vorsichtig seine Antworten der Frage des Inquirenten entgegen, und hat er sich je einmal festgefahren, so müssen Frechheit und Unverschämtheit aushelfen. Werden auch die gestohlenen Gegenstände bei ihm vorgefunden, dies macht den Gauner nicht im mindesten verlegen; er hat sie von einem ihm ganz fremden Trödeljuden auf der Straße gekauft oder von einem Unbekannten, der mit ihm reiste, zum Aufbewahren erhalten.

Man mußte sich daher bei der damals angestellten Untersuchung damit begnügen, die Gauner eine Weile im Arrest zu behalten und sie dann auf dem Schub in ihre Heimat transportieren zu lassen. Es dauerte jedoch nicht lange, so hatten sich die Versprengten wieder gesammelt, und wie sie früher hauptsächlich Frankfurt zu ihrem Tummelplatz sich erlesen, so wurde jetzt Darmstadt von ihnen empfindlich heimgesucht, aus welchem Grunde jene Bande diebischer Handwerksburschen sich die Darmstädter Gesellschaft nannte. Allein auch hier hatte sie die Polizei bald aufgespürt und eine Anzahl von ihnen verhaftet, welche hierauf in Untersuchung genommen und zur Strafe gezogen wurden.

Auch im Herzogtum Nassau war mittlerweile jener Gaunerunfug sehr fühlbar geworden. Die Untersuchung, welche hierdurch 1824 zu Wiesbaden vor dortigem herzoglichem Kriminalgericht veranlaßt worden war, hat ersprießliche Resultate geliefert und eine ziemliche Anzahl gefährlicher Gauner ihrer wohlverdienten Strafe überliefert.

---

* Beschuldigung

† leugnen

Ungeachtet all dieser Maßregeln genoß jedoch die Umgegend von Frankfurt noch keine Sicherheit. Es häuften sich vielmehr Diebstähle auf Diebstähle und drängte sich so die traurige Überzeugung auf, daß das Übel schon sehr weit gewurzelt und einen beispiellosen Grad von Umfang erreicht haben mußte. Eine Folge hiervon war, daß die größte Wachsamkeit aufgeboten wurde, der es dann endlich gelang, dem Unwesen auf die Spur zu kommen.

Das hiesige, in einer engen Straße gelegene kleine Gasthaus Zur ... war es, welches die Gauner, jedoch soviel bekannt, ohne daß die Wirtsleute über deren Treiben Wissen hatten, und auch nur bei Tageszeit, zu ihrem Sammelplatz sich auserlesen hatten. Am 19. Juli 1826, als man in Erfahrung brachte, daß wieder eine Anzahl dieses Gesindels da versammelt sei, wurden mehrere Polizeidiener unter Anführung eines Wachtmeisters zu deren Arrestation beordert. Als diese Mannschaft jedoch ins Wirtszimmer eintrat, widersetzte sich Hensler, vulgo der Student, welcher bei den Gaunern war, so heftig seiner Verhaftung, daß es etlichen anderen möglich wurde, zu entspringen, die übrigen, Herrmann, vulgo der lange Preuße, Braun, vulgo der Schrumpel, Gertraude Herb, vulgo das Oberauer Mariechen, und die Margaretha Pfeiffer, vulgo die rotnäsige Nanne, wurden indessen sämtlich in Arrest gebracht.

Noch mehrere zu diesen Landstreichern gehörende Personen, unter anderem die Margaretha Kesselring von Orb, vulgo die Orber Gritt, wurden an diesem Tag verhaftet, und die Beischläferin des Hensler, Rosine Frankenberger, hatte sogar die Frechheit, ihrem Zuhälter verschiedenerlei Eßwaren in den Arrest bringen zu wollen, wo sie dann natürlich ebenfalls angehalten und zur Untersuchung verwiesen wurde.

Von der Kesselring erfuhr man nun zuerst Näheres über die ganze weitläufige Gaunerverzweigung, namentlich eröffnete dieselbe, daß die Gehspitze (ein Gehöft im Isenburger Wald an der alten Oppenheimer Straße, anderthalb Stunden von Frankfurt und hart an der Grenze dessen Gebiets) der Sammelplatz dieses gefährlichen Gesindels sei, daß von dort aus Gaunerstreifzüge in die Umgegend vorgenommen würden, daß jedoch die großherzoglich hessischen Gendarmen in neuerer Zeit öfter dort visitiert hätten und die Gauner sich daher nicht mehr ganz sicher glaubten, weshalb solche häufig im Wald übernachteten. Da mehrere Umstände diese Angabe glaubhaft machten, wurde in Verbindung mit der großherzoglich hessischen Behörde zu Offenbach, in deren Amtsbezirk die Gehspitze gehört, eine große Streifung verabredet und eine bedeutende Anzahl gut bewaffneter Polizeioffizianten und Jägerburschen in aller Stille am Abend des 20. Juli 1826 auf dem Frankfurter Oberforsthaus, welches eine halbe Stunde von der Gehspitze entfernt ist, zusammengezogen.

Da es vorzüglich auf letzteres Gehöft abgesehen war und zu befürchten stand, daß die Gauner in der Dunkelheit der Nacht in den Wald entspringen möchten, so wurde die ganze Streifung in zwei Teile geteilt; beide sollten zu gleicher Zeit von verschiedenen Seiten auf die Gehspitze losrücken und so jedes Entkommen unmöglich machen, die Zeit des Angriffs war auf halb zwölf Uhr festgesetzt.

Nach zehn Uhr setzten sich beide Abteilungen, jede unter Führung eines Polizeibeamten, in Bewegung und postierten sich in dem Wald. Die von dem Forsthaus anrückende Abteilung, welche, weil die andere einen großen Umweg machte, im Wald warten mußte, hatte jedoch nicht lange verweilt, als sie seitwärts von der Chaussee ein fernes Geplauder vernahm. Mit der größten Behutsamkeit rückten sie näher und erblickten nun bei dem Licht des inzwischen hinter den Wolken hervorgetretenen Mondes eine Anzahl Vagabunden fröhlich auf Laubsäcken am Fuße hoher Buchen gelagert. Nicht ahnend die drohende Gefahr und im Gefühl der Sicherheit, schnatterten die Weibsleute jenische Gespräche und ergötzten ihre Geliebten mit allerhand zotigen Witzeleien.

Die Streifpartei hatte dieselben während der Zeit in Form eines Halbmondes umgeben und ernst wurde ihnen jetzt der Zuruf, sich ruhig zu ergeben, weil jeder, welcher nur im mindesten Miene mache, sich zu widersetzen oder zu entspringen, ohne weiteres ein Kind des Todes sein würde. Rasch war die ganze Gaunergesellschaft auf den Beinen; allein ein Blick auf die im Mondlicht blinkenden, von allen Seiten auf sie gerichteten Feuerrohre erlähmte jede Kraft, und ohne Hindernis wurden alle gefangengenommen und aneinandergebunden. Unter den hier verhafteten befand sich die berüchtigte Margaretha Hock aus Haibach, vulgo das Haibacher Gretchen.

Mittlerweile war halb zwölf ziemlich nahe herangerückt, die Verhafteten wurden daher von einigen Polizeijägern bewacht, die übrigen rückten gegen die Gehspitze vor, welche zu festgesetzter Zeit erreicht wurde. Auf den Punkt halb zwölf ertönten von der anderen Streifabteilung die Zeichen durch Pfeifen, und rasch wurde nun von allen Seiten auf das einsame Gehöft losgegangen. Allein, wie nach dem vorausgegangenen zu erwarten stand, war die Gehspitze bis auf eine einzige Bettelfrau leer. Letztere wurde nach Offenbach gebracht, erstere Gauner aber, welche im frankfurtischen Gebiet sich gelagert hatten, wurden nach Frankfurt transportiert.

Sowohl durch diese Vorgänge als auch, daß stets immer mehr Gauner eingefangen wurden, deren Zahl sich anfangs bald über sechzig, später noch höher belief, füllten sich die hiesigen Arreste bald auf einen bedeutenden Grad, und da man sich hierdurch von der Größe des Übels als auch weiter überzeugt hatte, daß nur dann mit Nachdruck verfahren werden könnte, wenn sich jemand einzig und allein dieser Untersuchung widmete, ohne durch die tausendfältigen Ereignisse in einer großen Stadt stets aufs neue aus dem Faden gerissen zu werden, wurde von hiesigem Polizeiamt eine eigene, das Gaunerwesen betreffende Untersuchungskommission eingesetzt und der Verfasser mit deren Leitung beauftragt.

Anfangs leugneten sämtliche Verhafteten steif und fest, einander zu kennen, bald aber wurden einige, unter diesen das Haibacher Gretchen, zum Geständnis gebracht. Mit zweckmäßiger Benutzung der gemachten Angaben gelangte man hierauf von einer Entdeckung zur anderen, bis endlich das ganze Gewebe offen dalag.

Was mir übrigens in dieser Sache gelungen, Ersprießliches zu Tage zu fördern, z.B. die bedeutenden Geständnisse des Tobias Lautenbach, vulgo Dobel, und des Jacob Stein, vulgo Mutsch, beide von Mannheim, der Sophie Kronig von Aschaffenburg, vulgo dicke Sophie, und vorzüglich die sehr wichtigen Geständnisse des Koch, Heister und Konsorten von hier, welche eine große Anzahl hier und in der Umgegend begangenen Einbrüche und qualifizierten Diebstähle enthüllten, verdankte ich lediglich einer milden, der Individualität des Arrestanten angemessenen Behandlung. Bekenntnisse durch harte Behandlung, z.B. durch Schläge zu erpressen, wäre solches auch nicht in den Gesetzen verboten, muß schon dem besseren Gefühl des Untersuchungsrichters widersprechen; allein abgesehen auch davon, glaube ich, daß diese Methode weit weniger zum Ziel führt. Vom Schmerz gefoltert wird der weniger Standhafte das, weshalb man ihn in Betracht zieht, vielleicht gestehen; die erste beste Gelegenheit wird er jedoch benutzen, ein solches Geständnis ungültig zu machen, da heutigen Tages wohl jeder Gauner weiß, daß solche Mittel illegal sind. Verbrechen, von denen niemand etwas weiß, wird er sich wohl hüten zu gestehen, und gegen den festsinnigen Inquisiten sind Zwangsmittel ohnehin vergeblich. Anders ist es jedoch mit einer milden Behandlungsweise. Jeder Mensch, sei es auch der verwildertste (Ausnahmen muß man freilich zugestehen, gegen diese ist aber auch, wie man im gemeinen Leben sagt, Hopfen und Malz verloren), wird doch eine Saite in seinem Innern haben, die bei Erregung des verwandten Akkordes widertönt. Diese suche der Untersuchungsrichter aufzufinden, und durch ihre Schwingung wird es ihm möglich werden, sich das Vertrauen des Inquisiten zu erwerben. Dann wird es ihm auch gelingen, denselben zu überzeugen, daß er gegen Gott und seinen Nebenmenschen sich gröblich vergangen habe, daß seine Verhaftung gerecht und eine Strafe notwendig sei. Und ist der Richter einmal so weit, so glaube ich, daß der Inquisit aus eigener Überzeugung auch dasjenige eingestehen wird, was, außer ihm selbst, aller Welt verborgen ist. So sehr wie ich jedoch, von dieser Seite betrachtet, für eine gelinde Behandlung bin, ebensosehr halte ich es auch für nicht geeignet, aus übertriebenem Humanitätssystem dem Inquisiten alles durchgehen zu lassen. Strenge muß sich mit Milde paaren, der Inquisit muß für jede seiner Aussagen verantwortlich sein, ihm dieses bei dem Anfang des Verhörs bemerkt und, wenn er auf Lügen ertappt, ernste Strafe über ihn verhängt werden. Bei Gaunern ist eine gehörige Portion Prügel immer mit ersprießlichem Nutzen gegen alle Rückfälle angewendet worden. Alle anderen Kuren, wie Einsperren in Strafgewölbe, halbe Kost, auch etwas Krummschließen, halten den boshaften, auch oft mutwilligen Gauner nicht ab, den Herrn Untersuchungsrichter einmal zum Zeitvertreib ein wenig an der Nase herumzuführen, da er wohl weiß, daß man vorgebrachte Mittel nicht bis zum Schaden an seiner Gesundheit, welches neue Kosten veranlaßt, also nur bis zu gewissem, nicht zu sehr empfindlichem Grade ausdehnen wird.

Gleiche Meinung ist mir schon von erfahrenen Untersuchungsrichtern geäußert worden, und ich glaube daher, meine, der praktischen Seite abgefaßte Überzeugung öffentlich aussprechen zu dürfen.

Aus der Untersuchung hat sich nun folgendes ergeben. Die hier verhafteten oder verhaftet gewesenen Gauner nennen sich selbst: Reisende, Kunden oder Strohmer und sprechen alle, mehr oder weniger, die sogenannte jenische Sprache. Die meisten davon führen Beinamen, unter denen sie einander kennen, die wahren Namens- und Heimatsverhältnisse ihrer Genossen sind ihnen in der Regel fremd. Größtenteils sind sie untereinander bekannt, sei es auch nur dem Namen nach, doch wird außerdem ein Gauner den anderen an Wort und Manieren nicht verkennen, und zweifelt er je, so bietet er dem Rätselhaften eine Prise Tabak, indem er leise und fragweise: »Kunde?« hinzufügt. Ist der also Angegangene das, wofür man ihn hält, so antwortet er: »känn Matthes« (ungefähr so viel wie: »ja, Bruder«), und der Bund ist geschlossen, und beide operieren, wo es sich tun läßt, gemeinschaftlich. Außerdem habe ich keine Spur finden können, daß ein engerer Verband unter ihnen existiert. Wie sie der Zufall zusammenführt, zwei, drei, vier an der Zahl, ziehen sie miteinander im Land umher und verlassen sich auch wieder auf die Weise, wie sie einander getroffen haben. Der Kühnere, Gewandtere, Listigere ist bei auszuführenden Streichen der Anführer, minder Befähigte werden auf geringere Posten, z.B. zum Schildwachestehen, verwendet, und ist der Streich gelungen, wird geteilt und die Sozietät hat ein Ende. Oft auch führen gewandtere Gauner die beschränkteren als ihre Bedienten mit sich umher, wie dies mit der Margaretha Risch, vulgo Pinche Müller, und dem Peter Freund, vulgo Knöppches Peter, sowie mit der Margaretha Pfeiffer, vulgo rotnäsige Nanne, und der Catharina Prosch der Fall war. Die Gegenden, welche die Gauner seither durchzogen, sind Holland, die Rheingegenden bis nach Straßburg und die Schweiz, die Umgegend von Frankfurt, Wiesbaden, Hanau, Darmstadt, Heidelberg, Karlsruhe, Baden, ganz Rheinpreußen und Rheinbayern.

An vielen Orten dieser Gegenden haben sie ihre vertrauten Wirtshäuser (kochemer Bennen). Hier finden sie Schutz gegen polizeiliche Verfolgungen. Hier werden Bekanntschaften gemacht, Pläne geschmiedet, falsche Papiere (Kohl- und Linkfleppen) fabriziert, und hier wird das erbettelte, erschwindelte und gestohlene Geld vertrunken und verspielt. Hier lebt die Gaunerrepublik, die keine Obrigkeit anerkennt, in wilder Freiheit, ganz der Vorschrift: »Sorget nicht für den andern Morgen.«

(...)

Die Erwerbszweige der Gauner sind verschieden, je nachdem einer Anlagen in sich verspürt. Doch beschäftigen sie sich nicht, wie z.B. die jüdischen Gauner, ausschließlich mit einer Branche, sondern greifen auch, wenn Not an den Mann geht, zu anderen sonstigen Gaunerhantierungen.

Die geringste Sorte unter den Gaunern sind die Straten- oder Stralendalfer, welche auf der Straße unter irgendeinem Vorwand von den Vorübergehenden Almosen einsammeln. Häufig dichten sie sich zu diesem Zweck körperliche Gebrechen, vorzüglich die fallende Sucht, an, oder sie nehmen eine rote Brühe in den Mund und speien solche aus, als ob sie ein Blutsturz betroffen hätte. Wie einträglich dies Geschäft sei, geht aus den Aussagen mehrerer Gauner hervor, daß die Elisabetha Merz aus Diensberg, vulgo Liesikuß, an drei Kirchweihtagen dreißig Gulden erbettelt habe. Schmaldalfen nennen sie um eine Stadt herum betteln, wozu sich auch die ausgezeichnetsten Diebe in Zeiten der Not verstehen.

Höher als diese Gattung stehen die Großdalfer oder Hochstapler. Als Freimaurer, verunglückte Gelehrte, verarmte Kaufleute, entlassene Offiziere, Schauspieler und dergleichen, die Weibsleute als Witwen solcher Personen, durchziehen sie mit falschen Skripturen, Patenten, Abschieden (Kohlfleppen von Flepp, Paß oder Papier, und Kohl, das, was in solchen Schreiben vorgespiegelt wird; Kohl schlagen, jemandem etwas vorspiegeln) das Land und wissen sich reichlich Almosen zu verschaffen. Die Maria Weinberger, vulgo des Metzgers Mariechen, erzählte selbst, daß sie auf diese Art einmal zu einer gräflichen Tafel gezogen und dann reichlich mit Kleidern und Geld beschenkt worden sei. Überhaupt geht die Frechheit dieser Klasse so weit, daß sie sogar Allerhöchste Herrschaften nicht allein zur Sommerszeit in Bädern, sondern sogar in ihren eigenen Residenzen in Anspruch nehmen. Auf den höchsten Punkt in dieser Gattung sollen es der Christoph Friedrich Wilhelm Kirsten, vulgo der Stuttgarter Feldwebel, und der Louis Boyer gebracht haben. Ersterer soll einmal in Paris dreißigtausend Franken erbettelt haben, und letzterer soll sogar (was indessen doch wohl zu bezweifeln steht) sein eigenes Silberservice besitzen.

Eine weitere Abteilung bilden die Haderreisser, betrügerische Kartenspieler (von Hader, die Karte, und Reissen, einen über das Ohr hauen, betrügen). Das Verfahren ist hierbei folgendes. Ein Gauner, welcher dieses Kartenspiel gut versteht, stellt sich betrunken und produziert dabei seine Kartenkünste, wobei er Wetten eingeht, daß dieses und jenes in seiner Karte der Fall sei, gewöhnlich, daß zwei angegebene Karten beieinander liegen müßten. Ein anderer Gauner, anscheinend mit dem ersten nicht verbunden, welcher in der jenischen Sprache der Fallenmacher genannt wird, redet einem Dritten, welcher betrogen werden soll, zu, die aufgestellte Wette anzunehmen. Um den zu Betrügenden hitzig zu machen, gewinnt solcher am Anfang, später aber wird demselben nicht allein alles Geld, sondern auch Kleidungsstücke und, wenn es ein Handwerksbursche (Hannwasser) ist, oft auch noch das Felleisen* abgenommen. Gewöhnlich treiben die Haderreisser auf Herbergen der Handwerksgesellen und im Sommer an den Chausseen ihr Unwesen; letzteres nennen sie: sich auf den Derrach lagern. Dieser Nahrungszweig ist einer der beliebtesten, und es fanden sich viele Strohmer, die sich hierzu bekannten, hier in Untersuchung, namentlich soll der Johann Kübler, vulgo der Lustig, hierin exzellieren. Doch soll das Haderreissen mit Bauern (Kaffern) bisweilen sehr gefährlich ausfallen, weil diese schon mehrere Male die wahre Kunst entdeckt und die Virtuosen tüchtig durchgeprügelt haben sollen.

Eine der vorhergehenden Art sehr ähnliche sind die Blütenschmeisser (Blüte: ein Geldstück; Fuchsblüte: ein Goldstück; Schmeissen: Werfen). Der Betrug wird auf nachfolgende Art verübt. Einer dieser Gauner macht sich an einen, der

---

* der Ranzen

betrogen werden soll und welches gewöhnlich ein unerfahrener, aber mit Geld versehener Handwerksbursche oder Bauer ist, und geht mit solchem über die Straße. Vor denselben geht ein anderer Gauner und läßt unbemerkt durch die Beinkleider einen Rechenpfennig* oder einen tombackenen† Ring fallen. Der nachfolgende Strohmer findet nun diesen hingeworfenen Gegenstand, gibt es für Gold aus und macht seinen Gesellschafter hitzig, an dem Fund Halbpart haben zu wollen. Sobald dieser hierauf eingeht, erklärt der Strohmer, daß er ihm, da er kein Geld habe, um die Hälfte herauszuzahlen, die Hälfte des Ringes oder des für ein Goldstück ausgegebenen Rechenpfennigs geben wolle, und macht sogleich Anstalten, jene Stücke zu zerschlagen. Dadurch wird der zu Betrügende noch hitziger, nimmt die gefundene Sache ganz für sich und zahlt dem Strohmer seinen Anteil in Silbergeld aus. Um der Betrügerei leichteren Eingang zu verschaffen, wird der Rechenpfennig auch bisweilen in einen Brief eingeschlagen, welch letzterer so abgefaßt ist, als wenn ein Vater seinem Sohn einen Not- und Zehrpfennig übersendet hätte. Auf diese Art wurden an leichtgläubigen Handwerksburschen und Bauern schon bedeutende Betrügereien verübt, und wird der schon oben erwähnte Kübler auch derlei Betrügereien beschuldigt.

Die gefährlichste Klasse der Gauner sind die Diebe (Zopper oder Zoppkunden). Unter dem Vorwand, als arme reisende Handwerksburschen zu betteln, schleichen sie sich gewöhnlich zu zweit in die Häuser. Der eine klopft an die Tür, und wird »Herein!« gerufen, so geht er in das Zimmer und bettelt. Erfolgt jedoch keine Antwort auf sein Anklopfen, so tritt er ebenso kühn in das Zimmer und packt dann auf, was er nur habhaft werden kann. Sein Kamerad steht während dieser Zeit Schildwache, und naht sich Gefahr, so gibt er durch Husten ein Zeichen. Als Hauptregel bei diesem einträglichen Geschäft beobachten die Strohmer, daß die Zoppkunden schlechte Schuhe ohne Absätze und Nägel anhaben müssen, damit man sie in den Häusern nicht auftappen hört. Die meisten der hier in Untersuchung gestandenen Gauner gehören zu dieser Sorte, und es ist unglaublich, mit welcher Kühnheit sie bisweilen ihre Diebereien betrieben haben. So hat z.B. der Jacob Stein von Mannheim, vulgo der Mutsch, gestanden, daß er sich an mehreren Orten bei hellem Tage in lebhaften Häusern drei Stiegen hoch in die Gerätekammer geschlichen, sich ganz entkleidet, eine Anzahl Hemden entwendet, solche alle übereinander und zuletzt das seine darüber angezogen und sich damit aus dem Hause entfernt habe, damit, wenn man ihn auch aus dem Haus gehen sehe, man doch keinen Pack bei ihm wahrnehme.

Eine eigene Art dieser Diebe sind die auf jenisch sogenannten Jackelpritscher, nämlich solche, welche sich mit dem Bestehlen der Opferstöcke abgeben. Sie besitzen dafür eine dünnes Fischbein, welches an dem einen Ende mit Vogelharz bestrichen wird. Mit diesem langen sie in den Opferstock, wo sich denn das Geld an das Harz anhängt und so von ihnen herausgezogen wird. Das Fischbein wird

---

* kupferne oder messingne Marke in Gestalt einer Münze, die zum Rechnen auf dem Rechenbrett benötigt wurde

† Ring aus einer Kupferlegierung mit goldähnlicher Farbe

gewöhnlich im Hut verborgen. Der Jacob Müller aus Münchingen, vulgo das kleine Stuttgarterle, und der Johann Meyer von Duttlingen, vulgo das badische Kieferle, sollen durchtriebene Jackelpritscher sein.

Da übrigens jeder Gauner weiß, daß ohne Legitimationspapiere bei den Polizeibehörden nicht gut durchzukommen ist, bei ihrer Lebensweise aber es nicht fehlen kann, daß einige von ihnen häufig in Verlegenheit kommen müssen, so existieren bei ihnen verschiedene, welche sich lediglich mit der Fabrikation von Pässen, Ausfertigung von Wanderbüchern, Attesten und dergleichen beschäftigen, welche von ihnen Fleppenfackler (Flepp: der Paß; Fackeln: Schreiben) genannt werden. Diese benutzen bei Ausübung ihrer Kunst häufig Siegelabdrücke, welche wirklichen amtlichen Zeugnissen abgeschnitten sind, zum Teil aber besitzen sie falsche Siegel verschiedener obrigkeitlicher Behörden, welche sie mit großer Geschicklichkeit selbst zu gravieren verstehen. Der berüchtigte Christian Paul Keller, vulgo Schweinfurter Christian, welcher sich hier im Arrest mit einer Glasscheibe den Hals abschnitt, hat hier im Verhör Proben seiner Geschicklichkeit abgelegt, und der noch auf freiem Fuß lebende angebliche Orgelspieler Johann Röder aus Wahlen hat eine Partie in Stein gravierter Siegel mehrerer Behörden der Umgegend hier zurückgelassen, welche dem geschicktesten Siegelstecher Ehre machen würden. Außerdem verstehen es diese Leute recht gut, durch chemische Mittel ungünstige Einträge in Legitimationspapieren herauszubringen, an welche Stelle sie dann über die echte amtliche Hand und über das Siegel ein ganz vorzügliches Attestat einschreiben.

Was die Weibsleute (kochemer Schicksen) betrifft, welche die Gauner mit sich führen, so ernähren sich diese auf ähnliche Art wie die Männer. Wie diese sprechen sie auch die jenische Sprache, haben ihre Gaunernamen, gehen aber hauptsächlich der Hurerei nach und stehlen dabei den Mannsleuten, die sich mit ihnen einlassen, Uhren, Pfeifen und alles, wessen sie habhaft werden können. Auf Kirchweihen zur Abendzeit werden hauptsächlich solche Geschäfte gemacht, und fällt bei solchen Gelegenheiten ein Betrunkener in ihre Hände, so wird er gewiß rein ausgeschält. Die Sophie Kronig, vulgo die dicke Sophie, ist geständig, einem Manne auf diese Art außer Pfeifen, Uhr und dergleichen auch den Rock und den Hut gestohlen zu haben. Charakteristisch ist hierbei, daß die Gauner ihre eigenen Beischläferinnen zu solcher Straßenhurerei anführen und, während sich die Geliebte mit einem Manne einläßt, in der Nähe, von letzterem jedoch unbemerkt, Wache halten, einesteils, damit der Zuhälterin nichts Übles widerfahre, anderenteils aber, damit solche ihren Sündenlohn gehörig und unverkürzt abliefere. Außerdem werden die Weibsleute nicht zum besten behandelt, häufig müssen sie ihre Zuhälter sogar ernähren, und mucksen sie sich ein wenig, so setzt es Prügel nach Herzenslust.

Daß übrigens die Anzahl dieser Gauner sehr bedeutend und die Angabe Henslers (vulgo Student), daß sich in den Rhein- und Maingegenden über fünfhundert dieses Gelichters umhertrieben, begründet sein mag, hat die hiesige Untersuchung gezeigt. Da die meisten von ihnen häufig schon in Untersuchung gestanden, oft sogar nur einige Tage in Freiheit, sozusagen aus einem Arrest in den anderen gewandert sind, so würde es unbegreiflich sein, wie diese Menschenklasse bei dieser mit so arger Gefahr belasteten Lebensweise verharrt und nicht vielmehr alsbald ein ehrliches Gewerbe ergreifen sollte, wenn nicht von der anderen Seite ihr grenzenloser Leichtsinn und ihr Hang zu zügelloser Freiheit eine Erklärung zuließen. Ich habe einigen Gaunern über diesen Betreff Vorstellungen gemacht und unverhohlen die Antwort erhalten, daß sie ihre Freiheit über alles liebten und es nicht ertragen könnten, sich befehlen zu lassen, mit dem naiven Zusatz jedoch, daß sie dieses hinfort nicht mehr so halten wollten. Vollkommen stimme ich daher der Ansicht des Herrn von Grolman bei, wenn dieser in seiner aktenmäßigen Geschichte der Vogelsberger und Wetterauer Räuberbanden auf Seite 4 sagt:

»Der Gauner erkennt in der Regel weder einen Gott noch einen weltlichen Oberherrn. Keinem Fürsten ist er zinsbar; gegen keinen erfüllt er die Pflicht des Untertanen. Bürgerliches Gesetz und kirchliche Ordnung sind ihm Greuel; jeden, der sie beobachtet, hält er für dumm oder wittisch.«

Diesen in dem Gauner selbst liegenden Gründen für den um sich gegriffenen Unfug, z.B. durch eine bessere Erziehung deren Nachkommenschaft zu begegnen, muß nun vorerst noch unter die frommen Wünsche gerechnet werden, um so mehr aber verdienen die außer dem Gauner liegenden Unregelmäßigkeiten, die dessen Lebensweise begünstigen und welche zu vernichten wohl möglich sein wird, eine genaue Aufmerksamkeit. Im Laufe der von mir geführten Untersuchung habe ich manche Bemerkung zu machen Gelegenheit gehabt, die ich mir erlaube, hier mitzuteilen.

Schon längst ist es ein von erfahrenen Polizeibeamten anerkannter Satz, daß der Gauner sich nur dann in einem Land umhertreibt, wenn er darin vor polizeilichen Nachforschungen irgendeine Zufluchtstätte und weitere Leute findet, die ihm seine gestohlenen Sachen abkaufen; mit einem Wort, wenn er darin eine kochemer Benne antrifft. Diese zu entdecken sei daher vorzügliche Absicht der polizeilichen Behörden. Soll jedoch diese Entdeckung von Nutzen sein, so muß eine solche Benne unter strenge Aufsicht genommen und namentlich oft, unvorhergesehen und streng darin visitiert und damit so lange fortgefahren werden, bis man sich gänzlich überzeugt hat, daß das Raubnest zerstört sei.

So, wie diese seither vielfach bestandenen kochemer Bennen dem Gaunerunfug allen möglichen Vorschub leisteten, so mußte es denselben höchst ersprießlich sein, wenn an irgendeinem bedeutenden Ort die Tätigkeit der Behörde durch die pflichtvergessene Handlungsweise der unteren Polizeiofficianten vollkommen gelähmt wurde. Die vielfach berüchtigten Bennen zu ... mögen ein Exempel hierfür dartun, wie die Oberbehörde zwar häufig Visitationen anordnete, wie jedoch der Gaunerwirt (Bennebos) von den Polizeidienern immer vorher benachrichtigt wurde, daß eine Visitation vor sich gehen solle. Hensler hat hierüber folgendes zu Protokoll gegeben:

Er habe gesehen, daß der Viertelsmeister, als er in der Benne visitieren wollte, zuvor Wein erhalten habe, unterdessen sich die legitimationslosen Strohmer und die sonst die Polizei zu fürchten Habenden entfernt hätten. Gleiche Wirtschaft sei im ...hof daselbst, wo gleicher Unfug stattfinde. Daß hier alle polizeilichen Vorsichtsmaßregeln scheiterten, daran sei lediglich der Polizeidiener S. schuld. Dieser sei, wie er selbst gesehen habe und auf das bestimmteste versichern könne, in den ...hof gekommen und habe dem Wirt verraten, daß er soeben den Herrn Adjunkt rufe und daß sie sogleich visitiert würden. Später seien auch wirklich der Herr Bürgermeister und der Herr Adjunkt gekommen, hätten aber natürlicherweise keinen Strohmer angetroffen.

Da ich diese Angabe anfangs als eine Verleumdung ansah, da schon manchmal Gauner an einem ordentlichen Polizeidiener, weil dieser seine Pflicht streng erfüllt, sich durch solche Anschuldigungen zu rächen suchten, so sondierte ich vorsichtig über diesen Punkt bei anderen hier verhafteten Strohmern. Allein kaum hatten sie gemerkt, wovon die Rede sein sollte, als sie mir mit lachendem Mund die gleiche Erklärung, und zwar so übereinstimmend, machten, daß die Richtigkeit jener Angabe kaum bezweifelt werden dürfte.

Überdies müssen Visitationen, wenn sie ihrem Zweck vollkommen entsprechen sollen, dem unteren Polizeipersonal erst dann bekanntgemacht werden, wenn Hand ans Werk gelegt werden soll. Frühere Bestellungen veranlassen oft Äußerungen, und Gauner haben Wolfsohren und Luchsaugen. Ein Ortspolizeidiener äußerte nur einmal, daß er abends verhindert sei, einen Bekannten zu besuchen, und schon nachmittags freute sich das ganze Dorf, daß in der Nacht die Streifpartei kommen und bei diesem und jenem tüchtig das Haus visitieren würde.

Ein weiterer Umstand, welcher das Gaunerwesen sehr begünstigt, ist die Art und Weise, wie an einigen Orten das Paßwesen betrieben wird und wodurch sich wohl der Satz rechtfertigen mag, daß ein Paß für den rechtlichen Mann eine Plage, für den Spitzbuben aber ein Sicherheitsmittel ist. Wie ich schon oben erwähnte, weiß der Gauner recht gut, daß er heutigen Tages nicht lange ohne Legitimationspapiere durchkommt; er muß daher trachten, ein solches zu erhalten. Ein echtes weist aber bald seine wahren Heimatverhältnisse nach und zeigt den Burschen zu bald in seinem wahren Licht, auch kann man durch die eingetragenen Visa zu bald seine Schliche verfolgen, namentlich bei solchen, welche als Handwerksburschen reisen, ermitteln, ob sie gearbeitet haben; er muß daher suchen, ein Legitimationspapier zu erhalten, welches einen falschen Namen und unrichtige Heimatverhältnisse angibt, auch sich eines solchen, wenn es eine Weile in Gebrauch gewesen, zu entledigen und ein neues dafür zu akquirieren, und für dieses findet sich nach jetziger Sachlage wohl bald Rat. Stellen ja doch die Ortsbürgermeistereien (besonders des Überrheins) Wanderbücher aus, Leute, die bei allem guten Willen nicht die Fähigkeit besitzen, diese Sache zu beurteilen, und daher leicht hintergangen werden können. Gewöhnlich gibt der Strohmer an, sein Wanderbuch verloren zu haben, worüber ihm der vertraute Wirt ein Zeugnis erteilt; mit diesem wendet er sich an den Bürgermeister, heult und lamentiert, und dieser, mitleidig, gibt dem Betrüger, oft neben einem Almosen, ein neues Reisepapier. Fälle dieser Art liegen in den hiesigen Akten vor, und noch einen eklatanteren habe ich in den von dem herzoglichen Kriminalgericht zu Wiesbaden mir mitgeteilten Akten gefunden, wo der Vorsteher der Ruralgemeinde* W..., königl. b... Landgerichts D..., dem berüchtigten Friedrich Henninger, vulgo der Zimmermann, und dessen Zuhälterin, Maria Günther, vulgo die taube Marie, ein Legitimationspapier als Eheleute gegeben hat.

Außerdem ist es höchst unrecht, daß an einigen Orten Formulare für Wanderbücher käuflich zu haben sind. Die Fleppenfackler benutzen diese und stellen dann recht schöne Legitimationen aus. Der Johann Jacob Herrmann, vulgo der lange Preuße, besaß ein solches Wanderbuch, dessen Ausfertigung gar nicht übel war; weil er ihm aber am Anfang nicht traute, so ließ er solches zuerst von etlichen Ortsbürgermeistereien visieren; und erst, nachdem etliche Blätter vollgeschrieben waren, erhielt er ein Visum einer amtlichen Behörde.

So ist ferner das Unwesen, welches auf den rheinabwärts fahrenden Flößen stattfindet, ein ganz vorzügliches Beförderungsmittel des allgemeinen Gaunerunfugs. Die meisten der hier inhaftiert gewesenen Gauner hatten wenigstens einmal diese Fahrt mitgemacht (gemajemt, von: ich majeme, du majemst usw.), und es ist ein sicheres Kennzeichen eines Gauners, wenn er auf solchen Flößen gefahren ist. Alle versicherten mir einmütig, daß der Herr des Floßes sich um Legitimationspapiere gar nicht kümmere und daß einigen die Strohmer die liebste Floßbemannung seien, weil sie sich recht verwegen anließen; darum würden sie aber auch Kosacken genannt. Gewöhnlich ergreifen sie dieses Mittel, um sich polizeilichen Verfolgungen zu entziehen oder, wenn alle Stränge zerrissen sind, sich ein neues Legitimationspapier zu verschaffen. Bei der Ankunft in Holland erhält ein jeder von ihnen von dem Herrn des Floßes ein Attestat und auf dieses einen Paß, welcher, wie alle angeben, gar nicht schwer zu bekommen ist. So besaß der Johann Georg Birkenmayer aus Oberurbach, vulgo der Schwab, einen Paß als königlich dänischer Untertan und der Johann Jacob Kübler aus Backnang, vulgo der Lustig, einen solchen als Peter Graber aus Huttwyl. Von dem ... schen Konsul S. in A. erzählten übrigens alle Gauner, dieser sei ein so gutmütiger Mann, daß von ihm unentgeltlich Pässe, wie man sie nur wünsche, zu haben seien.

Eine weitere Bemerkung, die ich im Laufe dieser Untersuchung machte, ist, daß manche Behörden nicht suchen, die wahren Heimatverhältnisse des Gauners zu ermitteln. Wie ich schon erwähnte, sucht diese der Gauner ins Dunkel einzuhüllen, weil er befürchtet, in seiner wahren Blöße hingestellt und nicht, wie er es wünscht, am Ende der Untersuchung und Bestrafung über die Grenze, sondern in seine Heimat transportiert und dort eingesperrt zu werden. Gewöhnlich geben sie daher entferntere Orte als ihren Geburtsort an, und scheut nun die Behörde die viele Mühe, die ein solcher Spitzbube allerdings macht, so kommt der-

* Landgemeinde

selbe am Ende über die Grenze, kehrt in der nächsten Stunde wieder zurück, und das lustige Leben beginnt aufs neue.

Sind die wahren Heimatverhältnisse eins Gauners aber ermittelt, so ist es unumgänglich notwendig, daß solcher sicher in seine Heimat transportiert und, glücklich angelangt, für seine Landstreicherei, sollten sich auch sonst keine speziellen Verbrechen gegen ihn herausstellen, nicht für etliche Monate, sondern wenigstens auf unbestimmt lange Zeit in Korrektionshäusern festgehalten werde. Daß beides nicht geschieht, glaube ich auch als indirektes Beförderungsmittel des Gaunerwesens ansehen zu dürfen.

Für den sicheren Transport in die Heimat ist in neueren Zeiten das Schubwesen in Aufnahme gekommen, wie unzuverlässig jedoch dasselbe noch hier und da eingerichtet ist, lehren die traurigen Erfahrungen beinahe jeder Woche. Bauern, Kinder, ja manchmal alte Weiber transportieren gefährliche Verbrecher. Ist ein solcher auch glücklich von einem Ort zum anderen gelangt, so wird er bei dem Orstvorstand ohne weitere Aufsicht in eine Stube gesetzt, wo er nach Belieben fortlaufen kann, und kommt er höchst glücklich abends in ein wirkliches Gefängnis, so ist dasselbe in einer solch miserablen Beschaffenheit, daß man es dem Gauner gar nicht übelnehmen kann, wenn er von der dargebotenen Gelegenheit profitiert und sich aus dem Staub macht. Scheint es doch beinahe, als habe man es mit Fleiß so eingerichtet, daß man diese Gäste, welche nichts als Plage und Arbeit veranlassen, auf eine gute Manier loswerde. An eine Mitteilung, daß der Schübling entsprungen, an diejenige Behörde, welche den Schub verordnet hat, ist gar nicht zu denken, und so kommt es denn oft, daß der Entsprungene an dem Ort seiner früheren Arrestation wieder ergriffen wird und nun in eigener Person verkünden kann, daß er sich von seiner ihn transportierenden Begleitung entfernt habe. Beispiele könnte ich aufzählen, doch hierfür mag das alte Sprichwort gelten: Exempla sunt odiosa.* Anderenteils ist von einigen Staaten das Schubwesen so erschwert, daß man es einer Behörde nicht übelnehmen kann, wenn sie von dem Schub abstrahirt† und den Gauner laufen läßt. Erst vor einiger Zeit hatte das hiesige Polizeiamt die Heimatverhältnisse eines entfernt domizilierten Gauners mit vieler Mühe klargestellt und dessen Transport nach Hause angeordnet. Glücklich kam derselbe bis an die ...sche Grenze, wo er unter der Angabe zurückgewiesen wurde, daß dreißig Taler für dessen Transport beigelegt werden müßten. Da das hiesige Polizeiamt diesem Ansinnen unmöglich entsprechen konnte, wurde der Kerl über die Grenze gejagt; nicht lange nachher las ich jedoch in den Mitteilungen zur Beförderung öffentlicher Sicherheitspflege, daß derselbe Gauner in demselben Staat, welcher dessen weiteren Transport verweigert, einen nicht unbeträchtlichen Diebstahl verübt hatte.

Was die Detention‡ der Gauner in Arbeitshäusern anbetrifft, so läßt sich nicht

---

* Die Beispiele sind langweilig.

† absieht

‡ Verwahrung

leugnen, daß in mehreren Staaten ziemlich nachdrücklich* verfahren wird. Allein was soll man dazu sagen, wenn an anderen Orten überwiesene Landstreicher bei ihrer mittels Transport bewirkten Nachhausekunft ohne weiteres in Freiheit gesetzt und, damit denn doch etwas geschehe, bisweilen angewiesen wurden, ihre Heimat nicht mehr zu verlassen? Hätte der Gauner Lust gehabt, obrigkeitliche Weisungen zu befolgen, so würde er nicht die Gaunerei als Nähr- und Lieblingsbeschäftigung ergriffen haben; die Gewalt hat ihn in seine Heimat getrieben, und nun soll er einer bloßen Weisung gehorchen? Die Folge zeigt gewöhnlich das Unzulängliche einer solchen Maßregel; ehe sich die Behörde, unter deren Aufsicht der Strohmer stehen soll, nur umsieht, hat sich derselbe davongemacht, und die frühere Arrestation desselben hat, statt Gutes zu bewirken, nun Schlimmeres gestiftet, d.h. den Gauner vorsichtiger und, da er dieses Mal mit heiler Haut durchgekommen, auch oft verwegener gemacht. Freilich fährt hierbei die Heimatbehörde am besten; denn der sich Entfernte fällt ihr nicht mehr zur Last, und ob ein anderer Ort mit diesem schädlichen Gesindel geplagt werde, kümmert sie nicht, so wenig, daß eine solche Verfahrensweise über kurz oder lang ihr selbst zum Nachteil gereichen werde. In unseren Akten liegen Fälle vor, wo die gefährlichsten Gauner mehrere Male von hier nach Hause transportiert und jedesmal in Freiheit gesetzt wurden, unter dem Vorwand, daß ihnen in der Heimat nichts zur Last falle, ja eine Behörde hat sogar einer mehrfach bestraften Landstreicherin, welche wiederholt von hier ausgewiesen und nach Hause geschubt worden war, bei ihrer Ankunft wiederum einen Paß in hiesige Gegend erteilt und, um dem Ganzen die Krone aufzusetzen, den Beischläfer derselben in diesen Paß mit eingetragen. Würde jede Behörde die ihr angehörigen Gauner auf längere Zeit festhalten, so könnte es nicht fehlen, daß der Unfug in kurzer Zeit zerstört sein müßte.

Dies wäre es ungefähr, was ich oben mit dem Namen Unregelmäßigkeiten zu bezeichnen mir erlaubte. Soll Ersprießlichkeit erzielt werden, so müssen dieselben für die Zukunft vermieden und alles mögliche angewendet werden, um diesem Gaunerunfug Ziel und Schranken zu setzen. Daß derselbe einen gefährlichen Grad erreicht hat, geht aus der von mir geführten Untersuchung und aus der Menge der entlarvten Gauner, welche eine Unzahl von Diebstählen verübt haben, hervor. Für jetzt sind diese Gauner noch Diebe, die ihr Werk im Finstern treiben, für jetzt schreckt sie noch der früher gezeigte Ernst einzelner Regierungen; wer bürgt aber unter den jetzigen Umständen dafür, daß diese Diebe nicht ebenfalls vorwärts schreiten und in einigen Jahren stattliche Räuberbanden aus ihnen hervorgehen werden? Diese Besorgnis ist durchaus nicht unbegründet, wie die hiesige Untersuchung dargetan hat. Etliche Burschen, die wegen Einbruchs mit längeren Zuchthausstrafen hier schon belegt worden waren und welche, wie sich jetzt herausgestellt, die jenische Sprache reden, wie solche unter größeren Räuberbanden gesprochen wird, mischten sich unter unsere gegenwärtigen Gau-

* nachlässig

ner. Mit Freuden wurden sie aufgenommen, da aber ihr schon kühnerer Sinn die gewöhnlichen Diebereien verachtete, führten sie ihre neuen Genossen zu gewaltsamen nächtlichen Einbrüchen, wobei sie zuweilen mit Messern und Prügeln versehen waren, an, und in nicht gar zu langer Zeit hatten sie hier und in der Umgegend eine große Anzahl solcher Untaten verübt. Waren diese Gauner schon so weit vorgeschritten, wieviel bedurfte es noch zur wirklichen offenen Gewalt? Ein verwegener Kerl, der mit ein wenig Mundwerk den Galgen wegdemonstrierte, ein kleiner Rausch vielleicht, und die Grenze war überschritten, der Damm durchbrochen, und Unheil flutete über das ganze Land. Außerdem liegt ja schon beim kurfürstlichen Amt zu Bergen ein Fall vor, wobei die Margaretha Kesselring impliziert ist, wo Gauner sich untereinander mit offener Gewalt beraubt haben, und der Andreas Schneider aus Fulda, vulgo der Baron von Reizenstein, steht zu Wien wegen eines Raubes in Untersuchung. Ein Beweis, daß diese Menschen zum Äußersten schreiten und alles von ihnen zu besorgen steht.

(...)

Räuber in Norddeutschland

Der 1765 geborene Caspar Diedrich Christensen war seit 1804 ›Königlich-Dänischer Justizrat und Polizeimeister‹ in Kiel, das seinerzeit zum Königreich Dänemark gehörte. 1819 veröffentlichte er eine alphabetisch geordnete Kartei, in der 3172 Verbrecher mit ihren ›Hauptkennzeichen‹ aufgeführt waren. Sie waren ihm in sechzehnjähriger Sammeltätigkeit im norddeutschen Raum untergekommen. Wir beschränken uns hier auf das Vorwort, das allerdings ein wichtiges Dokument in der Geschichte der Fahndung ist.

Zunächst geht es Christensen lediglich darum, die alphabetischen Verbrecherlisten aktuell zu halten. In den Herzogtümern Schleswig und Glückstadt sei dies seit 1802 in vorbildlicher Weise erledigt worden; die Listen aller verfolgten, untersuchten und bestraften Verbrecher werden zweimal im Jahr auf den neuesten Stand gebracht und an alle Behörden verteilt. Dann aber bemerkt Christensen, daß der Name eines Verbrechers eine sehr unzuverlässige Größe bildet, er wird schneller gewechselt als die Verfolgungsbehörden schreiben können. Der daraus resultierende Fahndungsverbesserungsvorschlag greift einerseits die seit der frühen Neuzeit übliche Brandmarkung der Gauner, Vaganten, Bettler und Räuber auf, geht aber weit darüber hinaus. Dem gefangenen Verbrecher sollen der Name des Ortes und die Jahreszahl der Gefangenschaft »auf der Schulter eingeätzt oder tätowiert werden«; so würde er zum unverwechselbaren Inventar der Justiz und könnte jederzeit und überall identifiziert werden.

Vom selben Autor stammt das 1814 in Hamburg erschienene »Alphabetische Verzeichnis einer Anzahl von Räubern, Dieben und Vagabunden ...«. Hier sind die Signalements von 254 Räubern angegeben, die zum Teil den rheinischen Banden entstammen. Christensen war Vorsitzender der außerordentlichen Kriminalkommission des holsteinischen Oberkriminalgerichts in Kiel, das gegen eine Lübecker Räuberbande verhandelte, die in der Nacht vom 25. zum 26. Februar 1811 in die Wohnung des Erbpächters Hardt in Stockelsdorf bei Lübeck eingebrochen war und seine Familie schwer mißhandelt hatte.

In den hier abgedruckten Signalements sind in knappester Form Räuber- und Gaunerbiographien enthalten, die meist traurige Geschichten erzählen. Daraus haben wir einige ausgewählt.

Quelle:

Beschreibung der in den Herzogthümern Schleswig und Holstein, den Hansestädten Hamburg und Lübeck, zum Theile auch im Königreiche Hannover und dem Großherzogthum Meklenburg, in den Jahren 1802 bis 1817 bestraften oder mit Steckbriefen verfolgten Verbrecher, nach dem Alphabet geordnet; nebst einigen Bemerkungen und einem Register der Hauptkennzeichen; von C.D. Christensen, Königlich Dänischem Justizrath und Polizeimeister in der Stadt Kiel. In drei Theilen. Kiel 1819 (gedruckt in der Königl. Schulbuchdruckerei, und Hamburg, in Commission bei Perthes und Besser).

Alphabetisches Verzeichnis einer Anzahl von Räubern, Dieben und Vagabonden mit hinzugefügten Signalements ihrer Person und Angabe einiger Diebsherbergen, entworfen nach den Aussagen einer zu Kiel in den Jahren 1811 und 1812 eingezogenen Räuberbande, von C.D. Christensen, Königl. Dänischem Justizrath und Polizeimeister in Kiel. Nebst einem erläuternden Vorbericht über die verschiedenen Gattungen, Lebensweise und Sprache dieser Gauner. Hamburg 1814 (in der Bohnschen Buchhandlung).

Caspar Diedrich Christensen

Verbrecherlisten

Zur Herausgabe dieser, den Kriminal- und Polizeibehörden gewidmeten, Sammlung verdächtiger Personen bin ich durch eigene Erfahrung veranlaßt. Als Sicherheitsbeamter hatte ich nur zu oft Gelegenheit, das Unzureichende der gewöhnlichen Steckbriefe zu erproben. Zu den seltenen Fällen, daß der Flüchtling bald nach Erlassung des Steckbriefs ertappt wird, stiften sie Nutzen. Sind hingegen Wochen oder gar Monate verflossen, so ist auch meistens für des Entflohenen Sicherheit gesorgt. Die angegebenen, meistens sehr mangelhaft bemerkten Kennzeichen entschwinden dem Gedächtnis des ohnehin nur zu sehr beschäftigten Beamten. Der Name eines Verbrechers ist überdies wandelbar wie sein Kleid. Er wechselt mit diesem wie mit jenem so oft, als er Entdeckungen fürchtet. Dieses geschieht um so häufiger, je älter er wird und mehrere Untersuchungen bereits überstanden hat oder sich ihnen zu entziehen verstand. Täglich, möchte ich sagen, vermehren neue Steckbriefe die schon vorhandene große Sammlung. Kein Gedächtnis, sei es auch das umfassendste, ist imstande, diese zahllosen Signalements* sich so anzueignen, daß sie bei dem ersten Anblick eines Verdächtigen, selbst nach kurzer Frist, sich vergegenwärtigen. Dazu kommt, daß bei jedem arretierten Verbrecher der Erfolg der Untersuchung größtenteils von der Kenntnis der früheren Schicksale desselben abhängt. Der Gefangene hat die wichtigsten Gründe, diese ihm so gefährlichen Geheimnisse zu verbergen. Der Richter muß also die kleinsten Umstände seines früheren Lebens beachten, aus diesen oft nur Winke sammeln, um durch weitläufige Korrespondenz das Unwahre der Erzählung von dem Richtigen zu scheiden. Wie selten jedoch gelingt es, nähere Nachweisungen zu erhalten.

Durch die Fürsorge der beiden Königlichen Oberkriminalgerichte für die Herzogtümer in Schleswig und Glückstadt ist diese Schwierigkeit um vieles erleichtert. Seit dem Jahre 1802 werden jährlich und halbjährlich alphabetische Listen der im Laufe des verflossenen halben Jahres in den beiden Herzogtümern in Untersuchung gewesenen, bestraften und mit Steckbriefen verfolgten Verbrecher mit deren Signalements an alle Behörden verteilt. Allein ganz ist diese Schwierigkeit dadurch noch nicht gehoben. Jede Liste begreift ein eigenes Alphabet, die ganze Sammlung also ebensoviele Register als Listen. Die Schwierigkeit des Auffindens eines fraglichen Subjekts ist einleuchtend. Außerdem ist, wie ich schon bemerkt habe, bei den gefährlichsten Verbrechern gerade das Wech-

* Personenbeschreibungen

seln mit den Namen das Allergewöhnlichste. Es wird dadurch unmöglich, ihn unter dem jetzigen Namen in diesen Listen zu finden. Man muß nun jedes einzelne Signalement mit der Person des Gefangenen vergleichen. Vielleicht, aber wieder wie selten, wird die darauf gewandte Zeit und Mühe am Ende belohnt. Hauptsächlich darum ist der Erfolg so höchst ungewiß, weil meistens diese Beschreibungen bloß nach den äußeren Zeichen des Gesichts, der Hände und der Form und noch dazu oft sehr unbestimmt abgefaßt sind. Zwar wird von den Oberkriminalgerichten sehr zweckmäßig darauf gedrungen, daß jeder Gefangene auf der bloßen Haut besichtigt und die hier gefundenen Kennzeichen genau notiert werden sollen. Die Erfahrung lehrt indes, daß diese unumgänglich notwendigen Vorschriften nicht pünktlich genug befolgt werden. Manche scheuen aus Verwöhnung, möchte ich behaupten, solche Besichtigungen, die freilich, wenigstens bei dem anderen Geschlecht, mit der Dezenz nicht immer gut zu vereinigen sind.

Alle diese Ansichten veranlaßten mich, während meiner nun mehr als zwanzigjährigen Amtsführung auf eine Einrichtung zu denken, wodurch die Vergleichung verdächtiger Personen mit ihren Beschreibungen erleichtert würde. Als Versuch führte ich zu diesem Zweck über die meisten mir in den letzten zehn Jahren zu Gesicht kommenden Steckbriefe ein besonderes, nach allen Teilen des menschlichen Körpers geordnetes Register. In dieses wurden die in den Steckbriefen angegebenen besonderen Kennzeichen eingetragen und auf die ihm gegebene Nummer zurückgewiesen. Oft hatte ich Gelegenheit, das praktisch Zweckmäßige dieses Versuchs zu erproben. War z.B. am Auge, der Nase, dem Mund oder an sonstigen Teilen des Körpers ein besonderes Merkzeichen angegeben, so bedurfte es bei Verhaftung eines Verdächtigen nur des Nachschlagens der bei diesem sich zeigenden Kennzeichen, und meistens mußte derselbe dann die Identität bekennen. Von der Anwendbarkeit dieser Einrichtung überzeugt, glaube ich kein ganz überflüssiges Unternehmen zu wagen, wenn ich den Amtsbehörden diese Sammlung mitteile. Ob ich mich getäuscht habe oder ob auch andere sie zweckmäßig finden, mag der Erfolg lehren.

Mancher könnte vielleicht fragen, warum schon Bestrafte aufgenommen und dadurch diese Sammlung so sehr vergrößert worden ist. Im Ernst kann dies nicht geschehen. Jeder Kriminalrichter weiß, daß bei den meisten Verbrechern, bei Dieben, gerade die Wiederholung des Verbrechens die häufigsten Untersuchungen veranlaßt. Bedürfte diese Behauptung einer Bestätigung, so liefert diese Sammlung davon den besten Beweis. Fast jede Seite zeigt, daß der einmal bestrafte Dieb gewiß die nächste Gelegenheit zum Stehlen nicht versäumte und so der Gegenstand einer neuen Untersuchung wurde. Mag der Philosoph an die Möglichkeit einer Besserung eines erfahrenen Diebes glauben! Die Erfahrung lehrt das Gegenteil. Bei der jetzigen Einrichtung unserer Strafanstalten kann dies nicht anders sein. Der Neuling im Stehlen macht hier die Bekanntschaft ergrauter Verbrecher. Er bekommt Unterricht für sein künftiges Leben, gewiß mit mehrerem Eifer gegeben und genommen, als in den meisten nützlichen Schulen von manchen Lehrern gelehrt und vom Schüler aufgefaßt wird. Zu neuen Verbrechen angereizt und geschickt gemacht, tritt er nach erlangter Freiheit ins bürgerliche Leben zurück und freut sich auf den nächsten Augenblick, die erlernte Theorie durch die Praxis in Anwendung zu bringen. Nach kurzer Frist hat der Schüler seinen Lehrer bereits übertroffen. Dazu kommt das drückende Verhältnis des aus der Strafanstalt Entlassenen zu den übrigen Staatsbewohnern. Er findet kein Vertrauen, und so fehlt ihm selbst die Gelegenheit zur Ausführung des vielleicht gefaßten Vorsatzes zur Besserung. Die jüdische Nation allein macht hierin eine rühmliche Ausnahme, wenn auch mancher Psychologe das eigentliche Motiv hierzu in vielfachen anderen, nicht so rühmlichen Bestimmungsgründen bei dieser so eng aneinander sich schließenden, schlauen und umsichtigen Nation suchen möchte. Kaum hat ihr Glaubensgenosse seine Freiheit erlangt, so ist jeder bereit, ihn auf alle Weise zu unterstützen. Dadurch wird es dem Verarmten möglich, was unter den Christen so schwer hält, auf gesetzliche Weise sein Auskommen zu finden. Daher so viele Beispiele gebesserter Juden. Ich selbst kenne verschiedene, die früher im Ausland und auch bei uns mit Zuchthaus und Karrenstrafe belegt worden und jetzt zum Teil wohlhabende und ordentliche Kaufleute sind.

Ich hoffe, durch diese Schrift manchem Beamten eine mühsame Korrespondenz zu ersparen und ihm das Auffinden seiner Gefangenen merklich zu erleichtern. Gelegentlich habe ich einige Notizen benutzt, die mir mein Amt darbot. Vielleicht sind sie nicht ganz unwillkommen.

Es gehört zur Gaunertaktik, den Kreis seines nächtlichen Wirkens möglichst weit zu beschreiben. Bald stiehlt er in Holstein, bald im Königreich Hannover, dann im Großherzogtum Mecklenburg und im Durchflug in den Hansestädten Hamburg und Lübeck. Die großen Städte besucht er, weil er hier seine Bekanntschaften erweitert und neue praktische Handgriffe erlernt. Bemerkenswert ist es übrigens, daß zwischen dem Herzogtum Schleswig und Holstein gewissermaßen eine Scheide ist, welche die Gauner nur selten überschreiten. Man vergleiche die halbjährlichen Listen und wird sich leicht von dieser Regel überzeugen. Der Dieb, der am meisten im Herzogtum Schleswig verkehrt, stört selten die nächtliche Sicherheit im Herzogtum Holstein, und so auch umgekehrt. Ich glaube, in der Verschiedenheit der Sprache davon den nächsten Grund zu finden. Um aber dieser Sammlung die möglichste Vollständigkeit zu verschaffen und so die bezweckte Brauchbarkeit zu vermehren, glaubte ich auch die im benachbarten Ausland und in den angrenzenden Städten signalisierten Verbrecher aufnehmen zu müssen.

Dem hochgeehrten Senat der Hansestädte Hamburg und Lübeck bin ich den verpflichtetsten Dank schuldig für die Bereitwilligkeit, mit welcher meine Bitte um Mitteilung der offiziellen Listen mit der zuvorkommendsten Güte gewährt wurde. Von anderen Behörden kann ich dies nicht rühmen, von vielen erhielt ich gar keine Antwort, ungeachtet gerade diese ihre Berufsarbeit am meisten dazu aufforderte.

Billig habe ich indes angestanden, solche Verbrecher aufzunehmen, die vielleicht nur durch eine augenblickliche Verirrung zu diesem Vergehen hingerissen wurden und von denen man hoffen darf, daß sie ihr Vergehen dauernd bereuen. Dazu gehören der Totschlag aus Übereilung, Geschlechtstrieb und dessen Folgen und ähnliche. Der öffentlichen Sicherheit wird durch sie nicht geschadet; daher sind sie kein Gegenstand der richterlichen Aufmerksamkeit.

Man wird bei manchen die Signalements ganz vermissen, bei anderen eine große Unvollständigkeit darin nicht verkennen. Entschuldigung von meiner Seite bedarf es nicht, weil diese ganze Sammlung aus den offiziellen Listen der Königlichen Oberkriminalgerichte und der Polizeidirektionen in Hamburg und Lübeck, dem Altonaer Merkur, den Schleswig-Holsteinischen, Hannoverschen und Mecklenburg-Schwerinschen Anzeigen genommen worden sind. Die Nachweisungen sind, soweit diese Listen und Nachweisungen gedruckt worden sind, unter jeder Nummer kennbar bemerkt. Durch Nachschlagen wird man sich davon leicht überzeugen, daß ich nicht mehr liefern konnte, als ich fand. Würden indes die Signalements nach den gefundenen besonderen Kennzeichen auf dem ganzen Körper aufgenommen oder noch besser, würde der im Weimarschen Oppositionsblatt vom Jahre 1818, Nr. 103, S. 839 gemachte Vorschlag befolgt und jedem eingefangenen Verbrecher der Name des Orts und die Jahreszahl seiner Gefangenschaft auf der Schulter eingeätzt oder tätowiert, so würde das Wiedererkennen eines schon bestraften oder entflohenen Verbrechers sehr leicht, dem Flüchtling aber sehr erschwert werden, unentdeckt zu bleiben. Die Ausführung dieses Vorschlags scheint um so unbedenklicher, da bekanntlich mehrere Matrosen freiwillig allerlei Figuren und Namen sich in die Haut einbeizen oder tätowieren lassen. Was hier meistens auf Brust und Armen geschieht, warum sollte es nicht, zur Vermehrung der öffentlichen Sicherheit, auf der selten entblößten Schulter des Verbrechers gegen seinen Willen geschehen dürfen? Unter dem Gesindel würde solches nicht wenig Schrecken verbreiten. Sie würden ein Land meiden, wo sie und ihr Wirken so verfolgt und das Ergreifen so sehr erleichtert wird. Schon in dieser Hinsicht allein verdient dieser Vorschlag gewiß die ernstliche Prüfung.

Es bedarf wohl keiner Bestätigung, daß gerade die Leichtigkeit des Entkommens und die Schwierigkeit der Einfangung die gefährlichsten Verbrecher erzieht. Würden alle Kriminalsachen in jedem Herzogtum, nach dem Muster des Großherzoglich Mecklenburg-Schwerinschen Kriminalkollegiums zu Bützow, von einem Kriminalgerichtshof untersucht und bestraft, so würden die Eingefangenen durch die bereits in Haft befindlichen sehr leicht erkannt, von diesen die Hauptmomente des Lebens jener nachgewiesen und so Zeit, Geld und Arbeit erspart werden. Jetzt müssen die meisten Untersuchungen, solange sie unter so viele Behörden zersplittert sind, höchst unvollständig, langwierig, kostbar und in ihrem Zwecke – Sicherung des Eigentums – sehr zweifelhaft bleiben. Eine genaue Prüfung dieses Wunsches würde zu dem Resultat führen, daß die mit der Errichtung und der jährlichen Unterhaltung eines besonderen Kriminalkollegiums verknüpften beträchtlichen Kosten um die Hälfte geringer sein würden als die gesamten Ausgaben für die bei allen zerstreuten Behörden in einem Jahr stattgefundenen Untersuchungen. Von einem solchen Kollegium, dessen ganze Tätigkeit einzig dem Kriminalfach ausschließlich gewidmet wäre, würde die Beendigung jeder Untersuchung binnen sechs Monaten als der längsten Frist gefordert. Jedes erweisliche Versäumnis müßte streng geahndet und die Mitglieder zur Vergütung der dadurch vermehrten Kosten ohne alle Schonung angehalten werden. Dem Verbrechen folgte dann die Strafe schnell, statt daß diese jetzt häufig vollstreckt wird, wenn jenes fast in Vergessenheit geraten ist, wodurch der Hauptzweck ganz verfehlt wird.

(...)

Von dem Königlichen Holsteinischen Oberkriminalgericht wurde im Jahre 1811 eine aus dem Herausgeber dieser Blätter und dem Herrn Advokaten Balemann bestehende außerordentliche Kriminalkommission ernannt, um gegen eine von der Kaiserlich Französischen Polizei in Lübeck verhaftete Räuberbande die Untersuchung zu führen.

Neun Räuber hatten in dem nahe vor Lübeck unter dänischer Hoheit gelegenen Dorf Stockelsdorf den Erbpächter Hardt in der Nacht vom 25. auf den 26. Februar 1811 in seinem Haus überfallen und beraubt. Der Hausbesitzer wurde durch Schläge mißhandelt und mit ihm seine hochschwangere Frau und ein Dienstjunge geknebelt. Nach der Manier der im südlichen Deutschland hausenden Räuber war das Haus vorher durch brennende, an die Wände geklebte Wachslichter erleuchtet; ein Umstand, der schon an und für sich der Vermutung Raum geben mußte, daß irgendein berüchtigtes Mitglied jener Banden auch an diesem Raub teilgenommen hatte.

Während des Laufs der Untersuchung erhielt die Kommission beinahe die vollkommene Überzeugung davon, daß der so verrufene Räuber Anton Heinze wirklich der Anführer bei diesem Raub gewesen war. Sei es, daß er klug genug war, um die seiner Bande bevorstehende Verhaftung vorherzusehen, oder wurde er durch einen alten Kameraden, der sich damals in Lübeck befand, gewarnt, er verschwand einige Augenblicke vorher, ehe die Arretierung seiner Begleiter erfolgte. Ein anderer Komplize, dessen wahrer Name mit Sicherheit nicht anzugeben ist, entsprang kurz nach seiner Arretierung aus dem dortigen Wachthaus.

Die übrigen sieben Verbrecher mit ihren Weibern wurden anfangs nach Stokkelsdorf geführt, um von dem dortigen Justitiarrat, als der kompetenten Behörde, für ihr Verbrechen zur Strafe gezogen zu werden. Schon im Anfang des Märzmonats 1811 wurden sie nach Kiel, als dem Wohnort der Kommission, die mit der Untersuchung gegen sie von dem Königlichen Oberkriminalgericht zu Glückstadt beauftragt war, abgeliefert. Diese Untersuchung ging von ihrem frühesten Anfang nicht bloß auf die Erforschung aller bei dem Raub in Stockelsdorf vorgefallenen Umstände, sondern auch auf die Verbindungen der Bande, sowohl unter sich, als auch jedes einzelnen Gefangenen mit anderen noch nicht verhafteten Verbrechern.

Die Kommission hielt dies um so mehr für ihre heiligste Pflicht, weil nach ihrer Überzeugung nur auf diesem Weg Kriminaluntersuchungen für den allgemeinen Zweck der Kriminaljustiz, Erhaltung der öffentlichen Sicherheit, wichtig werden können. Eine Untersuchung über ein einzelnes zur Frage stehendes Verbrechen macht nur den verhafteten Gefangenen unschädlich, während die gefährliche Verbindung der mit diesem im engsten Verein gestandenen Diebe und Räuber zum großen Schaden des Publikums fortdauert und durch die oft nur sehr kurze Trennung eines Mitglieds von den übrigen wenig oder gar nicht gestört wird. Wenn dagegen der eingefangene Räuber zu einer offenherzigen und getreuen Angabe der von anderen begangenen Verbrechen, ihrer Komplizen und Hehler, bewogen wird, so ist es wohl nicht zu bezweifeln, daß, besonders wenn die von ihm verlangten Nachrichten zur öffentlichen Kunde kommen, auch durch die Untersuchung gegen einzelne Mitglieder von Banden sehr viel für die gemeine Sicherheit gewirkt werden kann. Solche Notizen sind es nun auch vorzüglich, die es dem untersuchenden Richter möglich machen, gegen einen eingefangenen Verbrecher mit besserem Erfolg zu verfahren. Sie setzen überdies die noch nicht verhafteten Komplizen in Furcht und bewegen sie, ein Land zu meiden, in dem die meisten der von ihnen begangenen Untaten öffentlich zur Schau gestellt sind, wodurch denn zum größten Vorteil des Landes, in welchem diese Bekanntmachung stattfand, die näheren Verbindungen dieser Gauner unter sich und ihre Gefährlichkeit sehr vermindert wird.

Die Kommission hat alle Mittel zur Erreichung dieses Zwecks in Anwendung gebracht, die ihr eigene Erfahrung oder das Zeugnis der geachtetsten Schriftsteller im Kriminalfach, als in dieser Rücksicht nützlich, darstellte. Es war ihr fester Grundsatz, mit dem jeder Gefangene sofort beim ersten Verhör bekannt gemacht wurde, daß keine erwiesene Lüge in der Aussage desselben ungeahndet blieb. Diese Bestrebung, welche jedesmal streng in Ausführung gebracht wurde, beschränkte sich jedoch auf die Fälle, wo ein beabsichtliches Verhehlen oder Entstellung der Wahrheit in Nebenumständen von Seiten der Verbrecher stattfand. Wenn diese dagegen das Verbrechen selbst oder Tatumstände, welche damit und mit ihrer Schuld in unmittelbarer Verbindung standen, ableugneten, so ließ sie es bei dringenden und wiederholten Aufforderungen zum aufrichtigen Geständnis der Handlungen, deren jene sich verdächtig gemacht, bewenden. Es blieb ihr stets gegenwärtig, daß jede Art der Territion in den Königlichen Landen verboten sei und es eine höchst tadelnswürdige Unternehmung eines Kriminalrichters sein würde, wenn er von dieser wohltätigen Verordnung aus eigener Gewalt eine Ausnahme machen wollte.

Eine milde Behandlung im Gefängnis, die genaueste Aufsicht bei der Beköstigung, endlich die Bewilligung kleiner Gefälligkeiten, welche in den Augen dieser Unglücklichen unendlichen Wert hatten, gewannen der Untersuchungskommission nach und nach das Vertrauen der Gefangenen. Außerdem widmete der Verfasser nach dem durch eine lange Erfahrung erprobten Rat der ausgezeichneten und tätigsten französischen Kriminalrichter, denen beide Ufer des

Rheins einzig die Vertilgung der furchtbaren und zahlreichen Räuberbanden verdanken, die sie so lange verheerten, mehrere Wochen der besonderen Unterhaltung mit den einzelnen Inquisiten unter vier Augen. Hier ließ er sich von ihnen die einzelnen Gegebenheiten ihres Lebens und der von ihnen vollbrachten Taten mit den kleinsten Umständen erzählen, hörte geduldig ihre Bemerkungen, Ansichten, Späße über diese Vorfälle an. Er sprach mit ihnen die jenische Sprache und bewilligte ihnen, in seiner Gegenwart Tabak zu rauchen. Der Erfolg bestätigte das Zweckmäßige dieses Benehmens über alle Erwartung. In solchen Augenblicken erhielt er Aufschlüsse und Eröffnungen, die er früher nur ahnen, nie aber in einer ordentlichen Gerichtssitzung von ihnen erhalten konnte. Auf diesem Weg erhielt die Untersuchungskommission zuerst die überzeugendste Gewißheit darüber, daß die berüchtigsten Räuber aus den Rheingegenden, ein Leibchen Schloß und Jacob Waldmann, die bereits von dem peinlichen Tribunal zu Mainz in contumaciam* zur 24jährigen Kettenstrafe verurteilt sind, noch in diesem Augenblick sich in dem benachbarten Herzogtum Mecklenburg aufhalten, daß sogar der höchst gefährliche Anton Heinze unter dem angenommenen Namen Peter Muus sowohl bei dem zur Untersuchung stehenden Raube zu Stokkelsdorf als auch bei anderen gewaltsamen Räubereien in Mecklenburg der Anführer (Bonherr) gewesen ist. Dieser versuchte Räuber war es, der (nach ihrer Angabe) zuerst in Mecklenburg unter den dortigen Räubern die in Deutschland schon lange übliche Sitte einführte, Diebstähle mit Gewalt zu verüben und zu diesem Zweck die zu beraubenden Häuser zu erleuchten. Sie bestätigten zugleich die Erfahrung, daß Räuber dieser Gattung an jedem Ort leicht eine neue Bande anwerben und der öffentlichen Sicherheit durch ihre Gegenwart am leichtesten gefährlich werden können.

Nur bei einem einzigen Gefangenen, dem in Deutschland unter dem Spitznamen Hamburger Fuchs, auch Odenrosch (Rotkopf), so verrufenen Räuber Friedrich Schmit, waren alle Versuche der Güte und Strenge völlig vergeblich. Die Untersuchungskommission kannte seinen Geburtsort und das Schicksal seiner Eltern auf das bestimmteste. Sein von einem Porträtmaler ähnlich getroffenes Bildnis wurde von seinen in Braunschweig, Magdeburg und Hildesheim sitzenden Komplizen sowie von verschiedenen Gefangenenwärtern und Gerichtspersonen in diesen Orten, wo er früher selbst in Untersuchung gewesen war, für das des berüchtigten Hamburger Fuchses anerkannt; alle seine Gefährten nannten ihn so und hatten ihn jahrelang unter diesem Namen gesehen. Seine leibliche Schwester – er war ein Holsteiner und aus Kellinghusen gebürtig – und mehrere seiner Jugendgespielen wurden ihm entgegengestellt, nachdem seine beiden noch lebenden Eltern sich der Konfrontation durch die Flucht entzogen hatten; er wurde auch von ihnen für den Friedrich Schmit aus Kellinghusen, ihren Bruder und Schulgenossen, erkannt. Auch sie wollte er nicht kennen. Er verlor nur für einen Augenblick die Fassung, als sie in seiner Gegenwart die Wahrheit ihrer

* in Abwesenheit

Aussage beschworen. An die Stelle des plötzlichen Erbleichens, eines heftigen Zitterns, trat aber bald Starrsinn, mit dem er jeden ihm irgend nachteiligen Vorhalt ableugnete. Endlich beendete der Selbstmord, nach mehreren vereitelten Versuchen, auf eine Weise ausgeführt, die jede Vorsicht des Gerichts unnütz machen mußte, sein mit unzähligen Übeltaten belastetes Leben, ein Leben, das schon lange dem Nachrichter gehörte. Menschen dieser Gattung machen jede Erfahrung zuschanden. Es sind Ausnahmen, welche die Regel nur noch mehr bestätigen sollten, daß eine mit dem gehörigen Ernst verbundene menschenfreundliche Behandlung bei Gefangenen am sichersten zum Ziel führe.

Unter den Gefangenen zeichnet sich der Jude Herz Michel, von seinem Geburtsort Runkel an der Lahn auch bei der Bande unter dem Namen Herz Runkel bekannt, durch seine ausgezeichnete Verschmitztheit und ausgebreitete Kenntnis der Räuber vorzüglich aus. Bei einem Alter von kaum 23 Jahren hat er schon seit acht Jahren mit Räubern und Gaunern aller Art verkehrt und kennt die meisten und verrufensten Räuber in Deutschland persönlich. Mit vielen unter ihnen hat er an gewaltsamen Räubereien durch Erstürmung der Türen mit dem Rennbaum und gewalttätige Behandlung der Beraubten teilgenommen. Er war gegenwärtig, als eine Rheinische Räuberbande, geführt von Schnuckel, Mausche Fuchs und Schiman Engländer, am 4. März 1808 den Priester zu Sossenheim im Herzogtum Nassau auf die gewaltigste Weise beraubten und als dieselbe Bande kurz vor ihrer Ausführung des Raubs vor Sossenheim einen Metzger, der zufällig ihr in den Weg kam, erschlug und ausplünderte. Er war Mitglied derselben Bande, als sie früher zu Bobenhausen im Herzogtum Hessen das Haus des Schulzen überfiel und unter entsetzlichen Mißhandlungen der Hausbewohner alles darin befindliche Geld und Sachen von Wert entwendete. Beide Verbrechen, von denen die Untersuchungskommission nichts wissen konnte, offenbarte dieser Jude dem Herausgeber zuerst in einer der angeführten Unterredungen und bestätigte sie demnächst in der ordentlichen Gerichtsordnung. Die Kriminalgerichte zu Wiesbaden und Gießen haben die Wahrheit dieser Eröffnungen, die zunächst nur ihm selbst schaden konnten, durch Übersendung der dort aufgenommenen Protokolle und Untersuchungsakten beurkundet. Er hat ebenfalls dem Verfasser einen in Gesellschaft dreier anderer, zum Teil seßhafter und unverdächtiger Juden an dem Leinwandshändler Hagemann zu Bokel unter Goslar begangenen großen Gelddiebstahl gestanden. Er war oft in Untersuchung, allein stets leugnete er die Teilnahme an den ihm angeschuldigten und von ihm wirklich begangenen Verbrechen. Er hat das Geständnis abgelegt, daß nur allein die Milde, womit er behandelt worden war, ihn bewogen hätte, jene Geständnisse zu tun, die selbst die größte Marter nie von ihm erpreßt und die seine noch freien Kameraden nie von ihm gefürchtet hätten.

Die von ihm erhaltenen Notizen sind es hauptsächlich, die der Verfasser in diesen Blättern dem Publikum vorlegt. Ihm schien ihre Bekanntmachung wichtig genug, um davon einigen Nutzen für die öffentliche Sicherheit zu hoffen.

Die nähere Bezeichnung der von ihm namhaft gemachten Hehler und sonstigen Asyle der Räuber, die Beschreibung der Person und die Angabe der gewöhnlichen Aufenthaltsorte der noch nicht verhafteten gründet sich lediglich auf seine eigenen Erfahrungen. Sowohl dieser Umstand als die von anderen Gerichten erhaltene Bestätigung der Aussagen des Inquisiten haben den Verfasser hauptsächlich vermocht, selbst in Hinsicht der Hehler die sonst gewöhnlichen Rücksichten aus den Augen zu setzen. Diese sind bekanntlich in mancher Rücksicht strafbarer als die Diebe selbst, welche nur zu oft, um der Befriedigung eines notwendigen Bedürfnisses willen, den Raub und Diebstahl auf eigene Gefahr verüben, wenn der Hehler dagegen bloß aus Gewinnsucht den Mut und die Gefahr des Räubers zu seinen Vorteilen benutzt.

Längstens ist es daher bemerkt, daß wenn man ihnen ganz das Handwerk legen könnte, sehr bald auch dem letzteren der Weg zum Verbrechen versperrt sein würde und peinliche Gerichtshöfe und Gefängnisse für Verbrechen dieser Art überflüssig werden dürften.

Sowohl diese Rücksicht als der höhere Grad von Gefahr, der der öffentlichen Sicherheit von ansässigen, oft wohlhabenden Mitbürgern droht, von denen niemand Verbrechen fürchtet und gegen die er sich also nicht durch Vorsicht schützen kann, haben den Verfasser bewogen, auch die Hehler, welche der Inquisit mit Bestimmtheit angab, unbedenklich in das nachfolgende Verzeichnis aufzunehmen. Er fürchtet daher aus den oben angeführten Gründen nicht, daß sich diese Angaben nicht genauso verhalten, wie sie von dem Inquisiten Herz Michel gemacht sind, und daß daher eine von den darin aufgeführten Personen sich über ein ihr zugefügtes Unrecht beschweren könnte. Der Gefangene hat dadurch eine starke Vermutung für sich, daß seine Aussagen überhaupt von dem ernstlichen Willen zeugten, über alle ihm bekannten Verbrechen und deren Urheber die Wahrheit zu sagen. Es wäre zu wünschen, daß solche von ihm, ihrer Meinung nach, fälschlich beschuldigten Personen es versuchen möchten, durch persönliche Zusammenstellung mit ihm eine Zurücknahme derselben zu erhalten. Sie würden – davon ist der Herausgeber nach der Kenntnis, die er von dem Charakter des Inquisiten zu besitzen glaubt, gewiß – es zu spät bereuen, denselben zur Entdeckung vielleicht noch verschwiegener Vergehungen gereizt zu haben.

Es ist ein fast ganz vergebliches und unnützes Geschäft für den Kriminalbeamten, wenn er bloße Namensverzeichnisse und Signalements der noch nicht verhafteten Gauner und Räuber verfertigt und publiziert. Je verrufener ein Vagabund ist, je öfter wechselt er seinen Namen. Nur einem besonders glücklichen Zufall wird es daher zu verdanken sein, wenn der untersuchende Richter den wahren Namen eines wirklich gefährlichen Verbrechers erfährt. So hat der Inquisit Herz Michel in mehreren Gefängnissen unter dem angenommenen Namen Joseph Meyer gesessen, wo ihm denn natürlich keine Verbrechen nachgewiesen werden konnten. Die Signalements aller dieser Vagabunden sind aber um so unzuverlässiger, da sie bloß aus dem nur zu leicht irrenden Gedächtnis eines anderen Gefangenen herrühren. Trifft nun auch im glücklichsten Fall sowohl der

Name als das Signalement eines bekannten Gauners bei einem eingefangenen Verdächtigen zusammen, so nützt dem Richter dennoch die Gewißheit sehr wenig, daß der Gefangene als Räuber oder Dieb geschildert worden ist. Es fehlen gewöhnlich nähere Anzeigen über die von ihm begangenen Verbrechen, und dieser Mangel macht eine weitere Untersuchung beinahe unmöglich. Nur dann dürfte ein solches Verzeichnis wesentlichen Nutzen gewähren, wenn Verbrecher darin aufgezeichnet sind, von denen bestimmte Vergehungen mit den näheren Umständen bekannt sind, unter welchen sie verübt wurden. Dies muß daher der Hauptzweck sein, der bei Verzeichnissen dieser Art leiten muß. Mit Vergnügen bezeugt es der Verfasser, daß die im zweiten Band der bereits angeführten musterhaft geschriebenen aktenmäßigen Geschichte der Räuberbanden befindlichen Liste der noch nicht verhafteten Räuber auch bei der hiesigen Kriminalkommission sehr wesentlichen Nutzen geleistet habe. Die Kommission schöpfte daraus zuerst die Vermutung, daß der berüchtigte Räuber Anton Heinze auch bei dem zur Frage stehenden Raub der Anführer gewesen sei, weil sie nicht allein von den einzelnen Inquisiten erfuhr, daß diese Person, welche damals den Namen: der alte Peter (Peter Muus) führte, früher ein Mitglied der Rheinischen Banden gewesen ist, sondern auch fand, daß sein Signalement genau mit dem von dem Heinze angegebenen übereinstimmte. Sie lernte daraus ebenfalls die Gefährlichkeit der Räuber Leibchen Schloß, Jacob Waldmann und mehrerer anderer genannter Räuber kennen.

Auf diese Erfahrung, die der Verfasser selbst machte, gestützt, glaubt er, keine unnütze Arbeit zu tun, wenn er Angaben von ähnlicher Art, die er von den hiesigen Arrestanten erhielt, öffentlich bekannt macht. Er hofft, daß sie manchen Gerichten, hauptsächlich im südlichen Deutschland, diesem Schauplatz der meisten Verbrechen dieser Klasse, Stoff zu neuen Untersuchungen geben werden, die für die öffentliche Sicherheit von sehr heilsamen Folgen sein müssen. Dies ist der einzige Zweck einer mühsamen Arbeit, deren süßeste Belohnung ein guter Erfolg sein wird.

Die Kommission hat leider auch bei dieser Untersuchung die Erfahrung gemacht, daß manche öffentlichen Behörden, teils aus bösem Willen, teils aus Nachlässigkeit, den Vagabunden ihr Fortkommen erleichtern. Es sind ihr namhafte Fälle vorgekommen, wo Ortsobrigkeiten diese und andere Verbrecher gegen gute Bezahlung mit gültigen Pässen versahen, auch wenn sie nichts zu ihrer Legitimation aufzeigen konnten, daß ihre Bevollmächtigten für die doppelte und dreifache Gebühr dergleichen Pässe bei Dutzenden feilstellten. Die Beweise davon liegen im Pult des Herausgebers. Schade, daß Rücksichten, deren Wichtigkeit jedem Leser einleuchtend sein wird, auch ohne daß sie näher bezeichnet werden, es verbieten, die Namen und Wohnorte dieser Ehrvergessenen öffentlich zu nennen.

Die Kommission hat Beweise darüber in Händen, daß bei der Polizei angestellte Agenten, unter deren Zahl sich noch im Jahre 1812 in einem benachbarten Ort ein sehr bekanntes Haupt der Rheinischen Räuberbanden befand, das der wohlverdienten Strafe durch die Flucht entgangen war, die ihnen bekannten Räuber nicht allein nicht verhafteten, sondern sogar von bestimmten Räubereien ihren Anteil ausbezahlt erhielten und gegen diesen Preis die Entdeckung des Verbrechens und Einfangung der Täter zu verhindern wußten. Selbst bei dem Stockelsdorfer Raub zeigten sich dergleichen Umstände sehr wirksam. Es darf dann freilich nicht wundern, wenn in der Nähe solcher Orte das Gesindel sich häuft und dem Reisenden, den sein Weg dorthin führt, gerechte Besorgnis erregt!

(...)

Blind Abraham. Er führt den Beinamen blind, weil er mit dem rechten Auge schielt. Ist etwa 38 Jahre alt, mittlerer Statur, hat schwarze schlichte abgeschnittene Haare und etwas eingefallene Backen, trägt einen Backenbart, aber keine Ohrringe. Er ist bürgerlich und sehr einfach gekleidet. Früher war er Kamerad mit Teitz Hünerhund und Hampel hol mich, welche sich beide, der erstere im Gefängnis zu Kassel und der letztere in Marburg, selbst entleibten. Auch Mendel Rotzer ist sein Kamerad. Er hat lange im Dorf Weimarsch Mütten, Amts Fladingen im Würzburgischen, bei Kalten-Nordheim im Rhön-Gebirge gewohnt; indes diesen Wohnort verlassen, weil er nicht weit davon einen gewaltsamen Raub vollführt hatte und hält sich jetzt an der bayerischen Grenze auf. Er ist verheiratet und hat einen Sohn und eine Tochter; beide sind indes noch nicht erwachsen.

(...)

Afrömchen Holländer. Ist aus Holland gebürtig und 22 Jahre alt, kleiner gedrungener Statur, mit blonden abgeschnittenen Haaren, braunen Augen, einer kleinen Nase und einem kleinen runden Gesicht von blasser Farbe. Er geht gut gekleidet, und sein Paß lautet auf einen Kondition suchenden Bedienten. Zu Erfurt saß er zur Zeit der Anwesenheit des Kaisers Napoleon wegen Hauseinschleichens.

(...)

Karl Jochim Hinrich Albrecht, genannt der dicke Karl, gebürtig aus dem Amte Tempzien. Kamerad und Begleiter des zu Lenzen arretierten Mehl. Er gab den Raub bei seinem Oheim, dem Fischer Albrecht zu Tempzien, an. Früher saß er mit Schmelzer zu Dömitz auf vier Jahre wegen Pferdediebstahls. Hält sich meistens in der Gegend von Güstrow auf. Er ist 24 Jahre alt, ziemlich groß und stark von Knochen, rund von Gesicht, das besonders beim Lachen viel Einfalt verrät, fein blatternarbig, hat eine gesunde Gesichtsfarbe, blonde nicht verschnittene Haare. Gibt sich für einen Kaufmannsdiener aus. Jetzt arretiert in Bützow.

(...)

Berliner Anton. Etwa 32 bis 34 Jahre alt, langer und schmaler Statur, hat schwarze abgeschnittene Haare, schwarze Augen, eingefallene Backen und eine gelbe Gesichtsfarbe. An der linken Seite der Nase ist der eine Nasenflügel durchschnitten, so daß die Narbe einer Hasenscharte ähnlich sieht. Ist verheiratet an eine Frau namens Christine, welche früher in einem Hurenhaus in Braunschweig lebte. Gibt sich für einen Kaufmann aus, hat jedoch keine Waren. Sein Hauptgewerbe ist Falschwechseln und Taschendiebstahl. Er war jedoch mit bei dem Raub zu Neukloster und mit Peter und dem Arrestanten Samuel Moses bei der gewaltsamen Beraubung eines Holländers zwischen Rostock und Buckow. Bezieht die Mecklenburgischen Märkte.

(...)

Jacob Binicus, ein Sohn der Witwe Rittschel in Sondershausen. Ist 25 Jahre alt, lang von Statur, hat blonde abgeschnittene Haare, blaue Augen, ein rundes Gesicht von lebhafter Farbe, eine lange aufgestülpte Nase, aber wenig Bart. Er hat mit Herz Runkel in Klenge, anderthalb Meilen von Sondershausen, bei einem Bauern zwölf Laubtaler gegilft. Mit Scheel Leibchen ist er drei Wochen bis nach Erfurt gereist und hat dort bedeutendes Geld durch Gilfen erworben. Bei seiner Mutter logierte Herz Michel, Leibchen Polack und der hier sich erhenkte Schmidt vor etwa sechs Jahren. Damals baldowerte er ihnen einen einsam wohnenden Wirt bei Frankenheim, wo auf einer Stube in der zweiten Etage ein kleines Schränkchen stehen sollte, worin sich über 300 Reichstaler befänden. Er führte sie an das Haus. Während Leibchen Polack den Diebstahl eben vollführte, meisterten Herz Michel und Schmidt die Frau des abwesenden Wirts. Sie bekamen dort 140 r. in Courant.

(...)

Jonas Prager, weil er aus Prag gebürtig ist. Über 50 Jahre alt, langer Statur, hat schwarze, ins grünliche fallende abgeschnittene Haare, schwarze Augen, ein längliches Gesicht, eine lange spitze Nase und wenig Bart. Ist verheiratet. Eine Tochter von ihm namens Zarche ist an Mendelchen Korbe verheiratet. Ein Sohn von ihm ist Heskelchen. Er ist Hochstapler. Bald geht er als ein verunglückter Kaufmann, bald stellt er sich an den katholischen Kirchen und Kapellen an Orten, wo eine feierliche Prozession oder Markttag ist, als wenn er gelähmt oder mit dem Anfall behaftet wäre. (Auf jenisch Standstehen, Standjunge, Gemäßdergner, auch ein Schuchdergner) In diesem Zustand ist er sehr lumpicht gekleidet. Soll sich jetzt zu Marlon in Mecklenburg aufhalten. Er ist ein großer Freund der Räuber und schießt ihnen Geld vor, wenn sie es bedürfen. Dem Arrestanten Herz Michel gab er bei Itzig in der Jugendherberge zu Bockenheim bei Frankfurt zwei Zwanziger. Ein anderer Sohn von ihm ist auch Räuber, von diesem weiß Arrestant Michel aber weder Namen noch Äußeres anzugeben.

(...)

Dubie, genannt Krummkopf, weil ihm der Kopf auf eine Seite hängt. Ist tief in den vierziger Jahren, mittlerer Statur, hat ein wenig bauchschwarzes, über die Stirn gekämmtes Haar, ein rundes, volles, von vielen Blatternarben gezeichnetes Gesicht. Früher war er Zitterspieler. Er ist aus dem Fürstentum Köthen gebürtig und wohnt jetzt im Dorf Krebzig im Köthenschen. Ist ein Falschwechsler und vertauscht Beutel mit Marken und Blei gegen versiegelte Beutel mit Geld. In Erfurt gilfte er mit seinem Bruder Abraham bei einem Kleiderhändler hinter der Kirche in der Nähe der Hauptwache vor fünf Jahren über 70 r., wovon er dem

Leibchen Polack vier Spezies gab. Damals logierte Dubie und sein Bruder im Wirtshaus bei Schlehdorn. In Sachsen hat er viele Diebstähle verübt. Seine Reisen macht er beständig zu Pferd. Er ist sehr wohlhabend und lebt in Krebzig als Handelsmann.

(...)

Freyem Polack. Ist aus Polen gebürtig und etwa 28 bis 30 Jahre alt, lang und stark von Statur, hat blonde Haare, ist wenig blatternarbig, jedoch auf der linken Backe mehr als auf der rechten, hat bräunliche Augen und mischt viele polnische Wörter in seine Rede. Er geht, wenn er bei Kasse ist, als Schullehrer umher, sonst als Betteljude. Er ist ein leidenschaftlicher Kartenspieler. Früher gehörte er zu der niederländischen Räuberbande. Mit dem Strumpfarm und Afrom Hefter machte er zu Schmalenau bei Moses einen Versuch zu einem zierlichen Einbruch, wie er selbst Herz Michel gesagt, weil er nicht gewollt, daß dieser in der Nacht aus dem Haus gehe, damit er sich rechtfertigen könne, wenn Nachfrage geschehe. Er lud ihn auch damals zu einem neuen Diebstahl zu Abraham in Littern, eine Meile von Fulda, ein. Hier schlugen sie ihm einen Diebstahl bei Joel zu Attenhausen im Fuldaischen vor. Herz Michel lehnte diesen ab, weil er damals von Salomon Haag eine schriftliche Einladung erhielt, nach Homburg an der Höhe zu Juda zu kommen. Der Diebstahl in Attenhausen wurde wirklich ausgeführt und dem Juden Joel sein ganzer Kramladen ausgeleert. Er hat eine Frau mit zwei Kindern. Lebt wahrscheinlich an der Grenze in der Gegend von Hildburghausen.

(...)

Gottschalk. Ist aus Hamburg gebürtig und etwa 38 Jahre alt, langer schmaler Statur, hat schwarze Haare, schwarze Augen, ein schmales längliches Gesicht und große gebogene Nase, ist stark blatternarbig und blaß von Farbe. Geht gut gekleidet. In Erfurt logierte er vor etwa sechs Jahren im Hufeisen mit zwei Franzosen. Herz Michel erkannte sie für Marktdiebe. Wie Herz Michel von Zelle im Schwarzburgischen mit Scheel Leibchen auf den Transport nach Hamburg gebracht wurde und in der Gendarmerie saß, erkannte er den dort ebenfalls in Verwahrung befindlichen Gottschalk, der ihm sagte, daß er wegen Schwindeln sitze. Gottschalk ist nicht verheiratet.

(...)

Herz, genannt Schnürbein, weil er im Gehen mit dem rechten Fuß an den linken Knöchel anschlägt. Etwa 53 bis 54 Jahre alt, mittlerer Statur, hat schwarzbraune, abgeschnittene Haare, die tief vor der Stirn herunterhängen, schwarze Augen, ein längliches Gesicht, eine gerade spitze Nase. Auf der linken Backe hat er eine Schmarre, die jedoch durch den Backenbart bedeckt wird und die er von seinem Schwager Simon Leib durch einen Messerschnitt in Hochheim auf dem Markt erhielt. Geht bürgerlich gekleidet. Er ist ein großer Marktdieb und saß deshalb in Bamberg. Zur zweiten Frau hat er eine namens Jüdchen, Tochter von Bendix Stöffel. Eine Tochter erster Ehe namens Zerle ist an Jeesel Filmer verheiratet. Die andere dieser Ehe namens Jüdchen hat den Nathan aus Fürth zum

Mann. Er wohnt in Wilmershausen bei Runkel an der Lahn als Handelsmann.

(...)

Johann Wilhelm Huth, bekannt unter dem Namen großer Herrmann (auch le Maître Jean Guillaume de Halle Numa), berüchtigter Räuber und Mörder, hat in der letzten Zeit viel in Holstein verkehrt und dort mit Seevenpeter vor einigen Jahren einen bedeutenden Diebstahl (wahrscheinlich zu Sierhagen) verübt. Er hat früher im Bremischen viel verbrochen und bei Cuxhaven drei Gerichtsdiener, die ihn arretieren wollten, ermordet. Im Winter 1811 brach er von Lübeck aus und soll dann einen Kaufmann in Itzehoe bestohlen haben. Er ist auch mit einigen anderen bei dem Bürgermeister in Segeberg eingebrochen. Er ist 30 bis 35 Jahre alt, seiner Angabe nach aus Brabant gebürtig, groß und schlank gewachsen, hat einen stieren Blick, blasse Gesichtsfarbe und ist besonders an einer Narbe über den Kopf erkenntlich. Er spricht Deutsch und Französisch. Er ist zu Hamburg eingezogen und zum Tode verurteilt.

(...)

Jochim Fuchs. Führt den Beinamen, weil er rote Haare hat. Ist ein Bruder von Mausche Polack, auch aus Polen gebürtig und 48 Jahre alt. Er ist langer Statur, hat rote abgeschnittene Haare, blaue Augen, wenige Sommersprossen, eine gewöhnliche Nase. Ist ein großer Marktdieb. Er führt zwei Mädchen bei sich, von denen eine seine Tochter ist und Rahel heißt. Diese Mädchen braucht er, um die ihm bekannten Räuber an sich zu ziehen (auf jenisch werden solche Leute Pottfinger genannt). Afrömchen Holländer freite mit seiner Tochter Rahel, auch war Süsmännchen Frankfurter bei ihm. Er wohnt auf dem Donnersberg bei Grünstadt.

(...)

Itzig, genannt Itzig Nudel. Ist einige 50 Jahre alt, dicker starker Statur, hat einen starken Kopf, schwarze bräunliche Haare, schwarze Augen, ein längliches Gesicht mit eingefallenen Backen. Geht bald als Bettler, bald als Handelsmann gekleidet. Hat elf Jahre in Holland im Zuchthaus gesessen. Früher lebte er in Deutz, und von dort holte nach geendigter Strafzeit seine Frau ihn aus dem Zuchthaus. Nach der Zeit hat er mit seinen beiden Söhnen Mausche und Schmuel und mit Leib Endhofer einen gewaltsamen Einbruch mit einem Rennbaum bei Dr. Blasius im Bergischen verübt. Sie wurden aber gestört, weil der Mann entkam und sie es nicht wagten, den Raub dennoch zu vollführen. Dem Herz Michel geschah dazu auch der Antrag; er lehnte es ihnen ab, weil er bei der Teilung mit Vater und zwei Söhnen zu sehr betrogen zu werden fürchtete. Er lebt im Fuldaischen und Würzburgischen.

(...)

Wilhelm Kämpfer, oder Kümper, wahrscheinlich ein rheinländischer Räuber, Kamerad des Hirsch und Peter Muus. Mit beiden führte er in Mecklenburg mehrere Räubereien aus. Späterhin zog er von Lübeck, mit ihm Leibchen Lock, der Rittberger, Schmidt und Samson, auf einen Raub aus. Auf dem Amt Stintenburg im Lauenburgischen saß er mit Hirsch gefangen, wurde aber entlassen. War nochmals in Stade verhaftet. Er ist 34 bis 35 Jahre alt, großer starker Statur, schmal von Gesicht und blasser Farbe und besonders an einer langen, gebogenen, am Ende überhängenden Nase kenntlich. Er geht etwas gebückt, spricht den Oberländischen Dialekt und gibt sich meistens für einen Kaufmannsdiener aus.

(...)

Leibchen Hamburger. Ist aus Hamburg gebürtig, 36 bis 38 Jahre alt, langer, jedoch schmaler Statur, hat schwarze abgeschnittene Haare, schwarzbraune Augen, eine längliche, etwas überhängende Nase und starken Bart. Der kleine Finger an der linken Hand ist bei Gelegenheit eines Ausbruchs zu Kirchheim, zwei Meilen von Marburg, gelähmt. Mit Herz Michel, Michel Schuster, Gedalge Kirschchen hat er zwischen Gießen und Großenlindheim von einer Chaise einen Koffer abgeschnitten, worin mehrere Bücher, Kleidungsstücke, eine goldene Uhr und viele chirurgische Instrumente befindlich waren. Diese Sachen wurden an Abraham zu Münzenberg bei Butzbach verkauft und demselben gesagt, wo sie genommen waren. Er lebt in Ostfriesland. Sein Vater heißt Zadick, und dieser war mit dem Arrestanten Herz Michel im Schulzischen Haus zu Lübeck. Dieser lebt bloß vom Zehrpfennig, den er von den Juden erhält. Leibchen Hamburgers Frau heißt Malche und hat drei Kinder, zwei Söhne und ein Mädchen; sie ist sehr boshaft.

(...)

Leibchen Polack, (nennt sich Jakob Philipp, auch Kaan) weil er aus Polen gebürtig ist. Ist jetzt ungefähr 28 Jahre alt, mittlerer Statur, schmal von Körper, hat schwarze schlichte abgeschnittene Haare, eine schwarzbraune Gesichtsfarbe, schwarze Augen, starken Bart. Vorn auf der Brust hat er noch deutliche Spuren von einem Spanischen Fliegenpflaster, trinkt keinen Kaffee. Auf der rechten Backe unter dem Backenbart hat er ein schwarzes Muttermal in der Form einer Linse. Spricht den Berliner Akzent; geht als Kaufmann sehr gut gekleidet. Er geht hauptsächlich mit Diebsschlüsseln. War jedoch mit Leibchen Schloß, Afrom May, Stark Joseph, Jacob Zitterspieler und Süskind Pockenheim auf einen Versuch zum gewaltsamen Raub bei einem Viehhändler, eine Meile von Coxheim. Er hat mit dem Arrestanten Michel in Coburg und Osterwick gesessen und außerdem in Kirchfelde, beim Wirt im Stern, unter dem Namen Jakob Philipp. Den Paß hatte er von dem Schulzen in Heinrichs bei Suhl bekommen. Herz Michel war damals mit dem Baldowerer Mausche Gehaus im Engel zu Hirschfeldt. Leibchen Polack wurde mit Wulfchen Buschenheim eine Stunde von Hirschfeldt mit dem gestohlenen Geld arretiert. Nach zwei Monaten brach er jedoch aus. Drei Wochen vor Arretierung desselben mit Herz Michel in Osterwick stahl derselbe mit diesem Wulff von Bernberg und Jacob aus Nienburg zu Bockel im Westfälischen bei dem Garnhändler Hagemann durch Schlüssel 1500 r. in Silbermünzen. Der Jude Abraham in Riehn hat diesen Diebstahl an Herz Michel und Leibchen Polack baldowert und erhielt dafür 50 r. von Derenburg aus mit der Post geschickt. Die Teilung geschah im Strohkrug vor Goslar, bei welcher Gelegenheit Leibchen seinen und des Baldowerers

Anteil 700 r., Herz Michel 400 r. und jeder der übrigen etwas über 200 r. erhielt. Zu Schmalkalden saß er gleichfalls und brach aus. Wolfchen Pockenheim kam von Hirschfeldt aus nach Magdeburg auf die Festung. Er lebt jetzt im Würzburgischen.

(...)

Hinrich Mehl, aus dem Amte Bleckede gebürtig. Sein Vater ist ein vieljähriger Vagabund, der als Kannengießer und Musikant umherzieht. Er selbst hielt sich früher im Brandenburgischen auf, saß im Zuchthaus zu Spandau, zu Wittstock, Calbe und an anderen Orten. Hernach stand er an der Spitze der Räuberbande, die im Mecklenburgischen eine Menge von Räubereien von Güstrow und Wismar aus verübten. Damals war Köster überall sein Begleiter, auch Peter Muus, die beiden Berliner Müller, Anton Schröder, Schmelzer, der dicke Karl und andere. Im März 1811 wurde er zu Güstrow arretiert und nach Lenzen geschickt, wo er noch in Untersuchung ist. Gewöhnlich zog er sehr anständig als Galanteriehändler auf und führte viele Waren und Geld bei sich. Er treibt Handel mit den gestohlenen Sachen und hatte stets eine Pistole, Brecheisen und Dietriche bei sich. Er hat unzählige Diebstähle im Hannoverschen, Brandenburgischen und Mecklenburgischen verübt. In der letzten Zeit führte er nach einem gestohlenen Paß den Namen Schmidt. Er ist fünf Fuß, sieben bis acht Zoll groß, schmal von Statur, ungefähr 34 Jahre alt, hat schwarze Haare und Bart, ein längliches schmales Gesicht, ein gesundes Ansehen, obgleich etwas gelbe Gesichtsfarbe. Er trägt seine Haare in einem Haarkamm. An der rechten Seite des Gesichts hat er eine Narbe von der Größe eines Schillings. In der Hosentasche trug er gewöhnlich ein langes Messer. Spricht Deutsch im märkischen Dialekt.

Seine Beischläferin, eine unverehelichte Muus, hat im Zuchthaus zu Dömitz gesessen. Sie war auch zu Neustadt, Amt Grabow, im Arrest. Ist eine berüchtigte Vagabundin, die mehrere Beischläfer gehabt hat, als den zur Sklaverei verurteilten Sievers, Schnoor und Kuse. Sie ist jetzt ebenfalls in Lenzen. Sie ist aus Lübeck gebürtig, beinahe 50 Jahre alt, hat ganz rote Haare, einen aufgeworfenen Mund und eine dicke Statur.

(...)

Fischel Moses, auch lang Böhmisch Moses und Moses Böhm genannt; etwa 30 Jahre alt, lang und schmal von Statur, blatternarbig mit blonden kurz abgeschnittenen Haaren. Er raucht und schnupft stark. Seine Frau ist von Fürth und ging 1811 mit dem dritten Kind schwanger. Damals stahl er mit Michel in Lübeck Kessel. Er war mit bei dem Raub zu Sossenheim im Nassauischen. Ist Kamerad von Leibchen Schloß und mehreren anderen Räubern gewesen und hat dem Herz Michel gesagt, daß Leibchen Schloß sich zu Marlow in Mecklenburg aufhalte. In Hamburg stahl derselbe einem Juden ein Paar silberne Leuchter, die Benjamin Haarschneider ihm bei Abraham in Wandsbeck abhandelte. Hat in Lübeck einige silberne Löffel gestohlen. War auch Kamerad von Berchen Schneider, mit der er bei Wulf Buchbinder zu Gelnhausen in der Burg logierte. Vor vier Jahren wurde er mit Heskelchen, einem Sohn von Jonas Breher und dem aus der

Wache in Lübeck entsprungenen Taubländer, genannt Fritz, in einem Wirtshaus bei Spandau arretiert, weil sie in Charlottenburg einen Laden ausgeleert haben. Fritz und Fischel Moses kamen in Berlin auf ein Vierteljahr nach dem Zuchthaus, Ochsenkopf genannt, weil Heskel auf ihn ausgesagt hat. Die Frau von Fischel Moses wurde damals außer Landes gesandt. Dies hat Fischel Moses dem Herz Runkel selbst erzählt. Lebt jetzt im Mecklenburgischen. Er handelt zum Schein mit Brillen und Ohrringen. Seine Frau, die etwas gebückt geht, sehr boshaft ist und beständig Näschereien aus der Tasche ißt, hat in Berlin Prügel bekommen, ohne jedoch zu bekennen.

Moses Frank, genannt Gehaus, weil er in Gehaus, nicht weit von der Stadt Lengsfeld, wohnt. Ist Baldowerer, geht jedoch auch auf den Raub aus und gilft. Wie Herz Runkel mit Leibchen Polack zu Heinrichs bei dem Wirt Meyer im Hirsch logierte, kam Mosche Gehaus mit Wolfchen Pockenheim dahin, um dem Leibchen Polack Diebstähle mit Schlüsseln zu Bach unweit Schmalkalden und zu Hirschfeldt zu baldowern. Die ganze Gesellschaft ging darauf nach Bach. Mosche Gehaus zeigte dem Polack das Wirtshaus und meisterte die Wirtin, während dieser den Diebstahl vollführte. Polack verfehlte jedoch die rechte Stube und brachte nur eine silberne Uhr, zwei Hessiche Taler und ein Paar silberne Schuhschnallen fort. Von dort gingen sie nach Hirschfeldt zu dem Sternwirt. Wolfchen Pockenheim und Leibchen Polack, (der sich damals Jakob Philipp nannte) gingen dahin, während Herz Michel und Mosche Gehaus im Wirtshaus zum Engel sich aufhielten. Der Diebstahl wurde wirklich vollführt und über 200 Karolinen gestohlen. Auf dem Rückweg wurde Herz Michel mit Mausche Gehaus auf dem Weg nach Kassel arretiert, jedoch bald darauf entlassen, weil ein Gendarm ankam und erklärte, daß sie unschuldig wären, weil man die rechten Diebe bereits eingefangen hätte. Polack und Wolfchen wurden nach Hirschfeldt gebracht, wo der erstere ausbrach. Nachher wurde Moses Gehaus auch arretiert und nach Kassel gebracht. Nach drei Monaten wurde er, wie er dem Herz Runkel selbst erzählte, wieder entlassen und lebt noch jetzt in Gehaus.

(...)

Gestoppelt Salmchen. Ist aus dem Französischen gebürtig und 48 bis 49 Jahre alt, kleiner dicker Statur, hat schwarze Haare, schwarzbraune Augen, ein rundes Gesicht mit starken Blatternarben, wovon er auch den Beinamen gestoppelt führt. Ist verheiratet und hat bei Haimann in Flörsheim über drei Jahre gelegen. Er war bei dem Bobenhausener Raub zugegen, wo er auf der Wache (Schmiere, auch Butter) stand. In Runkel hat er bei Adam Becker einen Kramladen durch simplen Einbruch bestohlen und bei Seeligmann in Schappach verkauft. Bei der Gelle in Langen Selbel hatte er, wie Herz Michel vor sechs Jahren dort logierte, einen Sack mit nasser Wäsche aufgefüllt, die er eine Meile davon bei einem Wirt gestohlen, und verkaufte sie an dieselbe. Serves Joseph kennt ihn genau. Er gehört zu den Niederländischen Räubern und soll jetzt in Mainz zur 24jährigen Kettenstrafe verurteilt sein.

(...)

Französischer Samson, genannt Kinmer Schamson, weil er mit Ungeziefer besetzt ist. Ist in Frankreich geboren und 48 Jahre alt, lang von Statur, hat einen etwas dicken Kopf, schwarze, ins Graue fallende Haare, ein längliches blatternarbiges, mit Sommersprossen besetztes Gesicht, eine lange, wenig gebogene Nase, schnupft sehr stark Tabak und geht lumpicht in Kleidung. Bei Ratzeburg hat derselbe mit dem hier erhängten Schmidt, Kämpfer, Leibchen mit dem Loch und mehreren anderen einen gewaltsamen Raub vollführt, wovon derselbe sechs Louisdor erhalten, wie er dem Herz Runkel in Lübeck erzählt hat. Vor fünf Jahren hat derselbe in Bamberg wegen eines Uhrendiebstahls zwei Monate gesessen. Gehört zu Salomon Haag und zu der Niederländischen Bande. Er lebt jetzt in Mecklenburg und ist verheiratet.

(...)

Simon, genannt Federschimme. Ist 55 Jahre alt, langer Statur, hat schwarzbraune Haare, die sich an der Stirn verlieren, ein längliches Gesicht, schwarze Augen, eine lange gerade Nase, starken Bart, spricht sehr leise. Sein Hauptgewerbe ist Raub, er ist mit Salomon Haag und mehreren anderen auf den Versuch bei dem Amtmann am Vogelsberg zu Muckstadt gewesen. Mit Herz Michel und Mausche Mestocken, Serves Schimme und gestoppelt Salmchen war er in Windecken auf einen einfachen Einbruch bei einem Bierbrauer aus. Die Leiter war bereits an die zweite Etage gelegt, Mausche Mestocken hatte auch bereits eine Scheibe ausgenommen, als sie durch die stillen Wächter verjagt wurden. Schimme hatte diesen Diebstahl bei der Gelegenheit, als er dem Brauer Hopfen verkaufte, baldowert. Sein Nebengewerbe besteht darin, daß er einen Sack mit Moos bei sich führt und bei Nachtzeit aus den Betten in den Wirtshäusern die Federn auszieht und solche mit Moos füllt. Zu diesem Zweck hat er auf dem Rockärmel zehn bis zwölf Nähnadeln mit allerlei Zwirn stecken und führt einen Wachsstock bei sich. Trägt einen hellen Kleidrock und lederne Beinkleider. Wenn er die Betten ausleert, entkleidet er sich ganz und umwickelt die Haupthaare mit einem Tuch, damit sich keine Federn darin setzen. Zu Oberhaldbach in der Krone, wo er mit Herz Runkel, David Jisch und Jüdel Braunbier logierte, zeigte er den übrigen, wie er es dabei macht. Mit Aaron Stamm von Stamm war er lange Kamerad. Zu Helwingen hat er vier bis fünf Jahre bei dem Rabbiner Gersen logiert; seine Frau heißt Sarchen. Außer dem Sohne Jakob hat er einen kleinen Sohn namens Heitmann von zwölf bis dreizehn Jahren und ein Mädchen namens Jüdel von sechs Jahren.

(...)

Der Teerschweler zwischen dem blechernen Krug und Zerrahn. Hat lange mit Mehl in Verbindung gestanden und mehrere gewaltsame Diebstähle mit diesem verübt, wie Mehl dem Inquisiten Samuel Moses selbst erzählte. In den Tannen zwischen Krakau und Güstrow begegnete er dem Peter (Anton Heinze) und Samuel Moses. Peter fragte ihn, ob er keinen Diebstahl wisse, worauf jener erklärte: Er wisse wohl etwas, jedoch müßte er erst nähere Erkundigung einziehen, die er am anderen Morgen nach Krakau in den Weißen Schwan bringen wolle. Am anderen Morgen kam statt seiner ein Schäfer, der in seiner Nähe wohnte, dessen Namen und Wohnort aber nicht angeführt werden kann. Dieser brachte dem Peter einen Diebstahl an, wohin auch Peter zur Besichtigung ging. Der Diebstahl wurde indes nicht vollführt. Der Wirt und die Wirtin haben es gesehen, daß der Schäfer mit dem Peter gesprochen und von ihm mit Schnaps bewirtet worden. Der Teerschweler ist verheiratet und hat mehrere Kinder von sechs bis acht Jahren.

(...)

Wolfchen Balpreppich, weil er von Balpreppich im Würzburgischen drei Meilen von Coburg gebürtig ist. 28 bis 29 Jahre alt, mittlerer Statur, hat schwarze krause Haare, schwarze Augen, ein längliches Gesicht, eine kleine Nase, mittelmäßigen Mund, ist ohne Blatternarben, sehr höflich und spricht sehr schnell. Er trägt beständig zwei Uhren, ist sehr gut gekleidet und reist als Uhrenhändler. Zu Niederweißel bei Butzbach bei der Witwe Esther hat er vor sieben Jahren mit seiner Frau Lea und zwei Kindern eineinhalb Jahre gewohnt. Vor vier Jahren ging derselbe mit Herz Michel bei Hirschheid in das Wirtshaus bei der Glashütte, um auf Gaßiemen zu stehlen. Der Jude Schmuel in Hirschheid hatte ihnen angezeigt, daß der Wirt von Seeligmann in Bamberg 50 Carolinen erhoben hatte. Bei dem Juden Schmuel wurden zwei völlig gleiche Beutel gemacht, der eine mit Tantern gefüllt und mit dem Petschaft (in der jenischen Sprache Gassimen) des Wolfchen Balpreppich, worin eine Brille und ein Mikroskop ausgestochen sind, versiegelt. Aus diesem Diebstahl wurde nichts, weil zu viele Leute zugegen waren. Im Schwarzburgischen im Flecken Kiehl hat derselbe vor etwa sieben Jahren auf Anraten des Baldowerers David in Marienwerder bei dem Wirt zu Kale mit einem anderen zu Pferde sich einlogiert. Vier Wochen lagen sie dort und gaben sich für Roßtauscher aus. Sie beredeten den Wirt, daß er sich neue Krippen und Raußen machen lassen möge, weil sie über 200 Pferde aus Frankreich erhielten. Der Schmied im Orte verfertigte ihnen 24 Paar Hufeisen. Nachdem sie denselben auf diese Weise treuherzig gemacht hatten, stellten sie sich, als ob sie Louisdors bedürftig wären, und baten den Wirt, ihnen 100 Stück Louisdors zu überlassen. Diese versiegelten und vertauschten sie in der Geschwindigkeit gegen den Beutel mit Tantern. Er lebt gegenwärtig im Durlachschen und in der dortigen Gegend.

Das Gesicht der Räuber. Verbrecherbeschreibungskunst

Man kann sich den Königlich Hannoverschen Amtsassessor G.L. Giese gut bei seiner »Privatarbeit« vorstellen, wie er versucht, »der großen Menge vagabundierenden Gesindels und dessen ständiger Vermehrung« zumindest die Signalements (Täterbeschreibungen) jener 328 Gauner, Räuber und Vagabunden entgegenzuhalten, derer man 1824/25 im Zuge einer großen Verhaftungsaktion an verschiedenen Orten im Hannoverschen habhaft werden konnte. Als Mitglied der zur Aufklärung ihrer Taten eingesetzten Untersuchungskommission konnte Giese jede Gaunerin, jeden Gauner von Angesicht zu Angesicht verhören und sie beschreiben, als hätten sie ihm Modell gesessen. Die übrigen Angaben zur jeweiligen Gauner- oder Vagabundenkarriere destilliert er sorgfältigst aus den Akten der Signalementlisten von Christensen und Schwenken (vgl. in diesem Band die Auszüge aus den Büchern von Christensen).

Besonders durch die Signalements von Christensen und Schwenken waren bei der Beschreibung der Physiognomie gesuchter Gauner bestimmte Beschreibungstopoi entstanden, derer sich Giese bedienen konnte. Bemerkenswert dabei ist, daß Giese, anders als die gleichzeitige Räuberbelletristik, keinerlei physiognomische Klischees oder herabwürdigende Gesamteindrücke mitteilt. Er beschränkt sich vollkommen auf das meist von oben nach unten betrachtete Gesicht und fügt ›besondere Zeichen‹ wie Narben, Warzen, fehlende Gliedmaßen an. Hier festigte sich der kriminalistische Blick zum Code, der in Teilen auch heute noch zu Identifizierungszwecken verwendet wird.

Ein kalter Routinier der polizeilichen Wahrnehmung ist der Assessor noch nicht. Bei Dorothea Lotte Feldmann notiert er unter ›Haare‹: »schön, dunkelblond und lang«. Allerdings folgt dann gleich: »Eine unverbesserliche, höchst gefährliche Diebeszuhälterin.«

Giese betont ausdrücklich, daß er seine ›Notizen‹ nur für den Dienstgebrauch verfertigt hat, daß nur öffentliche Behörden und deren Angestellte in ihren Besitz gelangen können. Durch solche Restriktionen wurden sie vermutlich für's breite Lesepublikum erst recht interessant.

Quelle:

Actenmäßige Notizen über eine Anzahl Gauner und Vagabonden des nördlichen Deutschlands von G.L. Giese, Königlich Hannoverschem Amtsassessor. Celle (in Commission der Schule'schen Buchhandlung). 1828.

G.L. Giese

Das Gesicht der Räuber
Verbrecherbeschreibungskunst

Vorbericht

Im Jahre 1824 und 1825 wurden von den Ämtern Scharnebeck, Wustrow, Lüchow und Dannenberg verschiedene Verbrecher verhaftet, welche mehr oder weniger miteinander in Verbindung standen und zum Teil seit einigen Jahren gemeinschaftlich viele Diebstähle in jenen Gegenden begangen hatten. Zur Abhilfe der durch die getrennte Führung dieser Untersuchungen entstehenden Unbequemlichkeiten ließ das hohe Königliche Kabinettsministerium für die Fortsetzung und Beendigung jenes Geschäfts eine Kommission in Celle niedersetzen, zu deren Mitglied ich ernannt wurde. Da die größere Zahl der Inquisiten aus vagabundierendem heimatlosem Gesindel bestand, so waren die erforderlichen Forschungen nach den früheren Lebensverhältnissen mit großen Schwierigkeiten verbunden; bei mehreren Gaunern gewährten die – im allgemeinen leider viel zu wenig im Gebrauch befindlichen – von dem Kurhessischen Obergerichtsrat Schwenken und dem Königlich Dänischen Justizrat Christensen herausgegebenen Nachrichten großen Nutzen, und die Überzeugung der bei aufmerksamer Anwendung solcher Werke entspringenden Vorteile veranlaßte mich, die bei jenem Geschäft erlangten Nachrichten über Gauner und Vagabunden zu sammeln und bekanntzumachen. Die vielen Hilfsakten und Benachrichtigungen in- und ausländischer Gerichte, welche der Kommission zugingen, gaben hinlänglichen Stoff zu weiteren Nachforschungen, und so entstand die gegenwärtige Sammlung, welche ich Kriminal- und Polizeibehörden mit dem Wunsch, ihnen manche Arbeit zu erleichtern, und mit der Bitte übergebe, diesen ersten Versuch nicht zu streng zu beurteilen und die großen Schwierigkeiten, denen eine solche Privatarbeit unterworfen ist, zu berücksichtigen. Bei der großen Menge vagabundierenden Gesindels und dessen beständiger Vermehrung ist Vollkommenheit solcher Notizen unmöglich, daher es dem Sammler zur Genugtuung gereichen muß, nur ein Scherflein des Brauchbaren beigetragen zu haben.

Alles, was hier geliefert und wobei bestimmt gesprochen wird, ist übrigens streng aktenmäßig, insonderheit sämtliche Signalements genau, weil die beschriebenen Subjekte alle dazu gesessen haben. Nur sehr wenige Angaben und

Signalements beruhen auf Aussagen vertrauter Komplizen und nicht völlig verbürgter eingezogener Nachrichten; in diesen wenigen Fällen sind aber nur Vermutungen angedeutet und die Signalements als »angeblich« bezeichnet; in den übrigen darf man sich auf die größte Genauigkeit verlassen. Man wird einige Individuen finden, welche schon in den oben erwähnten Werken vorkommen; diese sind aber absichtlich aufgenommen, einesteils, um ihre ferneren Schicksale nach dem Erscheinen jener Sammlungen anzuzeigen und einige auf Vermutungen begründete Notizen zu berichtigen, anderenteils, um von ihrem Tod Nachricht zu geben, welches letztere dazu dient, dem Beamten, welchem ein Verbrecher vorkommt, der mit dem dort beschriebenen, inzwischen verstorbenen Ähnlichkeit hat, unnötige Nachforschungen zu ersparen. Voraussetzend, daß dem Besitzer meiner Nachrichten jene reichhaltigeren Notizen bekannt seien, habe ich zur Vermeidung aller Wiederholungen im Hinblick auf die früheren Lebensverhältnisse dieser Subjekte auch nur auf jene Werke Bezug genommen.

Noch ist zu bemerken, daß das bei den Personenbeschreibungen angegebene Alter vom Jahre 1827 zu verstehen ist.

Übrigens ist die Einrichtung getroffen, daß diese Notizen nur öffentlichen Behörden und den dabei Angestellten verabfolgt werden.

Celle, im Monat März 1828.

G.L. Giese

Gumpel Abraham, angeblich aus Amsterdam, 20 Jahre alt, Jude
Signalement

Größe 5 Fuß 1 1/4 Zoll Rheinländisch, Haare, Augen und Augenbrauen schwarz, Stirn sehr klein, Nase gewöhnlich, Mund mit vorstehender Oberlippe, Kinn rund, Gesicht oval, Gesichtsfarbe gesund. Besondere Zeichen: mitten auf dem Rücken eine Narbe von Geschwüren oder Blattern; eine Handbreit rechts eine ähnliche Narbe.

Saß im Februar 1826 wegen Taschendiebstahls bei dem Oldenburgischen Amt Damme.

Im März 1826 geriet er wegen Taschendiebstahls und Paßfälschung bei dem Amt Fürstenau in Untersuchung, wurde mit Gefängnisstrafe belegt und unter Androhung einer Zuchthausstrafe im Falle der Rückkehr in das Hannoversche am 15. Mai 1826 über die holländische Grenze transportiert.

Er gab an, daß Regine Abraham, jetzt 22 Jahre alt, welche die Märkte bereise, seine Schwester, und daß ein umherziehender Handelsjude, Nathan Abraham, jetzt 40 Jahre alt, mit seiner verstorbenen Schwester Sara Abraham verheiratet gewesen sei.

Moses Abraham auch Moses Joseph, vulgo Bottmocks Mausche, 33 – 35 Jahre alt, aus Münden gebürtig, Jude
Signalement

Größe 5 Fuß 9 1/2 Zoll Kalenbergisch, Haare schwarz, Stirn bedeckt, Augen braun, Augenbrauen schwarz, Nase gerade, Mund gewöhnlich, die Unterlippe ziemlich aufgeworfen; Zähne gesund, gelblich, Bart schwarz, Kinn rund, Statur breit und kräftig, Gesicht rund, Gesichtsfarbe gelblich-blaß.

Saß wegen Diebereien und Vagabundierens vom 16. August 1815 bis 26. September 1815 in Bremen, im Juni 1817 zu Neuhaus im Bremischen, im Jahre 1818 zu Achim und Bleckede, im Jahre 1820 und 1822 in Hamburg, im Jahre 1824 in Hannover, und von 1824 bis 1825 bei dem Amt Münden. Ist Chalfen* und Dorfdrucker. Er ist ein Bruder von Selig Abraham, Halbbruder von Schule Moses und Isaac Joseph und verheiratet mit Sprenzchen oder Jette Levi, wahrscheinlich Tochter des berüchtigten Eisig Weimar Schmiedle, mit welcher er im Jahre 1825 vier Kinder von 10, 8, 4 und 2 Jahren hatte. Dieselbe ist 30 Jahre alt, 5 Fuß 4 Zoll Kalenbergisch groß, schmächtiger Statur, hat ovales Gesicht, blasse Farbe, hellbraune Haare und Augenbrauen, blaue Augen, gerade, stumpfe Nase, gewöhnlichen Mund, rundes Kinn, und Ohrlöcher.

Johann Diedrich Benecke, im Jahre 1786 zu Hoya geboren, Nachrichterknecht
Signalement

Größe 5 Fuß 8 Zoll Kalenbergisch, Haare braun, kraus, Stirn frei, Augenbrau-

* Geldwechsler

en blond, Augen blau, Nase spitz, Mund klein, Kinn rund, Bart rötlich, Gesicht breit, Gesichtsfarbe gesund, Statur mittlere.

Saß im Jahre 1814 und 1815 bei dem Amt Medingen und wurde auf ein halbes Jahr in die Karre zu Hameln verurteilt. Im Jahre 1824 und 1825 war er wegen Diebstahls bei der Burgvogtei Celle in Haft und wurde auf vier Wochen in die Karre zu Stade gesperrt. Im Herbst 1826 wurde er wegen Diebstahls vom Amt Ehrenburg eingezogen.

Er hatte eine Zuhälterin Johanne Dorothea Elisabeth Brandt aus Cappeln im Osnabrückschen, welche mit ihm in Celle saß. Signalement derselben: Geburtsjahr 1797, Größe 5 Fuß 5 1/2 Zoll, Haare dunkelblond, Augenbrauen blond, Stirn frei, Augen blau, Nase spitz, Mund klein, Kinn Spitz, Gesicht rund, Gesichtsfarbe gesund, Statur mittlere. Besondere Zeichen: Blatternarben.

Johann Georg Blumenthal, gebürtig aus Rosche, Amt Oldenstadt, später wohnhaft zu Daehre in der Altmark, 51 Jahre alt, Schuhmacher
Signalement

Größe 5 Fuß 5 1/2 Zoll Rheinländisch, Haare schwarzbraun, Stirn schmal, Augenbrauen gräulich, Augen blau, Nase spitz, Bart schwarz, Zähne ziemlich weiß, Kinn kurz, mit einem Grübchen, Gesichtsfarbe blaßgelb, Statur proportioniert.

Wurde wegen Wilddiebstahls und Schießens auf einen Jäger vom Jahre 1808 mit dreijährigem Zuchthaus zu Magdeburg bestraft; war im Jahre 1816 beim Inquisitoriat zu Stendal wegen gefährlichen Diebstahls in Untersuchung und wurde nach vorheriger körperlicher Züchtigung auf drei Monate in das Zuchthaus zu Magdeburg gesperrt; im Jahre 1817 wiederum wegen Diebstahls bei dem Inquisitoriat zu Stendal bestraft und im Jahre 1818 von neuem dort verhaftet. An der Hannoverschen Grenze sehr berüchtigt.

Carl Brunkheim, vulgo der Granaden-Schmeißer, etwa 51 Jahre alt
Angebliches Signalement

Haare schwarzbraun, Nase gewöhnlich, Gesichtsfarbe gesund.

Hat mit dem in Magdeburg in den Eisen sitzenden Fritz Kramer (vulgo der Dicke Fritz) und den zum Teil verstorbenen Gaunern Luzius, Pfannkuche und Hase einen Diebstahl auf der Papiermühle zu Ellrich verübt.

Er handelte früher mit Halsketten von Granaden*. Seine Zuhälterin ist Anna Marie Schmalwiese, etwa 50 Jahre alt, braunen Haars, grauer Augen, robusten Körperbaus, welche mit dem bei Herstelle ertrunkenen Gauner Ernst Braun einen Sohn erzeugt hat, welcher jetzt erwachsen ist.

David, Meyer Samuel, Meyer Salomon, Moses Reiß und Jacob Aaron, angeblich aus Walsrode gebürtig, 55 Jahre alt, Jude

* Granaten, (Halbedelstein)

Signalement

Größe 5 Fuß 8 Zoll Kalenbergisch, Haare schwarzbraun, etwas lockig, mit grauen gemischt, Stirn frei, Augen blau, Mund gewöhnlich, Gesicht oval, Gesichtsfarbe gesund, Kinn rund, etwas gespalten, Zähne gelb und angelaufen, Bart schwarzbraun mit grau gemischt, Statur stark, muskulös. Besondere Zeichen: Schielt stark, vorzüglich mit dem rechten Auge; auf dem Kopf Anfang einer kahlen Platte; unter beiden Knien große Brandnarbe; mehrere Brandnarben vom rechten Knie bis an die rechte Lende; die kleine Zehe des rechten Fußes fehlt; die beiden folgenden sind verstümmelt; an der linken Seite des Halses eine Schnittnarbe; auf dem rechten Arm zwei kleine Brand- oder Schnittnarben; im rechten Ohr Narbe eines Ohrlochs; über der Lippe und in der linken Augenbraue kleine Narbe; der linke Augenzahn fehlt.

Saß im Jahre 1808 oder 1809 zu Schleswig, im Jahre 1810 bei dem Amt Syke und alsdann bei dem Gericht Hanerau und dem Amt Kiel, von wo er auf vier Jahre in die Sklaverei zu Rendsburg geschickt wurde. Er entsprang daraus im Jahre 1814, saß bald darauf einige Monate bei dem Amt Ottersberg, wo er fast verbrannte und vom Januar 1815 bis ins Jahr 1816 im Zuchthaus zu Bremen geheilt werden mußte. Vom November 1816 bis Januar 1817 saß er bei dem Amt Haarburg, vom Februar bis April 1818 bei dem Kriminalgericht zu Detmold, vom März bis April 1819 bei den Ämtern Isenhagen und Knesebeck und vom Oktober 1823 bis Juli 1824 zu Nienburg. Im Juni 1817 ist er auch vom Amt Neustadt verhaftet und außer Landes transportiert, und im Februar 1819 wurde er während der Messe zu Braunschweig polizeilich detinirt*. Im Dezember 1825 vom Amt Lüchow wegen Diebstahls eingezogen, wurde er an die Burgvogtei zu Celle abgeliefert, wo er in erster Instanz zu lebenslänglichem Zuchthaus verurteilt ist.

Er ist verheiratet mit Fratje oder Marianne Hirsch aus Fackenburg bei Lübeck und hat drei Kinder, Caroline oder Lea, 23 Jahre alt, Rebecca oder Riefke, 20 Jahre alt, und Jacob, 16 Jahre alt.

Sein Vater Elias Aaron lebt zu Moisling bei Lübeck.

Dorothea Lotte Feldmann, fälschlich Jette Julius, aus Peine gebürtig, 34 – 36 Jahre alt

Signalement

Größe 5 Fuß 4 Zoll Kalenbergisch, Haare schön, dunkelblond und lang, Stirn hoch, Augenbrauen blond, Augen blau, Nase länglich, Mund groß, mit starken Lippen, Gesicht länglich, Gesichtsfarbe gesund. Besondere Zeichen: Sie trägt bald eine Locke auf der Stirn, bald aber eine schwarze Haartour und färbt dann ihre Augenbrauen und Wimpern schwarz. Spricht im brandenburgischen Dialekt.

Eine unverbesserliche, höchst gefährliche Diebeszuhälterin, früher Begleiterin des August Riechelmann, seit 1816 aber des Levi Lappenboms.

---

* festgehalten

Im Juni 1811 saß sie in Stade und entwich auf dem Transport zu Buxtehude. In demselben Jahr wurde sie mit Riechelmann in Bremen verhaftet, entsprang hochschwanger im November 1811, wurde im Dezember wieder verhaftet und im April 1812 durch Riechelmann befreit. Bald nachher genau dort wieder erwischt, wurde sie auf unbestimmte Zeit ins Zuchthaus gesperrt, im Juni 1814 aber nach ihrer Heimat entlassen.

Im Juli 1814 mit Jacob Elias in Bremen verhaftet und im November dem Amt Ottersberg überliefert, wurde sie wegen Verbindung mit der Thonbeckschen Bande nach Bremen zurücktransportiert, von da aber im Mai 1815 nach Peine geschafft.

Vom 11. Februar bis 18. April 1816 saß sie mit Levi Lappenboms zu Stolzenau und vom Juni bis Dezember 1818 zu Leer.

Im Jahre 1821 besuchte sie diesen im Gefängnis zu Diepenau. Im Mai 1824 wurde sie von der Polizeidirektion zu Hannover verhaftet und an den Magistrat zu Peine überliefert. Gegenwärtig streicht sie wieder umher.

Sie treibt einen kleinen Handel und besaß im Jahre 1819 unter dem Namen Jette Julius aus Kolberg, angeblich zu Enger wohnhaft, einen Paß aus Detmold für sich, eine Magd und ihre drei Kinder.

Johann Heinrich Hauenschild, aus Albsfeld bei Lübeck gebürtig, 28 – 29 Jahre alt
Signalement

Größe 5 Fuß 10 1/4 Zoll Kalenbergisch, Haare dunkelblond, Stirn schmal, Augenbrauen schwärzlich, fein, Augen grau, klein, Nase etwas spitz, Mund gewöhnlich, Kinn breit, Bart schwach, Gesicht länglich, Gesichtsfarbe blaß, Statur schlank. Besondere Zeichen: Unter der linken Backe eine Warze; unten am linken Fuß eine Schußnarbe.

Saß im Jahre 1821 bei dem Amt Rethem und wurde mit sechswöchigem Gefängnis bestraft; im Jahre 1822 saß er bei dem Gericht Gartow wegen Diebstahls und wurde auf ein Jahr in die Karre zu Hameln verurteilt.

Er war früher Soldat im Feldbataillon Hoya und vagabundierte neuerlich als Tuchmachergesell im Hannoverschen. Seine Mutter, an einen Kesselflicker Holst verheiratet, führt mit ihren Töchtern ein vagabundierendes Leben und handelt mit Bildern und dergleichen.

Johann Peter Janßen, fälschlich Kratzensteinl, Schulze, Heinrich Schnittger, Heinrich Krause, Heinrich Fröhling und Heinrich List, im Jahre 1794 zu Neuenkirchen bei Rittberg geboren
Signalement

Größe 6 Fuß 1 Zoll Kalenbergisch, Haare, Bart und Augenbrauen schwarzbraun, Augen blaugrau, Stirn flach, Nase groß, spitz, Lippen dick, Mund gewöhnlich, Geicht oval, Gesichtsfarbe blaß, Kinn etwas vorstehend, Statur gesetzt. Besondere Zeichen: Blatternarben; über dem rechten Auge kleine haarige

Warze; auf der Brust ein mit Pulver geätztes Christusbild; eine Schnittnarbe auf der Maus der rechten Hand; der kleine Finger der linken Hand ist gekrümmt; stößt beim Sprechen mit der Zunge an.

Er hat schon im Jahre 1807 mit seinen Eltern wegen Diebstahls zu Münster gesessen. Im Jahre 1811 wurde er zu Bielefeld verhaftet und auf ein halbes Jahr in das Zuchthaus zu Herford gesteckt; im Jahre 1813 saß er zu Osnabrück und brach aus; vom Jahre 1814 bis 1817 war er im Zuchthaus zu Münster; im Jahre 1818 wieder zu Münster in Untersuchung, brach er abermals aus; im Jahre 1819 saß er in Celle; im Jahre 1820 wurde er zu Polle verhaftet und auf Elberfeld transportiert; im Jahre 1821 zu Lübbecke einzogen, entsprang er. Endlich wurde er im Januar 1822 zu Gronau verhaftet und an die Justizkanzlei zu Osnabrück abgeliefert, welche ihn für Räubereien ohne Zahl auf zwanzig Jahre in die Karre zu Lüneburg verurteilte, woraus er vor kurzem (Februar 1828) entflohen ist. Sein Vater ist im Zuchthaus zu Münster gestorben; seine Mutter, Catharine Elisabeth Thiels, hat mit ihm in Münster und Osnabrück gesessen; an letzterem Ort war auch seine Zuhälterin Johanne Schilling verhaftet, welche im Jahre 1822 eine dreijährige Tochter hatte.

Ein Bruder, Johann Bernhard Janßen, entleibte sich im Jahre 1824 im Gefängnis zu Osnabrück.

Auf die Verhaftung des Janßen sind 50 Taler ausgelobt.

Lappenboms, angeblich aus Goldberg im Mecklenburg, 33 Jahre alt, Jude
Signalement

Größe 5 Fuß 3 Zoll Rheinländisch, Haare braun und lockig, Stirn hoch und flach, Augenbrauen braun, Augen braun und lebhaft, Nase dünn und spitz, Mund gewöhnlich, Zähne klein, sehr weiß, Kinn rund, Gesicht länglich, Gesichtsfarbe gesund, Statur schlank. Besondere Zeichen: einige Blatternarben und pfiffiges Ansehen.

Sehr gefährlich. Er saß wegen Diebstahls mit Einbruch vom 11. Februar bis 20. April 1816 mit Joel Sinzheimer und mehreren bei dem Amt Stolzenau; vom 15. Juli bis 28. August 1816 mit Hirsch Levi wegen Taschendiebstahls bei dem Amt Diepenau. Im Juni 1818 wurde er mit Levi Abraham und anderen Gaunern von dem Kriminalamt Leer verhaftet, im Januar 1819 in das Zuchthaus zu Emden gesteckt und daraus im April 1820 entlassen. Wegen Diebstahls zu Vlotho wurde er im Januar 1821 zu Diepenau eingezogen und im Februar an das Inquisitoriat Herford abgeliefert, welches ihn im Mai desselben Jahres zur Einsperrung in ein Landarbeitshaus an die Polizeidirektion zu Herford übergab; auf dem Transport in diese Anstalt entsprang er indessen.

Im Dezember 1821 geriet er wegen Diebstahls unter dem Namen Simon Lazarus bei dem Inquisitoriat zu Paderborn in Untersuchung, wurde auf anderthalb Jahre in das Zuchthaus zu Herford verurteilt und nach Beendigung dieser Strafe im Dezember 1823 in das Arbeitshaus zu Benninghausen gesetzt.

Im Juli 1824 wurde er unter dem Namen Levi Juda aus Hitzacker wegen großen Diebstahls mit Einschleichen in Bremen arretiert, mit Peitschenhieben und sechswöchigem Gefängnis bestraft.

Er ist ein Bruder des Sußmann oder Simon Julius und Onkel des Jeremias Moses oder Jeremias Simon. Seit dem Jahre 1816 ist die berüchtigte Lotte Feldmann, mit welcher er mehrere Kinder gezeugt hat, sein Zuhälterin. Seine Mutter Rebecca Julius saß 1816 mit ihm in Stolzenau.

Doktor Bergmann, im Januar 1792 zu Uchte geboren
Signalement

Größe 6 Fuß Kalenbergisch, Haare blond, Stirn flach bedeckt, Augen hellblau, Augenbrauen hellblond, Nase länglich, Mund klein, Kinn spitz, Bart hellblond, Gesicht länglich, Gesichtsfarbe blaß, doch gesund. Besondere Zeichen: Starke Backenknochen.

Wurde schon im Jahre 1806 wegen Diebstahls bei dem Amt Uchte körperlich gezüchtigt; 1813 saß er zu Minden, wurde auf zwei Jahre in das Zuchthaus zu Osnabrück gesperrt, jedoch nach neun Monaten beim Einmarsch der Russen befreit. Im Jahre 1816, zu Uchte verhaftet, entsprang er, geriet aber im Sommer desselben Jahres zu Bremen in Haft und saß dann ein Jahr im dortigen Zuchthaus. In den Jahren 1816 und 1817 saß er wegen Diebstahls, Betrügereien und Quacksalbereien in Meppen; von 1818 bis 1819 nach vorhergegangener Ausstellung am Pranger drei Monate im Zuchthaus zu Hamburg und vom Juni bis November 1819 bei dem Amt Steyerberg, wo er ausbrach. Im Oktober 1820 zu Bremen verhaftet, wurde er an das Inquisitoriat zu Herford ausgeliefert und im Februar 1821 auf sechs Monate in das dortige Zuchthaus abgeführt.

Endlich war er von 1822 bis 1824 bei dem Amt Nienburg in Haft und kam von dort im August 1824 auf vier Jahre in die Karre zu Hameln.

Zwischen den verschiedenen Verhaftungen war er englischer, hannoverscher und bremischer Soldat, desertierte aber aus diesen Diensten.

Er ist verheiratet mit Johanne Henriette Rust, welche schon vor der Französischen Invasion wegen Diebstahls in Bremen, nachher mit ihm in Meppen, Steyerberg und Herford saß und im Jahre 1818 ein neugeborenes Kind bei sich hatte. Signalement derselben: Alter 36 Jahre, Größe 5 Fuß 1/2 Zoll Rheinländisch, Haare dunkelblond, lang, Stirn platt, Augenbrauen dunkelblond, Augen grau, anscheinend schielend, Nase gewöhnlich, Mund ziemlich groß, Kinn rund, Gesicht länglich, Gesichtsfarbe gesund, Statur untersetzt.

Wilhelm Christian Kraul, angeblich aus New York in Amerika gebürtig, 41 – 43 Jahre alt
Signalement

Größe 5 Fuß 10 3/4 Zoll Kalenbergisch, Haare und Augenbrauen braun, Augen blau, Gesicht breit, Stirn bedeckt, Nase und Mund mittelmäßig, Zähne gut, Bart blond, Kinn rund, Gesichtsfarbe gesund, Statur lang. Besondere Zeichen: Militärische Haltung.

Saß vom Februar 1820 bis Juli 1821 mit Louis Stein bei dem Amt Harburg wegen Diebstahls und wurde auf fünf Jahre in die Karre zu Lüneburg gesperrt. Er ist früher preußischer oder bayerischer Soldat gewesen und zu Römersberg im Amt Homburg erzogen. Seine Frau Johanne Christine Caroline Kraul, geborene Nagel, am 24. Dezember 1786 zu Banteln, Amt Lauenstein, geboren, saß mit ihm zu Harburg und wurde auf drei Monate in das Zuchthaus zu Celle gesteckt. Signalement derselben: Augen blau, Statur untersetzt, Haare braun, Gesicht glatt, Gesichtsfarbe gesund.

Johann Friedrich Ludwig Küster mit dem Beinamen »der Neunfinger«, geboren zu Markoldendorf bei Einbeck am 20. Juli 1785
Signalement

Größe 5 Fuß 10 Zoll Kalenbergisch, Haare schwarzbraun mit Weiß gemischt, kraus, Augen hellblau, groß und stier, Stirn hoch, Augenbrauen hellbraun ins Weißliche, schwach, Nase klein und dick, Bart und Backenbart schwarzbraun, Mund gewöhnlich, Zähne groß und schlecht, Kinn rund, Gesicht rund, Gesichtsfarbe blaß, Statur untersetzt. Besondere Zeichen: Auf dem Kopf Anfang einer Platte; die beiden vorderen Glieder am Zeigefinger der rechten Hand fehlen; auf dem rechten Arm ein mit Zinnober eingeätztes Herz; in demselben die Worte: Schorse. Friedrich. Mieke, die Buchstaben M. L. K. und die Zahl 1803; neben dem Herzen eine ebenso eingeätzte Blume.

Gefährlicher Schränker; wohnte früher, verheiratet mit einer Anne Margarethe Niewenhuise, jetziger Vorsteherin eines liederlichen Hauses, in Hamburg, wo er wegen Diebstahls im Mai 1809 auf fünf Jahre zum Spinnhause verurteilt wurde, aus welchem er mit sechzehn Gaunern, die er von den Fesseln befreite, am 28. August 1809 entsprang. Später vagabundierte er, mit selbstverfertigten Schneiderwaren handelnd, auf hannoverschen und mecklenburgischen Märkten; seit dem Jahre 1815 hat er mit einer Zuhälterin Doris Brasche aus Picher in Mecklenburg, mit welcher er fünf Kinder erzeugt, zu Vorwerk im Amt Medingen gewohnt. Im Jahre 1815 geriet er wegen großen Diebstahls bei dem Amt Medingen in Untersuchung und saß bis zum Mai 1817. Wegen vieler gefährlicher Diebstähle wurde er im Dezember 1825 von dem Amt Wustrow verhaftet und demnächst an die Burgvogtei Celle abgeliefert, wo er in erster Instanz zu zehnjähriger Karrenstrafe verurteilt ist.

Wolf Levi oder Levy Joseph, vulgo Prinzens Wölfchen, 34 Jahre alt, angeblich aus Neustadt-Gödens in Ostfriesland gebürtig, Jude
Signalement

Größe 5 Fuß 8 1/2 Zoll Kalenbergisch, Haare schwarz und stark, Augenbrauen schwarz, wohlgebildet, Augen graublau, lebhaft, Kinn rund, Gesicht voll, schier, Nase gerade, spitz, hervorstehend, Mund etwas groß, Zähne weiß, gut, Stirn auffallend niedrig, Gesichtsfarbe gesund, Statur robust, korpulent, etwas Bauch, Bart schwarzbraun. Besondere Zeichen: Ohrlöcher; auf dem linken Arm zwei rötlich eingeätzte, ins Kreuz gelegte Säbel; auf dem rechten Arm zwischen den Buchstaben VV. L. ein Herz mit fünf Strichen, rot eingeätzt; auf dem linken Oberarm runde Geschwürnarbe; über dem Herzen eine kleine Narbe vom Aderlaß.

Saß im März 1813 einige Tage in Uelzen, im Oktober 1816 in Osterholz, im Herbst 1817 in Bederkesa und im Oktober 1818 in Otterndorf als allgemein verdächtig. Vom 30. Oktober 1818 bis 3. März 1819 war er wegen Taschendiebstahls bei dem Amt Freudenberg in Haft.

Im Januar 1820, mit Abraham Levi verwechselt, saß er bei der Polizeidirektion in Hannover. Vom Mai 1820 bis Februar 1822 war er wegen Taschendiebstahls bei dem Inquisitoriat in Magdeburg und im September 1823 bei dem Stadtgericht zu Lüneburg in Haft. Im April 1824 saß er wegen Verdachts des Chalfens* in Hamburg.

Im Mai 1824 wurde er wegen Diebstahls mit Einbruch vom Amt Scharnebeck eingezogen und demnächst an die Burgvogtei Celle ausgeliefert, nachdem er dort bis zum Juli 1827 gesessen, wurde er auf unbestimmte Zeit in die Karre zu Harburg abgeführt.

Er ist ein Sohn des im Jahre 1816 zu Harsefeld verstorbenen Gabriel Levy, mit dem Beinamen »Müllers Gafrilchen«, und der noch lebenden Hanne Levi, einer Schwester des zu Lavelsloh, Amt Diepenau, wohnhaften Isaac Levi.

Sein Bruder Meyer Levi ist als Gauner bekannt; außerdem hat er drei Schwestern, Jette oder Esther, Güdel und Blume, deren erstere sich bei der Mutter aufhält, die zweite an Seelig Abraham verheiratet und die letzte Zuhälterin eines Levi Benjamin gewesen ist.

Er ist verheiratet mit Sara oder Lisette Levi, einer Tochter von Isrulchen Prinzchen, und hat sieben Kinder, Levi 11 Jahre, Meyer 10 Jahre, Frommet 8 Jahre, Blümchen 6 Jahre, Gabriel 4 Jahre, Salomon und Leeser, Zwillinge, 2 Jahre alt. Seine Frau saß mit ihm in Otterndorf und zur Zeit seiner Detention in Magdeburg, wegen Diebstahls bei dem Inquisitoriat zu Halberstadt. Kürzlich ist sie von dem Amt Winsen a.d. Luhe mit ihrem zweiten Sohn Meyer Wolf wegen Diebstahls verhaftet.

Dieselbe ist 30 Jahre alt, mittlerer Größe, hat schwarze Haare, braune Augen, freie Stirn, platte Nase, gewöhnlichen Mund, spitzes Kinn, rundes Gesicht, gesunde Farbe und Blatternarben.

Johann Friedrich Heinrich Meyer, fälschlich Dreyer, Müller, Schulze, Helmstein, Bandläb, Böching, Heiser, Hansen, Mecklenburger August, geboren zu Hagenow in Mecklenburg am 11. Februar 1801, Schneidergesell

Signalement

Größe 6 Fuß 1 1/2 Zoll Kalenbergisch, Haare dunkelblond, struppig, vorn

* Falschwechselns

emporstehend, Augenbrauen hellblond, Nase gerade und spitz, Mund mittelmäßig, Zähne weiß, gesund, Kinn rund, Augen blau, Bart rötlich, Gesichtsfarbe gesund, Statur derb, wohlgewachsen. Besondere Zeichen: Starke Narbe eines Schnittes oder Hiebes auf dem rechten Enkel; feine Blatternarben; militärischer Gang.

Saß im Jahre 1817 wegen Diebstahls bei dem Gericht Dreilützow in Mecklenburg und in demselben Jahre wegen verschiedener Diebereien bei dem Stadtgericht Hagenow, dem Amt Hagenow und dem Kriminalkollegio zu Bützow, wo er im April 1818 gezüchtigt und auf ein halbes Jahr in die Karre zu Dömitz geliefert wurde. Von Weihnachten 1820 bis April 1821 saß er wegen Paßfälschungen in Bremen; im April und Mai 1822 bei dem Gericht Hechthausen, wo er entwischte; im Dezember 1822 bei dem Amt Harsefeld; im April 1825 dort, wo er ausbrach; im September 1825 bei dem Gericht Zecher in Ratzeburg, wonach er auf dem Transport bei Gülzow entfloh. Im November 1825 wurde er in Hagenow verhaftet und im Februar 1826 in Dömitz, wo er ausbrach. Im August 1826 wurde er in Hamburg ergriffen und an die Burgvogtei Celle abgeliefert, wo er ausbrach, jedoch wieder eingebracht wurde und wegen Paßfälschungen und Diebstahls in erster Instanz zu zehnjähriger Karre verurteilt ist.

Seit 1820 bis 1825 war Anna Elisabeth Meyer aus Fintel, Amt Rotenburg, seine Zuhälterin, welche mit ihm in Bremen, Hechthausen, zweimal in Harsefeld und Zecher saß; später, im Dezember 1825, wegen Gebrauchs falscher Pässe vom Gericht Hoyesbüttel zu Oldesloe verhaftet und auf ein Jahr in das Zuchthaus zu Glückstadt verurteilt wurde, woraus sie im April 1827 entlassen ist. Signalement derselben: Alter 28 Jahre, Größe 5 Fuß 5 Zoll Kalenbergisch, Augen blau, Haare blond, Augenbrauen hellblond, Stirn vorstehend, frei, Nase lang, gerade und spitz, Mund ziemlich groß, Zähne gesund, weiß, Kinn lang, Gesicht länglich, Farbe gesund, Statur kräftig, proportioniert. Besondere Zeichen: Auf dem kleinen Finger der rechten Hand eine kleine Schnittnarbe; Ohrlöcher; eine Warze neben dem linken Nasenflügel; eine andere links unter dem Mund und eine dritte über der Oberlippe.

Nachher trieb Meyer sich mit der Sophie Müller umher.

Friedrich Carl Rothe, fälschlich Lindemann, Friedrich Carl Rohde und Grothe, angeblich aus Plymouth gebürtig, 49 – 50 Jahre alt
Signalement

Größe 5 Fuß 4 Zoll Rheinländisch, Haare braun, Augen graublau, Nase gerade, lang und spitz, Augenbrauen dünn, Gesicht rund, Gesichtsfarbe blaß, Statur gedrungen, wohlbeleibt. Besondere Zeichen: Trägt die hinteren Kopfhaare nach vorn gebunden, um die Platte zu verbergen; Hodenbruch.

Wurde schon im Jahre 1802 von Cloppenburg auf ein halbes Jahr ins Zuchthaus zu Münster geschickt; von 1803 bis 1804 saß er ein Jahr lang in Meppen, wurde gezüchtigt und ausgestellt; im Mai 1806 wurde er zu Lingen mit Ruten gehauen und auf ein halbes Jahr ins Zuchthaus zu Münster gebracht. Im Jahre

1807 geriet er wieder zu Münster in Untersuchung und wurde bis Ende 1809 ins Zuchthaus gesetzt. Im März 1814 mit anderem Diebsgesindel zu Cloppenburg verhaftet, wurde er im Juni vom Tribunal zu Oldenburg zu dreimonatigem Zuchthaus verurteilt; im Februar 1815 saß er zu Emden und wurde ins Bentheimische transportiert. Endlich geriet er im Sommer 1815 bei dem Tribunal zu Bentheim in Haft und wurde im November 1817 auf Zeitlebens in die Karre zu Lüneburg geliefert.

Früherhin hielt er sich zu einer aus Papenburg gebürtigen, nachher in Ostfriesland wohnhaften berüchtigten Vagabundin, Anna Elisabeth Boermann oder Terlinden, vulgo die durchgeräucherte Isebrands-Tochter, welche in Cloppenburg, Münster, Oldenburg, Meppen und Lingen bestraft ist. Späterhin hatte er deren Tochter Anna Adelheid Schröder oder Terlinden als Beischläferin, die zu Münster und Oldenburg mit ihm gesessen hat. Dieselbe ist mittlerer Größe, länglichen Gesichts, langer Nase, dunkelblauer Augen, schwarzen Haars, runden Kinns, hat mehrere Kinder und vagabundiert noch gegenwärtig.

Stammler, kleiner Heinrich und Stotterheinrich, im März 1797 zu Lünighausen, Amt Lilienthal, geboren
Signalement

Größe 5 Fuß 9 Zoll Kalenbergisch, Haare blond, mehr schlicht als kraus, Stirn hoch, Augen blau, klein, Augenbrauen, Bart und Backenbart blond, Nase und Mund gewöhnlich, Zähne gesund, Kinn rund, Gesichtsfarbe gesund, Statur schlank, mager. Besondere Zeichen: Einige Blatternarben; stottert sehr; ist freundlich und demütig; schlägt beim Reden die Augen nieder oder blinzelt damit.

Er hielt sich schon als Kind zu der Helmstädtischen, Pipeschen, Hermannschen und Schillingschen Bande im Bremischen.

Im Jahre 1815 wegen vieler Diebereien in Bremen verhaftet, entsprang er, wurde aber wieder verhaftet und saß bis zum März 1818. Kurz darauf wurde er vom Oberjustizamt zu Pyrmont verhaftet, an den Schandpfahl ausgestellt, gezüchtigt und im März 1819 auf vier Wochen ins Zuchthaus gesperrt. Im Sommer 1820 wurde er auf dem Markt zu Heepen in Westfalen und um Weihnachten 1820 in Minden eingezogen. Im Januar 1821 mit Levi Lappenboms zu Diepenau festgesetzt, wurde er im Februar an das Inquisitoriat in Herford ausgeliefert und entfloh, als er von dort im Juli nach Detmold transportiert werden sollte.

Im September 1821 wurde er mit Andreas Schilling zu Neuenhaus bei Bentheim verhaftet, über die holländische Grenze gebracht und sogleich in Delden bei Almelo wegen Diebstahls eingezogen, jedoch bald wieder entlassen. Schon im Oktober desselben Jahres saß er bei der Polizeidirektion in Hannover, welche ihn im November an das Kriminalgericht in Detmold auslieferte. Von hier aus wurde er im Juni 1822 als Mitglied der Janßenschen Bande an die Justizkanzlei zu Osnabrück übergeben, welche ihn im November 1823 auf zehn Jahre in die Karre zu Lüneburg schickte.

Er hatte eine Zuhälterin, Louise Schmidt aus Hausberge, welche 1821 mit ihm in Herford saß. Signalement derselben: Größe 4 Fuß 6 Zoll Rheinländisch, Alter 37 Jahre, Haare braun, Stirn flach, Augenbrauen braun, dünn, Augen graubraun, Mund mittelmäßig, Kinn länglich, Gesicht oval, hager, Gesichtsfarbe gesund, Statur mittelmäßig. Besondere Zeichen: Einige Leberflecken im Gesicht.

Die Eltern des Pein zu Neumoringen, Amt Lilienthal, wohnhaft, sind dort als Gauner bekannt.

August Wilhelm Riechelmann, fälschlich Kersting, Diedrich Ernst, Jacob Kramer, Jacob Dag oder Tag, Ludwig Jäger, Leiberger, Hofmann, Theodor Cramer, Friedrich Anderßoe, Heinrich Meyer und Christian Ludolfus, angeblich aus Prenzlau gebürtig, 37 – 38 Jahre alt
Signalement

Größe 5 Fuß, 8–9 Zoll Braunschweigisch, Haare blond, Nase dick, etwas erhaben, Augen blau, Bart rot, Gesicht oval, Kinn spitz, mit einem Grübchen, Gesichtsfarbe gesund, Statur schlank. Besondere Zeichen: Trägt am linken Ohr einen Ohrring, hat einen schlauen Blick, vornehmen Anstand und auf der rechten Schulter die Spur eines Brandmarks in Form eines Herzens.

Wurde im Jahre 1808 wegen Diebstahls mit Einbruch in Hamburg zu zweijährigem Spinnhaus verurteilt, entfloh aber im August 1809.

Im November 1811 wurde er als Anführer einer Bande in Bremen verhaftet, entsprang jedoch im April 1812 aus dem Vorzimmer der Verhörstube und befreite auch mit außerordentlicher Verwegenheit, als Gendarm verkleidet, seine damalige Zuhälterin Lotte Feldmann.

Im Jahre 1813 zu Hamburg ergriffen, wurde er am Pranger ausgestellt, auf der Schulter mit T.P. gebrandmarkt und auf Lebenszeit eingesperrt. Von Hamburg in das Spinnhaus zu Lübeck versetzt, wurde er im Jahre 1814 in das Zuchthaus zu Celle geliefert und entsprang auf dem ferneren Transport nach Bremen.

Im Januar 1815 wurde er, in Braunschweig wohnhaft, erkannt und ergriffen, nach Bremen gebracht und dort im August 1815 zu lebenslänglicher Arbeitsstrafe verurteilt. Schon im August 1817 entsprang er wieder, beging zahllose Räubereien, wurde im April 1818 in Altona ergriffen und nach Bremen zurückgeliefert. Im Mai 1824 wurde er unter der Bedingung, nach Amerika verschifft zu werden, begnadigt; er entfloh aber vom Schiff, beging neue Diebstähle, wurde jedoch verhaftet und wiederum in Bremen auf Lebenszeit festgesetzt.

Seine Mutter soll später mit Wilhelm Simon Reinhardt vagabundiert haben. Nach der Trennung von Lotte Feldmann war Christine Friedrike Schulze, angeblich aus Güstrow, seine Zuhälterin, welche im Jahre 1813 im Spinnhaus zu Hamburg und Lübeck gesessen hat und im Jahre 1815 von Braunschweig nach Bremen geliefert, dort aber im Mai entlassen wurde. Signalement derselben: Alter 32 Jahre, Größe 5 Fuß 1 Zoll Braunschweigisch, Haare und Augenbrauen schwarz, Stirn erhaben, Augen schwarzbraun, Nase länglich, Mund etwas aufgeworfen, Kinn und Gesicht rund, Gesichtsfarbe bräunlich, Statur klein.

Marie Catharine, verwitwete Schilling, geborene Meyer, fälschlich Witwe Schulze, Schwarze, Meyer und Dohrmann, gebürtig aus Hüningen, 59 – 60 Jahre alt

Signalement

Größe 5 Fuß 8 Zoll Osnabrückisch, Haare schwärzlich, graumeliert, Stirn niedrig, etwas gewölbt, Nase spitz, groß, Augen dunkelbraun, groß, Augenbrauen schwarz, stark, Mund gewöhnlich, Kinn rund, etwas vorstehend, Gesicht oval, Gesichtsfarbe gesund, Statur länglich, mager.

Die Witwe des im Jahre 1816 in der Karre zu Lüneburg gestorbenen Räubers Friedrich Schilling, welche wegen Vagabundierens, Diebereien und Gaunerverbindungen häufig verhaftet und bestraft ist.

Sie saß 1790 ein halbes Jahr zu Münster, 1807 anderthalb Jahre in Bremen, 1808 vier Monate in Bruchhausen und Ehrenburg, 1811 einige Monate in Harburg, Nienburg und Lüneburg, 1812 bis 1813 zwei Jahre im Zuchthaus zu Hamburg und Lübeck, 1814 bis 1815 anderthalb Jahre in Bremervörde, 1817 einige Wochen in Wesel und Münster, 1819 vier Monate in Celle, 1820 einige Tage in Osnabrück, Almelo und Zütphen, 1821 sechs Monate in Herford, 1821 vier Monate in Gronau und von 1822 bis 1824 bei der Justizkanzlei in Osnabrück, von welcher sie auf fünf Jahre zum Zuchthaus verurteilt wurde.

Sie hat zehn Kinder gehabt, von denen sieben am Leben sind.

Johann Heinrich Christian Daniel Schlüter, im Jahre 1798 zu Klein-Bartensleben in der Altmark geboren

Signalement

Größe 5 Fuß 7 Zoll Kalenbergisch, Haare schwarz, Augen dunkelbraun, Stirn bedeckt, Nase gerade, an der Spitze etwas vorstehend, Augenbrauen, Bart und Backenbart schwarz, Mund mittelmäßig, Zähne vollständig, etwas gelb, Gesicht länglich, Gesichtsfarbe gelblich, Statur mager. Besondere Zeichen: Der vierte Finger der rechten Hand ist krumm gewachsen; verwachsene Ohrlöcher; runde Hiebnarbe auf dem rechten Fuß.

War im Jahre 1820 wegen Verdachts eines Diebstahls bei dem Amt Dannenberg in Untersuchung und wurde wegen Diebstahls mit Einbruch im August 1826 von der Burgvogtei Celle eingezogen, wo er in erster Instanz zu achtjährigem Zuchthaus verurteilt ist.

Er zog als Musikant umher und hat eine Zuhälterin, Sophie Friederike Heipert, im Jahre 1799 zu Salzwedel geboren, welche im Jahre 1820 wegen Betrügereien bei dem Amt Lüchow bestraft ist. Signalement derselben: Größe 5 Fuß 3 1/2 Zoll Kalenbergisch, Haare braun, Augenbrauen hell und schwach, Augen blau, Nase gerade, Mund an den Seiten herabgezogen, Kinn rund, Ohren groß, Zähne gesund, der linke Augenzahn ist angegangen, Gesichtsfarbe gesund, Statur ziemlich stark. Besondere Zeichen: Trägt Ohrringe. Hat ein einjähriges Kind.

Christian Ludewig Töter, geboren 1779 in Sörenbüttel bei Uelzen, Radmacher und Pantoffelmacher
Signalement

Größe etwa 6 Fuß Kalenbergisch, Haare schwarzbraun, Augen schwärzlich, Bart schwarz, stark, Augenbrauen dunkelbraun, Gesicht rund, Statur stark, gutgewachsen, Gesichtsfarbe blaß.

War im Jahre 1818 wegen vielfacher Diebstähle bei dem Amt Bleckede in Untersuchung und entging der Vollstreckung des auf zehn Jahre Karre lautenden Urteils durch Ausbruch. Seitdem wieder durch Steckbriefe verfolgt.

Georg Friedrich Woldemade, fälschlich Unfried und Johann Niemeier, im August 1781 zu Nettelrede, Amt Lauenau, geboren
Signalement

Größe 5 Fuß 11 1/2 Zoll Kalenbergisch, Haare dunkelbraun, etwas kraus, Bart und Backenbart dunkelbraun, Augen braun, Augenbrauen braun, Nase lang, spitz, etwas gebogen, Mund klein, mit etwas dicker Unterlippe, Kinn gespalten, Zähne gesund, Gesichtsfarbe ziemlich gesund, Statur schlank, Gesicht oval. Besondere Zeichen: Einige feine Blatternarben; auf der linken Seite der Oberlippe eine kleine Narbe.

Wurde im Jahre 1810 zu Bremen wegen Pferdediebstahls zu fünfjähriger Werkhausstrafe und Anschmieden in Eisen verurteilt, jedoch im Oktober 1813 beim Einmarsch der Russen entlassen. Im Jahre 1814 wurde er wieder in Bremen wegen Geld- und Pferdediebstahls öffentlich ausgestellt, angeschmiedet und auf zehn Jahre in das Werkhaus gesteckt, worin er bis Juli 1823 saß. Im Oktober 1823 wurde er wegen Verdachts eines Diebstahls von der Polizeidirektion zu Hannover eingezogen. Im Februar 1824 geriet er wegen mehrerer Einbrüche bei dem Amt Beedenbostel in Haft und wurde im Februar 1825 auf zehn Jahre in die Karre zu Stade geführt.

Jüdische Gauner

Der ›Königlich-Preußische Criminal-Aktuarius‹ A.F. Thiele war im Jahre 1831 am Prozeß des Berliner Stadtgerichts gegen die Bande von Moses Levin Löwenthal beteiligt. Was er dort erfuhr, veranlaßte ihn dazu, ›zunächst für praktische Criminal- und Polizeibeamte‹ Genaueres über die jüdischen Gauner in Deutschland herauszufinden und mitzuteilen. Die letzte Untersuchung mit einer Liste von 650 Signalements von Juden von C.P.T. Schwenken lag 20 Jahre zurück. 1840 erschien dann Thieles zweibändiges Werk über ›Taktik, Eigentümlichkeiten und Sprache‹ der jüdischen Gauner, vor allem des zweiten Viertels des 19. Jahrhunderts. 1842 folgte die zweite Auflage, ein Zeichen dafür, daß nicht nur Polizeibeamte Interesse an diesem Stoff fanden. Thiele wehrt sich im Vorwort zur zweiten Auflage gegen Vorwürfe des Antisemitismus: »Man hat mir dem Judentum und der jüdischen Religionsgesellschaft gegenüber feindliche Tendenzen unterlegt, die mir ganz und gar fremd sind.«

In der Tat unterscheidet er in seinem Verfolgungseifer nicht zwischen jüdischen und christlichen Gaunern: »Der Gauner muß verfolgt und immer verfolgt werden; er soll sich seines verbrecherischen Lebens nicht erfreuen, seinen Raub nicht in Ruhe genießen und alles, was die Erreichung dieses Zweckes einer guten Polizei erleichtern kann, ist des Inachtnehmens wert.«

Allerdings kommt auch Thiele nicht über eine bloße Aufzählung von Juden begangener Delikte hinaus.

Erst einer kritisch-analytischen Lektüre, wie sie Rudolf Glanz in seinem Standardwerk »Geschichte des niederen jüdischen Volkes in Deutschland. Eine Studie über historisches Gaunertum, Bettelwesen und Vagantentum« geleistet hat, erschließen sich Einsichten in die Besonderheiten des jüdischen Gaunerlebens.

Mit der Ausbreitung von Armut und Rechtlosigkeit der niederen Schichten des jüdischen Volkes im 18. und frühen 19. Jahrhundert waren die jüdischen Gemeinden nicht mehr in der Lage, ›ihre‹ Armen in Judenherbergen zu versorgen, die *innerhalb* der Judensiedlungen lagen. Nun wurden außerhalb der Siedlungen Herbergen errichtet, und trotz der traditionellen jüdischen Armenfürsorge gelang es nicht länger, die Bedürftigen ausreichend zu alimentieren. Auch der Resozialisierung bestrafter Gemeindemitglieder waren Grenzen gesetzt. Dadurch wuchs die Wanderarmut in den niederen jüdischen Schichten, vermehrte sich das jüdische Gaunertum merklich. Dennoch bleibt die Familie der Fluchtpunkt jüdischer Wanderarmer. Das sieht man schon daran, daß unter den Signalements kaum jüdische Frauen verzeichnet sind, die, solange es eben ging, an einem festen Ort die Restfamilie zusammenhielten. Auch waren die Möglichkeiten für jüdische Vaganten begrenzt, die in einem Handwerk erlernten Fähigkeiten auf der Wanderschaft einzusetzen. Juden waren die Handwerksinnungen versperrt, ihre Handwerker mußten sich darauf beschränken, für ihresgleichen als Bäcker, Schneider oder Schlächter tätig zu sein. Allenfalls das Goldschmiede- und Graviergewerbe, das in den Städten auf jüdische Traditionen zurückging, stand ihnen offen.

Auch diese Tatsachen lassen sich anhand der von Thiele vorgelegten Gaunerliste verifizieren. In unserem knappen Ausschnitt aus Thieles Buch wird über ausgedehnte Diebesreisen der Bande von Moses Levin Löwenthal berichtet.

Literatur:

Rudolf Glanz: Geschichte des niederen jüdischen Volkes in Deutschland. Eine Studie über historisches Gaunertum, Bettelwesen und Vagantentum. New York 1968.

Quelle:

Die jüdischen Gauner in Deutschland, ihre Taktik, ihre Eigentümlichkeiten und ihre Sprache, nebst ausführlichen Nachrichten über die in Deutschland und an dessen Grenzen sich aufhaltenden berüchtigten jüdischen Gauner.
Nach Kriminalakten und sonstigen zuverlässigen Quellen bearbeitet und zunächst praktischen Kriminal- und Polizeibeamten gewidmet von A.F. Thiele, Königlich Preußischem Kriminal-Aktuarius, Berlin 1842.

A. F. Thiele
Jüdische Gauner

Der Mensch überhaupt und also auch der Verbrecher, der Gauner kann erst aus seinen Taten ganz richtig aufgefaßt und beurteilt werden. Von dieser Überzeugung durchdrungen, habe ich es nicht für überflüssig gehalten, von den mehr als 800 in der hiesigen Untersuchung eingestandenen Diebstählen einige der merkwürdigeren auszuziehen und nachstehend näher zu beschreiben. Ich habe dabei vorzüglich solche berücksichtigt, die, entweder vermöge der Schwierigkeit der Ausführung oder durch die dazu erforderlich gewesenen Reisen der Gauner, ein besonderes öffentliches Interesse, namentlich für Polizeibeamte, erregen. Allen Diebstählen, wie von Grolman und Pfister es getan haben, konnte diese Deskription nicht zugewendet werden, weil dies allein sonst wahrscheinlich einen Oktavband gefüllt haben würde.

Raub bei dem katholischen Probst Friedrychowitsch zu Wissek im Großherzogtum Posen. Ausgangs November 1813.[1]

Im November 1813 reiste von Rostarczewo eine Diebesgesellschaft ab, wie gewöhnlich zu Wagen, um in der Gegend von Thorn Diebstähle zu verüben. Sie bestand aus folgenden Personen:

1) Joseph Adolph Rosenthal; 2) Simon Reinhardt, gen. Schulz; 3) Salomon Levin, gen. Schmul Manheim; 4) Moses Levin Altenburger, gen. Mausche Leib.

In dem Städtchen Redsciewe, fünf Meilen von Thorn, trafen sie auf eine andere Diebes-Chawrusse,* bestehend aus:

5) Salomon Oppenheim, gen. Unger; 6) Israel Gutkind, gen. Schocher; 7) Abraham Hirsch, gen. Awram Drinkes; 8) Hirsch Abraham, alias Bannach; 9) Levin Hirsch, gen. Leibke und 10) David, gen. Mamsel.

Von den letzteren wurden zwei Masematten in Vorschlag gebracht, der eine in Lobsens bei einem Juden, der andere bei dem katholischen Probst in Wissek. Alle vereinigten sich zur Ausführung derselben.

In Lobsens wurde zwar eingebrochen, die Diebe wurden jedoch verscheucht und nur 32 Taler erbeutet, worauf es nach Wissek ging. Eine Strecke vor der Stadt wurde David mit den Fuhrwerken zurückgelassen; die übrigen begaben

---

* Gesellschaft

1 *Die dieses Verbrechen begleitenden näheren Umstände haben nicht vollständig aufgeklärt werden können; teils, weil die Beraubten selbst verstorben, teils, weil die meisten der Räuber vor Beginn der Untersuchung, aus dem preußischen Staat entwichen sind. Da es indes das einzige Delikt dieser Art ist, welches in der Untersuchung vorkommt, so hat es nichtsdestoweniger der Mitteilung wert geschienen.*

sich nach dem isoliert stehenden Haus des Geistlichen, wo sie um elf Uhr abends anlangten. Altenburger und Oppenheim wurden auf Wache ausgestellt, die anderen betraten das Haus, welches nicht verschlossen war. Auf dem Flur wurden die Wachslichter angezündet, vor eine Nebentür, die zur Gesindestube führte, gleichfalls eine Wache gestellt und sodann die Tür, welche zur Schlafstube des Probstes führte, mittels eines acht Fuß langen Balkens eingerannt. In diesem Zimmer schlief, außer dem Probst, auch noch dessen Neffe, der Vikarius Friedrychowitsch, ein junger, kräftiger Mann. Von dem Geräusch vor dem Haus geweckt, war er eben im Begriff, die Tür zu öffnen, als sie durch den Stoß mit dem Rennbalken aufgesprengt wurde. Simon Reinhardt, der zuerst in das Zimmer drang, wurde von ihm zu Boden geworfen; aber dieser Widerstand konnte natürlich nur ein fruchtloser sein. Unter vielen Mißhandlungen war er bald überwältigt und geknebelt. Gleiches Schicksal hatte der Probst, welcher noch im Bett lag, worauf beide mit dem Gesicht zur Erde gelegt wurden. Nachdem alle Kisten und Kasten von den Räubern erbrochen oder zerschlagen waren, ohne das vermutete Geld zu finden, erpreßte man von den Geknebelten das Geständnis, daß das Geld in der Kirche hinter dem Altar versteckt sei. Als bei dieser Gelegenheit der alte Probst die Räuber um Erbarmen anflehte, da sie ja keine Heiden, sondern Freunde seien, wurde ihm erwidert: »Ja, wir waren auch Freunde, und werden es auch künftig sein, nur heute sind wir es nicht. Sage du nur, wo das Geld ist.«

Nachdem in der Gesindestube auch noch die dort schlafenden Mägde geknebelt waren, begaben sich die Räuber nach der Kirche, fanden dort das Geld, mehr als 2000 Taler, erbrachen auch eine dort vorgefundene Kiste mit silbernem Kirchengerät, welches sie aber, merkwürdig genug, unberührt liegenließen. Noch nicht zufrieden mit der gemachten Beute, gingen sie abermals nach dem Haus der Geistlichen zurück, mißhandelten sie von neuem und stießen fürchterliche Drohungen aus, wenn sie nicht mehr Geld nachweisen würden. Erst nachdem sie nochmals alles umgekehrt und selbst einen vermauerten Kamin eingeschlagen hatten, in der Hoffnung, dort Geld zu finden, zogen sie ab und ließen die Einwohner gebunden liegen. Im ganzen waren 2500 Taler geraubt worden, welche von den Räubern in einem Wald bei Wronke geteilt wurden.[1]

Als am folgenden Morgen der Raub entdeckt wurde, fand man die beiden Geistlichen, noch an Händen und Füßen gebunden, erschöpft und dem Tod nahe, teils am Fußboden, teils im Bett liegend. Die Stricke, womit sie gebunden, waren so tief in das überquollene Fleisch gedrungen, daß sie kaum noch zu sehen waren. Der Probst kränkelte von Stund an und ist auch bald darauf verstorben; ob in Folge der erlittenen Mißhandlung, hat nicht ausgemittelt werden können.

Die Verwegenheit, die dieses Verbrechen bezeichnet, geht ins Unglaubliche,

---

1 *Diese Art zu stehlen oder vielmehr zu rauben, wie sie früher sehr häufig, namentlich von den Banden am Rhein exerziert wurde, ist, wie ich schon früher erwähnt habe, in der neueren Zeit ganz außer Praxis gekommen. Die Gauner nennen sie Perkochhandel oder Chassne (welches Hochzeit bedeutet), oder Koofchess, oder endlich, nach der Übersetzung des letzteren Wortes, einen* Achtundzwanziger.

wenn man bedenkt, daß es in einer Stadt, in der Nähe vieler bewohnter Häuser verübt wurde.

Erste Diebesreise[1] nach Schlesien, im November und Dezember 1818

Im Herbst des Jahres 1818 baldowerte der inzwischen nach Österreich entwichene Dieb Heymann Singer, damals zu Rostarczewo wohnhaft, seinen Genossen einen Masematten bei einem jüdischen Kaufmann zu Exin. Zur Verübung des Diebstahls fuhren anfangs November desselben Jahres

Joseph Adolph Rosenthal; dessen Bruder Levi Rosenthal; Heymann Singer; Marcus Abraham Silberstein und Neumann Jacob Posener von Rostarczewo aus zunächst nach Neubrück. Dort trafen sie die christlichen Diebe Becker und den zahnlückigen Müller, welche sich der Chawrusse zugesellten.

Rosenthal baldowerte hier die Kreissteuerkasse zu Sagan in Schlesien[2] und da diese mehr Beute versprach, standen die Diebe von ihrem Vorhaben nach Exin ab. Becker und Müller wurden vorausgeschickt, um sich die Gelegenheit zu diesem Diebstahl noch näher anzusehen. Während mit ihnen ein Rendezvous in Domswalde bei Bunzlau bei einem Bäckermeister, der zugleich eine Schankwirtschaft hatte, verabredet wurde, kauften die übrigen noch ein Pferd in ihr Gespann und fuhren nun

1. zunächst nach Breslau. Hier blieb das Fuhrwerk unter Aufsicht des Heymann Singer und Joseph Adolph Rosenthal vor dem Tor stehen, der Bruder des letzteren sowie Posener und Silberstein aber begaben sich in die Stadt, um zu stehlen. Auf der Straße trafen sie einen kochemer Juden, Daniel Engländer, erhielten von diesem einen Kaufmann nachgewiesen, wo leicht zu handeln sei, und stahlen auch richtig mittels Schottenfellens* zwei Stück Kattun; alle drei kehrten darauf nach dem Fuhrwerk zurück.

2. Auf dem Weg nach Domswalde, der nun eingeschlagen wurde, kehrten die Diebe in eine Dorfschänke, zwischen Parchwitz und Liegnitz gelegen, ein. Rosenthal wechselte einige Taler von dem aus dem Verkauf des gestohlenen Kattuns gelösten Geld und bemerkte bei dieser Gelegenheit, daß in dem neben der Schankstube gelegenen Zimmer Geld aufbewahrt wurde. Er besah sich sogleich die Lokalität, fand, daß die Außenwand des fraglichen Zimmers leicht zu durchbrechen war, und alle beschlossen, diesen Diebstahl zu verüben. Sie fuhren bis zu einem Dorf hinter Liegnitz, hielten dort Schabbes† und kehrten in der Sonntagsnacht nach dem erwähnten Dorf zurück. Während Silberstein beim Fuhrwerk blieb, begaben sich die übrigen nach dem Kruge, gelangten durch die unverschlossene Hoftür in den Hof und hatten bereits mit dem Krummkopf ein Loch

* Ladendiebstahls

† Sabbath

1 *Die Provinz Schlesien wurde und wird noch immer ganz vorzüglich von den Dieben des Großherzogtums Posen heimgesucht. Die Bezeichnung erste, zweite Diebesreise etc. ist daher nur als Reihenfolge derjenigen zu verstehen, welche hier beschrieben sind.*

2 *Dem Rosenthal war sie wieder von dem verstorbenen Dieb Jacob Rehfeld nachgewiesen worden, der sich die Gelegenheit zu diesem Diebstahl schon im Jahre 1815 abgesehen hatte, als er in der Steuerkasse einige Kassenanweisungen verwechselte.*

in die Mauer gemacht, als sie durch die Ankunft eines wahrscheinlich vom Spinnen zurückkehrenden Mädchens verscheucht wurden.

Nunmehr ging es direkt nach Domswalde. Verabredetermaßen trafen sie dort den Becker und Müller, welche das Kreissteuerkassengebäude zu Sagan in Augenschein genommen und gefunden hatten, daß sich dasselbe einesteils noch in der früheren, von Rosenthal beschriebenen Lage befinde, anderenteils aber noch eine Lieche* d.h. einen Ort zum Übersteigen der Mauer entdeckt hatten.

Nachdem Levi Rosenthal und Silberstein sich von der Chawrusse getrennt hatten, fuhren die übrigen am 26. November

3. nach Sagan, wo sie um elf Uhr abends anlangten. Heymann Singer blieb beim Fuhrwerk, die anderen begaben sich unter Anführung des Müller nach der Stadt, die erforderlichen Instrumente zum Einbrechen mit sich führend. Über einen kleinen Zaun stiegen sie in einen Garten, welcher hart an die Stadtmauer grenzte, fanden in der letzteren eine Tür, die nicht verschlossen war, und gelangten durch diese in die Stadt.

Die Kreissteuerkasse liegt mit der Front nach dem Markt, auf welchem sich eine Militärwache befindet. Der linke Flügel des Gebäudes, das ein Eckhaus bildet, grenzt an eine schmale Quergasse. An diesen Flügel schließt sich eine ziemlich hohe Mauer, in deren Mitte sich eine Tür befindet, durch welche man in den Hof gelangt. Diese Tür war verschlossen.

Hier, im Angesicht bewohnter Häuser, wurde der Eingang forziert. Vor der Türschwelle, die von Stein war, hob Müller mit dem Brecheisen einige Steine aus dem Straßenpflaster, grub dann mit den Händen und mit Hilfe des Krummkopfes ein Loch unter die Schwelle und stieß diese, nachdem sie gelockert war, in den Hof hinein. Durch die entstandene Öffnung zwängte sich Müller hindurch, erbrach mit dem Krummkopf von innen die Tür, bei welcher Posener zur Wache aufgestellt wurde. Die übrigen versuchten darauf, die vom Hof in das Haus führende Tür zu erbrechen, vermochten dies jedoch nicht und stiegen nun, vermittels eines herbeigeholten Holzblocks, in ein hochgelegenes Parterrefenster, das sie durch Eindrücken einer Scheibe öffneten. Sie befanden sich jetzt in einer Hinterstube, gelangten von dort durch künstliche Eröffnung einer Tür in den Hausflur, und nachdem sie sich den Rückzug durch Entriegelung der hinteren Haustür gesichert hatten, sprengten sie eine andere Tür, die sie nach dem Korridor führte, in welchem links die Kassenstube gelegen war. Die Tür zu derselben, obgleich mit einem eisernen Vorgelege und Vorhängeschloß versehen, wurde gewaltsam aufgesprengt. Gleiches geschah mit der Tür, welche von der Kassenstube in das Gewölbe führte, wo die Gelder aufbewahrt wurden. Diese Tür sprang insbesondere mit so großem Geräusch auf, daß die Diebe fürchteten, den im zweiten Stockwerk schlafenden Steuereinnehmer geweckt zu haben, weshalb Müller an der Treppe zu dessen Wohnung zur Wache aufgestellt wurde. Rosenthal und Becker räumten inzwischen in dem Kassengewölbe auf, stahlen

* eigentlich Haliche, geheimer Diebsweg

circa 2000 Taler und zogen sich darauf mit ihren Genossen auf demselben Weg, den sie gekommen waren, nur diesmal statt durch das Fenster durch die Hoftür, aus dem Haus und der Stadt nach ihrem Fuhrwerk zurück. Ohne Aufenthalt ging es nun über Sprottau, Freystadt und Neusalz bis nach einem Wald bei Kontop, wo die Teilung des gestohlenen Geldes erfolgte. Für den Bruder des Rosenthal wurde ein voller Anteil zurückgelegt, Silberstein aber mit 70 Talern abgefunden.

Nachdem die Gauner ihre Beute nach Rostarczewo in Sicherheit gebracht hatten, ging es sofort weiter

4. nach Haynau in Schlesien, wo Heymann Singer einen Diebstahl bei einem Kaufmann abgesehen hatte. Am 18. Dezember, abends acht Uhr, kamen die Diebe vor Haynau an. Während zwei aus der Chawrusse beim Fuhrwerk zurückblieben, begaben sich Joseph Adolph Rosenthal, Becker und Müller, mit Brechwerkzeugen versehen, auf Rekognoszierung aus, einen Eingang in die Stadt zu ermitteln. Sie fanden auch eine kleine verschlossene Pforte, die Rosenthal zu erbrechen begann. Als er schon das Schloß abgesprengt hatte und die Diebe in die Stadt eingetreten waren, zog das Geräusch den Turmwächter herbei. Sie antworteten ihm zwar auf seine Frage: »Meine Herren, wer sind Sie?«, daß sie reisende Handelsleute seien und zu ihrem Vergnügen spazierengingen; indes wollte ein solcher Spaziergang in einer Dezembernacht dem Turmwächter doch nicht recht einleuchten. Er ergriff Becker und Rosenthal, um sie in seine Wohnung zu trainiren,* erhielt aber in demselben Augenblick von Müller mehrere Schläge mit der Brechstange auf den Kopf, daß er besinnungslos zu Boden fiel und erst nach einigen Monaten von den erhaltenen sieben Kopfwunden wieder genesen war.

Mit Zurücklassung des Brecheisens ergriffen die Diebe, deren Spur man vergeblich zu ermitteln bemüht war, die Flucht und fuhren mit ihren beim Fuhrwerk zurückgelassenen Genossen

5. nach Freistadt, wo die königliche Accisekasse, die gleichfalls Heymann Singer baldowert hatte, bestohlen werden sollte.

Die Gauner übernachteten unterwegs in dem Dorf Quarez, fuhren dort am ersten Weihnachtsfeiertag nachmittags ab und trafen in der Nacht vor Freystadt ein. Zwei blieben wieder beim Fuhrwerk, während Becker, Müller und Joseph Adolph Rosenthal, der die Lokalität gleichfalls kannte, sich mit einem Wagenbeil, einer Wagenrunge, Nachschlüsseln und Säcken in die verschlossene Stadt begaben; es mochte etwa die Mitternachtstunde sein. Das Accisekassengebäude steht mitten auf dem Markt, von mehreren anderen Häusern, namentlich von dem Rathaus begrenzt; den Eingang verschloß eine starke, mit eisernen Nägeln beschlagene Haustür. Diese Tür, die jeder künstlichen Öffnung widerstand, erbrachen die Diebe, indem sie den Schließhaken gewaltsam aus der Mauer herausrissen. Rechter Hand auf dem Hausflur befand sich die Kassenstube, welche mit zwei starken verschlossenen Türen verwahrt war. Nachdem Becker vor dem Haus auf Schmiere gestellt war, wurden von Müller und Rosenthal jene beiden Türen,

* ziehen

die eine mittels Nachschlüssel, die andere gleichfalls durch Ausbrechung des Schließhakens geöffnet. In der Kassenstube fanden die Diebe zwei Kisten, deren eine mit Eisenblech beschlagen, mit starken eisernen Reifen umlegt und mit drei Schlössern, einem gewöhnlichen und zwei Vorlegeschlössern, verschlossen war. Die beiden Vorlegeschlösser wurden mit der Wagenrunge gewürgt, das dritte aber mittels eines in der Kassenstube vorgefundenen Stemmeisens und eines mitgebrachten Bohrerheftes (einem starken Stück Holz) gewaltsam abgesprengt. Der andere, gleichfalls mit eisernen Bändern belegte Kasten blieb unerbrochen, weil die Diebe durch eine gemachte Öffnung sich die Überzeugung verschafften, daß derselbe kein Geld enthalte. Noch mehrere Schränke und Schubfächer wurden nutzlos erbrochen und darauf mit dem aus der ersten Kiste entwendeten Geld der Rückzug nach dem Fuhrwerk angetreten. Erst in einem einzelnen Wirtshaus hinter Glogau wurde am Nachmittag des folgenden Tages eine Viertelstunde Rast gehalten, um die Pferde zu füttern und sich selbst zu restaurieren; sodann ging die Fahrt ohne Verzug weiter bis zu jenem schon früher erwähnten Koppnitzer Wald, wo abermals die Teilung der Beute erfolgte, welche diesmal mehr als 800 Taler betrug.

Zweite Diebesreise nach Schlesien im November 1819

Im Jahre 1813 hatte Joseph Adolph Rosenthal wegen Diebstahlverdachts zu Hermsdorf in Schlesien in Haft gesessen. Einer seiner Mitgefangenen hatte ihm erzählt, daß in dem dortigen Schloß eine Kasse befindlich sei, die viel Geld besitze. Schon damals beschloß Rosenthal, diese Kasse gelegentlich zu bestehlen, zu welchem Endzweck er sich die Lokalität genau beschreiben ließ.

Jenen Entschluß auszuführen, vereinigte sich Rosenthal anfangs November 1819 mit den teils in Betsche, teils in Neubrück wohnhaften Dieben

Moses Simon Bernhardt, gen. Zimchens Mausche, Carl Friedrich Becker, Hirsch Heymann, gen. Hirschgen-Neubrück und Simon Levi Gräzer, gen. Zänderchen.

Nachdem Bernhardt durch den Versatz mehrerer Pretiosen einige Louisdor Reisegeld angeschafft hatte, fuhr die Chawrusse zunächst

1. über Hirschberg nach Schönau. Hier war das Reisegeld alle. Bernhardt und Rosenthal gingen daher in die Stadt. In einer Schnittwarenhandlung kaufte Rosenthal für wenige Groschen Seide, und während er dadurch den Kaufmann beschäftigte, stahl Bernhardt einige Reste Kattun, die er in seiner Diebestasche fortbrachte. Das gestohlene Gut verkauften sie im nächsten Dorf für zehn Taler und fuhren darauf mit den übrigen weiter

2. nach Hermsdorf, wo sie am 17. November um zwölf Uhr des Nachts anlangten. Hirsch Heymann blieb beim Fuhrwerk, die übrigen begaben sich zur Verübung des Diebstahls in die Stadt. Sie näherten sich von hinten dem herrschaftlichen Schloßgebäude, weil das Fenster, welches zu erbrechen war, um in die Gerichtsstube, wo die Kasse sich befand, zu gelangen, nach hinten heraus gelegen war. Mit sich führten sie einen neuen hanfenen Strick und eine unterwegs

entwendete Stange Holz als Hebebaum, weil sie wußten, daß das zu erbrechende Fenster mit eisernen Traillen versehen war.

Die Diebe gelangten zuerst an eine sechs Fuß hohe Gartenmauer. Becker überstieg dieselbe, fand eine Tür, welche nur von innen verriegelt war, öffnete sie und ließ die anderen herein. Während Gräzer hier zur Wache aufgestellt wurde, begaben sich Bernhardt, Becker und Rosenthal unter den Masematten. Das fragliche Fenster war jedoch zwei Ellen von der Erde und daher zu hoch gelegen, um ohne Vorrichtung mit dem Hebebaum agieren zu können. Im Garten wurde eine Holztrage entdeckt. Auf diese stieg Rosenthal, brach mit dem Seil und Hebebaum wirklich eine der anderthalb Fuß starken Eisenstäbe aus der Mauer und war eben im Begriff, den inneren, aus zwei Flügeln bestehenden eisernen Fensterladen mit einem Stück Eichenholz einzustoßen, als seine Genossen Lampen!* riefen und alle eiligst entflohen. Der Lampen war der hinzugekommene Hofwächter.

Die Diebe fuhren nun

3. nach Schönau zurück. Dort hatten sich Bernhardt und Rosenthal bei demselben Kaufmann, den sie einige Tage früher um einige Stück Kattun bestohlen, die Gelegenheit zu einem größeren Diebstahl abgesehen, der jetzt ausgeführt werden sollte.

Am 20. November, abends elf Uhr, trafen die Diebe vor Schönau ein, ließen Gräzer beim Fuhrwerk und schlichen sich durch die Stadt nach dem von dem Kaufmann bewohnten Haus. Dasselbe liegt am Markt, ist ein Eckhaus und hat, wie die Kreissteuerkasse zu Sagan, einen mit einer Mauer umgebenen Hof. Beabsichtigt war, in den Laden einzubrechen und Waren zu stehlen. Vom Markt aus konnten dies die Diebe nicht wagen, weil sie den Wächter fürchten mußten. Sie beschlossen daher, die Hofmauer zu übersteigen, durch die hintere Haustür in das Gebäude und dann, durch Eröffnung der Ladentür mittels Nachschlüssel, in den Laden zu dringen.

Zu diesem Zweck holte Bernhardt von einer am Tor gelegenen Scheune eine Leiter herbei. Becker überstieg mit Hilfe derselben die Mauer, erbrach die nach der Gasse hinausführende, mit drei Schlössern verwahrte Pforte, bei welcher Hirsch Heymann als Wache zurückblieb. Die übrigen bemühten sich vergeblich, die von hinten in das Haus führende starke Tür zu erbrechen, und versuchten darauf, in ein nach dem Hof heraus gelegenes vergittertes Parterrefenster zu dringen. Schon hatten sie mit einer von Becker herbeigeholten Wagenrunge einige Eisenstäbe aus der Einmauerung herausgetrieben, als Hirsch Heymann von der Gasse her Lampen! rief und alle die Flucht ergriffen.

Allen Umständen nach hat der Kaufmann die Rettung seines Eigentums nur einem Zufall zu danken, denn die Diebe sind, soviel die Akten ergeben, von keinem menschlichen Wesen gestört worden.

Um sich zu anderweitigen Diebstählen nach Bunzlau zu begeben, fuhren die Gauner

---

* Wächter

4. über Peterwitz, wo sie am Abend des 21. November (einem Freitag) bei dem Krüger und Gerichts-Kretschmer Hoffmann einkehrten, um Schabbes zu halten. Am folgenden Tag (also am Sabbath) traf Bernhardt den Hoffmann in seiner Schlafstube, als er damit beschäftigt war, einen Haufen harter Taler zu zählen. Unter dem Vorwand, einige darunter befindliche alte Geldstücke einwechseln zu wollen, griff Bernhardt hinein, wurde zwar von dem Hoffmann sofort zur Tür hinausgewiesen, hatte aber doch in den paar Sekunden 18 Taler gechilft.* Der Damnifikat† hatte weder den Diebstahl noch später seinen Verlust bemerkt, und als man ihm nach Jahren sagte, daß er damals bestohlen worden sei, wollte er es nicht glauben!

Er hatte jedoch nicht umsonst seinen Reichtum vor diebischen Augen aufgedeckt, denn am Sonntag früh fuhren die Gauner zwar aus Peterwitz fort, jedoch mit dem sicheren Vorsatz, in der Nacht wiederzukommen, um den Schatz zu heben. Sie kehrten auch wirklich um Mitternacht

5. nach Peterwitz zurück, wo Rosenthal beim Fuhrwerk blieb. Bernhardt stieg über den Zaun in den Hof, gelangte durch die hintere unverschlossene Tür in das Haus und entriegelte die Vordertür. Die Diebe befanden sich jetzt in dem Haus, in welchem rechts die Schankstube, links aber die Schlafstube des Hoffmann gelegen war. In dieser befand sich das Geld, und die Diebe waren verwegen genug, es dort herausholen zu wollen. Die Tür war dadurch verschlossen, daß die Außenklinke aus dem Schloß herausgezogen war. Sie konnte also mittels Nachschlüssel nicht geöffnet werden, und dies vorsehend, hatte Rosenthal, auf welche Weise, ist nicht ausgemittelt, eine andere Klinke angeschafft, welche vollkommen in das Schloß paßte, das Bernhardt jetzt leise öffnete.

Das wenige Geräuch hatte inzwischen doch den Hoffmann erweckt, welcher, sogleich Diebe vermutend, die Tür von innen aus Leibeskräften zuhielt. Da er jedoch fürchtete, diesen Widerstand auf Dauer nicht fortsetzen zu können, stieß er selbst die Tür auf und rief laut um Hilfe, worauf die Diebe die Flucht ergriffen. Sie fuhren nun

6. nach Neusalz, wo Gräzer und Bernhardt ein Stück Baumwollzeug stahlen, womit sie weiter

7. nach Nitteritz reisten. Vor dem Chausseehaus hinter Deutsch-Wartenberg wurde angehalten und Bernhardt beauftragt, von dem Chaussee–Einnehmer Geld zu chilfen, weil die Reisekasse erschöpft war. Bernhardt – ein routinierter Chilfer – wechselte ein Stück Geld und stahl wirklich bei dieser Gelegenheit zwölf Taler Courant. Der Chaussee-Einnehmer merkte indes seinen Verlust bald, setzte den Gaunern nach Nitteritz, wo diese übernachteten, nach und hielt Becker und Rosenthal fest, während die übrigen mit dem gestohlenen Zeug und Geld entsprangen. Beide wurden an die landrätliche Behörde in Grünberg abgeliefert, wo man sie jedoch laufen ließ, nachdem Rosenthal ein Pferd verkauft

* falsch gewechselt

† Geschädigte

und aus dem Erlös den Bestohlenen entschädigt und die Transportkosten bewilligt hatte.

Da es an Geld zur Anschaffung eines anderen Pferdes und auch an der zureichenden Mannschaft fehlte, so mußte ein anderer, schon vor Jahresfrist von dem zahnlückigen Müller baldowerter Diebstahl in der königl. Salzkasse zu Neusalz einstweilen ausgesetzt bleiben. Becker und Rosenthal fuhren daher zunächst nach Rostarczewo zurück, vervollständigten dort ihre zerrissene Chawrusse mit Hirsch Heymann, Samuel Flatow, gen. Obersitzky, und Marcus Elias Cohn, gen. Schwarz Mortge, kauften ein neues Pferd in ihr Gespann und reisten

8. nach Neusalz in Schlesien, die dortige Salzkasse zu bestehlen.

Um zehn Uhr abends, am 20. Dezember, trafen die Diebe vor dem unverschlossenen Städtchen ein, ließen Flatow beim Fuhrwerk und schlichen sich dann wie gewöhnlich nach dem zu bestehlenden Kassengebäude, welches, mit der Vorderfront nach einer breiten Gasse liegend, mit einem eingefriedeten Gärtchen umgeben war und dessen Hofraum ein ziemlich hoher Bretterzaun umschloß. Der Hof selbst, wohinaus das Kassenlokal gelegen war, wurde zur Nachtzeit von einem eigens dazu bestellten Wächter bewacht, der auf dem Hof seine Wohnung und einen tüchtigen Hund zum Beistand hatte. Als ein abgelebter 72jähriger Mann mußte er sich mehr auf diesen als auf sich selbst verlassen.

Als die Diebe vor dem Haus ankamen, war das über dem Kassenlokal gelegene zweite Stockwerk noch hell erleuchtet, weil sich Gesellschaft darin befand. Dies, und daß es erst in der elften Abendstunde war, hinderte indes die verwegenen Diebe am Einbrechen nicht. Nachdem der auf dem Hof frei herumlaufende Hund des Wächters mit einem Teige, aus Mehl und Krähenaugen, bestehend von Marcus Elias Cohn vergiftet war, wurde von Becker die Tür des vorderen Gartenzauns erbrochen, darauf mittels Eindrückens einer Scheibe das unverwahrte Parterrefenster geöffnet, in welches Becker und Rosenthal stiegen, während Hirsch Heymann und Marcus Elias Cohn draußen stehenblieben, um Wache zu halten.

Durch Entriegelung einer Tür gelangten die Diebe in ein zweites Zimmer, aus diesem in die Küche und durch diese wieder auf den Hausflur, an dessen hinterem Ende sich der Eingang zur Kassenstube befand. Die Tür, welche vergeblich durch Ausbrechen der Füllung zu öffnen versucht wurde, wich endlich der Schließfertigkeit des Rosenthal. Im Kassenzimmer wurden die verschlossenen Behältnisse mittels Nachschlüssels geöffnet, alles bare Geld zusammengepackt und darauf mit dem Brecheisen die Tür zu dem Kassengewölbe erbrochen, worin sie das meiste Geld zu finden glaubten. Die Tür sprang indessen mit einem heftigen Knall auf, und da unmittelbar darauf im zweiten Stockwerk Geräusch entstand, so glaubten sich die Diebe verraten und ergriffen die Flucht.

Ungeachtet der Masematten – wie die Gauner es nennen – nicht vollständig ausgehandelt war, betrug doch die Beute gegen 1500 Taler Courant, die auf der Rückfahrt nach Betsche geteilt wurden.

Merkwürdig erscheint dieser Diebstahl noch dadurch, daß zur Zeit seiner Verübung viel Schnee lag, ein Umstand, der Diebe dieser Gattung sonst nie eine ähnliche Unternehmung wagen ließ. Nichtsdestoweniger verfiel man in Neusalz auch nicht von ferne darauf, die Spur der Verbrecher außerhalb des städtischen Territoriums suchen zu wollen.

(...)

Diebstähle in Frankfurt a.d.O., Seelow und Baruth, September und Oktober 1826

Um die Zeit des jüdischen Neujahrs 1826 baldowerten Jacob Isaac Franke, genannt Jekof Fürth, Moses Simon Bernhardt und mehrere andere Diebe einen Diebstahl, welcher in Seelow bei einem Kaufmann geschehen sollte. Die Kunde davon rührte von dem Polizeivigilanten* Joseph Adolph Rosenthal her, welcher einige Zeit zuvor in sicherheitspolizeilichen Geschäften in Seelow gewesen war und in dem Haus jenes Kaufmanns gewohnt hatte. Zu derselben Zeit erhielt Bernhardt, angeblich von unbekannter Hand, einen Brief, der ihn auf den Masemattenhandel nach Magdeburg bestellte. Demgemäß fuhren im September 1826 Bernhardt, Isaac Kunstmann, Joseph Fischer und Jacob Isaac Franke nach Magdeburg, während eine andere Chawrusse, bestehend aus den Dieben Isaac Hirsch Stuckart, Michel Moses, gen. Schwarz Michel, Neumann Jacob Posener, gen. Nachmann, Levi David Kunstmann und Michel Selig, gen. Krumnaas, sich nach dem auf der Frankfurter Chaussee unweit Berlins gelegenen Dorf Kaulsdorf begab, um dort die Rückkunft der ersteren von Magdeburg abzuwarten und dann mit ihr gemeinschaftlich den Diebstahl in Seelow zu verüben.

Bernhardt und seine Gefährten mußten aus Magdeburg unverrichteter Sache zurückkehren, weil sie im Gasthof zum grünen Tisch, wo sie das Nähere wegen der zu vollführenden Diebstähle erfahren sollten, niemanden vorgefunden hatten. Auf dem Rückweg trafen sie auf dem Jahrmarkt zu Genthin den im Jahre 1833 im Gefängnis zu Berlin verstorbenen Dieb Isaac Moses Sachse, gen. Izkok aus Bismark, welcher an Franke einen Diebstahl in der gräflich Solmsschen Rentexpedition zu Baruth baldowerte und der Chawrusse sich anschloß, die nunmehr über Jüterbog nach Baruth fuhr, dort die Lokalität des Diebstahls besichtigte und sodann nach Betsche zurückkehrte.

Den in Kaulsdorf wartenden Gaunern war inzwischen die Zeit lang geworden. Sie hatten sich bereits nach Herzfelde zurückgezogen, um durch ihren längeren Aufenthalt an einem Ort nicht Verdacht zu erregen, und schickten von dort aus den Michel Selig nach Berlin, um bei dem Schwager des Bernhardt, dem später verstorbenen Dieb Levin Aschersleben, Erkundigung einzuziehen. Konnte er gleich über den Bernhardt nichts erfahren, so brachte er dagegen seinen Genossen in Herzfelde die Nachricht mit, daß er in Berlin einen schwer beladenen Frachtwagen gesehen habe, welcher die Straße nach Frankfurt gefahren sei. So-

* Spitzel

gleich wurde beschlossen, diesem Wagen bis zu seinem Nachtquartier nachzuspüren und an demselben einen Diebstahl zu versuchen. Als daher am folgenden Tag der Frachtwagen wirklich durch Herzfelde kam, fuhren ihm die Diebe nach, bis er etwa acht Uhr abends zu Frankfurt a.d.O. im Gasthaus zum goldenen Hirsch einkehrte. Hier blieben Kunstmann, Fischer, Stuckart und Posener in der Nähe zurück, während Michel Selig mit dem Fuhrwerk bis nach dem Schießhaus vorausgeschickt wurde.

Als die Diebe wahrgenommen, daß der Fuhrmann, welcher den Wagen im Hof dicht vor der Wirtswohnung aufgefahren, sich in die Gaststube begeben habe, schlichen Kunstmann und Fischer durch das Haus in den Hof, zerschnitten an dem Frachtwagen ein in der Schoßkelle befindliches Warencollis, aus welchem sie mehrere Packen, den draußen wartenden Stuckart und Posener zur Weiterbeförderung zutrugen. Die beiden erstgenannten Diebe kehrten darauf noch einmal zum Wagen zurück und stahlen noch einige Warenpakete. Währenddessen hatten Stuckart und Posener das ihnen überlieferte gestohlene Gut hinter einen in der Nähe befindlichen Gartenzaun versteckt, wo es aber jetzt von den Dieben nicht wieder aufgefunden werden konnte. Sie begaben sich daher um so mehr mit der zuletzt gemachten, geringfügigeren Beute eiligst nach ihrem Fuhrwerk, als ein im Gasthaus entstandener Lärm vermuten ließ, daß der Diebstahl entdeckt worden sei. Bei ihrer Rückkunft nach Betsche trafen sie Bernhardt und seine Gefährten schon gleichfalls anwesend. Das gestohlene Gut, in sieben Dutzend Umschlagtüchern bestehend, kaufte Kunstmann für 50 Taler an sich. Diese gingen unter den Mitgliedern der Chawrussen in neun gleiche Teile und außerdem wurden dem Vigilanten S... zu Frankfurt a.d.O. fünf Taler mit der Post geschickt.

Nunmehr vereinigten sich Bernhardt, Franke, Isaac Kunstmann, Isaac Sachse und Michel Moses, den schon früher projektierten Diebstahl in Seelow auszuführen. Franke gab den Wagen und ein Pferd, Bernhardt aber zwei Pferde, so daß das Gespann diesmal aus drei Pferden bestand.

Am 5. Oktober abends trafen die Diebe vor Seelow ein, wo Isaac Sachse beim Fuhrwerk blieb. Etwa um Mitternacht langten die übrigen in der Stadt vor dem Haus des Kaufmanns an. Der Masematten sollte, der Baldowerung zufolge, im Laden stehen, der, wie die Hausfront überhaupt, nach der Straße hinaus lag, die nach Fredersdorf führte. Neben dem Laden war ein Fenster, etwa vier Fuß vom Boden entfernt und von außen mit Fensterladen von Holz verwahrt. Durch dieses Fenster beschlossen die Diebe einzubrechen.

Der Fensterladen war, wie dies meistenteils der Fall ist, durch eine Schraube verschlossen, die von innen in eine außerhalb angebrachte Schraubenmutter läuft. Diese war sehr weit, und so gelang es den Dieben, die Schraube, deren Ende etwa drei Zoll herausstand, nach innen zurückzudrehen und so den Fensterladen zu öffnen. Von den hinter demselben vorgefundenen drei schwachen eisernen Traillen, die nicht einmal eingemauert waren, brach Franke mit leichter Mühe eine heraus, arbeitete darauf mit einem Messer so lange in die Ecke einer Scheibe, bis diese barst und stückweise herausgenommen werden konnte, öffnete sodann das Fenster und stieg ein, während Bernhardt, Kunstmann und Michel Moses draußen auf Schmiere stehenblieben. Franke reichte zuerst die erbrochene Ladenkasse und sodann, nach und nach, sechzehn Stück Tuch heraus, die Stuckart und Posener, in Säcke gepackt, die Fredersdorfer Straße entlang nach einem abgelegenen Platz trugen. Als Franke darauf die Besorgnis äußerte, daß er, im Finstern, möglicherweise die besten Tuche liegenlassen möchte, stieg Bernhardt, ein besserer Kenner, in das Fenster und reichte dem mittlerweile draußen Wache haltenden Franke noch neun Stück Tuch heraus, die ihm, soviel er beim Betasten hatte unterscheiden können, die feinsten zu sein schienen. Während Stuckart und Posener beschäftigt waren, die früher gestohlenen sechzehn Stück Tuch an dem Platz, wo sie abgelegt worden, in Pakete zu binden, trugen Bernhardt und Franke die zuletzt erwähnten neun Stück sofort nach dem Wagen und waren eben im Begriff, sich zu den anderen zurückzubegeben, als ihnen diese schon entgegengelaufen kamen und erzählten, daß sie von einem großen Mann beobachtet worden seien. Sie ließen daher die sechzehn Stück Tuch im Stich und wandten sich, um Seelow herumfahrend, auf den Weg nach Müncheberg, um sich von dort nach Schwedt zu begeben, den dort stattfindenden Markt abzuhalten. Unterwegs, in einem Wald, brach eine Achse an ihrem Wagen, wodurch sie genötigt wurden, im nächsten Dorf liegenzubleiben. Da sie Nachjagd fürchteten, so machten sie sich koscher, d.h. sie vergruben die gestohlenen Tücher im Wald, holten sie von da, als nach vollendeter Reparatur ihres Wagens keine Verfolgung sich gezeigt hatte, wieder ab und fuhren nach Berlin. Während hier Michel Moses mit dem Fuhrwerk vor dem Königstor halten blieb, gingen Bernhardt und Isaac Sachse – Kunstmann und Posener hatten sich zu Fuß nach Schwedt begeben – nach Charlottenburg und verschärften dem dort wohnhaften Juden Moses Z...ger zwei Stück Tuch für den Preis von 50 Talern. Nun ging es weiter nach Schwedt, wo auf dem Jahrmarkt die Juden Hirschberg, Israel und Levin Rosenthal angetroffen wurden, welche den Rest der gestohlenen Tücher für den Schleuderpreis von acht bis zehn Groschen die Elle ankauften.

Nach der eidlichen Versicherung des Damnifikaten betrug der Wert des gestohlenen Gutes die Summe von 420 Talern.

Kaum waren die Diebe nach Betsche zurückgekehrt, so vereinigten sich auch schon wieder Bernhardt, Franke, Isaac Kunstmann, Joseph Fischer, Michel Moses und Isaac Sachse, um den von dem letzteren früher baldowerten Diebstahl in der Rentexpedition zu Baruth auszuführen. Sie bildeten, wie man schon aus dem vorhergehenden gesehen hat, eine bestimmte Chawrusse, außer Michel Moses und Sachse, welche nur zur Aushilfe mitgenommen wurden.

Über Sternberg und Frankfurt a.d.O. fuhren die Gauner nach Neubrück, hielten dort Sabbath und fuhren sodann am Sonnabend abends über Teupitz nach Baruth, wo sie etwa um elf Uhr abends, am 26. Oktober, anlangten. Franke begab sich zunächst mit Isaac Sachse in die Stadt, um den Masematten nochmals in Augenschein zu nehmen, fand alles im erwünschten Zustand und holte darauf die übrigen ab, außer Michel Moses, welcher mit Sachse beim Wagen blieb.

Die Rentexpedition liegt im Parterre eines Hauses an einem freien Platz, unfern dem gräflichen Schloß, auf der einen Seite dicht an der Wohnung des Renteinnehmers und auf der anderen an der des Gerichtsdieners. Das Haus, welches verschlossen war, ist von Fachwerk erbaut. Eines dieser Fächer stieß Franke mit dem Krummkopf ein und kroch sodann von der Straße aus in das Expeditionszimmer. Bernhardt blieb vor dem Loch, Fischer und Kunstmann aber in größerer Entfernung, nach dem Schloß und der vorüberführenden Hauptstraße hin, auf Schmiere stehen. Nach kurzer Weile reichte Franke dem Bernhardt mehrere Schubkasten mit Geld und Papieren heraus, welche zu zwei erbrochenen Schreibpulten gehörten. In einem derselben hatte Franke auch den Schlüssel zum Kassengewölbe gefunden, worin ein eiserner Geldkasten stand. Da die Diebe nicht mit Instrumenten zu dessen Erbrechung versehen waren, so stieg Kunstmann in das Zimmer, um dem Franke beizustehen. Beiden gelang es, den Geldkasten durch die von innen entriegelte Haustür bis auf die Straße zu schaffen. Hier faßten die anderen beiden mit an und transportierten ihn unangehalten bis nach ihrem vor der Stadt haltenden Wagen. Auf dem Weg nach Müncheberg, den sie einschlugen, wurde so lange an dem Kasten gehämmert und gemeißelt, bis ein Loch entstand, durch welches das Geld herausgenommen werden konnte. Nachdem dies geschehen war, warfen die Diebe den Kasten hinter Müncheberg in eine Schonung, teilten die Beute, welche aus mehr als 850 Talern bestand und trennten sich, indem Isaac Sachse nach Bismark, die anderen aber nach Betsche zurückkehrten.

Von der Auffindung des Geldkastens, die nicht wenig dazu beigetragen haben würde, die Spur der Diebe zu entdecken, ist niemals etwas zur Anzeige gekommen.

Einbruch und Diebstahl bei dem Seidenfabrikanten Schmidt zu Potsdam. Nacht vom 28. zum 29. Dezember 1826

Im August 1826 trafen sich in einem Gasthaus zu Potsdam die professionellen Diebe Simon Jacob Schweriner, gen. Schmaie aus Betsche, und Baruch Behrens, gen. Baerchens Baroch aus Bismark. Der letztere erzählte, daß er sein ganzes Geld verspielt, daß er aber in Potsdam einen Masematten wisse, den ihm Mortge Schuster, d.i. Markus Moritz aus Werben, baldowert habe und den er mit diesem handeln wolle, um sich wieder Geld zu verschaffen. Schweriner, aufgefordert, an der Verübung des Diebstahls teilzunehmen, wurde von Behrens vor das Haus des Schmidt geführt und ihm gezeigt, wie durch ein leicht zu öffnendes Parterrefenster der Diebstahl ausgeführt werden könne. Obgleich Behrens schon für die folgende Nacht auf die Ausführung drang, so lehnte doch Schweriner dies unter dem Vorgeben ab, daß die Sache bei der Kürze der Sommernächte und der Frequenz der Straßen zu gefährlich sei. Seine eigentliche Absicht dabei aber war die, das einträgliche Geschäft für sich und seine Kameraden in Betsche aufzuheben, da er zu diesen mehr Vertrauen hatte. Wie er vorausgesehen, stand nun auch Behrens von der Verübung des Diebstahls ab, dieselbe auf günstigere Zeit verschiebend.

Nach Betsche zurückgekehrt, teilte Schweriner seinem Kameraden Nathan Jakob Stahl, mit dem er ein gemeinschaftliches Fuhrwerk, bestehend aus einem Planwagen und einem Pferd, besaß, die erkundete Gelegenheit mit, und beide beschlossen, da sie sich allein dem Unternehmen nicht gewachsen fühlten, mit einigen von den geübteren Schränkern in Betsche Chawrusse zu machen. Sie wandten sich an Simon Levin Gräzer, gen. Zänderchen, Selig Joel alias Levin und Neumann Jakob Posener, gen. Nachmann, welche sich auch zur Teilnahme verstanden, Gräzer aber nur unter der Bedingung, daß seinem Schwiegersohn Moses Levin, gen. Schafkopf, ein halber Anteil von dem gestohlenen Gut, auch wenn er nicht mitfahre, gegeben werden müsse. Diese lästige Bedingung wurde angenommen, weil man in Gräzers Diebestalente gerade die größte Zuversicht setzte.

Nachdem die Art und Weise der Ausführung und der künftigen Teilung unter den Dieben festgestellt war, schafften die drei Angeworbenen noch zwei Pferde an, und alle fünf fuhren im Dezember 1826 direkt nach Potsdam. In einem Gasthaus auf der Frankfurter Chaussee, eine Meile vor Berlin, wo zur Fütterung angehalten wurde, trafen sie den berüchtigten, inzwischen nach Österreich entwichenen Dieb Magnus Aron Stein, gen. Mannes, damals in Calbe an der Milde wohnhaft. Er zog den Schweriner beiseite und gab ihm zu verstehen, wie er recht gut wisse, daß die Chawrusse nach Potsdam auf die Seiden-Ghiefene* fahre. Schweriner, darüber erschrocken, ging mit seinen Genossen zu Rate, worauf denn beschlossen wurde, den Magnus Stein, damit er nicht zum Angeber werde, in die Chawrusse mit aufzunehmen. Dies war ihm recht und auch wohl eigentlich sein Zweck gewesen, und so fuhr er denn nach Potsdam mit.

Am 26. Dezember 1826, etwa um zehn Uhr abends, kamen die Diebe vor Potsdam an, fuhren um die Stadt herum bis nach der Straße, die nach Nauen führt, wo sie mit dem Fuhrwerk stillhielten. Von dort führte Schweriner den Gräzer, Selig Joel und Posener in die Stadt vor das Schmidtsche Haus, um sie mit der Lokalität bekannt zu machen. Nachdem dies geschehen war, wurde der Platz ausersehen, wo das Fuhrwerk behufs der Fortschaffung der zu entwendenden Waren aufgestellt werden müsse, der Diebstahl selbst aber noch verschoben, weil die Straßen wegen der stattfindenden Weihnachtsfeier zu belebt waren. Die Gauner übernachteten in einem Gasthof vor der Stadt, fuhren am nächsten Morgen nach einem benachbarten Dorf auf der Straße nach Spandau und schickten von dort den Posener und Nathan Stahl ab, um den Masematten auszukochen, d.h. mit anderen Worten: sich die Lokalität der Schmidtschen Wohnungen auch von innen genau anzusehen, insbesondere darüber sich Gewißheit zu verschaffen, ob auch im Laden selbst oder in der Nebenstube niemand schlafe. Dies taten die beiden Abgesandten, indem sie bei Schmidt ein schwarzseidenes Tuch kauften

---

* Ghiefene (besser: Chenwene) heißt: Laden, Warenlager.

und außerdem zwei Kassenanweisungen gegen Courant umwechselten. Da ihr Bericht günstig ausfiel, so fuhr die ganze Chawrusse am 28. Dezember abends nach zehn Uhr durch das Nauensche Tor zur Stadt hinein.

In der Nähe des Bassins, unweit der französischen Kirche, wurde das Fuhrwerk unter Obhut des Nathan Stahl und Magnus Stein aufgestellt, die übrigen begaben sich vor das Schmidtsche Haus. Während Schweriner und Posener hier von verschiedenen Seiten Schmiere standen, stiegen Gräzer und Selig Joel in das durch Eindrücken einer Scheibe und Aufsprengung des inneren Fensterladens geöffnete Ladenfenster und reichten durch dasselbe die gestohlenen Waren dem Schweriner und Posener heraus, welche sie in die mitgebrachten drei Säcke packten. Als diese gefüllt waren, zogen sich die Diebe mit denselben nach ihrem etwa 300 Schritte entfernt stehenden Fuhrwerk zurück und verließen etwa um ein Uhr nachts die Stadt durch das Berliner Tor, welches sie sich von dem wachhabenden Unteroffizier öffnen ließen.

Um bei etwaiger Verfolgung soviel als möglich die Spur von sich abzuleiten, verließen sie bald die eingeschlagene Straße und fuhren über Werneuchen und Schönfließ nach dem Dorf Rosenthal und von dort nach Betsche. Magnus Aron Stein, der sich vor Schönfließ von der Chawrusse trennte, wurde mit 25 Talern und einigen seidenen Halstüchern abgefunden, wobei er denn freilich gegen die übrigen sehr zu kurz kam, welche erst in Rosenthal zur allgemeinen Teilung schritten. Dies geschah in der Art, daß zuvörderst die Hälfte der gestohlenen Waren, deren Gesamtwert der Damnifikat eidlich auf 1282 Taler Courant angegeben hat, zurückgelegt wurde, um für gemeinschaftliche Rechnung verschärft zu werden. Die andere Hälfte dagegen ging in sieben Teile, so daß Schweriner, Nathan Stahl, Posener, Gräzer, Selig Joel und der Vigilant Rosenthal zu Berlin jeder 2/13, der Schwiegersohn des Gräzer, Moses Levin zu Betsche, aber 1/13 erhielt. Das gestohlene Gut verschärften die Diebe zum größten Teil an die Juden Jacob Levi Zehden zu Schwerin a.W. und Abraham Levin Bauchwitz zu Meseritz.

Die Klassifizierung der Räuber

Christian Rochlitz war Polizeibeamter in Erfurt. Die Räuberliteratur von Polizei- und Justizbeamten, die zur »belehrenden Warnung des Publikums« in den ersten Jahrzehnten des 19. Jahrhunderts verfaßt wurde, muß sich großer Beliebtheit erfreut haben. Mehrere Auflagen in kurzen Abständen der »Actenmäßigen Nachrichten«, »Darstellung der verschiedenen Classen von Räubern ...«, »Notizen über die berüchtigsten Gauner« oder wie immer sie hießen, belegen dies. Immer war der Kennerblick des Fachmanns gefragt, konnten die Leser in den Arkanbereich der Räuber- und Gaunerbanden kundig angeleitet hineinschauen, auch ohne als Opfer von Raub und Diebstahl betroffen zu sein. Der besondere Reiz dieser mehr oder weniger authentischen Literatur lag wohl darin, den exotischen Kontinent der Räuber mit ihrer geheimen Sondersprache, ihren eigenen Sitten und Gesetzen gleichsam in einer Lesereise kennenzulernen, wobei dem schreibenden Fachmann die Funktion zukam, die wahrhafte Berührung mit den wilden Räubern in eine literarische zu verwandeln, die dem Wunsch nach Schauder und Unterhaltung gerecht wird. Dabei mag die gleichwohl vorhandene Gefahr, etwa auf Reisen ausgeraubt zu werden, als Nebeneffekt die Hoffnung genährt haben, durch die belehrende Warnung gewitzt und aufmerksam zu werden, falls einem doch einmal ein schrecklicher Raub widerfahren sollte.

Die hier abgedruckten Fachbegriffe des Räuber- und Diebesmilieus folgen diesem Interesse nach sachverständiger Warnung und schauerlicher Unterhaltung. Das gesamte Buch des Polizeibeamten Rochlitz scheint aus mehreren anderen, auch aus einem eigenen des Verfassers kompiliert. Nachweislich etwa aus Karl Falkenbergers »Versuch einer Darstellung der verschiedenen Classen von Räubern, Dieben und Diebshehlern ...« (Zwei Theile. Berlin 1816 und 1818).

Der vor allem in allen Fragen der Gaunerlinguistik äußerst gestrenge Avé-Lallemant urteilt über das dem »Wesen und Treiben der Gauner, Diebe und Betrüger Deutschlands« angehängte ›Wörterbuch der Diebessprache‹ vernichtend und bemängelt, das sich darin ›nicht eine einzige sprachwissenschaftliche Bemerkung‹ finde. Aber Rochlitz fand sein Publikum!

Quelle:

Das Wesen und Treiben der Gauner, Diebe und Betrüger Deutschlands nebst Angabe von Maaßregeln, sich gegen Raub, Diebstahl und Betrug zu schützen, und einem Wörterbuche der Diebessprache. Von Chr. Rochlitz, Polizei=Beamter. Leipzig (Verlag C.F. Schmidt), 1846.

Christian Rochlitz

Die Klassifizierung der Räuber

Räuber, Schränker (schränken, bei der Nacht stehlen), Nachtdieb

In der Gaunersprache werden unter dieser Benennung alle diejenigen Räuber verstanden, welche in Banden, Kabroschen, d.h. Gesellschaften von mehreren Personen zur Nachtzeit und mit allen zur Ausführung ihres schändlichen Vorhabens nötigen Mord- und Diebesinstrumenten ausgerüstet, Einbrüche ausführen. Räuber dieser Art sind für Leben und Eigentum die gefährlichsten; sie treiben ihr Handwerk ins Große. Jederzeit sind sie auf Widerstand seitens derjenigen, welchen sie ihren nächtlichen Besuch zugedacht, vorbereitet, weshalb sie denn auch Schießgewehre, Säbel, Degen und lange Messer mit sich führen. Unter den Räubern sind sie das, was die Masemattenmacher unter den Dieben sind, und sie unterscheiden sich von den letzteren nur dadurch, daß sie bei Begehung ihrer Verbrechen Gewalt, sowohl an Sachen als auch gegen Menschen, ausüben. Am Tage halten sie sich, wenn sie Entdeckungen, Verfolgung und Nachforschung der Behörden zu befürchten haben, in den dichtesten Wäldern oder in den Schonungen auf ihren Feuerplätzen (Funkerts-Emsen) oder aber in den sogenannten Diebesherbergen (Kessespiesen, Bennen) auf. Von hier aus stellen sie, hinsichtlich der zu beraubenden Orte, Nachforschungen durch ihre Kundschafter (Baldowerer) an, wozu sie ihre Frauen und Beischläferinnen (Schicksen, Schicksel, Dillchen), die während des ganzen Tages auf den Straßen und in Dörfern herumstreunen, holchen, hauptsächlich benutzen. In der Gestalt von Bettlern und Bettlerinnen erscheinen diese Personen in den Gehöften und Häusern, wo sie um eine Gabe ansprechen, hauptsächlich aber das Sachdienliche zur Ausführung eines Diebstahls erforschen. Da diese Baldowerer von Jugend auf zu diesem Zweck benutzt wurden, durch ihr Zusammenleben mit Dieben die Art und Weise, wie ein Diebstahl (Schupperei) am besten auszuführen sei, genau kennen und bei ihnen ein Ortssinn ausgebildet ist, der ihnen die gemachten Bemerkungen selbst nach Monaten nicht vergessen läßt, so erhalten die Diebe durch sie jede nur erwünschte Nachricht.

Nachdem nun die erforderlichen Notizen auf diese Weise gesammelt worden sind, brechen sie gewöhnlich mitten in der Nacht, zu welcher Zeit sie vermuten können, daß die Bewohner im tiefsten Schlaf liegen, zu ihrer Untat auf. Sie überfallen, unter Anführung eines gewählten Chefs (Bohnherr, Bosocher, Boltmasemolten, Ballaske, Tufter, Permassenmatter), immer ein renommierter Erzgauner, die verdachtlosen Bewohner einzeln gelegener Häuser, Landsitze, Mühlen etc. mit offener Gewalt, indem sie singend und tobend angezogen kommen, die Türen mit Rennbäumen (Drohnen) einstoßen und werden dieselben, je nachdem es die Umstände erfordern oder wenn solche Widerstand leisten sollten, geknebelt und oft bis zum Tode mißhandelt.

Räuber, die das letztere nicht scheuen und bei ihren Einbrüchen ohne alle Rücksicht morden, werden von den Gaunern Kawohler (kowohlen heißt knebeln, binden), Brädelmacher, diejenigen, welche nur Geld stehlen, Grandmacher, geheißen.

Vor Ausführung des Verbrechens umstellen sie das Lokal mit Wachen, welchen obliegt, jede sich nähernde Gefahr anzuzeigen, was gewöhnlich durch gellendes Pfeifen oder auch Husten geschieht, die Entfernung eines oder des anderen Bewohners, der Hilfe herbeiholen könnte, zu verhindern. Hierzu werden die schwächeren, weniger beherzten Diebe benutzt. Die kühnsten, stärksten und gewandtesten Mitglieder übernehmen den Einbruch (Einschaber) und die Gewaltausübung gegen diejenigen Personen, welche sich ihnen widersetzen sollten. Letztere werden von den Schränkern, wenn sie zu ihrer augenblicklichen Tötung durch nachdrückliche Gegenwehr gerade nicht Veranlassung geben, mit Strikken an Händen und Füßen geknebelt und durch Verstopfen des Mundes mit Tüchern gedämpft. In diesem Zustand läßt man sie liegen, um Zeit zur Sicherung der Person und des geraubten Gutes zu gewinnen. Das gestohlene Gut (geschuppter Schurich, verkaborte Sohre) wird hierauf entweder nach einer Diebesherberge oder in Verstecke im Wald oder sonstwohin verbracht. Kleidungsstücke (Klufterei, Kluften-Schurich) etc. erhalten die Weiber, um solche Ankäufern gestohlenen Guts (Scherfenspielern) zuzutragen.

Diese Verfahrungsart der Schränker (per kooch handeln, auch eine kusches oder Chasne handeln) ist, seitdem die Kunst zu stehlen auf einen höheren Grad der Ausbildung gediehen, dieses Manöver, wegen des damit verbundenen Lärms, auch zu auffallend ist, fast ganz außer Anwendung gekommen, wogegen List und Gewandtheit an die Stelle getreten sind; eine veränderte Methode, bei welcher die Gauner offenbar und in jeder Hinsicht mehr als bei offenen und gewaltsamen Einbrüchen ihre Rechnung finden.

Sie exerzieren nämlich jetzt den Einbruch in aller Stille, mit Beobachtung der größten Vorsicht, was sie zierlich schränken nennen.

Hierin haben es die Gauner, welche zierliche Schränker, Schiener und Kuffer in dieser Beziehung genannt werden, bis zur Virtuosität gebracht; sie wissen es so genau zu bewerkstelligen, daß ohne alles Geräusch eiserne Gitter, eiserne Kasten, Riegelwände, die festesten Schlösser etc. erbrochen werden, wozu sich vorzüglich die jüdischen Gauner der Winde mit Seil, der Stich- und Sägebohrer bedienen. Es ist daher nichts Auffallendes, daß in den volkreichsten Städten, in den belebtesten Straßen derselben, Einbrüche dieser Art vollführt werden.

Stänkerer (auch Rattegänger genannt)

Sie haben den Namen daher, weil sie gewöhnlich aufs Geratewohl, ohne vorher einen Plan gemacht zu haben, ausgehen und bei nächtlicher Weile eine Gelegenheit zum Stehlen aussuchen (stänkern). Bei ihren Ausgängen auf Diebstahl führen sie bloß Meißel, Zange, ein Stumpfchen Wachslicht und einen Sack bei sich. Sie stehlen in abgelegenen Gebäuden, ergreifen bei dem geringsten Widerstand die Flucht und üben nur dann Gewalt an Menschen aus, wenn sie von solchen beim Diebstahl erwischt, festgehalten oder an der Flucht gehindert werden. Nur in geringer Zahl gehen die Stänkerer von ihrem Versammlungsort aus. Nachdem sie sich an ein einzeln stehendes Haus geschlichen haben, umstellen sie ein solches mit Wachen, und einer legt das Ohr an das Stubenfenster, um zu hören, ob alles in der Stube geheuer ist, ob vielleicht jemand darin schläft und sich durch lautes Schnarchen bemerkbar macht. Das Dasein eines Hundes in der Stube erforschen sie durch Krabbeln am Fenster.

Ist die Luft rein, wie man zu sagen pflegt, so wird das Fenster ausgehoben oder mit einem Tuch eingedrückt, mit dem hinter dem Haus angebrannten Licht in die Stube geleuchtet, hierauf eingestiegen, nachdem sich die Diebe von der Sicherheit überzeugt hatten, und alles, was Wertvolles vorgefunden wird, zusammengerafft und den wartenden Kameraden zugereicht. Sind Fensterladen vor den Fenstern (Stechmantel), so werden sie dadurch vorher geöffnet, daß sie entweder den gesuchten Kettelheft, welcher gewöhnlich durch umgeschlagene Nagelspitzen markiert ist, mit dem Meißel ausschneiden oder die Angelhaken durch wiederholtes Anziehen locker machen, was sehr häufig gelingt, da die Fensterläden gewöhnlich schlecht verwahrt sind.

Diese Gaunerklasse stiehlt gewöhnlich in Wohnstuben, deren Fenster leicht ohne alle weiteren Hilfsmittel erstiegen werden können, und sieht vom Unternehmen ab, wenn sie findet, daß die Fenster mit Laden von innen (Schiebmanteln) verwahrt sind oder ein Hund seine Gegenwart in der Stube kundgibt.

Jomakener

Diebe, welche besonders zur Erntezeit stehlen, mit den Schränkern sonst aber, hinsichtlich der Ausführung ihrer Verbrechen, Ähnlichkeit haben, weil sie ebenfalls Baldowerer abschicken und einzeln gelegene Grundstücke, selbst kleine Dorfschaften überfallen und ausplündern.

Die Erntezeit wählen sie zur Ausführung ihrer entworfenen Pläne, weil ihnen bekannt ist, daß während solcher fast sämtliche wehrhaften Dorfbewohner bei ihrer Arbeit auf dem Feld und nur Kinder oder schwache Greise und Weiber, die Häuser zu hüten, zurückgelassen worden sind und daß sie unter solchen Umständen fast gar keinen Widerstand zu befürchten haben.

Von verschiedenen Seiten des Dorfes dringen sie in diejenigen Häuser ein, in welchen sie die Ausübung eines Verbrechens beschlossen haben, und schreiten, wenn sie keine nicht leicht zu beseitigende Gefahr bemerkt haben, zur Tatausführung.

Die Zugänge zu den Bauernhöfen (Kaffers-Kandige, Ruche-Bayes, Ruoch-Kitten), welche nur leicht, oft auch gar nicht verschlossen sind, werden aufgesprengt, alle verschlossenen Behältnisse, vorzüglich Koffer, Schränke und Laden, erbrochen und die aufgefundenen Sachen, gleichviel welche, gestohlen.

Da ihre Zahl bei Verbrechen dieser Art nicht unbedeutend zu sein pflegt, sie auch wohl, absonderlich für die etwa beim Überfall verwundeten Genossen (gefetzte oder geschnellte Kawehren), welche sie zu ihrer eigenen Sicherheit unter keinen Umständen zurücklassen werden, einen kleinen, mit Pferden bespannten und gewöhnlich mit einer leinenen Plane bedeckten Wagen mit sich führen, so macht ihnen die Fortschaffung des Geraubten nur wenig Mühe.

Kinder oder Greise, die bei ihrer Ankunft Lärm machen oder um Hilfe rufen, werden wie bei den Schränkern sogleich geknebelt oder auch durch rohe Behandlung wohl des Lebens beraubt.

Stratekehrer, Strählekehrer

heißen diejenigen, welche auf offener Straße rauben, mithin Straßenräuber. Sie fallen die Reisenden, überhaupt Personen, bei denen sie Geld und wertvolle Sachen vermuten oder auch schon ermittelt haben, auf Landstraßen, Fahr- und Fußwegen, öffentlichen Plätzen, Straßen und Gassen, auf letzteren immer nur während der Dunkelheit oder des Nachts, an, teils in Gesellschaft, teils einzeln.

Die Posträuber (Landcharetten-Stratekehrer, Trararum-Gole-Stratekehrer)

sind eine besondere Klasse der Straßenräuber und zu denen gehörig, die in Banden oder doch wenigstens in Verbindung mehrerer Personen, in sehr seltenen Fällen allein, ihre Verbrechen ausführen. Gleich den Postdieben haben sie zuvor durch ihre Baldowerer oder selbst genaue Nachrichten darüber einzuziehen gesucht: ob die zu beraubenden Posten wertvolle Sachen, Gelder und dergleichen mehr bei sich führen und ob und mit wie vielen Passagieren sie besetzt sind, welche etwaigen Verteidigungswaffen solche und der Conducteur* tragen. Hiernach nehmen sie ihre Maßregeln, oder sie stehen, wenn sie sich nicht stark genug fühlen, von ihrem Vorhaben vor der Hand ab.

Ist der Angriff beschlossen, so werden sie suchen, einzelne Mitglieder, die sich als ermüdete oder beraubte und schwer mißhandelte Wanderer an die Straße legen und kläglich um Aufnahme bitten müssen, auf den Postwagen zu schmuggeln, und, um für kurze Zeit die Schirrmeister und Postillons am bestimmten Angriffsort von dem Wagen zu locken, auch an der schleunigen Flucht zu hindern, in engen Passagen einen Baum quer über den Weg oder einen großen Stein in das Geleise werfen.

Der aus unzeitigem Mitleid aufgenommene Kumpan der Bande ist gewöhnlich sowohl für das Leben der Postbedienten und Passagiere als auch für das Postgut der Gefährlichste. Derselbe wird sich erst recht genau die Überzeugung verschaffen, daß der Angriff nicht zu gewagt und lohnbringend ist; er wird auch den

---

* Schaffner

verdeckt lauernden und sich nähernden Mitgesellen (Chawweren) Zeichen zu ihrem Verhalten geben, selbst den etwa sorglos sich bewiesenen oder eingeschlafenen Postbedienten den Todesstreich versetzen und so den Plan gewinnen machen.

Die Stratekehrer gehören, da sie eigentlich eine besondere Klasse nicht bilden, zu den Schränkern.

Serfer, Rezoiersärfner. Mordbrenner.

Zur Mordbrennerei sind die verworfensten Subjekte der vorerwähnten Gaunerklassen so fähig als bereit. Dörfer (G'fahren), Mühlen (Rollen, Rachaimen), Gasthöfe und Schenken (Schwächen, Schwäch-Aoles) sind gewöhnlich die Orte, wo solche Verbrechen begangen werden. Serfer schreiten jedoch nur dann erst zur Tat, wenn ihnen durch ausgeschickte Baldowerer die Nachricht zugegangen ist, daß nur durch Brandlegung Gewinn durch Diebstahl zu erzielen steht, und zwar vorzüglich zur Nachtzeit, wo alles im tiefsten Schlaf liegt, und wo alsdann die durch den entstehenden Feuerlärm (Funkerts-Muhre) hervorgerufene Bestürzung und Besinnungslosigkeit unter den aufgeschreckten Bewohnern um desto größer zu sein pflegt. Zu dem Ende führen sie daher die erforderlichen Materialien, als Pech, Schwefel, Werg, Stein und Schwamm, oder ein chemisches Feuerzeug und die sogenannte Diebeslunte (Funkschnur), eine oben gespaltene Stange, in welche brennender Schwefel eingeklemmt wird und mit welcher man den Brennstoff (verserfter Bockdamm) unter die Strohdächer stecken und halten, auch das durch die Öffnungen der Gebäude zu erreichende Stroh etc. anzünden kann, bei sich. Steht das Gebäude in Flammen, dann zerstreuen sich die Unholde in die verschiedenen Teile desselben oder in die angrenzenden Häuser, erregen bei den bestürzten Bewohnern durch ihre scheinbar große Bereitwilligkeit zum Retten Teilnahme, und benutzen die entstandene Verwirrung, auf die es bei der Anlegung des ganzen Plans ankam, zur unbemerkten Fortbringung des Gestohlenen.

Wählen die Serfer Dörfer zum Schauplatz ihrer verruchten Taten, so werden sie zuvor bemüht gewesen sein, die Türschlösser der Spritzenhäuser so zu verderben, daß sie nicht sogleich geöffnet werden können.

Manchmal werden sie auch Brandbriefe (Serf-G'flieder, Serffinchen, Serf-Schuriche), d.h. Schriften, durch welche einzelne Bewohner von Grundstücken oder ganze Gemeinden mit Feuer-Anlegung bedroht werden, ausstreuen, wodurch sie bezwecken wollen, die Aufmerksamkeit der Behörden in ihrer Nähe anderswohin zu lenken.

Verhalten auf Reisen

Einzelne Reisende haben, da der sie zu Beraubende sie erst kennenlernen und ausforschen will, diejenigen Personen, welche sich ihnen auf ihren Reisen als Begleiter aufdringlich zeigen, genau zu beobachten und ihnen nur dann Vertrauen zu schenken, wenn sie von der Redlichkeit derselben die sichersten Beweise erhielten. Durch scheinbare Ehrlichkeit lasse man sich ja nicht täuschen. Verlockungen zur Abweichung von der offenen Straße, um Näherwege* einzuschlagen, Zureden, in dem oder jenem Hause zu übernachten, gebe man kein Gehör; man verfolge den genommenen Weg und steige nur in bekannten Häusern ab. Niemals lasse man sich darüber ausforschen, was man an Geld und Geldeswert bei sich führe. Eine falsche Angabe oder ausweichende Antworten können in dieser Beziehung nicht schaden. Deshalb trägt ein vorsichtiger Mann auf Reisen sein Geld nicht offen in einer um den Leib geschnallten, sogenannten Geldkatze. Überhaupt sind Fremde, die sich in dieser Art so angelegentlich zeigen, immer verdächtig.

Man lasse sich nicht verleiten, mit Fremden in einem nahe gelegenen Busch auszuruhen, zu essen; überhaupt kann es nicht vorsichtig genannt werden, sein Geld in einem nahen Busch etc., auch wenn man sich ganz allein und unbeobachtet wähnt, nachzuzählen. Wie mancher Reisende hat diese Unvorsichtigkeit mit Leben und Habe büßen müssen.

Aufforderungen von Fremden, die man in einem Gasthaus oder in einer Schenkwirtschaft traf, noch nach einem entfernt liegenden Ort mitzugehen, um dort in einem von ihm belobten Gasthaus Quartier zu machen, gebe der Reisende in keinem Fall Gehör. Lieber in einem bekannten, wenn auch schlechten Gasthaus geblieben, als daß man sich der Gefahr aussetze, von dem Begleiter, welcher, wenn man ihm nachgibt und mit ihm geht, bei dunkler Nacht abgelegene Wege absichtlich wählen wird, beraubt und körperlich verletzt oder wohl gar des Lebens beraubt zu werden.

Fremde, auf die man auf der Straße unerwartet stößt und von deren Äußeren man sich etwas Gutes nicht zu versprechen hat, welchen man aber füglich die Begleitung nicht versagen kann, lasse man wenigstens nicht hinter sich gehen, sondern suche immer hinter ihnen zu bleiben oder sie auf der rechten Seite zu halten, da gewöhnlich diese die stärkere und gewandteste ist.

Reisende zu Pferde müssen solche sich aufgedrungenen Begleiter stets vor sich her gehen und ihre Zügel von ihnen nicht angreifen lassen. Dem zur Seite Gehenden könnte es leicht werden, sie aus dem Sattel zu werfen, indem er ihnen das zu ergreifende Bein gewaltsam und schnell über die andere Seite würfe.

Ein Reisender zu Wagen hat, wenn er einzeln fährt, gleiche Vorsicht zu beobachten und nie zu erlauben, daß ein Fremder hinten auf dem Wagen auftrete oder hinter ihm einen Sitzplatz einnehme.

Wegelagerer und Diebe suchen häufig aus Büschen, durch verstecktes und verstelltes Hilferufen oder Pfeifen, die Reisenden vom Wege abzulenken, um sie an einsamen Orten überfallen und berauben zu können.

Selten wird ein Straßenräuber mehrere Personen zugleich angreifen; dagegen es häufiger vorkommt, daß mehrere den einzelnen zu berauben in Ausführung zu bringen suchen.

---

* Abkürzungen

Obige Vorsichtsmaßregeln, durch deren Beobachtung man jederzeit in Stand versetzt wird, die Handlungen Verdächtiger wahrzunehmen, einen plötzlichen Überfall zu verhindern und im dringendsten Fall der angreifenden Gewalt eine zeitige und somit auch schon kräftige Notwehr entgegenzusetzen, werden immer Nutzen gewähren.

Besondere Erwähnung verdient, daß Reisende in Gasthöfen oder da, wo sie kurze Zeit anhalten, sich gegen den Wirt so wenig als gegen andere Personen über den von ihnen einzuschlagenden Weg äußern. Den Bedienten hiervon etwas wissen zu lassen, ist nicht immer ratsam, da die Gauner sich gewöhnlich zuerst an diese wegen Erlangung der ihnen dienlichen Notizen wenden. Die Wirte sind häufig selbst die Baldowerer; jeder Reisende tut daher sehr wohl, alle notwendigen Erkundigungen über die von ihm einzuschlagenden Wege allzeit in den Städten, welche er passiert, oder in denen an der Landstraße liegenden Schenken, in letzterer Beziehung jedoch versteckt, indem er nach Wegen in verschiedener Richtung frage, um den Gefragten über den gewählten Weg in Zweifel zu lassen, selbst nie durch seine Leute einzuziehen. Seine unklugen Äußerungen werden, hat er das Unglück, an einen sogenannten Kesse-Wirt zu geraten, entweder von diesem selbst oder von den gerade anwesenden Baldowerern, gewiß der Gaunerbande, die vielleicht in der Nähe zerstreut sich aufhält, berichtet, die alsdann Zeit genug gewinnen wird, die zu seiner Beraubung nun geschmiedeten Pläne zur Ausführung zu bringen.

Gleiche Vorsicht lasse der Reisende auch dann obwalten, wenn er einen Boten benötigt. Er wende sich lieber aber an jeden anderen, als an den ihm schon aus anderen Ursachen verdächtigen oder völlig unbekannten Wirt, und ganz besonders, wenn der Wirt vorschnell und aus freiem Antrieb, ihn mit einem Wegweiser zu versehen, den Antrag macht. Dem gewählten Boten gönne man nicht, erst noch lange mit anderen Personen zu verhandeln; vorzüglich achte man hierbei, wenn dies doch nicht zu vermeiden war, auf seine etwaigen Zeichen und Worte. Wer etwas mit dem Gaunerwesen bekannt wurde, der wird in diesem Fall gleich sehen und merken, welche Wahl er traf.

Ebenso ist jedem Reisenden, wie schon erwähnt, zu raten, von dem bei sich führenden Geld oder den Kostbarkeiten sich nichts merken zu lassen. Selbst der Bediente darf hiervon keine Kenntnis haben. In der Tasche trage man nie mehr, als man geade an Ausgabegeld für jeden Tag braucht. Eine unzeitige Prahlerei mit gefüllten Börsen, goldenen Uhren und Ringen, die öfter so gern zur Schau getragen werden, gereichte manchem schon zum größten Unheil. Aus gleichem Grund wähle der Reisende unterwegs eine prunklose, schlichte Kleidung. Wenn auch durch all dieses nicht immer die Raubsucht der Gauner von Profession gereizt wird, so könnte doch ein in Not und Kummer schwimmender, sonst ordentlicher Mensch, der nicht Charakterstärke genug hat, der Lockung zu widerstehen, die Anregung zu einem Verbrechen hierin finden. Der Reisende hätte dann in solchem Falle durch seinen Leichtsinn die Sünde auf ein früher schuldloses Haupt mit gebracht.

Der Reisende, im Gasthaus eingekehrt, verlasse sich keineswegs auf die Wachsamkeit der Bedienungsmannschaft allein, sondern er verschließe und verriegle die Türen seines Zimmers, wo er seine Effekten* hat, wenn er solches, selbst nur auf kurze Zeit, verläßt oder wenn er schläft, gleichviel zu welcher Zeit. Sollte er diese Vorsichtsmaßregeln während des Schlafs dennoch aus der Acht gelassen und jemanden auf seiner Stube bemerkt haben, so sehe er nicht allein auf die in seiner Nähe hingelegte Uhr und Börse, sondern auch auf seine anderen Gegenstände, weil der Dieb solche, da er weiß, daß der Blick des Bestohlenen auf diese zuerst fällt, um seine Anwesenheit nicht sogleich entdeckt zu sehen, liegen läßt und die anderen entfernter liegenden Sachen nimmt. Es wird durch diese Aufmerksamkeit vielleicht noch möglich, den noch nicht weit entkommenen Dieb zu ereilen und bald wieder zu dem gestohlenen Gut zu kommen.

Muß der Reisende wegen seiner Geschäfte den Gasthof auf kurze oder lange Zeit verlassen, wodurch er verhindert ist, die Beaufsichtigung seines Zimmers und der darin verwahrten Sachen und Gelder selbst zu besorgen, so übergebe er gleich vom Anfang alles Wertvolle unter den Beschluß des Wirts, ohne dessen Aufforderung hierzu abzuwarten. Wohl verstanden, wenn der Wirt für seine Person ein zuverlässiger Mann ist.

Der Wirt hat Grund genug, diese Aufforderung zu unterlassen, um einesteils keine unbescheidene Neugier nach den Umständen des Eingekehrten zu verraten, anderenteils aus Besorgnis, dem Rufe seines Gasthauses vielleicht dadurch zu schaden, da die Fremden denken könnten, diese Vorsichtsmaßregel sei ein Ergebnis erlebter Diebstähle in seinem Hause.

Viele Wirte sind überhaupt klug genug gewesen, sich gegen das Gesetz durch geschriebene oder gedruckte Aufforderungen des Inhalts: daß sie sich von jedem Schadenersatz lossagen, insofern die Niederlegung der Gelder oder geldwerten Sachen nicht bei ihnen geschah, zu verwahren. Erwähnung verdient hier, daß diese Aufforderungen gewöhnlich klein geschrieben oder gedruckt und am oberen Ende der Stubentüren angeheftet sind, und man muß entweder ein Riese sein oder auf einen Stuhl oder Tisch steigen, um solche bequem und deutlich lesen zu können. Also auch der sonst grundehrliche Wirt läßt sich seine Betrügerei seiner Gäste in dieser Art zuschulden kommen.

Was von den Dutzendschlössern gesagt wurde, gilt vorzüglich in Hinsicht der Möbel in den Gasthäusern.

Unterwegs oder beim Absteigen vor den Gasthäusern, lasse sich der Reisende nicht verleiten, sein Pferd zum Halten einem Unbekannten zu geben und sich hiervon auf einige Augenblicke, eigener Bedürfnisse wegen, zu entfernen; es könnte ihm sonst leicht das Unglück widerfahren, bei seiner Rückkehr Pferd und Mantelsack nicht wieder vorzufinden.

Post-Conducteurs und Postillons haben ihr vorzügliches Augenmerk auf alle auf der Tour, beim Anhalten der Post an Schankstätten oder auf den Zwischen-

* Wertgegenstände

stationen ihnen sich absichtlich nähernden verdächtigen Personen zu richten. Der am Wege liegende und ermüdet scheinende Wanderer ist oft, wenn er aus Mitleid aufgenommen wird, ein Mörder oder Gehilfe einer Bande, die einen Anschlag auf den Wagen gemacht haben, und daher nicht gleichgültig, wenigstens nicht ohne Vorsicht, trotz seiner beweglichen Bitten, mit auf den Wagen zu nehmen.

Doch vergesse man hierbei auch nicht, die Tugend des barmherzigen Samariters zu üben. Ist der Zustand des Hilfeheischenden von der Art, daß Hilfe nötig ist, so achte man zuerst auf dessen Umgebung genau und nehme ihn, wenn man sich überzeugt hat, daß Gefahr hierbei nicht zu befürchten ist, mit sich, und setze ihn im nächsten Haus ab, oder aber man fordere die zunächst Wohnenden auf, dem Bedrängten helfend beizuspringen.

Kein Hindernis, welches ihnen aufstößt, darf sie bewegen, sich vom Geschirr zu entfernen, wenigstens gehe der Conducteur nicht dahin und der Postillon und die etwaigen Passagiere nach verschiedenen Richtungen dorthin. Es ist öfter die Absicht der Räuber, die den Wagen innehabende Mannschaft zu zerstreuen. Der Postillon habe die Pferde stets am Zügel; er leide nicht, daß jemand in die Zügel falle und springe sofort, wenn ein Anfall geschieht, auf das Sattelpferd, damit er die Zügelung der Pferde zu führen in Stand gesetzt werde.

Der Post-Conducteur dulde niemals, daß der Postillon den Branntwein übermäßig trinke oder schlafe, sondern halte solchen immer nüchtern und wachsam. Er selbst wende seine Augen, sooft es möglich ist, nach dem hinteren Teil des Geschirrs, wodurch er die nahende Gefahr zeitig wahrzunehmen in den Stand gesetzt wird. Bei schlechten sandigen Wegen, auf Heiden und in Wäldern entferne sich der Conducteur mit den etwaigen Passagieren nicht vom Wagen, um auf Nebenwegen zu Fuß zu gehen.

Es gilt auch Reisenden mit Equipage*, zwar mit den gehörigen Modifikationen, das Vorhergesagte, und haben solche in verdächtigen Gegenden die Bedienten nicht vorn beim Kutscher oder Postillon, sondern hinten auf den Wagen sitzen zu lassen.

Gegen Postdiebe bleibt nur zu raten, daß die Passagiere hinsichtlich ihres Tuns auf der ganzen Tour genau observiert werden. Beim Einsteigen der Passagiere in den Postwagen lasse sich der Conducteur alle Stücke Passagierguts, keines ausgenommen, einhändigen, um sie unter seinen Verschluß zu den anderen Poststücken zu nehmen; er nehme Gelegenheit, unter irgendeinem schicklichen Vorwand sich zu vergewissern, ob seine Passagiere nicht Pakete unter den Mänteln oder in ihren Reisebeuteln haben, und bringe diejenigen, welche versiegelte Pakete bei sich führen, seiner Behörde stets zur Anzeige. Dadurch werden die Gauner, abgeschreckt von ihrem Vorhaben, glücklichenfalls auch entlarvt.

Auf der Tour und den Zwischenstationen lasse er seine Passagiere, vorzüglich die ihm durch ihr Betragen verdächtig gewordenen, nicht aus den Augen; er

---

* Herrschaftskutsche

merke wohl auf, daß nicht durch andere seinen Passagieren Pakete zugesteckt werden. Durch gehörige Instruktion der ihm bekannten Passagiere und des Postillons wird er an diesen eine nicht zu verachtende Mithilfe haben.

Sollte er auch durch sein Benehmen bei einigen Passagieren den Vorwurf, sie ohne Not belästigt zu haben, erleiden müssen, so lasse er sich solches nicht viel kümmern, bei seiner Behörde wird er immer deshalb Rechtfertigung finden.

Er trinke nicht zu viel geistige Getränke und vermeide es ja, mit unbekannten Passagieren zu trinken. Wer steht ihm dafür, daß sowohl ihm als auch dem Postillon von den Passagieren betäubende und Schlaf erregende Flüssigkeiten gereicht werden, um ihn außer Tätigkeit zu setzen und dann die Post zu berauben.

Verwahrung der Koffer etc. auf Reisen

Gegen die Gewalt der Diebe sind weder Stricke, Ketten noch Schrauben imstande, die damit an den Kutschen befestigten Koffer, Mantel- und Bettsäcke zu sichern. Um solche jedenfalls sicher zu verwahren, stelle man die Koffer auf die Vorderachse unter die Füße des Kutschers statt auf den immer hierzu benutzten Hinterteil des Wagens. Mit wenigen Kosten läßt sich jeder Wagen mit der hierzu nötigen Vorrichtung ausstatten, und das da untergebrachte Gut ist bei einiger Aufmerksamkeit vor jedweder Entwendung auf der Straße vollständig sichergestellt.

Läßt's die Bauart des Wagens nicht zu, die hier in Rede stehende Vorrichtung anzubringen, so lasse man wenigstens ein kleines Fenster in die Rückwand des Kutschkastens machen. Durch dieses wird man in den Stand gesetzt, das zu sehen, was auf dem Rücksitz vorgeht, ob sich jemand auf den dort befestigten Koffer geschlichen hat.

An vielen Kutschen befinden sich zum bequemen Aufsteigen der Bedienten bei anderen Gelegenheiten eiserne Auftritte vor oder unter dem Rücksitz. Diese entferne man, bevor man sich mit solchen auf Reisen begibt, wenn sonst niemand von der Bedienungsmannschaft seinen Platz da zu nehmen hat. Diese Tritte sind Treppen für die Kofferdiebe, die ihnen das Aufsteigen erleichtern, auch ein Mittel und Anhaltepunkt, sich dem Auge des durch vorerwähntes Kutschfenster sehenden Reisenden zu entziehen.

Während der Nacht hat man auf Reisen dadurch ein sicheres Verwahrungsmittel gegen das Abschneiden der Koffer oder Mantelsäcke, daß man am hinteren Teil des Kutschkastens eine, auch zwei Laternen anbringt und solche zu dieser Zeit, zu welcher fast immer die Kofferdiebstähle ausgeführt werden, anzündet. Hierdurch kommt man alsdann sehr leicht in den Stand, aus dem zu beiden Seiten des Wagens auf die Straße fallenden Schatten wahrzunehmen, was auf dem Rücksitz vorgeht, ob und wer sich dem Wagen nähert. Die an dem Wagen-Kutschensitz gewöhnlich befindlichen und nur nach vorn leuchtenden Laternen sind mehr ein Schutz für die Diebe, indem der Kutscher durch solche beim Rückblicken nur geblendet wird.

Will man die Kosten solcher Einrichtungen nicht aufwenden, so schaffe man sich wenigstens einen wachsamen Hund an, wozu Spitze und Pudel die geeignetsten sind. Solche halten sich, wenn sie gehörig angelernt werden, stets in der Nähe des Wagens, und avertiren* den Führer des Geschirrs durch ihr Bellen von jeder annähernden Person. Dergleichen Hunde sind aber streng daran zu gewöhnen, den Wagen nicht zu verlassen oder etwas Eßbares von fremden Personen anzunehmen.

Die Genehmigung zum Aufsitzen von Ermüdeten auf den Rücksitz ist mit Vorsicht zu erteilen.

Diebstähle an Koffern etc. geschehen nicht allein auf offener Straße, nein, auch sehr häufig in Städten, an und vor den Toren derselben. Deshalb mögen Reisende ja nicht glauben, beim Einpassieren durchs Tor jede Vorsichtsmaßregel außer acht lassen zu können. An und vor den Toren, durch welche Landstraßen führen, lauern oft Kofferdiebe, die mehrmals Gelegenheit hatten zu beobachten, wie hier die Reisenden angehalten und von den Tor- und Accise-Beamten zur Öffnung ihrer Koffer aufgefordert werden. Reisende glauben, nachdem sie der an sie in dieser Art geschehenen Aufforderung genügt haben, der Koffer brauche nicht mehr so ängstlich befestigt zu werden, da ja das Gasthaus, in welchem man einzukehren gedenkt, nicht allzu fern mehr ist.

Der lauernde Dieb wird nicht versäumen, jede Gelegenheit, den nachlässig befestigten Koffer in seinen Besitz zu bringen, zu benutzen, was ihm bei Winkelgassen und, da das Einpassieren der Fremden zur Nachtherberge gewöhnlich in der Dämmerung geschieht, auszuführen nicht immer sehr schwierig sein wird.

Ebenso verabsäume der Reisende nicht, bei der Ankunft vor dem Absteigequartier oder Gasthaus, in welchem er zu bleiben gesonnen ist, seine Sachen stets im Auge zu behalten. Er entferne sich nicht eher von dem Wagen, als bis alle seine Sachen von demselben abgeladen sind; er lasse nichts eher davontragen, wenn er nicht von der Zuverlässigkeit der Abtragenden überzeugt ist, als bis er dieselben begleiten kann; er bediene sich zum Abtragen seiner Effekten† niemals fremder Personen, sondern derjenigen Individuen, welche ihm vom Hauswirt hierzu überwiesen werden. Bei der Abreise gilt dasselbe.

Gasthäuser haben gewöhnlich mehrere Ausgänge, und der Reisende läuft Gefahr, seine Sachen, wenn er solche unter den Händen fremder Personen verließ und sich ohne weitere Bekümmernis um selbige nach seinem Zimmer begab, vergebens zu erwarten. Sie sind vielleicht, wenn schon die richtige Treppe hinauf, über den Gang nach der anderen Seite getragen worden und durch eine Seitentür in einer Nebengasse verschwunden. Die innere Konstruktion mancher Gasthäuser bietet öfter wahre Schlupf- und Seitenwinkel für solche Diebereien dar.

Bedenklich ist's auch, wenn man seine Sachen auf mehreren Transporten nach dem Zimmer schaffen läßt. Gewöhnlich wird zuerst der bessere Teil hinaufgetragen und die Stubentür offengelassen, weil man hoffte, mit der anderen Bagage

---

* warnen

† seines Gepäcks

alsbald nachzukommen. Unten treten aber kleine Hindernisse ein, welche das schnelle Nachschaffen aufhalten, währenddessen der im Zimmer geborgene Teil durch Einschleichen gestohlen wird.

Den Fuhrleuten dient zur Sicherstellung ihrer gewöhnlich von Eisenblech gefertigten Kober, welche sie an einer Kette mit Schloß in dem unter dem Wagen befindlichen sogenannten Schiffchen anschließen, dieselben aber auch öfter nur lose dahinlegen und in welchen sie ihre Briefe und öfter nicht unbedeutenden Reisegelder verwahren, ebenfalls die Anschaffung eines guten und wachsamen Hundes, welcher in dem Schiffchen selbst seinen Wachtposten erhalten kann, und daß der Anschluß des Kobers nicht vergessen werde.

Angriff, Verteidigung und Waffenart

Traut sich jemand im Fall der Not nicht die gehörige Besonnenheit zu, so bedenke er seine Lage und seine Mittel zur Gegenwehr, bevor er die Reise antritt; er überlege, was er in diesem oder jenem Fall tun würde, und er kann dann, wenn er sonst nur etwas natürlichen Mut besitzt, versichert sein, daß ihm der mögliche Anfall nicht zu überraschend vorkommt, es nicht an allen Mitteln zur Verteidigung fehlt. Übrigens sei der Reisende auch nicht zu voreilig im Gebrauch der Waffen, es könnte sonst leicht kommen, daß er einen Unschuldigen tötet und die Sünde des Mordes oder Totschlags auf sich lade. Schon mancher, der einen furchtsamen oder zu hitzigen Reisenden mit dieser oder jener Bitte, in welcher nichts Arges lag, welche aber entweder zu hastig, auf verkehrte Weise oder mit etwas verstörtem Äußeren vorgebracht wurde, auf der Straße anging, ist von solchen unglücklicherweise getötet worden, weil dieser in dieser Ansprache, aus Furcht oder in der Hast, einen Anfall sah.

Räuber und Diebe lassen sich sehr häufig durch eine wohl angebrachte kräftige Rede, durch einen Spruch, auch öfter durch Witze stutzig machen, wodurch schon viel gewonnen wurde. Sind dergleichen Mittel nicht vermögend, den Angreifenden von seinem boshaften Vorhaben abwendig zu machen, so mag die Gegenwehr auch dann noch eintreten, wenn selbst das Übergewicht der physischen Kräfte auf der Seite des Angreifenden vermutet wird. In vielen Fällen ist der Räuber kräftigen Widerstand von seiten des Angegriffenen gar nicht gewohnt. Durch die Gegenwehr ist Zeit gewonnen, die gütige Vorsehung wacht, sie wird den Angegriffenen gewiß durch tausenderlei Hilfen retten.

Wo Waffen und physische Kräfte nichts nutzen können, mögen List und Täuschung dem Feinde das Vorhaben vereiteln. Wieviel List in solchen Fällen sehr häufig ausgerichtet hat, werden nachfolgende Beispiele näher beweisen.

Ein vornehmer reicher Mann befindet sich mit seiner Gemahlin auf Reisen, und es trifft sich, daß sie in einer Stadt, ihres Standes wegen, zu einem Ball geladen werden. Auf diesem hatte die Frau ihren kostbaren Schmuck sehen lassen. Bei ihrer Weiterreise mußten sie einen Wald passieren, und kaum hatten sie solchen berührt, als mehrere Kerle auf die Kutsche zugesprungen kamen, sie anhielten und unter fürchterlichen Drohungen den Schmuck verlangten. Der Mann der

Dame, ein beherzter Mann, springt auf und macht Miene, mit der Bedienung Gewalt mit Gewalt zu vertreiben, als die Dame händeringend ihren Gemahl bittet, sein ihr so teures Leben wegen eines zwar kostbaren Schmucks nicht in Gefahr zu setzen; wobei sie in ihrem Reisebeutel emsig sucht, ein rotsaffianes Kästchen herauszieht und den Räubern mit der Bitte übergibt, sich mit solchem schnell zu entfernen, damit ihr Mann keine Gelegenheit zur Notwehr habe.

Die Räuber glauben ihren Zweck erreicht zu haben, sie eilen vergnügt, so wohlfeilen Kaufs davongekommen zu sein, hinweg, finden sich aber später durch eine kluge Frau überlistet; sie haben statt des Kästchens mit dem Schmuck eins mit Likörgläschen und Zucker erbeutet.

Von einer Handelsmesse reiste ein Kaufmann mit bedeutenden Geldbeständen nach seiner Heimat. Er hat unterwegs einen Hohlweg zu passieren. Hier wird er plötzlich durch einen Räuber angehalten; derselbe fordert das Geld oder das Leben! Der Kaufmann, zwar überrumpelt, aber doch noch gefaßt genug, greift rasch in seine Tasche, wo er eine für seinen kleinen Jungen gekaufte Pistole von Schokolade hat, und hält diese, in Ermangelung jeder Waffe, dem Räuber mit den barschen Worten entgegen: »Platz oder den Tod!«

Der Räuber, dadurch verdutzt gemacht, entspringt, da er auf eine so kräftige Gegenwehr nicht gefaßt war.

Erkennt man den Dieb oder Räuber während des Einbruchs, Angriffs oder selbst auf der Flucht persönlich, so wär's die größte Torheit, solchen beim Namen anzureden oder zuzurufen. Der Verbrecher hat in diesem Fall jedenfalls die Untersuchung und Arrest zu befürchten; und es ist sehr häufig vorgekommen, daß dieselben nach Ausrufung ihres Namens nun erst alles ermordeten, um jedwede Spur der Entdeckung zu vertilgen.

Für den Fußgänger ist ein kräftiger Knotenstock, welcher, mit der rechten Hand gehörig geschwungen, während der linke Arm möglicherweise mit einem Mantel, Rock etc., auch anderen Gegenständen gedeckt, als Schild dient, die beste Waffe, welche treffliche Dienste leistet, wenn man noch außerdem den Rükken durch Anlehnen an einen Baum, an eine Mauer etc. schützen und so die moralische Kraft und das Vertrauen auf sich selbst erhöhen und stärken kann. Für den Reisenden zu Pferde sowohl als auch fahrend, ist das Führen eines kurzen Säbels, welcher im Handgemenge am besten zu regieren und zu gebrauchen ist, und mit Posten oder Kugeln geladener Pistolen sehr ersprießlich. Nur muß man gut zielen, nicht etwa zu hastig und ohne den Gegenstand aufs Korn genommen zu haben losdrücken und womöglich eine Kugel für den äußersten Notfall sparen.

Hat man unglücklicherweise sich mit Waffen nicht versehen oder sollte man an deren Gebrauch durch zu plötzlichen Überfall verhindert werden, so werden auch Faustschläge auf die Gegend des Magens, die Nase und Augen des Angreifenden nicht ohne Wirkung bleiben. Auch das Werfen von Sand, Erde oder Schnupftabak in die Augen desselben ist in solchen Fällen zu empfehlen. Damit das letztere beim Angegriffenen nicht in Anwendung komme, ist es gut, gleich dem Fechtmeister, Augen und Hände des Verbrechers stets zu beobachten.

Diebe in Berlin

Als der ehemalige Kriminalkommissar und königlich–preußische Kammergerichtsreferendar C.W. Zimmermann im Jahre 1847 seine umfangreiche Untersuchung »Die Diebe in Berlin« veröffentlichte, kursierten überall in Europa Bücher, in denen Eugéne Sues gruseliger Feuilletonroman »Die Geheimnisse von Paris« für die übrigen Metropolen umgeschrieben werden sollten. So gab es die »Geheimnisse von Berlin«, Brüssel, Prag, London ...

Während diese Unterhaltungsromane die bewährten Muster der Schauer-, Gauner- und Räuberliteratur auf die beunruhigenden Milieus der Großstadtkriminalität abbilden, begegnet der liberale Polizeibeamte Zimmermann den unterschiedlichen Fraktionen der Eigentumskriminalität auf gänzlich andere Weise: Er versucht, die Masse der »gefährlichen Personen« (in Berlin und Umgebung kommt er auf ihrer 34000 oder zehn Prozent der Bevölkerung) zu gliedern, Kategorien zu bilden, wo gewöhnlich nur dumpfer Verdacht und trübes Halbwissen herrschen.

Um die grassierende Kriminalität bekämpfen zu können (das Buch soll u.a. der »Belehrung von Polizeibeamten« dienen), muß sie sortiert, exakt vermessen und beschrieben werden. In Zimmermanns Buch kreuzt sich die penible, mitunter auf groteske Weise genaue Beschreibungswut mit der aufgeklärt-liberalen Position des Autors, wo es ihm um Reformvorschläge geht.

Er hat seine Schrift wie folgt gegliedert:

- Sicherheitszustand
- Tätercharakteristik und Begehungsweisen
- Kriminalistische Tätigkeit
- Strafrechtliche und strafprozessuale Aspekte
- Strafen und Strafvollzug
- Soziale Einwirkungen und Kontrolle der Verbrecher
- Polizeilich-administrative Aspekte und Möglichkeiten der Behinderung von Straftaten

Wo solche Erkenntnisse nicht aus eigener Erfahrung stammen, sucht er sich sein Material aus Einwohnerlisten, Gefängnisrapporten, Strafblättern der Reviere oder Personalakten überwachter Verbrecher. Zimmermann schrieb seine »Diebe in Berlin« 1844 bis 1846; die Zensur brauchte bis Anfang 1847, bis der stark beschnittene erste Band erscheinen konnte. Dennoch bleiben zentrale Positionen des Vormärz gewahrt. Steigende Kriminalität wird aus der zunehmenden Verelendung der ›niederen Klassen‹ erklärt; ungleiche Steuern, mangelnde

Fürsorge, miserable Erziehung der Kinder der Armen macht er für die hohe Zahl der Eigentumsdelikte verantwortlich. An Resozialisierung ist gar nicht zu denken. Zimmermann meint, »daß es für einen einmal Bestraften, unter den jetzigen Verhältnissen, selbst beim besten Willen fast unmöglich sei, nie wieder rückfällig zu werden«. Aber er mischt sich auch in akute Maßnahmen der Obrigkeit ein. Die in Berlin schon damals übliche Verwendung von Vigilanten (Polizeispitzeln) lehnt er entschieden als unmoralisch ab. Das bringt ihm den scharfen Tadel des Polizeiautoren W. Stieber ein, der eine bestechende Rechtfertigung des Vigilantenwesens liefert:

»Wie der Jäger dem Wilde im Dickicht des Waldes nicht ohne den Hund, der dem Wild an körperlichem Bau und an natürlichem Instinkt gleichgestellt ist, nachspüren kann, so kann der Polizeibeamte oftmals auch der Vigilanten auf der Menschenjagd nicht entbehren. Ein Wink von seiten der Vigilanten bringt ihn zuweilen weiter als viele schlaflose Nächte und meilenweite Wege.« (Friedrich Engels nannte Stieber »einen der elendesten Polizeilumpen des Jahrhunderts«.)

Im übrigen schreibt Zimmermann gegen Stiebers Meinung an, der Diebstahl werde von ›gewissen einzelnen Verbrechern‹ nicht aus Not und sozialem Elend verübt, sondern ›nur aus bösem Wille oder Arbeitsscheu‹.

Zimmermann wandte sich entschieden gegen die vollständige Isolierung der Gefangenen in den in Deutschland gerade neu eingeführten Zellengefängnissen, scharf geißelte er Strafkolonien und Deportation wie die Verschleppung von 300 preußischen Strafhäftlingen nach dem transbaikalischen Nertschinks, die durch eine Übereinkunft zwischen der preußischen Regierung und dem russischen Zaren geregelt war.

Das Geburtsdatum von Carl Wilhelm Zimmermann ist nicht bekannt, er wurde seiner abweichenden Positionen wegen aus dem Polizeidienst entlassen, arbeitete 1845/46 an der vom Verleger Reichardt herausgegebenen Monatsschrift »Der Volksvertreter« mit und starb im Frühsommer 1847.

Literatur:

Armin Forker: Nachwort zum Reprint C.W. Zimmermann: Die Diebe in Berlin, Berlin 1979, S. 465–485.

Stieber, W.: Die Prostitution in Berlin und ihre Opfer. Nach amtlichen Quellen herausgegeben und von einem bewährten Polizeimann in historischer, sittlicher, medizinischer und polizeilicher Beziehung beleuchtet. Berlin 1846.

Quelle:

Carl Wilhelm Zimmermann: Die Diebe in Berlin oder Darstellung ihres Entstehens, ihrer Organisation, ihrer Verbindungen, ihrer Taktik, ihrer Gewohnheiten und ihrer Sprache. Berlin (Verlag von Ferdinand Reichardt und Co.) 1847.

Carl Wilhelm Zimmermann

Die Diebe in Berlin

Der Sicherheitszustand von Berlin, wie er jetzt im allgemeinen ist.

Die Stadt Berlin, welche mit ihrem Weichbild einen Flächenraum von 1,27 Quadratmeilen oder 931935 rheinländischen Ruten umfaßt, zählte zu Anfang des Jahres 1836 8714 Privathäuser und eine Bevölkerung von 229900 Menschen in der Stadt und 16000 in dem Weichbild. Die Stadt mit ihrem Weichbild macht den sogenannten engeren Polizeibezirk von Berlin aus, welcher mit Einschluß des Tiergartens in 29 besondere Stadtviertel oder Polizeireviere geteilt ist. Der sogenannte weitere Polizeibezirk, welcher z.B. die Kämmereidörfer, ferner die unter dem Rent- und Polizeiamt Mühlenhoff stehenden Etablissements Moabit, den Wedding usw. umfaßt, ist hierbei nicht inbegriffen.

Bei der zu Ende des Jahres 1843 vorgenommenen Einwohnerzählung ergab sich, daß die Bevölkerung mit Einschluß der Garnison sich auf 355149 Köpfe belief, welche in mehr als 10000 Privathäusern verteilt waren. Die Zahl der Einwohner hat sich daher von 1836 von 245900 bis Ende 1843 auf 355149, also in noch nicht acht Jahren um 109249 Köpfe vermehrt. Gegenwärtig kann man in runder Zahl die Einwohnersumme mindestens auf 360000 Köpfe, nämlich 183000 männlichen und 177000 weiblichen Geschlechts annehmen.

Die Bevölkerung ist mithin von Ende 1843 bis Mitte 1846, also in noch nicht drei Jahren, wiederum um 4851 Personen gewachsen, wobei freilich bemerkt werden muß, daß zu vermuten steht, daß in der Wirklichkeit weit mehr als 360000 Einwohner vorhanden sind, welche sich jedoch vor einer neuen Zählung nicht numerisch genau angeben und vertreten lassen, obwohl auf der anderen Seite nicht zu vergessen ist, daß durch die erschwerte Niederlassung nach dem Gesetz vom 31. Dezember 1842 der Andrang neuer Anzügler und ihrer Familien bedeutend abgenommen hat. Es bleibt jedoch mindestens annähernd das Fazit stehen, daß die Bevölkerung von Berlin in zehn Jahren sich in dem Aufsteigen von 245900 zu 360000 Köpfen um 114100 Köpfe vermehrt hat.

Es ist leicht erklärlich, daß nach den für Preußen so vorteilhaft beendeten letzten Kriegen sowie durch den Gewinn bedeutender neuer oder früher verlorener Provinzen der Andrang der Gesamtbevölkerung des Staats seine Hauptrichtung nach Berlin nehmen mußte, wozu nun noch der Umstand trat, daß vom Frieden ab bis zu dem Erscheinen des obengenannten Gesetzes die Niederlassung am hiesigen Ort außerordentlich erleichtert war, ein Maßregel, die zwar in den ersten Jahren nach dem Frieden, wo es an Menschen in fast allen Branchen fehlte, begründet erschien, welche man aber im Interesse des öffentlichen Wohlstandes und der öffentlichen Sicherheit schon früher hätte modifizieren sollen, wie wir später sehen werden, da immer durch diese große Leichtigkeit der Niederlassungen viele schädliche Bestandteile der hiesigen Bevölkerung zugeführt worden sind, welche auf dieselbe nur nachteilig und verderblich eingewirkt haben.

Berlin ist durch seine Lage von der Bestimmung ausgeschlossen, eine große Handelsstadt zu werden, da ihm die hierzu erforderlichen großen Wasserstraßen und Kommunikationen mit den Meeren fehlen. Seine Aufgabe ist daher die einer Fabrikstadt, und daß sie dieser immer ähnlicher wird, beweisen uns die sich fortwährend mehrenden, schon ganze Straßen einnehmenden, großartigen gewerblichen Anlagen und die neu aufsteigenden Feuermauern der Dampfmaschinen. In der Handelsstadt ist die Masse der Bevölkerung wohlhabender, weil der Verkehr immer wechselt und der Umtausch der Waren und Geldmittel schnell vonstatten geht, während die Fabrikstadt eine größere Menge menschlicher Kräfte träge absorbiert und bei der jetzt auf die Spitze gehenden Konkurrenz der Industrie nur einen geringen Arbeitslohn abwirft. Daher ist Wohlhabenheit der Masse eher in der Handelsstadt zu erzielen während das Fabrikwesen das Vermögen monopolisiert und auf diese Weise das Proletariat und all seine schrecklichen Folgen begünstigt. Daher springt es aber auch von vornherein in die Augen, daß namentlich Berlin der Gefahr entgegengeht, bei dem Vorhandensein der übrigen, die Armut befördernden Potenzen, besonders auch, da fünf hier ausmündende, teils bereits vollendete, teils im Bau begriffene Eisenbahnen das Kapital verschlingen und dem Gewerbe entziehen, eine immer größer werdende Anzahl von Proletariern in seinen Mauern zu besitzen.

Wenn wir die Verhältnisse zwischen Arm und Reich, Mangel und Erwerb, Proletariat, Verbrechen und Prostitution nunmehr nach Zahlen bestimmen wollen, so stellt sich die Berechnung nach meinen Erfahrungen in dieser Branche so:

Das polizeiliche Einwohnermeldeamt weist zur Zeit (in möglichst runden Zahlen)

1. 6000 Personen nach, welche wegen Eigentums- oder anderer entehrender Verbrechen peinlich gestraft und wegen ihrer Gemeingefährlichkeit unter strenge polizeiliche Aufsicht gestellt sind;

2. 6000 Personen, welche entweder nach ähnlicher Bestrafung durch die Wiedererlangung der National-Kokarde oder der Militär-Ehrenzeichen rehabilitiert und der Aufsicht enthoben oder bloß wegen geringerer Vergehen oder im Wege der fiskalischen Untersuchung bestraft oder endlich überhaupt in Kriminaluntersuchungen oder fiskalischen Prozessen nur vorläufig, d.h. von der Instanz freigesprochen sind;

3. 1000 – 2000 Individuen, welche je im Sommer oder Winter latitiren* und ihre Anwesenheit sowie ihren Erwerb der Kenntnis der Polizei zu entziehen sich veranlaßt finden. Hierzu treten aus allen Klassen und Ständen der Gesellschaft

---

* herumstreichen

4. 10000 Prostituierte, außer denen, die ich bereits im Betrage von einigen Tausenden abgezogen und auf die Klassen 1 bis 3 in Anrechnung gebracht habe; endlich etwa

5. 10000 Bettler, Arbeitsscheue, Vagabunden, Herumtreiber, Obdachlose, Verarmte usw., welche je nach Umständen der öffentlichen Wohltätigkeit oder der Korrektion in den Zwangs- oder Arbeitshäusern verfallen und, wenn die Not drängt, gemeinhin ebenso bereit sind, wie die ad 1 und 3 bezeichneten Subjekte, das fremde Eigentum verbrecherisch anzugreifen.

Dies ergibt eine Summe von ungefähr 34000 Individuen, welche mehr oder weniger gravirt* und daher geeignet sind, im Betreff der öffentlichen Sicherheit größere oder geringere Besorgnisse einzuflößen.

Die Anzahl der der Sicherheit der Stadt oder für die öffentlichen Sitten Verdächtigen würde sich zur Hauptsumme der Einwohner, welche regelmäßig durch 40000 im jährlichen Durchschnitt hier weilende Fremde verstärkt wird, auf 10 % der Bevölkerung belaufen, während sie nach den früheren – allerdings weit unvollkommeneren Notizen desselben Meldeamts sich vor zehn Jahren verhältnismäßig noch auf das Drittel, also auf 3,5 % der Einwohnerzahl reduzierte, mithin binnen zehn Jahren, in steigender Progression, um einen verhältnismäßigen Mehrbetrag von 6,5 % nachgewachsen ist.

Wenn wir jedoch, zur Ermittlung des möglichst approximativen† numerischen Betrages der in der Regel in Berlin effektiv auf freiem Fuße befindlichen schädlichen Subjekte von der Hauptsumme von 34000 Köpfen abziehen müssen:

1. 800 Detinirte‡ der Stadtvogtei (im Polizei- und Kriminalarrest);

2. 1000 Detinirte des Arbeitshauses;

3. 2000 Detinirte der Zuchthäuser Spandau, Brandenburg, Sonnenburg usw. sowie der Strafsektionen auf den Festungen;

4. 200 Bettler und Landstreicher, welche außerhalb Berlins im Lande umherziehen oder in den Landarmenhäusern oder in Haft fremder Gerichte sitzen – summa 4000 Köpfe, so bleiben immer noch gewiß 30000 Individuen übrig, die für den gesellschaftlichen Verein von schädlicher Wirkung sind. Freilich sind dies bei weitem nicht alles prinzipielle oder professionelle Verbrecher, sie sind bloß die Ersatzmannschaften, aus welchen unter mehr oder weniger ungünstigen, verschuldeten oder unverschuldeten Verhältnissen die Verbrecherwelt Berlins sich rekrutiert und in zunehmendem Maße sich rekrutieren muß, je mehr der Erwerbsmangel und damit die Armut, schlechte Erziehung, sittliche Verwilderung und Verwahrlosung im Wachstum begriffen sind. Jene in Berlin einheimischen Verbrecher, welche keinen anderen Broterwerb haben als den, welchen sie aus unredlichen Angriffen auf fremdes Eigentum ziehen, können nach meiner Ansicht nur auf 6000 Köpfe – d.h. mit Ausschluß der oben ge-

---

* schwerwiegt

† nahekommenden

‡ Gefangene

machten Abzüge – geschätzt werden, sie sind aber bei weitem nicht alle als in Kühnheit, Geschicklichkeit oder bösem Willen für gleich gefährlich zu halten, da mancher sich zuweilen längere Zeit tadellos hält, bevor er wieder rückfällig wird.

Eigentliche professionelle Diebe von Berlin, die sich je immer auf freiem Fuß befinden und prinzipiell die öffentliche Sicherheit in jedem Augenblick bedrohen, rechne ich höchstens auf 600 bis 1000 Köpfe.

Diese sind es, welche im ewigen Kampf mit der Justiz und Polizei stehen und die Rechte des Besitztums mit Füßen treten, obwohl hierbei keineswegs gesagt werden soll, daß die Mitglieder der anderen Klassen nicht ebenfalls den Diebstahl – jedoch mehr nach Umständen und Gelegenheit – exerzieren und viele der gefährlichsten Diebe und Diebeshehler der Sicherheitspolizei gar nicht bekannt sind oder auch nie bekannt werden.

Wenn man erwägt, wie vielfältig die Bedürfnisse dieser die reelle Arbeit und Tätigkeit mehr als die strengsten Strafen verabscheuenden verdorbenen Individuen sind, welche regelmäßig mit liederlichen Dirnen verkehren, vor der Verfolgung der Polizei von einem Quartier oder einer Schlafstelle in die andere fliehen und für die heimliche Beherbergung bei ihren selbst Strafen riskierenden Hehlern, Abnehmern und Konkubinen einen teuren Zins zahlen müssen, ja, in einzelnen Fällen fünf bis zehn Taler für eine Nacht, so verbindet damit sich natürlich die Schlußfolge, daß der Wert des in Berlin gestohlenen Gutes jährlich eine enorme Abgabe für das Gemeinwesen, zur Bereicherung einzelner Diebeswirte, Hehler, Ankäufer usw. sein müsse.

Denn kein Dieb stirbt reich; wie gewonnen, so zerronnen. Daher ist es immer nur die zweite, dritte und folgende Hand, welche den wahren Gewinn aus dem Verbrechen zieht.

Die Erfahrung hat gelehrt, daß nicht alle, namentlich die kleineren und gelegentlichen Diebstähle, zur Kenntnis der Polizeibehörde gelangen. Wenn aber dennoch an jedem Tag durchschnittlich fünfzehn, in den Wintermonaten wohl zwanzig solcher Verbrechen angezeigt werden, so kann man im allgemeinen die Anzahl der jährlichen, bei der Polizeibehörde angemeldeten, also nicht ganz unbedeutenden Diebstähle auf 5500 berechnen, wobei natürlich die größere Strenge oder längere Dauer des Winters, der Mangel an umfangreichen, öffentlichen Arbeiten, die jeweilige Teuerung der Lebensmittel usw. ein bedeutendes Gewicht in die Schale werfen.

Nehmen wir durchschnittlich den Betrag jedes angezeigten Diebstahls nur auf 20 Taler, und dies ist gering, da Diebstähle an Wert von 500, 800, ja mehreren 1000 Talern keine Seltenheit sind, und vergleichen wir damit, daß nur höchst selten und wenig wertvolles Gut wieder herbeigeschafft wird, da der Ertrag des Verbrechens sofort nach der Verübung aus der Hand der Diebe in die der Hehler verschwindet, so werden, bei der allergeringsten, jedoch nicht auf einer ganz untrüglichen Basis zu errichtenden Schätzung, im Vergleich mit dem, was jene professionierten Diebe zu ihrem Unterhalt gebrauchen, jährlich in Berlin wenigstens, mit Einschluß der übrigen Eigentumsverletzungen wie Betrug usw., 150000 Taler an Wert, also so viel, als der städtische Armenetat kostet, auf verbrecherischem Wege dem Besitz und Verkehr entzogen.

Wie viele Diebstähle ermittelt und die Täter deshalb zur Untersuchung und Strafe gezogen werden, darüber läßt sich keine einigermaßen bestimmte Angabe machen. Gewöhnlich wurden, bis zum 1. Oktober dieses Jahres, die vom Kriminalgericht desiderierten oder zu den polizeilich erhobenen Beweisen gehörigen Diebstahlsanzeigen dem Gericht übergeben, ohne daß weiter von der Polizeibehörde eine Kontrolle darüber geführt wurde. Indessen scheint es, als ob von der Menge der vorgefallenen Eigentumsverbrechen nur ein kleiner Teil ermittelt wird, wenn nicht die Täter, bei der jetzt sehr wach gewordenen Aufmerksamkeit des Publikums, in flagranti festgehalten oder später zu einem sogenannten Lebensgeständnis bewogen werden. Damit ist es aber sehr trüglich, wie ich hier, nach der lediglich auf das Praktische gerichteten Stellung dieser Blätter, gleich voranführen will.

Sobald ein Dieb, der nach der Skala der Diebstahlsstrafen eine mehrjährige Freiheitsberaubung verwirkt und dergestalt eines Verbrechens überführt ist, daß er einsieht, Leugnen oder Lügen hilft nichts mehr, so entschließt er sich oft in der ersten Aufwallung und in der Hoffnung, sein Schicksal dadurch leidlicher zu gestalten, zum Lebensgeständnis, d.h. zum Bekenntnis aller Verbrechen und Vergehen, deren er sich allein oder mit Komplizen je schuldig gemacht hat. Allein bald bereut er seinen Entschluß. Er sieht, daß das Maß seiner Schuldbarkeit sich durch die abgelegten Geständnisse bei weitem gesteigert hat. Er fängt nun rasch an, wie die Diebe sagen, seinen Emmes zu putzen, d.h. seine Bekenntnisse möglichst zu seinem Vorteil zu modifizieren, und dies gelingt ihm in der Regel am besten, wenn er, neben erweislichen Tatsachen, nunmehr auch offenbar unrichtige hinstellt. So machte es z.B. vor zwei Jahren der geständige Dieb H...vich, welcher mehr als dreihundert Diebstähle einräumte, bei deren Verübung er sich beteiligt haben wollte, und von welchen es sich nachher ergab, daß sie zu einer Zeit begangen waren, wo H. oder die von ihm bezeichneten Mittäter in Gefängnissen oder Strafanstalten eingesperrt gewesen waren. Daher sind solche Lebensgeständnisse nicht immer als reuige Selbstanklagen ohne weiteres hin anzunehmen, besonders da sie ein verschmitzter Dieb oft dazu benutzt, um sich durch falsche Denunziation gegen seine früheren Feinde zu rächen.

Ähnlich machte es der bekannte falsche Vigilant*, Seidenwirker B. Dieser, welcher sich rühmt, sich durch 22 Kriminaluntersuchungen wegen Diebeshehlerei, Teilnahme an Vorteilen von Diebstählen usw. durchgelogen zu haben, konnte in seiner vorletzten Untersuchung nicht umhin, auf der einen Seite Konzessionen zu machen, die auch zu seiner Bestrafung führten, um sich auf der anderen Seite, wo er noch mehr graviert dastand, zu decken. Was tat er? Jetzt schuldigte er alle seine Feinde der Teilnahme an dem zugestandenen Diebstahl

* Polizeispitzel

böswillig an, weshalb diese – als bereits bestrafte Personen – aufgrund seiner sonst glaubwürdigen Angaben hin verhaftet wurden und längere Zeit in Haft bleiben mußten, ohne jedoch bestraft werden zu können.

Ein ähnlicher Fall scheint jetzt vorzuliegen. Der Vergolder August L., ein von Jugend auf verdorbener Mensch, obschon ich seine Mutter und seine Schwester von rechtlichen Seiten kenne, ist oft bestraft, hat aber seinen diebischen Verkehr, z.B. mit der jetzt zu Brandenburg detinierten berüchtigten Privatschreiberfrau P., Wilhelmine geb. M., dem oft gestraften Koloristen Wilhelm W., dem bereits verstorbenen Dieb W...ßb...n, und anderen gefährlichen Individuen ununterbrochen fortgesetzt und ist zuletzt bei einem gewaltsamen Diebstahl mit anderen Genossen treese gefallen, d.h. auf der Tat mit den Diebesinstrumenten (dem Schränkzeug) ertappt und verhaftet worden. Bei Gelegenheit einer Vorführung gelang es ihm, durch ein geöffnetes Fenster einen Stock hoch auf das Straßenpflaster am sogenannten Krögel herabzuspringen und ohne Schaden zu entkommen. Seine Wiederverhaftung erfolgte bald, und da er überdies sich schon in früherer Zeit in einer Polizeiarrestnummer einmal bei der von dem Privatschreiber Sch. geweigerten Abführung nach dem Arbeitshaus tätlich und heftig gegen die Gefangenenaufseher und sogar die Wachmannschaft widersetzt hatte, auch anderweit seine Gefährlichkeit bekannt war, so wurden ihm sogenannte Fußspringer angeschmiedet und er damit an die Wand geschlossen. In dieser allerdings sehr unbequemen Lage entschloß er sich ebenfalls zum vollständigen Lebensgeständnis, natürlich nur, um der Ketten entledigt zu werden, und ich möchte wetten, daß er es wie alle macht und die Wahrheit so mit Lügen vermischt, daß es sehr schwer fallen wird, das Richtige vom Falschen zu scheiden.

Diese Abschweifung hielt ich für zweckgemäß, um den Satz näher zu begründen, daß für das Maß der Ermittlung der vorgefallenen Eigentumsverbrechen, also auch für die bewiesene Verdienstlichkeit der Polizei in dieser Hinsicht es im allgemeinen an Daten mangelt, obschon ich zugestehe, daß einzelne, besonders qualifizierte Fälle eine Ausnahme davon machen.

Ich glaube, durch diese allgemeinen Betrachtungen nunmehr dargetan zu haben, daß, wenn Berlin auch rücksichtlich der Verbrecher noch nicht mit London, Paris, New York und Neapel in gleichem Verhältnis steht, denn diesen vier Städten, namentlich den Neapolitanern, welche 100000 Diebe und Bettler, 100000 Soldaten, 100000 Pfaffen und Mönche und nur 100000 Einwohner in ihrer Stadt haben sollen, muß man jenen nicht beneidenswerten Vorzug lassen, dennoch in Berlin das Proletariat in sehr bedenklichem Zunehmen begriffen ist, daß die Erzeugnisse desselben, das Verbrechen und die Prostitution, sehr wucherlich emporschießen und daher jeden Menschenfreund mit trüben Ahnungen erfüllen. Wir werden im Laufe der Darstellung tiefere Blicke in das Getriebe und den Organismus dieser beunruhigenden Gestaltungen der Gegenwart zu werfen Gelegenheit haben.

Charakteristik und Physiognomie der hiesigen Diebeswelt im allgemeinen

(...) Man verstehe mich nicht falsch, daß ich jene verbrecherischen Individuen nicht in einzelnen Gestalten, sondern in einem Gesamtbegriff, in einer Kollektivform auffasse. Zwar hat bei uns nicht, wie in England und besonders in Nordamerika, daß Associationswesen* so tiefe Wurzeln gefaßt und fassen können, weil die Staatsverhältnisse ihrer Natur nach solche Vereinigungen nicht begünstigen, daher kann man auch nicht von Diebesassoziationen und organischen Verbindungen sprechen, und ich bin der Überzeugung, daß in dem Sinne, wie manche Schriftsteller, bloß um die Leser zu fesseln, derartige Verhältnisse dargestellt haben, solche weder in Amerika noch sonst in einem geordneten Staat existieren, denn das würde die größte Schwäche, Ohnmacht und bereits der äußerste Verfall des öffentlichen Lebens sein, wo die Verbrecher in organisierten Koalitionen dem Eigentum gegenüber zu stehen vermöchten. Nur bei Kriegs- und anderen Landplagen bilden sich Verbrecherbanden, welche zu vertilgen das erste Bestreben der wieder erwachenden öffentlichen Ordnung ist. Von solchen allgemeinen Verbindungen oder gar von förmlichen Einrichtungen oder Satzungen unter den Verbrecherklassen selbst kann also selbstredend nicht ausgegangen werden, sowenig hier in Berlin als in irgendeiner anderen zivilisierten Stadt. Allein dies ist richtig: Die Verbrecherklassen jeder großen Stadt spiegeln, wie ich bereits angedeutet, mehr oder weniger die Sitten des großen Haufens nur mit dem Unterschied ab, daß jene Sitten, jene Gewohnheiten, jene Redeweisen eben bei dem Ausscheiden der Verbrecher aus dem moralischen Teil der Gesellschaft eine gewisse stereotype Form angenommen haben, welche sich bei jedem einzelnen Individuum jener Klasse für den Kenner wahrnehmbar kundgibt. Daher wird der, welcher die Berliner Diebe genauer kennenlernte, ebenso wie bei den Prostituierten selten in Gefahr kommen zu irren, wenn er, auch ohne jedes direkte Moment, aus dem kurze Zeit lang beobachteten Tun und Treiben des Individuums auf seine Sittlichkeit oder Erwerbsquelle schließt, vorausgesetzt, daß nicht der Fall einer Mystifikation vorliegt.

Die bisherige Polizeiverfassung hatte ihr Gutes, aber auch viele Mängel. Zu den letzteren zähle ich besonders, wie später genauer nachgewiesen werden wird, daß sie die Gefallenen von dem moralisch gesunden Teil der Einwohner wider ihren Willen streng absonderte und die ersteren dadurch auf eine unheilvolle Gemeinschaft bloß unter sich anwies.

Dieser Umstand war es, der, verbunden mit dem natürlichen Gefühl der Verbrecher, die Beobachtung des besseren Teils der Gesellschaft zu fliehen und die Schande unter Gleichgesinnten zu verbergen, auch hier in Berlin, wie in allen großen Städten, jene gesunkenen Menschen aufeinander beschränkt und daher ihnen einen gewissen gleichartigen Typus aufgeprägt hat. Dazu tritt nun das gemeinschaftliche Zusammenleben in Untersuchungs-, Straf- und Korrektions-

* Bandenwesen

häusern, der ewige Verkehr, in welchen sie, allein in Berlin, durch die Einsperrungen im Polizei-, im Kriminalarrest und im Arbeitshaus gebracht werden, und so ist es denn diese Gemeinschaft gewesen, welche das Resultat herbeigeführt hat, welches ich als erfahrungsmäßig verbürge:

1. daß, mit wenigen Ausnahmen, alle gestraften, professionierten Diebe* Berlins einander kennen,

2. daß sie deshalb auch einen ununterbrochenen, der öffentlichen Sicherheit gefährlichen Verkehr untereinander unterhalten,

3. daß alle Besserungsmaßregeln bei dieser Klasse sehr problematisch sind, weil die Bekanntschaft zur Gesellschaft und diese wieder zu diebischen Vereinigungen führt.

Vorzüglich wird aber das gesellige Zusammenleben dieser Individuen durch jene Menge von Kellern, Branntweinläden, Tanzböden, in und außerhalb der Stadt und jene Puppenspiellokale unterstützt, welche regelmäßig fast nur von Bestraften, deren Dirnen, welche in der Mehrzahl auch bestraft sind, und von solchen Leuten besucht werden, welche von dem Umgang mit jenen Verbrechern Vorteile ziehen. Hier wird man entgegnen, daß es nur von der Polizei abhänge, diesem Treiben ein Ende zu machen, wenn sie alle derartigen Diebesherbergen schließen oder so streng überwachen lasse, daß jene Verbrecher von selbst daraus fortblieben. Dies halte ich praktisch nicht für ausführbar, auch nicht für zweckdienlich, selbst wenn die hiesige Polizeimannschaft um das Dreifache vermehrt werden sollte. Denn

1. gibt es, wie wir sehen werden, eine, und zwar die gefährlichste Klasse der hiesigen Diebe, welche jenen äußerlichen Verkehr vorsichtig vermeiden,

2. finden Diebe, welche viel Geld verzehren, im Geheimen Gelegenheiten genug zu ihren Debanchen† und entgehen dann

3. gänzlich der polizeilichen Sürveillance‡, welche nun so wenig ihre Verbindungen als ihre Geldmittel zu erforschen vermag, auch bei dem zur Zeit noch bestehenden Vigilantensystem nicht mehr imstande ist, die ihr Verdächtigen im Zustand der Trunkenheit usw. durch die polizeilichen Späher oder Späherinnen auskundschaften und daher über begangene oder zu begehende Verbrechen Nachricht einziehen zu lassen.

Jene öffentlichen Lokale sind es aber vorzugsweise, wo sich der Ton der hiesigen Diebe am besten kundgibt, da sie dort in der Regel die gène** vergessen, die sie sonst noch zu bewahren pflegen. Daß derselbe eben kein feiner sein kann, bedarf wohl keiner Frage, da die Mehrzahl der hiesigen Verbrecher und ihrer Dirnen dem Trunk ergeben ist. Namentlich aber führen die letzteren im Rausche mitunter Szenen auf, wobei das sittliche Gefühl sich entsetzt wegwendet, die rohe Gesellschaft aber in die wildeste Lustbarkeit ausbricht.

---

* Berufsdiebe
† Gelagen
‡ Überwachung
** Scham

Durch das von jeher für hier nötig oder nützlich erachtete Vigilantensystem ist in dem geselligen Leben der Diebe, in ihren gemeinschaftlichen Plänen auf fremdes Eigentum, ein großes wechselseitiges Mißtrauen herrschend geworden. Keiner traut dem anderen, weil er in ihm den Verräter fürchtet. Es sind immer nur wenige Personen, welche untereinander zusammenhalten und eine feste Gesellschaft, eine sogenannte Kabruse, bilden. Daher sind sie auch sehr vorsichtig mit ihren Mitteilungen aus der Vergangenheit, und ich möchte keinem, der sie unter der Maske des Zutrauens listig aushorchen wollte, hierzu raten, entsetzliche Schläge würden sein Lohn sein. Überhaupt gibt es unter den Dieben keinen größeren Schimpf, als ein fauler, d.h. ein Verräter zu sein, jenen Vigilanten stellen sie grimmig nach und machen ihrem Zorn oft erst dann Luft, wenn sie mit denselben in Gefängnissen oder Strafanstalten wieder zusammenkommen.

Es ist merkwürdig, daß fast jeder Dieb seine besondere Geliebte hat, die, ohne jedoch auf gänzliche Exklusivität während der Dauer dieses Verhältnisses Anspruch zu machen, sich als ihm gehörig betrachtet. Ja, die Lohndirnen der aufgehobenen öffentlichen Häuser hielten sich gemeinhin ein solches Individuum, welches sie ihren Bräutigam nannten und welchem sie alles zusteckten, was sie vermochten. Diese Neigung der Diebe zu dauernden Verbindungen trägt für ihre Existenz viel Gefährliches in sich. Zu vertraut geworden mit solchen Frauenzimmern, bei welchen sie heimlich wohnen und nächtigen, bleibt es nicht aus, daß sie dieselben in ihr Gewerbe einweihen müssen und daher später von ihnen verraten werden, wenn ein solches Verhältnis – der Natur der Sache nach – früher oder später wieder aufgelöst wird.

Ein anderer Nachteil für jene Verbrecher, den sie sich aber selbst beizumessen haben, ist der, daß sie ihre äußerliche Lage zu wenig berücksichtigen. Kaum angemeldet in einer Schlafstelle oder Arbeit, verlassen sie dieselbe bald wieder und gehen dem ihnen angeborenen Hang zum liederlichen Umherschweifen nach. Ein anderer Grund hiervon ist auch die fortwährende Nachfrage und Visitation der Polizei.

Sobald ein bestrafter Mensch latitiert, wird ihm nachgestellt, und nach seiner Verhaftung erwarten ihn Einsperrungen im Arbeitshaus, welchen er natürlich so lange wie möglich zu entgehen sucht und daher bald hier, bald dort nächtigt und seine Aufnahme oft so teuer bezahlen muß, daß er in einem solchen wilden Leben bei weitem stärkeren Antrieben zu Verbrechen unterliegt, als wenn er in einer festen Wohnung und in einer, auch nur scheinbaren, Arbeitsstelle existierte. Der kluge Dieb hält daher auf feste Wohnung und Arbeit; letzteres ist so zu verstehen: Er arbeitet nicht, er stiehlt bloß, aber er bringt eine Bescheinigung von einem sogenannten Putzmeister bei, welcher gegen Entgelt schriftlich versichert, daß der Dieb bei ihm für einen bestimmten Wochenlohn in Arbeit stehe und fleißig arbeite, und nachher den kontrollierenden Polizeibeamten diese Versicherung wörtlich wiederholt. Solcher Putzmeister gibt es hier viele, die von diesem Geschäft ein förmliches Gewerbe machen, besonders mit den liederlichen Dirnen, welche bei ihnen auf Putz, Handschuhe nähen, Schuhe einfassen, Schlafröcke wattieren usw., und es wird der Polizei oft sehr schwer, solchen vorgespiegelten Arbeitsverhältnissen auf die Spur zu kommen, wenn besonders der angebliche Arbeiter bei seinem noch nicht bestraften Putzmeister wohnt oder sonst seinen gewöhnlichen Verkehr hat. Diese Atteste bringen ein schönes Geld ein, daher gibt es aber auch gar zu viele Personen, welche Diebe, Spieler, Prostituierte bei jeder Berührung mit der Polizei in ihren Schutz nehmen und denselben jederzeit kräftig durchzusetzen wissen.

Es ist selten, daß ein Dieb irgendeine Kunst oder ein Handwerk gründlich ausgelernt hat. Schon frühzeitig der Lehre entlaufen, als Herumtreiber aufgewachsen, höchstens zu Zeiten mit groben Handarbeiten sich zu beschäftigen gezwungen, hat er von früh an seine Tätigkeit auf eigenen verbrecherischen Erwerb oder auf Teilnahme an dem Erwerb seiner Mitgenossen gerichtet, daher ist auch selten einer anders imstande, sich zu ernähren, als durch gewöhnliche Handarbeit, wozu es ihm natürlich an Lust fehlt. Wird er aber doch von der Polizei gezwungen, wenn auch nur vorübergehend, reelle Arbeit nachzuweisen, so tritt er bei einem großen Bau, bei einer Ramme usw. als Arbeitsmann ein, weil er dort seine Genossen findet, und weil das tägliche Auslohnen ihm den Austritt aus der Arbeit möglich macht. Vor allen Dingen gehören die Rammarbeiter vorzugsweise zum Ausschuß der Gesellschaft.

Bei diesem Mangel an handwerksmäßiger Geschicklichkeit springt es daher in die Augen, daß die Mehrzahl der Diebe bloß auf unredliche Weise bestehen kann und alle Arbeitsatteste schon a priori den Stempel der Falschheit an sich tragen. Zwar lernen sie in den Zuchthäusern irgendein leichtes Handwerk, womit sie sich nach ihrer Freilassung notdürftig ernähren könnten, z.B. als Kolorist, Vergolder, Frottierer, Zigarrenmacher, Hasenhaarschneider usw., allein von dieser Kunst, die der Zwang und die Peitsche der Strafanstalt ihnen beigebracht haben, läßt sich, wie von allen erzwungenen Dingen, von vornherein das Prognostikon stellen, daß sie auch mit dem Aufhören des Zwanges von selbst wieder aufhört. Wo nicht »Lust und Liebe zum Ding« vorhanden ist, gedeiht keine Kunst und kein Handwerk. Wir sehen, wie die moralische Besserung durch Zwang und Prügel eben nicht Stich hält!

Jenes arbeitsscheue Herumtreiben ist nicht minder geeignet, die Diebe in fortwährende Berührungen zu bringen und immer in wechselseitiger Bekanntschaft zu erhalten. Daher bleibt es in der Regel auch nicht aus, daß, wenn einer oder einige von ihnen irgendeinen einträglichen Diebstahl ausgeführt haben, bald nachher Gerüchte unter den Dieben über die Täterschaft auftauchen und sich fortpflanzen, welche für den Polizeibeamten, der hinreichende Kenntnis der Personen und des Terrains besitzt, wo sie agieren, oft von dem größten Nutzen sind. Jene Gerüchte kommen und verschwinden wie der Wind, und nur feine Ohren vermögen darauf zu achten. Daher müssen sie auch sogleich bei ihrem Entstehen verfolgt werden, wenn sie zu einem Resultat führen sollen. Eine andere Bemerkung steht damit in Verbindung, daß nämlich die Diebe kurz vor oder nach der Verübung eines irgend beträchtlichen Verbrechens ihre Wohnungen zu verlassen und zu latitieren* pflegen, gleich als wollten sie mit ihrem Verschwinden vor den Augen der Polizei auch sich in deren Gedächtnis streichen. Vielleicht mag auch ein eigentümliches, dem Menschen angeborenes Gefühl der Furcht und Scham das Motiv jenes Verbergens sein.

Ich sehe ab von jenen einfältigen Verbrechern, welche, wenn sie gute Beute gemacht haben, sich sofort gut einkleiden, gegen ihre Genossen mit ihrem Geld renommieren oder in öffentlichen Gesellschaften viel darauf gehen lassen. Es versteht sich, daß hier die Polizei immer unterrichtet sein kann, um nach dem Erwerbungsgrund zu fragen. Diese Klasse von Dieben interessiert hier nicht. Aber es ist merkwürdig, und ich habe mir den Grund dieser Erscheinung nie hinreichend erklären können, daß auch die Taten jener klugen und verschlagenen Diebe in der Atmosphäre des Lasters kund werden. Die Folge davon ist nun, daß diejenigen listigen Subjekte, welche die erste und sicherste Wahrnehmung gemacht haben, sofort einen Anteil an dem gestohlenen Gut zu erlangen suchen. Dies nennt man brennen. In der ganzen Diebeswelt besteht der Gebrauch, und einige schlaue Subjekte, die gar nicht zu stehlen nötig haben, subsistieren davon, daß, wenn sie merken, daß einige Genossen einen guten Handel gemacht haben, sie sich zu diesen hinbegeben, ihre Wissenschaft um das Verbrechen merken lassen und damit großtun, daß sie der Polizei hiervon Anzeige machen und viel Geld verdienen könnten. Der Dieb entschließt sich, dem, welcher ihn auf diese Weise brennt oder Brandkessel anlegt, einen Anteil vom Ertrag des Diebstahls zu geben, welchen man das »Branntweinsgeld« nennt. Natürlich schweigt nun dieser und die Polizei erfährt nichts, weil der Dieb für das Verschweigen immer mehr zahlt, als die Polizei für das Verraten. Überdies würde der, welcher seinen Hellig, d.h. seinen Anteil vom Diebstahl, bekommen hat und nun doch den Angeber spielt, für die Folge das Zutrauen der Diebe durchaus verlieren. Dieses »Brennen« wird von jedem Dieb gegen den anderen exerziert, ja, es scheint, als ob sich dasselbe auf einen stillschweigenden Vertrag gründete, so eingewurzelt und allgemein verbreitet ist es in der Sphäre, von welcher wir sprechen. Es wird damit aber auch ein entsetzlicher Mißbrauch und sogar gegen das gesittete Publikum getrieben, indem jene Vigilanten, welche die Diebe richtig oder fälschlich denunzieren, sobald diese nicht Geld zahlen, sich unter angemaßten Charakteren oder unter dem Vorspiegeln großer Verdienstlichkeit zu den Bestohlenen begeben und unter allerhand wahren und falschen Mitteilungen ihnen Geld abzuschwindeln verstehen, worüber schon gerechte Klagen laut geworden sind. Doch davon weiter unten.

Nach allen diesen praktischen Wahrnehmungen glaube ich nunmehr die Tatsache außer Zweifel gesetzt zu haben: daß unter den meistens schon mit der peinlichen Justiz in Konflikt gewesenen Individuen, welche als Grundsatz den rechtlichen Broterwerb verabscheuen und das fremde Eigentum befehden, eine sozusagen stillschweigende Vereinigung oder Verbrüderung stattfindet, welche

---

* räumen

auf der einen Seite um sie selbst herum ein engeres Band zieht, auf der anderen Seite die nicht zu ihrem Anhang gehörigen, d.h. die ehrlichen Leute, in einem schroffen Gegensatz zu ihnen erscheinen läßt.

Hiernach scheidet sich in Berlin, wie in jeder anderen großen Stadt, die Welt des Unrechts von der Welt des Rechts. Die Diebe bezeichnen dies mit zwei Worten: kess und witsch.

Die Kessen, d.h. die Klugen, Wissenden, Eingeweihten, dies sind die Diebe selbst mit allem ihrem Anhang, mit ihren vertrauten Hehlern, Kundschaftern, Abnehmern und Helfern, welche ihre natürlichen Feinde erblicken in den Witschen, d.h. den Dummen, Nichteingeweihten, also überhaupt den sämtlichen ehrlichen Leuten in der Welt, weil die Kessen es darauf abgesehen haben, auf unredlichem Weg von dem Besitztum der Witschen zu subsistieren. Daher wird alles, was die Gaunerwelt und ihre Praxis betrifft, mit dem Prädikat kess, und was die ehrlichen Leute und ihr Treiben anlangt, mit dem Prädikat witsch bezeichnet. Ein kesser Junge oder, wie man auch sagt, ein schwerer Gannew (i.e. Dieb) zu sein ist sonach unter den Verbrechern ebenso eine Ehre, als es für eine große Schmach gilt, ein fauler Junge, d.h. ein Verräter oder eine witsche Hanne, d.h. ein dummer Tölpel (im Diebeshandwerk), genannt zu werden.

Es liegt in der Natur der Sache, daß, wie die bürgerlichen und geselligen Verbindungen der Diebe, so auch ihre geschlechtlichen Verhältnisse sich nur in der Sphäre bewegen, die von der gesitteten Welt abgegrenzt ist. Ein Kesser wird daher wohl nicht leicht eine Witsche heiraten, so wenig als ein Witscher sich um ein Frauenzimmer bewerben wird, die ihre Jugendbildung in diebischen Kreisen empfangen hat. Ein Glück ist es noch, daß die Mehrzahl jener Verbrecher, mit den in der Folge zu machenden Modifikationen, im ehelosen Stand verbleibt oder in Konkubinatsverhältnissen lebt, welche von der Polizei oder von den Beteiligten selbst gewöhnlich wieder aufgelöst werden und bei dem übrigens ausschweifenden Wandel jener Dirnen wenig für die Bevölkerung versprechen.

Leider haben wir in Berlin so viele Familien, die sich in der Sicherheitspolizei eines ganz besonders schlimmen Rufs erfreuen. Die Eltern waren Diebe und endeten zum Teil in den Zuchthäusern. Die Töchter legen sich auf die feile Unzucht und, wenn die Reize verblühen, auf die Kuppelei; die Söhne treten in die Fußstapfen der Väter. Von jenen Familien sitzen aber auch regelmäßig eins oder mehrere Glieder in den Zuchthäusern, ja, es scheint, als ob dieselben bestimmt wären, sich in einer gewissen Reihenfolge dort immer wieder abzulösen; z.B. die bekannte Familie Br. Der im Verbrechen ergraute Vater starb vor zwei Jahren in völliger Geistesdumpfheit. Der älteste Sohn, der, wie sein jüngerer Bruder und die ältere Schwester, körperlich mißgestaltet ist, starb als meineidiger Betrüger im Arbeitshaus, weil ihn, den Krüppel, die Strafanstalt nicht aufnehmen konnte. Gleiches Verbrechen hat die ältere Schwester begangen. Das jetzige Haupt der Familie, der Seidenwirker Br., ist der im zweiten Kapitel geschilderte falsche Denunziant, Diebeshehler und Brenner (d.h. im Sinne der Kessen). Seine Frau steht ihm hierin trefflich zur Seite und ist überdies eine gefährliche und geschickte Ladendiebin. Sein ältester Sohn kommt fast aus den Zuchthäusern und Kriminalgefängnissen nicht heraus und lebt mit einer Diebin Fl., die er seine Braut nennt. Die jüngeren Kinder sind noch unerzogen, sehen aber nur schlechten Verkehr. Die Schwester jenes Seidenwirkers war öffentliche Dirne und ist jetzt einem Musiker nach Amerika gefolgt. Der jüngere Bruder ist einer der bekanntesten Taschendiebe und falschen Vigilanten in Berlin und sitzt zur Zeit im Zuchthaus. Seine Frau, früher lose Dirne in der Königsmauer, welche ihn geheiratet hat, um das hiesige Domizil zu gewinnen, ist ebenfalls Diebin, obschon sie bisher der strafenden Gerechtigkeit noch zu entgehen gewußt hat. Der schlechteste Zug aber in der geschilderten Familie ist der, daß die einzelnen Glieder wechselseitig einander ausspionieren und bei den Polizeibeamten denunzieren.

Eine ähnliche ist die Familie M...r. Die Eltern sind berüchtigte Hehler von flüchtigen Dieben und gestohlenem Gut. Der Sohn verbüßt auf eine lange Reihe von Jahren die Strafe des zweiten gewaltsamen Diebstahls. Die ältere Tochter, geschiedene M...ch, ist eine berüchtigte Ladendiebin und Hehlerin, die jüngere, früher inskribierte Lohndirne, hat sich mit einem Taschendieb verheiratet und befindet sich, zur Zeit wenigstens, äußerlich ganz wohl, da beide Teile ihre unlauteren Erwerbsquellen vereinigen.

Nach diesen Beispielen könnte es den Anschein gewinnen, als ob die verschiedenen Arten der Eigentumsverbrecher, welche sich in den einzelnen Familien vorfinden, auch im allgemeinen in der Diebeswelt in einer solchen gleichmäßigen wechselseitigen Beziehung ständen. Dies ist jedoch nicht der Fall und kann auch der Natur der Sache nach nicht der Fall sein. Obschon die Kessen den Witschen gegenüber eine, ich möchte sagen, stillschweigende Allianz bilden, so scheiden sich doch die Diebe in Berlin im allgemeinen in vier große Klassen, welche, wo nicht spezielle persönliche Verhältnisse hinzutreten, nur in einem sehr oberflächlichen, fast nur durch das Gefängnis und die Strafanstalt, vielleicht auch durch die Kneipen erhaltenen gegenseitigen Rapport stehen.

Die erste Klasse bilden, ich möchte sie die sicheren, stillsitzenden Diebe nennen. Diese sind die klügsten und für die Polizei wie für das reichbegüterte Publikum die gefährlichsten. Durch früher erlittene Strafen des gewaltsamen Diebstahls vor den Folgen der Rückfälligkeit dieses Verbrechens geschreckt, aber es dennoch sehr bequem findend, aus fremdem Geldbeutel zu leben, haben sie ihre Stellung überlegt und sind durch die Betrachtung, daß zuweilen die kessesten Leute, von denen es niemand erwartet hat, ein Lebensgeständnis ablegen, zu der Einsicht gelangt, daß man keinem Kabber, d.h. keinem Komplizen, trauen dürfe. Die Folge ist, daß sie sich in Zukunft nur auf ihre eigene Person allein verlassen und, um jede Berührung mit der Polizei möglichst abzuwenden, eine ordentliche Wirtschaft, je nach ihrer Hantierung, begründen. Gemeinhin sind sie verheiratet und treiben das Geschäft eines gewöhnlichen Handwerkers, Holzbauers, Arbeitsmanns, Händlers u. dgl. Sie sind fließig, d.h. vor den Augen des Publikums und besonders der Polizei – namentlich fällt mir hier einer der Gefährlichsten ein, der möglichst alle Woche recht sichtbar vor den Augen der Revierbeamten schweißtriefend Holz kleinmacht, um über die schwere Arbeit klagen zu können –, und halten sich in der Regel vom Verkehr der gewöhnlichen Diebe frei oder beschränken sich nur auf einen oder den anderen vertrauten Abnehmer, welcher, wie oft, noch gar nicht gestraft und auch aus anderen Gründen der Polizei nicht verdächtig ist. Ein solcher Dieb, der immer im Vorrat ist, läßt oft mehrere Jahre verstreichen, bevor er wieder ein Verbrechen begeht. Da er aber beim Holztragen, beim Ausschmieren der Öfen usw. die schönste Gelegenheit hat, sich einen guten Masematten zu baldowern, d.h. sich einen einträglichen Diebstahl auf Schlüssel und andere Instrumente, ganz genau mit Berücksichtigung aller Lokalitäten, der passendsten Zeit zur Ausführung und der vorteilhaftesten Art derselben genau anzusehen, so wird er auch – wenn er alle Eventualitäten genau erwogen hat – nicht zögern, zur Ausführung zu schreiten, welche ihm bei den getroffenen Vorsichtsmaßregeln gewöhnlich gelingt, besonders da die eigene Frau gemeinhin dabei die Wache hält.

Eine große Zahl der beträchtlichen Diebstähle, über deren Urheberschaft auch nicht der leiseste Hauch in der Diebeswelt wahrzunehmen war, sind in den letzten Jahren unzweifelhaft von solchen vorsichtigen Verbrechern begangen worden, und es ist, obschon oft viel Gold, Silber und Papiergeld dabei entwendet wurde, der angestrengtesten Nachforschungen ungeachtet nichts über den Verbleib des Gestohlenen zu ermitteln gewesen. Zu dieser Klasse von Dieben zähle ich aber auch diejenigen noch nie bestraften, welche zwar das Gaunerhandwerk erlernt, jedoch früher das Glück gehabt haben, mit der Kriminalpolizei nie in Berührung zu kommen, die daher auch teilweise gänzlich unbekannt sind und a priori zu der Erkenntnis gelangten, welche bei ihren Genossen erst eine Folge der im Zuchthaus angestellten Betrachtungen war. Alle diese Diebe leben in einem verhältnismäßigen Wohlstand, und es gibt sogar einzelne unter ihnen, welche ihren Kindern eine ganz tüchtige Erziehung geben, um sie zu einem ehrlichen Beruf vorzubereiten, während sie für ihre Person nicht vom Verbrechen ablassen können und dessen Ertrag teilweise für das künftige sittliche Wohl ihrer Kinder verwenden.

Eine zweite besonders markierte Diebesklasse sind die Taschendiebe – ich meine die sogenannten feinen Taschendiebe, welche die hommes de la bonne société* unter den Spitzbuben bilden.

Der Taschendieb hat selbstredend ein anderes Terrain zu bearbeiten als der gewaltsame oder Schlüsseldieb. Während der letztere die Stunden der Nacht, besonders den frühen Morgen, die Abwesenheit der zu Bestehlenden und anderer menschlicher Wesen vom Ort des Verbrechens benutzen muß, um sein lichtscheues Gewerbe zu betreiben, so ist es gerade umgekehrt die nächste körperliche Berührung mit dem zu Bestehlenden, die Anwesenheit von möglichst vielen Menschen an einem Ort, wovon der Taschendieb sich Erfolg versprechen kann. Daher ist das Leben der gewaltsamen und der Taschendiebe zu sehr entgegenge-

---

* Männer der guten Gesellschaft

setzt, als daß zwischen beiden Diebesklassen Beziehungen stattfinden sollten, denn während die ersteren in der Regel den Tag fliehen und die Finsternis zur Gefährtin wählen, sind es die Morgenparaden, die Eingänge zu den Konzerten, Schauspielhäusern und öffentlichen Museen, die Märkte und stark besuchten Promenaden, wo der Taschendieb seine Freier nüscht, d.h. wo er durch leise Berührungen der Rocktaschen nach Dosen, Brieftaschen, Börsen visitiert, um bei deren Vorhandensein einen glücklichen Griff zu versuchen. Daher bedarf aber auch der Taschendieb, um nicht auffällig zu erscheinen, einer anständigen und modernen Garderobe; er trägt nach Umständen einen Backen-, Schnurr- oder Knebelbart, indem er sogleich nach seiner Entlassung aus dem Zuchthaus, wo bekanntlich keine Bärte oder langes Kopfhaar geduldet werden, sich die Pflege seines Haaarwuchses zur angelegentlichen Pflicht macht, um die Diebesphysiognomie loszuwerden, bekleidet sich mit einem Spanier – weil aus diesem heraus sich bequemer manipulieren läßt als aus einem weiten Mantel oder einem zugeknöpften Paletot –, einem Polkahut, einer Rongemütze, und zwar mit der letzteren – welche die Diebe selbst »die Drückermütze« nennen (denn Drücker, i.e. Taschendieb) – um so lieber, weil er dieselbe tief in die Augen oder von der Seite herabziehen kann, um sich auf diese Weise dem Auge der Polizei möglichst unkenntlich zu machen. Von diesen Dieben wird in einem besonderen Kapitel ausführlich die Rede sein, und ich bemerke nur, daß die Mehrzahl von ihnen sich in der neuesten eit – natürlich mit öffentlichen, zum Teil bereits der Fortweisung unterworfenen Dirnen – verheiratet hat, wodurch einmal sowohl der Mann, der eine eingerichtete Wohnung und Wirtschaft erhält, als auch die Dirne, die sich auf den Mann stützt, der Polizei gegenüber viel sicherer stehen, sodann aber auch ihren beiderseitigen Verdienst vereinigen, also doppelt erwerben.

So sehr selten ist es übrigens nicht, daß Drücker auch gewaltsame Diebstähle und umgekehrt die Schlüsseldiebe einen Taschengriff exerzieren. Eine gute Gelegenheit zum Stehlen läßt überhaupt kein Dieb im Stich.

Die dritte charakteristische Klasse von Dieben gehört ebenfalls zur Kategorie der gewaltsamen, sei es durch eigentliches gefährliches Einsteigen oder Einbrechen in die Hausräume oder durch geschickte Führung der Nachschlüssel. Ich halte die Diebe dieser Klasse für die gefährlichsten in Berlin, denn von ihnen gehen die meisten jener Diebstähle aus, welche durch die Kühnheit der Ausführung, z.B. durch Erklettern der oberen Stockwerke mittels Leitern oder Gasröhren von der Straße aus, durch Zersägen der Eisentraillen, Übersteigen der Hofmauern und Eindringen in Zimmer, wo die zu Bestehlenden in tiefem Schlaf liegen oder durch den Wert des gewaltsam Entwendeten das Publikum in Schrecken setzen. Diese Diebe sind regelmäßig nirgends angemeldet, nächtigen fortwährend bald in dieser, bald in jener platten Penne, d.h. an einem Ort und bei Leuten, wo sie – gegen Entgelt – heimlich aufgenommen werden, oder bei Diebesdirnen, die sich ihr Zutrauen erworben haben, lassen sich sehr selten in Kneipen, vor der Polizei möglichst gar nicht sehen und verbrauchen daher zu ihrem Nomadenleben viel Geld, weshalb sie, beim Mangel auch nur eines Scheins von Arbeit oder reellem Erwerb, fortwährend zu Verbrechen gedrängt werden, bis Zufall oder Späher sie der Justiz oder der Polizei in die Hände führen, wo im ungünstigsten Fall die Strafen der Arbeitsscheu – nach dem strengen Gesetz vom 6. Januar 1843 – ihrer warten. Ein Beispiel genüge hier. Es war vor zwei Jahren, als der ein- oder zweimal wegen Betrugs in einer Strafsektion detiniert gewesene Privatschreiber Bethge oder Bethke – zur Zeit in Frankfurt/O. in Haft und Kriminaluntersuchung oder bereits in der Strafanstalt – mit einem bis dahin auch nur wenig bekannt gewesenen Schmiedegesellen, Erdmann Friedrich Schulz, und einigen anderen Personen nicht bloß hier in Berlin, sondern außerhalb, wie in Frankfurt, Beeskow usw., höchst verwegene und bedeutende gewaltsame Diebstähle ausführte. Wie die Vigilanten erzählten, hatte er an einem Abend in einem Keller der Luisenstadt über hundert Taler verspielt und am anderen Tag schon wieder eine gleiche Summe besessen. Er und Schulz hatten mit dem Geld rein um sich geworfen und Bethge manchmal fünf bis zehn Taler für eine Nachtpenne bezahlt. Die Ergreifung dieses in der Tat plötzlich als höchst gefährliches Individuum aufgetretenen Menschen gelang aber auch erst dann, als seine Geliebte, die unverehelichte Eckardt, eine mehrfach gestrafte Person, sich endlich, nachdem man sie sogar hatte verhaften müssen, entschloß, ihren Liebhaber den Sicherheitsbeamten nachzuweisen. Solcher gefährlichen Charaktere besitzt zwar die hiesige Diebeswelt nicht zu viele, es ist aber auch gegenwärtig an dem Barometer der Eigentumssicherheit in der hiesigen Residenz sehr wohl zu spüren, daß, wie die Häupter der Taschendiebe, so auch die Mehrzahl der Individuen aus der dritten Klasse, durch die große Aufmerksamkeit des Publikums, bei der Verübung von Verbrechen auf der Tat ertappt und der verdienten Strafe zugeführt worden sind. Doch neue entstehen!

In die vierte Klasse endlich gehören diejenigen professionierten Diebe, welche, dem Trunk oder andere Arten der Liederlichkeit ergeben, zwar nur von Verbrechen existieren, jedoch in der Gefährlichkeit den drei ersten Klassen weit nachstehen, wenn auch geübt, doch nicht so prinzipiell zu Werke gehen wie diese, ihren Erwerb lediglich in Kneipen, auf Tanzböden und bei liederlichen Dirnen durchbringen, ohne Umstände den ersten Besten zu ihrem Kabber (Genossen) machen, sich wechselseitig bei der Polizei – fälschlich oder richtig – denunzieren und doch wieder zusammen stehlen , mit einem Wort: Das Diebesgesindel verschiedener Abstufungen, welches sich abends bis gegen zehn Uhr in der Landsberger-, Königsstraße usw. herumtreibt und, weil es zu bekannt ist, immer bald wieder polizeilich oder kriminell verhaftet und nach Umständen oft bestraft, noch öfter mit Warnungen, die aber nichts fruchten, wieder entlassen wird. Aus dieser Crême der Gesellschaft wenn man sie so nennen darf gehen immer wieder neue Vigilanten hervor, wenn die alten abgenutzt oder sonst des Vertrauens unwert geworden sind. Diese ganze Diebesklasse ist aus Lügen und Schwindeleien zusammengesetzt, und die Mitteilungen, welche dergleichen Personen machen, sind nur mit großer Vorsicht zu brauchen, da sie zu ihrem eigenen Nachteil mit Taten, Verbindungen, Geheimnissen usw. renommieren, woran gewöhnlich nicht viel ist. Ihre wirklich begangenen Diebstähle verschweigen sie aber wohlweislich, und wenn sie irgend etwas auf unredlichem Wege erlangen können, so machen sie sich auch gewiß recht schnell darüber her. Zu ihnen halten sich die Taugenichtse und schlechtesten Dirnen von ganz Berlin und ihre Rekruten müssen natürlich mit der Bevölkerung, mit den unehelichen Kindern, entlaufenen Lehrjungen, entlassenen Sträflingen und dergleichen täglich zunehmen. Außer dem, was ich hier andeute, wird sich schwerlich dieser Klasse eine besondere Färbung geben lassen, da ihre Bestandteile zu verschiedenartiger Natur sind. Jedoch ist es auch nur diese Klasse, wo sich, wie wir später sehen werden, noch einigermaßen mit Erfolg bessernd und veredelnd wirken lassen wird.

Das Resultat dieses Kapitels ist sonach lediglich nur dieses: daß ein so scharf und individuell ausgeprägter Typus wie in den jüdischen Gaunern oder den englischen Dieben in den Verbrecherklassen sich nicht in gleichem Grad vorfindet, sondern daß es nur meistens allgemeinere Umrisse sind, in welchen sich der Gegensatz derselben zueinander wie zu der moralischen Welt zwar schroff, aber nicht immer gleich erkennbar bewegt, daß aber auch, je weniger der individuelle Charakter hervortritt, die Gefährlichkeit des Individuums abnimmt und daher den Funktionen der entdeckenden Tätigkeit der Sicherheitspolizei ein um so fruchtbareres Feld geboten wird.

Vom baldowerten gewaltsamen Diebstahl

Die landrechtliche Einteilung der Diebstähle, wie sie aus dem gemeinen Recht stammt und den Grad der Strafbarkeit bestimmt, also: großer, kleiner Diebstahl (ob über oder unter fünf Taler), gemeiner Diebstahl mit oder ohne erschwerende Umstände, Hausdiebstahl, gewaltsamer Diebstahl, erster, zweiter, dritter gemeiner oder gewaltsamer Diebstahl usw., setze ich als bekannt voraus. Diese Einteilung machen aber die Diebe nicht, welche mehr die Art und Weise der Ausführung als die rechtliche Imputation berücksichtigen und deren Unterscheidungen daher auch in der Tat viel praktischer sind.

Vor allen Dingen trennen sie die diebischen Angriffe auf fremdes Eigentum in zwei Klassen: in solche Diebstähle, welche die Täter beabsichtigt und vorbereitet haben, und in solche, wozu sie durch die augenblickliche Gelegenheit ohne vorherige Präparation bewogen worden sind.

Zu den ersteren gehören nicht bloß diejenigen Diebstähle, welche in Rücksicht der Lokalität, Zeit und Art der Ausführung vorher genau ausgekundschaftet, also eigentlich baldowert sind, sondern auch überhaupt alle Diebstähle, auf deren Verübung der Täter ausgegangen ist und im allgemeinen sich vorbereitet hatte, wie Taschen-, Ladendiebstähle u.a.m. Der eigentliche Gelegenheitsdiebstahl erstreckt sich nur auf die Fälle, wo im allgemeinen das diebische Talent ohne Vorbereitung in fremden Häusern oder sonst die – wenn auch gesuchte – Gelegenheit erfaßte und einen Diebstahl beging. Überhaupt kann man den gelegentlichen Diebstahl auch den nicht qualifizierten nennen, da jeder Diebstahl, der nicht als ein gewaltsamer oder unter erschwerenden Umständen begangener (wie Taschen- und Ladendiebstahl) geahndet wird, als ein gelegentlicher – in der weiteren Ausdehnung des Wortes – angesehen wird. Über den gelegentlichen Diebstahl an sich läßt sich daher auch nur wenig sagen, da derselbe der Natur der Sache nach so vielgestaltig ist, daß von einer Klassifikation dabei keine Rede sein kann. Doch sollen nach den qualifizierten Diebstahlsmethoden auch die hauptsächlichen Arten des gemeinen Diebstahls, wie sie in Berlin am gewöhnlichsten vorkommen, besprochen werden.

Am gefährlichsten für das Eigentum und regelmäßig am einträglichsten für die Täter sind aber diejenigen Diebstahlsarten, mittels derer durch Anwendung der Brecheisen oder anderer gewaltsamer Instrumente oder der Dietriche und Sperrhaken das fremde Gut hinter Schloß und Riegel hervorgeholt wird. Einen solchen Diebstahl nennt man einen Masematten oder, wie die Diebe auch hier sagen, eine Masematte.

Der Masematten ist seiner Natur nach zweifach. Entweder ist derselbe vorher von den Tätern selbst oder durch ihre Helfer und Helfershelfer genau baldowert und Zeit und Art der Ausführung genau bestimmt worden, oder der Dieb ist aufs Geratewohl mit den Schließinstrumenten ausgegangen, um bei der ersten besten Gelegenheit von diesen, wie von dem Stemmeisen und den übrigen Diebstahlswerkzeugen, Gebrauch zu machen. Ersteres ist der baldowerte, letzteres der sogenannte Schubmasematten. Wir sprechen zunächst von den baldowerten, gewaltsamen Diebstählen, welchen, als den für das Eigentum gefährlichsten, auch die vorzugsweise Aufmerksamkeit zuzuwenden ist. Es ist sehr selten, daß der Dieb sich selbst den Masematten ausbaldowert und nachher ganz allein ausführt. Nur bei der ersten Hauptklasse der im vorigen Kapitel geschilderten Diebe Berlins möchte dies insofern der Fall sein, als die eigene Frau Wache hält und mit einem großen Handkorb zum Transport des Gestohlenen versehen ist, während der Ehemann die besonders dazu eingerichteten großen Taschen, mitgenommenen Säcke usw. hierzu benutzt. In der Regel treten, wenigstens für einzelne Verbrechen oder auch für eine ganze Zeitdauer, mehrere Diebe zusammen und bilden eine Kabruse, eine Vereinigung zur Begehung von Diebstählen bei gleichen Anteilen.

Die erste Regel ist also, den Masematten gut zu baldowern, denn, wie sie sprichwörtlich sagen: Baldower ist besser als Schmiere, d.h. eine gute vorherige Auskundschaftung ist viel mehr wert als die besten Wachen bei der Verübung. Es ist sehr verschieden, wie sie es in Erfahrung bringen, wo ein guter Masematten liegt. Häufig erfahren sie es durch Dienstboten, die wegen Untreue von ihren Herrschaften weggejagt und nachher mit den Dieben bekannt werden, oder in den Polizei- und Kriminalarresten, im Arbeitshaus usw., wo sie sich mit ihren Schemm's, d.h. Mitgefangenen fast ausschließlich nur über Gegenstände ihrer Diebespraxis unterhalten, oder von Dirnen, die in jenen Häusern wohnen, und anderen vertrauten Personen, die gegen einen kleinen Anteil an der späteren Beute solche Gelegenheiten nachweisen. Überhaupt, da der professionierte Dieb nur auf Diebstähle spekuliert, so benutzt er auch seine Anwesenheit in jedem Haus zu diesem Zweck.

Sobald der Masematten nachgewiesen oder von dritten Personen schon vollständig baldowert ist, sehen sich die Diebe die Lokalitäten zu passender Zeit selbst noch ein oder mehrere Male an und beschließen nun danach, wann und wie der Masematten gehoben werden soll.

Soll er eigentlich per Kooch, d.h. mit Anwendung der Brech- oder Stemmeisen, der Bohrer oder Stichsägen gemacht werden, so wird das Nötige hierzu angeschafft und Ort und Zeit, gewöhnlich die Morgenfrühe, zur Versammlung der Kabbern bestimmt.

Ist der Masematten aber auf Schlüssel zu nehmen, so begibt sich bei der Baldowerung einer der Kabbern an die aufzuschränkende oder aufzuklitschende (i.e. mit dem Nachschlüssel oder Sperrhaken zu öffnende) Tür und nimmt von dem Schließloch (der Dieb sagt nie Schlüsselloch) einen Wachsabdruck, worauf sich die Gestalt, die Größe, Stärke usw. des zu fabrizierenden Nachschlüssels von hinten her darstellt. Bei besonders komplizierten Schließlöchern wird dieser Wachsabdruck nachher in Gips wieder abgedrückt und hiernach nun der Tantel (d.h. der Nachschlüssel) angefertigt.

Der Inbegriff aller Diebesinstrumente zu gewaltsamen Diebstählen, der Brech- und Stemmeisen, Schlüssel usw., heißt das Schränkzeug oder, wie man hier lieber sagt, das Porum. Dieses besitzt in der Regel jeder Schränker und Makkener, d.h. jeder Einbrecher und Nachschlüsseldieb, welches er aber natürlich nicht in seiner Behausung aufbewahrt, um dadurch nicht treefe zu werden, sondern welches er bei vertrauten gedinnen (i.e. unbestraften) Leuten oder an sicheren Orten kabohre, d.h. verwahrlich niederlegt. Beiläufig gesagt, das vollkommenste Schränkzeug, welches ich bei einem Dieb gesehen, besaß der schon erwähnte Privatschreiber Bethge und seine Genossen.

Ist nunmehr zu dem mittels Nachschlüssel zu eröffnenden Schloß der Tantel nach dem Abdruck angefertigt, so begibt sich der Dieb, welcher verabredetermaßen schränken soll, zu günstiger Stunde unter den Masematten und probiert das Schloß. Findet er noch hier und da einen Druck oder ein Hindernis, so leuchtet er ein oder mehrere Male mit mitgebrachten Schwefelhölzern in das Schließloch, und seiner Kenntnis wird es nun nicht schwer, zu entdecken, an welcher Verzierung oder an welchem Reifen im Schloß es sich noch accrochiert, um danach den Schlüsselbart weiter ausfeilen zu können. Wenn nun nach einer oder einigen solcher Proben, die nur sehr kurze Zeit dauern, der Tantel, wie gewöhnlich, paßt, wird endlich zur Verübung des Diebstahls geschritten.

Obwohl bei der Behandlung der Masematten das große Schränk- und Schneidezeug gleichwie die Haken und Schlüssel gleichzeitig und nebeneinander in Anwendung kommen, so will ich doch der leichteren Übersicht wegen hier die eigentlichen Schränk- und Perkooch-Masematten von den Schlüsseldiebstählen trennen, um bei beiden einzeln die Instrumente und ihren Gebrauch speziell zu erörtern.

1. Schränkmasematten

Ist der Diebstahl gehörig baldowert und haben sich die Kabbern, richtiger: Chaweeren auf dem Zinkplatz, d.h. dem Versammlungsort eingefunden, so werden zuvörderst einer oder zwei von ihnen auf Schmiere (d.h. auf Wache) ausgestellt, um von den etwa hinzukommenden Lampen (d.h. Wächter oder allen anderen die Sicherheit der Ausführung störenden Personen) denjenigen der Kabbern, welche den Diebstahl selbst ausführen, schleunigst Schuwe (d.h. Nachricht) zu geben, damit sie bei dem Masematten nicht verschütt gehen (d.h. ergriffen und verhaftet werden), sondern ihre Ausflucht ergreifen können. Tritt eine solche Störung ein und muß deshalb von der Ausführung des Diebstahls abgestanden werden, so sagen die Diebe: Sie sind verlampt worden. Sieht man bereits Spuren ihrer Anwesenheit in bezug auf den versuchten Diebstahl, so heißt dies: Sie haben bereits angebaut gehabt. Übrigens sind die Schmieren bei der Ausführung aller baldowerten sogar auch zum größten Teil der nicht baldowerten Diebstähle mit die Hauptsache, wie sich von selbst versteht. Außer den Schlüsseln und Sperrhaken werden bei den Schränkmasematten je nach der Art der Ausführung der einzelnen Diebstähle folgende Instrumente gebraucht:

1. die Brechstange. Diese ist gewöhnlich 1 1/2 Fuß lang – zuweilen auch länger, aber dann schwerer zu transportieren, 1 1/2 bis höchstens 2 Zoll dick und am unteren Ende, um in die Öffnungen zu fassen, in einer Breite von 2 Zoll gebogen, breit und scharf gespitzt und gewöhnlich scharf verstählt

2. der Zentrumbohrer, bestehend aus einem Bruststück und der sich darin bewegenden Bohrwinde,

3. kleinere Bohrer,

4. verschiedene Stemmeisen oder Meißel (Schabber) zum Erbrechen der Sekretäre, Spinde usw., wenn die Tantel nicht ziehen,

5. die Stichsäge, welche oben ganz spitz zugeht und in die Bohrlöcher gesetzt wird, um z.B. Schlösser, Ketteln, Haken, Riegel usw. aufzuschneiden,

6. mehrere hölzerne Keile (Vorleger), welche in die Öffnungen gesteckt werden, wenn mit dem Stemmeisen weiter gegriffen wird, um die Schlösser abzusprengen,

7. Hammer, Zange, Nägel, letztere z.B. um offene Türen während der Ausführung des Diebstahls zu vernageln, wie wir weiter unten sehen werden,

8. Messer, Flammen, d.h. Feuerzeug und Licht, und die nötigen Säcke oder andere Transportmittel, z.B. weite Taschen, die von oben bis unten im Rock heruntergehen, endlich

9. die Eisensäge, d.h. die aufgespannte Uhrfeder, wenn Traillen, Ladeneisen usw. gefeilt werden sollen.

Dies sind ungefähr die notwendigsten Requisiten, zu denen nach Umständen noch dieses oder jenes tritt. Vorher bemerke ich aber, daß viele Diebe dieser Kategorie bei der Verübung der Tat das Messer, d.h. einen festen, aufgeklappten Genickfänger zwischen den Zähnen tragen, um sich bei etwaigen Attrappen bis aufs äußerste verteidigen zu können, so sagen sie wenigstens, indessen ist es doch sehr selten, daß bei Ergreifungen von dieser Waffe Gebrauch gemacht wird, mag dies nun in dem natürlichen Schreck oder in dem bösen Bewußtsein liegen, oder mögen einzelne hierbei etwas zu stark auftragen und sich gefürchtet zu machen suchen. Die Regel bleibt immer: Flucht um jeden Preis. Dagegen habe ich aber auch von vielen der hiesigen Verbrecher, denen eine langjährige Strafe bevorstehen würde, die moralische Überzeugung, daß sie, um der Verhaftung zu entgehen, lieber ein Menschenleben opfern, z.B. von B..k..l, E...s, B......k, B......r, P......l und anderen.

Nach der Art der Ausführung scheidet man die baldowerten kotelen Geneiwen, d.h. großen, gewaltsamen Diebstähle in eigentliche Einsteigediebstähle und in Einbrüche.

A. Einsteigediebstähle

1. Hierher gehören vor allem die Diebstähle, welche dadurch ausgeführt werden, daß die Diebe über Kellerhälse und die Gasröhren entlang oder mit einer von der Straße aus angesetzten Leiter nach den oberen Stockwerken der Häuser hinaufklettern, eine Scheibe der oberen Fenster eindrücken und herausnehmen, darauf mit der Hand hineinlangen, das Fenster aufwirbeln und auf diese Weise in die zu bestehlenden Zimmer, neben welchen oft die Bewohner des Quartiers im tiefen Morgenschlaf liegen, hineinsteigen. Die Frechheit dieser Einsteiger grenzt oft an das Unglaubliche, wenn man bedenkt, wie sie sogar auf den frequentesten Straßen, während des nächtlichen Wachdienstes, die Wächter ablaviert und auf diese Weise horrende Summen gestohlen haben.

Es besteht zwar ein Polizeigesetz, wonach Leitern bei Strafe fest angeschlossen gehalten werden sollen, allein die Diebe brechen entweder die Schlösser mit einem eisernen Rammnagel gewaltsam ab, oder sie holen sich Leitern von den Neubauten und bewerkstelligen so ihr Vorhaben. Gefährlicher ist es freilich noch, auf einer dünnen Gasröhre oder mittels eines um dieselbe geworfenen Stricks in die Höhe zu steigen und von da sich auf den Sims der oberen Etage zu schwingen.

Zum Eindrücken der Scheiben bediente man sich regelmäßig früher eines sogenannten Terpentinpflasters, d.h. eines Papiers oder eines Stücks Leinwand, worauf dicker Terpentin aufgestrichen war und womit man der Scheibe in der Mitte einen Druck gab, daß sie zersprang; der Terpentin, woran die Scherben haken blieben, verhinderte das durch ihr Herabfallen unvermeidliche Klirren. Allein der Druck der Scheibe verursachte immer einen unangenehmen Knall, daher hat man, um auch diesen zu vermeiden, jetzt fast allgemein ein besseres Verfahren im Gange. Der Dieb legt nämlich ein nasses Handtuch, übereinander gelegt, so auf die zu sprengende Fensterscheibe, daß sie damit bedeckt wird. Hierauf wickelt er ein zweites nasses Handtuch um die Hand und drückt die Scheibe in der Ecke, so daß das Glas zerspringt. Das nasse, darüber gebreitete Tuch fängt den Knall auf und verhindert, daß die gesprengte Scheibe zersplittert, welche nun der Dieb ruhig herausnimmt.

2. Auf ganz gleiche Weise steigen die Diebe über die Mauern der Höfe, um von hinten her, was in allen Fällen sicherer ist, den Eingang in das Haus zu gewinnen. Hofhunde werden mit Krähenaugen oder gebratenem Schwamm getötet.

3. Erfolgt das Einsteigen im ersten Stockwerk über den Sims oder Kellerhals weg und ist das Fenster von außen mit einer Fensterlade, welche inwendig verriegelt oder verkettelt ist, bewehrt, so werden, wenn man nach der Baldowerung weiß, daß der Riegel in der Mitte sitzt, vier Löcher um den Riegel in die Fensterlade gebohrt, darauf die Stichsäge eingesetzt und nun rasch herumgeschnitten, so daß der Riegel von selbst ausfällt und die Laden aufgehen.

Ist die Lade aber bloß oben oder unten verkettelt oder angeschraubt, so werden bloß zwei Löcher angebohrt und die Ecken mit der Stichsäge im Halbkreis abgeschnitten, so daß die Lade sich gleichfalls öffnet. Wenn der Bohrende nicht anders heraufl angen kann, so springt er bei dem Experiment einem seiner Kabbern auf den Rücken, ja, ich erinnere mich, daß einer schon auf zwei Mann bei einer solchen Gelegenheit gestanden hat, wenn keine kleine Leiter oder kein Kellerhals usw. zur Hand waren. Sind freilich die Laden inwendig stark mit Eisenblech beschlagen, so können die Diebe auf diese Weise den Eintritt nicht gewinnen, dann bleibt ihnen nur übrig, ein anderes Diebstahlsmanöver zu ersinnen, da von der äußersten Gewalt doch nur in den wenigsten Fällen wegen der Hausbewohner, Nachbarn usw. Anwendung gemacht werden kann. Jalousien werden gewöhnlich mit dem Stemmeisen heraufgeschoben oder ausgebrochen.

4. Seltener kommt es vor – im vorigen Jahr wurde aber auf diese Weise in der Krausenstraße und, wie nicht mit Unrecht vermutet wurde, durch einen aus dem Zuchthaus hierher entlassenen Schornsteinfeger ein großer Kiessof-Masematten (d.h. ein Silberdiebstahl) gemacht –, daß die Diebe durch den Rauchfang oder das Vorgelege in den Ofen steigen, die einzelnen Kacheln herausnehmen und sich dadurch Zugang zu dem Zimmer verschaffen, wenn, wie es vermutlich bei dem genannten Diebstahl der Fall war, es an Tanteln fehlt oder die Diebe nicht feine Klitscher sind.

5. Ist das zum Einsteigen bestimmte Fenster mit Traillen oder Eisenstäben vergittert, so wird gewöhnlich die mittlere Traille mit der vorher zu diesem Zweck schon in der Eisensäge eingespannten Uhrfeder durchsägt. Wenn die Uhrfeder, was bei dem geringsten Fehlzug geschieht, nicht zerreißt, so ist eine etwa 1 1/2 Mannsfinger starke Traille in zwölf bis längstens fünfzehn Minuten unten oder oben einmal durchgesägt, und es bedarf auch nur der Herausnahme einer Traille, um dann einen nicht zu starken Menschen sich seitwärts mit Hilfe der Kabbern hindurchzwängen zu lassen.

Ist dagegen die Vergitterung mit den Eisenstäben dicht (sogenannte Körbe), wie man sie hier an einigen Häusern sieht, so wird bloß die mittlere Traille herausgenommen und in die Öffnung die erste beste Straßenbohle von einer Rinnsteinbrücke gelegt und damit von allen Genossen aus voller Kraft die Verstäbung nach rechts und links abgebogen, so daß durch den gewonnenen Raum ein

Mensch bequem durchsteigen kann. In gleicher Weise werden die Vergitterungen der Keller oder der Wasserleitungen auseinandergezwängt, wenn der Einbruch in die zu bestehlenden Räume statt von oben von unten herauf erfolgt.

6. Ist der Dieb nun, gleichviel ob durch Einsteigen, Einbruch oder Nachschlüssel, in die zu bestehlenden Zimmer gelangt, so macht er schleunigst Licht an, verriegelt entweder, damit er nicht überrumpelt werde, die Eingangstür oder verbohrt oder vernagelt die Ausgangstüren mit zwei Nagelbohrern oder zwei Spiekern (i.e. lange Nägel), an jeder Tür oben und unten und beginnt nunmehr auszuräumen und einzupacken, was ihm konveniert. Das erste Angriffsobjekt ist das Büro oder der Schreibsekretär, weil darin das bare Geld (die Mepaie) oder die geldgleichen Papiere usw. in der Regel gesucht werden, wenn deren Aufbewahrungsort nicht besonders ausbaldowert ist. Wenn nun die Behälter im Zimmer verschlossen und die dazu gehörigen Schlüssel nicht sofort zu finden sind, so verfährt der Dieb also:

a) Bei Schreib- und Kleidersekretären, Büros, verschlossenen Pulten usw. wird an dem obersten Ende der Klappe das Stemmeisen oder der Meißel eingesetzt und die Klappe mit Gewalt abgebogen, bis ein kleiner, spitzer, hölzerner Keil in die Öffnung geschoben werden kann. Dann wird mit dem Meißel immer weiter gegriffen und der Keil immer weiter nachgeschoben, bis er sich zuletzt dem Schloß nähert, dessen Haken allmählich nachläßt und zuletzt abspringt.

b) Bei Kommoden hält man sich so lange nicht auf. Ist ein Bett in der Nähe, so wird es rasch auf die Erde geworfen und darauf, um Geräusch zu vermeiden, die Kommode gelegt, deren hintere Bretter in der Regel nicht fest verschlagen sind und daher mit dem Meißel leicht losgezogen werden können.

c) Lederne Koffer werden oben mit dem Kaut (Messer) durchgeschnitten, von den mit Eisen beschlagenen Koffern das Vorhängeschloß mit einem Rammnagel oder dem Brecheisen abgesprengt und, wenn das Schloß im Koffer befestigt ist, das Schließblech mit dem Meißel abgenommen, so daß man das Schloß vor sich liegen hat und sehen kann, was es für eine Feder oder für einen Haken hat, um es mit dem Sperrzeug aufzuziehen.

d) Unbefestigte eiserne Geldkasten nehmen die Diebe mit, wenn dieselben transportabel sind. Sonst müssen sie ihr Heil daran mit Schließen versuchen, falls sie sich nicht mit einer Winde zum Aufsprengen versehen haben. Das sogenannte Würgen – mit einem Strick und einer Hebestange – scheint zwar früher häufiger vorgekommen zu sein, mir ist jedoch in neueren Zeiten kein Beispiel davon bekannt geworden. Die neuen Geldspinde mit außerordentlichen Schlössern, wozu nur der eigens dazu gearbeitete und vielfach abgeprobte Schlüssel paßt, wie solche z.B. in der Post eingeführt sind, dürften jeder diebischen Anstrengung Hohn sprechen, sie sind aber für das gewöhnliche Leben zu kostspielig.

e) Die altmodischen, mit Blech und Eisen beschlagenen Truhen lassen sich gewöhnlich mit dem Meißel nicht öffnen, die Schlösser sind aber meist einfach, und es reichen die gewöhnlichen Schließhaken aus.

Haben nun die Diebe auf diese Weise, längere oder kürzere Zeit, das Eigentum des Gemachten (d.h. des Damnifikaten*) untersucht, so packen sie ihren Schierich (d.h. ein Pack oder Bündel gestohlenen Guts) und begeben sich damit – in den allerseltensten Fällen – nach ihrer Behausung, um nicht treefe zu werden, vielmehr sofort zu dem in der Regel schon avertierten und sie mit der Sore (d.h. dem Gestohlenen) erwartenden Schärfenspieler (d.h. Abnehmer, Diebeshehler), welcher ihnen den Ertrag ganz oder teilweise bezahlt und für die weitere Unterbringung des unredlichen Erwerbs sorgt. Über die Schärfenspieler später Ausführliches.

Man glaube nicht, daß die im Vorstehenden beschriebenen frechen Diebstahlsmethoden etwa nur selten vorkommen, sie sind es gerade, welche namentlich im Winter den Sicherheitszustand in Berlin trüben und Furcht im Publikum verbreiten. Erst seit einigen Jahren haben sich die derartigen Verbrechen außerordentlich vermehrt, und man kann daher nur auf eine Steigerung der diebischen Bosheit schließen, da es nicht das unmittelbare Bedürfnis ist, welches solche extravaganten Gewalttätigkeiten hervorruft. Namentlich ist es aber Klasse III. des vorigen Kapitels, welcher diese Verbrechen zur Last fallen. Zur Erläuterung einige Beispiele:

1. Im Jahre 1837 wurde das Schaufenster des Hofjuweliers H. von außen her mit dem Brecheisen erbrochen, die Scheiben eingedrückt und der ganze, höchst wertvolle Inhalt des Schaufensters gestohlen. Obschon der Verdacht auf die wahren Täter fiel, so war doch nichts zu ermitteln, bis der eine der Diebe, Handschuhmacher B....w, in der Folge bei einem anderen gewaltsamen Einbruch auf der Tat ergriffen wurde, während seine Komplizen entflohen. Ihn traf einmal eine harte Strafe, daher entschloß er sich, am Ende der wider ihn geführten Untersuchung nicht bloß seine Kabbern zu vermasseln, d.h. seine entsprungenen Teilnehmer anzugeben, sondern auch Emmess (Geständnis) auf Lebenszeit zu machen. Er bekannte nun, den Schaufensterdiebstahl mit dem bestraften Buchbinder Schl...ck gemeinschaftlich begangen zu haben. Das Resultat war auf anderweitige Geständnisse, daß wegen jenes Verbrechens

1. B.....w mit 25, 2. Schl......ck mit 15, 3. seine Frau mit 2 und 4. ein Jude, welcher den Diebstahl geschärft hatte, ebenfalls mit 2 Jahren Zuchthaus bestraft wurde.

2. Im Jahre 1838 erstiegen der Schlosser Kr. und der Arbeitsmann, jetzt Bauer-Fänger (i.e. Betrüger) P. mittels einer Leiter von der Holzmarktstraße aus den ersten Stock in der Wohnung des Maschinenbauers S., und was war das Resultat? Zwei Jahre für Kr. und vorläufige Freisprechung für P.!

3. Höchst bedrohlich haben aber jene gefährlichen Verbrechen von der offenen Straße aus seit dem Winter von 1842/43 zugenommen. Namentlich waren es vier Verbrechen, welche, in nächtlicher Weile verübt, damals durch ihre Kühnheit die Stadt in Schrecken setzten und wovon wir nachher viele Nachahmungen erlebt haben, nämlich die auf Gasröhren oder Leitern verübten gewaltsamen und

* des Geschädigten

ihrem Wert nach sehr beträchtlichen Einsteigediebstähle in den oberen Stockwerken neben den Schlafgemächern der Bewohner

1. in der Markgrafen-,
2. in der Leipziger-,
3. in der großen Präsidentenstraße und
4. auf der neuen Promenade.

Die Folge davon war, daß den Winter hindurch verstärkte Militärpatrouillen nachts über die Straßen durchziehen mußten und daß die städtische Behörde sogar die Mitwirkung der Bürgerschaft zu offerieren sich bewogen sah, worauf jedoch von seiten der Polizeibehörde nicht eingegangen wurde. Zwar ist über den ersten dieser Diebstähle einiges Licht verbreitet worden. In der Auguststraße wohnten zwei heute noch sehr gefährliche Diebe zusammen: der stammrige oder stottrige B. und ein Arbeitsmann B...l. Zu beiden hatte sich der schwer bestrafte Buchbinder E. gesellt. Alle drei waren ausgegangen und, wie sich später mit Wahrscheinlichkeit ermittelte, hatten sie in Gemeinschaft mit den bestraften B...ck und Sch...t den Diebstahl in der Markgrafenstraße durch Erklettern der Gasröhre vollführt. Nach ihrer Rückkunft hatten sie etwas im Bett versteckt und waren mit dem übrigen gestohlenen Gut fortgegangen. Die Wirtin hatte dies gesehen und der Polizei angezeigt, welche in dem Bett Silber vorfand. Die Verhaftung der Verdächtigen erfolgte, es geschah aber nichts, als daß der Buchbinder E. zu zwölf Jahren Zuchthausstrafe verurteilt wurde, da er anderweitig hinreichend bezichtigt war.

4. Im Frühjahr 1844 stiegen zwei Diebe, der Maler Alexander K. und der Arbeitsmann W.....l, welche sich aber losgelogen haben, vor dem Rosentaler Tor durch die hinteren Fenster der Küche nachts in die Wohnung des Seifensieders K., machten sich helles Licht und gingen damit in die Zimmer, wo die Familie schlafend lag, öffneten und bestahlen die Sekretäre und Kommoden, ohne daß jemand erwachte, und ließen endlich bei ihrem Weggehen noch zwei große Knüppel zurück, wahrscheinlich um der Familie anzudeuten, wessen die Erwachenden sich von den Übeltätern – falls man ihre Flucht verhindert – hätten versehen sollen.

5. Ein Seitenstück hierzu geschah im Frühjahr 1845. Zwei gefährliche Diebe, vermutlich der ad 3. genannte B...ck und sein Komplize Schl...n, erstiegen in der Brückenstraße von außen durch die mit Laden verschlossen gewesenen Fenster die Wohnung des Zimmermeisters S. und begaben sich, nachdem sie in den Vorderzimmern alles genau untersucht, mit Licht in die Gemächer, in welchen die Familie schlief. Hier suchten sie, nachdem sie ein von den Schlafenden früher ausgelöschtes Licht angezündet und sich in den Gemächern umgesehen hatten, die silbernen Löffel aus den dazwischen liegenden Messern usw. heraus und verübten einen sehr beträchtlichen Diebstahl, ohne daß jemand erwacht wäre.

In beiden Fällen waren die Diebe natürlich auf den Strümpfen oder auf Parisern* gegangen.

* Gummisohlen

6. Vor zirka fünf Jahren wurde das Museum im Monbijougarten um viele der wertvollsten Gegenstände auf eine ungewöhnlich freche Art bestohlen. Die Diebe waren in der Nacht von der Wassergasse aus über die gemauerte Waschbank herum nach dem Monbijougarten gegangen, hatten dort die Fenster des Museums mit einem Pflaster eingedrückt und waren auf diese Weise eingestiegen. Die Schildwache hatte sie nicht bemerken können, da sie nach der Hofseite zu stand und der Privatwächter des Museums geschlafen hatte. Am anderen Morgen fand man nichts als ein Handtuch auf der Waschbank, welches mit J.D. gezeichnet war. Dies führte den Polizeirat Duncker auf die Entdeckung der Täter. Schon früher waren demselben der Möbelpolier Gütte und der Gärtner Dulke verdächtig geworden, da dieselben fast den ganzen Tag in der Königsmauer debauchirten und namentlich in dem D'schen Bordell verkehrten, wo eine gewisse Caroline L., die Geliebte des Dulke, eingeschrieben war. Die Kombination des Polizeirats Duncker war sehr richtig, die Diebe hatten das Handtuch in dem D'schen Bordell von der Caroline L. am Abend des Diebstahls mitgenommen, und endlich entschloß sich dieselbe auch nach längerem Zureden einzugestehen, daß sie die gestohlenen Kostbarkeiten bei den Dieben in einem Schnupftuch eingebunden gesehen habe. Dieselben leugneten aber hartnäckig und waren zu keinem Geständnis der Tat oder des Verbleibs der gestohlenen Gegenstände, auf deren Herbeischaffung die Generaldirektion der Museen sogar eine Belohnung von 1000 Taler gesetzt hatte, zu bewegen, bis endlich ein Königl. Ordre erschien, worin den Dieben für den Fall, daß sie keine Verbrechen wieder begingen, Begnadigung angeboten wurde, wenn sie das Gestohlene herbeischafften. Nun bequemten sie sich zum Geständnis und wiesen das gesamte gestohlene Gut, welches sie versargt, d.h. vergraben hatten, nach, bis auf einen zerbrochenen schweren goldenen Ring, den der Goldarbeiter L.....f zum Teil geschärft hatte, welcher erst im vorigen Jahr zur Abbüßung der wider ihn rechtskräftig erkannten sechsmonatigen Zuchthausstrafe in Folge erlassener Steckbriefe ergriffen und in die Strafanstalt nach Spandau eingeliefert worden ist. Das Schicksal hat sowohl Gütte als Dulke in der Folge wieder ereilt, beide haben sich der Königl. Gnade unwert gemacht und daher nebst den von neuem verwirkten Strafen auch die ihnen bedingungsweise erlassene frühere Strafe nachbüßen müssen. Gütte wurde nämlich mit dem bekannten Gärtner B. bei einem im Frühjahr 1844 im Hause des Weinhändlers R. in der großen Friedrichsstraße versuchten Einbruch in flagranti ergriffen und ist im vorigen Jahr in der Strafanstalt zu Spandau an der Abzehrung verstorben. Dulke wurde bei der Verübung eines Taschendiebstahls an der Börse verhaftet und zu acht Jahren Strafarbeit verurteilt. Auch er ist vor kurzem verstorben.

7. Die Einbrüche in Kirchen sind in neuerer Zeit sehr vielfältig vorgekommen, ich erinnere nur, wie im vorigen Frühjahr zwei junge Burschen die Gertrauden-, Waisen-, Dom- und Georgenkirche, früher auch vielleicht dieselben schon die Garnisonkirche nach Einschlagen der Fenster bestohlen haben. Merkwürdiger war aber der Einsteigediebstahl in die Johanniskirche zu Moabit im April des vorigen Jahres.

Der Dieb war, wie sich später ergab, vermittels einer von dem Küsterhause herbeigeholten und wieder dahin zurückgetragenen Leiter etwa zwölf Fuß hoch bis an das vergitterte Doppelfenster der Türen der Sakristei, worin er die bedeutenden Gold- und Silbergefäße der Kirche, die er von seiner darin geschehenen Einsegnung her kannte, vermutete, hinaufgestiegen, hatte die eiserne Verstäbung und die Glasscheiben zerbrochen und war, über die beiden Türen hinwegkletternd, in die Sakristei gesprungen oder vielmehr gestürzt, wie die Blutflekken am Boden deutlich erkennen ließen. Zur Besinnung gekommen, hatte er Licht angemacht, jedoch vergeblich mit dem Stemmeisen die sehr starke Kirchentür zu erbrechen gesucht, und sich nur mit der schwarzen Altar- und Kanzelbekleidung, einem alten Talar und einigen Handtüchern wieder entfernt, indem er den Tisch der Sakristei vor die Tür geschoben, darauf einen Stuhl gestellt und auf diese Weise zum Fenster über der Tür hinangeklettert war, durch welches er seinen Rückzug wieder angetreten hatte. Da das Verbrechen damals viel Aufsehen machte, wurde eine Prämie auf die Ermittlung der Täter gesetzt, daher die öffentliche Aufmerksamkeit in hohem Grad angeregt.

Durch die Aussicht auf Gewinn verlockt, fand sich auch ein früherer Komplize des Diebes, ein Schriftsetzer namens Bl., bewogen, den Polizeibeamten Aufschlüsse über die Person des Täters und den Verbleib namentlich der Kanzel- und Altarbekleidung zu geben, denn den Talar hatte der Dieb am Tag nach der Tat mit seinem Vertrauten in der Jungfernheide weggeworfen und die abgetrennten weißen Fransen der Kanzel- und Altarbedeckung in den Moabiter oder sogenannten Spießbergen verscharrt, wo sie später ausgegraben wurden.

Kurz, das gestohlene Gut wurde an den bezeichneten Stellen, wo es der Dieb teils deponiert, teils verkauft hatte, gefunden und er nebst seinem Helfer verhaftet. Es ist ein schon früher wegen gewaltsamen Diebstahls gestrafter Kellner A. und sein Vertrauter, ein Töpferlehrling R. Beide waren geständig, und da A. erfuhr, daß sein früherer Mitverbrecher Bl. ihn aus Gewinnsucht verraten hatte, so legte er freiwillig eine Menge Geständnisse von Diebstählen ab, bei welchen Bl. so impliziert erschien, daß er verhaftet, zur Untersuchung gezogen und in Folge seiner ebenfalls nicht zurückgehaltenen Bekenntnisse streng bestraft wurde.

8. Etwas früher erfolgte im vorigen Jahr ein ähnlicher gefährlicher Einbruch bei dem Stadtrat S. in der alten Leipzigerstraße.

Ein früherer Diener desselben, der in einem später aufgehobenen Diebeskeller verkehrte, hatte die Gelegenheit zu dem Diebstahl erspäht, welche darauf von den eigentlichen Dieben praktisch befunden wurde. Diese, ein sehr berüchtigter Tischlergesell Kasimir K. und ein seinem Vater entlaufener Bursche B......n, begaben sich abends auf den Hof des Gasthofes zum Roten Adler in der Kurstraße und setzten sich ungesehen in einen leeren Wagen, wo sie das Verschließen des Hauses und die späte Nacht abwarteten. Nachdem alles ganz still geworden war, stiegen sie mittels einer kleinen Leiter, welche in dem offenen Schuppen des Gasthofes stand, über eine mit Zink belegte Mauer nach dem Grundstück des Stadtrats S., zerdrückten die Scheiben des Doppelfensters an dessen

Komptoir mit einem Pflaster, wirbelten die Fenster auf und stiegen hinein, wo sie freilich an dem großen eisernen Geldspind vergebliche Angriffe machten, jedoch zirka 50 Taler Courant* aus einer Schublade, einen Paletot, eine Stutzuhr, zwei Medaillen und ein seidenes Taschentuch entwendeten. Vielfältige früher vorgenommene Recherchen wollten, obschon der Bestohlene seinen Verdacht auf seinen früheren Diener lenkte, zu keinem Ergebnis führen. Zuletzt verriet sich der eine der Täter, B., selbst. Dieser verbrecherische Bursche gab sich zu Vigilantendiensten her und erzählte bei einer nächtlichen Expedition den Polizeibeamten alle Einzelheiten des besprochenen Einbruchs, als dessen Täter er den Kasimir K. und natürlich nicht sich, sondern einen Unbekannten bezeichnete, so speziell, ferner machte er so umständliche Mitteilungen über den Verbleib des Gestohlenen und erwähnte überdies der beiden Medaillen, auf welche sich bis zur Anzeige des B. der Bestohlene noch nicht besonnen hatte, so daß namentlich durch letzteres Moment jeder Zweifel über die Wahrheit der Mitteilungen schwand. Die angeschuldigten Verdächtigen wurden sämtlich eingezogen, und der frühere Diener des Stadtrats S. legte auch sofort ein Geständnis über seine Teilnahme an der Ausführung und den Vorteilen jenes Diebstahls ab. Endlich wurde auch ein sehr kennbares seidenes Tuch, das zum Diebstahl gehörte, da, wo B. angab, versetzt vorgefunden, und seine Angaben über die in dem Diebeskeller verborgenen Schließzeuge usw. waren so wahrheitsgemäß, daß man nachher wirklich in Erstaunen geriet, als im Fortgang der gerichtlichen Untersuchung B. zuletzt so in die Enge getrieben wurde, daß er, anstatt als Teilnehmer an den Vorteilen des Diebstahls, sich als Haupturheber zu bekennen genötigt war. Er büßt dafür seine Strafe ab, während Kasimir K. sich dennoch durchgeschwindelt hat.

9. Ein gleich gefährlicher Einsteigediebstahl wurde zur nämlichen Zeit bei dem Spediteur Ph. in der Oranienburgerstraße verübt. Die Diebe waren durch die mit Laden versehenen Fenster des haut-parterre von der Straße aus eingestiegen und hatten in dem Zimmer, um welches ringsherum die zahlreiche Familie schlief, zu deren Gemächern sie aber die Türen wohlweislich abgeschlossen hatte, aus den teils offenen, teils mit den dazugehörigen Schlüsseln geöffneten Behältern für 800 bis 1000 Taler Gold- und Silbersachen gestohlen. Der Diebstahl war augenscheinlich durch eine frühere Dienerin jenes Hauses, der Geliebten eines schon genannten gefährlichen Diebes, den sie heimlich beherbergte, ausbaldowert worden, doch führten die Nachforschungen zu keiner Einleitung einer Kriminaluntersuchung. Erst später entdeckten die Damnifikaten ein ihnen bei jenem Diebstahl abhanden gekommenes Geschmeide, und die Nachforschung nach dem Ursprung desselben führte auch auf einen berüchtigten hiesigen Diebeshehler; allein obschon er verhaftet wurde, so waren doch zu wenige Anschuldigungspunkte erweislich, weshalb man ihn mit der vorläufigen Absolution hat entlassen müssen.

---

* Bargeld

10. In jene Zeit fällt ein mit einer fast unerhörten Gewalt ausgeführter Einsteigediebstahl in das mit Eisenstangen wohl verschlossene Komptoir der Maschinenbauanstalt der Seehandlung zu Moabit, aus welchem 600 Taler Courant entwendet wurden. Augenscheinlich hatte den Diebstahl kein Fremder, sondern einer von den Arbeitern, welcher sich in dem Raum der Anstalt einschließen lassen und auf den die Wachhunde, weil sie ihn gekannt, nicht laut geworden waren, verübt. Ein schwarzer Schmutzfleck, ähnlich dem Staub, welcher sich auf den Schurzfellen derjenigen Arbeiter festsetzt, welche Eisen feilen, war an dem Fenster, wodurch der Dieb gestiegen, sitzengeblieben, und dieser Umstand bestimmte den die Sache recherchierenden Polizeibeamten, sich die Arbeiter jener Fabrik genauer anzusehen, ob vielleicht einer mit einer ähnlichen Masse besudelt sei. Wirklich klebte eine solche an den Arbeitskleidern des einen, in dessen Wohnung, obschon er noch nicht peinlich gestraft war, aufgrund noch anderer verdächtiger Anzeigen eine Visitation abgehalten wurde. Bei derselben fanden sich eben solche, mit glacierter roter Farbe überzogene Streichzündhölzer vor, als in dem erbrochenen Komptoir gefunden worden waren, und dieses Indizium, verbunden mit dem Besitz einer ihre Verhältnisse übersteigenden Summe Geldes, die bei der Ehefrau des Verdächtigen angetroffen wurde, obschon sie die sonst allernötigsten Gegenstände versetzt hatte, führte zu einer vorläufigen Verhaftung der beiden Eheleute. Schon sollten beide von dem Gericht wegen Beweismangels ohne Einleitung der Kriminaluntersuchung wieder entlassen werden, als die Frau gesprächsweise ihren Mitgefangenen erzählte, daß ihr Mann dennoch das Geld aus der Seehandlungskasse gestohlen und in einem eisernen oder blechernen Topf eingepackt in ihrem Stall vergraben habe. Wie es in den Gefängnissen üblich ist, um sich in eine gewisse Gunst zu setzen, so zögerte die eine der Gefangenen auch nicht, dem Inquirenten der Plauderin hiervon Mitteilung zu machen, welche demnächst auch so gut als ihr Mann ein offenes Geständnis ablegte, nachdem jene 600 Taler, woran, glaube ich, etwa 30 Taler fehlten, in dem Stall richtig wieder ausgegraben worden waren.

11. Nicht minderes Aufsehen erregte drei Vierteljahre früher ein gewaltsamer Einsteigediebstahl, welchen die Diebe nach Überkletterung der Mauer mittels einer Leiter gewaltsam in dem in der Stallstraße gelegenen Montierungsdepot ausgeführt und dabei 300 Taler Courant aus dem Komptoir gestohlen hatten. Die Sache blieb lange dunkel, bis endlich bei einer von mehreren Polizeibeamten und Vigilanten ausgeführten, im übrigen erfolglosen Partie nach Zossen dennoch ein Klempner D. verhaftet wurde, welcher sich zu diesem Diebstahl bekannte. Wie das vorige und dieses Beispiel zeigen, sind es aber nicht immer gerade die allerschlimmsten und bekanntesten Individuen, von denen jene gefährlichen Verbrechen ausgeführt werden, es sind oft Menschen, auf welche niemand denkt, und von denen man am allerwenigsten vermutet, daß sie sogleich mit solchen gefahrvollen und sogar halsbrechenden Eigentumsangriffen debütieren würden.

12. So erinnere ich mich eines Vorfalls, der vor noch nicht zwei Jahren – etwa

im Dezember 1844 – passierte. Von einer anderen amtlichen Veranlassung in Begleitung eines Gendarmen zurückkehrend, bemerkte ich kurz nach zehn Uhr, als der Mühlendamm noch von Fußgängern bedeutend frequentiert wurde, daß an jenem etwas finsteren Abend sich ein Mensch an die Tür des einen von außen verschlossenen Ladens herandrückte und sichtlich zu verbergen suchte. Ehe wir an ihn herangetreten waren, ergriff er die Flucht, wurde aber an der Kölnischen Wache eingeholt und vorläufig festgenommen. Als jetzt der Laden, vor welchem er gestanden, näher besichtigt wurde, fand sich, daß er den einen Haken der eisernen Vorlegestange mit Hilfe eines bei ihm gefundenen Brecheisens bereits aus der Wand herausgerissen, die äußere Tür geöffnet und eben versucht hatte, durch die innere (Glas-)Tür in den Laden zu dringen, zu dessen Ausräumung er sich mit einem großen Sack versehen hatte. Und dies geschah nicht zu lange nach zehn Uhr, gerade der Stadtvogtei vis–à–vis! Der Täter, Albert G., war noch nie gestraft!

13. Der Teilnahme an dem Diebstahl bei dem Spediteur Ph. war der schwer bestrafte, in dem vorhin erwähnten polizeilich geschlossenen Diebeskeller heimlich nächtigende frühere Galanteriewarenhändler Br.....ke dringend verdächtig, da von vielen Seiten Nachrichten kamen, daß er die gestohlenen Pretiosen in seinem Hut in jenen Keller gebracht, den Vertrieb nach außerhalb (Stettin) besorgt und den Erlös unter die Kabbern und ihren Anhang verteilt habe. Wenn auch nicht deshalb, so wurde er doch wegen zweier anderer ähnlicher Verbrechen zu einer fünfzehnjährigen Zuchthausarbeit rechtskräftig verurteilt. Er hatte nämlich mit Friedrich K. und der Vergolder Sch. zwei Einsteigediebstähle, einen vom Hofe aus in einen Viktualienkeller und einen zweiten in die Wohnung einer Schlächterfrau verüben helfen und dabei namentlich Schmiere gehalten. In seinem grauen Mantel – den später K.D. bei dem Einsteigediebstahl bei dem Stadtrat S. liegen gelassen, woher derselbe in die Hände des Gerichts kam – und an seinen Pockennarben war Br. – unter dem Namen: der Bunte bekannt – rekognosziert, zufällig aber auch seine Komplizen bei Verübung des Diebstahls gesehen und alle später anerkannt worden, so daß K. und Sch., die noch nicht wegen gewaltsamen Diebstahls geknast, d.h. gestraft waren, jeder mit zweijähriger Strafarbeit belegt wurden.

Noch könnte ich, wenn ich nicht die Ermüdung des Lesers fürchten müßte, unendlich viele Beispiele von derartigen in der neueren und neuesten Zeit hier vorgekommenen, gefährlichen Diebstähle anführen, diese wenigen Beispiele werden aber hoffentlich einen Beleg für meine Behauptung bilden: daß mit der Zunahme der Verbrechen überhaupt die Gefährlichkeit der Verbrecher gleichen Schritt hält, wo nicht zuvoreilt.

B. Einbrüche

Zu den Einbrüchen im engeren Sinn rechne ich alle die mittels der vorhin beschriebenen Brech-, Bohr- und Schneideinstrumente verübten gewaltsamen Diebstähle, bei denen ein gefährliches Steigen oder Klettern auf Leitern, Simsen,

Kellerhälsen, Gasröhren usw. nicht erforderlich ist. Gemeinhin lassen sich die Einbrecher, um in die Häuser zu gelangen, durch den Wächter, Portier usw. abends einschließen, oder sie öffnen die Haustür mittels angefertigter Nachschlüssel, wenn dieselbe nicht besonders von innen verriegelt ist, was nur in weniger bewohnten Häusern stattfinden kann. Der Gebrauch der Brechstange wird bei der Schwere vieler Haustüren oder wegen des besonderen Krachens der losgesprengten oder ausgehobenen Türflügel in den wenigsten Fällen hier anwendbar sein.

1. Ist der Dieb also in das Haus gelangt, so wird, wenn der Diebstahl durch Nachschlüssel allein, was in jedem Fall vorgezogen wird, nicht ausgeführt werden kann, über und unter dem Schloß der zu eröffnenden Tür mit dem Zentrumbohrer je zweimal angebohrt, darauf die Stichsäge eingesetzt und nunmehr in der Geschwindigkeit das Schloß von der Tür abgeschnitten, so daß diese von selbst aufgeht. Dadurch gelangt der Dieb in das Zimmer, oder er macht das Manöver noch so oft, bis er an den beabsichtigten Ort gekommen ist, und schreitet nun zur Ausführung des Diebstahls selbst in der vorhin geschilderten Art, nachdem er sich Licht angemacht und die vom Schloß abgeschnittenen Türen oben und unten gehörig verbohrt und vernagelt hat, um nicht unvorbereitet überrascht zu werden.

2. Ist jedoch die Türfläche um das Schloß herum stark mit Eisenblech beschlagen, so greift der Dieb zu einem anderen Mittel: Er bohrt nämlich die untere Türfüllung an dem einen Ende an und bricht nun mit dem Meißel immer weiter, bis er sich eine solche Öffnung aus der Füllung herausgebrochen hat, daß er bequem durchkriechen kann.

3. An Glastüren, welche sich in den Weg stellen, wird ebenfalls, wie vorhin erzählt worden ist, die eine Scheibe mit dem Pflaster oder dem Handtuch gesprengt, das Glas herausgenommen, mit der Hand durchgelangt und die Tür entweder aufgeriegelt oder mit dem steckengebliebenen Schlüssel aufgeschlossen, wenn nicht das Schloß mit der Stichsäge abgeschnitten werden muß. Man könnte fragen, warum die Diebe nicht einen Demant* brauchen, um Glas zu schneiden? Darauf antworte ich, weil sie keinen haben, denn ein solcher Demant kostet fünf bis sechs Taler. Wenn sie dazu kommen können, stehlen sie dieses Instrument sehr gern den Glasern weg, wovon mir mehrere Fälle bekannt geworden sind.

4. Kann der Dieb wegen der inwendigen Verblechung und Verriegelung der Tür, wie es bei Laden-, Remisentüren usw. der Fall ist, weder das Schloß ausbohren noch die Füllung herausnehmen, so bricht er mit dem Brecheisen durch die Wand, indem er durch allmähliches Herausnehmen der Steine zuletzt eine solche Öffnung in die Mauer bringt, daß er durchkriechen kann. Indessen läßt sich auf diese Weise auch nicht wohl von unten ankommen, wenn die Wand inwendig mit einem starken Pannal versehen ist.

* Diamant

Der gefährlichste und geübteste Dieb muß, wie die Erfahrung lehrt, von den sonderbarsten Gefühlen der inneren Angst ergriffen werden, wenn er eine fremde Wohnung zu verbrecherischen Zwecken betritt: So groß ist die Macht des Gewissens selbst bei verstockten Leuten. Nicht minder groß ist aber auch die Geistesgegenwart im Augenblick wirklicher Gefahr. Vor einigen Jahren kam ein hiesiger Dieb, der jetzt körperlich so herabgekommen ist, daß er als Stammgast des Arbeitshauses angesehen wird, aus der Stube, worin er bereits ausgeräumt hatte, mit einem Licht in das Nebenkabinett hinein, wo der Bestohlene, den er auf einer Hochzeit wußte, zu schlafen pflegte. Plötzliches Unwohlsein hatte diesen jedoch früh nach Hause geführt, und wie erstaunte nunmehr der Dieb, als bei dem Öffnen der Kabinettür der Schlafende die Augen aufschlug! Nicht im mindesten erschreckt, blies er sogleich das Licht aus und verschwand, indem er natürlich in der Schnelligkeit das Eigentum des noch zur rechten Zeit erwachten Schläfers zurückließ!

Vor etwa zwölf Jahren schwebte bei dem Kriminalgericht hierselbst eine vielverzweigte Untersuchung wider Chartron und Genossen. In dieselbe war ein Goldarbeiter F. verwickelt, welcher einst, die Blendlaterne in der Tasche, die Wohnung eines jungen Arztes bestehlen wollte, aber, als er hineintrat und das von dem Mediziner aufgestellte große Skelett an der Tür erblickte, so erschrak, daß er zu Boden fiel und heftige epileptische Krämpfe bekam, woran er überhaupt litt. Als der Arzt nach seiner Wohnung zurückkehrte, fand er ihn noch besinnungslos auf den Dielen, und da die vorgefundenen Diebesinstrumente keinen Zweifel über die Absicht seines Gastes übrigließen, bewirkte er dessen Verhaftung. Auf ähnliche Weise sind Diebe durch das Gekläff eines kleinen Stubenhundes, durch einen, beim Öffnen der Tür gesprengten Knallfidibus, den der Bewohner des Zimmers dort angebracht hatte, durch ein plötzliches Geschrei, Geräusch oder Gepolter usw. verscheucht worden.

Ein Beispiel von Frechheit gibt der als kühner Masemattenmacher sehr verschriene Arbeitsmann B...ck...t...l, welcher sich jetzt etwas zurückzuziehen scheint, indem er wie viele sich von seiner Keibe, d.h. von seiner Geliebten, der Louise W., durch den Verdienst ihres Körpers ernähren läßt. Dieser war noch als junger Bursche bei einem Maurer in der Lehre, als er bereits gewaltsame Diebstähle allein und selbständig beging. Eines Abends kommt er in die finstere Wohnung eines alten Kapitäns in der Klosterstraße, welche er verschlossen und den Schlüssel abgezogen findet. Er schränkt auf und zündet ein Schwefelholz an. Wie groß ist aber sein Erstaunen, als er den zu Bestehlenden schlafend auf dem Sofa vor sich sieht, welcher den Stubenschlüssel auf dem Tisch liegen hat. Ohne viel Federlesens zu machen, löscht er das Schwefelholz aus, nimmt rasch die über dem Schlafenden an der Wand hängende goldene Uhr und Kette desselben und verschwindet, wie er gekommen war. Man kann sich das Staunen des Bestohlenen vorstellen, als er nachher seine Uhr vermißt und die Stubentür offenstehen sieht.

Es dürfte wohl als in der Natur der Sache liegend anzusehen sein, daß jene ad

A. genannten Einsteiger auch ebenso die jetzt geschilderten Einbrüche und Schlüsseldiebstähle exerzieren, während auf der anderen Seite die Einbrecher nicht allemal auch gefährliche Kletterer und die Schlüsseldiebe nicht immer Einbrecher sind, d.h. von jenen Brech-, Bohr- und Schneideinstrumenten Gebrauch machen. Doch lassen sich Grenzen nur objektiv, d.h. nur bei der äußerlichen Betrachtung der Diebstahlsmanöver, ohne Rücksicht auf die subjektive Täterschaft, einigermaßen bestimmen. Die Einbrüche im engeren Sinn, besonders durch nächtliches Einschleichen in die noch nicht verschlossenen Häuser, sind die gewöhnlichsten. Einige Beispiele sollen hier ausreichen:

1. Vor zwei Jahren im Winter wurde der Rentier Kl. in der Burgstraße auf eine eigene Art bestohlen. Die Diebe, wie sich in der Folge ermittelt hat, der bereits genannte Malergehilfe Alexander K. und der Arbeitsmann W...z...l, hatten sich abends in das Haus geschlichen und bis zur Zeit der Ausführung des Verbrechens, gewöhnlich die Morgenfrühe, darin versteckt. Hierauf hatten sie, wahrscheinlich um das Rauschen des Zentrumbohrers und der Stichsäge wegen der in der Nähe schlafenden Bewohner zu vermeiden, mit einem feinen Nagelbohrer um und unter dem von innen verriegelten Türschloß je sechzehn Löcher gebohrt und von einem Loch zum anderen mit einem Böttchermesser geschnitten, bis die Tür aufgegangen war. Der Diebstahl in Silberzeug usw. wurde auf mehr als 1000 Taler geschätzt und hätte für die Bestohlenen noch schlimmer ausfallen können, wenn die Diebe ein eisernes Geldspind, welches sich hinter der Tapete in der Mauer befand, hätten erbrechen können, worin über 100000 Taler Papiergeld usw. deponiert lagen. Entweder hatte das Spind, den äußeren Spuren nach, dem nur schwachen Stemmeisen widerstanden oder sie hatten, eines möglichen Geräuschs willen, die Erbrechung desselben freiwillig aufgegeben. Ob sie ihren Rückzug erst nach Öffnung der Haustür angetreten oder dieselbe mit einem Hauptschlüssel geöffnet hatten, ist mir nicht mehr erinnerlich.

2. Vor jetzt etwa einem Jahr kam eine hier seltene Diebstahlsart kurz hintereinander und in drei benachbarten Häusern in der Markgrafen- und Lindenstraße vor. Die Diebe hatten sich in zwei Fällen die Haustür aufgeschränkt, im dritten Fall einschließen lassen und, da sie die von innen mit Eisen beschlagenen und fest verriegelten Ladentüren nicht zu sprengen vermochten, mit dem Brecheisen ein Loch durch die Mauer gebrochen und den einen Genossen hindurchkriechen und in den Laden steigen lassen wo derselbe die teils offenen, teils mit dem Stemmeisen erbrochenen Ladenkassen entwendet hatte. In dem letzteren Fall, wo die Diebe sich hatten einschließen lassen, waren sie nach der Verübung des Verbrechens über den langen Hof des in der Lindenstraße gelegenen Hauses gegangen, hatten die Tür des nach der Markgrafenstraße zu gelegenen Holzkellers mit der Brechstange gewaltsam erbrochen und waren dann durch das von dem Keller nach der Straße führende, weiter ausgebrochene Zugloch hindurchgeklettert. Nach den in der Mauer und im Keller befindlichen Öffnungen waren die Diebe ganz junge Burschen gewesen; ein gegründeter Verdacht der Täterschaft ist nicht ermittelt worden.

3. Viel Aufsehen machte vor dreieinhalb Jahren der Einbruch in die Königl. Münze. Wie sofort zu ersehen war, hatte sich der Dieb vor dem Entlassen der Münzarbeiter auf den Hof des Münzgebäudes geschlichen und bis zur Nachtzeit versteckt. Darauf hatte er den Einbruch in die Räume bewerkstelligt, wo das geprägte Geld aufbewahrt wird, namentlich darin aus einem hölzernen Kasten, worin neue Zweitalerstücke befindlich waren, mit dem Bohrer und der Stichsäge ein viereckiges Loch ausgeschnitten, daraus die Zweitalerstücke, an Wert über 900 Taler, hervorgelangt und durch ein zerschlagenes Fenster seinem draußen wartenden Genossen herausgegeben, welcher sich damit in Sicherheit begeben hatte. Die Art der Ausführung sowie der Rückzug, den der eigentliche Dieb genommen, ließ deutlich erkennen, daß derselbe die genauesten Lokalkenntnisse besessen hatte, vielleicht also selbst ein früherer Münzarbeiter war. Die Verfolgung dieser Spur führte den Polizeidirektor Duncker auf den richtigen Weg, indem derselbe durch sehr künstliche und komplizierte Nachforschungen die Diebe in der Person des Arbeitsmanns W...d und B...n ermittelte und geständlich überführte, auch die von hier nach Angermünde gesandten Kommissarien das bare Geld, welches dorthin geschafft und kabohre gelegt worden war, auffanden und mit Ausnahme einer geringen Summe vollständig wieder herbeischafften.

Überhaupt sind die Münze, die Kasse des Schauspielhauses, das Depositorium des Landgerichts Berlin u.a., auch Privatpersonen gehörige Kassen, nach den in der Diebeswelt verbreitet gewesenen Gerüchten, schon öfter Gegenstand der verbrecherischen Spekulation gewesen, und das Polizeipräsidium hat in mehreren solchen Fällen sich, nach Beschaffenheit und Glaubwürdigkeit der Mitteilungen bewogen gesehen, hiervon den Beteiligten zur Ergreifung der nötigen Vorsichtsmaßregeln Mitteilung zu machen.

4. Einer der gefährlichsten Diebe in Berlin ist der Vergolder D...l. Vor zwei Jahren hatte sich dieses Individuum, mit Zentrumbohrer, Stichsäge und Brecheisen gehörig bewaffnet, in ein großes Haus der Poststraße geschlichen, um einen Einbruch zu begehen. Obschon er bereits das Schloß der zu bestehlenden Wohnung angebohrt hatte, müssen ihn dennoch unüberwindliche Hindernisse von der Ausführung abgehalten haben, auch keine Gelegenheit zum Entkommen gewesen sein. Man fand in aller Frühe die Diebesinstrumente an der angebohrten Tür und suchte, da das Haus bei dieser Entdeckung noch verschlossen war, nach dem Täter, den man endlich auch in den obersten Balken des Daches fand. Wenn auch der Plan mißlungen war, so wurde D...l doch, nach Vorschrift der Gesetze, wegen versuchten gewaltsamen und zugleich dritten Diebstahls mit zweijähriger Zuchthausstrafe, seines Leugnens ungeachtet, bestraft.

5. Ein ähnlicher gewaltsamer Diebstahl – durch Einschleichen vor dem Verschluß der Tür – wurde bei einem Destillateur verübt. Da die Tür des zu öffnenden Komptoirs jedoch innerlich sehr stark verblecht und die Wand am Fußboden gut getäfelt war, so konnte weder das Schloß ausgeschnitten noch das Fachwerk ausgebrochen werden. Die Diebe bohrten daher in der Mitte der Tür an und schnitten eine runde Öffnung hinein, durch welche einer von ihnen

durchlangte, das Schloß mit dem inwendig darin steckenden Schlüssel öffnete, den Nachtriegel aufzog und auf diese Weise den Einlaß gewann.

Viel mehr üblich als alle bisherigen Diebstahlsmethoden sind aber

2. die gewaltsamen Diebstähle mittels der Nachschlüssel

Bei den alten, gewöhnlichen Schlössern genügt dem geübten Klitscher ein bloßer Draht, den er sich zum Schließhaken biegt und mit dem mitgeführten Hammer zurechtklopft, bis derselbe das Schloß aufzieht. So gehen viele der hiesigen Schlüsseldiebe bloß mit diesen beiden Instrumenten und einem Meißel auf Verbrechen aus und erzielen dabei zuweilen fast unglaubliche Erfolge. Die vorangegangene Übung im Schließen, in der Kenntnis der Konstruktion der Schlösser usw., ist aber auch ganz hierauf berechnet. Wir wissen, daß der bekannte Jude Moses Levin Löwenthal, bevor er ein Gannew wurde, für mehr als 300 Taler Schlösser von allen nur möglichen Arten aufgekauft haben soll, um daran seine später sehr erprobten Studien zu machen. Nicht minder geschickt als er war der bekannte Hirsch Salomon W., zur Zeit in Spandau detiniert, welcher bloß mittels eines am Messer angebrachten Scharniers, eines sogenannten Pfeifenräumers, die größten Vorlegeschlösser vor Läden, Gewölben usw. geöffnet hat. Solche außerordentlichen Qualifikationen sind zwar jetzt selten, allein das Faktum steht fest, daß die Diebe in der Anfertigung und im Gebrauch der Nachschlüssel in Berlin viel weiter vorangeschritten sind als sonst irgendwo. Der Beweis liegt in den unendlichen vielen Nachschlüsseldiebstählen, welche im Sommer wie im Winter fortwährend bei der Polizeibehörde angezeigt werden. Die notwendigsten und bei einem Schlüsseldieb nie fehlenden Nachschlüssel will ich jetzt, damit das Publikum auf seiner Acht sei, in der Kürze beschreiben, obwohl in einem ganz kompletten Porum oder Schränkzeug wenigstens einige achtzig verschiedene Schlüssel mit Haken erforderlich sind:

1) ein gewöhnlicher Haken, womit ein gewöhnliches Drückerschloß aufgezogen wird,

2) ein Haken zu einem Drückerschloß, welches inwendig mit Reifen versehen oder versetzt ist,

3) ein gewöhnlicher Hauptschlüssel zu Stubentüren, deren Schlösser inwendig keine Reifen haben,

4) ein doppelter Hauptschlüssel zu Stubentüren, deren Schlösser inwendig mit Doppelreifen versehen sind,

5) ein Hauptschlüssel zu Stubentüren, in deren Schlössern sich inwendig ein doppeltes Kreuz befindet,

6) ein à-la-grec-Doppelschlüssel zu einem Schloß, worin inwendig Verzierungen sind,

7) ein einfacher Haken zu einem Drückerschloß mit nur einem Unterreifen,

8) ein einfacher Haken zu einem Drückerschloß mit bloß einem Oberreifen. Beide Haken, wenn sie zusammengesetzt werden, bilden

9) den Hauptschlüssel zu einem Drückerschloß mit zwei einfachen Reifen;

10) ein Haken à la grec zu einem Drückerschloß,

11) ein Drückerhaken zu einem Z-Schloß,

12) ein Drückerhaken zu einem S-Schloß,

13) ein Drücker zu einer sogenannten verkehrten Fünf,

14) 15) zwei gerade Sperrhaken zum Öffnen einfacher Drückerschlösser,

16) ein à-la-grec-Schlüssel zu einem Schloß mit einfacher Verzierung,

17) ein Hauptschlüssel zum Öffnen der Haustüren.

Die Art und Weise des Gebrauchs dieser Schlüssel ergibt sich aus der Natur der Sache. Die diebische Kunst bleibt immer die Anfertigung oder das Zurechtfeilen nach dem vom Schloß abgenommenen Wachsabdruck und nach der Betrachtung der inneren Konstruktion desselben, soweit solche durch das Schließloch möglich ist. Wenn der Schlüssel erst stimmt, so kann natürlich in der Regel jeder schließen, wogegen der Gebrauch der Sperrhaken technische Geschicklichkeit voraussetzt.

Je nachdem nun die Schlösser noch mit einem Dorn versehen sind, wird zu dem Nachschlüssel ein hohles Rohr genommen, sonst bleibt der Bart unverändert.

Es ist kaum möglich, von den hiernach vorkommenden Nachschlüsseldiebstählen irgendwie eine besondere Charakteristik zu geben, da die Fälle zu mannigfaltig oder, wenn man will, auch eigentlich zu einfach sind.

Jedoch auf einige spezielle Gattungen muß ich aufmerksam machen:

1. Die sogenannte Flatterfahrt. Hierunter versteht man das Stehlen der Wäsche, welche auf den Hausböden zum Trocknen aufgehängt ist. Gemeiniglich sind die Böden verschlossen und der Dieb, der einen solchen verschlossenen Boden abräumen will, muß daher, während einer seiner Genossen auf Schmiere stehenbleibt, entweder das Vorhängeschloß mit einem Brecheisen usw. absprengen oder die Bodentür mit dem Tantel öffnen. Wenn beides jedoch nicht geht, so durchbrechen die Diebe gewöhnlich die Latten und verschaffen sich dadurch Ein- und Ausgang, wovon in den letzten Tagen, z.B. in der Post- und Behrenstraße und sonst mehrere Exempel vorgekommen sind, wie ich denn überhaupt behaupten muß, daß das Brechen immer mehr und allgemeiner unter den hiesigen Dieben Mode wird.

Ist der Boden nicht verschlossen, so geben in der Regel Dienstboten oder Familienmitglieder Achtung, indessen man weiß, wie leicht besonders weibliche Dienstboten sich in Unterhaltungen auf Höfen, an Brunnen usw. vertiefen, so daß die unverschlossenen Räume zum Wäschetrocknen wohl ebenso oft als die verschlossenen bestohlen werden. Der Wäschediebstahl von den Böden kommt in der Regel noch häufiger vor als der Diebstahl der auf dem Hof frei aufgehängten oder am Brunnen zum Spülen ausgesetzten Gegenstände.

2. Der baldowerte Schlüsselmasematten wird aber, wie schon das Beispiel der immer am Tag verübten Flatterfahrten ergibt, fast noch häufiger bei Tag als bei Nacht verübt. Namentlich sind es die Morgenstunden, wo die Kinder sich in der Schule und die Herrschaften in Geschäften oder mit dem Gesinde auf dem Markt

befinden, ferner die Stunden des Mittagessens, der Spaziergänge, der Theaterzeit usw., in welchen gewöhnlich auch die Domestiken sich die Abwesenheit der Herrschaften zu ihren Privatzwecken zunutze machen, wo die meisten Nachschlüsseldiebstähle begangen werden. Ich kenne einige Fälle, wo die Hausbewohner den Dieben mit Paketen gestohlenen Guts auf den Treppen, Hausfluren usw. begegnet und sie dann ruhig damit in die nächste Droschke haben steigen sehen, ohne daß sie dabei etwas Arges dachten. Später waren dann jene Miteinwohner oft recht ersprießliche Zeugen zur Rekognition der in anderem Weg ermittelten Diebe. Auch ist es vorgekommen, daß die Droschkenkutscher selbst Argwohn schöpften und die Diebe mit dem ganzen Schierich, i.e. dem zusammengepackten gestohlenen Gut, in die Hände der Behörden zu liefern verstanden. Inwiefern ein verbesserter Nachtwachdienst wesentlich auf die Abnahme der nächtlichen Diebstähle überhaupt einwirken würde, darüber werde ich mich gehörigen Orts ausführlicher auslassen.

3. Gefährlicher als zehn männliche Diebe zu gleicher Zeit ist ein Weib, welches den Diebstahl auf Schlüssel exerziert. Wer sieht in einem schlichten Frauenzimmer mit ihrem Handkorb, die Schlüssel in einer versteckten Diebestasche im Rock usw. verborgen, wohl die gefährliche Verbrecherin, besonders wenn sie mit einem gewandten Betragen sich beim Begegnen unwillkommener Personen nach diesem oder jenem gleichgültigen Umstand erkundigt, während jedermann bereit ist, jene, schon durch ihr herabgekommenes Äußeres, ihre Physiognomie, ihr durch Liederlichkeit zerrissenes oder verlebtes Ansehen kennbare männliche Individuen zu beargwöhnen. Namentlich habe ich zwei Nachschlüsseldiebinnen kennengelernt, welche ich für die gefährlichsten in Berlin halte.

Die eine ist die bekannte Franziska Braun. Sie ist die Tochter einer ehrlichen Handelsfrau und noch vielen bekannt, welche sie als junges, ansehnliches Mädchen mit Obst usw. vor dem Hallischen Tor sitzen gesehen haben. Jetzt steht sie in der Höhe der zwanziger, an der Grenze der dreißiger Jahre. Ein unbesieglicher Hang zum Stehlen führte sie früh dem Verbrechen in die Arme, und es war zu gleicher Zeit der Schlüsseldiebstahl, in allen seinen Variationen, der Taschen-, Laden- und Marktdiebstahl, worin sie es bald gleichmäßig zur Meisterschaft brachte. Merkwürdig, daß sie ihre Verbrechen nach der Verhaftung nie geleugnet oder zu beschönigen gesucht, ja, daß sie vielmehr damit renommiert und in der Regel wohl noch etwas zugelogen hat. Wegen zweiten gewaltsamen Diebstahls endlich zu einer zwölfjährigen Zuchthausstrafe verurteilt, entsprang sie, nachdem sie hiervon dreieinhalb Jahr verbüßt hatte, durch einen Salto mortale über ein zwölf Fuß hohes Gitter aus der Strafanstalt in Brandenburg und wandte sich, wie alle Berliner Verbrecher, direkt nach Berlin, wo sie immer noch eher Aussichten hatte, längere Zeit auf freiem Fuß zu bleiben, als auf dem platten Land oder in kleineren Städten. Es gelang ihr, sich vom 11. November 1843 bis zum 7. Januar 1844 hier in Berlin zu verbergen, besonders da sie nur wenigen Polizeibeamten bekannt, in der Wahl ihres Aufenthalts sehr vorsichtig und beim Begegnen einiger Polizeikommissarien, von denen sie möglicherweise erkannt zu werden fürchten mußte, geständlich so klug war, diese durch eine angenommene schiefe Haltung und durch affektiertes Hinken irrezuführen, obschon man nicht in Abrede stellen kann, daß, wer sie einmal gesehen, sie an ihrer großen und anscheinend unbehilflichen Figur, an ihrem frechen Gesichtsausdruck und an dem Mangel der Vorderzähne unbedingt wiedererkennen müßte. Endlich wurde sie bei der Verübung eines gewaltsamen Diebstahls betroffen und, nachdem sie noch über eine hohe Mauer gesprungen, bis in einen Keller der Weberstraße verfolgt, vom Publikum festgenommen und zu dem sie noch nicht kennenden Revierpolizei-Kommissarius gebracht, welchem sie unverhohlen ihren Namen sagte und ein offenes Geständnis der von ihr während der Dauer ihrer letzten Freiheit verübten Diebstähle ablegte. Es waren einige dreißig gewaltsame oder sonst sehr listig angelegte derartige Verbrechen, welche sie einräumte und an deren Vorteilen eine Menge von ihr bezichtigter Personen teilgenommen hatten. Inzwischen hatte sie auch ein Liebesverhältnis mit dem Dieb früheren Zuckersieder, Karl P. – genannt der süße oder Zuckersieder-Karl – angeknüpft, in Folge dessen sie schwanger geworden war und während der Dauer der wider sie schwebenden Untersuchung in der Charité entbunden werden mußte. Obschon sie von hier aus, so wie später aus dem Arbeitshaus, wo sie ihr Kind säugte, entspringen konnte, so machte sie doch, wie sie selbst angab, von diesen Gelegenheiten zur Entweichung keinen Gebrauch, weil sie ihr Kind – ein Mädchen – zu lieb gehabt habe. Bemerken will ich noch vorläufig, daß, wovon später ausführlicher die Rede sein wird, Franziska Braun während ihrer Untersuchungshaft in Gemeinschaft mit der Henriette Fr., geb. M. und der jetzt verehelichten M., durch Ausforschen der bekannten Minna Bandolin zur Entdeckung und Überführung der Täter des Frevels vom 8. Januar 1843 in der Lietzmannsgasse 10 a, geführt, daß sie aber auch wegen des ihr bei dieser Gelegenheit bewiesenen Zutrauens sich vielfacher Schwindeleien und Mystifikationen der Beamten – wozu sie besonders zu incliniren* scheint – schuldig gemacht hat.

Eine 25jährige Zuchthausstrafe, welche sie in der Strafanstalt zu Sagan verbüßen sollte, wurde ihr zuerkannt. Doch gelang es ihr noch einmal, auf dem Transport dahin zu entspringen. Sie kam, nachdem sie durch begangene Diebstähle sich schickliche Kleidung verschafft hatte, wieder nach Berlin, wurde aber von den Frauen zweier Taschendiebe, die damals im Arbeitshaus eine polizeiliche Korrektionsstrafe verbüßten und deren Freilassung jene Frauen hierdurch herbeizuführen hofften, der Polizei verraten. Jetzt befindet sie sich in Sagan, wo man sie mit der größten Vorsicht und Aufmerksamkeit zu beobachten haben wird, und eben, als ich diese kurze Skizze ihres Lebens niederschreibe, ersehe ich aus den Totenlisten, daß ihr außerehelich gezeugtes Kind – Maria Franziska Braun – im Alter von zwei Jahren verstorben ist. Sonderbar! Diese große Verbrecherin, welche selbst erklärte, daß sie vom Stehlen nie und unter keinen Umständen ablassen könne, hat jederzeit eine unverkennbar zärtliche

* neigen

Liebe zu ihrem Kind, zu ihrer alten Mutter und zu ihrer sehr braven Schwester an den Tag gelegt!

Die zweite jener gefährlichen Schlüsseldiebinnen ist die geschiedene Kutscherfrau L., geb. H. Durch einen leichtfertigen Lebenswandel geriet sie – jetzt etwa 35 bis 36 Jahre alt – frühzeitig unter Verbrecher, verheiratete sich auch mit dem bald wieder von ihr geschiedenen Kutscher L., einem gefährlichen Dieb, von dem sie alle jene gaunerischen Kunstgriffe kennenlernte, und steht jetzt in dem Ruf, nicht bloß Hehlerin, Ladendiebin und Kupplerin zu sein, sondern namentlich auch die Schlüssel mit großer Sicherheit und Geschicklichkeit zu führen. Es blieb nicht aus, daß sie mit der Franziska Braun Bekanntschaft machte und dieselbe beherbergte. Deshalb wurde sie auch verhaftet und mußte, wie ihre Schwester, die Witwe Ph., die Untersuchung mit durchmachen. Späterhin hat sie mit dem berüchtigten Schärfenspieler, Schneider Tr...m und dem Kracherfahrer (d.h. Kofferabschneider auf den Landstraßen) Rh. zusammengelebt, sie ist aber mit beiden in Prozessen auseinandergegangen. Ihr Verkehr ist vielleicht der gefährlichste, den ein Weib zur Zeit hier unterhält, und es ist daher sehr natürlich, daß sie von den Polizeibeamten, welche sie kennen, streng überwacht wird. Selbst der schon genannte Privatschreiber B. gehörte zur Zahl ihrer Liebhaber, welchen sie auch in Frankfurt a.O. im Gefängnis besuchen wollte, wo sie aber angehalten und mit Reiseroute nach Berlin zurückgewiesen wurde. Neuerdings habe ich sie regelmäßig des Abends in der neuen Friedrichstraße, auf der Spandauer Brücke usw. begegnet, wo sie ihren Strich zu halten, d.h. jenem ehrlosen Gewerbe gesunkener Weiber nachzugehen pflegt. Auch hat sie bereits wegen Kuppelei in Haft und Untersuchung gesessen, nachdem ihre eigene Schwester, die Witwe Ph., sie wegen dieses Verbrechens polizeilich denunziert hatte.

Zur Zeit der französischen Invasion wurden bekanntlich die Marken und selbst die Umgegend der Stadt Berlin im höchsten Grade durch gefährliche Diebesbanden in Schrecken gesetzt. Eines jener verbrecherischen Individuen, der Schuhmacher Columbus, wurde nach einer mehrjährigen Untersuchungshaft wegen Raubes und Diebstahls in Banden zu einer 25jährigen Festungsstrafe rechtskräftig verurteilt und im Jahre 1809 nach der Zitadelle von Danzig abgeführt, wo das französische Gouvernement die Aufnahme wegen der großen Gefährlichkeit dieses Menschen bewilligt hatte. Nach Ablauf der Strafzeit im Jahre 1834, kehrte er nach Berlin, seiner Heimat, zurück und nahm zunächst sein Absteigequartier bei der unverehelichten St., seiner früheren Geliebten, die ihm über ein Vierteljahrhundert hindurch getreu geblieben war! An demselben Tag, wo Columbus eingetroffen war, kam der Herr P. aus W. mit seinem Sohn hier an, welcher als Kommis in eine Geschäft eintreten sollte und daher seine ganze, übrigens bedeutende Ausstattung mit sich brachte. Beide waren in der Bischofstraße in einem jüdischen Gasthaus abgestiegen, hatten ihre sämtlichen Effekten im Zimmer abgelegt und nach Verschließung desselben sich in die Stadt begeben. Als sie am Abend heimkehrten, fanden sie die Tür mit einem Nachschlüssel geöffnet, und alle ihre Sachen waren verschwunden. Noch am nämlichen Abend machten sie ihre polizeiliche Anzeige, und schon am anderen Morgen waren ihre sämtlichen Effekten wieder herbeigeschafft. Dies ging so zu. Der Kriminal-Kommissarius S., an welchen sie sich zunächst gewendet, hatte in Folge noch anderweitiger Kombinationen Verdacht gegen Columbus geschöpft, welcher auch um so mehr als begründet anzusehen sein mußte, weil gerade in den ersten Tagen nach der Entlassung der Gestrafte am rat- und hilflosesten und überhaupt von der sittlichen Gesellschaft, von welcher ihn seine Verbrechen entfremdet haben, zu entfernt dasteht und daher auch, wie die tägliche Erfahrung lehrt, zu neuen Verbrechen am geneigtesten ist. Eine Visitation bei der St. führte zur Entdeckung des sämtlichen gestohlenen Guts und später zur Verhaftung des mutmaßlichen Diebes, Columbus, welcher jedoch, als nicht im Besitz der gestohlenen Sachen betroffen, den Diebstahl leugnete, und da die St. nichts gegen ihn aussagte, mit vorläufiger Freisprechung davonkam, während die St. wegen augenscheinlicher Teilnahme an diesem Diebstahl außerordentlich bestraft wurde. Doch hat sich Columbus für die Folge nicht abschrecken lassen. Jedoch hat er – soviel bekannt geworden – nur gemeine und geringe Diebstähle verübt, er ist aber doch das eine Mal mit vier, das andere Mal mit fünf Jahren wiederum bestraft worden und hat, soviel mir erinnerlich ist, die letztere Strafe noch nicht vollständig verbüßt.

Um mit den unzähligen und an jedem Tag sich immer wieder verschiedenartig repetierenden Beispielen von Schlüsseldiebstählen nicht zu ermüden, bemerke ich bloß, was ich schon andeutete, daß es hiergegen kein besseres Mittel gibt als genügend Aufmerksamkeit auf seine Wohnung. Wenn freilich ganze Familien Konzerte, Gesellschaften, Bälle, Theater usw. besuchen und kein menschliches Wesen in der Wohnung zurücklassen, da der Dienstbote vielleicht gerade auch seinen Sonntag hat oder bei der ihm bekannten Dauer der Abwesenheit der Herrschaft sich seinen Sonntag macht, so darf es nicht auffallen, wenn die aus ihrem Freudenhimmel in der Nacht Zurückkehrenden plötzlich in ein Trauermeer versinken, wenn sie sehen, was diebische Hände getan haben. Namentlich sind in den beiden Monaten August und September 1846 bei den Luftfahrten des Herrn Charles Green aus London für die Diebe aller Professionen recht fruchtbare Ernten gewesen, da die gewaltsamen die von den neugierigen Bewohnern verlassenen Wohnungen ausräumten, während die Taschendiebe in dem großen Gedränge der Zuschauer gute Beute machten.

Seltener, jedoch ist es zuweilen vorgekommen, daß die Diebe das Verbrechen dadurch zu verdecken suchten, daß sie in den bestohlenen Lokalitäten Feuer anlegten. Allein der Nutzen einer solchen Verheimlichung der Tat steht doch gewiß mit der bei einer etwaigen Entdeckung zu erwartenden Strafe der vorsätzlichen Brandstiftung in keinem Verhältnis.

Zweier Eigenheiten aller gewaltsamen Diebe muß ich hier im allgemeinen Erwähnung tun. Die eine ist das Kabohren des Porums. Wenn der Dieb nämlich die zu bestehlenden Zimmer usw. mit den Tanteln geöffnet hat, so sucht er dieselben an einem versteckten Ort zu verbergen, wenn er sie nicht einem seiner auf

Schmiere stehenden Genossen zur Aufbewahrung übergeben kann, damit er, bei einem etwaigen Ergreifen in der geöffneten Wohnung, nicht ganz treefe werde, d.h. der Besitz der Diebesinstrumente nicht die Absicht seines Eindringens unzweifelhaft dokumentiere, sondern damit ihm immer noch die Ausrede bleibe, daß er die Stube, in welche er unter diesem oder jenem erdichteten Vorwand eingetreten, bereits offen vorgefunden habe, eine Ausrede, die namentlich bei noch Unbestraften bisher diese in der Regel mit der vorläufigen Freisprechung hat entwischen lassen. Wenn nicht einer der Kabbern das Schränkzeug kabohrt, so legt es der Dieb gemeinhein unter Treppenstufen, unter Gerülle, Holz usw., weshalb es beim Ertappen solcher Individuen schon sehr ersprießlich gewesen ist, alle in der Nähe befindlichen Winkel, Löcher, Treppen usw. genau zu untersuchen. Daher ist es aber auch die erste Sorge des ertappten Diebes, nicht bloß das gestohlene Gut, sondern auch vorzüglich das Schränkzeug zu planten, d.h. auf eine vor den festhaltenden Personen unbemerkte Art wegzubringen oder an einen solchen Ort zu werfen, wo man es nicht füglich wieder herausholen kann, z.B. ins Wasser, in Apartementsgruben usw.

Die zweite Eigenheit aller gewaltsamen Diebe ist das sogenannte Kiewischen oder, wie es im schlechteren Dialekt heißt, Kiebitschen. Dieses Wort, vom Kiewisch oder Unterkiewisch, i.e. eine Kriminaluntersuchung abgeleitet, bedeutet soviel wie visitieren, untersuchen. Es bedarf wohl nicht erst der Frage, daß ein Dieb auch den anderen bestiehlt oder betrügt, wenn er kann. Daher trauen diejenigen, welche auf Wache stehen müssen oder auch selbst einer der eigentlichen Täter des Diebstahls nie seinem Mittäter in betreff der zur Teilung (zum Helligen) abgelieferten gestohlenen Gegenstände. Daher passen sie aber auch beim Zusammentreten nach ausgeführten Diebstählen mit Argusaugen einer auf den anderen auf, damit er seinen Kabbern nichts von dem Ertrag unterkaufe oder untermakkene (d.h. unterschlage), und um hierüber ganz gewiß zu sein, visitieren sie einander auf das genaueste, wie es nur der vorsichtigste Polizeioffiziant mit dem ergriffenen Verbrecher tun kann. Dies heißt kiewischen. Oftmals ist es bei den Teilungen des gestohlenen Guts schon so hart hergegangen, daß es blutige Köpfe gegeben, ja, daß sogar diejenigen Diebe, die sich durch ihre Teilnehmer verkürzt glaubten, diese heimlich der Polizei denunziert und das denselben zugefallene gestohlene Gut nachgewiesen haben. Überhaupt ist es eigen: Sobald jemand mit Dieben, sei es als Mitteilnehmer an Verbrechen oder als Hehler in Verbindung steht und merkt, daß seine Genossen so verdächtig sind, daß Gericht oder Polizei dieselben wegen bestimmter Verbrechen zur Haft oder Untersuchung heranziehen wollen, so hat er nichts Eiligeres zu tun, als unter der Maske der größten Ehrlichkeit sich den Polizeibeamten zu nähern und ihnen diejenigen Data an die Hand zu geben, welche zur Ergreifung oder teilweisen Überführung der Verdächtigen führen. Hierdurch glaubt er, sich gedinne zu stellen, d.h. für den unverhofften Fall, daß die Diebe ein Geständnis ablegen und ihn der Teilnahme an ihren Verbrechen mit bezichtigen, sich die Ausrede zu sichern, daß sie fälschlich und aus Rache gegen ihn geschlichnet, d.h. denunziert haben, weil er ihre Verhaftung oder teilweise Überführung möglich gemacht habe. So machte es der bekannte Schlosser H., nachdem er lange Zeit von den Dieben Maler K., Arbeitsmann W. R. u.a. das gestohlene Gold und Silber geschärft hatte, insofern, als er sie sofort den Beamten zur Verhaftung nachwies, als er erfuhr, wie man ihnen nachspüre. Obschon zwar später derjenige, an welchen er das Gestohlene mit mehreren hundert Prozent weiterverkauft hatte, einräumte, dasselbe von H. empfangen zu haben, und dieser deshalb zur Haft und Untersuchung gezogen wurde, so mußte er doch wieder ohne Strafe entlassen werden, weil die Hauptdiebe kesse Leugner waren und sonach sich der objektive Tatbestand des Diebstahls nicht für spezielle Verbrechen erweislich machen ließ.

Schlimmer ging es dem jetzt wegen Betrugs in der Strafanstalt befindlichen Juden L. Dieser hatte in der D.....zschen Untersuchung bei einem großen gewaltsamen Diebstahl 1) das ganze bare Geld fast allein vorweggenommen, 2) die Papiere verkauft und 3) die übrige Sore, d.h. das gestohlene Gut, geschärft und seine Genossen dabei arg betrogen. Er ging aber noch weiter. Um sich vor der Behörde als ein recht redlicher Mann zu zeigen, zeigte er sogar die übrigen Täter an und gab die Überführungsbeweise gegen sie an die Hand, da er sich nicht träumen ließ, daß von diesen ein einziger ein Geständnis ablegen könnte. Aber er hatte sich geirrt! Aus Wut über die doppelte Nichtswürdigkeit des L. und da sie andererseits sehr graviert dastanden, machten die Diebe über das ihnen von L. zur Last gelegte Verbrechen ein unumwundenes Geständnis, und die Folge war nunmehr, daß alle Teilnehmer gebührend bestraft wurden.

Noch einmal muß ich aber auf die wirkliche Geschicklichkeit der hiesigen Diebe in Anfertigung und Führung der Schlüssel zurückkommen. Wenn zwar auch nicht alle, so wie einige, imstande sind, mittels eines schmalen Blechs, welches sie in der Hand oder auf dem Kopf eines Hammers, nach Inspektion des Schließloches im Inneren mit einer scharfen Eisenfeile so zurechtfeilen, daß sie damit künstliche und komplizierte Schlösser, ohne eines ordentlichen Dietrichs oder Nachschlüssels zu bedürfen, aufmachen, so ist im allgemeinen doch der Gebrauch der Schlüssel bei den nicht ausschließlich dem Taschendiebstahl nachgehenden Dieben die erste und wichtigste Aufgabe, welche sich der angehende Dieb stellt und worin es – wie jeder in dieser Branche erfahrene Polizeibeamte mit mir übereinstimmen wird – gerade die jüngsten der hiesigen Diebe, namentlich ehemalige Schlosserlehrlinge, am weitesten gebracht haben. Beispielsweise will ich in betreff jener aus der Lehre entlaufenen Schlosser nur an August L...z, Sch...n, H. vorzugsweise erinnern. Allein das Publikum kommt, wie ich späterhin noch in anderer Beziehung erörtern werde, auch den Nachschlüsseldieben insofern zu willfährig entgegen, als bei den Spekulations-Neubauten (Schwindelbauten) und sogar bei Reparaturen und Ausbauten eigener Häuser die Bauherren bloß das Prinzip der möglichsten Billigkeit vor Augen haben. Ein französisches Fabrikschloß, ein dergleichen Drückerschloß, an die Tür geheftet, und das Eigentum ist geschützt. Daß derartige Schlösser oft nicht einmal einem gebogenen Nagel geschweige einem kunstmäßigen Dietrich widerstehen, sehen wir alle

Tage, und dennoch tun dabei viele unserer guten Eigentümer nichts dabei, als daß sie lediglich den nachlässigen Mieter schelten, der mit Frau und Kindern gezwungen war, nach einer Werkstatt oder Fabrik zu gehen, und sein Brot rechtlich zu verdienen. Dem Mieter, der vielleicht alle halbe Jahre den kostspieligen Umzug zu bewirken hat, kann man wahrhaftig doch nicht zumuten, sich teure und kostbare Schlösser bei der ohnehin so teuren Miete und Mietsabgabe anzuschaffen. Zuletzt werfen endlich beide Teile alle Schuld auf die Polizei, die dennoch bei diesem Punkt ganz schuldlos dasteht, da niemand ein Recht hat, zu fordern, daß eine Behörde für die Festigkeit seiner Verschlußmittel garantieren soll.

Vom nicht baldowerten gewaltsamen Diebstahl

Ich habe bereits die Bemerkung gemacht, daß es eine große Menge von Dieben in Berlin gibt, welche jede Kabruse oder Sozietät vorsichtig vermeiden, um nicht einst später von ihren eigenen geständigen Genossen verraten zu werden, und daher das Diebesgewerbe auf eigene Hand treiben. Diese Rücksicht sowie andererseits auch der jeweilige Mangel gut baldowerter und sicherer Diebstahlsgelegenheiten zwingen die Diebe, welche einmal nur vom verbrecherischen Erwerbe bestehen können, ihr Heil auf gut Glück zu versuchen. Sofern dies mit dem Nachschlüssel und mit Stemminstrumenten geschieht, sagt man: Sie gehen auf den Schub. Dies ist überhaupt die allgemeine Bezeichnung für alle vorher nicht baldowerten Brech- oder Schließmasematten. Das Verfahren ist einfach.

1. Der Dieb geht, sein Schränkzeug in der Tasche, in das erstbeste, nicht von Menschen überfüllte Haus und zieht – wenn niemand ihn bemerkt – die Klingel der Wohnung, worin er einen Fund zu machen denkt, stark an. Wird nun nach mehrfachem Schellen nicht geöffnet und hört er auch keine verdächtigen Regungen in den Zimmern, so zieht er rasch sein Schlüsselbund aus der Tasche, setzt seine Tantel an und schränkt die Wohnung auf. Wenn ihm vorher jemand öffnet, so hat er natürlich schon eine Anfrage oder Erkundigung in petto, die niemandem auffällt. Gewöhnlich beschränkt sich der Dieb dieser Art beim Öffnen der Türen auf den Gebrauch des Schlüssels, weil es bei nicht baldowerten Diebstählen doch zu gefährlich ist, von dem Brech-, Bohr- und Schneidezeug Anwendung zu machen. Sobald er die Tür geöffnet hat, riegelt oder bohrt er dieselbe hinter sich zu und öffnet nun – mit dem Meißel usw. – hauptsächlich die Sekretäre oder andere Behälter, wo er Geld, Gold- oder Silbersachen usw. vermutet, und verschwindet nach kurzem Aufenthalt. Überhaupt sind Diebstähle auf Schub nur das Werk weniger Minuten, weil ja in jedem Augenblick Lampen kommen, d.h. die Bestohlenen oder andere Personen zurückkehren können. Daß viele Diebe auch bei solchen Operationen Wachen stellen, ist natürlich, namentlich die eigene Frau, die Geliebte (die Keibe) usw., da ein solches Frauenzimmer, mit ihrem Handkorb am Arm und in einem Torweg oder auf einem Hausflur stehend, durchaus nichts Verdächtiges hat.

Findet der Dieb eine zu bestehlende Wohnung offen, muß er also vermuten, daß dieselbe von den Bewohnern nur auf ganz kurze Zeit verlassen ist oder daß dieselben sich in Hintergemächern befinden, so tritt er laut grüßend ein, um, wenn jemand darauf achtet, seine präparierte Anrede zu halten. Bleibt jedoch alles still, dann öffnet er rasch die Servanten, Sekretäre usw. und macht sich mit dem Besten, was er erhaschen kann, aus dem Staub.

Die Zahl der auf diese Weise in Berlin verübten Diebstähle ist bedeutend, und wenn namentlich in Abwesenheit der Herrschaften die Unvorsichtigkeit der Dienstboten, welche die Diebe sehr genau abzupassen verstehen, hierzu die Veranlassung gewesen ist, so tritt sehr häufig der Fall ein, daß die Herrschaft in dem Gesinde, aber ganz irrig, die Täter des Diebstahls vermutet. Wie manchmal hat ein Rencontre[*] mit einem Grenadier, Füsilier usw. solche nachteiligen Folgen gehabt!

2. Eine besondere Art der zu diesem Kapitel gehörigen Eigentumsverbrechen ist der sogenannte Kastenschub, d.h. das Stehlen der Ladenkassen. Dies geschieht in verschiedener Weise. Entweder es geht ein Dieb zu einer Zeit, wo er keine anderen Gäste anwesend vermutet, in eine Konditorei, Destillation, Kaffeehaus usw., bestellt und bezahlt sofort eine beliebige Erfrischung und setzt sich nun hin, scheinbar einfach lesend usw. Kaum wendet der Wirt oder Kellner usw. den Rücken, so springt er hinter den Laden, öffnet die Ladenkasse mit einem Dietrich, nimmt das Geld heraus und entfernt sich gleich bei oder kurz nach dem Wiedererscheinen des Bestohlenen. Ein anderes Experiment wurde vor einigen Jahren öfter gemacht in bezug auf die Ladenkassen der Bäcker. Gemeinhin sitzen abends, wenn der große Verkehr in den Bäckerläden aufgehört hat, jene wegen ihrer regelmäßigen Korpulenz etwas languissanten[†] Bäcker und Bäckerfrauen an einem Schiebefenster ihrer Wohnung, durch welches sie den Laden übersehen können, und lesen den Beobachter an der Spree oder das Berliner Pfennigsblatt. Während sie in diese Lektüre vertieft sind, schleicht sich dann ein gewandter Dieb, welcher auf geschickte Weise die Türklingel (den Bim) anzuhalten versteht, in den Laden, kriecht auf allen vieren leise hinter die Ladenbrüstung herum, an die Kasse heran und zieht dieselbe, wenn sie offen ist, leise auf, ja, es sind Fälle vorgekommen, daß sie der Dieb leise mit einem Sperrhaken aufgezogen oder den darin steckenden Schlüssel umgedreht hat, ohne daß der – vielleicht auch etwas eingenickte und an das Erwachen beim Klingeln der Ladenglocke gewöhnte – Bäcker bemerkt hat, was in seiner Nähe vorging. Wie er gekommen, schleicht der Dieb auf allen vieren wieder nach der Straße. Dergleichen freche Diebstähle hat namentlich der schon genannte D...l mit großer Geschicklichkeit in Straßen, wo wenig Passage war, verübt.

4. Hierher gehört auch das Bestehlen der Schaufenster durch Einstoßen oder Zerschneiden der Fensterscheiben, eine sehr gewöhnliche Diebstahlsmethode. Mehrere Diebe stellen sich um ein Schaufenster, anscheinend in aufmerksamer

---

[*] Zusammentreffen

[†] schwerfälligen

Betrachtung der darin befindlichen Gegenstände, wobei einer von ihnen entweder mit einem Demant ein Loch von der Größe eines Talers in das Glas schneidet oder die Scheibe leise zerdrückt. Durch die gemachte Öffnung zerren sie seidene Tücher, besonders goldene Ketten, Uhren und andere Pretiosen, soviel sie bekommen können, heraus. Auch einzelne Diebe machen das nämliche Manöver, namentlich abends, wenn der Laden erleuchtet ist, damit sie sehen, ob sich der Verkäufer im Wohnzimmer befinde. Die Vergitterung der Ladenspinde und Vorfenster ist zwar ein Mittel hiergegen, allein es sind mir Fälle erinnerlich, wo die Diebe die Scheibe zerdrückt und mit einem gebogenen Draht die goldenen Ketten dennoch durch die Öffnungen der Vergitterung hindurchgezogen haben. Das Bestehlen der Schaufenster wird oft mit einer fast unglaublichen Frechheit betrieben, wenn man hört, daß Diebe am hellichten Nachmittag unter den Linden oder in der Jägerstraße solche Angriffe machen. So wurde vor etwa drei Jahren der bekannte Dieb K., welcher in der Jägerstraße mittags ein Schaufenster ausgeräumt hatte, auf der Tat ertappt, H...z und Sch...z hatten dasselbe unter den Linden getan. Wenn das Schaufenster von Holz und unten nicht mit einer eisernen Platte belegt ist, so nehmen die Diebe einen Zentrumbohrer, bohren hiermit von unten ein Loch in das Schaufenster, was ganz gut angeht, weil das Bohren durch das Straßengeräusch, besonders in den ersten Abendstunden, unhörbar gemacht wird, und haken nun von unten mit gebogenen Drahtenden die goldenen Ketten usw. ab, welche sie durch die Öffnung hindurchfallen lassen.

Etwas sehr Gewöhnliches ist es, daß die Diebe die aus den Läden nach der Straße herausgehängten Kleidungsstücke, Tücher usw. selbst gewaltsam abreißen und damit das Weite suchen, indessen sind doch die unter dieser Nummer beschriebenen diebischen Praktiker zu sehr dem Zufall unterworfen, weshalb man wohl sagen kann, daß die eigentlichen Hauptdiebe Berlins hiervon nur sehr selten und ausnahmsweise Gebrauch machen.

4. Ein eigentümliches Diebstahlsmanöver, welches, wie die Wilddieberei, von den dazu inklinierenden Individuen nicht bloß aus Eigennutz, sondern auch aus Leidenschaft betrieben wird und welches seit einigen Jahren in der Umgegend der hiesigen Residenz in höchst bedrohlicher Weise zugenommen hat, ist die Kracherfahrt oder das Goleschächten, d.h. der Diebstahl, welcher durch Abschneiden der Reisekoffer von den Wagen der Reisenden auf den Landstraßen oder durch Abschneiden der Ballen und Pakete von den Frachtwagen verübt wird.

Kracher heißt der Koffer, gewöhnlich der, welcher hinten am Wagen befestigt ist, und Gole: ein Wagen, daher Goleschächten soviel wie vom Wagen losschneiden. Schon vor zehn Jahren wurden die Straßen bei Berlin, besonders zwischen Frankfurt und hier, auf eine bisher noch nicht erhört gewesene Art unsicher gemacht durch die große Menge der an den Fracht- und Reisewagen verübten Diebstähle. Man kam endlich diesem Treiben auf die Spur, und es war namentlich der noch gegenwärtig zu Betsche wohnende jüdische Handelsmann Moses J., welcher in Verbindung mit Simon N. und anderen jene Verbrechen verübt hatte. Dazu hatten jene Juden aber vorzugsweise die beste Gelegenheit, indem sie beim Besuch der Märkte mit ihren Planwagen auf den Straßen umherfuhren und nun sowohl auf diesen wie in den Ausspannungen, letzteres jedoch seltener, weil da zu leicht Verdacht entsteht, ganze Ballen Waren von den Frachtwagen abschnitten, welche sie dann entweder in ihren eigenen Buden wiederverkauften oder mit nach ihrer Heimat nahmen, wenn ein augenblicklicher vorteilhafter Verkauf nicht zu bewirken war.

Wenn ich bei der Bemerkung, daß die Kracherfahrten im Umkreise von Berlin besonders zu gewissen Perioden außerordentlich zugenommen haben, den Blick auf jene Betscher Juden warf, so geschah dies absichtlich und zwar zu dem Behuf, um auszusprechen, daß ich die Überzeugung habe, daß viele, namentlich der im vorjährigen Herbst und Winter hier vorgefallenen Reise- und Frachtwagen-Diebstähle ebenfalls wieder eine jüdische Arbeit gewesen sind. Viele jüdische Handelsleute, welche wegen verübter Verbrechen den engeren und weiteren Polizeibezirk von Berlin bei Vermeidung der ihnen angedrohten Einsperrungen im hiesigen Arbeitshaus nicht betreten dürfen, kommen nach wie vor nach Berlin, beziehen die Märkte in der Umgegend, nächtigen vor den Toren in gewissen bekannten Ausspannungen, welche von den Polizeibeamten immer noch zu wenig kontrolliert werden, und machen dann sicher die alten Geschäfte, zu denen viele von ihnen eine besondere Vorliebe an den Tag gelegt haben. Allerdings stelle ich nicht in Abrede und bin im Gegenteil sehr fest und sicher davon überzeugt, daß Berlin selbst eine hinreichende Zahl von verwegenen und passionierten Kracherfahrern besitzt, ich will nur an den Schuhmacher P., den Handschuhmacher P., den Schneider N., den Kutscher R., den Anstreicher W. aus Potsdam, den Arbeitsmann Louis K...t, erinnern, vieler anderer nicht zu erwähnen. Allein nicht bloß, daß jene Koffer- und Frachtwagendiebstähle immer mit den Hin- und Herreisen der Posenschen Handelsjuden zu den Märkten und Messen oder zu ihren Festen, besonders im vorigen Jahr, als sie, um Zuckess, d.h. Laubhütten zu halten, nach Hause zogen, in Verbindung standen, es kamen auch direkte und glaubhafte Anzeigen von vielen Seiten, daß jüdische Gauner hier oder in der Nähe gesehen worden waren, als jene Verbrechen verübt wurden.

(...)

Eine gewisse Kühnheit muß der Kracherfahrer besitzen. Er lauert in den Chausseegräben usw., bis der erwartete Wagen herangefahren kommt, schwingt sich – und bei den im Karriere fahrenden Reisewagen ist dies gewiß oftmals ein halsbrechendes Stück Arbeit – gewandt auf den Hinterteil des Wagens, setzt mit seinem Kaut den Kracher ab, d.h. schneidet mit dem starken, scharfen, zu diesem Zweck eingerichteten Messer die Reisekoffer oder die Frachtballen vom Wagen los, und springt damit wieder herab, um mit seinem in der Regel dabei befindlichen Genossen das Gestohlene in Sicherheit zu bringen. Daß ein Fuhrwerk wegen des raschen Transports des Gestohlenen oder zum Vorfahren oder Nacheilen des zu bestehlenden Wagens hierbei die besten Dienste leistet, bedarf, glaube ich, keiner besonderen Ausführung. Übrigens bin ich, auf die bisher in der Sphäre der Eigentumsverbrechen gesammelten Erfahrungen mich berufend, der Ansicht, daß, wenn eine Diebstahlsform sich in rascher Progression vermehren wird, es gerade die ist, von der ich spreche und welche vor dem Auftreten von Moses J. und Konsorten noch so selten war, daß die rücksichtlich der Häufigkeit mit den vorjährigen Wagenangriffen noch lange nicht zu vergleichenden Verbrechen derselben eine solche Sensation erregten, daß das hiesige Königliche Kriminalgericht von höchster Stelle aus mit einem Spezialmandat zur Verfolgung derselben versehen wurde.